DICTIONNAIRE

LANGUEDOCIEN-FRANÇAIS

DICTIONNAIRE

LANGUEDOCIEN-FRANÇAIS

CONTENANT

les définitions, radicaux et étymologies des mots; les idiotismes, dictons, maximes et proverbes, leurs origines, et celles des coutumes, usages et institutions; les noms propres de personnes et de lieux, origines, étymologies et significations; les termes d'agriculture, de métiers, d'arts, de professions, d'industries; la flore et la faune méridionales; etc., etc.

par Maximin D'HOMBRES

ALAIS
Typographie & lithographie A. VEIRUN, Grand'Rue, 102

1870

EXPLICATION DES ABRÉVIATIONS

A. ou a.	Actif.
Acc.	Accusatif.
Adj.	Adjectif.
Adv.	Adverbe ou Adverbialement.
Allem.	Allemand.
Angl.	Anglais.
Art.	Article.
Au fig.	Au figuré.
Augm.	Augmentatif.
Au prop.	Au propre.
Bass. lat.	Basse latinité.
Cant.	Canton.
Cat.	Catalan.
Celt.	Celte ou Celtique.
Cév.	Cévenol.
Comm.	Commune.
Conj.	Conjonction.
Contr.	Contraction.
Corr.	Corruption ou Corrompu.
Dat.	Datif.
Démons.	Démonstratif.
Dér.	Dérivation ou Dérivé.
Dial.	Dialecte.
Dict.	Dictionnaire.
Dim.	Diminutif.
Diph.	Diphthongue.
Emp.	Emprunt ou Emprunté.
Esp.	Espagnol.
Etym.	Etymologie.
Exclam.	Exclamation.
Ex.	Exemple.
F. ou f.	Féminin.
Fam.	Famille ou Familier.
Fig.	Figuré.
Fr.	Français.
Fréq.	Fréquentatif.
Gasc.	Gascon.
Génit.	Génitif.
Gr.	Grec.
Imp.	Impératif.
Ind.	Indicatif.
Interj.	Interjection.
Irrég.	Irrégulier.
Ital.	Italien.
Lang.	Languedocien.
Lat.	Latin.
Lim.	Limousin.
Linn.	Linnée, naturaliste.
Loc. prvb.	Locution proverbiale.
M. m. ou masc.	Masculin.
M. sign.	Même signification.
N. pr.	Nom propre.
Par ext.	Par extension.
Par ex.	Par exemple.
Part. pass.	Participe passé.
Péj. ou Péjor.	Péjoratif.
Pers.	Personne.
Phr. f. ou faite.	Phrase faite.
Plur.	Pluriel.
Port.	Portugais.
Pop.	Populaire.
Poss.	Possessif.
Prép.	Préposition.
Prés.	Présent.
Prét.	Prétérit.
Pron.	Pronom.
Prov.	Provençal.
Prvb.	Proverbe.
Rédup.	Réduplicatif.
Réf.	Réfléchi.
Rel.	Relatif.
Sing.	Singulier.
Subs. ou s.	Substantif.
Syn.	Synonyme.
Trad.	Traduit.
Triph.	Triphthongue.
V. c. m.	Voyez ce mot.
V. ou v.	Verbe.
V. l.	Vieux langage.
Voy.	Voyez.

— Indique le changement d'acceptions ou de sens d'un mot; mais plus souvent les citations et remarques.

= Signifie *égale*. Ex. Ac = ec, ac égale ec; angue = anègue, = anenche : angue égale anègue, égale anenche; etc.

DICTIONNAIRE
LANGUEDOCIEN-FRANÇAIS

BOISSIER de SAUVAGES ! De LA FARE-ALAIS ! Deux noms radieux et sympathiques, que nous sommes heureux d'inscrire en tête des colonnes de ce livre, et qui feront sa meilleure fortune.

Au premier nous rattachent des liens de famille ; au second est due l'idée première de notre nouveau *Dictionnaire languedocien*.

L'abbé de Sauvages, parmi les célébrités que notre pays a vues naître, on l'a dit avec raison, est la plus complètement alaisienne : aucune n'a le cachet du crù comme la sienne. Géologue, physicien, naturaliste, agronome, littérateur ou lexicographe, soit qu'il consacre ses études à l'agriculture, soit qu'il dirige ses recherches vers la linguistique, tous les travaux d'une vie bien remplie et toujours appliquée, les connaissances variées qu'il possède à un degré distingué, supérieur même en quelques branches, son expérience et son rare savoir semblent n'avoir quelque prix à ses yeux qu'autant qu'il peut les faire tourner à la prospérité et à l'illustration de son pays natal.

Entre tous ses ouvrages, le seul dont nous ayons à parler ici, le mieux connu peut-être, ne pouvait manquer de porter l'empreinte de cette pensée de bien public. Dès le titre même de son dictionnaire, et dans sa préface, le but du modeste savant prend plaisir à s'avouer hautement. Il se donne pour mission principale d'enseigner à parler correctement le français à ceux de ses compatriotes qui, accoutumés dès l'enfance à formuler leur pensée en languedocien, n'en donnent, en se servant du français, qu'une traduction vicieuse et toute hérissée de gasconismes. Il se propose ensuite d'expliquer les mots du vieux langage dont fourmillent les titres et actes établissant d'anciens droits ou leur exemption. Une pareille conception a pu paraître étrange, originale : il n'y faut voir que le sentiment exagéré peut-être mais touchant, d'un noble patriotisme, qui sacrifie au désir d'être utile même le soin de sa renommée littéraire et

scientifique. Cette préoccupation toutefois a empêché une œuvre excellente d'atteindre la portée que l'auteur pouvait se promettre. Elle lui fait mettre de côté les mots les plus usuels, pour ne s'attacher qu'à des techniques ; tous les termes, et souvent les mieux employés, ne se trouvent pas chez lui, et il les néglige pour en poursuivre d'autres, hors de son domaine, s'il y peut saisir l'occasion d'un redressement et matière à sa leçon de français. Restreint ainsi dans une spécialité, et en même temps entraîné vers des dialectes étrangers, son plan est incomplet et manque d'unité, au grand détriment de notre dialecte. Quelle valeur, en effet, était destiné à avoir, pour l'avenir littéraire de notre pays, un travail de cette importance, exécuté par un homme comme l'abbé de Sauvages, si, au lieu de se renfermer dans un traité de purisme français, il nous eût donné un vrai lexique languedocien, embrassant la langue dans sa plénitude, ne sanctionnant que ce qu'il savait être de pur sang cévenol, mais légalisant tout notre avoir légitime ! Sa réserve trop timide est d'autant plus regrettable, que personne encore n'avait, avec tant de profondeur, de sagacité et d'érudition, pénétré dans le génie de notre idiome, ne s'était plus impressionné de ses beautés, de sa limpidité, de la sève de ses tours, de ses images, de ses figures, de ses idiotismes. Malgré ces lacunes, Sauvages restera comme la gloire la plus populaire de nos contrées, et il méritera toujours d'être considéré comme le plus savant et le plus spirituel des initiateurs du languedocien.

Son recueil sera le meilleur à consulter et le plus curieux quand on voudra remonter aux sources ; mais sa donnée trop exclusive devait nous interdire de le prendre en tout pour modèle. Le danger qu'il a voulu combattre n'existe plus d'ailleurs au même degré. Ce n'est pas l'altération de la langue française par le languedocien qui est à redouter : l'influence inverse est bien autrement à craindre, et le péril sérieux est au contraire de voir notre belle et vieille langue d'Oc se pervertir et se corrompre en se francisant. Notre génération qui s'en va et celles qui viennent, sont vouées au français : elles ne parlent et ne pensent plus qu'en français Est-ce à dire cependant que, de notre passé, dont il ne reste plus qu'une ombre, rien ne soit à regretter? Faudra-t-il surtout que le fier et doux parler de nos pères et de nos mères-grands, pour avoir encore quelque charme et une valeur, ne se façonne qu'aux belles manières françaises et aux modes nouvelles, deserte son archaïsme, énerve sa virile individualité, se renonce tout entier à lui-même?

Quand la nationalité méridionale s'est fondue dans la grande nationalité française, notre terre classique des libertés communales, des franchises municipales, a-t-elle perdu par la conquête et par la centralisation son esprit d'indépendance et ses généreuses aspirations, qu'elle ne prouve encore par moments qu'il en survit un souvenir? N'en serait-il pas de même pour la langue d'Oc, qui a régné en souveraine des Alpes à l'Océan, des Pyrénées à la Loire? Quinze millions d'habitants, dans vingt départements, l'emploient comme moyen de communication habituel, comme l'agent le mieux compris dans leurs transactions, dans leurs besoins journaliers. Elle est partout, et son génie vivifie encore nos provinces; il semble les resserrer entre elles par une plus étroite solidarité. Elle est divisée en une nombreuse variété de dialectes, le Cévenol, le Provençal, le Limousin, l'Auvergnat, le Gascon, le Béarnais; mais elle les rapproche et les fusionne tous dans son principe unitaire, sous le même symbole commun et fédératif L'ostracisme français n'est point parvenu à paralyser chez elle la fibre spiritualiste et poétique : elle vient de faire ses preuves éclatantes On l'exclut des écoles, de l'enseignement classique et des académies : elle se venge de la proscription en forçant son vainqueur à applaudir, à envier les merveilleuses inspirations de sa muse toujours fidèle. Vaincue par les armes perfectionnées du français, on voudrait la reléguer à la campagne, à la ferme, parmi les paysans et les laboureurs; elle s'en échappe pour prendre ses entrées dans les salons du grand monde et sur les théâtres des premières villes. Modeste Cendrillon, on la croit réduite aux plus vulgaires usages de la vie commune, condamnée au rôle de servante, après avoir été dépouillée de sa part d'héritage par sa superbe sœur d'outre-Loire; mais elle est restée grande dame et noble fille du peuple, et elle ne veut pas que son blason mi-parti soit infecté de la barre ignominieuse de bâtardise. Elle était littéraire, élégante et polie avant que le français n'eût secoué son enveloppe tudesque et inculte. Elle n'a point abdiqué, et se refuse à recevoir l'aumône du français, ce qui pour elle serait consentir à descendre à l'humiliante condition de patois, et dégénérer de langue savante et de haute extraction en un jargon grossier et barbare. Les royautés tombées, comme les démocraties asservies, ont leurs majestés et leurs fiertés, qui commandent encore le respect, et quelquefois de ces retours de sève et leurs jours de révolte, qui les relèvent des proscriptions et des dédains!

Ce n'est pas qu'il y ait à armer en guerre pour reconquérir à la langue d'Oc sa couronne de souveraine déchue, et pour la restaurer dans son rang politique et international d'autrefois. Ses destinées sont changées, elle n'aspire pas si haut; mais elle n'est pas tombée si bas qu'elle se laisse défigurer, travestir et outrager sans protestation. Au moins aura-t-elle bien le droit de vouloir rester en possession d'elle-même et de son génie, et qu'il lui soit permis, tant soit-elle bafouée et trahie, même par les siens et ses plus proches, d'espérer que son culte vit encore dans quelque noble cœur, et que le feu sacré trouvera un coin de foyer qui l'abrite et le conserve.

Cependant on a pu croire que l'heure de la réhabilitation était près de sonner pour elle, à voir le mouvement littéraire qui se produit en sa faveur à notre époque, si peu portée vers la littérature. C'est au moment où la langue d'Oc est proclamée, de par les pédants, morte sous la férule du français, et dûment ensevelie, que, de tout le Midi, dans son vieil idiome national, s'élève la plus éloquente des protestations, s'exprimant avec une fraîcheur de poésie, une jeunesse de verve, une inspiration, une originalité, à rassurer contre le travers de fatidiques et niaises prédictions, à consoler des écœurements du positivisme matérialiste. Et c'est à ce moment-là même que les meilleurs esprits, en France et en Allemagne, — historiens, savants, philologues, curieux et érudits, doctes et lettrés, — attirés vers les études de la linguistique, se prennent à interroger nos anciens dialectes pour y découvrir le secret de leur formation, de leur origine, des lois du langage, la trace des vieilles mœurs, des usages, des institutions du pays, que souvent un mot a traduits et conserve dans son étymologie.

La renaissance des lettres méridionales a déjà pour elle la plus grande puissance du jour, le fait accompli Elle s'est affirmée par des œuvres brillantes et vigoureuses; et aussitôt, sous le charme et l'étonnement, l'attention publique s'est fixée sur ces patois, comme on disait, auxquels on n'avait pas soupçonné tant d'harmonieuses ressources Grâces en soient rendues à la muse de la langue d'Oc! Dès qu'on a pu voir l'éclat et la richesse de son écrin, on a voulu sonder les profondeurs de la mine qui recélait ces fines pierreries : les travaux de recherche et les fouilles ont été entrepris avec ardeur. Cette poésie, que l'on pouvait avouer et qui se faisait applaudir, a commencé par faire aimer sa langue et le vocabulaire qui en apprenait les délicatesses, le tour et l'expression. L'histoire d'un peuple n'est autre que l'histoire de sa langue; et à son tour, la science est venue explorer les sources, les formes, les flexions, les transformations du vieux langage néo-latin, roman, languedocien; demander aux dictionnaires du peuple ce que le peuple pensait et comment il parlait sa pensée, comme il la parle encore et la parlera longtemps, et étudier sur le vif son génie, ses coutumes et ses traditions.

La poésie refleurissait au berceau des premiers troubadours; et par un merveilleux entraînement de patriotisme, tous les dialectes, aussi nombreux et aussi mélodieux que dans l'ancienne Grèce, se réveillaient pour publier leur charte particulière, le code local de leurs variétés. Les travaux des grammairiens et des linguistes, les glossaires, les lexiques, les vocabulaires se sont multipliés pour attester la vitalité rajeunie de l'idiome languedocien. Des académies, des sociétés, des congrès, des jeux floraux ont encouragé cet élan de l'esprit provincial, et tout le Midi a répondu à des voix aimées et connues, qui l'appelaient dans sa langue populaire à une vie nouvelle.

Certes, tout cela ne va pas faire renaître les temps des Raymond de Toulouse et des Béranger de Provence, avec les cours d'amour, avec les fleurs et les joies de la gaie science. Nous n'allons pas revenir à l'époque pour laquelle écrivait Sauvages, où, par tout notre pays, dans les plus grandes maisons comme sous les toits les plus humbles, le patois, c'est-à-dire le langage de la patrie, conservait seul l'antique droit d'asile, où seul il était admis dans les relations privées et domestiques, dans les causeries intimes du salon du riche et de l'âtre du pauvre, où la famille patriarcale ne s'entendait, ne s'entretenait, ne s'aimait qu'en pur languedocien. Non; mais tout cela, ce réveil intellectuel de nos provinces, ce retour de faveur, cet empressement du monde savant à remettre en honneur l'idiome méridional donnent la preuve que le flambeau, rallumé par des mains habiles, n'a rien perdu de son éclat, et qu'il y a mieux que des cendres mortes à remuer au foyer de la langue d'Oc. N'est-ce pas déjà quelque chose de bien remarquable qu'une langue, proscrite et dédaignée, qui revendique d'autorité sa place au soleil, qui s'impose par des chefs-d'œuvre et se classe de prime-saut au rang qui lui a autrefois appartenu et qui lui revient reconnaître? N'est-ce pas un acte de force, sous le régime le plus centralisateur qu'on ait jamais inventé, d'avoir su persévérer dans son indépendance, et si bien garder intactes l'originalité et la pureté de son type natif? Et quand elle s'est présentée ainsi, de quels artifices a-t-elle usé pour se faire reconnaître? Quelles habiletés a-t-elle employées pour être adoptée et recherchée? Son histoire était là qui disait son passé, ses traditions, ses instincts. Le charme de sa parole, de sa mélodie, de ses rythmes a suffi : elle n'a pas exercé d'autre séduction.

Cependant, depuis le commencement de ce siècle, le système des prohibitions ne lui a pas épargné ses rigueurs. Que de défenses par édits et par arrêts, par lois et décrets, de se produire! Et en même temps, comme sur son domaine les introductions de la concurrence officielle étaient légalisées! Au nom du progrès et de l'unité, sous prétexte de belle diction, aucune trahison, aucune rupture, aucun abandon ne lui ont été ménagés. Elle a été écartée de l'instruction primaire de l'enfance; les hautes classes de la société n'ont plus consenti à la traiter que comme une langue de luxe, pouvant s'adonner avec quelque succès à la littérature et y réussissant assez bien, et elles l'ont bannie de leur conversation la plus familière. Mais, sous le coup de ces injustes réprobations, auprès des masses populaires, loin des villes et des écoles, elle a trouvé un refuge. L'attachement opiniâtre du peuple pour le langage dans lequel il a appris à penser, qu'il s'est donné comme l'instrument le plus facile, le plus commode, le plus actif de ses relations, de ses nécessités d'habitudes et de mœurs, lui a fait un rempart inexpugnable. Là est pour elle la vraie patrie; elle est là en pleine possession d'elle-même. Vivant par les populations attachées au sol, elle a suivi leur développement; mobile comme tout ce qui vit et marche, quand elles avançaient; s'impressionnant avec elles des influences climatériques, quand leur organisme les portait naturellement à modifier certains sons, à préférer certaines articulations mieux appropriées à leurs facultés; se prêtant à formuler les idées et les connaissances d'une civilisation plus riche, dans la mesure des besoins et des intérêts qu'elle était appelée à servir, dans le cercle qu'elle embrassait, selon les lois et la nature de son organisation, ce peuple a si bien le secret et l'instinct. C'est assurément pour s'être tenue dans ce milieu, dont on ne l'arrachera pas de longtemps, où les innovations ont moins de prise et le respect de la langue maternelle plus de puissance, qu'elle doit de n'avoir rien perdu de son caractère primitif, du naturel qui distingue son individualité, qui la classe comme une langue à part, vivant de sa vie propre.

Aussi, plus qu'un autre, l'idiome languedocien est-il en droit de se montrer jaloux et fier de rester et de paraître lui-même. Il ne redoute rien tant que l'alliage et la contrefaçon : il réprouve avec horreur tout ce qui ressemble à un pastiche ou à un calque; il est dans sa nature d'avoir des susceptibilités d'hermine, des délicatesses de sensitive, et des raffinements de pruderie, qui auraient dû déconcerter les audaces d'attouchements profanes. A ce point que, pour vivre dans le mouvement intellectuel et social, quand il est forcé d'emprunter un mot au français, son voisin et son rival, il a hâte de protester contre ce servage, et se croit obligé de défigurer l'intrus par quelque métathèse hardie qui sauve jusqu'à l'apparence de l'imitation. Ainsi encore, il sent bien que le langage moderne de la politique, des sciences et des arts, de la philosophie, lui échappe; mais, dans la sphère où l'a retenu sa défaite, il n'en avait nul besoin; il repousse l'importation étrangère ou il la dénature par des procédés à lui propres, et peut-être aussi par la crainte d'introduire dans son domaine la plus étrange des battologies, s'il lui fallait, à l'exemple du français, demander des techniques à l'Angleterre pour la politique, le commerce ou l'industrie, à l'Italie pour la musique et la peinture, à la Grèce et à l'Allemagne pour la philosophie.

Le contact continuel et forcé du français n'autorise avec lui ni assimilation, ni promiscuité. Le génie de la langue d'Oc est en opposition avec le génie de la langue d'Oïl. La sonorité de l'accentuation méridionale, l'euphonie et la cadence de ses désinences et de ses formes, ses tours elliptiques et sa construction ne se plieront jamais au dialecte sourd du Nord, à sa précision exacte et compassée. Il ne sortirait de la fusion qu'une logomachie sans nom, qui ne serait ni du languedocien ni du français, mais du vrai patois cette fois, inintelligible aux habitants du pays eux-mêmes, et faite pour déconcerter les étrangers et les plus savants philologues.

Malheureusement ces incompatibilités entre les deux langues n'ont pas été toujours bien comprises. Pour quelques affinités que le latin avait à l'origine apportées dans l'une et dans l'autre, on n'a pas assez tenu compte de leurs différences physiologiques, de tout ce que peut-être le climat, leur position géographique, leurs tendances avaient mis d'inconciliable, d'antipathique dans leur nature, dans leur caractère, dans leur mécanisme, dans leur expression. C'étaient deux fleuves, ayant une source commune, qui longtemps avaient suivi une marche parallèle, fécondant le pays dans leur cours; mais que depuis des pentes opposées ont entraînés en sens contraire, et dont les eaux ne peuvent plus se mêler sans se troubler et se corrompre. C'est ce qu'il fallait surtout remarquer : c'était à maintenir la séparation qu'il importait de s'attacher.

Aujourd'hui la langue française, qui ne cesse de se prodiguer, de se répandre, de se perfectionner, attire tout à elle : seule, elle a la parole; seule, elle est de bon ton et de bonne compagnie; tout se fait, s'enseigne, se régente, se discute, se traite en français : sa prééminence est incontestable. La langue d'Oc, à ses côtés, depuis qu'elle a perdu sa nationalité, n'est plus qu'un parler de vaincus. Comme elle n'a pu se mouvoir que dans un cercle restreint, sa puissance de développement s'est mesurée à des intérêts et à des besoins bornés. Émule souvent heureuse du français, dans la poésie, plus abondante et plus musicale que lui, on l'a bien vue toucher sans efforts aux conceptions élevées de la pensée et de l'esprit; mais rejetée de la vie publique active, du monde des affaires, de la politique et des sciences humaines, mise en quelque sorte au ban de la civilisation moderne : toute expansion lui devenait impossible. Elle est restée, avec ses allures familières, vulgaires, un peu rustiques, la langue du peuple, de la famille, des campagnes. Elle a vécu néanmoins et elle vit encore de son propre fonds, par la seule énergie de sa constitution.

Mais tous rapports philologiques ont cessé entre les deux idiomes. Leur co-existence sur le même territoire ne saurait fonder ni alliance, ni association. La transfusion de l'un dans l'autre ne serait en effet que l'anéantissement du plus faible, sans profit pour le plus fort.

Sans doute il peut arriver un jour, si éloigné qu'on le prévoie, où le vainqueur parviendra à étouffer le paria, à force de l'étreindre. Il le supplantera dans son modeste empire, mais son pouvoir ne va pas jusqu'à le rayer de la famille des langues. Que le languedocien soit supprimé et démonétisé, c'est le lot des proscrits; mais rien ne fera qu'il n'ait eu cours légal, qu'il ne soit encore une des gloires de la mère-patrie, qu'il ne revendique justement son individualité distincte, et qu'il ne se refuse à être converti en un des patois du français. C'est au moins contre cette décomposition violente qu'il proteste, s'il est condamné à mourir. Amis et ennemis s'acharnent à le transformer en un argot qui le rendra bientôt tout à fait méconnaissable. Certains puristes, et quelques-uns très-érudits vraiment, ne sont-ils pas allés jusqu'à professer que le vocabulaire languedocien n'avait rien de mieux à faire que de mettre au pillage les dictionnaires français? Ces stériles et humiliants larcins, s'ils étaient érigés en système et innocentés, ces monstrueux amalgames, s'ils s'accomplissaient, c'en serait fait de la langue d'Oc, et de sa dignité, et de son génie. Les empiriques, en infiltrant dans les veines de la pauvre malade un sang étranger, n'obtiendraient que ce déplorable résultat de compromettre davantage son existence. A l'arrêt de mort qu'on n'ajoute donc pas un arrêt de flétrissure.

La réaction intelligente de l'esprit des provinces, dans le Midi, n'a pas été saluée partout avec tant de sympathie encourageante pour avorter en plein succès. La langue d'Oc, qui a repris sa place dans la littérature de la France, fait désormais partie de ses richesses, et sa conservation intéresse la gloire nationale. Mais que lui faut-il encore pour vaincre les préjugés, pour avoir raison de tous les partis-pris? Elle n'y parviendrait pas mieux si elle consentait à reprendre les formules archaïques du roman des troubadours, avec lesquelles on ne s'entendrait plus, que si elle était contrainte à recourir à ces faux ajustements d'emprunt, qui l'enlaidissent et la défigurent. Mais tous les suffrages lui feront accueil quand elle se montrera dans sa pureté première, dans sa simplicité vraie et naturelle. Elle ne doit être jugée que sur son type natal, sur un tableau correct, complet, entier d'elle-même, telle que le progrès l'a faite, modifiée, appropriée, avec les accroissements que son génie lui a apportés et que l'usage consacre. Au prix d'une épuration sévère, elle méritera de se relever de son abaissement, et d'attirer les études sérieuses et la faveur publique.

Sans rien répudier de son passé qui a jeté un vif éclat dans la littérature, ne peut-elle avoir quelque orgueil de sa renaissance, qui n'est pas moins brillante? Ce qui était autrefois de son essence, ne le porte-t-elle pas encore aujourd'hui en elle? Toutes les langues arrivent nécessairement à se transfigurer avec les mœurs, l'esprit public et les tendances des populations qu'elles représentent. Et de cela que l'idiome méridional ne s'est pas figé dans l'immobilité, qu'il a éprouvé des transformations, serait-il juste de conclure qu'il doit être déclaré atteint et convaincu de mort civile? Ce ne sont point les acquisitions nouvelles, quand il les a marquées au titre légal, qui peuvent diminuer son crédit; mais bien cette fausse monnaie, frappée au coin d'une fantaisie ignorante, qui le déconsidère : et c'est là que le remède doit être appliqué.

D'autre part, la langue d'Oc est morcelée en une infinité

de dialectes; mais s'en est-elle pour cela affaiblie dans son principe? Tous ces rameaux se relient par mille radicules à la souche-mère; les nuances d'intonation et de vocalisation viennent confondre leurs accords dans l'harmonie originelle, dans une gamme commune. S'il n'est pas permis d'espérer, à cause de l'étendue du territoire et de la diversité des dialectes, de les rassembler tous dans une composition unique, qui dénonce les altérations dont ils ont chacun plus ou moins subi l'atteinte, et qui les ramène au thème vrai, ce résultat ne peut-il être obtenu dans une monographie, qui se rattache à tous par des aperçus généraux, par la fraternité d'origine et de famille? Notre dialecte cévenol, par sa position concentrique entre la plaine et la montagne, plus abrité que les autres contre les importations exotiques, ne s'est-il pas montré aussi plus fidèle au vieux culte, n'a-t-il pas mieux conservé les saines traditions? Ne devrait-il pas être préféré pour ce travail d'épuration?

Ce sont ces études qui préoccupaient l'auteur des *Castagnados*, auxquelles il conviait un groupe d'intimes, animés comme lui du feu sacré. Il rêvait de rendre à son dialecte bas-languedocien, cet ami d'enfance tant aimé, sa physionomie vraie. Dans cette pensée fut commencée la nomenclature du nouveau *Dictionnaire languedocien* : elle nous est parvenue écrite en entier de la main de M. le marquis DE LA FARE-ALAIS.

A cet éminent esprit, si versé dans la connaissance de l'idiome maternel, si familier avec le génie du gai-savoir, il appartenait, et lui seul avait autorité et compétence pour cela, de dresser le nobiliaire complet de notre langue, où ne devaient être inscrits, comme sur le livre d'or de Venise, que les patriciens de bon aloi, de pure origine ou d'alliances légitimes. Poète, il avait rendu à cette langue populaire sa grâce et son élégance, sa clarté et son énergie, son caractère joyeux et goguenard, ses allures franches et agrestes; il l'avait élevée même jusqu'à l'idéal qu'on lui croyait inaccessible, jusqu'au sentiment et au pathétique pour lesquels on l'accusait de manquer d'expression ou de souffle. Grammairien, il voulait lui garder son purisme natif et son originalité technique; la sauver du servilisme de l'imitation et des pollutions de l'invasion étrangère; délivrer son domaine des excroissances sauvages que le terroir natal n'avait pas produites et se refusait à féconder; conserver aux fleurs de ses champs leur fraîcheur et leur parfum, sans proscrire toutefois celles que sa culture ou son génie avaient naturalisées et dont il avait fait des conquêtes. Le maître seul eût pu mener à bien ce labeur délicat : malheureusement il ne lui a pas été donné de l'accomplir; mais il en a déposé la pensée dans la nomenclature.

Cette classification, telle qu'il nous l'a laissée, accompagnée de quelques notes trop rares et pieusement recueillies, qu'il sera facile de reconnaître, forme un tout complet. Notre système d'orthographe et les règles de notre syntaxe s'y trouvent en germe : toutes les acquisitions nouvelles du Cévenol sont légalisées, les néologismes irréguliers condamnés; le maître a prononcé. Pour nous, ces listes de mots sont les tables de la loi : elles fixent notre dialecte, elles sont notre langue vraie, actuelle, vivante. C'est l'arrêt auquel il n'y a rien à ajouter ni à retrancher : le jugement dernier qui sépare le bon grain de l'ivraie.

Il y a plus de vingt-cinq ans du jour où fut écrite la première ligne du Vocabulaire et où nous recevions, avec un ami, hélas! perdu aussi pour nous, la confidence du plan d'une entreprise trop tôt interrompue. Alors, dans une collaboration fraternelle, à laquelle manquait son chef naturel, le travail aurait pu être suivi; d'autres préoccupations arrêtèrent nos études, sans jamais cependant nous les faire perdre entièrement de vue. Enfin, quand au dernier survivant est revenu ce legs de l'amitié, pour en accepter l'honneur et les périls il a moins consulté ses forces que son patriotisme. L'œuvre avait été inspirée par un sentiment qui devait la faire continuer : elle pouvait être utile, ses difficultés ne devaient pas empêcher d'en tenter les risques et les écueils. Mais aujourd'hui que la tâche est à peu près remplie, que nous avons parcouru jusqu'au bout la voie tracée par les jalons indicateurs, nous jetons un regard en arrière, et nous doutons. La bonne volonté ne nous a-t-elle pas égaré? L'esprit du maître ne souffle plus; ne nous a-t-il pas abandonné dans ce long trajet? Et nous en sommes à nous demander, en le regrettant peut-être, s'il n'eût pas été préférable que l'esquisse fût restée simplement au trait qui seul lui donnait tant de vie et d'animation; s'il n'eût pas mieux valu que la toile eût été laissée vide dans son cadre d'or. Puisse au moins la gangue abrupte ne pas trop déparer le diamant que nous avons voulu mettre en lumière!

Tout d'abord nous devions dire comment était né le nouveau *Dictionnaire languedocien;* maintenant, que son ordonnance, sa marche et son développement eussent dû être moins imparfaits, plus conformes aux us et coutumes et aux règles académiques, nous l'avouons. Il y aurait trop mauvaise grâce à ne pas le reconnaître et trop de présomption à ne pas s'en excuser. Il va de soi que notre prétention n'a pas été de faire un livre savant, pas plus que destiné à apprendre la langue à ceux qui la savent; mais il importait de conserver l'acte de son état civil, nous l'avons fidèlement enregistré. Nous avons mis toute notre application et de désir à bien faire, pour rendre utiles et intéressantes nos recherches, pour maintenir les saines traditions; s'il ne nous a pas été donné de faire mieux, à nous seul la faute. Mais que ne nous pardonnera-t-on pas et ne nous laissera-t-on point passer à la faveur de ces deux noms si populaires et si sympathiques qui nous couvrent? Ce double patronage de SAUVAGES et de LA FARE-ALAIS, nous l'invoquons à chaque page. A plus d'un titre nous avions le droit de nous en réclamer : ici le devoir qui nous tenait le plus au cœur était de porter l'hommage du souvenir et de la reconnaissance à ces deux mémoires vénérées et chères.

A

A

A, *s. m.* Première lettre de l'alphabet. Cette lettre n'étant jamais muette et n'ayant qu'une seule et même prononciation, il n'y a pas lieu de lui donner un accent quelconque, ni au commencement, ni à la fin, ni dans l'intérieur d'un mot. Cependant A prend l'accent circonflexe dans la diphthongue : *mâou, pâou, doube*, etc.

A, *prépos. et signe du datif* **à**. — *Anan à la vilo; douna de pan à un pâoure.* Ici l'**à** n'est pas considéré comme lettre, comme substantif; il est préposition. Pour le distinguer ainsi, et ne pas le confondre avec le mot suivant, nous lui donnons l'accent grave, qui du reste ne modifie en rien sa prononciation.

A, 3ᵐᵉ *pers. ind. prés.* du verbe *Avédre*, il ou elle a.

A, *désinence*, qui est représentée dans quelques noms propres d'homme et dans beaucoup de noms de lieu, en fr. par *ac*, et en lat. par *acus, acum*.

Dans aucun mot notre dialecte n'admet ni ne prononce le C final; le français, au contraire, le fait fortement sentir; en cela, et sur la terminaison dont nous traitons, celui-ci se rapproche davantage de l'ancienne forme. Nos aïeux, les Celtes, avaient en effet ce suffixe *ac, ak*, qui se confondait avec son équivalent *ec, ek*, conservés encore dans l'armoricain, le cambrique et autres; et ils appuyaient sans doute sur la finale.

On connaît le rôle des préfixes et des suffixes, deux sources qui fécondent et enrichissent les langues. Ceux-là précèdent le mot, font les composés et marquent un rapport de convenance, de lieu, de distance, de temps, de différence, etc.; ceux-ci suivent le mot, forment les dérivés et impriment à la racine un sens particulier de qualité, de mode, d'action, de substance, d'appropriation, de ressemblance, de réunion, de collectivité et autres. Le suffixe *ac*, d'origine gauloise, servait à adjectiver le radical auquel il s'attachait, en lui apportant une idée de descendance, de propriété ou de collectivité, quand il s'ajoutait à un nom propre.

En arrivant dans les Gaules, Rome leur imposa sa langue et son génie; mais le vieux tronc celtique ne fut pas déraciné et ses rameaux verdissaient dans le langage usuel au milieu des pousses latines. Les dénominations locales toutes faites ne pouvaient s'effacer : elles furent latinisées le plus souvent par la simple addition de la syllabe romaine caractéristique *us, a, um*, selon qu'il s'agissait d'un *mansus* ou *pagus*, d'une *villa* ou *mansio*, d'un *castrum* ou *prædium*. Pour les établissements nouveaux à créer et à nommer, le contact persévérant des deux idiomes amena des modifications de procédés et de formes. Le latin introduisit son génitif en *i*, signe de relation identique au suffixe *ac*; et de là très-probablement les désinences en *acius* ou *ocium*, et par transposition *iacus, iacum*, et peut-être les flexions en *assius, assium, atius, atium*. C'était déjà l'altération, mais aussi le renouvellement; et pendant les sept ou huit siècles que dura la décadence du régime romain, qui allait s'altérant dans la basse latinité, se faisait en même temps le travail de formation de la langue d'Oc, prête à jeter tant d'éclat avec ses troubadours. Il est facile de comprendre, dans cette période, les transformations par lesquelles durent passer les désignations appellatives, sans parler des influences ethniques, qui agissent avec tant de puissance sur les organes vocaux et sur l'accent.

ABA

Les résultats se traduisent en variantes multipliées. Tandis que, dans le Nord, le suffixe *ac* se convertit en *é, ey, ay, i, y,* il fléchit, dans le Midi, en *a* simple, en *ec, ex*; vers le Centre, en *eu, eux*; un peu partout, en *as* et *at*; et toujours le latin immobile et uniforme a persisté dans ses finales *acus* et *acum*, *iacus* et *iacum*. Dans cette variété de produits issus de l'union des formes latines avec les désinences gauloises, tantôt latinisées, tantôt seulement traduites de la langue vulgaire et primitive, la combinaison de la mouillure sur l'*i* apparaît dans beaucoup de noms; elle amène encore comme équivalent le suffixe *an*, en et autres, et, il faut le reconnaître aussi, le *g* celtique mouillant l'*n*, qui donne, pour *ac* et *acum* ou *iacum*, dans le Nord, *igné, igni, igny, ignies*, qui ne sont pas moins pittoresques que nos *agnac, agnas, anègues, anigues, agnargues, argue* et *orgue*, méridionaux, qui ont les mêmes éléments primitifs et remontent à la même source. En commençant, il fallait tenir note de ces transformations. — *Voy.* les articles *An, Argue*, et les exemples sous les noms de lieu *Aïmargue, Massiargue, Candia, Sdouvagna, Sdouvagnargue,* etc., etc.

Abadiè, *s. f.* Abbaye; monastère d'hommes ou de femmes, gouverné par un abbé ou une abbesse.

Dér. du latin *Abbatia*.

Abandoù, *s. m.* Abandon. — Il ne se prend guère qu'adverbialement. *Laïsso tout à l'abandoù*, il néglige toutes ses affaires.

Abandouna, *v.* Abandonner. — Ce mot d'origine toute française est peu employé dans son sens propre, mais il devient tout-à-fait technique au participe passé fém. *uno abandounado*, une femme décriée et que tout le monde fuit.

Nous remarquerons, en commençant et une fois pour toutes, que le plus grand nombre de verbes actifs, dans notre idiome ainsi que dans le bas-breton, se terminent en A à l'infinitif et au part. pass. masc. Tous ces participes font *ado* au féminin.

Abàoucha (s'), *v.* Tomber sur la face, sur le nez.

Le radical semble pris de *bucca*, bass. latin., bouche.

Abâousa, *v*. Retourner un vase sens dessus dessous.

Abâousa (s'), *v*. Se coucher à plat ventre.

Abâousoù (d'), ou **d'Abâousoùs**, *adv*. A plat ventre, face à terre.

Abarbassi, ido, *adj*. Barbu, qui laisse croître sa barbe outre mesure.

Dér. de *Barbo*.

Abartassi (s'), *v*. Se couvrir de buissons; dégénérer en buisson. Se dit d'un arbre qui a été brouté ou trop fréquemment ravalé dans sa jeunesse.

Dér. de *Bartas*, buisson.

Les verbes dont l'infinitif est en I, ont la même terminaison au part. pass. masc.; ils font au fém. *ido* : règle générale.

Abasani (s'), *v*. Se flétrir, se rider; devenir vieux, usé, mi-pourri. Se dit quelquefois des personnes, mais plus souvent du bois de service qui a été pénétré par l'humidité et la gelée, et qui perd par là son poids et sa dureté.

Abastardi (s'), *v*. S'abâtardir, rabougrir, dégénérer. Se dit surtout des plantes et des céréales qui dégénèrent faute d'assolement et de renouvellement des semences.

Abataïa, *v*. Attaquer, poursuivre quelqu'un avec des projectiles quelconques; jouer de la fronde, jouer à la bataille, lancer des pierres avec la fronde; abattre des fruits à coups de pierre ou de gaule.

Abè, *s. m*., dim. *Abequé*. Abbé. Ce mot n'est plus qu'une désignation générique de tout ecclésiastique, n'importe son rang et ses fonctions, jusqu'à celles d'évêque inclusivement.

Dér. du lat. *Abbas*.

Abé, *s. m*. Sapin, *Abies vulgaris*, Linn. Grand arbre de la famille des Conifères. — *Voy. Sapin*.

Dér. du lat. *Abies*.

A-bé-cé-dé, *s. m*. A-b-c, abécédaire, alphabet.

Abéiano, *s. f*. Mélisse, citronnelle, *Melissa officinalis*, Linn. Plante à odeur de citron. Ses feuilles prises en infusion sont un léger stomachique. C'est le thé des paysans. — *Voy. Limounéto*.

Etym. de *abéio*, parce que les fleurs de cette plante, la mélisse, attirent les abeilles, dont le nom grec est μέλισσα, formé lui-même de μέλι, lat. *mel*.

Abéiè, *s. m*. Grand troupeau de moutons composé de plusieurs troupeaux de différents propriétaires, et que l'on réunit sous la garde d'un maître-berger nommé *baile*, pour les conduire en été sur les hautes montagnes. — *Voy. Avé*.

Ce mot est évidemment une dégénérescence d'*ouéliè*, qui a la même signification dans le dialecte gascon ou plutôt bordelais. Ce dernier est dérivé d'*ouélio*, brebis, formé du latin *ovis*, comme *ovile*, bergerie, étable à brebis. C'est la même origine que le français *ouaille* ou *ovaille*.

Abéio, *s. f*. Abeille, mouche à miel. *Apis mellifica*, Linn.

— *Mèrdo d'abéio*, miel. *Carga coumo uno abéio*, chargé comme une abeille; ne se dit que de quelqu'un chargé de butin ou d'objets utiles à soi-même.

Abél ou **Apiè**, *s. m*. Rucher d'abeilles; lieu où sont placées les ruches à miel; l'ensemble de toutes les ruches. — *Voy. Apiè*.

Abéna ou **Avéna**, *v*. Finir, user, élimer. Se dit d'un habit, du linge, d'un meuble; au fig. d'une personne usée de vieillesse ou de travail. — C'est encore un technique particulier pour les filatures de soie. Chaque jour, à la fin de la journée, on ramasse les derniers cocons à moitié filés qui restent dans la bassine, pour les réunir le lendemain à des cocons neufs; mais le samedi il y aurait inconvénient à les laisser croupir ainsi tout le dimanche dans leur humidité. Pour y obvier, on travaille un peu plus longtemps le samedi, pour achever de filer ce qui reste de soie aux derniers cocons : c'est ce travail sur les cocons ainsi usés, et sans en adjoindre de neufs, qu'on appelle *Abéna*. — *Voy. Avéna*.

Abénaduros, *s. f. pl*. Reste de cocons mi-dévidés dont il est parlé à l'article précédent. La soie qui en provient a moins de force et de nerf, car ce sont les filaments intérieurs et le dernier travail du ver arrivé à sa fin. Aussi n'est-il pas prudent de dévider cette soie sur la flotte déjà commencée; elle paraîtrait à l'extérieur et donnerait à l'œil mauvaise opinion de sa consistance. Pour y remédier on prend une roue nouvelle et l'on entreprend une autre flotte; alors la soie provenue des *abénaduros* se trouve en dedans et passe ainsi inaperçue.

Abèou (à l'), *adv*. En danger, sur le bord d'un précipice, sous le coup d'un accident. — *Aquò's bien à l'abéou*, cela est fort exposé, bien en danger.

Dér. peut-être du lat. *Labes*, chute, ruine; mais alors il aurait dû être écrit *Labéou*; peut-être du lat. *Abyssus*, abîme, précipice.

Abéoura, *v*. Abreuver; mener à l'abreuvoir, faire boire les bestiaux; combuger un vaisseau en bois, des futailles. — *La téro és prou abeourado*, la terre est assez humectée, abreuvée.

Dér. de *Béoure*, boire.

Abéouradoù, *s. m*. Abreuvoir; auge à cochon; auget de cage. On dit proverbialement : *Vai tout soul à l'abéouradoù*, il n'est pas nécessaire de le mener boire, il sait boire tout seul, en parlant d'un ivrogne. — *Cassa à l'abeouradoù*, tendre des filets le long d'un ruisseau où vont boire les oiseaux.

Abéourajé, *s. m*. Breuvage. — Il se dit de la pâtée qu'on sert aux cochons; du breuvage mêlé de son et de farine qu'on donne aux chevaux et aux vaches; particulièrement des breuvages médicaux qu'on fait avaler aux animaux domestiques de toute sorte.

Abéoure, *s. m*. Toute sorte de boisson étendue d'eau, mais dont le vin est la base, soit piquette, soit vin trempé; abondance.

Abérlénquiè ou **Amélan**, *s. m*. Amelanchier, *Cratægus amelanchier*, Linn. Arbrisseau de la fam. des Rosacées. Son fruit se nomme *Abérlénquo*. — *Voy. Amélan*.

Le nom propre *Aberlen* tire de là son origine et sa signification

Abérouni, v. Priver un mouton ou un agneau, lui apprendre à manger dans la main, a suivre son maître, à obéir à sa voix. Il est dér. de *Beroù*, agneau privé, Robinmouton, le favori du berger.

Abérouni (s'), v. Se vermouler, se garnir de vers. Se dit d'un fruit qui commence à être vermoulu, souvent à force de maturité.

Dér. de *Beroù*, le ver blanc du fruit.

Abèssi, v. Émousser, tourner le morfil d'un instrument tranchant. — *La dato s'abessis quan arapo uno tàoupinièiro*, la faux émousse son morfil en coupant la terre d'une taupinière.

Abèsti, v. Hébéter, abêtir. — *Lou trop manja rèn abesti*, trop manger abêtit.

Un *abesti* ne signifie point un homme hébété, mais un homme grossier, brutal, sans mesure, sans convenance.

Dér. de *Bèstio*, bête.

Abima, v. Friper, salir, perdre, gâter; déchirer la peau. — *As abima ta vèsto das dimenches*, tu as fripé, sali ton habit des dimanches. *M'abimè*, il me roua de coups. *Me soui abima en toumban*, je me suis moulu, tout déchiré en tombant.

Dér. du français *Abimer*, quoiqu'il n'ait aucun rapport de signification avec lui. Celui-ci n'a jamais qu'un sens figuré et elliptique; le premier n'est jamais qu'au positif et au physique.

Abitaia, v. Ravitailler, fournir des provisions de bouche.

Dér. de *Bitaïo*, victuaille.

Ablada, v. Emblaver une terre. — *Aquélo tèro s'ablado end'un sestiè*, cette terre reçoit un setier de semence.

Dér. de *Bla*, blé.

Ablanqui, v. Rendre blanc, rendre propre, laver; passer un blanc.

Ablasi, ido, adj. Usé, devenu souple par usure, avachi. On le dit surtout du linge qui, pour avoir trop servi, pour avoir été trop souvent blanchi, a perdu son apprêt, sa crudité.

Dér. de *Blaso*, bavure des cocons. Cette substance, éminemment souple et molasse, sert ici de terme de comparaison. C'est à tort, pensons-nous, que Sauvages veut donner à cet adjectif une origine celtique, lorsque la déduction ci-dessus est si simple et si naturelle. Quant au subs. *blaso* lui-même, il ne saurait être celtique; car à coup sûr les Celtes ne connaissaient ni les vers à soie, ni la nomenclature qui s'y rattache. D'ailleurs Sauvages ne cite pas le radical qui pourrait à toute force, par une analogie quelconque, avoir fourni le mot à notre langue. Mais sans remonter si haut, aire et sera encore une assez ancienne descendance, *Blaso* ne viendrait-il pas du grec θλαξ, qui signifie mou, lâche, paresseux? Sa parenté étymologique avec *Ablasi* nous paraît au moins aussi certaine. — *Voy.* **Blasi**.

Ablasiduro, s. f. État du linge *ablasi*.

Ablasiga, v. Mourtrir; accabler de lassitude; briser les os. Au part. pass. seul employé : harassé, moulu de fatigue, courbature. Activement il est inusité.

Même dérivation qu'*Ablasi*, dont il n'est que la reproduction dans un sens figuré.

Ablasigaduro, s. f. Lassitude dans tous les membres, courbature.

Ablouta, v. Joindre plusieurs sommes ensemble.

Dér. de *Blò*, bloc.

Abouchardi, ido, adj. Barbouillé, sali, au visage surtout.

Dér. de *Bouchar*.

Abouminable, blo, adj. Abominable.

Trad. du français.

Abouna, v. Abonner.

Trad. du français.

Abounamén, s. m. Abonnement.

Trad. du français.

Abounda, v. Rassasier, et non point abonder. Ce mot est évidemment dérivé du français, quoique l'acception en ait été restreinte. C'est seulement de l'analogie : ce qui abonde par trop est rassasiant. — *Mé souï abounda dé i dire*, je me suis lassé de lui dire.

Etym. du lat. *ab*, et de *undo*, regorger, déborder.

Aboundivou, adj. de tout genre. Rassasiant, qui gonfle l'estomac, comme les mets trop gras. — *Voy.* **Abounda**.

Abouréla, v. Traiter une chose comme le bourreau traite un patient, c.-a.-d. la torturer, la briser, la déformer, l'abîmer.

Abourgna, v. Éborgner, rendre borgne, crever un œil, ou lui faire grand mal; éborgner l'œilleton d'une greffe.

Dér. de *Borgne*, borgne.

Abouri, v. Détruire. — *Abouri uno nisado*, détruire une nichée. *Abouri un cami*, défricher un chemin. *Uno vigno abourido*, une vigne abandonnée et en friche. *Aquélo modo s'abouris*, cet usage se perd. *Uno fénno abourido*, une femme fanée, ridée, qui a perdu ses formes et sa fraîcheur.

Ce verbe paraît formé de *Boure*, bourgeon, bouton, et de *l'a* privatif. On ravale un arbre et une plante en lui enlevant ses boutons à mesure qu'ils paraissent. Les autres acceptions ne sont qu'une extension de celle-là, primitivement tirée de l'agriculture.

Abouscassi (s'), v. Dégénérer, s'abâtardir; au fig. se ratatiner, se négliger dans sa tenue et dans son allure.

Dér. de *Bouscas*, bâtard, sauvageon.

Abraqua, v. Braquer un canon, une lunette, même les yeux.

Trad. du français. L'*a* d'*abraqua* est purement explétif.

Abrasa, v. Braser du fer ou du cuivre; mettre de la braise sur un potager, dans un réchaud, dans les sabots. Cette chaussure, ainsi échauffée quelques secondes, conserve longtemps sa chaleur, quoiqu'on aille dans la boue ou la neige. Cet usage est fort suivi chez les Cévenols.

Dér. de *Braso*, braise.

Abrasaïre ou **Estabrasa**, *s. m.* Chaudronnier ambulant, qui va souder, raccommoder le vieux cuivre à domicile, en s'annonçant par ce cri : *Peiroulérou-éstabrasa! Cassérolo estama!* Cette phrase est sans doute un mélange corrompu du languedocien et de l'italien calabrais; car la plupart de ces industriels étaient dans l'origine des Napolitains et avaient le costume et le chapeau conique des lazzaroni.

Abrasqua, *v.* Ebrancher; rompre les branches d'un arbre en les tirant du bas. — *Lous fruchès s'abrasquoù*, les arbres rompent sous le poids de leurs fruits.

Dér. de *Branquo*, branche.

Abrasque, quo, ou **Abrasquou**, *adj. m. f.*, de tout genre. Cassant, fragile, qui s'ébranche facilement. Le châtaignier principalement casse au moindre effort de l'homme ou du vent.

Abri, *s. m.* Abri. Ne se dit que d'une exposition à l'abri du vent ou des gelées, et non au figuré.

Dér. du lat. *Apricus*.

Abriou, *s. m.* Avril, 4ᵐᵉ mois de l'année. Le proverbe dit : *Mar douroùs, abriou plèjoùs, rèndou lou peisan ourguioùs*, mars venteux, avril pluvieux, rendent le paysan orgueilleux. *Aou mes d'abriou t'aldoujeiras pas d'un fiou, dou mes de mai fai cé qué té plai, amai encaro noun sai*, au mois d'avril tu ne t'allégeras pas d'un fil, au mois de mai fais ce qui te plait, et je ne sais trop encore... Bon conseil hygiénique, que les variations de température dans ces deux mois justifient souvent. — *Peissoù d'abriou*, poisson d'avril, attrape.

Etym. du lat. *Aprilis*.

Abriva, *v.* Faire manger un poisson d'avril, attraper.

Abrouqui (s'), *v.* Se rabougrir, végéter maigrement, se dessécher. Se dit d'un arbre brouté ou trop souvent ravalé, qui pousse faiblement. — *Voy. s'Abartassi*.

Dér. de *Broquo*, bûche, branche sèche.

Abrouta (s'), *v.* Avorter. Se dit en parlant des animaux. Du lat. *Abortus*, part. pass. d'*Aboriri*, même significat.

Abusa, *v.* Abuser de... Traduit du français. Ce mot ne s'emploie jamais vis-à-vis d'un régime direct; ainsi on ne dit pas : *Abusa quàouquùs*, pour tromper, duper quelqu'un; mais *abusas dé iéou*, vous abusez de moi.

Açà! *interj.* Oh çà! Or çà! — *Açà véguén*, çà, voyons. *Açà vénès?* oh çà! venez-vous?

Acaba, *v.* Achever, finir; se ruiner. — *Es acaba*, il est achevé; sa santé est usée; il ne peut plus vivre longtemps; ou bien : c'est un homme ruiné. *Aquel co l'acabè*, ce fut le dernier coup qui l'acheva. *Acaba que siègue*, sitôt fini, pas plus tôt terminé, une fois ceci achevé.

Acabado, *s. f.* Fin, terme. — *A l'acabado!* à mon reste! Cri des revendeurs de rue, lorsqu'il ne leur reste que peu de marchandise. *A l'acabado!* Cri de victoire des fileuses de soie à la fin de la saison de la filature. Ce cri multiple et poussé de toute la force des poumons se fait entendre pendant les trois derniers jours de la campagne. Il est accompagné d'une chanson de circonstance fort ancienne, et à chaque refrain il recommence à se produire par un crescendo progressif.

Acabaïre, ro, *adj.* Prodigue, dissipateur; un mange-tout.

Dér. de *Acaba*.

Acabassi (s'), *v.* Se biser, se flétrir par l'âge et le travail. Il ne se dit que des personnes, et surtout des femmes à qui quelques années de mariage, des couches fréquentes et un allaitement trop prolongé ont enlevé leur fraîcheur, leur agrément et le gout de la toilette.

Dér. de *Cabas*, cabas. On appelle *cabas*, au fig., une femme malpropre et mal fagotée.

Acagnarda, *v.* Abriter une plante, l'exposer au soleil, à l'abri de la bise. — *S'acagnarda*, prendre le soleil dans un angle de mur, comme font les vieillards et les mendiants, qui n'ont pas d'autre feu que celui du ciel. Au fig. s'acagnarder, s'acoquiner, s'accoutumer à vivre dans la fainéantise.

Dér. de *Cagnar*, abri exposé au soleil.

Acalouna, *v.* Echauffer, réchauffer. — *Aqueste ten s'acalouno pas gaire*, ce temps ne se radoucit guère.

Dér. de *Caloù*, chaleur.

Acamina, *v.* Mettre sur la voie; mettre une affaire en train; mettre en fuite, chasser. *S'acamina*, *v. r.* Se mettre en route, se diriger vers, s'avancer.

Dér. de *Cami*, chemin.

Acampa, *v.* Ramasser, cueillir; prendre, gagner; au fig. économiser, entasser. — Abcéder, aboutir, en parlant d'un apostume qui travaille, qui se forme, qui suppure. — *Acampa de forços*, reprendre des forces après une maladie. *Acampa d'apeti*, gagner de l'appétit. *Acampa de sen*, prendre de la raison. — *Moun de acampo*, mon doigt apostume, il a un mal d'aventure.

Dér. de *Camp*, vieux mot : champ.

Acampaduro, *s. f.* Mal d'aventure, apostume.

Acampaïre, ro, *adj.* Ramasseur, au fig. économe, thésauriseur. Le proverbe dit : *A bon acampaire bon escampaire*, à père avare enfant prodigue.

Acampaje, *s. m.* Action de ramasser, de cueillir; cueillette.

Açan ou **Acén**, *s. m.* Accent, accentuation.

La première forme *Açan* est admise par l'usage : elle se justifie par son étym. du lat. *ad cantus*, que rappelle sa consonnance. La seconde *Acén* a reçu ses lettres de naturalisation de Sauvages, et dérive aussi du lat. *accinere*, chanter, qui a donné *accentus*. Les deux mots sont réguliers et également employés — *Voy. Acén*.

Acanala, *v.* Diriger l'eau par un canal ou un bief. Une rivière, un cours d'eau quelconque sont *acanalas*, soit quand on les canalise, soit même lorsqu'ils se sont tracés un lit profond et droit.

Dér. du mot suivant.

Acanâou, *s. f.* Chéneau de toiture; toute sorte de conduit d'eau en bois, en fer ou en poterie, pourvu que ce soit a ciel ouvert; lorsqu'ils sont ou en forme de tube, ou souterrains, on les nomme *Bournèou*, bourneau. — *Faire l'acandou*, loc. prvb pour dire : s'entendre comme larrons en foire, tricher au jeu en s'entendant frauduleusement avec l'un de ses adversaires pour duper son partner; signifie encore : ménager la chèvre et le chou; nager entre deux eaux; crier tour à tour vive le roi, vive la ligue; promettre à celui-là ce qu'on a promis à celui-ci, et tromper au moins l'un des deux : car c'est le rôle de celui qui trompe tout le monde, et à qui, par conséquent, personne ne peut se fier. L'*Acandou*, le chéneau, comme nous venons de le définir, est le conduit, primitivement en bois et ensuite en fer-blanc, placé horizontalement au bord des toits pour en recevoir l'eau, qui, par de plus petits tuyaux appelés gouttières ou gargouilles, tombait de là sur le pavé, avant que les règlements de la police urbaine eussent prescrit des descentes appliquées contre les murs des maisons pour amener l'eau jusqu'au niveau du sol. C'est par ces gouttières assez multipliées que le chéneau versait sa provision sur tous les passants, également et sans faire de jaloux Dispensateur général d'une chose qui ne lui coûtait rien et ne valait pas davantage, est-il devenu le type de notre homme qui fait l'*Acandou*, ou comme l'*Acandou*, en prodiguant ses promesses, ses protestations, marchandise de même valeur, qui n'est aussi que de l'eau claire? — Tout cela n'est pas certain, peut-être même n'est pas très-probable; mais, à coup sûr, ce n'est pas impossible.

Acances, *s. m. pl.* Espace qui reste sans être labouré dans un champ, aux deux extrémités de la ligne des sillons, où tourne la charrue A la fin du labour, on reprend toutes ces lisières par une nouvelle direction perpendiculaire à la ligne des sillons c'est la dernière opération que subit un champ. Par extension, on donne au fig. ce même nom à la terminaison d'une foule de choses. — *Sèn as acances dóou carèmo*, nous sommes à la fin du carême. *Soui as acances dé moun vi*, je suis au fond de mon tonneau.

Serait-il dérivé du lat. *ad calces*, aux pieds, au fond?

Acantouna, *v.* Tirer quelqu'un à l'écart, l'acculer dans un coin; écoinsonner un mur, y placer un écoinson, la pierre angulaire d'encoignure. — *S'acantouna*, se réfugier dans un coin, se blottir au coin du feu.

Dér. de *Cantoù*, coin.

Acâou, *s. m* Chaux; pierre calcaire cuite ou calcinée dans un four à chaux. En chimie, protoxide de calcium. — On la distingue en *Acâou grasso*, chaux grasse, et *Acâou maïgro*, chaux maigre. La première est la chaux pure, sans argile, acide carbonique et chaux; elle foisonne par l'immersion dans l'eau. Le mortier à chaux grasse se lessive et se détruit dans l'eau. La seconde est la chaux argileuse ou siliceuse, qui foisonne peu ou pas. Celle qu'on appelle chaux hydraulique, qui est une variété de la chaux maigre, contenant de 8 à 20 pour %, d'argile, fait prise dans l'eau : le mortier fait avec cette chaux prend de la consistance lorsqu'il est immergé. Les chaux maigres de 0 à 6 pour %, d'argile, sont non hydrauliques; de 6 ou 8 à 20 pour %, d'argile, elles sont hydrauliques; de 20 à 26 pour %, elles forment à elles seules, sans besoin de sable, le mortier hydraulique connu sous le nom de ciment romain

La chaux de la Blaquière, aux environs d'Alais, est renommée. Celles des Tavernes, de Vézenobres et de Ners ont aussi des qualités remarquables. — *Déstrémpa d'acâou*, éteindre et détremper de la chaux. *Pasta d'acâou*, corroyer la chaux, la mêler avec du sable, à l'aide du rabot, *pasto-mourtiè*.

Dér. du lat *Calx, Calcis* Notre dialecte a ajouté un *a* initial, purement explétif et euphonique. C'est ce qui fait sans doute que dans ce pays, bien des personnes, en parlant français, ou qui s'en piquent du moins, disent couramment au plur *les achaux*, comme elles font pour *les acôtés*, les côtés. Aucuns vont même jusqu'à *les apilastres, les achéneaux, les amuriers*, les pilastres, les chéneaux, les mûriers, etc.

Acapara, *v.* Accaparer, monopoliser.

Trad. du français.

Acaparur, urdo, *adj. m. et f.* Accapareur.

Trad. du français.

Acarcavèli, ido, *adj. m. et f.* Cassé, ratatiné, branlant de vieillesse ou de maigreur. Il se dit principalement du bois desséché et d'un meuble branlant dans ses jointures.

Dér. de *Carcavèl*, qu'on dit en certaines localités pour *Cascavèl*, par terme de comparaison avec le brandillement bruyant de cet instrument. — Voy. *Cascavèl*.

Acarnassì, *v.* Habituer à manger de la chair, rendre carnassier.

Dér. de *Car*, chair.

Acata, *v.* Couvrir; joncher. Au fig. *Acata*, part. pass., caché, dissimulé, sournois.

Acatage, *s. m.* Toute sorte de couvertures de lit.

Acén ou **Açan**, *s. m.* Accent : accent tonique, flexion de la voix sur certaine syllabe des mots; prononciation, accentuation. Se dit aussi pour accent grammatical, signe graphique qui affecte certaines voyelles.

Notre langue n'a qu'un substantif pour exprimer les deux acceptions très-différentes du mot *Acén*, dont l'une désigne la prononciation elle-même, et l'autre un signe accidentel et variable destiné à modifier le son d'une voyelle. Elle n'a pas accordé droit de cité à ces qualificatifs, inventés par les grammairiens, d'accent rationnel, oratoire, logique, pathétique et autres. Mais, pour faire de tout cela comme le bourgeois-gentilhomme de la prose, sans le savoir, elle ne se reconnaît pas moins si redevable à l'accent tonique et à l'accent grammatical, que nous ne pouvons nous dispenser de leur ouvrir un crédit particulier proportionné à leur importance.

Ce qu'on doit entendre par *accent tonique*, notre définition, peut-être trop concise, a essayé de l'exprimer en un mot. Qu'on nous permette d'emprunter à la préface des *Castagnados* un commentaire qui la complète.

La Fare-Alais dit de la langue d'Oc « qu'elle est une musique comme l'italien, plus que lui peut-être; c'est du moins une mélopée. Ses syllabes sont des notes, ses phrases des motifs harmoniques; son accentuation, si variée, est une véritable gamme, et ses diphthongues, ses triphthongues, si fréquentes, si multiples, forment des syncopes chromatisées d'une mélodieuse expression. Si cette langue a le larynx limpide et métallique, elle a aussi, et par-dessus tout, l'oreille chatouilleuse; et sa susceptibilité à cet égard rappelle ce sybarite que le pli d'une rose empêchait de dormir. »

On ne saurait mieux dire. C'est bien là, en effet, l'originalité et le caractère dominant de notre langue d'Oc, que cette prosodie musicale des mots et des syllabes, qui ne l'abandonne jamais, qu'elle garde en parlant les autres langues, et qui est dans sa nature. Et cela n'est autre chose que son accent propre et l'accent tonique, que ce culte de la modulation, qui lui est inspiré par l'éclat de ses voyelles, qui lui fait éviter le redoublement des consonnes et condamner, même dans la plus humble prose, le choc de deux sons pareils; que ce sentiment natif de l'euphonie, d'où lui viennent ses délicatesses exquises de construction et de vocalisation. L'accent tonique, ainsi compris, est de toutes les langues; mais il est, au plus haut degré, l'essence, l'âme et le génie particulier des idiomes méridionaux. Pour eux, qui chantent d'instinct, qui relèvent plutôt du solfège que de la grammaire, l'harmonie est la loi souveraine. La langue d'Oc, comme l'italien et l'espagnol, ses sœurs du même lit, en reconnaissent si bien la puissance, que la prononciation est devenue la raison logique de leur orthographe. Il le fallait bien. Le sens d'un mot dépend souvent, — on va le voir par des exemples, — de la manière dont il est accentué : dès lors, écrire comme on prononce et comme on entend, et par voie de conséquence, ne prononcer que comme on écrit et que ce qui est écrit, c'est-à-dire conformer l'écriture à la parole, est une nécessité de nos dialectes; car l'unique moyen de leur conserver la clarté, la grâce, l'intelligence, consiste à rapprocher l'orthographe de la pensée, à lier la forme des mots avec leur signification. Dès lors, toutes les lettres devant être articulées avec le son qu'elles expriment, il n'est besoin de représenter à l'œil que ce qui doit être entendu de l'oreille.

Les Grecs et les Latins avaient la quantité, qui mesurait la durée des sons : les langues modernes ont l'accent tonique, c'est-à-dire l'élévation ou la flexion de la voix sur chaque mot, presque sur chaque syllabe. A Rome, rapporte Cicéron, le peuple se montrait très-sensible à l'observation de la mesure. « Tout le théâtre, dit-il, se soulève et pousse des cris, si une syllabe est trop brève ou trop longue, bien que la foule ne connaisse ni pieds ni rhythme, et qu'elle ne sache point ce qui blesse son oreille, ni pourquoi ni en quoi elle est offensée : *Theatra tota exclamant, si fuit una syllaba brevior aut longior, nec verò multitudo pedes novit nec ullos numeros tenet, nec illud quod offendit aut cur aut in quo offendat intelligit.* » La langue d'Oc a hérité de sa mère latine d'une sensibilité pour le moins aussi vive. Dans sa vocalisation, qu'une ronde soit substituée à une noire, elle se sent froissée; qu'une note qui doit être éclatante soit convertie en un son sourd, qu'une voyelle forte s'échappe comme une muette, elle s'irrite de la transposition; elle est blessée de la cadence fausse; pour elle le sens se déplace, se dérobe, se dénature aussitôt. Il n'y a pas ici cependant non plus d'autre juge que l'oreille. *Judicium ipsa natura in auribus nostris collocavit*, dit toujours Cicéron ; mais l'accent va de soi, sans théorie et sans grammaire; il est dans l'air et dans la voix; notre parler est ainsi fait. Il faut l'accepter tel quel, se soumettre à ses exigences, ou renoncer à se faire comprendre. C'est de cette accentuation que nous essayons de donner une idée et de poser les principes.

Il n'existe pas de langue qui n'ait son système propre, individuel d'intonations, de consonnances, dépendant de la combinaison, du rapprochement et de la sonorité de ses voyelles. Pour notre langue d'Oc, rien n'est plus essentiel que de connaître la clef de sa notation.

Le premier point, et le plus délicat, est de préciser l'inflexion, de déterminer le degré d'élévation ou d'abaissement de la voix, qui constitue l'accent tonique. Dans une phrase écrite, tous les mots sont séparés par un intervalle; il en doit être de même dans la phrase parlée. Chaque mot a sa syllabe tonique, et n'en a qu'une, la syllabe finale, sur laquelle, par une sorte d'insistance, il se fait un temps d'arrêt imperceptible, cependant appréciable, une modulation distincte, qui peut être classée dans l'échelle des sons, insensible presque, mais qui, en appuyant, est mise en saillie. Une seule condition est imposée à cette dernière syllabe, c'est qu'elle soit de force à supporter l'accent, ce qui n'arrive jamais avec une muette, une féminine, une faible, sur laquelle la voix ne s'arrête point. C'est pourquoi la tenue ne se fait que sur la finale des mots, quand cette syllabe est masculine, à consonnance pleine et grave; ou sur la pénultième, quand le mot se termine par une féminine, faible ou muette.

Cette règle est le fondement de la prononciation du languedocien : son corollaire se trouve dans la justesse exacte du son attaché à chaque syllabe, représenté par une voyelle. Notre idiome, pour s'écrire avec le même alphabet que le français, qui fut l'alphabet latin, ne donne pas cependant à toutes les lettres le son qu'elles avaient en latin, non plus que celui qu'elles ont en français. A chacun son lot. La langue d'Oc a des sons qui lui appartiennent en propre, des alliances de lettres qu'elle affectionne, des cadences qu'elle recherche; elle ne veut pas en être dépossédée, et elle ne se livre qu'à ceux qui lui sont fidèles ; à eux seuls elle consent à révéler sa grâce, sa douceur, sa souplesse, son énergie, ses beautés entières. La variété de ses intonations, la sonorité de ses voyelles rendent sa prononciation vivement accentuée; et surtout elle diffère essentiellement du français, qui cultive les consonnances muettes et sourdes, et qui arrive à de grands effets par des procédés tout contraires. Aussi, sur ce chapitre de l'accent, pas d'accord à établir; point de rapprochement entre deux pôles opposés. Quand les puristes d'Outre Loire auront traité dédaigneusement de *gascons* nos dialectes méridionaux, et que ceux-ci auront répliqué par l'épithète correspondante de *franchiman*, la séparation des deux langues n'en restera que plus accusée, et il en sera mieux prouvé encore qu'une transposition de l'une à l'autre est impossible. La part faite à chacune, elles garderont chacune leur mérite, et leur accent, et leur caractère, et leur génie; et leurs chefs-d'œuvre n'y perdront rien. Mais essayer de réduire le languedocien à la vocalisation française, de le prononcer à la française, ne serait que l'assourdir, l'énerver, le défigurer, et arriver à la cacophonie la plus ridicule et la plus inintelligible. L'emploi d'un alphabet commun, les habitudes d'épellation inculquées par l'enseignement scolaire peuvent être des causes fréquentes d'erreur et d'hésitation à la lecture ou à l'écriture; les plus familiarisés avec nos idiomes n'y échapperont pas toujours. Un *Dictionnaire languedocien* ne peut donc trop insister sur ce chapitre si essentiel de l'accentuation, qui fait comprendre son orthographe et facilite l'étude de sa grammaire. C'est pour cela que nous résumons, même en nous exposant à quelques répétitions, ces remarques générales sur la valeur spécifique des voyelles et sur la prononciation.

L'accent *tonique*, avons-nous dit, est une simple flexion de la voix; il n'a qu'une place dans chaque mot, la dernière syllabe, si elle est masculine; l'avant-dernière, si le mot est terminé par une féminine. C'est une pure nuance euphonique, une modulation musicale, indépendante de tout signe qui l'exprime, mais qui se fait toujours sentir. Ce qu'on appelle l'accent *grammatical* est au contraire un signe apparent, visible, posé sur une voyelle et destiné seulement à en modifier le son. Comme il se borne à indiquer la qualité particulière d'un son, il se place partout où il rencontre la voyelle à accentuer, et peut par suite se trouver indifféremment au commencement, au milieu ou à la fin d'un mot; mais c'est dans cette dernière position, il rend tonique la voyelle qu'il touche, en piquant sa consonnance. Il est de trois sortes : aigu, grave et circonflexe, comme en français. Ce dernier ne se place que sur les voyelles *a, i, o*, quand elles composent des diph. ou des triph., pour marquer seulement la voix dominante.

Le languedocien a cinq voyelles simples, *a, e, i, o, u*, et une voyelle composée, *ou*, qui regrette toujours d'être obligée d'employer deux lettres pour un son unique et simple. Cette indication suffit à notre sujet, sans entrer dans les subdivisions et distinctions de classes.

Toutes les lettres et les voyelles se prononcent et sonnent à la méthode ancienne de l'alphabet ou suivant l'accent graphique qu'elles portent : c'est pourquoi dans l'intérieur d'un mot polysyllabique, il ne peut exister de syllabe muette, ressemblant à l'*e* muet français moderne. A la fin des mots seulement se trouvent les syllabes muettes; et là, règle générale, toute voyelle finale, à l'exception de l'*a* et de l'*u*, est faible, sourde, féminine, si elle n'est pas accentuée, ou si elle est suivie d'un *s* formant le pluriel; ce qui signifie que la voix doit appuyer sur la syllabe précédente, la pénultième, que nous accentuons exprès ici. Ex. : *ràbe*, pl. *ràbes; imàge*, pl. *imàges; rèble*, pl. *rèbles; dimènche*, pl. *dimènches; chàri*, pl. *chàris; sèti*, pl. *sètis; bòcho*, pl. *bòchos; éscòlo*, pl. *éscòlos; càsquou*, pl. *càsquous; flàscou*, pl. *flàscous; basségou*, pl. *basségous*.

Dans notre dialecte, les voyelles finales *a* et *u* ne sont jamais muettes : elles peuvent donc supporter l'économie de l'accent grammatical, sans en être appauvries ni féminisées. Cependant, par cela que leur position les rend toniques, le repos de la voix, qui se fait alors sur elles, semble les élever d'un quart de ton. Cette nuance méritait d'être notée; elle est sensible même dans les polysyllabes composés de lettres similaires, comme *acaba, davala*, etc., dont le dernier *a* est un peu plus éclatant que les premiers. La prosodie latine du *Gradus ad Parnassum* classerait ces mots parmi les *anapestes*, deux brèves et une longue; de même qu'elle aurait fait des *iambes* de *mama* ou de *chuchu*, une brève et une longue.

Dans plusieurs localités de l'Hérault et au midi d'Alais, sans dépasser cependant le canton de Vézénobres, l'*a* final est muet dans les terminaisons caractéristiques du féminin des substantifs et adjectifs, comme *rosa, musa, bona, nova*, etc. On le prononce comme un *a* adouci, d'un son intermédiaire entre l'*e* et l'*o*. Cette variété dialectique est une réminiscence très-rapprochée du latin. Nous ne pouvons l'adopter ici; car pour la même désinence nous entendons *o*, nous prononçons *o*, nous avons dû écrire partout *o* naturel; et nous ne pensons pas que l'étymologie en souffre.

L'*e* languedocien a trois sons distincts. Surmonté de l'accent aigu, il se prononce comme l'*é* fermé français dans *eté, bonté*; avec l'accent grave, comme l'*e* ouvert dans *accès, succès*; privé de tout accent, il ne se présente qu'à la fin d'un mot, et alors il est muet, naturel, non point à la manière de l'*e* muet français, mais comme l'*e* final italien de *rose, dare*.

La prononciation de l'*i* ne varie que du fort au faible, du sonore au doux, du long au bref; mais une certaine acuité se fait toujours plus ou moins sentir. La voyelle est sonore, naturelle entre deux consonnes : *dindo, roundino, dificinle*, avec une légère insistance quand elle est tonique à la pénultième; cependant nous ne lui accordons pas l'accent : c'est affaire de quantité. Nous le lui réservons, au contraire, pour les cas où il pourrait y avoir confusion, à la fin des mots par exemple, comme *toupi*, *taïapi*, *indééni*, *dimini* : là il se détache clair et net. L'accent grave indique alors que le son se renforce; tandis que l'*i* final non accentué glisse et murmure faiblement, la voix appuyant sur la précédente syllabe. Ex. : *chàri*, *èli*, *òli*, *cémèntèri*, *purgatòri*.

Nous employons l'accent circonflexe pour la diphthongue *iou*, et il marque l'insistance de la voix se prolongeant : *caîou*, *arpîou*, *relîgiou*.

Le tréma sur l'*i* est un signe particulier de notre accentuation orthographique. Sa fonction est des plus importantes. Quand il suit une consonne et précède une voyelle, le tréma sur l'*ï* a pour but de le faire sentir plus longuement, et d'en faire une syllabe séparée de la voyelle subséquente, comme dans *fïo*, *bïo*, *mïo*, en deux syllabes. Alors qu'il est placé après une voyelle, et suivi d'une consonne, ou à la fin d'un mot, l'*ï* trématé est doux et faible ; le plus souvent il forme la diphthongue. Ex. : *veïre*, *foïre*, *soùï*, *rëï*, *galoï*, *pantaï*. Entre deux voyelles, il remplace à peu près en certains cas *ll* mouillés français, sans communiquer à celle qui le suit la flexion labiale, mais seulement en la mouillant ; et toujours il empêche la cohésion avec la voyelle précédente, ainsi dans *païo*, *daïo*, *joïo*, *bluïo*, *puïo*; de telle sorte qu'il devient le siège d'une séparation de syllabes, ou ce qui revient au même, qu'il s'oppose à la formation d'une diphthongue ou d'une triphthongue, que, sans lui, le rapprochement des voyelles amènerait, comme dans les mots presque exclusivement composés de voyelles, *vidouïe*, *aïé*, *culèïré*, *rouïdoume*. Pour scander ces mots et parvenir à la prononciation juste, le concours de l'*ï* tréma, qui est séparatif entre voyelles ou diphthongues dans le mot, est un des signes les plus essentiels à bien observer. Nous reviendrons sur son rôle très-important.

L'*o* et l'*ou*, voyelles, sont soumises aux mêmes règles. Le défaut d'accent, quand elles sont finales, indique qu'elles doivent s'échapper sans articulation, qu'elles jouent dans le mot à peu près le même rôle que l'*e* muet français, caractérisant le féminin des substantifs, et que le point d'appui de la voix se fait sur la pénultième. Ex. : *fango*, *manado*, *bèlo*, *céntèno*, *babino*, *carosso*, *cagnoto*, *figuro*, *davalou*, *révènou*, *bassègou*, *manipou*, *donou*, *tutou*. Surmontés de l'accent grave, *ò* et *où* sonnent clairement : *escló*, *cachò*, *grélò*, *vértigò*; *lavadoù*, *agassoù*, *loubatoù*; *méchoùs*, *vérinoùs*.

Répétons encore que *ou* entre deux consonnes ou près d'une voyelle, avec ou sans accent, ne compte jamais que pour une voyelle, comme s'il n'y avait qu'une seule lettre.

A l'agencement et à la liaison de ses voyelles, la langue d'Oc semble avoir mis avec complaisance tous les raffinements de son génie mélodique. Parmi les langues de l'Europe, elle est seule à posséder dans sa vocalisation ces trilles brillants qui ne produisent qu'un accord unique, comme trois cordes de harpe touchées à la fois, vibrant dans la même cadence. Le français se contente de réunir deux sons; le languedocien rassemble dans une syllabe deux, trois et jusqu'à quatre sons distincts. Ses diphthongues se multiplient à profusion et se présentent unies ou séparées, au commencement, dans l'intérieur ou à la fin des mots. Ses triphthongues si originales suivent la même marche et sont presque aussi fréquentes : les tétraphthongues apparaissent dans les vocables les plus usuels. Cependant l'orthographe, l'accentuation et la prononciation des voyelles ne changent point parce qu'elles se rencontrent doubles, triples ou quadruples à former, dans un mot, une seule syllabe composée d'autant de sons en une seule émission de voix. Si compliquée que puisse être la combinaison, le premier et le plus essentiel de leurs caractères est de ne faire jamais qu'un temps, un pied, dirait-on en versification : la pluralité dans l'unité.

Là est la pierre de touche de cette sorte de syllabes. C'est pourquoi nous nous refusons à ranger parmi les diphthongues les formes *ua*, *ué*, *ui*, *uo* sollicitées par les consonnes *g* et *q*, comme *abrasqua*, *cargué*, *blanqui*, *guincha*, *quicha*, *aquò* : ici l'*u* ne paraît que comme explétif ; c'est un parasite dont l'emploi rend le *g* dur : il n'y a pas dualité de consonnance ; après ces deux lettres, l'*u* ne se fait pas entendre : précédé de toute autre il doit sonner : *apuïa*, *cuïé*, etc., ou bien, en diphthongue, *éstui*, *juèl*, etc.

Par ces exemples on a pu voir qu'une voyelle suivie d'une autre voyelle ne fait pas nécessairement alliance avec elle. En dehors des éléments dont nous allons donner le tableau, nous ne connaissons pas d'assemblages de lettres qui puissent former en réalité des diphthongues ou des triphthongues. Mais la langue d'Oc aime trop à rapprocher ses voyelles, à les multiplier, à nuancer de tons divers des combinaisons identiques ; sa vocalisation seule donne souvent à ses mots un caractère et un sens trop différents, pour n'avoir pas une notation qui réponde à ce besoin, qui représente exactement son euphonie, ses accords, le rhythme de ses gammes syllabiques.

Le français se préoccupe moins d'éviter une confusion qui le rend si difficile à bien prononcer : sa prose et sa poésie ont des différences de quantité inexplicables dans les terminaisons en *ion*, *ieur*, *ieux*, par ex, qui reviennent sans cesse et qui font tantôt des monosyllabes diphthongues, tantôt doivent se scander en deux temps : de ce nombre, avec une infinité d'autres mots, *fier*, adj. d'un seul jet, et *fier*, verbe, dissyllabe. Cependant rien n'avertit de ces changements. Notre orthographe au contraire a voulu les indiquer au moyen de l'*ï* tréma, qui disjoint les syllabes, comme *fïo*, fille, et *fiò*, feu, *mïo*, amie, *miò*, muid, *pïo*, pillage, *piò*, dindon, etc.

Un signe spécial était indispensable ; car le languedocien n'a pas le droit de prendre les licences du français. Il n'a ni grammaire, ni académie pour commenter et justifier ses anomalies. Il n'admet pas de lettres inutiles, non articulées, se prononçant autrement qu'elles ne sont notées ; il professe en principe que sa prononciation est toujours vraie, réglée sur la valeur propre des voyelles ; ce qui ne l'empêche pas d'accumuler volontiers les accords sonores, de mêler ses diphthongues et ses triphthongues dans le même mot. Dès lors il lui est imposé plus strictement qu'au français d'avoir un système d'orthographe qui mette en pleine lumière la différence d'accentuation de toutes les lettres et de lettres identiques, et la séparation des membres d'un même mot où se trouvent surtout des voyelles avec des diphthongues. Par la plus ingénieuse disposition, qui dénote la perfection du sentiment mélodique de la langue d'Oc, les complications les plus ardues deviennent simples et faciles avec les accents grammaticaux et les *i* tréma.

L'accent modifie le son : il l'affaiblit ou le renforce ; mais il ne transforme pas la voyelle. Le tréma réservé à l'*i* ne lui fait rien perdre de sa qualité naturelle ; mais il l'isole en quelque sorte quand il est placé entre deux voyelles, comme *pa-ïo*, *ma-ïo*, *pu-ïo*, et il mouille celle qui la suit, comme fait à peu près *ill* en français.

Par son interposition il signale, dans l'intérieur d'un mot, la séparation de deux diphthongues, et adoucit un choc trop rude ; et il est remarquable que l'*i* se trouve au commencement de toutes les triphthongues : ce qui nous semble l'indice de la délicatesse d'acoustique de notre langue, et la preuve d'un sentiment harmonique très-étudié. Ainsi, quand l'*i* ne fait que se lier aux autres voyelles dans la triphthongue il garde sa forme naturelle, *midou*, monosyllabe, *sidoume*, deux syllabes ; mais alors qu'il suit une voyelle ou une diphthongue, ou qu'il termine une diphthongue ou triphthongue, il prend le tréma : *rou-ïaumé*, *cadieïro*, *risou-ieïro*, *vidou-ië*, *vië-ié*, offrent des exemples des positions les plus difficiles et démontrent le fonctionnement de l'*i* simple et de l'*i* tréma dans l'agglutination et dans la division des syllabes.

Notre dialecte possède trois diphthongues qu'on peut appeler féminines, et qui pour cela sont dénuées de tout accent. Cette variété a son importance dans la versification. Leur prononciation d'ailleurs se conforme aux règles qui précèdent : le tréma, quand il est nécessaire, ne change rien à leur nature.

Exemples : en *ie*, *véndie*, *rèndie*, *moïe*, *ouïe ;* en *io*, *glorio*, *bèstio*, *joïo*, *fuïo* ; en *iou*, *énténdiou*, *maïou*, *tuïou*, *moïou*, *ouïou*.

La finale diphthonguée de ces mots s'écoule comme une muette, et comme elle n'est comptée que pour une syllabe qui est féminine, l'insistance de la voix s'établit par l'accent tonique sur la pénultième. Ces différences de sons se trouveront indiquées à leur place. Voy. lettre *I* et *Iou*, *diph*.

Pour bien comprendre l'effet que produisent les accents, il n'y a qu'à comparer à l'oreille les sons muets, purement alphabétiques, avec ceux donnés par les mêmes diphthongues accentuées. Dans la diphthongue masculine, et dans toutes les triphthongues, se trouve toujours une voyelle dominante, celle qui est le pivot de l'intonation sur laquelle se fait la tenue ; les coagulées se font entendre, mais coulent rapidement : dans les diphthongues féminines, la voix, en réunissant le double son, égalise les voyelles sans appuyer plus sur la première que sur la seconde.

DIPHTHONGUES.

aï. — Maï, *plus*............ Esclaïre, *éclair*.
àou. — Nàou, *auge*........ Làouso, *dalle*.
eï. — Rèï, *roi*........... Pèïro, *pierre*.
éï. — Créï, *croissance*...... Véïre, *verre*.
èou. — Lèou, *poumon*...... Cisèou, *ciseaux*.
éou.— Béou, *il boit*........ Téoule, *tuile*.
ia. — Diable, *diable*...... Aparia, *accoupler*.
ie. — Véndie, *que je vende*. Moïe, *que je mouille*.
iè. — Miè, *moitié*........ Ariè, *arrière*.
ié. — Aïé, *ail*............ Bèstiéto, *petite bête*.
io. — Glorio, *gloire*...... Bèstio, *bête*.
iò. — Fiò, *feu*........... Cafiò, *chenêt*.
iou. — Maïou, *mail*...... Entendiou, *qu'ils entendent*.
ïou. — Dïou, *Dieu*....... Miougrano, *grenade*.
iu. — Bèstiu, *bestial*...... Méssius, *messieurs*.
oï — Coï, *il cuit*........ Galoï, *gai*.
oua. — Coua, *couvé*...... Couacho, *calandre*.
ouè. — Vouè, *holà*....... Espouèr, *espoir*.
oué. — Foué, *fouet*...... Couéto, *queue*.
ouï. — Bouï, *buis*........ Douïre, *jarre*.
òou. — Dòou, *deuil*...... Cévénòou, *cévenol*.
uè. — Gnuè, *nuit*........ Juèl, *ivraie*.
ui. — Fruï, *fruit*........ Estuï, *étui*.

TRIPHTHONGUES.

iaï. — Biaï, *adresse*....... Répapiaïre, *radoteur*.
iàou. — Siàou, *coi*....... Viàouloun, *violon*.
ièï. — Sièï, *six*.......... Cadièïro, *chaise*.
iéou. — Iéou, *je, moi*..... Lièourèïo, *livrée*.
iòou. — Miòou, *mulet*..... Faviòou, *haricot*.
iuè. — Hiuè, *huit*........ Endiuèl, *andouille*.

TÉTRAPHTHONGUES.

iuèï. — Hiuèï, *aujourd'hui*. Cadiuèïsso, *cosse*.
uièï. — Cuièïsso, *cuisse*.... Cuièïssàou, *molaire*.

Ce tableau doit faire comprendre la raison de notre orthographe ; et répétons ce que nous avons dit ailleurs : « On ne saurait assez recommander l'observation minutieuse de l'accent ; elle est d'une importance radicale. Toute l'intelligence de l'idiome est là ; et sans elle, on nage à pleine eau dans l'amphibologie. »

Une liste à peu près complète de mots parfaitement homographes, présentera un curieux intérêt à ce point de vue, et complètera ces explications.

Nous avons négligé les homonymies dans les différents temps des verbes, qui seraient trop nombreuses, comme *réndie*, il rendait, et *qué réndie*, que je rende, etc., etc., et quelques autres mots dans lesquels l'accent est identique sur la finale, mais qu'influence l'*ï* tréma ou l'*i* naturel, soit pour les diviser en deux temps, soit pour en faire des monosyllabes, comme *piè*, pilier, et *piè*, pied, Puech, *cuiè*, cuiller, et *cuiè*, cuit, *bie*, je serre, et *bïé*, billet.

Il sera ainsi facile de se rendre compte de ce que peut l'accent graphique, et comment une simple inflexion sur une voyelle fait varier le sens et la signification d'un mot.

É FERMÉ ET E NATUREL.

Boufé, *soufflet*............ Boufe, *je souffle*.
Boumbé, *bout-d'homme*..... Boumbe, *je cogne*.
Bouré, *òrun*.............. Bourè, *bourgeon*.
Bourgés, *bourgeois*........ Bourges, *tu creuses*.
Bouté, *brin*.............. Boute, *je mets*.
Bravé, *gentil*............. Brave, *robuste*.
Cargué, *étui*............. Cargue, *je charge*.
Césé, n. pr. dim. *François*. Cése, *pois-chiche*.
Chaîné, *chat sauvage*...... Chaîne, *chêne*.
Coublé, *solive*............ Couble, *couple*.
Coulé, *petite colline*....... Coule, *je décuve*.
Courdouné, *ganse*......... Courdoune, *je cordonne*.
Dévé, *devoir*............. Déve, *je dois*.
Déstré, *pressoir à vin*..... Dèstre, *perche* (mesure).
Estré, *étroit*............. Estre, *être*.
Furé, *souris*.............. Fure, *je fouille*.
Gourgué, *petite mare*...... Gourgue, *je trempe*.
Grané, *petit grain*........ Grane, *je grène*.
Lipé, *gourmand*.......... Lipe, *je lèche*.
Manqué, *manchot*......... Manque, *je manque*.
Mèrlé, *créneau*........... Mèrle, *merle*.
Miné, *minon*............. Mine, *je mine*.
Mouïssé, *épervier*......... Mouïsse, *écourté*.
Paré, *paroi*.............. Pare, *je pare*.
Péné, *petit pied*.......... Péne, *je peine*.
Piqué, *pieu*.............. Pique, *je frappe*.
Poudé, *serpette*........... Poude, *je taille*.
Pougné, *poing*............ Pougne, *je pique*.
Quiché, *targette*.......... Quiche, *je presse*.
Quinqué, *quinquet*........ Quinque, *je souffle*.
Rèssé, *scie à main*........ Rèsse, *je scie*.
Sabé, *science*............ Sabe, *je tanne*.
Sâousé, n. pr., *Sauzet*..... Sâouse, *saule*.
Séré, *petite colline*........ Sère, *montagne*.
Siblé, *sifflet*.............. Sible, *je siffle*.
Tapé, *petit bouchon*....... Tape, *je bouche*.
Tété, *sein*................ Téte, *je tète*.

Tourné, *rouet*............ Tourne, *je reviens*.
Trâouqué, *petit trou*...... Trâouque, *je perce*.
Tristé, *soupente*.......... Triste, *triste*.
Uïé, *œillet*............... Uïe, *je gers ce tonneau*.

É FERMÉ ET È OUVERT, GRAVE.

Aprés, *appris*............. Aprés, *après*.
Arésto, *arrête*............ Arèsto, *halte là!*
Espésso, *épaisse*.......... Espèço, *espèce*.
Espéro, *attente, affût*..... Espèro, *attends*.
Lachén, *pourceau*......... Lachèn, *nous lachâmes*.
Jasén, *nouvelle accouchée*... Jasèn, *nous gisons*.
Valén, *actif*.............. Vaièn, *ils valaient*
Péro, *poire*.............. Pèro, *père*.
Fé, *foin; foi*.............. Fè, *fait*.
Sé, *soif*.................. Sè, *sept*.
Sén, *saint*............... Sèn, *nous sommes*.
Vén, *vent*................ Vèn, *il vient*.

È GRAVE ET E NATUREL.

Cadè, *cadet*.............. Cade, *genévrier*.
Counsèiè, *conseiller*....... Counsèie, *je conseille*.
Entrè, *il entra*............ Entre, *entre*.
Gàouchè, *gaucher*......... Gàouche, *gauche*.
Lachè, *il lâcha, laitier*..... Lache, *mal serré*.
Mouïè, *épouse*............ Mouïe, *je mouille*.
Récatè, *il serra*........... Récate, *provision*.
Révéiè, *aubade*........... Révéie, *je réveille*.
Roudiè, *charron*.......... Roudie, *je regarde*.
Vigè, n. pr., *Viger*........ Vije, *osier*.

Ì GRAVE ET I NATUREL OU TRÉMA.

Courì, *courir*............. Couri, n. pr., *Courry*.
Fastì (faire), *faire horreur*.. Fasti, *aversion*.
Garì, *guérir*.............. Gari, *rat*.
Péis, *pays*............... Péis, *poissons*.
Saì, *panne de porc*........ Saï, *ici dedans*.
Traì, *trahir*.............. Traï, *il jette*.
Vérì, *poison, venin*....... Véri, *porc*.

O NATUREL ET Ò GRAVE

Aouséro, *Lozère*.......... Aousèrò, *Lozérien*.
Babo, *bave*.............. Babò, *chrysalide*.
Balo, *balle*............... Balò, *ballot*.
Bardo, *bât*............... Bardò, *bardot*.
Bigo, *bigue*.............. Bigò, *hoyau*.
Bïo, *bille*................ Bïò, *tricot*.
Bousso, *bourse*........... Boussò, *gousset*.
Cacho, *cachette*.......... Cachò, *cachot*.
Cagno, *dégoût, paresse*.... Cagnò, *niais*.

Capo, *manteau* .... Capò, *attrapé*.
Casso, *chasse* .... Cassò, *ladre*.
Cato, *chatte* .... Catò, *catin*.
Enquo, *cannelle* .... Encò, *chez*.
Faro, *mine, visage* .... Farò, *élégant*.
Fino, *rusée* .... Finò, *finaud*.
Fïo, *fille* .... Fiò, *feu*.
Galo, *gale* .... Galò, *galop*.
Gigo, *cuisse de bœuf* .... Gigò, *gigot*.
Grèlo, *grêle* .... Grélò, *grelot*.
Léngado, *coup de langue* ... Léngadò, *Languedoc*.
Mancho, *manche* .... Manchò, *manchot*.
Mïo, *amie* .... Miò, *muid*.
Palo, *pelle* .... Palò, *lourdaud*.
Pato, *patte* .... Patò, *brique*.
Pégo, *poix* .... Pégò, *savetier*.
Péro, *poire* .... Pérò, *mouton*.
Pilo, *pile, tas* .... Pilò, *pilote*.
Pïo, *pillage* .... Piò, *dindon*.
Rabo, *rave* .... Rabò, *rabot*.
Ribo, *rive, bord* .... Ribò, n. pr., *Ribot*.
Salo, *salon* .... Salò, *malpropre*.
Ciro, *cire* .... Sirò, *sirop*.
Tantos, s. plur., *tantes* .... Tantòs, *tantôt*.
Trapo, *trappe* .... Trapò, *trapu*.
Triquo, *trique* .... Tricò, *gilet de laine*.

OU MUET ET OÙ GRAVE.

Ajustou, *ils ajoutent* ...... Ajustoù, *ajoutage*.
Apialou, *ils étaient* ...... Apialoù, *étai*.
Bïou, *ils billent* .... Bïoù, *trique*.
Boutou, *ils placent* ...... Boutoù, *bouton*.
Caladou, *ils pavent* ...... Caladoù, *pavé*.
Calou, *ils lâchent* ...... Caloù, *chaleur*.
Cantou, *ils chantent* ...... Cantoù, *coin*.
Câoussou, *ils chaussent* .... Câoussoù, *chausson*.
Coulou, *ils coulent* ...... Couloù, *couleur*.
Escalou, *ils grimpent* ...... Escaloù, *échelon*.
Espérou, *ils attendent* ...... Espéroù, *éperon*.
Espirou, *ils suintent* ...... Espiroù, *soupirail*.
Furou, *ils furètent* ...... Furoù, *fureur*.
Gardou, *ils gardent* ...... Gardoù, *Gardon*.
Jètou, *ils vomissent* ...... Jètoù, *jeton*.
Lardou, *ils lardent* ...... Lardoù, *lardon*.
Liquon, *ils lèchent* ...... Liquoù, *liqueur*.
Mascarou, *ils noircissent* ... Mascaroù, *barbouillé*.
Pastou, *ils pétrissent* ...... Pastoù, *tas de mortier*.
Passèrou, *ils passèrent* .... Passèroù, *moineau*.
Pétassou, *ils raccommodent*. Pétassoù, *petite pièce*.
Piquou, *ils frappent* ...... Piquoù, *pic*.
Plounjou, *ils plongent* ...... Plounjoù, *plongeon*.
Prisou, *ils prisent* ...... Prisoù, *prison*.
Révéïou, *ils réveillent* ...... Révéïoù, *réveillon*.

Sablou, *ils mettent du sable*. Sabloù, *sablon*.
Sabou, *ils tarment* .... Saboù, *savon*.
Sénglou, *ils sanglent* ...... Sengloù, *petite corde*.
Séntou, *ils sentent* ...... Séntoù, *odeur*.
Sèrmou, *ils trempent d'eau*. Sèrmoù, *sermon*.
Susou, *ils suent* .... Susoù, *sueur*.
Téchou, *ils dégouttent* ...... Téchoù, *petite goutte*.
Tourtïou, *ils tordent* ...... Tourtïoù, *craquelin*.
Trissou, *ils broient* ...... Trissoù, *pilon*.
Valou, *ils valent* .... Valoù, *valeur*.
Véïrou, *ils tournent* ...... Véïroù, *menu poisson*.
Virou, *ils tournent* ...... Viroù, *vrille*.

La différence à l'oreille, qui, en définitive, détermine le sens de tous ces mots correspondants à un mot semblable, est produite par les accents. Dans ceux où la finale est accentuée, elle est tonique; c'est sur elle que la voix s'arrête et pèse : au contraire, pour ceux qui n'ont pas d'accent à la fin, la tonique est la pénultième et la tenue se fait sur elle. Par exemple, le dernier mot de cette longue liste, *virou*, ils tournent, est composé d'une longue et d'une brève; l'inverse a lieu pour *viroù*, vrille, qui est formé d'une brève et d'une longue, et ainsi des autres. La mesure, la quantité, réglées par les accents : toute notre langue musicale est là.

Acérti, v. Certifier, assurer, rendre certain, affirmer.
Dér. du lat. *Certus*.

Acéta, prép. Excepté. Il est visiblement corrompu du français, mais fort de mise.

Achas ! interj. Voyez donc ! Voyez un peu !
Dér. d'*Agacha*, voir devant soi. C'est la contraction de ce verbe à la 2ᵐᵉ pers. plur. de l'impér. *Agachas*. — Voy. *Agacha*.

Achata ou **Achéta**, v. Acheter.
Trad. du français.

Achétur, urdo, adj. Acheteur, euse.
Trad. du français.

Acié, s. m. Acier.
Trad. du français.

Aciéïra, v. Aciérer, chausser d'acier la pointe d'un outil.

Acimérla, ado, adj. Perché, juché haut.
Dér. de *Cimo*, hauteur, extrémité.

Aciou, s. f. Action. Il ne se prend qu'en mauvaise part.
— *Quinto aciou m'as fa!* quel tour tu m'as joué !
Trad. du français.

Acipa, v. Prendre par surprise, saisir, surprendre.
— *Nous acipé, et za! dédin*, il nous surprit, et crac ! sous clé.
Dér. du lat. *Accipere*, recevoir.

Acipa (s'), v. Se heurter, broncher, se rencontrer tête à tête, chopper. — *Nous acipèn*, nous nous rencontrâmes nez à nez.
Étym. du celt. *Assoupa*, dit Honnorat.

Acivada, *v.* Donner de l'avoine. Au fig. et par ironie, régaler d'une volée de coups, rosser.

Dér. de *Civado*, avoine.

Aclapa ou **Réssègre**, *v.* Couvrir de menue pierraille; recouvrir les sillons d'une terre emblavée, soit à la pioche, soit à la herse, et briser les mottes pour mieux enterrer la semence ou le fumier.

Dér. de *Cla* ou *Clap*, pierraille.

Aclapassa, *v.* Entasser des pierres en monceau; amonceler.

Dér. de *Clapas*, tas de pierres.

Aclata, *v.* Baisser, courber; accabler sous le poids; lapider; recouvrir, enfouir sous...

Dér. de *Cla*, tas, amas, monceau.

Acol, *s. m.* Mur de soutènement en pierre sèche.

Acor, *s.* des deux genres, ou **Acordi**, *s.* toujours *m.* Accord, réconciliation, bonne intelligence. — *Estre d'acordi*, être cœur à cœur. — *Acor* est masculin ou féminin à peu près *ad libitum*. On dit : *L'acor és facho*, et *dé bon acor.*

Dér. du lat. *Cor*, cœur.

Acoto, *s. f.* Une cale qu'on met sous le pied d'une table chancelante, sous la roue d'une charrette pour l'empêcher de marcher.

Dér. du lat. *Cos, cotis.*

Acouassa (s'), *v.* Se coucher comme les poules qui veulent couver. Au fig. se pelotonner, se tapir, s'accroupir, se mettre dans toute sorte de posture qui rappelle une poule couveuse.

Dér. de *Coua* ou *Couga*, couver.

Acoubla, *v.* Accoupler, joindre par couple; joindre des bœufs ou des chevaux pour le labour. — *Aquelo miolo acoublariè bièn la miou*, cette mule s'appareillerait bien avec la mienne.

Acoucara (s'), *v.* S'encanailler, fréquenter la mauvaise compagnie, s'engueuser.

Dér. de *Coucarou*.

Acoucha (s'), *v.* Accoucher.

Trad. du français.

Acouchado, *s. f.* Accouchée. On dit *Jasén* en languedocien.

Acouchurdo ou **Acouchuso**, *s. f.* Accoucheuse, sage-femme. En lang. *Lévandièiro*, — V. c. m.

Trad. du français.

Acougassa, *v. a.* Faire tomber quelqu'un sur le derrière.

Acougassa (s'), *v. r.* Le même que *s'Acouassa*, s'accroupir. — V. c. m.

Dér. de *Couga*, couver. M. sign. que *Coua*.

Acougouncha (s'), *v.* S'accroupir. C'est un explétif du verbe précédent et il a la même racine. La posture qu'il désigne est encore plus grotesque : c'est celle des magots de la Chine que le XVIIIe siècle nous a légués avec ses vieilles cheminées.

Acoulado, *s. f.* Accolade, embrassement les bras autour du cou.

Étym. du lat. *ad collum.*

Acouloubri, ido, *adj.* Effarouché, irrité, envenimé comme une couleuvre. Au fig. éveillé, déluré; se dit d'une fille garçonnière et hardie.

Dér. de *Çoulobre*.

Acoumada, *v.* Raccommoder, radouber; assaisonner. Au fig. concilier, convenir.

Dér. de *Coumode*.

Acoumadamén, *s. m.* Accommodement, accord, transaction, le *mezzo termine* d'un différend.

Acouménça, *v.* Commencer. Au fig. chercher noise, être le premier à attaquer. — Ce mot, auquel on n'a fait qu'ajouter l'*a* explétif, a une origine commune avec le français *commencer*, et l'italien *cominciare*. Cette origine se prend dans le latin *Cum, initiare.*

Acouménçamén ou **Couménçamén**, *s. m.* Commencement. Le premier se dit plus particulièrement du commencement d'un livre, d'une histoire.

Acounménçanço, *s. f.* Commencement d'une histoire, d'un conte, d'une leçon, d'un livre.

Acoumouda, *v.* Accommoder, arranger, apprêter.

Acoumouda (s'). S'accommoder, se contenter de. — *Qué s'acoumode*, qu'il s'arrange.

Acoumoula, *v.* Remplir par dessus les bords, faire grasse mesure; accumuler, combler.

Dér. de *Coumoul*.

Acoumpagna, *v.* Accompagner, aller de compagnie. — *Lou bon Diou vous acoumpagne, et se plòou qué vous bagne*, Dieu vous accompagne, et s'il pleut soyez trempé.

Étym. du lat. *Comes*, compagnon.

Acouquina (s'), *v.* S'acoquiner, prendre des habitudes de fainéantise et de débauche; s'accoutumer en un lieu, en certaine compagnie. Il est toujours pris en mauvaise part.

Dér. de *Couqui*.

Acourcha, *v.* Raccourcir, rapetisser.

Acourcha (s'), *v.* Prendre le chemin le plus court.

Dér. de *Courcho*.

Acourcoussouni (s'), *v.* Se ratatiner, se recroqueviller de vieillesse ou de rachitisme.

Dér. de *Courcoussoù*, charançon. Cet animal est plié en courbe dans l'alvéole où il se blottit; de là la comparaison du vieillard qui a à peu près la même posture.

Acourda, *v.* Réconcilier, accorder ensemble.

Dér. d'*Acordi.*

Acoussa (s'), *v.* Se diriger vers, au pas de course; s'empresser de courir; poursuivre.

Dér. de *Cousso.*

Acousséïa, *v.* Conseiller, donner un conseil. — Voy. *Cousséïa.*

Dér. de *Coussél.*

Acousta, *v.* Accoster, aborder.

Trad. du français.

Acoustuma, *v.* Accoutumer, habituer.
Trad. du français.

Acoustumado (à l'), *adv.* Selon la coutume, l'habitude; à l'accoutumée.

Acouta, *v.* Caler, mettre une cale sous le pied d'un banc, d'une table pour l'empêcher de brandiller, sous une roue de voiture pour l'empêcher de rouler seule; étayer, mettre un étai. Au fig. arrêter.
Dér. d'*Acoto*.

Acouti, ido, *adj.* Tassé, épais, compacte. — Se dit très-bien du pain trop peu manipulé ou trop levé, qui est massif et compacte.

Acoutra, *v.* Accoutrer, parer, habiller d'une manière ridicule et surchargée d'ornements. — Ce mot, contemporain du français *Accoutrer*, a une même origine latine : *ad*, augment., et *culturam*, culture, soin du corps, parure. Ce serait donc un superlatif de toilette; ce qui la rend ridicule et grotesque.

Acoutra (s'), *v.* S'enivrer, se griser. Cette dernière acception n'est que l'extension de la première signification active; ne dit-on pas, en fr. familier : se pomponner, pour se griser?

Acoutramén, *s. m.* Accoutrement, costume bizarre.

Acrò, *s. m.* Accroc, déchirure occasionnée par un corps crochu.
Dér. de *Cro*.

Acrochi, *s. m.* Embarras, difficulté, pierre d'achoppement.
Dér. de *Cro*.

Acrouchouni, ido, *adj.* Courbé, ratatiné de vieillesse.

Acrouchouni (s'), *v.* S'accroupir, se blottir dans un coin; se mettre en peloton; se ratatiner, se ramasser tout le corps. — *Voy. s'Amouchouna.*
Dér. de *Crouchoù*, quignon de pain, auquel un vieillard, ainsi fait, ressemble par sa masse informe, par sa couleur bise et la rugosité de sa peau.

Acrouqua, *v.* Accrocher, suspendre à un croc.
Dér. de *Cro*.

Acrousti, ido, *adj.* Se dit du pain qui a beaucoup de croûte, et des plaies et pustules, où il se forme des croûtes, des gales, des escares.
Dér. de *Crousto*.

Acul, *s. m.* Accueil. — Mot tout français, que notre languedocien s'est approprié et qu'il emploie très-bien.

Acusa, *v.* Accuser. — Contemporain du français, et dér. comme lui du lat. *Accusare*.

Ade, *n. p.* Agde, ville (Hérault) : Αγαθὴ, *Agatha*.

Adéli, ido, *adj.* Déjoint, baillant comme un tonneau dont les douves sont déjointes par la sécheresse. Au fig. sec, amaigri, exténué.
Étym. du lat. *Deligare*.

Adéré, *adv.* De suite, pied à pied; un à un; sans rien laisser en arrière. — On disait en vieux français dans le même sens : *à la rangette*.
Dér. de l'esp. *Arreo*, même signification.

Adijà, *adv.* Déjà.
Dér. de la bas. latin. *Dejam*.

Adiou ! Adioussias ! *interj.* Adieu. — Le premier ne s'adresse qu'entre égaux, ou de supérieur à inférieur. Le second, plus respectueux, s'adresse aux supérieurs, ou aux égaux, à qui l'on veut montrer des égards. C'est une phrase faite : *A Diou-sias!* soyez à Dieu! Le mot *Adiou* est la syncope de la même phrase, et par cela même il est plus cavalier. Il n'en est pas de ces deux mots comme du français *Adieu*, que l'on n'emploie qu'en prenant congé d'une personne, jamais en l'abordant. En languedocien, on s'en sert avant, pendant et après la rencontre, indistinctement.

Adouar, *n. p.* Édouard. — Depuis qu'on a raffiné sur le choix des noms propres, et que le peuple a abandonné les prénoms de Jean, Jacques, Pierre, etc., il a bien fallu que son idiome adoptât les noms nouveaux-venus et qu'il les appropriât à son génie. Depuis lors, *Adouar* et son diminutif *Douaré* sont devenus familiers et très-usuels dans la langue.

Adouba, *v.* Accommoder, apprêter, assaisonner; tanner; raccommoder, radouber; émonder; bistourner; renouer un membre; relier des tonneaux, rosser, échiner. — *Adouba la soupo*, assaisonner le pot au feu. *Adouba dé souïès*, raccommoder des souliers. *Adouba dé boutos*, relier des tonneaux. *Adouba dé pèls*, apprêter, tanner des cuirs. *L'an pas mòou adouba*, on l'a bien ajusté. *Té vòou adouba*, je vais te battre, te rosser.

Toutes ces acceptions procèdent du même primitif, et représentent directement ou par extension la même pensée. Le verbe est dérivé de *Adoù*, terme ancien, hors d'usage, qui signifiait : lessive de tanneur, qui a formé *Adobare*, de la bas. latin., pour ajuster, armer, préparer, dont la racine *Adob* serait celtique. *Adouber* est du vieux français, qui s'est conservé comme technique au jeu des échecs et du tric-trac, quand il s'agit d'une pièce ou d'une dame dérangée à remettre en place; mais radouber, radoubeur, sont restés. L'ancien *Dauber* ou *Dober* appartient aussi à la même origine et rentre dans le même sens.

Adoubaïre, *s. m.* Tanneur; mégissier; tonnelier; savetier; renoueur; châtreur.

Adoubaje, *s. m.* Raccommodage; apprêt; manière d'apprêter; réduction d'un membre luxé.

Adoubun, *s. m.* Assaisonnement, qu'il soit huile, beurre, lard ou saindoux.

Adoun, *adv.* Alors, pour lors; en ce temps-là.
Dér. du lat. *ad tunc*.

Adoura, *v.* Adorer.
Trad. du français.

Adraïa, *v.* Fouler, battre un chemin, le rendre viable.

Adraïa (s'), *v.* Se mettre en route, s'acheminer. Au fig. se mettre en train, se dégourdir les jambes.
Dér. de *Draïo*.

Adraqua (s'), *v.* Sécher à demi; se ressuyer. — *On po pas séména qué noun la tèro siègue adraquado*, on ne peut pas semer avant que la terre soit ressuyée de la pluie. *Linge adraqua*, linge essoré; *froumaje adraqua*, fromage à moitié sec.

Adré, écho, *adj.* Adroit, habile.

Dér. du lat. *Dexter* ou *ad rectum.*

Adré, *s. m.* Exposition sud d'une montagne, opposée à l'*avès*, exposition nord.

Même dérivé que le précédent, *ad rectum*, c'est-à-dire vers le bon côté. *Avès* est dér. de *Adversus*, contre, contraire, opposé.

Adréchamén, *adv.* Adroitement, avec dextérité, avec adresse.

Même dér.

Adréssa, *v.* Adresser, envoyer à quelqu'un. — *S'adréssa à qudouquus*, s'adresser à quelqu'un, lui demander des renseignements.

Dér. de la bass. lat. *Addirectiare*, envoyer directement à quelqu'un, dont l'esp. a fait *Enderezar*, et l'ital. *Addirizzare.*

Adrèsso, *s. f.* Adresse, habileté.

Dér. de *Adré.*

Adrèsso, *s. f.* Adresse, suscription d'une lettre-missive.

Dér. de *Adréssa.*

Adrissa, *v.* Dresser, placer debout; rendre droit; faire tenir droit; relever.

Adrissa (s'), *v.* Se cabrer; se redresser. — *Adrissa-vous*, levez-vous. *Sé tiras tro la brido, vaï s'adrissa*, si vous tirez trop la bride, il va se cabrer.

Dér. de *a* explétif, et *Dré*, droit.

Adu, ucho, part. pass. de *Adure.*

Adure, *v.* Amener, conduire, apporter.

Dér. du lat. *Adducere.*

Adusa ou **Adésa,** *v.* Atteindre à une chose élevée, hors de la portée ordinaire. — *Ly pode pas adusa*, je ne puis y atteindre. *Y adusara pas*, il n'y parviendra pas. C'est la position du renard de la fable, sous les raisins.

Dér. du lat. *Adire, Adeo.*

Afacha, *v.* Dépouiller les châtaignes rôties de leur coque à demi brulée, les éplucher. — Cette opération se fait d'ordinaire en les agitant dans un paillon ou panneton, appelé en languedocien *Païassoù*, où on les recouvre d'un torchon.

Afachado, *s. f.* Châtaigne rôtie au moyen d'une poêle percillée.

Sauvages, qui est parfois admirable dans ses étymologies, s'amuse sans doute dans celle qu'il donne à ce mot. Il le fait deriver de l'ital. *Affaciato*, effronté, sans pudeur. « D'autant, dit-il, que les châtaignes qu'on fait rôtir ou griller, pètent dans les meilleures compagnies. »

Cette plaisanterie accuse du reste la difficulté d'extraire cette racine. Dans ses notes, La Fare-Alais pensait que ce mot tenait probablement à quelque circonstance, à quelque anecdote locale, qui n'étaient pas venues jusqu'à nous, et qui sont spéciales aux Cévennes d'Alais; car, dans le reste des Cévennes, on dit *Brasucado*, dér. de *Braso*, et c'est plus naturel.

Sauf le respect dû à nos maitres, la racine ne se trouverait-elle pas simplement dans *Affait, Affach*, pris du roman *Afaiter*, préparer, séparer, raccommoder, dér. du lat. *Affectare;* d'où l'esp. *Afeytar*, orner, parer, ce qui a donné *Affaitamen, Affachador, Affachamén*, et dans notre vieux langage *Afachomén*, une tuerie; et dans le dialecte gascon *Affaych*, préparation: dans le bas-limousin *Affachadoù*, atelier où l'on foule les chapeaux, et *Affachadis*, criblures que l'on enlève en vannant le blé? Certaines ressemblances sont souvent de grandes présomptions de parenté.

Afaïra, ado, *adj.* Qui a beaucoup d'affaires; qui est en affaire; surtout celui qui a de mauvaises affaires, qui a des dettes.

Afaïre, *s. m.* Péj. *Afaïras*, dim. *Afaïroù*. Affaires; particulièrement procès. — *Aquéles afaïrasses m'émpachou dé dourmi*, ces diables de procès m'ôtent le sommeil. *Aquo's un doutre afaïre*, je ne l'entends pas ainsi. *Un home d'afaïres*, intendant, homme d'affaires; un avocat, un avoué. *Aquo's pa'n afaïre*, ce n'est qu'une bagatelle. *Din l'afaïre d'un an*, dans un an, dans l'espace d'un an. *Aicì d'afaïres*, voici bien des difficultes.

Afaïroù, *s. m.* dim. Un petit outil, un petit ingrédient; un objet dont on ne trouve pas de suite le nom propre.

Même origine que le mot français.

Afama, *v.* Affamer, causer la faim. — En termes d'agriculture on dit *s'afama*, en parlant des racines des arbres arrachés depuis longtemps, exposées à l'air, et qui ont de la peine à reprendre, quand elles sont mises en terre. C'est ce qui arrive souvent aux mûriers de pépinière qu'on transporte d'un marché à l'autre et qui restent sans vendre pendant longtemps. Le meilleur moyen de connaitre si ces arbres sont trop anciennement arrachés, c'est de trancher un bout de racine. S'il sort par l'incision une sève glutineuse de couleur de lait, on est assuré que les arbres pousseront. Du reste le mûrier est une plante très-vivace, et il est rare qu'il ne pousse pas même après un long éventement de ses racines. Le châtaignier et les fruitiers sont bien plus délicats.

Dér. du lat. *Fames.*

Afara, ado, *adj.* Effaré, qui a la figure farouche et décomposée par la surprise, la peur ou la colère.

Dér. du lat. *Fera.*

Afasqua, *v.* Dégoûter, rassasier jusqu'au dégoût, ce qui est le propre des mets trop gras.

Dér. sans doute du lat. *Fastidium.*

Afasquoùs, ouso, *adj.* Rassasiant jusqu'au dégoût.

Du lat *Fastidire, Fastidiosus.*

Afatiga, *v.* Lasser, fatiguer; empressé: embarrassé. — *Es afatiga coumo un pdoure home que coulo sa trémpo*, empêtré comme un homme pauvre qui coule sa piquette : il y va de cul et de tête, comme une corneille qui abat des noix.

Dér. de *Fatigo.*

Afatouni, ido, *adj.* Mou, lâche, usé, avachi, comme le linge qui a perdu son apprêt par l'usage.

Dér. de *Fato.*

Afatrassì, ido, adj. Péjoratif du mot précédent : c'est un degré de plus. Il est dérivé de *Fatras*, péjor. lui-même de *Fato*. Mais *Afatrassì* se dit, en outre, des personnes qui ont perdu leurs forces, et particulièrement des jambes qui flageolent de faiblesse maladive.

Aféciou, s. f. Zèle, ardeur, application ; vif intérêt qu'on apporte à un ouvrage. — *Y ana d'aféciou*, travailler de tout cœur. — Il n'a rien de commun avec l'*affection* en français.

Dér. du lat. *Afficere*, exciter, émouvoir.

Afénadoù, s. m. n. pr. Petite hôtellerie de route où l'on ne fournit que du foin. — Ce mot a vieilli et n'est connu que par le nom d'une maison, ou d'un quartier par extension, sur la route de Nimes à Moulins, près de Portes.

Dér. de *Fé*, foin.

Afénadoù, s. m. Trappe par laquelle on jette le foin du grenier dans l'écurie.

Afénaïra, v. Faner le foin, le tourner, l'apprêter au soleil, le mettre en meule ; faire tout le travail qu'exige cette récolte quand elle est fauchée.

Dér. de *Fé*, foin, et *Énaïra*, donner de l'air.

Afénaïraïre, aïro, adj. Faneur, faneuse.

Afénaje, s. m. Nourriture en fourrage donnée au bétail, soit dans une écurie, soit dans un herbage, sans peser le foin ; sorte de pension. — *Métre soun chival à l'afénaje*, mettre son cheval en pension, fourrage à discrétion.

Afénassa, v. Ensemencer un champ en pré, y semer de la fénasse, de la graine de foin ; vendre du foin en botte.

Dér. de *Fé*, foin.

Aféta (s'), v. S'affecter, prendre un air affecté.

Trad. du français.

Afiança, v. Se promettre en mariage, passer des pactes de mariage. — Ce verbe est actif en languedocien. — *Afiancé uno tèlo*, il s'engagea avec une telle.

Dér. du lat. *Fidentia*, confiance, foi.

Aficha, v. Afficher.

Trad. du français. Dér. de *Affigere*, attacher à.

Aficho, s. f. Affiche, placard.

Trad. du français.

Afincha (s'), v. S'appliquer à... avec zèle ; mettre toute son attention, toute son intelligence à quelque chose ; y appliquer sa finesse et sa vue.

Dér. de *Fi*, adj., fin, rusé, attentif.

Afina, v. Ruser, cajoler dans l'intention de duper ; affiner, polir, rendre plus fin un objet, faire la pointe.

Dér. de *Fi*, adj.

Aflaqui (s'), v. S'affaiblir, se relâcher, s'amollir ; devenir faible, mou, flasque.

Dér. de *Fla*.

Afoula (s'), v. S'affoler, s'engouer, se passionner.

Dér. de *Fol*.

Afourtì, v. Assurer, affirmer opiniâtrément.

Dér. de *For*.

Afourtuna, ado, adj. Qui a de la fortune ; bien partagé des biens de la fortune ; favorisé du sort.

Dér. du lat. *Fortuna*.

Afourtuna, v. Ce verbe n'est employé que dans cette phrase interj. *Diou m'afourtune! Diou vous afourtune!* Que Dieu m'assiste! Que Dieu vous soit en aide! Cette expression n'est communément qu'explétive, sans que la circonstance soit assez importante pour nécessiter une pieuse éjaculation. On le dit lorsqu'un enfant pleure ou qu'il fait du tapage, qu'une chose dérange ou importune ; lorsqu'on veut souhaiter bon voyage à un ami ou même à un indifférent.

Dér. du lat. *Fortuna*.

Afraïra (s'), v. S'associer ; proprement se faire des donations réciproques entre mari et femme, entre parents ou amis.

Dér. de *Fraïre*.

Afréjouli (s'), v. Se refroidir, tourner au froid. — *Lou tén s'és bièn afréjoulì*, le temps est devenu bien froid. *Souï tout afréjoulì*, je suis tout transi de froid. *Lous vièls soun afréjoulis*, les vieillards sont frileux.

Dér. de *Fré*.

Afrésqua, ado, adj. Empressé, alléché, la gueule enfarinée. — Prend son origine dans le mot *frés*, frais. V. c. m.

Afrésqua (s'), v. S'apprêter vivement ; se hâter.

Afrì, ido ou **iquo**, adj. Avide, empressé, affriandé ; ardent, âpre à la curée. — *Es afri dou traval*, il est affectionné à l'ouvrage.

Dér. du lat. *Apricus*, ardent.

Afriquèn, èno, adj. Africain, d'Afrique.

Afriquo, s. f. Afrique, partie du monde. — Depuis la conquête d'Alger, l'Afrique est devenue populaire et réveille d'autres intérêts que ceux de sa géographie.

Dér. du lat. *Apricus*, chaud, ardent ; ou selon Roquefort, de l'arabe *Aphrah*, séparer.

Afroun, s. m. Injure, outrage, affront.

Dér. de l'ital. *Affronto*, ou du lat. *ad frontem*. L'affront est une injure en présence de celui qui la subit : *ad frontem ejus*.

Afrounta, v. Affronter, rencontrer de front ; mais surtout injurier, donner un démenti.

Afrountur, s. m. Affronteur, insolent, trompeur.

Afroùs, ouso, adj. Affreux, horrible, épouvantable.

Dér. du grec φρις, frayeur.

Agaboun, s. m. — Voy. *Agóou*.

Agacha, v. Regarder devant soi ; regarder avec attention, considérer, admirer. — *Agachas!* Voyez donc! V. *Achas*.

Dér. du grec ἀγάζω, admirer, regarder avec surprise, être frappé d'étonnement.

Agacì, s. m. Cor, durillon, calus ; excroissance dure et douloureuse qui vient aux pieds.

Agafa, v. Prendre à la volée ; saisir avec la main ou avec un chapeau, un tablier, ce que l'on jette de loin ; attraper.

Étym. du vieux mot lang. *Gaff*, qui signifie *Croc*, dont le fr. a tiré et conservé *gaffe*, *gaffer*.

Agalanciè, *s. m.* Eglantier, rosier sauvage; *Rosa rubiginosa*, Linn. — Sa fleur se nomme Eglantine. Son fruit, qu'on appelle gratte-cul, sert à faire les conserves de cynorrhodon, dont il se fait un commerce d'exportation considérable dans la petite ville de Meyrueis (Lozère).

Nodier dit que le savant Périon fait venir ce mot du grec ἄγλαντος, arbre ou fleur épineuse.

Agalavardì, *v.* Affriander, accoutumer à la friandise. — Au participe passé, *Agalavardì*, se dit surtout du bétail mal gardé et qui a trop accoutumé d'aller brouter dans les blés ou les vignes.

Dér. de *Galavar*.

Agalìs (én), *adv.* En biais, en biseau, en talus, en diagonale.

Dér. de *aval*, par le changement du *v* en *g*, qui est fréquent.

Agalousses, *s. m. plur.* — *Voy. Agdousses*.

Aganì, ido, *adj.* Retrait, mal-venu, mal nourri, par vice d'origine. Au fig., chétif, exténué, rachitique.

Dér. de l'ital. *ingannare*, tromper, frustrer. Son étym. remonterait-elle au sanscrit *aghan*, exténué?

Aganlo, *s. f.* Noix de galle. Elle est fournie par le chêne des teinturiers.

Étym. du lat. *Galla*.

Aganta, *v.* Prendre, saisir, empoigner. — On dit également : *té vóou aganta*, je vais t'agripper; *sé t'agante*, si je te prends, en *aganto aquò*, attrape ceci; *agantè un tapas*, il reçut un soufflet ; ce qui est prendre.

Dér. de *Gan*, de l'allem. *wand*, ou du lat. *vagina*, gaine.

Agàousses, *s. m. plur.* ou **Agalousses**. Ononix ou arrête-bœuf épineux, *Ononis spinosa*, Linn., plante ligneuse de la famille des Légumineuses, commune dans les blés.

L'étym. du mot, selon les uns, se trouve dans le celt. *aga*, bois ; selon d'autres, dans l'arabe, et aussi, par corruption, dans le lat. *aculeata*, *aculeosa*.

Agaracha, *v.* Donner une œuvre aux champs laissés en jachère; laisser reposer une terre.

Dér. de *Gara*, guéret.

Agas, *s. m.* Erable, arbre; *Acer*, Linn.

Ce mot paraît d'origine ligurienne.

Agasso, *s. f.* Pie; en v. fr. *agasse*; *Corvus pica*, Linn., oiseau de l'ordre des Passereaux, commun dans nos climats et connu par son caquet. — Au fig., se dit d'une personne au babil étourdissant.

Du bas-br. *Agac*, dit Sauvages.

Agassoù, *s. m.* dim. Le petit de la pie. — *Tramblo coumo lou quiou d'un agassoù*, il tremble comme la feuille.

Agérbassi (s'), ou **Agérbì** (s'), *v.* Se gazonner, devenir herbeux, se couvrir de graminées ; se taller.

Dér. de *Girbo*.

Aginouïa (s'), *v.* S'agenouiller, se mettre à genoux.

Aginouïa, *v.* Terme de vigneron: couder, coucher un sarment dans la fosse pour le provigner.

Dér. de *Ginoul*.

Aglan, *s. m.* Gland, fruit du chêne. — *Voudrièi èstre un aglan, qu'un por mé mangèsse*, je voudrais être un gland et être mangé par un porc : c'est une expression d'angoisse quand on se trouve dans une situation malheureuse et sans issue ; mais le plus souvent le peuple, qui est toujours hyperbolique, l'emploie pour une simple contrariété.

Dér. du lat. *Glans, glandis*.

Aglana, *v.* Ramasser des glands, faire la glandée ; donner, distribuer du gland aux pourceaux.

Agnano, *s. f.* n. pr. de lieu. Aniane, petite ville, chef-lieu de canton de l'Hérault. — Une célèbre abbaye d'hommes de l'ordre de Saint-Benoît y fut fondée du temps de Charlemagne. Les bâtiments qui restent encore ont été transformés en maison de correction.

Un vieux dicton languedocien dit : *Inoucèn d'Agnano*. Quelle est son origine? Le français dit bien dans le même sens : Niais de Sologne, qui ne se trompe qu'à son profit. Les habitants de la Sologne passent pour avoir d'autant plus d'intelligence qu'ils en font paraître moins, et ils mettent dans les affaires qu'ils traitent une habileté secrète qui les fait toujours tourner à leur avantage. On a dû trouver dans nos contrées que, tout en contrefaisant le simple, l'habitant d'Aniane était aussi extrêmement adroit et alerte sur ce qui regarde ses intérêts ; de là le dicton, naturalisé bien avant qu'il y eût des détenus à Aniane, qu'on ne peut pas traiter d'*inoucen*, même en commettant un jeu de mots à la française ; car il s'applique à tout individu de l'acabit du niais dont il est question, en sous-entendant la dernière partie de la phrase qui complète le sens.

Agnèl, *s. m.* Augm. **Agnèlas**, dim. **Agnèlé** ou **Agnèloù**. Agneau, petit agneau. — Les moutons changent de nom en changeant d'âge ; ils sont d'abord *agnèl* depuis leur naissance jusqu'au retour de l'*amountagnaje*, à la fin d'août ; alors ils deviennent *bédigas*. L'an d'après, à la même époque, ils sont *doublen*, ensuite *tèrnèn*, et ainsi de suite. — *Agnèl dé la*, agneau de lait, qui n'a été nourri que de lait. — *Agnèl dé can*, agneau qui a mangé aux champs. *Es un agnèl*, il est doux comme un agneau. *Quinte agnèlas!* Quel grand agneau, quel bon diable ! *Aquò's la sourneto dé l'agnèl blan*, c'est toujours la même répétition. Ce proverbe tient à un usage des conteurs de sornettes. Lorsqu'ils sont ennuyés des demandes qu'on leur adresse pour en conter une nouvelle, ils disent : *Vóou vous dire la sourneto dé l'agnèl blan*. — *Ah! voui, diga-la*, s'écrie l'assemblée ; et le conteur : *Se voulès qué vous la digue, vous la dirai*. — *Voui! voui! diga-la*, insiste-t-on de même. Mais le conteur se renferme dans son éternel : *Se voulès qué vous la digue, vous la dirai*, jusqu'à ce que, fatigué de cette vaine répétition, le cercle d'auditeurs passe enfin condamnation. On dit en français, pour la même chose : c'est la chanson du ricochet.

Agnèl, agnèlé, agnèloù sont des termes de cajolerie enfantine, de tendresse mignarde.

Dér. du lat. *Agnus*, dim. *Agnellus*, qui vient lui-même du grec ἀγνός, pur, chaste.

Agnèla, v. Agneler, mettre bas, en parlant des brebis.

Agnèlado, s. f. Le croît d'un troupeau, sa portée d'agneaux dans l'année.

Agnèlo, s. f. Agneau femelle. — Se dit particulièrement d'une brebis qui commence à porter avant d'être à l'état de *bedigasso*. Cet animal souffre de cette précocité; il ne peut se développer, vit dans un état rachitique, si toutefois il ne meurt pas en mettant bas. Les éducateurs ont plusieurs procédés pour prévenir cette nubilité trop hâtive.

Agnèlo, s. f. Nielle des blés; *Agrostema githago*, Linn, plante de la famille des Caryophyllées. Son grain mêlé au blé rend le pain noir et amer.

Dér. du lat. *Nigellus*, noirâtre.

Agno, *désinence*, en fr. Agne.

Par ordre alphabétique, *Agno* est le premier d'une série de suffixes, qui se sont formés sur toutes les voyelles en *ègno, egno, igno, ogno, ougno, ugno*, qui tous présentent des particularités curieuses dans l'histoire de la formation de la langue. Ces finales entrent en composition de noms communs, substantifs ou adjectifs, et d'un certain nombre de noms propres d'hommes et de lieux, avec un caractère spécial. Elles ont été d'ailleurs soumises à tant d'altérations diverses, qu'il n'est pas sans intérêt de faire ici connaissance avec elles, en leur consacrant un même article.

Dans toutes les langues, les noms se forment en quelque sorte par des procédés systématiques. L'élément rudimentaire reste à peu près invariable, et c'est au moyen des suffixes qu'il se modifie suivant les acceptions auxquelles il est destiné à s'appliquer. Chaque pays, par une disposition particulière, obéissant aux influences de son organisme vocal, adopte de préférence la formule qui convient le mieux à ses facultés d'articulation et de vocalisation ; et dans ses vocables appellatifs surtout, parce qu'ils sont sujets à se répéter plus souvent et doivent être plus fixes, il rapproche les lettres et les combinaisons les plus faciles pour lui à prononcer.

Ainsi, étant donné un radical, il est nécessaire de lui imprimer une certaine forme stable et commode pour en étendre le sens ; il faut ajouter une désinence caractéristique pour lui faire signifier que l'objet désigné par lui doit s'unir à un autre objet ou qu'il n'en est qu'une partie, qu'il en dérive, qu'il en provient ou qu'il doit s'incorporer à lui, pour préciser sa descendance, le qualifier plus expressément, et pour déterminer ses dimensions, son étendue, ses propriétés. C'est l'adjectif tiré du substantif; le qualificatif joint au significatif; le diminutif ou l'augmentatif venant modifier le simple, ce qu'on nomme la dérivation : c'est le fonctionnement des suffixes.

Cette loi est universelle. partout mêmes procédés presque mécaniques, en ce sens que les mots représentant les idées, l'accessoire suit le principal, la désinence supplétive étend la signification du radical. Ce qui fait la variété des idiomes à base commune comme le celtique et le latin,

d'où sont issues nos langues modernes, n'est en définitive que la différence de prononciation. Les rapports sont souvent cachés, inappréciables à l'analyse, mais ils existent. Ils se sont dénaturés par des raisons inconnues, mais des points de contact vérifiés laissent voir leur rapprochement. Chaque groupe de population a, en effet, des tendances de langage qui lui sont propres, des habitudes qui le portent à rechercher certains sons et à en éviter d'autres ; les dialectes naissent de ces convenances toutes locales, et de cette manière se lie et se décompose l'ensemble général, sans perdre ses affinités, mais en les laissant s'oblitérer et en les écartant plus ou moins de la source commune. C'est pourquoi, dans ces recherches qui remontent quelquefois à des origines lointaines, il y a à tenir compte de l'état des idiomes voisins et de la philologie comparée. C'est faire une tentative dans cette voie que d'essayer, sur les mots de notre langue, de surprendre le secret de leur formation originelle; de savoir par quel instinct naturel ou quel travail prémédité, la pensée et son expression s'est plue à revêtir certaines formes plutôt que d'autres, et de démêler sous l'empire de quelles propensions et de quelles antipathies particulières quelques-unes de ces expressions sont arrivées jusqu'à nous, et ont été adoptées. Pour cela, l'étude des désinences est d'une importance considérable; car ce sont ces syllabes, insignifiantes en apparence, qui donnent à une langue son type individuel, son cachet et son caractère. Du petit au grand, le dialecte a sa valeur; si modeste que soit sa part, il a droit de se présenter au concours.

De la langue la plus anciennement parlée dans les Gaules, le celtique, nous n'avons que des notions imparfaites, réduites à quelques centaines d'expressions éparses dans les écrivains latins ou grecs, et à quelques lambeaux d'inscriptions lapidaires; il n'a été recueilli aucun monument écrit d'une sérieuse portée. Rien n'est resté dans l'air de son accentuation. Cependant, avec les mots qui nous ont été conservés, avec les appellations géographiques et les noms d'hommes, que la stabilité naturelle de leur signification et de leur structure a protégés davantage, si l'on n'est point parvenu à composer un vocabulaire complet, il a été possible de discerner sûrement ce qui appartient dans nos langues modernes à l'idiome primitif, et de lui attribuer telles formes, telles locutions, telles racines qui, ne se retrouvant pas ailleurs, n'ont pu lui servir de modèle et remontent nécessairement à cette source. Cet élément primordial mérite d'être relevé avec prudence, sans doute, mais avec un soin minutieux.

Les colonies grecques, établies sur le littoral méditerranéen, eurent des rapports de commerce et d'échange avec les populations voisines ; mais bien que florissantes et d'une civilisation plus avancée, elles ne se mêlèrent jamais avec le corps gaulois au point d'exercer une influence, qui n'eut pas le temps d'ailleurs d'être bien profonde. Les mots grecs que nous avons retenus nous ont été apportés presque tous par l'intermédiaire des Romains.

Le latin doit être considéré comme le vrai générateur de nos idiomes. Il avait pénétré dans la Gaule et dans la Narbonaise, avant l'arrivée de César. Après la conquête, il s'y naturalisa avec une absorbante énergie, et tout concourut à favoriser sa prédominance et à en prolonger la durée : les lois, l'administration, la civilisation, la religion, même l'esprit national. Le christianisme vint encore seconder son influence. Les invasions germaniques des Francs et des Visigoths, loin de comprimer cet essor, accrurent sa popularité : les barbares l'adoptèrent, et leur conversion à la religion chrétienne, leur orthodoxie ne contribua pas peu à le maintenir, bien qu'ils eussent versé un élément nouveau dans le langage par leur prononciation. Mais il faut dire que ces altérations furent plus sensibles au nord qu'au midi de la France ; et nous n'en avons que plus tard ressenti les effets par le français d'Outre-Loire.

Mais la langue importée par les vainqueurs de la Gaule et par les colons à la suite n'était pas le latin classique et cicéronien : c'était le langage déformé de Rome, familier aux soldats et au bas peuple, hérissé de barbarismes. La latinité gauloise se forma d'abord sur ce modèle ; et encore la nouvelle langue, pour se répandre dans le pays conquis mais toujours indompté, dut-elle se soumettre à une foule d'altérations néologiques, se plier à des exigences dont la masse de la nation puisait le principe dans son indépendance. Car, tout en acceptant un langage qu'ils n'avaient pas appris dans leur enfance, les indigènes ne renoncèrent pas à leurs habitudes de prononciation, et firent violence au latin pour l'approprier aux formes naturelles de leur pensée.

Les témoignages les plus certains attestent que le vieux gaulois, en pleine possession de son territoire au VIIe et au VIIIe siècle, se maintint longtemps encore ; même au XIIIe siècle, son extinction n'était pas complète. Mais déjà tous ces ferments de celte, de latin, de tudesque avaient commencé à se fusionner. Puis, quand ce pêle-mêle se réorganisa sous le souffle d'un esprit différent, après de longues élaborations, une langue véritable était créée.

Elle fut d'abord qualifiée de *rustique*, comme si elle n'eût été qu'une dégénérescence d'idiomes corrompus ; mais une dénomination plus juste, qui est un souvenir, ne tarda pas à prévaloir : elle est appelée *Roman* ; et c'est le roman qui a donné naissance à la langue d'Oïl et à la langue d'Oc, ces deux filles si glorieusement régénérées.

— *Voy. Lengadò, Patouès, Rouman.*

L'œuvre de recomposition fut lente : elle suivit les phases de la grandeur romaine, qui mit du temps à mourir. Dans le principe, elle était inconsciente, irréfléchie, ignorant sa voie, mais entrevoyant un but ; elle s'inspirait et se guidait par un vague souvenir, qui n'avait jamais péri et qui ramenait peu à peu le peuple, lui qui fait la langue, vers des inflexions qui lui avaient été familières. En acceptant le latin, il l'avait soumis, par une sorte d'instinct mécanique, aux aptitudes les plus conformes à son organisme vocal ; en le transformant, il ne cherchait qu'à porter dans la prononciation les prédilections ou les antipathies qui étaient dans sa nature.

Un respect traditionnel entourait les racines, qui sont l'âme des mots : les modifications s'accomplirent donc plus volontiers sur les désinences. Elles s'adressèrent surtout à celles qui avaient le cachet romain, d'abord parce qu'elles étaient moins ' ... prédispositions organiques de la voix, puis parce que ces finales, sans signification par elles-mêmes, n'affectaient qu'accessoirement la substance du mot, que le changement ne voulait pas atteindre. Le génie national reprenait les concessions arrachées par les vainqueurs : c'était l'affranchissement qui s'annonçait. Ce retour à l'ancien esprit gaulois offrirait des coïncidences qui vont plus loin que les formes du langage.

Mais les signes de cette réaction se manifestent clairement. Le premier besoin est la rapidité de la parole répondant à la promptitude de la conception : et la contraction des mots, la simplification des modes et des cas marquent des écarts d'indépendance qui protestent contre l'ampleur et la régularité latines. L'accentuation se reprend à des cadences et à des agencements de syllabes qu'une bouche et une oreille romaines n'avaient pas inventés : et il s'ensuivit la nécessité de combiner autrement la forme d'une foule de mots. On le voit : si les fondements latins restaient encore solides, un édifice plus jeune s'élevait sur eux.

Les éléments de cette révolution du langage se trouvent dans le changement de formes, dans les modifications des désinences, qui obligent l'appareil phonétique à prendre d'autres flexions plus en harmonie avec ses tendances et ses habitudes natives. C'est ce qu'il faut constater par des applications et des exemples. Qu'on en juge à l'œuvre.

Chez nos ancêtres gaulois la forme du suffixe était AC = EC ; nous l'avons déjà signalé. — *Voy. A, suff.* Son accentuation, forte sans doute, à cause de la lettre finale, devait cependant être adoucie ou assourdie par un son guttural, ressemblant à celui du X grec, qui lui servait d'expression dans l'écriture : et ce qui le prouve, ce sont les variantes dialectales, conservées dans le néo-celtique en *ach = iac = auc = och = ech ;* nuances ménagées pour estomper des tons trop durs. Les permutations opérées plus tard en S doux, en J ou G doux, comme équisonnants, seraient aussi un indice de quelque valeur.

Ces désinences étaient employées à adjectiver les mots, à former des termes ethniques, patronymiques, géographiques, à marquer la possession, la filiation, l'appartenance, la collectivité. En voici quelques exemples : *Bron*, tristesse, *bronach*, triste ; *bod*, touffe, *bodec*, touffu ; *karud*, amitié, *karadec*, aimable ; *suil*, œil, *suilech*, qui a des yeux ; *stan*, salut, *steinech*, salutaire ; *plum* ou *plwm*, plume, *plumau* ou *plumawc*, emplumé, dial. cornique ou cambrique. En gaélique : *Albanach*, Écossais ; *Erionnach*, Irlandais ; *Sacsanach*, Anglais ; en bas-breton : *derv*, *tann*, chêne, *dervek*, *tannec*, lieu planté de chênes, abondant en chênes ;

ounn, frêne, *ounnek*, frênaie, etc., etc. — *Voy.* Zeuss, *Gram celt.;* Le Gonidec, *Dict. bret.*

Mais, arrive la domination étrangère, et les mots celtiques n'entrent plus dans le langage usuel qu'à la condition de revêtir la forme romaine. Le latin avait sa terminaison caractéristique générale en *us, a, um;* partout où un terme gaulois se rapprochait d'un des siens par le sens ou la consonnance, dans les noms propres qu'il ne tenait point par politique à défigurer, dans les dénominations locales qu'il importait de ne pas débaptiser, il s'appropriait le mot et se contentait d'adjoindre sa formule propre à la désinence vaincue. Mais à part sa finale en *acus, aca, acum,* la plus proche, qui a été la plus durable et qui donne encore à bien des noms propres, dans la moyenne latinité, une physionomie gauloise, il avait aussi ses suffixes en *anus, a, um; aneus, a, um; anius, assius, enus, inus, onus;* de la même catégorie, et exerçant de pareilles fonctions adjectives, possessives ou collectives. Les Gallo-Romains adoptèrent ces désinences dictées par le vainqueur, et ils les vulgarisèrent en les étendant en *anicus, enicus, inicus, onicus, a, um,* employées généralement au plur. fém. : *anicæ, enicæ, inicæ, onicæ.* Suivons la gradation sur les noms d'hommes et de lieux. On trouve dans César : *Divitiacus, Dumnacus, Valetiacus;* dans Tacite : *Galgacus, Caractacus;* Sidoine-Apollinaire cite *Avitacum, prædium Aviti, Prusianus;* Grégoire de Tours, *Brennacum;* l'Itinéraire d'Antonin, *Juliacum, Tiberiacum, Solimariacum;* les chartes, *Flaviacum, Aureliacum, Pompeiacum, Pauliacum;* et en même temps, à cette dernière période, on rencontre *Martiniacum* et *Martinhanicæ,* Colonia et *Colonicæ, Condacum* et *Condusonicæ, Salvanum* et *Salvanicæ, Alsonum* et *Alsonicæ, Veranum* et *Verananicæ,* et ainsi d'une foule d'autres. De sorte que la progression pourrait être celle-ci : *Brenn,* primitif celtique, donne directement *Brennus;* puis *Brennac, Brennacus,* celto-latin, fils ou descendant du *Brenn;* et dans les noms communs, devenus noms de lieu, collectifs, *cass, cass-ac, cass-ec,* forme celtique; *cassacus, cassanus, casnus,* forme latine; *Cassanicæ,* forme gallo-romaine, etc., etc. Les transformations se firent sur ce modèle; inutile d'en détailler l'interminable nomenclature.

Tel était le produit du mélange du gaulois et du latin, parlés simultanément, à côté l'un de l'autre sur le même sol. Les désinences *ac* = *ec* affaiblies en *ach, auc, ech,* furent donc soumises à la prononciation romaine, qui donnait toujours le son dur au C, semblable au K rude, même sur les voyelles douces *e, i,* et qui articulait fortement le N, dont il ignorait le son mouillé. Les Gallo-Romains avaient surenchéri en redoublant les deux sons de ces consonnes dans *anicæ, enicæ, inicæ, onicæ.*

C'est contre la dureté et la sécheresse de ces intonations que devait protester la langue romane en France, comme le firent tous les idiomes dans les pays où les Celtes avaient séjourné, une fois que la puissance romaine eut cessé de peser sur le langage.

Aussi, *ac* = *ec,* la forme première, représentée par *acus, ecus, icus, ocus, um,* perd-elle d'abord sa finale latine; puis le *c* s'amoindrit et coule; il permute avec le *ch* ou le *j* et *g* doux; il disparaît même entièrement de nos appellatifs, où il ne se fait jamais sentir. A part quelques exceptions, qui localisent une dénomination, il se transforme de vingt manières différentes, selon les influences auxquelles il obéit. Tandis que la géographie ancienne garde ses *acum* ou *anum* immuables, à tous les points de l'horizon, les terminaisons nominales se sont changées en *a, as, at, é, ei, ie, ier, ière, ies, y, eux, ieux,* etc. Il faut encore comparer, pour ces métamorphoses du *ac* = *ec,* dans la signification adjectivée, nominative, collective ou diminutive, les variantes qui paraissent autant formées sur le suffixe celtique que sur le correspondant latin ou sa latinisation, comme *édo, ié, iéro,* et leurs dérivations ou leurs analogies sur les différentes voyelles, et les affinités et les permutations de lettres. — *Voy. lettres C, G,* et *Édo, Ié,* etc.

Dans les finales *anus, anum; enus, inus, onus; aneus, enius, inius, onius,* au masc. et au neutre, d'importation latine plus marquée peut-être ou du moins plus éloignée des suffixes celtiques, le roman, pour les traduire, supprime également la caractéristique latine; il garde *an, en, in, on,* avec ou sans *i* antécédent, et souvent même il efface le n dans les noms communs, au moins de notre dialecte, comme *bo, cousi, mati,* etc.; et dans ceux où la consonne persiste, elle prend, dans le Midi surtout, une expression si fortement nasalisée qu'elle devient un caractère typique de notre idiome. — *Voy. An, suff.*

Les désinences féminines *ana, ena, ina, ona, una,* et surtout *ania, enia, inia, onia, unia; anea, inea, onea, unea,* se reproduisent plus particulièrement dans le vieux languedocien et dans le moderne par nos finales *agno, égno, ègno, igno, ogno, ugno,* qu'emploie le français sous différentes formes transmises par le roman, en *agne, aigne, eigne, oigne, ogne.* — *Voy.* aux mots : *Cassagno, Gamégno, Gascougno,* etc., etc.

Et encore sur tous ces suffixes, à peu près indifféremment, tant sur ceux où le *c* est la consonne dominante que sur ceux où l'*n* se rencontre, il intervient fréquemment une autre combinaison très-répétée en *aje, éje, èje, ije, oje, uje,* le J remplaçant le G doux, — et en *acho, écho, écho, éncho, icho, ocho,* qui diffèrent du même principe et qui vont reparaître sous un autre aspect.

Les Gallo-Romains avaient, disons-nous, représenté les désinences principalement en *icus, a, um,* en les latinisant plus durement, par *anicæ, enicæ, inicæ, onicæ,* où se rapprochaient les deux consonnances fortes de l'N et du C. C'était une transformation qui voulait peut-être rappeler le suffixe primitif des aïeux et le mettre en contact avec ceux des vainqueurs; mais cette finale de la moyenne latinité, à dur redoublement, devint particulièrement antipathique au roman et aux autres langues néo-latines qui se recomposaient. La malheureuse terminaison en *nicus, nica, nicum*, quelque voyelle qui lui serve de véhicule, a le don d'horripiler tous les idiomes en voie de rénovation, et cause les écarts de prononciation les plus étranges.

En France, le roman en fait *anègues, enègues, inègues, onègues*, et *aniches, anènches, anges, enges, inges, onge*. Le languedocien emploie là-dessus sa voyelle féminine propre *o*, mais la forme en est conservée. Dans l'espagnol et l'italien, comme dans la langue d'Oc, se retrouvent des procédés identiques; et il est remarquable qu'en Espagne, à propos de l'altération apportée plus tard par le languedocien sur ces désinences *anègues, onègues*, etc., venant de *anicœ, enicœ, onicœ*, se montre une articulation conforme à nos *argues, ergues, orgues*. — *Voy. Argue, Canounje*, où des exemples sont cités.

Cette variété *anègues, enègues*, etc., ne débarrasse pas la désinence d'une certaine rudesse, qu'amortit à la vérité la présence de l'*e* ou l'*o* atone ou muet, sur lequel elle tombe en languedocien comme en français; mais nous présumons que la flexion forte du *g* n'est ici que le résultat d'une exigence orthographique, quand il précède les voyelles *a, o, u*, dans nos dialectes. L'exactitude de cette induction nous est démontrée par ce qui existe de pareil en français, et aussi dans la prononciation du languedocien des Hautes-Cévennes. Ainsi, pour traduire le lat. *veniat*, nos montagnards disent : *qué végno*, et dans la plaine on prononce : *qué vèngue*. Le premier est plus pur : mais cette différence a peut-être amené une autre combinaison : celle du *g* suivant l'*n* au lieu de la précéder. La mouillure est moins sensible : cependant *ng* n'est qu'un équivalent. C'est une importation du germain par les Francs ou les Visigoths, qui n'avaient aucune facilité à articuler notre *gn*, et qui l'ont démontré en changeant presque toujours nos désinences *agne, aigne, eigne, igne, ogne*, en *ange, inge, onge*, dans les dénominations. Quoi qu'il en soit, la formule répond exactement, par la suppression de la voyelle *e* intermédiaire, à celle des romanes *anègues, enègues, onègues*, et ne sort pas d'une autre provenance. Dans le roman et au nord, où l'influence germanique se fait plus sentir, on trouve, comme formes analogues dans la langue du moyen âge : *il dunge, dogner et duner, doner et dogner; aviegne, avegne, avienent; espreigne, preigne; et venge, tenge, donge; et viengne, tiengne, dongne*, qui sont aujourd'hui : donner, advenir, prendre, venir, tenir; sans compter encore d'autres variantes qui ne laissent pas d'être frappantes et fort congruentes à notre sujet.

Dans cette généalogie de désinences, ce qui est essentiel à retenir, c'est l'introduction dans l'accentuation d'éléments tout-à-fait nouveaux et inconnus au latin. Le G guttural et souvent doux se substitue au C toujours dur du latin; le CH chuintant, qui est celtique, aspire aussi à reprendre ses droits; enfin, dans les suffixes qui font le sujet de notre article et dans beaucoup de leurs variantes, sur toutes les voyelles s'articule le GN mouillé, une des flexions de la plus incontestable origine gauloise. Et ce n'est pas un phénomène des moins remarquables que la reproduction de ces mouillures gutturales et nasales dans tous les idiomes celto-latins au moment où ils se renouvellent. Elles s'étendent même à *ll* mouillé, que le fr. et l'esp. adoptent, *bataille, batalla*, etc., que l'ital. représente par *gli, figlia, bataglia*, et notre dialecte par l'*i* tréma, *fio, bataïo*.

En résumé, quand on suit à la trace ces transformations, et qu'on étudie leur dégénérescence graduelle dans ses principes et dans ses causes, il est difficile de ne pas reconnaître, à voir leur identité d'emploi et de destination auprès du radical, que tous ces suffixes de même famille sont égaux entre eux, et que, depuis les primitifs $AC = EC$ en passant par le latin, ils peuvent être ramenés, par une équation logique et rigoureuse, jusqu'à la forme usitée dans nos idiomes modernes, si originale qu'en paraisse l'expression au premier aspect. La singularité de physionomie qu'affectent parfois certaines désinences n'est pas, au reste, sans avantages : elle signale et met dans un relief plus frappant le membre sur lequel il faut d'abord opérer pour arriver par la dissection jusqu'à l'os, c'est-à-dire au radical. Dans la recherche des étymologies, il est bon d'avoir affaire à un mot ainsi surchargé, dont on peut du premier coup-d'œil dégager l'appendice à tournure connue d'avance. Mais la parité significative ou l'équipollence des terminaisons de même catégorie a une portée bien plus étendue : car si elle permet d'établir entre les mots et les noms, des analogies qui les font équivalents les uns aux autres, malgré la différence de leurs formes, quand ils procèdent d'une racine unique, elle empêche encore et le plus souvent de confondre, avec un mot qui paraît dérivé d'une langue de formation, comme le latin par exemple, une simple désinence, qui lui ressemble par sa physionomie, mais qui n'est en définitive que le produit d'une combinaison régulière ou d'une altération successive. Ceci soit dit en passant pour notre finale *Argue*, à laquelle nous renvoyons. Mais que de ceci surtout ressorte clairement la loi d'affinité, de concordance, d'égalité de valeur dans les désinences supplétives, ce résultat obtenu sera fécond ; et nous tenions à en consolider les bases. Les citations sous chaque mot feront mieux comprendre son importance majeure. — *Voy. Argue, suff., Canounje, Cassagno, Sdouvagnargue*, etc.

Notre but ici, au moyen de ces observations générales, était encore de démontrer qu'au moins une partie de l'ancienne prononciation s'était conservée dans les Gaules, et qu'au moment de la rénovation de la langue qui devint notre idiome roman, tout imprégné de celte et de latin, qui ne faisait encore que se parler et se préparait à s'écrire en devenant la langue d'Oc, cette tradition était assez intense, assez enracinée pour constituer un de ses attributs essentiels, comme il arriva pour le français, l'italien et l'espagnol. La prononciation obligea l'alphabet à se combiner autrement, avec la même énergie que la contraction qui resserrait les mots : ce furent les premières tendances de l'esprit nouveau. Cependant, le plus souvent, l'expression significative, dépendance respectée du radical, se maintint, et l'accent tonique persista, comme en latin, sur la dernière syllabe forte ou sur la pénultième. L'intonation, ce sentiment mélodique représenté par la mesure et la quantité, garda même dans la langue d'Oc de ces réminiscences qui en ont perpétué l'euphonie presque matérielle en longues et en brèves, dont nos dialectes ne se sont jamais séparés.

Sans doute, il est difficile de bien apprécier la nature de ces diverses modifications à la distance où nous sommes de ce mouvement intellectuel et euphonique de notre langue, quand les changements peuvent être le résultat de circonstances fortuites ou de particularités d'origine, de sol, de climat, ou de tant d'influences ignorées ; mais nous essaierons de les distinguer et de les débrouiller avec patience, et à l'aide de tout ce que nous pourrons recueillir de lumières et d'enseignements.

Nos indications, si insuffisantes qu'elles soient, ne serviraient-elles qu'à faire entrevoir la communauté d'extraction de la langue d'Oïl et de la langue d'Oc, leur contemporanéité de formation et de progrès, à montrer que celle-ci, déchue politiquement, mais aussi littéraire que jamais, n'est pas un des patois corrompus du français ; ces études, que de plus habiles compléteront, n'arriveraient-elles qu'à jeter une lueur bien faible sur nos origines et notre histoire, qu'à sauver leur aridité technique par quelque utilité et un peu d'intérêt et de nouveauté, que nous persisterions encore à les suivre, et nous ne croirions pas notre labeur perdu.

Agnuè, *adv.* Cette nuit, ce soir. — En vieux français, on disait : *anuit.*

Dér. du lat. *ad noctem.*

Agnuècha (s'), *v.* S'anuiter, se mettre en chemin la nuit, voyager de nuit. — *Nous agnuèchan*, la nuit se fait, la nuit nous gagne. En v. fr. *s'anuister.*

Dér. de *Gnuè.*

Agôou, *s. m. plur. Agôousses.* Le petit chêne-vert épineux ; *Quercus coccifera*, Linn. Plante ligneuse sur laquelle on cueille le kermès animal ou vermillon.

Agourini (s'), *v.* S'acoquiner ; prendre des habitudes de paresse et d'ivrognerie ; fréquenter mauvaise compagnie.

Dér. de *Gourin.*

Agoustén, quo, *adj.* Du mois d'août, d'arrière-saison.

Dér. du lat. *Augustus*, qui lui-même a formé *août*, qui n'en est qu'une contraction.

Agrada, *v.* Plaire, convenir, être au gré ; agréer, approuver. — *Aqueles éfans s'agradoun, fôou lous marida*, ces enfants s'aiment, il faut les marier. *Sa façoun m'agrado*, ses manières me conviennent. *S'aquò vous agrado*, si vous approuvez cela.

Dér. de *Gra*, gré.

Agradèlo, *s. f.* Épine-vinette ; *Berberis vulgaris*, Linn. Arbrisseau épineux dont on forme des haies vives. Son fruit en grappes est aigrelet et rafraîchissant. *Agradèlo* est évidemment la corruption d'*Aïgradèlo*, qui n'est qu'un diminutif d'*aïgre ;* c'est comme si l'on disait : *l'Aigrelette.*

Agrâoutouni (s'), *v.* Se recroqueviller, se ratatiner, comme des cretons ou graisillons, connus en languedocien sous le nom de *grâoutoù.*

Agrava, *v.* Couvrir un champ de sable, de gravier, par inondation. — *Gardoù agravo lous pras*, le Gardon couvre les prés de gravier.

Dér. de *Gravo.*

Agrévou, *s. m.* Houx, arbre toujours vert, à fleurs monopétales en rosette, hérissées de piquants, à baies rouges, et dont la seconde écorce sert à faire la glu. De ses branches flexibles on fait des baguettes, qu'on appelle pour cela des *houssines.* — *Ilex aquifolium*, Linn., de la famille des Frangulacées ; assez commun dans nos bois.

Étym. du grec ἀγρία, qui est le nom du même arbrisseau, dér. de ἄγριος, sauvage, farouche, à cause des épines longues et fortes de ses feuilles.

Agriable, **blo**, *adj.* Agréable.

Trad. du franç.

Agrimouïé, *s. m.* Groseiller à maquereau, arbuste épineux, dont les fruits sont assez gros, mais moins doux que ceux du groseiller sauvage ordinaire ; *Ribes grossularia*, Linn. Son nom lui vient sans doute du goût aigre de ses fruits.

Agrimouïo, *s. f.* Groseille à maquereau, fruit de l'arbrisseau précédent.

Agrioto, *s. f.* Griotte ; variété de ce qu'on appelle à Paris la cerise, à laquelle notre griotte ressemble beaucoup, au goût près. La cerise est fort douce et la griotte est fort aigre. — *Aquò vrai coumo manjan d'agriotos*, cela est vrai comme il neige des boudins. *Badinan ou manjan d'agriotos ?* Mot à mot : plaisantons-nous ou mangeons-nous des griottes ? Est-ce pour rire ou tout de bon ? Tel est le sens. Dans notre dicton, les griottes se trouvent mêlées par la raison que leur goût âpre et acide fait faire à celui qui les mange une grimace qui ressemble au rire, une sorte de rire aigre-doux, sardonique, laissant le choix entre le rire ou la grimace.

Agroumandi, *v.* Affriander, apâter, affrioler. Le même que *Agalavardi.* — V. c. m.

Dér. de *Grouman.*

Agroumïa (s'), ou **Agroumouli** (s'), *v.* Se blottir ; s'accroupir ; se mettre en peloton ; se tapir dans un coin ; se ramasser comme pour rentrer en soi-même.

Dér. du lat. *grumus*, grumeau, qui a donné aussi *grumèl*, du primitif *grum*, grain, d'où *grumo*, etc.

Agroutiè, *s. m.* Griottier, arbre qui porte la griotte. — Voy. *Grioto.*

Agrumèli, *v.* Pelotonner, former des caillots, mettre en grumeaux. — Se dit des choses, jamais des personnes, pour lesquelles on se sert de *Agroumouli.*

Dér. de *Grumèl.*

Agrunas, *s. m.* Prunellier ou prunier sauvage ; *Prunus* *spinosa*, Linn., arbrisseau de la famille des Rosacées. Son fruit est d'une acidité et d'une âpreté remarquables. — On dit également : *Agrugné* et *Agrunéïé*. — *Voy. Bouïssoù*.

Étym. de ἄγριος, sauvage, champêtre ; le celt. avait *aigr*, aigre.

Agrunèlo, *s. f.* Prunelle, fruit de l'*agrunas*, dont on fait de l'eau-de-vie.

Même étym.

Agu, *part. pass.* du v. *Avédre*, avoir ; eu, possédé.

Aguè, 3ᵉ *pers. sing. du prét.* du v. *Avédre*. Il ou elle eut.

Aguè (à l'), *adv.* Aux aguets, à la piste.

Dér. du grec ἀγάω, considérer attentivement.

Aguiado, *s. f.* Aiguillée de fil ; aiguillon du laboureur : le bout pointu sert à piquer les bœufs, l'autre extrémité est armée d'une petite pelle, qui sert à racler la terre du soc et qui s'appelle *Bourboussado*.

Dér. d'*Aguïo*.

Aguialas, *s. m.* Aquilon, vent du nord-est. Il souffle pour Alais des Alpes piémontaises. — Il y a sans doute bien loin du latin *Aquilo* au languedocien. *Aguialas*, cependant on ne peut méconnnaître entre les deux mots un air de famille. Le *q* du premier se change souvent en *g* par euphonie : c'est ici le cas. Quant à la terminaison, elle exprime évidemment un péjoratif caractéristique, car on ne parle de ce vent qu'avec aversion. Le grec αἰγιαλός, rivage, bord de la mer, vent de terre, a peut-être aussi contribué à sa formation.

Aguiè, *s. m.* Porte-aiguille ; pelotte, sorte de coussinet ou de bourrelet destiné à piquer les épingles et les aiguilles, recouvert et barriolé de morceaux de drap ou de velours. Autrefois les femmes de noblesse ou de bourgeoisie en faisaient un ajustement de toilette qu'elles portaient suspendu à leur ceinture à côté de l'aumônière ou du *claviè*. (*V.* c. m.) Aujourd'hui des breloques remplacent ces deux symboles du travail et de la charité : la pelotte a aussi perdu sa place. Le mot lui-même commence à être hors d'usage : affaire de mode, trait de mœurs, signe du temps.

Odde, de Triors, dans ses *Joyeuses Recherches de la langue tolosaine*, de 1578, décrit comme suit ce petit bijou : « Aguillier est à dire vn petit peloton de drap que les femmes coustumierement tiennent pendu en leur ceinture, ensemble auec leur bource, auquel elles mettent et fichent leurs espingles, et doit estre tousiours beau, ioly, et s'il est possible neuf et la bource semblablement, autrement cela n'a point de nez, principalement quand de ieunes femmes le portent, car il n'est guiere beau et seant à vne ieune femme de prendre vn vieil *Aguillier*, non plus qu'il est beau de chausser quelque vieille *sabatte*, *groulle*, ou escarpin dans quelque belle pantoufle, toute neufue, ou mettre quelque vieil *petas* et piece de drap vsée sur de belles chausses toutes neufues. Et pour preuue de cela, ie mettray icy en auant ce nouueau et assez vsité prouerbe en ceste ville de Tolose disant ainsin : *A bourgo nauuo non cal aguillier vieil ; et hæc sint dicta nemine nominando.* »

Aguio, *s. f.* Aiguille à coudre, à tricoter ; aiguille de montre ; pièce de fer pour planter les vignes ou les saules. — *Méntis pas dé la pouncho d'uno aguio*, il ne ment pas d'un iota.

Dér. de *Acus, ûs*, aiguille.

Aguincha ou **Guincha**, *v.* Viser, prendre pour point de mire.

Dér. de *Guinche* ou *guènche*, louche, parce qu'en visant ainsi, on ferme un œil pour mieux régulariser la ligne visuelle, et on a l'air de loucher. Peut-être encore ce verbe tire-t-il son origine de l'esp. *guinar*, regarder du coin de l'œil, et a-t-il là même communauté de sens avec le franç. *guigner*.

Agusa, *v.* Aiguiser, rendre aigu, pointu, tranchant.

Étym. du lat. *Acuo ; acus, acutus*.

Agusadouiro, *s. f.* Pierre à aiguiser. — *Voy. Chafre*.

Ah ! *interj.* Ah !

Ah ! bé ! *interj.* Ah ! pour le coup !

Aï, 1ʳᵉ *pers. sing. ind. prés.* du v. *Avédre* ; j'ai.

Aï, *interj.* Aïe, cri de souffrance, de plainte, de surprise. — *Aï ! dé ma dén ! Ah !* la dent! *Aï ! mé fas mâou !* Aïe ! tu me fais mal. *Aï ! çaï sès ?* Ah ! vous voilà ?

Aï, diphtongue, c'est-à-dire réunion de deux voyelles produisant un double son par une seule émission de voix. L'articulation de cette syllabe, dans la langue d'Oc, se fait en appuyant sur la première voyelle, tandis que la seconde reste faible : la voix dominante ici porte sur l'*a*, elle s'adoucit et s'efface presque sur l'*i* final.

En vertu du principe que toutes les lettres se prononcent et se font sentir, nous aurions pu éviter de marquer l'*ï* d'un signe particulier. L'italien et le grec n'en emploient pas : ils écrivent simplement *farai*, *vedrai* ; ἐλαιός, ᾖμαι, καί, et tous les infinitifs passifs ; et leur diphtongue *ai* a la même consonnance que la nôtre. Cependant le tréma nous a paru nécessaire, d'abord pour marquer une différence dans la prononciation de l'*i* entre ses variétés d'inflexion (*V.* la lettre *I*) ; puis, pour sauver une exception que nous étions forcé d'admettre. Voici le cas : le français a la diphtongue simple, sorte de voyelle, formée des deux lettres *ai*, qu'il prononce tantôt comme é fermé, *j'aimai*, tantôt comme *è* grave, *j'aimais* ; or dans notre dialecte se rencontrent certains mots d'origine toute française, mais impatronisés et consacrés depuis longtemps parmi nous, quoique en assez petit nombre, notamment, pour les citer presque tous : *air*, *Alais*, *mais*, conjonc. Pour ceux-là nous demandons, en faveur des lecteurs habitués à lire à la française, de leur conserver leur physionomie orthographique à la française.

Certes, ils ne perdraient rien à être écrits comme ils se prononcent: *èr*, *Alès*, *mè* ; cependant le moindre trouble à la lecture résulterait-il de cette configuration puriste, et il reviendrait souvent, ce serait assez pour justifier une exception si peu exigeante d'ailleurs. L'emploi du tréma sur l'*i* après *a* devient ainsi tout à fait logique, et la règle se trouve mieux confirmée, en rendant sensible la distinction et en maintenant invariablement le son diphtongué sur *aï*.

Aïado, *s. f.* Sauce à l'ail, aillade; coulis du paysan, fait avec de l'ail, du persil et du poivre. En Provence, cette sauce s'appelle *aïoli*, parce qu'il y entre aussi de l'huile.
Dér. de *Aïé*.

Aïçaï, *adv.* Çà, deçà, de ce côté, mais un peu plus loin. — *Tira-vous aïçaï*, passez de çà, de ce côté.
Dér. du lat. *Hàc*.

Aïçalin, *adv.* Ici-bas, ci-dedans.
Comp. de *Aïci* et *alin*.

Aïçamoun, *adv.* Çà-haut.
Comp. de *Aïci* et *amoun*.

Aïçamoundáou, *adv.* Çà-haut, mais plus haut encore que la place occupée par l'interlocuteur.
Comp. de *Aïci* et *amoundáou*.

Aïçaval, *adv.* Çà-bas. Il est presque synon. de *Aïçalin*.
Comp. de *Aïci* et *aval*.

Aïçi, *adv.* Ici, dans cet endroit. — *D'aïci-'n-laï*, dorénavant. *D'aïci-'n-foro*, en sortant d'ici, de ce pas, dorénavant.
Dér. du lat. *Hic*.

Aïço, *pron. démonst.* Ceci. — *Qué sera tout aïço?* qu'arrivera-t-il? que sera-ce que tout ceci? *Ai pòou qu'aïço virara màou*, j'ai peur que ceci tournera mal.
Dér. du lat. *Hoc*.

Aïço-Aïlo, *phr. faite.* Ceci-cela, des si et des mais.

Aié, *s. m.* Ail, plante de la famille des Liliacées, *Allium sativum*, Linn. — Son oignon se divise en plusieurs gousses nommées *béségno*. L'assemblage de ces caïeux forme une tête qu'on nomme *boussèlo*.
Etym. du lat. *Allium*.

Aïecha (s'), *v.* S'aliter, garder le lit.
Dér. de *Ié*.

Aïeïro, *s. f.* ou **Aïguièïro,** *s. f.* Evier, conduit, égoût des eaux de cuisine.
Dér. du lat. *Aquarium*. — *Aïèïro* n'est que la contraction euphonique de *aïguièïro*.

Aïgadino, *s. f.* Ondée, pluie subite d'orage peu violente; une faible inondation, ou plutôt l'inondation d'un petit torrent, d'un ravin.
Dér. de *Aïgo*.

Aïgagnàou, *s. m.* Rosée, serein, vapeur exhalée de l'humus terrestre et condensée par le contact de l'air froid de la nuit. Malgré la démonstration physique, on dit: *tombo d'aïgagnàou*, comme si la rosée tombait d'en haut. Le languedocien, passe encore; mais le français, qui doit être et qui est en effet plus docte, dit à merveille: *tomber de la rosée, le serein tombe;* et personne ne s'en émeut.
Dér. de *Aïgo* et de *gnué*, eau de nuit.

Aïgaïé, *s. m.* n. pr. de lieu. Aigaliers, *Aquilerium*, commune du canton d'Uzès. — Voy. *Aïgoùs*, et *Ièïro*, *suff*.

Aïgajé, *s. m.* Ce mot a le même sens que *aïgagnàou*, mais il est plus générique; il désigne seulement l'humidité des prés, du terrain, de la feuille de mûriers, trempés de rosée.

Aïgarado, *s. f.* De l'eau rougie, du vin trempé outre mesure et qui n'a conservé qu'une teinte rosée; de la rinçure, de l'abondance. C'est aussi une ondée d'eau de vaisselle.

Aïgardén, *s. m.* Eau-de-vie, alcool, liqueur plus ou moins spiritueuse et incolore.
Formé de *Aïgo* et du lat. *ardens*, brûlant. En esp., *agua ardiente;* en ital. anc. *acqua ardente*.

Aïgardéntié, *s. m.* Marchand, débitant, distillateur d'eau-de-vie; particulièrement les marchands ambulants d'eau-de-vie, qui la débitent par contrebande dans les villages et hameaux, loin des agents de la régie.

Aïgasso, *s. f.*, péjor. d'*Aïgo*. Eau sale, de mauvais goût, et même de l'eau pure, eu égard au mépris que lui témoignent les ivrognes.

Aïglo, *s. f.* Aigle, oiseau de proie, de l'ordre des Rapaces; *Falco fulvus*, Linn. *Aquila fusca*. Le français fait une distinction de genre lorsqu'il s'agit de l'oiseau, animal, qui est masculin, ou de l'emblème, insigne, qui est alors féminin; le languedocien n'admet pas cette différence; seulement, lorsqu'il parle de l'aigle romaine ou napoléonienne, il francise tout à fait et prononce *èglo*. L'un et l'autre mot sont d'origine française.

Aïgo, *s. m.*, dim. *Aïguéto*; péj. *Aïgasso*. Eau. — *Fòou pas dire d'aquél aïgo noun beouraï*, il ne faut pas dire: fontaine, je ne boirai pas de ton eau, pour: il ne faut jurer de rien. *Vdou pas l'aïgo qué béou*, il ne vaut pas l'eau qu'il boit; c'est un homme de peu de valeur. *Aï pantaïsa d'aïgos trèbous*, j'ai fait un mauvais rêve. *Pér avédre dé bono aïgo, fòou ana à la bono fon*, pour avoir de bonne eau, il faut aller à la bonne source; qui veut bon conseil, s'adresse à bon conseiller. *Faïre las aïgos*, se dit des eaux qu'une femme prête à accoucher rend aussitôt que le placenta s'entr'ouvre pour laisser passage à l'enfant. *Escampa d'aïgo*, verser de l'eau, uriner, pisser. *Las aïgos li vènou as ièls*, les larmes lui viennent aux yeux. *Aïgo qué coure faï pas màou dou moure;* en franç. du XVᵉ siècle, on disait dans le même sens: *Esve* (eau) qui court ne porte point d'ordures (*Prov. Gall.*, ms. cité par Le Roux de Lincy). *Aquél viél n'éncaro bono aïgo*, ce vieillard est encore vert, il a bonne mine. *Douna l'aïgo*, ondoyer un enfant. *L'an batéja émbé d'aïgo dé mérlusso*, il est mal baptisé, c'est un pauvre chrétien.

Aïgo-boulido, *s. f.* Eau bouillie, potage à l'eau, au sel, à l'ail et à l'huile.

Aïgo-ddou-mèinage, *s. f.* Eau de vaisselle, lavure.

Aïgo-courén, eau courante, rivière ou ruisseau. — L'adj. reste au masculin, comme dans le mot suivant, seulement pour l'euphonie.

Aïgo-for, *s. f.* Eau forte. — On donne cette qualification à l'acide nitrique ou sulfurique, à cause de sa force dissolvante.

Aïgo dé sardos, saumure de sardines. La saumure s'exprime aussi par *Aïgo-sdou*, composé de *aïgo* et de *sdou*, avec suppression de l'article, comme dans les deux mots suivants.

Aïgo-nafo, eau de fleurs d'oranger, eau de naffe. Du lat. *Aqua naphtha,* même sens.

Aïgo-roso, eau-rose, de fleurs de rosier.

Aïgo-signado, eau bénite. *Signado,* marquée du signe de la croix.

Étym. du lat. *Aqua;* du rad. celt. *Aa, ac, ag,* eau.

Aïgo-Morto, *s. f.* n. pr. Aigues-Mortes, ville, arrondissement de Nimes.

Ce nom est composé avec l'adjectif qualificatif et le représentant languedocien du celt. *aa, aq, aqua,* eau, transformé par le roman *eve, ave, ive, euve,* et ses nombreuses variantes. Il est entré de même dans *Aïgo-Vivo,* Aigues-Vives (Gard), et autres.

Aïgo-pouncho, *s. f.* Bourge-épine, espèce de nerprun; *Ramnus catharticus,* Linn. Arbrisseau de la famille des Frangulacées, dont la feuille, l'écorce et surtout les baies sont purgatives. — Avec le suc épaissi des baies de nerprun et un peu d'alun, on prépare la couleur verte connue sous le nom de vert de vessie.

Aïgous, ouso, *adj.* Aqueux, de la nature de l'eau, qui contient de l'eau, abondant en eau.

Dér. du lat. *Aquosus,* formé du rad. celt. *Aa, ac, ag, ayg,* eau.

Il n'est pas peut-être de radical qui soit entré dans la composition de plus de mots, avec plus de variantes. Nous ne faisons pas ici un dictionnaire géographique, pour le relever dans tous les noms de lieu qu'il a formés; mais nous le signalons dans quelques localités les plus rapprochées, pour constater certaines analogies étymologiques à l'appui de ce que nous disons des noms propres locaux. Ainsi *Aigouso,* Saint-Laurent-d'Aigouze (Gard), et *Aïguéso,* Aiguèze (Gard), *Aïgaïe, Aquilerium,* Aigaliers (Gard), identiques entre eux, le seront encore avec *Agusargues,* Agusanicæ, Agusargues (Hérault), avec Aguzan, commune de Conquirac (Gard); avec Aguessac (Aveyron), Aguillan (Drôme), comme avec Eyguières, *Aquaria,* et Eygalières, *Aquaria* (Bouches-du-Rhône); et de même avec Guzargues (Hérault), et Guzan (Hérault), par apocope de l'*a* initial. Tous ces noms sont dérivés de la même source, et la différence de leurs désinences n'ôte rien à leur communauté d'origine et de signification. — *Voy. Argue.*

Aïgo-vès, *s. m.* Eau-versant, les eaux-versantes d'une montagne, terme de cadastre: l'arête, l'angle supérieur du prisme de la montagne ou de la colline.

Dér. de *Aïgo* et de *vès,* en bass.-lat. *Aqui-vergium.*

Aïgre, *s. m.* Coin de fer, outil quelconque faisant levier, quelquefois même une pierre plus dure que les autres, qu'on donne pour point d'appui au pied-de-biche d'un levier, quand on veut soulever une masse, ou à débiter un banc de pierre, ou faire une pesée. C'est ce qu'on nomme en français : *orgueil.* — Ce mot, qui n'est guère usité que chez les carriers et les chaufourniers, a donné naissance à un verbe fort employé, *aïgréja,* et dont l'acception figurée est classique et multipliée dans ses applications.

Dér. de *Aïgre,* à étym. lat. *acer, acris.*

Aïgre, gro, *adj.* Aigre, acide, piquant au goût; au fig., piquant, fâcheux, mordant.

Aïgréja, *v.* Aigrir, sentir l'aigre, tourner à l'aigre. — *Voy. Aïgre, adj.*

Aïgréja, *v.* Au prop. secouer fortement, soulever avec un levier, faire une pesée. Au fig., mettre en mouvement, mettre en route, décider. *S'aïgréja,* commencer à se remuer, se secouer, s'aviver, se mettre en train. Un enfant *s'aïgréjo* quand il se réveille, qu'il se démène et qu'il commence à pleurer.

Dér. de *Aïgre, s. m.*

Aïgréto, *s. f.* Oseille; *Rumex acetosa, Rumex scutatus,* Linn. Plante champêtre et potagère à saveur très-acide.

Dér. de *Aïgre, adj.*

Aïgri (s'), *v.* S'aigrir, devenir aigre, passer à l'aigre.

Aïguéja, *v.* Laver souvent; arroser, mouiller, baigner; passer du linge à l'eau simple.

Dér. de *Aïgo.*

Aïguièïro, *s. f.* Evier. — *Voy. Aïvèiro.*

Aïlaï, *adv.* De ce côté-là, de l'autre côté. — *Laïssas aquò aïlaï,* laissez donc cela; brisez-là; n'en parlez plus. — *Voy. D'aïlaï, En-laï.*

Formé du lat. *Ad* et *illà,* ou *illàc.*

Aïlamoun, *adv.* Là-haut, au-dessus, amont.

Formé du lat. *Illà,* et *ad montem,* vers la montagne, du côté d'en haut.

Aïlamoundàou, *adv.* Bien plus haut. C'est un augmentatif d'*Aïlamoun,* en y ajoutant *dàou,* haut, qui est un réduplicatif de *amoun.*

Aïlaval, *adv.* Là-bas, aval.

Formé du lat. *Illà* et de *ad vallem,* vers la vallée, vers le bas.

Aïma, *v.* Aimer, prendre plaisir à, se plaire à, désirer.

Dér. du lat. *Amare.*

Aïmable, blo, *adj.* Dim. *Aïmablòu, aïmabléto;* péjor. *Aïmablas, so.* Aimable. — Le péj. *aïmablas* ne se dit que par contre-vérité. — *Sès aïmablas!* vous êtes gentil! reproche-t-on à quelqu'un qui fait ou dit quelque chose de désagréable, de mauvais goût.

Aïmargue, *s. m.* n. pr. de lieu. Aimargues, qui s'écrivait aussi Aymargues, commune et petite ville dans le canton de Vauvert (Gard).

Le nom d'*Aïmargue,* parmi ceux qui portent la même finale, se prête moins qu'aucun autre à la combinaison fantaisiste qui voulait que toutes ces dénominations désignassent des maisons de campagne ayant appartenu dans l'origine aux plus nobles familles patriciennes de Rome, ou tout au moins à leurs riches affranchis établis autour de la métropole de Nimes. Dans la composition du mot, il n'entre ni le nom d'homme *Æmilius,* ni même le latin *ager,* domaine.

Pour s'en convaincre, il suffit de dégager d'abord la désinence adjective *argue,* sur le sens et l'origine de laquelle nous nous expliquons. — *Voy. Argue.* Reste le corps du mot; et remarquons qu'il a subi bien des transformations, et que sa forme la plus récente n'a pas pu d'évidence autoriser sa plus ancienne dérivation.

Or, le premier titre latin qui mentionne cette localité, est de l'an 813 ; elle y est appelée *Armasanica in littoraria*. En 961, et dans les actes publics depuis cette époque, on écrit tantôt *Armasianici, Armatianicæ*, tantôt *Armadanicæ, Armazanicæ*, qui se fixent enfin en *Armasanicæ*.

Dans le même temps, comme pour tous les noms à finale identique, la langue vulgaire disait *Armasanègues*, qui se trouve dans les vieilles chartes, et plus tard *Emargues, Margues, Aimargues*.

En latin, comme en roman, on le voit, le radical est le même ; et il s'est conservé en languedocien. *Armas* ou *Ermas*, qui signifie, dans notre vieil idiome, marais, terrain marécageux, vague, inculte, s'approprie très-bien à la situation d'Aimargues, encore *in littoraria* au IX° siècle, et à plus forte raison quand l'appellation dut lui être appliquée. *Armasanica* ou *Armasanègues* supposent le primitif *Armas-ac* ou *Armas-ec*, ayant passé par *Armas-ana* ou *Armas-aca*, latin, et n'ont pas d'autre sens que, champ, domaine, propriété, villa de l'*Armas*. Ce qui est modeste, et moins flatteur peut-être que la descendance romaine ou gallo-romaine de *Æmilius*, mais plus certain et plus naturel. — *Voy. Agno, suff.*

Il est vrai que, dans la forme nouvelle, la substitution sur la première syllabe, de la lettre *i* à la consonne *r* est étrange ; mais le fait n'est pas isolé, on le dirait même systématique dans la composition de noms de ce genre dans notre pays. En effet, pour le Gard seulement, on trouve Goudargues, représenté par le lat. *Gordanicus* et *Gordanicæ;* Boussargues, par *Brossanicæ;* Bassargues, par *Barsanicæ;* Goussargues, par *Gorsanicæ;* Massargues, par *Marsanicæ*.

Malgré les variétés de désinences qui se sont attachées à la racine, il convient de rapprocher les analogies qu'indiquent et que justifient les changements eux-mêmes du nom d'*Aimargue* que nous venons de signaler. Ainsi nous trouverons les mêmes mots dans : Arman (Basses-Pyrénées) ; Armeau (Isère) ; Armens (Gironde) ; Armous et peut-être Armagnac (Gers) ; Herm (Landes et Basses-Pyrénées) ; L'Herm (Gironde) ; L'Herm (Ariége, Haute-Garonne, Lot) ; Hermaux (Lozère) ; Armes (Isère) ; Armissan, Armellan (Aude) ; Armilhac (Lot-et-Garonne). Que ces dénominations ethniques viennent de notre *armas*, langued., ou du gr. ἔρημος, qui a fait le lat. *eremus*, leur identité est incontestable, et justifie notre système de formation des noms.

Aïna, ado, *s.* et *adj.* Aîné, ée, le premier né des enfants ; par ext. personne plus âgée qu'une autre. — Dans les familles villageoises, il est d'usage de distinguer le fils aîné en l'appelant l'*aïna*, le puiné *cadè*, et les autres, de leurs prénoms. — *Faire un aïna*, faire à son fils aîné tous les avantages que permet la loi. *Sès moun aïna dé quatre ans*, vous êtes plus âgé que moi de quatre ans.

Dér. du lat. *antè natus*, né avant.

Air ou **Èr,** *s. m.* Air, fluide qui entoure le globe terrestre ; vent, vent-coulis ; mine, manière, physionomie, façon, allure ; chant. — *Anas prène l'air;* allez prendre l'air *Faï d'air, un pàou d'air*, il fait de l'air, il fait un peu de vent. *A près un air, un co d'air*, il a pris froid, il a une fluxion, une transpiration arrêtée. *Prèn un air*, il prend des airs de fierté. *A un air dé sé ficha dé ièou*, il semble vouloir se moquer de moi. *Dono d'air à soun pèro*, il a un air de ressemblance avec son père, c'est tout le portrait de son père. *N'a pas l'air*, il ne paraît pas. *Cantanous un air*, chantez une chanson.

En l'air, adv. En l'air, en haut.

Dér. du lat. *Aër*.

Aïradé, *s. m.* Airelle ou myrtille, *Vaccinium myrtillus*, Linn. ; petit arbuste de la fam. des Bruyères ou Ericacées. — Il croît sur les hautes montagnes, et ses fruits sont assez agréables au goût.

Dér. du gr. Αἴξ, αἰγός, de chèvre, plante de chèvre.

Airé ou **Èré,** *s. m.* dim. de *Air*. Petit air ; air, mine, tournure. — *Un aire charman que noun saï*, un petit air, une tournure charmante et gentille comme on ne peut mieux.

Airéto, *s. f.* Petite enclume de faucheur pour rabattre la faux, pour étirer son morfil.

Aïriè, *s. m.* Chef d'une aire à battre le blé ; celui qui en dirige les opérations.

Dér. de *Aïro*.

Aïro, *s. f.* Dim. *Aïréto*. Aire, plate-forme pour battre le blé ; plate-forme pour les tuiliers, les potiers.

Dérivé du lat. *Area*.

Aïrôou, *s. m.* Dim. *Aïroulé*. Airée, la quantité de gerbes qu'on foule à la fois sur l'aire ; jonchée de différentes choses répandues sur la terre. — *Ramassa la pasturo à bèles aïròous*, ramasser du fourrage trop clair-semé par jonchées de quelques pouces d'épaisseur.

Dér. de *Aïro*.

Aïsa, do, *adj.* Aisé ; mais il n'emprunte à cet adj. franç. que cette seule acception relative à l'aisance de fortune. Appliqué aux personnes, il signifie : douillet, délicat, qui aime ses aises, qui plaint sa peine. Dans ce sens, il se rapproche de *Coumode*. V. c. m. — *Aquò po sé dire un home aïsa*, voilà un homme qu'on peut dire jouir d'une honnête aisance.

Dér. de *Aïse*.

Aïsanço, *s. f.* Commodité, faculté, convenance. Par opposition au mot précédent, *aïsanço* n'est jamais employé pour aisance de fortune. — *Aquò's une bèlo aïsanço*, cela est fort commode, cela évite de la peine, des corvées. *L'aïsanço d'un oustdou*, la bonne distribution, les facultés d'une maison, un arrangement commode où chaque chose est à portée.

Dér. de *Aïse*.

Aïse, *s. m.* Dim. *Aïsé*, augm. iron. *Aïsas*. Aise, contentement, commodité, repos heureux, satisfaction, sans-gêne. — Sou**i** én a**ï**se dé vous vèire, je suis charmé, bien aise de vous voir. Aquél home és à soun a**ï**se, cet homme jouit d'une honnête aisance. Faraï aquò à moun a**ï**se, je ferai cela à loisir, sans trop me presser. Marcha à soun a**ï**se, marcher à pas lents, au pas de promenade. Y-ana d'a**ï**se, aller doucement, avec précaution, sans se presser. Préne sous a**ï**ses, se prélasser, se dorlotter : c'est le *farniente* des Italiens. Va**ï** à toun aïsas, moun home, ne te gêne pas, mon garçon.

Étym. du gr. Αἶσα, convenance, bienséance, d'où αἴσιος, heureux, favorable.

Aïses, s. m. pl. Êtres d'une maison, d'une contrée. — Sa lous a**ï**ses, sé pérdra pas, il connait la maison, le pays, il ne s'égarera pas. Un chasseur doit connaître lous a**ï**ses, les allures, les mœurs, les remises du gibier.

Aïsì, ido, adj. Commode, facile ; bien à la main. — Aquél oustdou és bièn a**ï**sì, cette maison est fort commode. Aquélo piolo és bièn a**ï**sido, cette cognée est bien à la main. Sa fénno és pas gaïre a**ï**sido, sa femme est d'humeur revêche et peu facile à vivre.

Dér. d'A**ï**se.

Aïsino, s. f. Nom générique que l'on donne à tout ustensile, ou meuble, ou vase, qui sert à contenir soit un liquide, soit un solide. Ainsi, un panier, un plat, un seau, un tonneau, sont tout autant d'a**ï**sinos.

Dér. de A**ï**sì.

Aïssado, s. f. Dim. A**ï**ssadéto. Marre, houe, outil de jardinier. — Dans les Hautes-Cévennes et dans le Vivarais, cet outil a un manche assez court, sa lame est triangulaire et légèrement recourbée en-dedans ; c'est la même forme que la maille ou maigle de Bourgogne et la chèvre de Lorraine. A Alais et dans les environs, le manche en est long, la lame large en carré-long et tranchant au bout ; sa surface est plate ; elle décrit un angle de 45 degrés avec son manche, qui s'y joint par un anneau ou œil et non par une douille comme la pelle. L'a**ï**ssado ou trénquo jardignèïro est plus large de lame ; l'angle de la lame et du manche est plus aigu que dans le précédent outil. Celui-ci sert particulièrement aux jardiniers pour faire les semis ou plantations à raies dans un terrain meuble, et à creuser les canaux d'irrigation.

L'A**ï**ssadéto est une serfouette, petit outil à lame pointue du bout, à l'usage des jardiniers et fleuristes, pour gratter la terre autour des plantes jeunes et délicates.

Dér. du lat. Ascia.

Aïssadoù, s. m. dim. Le même que le précédent A**ï**ssadéto.

Aïsséja, v. Se plaindre, geindre, soupirer.

Formé de l'interj. A**ï** ! — Ces sortes de formation des verbes fréquentatifs sont un des caractères particuliers de la langue d'Oc. Les augm., les dim., les péjor. appartiennent à un même ordre d'idées. Il est peu de mots dont on ne puisse faire un verbe, et peu de verbes qui ne puissent recevoir et admettre la désinence éja, qui amoindrit, adoucit ou renforce même le sens primitif.

Aïsséjaïre, ro, adj. Douillet, qui aime à se plaindre, qui ne cesse de gémir ; malade imaginaire.

Aïsséto, s. m. Aissette ou aisseau, petite hache de tonnelier et de sabotier, dont le manche, d'environ six pouces de long, porte un fer qui a d'un côté un large tranchant recourbé, et de l'autre une panne, un marteau, et quelquefois une douille simple.

Étym. du lat. Ascia, hache.

Aïsséto, s. f. Plainte faible ; soupir continu d'un enfant qui souffre, propre particulièrement à la fièvre. — Aquél éfan méno uno a**ï**sséto qué dévigno pas rés dé bo, ce pauvre enfant a une manière de se plaindre qui n'est pas de bon augure.

Même rac. que A**ï**sséja.

Aïtabé, Tabé, Aïtambé, També, adv. Aussi, aussi bien, à cause de cela.

Formés de Tan ou aïtan, autant, et de bé, bien.

Aïtan, adv. et s. m. Autant, tant. — Un doutre a**ï**tan, une autre fois autant.

Aïuèncha (s'), v. S'éloigner, s'écarter d'un lieu, d'une personne.

Dér. de Iuén.

Aja, ado, adj. Agé, qui est avancé en âge.

Trad. du franç.

A-ja ! interj. Cri de commandement d'un charretier pour faire obliquer son attelage à gauche.

Ajassa, v. Coucher par terre, ou sur un lit. — Bla ajassa, blé versé.

Ajassa (s'), v. Se coucher, s'étendre. — En parlant des vers à soie, il signifie : entrer en mue, se coucher sur la litière (jas). — Lous magnas couménçou dé s'ajassa ; s'ajassou à las quatre, les vers commencent à entrer en mue ; ils sont à la quatrième maladie.

Dér. de Jas.

Aje, s. m. Age. — Il semble une simple traduction du franç. C'est un de ces mots qui, manquant à la langue, ont dû être empruntés à leur voisin. En bon languedocien, on l'évite autant que possible. — On dit très-bien cependant : Un home d'aje, un vieillard. Es éncaro d'un bon aje, il n'est pas encore trop âgé. Sé faï adija din l'aje, il commence à être d'un âge assez avancé.

Ajouqua, v. Jucher, percher, accrocher en haut.

Ajouqua (s'), v. S'accroupir, s'assoupir, s'endormir sur sa chaise ; en parlant des perdrix, se raser, quand elles aperçoivent l'oiseau de proie.

Etym. du lat. Jugum, perche, juchoir, ou de Jacere.

Ajougne, v. Atteindre, attraper, joindre quelqu'un qui marchait devant.

Dér. du lat. Adjungere.

Ajuda, v. Aider, secourir, venir en aide. — Les villageois, lorsqu'ils invitent à dîner un ami, ne manquent jamais de lui annoncer le mets principal du repas. Ainsi on lui dit : Véndras m'ajuda à manja uno éspanléto, tu viendras prendre ta part d'une éclanche. *Diou m'ajude,* Dieu me soit en aide.

Dér du lat. *Adjuvare.*

Ajudo, *s. f.* Aide, secours, assistance, protection ; celui qui aide dans un travail. — *As uno bono ajudo embe ta fénno,* tu as un bon associé avec ta femme *Siès de pàouro ajudo,* tu es d'un faible secours. *Un pàou d'ajudo fai gran be,* Prvb, un peu d'aide fait grand bien. On dit alternativement : *Bon dre a besoun* ou *n'a pas besoun d'ajudo,* le bon droit a ou n'a pas besoin d'aide. Le premier sens est rassurant ; il ne faut pas toujours se fier au second.

Dér. de *Adjuvare.*

Ajusta, *v.* Ajouter, joindre, ajuster, additionner, mettre quelque chose de plus ; viser pour atteindre un but en tirant. — Les premières acceptions dérivent de *adjungere,* joindre ensemble ; la dernière est formée du lat *ad-justum,* juste, droit.

Ajustoù, *s. m.* Petite pièce de bois ou d'étoffe, ajoutée par assemblage ou par couture à une autre trop courte ou trop étroite.

Dér. du lat. *Adjungere.*

Al, *artic. masc. sing. dat.* Au. roman-languedocien ; inusité aujourd'hui dans notre dialecte, mais encore employé dans la région montagneuse des Cévennes, et même dans une partie de l'Hérault. Il est formé par la contraction de *à lou,* qui a donné *dou.* — *Voy. Aou.*

Al est aussi l'article arabe qui s'est incorporé à quelques mots lang. et fr., tels que *alambi,* etc.

Aladèr, *s. m.* Alaterne sauvage ; *Rhamnus alaternus,* Linn. Arbrisseau de la famille des Frangulacées, toujours vert, qui croit sur les collines et surtout parmi les bruyères, auxquelles il se trouve mêlé quand on s'en sert pour ramer les vers à soie ; sa feuille ressemble à celle de l'olivier. Son nom lat. *alaternus* est probablement une altération de *alternus,* parce que les feuilles de *l'aladèr,* alaterne, sont alternées sur leurs branches.

Alafan, *s. m.* Eléphant ; *Elephas maximus,* Linn. Mammifère onguiculé de la fam. des Pachydermes. — *Alafan* est une pure corruption du français ou plutot un purisme languedocien, dont le génie tend à s'éloigner du type français, alors qu'il est obligé de lui faire un emprunt.

Étym. du lat. *Elephantus,* dér. du grec Ἐλέφας.

Alais ou **Alès,** *s. m. n. pr.,* Alais, ville. — Ce nom a exercé bien des fois les investigations des étymologistes. On a prétendu l'expliquer par les armoiries de la ville, puis par sa configuration et même par son orientation. L'écusson porte, en effet, un demi-vol d'argent sur champ de gueules ; mais avant l'époque incertaine où cette aile lui fut donnée, avant que la science du blason eût été mise en honneur, la ville et son nom existaient, et n'est-il pas naturel de penser que le nom fit naitre l'idée de prendre une aile comme armes parlantes, au lieu d'imaginer que les armoiries inspirèrent le nom ? Il parait tout aussi difficile d'admettre les autres systèmes. La rose des vents n'était pas inventée avec ses indications d'*Est* et d'*Ouest,* quand le baptême se fit. D'ailleurs la forme *Alest* dérivait de *Alestum,* traduction latine a l'usage des tabellions, du nom roman *Ales,* de beaucoup plus ancien. Enfin, comme la ville ne s'était pas improvisée d'un seul jet dans un moule tout tracé, comment cette figure d'aile aurait-elle été assez nettement dessinée dès sa première plume, alors qu'il fallut la nommer, pour déterminer l'allusion ? Le mot de l'énigme n'est pas dans ces découvertes, plus ingénieuses que vraies. Une autre solution du problème se présente.

C'est au mot lui-même qu'il faut s'adresser pour trouver sa racine. Or, l'histoire fait remonter le nom d'*Alesiq* aux âges les plus reculés Elle raconte que, treize siècles environ avant l'ère chrétienne, les Celtes, sous le nom de Volces Arécomiques, qui occupaient le littoral méditerranéen de la Gaule, eurent à lutter contre une invasion de navigateurs phéniciens, descendus sur leurs rivages. La colonie de Tyr venait explorer ces contrées inconnues et y apporter sa civilisation et le commerce. Son but était d'exploiter les mines de nos Cévennes, où l'or et l'argent se rencontraient alors presque à fleur de terre, et de faire l'échange de ses produits. Elle établit deux stations commerciales, à proximité l'une de l'autre, pour se prêter un mutuel secours. La première, plus voisine de la mer, s'appela *Namauz,* de *Nama,* en celtique, fontaine, ou de *Neimheish,* gaélique, qui se prononce *Nemeso,* d'où on a fait *Nemausus, Nismes* et *Nimes.* La seconde, plus haut, au centre de l'exploitation et du trafic, fut nommée *Alesia.*

L'attribution est certaine pour Nimes ; les plus graves historiens ne la mettent pas non plus en doute pour Alais. S'il en était autrement, il serait au moins singulier de trouver, après tant de siècles, les deux noms s'appliquant aux deux localités désignées par les anciens géographes grecs, dans les mêmes conditions topographiques, avec la même raison appellative, et une pareille communauté d'origine et d'existence.

Au reste, cette *Alesia* primitive, malgré l'opinion de M. de Mandajors aujourd'hui abandonnée, n'a rien de commun avec l'*Alesia* de Vercingétorix, que la ressemblance de son nom, tiré du même radical et exprimant une position semblable. L'invasion d'Hercule dans les Gaules, ses conquêtes et ses voyages ne sont que le symbole de la marche et des progrès de l'antique civilisation phénicienne, et ce n'est que par une flatterie imaginée sous Auguste, pour honorer la mémoire de César, vainqueur d'Alesia, que la fondation de la grande cité gauloise fut rattachée aux aventures du demi-dieu mythologique. Mais la confusion n'est pas possible ; car les commerçants de Tyr n'auraient pu pénétrer si avant dans les terres, ni s'éloigner des Cévennes, où leur exploitation de l'or les avait attirés et les retenait.

Campement fixe, station commerciale ou ville, il importe peu ; rien n'est resté que les deux noms. Voilà pour les inductions historiques.

Comme dernière épreuve, le nom a besoin d'être soumis à l'analyse dans sa composition. Il tient au celtique, puisque la langue du pays où il était employé pouvait seule servir à la dénomination; et dans cet idiome il doit être significatif.

Constatons d'abord la forme la plus ancienne : c'est celle qui, dans les noms propres et de lieux, rend le mieux compte de leur formation, qui les suit et s'attache à eux avec le plus de persévérance. Pour Alais, le mot est écrit dans les vieilles chartes *Alès* ou *Allèz*. *Alesia* ou *Alexia* est composé selon le génie du grec; mais la désinence explétive *ia* laisse facilement apparaître le radical primitif.

Les deux syllabes du mot appartiennent au celtique. *Al* ou *all*, cité par Virgile et expliqué par Ausonne (*Al Celtarum*), signifie : hauteur, élévation, sommet, montagne. Il est reproduit par le latin *altus*, correspondant à *excelsus;* et dans toutes les langues dérivées, il emporte également l'idée de hauteur. *Es* ou *èz* final est aussi d'origine gauloise. Il est fréquent dans les noms du Midi, où on le retrouve pour désigner une portion de territoire, une région. Il imprime à la racine *al*, en s'y joignant, comme une idée de provenance, de dérivation. Dans ce sens, le mot entier ne pourrait que signifier : pays élevé, contrée haute, vers la montagne. C'est là, en effet, la désignation la plus caractéristique, celle qui exprimait le mieux la position, qui s'appliquait exactement à un certain territoire. Quand la ville, plus tard, vint à se bâtir, il était naturel de la désigner par le nom appliqué au pays sur lequel elle s'emplaçait. Ses commencements furent si faibles, qu'ils ne méritaient pas d'abord de dénomination spéciale de ville. Mais tout concorde et se réunit pour rendre ces faits et leurs circonstances vraisemblables; il n'en faut pas davantage pour que notre étymologie soit juste.

Après les diverses altérations que nous venons d'indiquer, le nom était revenu à sa forme primordiale; il s'écrivait *Alès* ou *Alez*, en français, au commencement du XVIIIᵉ siècle. Alors, pour éviter la confusion avec une autre ville du Midi, son orthographe définitive fut fixée en *Alais*.

Nous la maintenons ainsi; mais sans vouloir pour cela que sa prononciation languedocienne soit altérée, pas plus qu'elle ne devrait l'être en français. Les habitants du Nord nous chicanent un peu sur ce point. Ils prononcent *Alais* comme *Calais*, *palais*, etc., et s'étayant de l'analogie, ils trouvent ridicule qu'en Languedoc nous fassions sentir, en parlant, le *s* final. Serait-ce vraiment un gasconisme que l'on aurait le droit de nous reprocher, et une contravention au beau langage, dont tout le Midi se rendrait coupable? Mais si les puristes ont raison de blâmer cette manière de faire sentir ici la consonne finale sifflante, pourquoi l'adoptent-ils lorsqu'il s'agit de *Reims*, de *Sens*, d'*Aix*, qui, à coup sûr, ne se prononcent pas comme *reins*, *sans*, *faix*, *ais*? Pour vivre et parler de bonne intelligence, ne vaudrait-il pas mieux se montrer moins difficiles? Il est inutile d'aborder une discussion sur les noms propres et de lieux, mais il nous semble qu'on ferait bien de résoudre la question en faveur de la prononciation locale, qui doit être généralement adoptée : car c'est la seule manière de s'entendre partout, et même de parler correctement.

Alanda ou **Alandra**, *v.* Ouvrir une porte, une fenêtre à deux battants. — De même qu'on dit : *Alanda la porto*, ouvrir tout à fait la porte, on dit aussi : *Alanda lou troupêl*, lâcher le troupeau, le faire sortir de la bergerie grande ouverte ; *Alanda lou fiò*, faire brûler le feu, et *Alanda sa mérchandiso*, étaler sa marchandise. Dans toutes ces acceptions, il se trouve un certain contact, une sorte de rapprochement qui peut servir à expliquer la racine du mot. Ne viendrait-il pas de *ad latum*, au large?

Alanda (s') *v.* S'étendre par terre, tomber de son long.

Alanguì, ido, *adj.* Triste, languissant; abattu, affaibli par le chagrin ou la maladie.

Dér. de *Languì*, venant du lat. *Languere*.

Alàougèìri, *v.* Décharger, alléger, rendre plus léger. — *S'alàougèìri*, se dévêtir, prendre des habits plus légers. Le proverbe dit :

Aou més d'abriou
T'alàougèires pas d'un fìou ;
Aou més dé mai
Fai cé qué té plai,
Amaï éncaro noun sai :

Au mois d'avril, ne te dévêtis pas d'un fil ; au mois de mai, fais ce qu'il te plaira, et je ne sais encore si c'est prudent.

Dér. de *Lóougé*.

Alàouso, *s. f.* Alose; *Clupea alosa*, Linn. Sorte de poisson de mer qui remonte le Rhône par grandes bandes pour aller déposer son frai. Sa chair est fort bonne après qu'il a vécu quelque temps dans l'eau douce, tandis que, pris dans la mer, elle est sèche et de mauvais goût.

Alapas, *s. m.* Bouillon-blanc ; *Verbascum tapsus*, Linn. Plante cotonneuse, à fleur blanche ou rose, agreste, adoucissante, vulnéraire, détersive. — *Voy.* **Bouïoun-blan**.

Alapédo, *s. f.* Asphodèle ; *Asphodelus*, Linn. — L'*alapédo* à fleurs blanches est fort commune dans nos bois. De la pulpe de sa racine, on fait une espèce de pain assez mangeable. Cette qualité était sans doute connue des anciens : car les Romains avaient fait de l'asphodèle une plante des tombeaux ; ils la plantaient autour des monuments funèbres, pour donner aux morts ou à leurs mânes le moyen de se substanter. — *Voy.* **Pouraquo**.

Alarga, *v.* Élargir, faire sortir un troupeau de la bergerie. — *S'alarga*, s'étendre; devenir libéral. — *Quan-t-un vilèn s'alargo, tout y vai*, il n'est rien de tel qu'un vilain qui se met en train.

Dér. de *Large*.

Alari (Sént-), *n. pr.* Saint-Hilaire, nom commun à plusieurs villages.

Du lat. *Hilaris*.

Alarja, *v.* Élargir, rendre plus large, un vêtement, un champ, un meuble, un canal, une fenêtre, un trou.

Dér. de *Large*.

Alarmo, *s. f.* Tocsin. — Ce mot n'a pas d'autre acception. Il est formé de *à l'armo*, aux armes, cri pour courir aux armes à l'approche de l'ennemi. En ital. on dit : *All'arme*.

Alata, *v.* Elargir un troupeau, lui donner la clé des champs. — Le même que *Alarga*.

Dér. du lat. *ad lata*, sous-ent. *deducere*.

Alcovro, *s. f.* Alcôve. — Corr. du fr., m. sign.

Étym. : *al koba* ou *el-kauf*, en arabe, cabinet où l'on dort, tente. En esp. *Alcoba* et *alcova*.

Alédro ou **Anédo** ou **Goutèlo** (*V. c. m.*), *s. f.* Narcisse blanc des prés. *Narcissus poeticus*, Linn.

Dér. du lat. *Albedo*, blancheur.

Alègre, *s. m. n. pr.* Allègre, commune du canton de Saint-Ambroix, arrondissement d'Alais, et nom pr. de plusieurs autres villages Il est aussi quelquefois nom pr. d'homme. En lat. on le trouve écrit dans les anciens titres, *Alegrium* et *Alergium*.

Ce nom est assez répandu; mais sa désinence n'est pas commune, car on ne la rencontre, dans notre langue, que dans *pécègre*, *persica*, et *sègre*, *sequi*, avec ses deux composés *coussègre* et *persègre*. Cette circonstance, et surtout la variante latine, semblent être l'indice d'une altération ou d'une transposition de lettres dans la terminaison. En ce cas, un primitif en *èrge* se laisserait soupçonner, et, par la prononciation du g dur, on arriverait à *èrgue*, finale adjective identique à *argue*. Les exemples de ces inversions ne sont pas rares.

De là, le corps du mot ne présentant d'ailleurs qu'une variété d'orthographe bien connue et insignifiante, l'analogie serait directe entre *Alègre*, *Alèrgue*, et *Aleyre*, et *Aleïrargues*, qui ne sont eux-mêmes qu'une forme de Alairac (Aude); Aleyrac (Drôme, Hérault, Haute-Loire); *Alèïra*, Alleyrac (Gard); Alleyras (Haute-Loire) ; Allerand (Marne) ; Allaires (Morbihan); Alayrac (Aveyron, Tarn); Alairas (Ardèche); Alleyrat (Corrèze, Creuse); Allièrcs (Sarthe) ; qui auraient produit, par apocope de l'*a* initial, Layrac (Haute-Garonne et Lot-et-Garonne); Leyrat (Creuse); Lirac (Gard); Leran (Ariége); Leren (Basses-Pyrénées); Laires (Pas-de-Calais); Lairargues (Hérault). Tous ces mots ont, en effet, pour racine le *al gallicum*, de Virgile, *al Celtarum* d'Ausonne, pour indiquer l'altitude, l'élévation, les montagnes. La conformité du nom de notre *Alès*, *Allez*, Alais, semble encore le ranger dans la même famille étymologique.

Alémagno, *n. pr.* Allemagne. — On donne le sobriquet d'*Alémagno* à un Allemand, ou même à quelqu'un qui a voyagé et séjourné en Allemagne.

Aléman, *ando*, *adj.* Allemand. — *Las Alémandos* est devenu le nom d'un quartier où se trouvait une ancienne taverne; c'est aujourd'hui une tuilerie à un kilomètre d'Alais, sur l'ancienne route de Saint-Ambroix. Il doit y avoir un siècle à peu près, deux femmes, des Alsaciennes peut-être, vinrent là établir une buvette qui attirait les chalands. Elles se firent peindre sur la façade de la maison par un barbouilleur de l'endroit; cette image, à demi effacée, se distingue encore : de là le nom, qui s'est conservé.

Alénga, *ado*, *adj.* Grand parleur, beau diseur; qui a la langue bien pendue, bien affilée ; qui a réponse à tout.

Dér. de *Lengo*.

Alèrto, *adj.* seulement *fém.* Alerte, éveillée, vive, dégourdie.

Trad. du fr.

Aléstl, *v.* Préparer, apprêter; disposer; mettre en état.

Dér. de *Lèste*.

Aléva (s'), *v.* Se lever. — Ne se dit que du temps quand il tourne au beau, qu'il se lève.

Algarado, *s. f.* Algarade; mercuriale, réprimande; reproches bruyants et publics.

Étym. de l'arabe et de l'esp. *Algarada*, qui signifie : course sur l'ennemi brusque et imprévue.

Aliboufié, *s. m.* Aliboufier ou alibousier, storax, styrax; *Styrax officinalis*, Linn. Arbre de la fam. des Ébénacées. Il découle de cet arbre, dans les pays chauds, un suc balsamique connu sous le nom de storax, que l'on conserve ordinairement dans des roseaux, *calamus ;* de là le nom de *calamite* appliqué à cette résine.

Son étym. serait-elle prise de *Alé*, haleine et de *boufa*, souffler, à cause de son odeur d'encens ?

Aligna, *v.* Aligner, ranger sur une même ligne droite. — *S'aligna*, se battre en duel.

Dér. du lat. *A* pour *ad*, et *linea*.

Alimâou ! *interj.* Péj. *Alimáoudas !* Animal ! butor ! grosse bête ! — Il n'est employé qu'interjectivement et presque jamais comme subst.

Corrupt. du fr. *Animal*.

Alimase, *s. m.* Limace, limaçon sans coquille, mollusque rampant, visqueux. — *Marcho coumo un alimase*, il marche à pas de tortue.

Dér. du lat. *Limax*, venu lui-même du grec λειμαξ; λειμων, pré humide.

Alin, *adv.* Là-bas. — C'est à tort, selon nous, que Sauvages le traduit par là-dedans. C'est sans doute la terminaison, qu'il a prise pour la préposition latine *in*, qui a causé son erreur. Il est bien certain que *alin* veut dire là-bas, bien bas, plus bas encore que *aval ;* jamais il n'a signifié : là-dedans. Il est formé du lat. *Ad et imum*, au fond.

Aliroù, *s. m.* Aileron, extrémité de l'aile à laquelle tiennent les grandes plumes. — Le mot est formé de même que le fr., mais non pas d'après lui : car ici le languedocien est au moins son contemporain.

Dér. de *Alo*.

Alisa, *v.* Polir, lisser ; ratisser; enduire un mur à la truelle. Au fig., flatter, cajoler, flagorner quelqu'un pour en faire une dupe. — *T'alisa, Bâoussièro !* dit-on proverbialement quand on voit faire des compliments à perte de vue. *Bâoussièro*, qui est un nom propre, la femme de Boissier, est mis génériquement; peut-être le dicton faisait-il allusion à une anecdote réelle.

Dér. de *Lis*, uni, poli.

Alisaîre, ro, *adj.* Flatteur, cajoleur, embaucheur.
Dér. du précédent.
Alisaje, *s. m.* Enduit d'un mur au mortier fin.
Alisiè, *s. m.* — *Voy. Ariguiè.*
Alisqua (s'), *v.* Se farder, s'ajuster, s'adoniser ; se pourlécher comme font les chats.
Dér. de *Liqua.*
Alo, *s. f.* Dim. *Aléto;* péj. *Alasso.* Aile. — Se dit par analogie de choses très-diverses : *Alos d'un capèl,* bords d'un chapeau, dont la forme et l'envergure autrefois, dans les chapeaux à la française, justifiaient l'acception. *Alo dé rasin,* grapillon, brin qui s'en détache, figurant par à peu près une aile. — *Voy. Sounglé.*
Dér. du lat. *Ala.*
Alongui, *s. m.* Retard ; délais, lenteurs affectées. — *Dé qu'anas cérqua tan d'alonguis?* qu'avez-vous besoin de tant chercher des retards ?
Dér. de *Long.*
Alor, *adv.* Alors, en ce temps-là. — *Alor !* dans ce caslà ; oh ! s'il en est ainsi. *Pér alor,* pour lors.
Dér. de l'ital. *Allora.*
Alouèto, *s. f.* Alouette ordinaire, alouette des champs ; *Alauda arvensis,* Temm. Oiseau de l'ordre des Passereaux. — Syn. *Ldouséto.* Lou *Coutéloù,* la *Couquïado,* la *Calandro* sont des variétés de l'Alouette. — *V.* c. m.
Dér. du lat. *Alauda* et de son dim. *Alaudetta,* qui a la même sign.
Alounga, *v.* Allonger, prolonger ; retarder, différer ; rendre plus long.— *Aquò faï pas qu'alounga lou poutaje, lou pastis,* cela ne fait qu'entraîner des retards. — *Alounga lou pastis,* allonger la courroie, perdre du temps volontairement.
Alounga (s'), *v.* Prendre le chemin le plus long ; tomber, s'étendre de son long.
Dér. de *Long.*
Aloungaïre, *s. m.* Mauvais payeur ; qui prolonge le terme du paiement ; conteur, discoureur verbeux qui n'en finit pas.
Dér. de *Long.*
Aluïasses, *s. m. plur.* Compliments intéressés ; belles paroles ; détours de paroles, ambages.— *Fdou pas ana cérqua tant d'aluïasses,* il ne faut pas tant de circonlocutions.
Contr. de *Alleluia.*
Aluma, *v.* Allumer, enflammer, mettre le feu. — Il paraît spécial aux deux locutions suivantes : *Aluma la clédo,* commencer à faire du feu au séchoir à châtaignes ; et *Aluma lou four d'acdou,* garnir le four à chaux. Ce qui prouverait sa légitimité languedocienne. Mais on ne dirait pas bien : *Aluma lou lun, lou fiò,* pour lesquels il faut préférer *Atuba* ou *Aluqua.* — *V.* c. m.
Formé du lat. *Ad lumen.*
Alumèto, Brouquéto, Luquéto, *s. f.* Allumette, petit brin de bois soufré par le bout. Au fig., chercheur de noises, boute-feu. — *Voy. Brouquéto, Luquéto.*
Dér. de *Aluma.*

Aluqua, *v.* Allumer le feu ou la lampe. — *Voy. Aluma.* On le dit quelquefois pour appeler de loin une personne, lui crier : Holà ! Hé ! la héler. On ne voit pas trop le rapport entre ces deux significations.
Aluqua (s'), *v.* S'animer, s'échauffer, en parlant avec feu.
Dér. du lat. *Allucere,* ou du gr. λυχνεύω, parf. λελυχνευκα, éclairer.
Alura, ado, *adj.* Fin, rusé ; éventé, étourdi ; luron. — *Tèsto alurado,* tête à l'évent. — *Voy. Lura.*
Dér. de *Luro.*
Ama, aro, ou **Amare,** *adj.* Amer, qui a de l'amertume. — *Qué béou ama, po pas éscupi dous,* prvb., qui boit amer, ne peut pas cracher doux.
Dér. du lat. *Amarus,* qui lui-même vient de *mar,* mer ; l'eau de mer étant le type de l'amertume.
Amadoù, *s. m.* Amadou.
Emprunté au fr.
Amadura, *v.* Mûrir, rendre mûr ; devenir mûr, aboutir, apostumer, en parlant d'un abcès ; s'apprêter, s'user. — *Lou sourèl amaduro la frucho, lous blas,* le soleil fait mûrir les fruits ou les blés. *Aquél roudàïre amaduro,* cet abcès va aboutir. *Aïçò s'amaduro,* ceci s'apprête, dit-on quand on commence à être à bout de patience et près d'éclater. *Mas braïos s'amadurou,* mes pantalons s'usent.
Dér. du lat. *Maturare.*
Amadurun ou **Madurun,** *s. m.* Maturité, état de ce qui est mûr. — *Aquélo péro tombo d'amadurun,* cette poire pourrit d'excès de maturité. *Aquéles magnas sé foundou d'amadurun, y a lon-tén que déouriéou rèstre èmbrugas,* ces vers à soie dépérissent de maturité, on devrait les avoir ramés depuis longtemps.
Formé de *Madu,* venant du lat. *Maturare* ou *maturus.*
Amaga, *v.* Choyer, réchauffer, abriter ; cacher ; couvrir. — *Amaga un éfan,* envelopper un enfant, le dorloter, le serrer dans ses bras ou sur le sein de sa mère. *Lou fiò és amaga,* le feu est couvert.
Amaga (s'), *v.* Se tapir, se blottir dans une cachette ; se pelotonner dans un coin ; s'envelopper pour se défendre du froid. — *Voy. S'amata.*
Dér. du lat. *Magale, magalia,* mot punique, cabane, huttes. Le radical est probablement *magus, maga,* magicien, sorcier, fée ; parce que dans l'antique superstition, ces êtres fantastiques habitaient les cavernes et les grottes.
Amaï, *adv.* Encore ; aussi ; de plus ; davantage ; avec ; même, quand même. — *Amaï-maï,* bien plus, encore davantage. *Amaï-maï gn'aguèsse,* quand même il y en aurait davantage, y en eût-il plus encore. *Amaï qué,* pourvu que, quoique. *Vivo l'amour, amaï qué dîne,* vive l'amour, pourvu que je dîne, dit le proverbe. *Amaï fasen,* aussi faisons-nous. *Amaï à vous !* à vous aussi : c'est une réponse aux civilités ordinaires entre gens qui se rencontrent ou s'abordent. *Bonsouèr à touto la coumpagno,* Bonsoir à la compagnie, dit le premier interlocuteur ; *Amaï à*

vous, lui répond-on, à vous aussi, nous vous disons de même. *Amai tus!* Toi aussi, *tu quoque! Amaï vendra pas,* et même il ne viendra pas, vous verrez qu'il ne viendra pas. *Amaï la cassibraio,* la canaille avec. *Homes, fennos et lous droles amaï,* hommes, femmes et les enfants avec, et même les enfants

Dér. de *Mai,* plus.

Amaïgri (s'), *v.* Maigrir, se dessecher, dépérir.

Dér. de *Maigre.*

Amaïra, *v* Au prop. réunir un enfant ou le petit d'un animal à sa mère. C'est le contraire de *Desmaira.* — *V.* c. m. Au fig. réunir, associer, rassembler. Se dit d'une gerbe, d'un fagot, de toute espèce de tiges, qu'on assemble régulièrement en plaçant tous leurs gros bouts du même coté pour les lier plus facilement.

Dér. de *Maire*

Amaïsa, *v.* Apaiser, adoucir, calmer. — *Amaïsa un efan,* endormir un enfant, l'apaiser, le consoler, l'empêcher de crier ou de pleurer. *Amaïsa la fan,* apaiser le premier aiguillon de la faim, la calmer. *Amaïsa-vous,* calmez-vous, radoucissez-vous. *Lou ten s'amaïso,* le temps devient calme. *L'douro s'és amaïsado,* le vent s'est calmé.

Dér. de l'ital. *Ammausare,* adoucir, apprivoiser.

Amalâouti, ido, *a lj.* Qui est bien malade, bien exténué, bien affaibli.

Dér. de *Maldou.*

Amalu, *s. m.* Hanche, et proprement la tête supérieure du fémur.

Dér. de l'arabe *Amaluc,* l'os-sacrum ; c'est par ext qu'on l'applique à la hanche.

Amaluga, *v.* Au prop. déhancher, déboiter le fémur. Au fig. froisser, meurtrir, éreinter.

Dér. sans doute d'*Amalu,* mais le lat. *a.l malum* pourrait bien ne pas y être étranger.

Amana, *v.* Rassembler ; amonceler ; amener en un même tas; cueillir à pleines mains; serrer, empoigner. — *Es pa' qui encaro bien amana,* il n'est pas la encore bien en main, bien exercé. *Ta fio s'es pas encaro amanado,* ta fille n'est pas encore rentrée à la maison.

Dér. du lat. *Ad manum,* soit que *manus* se traduise par main, soit par foule, peloton, botte.

Amare, ro, *adj.* Amer. — Voy. *Ama.*

La formation du lat. est encore plus sensible dans *Amare,* qui vient de *ad* et *mare.*

Amaréja, *v.* Etre un peu amer, avoir un léger goût d'amertume. — C'est un fréquentatif formé d'*Amare.*

La plupart des substantifs et des adjectifs sont susceptibles, en languedocien, d'être ainsi transformés en verbes. Les verbes eux-mêmes, en prenant la désinence *eja,* se dédoublent presque tous, et deviennent fréquentatifs ou diminutifs.

Sauvages dit dans ses proverbes: *Qué plaïtéjo, maldoutéjo e tout cé qué manjo améjo,* le plaideur est comme le malade, tout ce qu'il mange a de l'amertume.

Amarèlo, *s. f.* ou **Amaroù,** Thlaspi, *Iberis* ou *Thlaspi amara,* Linn. Plante de la fam. des Crucifères siliculeuses, qui croit dans les blés, et dont la graine, lorsqu'elle s'y mêle, communique de l'amertume au pain qui en provient — Voy. *Amaroù.*

Dér. de *Ama,* amer.

Amarignè, *s m.* Souche ou pied de l'osier franc et jaune, dont on coupe les jets chaque année qui servent de liens pour les treilles et vignes; *Salix amerina,* Linn.

Dér. d'*Amarino.*

Amarinén, énquo, *a lj.* Flexible, pliant comme l'osier. — Se dit des diverses espèces de bois de service qui ont la nervure longue, flexible et non cassante.

Dér. d'*Amarino.*

Amarino, *s. f* Osier ; c'est le nom générique. — *Uno amarino,* un jet ou un scion d'osier, coupé pour servir de ligature

Dér. du lat. *Salix amerina,* qui lui-même vient de *Ameria,* ville de l'Ombrie, en Italie. C'était dans l'origine le *Saule d'Ameria,* comme l'on dit : le peuplier de la Caroline, le peuplier d'Italie.

Amaroù, *s. f.* Amertume, saveur amère.

Dér. de *Amare.*

Amaroù, *s. m.* ou **Amarèlo,** Thlaspi, *Tlaspi amara,* Linn. Plante qui croit dans les blés, et produit une petite graine qui, mêlée ensuite à la farine, donne au pain une amertume prononcée — *Voy Amarèlo.*

Dér. de *Amare.*

Amarougnè, *s. m* Marronnier d'Inde, marronnier des jardins, arbre magnifique de grandeur, de port, de feuillage et de fleurs.

Amarouno, *s. f.* Marron d'Inde, fruit du marronnier d'Inde. — Ce fruit, qui est d'une amertume extrême, n'a rien de commun avec le marron, qui est si sucré et si savoureux, que par sa couleur et sa formation dans un hérisson ; le dernier se nomme exclusivement : *Ddouphinenquo.* — *V.* c. m.

Ici se présente une difficulté d'étymologie que le lecteur jugera lui-même.

Amarouno vient-il d'*Amarougnè,* l'arbre qui produit ce fruit, ou bien vient-il de cette amertume, *amaroù,* qui forme son principal caractère et qui fait qu'aucune espèce d'animal ne peut s'en nourrir ? Cette dernière solution semble si naturelle qu'on serait tenté de l'adopter; cependant il devient difficile d'expliquer que l'*amarougnè* et l'*amarouno,* son fruit, aient deux origines différentes.

D'autre part encore, comment admettre que l'*amarougnè* et le marronnier d'Inde, le même arbre tres-certainement, avec leur physionomie si fraternelle de noms, ne proviennent pas d'une racine commune? Or, le marronnier d'Inde n'est qu'une variété du marronnier ordinaire, du chataignier à marrons ; et le mot *marron,* frère et contemporain de l'ital. *marrone,* vient comme lui du grec du moyen âge μαρρόν.

Mais, comme il est impossible que le grec, l'italien et le français, à la fois, soient venus puiser leur étymologie dans le languedocien *amarouno*, qui lui-même ne représente pas du tout le marron doux dont ces diverses langues ont voulu parler; il faut en conclure qu'*amarougnè* dérive du fr. marronnier, qui doit ce nom à son fruit, marron, et que ce dernier le tient de l'italien et du grec. *Amarougnè*, à son tour, a créé le mot *amarouno*, qui, du reste, va à merveille à sa nature et n'enlève pas l'amertume, au contraire, pour n'en pas être issu : le mot signifie innocemment la chose.

Amarouno se dit aussi : *Castagno amaro.* — V. c. m.

Amassa, v. Ramasser, cueillir, faire un amas; mettre ensemble; réunir beaucoup de monde; entasser, thésauriser; aboutir, abcéder, apostumer. — Voy. *Acampa.* — *Amassa d'hèrbos*, ramasser des herbes. *Amassa la fiào*, cueillir de la feuille de muriers. *Amassa foço argèn*, devenir très-riche, amasser une grande fortune. *Moun de amasso*, mon doigt apostu'no; le mal que j'ai au doigt aboutit.

Le lang. *amassa*, le fr. amasser, l'it. *ammassare*, dériv. tous du lat. *massa*, masse, amas, ou plutôt du gr. ἅμαω, j'amasse.

Amassa (s'), v. S'attrouper, se rassembler. — *S'amassara proù*, dit-on d'un absent, il se rendra bien, il reviendra au gîte. *S'amassè un fun de moundo*, il se fit un grand rassemblement.

Amassaïre, ro, adj. Entasseur, thésauriseur, quand il est employé seul. Lorsqu'il est question de vers à soie, il signifie : les gens qui cueillent la feuille de muriers, quoiqu'on n'y ajoute pas le mot *fiào.*

Amassaje, s. m. Action de ramasser, de cueillir; frais, coût de la cueillette. — Voy. *Acampaje.*

Amata (s'), v. Se tapir, se blottir, s'aplatir; s'humilier de crainte ou de respect. — *L'aï amata*, je l'ai confondu, je l'ai maté, aplati. *S'amatou de pòou*, ils se cachent de peur, ils se tapissent de frayeur. — Voy. *S'amaga.*

Dér. de *Mato.*

Amatì, ido, adj. Dru, épais. — Se dit d'un pré bien gazonné, bien tallé, et aussi du pain massif et gras-cuit.

Dér. de *Mato.*

Amatina (s'), v. Se lever matin; se mettre de bonne heure à l'ouvrage ou en voyage.

Dér. de *Matì.*

Ambre, s. m. Amble, allure du cheval entre le pas et le trot.

Corr. du fr., qui dér. lui-même du lat. *Ambulare.*

Ambre (Lóva l'), v. Être fin et rusé au dernier degré, au-delà même de la délicatesse. — C'est une phrase faite, contractive d'une plus longue. On sait que l'ambre, quand il est échauffé par la friction, soulève et attire même d'assez loin une paille. Le peuple, qui croit voir là un signe de sa finesse, dit proverbialement : *Ès fì coumo l'ambre, lèvo la pàio;* puis, dans l'usage particulier, il a syncopé la phrase, et pour exprimer la finesse poussée à l'extrême,

quand le fr. se contentait de : fin comme l'ambre, le languedocien a exagéré et a voulu dire : plus fin que l'ambre, une finesse qui lèverait l'ambre lui-même. On comprend que, jouant sur le mot, il s'agit ici de finesse morale, et c'est de celui qui la possède à un très-haut degré qu'on dit: *Lèvo l'ambre.*

Dér. de *Ambra*, bass.-lat.; *ambre*, en catal.; *anbar*, en arabe.

Ambrièi (Sént), s. m. n. pr., Saint-Ambroix, ville, commune et canton de l'arrondissement d'Alais. — Voy. *Bióou.*

Dér. de *Sanctus Ambrosius.*

Améchi, ido, adj. Qui a les cheveux plats et embrouillés; mal peigné. — Sauvages, qui écrivait à une époque où la coiffure était relevée, retapée, bouclée, crêpée et poudrée, concevait la négligence des cheveux *améchis* par leur aplatissement sur le front, d'où ils retombaient en mèches sales et irrégulières. La coiffure actuelle a dû amener une entente différente du mot *amechi*, qui n'est au fond que le désordre dans les cheveux.

Dér. du fr. *Mèche.* Il ne peut venir du subs. *mécho*, qui ne signifie que la morve du nez.

Amélan, s. m. ou **Abèrlénquiè**, Amelanchier, *Cratægus amelanchier*, Linn. Arbrisseau de la fam. des Rosacées, dont le fruit est une petite baie, nommée *abèrlénquo*, âpre au goût. — Voy. *Abèrlénquiè.*

Dér. du gr. μῆλα, pomme, et ἄγχειν, étrangler; pomme qui serre la gorge.

Amèn, s. m. Fin d'une chose; ainsi soit-il. — *Dire amèn a toutos càousos*, consentir à tout ce qu'on propose, accepter toute condition, approuver le bien et le mal. *Jusqu'amèn*, jusqu'à la fin des fins, sans fin, jusqu'à l'éternité ; de *jusqu'à amèn.*

Reproduit du mot hébreu : *Amen, fiat*, ainsi soit, ainsi soit-il, qui termine toutes les oraisons latines de l'Eglise.

Améndo, s. f. Amende, punition pécuniaire au profit du fisc, qui n'a rien de commun avec les dommages et intérêts dus à la partie civile.

Dér. du lat. *Emendare.*

Améndri, v. Abaisser, diminuer le prix. — N'a pas du tout le sens du fr. amoindrir, et ne s'emploie guère que pour exprimer un abaissement de prix d'une marchandise. — *An amendrì lou pan*, le prix du pain est diminué.

Dér. de *Méndre.*

Aménla, s. m. Sorte de marbre commun dans le Gard; brèche, sorte d'amygdaloïde; poudingue composé de plusieurs cailloux cimentés ensemble par un gluten aussi dur que la pierre.

Dér. d'*Amènlo*, parce que ces différents cailloux ressemblent aux amandes qui sont noyées dans le ciment du nougat.

Aménliè, s. m. Amandier; *Amygdalus communis*, Linn. Arbre de la famille des Rosacées.

En esp. *Améndro*, du lat. *Amygdalus;* du grec ἀμυγδαλον.

Aménlo, s. f. Amande, fruit de l'amandier.
Même dér. que le préc.

Aménloù, s. m. dim. d'*Aménlo*. Petite amande. C'est proprement la pulpe de l'amande, le fruit dans la coque. Il est également applicable à l'amande de tous les fruits à noyau. — Lorsque quelqu'un, après avoir fait de grosses pertes au jeu ou dans le commerce, réalise un menu gain, on lui dit ironiquement : *Engraisso-té, pérlé, aquì un aménloù*, engraisse-toi, avare, voilà une amande. Peut-être le mot *pérlé*, qui est devenu une qualification usuelle de l'avare, prend-il son origine dans ce dicton. Peut-être vient-il aussi d'un idiome quelconque, où, dans un temps donné, *pérlé* signifiait à la fois cochon et avare. Le fait est que dans la formule de ce proverbe, il semble que c'est d'un porc qu'il est question, comme le mot *engraïsso-té* l'indique.

Aménuda, v. Couper à plus petits morceaux ; amincir ; émincer, amenuiser; retailler, recasser. — *Voy. Aprima.*
Dér. de *Ménu*.

Amériquèn, èno, adj. Américain ; qui concerne l'Amérique.
Trad. du fr.

Amériquo, s. f. Amérique, partie du monde. — On dit d'un homme trop fin, trop rusé en affaires, trop âpre à la curée, trop peu délicat : *A pas bésoun d'ana én Amériquo pér faire fourtuno*, il n'a pas besoin d'aller en Amérique pour faire fortune.

Amérita, v. Mériter, être ou se rendre digne de. — *Aquò i amérito*, il a bien mérité son sort ou sa punition, cela lui va bien. *Aquò t'amérito*, tu as bien gagné ce qui t'arrive.
Dér. du lat. *Mereri, meritus sum*.

Amérites, s. m. plur. Mérite, ce qui rend digne d'estime et de considération.
Dér. de *Amérita*.

Améstio, s. f. Amnistie, pardon, exemption de peine.
Corr. du fr.

Amì, igo, s. et adj. Dim. *Amigué, amigoù, amigouné, amiguéto, amigouno, amigounéto*. Ami, amie ; petit ami, cher petit ami. — *Moussù moun amì*, est une phrase explétive qu'on ne peut traduire par : monsieur mon ami, qui n'a aucun sens en fr. ; elle revient à celle-ci : ah ! certes ; ah ! oui vraiment ; ah ! je vous en réponds !
Dér. du lat. *Amicus*.

Amiada, v. Caresser; flatter; pateliner, amadouer. — *Voy. Lavagna.*
Dér. de *Amì*.

Amiga (s'), v. Se lier d'amitié avec quelqu'un ; se faire un ami.
Dér. de *Amì*.

Amigué, éto, s. et adj. dim. — *Voy. Amì*, de même que les autres dim. et doub. dim.

Aminça, v. Amincir, rendre plus mince ; émincer, couper par tranches minces ; menuiser.

Aminça (s'), v. Devenir mince ; maigrir.
Dér. du lat. *Minuere*.

Amistanço, s. f. Amitié, attachement ; affection ; rapports d'amitié ou d'amour. Au plur., *Amistanços* signifie : caresses, amitiés, cajoleries.
Dér. de *Amì*.

Amistoùs, ouso, adj. Dim. *Amistousé, éto*. Amical, caressant ; doux ; qui témoigne de l'affabilité. — *Es pas gaïre amistoùs*, il est d'humeur revêche, brutale.
Dér. de *Amì*.

Amitiè, s. f., ou mieux : **Amitiès**, au pl. Amour, affection, attachement, tendresse. — Ne se dit que de l'attachement entre personnes de sexe différent. C'est cette affection douce, raisonnable et matrimoniale qu'éprouvent les gens simples du peuple, après une assez longue fréquentation. Il est fort singulier qu'en languedocien *Amitié* signifie amour, et que *Amour* signifie amitié.
Dér. de *Amì*.

Amo, s. f. Ame ; esprit ; cœur ; conscience. — *Rendre l'amo*, mourir, expirer, rendre l'âme. Par une alliance de mots assez bizarre, on dit : *Un sacre-moun-amo*, pour : un tapageur, hardi, audacieux, effronté. — *Y-a pas amo*, pas âme qui vive.
Dér. du lat. *Anima*.

Amouchouna, v. Mettre en tas, réunir des objets épars en monceaux ; froisser, friper ; mettre en bouchon du papier, du linge, etc.
S'amouchouna. Se blottir dans un coin ; se ratatiner ; se pelotonner ; se courber comme fait un vieillard. — *Voy. S'acrouchouni*.
Dér. de *Mouchoù*.

Amoula, v. Aiguiser, émoudre, avec une meule tournante et non avec la pierre à aiguiser ; rendre tranchant ou pointu sur la meule.
Dér. de *Molo*.

Amoula, v. Agir lentement, lambiner ; lanterner.
Dér. de *Mol*.

Amoulaïre, ro, s. et adj. Remouleur, émouleur ; lambin, lent, qui va, parle ou agit lentement.

Amoulè, s. m. Remouleur, gagne-petit. — Ce mot est plus technique que *Amoulaïre*. Celui-ci se dit de toute personne qui aiguise ; *Amoulè* est le nom particulier de la profession.
Dér. de *Amoula*.

Amoulouna, v. Amonceler, mettre en tas, en meule ; entasser ; rassembler, réunir en masse. — Ce mot entraine l'idée d'une plus grande dimension que *Amouchouna* ; comme sa racine *mouloù* est plus grande que *mouchoù*, qui n'est qu'un petit tas, un bouchon.
S'amoulouna. S'amonceler, en parlant de la foule, s'entasser, et aussi se rabougrir, se recroqueviller, se mettre en peloton, en parlant d'une seule personne.

Amoun, adv. Là-haut ; au ciel ; vers le nord.
Dér. du lat. *Ad montem*.

Amoundâou, *adv.* Là-haut; au ciel. Augmentatif et réduplicatif de *Amoun*, comme si l'on disait : là-haut au haut.

Amounéda, **ado**, *adj.* Riche en espèces; fam., en gros sous; pécunieux.

Dér. de *Mounédo*.

Amounina (s'), *v.* Devenir effronté. — Se dit d'une fille trop délurée, trop hardie, trop garçonnière pour son âge.

Dér. de *Mounino*.

Amountagna, *v.* Envoyer ou conduire un troupeau dans les hautes montagnes pendant la canicule. — On fait une différence dans les foires entre le bétail qui a passé l'été dans les montagnes, et celui qui est resté dans le pays. Celui-ci a la laine plus mate, moins de vigueur, et les brebis sont moins précoces à mettre bas que celles qui sont *amountagnados*.

Amountagnaje, *s. m.* Action ou habitude d'envoyer les troupeaux dans les montagnes; frais de pâturage des pacages; et aussi frais que l'on paie au maître berger ou *baïle* qui garde plusieurs troupeaux sous sa responsabilité.

Amour, *s. m.* En poésie, ce mot répond bien au fr. Amour dans ses diverses acceptions; mais dans le style ordinaire, il exprime : Affection, attachement, tendresse, pris d'une manière générale; on ne l'emploie jamais avec la signification française de Amour. On dit d'un homme, d'un valet, d'un chien : *Ès sans amour*, il n'a nul attachement, il ne s'attache à rien; il ne consulte que son intérêt, son bien-être, son égoïsme. La poésie a ses priviléges et ses licences : elle a fait d'*amour* une passion, un sentiment, tandis que dans le langage commun, *amour* ne s'entend plus que des attentions, des soins affectueux, de ces préférences souvent personnelles et de cet empressement sympathique, mais plutôt naturel que passionné.

Pér amour dé, prép. A cause de; en considération de.
— *Pér amour de vous*, à votre considération. *Pér amour d'aquò*, en considération de cela. On supprime quelquefois le mot *pér* : *Amour dé rire*, *amour dé parla*, comme on dit en fr. histoire de rire, histoire de parler.

Amoura, *v.* Emousser; faire perdre la pointe ou le tranchant à un outil, à un clou, à tout objet pointu ou tranchant.

Dér. de *Mouru*.

Amoura, *v.* Rapprocher, joindre; mettre nez-à-nez, l'un contre l'autre. — *Aquélo pèiro amouro pas prou*, cette pierre ne joint pas suffisamment.

Dér. de *Moure*.

Amoura (s'), *v.* Boire à même; donner du nez à terre; tomber sur la face; se heurter du nez en se rencontrant avec quelqu'un inopinément; ou contre une porte, un arbre ou un mur. — *S'amoura dou flasquou*, boire au goulot de la bouteille; *dou fèra*, en trempant la bouche dans le seau; *dou vala*, au ruisseau, en se couchant à plat ventre.

Dér. de *Moure*.

Amouracha (s'), *v.* S'amouracher de.. S'engager en une folle passion. Tout comme en fr., ce terme ne s'emploie qu'en mauvaise part. Il exprime une inclination de haut en bas, à l'encontre d'une personne inférieure, soit en condition, soit en considération personnelle.

Formé entièrement du fr.

Amourèléto, *s. f.* Morelle; *Solanum nigrum*, Linn. Plante de la famille des Solanées, commune le long des murs ou sur le bord des chemins. La même que le *Pissocan*. — V. c. m.

Etym. du gr. ἀμαυρός, sombre, noirâtre.

Amouriè, *s. m.* Murier; *Morus*, Linn. Cet arbre, qui joue un rôle principal dans les préoccupations du pays, offre deux espèces et un très-grand nombre de variétés. Le mûrier noir, *Morus nigra*, Linn., qui se plante dans les terrains les plus arides, est impropre à l'éducation des vers à soie, à cause de la dureté et de la grossièreté de sa feuille, dont les fibres et les nervures sont trop ligneuses à sa maturité. Il produit la mûre noire employée à faire les conserves et les sirops de mures. Les Cévennes avaient autrefois beaucoup de mûriers noirs qui ont dû céder la place au mûrier blanc, *Morus alba*, devenu si populaire et si vénéré de nos jours. Cependant le culte, ou la culture du mûrier, est suivi avec moins de ferveur et est menacé d'abandon, tant la persistance des maladies des vers à soie, l'insuccès des éducations ont jeté de découragement dans les pays séricicoles. Il n'y a pas vingt ans, même dans les montagnes, le moindre coin de terre, une anfractuosité de rocher étaient utilisés, et un mûrier était planté, cultivé, élevé, et prospérait dans la plus petite place; aujourd'hui on a des préférences pour la vigne, et l'agriculture de nos contrées cévenoles semble tendre à se modifier profondément.

Amouro, *s. f.* Mûre, fruit du mûrier et de la ronce. — Celle du mûrier blanc est blanche, douceâtre, fastidieuse; les porcs en sont friands; mais elle est rare, parce qu'on la fait tomber avant sa maturité en cueillant la feuille. Elle ne mûrit que sur quelques arbres qui restent sans être dépouillés. — *L'amouro d'arounze*, la mûre de la grande ronce; *l'amouro dé bartas*, la mûre de buisson : elle vient presque par grappes, noire et douce; *l'amouro dé damo*, la mûre de la ronce rampante, qui croît dans les champs : elle est aigrelette et agréable au goût.

Étym. du lat. *Morum*, mûre, dér. du gr. ἀμαυρός, sombre, noir.

Amouroùs, **ouso**, *adj.* Mollet, souple, moelleux; doux; aimable. En fr. l'acception de : Amoureux, qui a de l'amour, ne vient que par imitation du fr. — *Amouroùs couno un bartas*, par contre-vérité, doux comme un fagot d'épines.

Amourousi, *v.* Rendre souple, ramollir; assouplir; adoucir. — *Dé pan amourousi*, du pain ramolli par l'humidité.

Dér. de *Amouroùs*.

Amourti, *v.* Amortir; calmer; éteindre; enlever la

vivacité, l'ardeur, la violence; rendre plus faible. — *Amourti un co*, affaiblir, amortir la portée d'un coup. *La balo s'amourtiguè sus soun mantèl*, la balle ne put traverser son manteau, elle fit balle-morte. *Amourtì soun co*, appesantir un coup de hache ou de houe sans tirer à soi la terre ou l'éclat de bois.

Dér. de *Mort*.

Amourtièïra, *v*. Garnir de mortier, fixer avec du mortier. — *Bièn amourtièïra, amourtièïra à pèrpdou uno bastisso*, employer suffisamment de mortier, noyer convenablement les moellons dans le mortier, de manière à ne pas laisser des vides dans les joints.

Dér. de *Mourtiè*.

Amoussa, *v*. Eteindre; calmer; mater; réduire au silence, faire taire. — *Amoussa lou fiò, lou lun*, éteindre le feu, la lampe. *Fasiè bé dé soun crano, mais l'aguère lèou amoussa*, il faisait le crâne, mais j'eus bientôt rabattu son caquet.

Dér. de l'it. *Amorsare*.

Amoustélì (s'), *v*. Maigrir; devenir fluet; prendre un visage pointu comme une belette.

Dér. de *Moustèlo*.

Amoutélì, ido, *adj*. Grumelé; formé en grumeaux, en caillots.

Dér. de *Moutèl*.

Amoutì, ido, *adj*. Gazonné; devenu herbeux; tallé. — Se dit d'un pré qui est assez foulé, tassé, pour pouvoir être arrosé.

Dér. de *Mouto*.

Amusa, *v*. Amuser, divertir; occuper en jouant; faire prendre le change; tenir le bec dans l'eau; distraire quelqu'un pour l'empêcher de voir clair à ce qui se passe.

Dér. de l'allem. *Musen*, être oisif.

Amusamén, *s. m*. Amusement; ce qui amuse; passe-temps; action de tympaniser quelqu'un. — *Fòou pas prène aquò én amusamén*, il ne faut pas le prendre en plaisanterie.

Amusan, anto, *adj*. Amusant, divertissant; qui fait passer le temps.

Amuséto, *s. f*. Jouet; bagatelle. — *Saïque mé prénes pèr toun amuseto?* tu veux sans doute faire de moi ton jouet?

An, suffixe qui provient du lat. *anus, anum*.

Notre langue doit beaucoup au latin: elle lui a pris des mots et presque toutes les désinences qui s'ajoutent aux radicaux pour constituer des mots. Mais le celtique, qui fut son élément natif, lui a laissé aussi certaines de ses formes, de ses intonations, de ses constructions. Nous aurons plus d'une occasion de signaler cette fusion des deux langues, leur existence parallèle, et de suivre à ces lueurs la marche qui les a fait arriver à notre languedocien moderne; surtout dans les suffixes, ces syllabes accessoires qui s'attachent à un radical pour en étendre et en modifier le sens; et dans les noms propres de lieu, toujours significatifs, plus inaltérables qu'aucun autre mot. — *Voy*. *Agno*.

Pour adjectiver un substantif, pour marquer le rapport d'une personne ou d'une chose à l'objet auquel elle appartient ou dont elle dérive ou fait partie, les Gaulois se servaient de la terminaison *ac* ou *ec* ajoutée au mot; les langues néo-celtiques, le bas-breton et l'armoricain ont conservé cette forme. Rome victorieuse, en imposant sa langue à nos contrées méridionales, les premières soumises, et à toute la Gaule, n'abolit pas cependant l'idiome national. Elle avait surtout à respecter les appellations locales, sous peine de ne pouvoir plus ni s'entendre ni se reconnaître; mais, par droit de conquête, elle leur imprima le cachet propre de son génie. Sa formule générale était dans les finales *us* et *um* avec la même portée que *ac* et *ec;* mais elle avait plus particulièrement *anus* et *anum*, d'une identité très-rapprochée. Ainsi commença à se latiniser le gaulois. Dans la catégorie que nous étudions, un nom ou un mot se rencontrait-il en même temps dans les deux idiomes, de signification et de structure pareilles, la terminaison caractéristique latine était jointe à sa finale locale, par une sorte de pléonasme de suffixes; était-il purement celtique, à radical barbare, sans correspondant latin, on le traduisait, ou bien le vainqueur se l'appropriait par l'addition du suffixe, à lui propre, en *anus* et *anum*. Les mêmes procédés de formation et de composition des noms communs et des noms propres persistèrent tant que dura le contact et la promiscuité des deux langues. C'est pour cela que l'emploi de l'une ou de l'autre de ces formes ne détermine ni l'âge ni la date d'un mot, non plus que d'une dénomination locale. Mais par là aussi se comprennent assez bien les variantes qui s'attachent à la finale en laissant partout invariable le corps même des mots. On trouve, dans le Midi, la désinence *ac*, abrégée pour nous en *a* simple, ailleurs changée en *at*, qui représente le celt. *ac* ou *ec*, en lat. *acus* et *acum*, à côté d'une localité à finale en *an*, altération de *anus* et *anum*, analogue aux précédentes. Ici encore cette dernière finale est souvent reproduite par *anicæ*, dérivation directe; et la langue vulgaire, au moyen-âge, traduisait en *anègues*, dont notre languedocien a fini par faire *argue*. Dans le nord de la Gaule, le latin avait aussi ses finales constantes en *acum* et *anum*; mais le roman et le français leur ont substitué des finales en *é, y, ies*, etc. On en conclut avec raison que tous ces suffixes sont de même valeur et égaux entre eux. — *Voy*. l'art. *Agno*, et pour les exemples, les mots *Martigna, Martignargues, Sdouvagna*, et autres.

Le suffixe *an* = *anus, anum*, = *ac, ec*, = *acus, acum*, marque une idée de collectivité, de provenance, de propriété. *Lou fédan, lou fian, lou félémélan, lou mioulan* sont des substantifs collectifs pour dire: les brebis, les filles, les femmes, les bêtes de trait et de somme, en général. Comme expression du sens de propriété, toutes les variantes se reproduisent dans beaucoup de noms de lieu. — *Voy. Martignargue, Massiargue, Pdouïa, Sdouvagna*, etc., *Lédignan, Poumpignan*, et autres.

An, *s. m.* An, année. — *L'an dé daï-laï*, l'année avant-dernière ; il y a deux ans. *Antan*, l'an dernier. — *V. c. m. Davan antan*, il y a deux ans. *Hiuèi faï un an*, aujourd'hui il y a un an. *Couménço sous ans pér caléndos*, il compte ses années à partir de la Noel. *L'an ddou bissès*, l'année bissextile. — *Voy. Bissès*.
Dér. du lat. *Annus*.

An, 3me *pers. plur. indic. pres.* du verbe *Avédre* ; ils ou elles ont.

Ana, *v.* Aller ; marcher ; avancer ; se mouvoir ; se transporter d'un lieu dans un autre ; changer de place du point où l'on est à un autre ; s'étendre au loin ; être contenu, renfermé ; entrer. — *Vòou à la mésso*, je vais à la messe. *Vas à Paris*, tu vas à Paris. *Vaï vite*, il marche vite. *Anén plan*, allons lentement. *Anas-y*, allez-y. *Anérou dou mazé*, ils allèrent à la campagne. *Y-anan ana*, nous y allons à l'instant, nous nous y rendons sur l'heure. *Faï pas qu'ana et véni*, il ne fait qu'aller et venir. *Vaï d'avcì dou fin foun*, il s'étend d'ici au fond. *Vaï bas*, il plonge profondément. *Tout aquó anara pas dinc aquel sa*, tout cela n'entrera pas dans ce sac, ne peut être contenu dans ce sac. *Aquélo rodo vaï pas, vaï màou*, ce rouage ne marche pas, manœuvre mal.
S'én-ana. S'en aller ; partir ; disparaître ; quitter un lieu ; et quelquefois simplement aller. — *La taquo s'és én-anado*, la tache a disparu. *La couloù s'én-vaï*, la couleur s'efface, se ternit. On dit d'un malade : *S'én-vaï tant qué po*, il dépérit à vue-d'œil, il marche à grands pas vers la fosse. *Lou la s'én-vaï én aïgo*, le lait tourne en petit-lait. On dit d'un domestique à gages : *s'en-vaï*, il quitte ses maîtres ou il est renvoyé. *Lou fò s'én-vaï*, le feu s'éteint faute d'aliment. *Aquél éfan couménço à s'én-ana soulé*, cet enfant commence à aller, à marcher seul. *Tout soun bon-sén s'és én-ana*, tout son bon sens est parti. *Coumo n'én-van lous afaires ?* comment vont les affaires ? *Coumo n'én-vaï ?* quelle tournure cela prend-il ?
Dér. de l'ital. *Andare*.

Ana, *s. m.* Manière d'être, de vivre ; état de santé. — *Aquó's soun ana*, c'est sa manière d'être ou de faire. *Mé démandè moun ana*, il me demanda des nouvelles de ma santé. — On dit aussi subst. *faï l'ana et lou vèni*, il fait l'aller et le retour ; *lou vaï et lou vèn*, le va-et-vient.

Anchoïo, *s. f.* Anchois ; *Clupea encrasicholus*, Linn. Petit poisson de mer, sans écaille, que l'on sale pour manger cru. Il ne faut pas confondre l'*anchoïo* avec le *sardo*, qui n'a rien de commun avec la première que la saumure. — *A lous ièls bourdas d'anchoïo*, il a les yeux rouges, chassieux et éraillés. *Esquichas coumo d'anchoïos*, pressés comme harengs.
Étym. du celt. *Anchova*.

Ancièn, **èno**, *adj.* Vieux, vieillard ; ci-devant, ancien. — *Moun ancièn*, mon père ou mon aïeul. *Es un ancièn*, c'est un vieillard.
Emprunté au fr.

Anciènèta, *s. f.* Mode ancienne, et non ancienneté ou antiquité.
Formé de *Ancièn*.

Ancro, *s. f.* Encre, liqueur noire pour écrire. — *Mé faï susa l'ancro*, il me donne une peine horrible.
Dér. de l'ital. *Inchiostro*.

Ancro, *s. f.* Ancre de navire, instrument de fer, à branches aigues, qu'on jette au fond de l'eau pour arrêter les vaisseaux.
Dér. du lat. *Anchora*.

Andrè, *n. pr. m.* ; au fém. *Andrèio*. Dim. m. *Andrène*, *Andrèssé* ; dim. f. *Andrèïeto*, *Andrènéto*. — Il est à remarquer que le fém. *Andrèio* ne se donne qu'à la femme d'André, et non point pour prénom à une fille. On appelle *Andrèïeto* ou *Andrènéto* la fille ainée d'André, lorsque celui-ci est un nom patronymique.

Andriou (Sént-), *n. pr. de lieu.* Saint-André, nom commun à plusieurs villages.

Androuno, *s. f.* Cul-de-sac ; plus particulièrement la petite ruelle, ou espace vide, qu'on est obligé de laisser entre deux maisons qui ne veulent pas de mitoyenneté, et par où s'écoulent les eaux des toits. C'est ce qu'on appelle en termes de coutume : le tour ou le pied de l'échelle. On lui donne aussi le sens de : latrines, privé, lieux d'aisance. Dans cette acception, étym. du grec ἀνδρῶν, lieu écarté, petite salle réservée aux hommes, qui est traduit aujourd'hui dans les gares de chemin de fer par : *Côté des hommes*, même sign. Dans la bass. lat., *Androna*.

Andusén, **énquo**, *adj.* D'Anduze ; qui habite ou qui concerne Anduze.

Anduso, *s. f. n. pr.* Anduze, ville du département du Gard. — Si l'on voulait se contenter de la forme latine de ce mot pour expliquer sa dérivation et sa forme actuelle, rien ne serait plus simple que de rapprocher du lat. *Andusia*, le fr. *Anduze*, et le lang. *Anduso*, et l'analogie démontrerait seule la parenté et la descendance en ligne directe. Le mot, quoique venant de loin, n'a pas assez changé sur la route pour n'être pas d'abord reconnu. Sur un petit monument en marbre, conservé au musée de Nîmes, se trouve inscrit à la tête d'un groupe de plusieurs noms de localités gallo-romaines, le nom d'*Andusia*, sur l'attribution duquel à l'Anduze moderne aucune contestation ne s'est élevée. Depuis cette époque, le nom est fidèlement reproduit par les plus anciens cartullaires, et presque sans altération il est arrivé jusqu'à nous. Les Romains avaient donc un poste militaire, un campement d'une certaine importance qu'ils appelèrent *Andusia*, sur l'emplacement de la ville actuelle, ou un peu au-dessus vers le sommet dit de Saint-Julien : d'anciennes constructions, des médailles et des antiquités trouvées sur ce point ajoutent à la dénomination elle-même la certitude de l'occupation.

Mais la difficulté étymologique n'est pas résolue. Les vainqueurs de la Gaule se montraient surtout jaloux d'imposer aux noms de lieux des pays soumis la forme qui convenait au génie de leur langue ; de là cette terminaison latine qu'ils donnèrent à ce mot. Or, la localité, comme toutes les autres inscrites sur le monument antique du Musée, faisait partie du territoire des Volces Arécomiques, qui avait des villes ou des bourgs assez nombreux. Par conséquent, elle avait aussi, comme les autres, son nom gaulois ou celtique, quand les Romains vinrent l'occuper et la classer : et c'est dans le plus ancien idiome national que sa racine doit se retrouver.

Heureusement ici se rencontrent des similaires qui peuvent mettre sur la voie, et faire déterminer sa forme primitive. Sur deux autels votifs découverts dans le Midi, et qui portent des inscriptions, on lit : *Andosso* et *Andose;* une autre inscription, remarquable par ses noms gaulois, mentionne également la forme *Andos.* Enfin, un cippe funéraire du Musée de Nimes rappelle encore mieux le nom latinisé, en écrivant *Andus*. Ce ne sont là, sans doute, que des rapprochements, des termes de comparaison; mais ils permettent d'admettre avec la plus grande probabilité que la forme celtique d'*Andusia* est *Andos* ou *Andus*. Le premier radical *and*, haut, élevé, se retrouve avec cette même signification dans beaucoup de langues anciennes. La desinence *os* et *us* serait reduplicative avec le même sens. Les deux montagnes d'Anduze, entre lesquelles coule le Gardon, l'emplacement de la ville, nous paraissent autoriser parfaitement cette étymologie et lui donner une signification caractéristique. L'origine antique du nom et son application ne peuvent pas être douteuses.

Anédo, s. f. — *Voy. Ale lro.*

Anèl, s m. Anneau, bague, boucle d'oreille.

Sén-Jan-das-Anèls, n. pr. Saint-Jean-de-Marvéjols, commune de l'arrondissement d'Alais, canton de Barjac. On l'appelle aussi : *Saint-Jean-des-Anneaux*, parce qu'autrefois on y fabriquait quantité de bagues de crin, qui étaient un des principaux objets de commerce à la foire qui s'y tient le 29 août.

Dér. du lat. *Anellus*, dim. de *annulus*.

Anéla, v. Boucler ; anneler; tourner en volute. — On dit proverbialement d'un homme qu'on ne peut décider à terminer une affaire : *A lou mòou dé la quò d'un por, anêlo toujour et jamai noun nouso*, il est comme la queue d'un porc qui s'entortille et ne se noue jamais.

Dér. de *Anèl*.

Anèlo, s. f. Anneau de rideau ; virole de toute sorte d'outils. — *Anèlo dé pèous*, boucle de cheveux.

Dér. du lat. *Anellus*.

Anéquéli (s'), v. S'exténuer, s'amaigrir de faim, de froid, de manque de soins ; devenir à rien.

Dér. du lat. *Nihil*, ou de *nec alere*, *nec alitus*.

Anén, 1re pers. plur. impér. du v. *Ana*. Allons. Se prend souvent comme interjection. — *Anén à la fon*, allons à la fontaine. *Anén, chu,* allons! silence. *Anén! zou! pèr vèire,* idiotisme : ça! voyons donc! *Anén! véndra pas,* il ne viendra pas; il faut en prendre son parti. *Anen! moun home, ou fas bièn,* c'est cela, mon garçon, tu le fais bien.

Anfèr, s m. Enfer ; lieu où les damnés éprouvent un supplice eternel ; diable, diablotin ; fosse d'un pressoir à huile, où l'on fait écouler les eaux de la cuve, après en avoir enlevé l'huile à la surface. Ces eaux ainsi rejetées contiennent encore de l'huile, que les employés du moulin recueillent quand elles sont reposées; mais cette huile dernière est toujours plus épaisse, plus chargée et de qualité inférieure; on l'appelle : *Oli d'anfèr*.

Dér. du lat. *Inferi*.

Anfin, adv. Enfin ; à la fin, en dernier lieu.

Forme du lat. *In fine*.

Anfla, v. Donner, appliquer un soufflet ; souffleter.

Dér. du lat *Infligere*, appliquer, frapper violemment ; ou peut-être de *inflare*, faire enfler, grossir, parce qu'un soufflet très-fort fait enfler la joue.

Anfle, s. m. Soufflet sur la joue.

Angle, s. m. Angle, ouverture de deux lignes qui se rencontrent ; coin, recoin. — *Angle de ro*, couches et veines de terre végétale qui se trouvent dans les diverses assises d'un rocher.

Dér. du lat. *Angulus*.

Anglés, s. m. Créancier fâcheux, importun. — L'origine de ce mot vient évidemment d'un temps où, en France, on ne connaissait pas de rencontre ou de vue plus déplaisante que celle d'un Anglais, maître du territoire.

Anglés, éso, adj. Anglais, anglaise, qui est d'Angleterre.

Angléso, s. f. Redingote, dont la forme et la coupe ont été importées sans doute d'Angleterre.

Anguièlèn, énquo, adj Qui tient de la forme et de la nature de l'anguille. Se dit au prop. et au fig. de quelqu'un ou de quelque chose, long et menu, qui échappe facilement, qui glisse en se tordant, qu'on ne peut saisir.

Dér. de *Anguièlo*.

Anguièlo, s. f. Anguille, *Muræna anguilla*, Linn. Poisson, de la famille des Pantoptères et de l'ordre des Holobranches, qui habite non-seulement la mer, mais les lacs, les étangs, les rivières et les ruisseaux.

Dér. du gr. ἔγχελυς, d'où le lat. *anguilla*, ou de *anguis*.

Animâou, âoudo, adj. Péjor. *Animâoudas*. Grosse bête; grossier, brutal. — *Alimâou* n'est que la corruption de ce mot, et il ne s'emploie que par interjection. — *V. c. m.*

Dér. du lat. *Animal*.

Anis, s. m. Anis, *Pimpinella anisum*, Linn., de la famille des Ombellifères. Plante aromatique originaire d'Egypte, dont la graine est une des semences chaudes. — Les semences, plutôt que la plante elle-même, sont ainsi nommées.

Dér. du gr. ἄνισον.

Aniseto, s. f., ou mieux **Nisèto**. Anisette, eau-de-vie anisée. — C'est l'absinthe des gens du peuple. Étendue d'eau,

elle est extrêmement rafraîchissante et désaltère beaucoup. — *Voy* Niseto.
Dér. de *Anis*.

Anisses, *s. m. pl.* Laine ou poil d'agneau, qui sert à faire les chapeaux de feutre les plus grossiers, qu'on nomme chapeaux de laine.
Dér. du lat. *Agni*, gén. d'*agnus*.

Anitor, *s. m.* Cresson des jardins, cresson alénois, nasitort; *Lepidium sativum*, Linn. Plante de la famille des Crucifères, potagère, qu'on met dans le bouillon et dont on mélange la salade de laitue.
Corr. du fr. *Nasitort*, peut-être aussi dér. d'*Anis*, dont il a un peu la saveur.

Anje, ou mieux **Anjou**, *s. m.* Dim. *Anjouné*. Ange, créature spirituelle d'un ordre supérieur à l'humanité. Petit ange, se dit souvent des petits enfants. — *Anjou boufarèl*, c'est une de ces têtes d'ange, sans corps, avec des ailes, qu'on trouve dans les tableaux et dans l'architecture d'église, toujours bouffies et qui semblent souffler, comme les têtes de vent qui viennent du paganisme On dit d'un enfant joufflu et vermeil : *Semblo un anjou boufarèl*, et d'un joueur qui a tout perdu et se retire de la partie, nu et dépouillé : *Anara coucha émbé lous anjous*.
Dér. du lat. *Angelus*.

Anjèlus, *s. m.* Angelus, prière que les catholiques font en l'honneur de la sainte Vierge, le matin, à midi et le soir. Désigne aussi le point du jour et la nuit tombante; la sonnerie qui annonce l'heure de cette prière.
Dér. du lat. *Angelus*.

Anjou, *s. m.* — *Voy Anje*.

Anjouné, *s. m.* — *Voy. Anje*.

Anjounén, **énquo**, *adj.* Angélique, qui tient de l'ange, qui appartient ou qui est propre à l'ange.
Dér. de *Anjou*.

Annadiè, **dièiro**, *adj.* Qui n'est pas pareil, qui ne produit pas également chaque année ; casuel. — *L'ouliviè és bièn annadiè*, l'olivier ne produit pas tous les ans, il est soumis à bien des éventualités. — Dans le même sens, on dit d'un homme d'humeur inégale, qu'*és journaïè*, il est journalier.
Dér. de *Annado*.

Annado, *s. f.* Année; annuité. — Ce mot n'est pas employé comme synonyme de *an* pour le comput du temps, mais simplement pour l'ensemble des récoltes de l'année. — *Aourén uno bono annado dé bla*, nous aurons cette année une bonne récolte de blé. *L'annado dóou fanfaroù, lou pèïsan bégué prou;* cette phrase proverbiale, empruntée à la sagesse des anciens, signifie que lorsqu'il y a abondance de *fanfaroùs* au printemps, il y aura une bonne récolte de vin. *(Voy. Fanfaroù)*. *L'annado sé présénto bièn*, il y a bonne apparence de récolte cette année.
La bono annado, la bonne année ; souhaits du premier jour de l'an, dont le protocole est : *Vous souhète la bono annado, acoumpagnado dé fosso d'àoutros*. La plupart du temps on supprime cette finale, et l'on dit simplement : *La bono annado acoumpagnado*.
Dér. du lat. *Annus*.

Anno, *s. f. n. pr.* Dim. *Annéto*, *Nanoun*, *Nanéto*. Anne, Annette, n. pr. de femme.

Anounça, *v.* Annoncer, faire savoir; publier; pronostiquer, présager. — *S'anounça bièn*, se produire avec avantage; s'exprimer avec facilité et élégance.
Emprunté du fr.

Anouncies, *s. m. pl.* Bans de mariage; publication de mariage. — *An crida sous anouncies*, on a publié ses bans.
Dér. du lat. *Nuntiare*.

Anquado, *s. f.* Fessée ; claques ; coups de la main sur le derrière. — *Ficha uno anquado*, donner une fessée ; fouetter avec la main sur les fesses. Cette expression n'est usitée qu'à l'encontre d'un enfant.
Dér. de *Anquo*.

Anquo, *s. f.* Au sing. Fesse ; au plur. *Las anquos* sont les hanches, partie latérale du bassin située au haut de la cuisse.
Dér. de la bass. lat *Anca*, m. sign., ou du gr. ἀγκών, angle saillant.

Ansin, *adv.*, ou **Énsin**, **Énsindo**. Ainsi, de cette manière, de cette façon; c'est pourquoi, de même. — *Pér ansin*, par conséquent, partant. — *Aquò's pas ansin qué fóou faire*, ce n'est pas la manière de faire cela. *Ansin siègue*, ainsi soit-il. *Crése qué siès un pdou ansin*, je crois que tu rêves, que tu radotes : euphémisme délicat.
Dér. du lat. *In* et *sic*.

Antan, *adv.* L'an dernier; autrefois, jadis, anciennement. — En vieux fr., on disait *antan*, comme on le voit par ce dicton encore admis : Je m'en soucie comme des neiges d'*antan*. — *Davan-antan*, adv. L'année avant-dernière. *Mas amours d'antan*, mes vieilles amours.
Dér. du lat. *Antè annum*.

Antièno, *s. f.* Antienne; mauvaise nouvelle, commission fâcheuse ; demande pénible. — *Pourta l'antièno*, faire une commission désagréable pour celui à qui elle s'adresse; solliciter.
Empr. au fr.

Antifo (Batre l'), *v.* Battre la campagne, courir les champs. — Phr. faite, mot d'argot français.

Antignargue, *s. m. n. pr.* de lieu. Antignargues, hameau dépendant de la commune d'Aigremont, canton de Lédignan, arrondissement d'Alais. En lat. *Antinhanicæ* et *Entrinnanicæ* : roman, *Entrinnanègues*.
Dér. du celt. *Ant*, *and*, *anti*, devant, en avant; avec la désinence lat. *anicæ*, transformée par la langue vulgaire en *anègues* et *argues*. — *Voy. Argue*. Ses analogues se retrouvent dans Antignac (Hérault, Cantal, Haute-Garonne); dans Antignate (Lombardo-Vénétie) ; dans Antigni ou Antigny (Vienne, Vendée, Côte-d'Or), et dans Antin (Hautes-Pyrénées).

Anuia ou **Anuèja**, *v.* Ennuyer, causer de l'ennui; fatiguer. — *Tout aquò m'anuio*, tout cela m'ennuie, me fatigue.

Anuïa (s'), *v.* S'ennuyer, languir d'ennui; perdre le goût d'une chose dont on a usé longtemps Der. du gr. ἔννοια, tension d'esprit, application forcée.

Anuè, *adv.*—*Voy. Agnuè.*

Anuècha (s'), *v.* — *Voy. Agnuècha (s')*

Aou, *particule et art. sing. masc.* au datif. Au. Il est la contraction de *à lou* pour former le datif. *Aou* s'emploie quand le subst. auquel il s'applique, commence par une consonne. Au plur. datif, il fait *as*, contraction de *à lous*, aux; comme le dat. sing. fém. *à la*, donne *à las*, aux, pluriel. — *Aou puple*, au peuple, *as puples*, aux peuples; *à la fénno*, à la femme, *à las fénnos*, aux femmes.

La chute de l'*l* du radical primitif *al* a produit la contraction *dou*, dipht., qui se prononce par une seule émission de voix, et dont la première voyelle est tonique par l'accent circonflexe. Ce qui motiverait assez bien, au moins pour l'article, la manière d'écrire que nous préférons. — *Voy. Al.*

Mais cette forme, qui est également appliquée aux voyelles *e, i, o*, alors qu'elles deviennent aussi diphthongues par l'adjonction de la consonnance *ou*, a été l'objet de vives critiques. Avant de justifier des motifs qui nous font rester réfractaire aux réformes en vogue, qu'il nous soit permis de présenter, *in limine litis*, un exposé de quelques principes généraux sur la matière, préliminaire indispensable de toute discussion.

Notre Dictionnaire, par droit de naissance, avait son orthographe toute faite dans la nomenclature dressée par LA FARE-ALAIS. Ce catalogue, patiemment élaboré sous le contrôle d'une critique que l'intimité rendait plus rigoureuse parce qu'elle était plus libre et plus familière, n'avait pas seulement en vue de relever un à un tous les mots de notre dialecte, de juger de leurs droits à l'admission ou de prononcer leur rejet définitif. Il avait encore fallu, pour les enregistrer dans un ordre régulier, déterminer exactement la forme et la structure de chacun : leur classement posait donc les bases de notre méthode orthographique. Le savoir du maître et son goût éprouvés donnaient à ce premier travail une irrécusable sanction. Nous pouvons dire cependant que cette nomenclature nous était imposée moins par déférence pour son autorité, que par une conviction réfléchie de suivre, en l'adoptant, le système le plus clair, le plus rationnel et le meilleur.

Avec une langue comme la nôtre, qui n'a ni alphabet propre, ni règles précises, ni syntaxe bien arrêtée ; qui est beaucoup parlée sans avoir presque de prose écrite ; qui ne s'est produite au dehors que par une merveilleuse poésie partout chantée; mais qui veut se faire lire et comprendre, et qui mérite d'être étudiée; un dictionnaire n'a qu'une voie à prendre, celle qui rapproche autant que possible l'écriture de la prononciation. Par cela que, dans notre idiome essentiellement musical et euphonique, le sens d'un mot dépend le plus souvent du son qui lui est imprimé en parlant, il est nécessaire que la lettre écrite soit la peinture de la voix entendue. Chaque terme, chaque syllabe, figurés par les signes convenus et usuels, doivent se présenter avec un relief tel qu'ils puissent d'abord être épelés sans hésitation, puis liés régulièrement, enfin prononcés comme l'usage demande et veut qu'ils soient articulés Saisir rapidement l'œil, la voix et l'oreille pour arriver par le plus court chemin à l'intelligence, c'est le but que se propose notre Lexique. L'orthographe phonétique est donc la seule que comporte notre idiome : voilà le principe.

Seulement la règle est dans la mesure et ne peut se soutenir que par des tempéraments. Une rigidité absolue n'a rien de pratique dans les conditions de l'idiome méridional; et l'éclectisme large et simple que les *Castagnados* ont formulé, lui convient mieux de tous points. Certes, si nous avions à mettre en œuvre les richesses enfouies de l'ancienne langue d'Oc, avec ce trésor-là, et en dépit des accessions nouvelles que le temps et les mœurs nous ont imposées, nous n'aurions pas hésité à relever le vieux pavillon, à proclamer une syntaxe et une orthographe spéciales, a arborer des principes radicaux et inflexibles. Mais nous n'en sommes pas à avoir une langue-maîtresse et, comme on dit, *sui juris;* nous ne sommes plus le roman. Il n'y a pas d'illusion patriotique à se faire : notre idiome s'est transformé ; sa configuration doit se ressentir du changement, s'il y a progrès. Soit que, remontant aux mêmes origines, le français et le languedocien aient gardé l'empreinte de leurs éléments primitifs; soit que, l'action des mêmes influences ait agi sur eux d'une manière presque identique au moment de leur seconde formation, dans leur passage du roman au langage actuel; soit que, par le contact forcé, des infiltrations aient pénétré de l'un dans l'autre ; le fait certain est que bien des mots se retrouvent dans les deux langues, sans qu'il soit toujours facile de reconnaître à laquelle appartient la primauté de composition, ou si la greffe n'a pas une date contemporaine. Cette catégorie de vocables ne saurait manquer d'engendrer certaines conformités d'orthographe. Il s'en rencontre d'autres que l'usage a mis dans la circulation, qui se sont naturalisés et qui ont acquis droit de cité. Si nous voulons un Dictionnaire complet, nous devrons leur faire place.

Cet état de choses était de nature à mitiger notre rigorisme. SAUVAGES, il y a cent ans, avait déjà été amené à faire des concessions. Nous avons une instinctive antipathie, égale au moins à la sienne, pour les travestissements à la française de nos techniques ; mais la crainte de nous confondre avec le français nous préoccupe moins. Surtout le désir de donner à notre langue originale une physionomie plus originale encore, ne nous conduira pas à défigurer certains mots, au point de dérouter l'œil le plus exercé, ni à compliquer certaines liaisons de syllabes par l'introduction de lettres parasites ou bizarres, pour la seule satisfaction de ne pas créer des ressemblances graphiques, quand il y a au fond analogie de provenance et de consanguinité.

Si, avec SAUVAGES, nous reconnaissons que toutes les lettres doivent être prononcées, encore faut-il, croyons-nous, n'écrire que celles qui se prononcent, qui sont suffisantes, de par l'alphabet, à constituer le son juste. En tout ce qui ne blesse pas le génie de la langue, il n'y a pas péril à se montrer facile, et nous indiquons comme exemple la dipht. *ai*. — *Voy. Ai*.

Mais à part cette exception, c'est toujours la prononciation vers laquelle converge notre orthographe et qui lui sert de guide.

Nous entendons les docteurs ès-grammaire s'écrier : mais les étymologies que vous sacrifiez avec votre système phonographique ! mais les homonymies qui vont pulluler, semer partout la confusion et nous précipiter dans le chaos ! Nous tombons dans l'abomination de la désolation prédite par Ch. Nodier.

Ces anathèmes ne seraient pas effrayants, ni ces griefs très-sérieux, n'étaient le pédantisme et le paradoxe qui les ont parfois éloquemment enflés ; mais que les timorés se rassurent.

La part des étymologies est largement faite dans notre lexique ; au-dessous de chaque vocable est, autant que possible, placée sa dérivation. Les lettres étymologiques savantes ne disparaissent-elles pas en parlant ? Pourquoi en surcharger le mot écrit ? Ne serait-ce pas le plus sûr moyen de le rendre inintelligible à la lecture, introuvable à la recherche la plus obstinée, et d'en fausser l'épellation ? Dans les cas si fréquents d'apocope et d'aphérèze, de syncope et de métathèse, de mutation, de transposition, d'addition ou de suppression de voyelles et de consonnes, quel serait le parti à prendre pour éviter le barbarisme en écriture ou la cacophonie dans la parole ? Les savants auraient bien fait de commencer par résoudre ces difficultés.

Quant aux homonymies, avec une orthographe purement phonique, elles existent au même degré dans l'écriture comme dans la prononciation, pour la vue et pour l'ouïe. Eh bien ! après ? Dans le langage parlé quelle est la confusion possible ? Dans la phrase écrite d'où peut naître l'incertitude ou l'obscurité ? Avec notre méthode d'accents et de tréma, il n'y a pas de mot absolument homographe. Sur les mêmes lettres, la notation donne le sens ; toute amphibologie est prévenue par l'accent. Il n'y a, pour s'en convaincre, qu'à le voir fonctionner, par exemple, dans *babo* et *babò*, *béou* et *bèou*, *coulou* et *coulòu*, *sén* et *sèn*, *vén* et *vèn*, *fio* et *fiò*, *léngado* et *léngadò*, etc., etc. — *Voy*. au mot *Acén*.

Là est, en effet, le point capital. L'accentuation est le vrai génie de la langue d'Oc. C'est par l'accent que se module la gamme harmonique de sa vocalisation ; l'accent qui marque la tonalité de ses cadences brèves ou longues, sonores ou muettes : il est l'âme de notre langue.

Comme disait le maître, notre idiome « vocalise plutôt qu'il n'articule. » Sa parole est une musique et une mélopée : il ne faut pas l'oublier. Mais son chant, si doux à l'oreille, a pour se traduire aux yeux une notation : pour son parler écrit, cette notation est l'alphabet.

La langue d'Oc n'a pas un instrument fait exprès pour elle ; elle a partagé avec la langue d'Oïl l'usage de l'ancien alphabet latin ; les mêmes combinaisons de signes produisent à peu près les mêmes effets. Nous ne voyons, pour notre part, aucun mal à ce qu'elle s'empare et se serve d'un bien qui lui appartenait un peu aussi ; n'eût-elle même pas été la première à le posséder. Aujourd'hui c'est peut-être pour elle la seule condition possible de vivre, de se faire comprendre et étudier, de se répandre par le monde et d'y faire figure. Elle a donc sagement agi d'en adopter les formes ; elle a fait mieux encore de suivre son mouvement, de mettre à profit sa valeur et ses perfectionnements. Quel regret aurait-elle de cette communauté, si les caractères de l'alphabet français en usage peuvent représenter tous les sons languedociens et reproduire fidèlement sa prononciation ? Il sera même facile de prouver qu'elle y a gagné d'exprimer certaine consonnance qui lui était particulière et qui n'existait pas en latin. — *Voy*. lettre *U*.

Maintenant, à la question de notre article, que ces prémices auront simplifiée Comment faut-il écrire les diphthongues ou triphthongues dans lesquelles se rencontre la consonnance *ou* ? Nous ne parlons que de la première forme sur *a* ; les autres *e*, *i*, *o* viendront en leur lieu : elles ont toutes d'ailleurs les mêmes raisons d'être. — *Voy. Eou*, diphth.

Il s'agit d'une diphthongue, ce qui signifie une syllabe unique composée de deux sons. La voyelle *a*, éclatante, sonore. n'est pas en litige ; mais comment doit être représentée la seconde, voyelle sourde et aphone ?

Rien ne parait plus simple que la réponse, s'il est bien convenu, une fois pour toutes, que les mots doivent être figurés tels qu'on les articule ; que la prononciation doit être rendue de la manière la plus facile, la plus perceptible au plus grand nombre ; qu'enfin le seul véhicule connu et pratiqué doit être l'alphabet français. Il n'y a pas à vouloir se soustraire à cette loi de la nécessité, ni à s'en humilier. Ce n'est point un tribut de vassalité payé au français, mais le partage d'un héritage commun. Que l'on s'en plaigne, à la bonne heure : ce peut être un agréable exercice d'esprit. Que l'on trouve une regrettable imperfection à ne pouvoir exprimer chaque son simple par un signe unique, et que, par exemple, dans la conjecture, l'abréviation grecque ȣ (ou) qui ferait si bien, ne soit pas admise chez nous ; nous nous gardons d'y contredire. Mais nous n'en serons pas moins tenus, quel que soit notre dialecte, de nous servir de ce que nous avons et comme nous l'avons ; et il faudra bien s'en contenter. Il semble donc qu'il devrait suffire de savoir comment l'alphabet français traduit en lettres le son qui se fait entendre nettement, isolément, à la finale de notre diphthongue, pour décider que la langue d'Oc doit l'écrire de même. Or, la voix *u* est représentée par un seul caractère : la vocale *ou* a besoin de deux signes, mais n'en est pas moins une : et l'une et l'autre ont leur son spécifique, particulier. Nous entendons et nous prononçons *u* et *ou*, voyelles, sans les confondre; écrivons donc et notons avec des signes différents des sons distincts. L'orthographe vraie de la syllabe sera donc *dou*.

La déduction est rigoureuse et logique. Elle avait frappé sans doute bien des auteurs et des plus recommandables, glossateurs et poètes, qui professaient la nécessité d'écrire comme on prononce, lorsque de notre temps on a essayé de changer tout cela, non pas en attaquant le principe, mais en imaginant une exception qui le renverse.

Une nouvelle école proclame que la voyelle *u* se prononce, en effet, toujours comme en français, hormis les cas où elle suit immédiatement une autre voyelle; car alors elle doit prendre le son *ou;* et il faut écrire *au*, *èu*, *éu*, *iu*, *òu*, diphthongues, et *iau*, *ièu*, *ièu*, *iòu*, triphthongues, au lieu de *dou*, *èou*, *éou*, *iou*, *òou*, et *idou*, *ièou*, *iòou*.

Voilà l'inéluctable Schibholeth en écriture, posé d'autorité à l'entrée du cénacle, où nul ne pénètre sans soumettre, au culte et à la pratique de ce symbole, son esprit, sa foi et sa plume. C'est l'heureux commencement, le pivot fondamental de l'unité orthographique des dialectes de la langue d'Oc, ont décidé les puristes réformateurs.

Ce dogme, d'assez fraîche date, est soutenu à la vérité par des hommes d'un incontestable talent, sinon par des arguments bien solides; mais il n'est pas si absolu qu'il ne souffre des atténuations, ni si vrai qu'il ne se contredise souvent lui-même. On lui a fait une histoire, ce qui donne toujours un certain crédit; il a trouvé des partisans, ce qui ne manque jamais aux plus étranges doctrines. Ne parlons pas des convertis du premier degré, qui longtemps avaient écrit ces diphthongues comme ils les articulaient, sans doute avec la conscience de bien faire et la certitude d'être compris, et qui depuis, illuminés par un rayon d'en-haut, se corrigent eux-mêmes, et dans leur ferveur de néophytes, affrontent le douloureux martyre de ne plus pouvoir être lus. Ne relevons pas chez les adeptes du second degré ces scrupules qui leur font admettre l'application du système à la voyelle *a*, tandis qu'ils la rejettent pour les autres. Les résipiscences comme les divergences prouvent ceci : que l'orthographe *dou* a eu et aura toujours sa raison d'être, et qu'il n'est pas aussi sûr que la réforme par *au* puisse également bien justifier de la sienne.

Nous regardons cette prétendue innovation comme une hérésie grammaticale de la plus grosse espèce. Elle mène tout droit à la cacophonie, ce que notre langue redoute le plus; elle introduit forcément l'exception dans l'exception, ce qui est un danger et un signe de décomposition pour un idiome; elle se met en révolte ouverte avec l'usage et le sens commun, et finit par ne tenir aucun compte des lois de la liaison, du rapprochement, de la combinaison et de la valeur des lettres.

Il est facile de poser en théorème que la voyelle *u* prend le son *ou*, quand elle se trouve placée après une autre voyelle; mais rien n'est moins réfléchi, ni moins véritable. Il existe une famille nombreuse et très-intéressante de mots dans lesquels l'euphonie caractéristique de l'*u* simple ne peut pas disparaître. Nous ne tenons pas compte de quelques noms propres, comme *Esaü*, *Danaüs*, *Emmaüs*, *Antinoüs*, etc ; mais *Marius*, si commun en Provence; mais *Darius*, *Durius*, *Vius*, etc., fréquents dans le Bas-Languedoc, mais tant d'autres à désinence identique, qui reviennent si souvent dans les traductions des anciens auteurs, il n'est pas aussi commode de s'arranger avec eux si l'on veut prononcer correctement et suivre les préceptes des novateurs. De quel droit sacrifier encore cette classe de substantifs communs, d'adjectifs et de participes, terminés en *aua*, *èu*, *èun*, *iun*, *aiur*, *iur*, *ius*, *uro*, *iuso*, etc., comme *doureu*, oreillard; *bestiu*, bestial; *cutius*. chétif; *escoubiun*, balayures; *escafoutun*, écrasement; *aiul*, aïeul; *iuèl*, œil; *maluga*, rompre; *mèssius*, messieurs; *hiuèi*, aujourd'hui; *liuèn*, loin; *huièl*, bourgeon, œil; *s'aüèncha*, s'éloigner; *baruèrno*, étincelle; *pariuro*, gageure; *ca liuèsso*, cosse de pois; *tau* ou *atau*, bière, cercueil; *triun*, épluchures; *triuèjo*, truie; *viuun*, vieillesse, etc , etc. ? Certes, s'il en fut, ceux-là ont un *u* qui suit immédiatement la voyelle; et personne ne s'avisera jamais de faire entendre *ou* en les prononçant. La conclusion est claire.

Cependant comment une erreur de ce calibre a-t-elle pris naissance et crédit ? Simplement parce qu'on a évoqué le souvenir des troubadours classiques, qu'on a démontré qu'ils n'avaient pas écrit autrement ces syllabes diphthonguées, et qu'on a voulu s'autoriser de leur exemple constant.

L'argument, pour être le seul qui se soit encore produit en faveur de ce système, n'est pas heureux. Son moindre défaut est d'avoir trop oublié que les troubadours écrivaient avec l'alphabet latin et qu'ils prononçaient à la mode latine. La langue romane employait les formes et les lettres romaines. Or, le latin qui ne connaissait point le son de l'*u* simple, avait cependant ce signe *u* qui sonnait partout et invariablement *ou*, isolé, précédé ou suivi par une voyelle ou une consonne. En italien, en espagnol, en portugais, langues néo-latines, l'*u* français, qui n'existe pas non plus, a conservé la prononciation qu'il avait chez les Romains. Au contraire, dans la langue d'Oc, le son *u* est ancien : on le fait remonter aux Gaulois. Il est dans son génie, et il est impossible de ne pas le maintenir. Mais, comme pour exprimer ce son *u*, la langue d'Oc manquait d'un caractère spécial, ou, pour mieux dire, n'avait à sa disposition, dans l'écriture, qu'une lettre destinée à représenter deux voix différentes, force était bien à ceux qui écrivaient de mettre un *u* dans les mots dont la prononciation devait faire entendre *ou*, comme dans ceux où la voyelle avait le son actuel. Cet usage s'est prolongé longtemps : il explique l'ancienne manière d'écrire des troubadours, mais il est loin de prouver qu'on doive la préconiser et la reprendre.

Aujourd'hui, en l'état des conventions et des combinaisons alphabétiques qui régissent la langue d'Oc, il n'est plus permis de revenir aux vieux errements. A moins de réformer l'alphabet adopté, et nous n'en sommes pas là, si la langue d'Oc veut se faire lire et se faire comprendre à la lecture, elle sera tenue d'écrire par le signe convenu la voyelle qui devra être prononcée comme l'*u* français, et de même pour la voyelle *ou*, formée de la jonction de deux signes, mais ne produisant qu'un son simple, entier, indépendant ; et ce sera une règle générale, sans exception, bien que l'une ou l'autre vocale soit précédée ou suivie d'une voyelle ou d'une consonne — *Voy. Eou*, diphth., *I*, *Ou*, *U*, voyelles.

Que l'on consulte donc l'oreille et la prononciation, c'est tout ce que demande notre idiome, essentiellement euphonique. Sauvons son *autologie*, sans cesse menacée par les envahissements du Nord ; mais soyons de notre époque, et sous prétexte d'unité, ne faisons rien de rétroactif, la pire des conditions. N'essayons pas de ressusciter des formes surannées, ne latinisons pas notre orthographe, si nous voulons prouver que notre langue d'Oc est toujours vivante et qu'elle produit encore des chefs-d'œuvre.

Aou, s. m., au plur. *Aousses*. Toison de mouton ou de brebis ; l'ensemble de la dépouille d'une bête à laine prise isolément. — L'*dou* ne comprend que cette partie de la toison qui se tient toute et ne forme qu'un corps, déduction faite de la laine du ventre, des jambes et de la tête, qui se coupe en détail, par flocons et se nomme : *Flouquariè*.

Dér. du béarn. *Aoulha*, brebis, du lat. *Ovicula*, et *Ovis*. — *Voy. Abeiè*.

Aoubado, s. f. Aubade ; concerts, musique, sérénade au point du jour sous les fenêtres d'une jeune fille ou d'une personne que l'on veut honorer. — Il se prend souvent, par antiphrase, pour une insulte publique ou une scène de moquerie ou de reproches. — *Voy. Reveiè*.

Dér. de *Aoubo*.

Aoubala, v. Dévider la soie, la doubler et la tordre faiblement, lui donner un faible apprêt, sur des bobines qui tournent fixées à un grand métier, l'*doubalo*, mis en mouvement par l'eau, la vapeur ou des chevaux, et qui est de forme ovale.

Dér. du fr. *Ovale*, qui est le mot technique de ce métier.

Aoubalaïre, aïro, adj. Celui ou celle qui sert un métier de soie dit *ovale*.

Aoubalaje, s. m. Œuvre que donne à la soie le métier dit ovale ; moulinage de la soie destinée à la confection des bas de métier.

Aoubaléstriè, ièïro, subst. et adj. Étourdi et maladroit à la fois ; jeune gars sans frein et sans mesure.

Ce terme de mépris est une suite du décri où étaient tombés nos archers qu'on nommait au moyen âge, en langue romane, *doubaléstriès*, arbalétriers. Comme la guerre, à cette époque, se faisait principalement au moyen de la cavalerie, les hommes d'armes, les archers, milice à pied, étaient peu considérés, mal exercés et partant peu utiles, ce qui devait seul étouffer chez ces soldats tout germe de courage et tout désir de se distinguer. Leur nom et jusqu'à celui de *matras* qu'on donnait à leur flèche, devinrent en Languedoc des termes d'injures ; tandis que chez les Anglais les archers étaient la meilleure et la plus utile de leurs milices, témoins les batailles de Crécy et de Poitiers.

Aoubaléstriè, s. m. Arbalétrier, pièce de charpenterie d'un comble ; ferme ou assemblage qui soutient la couverture, formé de deux pièces obliquement placées, qui vont s'emmortaiser du haut avec le poinçon ou pied-droit et par le bas avec la ferme décrivant avec elle un triangle.

Dér. d'*Aoubaléstro*.

Aoubaléstriè, s. m. Grand martinet, martinet à ventre blanc *Cypselus alpinus*, Temm. Oiseau de l'ordre des Passereaux et de la famille des Planirostres. Gris uniforme sur toutes les parties supérieures, la gorge et le ventre blancs. Son nom lui vient de ce qu'en déployant les ailes il rappelle la forme d'une arbalète.

Aoubaléstro, s. f. Arc d'acier monté sur un fût, qu'on tend au moyen d'une corde, servant à lancer des flèches nommées *matras*.

Dér. de la bass. lat. *Arbalista*, formé de *arcu-balista*.

Aoubalo, s. f. Ovale, métier à doubler et à tordre la soie.

Empr. au fr.

Aoubé, interj. Oui ; oui vraiment. — *Aoubé tant !* oh ! certes oui ! *Aoub'aquò !* pour cela, oui ! je vous le promets. *Aoubé saïque !* oui, sans doute.

Formé par syncope de *Oui* ou *ha* et de *bé*.

Aoubécho, s. f. Aubier d'un arbre, couche ligneuse entre l'écorce et le cœur de l'arbre ; elle est plus blanche, plus tendre et plus poreuse que ce dernier, parce qu'elle est plus récente de formation. Les planches prises dans l'aubier sont plus sujettes à la vermoulure. — *Voy. Aoubénco*.

Dér. du lat. *Alburnum*.

Aoubéi, v. Obéir ; agir selon un ordre reçu ; céder, plier.

Dér. du lat *Obeïre*.

Aoubéïssèn, énto, adj. Obéissant, soumis ; maniable.

Aoubéïssènço, s. f. Obéissance, soumission ; habitude d'obéir.

Aoubénas, s. m. n. pr. Aubenas, ville du Vivarais, dans le département de l'Ardèche. — On remarquera que, pour tous les noms de lieu qui commencent par un *a*, on ne place pas au-devant la préposition *à*, correspondant au lat. *ad*, et l'on ne dit pas *à Alais*, *à Aoubénas*, *à Avignoun*, parce que cette réduplication de la même voyelle a quelque chose de heurté pour l'oreille languedocienne. Mais on emploie la préposition én, répondant au lat. in, et l'on dit : Vóou én Alais, én Aoubénas, én Anduso, én Arle. Il n'en est pas de même pour les noms de lieu commençant par une autre voyelle; car on dit très-bien : à Usés, à Iousé, à Uchàou, à Orléan.

Le mot languedocien Aoubénas est exactement reproduit par son équivalent latin Albenacium ou Albenassium. C'est pour la première syllabe, le changement, très-commun dans notre idiome, de al en áou, rendu par au en fr., ce qui ne se fait pas non plus sans une certaine réciprocité. Quant à la terminaison as, ce n'est pas ici un fréquentatif, mais une variante du suffixe celtique primitif ak, vulgarisé dans la forme latine acum, assium. Le mot lui-même est le gaulois alb, le même que alp, signifiant sommet, haute montagne, et blanc, couleur de neige ou couvert de neige. Sa parenté est nombreuse; aux désinences près, on la reconnaît dans les noms identiques : Albénas, en Provence; Aoubénas, arrondissement de Forcalquier (Basses-Alpes); dans Aubeignan (Landes); Aoubigna (Gard), en fr. Aubignac; qui se retrouve dans Aubignac ou Albignac, Albiniacum, arrondissement de Bourges; Albignac, Albiniacum (Vaucluse); Aubignas, en Vivarais; Aubigné, en Bretagne, Poitou, Maine, Anjou, Touraine; Aubigny, Albiniacum, dans le Berry, la Brie, la Picardie, le Bourbonnais, le Poitou, Touraine, Champagne, Bourgogne, Laonnais, Normandie, Franche-Comté, Nivernais, Artois; et encore dans Aubeinges ou Aubinges (Berry); et enfin dans notre Aoubignargue, Aubignargues, Albanhanicæ (Hérault).

Tous ces noms présentent dans leur radical et dans la version latine une analogie directe, et s'appliquent à des localités, comme Aubenas, sur des plateaux élevés ou remarquables par les montagnes qui les entourent. — Voy. Aoubussargue, etc.

Aoubénco, s. f. Aubier, couche ligneuse extérieure et ordinairement plus blanche, qui se trouve entre le cœur de l'arbre et le liber ou couche intérieure. — Voy. Aoubécho.

Dér. du lat. Alburnum.

Aoubérjèiro, s. f. Pêcher qui produit l'alberge ou pavie-alberge, à chair adhérente au noyau. Cet arbre a de nombreuses variétés.

Dér. de Aoubérjo.

Aoubérjino, s. f., ou Vièdase, fam. Aubergine, mélongène; Solanum melongena, Linn. Plante potagère de la famille des Solanées.

Aoubèrjo, s. f. Auberge; hôtellerie; lieu où l'on donne à manger et où on loge pour de l'argent.

Dér. de la bass. lat. Alberga ou Albergum, logement, ou de l'ital. Albergare. Au reste, il est emprunté au fr. Le mot propre d'hôtellerie, en lang., est cabaret; mais comme cabaret, en fr., signifie une mauvaise hôtellerie, ou plutôt encore l'échoppe du marchand de vin, débitant à bandière, on a cru qu'en lang. aussi il fallait distinguer l'hôtellerie bourgeoise de la taverne du peuple, en appelant la première Aoubèrjo, et la seconde Cabaré.

Aoubèrjo, s. f. Pavie, alberge; sorte de pêche ferme, dont la chair adhère au noyau; fruit plus connu dans le midi de la France que dans le nord. On en distingue trois espèces : la Pavie, qui a la chair très-blanche et qui est la plus savoureuse; la Pavie jaune, et une dernière dont la pulpe est d'un rouge très-foncé, dure et peu aqueuse.

Dér., d'après Ménage et Roquefort, du lat. Albus, parce que l'espèce principale a la chair blanche; selon Saumaise, de l'art. arabe Al, le, et Beg, fruit.

Aoubéto, s. f. La petite pointe du jour; le premier rayon lumineux qui précède l'aurore.

Dim. de Aoubo.

Aoubicoù, s. m. Sorte de figue précoce, longue et noire, qui mûrit à la Saint-Jean.

Dér. du lat. Albicans, qui signifie blanchâtre, sans doute parce qu'en séchant, cette figue passe du noir au blanc.

Aoubièïro, s. f. Lieu planté de trembles, peupliers blancs, doubo. — V. c. m.

Aoubignargue, s. m. n. pr. de lieu. Aubignargues, dans le département de l'Hérault. — Voy. pour l'étym. Aoubénas, Aoubussargue.

Aoublida, v. Oublier, perdre le souvenir, la mémoire; laisser quelque chose par oubli. — Aï doublida moun coutèl din lou pra, j'ai laissé mon couteau au pré.

Dér. du lat. Oblivisci.

Aoublidoùs, ouso, adj. Oublieux; qui a la mémoire courte.

Aoubligaciou, s. f. Obligation, engagement qui lie, qui impose le devoir qui naît des services rendus; billet ou acte par lequel on s'oblige. — I aï fosso doubligacious, il m'a rendu bien des services, il m'a souvent obligé. Passa uno doubligaciou, passer un contrat notarié, portant obligation; prêt hypothécaire.

Dér. du lat. Obligatio.

Aoublija (s'), v. S'obliger pour quelqu'un, lui servir de caution.

Aoublisè, indécl., locution proverb., phr. faite, pour dire : Merci, bien obligé; s'emploie surtout quand on refuse. C'est ce qui s'exprime en fr. fam. par : Merci, non.

Contr. et corr. du fr.

Aoubo, s. f. Aube, le point du jour. — La primo doubo, la première clarté de l'aurore. D'uno doubo à l'doutro, toute la journée, de l'aube du matin à l'aube du soir ou crépuscule.

Dér. du lat. Albus, alba.

Aoubo, s. f. Peuplier blanc, Populus alba, Linn., et aussi Peuplier-tremble, Populus tremula, Linn. Arbres communs dans nos contrées, de la fam. des Amentacées.

Dér. du lat. Alba.

Aoubo dé mèr, s. f. Algue-marine, ou Algue des vitriers; Zostera marina, Linn. Plante de la fam. des Aroïdes, abondante sur les côtes de la Méditerranée; la même que la

Mousso-dé-mèr, vermifuge bien connu. — *Voy. Mousso-dé-mèr*.

Aoubo paraît être une corr. de *Aougou*, employé aussi dans notre dialecte et qui avait son étymologie dans le lat. *Ad* et *ligare*, parce qu'elle s'attache aux pieds de ceux qui marchent dans la mer. — *Voy. Aougou*.

Aoubovi, *s. m.* Vigne-blanche ou Viorne à larges feuilles, *Clematis alba*, Linn. Plante de la fam. des Renonculacées, caustique et vénéneuse, espèce de Clématite, autrement dite : Herbe aux gueux.

Dér. du lat. *Alba* et de *vitis*, ou *uva*.

Aoubrado, *s. f.* Quantité de feuilles qui se trouve sur un seul mûrier. — *Aqui y-a uno bravo doubrado,* ce mûrier fournira beaucoup de feuille, il est bien garni.

Dér. de *Aoubre*.

Aoubre, *s. m.* Arbre, plante ligneuse et vivace dont la tige, épaisse et nue à la base, s'élève à une hauteur remarquable; le plus grand des végétaux. — On disait dans l'ancienne langue romane : *Albre, alber*.

Dér. du lat. *Arbor*.

Aoubre, *s. m.* Arbre, pièce de bois, posée horizontalement ou verticalement, sur laquelle tourne toute une machine et d'où dépend son principal mouvement.

Aoubre dàou moulì d'oli, le mouton, la presse d'un pressoir à huile, énorme pièce de bois qu'on fait peser par une vis sur la pâte d'olives.

Aoubre dré, arbre-droit d'une charpente, d'un puits-à-roue, etc. — *Faïre l'doubre dré*, se tenir en équilibre, en chandelle, sur la tête, les pieds en l'air. Au fig., faire tous ses efforts, faire l'impossible, employer tous ses moyens pour prouver sa bonne volonté; se mettre en quatre.

Aoubre jasén, pièce de bois horizontale dans laquelle tourne l'arbre droit d'un puits à roue.

Aoubré, *s. m.* dim. Petit arbre, arbrisseau.

Aoubréspi, *s. m.* — *Voy. Aougréspi*.

Aoubréssa, *s. m.* Havresac. C'est particulièrement ce sac d'ordinaire en peau et à divers compartiments, dans lequel les chasseurs et les ouvriers terrassiers à la journée portent leurs provisions de bouche.

Formé de l'allemand *Haber*, avoine, et *sake*, sac. D'après cette étym., cette sorte de sac aurait été dans l'origine à l'usage des soldats de cavalerie, pour porter la provende de leurs chevaux en campagne, ce que l'on appelle aujourd'hui : musette.

Aoubricò, *s. m.* Abricot, fruit de l'abricotier.

Dér. de l'arabe *Albercoq*.

Abricoutié, *s. m.* Abricotier, *Prunus armeniaca*, Linn. Arbre de la famille des Rosacées, originaire de l'Arménie, comme son nom latin l'indique.

Aoubussargue, *s. m. n. pr.* de lieu, Aubussargues, commune du canton de St-Chaptes, arrondissement d'Uzès.

Son nom est en latin *Albussanicæ*. Il peut absolument avoir en pour radical un nom d'homme, comme son analogue *Aoubignargue*, en lat. *Albinhanicæ*, et la seule différence serait alors entre les noms *Alban, Albain*, ou *Albin, Albanus*, ou *Albinus;* mais, soit nom d'homme ou nom de lieu, l'origine est certainement dans le celtique *Alb* ou *Alp*, montagne, blanc de neige, et les procédés de formation appellative sont ici les mêmes que nous signalons aux art. *Argue* et *Aoubénas*, etc. Ainsi se vérifient les identités de racine, et l'équivalence des terminaisons, quand on rapproche successivement les noms. Celui-ci se reproduit, pour en donner un nouvel exemple, dans Albussan (Creuse), dans Albussac, Aubusson (Creuse et Puy-de-Dôme); et dans ces similaires, comme dans tous ceux cités sous le mot *Aoubénas*, il s'applique à une situation sur des montagnes ou caractérisée par le voisinage de montagnes.

Aoucupa (s'), *v.* S'occuper ; travailler ; mettre le temps à profit ; ne pas rester oisif. — *Aquél travaïadoù és pas d'un gran és-avan, mais s'doucupo toujour*, cet ouvrier n'est pas très-habile, il ne fait pas rapidement son travail, mais il ne perd pas un moment, il est toujours à l'ouvrage.

Dér. du lat. *Occupare*.

Aoufénsa, *adj. sans fem.* Atteint d'une hernie. — Le mot *créba* est le technique le plus usité, mais il est familier et ignoble; quand on veut y mettre de la décence, on se sert de *douf́ensa* ou de *rélassa*. — *V. c. m*.

Dér. du lat. *Offensus*.

Aougou, *s. m.* Algue ou mousse-marine. — *Voy. Aoubo-dé-mèr*.

Aougréspi, *s. m.*, ou **Aoubréspi**. Aubépine, épine blanche, noble épine; *Cratægus oxiacantha*, Linn. Arbrisseau épineux de la fam. des Rosacées.

Dér. du lat. *Alba* et *spina*.

Aougruno, *s. f.* Augure, pronostic, présage. — Ce technique, qui a vieilli, s'emploie encore parmi les vieillards et les bonnes femmes. — *N'aï pas bono áougruno*, j'en ai mauvais augure, je n'en augure rien de bon.

Corr. du fr.

Aouja, *s. m. n. pr.* de lieu. Aujac, commune du canton de Génolhac, arrondissement d'Alais.

Ce nom, en lat. *Aujacum*, offre un exemple intéressant de la composition des noms dans nos pays, qui confirme ce que nous disons à l'art. *Argue*. Inutile d'abord de remarquer que, selon la règle invariable de notre dialecte, le *c* final est supprimé. Mais, auprès de ce hameau, se trouve un écart qui est indifféremment appelé *Aoujagué* ou *Aoujargué*, petit Aujac. Le premier diminutif est dans la forme ordinaire et régulière de tous les noms propres en *a*, le second présente cette particularité que, par l'adjonction de la consonne *r*, il entre dans la catégorie des appellations en *argue*, et se montre en complète analogie avec le nom *Aoujargue*, Aujargues, commune du canton de Sommières, arrondissement de Nîmes. Ce sont bien là les mêmes noms sous différentes finales, et ils sont rendus par la même forme latine; mais en même temps ils sont identiques à *Aoujan*, ruisseau près d'Aujac, à Angy (Nord), et à Aujon (Haute-Marne).

Quant à l'étymologie, comme Aujargues se disait autrefois Orjargues, il est probable que la même altération a eu lieu pour Aujac. Si donc Orjargues dérive du lat. *Aurum*, Aujac doit en venir aussi, avec d'autant plus de raison qu'il est situé, comme Orjargues, sur un de ces ruisseaux qui roulent des paillettes d'or.

Aoujourdhiuèi, *adv*. ou **Hiuèï**, Aujourd'hui. *Aoujourdhiuèi* est plus grave que *Hiuèi* : celui-ci désigne plus particulièrement le jour même ou l'on parle ; le premier s'étend à toute l'époque, à tout le régime actuels.

Dér. du lat. *Hodiè*, et formé du datif *dou*, et jour, *hui*.

Aoulivastre-bouscas, *s. m.* Troene, *Ligustrum vulgare*, Linn. Arbrisseau de la fam. des Jasminées, commun le long des haies.

Aoumédo, *s. f.* Ormoie, lieu planté d'ormes.

Dér. du lat. *Ulmarium*, ou de *Oume*.

Aouméléto, *s. f.* Omelette, œufs battus et cuits dans la poêle — *Vous la revira coumo uno doumeléto*, il vous l'a rebuffe comme on retourne une omelette. — *Faire l'doumeléto*, faire la fête, le repas du lundi de Pâques, dont l'omelette forme le plat de fondation, le mets traditionnel. Cette coutume tient aux anciens rits de l'Eglise primitive, où les œufs mêmes étaient interdits pendant le Carême. La jubilation pascale se traduisait par le rappel des œufs longtemps proscrits.

Du fr. *Omelette*, de *œufs mêlés*.

Aouménta, *v.* Augmenter; croître en valeur ou en quantité. Se dit principalement du prix des denrées en hausse, et aussi d'une rivière dont les eaux commencent à se gonfler par de fortes pluies.

Trad. du fr.

Aouméntaciou, *s. f.* Augmentation de prix, hausse de prix ; augmentation du nombre des mailles dans un tricot.

Aoumorno, *s. f.* Aumône, ce qu'on donne aux pauvres par charité. — *Démanda l'doumorno*, demander l'aumône. *Faire l'doumorno*, faire la charité.

Dér. du gr. ἐλεημοσύνη.

Aouno, *s. f.* Aune, mesure ancienne de longueur. — Ce mot est peu usité dans le style vulgaire, parce que cette mesure, venue de Paris, n'est connue dans le Midi que depuis peu. Comme les marchands s'en sont servis jusqu'à l'emploi exclusif et obligé du mètre, force était au peuple de connaître la valeur de l'aune et de la comparer à sa mesure vulgaire, *lou pan*. L'aune représente cinq pans moins un quart. — *Voy. Pan.*

Trad. du fr.

Aoupila (s'), *v.* Se passionner maladivement pour certains aliments même insalubres ; s'adonner avec ardeur à leur usage ; désirer se nourrir de substances terreuses comme la cendre, la suie, le plâtre, le sel. Cette maladie, à laquelle les jeunes filles sont particulièrement sujettes, se nomme en fr. malaise.

Dér. du lat. *Oppilare*, fermer, boucher, venant du gr. πυλόω, je serre.

Aouquo, *s. f.* Oie domestique ou sauvage. *Anas anser*, Linn. Oiseau de l'ordre des Palmipèdes. — *Marcho coumo uno douquo crebado*, il marche comme une oie crevée, phrase proverbiale qui correspond a : il marche lourdement et les jambes écartées. En vieux français du moyen âge, on disait *auque* pour oie, témoin l'histoire fabuleuse de la reine *Pedauque*, nom que l'on a donné à la reine Berthe, mère de Charlemagne, dont on voit les statues sur quelques monuments gothiques, avec des pieds d'oie, traduction du nom.

Les *Joyeuses Recherches de la langue tolosaine*, de Cl. Odde de Triors, publiées au XVIe siècle, sont curieuses à consulter sur notre article Elles disent : *Auque (Aouquo) idem sonat gallico sermone quod* Oye, *hinc illud* en ceste cité, *estre coumo las auquos de Blagnac, que se leuan de maytis per beoure. Et dicuntur hæc* à l'endroit de ceux qui naturellement sont alterez comme vne esponge, et lesquels escase poyne ne sont pas sourtis du lict qui crient *à layguo, à layguo*, ie vouleis dire au vin... *Est et aliud vulgare dictum* en ceste cité de Tholose sur ce mot d'*auquo*, ainsin : *Non qual pas parla sinon quand l'auquo pisso ; et hæc* à l'endroict de ceux qui n'ont que babil. Le diminutif d'*auque* est *auqueto, hinc illud*, en ceste mesme cité : *à la Sant'Anneto, taston liœu à l'auqueto*.

Dér. selon certains étymologistes du celt. *Auca* ; suivant d'autres, du lat. *Avis* ; mais il y avait sans doute à la suite quelque épithète spéciale, que la contraction subie par le mot ne laisse pas deviner. En ital. *Oca*.

Aouraje, *s. m.* Tempête, grand vent. — Ce mot n'a aucun rapport de signification avec le fr. *orage*, qui a cependant une origine commune dans le lat. *Aura*, vent. Le français a dévié du sens primitif, le languedocien y est resté fidèle.

Aouréïado, *s f.* Action de tirer les oreilles ; correction donnée ou reçue en tirant les oreilles.

Dér. de *Aouréïo*.

Aouréïéto, *s. f.*, ou **Bougnéto**. (V. c. m.) Beignets sucrés, faits avec de la fleur de farine, du sucre et de la fleur d'oranges. — C'est un dim. d'*ouréio*, et les beignets susdits sont ainsi nommés, non pas à cause de leur dimension, qui dépasse de beaucoup celle de l'oreille, mais à cause de leur forme et de leur plus ou moins de ressemblance avec l'oreille.

Aouréïo, *s. f.* Oreille, organe de l'ouïe. — *Es du d'douréio*, il a l'oreille dure. *Pénja l'douréio*, porter l'oreille basse, être tout honteux. *Pouda én douréio dé lèbre*, tailler la vigne ou un jeune plant de mûrier à oreille de lièvre, c'est-à-dire lorsque deux des scions que l'on conserve se réunissent en angle aigu par leur base. C'est un défaut pour la bonne direction à donner à l'arbre dont l'enfourchure devient trop serrée.

Dér. du lat. *Auricula*, dim. de *auris*.

Aouréïo-d'ase, *s. f.* Grande consoude, Consoude officinale, *Symphitum consolida*, Linn. Plante vulnéraire de la fam. des Borraginées, commune dans les prairies humides.

Son nom lui vient de la forme de ses feuilles.

Aouréïu, udo, *adj*. Oreillard, qui a de longues oreilles.

Dér. de *Aouréio*.

Aouréja, *v*. Donner de l'air; secouer à l'air, pour faire perdre l'humidité; essorer, faire sécher à l'air.

Dér. du lat. *Aura*.

Aourénje, *s. m. n. pr.* de lieu. Orange, ville du Comtat, dans le département de Vaucluse. — On doit dire : *Ana én Aourénje*, pour : aller à Orange. — *Voy. Aoubénas*.

Aouriolo, *s. f*. Chardon étoilé ou Chausse-trappe, *Centaurea calcitrapa*, Linn. Plante qui croît dans les champs à blé, et commune sur le bord des chemins, dont la semence est enfermée dans une espèce de hérisson très-piquant. — *Voy. Cago-trépo*.

Dér. du lat. *Aureolus*, qui est couleur d'or, parce que sa fleur a cette nuance.

Aouripèlo ou **Aouripènlo**, *s. f*. Erysipèle, inflammation superficielle de la peau, avec rougeur, chaleur et une très-légère tuméfaction.

Corr. du fr.

Aouristre, *s. m*. Ouragan, coup de vent subit et de peu de durée.

Dér. du lat. *Aura*.

Aouro, *s. f*. Vent, souffle; grand vent, génériquement. *Aouro d'dou*, ou *douro drécho*, bise, vent du nord; mistral. *Aouro folo*, coup de vent impétueux. *Aouro rousso*, ou *Rouvérgasso*, vent du nord-est, ou qui vient du côté du Rouergue, relativement aux Cévennes : c'est un vent chaud et malsain pour les vers à soie. — *Dé l'douro*, en terme de cadastre, à l'aspect ou du côté du nord.

Dér. du lat. *Aura*.

Aourouüs, ouso, *adj*. Venteux, qui donne du vent; qui est exposé au vent. — *Voy. Abriou*.

Dér. du lat. *Aura*.

Aoùs, *s. m*. Août, huitième mois de l'année. — Prvb. : *Sé plóou én aoùs, tout oli ou tout mous*, s'il pleut en août, bonne récolte d'huile ou de vin.

Dér. du lat. *Augustus*.

Voici un de ces mots sur lesquels se fait le mieux sentir l'influence de l'accent dans la prononciation et par suite dans la signification : sa contexture le rapproche beaucoup de la particule *dou*, dipht.; son accentuation l'en écarte absolument, en en faisant une dissyllabe par le seul déplacement de la tonique. Ces petits incidents, qui sont très-essentiels à observer, tiennent de trop près au mécanisme de notre orthographe et se présentent trop souvent pour que nous négligions d'y insister. — *Voy. Acén*.

Au commencement ou dans l'intérieur d'un mot polysyllabique, toutes nos voyelles gardent leur son naturel, et c'est pour cela qu'il serait inutile de les accentuer. Cependant l'*E*, à cause de ses intonations différentes, mérite une exception, et il a besoin d'un signe qui marque sa consonnance grave ou aiguë, ouverte ou fermée; nous n'avons pas cru pouvoir nous en dispenser même dans les monosyllabes *(Voy. lettre E)*. Pour les autres voyelles, quand elles forment diphthongues ou triphthongues, quelle que soit leur place dans le mot, la dominante est toujours distinguée par l'accent circonflexe.

Mais c'est surtout à la finale des mots que se fait la cadence, que se produit la modulation propre aux idiomes méridionaux. C'est là, sur la dernière syllabe ou sur la pénultième, que repose l'accent tonique, cette inflexion qu'aucun signe n'indique le plus souvent, mais qui bien des fois aussi est signalée par la présence de l'accent grammatical. Nous rappelons cette règle.

Dans notre dialecte, les voyelles *A* et *U* exceptées, toutes les autres, y compris la composée *ou*, sont féminines ou muettes quand elles se trouvent à la fin d'un mot polysyllabique, seules ou suivies d'un *s*, ou en composition d'une diphthongue ou triphthongue, à moins toutefois qu'elles ne soient accentuées.

Ce principe est général et absolu. Aussi qu'arrive-t-il dans la prononciation? La tonique, qui est dans chaque mot, et seulement à la fin, ne peut s'appuyer que sur une syllabe pleine, forte ou masculine; la tenue est donc amenée sur la dernière, grave de sa nature ou marquée d'un accent. Sur cette syllabe se module la note, se condense l'imperceptible repos prosodique. Les syllabes précédentes, quelle que soit d'ailleurs leur qualité ou leur nature, sonnent de leur son naturel sans doute, mais se prononcent plus rapidement, plus légèrement en quelque sorte, la voix s'arrêtant sur la syllabe accentuée, sur la voyelle dominante, quand il y a a diphthongue émise d'un seul jet.

L'application en exemples est saisissante. Ainsi *A* naturel, toujours éclatant, est néanmoins bref dans *bardò*, bardot; *tantòs*, tantôt; *éscalòu*, échelon; *Léngadò*, Languedoc, tandis qu'il est long et grave dans les mots homographes, *bardo*, bât; *tantos*, les tantes; *éscalou*, ils grimpent; *léngado*, coup de langue, etc., etc. Toute la différence est dans l'accent final, qui convertit la syllabe tonique de brève en longue, d'une noire fait une blanche, et produit cette inversion musicale et un sens nouveau. Il en est de même pour les autres voyelles. Le secret de la prononciation vraie et juste, comme la raison de notre orthographe, ne tient qu'à l'observation de cette règle.

Pour en revenir maintenant à notre article, il est facile de comprendre sur le mot *Aoùs* la nécessité et l'effet de l'accent. Si la finale n'était pas accentuée, elle resterait muette féminine, et par son contact avec la voyelle forte *a*, elle serait absorbée, et deviendrait diphthongue, se confondant avec elle. L'accent grave la dégage, et avertit qu'elle doit servir d'appui à la voix : il décide du son et du sens. Dans la versification, l'épreuve est bonne à faire : *lou més d'aoùs*, le mois d'août, ne rime pas avec *lous déddous*, les dés à coudre, pas plus que, par une raison semblable, ne rimeraient *lous maoùs*, les carreaux de terre cuite, avec *lous mâous*, les maux. Pourquoi ces différences d'assonnances dans des mots où les mêmes voyelles se reproduisent ? Simplement parce que ici ou là la position de l'accent a été intervertie. La tonique est fixée dans les premiers sur *oùs* accentué, qui fait un mot dissyllabe de *a-oùs* et *ma-oùs*, et dans les derniers *dédâous* et *mâous*, il y a diphthongue, et la voix pèse sur l'*â*.

Au moyen de cette simplification et sans préjudice pour l'intelligence du mot, on arrive à cet autre principe du languedocien, de n'écrire que comme on prononce, avec les seules lettres nécessaires, et toutes devant être articulées. La parasite *h* pourrait donc être sacrifiée dans bien des mots sans que le sens eût à en souffrir. *Maoù* servirait d'exemple, et dans le même cas se trouverait *traï*, trahir, dissyllabe par l'accent, qui ne se confondrait pas non plus avec *traï*, il jette, monosyllabe par la diphthongue.

Ces observations se répéteraient également sur les autres voyelles. Elles viendront à leur place, mais il est déjà facile de les pressentir par l'épellation des mots : *Saï*, panne de porc, et *saï*, céans ; *mioù*, meilleur, et *miou*, mien ; *fiò*, feu, et *fio*, fille ; *péïs*, pays, et *péïs*, poissons, et dans la longue série des homographes que nous avons cités, que l'absence ou la présence de l'accent sur une des lettres de la syllabe finale modifie si profondément.

L'harmonie de notre langue se compose de ces nuances de tons et de demi-tons, qu'il est indispensable de noter distinctement dans l'écriture. C'est la quantité prosodique, la mesure, que l'orthographe a charge de marquer. Nous avons essayé de poser quelques règles, qui se compléteront d'observations successives, principalement en traitant des voyelles et de leur assemblage dans les diphthongues. L'intelligence de notre dialecte est toute dans la prononciation juste; la notation écrite doit tendre à s'en rapprocher autant que l'alphabet usuel, adopté, classique, peut le permettre.

Aousa, *v.* Oser, avoir l'audace ; s'enhardir.
Dér. du lat. *Ausus*, part. pass. de *audere*.

Aousar, *s. m.* Hussard ou housard, corps spécial de cavalerie légère.
Corr. du fr.

Aousardo (à l'), *adv.* A la housarde, à la mode des housards; cavalièrement.

Aouséro ou **Lâouséro**, *s. f.* Lozère, chaîne de montagnes qui donnaient autrefois leur nom à toute la contrée, et le donnent aujourd'hui à un département. Les principaux sommets de la Lozère sont granitiques, mais son extrémité orientale, qui est dans le département du Gard et se nomme la Tête-de-Bœuf, est composée de schiste micacé, comme la plupart des montagnes secondaires qui suivent sa direction. Il paraît que c'est de cette espèce de pierre, qu'on appelle *lâouso* dans le pays, que le mot *Lâouséro* aurait été formé, et l'usage actuel l'a contracté par celui de *Aouséro*.

Aouséró, *oto*, *adj.* Lozerot, habitant de la Lozère ou du départ. qui porte ce nom. — On ne sait pourquoi ces habitants, lorsqu'ils se répandent dans la France, semblent vouloir renier ce nom de *Lozerot* et le remplacer par celui de *Lozérien*, qui est antipathique au génie de leur langue originaire. Si on les appelle *Lozériens*, à Paris, sur parole, ils restent *Lozerots* pour leurs voisins du Languedoc. — Voy. *Gavò*.

Aousi, *v.* Ouïr, entendre ; percevoir les sons ; écouter. — *Aouses?* m'entends-tu? entends-tu? Ce temps de verbe appartient à un dialecte au-dessus d'Alais ; car ici il ferait : *dousisses?* Il est cependant très-adopté. *Ou save pas qué pér dousì dire*, je ne le sais que pour l'avoir ouï dire, je ne l'ai pas vu. *N'aï pas dousì dire aquò*, je n'ai pas entendu parler de cela. *Aquò faï bon dousì dire*, c'est bon à savoir. *Sé vène, m'dousiras*, si je viens, tu m'entendras. *Diou vous dousie!* Dieu vous écoute! J'en accepte l'augure.

Dér. du lat. *Audire*.

Aousido, *s. f.* Ouïe, l'un des cinq sens ; faculté d'ouïr. —*I-a léva l'dousido*, il l'a étourdi du coup. *Partì d'dousido*, prendre feu à la première parole ; être prompt et vif ; se décider étourdiment et sans réfléchir.

Dér. du lat. *Auditus*.

Aousidoù, *s. m.* Tympan, orbite auriculaire; oreille.
Dér. de *Aousì*.

Aousidouïros, *s. f. pl.* Oreilles; organe auditif. —S'emploie pour ouïe et oreille, en poésie et style trivial.
Dér. de *Aousì*.

Aousino et **Eousino**, *s. f.* Gland du chêne vert. — *Car d'dousino*, chair ferme et de bonne qualité, telle que celle des porcs qui se nourrissent de glands. On pousse la comparaison jusqu'à l'espèce humaine : quand on pince les joues rondes et fermes d'un bel enfant, on dit : *Aquò's dé car d'dousino*. — Voy. *Eousino*.
Dér. de *Eouse*.

Aoussé, *s. m.* Troussis ; plis qu'on fait au bas de la robe des enfants et qu'on décout pour l'allonger à mesure qu'ils grandissent. — Voy. *Hâoussé*.
Dér. de *Hâoussa*.

Aoussèl, *s. m.* Dim. *Aoussélé, Aousséloù ;* augm. et péj. *Aousslas*. Oiseau, animal vertébré et ovipare, ayant un bec, des plumes et des ailes. — *L'doussèl dé Sén Lu*, l'oiseau de saint Luc, le bœuf, parce qu'on le représente ailé ; se dit ironiq. d'une personne lourde, pesante, qui ressemble par sa marche et sa tournure à un bœuf.

Aoussélé est proprement un petit oiseau ; *doussélou*, un oiseau de nichée ; *dousslas*, un oiseau de proie, un gros et vilain oiseau.

Aoussél, *s. m.* Instrument pour porter le mortier; sorte de benne en planches, ouverte d'un côté et à deux manches, que l'on porte sur le cou, pour monter le mortier aux maçons sur leur échafaudage; on l'appelle en fr. oiseau ou mieux augeot, qui paraît être une corruption de augeot, petite auge.

Dér. de la bass. lat. *Aucellus*, dit pour *avicellus*, dim. de *Avis*.

Aousséla (s'), v. S'ébouriffer, comme font les oiseaux en colère; se hérisser. Au fig. se mettre en colère, s'irriter, s'emporter, hausser le ton, monter sur ses grands chevaux. Dér. de *Aoussèl*.

Aoussélino, s. f. La gent volatile, qui porte plumes ; les petits pieds. Quelquefois se dit fam. et par contre-vérité d'un gros oiseau de rapine.
Dér. de *Aoussèl*.

Aoussén, s. m. Absinthe, armoise-amère, *Artemisia absinthium*, Linn. Plante de la fam. des Composées corymbifères ; elle croit dans les montagnes des Cévennes. — La plante n'a de commun avec la liqueur du même nom, fabriquée aujourd'hui, que le souvenir de ce baptême primitif, où les feuilles de la tige macérées entraient pour quelque chose, au moins pour leur parfum. Aussi le vieux nom languedocien n'est plus connu qu'en botanique, et les amateurs du breuvage dont nous parlons, en ont fait bravement : *Arsénto*, et s'empoisonnent pour faire la mode, tout en parlant mal leur langue.

Aoussuro, s. f. Hauteur, éminence, cime d'une montagne; tout endroit comparativement plus élevé qu'un autre. — *Sus l'doussuro*, sur la hauteur, au sommet.
Dér. de *Ndoussa, nàou*.

Aouta, s. m. Autel, table destinée aux sacrifices et particulièrement à la célébration de la messe. — *Lou grant-douta*, le maître-autel.
Dér. du lat. *Altare*.

Aoutouna, v. Automner ; jeter du bois dans l'arrière-saison; mûrir en automne. — Se dit particulièrement de la pousse que fait le mûrier après avoir été dépouillé de sa feuille et taillé au commencement de l'été. C'est au prop. pousser en automne.

Aoutouno, s. f. Automne, troisième saison de l'année, entre l'été et l'hiver.
Dér. du lat. *Autumnus*.

Aoutour, mieux : **A l'éntour**, adv. Autour, à l'entour, aux environs. — *Es doutour de miejo gnué*, il est environ minuit.
Formé de *Aou*, article, et de *tour*.

Aoutre, âoutro, pron. et adj. Autre. — *D'doutre-tén*, autrefois, jadis. *Aoutre mâou noun y ague!* Que tout le mal se réduise là ! Oh ! pour cela, c'est un petit malheur ! *Coumo disié l'doutre*, comme disait cet autre : sorte de précaution oratoire pour commencer une phrase proverbiale. *Tout un ou tout doutre*, tout blanc ou tout noir, point de milieu. *Es tout doutre*, il est singulièrement changé, on ne le reconnaîtrait pas. *Un co l'un, un co l'doutre*, tantôt l'un, tantôt l'autre; alternativement. *Uno doutro fés*, une autre fois; pas cette fois-ci, une autre.
Dér. du lat. *Alter*.

Aoutromén ou **Aoutramén**, adv. Autrement, d'une autre manière ; sans cela ; sinon. — *Faras cé qué té dise, doutromén!*... tu feras ce que je te dis, sinon !... Dans le dialogue familier, on l'emploie d'une manière explétive, et sans qu'on lui attache un sens positif : *Aoutramén disias qué...*, vous disiez donc. C'est une formule pour changer de propos, pour ramener à la question.

Aoutros-fés, adv. Autrefois, jadis, au temps passé.

Aouzoù, s. m. n. pr. de lieu. Auzon, hameau de la commune d'Allègre, arrondissement d'Alais ; et Alzon, chef-lieu de canton, arrondissement du Vigan.

Les deux appellations sont les mêmes en languedocien, et se trouvent aussi mentionnées dans le dénombrement des feux de la sénéchaussée de Beaucaire et de Nimes, en 1384, avec la même orthographe latine, *Alsonum*. On sait la facilité de *al* à se transformer en *au* et à s'exprimer par *dou* dans la langue vulgaire : le français n'a pas eu de préférence ; mais la communauté d'étymologie des deux mots n'en est pas altérée. Il est à remarquer que la finale *ou* en lang., *on* en fr., provenant du suffixe lat. *O* ou *onus, onum*, est quelquefois diminutive, mais elle marque aussi l'abondance et communique à la chose représentée par le radical une idée de dérivation, de conformité de nature ou de ressemblance, en même temps que de quantité (*Voy. Ou*, suff.). Quant au corps même du mot, la forme au pluriel *aouz, auz, als*, semble ne pas être tout à fait insignifiante : elle n'aurait pas été employée pour indiquer simplement une localité placée sur une élévation et comme isolée, mais plutôt une localité entourée de hauteurs, dans un pays de montagnes, où s'élèvent de nombreuses collines. C'est avec cette signification que le sens du suffixe lui conviendrait en donnant plus d'énergie au radical, et que l'application serait exacte pour les deux villages.

Apaïa, v. Garnir de paille ; faire la litière aux chevaux ; jeter de la paille sous les animaux pour leur litière.
Dér. de *Paio*.

Apanli (s'), v. Pâlir, devenir pâle ; se faner, s'étioler.
Dér. de *Panle*.

Apâouri, v. Appauvrir, rendre pauvre ; rendre moins fertile ; devenir mauvais ; épuiser. — *L'doumorno apâouris pas*, l'aumône ne rend pas plus pauvre. *Lou tén s'apdouris*, le temps se gâte, il se couvre.
Dér. de *Pdoure*.

Apâousa, v. Se poser, prendre pied, comme fait le gibier après une remise. — *S'apdousa*, dans le sens du fr. s'opposer à..., n'est qu'une corruption, mais il se dit quelquefois. Il n'a pas la même étym.
Dér. de *Pdouso*.

Apâousado, s. f. Reposée, lieu où le gibier se repose pendant le jour ou après une remise. — *Tira à l'apdousado*, tirer à la reposée, au gîte. — *Voy. Pdousado*.
Dér. de *Pdouso*.

Apâouta (s'), v. Tomber sur ses mains ; se mettre sur les mains.
Dér. de *Pdouto*.

Apâoutoùs (d'), adv. A quatre pattes ; sur les pieds et les mains.
Dér. de *Pdouto*.

Apara, v. Défendre, protéger, prendre la défense. — *S'aparo coumo un catèvès*, il se défend de bec et d'ongles. *S'apara dou fré*, se garantir du froid. *Po pas s'apara dou proufi*, il ne peut pas se défendre contre la fortune ; il a un bonheur insolent ; *tout lui réussit*. *Apara las mouscos*, chasser les mouches.

Dér. du lat. *Apparare*, armer pour la défense. En ital. *Parare*, en esp. *Parar*.

Apara, v. Tendre, présenter un récipient quelconque pour recevoir ce qu'on y jette ; attraper au vol ce qu'on vous jette. — *Aparo toun fanddou, lou pagnè, toun capèl, ta man*, tends ton tablier, le panier, ton chapeau, ta main.

Dér. du lat. *Aperire*, ouvrir.

Aparamén, adv. Probablement, apparemment, sans doute.

Empr. au fr.

Aparéïa, v. Accoupler, appareiller ; ranger deux à deux.

Dér. de *Parèl*.

Aparénço, s. f. Physionomie extérieure d'un objet, ses apparences, ce qu'il semble être ; vraisemblance, probabilité. — *Aquel bla a bono uparenço*, ce blé en herbe promet beaucoup. *Y-a pas aparenço qué partiguén hiuèi*, il est peu probable que nous partions aujourd'hui.

Dér. du lat. *Apparere*.

Aparénta, ado, *adj*. Apparenté, allié. — *Vous sès pas mdou aparénta*, vous voila bien apparenté ; vous avez des parents dont vous pouvez être fier.

Aparénta (s'), v. S'apparenter, former par un mariage des liens d'affinité avec une famille.

Dér. du lat. *Ap* pour *ad*, et *parens, parentis*.

Aparia, v. Egaliser, rendre égal ; unir, ajuster. — On *apario* les vers à soie de différents âges, en donnant aux plus jeunes plus de chaleur et de nourriture. — *Aparia las lètros*, assembler les lettres quand on apprend à lire. *Y-a pas rés qu'aparie aquò*, il n'y a rien de pareil à cela ; tel homme ou tel objet n'ont pas leur pareil.

Aparia (s'), v. S'apparier, s'accoupler, se réunir par paires ; se comparer, se mesurer.

Dér. du lat. *Par*, d'où *parèl*.

Apartémén, s. m. Appartement. — C'est un emprunt au fr. pour désigner un appartement de luxe, la chambre d'honneur ou le salon de parade ; le terme générique est *Mèmbre*. — V. c. m.

Aparténi, v. Appartenir, être dans la possession de quelqu'un. — *Aquò i-appartèn bé, émb'un homé dé soun éspèço, dé faïre lou déspichoùs*, il convient bien à un homme de sa sorte de faire le dédaigneux.

· Dér. du lat. *Pertinere, pertinet*.

Apèl, s. m. Appel ; recours exercé devant une juridiction supérieure. — *Faïre l'apèl*, faire son compte.

Empr. au fr.

Apéla, v. Appeler, nommer ; faire venir à soi, attirer.

— *Lous valas apelou la barbasto*, les cours d'eau attirent la gelée blanche. *Lou marin apèlo la plejo*, le vent du midi amène la pluie. *Aquò s'apèlo parla !* voilà parler. voila qui est parler. *Aquo s'apèlo un home*, voilà un homme de tête et de cœur. *Aquo s'apèlo !* dit-on souvent comme interj. pour exprimer l'admiration. voilà qui est bien ! voilà qui est beau !

Dér. du lat. *Appellare*.

Apéna (s'), v. S'appliquer, apporter ses peines et ses soins.

Dér. de *Péno*.

Apéndris, drisso, s. et *adj*. Apprenti, qui fait son apprentissage.

Corr. du fr. *Apprenti*.

Apéndrissage, s. m. Apprentissage.

Avec une légère variante qui vient du génie de la langue, empr. au fr.

Apéns (Lous), s. m. pl. Hameau de la commune de La Melouze, arrondissement d'Alais. La prononciation du mot est la même en fr. qu'en lang.

Dér. du celt. *Pen*, cime ; sommet, pointe d'une montagne. La lettre *a* qui le précède n'est que l'augment initial. La situation de ce hameau explique son nom. En allem. *pinn*, et *pfin*, haut, élevé, hauteur, sommet. En lat. *pinna*, créneau de mur ; *pinnaculum*, faîte, pinacle, ont la même origine du gaulois *pen*. L'*Apennin*, les *Apennins*, célèbres montagnes d'Italie, *Alpes penninæ*, *Apenninæ*, sont le même mot que notre *Apens*.

Apénsiouna, v. Bailler à emphytéose, ou à bail emphytéotique, ou à locaterie perpétuelle. C'est aliéner un immeuble quelconque moyennant le service d'une rente constituée et perpétuelle, dont le bailleur ne peut exiger le remboursement tant que la rente est régulièrement servie.

Dér. de *Pensiou*.

Apèou, s. m. Appeau ; toute sorte de sifflet avec lequel on contrefait la voix des oiseaux pour les attirer dans les filets ou à portée du fusil. Le même que *Souné*. — V. c. m.

Dér. de *Apéla*.

Apérési (s'), v. Devenir paresseux, mou, lâche au travail ; s'accoquiner.

Dér. de *Péréso*.

Apésa, v. Prendre pied ; appuyer le pied ; donner du pied à quelque chose, comme à un sac, à une échelle, à une planche, qu'on place debout et que l'on *apéso* pour les rendre plus solides.

Dér. de *Pè*, au plur. *pèses*.

Apéti, s. m. Appétit, besoin ou seulement désir de manger. — *Es pas l'apétì qué manquo*, ce n'est pas faute d'appétit si nous ne mangeons pas.

Dér. du lat. *Appetere*.

Apétoui, ido, ou **Apétouni, ido**, *adj*. Apprêté. Ne se dit que du pain et ne se prend qu'en mauvaise part. On ne dit pas en effet : *Dé pan bièn apétoui ;* mais : *Aquèl pan és mdou apétoui*, ou *apétouidas*, qui est le péjor.

L'étym. est-elle dans *Apéti*, ce qui contrarierait un peu le sens de ce mot, toujours appliqué à un pain qui ne l'excite guère; ou bien serait-elle dans sa formation, *a* grec privatif, et une altération du mot *pâte,* arrangé euphoniquement, ce qui ne serait pas sans exemple ?

Api, *s. m.* Céleri, *Apium graveolens,* Linn. Plante potagère de la famille des Ombellifères. — *Api bouscas,* Ache, sorte de céleri à feuilles et à côtes plus menues, qu'on n'emploie que par brins dans un potage. Son arome est beaucoup plus fort que celui du céleri franc.

Au commencement de ce siècle, on raconte qu'un de nos concitoyens, obligé d'aller à Paris, se promit bien d'y faire ample récolte de découvertes qu'il publierait au retour. Dans ce but, à son premier dîner au restaurant, il cherche sur une longue carte un de ces mets inconnus sur les bords du Gardon; il le trouve enfin et demande des céleris au jus. On ne les lui fit pas attendre; mais à peine y eut-il goûté, qu'il s'écrie : *Aï ! sacrédi ! lous céléris soun d'apis !* Le mot est resté.

Dér. du lat. *Apium,* formé de *apis,* parce que sa fleur est recherchée par les abeilles.

Apialoù, *s. m.* Étai, étançon; appui ; jambe de force pour soutenir les cintres en bois d'une voûte. — *L'apialoù* est un étai posé verticalement ou obliquement, quand il soutient un pan de mur qui menace ruine ; *lou pincèl* est ce même étai placé horizontalement, quand il est destiné à prévenir l'éboulement d'un mur ou d'une tranchée de terre. — *Voy. Pincèl.*

Dér. du lat. *Pila,* pilier.

Apialouna, *v.* Étançonner, étayer, étrésillonner ; poser un étai,

Dér. d'*Apialoù*.

Apiè, *s. m.* Rucher; ensemble, collection des ruches dans un même lieu. — *Voy. Abél.*

Dér. du lat. *Apis,* abeille ; *aparium.*

Apignéla, ado, *adj.* Serré comme les écailles ou comme les amandes d'une pomme de pin.

Dér. de *Pigno.*

Apitança, *v.* Ménager le mets que l'on mange, en y ajoutant beaucoup de pain, en sorte que le mets ne serve que de véhicule, d'assaisonnement à celui-ci qui, selon les règles d'une bonne hygiène et surtout de l'économie domestique, doit être le principal aliment. Les enfants, sont naturellement gourmands, font tout le contraire ; aussi est-ce particulièrement pour eux que le mot *apitança* est employé.

Dér. de *Pitanço.*

Aplacarda, *v.* Placarder ; mettre ou afficher un placard ; appliquer contre un mur, y lancer un objet quelconque de nature à y rester appliqué, à s'y coller. — *Aplacarda quáouquùs,* lancer quelqu'un contre..., le coller au mur, l'y fixer en le tenant par le cou ou la poitrine.

Dér. de *Placar,* pris pour affiche.

Aplana, *v.* Aplanir; niveler ; rendre uni, rendre lisse.

Dér. de l'adj. *Plan,* du lat. *Planus, explanare.*

Aplanaje, *s. m.* Action d'aplanir, aplanissement.

Aplati, *v.* Aplatir, rendre plat ; lancer avec force contre un mur, contre la terre, contre un corps dur.

Dér. de l'adj. *Pla.*

Apléji (s'), *v.* Devenir pluvieux, tourner à la pluie.

Dér. de *Plèjo.*

Apliqua (s'), *v.* S'appliquer ; porter toute son attention, son zèle, son savoir-faire. — Il est principalement employé pour exprimer l'application d'un écolier studieux.

Empr. au fr.

Aploun, *s. m.* Aplomb; ligne verticale, équilibre résultant pour un corps de l'observation de cette ligne. — *Aquél mur ès pas gaïre sus soun aploun,* ce mur n'est guère d'aplomb.

L'aploun est un outil de maçon en forme de triangle rectangle, à l'angle droit duquel est fixé un cordon qui est terminé par une boule de plomb. Cet instrument sert à reconnaître le nivellement des assises d'un mur ou du gisement d'une pierre de taille, c'est-à-dire son parallélisme avec l'horizon.

D'aploun, adv. D'aplomb. — Se dit pour : fortement, avec décision, sans hésiter.

Dér. de *Ploun.*

Apotro (Bon), *adj. m.* Bon-apôtre. — *Faïre lou bon-apotro,* se faire meilleur qu'on n'est, affecter la probité, la générosité. *Es un bon-apotro,* se dit ironiquement soit d'un homme faux, hypocrite ; soit d'un libertin, soit d'un homme peu obligeant ou de mauvaise foi.

Dér. du grec Ἀπόστολος, envoyé, messager.

Apouénta, *v.* Pointer, ajuster vers un but. — Terme de jeu de boules ; c'est lancer sa boule modérément, terre à terre, de manière à approcher le plus près possible du but ou cochonnet. C'est le contraire de *tira,* qui signifie : lancer sa boule avec force contre celle de l'adversaire pour la déplacer, ou l'éloigner du but. On dit au fig. et proverb. : *Tiro, qué iéou apouènte,* passe devant, je te suivrai. On le dit surtout des filous ou fripons, qui s'entendent pour duper quelqu'un.

Dér. de *Pouén,* point, qui est l'expression reçue au jeu de boules pour désigner le gain du coup. On dit : *Ès iéou qu'aï lou pouèn,* c'est moi qui gagne le coup. — *Voy. Pouèn.*

Apoulidi, *v.* Enjoliver, rendre joli ; embellir.

Dér. de *Pouli,* adj.

Apoulina, *v.* Dresser un jeune cheval, faire son éducation; le maquignonner. Au fig. former par la flatterie ; amadouer ; habituer ; déniaiser. — *Uno fio apoulinado,* une fille délurée, bien maniérée, qui a toutes les ruses de la coquetterie, ou bien une jeune fille bien apprivoisée, dont l'éducation amoureuse est faite.

Dér. de *Pouli,* poulain.

Apouloun, *s. m.* Casaquin, sorte de spencer de femme, d'une étoffe ou d'un dessin différent de la jupe. Cette mode de nos grand'mères a duré longtemps, elle revient aujourd'hui. Il est probable que ce nom lui est venu du fr. *Apollon*, en usage dans le grand monde, toujours savant et fort en mythologie. En arrivant au peuple, il y est resté pour représenter génériquement toute sorte de vêtements justes à la taille et ne formant qu'un corsage sans jupe. Cependant le renouveau de la mode a introduit de nouvelles dénominations, et il est douteux qu'elles soient plus heureusement trouvées : ce qui a dû faire conserver l'ancien nom.

Apouncha, *v.* Rendre pointu; donner de la pointe, former la pointe d'un outil en fer ou en bois. Au fig. *Apouncha d'argen*, mettre l'argent au bout des doigts ; payer comptant. — *Tout aquo apouncharie pa'n fus*, tout cela n'aboutit à rien. *Apouncha de joun emb'uno masso*, faire un travail de dupe, une œuvre sans objet.

Dér. de *Pouncho*.

Apoupouni, *v.* Choyer, dorloter, comme une nourrice fait pour un enfant en le berçant sur son sein.

Dér. du gasc. *Poupos*, sein, mamelle; ou du fr. *Poupon*.

Apouridi, *v.* Faire pourrir, réduire en dissolution, en décomposition. Au fig., gâter un enfant.

Dér. de *Pourì*.

Apourta, *v.* Rapporter, comme fait un chien qui rapporte ce que son maître a jeté, ou laissé, ou caché même pour éprouver son intelligence et la finesse de son odorat. C'est là la seule acception de ce mot, qui ne reproduit aucune de celles du verbe *apporter* dont il est cependant le dérivé.

Apoustïos, *s. fem. plur.* Attelles, terme de chirurgie ; minces et petites planches pour maintenir les fractures d'os.

Dér. et dim. de *Pos*.

Apoustoumi ou **Apoustémi**, *v.* Apostumer, venir à suppuration ; abcéder.

Dér. du gr. Ἀπόστημα, abcès.

Apouticari, ou mieux **Pouticari**, *s. m.* Pharmacien, apothicaire. — *Aquò's un conte d'apouticari*, c'est un compte d'apothicaire, un mémoire enflé à plaisir.

Dér. du gr. Ἀποθήκη, boutique.

Apradì, *v.* Gazonner, semer un champ de graine de foin ; mettre en pré. — *S'apradìs dé pér él*, il se garnit lui-même de plantes fourragères.

Dér. de *Pra*.

Apréne, *v.* Apprendre, acquérir quelque connaissance qu'on n'avait pas ; retenir, graver dans sa mémoire; être averti, prévenu ; instruire, enseigner. Dans le sens d'*apprendre*, il ne signifie : apprendre une leçon, un métier ; mais non point apprendre une nouvelle, un ouï-dire. — *Aï après ma liçoù*, j'ai appris par cœur ma leçon. *Aprénguè d'èstre maçoù*, il apprit le métier de maçon. *S'ou és aprés*, il s'est formé lui-même sans maître.

Apréne se dit aussi des plantes ou arbres transplantés, qui poussent de nouvelles racines, et d'une greffe qui commence à pousser ; reprendre.

Dér. du lat. *Prehendere*.

Aprèts, *s. m. pl.* Apprêt ; préparatifs ; préparation en général. Il signifie aussi : apprêt, raideur d'une étoffe produite par sa préparation ou par la teinture.

Empr. au fr. En ital. *Appresto*.

Après, *adv. et prep.* Après, ensuite. — *Après la mort, lou mèje*, après la mort, le médecin ; c'est de la moutarde après dîner. *M'es toujour après*, il m'est toujours après.

Aprés, **éso**, *adj. et part. pass.* de *Apréne*. Appris. — Quand il s'emploie adjectivement, ce n'est guère qu'en mauvaise part ; alors il signifie : élevé, éduqué. — *Siès bièn mdou apres*, tu es bien mal élevé, mal embouché. *Un mdou-après*, un mal appris, un insolent.

Aprésta, *v.* Apprêter, préparer, disposer; assaisonner, faire cuire; tenir prêt.

Dér. de l'ital. *Appretare*.

Aprima, *v.* Amincir, rendre mince; amenuiser; émincer (*Voy. Aménuda*). — *S'aprima*, maigrir, s'user.

Dér. de *Prim*.

Aprivada, *v.* Apprivoiser, priver ; rendre plus doux, plus traitable un animal ou une personne d'humeur sauvage et farouche.

Dér. du lat. *Privatus*.

Aproucha (s'), *v.* S'approcher de quelqu'un ou de quelque chose.

S'aproucha est employé particulièrement pour : s'approcher des sacrements, communier. — *A Pasquo fòou s'aproucha, faïre soun dévé*, il faut faire ses Pâques.

Empr. au fr.

Aprouchan, *adv.* Approchant; environ; à peu près.

Formé de *Aproucha*.

Aproufita, *v.* Profiter ; économiser ; ne pas laisser perdre. — *Aproufita sas fardos*, user ses hardes jusqu'à la corde. *Aproufitè cént escus davan soun mariage*, il ramassa cent écus avant son mariage. *Aproufito bièn dou coulèje*, il profite bien des leçons qu'il reçoit au collège.

Dér. de *Proufì*.

Aproumés, **éso**, *part. pass.* de *Aproumétre*. Voué, promis.

Aproumétre, *v.* Promettre, donner l'assurance; s'engager ; vouer; engager sa foi ; passer des pactes de mariage. — *T'aprouméte qué m'ou pagaras*, je te réponds que tu me la paieras. — *Vous aprouméte qu'és pas vraï*, je vous assure que ce n'est pas vrai. *Aï aproumés moun éfan dou blan*, j'ai voué mon enfant au blanc : c'est-à-dire j'ai fait vœu de l'habiller tout en blanc en l'honneur de la sainte Vierge. *Mé soui aproumés*, je me suis voué, j'ai fait vœu à Notre-Dame.

Dér. du lat. *Promittere*.

Apuïa, *v.* Appuyer; étayer; soutenir; protéger.

Dér. de la bass. lat. *Appodiare*.

Apuïage, *s. m.* Droit d'appui, de mitoyenneté. — *Té faraï paga l'apuïage*, je te ferai payer la mitoyenneté.

Aquél, **élo**, *pron. dém.* Ce, cet, cette, celui, celle. — *Aquél d'aquì*, celui-là. *Es pas aquél qué déourié rèstre*, il n'est pas tel qu'il devrait être. *Oh ! aquélo sai èro pa'ncaro estado*, oh ! voilà un propos que nous n'avions pas entendu! en voilà bien d'une autre ! *Soui pas aquel qué me cresès*, je ne suis pas l'homme que vous croyez.

En ital. *Quello ;* en esp. *Aqueste, aquello.*

Aquèste, èsto, *pron. dém.* Ce, cet, cette, celui-ci. celle-ci. — *D'aquestes ans*, il y a quelques années. *D'aquèste tén*, par ce temps-ci.

En ital. *Quésto ;* en esp. *Aqueste.*

Aqui, *adv.* Là, dans cet endroit ; près du lieu où l'on est. — *Pér-aqui*, de ce côté-là, par là. *Vèn dé passa per aqui*, il vient de passer de ce côté. *Coumo vai voste pèro ?* — *Pér-aqui*, Comment se porte votre père ? — Coussi, coussi, par ci, par là. *D'aqui-aqui*, d'un moment à l'autre, de là là. *S'én souvèn pas d'aqui-aqui*, il ne s'en souvient pas d'ici là. *D'aqui et d'aïli*, de çà et de là, à droite et à gauche. *Aïli* n'est pas de notre Dictionnaire : c'est un de ces mille mots inventés pour l'euphonie. Le languedocien aime surtout à procéder par consonnance ou rime dans la plupart de ses dictons. *Aquél d'aqui*, celui-là. *Aquò d'aqui*, cela même. *Es aquò d'aqui*, c'est bien cela. *Aqui-dré*, vis-à-vis d'ici, en droite ligne. Mais cette expression est le plus souvent explétive. Les gens de la campagne, surtout à l'est d'Alais, ce qu'on nomme les *Gounèls*, s'en servent sans aucune espèce d'à-propos, sans besoin. *Sès ana à la fièiro hièr ?* — *Aqui-dré y anère bé*, Avez-vous été hier à la foire ? — Ma foi oui, j'y fus. Ce n'est réellement qu'un moyen d'allonger la phrase, de se donner le temps de répondre catégoriquement.

En ital. *Qui ;* en esp. *Aqui.*

Aquioula, *v.* Acculer ; pousser et serrer dans un coin ou contre un mur; empêcher de reculer; faire pencher une voiture, une charrette sur son arrière ; faire tomber sur le derrière.

Dér. de *Quiou.*

Aquis, *s. m.* Acquit, quittance. — *Un bé de bon aquis, dé michant aquis*, une fortune bien ou mal acquise. Empr. au fr. Dér. du lat. *Acquirere.*

Aquissa, *v.* Haler des chiens pour les faire battre ; exciter deux ennemis, deux rivaux l'un contre l'autre. — Le même que *Atissa.* — **V.** c. m.

En celto-breton, *Atizar*, m. sign. Le mot est-il formé par onomatopée de *quis-quis*, cri d'excitation, ou bien le verbe a-t-il inspiré l'onomatopée ?

Aquita, *v.* Acquitter, solder, payer intégralement. — *Qudou s'aquito fai cabdou*, qui paie ses dettes s'enrichit. Empr. du fr.

Aquò, *pron. dém.* Ça, cela, cette chose-là. — *Coumo aquò*, comme cela, ainsi. *Aquò d'aqui*, cela, cela même. *Aquò-bo*, mot-à-mot : cela bon, signifie une liqueur quelconque moelleuse et sucrée, ou toute autre friandise. *Un pichò vèire d'aquò-bo*, un petit verre du meilleur. *Un d'aquò*, une chose, une affaire dont on ne se rappelle pas le nom. *Emb'aquò* ou *End'aquò*, avec cela, pourtant, cependant. *D'aquò*, de cela, de cette chose. *A fosso d'aquò*, il a beaucoup de biais, d'esprit, de subtilité, d'adresse. *A d'aquò*, il a du quibus. *Fòou d'aquò*, il faut de l'argent. *Aquò's*, contraction de *aquò és*, c'est. *Aquò's aquò*, c'est cela, c'est bien cela. *Aquò'ro*, contraction de *aquò èro*, c'était. *Aquò vaï aqui*, c'est la conséquence naturelle de cela. *Aquò tombo bièn*, cela arrive bien, à propos, à point nommé. *Aquò vai bièn*, cela va bien. *Qu'és aquò ?* qu'est-ce que c'est ? *Aquò's aquò*, c'est cela. *Aquò's p'aquò*, ce n'est pas cela. *As vis aquò ?* as-tu vu cela ? *Veiras aquò*, tu verras. tu me la paieras. *Aquò sé dis*, cela se dit ; on en parle.

Aquò se prend quelquefois comme prépos. pour *encò*, chez. — *Anan aquò dé moun pero*, nous allons chez mon père. — *Voy. Enco.*

Dér. du lat. *Quod.*

Ar, *s. m.* Arcade, arceau, construction en courbure de voûte. — Au plur. *Lous ars*, les arceaux, les arcades. Le marché à Alais était entouré de portiques ou arcades. L'étalage des légumes et autres marchandises, dans le temps des foires et des marchés, se fait *souto lous ars*. *L'ar dé Vius*, l'Arc-des-Vieux, carrefour à Alais, formé en voûte à la rencontre des rues Valaurie, Bouquerie et Raymond Pellet : il vient de disparaître. *Vius* nous paraît être ici un nom propre : l'*art de* au sing. l'indique. On aurait dit *das vièls* si l'on avait dû traduire par l'*Arceau des vieillards*. A moins qu'il ne s'agisse d'une corruption francisée. — *Voy. Vius.*

Dér. du lat. *Arcus.*

Ara, *v.* Donner des arrhes, s'assurer d'une vente, d'un achat moyennant des arrhes ; arrher. — Se dit généralement pour retenir d'avance un objet chez un marchand. C'est une promesse d'acheter une chose qui n'est pas encore livrée.

Dér. de *Aro*, arrhes.

Araïre, *s. m.* Araire, charrue à deux bêtes, et même à une seule, sans roue et sans coutre. — Cette fois c'est bien évidemment le fr. qui a emprunté au languedocien le mot *araire*, qui figure assez nouvellement dans la nomenclature technique de l'agronomie.

Dér. du lat. *Arare.*

Aran, *s. m.* Fil d'archal : fil de fer ou de laiton. — En esp. on l'appelle : *Hilo de arambre*. — *Voy. Fiou dé richar.*

Dér. du lat. *Aramen*, airain, cuivre.

Arapa, *v.* Prendre, saisir avec la main ; empoigner, accrocher. — *Arapo !* attrape ! *Arapa-lou*, empoignez-le. *Sé t'arape*, si je te pince. *T'araparai !* je t'y prendrai.

S'arapa, se coller, s'accrocher. — *La pégo s'arapo à las mans*, la poix s'attache aux mains. *Aquél chival s'arapo bièn*, ce cheval tire à plein collier. *Aquél home couménço dé s'arapa*, cet homme commence à bien faire ses affaires, à prendre dans son commerce. On le dit aussi d'un convalescent qui revient en santé après une longue ou dangereuse maladie.

Dér. du lat. *Arripere.*

Arapo-man, *s. m* Grateron, galiet grateron; *Galium aparine,* Linn Plante de la famille des Rubiacées, rampante, rude au toucher et qui s'accroche aux mains quand on la saisit De là lui vient son nom. — *Voy Reboulo* et *Rejistèl.*

Arapo-pèou, *s m.* Bardane, *Aretium lappa,* Linn. Plante de la fam. des Composées Cynarocéphales, flosculeuse, et dont la semence est renfermée dans un hérisson dont les piquants sont terminés en crochets; ce qui fait que, lorsqu'on les mêle dans des cheveux un peu longs, on ne peut plus les débarrasser et l'on ne s'en débarrasse qu'en coupant; son nom dérive de cet effet

Arasa, *v.* Terme de maçon, couronner un mur, égaliser sa dernière assise, la niveler

Dér. de *Ras*.

Arboùs, *s. m.* Arbousier, *Arbutus unedo,* Linn. Arbrisseau de la fam. des Ericacées, toujours vert, qui porte à la fois des fleurs et des fruits. Ces derniers sont d'une belle couleur aurore foncée, mais fades, d'une saveur plate

Dér. du lat *Arbutus,* m. sign.

Arboussé, *s. m.* Lieu planté d'arbousiers.

Arbousso, *s. f.* Arbouse, fruit de l'arbousier. — Ce mot et les deux précédents ont fourni un assez grand nombre de noms propres et de lieux, comme : Arbous, Darboux, Larbous, Arbousse, Arbousset, Darboussier, etc.

Arboutan, *s. m.* Pied de biche, bras de fer qui sert à fermer l'un des vanteaux d'une porte cochère. Il n'a aucun rapport de signification avec l'*arc-boutant* fr., dont il est pourtant dérivé probablement.

Arcanje, *s. m.* Archange, ange d'un ordre supérieur dans la hiérarchie céleste

Empr. au fr.

Arcèli, *s. m.* Lavignon, *Venus decussata,* Linn. Coquillage marin, bivalve, bon à manger, du genre des Cames.

Dér. du lat. *Arcella,* petit coffre.

Archavèsque, *s. m.* Archevêque, prélat métropolitain qui a des évêques pour suffragants

Dér. du lat *Archiepiscopus,* formé du grec Ἀρχή, primauté, et ἐπίσκοπος.

Archè, *s. m.* Cavalier de l'ancienne maréchaussée; archer, soldat armé d'un arc et de flèches.

Dér. de la bass. lat *Archerius.*

Arché, *s. m.* Archet, baguette aux extrémités de laquelle sont attachés en saillie des crins qu'on tend à volonté et qu'on passe sur les cordes d'un violon ou d'une basse pour en tirer des sons; instrument pour faire tourner un foret; sorte de piège fait avec deux branches pliées en arc et rattachées par un fil double, pour prendre les petits oiseaux ; en terme de moissonneur, étui de la faucille, qui en a par conséquent la forme recourbée.

Dér. de *Ar*, dim.

Archiban, *s. m.* Banc à dossier, banc d'honneur, chez les bons paysans des Cévennes, placé au coin de leurs immenses cheminées : c'est le siège des chefs de la maison et des étrangers de distinction. L'*archiban* est aussi un long coffre en forme de banc, fixé auprès de la table à manger, Sauv. — Le mot et la chose sont des demeurants de l'ancien régime · ils représentent ces mœurs patriarcales, qui conservaient avec respect les traditions de la famille et de l'hospitalité, l'amour du père assis au foyer domestique ou à la table frugale, à la place d'honneur. Le progrès ne trouve plus là que des ais vermoulus qui ne sont bons qu'à jeter au feu.

Dér. du grec Ἀρχή, primauté, puissance, et *Ban.*

Archimpò ou **Archipò,** *s m* Etuvée, viande hachée, hachis

Dér. du gr Ἀρχός, premier, principal, grand, et du lang *Po.*

Arcialoùs ou **Arcièloùs,** *s. m.* Bolet, cèpe, potiron, champignon gris, très-bon à manger ; bolet comestible, *Boletus edulis* ou *esculentus*, ou *bovinus*, Pers., Linn., Roques. — Cet excellent champignon se reconnait aisément à son chapeau plus ou moins large, un peu ondulé sur les bords, d'une couleur fauve, quelquefois d'un rouge de brique, brunâtre, couleur noisette. Sa substance intérieure est ferme, d'un beau blanc qui ne s'altère pas à l'air, à la cassure. Le pédicule est épais, tubéreux, renflé à la base, court ou élevé. Ce qu'il est essentiel de ne pas le confondre avec le *pissagò*, qui lui ressemble beaucoup et qui est très-vénéneux et malfaisant. C'est cette espèce de champignon, très-abondante dans les Cévennes, qu'on fait sécher et qui est livrée au commerce. Au nord d'Alais, on le nomme *Céloùs*; ce n'est qu'une contraction de notre vocable. — *Voy. Céloùs ; Pissagò.*

Dér. de l'it. *Araceli,* m. sign.

Arcisoùs ou **Artisoùs,** *s. m. pl.* Ver, mite ou ciron du fromage, *Acarus siro,* Linn. Insecte du genre des Aptères et de la fam. des Parasites. On le nomme également *Marano*. — *Voy. Artisoùs* et *Marano.*

Le second de ces noms, dont le premier n'est qu'une variante, est évidemment parent du fr. *Artison,* qui est aussi un petit insecte rongeur.

Arculo, *s. m.* Un homme fort, robuste, un Hercule Empr. au fr.

Ardécho, *s. f.* Ardèche, département dont le chef-lieu est Privas; rivière qui y prend sa source et lui donne son nom, affluent du Rhône.

Dér. du lat. *Arduesca.*

Ardïoù, *s. m.* Ardillon, dard ou pointe d'une boucle. — *Sara un ardïoù,* serrer sa ceinture d'un point, se serrer le ventre, au prop. et au fig.

Ce mot est au moins contemporain du fr. ; il est dér. du celt. *Dart,* pointe, ou du grec Ἄρδις, L'ital. a *Artiglio,* orteil, ergot, serre.

Ardoù, *s. f.* Grande chaleur, chaleur brûlante, particulièrement celle qui est produite par la fermentation ; vivacité avec laquelle on se porte à quelque chose.

Dér. du lat. *Ardor.*

Aré, *s. m.* Bélier, le mâle non châtré de la brebis.
Dér. du lat. *Aries.*

Arèdre, *v.* Lasser, fatiguer, harasser; rendre; mettre sur les dents. — Se dit surtout de la fatigue procurée par une marche forcée.
Dér. du lat. *Re lucere.*

Arédu, udo, *part. pass.* de *Arèdre.* Rendu, lassé, harassé.

Arégacha, *v.* Regarder; fixer attentivement en arrière. —Se dit aussi génériquement pour : regarder, considérer de toute manière.
Formé du lat. *Retrò,* arrière, et du gr. Άγαω, admirer.

Arémoull, ido, ou **Arémoulu,** udo, *adj.* Avide, âpre à la curée; qui n'a pas de pudeur dans ses vues intéressées ; affronteur ; insatiable. — *Voy. Remoulu.*

Arémoulije, *s. m.* Avidité du bien, désir insatiable d'en acquérir, mêlé de jalousie; effronterie intéressée.

Aréna, *v.* Tenir en bride; raccourcir les rênes. — *Aréna,* ado, part. pass. Au fig. Rengorgé, qui relève la tête, qui se rengorge.
Dér. du lat. *Retinaculum,* ou de l'ital. *Relina,* rêne.

Arénadoù, *s. m.* Terme de bâtier ou de bourrelier, Arénoir; bouton ou baguette fixés au-devant du bât ou d'une barde ou bardelle, pour y accrocher les rênes du bridon ou la longe du licou.
Dér. de *Arena.*

Arénda ou **Arénta,** *v.* Prendre et bailler à ferme, prendre et donner à loyer; affermer, louer.
Dér. de *Rendo.*

Aréndamén ou **Aréntamén,** *s. m* Bail à ferme ou à loyer ; le prix de ce bail. — *Me fòou ana paga moun aréndamén,* il me faut aller payer mon loyer.
Dér. de *Rendo.*

Arénja, *v.* Arranger, disposer, mettre en ordre ; accommoder, ajuster, ranger ; raccommoder, concilier, procurer, faire transiger ; arranger une affaire. — *Arénja sous afaires,* mettre ordre à ses affaires. *Arénja soun pèou,* peigner, lisser ses cheveux. *Aquò m'arenjo bièn,* cela me va, cela m'arrange à merveille ; s'accorde avec mes intentions ou mes intérêts. *Lou juge lous arénjè,* le juge les réconcilia, les fit transiger. *Fòou arenja aquel proucès,* il faut arranger cette affaire.

S'arenja, se parer, s'ajuster, s'endimancher ; se ranger ; s'arranger, prendre des arrangements, se mettre à son aise. — *Saïque t'arenjaras un pòou,* sans doute tu t'habilleras convenablement. *Lou ten s'arenjo,* le temps devient serein, ou bien, il se radoucit. *Iquel home s'arénjo dempièi qu'és marida,* cet homme est devenu plus rangé, moins dissipé, moins prodigue, depuis son mariage. *Sé voulès, m'arénjaraï d'aquelo pièço,* si vous voulez, je me chargerai de ce champ, je m'en arrangerai, je vous l'achèterai. *Aquelo drolo s'arénjo bièn,* cette jeune fille s'ajuste bien. *Arenja-vous, sans façoun,* mettez-vous à votre aise, sans cérémonie. *Aïçò s'arénjara,* tout ceci s'arrangera, se raccommodera. *Bouto ! bouto ! t'arénjaraï,* va ! va ! je t'arrangerai d'importance, je te châtierai de la bonne manière.
Dér. de l'allem. *Ring,* rang, d'où est venu *rén.*

Arénjamén, *s. m.* Arrangement, transaction ; ordre dans la tenue d'une maison ; esprit de conduite dans ses affaires.—*Un michan arénjamen vdou maï qu'un bon proucès,* mauvais arrangement vaut mieux que bon procès.

Aréscle, *s. m.* Cercle en bois refendu, dont on reliait les anciennes mesures de capacité, telles que les minots, quartes et boisseaux ; dans les mesures du nouveau système, ce cercle est en fer. L'*Aréscle* est encore le cerceau d'un tamis, d'un crible, des tours à filer la laine et le coton, des caisses de tambour, etc.—*Piquo tant sus l'aréscle coumo sus lou tambour,* il parle *ab hoc et ab hac,* sans mesurer la portée de ses paroles ; par comparaison avec un tambour maladroit qui frapperait tantôt sur le bois, tantôt sur la peau de sa caisse. — *Aréscle dé moulì,* archures d'un moulin à farine ; elles sont recouvertes par les converseaux et forment ensemble le tambour : terme de meunier.
Dér. du lat. *Arculum.* En roman *arescle,* cercle mince, éclisse, éclat de bois.

Arésouna, *v.* Demander raison ; discuter; interroger ; faire rendre compte.
Dér. de *Résoù.*

Arésta, *v.* Arrêter, retenir, empêcher d'aller ou de dire ; faire cesser, réprimer ; attacher ; déterminer ; régler ; saisir par autorité de justice ; engager pour servir ; décider, convenir de faire. — *L'aréstère lèou,* je le retins, je l'arrêtai bien vite ; je le réprimai. *Arésta lou san,* étancher le sang. *Arésto aquélo bocho,* calle cette boule. *Avèn arésta lou jour,* nous avons fixé le jour. *L'an arésta,* on l'a mis en prison, on l'a écroué. *Aï arésta un méssage,* j'ai retenu un domestique, je l'ai arrhé. *Avèn arésta dé faïre uno pérménado,* nous avons décidé d'aller à la promenade. *Aquel chi arèsto bièn,* ce chien a bon nez, arrête ferme le gibier.

Arésta, ado, *part. pass.* et *adj.* Sage, réservé, retenu, posé, quand il s'agit des personnes ; arrêté, fixé, conclu, en parlant d'une chose, d'une affaire, d'un marché. — *Un jouine home arésta, uno fïo aréstado,* un jeune homme sage, posé, une fille vertueuse, réservée.
Dér. du lat. *Restare.*

Aréstamén, *s. m.* Arrêt, arrestation ; saisie d'une personne ou des biens. — *Faguèrou un aréstamén dé soun bé,* on fit contre lui une saisie immobilière. — On se sert du mot *banimén,* quand il s'agit d'une saisie-arrêt ou mobilière.

Arèstiè, *s. m.* Arêtier, pièce de bois qui, dans un toit, part de l'extrémité du faîte et va en descendant reposer sur l'angle du bâtiment, divisant les eaux à droite et à gauche dans les toitures à deux égouts.
Dér. de *Arésto.*

Arésto, *s. f.* Arête de poisson, os long et pointu qui tient lieu de côtes dans les poissons ; crête d'un toit; angle saillant d'un prisme, d'un mur, d'une voûte.
Dér. du lat. *Arista,* barbe de blé.

Aréstoù, *s. m.*, ou **Cabò**. Chabot, meunier, chevane; *Cyprinus dobula,* Linn. Poisson de rivière, qui a la tête large et plate, la gueule fort ouverte et sans dents. Sa chair, peu estimée, est toute parsemée d'arêtes, ce qui lui a valu son nom lang. — *Voy. Cabò.*

Argèlo, *s. f.* Argile; terre grasse; terre de poterie. — *Pasta d'argèlo,* pétrir de l'argile.

Dér. du lat. *Argilla.*

Argéloùs, ouso, *adj.* Argileux, qui tient de l'argile.

Dér. de *Argilo.*

Argén, *s. m.* Argent, métal; monnaie en général. — *Mino d'argén, cuié d'argén,* mine d'argent, cuiller d'argent. *Plago d'argen és pas mourtèlo,* plaie d'argent n'est pas mortelle. *Gagno vèr l'argen,* se dit d'un animal domestique quelconque, qui est encore d'âge à augmenter de valeur en grandissant, ou d'une bête qui a été malade et qui se rétablit chaque jour : dans ce dernier sens, on l'applique même aux personnes. *Gagnan vèr l'argen,* disons-nous à un malade pour lui donner de l'espoir ou du courage. *Aquò's d'argén dé moun gagna,* c'est de l'argent de mon pécule, gagné par mon travail ou mon industrie, et non advenu par héritage. Au fig. *Aquò's d'argen de soun gagna,* se dit aussi d'un malheur arrivé à quelqu'un par sa faute; c'est un malheur qu'il a été chercher lui-même. *L'argen és roun, fòou be qué rounle,* la monnaie est ronde, pour qu'elle circule; l'argent est fait pour rouler, pour courir d'une main à l'autre. *D'argen blan,* en monnaie d'argent, en pièces d'argent. *Pagan argén countan,* nous payons en espèces sonnantes. *Ana bon jo, bon argen,* agir loyalement, franchement, sans ménagement.

Dér. du lat. *Argentum.*

Argénta, *v.* Argenter; passer une couche d'argent; donner une couleur argentée.

Argénta, ado, *part. pass.* du v. préc. et *adj.* Le même que **Argéntoùs**. (V. c. m.) — *Sèn pas bièn argéntas pèr lou moumen,* nous ne sommes pas riches, pas chargés d'argent pour le moment.

Argéntariè, *s. f.* Argenterie, vaisselle ou autres meubles et ustensiles d'argent. — C'est le nom d'une rue à Montpellier, l'Argenterie, où était autrefois l'Hôtel des monnaies.

Argéntoùs, ouso, *adj.* Pécunieux, riche en espèces; qui a beaucoup d'argent; qui produit de l'argent. Ne se prend guère que négativement.

Argén-viou, *s. m.* Vif-argent, mercure. La propriété de cette substance métallique, blanche et fluide, d'être continuellement en mouvement à la moindre agitation, l'a fait prendre pour emblème des personnes vives et remuantes. — *Sémblo qu'a d'argen-viou din sas mans,* ses mains s'agitent comme si elles étaient du vif-argent.

Argnè, *s. m.*, ou **Vèrdé**. Martin-pêcheur, oiseau. — On l'appelle *Argnè* parce qu'on avait cru longtemps qu'en le mettant desséché dans une garde-robe, son odeur en chassait les teignes, *arnos ;* mais, loin de préserver son voisinage, on a vu, dans les cabinets d'histoire naturelle, *l'argnè* être parmi les oiseaux empaillés un des premiers atteint par ces insectes.

Voy. Vèrde.

Argue, en fr. Argues, terminaison d'un grand nombre de noms de lieux dans le Bas-Languedoc, départ. du Gard et de l'Hérault.

La finale *Argue* a été longtemps considérée comme représentant le lat. *ager,* champ, domaine. Cette ingénieuse interprétation, mise en crédit par le savant historien Ménard, était combattue par les Bénédictins de l'Histoire générale du Languedoc; elle fut adoptée à titre de conjecture par Sauvages; aujourd'hui, battue en brèche au sein même de l'Académie du Gard, elle paraît abandonnée par la plupart des étymologistes.

Argue, dans la langue vulgaire, le languedocien, est, en effet, de dernière formation : elle n'apparaît qu'au XIV° siècle, où elle devint particulière au territoire qui avait été autrefois le pays des Volces Arécomiques. Au moyen âge, les noms ainsi formés avaient pour finale *an·gues, anigues* ou *aniches ;* dans le principe c'était le radical celtique *ek* ou son analogue contemporain *ak ,* qui s'attachait aux mêmes noms pour leur donner la signification de propriété, un sens, une idée de provenance.

Quand, avec la conquête, le latin s'imposa à la Gaule, il ne changea pas les appellations locales existantes; seulement il leur imprima le cachet de son génie et de sa langue, et il ajouta ses finales caractéristiques en *us, a, um,* selon qu'exigeait l'accord avec *mansus, villa, castrum* ou *prædium.* Pour les établissements nouveaux qui se créèrent dans la suite, les mêmes procédés de dénomination furent employés. De là les terminaisons en *acus, aca, acum ;* puis les variantes en *anius, aneus, atius, assius, a, um,* etc., désinences correspondantes adjectives.

Les Gallo-Romains, nos ancêtres, adoptèrent donc soit pour l'euphonie, soit pour se rapprocher de la forme latine, les finales celtiques latinisées ou purement romaines. Enfin, lorsque du mélange se forma la langue romane rustique, plus tard quand se fit la division en langue d'Oïl et en langue d'Oc, comme le latin se conserva toujours à titre de langue officielle des actes publics, les altérations se multiplièrent, par une sorte de marche parallèle. Les influences ethniques, qui ont tant de puissance sur l'intonation, agirent à leur tour pour modifier les terminaisons. Ainsi, tandis que le latin disait *acus, aca, acum,* le roman répondait par *ac, as, at,* par préférence au midi et au centre de la France, et par *e, y, ey, ieux,* etc., dans le Nord. Les tendances à la contraction, à l'adoucissement de la prononciation se manifestèrent; et alors que le bas latin écrivait *acus, anus, a, um,* le roman supprimait la terminaison et il avait *an, en, ane, enne,* et ainsi de suite sur les autres voyelles.

Peu à peu, par le même sentiment, la consonnance toujours dure du *c* se transforma en *ch* chuintant, et l'on arriva aux désinences mêlées en *ache, auche, ènche, inche.* L'orthographe ne resta pas désintéressée dans la question : le latin remplaçait souvent l *i* par *j*. Or quand les Gallo-Romains, de *anius, aneus, onius, a, um*, eurent fait *anicus, inicus, onicus, a, um*, et *anicœ*, au plur., l'inversion par *anjeus, anjus*, allait de soi dans l'écriture : la chute du *c* dur s'ensuivit et l'on eut *anjus, enjus, a, um*, et les autres, qui par la suppression de la finale caractéristique produisirent de leur côté *anje, enje, inje*. L'on comprend encore que la substitution du *g* doux au *j* soit arrivée tout naturellement, comme celle du *c* doux ou du *ch* au *c* latin sonnant *k* devant toute voyelle. Ces combinaisons amènent également le *gn* mouillé et aussi la métathèse *ng*. — *Voy.* les articles *Agno, Canounge, Cassagno*, et autres.

De là sont issues les finales en *agna, igna, agnac, ignac*, ailleurs *igne, igney, ignies, igny*, etc., qui se prononcent en nasalisant et en mouillant. Et ce phénomène, dans notre pays, avait passé d'abord par *anègues, onigues, aniches, inègues, oniches*, etc., du moyen âge roman, désinences exprimées en lat. *anicæ, enicæ, onicæ*, et qui sont enfin devenues *argue, ergue, orgue*, dans bien des appellations de nos jours.

Mais il est facile de saisir, à travers ces permutations de lettres, les altérations qui se sont produites de la forme romane primitive aux formes définitives de notre dialecte.

Toutes ces variétés de finales, depuis *ac = ec = acus, anus, anius*, jusqu'à *an, anche, ènche, anje, ange, agne*, et les autres, comme *anicæ = anègues = argues*, etc., ont donc une source commune et sont équipollentes ; et ce qui le prouve, c'est que le latin, langue plus fixe, plus fidèle au radical premier, les exprime, quelle que soit leur diversité, au midi et au nord, par sa formule à peu près uniforme *acum* ou *anum*; et ainsi, les noms de lieux, d'un bout de la France à l'autre, des corps de mots identiques, portant suivant les pays des terminaisons différentes, en langue vulgaire, se retrouvent dans le latin des chartes, des diplômes, des anciens titres, avec la même finale invariable. Pourquoi ces différences sur des mots similaires, souvent même à des distances très-rapprochées ?

Sic voluere patres, sic voluit usus.

Question de latitude ; Li de permutation ; recherche d'énergique euphonie; toutes ces causes ont pu amener une combinaison qui a donné lieu à de si singulières interprétations.

Pourquoi encore, pour nos contrées, près de nous, au milieu de ces syllabes fluides de la terminaison latine, s'est introduite la consonne rude *r* de notre *argue* ? Comment l'*i* doux a-t-il disparu ? Il n'y a pas peut-être d'autre raison, et il faut bien s'en contenter, que celle qui, du latin *pastinaca* a fait notre *pastenargo*; de *dominicus, domèrgue*; de *dies dominica, dimèrgue* (v. lang.), et *dimenche* actuel ; qui a converti le *Pagus rutenicus* en Rouergue ; *canonicus,*

chanoine, en *canounge* ; *villa canonica* en La Canourgue (Lozère), et le même. nom d'une place à Montpellier ; comme *monica*, religieuse, s'est transformé en *mourgo*, *les Mourgues*, nom d'une de nos rues, et les dim. *mourgueto* et *mounjeto*. (*V.* c. m.) Ce qui est remarquable néanmoins, c'est que la même forme se rencontre dans l'espagnol et dans l'italien, langues néo-latines de même origine que la nôtre. — *Voy. Canounge.*

Il nous paraît donc évident que la finale *argue* n'est qu'une désinence purement explétive, adjective, qui emporte de soi un sens de provenance, une idée de propriété, à peu près comme *ager*, mais qui n'en est pas un dérivé ni une traduction. Ce qu'il fallait démontrer.

Ari, *interj.* Hue ! commandement qu'on adresse aux ânes, chevaux ou mules pour les faire avancer. — On dit d'un paresseux, d'un ouvrier nonchalant : *Foou toujour i dire : ari*, il faut toujours lui dire : allons donc !

Rabelais s'en est servi dans ce sens : *Ari, bourriquet !*
En ital. on dit aussi : *arri*; en esp. port. *arre*. Les Anglais ont, avec la même signification, le verbe *to harri*. *Harre* est un mot arabe d'origine ; il signifie proprement : marche, avance. En celt. *ari* désigne un âne. Tous ces mots et le nôtre dériveraient-ils du celtique ? Le latin aurait-il contribué de moitié à sa composition, en combinant et élidant *aro*, maintenant, avec *i*, impératif, va, marche ? En étymologie, il ne faut jurer de rien.

Ariala, *v.* Canaliser, conduire les eaux d'arrosage par de petits canaux. — *La ribièiro s'és touto arialado d'un cousta*, la rivière s'est creusée un lit étroit sur l'un de ses bords.

Dér. de *Rial.*

Arias, *s. m. n. pr.* de lieu. Arias, nom de ruisseau dans plusieurs communes du Gard.

Dér. sans doute, comme le mot préc., de *Rial*, avec l'*a* explétif ; peut-être aussi le mot *riasso* n'est-il pas étranger à sa formation. — *Voy. Riasso.* Toutes ces idées se rapprochent et se tiennent.

Ariba, *v.* Donner à manger aux animaux ; jeter de la feuille aux vers à soie; appater un enfant, un vieillard, un infirme, qui ne peuvent faire usage de leurs mains.
— *Ariba*, sans régime, s'applique, par excellence, aux vers à soie : *A quinto houro ariban ?* à quelle heure donnons-nous la feuille, le repas de feuille aux vers à soie ? *Ariba lou reinar*, appâter le renard, faire une traînée d'appât qui le conduise dans le piège. *Foou ana ariba sas gnèiros*, il faut aller donner à manger aux puces, c.-à-d. fam. se coucher. *Aribo sans fièio*, répond quelqu'un à qui l'on demande une chose impossible ou très-difficile à faire : donne à manger à tes vers sans le moindre brin de feuille.

Aribado, *s. f.* Repas, ration qu'on donne aux animaux, particulièrement aux vers à soie. — *Quant dounas d'aribados ?* combien de fois par jour donnez-vous à manger aux vers ? *Lus manquo pas qu'uno aribado per lous ajassa*, il ne manque à ces vers qu'un léger repas pour les faire dormir.

Aribaîre, aîro, *adj.* Ouvrier qui donne à manger aux vers à soie.

Ariè, *interj.* En arrière! commandement pour faire reculer un cheval.

Formé du lat. *Retrò* ; en esp. *Arriéiro*

Ariès (es), *alv.* En arrière, en reculant, derrière. — *Porto soun capèl és ariès,* il porte son chapeau en arrière. *Vai es ariès,* il marche en arrière ; il porte, il incline derrière.

Dér. du lat. *Ad retrò.*

Ariguiè ou **Aliguiè,** par corr. **Alisiè,** *s. m.* Alisier, *Cratægus aria,* Linn. Arbre de la fam. des Rosacées, commun dans les bois. Son fruit se nomme Alise en fr.

Ariuèje, *s. m.* Salsepareille du Languedoc, d'Europe, *Smilax aspera,* Linn. Plante de la fam. des Asparagées, sarmenteuse, à baies rouges, rampante et épineuse. — On dit proverbialement : *Rama coumo un ariuèje,* de ce qui est touffu, épais. même d'un mensonge.

Dér. du gr. Ἀρίς, lime, râpe, cette plante étant toute hérissée de pointes.

Ariva, *v.* Arriver ; aborder, parvenir dans un lieu où l'on voulait aller ; advenir ; survenir. — *Faï pas que d'ariva,* il vient d'arriver, il arrive à peine. *S'aquò m'arivo tourna,* si l'on m'y prend encore. *Sé t'arivavo,* si tu t'avisais de cela, s'il t'arrivait. *T'arivara malur,* il t'en adviendra malheur. *Y-és ariva,* il y est parvenu, au prop. et au fig.

Ce verbe, en languedocien comme en français, a été techniquement approprié, dans le principe, à l'arrivée d'un voyage sur eau. Son étymologie de *rive* ou de *ribo,* quand on prononçait *ariba* au lieu de *ariva,* le démontre assez. Les deux dérivations se confondent dans le lat. *Ripa, ad ripam.*

Arivado, *s. f.* Arrivée ; venue de quelqu'un ou de quelque chose en un lieu.

Dér. du lat. *Ad et ripa.*

Arjalas, *s. f.* Genêt épineux. *Spartium scorpius,* Linn. Arbuste de la fam. des Légumineuses, à fleurs jaunes ; ajonc.

Sauvages prétend que ce mot est d'origine arabe ; ne viendrait-il pas plutôt du grec Ἀργαλέος, difficile, fâcheux, incommode, qui est pour beaucoup dans le lat. *argutus* ; à cause des longues épines de cet arbrisseau ?

Arjalassièïro, *s. f.* Lieu couvert d'ajoncs, de genêts épineux.

Dér. de *Arjalas.*

Arjéïrolo. *s. f.* Azerole, fruit de l'azerolier, *arjerouiè.*

Arjérouiè, *s. m.* Azerolier, *Mespilus,* Linn. Arbre de la fam. des Néfliers, dont le fruit ressemble à une petite pomme et a des noyaux comme la sorbe.

Arle, *s. m.* Arles, ville de Provence ; sous-préfecture du départ. des Bouches-du-Rhône. — On dit : *én Arle,* à Arles, et non *à Arle.* — *Voy. Aoubénas.*

Dér. du lat. *Arelas.*

Arlén, énquo, *adj.* Arlésien, ienne ; d Arles ; qui est d'Arles.

Dér. du lat. *Arelas.*

Arlénde, *s m , n pr.* de lieu Arlende, hameau dépendant de la commune d Allègre, canton de S. int Ambroix, arrondissement d'Alais. Dans le voisinage, se trouve une belle source du même nom : *la fon d'Arlenle*

Ce mot est écrit dans le dénombrement de la sénéchaussée de Nimes, *Arlemp le.* Sa dernière partie formée de *linle,* clair, transparent, traduit le lat. *Impetus* Sa première syllabe est-elle l'article armoricain *ar,* la, que l'on trouve dans bien des noms commençant ainsi : *Ar-leux* (Nord), très-rapproché de notre mot ; *Ar-cenay* (Cote-d Or) ; *Ardennes* (Aveyron), et autres ? Serait-elle préposition représentée le plus souvent par le lat. *a l,* vers, ou la particule celt. intensive, jointe à l'adjectif pour lui donner plus de force et mieux exprimer la beauté et la limpidité des eaux de la fontaine d'*Arlenle?* — *Voy. Zeuss, Gramm. celt.* On pourra choisir.

Arléquin, *s. m.* Arlequin, homme léger, peu sur ; bouffon, farceur.

Ce nom est le surnom d'un bouffon de théâtre qui vint d'Italie à Paris sous le règne de Henri III. Comme il allait souvent chez MM. de Harlay qu'il amusait beaucoup, ses compagnons le nommèrent *Harlaiquino,* petit *Harlay* ; et ce nom est demeuré à tous ses successeurs dans l'emploi. Il a fini par passer dans l'usage comme adjectif.

Arléquinado, *s. f* Arlequinade ; tour d'arlequin ; bouffonnerie ; lazzi ; niche.

Arma, *v.* Armer, donner des armes ; mettre sous les armes ; disposer une machine, un fusil a tirer, à faire feu.

Dér. du lat. *Armare.*

Armado, *s f.* Armée ; troupes en corps sous la conduite d'un chef ; grande foule, grand nombre. — *Y sian uno armado,* nous y étions en foule, en grande multitude.

Armagna, *s. m.* Almanach, calendrier.

Altér. de *Almanach.*

Armas, *s. m.,* augm. de *Erme,* grand tènement de terre en friche, de lande. Autrefois il avait la signification de marais, terrain marécageux, et les anciennes chartes latines le rendaient par *Palus, paludis.* Sauvages lui donne pour synonyme *Garigo,* qui a le sens de marais. — *Voy. Erme, Aimargue.*

Armasi, *s. m.,* ou **Cabiné.** Armoire, placard, buffet ; meuble où l'on tient du linge et des hardes, et où le paysan serre ce qu'il a de précieux.

Ce mot vient, comme *armoire,* son correspondant français, de ce qu'on y renfermait autrefois les armes, les armures, et dans les châteaux les titres et les armoiries. — *Cèrquo la gnuè pér lous armasis,* il cherche midi à quatorze heures, il cherche des faux-fuyants.

Armitaje, *s. m.* Ermitage, habitation d'un ermite ; au

fig. lieu solitaire, maison isolée ; nom d'une montagne qui domine Alais, où était un ancien ermitage.

Dér. du lat. *Eremita*.

Armito, *s. m.* Ermite, solitaire qui s'est isolé du monde pour servir Dieu. — *Dempièï qué l'armito és mort, arivo toujour quicon*, dit-on chaque fois qu'il arrive un malheur ou un évènement étrange, comme si l'ermite était une espèce de Providence qui éloignait les malheurs d'un pays. *An fouïta l'armito, aquò i-amérito*, chantent les enfants autour d'un camarade qui a été puni par ses parents, ou qui a été justement houspillé par un compagnon plus fort que lui.

Dér. du lat. *Eremita*.

Armo, *s. f.* Arme ; tout ce qui sert à armer, soit pour l'attaque, soit pour la défense. — *N'y douriè pèr n'én prene las armos*, il y en aurait pour prendre les armes, pour s'insurger, au prop. et au fig. *Pourta l'armo, las armos*, porter les armes.

Emp. du fr. dér. du lat. *Arma*.

Armol, *s. m.*, ou **Armòou**. Bonne-Dame ou Arroche des jardins, *Atriplex hortensis*, Linn. Plante potagère et sauvage ; quand on la cultive dans les jardins, elle devient haute et ligneuse, et on la nomme alors épinard d'Espagne.

Dér. de l'esp. *Armuellas*, m. sign.

Armurië, *s. m.* Armurier, arquebusier ; qui fait des armes.

Emp. au fr.

Arna, ado, *a lj.* Rongé, percé par les teignes, piqué des vers ; vermoulu.

Dér. de *Arno*.

Arnaduro, *s. f.* Mangeure de vers ou de teignes ; le trou percé par elles.

Dér. de *Arno*.

Arnavès, *s. m.* Argalon, paliure, nerprun, *Rhamnus paliurus*, Linn. Arbrisseau qui ressemble au jujubier et qui est bien plus piquant, de la fam. des Frangulacées. Un savant botaniste suédois, qui avait voyagé en Palestine, dit qu'il n'y a, dans tous les environs de Jérusalem, que cette espèce de *paliurus* qui ait pu servir à faire la couronne d'épines de N.-S.-J.-C.

Astruc affirme que ce mot nous vient de l'arabe.

Arno, *s. f.* Teigne, en lat. *Tinea*, petit insecte, véritable chenille qui se change en phalène, de l'ordre des Lépidoptères, trop connu par les dégâts qu'il fait sur les étoffes, les pelleteries et le papier. Sa phalène est ce petit papillon, d un blanc un peu gris mêlé argenté, qu'on voit voler l'été dans les appartements où l'éclat de la lumière l'attire.

Au fig., importun, parasite, solliciteur dont on ne peut se débarrasser.

Sauvages prétend que ce mot vient du celtique.

Aro, *s. f.* Are, mesure de superficie contenant 400 mètres carrés.

Emp. du fr. dér. du lat. *Area*, surface.

Aro, *adv.* A présent, à cette heure, maintenant, en ce moment. — *Tout'aro*, tout à l'heure, bientôt, dans un moment. *Ah ! per-aro !* Ah ! pour le coup ! *Gna prou pèr aro*, c'est assez pour l'instant. *Un pdou aro, un pdou piëï*, un peu après l'autre ; par moments *Aro mèmeto*, tout à cet instant, il n'y a qu'un bien petit moment.

Dér. du lat. *Hora, ad horam*, ou *de hac hora*. En ital. *Ora*, en esp. *ahora*, en cat. *ara*.

Aros, *s. f. pl.* Arrhes d'un marché, gage de son accomplissement. — *Douna d'aros*, donner des arrhes.

Dér. du gr. ἀρραβών, m. sign., formé de l'hébreu *arab*, promettre, donner des assurances, ou de l'arabe *araba*, nouer, affermir, serrer ; d'où le lat. *arrha*, m. s.

Arougan, anto, *adj.* Fier, insolent, arrogant.

Dér. du lat. *Arrogans*.

Arouganço, *s. f.* Orgueil, fierté, arrogance, insolence, morgue.

Même dér.

Arouina, *v.* Ruiner, causer la ruine ; démolir ; user par le temps ; détruire la fortune, causer la perte des biens de quelqu'un.

Dér. du lat. *Ruina*.

Aroundi, *v.* Arrondir ; élargir ; rendre rond. *S'aroundi*, engraisser, se remplumer. Au fig., étendre son héritage, joindre à son domaine une terre qui convient.

Dér. de *Roun*.

Arounze, *s. m.* Ronce, *Rubex cæsius*, Linn. Arbrisseau épineux et parasite, qui produit les mures ; de la fam. des Rosacées.

Dér. du lat. *Ranca*.

Arouqua (s'), *v.*, ou **S'arouqui**. S'endormir ; tomber dans un profond sommeil, où l'on semble changé en pierre.

Dér. de *Ro*.

Arouqui (s'). Se pétrifier, devenir de la pierre ; durcir Au fig., s'endormir profondément.

Dér. de *Ro*, rocher.

Arousa, *v.* Arroser, répandre de l'eau ; humecter.

Dér. du lat. *Ros*, eau, goutte, rosée.

Arousado, *s. f.* Petite averse de pluie ; pluie douce et de courte durée.

Arousage, *s. m.* Action d'arroser ; droit d'arrosage.

Arousouèr, *s. m.* Arrosoir ; grande cruche en fer-blanc pour arroser les plantes et les fleurs.

Emp. du fr.

Arpaïargue, *s. m*, *n. pr.* Arpaillargues, commune du canton d'Uzès. Son annexe est *Aoureia*, Aureillac ou Aurillac. Deux petits villages, situés, celui-ci sur une haute montagne, celui-là sur la pente d'un coteau.

Le nom du dernier pourrait lui venir de *Aouro*, vent, à cause de sa situation ; mais son voisinage avec *Arpaïargue*, et même sa traduction française laissent croire que *aurum*, lat., a contribué à la dénomination des deux localités, situées près d'un ruisseau aurifère : *Aurum legere*, chercher. recueillir de l'or.

Le nom d'*Arpaïargue*, qui n'exprime pas bien entendu par sa finale *argue* le domaine de quelque sénateur romain, est reçu dans le latin des chartes par *Arpalhaneæ*, et il dérive certainement aussi de *aurum* et de *palhare*, bass lat., chercher de l'or dans le sable des rivières ; d'où le fr. Orpailleur. Ses analogues sont Orpillières (Gard) et Arpailhac (Aveyron).

Arpan, *s. m.* A proprement parler, signifie : longueur de l'ouverture de la main — Au jeu d'*Equipé* (V. c. m.), qui se joue avec des gobilles, on mesure ainsi la distance entre les boules ; l'on dit alors : *Fai tous arpans*, fais ta mesure. Mais comme la tricherie se mêle toujours à ces jeux d'enfants, le mesureur allonge tellement les doigts en glissant sur la terre, qu'il abrège singulièrement la distance. On appelait ce procédé : *Arpans de la naciou*, et l'on voulait parler d'une mesure frauduleuse. Le jeu en question avait sans doute pris naissance en ce temps-là. La nation était prise alors pour le gouvernement ; on était sous la république, la première bien entendu, et les enfants se permettaient cette sorte d'épigramme politique, en commémoration de la banqueroute du tiers-consolidé. Les bonnes vérités sont le privilège de cet âge.

Arpan, en ce sens, pourrait avoir quelque parenté avec *arpo* ; cependant nous pensons qu'il n'est que l'extension du mot suivant.

Arpan, *s. m.* Mesure de superficie qui répond au fr. *arpent*, et qui dérive comme lui du lat. *Arripendium*, mesurage des champs. Mais en Languedoc, il ne répond pas aux dimensions de l'arpent de Paris, qui valait autrefois 51 ares 07 centiares.

L'arpent de Montpellier, qui était l'unité légale pour les justiciables de la Cour des Aides de cette ville, était de deux sortes L'arpent ou *dextre*, pour mesurer les bâtiments, était une corde qui tirait neuf pans, soit 2 mèt. 25 cent., sans avoir égard à la fraction imperceptible qui résulte de la comparaison du mètre à la toise ou à la canne. Le *dextre* ou arpent, pour mesurer les champs, était de 18 pans, soit 4 m. 50, en mesure linéaire. L'arpent carré représente donc une superficie de 20 mètres ; il faut 25 arpents pour une *quartalado*, 100 pour une *sestierado*, 400 pour une *sdoumadado* (V. c. m.), et dans le système décimal, il en faut 5 pour un are, 500 pour un hectare.

Le *dextre* ou l'*arpent* contient donc 0 ares 20 centiares.
Le boisseau 1 23
La quarte. . . . . . 5 »
L'émine. . . . . . . 10 »
Le septier. . . . . . 20 »
La salmée. . . . . . 80 »

Telle était la mesure à Alais ; à Saint-Christol et dans quelques autres communes voisines, l'arpent n'avait que 8 pans.

Arpanta, *v.* Arpenter, mesurer la contenance des terres ; faire de longs pas, marcher vite et à grands pas.

Dér. de *Arpan*.

Arpantaïre, *s. m.*, ou **Arpentur**. Géomètre arpenteur — Voy. *Espèr*.

Arpantage, *s. m.* Arpentage, art de mesurer la superficie des terres ; rapport ou plutôt résultat d'une opération d'arpenteur.

Dér. de *Arpan*.

Arpantéja, *v.* Parcourir à grands pas ; courir çà et là et par ext., jouer des jambes. — Se dit surtout d'un enfant au berceau qui, couché sur le dos, joue des jambes et se démène quand il est libre. Ce mot se confond avec *Arpatéja*.

Dér. de *Arpan*.

Arpatéja, *v.* Gambiller, jouer des jambes. — Il est le même que *Arpantéja*. La seule différence paraît être dans l'étym. Celui-ci est dér. de *Arpo*.

Arpéto, *s. f.*, dim. de *Arpo*. Croc de batelier ; mais plus particulièrement ces petites griffes en vrilles, avec lesquelles plusieurs plantes parasites grimpantes s'attachent aux murs ou à l'arbre, leur tuteur, comme le lierre, la vigne-vierge, etc. On le dit aussi des pattes de la plupart des insectes.

Arpi, *v.* Accrocher avec les mains ou les griffes ; rapiner ; empoigner, saisir.

S'arpi, se prendre aux cheveux, s'égratigner réciproquement avec les ongles et les griffes.

Dér. de *Arpo*, formé lui-même du lat. *arripio*.

Arpian, ando, *adj.* Pillard, rapineur, qui a les mains crochues, comme on le reproche, improprement sans doute aux Normands ; escogriffe, escroc.

Dér. de *Arpo*.

Arpiou, *s. m.* Dim. Arpioulé. Ongle long et crochu ; un doigt d'une serre, d'une griffe, pris séparément. Au plur. par ext., main, doigts.

C'est un dim. dér. de *Arpo*.

Arpo, *s. f.* Main ; griffe ; serre ; patte. — On dit : *A bono arpo*, ou *Es uno bono arpo*, d'une femme qui a la main habile pour ramasser une récolte, telle que les châtaignes, ou pour cueillir la feuille de mûrier. *Jouga de l'arpo*, jouer de la griffe ; rapiner, même égratigner. *Trémpa l'arpo*, mettre le pied, entrer dans l'eau ; au fig. mettre la main à la pâte ; entreprendre. *Y-an bouta l'arpo déssus*, on s'en est saisi, on a mis la main sur lui.

Dér. du gr. Ἁρπαξ, croc, crochet, grappin.

Arquado, *s. f.* Arche d'un pont ; voute courbée en arc.

Dér. du lat. *Arcus*, arc.

Arqué, *s. m.* Arc-en-ciel, météore en arc formé par la réfraction de la lumière solaire dans les nuages, composé de plusieurs bandes de couleurs, rouge, orange, jaune, vert, bleu, indigo et violet. — C'est le dim. de *Ar*. (V. c. m.)

Arqué dé voulan, Archet ou étui de faucille.

Dér. du lat. *Arcus*.

Arquièïro, *s. f.* Soupirail, lucarne, jour de souffrance ; ouverture longue et très-étroite pour que la tête n'y puisse passer, qui éclaire une cave, une étable, un grenier, un bâtiment non habité ; barbacane, chantepleure ; ouvertures de même dimension, qu'on pratique dans les murs de soutènement et de terrasse, pour faire écouler les eaux de pluie.

Ce mot vient de son ancienne application aux meurtrières par où tiraient les archers, qu'on nommait *arquiès*.

Arséniso, *s. f.* Armoise, herbe de Saint-Jean, *Artemisia vulgaris*, Linn. Plante de la fam. des Corymbifères, stomachique, vermifuge, emmenagogue, antiseptique.

Dér. du gr. Ἀρτεμισία, nom de la Diane des Latins, patronne des vierges, qu'on appliquait par allusion à une plante dont on faisait usage en médecine pour provoquer les menstrues chez les jeunes filles.

Artéïa (s'), *v.* Se heurter les doigts de pied contre quelque chose ; broncher, se blesser le pied par un choc. — *Aï pôou que mé séraï arteïa*, j'ai peur d'avoir fait une sottise, un pas de clerc.

Dér. de *Artél*.

Artéïado, *s. f.* Heurt, blessure aux orteils : ce qui n'arrive guère qu'aux gens qui vont pieds nus.

Ce mot n'a pas d'équivalent en français, dans nos dictionnaires, parce que ni l'Académie ni les Parisiens ne vont nu-pieds ; mais dans la Picardie, par exemple, où les pauvres gens font comme les nôtres, on dit très-bien *s'orteiller* et *orteillade*. En tous cas, dans l'acception figurée, il est encore à regretter, et il pourrait bien ne pas manquer d'emploi. Il signifie en effet : maladresse, mal-habileté, entreprise ou action dans laquelle on se laisse imprudemment pincer.

Dér. de *Artél*.

Artél, *s. m.* Orteil, doigt du pied. — *Léva l'artél*, se sauver, décamper, detaler ; lever le pied. *Trémpa l'artél*, se mettre à l'eau, guer à pied.

Dér., comme son synonyme ital. *Artiglio*, du lat. *Articulus*, jointure.

Artichâou, *s. m.* Artichaut, *Cynara scolimus*, Linn. Plante indigène de l'Andalousie, de la fam. des Cynarocéphales, cultivée partout à cause de l'aliment que fournit son réceptacle et les écailles de son calice. On en connaît plusieurs variétés. — *Voy. Carchofle*.

Dér. du celt. *Artichauden* ; *art*, pointe, et *chaulx*, chou ; par où Chou épineux. D'autres le tirent de l'arabe *Khar chioff*, artichaut. Le grec et le latin ont été mis aussi à contribution. Nous n'avons pas de préférence.

Artisoùs, *s. m. pl.* — *Voy. Arcisoùs*.

As, *art. pl. m.* au datif. Aux. Au fém. on dit *A las*. — *As homes, as efans*, aux hommes, aux enfants ; *à las fénnos, à las fios*, aux femmes, aux filles.

As, 2e pers. sing. ind. prés. du verbe *Avédre*, tu as. — *As fan*, tu as faim. *As dé poumos*, tu as des pommes.

Asaïga, *v.* Arroser ; mouiller, baigner. — Ce terme exprime spécialement le mode d'arrosage particulier aux Cévennes, soit qu'on puise l'eau dans un cours d'eau bordant la propriété, soit dans un petit bassin où on la ramasse et qu'on appelle *tompo*. On la puise et on la répand au loin au moyen d'une pelle creuse en bois sur les planches d'un jardin, à peu près comme les bateliers vident leur bateau avec une écope. — *Asaïga lou vi*, tremper le vin. *Asaïga à régo*, arroser par irrigation en faisant couler l'eau successivement dans chaque raie d'une planche de potager. C'est le mode qu'on suit quand on arrose au moyen d'un puits-à-roue ou d'un chapelet.

Dér. de *Aïgo* et de la part. explétive *a*, qui marque l'action ; la lettre *s* n'est là que pour l'euphonie, pour éviter le choc des deux *a*, par un hiatus reprouvé même en prose.

Asaïgadouïro, *s. f.* Pelle creuse en bois pour arroser, dont il est question à l'article précédent. Lorsqu'on n'emploie à cet usage qu'une moitié de courge sèche, emmanchée d'un long bâton, ce qui est le plus commun, on peut toujours nommer cet outil *asaïgadouïro* ; mais il est plus technique de l'appeler *couasso*.

Asaïgaje, *s. m.* Arrosage, arrosement ; droit d'irrigation ; action d'arroser.

Ascla, *v.* Fendre, mettre en éclats, dans le sens de fêler.

Ascla, ado, *adj. et part. pass.* Fendu, fêlé ; au fig. écervelé, cerveau fêlé, tête folle.

Asclo, *s. f.* Fente, fêlure, crevasse ; intervalle entre une porte ou une fenêtre et leur chambranle. — *Rire coumo uno asclo*, rire à gorge déployée. — *Voy. Fendasclo*.

Les trois mots ci-dessus de même formation dérivent, selon Sauvages et Astruc, du celt. *Ascl, escl*, radicaux. Le grec a κλάσις, fente, rupture.

Ase, *s. m.* Dim. *Asene*, péj. *Asénas*. Ane, baudet ; *Equus asinus*, Linn. Mammifère de la fam. des Solipèdes. Au fig. sot, ignorant, imbécile, lutor. — *Faïre lou répas de l'ase*, manger sans boire. *L'ase té quïe*, peste de toi ! *L'ase me quïe*, foin de moi ! *Mouririé pu léou l'ase d'un pdoure home*, il mourrait plutôt l'âne du pauvre : c'est une espèce de murmure contre le sort qui semble frapper plus fort sur le pauvre que sur le riche ; mais cette expression, qui est devenue très-proverbiale, n'a rien d'irrévérencieux ni d'irréligieux. Cela se dit quand l'enfant d'une nombreuse famille est dangereusement malade ; ou bien lorsqu'on voit échapper de maladie un égoïste, un homme isolé, dont la perte ne serait préjudiciable à personne. On suppose par là que rien n'est plus utile au pauvre que son âne, qui est son gagne-pain. *Michan coumo un ase negre*, méchant comme un âne noir. Cela provient de cette race d'ânes, très-grands et très-méchants, qui vient de la Catalogne, où ils sont tous d'un gris presque noir. *Pati coumo un ase dé las gipicïros*, souffrir comme un âne de plâtrière. Le plâtre gris, qu'on n'exploitait autrefois pour les environs d'Alais que dans la commune de Générargues, était transporté à dos d'âne dans des sacs qu'on leur posait à nu sur le dos. Un gamin, à califourchon sur la croupe, les guidait sans bride avec un gros bâton, et les faisait galoper, malgré cette double charge: ils allaient ainsi par cavalcade de dix à douze. Ce service était fort dur, attendu surtout que les pauvres baudets étaient mal nourris et réduits souvent à brouter l'herbe sèche des chemins. Ce genre de transport, qui avait son cachet local, a disparu aujourd'hui que les routes et les chemins vicinaux permettent une voie plus facile; mais le dicton proverbial est resté. *Y-a mai d'un ase à la fièiro qué sé semblou*, prvb., il y a plus d'un ane à la foire qui s'appelle Martin. *L'ase dé mita es toujour mdou émbasta*, prvb., l'âne de la communauté est toujours le plus mal bâté : tout bien en commun ou en indivis est toujours mal administré. *L'ase fiche !* est une sorte d'interjection explétive, fort en usage, et qui n'est que la modification plus décente d'une locution fort employée, quoique de beaucoup moins honnête : *L'ase fiche lou durié !* le diable emporte celui qui sera le dernier à la course. *Aquel ase és bién maldou qué porto déssus un bél émplastre*, voilà un âne bien malade, qui porte sur le dos un grand emplâtre, c'est-à-dire un homme inutile : ce devait être un des propos de ceux de la fable du *Meunier, son fils et l'âne*. *Mouqué coumo un ase*, penaud comme un baudet *Aquelo rabo n'es pas per aquel ase*, dicton prvb., mot à mot : ce verdage n'est pas pour un pareil âne. Au fig. : ce n'est pas pour lui que le four chauffe; ce morceau est trop délicat pour lui; il lui passera sous le nez. Dans ce sens se trouvent une foule d'applications.

La femelle de l'âne, ânesse, est appelée *Sdoumo*. — V. c. m.

Asené, ânon, est le dim. *Asénas*, péjor., signifie au pr. et au fig., gros âne. — *Voy. Bourou, Bourisquo, Pécata*.

Ase, au jeu de cartes, as. *Ase dé piquo, dé tréflo ou dé trounfle, dé caïre, dé cur*, as de pique,.de trèfle, de carreau, de cœur. — *Voy. Bourou*.

Ase, tres-petit poisson de rivière, chabot des rivières, *Cottus gobio*, Linn., qui a l'encolure de la baudroie, la tête large et plate, plus grosse que tout le reste du corps. Il est insipide à manger et contient souvent du gravier dans l'estomac. Il se tient presque toujours au fond de l'eau, sous les pierres. Quand on l'irrite, il renfle sa large tête, ce qui le rend encore plus laid.

Ase-bouïen, s. m. Le têtard, la nymphe de la grenouille, qu'on rencontre dans les eaux croupissantes, où un rayon de soleil suffit pour les faire éclore. En naissant il est noir ; en grossissant il devient gris. Sa tête et son corps forment une espèce de boule terminée par une queue plate en forme d'aviron et dont le plan est vertical. Les pattes sortent de cette boule, la queue se détache, et le têtard aquatique devient grenouille amphibie. Au fig. *Ase-bouïen* signifie : butor renforcé, ane, imbécile, sot fieffé; un degré de plus dans la sottise ou la bêtise que l'âne ordinaire. Il est très-employé.

Le nom latin du têtard, *Gyrinus*, est facile à comprendre : il vient de *gyrare*, arrondir, puisque c'est une vraie boule.

Son nom fr. qui signifie grosse tête, a sa raison puisqu'il ne semble être qu'une tête; mais notre *ase-bouïen*, dont l'épithète surtout ne dit rien, ne s'explique guère. Dans nos environs, on appelle le têtard *tésto d'ase*, ce qui est un peu moins incompréhensible.

Ase dé charpanto, chevron de charpente, composé de sa ferme, du pied-droit et des arbalétriers.

Ase dé ressaïre, banc à trois pieds sur lequel les scieurs de long élèvent et placent horizontalement leur bigue; le pied de derrière n'est que le prolongement du banc lui-même, qui vient s'appuyer à terrre et le long duquel on roule la bigue pour la hisser, quand elle est trop lourde pour être soulevée sur les épaules.

Toutes ces dernières acceptions dérivent de quelque point de comparaison ou de similitude avec l'âne, animal, dont le nom dérive lui-même du lat. *Asinus*.

Asénén, énquo, adj. D'âne; qui tient de l'âne; qui vient de l'âne.

Asénga, v., ou **Enzina.** Arranger ; rajuster ; agencer ; raccommoder; apprêter. *S'asénga*, s'arranger, se mettre à l'aise et s'ajuster. — *Voy. Enzina*.

Dér. de *Aïsi*.

Asérba, v., ou **Ashérba.** Donner le vert aux chevaux; conduire les troupeaux dans les prairies.

Dér. de *Hérbo*.

Aspre, o, adj. Apre, désagréable au goût.

Der. du lat. *Asper*, et au moins contemporain du fr.

Assadoula, v. Rassasier, gorger; assouvir la faim.

Dér. de *Sadoul*.

Assaja, v., ou **Ensaja.** Essayer ; tenter ; tâcher de faire; faire l'essai ; essayer un habit, une robe, un chapeau, pour voir s'ils vont bien.

Dér. de l'ital. *Assagiare*, m. sign.

Assalé, s. m. Place garnie de pierres plates ou de cheneaux en bois, où l'on donne le sel aux moutons.

Dér. de *Sdou* et de *Sala*.

Assaléja, v. Donner le sel au bétail

Dér. de *Sdou*, formé du lat. *Sal*.

Assana, v. Cicatriser, guérir une plaie, une blessure.

Dér. de *San*, sain.

Assâou, s. m. Emotion pénible; nouvelle alarmante; reproche mortifiant ; importunité fatigante. — *Nous douné un fiér assdou*, il nous alarma vivement.

Emp. du fr. *Assaut*.

Assâouvagi, v. Rendre sauvage, farouche. — *Dé batre lou béstidou l'assdouvagis*, on rend les animaux farouches en les battant.

S'assdouvagi, v. S'effaroucher; prendre un air, une humeur sauvage; contracter des manières agrestes.

Dér. de *Sdouvajé*.

Assassin, s. m. Assassinat, et non assassin. — *Aquò's un assassin*, c'est un vrai assassinat, dit-on, quand on est assailli par une troupe de mendiants, une foule de créanciers ou simplement d'importuns.

Dér. de *Haschichin*, qui était le nom des sujets du Vieux de la Montagne, autrement dit Prince des Haschichins, ou Assassins. Comme ses sujets, fanatisés par lui, assassinaient tous ceux qui déplaisaient au maître, leur nom est devenu générique pour désigner les assassins.

Assassinna, *v.* Assassiner, tuer par guet-apens, par trahison, de dessein prémédité. Au fig. importuner à l'excès, solliciter; exiger son dû tout de suite, comme si l'on mettait le pistolet sur la gorge. — Les deux *n* se font sentir.

Assassinur, *s. m.* Assassin, meurtrier.

Assata, *v.* Affaisser; battre; fouler, tasser. — *Assata la bugado*, encuver le linge de la lessive, l'abreuver pour l'entasser. *Assata un co dé poun*, asséner un coup de poing. *La croto s'és assatado*, la voûte a fait son effort, les murs ont pris leur assiette. *Assata un soufflé*, appliquer un soufflet.

Dér. du lat. *Assidere*.

Assécarlì (s'), *v.* Se dessécher, devenir sec. — Se dit principalement d'un arbre qui meurt peu à peu par les branches.

Dér. de *Séqua*.

Asségura, *v.* Rendre sûr, consolider; caler; assurer, certifier, affirmer.

Dér. de *Ségu*.

Asséguranço, *s. f.* Sûreté, assurance; caution, nantissement, hypothèque; fermeté, hardiesse.

Assémâou, *s. m.*, ou **Sémâou**. Cornue; comporte; benne; vaisseau de bois composé de douves reliées par des cercles, avec deux chevilles horizontalement placées, par lesquelles deux personnes le transportent à l'aide de deux bâtons appelés pour cela *sémaïés*, qu'on passe en dessous des chevilles. Ce vaisseau sert principalement à transporter la vendange.

Dér. probablement de *Séma*, mot d'un autre dialecte que le nôtre, qui signifie : tirer le moût d'une cuve trop pleine, dér. lui-même de l'ital. *Scemare*, diminuer. — *Voy. Sémâou.*

Assémbla, *v.* Assembler; rassembler; mettre ensemble, joindre, unir, réunir, rapprocher; convoquer. — *Diou lous faï, amaï lous assémblo*, Dieu les fait et les assemble, dit-on souvent ironiquement d'un ménage plus ou moins bien assorti, d'une coterie dont les membres sont ignorants et singuliers.

Emp. du fr. *Assembler*.

Assémblado, *s. f.* Assemblée; plus spécialement, la tenue des offices divins dans la religion réformée, soit dans un temple, soit au désert.

Emp. du fr.

Assès, *adv.* Assez, autant qu'il en faut. — C'est purement un terme de civilité populaire. *N'aï bièn assès*, dit-on à table quand le maître de la maison vous offre d'un nouveau plat. Dans ce cas-là on ne dit jamais : *N'aï bé prou*. *Assès* ne se place qu'à la fin de la phrase. On ne dit pas : *Aï assès manja*, mais bien : *Aï prou manja*.

Emp. au fr., comme la plupart des termes de civilité.

Assésì, ido, *adj.* Rassis. — Ne se dit guère que du pain, par opposition à pain frais ou mollet.

Dér. du lat. *Assidere*.

Asséta, *v.* Asseoir, mettre sur un siège; faire tomber quelqu'un par force sur son derrière; poser sur une base solide.

S'asséta, *v.* S'asseoir, se mettre dans un siège; s'établir d'une manière solide, prendre son faix, en parlant d'un mur, d'une voûte, d'une pierre de taille.

Dér. du lat. *Assidere*.

Assétoùs (d'), *adv.* Assis, sur son séant; par opposition à debout. — *Ero d'assétoùs sus soun iè*, il était au lit, assis sur son séant.

Assiétado, *s. f.*, ou **Siétado**. Assiettée; contenu d'une assiette, plein une assiette. — *Uno assiétado dé soupo*, est une assiette de soupe, non seulement pleine, mais comblée et presque en pyramide. — *Voy. Siétado.*

Dér. de *Assièto*.

Assièto, *s. f.*, ou **Sièto**. Assiette, vaisselle plate dans laquelle on met ce que l'on mange à table. — *Assièto bécudo*, écuelle à bec. *Paro ta sièto*, présente ton assiette.

Dér. du lat. *Assidere* ou *assisia*, de *à sedendo*, parce qu'autrefois l'*assièto* indiquait la place de chaque convive à table.

Assigna, *s. m.* Assignat, papier-monnaie. — Ce terme est malheureusement devenu familier à tous les idiomes de la France, et y est resté en triste souvenir. — *Prin coumo un assigna*, mince comme un papier d'assignat. *Afatrassi coumo un assigna*, mou, sans apprêt, sans consistance, comme les feuilles d'assignats. Même avant que ceux-ci fussent décrédités par la banqueroute et l'échelle de dépréciation, ils étaient méprisés par le peuple pour leur légèreté, leur peu de consistance, et la nullité de leur valeur spécifique, en regard des espèces sonnantes, fussent-elles du billon le plus lourd.

Assista, *v.* Faire l'aumône; aider, secourir. — *Diou vous assiste*, Dieu vous vienne en aide! *Pode pas vous assista*, je ne puis rien vous donner, dit-on à un mendiant.

Dér. du lat. *Assistere*.

Associa (s'), *v.* S'associer, se mettre en communauté d'intérêts; former une association.

Dér. du lat. *Associare*.

Assoulida, *v.* Consolider, rendre solide, sûr; donner des garanties, des hypothèques, des nantissements; affirmer.

Dér. de *Soulide*.

Assouma, *v.* Assommer; tuer ou terrasser en frappant sur la tête avec quelque chose de lourd, comme un bâton, une pierre, une massue.

Dér. du lat. *Summum*, sommet.

Assourda, *v.* Assourdir, rendre sourd à force de crier ou de faire du bruit; ennuyer, fatiguer de propos.

Dér. de *Sour*.

Assourti, v. Aller au-devant ou à la rencontre de quelqu'un.

Formé de *Sourti* et de la prép. lat. *ad*, sortir vers.

Assourti, v. Assortir, mettre ensemble des objets qui se ressemblent, qui se conviennent, qui concordent.

Dér. du lat. *Sors.*

Assupa, v. Rencontrer nez à nez, se heurter contre quelqu'un, en le rencontrant à l'improviste, sans l'avoir aperçu d'avance.

Dér. de *Su*, tête, crâne.

Assuqua, v. Assommer, frapper fort sur la tête.

S'assuqua, v. Tomber sur la tête, donner de la tête contre un corps dur. — *Es tout assuqua*, il est tout hébété.

Dér. de *Su*, crâne, et *a* privatif.

Astre, s. m. Astre; soleil, étoile, corps céleste. — *Moun astre*, dans le langage des nourrices à leur poupon, dans celui des amoureux à leur belle, est l'expression de leur tendresse charmée et éblouie. Il s'emploie aussi dans le même sens à peu près que *planéto*, ou étoile, en fr., pour parler de l'influence du sort, de la destinée soumise aux astres ou en dépendant. Les anciens et les modernes ont conservé dans leur langue la tradition de cette influence des astres; on en a fait une science qui a eu sa vogue. *Pér co d'astre*, par hasard, par bonheur. *Lou diable vire l'astre!* Peste soit! sorte d'imprécation qui nous vient de loin, assure Sauvages. C'est le *Deus omen avertat!* des Romains. *Sémblo qué siès din lous astres*, on dirait que tu es dans les astres, reproche-t-on à une personne distraite et préoccupée.

Etym. du gr. Ἄστρον, de Ἀστήρ, étoile, d'où le lat. *astra*.

Asurpa, v. Usurper. — Ne se dit qu'en parlant des propriétés territoriales, qu'on rogne peu à peu en éloignant la ligne divisoire.

Emp. du fr.

Atala, v. Atteler; attacher des bêtes de trait, chevaux ou mules, à une voiture ou à une charrue. — *Es dé michan atala*, c'est un homme intraitable, revêche au joug ou qui n'entend pas la raison.

S'atala, v. S'appliquer, employer toutes ses forces, toute son attention; faire son possible; se mettre au travail. — *S'atalèrou à bataïa*, ils se mirent en train à babiller.

Dér. du lat. *Telum*, flèche, timon.

Atalaje, s. m. Attelage; l'ensemble des bêtes de trait qui trainent une même charrette.

Atalus (én), adv. Obliquement; en talus; en biseau.

Dér. du lat. *Talus*, talon, cou-de-pied.

Atalussa, v. Couper un terrain en talus; former en talus la berge d'un fossé; donner du pied à un mur, à une chaussée, à une butte.

Atàoula, v. Attabler; mettre les gens à table pour manger, boire ou jouer. — *S'atàoula*, se mettre à table.

Dér. de *Tàoulo*.

Atapa, v. Prendre, saisir, joindre; fermer, boucher, couvrir, cacher, voiler. — M. de Bonafous a dit dans une charmante chanson :

Sé vos pas qué siègue tan amouroùs
Et dé ta bouqueto et dé tous ièioùs,
Atapo-loùs, ma mio, atapo-loùs.

Ce mot, dans le premier sens, est une variante de *atrapa*, et dans le second, de *tapa*. — Voy. *Atrapa* et *Tapa*.

Ataqua, ado, adj. Atteint d'une maladie; qui a un vice dans une partie du corps; qui souffre d'une infirmité. — *Ataqua dé l'asme*, asthmatique. *Ataqua dé la péitrino*, atteint de pulmonie.

Dér. de *Taquo*.

Ataquo, s. f. Attaque, atteinte d'une maladie; crise. Au fig. folie, acte de déraison. — *Es mor d'uno ataquo*, il est mort d'apoplexie. *Sas ataquos lou prénou*, le voilà retombé dans sa folie.

Emp. au fr.

Atarda, v. Retarder; attarder, mettre en retard.

S'atarda, s'attarder, se retirer tard, se mettre tard en route.

Dér. de *Tar*.

Atari, v. Tarir, mettre à sec. *S'atari*, tarir, devenir sec; perdre son eau. — *Soun moulì s'ataris pas jamaï*, il ne met jamais l'écluse à ses paroles.

Dér. du lat. *Arire*, par métaplasme de *Arere*, être à sec.

Atébési (s'), v. Tiédir, devenir tiède. — La progression de ce mot est en raison inverse de son correspondant français. Une chose s'atiédit quand elle a été plus chaude avant et qu'elle passe graduellement à une température moins élevée. C'est le contraire avec le mot languedocien *S'atébési*, qui exprime que la chose, de froide qu'elle était, devient tiède.

Dér. de *Tébés*.

Atènciou, s. f. Ce mot ne s'emploie que précédé du verbe *faire* : faire attention, prendre garde; ou bien seul comme interj. : Attention! *Aténciou!* Garde à vous !

Emp. au fr.

Aténdre, v. Atteindre, frapper de loin, toucher; attendre, être dans l'attente, l'expectative; être attentif à un ouvrage, y mettre tout son temps, sans perdre une minute.

S'aténdre, croire, se fier, avoir confiance, se rapporter. — *L'aténdéguè à la tèsto d'un cò dé pèiro*, il l'atteignit à la tête d'un coup de pierre. *L'aténdou coumo lou Méssio*, ils l'attendent comme le Messie. *Aténdès-nous un pàou*, attendez un peu que nous arrivions. *S'aténdiè énd'aquèl traval touto la gnuè*, il s'appliquait à cet ouvrage toute la nuit. *Sé vous aténdès d'èl, sérés màou fisa*, si vous vous fiez à cet homme, vous serez peu sûr de votre affaire.

Dér. du lat. *Attendere*.

Aténén, ènto, adj. Contigu, limitrophe, tenant. — *Aquel bé és tout d'un aténén*, dans ce domaine toutes les terres se touchent, sont contiguës, attenantes.

Dér. du lat. *Ad*, et *tenere*.

Aténténa, v. Atermoyer, prolonger les termes ; renvoyer d'un jour à l'autre ; tenir le bec dans l'eau. — *Aténténa uno fío,* bercer une jeune personne d'une promesse de mariage, dont on retarde toujours l'exécution.

Formé de la réduplication de *Tén,* comme si l'on disait *dé tén à tén,* d'un temps à l'autre.

Aténténaïre, aïro, adj. Atermoyeur, mauvais payeur ; enjoleur, trompeur de filles.

Atéssa, v. Allaiter ; donner à téter ; donner le sein à un enfant.

Dér. du gr. Τιθή, nourrice, par métaplasme du τ en ς, ou en suivant la prononciation adoucie du θ qui est une véritable sifflante. En celt. *Tétar* signifie téter.

Atéssado, s. f. Repas ou réfection d'un enfant qui tête. — *Douna uno atéssado,* donner à téter, faire téter. *A agu dos atéssados,* il a tété deux fois.

Dér. de *Téta.*

Atétouni, ido, adj. Affriandé à la mamelle, qui veut toujours téter ; enfant difficile à téter.

Dér. de *Téta.*

Atifa (s'), v. S'attifer, s'ajuster, se pomponner, se parer de tous ses atours.

Dér. du gr. Στέφειν, orner, ou de Τύφος, soin de se parer.

Atifès, s. m. pl. Affiquets, pompons ; fanfreluches de toilette ; atours, ajustements de femme.

Emp. au vieux fr. *Attifets.*

Atira, v. Attirer ; allécher ; affriander, appâter. — *Aquel vin atiro soun buvur,* ce vin excite à boire. *Aquélo marchando és bièn atiranto,* cette marchande est bien prévenante ; elle attire les chalands par ses prévenances.

Formé de *Ad,* vers, et *tira.*

Atissa, v. — Voy. *Aquissa.*

Ato, s. f. Acte, contrat notarié ; exploit d'huissier. — *Li faraï douna uno ato,* je lui ferai signifier un exploit.

Dér. du lat. *Actum.*

Atoùs, s. m., ou **Trounfle.** Atout, terme de jeu de cartes ; couleur de la retourne, ou celle dans laquelle on joue ; triomphe. — *Batre atoùs,* faire atout. *A pas sdoupégu jouga, aviè bièn lous atousses én man,* il n'a pas su mener sa barque, il avait toutes les chances de succès ; il a perdu avec beau jeu.

Ce mot signifiait dans l'origine la couleur supérieure à tout, qui prend toutes les autres, qui gagne tout.

Atrapa, v. Attraper ; tromper, duper, faire une niche ; trouver, trouver par hasard, rencontrer. — *T'atraparas bé,* tu finiras bien par t'attraper. *Vos qué lous atrapén?* veux-tu que nous leur fassions une niche ? *Coumo atrapas aquél vi?* comment trouvez-vous ce vin ? *Piou-piou, cé qu'atrape és miou,* bon, ce que je trouve m'appartient, disent les enfants en s'emparant de quelque bonne trouvaille.

Dér. du vieux lat. *Trappa.*

Atrapaire, aïro, adj. Trompeur, faiseur de dupes.

Atrapo, s. f. Attrape ; niche ; tricherie ou fourberie innocente et par pure plaisanterie. — Le poisson d'avril est une *atrapo.*

Atrouba, v. ou **Trouba.** Trouver, rencontrer ; surprendre. — *Aquést'an Caléndo s'atrobo un dilus,* cette année, la Noël arrive un lundi.

Dér. de l'all. *Treffen,* toucher, atteindre, selon Le Duchat ; par métaphore, trouver ; d'où l'ital. *Trovare.*

Atroupa (s'), v. S'attrouper, se rassembler par troupe, se réunir tumultueusement.

Dér. de *Troupo.*

Atroupéla, v. Réunir en troupeau, par bandes qui marchent dans un certain ordre, processionnellement, comme le troupeau qui suit la trace de Robin-mouton.

Dér. de *Troupèl.*

Atuba, v. Allumer le feu, la lampe, une chandelle ; et non éclairer.

Dér. du lat. *Tubus,* tube, tuyau, parce qu'originairement on soufflait le feu avec un tube en fer, comme on le fait encore dans quelques-unes de nos montagnes.

Atubal, s. m. Menu-bois, allumettes, copeaux, broutilles ; tout ce qui est propre à s'enflammer rapidement et qui peut aider à allumer le gros bois d'un feu.

Dér. de *Atuba.*

Atupi, v. Réduire au silence, rendre muet ; éteindre ; calmer ; étouffer, couvrir ; au prop. et au fig. — *Atupi lou fió,* ce n'est pas éteindre ni étouffer le feu ; mais bien le recouvrir de cendres chaudes ou du charbon mouillé, ce qui le conserve sans le laisser flamber.

Dér. du gr. Ἄτυπος, bègue, muet, sans bruit ; ou formé de *a* privatif et Τύφω, allumer, enflammer.

Aval, adv. Là-bas, en bas : pour les Cévennes, tout ce qui est au midi et à l'est d'Alais. Le territoire de Nimes, de Montpellier et la Provence sont comparativement en bas, *aval;* en parlant d'une de ces localités, on dit : *Aval vèr Sén-Gile, vèr Béoucaire.* — *Aval-aval,* là-bas bien bas.

Formé du lat. *Ad vallem,* vers la vallée, par opposition à *amoun, ad montem,* vers la montagne.

Avali (s'), v. Se perdre, disparaître sans laisser de traces, à la manière des esprits ; se dissiper comme un songe ; s'évanouir.

Dér. de *Aval* et du lat. *ire,* parce qu'on suppose que les esprits viennent des bas lieux, et qu'ils y retournent quand ils disparaissent.

Avança, v. Devancer, prendre les devants sur quelqu'un, le dépasser, soit en marches, soit en études, en savoir ; faire des avances, avancer de l'argent.

S'avança, avancer, s'avancer ; aller au-devant, prendre les devants ; approcher du but, du terme. — *Aquél éfan és bièn avança,* cet enfant est fort avancé dans ses études. *De que vous avanço aquo?* à quoi cela vous sert-il, quel avantage en retirez-vous ? *Aro qu'avès fa lou fol, sès pus avança,* à présent que vous avez fait toutes ces folies, êtes-vous mieux loti ? *Es tan d'avança,* c'est autant de fait.

Dér. du lat. *Ab,* de, par, et *antè,* avant ; ou bien *ad ventum,* vers le vent.

Avanço, *s. f.* Avance, ce qui déborde, ce qui dépasse ; espace de chemin que l'on a devant quelqu'un. — *Prène l'avanço*, prendre les devants. *L'avanço d'uno casquéto*, la visière d'une casquette.

Avanço (d'), adv. D'avance, par anticipation, avant le temps. — *Ou savian d'avanço*, nous le savions déjà.

Avanços, *s. f. pl.* Avances d'une mise de fonds pour un fermier, pour un commerçant ou pour un artisan qui commence à s'établir ; anticipation ; ressources préparées et prètes. — *Avedre d'avanços*, avoir des avances, de l'argent devant soi. *Plaça sas avanços*, placer ses fonds, ses économies. *Aquéles novis douran prés las avanços*, ces jeunes fiancés auront prélevé les prémices du contrat.

Dér. du lat. *Ab* et *antè*.

Avantaja, *v.* Avantager, donner, faire des avantages à un de ses enfants par-dessus les autres, lui former un précipul.

Dér. du lat. *Antè*, et *agere*.

Avantaje, *s. m.* Avantage ; supériorité ; position privilégiée; précipul. — *Aquò's un bèl avantaje quand on a sas avanços*, c'est déjà un grand avantage d'avoir sa première mise de fonds. *D'aiçaval on a pas l'avantaje pér émpléga sas forços*, d'en bas on n'a point d'élan pour faire valoir sa force.

Emp. au fr.

Avantajoùs, *ouso*, *adj.* Avantageux, qui offre des avantages ; présomptueux, qui croit avoir par sa taille, sa force, son adresse, l'avantage sur les autres.

Avantura, *v.* Aventurer, hasarder ; exposer à un risque, à un danger, courir la chance.

Dér. de *Avanturo*.

Avanturiè, *s. m.* Aventurier — On appelle ainsi le vers à soie qui précède de plusieurs jours la masse de ses compagnons et fait un cocon précoce. Dans une chambrée on recueille à part ces avant-coureurs, pour avoir une idée de la qualité et de la forme du gros de l'armée. Quelques personnes croient que ces vers hâtifs ne passent que par trois mues au lieu de quatre ; il est plus probable que ce sont des vers premiers-nés ou qui ont plus de vigueur pour parcourir leurs divers âges.

Dér. de *Avanturo*.

Avanturo, *s. f.* Aventure ; évènement inopiné ; accident. — *Aguère uno avanturo*, j'eus une bonne fortune. *A l'avanturo*, à la garde de Dieu, sans précaution, aux chances du hasard. *Douna la bono avanturo*, dire la bonne aventure, tirer des horoscopes.

Dér. du lat. *Adventurus*, futur pass , qui doit arriver.

Avanturoùs, *ouso*, *adj.* Aventureux, qui hasarde, qui ne craint pas le danger.

Dér. de *Avanturo*.

Avaras, *asso*, *s. et adj.* péjor. de *Avare*, peu usité ; gros et sordide avare.

Dér. du lat. *Avarus*, *avidus eris*.

Avaricio, *s. f.* Avarice, attachement excessif aux richesses ; lésinerie sordide.

Dér. du lat. *Avaritia*.

Avaricioùs, *ouso*, *adj.* Avare, pince-maille, fesse-mathieu ; avaricieux, qui craint la dépense, ne donne pas ou donne mal.

Dér. de *Avaricio*.

Avè, *s. m.* Avé. Premier mot latin de l'*Ave Maria*, de la Salutation angélique ; grain de chapelet sur lequel on dit l'Avé ; temps de le dire.

Avé, *s. m.* ou **Avéïè**. Troupeau de moutons, de brebis. Il a vieilli et n'est plus usité qu'au-dessus d'Alais. — *Garda l'avé*, garder le troupeau.

Dér. du lat. *Ovis*.

Avédre, *v. act. et auxil.* Avoir, posséder ; atteindre, aveindre. — *Avédre lou fiou*, être dégourdi, rusé. *Avédre pòou*, avoir peur. *Avédre la séntido*, pressentir. *ié lre gran q'dou dé*... S'estimer heureux de . *Es pas riche, mais a bièn quicon*, il n'est pas riche, mais il a quelque bien. *Avèn convengu*, nous sommes convenus. *Ai agu*, j'ai eu. *Aguèrou*, ils eurent. *Aguèn*, nous eûmes. *S'aguéssian fa coumo aquò*, si nous avions ou si nous eussions fait comme cela. *Vai! t'douraï*, vas, je t'atteindrai. *Avèn agu dé résoùs*, nous nous sommes querellés. *Aquèl broutèl és trop nàou*, *pode pas l'avé lre*, ce rameau est trop haut, je ne puis y atteindre — Voy. *Avéra*.

Dér. du lat. *Habere*.

Avéjan, *s. m. n. pr.* de lieu. Avéjan, comm. annexe de Saint-Jean-de-Maruéjols, canton de Barjac, arrondissement d'Alais.

Ce nom paraît venir de *Avé*, *avjiè*, troupeau de brebis, du lat. *ovis*, plutôt que de *ave*, *èvs*, en roman, qui dans notre lang. affecte en général une autre forme. La situation, d'ailleurs, la nature du pays favorise singulièrement notre interprétation. Le suffixe *an* qualifie le radical. — Voy *An*, suff.

Avélagnè, *s. m.*, ou **Avelagneïro**, *s. f.* Noisetier, avelinier, coudrier ; *Corylus avellana*, Linn. Arbrisseau ou arbre de la fam. des Amenlacées. Le Coudrier est l'espèce sauvage et silvestre ; le Noisetier est le coudrier cultivé. C'est avec les scions du coudrier que l'on fait la fameuse baguette divinatoire des prétendus inventeurs de sources et de fontaines.

Dér. de *Avélano*.

Avélagnèïro, *s. f.* Coudraie, lieu couvert de coudriers ; bosquet de noisetiers. On la prend aussi pour le Noisetier lui-même.

Dér. de *Avélano*.

Avélano, *s. f.* Aveline, noisette, fruit du noisetier.

Dér. du lat. *Avellana*, m. sign , qui vient lui-même de *Avella*, ville du royaume de Naples, où les coudriers sont en abondance, et renommée encore aujourd'hui pour la bonne qualité de ses noisettes. En cat. esp. ital. *Avellana*.

Avén, *s. m.* Cavité ou conduit souterrain et naturel, qui sert de réservoir aux eaux de la pluie ou de la neige, et qui alimente les sources ; caverne profonde et verticale au fond de laquelle est un amas d'eau.

Dér. du celt. *Awen*, rivière.

Avéna, v. ou **Abéna**. Epargner, ménager, économiser ; épuiser ; user jusqu'au bout, jusqu'à la corde. — *Avénas la sdou*, ménagez le sel. *Avéna sas fardos*, user ses vieux habits, les porter quoique usés et rapiécés. *Avéna lou jour*, profiter du jour jusqu'à son déclin. — Le part. pass. adj. *Avéna, ado*, signifie : épuisé, usé par les débauches, ou ruiné par les maladies. — *Voy. Abéna.*

Avéna, *s. m.* Gruau d'avoine, dont on fait une excellente purée pour le potage.

Dér. du lat. *Avena*, avoine.

Avénaduros, *s. f. plur.* — *Voy. Abénaduros.*

Avénén, *s. m.* Ne s'emploie qu'au génitif, et dans une sorte de phrase faite, *d'un avénén*. — *Tout d'un avénén*, tout d'une pièce, d'une venue, sans galbe et sans forme. *Uno cambo tout d'un avénén*, une jambe sans mollet. *Es touto d'un avénén*, elle n'a ni tournure, ni hanches, ni gorge. — Le nominatif adjectivé, qui voudrait dire : *avenant*, affable, est du pur franchimand.

Dér. de *Véni.*

Avéngu, udo, *adj. part. pass.* de *Avéni*. Grand et fort, bien venu. — *Aquél éfan és bièn avéngu pér soun tén*, cet enfant est bien grand, bien fort pour son âge.

Avéngudo, *s. f.* Crise de maladie ; revers de fortune ; accident malheureux et inopiné.

Dér. de *Avéni.*

Avéni, *v.* Arriver à faire ; parvenir à ; réussir ; suffire. — *Pode pas y avéni tout soul*, je ne puis suffire seul à ce travail. *Y avéndra pas*, il n'y réussira pas, il n'y parviendra pas. — *Péraquò y-avéndrén*, pourtant nous en viendrons à bout.

Dér. du lat. *Advenire.*

Avéno, *s. f. n. pr.* Avène, petite rivière torrentielle qui prend sa source dans la montagne de Rouvergue, près de la Grand'Combe, et se jette dans le Gardon, au droit de Saint-Hilaire-de-Brethmas, au-dessous d'Alais.

Dér. du celt. *Awen*, rivière, qui entre dans beaucoup de noms propres de rivières ou de localités situées sur des cours d'eau, notamment le nom lat. *Avenio*, Avignon. Avesnes, chef-lieu d'arrondissement du département du Nord, sort évidemment de cette modeste source. Son ancienne orthographe *Avenna* rappelle le mot celtique avec sa double consonnance latinisée, *avenn*, et notre prononciation lang. fortement sentie dans *avén*, qui est le même mot. L'origine de *Advenæ*, étrangers fixés sur ce territoire, *ab advenis gentibus ibi collocatis*, est une glorieuse imagination ; mais notre patois, comme on dit dans le Nord, est plus fidèle aux traditions et a bien son prix. Les communes rurales *Avesnes-le-Sec*, *Aveny*, *Avenay*, *Avesnes-sur-Helpe*, *Avesnes-lez-Aubert*, sont de petits affluents : *Avesnes-le-Sec* indique un *avén*, une source tarie, et non pas un sol aride où l'avoine ne pousse plus. Là se trouve la confirmation de l'origine du nom, pour lequel il est inutile de faire de l'érudition historique à la recherche d'une flatteuse et imaginaire dénomination.

Avéns (Lous), *s. m. pl.* L'Avent, le temps qui est placé entre la Saint-André, le 30 novembre, et la Noël, 25 décembre. C'est pour l'Eglise romaine, un temps d'expiation et de pénitence pour se préparer aux joies de la Nativité, comme le Carême est une préparation au triomphe pascal. — On disait en v. fr. : les Avents.

Dér. du lat. *Adventus*, arrivée.

Avéousa, *v.* ou **S'avéousa**. Devenir veuf ; perdre sa moitié ; être délivré. — *Diou m'én avéouse*, Dieu me délivre d'un tel ou de telle chose !

Dér. de *Véouse.*

Avéra, *v.* Aveindre ; atteindre ; tirer un objet d'un endroit hors de portée, soit en haut, soit en bas. — *Avéra dé cérièiros*, cueillir des cerises avec un croc. *Avéra lou féra*, tirer un seau noyé du fond d'un puits. *Qutou po y-avéra?* qui peut y atteindre?

Dér. du lat. *Advenire*, ou *Advehere.*

Avéracioù, *s. f.* Advération, terme de vieux cadastre ; dénombrement des biens-fonds, avec leur contenance, confins et estimation, pour former l'assiette de la taille.

Dér. du lat. *Verax*, véridique, sincère.

Avérti, *v.* Avertir, donner avis ; présager ; instruire ; prévenir du danger ; convoquer les membres d'une assemblée délibérante ; inviter à un convoi funèbre. — *Lou tounéro n'avertis pas*, le tonnerre ne gronde pas avant la foudre.

Dér. du lat. *Advertere*, tourner l'attention vers.

Avértimén, *s. m.* Avertissement du juge de paix, invitation à la conciliation ; avertissement du rôle des contributions. Il serait encore applicable aux avertissements donnés aux journaux dans notre époque. — *Lous avértiméns i-an pas manqua*, ce n'est pas faute qu'on l'eût bien prévenu.

Avès, 2e *pers. du plur. de l'ind. prés. du v. Avédre.* Vous avez.

Avès, *s. m.* Revers d'une montagne vers le nord ; aspect au nord. C'est le contraire de l'*Adré*, aspect du midi. — *Aquò's dé bos dé l'avès*, c'est du bois coupé à l'aspect nord. Ce bois est moins bon à brûler que celui de l'*adré*. Ses pores sont plus serrés, ses fibres sont plus longues et plus entre-nouées ; il devient noir au feu et fournit peu de braise.

Dér. de *Vès*, versant.

Avésqua, *s. m.* Evêché, palais épiscopal. — L'évêché a joué longtemps un grand rôle à Alais, soit pendant qu'il était réellement un palais et la résidence d'un évêque, soit lorsqu'il est devenu presque du domaine public. Ses cours, ses jardins étaient le rendez-vous des oisifs de café et des jeux des écoliers. Il demeure seulement encore à l'état de nom propre parmi nous, aujourd'hui que la sape industrielle a fait disparaître le magnifique dessin de sa double façade et de sa cour d'honneur, que les jardins mutilés ont été envahis par des constructions bourgeoises, ou divisés en petits carrés, et qu'enfin l'orangerie et le côté des fruitiers viennent d'être cédés pour une place publique devant l'hôtel-de-ville.

Dér. du lat. *Episcopatus*.

Avésque, *s. m.* Evêque, prélat chargé de la conduite d'un diocèse. — *Un chi régardo bé 'n avésque, amai li lèvo pas lou capèl*, prvb. Un chien regarde bien un évêque, se dit proverbialement quand une personne s'étonne ou se fâche qu'on la fixe. On dit d'un pendu : *Es un avésque dé campagno, dono la bénédicïou das pèses*.

Dér. du lat. *Episcopus*. En ital. *Vescovo*.

Avignoun, *s. m.* Avignon, ville, chef-lieu du dép. de Vaucluse. — *Pata d'Avignoun*, un pata, ancienne monnaie papale frappée à Avignon. *Patachoù d'Avignoun*, sobriquet des Avignonnais, qu'ils doivent sans doute à leur monnaie dite *pata*. *Granéto d'Avignoun*, graine de nerprun, *Rhamnus infectorius*, Linn., qui croit dans nos environs. Elle sert aux teinturiers de petit teint pour le jaune et de stil de grain pour la peinture. — *Voy. Granéto, Aoubénas*.

Dér. du lat. *Avenio*, qui a sa racine dans le celt. *Awen*, venant de *aa, aqua*, eau, qui a donné en roman *ave, ève, ive*, et autres, en lang. *avén, aïgo*, etc. — *Voy. Avéno*.

Aviróou, *interj.* Commandement de voiturier pour faire tourner à droite. La conversion ou le pas oblique qu'exige ce commandement, décrit un angle plus ouvert que celui qu'on obtient par le commandement *à ruou* ou *à ruóou*, mais toujours du même côté. L'angle du premier se rapproche du quart de cercle ou de l'angle droit, c'est tout un changement de direction ; l'angle du second n'est guère qu'une déviation à droite pour couper l'ornière, éviter un mauvais pas, ou pour partager la route avec une voiture qui croise la première.

C'est un vocable composé arbitrairement, qui varie suivant les localités, mais qui est fixe et d'une antique origine dans chacune d'elles. — *Faïre tira aviróou*, faire changer de direction à droite.

Avis, *s. m.* Vis, cylindre cannelé en spirale, destiné à rentrer dans un écrou cannelé de même. En fr. le mot est féminin, *une vis* ; il est masculin en languedocien.

Emp. au fr. avec l'*a* explétif, qui est dans le génie de la langue quand elle est obligée d'emprunter à sa rivale.

Avis, *s. m.* Sentiment, opinion. — *M'én dounarés un avis*, vous m'en direz votre sentiment, votre opinion. *M'és avis*, il me semble.

Emp. au fr.

Avisa (s'), *v.* S'aviser, s'apercevoir ; tenter, oser, s'enhardir — *M'avise qué plòou*, je m'aperçois qu'il pleut. *Lou cièl toumbarié qué s'en avisarié pas*, le ciel viendrait à tomber qu'il n'y prendrait pas garde, qu'il ne s'en aviserait pas. *S'avisé pas de me dire : voulur !* n'osa-t-il pas me dire : voleur ! *Sé t'avises dé parla*, si tu as la hardiesse de parler. *Sans s'én avisa*, sans s'en apercevoir, sans y faire attention.

Avisa, *ado*, part. pass. et adj. Avisé, prudent, circonspect ; éveillé.

Dér. de *Avis*.

Avisamén, *s. m.* Prudence, prévoyance, perspicacité, intelligence ; circonspection. — *Aquél drole vous a d'avisamén qué noun saï*, ce garçon a une intelligence, une prudence extraordinaire.

Dér. de *Avisa*.

Aviva, *v.* Raviver, évertuer, réveiller ; vivifier.

Aviva, *ado*, part. pass. et adj. Vif ; sémillant, éveillé ; guilleret. — *Lou tén s'és aviva*, le temps s'est mis au vif. *Lou tén s'avivo*, le temps se refroidit. *Aviva coumo un pèissoù sus lou rastouble*, éveillé comme un poisson dans le sac. *Aviva coumo un passéroù*, éveillé comme un moineau.

Dér. de *Viou*, du lat. *vivus*.

Avoua, *v.* Avouer, confesser ; reconnaître qu'une chose est, en faire l'aveu.

Emp. au fr. *Aveu*.

Avoua, *s. m.* Avoué, procureur. — Cette profession a trop de rapport avec le peuple, pour qu'il ne se soit pas hâté de la suivre dans la transmigration de son nom. *Avoua* est aussi bon languedocien que *Proucuroù*.

Avouca, *s. m.*, dim. *Avoucadé*. Avocat. — *Es un avouca*, c'est un Gros-Jean, un important, un pédant, qui fait l'entendu, l'érudit en affaires, et en toute science. *Avouca das ases*, un pauvre avocat. *Aquél avouca és chèr, dounarié pa'n bon counsèl pèr sièï frans*, prvb. Cet avocat est cher ; il ne donnerait pas un bon conseil pour six francs, — sous-entendu : parce que cela lui est impossible.

Pourquoi nos paysans appellent-ils leur âne l'*avouca* ?... Que dans un atelier d'imprimerie, le pressier s'appelle un ours et le compositeur un singe, cela se conçoit pour qui les a vus manœuvrer et se démener. Que certaines personnes soient des chameaux, c'est encore mieux, nul n'y peut contredire. Il n'en est pas de même de l'assimilation qui fait l'objet de cet article. Mais il est parfaitement inutile d'en prouver la criante fausseté ; il ne s'agit que d'en chercher l'origine.

Un plaideur malheureux, irrité contre son avocat à qui il attribuait, comme on fait toujours, la perte de son procès, dit que c'était un âne : — l'âne avait tout à fait mauvaise réputation à cette époque. — Rentré chez lui, il continua à exhaler sa colère, et réciproquement il appela son âne avocat. C'était du pur algèbre qu'il faisait sans s'en douter, comme Monsieur Jourdain de la prose. A^1 étant égal à A^2, A^2 devait être égal à A^1 ; l'équation restait la même quoique les termes changeassent de place. La colère de notre plaideur dura bien au-delà des vingt-quatre heures légales, et toutes les fois qu'il allait aux champs avec son compagnon, il ne manquait pas de dire : *Ari, l'avouca !* La plaisanterie se répandit et finit par être acceptée, par l'âne d'abord, cela va sans dire, et puis par ceux même qui eussent pu en être blessés et qui ne firent qu'en rire.

Voici une autre explication, qui est celle des savants.

Un avocat, du vieux temps où l'on faisait force latin au barreau, avait pris la spécialité de plaider les *alibi*. Il en trouvait partout et faisait un tel usage de ce moyen dans tous les cas, qu'il lança un jour le génitif pluriel fort hasardé *aliborum*. On ne l'appela plus que Maître Aliborum, qui devint Aliboron. Or, cet avocat était, dit-on, un âne. De telle sorte que de ces trois noms ou de ces trois mots on finit par faire une confusion qui dure encore.

Après cela il y a une explication plus simple et que je crois la bonne, car il ne faut pas abuser de l'anecdote.

Un paysan qui fait l'entendu en affaires, le beau parleur, aimant fort à avoir raison, le Gros-Jean enfin, ses voisins l'appellent *un avouca*. L'âne a bien quelque chose de ces allures. A certain entêtement, que peut-être on apprécie mal quelquefois, il doit se croire aussi une façon de docteur qui en sait plus que tout le monde, car il est difficile de lui faire faire autre chose que ce qu'il a conçu ; et dans les fréquentes discussions qu'à ce propos ils ont ensemble, l'ânier de dire : Ah ! tu fais l'entendu, tu veux faire ta tête, tu raisonnes, tu fais l'avocat ; nous allons voir : *Ari, l'avouca !* — Ce n'est pas autrement qu'il a pris ses grades et reçu son titre. — *Voy. Franchiman.*

Dér. du lat. *Advocatus.*

Avugla, *v.* Aveugler, rendre aveugle ; éblouir, au prop. et au fig. — *L'douro avuglo*, le vent vous remplit de poussière à aveugler. *Cèrquo soun capèl, et és aqui qué l'avuglo*, il cherche son chapeau, et son chapeau est là qui lui crève les yeux. *Lous éliousses avuglou*, les éclairs éblouissent.

Dér. de *Avugle.*

Avugle, avuglo, *adj.* Aveugle. — *Vdou maï èstre nèci qu'avugle*, mieux vaut être sot qu'aveugle, répond-on prvb. à quelqu'un qui vous traite d'imbécile. Cette phrase, dont le sens est singulièrement elliptique, signifie que n'étant pas aveugle mais simplement un sot, on a la satisfaction de voir plus sot que soi et l'espérance d'en guérir. *Bada coumo un avugle*, crier comme un aveugle, parce que l'aveugle mendiant a une façon lamentable et criarde de déplorer son infirmité. *L'Avuglo dé Castèl-Cuïè*, est le titre d'une des plus jolies pièces du poète Jasmin.

Dér. de la bass. lat. *Abooulus*, privé d'yeux.

Azouèn, *s. m.* Adjoint à la mairie. — Toute la nomenclature des fonctions constituées sous un régime constitutionnel est devenue familière au peuple, qui en accommode au génie de sa langue toutes les dénominations.

B

B

B, seconde lettre de l'alphabet et première des consonnes.

Il entre dans le plan de ce Dictionnaire, on a pu s'en apercevoir, de réunir à la nomenclature purement lexicographique de notre langue ou du moins de notre dialecte les observations grammaticales relatives à la contexture des mots, qui est leur orthographe, ou à leur étymologie, qui est leur histoire. Nous faisons en même temps de la grammaire, suivant toute l'acception du mot, et du glossaire, en inscrivant sous leur numéro d'ordre les termes et les locutions en activité de service ou d'usage, et en rassemblant autour d'eux les significations, les définitions, les exemples, les citations, les remarques qui présentent quelque intérêt de curiosité ou un éclaircissement instructif. En cela nous suivons notre programme ; mais encore est-il bon d'expliquer pourquoi nous nous le sommes imposé.

Avec la conviction que nous avions affaire à une langue véritable, il convenait de traiter notre idiome méridional comme une langue. Né le même jour et dans le même berceau que le français, il est resté plus longtemps fidèle à sa nature et à ses origines : il l'a emporté sur lui en culture et en harmonie ; mais après avoir lutté, il a été vaincu et il est proscrit. Pour lui le mouvement de progrès s'est arrêté ; la force seule de sa constitution le soutient, mais la déchéance qui le frappe ne l'a pas converti en un des patois du français, et les principes vitaux de sa formation n'ont point péri. C'est à retrouver ces éléments, à en réveiller l'énergie et la puissance qu'il travaille et qu'il mérite d'être aidé. Et c'est précisément pour cela aussi qu'un vocabulaire languedocien, même quand il se renferme dans un dialecte particulier, ne saurait se contenter de relever le catalogue complet des mots de bon et vrai crû, ou des naturalisés, de traduire leur sens, de signaler leurs altérations, de les ramener à leurs sources. Il nous a semblé qu'il devait encore étudier leur formation et leur composition, pénétrer dans leur génie, chercher la raison de leur structure, de l'agencement de leurs lettres et de leurs syllabes, de leurs combinaisons et de leurs changements, noter leur accent et leur prononciation, tout ce qui fait le caractère, le cachet, l'individualité, la physionomie animée d'une langue.

C'est un champ nouveau à explorer : un filon que

la langue d'Oc a peut-être trop négligé, tandis que le français et les autres langues possèdent des travaux très-remarquables : est-ce un motif pour le délaisser ? Notre Dictionnaire n'a pas voulu rester dans le cadre d'une simple classification de mots, moins dans l'espérance de combler une lacune, que dans la pensée de recueillir ce qui intéressait la langue. Ces notions grammaticales, ces observations sur la composition des termes qu'il enregistre et sur la syntaxe, auraient peut-être gagné à être rassemblées et à se condenser dans un traité spécial entièrement didactique, qui manque à la langue d'Oc, au lieu de se répandre à petites doses séparées sur une infinité d'articles ; mais une fois la forme du Lexique adoptée, il était difficile de procéder autrement. D'ailleurs, malgré leur dissémination, un enchaînement coordonné et relié dans une idée d'ensemble tous ces matériaux ; puis, à vrai dire, le travail s'est mesuré de lui-même à nos forces : vouloir élever un monument eût été une bien grosse entreprise, et pour nos moyens d'une exécution impossible Un livre à consulter, au courant de la fantaisie ou de la distraction a surtout besoin de variété : il se sauve par l'éparpillement et peut atteindre son but sans fatigue : nous ne cherchons que cela. Dans une œuvre toute originale, ce sera, si l'on veut, notre originalité. Humble débiteur, dès notre enfance, envers notre langue, nous payons notre dette à cette créancière amie en monnaie de billon, ramassée sou par sou, au lieu de solder en fins billets de banque, réservés aux riches de la finance, dont nous ne sommes pas. Qu'importe après tout, si la monnaie est courante et de bon aloi et que le compte arrive juste ?

Sans aller plus avant, nous tenions à expliquer, sinon à justifier notre méthode et l'ordonnance de ce vocabulaire. Sans doute notre travail n'est pas simplifié par là, non plus qu'abrégé et plus facile ; mais cette digression et celles qui pourront suivre ne seront pas inutiles, si pour un plus grand labeur elles nous valent aussi plus d'indulgence.

A propos de la première consonne de l'alphabet, il est donc naturel de s'informer avec quelle valeur et par quelles modifications les consonnes, ces éléments constitutifs des mots, sont entrées dans leur composition.

La question serait fort abstraite et trop compliquée s'il fallait la tenir à la hauteur des spéculations théoriques touchant l'origine, la formation et la physiologie du langage ; elle se tempère heureusement en abordant l'histoire, en s'appuyant sur des faits rapprochés, plus tangibles et déjà vérifiés. Nous n'aurons qu'à relever les principaux : les notions générales paraissent suffire.

La gamme des sons que peut émettre la voix humaine n'a qu'un petit nombre de notes : ce sont les voyelles, qui se meuvent dans une échelle fixe, en passant du grave au doux, du long au bref, du simple au composé. Les consonnes sont plus nombreuses, leurs combinaisons plus multipliées : elles servent de lien aux voyelles, elles sont leur point d'appui. L'alliance de ces deux éléments forme les syllabes et les mots, et toutes les langues ont les mêmes procédés nécessaires. Tout cela, voyelles et consonnes, se divise et se subdivise en nuances de tons et demi-tons, se distingue en classes et en familles, s'étiquette en genres et en catégories de gutturales, palatales, dentales, labiales, sibilantes, liquides, aspirées, fortes ou faibles Dans la revue qui s'ouvre chacune doit venir à son tour par ordre alphabétique ; et nous nous attacherons à signaler leur caractère individuel, leur office et surtout leurs permutations, sans autre tableau systématique.

Ce qui fait en somme une langue et la différence des langues et des dialectes n'est que la tonalité ou l'accent que prennent les voyelles, et la combinaison des consonnes avec elles, comme agents et instruments de la parole. Et ce qui rend un idiome commun à un peuple est l'effet de la prédisposition naturelle ou instinctivement convenue de l'organisme vocal d'un groupe vivant dans des rapports fréquents, sous le même ciel et sur le même sol ; ce sont les propensions particulières à chaque population a rechercher ou à répéter certains sons, à préférer les uns ou à réprouver les autres, suivant les facilités ou les complications d'une articulation, qui la rendent plus ou moins propre à être exprimée, entendue et comprise, et qui lui font adopter de préférence telles ou telles intonations. Cette loi est générale ; tous les langages qui se sont parlés dans un pays quelconque, dans une zone déterminée, ont leur raison dans ces sympathies ou ces répulsions organiques ; leurs altérations, leurs changements, leur développement même n'ont pas d'autre mobile.

Nous n'avons pas une langue primitive ; notre idiome est un dérivé de seconde ou de troisième formation. Par conséquent pour peu que l'on tienne à s'expliquer son expansion, sa vivace persistance et sa régénération actuelle, il est impossible de ne pas consulter ses origines, sa généalogie, sa filiation, son histoire, c'est-à-dire de ne pas rechercher les lois et les procédés de la langue qui lui a servi de type, dont il s'est imprégné et qu'il remplace sur son ancien territoire. Là est l'essentiel.

Nous l'avons dit déjà : le midi de la Gaule fut le premier latinisé. En tenant compte de l'élément celtique qui se mêla au latin populaire, apporté par les vétérans et les colons ; en faisant la part des influences germaniques et orientales, dues aux Visigoths ou aux Sarrazins ; toujours est-il que ce qui nous est parvenu de la langue des plus anciens habitants, comme ce qui est resté de celle des envahisseurs, ne nous a été acquis que par le latin, et à la condition de revêtir la forme et les flexions romaines Au moment où, après une longue période d'inculture et presque de barbarie, la langue voulut se relever et que se forma le roman rustique, en même temps que l'italien et l'espagnol, c'est encore le latin plus ou moins corrompu et oblitéré, qui leur fournit son vocabulaire et sa syntaxe, les lettres de son alphabet et le mécanisme de l'accentuation.

Mais il est bien évident que, pour se former et s'organiser, la langue romane ne fut pas coulée d'un seul jet dans ce moule un peu fêlé du latin vulgaire, et ne sortit pas non plus comme un bloc d'une élaboration savante du moyen âge. Le peuple s'en mêla presque seul. La fusion de tous les éléments qu'on y distingue se fit peu à peu, de souvenir et d'instinct. A mesure que s'éteignit la domination qui imposait ses formes, la population, plus livrée à elle-même fit prévaloir ses goûts et ses commodités dans la prononciation, et assouplit davantage le parler à ses aptitudes et à ses préférences. Et qu'alors certaines tendances traditionnelles aient fait retour, que certaines propensions de vocalisation, sous l'action directe du climat ou par l'influence des habitudes, se soient manifestées; il n'est pas permis de le mettre en doute. En Espagne et en Italie, la langue nouvelle qui se créait aussi, n'opéra pas d'une autre manière : les mêmes conditions climatériques eurent ici une influence à peu près pareille ; et c'est pour cela que tant d'affinités se montrent encore entre la langue d'Oc et l'espagnol et l'italien.

Partout, dans notre Midi, la vivacité proverbiale des Gaulois se donna carrière. Il semble que la formule radicale, qui représentait suffisamment l'idée, étant trouvée et conservée, le premier besoin, le plus pressant était de l'exprimer promptement, avec la rapidité que le peuple tenait de sa nature. Aussi, la contraction, la syncope, l'abréviation se produisent à chaque mot. Les langues romanes les érigent en système ; preuve que la simplification répondait à une nécessité de l'esprit nouveau. Le latin populaire n'y avait pas échappé : c'était comme un exemple à suivre; souvent même l'idiome nouveau exagéra le modèle.

Comment les désinences supportèrent la première épreuve, nous l'avons fait voir à l'article *Agno*, suffixe ; mais en même temps le corps des polysyllabes ne pouvait manquer d'être atteint. Pour eux la restriction s'opère au moyen de l'accent tonique : nous allons indiquer ce procédé.

On sait que tous les mots, sans exception, ont une syllabe dominante sur laquelle la voix s'appesantit. Le latin, langue de quantité par excellence, à cause des dactyles qui terminaient beaucoup de ses mots, et pour donner un point d'appui suffisant à son accent sur une syllabe longue, avait la faculté d'accentuer toniquement même l'anté-pénultième ; dans *asinus, bibere, vivere*, etc., la voix pesait sur la première syllabe, elle glissait sur les autres. Le roman languedocien et ses dialectes n'étendent jamais l'accent jusqu'à la fin des mots, et c'est pourquoi la syllabe médiane brève se trouve nécessairement supprimée ou absorbée dans une seule voix diphthonguée et longue. Ex. : *Asinus* fait *ase, bibere, béoure, vivers, vioure*, comme *populus* donnait *pobol* au roman et à notre dialecte *puple* ou *pople, bajulus baile, baculus bastoù, spiritus éspri*, etc., etc.

La conséquence devrait être d'amener les permutations de lettres, qui mettaient la prononciation plus en rapport avec l'organisme vocal du peuple destiné à s'en servir ; car ces syncopes pouvaient placer en contact des combinaisons de syllabes dont les consonnes en se heurtant se repoussaient euphoniquement. Et c'était le moins dès lors que chaque population cherchât à approprier les mots à ses facultés innées, à ses propensions et à ses facilités de les articuler. Mais comme en définitive le roman languedocien ne se débarrassait pas absolument de son empreinte latine, et comme il ne voulait pas s'affranchir des lois générales d'affinités euphoniques qu'il recueillait par succession et trouvait toutes faites ; et qu'enfin les combinaisons anciennes avaient leur logique et ne s'étaient pas établies au hasard et par pur caprice; les changements qui ne blessaient pas le sens et n'étaient pas une gêne trop grande, se soumirent aux règles consacrées.

Ainsi les permutations du latin à notre languedocien actuel, en passant par le roman, ont été inspirées, de proche en proche et à tous les degrés, par le besoin d'obtenir une prononciation plus prompte et plus facile, et par cela de diminuer l'effort et de mieux approprier la lettre aux habitudes ou aux propensions de l'organe.

De là est venu d'abord l'adoucissement dans la prononciation et l'introduction des finales muettes, plus généralisée dans le français que dans notre idiome méridional. Les consonnances dures se sont affaiblies ; le *c* et le *g* romains, toujours rudes devant toutes voyelles, se sont changés en *s* et en *g* doux, en *ch* ou en *j*. Quand deux lettres similaires se rencontraient rapprochées dans deux syllabes voisines, il paraissait souvent plus commode d'en transformer une par son équivalente, que d'admettre une répétition. C'était un sentiment mélodique, autrement perçu et autrement noté ; mais les rapports chromatiques, si délicats à observer, se maintenaient sans avoir toutefois rien de constant et d'uniforme. La fixité leur est venue, quand chaque dialecte, prenant son vrai caractère, s'est consolidé dans une région et qu'il y a persévéré, comme pour démontrer qu'il répondait dans le principe, et qu'il répond encore à quelque nécessité réelle ou harmonique, naturelle à la population qui l'a adoptée.

Dans cet ordre d'idées, quelques exemples pris au hasard, qui seront mieux expliqués par la suite, mais qui donnent déjà la clé de bien des étymologies et qui découlent des observations précédentes. Nous ne faisons qu'indiquer : d'abord les désinences en *argue*, passant de la bass. lat. *anicæ* au roman *anègues*, se métamorphosant en *anche, ange, enche, agne* et leurs analogues ; *manica*, latin, devient notre vieux mot *margue* et *manche* actuel, *dominicus, dominica*, donne *doumèrgue* et *dimènche ;* les finales en *ola, olæ, olum* se convertissent de diverses manières, *Balneolæ, balneolum, balniolum*, deviennent pour nous *Bagnoù, Banious* et *Vagnas*, en fr. Bagnols, Baigneux, Bagnères, etc., comme *linteolum* fait *lençoou*, linceul, *filiolus, fiôou*, filleul ; *lusciniola, roussignoou*, rossignol, etc.

Et encore, pour la permutation qui nous occupe, on trouve *piper, pèbre*, poivre; *rapa, rabo*, rave; *ripa, ribo*, rive; *capra, cabro*, chèvre; *lepus, lèbre*, lièvre, et ainsi de suite d'une foule d'autres; la labiale B, selon l'esprit de chacun des trois idiomes, se transformant de trois façons, tantôt douce, tantôt forte, tantôt aspirée.

Tant il y a que, dans l'application, on est arrivé à obtenir certaines lois de permutation. C'est ce qui a permis de les classer par groupes naturels. Il se rencontre sans doute des exceptions; mais rien ne paraît en définitive livré au hasard ni au caprice dans les variantes les plus étranges en apparence. La règle peut se formuler, et il en résulte qu'une consonne de même nature, soit forte ou faible, soit aspirée, peut bien être appelée à remplacer une consonne appartenant à la même famille, mais que rarement elle dément sa race et elle ne se substitue jamais à une consonne d'un groupe opposé. Ainsi B pourra être indifféremment, sans trouble harmonique, converti en une consonne de son ordre, P, F, ou V, et à l'inverse ces dernières pourront être permutées en B; mais il n'adviendra pas que les unes ou les autres passent facilement dans l'ordre des dentales ou des gutturales.

B et V appartiennent au même groupe des labiales simples; leur permutation est fréquente et légalisée par les règles. Suivant les diverses nuances de l'idiome languedocien, elles usurpent volontiers l'une sur le domaine de l'autre. Dans le dialecte gascon, B a l'avantage; dans le Bas-Languedoc, c'est V; dans nos Cévennes, c'est un juste milieu. Il y a encore parmi nous une foule de mots dans lesquels on emploie B et V à peu près *ad libitum*, comme *sabe, save; abéna, avéna; atrouba, atrouva; boumi, voumi*, etc. Cela tient à ce qu'Alais, placé sur la ligne divisoire du dialecte lozérien et *raïol*, et de celui de Nimes et du pays *gounèl* (*V. c. m.*), est comme un terrain neutre, qui peut emprunter aux deux rivaux avec une égale légalité.

Sans insister sur des observations qui reviendront d'ailleurs à chaque lettre, on voit toutes les ressources que la philologie peut tirer de ces principes, quand il s'agit soit de recomposer un mot étymologiquement, en dégageant le radical, soit alors qu'il faut chercher sa descendance et la raison de sa forme actuelle.

B, lettre isolée, se prononce à l'ancienne méthode française, comme si elle était suivie d'un *é* fermé, *Bé*. A ce titre, ici et dans l'article suivant, elle devrait figurer à un autre rang; mais comme elle n'est considérée que dans sa valeur ordinale et non point sous le rapport de la prononciation, nous la maintenons à cette place. Il en sera de même pour les autres consonnes.

Estre marqua dou B, être marqué au B. Un proverbe a dit:

Bègou, borni, boussu, bouïtoùs,
Quatre B qué soun fachoùs.

B-a-ba, *s. m.* Commencement de la seconde leçon du syllabaire, et par conséquent une des plus faciles. — *Es encaro dou b-a-ba*, il en est encore aux premiers éléments. *Aquò's lou b-a-ba*, c'est la chose la plus simple du monde.

Ba, syllabe qui, isolée, ne présente aucun sens, et qui n'entre dans ce dicton populaire: *tant fa, tant ba!* que pour signifier: tant de gagné, tant de mangé. — Cela dérive probablement de *bas*, jeter à bas.

Baba, *v.* Baver, comme font les enfants au maillot, les vieillards en caducité et même quelquefois les idiots. C'est sans doute ce qui a donné naissance au dicton: *ès nèci qué babo*, il est imbécile au point de baver. — *Dàou plési qué n'avié babavo*, il en bavait de plaisir, a dit le poète abbé Favre, dans son fameux sermon *dé moussu Sistre*, pour peindre la béate jouissance de Simon à l'écouter. *Li faguère baba lou rouje*, je lui fis rendre le sang par la bouche; je lui cassai la gueule.

Un fousèl baba, est un cocon que la nymphe, récemment transformée en papillon, a commencé à percer pour obtenir sa délivrance. L'animal, pour cette opération, commence par répandre sa bave sur les parois intérieures de l'un des pôles du cocon, afin de les ramollir et de dissoudre le ciment visqueux qui colle les fils de soie l'un à l'autre; par ce procédé, il parvient à les décoller, à les séparer et à les écarter, en les ramassant en bourrelet sur l'orifice, mais sans jamais les couper, car, à l'état de papillon, il n'a ni dent, ni sécateur quelconque; enfin il agrandit assez l'ouverture pour y passer tout le corps. Or le *fousèl baba* n'est pas celui qui est complètement ouvert et qu'on nomme *parpaïouna*, mais bien celui dont les téguments intérieurs ont été humectés de bave, *babo*, et relevés en bouchons, sans ouverture extérieure. Cette espèce de cocons ne fournit pas de soie, parce que le brin de soie a été embrouillé, noué, renoué, et qu'il ne peut se dévider à la bassine; il n'a plus d'autre valeur et d'autre utilité que le cocon de graine ordinaire, *dé babo*, gâté par la bave.

Dér. du lat. barb. *Babus*, enfant.

Babaïre, aïro, *adj.* Qui bave; enfant plein de bave; baveux.

Dér. de *Baba*.

Babàou, *s. m.* Sorte d'être fantastique dont on ne détermine pas le nom, ni la forme, ni l'usage; c'est un objet indécis de crainte pour les enfants. — *Garo lou babdou!* Gare la bête noire! — *Babdou* est aussi le type de ce qui est noir, de l'obscurité; on dit: *négre coumo babàou, éscu coumo babàou. Faire pinchoù-babàou*, montrer et cacher alternativement la tête: jeu qu'on fait à un petit enfant pour l'amuser. — Dans le langage enfantin, on appelle encore *babàou* un pou de tête, qu'on présente comme une bête dangereuse et méchante pour engager les enfants à se laisser peigner. On leur fait à l'appui le conte suivant: *Sé vos pas té laïssa pénchina, lous babdous trénaran tous pèous, né faran uno cordo, et té rabalaran én Gardoù*, si tu ne veux pas te laisser peigner, les poux tresseront tes cheveux, ils en feront une corde, avec laquelle ils te traîneront à la rivière.

Ce mot paraît dér. de l'ital. florentin *Bdou*, dont il n'est qu'un réduplicatif et qui a la même signification. Un auteur italien, qui a voulu faire l'érudit et l'original, prétend que ce mot *bdou* est l'abrégé ou la finale du nom d'Annibal, qui fut longtemps un signe d'effroi à Rome, et dont les femmes romaines usaient pour menacer leurs enfants.

Babarèl, *s. m.* Bavette d'enfant; pièce d'estomac, linge ou toile en taffetas ciré, destiné à recevoir la bave des enfants. — Sauvages dit aussi que *Babarèl* est une pièce ajoutée au haut d'un tablier, dont les femmes font un ajustement et se couvrent la poitrine, dans un âge où l'on ne bave plus.

Dér. de *Baba*.

Babaria, *v.* Baver; rendre de l'écume par la bouche, comme font les chevaux qui ont trop d'ardeur ou les épileptiques.

Fréquentatif de *Baba*.

Babario, *s. f.* Bave, salive qui découle de la bouche; écume de la bouche; liqueur visqueuse que répandent les limaçons.

Dér. de *Babo*.

Babarogno, *s. f.* Être fantastique; la bête noire, dont on fait peur aux enfants, en les effrayant autant par un nom aussi laid que par la forme hideuse qu'on suppose au fantôme.

Ce mot ne serait-il pas un peu parent d'étymologie avec celui de *Babardoudo*, que cite Sauvages, et qui signifie un domino, habit de masque; grande robe dont on affublait les pleureurs, à Montpellier, dans les convois funèbres? — *Voy. Baragogno*.

Babaroto, *s. f.* Blatte, en lat. *Blata*, insecte orthoptère, très-vite, lucifuge, brun-noir, plat et large, à deux longues antennes, qui habite autour des cheminées et des fours. Sa préférence pour la farine et le pain lui a fait donner un second nom languedocien, celui de *Panatièiro*. Il est assez difficile de se débarrasser de cette blatte domestique, là où elle a établi son domicile.

Nous sommes fort tenté de faire dériver son nom de *Babdou*, parce que c'est une bête noire et qu'elle inspire quelque dégoût.

Babèou, *n. pr.* de femme, dim. de *Isabèou*, Elisabeth. — *Voy. Bèloun.*

Babia, *v.* Babiller; jacasser, bavarder.

Dér., comme le fr., d'après certains auteurs, de l'hébreu *Babel*, confusion; d'après les autres, du gr. βαβάζειν, balbutier. On a voulu y voir aussi une onomatopée, imitant les premiers sons inarticulés que fait entendre un enfant. Je le crois plutôt dér., comme *Baba*, du lat. *Babus*, enfant, parler comme les enfants, pour ne rien dire.

Babiàire, **aîro**, *adj.* ou **Babiur**. Babillard; qui aime à caqueter; qui parle beaucoup, à tort et à travers. — *Voy. Babiur.*

Dér. de *Babil*.

Babil, *s. m.* Babil, loquacité; caquet, caquetage. — *Manquo pas dé babil*, il n'est pas en peine de parler. *A fosso babil*, il babille beaucoup. *A pas qué dé babil*, il n'a que du caquet.

Même étym. que *Babia*.

Babinar, **ardo**, *adj.* Qui a de grosses lèvres; lippu.

Dér. de *Babino*.

Babino, *s. m.* Lèvre; babine d'animal. — *Té né pos fréta las babinos*, tu peux t'en frotter la moustache. *S'én liquo adéja las babinos*, il s'en lèche les lèvres d'avance; l'eau lui en vient à la bouche.

Dér. du lat. *Labina*, dim. de *labia*, lèvres; peut-être aussi de *babo*, dont les *babinos* sont le siége.

Babiur, urdo, *adj.* — *Voy. Babiàire.*

Babo, *s. f.* Bave, salive qui découle de la bouche; écume de certains animaux; liqueur visqueuse du limaçon. — *Es téndre coumo dé babo*, dit-on d'un légume ou d'un fruit très-tendre. On ne sait quel rapport il peut y avoir entre un fruit tendre et la bave, qui n'a aucune consistance et n'est qu'un liquide gluant. Le languedocien est plein, dans ses dictons, de ces comparaisons excentriques dont les deux membres sont sans rapport. L'usage de celui-ci est fort ancien et fort journalier. *Aquélo éstofo és pas qué dé babo*, cette étoffe n'a point de consistance.

Dér. de *Baba*.

Babò, *s. m.* Nymphe ou chrysalide du ver à soie: c'est l'état moyen de cet insecte entre celui de ver et de papillon. Il se métamorphose en chrysalide environ trois jours après avoir commencé à filer son cocon, qu'il termine en se convertissant en *babò*, de forme ovoïde, à mesure qu'il se dépouille de sa soie: et après le treizième jour de cet état, il devient papillon.

Les chrysalides sont un excellent engrais, soit qu'on les répande dans leur entier, soit réduites en poudrette. Cet engrais actif et chaud accélère prodigieusement la pousse et la végétation. On dit que les Madécasses en font un plat très-friand, au rapport de Lamothe Le Vayer. Pareil usage se retrouve en Chine, où les mandarins ont trouvé et livré une recette particulière pour cet apprêt. La députation chinoise venue à la dernière exposition universelle, avait, sans doute, oublié le secret de cette préparation, ou bien elle a tenu à ne pas le révéler; car le rapport de la commission ne mentionne pas qu'elle ait été primée pour le moindre échantillon culinaire en ce genre. Si cependant le fait rapporté par les voyageurs est vrai, il est fort probable que les chrysalides qui font les délices des gourmands du Céleste-Empire ou de Madagascar, sont d'une nature différente des nôtres, dont on connaît l'odeur détestable, et qui ne doivent pas avoir un goût meilleur à quelque sauce qu'on les accommode. — *Un poulé dou babò*, un poulet nourri et engraissé de chrysalides, qui lui donnent une chair jaune, molasse et une saveur nauséabonde.

Dér. du lat. *Bombyx*, par un métaplasme un peu forcé.

Baboutièiro, *s. f.* Femme qui achète les chrysalides

dans les filatures, soit pour élever des porcs, soit pour les faire sécher et les revendre pour engrais.

Dér. de *Babò*.

Bacanal, *s. m.* Bacchanal, grand bruit, tapage infernal; rixe bruyante.

Dér., comme le fr., du lat. *Bacchanalia*, bacchanales, fêtes de Bacchus; mais le *bacanal* n'entraîne pas comme les bacchanales l'idée d'orgie, ni de plaisir sensuel.

Bacara, *s. m.* Bacarat, terme du jeu de macao. C'est le plus mauvais point à ce jeu, un point ruineux. Par analogie, on dit : *faïre bacara*, manger tout son bien, se ruiner complètement, jusqu'au jeûne forcé inclusivement. Quand on a tout mangé ou perdu, on se trouve dans la même situation que lorsqu'on fait bacarat au macao.

Emp. au fr.

Bachas, *s. m.* Bourbier; gâchis; cloaque, soit qu'il provienne de boue liquide, d'eaux sales ou d'eaux pluviales; mare à canards; mare à fumier; flaque d'eau; cuvette ou bassin de fontaine domestique; maie ou réservoir d'un pressoir à vendange. — *Crébo-bachas d'Anduso*, vieux sobriquet des Andusains, sans doute à cause des fontaines dont leur ville est abondamment fournie.

Dér. de l'allem. *Bach*, rivière, ruisseau, ou de la bass. lat. *bacca, baccha, bacchia, baccharium*, identiques de sign. à *bachas*.

Bachassoù (Céndrouséto), *s. f.* Cendrillon. — *Voy. Céndrousèto.*

Bacho, *s. m.* Bâche, grande couverture de grosse toile ou de cuir, dont on recouvre les charrettes chargées pour préserver les colis de la pluie; sorte de manne en cuir qui occupe l'impériale des chaises de poste et sert de malle aux voyageurs.

Bada, *v.* Ouvrir la bouche; avoir la bouche béante; être ouvert; par ext., crier à tue-tête; appeler; héler en donnant toute extension à sa voix; bayer, être ravi d'admiration. — *Bada dou loup*, crier au loup. *Bado tant qu'a dé gorjo*, il crie de toute la largeur de sa bouche, il crie à pleine gueule. — *Doummaï lous doussélous soun jouines, doummaï badou*, plus les oisillons sont jeunes, plus ils ouvrent le bec. C'est une expression proverbiale, qu'on applique par comparaison à une nichée d'oiseaux qui ouvrent le bec et crient à la fois quand ils voient arriver la pâtée que leur apporte leur mère. *Mous souliès badou dé pertout*, mes souliers font mille grimaces. *Aquò faï bada dé vèïre*, on est, en voyant cela, ravi d'admiration. *Dé qué bades? tè, vélòu'qui !* De quoi te plains-tu ? pourquoi cries-tu? tiens, le voilà ! *Bada la dragèïo*, avoir la bouche béante; bayer aux corneilles. Cette expression prvb. est empruntée à un jeu de carnaval. Un masque, déguisé en Cassandre, est monté sur un âne, la face vers la queue. Il tient à la main une baguette au bout de laquelle est attaché un fil, portant une dragée qui se balance sur la tête d'une foule d'enfants qui suivent, la bouche ouverte pour happer la dragée, car il leur est défendu de se servir de leurs mains.

Le Cassandre frappe sur la baguette avec une seconde, qui imprime à la dragée un sautillement continuel et rend très-difficile la tâche des happeurs. A les voir se démener, se bousculer, et *bada*, est le plaisir du masque et l'amusement des spectateurs.

Dér. de la bass. lat. ou de l'ital. *Badare*, béer, bayer. Bayer est donc l'acception naturelle et originaire de *bada*; crier n'est venu que par analogie, parce qu'on crie en ouvrant la bouche grande, comme quand on baye.

Badadis, *s. m.*, ou **Badadisso**, *s. f.* Criaillerie; réunion de plusieurs voix qui crient.

Dér. de *Bada*, crier.

Badado, *s. f.* Grand cri prolongé; mercuriale à haute voix et colérique; huée de mépris ou de risée. — *Faïre la badado*, huer quelqu'un, le poursuivre de huées; lui faire une honte publique, crier haro.

Dér. de *Bada*, crier.

Badafièïro, *s, f.* Terre remplie de lavande; par ext. broussaille, bruyère.

Dér. de *Badafo*.

Badafo, *s. f.*, ou **Espì**. Lavande, spic, aspic, *Lavandula spica*, plante de la fam. des Labiées, aromatique; nard commun. C'est de cette plante qu'on tire par la distillation l eau de lavande et l huile d'aspic. La *badafo* est proprement la plante elle-même considérée comme combustible. On la brûle en effet dans les magnaneries pour purifier l'air; on l'emploie aussi en guise de bruyère pour ramer les vers à soie; mais comme elle est basse et courte, on ne peut la fixer d'une table à l'autre comme la bruyère, et on la réserve pour la table la plus haute qui n'a point de dessus, en la piquant dans des liteaux percés de trous, ou dans des fagots de sarment. Les vers à soie se plaisent à filer dans la *badafo*, dont ils paraissent aimer l'odeur forte et agréable. La fleur de la *badafo* et sa semence sont placées au haut des nombreux épis qu'elle pousse annuellement. Quand ces épis sont secs, on les vend par bottes pour allumer le feu, ou pour faire chauffer le linge de corps, auquel ils communiquent une bonne odeur. Dans cet état, on l'appelle *Espì*. — *V. c. m.*

Il est difficile de donner une étymologie à ce mot; la plupart des termes empruntés à l'histoire naturelle sont dans le même cas. Chaque dialecte a ses techniques, et ils sont souvent, comme les noms propres, produits par un cas fortuit, quelquefois anecdotique. Le lat. *Balsamum* serait bien hasardé et aurait passé par trop d'altérations. Le roman a *badace*, pour nommer aussi une plante qui croit dans les lieux arides, comme la lavande.

Badaïa, *v.*, fréquent. de *Bada*. Bâiller, ouvrir involontairement la bouche, en respirant et expirant avec force; au fig., s'entr'ouvrir; se crevasser; rendre le dernier soupir. — *Lous castagnès couménçou dé badaïa*, les châtaignes commencent à ouvrir leurs hérissons; les châtaignes sont prêtes à tomber. *Badaïa vòou pas méntì, sé noun vòou manja, vòou dourmì*, prvb., le bâillement annonce la faim ou le sommeil. *Es pas mort, mais badaïo*, il n'est pas mort, mais il est aux abois.

Dér. de *Bada*.

Badaïre, aïro, *adj*. Qui crie, qui appelle; criard. — *Sès pas qu'un badaïre*, tu ne fais que crier.

Der. de *Bada*.

Badal, *s. m.*, dim. *Badaïoù*. Bâillement; action de bâiller. — *Faïre sous badals*, ou *faïre lou dariè badal*, rendre le dernier soupir.

Dér. de *Badaïa*.

Badàou, âoudo, *adj*. Badaud, niais, nigaud, qui s'arrête à tout, qui admire tout.

Dér. de l'ital. *Badare*, ou de la bass. lat. *Badaldus*, qui a la bouche ouverte, qui bâille.

Badarèl, élo, *adj*., péjor. *Badarélas*. Criard, criailleur; qui toujours crie, toujours se fâche.

Dér. de *Bada*.

Badin, ino, *adj*. Badin, plaisant, farceur.

Dér. du gr. Παιδνός, d'enfant.

Badina, *v*. Badiner; folâtrer; tromper, duper, plaisanter quelqu'un, le mystifier; faire semblant. — *M'an bièn badina à la fièra*, on m'a bien dupé à la foire. *Badine pas*, je ne plaisante pas, je le dis très-sérieusement. *Vésès pas qué badine?* ne voyez-vous pas que c'est pure plaisanterie?

Dér. du gr. Παιδνός.

Badinado, *s. f.* Plaisanterie; tour de plaisant bon ou mauvais; mystification; gaillardise.

Badinaïre, aïro, *adj*. Gouailleur; plaisantin; mystificateur.

Badinaje, *s. m*. Badinage; plaisanterie; gaillardise; mystification, génériquement parlant. *Badinado* est un acte isolé et spécial du *badinaje*. — *Entén pas rés lou badinaje*, il n'entend nullement la plaisanterie. *Aquò's pas dé badinaje*, ce n'est point un jeu, c'est très-sérieux. *Aquò's un vilén badinaje*, c'est une mauvaise plaisanterie.

Badino, *s. f.* Badine, canne mince et flexible; le stick, en nouveau langage à la mode; petit bijou que les femmes portent suspendu au cou et qui varie suivant le pays, le culte et la mode.

Dér. de *Badina*, parce que dans l'une ou l'autre acception, l'objet semble toujours frétiller, jouer et être en mouvement.

Badiou, *adj. m*. sans fém. Ouvert de tous côtés; béant; grand-ouvert. — *L'oustàou és tout badiou*, la maison est toute grande-ouverte, soit par négligence, soit par manque de fermeture, comme le logis du pauvre.

Dér. de *Bada*.

Bagar, *s. m.*, n. pr. de lieu. Bagard, commune du canton d'Anduze, arrondissement d'Alais.

Un titre de l'an 1071 cite cet ancien village comme viguerie, *in vicaria de Bagarnis*, et l'appelle encore *de Bagarno*; en 1174, la forme au pluriel revient dans *de Bagarnis*, et se conserve depuis.

Comme étymologie il se rencontre deux mots de la bass. lat. qui feraient une sorte de pléonasme : *baga, id est arca*, coffre; et *arna, alveus apum*, ruche d'abeilles, qui est dans l'ital. *arnia*, lieu rempli de ruches d'abeilles. Cette attribution serait appuyée et confirmée par le nom d'un écart de cette commune dans le voisinage, mentionné aussi dans la charte de 1071, qui dit : *in vicaria de Bagarnis, et in villa quæ vocatur de Melnacho*. Ce dernier mot est certainement le nom primitif de *Moinas* actuel, qu'il est facile de reconnaître; mais le nom latin d'évidence est formé de *mel*, miel, qui y entre tout entier. Ce rapprochement donne raison à la signification étymologique de *Bagar*, lieu où se trouvaient de nombreuses rucheries.

Bagasso! *interj*. Ah! bien oui, je t'en souhaite! Va-t-en voir s'ils viennent! Cela ne vaut rien.

Nous croyons que cette expression dérive du mot de l'ancienne langue d'Oc, *Bagans*, formé du lat. *vagans*, errant, vagabond, nom que l'on donnait aux bergers nomades des Landes. Sans doute, ce genre de vie excentrique, au milieu de la civilisation, leur avait donné des mœurs barbares et sauvages, pareilles à celles des truands et des bohémiens, qui les mit en mauvais renom. On a fait de là notre interjection, qui ressemble à l'expression du mépris.

Autrefois, en v. fr., on appelait *Bagasse*, une prostituée, une coureuse. Probablement l'étymologie est la même et s'appliquait à ces sortes de bergères nomades. En tous cas, le mot est ancien dans notre idiome. Voici un fragment extrait des *Joyeuses recherches de la langue tolosaine*, par Odde, de Triors, 1578, qui s'en explique dans un assez long commentaire rabelaisien; il commence ainsi : « *Bagasso, seu ut nonnulli volunt, courredisso* en ceste cité de Tolose, est vn terme iniurieux entre les paures femmes, de fort basse, vile et infime condition, lequel nom de *Bagasso sæpissime resoluitur per aliud nomen quod dicitur* (cantoniero); *sunt et nonnulli qui dicunt* (cabas), *juxta vulgare dictum* figue de Marseillie, cabas d'Auignon... Or, bien que le susdit prouerbe se dise et s'vsite bien souuent comme nous voyons icy *in malam partem* contre la noble cité d'Auignon, toutes fois ie m'asseure que telle maladie regne plus ailleurs qu'en Auignon, et que si elle a le bruict les autres ont le faict. Que mal de pippe eut abbatu le premier inuenteur de tels blasmes et ne peus croire que ce n'aye esté quelque larron foeté et banni de la susdicte noble cité. Et pour tout hongue qui hongue, gronde qui gronde, tousiours viura la noble cité d'Auignon, moienant l'ayde de Dieu, car *sine ipso factum est nihil, et per ipsum omnia facta sunt, Deo gratias*..... »

Bagatèlo, *s. f.* ou **Barandèlo**. Danse ou plutôt galop, fort en honneur dans les Cévennes, qui ressemble assez à la danse des Bacchanales. Cette danse fort animée et souvent gracieuse s'efface dans nos mœurs actuelles, qui ont adopté la contredanse des villes, danse pâle et dialoguée, qu'on ne fait plus que marcher de nos jours. Le galop était ce qui rappelait le mieux, il y a quelques années, la *bagatèlo;* mais depuis qu'avec les mazurkas et les scotichs, le progrès chorégraphique a pénétré dans les campagnes, par la manière dont on les saute et avec laquelle on s'abandonne, il n'y a pas à regretter les élans et la désinvolture de la *bagatèlo.*

Comme vocable, *Barandèlo* est à la fois plus technique et plus expressif. C'est celui qu'a employé notre charmant poète cévenol, dans la description si vive, si joyeuse de cette danse à la *Fièiro dé Sén-Bourtoumiou.*

Ce mot est sans doute par analogie empr. au fr.

Bagna, v. Mouiller par aspersion ou par immersion. — *Lou bas sé bagno,* proprement, le bât commence à tremper dans l'eau; au fig. et prvb. : la chose commence à se gâter, le danger approche. On suppose ici un homme passant à gué une rivière sur un mulet; quand l'eau commence à arriver à la hauteur du bât, il est à craindre que cela n'empire, il y a danger de la noyade : prenons donc garde, *lou bas sé bagno.* Ainsi dans toutes les entreprises ou circonstances, pour avertir d'être avisé et prudent, quand on comprend qu'on va être poussé à bout, et que la mesure s'emplit. *Bagna coumo un ra,* mouillé comme un canard. *Faï la cato bagnado,* il fait la chate-mite.

Dér. de *Ban,* bain.

Bagnaduro, s. f. Mouillure; état de ce qui est mouillé. — *Fóou pas garda la bagnaduro,* il ne faut pas garder ses habits ou sa chaussure, quand ils sont mouillés.

Dér. de *Bagna.*

Bagnôou, n. pr. de lieu. Bagnols-sur-Cèze, ville, chef-lieu de canton, arrondissement d'Uzès. — On donne à ses habitants, dans la tradition, le sobriquet de *Galinéto dé Bagnóou,* mais la tradition n'a pas expliqué pourquoi. — Il ne faut pas confondre cette ville avec celle de Bagnols-les-Bains (Lozère), qu'on appelle *Lous Bantous.* — V. c. m.

Il est curieux cependant de rapprocher les deux appellations : *Bagnóou,* arrondissement d'Uzès, *Lous Bantous,* arrondissement de Mende. Ces deux mots, qui ont la même signification, la même traduction, se distinguent par leur consonnance finale. Leur radical commun vient du lat. *Balneum,* qui donnait dans les vieux titres *Balneolæ* ou *Balneolum,* par l'addition de la désinence diminutive, pour indiquer un petit lieu de bains. A *Bagnóou,* il existait en effet autrefois, à peu de distance de la ville actuelle, au pied d'une petite montagne appelée Lancise, une source d'eau thermale fort en renom pour les maladies cutanées : cette source a perdu son efficacité. Lous *Bantous* gardent toujours l'ancienne réputation de leurs eaux minérales qui les ont fait dénommer. — *Voy. Bantous (Lous).*

Sur le nom latin des deux localités, le languedocien a fait la variante que nous remarquons, qui s'efface dans le français *Bagnols,* mais qui se retrouve dans le roman encore conservé sur des points nombreux de la France. Ainsi, au bord du Rhône, dans la plaine, *Bagnóou;* dans les montagnes des Cévennes, *lous Bantous;* comme identiques, les noms de *Banyuls-des-Aspres* et *Banyuls-sur-Mer* se rencontrent dans les Pyrénées-Orientales; *Bagnoux,* commune de Calvisson (Gard), dit *Bagnolum villa,* en 1060; *Les Bagnious* dans la Haute-Garonne ; *Bagneux,* dans l'Aisne, Allier, Cher, Indre, Isère, Maine-et-Loire, Marne, Meurthe, Moselle, Seine, Deux-Sèvres, Somme, Vienne ; *Baigneux,* dans Indre-et-Loire, Sarthe, Côte-d'Or; qui avec *Banios* (Hautes-Pyrénées), *Baneuil* (Dordogne), *Bagneaux* (Loiret, Seine-et-Marne, Yonne), *Baigneaux* (Eure-et-Loir, Gironde, Loir-et-Cher), *Banèche* (Haute-Vienne), *Baneins* (Ain), *Baneix* (Haute-Vienne), tous désignés par *Balneolæ, Balneolum, Baniolum, Balniolum,* semblent plus rapprochés de *lous Bantous;* de même que *La Bagnolle* (Ardennes), *Bagnolles* (Orne), *Bagnol* (Côte-d'Or), *Baignol* (Haute-Vienne), *Bagnols* (Basses-Alpes, Aude), *Bagnols* (Hérault, Puy-de-Dôme, Rhône, Var), *Bagnolet* (Seine), *les Bagnolets* (Allier), *Baignolet* (Eure-et-Loir), sont parfaitement semblables ou plus voisins au moins de *Bagnóou.* Dans la même famille se comptent encore *Bagnac* (Cantal, Lot, Haute-Vienne), *Bagnars* (Allier, Cantal), *Bagnars* (Aveyron), *le Bagnas* (Hérault), *Bagne* (Ain), *Bagné* (Vienne), *Bagnéras, Bagnères, la Bagnère* (Hautes-Pyrénées, Haute-Garonne, Landes), *Baignac* (Lot-et-Garonne), *Baignes* (Isère, Haute-Saône, Charente), *les Baigners* (Loiret). Près de nous, *Vagnas* (Ardèche) et *La Vagniérette,* ruisseau dans la commune de la Rouvière (Gard), n'ont-ils pas là même source, par la substitution connue du *V* au *B* ?

Partout le radical est à peu près immuable; les variantes s'exercent sur le diminutif *olus, ola, olum,* au sing., ou *olæ,* plur. Ces différences ethniques très-remarquables s'expliquent par l'influence des situations, des climats, sur la formation des noms.

Bago, s. f. Bague; anneau d'or ou d'argent ou d'autre matière, orné quelquefois de quelque pierre précieuse, que l'on porte au doigt. — *Bago dé mariaje,* anneau nuptial.

Dér. du lat. *Bacca,* anneau.

Bagoù, s. m. Caquetage, babil, intempérance de langue; facilité de s'exprimer, mais dans le genre trivial. — *A bon bagoù,* il a la langue bien pendue. En fr. fam., dans la langue verte, on dit aussi *bagou.*

Dér. du gr. Βαλμα, son, parole.

Baguéto, s. f. Baguette; bâton long, délié, flexible ou rigide ; baguette de fusil; petite bague, petit anneau ; baguette d'un nœud, ganse. — *Voy. Nousciéto.*

Dér. de la bass. lat. *Baculeta,* dim. de *Baculus.*

Baguiè, s. m. Baguier, écrin à mettre des bagues.

Dér. de *Bago.*

Bahu, s. m. Bahut, grand coffre à serrer les hardes, le plus souvent doublé en cuir et garni de clous à tête qui y forment divers dessins. C'est un meuble du moyen-âge. On appelle encore *bahu,* les grands coffres où les paysans serrent leur salé quand il est sec.

Dér. de l'allem. *Behuten,* m. sign.

Baïa, v., ou **Baïla.** Donner en général ; donner à bail ou à emphitéose, bailler en style de pratique. — *Té baïa-vaï uno douréïado,* je te tirerai les oreilles. *Baïa-mé un co dé man,* aidez-moi un moment, donnez-moi un coup de main.

Dér. du gr. Βάλλειν, lancer, jeter, envoyer.

Baïar, s. m. Bar, ou bard, sorte de civière dont le fond n'est pas à claire-voie, mais en planches, pour transporter le mortier.

Dér. du lat. *Bajulare,* transporter un fardeau.

Baïargue, s. m., n. pr. de lieu. Baillargues, village et commune dans le département de l'Hérault.

Au lieu de chercher péniblement dans les monuments lapidaires ou sur les médailles romaines un nom d'homme d'une notoriété souvent douteuse, qui corresponde à la dénomination d'un village construit sur les prétendues ruines d'une villa antique, pourquoi ne pas demander à la langue parlée dans les Gaules en même temps que le latin, et ne pas extraire des altérations et des transformations que les mots ont subies pour arriver jusqu'à nous, une racine qui soit également satisfaisante à la signification et aux procédés ordinaires de composition des noms propres ? Pour *Baïargue,* Baillargues, *Balhanicæ* au moyen-âge, sa dérivation ne serait-elle pas plus naturelle en la tirant du gaulois *bala, baile,* village, qui est encore, avec le même sens, en gallois, *bala* ; en irlandais, *baile* et *balu* ; en bas-breton, *baile ;* qui ont donné le fr. baillage, bailli, après la bass. latin., qui disait *balia, ballia, baillagium ?* Sur ce radical, se serait, par les procédés ordinaires, formée l'appellation de la bass. lat. en *anicæ,* puis la traduction romane arrivant enfin à notre désinence en *argue.* Cette descendance est pour le moins aussi probable que celle tirée du nom d'un seigneur *Ballienus* que cite Cicéron dans son oraison *Pro Fonteio.*

Baïla, v. — *Voy. Baïa.*

Baïle, s. m. Bailli ; maitre-valet dans une ferme, chef des journaliers, qui a la direction de l'ouvrage ; maitre-berger qui a la conduite d'un grand troupeau pour aller à la montagne (V. *Abeïé*). — *Ddou pu toundrdou n'an fa lou baïle,* prvb., du plus ignorant on a fait un docteur. Ce dicton a reçu et recevra, de tous temps et sous toute sorte de régimes, de nombreuses applications. La malice des ambitions méconnues est si grande, les bons choix si difficiles, le vrai mérite si rare !

Dér. de la bass. lat. *Ballium,* gouvernement, administration, tutelle.

Baïléja, v. Commander ; faire les fonctions de *baïle ;* trancher du maitre ; faire l'important.

Baïlésso, s. f. Femme du maitre-valet dans un domaine, qui est chargée de veiller aux soins du ménage.

Baïssa, v. Baisser, diminuer de hauteur ; baisser de prix ; s'affaisser peu à peu, s'affaiblir.

Sé baïssa, se baisser, se courber.

Emp. au fr.

Baïssos, s. f. pl. Branches basses d'un arbre, celles où l'on peut atteindre de terre. — Ce mot ne se dit que des arbres à fruits quelconques et du mûrier, de ceux enfin dont il faut atteindre les branches pour faire la cueillette. — *Las baïssos toquou lou sóou,* l'arbre est tellement chargé de fruits que les basses branches trainent à terre.

Dér. de *Baïssa.*

Baïto, s. f., ou **Capitèlo.** Hutte, baraque, maisonnette de vigne, qui n'est pas habitée et ne sert que pour enfermer des outils, ou se mettre à l'abri d'un orage, d'une ondée.

Dér. de l'héb. *Baith,* maison, logement, d'où vient peut-être l'angl. *to bait,* se loger en passant.

Baïuèrno, s. f. Etincelle ; bluette qui s'échappe du bois enflammé. — *Voy. Bélugo* et *Sarjan.*

Il est difficile de déterminer l'étymologie de ce mot ; mais il est impossible de lui refuser un rapport saisissant de conformation avec le français *baliverne,* rapport qui trahit une commune origine. Le mot est en effet le même dans les deux langues, sans autre variante que celle produite par une transposition de lettre due à la différence de leur génie ; l'i tréma languedocien n'est guère que le pendant des deux *ll* mouillés ou de l'*i,* forme que garde du reste la prononciation *raïole* en disant *baïuèrno.* Sauvages, qui ne donne pas ce mot, conserve cette orthographe dans tous ses analogues. Quant à la transformation de l'*u* en *v,* elle est si commune aux deux langues qu'elle n'a pas besoin d'explication. Outre la ressemblance matérielle, graphique et consonnante, les deux mots ont bien aussi quelque rapport dans leur signification. La *baïuèrno* comme la *baliverne,* sont choses de peu d'importance, de peu de durée, choses qui passent sans laisser de trace. Leur différence est en ce que le premier mot tient à l'ordre physique, le second à l'ordre moral. Maintenant, le premier a-t-il donné naissance au second ou faut-il prendre le *vice versa ?* Ne peut-il se faire aussi que, dérivant d'une source commune, ils soient nés simultanément ? Ce mystère se perd dans la nuit... de l'étymologie.

Baïzaduro, s. f. Biseau ou baisure du pain, empreinte que deux pains s'impriment réciproquement, lorsqu'ils se touchent et se collent dans le four.

Dér. de *Baïsa,* baiser, mot ancien, usité encore dans quelques-uns des dialectes du languedocien.

Bajana, s. m., ou **Cousina.** Potage aux châtaignes blanchies, dont toute la préparation consiste à les faire bouillir. C'est un mets très-commun dans les Cévennes, où il fait la principale nourriture des habitants pendant tout l'hiver. Il est exquis avec une addition de lait.

Dér. de *Bajano.*

Bajanèl, èlo, adj. Nigaud, imbécile, niais. — Cette épithète moqueuse me paraît tenir à cet esprit de rivalité qui a existé au moyen âge entre les habitants de localités voisines. Par la même raison que les habitants des Cévennes appelaient *Gounèls* par dérision les habitants des communes au-dessous d'Alais, ceux-ci, usant de représailles, qualifiaient les premiers de *Bajanèls*, parce qu'ils se nourrissaient de *bajanos*; et dans leur dictionnaire ce nom est resté synonyme de nigaud. — *Voy. Gounèl.*

Dér. de *Bajano*.

Bajano, *s. f.* Châtaigne blanche, séchée à la fumée et à la chaleur dans le suoir à châtaignes, *cledo*, et dépouillée après cette opération de sa coque et de sa pellicule; châtaigne-bajane.

Dér. du lat. *Baianus* ou *Bajanus*, qui est de Baïa, ville du royaume de Naples. Il semblerait par là que l'usage de faire sécher ou blanchir les châtaignes a commencé dans ce dernier pays.

Bal, *s. m.* Bal; réunion convoquée pour danser; danse. — *Douna lou bal*, donner la chasse, pourchasser; rosser, faire danser quelqu'un, iron.

En ital. *Ballo*; en esp. *Balle*. Le gr. a Βαλλίζω, je danse.

Bal, *s. m.* Bail à ferme, à loyer, à emphytéose; contrat public ou privé, pour donner, pendant un temps déterminé, moyennant un prix payable annuellement ou à des termes convenus, la jouissance d'une chose mobilière ou immobilière à quelqu'un.

Dér. du lat. *Ballium*.

Bala, *v. n.* Etre en suspens, entre le mouvement et l'immobilité. — Se dit d'une boule prête à s'arrêter, qui se balance avant de se fixer; et encore d'un moribond à ses derniers moments, prêt à passer. — *Balo*, il est entre la vie et la mort. *A bala*, il est mort. Dans ce dernier sens, familier du reste, ce mot ne serait-il pas une corruption de *embala*, faire ses paquets pour partir? Ou bien a-t-il la même étymologie que le suivant : *balan* ?

Balalin-balalan, ou **Balin-balan**. Onomatopée pour exprimer un objet qui branle, qui s'agite ou qu'on agite de droite et de gauche, comme une cloche. C'est un réduplicatif de *balan*. — *Ana balin-balan*, ou *balalin-balalan*, aller à l'aventure, à droite et à gauche, ou les bras ballants.

Balan, *s. m.* Branle, volée; élan que l'on donne à un coup que l'on veut lancer. L'élan qu'on prend soi-même pour s'élancer se dit *van*. — *Souna à balan*, sonner les cloches à volée. *Trés cos à balan*, trois volées. *Douna lou balan*, donner le branle. *Aquélo carétado a trop dè balan*, cette charrette est chargée trop haut, elle court risque de verser. *Aquèl martèl a maï dè balan*, ce marteau a plus de coup, plus d'élan. *Restè'qui én balan*, il resta là en suspens, dans l'hésitation.

Ce mot est-il une contraction de *Balança*, ou bien vient-il du gr. Βάλλω, lancer, envoyer? On peut choisir.

Balança (sé), *v.* Se balancer, se dandiner; s'égaliser, se valoir réciproquement l'un l'autre; jouer à l'escarpolette, à la balançoire.

Dér. de *Balanço*.

Balançadoù, *s. m.* Balançoire, escarpolette; une planche posée en travers sur une poutre, et aux deux bouts de laquelle les enfants se balancent en faisant la bascule.

Dér. de *Balanço*.

Balanço, *s. f.* Balance. Au sing. ne se dit que figur. pour : attention avec laquelle on pèse les raisons pour et contre; comparaison, parallèle équitable. Au plur. *las balanços* s'emploie pour balance, instrument formé d'un arbre, d'un fléau et de deux bassins pour peser. — *Tèn bièn la balanço*, il rend justice égale à tous. *Fòou faire la balanço*, il faut rendre justice à tous, il faut faire un poids, une mesure équitables.

Dér. du lat. *Bilancis*, génit. de *bilanx*, double bassin.

Balandran, *s. m.* Arbre mobile de la *balandro*; plateau d'une grande romaine ou balance pour peser des objets d'un grand volume. — De là, par analogie, *passa dou balandran*, berner, faire passer à la couverture; bousculer.

Formé de *Balan* et de l'ital. *andare*, aller.

Balandro, *s. f.*, ou **Poulèje**. Bascule de puits de campagne; mécanisme fort simple et fort usité pour les puits de jardin dans les Cévennes. Il consiste : 1° en un arbre droit fiché en terre; 2° en un arbre mobile fixé au premier par un crochet et un anneau, en forme de vergue; à une extrémité de celui-ci on place un contre-poids fait d'ordinaire d'une grosse pierre percée qui tient à l'arbre par une cheville; a l'autre bout est attachée, par un brin de corde assez lâche, une barre mince qui descend ainsi verticalement et qui est terminée par un croc soutenant le seau. Pour puiser l'eau, on tire cette barre, qui fait jouer facilement la vergue sur son anneau, et le seau plonge; quand il est plein, le moindre mouvement du bras fait jouer la bascule, et le contre-poids, agissant dans le même sens, le seau remonte sans effort et sans fatiguer le puiseur. — *Voy. Pouléje.*

Même dér. que *Balandran*.

Balé, *s. m.* Auvent, petit toit de planches, en saillie, au-dessus de la porte d'une boutique, pour abriter l'étalage de la pluie et du soleil trop éblouissant; palier d'escalier ou galerie découverte, balcon en terre-plein. — Le *balé*, auvent au-dessus de la porte des magasins, a disparu, ou à peu près, devant les règlements d'édilité; il était pittoresque et utile aux marchands; mais les devantures en avancement et surtout les étalages à la mode le remplacent avec avantage et maintiennent à l'intérieur un peu plus que le demi-jour favorable au choix de la marchandise, sous prétexte d'un soleil trop éclatant. Le progrès des lumières nous vaut ce changement.

Dér. du gr. Βάλλειν, jeter en avant.

Baléja, *v.* Faire contre-poids; être égal, équivalent; en équilibre. — *Faïre baléja*, égaliser, équilibrer, par ex. : une charge de mulet, de manière à ce que les deux côtés aient à peu près le même poids. *Aquô baléjo à l'éntour d'un quintalou*, cela pèse environ un quintal. *Aquéles dous éfans sé baléjou*, ces deux enfants sont à peu près du même age ou même force.

Dér. de *Balo*.

Baléno, *s. f.* Baleine, *Balæna mysticetus*, Linn. Poisson, genre de Mammifères de la fam. des Cétacés; le plus gros de tous les animaux connus; ses fanons ou barbes fournissent aux baleines de parapluies, servent aux corsets de femme, etc.

Emp. au fr.

Balisto, *s. m.* Bailliste; fermier, séquestre; adjudicataire. — *Balisto dé l'otrouè*, fermier de l'octroi.

Dér. de *Bal*, bail.

Balo, *s. f.* Balle de plomb; ballot, balle. — *Balo dé fusil, dé pistoulé*, balle de fusil, de pistolet. *Balo dé cébos*, balle d'oignons; il y a douze tresses, ou *rèsses*, à la balle. *Aquò faï bièn ma balo*, cela me chausse à merveille, ça fait bien mon affaire.

Dér. du gr. Βάλλειν, jeter, lancer.

Balò, *s. m.* Ballot, balle, sous une enveloppe de grosse toile, serrée avec des cordes; demi-charge d'un mulet, celle que l'on met d'un côté du bât. — *Saïque aquò's pas un balò dé sédo, pér lou ména tant plan?* ou *pésa tant fi*, faut-il tant de précautions, ou tant regarder au poids? ceci n'est pas un ballot de soie.

Dér. du précédent.

Baloto, *s. f.* Petite boule du loto, où est inscrit un numéro. Dim. de *Balo*.

Balouta, *v.* Balloter; au pr., lancer et relancer d'une main à l'autre, ou d'un joueur à l'autre, comme se repasse une balle; au fig., mystifier quelqu'un, le renvoyer de l'un à l'autre, du poirier au pommier.

Dér. de *Balo*.

Balustrado, *s. f.* Balustrade, garde-fou, composé de balustres continus.

Emp. au fr.

Balustro (à tusto), *adv.* A l'aveuglette, à la hurluberlu; brusquement, brutalement; sans prendre aucune précaution.

Formé de *Tusta* et du fr. *balustre*, parce que dans cette situation on se heurte à tout.

Bambocho, *s. f.* Orgie, débauche. — *Faïre la bambocho*, ou *sé métre én bambocho*, faire une partie de débauche, un gala crapuleux.

Dér. de l'ital. *Bamboccio*, petit homme grotesque : *Bocca*, bouche, ne serait-il pas pour quelque chose? Peut-être même le fr. *bouc*, dont la lasciveté est connue.

Bamboucha, *v.* Faire des bamboches; se livrer à la débauche; faire de mauvaises farces, des farces d'ivrogne.

Bambouchur, urdo, *adj.* Bamboucheur; libertin; enclin à la débauche.

Ban, *s. m.* Banc; siège ou tréteau long, en bois ou en pierre, sur lequel plusieurs personnes peuvent prendre place ou plusieurs choses être déposées. Il prend en fr. différents noms, suivant les usages auxquels il sert. — *Ban dé ménuisiè*, établi de menuisier. *Ban dé bouchè*, étal de boucher. *Ban dé iè*, tréteau de lit. *Ban dé la bugado*, selle ou batte de lessiveuse. *Ban das marguïès*, banc de l'œuvre. *Es vièl coumo un ban*, il est vieux comme les rues.

Dér. du lat. *Bancus* ou de l'allem. *bank*.

Banar, do, *adj.* Cornu, encorné; qui a de longues cornes; habitant de la commune de Bannes (Ardèche).

Dér. de *Bano*.

Banastado, *s. f.* Contenance d'une *banasto*; plein une manne, ou banne—*Faï toujour quàouquo banastado*, il fait toujours quelque ânerie, quelque école, quelque affaire de dupe. *Y ana émbé touto la banastado*, dit-on de quelqu'un qui parle des gens sans égard, sans garder aucune mesure, lâchant sur leur compte les vérités les plus dures, les plus blessantes, qui, pas plus que les vérités ordinaires, ne sont pas toujours bonnes à dire, ni surtout à entendre : c'est comme si l'on disait qu'il vide tout son sac, sans y rien garder, comme on jette là une *banastado*.

Dér. de *Banasto*.

Banastaïre, *s. m.* Fabricant de *banastos*, et de toutes sortes d'engins faits avec des scions refendus de châtaigniers sauvageons, que l'abbé de Sauvages appelle *Côtons*.

On dit proverbialement : *Banastaïre das Apèns*, parce que les habitants de ce hameau, dépendant de la commune de Lamelouse, arrondissement d'Alais, se livrent beaucoup en liver à la fabrication de ces bannes en châtaignier.

Dér. de *Banasto*.

Banastéja, *v. fréq.* Transporter habituellement à dos de mulet ou d'âne dans des *banastos*.

Banasto, *s. f.* Banne ou manne double, panier à bât pour transporter le fumier et autres objets, dans les pays où les voitures ne peuvent rouler. — *Sot coumo uno banasto*, sot comme un panier. *A éstudia souto uno banasto*, dit-on d'une personne complètement ignare, par allusion peut-être aux chevreaux, que l'on recouvre ainsi pour les empêcher de gambader et par là de maigrir; ou bien pour rappeler les ânes, qui sont le plus souvent chargés de *banastos*.

Dér. du gaulois *Benna*, voiture, ou de l'allem. *benne*, tombereau; d'où le lat. *benna*, charrette entourée de claies, sorte de corbeille.

Banastoù, *s. m.*, ou **Taréïròou**. Dim. de *Banasto*. Banneton, mannequin ou petite manne, sans anses, très-évasé d'ouverture.

Bancèl, *s. m.*, ou **Faïsso**. Terrasse ou bande de terre; plate-bande de jardin. Le terme *bancèl* est proprement usité dans les hautes Cévennes; *faïsso* est plutôt des environs d'Alais.

Dim. de *Ban*, banc, parce que le *bancèl* est droit et long comme le banc.

Banda, *ado*, *adj.* Mort, crevé; ivre-mort, roidi. — *Banda coumo un pió*, soûl comme une grive.

Emp. du fr. bander, pour roidir.

Banda (sé), *v.* Se soûler, s'enivrer; se gorger de vin.

Même dér.

Bandéja, *v. fréq.* Passer du linge savonné dans l'eau claire, ce qui se fait en le tenant par un bout et le plongeant, le passant, le repassant dans l'eau, jusqu'à ce qu'il soit bien essuyé de l'eau de savon.

Est-il dér. du lat. *Pandere*, étendre, développer, ou du languedocien *branda*?

Bandì, s. m. Dim. *Bandinò.* Bandit, vagabond, homme sans aveu. — *Es un bandì,* c'est un mauvais drôle; et quelquefois, seulement, un mauvais sujet, un libertin, s'il s'agit d'un tout jeune homme; on dit alors : *és un bandinò.*

Dér. de l'ital. *Banditto,* banni, proscrit.

Banéja, v freq. Commencer à montrer les cornes, comme les escargots; par ext. jouer des cornes.

Dér. de *Bano.*

Banèlo, s. f. Vanneau. — Voy. *Vanèou.*

Banì, v. Bannir, chasser. — *Y-a pas mouièn de banì lous ras,* il est impossible de se délivrer complètement des rats. — Il signifie aussi : faire une saisie-arrêt.

Dér. du lat. *Bannum,* bannissement, exil, ban.

Banimén, s. m. Saisie-arrêt ou opposition, terme de pratique en procédure.

Banious (Lous), n. pr. de lieu. Bagnols-les-Bains, ville dans la Lozère, renommée par ses eaux thermales.

Il est à remarquer que l'appellation française ne donne pas la preuve que le baptiseur fût très-fort en languedocien. Bagnols, traduisant *lous Banious,* est dér. du lat. *Balneolum,* qui signifie : lieu de bains; pourquoi alors ce pléonasme inintelligent dans le nom français, et l'accouplement de deux mots de même signification ? — Voy. *Bagnóou.*

Bano, s. f. Dim. *Baneto,* péj. *Banasso.* Corne de la tête de certains animaux ; antennes de certains insectes ; cornes des escargots; coup à la tête, qui se tuméfiant devient une bosse au front. — *Uno bano dé fougasso,* un morceau de fouace, parce que la *fougasso,* le gateau des paysans, est plate et formée en compartiments et en grillage ; un de ces fragments ressemble donc assez à une corne. *Fla coumo la bano d'un bidou,* contre-vérité, mou comme la corne d'un bœuf. *Chacun soun gous, dis lou prouvèrbe, couno l'doutre qué suçavo uno bano,* chacun son goût, comme disait cet autre qui suçait une corne. *S'és fa uno bano,* il s'est fait une bosse au front. *La bano d'un tour,* l'un des quatre volants de la roue d'un tour à filer la soie. *Cagaroulèto, sor tas banètos,* chantent les enfants dans nos Cévennes, comme ceux de Paris disent : Colimaçon borgne, montre-moi tes cornes. Nous rimons mieux.

Las banos, au plur., comme les cornes, sont, au fig., l'emblème d'un mari trompé.

Dér. probablement du celte ; car on ne trouve l'analogue de ce mot dans aucune des langues connues.

Bano, n. pr. de lieu, Bannes, village et commune de l'Ardèche, sur les limites du département du Gard.

Du Cange cite *Bano* avec la signification de terrain communal. L'étymologie de ce nom pourrait bien être tirée de l'affectation du territoire à des dépaissances, ou à quelque autre servitude communale. Ce que nous ne pouvons vérifier.

Banquaroutiè, tièìro, adj. Banqueroutier, ière, celui ou celle qui a fait banqueroute.

Banquarouto, s. f. Banqueroute ; faillite; insolvabilité feinte ou réelle d'un négociant.

Dér. de *Banquo,* banque, et de *routo,* fém de *rou,* rompu.

Banqué, s. m. Petit banc; tréteau de lit, de théâtre de bateleur, de table à manger, etc.

Dim. de *Ban,* banc.

Banquiè, s. m. Banquier; celui qui fait le commerce de l'argent; à certains jeux de cartes, celui qui taille ou joue contre tous les autres.

Dér. de *Banquo.*

Banquo, s. f. Comptoir de marchand ; grand coffre à hauteur d'appui, qui règne tout autour du magasin, ou dans une partie seulement et sur lequel on montre et on étale la marchandise. Il y a un tronc au milieu, en tiroir, où l'on fait tomber les espèces à mesure qu'on les reçoit, et dont on fait la levée et l'inventaire chaque soir.

Dér. de *Ban,* banc.

Banu, udo, adj. Cornu; qui a ou qui porte des cornes. — *Un cho banu,* un sot, un homme sans intelligence, comme un hibou.

Dér. de *Bano.*

Bâou, bâoujo, adj. Niais, nigaud, badaud. — *Qué siès bâou !* Que tu es bête !

Dér. du lat. *Balbus,* bègue.

Bâoubècho, s. f. Bobèche, partie du chandelier où se place la chandelle.

Emp. au fr.

Bâoudrado, s. f. Bêtise, balourdise, niaiserie ; école.

Dér. de *Bâou.*

Bâoudroï, s. m. Baudroie, galanga, raie pêcheresse, diable de mer; espèce de lophie, *Lophius piscatorius,* Linn. Poisson de l'ordre et de la fam. des Chisnopnés (respirant par une fente), cartilagineux, à corps plat, à évent près des nageoires, à large gueule, qui semble n'être que tête et queue. La Baudroie fait un très-bon potage.

Bâoudufo, s. f., ou **Boudufo.** Toupie, jouet d'enfant; sabot. Ce mot ne s'emploie plus qu'au fig. *Es pas pu bèl qu'uno bâoudufo,* il n'est pas plus grand qu'une toupie. *Té vire coumo uno bâoudufo,* je te fais tourner comme une toupie.

Qué sé trufo,
Diou lou bufo,
Et lou fai vira coumo uno bâoudufo. (Prvb.)

Les étymologistes sont fort divisés sur la dériv. de ce mot ; elle est tirée du celte *Bodwa,* mamelle, à cause de la ressemblance ; ou *bot, boud,* qui a fait dans la bass. lat. *botta,* d'où l'ital. *bodda,* crapaud, à cause de la grosseur. — Voy. *Boudufo.*

Bâoujoula, v. Porter un enfant au bras, le caresser, le cajoler.

Dér. du lat. *Bajulare,* porter un fardeau.

Bâoume, s. m. Baume, sorte de menthe, plante aromatique, plus particulièrement la menthe verte et gen-

tille. Au fig. se dit aussi d'un confortatif, d'un réconfortant dont on exagère la bonté : *Aquél vin és un bâoume sus l'éstouma.*
Dér. du lat. *Balsamum.*

Bâoumélu, udo, *adj.* Creux, caverneux ; se dit particulièrement d'un arbre, d'une pièce de bois.
Dér. de *Bâoumo.*

Bâoumo, *s. f.* Dim. *Bâouméto,* péj. *Bâoumasso.* Grotte, cavité naturelle ; caverne; bauge du sanglier; terrier du renard ; garenne du lapin. Ce mot a donné naissance à une foule de noms propres de personnes et de lieux : *Labâoumo, Bâoumé, Bâoumélo, Bâoumassiè,* qui se traduisent en fr. par Labaume, Baume, La Baumelle, Balmelle, Balmes, Baumier, Baumassier, etc., qui signifient pour en dériver en ligne directe et primitive : habitation ou habitant des cavernes, des grottes : l'origine est ancienne et se rattache, par une infinité de quartiers, aux troglodites. *La Bâoumo dé las Fados* est le titre d'une des plus jolies pièces de notre inimitable poète des *Castagnados.*

Bâouquo, *s. f.* Du verdage, espèce d'herbe graminée, foin grossier qui pousse naturellement sur les talus et berges des fossés et dans les bois taillis ; c'est probablement du foin dégénéré en poussant dans des terres sèches et trop fortes. On ne s'en sert guère que pour litière. Aucune bête de labour, non plus que les moutons, ne consent à s'en nourrir.

Bâouri, *s. m.* Péj. *Bâourias.* Précipice ; ravin profond et escarpé, gorge étroite et sauvage ; abime ; fondrière.
Dér. peut-être du lat. *Vallis rivus,* ruisseau de vallée, ou de l'ital. *balzo,* précipice, du gr. βάλλειν, jeter, lancer.

Bar, *s. m.* Dalle, pierre plate large et carrée, pour carreler. — *Bar dé Mus,* dalle des carrières de Mus, village près de Nimes, d'où se tirent les meilleures dalles pour carreler les fours à pain, parce qu'elles sont réfractaires et supportent très-bien l'action du feu. *Bar dé saboù,* une table de savon. C'est sous cette forme que le savon est fabriqué et livré au commerce. Cette table a d'ordinaire huit centimètres d'épaisseur sur cinquante centimètres en carré.

Bara, *v.* Fermer, en général ; barrer, boucher ; bâcher une porte, la fermer et l'assujettir par derrière avec une barre. — *S'én fôou bara lous ièls,* il faut s'en fermer les yeux, s'en consoler, en prendre son parti. *Aquò baro l'éstouma,* ce spectacle vous serre le cœur. *Bara sa boutigo,* est tout simplement fermer son magasin ; mais *bara boutigo,* c'est cesser son commerce par suite de déconfiture ou autrement. *Baro pas dé tout lou jour,* il ne cesse pas de parler de toute la journée. *Bara lou camì,* couper le chemin, entraver la marche, fermer la carrière à quelqu'un. *Bara un trâou,* boucher un trou. *Se bara déforo, sé bara dédin,* fermer la porte sur soi du dehors, ou par dedans, s'enfermer.
Dér. de *Baro.*

Baracan, *s. m.* Bouracan, espèce de camelot, étoffe qui rejette la pluie.
Emp. au fr.

Baradis, isso, *adj.* Qui peut se fermer ; fermant ; destiné à être fermé. — *Pagné baradis,* panier à couvercle. *Coutèl baradis,* couteau de poche, qui se ferme.
Dér. de *Bara.*

Baradisso, *s. f.* Action souvent répétée de fermer et d'ouvrir une porte, une fenêtre, un tiroir. — *Aquélo baradisso finira lèou?* En finira-t-on bientôt d'ouvrir et de fermer cette porte?
Dér. de *Bara.*

Baraduro, *s. f.* Fermeture, en général; boucheture d'épines ou de fagots, pour empêcher l'accès d'un champ. Il est peu employé au propre. Au fig. il est usuel dans ce dicton : *Pâouro baraduro !* pauvre ressource ! mauvais pronostic ! cela s'annonce mal.
Dér. de *Bara.*

Baragna, *v.* Faire une haie vive, garnir de buissons ou d'épines l'entrée d'un champ ou la crête d'un mur de clôture ; clore, faire des haies avec des buissons.
Dér. du celt. *Bar,* barrière ; ou de l'esp. *brena,* hallier, ou du lat. *vara,* barre : sans doute tous proches parents.

Baragnado, *s. f.* Haie vive ou non ; échalier ; toute sorte de clôture en haie. Sur les bords du Gardon, et de toutes les rivières torrentielles, on fait des *baragnados* pour faire déposer le limon. On y emploie des ramées de chêne-vert, serrées et assujetties par le sable et le gravier, ou des branches d'osier et de saule. Les premières sont plus fortes; mais celles-ci, plus épaisses, ont l'avantage de prendre racine, de durer plus longtemps et d'être plus résistantes; aussi sont-elles préférées. On établit aussi des *baragnados* en fagots de bois mort de toute sorte, pour arrêter et faire amonceler les feuilles de châtaigniers que le vent entraine. Par ce moyen elles se trouvent ramassées en tas, nettes de leurs hérissons et propres à la litière de toute sorte d'animaux. — *Un trâouquo baragnado,* un braconnier, un grapilleur, un homme qui ne respecte aucune propriété ni clôture. Au fig., un éventé, un étourdi, un hurluberlu. — *Voy. Bartas.*

Baragnas, *s. m.* Haie naturelle ; amas de ronces et d'épines, qui se forme sur les anciennes murailles démolies ; entrelacement de ronces ; buisson.
Péjor. de *Baragno.*

Baragno, *s. f.* Echalier plutôt que haie ; clôture presque toujours provisoire, moins forte et moins épaisse que la *baragnado.*

Baragogno, *s. f.* Le même mot et la même signif. que *Babarogno.* — V. c. m.

Baragouina, *v.* Baragouiner; parler d'une manière inintelligible ; bredouiller.
Emp. au fr., qui tire, dit-on, son étym. du bas-bret. *Bara,* pain, et *guin,* vin, à cause de la confusion que font ceux qui parlent mal la langue ; mais que d'autres font venir du lat. *Barbaricus,* barbare.

Baraïa, *v.* — *Voy. Varaïa.*

Baraïè, *s. m.* Boisselier ; ouvrier qui fait des baraux.
Dér. de *Bardou.*

Baraje, *s. m.* Barrage, digue; déversoir en travers d'un cours d'eau pour faire une prise d'eau.

Dér. de *Bara*

Baralé, *s. m* Baril, barillet; bidon des journaliers aux champs; baril a huile; capron, baie de fraisier sauvage, qu'il ne faut pas confondre avec la fraise des bois.

Dim. de *Bardou*.

Barandèla, *v* Danser la *barandèlo* ou la *bagatelo*.

Barandélaïre, aïro, *a lj.* Danseur de *barandèlo*. Par ext. un étourdi, inconsidéré, léger.

Barandèlo, *s. f.* — Voy. *Bagatèlo*.

Baranqua, *v.* Radoter; battre la campagne; parler ou agir a tort et a travers; ne savoir ce qu'on dit. — *L'éscoutes pas, baranquo*, ne l'écoutez pas, il radote, il ne sait ce qu'il dit.

Dér. de *Ba*, partic. rédupl., et de *ranquo*, de *rotulare*.

Baranquaje, *s. m.* Radotage; paroles en l'air ou sans suite; propos extravagants.

Baranquaäre, aïro, *adj.* Radoteur; qui débite des radoteries, ou par vieillesse, ou par bêtise. Id., *Baranqur, urdo.*

Baranquéja, *v. rédupl.* de *Baranqua*.

Baràou, *s. m.* Baral, v. fr., barrique à vin, longue et étroite, qui sert, comme les autres, à transporter le vin à dos de mulet; mesure de capacité pour les vins. Cette mesure varie d'une localité à l'autre. Le *Bardou* d'Alais contenait autrefois 27 pots ou 34 pintes de Paris. Le *Bardou* métrique contient 60 litres. — *Enten bouto per bardou*, il entend tout de travers ce qu'on lui dit; il prend des vessies pour des lanternes, martre pour renard. *Pou-bardou*, un puits public qui se ferme la nuit, de crainte d'accident ou de mauvais dessein. Il y avait autrefois à Alais une quantité de ces puits qui étaient situés dans un renfoncement de rue et à couvert dans l'épaisseur d'une maison. On les fermait la nuit; mais avec le temps les fermetures avaient disparu, et ces impasses obscurs étaient dangereux; on les a fermés et remplacés par des pompes. Un de ces puits a donné son nom à une de nos rues, qui est appelée encore : rue *Puits-Baral*. L'opinion que son nom lui vient de la fermeture appliquée à son puits, est fort soutenable; mais, dans ce mot que le languedocien persiste à prononcer *baral*, et non *baràou*, et qu'il n'a pas eu l'idée d'exprimer par *baradis*, ne trouverait-on pas aussi bien une qualification tirée de la situation qu'il occupait, au moment de son baptême, à l'extrémité de la ville? *Puits-Baral* signifierait alors : puits situé aux barrières d'Alais, sur la limite de la clôture de la ville. La rue Montagnasse, qui reprend aujourd'hui son nom, s'appelait, au moyen âge, *rue Malbourguet*, mauvais petit faubourg : elle est voisine de la rue Puits-Baral; sa dénomination ancienne viendrait à l'appui de notre interprétation, en indiquant que, dans ces temps reculés, la ville ne s'étendait pas plus loin.

Bardou, en tous cas, put trouver son étym. dans la bass. lat. *barrale, barile, barillus*, d'un capitulaire de Charlemagne, avec la sign. de tonne ou de vase propre à contenir un liquide quelconque, ou dans l'esp. *barral*, grande bouteille; ou enfin, comme *baral*, dans le celt. *barr*, qui signifie non-seulement barre, barrière, mais tout ce qui sert à renfermer, à contenir.

Baraquo, *s f.* Dim. *Baraqueto*. Baraque, chaumière; maisonnette en mauvais état; hôtellerie de roulier sur les routes; baraque, echoppe, auvent, construit en planches sur les places en temps de foire. — *Aquel oustàou es uno vieio baraquo*, cette maison n'est qu'une mauvaise pauvre baraque. *Las baraquos dé Coudougnan, dé Fons, la baraquo de Plagnòou, la baraquo dòou Pela* sont connues et renommées sur nos routes départementales.

Dér. de l'esp. *Baracca*, cahute de pêcheur.

Barato, *s. f.* Baraterie; dol, fraude, contrebande; altération des liquides par mélange; contrefaçon, tromperie.

Dér. de l'esp. *Baratar*, brouiller, tromper.

Barba, *v.* Pousser des radicules, prendre racine; se dit surtout des boutures, quand elles commencent à *barba*, à jeter leur tissu de radicules.

Dér. de *Barbo*.

Barbacano, *s. f.* Ouverture, fente laissée dans un mur de soutènement, pour faire écouler les eaux pluviales.

Dér. de l'esp. *Barbacana*, m. sign.

Barbajòou, *s. m.* Grande joubarbe, artichaut de muraille, Sempervivum tectorum, Linn. Plante de la fam. des Crassulacées, grasse, vulnéraire et émolliente.

Dér. du lat. *Barba Jovis*, barbe de Jupiter, comme son correspondant fr. Ces deux mots sont la métathèse l'un de l'autre.

Barbajòou, *s. m.*, ou **Quiou-blan**. Dim. *Barbajoulé*. Hirondelle à croupion blanc, hirondelle de fenêtre; *Hirundo urbica*, Temm. Le dessus du corps, partie d'un noir à reflets bleuâtres, partie d'un noir mat, le restant d'un blanc pur; queue fourchue. Cette hirondelle est la plus commune dans nos contrées, où elle arrive quelques jours après l'hirondelle de cheminées. Elle aime à placer son nid sous la corniche des maisons et des grands édifices. — *Escarabia coumo un barbajòou*, gai comme un pinson.

Ce mot a évidemment la même étym. que son homonyme précédent. Cependant il est difficile de saisir les rapports de cette origine, à moins que la queue fourchue du volatile ne soit une image de la barbe du maître des dieux.

Barbasta, *v.* Faire ou tomber de la gelée blanche. — *A barbasta sus sa tésto*, ses cheveux grisonnent, il a neigé sur ses cheveux.

Dér. de *Barbasto*.

Barbasto, *s. f.* Gelée blanche; givre. C'est le produit de la condensation de la rosée et de toutes les vapeurs qui exsudent de la terre. *Barbasto* exprime cet effet des grands frimas d'hiver qui fait ressembler le sol à un champ de neige; *plouvino* et *jalibre* (V. c. m.), sont plus particulièrement ces gelées de printemps, ces giboulées, qui font tant de mal à la vigne et à la feuille de mûrier. Les concrétions de la *barbasto* sur les plantes et les arbres ressemblent à une sorte de barbe blanche. C'est de là que Sauvages fait dériver ce nom.

Barbata, *v.* Bouillir à gros bouillons; particulièrement, faire un certain bruit en bouillant, soit comme un grand vase qui rend un bruit sourd en bouillant fortement, soit seulement comme un potage qui mitonne sur un fourneau ; chez l'un et l'autre, ce bruit est produit par le dégagement de l'air, qui forme des globules qui crèvent et se succèdent instantanément. C'est ce qu'exprime ce mot par une onomatopée saisissante.

Barbéja, *v.* Raser, faire la barbe, au pr. et au fig. — *L'avèn barbéja*, nous avons eu de son poil, nous lui avons gagné son argent.

Dér. de *Barbo*.

Barbèl, *s. m.* Barbeau, *Cyprinus barbus*, Linn. Poisson d'eau douce; museau pointu, mâchoire supérieure fort avancée avec des barbillons, dos olivâtre, ventre blanc ; il croit vite et devient fort grand ; sa forme ressemble assez à celle du brochet. Il préfère un lit couvert de cailloux à un fond bourbeux.

Barbèl signifie aussi : un jeune gars, un blanc-bec.

L'une et l'autre de ces acceptions sont dér. de *Barbo* : dans la dernière, parce que c'est l'âge où la barbe commence à pousser; dans la première, parce que ce poisson porte deux appendices ou barbillons à la mâchoire supérieure.

Barbéto, *s. f.* Terme de nageur, qui n'est employé que dans cette expression : *Faire la barbéto*, et signifie : apprendre à nager à un apprenti en le soutenant de la main par le menton, ce qui l'empêche d'enfoncer la tête, et lui permet d'étendre le corps sans danger dans la position horizontale. Au fig., prêter aide et appui, soutenir.

Dér. de *Barbo*, parce qu'on prend le nageur par la barbe, ou du moins au siège de la barbe; qu'on lui tient le menton dans la paume de la main, comme font les barbiers à leur patient pour le savonner, ou plutôt comme ils faisaient, quand il y avait des barbiers, et avant l'invention du pinceau à barbe.

Barbiè, *s. m.* Barbier, qui fait la barbe, qui rase. L'histoire des barbiers mériterait d'être écrite et conservée. Il y a un siècle, ils n'étaient point autres que des chirurgiens, avec privilèges. Aujourd'hui, ils ont perdu leur droit de saigner, autrement qu'en faisant la barbe, et encore ! mais leur titre a totalement disparu, sinon la profession. — *Lou barbiè de Sdouzé*. Sauzet est un petit village, arrond. d'Uzès. La tradition assure qu'il y avait là un barbier qui non-seulement rasait gratis, mais qui payait à boire à ses pratiques par-dessus le marché. Sa réputation est passée en proverbe. On en voit les applications ironiques.

Barbiò, *s. m.* Petit homme barbu, bamboche à longues moustaches. La mode de nos jours rend fréquente l'application de ce mot. — *Voy. Barbocho*.

Barbo, *s. f.* Dim. *Barbéto*, péj. *Barbasso*. Barbe, poil des joues et du menton ; arête de l'épi des céréales ; filets du tuyau d'une plume ; radicules, filaments d'un végétal quelconque. — *Quand papiès parlou, barbos calou*, quand les titres parlent, les docteurs se taisent. *Fariè la barbo énd'un ióou*, il trouverait à tondre sur un œuf. *Nous fai la barbo én toutes*, il nous passe tous, il nous rendrait des points. *Barbo dé païo*, visage de bois, dicton fort usité et d'une application plus large que son correspondant français : il s'étend à toute sorte de désappointement, quand on se voit trompé dans son attente. *Bouviè sans barbo, airo sans garbo*, prvb., à jeune bouvier, pauvre moisson.

Dér. du lat. *Barba*.

Barbocho, *s. m.* Dim. *Barbouchéto*. Petit homme barbu. même sens que *Barbio*. (V. c. m.) Barbichon; chien-barbet.

Dér. de *Barbo*, parce que le barbet a beaucoup de poil autour du museau.

Barbouïa, *v.* Balbutier ; bégayer ; baragouiner ; bredouiller.

Dér. du lat. *Balbus*, bègue.

Barbouïaje, *s. m.* Barbouillage, en discours, en écriture, en peinture, en diction ; griffonnage ; galimafrée.

Emp. au fr.

Barbouïur, uso, *adj.* Barbouilleur; bredouilleur; griffonneur.

Barboutì, *v.* Marmotter; chuchotter; parler entre ses dents; murmurer tout bas; faire un à-parte ; dire des messes-basses, parler dans sa barbe.

Dér. de *Barbo*.

Barboutimén, *s. m.* Chuchottement, marmottement; murmure; messe-basse; bredouillement.

Barbu, udo, *adj.* Barbu, qui a de la barbe, beaucoup de barbe.

Barbudo, *s. f.* Chicorée sauvage, barbe de capucin, *Cichorium intybus*, Linn. Chicorée barbue des prés, qu'on mange en salade quand elle commence à pousser et qu'elle germe encore dans la terre ; plus tard elle est dure et hérissée de piquants. C'est à cet âge peu tendre qu'elle a reçu son nom.

Barbudo est aussi le nom des ceps de vigne d'un an, qui ayant poussé des radicules, qui plus faciles à la reprise et donnent plus tôt des produits.

Dér. de *Barbo*.

Barda, *s. m.* Carrelage en dalles ; pavé bardé avec des dalles.

Dér. de *Bar*.

Barda, *v.* Couvrir, barder de lard un rôti ; mettre la barde à une bête de somme ; plaquer ou lancer contre les murs ou sur le carreau. — *Barda un perdigal*, barder, couvrir un perdreau de bardes de lard. *Vai barda la miolo, l'ase*, va-t-en mettre la barde à la mule, à l'âne. *Lou bardè dou sòou*, il le jeta rudement par terre.

Dér. dans le premier sens de *Bardo*, dans le second de *Bar*.

Bardo, s. f. Dim. *Bardelo*, péj. *Bardasso* Barde, bardelle, espèce de bât ou de selle piquée de bourre ; tranche mince de lard appliquée sur une volaille.

Dér. de *Barda*, du lat. *bardianum*, espèce d'armure ou de cuirasse des soldats gaulois

Bardò, s. f. Dim. *Bardoute,* péj. *Bardoutas.* Espèce de mulet, né de l'ânesse et du cheval. Cet animal, très-robuste mais de forme peu élégante, est le souffre-misère de la bande des mulets *(coublo)* ; c'est lui qui porte les bagages, et le muletier par-dessus le marché. Au fig. butor, lourdaud ; souffre-douleur. — *Lou prenou per bardò,* on en fait le bouc émissaire, un objet de mystification ; on le charge de tout ce qu'il y a de plus pénible. *Passa pér bardò,* devenir le jouet, être le dindon de la farce.

Il y a une distinction à faire entre les deux locutions : *passa per bardò* et *préne pér bardò.* Que le premier dicton s'applique à qui porte plus que sa part des peines et des fatigues communes, c'est bien cela, mais c'est encore autre chose. La charge susdite du bardot ne pouvant figurer sur une lettre de voiture, il ne comptait pas lui-même au nombre des mulets qui composaient la caravane. C'est dans ce dernier sens qu'est prise la première locution, appliquée à une personne qui, dans une dépense à faire, dans une charge quelconque à supporter en commun, trouve moyen de s'exonérer de son écot, de sa tâche ; passe comme on dit par-dessus le marché, et par conséquent ne compte pas non plus.

Pour le deuxième dicton : *Bardò,* au fig., signifie un lourdaud, un imbécile, un sot et grossier personnage, dont on se moque, dont on abuse, à qui l'on fait porter aussi double bât, double charge ; et l'individu qu'à tort ou à raison on considère comme tel et que par conséquent on traite de cette manière, on le prend pour bardot : il devient alors chef d'emploi de doublure qu'il était, et la copie vaut l'original.

Dér. du gr. Βαρδός, lourd, lent

Barguigna, v. Barguigner ; hésiter ; balancer ; être indécis, embarrassé.

Dér. de la bass. lat. *Barcaniare,* marchander. Ce dernier mot venait lui-même du lat. *in barcam ire,* aller sur une barque, parce que le mot *barca* était à proprement un esquif, ou embarcation, sur laquelle les trafiquants allaient et venaient, dans le port, d'un navire à l'autre, pour traiter avec les patrons.

Barguignaïre, aïro, adj. Péj. *Barguignaïras,* asso. Barguigneur ; marchandeur. — *Voy. Raïssejaïre.*

Bari, s. m. En vieux languedocien, Rempart ; barrière. — *La cariéiro dóou Bari,* la rue du Rempart, qu'on a eu le bon esprit à Alais de ne pas franciser et qui s'appelle toujours la *rue du Barry. Lou miòu bari és la pès,* le meilleur boulevard d'une ville, c'est la paix. Suivant la fameuse devise, ce devait être aussi celui de l'empire ; mais depuis... *Esfouiro-bari d'Aoubénas,* c'est le vieux surnom que l'on donne aux habitants d'Aubenas. Il est sans doute glorieux pour eux, puisqu'il doit signifier : qui sape les remparts, sapeur de remparts.

Dér. de la bass. lat. *Vara* ou *barum,* barricade, enceinte, clôture, faite avec des poutres, premiers remparts des villes, ou plutôt des villages qui devinrent des villes et des places de guerre sous la féodalité, dans un temps où tout le pays était couvert de forêts. On se servit ensuite de l'expression, un peu modifiée, *barium,* pour mur de ville fait de poutres, et le nom resta quand les pierres remplacèrent ces remparts trop faibles. Un prvb. disait, et il justifie la dériv. : *A bari bas éscalo noun fdou.*

Bariéïraïre, s. m. Préposé aux barrières, à l'octroi, commis aux barrières à la perception des droits d'entrée dans les villes.

Dér. de *Bariéiro.*

Bariéïro, s. m. Barrière. — Les villes, qui n'avaient pas de portes, avaient des barrières, ne fut-ce que pour empêcher la contrebande et assurer les péages. On les plaçait même quelquefois à des distances assez éloignées, qui agrandissaient le rayon autour des villes ou des châteaux féodaux ; et les noms, qui persistent encore, en conservent le témoignage, comme les anciennes chartes d'établissement. Un décret consulaire imposa un droit de péage à l'entrée des villes pour les chevaux et les voitures, et pour la perception on y plaçait des barrières mobiles. Ce droit fut converti par la loi de frimaire an VII en octroi municipal, et les bureaux d'octroi occupèrent le même emplacement que les barrières. Ce n'est même que sous le nom de *bariéiro* que sont connus ces bureaux et le quartier qu'ils occupent. Ainsi, on dit à Alais la *Bariéiro dóou Mas-de-Negre* pour désigner le bureau d'octroi du Mas-de-Negre.

Dér. de *Bara.*

Baril, s. m. Dim. *Barié.* Baril, petit tonneau, barrique à huile ; barillet, petit baril. — *Un baril dé sardos,* une barrique de sardines. *Un baril d'anchoïo,* un baril d'anchois. *Un baril d'oli,* un baril d'huile.

Dér. du celt. *Barr,* vaisseau, d'où la bass. lat. *barillus,* baril.

Barioto, s. f. Brouette, espèce de petit tombereau, à une roue et deux bras, traîné ou poussé par une personne. — *Voy. Brouéto* ou *Brouvéto.*

Dér. de *Ba,* rédupl, et du lat. *rota,* roue, parce que dans le principe elles avaient une double roue.

Barioù, s. m. Barillon, engin destiné à confectionner des trousses, de grosses bottes de foin ou de paille. C'est une sorte de filet, composé de deux barres et de cordes non croisées : un réseau ou tramail à cet usage.

Dér. de *Baro,* dont il est un dimin.

Bariquo, s. f. Barrique, grand baril. Il ne se dit que du baril qui sert de caque aux anchois et aux sardines. On se sert de ces barillets pour les chapelets de puits-à-roue. — *La musiquo és din la bariquo,* disent les chantres et un peu sans doute les chanteurs, dont la réputation est aussi d'être bons buveurs ; mais alors ils parlent de *bariquo*, dans sa grande dimension, gros tonneau servant à contenir du vin. — Au fig. et en style fam. ce mot signifie le ventre, les intestins. — *Te vóou créba la bariquo*, je te crève le ventre. En esp. on dit aussi dans le même sens *barrica*, ventre.

Dér. du celt. *Barr*, vaisseau, ou du lat. *barillus*.

Barisquo-Barasquo, *adv*. Onomatopée exprimant l'action de quelqu'un qui, une barre à la main, comme une faulx, renverserait ou briserait tout ce qui est à sa portée. Au fig. brutalement, bruyamment.

Dér. de *Baro*.

Barja, *n. pr. de lieu*. Barjac, ville et canton de l'arrondissement d'Alais.

Cette petite ville est mentionnée dans les anciennes chartes avec quelques altérations dans son nom : en 1076, *de Bariado ;* en 1077, *de Bariac ;* en 1084, *de Bargiaco ;* en 1131, *de Bargago ;* en 1132, *de Barjago ;* en 1171, *de Barjaco ;* en 1194, *de Bargiaco*. En fr. on écrivait Barjac ou Bargeac.

Abstraction faite de la désinence adjective *ac, acum*, et en lang. *a*, ou le *c* final est supprimé (*V. a, an,* suff.), la forme la plus ancienne du mot semblerait indiquer son étymologie de la bass. lat. *barium* au plur., avec le sens de *mœnia*, fortification, selon Du Cange, et *Barja* signifierait alors village fortifié. Mais n'a-t-elle pas été prise peut-être du celt. *berg*, éminence, hauteur, d'où est venu le vieux mot *barge*, aujourd'hui *berge*, ou mieux peut-être de la bass. lat. *baria* ou *beria, locus scilicet arboribus destitutus, dumetis verò vepribusque refertus*? (Voy. Du Cange, V° *Berra*.) On ne trouve pas en effet dans le territoire de grandes forêts, mais de petits bois. Le nom d'un lieu voisin, *Bérias*, dans l'Ardèche, pourrait servir d'indice, au moins par analogie de situation, de nature de terrains et d'aspect général.

Il y a dans le Gard deux autres localités du même nom, *Barja*, hameaux des communes de Monteils et de Trèves, où la topographie et le sol confirmeraient notre dernière interprétation.

Barja, *v*. Maquer le chanvre, le broyer avec la maque. — Ce mot semble une contraction du fréquentatif *Baréja*, qui n'est pas dans la langue, mais qui signifierait jouer de la barre, passer à la barre : parce que les mâchoires de la maque à chanvre ont bien pu dans l'origine n'être que de simples barres à broyer. — Dans le dial. prov. maquer se dit *brégea*, rapproché de *broyer*, dér. de l'allem. *brechen*, rompre, briser ; de cette origine germanique, le languedo. aurait bien pu conserver *bar* ou *ber* pour *bérja* et *barja*, avec le même sens de briser et broyer.

Barja, *v*. Jaser ; babiller ; jacasser ; caqueter ; jabotter. — *Barja coumo la bèlo Jano*, babiller comme une commère. *Lou diable té barje !* Au diable ton babil !

Dér. du celt. *Bajoll* ou du gr. βαΰζω, babiller, bredouiller.

Barjadisso, *s. f.* Bavardage ; longue causerie ; babil ennuyeux et insupportable.

Dér. de *Barja*.

Barjaire, aïro, *adj*. Babillard, qui aime à causer ; qui ne cesse pas de jacasser. — *Voy. Barjóou.*

Barjalado, *s. f.* Bisaille ; trémois ; menus grains ; menus blés ; semences de mars ; mélange de paumelle et de vesce dont on fait un pain grossier. On sème ainsi en mars, de *barjalado*, les terres que le manque de temps ou les longues pluies ont empêché d'ensemencer en automne. — *Aquò's pas qué dé barjalado*, c'est de la ripopée.

Dér. du lat. *Farrago*, toutes sortes de grains.

Barjóou, âoudo, *adj*. — *Voy. Barjaïre.*

Barjïos, *s. f. plur*. Chenevottes, débris du chanvre broyé, maqué, avec quoi on faisait les allumettes soufrées, avant que l'usage des allumettes chimiques, à frottement, à phosphore, à explosion soudaine, plus dangereuses mais plus rapides à s'enflammer, eût fait oublier les premières. — *Dansa sus las barjïos*, sauter de joie, être dans le ravissement. Quand la culture du chanvre était une industrie dans nos contrées ; quand arrivaient les *barjïos*, la récolte était finie, et c'était fête et repos ; on pouvait danser.

Dér. de *Barja*, maquer.

Barjo, *s. f.* Maque, brisoir, banc à maquer le chanvre ; babil, jacasserie, superfluité de paroles. — *N'a pas qué dé barjo*, il n'a que du babil, il n'y a point de fond.

Barlaqua, *v*. Mouiller, tremper ; agiter dans l'eau ; plonger dans l'eau.

Sé barlaqua, se tremper jusqu'aux os ; se vautrer dans l'eau et dans la boue ; se saucer par la pluie.

Dér. de *Bar*, en v. lang. bouc, fange, limon, et *laqua*, vautrer.

Barlaquado, *s. f.* Mouillure, soit qu'elle vienne en jetant à l'eau quelqu'un ou quelque chose, ou s'y plongeant soi-même, soit par l'effet de la pluie qu'on reçoit. — *Aï éndura uno bono barlaquado*, j'ai supporté une grosse averse.

Dér. de *Barlaqua*.

Barnaje, *s. m.* Fouillis, embarras ; hardes, meubles, entassés en désordre. Au prop. effets personnels qu'on prend en voyage.

Ce mot me paraît la contraction de *Barounage*, qui voulait dire l'ordre des barons, équipage de baron ; ou plus simplement, du gaulois *barnage*, bagage désignant le train d'un grand seigneur. — *Voy. Baroun.*

Baro, *s. f.* Dim. *Baréto, baroù, bariòu*, péjor. *Barasso.* Barre ; pièce de bois ou de fer, longue et peu épaisse ; traverse ; perche ; latte. — *Baro dé caréto*, enrayure de charrette. *Baro dé galignè*, juchoir. — *Sé préne uno baro !* si je prends un bâton ! *Propre coumo la baro d'un galignè*, propre comme le perchoir des poules. *Métre la baro à la porto*, bâcler une porte. *Nous ajudaras à pourta la baro*, tu nous aideras à porter le joug, dit-on à un nouveau marié.

Dér. du lat. *Vara*, traverse, pièce de bois mise en travers d'une porte.

Baroù, *s. m.* Bâton de chaise; traverse de bois rondin, qui sert à soutenir les tables de vers à soie et qui porte elle-même sur les chevilles des montants. Quand ces traverses sont en bois scié, on les appelle *jaseno*. — V. c. m.
Dér. de *Baro*.

Barougné, *s. f.* Baronnie; titre de baron; terre baronniale, château baronnial. — Le quartier où s'établit aujourd'hui l'avenue de la nouvelle gare du chemin de fer, l'emplacement de l'hôtel du Commerce, et tout ce pâté de maisons, ainsi que la première gare, faisaient partie de ce qu'on appelait autrefois à Alais *la Barougnè*, quand la ville et son territoire étaient divisés en deux juridictions, celle du baron et celle du comte; ce dernier avait aussi des possessions vers le quai de la Comté, rappelant ce souvenir.

Baroun, *s. m. ;* au fém. *Barouno.* Dim. *Barouné,* péjor. *Barounas.* Baron, titre de noblesse. — Le sort de ce mot a été bien divers : lors de son premier emploi, dit Honnorat, il signifiait homme vil, ensuite homme en général, et il n'est devenu un titre d'honneur que vers l'année 567. En italien, le mot *barone* signifie tantôt noble, vaillant, puissant, et tantôt brigand, voleur, vaurien. Les extrêmes se touchent.
Dér. du v. lang. *Bar* ou *baro, vir,* homme. Les rois appelaient barons leurs vassaux immédiats. Ils disaient indifféremment : mon baron ou mon homme, pour homme d'armes.

Barounéja, *v.* Se montrer baron ; se vanter de l'être ; se donner des airs de grand seigneur.
Dér. de *Baroun*.

Barquado, *s. f.* Batelée ou barquée, plein une barque : le chargement d'une barque. — *Empouisounariè uno barquado dé crucifis,* dict., il ferait faire naufrage, il porterait malheur à une barque chargée de crucifix.
Dér. de *Barquo*.

Barqué, *s. m.* Batelet; bachot; canot; esquif.
Dim. de *Barquo*.

Barquéto, *s. f.* Petit bateau, petite barque ; barquerolle ; barquette, espèce de pâtisserie, de gaufre, en forme de barque.
Dim. de *Barquo*.

Barquiè, barquièïro, *adj. et s.* De barque, qui tient à une barque ; batelier, patron d'un bac sur une rivière ; passeur.
Dér. de *Barquo*.

Barquo, *s. f.* Péjor. *Barquasso*. Barque ; bac; tartane; allége. — *Sa barquo toquo,* sa barque échoue ; il est au bout de son rouleau ; ses affaires vont mal. *Ména bièn sa barquo,* bien conduire ses affaires. *Coumo vai la barquo?* comment va la santé? comment vont les affaires?
Dér. du lat. *Barca*.

Bartas, *s. m.* Dim. *Bartassoù*. Hallier, buisson épais, touffe de ronces et de broussailles ; au pr. touffe de bois taillis non élagué. — *Amouroùs coumo un bartas,* par contre-vérité, doux comme un fagot d'épines. *Un sdoutobartas,* a beaucoup de rapport avec *trdouquo-baragnado* (*Voy. Baragnado*), et je n'y vois d'autre différence que celle de l'escalade à l'effraction.
Le poète Salluste du Bartas était certainement méridional par son nom ; né dans le nord de la France, il se fût appelé du Hallier ou du Buisson, avec ou sans séparation de l'article ; nous ne savons.
Dér. de la bass. lat. *Barta,* buisson, hallier, ou par l'addition d'un *r,* du grec Βάτος, buisson.

Bartassado, *s. f.* Fourré de bois ; lieu rempli de halliers, où il est difficile de pénétrer ; grande touffe de buissons.
Dér. de *Bartas*.

Bartasséja, *v.* Battre les buissons et halliers, terme de chasseur ; quêter le gibier en fouillant les buissons.

Bartassoù, *s. m.* Branche basse, ou plutôt rejeton de chêne vert, rabougri et ravalé, et par cette raison plus épais, plus touffu, dont on se sert pour ramer les vers à soie en les mêlant avec la bruyère. Avant de les employer, on les fait sécher et on les dépouille de leurs feuilles, en les battant contre un mur. L'éducateur cévenol, superstitieux observateur des lunaisons, ne coupe les *bartassoùs* que pendant la nouvelle lune, sans quoi il arriverait que le bois en serait de suite vermoulu et se briserait en le frappant. D'après lui, tous les arbres verts doivent être coupés en lune nouvelle, et tous ceux qui perdent leur feuille, après la pleine lune, sous peine des vers.
Dim. de *Bartas*.

Barunla, *v.* Rouler ; courir ; rôder ; vagabonder. — *Barunlè tous escaïés,* il roula l'escalier.
Rédupl. de *Runla*. — V. c. m.

Barunlaïre, aïro, *adj.* et *s. m.* Vagabond; batteur d'estrade ; coureur ; rouleau, cylindre mobile qu'on roule sur une terre nouvellement ensemencée pour aplanir la crête des sillons et raffermir le terrain.
Dér. de *Barunla*.

Barunlo, *s. f.* Pente escarpée et rapide ; terrain qui va en descendant, très-incliné. — *Préne la barunlo,* être entraîné par la pente, dégringoler, au pr. et au fig.
Dér. de *Ba,* signe du rédupl. et du lat. *rotula,* petite roue.

Barutèl, *s. m.* Claquet ou traquet d'un moulin ; bluteau, blutoir ; sas. Au fig. babillard sempiternel, bavard dont le caquet imite le bruit incessant d'un traquet de moulin.
Dér. du lat. *Volutare*.

Bas, basso, *adj.* Dim. *Bassé,* péj. *Bassas*. Bas, profond ; qui a peu de hauteur.
A bas, adv. A bas ; doucement.
En bas, ou *De bas,* adv. En bas, au fond.
L'émbas ou *Lou débas, s. m.* Le bas ; par rapport au premier étage d'une maison ; le rez-de-chaussée ; le fond.
— *Lou vin és bas,* le tonneau est au bas. *Dé la cénturo én*

bas, de la ceinture aux talons. *Es à bas*, il est tombé, détruit, par terre.

Dér. de la bass. lat. *Bassus*.

Bas, *s. m.* Dim. *Basté*, péj. *Bastas*. Bât, espèce de selle très-forte pour bêtes de somme, servant au transport. — *Anén plan, lou bas sé bagno*, ou *sé moïo*, doucement, ceci commence à se gâter (*Voy. Bagna*). *Pourta lou bas*, payer l'acquit pour les autres ; avoir tout le souci.

Dér. du celt. *Bast*, d'où la bass. lat. aurait fait *bastum*, bât ; ou bien du gr. Βαστός, bâton avec lequel on porte les fardeaux, forme de Βαστάζειν, porter une charge.

Basacle, *s. m.* Terme de comparaison à tout ce qui est large et grand. — *Aqueles souiès soun dé basacles*, ces souliers sont démesurément larges. Il existe à Toulouse une grande minoterie de ce nom sur la Garonne et le canal Brienne. Est-ce ce nom qui est devenu type, ou bien vient-il lui-même de ses grandes dimensions ; ou enfin ces deux acceptions existent-elles indépendantes l'une de l'autre ? Cette dernière hypothèse paraît plus raisonnable. Le mot *Basacle* est ancien dans l'idiome, tandis que le moulin du Basacle a été construit sous l'administration de Mgr de Loménie de Brienne, archevêque de Toulouse, qui a laissé son nom au canal sur lequel il est construit ; ce qui ne fait remonter son établissement que vers les années qui touchent à 1789. Son architecture ne présente pas une date beaucoup plus ancienne, en supposant qu'il ne se fût agi alors que d'un agrandissement. Du reste, ce mot paraît dér. du lat. *Vasculum*, vase, vaisseau.

Basalì, *s. m.* Basilic, serpent ou lézard, animal fabuleux, dont le regard, dit-on, donnait la mort, s'il voyait l'homme avant que l'homme l'eût vu. On croyait, et qui dirait que bien des gens ne croient pas encore ? qu'il provenait des œufs d'un vieux coq. Dans les *Castagnados*, le marquis de la Fare-Alais a chanté cette légende et a dédié cette pièce à Jean Reboul : deux noms fraternels ! deux gloires locales !

Dér. du gr. Βασιλικός, royal.

Basalì, *s. m.* Basilic, *Ocymum basilicum*, Linn., de la fam. des Labiées, plante annuelle, aromatique, que le populaire cultive avec soin dans des pots cassés. Les jeunes gens des deux sexes, quand ils sont endimanchés en été, ne se passeraient pas d'un brin de basilic à la bouche, à la main ou sur le sein. C'est le patchouli cévenol. On peut l'appeler aussi l'oranger du savetier, car il n'est guère de ces artisans qui n'en aient un pot dans leur boutique. Notez qu'on ne dit point vase, attendu que c'est presque toujours un vieux pot hors de service et chassé de la cuisine, qu'on emploie à ce dernier usage. — *Enguén-basalì*, basilicon, onguent.

Même étym. que le mot précédent.

Bassaqua, *v.* Cahoter ; secouer ; remuer d'un côté à l'autre ; ballotter comme un sac.

Dér. de *Ba*, particule rédup., et de *sa*, *saquo*.

Bassaquamén, *s. m.*, ou **Bassaquado**, *s. f.* Secousse ; cahot, cahotage d'une voiture.

Même dér. que le mot préc.

Bassaquo, *s. f.* Paillasse de lit ; sac à paille ; large sac dans lequel se plient les bergers dans leur cabane, et surtout lorsqu'ils bivouaquent dans les pâtis des montagnes.

Même dér. que *Bassaqua*.

Bassarèl, *s. m.* — *Voy. Bassèl*. m. sign.

Basségou, *s. m.* Timon d'une charrue, d'un araire ; brancard d'un puits à roue, auquel est attelé le cheval qui met en mouvement son mécanisme.

Dér. du lat. *Baculus*, bâton.

Bassèl, *s. m.*, ou **Bassarèl**. Battoir de lavandière, palette de bois dont elles se servent pour battre le linge en lavant. Au fig. soufflet, tape à main plate.

Dér. du lat. *Baculus*, dim. *Bacellus*.

Basséla, *v.* Battre le linge avec le *bassèl*. Au fig. frapper, battre comme plâtre ; frapper à coups redoublés ; par ext. tourmenter, inquiéter.

Dér. de *Bassèl*.

Bassélaje, *s m.* Bruit de battoir de lavandière ; ou tout autre bruit ou tapage qui lui ressemble par la fréquence des coups.

Dér. de *Bassèl*.

Bassèsso, *s. f.* Action indigne d'un homme ou d'une femme d'honneur ; action honteuse ; une faiblesse chez le sexe. — *A fa uno bassèsso*, il a commis une lâcheté.

Emp. au fr., le mot, mais non le sens.

Bassina, *s m.* Au plur. *Bassinasses*. Cocons qui ne peuvent achever de se dévider dans la bassine, soit qu'ils aient été attaqués par les rats, qui auraient rompu la suite du fil, soit parce que le papillon aurait commencé à les bouchonner intérieurement, comme on voit à l'article *Baba*, ou bien encore que le fil serait bouchonné naturellement (*Voy. Troumpéto*), ou enfin que le fil soit tellement inconsistant qu'il casse à chaque instant.

Dér. de *Bassis*.

Bassina, *v.* Bassiner, chauffer avec une bassinoire ; bassiner, fomenter en mouillant avec un linge imbibé ou avec une liqueur tiède. — *Sé bassina l'éstouma*, se réconforter le cœur par la boisson, se réchauffer par quelques rasades.

Dér. de *Bassino*.

Bassinado, *s. f.* Contenu d'une *bassino*, plein une *bassino*. — *Bojo dé plèjo à bètos bassinados*, la pluie tombe à seaux.

Dér. de *Bassino*.

Bassiné, *s. m.* Bassinet d'un fusil, d'un pistolet ; partie creuse d'une arme à feu qui reçoit l'amorce. — *Fóou cracha dou bassiné*, il faut payer d'avance, payer comptant : c'est d'un petit bassin, d'une sébille à quêter qu'il s'agit dans ce dicton, et non du bassinet d'une arme quelconque.

Dim. de *Bassis*.

Bassino, *s. f.* Cuiller à seau pour puiser de l'eau. Elle est ordinairement en cuivre. Quelquefois, pour éviter le vert-de-gris, la queue seulement est en cuivre et le bassin en étain.

13

Depuis que le français s'est emparé de ce mot pour exprimer le vaisseau où l'on fait bouillir les cocons dans une filature, le languedocien l'a suivi dans cette voie ; mais sous cette dénomination il ne désigne que la bassine en poterie des nouvelles filatures — *Voy. Bassis.*

Bassis, s. m. Au plur. *Bassisses.* Bassin ; vivier ; plat à barbe ; particulièrement, bassine à filer les cocons. Les *bassis* étaient autrefois en fonte ou en cuivre pour résister à l'action directe du feu ; dans les filatures à la vapeur ou à la Gensoul, ils sont simplement en poterie.

Dér. du gaulois *Bachinou*, bassin ; la bass. lat. avait *bacinus*, formé de l'allem. *bach*, signifiant lac ; dim, bassin.

Basso-cour, s. f. Cour, basse-cour — Le lang. exprime l'une et l'autre acception.

Emp. au fr.

Bassoù, s. f. Profondeur ; ce qui est bas et profond
Dér. de *Bas.*

Bastar, ardo, adj. Dim. *Bastardoù, ouno* Bâtard, enfant naturel. En terme d'agriculture, sauvage, sauvageon.

Dans cette dernière application, on dit tantôt *bastar,* tantôt *bouscas ;* l'usage seul indique les différents emplois. En général cependant l'adj. *bastar* s'accole aux simples et aux plantes potagères, et *bouscas* aux arbres et arbustes. On dit : *api bastar, aigreto bastardo, et castagné bouscas, périe bouscas.* Il y a une distinction qui parait plus technique encore : on dit *bastar* d'un végétal qui, quoique de la même famille que celui qui lui sert de type, en diffère par sa nature et sa production ; tandis que *bouscas* est proprement le sauvageon, qu'on peut assimiler au type en l'enfant.

Le dim. *Bastardoù, ouno*, ne se prend jamais qu'en parlant d'un enfant illégitime, naturel

Dér. du gr. βαστάρα, femme prostituée.

Bastardiè, ièiro, adj. Préposé des hôpitaux qui va conduire les enfants-trouvés en nourrice

Bastardièïros, s. f. pl Comportes, grands paniers d'osier doubles, où l'on dépose les enfants-trouvés pour les transporter à dos d'âne chez leurs nourrices

Bastardije, s. f. Bâtardise ; état de celui qui est bâtard ; signe de bâtardise.

Bastarduégno, s. f. La gent bâtarde ; les enfants-trouvés pris collectivement ; les bâtards en général.

La dérivation du mot n'a pas besoin d'être expliquée, tant elle est naturelle. Au substantif est joint le suffixe *uègno*, qui marque la collectivité ; il est peu fréquent et propre à notre dialecte. On le rencontre dans *éfantuègno, trassuègno*, avec la même idée collective.

Baste ! adv. Plût à Dieu ! A Dieu plaise ! — Le français a également le mot *baste*, peu usité et familier, qui signifie : soit, passe pour cela, j'en suis satisfait. Dans le lang., *Baste !* exprime un souhait. Ce n'est donc que la différence du vœu, du désir à l'approbation : une nuance.

Les deux mots ont évidemment la même origine *Baster*, verbe neutre, impers., anciennement en fr., ne s'est conservé qu'à l'impér., comme en lang. L'ancien verbe *Basta* L un et l'autre devaient être contemporains et procédaient d'une source commune avec l'ital *Bastare*, suffire, qui fait *basta*, il suffit. La racine doit donc être la même pour tous, et elle ne peut être que dans le lat. *bene stare*, qui répond à toutes les acceptions dans les trois langues.

Basté, s. m Mantelet, sellette d'un cheval de trait, qui supporte le brancard ou limonnière.

Dim. de *Bas*, bât

Bastéja, v. Charrier à bât, à dos de mulet ou d'âne ; transporter sur le bât ; porter le bât.

Dér. de *Bas*, bât.

Bastì, v Bâtir, construire en maçonnerie ; établir ; battre violemment, frapper, jeter contre le mur — *Lou roussignoou coumenço de bastì*, le rossignol commence à bâtir son nid *Bastì sus lou davan*, en parlant d'un homme, engraisser, prendre du ventre ; d'une femme, être enceinte ; avancer dans sa grossesse. *Bastiriéi aquel drole, quand bodo coumo aquto*, je soufletterais cet enfant, quand il crie de la sorte *Quiòou m'a bastì aquel gusas ?* qui m'a amené ce gueux-là ?

Dér. du gr. βαστάζω, bâtir, parce que dans les premiers âges on construisait les maisons avec des perches et des barres.

Bastido, s f Maisonnette de campagne ; villa.

En Provence, et à Marseille surtout, ce nom a été donné aux pavillons et aux maisons des jardins qui sont dans la banlieue des villes. Il ne s'applique qu'à des maisons d'agrément, et non aux fermes et aux bâtiments d'exploitation.

Dér. de *Bastì.*

Bastiè, s. m. Bourelier ; ouvrier qui fabrique des bâts ; celui qui fait et vend tout l'équipage des bêtes de somme. bâts et gros harnais.

Dér. de *Bas*, bât.

Bastimén, s. m. Navire, vaisseau. — Il est impropre de s'en servir pour désigner un bâtiment sur terre, un édifice.

Dér. de *Bastì.*

Bastisso, s. f. Bâtiment, construction en maçonnerie ; toute chose bâtie ; action de bâtir ; frais de construction. — *Aimo la bastisso*, il a la manie de faire bâtir, la maladie de la truelle. *Aquélo acdou fai dé bono bastisso*, ce mortier fait une excellente prise. *La bastisso la arouina*, la manie de bâtir l'a ruiné.

Dér. de *Bastì.*

Bastoù, s. m. Dim. *Bastouné*, péj. *Bastounas*. Bâton ; canne ; long morceau de bois, brut ou travaillé, que l'on porte à la main pour se soutenir, pour parader, pour conduire des animaux, pour se défendre, etc. — *Séras moun bastoù dé vièièsso*, tu seras mon bâton de vieillesse ; mon appui, mon soutien dans mes vieux ans. *Tour ddou bastoù,* tour de bâton, pour dire profits casuels et illicites d'un emploi.

Dér. du gr. Βαστός.

Bastounado, *s. f.* Bastonnade; volée de coups de bâton.

Batacla, *v.* Bâcler une affaire, la terminer rondement, promptement; finir un ouvrage rapidement, tambour-battant. — *Sera lèou batacla*, ce sera bientôt troussé.

Dér. du lat. *Baculare*, fermer avec un baton.

Bataclan, *s. m.* Avoir, mobilier d'une maison; nippes et argent; équipage; étalage; batterie de cuisine; attirail de ménage. — *A escudela tout soun bataclan*, il a dissipé tout son saint-frusquin. *Empourtas tout voste bataclan*, emportez tout votre attirail, tout ce qui vous appartient.

En provençal, on dit *Pataclan*, c'est évidemment le même mot. Cette homonymie ne pourrait-elle pas mettre sur la voie de l'étym.? Ne dériverait-il pas alors de *Pato*, chiffon, tiré du gr. Πάτημα, chose vile, et de κλάω, rompre, briser, κλάσμα, éclat, morceau?

Batado, *s. f.* Dim. *Batadéto*, péj. *Batadasso*. Empreinte de la patte d'un animal.

Dér. de *Bato*.

Bataïa, *v.* Bavarder; brailler; babiller; batailler en paroles.

Dér. du lat. *Batuere*, combattre, se disputer.

Bataïaïre, aïro, *adj.* Péjor. *Bataraïras, asso.* Babillard; braillard; bavard qui aime la discussion.

Dér. de *Bataia*.

Bataïo, *s. f.* Bataille; batterie, querelle entre des combattants. — *Faire la bataio*, jouer à la bataille, à coups de fronde. C'est une sorte de petite guerre qui a été fort en vogue chez les enfants et jusque chez les gars de quinze à dix-huit ans, sous le Directoire et le Consulat. Les différents quartiers d'une ville se formaient sous des bannières différentes. Ce jeu avait fini par donner lieu à des études de stratégie et de ruses de guerre fort savantes. La police alors se montrait peu répressive aux développements de cette science, et les enfants avaient d'autant plus de zèle et de loisir pour cet exercice qu'on trouvait peu d'écoles de ce temps. Pendant l'Empire, il y avait ailleurs trop d'occasions sérieuses de batailler pour chercher des amusements dans l'imitation. Plus tard, la police mit bon ordre à des jeux qui avaient voulu reprendre leurs anciennes proportions. Sous le nouvel empire, ces divertissements enfantins seraient moins tolérés que jamais. La paix n'est-elle pas son principe?

Emp. au fr.

Bataïoun, *s. m.* Bataillon; grand nombre, multitude; foule.

Emp. au fr.

Batanlul, *s. m.* Espèce de coiffe, de bonnet de femme, dont la dentelle descend sur le front et les yeux comme un demi-voile.

Dér. du fr. *Battant-l'œil*, terme que la mode consacra dans le temps, et qui a passé avec elle. L'expression, qui est restée générique en languedocien, a survécu.

Batéïè, ïèïro, *adj.* Dér. de *Batèou*. — Voy. *Barquiè*.

Batéïre, éïro, *adj.* Qui aime à battre, qui cherche noise; querelleur; disputeur.

Dér. de *Batre*.

Batéja, *v.* Baptiser, donner, conférer le baptême; donner un sobriquet à quelqu'un; asperger d'eau la tête de quelqu'un par plaisanterie; tremper, arroser d'eau. — *Batéja lou vi*, tremper le vin. *Couro batéjes?* Quand feras-tu baptiser ton enfant? c'est-à-dire quand ta femme accouchera-t-elle? *L'an batéja émbé d'aigo dé mérlusso*, c'est un mauvais chrétien, un mal-baptisé. *Bateja souto'n cade;* quand les protestants n'avaient point le libre exercice de leur culte, c'est dans les champs, au désert, qu'ils accomplissaient toutes leurs cérémonies religieuses, et que par conséquent ils donnaient le baptême; de là, pour indiquer un protestant, le dicton: *és ésta batéja souto'n cade*, il a été baptisé sous un genévrier. Ce dicton, par extension, tend bien aussi à prendre la signification du précédent. *I farié batéja un téoulé*, il lui inspire tant de confiance, il a tant d'empire sur lui, qu'il lui ferait baptiser une tuile, qu'il lui ferait croire que les enfants se font par l'oreille. *Té vóou batéja coumo sé deou*, je vais t'asperger comme il faut.

Lou Batéja, cérémonie; escorte; fête de baptême.

Dér. du gr. Βάπτειν, plonger dans l'eau.

Batéjado (La), *s. f. n. pr.* de lieu. La Batéjade, quartier voisin du hameau de Larnac, dans la commune d'Alais. Son nom lui vient-il de ce que, au moment de l'introduction du christianisme dans les Gaules, ce lieu fut témoin de la prédication de la foi nouvelle par un des premiers apôtres et de la conversion des plus anciens habitants de nos contrées? Nous ne le pensons pas. Il semble plutôt ne dater que de l'époque de nos dissidences religieuses où les cérémonies du culte, les assemblées et l'administration du baptême se faisaient, comme on disait, au désert.

Batèmo, *s. m.* Baptême, sacrement qui efface le péché originel et rend chrétien; le premier des sacrements. — *A pas qué lou batèmo dé trop*, il a le baptême de trop: c'est une brute. *Tèné en batèmo*, être parrain d'un enfant.

Dér. du lat. *Baptisma*.

Batén, *s. m.* Vanteau de porte, de croisée, d'armoire.

Dér. de *Batre*.

Bat-én-goulo (Dé), *adv.* Tout grand ouvert; ouvert à deux battants; béant.

Formé de *Bat* ou *batén*, vanteau, et de *Gáoule*, jable, mortaise; c'est-à-dire battant ou vanteau à mortaise.

Batèou, *s. m.* Bateau, petit vaisseau qui va à rames, et qui est particulièrement destiné à naviguer sur les rivières ou dans les ports.

Emp. au fr. Dans la bass. lat. *Batellus*.

Batèsto, *s. f.* Batterie; rixe; combat à coups de poings, de bâton ou de pierre.

Dér. de *Batre*.

Batioù, s. m. Pied de cochon, de mouton, spécialement ; pince d'un cheval. Par ext. péton d'un petit enfant.
Dim. de *Bato*.

Batisto, n. pr. d'homme. Dim. *Batistoù*, souvent abrégés l'un en *Tisto*, l'autre en *Tistoù*. Baptiste : nom inséparable de Jean, qui vient de saint Jean-Baptiste. — *Tranquinle coumo Batisto*, tranquille comme Baptiste ; on dit de même proverbialement en français : un père tranquille.

Batistouèro, s. m. Constatation du baptême sur le registre curial ; l'acte lui-même. On disait autrefois l'extrait baptistère ou de baptême, ce qui équivalait à l'acte de naissance d'aujourd'hui, lorsque les curés étaient chargés de la tenue des actes de l'état civil. En languedocien, malgré ce changement dans nos institutions, on nomme encore un acte de naissance : *batistouèro*. — *Regardo lou batistouèro d'aquelo miolo*, regarde l'âge de cette mule à ses dents. *A perdu soun batistouèro*, dit-on d'une femme qui cache son âge.
Dér. du lat. *Baptisma*.

Bato, s. f. Dim *Batéto, batioù*, péjor. *Batasso*. Pied ; corne du pied des bœufs, des brebis, des porcs, des chèvres ; sabot d'un cheval, d'une mule, d'un âne. — *Dalica coumo uno bato d'ase*, douillet comme le sabot d'un âne ; par contre-vérité. *A vira las batos*, il a tourné les pieds en l'air ; il est mort, ou il est crevé.
Bato de bidou, espèce de grosse figue, assez fade et aplatie.
Voy. *Pato*.
Dér. de *Batre*, par la raison que c'est avec cette partie que les animaux battent ou foulent le sol.

Bato-quioulo, s. f. Casse-cul, selle ; contre-coup sur le derrière, comme lorsqu'on tombe en glissant, ou qu'on vous enlève une chaise sur laquelle vous comptiez vous assoir. — *Douna la bato-quioulo*, est un jeu d'enfants (cet âge est sans pitié) qui consiste à prendre le patient, ordinairement le plus faible de la bande, et en le soulevant par la tête et par les pieds, à lui faire, par saccades régulières, donner du derrière contre une pierre ou sur le sol.
Sauvages rapporte que « *la selle* est en Lombardie le supplice des banqueroutiers, et la pierre sur laquelle on les fait tomber en les hissant et en les lâchant de fort haut, au moyen d'une corde et d'une poulie, est appelée : pierre d'ignominie. » C'est de l'histoire du moyen âge, et peut-être du temps du roi Didier. Ces sortes de supplices spéciaux sont aujourd'hui abolis partout.
Formé de *Batre* et de *Quiou*.

Batre, v. Battre ; frapper ; donner des coups ; frapper fortement. — *Batre dé las dos mans*, terme d'agric., bêcher des deux côtés, de manière à rejeter la terre sur un même point pour niveler le terrain et combler un bas-fond. *Batre la pavano*, vagabonder. *Batre uno marcho*, suivre un plan de conduite, entrer dans une voie : il se prend d'ordinaire en mauvaise part. *Chacun ba sa marcho*, chacun tire de son côte. *Batre atoùs*, jouer de l'atout. *Batre las cartos*, mêler les cartes. *Batre la campagno*, battre la campagne ; radoter ; chercher des faux-fuyants. *Batre l'aygo embe un bastoù*, battre l'eau avec un bâton, perdre son temps. *Batre d'iòous*, brouiller des œufs. *Mena un bèl batre*, faire étalage de sa fortune ; mener grand train ; faire un commerce sur une grande échelle.
Dér. du lat. *Batuere*, battre.

Batu, udo, part. pass. de *Batre*. Battu, ue. — *Coucu et batu*, les battus paient l'amende

Batudo, s. f. Battue, terme de chasse et de louveterie ; battue, terme de filature, quantité de cocons mise en une fois dans la bassine à filer et à battre avec le petit balai ; séance de travail sans desemparer ; quantité de travail que fait un ouvrier entre un repas et l'autre.
Dér. de *Batre*.

Batuma, v. Enduire ; cimenter ; empoisser ; goudronner. Par ext. enduire un mur, terme de maçon. — *Batumo*, dit-on d'un ivrogne qui s'en va battant les murailles.
Dér. du lat. *Bitumen*.

Baturèl, èlo, adj. Péj. *Baturelas*, asso. Bavard ; babillard ; caqueteur ; causeur ennuyeux.
Métathèse de *Barutèl*.

Bavar, ardo, adj Dim. *Bavarde, bavardoù*, péj. *Bavardas*. Bavard, babillard ; effronté, impertinent ; sot, insolent.
Dér. de *Baba*.

Bavardije, s. f. Bavarderie ; impertinence ; effronterie.
Même étym. que le précéd.

Bé, s. m. Dim. *Bené*, augm. *Benas*. Domaine ; immeuble rural, quelle que soit son importance ; génériquement, fortune, avoir, biens, possessions, richesses. — *A foço bé dou sourelo*, il est riche en fonds de terre. *Pér tout lou bé qué sé sourcio, voudriéi pas....* pour toute la fortune du monde, je ne voudrais pas... *Un be dé dous coubles*, un domaine de deux charrues.
Dér. du lat. *Bené*.

Bé, adv. Bien ; beaucoup ; considérablement. Cette expression est prise explétivement comme en fr., pour synonyme de : en effet, certainement, à la vérité ! Devant une voyelle, on y joint un *n* euphonique. Elle prend aussi quelquefois la forme substantive. — *Bé talamén*, très-certainement ! *Y sou bé-n-ana*, j'y ai bien été. — *Gna bé foço*, il y en a en effet beaucoup. *Dé bé s'én fàou*, il s'en faut bien, il s'en faut de beaucoup. *Tout sé fai pér un bé*, rien ne se fait sans raison. *Ou fasiè pér un bé*, il le faisait dans de bonnes intentions. *Ou a tout fa hormi lou bé*, il a fait toutes sortes de choses excepté le bien. *Fasés dé bé à Bértran, vous ou réndra én cagan*, prvb., Graissez les bottes d'un vilain, il dit que ça les brûle ; chantez à l'âne, il vous fera un pet, ce qui revient au vieux prvb. fr. : *Oignez vilain, il vous poindra* ; qui ajoute de plus que le nôtre : *Poignez vilain, il vous oindra*.
Dér. du lat. *Bené*.

Bè, *s. m.* Dim. *Béque, bequoù*, péj. *Bequas*. Bec, partie cornée qui tient lieu de bouche aux oiseaux ; nez ; pointe en forme de bec ; au fig. babil, langue, caquet. — *A un pouli bè*, il a un fameux nez, fam. un fameux pif. *Tayo ta piolo? dé bè! dé bè!* expr. prvb., mot à mot : ta hache coupe-t-elle? de la pointe seulement ; mais cela s'applique à une personne qui n'a que du jargon, a un faux brave. *Un co de bè*, un coup de langue, un trait satyrique, un sarcasme. *Manquo pas dé bè*, il ne manque pas de babil. *Tène lou bè din l'aigo*, payer par de belles paroles, faire attendre.

Dér. du gaulois *Becy*, ou du celto-breton *bak* ou *beg*.

Bèbo, *s. f.* Moue, mine ou grimace de mauvaise humeur, de bouderie. — *Faire la bébo*, faire la moue, bouder.

Dér. de *Bè*.

Bécar, *s. m.* Goujon, bouillerot, *Cyprinus gobio*, Linn. C'est un petit poisson de rivière (bien qu'on cite un pêcheur, un seul, qui en prit un de 250 grammes ou demi-livre pour être clair), d'un bleu noirâtre sur le dos et le ventre blanchâtre à filets jaunes. Son nom de *Becar* lui viendrait-il de ce qu'il mord, ou *bèquo*, facilement à l'hameçon des pêcheurs-amateurs, dont il est la grande ressource ?

Bécaru ou **Bécharu**, *s. m.* Flamant, bécharu, phénicoptère, *Phœnicopterus ruber*, Linn., oiseau de l'ordre des Échassiers. Son nom lui vient de la grosseur de son bec.

Bécasso, *s. f.* Bécasse ; bécasse ordinaire, *Scolopax rusticola*, Linn., oiseau de l'ordre des Échassiers et de la fam. des Tenuirostres. Sa chair est très-estimée ; gibier d'un fumet supérieur. Son long bec effilé lui a fait donner son nom.

Bécasso s'applique au fig. à une personne niaise ; sot, butor. — *Chò coumo uno bécasso*, stupide comme une bécasse. *Tout aquò ses foundu en merdo dé bécasso*, tout cela est venu à rien.

Les deux dim. *Bécassoù*, *s. m.*, *Becassino*, *s. f.*, bécassine, *Scolopax gallinago*, Linn., sont des oiseaux du même genre et de la même famille que la *becasso*, plus petits comme leur nom l'indique, mais de même fumet et de pareille délicatesse de chair.

Béchar, *s. m.* Dim. *Béchardé*. Houe fourchue, houe à deux becs, binette, qui est l'instrument le plus usité dans ce pays pour travailler la vigne, les mûriers, et pour toute espèce de travail à bras, là où la pierraille empêche d'employer le louchet. — *Voy. Luché*.

Dér. de la bass. lat. *Besca* ou *becca*, bêche.

Béchérino, *s. f.*, ou **Réïné**. Roitelet, le plus petit des oiseaux d'Europe. Il y en a de deux espèces également communes dans nos contrées et que le languedocien confond sous le même nom ; ce sont le roitelet ordinaire, *Regulus cristatus*, et le roitelet triple-bandeau, *Regulus ignicapillus*, Temm. Le second ne diffère que par le dessus de sa tête, orangé couleur de feu, du premier, dont les parties supérieures sont olivâtres nuancées de jaune, gorge et poitrine roussâtres, et les parties inférieures blanchâtres.

Bèchos, *s. f. plur.* Lèvres ; grosses et laides lèvres. Ne se prend qu'au péjoratif, en terme de mépris. Autrement on dit : *las bouquos*.

Dér. de *Be*.

Bèchu, udo, *adj.* Péj. *Bechudas*, asso. Lippu ; qui a de grosses et vilaines lèvres ; bec-de-lièvre.

Dér. de *Bè*.

Bécu, udo, *adj.* Dim. *Bécude*, péj. *Becudas*. Qui a un bec, une pointe en forme de bec. Au fig. babillard ; raisonneur ; qui se rebèque, qui réplique à tout. — *Peses becus*, pois pointus, pois-chiches. *Siéto becudo*, écuelle à bec (*Voy. Crouseludo*). *Es uno becudo*, elle a la langue affilée.

Bèdaïne, *s. m.* Bec-d'âne, outil de menuisier, espèce de rabot destiné à vider les mortaises.

Emp. au fr.

Bédé, *s. m.* Petit agneau, terme d'amitié qu'un berger donne à un agneau favori. *Lous bédès*, les moutons ou les brebis, dans le dictionnaire des petits enfants.

Onomatopée tirée du bêlement des brebis ; le gr. avait aussi Bῆ, et le latin *bee*, pour exprimer le bêlement.

Bédigano, *s. f.* Sarment, liane de vigne sauvage dont on fait des cannes.

Formé et corrompu de *Védil* et de *cano*. — *V. c. m.*

Bédigas, *s. m. Bedigasso*, s. f. Dim. *Bedigassé*, péjor. *Bédigassas*. Agneau d'un an, mouton de l'avant-dernière portée. Au mois de septembre, les agneaux de l'année commencent à s'appeler *Bédigas*, nom qu'ils conservent jusqu'au mois de septembre suivant, où ils deviennent *Doublen*.

Bédigas, au masc. et *Bédigasso*, au fém. se disent des bonnes personnes, sans fiel et sans malice. *Bédigas* est aussi un terme de commisération. — *Es un bédigas, un bédigassas, un bédigas sans lano*, c'est un bonhomme, une bonne pâte d'homme, une bête du bon Dieu. *Pàoure bédigas !* pauvre homme ! le *poverazzo* des Italiens.

Augment. de *Bede*.

Bédigo, *s. f.* Brebis de l'année ; brebis maigre, malingre, éclopée. — *Voy. Bédigas*

Bédin-Bédòs, *s. m.* Jeu des osselets ; osselets. — Les enfants, pour jouer à ce jeu, se munissent d'osselets, qui font le plus souvent l'enjeu, quand il n'est pas autrement intéressé ; chacun des joueurs doit en avoir au moins trois. L'adresse consiste à placer les osselets dans un trou creusé dans la terre, à une certaine distance. Au premier coup celui qui joue dit : *Bédin* ou *bedì* ; au second, *bédòs* ou *bédò*, et au troisième, *sàauto din lou cròs*. L'incantation et le jet doivent être rapides ; le gain de la partie appartient, comme de raison, au plus adroit, qui fait rafle. Ce jeu est fort ancien ; l'histoire raconte qu'Auguste, empereur, s'y divertissait beaucoup.

Les osselets avec lesquels on joue, sont la rotule du genou des moutons. Le nom du jeu ne viendrait-il pas, pour cette raison, de *Bédé*, mouton, agneau ?

Béfa, s. m. Bienfait; bonne œuvre; bonne action.
Dér. du lat. *Benefactum*.
Béfi, io, adj. Péj. *Refias, asso* — Voy. *Bofi*
Bégatagno, a lj. des deux genres Béant, qui bégaye
Péjoratif de *Bègue*.
Bégu, udo, part. pass. du v. *Beoure* Bu, bue — *Y-a begu*, il a donné dans le panneau.
Bégudo, s. f. Bouchon, petit cabaret de route, ou l'on s'arrête pour se rafraichir. Ce mot est devenu nom propre pour une foule de maisons et de lieux ou cette industrie ne s'exerce plus, mais ou elle existait autrefois
Dér. de *Begu*.
Bègue, bèguo, adj. Bègue, qui bégaie
Der. du gaul. *Bec*, d'ou le lat. *beccus*
Béguí, s. m. Dim. *Beguine*. Béguin, bonnet d'enfant de naissance: têtière ou coiffe de toile, qu'on attache sous le menton au moyen d'une bride; béguin en velours ou en soie qu'on leur met un peu plus tard par-dessus la têtière.
— *L'a pres dou béguí, lou quitara dou couissi*, c'est un défaut qu'il a pris au berceau et qu'il ne quittera qu'au tombeau.
Ce mot, comme son correspondant français, dérive évidemment du mot *Beguine*, parce que sans doute les religieuses de ce nom portaient une coiffure à peu près semblable dans l'origine Elles formaient un ordre fort ancien et qui est resté fort populaire en Belgique, où elles exerçaient une œuvre de miséricorde. Ce nom, d'après un auteur anglais, vient de la première fondatrice de l'ordre, Bégué, fille de Pépin de Landon, mère de Pépin d'Héristal et grand-mère de Charles-Martel, qui fonda la première maison à Gand, au VIIe siècle.
D'autres le font dériver d'un chanoine de Liège, nõmmé Lambert dit Le Bègue, qui aurait fondé cet ordre en 1177. A cette époque les surnoms avaient plus d'importance que de nos jours, ils devenaient l'appellation vulgaire, et il n'est pas étonnant que ce Le Bègue ait pu donner son nom à un monastère de sa fondation.
Un mot allemand pourrait aussi intervenir dans l'étym. C'est *Beginn*, commencement, origine; bonnet qu'on met aux enfants nouveau-nés.
Bèjàoune, s. m. Béjaune. Les deux acceptions du fr. au prop. et au fig. ne sont point admises en lang Cette expression n'a cours que dans cette phrase : *Paga lou béjàoune*, payer la bienvenue, la mise hors de page, la sortie du noviciat
Bèl, bèlo, adj., au plur. *Bèles, bèlos*; dim. *Bèlé*, péjor. *Bèlas*. Grand; gros; vaste. — *Gardoù és bèl*, la rivière a grossi. *S'és fa bèl*, il a grandi. On dit aussi : *Ès un bèl éfan*, c'est un bel enfant; mais ce n'est que par euphonie, *bèl* est pris la pour *bèou*, beau.
Dér. du lat. *Bellus*, beau, bien fait. Il parait que dans les premiers âges de notre idiome, âges éminemment guerriers, la beauté était inséparable d'une belle taille. *Bellus* était évidemment la qualité d'un homme fort et propre à la guerre, *bellum*. En fr. encore, on ne dira pas bel homme, ni belle femme, d'un individu mignon et de courte stature; c'est pour ce dernier qu'a été inventé le mot. joli

Bèl-Bèl, locution au masc. qui n'est employée que comme suit. *Faire lou bel-bèl*, flagorner ; accabler de prévenances ; flatter l'amour-propre; faire tout beau a un chien ; montrer une friandise ou un joujou a un enfant, sans vouloir le lui laisser prendre
Bel est pris ici pour synonyme de beau.
Bèlèou, adv. Peut-être ; il est possible. — *Que dis belèou, n'es pas segu*, dire peut-être, n'est pas affirmer, donner m'avoir l'assurance.
Bèles (A), à bèlos. adv. Un par un ; un après l'autre. — *A bèlis sdous*, un sou après l'autre. *A bèlos fes*, à plusieurs reprises *A bèlos palados*, par pelletées. *A bèlos avengulos*, par accès, par crises. *A bèlos troupelados*, par pelotons *A bèles flos*, un morceau après l'autre, par petits morceaux. *A bèles us*, un par un. *A bèles dous*, deux a deux, deux par deux. *A bèles dès, à bèles douje*, par dizaine, par douzaine: dix, douze à la fois. *A bèlos houros*, parfois, quelquefois.
Bèlétos, s. f. pl. Petites pièces de monnaie; argent mignon. — *Foudra be qu'apouncho sas beletos*, il faudra bien qu'il delie les cordons de sa bourse.
Dér. de *Bèou*.
Bèlicoquo, s f., ou **Piquo-poulo.** Fruit du micocoulier, qui est une petite baie a noyau, noire quand elle est mûre, sèche, doucêatre, et qui n'a presque qu'une peau ridée sur son noyau ; on en fait une tisane béchique.
Bèlicouquiè, s. m., ou **Fanabrégou**, ou **Piquo-pouiè**. Micocoulier, *Celtis australis*, Linn., arbre de la fam. des Amentacées, qui vient très-grand et très-vieux. Son bois, qui a les fibres longues, fortes et flexibles, compacte et dur, est très-estimé pour le charronnage. Dans les Cévennes, on le recépait comme les saules, et de ses pousses, quand elles étaient arrivées à l'âge de trois ans, on faisait des cercles de tonneau, qui duraient fort longtemps. Cette industrie s'est perdue, soit par la rareté de ce bois que les défrichements ont singulièrement éclairci, soit par l'emploi très-répandu des cercles en fer laminé. Cet arbre est soigneusement ménagé en taillis à Sauve (Gard), ou l'on en fabrique des fourches à trois becs, les seules dont on se serve dans tout le pays pour remuer et tourner les pailles et les foins.
Bèloïo, s. f. Bijou, parure, affiquets de femme.
Dér. de *Bèou*.
Bèlos (Dé), s. f. pl. Terme de jeu. Ne se dit que dans la phrase : *Faire dé bèlos*, parier en dehors du jeu principal, comme les paris de la galerie à l'écarté. C'est surtout au jeu de dés, au passe-dix, que ce terme était employé. Ce jeu, qui était fort usité parmi les gamins, il y a quarante ou cinquante ans, s'établissait en plein air et sur les places. On formait une masse ou poule des mises de

tous les joueurs, et celui qui amenait le plus gros point ou la plus forte rafle, gagnait la poule. Mais le joueur le plus hardi, ou qui voulait jouer plus gros jeu, au moment où il avait les dés en main, proposait à la galerie de parier qu'il ne dépasserait pas tel nombre; s'il dépassait ce nombre, il avait perdu. C'est ce pari d'extra qu'on nommait *de bélos*.

Dér. de *Bèou*.

Béloun, *n. pr.* Dim. *Beloune*. C'est un dim. du nom de femme Isabelle ou Elisabeth. — *Voy. Babèou*.

Bélouso, *s. f.* Blouse, un des six trous du billard. — *Ficha din la bélouso*, blouser; duper; tromper; mettre dans l'embarras.

Emp. au fr.

Bélugo, *s. f.* Dim. *Belugueto*. Bluette, étincelle qui s'échappe du feu. — *Es tout fiò, tout belugo*, il est vif comme la poudre, il est plein de zèle et d'ardeur.

Dér. du lat. *Lux*, lumière, précédé de la particule rédupl. *bé*.

Bélugué, éto, *adj.* Vif; léger; alerte, éveillé; émoustillé; fringant; sémillant.

Béluguéja, *v.* Etinceler; pétiller; briller; éclater. — *Tout li beluguejo*, il est pétillant de vivacité ou d'esprit. *La flèro coumenço de belugueja*, les bourgeons des mûriers commencent à poindre et à prendre un reflet doré.

Dér. de *Belugo*.

Bèmi, bèmio, *adj.* Péjor. *Bemias*. Bohème, bohèmien, truand, qu'on appelle *Gitanos* en Espagne, *Zingari* en Italie, Zigeuner en Allemagne et Gypsi en Angleterre ; au moyen âge, le fr. les nommait Bèmes ou Bèmes ; peuplade errante, tribu vagabonde, que chaque peuple fait sortir d'une origine différente. Ceux que l'on voit dans notre pays, nous arrivent des frontières de l'Espagne et du Roussillon. Aussi les appelle-t-on vulgairement *Catalans*. Ils se rendent par bandes à nos foires, vendant des ânes et des mules, disant la bonne aventure, et exerçant souvent des industries moins légales. Ils marchent ainsi en tribu composée d'hommes, de femmes et d'enfants, ne logent jamais dans les hôtelleries, mais bivouaquent sur une grève, campent sur les bords d'un chemin ou sous l'arche d'un pont, se nourrissant d'animaux morts ou de débris de légumes qu'ils ramassent par les rues. Ils sont très-friands de chats.

On dit adjectivement *Bèmi*, d'un homme de mauvaise mine ou de mauvaise foi. — *Franc coumo un bèmi*, franc comme un Bohème : c'est le *nec plus ultra* de cette contre-vérité.

Sous la Ligue, on a donné le nom de Bème au meurtrier de l'amiral de Coligny, qui était de la Bohème et se nommait Charles Dianowitz. — *Voy. Bigoro (bando dé)*.

Corrupt. de *Bohême*. — *Voy. Catalan*.

Bémian, ano, ou **ando**, *adj.* Bohèmien. — *Voy. Bèmi*.

Bènda, *v.* Bander, envelopper d'une bande ; lier avec une bande. — *Bénda uno rodo*, embattre une roue.

Dér. de *Béndo*.

Béndaje, *s. m.* Bandage de hernie, exclusivement. Les autres acceptions s'arrangent avec *Bendo*, qui suit.

Béndèou, *s. m.* Dim. *Bendèle*, péj *Bendèlas*. Bandeau ; bande pour ceindre le front ou pour couvrir les yeux; plus spécialement bande de toile, bordée d'une petite dentelle, dont les femmes du peuple se servaient autrefois pour se serrer la tête et les cheveux par-dessous la coiffe, et qu'on met encore aux enfants au maillot sous leur béguin.

Dim. de *Bendo*.

Béndo, *s. f.* Bande d'étoffe, pièce de linge, plus longue que large, destinée à entourer quelque partie du corps, une plaie, un membre; bande de fer pour renforcer les jantes d'une roue; bandage de roue.

Le radical de ce mot se trouve dans beaucoup de langues : en persan, *ben t*, lien ; en allem. anc., *band*, aujourd'hui *benden*, lier, *bind*, lien ; en lat., *pandere*, déplier, étendre; dans la bass. lat *bandum*, *bandellus;* d'où le roman *benda*.

Bénédiciou, *s. f.* Bénédiction, cérémonie par laquelle on bénit ; vœux favorables; abondance, bienfaits du ciel. — *Ana à la benèdiciou*, aller au salut. *Plòou qu'es uno bénédiciou*, il pleut à séaux *Gn'avié qu'èro uno benediciou*, il y en avait à foison.

Dér. du lat. *Benedictio*.

Bénézé, *n. pr.* d'homme, fort répandu dans ce pays ; au fém. *Benezéto*. C'est un dim. de *Bénoué*, Benoit, et tous, en lang. et en fr., dér. du lat. *Benedictus*, béni.

Bénhurous, ouso, *adj.* Dim. *Benhurouse*. Un bienheureux, un saint-homme, un innocent ; une personne sans malice, sans vice. — *Voy. Benura*.

Dér. de *Be* et *Hurous*.

Béni, *v.* Bénir, consacrer au culte divin ; donner la bénédiction; louer, remercier ; faire prospérer. — *Diou té benisque !* Dieu te bénisse ! expression qu'on adresse à celui qui éternue. *Cièrge bèni*, cierge bénit *Aigo-bénito*, eau-bénite. *Dé pan-béni*, du pain-bénit.

Dér. du lat. *Benedicere*.

Bénissiadiou ! *interj.* Littéralement : que Dieu soit béni ! Merci ! Grâces à Dieu !

Dér. de *Bénì*, *sièque* contracté en *sia*, et *Diou*.

Bénitiè, *s. m.* Bénitier, vase à l'eau-bénite, placé à l'entrée des églises catholiques, ou au chevet de lits, ou au-dessus d'un prie-Dieu.

Dér. de *Bénì*.

Bénobre, *s. m. n. pr.* de lieu, ou *Vénobre*. Vézenobres, chef-lieu de canton dans l'arrondissement d'Alais.

La tradition rapporte que le vieux château de Vézenobres, dont il ne reste plus que quelques pans de murs, et dans l'enceinte duquel est bâtie la plus grande partie du haut village, fut attaqué par les Sarrazins après leur déroute à Poitiers, due à Charles-Martel. C'était sans doute une forte position, qu'ils convoitaient pour un de leurs postes de défense. Ils en furent repoussés par les habitants, qui délivrèrent par là tout le pays d'un semblable voisinage.

Une autre tradition, moins glorieuse, est rapportée par l'historien Ménard. A la fin du XIVᵉ siècle, pendant les troubles de la minorité de Charles VI, une troupe de rebelles des environs de Nimes, excédés sans doute du poids des impôts et provoqués par le désordre des guerres civiles, avait pris les armes et commettait toutes sortes de brigandages chez les nobles et les riches. Ces bandes étaient désignées sous le nom de *Touchis*. On prétend que les habitants de Vézenobres favorisèrent ces pillards; peut-être ne firent-ils que leur donner asile à contre-cœur; toujours est-il que le surnom de *Touchi dé Bénobre* leur fut donné en souvenir de ces faits. Ce sobriquet est venu grossir ainsi la nomenclature de surnoms, d'ordinaire peu flatteurs, que les localités rivales et voisines se donnaient entre elles au moyen âge.

Le nom de *Bénobre* est arrivé au languedocien après de nombreuses variantes. Le latin du moyen âge l'écrit dans un titre de 1050 *Vezenobrium;* en 1052 et 1054 *Vinedobrium;* en 1060 *Vidanobre* et *Vinadobre* dans le même acte; en 1077 *Vinezobre;* en 1100 *Vedenobrium;* en 1125 et 1128 *Vezenobre;* en 1142 *Vedenobrium;* en 1144 et 1150 *Vesenobre;* en 1154 et 1162 *Vedenobrium;* en 1166 *Vicenobrium;* en 1167 *Vedenobrium;* en 1174 *Venedobrium;* en 1193 *Vecenobrium;* en 1249 *Vicenobrium* et *Vezenobrium*, sans parler des variations plus récentes.

Sur ce thème l'étymologie ne se montre pas clairement. Le savant Ménard a voulu la voir dans le mot *Virinn*, un des noms de lieux du territoire des Volces Arécomiques, inscrit sur un petit piédestal antique conservé au musée de Nimes. Ce nom aurait été abrégé à cause des dimensions du monument; mais restitué en son entier, il serait *Virinno* ou *Virinnum*, se rapprochant beaucoup des formes que nous citons. L'interprétation a été contestée. Cependant qu'on nous permette une analogie, si éloignée qu'on voudra. La ville de Bergues, arrondissement de Dunkerque (Nord), était anciennement dénommée *Gruono-Berg*, *Groenberg*, nom tudesque composé de *groen*, *gruen*, vert, et *berg*, hauteur, éminence, et le latin le rendait par *viridis mons*. Soit à cause de cette origine, soit à cause de la venue de saint Winoc, qui fit en ce lieu bâtir une église, le nom dans les chartes latines se transforma en celui de *Winociberga*. Le rapprochement est facile à saisir : ici la forme tudesque domine ; pour nous, c'est la celtique qui survit ; mais la traduction latine est de nature à faire impression et a bien pu se conserver dans une inscription de la province romaine, en adoptant le mot *Virinn* qui s'est si bien altéré dans la suite.

Quoi qu'il en soit, les chartes disent *Viceno, Videno, Vidano, Veceno*, et ajoutent le radical *bri*, rendu par le neutre lat. *brium* ou *bre*. *Bri* est caractéristique de la situation, comme suffixe ; il signifie hauteur, colline, élévation. *Vicæn* est traduit dans Du Cange par *habitatio, domus*, demeure, maison, et il ajoute : *Saxonibus vicæn est pagus, vicus;* en saxon *vicæn* veut dire bourg, village.

Le nom entier signifierait par conséquent demeure élevée, bourg ou village, sur une colline : ce qui est exact pour *Bénobre*.

Le glossaire de Du Cange peut fournir une autre indication. On y trouve le mot *Vinoblium*, — et la ressemblance avec notre nom latin n'est pas contestable, — pour vigne, champ planté ou propre à être planté de vignes, dont le fr. a fait vignoble. Puis, et à l'article suivant : *Vinobre*, *eodem intellectu*, avec le même sens. Il y a concordance.

La dernière forme surtout a le mérite de reproduire le mot actuel sans le décomposer : on sait en effet que les deux lettres *V* et *B* se substituent volontiers l'une à l'autre.

L'application dans les trois modes, soit éminence verte, verdoyante, soit village sur une hauteur, soit lieu planté de vignes, est du reste également juste.

Encore une interprétation, qui pour être la dernière n'est peut-être pas la bonne, mais qui prouvera au moins que nous avons cherché, si nous n'avons pas trouvé.

Sur le monument du musée de Nimes, parmi les noms inscrits, se trouve celui de *Briginn*, abrégé plus tard en *Brinno*, qui est devenu le Brignon actuel. *Briginn*, à l'époque la plus ancienne, était une localité, centre de population sans doute assez important dans un certain rayon. Une voie romaine, celle de *Nemausus* à *Gabalum*, n'était pas éloignée de *Briginn*, *Brinno*, et venait traverser le Gardon à Ners, en vue du village actuel de Vézenobres. Quand ce village se fonda, peut-être à l'époque gallo-romaine, aurait-on voulu que son nom, tout latin dans sa première partie, traduisit ou exprimât sa situation dans le voisinage de l'oppidum le plus considérable alors de la contrée, *vicinus*, *vicino*, de *Briginn*, *Brinno*, qui nous est parvenu avec les abréviations et les altérations d'usage. Cette conjecture vient de bien loin, de si loin même, qu'on peut sans lui faire le moindre tort, préférer les autres ; mais elle n'était pas à négliger.

Bénoù, *s. m.* Auge, sorte de mangeoire pour les brebis. Elle se compose de deux planches posées de champ et réunies par des chevilles d'environ un pied de longueur, ce qui laisse entre elles un vide de même dimension, qu'on remplit de fourrage ou de regain. Cette mangeoire, ainsi disposée, a pour objet d'empêcher les brebis de mettre les pieds dedans et de fouler et de gâter leur provende.

Dér. du celt. *Benn,* benne.

Bénoubrén, énquo, *adj.,* ou **Vénoubrén, énquo**. Habitant de Vézenobres; qui appartient à Vézenobres.

Bènourì, *s. m.*, ou **Fourniguiè**, ou **Pi-col-dé-sèr**. Torcol, torcou, turcot ; torcol ordinaire, *Yunx torquilla,* Linn. Oiseau de l'ordre des Grimpeurs, de la fam. des Cunéirostres. Cet oiseau, qui est une espèce de pie, s'accroche aux troncs d'arbres et se pose sur les grosses branches ; mais il préfère se tenir à terre où il cherche des fourmilières. Sa langue est longue, rugueuse et gluante ; il l'introduit bravement dans les trous de fourmis, dans l'interstice qui se forme entre l'arbre et l'écorce ; les fourmis, qui y habitent, grimpent sur cette langue, croyant y trouver pâture; alors l'oiseau-chasseur la retire et avale ses ennemis. Le torcol est curieux à voir de près : il retourne sa tête et son cou par des mouvements onduleux semblables à ceux des serpents ; il ouvre sa queue en éventail, tourne ses yeux et redresse les plumes du haut de sa tête. Il devient extrêmement gras aux premières pluies de l'automne. Les diverses habitudes de cet oiseau lui ont valu ses trois noms languedociens ; il est pourtant plus habituellement dénommé par le premier. — Voy. *Fourniguiè*, et *Pi-col-dé-sèr*.

La prononciation du nom de cet oiseau est l'indice de son étymologie. La première syllabe en est en effet fortement sentie par l'accent grave sur l'*è*, ce qui lui donne aussitôt sa filiation de *Bè*, bec, faisant allusion à la manière ingénieuse que ce volatile emploie pour se procurer une provende de son goût. Si un accent aigu se fût rencontré sur le mot, sa signification eût été changée et il aurait voulu dire : bien nourri. Ce qui était moins pittoresque et se serait appliqué à bien d'autres. Le caractère et la description exacte du volatile sont bien mieux représentés par la prononciation et l'orthographe de son nom.

Bénura, ado, *adj.* et *part. pass.* Heureux, bienheureux; favorisé du Ciel ; à qui tout réussit.

Bénura comme verbe, signifiant rendre heureux, est peu usité, quoique le terme soit bien fait et pittoresque. Mais dans le sens de l'adj. ou du part. pas., il est élégant et expressif. — *Ta bénurado planéto*, ton heureux destin. *Diou l'a bénura*, Dieu la béni, l'a rendu heureux.

Ce mot, d'après Sauvages, paraît être formé du lat. *Bona* et *Hora*, qui a une bonne heure ou qui l'a eue. On sait en effet que les anciens distinguaient les heures favorables et les heures funestes : traditions qui se sont conservées dans le vieux mot fr. *heur*, et qui sont passées dans ceux de *bonheur* et *malheur*, contraction de *bonne heure* et *male heure*. A ce titre le lang. devrait écrire notre mot avec un *h*, comme nous avons fait pour *Bénhuroûs*, qui a la même origine; mais nous supprimons ici la lettre parasite, qui n'est par l'étymologie, et dont le retranchement ne nuit en rien à la prononciation, par raison de nos règles d'orthographe, et pour avoir d'ailleurs une variété de plus conforme à notre mot *à la malouro*, où elle ne paraît pas d'avantage.

Bèou, *adj. m.* sans fém. Beau. — *Faï bèou*, il fait beau. *A bèou faïre*, il a beau faire.

Ce mot, dans sa formation, dans sa signification naturelle et dans toutes ses acceptions elliptiques, est d'origine française : même emploi, mêmes acceptions.

Béoucaïre, *s. m. n. pr.* de lieu. Beaucaire, ville renommée par sa foire du 22 juillet. Aussi son nom est-il devenu, pour un vaste rayon de pays autour de lui, une date, un point important dans l'année. Autrefois les marchands en détail, les artisans, les fournisseurs de toute espèce, allaient faire leurs achats en foire de Beaucaire, et pour cela ils avaient besoin de réaliser les crédits qu'ils avaient faits dans l'année. Quoique aujourd'hui les boutiques et magasins se fournissent ailleurs qu'à Beaucaire, l'usage d'arrêter les comptes des fournitures à crédit et de réclamer le montant des mémoires s'est conservé. Aussi pleut-il à cette époque ce qu'on appelle les comptes de Beaucaire : c'est un mauvais quart d'heure pour les débiteurs et un temps fort occupé pour MM. les huissiers. — *Pér Béoucaïre*, ou *à Béoucaïre* à l'époque de la foire de Beaucaire, à la mi-juillet.

Béoucaïre remonte aux temps les plus anciens. Le géographe Strabon l'appelle Οὔγερνον, Γγέρνον et Γέρνον, que les auteurs latins Pline, Sidoine Apollinaire, les Tables théodosiennes traduisent par *Ugernum* ou *Ugerno;* que l'Anonyme de Ravenne écrit *Ugurnum;* qui devint au VIe siècle *Castrum Odjerno*, et dans la bass. lat. *Castrum de Ugerno*, en 1020; *Belcayra*, en 1121 ; *Bellicadrum*, en 1160, 1178, 1209; *Belloquadra*, *Bellumquadrum*, *Belli-quadrum*, en 1226 et plus tard ; en même temps que la langue vulgaire disait, en 1125, *Belcaire;* en 1294, *Bauquaire;* en 1302, *Bieuchayre*, et en 1435, *Belcayre;* ce qui a donné enfin le nom actuel.

La première partie du mot, en lang., en fr. et dans la latinité du moyen âge, ne présente aucune difficulté. La seconde partie *cayra*, *quadra*, *quadrum* ou *cadrum*, est une altération ou une syncope du substantif de la bass. lat. cité par Du Cange, *quadraria*, *quadrataria*. *Cayra* a fait directement *caire*, comme *quadra* et *quadrum*, dérivant de *quadraria* ou *quadrataria*, en lat. *lapidicina*, le tout a produit carrière, en fr. L'affinité est incontestable ; et tous ces dérivés descendent d'un primitif commun, le vieux mot celtique *cair*, pierre, qui se retrouve du reste dans une infinité de noms locaux. Nous avons dans nos environs, en grand nombre, *lous Caïrols*, comme désignation de quartiers pierreux, ou de carrières de pierres communes. La liste serait longue des lieux ayant la même origine d'appellation : Cayrac et Cayrol, dans l'Aveyron; Cayres (Haute-Loire); Cayrols (Cantal); Carole (Gers); Carrole (Hautes-Pyrénées); Carolles (Manche); Charolles (Saône-et-Loire); Queyrac (Gironde); Queyras (Hautes-Alpes); Caralp (Ariège); Carrouge et Carouge (Orne, Seine-et-Oise, Suisse); Cayrouse (Aveyron); Quiers (Seine-et-Marne); Carrare, en Italie, et autres.

Sauf tout le respect dû à une opinion assez accréditée, qui voudrait que le nom de *Belliquadrum* ou *Bellumquadrum* eût été donné à Beaucaire à cause d'une tour carrée qui dominait l'emplacement sur lequel la ville s'est construite, l'étymologie tirée du gaulois *cair* nous paraît préférable et plus naturelle. D'ailleurs la même raison appellative devrait se rencontrer dans les homonymes assez nombreux ; et l'on n'a pas remarqué des traces de la moindre tour de forme carrée à Belcaire (Aude), arrondissement de Limoux ; à Beaucaire (Aveyron), commune Noviale ; à Beaucaire (Charente), commune Saint-Amand-de-Nouère ;

a Beaucaire (Cher), commune Herry; à Beaucaire (Gers), commune Valence, et autres encore; non plus qu'a Belcaire (Dordogne); à Bellicaire, province de Gerona, et à Bellicayre, province de Lerida Espagne; Ce qui commence à donner beaucoup de crédit à notre version.

Mais il y a plus : le nom grec de *Beoucaire* latinisé me semble un argument nouveau. Le lieu désigné par Strabon existait avant lui et était connu. On a dit que sa forme celtique devait être **Wern** ou *Guern*, qui veut dire en gallois et en bas-breton : aune, aunaie, lieu planté d'aunes; *vèr*, lang. L'application à un *castrum* sur un grand fleuve est juste; mais la dérivation serait-elle moins exacte, si l'on admettait que le celtique *cair* a été le parrain du Ὕγερνον de Strabon, qui se trouvait sans doute précédé d'une épithète significative, exprimant en gaulois ce que dit le *bellum* de la bass. lat., *Beou* du languedocien, et que, dans la variante Ὑγέρνον, Strabon aurait traduite et exprimée? Ainsi, la première syllabe de *Ugernum* ou *Ugerno*, lat., ne serait-elle pas la diphthongue adverbe ΕΣ, bien, reproduite euphoniquement par le latin *u*? La prononciation du γ grec et du *g* latin devant *e* est dure et se rapproche sensiblement de celle du celtique : ce qui ne met pas à une grande distance *cair* et *guer*. Le gaulois a encore *cairn*, appliqué aux monuments de pierre, *dolmens*, qui introduit une lettre de plus dans la ressemblance graphique des mots. Mais une permutation identique se fait remarquer sur le nom d'un ancien oppidum purement celtique, signalé dans le savant ouvrage de M. Germer-Durand, *Diction topogr.* La petite commune de *Garn*, ancien evêché d'Uzès, aux limites du Vivarais, a conservé intacts sa forme et son nom celtique, *Cairn*. Le *g* s'est substitué au *c*, inversement à ce qui est arrivé dans le roman pour *Belcaire*, qui reprend sa forme primitive; mais par un procédé semblable à celui employé par le latin et le grec, *Ugernum*, Ὑγέρνον : preuve que nos déductions sont vraisemblables. La terminaison en *o*, si commune dans les appellations celtiques, ne doit pas être négligée. On sait que nos pères les Gallo-Romains employaient les deux langues, celtique et romaine, et quand, au moyen âge, on voulut désigner l'antique localité, la traduction devint précise et fidèle en substituant à Ὑγέρνον, le mot *Belcayra, Bellicadrum, Bellumquadrum*.

Tous ces noms seraient donc synonymes; mieux que cela, ce serait la même chose, nom, sous différentes formes, grecque, latine, languedocienne et française. L'antiquité qu'on attribue a Beaucaire, les belles carrières qui touchent la ville, et qui ont été connues dès les premiers âges, ne s'opposent point à cette origine de son appellation et semblent la justifier. Le géographe Strabon a traduit autant que le grec le permettait, sans trahir le vieux gaulois.

Béou-l'oli, *s. m.*, ou **Damo**, **Suito**, **Nichoulo**. Effraie; frésaie, chouette-effraie, *Strix flammea*, Linn., de l'ordre des Rapaces et de la fam. des Nocturnes. Cet oiseau de proie nocturne, qui atteint jusqu'à 35 centimètres de longueur, a le dessus du corps jaunâtre, ondé de gris et de brun, parsemé d'une multitude de petits points blancs; le dessous est d'un blanc soyeux, éclatant. Il habite les vieux édifices, les clochers et les toits des églises. On croit vulgairement qu'il y entre la nuit pour boire l'huile des lampes; de là son nom de *Béou-l'oli*. Par celui de *Suito* sous lequel il est connu aussi, on a sans doute essayé de rendre le sifflement ou siflement qu'il pousse pendant la nuit. Il a la réputation d'être l'oiseau de mauvais augure par excellence. — *Voy.* **Damo, Suito, Nichoulo**.

Béoure, *v.* Boire; avaler un liquide, l'absorber. — *Aquel home beou*, cet homme est adonné à la boisson, à l'ivrognerie. *Mous souliès bevou*, mes souliers laissent transpirer l'eau. *Beoure das iels*, manger des yeux, couver du regard. *Beoure coumo un sablas*, boire beaucoup, sans fin, comme un champ de sable, qui absorbe l'eau et la pluie en telle quantité qu'elle y tombe. *Y-a pas qu'un grand béoure que pogue té tira d'aqui*, ce n'est qu'à force de boire de la tisane que tu peux te tirer de cette maladie. Mais les ivrognes ou les plaisants qui veulent les imiter dans leurs propos, tournent la chose dans le sens du vin, et c'est le vin qu'ils conseillent, quand ils adressent cette phrase a ceux qui se plaignent d'un malaise. *Lou beoure li lèvo pas lou manja*, la soif ne lui ote pas la faim, boire ne l'empêche de manger. *Un ase i béourie*, le cas n'est pas difficile, un âne s'en tirerait. *Fenno que noun manjo, lou beoure la manten*, a petit-manger, bien boire. *Béoure pàou et souven*, boire peu et souvent : bonne hygiène.

On dit d'un homme qui s'est ruiné : *Ou a pas tout manja, n'a be begu de flòs*, il n'a pas mangé tout son bien, il en a bu une partie. *Aquelo aigo se béou*, cette source se perd dans la terre ou dans le sable. *Beoure tous cos*, endurer les coups sans se plaindre. *Cresès aquò et bevès d'aigo*, croyez cela et buvez de l'eau par-dessus, phr. prvb. pour dire que vous ne croyez pas un mot de ce que l'on raconte, ou que ce mensonge est difficile à avaler et qu'il faut boire pour le faire descendre dans le gosier. C'est dans le même sens qu'on dit d'un hâbleur : *Fai-lou beoure*, fais-le boire, pour que son mensonge ne s'arrête pas au gosier. *Las tèros an prou bégu*, les champs sont suffisamment abreuvés. *Faire un beoure*, faire un temps de repos pour les journaliers, pendant lequel ils vont boire un coup à leur gourde pour reprendre haleine. Il ne faut pas confondre *un beoure* avec *un répas*, le repas est un temps déterminé par les usages, où les travailleurs mangent commodément assis; *lou beoure* n'est qu'un simple temps d'arrêt, pendant lequel ils cassent simplement une croûte et boivent un coup. Ce temps est de durée arbitraire, et soumis au plus ou moins de zèle de l'ouvrier, ou au plus ou moins de sévérité du chef d'atelier, ou *baile*. *Quant se faì de béoures d'aquésto sésou?* combien doit-on faire de poses au travail dans cette saison?

Dans cette acception, *lou béoure* est subst. masc. Il

signifie encore : le boire, le liquide que l'on boit ; la ration de breuvage aux animaux, mais dans ce dernier sens on emploie : *Abéoure.* — *Lou béoure et lou manja,* le boire et le manger. *Aquò mé lévo lou béoure et lou manja,* cette émotion, cette nouvelle m'a coupé la soif et l'appétit.

Dér du lat. *Bibere.* En ital. *Bevere,* boire.

Béouta, *s. f.* Beauté, qualité de ce qui rend aimable ou admirable, au physique et au moral. — *Es pa'no béouta,* ce n'est pas une beauté.

Emp. au fr.

Béqua, *v.* Becqueter; mordre avec le bec; battre à coups de bec; donner des coups de bec; manger seul, en parlant d'un oiseau ou d'un poussin; brouter; mordre à l'hameçon; avaler crédulement un mensonge. — *Aquel passeroù couménço a bequa,* ce petit moineau commence à manger seul. *Lou pèissoù bèquo pas,* le poisson ne mord pas. *Tout lou bèquo,* tout le monde le dupe, le houspille ; tout le monde l'accuse ; se moque de lui : on l'accable à coups de bec. *Lous faguère toutes bèqua,* je leur fis avaler à tous cette bourde.

Dér. de *Bè,* bec.

Béquado, *s. f.* Dim. *Béquadéto.* Becquée, pâtée que les oiseaux portent à leurs petits dans le nid; coup de bec ; raillerie ; sarcasme, insulte. — *Espéra la béquado,* attendre la becquée ; attendre que la manne tombe du ciel ; ne se donner aucune peine, aucun souci, pour obtenir ce qu'on désire.

Dér. de *Bè,* bec.

Béquaduro, *s. f.* Blessure causée par un coup de bec; accroc; déchirure ou piqûre causée par un coup de bec ou par quelque chose de pointu

Dér. de *Bè,* bec.

Béquaje, *s. m.* Herbage d'automne, qu'on fait brouter. C'est l'herbe dernière qui pousse dans un pré, après en avoir enlevé le foin et le regain.

Dér. de *Béqua.*

Béquo-figo, *s. m.* Becfigue, oiseau du genre gobe-mouche, *Motacilla ficedula,* d'après Linn.; *Muscicapa luctuosa,* suivant Temm. Le becfigue a le dessus du corps noir, le front et toutes les parties inférieures blanches ; la queue et les ailes noires; celles-ci ont leur couverture blanche. Arrivé en France vers la fin d'avril, il repart dans les premiers jours de septembre. D'après l'ornithologie moderne, il se nourrit de mouches et d'autres petits insectes ailés, qu'il enlève de dessus les feuilles et les fruits mûrs; aussi la science l'a dénommé Gobe-mouche. Le vulgaire, en le voyant fréquenter de préférence nos figuiers, car c'est là qu'il fait la chasse la plus abondante, a cru qu'il se nourrissait de leurs fruits et lui a donné le nom de *Bèquo-figo.* Les latins, qui en avaient la même opinion, l'appelaient *Ficedula.* Peut-être ce gobe-mouche, en becquetant la figue pour y saisir sa proie vivante, se laisse-t-il aller à goûter un peu du fruit et mérite-t-il ainsi ses divers noms ; en tous cas, dans quelque genre ou famille qu'on le range, son nom est évidemment un emprunt du fr. au langued. La figue est trop un fruit du Midi pour ne l'avoir pas inspiré ; *Becfigue,* double subst. fr., ne signifierait rien s'il n'était la traduction du verbe et du régime employés par la langue d'Oc. — *Gras coumo un bèquo-figo,* gras comme un becfigue. Sa chair est en effet très-délicate et très-estimée. Un grand professeur en gastronomie, Brillat-Savarin, a dit : « Parmi les petits oiseaux, le premier, par ordre d'excellence, est sans contredit le becfigue ; si cet oiseau privilégié était de la grosseur d'un faisan, on le paierait certainement à l'égal d'un arpent de terre. »

Bèquou, *s. m.* dimin. Baiser, en style mignard et enfantin, comme on dit en fr. famil. *Bécot.*

Dér. de *Bequa,* becqueter.

Bérbéquin, *s. m.* Villebrequin, outil de menuisier, qui, au moyen d'une mèche, sert à faire des trous en emportant la matière qu'il traverse.

Formé probablement de *Vira,* tourner, et de *bréquin,* nom ancien de la mèche, du lat. *Veru, veruum.*

Béré, *s. m.* Berret ; espece de bonnet d'enfant, en velours ou en soie, coupé à côtes de melon, qu'on attache sous le menton ; bonnet plat et tricoté des paysans du Béarn. — *Voy. Béréto.*

Dér. du lat. *Birrus* ou *birrum,* nom d'une espèce de coiffure en usage chez les anciens ; d'où la bass. lat. *barretum* ou *birretum,* berret, barette ; en esp. *birreta ;* en ital. *barreta.*

Bérénguèri, *s. m.* nom pr. d'un terroir d'Alais, près la route d'Alais à Nimes, dit *Bérénguèri,* que des archéologues, d'après un passage de Sidoine Apollinaire, prétendent être *Voroangus,* habitation d'Apollinaire, voisine de *Prusianus,* Brésis aujourd'hui, demeure de Tonance Ferréol, préfet des Gaules au Ve siècle.

Béréto, *s. f.* Bonnet d'enfant ; calotte de prêtre; bonnet rond et juste à la forme de la tête, tel que la calotte qu'on voit au théâtre aux Cassandres, à Bartolo et aux rôles à manteau de la comédie française et italienne.

Même étym. que *Béré* ci-dessus.

Bérgadiè, *s. m.* Brigadier, commandant d'une brigade, grade de cavalerie ou de gendarmerie correspondant à celui de caporal dans l'infanterie.

Emp. au fr.

Bérgado, *s. f.* Brigade, division d'un corps d'armée; section de gendarmerie commandée par un *bérgadiè.* En gén., troupe, bande armée.

Emp. au fr.

Bérgan, ando, *adj.,* ou **Brégan, ando,** péjor. *Bérgandas* ou *Brégandas.* Brigand, voleur de grand chemin ; le plus souvent, épithète injurieuse donnée à celui qui commet des vexations ou d'étranges concussions. Souvent encore, c'est une sorte d'interjection : *O Bérgan !* neutralement employée ; en ce sens, le péj. *Bérgandas !* est surtout admis.

Dér. du lat. *Brigantes,* peuples d'Hibernie qui, sous la

domination romaine, ravagèrent souvent les provinces septentrionales de la Grande-Bretagne.

Bérgandaje, *s. m.*, ou **Brégandaje**. Brigandage; action violente; volerie; concussion.

Même étym. que le précéd.

Bérgandéja, *v.*, ou **Brégandéja**. Se livrer au brigandage, dans la double acception, étendue ou restreinte, mais également peu recommandable.

Bérgè, *s. m.* Dim. *Bergeïré*. Berger, pâtre, expression toute française, qu'on ne peut employer qu'en poésie.

Bergéïreto, *s. f.*, ou **Couacho**, Bergeronnette, hochequeue, lavandière, petit oiseau du genre des becs-fins; il vient se mêler au milieu des troupeaux de moutons, et mange familièrement avec eux : ce qui lui a valu son nom. Quant au mot lui-même, c'est du français tout pur comme le précédent et le suivant, et dans le même ordre d'idées et d'emploi. Aussi ne devrait-on donner droit de cité et de classification qu'à *Pastoureleto;* car le languedocien n'appelle ses bergers que *pastres*, ainsi qu'on le voit dans le mot de meilleur aloi de la bergeronnette, *Galapastre*.

Voy. *Couacho, Galapastre, Brando-quuio.*

Bérgèïro, *s. f.* Dim. *Bérgèïreto*. Bergère. — Voy. *Bérgè*.

Bérigoulo, *s. f.* Barigoule; manière d'apprêter les artichauts, qui consiste à les placer crus sur le gril, avec du sel, du poivre et de l'huile, qu'on introduit dans les interstices des feuilles. C'est un emp. au fr. *Barigoule,* sauce bien plus compliquée d'ailleurs que notre *berigoulo.*

Bérlénqué, *s. m.* Jeu d'enfants, qui ne pourrait être traduit et exprimé en fr. que par le mot lui-même. Il consiste à placer quelques sous ou même des épingles, debout derrière une petite pierre carrée et mince, posée de champ. Les joueurs, placés à une certaine distance, lancent chacun deux palets contre cette pierre; quand ils peuvent la chasser assez loin pour que l'un de leurs palets soit plus rapproché que la pierre de l'enjeu ou d'une pièce de cet enjeu; l'enjeu ou la partie d'enjeu leur est acquis. Comme on le voit, le *bérlénqué* est le premier rudiment du jeu de bouchon.

Dér. peut-être de *Bèrlo*, à cause du petit caillou qui sert de but, ou de ceux avec lesquels on joue.

Bèrlo, *s. f.* Dim. *Bérlé, bérléto,* péj. *Bérlasso*. Eclat de pierre ou de bois, souche d'arbre ébréchée; grosse branche morte; bord d'un vase.

Bérloquo, *s. f.* Breloque. Ne s'emploie que dans la phrase : *Batre la bèrloquo*, battre la campagne, divaguer, déraisonner. La *bèrloquo,* breloque, en terme de théorie militaire, est la batterie de tambour qui annonce l'heure des corvées.

Dér. du lat., soit *Veriloquium,* langage vrai, naïf; parce que, quand on déraisonne par folie ou par ivresse, on laisse souvent échapper des vérités qu'il eût été sage de retenir; soit de *breviloquium,* laconisme, langage coupé ; soit de *varia loqui,* parler sans suite.

Bérna, *s. m., n. pr.* d'homme; au fém *Bernado ;* dim. *Bernade.* Bernard. Nom qui a servi de racine à beaucoup d'autres dans le pays : *Bernadèl, Mdouberna,* Bernardin, et la syncope familière de ce dernier : Nadin. — *T'a touqua, Berna?* J'espère qu'on t'a touché, l'ami? Express. prvb. qu'on adresse à celui qui vient de recevoir une correction méritée, ou bien un quolibet piquant qu'il avait provoqué. *Berna din la luno ;* on fait croire aux enfants que les diverses taches qu'on aperçoit dans la lune, quand elle est pleine, et qui donnent l'apparence d'une face humaine, ne sont autre chose que la figure d'un bûcheron, nommé *Berna,* que Dieu a placé dans la lune pour le punir d'avoir fait des fagots un jour de dimanche.

Dér. du lat. *Bernardus,* formé de l'allem. *beer,* ours, et de *hart,* génie.

Bérna-pésquaïre, *s. m.,* ou **Guiraou-Pésquaïre**. Héron cendré, héron ordinaire, *Ardea cinerea,* Linn., nom commun à plusieurs variétés de héron. Oiseau de l'ordre des Echassiers et de la fam. des Cultrirostres, remarquable par la longueur de ses jambes, de son cou et de son bec ; il vit de pêche et tire de là son nom. Dans nos environs, on l'appelle *Bérna-pésquaïre,* et dans d'autres localités voisines aussi, *Guirdou-pésquaire.* Reste à savoir quel Bernard et quel Guiraud, qui ont toujours été assez nombreux dans le pays, étaient assez forts pêcheurs devant la langue, ou assez mal bâtis, pour qu'on ait donné leur nom au disgracieux oiseau-pêcheur, aux si longs pieds et au si long bec, emmanché d'un si long cou. La Fontaine, qui l'a si bien peint, ne l'a pas dit et ne le nomme que le héron; nous n'en savons certes pas plus que lui. — Voy. *Guiraoupescaire.*

Béroù, *s. m.* Dim. *Bérouné*. Terme de berger, Robinmouton, mouton favori; celui qui conduit le troupeau ; petit agneau privé qui mange dans la main.

Dér. du lat. *Vervex,* mouton.

Béroù, *s. m.* Ver blanc, qui vit dans les fruits, principalement dans les cerises et dans les pois.

Ce mot paraît dérivé du fr. *ver,* dont il ne serait qu'un dim. Dans le rom. *beron* ou *berou,* ver qu'on trouve dans les cerises nommées *guignes.*

Bérouïa, *v.* Verrouiller; fermer au verrou.

Dér. de *Béroul.*

Béroul, *s. m.* Dim. *Bérouïé,* péjor. *Bérouïas*. Verrou; fermeture de porte; tige de fer ronde et mobile, glissant entre des crampons, ou anneaux. En lat. *Pessulus.* « C'est de ce mot, dit Sauvages, que certains auteurs font dériver le nom de Montpellier (Monspessuli), mont ou colline du verrou, à cause de la célébrité du verrou de l'église de Saint-Firmin, dans cette ville. »

« Les banqueroutiers y faisaient, dit-on, cession de biens, en présence des magistrats et du peuple assemblés un dimanche à l'issue de la messe. Le patient, debout, nupieds et nu-tête, appuyait les deux mains sur le verrou de l'église, et, dans le moment marqué, il en détachait une qu'il portait sur son derrière en disant à ses créanciers d'une voix haute : *Pago-té d'aquì*, dicton qui a passé en proverbe. »

Il prétend encore que c'est de là qu'est venu cet autre dicton : *Moustra lou quiou*, montrer le derrière, qu'on dit de ceux qui ont manqué à leurs engagements.

L'anecdote est assez curieuse et peut être vraie ; mais il est absurde de supposer, comme ces savants auteurs qui ne sont pas d'ailleurs cités par Sauvages, que de là vient le nom de *Monspessulanus*, Montpellier, attendu que ce nom existait certainement avant l'invention de cet usage, et surtout avant qu'on y parlât le languedocien, tel qu'il est cité dans la phrase sacramentelle : *Pago-té d'aquì*. — *Voy. Mounperè*.

Empourtaras pas lou béroul, tu n'emporteras pas la crémaillère quand tu quitteras cette maison, est une expression proverb. fort usitée de nos jours. Lorsqu'un domestique prend vivement l'intérêt de son domaine vis-à-vis d'un maraudeur, d'un grapilleur, celui-ci l'apostrophe par cette phrase, comme pour lui dire que sa fidélité ne lui procurera pas une fortune.

Dér. de *Baro*, dim. *baroul*, *béroul*.

Bérqua, *v*. Ebrécher ; écorner ; entailler ; édenter.

Dér. de *Bèrquo*.

Bérquaduro, *s. f.* Brèche ; écornure ; entaille ; l'action d'ébrécher. — *Voy. Bèrquo*.

Dér. de *Bèrquo*.

Bèrque, bèrquo, *adj*. Spécialement mouton, brebis ou chèvre, qui a perdu ses dents.

Bérquièiro, *s. f.*, ou **Vérquiéïro**, *s. f.* Dot d'une fille en la mariant ; constitution dotale ; bien apporté par la femme en mariage.

Dér. de la bass. lat. *Vercheria*.

Bèrquo, *s. f.* Brèche ; écornure ; entaille ; coche.

Dér. de l'allem. *Brechen*, rompre, casser, briser.

Bèrquo-dén, *adj*. des deux genres. Brèche-dent, à qui il manque une ou plusieurs dents ; ne s'applique qu'aux personnes.

Formé de *Bèrquo* et de *dén*.

Bértèlo, *s. f.* Sangle, courroie, pour soutenir un sac sur le dos ; bretelles pour soutenir les pantalons.

Emp. au fr.

Bértoul, *s. m.*, ou **Bértoulo**, *s. f.* Dim. *Bértoulé*, *bértouléto*. Cueilloir, petit panier à anse, fait d'éclisses tressées ; son usage principal est de servir à ramasser des châtaignes. — *Aquèl castagnè frucho bièn, las bojo à plén bértoul*, ce châtaignier produit beaucoup, à plein panier.

Formé par corrupt. peut-être de *Bridoulo*, éclisse, scions refendus ; mais mieux dér. de *brett*, celt., en lat. *lignum*, bois, planche. — *Voy. Bréthmas*.

Bértoulado, *s. f.* Contenu d'un *Bértoul*, plein un *bértoul*.

Bérugo, *s. f.* Dim. *Béruguéto*, péj. *Bérugasso*. Verrue ; poireau, excroissance dure et indolente, qui vient ordinairement aux mains. — Un remède de bonne femme contre les verrues consiste à les frotter journellement avec un bouchon de bourre prise dans un bat. On n'a pas ouï dire que cela ait guéri personne ; mais comme cela ne saurait faire empirer le mal, il n'y a aucun inconvénient à continuer la friction jusqu'à ce qu'elle ait usé la calosité.

Dér. du lat. *Verruca*, verrue.

Bésàou, *s. m.* Dim. *Bésale*. Canal d'irrigation, biez de moulin ; prise d'eau.

Ce mot doit avoir une origine commune avec le fr. *Biez*. En roman, *besal*, *besaliere*, canal, conduit des eaux, rigole d'arrosage, même sign.; celt. *beal*; bass. lat. *bedale*, en lat. *via aquæ*; en gr. Βέη.

Béscle, *s. m.* Terme de boucherie ; rate de mouton ; fressure.

En v. fr. *Bascle*.

Béscui, *s. m.* Biscuit : pâtisserie faite de la fleur de farine, de sucre et d'œufs, cuite au four de pâtissier. — *Papiè-béscui*, papier sur lequel on enfourne la pâte de biscuit, et sur lequel il reste des traces de sa substance quand on le détache. Les enfants achètent ce papier chez les patissiers et rongent à belles dents cette friandise à très-bon compte.

Dér. du lat. *Bis* et *coctus*, cuit deux fois.

Béségno, *s. f.* Gousse-d'ail ; amande d'ail ; un des caïeux dont la réunion forme la tête, qu'on appelle *Bousselo*.

On dit, et c'est possible, que ce mot a pour étym. *Veno d'aiè*, à la vérité par altér.

Béségudo, *s. f.* Besaigüe, instrument de charpentier, taillant par les deux bouts. — *Esclò à la béségudo*, sabot à la cévenole, dont la pointe est recourbée comme les anciens souliers à la poulaine.

Dér. du lat. *Bis* et *acutus*, à deux pointes, soit qu'il s'applique à l'instrument des charpentiers, soit à la chaussure de nos montagnards, qui portait sans doute, dans l'origine, une seconde pointe à l'arrière, comme une sorte d'éperon.

Bésougna, *v*. Travailler, s'occuper ; faire une affaire ; faire ses affaires. — *A bièn bésougna*, il a bien spéculé.

Bésougno, *s. f.* Dim. *Bésougnéto*, péj. *Bésougnasso*. Chose ; affaire ; besogne, travail, ouvrage. Dans ce dernier sens : *Laïsso mé faïro ma bésougno*, laisse-moi faire ma besogne, mon travail, mon ouvrage. *Faï fosso bésougno*, il fait beaucoup d'ouvrage. *Faïre bésougno*, réussir dans ses affaires, être rangé ; augmenter progressivement son avoir. Avec la première acception, *Bésougno* a la même extension que le fr. *chose* et le lat. *negotium*. Il sert à désigner une foule d'objets dont la technique ne vient pas immédiatement à la mémoire, il veut tout dire et désigne tout. — *Moussu Bésougno*, monsieur Chose, monsieur un tel. *Bésougno* en dit autant, en supprimant monsieur.

Dér. de l'ital. *Bisogna*, affaire.

Bésoun, *s. m.* Besoin ; manque ; misère, disette, indigence ; nécessité naturelle — *Aquò li fai bésoun*, cela lui est nécessaire, il ne peut s'en priver, ou s'en passer. *Es be besoun que*... il faut bien que, il est bien nécessaire que.. *Es lou besoun que i-ou fai faire*, c'est la misère qui le conduit la. *S'èro de besoun*, s'il le fallait. *Faire sous besounas*, vaquer à ses nécessités naturelles.

Der. de l'ital. *Bisogno*, manque, nécessité.

Béssédo, s. f. Taillis de bouleaux.

Ce mot est dér. de *bès*, bouleau, qui a vieilli, mais qui s'est conservé dans le breton *bez*, pris du celt. *bess*, même sign. Il n'est plus qu'un nom prop. et entre dans la composition de plusieurs ; la désinence *édo*, qualificative et collective, répondant à *aie* fr. ou *ay*. *La Bessedo* revient à La Boulaye ou La Boulay, ou Boulay. Cette finale *edo* est caractéristique et propre au midi de la France ; elle représente la terminaison lat. *etum*, qui a varié souvent en *eium*, *eyum*, et a fait *idum* et *etum*, d'où *édo* procède plus directement ; mais sous toutes ces formes, elle porte en soi un sens de collectivité, qui s'attache aux mots dans lesquels elle apparaît : *Cérièiredo*, *Nougaredo*, *Pinèlo*, *Vernedo*, etc., lieux plantés de cerisiers, de noyers, de pins, d'aunes, etc. Ses similaires sont en lang. *ier*, *ières*; en fr. *aie*, *ay*, *aye*, *ei*, *ey*, *ee*, *eis*, *eis*, *eix*, *ès*, *et*, *ex*, *ois*, *oi*; mais le radical commun est dans l'ancien gaulois, auquel il faut toujours remonter, en fait surtout d'étymologie des noms propres de lieux.

Bésséjo, s. f., n. pr. de lieu. Bessèges, commune érigée nouvellement en chef-lieu de canton, arrondissement d'Alais. L'importance et la prospérité des mines de houille et des fonderies et forges établies dans cette localité lui ont donné un développement considérable.

Dans l'étymologie des noms, il y a toujours à distinguer le radical, qui forme le corps du mot et leur signification, de la désinence, qui n'est souvent qu'explétive. Ici *ejo* semble être un suffixe marquant la collectivité, la quantité ; le radical reproduit le celt. *bess*, *vess*, bouleau, et le nom signifierait un lieu planté de bouleaux. Il pourrait cependant aussi avoir été formé par la bass. lat. *bessæ* ; *Besses* dans le dialecte limousin et auvergnat a le sens du lat. *pascua*, pâturages, prairies. Les deux acceptions sont applicables.

Béssina, v. Vesser ; rendre par le bas un vent muet.

Béssino, s. f. Vesse, vent muet par en bas. — *Pardoulos de fénno, béssino d'ase*, propos de femme, le vent l'emporte. *Per un pe, pèr uno béssino réfuses pas ta vésino*, pour un petit défaut sans gravité, ne refuse pas en mariage ta voisine. La moralité de ce proverbe est qu'il vaut mieux épouser une femme que l'on connaît bien, malgré quelques petits défauts, qu'une étrangère qui peut en cacher de beaucoup plus grands. Le proverbe ajoute en effet : *Ne prendras uno détras lou pioch qué n'daura fach sept ou hioch*.

Bessino-dé-loù, vesse-de-loup, plante de la fam. des *Fungus*, *Bolets* ; qui se remplit d'une poudre noire, quand elle est en maturité. Sous la pression elle éclate, et sa poussière se répand.

Der. du lat. *Vesica*, petite vessie, globule.

Bésso, s. f. Abbesse, supérieure d'un monastère de filles ou de femmes. — *Tèros* ou *Mas de las Bessos*, métairie ou champs de l'Abbaye ou des Abbesses.

Der. du lat. *Abbas*, par apocope de l'*a* initial.

Béssoù, béssouno, adj. Dim. *Ressouné*. Jumeau, elle ; en parlant soit des personnes, soit des animaux ou des arbres, produits d'une même souche, ou bien des fruits adhérents l'un à l'autre.

Der. du lat. *Bis* et de la part. *on*, contraction de *homines* : deux hommes, ou homme double. La désinence *soù*, qui est la même que *soun*, et qui, dans le principe, était ainsi, puisque son féminin est encore *souno*, peut avoir été empruntée à l'angl. *son*, fils. La longue occupation des provinces méridionales par les Anglais rend cette hypothèse plausible. *Bessoù* reviendrait alors à *bis-son*, deux fois fils, ou double-fils.

Béssounado, s. f. Accouchement de jumeaux ou de jumelles ; les jumeaux eux-mêmes pris collectivement. — *Aquo fai uno bravo bessounado*, c'est un joli couple. *A fa tres bessounados*, elle est accouchée trois fois de jumeaux.

Béstialèn, énquo, adj. Qui tient de la bête, bestial ; qui aime les animaux, qui se plaît à les élever, à les soigner.

Der. de *Bèstio*.

Béstiâou, s. m. Dim. *Béstialé*, péj. *Bestialas*. Bétail ; ensemble des animaux domestiques d'une ferme ; la gent animale en général. — *Lous magnans soun un bravo béstialé*, les vers à soie sont un charmant peuple-animal. *Ariba lou béstidou*, donner la ration aux animaux de la grange, chevaux, mules, bœufs ou moutons, non comprise la volaille. *Laissas pissa lou béstidou*, laissez pisser le mouton ; laissez faire ; laissez couler l'eau.

Der. de *Bèstio*.

Béstiassado, s. f. Grosse bêtise ; balourdise ; gaillardise grossière.

Béstiasso, s. f. Gros et vilain animal. Au fig., grosse bête ; butor ; grand imbécile ; grossier.

Augm. et péjor. de *Béstio*.

Béstiéja, v. Faire l'imbécile, le nigaud ; dire ou faire des gaillardises grossières.

Béstiéjaïre, aïro, adj. Qui fait des niches grossières et gaillardes ; qui fait des lazzis indécents.

Béstiéto, s. f., ou **Béstiolo**, s. f. Bestiole, petite bête ; insectes en général. Au fig., petit esprit, personne bornée, sans intelligence et sans instruction.

Bestiouno s'emploie dans le même sens.

Dim. de *Bèstio*.

Bèstio, s. f. Dim. *Bestieto*, *béstiolo*, *béstiouno*, péj. *Béstiasso*. Bête, animal, en général, particulièrement une mule ou un cheval. Au fig., sot, idiot, imbécile ; lourdaud ; butor ; mauvais plaisant ; vicieux.

— *Aï éscampa uno bèstio*, il m'a crevé un cheval, une mule. *Es pu bèstio qué nèci*, il est plus coquin que sot. *Mé diguè pas soulamén : bèstio, sièa aqui?* il ne fit nulle attention à moi ; il ne me demanda pas seulement : que fais-tu là ? *Aquò's la bèstio ddou bon Diou*, c'est un pauvre innocent, un crétin inoffensif.

Dér. du lat. *Bestia*.

Béstiôou, olo, *adj*. Dim. *Bestioule*. Nigaud ; imbécile ; ignorant ; stupide.

Béstiu, udo, *adj*. Dim. *Béstiulé*, péj. *Béstiudas*. Bestial, qui a les instincts de la bête ; brute ; abruti.

Dér. de *Bèstio*.

Bésuquariès, *s. f. plur*. Dim. *Bésuquarièirétos*. Vétilles ; niaiseries ; bagatelles.

Dér. de *Besuque*.

Bésuqué, éto, *adj*. Vétilleur ; cogne-fétu ; tatillon ; qui fait une grosse affaire de niaiseries ; qui se tue et se tourmente de minuties, les crée et les cherche à plaisir ; qui épluche ce qu'il mange.

Dér. de *Besuquo*, vieux mot hors d'usage, qui signifie une espèce de jeu de fainéant, consistant en une chaîne dont les anneaux sont enchevêtrés de manière qu'ils sont très-difficiles à dénouer. C'est cet instrument ou quelque chose d'analogue qu'on vient de renouveler sous un nom de circonstance : *la question romaine*. L'allusion a été saisie ; cet exercice a amusé sans rien résoudre, bien entendu ; mais l'inventeur y a fait sa fortune.

Dér. du lat. *Bis* et *uncus*, double crochet.

Bésuquéja, *v.* Vétiller ; baguenauder ; s'amuser à des riens ; pignocher ou manger à petits morceaux et en épluchant.

Bésuquoùs, ouso, *adj*. Vétilleux ; minutieux en parlant des choses. — *Un ouvraje bésuquoùs*, un ouvrage minutieux, qui exige de la patience ; travail de détail minutieux.

Béto-rabo, *s. f.* Betterave, *Beta vulgaris*, Linn., plante potagère, partout cultivée, qui a trois variétés principales : blanche, rouge et jaune.

Emp. au fr.

Bétorgo, *s. f.* Cerise courte-queue ; gobet ; la meilleure espèce pour confire à l'eau-de-vie.

Bétourguiè, *s. m.* Cerisier courte-queue.

Serait-il dér. du lat. *Bis tortus*, qui serait une allusion à la brièveté de la queue de son fruit qu'on croirait tordue ?

Bia, *v.* Serrer la corde d'un ballot, ou la charge d'une voiture, en la tordant avec la bille ou avec le garrot ; biller.

Dér. du lat. *Bis* et de *Lia*, lier ; lier deux fois.

Biaï, *s. m.* Dim. *Biaïssé*. Biais ; adresse, habileté ; savoir-faire ; tournure ; esprit ; inclination ; manière d'être.
— *Jean sans biaï* ou *Pàou-dé-biaï*, un maladroit. *Préne lou biaï*, prendre la bonne manière de faire quelque chose. *Aquò's soun biaï*, c'est sa manière de faire ou d'être. *Chacun soun biaï*, chacun a sa façon d'agir. *Préne quouquus dé soun biaï*, prendre quelqu'un par son faible, s'accommoder à son humeur. *Aquò's toujour d'un biaï*, c'est toujours la même chose, ni mieux, ni plus mal. *Douna lou biaï à quicon*, donner une bonne inclinaison à quelque chose ; lui donner de la tournure. *A bon biaï*, il paraît adroit, habile. *De quinte biaï qué mé vire*, de quelque côté que je me tourne, quelque tournure que je prenne. *D'un biaï ou d'un doutre*, d'une façon ou d'une autre. *Sièa pas dé biaï*, tu n'es pas bien placé. *A fosso biaïsse*, il a beaucoup de dextérité, d'adresse ; il est plein de savoir-faire. *Aquò's pas dé biaï*, ce n'est pas d'aplomb ; cela n'a pas de tournure.

Dér. du gaulois *Bihay*, obliquité.

Biaïssu, udo, *adj*. Dim. *Biaïssudc*. Adroit ; ingénieux ; plein de savoir-faire.

Dér. de *Biaï*.

Biala, *v.* Bêler. — Se dit des brebis, des moutons, des chèvres, des agneaux, et par extens. de tout cri forcé. — *Fèdo qué biulo pèr un moucèl*, brebis qui bêle perd sa goulée, c'est-à-dire qu'un bavard est toujours en arrière dans ses affaires.

Dér. du lat. *Balare*, bêler, ou du gr. βηλὴν, brebis.

Bialaïre, aïro, *adj*. Qui bèle ; au fig., pleurard ; quémandeur ; poétiq., mouton, chèvre, agneau.

Bialamén, *s. m.* Bêlement, cri naturel des brebis, etc.

Biar, *s. m.* Dim. *Biardé*. Billard ; table sur laquelle on joue à ce jeu.

Emp. au fr.

Biasso, *s. f.* Dim. *Biasseto*. Besace ; panetière de berger ; sac des mendiants ; sac ouvert dans le milieu, ayant une poche de chaque côté. — *A sa biasso coufido, pléno*, il a du foin dans ses bottes. *Chacun prècho per sa biasso*, prvb., chacun prêche pour sa besace, dans son intérêt.

Dér. du lat. *Bisaccium*.

Biblo, *s. f.* Bible ; livre ou recueil des Saintes Ecritures.

Dér. du lat. *Biblia*, livre par excellence.

Bicarèou, *s. m.* Mercier ambulant ; porte-balle.

Dér. du lat. *Vicatim*, de bourg en bourg, de village en village.

Bichè, *s. m.* Dim. *Bichèiré*. Petit broc ; cruche à vin qui, au lieu d'avoir un goulot, a un large bec.

Dér. du gr. βῖκος, vase ou urne à anses. En ital. *bicchiere*, verre, gobelet ; mesure à vin.

Bidé, *s. m.* As au jeu de dés. — *A fa raflo de bidé*, il a fait rafle d'as ; il a tout gagné, tout ramassé.

Ce mot a la même étym. que le fr. *Bidet* ; comme l'as au jeu de cartes se nomme aussi *ase* en langued., âne, bidet.

Bidoun, *s. m.* Bidon ; barillet en bois, où les journaliers portent leur ration de vin pour la journée, et les cantiniers de l'eau-de-vie.

Emp. au fr.

Bièïos, *s. f. pl.* Péjor. *Bièiassos.* Effiloques ; effilures ; franges d'une étoffe usée et qui s'effile
Corrup. du mot *Vièios.*

Bièn, *adv.* Bien ; beaucoup ; à merveille ; grandement ; heureusement ; largement. — Ce mot est une richesse de la langue d'Oc, qui distingue entre les deux acceptions du fr. bien, sans confusion possible. On dit en français : je l'aime bien, et l'amphibologie est embarrassante. On doute si cette petite phrase signifie : oui, je l'aime, ou si elle exprime : je l'aime beaucoup. En lang on dirait dans le premier cas : *L'aime be,* je l'aime, certainement ; et dans le second : *L'aime bièn,* je l'aime extrêmement.
Dér. du lat. *Bene.*

Biènfasén, énto, *adj* Bienfaisant ; qui prend plaisir à faire du bien ; qui fait de bonnes œuvres.
Formé de *Bièn* et de *fasén.*

Bièro, *s f* Bière, boisson spiritueuse produite par la fermentation de graines céréales et particulièrement de l'orge.
Dér. de l'allem. *Bier.*

Bièro, *s. f.* Brancard à claire-voie dans lequel on porte les morts au cimetière, qu'ils soient déjà renfermés dans le cercueil ou seulement dans leur suaire. On ne doit jamais dire la *bièro,* dans le sens de cercueil, bière, qui se disent *caïsso.*
Dér. du celt. *Baer* ou *baar,* cercueil, ou de *bar,* brancard, caisse portative.

Bièto, *s. f.* Citation ; billet d'avertissement à comparaître devant le juge de paix ; extrait du rôle des contributions ou avertissement.
Dér. du fr. *Billet.*

Biga, *v.* Colloquer ; se défaire ; troquer ; échanger ; vendre ; marier. — *A bièn biga sa fio,* il a bien placé sa fille ; il lui a fait faire un bon mariage ; il l'a bien colloquée. *Coumo quicon la bigarén,* de manière ou d'autre nous nous en débarrasserons.
Dér. du lat. *Bis* et *jugare,* ou *vices,* échange : *invicem mutare.*

Bigara, ado, *adj.* Bigarré ; peint, nuancé, mêlé de plusieurs couleurs disposées par bandes.
Dér. du lat. *Bisjugare,* atteler, joindre, et *radius,* rayon, raie ; ou bien de *variegatus* ou *virgutus.*

Bigaraje, *s. m.* Bigarrure ; bariolage ; mélange de plusieurs couleurs tranchantes.
Dér. de *Bigara.*

Bigarouno, *s. f.* Bigarreau, grosse cerise en forme de cœur.
Formé du lat. *Bis* et du mot *garo,* lang. adjectivé.

Bigò, *s. m.* Hoyau à deux dents ; bident ; binette ; moins fort et emmanché plus court que le *béchar.* — V. c. m. — C'est l'outil dont on se sert dans les hautes Cévennes et le Vivarais pour les vignes et toutes sortes de binage.
Dér. du lat. *Bicornis.*

Bigò, oto, *adj.* Bigot ; faux dévot ; hypocrite.
Dér. de l'allem. *Bey Gott,* ou de l'angl. *by god,* par Dieu ! parce que les bigots sont censés répéter souvent cette oraison jaculatoire.

Bigo, *s f.,* ou **Bigoun.** Pièce de bois courte et équarrie : poinçon ; étai. — *Voy. Bigoun.*
Dér. de la bass. lat *Biga.*

Bigorno, *s. f.* Enclume à deux cornes ou à deux pointes arrondies pour tourner le fer en rond ; compagnies du centre de la garde nationale ; ancienne milice.
Dér. du lat. *Bicornis,* à deux cornes.

Bigoro (Bando dé), *s. f.* Bande, troupe de Bohême ou de Gitanos, qu'on appelle aussi dans le pays *Catalans,* parce que leur domicile, s'ils en ont un, est dans les montagnes frontières de la Catalogne et de la France. On les a appelés dans le temps *bando dé Bigoro,* parce qu'il en venait beaucoup du Bigorre, pays limitrophe de la Catalogne. Par ext. on dit *bando de Bigoro* comme terme injurieux, pour : tas de voleurs, tas de brigands. — *Voy. Bemi.*

Bigoun, *s. m.,* ou **Bigo.** Bigue ; petite poutre longue et grêle, ou courte et équarrie quand elle sert de poinçon ou d'étai. — *Voy. Bigo*

Bigournu, udo, *adj.* Milicien ; garde national du centre ; biset.
Dér. de *Bigorno.*

Bigoutarié, *s. f.* Bigoterie ; fausse piété ; fausse dévotion.
Dér. de *Bigò.*

Bigontéja, *v.* Faire le bigot ; se livrer habituellement à des actes de dévotion puérile.
Dér. de *Bigò.*

Bigre, bigro, *adj.* Dim. *Bigratoù.* Synonyme radouci et dimin. de *Bougre.* Il n'entraîne aucune idée fâcheuse ni insultante ; ce n'est guère qu'une plaisanterie. *Bigre* s'emploie aussi comme interj. : diable ! C'est un nom qu'on donnait autrefois aux riverains des forêts nationales ou seigneuriales, qui étaient des espèces de gardes spéciaux, chargés de la surveillance et de la recherche des abeilles, pour en recueillir le miel. Un privilège de leur charge les autorisait à couper l'arbre sur lequel l'essaim venait se poser. De là ils furent nommés dans la bass. lat. et les actes de notaire *bigrus* ou *bigri,* par corrup. du lat. *apiger, apicurus, apicuri,* ce qui a fait le mot actuel. On pourrait peut-être aussi tirer cette épithète légèrement moqueuse du nom des habitants du Bigorre, en lat. *Bigerriones,* que l'on confondait avec les Bohèmes. — *Voy. Bigoro.*

Bijare, aro, *adj.* Bizarre ; bourru ; d'humeur peu sociable ; fantasque ; capricieux.
Emp. et corrup. du fr.

Bijoù, *s. m.* Dim. *Bijouné.* Bijou, parure, jolie petite chose en général. *Bijouné,* joli petit enfant.
Dér. du lat. *Bis* et *jours.*

Bijoutarié, *s. f.* Bijonterie ; toute espèce de bijoux ; magasin et profession de bijoutier.

Bijoutiè, *s. m.* Bijoutier, marchand qui vend des bijoux ; fabricant de bijoux.

Bijoutièïro, *s. f.* Marchande de bijoux ; femme d'un bijoutier ; boîte vitrée où s'étalent les bijoux dans un magasin de bijouterie.

Bingoï (Dé), *adv.*, ou **Dé guingoï**. De guingois ; de travers ; de côté ; en faux-équerre ; bistourné. — *Marcho tout dé bingoï*, il marche obliquement. *Y véi dé bingoï*, il est louche. — *Voy. Dé guingoï.*

Dér. du gr. Γυιός, boiteux, estropié.

Binlo, *s. f.* Bile ; mais particulièrement pituite. C'est ce qu'on entend d'ordinaire quand on se plaint de la *binlo ;* on veut désigner par là un épaississement des glaires sur la poitrine, qui deviennent visqueuses, muqueuses et difficiles à expectorer.

Dér. du lat. *Bilis.*

Bio, *s. f.* Bille de billard, exclusivement.

Dér. du lat. *Bulla*, bulle ou boule, ou de *pila*, balle à jouer, boule. Le mot n'est pas ancien en lang. avec cette sign. et vient du fr.

Bio, *s. f.* Garrot ; bille ; bâton court et fort dont on serre les cordes d'emballage en les tordant ; trique, tricot ; gros bâton ; court bâton des bâtonistes. — *Garo, la bio !* gare, la trique, le bâton !

Dér. de *Bio.*

Bio, *s. m.* Billot ; grosse canne brute ; tricot ; gourdin.

Augm. de *Bio.*

Biôou, *s. m.* Dim. *Bioulé*, péjor. et augm. *Bioulas.* Bœuf domestique, *Bos taurus domesticus*, Linn., mammifère de la fam. des Ruminants. Le taureau se nomme *Brdou.* — *Bioulé*, *s. m.* Bouvillon, jeune bœuf ; en v. fr. bouvelet ou beuvelet. *Lou biôou bramo*, le bœuf beugle, meugle ou mugit. — *Aquél home és un biôou*, cet homme est fort comme un bœuf. *Biôou dé la Palu*, taureau sauvage des marais *(palus)* de la Camargue, très-propre aux combats. *Fla coumo la bano d'un biôou*, antiphrase, c'est-à-dire raide comme une barre. *Volo-biôou*, sobriquet ancien des habitants de Saint-Ambroix. On prétend qu'un charlatan, au moyen âge, annonça qu'il voulait faire voler un bœuf du *ran dé Jèsu*, rocher de Jésus qui domine la ville au midi, jusqu'au *ran dé Manifacié*, rocher qui se trouve de l'autre côté du pont. Jour pris pour cette expérience, on ne sait trop comment s'en tira l'empirique : probablement le bœuf ne vola pas ; mais les drogues et les onguents eurent bon débit, et les malins du voisinage firent subir aux Saint-Ambroisiens les conséquences de leur crédulité. Ce sobriquet tient encore dans toute sa force.

Voici une autre version : les habitants de Saint-Ambroix avaient une foire à laquelle jamais personne ne venait. Une année, ils s'avisèrent de faire publier dans tous les environs (les affiches-programmes n'étaient pas connues), non plus que l'imprimerie inventée dans ce temps), qu'on verrait à leur prochaine foire un spectacle extraordinaire : un bœuf qui volerait, en parcourant dans son vol le trajet ci-dessus indiqué. On laisse à penser si au jour dit les curieux abondèrent dans la ville ; pendant toute la journée, les boutiques non plus que les cabarets ne purent suffire aux chalands. Il va bien sans dire que le bœuf ne vola pas non plus ; mais la foire fut bonne, et cette fois les mystifiés ne furent pas ceux de Saint-Ambroix.

On peut choisir entre les deux origines du sobriquet : à coup sûr, elles ne partent pas du même auteur.

Bato dé biôou. — *Voy. Bato.*

Léngo dé biôou, espèce de feuille de mûrier, dure, grisâtre et sans mûres ; elle est plus clair-semée que les autres espèces ; aussi est-ce la moins productive et doit-on l'éviter à la greffe, mais en revanche, elle est moins sujette à la tache par les brouillards et la miélée.

Biôou, *s. m.* Coccinelle, *Coccinella punctata*, Linn., de la fam. des Trimérés, insecte, genre de scarabées, dont les élytres sont rouges, tigrées de sept points noirs. On le trouve principalement dans le calice des lys. Il est connu aussi sous le nom de *Bèstio ddou bon Dïou*, ou *Galinéto ddou bon Dïou.*

Lorsque *Biôou* est un nom propre d'homme, ce qui est fort commun dans le pays, il fait au féminin *Biolo.*

Dér. du lat. *Bos*, ou mieux du gr. Βοῦς, même sign.

Biôù, *s. m.* Dim. *Biouné.* Bigue de bois équarrie pour être sciée en long. — *Aquél doubre fara trés biôùs*, cet arbre fournira trois longueurs de sciage.

Dér. de *Bio.*

Biquo, *s. m.* Gaillard ; bon compagnon. — *Un bon biquo*, un bon drille. *Trasso dé biquo*, mauvais garçon, mauvais diable. *Sères un biquo à faïre aquò*, si tu étais homme à faire telle chose. *Ah ! lou biquo !* ah ! le luron !

Ce mot pourrait bien dér. de *Vicanus*, villageois.

Bisa, ado, *adj.* Hâlé, gercé par la bise.

Dér. de *Biso.*

Bisbil, *s. m.* Bisbille ; mésintelligence ; discorde ; querelle ; rixe ; dispute.

En ital. *Bisbiglio.*

Biscaïre, *s. m.* Biais ; côté ; obliquité ; travers ; angle. — *Dé biscaïre*, de travers, en faux équerre. *Coupa dé biscaïre*, couper de biais. *Cantoù dé biscaïre*, encoignure en faux équerre.

Dér. du lat. *Bis* et du lang. *caïre.*

Biscarlò, *s. m.* Bidet ; petit cheval de montagne, ordinairement de race lozerotte.

Ce mot ne serait-il pas dans sa finale une contraction ou une altération de *cavalò*, petit cheval? La syllabe *bis*, de la bass. lat. *bisus*, brun, noir, déterminerait la couleur la plus ordinaire de ces poneys de montagnes.

Biscountour, *s. m.* Zig-zag ; faux-fuyant ; course pleine de contours et de détours, en décrivant divers arcs de cercle inverses les uns des autres.

Dér. du lat. *Bis* et *contorquere*, tourner deux fois autour.

Bisé, s m. Pigeon biset ; ramier ; pigeon sauvage, *Columba livia,* Linn — Il se distingue par deux bandes noires qu'il a sur chaque aile. Son plumage est d'un gris de fer foncé, et lui a valu son nom, tiré de la bass. lat. *bisus,* brun.

Bisècle, s. m. Bizègle, instrument de cordonnier en buis, ayant une sorte de mortaise aigue à chaque bout, qui sert à lisser la tranche des semelles et à effacer la ligne de suture.

On ne sait trop pourquoi on donne quelquefois, chez le peuple, le nom de *Bisècle* aux enfants qui ont le prénom de Louis.

Dér. du lat. *Bis acutus,* aigu des deux côtés.

Bisèl ou **Bisèou,** s. m. Biseau, talus pratiqué à l'extrémité d'un outil, d'un instrument. On le dit des bords à facettes d'une glace, de l'arête adoucie d'un bois équarri, du dos d'un couteau, etc.

Dér. comme *Biai,* du gaulois *Bihay,* obliquité.

Bisés, s. m. pl. Coup de bise ; autans ; vents froids et fréquents.

Dér. de *Biso.*

Biséto (En), adv De biais ; en biseau ; obliquement. — *Biseto* est le dimin. de *Bisèou,* mais ne s'emploie qu'adverbialement. On dit encore : *escaiè en biseto,* escalier en colimaçon. Il semblerait cependant que cette dernière expression viendrait de *avis,* une vis, dim. *viséto.*

Biso, s. f. Bise ; vent de bise ; vent sec et froid qui souffle du N.-E. au N.-O. — *La biso es foto,* il fait un vent fou. *Touqua dàou vén de biso,* il est un peu timbré. *Aquesto fés né siès touqua dàou vén de biso,* pour le coup, tu peux t'en frotter les moustaches.

Juste-Lipse fait venir ce mot de l'ancien teutonique, *bisa,* tourbillon de vent. En tous cas, il est remarquable que la racine de notre *biso,* prise du celt. *bis,* signifiant noir, réponde au grec Μελανδ.ρέας, vent noir, et au lat. *aquilo,* même sign., dér. de *aquitus,* noirâtre.

Bisouèr, s. m Dimin. *Bisouèrne.* Vent-coulis ; courant de bise à travers une porte, une fenêtre, une ouverture quelconque.

Dér. de *Biso.*

Bisqua, v. Bisquer ; être vexé ; enrager ; s'impatienter ; s'inquiéter ; rechigner.

Dér. du lat. *Vexare,* vexer.

Bisquo, s. f. Colère ; fâcherie. — *A pres la bisquo,* il a pris la mouche. *Aquò's mdou prène sa bisquo,* voilà qui est mal prendre son temps, se fâcher mal à propos.

Dér. de *Bisqua.*

Bissès (L'an dé), s. m. L'année bissextile, celle où se rencontre le bissexte, c'est-à-dire le jour qu'on ajoute au mois de février tous les quatre ans. — *Lou pagarai l'an dé bissès,* je le paierai aux calendes grecques.

Un lourdaud, nommé *Jean dàou Fés,* qui avait pris femme, trouva mauvais que celle-ci accouchât au bout de trois mois de mariage. Il consulta sur cette affaire son curé, qui, en homme d'esprit et de conciliation, voulut prévenir les suites fâcheuses d'un événement irrémédiable d'ailleurs. Il compulse son *Ordo,* et voyant que l'année est bissextile, après des calculs qui commencent à calmer l'imagination du pauvre mari, il en tire enfin l'oracle consolateur suivant :

Jean dàou Fés
Fenno n'a pres
L'an dé bisses que né vòou trés ;
Tres et tres fan siei et trés fan nòou,
L'efan és vostre pérque Diou-z-ou vòou.

Jean du Fés a pris femme dans l'année bissextile, qui compte triple ; trois et trois font six, et trois font neuf ; l'enfant est à vous puisque Dieu le veut ainsi.

Notre homme se retira satisfait, dit l'histoire.

Dér. du lat. *Bissextus.*

Bistour, s. m — Voy. *Biscountour.*

Bistourtiè, s. m. Bistortier, terme de pâtissier ; cylindre, rouleau, pilon de bois pour travailler la pâte, la pétrir et la mettre en feuille sur une table.

Dér. du lat. *Bis et torquere.*

Bitaio, s. f. Victuaille ; provision de bouche ; spécialement, ration de vivres qu'apporte un journalier dans son bissac.

Dér. du lat. *Victualia,* vivres.

Biva, s. m. Bivouac, garde qui est sur pied pendant la nuit.

Emp. au fr., qui dér. de l'allem. *Bey,* guet, et *wacht,* nuit.

Bivaqua, v. Bivaquer ou bivouaquer ; par ext. passer la nuit en plein air, à la belle étoile.

Dér. de *Biva.*

Bla, s. m. Dim. *Bladé.* Blé, nom générique qui comprend toute espèce de céréales propres à la nourriture de l'homme. Dans beaucoup d'endroits, le mot *bla* ne désigne que le froment et ses variétés. — *Lou bla a fa d'un sièi, d'un dès,* le blé a sextuplé, décuplé, il a produit six ou dix pour un. *Tero négro fai bon bla,* la terre noire produit de bon blé ; on dit cela souvent d'une femme très-brune, qui doit produire des enfants robustes. *Manjarén pas grand bla ensemble,* nous ne vivrons pas longtemps ensemble ; il y a incompatibilité entre nous. *Sa fenno té fara manja lou bla chèr,* sa femme le ruinera. *Bla carga,* blé chargé de mauvaises graines. *Bla dé barquo,* blé étranger, qui vient par eau et qui est souvent avarié. *Bla dé péïs,* blé indigène. Chaque pays a une prédilection pour les produits de son sol, ici surtout. Le fait est que le blé des environs d'Alais est de fort bonne qualité ; il se vend toujours plus cher que le blé étranger. *Bla de seménço,* blé du premier choix, réservé pour renouveler la semence. *Bla vésti,* grains qui n'ont pas été dépouillés de leur balle. *Un bla* est ordinairement un blé en herbe. *Un for bla,* un blé bien fort et bien épais.

Dér. de la bass. lat. *Bladum,* qui vient lui-même du vieux saxon *blad.*

Bladiè, èīro, *adj.* Qui concerne le blé; blatier, marchand de blé, moins usité cependant en ce sens que *marchan dé bla.* Il est quelquefois nom prop.; les enfants alors se nomment : *Bladièīré, Bladièīréto.* — *Mouli bladiè,* moulin à blé.

Dér. de la bass. lat. *Bladarius* ou *bladerius,* moulin à farine.

Blagua, *v.* Bavarder; hâbler; parler inconsidérément; mentir.

Dér. du lat. *Blaterare,* caqueter, babiller.

Blaguo, *s. f.* Hâblerie; bavardage; babil importun; menterie; blague, qui est passé en ce sens dans le fr. fam. et pour signifier : sac à tabac. — *Taïso ta blaguo,* cesse ton babil *Nous a pas fa qué dé blaguos,* il ne nous a dit que des bourdes, des hâbleries, des mensonges.

Dér. de *Blagua.*

Blagur, urdo, *adj.* Blagueur; hâbleur; parleur sempiternel; indiscret.

Même dér. que le préc.

Blaïme, *s. m.* Calomnie, ou tout au moins grosse médisance. — *Léva un blaïme,* inventer une calomnie, calomnier.

Dér. du gr. Βλάμμα, lésion, injure, dommage.

Blaïsa, *v.* Biaiser; agir avec nonchalance, sans entrain, sans conviction.

Dér. du nom pr. *Blèso,* Blaise, synonyme de nonchalant.

Blaïséja, *v.,* et **Blésséja,** *v.* Grasseyer, parler gras, comme font les Provençaux, à l'encontre de la lettre *r* qui s'embarrasse dans leur gosier, et qui a quelque rapport avec le *g.*

Ce mot est encore plus spécialement applicable a un léger défaut de langue, qui se produit pour certaines consonnes, comme si on les glissait entre les dents; ce qui fait prononcer le *ch* comme un *s,* le *j* comme un *z,* et *s* comme si d'*s* précédait.

Le premier est le grassaiement et le second le zézaiement, que le lang. confond dans *Blaïséja* ou *Blésséja.*

Dér. de *Blé.*

Bla-maré, *s. m.* Maïs; blé d'Inde ou de Turquie; gros millet des Indes; *Zea mays,* Linn Plante de la fam. des Graminées, originaire de l'Amérique, d'après certains auteurs, tandis que d'autres soutiennent qu'elle est venue des Indes-Orientales, opinion que semblerait confirmer son nom fr. En tous cas, la dénomination languedoc. *Bla-maré,* indique qu'elle nous est arrivée par la mer.

Blan, *s. m.* Blanc, monnaie du moyen âge qui valait cinq deniers. — *Siéi blan,* deux sous et demi, ou 125 millièmes. C'est là le seul cas où le mot est employé.

Son nom dérive de sa couleur, c'est-à-dire que cette monnaie était blanchie ou étamée; en argent, elle eût été trop petite pour la valeur représentée.

Blan, quo, *adj.* Dim. *Blanqué,* péjor. *Blanquas.* Blanc; couleur de la neige; pâle; propre. — *Drapèou blan,* drapeau de la monarchie française. *Pèro-blan,* frère-prêcheur dominicain dont il existait un couvent à Alais. *Abéoura dou blan,* mêler de la farine dans le breuvage d'un animal. *Mé fai véni lous pèous blans,* il me fait blanchir les cheveux, dit-on de quelqu'un qui nous tourmente, nous importune jusqu'à l'impatience. *Camiso blanquo,* chemise propre. *Faïre un viaje blan,* faire un voyage inutile, se déplacer pour rien. *Vènguè tout blan,* il pâlit tout à coup.

Dér. de l'allem. *Blank,* brillant, éclatant.

Blan, *s. m.* Cible, but où l'on tire. — *Ai fa blan,* j'ai mis dans le blanc, j'ai touché le but. *Tira dou blan,* tirer à la cible.

Le point où l'on vise est marqué ou tracé en blanc au centre d'un espace noir : de là le nom.

Blan-bè, *s. m.* Blanc-bec, jeune homme sans expérience, ironique et méprisant.

Formé de *Blan* et de *bè.*

Blanchi, *v.* Blanchir; passer au lait de chaux; faire prendre une couleur blanche. — *Faïre blanchi,* faire blanchir, en terme de cuisine, donner une première ébullition à la viande, aux légumes, les passer à l'eau bouillante.

Dér. de *Blan.*

Blannavo, *s. f. n. pr.* de lieu. Blannaves, commune du canton de Saint-Martin-de-Valgalgues, arrondissement d'Alais.

Ce nom se divise en deux parties. La dernière ne présente aucune difficulté : *nave, nove, noue,* en v. fr., *nava,* en esp., signifie prairie. Dans la première, pour avoir un sens raisonnable, *blan* ne pouvant s'allier au sens de *nave,* il faut admettre, pour l'euphonie et la signification, que *r* primitif s'est transformé en *l* actuel; ces deux consonnes ont d'ailleurs des dispositions particulières à permuter ainsi. Or *brana* est rendu dans la bass. lat. par *juvenca, vacca junior,* vache jeune. Ce qui donne pour le nom entier : prairies ou pâturages pour l'élève des vaches. Cette interprétation se fonde par assimilation sur le nom d'un hameau de cette commune de Blannaves, où la même étymologie se trouve très-marquée. *Branoùs,* Branoux, est représenté par le lat. *branus,* masc. de *brana, id est juvencus, junior bos* (Du Cange), dont nous avons fait en langued. avec la même signification *brdou,* jeune taureau.

Blanquâou, *s. m.,* ou **Blanquâoudo,** *s. f.* Guigne blanche, espèce de cerise de couleur de cire, légèrement teintée de rose, du côté exposé au soleil. Le fruit est indifféremment masc. ou fém., l'arbre n'a que le masc. *Cérièïre blanquâou,* cerisier qui produit la guigne blanche.

Dér. de *Blan.*

Blanquas, asso, *adj.* Blanchâtre, qui tire sur le blanc; d'un blanc sale.

Péj. de *Blan.*

Blanqué, *s. m.* Cérat de Galien, pommade résolutive, détersive et dessicative; onguent connu aussi sous le nom de blanc Rhasis, par corrup. blanc raisin, d'une couleur blanchâtre.

Blanquéïras, *s. m.* Terre schisteuse et argileuse, d'une teinte jaunâtre pâle ; terrain à maigre végétation. Pour le mettre en produit, il faut le défoncer profondément.

Dér. de *Blan*, et du celt. *cair*, pierre, *quier* et autres.

Blanquéja, *v.* Paraître blanc ; avoir de loin une teinte blanchâtre ou lumineuse ; tirer sur le blanc ; devenir blanc. — *Lous sères acoumençou de blanqueja*, l'aurore commence a blanchir le sommet des montagnes. *Adéjà blanquéjo*, il devient blanc, il vieillit, en parlant d'un homme qui commence a grisonner.

Dér. de *Blan*.

Blanquéto, *s. f.* Blanquette, espèce de fricassée, de gibelotte d'agneau, de chevreau ou de rogatons de rôtis de veau ou de mouton, à la sauce blanche.

Blanqueto dè Limoùs, Blanquette de Limoux, nom que le fr. a emprunté au lang. comme le précédent. C'est un vin clairet et moussoux, de même nature mais plus piquant que la clairette de Die.

Blanquinoùs, *ouso*, *adj.* Dim. *Blanquinouse*, péjor. *Blanquinousas*. Blanchâtre ; tirant sur le blanc ; d'un blanc sale. Peut-être est-il d'un degré supérieur à *Blanquas*, déjà péjor. — V. c. m.

Blanquoù, *s. f.* Blancheur ; couleur blanche.

Blaquarédo, *s. f.* Chênaie ; taillis de chênes blancs.

Ce mot est formé de la finale caractéristique, méridionale essentiellement, *é lo*, qui est le signe de la collectivité, et qui répond à la terminaison lat. *etum*, et armoricaine *ek* : le radical, ou mieux les deux syllabes qui précèdent, se décomposent en *blak*, celt. blanc, et *quar* qui égale *querc*, celt., d'où le lat. a fait *quercus*, chêne ; et en voulant désigner un lieu planté de chênes, une chênaie, il s'est servi de son collectif *etum*, traduit dans la langue d'Oc par *édo*. Ainsi s'est formé *quercetum*, même *quesnotum*, exprimé en fr. par chênaie et en lang. par *blaquarédo*, ou blanche chênaie, ou taillis de chênes blancs.

La première syllabe est indicative de la qualité ; la seconde représente le radical celtique, caractérisant le sujet, l'arbre lui-même. Mais il n'est peut-être pas de syllabe qui ait subi autant de transformations, qui ait été plus défigurée que le nom du chêne, l'arbre des Druides, le vieux gaulois *tann*. On le retrouve en Armorique, et il est synonyme de *dero* ; le latin l'avait altéré en *quercus*, avec la désinence propre au génie de sa langue. Il est toujours reconnaissable et le changement graphique devait avoir été produit par la variété de prononciation. *Tann* ou *dero* sonnaient indifféremment comme *tsann*, *chann*, *sann*, ou *chero*, *chesro*, *xero*, *quaro* ; quand la voyelle finale, muette sans doute, est tombée, on voit facilement comment ont pu se former et le mot latin et les variantes romanes. Si bien que, d'après les plus anciens titres, *tann* primitif est exprimé par *tasnus* comme par *casnus*, d'où leur collectif *tasnetum* et *casnetum*, ce dernier donnant *quesnetum*, le même que *quercetum*, plus rapproché du latin, et employés tous deux également dans la traduction ou la reproduction des noms communs ou de localités, tels que *chênaie*, écrit autrefois *chesnaie* comme *chesne*, et *Chesnei* (Eure), *Quesnay* (Calvados), *Chenay* (Sarthe), *Cheney* (Yonne), *Chenaye* (Deux-Sèvres), *Chenois* (Meurthe), *Chesnaye* (Seine-et-Oise), *Tannois* (Meuse), *Chanoy* (Haute-Marne), *Xenois* (Vosges). *Sannois* (Seine-et-Oise), *Thenay* (Indre), *Quenay* (Calvados), *Casneuil* (Lot-et-Garonne), identiques à *Thenailles* (Aisne), *Chenailles* (Loiret), *Thenneil* (Indre-et-Loire), et *Quesnay* (Nord), tous analogues, et tous rendus par la forme invariable latine, *Quercetum* ou *Quesnetum*. Le lang., en employant *edo*, *as*, *ièro*, *ièiro*, comme désinences, n'a fait qu'approprier au génie propre de sa langue et de sa prononciation, ce que dans d'autres dialectes on entendait et on prononçait avec une autre inflexion. Mais la dérivation est évidente ; elle se fait mieux sentir dans *La Blaquièiro*, La Blachère (Ardèche), qui confirme la filiation — *Voy.* les articles *Cassagno*, *Èdo* et *Ièiro*, suffixes.

Blaquas, *s. m.* Dim. *Blaquassoù*. Jeune chêne blanc.

Blaquassino, *s. f.* Jeunes pousses du chêne blanc qui se convertissent en buisson faute d'être élaguées, ou pour avoir été broutées à leur naissance.

Blaquièiro (La), *s. f.*, *nom pr.* de lieu. La Blaquière, hameau de la commune de Cendras, près Alais, probablement dans l'origine un taillis de chênes blancs. Même forme et même étym. que *Blaquarédo*. — *Voy. Blaquas*.

Blaquo, *s. f.* Jeune ramée du chêne blanc, dont les moutons sont très friands, et dont on fait des fagots pour leur nourriture d'hiver.

Blasa, *v.* Faire de la *blaso*, premier travail des vers à soie qui veulent filer leur cocon.

Dér. de *Blaso*.

Blasi, *s. m.*, *nom pr.* d'homme. Blaise. Au fig., nonchalant, mou, bonhomme. — *Voy. Blèso*.

Dér. du gr. Βλάξ, lâche, imbécile.

Blasi, *v.* Faner ; flétrir ; froisser, meurtrir. — *Blasi*, part. pass., flétri ; fané ; meurtri. Il a formé *Ablasiga* qui a la même sign. — V. c. m.

Dér. du gr. Βλάξ, comme le nom pr. précéd., qui n'a avec lui que la seule différence de l'accent, placé dans le premier sur la pénultième qui est longue et rend l'*i* muet, tandis que la syllabe est brève dans celui-ci, comme le note du reste l'accent que prend l'*i* final et le fait sonner.

Blaso, *s. f.* Bave, bourre des cocons du ver à soie : ce sont les premiers fils qui servent d'échafaudage à ce petit édifice et qui le tiennent à la bruyère où il est suspendu. On dépouille le cocon de cette bave avant de le filer ; elle est grossière et n'est pas chargée de l'humeur visqueuse, répandue par le ver, qui donne de la force et de la consistance au fil de soie.

Dér. du gr. Βλάξ, subst. de Βλάζω, être mou, flasque. Le mot *blasi* existait dans la langue ; il a suffi d'un rapprochement pour appliquer l'épithète et faire le mot, au moment de l'importation des vers à soie, moins ancienne évidemment que le mot lui-même.

Blassa, *v*. Blesser. N'est pas admis avec son acception active, et serait une injure adressé à une femme. Il n'est reçu que comme verbe, *sé blassa*, se blesser, avorter, en parlant d'une femme enceinte qui accouche avant le terme naturel ; faire une fausse couche.

Dér. du gr. Πλήσσειν, frapper, ou Βλάπτειν, offenser, blesser.

Blatiè, *s. m*., au fem. *Blatièiro*. Blatier ; marchand, ou plutôt revendeur de blé. Il a beaucoup d'analogie avec *Bladiè*, s'il n'est toutefois le même.

Dér. de *Bla*.

Blé éto, *adj*. Blet, blette, peu usités ; mou, comme le deviennent certains fruits en murissant ; mince, plat. — *Péro bléto*, poire blette. *Bousso bléto*, bourse plate. Il est des fruits qui ne sont mangeables que lorsqu'ils ont atteint un certain point de maturité, tels que la nèfle, la cornouille, la corne. Pour les poires et les autres fruits, quand ils arrivent à ce degré de *blé*, ils sont à demi pourris et perdent tout leur prix.

Dér. du gr. Βλάξ, lâche, mou.

Blé, *adv*. En grasseyant, avec blésité. — *Parla blé*, grasseyer, bleser. — *Voy. Blaisséja*.

Dér. du lat. *Blæsus*, bègue.

Blédo, *s. f*. Blette, bette ; poirée ; *Beta vulgaris*, Linn. Plante potagère de la fam. des Chénopodées. — *Costos* ou *coustélos de blédo*, cardes de poirée.

Dér. du lat. *Blitum*, ou du gr. Βλήτον, m. sign. En ital. *Bieta*, en esp. *Bledos*.

Blèmi, *adj. m*. sans fém. Blème, pâle.

Dér. du gr. Βλέμμα, aspect, visage.

Blèso, *s. m*., nom pr. d'homme. Blaise. Au fig., niais ; nigaud. — *Faire de soun Blèso*, faire l'innocent, le bon apôtre, la chatte-mitte. — *Voy. Blasi*.

Dér. du lat. *Blasius*, du gr. Βλάξ.

Blèste, *s. m*., ou **Blésto**, *s. f*. Talc, sorte de micaschiste, concrétion de mica ; pierre talqueuse, commune dans nos Cévennes, opaque, feuilletée en lames minces, flexueuses, jaunatres ou grises, facilement pulvérulentes ; elle se trouve en amas ou en filons dans les différentes roches de cristallisation ou dans les calcaires qui lui sont subordonnés.

Le roman avait le mot *Bleste*, bourbier, chose sale. Dériverait-il du lat. *Bliteus*, vil, pour signifier un terrain de peu de valeur ou qui se convertit aisément en boue ?

Blétoú, *s. m*. Dim. *Blétouné*. Clou rivé d'un couteau, de ciseaux, etc., qui est accompagné d'ordinaire d'une rosette d'argent ou de cuivre.

Corrup. de *Boutoù*.

Blétouna, *v*. Clouer la lame d'un couteau à son manche, y mettre un clou rivé.

Blo, *s. m*. Total, assemblage en bloc de différentes choses de nature et de valeur diverses.

Dér. de l'allem. *Block*, tronc, souche ; gros morceau de métal brut.

Blodo, *s. f*. Blaude, blouse ; sarrau de toile, le plus souvent bleue, que les charretiers et les cultivateurs, dans beaucoup de départements, portent par-dessus leurs habits.

Dér. de la bass. lat. *Blialdus*, *bliaudus*, venant de *blavus*.

Bloun, mieux **Blounde**, do, *adj*. Dim. *Blounde*, *bloundin*, *bloundiné*, *bloundinò*, *bloundinoùs* ; péj. *Bloundas*, *bloundinas*. Blond, onde ; d'une couleur moyenne entre le doré et le châtain-clair. — *Bloundin* est souvent un sobriquet, que l'on donne rarement à un blond, mais bien par antiphrase à un noireau, à un teint presque mulâtre.

Nombreuses variétés d'étym. : les unes prises du saxon *Blond*, mêlé ; d'autres du lat. *apluda*, couleur de la graine de millet, ou de *ablunda*, paille, couleur de paille ; ou bien de *bladum*, couleur de blé ; ou encore de *blandus*, agréable.

Blouqua, *v*. Boucler ; serrer avec une boucle. — En parlant des cheveux, le lang. dit *frisa*, dans le sens de boucler ; mais *blouqua* serait impropre.

Blouquo, *s. m*. Dim. *Blouqueto*, augm. *Blouquasso*. Boucle, anneau de métal, muni d'un ardillon, et qui sert de fermeture à bien des objets divers. — S'emploie dans toutes les acceptions, sauf boucle de cheveux.

Dér. du lat. *Buccula*, anneau du bouclier par où on passait le bras.

Blouquò, *s. m*. Clou de soulier, court, à tête ronde et plate, dont on sème la semelle par lignes régulières. Il ne faut point le confondre avec la *tacho*, petit clou, à tête grosse et ronde, comme les clous de fauteuil, pour fixer toute sorte de choses délicates, et qu'on appelle en fr. broquette. Métathèse de *Broquo*, en esp. *broca*, clou.

Dér. de *Blouquo*, parce que cette espèce de clous sert à relier les différentes assises de la semelle, comme si elles étaient serrées par des boucles.

Blu, *uio*, *adj*. Dim. *Bluïe*, péjor. *Bluñas*. Bleu, bleue ; violet, de couleur bleue ; une des sept couleurs primitives — *Blu dé ciél*, bleu céleste. *Véni tout blu*, prendre un teint pourpre de colère, de frayeur ou de froid. *Estre passa dou blu*, être désappointé, désabusé de ses prétentions.

Il se prend quelquefois comme substantif ; mais il se rapproche alors de l'argot. *Un blu* signifie un mauvais bidet, une rosse, un ane, et par ext. au jeu de cartes, un as. — Au pl. m. *lous blus*, les bleus, désignation de parti.

Dér. de l'allem. *Blauw*, azur, bleu de ciel.

Bluïastre, astro, *adj*. Bleuâtre ; violacé ; tirant sur le bleu ou le violet ; d'un bleu sale.

Bluïéja, *v*. Paraître bleu ; jeter de loin une teinte bleue, azurée ou violacée.

Dér. de *Blu*.

Bo, **bono**, *adj*. Dim. *Bouné*, péj. *Bounas*. Bon, bonne ; qui a de la bonté ; parfait ; qui a toutes les qualités désirables selon sa nature ou pour sa destination, ou pour son état ; en parlant des personnes et des choses, excellent, fort, vigoureux, vrai, heureux, humain, franc, véritable. — Lorsque cet adjectif précède immédiatement le substantif auquel il se rapporte, il se dit : *bon ; un bon home, dé bon pan*. Il fait de même, lorsque le mot suivant commence par une voyelle dans un même membre de phrase : *Aquo's bon à sdoupre*, c'est bon à savoir. — *Faïre soun bon jour*, faire sa communion eucharistique.

Faï-bo, il fait bon : le temps est doux. Lorsque cette expression *faï-bo* est suivie immédiatement d'un infinitif, on dit *bon*. *Faï-bon marcha*, il fait bon cheminer. *Faï-bon sâoupre quicon*, il est utile d'avoir quelque instruction.

Sé faïre bo pér quduoquus, se porter fort pour quelqu'un, le cautionner. *Faïre bo dé cén frans*, s'obliger sur parole de cent francs ; les jouer sur parole.

Un bon home ne veut pas dire comme en fr. un bonhomme, un peu niais ; mais un homme solide au travail, soit pour l'adresse, soit pour la force. — *Aquo's dé bon faïre, dé bon dire*, cela est aisé à faire, à dire. *Escrituro dé bon légi*, écriture très-lisible. *Aquo's dé bon vèïre*, c'est clair, évident. *Lou bo ddou jour*, le bon du jour. *Faï bon èstre riche*, parlez-moi d'être riche. *Ou dises dé bo ?* Tu parles sérieusement ? *Y vaï dé bo*, il ne plaisante pas. *Y-a uno bono légo, uno bono houro*, il y a encore une forte lieue, une bonne heure. *Lou bon Diou*, Dieu, le bon Dieu ; se dit quelquefois pour crucifix.

Dér. du lat. *Bonus*.

Bocho, *s. f.* Boule, ordinairement en buis, servant à jouer. — *Jouga à las bochos*, jouer au jeu de boule. *Tira uno bocho*, débuter une boule.

En ital. *Boccia*, en esp. *bocha*.

Bofi, iò, *adj*. Péj. *Boufias*. Bouffi ; gros joufflu ; enflé ; difforme de figure ; boursouflé.

Dér. de *Boufa*.

Bojo, *s. f.* — *Voy. Saquo*.

Bolo, *s. f.* Borne ; limite ; frontière ; ligne divisoire quelconque entre deux territoires, comme entre deux héritages, deux champs, qu'elle soit déterminée par la nature, un cours d'eau par exemple, une chaîne de rochers, les eaux versantes d'une montagne, ou par un canal et un chemin public, soit par des bornes conventionnelles entre parties. — *Faïre bolo*, servir de point ou de ligne de délimitation.

Le plur. *las bolos* est d'un emploi plus fréquent.

Dér. de la bass. lat. *Bola : bolas seu metas plantare*, planter des bornes, venu sans doute du gr. Βῶλος, motte, tertre.

Bomi, *s. m.*, ou **Vomi**. Vomissement ; action ou envie de vomir ; haut-le-cœur. — *Aquò faï vént lou bomi*, cela soulève le cœur.

Dér. du lat. *Vomere*.

Bon, bono, *adj*. — *Voy. Bo*.

Bonafoùs, oussо. Dim. *Bonafoussé, éto*, n. pr. d'homme, qui répond à bonne fontaine : Bonafous, Bonefoux ou Bonnafoux. L'ancienne langue d'Oc disait *fous* pour fontaine.

Dér. du lat. *Bonus*, et *fons*.

Bonamén, *adv*. Bonnement ; sans fiel, sans malice ; sans arrière-pensée. C'est souvent un adv. explétif, sans portée : *Bonamén dé que vous diraï ?* Au fait, que voulez-vous que je vous dise ?

Dér. de *Bonus, bonâ mente*.

Bonhur, *s. m.* Bonheur ; félicité ; état heureux ; prospérité ; chance heureuse. — *Estre ddou bonhur*, être heureux au jeu ; avoir bonne chance. *Sé lou bonhur m'én vóou dire*, si le hasard veut me sourire. *Lou bonhur gn'én vóou*, le bonheur le suit, s'attache à lui. *Y-a pas bonhur qué dé canaïo*, il n'y a de bonheur que pour la canaille.

Dér. du lat. *Bona* et *hora*.

Bonjour, *s. m.* et *interj*. Dim. *Bonjourné*. Le bonjour et Bonjour ! En langued. plus qu'en fr. on distingue le bonjour du bonsoir ; on s'y trompe bien quelquefois, mais rarement. On dit *bonjour* toute la matinée jusqu'à midi, et *bonsouèr* de midi au soir. *Bonjour* et *bonsouèr* se disent soit en accostant quelqu'un, soit en passant à côté de lui, sans s'arrêter. On ne les dit guère pour prendre congé, ce qui se fait par *adiou, adiou-sias*, ou bien *vótro*, auquel on répond : *amaï à vous*, je vous en dis autant. — *Lou bonjour à vosto fénno*, vous présenterez mes salutations à votre femme, et l'on réplique invariablement : *Y manquaraï pas, dé vosto part*, je n'y manquerai pas, de votre part.

Formé de *Bon* et de *jour*.

Bonsouèr, *s. m.* et *interj*. Dim. *Bonsouèrné*. Le bonsoir, bonsoir ! salutation du soir. — *Voy. Bonjour*. — *Aça anén, bonsouèrné*. Çà, nous partons, bonsoir ! *Dire bonsouèr*, dire adieu ; renoncer à.

Formé de *Bon* et de *souèr*.

Bôou, *s. m.* Ocre ; terre bolaire. On emploie l'ocre en pain ou en motte pour marquer d'une couleur rouge ou jaune foncé les moutons qui sont destinés à la boucherie. Les bergers s'en servent aussi par coquetterie pour farder leurs plus beaux moutons, concurremment avec le vert-de-gris.

Dér. du lat. *Bolus*, bol, terre bolaire.

Bor, *s. m.* Dim. *Bourdé*. Bord ; lisière ; extrémité ; rive. — *Préne sus lous bors*, prendre vers les extrémités, sur la lisière. *Siès bién dou bor*, tu es bien sur le bord.

Dér. du lat. *Ora* et du gr. Ὄρος, par l'addition du B. En allem. *bord*, m. sign.

Bordo, *s. f.* Dim. *Bourdéto*. Fétu, brin de paille ; saleté ; atomes surnageant dans un liquide. — *Tiro mé aquélo bordo*, tire-moi cette paille de l'œil, dit-on à quelqu'un qui avance une grosse hablerie. *Y-a bé dé bordos dinc aquél afaïre*, cette affaire est bien louche, bien louche.

Dér. comme le v. fr. *Ord, orde*, du lat. *sordidus*, laid, sale.

Borgne, gno, *adj*. Dim. *Bourgné*, péj. *Bourgnas*. Borgne, privé d'un œil. — C'est par le frottement du fr. qu'on a restreint le mot *Borgne* à ce sens. Il paraît certain qu'en lang. il signifie proprement : aveugle, privé de la vue, comme cela se démontre par les phrases proverbiales :

Borgne d'un iel ; il est clair que *borgne* s'entend là pour aveugle. Une chanson fr. dit bien aussi : *Il était borgne des deux yeux. L'argén faï canta lous borgnes,* l'argent fait chanter les aveugles et non les borgnes. *D'avcì à cént ans sérén toutes borgnes,* dans cent ans nous serons tous aveugles, nous n'y verrons plus. On appelle aussi les vers à soie *lous borgnes,* à cause du préjugé général qui veut qu'ils soient privés de l'organe de la vue. *Enquiè coumo un ca borgne,* ne peut s'entendre que d'un chat aveugle ; les animaux ne pouvant beaucoup s'inquiéter de la perte d'un seul œil, qui ne fait que diminuer faiblement leur perception visuelle. *Bado coumo un borgne qu'a pérdu soun bastoù,* il crie comme un aveugle qui a perdu son bâton ; crierait-il s'il lui restait un œil ? *Siès borgne que y véses pas,* tu es donc aveugle pour n'y pas voir?

Dér. du bas-breton *Born,* m. sign.

Borgno, *adj. fém.* de *Borgne.* Dim. *Bourgnéto ;* péj. *Bourgnasso.* Borgne ; aveugle. Au fig. obscure. — *Ma grand-la-borgno,* ma mère-l'oie ; la traduction est exacte, mais incomplète. En fr. comme en lang., il s'agit d'une bonne vieille grand'mère, qui charme et endort les enfants par ses longs contes. Notre *gran* a la même spécialité que la *Mère-l'Oie.* Cependant il y a pour nous quelque chose de plus ; nous n'avons pas seulement recours à notre conteuse, comme on fait à l'autre, pour nous amuser ou appeler le sommeil. Lorsque quelqu'un nous poursuit ou fatigue de billevesées, de promesses auxquelles on ne croit pas, de contes à dormir debout pour tout dire, on lui jette à la figure : *ma gran-la-borgno!* ou contractivement : *ma gran!* C'est une expression d'incrédulité, de dédain, de reproche, de colère. On voit qu'il est toujours question de contes, sans quoi l'ellipse ne s'expliquerait pas, c'est comme si l'on disait : vous me débitez des sornettes, je n'en crois pas un mot. En fr. on n'emploie pas ainsi le nom de la Mère-l'Oie, c'est une lacune. Resterait maintenant à savoir quel malheureux accident rendit borgne ou pour mieux dire aveugle, notre pauvre *gran.* L'infirmité lui vint sans doute avec l'âge, et elle a toujours été si vieille ! Mais que de plus clairvoyants décident à quelle époque de sa vie *ma gran-la-borgno* perdit la vue.

Borgno, *s. f.* Canal d'entrée ou d'amont, canal de fuite ou d'aval d'un moulin à eau. C'est généralement ce passage voûté et obscur, qui commence à la première vanne de chute et se termine au canal couvert de fuite.

Dans le bas-bret. *Born ;* en ital. *Bornio,* m. sign.

Borio, *s. f.* Dim. *Bourieto ;* péj. *Bouriasso.* Métairie ; ferme ; closerie ; domaine dépendant d'une seule et même exploitation. Comme ce mot est propre aux Hautes-Cévennes, où la propriété est fort divisée, il ne représente guère qu'un petit domaine. Le mot *Mas,* plus particulier aux Basses-Cévennes, et à un pays de plaines et de larges vallées, entraîne l'idée d'une plus large exploitation.

Borio est devenu nom pr. et s'applique à tout un quartier, où se trouvait sans doute et où il existe encore un manoir ou une ferme principale. On le traduit en fr. par *La Borie,* et quelquefois on en a fait un nom d'homme.

Dér. de la bass. lat. *Boria,* fonds de terre, maison de campagne; du lat. *boaria,* étables à bœufs.

Bos, *s. m.* Dim. *Bousquè;* péj. *Bouscarasso.* Bois, en général, substance ligneuse dure et compacte des arbres et des arbrisseaux ; forêt ; taillis ; futaie. — *Apara un bos,* défendre l'entrée d'un taillis aux troupeaux. *Bos dé luno,* bois coupé dans la lunaison favorable ; dans le sens de ce préjugé qui veut qu'on coupe après la pleine lune tout le bois qui perd annuellement ses feuilles, et en nouvelle lune celui qui les conserve toute l'année *(Voy. Bartassoù).* *Bos coumun,* communal ou communaux, pâturages où les habitants d'une commune ont droit de pature ; dans les Hautes-Cévennes et la Lozère, communaux sur lesquels les habitants ont droit d'affouage, c'est-à-dire le droit de prendre du bois pour leur chauffage, fixé par répartition des feux. *Sèn dinc un bos ?* Sommes nous dans une forêt, au milieu des voleurs? Au fig. *Porto bièn soun bos,* il porte bien son âge, il est vert pour son âge. *Es dé bon bos,* il est bâti de bon bois, il durera longtemps. *Faïre fò dé tout bos,* faire flèche de tout bois. *Laïssas faïre lou bos,* loc. prvb., ayez patience ; laissez pisser le mouton ; mot à mot cela signifie : attendez que le bois ait travaillé tout ce qu'il doit, qu'il ait pris le degré de sécheresse nécessaire.

Le radical *Bos,* ses composés et ses dérivés, ses diminutifs ou ses péjoratifs ont donné naissance à une famille très-nombreuse de noms propres de personnes et de lieux. Pour bien saisir les variantes des appellations modernes, il faut connaître les changements par lesquels a passé le primitif qui se trouve dans la langue celtique *Bos, bosc,* dans le germanique *Busc,* ou dans le gothique *Busche.* Suivant l'influence dominante, la bass. lat. fit : *Boscus, boscum, buscus, buschus,* avec les dim. *Boschetus, busketus, busquetus.* Le roman disait : *Bos, bosc, boc, boisc, bosche, bou, busche,* et les dimin. *Boscal, bosquet, buchet, bosquina, boscatge, boisson, boyssada;* en esp. portug. *Bosque, bosquete;* en ital. *Bosco* et *boschetto.*

De ces éléments se sont formées, disons-nous, bien des dénominations locales ; mais le fonds était si riche, dans un pays couvert de forêts, et il prêtait si bien à une désignation, qu'il ne faut pas s'en étonner. Les altérations de langage se sont ensuite en mêlant ensuite et venant à modifier les mots et les sons, à les amoindrir ou à les renforcer, il n'est pas surprenant non plus que la véritable racine des vocables soit souvent difficile à distinguer, et puisse être confondue dans ces broussailles. Nous essaierons de les retrouver sous leurs formes diverses, et sous chacun des composés ou dérivés, diminutifs et autres. — *Voy. Bruèl, Bruguiè.*

Ici notons les nuances qui retracent dans notre langue celles du primitif lui-même. Dans les noms d'homme et de lieu, se conservent très-rapprochées : *lou Bos, lou Bosc,* le Bosq (Hérault) ; *dèl-bos,* Delbos, Dalbos, Dalbosc. Dubosc ou Dubois, tous identiques et faits du même bois ; les composés Chalbos, *Châoudobos*, *Châoudobou*, *Mdoubus*, Malbos, Malbosc. — *Voy*. ces mots, et autres, sans oublier ceux ou la désinence particulière à notre territoire se montre, comme dans les noms : *Boussargue*, qui est identique aux premiers, et *Bussargue*.

Bosso, s. f. Dim. *Bousseto*, *Boussignolo*, péj *Boussasso*. Bosse, déviation de l'épine dorsale ou du sternum; enflure causée par une contusion ; en général, toute excroissance contre nature. — *Rounla sa bosso*, rouler sa bosse, voyager de tous côtés en exerçant différentes industries interlopes. *Faire ou sé ficha uno bosso*, manger et boire avec excès. *Sé ficha uno bosso dâou rire*, rire à ventre déboutonné, ou mieux dans le même sens : *Créba dâou rire* ; ces trois locutions sentent fortement la langue verte. *Sés fa uno bosso âou front*, il s'est fait une contusion au front, qui s'enfle.

Dér. du celt. *Boss*, ou du gr. Φύσσα, enflure.

Boto, s. f. Péj. *Boutasso*. Botte, chaussure de cuir qui couvre le pied, la jambe et quelquefois le genou. — *Coumo vai la boto?* comment va votre santé ?

Emp. au fr. En celt. *Bot*, pied.

Bou, s. m. Dim. *Bouté*. Bout; fin, extrémité, reste de quelque chose; brin. — *Fiou à dous bous, à trés bous*, fil à deux ou trois brins. *Sèn pa'ncaro dou bou*, nous ne sommes pas encore au bout, à la fin; nous n'avons pas fini. *Tout sé veïra dou bou*, nous verrons bien à la fin du compte. *Lou téne pér un bon bou*, j'ai mes sûretés avec lui ; je le tiens par un bout qu'il n'essaiera pas de rompre.

Lou bou dâou mounde, terme de charcutier, l'intestin cæcum, boyau fermé naturellement d'un côté, dans lequel on ensache de la viande de porc hachée dont on fait une sorte de mortadelle : c'est cette mortadelle qu'on appelle *bou dâou mounde*.

Dér. du celt. *Bod*, fond, extrémité, ou du gr. Βυθός, fond, profondeur.

Bou, s. m. Papillon mâle des vers à soie. Plusieurs femelles pouvant être fécondées par un même mâle, il y a intérêt à prendre pour le grainage plus de femelles que de mâles ; à cette fin, lorsqu'on choisit les cocons qui doivent servir, on donne la préférence à ceux qui sont bien formés, qui sont les plus durs, parce qu'il est à supposer qu'ayant plus de soie, il faut admettre que les papillons qui en proviendront seront plus robustes ; on reconnaît ensuite ou on croit reconnaître les mâles dans les cocons à forme plus allongée, plus pointue aux extrémités, mais souvent on se trompe à ce triage dont les données sont peu précises. C'est du reste un mauvais procédé et une économie mal entendue que de choisir trop peu de mâles pour le nombre des femelles que l'on élève ; car le plus souvent la mauvaise qualité de la graine est due à sa provenance de mâles épuisés. Il est prudent de calculer seulement deux femelles pour un mâle ; mais l'usage contraire est malheureusement suivi par les spéculateurs, surtout depuis l'extension que cette industrie a prise. Quand il sera possible d'échapper à tous les inconvénients des grainages faits au hasard, et que chaque éducateur éclairé par l'expérience et soigneux de ses intérêts, voudra lui-même avec intelligence surveiller cette opération délicate, en y mettant l'importance qui convient, peut-être la solution du problème si intéressant pour nos contrées aura-t-elle fait un pas de plus.

Bou, s m. Figue-fleur, ou figue précoce, que le préjugé donne pour mâle à la figue franche. C'est cette idée qui lui a fait donner le nom de *Bou*, bouc, qui est typique du genre mâle.

Bou, s. m. Péj. *Boucas*, *Boucaras*. Bouc, mâle de la chèvre, *Capra hircus*, Linn. Mammifère de la fam. des Ruminants. Se prend aussi pour : outre à vin faite d'une peau de bouc. dont le poil est tourné en dedans. — *Es coufle coumo un bou*, il est enflé comme une outre ; ou au fig. il a le cœur gros, de colère ou de chagrin.

Dér. du celt. *Buch*, d'où le bas-bret. *bouch*, le gallois *bwch*, le saxon *bock*, dans la bass. lat. *buccus*.

Boubâou, s. m., n. pr. de lieu. Boubaux, Saint-Martin-de-Boubaux, hameau de la commune de Lamelouze, arrondissement d'Alais.

Dér. de *Bou*, bon, dialecte lozerot, ou peut-être de *bos*, en lat. *buschus*, bois, avec apocope, et de *bâou*, baux, par substitution du v en b, lettres identiques, *vaux*, *val*, anc. fr., *vâou*, lang., vallon, vallée ; d'où bon vallon ou vallon boisé. Les noms analogues seraient : Belval, Belleval. Beauvalon, ou Bonval, Bonneval, noms d'homme ; Bonnevaux, canton de Génolhac, arrondissement d'Alais.

Boubo, ou **Boubôu** ! *interj*. Dim. *Boubéto*, *boubòu*. Terme d'enfant ou de nourrice. C'est le baragouinage de l'enfant qui demande à boire. On sait qu'à cet âge où peu de syllabes sont encore connues, on ne s'attache qu'à quelques consonnes qui frappent davantage la mémoire, en y joignant une voyelle quelconque, et on en fait une réduplication de la syllabe retenue pour la rendre plus sensible. L'enfant ne se rappelle pas de tout le mot *béoure*, mais le B l'a frappé comme le son de la diphthongue *ou*, il en fait *boubo* et *boubòu*, de même qu'il a créé *papa*, *poupo*, *tété*, etc. Les grands enfants qui sont auprès de lui, et qui devraient toujours le ramener à la prononciation du mot propre pour l'y façonner, au lieu de cela, abondent dans son sens et se plient à son vocabulaire. La nourrice ne manque jamais de lui dire : *Vos boubo, vos dé boubòu*, au lieu de prononcer le mot *béoure*, qu'il comprendrait évidemment, puisque c'est lui qui a formé par analogie son *boubo*. S'il ne le répète pas exactement, ce n'est pas faute de l'entendre ni d'en faire l'application, mais plutôt d'être exercé aux procédés labiaux et autres qui sont nécessaires à la prononciation. Il est bien entendu que, par cette raison, le dim. *Boubéto* n'est jamais employé que par les nourrices et les bonnes, jamais par leur poupon lui-même, qui aurait aussitôt fait de dire *béoure*, s'il pouvait varier et articuler plusieurs syllabes avec changement de consonnes.

Boubourado, *s. f.* Péj. *Boubouradasso*. Vapeur chaude et étouffante qui s'exhale d'un endroit chaud et enfermé; étuve. Onomatopée exprimant le bruit d'une eau qui bout à gros bouillons: bou! bou! répété.

Boucan, *s. m.* Boucan; bruit; vacarme; tintamarre; bruit d'une rixe.

Ce mot, qui est importé, comme son homonyme fr., de l'idiome des Caraïbes, signifie le mode et le lieu de la préparation des viandes qu'on boucane ou qu'on fume. Il a donné naissance au v. boucaner et au s. boucanier, appliqués d'abord aux Indiens qui boucanaient à la fumée des viandes de bœufs sauvages, dont ils faisaient commerce. Plus tard, ce commerce d'échange innocent et primitif fut délaissé par les sauvages, qui travaillaient plus directement et qui se firent flibustiers. De toutes les nations leur vinrent des compagnons : c'étaient bien les plus grands tapageurs et les plus mauvais garçons du monde. Le mot originaire dévia de son acception primitive, et il reparut comme synonyme de tapage tumultueux, vacarme, et caractérisa ainsi les boucaniers, faiseurs de boucan, tapageurs et querelleurs. — *Voy. Bousin.*

Après cela, comme l'étym. a des ressources, elle a fourni dans le celt. *Bocan*, impudique, qualification encore très-applicable à ce genre de tapageurs, et dans le gr. Βυχάνη, instrument de tapage par excellence, qui les caractérise aussi.

Boucariè, *s. f., n. pr.* de rue et de quartier, qui signifiait dans l'origine Boucherie, inscrit aujourd'hui sous le nom fr. de Bouquerie.

Dans les premiers temps de l'émancipation des communes, les différentes corporations des arts et métiers adoptaient des rues et des quartiers particuliers, soit par ordre de leurs syndics, soit que l'autorité consulaire voulût détruire tout privilége de quartier en obligeant tous les exploitants d'une même industrie à s'établir dans une même rue. — *Voy. Fabrariè, Frucharie, Peïroularie, Sabatarie, Teïssarie*, etc.

Bouquariè, dérivant de *bou*, bouc, *bocaria*, dans la bass. lat., désigne le lieu où l'on tuait les boucs et où l'on en préparait la chair, où l'on tenait boutique pour la vendre. Or il semble extraordinaire que la viande des boucs et des chèvres fût le principal objet du commerce des boucheries ; cependant le doute est difficile quand on se rend compte des mots boucher et boucherie, et quand on trouve dans la charte d'Alais de l'année 1200, écrite en langue vulgaire, ce curieux passage :

Et nomnadamenz disem que en carreiras publigas o em plas as li boquier o li altre maselier lo sanc delz bocz non jeton ni escampon, ni las bulladas o altras causas pudenz, ni aucizon los bocz emplassas ; e aizo vedam a totz homes.

« Nous défendons expressément aux bouchers de jeter ni répandre le sang des boucs dans les rues publiques ou sur les places, non plus que les intestins ou autre chose fétide, qu'ils ne puissent non plus égorger les boucs sur les places; et ceci nous le défendons à tout le monde. »

Il paraîtrait cependant qu'au moyen âge il existait deux sortes de bouchers, les uns dits *boquiers*, les autres *maseliers*, du lat. *macellarius*. Sauvages nous dit que ce dernier nom appartient à un autre dialecte. Néanmoins dans la charte de 1200 nous voyons les deux noms en usage à Alais, en rapprochant l'article que nous venons de citer de celui-ci :

Establen que tuit li maselier vma vegada en lon juron sobrelz quatre evangelis de Deu quezel masel defia la vila dalest lur etient en alcuna guisa carn de moria ni poirida o daltra guisa mortalz non vendran ; cant verre vendran o aret o troia digon o al comprador, iasia asso que non li o demant ; de feda si hom non li a demanda non son tengut de dire nomnadamenz. Creissem que las carnz non sion tengudas en aigo, en aici que las vendant poiradas per bonas ; e si en contra aizo fasion li seinnor metan lur pena.

« Nous ordonnons que tous les bouchers, une fois par an, jurent sur les quatre Évangiles de Dieu, que dans la boucherie ou dans la ville ils ne vendront sciemment aucunes viandes passées, ni pourries, ni provenant de bêtes mortes de maladie. Quand ils vendront verrat, bélier ou truie, ils devront en prévenir les acheteurs, même sans qu'on leur demande; s'il s'agit de brebis, ils ne seront tenus de le dire qu'en tant qu'ils en seront requis expressément. Nous ajoutons qu'ils ne tiendront point les viandes dans l'eau afin de vendre ainsi pour bonnes celles qui seraient pourries, et s'ils se mettent en contravention ils seront punis par leurs seigneurs. »

Il existait donc des états distincts et par le genre de leur commerce, et par le quartier de leur réunion en confrérie, puisqu'à Alais il y avait une rue appelée *Boucariè*, et une autre nommée *Mazél-vièl*. Il faudrait en conclure que les *boquiers*, bouchers, ne vendaient que de la chair de bouc, chèvre et chevreau, qui était sans doute plus estimée que de nos jours, et les *maseliers* toute autre espèce de viande, comme mouton et porc.

On pourrait tirer une autre induction du rapprochement de nos deux citations. On y voit qu'il est défendu aux bouchers d'égorger les boucs dans les rues et places et d'y jeter le sang ; mais on ne retrouve pas la même prohibition faite aux *maseliers* pour les béliers, verrats ou truies. D'où on pourrait penser, à notre avis, que les *boquiers* égorgeaient toutes sortes de bêtes comprises dans l'expression générique *boucs*, et que les *maseliers* n'étaient que des espèces de revendeurs de viande de basse qualité, qu'ils auraient achetée des particuliers ou des gens de la campagne. Ce qui confirme cette idée, c'est leur serment de ne pas vendre, *à leur escient*, de la viande de bêtes mortes ; il est évident que, s'ils avaient égorgé eux-mêmes, ils n'auraient pu être dans le doute si leur viande appartenait ou non à une bête morte. Une seconde considération, qui corrobore cette idée, est puisée dans l'étym. de *maselier: macellarius* signifie moins boucher que marchand de viande ; en outre *macellum* signifie halle, étalage de denrées, étal de boucher; enfin *macellus* est le dim. de *macer*, maigre. De tout cela on pourrait conclure que le *maselier* n'était que le revendeur, l'étalagiste de viandes maigres, de moindre qualité, et destinées à la classe la plus pauvre ; les *boquiers*, bouchers, étaient au contraire à peu près ce qu'ils sont de nos jours.

Boucaru, udo, *adj*. Péj. *Boucarudas*. Lippu ; qui a de grosses lèvres. Ce mot, qui n'est plus dans le dialecte, est resté nom pr. d'homme.

Boucha, *v*. Tirer une boule, débuter une boule ; terme du jeu de boules. On lance de loin pour cet effet une boule contre celle qu'on veut débuter, éloigner du but ; si elles sont d'un poids égal et qu'on tire juste, la boule lancée perd tout mouvement et le communique à l'autre, qui part au loin, tandis que la première occupe exactement la place qu'elle a usurpée, par droit d'adresse : c'est ce qu'on appelle : *tira'n plaço*, qui s'emploie aussi au fig. — *Voy*. Tira.

Boucha ne se dit au sens de *boucher (tapa)* qu'au part. pass. et figurat. : *és boucha*, il est bouché, il a l'intellect fort obtus.

Dér. de *Bocho*.

Bouchar, ardo, *adj*. Dim. *Bouchardé*, péj. *Bouchardas*. Sale ; malpropre ; barbouillé au visage ; mouton marqué de noir ou de brun sur le museau ; un bœuf ou un mulet, portant au museau une couleur noire ou différente de celle du corps, reçoivent aussi cette dénomination.

Dér. de *Boucho*, ou de *bouquo*.

Bouchardije, *s. f*. Saleté ; malpropreté ; crasse sur la figure.

Boucharié, *s. f*. Boucherie ; abattoir public ; boutique où l'on vend de la viande. — *Voy. Boucarié*.

Bouchè, *s. m.*, au fém. *Bouchèiro*, dim *Bouchèiroù*. Boucher. — *Voy. Boucarié*.

Bouchin-Cabro, *s. m*. Barbe-bouc, salsifis des prés, à fleur jaune, *Trapopogon pratense*, Linn., de la fam. des Composées chicoracées. Les gamins sont très-friands au printemps de cette plante dont ils sucent chaque jointure au nœud de sa tige, qui a un goût douçâtre.

Dér. du lat. *Barbula-hirci*, d'où *bouchin-barbo*, et la corrup. *bouchin-cabro*. En ital. *Barba-di-becco* ; en esp. *Barba-de-cabron*.

Bouchi-tè ! *interj*. Cri ou plutôt commandement adressé à la chèvre. Il équivaut à Halte-là ! et s'emploie lorsque cet animal se dresse contre un arbre pour le brouter, ou quand il prend quelque direction dangereuse. Comme cet appel est toujours accompagné d'un coup de pierre, l'animal ne se trompe guère sur sa signification.

Dér. de *Boucho*.

Boucho, *s. f*. Dim. *Bouchéto* ; péj. *Bouchasso*. Chèvre. (*Voy. Cabro*.) *Boucho* est le fém. de *Bouc*, et l'ancien nom de la chèvre en langue d'Oc.

Boucouïran, *s. m.*, nom pr. de lieu. Boucoiran, commune du canton de Lédignan, arrondissement d'Alais, sur la route de Nimes à Alais, et sur le chemin de fer qui traverse sous un tunnel le rocher que domine son vieux château.

Sauvages le fait dériver de deux mots gr., Βοῦς, bœuf et Κοῖρος, porc. On pourrait trouver une autre racine qui paraîtrait s'accommoder davantage aux allures du pays. Rarement on a emprunté chez les Grecs pour formuler le nom des bourgs qui se fondaient dans les Gaules, excepté peut-être pour quelques-uns qui pourraient remonter a la colonisation phocéenne. Il est plus naturel de supposer qu'on a pris dans l idiome vulgaire, surtout alors que les racines s'en présentent si aisément dans deux mots de l'ancien comme du nouveau languedocien : *bou* ou *bouc*, qui signifie bouc, et *ouire*, outre de bouc. La desinence *an*, qui est la traduction littérale du lat. *anus*, *anum*, dérivée du suffixe celt., signe de la descendance, de la propriété, de la provenance, indique le sens et la signification a donner au mot qui lui est attaché ; ici *Bouc-ouir-an* veut dire : lieu des outres de bouc, où l'on fabrique des outres de bouc. — *Voy.* l'article *Argue*, et *An*, suff.

Sauvages a commis une erreur en écrivant à la française le prétendu *Côiros* venant du gr. Le mot porc se dit bien *côiros* ; mais en gr. l'orthographe veut qu'on mette Κοῖρος par un Κ et non Κοῖρος, par un k : différence qui détermine le sens. Dans le mot *Boucouiran*, d'ailleurs, pas la moindre trace du *ch*, qui aurait été conservé, si la version de notre savant lexicographe eût été admissible.

Boudéfla, *v*. S'enfler ; se gonfler, se boursouffler. — *Aquò fai boudéfla las bouquos*, cela fait enfler les lèvres. *Las figos boudéflou*, les figues commencent à tourner en maturité ; elles se gonflent.

Boudéfle, éflo, *adj*. Péjor. *Boudeflas*, asso. Enflé ; gonflé ; bouffi ; boursoufflé ; gros. Au prop. et au fig.

Boudifla, *v*. S'enfler ; former des vessies, des cloches, des ampoules ; enlever. — *Moun dé boudiflo*, mon doigt s'enfle ; il me vient au doigt une ampoule, une clochie.

Boudiflo, *s. f*. Dim. *Boudifléto*, péjor. *Boudiflasso*. Vessie urinaire ; vessie de porc, qu'on conserve gonflée de vent pour l'appliquer comme dessiccatif ; cloche ; ampoule ; élevures sur la peau ; bulles formées par les grosses gouttes de pluie en tombant dans l'eau.

Dér. comme les précédents, du celt. *Bot*, crapaud, bass. lat. *botta*, en ital. *bodda* ; et du lat. *inflare*, *flare in*, souffler dans.

Boudignièiro, *s. f*. Boudinière ; charcutière qui va dans les maisons particulières faire l'assaisonnement des viandes salées de porc, qu'il est d'usage d'égorger pour la provision de l'année.

Dér. de *Boudin*.

Boudin, *s. m*. Boudin, boyau rempli d'un mélange de sang de porc, d'herbes et de graisse. — *Nous pourtan pas dé boudin*, nous n'en sommes pas aux civilités ensemble ; nous sommes brouillés ; il y a des motifs d'inimitié entre nous. Cette loc. prvb. est fondée sur l'usage local qui veut que lorsqu'on égorge un porc, ce qui a lieu dans chaque maison de paysan et presque dans toutes les familles bourgeoises, on envoie un plat de boudin à ses parents, à ses amis et à tous ceux auxquels on veut témoigner affection ou reconnaissance. *Aquò's cla coumo dé boudin*, c'est clair comme la bouteille à l'encre; tout cela est fort obscur.

Dér. de la bass. lat. *Botulus* ou *botellus*.

Bou-Diou! *interj*. Bon-Dieu! exclam. de surprise, d'étonnement, qu'on place à tout propos, et qui survient un peu partout, au commencement, au milieu ou à la fin d'une phrase. — *Bou-Diou! qu'és bèl*, Bon Dieu! qu'il est grand. *Dé qué voulés faïre, Bou-Diou!* Que voulez-vous faire, grand Dieu!

Altération de *Bo*, bon; euphoniquement traduit en *bou*.

Boudoli, *s. m.* Petit homme; bout d'homme; nabot; enfant gros et court, replet et joufflu.

Dér. de *Bou*, bout, et *oli*, huile, comme terme de comparaison à une outre à huile, qui a les mêmes dimensions et une sorte de ressemblance de conformation.

Boudoufle, *s. m.* Péj. *Boudouflas*. Gros-bouffi; gros joufflu ou pansu; bouffe-la-balle, dans l'argot populaire.

Ce mot est synonyme de *Boudefle*, proche parent de *boudoli*, descendant plus ou moins direct de *boudiflo* pour l'étym.

Boudougna, *v.* S'élever; s'enfler; grossir. La différence avec *Boudifla*, est que l'enflure exprimée par ce dernier est censée remplie d'eau ou d'air; dans celui-ci l'enflure est produite par une contusion, d'où résulte une bosse, une bigne, en v. fr.

Dér. de *Boudougno*.

Boudougno, *s. f.* Dim. *Boudougnéto*, péjor. *Boudougnasso*. Bosse, enflure, bigne, produites par un coup, par une contusion ou par l'engorgement d'une glande; loupe, tumeur, excroissance charnue. — Il vient de pareilles tumeurs à certains arbres, au chêne et au châtaignier principalement.

Paraît un augm. de *Bougno*. — V. c. m.

Dér. du gr. Βουνός, élévation.

Boudousquo, *s. f.* Epiderme de certains légumes; écale, écorce, coque de certains fruits; pellicule qui reste souvent adhérente dans les rugosités de la châtaigne sèche ou blanchie; efflorescence du vin en bouteille; dépôt de lie au fond d'un vase; éclaboussure de boue. — *Manquo pas boudousquo din tout aquò*, toute cette affaire est bien sale.

Dér. peut-être du gr. Βόρβορος, bourbe.

Boudroun, *s. m.* Terme de maçon. Bigue de bois qui sert à soutenir les planches d'un échafaudage, soit lorsqu'elle est posée transversalement aux poutres principales, soit lorsqu'elle s'enfonce dans l'épaisseur des murs, ce qui arrive lorsqu'on est parvenu à une élévation telle qu'on ne peut plus échafauder ni sur des poutres maîtresses, ni sur des étançons.

Formé de *Bou-déroun*.

Boudufo, *s. f.* Toupie, sabot, bourdat; jouet d'enfant.
— Voy. *Bdoudufo*.

Bouésaje, *s. m.* Charpente d'un couvert; boiserie, ouvrage de menuiserie; boisage, tout le bois dont on s'est servi pour boiser; parquetage.

Dér. de *Bos*.

Boufa, *v.* Souffler; être essoufflé; siffler; refuser avec dédain; manger avec avidité, avec excès; dévorer. — *Boufa coumo un lètrou*, souffler comme un lézard, souffler de fatigue; le lézard, quand il est aux abois, rend une espèce de son comme le vent d'un soufflet. *Laïssas un pdou boufa à la mountado*, donnez le temps de souffler à la montée. *Mé boufè d'uno lègo*, il repoussa au loin mes propositions. *Un pdoure diable tout lou boufo*, un pauvre hère est mal accueilli partout. *L'douro boufo*, le vent souffle. *Aguè lèou boufa tout soun fdoure*, il eut bientôt dévoré sa fortune. *Boufes pas*, ne souffle pas; chut! silence!

Onomatopée du bruit qu'on fait en soufflant; en allem. on dit *puffen*, gonfler les joues pour souffler. L'étym. peut s'appliquer à un homme qui est essoufflé, ou qui se gorge la bouche en mangeant avidement.

Boufaïre, *s. m.* Goinfre; gros mangeur; vorace; au fig. prodigue, mangeur.

Dér. de *Boufa*.

Boufar (Gran), *s. m.* Bouffard, maître-souffleur dans une verrerie, celui qui souffle les grands vaisseaux, tels que dames-jeannes, alambics, matras.

Dér. de *Boufa*.

Boufarèl (Anjou-), *s. m.* Ange bouffi, gros bouffi, par comparaison aux têtes d'anges isolées qui sont toujours joufflues, et aux figures du vent, que les peintres représentent comme les têtes d'anges et que le peuple confond avec elles. — *Sémblo un anjou-boufarèl*, il ressemble à un ange bouffi.

Dér. de *Boufa*.

Boufé, *s. m.* Dim. *Bouféto*ù. Enfant joufflu et nabot; gros petit joufflu; fort ressemblant au *boudoli*.

Dér. de *Boufa*.

Boufèlo, *s. m.*; au fém. *Boufèlésso*. Dim. *Boufélo*ù. Gros-enflé; gros bouffe-la-balle, surnom familier que l'on donne aux hommes d'un embonpoint excessif. Le dimin. ne s'applique pas à un homme moins gros que le premier, mais d'ordinaire au fils de celui qui est surnommé *Boufèlo*, quelle que soit d'ailleurs sa constitution; de même pour le fém. *Boufèlésso*. Cet usage de faire participer les femmes et les enfants aux sobriquets de leur mari et de leur père est très-fréquent chez le peuple, surtout chez celui des communes rurales.

Dér. de *Boufa* ou de *boudifla*.

Boufés, *s. m. plur.* Dim. *Boufétés*; péjor. *Boufétasses*. Soufflet à feu, instrument pour souffler.

Dér. de *Boufa*.

Boufiga, *v.* Se boursoufler; se couvrir d'ampoules;

s'élever en pustules, en vessies, avec inflammation, telles que les produisent les piqûres d'abeilles, de moucherons, et le frottement des orties, ou les brûlures.

Der. de *Boufa*.

Boufigo, s. f. Dim. *Boufigueto*, péjor. *Boufigasso*. Vessie; cloche; ampoule; pustule; échauboulure; boursoufflure.

Der. de *Boufa, boufiga*.

Boufo, s. f. Balle du blé; gousse ou pellicules des légumes.

Der. de *Boufa*.

Boufo, adj. fem., inusité au masc. *Boufe*. Creuse; vermoulue; stérile, appliqué à une femme. — *Noso boufo*, noix vide, qui chante creux, parce que l'amande est desséchée. *Fenno boufo*, femme stérile.

Der. de *Boufa*.

Boufo-fiò, s. m. Petit bonhomme; enfant chétif et petit, toujours au coin du feu; gratte-cendre. le pendant au masc. de Cendrillon.

Boufo-la-balo, s. m. Bouffe-la-balle. Il a beaucoup de rapport avec *Boufèlo ;* seulement celui-ci exprime plus particulièrement l'embonpoint de la figure, de grosses joues et une petite bouche; celui-là est instantané d'application et ne sert jamais de sobriquet. Le fr. d'argot pop. et fam. dit bouffe-la-balle, qu'il paraît avoir emprunté au lang. ; car que signifie en fr. le mot bouffe? tandis que *boufo*, 3ᵐᵉ pers. indic. prés. du v. *Boufa*, indique quelqu'un qui souffle et qui, pour ce faire, enfle ses joues.

Boufoun, s. m. Bouffon; plaisantin; gaudrioleur; facétieux; farceur; goguenard. — *Boufoun coumo un cendriè*, loc. prvb., mot à mot. bouffon, plaisant, farceur comme un cendrier. Voilà un de ces dictons capable de déjouer les plus subtiles et les plus sagaces explications. Est-ce une antiphrase? c'est probable, car on ne dit cela que de quelqu'un passablement refrogné, nullement rieur ou qui plaisante à la façon des fossoyeurs d'Hamlet. Mais le cendrier est-il l'emblème de la tristesse, l'image de la morosité? peut-être; surtout lorsqu'on se le représente avec ses débris de charbon noirci et sa couleur grise, sans étincelles, sans flamme. Puis n'est-ce pas de cendres qu'on se couvrait dans les jours de deuil; et le premier mercredi du Carême, le *Memento homo*, avec ses cendres, ne vient-il pas rappeler les pensées graves et solennelles de notre néant? La locution peut avoir été créée par toutes ces comparaisons. Le contraste serait parfait. Le fr. a dans le même sens : gai comme les portes d'une prison. Les deux phrases, en lang. et en fr., veulent dire : aussi peu gai que possible, ce qu'on approche beaucoup de triste, et le dépasse souvent quand il s'y mêle tant soit peu d'ironie. Donc contre-vérité.

Boufoun, comme son correspondant fr. et l'ital. *buffo*, vient du nom des anciens bouffons de cour, dont le premier emploi a été celui de grimacier ; la principale de leurs grimaces consistait à s'enfler les joues et à rouler les yeux, ce qui donne au mot la même dérivation qu'au verbe *boufa*.

Boufouna, v. Bouffonner; dire ou faire des plaisanteries; mais particulièrement railler, amuser les autres aux dépens de quelqu'un; goguenarder.

Der. de *Boufoun*.

Boufounado, s. f. Bouffonnerie; plaisanterie presque toujours mauvaise; farce qui excite à rire.

Der. de *Boufoun*.

Boufounaire, airo, a Ij. Péj. *Boufounairas*. Railleur; mystificateur; mauvais plaisant.

Bougéroun, ouno, a lj. Matois; luron, petit coquin. Dimin. et lénitif d'une expression plus énergique; comme qui dirait en fr. d'argot mitigé : un bigre. C'est là un de ces mille *mezzo-termine* que le lang. emploie volontiers pour faire accorder ce qu'il doit à l'energie d'une qualification avec son respect pour la pudicité du langage. Dans *bougeroun*, du reste, l'adoucissement n'est pas seulement dans le terme, il est aussi dans la pensée : il n'y a rien d'insultant dans cette épithète, et la signification que nous lui donnons est exacte. Les Italiens disent aussi en langage trivial *bugiarone*, évidemment un dim. de *bugiardo*, menteur. Il est d'autant plus probable que notre *bougéroun* est emprunté à l'ital. que nous le croyons vulgarisé chez nous depuis seulement que les chaudronniers napolitains, les *tabrasaires* (V. c. m.), nous ont apporté leur *bugiarone*. Il a été au surplus très-bien accueilli comme lénitif du gros mot que nous n'écrivons pas ici, et qui a bien quelques autres variantes, toutes en dimin. classés et usuels.

Bougnas, s. m. Vieux tronc d'arbre noueux, tels que ceux qui sont charriés et délaissés par les inondations. Au fig. grosse et vilaine tête.

Augm. et péjor. de *Bougno*.

Bougné, s. m. Débris noueux d'un arbre; petite souche.

Dimin. de *Bougno*.

Bougnéto, s. f. Beignet, sorte de pâtisserie cuite à la poêle avec de l'huile; tache produite par un corps gras.

Dér. de la même source que l'ital. *Bugna*, tumeur, enflure, parce que les beignets sont une pâte boursoufflée.

Bougno, s. f. Dim. *Bougneto*, péj. *Bougnasso*. Souche d'arbre, particulièrement la partie noueuse du tronc où sont attachées les racines; bigne; bosse; enflure; glande; contusion; meurtrissure. — Voy. *Boudougno*.

Dér. de l'ital. *Bugna*, bosse.

Bouï, s. m. Buis, *Buxus semper virens*, Linn., arbrisseau de la fam. des Euphorbiacées, commun dans nos montagnes. Cet arbuste, qui fournit un très-bon engrais, est fort en vénération dans le pays. On prétend qu'il fume un champ pour trois années, suivant ses divers degrés de putréfaction : il fume la première année avec ses feuilles, la seconde avec l'écorce, la troisième avec le bois.

Dér. du lat. *Buxus*, du gr. Πύξος, buis.—Voy. *Bouïssièiro*.

Bouïargue, s. m., n. pr. de lieu. Bouillargues, commune dans le canton et l'arrondissement de Nîmes. Il est fait mention de ce village dans de vieilles chartes sous le nom de *Bollanicæ* et *Bolhanicæ*, *villa de Bolhanicis*.

Nous aurions à répéter, à propos de l'étymologie de ce nom, ce que nous avons dit dans l'art. *Baïargue*. (V. c. m.) Tous ces villages ou hameaux, si nombreux dans le Gard et dans l'Hérault, ne nous semblent pas avoir eu nécessairement pour parrains des Romains d'origine auxquels on attribue leur fondation, sans autre preuve qu'une ressemblance de noms et sur une fausse interprétation de la finale *argue* Parce qu'un Romain inconnu se sera appelé *Bolanus*, qu'un certain Vettius Bolanus aura été consul avec Calpurnius Piso, en l'an III de l'ère chrétienne ; que même Cicéron aura eu un ami de ce nom, et qu'il parle dans une lettre a Quintus, son frère, d'un domaine près de Rome qu'il nomme *Bouillanus*, ce n'est pas une raison pour admettre que *Boularque, Bouillargues, Bolhanicæ*, tire sa dénomination de cet illustre personnage, non plus que de quelqu'un de ses clients ou descendants établi dans les environs de la colonie nimoise. Il est moins superbe, mais certainement plus sûr, de prendre l'origine du nom dans le lat. *bovilia*, étables à bœufs, de *bos*, *bovis*, qui a donné à notre dialecte *biòou*, bœuf, *bouïé*, bouvier ; au prov. *buóou* ; au roman *bouières, bouvières, bovières*, terres laissées en jachère pour servir de pâturage aux bœufs. Ainsi on trouverait à ranger dans la même famille, comme l'a fait le latin, qui se connaissait en traduction, en les désignant par le nom analogue *Bovilhacum* ou *Boviliacum*, les identiques correspondants à *Bouïargue, Bolhanicæ* : *Bouillac* (Aveyron, Dordogne, Gironde, Tarn-et-Garonne) ; *Bouillas* (Gers, Lot-et-Garonne) ; *La Bouille* (Seine-Inférieure) ; *Bouille* (Maine-et-Loire) ; *Bouilly* (Aube) ; *Bouvine* (Nord) ; *Bovelles* (Somme) ; *Boves* (Somme) ; *Bova*, en Calabre ; même *Bovaca*, dans la Colombie ; car la racine, la même pour tous, est tirée du nom de l'animal le plus utile à l'agriculture. A *Bouïargue*, ce nom est parfaitement en situation.

Bouïda, v. Vider ; faire écouler d'un lieu, d'un vaisseau, d'un sac ce qui le remplit ; enlever ; ôter ; éloigner.

Dér. du lat. *Viduare*.

Bouïde, bouïdo, adj. Vide ; qui ne contient rien ; qui n'est rempli que d'air.

Dér. du lat. *Viduus* ou *viduatus*.

Bouïen, énto, part. prés. du v. *Bouli*. Bouillant, qui bout ; au fig. qui a beaucoup de vivacité, d'ardeur ; colérique ; prompt ; violent. — *Aigo bouïénto*, de l'eau bouillante. *Ase-bouïén*. (Voy. *Ase*.) *Sés trop bouïén*, vous êtes trop vif, trop pétulant.

Dér. de *Bouli*.

Bouïno, s. f. La gent bovine, l'espèce bovine ; viande de bœuf ou de vache. — *Lengo-bouino*. — V. c. m.

Dér. du lat. *Bovis*, génitif de *bos*.

Bouïo-baïsso, s. f. Matelote à la provençale ; espèce de ragoût ou de potage que l'on fait avec du poisson bouilli, assaisonné à l'ail.

Les étymologistes provençaux, les plus compétents pour un mot qui leur appartient, lui donnent une dérivation du sens même des mots dont il est formé : il bout, baisse ; c'est-à-dire : descends la marmite, le potage bout Et servez chaud !

Bouïou, s. m. Peson d'une balance ; boulon, contrepoids mobile d'une romaine.

Dér. du lat. *Bulla*.

Bouïoun, s. m. Bouillon ; decoction de viandes ou d'herbes ; consommé. — *Un bon bouioun, aquò remonto*, un bon consommé, rien de mieux pour restaurer.

Dér. de la bass. lat. *Ebullium*, fait du lat. *bullire*, parce que c'est par l'ébullition qu'il se prépare.

Bouïoun-blan, s. m. — Voy. *Alapas*.

Bouïra, v. Bourrer, charger de coups ; frapper quelqu'un à coups redoublés, comme l'on fait sur le corps soufflé d'un bœuf pour en détacher la peau.

Dér. du gr. Βοῦς, bœuf.

Bouïril, s. m. Ventre ; bedaine ; grosse panse ; panse de bœuf.

Même étym. que *Bouira*.

Bouïssèl, s. m. Boisseau, mesure de capacité qui contient le quart de la carte, le huitième de l'émine, le soixante-quatrième de la salmée, d'après nos anciennes mesures ; en mesure métrique, il contient 3 litres 125. Il est aussi mesure de superficie et vaut 1 arc 25 centiares.

Dér. de la bass. lat. *Bussellus*.

Bouïssièiro, s. f. Terrain couvert de buis ; taillis de buis.

Ce mot est un nouvel exemple de l'analogie qui existe entre les désinences celtiques et les finales latines et plus tard romanes, ou en langue vulgaire qui les traduisait. Le primitif final était certainement *ac* ou *ec*, marque de la collectivité, que le lat. a rendu par *etum*, et que le lang. exprime par *ièiro* : *beuzac, beuzek, buxiacum*, forme celtique ; *buxetum*, forme latine ; *bouissièiro*, forme languedocienne, signifient également lieu couvert de buis, comme le fr. bussaie, bussières, Buxières, n. pr., et Bussières (Seine-et-Marne), Bussiares (Aisne), Boussières (Nord), Bouxières (Meurthe). (Voy. l'art. *Argues, An, Ieïro*, etc., suff.) Ces affinités sont des plus directes ; mais la prononciation de l'*u* en *ou*, l'altération de la voyelle double elle-même *ou* et celle de la voyelle *o* de *bos*, bois, les traductions employées dans la bass. lat. passées dans le roman et enfin dans le languedocien, rendent souvent très-mal aisée l'application pour distinguer s'il s'agit d'un lieu couvert de bois ou seulement couvert de buis. Il faut toujours citer, d'après Sauvages, les n. pr. Boissier, La Boissière, Montboissier, etc., comme dérivés de *boui*, buis, qui a formé le masc. *bouissiè* et le fém. *bouissièiro*. Il est certain que dans notre dialecte la prononciation mène droit à cette étymologie. Il faut en dire autant de *La Bouïssièiro*, La Boissière, communes de Bez et Esparon, et communes de Malons et Elze, de *Bouïssièiros*, Boissières, commune du canton de Sommières, arrondissement de Nîmes, et sans doute du nom de *Bouïssé*. Boisset, *Buxetum*, commune du canton d'Anduze, et hameau de la commune de Saint-Sébastien. En composition, *Belbuis*, de la commune de Rochegude, sera également à citer. On est ainsi conduit à trouver comme similaires : Boissières (Sarthe), et peut-être *La Boisselière* (Sarthe), et Boissi (Seine-et-Oise) ; et même le nom prop. Boissy, avec la désinence familière aux dialectes du Nord, et chez nous Boissin, représenté par *Bouïssé;* à moins toutefois qu'ils n'aient été inspirés par le mot suiv. *bouïssoù*, qui est une sorte de péjor. venant encore de *bouï*, et qui a donné comme noms de lieu et d'homme : Boisson, *Bouïssoù*, Boissonade, *Bouïssounado*, le Buisson, *Boyssonum* (Gevaudan). — *Voy*. *Bos*.

Bouïssoù, s. m. Dim. *Bouïssouné*, péj. *Bouïssounas*. Buisson, en général; toute touffe d'arbustes épineux et piquants, particulièrement le prunier sauvage ou prunelier. — *Voy*. *Agrunas*.

Dér. de *Bouï*.

Bouja, v. Verser, répandre ; à proprement parler, verser d'un sac ou dans un sac.

Bouja, se vider, rendre tout ce que l'on a dans le corps, se dit iron. d'une fille qui est accouchée depuis peu. — *Vèn dé lou bouja*, elle vient d'accoucher. En parlant d'une pluie torrentielle : *N'én bojo à plés féras*, il en tombe à seaux.

Dér. de *Bojo*.

Boul, s. m. Bouillon; ébullition; action de bouillir ; mouvement des bulles soulevées ; bruit d'un liquide qui bout. — *Pren lou boul*, il commence à bouillir. *Dinc un boul aquò sera quiè*, dans un seul bouillon ce sera cuit. *Fdou pas qu'un boul*, c'est l'affaire d'un bouillon.

Dér. du lat. *Bulla*.

Boulado, s. f. Jet d'une boule au jeu de boules. — *Ai éncaro uno boulado*, il me reste encore une boule à jouer.

Dér. de *Boulo*.

Boulanjariè, s. f. Boulangerie ; profession, atelier, boutique de boulanger.

Dér. de *Boulanjè*.

Boulanjè, s. m. **Boulanjèiro**, s. f. Boulanger, boulangère ; qui fait et vend le pain.

Dér. du lat. *Polentarius*, de *polenta*, farine de froment.

Boular, s. m. Péj. *Boulardas*. Grosse boule ; gobille plus grosse que les autres. — *Un boular d'équipé*, une grosse gobille pour jouer à ce jeu d'enfant que La Fare décrit dans ce charmant *Habì dé Sagati* des *Castagnados*. — *Voy*. *Boulo*.

Augm. de *Boulo*.

Bouldrado, s. f. Crevasse ; action de crever, de se crevasser, de s'entr'ouvrir, de répandre par là son contenu. Au fig. tour de maladresse, sotte équipée. Dans ce dernier sens ce mot paraîtrait n'être qu'une altération de *bdoudrado*.

Dér. de *Bouldro*.

Bouldro, s. f Boue ; vase ; dépôt de limon d'alluvion ; lie, crasse, fèces que dépose un liquide ; effondrilles d'un bouillon, d'une infusion ; bourbe. *Bouldro* et surtout son péjor *Bouldras*, entraînent l'idée d'un plus grand épaississement dans ces matières et d'un amas plus considérable que le *loudro*. — *V*. c. m.

Dér. du gr. Βόρβορος, bourbe.

Boulé, s. m. Dim. *Bouleté*, péj. *Bouletas*. Bolet ; champignon ; agaric ; *fungus;* cryptogame en chapiteau. On peut diviser en deux classes les champignons comestibles dont on fait usage dans ce pays, savoir : les laminés et les poreux et fistuleux. Dans la première se rangent : *lou dorgue (boulé rouge)*, l'*escumèl*, *lou capélan*, *lou souquarèl*, *lou vinoùs* ; dans la seconde, l'*arcialoùs*, *la léngo-bouïno*, *la sabatèlo* et *la galinoto*. Il est rare que chacune de ces espèces n'ait pas un analogue dans la classe des champignons malfaisants. Les plus communs sont le *pissagò*, variété de l'*arcialoùs*, et le *fdou-dorgue* qui ressemble beaucoup à celui-ci. — *V*. c. m.

Les principaux diagnostiques des champignons vénéneux se reconnaissent : 1° lorsque la cassure qu'on fait au chapiteau devient en quelques secondes d'une couleur violacée et livide; 2° lorsqu'en les rompant il en suinte une humeur laiteuse; 3° lorsqu'ils ne portent pas vers le milieu de leur tige une sorte de collet ou de couronne, qui n'est, autre chose que la membrane liant le chapiteau au pédoncule, avant que celui-là ne fût développé ; 4° lorsque l'épiderme du chapiteau ne se détache pas nettement en ruban, en le pinçant du bord au centre ; 5° lorsque la coupole est parsemée de petits flocons de matière laiteuse et spongieuse.

Dér. du lat. *Boletus*.

Boulé, s. m. Boulet ; boule de fer dont on charge les canons.

Dér. du lat. *Bulla*. Dim. de *Boulo*.

Bouléga, v. Bouger ; remuer ; se remuer ; changer de place ; tant à l'actif qu'au passif. — *Vole pas jamaï bouléga d'aïci s'és pas vraï*, je veux ne jamais bouger de cette place si je mens. *Bouléques pas*, ne bouge ni ne remue. *Bouléga lou véspiè*, remuer le guêpier ; réveiller le chien qui dort.

Dér. de l'allem. *Wogen*, voguer, ou du lat. *bulla, bullam agere*, pousser, agiter une boule.

Boulégadis, s. m. Remue-ménage ; démangeaison de remuer ; frétillement.

Dér. de *Bouléga*.

Boulégado, s. f. Foule; troupe ; tas ; fourmilière.

Dér. de *Bouléga*.

Boulégaïre, aïro, adj. Dim. *Boulégaïré*, péjor. *Boulégaïras*. Remuant ; frétillant ; qui s'agite, qui remue toujours ; mauvais coucheur.

Dér. de *Bouléga*.

Boulégamén, s. m. Remuement ; mouvement perpétuel ; frétillement.

Dér. de *Bouléga*.

Bouléja, v. Confiner; être limitrophe; être contigu; se toucher, en parlant des propriétés. — *Nous bouléjan*, nos champs, nos propriétés se touchent.

Dér. de *Bolo*.

Boulétièïro, s. f. Terre à champignons; proprement, champignonnière, c'est-à-dire un endroit particulier où les champignons viennent de préférence. Une fois que cet endroit est connu, on est à peu près sûr d'y en trouver plusieurs années de suite, jusqu'à ce que le sol soit épuisé. Cela ne s'applique guère qu'aux *dorgues*, aux *arcialoùs*, aux *capélans;* les autres espèces viennent au hasard, ou bien au pied des souches de certains arbres.

Dér. de *Boule*.

Bouli, v. Bouillir; s'élever en bulles et à bouillons par l'effet de la chaleur ou de la fermentation; fermenter ou cuver, en parlant du vin. — *Aquel vin a prou boulì*, ce vin a assez cuvé. *Moun sang mé boul*, la colère me fait monter le sang au cerveau, j'en ai la fièvre. — *Faire boulì l'eminàou*, verser de très-haut et avec force le blé dans la mesure, de manière qu'il n'ait pas le temps de s'y tasser, et qu'il forme par conséquent une plus grande quantité de vide. C'est ce qu'on reproche aux revendeurs de blé qui veulent faire maigre mesure.

Dér. du lat. *Bullire*, qui vient de *bulla*, bulle, bouillon.

Boulì, s. m. Bouilli; viande bouillie ou cuite dans l'eau. — *Métre lou boulì*, mettre le pot-au-feu. *Es pas bo ni pér boulì ni pér roustì*, il n'est bon à rien; il n'est bon ni à pendre ni à dépendre.

Dér. du lat. *Bullire*.

Boulidoù, s. m. Tourbillon dans l'eau; bas-fond qui se forme dans une rivière par le tournoiement des eaux causé par la rencontre de deux courants, ou d'un rocher qui l'oblige à changer de direction, ou encore par des ouvrages d'art qui ont le même effet. C'est également toute espèce de vaisseau supplémentaire dans lequel on fait cuver la vendange, quand la grande cuve est insuffisante; celle-ci ne prend jamais le nom de *boulidoù*, qui est un dimin.

Dér. de *Boulì*.

Boulnado, s. f. Dim. *Boulnadéto*, péjor. *Boulnadasso*. Proprement, panse; la poche gastrique où se rencontrent les aliments à moitié digérés; en général les intestins et le bas-ventre.

Dér. du lat. *Bolutus*, boyau, intestin.

Boulo, s. f. Dim. *Bouléto*, augm. *Boular*, *boulasso*. Boule; bille; gobille; tout corps rond; au fig. la tête. — *Boulo d'équipo*, gobille d'un jeu d'enfant qui se nomme *équipo*. (*Voy*. *Boular*.) *A perdu la boulo*, il a perdu la tête. *Tira'no boulo*, terme de jeu de boule, viser à déloger une boule, la débuter, en lançant fortement la sienne contre elle. — *Voy*. *Bocho*.

Dér. du lat. *Bulla*.

Bouloun, s. m. Dim. *Boulouné*. Boulon, cheville en fer qui a une tête d'un côté, et de l'autre une ouverture où l'on passe une clavette ou une mèche taraudée qui est vissée par un écrou.

Boulzes, s. m. plur. Soufflet de forge; mais particulièrement soufflet double des chaudronniers ambulants, qui consiste en une poche terminée par un tuyau, et qu'on élève et comprime successivement de chaque main. Ce genre de forge s'établit en plein vent, sur la première place venue, en creusant une petite fosse de trois ou quatre pouces de profondeur, où viennent aboutir les tuyaux des *boulzes*, et par-dessus on place une très-petite quantité de charbon de bois.

Boulze, s. m. sing., est encore un nom pr. très-répandu dans le pays, dont le fém. est *Boulzésso* et le dim. *Boulzé*. Il est rendu en fr. par Boulze.

Boum! interj. Onomatopée qui exprime le bruit sourd produit par la chute d'un corps pesant. — *Voy*. Chinnanano.

Dér. du lat. *Bombus*.

Boumba, v. Battre; frapper un coup sourd; heurter avec force. — *Boumbo-quiou*, casse-cul; coup sourd qu'on se donne en tombant sur le derrière.

Dér. du lat. *Bombus*.

Boumbanço, s. f. Bombance; gala; grande et bonne chère; festin pompeux.

Dér. de la bass. lat. *Pompantia*.

Boumbarda, v. Bombarder; jeter, lancer des bombes; canonner; par ext. tirer des coups de fusil, même lancer des coups de pierre.

Dér. de *Boumbo*.

Boumbé, éto, adj. Petit homme court, ramassé, grassouillet, rondelet, nabot tout rond de graisse. — *Voy*. *Boumboti*, *Coufloti*.

Dér. de *Boumbo*, arrondi comme une bombe.

Boumbe, s. m. Augm. *Boumbas*. Bruit sourd; celui que fait un corps lourd en tombant.

Dér. du lat. *Bombus*.

Boumbi, v. Rendre un son sourd en tombant; au fig. mourir; crever. — *Né boumbigue*, il en creva.

Dér. du lat. *Bombus*.

Boumbo, s. f. Bombe, gros boulet de fer creux qu'on remplit de poudre pour le faire éclater. — *Tira las boumbos*, tirer des boites en signe de réjouissance et faute de canon. *Boumbo*, grosse femme, courte et replète.

Dér. du lat. *Bombus*.

Boumboti, s. m. — *Voy*. *Boumbé*, m. sign.

Boumbourido, s. f. Bourdonnement; ne s'emploie qu'au fig. caprice; boutade; transport. — *Voy*. *Gràoule*.

Boumbourina, v. Bourdonner, comme font les taons, les abeilles, les hannetons; au fig. murmurer; marmotter; grogner; bougonner; corner aux oreilles.

Dér. du lat. *Bombus*, bourdonnement.

Boumbourinéja, v. fréq. de *Boumbourina*.

Boumì, v., ou **Voumì**. Vomir; jeter par la bouche ce qui était dans l'estomac.

Dér. du lat. *Vomere*.

Bounas, asso, adj Bonhomme, trop bon, sans malice, avec une légère teinte de stupidité.

Augm. de *Bo*

Boundoù, s. m. Bonde; bondon; trou rond d'un tonneau par où on le remplit; bouchon, tampon qui ferme ce trou. — *Voudriéu que ma gorjo serviguèsse de bounloù, je voudrais que mon gosier servit d'entonnoir* souhait d'ivrogne *Metre lou boundoù,* bondonner.

Der. du gr. Βύνω, boucher.

Bouné, s. m. Dim. *Bounete;* péj *Bounetas* Bonnet d'homme, génériquement, ou bonnet de femme, par emprunt au fr Le bonnet de coton, qui est la coiffure habituelle de travail pour les cultivateurs et la plupart des artisans, se nomme particulièrement *bouneto,* ainsi que les bonnets de laine rouge ou brune des auvergnats ou lozérots. — Le n. pr. *Bouné,* en fr. Bonnet, est assez porté.

Bouné signifie encore : bonnet carré, bonnet que portent les gens d'église. — Un curé des hautes Cevennes, qui faisait ses prônes en patois, dit un jour en chaire . Il y a une peu une dans un paroisse qui scandalise tout le monde par sa conduite plus que légère ; voulez-vous que je vous la nomme, que je la désigne ? Je vais lui jeter mon bonnet carré Le geste ayant suivi la parole, l'histoire ajoute que toutes les femmes simultanément baissèrent la tête, chacune ayant bien quelque petite chose à se reprocher *Ah ! fourré be de bounes, Ah!* qu'il faudrait de bonnets carrés, reprit le malin curé, en voyant ce mouvement.

Un co de boune, une salutation, un coup de chapeau. *On l'araparie à cos de boune,* on le prendrait avec un chapeon — On croit vulgairement qu'un bonnet crasseux d'homme calme les affections hystériques d'une femme, quand on lui en frotte le haut de la poitrine ou qu'on le place a nu sur son sein.

On n'est pas d'accord sur l'étym : les uns la tirent du celt *Bonel,* bonnet ; d'autres de l'angl. *bonnet;* quelques-uns enfin du nom d'une espèce de drap dont on faisait anciennement les bonnets.

Bounétado, s. f. Coup de bonnet; salutation, révérence ; salut du bonnet.

Dér. de *Bouné.*

Bounéto, s. f Dim. *Bounetéto,* péj *Bounetasso.* — *Voy. Boune.*

Bounta, s. f. Bonté, qualité de quelqu'un ou de quelque chose qui est bon ; obligeance.

Dér. du lat. *Bonitas.*

Bounto, s. f. Ce mot ne s'emploie qu'en se joignant avec *cabro,* ou en la désignant directement et quand il est déjà question d'une chèvre dans la phrase : *Uno bounto.* — *Cabro-bounto,* chèvre franche, sans cornes.

Dans d'autres dialectes, au lieu de *bounto,* on dit *mouto* pour la même qualification. L'étym. donnée alors est prise du lat. *Mutila cornubus,* à qui on a coupé les cornes, ou du gr. Μίτυλος, qui n'a pas de cornes. Nous n'avons pas *mouto* : il n'y a rien à dire. *Bounto* serait-il une altération ?

Ces deux [...] a une communauté d'o[...] ne viendrait-il pas aussi du gr. B[...]

Il peut sembler [...] premier abord, que ce mot grec, qui [...] roque, soit employé pour désigner [...] espèce particulière de chèvre Pour que [...], il faudrait sans doute que le [...] l'absence de cornes. Cependant si [...] la manière dont les langues se sont formées, il ne serait peut-être pas difficile, dans l'espèce, de se rendre compte de la possibilité et de la justesse d'une pareille racine Les divers dialectes méridionaux ont puisé alternativement dans la langue des colons phocéens et dans celle des colons romains. Dans le mot que nous étudions, une moitié est empruntée au lat. *capra, cabro;* l'autre moitié vient du gr *B* βνός, qui a fait *Bounto,* c'est-à-dire l'animal aux mamelles. Ces deux idiomes étant confondus dans le roman lang., il en est résulté deux mots divers pour rendre l'idée de la chèvre. Dès lors on a bien pu profiter de cette richesse pour désigner par l'un des deux une espèce particulière. Or la chèvre sans cornes paraît le type de l'espèce ; la chèvre encornée est l'exception, puisque, en on désigne la première espece par le nom de chèvre franche, au témoignage de Sauvages, la chèvre-type. On l'a appelée dès lors *cabro-bounto,* comme on dirait chèvre-chèvre, et *cabro-banardo,* la chèvre a cornes

Bouqua, v , ou **Boulqua.** Verser les blés ou les foins ; les coucher, ce qui est d'ordinaire l'effet d'une grosse averse, lorsque les blés et les foins étant fort épais et fort orgueilleux, les tiges en sont tendres et faciles à s'agenouiller. Ce même effet est produit quand une personne ou un animal les foule en les traversant ou s'y vautrant. — *S'aquel bla se bouquo, y-doura de païo,* si ce blé vient à être versé, la paille sera abondante cette année. Cela veut dire que ce blé en herbe est bien maigre, et s'il vient à être assez fort, assez dru pour être versé, c'est une preuve que tous les autres, qui sont de plus belle venue, réussiront merveilleusement. Locution ironique pour exprimer un champ de blé étiolé et clair-semé.

Dér. du lat. *Volvere,* rouler.

Bouqua, v. Terme de magnanerie, couvrir, féconder la femelle du papillon du ver à soie.

Dér. de *Bou,* papillon mâle.

Bouqué, s. m. Dim. *Bouquété, bouquétoù.* Bouquet, réunion de fleurs liées ensemble ; mais il se dit plus communément d'une fleur isolée. — *Ah ! qué de bouques!* Ah ! que de fleurs ! dira-t-on en entrant dans un parterre. *Bouqué de péiros,* pierre d'attente. *Bouqué dé pèous,* une mèche de cheveux, un toupet, un flocon de cheveux.

Dér. de la bass. lat. *Boscetum.*

Bouqué, s. m., n. pr. de lieu. Bouquet, commune du canton de Saint-Ambroix, arrondissement d'Alais. C'est le nom d'une montagne vers le nord-est d'Alais, *Sère dé*

Bouqué, au sommet de laquelle, dit *le guidon*, on a érigé récemment une statue colossale de la sainte Vierge. L'altitude de la montagne, au guidon, est de 631 mètres.

Ce nom est d'évidence un dimin. de *Bos* (V. c. m.), traduit de la bass. lat. *Bosquetum, boscetum, boschetum*. Il a pour analogues *Bousche*, Bouschet, communes de Ponteils et de Brésis ; *lou Bousque*, le Bousquet, hameau de la commune de Saint-Romans-de-Codière ; *lous Bousqués*, les Bouquets, commune de Soudorgues, et les noms de personne Bouchet, Bousquet, Bosquet, communs dans nos pays. Sa signif. indique la présence de petits bois, ou clair-semés, ou de médiocre hauteur.

Bouquéto, *s. f.* Petite bouche, bouche mignonne. — *Faire bouquéto*, faire la petite bouche ; ne manger ou ne parler que du bout des lèvres ; faire le dédaigneux, au fig. Dim. de *Bouquo*.

Bouquo, *s. f.* Dim. *Bouqueto*, péj. *Bouquasso*. Bouche, partie inférieure de la tête par où on parle et on mange ; ouverture. — *La bouquo dé l'estouma*, le creux de l'estomac. (Voy. *Paléto*.) *La bouquo d'un four*, la gueule d'un four. *Bouquo-fino*, un gourmand, ou un beau parleur.

Bouquo s'emploie rarement au positif pour bouche, qui se dit *Gorjo*. — V. c. m.

Las bouquos, les lèvres.

Dér. du lat. *Bucca*.

Boura, *v.* Casser des pierres ou des rochers avec une masse de carrier qu'on appelle *bouro*. Au fig. Bourrer ; frapper rudement ; maltraiter ; travailler avec assiduité et employer toute sa force. — *Fóou boura aquél ro*, il faut casser ce rocher à coups de masse. *Nous bourarén*, nous lutterons ensemble. *Zou ! bouras*, allons, ferme, forcez, poussez.

Dér. de *Bouro*, masse de fer.

Boura, *v.* Bourrer ; au prop. garnir ou remplir de bourre ; presser la charge d'un fusil.

Sé boura, se bourrer de vivres ; se gorger d'aliments ; prendre double fourrure contre le froid ; se rembourrer, au fig.

Dér. de *Bouro*, bourre.

Boura, *v.* Bourgeonner, se dit principalement de la vigne quand elle commence à pousser ses bourgeons.

Dér. de *Boure*, bourgeon.

Bourado, *s. f.* Effort ; épaulée ; reprise d'un travail, d'un ouvrage. — *Y vóou faire uno bourado*, je vais donner encore un coup de main à cet ouvrage. *Y-avèn fa uno bravo bourado*, nous avons donné un bon coup de collier.

Dér. de *Bouro*, masse de fer.

Bouraïé, *s. m.* Bourrelier, celui qui fait les colliers de labour et harnais de roulage, parce qu'il emploie beaucoup de bourre pour rembourrer.

Bourajo, *s. f.* Bourrache, *Borrago officinalis*, Linn. Plante de la fam. des Borraginées, diaphonétique et béchique.

Dér. du lat. *Borrago*, altér. de *corago*. Selon Apulée, mot qui dans la Lithuanie signifiait cordial.

Bouras, *s. m.* Péj. *Bourassas*. Lie, boue, que dépose l'huile soit dans les fosses du pressoir, soit au fond des jarres.

Dér. du gr. βόρβορος, boue, bourbier.

Bouras, *s. m.* Péj. *Bourassas*. Etoffe de laine grossière ; bure ; grosse toile d'étoupe dont on fait les sacs et draps de la campagne, *bourén*.

Dér. de *Bouro*, bourre.

Bourasso, *s. f.* Dim. *Bourasséto*. Lange en laine grossière, espèce de bure dont on enveloppe les enfants au maillot par-dessus le lange de toile, *drape* ou *drapèl*, et au-dessous du lange de parade. — *Estre à la bourasso*, être au maillot.

Dér. de *Bouras*.

Bourbouïado, *s. f.* Hachis d'herbes, ragoût, fricassée, macédoine composée de légumes, d'herbes et de viande hachée, d'œufs brouillés, apprêtés comme les épinards ; plat assez commun et qui n'est pas du goût de tout le monde. — *Vóou manja aquelo bourbouïado*, dit, surtout un jour maigre, quelqu'un qui n'a qu'un très-mince ordinaire.

Dér. du gr. βόρβορος, bourbier.

Bourbounés, *s. m.* Au plur. *Bourbounéses*. Bourbonnais, province de France ; habitant du Bourbonnais, qui lui appartient. On désigne ainsi une espèce de porcs tout blancs qui viennent du Bourbonnais.

Bourboussado, *s. f.* Curoir de l'aiguillon ; petit fer plat en forme de pelle, au bout du manche de l'aiguillon à bœufs, pour détacher la terre, les herbes, les ronces qui s'engagent dans le soc de la charrue en labourant. — *Voy. Curéto*.

Dér. du gr. βόρβορος, boue, fange.

Bourdaléso, *s. f.* Débris fangeux de menu bois et de végétaux de toute espèce, que les inondations déposent dans les oseraies et qui marquent le plus haut point qu'a atteint le niveau des eaux. — Voy. *Bourdinché*.

Ce mot paraît directement issu de *bordo* ; la place où sont déposés ces débris sur les bords des rivières, la trace qu'ils laissent comme bordure, pourraient avoir aussi influencé sur sa dénomination.

Bourdas, *s. m.* Péj. *Bourdassas*. Au plur. *Bourdasses*. Rustre ; gros lourdaud. Epithète injurieuse donnée aux montagnards de la Lozère, parce qu'ils voyagent avec un gros bâton nommé *bourdo*. De là ce nom ; mais ne viendrait-il pas du lat. *Burdo* ou *burdus*, mulet engendré par un âne?

Bourdé, *s. f.* Sabot, espèce de toupie qu'on fait tourner en la frappant avec un fouet. Ce mot n'est plus usité que par comparaison : *Escarabia coumo un bourdé*, vif comme une toupie.

Bourdèou, *n. pr.* de lieu. Bordeaux, ville, ancienne capitale de la Guyenne, maintenant chef-lieu du département de la Gironde.

Dér. du lat. *Burdigala*. Isidore de Séville dit que ce nom lui vient de ses premiers habitants, qu'il appelle *Burgos Gallos*.

Bourdérèou, s. m. Bordereau; facture des différentes livraisons d'une marchandise ou d'une denrée vendues. Emp. au fr.

Bourdifaio, s. f. Fetus et brins de quoi que ce soit qui surnagent dans un liquide ou qui vont au fond; broussailles; rejetons ravalés qui croissent au pied d'un arbre. — *Y-a be de bourdifaios,* c'est une affaire sale ou embrouillée.
Dér. de *Bordo.*

Bourdifèl, s. m. Péj. *Boudifelas.* Amas embrouillé de fils entrenoués, de racines enchevêtrées.
Der de *Bordo.*

Bourdinchè, s. m. Péj. *Bourdincheiras* Débris fangeux, détritus de bois, de racines, mêlés de limon, déposé dans une crue de rivière sur les rives ou dans les oseraies. — — *Voy. Bourdaleso.*
Der. de *Bordo.*

Bourdo, s. f. Péj. *Bourdas, bourdasso.* Bas-bout noueux d'une souche; long bâton renflé à une extrémité, qui se termine par une sorte de boule, *bougno.* — *Pè-dé-bourdo,* pied-bot.
En v. fr. bourde, bâton; d'où bourdon, bâton de pèlerin.

Bourdo, s. f. Bourde; menterie; fausse nouvelle. — *Debita de bourdos,* débiter des mensonges.
Dér. de la bass. lat. *Burda,* mensonge.

Bourdouïra, v. Ravauder; farfouiller; mettre sens dessus dessous; fouiller; retourner en tous sens. — *Dé qué bourdouïres pér aqui?* que vas-tu ravauder là?
Formé de *Bordo,* balayures, débris, et de *vira,* ou de *bordo,* v. m., maison des champs, et *vira,* tourner la maison.

Boure, s. m. Dim. *Bouriou.* Bourgeon qui commence à pousser; plus particulièrement œil de la vigne. — *Pouda à boure et bouriou,* tailler la vigne en ne laissant au scion restant que deux bourgeons ou deux yeux. — *Voy. Bouriou.*
Dér. de *Bouro,* bourre, parce que le bourgeon, quand il commence à gonfler, est couvert, entouré d'une sorte de duvet cotonneux.

Bouré, éto, adj. Brun, couleur de la bourre de bœuf ou de vache. — *Vi-boure,* vin blanc rosé, clairet et douceâtre.
Dér. de *Bouro,* bourre.

Bourèio, s. f. Bourrée, bourrée d'Auvergne; rigaudon; danse qui s'est effacée déjà devant le galop et la contredanse, détrônés eux-mêmes par la polka et la mazurka. — *Voy. Bourigal.*

Bourèl, s. m., au fém. *Bourelo.* Péj. *Bourélas.* Bourreau; exécuteur des hautes-œuvres; au fig. cruel, inhumain, féroce — *Paga dé bourèl,* paiement d'avance. *Avèdre un fron de bourèl,* être déhonté comme un valet de bourreau *Lou bourèl l'a manqua,* c'est-à-dire il s'est échappé de la corde qu'il a méritée.

On n.... qui a choisir entre les diverses étym. proposées. Ce mot, dit-on, vient du celt. *borrev;* Caseneuve le tire du gr. Bo;o. qui devore; Gui-Patin, du lat. *burrus,* roux, parce que les rousseaux sont ordinairement violents; le P. Labbe, du v. fr. *bouchet iau,* petit boucher; Ménage, du lat *buccar ius,* boucher, passant par *buccaredus, burellus, bourel* Enseñe de Salverte et Roquefort, du bourguignon *buro.* Enfin, Villaret, du nom d'un clerc, possesseur en 1260 du tier de Bellem-Combe, à la charge de pendre les voleurs du canton. En langue romane et en ital on dit *boya,* en bas-breton *bourreo.* J'incline pour ce dernier.

Bouren, s. m. Dim. *Bourenque,* pej. *Bourenquas.* Drap de grosse toile qui sert à porter du foin, de la paille, etc. — *Voy Bouras.*
Dér. de *Bouro.*

Bourétaire, s. m. Au fém. *Bouretairo.* Cardeur, cardeuse de fleuret et de bourre de soie. Ils cardent les côtes et ce qu'on appelle *tous estrasses* de cocons de filature. Ils en tirent dans les premières barbes ce qu'on appelle la fantaisie, et du reste le fleuret. qu'on nomme *boureto.*

Bouréto, s. f. Fleuret ou bourre de soie, provenant des débris grossiers des cocons. C'est une étoffe qui fait un très-long usage, et dont les femmes de la campagne étaient exclusivement vêtues, il y a quelques années, excepté dans les grands froids. Aujourd'hui les jeunes filles ont des tendances marquées à s'émanciper de la servitude de cette mode antique. L'étoffe était très-solide à la chaîne, mais de mauvais teint et peu élégante d'ailleurs.
Dér. de *Bouro,* bourre.

Bourgadiè, ièiro, s. et a lj. Habitant d'un bourg, d'une bourgade ou gros village; plus généralement, habitant d'un faubourg de ville; qui appartient au faubourg d'une ville.
Dér. du lat. *Burgus.*

Bourgado, s f. Dim. *Bourgadeto.* Bourg, bourgade, petit bourg; faubourg.
Dér. du lat. *Burgus.*

Bourgal, alo, adj. Franc, loyal. La franchise et la loyauté étaient censées les vertus particulières aux bourgeois affranchis, par comparaison aux serfs de la glèbe, dont les compliments et les offres de service étaient entachés d'une arrière-pensée de servilisme.
Ce mot dérive évidemment de bourg, qui a fait *bourgeois;* l'idée qu'il exprime est l'honneur de la bourgeoisie.

Bourgalamén, adv. Loyalement; franchement; carrément; sans arrière-pensée; avec indépendance. Il répondait autrefois à bourgeoisement, qui, dans l'acception française, comme subst. et comme adv., a bien dégénéré de notre temps, où *bourgeois* est devenu une expression de mépris et synonyme de homme vulgaire, sans esprit, sans délicatesse et sans goût.

Bourgés, s. m. Au fém. *Bourgéso;* au pl. m. *Bourgéses.* Bourgeois; habitant d'une ville, qui vit sans travailler; le peuple entend par là les riches. Il signifie encore : patron, chef d'atelier, dans le langage des ouvriers; maître et hotelier, dans celui des domestiques ou des voyageurs.

Dér. du lat. *Burgus*, bourg.

Bourgnoù, s. m. Ruche à miel; tronc d'arbre creusé, caisse ou panier dans lequel on met les abeilles.

Dér. de *Borgne*, obscur.

Bourgougno, s. f. La Bourgogne, ancienne province de France. — *Pégo dé Bourgougno,* importun qui s'attache à vous avec obstination et dont on peut se débarrasser plus difficilement que de la poix de Bourgogne, qui est la meilleure et la plus adhérente.

Dér. du lat. *Burgundius*.

Bourguignoun, s. m. Porc, cochon. C'est là un des nombreux déguisements que l'urbanité languedocienne impose à cet animal immonde pour le produire là où il doit du respect. Même alors n'est-il désigné qu'en accompagnant son surnom de précautions oratoires, comme : *parlan-t-én réspé, pardoulos pudou pas*. Elle fait de même, quand elle parle du fumier, d'un âne, etc. Cet usage se perd cependant, soit par le contact du fr. qui se moque de ces locutions, soit par l'extension des idées d'égalité — *Voy.* Lachén, Vésti-dé-sédo.

Il est probable que les premières races de nos porcs nous sont venues de la Bourgogne, ce qui leur a donné ce nom.

Bourigal, s. m. Dim. *Bourigaie*. Rigodon, bourrée, sorte de danse.

Dimin. de *Bouréio*. — *V. c. m.*

Bouril, s. m. Dim. *Bouriòù*. Bouchon; duvet; coton ; éraillures de fil qui dépassent la trame d'une étoffe, qui la déprécient et qu'il faut éplucher ; bouchon ou caillot qui se forme à un fil en le filant. — *Tiro aquèl bouril éndé tas déns*, tire-toi d'embarras si tu peux ; dénoue cette difficulté.

Dim. de *Bouro*.

Bouriòu, s. m. Petit bouchon de fil ; petit bourgeon ; contre-bourgeon qui pousse à côté du principal : le plus bas œil d'un sarment de vigne. — *Voy.* Boure.

Dim. de *Bouril* et de *boure*.

Bouriòus, ouso, adj. Dim. *Bouriousé;* péj. *Bouriousas*. Cotonneux ; bouchonné ; plein de duvets et de bouchons.

Dér. de *Boure*.

Bourisquado, s. f. Dim. *Bourisquadéto*, péj *Bouriscadasso*. Ânerie, faute grossière, ignorance crasse.

Dér. de *Bourisquo*.

Bourisquo, s. f. Dim. *Bourisquoù, Bourisqueto*, péj. *Bourisquasso*. Bourrique, ânesse, ou même âne génériquement. Au masc. *Bourisquoù*, avec la diphthongue finale muette, ce qui le distingue de son dim. *Bourisquoù* où elle est accentuée. — *Voy.* Bourou.

Bourisquou, baudet, âne ; bourrique ; au fig ignorant ; lourdaud ; ignare ; bourrique, qui a aussi les deux acceptions. — L'*i* médial est long ; il est bref dans *Bourisquoù*.

Dér. du gr. Πύρριχος, roux.

Bourisquoù, s. m. Anon, bourriquet, petit âne — La nuance entre les diminutifs, *bourisqué*, m., *bourisquéto*, f., et *bourisquoù*, est seulement que celui-ci est un petit âne qui commence à porter le bât, les autres des ânons qui tètent encore leur mère.

Bourja, v. Fouiller profondément la terre avec *la trénquo, lou béchar* ou *lou coutrié*. — *V. c. m.*

Augm. de *Bouléga*.

Bourjoù, s. m. Tisonnier; fourgon pour atiser le feu; tout bâton de bois ou de fer, propre à fouiller, à remuer.

Altér. pour *Fourjoù*, dér. du lat. *Furca*.

Bourjouna, v., et **Bourjounéja**, *fréq.* Fourgonner; remuer ; fouiller dans un trou avec les mains, un fer ou un bâton. — *Bourjouna lou fiò*, fourgonner le feu, le remuer avec les pincettes; tisonner. *Bourjouna las sèrvos*, fouiller les remises du poisson avec une perche pour le faire sortir. *Dèqu'anas bourjouna aqui?* qu'allez-vous farfouiller là ?

Formé de *Bourjoù*.

Bourjounaïre, aïro, adj. Remuant, qui s'agite, qui fouille partout et sans cesse.

Dér. de *Bourjoù*.

Bourlis, s. m. Trouble ; confusion ; tumulte ; foule agitée.

Dér. de l'ital. *Burlana*, tourbillon.

Bournal, s. m. Cendrier d'un four.

Il est dit pour *Fournal*, altér. fréquente de *F* en *B*.

Bournèl, s. m., ou **Bournèou**. Dim. *Bournélé*, péj. *Bournélas*. Conduit d'eau souterrain ou extérieur, en plomb, en zinc, en fonte ou en poterie ; tuyau de poêle.

Dér. du celt. *Born*, fontaine.

Bourniquèl, èlo, adj. Dim. *Bourniquélé*, péj. *Bourniquélas*. Myope ; qui a la vue basse, faible, mauvaise vue ; qui cligne les yeux ; louche.

Dim. de *Borgne*.

Bouro, s. f. Masse de fer montée sur un manche long et flexible pour briser les rochers ; masse de mineur ou de carrier pour rompre les pierres.

Bouro, s. f. Péj. *Bourasso*. Bourre ; poil des animaux ; duvet qui recouvre certains fruits et certains végétaux ; bourre d'un fusil, bouchon fait de bourre ou de papier pour presser la charge. — *Bouro dé sédo*, bourre de soie. *Quan-t-on faï mérca énd'èl fòou toujour y laïssa dé bouro*, on ne peut traiter une affaire avec lui sans y laisser du sien. *Emb'el fòou toujour y laïssa pèou ou bouro*, on ne peut se tirer de ses mains les braies nettes. *Fòou qué la bouro né sdoute*, il ne faut pas s'y épargner quand vous devriez y laisser de la peau. *Tira pèous et bouro*, tirer d'une affaire, d'une spéculation, tout ce qu'il est possible de lui faire rendre. *Y-a dé bouro*, cela s'entend sans qu'on soit obligé de compléter le dicton qui est : *Y-a dé bouro à batre*. Pour le rendre, on trouve la phrase toute faite : il y a du fil à retordre. En vérité, si l'on voulait positivement et sans velléité même d'antiphrase qui n'y est certainement pas, si l'on voulait, par une image, par une comparaison, exprimer une très-grande difficulté à vaincre, on pourrait sans peute trouver plus juste et plus vrai. En effet, rien n'est au contraire plus facile que de tordre, même de retordre du fil et de battre de la bourre comme de la laine. Le français a donc bien évidemment détaillé, quoique les chemins de fer ne fussent pas inventés à cette époque ; mais qu'il s'arrange. Quant au lingual or en, qui nous tient en ce moment devant grand cœur, il n'y aurait pas moyen non plus de sauver si l'on a utilisé en la prenant comme on la dit et sait au communément Il en serait tout autrement si, au lieu de battre, il y avait comme dans le français plus à propos que chez lui tordre ou filer ; car le poil si court de la bourre se prêterait difficilement à cette opération. Il est pas impossible que notre dicton soit parti de la pour arriver où il est, par une oblitération quelconque. Mais il est plus probable encore qu'il ait été fait dans un autre ordre d'idées, et qu'il ne dise pas ce que l'on croit.

Bouro signifie aussi la masse de fer, au bout d'un long manche, dont se sert le mineur ou le carrier pour rompre les blocs de rocher et les réduire en morceaux. Frapper de cette masse est à coup sûr un travail des plus pénibles. N'est-ce pas cela qui a donné naissance au dicton ? Notons d'abord que *batre* est pris de même pour frapper. On dit : *batre tous piquets*, frapper les pieux pour les enfoncer avec le *mouton*, le bélier ou la sonnette, qui les bat comme la masse bat la pierre. Notre locution a dû être primitivement avec une inversion. *Y-a de la bouro a batre* pour *y-a à batre de la bouro*, autrement dit *eine la bouro*, ainsi qu'on dit en français : jouer de la prunelle, des couteaux, pour *avec* la prunelle, *avec* les couteaux. Cela équivalait à : il y a a frapper de la masse, ce sera aussi rude que de frapper avec la masse. Dans cet ablatif, l'article *la* a disparu, parce qu'il n'était pas indispensable ni même nécessaire à la clarté de la phrase, qu'il allongeait inutilement, ce dont la langue a horreur. Dans nos proverbes si nombreux, des irrégularités, des ellipses bien autres abondent. Cette suppression de partie de l'article, créant un calembour, a donné ouverture à cette double interprétation par les deux sens qui se présentaient ; mais dans le choix à faire il faut se garder de toute préoccupation du français. A chacun sa responsabilité, à chacun selon ses œuvres, parce que dans cette circonstance, le fr. a mal dit, ce n'est pas une raison pour que le lang. en ait fait autant ; lorsque surtout il est si facile de voir qu'il a autrement et mieux dit, qu'il a dit ce qu'il fallait.

Dér. du lat. *Burra*, bourre, fait de *burrus*, roux, couleur de la bourre, ou du gr. Βυρρός, roux, rougeâtre.

Bouro, s. f. Jeu de cartes, espèce de bête-ombrée ou de mouche. — *Estre à la bouro*, faire la bête à ce jeu-là, faire la remise.

Bourou, s. m. Ane, baudet, bourrique ; as, au jeu de cartes. — *Voy. Bourisquo*.

Bourtoulaïgo, s. f., ou **Pourtoulaïgo**. Pourpier, *Portulaca oleracea*, Linn., de la fam. des Portulacées, plante potagère et grasse.

Dér. du lat. *Portulaca*.

Bourtoumìou, s. m. Barthélemy, prénom d'homme, qui est devenu nom de famille fort commun. Il fait au fém. *Bourtoumigo*, et au dim. *Bourtoumigue*. — *Sen-Bourtoumiou*, la Saint-Barthélemy, jour de la foire principale d'Alais, qui commence le 24 août et dure huit jours. C'est une date fort intéressante pour tout le pays, parce qu'elle sert de terme aux baux à loyer et à ferme, à la location des domestiques des champs, et à la plupart des transactions et des échéances de rentes foncières. *Quouro que vengue Sen-Bourtoumiou y-doura dous ans*, il y aura deux ans, vienne la Saint-Barthélemy : formule générale de comput de date pour les paysans, qui prennent ainsi pour point de départ, tantôt une fête, tantôt une récolte, tantôt l'époque d'un travail qui se fait à temps fixe : *quouro que vengou las prunos, lous Avens, lous cabusses*, vienne la saison des prunes, l'Avent, l'époque des provins. *Finis sous ans per Sen-Bourtoumiou*, il compte ses années à partir de la Saint-Barthélemy ; il est aux environs du 24 août. La Fare, dans ses *Castagnados*, a fait de la *Fieiro de Sen-Bourtoumiou*, un tableau du genre des plus gais et des mieux réussis.

Dér. du lat. *Bartholomeus*.

Bouru, udo, adj. Dim. *Bouru le*, péjor. *Bourudas*, asso. Velu ; couvert de poils ou de bourre. Au fig. bourru, inquiet avec grossièreté. Au jeu de la *bouro*, celui qui a fait une mauvaise affaire, une spéculation ruineuse. — *M'a fa bouru*, il m'a mis dedans. *Estre bouru embe lou rèi*, perdre avec beau jeu ; en effet, au jeu de la *bouro*, quand on ne fait pas de lever on est *bouru*, et il est par trop fort de n'en pas faire, quand on a en main le roi, qui est la plus forte carte.

Bousa, v. Fienter ; mais il ne se dit que du gros bétail domestique, dont les excréments se nomment *bouso*.

Bousado, s. f. Augm. *Bousas*. Fientée ; tas de bouse que les bœufs ou les vaches ont rendue en une seule fois.

Dér. de *Bouso*.

Bousanqué, éto, adj. Homme ou femme de très-petite taille ; bamboche ; nabot. Il est devenu n. pr. — *Voy. Bouserlé*.

Dim. de *Bousas*.

Bousas, s. m. Péj. *Bousassas*. Fientée énorme. Au fig. homme ou enfant de taille basse et large, à la fibre lâche et molle.

Augm. de *Bouso* et de *bousado*.

Bouscarasso, s. f. Bois fort épais et mal entretenu, où les ronces et les plantes sauvages abondent ; fourré sauvage.

Péj. de *Bouscas*.

Bouscardiè, s. m. Bûcheron, qui coupe et qui dépèce les arbres sur place ; qui habite les bois.

Dér. de *Bos*.

Bouscardièiro, s. f. Bûcher ; hangar au bois ; lieu où l'on serre le bois de chauffage. — *Voy. Piolo*.

Dér. de *Bos*.

Bouscarido, s. f. Dim. *Bouscaridéto.* Fauvette ; bec-fin à tête noire, *Sylvia atricapilla,* Temm., de la fam. des Passereaux. Ce charmant oiseau, le seul qui puisse rivaliser avec le rossignol par son chant, qui dure plus longtemps s'il est un peu moins parfait, est fort commun à son double passage d'automne et de printemps ; il en reste aussi beaucoup en hiver dans le pays. Il vit d'insectes et de larves, ainsi que des baies du sureau et du groseiller, et fait son nid dans les buissons d'aubépine et d'églantier. Il a le dessus de la tête d'un noir profond, le corps cendré, légèrement nuancé d'olivâtre à la queue et aux ailes, le ventre et la gorge inclinant au blanchâtre. Le nom de *Bouscarido,* qui vient évidemment de *bos,* habitant, amateur des bois, s'applique bien particulièrement à cette fauvette, mais il se donne également aux autres espèces de ce genre, qui sont nombreuses. C'est que le languedocien n'est point une langue de savant ; il se contente de tracer à grands traits et abandonne les détails. Ce n'est point par pénurie, car il donne souvent plusieurs noms au même individu, mais il est frappé surtout de la différence des genres et néglige ou dédaigne les nuances, insignifiantes souvent, qui distinguent les variétés. Nous le verrons ainsi confondre sous le nom de *tartano* et de *mounce* la plupart des oiseaux de proie, de *sèr,* de *tusèr* ou *lètrou,* de *ratopenado,* de *grapáou,* toutes les espèces de ces animaux, qui sont très-nombreuses et qui ont chacune un nom ou une épithète différents dans la science. On pourrait citer bien d'autres exemples de ce genre qui se retrouveront.

Bouscarido, et par abrev. *Bouscar,* est un sobriquet que l'on donne à quelqu'un de frêle, maigre et fluet.

Bouscarido (Grosso), s. f. Sitelle ou Torchepot, *Sitta Europea,* Linn. Cet oiseau, qui a les plus grands rapports avec les pies, vit sédentaire chez nous. Il a les parties supérieures du corps d'un cendré bleuâtre, la gorge blanche, les flancs et les cuisses d'un roux marron. — *Voy. Raté.*

Bouscarlo, s. f. Fauvette ; variante de *Bouscarido,* qui a la même racine et s'applique aussi aux mêmes variétés de fauvettes. — *Voy. Bouscarido.*

Bouscas, s. m. Gros bois ; grande forêt ; forêt solitaire ; bois qui brûle difficilement ; mauvais bois. — *Voy. Bouscarasso.*

Augm. et péj. de *Bos.*

Bouscas, casso, s. et adj. Sauvage ; sauvageon ; branche non greffée ; bâtard ; faux. — *Leva lou bouscas,* enlever les pousses de sauvageon d'un arbre. *Pèro bouscas,* père nourricier. *Fraire bouscas,* frère utérin ou consanguin. *Cousis bouscas,* cousin bâtard, parent fort éloigné. *Las litanios bouscassos,* des chants obscènes, grivois ; la mère Gaudichon. *Fron bouscas,* front très-étroit, où les cheveux sont très-bas plantés.

Péjor. de *Bos.*

Bouscassino, s. f. Généralité des arbres-sauvageons ; pousses de sauvageon qui sortent tout le long de la tige d'un arbre greffé à la tête, qui forment souvent comme des buissons, et qu'il faut se hâter d'enlever pour ne pas affamer le bourgeon de la greffe.

Dér. de *Bouscas.*

Bousérlé, s. m. Enfant tout petit de taille, menu, mignon. Il est, comme *bousanqué,* un dim. de *bousas,* mais il n'entraîne pas, comme lui, une idée de ridicule ; il ne s'attache qu'aux enfants, tandis que *bousanqué* s'attache à des individus de tout âge. — *Voy. Bousanque.*

Bousiga, v. Fouiller, remuer, soulever la terre avec le grouin, à la manière des pourceaux et des sangliers. Par ext. gâter un ouvrage, bousiller, le gâcher, le faire à demi et sans régularité ; rabâcher ; ressasser. — *Bousiga lou tête,* est ce que fait un enfant à la mamelle, quand il donne des coups de tête au sein de sa mère pour faire venir le trait ou le jet de lait.

Dér. de *Bouso* et du lat. *agere,* remuer, agiter, parce que tout le monde sait que c'est surtout dans la fiente que les porcs aiment à fouiller.

Bousigado, s. f. Trace laissée dans un champ par le fouillement des pourceaux ; barbouillage, mal-façon.

Dér. de *Bousiga.*

Bousigadoù, s. m. Fouillis ; endroit hanté par les porcs et surtout labouré par leurs œuvres ; groin ; gros nez qui ferait croire que le propriétaire pourrait s'en servir à *bousiga,* iron.

Bousigaire, s. m. Mauvais ouvrier ; celui qui gâte un travail. Au fig. rabâcheur.

Dér. de *Bousiga.*

Bousigaje, s. m. Bousillage ; ouvrage, travail mal fait ; œuvre donnée à un champ, peu profonde, inégale, toute de trous et de bosses, comme si elle était faite par le groin d'un porc.

Dér. de *Bousiga.*

Bousin, s. m. Tapage ; tintamarre ; train ; rumeur. — *Voy. Boucan.* Par ext. mauvais lieu, lieu de débauche.

Emp. au fr. mais le lat. *Buccinare* semble ne pas être étranger à sa formation.

Bouso, s. f. Fiente, crottin des bœufs, vaches, ânes, chevaux et mulets. — *Ramassaire de bouso,* le dernier degré sur l'échelle sociale, ou plus académiquement sur la roue de la fortune ; ce métier, consistant à ramasser du crottin sur les routes, est sale et donne de petits bénéfices ; aussi n'est-il exercé que par les enfants, les vieilles femmes et les hommes hors d'état de travailler. Deux jeunes enfants se rencontrent ; le plus grand dit à l'autre : *Dé que fas ?* — *Ramasse dé bousos, et tus ? — Oh ! ièou, sou à las broquos.* Et le plus petit d'envier son camarade qui avait fait son avancement ; car, quittant son premier métier, il était passé ramasseur de buchettes. — *Fara be la bouso pèr la gorjo,* expression fort sale, mais très-énergique, pour dire qu'une personne, vivement contrariée, irritée, va finir par exhaler sa colère, vomir sa bile et son venin.

Dér. du gr. Βουστασία, venu de Βοῦς, bœuf.

Boussa, v. Former une bosse, s'élever en protubérance ;

se dit surtout des plantes tuberculeuses ou bulbeuses, comme les pommes de terre, les raves, les aulx, etc., lorsqu'elles commencent à développer leurs tubercules ou leurs caïeux.

Dér. de *Bosso.*

Boussado, *s. f.* Dim *Boussadeto.* Contenu d'une bourse; plein une bourse; magot d'un avare : pécule d'une femme, qui se dit mieux *fatéto.*

Dér. de *Bousso.*

Boussar, ardo, *adj* Péj. *Boussardas.* Vilain bossu; mauvais bossu; se prend toujours en mauvaise part.

Péjor. de *Boussu.*

Boussargue, *s. m. n pr.* de lieu Boussargues, village, dans la viguerie de Bagnols. *Brossanicœ*, dans le dénombrement de la sénéchaussée de Nimes.

V. pour l'étym. l'article *Bos.*

Boussèlo, *s. f.* Dim. *Bousséléto;* pejor. *Bousselasso.* Oignon de fleurs; tête d'ail, qui est composée d'un assemblage de plusieurs caïeux ou gousses, *bésegnos.*

Dim. de *Bosso.*

Boussi, *s. m.* Dim. *Boussine.* Morceau; bribe; petit tas. — Voy. **Flo, Tèfle, Tro.**

Dim. de *Bosso.*

Boussignolo, *s. f.* Dim. *Boussignouléto.* Petite bosse ; bosse au front; excroissance; protubérance; bosse de chameau; tuméfaction quelconque.

Dim. de *Bosso.*

Boussignoula, *v.* Enfler; se former en bosse; tuméfier. — *Soun fron boussignoulè tout dé suito,* l'œdème se forma tout de suite sur son front.

Bousso, *s. f.* Dim. *Bousséto*, péj. *Boussasso*. Bourse; petit sac de peau, de fil, ou de soie, où l'on met de l'argent; par ext. l'argent que l'on a, dont on peut disposer. — *Es elo qué gardo la bousso,* c'est la femme qui tient les cordons de la bourse. *A bono bousso,* c'est un richard. *V'ou maï amis én cour qu'argén én bousso,* exp. prvb., la faveur en justice vaut mieux que l'argent. *Tant qué vouras ami, mais qué la bousso noun toques,* prvb. ami jusqu'à la bourse.

Dér. du gr. Βόρσα, ou Βυρσίς, peau, cuir, parce que les premières bourses en étaient faites.

Boussò, *s. m.* Gousset, petite poche placée près de la ceinture de la culotte, où autrefois on tenait l'argent pour porter avec soi.

Curo-boussò, vide-gousset, est le nom d'un village sur la route de Nimes à Beaucaire, qui autrefois n'était qu'une taverne de route. Ce nom lui fut-il donné parce qu'on y faisait bonne chère et qu'on y buvait du bon, ce qui alléchait les voyageurs à y vider leur gousset, ou bien cette taverne avait-elle mauvais renom, et supposait-on que le gousset s'y vidait un peu contre le gré de ceux qui étaient forcés de s'y arrêter ? La première version est plus charitable, la seconde est mieux dans les mœurs du temps où le surnom a été donné. — Par ext. on appelle *curo-boussò* tous les objets de dépense habituelle et les enfants qui font des appels fréquents à la bourse de leur père ou qui leur coutent beaucoup pour leur éducation. — *Gratas un pdou veste bousso,* mettez la main à votre gousset, dit à son père un fils qui demande de l'argent.

Dér. de *Bousso*

Boussu, udo, *adj.* Dim. *Boussude,* péj. *Boussudas.* Bossu, qui a une bosse; montueux; inégal; contrefait. — *Faï nous veire se siès boussu,* tourne sur tes talons et va-t-en. *S'ou vos pas creire, vendras boussu,* si tu ne veux pas le croire, tu deviendras bossu, c'est-à-dire Dieu te punira *De jouine medeci, cementèri boussu,* le jeune médecin peuple le cimetière.

Dér. de *Bousso.*

Boussuduègno, *s f.* La gent bossue; la race des bossus; express. collective, avec le suffixe *uègno* : à conférer à *Bastarduègno, Éfantuègno,* etc. — *V. c. m.*

Dér. de *Bosso.*

Bouta, *v.* Mettre, poser, placer.

Ce terme est très-élastique; ses diverses acceptions s'étendent à beaucoup d'actes. Quelques exemples aideront à en bien comprendre les sens divers. — *Boutas qu'ague pas rés di,* faites comme si je n'avais rien dit. *Lous cabris boutou de banos,* les cornes commencent à pousser aux chevreaux. *Las fédos boutou de pièi,* les brebis commencent à avoir les mamelles gonflées, preuve qu'elles mettront bas bientôt. *Aquél efan bouto de dens,* les dents commencent à percer à cet enfant. *Bouta davan,* faire marcher quelqu'un, un troupeau devant soi. *Boutas-y la man,* mettez la main à cette affaire. *Bouta coïre,* mettre le pot au feu, ou en terme de boulangerie, enfourner le pain. *Bouta fiò,* commencer une chose que d'autres feront après; attacher le grelot *Bouta lou lévan,* mettre le levain, pour faire le pain; au fig. semer des ferments de discorde.

Dér. de la bass. lat. *Butare.*

Boutado, *s. f.* Ecluse, réservoir d'un moulin; le premier lait qui vient aux mamelles après l'accouchement.

Dér. du gr. Βυθός, fond, profondeur.

Boutar, *s. m.* Gros tonneau; tonne; foudre.

Augm. de *Bouto.*

Boutas! *interj.* Sorte de locution explétive, qui n'a rien de commun avec le v. *bouta.* Quand elle est prise interjectivement, elle répond suivant les cas à : Allez donc ! Allons donc ! Mon Dieu, non ! Je vous en prie ! Allez ! Attendez, attendez! Bon ! — *Boutas ! fasè-m'aquél plèsì,* ah ! rendez-moi ce service. je vous en supplie. *Ah! boutas!* mon Dieu, non, vous n'y pensez pas ! Est-ce possible ? *Boutas, boutas ! és pas tan nèci,* allez, allez, il n'est pas si sot qu'il en a l'air. *Boutas ! laïssa-lou dire,* ne vous tourmentez pas, laissez-le dire. *Boutas! n'agués pas pôou,* allez, ne craignez rien. *Ah ! bouta-vous,* ah ! laissez-donc ! Vous n'y pensez pas! Ce sont des balivernes. — Ce dernier exemple présente un idiotisme qu'il faut remarquer. L'interj. a pris ici tout à fait, pour ainsi parler, la forme verbale, c'est-à-dire que *boutas* est considéré comme un temps du verbe *bouta*. Il entre alors dans une règle générale et invariable qui veut que, lorsqu'un verbe à la 2me personne plur. de l'impératif est suivi immédiatement du pronom pour régime, on supprime l's final : *Aima-vous, régarda-mé, réscoundèlou*. Ainsi *bouta-vous*, laissez donc. Dans ce cas, comme dans les précédents, il reste une observation : *boutas* est la forme respectueuse et plurielle; au sing., avec la même acception, on emploie : *Bouto! bouto!* va! va! Bah! pas possible! Bon, bon! que dis-tu là? *Bouto! vèngues pas*, va, je t'en prie, ne viens pas. *Bouto! té troumpes*, bien vrai, tu te trompes. *Bouto! save ce qué tènes*, va, va, je sais ce que tu vaux. *Bouto! qu'ou faras bé*, j'en suis sûr, tu le feras.

Bouté, s. m., ou *Siblé*. Tuyau de greffe, pour enter en flûte; virole d'écorce prise à un scion franc, qui a un ou deux œilletons et qu'on insère dans un scion écorcé de sauvageon. Il faut faire attention que cette virole soit juste à la place qu'elle doit occuper : trop large, elle perdrait la sève et laisserait l'air circuler entre elle et le sujet; trop étroite, elle se fendrait avant d'arriver à sa place.

Dim. de *Bou*, bout.

Boutéïa, ado, *adj*. Qui a de gros mollets. — *Bién boutéia*, qui a de forts mollets, bien pris, bien tournés.

Dér. de *Boutél*.

Boutéïé, s. m. Plant, semis de courges, de toute espèce de cucurbitacées. — *Voy*. *Cougourliè*.

Dér. de *Boutéio*, courge.

Boutéïo, s. f. Dim. *Boutéïéto*; augm. et péj. *Boutéïasso*. Bouteille; vase de verre ou d'autre matière, à long col et à large ventre, propre à contenir les liquides; quantité de liquide contenu dans la bouteille. — *Sour coumo uno boutéio*, sourd comme un pot. *Béoure boutéio*, boire chopine. *La boutéïo l'a més aqui*, le vin l'a tué.

Dér. de *Bouto*, dont *boutéïo* est un dimin.

Boutéïo, s. f. Courge de toute espèce, la famille appelée cucurbitacée; potiron. — *Boutéïo-énvinadouïro*, espèce de courge, étranglée par le milieu, renflée par les extrémités, dont on fait les gourdes à vin. (*Voy. Gourdo.*) Les autres espèces sont : *la cougourlo, lou pastis, lou courné, la couasso*.

Dér., comme le précéd., de *Bouto*, parce que la courge sert aussi de vaisseau à vin.

Boutéïoù, s. m. Graine ou pépin de courges et des cucurbitacées en général.

Dér. et dim. de *Boutéïo*.

Boutél, s. m. Dim. *Boutéïé, bouteïoù*, péj *Boutéïas*. Mollet, gras de la jambe. — *A miè boutel*, à mi-jambe. *Long d'esquino, prin de boutel, rasclo m'aquél*, mot à mot : long d'échine, fluet de mollets, n'est pas redoutable, attaque-le; longue taille et jambes grêles annoncent la faiblesse de la constitution, qui rendent propre à recevoir une raclée. *Faïre lous boutels énd'un éfan*, fêter a table le baptême d'un enfant.

Ce mot paraît avoir la même étym. que le fr. *botte*, faisceau d'herbes, parce que le mollet est un faisceau de muscles et tendons.

Boutigna, v., ou mieux **Réboutigna**, Bouder; rechigner; répondre avec aigreur; revenir sans cesse sur un grief passé; se montrer capricieux, mutin, chagrin.

Boutignaïre, aïro, *adj*. Péjor. *Boutignaïras*. Mieux **Réboutignaïre**. Boudeur; rechigné; capricieux; mutin; chagrin.

Boutigo, s. f. Dim. *Boutiguéto*; péj. *Boutigasso*. Boutique.

Ce mot, en fr., s'étendait autrefois aux industries et aux professions les plus libérales, de l'échoppe du savetier aux brillants magasins de nouveautés et à l'étude ou plutôt au cabinet du notaire; il ne s'élève pas plus haut aujourd'hui que la boutique du regrattier. Le lang., qui ne veut pas être en reste, a suivi la progression de la mode; mais il lui a fallu emprunter au fr. les appellations plus pompeuses pour lesquelles il n'a pas été consulté, attendu qu'elles lui sont arrivées toutes formulées de Paris. Aussi est-il obligé de se faire patois, quand il entre chez le bottier à la mode, pour appeler sa boutique un *atéïé*. Cependant il a conservé l'ancien vocable, sinon dans toutes ses applications, au moins avec certaines acceptions caractéristiques dont il use encore.

— *Faïre boutigo*, tenir une boutique, tenir un tout petit commerce de détail. *Fai bièn boutigo*, il est achalandé; il est gracieux et prévenant pour les chalands. *Bara boutigo*, fermer boutique; faire banqueroute; au fig. se taire. *Léva boutigo*, commencer un commerce; au fig. se battre, se quereller; susciter une rixe.

Dér. du gr. Ἀποθήκη.

Boutiguié, s. m. Au fém. *Boutiguièïro*. Boutiquier, boutiquière; celui ou celle qui tient boutique; petit marchand en détail.

Dér. de *Boutigo*.

Bouto, s. f. Dim. *Bouteto*; augm. *Boutar*, péj. *Boutasso*. Tonneau; fût; futaille. Lorsque le tonneau de ce pays est pris pour mesure de capacité, il contient 360 litres, ou six barraux. — *Béoure à la barbo de la bouto*, boire à même le tonneau, en plaçant la bouche à la canelle. *Bouto-trémpièïro*, tonneau à piquette, *trempo*, que l'on tient à part pour cet objet, parce que le vin pourrait en être détérioré. *Bouto-carétièïro*, petit tonneau qu'on place debout et défoncé sur une charrette pour charrier la vendange.

Dér. de la bass. lat. *Buta*; en allem. *butte*, barrique, cuvier.

Bouto! *interj*. 2me pers. sing. impér. de *Bouta*. Terme de menace, qui s'emploie dans toutes les acceptions, quand on tutoie l'interlocuteur. — *Voy. Boutas*.

Boutoù, s. m. Dim. *Boutouné*; péj. *Boutounas*. Bouton d'habit; de fleur; bubon, élevure sur la peau; bourgeon d'arbre; moyeu de voiture, de charrette; testicule d'animal.

Dér. de la bass. lat. *Botonus*, bouton, que Roquefort

fait venir de *bouta*, mettre; *botonus* signifie également bout, extrémité, ce qui le rend applicable à toutes les acceptions.

Boutougnèiro, s. f. Dim *Boutougnèireto*, péj. *Boutougnèirasso* Boutonnière, petite entaille faite à un habillement quelconque pour y passer un bouton. Au fig. estafilade à la peau, blessure.

Dér. de *Boutoù*.

Boutouna, v. Boutonner, attacher, fixer avec des boutons. Poutonner, bourgeonner, pousser des boutons, en parlant des plantes à fleurs, des arbres

Boutouna, part. pass. Bourgeonné, couvert de bubons; au fig. boutonné, discret, caché, dissimulé.

Se boutouna, se boutonner; être discret, dissimuler.

Dér. de *Boutoù*.

Bouvé, s m. Bouvreuil, pivoine ou pivète. *Pyrrhula vulgaris*, Temm. Ce joli oiseau a le dessus du corps d'un noir lustré de violet et le dessous d'un beau rouge minium, excepté le bas-ventre et les couvertures inférieures de la queue qui sont blancs. Il se nourrit de baies, de bourgeons des arbres et de graines. Il s'apprivoise facilement, retient les airs qu'on lui siffle et apprend à parler.

Bouvé, s. m. Bouvet, terme de menuiserie. rabot destiné à faire des languettes et des rainures.

Bouviè, s. m. Bouvier, celui qui conduit les bœufs; valet de charrue. La planète Vénus, lorsqu'elle paraît avant l'aurore, est désignée sous le nom de *Bouvié*.

Ce mot a servi à former le n. pr. *Bouiè*, en fr. Boyer.

Dér. du lat. *Bos, bovis*, bœuf.

Bracana, adj. Dim. *Bracanadé, bracanadoù*, péj. *Bracanadas*. Bariolé; moucheté, tigré; tacheté; tavelé; marqué de bandes, de taches, de zig-zags, en couleurs tranchantes sur le fond.

Dér. de l'ancien lang. *Brac*, tache de boue.

Braconnè, s. m. Braconnier, chasseur par contrebande; celui qui chasse furtivement.

Dérive-t-il du gaulois *Brac*, boue, bourbier, parce que les braconniers s'exposent à traverser des flaques d'eau, à séjourner dans des mares, ou du lat. *bracca*, chausses, sorte de vêtement de la Gaule dites *Braccata*? Il est fort possible que les premiers braconniers aient été des soldats licenciés, comme on en voit tant dans le moyen âge, qui étaient obligés de chercher des moyens d'existence dans le pillage et le braconnage.

Brafa, v. Bâfrer; manger goulument; goinfrer. — *A tout brafa*, il a dévoré tout son patrimoine.

En bas-bret. *Dibriff*, m. signif.

Brafado, s. f. Dim. *Brafadéto*, péj. *Brafadasso*. Bâfre; repas abondant; coup de dent solide.

Dér. de *Brafa*.

Brafaïre, aïro, adj. Dim. *Brafaïré*, péj. *Brafaïras*. Bâfreur; goinfre; gros mangeur.

Dér. de *Brafa*.

Brafo, s. f. Bâfrerie; goinfrerie; la gueule. — *La brafo li farié faire fosso edousos*, il n'est rien qu'il ne fit pour un bon repas.

En bas br. *Dibriff*, manger.

Bragassargue, s m. n. pr. de lieu Bragassargues, commune dans le canton de Quissac, arrondissement du Vigan

Ce village est connu dans les titres sous le nom lat. *Bracassauicæ* Dans la première syllabe, par un accident très-fréquent, il y a eu mutation des consonnes. *l* est devenu *r*. La substitution étant certaine, on obtient *blacas* pour radical tiré de *blac*, celt., jeune chêne, et fort bien employé dans notre langued. avec l'orthographe *Blaquas*. V. c. m. et *Blaquaredo*.) Quant à la finale lat. explétive *anicæ*, représentée par *argue*, nous renvoyons aussi à nos explications L'analogie amène immédiatement les noms similaires répandus dans nos environs : *Blaquèiras, La Blaquièiro*, hameaux de la commune de Cendras, de Pommiers, de Peyroles, de Savignargues, et autres, et *Blacoùs*, dans la commune de Cardet.

Braia, v. Culotter; mettre une culotte ou un pantalon.
— *Se braia*, mettre sa culotte, le pantalon aujourd'hui. La gradation est sensible ; le lang. est resté gaulois avec les *brayes* ; la traduction fr. est obligée de se servir du mot qui ne s'applique plus à l'objet désigné, et pour se faire comprendre, d'adopter le mot nouveau qui n'est pas encore devenu un verbe. — *Es braia bièn juste*, au fig. il a tout juste ce qu'il lui faut pour vivre. *Se braio be ndou*, il a bien de la morgue pour sa condition. *Un amourié bièn braia*, un mûrier bien fourni en feuille dans l'intérieur de ses grosses branches. *Un por bièn braia*, un porc dont les jambons sont bien fournis en graisse. *Un braio-l'ase*, un nonchalant, un niguedouille ; ou bien un homme qui veut se mêler d'un ouvrage de femme, ou de ce qui n'est pas dans ses attributions.

Dér. de *Braio*.

Braïa, v. Brailler; babiller sans mesure; criailler; chanter.

Dér. de la bass. lat. *Bragulare*, criailler, faire du bruit.

Braïar, ardo, adj. Dim. *Braïardé, braïardoù*; péj. *Braïardas*. Braillard, qui parle haut, sans cesse, hors de propos ; brailleur ; tâtillon ; qui se mêle de ce qui ne le regarde pas ; qui fait l'important. — *Dé qué sé mêlo aquél braïar?* que veut donc ce braillard? que vient-il ici fourrer son nez?

Dér. de *Braïa*, brailler.

Braïardije, s. m. Importance, manie de se mêler des affaires des autres.

Dér. de *Braïar*.

Braïasso, s. m. Qui est mal culotté ; qui laisse tomber sa culotte en marchant ; par ext. qui a les jambes courtes et le derrière bas. Péjor. de *braïar*, importun, curieux, tâtillon.

Dér. de *Braïo*.

Braïéto, s. f. Primevère des prés à fleur jaune, *Primula* *officinalis*, Linn. Plante de la fam. des Primulacées. Oreille d'ours, primevère des jardins à fleur rouge; variété.

Dér. de *Braïo*, et dim. probablement parce que sa fleur, en forme de calice, est recouverte, à moitié de sa longueur, par une enveloppe verte, ressemblant à un canon de culotte.

Braïo, *s. f.* Dim. *Braïéto*, péj. *Braïasso*. Culotte, pantalon; brayes, braie; chausses.— *Douna las braïos*, culotter un enfant pour la première fois. *Un cago-braïo*, terme de mépris, un chie-en-lit, un lâche, un poltron. *S'én tira las braïos nétos*, s'en tirer les braies nettes, se tirer adroitement et sans pertes d'une mauvaise affaire. *Quito pas mas braïos*, il m'est toujours après, c'est un importun dont je ne peux me débarrasser.

Dér. du celt. *Brag*, d'où le lat. *Braca*, *bracca*, *braccœ*.

Brama, *v.* Braire, comme les ânes; crier; brailler; pleurer comme font les enfants; pleurer en général. — *Lou diable té brame!* peste soit du pleurard! Cette locution revient souvent sans que le diable serve de nominatif au verbe; on dit de même : *lou diable té riyue!* peste du rieur! *Lou diable té démore!* peste soit du lambin qui n'est jamais prêt! *Un bramo-fan*, un prêche-misère, un crie-famine, qui crie famine sur un tas de blé. *Laïsso lou brama as ases*, laisse le braire pour les ânes, dit-on de quelqu'un qui pleure sans sujet. *Bramo coumo un bióou*, il ne crie pas, il beugle. *Quan douras prou brama*, quand tu auras assez pleuré. *A brama soun sadoul, aro sé páouso*, il a pleuré tout son soûl, maintenant il se repose.

Dér. du gr. Βρέμειν, frémir, braire, gronder. En bas-bret. *Bram*, en ital. *Bramare*.

Bramadis, *s. m.*, ou **Bramadisso**, *s. f.* Pleurs continus; criaillerie soutenue d'un enfant; manie de pleurer; naturel d'un enfant pleurard; braiement prolongé de plusieurs ânes, soit à la fois, soit par dialogues.

Dér. de *Brama*.

Bramado, *s. f.* Dim. *Bramadéto*, péj. *Bramadasso*. Durée du braiement d'un âne ou des pleurs d'un enfant; interruption jusqu'au temps d'arrêt qui les sépare d'une reprise.

Dér. de *Brama*.

Bramadoù, *s. m.* Gosier, au fig.; l'instrument par lequel un enfant pleure.

Dér. de *Brama*.

Bramaïre, aïro, *adj.* Dim. *Bramaïré*; péj. *Bramaïras*. Pleurard; braillard; brailleur; qui pleure ou crie continuellement.

Dér. de *Brama*.

Bramovaquo, *s. f.* Gratiole, *Gratiola officinalis*, Linn. Plante de la fam. des Personnées, médicinale, employée souvent par les indigents comme émétique et purgative.

Brancu, udo, *adj.* Dim. *Brancudé*; péj. *Brancudas*. Branchu; qui a beaucoup de branches; qui se termine en forme de fourche. — *Voy.* **Branquaru**.

Dér. de *Branquo*.

Branda, *v. a. et n.* Branler, ébranler; agiter en divers sens; remuer fortement; secouer; pousser deçà et delà; branler; être peu solide, branlant; chanceler; balancer. — *Aquél ióou brando*, cet œuf cloque, il a du vide. *Branda las cambos*, battre le pavé, faire le fainéant. *Tout cé qué brando tombo pas*, tout ce qui menace ruine ne tombe pas. *Branda las campanos*, sonner les cloches; au pr. et au fig. *Branda-nicouldòu*, être faiseur de bas au métier. *Brandopinto*, ivrogne, amateur de la dive bouteille. C'est le surnom qu'on donnait aux habitants du Collet-de-Dèze. *Branda un doubre*, secouer un arbre. *Branda dou manche*, branler au manche. *Aï uno dén qué brando coumo uno sounaïo*, j'ai une dent qui branle comme une sonnette. *A toujour quáouque fère qué li brando*, il a toujours un fer qui loche, au fig. il a toujours des entraves ou quelque affaire qui cloche. *Táoulo qué brando*, table qui chancelle.

En ital. *Brandire*, brandir.

Brandi, *v.* Secouer avec force; branler; ébranler rudement. — *Vou lou brandiguèrou coumo sé déou*, on vous le secoua, on le pelota comme il faut.

En esp. *Brandir*.

Brandido, *s. f.* Secousse; saccade; branle; remuement. Au fig. reproche, mercuriale; semonce.

Dér. de *Brandi*.

Brandimar, ardo, *adj.* Péj. *Brandimardas*. Grand vaurien; fainéant; grand flandrin.

Ce mot vient évidemment de Brandimart, l'un des personnages de l'Arioste. Un grand nombre de ces personnages sont passés proverbialement dans le fr. et le lang., comme rodomont, sacripant, etc. Mais si Rodomont a conservé son caractère en s'adjectivant, il n'en a pas été de même pour Sacripant et Brandimant, car dans le poème italien leur caractère est à peu près l'opposé de celui que leur donnent le fr. et le lang.

Brandin, ino, *adj. Brandinas*, asso. Fainéant; batteur de pavé; flandrin; dégingandé.

Dér. de *Branda*.

Brandin-Brandan, *adv.* Sorte d'onomatopée de mouvement; bras ballants, balançant de droite et de gauche, comme un pendule; démarche dégingandée.

Rédupl. de *Branda*.

Brandinéja, *v.* Fainéanter; battre le pavé; gueuser.

Dér. et fréq. de *Brandi*.

Brando-quuïo, *s. f.* Bergeronnette. — *Voy. Bérgeïréto, Couacho, Galapastre.*

Brandouïa, *v.* Brandiller; branler; secouer vivement. *Sé brandouïa*, se balancer, se dandiner.

Dér. et fréq. de *Branda*.

Brandussa, *v.* Secouer rudement; branler; brandiller. *Sé brandussa*, se dandiner en marchant; suivre des épaules le mouvement des jambes. — *Brandussavo sa tèsto*, il branlait la tête.

Dér. et fréq. de *Branda*.

Branle, *s. m.* Branle; danse; ronde. — *Anan faïre lou* *branle*, nous allons danser la ronde. *Lou branle de Paladan, lou pu nèci es lou pu gran*, chanson qui accompagne une ronde d'enfants, au dernier mot de laquelle chacun, pour ne pas être pris ou donner un gage, se pelotonne et se fait petit ; le plus grand est le sot qui paie

Branoùs, s. m., n. pr. de lieu. Branoùs, hameau de la commune de Blannaves. — *Voy. Blannavo.*

Branquado, s. f. Dim. *Branquadeto*. Branche chargée de fruits ou de feuilles de mûriers, qui s'éloigne assez du tronc pour qu'on ne puisse les cueillir sur l'arbre sans échelle ; rameau hors de portée couvert de fruits ; grain de folie.

Dér. de *Branquo*.

Branquaje, s. m. Branchage ; ensemble des rameaux et branches d'un arbre ; bois-menu produit des branches.

Dér. de *Branquo*.

Branquar, s. m. Brancard, espèce de litière pour transporter un malade, sorte de civière pour porter des fardeaux, des pierres ; les bras d'une charrette entre lesquels on attelle le cheval.

Dér. du lat. *Brachium*.

Branquaru, udo, adj. Branchu, qui a beaucoup de branches. — *Voy. Brancu.*

Dér. de *Branquo*.

Branquas, s. m., ou **Branquasso**, s. f. Grosse branche ; longue et grosse branche considérée comme une arme.

Augment. de *Branquo*.

Branquo, s. f. Dim. *Branquéto*, péj. *Branquasso*. — Branche d'arbre ; branche de rivière ; brin ; division ; portion ; racine ou germe d'un mal ou d'un défaut.

Dér. du celt. *Branc*, d'où le lat. *brachium*, et la bass. lat. *branca*, branche.

Brâou, s. m. Dim. *Brâoudé, Brâoudoù*, péj. *Brâoudas*. Taureau, bœuf entier. — *Brama coumo un brâou*, beugler. *Aquò's un brâou ; for coumo un brâou*, il est fort comme un taureau.

Dér. du bas-bret. *Braw*, qui a fait aussi l'adj. *brave*, et le fr. *brave*. En lat. *bravium*, et en gr. βραβεῖον voulaient dire : prix des jeux, prix de la bravoure et de la force. *Fortis* aussi signifiait brave et fort : les deux qualités suprêmes. Le taureau était chez tous ces peuples le type adopté de la vaillance et de la force.

Braqua, v., mieux **Abraqua**. Braquer, tourner vers ; fixer un but. — *I braquè sous dous ièls dessus*, il braqua ses yeux sur lui. — *Voy. Abraqua.*

Emp. du fr.

Bras, s. m. Dim. *Brassé, brassoù ;* augm. *Brassas*. Au plur. *Brasses;* dim. plur. *Brassés* et *Brassoùs*. Bras, membre du corps humain qui tient à l'épaule ; ce qui en a la forme, la figure, l'usage ; au fig. action, force, puissance. — *A pas qué sous brasses*, il n'a que ses bras pour le nourrir. *Sèn prou brasses aïci*, il y a bien assez de bras ici. *Brasses d'uno caréto*, brancard d'une charrette, timons. *En bras dé camiso*, en manches de chemise. *Lou bras dé Diou*, la puissance, le bras, la main de Dieu. *A lou bras long*, il a les bras longs ; il peut beaucoup.

Dér. du lat. *Brachium*.

Brasa, v. — *Voy. Abrasa.*

Brasas, s m. Au plur. *Brasasses*. Grand brasier ; gros tas de braise ; foyer bien garni de braise et qui ne flambe plus.

Augm. de *Braso*.

Brasièïro, s. f. Dim. *Brasièïréto*. Brasier, récipient à braise, en fer ou en terre, pour chauffer un appartement.

Dér. de *Braso*.

Braso, s. f. Braise, charbon allumé ou portion de bois brûlé qui ne donne plus de flamme.

Dér. du bas-bret. *Bras*, braise, du gr. βράζω ou βράσσω, bouillir ; en allem. *Brasen*, brûler. Esp. *Brasa*, ital. *Bragia*.

Brassado, s. f. Dim. *Brassadéto*, péj. *Brassadasso*. Brassée, ce que peuvent enceindre les bras étendus en cercle ; embrassement ; embrassade ; accolade ; même simplement baiser. — *A brassado*, à pleins bras. — *Uno brassado dé bos*, une brassée de bois ; *uno brassado dé gavèls, dé païo*, une brassée de sarments, de paille. *Faï uno brassado*, un baiser, s'il te plaît. *Arapa à brassado*, prendre à foi de corps.

Dér. de *Bras*.

Brasséja, v. Gesticuler, remuer les bras avec vivacité en parlant ; travailler des bras.

Dér. de *Bras*.

Brasséjaïre, aïro, adj. Gesticulateur ; travailleur à bras.

Brassiè, s. m. Journalier, cultivateur qui travaille la terre seulement à bras, et non avec un instrument aratoire ou le secours des animaux de labour.

Dér. de *Bras*.

Brassièïro, s. f. Lisière pour soutenir les enfants qui commencent à marcher. — *Efan à la brassièïro*, enfant à la lisière.

Dér. de *Bras*.

Brasucado, s. f. Dim. *Brasucadéto*. Grillade de châtaignes sous la braise. — Dans une partie des Hautes-Cévennes, ce mot est pris pour la châtaigne elle-même, quand elle est rôtie. — *Voy. Afachado.*

Dér. de *Bras*.

Bravamén, adv. Beaucoup ; à foison ; ni trop, ni trop peu ; raisonnablement ; médiocrement. — *Bravamén*, suivant l'intonation, a tous ces sens divers : preuve nouvelle que le ton fait la chanson.

Brave, avo, adj. Augm. *Bravas*. Se dit généralement de beaucoup de qualités du corps ou de l'esprit. Selon les cas, il signifie : honnête, intelligent, leste, adroit, robuste, bien portant, sage, de bonne mine. Il se dit aussi des choses inanimées pour : bon, avantageux, beau. — *Un brave home*, un honnête homme. *Uno bravo fénno*, une honnête femme. *Uno bravo fïo*, fille sage, de mérite. *Sès* *brave coumo un sóou*, vous vous portez comme le Pont-Neuf. *Sérias bé brave sé...*, vous seriez bien aimable si... *Sès brave ?* vous allez bien ? *Uno bravo tèro*, un champ assez considérable. *Un brave oustáou*, une maison confortable. *Sé sén pas riches, séguén braves*, si nous ne sommes pas riches, soyons honnêtes.

Brave n'a jamais l'acception de brave en fr. Cependant, faute d'un mot qui réponde à bravoure dans le sens de courage ou d'exploit guerrier, on dit par exception et en ajoutant un nom pour qualifier et justifier cette extension : *Brave coumo César*, brave comme César. Mais l'exception confirme la règle, et elle est rare.

Dér. du bas-bret. *Braw*, ou du lat. *Bravium*. — Voy. *Bráou*.

Bravé, éto, adj. Dim. *Bravoù, bravouné, bravounéto.* Joli ; gentil ; mignon. C'est là un exemple frappant de la dégénérescence des mots, quand ils passent par différentes filières et après un long laps de temps. Celui-ci a la même origine que le précédent, et voilà leur radical *brdou*, taureau, qui finit par différentes cascades à l'adj. *bravouné*, gentillet, qui semble la qualité la plus antipathique avec lui.

Bravén, s. m. Nature particulière de terrain assez fertile et bon surtout pour la vigne, mais difficile à labourer en bonne saison ; car il est très-dur avec la sécheresse et argileux par la pluie. Il est composé d'un mélange de limon et de schiste.

Bravouro, s. f. Honnêteté ; probité. Ne signifie jamais bravoure ou courage.

Dér. de *Brave*.

Brégadiè, s. m. — Voy. *Bergadiè*.
Brégado, s. f. — Voy. *Bérgado*.
Brégan, s. m. — Voy. *Bérgan*.
Brégandaje, s. m. — Voy. *Bérgandaje*.
Brégandéja, v. — Voy. *Bérgandéja*.
Brégo, s. f. Noise ; chicane ; querelle d'Allemand. — *Cérqua brégo*, chercher noise.

Dér. du gallois *Breg*, rupture. En esp. *Brega*, en ital. *Briga*, dispute.

Brégoùs, ouso, adj. Dim. *Brégousé* ; péj. *Brégousas*. Querelleur ; hargneux ; tracassier. — *Chi brégoùs a las douréios vérmenousos*, chien hargneux a les oreilles déchirées : le dicton se comprend de reste et ne s'applique pas seulement aux animaux.

Dér. de *Brégo*.

Brén, s. m. Son, partie la plus grossière du blé moulu. — *Déstré dou brén et larje à la farino*, économe de bouts de chandelle ; il ménage la paille et prodigue le grain.

Dér. du bas-bret. *Brenn*, même sign. Il a formé le fr. *bran*, excrément, *bran de son*, qui est le son véritable du bréneau. Tous ces mots n'ont aucune espèce d'analogues ni en lat. ni en gr., ni dans les langues modernes qui ont puisé à cette source. La racine celtique est forcée.

Brénoùs, ouso, adj. Qui contient trop de son, en parlant du pain ; défaut de toute autre préparation culinaire qui n'est pas liée, ou qui est graveleuse.

Dér. de *Brén*.

Brès, s. m. Dim. *Brèssé*. Au plur. *Brèsses*. Berceau d'osier ; barcelonnette d'enfant. Au fig. jeune âge ; commencement, lieu où une chose a commencé. — *Ou a prés dou brès*, c'est un défaut qu'il a pris au berceau. *Gna'n plén brès*, loc. prvb., il remplit son berceau, en parlant d'un gros enfant, quelquefois même d'un adulte. On dit d'une femme qui désire ardemment des enfants : *Ah boutas ! lou fariè én tout lou brès*, ah ! mon Dieu ! elle consentirait à accoucher d'un enfant tout botté, tout éperonné. *La grano dé brès*, les petits enfants.

Dér. du lat. *Versus*, part. pass. de *versare*. Cependant quelques-uns le tirent du gr. Βρίζειν, dormir, ou de Βράσσειν, agiter.

Brès (Sén-), s. m., n. pr. Saint-Brès, commune dans le canton de Saint-Ambroix (Gard). *Brés* est la traduction du nom pr. Brice, Saint-Brice, disciple de saint Martin de Tours, vers le milieu du Ve siècle ; du lat. *Brictius*.

Bréscan, s. m., ou **Brisquo,** ou **Briscan**. Brisque, briscan, nom qu'on donne aux as et aux dix du jeu de mariage ou de biscambille.

Brési, s. m., n. pr. de lieu. Brésis, quartier du territoire d'Alais, au midi et sud-ouest de la montagne de Saint-Germain-de-Montaigu, et que l'abbé Teissier, notre compatriote, ainsi que d'autres après lui, soutiennent avoir été *Prusianus*, l'habitation de Tonance Ferréol, préfet des Gaules au Ve siècle, décrite par Sidoine-Apollinaire.

Brési serait une altération du nom lat. *Prusianus*.

Brésil, s. m. Brin ; fétu ; résidu en poussière ; petite parcelle ; débris de charbon qui restent au fond d'un sac.

Dér. de *Briso*.

Brésquo, s. f. Rayon de miel ; gauffre ou gâteau de cire ; cire avec ses alvéoles pleines, telle qu'elle est ou qu'elle sort de la ruche. — Bâtonnet ; jeu du bâtonnet ; jeu d'enfant.

Dér. du bas-bret. *Brec*, cassant. En allem. *Brechen*, rompre, briser.

Bréssa, v. Bercer, donner le branle à un berceau ; balancer un enfant dans son berceau pour l'endormir. — *Sé bréssa*, se dandiner, se balancer lourdement en marchant, comme font les bergers et les gens chaussés de gros sabots.

Dér. par métathèse, du lat. *Versare*, agiter.

Brèsso, s. f. Lit en planches d'un valet d'écurie dans l'écurie même ; cabane de berger portative pour coucher dehors, couverte le plus souvent en paille.

Augm. de *Brès*.

Bréssolo, s. f. Dim. *Bréssouléto*. Lit d'enfant à barreaux ; table à rebords, avec des pieds en bateau, sur laquelle on pose le berceau d'un enfant, pour l'élever au niveau du lit de la nourrice et lui imprimer au besoin le balancement qui le berce et l'endort.

Bréthmas, s. m., n. pr. de lieu. Brethmas, écart de la commune de Saint-Hilaire, à laquelle il donne son nom. *Sént-Alari-de-Brethmas*, canton et arrondissement d'Alais. D'antiques ruines découvertes dans ce quartier, des restes de tuiles et de poteries gallo-romaines, sans doute, font remonter assez loin son origine et son nom.

Ce village est mentionné dans une ancienne charte qui mérite d'être rapportée. — Hist. gén. de Lang., t. Ier, pr. p. 35. — C'est une donation faite vers l'an 810 à l'abbaye d'Aniane. *Trademus res quæ sunt in territorio nemausensi suburbio castro andusianensi, sive infra ipsum pagum, villa cui vocabulum est Berthomates....., hoc est cum mansis, campis, curtis et hortis, cum exeis et regressis, cum ecclesia Sancti Hilarii constructa, necnon aliis ecclesiis quæ infra terminum de ipsa villa fundata fuerint, cum oblatis et mansionibus ad Bertomates aspicientibus.*

Le nom porté dans cet acte avec une légère variante se trouve au dénombrement de la sénéchaussée, en 1384, *S. Ylarius de Bretomanso*.

Il n'y a rien à dire de la dernière portion du mot *Mates*, identique à *Mazes* et *Mages*, traduit par le latin *mansus* et abrégé selon les règles par le lang. et le fr. en *mas*. Sa forme au pluriel paraît moins l'indice d'une agglomération que la réunion ou la proximité d'un certain nombre de *mansi* dans sa dépendance. La première partie jouit d'une possession d'état fort respectable, et *Bertho*, *Breto* pour signifier breton ; par où l'on arrive à *Mas du Breton*.

En contestant cette facile interprétation, je ne voudrais pas me faire une méchante affaire de ce Breton bretonnant, qui, à une époque assez reculée, nous aurait laissé le nom de son pays, plutôt que son nom propre, ce qui est étrange d'abord. Mais l'existence même de cet étranger transplanté aux bords du Gardon ne me semble pas encore suffisamment attestée par une simple dénomination, à laquelle on peut assigner dans notre langue vulgaire une origine et une raison plus naturelles. En effet, si *Berthomates*, *Bretomansus*, *Bréthmas* a eu pour parrain un Breton quelconque, le droit d'invoquer pareille descendance au même titre appartient à une petite place de la ville d'Alais, appelée en fr. *Berthole* aujourd'hui, en lang. *Brétolo*, et dans une proclamation de l'an 1388, — Mss. de l'Hôtel-de-Ville, — *trivium de Berthola*. C'est la même racine et le même mot. Or cette place, au moyen âge, à proximité du Marché, était le lieu spécial où se cantonnaient et s'étalaient les denrées apportées des Cévennes avec la *bréto*, la hotte montagnarde, ou dans le *bértoul*, *brétoul*, panier fait de minces lames de bois ; peut-être aussi y avait-il là une industrie de fabrication de *bretos* et de *bértouls*. Elle en a retenu le souvenir. Les deux noms, en tous cas, qui ont contribué à faire celui de *Brétholo*, *Bérthole*, dérivent du gaulois *brett*, en lat. *lignum*, bois, planche, éclisse, servant à faire *brétos* et *bértouls*. Mais les analogies nous viennent encore en aide. Le nom propre *Breteuil* n'est pas plus breton d'origine que notre *Bréthmas* et que notre *Bretolo*, son correspondant direct, avec la différence du dim. roman *euil* au dim. lang. *ol* ou *olo* Et l'on sait que le nom de cette ancienne famille était autrefois *Tonnelier*, changé depuis en *Breteuil*, son équivalent synonyme, plus noble et plus sonore peut-être mais sorti de la même souche, exprimant la même idée, fait du même bois, *brett*. Pareillement pour *Bretche*, vieux mot fr. signifiant fortifications de bois, dans Du Cange *Bretechiæ*, *castella lignea*. Dans tout cela pas la moindre trace d'un Breton.

La dérivation pour *Brethmas* nous paraît donc fort probable, en y faisant entrer *brett*, soit que le *mansus* primitif fût construit en planches, soit qu'il ait été établi dans un pays couvert de bois ; les deux hypothèses peuvent être également soutenues.

Brévé, s. m. Brevet, privilège ; acte portant concession d'une grâce, d'un don, d'une autorisation.

Emp. au fr.

Brévéta, ado, *adj*. et *part. pass.* Breveté ; qui est pourvu, muni d'un brevet.

Emp. au fr.

Bria, v. Briller ; reluire ; jeter une lumière étincelante ; avoir de l'éclat.

Emp. au fr.

Brian, anto, *adj.* Brillant, qui a de l'éclat ; qui reluit.

Emp. au fr.

Brida, v., mieux **Embrida**. Brider, mettre la bride ; lier, arrêter, attacher. — *M'an bièn brida et séngla*, on m'a joliment lié et garrotté, dit-on proverbialement, quand on vient de passer un acte qui vous lie fortement. *Sén bridas*, nous sommes arrêtés, liés. Sauvages traduit : nous jeûnons. Très-juste : la loi est la bride. *Brida l'ase pér la quuo*, prvb., prendre une affaire à contre-pied ; agir à contre-sens.

Les étym. paraissent nombreuses : d'abord le celt. *bride*, puis le vieux saxon *bridel*, *bridl*, même mot et même signification, le gr. éolien Βρυτήρ, pour ῥυτήρ, tirer, parce que la bride sert à tirer. En ital. *briglia* ; en esp. *brida*, bride.

Bridèl, s. m. Dim. *Bridélé* ; péj. *Bridélas*. Bridon ; filet à mors étroit, sans branches ni bossettes.

Dér. de Brida.

Brido, s. f. Dim. *Bridéto*, péj. *Bridasso*. Bride ; partie du harnais d'un cheval qui sert à le conduire ; petite bande de toile ou d'étoffe, attachée au béguin d'un enfant, aux bonnets et aux chapeaux de femme, destinée à passer sous le menton, pour retenir ces coiffures. — *Trépa embé la brido*, ou *émbé lou cabèstre*, jouer avec sa queue à la manière des jeunes chats ; se dit des gens très-jeunes qui ne prennent nul souci et se font un jeu de tout. — Voy. *Cabestre*.

Dér. de Brida.

Brido-mousquo, s. m. Cogne-fêtu ; tatillon ; qui fait de grands embarras de petite chose ; homme fluet, frêle, débile.

Bridoulo, s. f. Dim. *Bridouléto*. Bois de jeunes scions refendu en lames fort minces, que l'on tresse pour faire les païarons, bértoulos et campanèjes. (V. c. m.) Les jeunes pousses de châtaignier sauvageon sont considérées comme les plus favorables ; à cet effet, on les aménage en taillis et on les coupe tous les trois ans.

Dér. de *Brido*.

Brignoù, *s. m.* Brignole ; prune de mirabelle, la plus petite de toutes les espèces. Elle est d'un assez beau jaune quand elle est mûre.

Comme son nom, et surtout son représentant fr. l'indique, ce fruit vient de Brignoles, en Provence, où il est cultivé avec succès, et où l'on fait des conserves de prunes très-renommées.

Brignoun, *s. m. n. pr.* de lieu. Brignon, commune du canton de Vézénobres, arrondissement d'Alais. La tradition donne à ce village une origine fort ancienne.

Le nom de *Brignoun* sous la forme *Briginn*, est un de ceux qui sont inscrits sur un petit monument du musée de Nimes, portant les noms de onze localités du territoire des anciens Volces Arécomiques. Il occupe le second rang dans le deuxième groupe, qui paraît avoir pour chef-lieu *Ucetia*, Uzès. L'attribution de *Briginn* à *Brignoun*, Brignon, n'est pas douteuse. Dans l'inscription le mot est évidemment abrégé de la dernière syllabe à cause des dimensions du piédestal ; il devrait se terminer en *o*, *Briginno*, simple nom de localité avec la finale celtique si commune, ou en *ones*, au plur., si on veut l'appliquer à une peuplade, *Briginnones*. La traduction latine du moyen âge donne raison à cette désinence. La basse latinité des Cartulaires disait, en effet, en 1207, *Brinnonum*, en 1273 *Brinno*, en 1384 et 1384 *Brinhonum*, en 1435 *Brinhon*, dont le languedocien a fait *Brignoun* et le fr. Brignon. Ici se remarque la transformation du *g* entre deux voyelles, dont la prononciation était mouillée, ce que le latin rendait en plaçant un *h* ou un *i* après *n*, et que nous avons repris par notre *gn* qui produit le même effet ; les exemples sont nombreux.

Dans le voisinage on a découvert des restes d'antiquités romaines ou gallo-romaines ; un monticule où l'on prétend que l'ancien village était établi, porte le nom de *Sère dé Briéno*, colline de Brienne, et un ruisseau est aussi appelé *Brdouno*, Braune ; ce sont autant de dérivations du celtique *Briginn*.

Quant à l'étymologie du mot, on trouve en gallois *Brigynn*, cime, sommet, extrémité, bout, où l'on reconnaît la racine *bri, brin, bren*, colline, élévation, hauteur, qui a donné avec le même sens dans diverses langues *ber, bir, berg, bern, birn*. La situation de *Brignoun* justifie cette dénomination, et son ancienneté d'origine est également établie : village sur une élévation.

Brin, *s. m.* Brin de fil ; fil de la soie sans être doublé et tel qu'il se dévide sur la roue à filer ; brins de chanvre dont est composée une corde, ou un fil redoublé et tordu. — *Floundo à quatre brins*, fronde à quatre bouts.

Ce mot paraît dérivé de *Prin* dont il est la métathèse.

Il ne faut pas perdre de vue que le mot *prin* vient évidemment du lat. *primus*. Le fil dont on fait les étoffes est doublé, triplé, quadruplé ; lorsqu'il est simple, il se dit *brin*, ce qui revient à *premier ;* ce sont bien là dès-lors ces premiers filaments qui restent dans la main de celui qui sérance, les *brins premiers*, par excellence.

Bringo, *s. f.* Dim. *Bringuéto*, péj. *Bringasso*. Bringue ; rosse ; cheval maigre ; femme maigre, déhanchée, mal bâtie. — *Mètre én bringo*, mettre en pièces, en désarroi.

Emp. au fr.

Briou, *s. m.* Dim. *Brivé*, *brioulé*. Certain temps ; petit intervalle de temps. — *Y-a un bon briou*, il y a longtemps. *N'avès pér un poulì briou*, vous en avez encore pour longtemps. *Espérarés un briou*, vous attendrez un peu. *Y-a'n brivè*, il n'y a qu'un petit instant.

Dér. du lat. *Brevì*, bientôt.

Briqué, *s. m.* Dim. *Briquétoù*. Briquet à feu, outil d'acier pour tirer du feu d'un caillou ; sabre-briquet court à l'usage de l'infanterie ; jeune gars, blanc-bec ; homme sans valeur et sans consistance ; petit homme, au physique et au moral ; petit et mauvais cheval, criquet. — *Batre ddou briqué*, au fig. être cagneux, avoir les genoux qui se heurtent en marchant.

Emp. au fr.

Briquo, *s. f.* Dim. *Briquéto* ; péj. *Briquasso*. Brique, terre argileuse pétrie, montée et cuite, qu'on emploie dans les constructions. — *Briquo énvèrnissado*, brique vernissée. *Briquo caneludo*, brique à crochet, qui sert à faire des voûtes.

Dér. de la bass. lat. *Brica*.

Brisa, v. Briser ; casser ; rompre, mettre en pièces ; réduire en poudre.

Dér. de la bass. lat. *Brisare*, presser.

Brisal, *s. m.* Dim. *Brisaié*. Menus débris de pierres ; petits fragments, réduits en poussière, de tout corps dur très-divisé.

Dér. de *Briso*.

Briso, *s. f.* Dim. *Briséto*, s. f. *Brisouné*, s. m. Miette ; brin ; parcelle ; morceau détaché d'un plus grand ; miette de pain. — *Douna-mé n'é'no briso*, donnez-m'en un petit morceau. *Né rèsto pa'no briso*, il n'en reste pas un fétu, il n'en reste rien. *N'avédre dé las brisos*, en avoir des éclaboussures. *Aou foun ddou sa s'atrobou las brisos*, prvb., au fond du vase la lie ; au dénouement les angoisses. *Las brisos né sdoutavou dou capèl*, on mangeait de si grand appétit, on cassait si vivement la croûte, que les éclats, les miettes en volaient au loin.

Las brisos, châtaignes sèches qui ont été brisées en les battant pour les dépouiller. Cette espèce de châtaignes a un peu moins de valeur au marché que les autres, parce qu'elle se met en marmelade en cuisant ; mais elle est aussi bonne, préférable même, si on veut la moudre en farine pour l'abreuvage des porcs, parce que généralement ce sont les châtaignes de meilleure qualité et les plus sèches qui se brisent le plus : celles qui sont avariées, moisies ou vermoulues contenant une humidité qui les préserve de se concasser.

Dér. de *Brisa*.

Briso-baro, *s. m.* Écervelé ; indompté ; tranche-montagne ; qui se met au-dessus des lois.

Comp. de *Briso*, *brisa*, et *baro*.

Brisqué ! *interj.* intraduisible, qu'on adresse à quelqu'un qui commet une incongruité en parole ou en action sales.

Ce mot paraît la contraction et un sous-entendu de brusquez la politesse.

Brivado, *s. f.* Dim. *Brivadeto* Séance, durée d'un travail entre ses diverses interruptions ; séjour. — *Y-avèn fa uno bono brivado*, nous avons fait une bonne séance de travail. — Il a aussi toute la portée de *Briou ;* on dit bien et également : *Y-a un bon briou* et *uno bravo brivado*, pour : il y a un long espace de temps.

Dér. de *Briou*.

Brocho, *s. f.* Dim. *Brouchéto*, mieux : *Haste*. Broche de cuisine ; espèce de longue aiguille.

Dér. de *Broquo*, parce que les premières broches étaient un pieu de bois, une bûche. Sauvages prétend qu'il y a des bâtons d'un certain bois dont les fibres sont de leur nature tellement torses que la chaleur les fait détordre, et que les viandes qu'on y embrochait autrefois, tournaient d'elles-mêmes. Probablement ce n'étaient que des moineaux ou tout au plus des grives, avec lesquels on pouvait se permettre cette économie de tourneur ou de tournebroche.

Brodo, *s. f.* Paresse ; fainéantise ; mollesse ; indolence ; produites par l'ennui ou par une certaine disposition d'esprit ou de corps semblable au *spleen* anglais. Ce n'est pas une paresse habituelle, mais accidentelle, un entraînement irrésistible et momentané au *far-niente*, qui donne du dégoût pour le travail et par conséquent de l'inaptitude.

Les ouvriers de Paris appellent cette disposition : avoir la flême, ce qui veut dire : avoir la *brodo*, être plus en train de flâner que de travailler. — *La brodo mé gagno*, l'ennui, le dégoût me gagnent ; je ne suis bon à rien. *Aquel tén fai vèni la brodo*, ce temps lourd donne des vapeurs, de la lassitude dans les membres, de la mélancolie dans l'esprit. *Mé dones la brodo*, tu m'ennuies.

Dér. du gr. Βραδύς, lent, Βράδος, lenteur.

Broquo, *s. f.* Dim. *Brouquéto*, péj. *Brouquasso*. Bûche ; bâton brut ; scion d'arbre sec. — *Lou touquariéi pas énd'uno broquo*, je ne le toucherais pas avec des pincettes. *Porto uno broquo, lou fió s'amousso*, apporte une bûche, le feu va s'éteindre. *S'arrape uno broquo !* si je prends un bâton, gare !

Dér. de la bass. lat. *Broca*, branche d'arbre, échalas, broussaille.

Broquo-quiou (A), *adv.* Tout de travers ; à la diable. — *Travaia à broquo-quiou*, gâter l'ouvrage, en se hâtant trop et ne faisant nulle attention : va comme je te pousse. *Aquò s'apèlo juja à broquo-quiou*, voilà qui s'appelle jugé a la diable, dit un plaideur qui perd son procès, dans les vingt-quatre heures bien entendu, et quelquefois, avec plus de raison, après ce délai de tolérance.

Dér. d un jeu d'écolier qui porte ce nom et qu'on nomme en fr. broche-en-cul.

Brou, *s. m.* Dim. *Brouté*. Jeune pousse des arbres ; brin détaché d'une plante ; trochet de fleurs ou de fruits ; bourgeon. — *Un brou dé sàouvio, dé vidouié, dé basali*, une branche de sauge, de giroflée ; un brin de basilic.

Dér. du celt. *Brout* ou *Brot*, brin, d'où la bass. lat. *Brogilum*, *Bruillum*, *Brolium*, petit bois, broussailles ; ou du gr. Βρύω, bourgeonner.

Brou, *s. m.* Terme de boucherie, pièce du poitrail d'un mouton, qui répond au grumeau du bœuf ; haut côté de la poitrine.

Dér. du v. m. *Brutz*, sein, poitrine.

Broucanta, *v.* Brocanter ; acheter, revendre ou troquer ; vendre par échange ; vendre du bric-à-brac, des marchandises d'occasion.

Dér du lat. *Recantare*, se dédire, parce que ce genre de revendeurs avaient autrefois vingt-quatre heures pour se dédire, et rompre leurs marchés.

Broucantur, urdo, *adj.* Brocanteur ; celui qui sans être marchand, a la manie de brocanter, d'échanger, de troquer ce qui lui appartient, comme chevaux, voitures, meubles.

Dér. de *Broucanta*.

Brouchadéto, *s. f.* Dim. *Brouchadéto*. Brochée ; hâtelettes ; enfilade de petits-pieds à la broche.

Dér. de *Brocho*.

Brouda, *v.* Broder.

Emp. au fr.

Broudariè, *s. f.* Broderie.

Emp. au fr.

Brouduso, *s. f.* Brodeuse.

Emp. au fr.

Brouéto, *s. f.*, ou **Brouvéto**. Brouette. — *Voy. Barioto*.

Brouïa, *v.* Brouiller, semer la discorde ; mettre le désordre. — *Sé brouia*, se brouiller avec quelqu'un ; d'ami devenir ennemi.

Dér. de l'ital. *Brogliare*, *imbroglio*.

Brouïadisso, *s. f.* Brouillerie, mésintelligence.

Dér. de *Brouïa*.

Brouïar, *s. m.* Dim. *Brouïardé ;* péj. *Brouïardas*. Brouillard ; nuage. — *Lou brouïar a mouqua las vignos*, la giboulée a fait périr les bourgeons de la vigne.

Brouïar, en style d'écolier, est le brouillon, cahier ou écrit qui n'est pas mis au net. — *Papié brouïard*, papier gris, qui boit.

Dér. du lat. *Pruina*, ou de la bass. lat. *Brolhardus*, m. sig.

Brouïarda, ardado, *adj.* Couvert de brume, chargé de brouillards.

Dér. de *Brouïar*.

Brouïo, *s. f.* Brouille; mésintelligence légère; petite brouillerie. Le même que *Brouïadisso*, mais avec une nuance un peu plus foncée.

Dér. de *Brouïa*.

Broun-broun, *s. m.* et *adv.* Hurlu-berlu; étourdi; étourdiment, en renversant tout. Onomatopée. Viendrait-il du gr. Βρονή, tonnerre?

Broundas, *s. m.* Dim. *Broundassoù;* péj. *Broundassas.* Rameau de chêne-vert avec toutes ses feuilles, dont on se sert, en guise de balai, pour amonceler les feuilles mortes et les hérissons de châtaigniers; brandes, bourrée.

Dér. et augm. de *Broundo*.

Broundïo, *s. f.* Ramilles, émondilles, broutilles; débris de menu bois qui reste après qu'on a dépécé des arbres, ou ébranché.

Dim. de *Broundo*.

Broundïoù, *s. m.* Brindille, petit morceau, petit éclat de bois.

Dim. de *Broundïo*.

Broundo, *s. f.* Bourrée; brandes, fagots de menu chêne-vert ou de broussailles, dont se servent les boulangers, les potiers de terre et autres pour chauffer leur four.

Dér. du lat. *Frons, Frondis*, ramée, feuillage, qui, par apocope et changement de *f* en *b*, avait fait dans la bass. lat. *Bronda*, menues branches.

Brounqua, *v.* ou **Bruqua**. Broncher, faire un faux pas en heurtant du pied contre quelque chose. — *Qué bruquo et noun tombo avanço cami*, prvb. qui bronche sans tomber accélère ses pas; c'est-à-dire on apprend en faillant.

Dér. de l'ital. *Bronciare*, broncher, et *Bronco*, tronc, souche, heurter contre une souche.

Brounquado, *s. f.* ou **Bruquado**. Bronchade; action de broncher; faux pas d'un cheval.

Dér. de *Brounqua*.

Brouncaïre, aïro, *adj.* ou **Bruquaïre**, aïro. Qui bronche; qui est sujet à broncher; cheval qui n'a pas les jambes solides.

Dér. de *Brounqua*.

Brounza, *v.* Bronzer; donner au fer une couleur bleuâtre pour le préserver de la rouille, ce qui se fait à un feu très-vif. Au fig., cuirasser contre les douleurs de l'âme et du corps; aguerrir, rendre insensible à la souffrance; devenir dur comme le bronze.

Brounza, *part. pass.* Bronzé, couleur de bronze; teint en noir. — *Souïès brounzas*, souliers de peau teinte en noir, présentant le velouté de la peau, à l'extérieur.

Dér., disent aucuns, du celt. *Bronez*, m. sig.

Brounzi, *v.* Se rôtir outre mesure, se dessécher au feu; noircir comme bronze; bronzir par le froid, qui produit le même effet.

Dér. de même que *Brounza*.

Brounzi, *v.* Siffler, bruire, en passant comme font les balles, les boulets, une pierre lancée avec une fronde. Au fig., murmurer, grogner, marmotter, gronder. — *Las balos brounzissièou*, les balles nous sifflaient aux oreilles. *Dé qué brounzisses din toun cantoù?* qu'as-tu à murmurer, à grogner dans ton coin? — *Voy. Brounzina.*

Dér. du gr. Βρυχή, hurlement.

Brounzidoù, *s. m.* ou **Rouflo**. Loup, instrument de jeu pour les écoliers, fait d'une petite planche fort mince attachée au bout d'un cordon. Ils le font tourner très-vivement au-dessus de leur tête, et produisent par ses vibrations dans l'air un frémissement sourd, un *brounzimén*, qui imite le hurlement du loup.

Dér. de *Brounzi*.

Brounzimén, *s. m.* Bruissement; sifflement d'un projectile; frémissement de l'air produit par le frôlement d'un corps quelconque; frôlement d'une robe, d'une étoffe.

Dér. de *Brounzi*.

Brounzina, *v.* — *Voy. Brounzi*, siffler, bruire.

Brounzinaïre, aïro, *adj.* Péj. *Brounzinaïras*. Grondeur; grommeleux; qui marmotte, qui aime à gronder; qui marronne.

Dér. de *Brounzi*.

Brouqua, *v.* Planter des oseraies, des saulsaies. L'osier, le saule, le peuplier se plantent par simples boutures dans les graviers les plus secs, et ils y réussissent toujours pour peu qu'ils trouvent de l'humidité à la profondeur où l'on enfonce leur extrémité inférieure. Il faut, en général, les planter après que la sève s'est retirée; cependant lorsqu'on les plante dans l'eau ou dans des terrains marécageux, ils prennent en toute saison, même en juillet et août.

Comme ces plantations se font très en grand dans le pays, au bord des rivières, soit pour en défendre les bords, soit pour bonifier les graviers inertes en arrêtant les depôts d'alluvion, on prend très-peu de soin pour ce travail de *brouquaje*. On a des scions de toute grosseur, on les coupe à la longueur d'un mètre, et l'on amincit en pointe leur gros bout; ensuite on fait un trou dans les graviers avec un instrument de fer pointu, appelé *Aguïo*, et l'on y place trois ou quatre scions à la fois, en se contentant d'écraser, d'ébouler du sable avec le pied pour remplir le vide du trou. Il est rare qu'aucun de ces plants reste sans pousser.

Brouqua s'applique à toutes les espèces de boutures, comme celles de la vigne, du figuier, etc.

Il se dit aussi, pour repiquer des plantes que l'on a semées d'abord sur couches et qu'on repique à distance dans les jardins potagers, comme l'oignon, la betterave, la poirée, la laitue, la chicorée, le céleri, etc.

Dér. de *Broquo*, dans la première acception, à cause des scions qu'on emploie et qui se nomment *Broquo;* dans la seconde, à cause de la bûche qui sert de plantoir dans cette opération.

Brouquaje, *s. m.* Action de planter des oseraies; la saison de ce travail, et surtout la masse des bois qu'on y emploie. — *Aquò's dé brave brouquaje, éstèn bièn*, c'est du bois très-favorable à planter en oseraies, il foisonne beaucoup.

Dér. de *Brouqua*.

Brouquéto, *s. f.* Allumette.

Toutes les allumettes se faisaient avec des brins de chenevotte coupés a quatorze ou quinze centimètres de longueur, soufrés simplement aux deux bouts et mis en paquets. De là leur nom de *Brouquetos*, dim. de *Broquo*, parce que ce n'était en effet que de minces bûchettes. Il est bien entendu qu'aujourd'hui on ne peut plus par cette raison appeler *Brouquetos*, les allumettes en cire de Roche et autres. Aussi le lang. a-t-il été forcé d'adopter l'*Alumeto*. Les gamins qui vendent les allumettes à la Congrève, ont même fait disparaître à peu près entièrement les *marchans de brouquétos*, *quàou ne vòou*, dont le cri est remplacé dans nos rues par celui d'*alumetos à la Congre, dous cèn per un sòou*. C'est du bien bon marché, mais c'est du bien mauvais lang. — *Voy. Alumeto, Luqueto*.

Brouquïado, *s. f.* Dim. *Brouquïadéto*. Fagot ou brassée de broutilles ou de bûchettes; ramassis qu'on en fait dans un bois ou au fond d'un bûcher. Au fig., feu de paille, de peu de durée.

Dér. de *Broquo*.

Brouquiè, *s. m.* Boisselier; artisan qui fabrique des futailles de bas-bord, telles que seaux, baquets, cornues, cuves à lessive, barillets, etc. Les mêmes font les patins à semelle de bois pour les femmes.

Dér. de *Broquo*, bois refendu.

Brousén, *s. m.*, *n. pr.* de lieu. Brouzen, quartier du territoire d'Alais, en amont sur la rive droite du Gardon, où quelques étymologistes placent le *Prusianus* du préfet des Gaules, Tonance Ferréol. — *Voy. Brési* et *Berénguèri*.

Broussa, *v.* Tourner, caillebotter, grumeler; faire tourner le lait, une crème, une sauce; c'est-à-dire que la partie butireuse ou onctueuse se sépare de la partie séreuse et se grumelle par caillots. — *Moun la sés broussa*, mon lait a tourné. *A broussa sa crèmo*, elle a laissé tourner la crème.

Brousso-sâouço, *s. m.* Gâte-sauce, mauvais cuisinier qui manque ses sauces.

Dér. de *Brousso*, parce que le lait tourné forme de petits caillots assez semblables à la graine de bruyère.

Brousso, *s. f.* Touffe de bruyère de la petite espèce, basse et rampante.

Dér. du bas bret. *Broust*, buisson, broussaille. Dans la bass. lat. *Bruscia*.

Brousso-pèbou (A), *adv.* A contre-poil; en sens contraire du poil; à rebours; de travers; au pr. et au fig. — *Voy. Cronto-pèou*.

Broustïo, *s. f.* Petite boîte de sapin, à lames minces, refendues.

En bas bret. *Broustet*, branche aisée à refendre. Dans la bass. lat. *Brustia*.

Broutêl, *s. m.* Dim. *Broutèlé*. Trochet ou glane de fruits; jet d'arbre qui porte une certaine quantité de fruits ramassés en bouquet.

Dim. de *Brou;* en celt. *Brout* ou *Brot*, traduit dans la bass. lat. par *Brogilus*, *Bruillus*, *Brolius*, qui signifie comme dimin. petit bois, broussailles qu'on fait brouter.

Broutélado, *s. f.* Quantité de fruits qui se trouve réunie dans un seul trochet ou sur une même branche.

Dér. de *Broutel*.

Bru, *s. m.* Bruit, son ou mélange de sons, tapage, vacarme; bruissement; rumeur; nouvelle qui circule; dicton; renommée; renom. — *N'es pas bru qué d'acò*, on ne parle que de cela. *Ne coure un bru*, on en murmure bien quelque chose dans le public. *Fai fosso bru*, il fait beaucoup de tapage. *Cren pas bru*, il ne se laisse pas intimider. *Un home sans bru*, un homme paisible, qui ne fait pas parler de lui. *S'en-es douna lou bru*, la nouvelle, le bruit en a couru.

Dér. du bas bret. *Brud*, *Brut*, bruit, rumeur, ou du gr. Βρυχών, rugissement, murmure.

Bru, *adj. masc.* — *Pan-bru*, pain-bis. N'a pas d'autre application.

Dér. du lat. *Brutus*, grossier; il pourrait être aussi une altération ou une contraction de *Brun*.

Bruèl, *s. m.* et *n. pr.*, ou **Bruèil**. En v. lang. petit bois; un fourré; jeune taillis.

Il y a dans l'Aveyron un village et commune de Saint-Jean-du-Bruel, qui a pris cette épithète de sa position dans les bois.

En v. fr. on disait : breuil, broüil et brel, auquel le mot lang. répond très-exactement; et dans la bass. lat. on avait dit : *broilus*, *broilum*, *brolium*; *brogilus*, *brogilum*, *bruillus*. Cette diversité de désinences, attachées à un radical invariablement le même, donne clairement le sens dans lequel il faut les entendre dans les différents idiomes. La terminaison lang. *èl* est diminutive, comme le sont en fr. ses correspondantes directes en *el*, *èil*, *euil*, *uil*, qui traduisent ou que traduit le lat. *oilus*, *olium*, *ogilus*, *uillus*. Par conséquent comme règle générale, tous les mots-racines, affectés d'une de ces finales égales entre elles, auront une signification diminutive. De plus les désinences en *ol*, *ols*, *òou*, *jol*, *jols*, *jòou*, du languedocien, rendues par *oilus*, *olius*, *ogilus* latin, seront identiques à *èl* et également diminutives, comme dans le fr. *euil*, *euil*, *el*, *oil* et *eau*, *eaux*, *ège*, *elles*, *eiles*, *ailles*, *eilles*, *oilles*, parfaitement équivalentes. De sorte que *Bruèl*, en étymologie, sera le même que Bruèilet, du Breuil, Bruejoul, Bruejols, Bruèges, Broglio, Brouelles, Bruailles, Bruelles, Brouxelles, Breaux; et que de la même source dériveront, à part les noms communs, les noms propres Bruyère, La Bruyère, *Bruguiè*, lang. *Bruguèirole*, *Brugas*. Le gaulois *Bru*, ou *Brou*, *Brout*, bois, branche, brin, est atténué par sa désinence qui prend toute sorte d'inflexions; mais l'élément primitif reste immuable et toujours reconnaissable.

Brugas, *s. m.* Lande couverte de bruyères.

Péj. de *Bruguiè*.

Bruguèïrolo, *s. f.*, *n. pr.* d'homme et de lieu. Bruguèirolle. Petit champ couvert de bruyères. — *Voy. Bruèl*.

Dim. de *Bruguiè*.

Bruguiè, *s. m.* Taillis de bruyères à balais que l'on met en coupe réglée. — N. pr. d'homme : Bruguier. Avec la désinence féminine, *iëïro*, il est encore n. pr. de lieu, et très-commun.

Ainsi que nous l'avons déjà remarqué, les anciens radicaux signifiant bois ou forêt ont dû nécessairement donner naissance à de nombreuses dénominations dans nos pays couverts de forêts, de landes de bruyères, de hautes et basses futaies : de là aussi les diminutifs ou les péjoratifs caractéristiques d'une situation ou de l'état des lieux et des propriétaires. Aussi le primitif celtique *brug*, adouci en *bru* ou *brus*, bruyères, broussailles, que nos ancêtres gaulois prononçaient peut-être *broug*, et dans lequel certainement, en latin, l'*u* sonnait *ou*, s'est-il reproduit dans nos appellations locales et dans les noms d'homme avec des variétés nombreuses, tantôt en conservant sa consonnance simple, tantôt en adoptant l'euphonie latine.

A propos du mot qui nous occupe, la plus ancienne forme connue du radical est tirée d'une inscription gravée sur un petit piédestal conservé au Musée de Nimes, malheureusement tronqué, mais où se lisent encore onze noms de localités des Volces Arécomiques. A la seconde ligne de ce monument est porté le nom de *Brugetia*. Nous n'avons pas à chercher ici la certitude d'attribution entre les diverses localités qui auraient, chacune, des raisons égales à la réclamer : les savants ne sont pas d'accord sur la vraie position indiquée. Cependant le mot nous reste, et la divergence des opinions ne fait ressortir qu'une chose : c'est que le nom *Brugetia* est aussi bien représenté par *Bruget*, hameau de la commune de Cornillon, que par *La Bruguière*, canton de Lussan, arrondissement d'Uzès, ou par *La Bruyère* près d'Anduze, ou par *Bruyès* de la commune d'Aigaliers; comme il pourrait l'être par *Brugèdes*, commune de Sénéchas, par *Bruèje*, commune de Saint-Privat-des-Vieux, par *Bruguier*, commune de Monoblet et Méjeannes-lès-Alais, et par tous les autres noms de *La Bruguière* répandus dans le département du Gard. Ce qui amène à reconnaître que toutes ces appellations ont une commune racine, et que, si elles se distinguent par leurs suffixes en *et*, *yès*, *ède*, *iè*, *iëïro*, elles n'en représentent pas moins des localités où les bruyères étaient abondantes, ce qui donne la signification ; et ces nuances prouvent que ces désinences sont égales entre elles et équivalentes, ce qui donne raison à ce que nous disons des suffixes et de la composition des noms.

Mais il y a plus : la différence de prononciation dans le radical multiplie les analogies. *Bru* étant identique à *Brou*, il s'ensuit que les noms de *Brouzén* près d'Alais, *Brouzet*, commune, *Broussoùs*, près de Portes, dans notre arrondissement, *Broussan*, commune de Bellegarde (Gard), devront être ramenés à la même signification désignant les lieux anciennement remplis de broussailles, couverts de bruyères. La variété ethnique des terminaisons n'empêchera pas de les reconnaître et de les rapprocher ; elle ne servira qu'à démontrer la fécondité de la langue qui se prête harmonieusement à ces modulations diverses, à prouver la richesse de notre idiome et sa souplesse à diversifier la forme sans altérer ni compromettre le sens des mots.

Dér. de *Brus*.

Brula, *v.* Brûler ; consumer par le feu ; être en état de combustion ; brouir, se dit des effets produits par le froid sur les fleurs et sur les premiers bourgeons des arbres. — *Fato-brulo*, jeu d'enfant qui consiste à cacher un objet de petite dimension et à le faire chercher par un patient. A mesure qu'il se rapproche de l'objet, on lui crie : *fato-brulo !* et quand il s'en éloigne : *brulo pas ;* par ce moyen on le conduit petit à petit à l'objet lui-même. Par suite, le mot *Brula*, dans le langage ordinaire, est devenu synonyme de se rapprocher, être prêt à deviner. — *Brules bièn*, tu es sur la voie, tu te rapproches singulièrement du but.

Brula, *s. m.* et *part. pass.* — *Es un brula*, c'est une tête brûlée.

Dér. du lat. *Perustulare*.

Bruladuro, *s. f.* Brulure ; action du feu ; sa trace, sa marque.

Dér. de *Brula*.

Brulaîre, *s. m.* Poêlon à brûler le café ; brûloir ; instrument ou ustensile servant à cette torréfaction.

Dér. de *Brula*.

Brun, bruno, *adj.* Dim. *Bruné*, *éto ;* péj. *Brunas*, *asso*. Brun, brune ; noirâtre ; d'une teinte foncée, sombre ; obscur ; bis. — *Moulì brun*, moulin destiné à fabriquer le pain bis, parce que les meules en étant plus serrées donnent un degré de plus de trituration à la farine, ce qui rend impossible sa séparation d'avec le son au tamis. — Il est aussi n. pr. d'homme, Brun : d'où son dim. *Brunèl*.

Dér. de l'allem. *Braun*, en ital. et en esp. *Bruno*.

Bruqua, *v.* — *Voy.* **Brounqua**.

Bruquaïre, aïro, *adj.* — *Voy.* **Brounquaïre**, *aïro*.

Brus, *s. m.* Dim. *Brussé*. Au plur. *Brusses*. Bruyère à balais, *Erica scoparia*, Linn. Arbuste de la fam. des Ericacées. C'est celle qu'on emploie pour ramer les vers à soie, et dont on fait des balais, *éscoubos dé brus*. — *Ana as brusses*, aller à la provision de bruyère pour les vers à soie. *Capoula dé brusses*, couper les brins de bruyère de la longueur nécessaire pour les échalasser entre les rangs des tables. *Plégarias lou proufi dinc uno fiëio débrus ;* la feuille de bruyère étant sans largeur aucune, que pourrait-on plier avec ? Aussi cette phrase équivaut à celle-ci : le bénéfice est venu à rien.

Dér. du celt. bas-bret. *Bruc ; Bruscus* en lat., dans la bass. lat. *Bruscia* et *Brueria*, broussailles.

Brutâou, talo, *adj.* Péj. *Brutalas*. Brutal ; grossier ; féroce ; emporté ; sans égard, sans politesse, sans ménagement.

Dér. du lat. *Brutus*.

Bu, *s. m.* Dim. *Buqué ;* péj. *Buquas*. Chicot d'arbre ; ergot de branche ; bout mort et desséché d'un scion d'arbre qui a été taillé et qui n'a repoussé qu'à quelques pouces au-dessous de la taille; éclat de bois, écharde ou picot qui est entré dans la chair — *M'es entra un bu dın l'ounglo, il m'est entré une écharde entre l'ongle et la chair*

Dér. de la bass. lat. *Buca*, tronc, tige.

Bu, s. m. But; intention; point où l'on vise, fin qu'on se propose — *Y-anavo en l'un bon bu*, il se présentait pour le bon motif, en vue du mariage

Dér. de la bass. lat. *Butum*.

Bubo, s. f. Bubon; pustule qui se forme sur la tête des enfants mal soignés; boutons qui s'élèvent aux lèvres; échauboulure. — *Renouvela las bubos*, au fig. renouvelé de tristes souvenirs, une ancienne douleur.

Dér. du gr. Βουβών, tumeur.

Bufadèl, s. m. Mets du pays composé de raves et de chataignes bouillies; celles-ci à demi-cuites, qu'on nomme *calossos*. — *Bufadèl* est l'expression gouneélo et alaisienne; les Cévénols, chez lesquels ce mets est surtout en honneur, le nomment *Picourelo*.

Dér. de *Bufa*, ou *Boufa*, qui veut dire souffler ou manger, deux acceptions également applicables a un mets qu'il faut manger chaud, et souffler.

Bugada, v. Faire la lessive; blanchir au moyen de la lessive; faire boire à grands verres de l'eau ou de la tisane.

Etym. nombreuses et variées : du celt. *Bugad*, lessive et abreuvoir, d'où le bas-bret. *Bugad*, m. s.; du lat. *Buca*, trou, parce que la lessive s'écoule par un trou; du gr. Βουβών, cuve, grand bassin; du lat. *Buo* ou *Imbuere*, imbiber.

Bugadièiro, s. f. Péj. *Bugadièn asso*. Lessiveuse; lavandière; blanchisseuse; buandière. — *Un froun de bugadieiro*, une effronterie de harangère. Le prvb. dit : *Las soubros dáou flascou de las bugadieros garissou las febres;* c'est comme si l'on disait : le vin pur guérit les fièvres, car ce qui reste au fond de la gourde d'une lessiveuse est assurément du vin pur, ou bien peut-être : la fièvre est un mal sans remède, qu'on guérirait cependant avec les restes d'une gourde de lessiveuse, mais impossible de s'en procurer jamais une goutte de surabondance. *Quinto bugadièiro!* quel bavard ! des deux genres.

Dér. de *Bugada*.

Bugado, s. f. Lessive; quantité de linge en cuve, lessivé, blanchi. — *Metre la bugado*, mettre à cuver le linge dans la lessive. *Faire bugado*, faire la lessive. *Estendre la bugado*, étendre le linge lessivé pour le faire sécher. Au fig. *Bugado*, perte considérable au jeu, une lessive, dans ce sens. *De lèssiou sus la bugado*, ajouter une dette à une autre, une maladresse, une sottise sur une autre, faute sur faute.

Même dér. de *Bugada*.

Buqua (sé), v. Se blesser, se faire une déchirure à la peau en se piquant à un éclat, *bu*, à un chicot de bois.

Dér. de *Bu*.

Buquado, s. f. Dim. *Buquadéto*. Déchirure à la peau; accroc à un habit, à une robe; procurés par un chicot de bois.

Dér. de *Bu*.

Burataire, s. m. Au fem. *Buratairo*. Tisserand de burate Aujourd'hui cette étoffe de laine, plus fine que le cadis, ne se fabrique plus; on appelle *Buratures* les tisserands de fleuret ou *bourreto*.

Ce mot vient peut-être du portug. *Burato*, gaze, parce que la *burato* était beaucoup plus claire que le cadis.

Bure, s. m. Beurre; crème du lait épaissie en l'agitant — *Un bure*, un pain de beurre. *Aquos en bure*, ce fruit est fondant comme du beurre. *Faire soun bure*, faire ses orges, ses choux gras; bénéficier dans une spéculation; expression qui entraîne toujours l'idée d'un gain illicite ou peu del cat. *A foundu soun bure*, il a dissipé tout son bien. *M'en cousté moun bure*, il m'en a coûté fort cher.

Dér. du gr. Βούτυρον, forme de Βοῦς, vache, et de Τυρός, fromage; d'où le lat. *Butyrum*, beurre.

Burèl, èlo, adj. Dim *Burele;* prj. *Burelas*. Brun; tirant sur le brun. — *Cadıs-burèl*, cadis fait de la laine de moutons noirs. sans teinture, avec la couleur naturelle; on dit aussi *coulou de la bèstio*, de la couleur de la bête qui l a produit

Dér. du lat. *Burrus*.

Burèou, s. m. Bureau, table destinée au travail des affaires; pupitre, secrétaire; lieu où l'on expédie les affaires — *Lou burèou dóou u*, le bureau du receveur des contributions indirectes. *Esei iou dinc un burèou*, il est employé dans un bureau administratif.

Empr. du fr.

Burina, v Buriner, graver au burin; avoir une belle plume, une écriture élégante; bien peindre.

On le dit dér du celt. *Burin*, ou de l'allem *Boren*, creuser.

Bus, s. m Dim. *Busque* Busc, lame de baleine, de fer ou de bois, qui sert a tenir en état un corps de jupe On disait autrefois *busquièiro*; mais ce nom, comme l'objet qu'il représente, n'était connu que de l'aristocratie. Aujourd'hui que l'usage du *Busc* est devenu populaire dans toutes les classes, on a emprunté le nom au fr qui fournissait la chose.

Busqua, v Echancrer une jupe, un corsage, pour dessiner le galbe de la taille. — *Se busca*, se cambrer; creuser les reins et développer la poitrine en marchant.

Dér. de *Bus*.

Busquaïa, v. Ramasser du menu bois, des broutilles; couper des branches d'un arbre.

Dér de *Busquaio*.

Busquaio, s. f. Buche a brûler; broutilles; menu-bois refendu; éclat de bois.

Busquaio est évidemment pour *bousquaio*, *bosquaio*, dér. de *Bos*.

Buta, v. Pousser; heurter; serrer contre; soutenir; affermir; germer. — *Buta lou tén*, pousser le temps avec l'épaule. *A pas bésoun qué lou butou*, il n'a pas besoin d'être poussé, d'être excité. *La fan lou buto*, la misère le pousse. *Butas la porto*, poussez la porte. *Butas fèrme*, heurtez vivement. *Mé butarés un pàou*, vous me soutiendrez un peu. *Butés pas!* ne poussez pas! *Aquel dóubre buto* *bièn*, cet arbre pousse avec vigueur. *Lou blà a buta*, le blé a commencé à germer. *Fòou qué quaouquus lou bute, fariè pas aquò*, il faut que quelqu'un l'excite, il ne ferait pas cela de lui-même.

Dér. de la bass. lat. *Butare*.

Butado, *s. f.* Dim. *Butadeto*; péj. *Butadasso*. Secousse; heurt; poussée; coup d'épaule. — *A bèlos butados*, par secousses: par épaulées. *M'a fougu douna uno bono butado*, il a fallu donner un bon coup de collier pour terminer cette affaire. pour mener cet ouvrage à bonne fin

Dér. de *Buta*.

Butaroù, *s. m.* Chasse roue. — Même sign. que *buto-rodo*, dont il n'est qu'une syncope et peut-être une corruption. — Voy. *Buto-rodo*

Butavan, *s. m.* Boutoir, outil de maréchal, espèce de pelle tranchante pour parer le sabot d'un cheval avant d'y placer le fer.

Formé de *Buta*, pousser, et *Avan*, en avant.

Butin, *s. m.* Butin; provisions de bouche et autres. Il ne se prend guère qu'en mauvaise part — *Manquo pas butin*, il y a franche-lippée.

Empr. au fr.

Buto-rodo, *s. m.* Borne, en pierre, en fer ou en fonte, en forme de cône tronqué, placée soit au coin d'une maison, à la porte d'une remise, à l'entrée d'un pont, pour empêcher que l'essieu des roues d'une voiture ou charrette n'écorne les murs; soit à l'entour d'une place, pour interdire la circulation des voitures.

C

C

C, troisième lettre de l'alphabet; elle a la même prononciation qu'en fr. et subit les mêmes modifications, c'est-a-dire qu'elle a la prononciation du K devant les voyelles *a-o-u*, et celle de l'*s* double devant *e* et *i*.

Le C est la deuxième des consonnes; il appartient à l'ordre des Palatales, parent de la famille des Gutturales. Les grammairiens le classent ainsi en expliquant la manière dont se fait son émission, forte ou faible, par l'organe buccal : très-bien; nous n'insistons pas autrement. Son histoire est plus curieuse et présente plus d'intérêt : nous lui devons une mention. — Les Romains, qui avaient adopté l'alphabet des Grecs, l'appelèrent d'abord *Gamma* et le figuraient par le signe Γ : ce qui cependant n'empêcha pas d'employer la forme arrondie en croissant, C, d'où lui vint le nom de *Luna*, surtout quand il prenait le son adouci. Tout cela est formel, et il est bon de citer à ce titre, Varron disant : « Antiquis enim C quod nunc G ; » et Festus Avienus : « C pro G frequenter ponebant Antiqui, » et dans un autre passage : « Quæ nunc C appellatur, ab Antiquis G vocabatur. » C'est ce qu'écrivait aussi Ausone dans ses vers, *De literis* :

Prævaluit postquam gammæ vice functa prius C.

Cependant l'opinion contraire était soutenue par d'importantes autorités : en latin, Tacite, Pline et Juvénal en parlent, et appuient le nom lunaire; en grec, Suidas et Plutarque penchent aussi pour la forme du *cappa* au lieu du *gamma*. Mais on sait par Isidore de Séville, *De originibus*, que le K prévalut et fut introduit définitivement par un maître d'école, nommé Sallustius.

Puérilités, dira-t-on. Nullement. La conclusion à tirer est que, si la forme a eu quelque influence, au point de faire confondre une lettre avec l'autre, il y a certainement rapprochement d'articulation quand la lettre et le son se produisent, ce qui tient à leur nature et au procédé d'émission ; mais ceci explique encore que le C latin tenait de son origine grecque la force et la dureté devant toutes les voyelles, comme le Γ ou G grec, et que, par suite aussi, leur permutation est naturelle et facile. C'est ce qu'a transmis le latin aux langues romanes, et celles-ci au languedocien. Par où on ne sera plus étonné, dans la recherche des étymologies, des substitutions fréquentes des deux signes, et par exemple, des changements de *cavea*, lat., en *gabio*, lang., cage, fr.; *cicada* en *cigalo*; *crassus* en *gras*; *crotalum* en *grelò*; *acus*, *acucula* en *aguïo*; *ecclesia* en *glèiso*; *ficus* en *figo*; *vicarius* en *viguié*; etc., etc. Et encore, par des variantes caractéristiques plus remarquables : le lat. *canis*, du gr. Κύων, Κυνός, qui donne au fr. *chien*, à notre dial. *chi* pour *chin*, au toulousain, *gous* et *cos*; de plus, le lat. *catus*, en gr. Κατίς, donne au fr. *chat*; à notre dial. *ca*; au prov. *gat*; au cat. *gat*; à l'esp. et au port. *gato*; à l'ital. *gatto*.

Mais dans la formation du roman, la permutation ne s'arrêta pas là : la réaction continuant amena d'abord l'adoucissement de l'intonation sur les voyelles *e* et *i*, par lequel le C dur, romain ou grec, se convertit en deux SS; puis, pour les voyelles éclatantes et fortes, *a*, *o*, *u*, les mêmes tendances firent introduire la combinaison primitive et celtique sans aucun doute du C avec H, flexion chuintante inconnue au latin. Ce CH est gaulois pur-sang, il ne vient pas d'importation germanique. Les peuples tudesques ne le prononcent qu'avec une articulation fortement gutturale aspirée, et leur langue en général ne montre aucune aptitude pour les mouillures adoucies du roman. Nos dialectes au contraire, et le français lui-même, l'ont repris à sa source; et en particulier, notre dialecte cévénol, comme preuve d'origine ancienne, lui qui a mieux conservé les traditions du langage, l'emploie partout et invariablement et dit *cha* pour *ca, chdou* pour *cdou*, et même où nous disons *fdou : chdou ana sé jaire; chabro,* pour *cabro;* etc.

Nous signalons ici un des phénomènes de l'élaboration de l'idiome, comme nous l'avons fait à la lettre B. En passant du celtique au latin, du latin au roman, en dérivant ensuite vers le languedocien et ses dialectes, la langue ne s'annule pas plus qu'elle ne se crée, elle se modifie suivant les latitudes et suivant les dispositions propres aux groupes de chaque zone. C'est pourquoi les permutations n'ont pas de règles absolues, invariables, savantes, en vertu desquelles tous les mots se seraient transformés et qu'on devrait nécessairement retrouver dans leur composition nouvelle. A part le radical à peu près immuable, toutes ces lois de transformation et de permutation varient à l'infini dans l'intérieur d'un idiome, et à plus forte raison dans un dialecte comme le nôtre, qui se distingue par un caractère si particulier : nous en saisissons seulement les principaux accidents. Ce qui est à bien constater, c'est que, à toutes les époques où le langage s'est modifié, il a obéi partout à des tendances spéciales, et que, sans se dépouiller d'une manière complète de ses formes, il a cherché en tout temps et partout à ressaisir ses propriétés primordiales; et que toujours, cédant ou à la puissance de l'habitude ou à des influences organiques et climatériques, appropriées au pays où il était reçu, il suivait dans ses innovations un certain plan uniforme, sans secours de la science ni souci de la grammaire, mais sous l'inspiration d'aptitudes innées et de facilités de prononciation, dont le peuple, peu instruit d'ailleurs, restait le souverain juge. Aussi nous contentons-nous de prendre notre dialecte sur le fait, et laissons-nous de côté les classifications scientifiques.

Le languedocien n'admet pas le *C* final, non plus que le *C* devant une consonne autre que les fluides *L* et *R*. Lorsqu'il emprunte au gr. au lat. ou au fr., qui tous admettent cette rencontre, il supprime net le *C* et le considère comme non avenu. C'est une délicatesse d'acoustique qui lui est commune avec l'ital. Une seule exception a été faite pour la propos. *din,* dans, précédant une voyelle; on dit : *dinc un an,* dans un an.

Dans une langue dont l'orthographe n'a rien de précis, rien d'arrêté, qui n'a jamais eu de grammaire et qui ne pouvait en avoir à cause de ses variations d'une localité à l'autre, qui n'a eu que des lexiques partiels et à principes divergents, chaque écrivain, chaque glossateur surtout doivent se créer des principes, des règles et une orthographe à leur usage, faute de type à imiter, de loi unanimement acceptée et reconnue ou d'académie autorisée qui impose ses décisions. Au milieu de ces incertitudes, un principe semble bien surnager, celui de l'orthographe auriculaire; et cependant, son application absolue a présenté des difficultés si nombreuses que tous les essais ont échoué. Sauvages, qui a été plus loin qu'aucun autre peut-être dans cette voie, s'y est fourvoyé lui-même, et plus d'une fois. L'origine de certains mots, leur étymologie l'ont entraîné; et c'est ainsi qu'il nous donne jusqu'à trois signes différents pour rendre la prononciation du *C*, en se servant tour à tour du *C*, du *K* et du *Q*.

Certes, en suivant la règle de l'orthographe auriculaire, le *C* et l'*S* auraient suffi à exprimer les diverses prononciations combinées que nous offrent les lettres *C, K, Q, S,* et nous y aurions gagné l'économie de deux signes; mais nous l'avons dit, nous faisons de l'éclectisme; et il est prudent, avec une certaine mesure, de respecter, dans chaque mot, sa physionomie étymologique. Nous avions d'ailleurs des traditions qui obligent, et mieux encore les notes et les formules de l'éminent poète des *Castagnados,* qui, dans tout ce travail, sont notre guide, notre loi et notre inspiration. Nous conserverons donc chacune de ces consonnes, en donnant toutefois congé définitif au *K* intermédiaire, qui nous paraît tout à fait anomal au languedocien et que le fr. lui-même n'adopte que dans quelques emprunts exotiques.

On s'étonnera peut-être d'après cela de rencontrer quelquefois le *Qu,* la où le *C* aurait été parfaitement suffisant, où même il aurait eu plus de convenance étymologique : nous l'avons employé ainsi parce que notre premier besoin, en cette affaire, a été de faire concorder orthographiquement chaque mot avec ses composés, avec ses dimin. et ses péj., chaque verbe avec les divers membres de sa conjugaison. Si, par exemple, nous avions écrit *broco, — saco, — touca,* il aurait fallu écrire *brouciè* pour *brouquie; saceto* pour *saqueto; toucero* pour *touquère;* l'on comprend bien que cette orthographe n'était pas abordable.

Ca, s. m. Dim. *Caté, catoù, catouns;* augm. *Catas;* péj. *Cataras.* Chat, *felis catus,* Linn. Mammifère de la fam. des Carnivores. — Le chat sauvage, la véritable souche de notre chat domestique, existe dans nos cantons montagneux et boisés; gris plus ou moins brun, avec des ondes plus foncées sur le dos et transversales sur les flancs; dedans des cuisses un peu jaunâtre; les lèvres et la plante des pieds noires, la queue annelée terminée en noir. — *Voy.* Chainé. — *Lou ca midoulo,* le chat miaule. *Es saje coumo lou ca dou froumaje,* il est sage, tranquille comme un chat qui tient sa provende, c'est-à-dire jusqu'à ce qu'elle soit achevée. *Sdouta coumo un ca maigre,* sauter comme un chat maigre, comme un cabri. *Lou més das cas,* le mois de février, temps des amours des chats. Au fig. *Faire lou ca,* faire la chatte-mitte, patte de velours; baisser le ton; baisser pavillon; ramper devant plus fort ou plus puissant que soi. *Empourta lou ca,* vider un loyer sans prévenir le maître, décamper à la sourdine; partir sans prendre congé, sans faire ses adieux. *Acheta un ca dine un sa,* acheter chat en poche; faire marché sans voir la marchandise. *Soun coumo lou ca et lou ra,* ils vivent ensemble comme chien et chat; ils vivent très-mal d'accord. *Y-a pa'n ca,* il n'y a personne, personne! *Farié d'ièls énd'un ca,* exp. prvb., il est si adroit qu'il ferait des yeux à un chat. *Manjo ca qué roumiaras*, loc. prvb. pouvant se traduire par : tel qui rit vendredi, dimanche pleurera.

Dér. de la bass. lat. *Catus*, même sig. Quant à l'étym. de celui-ci, on est loin d'être d'accord : le gr. Κατίς, furet; l'hébreu *Chatoul*, peuvent y avoir contribué; le lat. y a pris part : *Catare*, ou *Cattare*, voir clair; *Catum ab eo quod catat, id est videt; Catos id est acutos;* et encore, *Si origo ejus adferri possit, à caveo dici maximè probatur*, pense Vossius. On n'a que le choix.

Cabala, *v.* Cabaler; intriguer pour quelqu'un ou pour soi; comploter; se liguer avec quelqu'un.
Emp. au fr.

Cabalo, *s. f.* Cabale, complot, coalition d'ouvriers.
Emp. au fr.

Cabanèl, *s. m., n. pr.* Au fém. *Cabanèlo;* dim. *Cabanèlé, Cabanèloù.* Cabanel.

Dér. de *Cabano*, chaumière, ou du béarn. *Caban*, formé de *Cab*, tête, en v. lang., manteau des pâtres béarnais et navarrois, pourvu d'un capuchon.

Cabanis, *s. m., n. pr.* d'homme. Au fém. *Cabanisso;* dim. *Cabanissé.* Cabanis.
Dér. de *Cabano.*

Cabano, *s. f.* Dim. *Cabanéto;* péj. *Cabanasso.* Cabane; chaumière, hutte. — *Cabano dé pastre*, hutte de berger. Il est aussi n. pr. d'homme, Cabane. Au fém. *Cabanésso;* dim. *Cabané.*

Dér. de la bass. lat. *Capanna;* du gr. Καπάνη, *tugurium*.

Cabàou, *s. m.* Bétail gros et menu qui fait partie d'une ferme d'exploitation rurale, et que le code civil désigne sous le nom d'immeubles par destination. Par ext. ce mot s'applique à fortune, avoir, héritage, possession, trésor. — *Y-a un for cabdou dinc aquél mas*, il y a un bétail considérable dans ce domaine. *Aquò's tout moun cabdou*, c'est tout mon avoir. *Las fénnos soun un michan cabàou*, les femmes sont une mauvaise engeance dans une maison. *Qué s'aquito, faï cabdou*, prvb., qui paie ses dettes s'enrichit.

On emploie aussi famil. le dim. *Cabalé*, pour dire toute sorte de famille d'insectes et de petits animaux, comme les rats, les fourmis, les sauterelles, etc.

Dér. du lat. *Caballus*, mauvais cheval, rosse.

Cabaré, *s. m.* Cabaret; logis; hôtellerie; auberge; lieu où l'on donne à boire et à manger. — *Faïre cabaré*, tenir une auberge; vendre du vin en détail.

Les étymologistes français, qui ne peuvent se décider à devoir quelque chose au languedocien, tandis qu'ils vont fouiller dans les patois les plus sauvages des Gaulois et des Germains, font dériver cabaret du gr. Καπηλεῖον, même sig. Le mot nous paraît, à nous, d'origine purement languedocienne. En fr. il était peu connu au moyen âge; il n'a guère commencé à paraître qu'au temps de la Ligue, et il était synonyme alors de taverne : c'était les rendez-vous de l'aristocratie comme les cafés de nos jours, à la seule différence qu'au lieu de liqueurs et de café, on y buvait du vin.

Le lang. *Cabaré* semble bien plus ancien, car son acception est plus large : il signifiait autrefois logis, hôtellerie, et il n'a pris que plus tard la synonymie de taverne et bouchon. Le nom du château de Cabaret, dans le département de l'Aude, fameux dans les fastes de la guerre des Albigeois, était une corruption de *Cab - aré, caput arietis*, tête de bélier. N'est-il pas probable que le nom commun de *Cabare* a la même origine? peut-être parce qu'une tête de bélier était l'enseigne commune des logis à l'époque et dans la localité ou ce nom a pris son origine. Il est bien évident dès-lors que le fr. nous aurait fait cet emprunt, comme en mille autres circonstances, sans qu'il veuille en convenir.

Cabarétéja, *v. freq.* Hanter les cabarets, les tavernes.
Dér. de *Cabaré.*

Cabarétéjaïre, *adj. m.* Pilier de taverne; habitué des cabarets.

Cabarétiè, ièïro, *s.* Cabaretier, cabaretière; aubergiste; hôtellier.

Cabas, *s. m.* Dim. *Cabassé;* péj. *Cabassas.* Cabas; panier de sparterie, dont se servent les cuisinières pour aller à la provision d'herbes, de légumes, et même à la boucherie. Au fig. une femme sale, mal fagotée, très-négligée dans sa tenue; un torchon. — *Voy. Acabassì.*

D'après les étym. fr. le gr. Κάϐος, ancienne mesure de froment, aurait donné naissance au mot cabas. Nous le croyons plutôt tout méridional et formé du lat. *Caput*, qui avait fourni à l'esp. *Cabessa*, comme au lang., pour dire tête, sans doute parce que cette sorte de panier se portait autrefois sur la tête. La quantité de mots lang. qui ont la syllabe *cab* pour racine, et qui sont tous relatifs à la tête, apporte une nouvelle probabilité à cette origine.

Cabasso, *s. f.* dim. *Cabasséto;* péj. *Cabassasso.* Tronc d'arbre étété, qu'il soit mort ou vivant; maitresse branche de la tête d'un arbre. Lorsque les mûriers ou les châtaigniers sont étiolés et menacent de périr par les branches, on rase celles-ci tout près du tronc; s'il arrive que les racines soient encore saines, l'arbre reprend toute sa vigueur et pousse de nouvelles branches, qui atteignent vite leur première dimension.

Dér. de *Cab*, pour tête, *Cabasso* augm. En esp. *Cabessa;* en ital. *Capo*, tête.

Cabassu, *s. m. n. pr.* d'homme. Au fém. *Cabassudo;* dim. *Cabassudé.* En fr. Cabassu ou Chabassut. Il est très-répandu, indifféremment avec les deux intonations à la première syllabe. Qu'il dérive de *Cabésso* ou de *Cabasso*, le mot adjectivé a voulu dire en principe forte tête ou grosse tête, au moral ou au physique, avec *Cab* pour racine.

Cabassudo, *s. f.* Jacée des prés, *Centaurea jacea*, ou *Centaurea nigra*, Linn. Plante de la fam. des Synanthèrées, commune dans les prairies. — *Voy. Carouje.*

Cabés, *s. m.* Chevet d'un lit; côté du lit où l'on met la tête; oreiller; traversin.
Dér. de *Cab*, tête.

Cabésso, *s. f.* Péjor. *Cabéssasso.* Tête; au fig. savoir, jugement, esprit, bon sens — *Uno forto cabesso*, une bonne tête ; une tête bien meublée et à jugement sûr

Dér. de *Cab*, tête. En esp. *Cabessa, Cabeza*; en port. *Cabeça*, en b. bret. *Cab*. Le lat. *Caput* n'est pas étranger à tous ces mots, non plus que le gr. κεφαλή, si on voulait bien.

Cabéstre, *s. m.* Licou ou licol ; lien que l'on met à la tête des bêtes de somme pour les attacher au moyen d'une longe — *Trepa embe lou cabestre*, ou *embe la brido*, se dit des jeunes gens, qui s'amusent de tout, sans nul souci, iringants et dissipés, qui ont la bride sur le cou. — *Voy. Brido.*

Dér. du lat. *Capistrum*, formé de *caput stringo, capitis stringium*. En bas-bret. *Kabestr*

Cabi, *v.* Serrer un objet, le ranger, le mettre à l'abri des voleurs ou des curieux, le cacher. — *Cabi uno fio*, marier une fille, la colloquer *Coussi quicon la cabiren*, de manière ou d'autre nous l'établirons bien.

Dér. du lat. *Cavum* ou *Cavus*, cavité, cachette, enfoncement.

Cabiè, *s. m.* Ruban de fil dit *Chevillère*, dans toutes les localités de France, quoique non enregistré par l'Académie. Sauvages le fait dér. de *Capilli*, les cheveux, parce que, dit-il, les femmes, peu avant lui, se servaient de ce ruban pour tresser leurs cheveux ; il aurait pu ajouter que, de son temps, il servait à tous les hommes du peuple pour rouler leurs cheveux en queue. Aujourd'hui, comme cordon, il entre dans beaucoup d'ouvrages de couture.

Cabiné, *s. m.* Dim *Cabinete*; péj. *Cabinetas*. Armoire ; bahut ; garde-robe ; jamais cabinet. C'est le meuble essentiel pour tout nouveau ménage une fille des plus pauvres ne consent guère à se marier, quand elle ne peut pas se donner *un cabine*; elle attend, s'il le faut, avec une résignation méritoire, jusqu'à ce que son pécule arrive au pair de cette dépense.

Ce mot vient évidemment du précéd. *Cabi* : cependant il est singulier que le lat. barbare se soit rencontré avec lui dans son emploi relatif au mariage. Dans la bass. lat. *Cabimentum* veut dire établissement.

Cabó, *s. m.* Chabot, meunier, chevane, poisson de rivière à grosse tête ; ce qui lui vaut sans doute son nom. — *Voy. Arestoù.*

Cabosso, *s. f.* Dim. *Caboussèto*; péj. *Caboussasso*. Clou de fer de cheval à grosse tête carrée ; clou de même forme, mais de plus grande dimension, avec lequel on fixait les bandes de fer sur les jantes de charrette, et où ils étaient autrefois en si grand nombre que la roue portait sur les clous et non sur la bande. Aujourd'hui qu'on ne ferre plus les roues à bande, mais en cercle, on n'emploie que des boulons à tête plate. — *Voy. Clavèl de careto.*

On appelle aussi *Cabosso*, certains gros clous dont les montagnards garnissent leurs sabots et souvent leurs souliers.

Dér. de *Cabesso*.

Cabra, *s. m.* Troupeau de chèvres, génériquement ; mais il n'est employé qu'en parlant des chèvres qu'on envoie au bouc pour les faire saillir C'est là une branche d'industrie agricole, qui consiste pour toute mise de fonds dans l'achat d'un bouc. On amène là toutes les chèvres du canton, et elles y restent jusqu'à un mois ou deux. En attendant, le propriétaire du bouc profite d'un restant de lait que les chèvres ont conservé, se fait payer la nourriture, et quand le lait tarit, il a grand soin de renvoyer les chèvres à leur maître *Teni cabra*, c'est garder un bouc pour cet usage.

Cabra, *v.* Dresser une échelle, une planche, une poutre contre un mur, dans la position d'une chèvre qui se dresse contre un arbre.

Se cabra, se cabrer ; se dresser, se révolter contre ; s'emporter, se brouiller avec quelqu'un. — *Sé soun cabras*, ils sont en opposition.

Dér. de *Cabro*.

Cabri, *s. m* Dim. *Cabride, Cabridoù*. Chevreau, cabri, petit de la chèvre, *Hædus*; petit côté d'une échelle double, qui, dans certains pays, n'est composé que d'une barre ronde. — *Saouta coumo un cabri*, sauter comme un cabri. *Uno testo de cabri*, au fig. un étourdi, un écervelé. *Quan la cabro vai per hor, se lou cabri saouto n'a pas tor*, prvb., quand la chèvre va dans le jardin, si le chevreau y saute, il n'a pas tort ; pour signifier que les parents doivent seuls rester responsables des mauvais exemples qu'ils donnent à leurs enfants.

Dér. de *Cabro*

Cabrida, *v.* Chevroter, mettre bas des chevreaux ; faire le chevreau. Se dit encore d'une échelle double, qui, étant dressée, s'ouvre entièrement, parce que la partie qui sert de support vient à glisser en arrière ; par ext. et de là, *cabrida*, signifie dégringoler, tomber.

Dér. de *Cabri*

Cabridado, *s. f* Portée d'une chèvre, quantité de chevreaux qu'elle met bas Par ext. dégringolade, chûte de haut.

Dér. de *Cabri*

Cabridan, *s. m.* Frelon, guêpe frelon, *Vespa crabro*, Linn. Insecte du genre de la guêpe. — *Voy Grdoule.*

Cabriè, *s. m.* Au fém. *Cabrièiro*. Chevrier ; celui ou celle qui garde les chèvres. Est devenu n. pr. d'homme et fait en fr. dans le Midi, Chabrier, et dans le Nord, Chevrier

Dér. de *Cabro*.

Cabro, *s. f.* Dim. *Cabréto*; péj. *Cabrasso*. Chèvre, femelle du bouc. — *Cabro-bounto. Voy. Bounto* et *Boucho. Me farias veni cabro*, vous me rendriez fou, vous me feriez perdre patience. *La cabro dé moussu Sagnè sé bateguè touto la gnue embé lou loup, mais dou jour lou loup la manjè*, phrase proverbiale qui exprime de longs et vains efforts pour se défendre, surtout au jeu ; on syncope souvent et l'on dit : *Fai coumo la cabro dé moussu Sagnè*, et cela signifie : il finira par être enfoncé ; il va tout perdre.

Il s'agit, comme on le voit, de toute défense longue, obstinée, désespérée, mais inutile, contre plus fort, plus habile ou plus heureux que soi. Un joueur qui perd la partie après l'avoir disputée pied à pied; un ntalado qui meurt après avoir longtemps et péniblement résisté au mal; un négociant, un particulier qui voit s'accomplir sa déconfiture après l'avoir retardée autant que possible en faisant flèche de tout bois; nos éducations de vers à soie depuis vingt ans, commençant bien pour finir par un désastre; tout cela fait *coumo la cabro de moussu Sagné*. D'où vient qu'une chèvre est devenue le parangon de tous ces braves malheureux?

C'est ce qu'explique suffisamment le complément du dicton, qu'on scinde parce qu'il serait trop long et que tout le monde le sait assez pour pouvoir l'abréger. J'ai même vu les gens en pareille occasion se permettre une ellipse bien autre en disant seulement : *la cabro!* Mais c'était un peu des argotiers. L'entier dicton est comme dessus : *Faire coumo la cabro de moussu Sagné, qué sé batéyè touto la gnuè èmbé tou loup et tou mati tou loup la manjè*, faire comme la chèvre de monsieur Sagnier, qui se battit toute la nuit avec le loup et le matin le loup la mangea. — Cette fin était prévue, mais celle des Spartiates aux Thermopyles l'était aussi; et la chèvre ne méritait pas moins de passer à la postérité et d'y entraîner son maître, qui sans elle serait fort peu connu, et avec elle risque même de ne survivre que dans le proverbe.

Dér. du lat. *Capra*.

Cabro, s. f. Échelle double; chevalet des scieurs de long, qui soutient le baudet ou *ase*.

Cabro, s. f. Mante, mante religieuse. — *Voy.* Prègo-Diou.

Cabro, s. f. Papillon femelle du ver à soie; morpion, vermine qui s'attache aux endroits couverts de poils.

Cabros, au pl., les deux poutres principales qui soutiennent l'appareil d'une sonnette à piloter, ou *mouton*; la troisième, qui est garnie d'échelons pour grimper à la poulie, se nomme *éscalo*.

Cabréto, s. f. Chevrette, meuble de l'âtre d'une cuisine, appui en fer pour soutenir les pots dans les cendres.

Dér. du lat. *Capra*.

Cabrôou, s. m. Chevreuil; chamois; isard; toute espèce de chèvre sauvage; *Capreolus*, Linn. Quadrupède de l'ordre des Cerfs; porte un roux, a cinq andouillers au plus. — Le n. pr. *Chabròou*, en fr. Chabrol, est formé de la, comme en fr. encore *Chevreuil* et *Chevreau*. La seule différence est dans la désinence, suffixe diminutif en lang. exprimé par *òou*, traduit par *ol*, rendu par le fr. *euil*. — *Voy.* Oou suffixe. A conférer avec *Bagnòou*, *Cassagnolo*, *Plagnòou*, etc.

Dér. de *Cabro*.

Cabroù, s. m. Dim. *Cabrouné*. Chevron, pièce de charpente composée d'un pied droit et de deux arbalétriers.

Dér. de *Cabro*.

Cabus, s. m. Action de plonger dans l'eau, ou de tomber de haut la tête la première; de faire un plongeon.

Dér. du lat. *Caput*, parce que la tête porte la première.

Cabus, s. m. Au pl. *Cabusses*. Provin, branche de vigne que l'on couche dans la terre pour qu'elle prenne racine et remplace un cep qui manque. — *Ddou ten das cabusses*, dans le dernier quartier de la lune de mars.

Cabus, adj. m. *Cdou* ou *Cdoute cabus*, Chou blanc, chou cabus ou chou pommé.

Dér. du lat. *Caput*, parce que cette espèce de chou forme une grosse tête ronde.

Cabussa, v. Plonger dans l'eau; faire le plongeon; tomber de haut la tête la première. Il est quelquefois actif. — *Cabussa quàouquus*, plonger pour sauver quelqu'un qui se noie. *Cabussa un sòou*, aller chercher un sou au fond de l'eau, en plongeant. Exercice qu'on s'amuse à faire exécuter aux enfants en jetant un sou dans l'eau.

Dér. du lat. *Caput*, tête; en esp. *Cabessa*.

Cabussa, v. Proviguer la vigne; marcotter toute espèce de plantes ou d'arbustes. Au fig. inhumer, enterrer quelqu'un.

Cabussaïre, **airo**, adj. Plongeur; qui a coutume de plonger.

Dér. de *Cabus*.

Cabussàou, s. m., ou *Cassàou*, ou *Sacol*. — *Voy.* Cassàou.

Cabussé, s. m. Râle d'eau, *Rallus aquaticus*, Linn. Ce nom est aussi donné à la poule d'eau marouette, *gallinula porzana*, dont les habitudes tiennent beaucoup de celles du Râle. — *Voy.* Rascle.

Cabussèl, s. m. Dim. *Cabussélé*; péj. *Cabusselas*. Couvercle; ce qui sert à couvrir. — *Lou cabussel de la tèsto*, le crâne, l'os supérieur de la boîte du cerveau.

Dér. du lat. *Caput*; en esp. *Cabessa*.

Cabusséla, v. Mettre un couvercle; couvrir un plat, un pot, une huche, de son couvercle.

Cabussèlo, s. f. Couvercle d'un pot au feu, uniquement. — *Chaquo toupì trobo sa cabusselo*, chaque cheville a son trou; chaque fille trouve un mari.

Las cabussèlos, au pl. les cymbales, parce que cet instrument a effectivement la forme d'un couvercle à pot.

Même étym. que les préc.

Cacaï, s. m. Caca; selle d'un enfant; ordure, saleté : terme de nourrice qui, pour détourner un enfant de toucher à quelque chose, lui dit : *Cacaï!* C'est par suite de la même idée qu'on met une décoction amère au bout du sein de la nourrice quand on veut sevrer son nourrisson, et quand il y porte la bouche, il se retire en s'écriant : *Cacaï!* — *Aquò's de cacaï*, c'est sale.

Dér. du gr. κάκκη, excrément.

Cacalaca! interj. et s. m. Coquerico, chant du coq; onomatopée. Gosier, au fig; par ext. cou, col. — *Li coupé soun cacalaca*, il lui coupa le cou.

Cacalaca, s. m. ou *Pantoufleto*, s. f. Digitale pourprée, mufle de veau, *Antirrhinum majus,* Linn. Plante de la fam. des Personnées, qui croit sur les vieilles murailles, à fleurs irrégulières et pourprées, auxquelles il ne manque que d'être plus rares et exotiques pour être recherchées.

Cacalaca, en terme de coiffure, toute espèce de nœud de rubans, de pouf, posé sur le haut d'une coiffure de femme, en guise de la crête d'un coq : d'où le nom

Cacalas, *s. m.* Au pl. *Cacalasses.* Eclat de rire. — *Faguè un bèl cacalas,* il partit d'un grand éclat de rire.

Ce terme vient-il du gr. Καγχαλάω, rire à gorge déployée; ou bien n'est-il qu'un rappel du *cacalaca* du coq, avec lequel l'éclat de rire a un rapport d'onomatopée?

Cacalassa, *v.* ou mieux **S'éscacalassa.** Eclater de rire; rire à gorge déployée, bruyamment, rire aux éclats.

Dér. de *Cacalas.*

Cacha, *v.* Serrer; presser; meurtrir; casser, briser en serrant fortement, avec les dents, ou en frappant; mâcher, broyer avec les dents. — *Cacha dé noses,* casser des noix. *Moun escló mé cachavo,* mon sabot me blessait le pied. *Un ase dé soun tén cacharié pas la paio;* c'est ce que l'on dit de quelqu'un qui veut se faire ou que l'on croit plus jeune qu'il n'est, et qui a cependant largement atteint ou dépassé l'âge où un âne, faute de dents, ne pourrait plus broyer ou mâcher la paille.

Sé cacha lous dés, se meurtrir les doigts; au fig. être dupe de son propre stratagème.

Dé froumaje cacha, du fromage qui a dépassé le degré de fermentation qui lui convient, vieux, fort et rance.

Dér. du lat. *Quassare,* briser.

Cachaduro, *s. f.* Meurtrissure; pinçon; blessure produite par une forte pression. — *Aou débasta sé vésou las cachaduros,* exp. prvb., quand on enlève le bât à un âne, on aperçoit ses blessures; au fig., c'est à fin de compte qu'on juge de son mal.

Dér. de *Cacha.*

Caché, *s. m.* Cachet; sceau; pain à cacheter.

Dér. de *Cacha.*

Cachéta, *v.* Cacheter; appliquer un cachet; fermer avec un pain à cacheter.

Dér. de *Cacha.*

Cacho, *s. f.* Cachette; cache; lieu secret où l'on cache quelque chose.

Emp. au fr.

Cachò, *s. m.* Dim. *Cachouté;* péj. *Cachoutas.* Cachot; prison basse et obscure.

Emp. au fr.

Cacho-foué, *s. m.* Chambrière de charrette; gros bâton suspendu par une douille mobile au tablier d'une charrette, qui sert à soutenir les bras en équilibre lorsqu'elle est dételée, et a soulager le limonier lorsqu'elle est attelée chargée, mais au repos.

Comp. de *Cacha* et de *Foué,* fouet.

Cachomoure, *s. m.* Coup de poing sur la mâchoire, sur le nez.

Comp. de *Cacha,* meurtrir, et *Moure,* visage.

Cadabre, *s. m.* Péj *Cadabras.* Cadavre, corps mort; plus particulièrement en parlant du corps humain; au fig. homme maigre et décharné, ou seulement livide.

Dér. du lat. *Cadaver,* qui serait la syncope de *caro data vermibus,* à ce qu'on assure et qui est vraisemblable et ingénieux.

Cadacu, *n. pr.* de lieu. Cadacu, petit hameau dans la commune de Laval, arrondissement d'Alais.

Dér. du lat. *Caput* et *Acutum,* chef pointu.

Cadaï, *s. m.* — *Voy. Calaï.*

Cadansa, *v.* Balancer; remuer en équilibre; pencher; branler. — *La tdoulo cadanso,* la table n'est pas solide; elle branle sur ses pieds.

Dér. du lat. *Cadere,* tomber, et de *Danso.*

Cadâoula, *v.* Fermer au loquet; fermer une porte avec le loquet.

Cadâouléja, *v.* Loqueter; agiter, faire aller le loquet d'une porte pour ouvrir, ou pour indiquer qu'on se dispose à entrer.

Cadâoulo, *s. f.* Dim. *Caddouléto;* péj. *Caddoulasso.* Loquet; cadole; languette de fer, avec son appareil en bascule qui la soulève, et le crochet-gâche qui la retient, pour fermer une porte. En terme de charcuterie, verge du porc, y compris son fourreau et la longue membrane qui le lie à l'abdomen. — *Es toujour én l'air coumo uno cadâoulo,* au fig., il est sémillant, actif, agité; il ne saurait rester en place. *Fino caddoulo,* loc. prvb., fin matois, rusé et actif.

Le fr. s'est emparé de ce mot dont il a fait *Cadole,* qui a la même acception, mais qui ne s'emploie que comme technique de serrurerie.

Dér. du lat. *Cadere,* tomber.

Cadarâou, *s. m., n. pr.* d'un torrent qui borde à l'ouest la ville de Nimes : Cadarau.

Dans le dialecte nimois, ce mot est synonyme de voirie, gémonies. Cela tient peut-être à ce que le lit de ce torrent, sur lequel est aussi situé l'abattoir public, servait à cet usage; et que cette destination était ancienne. Mais ne pourrait-on pas prétendre avec autant de fondement que c'est de cette circonstance même que le torrent tire son nom? Il n'est pas hors de probabilité que l'expression, soit qu'elle s'applique génériquement à tout emplacement de voirie, soit à l'emplacement particulier de ce torrent, ne dérive du lat. *Cadaver,* cadavre; si l'on se rappelle surtout que des fourches patibulaires, véritables gémonies, dont on voit encore quelques piliers sur la route de Sauve, dominaient le cours de ce ruisseau. Cependant Sauvages, en consultant sans doute quelque dialecte voisin, applique ce nom de *Cadardou* aux ruisseaux d'écoulement des rues, et lui donne pour origine le verbe grec Καταρέω, couler de haut en bas. D'autres veulent le faire venir du catalan *cataranco,* torrent. Le mot n'appartient pas à notre langue; et nous y voyons plutôt une redondance réduplicative de notre *Cardou,* qui a la même signification. — *Voy. Cardou.*

Cadastre, *s. m.* Cadastre; anciennement registre de capitation; plus tard terrier des propriétés imposées à la taille; aujourd'hui registre public où sont marquées l'étendue et la valeur des terres.

Dér. de la bass. lat. *Capitastrium*. Godefroi dit : *In Gallia, aliquibus in locis, à capitibus vel capitatione capdastra, vel cata tre, vocatur capitationis scilicet registrum, in quibus singulorum nomina adnotata erant.*

Cade, *s. m.* Grand genévrier à baies rouges, *Juniperus oxycedrus*, Linn. Arbrisseau de la fam. des Conifères. C'est la grande espèce dont la racine fournit l'huile empyreumatique de *Cade*, qui est d'un usage très-fréquent en agriculture pour le traitement des animaux, et principalement contre la gale des moutons. La tige de cet arbuste fournit par incision la résine appelée Sandaraque, base des plus beaux vernis. — *Es davala dâou cade*, il a dégringolé; il est en déconfiture; ou il est mort.

Cade-mourvìs, s. m. — *Voy. Mourvìs*.
Cade-sabì, s. m. — *Voy. Sabino*.

On regarde ce mot comme dér. du celt.

Cadè, *s. m.* Dim. *Cadété*; péj. *Cadétas*. Cadet. Surnom qu'on donnait beaucoup dans le peuple au fils puiné d'une famille, au second enfant mâle, n'importe le nombre des frères subséquents. Ce nom était tellement incarné à l'individu qui en était affecté dans son enfance, qu'il ne le perdait pas même par la mort de son frère aîné, quoiqu'il devint par là le chef de la maison. Lorsqu'on voulait y ajouter le nom de famille, on faisait précéder celui-ci de la partic. *dé*; on disait donc : *cadè dé Martì* et non *cadè-Martì*. Il en est de même encore assez généralement pour les prénoms; on dit plutôt : *Jean dé Brunèl* que *Jean Brunèl*. Dans les races vraiment populaires et autochtones, il n'est pas rare qu'on ajoute au prénom et au surnom de *Cadè* la désignation de la mère, surtout lorsque cette mère est plus connue que le père, ou lorsqu'elle est veuve. On dira plus volontiers par ext. *cadè dé Martino, Janò dé Brunèlo*, que *cadè dé Martì* ou *Janò dé Brunèl*. Cette tournure prend un caractère plus original et plus local encore, si l'on féminise pour la mère le surnom du père. Un homme était surnommé *Bon Dìou*, son fils était connu sous le nom de *cadè dé Bon Dioulo*. Ce nom de *Cadè* est resté dans le génie de la langue, mais l'usage se perd de le donner aux enfants. — *Un bon cadè*, un bon drille. *Lous cadès de las Matèlos, qué lous dous fan cént ans;* loc prvb., de beaux jouvenceaux! la paire fait un siècle! dicton qui a été importé de Montpellier : les Matèles est un village au bord de l'étang de Mauguio.

Cadè, qui se disait autrefois *Capdè*, est un dim. de *Caput*, chef, petit chef, second chef de la famille.

Cadèl, *s. m.* Dim. *Cadélé, Cadéloù*; péj. *Cadélas*. Au fém. *Cadèlo*. Jeune chien, petit de la chienne; par ext. jeune homme sur les confins de la puberté. — *Un cadélas*, un jeune gars, robuste et un peu niais.

Dér. du lat. *Catellus*.

Cadèl, *s. m.* Chaton ou folles fleurs des arbres que les botanistes distinguent sous le titre et rangent dans la fam. des Amentacées, comme le chêne, le noyer, le châtaignier, le coudrier, le peuplier, l'orme, le saule, etc.

Cadéla, *v.* Chienner, mettre bas, en parlant d'une chienne; pousser des chatons, en parlant de certains arbres.

Cadélado, *s. f.* Portée ou ventrée d'une chienne; laitée, en fr., se dit également d'une chienne de chasse.

Dér. de *Cadèl*.

Cadénas, *s. m.* Cadenas; serrure mobile et portative, qu'on adapte par un anneau à un autre anneau fixe, comme fermeture. — *Lou cadénas dâou col*, les vertèbres du cou; les clavicules qui joignent les deux épaules en fermant l'orifice supérieur de la poitrine.

Dér. du lat. *Catena*, chaîne.

Cadénéto, *s. f.* Cadenette, longue tresse de cheveux. C'était la coiffure des incroyables du Directoire, qui se nommaient aussi Muscadins. Cette mode était renouvelée d'autrefois, et remontait, dit-on, à Henri Albert, seigneur de Cadenet, maréchal de France, qui lui aurait donné son nom. Il est bien aussi probable que ce nom lui vient de ce qu'elle consistait à relever les cheveux en tresse plate, en chaîne, qu'on fixait au haut de la tête avec un peigne.

Cadéno, *s. f.* Chaîne, suite d'anneaux ou chaînons entrelacés. — *Cadéno dé coulas*, mancelle, chaîne qui tient au collier d'un cheval de charrette. *Fré coumo la cadéno d'un pous*, froid comme une chaîne de puits.

Cadéno est le nom d'une rue du vieil Alais. Est-ce un souvenir du moyen-âge, pour rappeler les précautions d'une bourgeoisie toujours jalouse de ses libertés et privilèges à l'encontre de ses seigneurs, qui faisait placer des chaînes à l'entrée de ses rues contre les incursions des gens du château dominant la ville sur ce point, ou contre les attaques extérieures? Ou bien, cette rue en pente était-elle si difficile, qu'autrefois il avait été nécessaire d'établir une chaîne dans toute sa longueur pour servir de main-coulante aux passants? Le nom se retrouve dans les plus anciens titres des archives municipales : les attaches des chaînes se distinguaient encore aux deux extrémités et indiquaient leur position en travers de la rue; la première origine nous paraît donc préférable. Le lat. *Catena* est en tous cas le radical du mot.

Cadièïraïre, aïro, *s.* Fabricant, tourneur, faiseur de chaises; rempailleur de chaises.

Dér. de *Cadièïro*.

Cadièïro, *s. f.* Dim. *Cadièïréto*; péj. *Cadièïrasso*. Chaise, siège à dossier où l'on s'asseoit; chaire à prêcher. — *Empaïa uno cadièïro*, rempailler une chaise. *L'an tracho dé la cadièïro én bas*, on a publié en chaire les bans de son mariage.

Dér. du lat. *Cathedra*, qui a les deux mêmes signif.

Cadis, *s. m.* Cadis; étoffe de laine grossière, espèce de gros drap gris ou brun, sans teinture, qu'on fabrique dans les campagnes, surtout dans la Lozère — *Faire un cadis*, faire faire une pièce de cadis dans la maison, ce qui procure une meilleure qualité que de l'acheter en foire ou chez les marchands.

Dér. sans doute de la ville de Cadix, d'où cette étoffe doit avoir été importée dans l'origine.

Cadissaïre, aïro, *s.* Tisseur de cadis; marchand ou fabricant de cette étoffe.

Dér. de *Cadis.*

Cadissariè, *s. f.* Hardes et habits de cadis de toute une maison, qu'on lave à la fin de l'hiver et qu'on suspend dans la cave pour les préserver des vers.

Dér. de *Cadis.*

Cadiuèïsso, *s. f.* ou **Cadôousso,** ou **Dôousso.** Cosse de pois, de fèves, de haricots et autres légumes qu'on écosse; au fig. forte tape, causant contusion et douleur. — *Voy. Dôousso.*

Cadra, *v.* Cadrer; convenir; s'ajuster, s'assortir avec. — *Aquò cadro bièn,* cela vient juste à point.

Dér. du lat. *Quadrum,* carré.

Cadran, *s. m.* Cadran, surface sur laquelle sont marquées les heures. Au fig. homme ou femme effronté, aux allures hardies, qui s'affiche avec affectation et mauvais goût.

Dér. dans sa première acception du lat. *Quadratum;* dans la seconde, par comparaison peut-être avec le cadran, qui étale et marque les heures.

Cadre, *s. m.* Cadre, bordure de bois en baguettes dont on entoure une glace, un tableau, une gravure; chambranle d'une porte.

Dér. du lat. *Quadrum,* carré.

Cafè, *s. m.* Café; nom commun à la graine du cafier, à l'infusion qu'on en fait, et au lieu où on le vend préparé. — *Faire cafè,* tenir un café; être cafetier, limonadier. Au fig. *prène soun cafè,* jouir silencieusement et paisiblement d'un spectacle qui amuse. Cette phrase se prend d'ordinaire en mauvaise part, c'est-à-dire qu'on subit malicieusement d'une mystification que l'on fait subir à quelqu'un, ou d'une querelle à laquelle on ne prend part que pour juger des coups et en rire.

Dér. comme le fr. de l'arabe *Gahouhah.*

Cafétiè, ièïro, *s.* Cafetier; limonadier; le maître ou la maîtresse d'un café.

Dér. de *Cafè.*

Cafétièïro, *s. m.* Dim. *Cafétièvréto.* Cafetière; vase à faire le café, ou toute autre infusion.

Dér. de *Cafè.*

Cafiò, *s. m.* Chenet; landier; ustensile de cheminée qui soutient le bois dans le foyer.

En bas-bret. *Kafuner,* chenet; en ital. *Capi fuocco.*

Cafour, *s. m.* Enfourchure d'un arbre; le point où les grosses branches se séparent du tronc; carrefour; embranchement de plusieurs rues qui forment une sorte de petite place.

Dér. du lat. *Quadrum* et *Forum,* place carrée.

Caga, *v.* Chier; aller à la selle; s'ébouler, en parlant d'un mur, d'une tranchée, ou d'une bobine, d'une fusée, d'une toupie, dont le fil ou la corde est enroulée trop lâche.

Notre *Dictionnaire* s'est fait un devoir d'enregistrer tous les mots et de chercher l'explication de toutes les locutions populaires Il suffit de le rappeler. « En mouchant une expression mal propre, on s'expose à lui arracher le nez — c'est-à-dire le caractère, l'originalité, » a dit un glossateur de beaucoup d'esprit : il n'y a donc pas à faire les délicats avec une langue qui professe hautement et avec raison que *pardoulos pudou pas.* Un empereur d'assez bonne maison disait la même chose de l'argent; nous pouvons bien le dire de la monnaie courante du peuple. Nous toucherons donc au passage deux dictons fort usités, et sans aucun scrupule.

Caga ddou pichò quiou : inutile de donner le mot à mot; mais l'argot de la langue verte nous fournit un correspondant : *chier de petites carottes;* même signification. C'est mener petit train, vivre de peu, se serrer le ventre; cette dernière expression, plus académique, nous mène tout droit à la nôtre, comme on va le voir. Quand on est obligé d'économiser jusque sur son manger, l'estomac n'a pas beaucoup à faire. Dans cet atelier de fabrication, comme dans les autres, la matière première faisant défaut, les produits diminuent nécessairement: et l'importation manquant, l'exportation doit être peu de chose : d'où il suit qu'une petite voie suffit pour l'opérer. L'effet est dit pour la cause dans notre locution, qui, par une bizarrerie à noter, indique beaucoup moins le fait d'économiser sur sa cuisine, avec les conséquences de l'espèce, que celui de se restreindre, par nécessité aussi, et de faire petitement toute autre chose, quoique les mêmes conséquences n'y soient plus.

Caga meleto. Le melet est un poisson de mer assez long mais surtout très-mince. C'est cette conformation qui a donné lieu à notre dicton qui signifie : avoir grand peur. On sait qu'un des effets de la peur est de resserrer singulièrement chez l'homme certain conduit sécréteur; bien d'autres dictons dans toutes les langues viennent, avec la science, témoigner de ce fait. Or, il doit résulter de cet état que les produits ne peuvent être que fort minces, comme la *méléto,* par exemple, et c'est encore dire la cause que de dire l'effet.

Dér. du lat. *Cacare.*

Cagado, *s. f.* Cacade; excréments. Au fig. éboulis; imprudence, entreprise manquée; ânerie, pas de clerc. — *As fa aquì uno bèlo cagado,* tu as fait là une lourde sottise, une énorme imprudence. *Dé cagados dé mousquos,* chiûres de mouches.

Dér. de *Caga.*

Cagaràoulé, *s. m.* Très-petit pot à bouillir; le plus petit pot, dans lequel on fait chauffer le bouillon d'un malade, la soupe d'un enfant.

Dér. du lat. *Cacabulus,* dim. de *Cacalus,* pot au feu.

Cagarâoulo, *s. f.* Dim. *Cagardoutéto*. Escargot, limaçon à coquille; hélice aspergé, *Helix aspersa*, Linn. Mollusque Gastéropode. En fr. moyen-âge, on disait *Caquerole*, qui signifiait à la fois un escargot et une espèce de marmite à trois pieds et à longue queue. Cette dernière acception semble annoncer sa dérivation du lat. *Cacabus*, pot au feu; et l'escargot y aurait participé par analogie de forme. Le limaçon, quand on l'irrite ou qu'on l'approche du feu, rend une écume comme le pot au feu. — *Lou tambour dé las cagardoulos*, le tonnerre. *Aiço és la casso dé las cagardoulos, tan dé vis tan dé prés;* dicton pour exprimer un succès complet en quoi que ce soit, comme au jeu, par exemple, quand on gagne toutes les parties. Ordinairement on ne dit que le premier membre de la phrase, le second restant facilement sous-entendu. Il est inutile, pour expliquer ce dicton, de dire que lorsqu'on va à la recherche des escargots, ce qui se fait après une pluie de printemps ou un orage, on en prend tout autant qu'on en trouve; ce gibier, dont on est généralement friand dans le pays, étant peu propre à dépister ou à fuir le chasseur.

Cagarèl, Picarèl ou **Suscle**, *s. m.* Mendole, *Sparus Mœna*, Linn. Petit poisson de la Méditerranée, de l'ordre des Holobranches; bon quand on le mange frais, mais qui, ainsi que l'indique son nom lat., peut imiter l'anchois, *Mœna*, et qui en effet se conserve dans la saumure; c'est le goût piquant qu'il en tire qui l'a fait appeler *Picarèl*. — *Voy.* c. m.

Cagarelo, *s. f.* Mercuriale, foirelle; *Mercurialis annua*, Linn. Plante de la fam. des Euphorbiacées, purgative et laxative : elle est un poison pour plusieurs animaux et entr'autres pour les lapins.

Son caractère éminemment émollient lui a valu son nom.

Cagarocho, *s. f.* Dim. *Cagarouchéto*. Très-petite maison, cahutte étroite, taudis, où l'on est logé à pli de corps. Au fig. bamboche, très-petit homme, nabot, avorton.

Il peut, dans les deux sens, pr. et fig., dériver par comparaison de la posture accroupie exprimée par le verbe.

Cagasso, *s. f.* A-bé-cé, alphabet, croix de par Dieu. — *Voy. Crous.*

Cagnar, *s. m.* Dim. *Cagnardé*. Cagnard, abri exposé au soleil; c'est le foyer d'hiver des pauvres gens, des vieillards et des fainéants; la cheminée du roi Réné à Aix.

Dér. du lat. *Canis*, chien, ou de l'ital. *Cagna*, chienne, parce que les chiens aiment à se coucher au soleil.

Cagnarda, *v.* Exposer au soleil et à l'abri du vent.

Dér. de *Cagnar*.

Cagno (Faïre la), *v.* Faire la mine, la grimace; dédaigner; refuser d'un air dédaigneux.

Dér. du lat. *Canis*, c'est-à-dire faire une mine de chien.

Cagnò, oto, *adj.* Dim. *Cagnouté, éto;* péj. *Cagnoutas, asso.* Sot, imbécile; poltron.

Dans l'ancien lang. *Cagnò* signifiait chien : on dit encore *un foutrassâou de cagnò*, un gros diable de chien.

Dér. du lat. *Canis;* en ital. *Cagnolino*, petit chien.

Cagnoto, *s. f.* Dim. *Cagnoutéto;* péj. *Cagnoutasso.* Cornette de femme en indienne, sans dentelle ni avance, qui emboîte la tête et les oreilles. C'est la coiffure exclusive des femmes du peuple et de la campagne dans leur négligé de travail. Les étrangers conspuent cette coiffure, qui n'est pourtant pas sans grâce, et qui ressemble beaucoup au bonnet phrygien. Tout dépend du plus ou moins de coquetterie dans la manière de l'arranger.

Ce mot parait encore dér. du lat. *Canis*, parce que, dans le principe, cette coiffure descendait sur le cou en oreilles de chien.

Cagnouta, *v.* Mettre la *Cagnoto* à quelqu'un; coiffer une femme de sa *Cagnoto*.

Dér. de *Cagnoto*.

Cago-chi, *s. m.* Bon-Henri, épinard sauvage, *Chenopodium bonus-henricus folio triangulo*, Linn. Plante de la fam. des Chénopodées; commune dans les lieux gras.

Son nom lang. lui vient de ce que les chiens aiment à déposer sur elle leurs excréments.

Cago-prin, *s. m.* Pince-maille, fesse Mathieu; ladre d'une avarice sordide; vilain; taquin. — Sauvages donne à ce mot pour équivalents : *cago-dignés, cago-du, cago-séc, cago-maïos :* c'est la même idée, que nous avons expliquée dans le verbe servant à la formation de tous ces subst. — *Voy. Prin, Dignè, Maïo,* etc.

Cago-trépo, *s. f.* Chausse-trappe ou chardon étoilé, *Centaurea calcitrapa*, Linn. Plante de la fam. des Composées Cynarocéphales, qui vient le long des chemins. La même que l'*douriolo.* — *Voy.* c. m.

Çaï, *adv.* de lieu. Ici, céans. Il a la même portée que *Aïci*, avec cette différence que ce dernier suit d'ordinaire le verbe auquel il sert de régime, tandis que le premier le précède. — *Çaï séra lèou*, ou *séra lèou aïci*, il sera bientôt ici. *Çaï sèn*, nous y voilà. *Diou çaï siè!* que Dieu soit céans! exp. prvb., quand on entre dans une maison.

Çaï a quelque chose de plus technique, de plus syncopé et partant de plus poétique que *Aïci*.

Dér. du lat. *Hàc*, par ici.

Caïa, *v.* Cailler; coaguler; figer. — *Lou carboù dé la Gran'Coumbo és lou mioù, parça qué caïo lou maï*, la houille de la Grand'Combe est de la meilleure qualité, parce qu'elle se caille, elle fait prise, c'est-à-dire que le soufre et le bitume qu'elle contient se mettent en fusion et en vitrification à l'action du feu; ce qui cimente les mottes entr'elles.

Dér. du lat. *Coagulare;* en ital. *Quagliare.*

Caïado, *s. f.* Caillé; du lait caillé.

Dér. de *Caïa.*

Caïaou, *s. m.* Dim. *Caïalé;* péj. *Caïalas.* Caillou; galet; pierre de pleine main et de la dimension dont on se sert pour la fronde ou pour le jet à la main. — *L'abataïavo à cos dé caïdous*, il le poursuivait à grands coups de pierre. *S'arape un caïdou*, si je prends une pierre.

Dér. du lat. *Calculus*, ou *Cautes.*

Caïas, s. m. Caillot de sang, grumeau de sang caillé.
Dér. de Caia.

Caié, éto, adj. Bigarré; pie; de deux couleurs. Ce mot ne se dit guère que des bœufs dont la robe est de deux couleurs. Pour les porcs, on dit *Garèl*, dans le même sens.
Ra-caie, s. m. Lérot, espèce de loir ou de gros rat, tacheté de gris et de blanc, qui niche sur les arbres. — Voy. *Ra*.

Caie signifie aussi mollet, à moitié sec, en parlant de certains fourrages et de quelques céréales, comme la luzerne, le sainfoin, le seigle et l'avoine, qu'il faut couper et entasser, avant une parfaite dessication, pour éviter que la feuille des premiers et le grain des seconds ne se détachent en les remuant et ne se perdent.

Caïeïro, s. f. Ventricule ou estomac des agneaux, veaux et chevreaux, que l'on conserve par une préparation, pour cailler le lait. La première opération digestive de ces animaux étant de cailler le lait, le viscère qui sert à cette opération, est saturé de certains acides, qui produisent le même effet après la mort de l'animal et la dessication du viscère. — *Voy. Cal.*
Dér. de *Caia*.

Caïn, ïno, adj. Tatillon; importun; inquiétant; qui se plait à tourmenter; incommode.
Dér. du nom de Caïn, race de Caïn.

Caïna, v. Tourmenter; inquiéter; importuner; piquer à coups d'épingles.
Même dér. que l'adj. préc.

Caïo, s. f. Caille, *Perdix coturnix*, Temm. Oiseau de la fam. des Alectrides. Les cailles arrivent dans notre pays vers le commencement d'avril. On les appelle alors cailles vertes, parce que la campagne est déjà couverte de verdure; elles sont peu grasses à cette époque, qui est celle de leurs amours. Vers le mois d'août et de septembre, elles font un second passage; on les chasse dans les luzernes et dans les vignes, et comme elles sont fort grasses, elles sont faciles à tirer; leur chair alors est un manger délicieux.

Rèi dé caïo, s. m. Râle de genêt, *Rallus crex*, Linn. Oiseau de la même famille que la caille, un peu plus gros; il vit solitaire, ce qui lui a valu sans doute d'être traité de majesté.
En ital. *Quaglia*.

Caïo, s. Jeu d'enfants qui ressemble à celui de cligne-musette, mais dont il est le contre-pied : car celui qui est caché doit prendre celui qui le cherche avant qu'il ait touché le but, tandis qu'ici celui qui se cache fait ses efforts pour ne pas être découvert d'abord, et une fois éventé par le chercheur qui l'annonce en criant : *caïo pér un tèl*, tâche de toucher le but avant d'être saisi sous peine d'interversion des rôles.

Caïradé, s. m. Gesse domestique; pois carré, *Lathyrus sativus*, Linn. Plante de la fam. des Légumineuses, cultivée soit comme fourrage, soit pour en cueillir la graine.
Dim. dér. du lat. *Quadrum*, carré.

Caïre, s. m. Dim. *Caïroù*. Côté; carré; coin; angle; côte d'un angle. Au fig endroit; canton; quartier. — *Cara de tout caire*, carré dans tous les sens. *Cerqua de tout caire*, chercher de tous côtés. Y-a un brave 'caire dé trufos, il y a un beau carré de pommes de terre. *Es rescoundu din quôuque caire*, il est caché dans quelque coin. *Rèsto pas en d'aqueste caire*, il n'habite pas dans ce quartier.
Dér. du lat. *Quadrum*.

Caïre, s. m. Carreau, une des couleurs du jeu de cartes. — *Joguo caire, quàou n'a pas né po pas traire*, c'est un de ces mille dictons que les joueurs inventent pour entretenir la conversation, quand le jeu absorbe toutes leurs pensées au point de ne pouvoir causer de sujets étrangers à ce qui les préoccupe exclusivement. Le besoin de rimer est particulier au génie du dicton, surtout en languedocien. *Copo caire et jogo caire*, il triche; au fig. il plaide le faux et le vrai; il fausse sa parole.

Ficha'n caire pour *ficha én caire* ou *ficha un caire*. Cela veut dire : fatiguer, ennuyer, scier le dos, et aussi contrarier, vexer, *ficher* malheur, ce dernier verbe mis par amendement, bien entendu, comme dans notre languedocien. Maintenant, d'après ce que nous venons de dire, *Caïre* a plusieurs significations, selon l'occurrence : coin, sens, côté et carreau du jeu de cartes. Il n'est pas absolument impossible que la locution vienne d'une partie de cartes dans laquelle un joueur aurait été obstinément poursuivi et battu par la couleur carreau; cependant il y a une autre explication assez simple, assez naïve, si ce n'est davantage, pour être la bonne. Lorsqu'un enfant n'est pas sage, on l'envoie en pénitence dans un coin de la chambre où il doit rester jusqu'à l'expiration de sa peine, debout, sans bouger, et tourné vers le mur; il est clair que cela doit l'ennuyer, le vexer, lui *ficher* malheur, si vous voulez. Ces souvenirs d'enfance restent en grandissant et, quoique plus sage alors, si l'on éprouve quelque contrariété, quelque ennui, quelque vexation, on a pu les assimiler à ceux du jeune temps, quand on vous flanquait dans un coin pour punition, et les appeler du même nom en salant tant soit peu l'expression.

Mais il ne faut rien garder sur la conscience. Cette dernière explication, qui me revenait assez, je dois convenir qu'elle ne peut être acceptée que sous bénéfice d'inventaire. Le dicton est exclusivement languedocien et de vieille date. Ceux qui font les dictons étaient, en matière d'éducation, pour l'ancienne méthode de M. Cinglant, et je crois même qu'ils le sont toujours. Comment auraient-ils fait celui-ci sur une nouvelle pénalité qui n'a été édictée que depuis et seulement dans le code des salons? C'est assez difficile à arranger, et il faudra sans doute revenir à notre partie de cartes au risque de la perdre encore.
Dér. du lat. *Quadrum*.

Caïre (dè), adv. De travers, obliquement; de côté; en diagonale. — *Ana dé caïre*, marcher de côté; au fig. être gêné dans ses affaires; ne pas aller franchement. *Coupa dé caïre*, couper de biais.

Dér. du lat. *Quadrum;* ou du gr. Χείρ, la main.

Caïssa, v. Terme d'agric. Equarrir une fosse, une fosse d'arbre, tailler ses berges perpendiculairement, les ragréer; tailler, pousser plusieurs rejetons de la racine. Au fig. *sé caissa,* se remplumer; rajuster ses affaires; s'arrondir; prendre de l'embonpoint. — *Lou bla caïsso,* le blé talle, lorsque sa fane s'épaissit et forme plusieurs plantes avant que sa tige s'élève. *Un home, un chival bièn caïssas,* un homme ou un cheval ragotés. *S'és bièn caissa,* il a bien fait ses orges; il a remonté ses affaires; se dit aussi d'un jeune homme dont les membres se sont renforcés, qui a pris du corps. *Aquelo fénno s'és bièn caïssado,* cette femme s'est bien meublée, bien nippée; ou elle a pris de la carrure.

Dér. de *Caïsso.*

Caïssâou, s. m. Dim. *Caïssalé;* péj. *Caïssalas.* Dent molaire ou mâchelière. — *M'a déraba dous caïssdous,* il m'a extirpé deux grosses dents. *Dérabo aquél caïssdou,* au fig., tire toi de cet embarras; tire toi cette grosse épine du pied; trouve une solution à cette affaire difficile.

En lang. romane *Caïs,* mâchoire, dent.

Caïsso, s. f. Dim. *Caïsséto;* péj. *Caïssasso.* Caisse de bois propre à renfermer toute sorte d'objets; coffre; bière, cercueil. — *Caïsso dé cabus,* fosse à provigner. — *Voy. Cros.*

Dér. du lat. *Capsa,* coffre.

Caïssoù, s. m. Caisson de charrette; petite armoire placée sous le brancard et fermant à clé, où les rouliers renferment leur argent et ce qu'ils ont de plus précieux.

Dim. dér. du lat. *Capsa.*

Caïtivié, s. f. Chétiveté; misère; infortune; pauvreté; mésaise; saleté, crasse, squalidité qui suivent la misère; maigreur, mauvaise santé provenant d'une nourriture mauvaise ou trop peu abondante. — *Es mor dé caïtivié,* il est mort de pénurie, de misère. *Tira soun véntre dé caïtivié,* manger goulument, avec avidité, comme quelqu'un qui a longtemps jeûné, et qui est à bonne table pour se refaire. *Y vaï pas dé caïtivié,* il n'y va pas de main morte.

Dér. du lat. *Captivus,* captif, esclave; en ital. *Cattivo,* malheureux, chétif.

Caïtivoùs, ouso, *adj.* Chétif, malingre; cacochyme; qui végète languissamment.

Dér. de *Caïtivié.*

Cajoula, v. Cajoler; courtiser; tenir à quelqu'un des propos flatteurs, agréables, séduisants.

Emp. au fr.

Cal, s. m. Présure; matière acide qui sert à faire cailler le lait. La substance que l'on emploie le plus souvent, provient de la macération de la *caïèiro,* caillette, ou estomac des chevreaux, qu'on fait tremper longtemps dans l'alcool. Une cuillerée à café de cette liqueur, ainsi pénétrée des acides de la *caïèiro,* suffit pour faire coaguler trois litres de lait. — *Voy. Caïèiro.*

Cal se dit au prop. de cette sorte de matière gélatineuse, ressemblant à du caillé, qui forme le noyau de certains fruits au commencement de leur maturité, l'intérieur des grains à enveloppe dure, et se prend pour jointure, calus, nœud des os fracturés; au fig. il exprime la verdeur, la sève, le défaut de maturité, dans le sens de jeunesse. — *Lou bla és én cal,* le blé commence à former son grain; le moment où le grain n'est encore qu'une pâte blanche, laiteuse, comme le caillé. *Nose én cal,* noix, lorsque son amande n'est encore qu'une gelée. *Aquò's pas qué dé cal,* cela n'a point de consistance encore. *Prène cal,* en parlant d'un os cassé qui commence à se souder par la coagulation de la substance gélatineuse qui lubréfie ses pores : former calus. *Aquélo jouinèsso és éncaro din soun cal,* cette jeunesse n'est pas formée, fam., si on lui pressait le nez, il en sortirait du lait.

Dér. de *Caïa.*

Cala, v. Céder; baisser pavillon; lâcher; se taire; mettre les pouces.

Dér. du gr. Χαλάω, céder, faiblir.

Calada, v. Paver; carreler; couvrir, revêtir de pavés, de carreaux; joucher. — *La tèro èro touto caladado dé poumos,* le sol était couvert de pommes. *Lou ciél és calada d'éstèlos,* le ciel est semé d'étoiles. *Fdou avédre lou gousiè calada pér bèoure aquò,* cette liqueur est si forte, qu'il faut avoir le gosier pavé, le palais bronzé, pour la boire.

Dér. de *Calado.*

Caladaïre, s. m. Paveur, celui qui pave. Au fém. *Caladaïro.*

Calado, s. f. Pavé des rues; chemin pavé; l'ensemble, l'espace pavé, recouvert de pavés.

Dér. du celt. *Kaled,* dur; en bas-bret. *Kaled,* ou *Kalet.*

Caladoù, s. m. Pavé; pierre équarrie qu'on appelle pavé d'échantillon. Par ext. pavé des rues, des cours, des corridors intérieurs. — *A couja sus lou caladoù,* il a couché par terre.

Même dér. que *Calado.*

Calaï, s. m., ou **Cadaï.** Sorte de colle claire dont la farine est la base. Les tisserands en oignent les fils de leur chaîne, pour leur donner plus de fermeté, les empêcher de s'érailler ou de se détordre, ce qui leur procure une sorte d'apprêt ou de raideur.

Dér. du lat. *Catena,* ou *Cadeno,* chaîne, dans *Cadaï,* ou de *Cal,* pour calus, callosité, dans *Calaï.*

Calaman, s. m., ou **Caraman.** Arêtier, faîtage d'une toiture; pièce de bois qui s'étend d'une ferme à l'autre et qui supporte les chevrons ou traverses, sur toute la longueur du toit.

Dér. du gr. Καλάμη, chaume, parce que dans l'origine les maisons étaient couvertes en chaume; ou de Καλον, bois.

Calamandriè, s. m. Germandrée ou Chênette, *Teucrium chamœdrys,* Linn. Plante de la fam. des Labiées, qui croît de préférence sur les côteaux.

Calandra, v. Calandrer; passer une étoffe à la calandre.

Dér. de *Calandro.*

Calandriè, s. m. Calendrier, almanach, livre ou table qui contient la suite de tous les jours de l'année.

Dér. du lat. *Calendarium*, parce qu'on écrivait autrefois en gros caractères en tête de chaque mois le mot *Calendæ*, calendes, premier jour du mois, nouvelle lune.

Calandro, s. f. Calandre, presse ou machine cylindrique, qui sert à lisser, à donner du lustre, du moiré à une étoffe. Nodier fait dér. ce mot du gr. Καλέοντες, rouleau, et Roquefort de Κύλινδρος, cylindre.

Calandro, s f Grande alouette, non huppée; calandre, *Alauda calandra*, Temm. Oiseau de l'ordre des Passereaux et de la fam. des Subulirostres. C'est l'espèce qui supporte le mieux la captivité; elle vit longtemps, chante agréablement d'une voix éclatante et répète les airs qu'on lui apprend.

Dér. du gr. Κάλανδρα, alouette.

Caléndâou, s. m. Bûche de Noël; grosse bûche qu'on met au feu pendant la veillée de la messe de minuit, à la Noël. Les gens de la campagne lui attribuent une foule de qualités superstitieuses. En Provence, on l'appelle *Cachofuéc*.

Caléndâou est le titre du second poème provençal de Frédéric Mistral : une nouvelle et magnifique épopée après la charmante épopée de *Mirèio*. Le récit des amours et des aventures du jeune et beau *Caléndâou*, le héros du poème, sert de cadre aux tableaux de mœurs, aux descriptions des vieux usages, des fêtes, des gloires de l'ancienne Provence.

Dér. de *Caléndos*.

Caléndos, s. f. pl Fête de Noel; jour de la fête de Noel. — Per *caléndos*, à Noel, à fin décembre. *Caléndos jalados, Pasquos moùtados, éspigos carados*, prvb., de la gelée à Noël, de la pluie à Pâques, promettent une riche moisson.

Dér. du lat. *Calendæ*, les Calendes : terme de comput pour la division du mois chez les Romains. Les Calendes étaient le premier jour de chaque mois; les jours qui précédaient se comptaient en ordre rétrograde. Ainsi le 31 décembre était le second jour des calendes ou avant les calendes de janvier, *secundo calendas*, sous-entendu *antè* ; le 30 décembre *tertio calendas*, le 29 *quarto calendas*, et ainsi de suite en remontant jusqu'au 13me jour où commençaient les ides, que l'on comptait aussi en rétrogradant jusqu'au 5me jour, qui était le jour des Nones. La fête de Noël se trouvait donc à peu près au milieu de cette série des Calendes, et comme cette fête occupait plusieurs jours, on appelait tous ces jours-là les Calendes de janvier; et la fête de Noël étant une des plus grandes solennités de l'année, on l'a appelée *Calendos* par excellence.

Le mot lui-même en lat. *Calendæ*, vient du gr. Καλεῖν, appeler, parce que le jour des Calendes, à Rome, on convoquait le peuple pour lui annoncer le nombre des jours du mois, la nouvelle lune et quel jour tomberaient les Nones.

Calibò, s. m. Caillebotte, masse de lait caillé; du lait en grumeaux qu'on obtient du petit-lait en le faisant bouillir. On en fabrique plusieurs mets, entr'autres *l'éscarassoù*, qui est une sorte de rhubarbe, et la *réquiécho*, recuite, sorte de crème qu'on prépare avec du sucre et de la fleur d'orange, et qui a quelque rapport avec la crème à la Chantilly.

Dér. de *Cal*, venu du lat *Coagulare*.

Calibre, s m. Calibre, diamètre intérieur d'un tube, comme fusil, canon, conduit de fontaine, tuyau, etc. Au fig constitution physique, valeur individuelle. — *Quints calibre!* quel calibre! dit-on en voyant un individu fortement constitué, surtout une femme aux formes puissantes et developpées.

Dér , dit un auteur, de l'arabe *Calib*, moule.

Calice, s m. Calice, vase où l'on fait la consécration de la messe. Il s'applique seulement dans cette acception. — *Propre coumo un calice*, très-propre, très-net, comme un calice.

Dér. du lat. *Calix*, coupe, tasse.

Calicò, s. m. Calicot, tissu ou toile de coton, moins fine que la percale.

Emp au fr.

Caligna, v. Courtiser; flatter; coqueter, faire l'aimable auprès des femmes; faire sa cour, faire l'amour; mugueter; convoiter. — *Caligna à cos dé poun*, faire l'amour à coups de poing.

Ce mot paraît être une corruption de *Galina*, qui n'est pas dans la langue, mais qui, en l'admettant, signifierait faire le coq. Les mots fr. galant, galanterie, de *Gal*, ont la même étymologie, de même que coqueter, coquetterie, coquet, dérivant de coq

Calignaïre, s. m. Dim. *Calignaïroù*. Le galant, l'amoureux d'une fille, celui qui lui fait la cour.

Même étym.

Calimas, s. m. Au pl. *Calimasses*. Chaleur forte et humide; air chaud, lourd, étouffant; vapeur chaude.

Dér. du lat. *Calidus*, chaud.

Calin, ino, adj. Dim. *Caliné, éto*. Calin; flatteur; qui fait le doucereux, qui s'insinue hypocritement dans les bonnes grâces; patelin.

Dér. du lat. *Callidus*, rusé.

Caliou, s. m. De la cendre chaude, de la braise qui se conserve sous les cendres; au fig. feu, verve, inspiration.

Dér. du lat. *Calidus*, chaud.

Calo, s. f. Abri proprement dit. — Ne s'emploie guère qu'adverbialement au dat. à *la calo*, à l'abri du froid et du vent.

Dér. de *Caloù*.

Calòs, s. m. Au pl. *Calosses*. Dim. *Caloussé*; péj. *Caloussas*. Trognon de chou; grosse tige d'une plante légumineuse. — *Calòs dé brus*, chicot de bruyère que l'on coupe quand on rame les vers à soie. *Calòs dé fièio*, la tige de nouvelle pousse des mûriers, qui est verte et tendre, mais que les vers ne mangent pas. *An pas laïssa qué lous calosses*, ces vers ont bien mangé, ils n'ont laissé que le bois de la feuille.

On dit au fig. *un calòs dé fénno*, une femme très-grasse.

Dér. du lat. *Caulis*, tige, ou du gr. Κᾶλον, bois.

Calossos, *adj. f. pl.* N'a d'emploi que dans *Bajanos calossos*, châtaignes sèches, qu'on ne fait cuire qu'à demi et qu'on mange d'ordinaire avec de la salade.

Dér. du lat. *Callosus*, calleux, durci.

Caloto, *s. f.* Calotte, petit bonnet hémisphérique qui couvre le sommet de la tête ; calotte de prêtre ; taloche, tape du plat de la main sur la tête. — Dans ce dernier sens : *jouga à la caloto*, jouer en prenant une taloche pour enjeu ; on comprend que c'est le gagnant qui paie et le perdant qui reçoit.

Caloto est aussi une réunion d'habitués, qui font cercle et causent assis en public, ou debout, sur une place, devant un café, etc.

Un auteur fait dér. ce mot du celt. *Calota* : nous n'avons pas le moyen de le vérifier. D'autres du lat. *Callus*, couverture de tête, que nous ne trouvons pas, mais qui viendrait du gr. Καλύπτω, couvrir, voiler : à la bonne heure !

Caloù, *s. f.* Dim. *Calounéto* ; péj. *Calounasso*. Chaleur ; au fig. ardeur, feu, véhémence, activité. — *Estre én caloù*, entrer dans la saison des amours, en parlant des animaux.

Dér. du lat. *Calor*, chaleur.

Calourado, *s. f.* Echauffaison ; bouffée de chaleur. Au fig. concupiscence, passion de l'âme.

Dér. de *Caloù*.

Calourén, **énquo**, *adj.* Chaleureux, échauffé ; d'un caractère chaud et bouillant.

Caloussu, **udo**, *adj.* Dim. *Caloussudé* et *Caloussudò* ; péj. *Caloussudas*. Robuste ; bien membré ; ragot, gros et court ; qui a de gros membres.

Dér. de *Calòs*.

Calouta, *v.* Donner du plat de la main une tape sur la tête ; souffleter. — *Té vas faïré calouta*, tu vas recevoir une taloche.

Dér. de *Caloto*.

Calu, **udo**, *adj.* Dim. *Caludé* ; péj. *Caludas*. Myope, qui a la vue basse ; presque aveugle. Par ext. se dit des moutons ou brebis atteints du vertige ou tournis, sorte de maladie qui leur rend la tête lourde et les fait tourner sur eux-mêmes jusqu'à ce qu'ils tombent. Elle est occasionnée par des vers qu'une mouche dépose dans leurs naseaux et qui, pénétrant jusque dans les sinus frontaux, y font de grands ravages.

Dér. du lat. *Caligo*, obscurcissement, venu du gr. Καλύπτω, couvrir, voiler.

Camar, **ardo**, *adj.* Dim. *Camardé* et *Camardoù* ; péj. *Camardas*. Camard ; camus, qui a le nez plat, gros et écrasé. Dans le peuple, on donne volontiers le surnom de *Camar* par antiphrase aux gens porteurs d'un gros nez. — *Dé souïès camars*, des souliers à pointe large et carrée.

Lou camar, substant. se prend pour le nez.

Son étym. est-elle dans le gr. Καμάρα, voûte, arcade, qui a donné le lat. *Camurus*, tourné, courbé en dedans, parce que les nez camards ou camus sont courbés en dedans ? Ou bien serait-elle tirée de *Camelus*, chameau, qui a le nez très-aplati, mais qui porte aussi une bosse et a l'épine dorsale fortement en arcade et en voûte ? Les unes ont sans doute formé les autres : tout se tient.

Camba, **ado**, *adj.* Dim. *Cambadé* ; péj. *Cambadas*. Jambé ; qui a la jambe bien faite ou de longues jambes, suivant le qualificatif qui précède, ou même seulement l'inflexion et le ton. — *Camba coumo un gal*, qui a des jambes de coq.

Dér. de *Cambo*.

Cambado, *s. f.* Dim. *Cambadéto* ; péj. *Cambadasso*. Enjambée ; gambade. — *Foudra bé ne dansa uno cambado*, il faudra bien essayer de cette danse, y danser une enjambée.

Uno cambado, en termes d'agric. l'enjambée de terrain que fait un ouvrier avec la houe, c'est-à-dire la largeur qu'il peut atteindre autour de lui sans changer de place ses jambes, qu'il est obligé d'enfouir dans la terre.

Dér. de *Cambo*.

Cambaïa (sé), *v.* Mettre ses jarretières.

Dér. de *Cambo* et de *ïa*, lier.

Cambaïé, *s. f.* Dim. *Cambaïéiréto*. Jarretière.

Même étym.

Cambajoù, *s. m.* Jambon, cuisse de porc salé. — *Tirarén d'aquì coumo d'un cambajoù*, ce sera là notre plat de résistance, qui doit servir pour plusieurs jours. *Tiro d'iéou coumo d'un cambajoù*, il me prend pour banquier, il tire sur moi comme si son crédit ne devait jamais s'épuiser.

Ce mot a toute l'apparence d'un dim. de *Cambo*, de même que son correspondant fr. jambon, dim. de jambe : nous ne savons pourquoi, car c'est la cuisse et fort grosse encore qu'il désigne. Sauvages fait la même remarque, et cite plusieurs mots fr. ayant leurs analogues en lang. qui offrent la même anomalie, comme : caisse, caisson, *caïsso, caïssoù*; salle, salon, *salo, saloun*; saucisse, saucisson ; *sdoucisso, sdoucissò*, etc.

Cambaloto, *s. f.* Dim. *Cambaloutéto* ; péj. *Cambaloutasso*. Culbute ; cabriole ; saut périlleux. — *Faïre la cambaloto*, faire la culbute, tomber cul par dessus tête. *Faïre dé cambalotos*, faire des cabrioles.

Quoique ce mot semble avoir pour racine le mot *Cambo*, il est probable qu'il dér. de l'ital. *Tombolata*, qui a la même signif.; seulement le lang. en l'empruntant l'a transformé de manière à lui donner une physionomie plus locale par la métathèse de *Cambo*. Il est certain qu'en prenant ce dernier pour racine du mot *Cambaloto*, on ne sait trop que faire de la désinence *aloto*, qui ne présente aucun sens ni aucune analogie.

Cambalouta, *v.* Faire la culbute ; faire des cabrioles ; tomber la tête en bas.

Cambalu, **udo**, *adj.* Qui a de longues jambes ; c'est la tournure du héron voyageant sur ses longs pieds.

Dér. de *Cambo*.

Cambarò, *s. m.* Douleur vive au poignet à laquelle sont sujets certains artisans par le fréquent exercice de cette partie du bras, ou plutôt par la reprise d'un travail de main ou de bras dont on avait perdu l'habitude. Les faucheurs y sont très-sujets au commencement de la saison, parce qu'ils étaient déshabitués depuis plusieurs mois d'un travail qui intéresse presque exclusivement les nerfs et ligatures des poignets On prétend, sans doute par préjugé, qu'un bracelet ou cordon d'écarlate est le remède de cette incommodité.

Dér. de l ital. *Gamba rotta*, qui a la même signif. Probablement on a appliqué au bras un terme qui avait été trouvé dans le principe pour une douleur de même nature à la jambe.

Cambéto, s. f. Petite jambe; mancheron d'un araire, qui est surmonté et terminé par le manche ou *manipou*. — *Faire la cambeto*, donner un croc en-jambe.

De sdouto-cambeto, loc. adverb., à cloche-pied.

Dim de *Cambo*.

Cambi, s. m., ou **Candou**. Abonnement avec un maréchal pour ferrer les chevaux d'une ferme, et réparer les outils aratoires. — *Féra à cambi*, ferrer par abonnement.

Dans le principe *Cambi* signifiait échange; c'est par un excès d'extension de sens qu'il en est venu a ne plus signifier qu'abonnement

Dér. du lat. *Cambium*, échange.

Cambo, s. f. Dim *Cambeto*; péj. *Cambasso*. Jambe, partie du corps du genou jusqu'au pied; tronc d'arbre, tige de plante. — *Douna las cambos à un efan*, donner la liberté aux jambes d'un enfant, c'est-à-dire lui ôter le maillot et le vêtir d'une robe pour la première fois. *Cambo dé pastièvro*, surnom qu'on applique à un cagneux, à cause de la ressemblance de conformation de ses jambes avec celles d'un banc de maie-à-petrir qui ont la même dérivation. *Cambo faléto*, jambe à moitié paralysée, qu'on traine ou qu'on jette en avant; celui qui est affligé de cette infirmité. *Semblo qu'un chi me pisso à la cambo*, phrase faite, pour exprimer le mépris ou le peu de cas qu'on fait de vaines paroles, ou d'une sotte fanfaronnade.

Dér. de la bass. lat. *Camba*, même sig., ou du gr. Καμπή, courbure, jointure. En ital. *Gamba*.

Camboï, s. m. Cambouis, vieux oing d'une roue de charrette, ou d'une machine, devenu noir par suite du frottement et par le mélange des parties métalliques.

Dér. du celt., dit Honnorat. Je lui crois plutôt une parenté naturelle avec *Cambajoù*, à cause de la graisse de porc qui en est la base. — *Voy. Cambajoù.*

Cambovira, v. Faire la culbute; culbuter, renverser, mettre sens dessus dessous. Au fig. trépasser.

Formé de *Cambo* et de *Vira*.

Cambra, ado, *adj.* Cambré; arqué; courbé; voûté.

Dér. du gr. Καμάρα, voûte.

Cambrado, s. f. Dim. *Cambradéto*; péj. *Cambradasso*. Chambrée, en terme de magnanerie, la quantité de vers ou de cocons compris dans une magnanerie. — *Faire uno cambrado*, élever des vers à soie; *ména la cambrado*, diriger leur éducation *Manqua sa cambrado*, ne pas réussir sa chambrée.

Dér. de *Cambro*

Cambrioù, s. m Dim. *Cambriouné*. Petite chambre; chambrette; cabinet.

Dim de *Cambro*

Cambro, s. f. Dim *Cambreto, cambriou*; péj. *Cambrasso* Chambre; plus particulièrement, appartement où l'on couche. — *Mounta uno cambro*, meubler une chambre pour des nouveaux mariés.

La cambro, la chambre des députés. Acception nouvelle prise du fr. et introduite dans le langage politique.

Dér. du lat *Camera*, même sign., ou du gr. Καμάρα, voûte.

Cambroul, s. m. Échauboulure, éruption de boutons, efflorescence de l'épiderme, maladie commune aux enfants.

Camélò, s. m. Camelot, grosse étoffe de laine, originaire du Levant, où elle était tissée de poils de chameau; ce qui lui a valu son nom.

Dér. du gr. Καμηλωτή, peau de chameau.

Caméou, s. m. Chameau, *Camelus bactrianus*, Linn. Mammifère de la fam. des Ruminants; il porte deux bosses sur le dos. Au fig. un grand nigaud, badaud; une grande femme mal charpentée et sans grâce. — Les armoiries de Béziers sont un chameau. Des malins lui ont affecté pour devise : *Sèn foço*, nous sommes fort nombreux.

Faire lou caméou, se courber, se voûter; faire le dos de chameau.

Dér. du lat. *Camelus*, ou du gr Κάμηλος, même sign.

Camì, s. m. Dim. *Caminé*. Chemin, route, voie, sentier. — *Camì messadiè*, chemin qui conduit à la messe, à l'église. *Camì das éndéoutas*, chemin des débiteurs : chemin de traverse, mauvais chemin, plus long que la voie directe. *Tout camì méno en vilo*, proxb., tout chemin conduit à Rome. *Es à la fin dé soun camì*, il est à la fin de sa course.

Plusieurs étymologies ont été proposées : d'abord, du celt. *Cam*, marche; ou d'un mot égyptien *Cham* ou *Chem*, signifiant incendie, feu; parce que les premières voies auraient été frayées par le feu; ou de l'ancien gothique *Camen, Quiman*, ou du teuton *Komen*, avec le sens de chemin; ou de l'allemand *Kommen*, aller et venir; enfin, selon Ménage, de *Caminare*, tiré de *Campinare*, dimin. de *Campare*, formé du gr. Καμπή, jambe. En ital. *Cammino;* en esp. *Camino;* en portug. *Caminho;* en cat. *Camì*. La vraie source paraît être dans la première indication : on trouve en effet *Caman* en kymri, *Ceum* en gaël, *Kamen* en armoricain : *Kam* y signifie Pas, comme le Kymri *Camre;* dont l'anglais a fait *to come*, venir.

Camina, v. Cheminer, faire route, marcher, aller, faire son chemin. — *Camino, tron dé l'air! as pôou qué la tèro té manque?* fais ton chemin, morbleu! tu as peur que la terre te manque? C'est une phrase faite qu'on accuse les provençaux d'adresser aux personnes qui leur demandent leur route. Ce ne peut être qu'une calomnie motivée par leur brusquerie native : si elle a quelque chose de vrai, ce défaut s'efface chaque jour par les progrès de la civilisation. *Faï bon camina lou matì*, il fait bon marcher le matin. *Camino, camino!* marche, marche : sorte d'interjection, pour faire avancer, ou pour chasser quelqu'un.

Dér. de *Cami*.

Caminaïre, *s. m.* Cantonnier, ouvrier employé à l'entretien ou à la réparation des chemins; marcheur.

Dér. de *Cami*.

Caminarèl, èlo, *adj*. Voyageur, qui fait beaucoup de chemin; marcheur, qui marche beaucoup, longtemps.

Dér. de *Cami*.

Caminolo, *s. f.*, ou **Caréïroù**. Petit sentier; chemin de traverse; chemin rural.

Dim. de *Cami*.

Camisar, ardo, *adj*. Qui est en chemise; qui va en chemise.

Lous Camisards, les Camisards, bandes armées de calvinistes cévenols dans la guerre religieuse du commencement du XVIIIme siècle. Ce nom leur fut donné de ce qu'ils portaient sur leurs habits une chemise, *camiso*, ou un sarrau ou blouse de toile blanche.

Camiso, *s. f.* Dim. *Camiseto*. Chemise, vêtement de linge avec corps et manches, qui se porte sur la peau. — *En cor dé camiso*, sans autre vêtement que la chemise et le pantalon, ou la jupe. *En mancho dé camiso*, sans habit, de manière à montrer les manches de la chemise. *La car és pu prèchi qué la camiso*, *ou és pu près la car qué la camiso*, la chair est plus près du corps que la chemise : cette phrase est employée pour exprimer qu'on porte plus d'intérêt à soi-même ou à sa famille qu'aux étrangers.

Dér. de la bass. lat. *Camisia*

Cammas, *s. m.* Hameau, manoir principal d'un domaine.

Dér. de *Cap*, chef, tête, et de *Mas*, métairie.

Camouflé, *s. m.* Camouflet, insulte, affront; mystification. Dans l'origine, cette sorte d'affront consistait à souffler, au nez de quelqu'un qui dormait, de la fumée avec une paille, un chalumeau ou un cornet de papier allumé.

Dér. du lat. *Calamus* et *Flatus*, chalumeau et souffle, *Calamo flatus*.

Campagnar, ardo, *adj*. Campagnard, qui habite la campagne. On dit mieux *Peisan*.

Campagnè, *s. m.* Sonneur de cloches, celui qui est chargé de sonner les cloches

Dér. de *Campano*.

Campagno, *s. f.* Campagne, grande étendue de pays; lieux en dehors de la ville où sont les champs, cultivés ou non cultivés; expédition militaire et sa durée. — *Ana én campagno*, faire un voyage.

Dér. du lat. *Campus*, champ

Campanéja, *v. fréq*. Sonner les cloches; brimbaler les cloches; sonner à coups redoublés.

Dér. de *Campano*.

Campanéjado, *s. f.* Contenu d'un clayon; plein un clayon.

Dér. de *Campanèje*.

Campanèje, *s. f.* ou **Lévadoù**. Clayon, sorte de panier plat, plus long que large, avec un étroit rebord, formé et tressé d'éclisses en bois refendu. On l'emploie à faire sécher les fruits au soleil, pour transporter le linge sec du lavoir, et pour élever les vers à soie dans le premier âge.

Campanéto, *s. f.*, ou **Couréjolo**. Liseron ou volubilis, *Convolvulus arvensis*, Linn. Plante de la fam. des Convolvulacées ; sa fleur blanche ressemble à une clochette, d'où lui vient son nom. — *Voy. Courejolo*.

Campano, *s. f.* Dim. *Campanéto*. Cloche; clochette, sonnette — *Bé dé campano*, se disait autrefois d'une propriété cléricale.

Dér. du lat. *Campana*, nom pris de la contrée d'Italie où les premières cloches furent connues, et dont saint Paulin, évêque de Nole, en Campanie, fut le premier à introduire l'usage dans les églises, en 400.

Campéja, *v.* Poursuivre, courir après quelqu'un; chasser, dissiper. — *La fan lou campéjo*, la faim, la misère le talonne. — *L'aï campéja tout lou jour*, je l'ai poursuivi toute la journée. — *Lou son té campéjo*, le sommeil t'accable, te poursuit.

Dér. du lat. *Campus* et *Agere*.

Campèstre, *s. m.* Terrain inculte, sauvage; propriété de peu de valeur et de mauvaise culture; pays montueux

Dér. du lat. *Campestris*, champêtre.

Camus, uso, *adj*. Camus, camard, qui a le nez court et aplati. Se dit mieux *Camar*. (V. c. m.) — *Qu'a un pan dé nas n'és pas camus*, prvb., qui par une inversion du physique au moral, du propre au figuré, s'applique ironiquement à quelqu'un qui, recevant une juste mystification, échouant dans une entreprise, n'en ayant qu'un pied-de-nez, voudrait encore se faire passer pour habile ou pour avoir réussi. — *Voy. Camar*, même étym.

Can, *s. f.* Plaine sur une haute montagne. — Avec la même signif. et sans toutefois que cette différence puisse être expliquée, si ce n'est par un usage local, on dit par certaines désignations *la chan*, en faisant sentir le *ch*, pour *la can*, synon. Ainsi *la chan ddou Tor*, plaine sur la montagne du Taur (Ardèche), et *la can de l'Éspitalé*, plaine d'une montagne de la Lozère, n. pr. de lieu, ayant appartenu aux chevaliers hospitaliers de St-Jean de Jérusalem, qui possédaient plusieurs commanderies dans nos pays.

Il n'est pas douteux que ce monosyllabe *Can* pourrait être une altération orthographique dérivant soit du latin *campus*, soit de *cantus*, selon qu'il serait orné à sa dernière lettre de la consonne indicative *p* ou *t*; mais il est à remarquer que le mot n'est reçu, dans notre dialecte, qu'au féminin, dans l'acception qui précède, avec la flexion du C dur, qu'il a retenue du latin; il n'existe pas au masculin isolé, avec aucune des flexions du C. Seulement il entre volontiers en composition dans les deux sens de *champ* ou de *chant*, et alors, bien qu'il préfère le chuintement du *Ch*, il admet aussi l'intonation latine, au moins dans le parler *gounèl;* car le *raüou* n'emploie partout que le *ch*. Le fr. conserve au contraire, pour les deux emplois, l'adoucissement chuintant. — *Voy. Chamboù, Canta*, etc., etc.

L'observation est importante au point de vue de notre purisme lexicographique, qui ne doit donner droit de cité qu'aux mots véritablement reconnus pur-sang, et proscrire le mélange *franchiman* et fantaisiste, qui ne nous appartient pas. Notre nomenclature a ses rigueurs ; c'est le respect de la langue qui les a inspirées et dictées. La langue avait ses raisons pour choisir ou adopter telles ou telles formes plutot que d'autres, et nous nous inclinons toujours devant elle ; ce que le sentiment général et l'usage ont consacré, nous parait avoir plus de cachet, plus de droit à être maintenu que les prétendus perfectionnements de notre vieil et bon idiome cévenol mis en vogue par les novateurs. — *Voy. Franchiman.*

Dér. du lat. *Campus.*

Cana, *v.* Mesurer à la canne ; mesurer en général. Ce terme s'emploie principalement au jeu de boules, pour mesurer la distance des boules des joueurs au but.

Dér. de *Cano.*

Canabas, *s. m.* Canevas, grosse toile, toile de chanvre.

Dér. du lat. *Cannabis*, chanvre.

Canabassariè, *s. f.* Toilerie, toute sorte de marchandise de toile, ou de tissu de chanvre.

La *Canabassariè* était le nom d'une rue à Alais, dans les environs du Marché, le quartier des Canabassiers, qui représentaient dans les corporations du moyen-âge les commerces de chanvrier, de filassier et de toilier ; là sans doute se faisait l'étalage de ces marchandises.

Canabassiè, *s. m.* Tisserand, ou marchand de grosse toile ; marchand chanvrier-filassier.

Dér. de *Canabas.*

Canabièïro, *s. f.* Chènevière, champ où croit, où est semé le chanvre.

Le nom de la fameuse rue de Marseille, la Canebière, tire de là son origine.

Dér. du lat. *Cannabis*, chanvre, ou du gr. Κάναβος, canne, roseau.

Canaboù, *s. m.* Chènevis, semence ou graine de chanvre.

Même étym.

Canaïo, *s. f.* Canaille, nom collectif pour désigner tous les gens sans aveu, sans honneur, ni probité, ni délicatesse ; souvent aussi, en l'adoucissant, pour troupe d'enfants bruyants, tapageurs.

Dér. du lat. *Canis*, c'est-à-dire race de chiens ; ou plus probablement du lat. *Canalicolæ*, espèce de lazaroni de Rome qui se tenaient sur les bords d'un des canaux de cette ville.

Canaòu, *s. m.*, ou mieux **Acanàou**. Cheneau, conduit des eaux d'un toit de maison ; tronc d'arbre creusé pour conduire des eaux d'irrigation. Ce mot dans notre dialecte ne correspond nullement au mot fr. *Canal*, bien que tous deux aient la même étym. dans le lat. *Canalis* ; mais quand on parle, par ext., du canal du Languedoc ou de tout autre, on francise le mot et l'on dit : *lou canal ddou Léngadò, lou canal das pras dé Sén-Jan*, ou à Alais simplement, *lou Canal* ; et l'on s'entend. — *Voy. Acandou.*

Canar, *s. m.* Canard, *Anas*, Linn. Oiseau domestique ou sauvage, de l'ordre des Palmipèdes, dont les espèces et les variétés sont nombreuses. — *Tira as canars*, être très-peu vêtu par un temps froid, grelotter de froid. Cette locution provient sans doute de la chasse aux canards, qui se fait à l'affût et dans la saison la plus rigoureuse de l'année : quand on est peu vêtu en hiver on grelotte, comme lorsqu'on est à l'affût des canards.

Canar, *s. m.* Chien caniche, barbet.

Dans la première acception, il est possible que *Canar* soit une onomatopée tirée du cri de cet oiseau, *Can, Can*, comme quelques-uns l'ont voulu. Il se peut aussi que son nom vienne du lat. *Anas*, qui semble cependant un peu bien éloigné ; mais, dans le second sens, la dériv. du lat. *Canis*, chien, est très-indiquée.

Canarda, *v.* Canarder, tirer au fusil un animal ou un homme ; le tirer comme un canard.

Dér. de *Canar.*

Canari, *s. m.* Serin des Canaries, *Fringilla canaria*, oiseau de l'ordre des Passereaux, remarquable par son beau plumage jaune, par sa facilité à apprendre des airs, très-susceptible d'attachement et d'éducation.

Canastèl, *s. m.*, ou **Canastèlo**, *s. f.* Dim. *Canastèlé, Canastèléto, Canastèloù.* Corbeille, panier d'osier ou d'éclisses, de forme ronde ou oblongue, moins profond que large ordinairement ; corbillon, petite corbeille, suivant les dimensions que suivent les dim.

Dér. du lat. *Canistrum*, ou du gr. Κάναστρον, vase en forme de corbeille, fait de Κάνης, corbeille.

Cancagnè, *èïro*, *adj.* Cancanier ; médisant ; faiseur de cancans.

Cancan, *s. m.* Cancan, commérage ; vacarme, tapage. — *Faire gran cancan*, faire grand bruit, grand étalage.

Dér. du lat. *Quamquàm*, quoique, parce que, formule de début de bien des discours quand on parlait latin à l'école.

Candéïé, *s. m.* Dim. *Candéïéïré.* Chandelier, flambeau, ustensile destiné à supporter les chandelles, bougies, etc.; fabricant de chandelles, qui fait ou vend des chandelles

Dér. de *Candèlo.*

Candéïèiro, *s. m.* Fabrique de chandelles.

Candèl, *s. m.* Peloton de fil, de soie.

Corruption de *Cap dèl*, dim. de *Cap*, petite tête.

Candéla, *v.* Dévider. mettre en peloton.

Dér. de *Candèl.*

Candèléto, *s. f.*, ou **Aoubre-dré**. Arbre droit, arbre fourché. — *Faïre la candèléto*, faire l'arbre droit ou l'arbre fourché : jeu d'enfant qui consiste à se tenir en équilibre sur la tête, les pieds en l'air, droit comme une chandelle, dont *Candèlèto* est le dimin. En espag. on dit de même *Hazer la candelilla.*

Candèlo, *s. f.* Dim *Candèlèto.* Chandelle, petit cylindre de suif dont une mèche de fil de coton occupe le centre d'un bout à l'autre ; stalactite qu'on trouve dans les cavernes et les souterrains en forme de cierges, ou celles formées par la glace suspendues l'hiver au bord des endroits par où l'eau coule.

Dér. du lat. *Candela*, formé de *Candeo*, être blanc de feu.

Candélouso (Nosto-Damo-la), *s f.* Chandeleur, fête de la Purification de la Sainte-Vierge, qui est célébrée le 2 février. Ce nom lui vient de la bénédiction des cierges qui a lieu ce jour-là. — *Quan la Candelouso lusèrno, cranto jours après hivèrno,* prvb , quand le soleil brille le jour de la Chandeleur, l'hiver dure encore quarante jours. On prétend que l'ours rentre dans sa tanière s'il fait beau ce jour-là. Le prvb. lat. dit aussi :

Si sol claruerit Mariâ Purificante,
Majus frigus erit posteâ quam ante.

Candi, *s. f.* Chanvre, *Cannabis sativa*, Linn. Plante de la famille des Urticées, que l'on cultive partout pour en retirer la filasse connue sous le même nom. Il se faisait autrefois un assez grand commerce de chanvre dans notre pays, cette industrie a beaucoup perdu de son importance

- *Aï dé ma candi!* l'aïgo l'émmèno ' locution prvb., qui n'a pu passer dans le langage et devenir le type d'une exclamation de détresse, qu'à cause du prix qui s'attachait à la culture et à la récolte du chanvre La phrase doit avoir une origine anecdotique. Un individu avait mis du chanvre à rouir dans un ruisseau ; un orage grossit le ruisseau, l'eau entraina le chanvre, et notre homme, voyant son bien se perdre, de pousser piteusement cette exclamation. Quelqu'un l'entendit, la répéta en racontant la scène, elle devint le cri de désappointement, d'alarme, de déploration pour toute autre chose que pour du chanvre emporté. trope, figure, dicton pittoresque et populaire, qui a mainte application. Quand une position critique se complique et s'aggrave, que les choses se gâtent, s'en vont à vau-l'eau ; que la débâcle arrive, commence ; que miséricorde se perd ; qu'un danger menace, qu'une catastrophe est imminente ; que tout annonce une ruine inévitable : c'est ce que signifie et le cas de crier : *Aï dé ma candi! l'aïgo l'émmèno!*

Dér. du lat. *Cannabis*, reproduisant le gr. Κάνναβις, chanvre.

Candia, *s. m., n. pr.* de lieu et de personne. Candiac, sur la rive gauche du Vistre, ancien château et seigneurie dans le diocèse de Nimes, village du Gard, cité dans le dénombrement de la sénéchaussée de 1394 sous le nom de *Candiacum.*

Candiargue, *s. m., n. pr.* de lieu. Candillargues, commune et canton de l'Hérault, à dix-sept kilomètres de Montpellier, situé sur la rive septentrionale de l'étang de Maguelonne. Dans un acte de donation de 960, il en est parlé : *dono villam indominicatam quam vocant Candianicas.* En 985, son nom est un peu différent ; un titre porte : *in suburbio castri substantionensis, in termino de villa Candianicus,* etc , *et in terminis de Montepestellario.* Depuis, la forme *Candianicæ* a été seule employée ; elle est devenue par les procédés ordinaires *Candiargue,* Candillargues. — Voy. *Argue.*

Ce n'est pas tout à fait à cause de l'importance, du reste fort médiocre, des deux localités dont les noms précèdent, que leur étymologie mérite d'être particulièrement étudiée ; mais bien à cause des variétés intéressantes qui se sont attachées à cette famille nombreuse d'appellations locales, et qui font ressortir ce que nous disons de la formation et de la composition des noms propres.

D'abord l'élément constitutif du mot, ce qui fait sa signification, le radical, pour *Candia* et *Candiargue,* est évidemment le même que celui de *Cande,* de *Candé,* de *Candat,* de *Candan,* de *Candaillac.* *Cande,* qui parait être l'expression la plus simple, est le nom de la ville de Touraine où mourut saint Martin, le grand apôtre des Gaules : la latinité du moyen-âge l'appelle *Condate, Condate Turonum, Condatensis vicus* Expilly, *Diction. géog.,* cite en France trente-un hameaux, villages ou villes du nom de *Condé,* trois *Condes,* onze *Condat,* et ils sont rendus en latin, sans exception, par *Condate,* ou par les variantes *Condatum, Condæum, Condetum, Condata,* qui ne sont que des accords de genre

Ainsi, devant la traduction, point de différence entre *Cande* et *Condo* ; ils sont égaux : la même identité existe au fond. En effet, *Kant,* en armoricain, signifie : coin, angle ; en gallois, *Kand, Kind, Kend, Cond,* confluent, rencontre de deux rivières, embouchure traçant un angle ; de même que le mot celt *Kon, Cuneus,* lat , veut dire . coin, encoignure, angle Du premier nous avons fait *Cantèl, Cantoù,* peut-être *Cantal,* et leurs composés ; du second *Cougna, Cougné,* même *Couga* et autres ; *(V.* c. m *),* par le changement ordinaire en lang. de *on* en *ou, o* en *u,* ou peut-être en *u* lat. prononcé *ou,* de *cuneus* Nous verrons comment tous ces noms à base identique répondent à la même idée Voilà pour la première syllabe, la plus certaine affinité établie.

Une fois la racine étymologique dégagée, le reste est affaire de terminaisons. On sait que le gaulois était riche en suffixes : pour faire des noms d'hommes ou de lieux, pour adjectiver un substantif qui désignait l'objet, et marquer la propriété, la provenance, la possession, l'état, la qualité, les attributs, la configuration de la chose, il employait des formules précises, qu'il redoublait même quelquefois pour l'euphonie, ou pour leur donner plus de force ; et il les variait avec une merveilleuse fécondité. La langue latine vint ensuite exercer son génie pour s'approprier les dénominations existantes. A son tour le roman les modifia, et enfin le languedocien moderne s'est emparé de toutes ces altérations, en conservant tantôt leur tournure primitive, en la remaniant tantôt à sa manière.

Essayons, pour arriver aux deux mots qui nous occupent, de remonter cette longue échelle de variantes. Nous avons parlé des suffixes *a, ac, argue, au*; dans l'espèce il en apparait de nouveaux sur la plus ancienne forme, *Cande, Conde, Condate*. Par les exemples on arrive aux plus claires démonstrations. La grammaire celtique de Zeuss en fournit de nombreux : *dia*, deus, *dia-de*, divinus; *doin*, homo, *doin-de*, humanus; *dal*, forum, *dal-de*, forensis; *beo*, vita, *beo-de*, vivus; *bi*, pix, *bi-de*, piceus; *nem*, cœlum, *nem-de*, cœlestis; *dam*, cervus, *dam-de*, cervinus; *trab*, traba, *trab-da*, trabeatus; *rig*, rex, *rig-da*, regius; *fag*, fagus, *fag-de*, taginus; — *cis*, fiscus, census, *cis-te*, censorius; *mis*, mensis, *mis-te*, menstruus; *ros*, rosa, *ros-te*, rosarium; *brot*, momentum, *ambrot-te*, momentaneum; *gut*, vox, *gut-te*, vocalis; — *briv*, pons, *briv-ate*, pontilis; *dun*, castrum, arx, *dun-ate*, castrensis; *maes*, campus, *mai-ate*, campestris; *nant*, vallis, *nant-uate*, vallestris; etc., etc. Par où, il résulte que *de* = *da* = *te* = *ate*, finales adjectives, sont identiques.

De plus, si l'on veut remarquer que *de* et *di* sont deux syllabes fort sujettes à se confondre, ou, comme dit Zeuss, qui alternent souvent ensemble; — nous les avons en effet retrouvées dans le gaulois; — si l'on tient compte de l'introduction du génitif en *i*, imposé par le latin au celtique, dans les dénominations locales, et des procédés au moyen desquels la désinence gauloise *ak, ek*, était conservée à la condition de s'adjoindre la finale caractéristique latine en *us, a, um*, il sera facile de constater une parenté très-rapprochée entre *Cande, Candate*, et notre *Candia, Candi-ac-um*, Candiac. L'assimilation avec *Candiargue, Candianicus, Candianicæ*, Candillargues, ne sera pas moins évidente.

Cependant les termes de l'équation que nous venons de poser sur les désinences adjectives se sont multipliés. La finale gauloise primitive *ac* = *ec* = *de* = *te* = *ate*, s'est modifiée, combinée tantôt avec elle-même, tantôt avec les suffixes latins; par suite d'influences agissant sur les organes de la voix et de la prononciation, selon les climats, suivant le mélange et le contact de divers idiomes, elle a pris les formes les plus bizarres, elle admet les variantes les plus disparates en apparence. Si bien qu'elle se trouve aujourd'hui représentée par *a, as, at, argue, o, ey, ergue, orgue, ez, ies, eu, ieu, y*, et une infinité d'autres suffixes simples, sans compter ceux produits par redoublement, par l'adjonction du latin ou du tudesque. Ici la raison de ces variétés est sensible.

Le radical *Kant* = *Kon* s'étant adjectivé pour faire un nom de lieu, pour désigner une propriété d'après sa position, a donné *Kan-de* = *Kon-de* = *Kon-ak* = *Kon-ek*, et les autres, latinisés en *Condate, Condatum, Condetum*, traduits par *Cuneatus*, angulaire, pour signifier un lieu, un terrain, une maison, *Mansio, Villa, Prædium, Castrum*,

situés dans un angle, formant un angle, au confluent de deux rivières, dessiné par la jonction, la rencontre de deux cours d'eau, le plus souvent, ou encore et par extension, dans un angle terrestre formé par des vallées ou par tout autre accident de terrain remarquable. On comprend pourquoi le radical *Kant, Kon*, se trouve dans tant de noms de lieux et est devenu si commun en France ; aussi toutes les localités que les anciens titres désignent par le mot *Condate*, sont-elles toutes posées au confluent de deux rivières. Expilly le remarque à propos de *Conde* et *Condat*, en disant « que ces noms sont synonymes et signifient la même chose que confluent ou jonction de rivière » Evidemment, *Candia* sur le Vistre, et *Candiargue* sur l'étang de Maguelonne, et formant angle, n'ont pas d'autre raison dénominative : ils la prennent dans leur situation, comme leurs analogues : Candes, *Condate, Condata*, Touraine, Indre-et-Loire ; Candé, *Condetum*, Loir-et-Cher, Maine-et-Loire, Charente-Inférieure, Vienne; Candilly, Oise; Condac, *Condate ad Carantonum*, Charente; Condac, Vienne; Condal, Saône-et-Loire; Condat, *Condato, Condatum, Cundatum, Cundadum*, Lot, Corrèze, Lot-et-Garonne, Puy-de-Dôme, Haute-Vienne, Cantal, Dordogne; Candas, Aveyron ; 27 Condé, *Condate, Condatum, Condæum, Condetum, Condatus*, Condete, Conedacus, Conadacus, *Condeum*, par toute la France; Condes, Tarn, Jura, Haute-Marne; Condesayques, Lot-et-Garonne ; Condel, Calvados, Tarn; Condette, Pas-de-Calais; Condillac, Drôme; Condeau, Orne; Condrieu, *Conderate, Condriacum*, Rhône.

Ces analogies pourraient se multiplier ; adjoignons-y seulement trois appellations qui nous touchent. *Coundamino*, terre autrefois seigneurie, désignation très-répandue donnée à la terre principale d'un domaine, comme on dirait : le coin du seigneur, du maître L'élément *Conde, Condu*, lui donne cette signification, qui est complétée par l'abréviation euphonique de *Domini*, au gén ; le mot est ensuite devenu le nom pr. d'homme La Condamine. — *Voy.* Coundamino.

Il faut encore remarquer deux noms de hameaux dans le Gard, *Canduzorgue*, dans la commune de Saint-Roman-de-Codière, et *Conduzorgue, Condusonicæ*, commune de Montdidier, qui peuvent être conférés à *Condansargue, Condansanicæ*, dans le territoire du Caylar. Les variantes sur le radical ne font que confirmer ce que nous avons établi sur l'identité de *Cande* et *Conde* : même configuration dans les mots, même signification ; la voyelle *u*, qui paraît au milieu du nom, nous l'avons également trouvée dans les traductions de *Conde* et *Condat*, dans la bass. lat.

Le même thème primitif, dans sa pureté, suivant que l'influence gauloise ou romaine a agi sur la dénomination, se montre encore dans *Lou-Cun*, Le Cun, hameau de la commune de Pommiers, *Cuneus* latin, et dans *Coundou*, Connaux, commune de Bagnols, où l'élément celtique *Kon-ak*, est plus apparent.

Les termes de comparaison augmenteraient si l'on voulait

suivre la racine dans ses transformations : *Condate*, ancien nom de ville dans la Gaule entre *Nevirum* et *Brivodurum*, est aujourd'hui *Cosne*, Nièvre ; *Condate*, vers le confluent de l'Ille dans la Dordogne, se nomme *Condat*, près Libourne, Gironde ; *Cognac*, dans la Charente, dans la Haute-Vienne ; tous sont appelés au moyen-âge *Condate*. On voit d'un coup-d'œil la nouvelle série d'appellations locales qu'a fait naître le premier radical : Cognan, Cognat, Cogne, Cogners, Cognes, Cognières, Cognin, Cogny, Coin, le Coin, Coinces, Coinches, Coincy, Coing, Coigne, Coigneux, Coignières, Coigny, etc. Concordance de racine, variété ethnique des terminaisons, qui se rencontrent dans bien des noms communs et des noms propres, en lang. et en fr. de même origine, dont le sens se rattache par là à une idée de coin, d'angle, d'encoignure, de confluent.

Mais si ces déductions sont vraies, de tous ces rapprochements il faudra conclure au moins, sans trop de témérité, que les noms ainsi formés à désinence en *argue*, ou *orgue*, ne représentent nullement des noms historiques complétés par le lat. *ager*, mais des localités que leur situation, leur emplacement seul a fait dénommer.

Candou, *s. m.* — *Voy. Cambi*.

Cané, *s. m., n. pr.* de lieu, Canet. Ce mot est plutôt un nom collectif qu'un dim. Il vient de la bass. lat. *Cannetum*, cannaie, comme le suivant, lieu abondant en roseaux et même en joncs, la canne des terrains bas et humides, *riassos*.

Canéïè, *s. m.* Lieu planté de roseaux, qu'on coupe tous les ans : cannaie.

Dér. du lat. *Canna*, roseau, dont le rad. celt. est *Can*, même sign., auquel s'ajoute le suffixe de collectivité *iè*, similaire à *ièiro*, *édo*, et autres, répondant au fr. *aie*, *ay*, *ei*, *eix*, etc.; dans le bas lat. *Cannetum*.

Canéla, *v.* Canneler ; en parlant du blé, se former en tuyau, monter en tige.

Dér. du lat. *Canna*, roseau.

Canèlo, *s. f.* Roseau, plante aquatique. Se dit aussi du tuyau de bois ou même de cuivre qu'on ajuste à un tonneau, à une cuve, pour en tirer la liqueur, la faire écouler : robinet, cannelle. Mais on dit mieux en bon lang. *Enquo*, dans ce dernier sens. — V. c. m.

Dér. du lat. *Canna*, roseau.

Canélu, udo, *adj.* Cannelé ; creux intérieurement ; qui forme le tube.

Dér. du lat. *Canna*.

Canfigoùs ou **Canfiégoùs**, *s. m., n. pr.* de lieu, dans la commune de Soustelle, arrondissement d'Alais. — Sauvages, prenant la seconde version, qui est cependant peu usitée, donne à ce mot la sign. de terre brûlée ; champ où le feu a passé et a tout embrasé : il le décompose sans doute en *Can* pour *Camp*, et *Fiégoùs* pour *Fuegoùs*, de *Fuec*, ancien mot, feu. On pourrait peut-être aussi le faire venir de *Campus fici*, champ du figuier, lieu planté de figuiers, qui d'ailleurs se rapproche davantage de la première appellation ; mais l'autorité d'un maître tel que Sauvages, qui possédait si bien la connaissance de la langue et le sentiment des étymologies, mérite la plus grande considération.

Cangaro, *s. m.* Blé de Crimée; par extension tout blé étranger qui arrive par mer et dont le peuple fait peu de cas.

Ce mot est la corruption de Tangarok ou Taganrok, ville de la Crimée.

Canio, *s. f.* Chenille. — Ce mot ne s'emploie que pour désigner ces sortes de chenilles microscopiques qui arrivent en masse et détruisent certains végétaux et la feuillaison des arbres, et qui meurent sans transformation, au bout de quelques jours : ce sont à proprement parler des vers à pattes. Par là on les distingue de l'*Érugo*, qui est la chenille ordinaire et qui passe par les mêmes métamorphoses que le ver à soie. Il est une sorte de *Canio* qui s'attaque à la luzerne et en dissèque chaque feuille sans en altérer les fibres les plus ténues, de manière à la réduire en dentelle. Ces chenilles s'abattent en telle quantité qu'en une matinée un champ de luzerne est quelquefois entièrement dévoré. Après trois jours de vie, cet insecte se dirige en colonne serrée vers le cours d'eau le plus voisin, qu'il devine avec un instinct merveilleux, et où il termine sa courte et malfaisante existence en se noyant ; il en périt aussi beaucoup en chemin, et leurs cadavres forment une trace noire dont on distingue à peine les individus.

Traduit du fr. Chenille.

Canisso, *s. f.* Petite et même espèce de roseaux de marais ; le clayon lui-même, fait de ces roseaux, qui sert de plancher aux tables de vers à soie. Ces claies en treillis sont préférables à des planches pour cet usage, parce qu'elles laissent mieux pénétrer et circuler l'air dans leurs interstices, et qu'ainsi la litière mieux aérée est préservée de toute fermentation. Lorsque les vers sont jeunes et qu'ils pourraient passer à travers le clayon, on le tapisse d'un papier gris qui est connu sous le nom de papier-*magna*.

Le fr. nous a emprunté ce mot ; mais comme chaque langue a sa petite vanité, il a fait comme le lang., il a défiguré son emprunt, qu'il nomme *Canis*. Quand je dis le fr., je ne dis pas celui de l'Académie et des savants, mais bien celui de l'école séricicole, qui recherche et fabrique au besoin tous les techniques à son usage.

Dér. du lat. *Canna*, dont il est un dim.

Canisso, *s. m.* Petit homme chevelu et crépu. C'est un surnom fort répandu.

Corr. du fr. Caniche.

Cano, *s. f.* Canne, bâton ; jonc, pour s'appuyer en marchant.

Dér. du lat. *Canna*, roseau.

Cano, *s. f.* Cane, femelle du canard, *Anas*, Linn.

Cano, *s. f.* Canne, mesure de longueur. Elle varie beaucoup suivant les pays. La canne d'Alais est de huit pans, elle vaut 1^m 989 ; la canne carrée vaut 3^m 956 mill. carrés.

Mesure de capacité pour le vin : l'ancienne canne était de 18 litres, la nouvelle en vaut 20.

Mesure de capacité pour l'huile : l'ancienne canne valait 9 litres 324, la nouvelle vaut un décalitre.

Cano est souvent pris génériquement pour mesure de toute espèce. — *Es pas dé cano*, c'est indubitable, c'est une assertion qui n'a pas besoin de preuve ; une dimension qui peut se passer d'une mesure exacte.

Encore une de ces locutions dont le système métrique est en grand train d'oblitérer l'origine. *La cano* était une mesure de contenance, pour l'huile surtout, à très-peu près le décalitre actuel; mais du même nom, nous venons de le voir, il y avait aussi une mesure de longueur, qui équivalait à la toise; et l'on disait *Cana* comme toiser et aujourd'hui métrer. C'est de cette dernière mesure seulement qu'il est ici question. Notre locution s'usitait surtout au jeu de boules ou à d'autres jeux analogues que les enfants avaient en grand nombre : lors donc qu'il s'agissait de décider si la boule, la gobille ou le palet du joueur étaient plus près du but que celui d'un autre, on disait en examinant des yeux d'abord : *Es dé cano*, ou bien : *Es pas dé cano*, selon que le cas était ou paraissait douteux ou non. *Es pas dé cano* signifiait par conséquent : il n'y a pas à mesurer, il n'est pas besoin de mesurer pour décider ce qui se voit, qu'il y en a de reste. Et cela se dit toujours de ce qui est évident, hors de discussion, incontestable ; et par extension ou exagération, de tout individu, de toute chose dont les qualités ou les défauts atteignent largement ou dépassent même la mesure, sans que toutefois ni *Cano*, ni mètre aient rien à mesurer en tout ceci.

Cano, *s. f.* Chancissure blanche, espèce de moisissure qui surnage en paillettes blanches sur le vin mal bouché, ou lorsque la bouteille a été mal égouttée au lavage. C'est ce qui sort le premier d'une bouteille et le dernier d'un tonneau. On dit au fig. *és à las canos*, il est à sec, il est à son dernier sou.

Dér. du lat. *Canus*, blanc.

Canobas, *s. m.* Mauve sauvage, alcée.

Canoù, *s. m.* Dim. *Canouné*. Canon, longue pièce d'artillerie, canon de fusil, de pistolet.

Dér. du lat. *Canna*.

Canoù, *s. m.* Tuyau; tube; conduit; plumes en tuyau d'un jeune oiseau : ce sont les grosses plumes des ailes qui poussent les premières, tandis que celles du corps ne sont encore qu'un duvet. Ce mot s'applique en général à beaucoup de choses en forme de tuyau : *Lou canoù dé la chiminèio*, le tuyau de la cheminée ; *Lou canoù d'uno fon*, le tuyau, le robinet d'une fontaine, *d'uno bouto*, la canelle d'un tonneau ; *un canoù dé ploumo*, un tuyau de plume.

Dér. du lat. *Canna*.

Canouna, *v. n.* Monter en tuyau, comme toutes les céréales, les oignons et autres plantes bulbeuses; être en forme de tuyau. Dans le sens actif, canonner, battre à coups de canon; il est reçu, mais par imitation du fr.

Canounado, *s. f* Canonnade, décharge de coups de canon : conduite d'une fontaine soit en bois, en fonte ou en poterie, lorsqu'elle est dirigée sous terre : quand elle est à ciel découvert, on emploie le mot *Acanáou*.

Dér. du lat. *Canna*.

Canouné, *s. m.*, ou **Manouné**. Terme de triperie : boyaux d'agneau, de chevreau, de mouton et même de veau, qu'on lie par petites bottes, et dont on est friand surtout à Alais, où l'on dit mieux *Manouné*. — *V. c. m.*

Dim. de *Canoù*.

Canounge, *s. m.* Chanoine, celui qui possède un canonicat. — Il est devenu n pr. d'homme, rendu par Canonge.

Dér. du lat. *Canonicus*.

Canourgo (La), *s. f., n. pr.* de lieu. La Canourgue, ville et canton du département de la Lozère, mentionnée dans les titres les plus anciens sous le nom de *villa de Canonica*. A Montpellier, une place est aussi appelée *La Canourgue*, à cause de son origine canoniale, voisinage ou dépendance d'une propriété canoniale.

Les deux mots *Canounge*, *Canonicus*, et la *Canourgo*, *Canonica*, dérivent évidemment de la même source : leur radical commun se trouve dans le gr. Κανών, règle, ordre, que le lat. a simplement adopté dans le même sens *Canon*, *onis*, et qu'il a adjectivé en *Canonicus*, *a*, *um*, régulier, chanoine régulier. Dans le principe, il est probable que cette unité d'origine en avait fait deux menechmes; depuis, ils se sont un peu déformés; mais, malgré la différence de physionomie, l'air de famille persiste et les rapproche. Seulement, le premier, subst. masc., a gardé les contours émoussés, le ton sourd, qui sont peut-être plus fréquents dans le Nord ; tandis que le second, nom propre féminin, a revêtu cette forme rude, accusée, particulière à notre Midi. Mais, la parenté une fois établie, ces ressemblances et ces variétés, les altérations mêmes des deux mots, que nous prenons pour types, présentent un assez curieux sujet d'étude sur ces fameuses finales languedociennes en *argues*, *ergues* et *orgues*, dont on s'est tant occupé.

L'importation grecque ou latine de *Canonicus* date de l'époque où, dans les Gaules, l'ancienne langue nationale était encore comprise et parlée, au moment où commençait à se former, du mélange avec le latin, l'idiome rustique vulgaire. Des besoins nouveaux, une civilisation plus avancée, surtout la nécessité de se reconnaître avec les dénominations locales débaptisées ou en voie de se modifier au goût des conquérants, des traditions indestructibles et des influences impérieuses avaient fait subir au langage des changements considérables ; mais une langue ne procède pas au hasard, bien qu'il soit difficile d'avoir toujours raison de ses variations, et, dans la conjoncture, les analogies ne manquaient pas : elles sont même si frappantes qu'on dirait une loi régulière, systématique, uniforme, dont on va saisir les applications.

Le mot arrive tout fait, tout d'une pièce, purement latin. Quand le roman, qui se créait, le rencontre et qu'il veut s'en emparer, il n'a garde de toucher au radical; mais sa finale en *icus* n'allait pas à ses aptitudes vocales : à d'autres semblables, à des noms de lieux ainsi terminés, il avait fait subir une altération conforme à son génie, et il appliqua à *Canonicus* sa méthode habituelle de transformation. La voyelle la plus souple devait d'abord être atteinte : l'*i* disparait de la désinence, ou il se change en *e* plus ou moins ouvert, qui le rappelle; la palatale *C* est remplacée par sa correspondante *G*, la consonne celtique de prédilection, sur laquelle nous revenons souvent; enfin la terminaison devient muette et s'éteint. L'intrusion de *R*, qui se substitue à *N*, est particulière au Midi. On ne peut expliquer sa présence que par le désir instinctif du peuple, ce maître souverain de sa langue, de donner à certains mots, à des noms propres de lieux, plus de consistance, plus d'énergie, et de faire peut-être un accord mieux lié avec le son guttural fortement accentué qui la suit presque toujours; ce que l'organisme méridional ne dédaigne pas, quand celui du Nord y semble moins porté.

Ces procédés de recomposition se révèlent clairement dans les diverses évolutions du mot *Canonicus*. Notre langue romane en a fait *Canonge, Canonègue* et *Canorgue*. Un exemple de chaque forme : la chanson de geste de Gérard de Roussillon dit : *Ni monge, ni canonge, ni capelan*. Dans un titre de 1174 on trouve : *La claustra des canonegues ;* dans Pierre Rogiers, troubadour du XIIme siècle: *Peire Rotgier si fo d'Alvernhe, canorgues de Clermon*. L'abbé de Sauvages cite *Canonèjhe (Canonège),* comme appartenant au vieux langage. Enfin le languedocien moderne dit *Canounge* Le subst féminin suit la même marche : *Canonica* est représenté par *Canorgua, Canorguia*. Dans Pierre Rogiers : *Laïsset la canorgua et fes se joglars ;* dans Pierre Cardinal : *Son paìre lo mes per canorgue en la canorguia del Puèi*. Nous arrivons naturellement a *la Canourguo;* et pas n'est besoin de faire remarquer que dans notre dialecte *ou* égale *o* roman.

La preuve maintenant qu'il s'agit ici d'une loi générale, au moins en ce qui concerne la substitution du *G* gaulois au *C* latin dans ces désinences; c'est que les idiomes celto-latins l'adoptent de même. *Canonicus* a donné en cat. *Canongo,* en esp. *Canonigo* et *Canongia*, en port. *Canonego*. L'anglais lui-même a *Canongate*, faubourg d'Edimbourg, qui accuse pareille filiation ; l'italien seul *Canonico* s'est conservé absolument latin.

Mais la règle s'applique encore aux noms propres et aux noms communs, dans lesquels la présence du même suffixe latin a dû amener une pareille combinaison dans le roman et dans le languedocien. Sans citer *Monachus*, qui faisait en roman *Monge, Mongne, Monègue, Morgne, Moyne ;* en cat. *Monjo,* en esp. et en port. *Monje;* prenons le subst. fém. *Monica,* religieuse. Le roman avait *Monja, Monga, Morga, Moyna;* en cat., esp., port. *Monja ;* comme pour monastère on disait *Mongia* et *Morgia;* et notre languedocien *Moungeo (Mounjo),* et *Mourgo : la cariéiro dé las Mourgos,* la rue des Mourgues à Alais ; et les diminutifs *Mounjéto, Mourguéto,* petite religieuse, et *Mounjetos,* nom des haricots à enveloppe blanche ou noire, féveroles sèches.

Il faut voir comme le roman, au nord et au midi, en fr. et en lang., s'exerce sur ces syllabes *icus, ica,* toutes les fois qu'il les rencontre : *Carrica,* de la bass. lat., donne *Carguo,* charge; *Granica, Granjo,* grange; *Lanica,* lange ; *Serica, sarjo,* serge; *Fabrica, Forjo,* forge ; *Pautrica, Fango,* fange ; *Manica, Margue, Manche,* manche; *Porticus, Porge,* porche ; *Medicus, Mèje,* médecin.

Les noms de lieux suivent la même voie. Pour ne citer d'abord que les plus rapprochés par la consonnance finale avec notre type, dans le Gard, Colorgues, commune de Saint-Chaptes, était, dans un dénombrement de 1394, *Colonicœ;* comme un lieu détruit de la commune de Langlade, Colonges ou Colongres, commune de Verfeuil. Coloures, commune de Marguerittes, s'appelait en lat. *Colonicœ, Colonices ;* Coulorgues, commune de Bagnols, *Colonicœ ;* Colonges, dans la Côte-d'Or, Cologne sur le Rhin, *Colonicœ. Santonicus* est devenu Saintonge. *Condnzorgues,* commune de Montdardier (Gard), vient de *Conduzonicœ;* Montuzorgues, de *Montusonicœ ;* Solorgues, de *Savaronicœ ;* Soudorgues, de *Sardonicœ* et *Sordonicœ,* etc.

Ces rapprochements indiquent une marche constante vers le même effet à produire. Les termes de comparaison sont abondants pour démontrer que cette désinence latine, *nicus, nica, nicœ,* au sing. ou au pl., au masc. ou au fém., se reproduit dans notre langue vulgaire, et même dans le fr., par les combinaisons *nge, nègue, nège, rgua, rguia, rgue, rguo,* qui toutes sont équivalentes, égales entr'elles.

Mais ce n'est pas seulement alors que le mot porte *o* = *ou* comme voyelle dominante à l'anté-pénultième, *onicus, onicœ,* que la permutation a lieu; les voyelles *a, e, i,* dans les mêmes conditions ont le même privilège. *Armasanicœ* a donné *Armasanègues, Aïmargue,* Aimargues ; *Caxanicus, Caxanicœ, Caixanègues, Caïssargue,* Caissargues ; *Domessanicœ, Domessanègues, Domessanengues, Domensan, Doumêssargue,* Domessargues ; *Rutenicus, Rodinigus,* Rouergue. Enfin notre mot *Dimènche,* dimanche, en lat. *dies Dominica,* et le nom propre *Dominique,* du masc. *Dominicus,* offrent une autre preuve à l'appui. Le roman traduisait *Diemence, Diemenche, Dimoinge, Dimenge, Dimenche;* dans les coutumes d'Alest, on lit *Dimentge*. Le verbe était, d'après Sauvages, *Endimérga* ou *Endiménga;* aujourd'hui *Endiménicha*. De son côté, le nom propre a passé de *Dominicus* en *Doumèrjhe, Doumènjhe, Doumènghe;* il est *Doumèrgue,* en fr. Domergue; en esp *Domingo*. Ce sont toujours et partout des formes identiques ; mais les derniers exemples donnent plus d'extension au procédé et introduisent de nouvelles désinences pour représenter le même suffixe : ce qui ne laisse pas que de jeter le plus grand jour sur la composition des mots et des noms propres.

D'où vient cependant cette constance à repousser une telle finale, cette espèce de parti-pris des langues néo-latines de n'admettre que des combinaisons qui s'éloignent tant en apparence de la construction ancienne? D'abord, si grand que soit l'écart entre les formes actuelles et la forme primitive des mots que nous relevons, il faut remarquer que, dans la plupart des cas, les désinences seules sont atteintes. Dans nos idiomes néo-latins l'inconvénient n'est pas grave : car l'influence de la terminaison est à peu près nulle sur la signification des mots. Tout se réduit donc le plus souvent à une question d'euphonie, et dépend de la manière dont tel ou tel son est rendu ou perçu, suivant certaines préférences de flexion naturelle à chaque peuple, selon une disposition particulière des organes ou la différence des tempéraments. On sait en effet quelle action exercent sur le langage les habitudes, les influences locales et climatériques. C'est que, il faut le bien dire, dans toutes les langues, dans tous les pays, dans tous les temps, le peuple a une propension innée, irrésistible à la contraction ; il y est poussé et entretenu par son dédain de la correction classique, par une négligence naturelle de prononciation, par l'ignorance des flexions qu'il abandonne volontiers aux savants et aux rhéteurs ; mais à tout prix la syncope et l'ellipse doivent s'adapter à ses instincts et à sa diction. On comprendra dès lors combien les licences du latin vulgaire, usuel, tel qu'il fut transporté dans les colonies par les soldats de Rome, en se mêlant aux idiomes gaulois, rencontrèrent de facilité à faire accepter leurs incorrections, et comment la nouvelle langue, en train de se former, éprouva peu de gêne, peu de résistance à fondre ses propres éléments dans le moule accrédité, à se façonner sur le modèle sans trop grandes concessions, sans perdre son caractère et son génie.

Mais nous ne faisons qu'indiquer en passant ce mouvement de transformation et de recomposition, et il n'est pas de notre sujet de remonter aux causes. Il suffit d'en constater l'activité et l'énergie, et de saisir quelques-uns de ses effets isolément, pour avoir une idée du travail général et de l'esprit de notre langue.

Maintenant, en présence des altérations, des divergences, des variétés de prononciation et de structure, par lesquelles ont passé quelques mots, que nous étudions, avant de parvenir à leur forme actuelle, nous nous demandons s'ils n'ont pas obéi à une loi générale de compositions diverses; et il nous semble impossible de ne pas reconnaître que toutes ces disparités sont plus superficielles que réelles, qu'elles se confondent et se balancent; qu'au fond le nombre des mots et surtout celui des noms propres, quoique très-varié, est beaucoup plus réduit qu'on ne pense. Il ressort de là avec évidence que chaque pays, presque chaque localité adopte de préférence une formule, qui ne lui est peut-être venue que par une disposition propre, particulière, de son organisme vocal à prononcer plus ou moins facilement telle ou telle articulation, tel ou tel rapprochement de lettres; et les exemples nous paraissent ici saisissants.

Ainsi, à propos de *Canonicus, Canounge, Canonica, la Canourguo*, nous voyons les finales *orgue* et *èrgue* correspondre exactement à *onge, ènge, èngue, enche, one*, par *onègue, onège, ouènche*, reliées par contraction à *oun, on, en*, et au fém. *ono, ouno* : pourquoi la désinence *argues*, qui a été *anègues, anèches, ouèches*, n'aurait-elle pas aussi quelque affinité avec *an, anges, anche*? Pourquoi *inges, ignes, ignies, igne, igni, igny*, n'auraient-ils pas une attache par *in, ine, inies, ein, eine, eje, ije*; et ne seraient-ils pas affiliés à cette communauté dénominative, qui, pour englober tant d'appellations locales en France, part d'une source unique? Pourquoi tous ces suffixes ne reconnaîtraient-ils pas pour auteur le celtique *ac = ec*, qui s'est transformé au contact du latin, tantôt faisant fonction d'adjectif, tantôt servant à donner certaines attributions ethniques et patronymiques? Ces conclusions nous semblent solidement établies.

Mais alors que devient le système laborieux qui voulait trouver une signification, dans la désinence explétive *argue*, des noms propres de lieux de nos contrées, en en faisant la traduction du lat. *Ager?*

Nous nous en sommes expliqué ailleurs : ceci est un nouvel argument. — *Voy. Argue.*

Cansoú, s. f. Dim. *Cansouneto*. Chanson; pièce de vers par couplets, que l'on peut chanter. Au fig. sornettes, contes frivoles. — *Aquo's la cansoù de l'agnèl blan;* c'est toujours la même chanson ; c'est un thème qui ne finit pas.

Dér. du lat. *Cantio*, même sign.

Canta, v. Chanter, former un chant par une suite de sons, d'accords. Au fig. célébrer, louer ; sonner, résonner. — *Canta clari*, rendre un son clair comme un vase vide. Il se dit aussi pour : rendre un son fêlé. *Cantarén pas messo,* loc. prvb. pour dire : nous ne serons pas longtemps d'accord, nous ne nous entendons pas. C'est sans doute une allusion aux chants du lutrin. *Te foura canta pu nàou,* dit-on à quelqu'un qui marchande avec la prétention d'obtenir à bas prix ou à des conditions très-modérées une chose quelconque, une marchandise, qu'on estime davantage qu'il n'est offert : il te faudra chanter une autre gamme, un ton plus haut.

Dér. du lat. *Cantare.*

Cantaire, aïro, *adj.* Péj. *Cantaïras, asso.* Chanteur; qui fait profession de chanteur. — En terme de magnanerie, on appelle *un cantaire*, un cocon faible, qui cède à la pression du doigt et rend un son quand la coque reprend sa première position.

Dér. du lat. *Cantare.*

Cantarèl, arèlo, *adj.* Chanteur sempiternel et ennuyeux; qui aime à chanter, ou qui a des dispositions à chanter.

Cantarèlo, s. f. Chanterelle ; sorte de bouteille en verre, dont le fond très-mince est percé d'une petite ouverture. On chante contre ce fond pour amuser les enfants, et le souffle, qui fait vibrer fortement les parois, augmente très-singulièrement le volume de la voix en lui donnant une qualité métallique et frémissante.

Dér. du lat. *Cantare.*

Cantèl, *s. m.* Chanteau ; premier morceau taillé en coin sur un grand pain ; pointes supplémentaires d'un manteau, d'une robe, d'une chemise de femme ; pièce du milieu d'un fond de tonneau, qui est terminée des deux côtés par un segment de cercle.

De cantèl ou *pér cantèl*, posé de champ. On le dit d'un corps plat, d'une brique, d'une pierre de taille, posés sur leur tranche, c'est-à-dire sur leur face la plus étroite, comme les livres dans une bibliothèque.

Dér. de la bass. lat. *Cantellum*, dim. de *Cantum*, coin.

Canto-pérdris, *s. m.* Garou ou Saint-bois, *Daphne laureola*, Linn. Arbrisseau de la fam. des Thymélées ; à feuille étroite, commun dans les landes arides.

Par extension, on appelle *Canto-pérdris*, un terrain sec et infertile, une propriété de peu de valeur, serait-elle ornée d'une chétive masure, parce que c'est là que l'arbuste de ce nom croît de préférence.

Les botanistes assurent que les fruits du garou, rouges à leur maturité, sont avidement recherchés par les oiseaux, surtout par la perdrix : de là sans doute le nom lang.

Canto-plouro, *s. f.* Chante-pleure. Ce mot, qui est imité du fr. chante-pleure, ne représente pas le même objet. Celui-ci est proprement un grand entonnoir pour remplir les futailles, ou bien un tuyau de fuite pour les eaux pluviales pratiqué dans l'épaisseur d'un mur.

La *Canto-plouro* est un outil de moulin à huile. Ce qu'on appelle l'Enfer dans ces moulins est un récipient ou l'on rejette les eaux qui ont servi à échauder la pâte d'olives, après qu'on a écrémé l'huile sur leur surface. Cet enfer est composé de trois cuves superposées l'une à l'autre et qui déversent successivement l'une dans l'autre. Quand la plus haute est pleine, elle verserait par le haut et entraînerait l'huile qui surnage dans la seconde et de là dans la troisième, résultat qu'il faut éviter, puisque cette huile doit rester autant que possible dans la cuve supérieure, et tout au plus dans la seconde. Pour y parvenir, on place dans chacune de ces deux premières cuves un tuyau de fer blanc plus ou moins recourbé, qui fonctionne comme un siphon et vide les cuvées par le bas. Par ce moyen l'huile baisse avec l'eau, mais surnage toujours jusqu'à complète vidange de l'eau. C'est ce tuyau qu'on nomme *Canto-plouro*.

Cantoù, *s. m.* Dim. *Cantouné*. Coin ; carrefour ; quartier d'une ville ; quignon de pain ; coin du feu ; recoin d'un appartement ; angle d'un mur ; canton, division territoriale. En terme de maçon, pierre angulaire à faces perpendiculaires l'une à l'autre, dont on forme les angles saillants d'un mur. — *Résta à soun cantoù*, garder le logis, demeurer dans son coin ; ne pas se mêler des affaires des autres. *Vira lou cantoù d'un air*, prendre la ritournelle, saisir les reprises d'un chant. *Vira lous cantoùs*, tourner les difficultés. *A un brave cantoù*, il possède un bon coin de terre, il a un petit domaine bien productif. *Résto dou cantoù dé la Téïssarié*, il demeure au coin de la rue Tisserie.

Le mot est riche en interprétations étymologiques : nous en avons dit quelque chose indirectement à l'art. *Candïa*, *Candïargue*. Les uns le tirent de l'allem. *Kant*, bord, extrémité, marge, angle, coin. D'autres le font dériver du gothique *Cant*, même signif. ; ou du gr. Χανθός, le coin de l'œil, l'angle, le coin.

Cantounado, *s. f.* Hameau ; amas de maisons formant une île dans une commune rurale. Ce mot est dit par opposition aux maisons isolées, dont se composent en grande partie la plupart des communes des Cévennes.

Dér. de *Cantoù*.

Cantourléja, *v. fréq.* Fredonner, marmotter une chanson entre les dents ; gringotter un air.

Dér. du lat. *Cantilare*.

Canturlo (Vira-), *v.* Perdre la tête ; battre la campagne. Se dit plutôt de la perte de la raison par maladie ou accident, que d'une folie passagère par ivresse.

Dér. du lat. *Cantilare*.

Câou ou **Câoulé**, *s. m.* Chou, *Brassica oleracea*, Linn. Plante potagère, alimentaire, de la fam. des Crucifères. — Le proverbe dit :

Entre Sén-Pière et Sén-Pâou,
Planto lou pore et lou câou.

— *Y-a câous et câous*, distinguons, il y a choux et choux. Une anecdote est attachée à ce dicton, et en explique l'origine présumée. Un pauvre diable se confessait à son curé d'avoir volé des choux ; celui-ci lui fit une légère réprimande et voulait passer outre. Le pénitent ajouta alors : Mais ces choux-là étaient à vous. — Ah ! reprit le curé, *y-a câous et câous*, c'est bien une autre affaire. Et la semonce ainsi que la pénitence furent doublées.

Sganarelle, dans le *Médecin malgré lui*, dit dans la même acception : il y a fagots et fagots.

L'étymologie prise du lat. *Caulis*, tige, semblait toute naturelle ; mais on a dit contre elle que le chou *Câou*, *Câoulé*, était précisément une des plantes les moins remarquables par la tige ; et ceux qui n'étaient pas satisfaits du dér. lat. ont trouvé dans le celtique le mot *Chaulx*, *Cawl* ou *Caul*, qui signifie légume, et qui leur a paru de beaucoup préférable. Leur raison s'appuie de ce que de *Cawl*, les Italiens ont fait *Cavolo*, les Espagnols *Col*, les Allemands *Koel*, les Belges *Koole*. *Cal* est de notre vieux langage, mais il est encore usité dans les Cévennes ; la plaine emploie *Câou* et *Câoulé* plus adouci. — *Voy. Câoulé*.

Câou, Câoudo, *adj.* Chaud, chaude ; qui a, qui procure, qui fait éprouver la sensation de la chaleur. Se prend quelquefois adverbialement : *Sé tènè câou*, se tenir chaudement. *Béoure câou*, boire chaud.

Dér. du lat. *Calidus*, même sign.

Il faut observer que dans le dialecte des basses Cévennes, on change fréquemment la lettre *l* en la voyelle composée *ou* ; cela tient au goût particulier de cette population pour les polyphthongues, qui sont en général plus euphoniques. A mesure qu'on s'éloigne vers le levant du Languedoc, les consonnes se multiplient de proche en proche, les polyphthongues s'effacent, les syllabes deviennent plus labiales ou plus gutturales, et par là se rapprochent davantage du français. Le génie originaire semble mieux conservé dans le premier mode, car il n'a pu l'emprunter à aucune autre langue ; aucune ne faisant une telle dépense de voyelles, et n'étant aussi avare de consonnes.

Nous avons donné des exemples de cet harmonieux agencement de voyelles au mot *Acén*. Les diphthongues et les triphthongues se rencontrent, se mêlent, se croisent dans le même mot, sans se heurter, sans choc discordant, grâce à leurs ingénieuses compositions, faites pour ménager toujours l'oreille. Ce mécanisme appartient tout entier à notre langue, et donne la preuve de sa souplesse et d'une sensibilité musicale très-développée.

Câoucioũ, *s. f.* Caution ; celui qui répond ou s'oblige pour un autre. — *Pdoure, cdouciou et malairoùs noun sou sujès à l'énvéjoùs,* prvb., être pauvre, caution et malheureux ne sont pas sujets d'envie.

Dér. du lat. *Cautio*, formé du verbe *Cavere*, part. *Cautus*.

Câouciouna, *v.* Cautionner ; se porter garant ; s'obliger, se rendre caution pour quelqu'un.

Câoudéja, *v. fréq.* Couler la lessive à chaud, en y jetant fréquemment de l'eau bouillante, qu'on laisse écouler par la bonde de la cuve. On verse l'eau bouillante ou du moins très-chaude pour dégager plus facilement les alcalis contenus dans la cendre et les unir au corps gras du linge sale, ce qui les change en véritable savon. Ces corps gras eux-mêmes ont besoin de cette chaleur pour se fondre, se détacher du linge et s'unir aux alcalis ou sels lixiviels. La lessive, *Bugado*, est purement une opération chimique d'un ordre relevé. Les ménagères ne s'en doutent guère.

Dér. de *Câou*.

Câoudéjado, *s. f.* Action de réchauffer une lessive en y jetant une nouvelle ondée d'eau lixivielle chaude. — *Li fòou éncaro trés câoudéjados*, il faut donner encore trois réchauds à cette lessive, c'est-à-dire renouveler trois fois le même manège.

Câoudéto, *s. f.* Châtaigne bouillie, qu'on sert sous un linge pour lui conserver sa chaleur ; de là elle tire son nom. — *Voy. Této.*

Câoudo, *s. f.* Battue ; reprise de travail ; chaude, en terme de forgeron. Il s'emploie surtout pour les ouvrages de forgeron, et pour les travaux de pilotage, soit au maillet, soit à la sonnette, où les ouvriers doivent mettre de l'ensemble dans le battage du fer ou des pilotis, et s'arrêter ensemble à un signal donné. *La câoudo* est l'intervalle de travail continu entre deux repos.

Dér. de *Câou*.

Câoufa, *v.* Chauffer, échauffer ; exposer à la chaleur du feu. — *Lou souréi câoufo*, le soleil est ardent. *Aïço câoufo*, l'affaire devient chaude.

Dér. du lat. *Calefacere*, même sign.

Câoufaje, *s. m.* Action de se chauffer ; quantité de bois ou de houille qu'il faut à une famille ou à un individu.

Câouféja, *v. fréq.* Réchauffer ; chauffer à plusieurs reprises, comme on le fait pour une personne ou un animal malade, par l'application de linges chauds, ou au moyen d'une bassinoire.

Câou-flori, *s. m.* Chou-fleur ; *Brassica oleracea botrytis*, Linn. Variété de chou commun, selon quelques botanistes ; espèce distincte, d'après les autres.

Câoulé, *s. m.* Dim. *Câoulichoù.* Chou. C'est un dim. de *Câou*, mais plus usité que lui pour exprimer le genre dans sa généralité. — *Voy. Câou.*

Câoulé-cabus, *s. m.* Chou cabus ou pommé, *Brassica oleracea capitata*, Linn.

Câoulé à l'oli, *s. m.* Brocoli, variété du chou-fleur.

Câoulé-bru, Câoulé-vèr, chou vert, *Brassica oleracea viridis*, Linn. Espèce qui ne pomme jamais. Elle a un grand nombre de variétés. — *Voy. Câou.*

Câouléja, *v. fréq.* Effeuiller un chou sur sa tige, sans l'arracher, afin qu'il puisse pousser de nouvelles feuilles. On n'enlève que les feuilles les plus vieilles et extérieures, sans toucher au cœur. On dit *Câouléja*, par extension, de toutes les plantes légumineuses auxquelles on fait subir la même opération, comme la blette, la betterave, etc.

Câoulichoù, *s. m.* Dim. de *Câoulé.* Petit chou, et mieux un cœur de chou, et les jeunes pousses du chou-vert ou du chou-brocoli.

Câoulichoù, *s. m.*, est aussi le nom du Carmillet, compagnon-blanc, *Lychnis sylvestris alba simplex*, Linn. Plante de la fam. des Caryophyllées, dont on mange les jeunes pousses. La même que *Této-lèbre*. — *Voy. c. m.*

Câoupisa ou **Câoussiga**, *v.* Fouler aux pieds ; mettre le pied sur le pied de quelqu'un, ou sur quelque chose. — *M'avès câoupisa*, vous m'avez marché sur le pied.

Dér. du lat. *Calx*, talon, chaussure, pied, ou de *Calcare*, fouler, uni à *Pes*, pied. En ital. *Piggiare* et *Calpestare ;* en esp. *Pizzar*, fouler aux pieds.

Câoupre, *v.* Contenir ; tenir ; être contenu dans. — *Li pode pas câoupre*, je n'y puis tenir plus longtemps, ma patience est à bout. *Aquò poura pas jamaï câoupre din ma tèsto*, cela n'entrera jamais dans ma tête. *Po pas câoupre din sa pèl*, il ne peut plus tenir dans sa peau, il est trop gros.

Dér. du v. pass. lat. *Capi, capior*, être contenu.

Câouqua, *v.* Fouler le blé avec des chevaux ; quand on le bat avec le fléau, on dit *Escoudre.* Au fig. fouler aux pieds, presser fortement sous les pieds. — *La païo né vdou pas lou câouqua*, prvb., le jeu n'en vaut pas la chandelle.

Dér. du lat. *Calcare*, fouler aux pieds.

Câouquado, *s. f.* Airée ; reprise de foulage ; quantité de gerbes qu'on foule en une reprise.

Las câouquados, *s. f. pl.* La saison où l'on foule le blé.

Câouquason, *s. f.* Action de fouler le grain ; foulage ; saison de ce travail.

Dér. de *Câouqua*.

Câouquièïro, *s. f.* Tannerie; atelier où l'on tanne; maison garnie de galeries couvertes pour faire sécher les peaux tannées.

Le nom d'une ancienne rue d'Alais, désignée ainsi dans les vieux titres, a été francisé en rue des Calquières.

Dér. d'*Acdou*, parce que c'est principalement avec une lessive de chaux qu'on apprête les cuirs et qu'on en fait tomber le poil.

Câouqnio, *s. f.* Coquille, partie dure qui recouvre ou renferme le corps des mollusques testacés; trompe, voûte en saillie, propre à soutenir un angle de mur, le coin d'une maison.

Dér. du lat. *Concha*, même sign.

Câouse, *s. m.* Chose; mot que l'on applique à une personne, à un objet dont on ne se rappelle pas le nom, ou qu'on veut éviter de nommer. — *Moussu câouse*, monsieur... chose; monsieur un tel.

Câouso, *s. f.* Chose, ce qui est, ce qui existe; toute chose inanimée; cause, motif. — *Né sièï câouso*, j'en suis cause. On dit mieux : *Né souï l'én-câouso*, qui n'est qu'une altération de la première forme plus régulière, mais moins usitée. — *Sé sièş bono câouso parlo, sé qué dé noù, Diou té rétiré*, si tu es bonne chose parle, sinon que Dieu te fasse disparaître : phrase de conjuration quand on croit voir ou entendre quelque chose de surnaturel, un revenant, un esprit familier, etc.

Dér. du lat. *Causa*.

Câoussa, *v.* Chausser; mettre une chaussure, des bas ou des souliers; buter, chausser un arbre, ramasser de la terre au pied. En terme de forgeron de taillandier, rechanger un outil, une houe, un soc, etc., en y appliquant, lorsqu'il est usé, de nouveau fer pour l'élargir, l'allonger et l'acérer une seconde fois. — *Sé câoussa d'un pè'n doutré*, se chausser à rebours, mettre par exemple le pied droit dans le soulier ou le sabot du pied gauche.

Dér. du lat. *Calx*, chaussure.

Câousse, *s. m.* Causse, haute montagne ou chaîne de hautes montagnes terminées en haut par une vaste plaine.

Les parements extérieurs des Causses sont fort escarpés et présentent dans leur tranche l'épaisseur des diverses assises dont ils sont composés et qui sont en général de nature calcaire. C'est ce qui les distingue dans le pays de ce qu'on appelle la montagne, terrain de seconde formation, composé de schiste et de mica la plupart du temps. La haute chaîne de la Lozère est de la première nature; les chaînes inférieures et parallèles à cette chaîne sont de la seconde espèce, surtout dans les versants méridionaux.

Cette série de Causses règne en arc de cercle dans le centre du département de la Lozère et se poursuit dans la chaîne de l'Aveyron. Ce sont les Causses de ce dernier département qui fournissent ces excellents fromages de lait de brebis qui, en passant par la fermentation des célèbres caves de Roquefort, acquièrent une renommée européenne. Les meilleures qualités sont produites dans l'arrondissement de Saint-Affrique, et surtout dans le canton qu'on appelle le Camarès.

Ce nom de *Câousse* peut fort bien dériver de la nature calcaire des rochers dont ils sont composés; Sauvages le tire du lat. *Cautes*, rochers.

Câoussésoù, *s. f.* Action de rechanger un outil; quantité de fer qu'on y ajoute; point de jonction du vieux fer au nouveau.

Dér. de *Câoussa*.

Câoussétariè, *s. f.* Bonneterie; chaussetterie; fabrique ou magasin de bas et de bonnets.

Il y a à Alais une rue de ce nom, qui est bien la plus petite de toutes celles que le métier ou l'industrie qu'on y exerçait eût dénommées; car elle n'a pas plus de vingt mètres de long sur trois de large. Cela indiquerait-il que, dans le vieux temps, on allait beaucoup plus les jambes nues et que le bonnet de coton était moins en vogue?

Câoussido, *s. f.* Chardon épineux ou hémorroïdal, *Serratula arvensis*, Linn. *Civium arvense*, plante de la fam. des Composées Cynarocéphales, très-commune dans les champs.

Dér. de *Câoussiga*.

Câoussiè, *s. m.* Chaussure de quelque espèce qu'elle soit. Ce mot ne s'emploie guère que lorsqu'il s'agit de la dépense que fait un individu pour sa chaussure.

Câoussiga, *v.* — *Voy. Câoupisa.*

Câoussignè, *s. m.* Chaufournier; faiseur, fabricant de chaux.

Dér. de *Acdou*.

Câoussina, *v.* Passer le blé de semence à l'eau ou à la fleur de chaux, le chauler, pour détruire le germe du charbon ou de la nielle, qui est une sorte de carie ou de fungus. Aujourd'hui on emploie plus souvent la soude et l'eau de vitriol pour cette opération, sans cesser pour cela de dire *Câoussina* et chauler.

Dér. de *Acdou*.

Câoussinar, *s. m.* Habitant des Causses; mouton de petite espèce qu'on nourrit dans les Causses, et principalement dans les Causses de l'Aigoual.

Dér. de *Câousse*.

Câoussos, *s. f pl.* Chausses, haut de chausses, vêtement de la ceinture aux genoux, propr. culotte. Les deux mots et les deux modes ont vieilli. Le pantalon, *las Braïos* (*V. c. m.*), règne seul. Cependant *Câoussos* s'est conservé dans une locution qui revient souvent : *Coumo y farén las câoussos?* C'est la question que l'on se pose devant un problème à résoudre, en présence d'un embarras qui se dresse inopinément, devant un coup de partie difficile à jouer, dans un écart au jeu de piquet, dans une situation dont on ne voit pas le moyen de sortir; quand en se grattant le front on se demande : comment nous y prendrons-nous? Quel biais emploierons-nous? Comment sortir de ce pas? Comment nous tirer de là? Ou autrement : *Eh bé! aro, coumo y farén las câoussos?*

Ce dicton confirmerait ce que j'ai entendu dire mainte fois, que les pantalons sont très-difficiles à faire, plus difficiles que toute autre partie de l'habillement; car autrement comment serait-on plus en peine pour faire chausses et haut de chausses que pour un gilet ou un paletot, et enfin pour une règle de trois, une mortèse ou une paire de souliers? J'aimerais bien aussi de savoir, pour vous le dire, à quel tailleur on doit le dicton.

Câoussoù, *s. m.* Chausson; chaussure de toile, de tricot, de flanelle, de lisières, qu'on met aux pieds.

Dér. de *Câoussa*.

Câouto-à-Câouto (Dé), *adv.* En tapinois; à pas de loup; en marchant avec précaution, en catimini. — *Y vaï dé câouto-à-câouto*, il y va tout doucement, sur la pointe du pied.

Dér. du lat. *Cautus*, avisé, prévoyant, rusé.

Capable, blo, *adj.* Capable; qui est en état de..... Ne s'applique que, par une extension *franchimande* et réprouvée, à celui qui a de la capacité, de l'intelligence. — *Sies pas capable*, tu n'as pas la force, le courage, l'audace de... *Es capable dé tout... hors lou bé*, il est capable de tout hormis du bien.

Dér. du lat. *Capax*.

Capéiè, *s. m.* Chapelier; celui qui vend ou fabrique des chapeaux.

Dér. de *Capèl*.

Capéïroù, *s. m.* Sorte de filet de pêche à double manche, en forme d'entonnoir. Il est beaucoup plus grand que le *Vignoù*, dont le manche est en forme de fourche.

Dér. du lat. *Capere*, prendre.

Capèl, *s. m.* Chapeau; coiffure extérieure des hommes et des femmes.

Dér. de la bass. lat. *Capellum*, même sign., qui vient lui-même de *Caput*, tête, qu'avait retenu notre vieux lang. *Cap*, resté dans beaucoup de composés.

Capélado, *s. f.* Salut du chapeau; coup de chapeau. — *Li dèvèn la capélado*, nous lui devons le salut. *Emb'uno capélado t'én véïras*, tu t'en tireras avec un coup de chapeau.

Capélan, *s. m.* Prêtre; celui qui a reçu les ordres sacrés; abbé, ecclésiastique. — On appelait autrefois *Capellani* les clercs qui gardaient la chape de saint Martin, à Tours, relique que nos anciens rois faisaient porter devant eux à la guerre. On appliqua ce nom au petit édifice où était renfermée cette relique, qu'on nomma *Capèlo*, chapelle. Ce dernier nom passa par extension à toutes les autres chapelles, et celui de chapelain et *Capélan* à ceux qui les desservaient. Le lat. *Cappa*, chape, désignation de la relique et du vêtement que portent les prêtres dans les cérémonies, n'est pas étranger non plus à l'appellation.

— *Mounta dàou cousta das capélans*, monter à cheval du côté droit.

Capélan, *s. m.* On appelle ainsi les vers à soie morts sur la bruyère avant d'avoir filé leur cocon, et qui restent suspendus aux branches. Ce nom leur vient sans doute de ce qu'ils deviennent tout noirs.

Capélan, *s. m.* Sorte de champignon très-commun dans le pays et qui naît dans les oseraies et les prairies humides. Il est fait en pain de sucre comme les morilles, mais il est beaucoup plus grand. Il est laminé et noir en dessous quand il est un peu fait; le dessus est d'un blanc cendré. C'est ce mélange de noir et de blanc qui lui a valu sans doute son nom.

Capélan, *s. m.* Capelan ou officier, *Gadus minutus*, Linn. Poisson de mer de la fam. des Jugulaires et de l'ordre des Holobranches. Sa chair est peu estimée.

Capélan, *s. m.* Carthame ou safran bâtard, *Carthamus tinctorius*, Linn. Plante tinctoriale, de la fam. des Iridées. Sa semence est connue sous le nom de graine de perroquet.

Capélané, *s. m.*, est le dim. très-bien reçu dans toutes les acceptions précédentes.

Capéléto, *s. f.* Nombril de Vénus, *Cotyledon umbilicus*, Linn. Plante grasse, de la fam. des Crassulacées, qui pousse dans les vieux murs humides. Elle a la forme d'un champignon, dont la concavité serait en dessus; au centre extérieur de sa circonférence se trouve un renfoncement qui ressemble à un nombril humain. Elle est connue aussi sous le nom de *Coucarèlo*. — *Voy.* c. m.

Son nom est dû probablement à sa ressemblance assez éloignée avec un chapeau, *Capèl*.

Capélino, *s. f.* Têtière; petite coiffe des enfants nouveaunés; espèce de capote de femme, en étoffe, dont l'usage est récent dans nos campagnes pour préserver contre le soleil.

Dér. de *Capèl*.

Capèlo, *s. m.* Dim. *Capèléto*. Chapelle; petite église, petit oratoire consacré à Dieu. — *Aïço ès pas la capèlo das hégandous*, dit un joueur de cartes en voyant beaucoup de figures dans son jeu: on sait qu'il n'y a point d'images dans les temples protestants.

Le mot venu du lat. *Capella*, même sign., se rattache à ce que nous avons dit de l'étym. de *Capélan*.

Capélu, udo, *adj.* Huppé, ée; qui a une huppe sur la tête. Il se dit des poules ou de certains oiseaux, qui ont sur la tête une touffe de plumes, comme l'alouette huppée et la huppe ou puput.

Capéssulo, *s. f.* Capsule, amorce au nitrate d'argent, fulminate, pour les fusils à piston. — Ce mot d'invention nouvelle est une simple corruption du français.

Capéto, *s. f.* Dim. de *Capo*. Manteau de femme; mantelet de femme ou d'enfant.

Capigna, *v.* Chercher querelle; quereller; taquiner. Cela répond principalement aux picoteries et petites querelles des enfants entr'eux, qui ne vont pas plus loin que de se prendre aux cheveux ou à la tête.

Dér. du lat. *Caput*, d'où *Cap*, et *Pigna*, peigner.

Capignaïre, aïro, *adj.* Enfant taquin; qui cherche querelle, noise. S'applique aussi aux grandes personnes.

Capignoùs, ouso, *adj.* Hargneux, querelleur d'habitude; pointilleux.

Capitani, *s. m.* Capitaine, chef d'une compagnie de soldats. Dér. de la bass. lat. *Capitanus*, et autant fr. que lang.

Capitâou, *s. m.* Capital, somme principale, principal d'une dette; peine capitale. — *L'an jugea dou capitâou,* on l'a condamné à mort.

Capitèlo, *s. f.* Hutte, maisonnette de vigne, non habitée, où l'on renferme les outils, et où l'on peut se mettre à l'abri d'un orage. Dér. du lat. *Caput,* chef; ou bien parce que ce petit édifice terminé en cône a la forme d'un chapeau, ou parce que la *Capitèlo* est en quelque sorte le chef-lieu de la vigne. Peut-être aussi faut-il chercher sa dériv. dans l'ital. *Capitello,* chapiteau, parce que la *Capitèlo* n'est souvent et n'était surtout autrefois qu'un appentis, un petit toit, une sorte de chapiteau sous lequel on mettait à l'abri la cuve vinaire. De nos jours, malgré la cour d'assises et le luxe des gardevignes, il ne serait pas prudent de laisser la vendange ainsi à portée des passants et des vagabonds.

Capitolo, *s. m.* Capitole; hôtel-de-ville de Toulouse. Ce nom n'est point une imitation de celui du Capitole de Rome. Il vient du lat. *Capitulum,* chapitre, assemblée. Il fut donné au chapitre des consuls de Toulouse par une lettre de la reine Blanche qui portait en titre : *Dilectis de Capitulo.*

Capitoul, *s. m.* Capitoul, nom que portaient les consuls de Toulouse, et qu'ils prirent au commencement du XIVme siècle. Cette dignité conférait de droit la noblesse à ses titulaires avant 1789.

Capitula, *v.* Calculer, spéculer. Ce mot qui d'évidence est un emprunt au fr. s'éloigne complètement de lui par sa signification. — *Aquò's bien capitula,* c'est bien calculé, combiné.

Capo, *s. f.* Cape, espèce de manteau de drap grossier, que portent les paysans et surtout les bergers pour se parer de la pluie. Les bergers, qui conduisent les troupeaux dans la montagne en été, couchent sur la terre nue pliés dans leur cape. Dér. de la bass. lat. *Cuppa,* chape.

Capò, *s. m.* Chapeau de femme en paille ou en étoffe; capote de femme. Dér. du lat. *Caput.*

Capò, oto, *adj.* Honteux, confus, qui a un pied de nez; interdit, attrapé.

Ce mot dérive du fr. *Capot,* terme de jeu de piquet. Celui qui est capot à ce jeu est honteux et désemparé : on a fait sur lui toutes les levées, il est pris, en lat. *Captus, capere*: ou bien, il a perdu du commencement, à *capite,* jusqu'à la fin du coup. Le point de départ est un peu éloigné; et nous ne sommes pas d'ailleurs chargé d'expliquer les étym. françaises.

Capoù, *s. m.* Chapon; jeune coq coupé ou châtré; croûte de pain frottée d'ail, dont on assaisonne la salade dans ce pays et qu'on nomme aussi en fr. chapon. Il y a là sans doute une ironie : la croûte à l'ail dans la salade est la poule au pot du pauvre. Dér. du lat. *Capo,* eunuque.

Capouchin, *s. m.* Capucin, religieux de l'ordre de Saint-François, portant ordinairement une longue robe brune et un capuchon. — *Le mot est une corruption du fr.*

Grano dé capouchin, Cévadille, *Veratrum sabadilla,* plante de la fam. des Colchicacées, originaire du Sénégal. On prétend que sa graine fait mourir les poux. Ce préjugé remonte sans doute à la même source que ces mauvaises plaisanteries sur la barbe et la saleté des capucins, que l'on disait se servir de la semence de cévadille pour se débarrasser de la vermine qui nichait sous leur menton.

Capoula, *v.* Hacher menu, couper à morceaux; découper avec des ciseaux. Dér. de la bass. lat. *Capulare,* couper, trancher, décapiter.

Capoulado, *s. f.* Hachis; abattis; massacre.

Capoulaïre, aïro, *adj.* Qui hache, qui coupe à morceaux.

Capoun, ouno, *adj.* Capon; lâche, poltron; traître, de mauvaise foi, vaurien; gueux. Terme injurieux.

Selon Roquefort, ce mot viendrait du fr. *Capot,* qui fait son adversaire capot, qui lui prend tout; selon le P. Puget, il serait tiré de *Capoù,* chapon, parce que, dit-il, les capons d'ordinaire sont gras comme des chapons.

Capouna, *v.* Chaponner, châtrer un jeune coq; caponner, lâcher pied, montrer de la lâcheté.

Capounadoù, *adj. m.* seulement. En âge d'être chaponné; poulet assez fort pour subir cette opération.

Capounaïro, *s. f.* Femme qui chaponne les poulets.

Capounariè, *s. f.* Polissonnerie; action méprisable; lâcheté; trait de capon.

Capounéja, *v. fréq.* Vagabonder, polissonner; faire le galopin.

Capounò, oto, *s. m. f.* Petit vaurien; jeune effronté; petite libertine.

Capouràou, *s. m.* Caporal, chef de la plus petite subdivision d'une compagnie d'infanterie. Dér. de l'ital. *Caporale,* dim. de *Capa,* chef.

Caprice, *s. m.* Caprice; boutade d'un enfant qui pleure et crie pour une folle idée qu'on contrarie; entêtement; engouement amoureux. Dér. du lat. *Capra,* chèvre, dont le caractère est capricieux et volontaire.

Capriciòus, ouso, *adj.* Capricieux; qui a des caprices; qui est sujet aux caprices.

Capriciousé, éto, *adj.* Dim. du précédent. Petit capricieux. Se prend quelquefois comme expression de câlinerie, de gentillesse : mais suivant le ton la chanson.

Capriço, *s. f.* Fantaisie, caprice; désir déraisonnable; goût particulier et capricieux.

Capucho, *s. f.* Capuce, capuchon; chaperon d'une cape ou d'un manteau de berger. Dér. du lat. *Caput,* tête.

Capusa, *v.* Charpenter, menuiser; couper du bois en menus morceaux, soit avec la hache, soit avec un couteau ou tout autre instrument tranchant; mais non point avec le rabot ou la varlope. Au fig. inquiéter, tourmenter à coups d'épingles; faire endêver.

Dér. de la bass. lat. *Capulare*, couper, trancher.

Capusadoù, *s. m.* Espèce de banc sur lequel on amenuise le bois.

Capusaïre, *s. m.* Equarisseur, charpentier, bûcheron; ouvrier qui menuise le bois sans autre outil que la hache, la plane, le ciseau et les tarières. C'est ainsi que l'on fabrique les échelles, civières, rateliers et la plupart des outils aratoires.

Capusaje, *s. m.* Action de menuiser le bois, de l'équarrir, de dégauchir une pièce.

Capusios, *s. f. pl.* Copeaux, petits morceaux, gros ou menus, que l'instrument du *Capusaïre* détache d'une pièce de bois.

Caqué, *s. m.* Caquet; bavardage; intempérance de langue. Onomatopée du caquetage des poules.

Caquéta, *v.* Caqueter; bavarder; jacasser.

Car, *s. f.* Péj. *Carnasso;* dim. *Carnéto*. Chair, viande. — *Car dé cavio*, chair d'un animal dont on a ôté la tête, la peau, les viscères intérieurs et les pieds, et réduit à la seule viande qui a cours à la boucherie. *Vendre car dé cavio;* quand on vend au poids un animal de boucherie, on ne le pèse que quand il est réduit à l'état ci-dessus; tout ce qu'on a enlevé ainsi passe sur le marché au profit de l'acheteur: on appelle cela *Car dé cavio*, parce que l'animal dans cet état, à l'abattoir, est suspendu à l'étal particulier du boucher par une cheville, et pesé. *Estre car dé cavio*, au fig., être réduit au strict nécessaire, être sans le sou. *Es pu près la car qué la camiso;* ma peau est plus proche que ma chemise; je tiens plus à ma peau qu'à son vêtement: proverbe d'égoïste, dira-t-on, mais qui peut si bien se justifier dans ses diverses applications!

Dér. du lat. *Caro*, chair.

Car, *conjonc.* Car.

Dér. du gr. Γάρ, ou du lat. *Quare*, c'est pourquoi.

Cara, *s. m.* Oreiller, coussin carré pour soutenir la tête quand on est couché. Il tire son nom de sa forme.

Cara, *ado*, *adj.* Carré; qui a la figure, la forme carrée. Au fig. large d'épaules. *Cara coumo un chafre*, mot à mot: carré comme la pierre à aiguiser des faucheurs. — *Voy. Chafre.* Cette comparaison répond à l'acception figurée; elle signifie: bien râblu, vigoureux; mais quel est le rapport avec la pierre qui donne le tranchant à une faulx? Je ne sais. Sauvages traduit par: panader comme un coq. Je ne l'explique pas mieux. La phrase est très-usitée: il suffit.

Cara, *v.* Donner le bras à quelqu'un; lui prendre le bras. *Sé cara*, se carrer, faire le gros dos, se pavaner, se prélasser, faire l'homme d'importance; se mettre à l'aise, s'accommoder. — *Cara uno poulido fio*, marcher en donnant le bras à une jolie fille. *Aquelo pièço mé cariè bé*, ce champ arrondirait bien mon domaine.

Carabacho, *s. f.* Cravache, fouet court d'une seule pièce, pour les chevaux de selle.

Corr. du fr.

Carabagnado, *s. f.*, ou **Caramagnado**. Quantité prodigieuse; une batelée.

Serait-ce une corrupt. du vieux fr. *Carabinade*, décharge générale de carabines?

Carabata, *v.* Mettre la cravate à quelqu'un. *Sé carabata*, se cravater; mettre, arranger sa cravate à son cou.

Carabato, *s. f.* Cravate; linge qu'on met et noue autour du cou.

Corr. du fr.

Carabignè, *s. m.* Carabinier à cheval; grenadier de l'infanterie légère.

Emp. au fr.

Carabinéja, *v. fréq.* Transporter quelque chose, ou promener quelqu'un d'un lieu à un autre et à plusieurs reprises; porter d'ici et de là, çà et là.

Dér peut-être du genre de guerre que font les carabiniers ou tirailleurs, qui vont de çà et de là, sans ordre de bataille; et mieux peut-être du lat. *Currus*, char, qui a fait charrier, et de *Binus*, double, double charriage.

Carabino, *s. f.* Carabine, petite arquebuse qu'on portait à cheval.

En ital. on dit *Carabina*, mot altéré de *Canabina*, canne double, soit parce que le canon de cette arme était double, soit parce que le canon de fer est accompagné d'une canne ou d'une monture en bois.

Caral, *s. m.* Mâchefer; scories qui se détachent du fer ou de la gueuse quand on les forge; balle coupée en quatre ou plomb carré, dont on se sert pour la chasse au loup et aux bêtes fauves, dont la peau très-dure est quelquefois impénétrable aux balles rondes.

Caral, *s. m.*, se dit aussi pour l'ornière, la trace que laissent les voitures sur la terre. — La Fare l'a poétiquement appliqué à la voie ferrée, *lou caral dé fèrre*, pour les rails qui forment la voie.

Caramèl, *s. m.* Longue trompette faite d'écorce d'arbre roulée en rubans, ou d'un tuyau d'oignon, dont les enfants s'amusent. Par extension, flageolet, chalumeau.

Dér. du lat. *Calamus*, chalumeau.

Caràou, *s. m.* Ruisseau des rues; ornière de charrette, de voiture; espace contenu entre les ornières. — *Coupà cardou*, traverser quelqu'un dans ses projets.

Caral et *Cardou* ne sont, dans cette acception, que le même mot: *al* correspond à *dou*. — *Voy. Aou.*

Dér. du lat. *Carrus*, char.

Caravira, *v.* Défigurer, décomposer les traits; troubler, étourdir; bouleverser l'esprit et les sens; causer une pénible émotion. — *Es tout caravira*, il est tout interdit. *Aquò l'a caravira*, cette nouvelle l'a troublé, bouleversé. *Caravira l'oustdou*, mettre la maison sens dessus dessous.

Dér. du gr. Κάρα, tête, figure, et de *Vira*, tourner: faire volte-face.

Caravirado, *s. f.* Subite et pénible émotion; bouleversement dans les traits et dans l'esprit.

Carboù, *s. m.* Charbon de bois; houille; braise éteinte. *Dér.* du lat. *Carbo,* même sign.

Carbougnè, *s. m.* Charbonnier; fabricant de charbon de bois; mineur de houille. — *Sa carbougnè,* sac à charbon. *D'un sa carbougnè po pas sourti farino blanquo,* prvb., d'un sac à charbon on ne sort pas de la farine blanche : on ne tire d'un sac que ce qui y est contenu. Les applications du dicton sont nombreuses.

Carbougnèiro, *s. f.* Mine de charbon; houillère; grande fosse creusée en terre où l'on fait brûler le bois pour le convertir en charbon.

Le plus ancien titre qui mentionne les mines de houille de notre pays, et qui prouve que leur exploitation, si inférieure à ce qu'elle est aujourd'hui, comptait cependant pour une certaine valeur, remonte à l'année 1345. Dans la vente faite par Humbert, dauphin de Viennois, à Guillaume Roger, vicomte de Beaufort, de tous les droits qu'il possédait comme seigneur d'*Alest* et dépendances, l'estimation est donnée de chaque propriété, et après l'article concernant la forêt d'Abylon, dans la baronie de Portes-Bertrand, il est ajouté : *Item, carboneria lapidum, que est in dicta foresta, cujus emolumentum ex ipsa proveniens valere apreciatum est, pro redditu annuo, quatuor libras Turon. renduales.* — Et l'article suivant pour les minerais de Palmesalade : *Item, meneria ferri sita in tenamento de Palma-Salada, cum explecha nemorum foreste de Portis et de Eschaleriis, apreciata valere, pro redditu annuo, sexies viginti libras Turon. renduales.* Enfin, pour ne pas négliger le droit régalien sur les mines ni les renseignements sur leur périmètre de concession, cette autre clause : *Item, census seu servitutes quas idem dominus Dalphinus habet et percipit, dictusque dominus rex habere et percipere consuevit, pro explecha carboneriarum lapidum mandamenti castri de Portis, ab hominibus de Portis, de Cambono-Rigaudo et quorumdam aliorum locorum, valentes seu ascendentes in et ad redditum annuum quindecim solidos Turon.*

Il est curieux, au moins en étymologie et en industrie, de savoir quel chemin ont fait les mots et les choses depuis six cents ans environ.

Carbounado, *s. f.* Étuvée de mouton ou de veau. C'est d'ordinaire une rouelle prise dans la cuisse de l'animal et qu'on pique de gros dés de lard. C'était jadis le plat mignon du dimanche chez la petite bourgeoisie, qui s'en régalait en famille ou avec ses amis et voisins. Aujourd'hui le luxe répandu dans toutes les classes l'a fait reléguer dans le service le plus journalier et le plus usuel.

Dér. de *Carboù,* parce que c'est avec un feu doux de charbon de bois qu'on apprêtait ce mets autrefois.

Carbouncle, *s. m.* Charbon, maladie inflammatoire des hommes et des animaux, et presque toujours mortelle si on n'y apporte un prompt remède. Le plus efficace est la cautérisation. Autrefois les paysans superstitieux n'osaient appeler cette maladie par son nom, parce qu'ils croyaient que ce nom portait malheur et donnait la maladie elle-même à celui qui le prononçait. On l'appelait *la michanto,* la mauvaise. C'est par suite d'un pareil ordre d'idées qu'on nomme les vers à soie muscardins, *aquélo michanto méno,* et la grêle, *lou michan tén.*

Dér. du lat. *Carbunculus,* petit ulcère enflammé, bubon de peste.

Carbounèl, *s. m.* Blé niellé, charbonné, touché par un brouillard appelé la nielle, qui le rouille et le noircit. — *Voy. Cdoussina.*

Carbounio, *s. f.* Braise éteinte; poussier, débris de charbon; cendre de houille, mêlée de charbon non consumé. *Dér.* de *Carboù.*

Carcan, *s. m.* Carcan, pilori; peine infamante; collier de fer fixé à un poteau et avec lequel on attachait par le cou les malfaiteurs qui y avaient été condamnés.

Dér. du gr. Καρκῖνος, cancre, écrevisse de mer, parce que les branches du collier, appelé carcan, ressemblent aux pinces de cet animal.

Carchofle, *s. m.* Artichaut, cardonnette, cardon bon à manger. — *Voy. Artichdou.*

Carchofle d'ase, chardon aux ânes, cardon sauvage, *Cynara cardunculus sylvestris,* Linn.

Carcul, *s. m.* Calcul, supputation.

Corr. du fr.

Carcula, *v.* Calculer, supputer, compter.

Carculaïre, aïro, *adj.* Calculateur, celui qui aime à supputer, qui est près de ses intérêts, qui compte minutieusement ses intérêts.

Carda, *v.* Carder; peigner la laine avec la carde. Au fig. s'emploie avec le mot *faire,* faire, et comme verbe n. : *Aquò mé faï carda,* pour dire : cela me fait trépigner de dépit, de colère, à peu près comme si on me peignait avec la carde. — *Voy. Cardo.*

Cardaïre, aïro, *s. m. f.* Cardeur de laine, d'étoupe, de fleuret de soie, etc.

Cardé, *s. m. n. pr.* de lieu. Cardet, canton de Lédignan (Gard).

La désinence en *é, éto,* en fr. *et, ette,* formée par le suffixe lat. *etum,* indique la collectivité, plutôt qu'elle n'est un dim. Nous citerons de nombreux exemples (*V. E, désin.*) et ses variantes : *Cardé,* Cardet, lieu où se trouvent beaucoup de chardons, lat. *carduus,* ou bien où s'exerce l'industrie des cardeurs. — *Voy. Cardo.*

Cardèlo, *s. f.* Laiteron, *Sonchus,* Linn. Plante de la fam. des Chicoracées, laiteuse, bonne aux lapins; chicorée jaune.

Cardéto, *s. f.* Séneçon, *Senecio vulgaris,* Linn., plante de la fam. des Composées Corymbifères, commune, à fleurs à aigrettes blanches, qui a quelque ressemblance avec celles de *la cardo,* d'où lui vient son nom dim.

Cardinal, *s. m.* Cardinal, un des soixante-et-dix prélats du Sacré-Collège. — *Rouje coumo un cardinal,* rouge comme un coq, parce que les cardinaux sont vêtus de rouge en habit de cérémonie.

Cardo, *s. f.* Cardon, cardonnette. *Cynara cardunculus,* Linn., plante de la fam. des Cyranocéphales, cultivée dans les jardins, ressemblant à l'artichaut, dont les côtes sont tendres et estimées dans l'art culinaire. On assure que cette plante a été introduite en France, en 1536, par Rabelais, curé de Meudon.

Dér. du lat. *Carduus,* chardon, dont *la cardo* est une spécialité cultivée

Cardo, *s. f.* Carde à carder, espèce de peigne à l'usage des cardeurs, dont la forme varie suivant les matières à carder. — *Sapa coumo uno cardo,* se dit des semailles qui naissent drues et épaisses comme les pointes d'une carde.

Dér. du lat. *Carduus,* chardon, dont une espèce, à tête hérissée de pointes, est employée pour carder.

Cardounio, *s. f.* Chardonneret, Gros-bec chardonneret, *Fringilla carduelis,* Temm., oiseau de la fam. des Cunéirostres et de l'ordre des Passereaux. « Le chardonneret, dit Crespon dans son *Ornithologie du Gard,* est un de nos plus beaux oiseaux d'Europe; à l'éclat de la parure il joint d'excellentes qualités : il se plie facilement à l'esclavage, devient familier, reconnaît la voix de ses maîtres, et comme il veut de l'occupation dans son étroite demeure, on peut lui apprendre divers petits exercices très-amusants. Je ne parlerai pas de son chant que tout le monde connaît et que chacun aime à entendre; j'ajouterai qu'il ne manque vraiment à cet oiseau que d'être plus rare pour en faire désirer vivement la possession. » — Le proverbe dit : *Péscaïre de ligno, cassaïre dé cardounio, noun achetèrou jamaï ni tèro, ni vigno,* pêcheur à la ligne, chasseur au filet ne firent jamais fortune.

Dér. du lat. *Carduelis,* m. sign., qui, à son tour, vient de *carduus,* chardon, dont cet oiseau recherche la graine; de ce rapport, qui ressemble à celui qui existe entre le loup et l'agneau, est venu le nom de la *cardounio.*

Cardousses, *s. m. plur.* Épine jaune, Scolyme d'Espagne, *Scholymus,* Linn., plante de la fam. des Composées Cynarocéphales, qui pousse aux bords des champs.

Caré, *s. m.* Charroi; voiture; frais de voiture. — *Quan mé coustara lou care?* combien me coûtera la voiture? quel sera le prix du charroi?

Dér. du lat. *Currus,* char.

Caréïado, *s. f.* ou **Sâoupignano,** *s. f.* Jusquiame ou Hanebane, *Hyoscyamus niger,* Linn., plante de la fam. des Solanées. La jusquiame, comme la ciguë, selon comme on l'administre, peut être un excellent remède ou un violent poison. Elle est un narcotique puissant.

Caréïè, *s. m.* Sorte de cadre en avant d'un tour à filer la soie, où sont encadrées plusieurs bobines tournantes destinées à tordre le fil de soie avant qu'il se dévide sur la roue.

Caréïrôou, *s. m.* Dim. *Caréïroulé.* Viol; petit sentier pour les piétons et tracé seulement par l'usage.

Dim. de *Carièiro.*

Caréja, *v.* Charrier, voiturer, transporter. — *Las fournigos coumençou de careja,* les fourmis commencent à emmagasiner. *L'aigo carèjo,* la rivière est bourbeuse, elle charrie du limon.

Dér. de *Care.*

Caréjadis, disso, *adj.* Qui a été souvent transporté; qu'on a souvent changé de place, comme le vin de Bordeaux, retour des Indes, qui gagne au transport. — *Oli caréjadis,* huile étrangère, par opposition à l'huile du pays. *Sout pas carejadis,* dit un podagre, je ne suis guère allant.

Caréjaïre, aïro, *adj.* Qui charrie, qui dépose; qui entasse.

Caréjaje, *s. m.* Action de charrier, de transporter, de voiturer, de changer une chose de place.

Caréjè, *s. m.* Sédiment, dépôt d'une liqueur; bourbe déposée après avoir soutiré; par ext., le tonneau même.

Carèl, *s. m.* Carrelet, sorte de filet à poisson; il est carré et soutenu aux quatre coins par deux bâtons en croix, dont le milieu est fixé à une longue perche L'acception donnée à ce mot par l'abbé de Sauvages de : petite lèchefrite dans laquelle on fait cuire de la saucisse, s'est perdue depuis que les cuisinières parlent français. Il en est de même de celle par laquelle il affirme aussi qu'on désignait ces carrés de gros papier servant à placer les vers à soie sortant d'éclore. Depuis l'invention des méthodes perfectionnées, ce technique a disparu; on ne fait pas mieux que du temps de notre savant sériciculteur cévenol, au contraire; mais le progrès parle français, et en attendant, notre industrie des vers à soie en souffrance et en danger de mort, désespère ceux qui cherchent les remèdes et ceux qui ont encore confiance.

Carémo, *s. f.* Carême; espace de quarante jours de pénitence, dans l'église catholique, pour se préparer à la fête de Pâques. — *Faïre carémo,* observer le jeûne; faire maigre chère. *Sèn à la fi dé la carémo,* nous sommes à la fin du carême. *Y-aï precha sèt ans pèr uno carémo,* j'y ai été sept ans prêcher le carême

Dér. du lat. *Quadragesimus,* quarantaine.

Carèou, *s. m.* Carreau, gros fer à repasser des tailleurs. *Fran-Carèou,* jeu d'enfant, qui consiste à lancer en l'air une pièce de monnaie qui retombe sur le carreau; celui dont la pièce est le plus au centre du carreau, et la plus éloignée des joints, a gagné.

Carèssa, *v.* Caresser, faire des caresses; traiter avec des démonstrations de tendresse, d'attachement, d'amour; faire l'amour.

Dér. du gr. Καρρέζω, m. sign.

Caréssan, anto, *adj.* Caressant, qui aime à caresser; mielleux, doucereux.

Carèsso, *s. f.* Caresse, baiser; geste qui approche de la trop grande familiarité, à demi indécent.

Dér. du lat. *Carus,* cher.

Carèstiè, *s. f.* Cherté, disette, misère. — *Jamaï lou* *michan tén noun éngéndro caréstiè*, la grêle n'engendre pas la disette ni la cherté, parce que, tout en ruinant la contrée qu'elle frappe, ce ne sont que quelques individus qui en souffrent, sans faire augmenter en général le prix des denrées.

Dér. du lat. *Carere*, manquer, souffrir de disette.

Caréstioùs, ouso, *adj*. Pauvre, misérable ; chétif ; qui manque du nécessaire ; maigre, rabougri.

Carétado, *s. f*. Charge d'une charrette : charretée ; la quantité qu'une charrette porte ou peut contenir.

Dér. du lat. *Carrus*, char.

Carétéja, *v. fréq*. Voiturer d'habitude ; exercer la profession de roulier, sans suivre une route habituelle.

Carétéjaïre, *s. m*. Roulier ; qui voiture toute sorte de marchandises et de denrées, sans service régulier.

Carétiè, *s. m*. Charretier ; celui qui conduit une charrette ; roulier.

Caréto, *s. f*. Dim. *Carétouno*. Charrette, voiture à deux roues destinée à porter de lourds et gros fardeaux. — *La caréto méno lous bióous*, la charrette conduit les bœufs, loc. prvb., qui s'emploie lorsqu'un chef de famille se laisse gouverner par toute sa maison.

Dér. du lat. *Carrus*, char.

Carétoun, *s. m*. Petite charrette ; camion ; charriot ; haquet.

Carga, *v*. Charger, mettre une charge, un fardeau sur... ; prendre, se vêtir ; attaquer l'ennemi, donner la charge ; déposer contre, rendre un témoignage accablant ; mettre de la poudre et du plomb dans une arme à feu. — *Zou ! cargo la miolo*, allons ! charge la mule. *Cargo mé un pàou*, porte-moi un peu. *Carga lou dòou*, prendre le deuil. *Carga l'éstiou*, prendre des habits d'été. *Lou tén sé cargo*, le temps se couvre. *Carga sus lou davan*, prendre du ventre ; être enceinte. *Carga la mounino*, s'enivrer, se griser. *Té vóou carga*, je vais fondre sur toi. *Lou cargo à fàou*, il dépose faussement contre lui. *Carga soun fusil*, charger son fusil. *Carga tro, tro carga*, surcharger.

Dér. de la bass. lat. *Caricare*, charger un char.

Cargadoù, *s. m*. Chargeoir ; toute espèce d'engin pour aider quelqu'un à charger un fardeau ; spécialement, gros billot de bois qu'on pose debout et sur lequel les manœuvres des maçons posent et garnissent leur planche à mortier, pour la charger sur leur tête sans aide et sans avoir besoin de la soulever de terre.

Cargadouïros, *s. f. plur*. Corde à charger un mulet lorsqu'il porte à bât. Elle est faite exprès et très-peu tordue pour pouvoir supporter une plus grande torsion quand on la garrotte, qu'on la serre avec le garrot, *bio*.

Cargaïre, *aïro*, *adj*. Chargeur ; celui qui charge ou qui aide à charger.

Cargamén, *s. m*. Chargement ; charge d'une voiture ou d'un mulet ; quantité qu'on transporte en un voyage soit en voiture, soit à dos de mulet ; chargement, reconnaissance d'un dépôt.

Cargassèlo, *s. f*. Manière de porter quelqu'un sur les épaules, en le mettant à califourchon sur son cou. — *Faïre cargassèlo*, faire la courte échelle à quelqu'un, le hisser sur ses épaules pour l'aider à atteindre à un point plus élevé ; lui servir d'échelle.

Dér. de *Cargo* et de *Sèlo*, parce que celui qui grimpe ainsi est placé comme sur une selle.

Cargastièïros, *s. f. plur*. Cadre de bois fixé à un bât et garni de cordes, sur lequel on transporte à dos de mulet les gerbes à l'aire. Ce procédé est peu usité de nos jours, à cause du progrès de la grande et petite voirie qui permet aux voitures d'aller dans presque tous les champs. On ne le rencontre guère que dans les pays de montagnes.

Cargo, *s. f*. Dim. *Carguéto*. Charge, fardeau, faix ; obligation onéreuse, permanente ; impôt ; ce qu'on met pour charger une arme à feu. — *Pourta à cargo*, porter à dos de mulet.

Cargos, *s. f. plur.*, en terme de vigneron, une viette, un sarment qu'on taille plus long que les autres et qu'on fixe en arc au tronc de la souche, pour obtenir une plus grande quantité de raisins ; mais l'excédant que produit cette branche à fruit forcée, n'amène le plus souvent d'autre résultat que de fatiguer le cep et une prompte mortalité, si l'expérience se renouvelle longtemps. On emploie cependant le procédé pour une vigne vieille qu'on a le projet d'arracher au bout de quelques années. Il est toutefois des espèces de cépages qui ne se trouvent pas mal de ce traitement et qui même, sans lui, ne produiraient que médiocrement ; le raisin dit de la Madeleine est de ce nombre.

Cargo-péïo, *s. m*. Bruine, petite pluie. — *Tombo dé cargo-péïo*, il bruine, il fait une pluie fine et menue, qui pénètre et alourdit les vêtements.

Le mot est composé de *Carga*, charger, et de *Péïo*, habits ; en général, mauvais habillons portés par les pauvres ou gens sans asile, qui sont plus exposés à la pluie. — Voy. *Péïo*.

Cargué, *s. m*. Étui à mettre les épingles et les aiguilles à coudre.

Cariaje, *s. m*. Charriage ; action de charrier ; salaire du voiturier. Au fig. train de maison ; train de grand seigneur.

Dér. du lat. *Carrus*, char.

Carièïro, *s. f*. Péjor. *Carièïrasso*. Dim. *Carièïréto*. Rue ; grande, longue ou vilaine rue ; petite rue, ruelle. — *Es à la carièïro*, il est réduit à la mendicité. *Dès écus sé trobou pas à la carièïro*, dix écus ne se trouvent pas sous le sabot d'un cheval. *Nèci à coure carièïro*, fou à courir les rues. *Escampa-mé aquó à la carièïro*, jetez-moi cela à la porte, à la rue.

Dér. du lat. *Carrus*, char ; dans la bass. lat. *carreria* ; en esp. *carera* ; en port. *carreira* ; en ital. *carriera*.

Cariolo, *s. f*. Cariole ; en agricult. petite charrette ; espèce de petite voiture assez légère, montée sur essieu, à deux roues, couverte de toile et garnie de bancs ; fourgon ; patache.

Carïoun, *s. m.* Carillon; tapage; brouhaha; battement des cloches à coups précipités et dans une sorte de mesure.

Caritadoùs, ouso, *adj.* Charitable, aumônier; qui aime à faire la charité, à distribuer des aumônes.

Dér. du lat. *Caritas,* charité.

Carmantran, *s. m.* Carême-prenant; jours-gras, dernière semaine du carnaval.

Corr. du fr. Carême-entrant.

On appelle *Carmantran* le mannequin qui représente le carnaval dans les mascarades du mardi-gras, sous la figure de Silène. Par ext. on donne ce nom à une femme débraillée, sale et un peu déhontée.

Carmantréto, *s. f.* Dim. de *Carmantran.* Quelques personnes donnent ce nom à la semaine de la Sexagésime, l'avant-dernière du carnaval; les autres au dimanche des Brandons, la Quadragésime, le premier dimanche du Carême.

Carnabiôou, *s. m.,* ou **Cornobiôou,** *s. m.* Vesce sauvage des prés et des blés, à fleur jaune, *Vicia lutea,* Linn., plante de la fam. des Légumineuses.

Dér. de *Car* et de *Biòou,* viande à bœuf, parce que ces plantes les engraissent.

Carnaduro, *s. f.* Carnation; teint du visage; ton de la chair.

Dér. de *Car,* chair.

Carnaje, *s. m.* Carnage; abattis d'hommes ou d'animaux; ensemble des chairs d'un animal de boucherie.

Dér. de *Car,* chair.

Carnassiè, sièiro, *adj.* Carnassier; carnivore; en parlant des hommes, qui aime la viande, qui s'en nourrit de préférence.

Carnassièiro, *s. f.* Carnassière; garde à manger; caisse garnie de canevas que l'on suspend dans un lieu frais pour conserver la viande et la préserver des mouches; gibecière, sac de chasse.

Dér. de *Car,* chair.

Carnavaïas, *s. m.* Péjor. de *Carnaval.* Femme laide, sale, débraillée, mauvaise langue, déhontée; mal embouchée.

Carnaval, *s. m.* Carnaval; temps consacré aux amusements, divertissements, danses et bals. Le peuple fait partir le carnaval de la fête des Rois, mais seulement jusqu'au mardi-gras. Le carnaval n'est même à proprement parler que le mardi-gras, lorsqu'on se sert du mot pour désigner une date : *Lou jour dé carnaval* signifie le mardi-gras. *Carnaval* est aussi une épithète injurieuse comme *Carmantran* et *Carnavaïas.* — *V. c. m.*

Dér. de *Car,* chair, et *Aval,* en bas, c'est-à-dire que c'est l'époque où le règne de la viande va finir. Cette étymologie semblerait prouver qu'en effet le carnaval dans son origine ne comprenait que les derniers jours; car si on l'eût fait remonter à l'Épiphanie, il était absurde de dire que la viande est à bas, puisqu'au contraire c'est le temps de l'année où l'on en fait la plus grande consommation.

D'autres étymologistes tirent ce mot de la phrase latine . *Caro, vale!* Adieu la viande; ce qui pour le sens revient absolument à l'idée ci-dessus

Rien n'établit quel est l'idiome, du fr. ou du lang., qui eut l'initiative de la formation de ce mot. La première étymologie semblerait l'accorder au lang., la deuxième au fr. Cela cependant ne préjuge rien; car la section *carn,* prise du lat., convient aussi bien à l'un qu'à l'autre : le mot *aval* est aujourd'hui plus lang. que fr., mais il était fr. jadis; il est encore comme technique un terme de ponts-et-chaussées. Quant à *vale* provenant du lat., il a appartenu au premier occupant, quelle que soit celle des deux langues qui a puisé à cette source, et aucune ne s'en est fait faute.

Carnifès, *s. m.* au pl. *Carnifèsses.* Chagrin cuisant; ver rongeur; malaise, inquiétude; remords; souci. — *Ai un carnifès que me charquo,* j'ai quelque chose qui me ronge, qui me tourmente.

Dér. du lat. *Carnifex,* bourreau.

Carnio, *s. f.* Viande; viandaille; expression de mépris ou de satiété, à propos d'un repas qui est trop fourni en viandes.

Carnivas, *s. m.* Carnosité; excroissance charnue. Se dit surtout des mamelles de femme et des animaux, dont les glandes laiteuses sont peu spongieuses et alvéoliques et ne rendent que peu de lait.

Péjor. de *Car.*

Carnu, udo, *adj.* Charnu; fourni en chair ou en pulpe, comme un fruit. Au fig. épais, volumineux.

Caro, *s. f.* Carre; carrure de la taille, des épaules; mine, air du visage. — *Aquò's uno bèlo caro,* voilà une belle carrure, une bonne mine! *Uno bono caro,* une heureuse physionomie, un bon air, prévenant et affable. *Bon pan, bon vi et bono caro d'oste,* bon pain, bon vin et bonne figure d'hôte.

De ces deux acceptions diverses, la première dér. de *Cara,* carré, et la seconde du lat. *cara,* masque.

Carogno, *s.* et *adj. f.* Dim. *Carougnéto;* péjor. *Carougnasso* Charogne; carogne, dans Molière. Pris adjectiv. comme injure à une personne : femme de mauvaise vie, de mauvaise foi; hypocrite.

Péjor. de *Car.*

Carosso, *s. m.* Dim. *Carousséto, s. m.* Carrosse. Se dit génériquement de toute voiture de luxe, à quatre roues et suspendue. Le lang. éminemment populaire a dédaigné toutes les appellations spéciales que la mode aristocratique attribue à chaque espèce de voiture.

Dér. du lat. *Currus,* char.

Carougnado, *s. f.* Charogne; de la chair de bête morte à la voirie. Par ext. toute sorte de viande de mauvaise qualité, ou trop coriace; même une bête vivante quand elle est extrêmement maigre.

Dér. et péjor. de *Car.*

Carouje, *s. m.* — *Voy.* Cabassudo.

Caroussado, *s. f.* Carrossée; les personnes contenues dans un carrosse.

Caroussiè, *s. m.* Carrossier; qui fait et vend des carrosses et voitures.

Carpan, *s. m.* Bonnet ou toquet d'enfant; coiffure de luxe, à côtes de melon, dont les arêtes étaient souvent bordées d'un cordonnet d'or ou d'argent, ou de clinquant. Ce bonnet était d'ordinaire en velours. La mode en est passée chez les gens riches; le peuple la conserve encore pour les plus jeunes enfants.

Diverses étymologies se présentent, toutes également savantes. D'abord on le ferait dér. du lat. *Carpere*, parce que le *carpan* prend, embrasse toute la tête; puis de l'hébreu *Carpas*, fin lin, dont on faisait ce toquet; enfin du gr. Καρπα, bonnet grec des îlotes de l'Archipel.

Carpan est pris aussi dans le sens de soufflet, tape sur la joue; coups.

Dans cette dernière acception, l'étym. pourrait être prise du gr. Καρπός, carpe, poignet, d'où le lat. *Carpus* et *carpere*.

Carpélous, ouso, *adj.* Chassieux, qui a les yeux pleins de chassie. — *Voy. Ciroùs.*

Cartable, *s. m.* Portefeuille propre à contenir des papiers, fort en usage aujourd'hui parmi les jeunes écoliers.
Dér. du lat. *Cartobolus*.

Cartazèno, *s. f.* Liqueur alcoolique composée avec de l'esprit et du moût qui tient lieu de sucre. C'est une liqueur grossière dont le peuple use seul dans les cafés borgnes et sur l'établi des marchandes d'anisette.

Corr. de Carthagène, ville d'Espagne, d'où sans doute cette liqueur a été primitivement importée.

Carto, *s. f.* Carte à jouer; carte de géographie; géographie. — *Tira* ou *faire las cartos à quouquus*, faire les cartes, tirer l'horoscope de quelqu'un par le jeu des tarots. *Aï pas qué de cartos blanquos*, ou *dé cartos noblos*, je n'ai dans mon jeu que des cartes blanches, c'est-à-dire point de figures, ou des cartes nobles, c'est-à-dire des figures seulement. *Counouï la carto*, il est expert en géographie. Au fig. *pèrdre la carto*, perdre la tête; être troublé; se brouiller; s'égarer.
Dér. du lat. *Charta*, papier.

Cartatoucho, *s. f.* Cartouche, petit cylindre creux, de papier roulé, renfermant la charge ordinaire d'un fusil.

Ce mot est une corruption du fr. ou plutôt un raffinement pour s'éloigner de lui. On l'étend jusqu'au nom propre du célèbre voleur, Cartouche, qui est très-populaire, et qui sert souvent de terme de comparaison.

Cartoù, *s. m.* Carton; carte. — *Aïmo bièn lou cartoù*, dit-on d'une personne qui est passionnée pour les jeux de cartes.
Dér. du lat. *Charta*.

Caruro, *s. f.* Carrure; taille carrée; largeur des épaules; embonpoint.
Dér. de *Caro*.

Cas, *s. m.* Cas; événement, aventure; conjoncture; fait; action; estime. — *Pér cas d'asar*, par hasard, par aventure. *Es pa'qui lou cas*, au fait; ce n'est pas l'embarras. *En cas qué vèngue*, si par évènement il venait; au cas qu'il vienne. *N'én faï fosso dé cas*, il l'a en grande estime. *En cas dé cas*, en cas que, dans le cas où; idiotisme avec une forme adverbiale.
Dér. du lat. *Casus*; par apocope *cas*.

Casâou, *s. m.* Dim. *Casalé*. Péjor. *Casalas*. Masure; petite maison à moitié ruinée; ruines d'une habitation quelconque; cahute.

Il est lui-même péjor. du lat. *Casa*, chaumière.

Les noms propres *Casal, Casalis, Chazel, Chazelle*, sont dérivés de *Casâou, casal*, en suivant les différentes prononciations des divers dialectes. L'abbaye de la Chaise-Dieu, dans le Velay, qui, dans le langage du pays se dit *la Chaso-Diou*, vient de la même origine et répond au lat. *Casa Dei*. La rue des Cazaux, *lous Casdous*, du vieil Alais, nom encore conservé, était autrefois *Casalia in suburbio*, les chétives et pauvres maisons du faubourg, à l'extrémité sans doute de la ville, quand elle prit naissance sous la Roque.

La série de noms propres formés par cette nouvelle consonnance, se modifiant encore suivant les fantaisies orthographiques, est nombreuse, et laisse apparaitre sa constitution primitive : Chazaux, Casaux, Cazot, Chazot, Chasalette, ont une commune dérivation avec les précédents.

Casaquin, *s. m.* Casaquin, espèce de vêtement, de spencer de femme, d'une étoffe et d'une couleur différentes de la jupe, que les dames portaient au XVIIIᵉ siècle, et que les paysannes ont conservé longtemps au XIXᵉ. Cette mode a disparu même chez ces dernières qui portent la robe d'une seule pièce. Mais on ne peut encore jurer qu'il n'y aura pas de retour aux anciennes formes.
Dim. de *Casaquo*.

Casaquo, *s. f.* Casaque; espèce de large veste dont on couvre les autres habits pour les préserver et se préserver soi-même de la pluie et du froid : terme générique de toute espèce de surtout. — *Vira casaquo*, tourner casaque, changer de parti politique, ordinairement pour prendre celui du plus fort.

Au rapport de Ménage, ce mot ne serait qu'une corr. de Cosaque, peuple de qui nous viendrait cet habillement.

Cascaïa, v. Glousser comme les poules; gazouiller; jacasser; jaboter; clapoter comme l'eau d'un ruisseau; sonner creux comme les noix sèches.

Ce mot est une onomatopée du cri de la caille et forme comme lui une mesure semblable au dactyle latin composé d'une longue et de deux brèves.

Cascaïaïre, aïro, *adj.* Qui glousse; qui gazouille; jacasseur.

Cascaïaje, *s. m.* Gazouillement; babil; jacasserie.

Cascaïéja, *v. fréq. de Cascaïa.*

Cascavèl, *s. m.* Hochet d'enfant garni de grelots et d'un bout d'ivoire ou de cristal que les enfants à la mamelle sucent et mâchent quand leurs gencives se gonflent et que leurs dents commencent à pousser; quand ils sont un peu plus grands, ils continuent à se plaire à ce carillon du *cascavèl*; mais alors le bout est garni d'un sifflet. Quelquefois ce hochet est composé d'une espèce de petit tambour, garni de parchemin, emmanché d'un petit bâton et rempli de pois secs qui font un roulement monotone en l'agitant.

Sa dérivation paraît être de *Cascaia*, dans le sens du bruit des noix sèches qu'on remue et dont l'harmonie ressemble assez à celle du *cascavèl*; mais Ménage prétend qu'il a été pris du lat. *Scabellum, scabillum*, espèce d'instrument qui avait de grands rapports avec les castagnettes. D'autres le tirent du gr. Καρχαίρω, résonner. La bass. lat. disait *Cascaviellum*. En esp. *Cascal*.

Casèrnos, *s. f. plur.* Caserne; bâtiment pour loger les troupes en garnison.
Ce mot ne se prend qu'au plur. en lang.
Dér. du lat. *Casa*, logis.

Casqué, *s. m.* Casquette d'enfant; bonnet à visière.
Dim. de *Casquou*.

Casquéto, *s. f.* Casquette, coiffure pour tous les âges, avec ou sans visière.
Dim. dér. de *Casquou*.

Casquou, *s. m.* Casque, armure défensive qui couvre la tête. — De La Fare a dit, dans *la Bàoumo dé las Fados*, d'un croisé tué en combattant en Palestine :

Laissè soun casquou et lou dédin
Entre las mans d'un Sarazin.

Dér. du lat. *Cassis*, même sign.

Cassa, *v.* Chasser; aller a la chasse, poursuivre le gibier; prendre, attraper, gagner un mal; au jeu, détourner, interrompre un coup. — *Bon chi casso de raço*, bon chien chasse de race. *Cassa un ràoumas*, gagner un rhume. *Fai pas que me cassa*, il ne fait qu'arrêter, que détourner mon coup, m'empêcher de jouer.
Le radical de *Cassa* est fort controversé. On le prend dans le lat. *Casses*, rêts, filets de chasse, dont se servaient les anciens. On le fait venir de *Casnar*, mot gaulois pour désigner celui qui pourchasse, qui poursuit quelque chose. On cite aussi un mot celtique, lequel aurait fourni *Caciare*, chasser, aux capitulaires des rois carlovingiens. Ménage pense qu'il vient du lat. *Captare*, et Ch. Nodier, du vieux fr. *Sacher*, formé du lat. *Sagittare*, lancer une sagète, une flèche. Les probabilités me paraissent en faveur de *Casses*.

Cassagno, *n. p.* de lieu et de personne. Augm. *Cassagnas*. Dim. *Cassagneto, Cassagnolo*. Cassagne, Cassagnas, Cassagnette, Cassagnoles.
Ce mot est un de ceux que leur radical et leur finale recommandent spécialement à un Dictionnaire étymologique raisonné. Il est des plus propres à mettre sur la trace de la formation et de l'emploi des suffixes dans notre dialecte, et par là ce que nous avons à en dire se rattache aux observations générales présentées à l'art. *Agno*, désinence.

(V. c. m.) Ainsi chaque portion de notre travail essaie de se relier à une pensée d'ensemble, sans la moindre prétention à faire un traité didactique et complet, et surtout sans autre engagement que la variété, sans autre méthode que de ne pas abandonner le fil conducteur tout en le reprenant à nos heures.

Nous le rappellerons donc : les désinences, ces syllabes jointes au radical pour lui donner plus d'extension significative, forment une des parties les plus originales de la physionomie de notre langue. Elles lui viennent du latin, qui n'avait fait cependant qu'accommoder à son génie des finales antérieures. Leur emploi ne pouvait pas varier et les modifications dans leur structure, amenées par des causes diverses, dénonçant une articulation plus ancienne, n'ont pas empêché de reconnaître leur parenté à l'air de famille, de s'assurer de la régularité de leur succession généalogique et d'établir leur égalité de valeur à la manière dont elles affectent les radicaux. Ici se présente un nouvel exemple de cette équipollence dans la diversité des formes, sur laquelle nous avons tant insisté. Nous aurons de plus à remarquer les tendances que nous signalons à l'adoucissement des inflexions, qui s'introduisit dans la langue romane à mesure qu'elle se dégageait de la gravité romaine quelquefois un peu rude. Notre mot, soumis à la question, ne résistera pas à rendre bon témoignage de ces phénomènes.

Cassagno est formé du radical celtique *Cass* et du suffixe collectif *agno* : il signifie *Chênaie*. Le chêne, cet arbre typique du culte des Druides, si commun dans les forêts dont notre sol était couvert, a dû laisser son nom à une infinité de lieux et de personnes, et il est naturel que ces dénominations se retrouvent sous des formes nombreuses, en tenant compte des modifications que la langue et ses dialectes ont subies à toutes les époques. *Cass*, racine, voulait dire chêne. Le roman l'a conservé : le lexique de Raynouard le confirme par cette citation : *Casser* (r muet) *es arbre glandier*. Dans la Guienne, on dit encore : *Casso*; mais notre dialecte n'a pas retenu le primitif ancien ; seuls, ses dérivés augm. ou dim. ont persisté, dans la composition de noms propres.

Sur ce radical bien déterminé, les formules adjectives ne pouvaient manquer de se répandre. Or nous savons que le signe celtique de la collectivité, le plus en usage, était AC=EC ; il est donc probable que pour désigner une réunion de chênes, un lieu abondant en chênes ou quelque provenance du chêne, une propriété remarquable par ses chênes, ou même le possesseur de ce domaine, la première forme d'appellation dut être *cass-ac* ou *cass-ec*. Le latin trouva d'abord commode d'ajouter sa propre désinence la plus simple en *us, a, um*, qui ne changeait pas la signification ; mais il avait aussi ses finales particulières, et plus la Gaule se latinisait, plus aussi l'introduction des formes romaines se multiplia ; par où survinrent les terminaisons en *anus, enus, aneus, anius, atus, etus, a, um*, qui s'allongèrent ensuite en *anicus, enicus,* et en *anicæ, enicæ, onicæ,* etc., de la même catégorie, ainsi que nous l'avons indiqué.

Il s'agit de retrouver ces métamorphoses successives dans les dénominations adoptées à l'époque où le latin était parlé dans les Gaules, et de suivre leur dégénérescence dans la basse-latinité jusqu'à la formation de la langue romane rustique et de notre languedocien. Rien ne prouvera mieux que toutes ces terminaisons s'appliquent à un même radical, sont égales entr'elles et qu'elles ont voulu les unes et les autres lui imprimer une signification équivalente. Si elles se reproduisent exactement dans les vieux cartulaires, titres ou instruments, dans les anciennes nomenclatures géographiques, à côté des appellations en roman et dans la langue vulgaire, données comme une traduction et leur représentation fidèle, et si on les voit ainsi se perpétuer dans notre idiome moderne par une généalogie non interrompue, attachées toujours à la tige radicale, il en résultera de plus fort cette certitude que le sens adjectif, collectif, possessif ou patronymique ne s'est pas altéré à la suite de transformations purement euphoniques de suffixes dont l'équivalence substantielle est certaine.

Il faut remarquer cependant que les différences d'inflexion, auxquelles les finales ont été soumises, devaient avec une certaine intensité beaucoup moindre, atteindre les radicaux eux-mêmes. Aussi n'y ont-ils pas non plus échappé dans l'élaboration nouvelle. Le C qui commence le mot *Cass,* se prononçait toujours durement en latin, même devant les voyelles *e* et *i;* la première innovation fut de lui donner le son chuintant du CH, quand il précédait une voyelle quelconque. Nous en avons cité de nombreux exemples, parmi lesquels notre mot aurait pu entrer. En s'adoucissant, le C fait souvent aussi infléchir l'*a* qui le suit et le change en *e,* surtout en fr. : *furca,* fourche ; *arca,* arche ; *musca,* mouche ; *peccare,* pécher ; *vacca,* vache, etc. De *Cass* il a fait sans difficulté *Ches,* qui d'abord avait été *Cais,* aujourd'hui *Ché* pour *Ches.* Une fois sur cette pente les permutations se multiplient : le son S s'applique au C dur latin ; dans quelques dialectes, le C = S devient égal au T, et par réciprocité, surtout en fr., le T se transforme en S. De son côté le CH est attiré dans le même orbite, et, variant du C = S à T = S, il prend ce dernier son de la dentale ou se complique de doubles lettres, comme SCH, SH, TSH, DS. Mais ce changement du T est plus rare dans notre dialecte. Il devait cependant se rencontrer dans le celtique, et si, dans des mots que nous allons citer, cette assimilation se produit, c'est plutôt à la base radicale du mot qu'à la permutation qu'elle doit être attribuée : ex. *Tannetum* et ses dérivés comparés avec *Casnetum* et autres.

Tous ces principes, ces changements dans la prononciation du radical, ces altérations dans les désinences, l'occasion se présente de les prendre de nouveau sur le fait. Il faut voir comme ils se vérifient et s'appliquent.

Du Cange semble avoir tracé en quelques lignes cette histoire des transformations, quand, au mot *Casnus,* employé au moyen-âge, il donne ces variantes ethniques : « *Casni* sunt quercus ; nostris *Chesnes,* Picardis *Quesnes,* Occitanis *Casses* et *Cassenate.* » L'assimilation entre les deux derniers mots est certaine. *Cassenat,* d'après Sauvages, n'est autre que *Cessenat,* taillis de chênes, devenu n. pr., comme *Cassano,* noix de chêne, est la reproduction du lat. *Cassana,* par adjonction au radical *Cass* du suffixe de provenance *ana.* De tout cela on peut faire presque sortir cette équation : *Cass = cais = ches = ques = chas = cess.* Maintenant sur les variantes, les suffixes apporteront leur contingent de variétés et viendront se former suivant les dialectes, les mots analogues et équivalents, dont nous allons voir les séries.

D'abord, le radical *Cass,* traduit par *Casnus,* chêne, n'indique qu'une individualité. Il fournit comme analogues les noms propres de lieux et d'hommes : Casse, Chas, Caisne, Le Kain, Duchène, Duquesne ; Chassac (Gard) ; Chasse (Basses-Alpes et Jura), Chasse (Sarthc) ; Chasnc (Ile-et-Vilaine), et plus de trente bourgs ou villages où le mot *chêne* entre seul en composition ou comme qualificatif singulier.

Quand il s'agit de pluralité, de collectivité, de provenance, de propriété, le latin fait sien le radical et y adapte la richesse de ses suffixes ; à côté du subst. *casnus,* on trouve les adj. *cassaneus, nius, a, um ; cassetum, casnetum,* formés sur le modèle de *quercus, quercenus, quernetum, quescetum.*

Pour sa part, la langue vulgaire, qui se forme, se souvient aussi du radical, et voulant écarter le latin dégénéré, elle écourte le mot de sa finale trop romaine ; puis chaque clan, chaque ville plie radical et suffixes à ses aptitudes de prononciation, et alors les variations dialectales croissent à l'infini sur le même mot, sans que pour cela sa signification ait changé et que le sens ait été détourné.

Voilà comment s'expliquent les affinités et les différences dans la formation des noms, les influences de l'organisme et l'action des climats sur leur prononciation. Suivant les zones diverses, telle forme est répandue ou se montre rarement, au Midi comme dans le Nord. Nous l'avons déjà remarqué à propos de la finale caractéristique *argues ;* nous y reviendrons sur bien d'autres.

Comme il apparaît, notre mot *Cassagno,* chargé de sa terminaison caractéristique languedocienne, appartient à tous titres, par son origine et par sa configuration, à la nombreuse famille dont nous parlons : sa parenté n'est pas douteuse. L'analogie et sa signification le placent au même rang et en font le même mot que les noms d'hommes : La Chassagne, La Chesnay, Duchesnois, etc., et ceux de localité : Chanac (Corrèze, Lozère) ; Chanas (Isère) ; Chanay (Ain, Vendée) ; Channay (Côte-d'Or, Indre-et-Loire) ; Chanat (Puy-de-Dôme) ; Chanet (Cantal, Isère) ; Le Chanet (Jura) ; Le Chaney (Ain) ; Chanois (Vosges) ; Chesnei (Eure) ;

Chasnay (Nièvre); Chenay (Marne); Chenois (Meurthe); Sannois (Seine-et-Oise); Xenois (Vosges); Quesnay (Calvados); Quesnoy (Nord); Quennois (Belgique), etc., dont l'identité ne résulte pas seulement de la conformation, mais surtout de leur représentation presque invariable en latin par *quercetum, quesnetum*, ou *casnetum*.

La nomenclature pourrait s'étendre encore et l'on trouverait à y ajouter dans notre voisinage, avec une évidente concordance, Sénéchas, canton de Génolhac, appelé en 1241 *villa de Chaneschas;* en 1620, *Channeschas;* et d'autres appellations où le C est remplacé par un T, moins pour l'euphonie, avons-nous dit, que pour répondre à un synonyme celtique de chêne; car l'arbre druidique s'appelait aussi *Thann, tann*, dont le lat. fit *Tasnus*, et toutes les variations, très-rapproché de *Casnus*, au point de se confondre. De là naîtraient les homonymies de Thenay (Indre); Tannois (Meuse); Tagnac, commune de Chamborigaud (Gard); et Tanargues, montagne de l'Ardèche, avec la désinence qui nous est familière Les concordances atteignent les dérivés augm. et dim., et la formule ethnique spéciale à chaque pays n'empêche pas de les reconnaître. *Cassagnolo* aura par conséquent pour identiques *Casseneuil* ou *Casneuil* (Lot-et-Garonne); *Theneuil* (Indre-et-Loire); *Theneuille* (Allier); *Seneuille* (Haute-Loire), comme *Chenailles* (Loiret), est identique à *Thenailles* (Aisne), par le moyen de procédés pareils.

Toutes ces dénominations, qu'elles s'appliquent aux personnes ou aux localités, auront donc pour principe et pour base la même racine, remonteront à une source commune. Pour tenir ainsi à l'idiome celtique, sont-elles contemporaines de la première occupation de notre territoire par les Celtes? Je ne le mettrais pas en doute pour certaines d'entr'elles qui sont des désignations générales ou géographiques de contrées, de montagnes, de régions; quant aux noms propres d'hommes, qu'elles soient suffisantes à établir une généalogie, la déduction est peut-être possible, la descendance probable, mais je n'ai pas charge de vérifier non plus que de certifier autrement leur lignée. En tous cas, il est certain que l'origine radicale de notre mot et de ses analogues se trouve dans l'idiome parlé en Gaule avant la conquête romaine, et que le chêne, arbre, était nommé *cass* et *tann;* qu'une terminaison collective, formée sur le modèle latin, variable d'un pays à l'autre, communiqua à ce radical primitif un sens de pluralité, de provenance, de propriété, le transforma en adjectif, et qu'il a été ainsi transmis à notre dialecte actuel, avec une signification assez positive pour pouvoir affirmer que les noms qui en sont affectés tiennent au chêne par quelque branche ou par leur racine. Ce qui autorisera, si l'on veut, les villes, villages ou individus, désignés par quelqu'une des variantes qui précèdent, à prendre pour armes parlantes un chêne de sinople, fûté de sable, avec glands d'or semés sur l'écu, avec garantie que leur nom se prête à cette fantaisie héraldique.

Cassaïre, aïro, *adj.* Chasseur, chasseresse; celui qui chasse habituellement ou qui aime à chasser. — *Cassaïre de cardounios, pescaïre à la ligno, noun crompé ni téro, ni vigno*, prvb., chasseur de chardonnerets, pêcheur à la ligne, n'achetèrent jamais ni terre, ni vigne : trop petits profits des deux côtés.

Dér. de *Cassa*.

Cassana, *v* Attacher, coudre, ajuster la ceinture d'une jupe, d'une culotte, d'une robe, d'un tablier.

Cassano, *s. f.* Ceinture de culotte; coulisse d'une jupe; cordon de ceinture.

Cassâou, *s. m* Sac à demi-plein de paille dont se servent les manœuvres, les gens de la campagne pour porter les fardeaux. Ils mettent sur la tête le fond qui est vide en guise de capuchon, le haut, qui est plein et fermé par un cordon, forme sur leurs épaules un coussinet sur lequel repose le fardeau. — *On né pourtariè bé tan sans cassdou,* on pourrait bien en porter autant sans coussin, dit-on prvb. d'une faible somme ou d'une mince fortune.

On disait autrefois *Cabussdou,* et le mot est encore usité dans quelques localités voisines. Il dérivait probablement de *Cabesso*, tête. *Cassdou,* qui n'est qu'une contraction, est seul admis de nos jours.

Il est impossible ici de ne pas remarquer l'analogie, au moins dans la forme, qui existe entre le mot précédent et celui-ci; ne se rapprocheraient-ils pas aussi par le sens ? *Cassano,* qui est pris pour ceinture, a signifié encore capuchon, cape, chaperon, et Michel, dans l'*Embarras de la foire de Beaucaire*, dialecte nîmois, l'emploie avec cette orthographe pour *Câoussano,* écrit ailleurs *Coussano*. Ne pourrait-on pas voir là des altérations dont la base primitive et commune aurait été *cap, cab, cabésso, col*, et dont le sens aurait été détourné ensuite pour exprimer aujourd'hui et d'une part la ceinture d'une jupe, d'une robe, et d'autre part cette espèce de sac, serré aussi par un cordon, qui est le coussinet placé sur la tête et descendant sur le cou et les épaules? — *Voy. Sacol.*

Cassarèlo, *s. f.*, ou **Vèsto cassarèlo**. Espèce de frac à basques très-courtes qui fait encore l'habit des dimanches des raïols proprement dits. Il est ordinairement de cadis et doublé de serge écarlate. La coupe du *Veston* de nos petits-crevés à la mode ressemble beaucoup à celle de la *Cassarèlo*. Cet habit était probablement autrefois une veste de chasse, et il a tiré son nom de cette idée. On supprime ordinairement dans la conversation le mot *vèsto*, et on dit simplement *uno cassarèlo*.

Cassèïrolo, *s. f.* Dim. *Cassèïrouléto*. Casserole, ustensile de cuisine en forme de bassin, en terre le plus souvent, muni d'une queue ou manche.

Dim. du lat. *Capsa*.

Cassèrò, *s. m.* Étameur de casseroles dont le cri est : *Cassérol'éstama*. Un *Cassèro* est aussi un chapeau pointu, parce que ces industriels, surtout ceux qui viennent de la Calabre, portent des chapeaux très-pointus de forme.

Cassibraïo, *s. f.* Canaille; racaille; race de bohème; et marmaille, en parlant des petits enfants.

Son étym. est-elle tirée de *Briaïo*, canaille, troupe, troupeau, peut-être formé ou altéré de *Brebial*, par contract., ancien mot signifiant troupeau de brebis, venu de *Berg*, qui a fourni *Vervex ;* ou bien de *Braïa*, brailler, crier, auquel on aurait ajouté le rad. *Cass*, de *casses*, filets, qui a donné *cassa*, *casso*, et les composés ?

Cassino, *s. f.* Cassine; mauvaise hôtellerie; cabaret sale et à mauvais renom; maison mal famée.

Dim. du lat. *Casa*, chaumière, loge. En ital. *Casino*, qui est devenu français et très-employé.

Cassio, *s. f.* Produit de la chasse; le gibier, gros ou menu, tué dans une seule chasse. Il est pris le plus souvent en mauvaise part, en parlant d'une mauvaise chasse qui n'a produit que des petits-pieds.

Dér. de *Casso*.

Cassiou, *s. f.* Chatouillement; action de chatouiller ; sensation produite par le chatouillement. — *Faïre la cassiou*, chatouiller, causer une contraction nerveuse en chatouillant une personne au genou, à la plante des pieds ou à la taille. *Cren pas gaïre la cassiou*, il ne craint guère le chatouillement, dit le prvb., en parlant d'un mari qui ne s'émeut pas des galanteries de sa moitié.

Il semble que *Cassiou* n'est que la corruption de *Catiou*, ou l'application de la règle française, qui change en C ou en double SS, la lettre T, quand elle est suivie d'un *i* ou d'une autre voyelle. Le mot *Catiou* lui-même paraît dérivé de *Ca*, parce que cette espèce de chatouillement ressemble aux caresses des petits chats. Peut-être est-ce aussi la corruption de *Gratiou*, également usité et tiré de *Grata*. De *Gratiou* la dégénérescence s'établirait par *gatiou*, *catiou*, *cassiou*. D'autres cependant veulent voir son origine dans le lat. *Catulire*, qui avait produit le vieux mot français *Catiller*.

— *Voy. Catiou* et *Gratiou*.

Casso, *s. f.* Chasse, action de chasser ; partie de chasse, poursuite du gibier.

Dér. du lat. *Casses*, filets.

Casso, *s. f.* Fois, une fois; tour, ronde, au jeu. — *Aquèsto casso*, cette fois-ci. *Servì la casso*, tenir tête au jeu jusqu'au bout de la partie. *Pas qu'aquèsto casso*, rien que cette ronde, que cette partie; ce rob au wisth.

Ce mot dans l'usage revient parfaitement à l'ital. *Volta*, à l'esp. *Vegada*, que la langue romane avait aussi.

Dér. peut-être du lat. *Casus*, sort, incident.

Cassò, *cassoto*, *adj.* Ladre, porc atteint de ladrerie au dernier degré, qui tombe en pièces, en dissolution.

Dér. du lat. *Cassus*, vain, inutile, bon à rien.

Cassò, *s. m.* Sorte de cuiller faite d'un baril d'anchois emmanché d'un bâton, pour arroser d'eau bouillante la pâte d'olives dans le pressoir d'un moulin à huile.

Dér. du lat. *Capsa*, cassette, cassolette.

Casso-gnèïro, *s. m.* Surnom qu'on donne à l'hiver et à tous ses accessoires, parce qu'ils chassent les puces.

Cassolo, *s. f.* Grande terrine à deux anses; soupe, potage, cuit au four dans la terrine de ce nom, composé de riz ou de gruau, assaisonné de petit salé ou d'andouille appelée *missoù*. C'est un mets fort en honneur chez le peuple, qui en fait le régal de son souper du dimanche, depuis un temps immémorial. Sauvages y rapporte certaines locutions proverbiales telles que *léva dé cassolo*, être dégoté au jeu. *N'és pas de cassolo*, il n'est pas de la fête, de la partie. Ces expressions doivent avoir vieilli, car on ne les retrouve pas de nos jours. Tout au contraire, *es de cassolo*, signifie : il est dégoté au jeu, il est déçu de ses espérances; *l'an mès dé cassolo*, on l'a renvoyé, on a repoussé sa demande en mariage. Il n'est pas impossible que ces dernières acceptions ne soient la corruption des premières, employées par des personnes qui ne se sont pas rendu compte de leur origine ; le fait est que l'usage a fait loi. Il ne serait pas impossible non plus que cette formule soit un mauvais jeu de mots amené par des rapports de physionomie entre le mot *cassolo* et le verbe *cassa*, chasser, renvoyer.

Cassolo est aussi l'auget d'un moulin placé au-dessous de la trémie et qui, mis en mouvement par le cliquet, verse peu à peu le grain dans la meule.

Dér. du lat. *Capsula*, petit coffre.

Cassôoudo, *s. f.* Prèle des prés, *Equisetum*, Linn. Queue de cheval, plante de la fam. des Prêles, rude au toucher, dont on fait des pelotes pour écurer la vaisselle de cuisine. Cette plante vient en abondance et naturellement dans les prés fraîchement renouvelés, ce qui nuit à la qualité du foin. Les chevaux en sont friands, mais elle leur agace les dents et les lime singulièrement à cause de sa rudesse, qui produit l'effet de la pierre ponce. Cette herbe ne résiste pas à l'action de la faulx : elle périt dès la seconde année.

Cassoulado, *s. f.* Contenu d'une terrine, d'une soupière; plein une terrine appelée *cassolo*.

Cassouléto, *s. f.* Julienne, *Cheiranthus maritimus*, Linn., ou *Hesperis matronalis*, plante de la fam. des Crucifères, siliqueuse, cultivée comme plante d'ornement.

Castagna, *v.* Ramasser les châtaignes qui tombent d'elles-mêmes à leur maturité, en faisant éclater le hérisson qui les renferme.

Castagnados, *s. f. plur.* Action ou saison de ramasser les châtaignes. Cette récolte, comme toutes celles qui ont quelque importance, sert de date dans les divisions de l'année, aux paysans des Cévennes. — *Pér castagnados*, environ le mois d'octobre. C'est un temps de longues veillées où l'on emploie les ramasseuses à filer de la laine ou des débris de filature de soie. Ces ramasseuses sont des jeunes filles, et comme elles sont souvent très-nombreuses, ces soirées attirent les jeunes gens des environs qui s'y rendent quelquefois de très-loin. C'est là que se débitent ces jolis contes et ces légendes superstitieuses qui tiennent une si grande place dans l'imagination des gens de la campagne et surtout des montagnards.

Las Castagnados est aussi le titre de ces charmantes poésies languedociennes de La Fare-Alais. Le théâtre était bien choisi au gré de l'auteur, c'était celui qui allait le mieux à la taille de son dialecte jovial, causeur, conteur et narquois par goût et par nature, en même temps que mélodieux, élégant et noble, quand le sujet grandit et que la pensée s'élève. Ce livre restera comme le plus pur modèle de notre langue.

Castagnaïro, *s. f.* Ramasseuse de châtaignes. Il n'y a que les femmes et surtout les filles qui se livrent à ce travail trop minutieux pour les hommes, et pour lequel ils seraient moins propres peut-être.

Castagnè, *s. m.* Dim. *Castagnéïroù*. Châtaignier, *Fagus castanea*, Linn. Arbre de la fam. des Amentacées. Cet arbre, en état de sauvageon, *Bouscas*, grandit plus vite et devient plus fort ; mais son fruit, assez gros du reste, est de mauvaise qualité et fade ; il est d'ailleurs peu abondant. Ses variétés d'espèces sont nombreuses : nous les indiquons sous leurs noms spéciaux.

Lou castagnè amarés, ou simplement *amarés*, au plur. *amaréses*, est le marronnier d'Inde. Cette épithète lui vient du lat. *Amarus*, à cause de l'amertume extrême de son fruit.

Le nom de l'arbre qui est la richesse de nos pays de montagnes devait naturellement fournir beaucoup de noms propres d'hommes et de lieux. Ils sont communs en effet dans nos contrées, et présentent des variétés d'orthographe suivant leur provenance de terroir ou de dialecte ; ainsi : Castanier, Chastanier, Castagnier, Chastaigner, Chasteignier, etc.

Castagno, *s. f.* Châtaigne, fruit du châtaignier. — C'est la providence de quelques localités en France, telles que le Périgord, le Limousin et les Cévennes, comme le fruit de Parmentier l'est pour tous les pays pauvres et pour l'Irlande en particulier. On mange la châtaigne bouillie d'abord, quand elle est très-fraîche ; elle se nomme *Této*, parce qu'on la mord dessus et qu'on la suce comme un enfant qui tète ; on appelle cette manière de la manger, *Téta*, tèter. Quand elle commence à se dessécher un peu, on enlève la première écorce en lui laissant la pellicule intérieure, on l'appelle alors *Ploumado*, pelée. Quand on la fait griller dans une poêle percillée, elle se nomme *Afachado*. Enfin, lorsqu'on la fait sécher à la fumée, qu'on la dépouille après de toutes ses enveloppes, on la mange bouillie et on la nomme *Bajano*. — V. c. m.

Dér. du lat. *Castanea*, que l'on dit venir du nom grec Καντάσα, ville de Thessalie, dont le territoire produisait beaucoup de châtaignes. Certains auteurs ont prétendu que le mot latin avait été formé de *Casta* et *Nata*, née chaste, allusion au hérisson très-piquant qui protège la châtaigne.

Castané, *s. m.* Châtaigneraie, lieu complanté de châtaigniers. Il est devenu aussi n. pr. Castanet, en fr.

Castèl, *s m.* Dim. *Castelé, casteloù*. Augm. *Castélas*. Château, maison de plaisance d'un seigneur ; forteresse ; fort.

Dér. du lat. *Castellum*, m. sign.

Castélas, *s. m.* Péjor. de *Castèl*. Château ruiné ; ruines d'un vieux château.

Castelé, *s. m.* Dim. Châtelet, petit château : jeu d'enfant mentionné par Erasme dans ses Colloques latins et qui consiste à disposer leurs noix, trois châtaignes, trois noyaux d'abricot en triangle, avec un quatrième superposé, c'est le châtelet. Le joueur cherche à abattre le petit édifice avec un projectile de même nature, et à distance il les lance jusqu'à ce qu'il y parvienne. Au plus adroit appartiennent les débris du fortin.

Castelé, *s. m.* Se dit encore de ces petits coffres, ressemblant à une maisonnette en planches, à compartiments étagés et percés de trous, dans lesquels on mettait à éclore la graine de vers-à-soie ; la chaleur était produite et ménagée à l'entour par une lampe à esprit de vin ou même par la température un peu plus élevée de l'appartement.

Casteléja, *v. freq.* Fréquenter les châteaux ; aller d'un château ou d'une maison de campagne à l'autre, ce qu'on appelait autrefois cousiner. Par ext. faire le parasite ; vivre d'aventures, de franches lippées.

Dér. de *Castèl*.

Casteléjaïre, aïro, *adj.* Parasite ; tondeur de nappe.

Castia, *v.* Châtier ; corriger, punir ; reprendre.

Dér. du lat. *Castigare*, m. sign.

Castio-fol, *s. m.* Porte-respect ; martin-bâton.

Castroù, *s m.* Retranchement, petit parc fait dans l'intérieur d'une bergerie ou d'une vacherie, avec des claies, où l'on renferme les agneaux, les chevreaux et les veaux pour les séparer de leur mère et les empêcher d'en absorber tout le lait ; long râtelier pour les brebis et moutons ; agneau ou chevreau châtré.

Dim. dér. du lat. *Castrum*, retranchement, camp retranché.

Catalan, *s. m.* Catalan ; Bohémien, race nomade qui nous vient des montagnes de la Catalogne et de Roussillon. — *Voy. Bèmi.*

Cataplame, *s. m.* Cataplasme, médicament mou qu'on applique à l'extérieur.

Dér. du gr. Κατάπλασμα.

Cataras, *s. m.*, péjor. de *Ca.* Gros chat mâle, matou ; gros et vilain chat.

Catarassos, *s. f. plur.* Cataracte, maladie des yeux, excroissance cornée qui se forme et adhère sur le cristallin de la pupille et occasionne la cécité.

Empr. au fr.

Catari, *s. m.* Catarrhe, inflammation aiguë ou chronique des membranes muqueuses, avec sécrétion ; gros rhume.— *Bouné dé catari*, laid et grand bonnet de nuit.

Dér. du gr. Κατά, en bas, ῥέω, couler.

Catarino, *s. f. n. pr.* de femme. Catherine. Au fig. femme babillarde, médisante.

Catarinò, *s. m.* Hypocrite; chattemite; tartufe; fin matois. Ce nom fut donné à des religionnaires séditieux de Montpellier, en 1617, parce qu'ils se rassemblaient dans le cimetière de Sainte-Catherine.

Catas, *s. m.* Gros chat, matou. Au fig. homme fin, très-rusé, très-souple et dissimulé.

C'est l'augm. de *Ca*, dont *cataras* est le péjor.

Catéchime, *s. m.* Catéchisme, instruction élémentaire sur les principes et les mystères de la foi ; livre qui les contient.

Dér. du gr. Κατηχίζειν, instruire, enseigner de vive voix.

Catétos, *s. f. plur.* Chatteries; caresses; mignardise.

Dér. de *Ca*.

Cat-évès, *s. m.* Phrase faite. Chat renversé sur le dos. Cette expression n'est usitée que pour terme de comparaison : *S'apara coumo cat-évès*, se défendre comme un chat acculé, renversé sur le dos, c'est-à-dire des dents et des griffes.

Catin, *s. f. n. pr.* de femme. Péjor. *Catinasso*. Variante de Catherine, au propre et au fig., avec l'aggravation du péjor.

Catin-Farnèlo, *s. f.* Phr. faite Bégueule; superstitieuse, bigote. — *Voy. Pèpio*.

Cette expression, comme une foule d'autres prises dans le sens proverbial ou comme simples dictons, a eu sans doute son type primitif dans une femme de ce nom et de ce caractère dont le souvenir n'est pas resté.

Catiou, *s. m.* Chatouillement. — *Voy. Cassiou*.

Cato, *s. f.* Dim. *Catéto, Catounéto*. Chatte, femelle du chat.

Catò, *s. f. n. pr.* de femme. Variante de Catherine.

Cato-Bagnado, *adj.* des deux genres. Poule-mouillée; chattemite; sainte-nitouche; poltron, qui a toujours peur de se compromettre.

Cato-Borgno, *s. f.* Phr. faite. Ne se dit que par comparaison : *Enquiè coumo uno cato-borgno*, inquiet, fâcheux comme un chat borgne.

Cato-Chò, *s. f.* Couvre-sot, couvre-chef, chapeau ou bonnet. Cela se dit ironiquement à l'égard de celui à qui la coiffure appartient.

Le mot est formé de *Cato*, contract. de *acato*, couvre, et *Chò*, chouette, sot.

Catogan, *s. m.* Catogan; mode de porter les cheveux longs, qui fut en concurrence avec la bourse et la queue. Elle consistait à laisser les cheveux de derrière la tête découverts et natés dans la moitié de leur longueur ; la partie inférieure se roulait en un nœud très-court et très-gros, ficelé par un ruban, et dûment poudré et pommadé en forme d'andouille ; des deux côtés extérieurs de la partie natée, on pratiquait une tresse dont l'extrémité venait se rattacher dans le nœud. Telle était, avant 1789, la coiffure de l'armée. Sous le Directoire, les muscadins adoptèrent le catogan. Plus tard, cette mode est tombée dans le domaine des rouliers, des farots et des postillons de haute volée.

Ce mot vient d'un anglais nommé Cadogan, qui, le premier, a importé cette coiffure en France.

Catogan, *s. m.* S'emploie pour désigner ces inscriptions, devises, petits-vers, madrigaux, compliments, qu'il est d'usage de placer sur la porte de nouveaux mariés ou de fonctionnaires municipaux nouvellement élus, pour célébrer leurs vertus et pour leur exprimer des souhaits.

Cato-Mâoucho, *s. m.* Sournois, dissimulé ; rusé.

Cato-Miâoulo, *s. m.* Chattemite ; doucereux ; mielleux ; hypocrite ; patte-pelue ; bon apôtre.

Les habitudes sournoises, câlines, de la race féline jouent un grand rôle dans toutes ces dénominations et ont produit ces allusions.

Catoù, *s. m.* Chaton de certains arbres, comme les châtaigniers, les aulnes, les coudriers, etc. ; espèce de floraison qui apparaît chez quelques-uns de ces sujets avant la pousse des feuilles.

Ce nom est venu, disent certains glossateurs, de ce que ces folles fleurs sont cotonneuses et présentent quelque ressemblance avec la queue ou la peau d'un petit chat.

Catougnè, **èïro**, *adj.* Qui aime les chats, qui les caresse volontiers et s'en fait caresser.

Catougnèïro, *s. f.* Chatière, ouverture qu'on laisse aux portes des greniers ou des chambres de provision, pour que les chats puissent y pénétrer, quoique la porte reste fermée, afin de faire la guerre aux rats.

Catouli, iquo, *s. et adj.* Catholique, qui appartient à la religion romaine, qui professe le catholicisme. — On dit d'un marchand ou d'une marchandise : *ès pas catouli*, il n'est pas franc, il n'est pas chrétien ; c'est fraudé.

Dér. du gr. Καθολικός, universel.

Catouna, *v.* Chatter; mettre bas, en parlant d'une chatte ; pousser des chatons, *catoùs*, en parlant des arbres.

Catounado, *s. f.* Chatée ; portée d'une chatte.

Catouné, *s. m.* Dim. de *Ca*. Petit et jeune chat, chaton. — *Voy. Minouné*.

Catuègno, *s. f.* La gent féline, la race des chats.

La désinence *uègno* emporte de soi un sens collectif : c'est un suffixe particulier à notre langue. Elle entraîne aussi une idée de mépris et de dédain. — *Voy. Bastarduègno, Efantuègno*, etc.

Caturo, *s. f.* Capture ; prise ; trouvaille.

Corr. du fr. ou plutôt accommodement du fr. au génie du lang., qui proscrit radicalement la rencontre, le contact de deux consonnes, lorsque la première est sèche et heurtée.

Catussèl, *s. m.* Dentelaire ; malherbe ; *Plumbago europæa*, Linn. Plante de la fam. des Plombaginées, qui abonde dans les haies.

Cava, *v.* Caver ; creuser ; miner ; arracher ; crever. — *Cava lous ièls*, crever les yeux. *Cava dé trufos*, extraire, arracher des pommes de terre.

Dér. du lat. *Cavare*, creuser.

Cavado, s. f. Contenu d'une cave; quantité de vin qu'on récolte, qu'on met en cave.

Cavaié, s. m. Cavalier, homme a cheval. On dit d'une femme solide a cheval : *es cavaieiro*. Au plur. *lous cavaiès* s'emploie pour désigner la cavalerie en général, les cavaliers de la maréchaussée, les gendarmes.

Dans notre langue romane on employait le mot *Cavaer* pour rendre le mot lat. *miles*, homme d'armes Nous traduisons aujourd'hui *miles* par soldat ; mais au moyen-age, la guerre se faisant presque toujours a cheval, a l'exception des archers, la cavalerie étant la force des armées, *miles* répondait a cavalier, *cavaér*, dont le synonyme était chevalier.

Lous Cavaiès, les chevaliers du vent : nom par lequel on désigne les derniers jours d'avril et les premiers du mois de mai. Le proverbe compte : *Jourgé, Marque, Crouse, amai qudouquo fès Jané*. Des remarques, superstitieuses peut-être, font croire que les jours de fête de ces saints gouvernent le vent et qu'il souffle toujours ces jours-là. Ces fêtes sont celles de saint Georges, le 15 avril, de saint Marc, le 25, de l'Invention de la Croix, le 3 mai, et de saint Jean-Porte-Latine, le 6 mai. Dans d'autres pays, *lous cavaiès* sont appelés les Saints-Grèleurs. — *Voy*. *Vachèirious*.

Dér. du lat. *Caballus*, cheval.

Cavaïè, ièïro, adj. Cavalier, ière ; dégagé ; résolu ; rond en affaires.

Cavaïoù, s. m. Vigne en échalas. — Dans ce pays, on distingue les vignes *en cavaioùs*, et les vignes *aderé*. Cette dernière occupe tout son périmètre, les ceps placés à la même distance et plantés en quinconce. *En cavaious*, elle est espacée, c'est-à-dire que l'on place une rangée de ceps sur deux ou trois rangs au plus qui sont rapprochés ; on laisse ensuite une espace vide double en largeur de celui occupé par les files de souches, pour pouvoir y semer du blé ou des légumes, et ainsi de suite jusqu'aux termes du champ. Les ceps sont élevés plus que la vigne en quinconce, mais au lieu de les échalasser avec des échalas perpendiculaires, comme cela se fait dans le nord de la France, on lie toute une ligne de souches par une suite de perches en saule ou en roseau, horizontalement placées, comme on fait pour les treilles, et l'on fixe les scions de cep par une ligature faite avec de l'osier. La vigne ainsi espacée, plus riche en bois et trouvant à ses côtés un terrain vide et souvent fumé, produit peut-être plus de raisins ; mais elle donne un vin moins spiritueux et plus vert, et elle est plus coûteuse parce qu'elle ne peut être labourée que dans les intervalles, le reste ou l'intérieur des rangs, *das cavaious*, ne pouvant être cultivé et travaillé qu'à bras.

Cavaïre, aïro, adj. Qui creuse; qui approfondit; qui mine en dessous. Au prop. et au fig.

Dér. de *Cava*.

Cavalariè, s. f. Cavalerie; milice à cheval; troupes de cavalerie.

Ce nom a été donné à une foule de localités et de métairies, sans doute pour avoir servi de campement à quelque corps de cavalerie dans les diverses et fréquentes guerres civiles, dont notre pays a été le théâtre.

Cavalcado, s. f. Chevauchée; cavalcade; troupe de bourgeois à cheval, soit pour la promenade, soit pour une marche pompeuse en l'honneur d'un prince ou de quelque grand personnage. Avant 1789, et sous le premier empire, l'usage des cavalcades de réception était fort en crédit. On en a fait de très-nombreuses, dont le souvenir s'est conservé, même pour des préfets; et l'escorte d'honneur se portait jusqu'aux limites de l'arrondissement, à l'arrivée et au départ. De nos jours, nos plus grands fonctionnaires sont reçus avec moins de façons. Le pouvoir a-t-il perdu de son prestige, ou sommes-nous plus indépendants? Les chemins de fer ont fait mettre d'ailleurs bien des berlines préfectorales sous la remise, et les entrées solennelles se font par la gare commune et par les trains ordinaires, et même aujourd'hui sans privilège gratuit de circulation.

Au moyen âge, ce qu'on appelait *Cavalgada* était une espèce de guet à cheval que faisait la milice bourgeoise autour et dans l'intérieur de la cité ; c'était aussi le droit qu'avait le suzerain de se faire suivre à la guerre par ses vassaux à cheval. Les grands feudataires avaient dans certains cas ce même droit sur les bourgeois de cité. La *cavalgada* était distinguée de la cavalerie en ce que celle-ci était une troupe régulière et exercée, presque entièrement composée de gentilshommes qui seuls avaient droit de chevalerie et de porter l'armure de fer.

Cavalé, s. m. Forme particulière du gerbier sur l'aire, qui le distingue de la *Garbièiro*. Celle-ci est conique, tandis que le *Cavalé* est un carré long, terminé en arête comme le toit d'une maison.

Ce mot vient évidemment du lat. *Caballus ;* mais il est difficile de bien saisir sa ressemblance avec un cheval, à moins que ce ne soit son arête qui figure l'épine dorsale, la croupe de l'animal, et ses pentes qui représentent les flancs.

Cavalé, s. m. Chevalet, en terme de dévideuse, chevauchement d'un fil ou croisure produite par une erreur qui a fait prendre une broche de dévidoir pour l'autre, ce qui mêle et brouille l'écheveau; chevalet, pièce de bois sur laquelle les tanneurs étendent leurs peaux pour les travailler en les sortant de la chaux ; baudet ou tréteau sur lequel les scieurs de long posent leur bois pour le scier.

Cavalindro, interj. Pouah ! Fi ! Fi donc !

Ce mot est la corruption ou la variante de *Cavalisquo!* qui a la même signification. Or celui-ci est le subjonctif présent du verbe *avali*, faire disparaître, perdre, abîmer, faire évanouir, et qu'il serait plus rationnel d'écrire *qu'avalisquo*, *qué avalisquo* ; c'est comme si l'on disait : que Dieu le fasse disparaître ; qu'il l'anéantisse.

Cavalino, s. f. Race chevaline, en général; express. collect. qui comprend les chevaux et juments, mais encore l'âne, la mule et le mulet; les bêtes chevalines en général. La désignation est synonyme de *Roussaïo*, autre nom collectif, et plus étendue que *Mioulaïo*, qui est plus spéciale.

Cavalisquo! *interj.* — *Voy* Cavalindro.

Cavalo, *s. f.* Cavale; jument; femelle du cheval, *Equa.* Par ext. on le dit d'une femme découplée et hardie, brutale, mal embouchée. Le dim. est *Cavaloto*, jeune jument; pouliche

Cavia, *v.* Cheviller, mettre des chevilles pour jointer des pièces de menuiserie; trafuser un écheveau de soie à la cheville du trafusoir pour le démêler à la main et le disposer à être dévidé; couronner un arbre, l'étêter.

Dér. de *Cavio*.

Caviàire, *s. m.* Ouvrier qui a pour fonction de trafuser la soie en écheveau et de la disposer à être dévidée.

Cavio, *s. f.* Cheville, morceau de bois ou de fer destiné à remplir un trou, pour le boucher, pour faire des assemblages; cheville du pied. — *La pu pichoto cavïo dáou chari méno lou maï dé bru*, la plus petite roue d'un char est celle qui crie le plus : variante de la mouche du coche. *Y-a d'aïgo jusqu'à la cavïo*, il y a de l'eau seulement à la hauteur de la cheville. *Mé vèn pas à la cavïo*, il n'arrive pas à la hauteur de ma cheville. *Cavïo dé jardinié*, plantoir, grosse cheville dont les jardiniers se servent pour piquer les jeunes plants de salade, etc. *Planta cavïo*, s'incruster, se fixer, rester en place comme une cheville plantée.

Dér du lat. *Clavicula*, dim. de *Clavus*, clou, ou de *Clavis*, clé.

Cavo, *s. f.* Cave, sellier ; creux, trou.

Dér. du lat. *Cavus*, creux, profond.

Céba, *s. m.* Jeune plant d'oignon venu de semis et qu'on repique en terre.

Cébé, cébéto. Nom qu'on donne à Nîmes aux journaliers travaillant de terre, parce qu'ils vivent en partie d'oignon et d'ail. Cette classe, qui habite particulièrement le faubourg des Bourgades, se prononça énergiquement, en 1792, en faveur des idées contre-révolutionnaires et souffrit beaucoup dans l'émeute qui fut connue sous le nom de Bagarre de Nimes. C'est de cette époque que date le nom de *Cebé* que leur donnèrent leurs adversaires comme terme de mépris, et qui resta dans le pays comme synonyme d'aristocrate.

Cébièiro, *s. f.* Planche d'oignons; oignonnière ; champ, terre plantée ou semée d'oignons.

Cébïoù, *s. m.* Poireau de chien, *Porum agreste, Allium vineale*, Linn., plante potagère de la fam. des Liliacées ; petit oignon qui vient par touffes dans les vignes, où il multiplie prodigieusement par caïeux.

Cébïoùs, *s. m. plur.* Civette ou ciboulette, grande ciboule; appétits ou fausses échalottes, *Allium schœnoprosum*, Linn., variété cultivée de la précédente plante, et dont la fane est bonne comme fourniture de salade.

Cébo, *s. f.* Oignon, *Allium cepa*, Linn., plante potagère de la fam. des Liliacées. — *Cébo rëinardivo*, oignon de l'arrière-saison; on l'obtient en mettant en terrre un vieux oignon qui pousse de nouveaux caïeux, tendres et bons à manger, mais impuissants à former une tête. *Rëinardivo*, qui serait mieux appelé *Rëinadivo* ou *Rëinativo*, signifie : qui renait, remonté; mais ce terme n'est employé que dans cette seule locution et avec le mot *cébo*. *Cébo granadivo*, gros oignon qu'on plante comme l'espèce précédente, mais pour le faire monter en graine ; c'est là le seul moyen qu'on ait pour reproduire ce légume. L'oignon qu'on obtient de semis ne saurait monter en graine; dès qu'il s'est formé en tête d'oignon, sa fane se dessèche et meurt sans monter.

Crida cébo, c'est demander grâce, crier merci! Dans une lutte, le vainqueur dit : *crido* ou *digo cébo*, et le vaincu s'écrie : *cébo!* Je ne sais si du temps des quatre fils Aimon les chevaliers languedociens, dans leurs terribles joûtes, se servaient de cette formule, toujours est-il qu'aujourd'hui elle n'est plus employée que dans des occasions beaucoup moins sérieuses, par exemple, quand deux gamins se donnent une petite peignée; lorsque, par une plaisanterie plus ou moins bonne, on tire, à faire quelque mal, les oreilles ou les cheveux de quelqu'un, ou bien qu'on lui serre un peu trop fort les doigts, etc., etc.

Dans tous les cas on ne voit guère comment l'oignon figure en cette affaire. A moins cependant que ce ne soit par une allusion éloignée, et pour dire qu'à pareils jeux de main, les larmes viennent souvent aux yeux, comme quand on épluche ou que l'on coupe des oignons.

Plutôt que de hasarder cette explication du mot *Cébo*, je serais tenté de croire qu'il a été substitué à un autre mot à peu près pareil, en d'autres termes qu'il y a corruption de l'expression primitive. — Celui qui est vaincu par la force ou la douleur crie : Grâce! Je me rends ! Assez, je me soumets, je cède! Et dans la langue qui a donné naissance à la nôtre, il s'écriait : *Cedo!* que l'on prononçait en appuyant, moins qu'on ne le fait maintenant sur la seconde syllabe et davantage sur la première, qui était longue. Nos pères prirent le mot et l'employèrent tant qu'ils surent ce qu'il voulait dire ; mais quand ils ne le comprirent plus, — et cela ne dut pas tarder par l'altération, la décomposition que subit bientôt le latin pour arriver au roman, — ils le remplacèrent par son paronyme *Cébo*. Ils n'y auraient guère gagné ; car s'ils comprenaient maintenant le mot, il n'en devait pas être de même pour la phrase ; mais sa signification était conservée, tout fut pour le mieux.

En français, ne manquent pas non plus ces additions, suppressions, changements de lettres, qui satisfont l'oreille sinon le sens dénaturé ainsi, et qui ont été amenés par les mêmes motifs. A Paris, il y a une vieille rue qu'on appelle la rue aux Ours, qui sont fort étonnés de se trouver là. C'était très-anciennement la rue aux Oues. Dans le vieux langage les Oues étaient des oies, et l'on appela ainsi la rue parce que là étaient principalement les rôtisseurs d'oies, qu'on prisait fort à cette époque. Si le mot Oue était resté français, on n'aurait pas la rue aux Ours De même si nos anciens avaient continué à comprendre le latin *Cedo*, ils ne lui auraient pas substitué le mot *Cebo*, qui ne signifie rien à cette place, mais qui du moins était compris, tandis que l'autre ne l'était plus et que d'ailleurs ressemblant fort à son prédécesseur, on pouvait croire qu'on avait toujours voulu dire ainsi et qu'il était à propos de rétablir le texte.

Je voudrais bien que de mon explication du mot *Cebo* on pût dire au moins : *Se non e vero e ben trovato*. Mais que voulez-vous? Je n'ai pas trouvé mieux. *Sé rés noun véses, attaquo t'as péses*, selon un proverbe trop peu juste envers les pois, car cela veut dire : faute de grives on mange des merles, autrement dit : il faut se contenter de ce qu'on trouve. Pour moi qui, dans ce mince repas, n'ai qu'un plat d'oignons à offrir, assez mal accommodé par parenthèse, je ne demande pas mieux qu'on trouve autre chose, ceci par exemple .

Les Hébreux perdus dans le désert, exténués de fatigue, mourant de faim, regrettaient amèrement la chère d'Égypte : *ollas carnium et panem in saturitate*. Ils ne pouvaient non plus, dans cette extrémité, oublier les oignons, si bons au pays qu'ils venaient de quitter qu'on les y adorait, et ils les réclamaient, les appelaient aussi de toute leur voix à leur aide. La Bible traduite, expliquée, commentée en langue vulgaire, enseignait a tous les détails de l'histoire du peuple choisi, et le cri de détresse, de miséricorde des Hébreux, dans cette notable circonstance, devint pour une situation analogue, notre locution populaire.

Dér. du lat. *Cepa*, dont Isidore de Séville dit : *Cepa, itá dici videtur à capitis magnitudine*, la grosseur et l'abondance des racines qui donnent à la bulbe quelque ressemblance avec une tête, lat. *Caput*, en celt. *Ceb, cep, cap*, tête à longue chevelure.

Le latin avait donc *Cepa*, qu'il l'eût pris dans son fond ou qu'il lui fût venu du celte. Mais le latin populaire préférait *Unio*, que l'aristocratique rival du languedocien a été chercher dans le patois de Rome. A ce propos une citation curieuse de M. de Chevallet :

« Columelle nous apprend que les paysans appelaient *Unio, onis*, un oignon d'une certaine espèce; il était sans doute nommé de la sorte parce que sa forme et sa couleur le faisaient ressembler à une perle.

Nunc quæ per æstatem circa messem, vel etiam exactis jam messibus, colligi et reponi debeant, præcipimus, Pompeianam vel ascaloniam cepam, vel etiam marsiacam simplicem, quam vocant unionem rustici, eligito. (Columelle, liv. XII, chap. 5.)

« Les personnes qui se piquaient de science désignaient cet oignon sous le nom de *cepa marsiaca simplex*, mais le peuple trouva sans doute l'expression un peu longue; *unio* était plus tôt dit. L'acception populaire de ce mot ne fut pas agréée par les gens instruits; aussi l'expression resta-t-elle pour eux un barbarisme de signification. Ce barbarisme passa du latin rustique à la langue d'oïl, en prenant un sens plus général, et c'est à lui que nous devons notre mot *Oignon*. »

Franchement, il n'y a pas de quoi pour le français être si fier. J'aime mieux, avec les vieilles gens instruits de Rome, et en bon languedocien, notre *Cebo remardivo* ou *marsénquo*.

Céïé, *s. m.* Cellier, cave, lieu où l'on serre le vin et autres provisions. Ce qui le distingue de la cave, c'est que celle-ci est creusée dans la terre et en contre-bas du sol ; le cellier est placé au rez-de-chaussée.

Dér. du lat. *Cella* ou *cellarium*, remontant sans doute à *Celare*, cacher.

Céloùs, *s. m.*, ou **Arcialoùs**, *s. m.* Bolet comestible, champignon gris, *Boletus edulis, esculentus, bovinus*. Le même que l'*Arcialoùs*, dont son nom est une contraction Nous avons donné sa description sous cet article.

Dans le midi de la France, et surtout dans les Cévennes, au nord d'Alais, cet excellent champignon se récolte abondamment lorsque le printemps est chaud et pluvieux ; on le rencontre aussi en mai et en juin, mais il est moins sapide qu'en automne, époque à laquelle il possède ses meilleures qualités.

Il atteint souvent des dimensions considérables. On en voit dont le chapeau a plus de trente centimètres de diamètre et quinze et vingt centimètres d'épaisseur. Cette espèce est européenne et toutes ses variétés sont délicieuses. La pulpe en est fine, délicate, d'un parfum agréable surtout dans les jeunes individus qu'on doit toujours préférer.

Les meilleurs *Céloùs* croissent sur les coteaux boisés, dans les taillis de châtaigniers, *Jourguièyros*, et de chênes, dans les bruyères, *Broussos*, au bord des prés montueux et un peu ombragés. — *Voy. Arcialoùs*.

Céménteri, *s. m.* Cimetière, lieu consacré à enterrer les morts. — *Dé jouine médéci céménteri boussu*, un jeune médecin peuple le cimetière.

Dér. du lat. *Cœmenterium*, m. sign., ou du gr. Κοιμητήριον, dortoir, lieu de repos.

Cén, *n. de nombre*. Cent, dix fois dix. Il se dit indéfiniment pour un grand nombre de choses et substantiv. pour les choses qui se vendent au cent.

Dér. du lat. *Centum*.

Céndraïo, *s. f.* Cendrée, frésil, résidu des fourneaux de houille ; grenaille la plus menue.

Céndras, *s. m.* Péjor. de *Céndres*. Cendrier d'un fourneau ; gros tas de cendres ; les cendres d'un foyer.

Céndras, *s. m. n. pr. de lieu*. Cendras, commune du canton d'Alais, qui tire son nom d'une abbaye de Bénédictins, brûlée et ruinée pendant la guerre civile dite des Camisards. Cette abbaye, fort riche et puissante, était suzeraine de toute la contrée. Sa juridiction s'étendait sur vingt-trois paroisses. Dans le dénombrement de la sénéchaussée de

Beaucaire et de Nimes de 1384, ce nom est écrit *Sandrassium;* en 1435, on trouve *Sandras,* ce qui induit à penser qu'il n'est qu'une contraction et une altération de *Sanctus Andrœas.* Saint André n'était pas cependant le patron de l'abbaye, qui était sous l'invocation de saint Loup; mais le nom qui préexistait au monastère était probablement celui de l'ancienne paroisse sur le territoire de laquelle il fut bâti. Ce qui corrobore cette explication, c'est que non loin de Cendras et sur la même commune, dans le village de Malataverne, il existe une petite église ou chapelle dédiée à saint André, qu'on nomme dans la langue du pays, *Sént-Andriou,* dim. évident de *André.*

Céndre, *s. f.* Cendre, poudre ou poussière qui reste de matières brûlées.

Las Céndres, s. f. plur. Les Cendres, le jour des Cendres ; cendres bénites dont le prêtre marque le front des fidèles, le premier mercredi de carême ; la cérémonie de leur distribution.

Dér. du lat. *Cinere,* abl. de *Cinis.*

Céndréja, *v. fréq.* Remuer les cendres, tisonner le feu, sans sujet, par désœuvrement; se briser, s'émietter, être friable, en parlant d'un terrain trop léger et trop peu compacte.

Céndriè, *s. m.* Cendrier d'un potager, d'un fourneau ; lieu où la cendre tombe et où on la ramasse. Le cendrier d'un four se dit *Bournal.* (V. c. m.) — *Boufoun coumo un céndriè,* plaisant comme un cendrier. *Voy.* au mot *Boufoun* l'explication de ce dicton, qui nous paraît un abus flagrant du style comparatif, mais qui est familier au génie languedocien comme au génie oriental. Il n'est pas rare que l'usage consacre des comparaisons aussi excentriques avec une richesse étonnante. C'est en quelque sorte une protestation de sa part en faveur d'une figure qu'il veut absolument employer coûte que coûte, alors même que la raison et la logique la condamnent. Mais l'usage est bien le maitre et il le prouve.

Céndroùs, ouso, *adj.* Couvert de cendres, blanchi de cendres ; terrain léger et friable comme la cendre, comme le sont en général les vignobles des environs de Montpellier.

Dér. de *Céndre.*

Céndrousèto-Bachassoù, phr. faite. Cendrillon ; jeune fille peu aimée, peu importante dans la maison, et qu'on délaisse au coin du feu. Cette expression est-elle due au conte bleu de Perrault, qui existe en effet dans notre idiome, avec quelques variantes, entr'autres le nom de l'héroïne, ou bien le charmant et naïf conteur aurait-il pris le sujet de Cendrillon dans la sornette de nos veillées cévenoles de *Céndrousèto-Bachassoù?* Je ne sais, et qu'importe ? si le plaisir est extrême à entendre encore conter l'un ou l'autre.

Cénténa, *s. m.* Centaine, nombre de cent ; cent environ, sans préciser le chiffre. — *Érou'qui un cénténa dé fénnos,* il y avait là une centaine de femmes.

Cénténo, *s. f.* Centaine, même sens que le précédent. Se dit surtout pour centaine, brin de fil ou de soie qui lie l'écheveau. On sait que dans les écheveaux de fil ou de soie, chaque cent tours sont séparés et marqués par un nœud ; pour pouvoir les dévider, il faut couper ce nœud qu'on appelle *la cénténo.* — *Pèrdre la cénténo,* perdre le fil d'un discours. *Trovè pas la cénténo,* je ne puis trouver le nœud de la question. L'histoire du nœud gordien n'est autre que celle d'un écheveau célèbre dont Alexandre ne trouva pas *la cénténo,* et que son impatience à chercher lui fit trancher net, d'un seul coup.

Dér. de *Cén.*

Céntimèstre, *s. m.* Centimètre ; centième partie du mètre.

Emp. au fr.

Céntimo, *s. f.* Centime. C'est un de ces mots, comme le précédent, que la marche du siècle a forcé d'emprunter au fr., parce que l'usage en est populaire. Seulement le lang. en a changé le genre, qui n'est jamais que féminin. Le fr lui-même l'a pris du lat. *Centesimus,* centième partie.

Céntura, *v.* Ceinturer ; mettre une ceinture ; entourer ; environner.

Dér. du lat. *Cinctus,* part. pass. de *Cingere,* ceindre.

Cénturo, *s. f.* Ceinture ; cordon, ruban, qui sert à ceindre le corps ; bas de la taille, partie du corps où la ceinture s'attache. — *Fïo maduro porto l'éfan à la cénturo,* prvb., fille mûre porte l'enfant à la ceinture, c'est-à-dire : une fille déjà sur le retour quand elle se marie, est plus prête qu'une autre à devenir enceinte.

Céoucla, *v.* Cercler, relier, mettre des cercles à un tonneau, à une cuve, etc. — *Es mdou céoucla,* au fig., il a la tête mal cerclée, mal timbrée ; il a la tête fêlée.

Céoucle, *s. m.* Cercle, cerceau ; circonférence, ligne circulaire. — *Faï lou céoucle,* il se ploie comme un cerceau, il est courbé en cercle, ratatiné par la vieillesse ou par la maladie.

Les cercles ou cerceaux de cuve et de tonneau sont le plus souvent en fer, surtout pour les grosses pièces qui restent à poste fixe dans les caves ou celliers. Ce procédé plus dispendieux n'est qu'une avance de capital, qui se trouve bien compensée d'ailleurs par la facilité du reliage et du défonçage et par la durée presque éternelle du cerceau. Quatre cercles suffisent pour les pièces ordinaires, six au plus pour les plus longues ; les foudres en comportent douze.

Autrefois les cercles de tonneau étaient faits avec de gros scions refendus de châtaignier sauvage ou de micocoulier qu'on pliait et qu'on assujettissait avec de minces scions d'osier jaune dit *amarino;* on en plaçait dix à chacun des bouts du tonneau. C'est pour cela qu'on aménageait dans les Cévennes de nombreux taillis de châtaignier sauvage et de micocoulier dont on fabriquait des cercles expédiés ensuite dans tout le Languedoc. Ces taillis se nomment *Jourguièros.* Ce procédé est encore employé dans les pays de grands vignobles pour les futailles qu'on expédie et qui n'ont pas besoin de durée. Les cerceaux des cuves étaient une sorte de charpente en forme de jantes, soit de micocoulier, soit de chêne, et reliée au moyen de chevilles. Ce genre de ligature se nomme aussi *encastre* et *arescle*. V. c. m., Les bandes de fer, aujourd'hui, sont une simplification et un perfectionnement.

Dér. du lat. *Circulus*, dim. de *Circus*, m. sign.

Céouclièïro, s. f. Bois taillis de châtaignier sauvage ou de micocoulier, destiné à la fabrication des cerceaux, des claies à faire sécher les châtaignes, et de notre temps à la confection des treillis ou palissades bordant et clôturant les talus de nos chemins de fer ; mais disposée pour faire rouir les scions de ces mêmes arbres afin de les rendre plus doux et plus flexibles. — *Voy.* Jourguièïro.

Cé qué, pron. demonstr. Ce qui, ce que. — *Ce qué sé fai, cé que se dis,* ce qui se fait, ce qui se dit. *Ce qué devigno lou tén,* ce que présage le temps.

Cérémougnè, s. f. Cérémonie ; pompe ; courbettes hypocrites ; civilité, politesse gênante et affectée. — *Faire de cérémougnès,* faire des façons ; se faire prier.

Certains glossateurs font dériver ce mot du lat. *Cereris munia*, oblations à Cérès, parce que les offrandes de gerbes à cette déesse étaient accompagnées d'un rit très-solennel. D'après Valère-Maxime, il vient du lat. *Cera*, ville d'Italie, et *munia*, offrande. Cette ville, proche de Rome, est citée par les offrandes qu'y firent les Romains avec une pompe inouïe par la crainte que leur inspiraient alors les Gaulois. Selon d'autres, il vient des mêmes deux mots, mais dans ce sens que, lors de la prise de Rome par les Gaulois, les Vestales fugitives et sauvant le feu sacré, furent conduites par Albanius, qui fit, en témoignage d'honneur et de respect, descendre de son char sa femme et ses enfants pour y placer ces prêtresses. Enfin l'*Elucidari de las proprietates*, en langue romane, dit : *De ceras prendon nom ceremonia, car ceris antiquamen hom ofria,* de cire prennent nom les cérémonies, car anciennement on offrait des cierges.

Cérièïre, s. m. Cerisier, *Cerasus vulgaris*, Linn., arbre de la fam. des Rosacées, qui porte la cerise. — *Cousi qué cousi, davalo dé moun cérièïre,* prvb. Le mot à mot est : cousin que cousin, descends de mon cerisier. Le dicton tient sans doute à quelque anecdote dont les acteurs sont restés anonymes : quelque parent qui fut surpris par un sien cousin, croquant ses cerises, et qui, sur l'arbre, invoquait sa parenté pour excuser son méfait, dont le cousin ne parut pas vouloir tenir compte. Cela ne se borne pas aux cerises, et les applications sont nombreuses. Le fr. rend la même chose par un dicton équivalent : Ami jusqu'à la bourse.

Dér. du lat. *Cerasus*, venu lui-même de Cerasonte, nom d'une ville du Pont, d'où furent apportés par Lucullus, en Italie, les premiers cerisiers.

Cérièïro, s. f. Cerise, fruit du cerisier. Les variétés sont nombreuses ; les principales de ce pays sont : *la loumbardo,* *la blanqudou, la bétorgo, l'agrioto, la bigarono, la dureto* — *Voy.* c. m.

Cérqua, v. Chercher, se donner du soin pour trouver ; aller quérir ; provoquer ; attaquer. — *Cerqua la gnue pér lous armasis,* chercher midi à quatorze heures ; prendre des détours : faire des phrases dilatoires. *De qu'anas cérqua aqui?* Que nous chantez-vous là ? Quelle anicroche allez-vous chercher ? *Cerqua soun pan,* mendier. *Cerqua sa vido,* a le même sens, mais il s'étend aux animaux domestiques ou autres, quand ils sont obligés de chercher eux-mêmes leur provende. *Cerqua de nisados,* dénicher des oiseaux. *M'es vengu cerqua,* il m'a provoqué. *Qué cérquo trovo.* prvb., À bon chat, bon rat.

Dér. de la bass. lat. *Circare* ou *Encercare*

Cèrquo, s. f. Recherches ; perquisition ; visite domiciliaire pour découvrir un malfaiteur ou un contrevenant, ou bien encore une chose volée : dans ce dernier cas, on dit plus techniquement : *fa fur.*

Cèrquo-brégo, s. m., phr. faite. Hargneux ; qui cherche querelle ; brouillon. Synon. de *Cèrquo-réno.*

Cèrquo-nisados, s. m., phr. faite. Dénicheur de merles ; jeune gars vagabond, va-nu-pieds.

Cèrquo-poùs, s. m. Croc à puits : crochet à double ou triple lieu propre à pêcher les seaux ou autres objets qui sont tombés dans un puits. — *Fran coumo un cèrquo-poùs,* bonne foi de Bohême.

Cèrquo-réno, s. m. — *Voy.* Cèrquo-brego, m. sign

Cèrtèn, tèno, adj. Certain ; assuré ; sûr ; ferme Il ne se prend guère que négativement. — *Es pas bièn cèrtèn,* en parlant d'un objet, signifie : ce n'est guère solide ou de bon aloi : en parlant d'un homme, il n'est pas très-franc ou de bonne foi, ou bien son crédit n'est pas très-solide. *Es pas bièn cèrtèno,* en parlant d'une femme, on ne peut guère répondre de sa vertu.

Dér. du lat. *Certus*, m. sign.

Cèrtifica, s. m Certificat ; témoignage donné par écrit ; attestation écrite ; passeport.

Emp. au fr.

Cèrto, adv. interpellatif. Certes ! Oui vraiment ! Ah dame ! — *Cèrto! m'en dirés tan,* dame ! vous m'en direz tant.

Cèrvèl, s. m. Cerveau, substance molle contenue dans le crâne.

Dér. du lat. *Cervix*, tête.

Cèrvéla, s. m. Fromage de cochon, fait avec toutes les parties charnues de la tête, et non cervelas, sorte d'andouille qui se vend cuite et qu'on ne connaît pas dans le pays.

Cèrvèlo, s. f. Cervelle, partie molle et blanche du cerveau. Le lang. emploie plus volontiers ce mot au plur. : *las cérvèlos.* — *Mé fai sdouta las cérvèlos,* il me casse la tête.

Dér. de *Cervix*, tête.

Cèse, s. m. Dim. *Céseroù.* Pois-chiche, *Cicer arietinum,* Linn., plante de la fam. des Légumineuses, cultivée dans tout le Midi. On dit aussi par dérision *Couflo-couqui*, parce que ce légume est farineux et gonflant; cependant il n'est pas indigeste comme les autres espèces de farineux, parce qu'il ne fermente pas comme eux dans l'estomac. On le mêle avantageusement avec le gruau dans la confection de la *Cassolo*. (*V.* c. m.) Ce légume est difficile à cuire; cela ne tient pas à une variété de l'espèce, mais à la nature du terrain qui l'a produit. Les fonds limoneux et schisteux sont ceux qui sont les plus contraires; les meilleurs, les grès et les calcaires. Cependant il se rencontre de nombreuses exceptions, et souvent cette dureté, que le pois-chiche conserve après une longue ébullition, provient de mille circonstances diverses de sa végétation. En général aussi les eaux battues, comme celles de rivière ou de pluie immédiate, sont les plus favorables à sa cuisson et sont préférées à celles de puits, de source ou de citerne. Cette dernière, quoique provenant de la pluie, a contracté par un long séjour dans l'immobilité une mollesse saumâtre qui la rend impropre à cette cuisson. Sauvages donne une recette pour les cuisinières à ce sujet. Il prétend que les *Cèses* les plus rebelles s'attendrissent et cuisent très-bien avec l'eau où l'on a fait blanchir les épinards, ou avec de l'eau de pluie acidulée par une pincée de sel de tartre. Il est à craindre que ce procédé, un peu trop pharmaceutique, ne trouve d'obstinés opposants dans le peuple, principal consommateur des *Cèses*.

Tout le monde sait l'usage local qui veut qu'on mange la soupe aux pois-chiches et à l'huile au dîner du dimanche des Rameaux. Le populaire attribue cet usage traditionnel à une commémoration pieuse, parce que Jésus-Christ aurait traversé un champ de ces légumes lors de son entrée triomphale à Jérusalem le même jour. Il est plus raisonnable de penser que cet usage vient de ce que le dimanche des Rameaux étant le seul dimanche de Carême où le maigre soit ordonné, même pour ceux qui ne font maigre que trois jours de la semaine, on mange de préférence une soupe aux pois-chiches, parce que c'est là un des meilleurs potages à l'huile, et qu'il est moins indigeste que tout autre potage aux légumes.

Dér. du lat. *Cicer*, m. sign.

Césé, *s. m. n. pr.* d'homme. Altération contractée de *Francésé*, qui est lui-même un dim. de *Françoués*, François.

Céséro, *s. f.* Draine, grosse grive, grive de gui, *Turdus viscivorus*, Linn., oiseau de l'ordre des Passereaux et de la fam. des Crénirostres. C'est l'espèce de grives la plus grosse et la moins délicate. Cette variété est sédentaire dans le pays, ou du moins elle s'y fixe plus longtemps que les autres, et niche deux fois dans la saison. Son chant, qu'on entend surtout avant le lever du soleil, est agréable et très-éclatant.

— *Tèsto dé céséro*, étourdi; tête légère, éventée; tête de linotte.

Le nom lang. *Céséro*, dans lequel entre le mot *Cèse*, en lat. *Cicer*, et peut-être *Edo*, je mange, correspond à la même idée qui la fait nommer *Turdus viscivorus*, parce que cet oiseau fréquente surtout les champs semés de vesces ou de pois, dont il se nourrit.

Céséto, *s. f., n. pr.* de femme. On croirait volontiers que ce mot est le fém. de *Césé*, et qu'il représente par conséquent Françoise; il n'en est rien cependant. *Céséto* est la reproduction de Suzette, et représente en dim. Suzanne. Il devrait donc s'écrire mieux par un *s* initial, *Séseto*; nous le plaçons ici seulement pour le rapprocher de *Césé* et faire ressortir davantage la différence. — *Voy. Séséto*.

Césièïro, *s. f.* Champ de pois-chiches, terre semée de pois-chiches.

Dér. de *Cèse*.

Cévénôou, Cévénolo, *adj.* Cévenol; cévennois; habitant des Cévennes. C'est le nom générique et commun à tous les habitants de ces contrées montagneuses, qui se subdivisent en *Raïòous, Gavòs* et *Vivaréses*. — *Voy.* ces différents mots.

Cévénos, *s. f. plur.* Cévennes, montagnes du Bas-Languedoc, dont la chaîne se suit par la grande arête de la Lozère, du Tanargne et du Mésinc, de l'ouest à l'est, et forme en contre-bas diverses autres chaînes inférieures tant au nord qu'au midi de la première. La contrée à laquelle ces montagnes avaient donné leur nom, se divisait autrefois en quatre subdivisions : 1° les Cévennes proprement dites dont Alais était la capitale; 2° le Gévaudan, capitale Mende; 3° le Vivarais, capitale Viviers; 4° le Velay, capitale le Puy. Aujourd'hui la première de ces subdivisions porte encore le nom de Cévennes et ses habitants celui de Cévenols. Elle occupe le nord et l'ouest de l'arrondissement d'Alais, sans dépasser cette ville au midi ni à l'est; elle comprend encore presque tout l'arrondissement du Vigan et les communes occupant les versants méridionaux et orientaux de la Lozère et la chaîne inférieure de cette montagne appelée le Bougès; elle embrasse la plus grande partie de l'arrondissement de Florac (Lozère), et elle se subdivise elle-même en Cévenols proprement dits et en *Raïòous*. — *V.* c. m.

Le nom de Cévennes est un de ceux dont on peut le moins douter qu'il n'existât dans la langue des Gaules avant la conquête romaine; car il n'a pas en lat. ni en gr. de radical équivalent qui offre une signification applicable, condition première de tout nom propre de lieu. Le latin et le gr. l'ont pris en lui conservant sa consonnance originelle et n'y ont ajouté que la terminaison conforme à leur génie. César nomme cette chaîne *Mons Cebenna;* Pline et Lucain, *Gebenna;* Pomponius-Mela, *Gebennæ, Gebennici Montes;* Strabon, Τό Κέμμενον ὄρος, traduits par *Cemmenice, Cemmeni Montes*. Tous ces vocables sont évidemment empruntés au langage du pays, et ils appelaient les recherches des commentateurs sur leur origine. Bochard a cru en trouver la racine dans le syriaque *Gebina*, sommet d'une montagne, et ajoute qu'en hébreu *Gab* veut dire dos. Astruc soutient que le mot vient du celtique *Kebenn*, haut d'une montagne. Dans le pays de Galles on dit encore *Eefen* pour colline. Astruc pourrait bien avoir raison.

Chabrolo, *s. f.* Framboise, fruit du framboisier, *Rubus Idœa*, Linn., ronce du mont Ida. Le framboisier, arbuste de la fam. des Rosacées, abonde dans nos montagnes et croit naturellement dans les bois. Les chèvres sont friandes de sa feuille, et c'est ce qui a valu à son fruit le nom de *Chabrolo*, dér. de *Cabro*, qu'on dit *chabro* dans les Hautes-Cévennes. — *Voy. Faragousto*

Chabrôou, *s. m. n. pr.* d'homme. Au fém. *Chabrolo*, qu'on traduit en fr. par Chabrol et Chabrole, femme de Chabrol.

Ce nom est évidemment d'origine lang. et il signifie chevreuil dans le dialecte des Cévennes. Ici on dit *Cabrôou* en parlant de l'animal. Quant au nom propre, il arrive tout formé du pays où il a été imaginé et on a dû le respecter dans sa prononciation. La finale est, en tous cas, la même.

Dans plusieurs articles nous avons eu occasion d'expliquer cette différence de prononciation du *ca* et du *cha* : celle-ci peut être plus celtique, celle-là est toute latine. *(Voy. lettre C)* Le suffixe *ôou* donne aussi au nom une physionomie et un caractère qui méritent d'être remarqués. *Oou*, comme *Aou*, parait être une contraction : il a dû sonner *Olou*, ou en lat *Olum*, *Olium*, avant d'être diphthongué en *ôou*, comme *Aou* est descendu de *Al*, *Alou*. Le plus souvent encore il affecte le mot d'un sens diminutif, comme le faisait la désinence latine *olus*, *a*, *um*, nous en citerons des exemples nombreux. Ses analogies en noms d'hommes et de lieux se signalent par les influences ethniques qui ont posé sur la finale et la traduisent. au Midi *Cabrôou* ou *Chabrôou* représentés par Cabrol ou Chabrol, sont au Centre ou au Nord Chevreau, Chreveul, Chevreuil. — *Voy. Oou* suffixe.

Chabuscla, *v.* Flamber ; passer à la flamme; échauder ; tremper rapidement dans l'eau bouillante. C'est le même mot que *Uscla*, sauf que ce dernier se borne à la première partie de la définition, et ne convient pas à la dernière. La syllabe *Chab* qui précède celui-ci ne peut étymologiquement s'expliquer qu'en l'interprétant par *Chab*, dialecte des montagnes, *Cab*, cap, extrémité, sommet, et *Uscla*, brûler l'extrémité, la superficie.

Chacun, chacuno, *pron. indéfini.* Chacun, chacune.

Ce mot, qui se disait autrefois et se dit même encore *Cadun*, semble formé des deux mots *ca* et *d'un*, un par tête, tête d'un. Le fr. aurait alors la même origine, ou aurait pris la sienne dans notre idiome. Mais n'est-il pas plutôt une corruption du lat. *Quisque*, encore reconnaissable, quoiqu'il ait bien changé en route?

Chadénédo, *s. f.*, ou **Cadénédo**. Lieu, champ planté de cades ou genévriers.

La variante que nous donnons après Sauvages est peu usitée. La manière dont nous le prononçons et la forme dans laquelle il a passé dans notre dialecte et a servi de base à la composition de noms propres d'homme et de lieu, démontrent clairement que le mot est emprunté aux Hautes-Cevennes ou au Vivarais. S'il eût pris naissance ici, on eût dit et on dirait *Cadenédo*, comme l'on dit Cadene de quartiers de terrain, ainsi nommés dans les cadastres, et qui ont la même racine, le cade.

Chafaré, *s. m.* Bruit; tapage; tintamarre; grabuge. — *Meno un for chafaré*, il fait grand tapage.

Chafre, *s. m.* Pierre à aiguiser, sorte de grès fin et tendre dont on se sert pour aiguiser à sec les faucilles, les serpes et serpettes. La queux des faucheurs n'a pas la même forme ni la même nature; elle est d'un grès beaucoup plus dur, aussi s'appelle-t-elle *pèiro de daio* et non point *chafre*, malgré l'autorité de Sauvages. — *Cara coumo un chafre*, enflé, bouffi d'embonpoint ou d'importance ; au prop. ou au fig.

Chagrin, *s. m.* Chagrin; affliction ; peine morale; humeur; dépit; colère.

Des étymologistes le disent dérivé de l'arabe *Chakrain*, malheureux, pénétré de douleur; d'autres du fr. *Aigrir*, et remarquent que dans certains endroits, on dit *aigrain* pour *chagrin*

Chagrina, *v.* Chagriner; donner, causer du chagrin ; tourmenter, inquiéter.

Chaîne, *s. m*, ou **Rouve**. Chêne blanc, *Quercus robur*, Linn., arbre de la fam. des Amentacées. « Le chêne, a dit Loiseleur de Long-Champ, domine en roi parmi les arbres de l'Europe; c'est le plus beau comme le plus robuste des habitants de nos forêts; c'est son image qui s'offre d'abord à la poésie quand elle veut peindre la force qui résiste, comme celle du lion pour exprimer la force qui agit. »

Chaîne et *Rouve*, dans l'usage ordinaire, sont parfaitement synonymes ; dans le langage technique, le *Chaîne* est le mot générique pour toute espèce de chêne blanc ; le *Rouve* est le robre ou rouvre, espèce dont le bois est rouge en dedans et la feuille cotonneuse en dessous; il est plus flexible, moins cassant, plus imperméable : aussi est-il plus difficile à fendre et à équarrir, comme bois de service, à cause de ses fibres fortes et entrelacées ; il brûle mal au feu, où il noircit sans donner de la braise. — *Voy. Rouve*.

On trouvera sur l'étym. du mot et sur sa formation quelques éclaircissements au mot *Cassagno*.

Chaîné, *s. m.* Genette, espèce de chat sauvage, *Vivera ginetta*, Linn., mammifère onguiculé de la fam. des Carnivores.

La genette, la fouine, dit Sauvages au mot *Chaîné* ; ce n'est pourtant pas la même chose, bien qu'il y ait quelque analogie dans les habitudes des deux animaux. Du reste la description qu'il en donne s'applique assez bien à la première et nullement à la seconde ; le *Chaîné* n'est donc pas la fouine.

Il est tout simple de faire venir le mot de genette; en rendant dure la prononciation du *g (dge* ou *tge)* on atteint à peu près celle du *ch* suivi d'une voyelle ; dès lors *Chaïné* ou genette sont le même vocable, le *Chaïné* est en effet la genette commune. La description d'ailleurs se rapporte exactement au *Chaïné*, qui n'est pas rare dans notre pays : pelage gris, agréablement tacheté de brun ou de noir ; ces taches, tantôt rondes, tantôt oblongues ; la queue aussi longue que le corps, annelée de noir ; le museau noirâtre ; des taches blanches aux sourcils, aux joues et de chaque côté du bout du nez. Cet animal laisse échapper une forte odeur de musc, ce qui l'a fait classer dans un sous-genre de civettes. Cette propriété lui est commune avec la hyène, dont le pelage présenterait avec le sien quelque ressemblance, la même distance que celle entre le chat et le tigre. Le *Chaïné* se prive vite en domesticité ; on le dresse pour la chasse aux rats ; aussi lui donne-t-on quelquefois le nom de chat de Constantinople. Il est probable que dans nos contrées on le confond souvent avec le chat sauvage, quoique celui-ci soit un autre animal.

Chalo, *s. m.* Châle, schall. — Encore un de ces mots que la mode a importés du fr. Il ne saurait rester étranger au lang. aujourd'hui que le châle, qui n'était pas dans le costume national, est descendu aux classes populaires.

Chamas, *s. m.* Gros tison allumé. On s'en sert l'hiver à la campagne pour s'éclairer au sortir de la veillée : c'est la torche de pin des montagnards écossais.

Dér. du gr. Κάμαξ, pieu, échalas.

Chamboù, *s. m., n. pr.* d'homme et de lieu. Chambou, c'est-à-dire bon champ.

La moyenne latinité a fait passer le mot au roman, qui l'a transmis au lang. et au fr. Du Cange cite un ancien titre qui en fait foi : *Cambo, terra arabilis quam rustici Cambonam vocant. Cambo*, latin et roman, *Camboù* et *Chamboù*, lang., signifient donc une terre en culture. Et remarquons, en passant, que le *campus* lat. ne s'est conservé dans nos dialectes qu'avec l'addition d'une épithète ; *camp* ni *champ* seuls ne sont pas du pur lang. mais du fr. véritable, bien que *ficha soun can* soit toléré et usité.

Le vocable qualifié s'est fort répandu, d'abord en se tenant dans la généralité, puis en spécialisant ce qu'il voulait mieux caractériser. Les champs arables, c'est-à-dire en plaine, étant fort rares, étaient par suite hautement prisés dans un pays aussi montagneux et escarpé que les Cévennes, à cause de la facilité de leur culture, et en second lieu, parce que toujours placés au pied des montagnes, ils recevaient les alluvions que les pluies et les inondations y charriaient. C'est pour cela que ces noms sont plus multipliés dans les contrées hautes. On compterait, dans le seul département du Gard, plus de quinze localités, communes ou hameaux, dont les désignations varient du simple au diminutif, de *Cambò, Camboù,* Cambon, *lous Camboùs, Chamboù,* Chambon, à *Cambouné, Chambouné,* Chambonnet, *Chambounas,* toutes formées du lat. *Campus bonus.*

Cette appellation donnée d'abord aux terres dont nous venons de parler, s'étendit ensuite aux maisons, aux hameaux et villages qui se formèrent dans leur voisinage fertile. Du sol à l'homme qui le cultive la transition fut aisée et naturelle. De ce nom pris pour racine il s'en forma mille autres, qui, à la qualification générale existante, en ajoutèrent une autre caractéristique, ou bien, sur le primitif *Campus*, appliquèrent une particularité significative. Ainsi les noms propres de lieux et d'hommes : *Chambourédoun,* Chamboredon, champs en plaine et de forme ronde ; *Chambou-rigdou,* Chamborigaud, plaine arrosée, *campus irriguus ; Chamboverno,* Chambovernes, plaine verdoyante ou plantée de vernes. Et dans la seconde catégorie : *Cambargné,* Chambarnier, commune de Méjanes-le-Clap, terre en vasselage ; *Camboulan,* commune de Saint-Marcel et de Saint-Martial, champ servant de limite ; *Canférén,* commune de Bernis, champ fertile ; *Chameldou,* Chamclaux, commune de Sainte-Cécile-d'Andorge, *Mansus de Clauso-Claustri,* enclos du cloître ; *Champeldousoù,* Champclauson, commune de la Grand'Combe, *de campo clauso,* champ fermé ; *Champdourous,* Champorus, commune de Génolhac, champ venteux, qui a un dim. dans *Champdouridou,* Champauriol, commune de Laval, de la Rouvière et de Montmirat ; *Camfigoùs,* Camphigoux, commune de Soustelle, *campus fici,* champ planté de figuiers ; *Camplagné,* champ en plateau ; *Campèrigoùs,* commune de la Calmette, champ pierreux ; *Campméjè,* commune de Saint-Jean-du-Pin ; *Camp-méjan,* commune du Caylar, *campus meianus,* champ moyen ou mitoyen ; *Canrédoun,* Campredon, commune de Nimes, de Langlade, de Sumène, de Valleraugue, *campus rotundus,* champ arrondi ; *Camriou,* Camprieux, commune de Saint-Sauveur-des-Pourcils, *campus rivus,* champ près d'un ruisseau ; *Campsèvi,* commune d'Arre, champ ensemencé ; *Camplong, Camviël,* etc. Il n'est pas nécessaire d'insister sur d'autres dénominations dans lesquelles est intervenu le nom du propriétaire, qui ont aussi la même racine et se sont formées avec le mot *campus,* traduit par *cam* ou *champ,* comme *Camartì,* Campmartin ; Changarnier ; Champ-Bernard ; Champ-Bertin ; Champ du Four ; Champ du Roussin, etc., etc., qui n'ont pas besoin d'explications.

Chambourdo, *s. f.* Péj. *Chambourdasso.* Chambrière ; servante épaisse et grossière ; maritorne.

Corr. de *Chambriéiro,* emportant une idée de mépris ou de ridicule.

Chambranle, *s. m.* Ce mot ne signifie pas chambranle, cadre en pierre ou en bois d'une porte, mais une longue règle de maçon. Ce technique est-il une imitation du français ? Cela paraît naturel, et cependant il n'existe aucune relation, aucune similitude entre les deux significations.

Chambre, *s. m.* Écrevisse de rivière, *Cancea astacus,* Linn. Crustacé de l'ordre des Astacoïdes.

Le nom de *Chambre* est usité à quelques lieues d'Alais, au levant, dans le canton de Saint-Ambroix, surtout aux bords de la fontaine d'Arlinde qui en fournit beaucoup. Ailleurs on se sert du mot *Escarabisse.* — *V.* c. m.

Chambre paraît une corruption, une variante de *chancre*, qui traduit le lat. *cancer*, cancre, écrevisse; signe du Cancer. On l'a fait aussi der. du lat. *Carabus*, m. sign., ou de l'allem. *Crebs* En ital. *Gambero* et *Granchio*, en esp. *Cangrejo*.

Chambrièiro, *s. f.* Femme de chambre, et par ext. servante, n'importe la nature de son service. — *Fai coumo la chambrièiro de Pilato*, c'est-à-dire elle va fort au delà de ce qu'on lui commande. *Las chambrièiros n'an qu'un màou, disou lou secrè dé l'oustdou*, prvb., les domestiques n'ont qu'un défaut, c'est de dire les secrets de la maison.

L'anjounenquo chambrièiro, l'angélique servante, a dit La Fare de la sœur de charité, servante des pauvres.

Chambrièiro, *s. f.* Trépied pour soutenir la poêle sur le feu; quelquefois cet outil est une anse en fer et sans pied qu'on suspend à la crémaillère.

Dér. de *Cambro*, qu'on dit *Chambro* chez les Raïols et les Vivarais.

Champouïràou, *s. m., n. pr.* Champoiral, traduit le fr. sans autre façon. Il vient sans doute du lat. *Campus emporii*, champ de marché ou de foire.

Chancre, *s. m.* Chancre; ulcère; aphthe; petit bouton transparent et douloureux qui vient à la bouche des hommes et des animaux, surtout chez les enfants à la mamelle quand ils tètent un lait échauffé et vicié. — *Aquò's un chancre*, dit-on d'un importun opiniâtre et dont on ne peut se débarrasser.

Dér. du lat. *Cancer*, m. sign.

Chanifès, *s. m.* Malaise; inquiétude vague; cauchemar éveillé, ce que Mme de Sévigné appelait un dragon.

Corr. du lat. *Carnifex*, bourreau.

Chanja, *v.* Changer, échanger; quitter une chose pour en prendre une autre; céder une chose pour une autre; substituer; passer d'un état à un autre; déménager, prendre un autre logis; permuter. — *Sé chanja*, changer de logement; changer de vêtement, prendre ses habits de dimanche. — *Aï chanja dé las quatre*, mes vers à soie sont sortis de quatrième maladie ou mue. *Ma grano a chanja*, ma graine de vers à soie a changé de couleur; elle devient blanchâtre vingt-quatre heures avant d'éclore. *Es bièn chanja*, la maladie l'a changé, pâli, amaigri. *La luno chanjo aquèste souèr*, la lune prend ce soir un nouveau quartier. *Me vóou chanja*, je vais changer de linge, d'habillement. *Vous sès chanja*, vous avez changé de logement.

Dér. de l'ital. *Cambiare*, m. sign.

Chanjaïre, aïro, *adj.* Changeant; inconstant; qui aime à changer; qui change aisément; d'humeur mobile.

Chanjamén, *s. m.* Changement; passage d'un état à un autre; mutation.

Chanje, *s. m.* Intérêt d'un capital. — *Amaï qué mé pague soun change*, pourvu qu'il me paie les intérêts. *Métre dou chanje*, placer de l'argent à intérêt.

Chanjur, *s. m.* Changeur; prêteur sur gage; banquier. — *Pago coumo un chanjur*, il paie comptant, très-exactement.

Chantiè, *s. m.* Chantier; grand emplacement à ciel découvert ou l'on emmagasine des bois. Par extension, emplacement où un certain nombre d'ouvriers travaillent, n'importe à quel ouvrage; réunion d'ouvriers travaillant de concert sous l'inspection d'un piqueur pour les ouvrages d'art, ou d'un *baile*, pour les travaux des champs.

Dér. de la bass. lat. *Cantherius*, m. sign.

Châoucha, *v.* Patrouiller; marcher dans la boue, dans un gâchis; fouler aux pieds quelque matière mouillée ou onctueuse; fouler aux pieds une personne. — *La fachignèiro l'a chdoucha*, la sorcière lui a pesé sur l'estomac, il a eu le cauchemar. *Ai chdoucha tout lou long de la carièiro*, j'ai patrouillé dans toute la longueur de la rue

Ce mot est le même que *Càouca* dans quelques-unes de ses acceptions; il a la même origine du lat. *Calcare*.

Châouchimèïo, *s. f.*, ou **Chichoumèïo**. Ripopée; mélange de plusieurs vins; ragout sale et grossier; salmigondis de viande; galimafrée.

Châoucholo, *s. f.* Soupe au vin; tranches de pain trempé dans le vin.

Châouchouïa, *v. fréq.* de *Chdoucha*. Patrouiller; tripoter; remuer ou marcher dans un bourbier épais ou dans un liquide malpropre.

Châouchouïaïre, aïro, *adj.* Qui aime à patrouiller, au pr. et au fig. tripoter, qui aime à se mêler de ce qui ne le regarde pas, à mettre salement les doigts dans une sale affaire.

Châoucho-vièïo, phr. faite. Le cauchemar, l'incube. La superstition populaire attribue ce malaise a la pression d'un démon sous la forme d'une vieille femme qui pèse sur la poitrine.

Châouma, *v.* Chômer; se reposer, rester oisif. Se dit particulièrement du bétail qui cherche l'ombre et y dort sans manger quand la chaleur commence à se faire sentir. Les brebis, au lieu de chercher l'air dans ce cas, se tiennent pressées les unes contre les autres et placent leurs têtes les unes sous les autres, pour les mettre à l'ombre.

Dér. probablement de *Càou*, chaud, qui se dit *chàou* dans quelques localités. Cette origine peut bien avoir servi au fr. chômer, quoique certains glossateurs, qui ne veulent pas que le fr. puisse être redevable au lang., prétendent le faire dériver de l'allem. *Saumen*, s'arrêter, négliger. Le lang. *Chàouma* et le fr. chômer, qui sont évidemment le même mot, paraissent plutôt tous deux venir du gr. καῦμα, chaleur étouffante, et la preuve, c'est que *chàoumasso*, à qui l'on ne peut contester le droit de consanguinité avec ces deux infinitifs, ne signifie autre chose que grande chaleur, figurant là en superlatif d'un positif perdu, qui devait être *chàoume*, traduction littérale du gr. Καῦμα, et qui est devenu la racine de *chàouma* et de chômer.

Châoumadis, *s. m.* Temps chaud et lourd, qui invite à la paresse.

Châoumadóu, *s. m.* Lieu choisi par les bergers pour faire chômer le bétail; endroit propice et commode pour cet acte.

Châoumasso, s. f. Chaleur lourde, étouffante et mate, sans un souffle d'air.
Voy. *Châouma* pour l'étym.

Châoupì, v. Fouler aux pieds; trépigner avec les pieds, particulièrement un végétal quelconque.
Il a sa racine dans le lat. *Calx,* plante des pieds, chaussure, qui a fait *calcare.*

Châourì, s. m. Sabbat des sorciers, leur assemblée nocturne. — *Aou châouri!* allez au diable ! *Manjariè lou diable amai lou châouri,* prvb., il avalerait le diable et ses cornes.
Dans l'étym. de ce mot pourrait-on découvrir dans la syllabe *Chôou* ou *câou,* chaleur, quelque allusion à la chaleur infernale, ou bien peut être une contraction ou inversion du mot *châou-ma,* parce que ces prétendues réunions se tenaient le jour du sabbat, jour de repos des Juifs, jour de chômage? Ce ne sont là que des conjectures très-hasardées.

Châourima, v. Faire blanchir des légumes dans l'eau bouillante; mitonner; flétrir par la chaleur ou la sécheresse.

Châouta (Sé), v. Se soucier; s'inquiéter, s'embarrasser. — *M'en châoute coumo dé mous vièls souiès,* j'en fais cas comme de mes vieux souliers. *Quôou s'én châouto?* qui donc s'en soucie ? *N'a pas l'air de s'én châouta gaire,* il n'a pas l'air de s'en inquiéter beaucoup
Dér. du lat. *Calere,* désirer ardemment.

Chapélé, s. m. Chaperon, couronne de mariée. Symbole de virginité qui, dans le principe, était un petit chapeau

Chapéle, s. m. Chapelet; grains enfilés, sur chacun desquels on dit un *Ave Maria,* à chaque dizaine se trouve un grain plus gros sur lequel on récite un *Pater.*
Le chapelet se nommait dans l'origine couronne de la Vierge; de ce rapprochement de couronne avec petit chapeau est tiré le nom.
Chapéle se dit aussi de plusieurs choses enfilées les unes à côté des autres.

Chapla, v. Hacher; couper menu, en très-petits morceaux; briser en éclats; dépecer. — *Lou michan ten a tout chapla,* le gueux a tout haché.
La bass. lat. disait avec la même sign. *Capulare.* Champollion pense que ce mot est celtique, et le P. Puget qu'il pourrait bien venir de l'hébreu *Kapad,* couper.

Chapladis, s. m. Abattis; débris de choses brisées ou cassées; chablis d'arbres par l'orage ou la cognée des bûcherons.

Chaplun, s. m. Menus débris; copeaux de bois menuisé à la hache; épluchure des légumes; chapelure de pain dont la croûte est pilée ; recoupes de la pierre de taille.

Chaquo, adj. des deux genres. Chaque; sert à désigner tout individu de même espèce ; toute chose individuelle de même nature.— *Chaquo moucél,* chaque morceau ; *chaquo fés,* chaque fois.

Chara, v. Gronder; faire des reproches de supérieur à inférieur.
En ital. *Ciarlare* signifie babiller, causer; Sauvages même donne à *Chara* cette acception, que nous croyons erronée. Cependant, quoique les deux mots aient un sens différent, ils paraissent sortir d'une même origine.

Charado, s. f. Gronderie ; réprimande ; mercuriale ; en style fam. un savon.

Charaïre, aïro, adj. Grondeur; qui n'est content de rien, d'humeur grondeuse; qui poursuit toujours de reproches.

Charavari, s m. Charivari; concert ridicule avec accompagnement de poêles, chaudrons, sonnettes et cris, souvent avec chanson de circonstance, dont on régale les mariages des veufs et des veuves; plus généralement crierie, bruit tumultueux, querelle populaire Cependant les charivaris politiques ne sont pas du ressort de l'idiome.
Dér. du gr. Καρηβαρία, pesanteur de tête, migraine, parce que c'est l'effet produit par cette cacophonie, surtout sur celle des mariés.

Charcutariè, s. f. Charcuterie, magasin, boutique de viandes de porc
Ce mot, ainsi que son correspondant fr., est formé de chair et de cuite, parce qu'autrefois surtout on débitait dans la *charcutariè* toute espèce de chair de porc cuite.

Charcutiè, tièïro, s. et adj. Charcutier, charcutière, qui vend de la chair de cochon crue ou cuite, fraîche ou salée.

Charfièl, s. m. Cerfeuil, *Scandiæ cerefolium,* Linn., plante de la fam. des Ombellifères, potagère, indigène du Midi, cultivée pour l'usage de la cuisine.
Dér. du lat. *Chærofolium,* qui vient de deux mots gr., Χαίρω, je me réjouis, et Φύλλον, feuille, à cause de l'abondance de ses feuilles.

Chari, s. m. Char à bœufs; charriot. Ce mot, en lang., est consacré aux seules voitures traînées par les bœufs; toute autre voiture différemment attelée ne prend point ce nom. — *Métre lou chari davan lous bidous,* mettre la charrue avant les bœufs.
Lou chari se dit pour le charriot de David, la grande Ourse, constellation.
Dér. du lat. *Carrus,* ou plutôt du celt. *karr,* disent les étymologistes, d'où l'allem. *karr,* char, charrette.

Chariado, s f. Charge ou contenu d'un *chari.* On dit *uno chariado de mounde,* n'importe dans quelle voiture ils soient transportés, et même aujourd'hui quand il s'agit de wagons du chemin de fer : toute une charretée de monde.

Charita, s. f. Charité, amour de Dieu et du prochain; plus usité dans le sens d'aumône. — *Prémièiro charita coumenço pér sé,* charité bien ordonnée commence par soi-même. *Démanda la charita,* demander l'aumône. *Fasès-mé, donna-mé la charita dou noun dé Diou,* faites l'aumône, donnez-moi la charité au nom de Dieu.
Dér. du lat. *Caritas.*

Charitable, blo, *adj.* Charitable ; aumônier, qui aime a faire la charité, l'aumône ; qui a l'amour de son prochain.

Charlatan, *s. m.* Charlatan ; marchand d'orviétan, vendeur de drogues sur les places publiques ; hâbleur, vantard. — *Vengues pas faire aici de toun charlatan,* ne viens pas ici nous conter des sornettes, des hâbleries.

Dér. de l'ital. *Ciarlare,* babiller. Il est bien fort, comme nous l'avons vu quelque part, de le faire venir du celte *Charlataria,* bavardage.

Charlô, *s. m.* Courlis, courlis commun ; grand courlis cendré ; *Scolopax arcuata,* Linn. Oiseau de l'ordre des Echassiers et de la fam. des Ténuirostres. Ce courlis, qui peut atteindre deux pieds de longueur, vit sédentaire dans notre département. *Charlô* s'applique aussi au petit courlis ou corlieu, *Scolopax phæopus,* Linn., espèce plus petite et que nous n'avons guère que de passage.

Charnègou, *s. m.* Acariâtre ; difficile à vivre ; hargneux ; bourru. — *Voy. Rébroussiè.*

Sauvages prétend que c'est le nom que l'on donne à une espèce de chiens métis, engendrés de deux espèces différentes et qui sont toujours hargneux. D'après cette donnée, on pourrait supposer que *Charnegou* serait formé de *chi* et de *arnégou,* chien hargneux. Ce dernier mot à son tour, suivant certains auteurs, viendrait de *Hernieux,* vieux mot qui veut dire atteint de hernie, parce que cette infirmité rend hypocondriaque. — *Voy. Ernugou.*

Charoun, *s m.* Charron, qui fabrique et vend les charrues, charrettes et voitures, et tout ce qui les concerne

Dér. du lat. *Carrus,* char.

Charpa, *v.* Gronder ; grogner ; faire des reproches ; quereller ; crier après quelqu'un ; se fâcher.

Ce mot et celui de *Chara,* qui ont beaucoup d'analogie, sont indifféremment employés dans notre dialecte. Au-dessous et à l'orient d'Alais, on dit de préférence *Charpa ;* à Alais et au-dessus on aime mieux *Chara* Cependant il peut y avoir quelque différence dans l'acception : *Chara* signifie plus proprement gronder quelqu'un, et *Charpa,* grogner, se plaindre de tout, n'être content de rien.

Dér. du lat. *Carpi, carpor,* être tourmenté, affligé.

Charpado, *s. f.* — *Voy. Charado,* m. sign.

Charpaïre, aïro, *adj.* — *Voy. Charaïre.*

Charpigna (sé), *v. fréq.* Se chercher noise ; se picoter ; se quereller. — *Voy. Capigna.*

Charpinoùs, ouso, *adj.* Rabougri. Se dit d'un arbre plein de chicots, hérissé de pointes et d'ergots.

Dér. de *Charpis.*

Charpis, *s. m.* Charpie, filament de linge usé pour mettre sur les plaies ; menus scions morts d'un arbre qu'on élague.

Charqua, *v.* Inquiéter ; molester ; importuner ; chercher noise. — *Aquél afaire mé charquo,* cette affaire me tourmente.

Dér. du lat. *Calcare,* fouler aux pieds, éperonner.

Charquaïre, aïro, *adj.* Importun ; querelleur ; brouillon, qui tourmente sans répit.

Charuro, *s. f.* Charrue.

Ce mot, que le lang. a emprunté au fr en lui faisant subir la petite inversion qui est dans ses habitudes, n'était pas connu autrefois où l'on ne labourait guère qu'à l'araire. La grande culture s'étant davantage impatronisée dans le pays, il a fallu distinguer par un technique les diverses espèces d'outils aratoires.

Chasso, *s. f.* Mèche d'un fouet, ficelle déliée placée au bout du fouet pour le faire claquer ; grand coup de fouet bien appliqué.

Chatisiè, isièïro, *adj.* Qui aime à faire des niches, à jouer un mauvais tour.

Chatiso, *s f.* Niche grossière ou indécente ; mauvais tour, mauvaise plaisanterie.

Ce mot est-il une corruption du fr sottise, ou bien vient-il d'un vieux mot lang. *Chatoù,* fripon ?

Chi, *s. m.* Dim. *Chiné ;* péj. *Chinas.* Chien, *Canis familiaris,* Linn., mammifère onguiculé de la fam. des Carnivores. Au fig avare, pince-maille. — *Un chi régardo bén un avésque, amai li lèvo pas lou capèl,* un chien regarde un évêque sans le saluer, répond-on à quelqu'un qui se fâche de ce qu'on le fixe. *Mounté lou chi japo, y a quicon dé travès,* prvb. qui répond à celui-ci : il n'y a pas de fumée sans feu. *Chi canar,* chien barbet, caniche. *Chi brégoùs a l'doureio vérmenouso,* prvb., chien hargneux a l'oreille déchirée. *Qudou aimo moun chien. Dóou ten que lou chi pisso, la lèbre fu,* prvb., du temps que le chien pisse, le lièvre s'enfuit ; c'est-à-dire : il ne faut pas laisser perdre l'occasion quand on la tient *Es tro chi pér aquò,* il est trop avare pour cela.

Chi est aussi le nom d'une brouette sans roue, dont on se servait autrefois pour sortir le charbon de la galerie dans nos houillères, et encore de la pièce de fer adaptée à la platine d'une arme à feu, mue par un ressort, autrefois portant la pierre, aujourd'hui en forme de marteau creux pour écraser la capsule ; en fr. chien.

Dér. du gr. Κύων, Κυνός, m. sign.

Chibâouqua, *v.* Chevaucher ; aller à cheval ; par métaphore, il se dit de deux objets qui devraient être assemblés et dont l'un dépasse ou surmonte l'autre.

Dér. du lat. *Caballus,* cheval.

Chicana, *v.* Tricher au jeu ; chicaner ; ergoter ; pointiller ; chercher un procès de chicane ; chercher noise.

On fait venir ce mot du gr. Σικανός, Sicilien, fourbe, fripon, ou de Σιχνός, difficile à vivre, morose.

Chicanaïre, aïro, *adj.* Tricheur ; chicaneur ; chicanier ; qui cherche chicane, qui fait de mauvaises querelles.

Chicanéto, *adj.* des deux genres. Chicanier, tricheur ; technique du tricheur au jeu.

Chicano, *s. f.* Tricherie ; chicane ; procédure artificieuse ; subtilité captieuse ; contestation mal fondée.

Chichoumèio, *s. f.* — *Voy. Châouchimèio.*

Chicouta, *v.* Entailler une pièce de bois pour mieux

faire prendre l'enduit de plâtre ou de mortier; la rendre raboteuse en hachant la surface. Au fig. persécuter; importuner; vétiller; contrarier; impatienter.

Chicoutaire, aïro, adj. Importun; tatillon; inquiétant; qui prend plaisir à vous dire des choses fâcheuses.

Chifra, v. Chiffrer; calculer par le moyen des chiffres, la plume ou le crayon à la main.

Chifro, s. f. Chiffre, caractère représentant les nombres; calcul; arithmétique. — *Counoui bièn la chifro,* il est bon calculateur; il connait son arithmétique. *Aprén la chifro,* il étudie l'arithmétique. *Un quatré dé chifro,* un quatre de chiffre.

Dér. de l'hébreu *Siphr,* compter. En arabe *Saphar,* écriture; livre; en ital. *Cifera,* chiffre

Chifrur, urdo, adj. Chiffreur; calculateur; arithméticien, même mathématicien.

Chignèiro, s. f. Chenil, lieu où l'on renferme les chiens de chasse; loge à chien. Par ext. mauvais gîte; taudis; lit mal étoffé et en désordre; lit de chien.

Formé de *Chi,* chien, et du suffixe collectif *ièiro.*

Chignoun, s. m. Chignon, derrière du cou; cheveux relevés en nattes par derrière et se montrant en dessous de la cornette. Par ext. les cheveux et même le crâne.

Dér. du fr. *Chaine.*

Chima, v. Boire à petits coups, lentement, avec sensualité; siroter en gourmet.

Dér. du gr. Χυμός, suc, ou Κῦμα, flot, liquide.

Chimara, v. Barbouiller du papier, charbonner une muraille; chamarrer; griffonner en écrivant.

Chimaraduro, s. f. Barbouillage; griffonnage; trait vague de plume ou de charbon sur une surface blanche.

Chimaraïre, aïro, adj. Barbouilleur; griffonneur de papier.

Chimarage, s. m. Griffonnage, écriture ou signature mal formée et salement conduite.

Chinarédo, s. f. Meute; troupe de chiens, telle que celle qui suit une femelle en humeur. Au fig. bande de gens mal famés, dévergondés.

Dér. de *Chi,* chien, avec le suffixe collectif *édo.*

Chinchourlo, s. f. Ortolan, *Emberiza hortulanus,* Linn., oiseau de l'ordre des Passereaux et de la fam. des Conirostres, au plumage jaune et brun, dont la chair est très-délicate.

On nomme encore ainsi le Verdier ou Bruant, Bruant commun, jaune, *Emberiza citrinella,* Linn., oiseau de la même famille que l'ortolan. Le mâle a la tête, les joues et la gorge d'un jaune fort éclatant, et la partie supérieure du cou olivâtre.

Chinfounïo, s. f. Bruit fatigant et répété; importunité incessante; conduite et démarches déplaisantes.

Corr. du fr. symphonie, dont on prend le sens en antiphrase.

Chin-nanano. Onomatopée intraduisible. Les gamins ont trouvé cette onomatopée pour rendre le son des cymbales et de la grosse caisse, que l'on frappait jadis à tour de bras d'un côté, pendant que de l'autre, en caressant avec un petit balai, ce qu'en terme de métier on appelle le timbre, on formait une espèce d'écho au bruit principal. Ils cherchèrent donc à imiter de la voix la combinaison de ces divers sons, et ils dirent : *Boum ! boum ! Chin-nanano !* Un mot était créé. Pour les enfants qui aiment le tapage, le *chin-nanano,* qui l'exprime surtout, représente et dénomme toujours toute musique militaire.

Chino, s. f. Chienne, femelle du chien. Au fig. avaricieuse. — *Voy. Chi.*

Chiou-chiou ! Onomatopée du cri de certains oiseaux piailleurs; pipi de ces oiseaux et des jeunes poussins.

Chipouta, v. Chipoter; vétiller; lanterner; marchander; chicaner sur une vétille; gâcher un ouvrage, le gâter.

Dér. de *Chi, chiqué,* peu, avec l'action verbale, ou du verbe lat. *Possum.*

Chipoutaïre, aïro, adj. Chipotier; qui vétille; qui marchande trop.

Chipoutoùs, ouso, adj. Chipotier; vétilleur d'habitude; barguigneur; processif; chicanier.

Chiqua, v. Chiquer; mâcher du tabac. Par ext. manger et boire.

Chiqué, s. m., ou **Souqué.** Morceau de viande qu'on donne à la boucherie de surplus au poids livré; en fr. réjouissance; tout supplément à un marché fait; petit coup de vin. — *A soissanto ans amaï lou chiqué,* il a la soixantaine et quelque chose par-dessus, et le pouce.

Dér. de l'esp. *Chico, chica,* petit, petite. On soutient que le gaulois aurait pu fournir l'étym.. il avait *Chic* pour dire petit morceau, parcelle, finesse, subtilité, chicane, qui pourrait bien venir aussi de là. — *Voy. Souqué.*

Chiquo, s. f. Chique, pelotte de tabac qu'on mâche; soie de qualité inférieure, faite avec le rebut de cocons tels que les fondus et les peaux. — *Voy. Foundu et Pèl.*

Chiquo (Faïre) phr. faite. Sorte d'onomatopée du bruit que fait le chien d'un fusil en s'abattant à vide, c'est-à-dire sans que l'amorce prenne feu; faire fausse queue au billard. — *Moun fusil a fa chiquo,* mon fusil a raté. Cette expression s'emploie même au fig. pour signifier l'avortement d'une entreprise dont on attendait beaucoup et annoncée pompeusement d'avance.

Chivaïe, s. m. Chevalier.

Avant 1789, dans les familles nobles, quelle que fût la qualité du chef, on donnait ce titre au puîné de la maison, et cela dès son enfance. Aussi les nourrices et les bonnes, suivant l'usage invariable des dim., les appelaient *Chivaïèire.* Aujourd'hui personne ne s'intitule plus chevalier; les puînés prennent le titre immédiatement inférieur à celui de l'aîné et on épuise la série jusqu'au dernier. C'est plus commode, et si innocent d'ailleurs, que personne ne songe à s'en fâcher, pas même une loi récente dont les susceptibilités ne prêtent plus qu'à rire et tombent en désuétude! Voyez plutôt les lettres de faire-part, cartes de visite et pannonceaux armoriés. Quant au titre de *Chivau*, par lequel on distinguait aussi les anciens militaires, il était donné aux chevaliers de Saint-Louis et précédait simplement le nom de famille; mais cet ordre du mérite militaire est presque éteint aujourd'hui, et celui qui le remplace, en s'étendant au civil, avec la profusion qu'on lui connaît, s'il a maintenu dans l'idiome le mot *Chivau*, et même son dim. *Chivauère*, ne l'a fait, hélas! qu'au préjudice de son acception ancienne; car le peuple le rend souvent syn. ou yme d'intrigant.

Chival, s. m. Dim. *Chivale;* péjor. *Chivalas.* Cheval, *Equus caballus*, Linn., mammifère de la fam. des Solipèdes, animal domestique — *Chival de carrosso*, homme brutal et grossier, ou simplement *chival*, au fig. homme dur, robuste, laborieux. *Chival de troumpeto*, bon cheval de trompette; personne qui ne craint pas le bruit, que les menaces n'effraient pas. *D'à chival*, a cheval, a califourchon. *Mounta d'à chival sus la fenestro*, enjamber à califourchon l'appui d'une fenêtre.

Dans quelques dialectes, *al* final se convertit en *dou*, on dit *chivdou*.

Cavalò, dim. comme *Chivale*, indique la jeunesse de l'animal, sa petite taille, mais avec un sens moins restreint peut-être; c'est une bonne petite bête bien roulée, qu'il désigne.

Dér. du lat. *Caballus*.

Chivalé, s m. Danse du chevalet ou du petit cheval, en usage dans les réjouissances publiques du Midi. Un danseur est entouré d'un cerceau sur lequel il étale une sorte de large jupe en drap qui figure une housse de cheval; au devant est ajustée une tête de cheval en carton, dont la bride est tenue par le cavalier; par derrière est fixée une véritable queue de cheval. Ainsi équipé, il exécute une sorte de danse de caractère appropriée à la circonstance et qui imite les gambades d'un cheval, la housse fort longue empêchant d'ailleurs qu'on ne s'aperçoive trop qu'il ne marche que sur deux jambes; l'illusion est parfaite. Huit danseurs ou danseuses, en costume moyen-âge, distingués par des couleurs différentes par couples, exécutent autour du centaure danseur des rondes et des passes variées et entrelacées, tandis qu'un neuvième danseur, à reculons devant la tête de l'animal, lui présente des dragées pour avoine dans un tambour de basque.

Cette danse, à peu près nationale dans le Midi, rappelle celle des jeux de la Fête-Dieu, à Aix, en Provence, connue sous le nom de *Chivdou-frus*, chevaux fringants. Elle est passée de mode de nos jours; sa dernière représentation a eu lieu, à Alais, en l'honneur de la naissance du roi de Rome. La tradition n'a conservé de tout cela que le souvenir et le nom.

Cho, s. m. Péjor. *Choutaras*. Hibou, hibou commun, hibou moyen-duc, *Strix otus*, Temm. Ce nom est aussi celui du petit-duc, *Strix scops*, Temm. — *Voy.* **Machoto, Duganèl, Tuqué.**

Le *Cho*, hibou moyen-duc, est un oiseau de proie nocturne, vivant de rats et de souris; il a 35 cent. de longueur, fauve ou jaunâtre, avec des taches allongées brunes et grisâtres, bec noir, iris des yeux jaune Les hiboux portent deux petits bouquets de plume sur leur front, qu'ils peuvent redresser à volonté, caractère qui n'existe pas chez la chouette proprement dite; ce sont ces aigrettes, semblables à de petites cornes, qui ont fait donner au *Cho* le surnom de *banu*.

Cho, choto se prend adjectivement pour sot, borné, idiot, qui ne sait rien dire. *Cho banu* est le superlatif des défauts précédents.

Ce mot est l'onomatopée du cri de cet animal, qui est bref, accentué, triste et lugubre.

Chou, *interj*. Cri qu'on adresse aux cochons pour les appeler au dehors de leur loge, en le répétant : *Chou! chou! chou!*

En bas-breton, *Ouch* signifie porc.

Chouché, s. m. Nom d'amitié que les gardeuses de porcs donnent à leurs élèves et dont elles les appellent dans les champs : *tè, chouche!*

Ce mot est le dim. du précédent.

Chouès, s. m. Choix; option; préférence. Il n'est guère employé qu'à l'occasion des baux à ferme qui donnent à chacune des deux parties la faculté de rompre ou de conserver le bail au bout de deux, trois ou six années. — *A dous ans de chouès*, il peut résilier au bout de deux ans.

Dér. du lat. *Colligere*.

Chouqua, v. Laisser tomber la tête sur la poitrine, quand le sommeil commence à gagner dans une longue veillée. — *Voy.* **Choura**.

Chouqué, s. m Hoquet, mouvement convulsif du diaphragme.

Les glossateurs français et le Dictionnaire de Trévoux, en tête, font dériver hoquet du flamand *Hick*, malgré son peu de rapport de consonnance. L'anglais *Choked*, suffocation, aurait certes une analogie bien plus remarquable avec le fr. et le lang. à la fois; mais comment le français irait-il reconnaître ou la paternité, ou seulement la confraternité de son frère d'Outre-Loire? Pourquoi ici ne s'en serait-il pas inspiré, ou ne pas avouer au moins qu'il a trouvé cette onomatopée en même temps que lui?

Choura, v. Chômer; rester dans le silence et l'engourdissement, comme les brebis qui chôment *(Voy. Chdouma)*, ou les lazzaronis qui se couchent au soleil, dans le *farniente*. Au fig. faire l'imbécile, le niais. Il se prend aussi pour sommeiller, être engourdi, rêver creux. Toutes ces acceptions se ressemblent; cachent-elles au fond une origine commune avec *Chdouma*, qui a le même sens, et *Chouqua*, qui a de plus le mouvement involontaire?

Chourla, v. Boire à longs traits, en aspirant; se gorger de boisson; lamper. — *Chourla soun flasquou*, boire sa bouteille de vin.

Chourlado, s. f. Larges et nombreuses lampées.

Chourlé, s. m. Nom propre devenu générique pour les chiens roquets, qui sont les chiens du prolétaire, le suivent au travail et gardent sa veste et son bissac ; on les appelle aussi *Gardo-biasso*.

Chourou, s. m. Péjor. *Chouras*. Diablotin d'un moulin à huile ; ouvrier employé aux plus bas et plus pénibles offices ; valet de pressureur de vendanges ; tisonneur de fourneau de chaudière des filatures. Au fig. idiot, hébeté, crétin.

Dér. de *Choura*.

Chouso, s. m. Un tel. *Moussu Chouso*, Monsieur... chose. Terme dont on se sert pour désigner une personne dont on ne se rappelle pas le nom, ou que l'on ne veut pas nommer devant des tierces personnes. Quelquefois c'est une formule proverbiale : *Coumo dis moussu chouso*, comme dit cet autre.

Chouso est une corr. du fr. chose, ou plutôt une transfiguration goguenarde : c'est assez l'usage languedocien vis-à-vis de son heureux rival.

Chu ! *interj*. Chut ! Silence ! Doucement ! Expression souvent explétive pour : Attendez donc ! nous allons voir, etc.

Chu-Chu, s. m. et f. Silence ; discrétion ; secret. — *A la chu-chu*, à la muette, à la sourdine. *Gardou lou chu-chu*, ils restent muets, discrets.

Cibiè, s. m. Civet, étuvée de lièvre ou de lapin, coupés par morceaux et cuits avec du bouillon, un bouquet d'herbes et un assaisonnement de vin, de farine, d'oignons, de quelques feuilles de laurier et un filet de vinaigre ; et servez chaud.

Dér. du lat. *Cepa*, ou *cébo*, oignon, parce que ce légume est le principal assaisonnement de ce ragoût.

Cibièïro, s. f. Civière, sorte de brancard sur lequel deux hommes portent à bras divers fardeaux.

Dér. du lat. *Cœnovoturium ; cœnum*, fumier, et *vehere*, transporter.

Ciblo, s. f. Cible ; point de mire pour le tir au fusil ou au canon. C'est aujourd'hui une planche fixée sur un poteau, où l'on trace un cercle avec un point noir ou blanc au centre. Dans le principe ce devait être un tertre.

Dér. du lat. *Cippus*, cippe.

Cicouréïo, s. f. Chicorée, *Cichorium intybus*, Linn., plante sauvage de la fam. des Composées Chicoracées, commune le long des chemins et dans les champs incultes. La chicorée des jardins se nomme *Endivio* (Voy. c. m.).

Cicouréïo à la broquo, espèce de chicorée qui croît dans les terrains sablonneux, dans le sable même. Comme le soleil pénètre facilement ce terrain, il fait germer plus vite cette plante, qui végète quelque temps sous terre, où elle reste blanche et fort tendre. On ne la reconnaît qu'à la tige ligneuse et desséchée qu'elle a monté l'année précédente ; on tire cette buchette ou *broquo*, et elle entraîne avec elle la jeune pousse, qui est fort bonne en salade. Une fois poussée hors de terre, cette chicorée devient verte, dure, amère et laiteuse ; elle n'est plus bonne à manger.

Dér. du gr. Κιχώρη, m. sign.

Cièl, s. m. Ciel, la partie supérieure du monde ; firmament ; paradis, demeure de Dieu, des anges et des bienheureux.

Dér. du lat. *Cœlum*, m. sign.

Cièrje, s. m. Cierge, chandelle de cire à l'usage des églises ; bougie.

Cièrje-pascdou, cierge pascal, cierge que l'on bénit et que l'on allume le jour de Pâques.

Dér. du lat. *Cereus*, m. sign.

Cigalado, s. f. Accès de folie ; acte d'étourderie ; coup de tête ; redoublement de fièvre ; élancement d'une douleur.

Dér. de *Cigalo*.

Cigalé, éto, adj. Léger, étourdi, évaporé ; jeune homme fringant et sémillant.

Cigalé est le sobriquet donné aux habitants de Saint-Hyppolite-le-Fort (Gard).

Cigaléja, v. fréq. Aller à l'étourdie ; faire le fringant ; causer ou éprouver des élancements douloureux, comme il arrive dans les panaris ou les maux d'aventure — *Moun dé mé cigaléjo*, j'éprouve des élancements au doigt.

Cigalo, s. f. Cigale, *Cicada*, Linn, genre d'insecte de l'ordre des Héminoptères et de la fam. des Collirostres. Le frottement d'une membrane sonore que la cigale mâle porte de chaque côté de l'abdomen, près du corselet, produit le bruit qu'elle fait entendre et qu'on appelle chant.

Cigalo signifie encore caprice ; étourderie ; légèreté. — *Tèsto dé cigalo*, tête légère, éventée ; étourdi. *A dé cigalos din la tèsto*, il a des rats, des caprices. *Pér faïre passa las tignos, fâou lus faïre canta uno cigalo déssus*, prvb., pour guérir les engelures, il faut leur faire chanter une cigale dessus, c'est-à-dire que le retour de la chaleur est le meilleur remède. *Quan la cigalo canto én sétèmbre, noun croumpes bla pér révéndre*, prvb., si tu entends chanter la cigale en septembre, n'achète pas de blé pour le revendre : la spéculation serait mauvaise ; les blés ne seront pas chers.

Dér. du lat. *Cicada*, m. sign

Cigalo, s f. Cigare, petit rouleau de tabac propre à fumer.

Le mot d'importation nouvelle et vient de l'esp. Noel, *Dict. des orig.*, rapporte que ce sont les sauvages qui ont appris à fumer les cigares, mais ils aspirent la fumée par le nez et la font sortir par la bouche. — En Europe, on fait l'inverse, au moins avec la cigarette. Et nous nous vantons d'être en progrès et de tout perfectionner !

Cigàou, s. m. Cigale qui ne chante pas, c'est-à-dire cigale femelle d'après la science, mais d'après les notions populaires le *cigâou* est la cigale mâle. Sauvages affirme que c'est la femelle qui est privée des organes du chant, c'est-à-dire des deux écailles vibrantes que la cigale a sous le ventre. Le mot n'en reste pas moins masculin et désigne la cigale dénuée de cette faculté.

Cigdou, étourdi comme une cigale; mêmes acceptions que *cigale*

Cigogno, s. f Cigogne, *Ardea ciconia*, Linn., de l'ordre des Echassiers et de la fam. des Cultirostres, oiseau de passage qui perche sur les cheminées et est une garantie de prospérité dans les idées populaires de la Hollande et de la Belgique. Au fig. femme haut-montée, au cou et aux membres trop longs; dégingandée.

Dér. du lat. *Ciconia*, m. sign.

Cigougna, v Remuer ses membres; ne pouvoir rester en place, comme lorsqu'on éprouve des inquiétudes aux jambes; branler comme un meuble déjointé par la sécheresse; secouer dans tous les sens, tirailler, étirer. Au fig. inquiéter, importuner.

Cigougnado, s. f. Ébranlement; secousse; redoublement d'un mal.

Cigougnaïre, aïro, *adj*. Remuant; qui ne peut rester ni rien laisser en place; mauvais coucheur; importun; ennuyeux; inquiet et inquiétant.

Cigougnéja, v. *fréq*. de *Cigougna*, exprimant à un degré supérieur et avec redoublement les acceptions de *Cigougna*, au pr. et au fig.

Cimbèl, s. m. Appeau des oiseleurs; chanterelle; oiseau que l'on attache à un filet d'oiseleur pour appeler par son chant ou ses cris les autres oiseaux. — *Prénes moun bras pér un cimbèl?* prends-tu mon bras pour une enseigne?

Dér. du lat. *Cymballum*, sonnette, clochette, parce que le *Cimbèl* appelle comme une sonnette.

Cimbéla, v. Se servir de l'appeau, *Cimbèl*, le placer pour la chasse aux oiseaux et le faire manœuvrer. Au fig. appeler, attirer par signes, par une démonstration qui flatte, qui séduit, comme pour les oiseaux que le chant du *Cimbèl* ou le sifflet amènent au piège de l'oiseleur.

Cimèrlo, s. f. Extrême cime d'un arbre; d'une montagne.

Dér. de *Acimérla*.

Cimo, s. f. Dim. *Ciméto*. Cime; haut; extrémité supérieure d'un corps terminé en pointe; sommet aigu. — *A la finto cimo*, au plus haut sommet.

Dér. du lat. *Cyma*, pointe des herbes.

Cincérisi, s. m., ou **Trido**. Proyer, bruant proyer, *Emberiza miliaria*, Linn. Cet oiseau tire son double nom lang. de son chant, qu'on a essayé de traduire par *cin-cé-ri-zi*, ou bien *tri-tri-tri-trii*, car, comme dit Sauvages, on écrit différemment le cri des oiseaux et le son des cloches, selon qu'on est affecté et que l'imagination s'y prête. Le proyer a les parties supérieures brun cendré, queue noirâtre, milieu du ventre d'un blanc jaunâtre, gorge blanchâtre marquée de petites taches noirâtres. Il est très-commun dans nos contrées où il vit sédentaire. Il est difficile de l'élever en cage; il se brise la tête contre les barreaux, ou s'il vit, il est bien rare de l'entendre chanter. N'est-ce point cette tristesse et ce dépérissement que l'on remarque chez le proyer captif qui ont donné naissance à cette locution familière *faire la trido*, que l'on applique à quelqu'un qui se traîne, malingre, sous le poids de la maladie? — *Voy Trido*.

Cindra, v. Cintrer; poser les cintres d'une voûte; courber en cintre.

Dér. du lat. *Cinctus, cinctura*, de *cingere*.

Cindre, s. m. Cintre; arc de charpente pour établir les voûtes en construction; arc de cercle; courbure en arc.

Dér. du lat. *Cinctura*, ceinture.

Cinq, s. m, n. de nombre. Cinq, nombre impair, composé de deux et trois, ou de quatre et un.

Dé cinq én quatre. Quelle est cette singulière alliance de nombre qui se trouve à la fois dans le lang. et dans le fr.? D'où vient cette locution? D'après Genin, le maître en recherches et en trouvailles philologiques, il faut dire en fr.: de cent ans quatre, ou mieux : de cent tems (temps) quatre; cette expression de temps étant prise pour fois, ainsi que le faisaient nos pères et que font toujours les Anglais, chez qui le mot *times* signifie temps et fois. Cette version adoptée, je préférerais la dernière forme. Pourquoi *ans* pour dividende plutôt que siècles, que jours? L'expression indéterminée de fois me semble plus à propos. Ce dicton, ainsi formulé, s'applique à une chose qui se fait rarement, mot à mot quatre fois sur cent.

Cette interprétation est elle la bonne? Il semblerait que cela ne doive pas nous regarder; mais le lang. étant un peu intéressé dans la question, il faut bien qu'il essaye d'intervenir.

Le dicton de cinq en quatre existe donc en fr., cela n'est pas douteux. Génin lui-même le constate en le citant une fois ainsi. Il est vrai qu'après cela il ne s'en occupe plus; d'où l'on doit conclure qu'il le considère comme inusité, relégué peut-être dans quelque localité, mais en tout cas comme une corruption à dédaigner de la forme qu'il a adoptée. Une corruption, en effet, n'est pas impossible ici par suite de la consonnance, de la prononciation assez rapprochée des deux textes, qui aurait causé facilement une confusion, une méprise. Mais s'il y a eu corruption, n'a-t-elle pas été faite en sens inverse de celui que propose Génin, c'est-à-dire n'est-ce pas au contraire la version qu'il admet qui serait corrompue de celle qu'il condamne? Aux lexicographes français à rechercher et à débattre ce point.

Le languedocien dit carrément : *Dé cinq én quatre*, et ici point de confusion, point de méprise possible; nulle consonnance dans la prononciation de ces mots avec le texte Génin, s'il était traduit. D'ailleurs il ne l'est pas, ne l'a jamais été; cette forme nous est entièrement inconnue; notre dicton est seul, unique, sans la moindre variante. Si nous l'avons inventé, le français, ayant la même idée à rendre, a pu l'inventer de son côté; il a pu aussi nous le prendre. Dans les deux cas, il a existé, il a été répandu chez lui plus sans doute qu'on ne veut le croire. Si nous l'avons emprunté à nos voisins, nous l'avons pris sur un patron connu, à la mode. Nous l'aurions de même taillé sur un autre si nous l'avions trouvé meilleur, si nous l'avions trouvé seulement, quitte à en avoir deux; mais nous n'en avons qu'un. — Il reste à savoir si la version de Génin est réellement usitée, je l'ignore, et il se pourrait que ce ne fût qu'une correction qu'il a essayée. Pour nous il n'y a qu'à s'en tenir à notre *dé cinq én quatre*, qui est le vrai texte ancien, sans altération ni compromission.

Sans compter la difficulté qu'on trouverait à changer de vieilles habitudes, il y aurait, à mon avis, un désavantage à accepter la correction. Sous la forme qui nous appartient, je crois sentir quelque autre chose qui n'est pas dans la nouvelle. Nous voulons sans doute, avec *dé cinq én quatre*, dire aussi que le fait dont il est question a lieu rarement, mais de plus qu'il a lieu irrégulièrement, à intervalles inégaux. Telle est la vraie signification pour nous de ce bizarre idiotisme. Or, ce rapprochement des deux nombres cinq et quatre, dont l'un n'est pas divisible par l'autre, dont le second n'est pas contenu d'une manière exacte dans le premier, ne semble-t-il pas faire entendre cette irrégularité ? Maintenant que cette division soit plus difficile à faire que l'autre, que la construction de la phrase s'accommode très-mal aux exigences de la syntaxe, je le veux bien ; ce n'est pas une raison pour déposséder, en perdant plus qu'on ne gagnerait, un dicton qui, de longue date, s'est toujours très-bien fait comprendre de nous et de bien d'autres, j'imagine.

Dér. du lat. *Quinque*, cinq.

Cinquanto, n de nombre. Cinquante, dix fois cinq
Dér. du lat. *Quinquaginta*, m. sign.

Cinquanténo, s. f. Cinquantaine, nombre de cinquante personnes ou choses ; cinquante ans.

Cinquantenéja, v. fréq. Approcher de la cinquantaine ; avoir près de cinquante ans.

Cinquantièmo, adj. des deux genres, nombre ordinal, s. m. Cinquantième, 50ᵐᵉ partie, 1/50.

Cinze, s. m. Punaise domestique. — Voy *Pennaïso*.
Dér. du lat. *Cimea*, m. sign.

Ciprié, s. m. Cyprès, *Cupressus*, Linn., arbre de la fam. des Conifères, toujours vert, droit, élevé en pointe. Il est l'emblème de la mort et de la tristesse. Son bois est regardé comme incorruptible.

Cira, v. Cirer ; enduire de cire ; appliquer le cirage ; cirer les bottes, le pavé. un fil. — *Ciro*, le vent soulève la neige en poussière. Sur les hautes montagnes, le vent en soulève une si grande quantité que l'air en est obscurci, que bêtes et gens en sont aveuglés. Des masses de neige ainsi transportées comblent les fondrières, effacent la trace des routes et exposent la vie des voyageurs. A-t-on voulu comparer cette action du vent, qui aplanit les plus hautes crêtes sous une couche unie de neige miroitante, à une surface, à un pavé ciré, brillant de cire?

Ciraje, s m. Cirage pour les bottes et les souliers.

Ciro, s. f. Cire, matière jaune, grasse et ductile, produite par les abeilles ; chassie des yeux ; poussière de neige soulevée par le vent.
Dér. du lat. *Cera*, m. sign.

Ciroùs, ouso, adj. Chassieux ; qui a les yeux chassieux. — Voy. *Carpéloùs*.

Cirusièn, s. m. Chirurgien.
Le lat. *Chirurgus* a bien évidemment formé le lang. et le fr. Les deux mots sont-ils contemporains et jumeaux ? On sait que ces questions de priorité, de conception et d'aînesse ont longtemps embarrassé les docteurs *in utroque*.

Cisampo, s. f. Bise froide ; froid vif et rigoureux ; vent glacial.
Ce mot pourrait bien venir du lat. *Cisalpinus*, dont il serait la corruption, parce que la bise la plus froide nous vient de l'aspect des Alpes.

Cisèl, s. m. Ciseau, instrument d'acier, plat, tranchant d'un bout, avec une tête ou un manche, servant à tailler la pierre ou le bois. — *Cisèou én pèiro*. ciseau de sculpteur, de tailleur de pierre.
Dér. du lat. *Scissum*, supin de *scindere*, tailler, couper, fendre.

Cisèous, s. m. plur. Ciseaux de couturière, de tailleur; instrument d'acier composé de deux branches, terminées chacune par une lame et un anneau, et fixées par un clou ou pivot.

Cistèrno, s. f. Citerne, réservoir d'eau de pluie.
Dér. du lat. *Cisterna*, m. sign.

Cistras, s. m. Tuf et schiste ; rocher friable qui n'est guère que l'argile durcie, qu'on tire par dalles, mais qui se décompose et devient terre par l'action de la pluie, du soleil et surtout de la gelée. Le terrain dont la base est le *cistras* est le plus maigre et le moins accessible aux émanations de l'air et de la rosée.
Dér du gr. Σχιστός, qui se brise, qui s'enlève par écailles

Cita, v. Citer ; donner ou faire donner une citation ; assigner ; faire des frais de justice à quelqu'un.
Dér. du lat. *Citare*, m. sign.

Citaciou, s. f. Citation ; exploit d'assignation ; ajournement en justice.

Citouïèn, èno, adj. Citoyen, ne; particulier. Quand on s'en sert adjectivement, il se prend en mauvaise part, comme quand on dit : Oh! c'est un particulier qui... C'est un diable d'homme : *Aquo vous és un citouïèn!*
Dér. du lat. *Civis ;* du gén *civitatis*.

Citro, s. f. Sorte de pastèque, melon d'Amérique, *Cucurbita citrullus*, Linn., plante de la famille des Cucurbitacées, dont le fruit, *Citro*, est de moyenne grosseur, d'un beau vert, écorce lisse, tailladé de bandes et de tigrures d'un jaune serin. Cette espèce de melon, sans saveur ni douceur, n'est bonne qu'à mettre en confiture. — Voy. *Pastèquo*.

Ce mot vient évidemment du lat. *Citrus*, citron, quoiqu'on n'aperçoive aucune affinité entre ces deux fruits, que leur forme sphérique. La *Civio* est éminemment fade.

Civadio, s. f. Cevadille, graine qui réduite en poudre et mélangée avec de l'huile, a la propriété, dit-on, de faire périr les poux de tête, ainsi que leurs œufs ou lentes. Il est certain qu'elle contient un principe actif, un acide particulier, qu'on range parmi les poisons; mais la propriété que le peuple lui accorde pourrait tenir aussi à l'huile qu'on y met et qui est un vrai poison pour les animaux qu'on veut détruire. — *Voy. Grano de capouchin*.

Civado, s. f. Avoine, *Avena sativa*, Linn., plante de la fam. des Graminées. Outre les services que rend l'avoine comme nourriture des chevaux, on en fait encore du gruau, qui est un aliment très-sain pour l'homme — *Douna civado*, s'arrêter en route pour donner l'avoine aux chevaux. *Gagna civado*, sauter, gambader; faire une marche, un exercice pour se donner de l'appétit. *Prene civado*, se régaler; prendre sa provende.

Civado-folo, folle avoine, averon, *Avena fatua*, Linn., plante sauvage, qui ressemble à l'avoine, mais dont l'épi ne contient qu'une graine apparemment imperceptible, puisqu'on ne peut la voir ni la recueillir. Elle croît spontanément dans les blés, où elle étouffe le bon grain — *Voy. Cougnioulo*.

Der. de la bass. lat. *Civada*, m. sign., que Ménage dit venir du chaldéen *Seva la*, aliment.

Cla, s. m. Pierraille; cailloutage; terre mélangée de pierrailles.

Deux observations importantes se présentent : l'une qui touche à la signification du mot, l'autre qui concerne son orthographe.

Sauvages le traduit par : une pierre. Nous pensons qu'il exprime une idée de collectivité, un amas, un tas de pierres; pierraille nous a paru le rendre plus justement.

Sauvages l'écrit *Clap*; il a raison si l'étymologie est prise pour règle : la famille assez nombreuse de dérivés et de composés qui suivent et dont aucun ne peut renier sa parente, le prouve suffisamment. Mais si le mot doit être prononcé, s'il est fait pour être compris à l'audition autant qu'à la lecture, il est nécessaire de l'écrire sans le *p* final, qui ne se fait jamais sentir.

Dans le nom français de Méjanes-le-Clap, commune du canton de Barjac, que la lettre terminale soit maintenue puisqu'elle sonne, nous n'y faisons pas d'opposition; mais que, dans notre dialecte qui dit *Méjano-lou-Cla*, il s'introduise à l'écriture une consonne inarticulée, on ne saurait l'admettre, tant que subsistera le principe qu'en languedocien il n'y a point de lettres inutiles et de non valeurs, et que toutes doivent se faire entendre.

En composition ces retranchements de lettres ne sont pas rares : le mot *Cap* se passe toujours volontiers de sa finale, et nous disons couramment : *Ca-dé-Riousse*, commune de Soustelle; *Ca-dèl-Pra*, commune de Peyroles; *Sen-Vitòu-dé-Malca*, canton de Saint-Ambroix; comme dans le juron *Cadelis* ou *Cadeliou*, et pour celui-ci la connivence du français nous y aide un peu.

Nous en agirons de même avec bien d'autres, surtout parmi les monosyllabes, et par exemple un des plus rapprochés *Co*, en fr. coup, qui donne cependant *Copo*, *Coupa*, etc., mais dont le radical primitif ne fait pas sonner la consonne, et plus loin *Trop* et autres, auxquels nous réservons aussi des explications.

L'adjectif suivant *Cla* au masculin se rangerait dans cette catégorie, à propos de la suppression de sa finale *r*, qui a disparu également de tous les infinitifs.

Nos observations seront mieux à leur place quand nous traiterons, sous chaque lettre, de la méthode d'orthographe, dont nous avons commencé l'exposé au mot *Aou*. Il suffit, au passage, d'avertir et de signaler les homonymies qui poussent à chaque ligne, pour éviter toutes confusions.

Quant au radical lui-même *Cla* pour *Clap*, vient-il du gr. κλάσμα, éclat, morceau, forme de κλάω, briser, rompre; ou bien le latin *lap's*, pierre, par apocope *Lap* et par adjonction d'un *C*, lui aurait-il donné naissance? Raynouard soutient cette dernière étymologie. Sauvages remarque que l'addition ou la suppression du *C* a fourni tour à tour *Clodovicus* pour *Lodoicus*, ramenés ensuite à *Clovis* pour *Louis*, dernière forme du nom qui est restée.

Avec les suffixes extensifs, *Cla* pour *Clap* donne à notre dialecte *Clapas*, *Clapassino*, *Claparedo*, *Clapiè*, *Clapier*, noms propres ou noms communs, entraînant tous à divers degrés un sens de tas de pierres, monceau ou amas de pierrailles, de lieux voisins ou abondants en pierres entassées ou dispersées.

De là, si l'on cherche les analogies, on trouve, seulement dans notre département du Gard, *La Claparedo*, commune de Pompignan; *La Clapareros*, commune de Revens; *Lous Clapayrols*, Les Clapayrols, bois dans la commune de Domessargues; *La Clapeirolo*, commune de Gaujac; *Las Clapeirolos*, commune d'Euzet; *Clapisso*, commune de Saint-André de Valborgne; *Las Clapissos*, commune de Combas; *La Clapaiiso*, ruisseau et bois, communes de Bonnevaux, de Genolhac et de Quissac; *Clapissos*, Clapices, *mansus de Clapissis*, en 1466, dans la commune d'Aulas. Dans tous ces noms se rencontrent les formes de la moyenne latinité, très-pures, comme *Clapa*, *Clapus* dans *Clapas* et *Clapous*, ou avec leurs suffixes traduisant *Clapeirala*, ou *Claperia*, ou *Claperius*, ou *Clapiceum*, ou avec leurs diminutifs en *ol* et *olo*; que Du Cange, à l'aide de citations d'actes et de chartes, rend par : *Congeries, acervus lapidum*, *Clapie de peyre*, clapier ou tas de pierre.

Puis, si l'on voulait se rendre compte du chemin qu'ont fait les transformations, dans les noms propres de lieux, sous certaines influences ethniques inappréciables, on aurait à prendre les noms anciens de la géographie du moyen-âge qui répondent à cette forme, et l'on trouverait par exemple : Clichy-la-Garenne, doublement significatif, appelé autrefois *Clipiacus*; Cleppe dans la Loire nommé *Clipiacus*; et toujours avançant, un lieu dit aujourd'hui Pierreclos, dans le Rhône, autrefois *Clipiacus*. Par où il faudrait conclure que *Clichy* = *Cleppé* = Clapier = *Clapas*, *Clapisse*, *Clapière*, *Claparède* = *Pierreclos*, qui n'est qu'une traduction fidèle : tous rendus par *Clipiacus* = *Claperius* = *Clapiceum* = *Clapa*. Mais le fr. *Pierreclos* = Clapouse, dans le Gard : par conséquent *Clapouse* est le même nom que Peyrouse (Hautes-Pyrénées), que Cheyrouse (Cantal), que Panouse (Lozère), que Rochouse (Indre-et-Loire); et il a pour correspondants Clapière (Hautes-Alpes), similaire à Perrière, a Queyrière, a Rochière, qui sont les mêmes que Perosa et Sassoso en Italie, et que Queiroso en Espagne, et en communauté avec La Peyrouse, et Cayrouse, et Carouse, et Caire, Cayrats, etc

Comme pour prouver que le fond de la langue reste partout le même, que l'origine des dialectes est une source commune, et que les différences de climats, d'habitudes ont pu faire dévier la prononciation, l'impressionner et l'influencer, de manière à créer des variétés qui ne sont pas des dissemblances réelles, à donner aux mots des physionomies diverses, sans faire disparaître entièrement l'air de famille et les signes de reconnaissance.

Cla, claro, *adj.* Dim *Claré*, *éto.* Clair, aire; lumineux; transparent; qui jette, reçoit, transmet beaucoup de lumière; qui n'est pas trouble; peu épais; peu serré; clair-semé; rare. — *Fai cla*, le temps est clair. *Fai cla dé luno*, il fait un beau clair de lune *D'aigo claro*, de l'eau limpide. *Aquelo télo és bien claro*, cette toile est peu serrée. *Y vése pas cla*, je n'y vois pas clair. *Parla cla*, parler clair. *Seméno cla*, *culiras éspés*, prvb., le grain clair-semé donne une moisson abondante. *Cla d'én bas, mountagno éscuro, pléjo séguro*, prvb., clair vers le midi, montagne couverte de nuage, présage certain de pluie : orientation d'Alais bien entendu. *Las castagnos soun claros*, les châtaignes sont rares, clair-semées.

Dér. du lat. *Clarus*, m. sign.

Clafi, *v.* Remplir outre mesure; farcir; gorger. — *Lou sòou és clafi dé poumos*, le sol est jonché de pommes. *Es clafi de pésouls*, il a la tête farcie de poux.

Sauvages donne pour variante le terme *Clâoufi*, inusité aujourd'hui; mais l'étym. ne serait-elle pas là pour *clafi* un peu syncopée? *Clausus fieri*, du lat., aurait pu la fournir : *devenir clos*, très-plein; le sens serait juste.

Clâou, *s. f.* Dim. *Clavéto* Clé, instrument de métal pour ouvrir ou fermer une serrure; petite clé, clavette. — *Testamén à clâou*, testament mystique. *Drouvi sans clâou*, enfoncer une porte; forcer une serrure.

Dér. du lat. *Clavis*, m. sign.

Clâou, *s. m.* Dim. *Clâousé*, *Clâousèl*, *Clâousélé*. Clos; enclos; closeau; closerie; petit jardin — Il est devenu nom propre avec la variante dialectale en Duclaux, Duclos, Laclos et même Lenclos, et les dim. Clausel, Duclausel : tous de même origine. Mais il est remarquable que le premier *Du Claux*, qui devait être traduit en lang. par *dâou cldou*, garde sa teinte française et se dise couramment *Duclâou*, comme font au reste les noms *Du Mas*, *Du Gas*, et autres. — *Voy. Dalmas*

Dér. du lat. *Clausum*, m. sign.

Clâousado, *s. f.* Enceinte; certaine étendue de terrain ou même de pays, entouré de clôtures ou de limites fixes, telles que collines, ruisseaux ou rivières.

Clâousi, *v.* Clore; clôturer; entourer de murs ou de barrières; fermer; enfermer.

Dér. du lat. *Clausum*, supin de *claudere*, m. sign.

Clâoutrié, *s. m.* Cloutier, fabricant de clous; marchand de clous.

Claparédo, *s. f.* Terrain couvert de tas de pierres roulantes et détachées et non de rochers; car alors il s'appelle *Rancarédo*. — *Voy. Cla*.

Clapas, *s. m.* Dim. *Clapassoù*. Augm. *Clapassas*. Au plur. *Clapasses*. Tas de pierres, et par ext. tas de toute sorte d'objets; monceau; amas. — *Las pèiros van as clapasses*, dit le prvb., lorsqu'un heureux événement arrive à une personne déjà fort heureuse, et surtout lorsqu'un héritage échoit à une personne riche : c'est-à-dire le bien cherche le bien; un bonheur ne vient pas sans l'autre; l'eau va toujours à la rivière. — *Y-avié un clapas dé mounde*, il y avait foule, un grand encombrement. — *V. Cla*.

Clapassino, *s. f.* Terre très-pierreuse; qui peut fournir beaucoup de blocaille.

Clapéto, *adj. fém.* Ne se dit que de l'eau : *aigo clapéto*, eau à peine tiède, dégourdie au feu, telle qu'on s'en sert pour abreuver le bétail malade.

Clapisso, *s. f.* Dim. à la fois de *Clapas* et de *Claparédo*, petit coin de terre rempli de pierraille. — *Voy. Cla*.

Clapo, *s.* Sonnette de mouton, dont les flancs sont aplatis et parallèles; sonnaille, grosse cloche de mulet conducteur dans les convois de mulets. Elle a pour objet de rappeler les mulets qui pourraient s'égarer de la file pendant la nuit et dans les sentiers méconnaissables par la neige ou les éboulis.

Claquo, *s. f.* Claque; taloche; coup frappé avec le plat de la main. C'est probablement une onomatopée du bruit que fait un pareil coup en frappant sur la joue et surtout sur certaine autre partie du corps à nu.

Capèl à la claquo, claque, chapeau plat qu'on porte sous le bras.

Clarénsoù, *n. pr* d'homme. Clarenson

L'origine de ce mot est bien évidemment anglaise Il signifie fils de Clarence, tout comme Fitz-Clarence.

Claréto, *s. f.* Clairette; vin clairet; raisin blanc qui produit ce vin. La *claréto* est une des espèces de raisin qu'on choisit de préférence pour la conserver sur la paille; son grain est menu, clair-semé et très-sain.

Clari (Canta), phr. faite. Sonner creux, comme fait un vaisseau quelconque, soit quand il est vide, soit quand il est fêlé.

Clarin, *s. m.* Sonnette à brebis, la plus petite de celles qu'on emploie; elle est à peu près cylindrique; ainsi nommée parce qu'elle rend un son clair.

Clarjas, *s. m.* Ce mot n'est employé qu'en terme de comparaison et sous cette seule formule : *un fiò coumo un clarjas*, un feu à mi-cheminée, un feu de reculée.

Sauvages le traduit par gueuse, lingot de fer fondu qu'on coule dans le sable, au sortir du fourneau de fusion. Je ne sais sur quoi il appuie cette opinion, puisque ce terme n'est jamais employé en parlant de la gueuse nominativement. En supposant même cette origine, *Clarjas* serait plutôt le creuset dans lequel s'opère la fusion, le haut-fourneau tout entier. Ne serait-il pas trop simple de chercher l'étym. du mot dans la description même de l'opération au moment où la coulée se fait et où la gueuse incandescente, rouge à blanc, court se répandre dans son lit de sable et s'étend dans son *clar jas*, sa couche claire ou en feu? Ceci dit en admettant que la sign. donnée par notre devancier soit juste.

Claro d'iôou, *s. f.* Blanc d'œuf; glaire d'œuf.
Dér. du lat. *Clarum ovi*.

Claroù, *s. f.* Lueur ; faible clarté; se dit de la clarté de la lune ou même des étoiles
Dér. de *Cla, clarus*.

Clarta, *s. f.* Clarté ; lumière ; éclat ; splendeur.
Dér. du lat. *Claritas*, m. sign.

Classes, *s. m. plur.* Glas de mort ; sonnerie de cloches, lorsqu'une personne vient d'expirer, et lorsque commence la cérémonie des funérailles — *Lous grans classes*, sonnerie à grande volée pour les enterrements de première classe. *Sonou sous classes*, on sonne pour son enterrement *Dé quàou soun aqueles classes?* pour qui sonne-t-on le glas de mort ? *Sonou tous classes*, tu as perdu, tu es dégoté, tu ne peux pas t'en relever.

Dér., d'après quelques auteurs, du lat. *Classicum*, son de la trompette, parce que sans doute dans les premiers temps et avant l'introduction des cloches dans les rits religieux, on annonçait la mort avec une trompette; suivant d'autres du lat. *Clango*, faire retentir, ou *clamo*, appeler à grands cris, ou bien du gr. κλαίω, pleurer, ou de Κλάζω, faire un bruit aigre et perçant. Le bas-breton a *Glas*, qui a passé au fr. et qui indiquerait aussi l'origine de *classes* avec la m. sign.

Classo, *s. f.* Classe ; salle d'école; classe de jeunes soldats. — *Faï la classo de latì*, il fait ses études de latin. *A fini sas classos*, il a fini ses études. *Vaï à la classo*, il va à l'école. *Es pas d'aquèsto classo*, il ne doit pas tirer au sort cette année. La classe est distinguée par l'année dans laquelle a eu lieu le tirage au sort, on dit : *la classo trentotres, trènto-quatre*. On s'en sert aussi dans ce sens pour indiquer son âge : *couscri dé trento-trés*, est né vingt ans avant la date de sa classe.
Dér. du lat. *Classis*.

Clastréja, *v. fréq.* Aller d'un presbytère à l'autre, pour y faire le parasite; fréquenter les curés. — *Voy. Castéléja*.

Clastro, *s. f.* Presbytère; maison curiale. — Autrefois ces maisons étaient habitées par une réunion ou collège de prêtres qui y vivaient claustralement et étaient les conseils des évêques. Plus anciennement encore, elles étaient occupées par des moines qui desservaient de là un grand nombre de paroisses, dans un temps où le clergé séculier inférieur était peu nombreux et fort peu rétribué. — *Bé dé clastro*, propriété de main-morte, bien d'église.
Dér. de la b. lat. *Clastra*, du lat. *Claustrum*, clôture, cloître.

Clava, *v.* Fermer à clé ; renfermer ; poser la clé à une voûte, assujettir les voussoirs de moellon au moyen de coins ou d'une pierre principale qui forme la clé ; séquestrer. Au fig. achever, accomplir. — *Sé clava dédin*, s'enfermer, fermer la porte sur soi. *Clava uno croto*, mettre la clé à une voute. *A las déns clavados*, il a les dents serrées convulsivement.
Dér. de *Clàou*, lat. *Clavis*.

Clavèl, *s. m.* Dim. *Clavèle*. Clou, morceau de fer allongé et pointu servant à fixer une chose à une autre ; petit clou, broquette. — *Clavèl de careto*, clou de jante. — *Voy. Cabosso. Clavèl dé tapissarié*, clou de crochet, pour fixer les tentures d'un appartement. Aujourd'hui les tapisseries en papier en ont diminué l'usage. *Clavèl doubla*, clou tortu, tordu ou crochu. *Clavèl mouru, déspouncha*, clou rebouché ou épointé. *Clavèl de girofle*, clou de girofle. On dit d'un mauvais payeur : *N'aï pas pougu déraba ni fère, ni clavel*, je n'en ai pu tirer ni sou, ni maille.
Dér. du lat. *Clavus*, m. sign.

Clavéla, *v.* Clouer; attacher, fixer avec un ou plusieurs clous. — *Es clavéla dé pigoto*, il a la figure toute semée de bubons de petite vérole.

Clavélado, *s. f.* Raie, raie boucléc, *Raia clavata*, Linn., poisson de mer de l'ordre des Trématopnés et de la fam. des Plagiostomes. Il parvient à une grande grosseur ; sa chair est agréable et savoureuse. Il est plat et large, sans écailles. Les aiguillons qu'il porte sur lui, espèce de cartilages ou d'osselets qui ressemblent à des têtes de clous, lui ont fait donner le nom de *Clavelado*.

Clavélé, *s. m.* Détente d'un fusil ou d'un pistolet.
Dér. le lat. *Clavel*.

Claviè, *s. m.* Crochet de femme, ordinairement en argent, garni d'une chaîne, à laquelle les femmes suspendent, à la ceinture, leurs ciseaux et les clés les plus importantes. C'était, il y a cinquante ans, une parure pour les ménagères du peuple un peu huppées. Elles ne le portaient que dans leur grande toilette, et il était alors sans clés ni ciseaux. Ce bijou se transmettait de mère en fille, et on le constituait en dot dans le contrat de mariage. Les filles n'en portaient jamais. Il était le signe de l'autorité en ménage. Aujourd'hui le *Claviè* est un crochet à ciseaux commun à toutes les classes.
Dér. de *Clàou*, lat. *Clavis*.

Clavièiro, *s. f., n. pr.* de lieu. Clavière ; closerie ; champ entouré de murs ou de haies.
Dér. de *Clàou*, clos, avec le suffixe collectif adjectif *ièro*.

Clè, *s. f.*, ou **Païo dé clè**. Glui; gerbée; paille de seigle dont on a fait tomber le grain au fléau et mieux encore avec un rateau, afin de lui laisser toute sa longueur. Elle sert à garnir les chaises, à faire des paillassons, à rembourrer les colliers de labour, à lier les ceps aux échalas, à couvrir les toitures en chaume.

Ce mot est tiré sans doute du fr. *Claie.*

Clédado, *s. f.* Récolte de châtaignes sèches; quantité comprise dans un séchoir appelé *Cledo.*

Clédanço, *s. f.* Crédence; buffet à tenir les provisions; bahut. — La *clédanço*, dans ce pays, est d'ordinaire un meuble d'utilité, et meuble meublant dans la cuisine des paysans cossus. C'est extérieurement un buffet bien ciré, bien luisant, quelquefois ciselé, sculpté, et en l'ouvrant, au lieu d'un buffet, on trouve une huche à pain.

Ce mot, comme le fr., vient de l'allem. *Kredentz*, buffet.

Clédo, *s. f.* Claie d'un parc à brebis, composée de trois montants et de quatre traverses; claire-voie; porte à barreaux; ridelle d'une charrette; cadre sur lequel est tendu un treillis en fil de fer pour passer le sable ou la terre : on se sert de ce châssis en le soutenant de champ avec une légère inclinaison, et à l'aide d'une pelle on jette contre ce que l'on veut passer; séchoir à châtaignes. Dans cette dernière acception, la *Clédo* est un bâtiment, qu'on isole autant que possible des habitations à cause des dangers d'incendie : il est bas et tout d'une pièce; à la hauteur de deux mètres environ du sol, un rang de solives soutient un plancher composé soit de minces chevrons joignant l'un à l'autre, qu'on nomme *sétoùs*, soit de clayons faits de scions de châtaigniers sauvages, qu'on nomme *panèts*. C'est là qu'on dépose les châtaignes fraîches, sur une épaisseur qui peut aller jusqu'à 75 centimètres. Au-dessous on entretient un feu continuel et lent au moyen de grosses souches, de vieux troncs d'arbres; lorsqu'il donne trop de flamme, on l'étouffe à moitié avec de la cendre et avec les épluchures de châtaignes de l'année précédente que l'on conserve dans ce but. Par ce procédé on obtient un feu calme et qui donne beaucoup de fumée. C'est cette fumée qui n'a d'autre issue que le plancher superposé, qui, filtrant à travers les interstices, commence à faire suer les châtaignes, à volatiliser toute leur humidité, et finit par leur donner ce degré de dessication qui permet de les dépouiller et les durcit sans arriver jusqu'à la coction.

C'est souvent dans le séchoir que se passent les veillées dites *Castagnados*. Comme l'on a besoin de surveiller le feu, il faut que quelqu'un y veille à tour de rôle, même la nuit. La veillée s'assied par terre, sur une pierre, ou sur une souche, et toujours le plus bas possible, parce que le local est plein de fumée qui n'a point de conduit direct et que l'on en souffre moins dans la zone inférieure.

Dér. de la bass. lat. *Cleda*, formé du grec Κλῆδος, clôture, haie, de Κλείω, je ferme.

Cléna, *v.* Incliner; plier; baisser. — *Cléna las éspantos*, plier, hausser les épaules, en signe de soumission ou de dédain. *Cléna lous ièls*, baisser les yeux; clignoter; fermer les yeux à demi. *Cléna la tèsto*, courber la tête; se prosterner; s'incliner de respect; s'humilier. *Sé cléna*, se courber; s'abaisser; se ratatiner.

Dér. du lat. *Clinare*, pencher, incliner.

Clèr, *s. m.* Clerc d'église, sous-sacristain; servant; clerc de notaire; étudiant en pratique, qui travaille sous un homme de pratique; et en général, dans le langage familier, tout individu qui se trouve dans une position secondaire relativement à un autre, comme un commis, un compagnon, un domestique.

Dér. du lat. *Clericus.*

Clèrci, *s. m.* Quercy, ancienne province; porc de l'espèce qui nous vient du Quercy. Au fig. cochon; paresseux.

Corr. du fr. *Quercy.*

Cliquétos, *s. f. plur.* Cliquette, instrument de gamin, composé de deux galets longs et plats ou de deux petites douves en bois, qu'on fait battre en les tenant et les agitant entre les doigts, et qui rend à peu près le même son que les castagnettes. — Au fig. et par ironie, se dit de jambes dépourvues de mollets; dans le même sens qu'on dit en fr. des flûtes. — *Batré dé las cliquétos*, grelotter de froid, quand il fait claquer des dents et flageoler des jambes.

Autrefois on obligeait les lépreux de nos maladreries à battre les cliquettes ou à agiter des crécelles, pour avertir les passants de ne pas les aborder.

Ce mot est une onomatopée.

Cloucha, *v.* Glousser. — Se dit du chant ou du cri de la poule qui couve. — *La galino cloucho*, la poule demande, ou se prépare à couver.

Dér. du lat. *Glocire* ou *Glocitare*, m. sign.

Clouchado, *s. f.* Couvée; troupe de poussins; tous les œufs qu'une poule couve à la fois; les petits qui en proviennent. Au fig. engeance, famille.

Clouchè, *s. m.* Clocher; bâtiment ou espèce de tour élevée qui soutient et renferme les cloches d'une église.

Dans la bass. lat. *Clocarium*, formé de *Cloca*, cloche, avait la m. sign. En allem. *Kloke*, cloche; en angl. *Klok*, horloge, heure, dér. du vieux teutonique *Kecoken*, frapper.

Clouchо, *s. f.* Poule couveuse. — *Metre la cloucho*, mettre une poule à couver, lui donner des œufs à couver.

Ce mot, comme le v. *Cloucha*, en lat. *Glocire*, est une onomatopée du gloussement de la poule, durant la couvée et l'éducation des poussins.

Cluta, *v.* Cligner, fermer à demi les yeux, comme font les myopes, afin de diminuer l'ouverture de l'angle visuel, ce qui le rend plus aigu et plus impressif sur la cornée qui est trop épaisse et trop peu diaphane chez les myopes. — Au fig. *Cluta lous ièls*, s'éteindre, mourir.

Dér. du gr. Κλίνω, plier, ou du lat. *Clusus*, fermé; ou encore du gr. Κεύθω, cacher, enfermer.

Co, *s. m.* Dim. *Coupé*; augm. *Coupas*. Coup; choc;

heurt; mouvement impétueux; décharge et bruit d'une arme, du tonnerre; tour subtil: geste; fait: tentative; entreprise; but; trait de raillerie, de médisance — *Un co de vi*, un verre de vin *A begu soun coupe*, il a bu son petit coup. *Lou co de mujour*, midi sonnant; mot à mot quand midi frappe son coup. *Un co de sau*, attaque d'apoplexie. *Un co de sourel*, coup de soleil; insolation *Co de fusil, de ven, de tounero*, coup de fusil, de vent, de tonnerre *I a fa lou co*, il lui a joué un tour — *Aro serié bien lou co*, maintenant ce serait bien le cas; l'occasion est belle; c'est le moment. *A manqua soun co*, il a échoué dans son entreprise. *T'aourai vis aquò d'un co d'iél*, j'aurai vu cela d'un coup d'œil *Douna un bon co de den*, faire un bon repas. *Un co de man*, un peu d'aide. *Co de bé*, médisance *Faire lou co dóou lapin*, donner le coup du lapin, c'est-à-dire un coup de main derrière la nuque, parce que c'est là la manière de tuer les lapins domestiques; au fig duper quelqu'un, lui tendre un croc en jambe.

Tout d'un co, adv. Tout à coup. *Tout end'un co*, ou *tout emb'un co*, tout à coup; soudain; subitement

Dér. de *Cop*, qu'on dit celtique; ou de la bass. lat *Colpus*, corr. du grec Κόλαφος, soufflet.

Co, s m. Fois. Syn de *Fes* — *Y aviè un co*, il y avait une fois. *M'ou fagues pas dire dous cos*, ne me le fais pas répéter, dire deux fois. *Un co l'áoutre nou*, une fois et l'autre non. alternativement. *Un co qué l'óouvrai vis*, une fois que je l'aurai vu *Toutes dou un co*, tous à la fois. *Tout d'un co*, tout en une seule fois

Co, s m. Vanne; écluse — *Toumba lou co*, abaisser la vanne; *léva lou co*, lâcher l'écluse; au propre et au fig. se dit de ces moulins à paroles, qui, une fois en train de discours, ne s'arrêtent plus.

Cobre (**dé**), adv. De surplus; en réserve; par dessus le marché; au-delà du nécessaire; de relais; de reste. — *Fóou toujour avédre quicoumé de cobre*, il faut toujours avoir quelque peu de chose en réserve; il faut se garder une poire pour la soif.

Dér. du lat. *Cooperire*, couvrir. mettre en réserve. En esp. *Cobro*, à couvert.

Codou, s. m. Caillou; galet; pierre isolée; celle que l'on lance à la fronde. — *Abatara à co dé codou*, poursuivre à coups de pierre.

Dér. de la bass. lat. *Codulus*, m. sign., formé du lat. *Cautes*, caillou.

Cofre, s. m. Dim. *Coufre*; péj. *Coufras*. Coffre; bahut; meuble en forme de caisse, propre à serrer des hardes, de l'argent, etc. Au fig. poitrine, estomac. — *Aquél home a un bon cofre*, cet homme a une excellente constitution.

Coïé, s m. dim. *Couyère*. Collier, seulement dans l'acception de bijou, ornement autour du cou; jamais dans celle de collier de trait, de labour, qui se dit : *Coulas*

Dér. du lat. *Collum*, cou.

Coïfo s. f. Coiffe bonnet de femme; cornette — Un prvb irrévérencieux pour le sexe, et qui n'est pas toujours vrai, a dit . *Un capèl vóou mai que cen coifos*, un chapeau vaut mieux que cent coiffes; métonymie.

Dér. de la bass. lat *Cufa* ou *Cuphia*, m. sign.

Coïre. v. Cuire; préparer les aliments au feu; faire cuire, spécialement faire cuire du pain — *Quouro couses?* quand faites-vous du pain? *Bouta coire*, mettre le pot au feu. *Aquò vòou pas de coire*, cela ne demande que fort peu de cuisson.

Coïre, v. Bruler; havir; cuire; faire éprouver de la cuisson : au fig. être en danger de mort, de perte. — *La barbasto a quié la fartaro*, la gelée blanche a flétri l'hortolaille. *Fas trop coire aquelo car*, tu brûles cette viande. *Sou quié*, je suis cuit, je suis perdu. *Mous iéls me cosou*, les yeux me cuisent. *T'en couïra*, il t'en cuira, tu t'en repentiras

Dér. du lat. *Coquere*, m. sign.

Col, s. m. ou **Couol** Cou, col; partie du corps qui soutient la tête. — *Pourta dou col*, porter un fardeau sur les épaules *Col dé pero*, col-tort, qui porte le cou de travers: au fig. cagot; hypocrite; torticolis. *Col de pè*, cou-de-pied ou coude-pied. *Col d'uno bouteïo*, goulot d'une bouteille.

Dér. du lat. *Collum*, m. sign.

Colis, s m Colis; ballot de marchandise; terme de roulage; caisse; barrique; paquet.

Importation nouvelle du fr.

Colibè, s. m. Quolibet; sarcasme; plaisanterie grossière et méchante; pointe; équivoque.

Dér du lat. *Quod libet*, tout ce qu'on veut, c'est-à-dire que ceux qui lancent des quolibets disent tout ce qui leur passe par la tête sans égard ni réserve.

Colo, s. f. Colle; matière gluante et tenace qui sert à joindre deux surfaces. — *Colo forto*, colle forte, faite de la coction des parties gélatineuses des animaux; ainsi caractérisée à cause de sa grande ténacité.

Dér du gr. Κόλλα, m. sign.

Colo, s. f. Bande; troupe; association d'ouvriers travaillant ensemble; multitude. — *Colo dé ressaires*, scieurs de long qui sont associés par bande de trois. *Sèn pas dé colo*, nos chiens ne chassent pas ensemble.

Dér. du lat. *Collatus*, assemblé, joint, et du gr. Κολλητός, uni, rapproché.

Comotivo, s. f. Locomotive.

C'est encore un emprunt au langage scientifique par son côté populaire. Mais le lang., fidèle à cette antipathie de rivalité dont le fr. a pris l'initiative envers lui, a voulu marquer cette adjonction au cachet de son génie en défigurant son modèle.

Conquo, s. f. Dim. *Counquéto*. Bassin ou bassine de cuivre sans anse, dont on se sert dans les cuisines pour faire tremper certaines provisions et pour d'autres usages; au fig. terrain creux; bas-fond formant comme un bassin.

Dér. du lat. *Concha*, conque, vase, coquille, venant du gr. Κόγχη, conque, coquillage.

Consou, *s. m.* Consul; échevin, officier municipal dans l'ancien régime. Dans les chartes, on les désignait sous le nom de consuls modernes, sans doute par comparaison aux consuls romains. Ils portaient la robe et le chaperon. Plus tard, et dans les campagnes surtout, ils se dispensaient de la robe; leur insigne était le chaperon cramoisi bordé d'hermine. — *Aourian fa un consou,* nous aurions fait un pape, disons-nous, lorsqu'un autre émet une idée que nous allions émettre nous-même dans l'instant. Cette formule proverbiale, tant en fr. qu'en lang., est une allusion au système également suivi pour les papes et les consuls. C'est comme si l'on disait : avec cette communauté d'idées, on peut faire réussir toute candidature : il ne s'agit que de s'entendre. Mais ce qui était autrefois praticable et qui a donné naissance au dicton, pourrait-il aujourd'hui être également vrai et juste? Nos pères avaient des franchises qui passaient en proverbe pour attester leurs libertés communales; nous avons le progrès, et si quelque dicton se conserve jamais de nos mœurs électorales, de ce temps de suffrage universel, il est douteux qu'il exprime une idée pareille, qui réponde à une autre locution plus étendue encore sur la nécessité de l'accord : *Entendè-vous et farés plóoure,* entendez-vous et vous ferez pleuvoir.

Conte, *s. m.* Compte; supputation; nombre; calcul; facture ou note de fournitures, contenant l'addition et le doit. — *Faire soun conte,* faire son compte à un domestique, le congédier : au fig. tuer, assassiner. *Conte de Beaucaire,* mémoire des fournisseurs que l'on doit solder à l'époque de la foire de Beaucaire. C'est une époque bien critique pour tous les consommateurs dans les pays voisins de Beaucaire, pour lesquels la foire de cette ville est un terme de rigueur. Le peuple des campagnes surtout renvoie tous ses paiements à cette époque, ce qui est pour beaucoup de gens une cause de ruine et d'expropriation, le crédit qu'il obtiendra dans le cours de l'année les alléchant souvent à dépenser plus qu'ils ne peuvent payer. Aussi, la quinzaine qui suit cette foire est-elle abondante en exploits d'huissier.

Dér. du lat. *Computum,* calcul.

Conte, *s. m.* Conte; sornette. — *Conte de ma gran la borgno,* conte de ma mère l'Oie. — *Voy. Borgno.*

Conte, *s. m.* **Countèsso**, *s. f.* Comte, comtesse, seigneur d'un comté.

Dér. du lat. *Comes,* compagnon. Ce titre, d'après Dom de Vaines, *Dict. diplom.,* remonte au moins aux premiers empereurs, qui nommaient leurs conseillers, *comites.* Auguste avait déjà les siens, *comites Augusti.* Plus tard, et en France, les comtes étaient les compagnons, les aides de camp des rois.

Contoronle, *s. m.* Enregistrement; bureau du receveur de l'enregistrement; marque sur l'or et l'argenterie qui ont le titre.

Corr. du mot fr. *Contrôle,* ancien nom de l'enregistrement.

Contorounla, *v.* Enregistrer; soumettre un acte à l'enregistrement, le déposer au bureau de l'enregistrement; marquer l'or et l'argent au titre.

Contorounlur, *s. m.* Receveur de l'enregistrement; contrôleur des matières d'or et d'argent.

Copo, *s. f.* Dim. *Coupeto.* Coupe ; certaine étendue de bois que l'on coupe régulièrement; coupe de fourrage ; coupe au jeu de cartes, séparation du jeu en deux parties. — *Y doura encaro une bono coupeto de recioure,* nous aurons encore une petite provision de regain à couper

Dér. de *Coupa.*

Copo-jaré, *s. m.* Coupe-jaret ; brigand ; scélérat; mauvais drôle. Se dit souvent, dans le langage familier, en supprimant le dernier mot : *es un trasso de copo,* c'est un mauvais gueux, un très-pauvre sire. *Frimousso de copo,* figure de coupe-jaret.

Formé de *Coupa* et de *Jare.* — *Voy. c. m*

Copo-roso, *s. f.* Couperose, vitriol en sel, nom générique qui convient autant à la couperose bleue, sulfate de cuivre, qu'à la couperose verte, sulfate de fer, dont l'exploitation était si connue aux environs d'Alais, à Saint-Julien-de-Valgalgues.

Dér. du lat. *Cupri ros,* rosée ou eau de cuivre, nom que portait le vitriol dans l'ancienne nomenclature chimique.

Coquo, *s. f.* Châtaigne; poulette; mot du dictionnaire des nourrices et des bonnes d'enfant.

Coquo, *s. f.* Brioche, gâteau ou pâtisserie fait de fleur de farine, de jaunes d'œufs et de sucre. — *Voy. Roustido.*

Dér. du lat. *Coctus, cocta,* cuit, cuite.

Coquo, *s. f.* Coque du levant; petit fruit à baies noirâtres de la grosseur d'un gros pois. Il fait périr les poux et enivre les poissons, qui viennent mourir bientôt sur le sable. On ne s'en sert guère que pour empoisonner le poisson de rivière.

Dér. du gr. Κόκκος, grain.

Cor, *s. m.* Corps; corps humain ; cœur, organe principal de la circulation; affection; mémoire; affection de l'âme; courage ; cor, instrument à vent, tourné en spirale; corps de jupe, corset. — *Y a pas un péou de moun cor,* il n'y a pas un poil, une veine de mon corps. — *Mdou de cor,* mal de cœur, faiblesse, évanouissement. *Aprene de per cor, recita de per cor,* apprendre, réciter par cœur. *Ou save de per cor,* je le sais par cœur. *L'aime de tout moun cor,* je l'aime de tout mon cœur. *Cor de casso,* cor de chasse. *La paouroto, a lou cor gros,* la pauvrette, elle a le cœur gros, elle est très-affectée — *Voy. Cur.*

Dér. du lat. *Corpus* pour corps, de *Cor* pour cœur, et de *Cornu* pour cor.

Corcomaïre, *n. pr.* d'une rue de Nîmes.

Ce mot paraît venir de la corroyerie qui se faisait dans cette rue située le long du canal de l'Agau. D'après cela, *Corcomaïre* signifierait en vieux langage du pays, corroyeur, et serait composé de *Corcom,* corruption du latin *Corium,* cuir, et de la désinence aire, commune aux adjectifs d'action, correspondant à la désinence fr. eur.

Du reste, Sauvages traduit, comme nous, Corecomaire, qui est le même mot, par corroyeur, tanneur, et le fait venir de la bass. lat. Corraterius, sans entrer dans la décomposition de cette origine.

Cordo, s. f. Dim. Courdeto; péjor. Courdasso. Corde, tortis fait de chanvre, de lin ou de boyau. — Cordo fino, ficelle employée pour mèche à fouet.—Voy. Ligneto. Cordo de fai. — Voy. Sénglou.

Dér. du lat. Chorda. corde d'instrument de musique, cordeau.

Cordos, s. f. plur. Maladie des porcs, des chevaux, ainsi que des agneaux, chevreaux et veaux de naissance. C'est une contraction nerveuse des articulations, qui les empêche de plier les membres, et rend leurs jambes raides, comme si elles étaient tendues avec des cordes.

Corfali, v. S'évanouir, tomber en défaillance, disparaître; se pâmer.

Formé de Cor et de Fali, manquer du cœur.

Corgno, s. f. Fruit du cornouiller, en forme d'olive, d'un rouge vermillon, quand il est mûr. — Vóou pa'no corgno, c'est un pauvre homme, un mauvais ouvrier, qui ne vaut pas une pipe de tabac. N'én dounariéu pa'no corgno, je n'en donnerais pas un sou vaillant.

Dér. du lat. Cornum, m. sign.

Coronlo, s. f. Tresse de cheveux entortillés sur la tête des femmes, en forme de couronne. « Cet usage, dit Sauvages, subsiste en Italie chez les femmes du peuple, et il a passé de mode depuis longtemps dans nos provinces, où les têtes de femmes sont plus changeantes. » Mais on y revient : ce qui ne prouve pas que le spirituel abbé n'ait pas eu raison.

Dér. du lat Corolla, contraction de Coronula, petite couronne.

Cor-san, s. m. Corps saint ; reliques d'un saint; corps sacré de Jésus-Christ. — L'ai préga coumo un cor-san, je l'ai supplié comme Dieu lui-même. Ména plan coumo un cor-san, conduire comme un corps saint, avec précaution et sollicitude, comme si l'on portait des reliques.

Costi, s. f. Coût ; dépens; dépenses; frais. — Crén pas lou costi, il ne craint pas la dépense. Y doura fosso costi, il y aura bien des frais.

Dér. de Cousta.

Costo, s. f. Dim. Cousteto. Côteau, côte, penchant d'une montagne, d'une colline ; os long et courbe des parties latérales de la poitrine de l'homme ou de l'animal. — A las costos en long, il a les côtes placées verticalement; il ne peut se courber; c'est un fainéant qui fuit tout travail.

Dér. du lat. Costa, m. sign.

Costos, s. f. plur. Nervures des feuilles d'une plante; parties proéminentes d'un melon ; membrure latérale d'un vaisseau, d'un clayon, d'une manne : côtes de cocons de tirage; fleuret de soie. — Costos dé bledo ou Coustétos, cardes de poirée. — Les côtes de cocons sont ces filasses dont on les purge dans la bassine, avant d'arriver au brin de soie. Comme l'enveloppe extérieure du cocon est la première travaillée, les premiers brins en sont grossiers, baveux; c'est pour cela qu'on bat les cocons au bassin dans l'eau bouillante pour décoller ces premiers brins ; on dévide ainsi les cocons jusqu'à ce qu'ils deviennent fins et purs La filasse qu'on retire de cet ensemble de cocons à la battue, sous forme d'un gros cordon. se nomme Costos. On la carde et on en fait du fleuret grossier.

Coua, v. ou Couga. Couver en parlant des oiseaux qui se tiennent sur leurs œufs pour les faire éclore; choyer, mitonner un enfant. Au fig. préparer, caresser, surveiller. — Se coua, rester longtemps au lit. Laïssa coua la bugado, laisser une lessive s'imbiber longtemps. Laïssa coua un'afaire, laisser chômer une affaire ; la calculer avec soin, en soigner les détails.

Dér. du lat. Cubare, être couché.

Couacho, s. f. Lavandière, hoche-queue, bergeronnette, petit oiseau qui fréquente le bord des rivières, se mêle aux troupeaux de mouton et porte une queue longue, toujours en mouvement : toutes circonstances qui lui ont valu les différents noms fr. que nous citons. Quant au lang. Couacho, dans lequel on voit poindre un bout de queue, quoou ou quoua, il est bien à peu près l'équivalent du fr. hochequeue; aussi a-t-il pour syn. Brando-quóuo. Bérgèréto est également usité ; mais celui-ci est du fr. tout pur, et dans le même ordre d'idées, on ne devrait donner droit de cité qu'à Pastourèleto, car le lang. n'appelle les bergers que pastres. Aussi sommes-nous ramenés vers le vrai mot, qui traduit le fr. bergeronnette, en appelant cet oiseau Galapastre. — Voy. c. m.

Couado, s. f. Couvée des œufs; action de faire éclore la graine de vers à soie; temps de l'incubation. — An pres mdou à la couado, ces vers ont été trop échauffés pendant l'éclosion. Ou a manqua à la couado, dit-on au fig. d'un individu qui manque de certaines qualités : c'est un vice de naissance.

Dér. de Coua.

Couaïos, s. f. plur. Derniers vers à soie, ceux qui sont tardifs à éclore. Il est rare que cette arrière-garde vienne à bien et qu'elle prospère, soit parce que ce sont les vers les plus malingres et les moins actifs, soit parce que leur retard provient de ce qu'ils ont été trop pénétrés par la chaleur, soit enfin parce que leur mauvaise réputation et leur paresse les fait négliger, comme de pauvres élèves. Au reste, on fait bien de les délaisser. Mais les magnaniers, les femmes surtout, qui se sentent une tendre compassion pour ce qui souffre et pour tout ce qui appartient à la gent magnane, les conservent et les font réussir quelquefois. Il est plus sage et d'une bonne pratique de ne conserver ni les vers trop hâtifs, ni les retardataires, mais seulement ceux qui éclosent à trois jours de distance les uns des autres

Couaïre, Couaïro, *adj*. Couveur, couveuse; l'individu qui fait éclore les vers à soie à la chaleur de son corps. Ce qui se fait en portant la graine dans des sachets sur le corps, entre les habits et la chemise, ou en la mettant au lit et se couchant auprès. Ce procédé, qui a été le seul en usage autrefois, avait du bon ; mais il ne pouvait s'exécuter sur une grande échelle. On y a substitué généralement l'éclosion dans un appartement bien fermé *(Voy. Espélidouïro)* et où l'on entretient un feu régularisé par le thermomètre. C'est là le mode le plus usité. L'éclosion au moyen du *Castélé (Voy.* c. m.), est d'invention relativement récente ; mais cette méthode n'est guère suivie que par les éducateurs à théorie. Cependant on emploie encore, dans quelque coin des Cévennes, la chaleur humaine.

Couar, *s. m.* — *Voy. Quouar.*

Couasso, *s. f.* Gourde faite d'une calebasse; calebasse fendue en deux et verticalement, dont les fileuses de soie se servent comme d'une écope pour vider leur bassine quand elles veulent en renouveler l'eau ; cuiller à arroser *(Voy. Asoigadouïro);* écuelle de bois; sébille.

Couble, *s. m* Couple ; paire ; attelage de deux bêtes de labour; deux choses de même espèce, prises ou considérées ensemble. — *Un couble dé fes,* deux fois, une couple de fois. *Un be de dous coubles,* une ferme de deux charrues.

Dér. du lat. *Copula*, lien, couple, lesse dont on couple les chiens.

Coublé, *s. m.* Traverses; solives; pièces de bois de brin ou de sciage qu'on fixe transversalement sur les grosses poutres d'un couvert ou d'un plancher pour supporter les tuiles ou le parquet. — *Voy. Jaséno.*

Coublo, *s. f.* Troupe de mulets appartenant au même maître Il ne se dit que des mulets qui portent à bât et qui ont été longtemps le seul moyen de transport des marchandises dans les pays de montagnes. Ce nom ne se donne pas aux mulets de trait et d'attelage.

Coucaraïo, *s. f.* Canaille ; truandaille ; réunion de gueux et vagabonds.

Dér. de *Coucarou.*

Coucarda, *v.* Mettre une cocarde à quelqu'un ; attacher une ganse de ruban sur la coiffure ; mettre un nœud ou un pompon sur la tête d'un agneau ou d'un robin-mouton.

Coucardiè, *s m.* Soldat, militaire, porte-cocarde.

Coucardo, *s. f.* Dim. *Coucardeto;* péj. *Coucardasso.* Cocarde, nœud de rubans ou pièce d'étoffe, plissée et ronde, qu'on porte au chapeau : insigne national que les militaires portent à la coiffure, et que, dans les révolutions, les divers partis prennent comme signe de reconnaissance. — *Prené la coucardo,* s'enroler. *Chanja de coucardo,* être transfuge d'un parti dans un autre.

La cocarde nous a été importée par les soldats croates, hongrois et polonais, chez qui elle était une touffe de plumes de coq attachée à leur coiffure ; ce qui la fit d'abord nommer coquarde, se rapprochant davantage de sa racine coq.

Nose-coucardo, *s. f.* Noix de la plus grosse espèce qui s'ouvre très-facilement. C'est cette espèce que l'on emploie pour en faire de petits nécessaires en miniature, ou des boites à une paire de gants de femme.

Coucarèlo, *s. f.* ou *Capéléto*. — *Voy.* c. m.

Coucarou, *s. m.* Péjor. *Coucaras.* Gueux ; truand ; mendiant dépenaillé, pauvre diable sans argent ni considération. — *Méno uno vido dé coucarou,* il mène une vie de bohème, de gueux et de paresseux.

Ce mot a des assonnances avec *Trutanus, trudamus,* truand, de la bass. lat., et le même sens ; il peut s'être formé de là, comme il a probablement servi lui-même à former *Couqui,* coquin, et certainement *Acoucara,* acoquiner. En esp. *Cucaro,* bohème, truand.

Coucha, *v.* Chasser, pousser devant soi ; chasser un animal devant soi, le toucher, le frapper pour le faire avancer. — *Coucha las mouscos,* chasser les mouches. *Coucho ta bèstio,* touche ta bête. *Couchas aquél chi,* chassez ce chien.

En ital. *Cacciare,* chasser. Les deux mots viennent-ils du lat. *Cogere,* forcer à ?

Couchè, *s. m.* Cocher, celui qui conduit une voiture, un carrosse, un coche.

Ce mot est le subs. de notre verbe *Coucha;* il ne faut pas lui chercher d'autre étym. Le fr. nous en parait redevable au lang.

Coucho-cha, *s. m.* Litorne, grive de genévrier, *Turdus pilaris,* Linn., connue aussi sous le nom de *Grivo dé mountagno;* oiseau de l'ordre des Passereaux et de la fam. des Crenirostres. Cette grive, presque de la taille de la draine *(Cesero),* tient son nom de son chant, *cha, cha,* seul cri qu'on lui connaisse. Les baies de genévrier dont elle se nourrit donnent à sa chair un goût fort prisé de certains amateurs, mais qui n'est pas apprécié par d'autres qui la trouvent amère. La livrée de cet oiseau, comme celle de ses congénères, est un gris cendré, tacheté de points plus ou moins foncés, avec les parties inférieures du corps tirant sur le blanc. Mais on sait que l'âge, le sexe et autres circonstances peut-être modifient souvent le plumage ; et il en est du reste ainsi, par les mêmes raisons, de la couleur des autres animaux.

Coucho-chi, *s. m.* Bedeau. Avant l'introduction des suisses dans le personnel de la gent d'église, c'était le bedeau qui était chargé de la police des chiens, d'où lui vient son nom lang. Il est vêtu d'une robe noire ou rouge et armé d'une baguette ou masse surmontée d'une lanterne ou d'une main.

Coucoù, *s. m.* Dim. *Coucouné.* Cocon de ver à soie; œuf cuit ou cru, dans l'argot des nourrices ; bouton de rose; champignon orange en boule, à demi développé. — *V. Fousél.*

Dér. du lat. *Concha* et du gr. Κόγχη, coquille, conque.

Coucugnè, *s. m.* Pej. *Coucougnèrras.* Sale-pot; homme qui se mêle des détails de ménage ; qui usurpe les fonctions de la femme.

Dér. de *Coucoù* dans l'acception d'œuf, parce qu'un

homme de cette espèce s'occupe particulièrement des poules et des œufs.

Coucouïado, *s. f.* Cochevis, alouette huppée, coquillade ; *Alauda cristata,* Linn., oiseau de l'ordre des Passereaux et de la fam. des Subulirostres. Une huppe de plumes placée sur la tête et qu'elle peut redresser à volonté, représente grossièrement une coquille, c'est ce qui lui a fait donner le nom de *Coucouiado;* peut-être sa huppe a-t-elle plus de ressemblance à un capuchon, et *Cucullata* la caractérise mieux ?

Coucoumar, *s. m.* Dim. *Coucoumarde.* Coquemar, bouilloire en terre et à bec, pour faire chauffer l'eau, faire les décoctions et les tisanes.

Dér. du lat. *Cucuma,* vase, qui répond au *Coucoumar* par ses attributions.

Cucuma est formé lui-même de *Cucumer,* concombre, parce qu'il était autrefois de la forme de ce légume.

Coucoumé, *s. m.* Champignon en boule, tel qu'il sort de la terre et non encore développé. C'est dans cet état que l'oronge est le plus délicat.

Dér. de *Coucoù,* œuf, dont *Coucoumé* est le dim.

Coucourèlo, *s. f.* Dim. *Cocourèleto.* Petite figue violette, fort douce, qui mûrit au milieu de l'été. C'est une de celles qu'on fait sécher en les exposant au soleil, ou en les piquant une par une sur un buisson desséché.

Les nourrices donnent ce nom, en terme d'amitié, à leur poupon : *Ma coucourèlo! ma coucourèleto!* mon chou, mon petit cœur !

Coucu, *s. m.* Coucou, *Cuculus canorus,* Linn., oiseau de l'ordre des Grimpeurs et de la fam. des Cunéirostres, de la grosseur de la grosse draine, le dessus du corps cendré bleuâtre, le dessous blanc sale avec des raies transversales d'un brun noirâtre. Il se nourrit d'insectes ainsi que d'œufs d'oiseaux. Vers la fin d'août, il est gras, et sa chair est un bon manger.

On prétend que cet oiseau étant le seul à avoir les intestins superposés à l'estomac, il lui est impossible de couver ses œufs sans nuire à sa digestion. C'est pour cela qu'il va pondre un seul œuf dans le nid de certains autres oiseaux, parmi lesquels il donne la préférence à la fauvette, au rapport de notre savant ornithologue du Gard, Crespon. Quelquefois c'est à la couvée de l'alouette, du rossignol, de la pie-grièche, etc., qu'il vient apporter ces intrus. Bien que l'œuf de la fauvette ait quelque ressemblance avec celui du coucou et qu'il soit comme lui d'un blanc sale et tacheté, on ne conçoit pas trop que cette couveuse ne puisse s'apercevoir de la supercherie par la différence de grosseur. Dans la nichée d'une grive, d'un merle, cela s'expliquerait mieux. Faudrait-il expliquer cette anomalie par une destination spéciale de la nature ?

Quoi qu'il en soit, cette version paraît plus plausible que celle que nous offre Sauvages. Celui-ci prétend que le coucou ne place son œuf dans le nid de la fauvette qu'après avoir dévoré la progéniture légitime de cet oiseau. Mais il paraît bien plus singulier que la mère consente à cet échange meurtrier, qui ne peut lui échapper dans cette hypothèse.

C'est par antiphrase de cette donnée qu'on appelle *Coucu,* en lang. et par le mot correspondant en fr., le mari dont la femme manque à la fidélité conjugale. Cette expression, qui est une injure sanglante, n'est plus usitée dans les deux langues que dans le style libre et bas. Il n'en était pas ainsi du temps de Molière, ni encore du temps de l'abbé de Sauvages, qui cite le mot comme un terme de dérision un peu libre, seulement.

Coucu-toupi! est l'onomatopée qui représente le chant de cet oiseau, avec une légère variation sur la dernière syllabe. c'est un cri que les enfants poussent en s'amusant. — *En abriou canto lou coucu s'és viou,* prvb. agricole, au mois d'avril le coucou chante s'il est en vie ; c'est en effet au printemps qu'arrive cet oiseau, et son chant l'annonce.

Dér. du lat. *Cuculus,* onomatopée de son chant.

Coucu, *s. m.* Pain de cour; muscari, *Hyacinthus muscari,* Linn., plante de la fam. des Liliacées, sauvage, bulbeuse, qui donne un bouquet de fleurs d'un bleu foncé, disposées en grelots le long de sa tige.

Coucudo ou **Jàouvèrtasso**. — *Voy.* c. m.

Coudasquéja, *v. freq.* Caqueter. — Se dit du cri de la poule qui vient de pondre.

Le mot est probablement une onomatopée.

Coudasquo, *s. f.* Poule. Au fig. caqueteuse; mauvaise langue; caquet-bon-bec.

Coudénas, *s. m.* Péjor. de *Coudeno.* Grosse et vilaine peau ; grosse couenne, au prop. Au fig. croûte d'un ulcère ; spécialement parcelle de terre aride et peu ou mal cultivée.

Coudéno, *s. f.* Couenne de porc, peau dure qui couvre son lard. Au fig. on le dit d'une personne ou d'un animal fort maigres. — *Ari coudéno et l'ase qué té meno,* prvb., avance, baudet, et l'âne qui te conduit ; c'est-à-dire l'ânier qui est aussi âne que sa bête. *Es tout coudéno,* il n'a que la peau et les os.

Coudeno se dit aussi de la crasse qui, à force d'intensité, finit par se former en écailles et par avoir toute l'adhérence et la consistance d'une peau.

Dér. du lat. *Cutis,* peau, et *Cutena,* peau de porc.

Coudèr, *s. m.* Dim. *Couderqué.* Petit pré sec qu'on voit communément à la campagne devant les maisons de ferme et qui produit plutôt du gazon que du foin. C'est là que les enfants vont jouer, les agneaux gambader et les poules gratter.

Il est probable que le fr. coudrette dérive du lang. *Coudèr.* Les glossateurs français en font un dim. collectif de coudraie; mais son acception résiste à cette origine.

Dér. du lat. *Codetum,* champ en friche, ou de la bass. lat. *Coderum,* place au devant d'une maison de campagne.

Coudiou, *s. m.* Étui de faucheur, dans lequel il met à tremper sa pierre à aiguiser. Il a presque la forme d'un sabot, se termine en pointe vers le bas et il est fixé à la ceinture des faucheurs par une lanière.

Dér. du lat. *Cos, cotis,* queux, pierre à aiguiser, donnant

Cotaria, carrière de ces sortes de pierres, et peut-être *Codou*, caillou.

Coudis-coudasquo! Imitation du cri de la poule qui vient de pondre. Il se prend substantivement, au fig. comme augm. de *Coudasquo*, pour caqueteuse, mauvaise langue, qui ne sent pas la portée de ses paroles. — *Es uno coudis-coudasquo*, c'est une bavarde, une babillarde, une méchante langue.

Coudougna, s. m. Cotignac; confiture de coings; eau de coings, mélange d'eau-de-vie, de sucre et de coings infusés, cordial fort employé dans la clinique populaire.

Ce mot, qui n'appartient pas au dialecte des Cévennes, mais au gascon, a été adopté et s'est généralisé par les poésies de Jasmin, qui l'a chanté dans sa charmante épopée intitulée : *Mous soubénis*.

Coudougnè, s. m. Cognassier, *Pyrus cydonia*, Linn., arbre de la fam. des Rosacées, cultivé et sauvage dans nos pays. Le cognassier sauvage sert à marquer les limites des prés et jardins, à cause de sa facilité à venir par bouture. Dans les terrains bas et susceptibles d'alluvion, les bornes en pierre tendent sans cesse à être recouvertes; c'est pour en reconnaître toujours la place, alors même que la terre les recouvrirait entièrement, qu'on plante sur le point même des boutures de cognassier qui s'élèvent concurremment avec le niveau du sol et indiquent toujours le point où il faut chercher la borne. Pour plus grande sûreté, on multiplie ces boutures sur toute la ligne divisoire à courte distance les unes des autres.

Dér., d'après le plus grand nombre des étymologistes, du nom de Cydon, ville de Candie, aujourd'hui la Canée, en gr. Κύδων, d'où le lat. *Cydonia*. Mais le lat. appelait le coing, *Malus cotonea*, sans doute à cause du duvet dont ce fruit est recouvert; la bass. lat. en fit *Coterum*. Il pourrait bien nous être arrivé aussi par ce chemin.

Coudoumbre, s. m. Concombre, *Cucumis sativus*, Linn., plante de la fam. des Cucurbitacées, fruit potager, rafraîchissant, mais aliment indigeste et lourd mangé cru.

Coudoumbre-d'ase, concombre sauvage, concombre d'âne, *Momordica elaterium*, Linn.

Dér. du lat. *Cucumis, cucumeris;* par substitution du *b* à l'*e*, *Cucumbris*, dont le primitif est *Cucc*, chose creuse, en celt.

Coudoun, s. m. Coing, fruit du cognassier. Ce fruit, stomachique et sain quand il est cuit, est, à l'état de crudité, âpre et rêche, et ne se laisse pas facilement avaler. C'est par allusion à cette qualité sans doute qu'on a fait de *Coudoun* le synonyme de chagrin, inquiétude, qui causent un poids sur l'estomac. — *Ai lou coudoun*, j'ai un souci profond, une crainte qui m'empêche de respirer, comme si je venais d'avaler un coing.

Dér. de *Coudougnè*.

Coué, adj m., sans fém. Coi; silencieux; muet d'étonnement ou de terreur; frappé de stupeur. — *Résta coué*, rester court, ou bien sans mouvement. Pris ainsi adverbialement, *Coué* s'applique aux deux genres. Coi, en fr. est adv., autrefois il était adj., coi, coite.

Dér. du lat. *Quietus*.

Couéto dé lapin, s. f. Lagurier ovale, *Lagurus ovatus*, Linn., ou *Gramen alopecouros spicâ rotundiore*, graminée, que la forme de son épi a fait nommer.

Coufi, v. Confire, faire cuire des fruits, etc., dans un suc, une liqueur, avec du sucre, du miel, du moût, qui les pénètre; mitonner; choyer; dorloter; remplir jusqu'aux bords. — *Coufi d'ourguièl*, bouffi d'orgueil. *Coufi dé malicio*, plein de malice. *A coufi sas pochos*, il a rempli ses poches.

Sé coufi, languir dans une chambre sans sortir; se séquestrer dans son intérieur: se mitonner chez soi.

Dér. du lat. *Conficere*.

Coufin, s. m. Cabas; corbeille ou panier en sparterie, rond ou ovale, avec deux anses, propre à porter des provisions.

Ce terme est originaire du dialecte provençal, qui n'a pas d'autre désignation pour cabas. Son importation a commencé depuis quelques années.

Dér. du lat. *Cophinus*, petite corbeille, venant du grec Κόφινος, panier d'osier, corbeille.

Coufla, v. Enfler; gonfler; causer un gonflement; augmenter, prendre un plus grand volume; tuer, frapper avec violence, atteindre quelqu'un d'un coup de pierre ou de fusil; animer quelqu'un contre un autre, l'exciter à la vengeance, à la haine; lui remplir les oreilles.

Sé coufla, se rengorger, s'énorgueillir; être prêt à pleurer, commencer à avoir le cœur gros.

La pasto sé couflo à la pastièiro, la pâte renfle et se dilate dans la huche. *Aquélos bajanos couflou bièn*, ces châtaignes renflent beaucoup à la cuisson. *Aquò couflo l'éstouma*, cela gonfle l'estomac, lui donne des flatuosités. *Sé coufla dé bitaïo, dé soupo*, se gorger, s'empiffrer de mangeaille, de potage. *Gardoù couflo*, la rivière grossit. *Aquésto plèjo fara coufla lous rasins*, cette pluie fera gonfler les raisins. *L'an bièn coufla cronto iéou*, on lui a bien monté la tête contre moi.

Dér. du lat. *Conflare*, souffler, gonfler, exciter.

Couflaïre, aïro, adj. Boute-feu; mauvaise langue, qui souffle la discorde.

Couflaje, s. m. Crevaille; autant de vivres que l'estomac peut en contenir. — *Ai manja moun couflaje dé prunos*, je me suis gorgé de pruneaux. *Gn'ariè un couflaje*, il y en avait de quoi se rassasier. *N'ai moun couflaje*, je n'en puis plus. — *Voy. Tibaje, Ramplimén*.

Coufle, couflo, adj. Enflé; gonflé; plein; dodu; qui a le cœur gros de larmes ou de colère. — *Coufle coumo un pésoul*, fier comme un pou, bouffi d'orgueil comme la grenouille de la fable. *Sièi coufle*, j'ai le cœur bien gros. *A lous ièls coufles*, il a les yeux gros, pleins de larmes.

Couflije, s. m. Gonflement d'estomac; ventosité; météorisation; grosse panse. Au fig. orgueil; chagrin ou colère concentrés.

Couflo-couquì, *s. m.*, phr. faite. Tout mets grossier et farineux, qui fermente dans l'estomac et le fait gonfler, et particulièrement les pois-chiches et les haricots. Dans le même sens et plus cavalièrement on dit *Couflo-b....e*.

Coufloti, *s. m.* Bout-d'homme fort gros, pansu, ventru.
— *Voy. Boumbé, Boumboti.*

Couga, *v.* Couver.
Ce mot, qui semble le même que *Coua*, a un sens moins positif. Ainsi on ne dit pas *Couga* pour couver des œufs et de la graine de vers à soie, mais on dit très-bien : — *Couga la pigoto*, être menacé de la petite vérole ; entrer dans la fièvre par où elle commence. *Couga dé poumos*, conserver des pommes sur la paille. *Couga la bugado*, faire mitonner la lessive. *Faire couga las oulivos*, faire fermenter les olives, avant de les fouler. *D'oulivos cougados*, des olives pochées. *Sé couga*, ou *couga sas gnëiros*, rester au lit la grasse matinée. — *Voy. Coua.*

Dér. du lat. *Cubare*, être couché.

Cougna, cougnado, *s.* Beau-frère, belle-sœur. S'applique également au frère et à la sœur de la femme, au mari ou à la femme de la sœur ou du frère, au père et à la mère du gendre et de la bru.

Dér. du lat. *Cognatus*, parent, allié.

Cougné, *s. m.* Coin, pièce de bois ou de fer, servant soit pour fendre du bois, soit pour déliter un banc de pierre dans la carrière, soit pour assujettir un outil à son manche : cale. — *Issarta dou cougné*, greffer en fente.

Dér. du lat. *Cuneus*, m. sign.

Cougnèiro, *s. f.* Fondrière, terrain bas et creux où la neige, chassée par le vent, s'amoncèle à une très-grande hauteur et se nivelle avec le sol adjacent. Dans les routes des hautes montagnes, ces fondrières offrent un grand danger aux voyageurs, parce que la neige, nivelant les chemins et les champs, si un voyageur égaré manque la route et met le pied sur la fondrière avant que sa surface ne soit durcie par la gelée, il disparaît abimé, avec cheval et voiture. Le passage est surtout dangereux quand il règne de ces bourasques qu'on appelle *Cira (Voy.* c. m.*)*, parce qu'alors la neige aveugle et empêche de voir ou de calculer la direction de la route.

Dér. probablement du gr. Γωνία, angle, coin, ou du celt. *Kon, Kan,* même sign. — *Voy. Candïargue.*

Cougnéta, *v.* Mettre un coin à un outil pour en assujettir le manche, et le rendre solide ; caler un meuble, une table.

Cougourliè, *s. m.* Terrain ou lieu planté de courges ; pied de courge, la plante elle-même. — *Aquélo f'io réstara dou cougourliè*, cette fille restera fille : comme une courge qu'on laisse sur pied sans l'employer ; elle restera pour coiffer sainte Catherine.

Cougourlo, *s. f.* Dim. *Cougourléto;* péjor. *Cougourlasso.* Courge ; citrouille ; potiron ; *Cucurbita*, Linn., nom générique qui comprend toute la fam. des Cucurbitacées, dont les variétés sont nombreuses. La citrouille proprement dite, melonnée et musquée, s'appelle *Pastis;* le potiron, *la grosso Cougourlo;* la gourde de pèlerin, *Envinadouïro;* le giraumont, poire à poudre, fausse orange, *Cougourléto;* les trompettes, *Courné,* etc. La généralité des courges à manger se nomme aussi *Boutëïo.*

Cougourlo est souvent employé, au fig., pour dire : une sotte, une niaise.

S'embrassa coumo dos cougourlos, s'embrasser comme pain, de tout son cœur, avec bonheur et empressement.

Dér. du lat. *Cucurbita*, m. sign.

Couguioulo, *s. f.* Primevère jaune, *Primula veris*, Linn., plante de la fam. des Primulacées, qui fleurit aux premiers jours du printemps.

C'est le même nom, *Couguioulo*, que porte la folle avoine, averon, *Avena fatua*, Linn. — *Voy. Civado-folo.*

Couïandro, *s. f.* Coriandre, *Coriandrum sativum*, Linn., plante de la fam. des Ombellifères. Sa graine est employée dans la confiserie. — *Voy. Grano dé boudin.*

Couïasso, *s. f.* Nom d'une espèce d'olive : la plus grosse et la plus arrondie ; c'est celle que l'on fait confire de préférence.

Couïda, *v.* Agenouiller ; faire décrire un angle, un coude, à une branche, à un provin, à une marcotte ; courber un sarment en terre, pour lui faire prendre racine ; bifurquer ; décrire un angle. — *Lou cami sé couïdo énd'un tèl éndré*, le chemin forme un angle, se dévie, change de direction à tel endroit.

Couïde, *s. m.* Coude, partie postérieure de l'articulation du bras avec l'avant-bras ; angle plus ou moins aigu formé par la rencontre de deux lignes ; changement de direction d'un chemin. — *Léva lou couïde*, hausser le coude ; chopiner ; se griser. *Aï moun couïde trdouqua*, mon habit est percé au coude. *Aquò faï lou couïde*, cela est courbé.

Dér. du lat. *Cubitus*, m. sign.

Couïdéja, *v. fréq.* Coudoyer ; heurter avec le coude ; donner des coups de coude ; pousser avec le coude.

Couïdéjado, *s. f.* Coup de coude.

Couïfa, *v.* Coiffer ; mettre une coiffe, une coiffure ; arranger les cheveux.

Sé couïfa, se coiffer, s'amouracher ; prendre une fantaisie.

Couïfé, *s. m.* Dim. *Couïfétou.* Coiffe particulière aux paysannes en dessous d'Alais et de La Vaunage ; sorte de calèche à longues barbes de dentelle qui, après s'être croisées sous le menton, viennent se fixer sur le haut de la tête. La mode nouvelle efface peu à peu tous ces costumes nationaux. Cette coiffure n'est plus portée que par les femmes de la génération précédente de la nôtre. Le type s'en conserve particulièrement dans le village de la Calmette. — *Voy. Coïfo.*

Couïoun, *s. m.* Dim. *Couïouné;* augm. *Couïounas.* Sot ; imbécile ; bênet ; nigaud ; lourdaud ; butor ; triste sire ; animal.

Tous les dictionnaires français, sauf sans doute celui des Précieuses, mais y compris celui de l'Académie, enregistrent le subst. masc. Coïon ; et ils font bien. S'il fallait mettre au rebut tous les mots qui ont avec certains autres une consonnance entière ou partielle dont on peut abuser, les dictionnaires diminueraient bien d'épaisseur et le calembourg de ressources : ce qui serait un grand malheur. L'orthographe de ce mot, qui défend de toute méprise écrite ou parlée, sa signification qui est exclusivement en fr. lâche, poltron, sans cœur, ce que confirme son étymologie, car on le fait venir du lat. *Quietus,* paisible; fuyant la peine; ami de la paix; en voilà bien assez pour le faire, en sûreté de conscience, admettre à sa lettrine, en avisant toutefois, ce qui n'est pas de trop, qu'il n'est pas du style très-noble.

On ne doit avoir aucun scrupule d'en faire autant pour son correspondant languedocien, qui a même un avantage, puisque son orthographe et sa prononciation l'isolent plus encore et empêchent de le confondre et de le compromettre avec qui que ce soit. Cela dit, pour les besoins de la cause, aussi clairement qu'il m'était possible si ce n'est autant qu'il l'aurait fallu, rentrons dans notre spécialité.

Notre vocable n'a pas du tout la signification de lâche, couard, que lui donne le français, — et il me semble du reste que ce dernier a tout à fait abandonné cette acception, qu'on ne trouve plus que dans ses dictionnaires, pour adopter dans l'usage le nôtre, que l'Académie fera bien d'ajouter si ce n'est de substituer. — *Couïoun,* qui se féminise selon les exigences, signifie, nous venons de le dire : sot, niais, imbécile, lourdaud et butor; animal; triste sire; quand il est prononcé sérieusement ou dans la colère; mais dit en riant, dans l'usage commun, il n'a aucune application insultante et il n'est qu'une épithète qui correspond tout au plus au fr. nigaud, employé dans les mêmes circonstances. Ainsi adoucie, cette appellation n'est devenue que trop parasite dans les dialogues libres et familiers, et même les personnes du sexe, un peu fortes en gueule, il est vrai, ne s'en font pas faute. Aussi, *an pu lèou dit couïoun qué moussu,* on a plutôt dit *Couïoun* que monsieur, remarquait quelqu'un à propos de ces formes de discours un peu bien sans gêne. C'est ce qui fait qu'après avoir assisté à une de ces conversations anodines, où assez de monde avait pris part, et qui par conséquent avait été abondamment lardée du banal vocatif qu'on se renvoyait à l'envi, un étranger se prit à dire, moitié figue et moitié raisin : Il paraît qu'il y a beaucoup de coïons dans ce pays-ci. — Mais honni soit qui mal y pensait! D'ailleurs, *coïoun qu'aboù* exclama un jour un combattant qui se trouva un peu trop exposé aux balles dans une de ces escarmouches. On cessa le feu et on lui demanda le pourquoi de cette bizarre proposition. *Percé qu'on né veï d'doutres,* répondit-il, c'est qu'on en voit d'autres; et cela est devenu le consolant dicton dont on ne manque jamais d'user en pareil danger, sans se fâcher autrement.

On voit qu'à regarder de près quelques-uns de ces mauvais garçons, ils ne sont pas aussi méchants qu'ils en ont l'air de loin. Certes, je n'engage pas pour cela à les fréquenter : ils sont suspectés, c'est assez et il faut faire d'eux comme César de sa femme. Mais quand l'occasion se présente de les défendre, et il n'est même pas mal de la chercher, alors qu'on en a fait son état, il y a utilité et justice à le faire. J'ai cru d'autant plus à propos de le tenter encore pour ce mot-ci qu'il entre dans un dicton qu'il eût été assez difficile d'accueillir sans s'être bien expliqué, et assez original pour qu'on n'eût pas regretté de l'avoir mis en retenue — *Trés couïouns manjavou'n api, él suçavo lou grél,* mot à mot : trois imbéciles mangeaient un céleri, et lui suçait le bout ou la feuille. On dit cela de quelqu'un qu'on veut dépeindre tellement bête que le premier idiot venu en saurait plus que lui. Dans le céleri, — ceci est élémentaire en gastronomie, — le pied seulement est bon, *lou calòs;* le commencement des côtes, tant qu'elles sont blanches, est admissible; l'extrémité de la tige, les feuilles surtout ne valent rien, on les supprime. Dans une salade tout au plus et pour achever de remplir le saladier, on peut laisser un peu de ces extrémités avec quelques feuilles nouvelles, *gréls;* mais elles ont toute chance de rester au fond du plat. — Il est certain que si trois individus minces d'esprit se trouvent attablés autour d'une telle salade et que deux de ceux-là, visant à se garder les bons morceaux, peuvent persuader le dernier que la mauvaise part, *lou grél,* vaut autant et peut-être mieux et le lui laissent à manger, c'est qu'ils sont plus fins que lui ou plutôt qu'il est plus bête qu'eux encore, bête par conséquent au dernier degré de l'échelle.

Un sot trouve toujours un plus sot qui l'admire. Notre troisième convive est le plus sot; et c'est ce qu'a voulu faire entendre notre proverbe, et ce qu'il signifie dans l'usage fréquent qu'on en fait.

Couïoun coumo l'abè Lati, plus bête que celui qui inventa la bêtise. Notre lang. a-t-il trouvé dans cette phrase faite quelque consonnance ressemblant à la traduction française, une sorte de calembourg, pour mettre en scène un personnage de fort sotte mémoire, qui n'est pas d'ailleurs autrement connu? Nous ne saurions le dire; mais notre goguenardise en est bien capable.

Couïouna, v. Tromper, duper; attraper, mystifier quelqu'un; plaisanter, hâbler, railler, goguenarder et goailler; dire des fariboles, des gaudrioles.

Ce mot, comme les deux suivants, n'a pas plus que leur chef de file, qui les a formés, une figure qui prévienne dès l'abord en leur faveur : il serait inutile de le dissimuler. Ils sont mal vus dans la bonne compagnie. Malgré tout, ceux-ci, bien plus que le premier, s'ils comparaissaient devant un jury, auraient droit aux circonstances atténuantes. Le fait est qu'il ne s'agit pour eux que de plaisanterie, que de hâbleries au gros sel le plus souvent, et pas davantage. C'est dans cette acception que ces termes, qui ne sont pas si diables que noirs, sont employés, et c'est là leur excuse pour les faire admettre ici. C'est avec ce caractère que le verbe ci-dessus se présente dans le dicton proverbe :

Couïounan ou manjan d'agriotos? est-ce pour plaisanter ou sérieusement, dit-il, que vous faites cela? Est-ce pour rire ou tout de bon? — C'est bien là le sens du languedocien, dans lequel se remarque aussi une opposition, une alternative. Le premier mot, c'est entendu, signifie : plaisantons-nous? rions-nous? Comment le second membre de phrase peut-il représenter le sens du français? C'est bien simple. Les cerises-griottes, — ἄγριος, du grec, ma foi! *agrioto*, aigre, fort bien conservé pour son âge, — sont assez aigres en effet pour faire faire à qui en mange une grimace qui ressemble assez au rire, comme le rire ressemble parfois à la grimace, témoin le rire sardonique. C'est donc comme si l'on demandait : Est-ce rire ou grimace? lorsqu'il y a lieu de douter. Un dicton qui s'exprime ainsi est bien capable de faire innocenter les mots les plus verts. *Couïouna quáouquus*, tromper, duper quelqu'un; le plaisanter. *Sans couïouna?* interr. : Sérieusement? Sans plaisanter? *Soui ésta bièn couïouna*, j'ai été bien attrapé.

Couïounado, *s. f.* Tromperie; badinerie, plaisanterie grossière, d'un goût douteux, trop libre, impertinente; goaillerie; hâblerie; gaudriole; coglionerie dans le sens de celles de l'Arioste; sottise; maladresse. — *Quinto couïounado!* quelle farce! quelle hâblerie! *Aquo's pa'no couïounado*, ce n'est pas une plaisanterie. *Y a dé couïounado dou jo*, il y a quelque dessous de carte; ceci n'est pas bien clair. *Pas dé couïounado*, pas de plaisanterie; sérieusement. *Couïounado à part*, plaisanterie à part. *Tout aquo's de couïounado*, tout cela ne signifie rien; ce ne sont que des bêtises. *Azmo à dire, à éntendre dé couïounados*, il aime à dire, à entendre des gaudrioles, des hâbleries. *Enten pas la couïounado*, il n'entend pas la plaisanterie. *A fa uno poulido couïounado*, il a fait une fameuse sottise, une fière maladresse.

Couïounaïre, aïro, *adj.* Railleur; plaisant; moqueur; goailleur; goguenard; mystificateur.

Couïre, *s. m.* Cuivre; métal rougeâtre, sonore, dur, ductile, fusible et malléable.

Dér. du lat. *Cuprum*, formé du gr. Κύπρος, nom de l'île de Chypre, d'où le premier cuivre a été importé.

Couïssi, *s. m.* Dim. *Couïssiné.* Coussin; carreau de lit, de siège, de sopha, etc.; oreiller; traversin, oreiller long qui s'étend de toute la largeur du lit. — *Ou a pres dou béguï, ou laïssara dou couïssi*, c'est un défaut, un vice qu'il a pris au berceau, et qui le suivra au tombeau. *Lou couïssi porto tout*, l'oreiller est un remède à tous maux, dit-on d'un ivrogne en l'envoyant au lit cuver son vin. *Lou couïssi éndor lou sagan*, le lit conjugal étouffe toutes les querelles de ménage. *Un co de couïssi*, un long sommeil.

L'étym. de ce mot n'est pas sans être discutée. Du Cange le dérive du lat. *Culcita*, matelas, oreiller; Hottman et Ménage de l'all. *Küssen*, coussin; Ferrari de l'ital. *Cuscire*, coudre, puis de *Coxa*, cuisse, parce qu'on met des coussins sous les cuisses; ce qu'approuvent fort Covarruvias et Court de Gebelin, à cause, dit celui-ci, que l'oreiller relève la tête, comme les jambes relèvent le corps. Perrault penche pour le lat. *Pulvinus*, matelas, coussin; Roquefort les cite tous et ne prend point parti. Nous imiterons sa réserve.

Couïtre, *s. m.* Coutre, fer de charrue, tranchant; instrument tranchant, à manche, a l'usage des boisseliers, pour refendre le bois d'une manière régulière.

Dér. du lat. *Culter*, couteau.

Couja, *v.* Coucher, mettre dans un lit; étendre horizontalement; étendre par terre; renverser. *Sé couja*, se mettre au lit; se coucher par terre. — *La luno sé cojo*, ou *sé coujo*, la lune se couche. *Vaï té couja*, va te coucher : tu m'ennuies, va te promener. *La plèjo a couja lous blas*, la pluie a fait verser les blés. *Lou coujé dou sòou*, il le renversa par terre.

Dér. du lat. *Collocare*, placer, mettre en place.

Coujado, *s. f.* Couchée; gîte, lieu où les voyageurs s'arrêtent pour passer la nuit; ce que l'on paye pour souper et coucher dans une auberge; fin d'une journée de route. — *Serén léou gandis à la coujado*, nous serons bientôt rendus à la couchée; nous touchons au terme de la route pour aujourd'hui. *Çaï sès dé coujado?* Couchez-vous ici?

Coujan, *s. m.* Couchant, endroit du ciel où le soleil paraît se coucher; ouest. — *Vèr lou coujan*, à l'ouest, au couchant.

Coujan, *adj. m.* Couchant, qui se couche. — *A sourél coujan*, au soleil couchant.

Coula, *v.* Couler; suivre sa pente, en parlant d'un liquide; passer quand il est question du temps; suinter; transpirer; glisser; décuver son vin, tirer la cuve. — *Aquelo bouto coulo*, ce tonneau transpire, on perd par quelque fissure. *La coulavo douço*, il passait la vie gaiment. *Couro coulas?* Quand décuvez-vous votre vin, quand soutirez-vous le vin de votre cuve? *Coula la bugado*, abreuver la lessive. *Afaïra coumo un pàoure home qué coulo sa trémpo*, affairé comme un pauvre homme qui décuve sa piquette; parce que le pauvre n'ayant pas ou peu de vin, sa piquette est une grande affaire pour lui.

Dér. du lat. *Colare*, couler, filtrer.

Coula, *v.* Coller; joindre et faire tenir avec de la colle; placer contre, appliquer, rendre adhérent. — *Y és coula*, il y est collé; il est forcé de passer par là.

Dér. de *Colo*, colle.

Coulado, *s. f.* Coulée, le temps ou l'action de décuver le vin.

Couladoù, *s. m.* Couloir, espèce d'écuelle de bois, ou d'entonnoir court, en fer blanc, dont le fond percé est garni d'un linge pour passer un liquide, particulièrement le lait; crible pour le blé, en couenne de porc, percé de trous ronds à travers lesquels passe le grain et qui retient les pierres, les débris de paille et les fragments d'épis non dépouillés. — *Voy. Cruvèl.*

Dér. de *Coula.*

Coularivo, *s. f.*, ou **Coulérivo.** Collier d'attelage de bêtes de labour, disposé pour les tenir parallèlement à une certaine distance : cette manière consiste à atteler deux bêtes à un araire qu'elles tirent au moyen des colliers de labour portant sur un cadre en bois qu'on nomme *jouatos;* ce mode s'appelle aussi : *Ldoura dou doublis.*

La *Coularivo* est encore un terme de maçon pour désigner la manière de porter, à deux, quatre ou même six, un lourd fardeau, comme poutre ou pierre de taille. On entoure la pièce de plusieurs tours de corde lâche, à distance les uns des autres ; on passe transversalement dans ces espèces d'anneaux un fort rondin de bois, dont chaque extrémité doit poser sur l'épaule d'un des porteurs, par couples : le nombre de ces porteurs de deux à deux varie suivant le poids ou la longueur de la pièce.

Dér. de *Col,* cou.

Coulas, *s. m.* Collier de labour, de charrette ; collier de chien de berger, de sonnette de brebis. — *Aquél chival prén bièn lou coulas,* ce cheval tire avec ardeur ; il mord bien au collier. *Préne lou coulas,* au fig. s'atteler au char du mariage ; se marier.

Dér. de *Col.*

Coulé, *s. m.* Colline, petit côteau ; monticule ; collet d'habit ; petit manteau court qui couvre le cou et les épaules. — *Pér valouns et pér coulés,* par monts et par vaux. *Lou Coulé dé Vilofort,* le Collet de Villefort, n. pr. comme *lou Coulé dé Brin,* commune de Concoules, le Collet de Brin ; désignations locales, traduit directement en fr. Collet, dim. de *Col,* colline. *Pichò-coulé,* petit collet, ecclésiastique. *Réde coumo lou coulé dé Roubèr,* empesé comme un pédant.

Dér. et dim. de *Col.*

Coulèjo, *s. m.* Collége, lieu où se fait l'enseignement des lettres, langues et sciences. — *A passa davan lou coulèjo,* c'est un ignorant ; il a passé devant le collége, c'est-à-dire qu'il n'y est pas entré.

Dér. du lat. *Collegium,* assemblée.

Coulerèto, *s. f.* Collerette ; collet de femme, soit montant, soit retombant sur les épaules.

Emp. au fr.

Coulérivo, *s. f.* — *Voy. Coularivo.*

Coulèro, *s. f.* Colère ; emportement ; vive indignation.

Dér. du gr. Χόλος, bile : les anciens attribuaient la colère à l'agitation de ce liquide.

Coulétoù, *s. m.* Percepteur des contributions ; collecteur des tailles : personnage fort connu et fort important pour toutes les classes.

Dér. du lat. *Collector,* quêteur, qui lève les impôts.

Coulina, *v.* Glisser ; s'ébouler sur un plan incliné, lentement ; s'en aller sans bruit et sans secousse brusque.

Dér. du lat. *Collis,* colline, plan incliné, proclivité.

Coulino, *s. f.* Ce mot, qui semble synonyme du français colline, est au contraire son opposé ; car il signifie : basfond, comparativement aux bords plus élevés qui l'entourent. C'est la partie la plus basse d'une terre, d'un pré, à condition qu'elle ait des bords relevés ; car une terre qui finit en proclivité continue ne peut s'appeler *Coulino.* C'est en petit ce qu'est en plus grand une vallée.

Couliquos, *s. f.* Colique ; tranchées dans le ventre. — *Mé faï vèni las couliquos,* il me donne le cauchemar, le spleen, des vapeurs, par l'ennui qu'il me procure, ou par la sottise de ses propos.

Dér. du lat. *Colina,* venu du gr. Κωλικός, formé de Κῶλον, intestin colon, qui est d'ordinaire le siège de la colique inflammatoire.

Coulitor, *s. m.* Espèce de raisin blanc, peu agréable à manger, mais qui donne de très-bon vin blanc.

Coulobre, *s. m.* Couleuvre, dragon, serpent ailé, suivant la superstition populaire. Le peuple des campagnes est persuadé que la couleuvre se raccourcit en vieillissant, prend des ailes et augmente beaucoup de méchanceté : c'est ce qu'on appelle *s'acouloubrì,* et par conséquent aussi *s'acouloubrì,* c'est grandir en malice, en méchanceté.

Au fig. *un coulobre,* une fille effrontée, garçonnière ; un dragon.

Dér. du lat. *Coluber,* couleuvre.

Couloubrignè, *s. m.* Sureau, *Sambucus nigra,* Linn., arbre de la fam. des Caprifoliacées, commun partout. Sa fleur joue un grand rôle dans la pharmacie populaire : elle est employée surtout en décoction comme puissant sudorifique.

Le nom lang. véritable de sureau est *Sambu,* on ne l'appelle *Couloubrignè* que par relation avec le mot *Couloubrino,* ci-après. — *Voy. Sambu.*

Couloubrino, *s. f.* Couleuvrine ; instrument d'un jeu d'enfant. C'est un tube formé d'un bout de tige de sureau coupé entre deux nœuds et vidé de sa moelle. On place aux deux extrémités deux tampons de filasse ou de papier mâché et humecté qui interceptent l'air hermétiquement ; puis, au moyen d'une baguette taillée en forme de piston, on force l'entrée d'un de ces tampons dans le tube, jusqu'à ce que la compression de l'air soit assez forte pour chasser le second tampon, ce qui a lieu avec un bruit pareil au claquement d'un fouet : c'est en petit une sarbacanne.

Ce mot est emprunté au fr. couleuvrine, grosse pièce d'artillerie qui a quelque rapport de fonction avec la *Couloubrino* des enfants ; sa forme d'abord, ensuite le bruit et le projectile lancé. Le fr. vient de *Couleuvre,* avec qui il a quelque ressemblance par sa forme allongée et cylindrique.

Coulouèr, *s. m.* Sorte d'ustensile ou d'outil en fer-blanc, en forme de tuile, dont les épiciers, les regrattiers et les grainetiers se servent pour puiser certaines marchandises du sac ou du tiroir qui les contient, et les faire tomber peu à peu dans la balance, jusqu'à ce que le plateau ainsi chargé retombe au niveau de celui qui porte les poids.

Dér. de *Coula.*

Couloumbasso, *s. f.* Espèce de feuille de mûrier qui est une des plus estimées pour sa qualité et sa quantité. Elle est large, faite en cœur et porte une seule dentelure vers le milieu de sa circonférence. Cette feuille n'est pas plus épaisse qu'une autre, mais son arbre pousse plus de bois et surtout intérieurement où il garnit son enfourchure de menus scions.

La *Couloumbasso* est encore une variété de la graminée appelée fenasse ou herbe a foin. Sa tige s'élève très-haut et porte au sommet un épi en forme sphérique. Elle donne un foin grossier et dur.

Coulse, s. f. Lit de plumes; matelas de plumes
Dér. du lat. *Culcitra*, m. sign.

Coumaïre, s. f. Dim. *Coumaireto*. Joujou, jouet d'enfant.
— *Faire coumaire*, jouer a la madone, au ménage; jeu dans lequel l'un des enfants fait le mari, l'autre la femme, les autres les enfants ou les domestiques, et où chacun des acteurs apporte sa portion de joujoux, tels que petites pièces de ménage, des poupées, de petits meubles, des chevaux et des chars, ainsi que toute cette bimbeloterie que nous expédie Nuremberg, et qu'on appelle proprement et génériquement dé *Coumaires*, ou *Coumaïretos*. — *M'a près toutos mas coumaires*, il m'a pris tous mes joujoux. *Coumaire*, et *faire coumaire*, se dit aussi pour amusettes, enfantillages, occupations peu sérieuses, qu'on se permet à tout âge.

Coumaïréja, v. freq. Jouer au ménage, en parlant des enfants, ou a la manière des enfants; faire des commérages, s'occuper de fadaises, de babioles.

Coumanda, v. Commander, donner des ordres; commander à un ouvrier les objets de son art; fixer, arrêter le bout d'une corde ou d'un garrot de manière a ce qu'il ne puisse se détordre, se dérouler — *M'ou coumandè*, il me l'ordonna. *Coumanda de souliès*, commander a un cordonnier de vous faire des souliers. *Sans vous coumanda*, est une formule de politesse lorsqu'on demande à quelqu'un un léger service, ou un dérangement momentané : c'est comme si on lui disait : ceci n'est pas un ordre, mais une prière.
Dér. du lat. *Commendare*, recommander, confier

Coumandamén, s. m. Commandement, ordre donné; droit de commander — *Lous coumandamens*, les commandements de Dieu et de l'Église

Coumandan, anto, adj. Celui qui commande, qui a le droit de commander; impérieux; un chef de corps, de troupe quelconque, sans égard pour le grade de celui qui l'exerce

Coumando, s. f. Commande, ordre à un ouvrier d'exécuter un objet de son art. — *Marchandiso de coumando*, ouvrage exécuté par commande, par opposition à celui qui est fait de pacotille, a l'avance, ou pour magasin, et qui n'est jamais aussi bien confectionné que celui qui l'est par commission spéciale.

Coumbla, v. Combler, remplir autant qu'il est possible; remplir un vide, un bas-fond quelconque jusqu'aux bords.
Dér. du lat. *Cumulare*, ou *Complere*, m. sign.

Coumble, s. m. Comblement, remblai, la matière qui sert à combler. — *Aquò demando un bèl coumble*, il faut beaucoup de matériaux pour combler cela. *A un for coumble*, ce vide est fort grand à remplir.

Coumbo, s. f. Dim. *Coumbéto*; péjor. *Coumbasso*. Vallée étroite, ou mieux gorge entourée de collines, resserrée entre des montagnes.

C'est de ce mot qu'ont été formés les noms propres d'homme : *Coumbo*, Combe; *La Coumbo*, Lacombe; *Las Coumbos*, Lascombe. Il entre aussi dans les noms de lieu. *Coumbo-bàoudo*, augm. de *Coumbas; Coumbo-rédoundo*, vallée arrondie; *la Gran-Coumbo*, la Grand'Combe, commune et canton, arrondissement d'Alais, notre grand centre houiller. Les dim. et augm. ont fourni les noms de *Coumbe*, *Combet*, *las Coumbétos*, et *Coumbas;* d'où *Coumbalusie*, vallée luisante; et probablement *Coumbiè*, Combier; *Déscoumbiè*, Descombiers; *Coumbal*, Combal; qui tous ont été francisés.

Dér. du gr. κύμβος, enfoncement, cavité; en bas-breton *Komb*, vallon, vallée.

Coumédièn, s. m. Comédien; batteleur, baladin, jongleur, n'importe le genre de spectacle qu'il donne. Au fig hypocrite, qui joue toute sorte de rôle pour tromper la confiance. — Au fém. *Coumediéno*, m. sign.

Coumédio, s. f. Comédie; curiosité de la foire; toute sorte de spectacle et de jonglerie; hypocrisie, faux-semblant; larmes ou déclamations simulées.

Dér. du lat. *Comœdia*, formé du gr. Κώμη, bourg et Ὠδή, chant

Couménça, v. — *Voy. Acouménça*.

Couménçanço, s. f. Commencement d'un livre, d'un chant, d'un spectacle. — *Voy Acouménçanço*

Couméssari, s. m. Commissaire de police.
Emp. au fr.

Couméssiou, s. f. Dim. *Coumessiouneto*. Commission On appelle *Coumessiou* toute allée et venue que fait un domestique, un commis, un subordonné quelconque dans l'intérêt de son maitre; et les diverses courses que l'on fait soi-même dans un but d'utilité personnelle. C'est aussi un terme générique sous lequel on désigne l'objet d'une course qu'on veut cacher. — *Aï fa vosto coumissiou*, j'ai rempli l'objet dont vous m'aviez chargé.

On remarquera la différence d'accentuation entre le mot *Coumessiou* et son dim. *Coumessiouneto* : la prononciation de la diphthongue *iou*, ici et là, est en effet très-différente. Dans le premier, *i* est marqué d'un accent circonflexe pour indiquer la lettre tonique et dominante, sur laquelle la tenue se fait; dans le second, les deux voyelles sont privées d'accent, la voix les fait entendre sans appuyer sur l'une plus que sur l'autre. La distinction entre ces diphthongues homographes est que l'une, accentuée, est masculine, grave; l'autre sans accent, est féminine, muette. — *Voy. Acén.*

Dér. du lat. *Commissio*.

Coumo, adv. Comme, de même que, ainsi que; comment, de quelle manière. — *Coumo que n'ane*, de quelle manière que la chose tourne. *Coumo farén?* comment ferons-nous? *Coumo qué siègue*, quoi qu'il en soit. Prvb.: *Coumo lous géns, l'encen*, selon les gens, l'encens. *Save pas coumo n'as pas vergougno*, je ne sais pas comment tu n'en as pas honte.

Coumo prend encore diverses acceptions qui produisent des idiotismes propres au languedocien. — *Arivé coumo m'én-anavé*, il arriva au moment où je partais. *Es michan coumo tout*, il est horriblement mauvais. *És véngu coumo él*, il est venu en même temps que lui. *És pas gaïar coumo vous*, il n'est pas aussi bien portant que vous.

Dér. du lat. *Quomodo*, m. sign. En ital. *Come*, espag. port. *Como*.

Coumode, odo, *adj.* Facile, traitable, d'une société douce; qui jouit d'une honnête aisance, aisé dans une condition un peu inférieure. Se dit des personnes, et moins bien des choses, quoique la ressemblance du mot avec le fr. l'ait soumis à quelque déviation.

Dér. du lat. *Cum*, prép. et *Modus*, mesure, mode.

Coumodo, *s. f.* Commode, meuble à plusieurs tiroirs pour le linge et les hardes.

Emp. au fr.

Coumoul, oulo, *adj.* Comble; comblé, plein au-dessus des bords. Se dit des mesures de capacité de matière sèche, comme les grains, les châtaignes, les noix, les glands, etc., dans lesquelles on peut entasser la denrée en cône. Un décalitre comble ou comblé est l'opposé du decalitre ras ou rasé, quand on fait passer le rouleau sur ses bords pour faire tomber tout ce qui dépasse ce niveau. — *Séméno ras et culis coumoul*, il cueille fort peu de grains au delà de la semence, seulement la différence de la mesure *raso à la coumoulo*; ce qui est peu de chose.

Dér. du lat. *Cumulus*, dim., tas, monceau, comblement.

Coumoula, *v.* — *Voy. Acoumoula*.

Coumoulun, *s. m.* Comble; tas; monceau; le par dessus.

Dér. du lat. *Cumulus*, subs. de *Coumoul*.

Coumpagnè, *s. f.* Compagnie de soldats — *Coumando uno coumpagnè*, il est le commandant d'une compagnie.

Dér. du lat. *Cum*, et *Panis*, qui mange le pain avec un autre. D'autres soutiennent qu'il vient de l'ancien mot teutonique *Kompan*, compagnon, ou de *Coumpagn, Compagn*, d'origine incertaine. Peut-être serait-il aussi simple de chercher son étym. dans le lat. *Compages*, assemblage, liaison.

Coumpagno, *s. f.* Compagnie, société, assemblée de plusieurs personnes; compagne, mari et femme, ou bien de jeune fille à jeune fille. — Une femme dit de son mari : *ma coumpagno*. *Adioussias amaï à la coumpagno*, bonsoir (à la personne à qui l'on s'adresse en particulier), ainsi qu'à toute la compagnie.

Même étym. que pour le précédent et tous les composés qui suivent.

Coumpagnoù, *s. m.* Compagnon, ouvrier en sous-ordre du maitre; compagnon de route; frère d'armes; compagnon du devoir. — La trilogie des scieurs de long se compose *ddou mèstre, ddou coumpagnoù et dé l'apéndris*, du maitre, du compagnon et de l'apprenti. Le premier et le dernier tirent la scie d'en bas; le second, debout sur la bique, n'est chargé que d'élever la scie quand elle est descendue, ce qu'il fait à vide, la scie ne mordant que de haut en bas et non de bas en haut; mais il dirige le trait.

Coumpagnounaje, *s. m.* Compagnonnage, société d'ouvriers; un devoir de compagnon. — *Dé quinte coumpagnounaje siès?* à quel devoir appartiens-tu?

Coumpaïre, *s. m.* Compère; gaillard éveillé, réjoui; fin, gai, adroit. — *Es un coumpaïre*, c'est un fin compère; un luron, un bon drille. *Coumpaïre et coumaïre* ne sont plus usités pour signifier ceux qui ont tenu un enfant sur les fonts baptismaux. *Pér coumpaïre et pér coumaïre* n'est que du franchiman.

Formé du lat. *Cum*, avec, et *Pater*, père.

Coumparésoù, *s. f.* Comparaison; supposition, hypothèse; exemple. — *Pér uno coumparésoù*, en supposant. *Vòou vous faïre uno coumparésoù*, je vais vous poser une hypothèse. *Métèn, pér uno coumparésoù, qué sès moun frèro*, admettons un instant, supposons pour un moment que vous êtes mon frère. *Sans coumparésoù* est une formule polie, une précaution de civilité, dont on se sert quand on compare les bêtes aux gens : *Bramo coumo un ase, sans coumparésoù*, il crie comme un âne, pardon de la comparaison.

Dér. du lat. *Comparativ*.

Coumpés, *s. m.* Compois, anciens cadastres des communes, où chaque propriété était désignée et confrontée, non d'après les numéros d'un plan, comme aujourd'hui, mais en réunissant, sous l'avération de chaque propriétaire, toutes les parcelles de propriété qu'il possédait. Quelques-uns de ces registres sont faits avec une précision qui étonne de nos jours, surtout lorsque l'on compare la modicité du prix dont ce travail était payé avec le luxe de dépense qu'entraîne le cadastre moderne, qui, malgré tout cela, est souvent inexact. Aussi, dans une foule de discussions judiciaires, à défaut de titres contraires, les tribunaux attachent-ils avec raison une certaine importance aux renseignements donnés par ces registres.

Dans les archives municipales, il existe un cadastral communal de 1642, qui porte en tête le verbal d'adjudication des frais de sa confection, y compris le coût de la transcription au net de ce registre qui est un gros in-folio de 1,500 pages. Il fut adjugé au prix de 470 livres. Aujourd'hui un copiste ferait payer ce prix de sa seule transcription.

Dér. probablement du lat. *Compositus*, mis en ordre.

Coumplaïre, *v.* Chercher à plaire à quelqu'un, le caresser; aller au devant de sa volonté, de ses désirs, de ses caprices. — *Té fòou bièn coumplaïre à toun ouncle*, il faut cajoler ton oncle, capter son affection.

Dér. du lat. *Complacere*.

Coumplasén, énto, *adj.* Complaisant, qui cherche à être, à se rendre agréable.

Coumplimén, *s. m.* Compliment; paroles civiles, obligeantes, affectueuses; félicitations; éloges; politesses; flatterie; cérémonies. — *Farés dé mous coumplimèns à tout lou moundé dé l'oustdou*, vous présenterez mes civilités à toutes les personnes de la maison. *Mous coumplimèns à ma tanto*, mes respects à ma tante. *Faïre un coumplimén,* débiter une harangue de félicitations, ou en parlant d'un enfant, réciter son compliment de jour de l'an ou de fête à ses parents.

Coumplimenta, v. Complimenter, féliciter, congratuler

Coumpliméntous, touso, a lj. Complimenteur, adulateur, flatteur, prodigue de civilités et de révérences.

Coumplo, s m Complot, dessein criminel formé en communauté.

Coumplouta, v. Comploter, conspirer; former un mauvais dessein en compagnie.

Dér. du ht. Cum, avec, et Pila, balle a jouer, paume. C'est l'avis de Ménage et du P. Labbe: mais cette étym. demanderait confirmation

Coumpourta (Sé), v. Se comporter, se conduire bien ou mal; tenir bonne ou mauvaise conduite.

Coumprénable, ablo, a j Compréhensible; intelligible; convenable; imaginable. — Aquò's coumprénable, cela se comprend. Aquò's pas coumprenable, on ne croirait jamais cela, on n'imagine pas cela.

Coumpréne, v. Comprendre; interpréter; concevoir; contenir, renfermer.

Dér. du lat. Comprehendere

Coumprénésou, s f. Intelligence, compréhension; entendement.

Coumprés, éso, part. pass. du v. Coumprene. Compris, entendu; contenu, renfermé.

Coumugna, v. Communier, recevoir le sacrement de l'Eucharistie, chez les catholiques; le pain et le vin de la Cène chez les protestants. Coumugna, recevoir la communion, quand c'est du fidèle qui s'approche de la Sainte-Table, il est pris neutralement; il a le sens actif, quand on parle du prêtre qui donne, distribue la communion.

Coumugnoun, s. f. Communion, réception de l'Eucharistie
Dér. du lat. Communio.

Coumun, s. m. Lieux d'aisance, latrines.

Coumun, uno, a lj Commun, de qualité inférieure, en parlant de marchandise ou d'étoffe. Quand on parle des personnes, affable, populaire, de facile abord pour ses inférieurs. — Uno fenno coumuno, une femme mariée sous le régime de la communauté : expression de nouvelle importation dans nos pays de droit écrit, et qui ne date que du code civil sans doute, mais bien faite selon le génie de la langue. Bos coumun, bois commun, ne doit pas être confondu avec Bos coumundou : celui-ci appartient à la commune qui l'administre, qui l'aménage en coupes réglées, comme un particulier; celui-là est un bois où tous les habitants ont droit de dépaissance, et souvent d'affouage. Four ou pous coumun, four ou puits banal.

Coumunâou, s. m. Communal; bien, propriété appartenant à une commune; pâturages en communauté.

Coumuno, s. f. Commune, division territoriale administrée par un maire, faisant partie d'un canton; hôtel-de-ville ou de la mairie.

L'étym. de ce mot et de ses composés précédents vient du lat. Cum, avec, ensemble, et du radical Mun, qui donne Munus, charge, don, emploi.

Councha, v Salir avec des ordures; gâter, tacher, embrener. Au fig. compromettre; salir la réputation, accuser d'une action déshonorante, infamante — Se sen councha, il se sent coupable, il n'a pas le cœur net, la conscience nette Que se sen councha que se torque, pi\b, qui se sent morveux se mouche

Contract. du v. fr. Conchier.

Counciénço, s. f Conscience, sentiment intérieur du bien et du mal; vérité. — Aquò's uno counciénço, il y a conscience à faire cela. En counciénço, en conscience, en vérité. A sa counciénço per dar ies, il n'a pas de conscience, il la porte par derrière.

Counciénço, s. f. Outil de boisselier, sorte de plastron en bois qu'il place sur sa poitrine pour y appuyer la pièce de bois qu'il rabote a la plane.

Coundamino, s. f. Nom propre d'un champ. Il est rare que dans un grand domaine il n'y ait pas une terre qui porte ce nom-là, surtout dans un domaine jadis seigneurial. C'est ordinaire un champ fort étendu et qui est attenant au manoir.

Sauvages dit qu'il paraît être dér du lat. Campus domini, champ du maître, du seigneur. — Voy. cependant au mot Candia, étym.

Coundanna, v Condamner, prononcer un jugement contre quelqu'un; improuver, blâmer; murer une porte, une fenêtre, ou la clouer de manière à ce qu'elle ne puisse s'ouvrir — És coundanna, ce malade est perdu, il est condamné par la faculté.

Dér. du lat. Condemnare, m. sign.

Coundannaciou, s. f. Condamnation; jugement, sentence, arrêt qui condamne. — Aquò's sa coundannaciou, c'est ce qui le condamne.

Coundiciou, ou Coundéciou, s. f. Condition; clause d'un pacte, d'un marché, promesse; état, qualité, situation et position des personnes et des choses; naissance, noblesse, gentilhommerie; condition de la soie.

La soie, contenant toujours une portion quelconque d'humidité par son séjour plus ou moins long dans des coffres ou dans les ballots qui la serrent hors du contact de l'air, à cause de sa nature spongieuse, il est de condition sous-entendue dans tous les marchés qu'on ne doit la peser pour la vente que lorsqu'elle a perdu cette moiteur. Sur certains marchés, on résout cette différence par une retenue sur le poids total, qui varie de quotité sous le nom de don; dans d'autres villes, surtout celles de manufactures comme Lyon et Saint-Étienne, la condition s'exécute littéralement. On a établi une vaste salle, qu'on nomme la Condition, où la soie est exposée à nu et par écheveaux et soumise à une chaleur donnée par l'action d'un calorifère : chaleur qui est ménagée de manière à enlever à la soie l'humidité qui lui est étrangère, sans lui enlever celle qui lui est naturelle et nécessaire à sa ductilité et à sa souplesse.

Chaque ballot de soie qui se vend à Lyon est ainsi exposé à la condition, marqué d'un numéro qui se couche sur un registre ; les feuilles du commerce rendent compte journellement du nombre des numéros exposés à la condition ; ce qui annonce la fluctuation de cette marchandise mieux que tous les bulletins de la bourse. Plus il y a de numéros, plus il y a eu de ventes, et l'on voit par la si l'article est recherché et offert

Dans ce pays-ci, quoiqu'on vende d'ordinaire la soie sans la passer à la condition, il s'en présente quelquefois qui a un degré d'humidité trop grand pour que l'acheteur puisse l'accepter. Dans ce cas il réclame la condition, qui consiste à la détailler et à l'exposer à l'air extérieur ou dans un magasin ouvert et bien aéré.

Coundu, udo, *part. pass.* de *Coundure.*
Coundure, *v.* Ranger, serrer dans une armoire.
Sé coundure, v. S'établir, se marier.
Dér. du lat. *Condere,* cacher, serrer.
Counégu, udo, *part. pass.* de *Counouïsse.*
Counégudo, *s. f.* Connaissance ; amis. — *Quàouquus dé counégudo,* quelqu'un de connaissance. *Aquò's dé bla, dé grano de counegudo,* c'est du blé, de la graine de vers à soie de confiance, parce qu'on connaît ceux qui les viennent. *Vous dounarai dé counégudos,* je vous offrirai le témoignage de gens de connaissance qui répondront de moi.
Counéissable, ablo, *adj.* Reconnaissable, facile à reconnaître. — *Éro bé counéissable qu'éro un couquì,* il était aisé de voir que c'était un fripon. *Es pas counéissable,* c'est à ne pas le reconnaître.
Counéïsse, *v.* — *Voy. Counouïsse,* plus usité.
Counéïsséngo, *s. f.* Connaissance ; savoir, intelligence ; raison. — *Las counéisséngos soun pas d'amis,* autre chose les familiers et les amis *Aquel éfan a foço counéisséngo,* cet enfant a une intelligence précoce. *A garda sa counéisséngo énjusquo dou darnié,* il a conservé sa raison jusqu'à ses derniers moments.
Counféréngo, *s. f.* Conversation, entretien. — *Tène counféréngo,* soutenir la conversation
Dér. du lat. *Conferre,* conférer.
Counféssa, *v.,* ou **Couféssa,** Confesser ; se confesser ; entendre une confession et faire sa confession. — *Es ana counfessa,* il est allé se confesser. *Dé qùdou counféssas?* à qui vous confessez-vous? *Counfessa un ié,* faire un lit à la hâte, sans remuer la paille ou la plume, se contenter d'en arranger les draps et les couvertures.
Counféssiou, *s. f.* Confession, déclaration de ses péchés à un prêtre ; aveu.
Counféssiounal, *s. m.* Confessional.
Counfèsso, *s. f.* Confesse, déclaration qu'un pénitent fait de ses péchés à un prêtre ; confession.
Counféssur, *s. m.* Confesseur, prêtre qui confesse.
Counfiéngo, *s. f.* Confiance, assurance en la probité de quelqu'un, en la bonté d'une chose, en la réussite d'un acte.
Counfirma, *v.* Confirmer, rendre plus ferme, assurer de

nouveau ; être confirmé, recevoir la confirmation ; donner un soufflet. — *Vóou counfirma,* je vais recevoir la confirmation. *Té vóou counfirma,* je vais te souffleter.
Counfirmaciou, *s. f.* Confirmation ; sacrement de la Confirmation.
Dér. du lat. *Confirmatio,* m. sign
Counfisqua, *v* Confisquer ; s'emparer de... ; adjuger des biens au fisc.
Counfissur, *s m.* Confiseur, qui fait et vend confitures et sirops.
Counfituro, *s. f.* Confiture ; fruits confits.
Counfroun, *s. m.* Confins ; tenants et aboutissants d'un champ ; nom des propriétaires confinant une propriété ; objets matériels qui en forment les limites, comme un cours d'eau, une route, les eaux versantes d'une montagne.
— *Gardoù és un michan counfroun,* le Gardon est un mauvais voisin. *Démandariéi pas qu'aquélo téro sans counfroun,* je ne demanderais pour tout bien que ce champ, pourvu qu'il n'eût point de limites, c'est-à-dire que ce serait le continent tout entier.

Les limites ou bornes, *Bolos,* entre les héritages, ne sont pas ce qu'on appelle *lous counfrouns ;* elles ne font que déterminer la ligne divisoire d'un champ d'avec celui qui le confine, et ces deux champs sont *Counfrouns,* confins, l'un de l'autre. Lorsque ces confins sont des limites naturelles, les bornes deviennent inutiles, il suffit que les titres mentionnent cette délimitation.
Counfrounta, *v.* Confiner, être limitrophe, toucher aux confins l'un de l'autre. — *Nous counfrountan,* nos terres se touchent, elles sont limitrophes. *Counfrounte un tdou ou embe un tdou,* mon champ touche, se tient avec celui d'un tel. *Counfrounte dé l'douro lou vala dé...,* mon domaine aboutit du nord au ruisseau de....
Dér. du lat. *Cum,* avec, et *Frons, frontis,* tête, face ; c'est-à-dire face à face, côte à côte.
Counglaça, *v. n.* Tomber du verglas ; glacer ; engourdir de froid.
Dér. du lat. *Congeliare,* se congeler.
Counglas, *s. m.* Verglas, givre ; frimat.
Coungría, *v.* Engendrer, produire par génération ou par germination ; pulluler ; multiplier.

Le préjugé populaire accorde à certains animalcules et à certaines plantes la faculté de se reproduire spontanément et sans semence ni marcotte. Nous n'avons pas à discuter la question des générations spontanées, et nous laissons aux naturalistes le soin de chercher à expliquer la reproduction de vers, d'insectes, de végétaux, comme les champignons et les truffes ; mais nous combattons cette croyance populaire relativement à une foule d'objets, qui se reproduisent par des moyens très-naturels, quoique les agents de cette génération ne frappent pas immédiatement les sens, tels que les poux, puces, punaises, et bon nombre de végétaux dont la semence est imperceptible, ou importée par les vents ou les eaux. C'est cette faculté présumée de se reproduire que le peuple désigne par le verbe *se coungrıa*, et qui lui a fait dire : *las fénnos coungríou las nièiros*, les puces s'engendrent ou se reproduisent dans les jupes des femmes.

Dér. du lat. *Congressus*, accouplement

Counièïro, *s. f., n. pr.* de lieu. Conillère, monticule près d'Alais, dominant la grande route et le chemin de fer, au bout de la Chaussée. Signifiait autrefois garenne, lieu habité et fréquenté par les lapins, en v. lang. *Counil*, du lat. *Cuniculus*, lapin. L'étym. est directe.

Counïo, *s. f.* Sotte, prude, nicette : terme moqueur et injurieux, suivant le ton, mais expression qui ne peut être sans injustice suspecte de malhonnêteté, et nous tenons à la réhabiliter si les apparences l'avaient fait mal juger. Le mot signifie une prude, une femme qui joue la timidité, une pudeur trop chatouilleuse, quand on le dit d'une tierce personne; mais il est aussi une de ces appellations interjectives qui émaillent les conversations féminines, aussi comme *nècio*, *foutralo*, et au besoin *ma mio*, avec qui elle alterne indifféremment, équivalant a ces vocatifs français : folle, nigaude et tout autre de ce genre qu'il ne faut pas prendre au pied de la lettre, car ce ne sont que des termes d'amitié familière. Les femmes emploient cette expression plus souvent que les hommes, et ce sont surtout les matrones les plus intraitables en fait de prudhomie qui, malgré ce qu'en veulent dire les malins, s'en servent sans songer le moins du monde à mal, et elles ont raison : le mot a en effet la plus innocente origine.

Counil, qui nous a laissé *Ramo-counil* et *Counièıro*, vient du lat. *Cuniculus* : il a pour féminin *Counio*. *Counïo* est donc tout bonnement l'épouse très-légitime de Jean Lapin. Cette brave Jeanne est bien une de ces matrones faciles à effaroucher, et en étendant cette disposition à un autre ordre d'idées, elle est devenue ainsi le type de la bégueule, mot qui rend assez le sens de *Counio*, qui cependant, comme on l'a vu, selon les besoins, l'application ou le ton, est souvent modifié. — *Quod erat demonstrandum*, car il ne faut pas, quand on le peut, laisser calomnier personne ni même en médire, comme on n'y aurait été peut-être que trop disposé sur la seule forme graphique du mot.

Cette démonstration était facile ; il ne faut pour la faire et pour la comprendre qu'un peu de réflexion et la moindre connaissance de la langue. Pour achever de l'assurer, il n'y a qu'à citer La Farre qui, dans sa *Bono annado*, met ce vers :

Dé qué dises, Muso counio ?

Cette pièce est imprimée, l'avant-dernière, dans la seconde édition des *Castagnados*, après avoir paru dans les journaux. Ce recueil, qui peut être mis dans les mains de tout le monde et dont la mère permet sans crainte aucune la lecture à sa fille, n'aurait pas admis une expression qui eût fait tache. Si cependant l'auteur s'en est servi sans scrupule, sans craindre même qu'elle fut mal sonnante et put être soupçonnée, c'est un incontestable certificat de moralité qu'il lui a dûment délivré.

Counjè, *s. m.* Adieux en se retirant ; congé militaire, permission de se retirer, fin du service. — *Sans counjè*, sans adieux, au revoir. *A fa un counjè à Touloun*, il a fait son temps de forçat, c'est un forçat libéré.

Dér. du lat. *Commiatus*.

Counlèvo, *s. f.* Bascule ; position, mouvement, machine dans lequel un bout se lève quand on pèse sur l'autre. — *Faire counlèvo*, faire la bascule, jeu où deux enfants, placés à chaque bout d'une planche, se balancent. *La pos fagué counlèvo, et za ! per sóou*, la planche fit bascule, et patatras a terre !

Dér. du lat. *Cum* et *Levare*.

Counouïsse, *v.* Connaitre ; comprendre ; discerner ; distinguer. — *Sé counouïsse*, avoir sa connaissance, conserver le sentiment et la perception au lit de mort. *Sé counoüï be*, on voit bien, on reconnait bien que. *Sé counoüï pas quante es lou pu neci*, on ne pourrait discerner quel est le plus sot.

Dér. du lat. *Cognoscere*, m. sign.

Counséïè, *s. m.* Conseiller ; celui qui donne des conseils

Dér. du lat. *Conciliarius*, m. sign.

Counsél, ou **Coussél**, *s m.* Conseil, avis ; celui dont on prend conseil dans une affaire ; réunion, assemblée où l'on délibère. — *Lou counsél*, le Conseil municipal. *Qudou dono lous counsèls, dono pas las ajudos*, prvb., les conseilleurs ne sont pas les payeurs. c'est la fable de l'Enfant et du Maitre d'école. *Counsel de mouié es pichò, que noun lou prén és un chó*, prvb., ce n'est pas grand'chose qu'un conseil de femme, mais qui ne l'écoute point est un sot. En parlant d'un pauvre avocat, on dit : *dounariè pas un bon counsél per siei frans, parço que lou sa pas*, il ne donnerait pas un bon conseil pour six francs, parce qu'il ne le sait : quelquefois le dernier membre de phrase reste sous-entendu comme inutile pour compléter le sens.

Dér. du lat. *Concilium*, m. sign.

Counsén, énto, *adj.* Consentant ; qui consent, qui acquiesce ; qui approuve. — *Y sès counsen ?* Y consentez-vous ?

Counsénti, *v.* Consentir, donner son consentement ; approuver. — *Counsentí uno véndo, uno doubligaciou*, passer une vente, une obligation a quelqu'un. En terme d'argot de notaire, on dit aussi, en fr., consentir une obligation.

Dér. du lat. *Consentire*, m. sign.

Counsérva, *v.* Conserver ; préserver ; avoir soin d'une chose.

Se counserva, *v.* Se bien porter ; prendre soin de sa santé. — *Aquelo fenno es bièn counsérvado*, cette femme est bien fraiche pour son âge. *Counsérva-vous*, phrase d'adieu : portez-vous bien, conservez votre santé. *Diou me lou counserve*, Dieu me le préserve, me le sauve, me le maintienne en bon état !

Dér. du lat. *Conservare*, m. sign.

Counsinna, *v.* Consigner, retenir par ordre ; mettre en dépôt

Dér. du lat. *Consignare*, m. sign.

Counsinno, *s. f.* Consigne, ordre supérieur; ordre donné à une sentinelle.

Counsoula, *v.* Consoler, donner des consolations; apaiser les cris et les pleurs d'un enfant.

Dér. du lat. *Consolare,* m. sign.

Counsoulacìou, *s. f.* Consolation; soulagement; satisfaction.

Counsulta, *v.* Consulter, prendre conseil, avis, instruction de quelqu'un.

Dér. du lat. *Consultare,* m. sign.

Counsulto, *s. f.* Consultation verbale ou par écrit d'un juriste ou d'un médecin.

Counta, *v.* Compter, faire des comptes; calculer; payer; épeler les lettres. — *Dé qué contes à ta fio?* Quelle dot feras-tu à ta fille? Que lui compteras-tu en la mariant? *Aquélo fénno sé conto pas pus,* cette femme ne compte plus les jours de sa grossesse, elle est prête à accoucher. *M'a counta touto ma soumo,* il m'a intégralement payé.

Counta, *v.* Conter, faire un conte; raconter. — *Dé qué mé countas aqui?* Que me contez-vous là? *Dé qué countas dé nóou?* Que dites-vous de nouveau?

Counta (La), *s. f.* Comté, terre possédée par un comte. Autrefois ce mot en fr. était féminin : il s'est maintenu tel en lang. On l'a même appliqué avec ce genre dans une appellation locale anciennement connue : *La Counta,* quai de la Comté, quartier, terres au nord de notre ville, appartenant aux comtes d'Alais; comme *La Barougné,* la baronnie, à l'est, appartenait aux barons. — *Lou Counta,* au masc., désigne spécialement le comtat Venaissin.

Dér. du lat. *Comes, Comitis,* comte.

Countaïre, aïro, *adj.* Conteur, narrateur; auteur.

Countan, *adj.* Comptant. — *Argén countan,* argent comptant, qui est compté immédiatement après le marché.

Countén, énto, *adj.* Content, satisfait.

Dér. du lat. *Contentus,* m. sign.

Counténénço, *s. f.* Contenance, étendue d'un champ, d'un domaine; capacité d'un vase; pose du corps, posture, maintien; sang-froid, dignité. — *Avès vosto counténénço,* votre terre a la superficie vendue, indiquée. *Mé farés ma counténénço,* vous parferez ce qui manque à la contenance de mon champ. *Téni sas counténénços,* garder contenance.

Dér. du lat. *Continentia,* m. sign.

Counténta, *v.* Contenter, satisfaire, rendre content.

Sé counténta dé. ..., se contenter de....., contenter ses désirs.

Counténtamén, *s. m.* Contentement, satisfaction, joie. — *N'aguèrou à lus counfentamén,* ils en eurent à cœur-joie.

Countra, *s. m.* Contrat; acte par lequel une ou plusieurs personnes s'obligent, le plus souvent devant notaire; titre de la convention.

Dér. du lat. *Contractus,* m. sign.

Countrari, rio, *adj.* Contraire, opposé; nuisible; adversaire; rival. Se prend subst. au masc. — *Lou countrari,* le contraire, l'opposé d'une chose. *Aou countrari,* au contraire, tout autrement. *Disé pas l'én countrari,* idiotisme de notre dialecte, je ne dis pas le contraire.

Dér. du lat. *Contrarium, e contrario.*

Countrèïo, *s. f.* Contrée, certaine étendue de territoire; région, pays.

Dér. de la bass. lat. *Contrata, Contrada,* m. sign.

Countugna, *v.* Continuer; durer; persister; prolonger.

Dér. du lat. *Continuare,* m. sign.

Countugno (Dé), *adv.* Continuellement, sans cesse; journellement; d'habitude.

Counvéngu, udo, *part. pass.* de *Counvéni.*

Counvéni, *v.* Convenir, faire une convention; être conforme; partager le même sentiment; plaire.

Sé counvéni, s'accorder, avoir les mêmes inclinations; vivre bien ensemble.

Dér. du lat. *Convenire,* m. sign.

Counvérti, *v.* Convertir, changer; amender; faire abandonner une fausse croyance.

Sé counvérti, se convertir, revenir d'une erreur, abjurer une fausse croyance pour la vraie; changer de mœurs; revenir aux principes et à la pratique de la religion.

Dér. du lat. *Convertere,* m. sign.

Counvouèta, *v.* Convoiter; désirer ardemment; dévorer des yeux.

Dér. du lat.

Counvouqua, *v.* Convoquer; rassembler; faire assembler les membres d'un corps, les appeler à une réunion.

Dér. du lat. *Convocare,* m. sign.

Coupa, *v.* Couper, trancher, diviser; casser; séparer; châtrer; dévier; séparer en deux un jeu de cartes, couper avec l'atout; mélanger, en parlant de liquides, tremper le vin; trancher, en parlant de couleurs; rompre des accords de mariage; à la danse, remplacer; canceller des conventions. *Sé coupa,* se contredire, se démentir soi-même.

— *Coupa dé pan,* couper du pain. *Sé coupa la cambo,* se casser une jambe. *On copo lous doubléns,* on châtre les moutons à leur deuxième année. *Cope dé caire,* je coupe avec l'atout qui est carreau. *Cope dáou rèi,* je coupe avec le roi. *Anén, coupas,* allons, coupez. *Coupa l'aigo,* dévier un ruisseau, l'eau torrentielle d'un ravin. *Coupa lou vi,* tremper d'eau le vin. *Lous novis an coupa,* ces fiancés ont rompu leurs accords. *Escusas sé vous cope,* excusez-moi si je vous interromps, si je vous coupe la parole. *Coupa lou creï,* arrêter la croissance. *Coupa las taios,* faire la répartition de la contribution mobilière et transcrire sur la matrice cadastrale les mutations de la contribution foncière. *Coupa lou près,* arrêter, fixer le prix. *Coupa lou visage,* affronter, injurier en face. *Coupa cour, roun,* couper court, rond, dire en peu de mots. *Coupa à la bourèio :* la bourrée et le rigaudon sont des danses pêle-mêle, où chaque danseur au milieu de la cohue n'a affaire qu'à deux danseuses, avec lesquelles il figure tour à tour; comme cette danse dure sans interruption et sans repos pour tous les danseurs à la fois, il n'y a d'autre moyen de les faire reposer que de les

remplacer. Aussi y a-t-il toujours des danseurs et des danseuses de rechange, qui remplissent cet office en venant se placer devant la personne a remplacer et en figurant avec son partenaire; alors le dépossédé va se défatiguer, jusqu'à ce qu'il aperçoive un autre ligurant harrassé, ou un nouveau partenaire qui lui convienne. C'est cette évolution de remplacement qu'on appelle *Coupa* — *Vène me coupa*, viens me remplacer
Dér. du gr. Κόπτω, m. sign.

Coupado, s. f. Espèce de raisin qu'on distingue en *Coupado negro, grosso Coupado negro* et *Coupado blanquo*. La *Coupado negro* est très-fertile : elle donne de grosses grappes dont les grains sont noirs, peu fleuris, ovoïdes, assez gros, croquants et sucrés. C'est peut-être le meilleur, le plus délicat raisin de table. Il donne un vin très-fin; mais le propriétaire dont la vigne ne serait plantée que de cette espèce, devrait vendanger quelques jours plus tôt, autrement son vin aurait trop de liqueur. Les sarments de ce cep sont longs et faibles, noirâtres et très-tendres a la taille; la feuille est d'un très-beau vert, lisse et peu découpée. La *grosso Coupado negro* ne diffère de la précédente que par ses grains plus gros; elle est encore plus productive. Ces deux espèces demandent un bon terrain. La *Coupado blanquo*, plantée dans un terrain bas et de première qualité et taillée court, ne produirait rien; tandis que dans une terre médiocre, taillée plus long, elle fournit de belles grappes. Ses grains sont blancs, ovoïdes, un peu musqués; mais ils ne sont point fermes comme ceux de l'espèce noire. Ce cep donne beaucoup de bois blanchâtre et dur; sa feuille est grande et peu découpée.

Coupé, s. m. Dim. de *Co*, coup. Petit coup de vin.

Coupèlo, s. f. Coupelle, instrument de pesage qui tient a la fois de la romaine et de la balance. C'est une romaine véritable dont le crochet de suspension est un plateau de balance. Les marchands qui vont vendre à domicile s'en servent de préférence a la balance, qui est d'un transport moins commode. La romaine ne pourrait servir à une foule d'objets qu'on ne peut suspendre à un croc, comme les légumes, les fruits, le beurre, le fromage, etc.
Dér. du lat. *Cupa*, coupe, dont il est dim.

Coupèou, s. m. Copeau de menuisier, ruban de bois que détache la varlope ou la plane.
Dér. de *Coupa*, qui vient du gr. Κόπτω, couper.

Coupïa, v. Copier, faire une copie; imiter, contrefaire; transcrire un passage d'un livre, une page d'écriture, reproduire un dessin.

Coupïo, s. f. Copie; assignation; exploit d'huissier, n'importe sa nature.

Coupoun, s. m. Coupon, restant d'une pièce d'étoffe que l'on donne à meilleur marché, parce qu'il est trop court pour nombre d'usages.

Couquèto, s. f. Coquette, femme qui cherche à être courtisée; coiffure de femme dans l'ancien régime, qui était un bonnet à dentelles, serré et appliqué sur le front.
Dér. du fr. *Coq*, avec le dim. *éto*.

Couqui, ino, a fj. Dim. *Couquine, neto : Couquinò. noto*, péjor *Couquinas, nasso*. Coquin, ine; voleur, fripon; débauché; au fem. femme de mauvaise vie, prostituée — *Lous couquis*, les voleurs, les brigands. *Jouga as couquis*, sorte de jeu qui était fort en vogue parmi les écoliers, il y a quelques années. Il consistait à diviser les joueurs en deux bandes, l'une appelée *lous couquis*, l'autre *lous gendarmos*. C'était une sorte de guerre pour laquelle on choisissait de préférence un champ de bataille accidenté, montueux, coupé de ravins, de murs, de rochers, qui prêtait à tous les calculs de la stratégie. Il est à remarquer que le parti des coquins était toujours le plus recherché.

Les mots *Couqui* et *Coquin* fr. ont évidemment une origine commune, si toutefois ils n'ont pas été formés l'un de l'autre. Les glossateurs français font dériver coquin du lat. *Coquinus*, de *Coquina*, cuisine; et comme on ne voit pas bien la relation entre un servant de cuisine et un malfaiteur, on a ajouté que le *Coquinus* était un des plus bas officiers de bouche, état méprisé et qu'on donnait par dérision à tout ce qui était méprisable et vil. Si cette déduction n'est pas très logique, convenons du moins que la ressemblance de famille entre le fr. et le lat. serait merveilleuse. Dans ce cas, le lang. serait débiteur envers le fr.

D'autre part, Sauvages nous laisse apercevoir une autre origine; mais comme malgré son titre de chef de clan languedocien, il professe un respect systématique pour le français vainqueur, il ne hasarde sa donnée qu'indirectement et se garde bien d'inscrire son hypothèse sous la rubrique du mot *Couqui*, parce qu'alors on en aurait déduit la conclusion que le mot fr. coquin n'était qu'une dérivation de ce dernier, ce qui n'arrangeait pas le haut et puissant seigneur d'Outre-Loire. Nous qui n'avons pas les mêmes raisons de ménager ce rival, nous allons droit au but.

Vers la fin du XIVme siècle et pendant les troubles de la minorité de Charles VI, des bandes de campagnards des environs de Nîmes, excédés du poids des impôts que le bas peuple supportait seul alors, se réunirent en armes, pillèrent les maisons des riches et des seigneurs, et étendirent leurs ravages presque par toute la France. On les appela *Touchi* dans le pays et *Touchins* en langue d'oïl. L'origine et la raison de cette dénomination sont restées inconnues; mais l'histoire la consacre.

Le nom advint comme surnom aux habitants de Vézenobres, dans ce temps où les sobriquets de village à village étaient fort répandus. On les accusait d'avoir reçu chez eux ces brigands et de favoriser leurs pillages.

On conçoit très bien que dans les diverses métathèses qu'a dû subir la langue d'Oc depuis cette date, le mot *Touchi* ait pu se changer en celui de *Couqui*, comme la variante *Touchin* a fait celle de *Coquin*. Quant à la ressemblance morale, elle nous semble parfaite. D'après cela ce serait le languedocien qui serait l'inventeur, le français l'imitateur.

Couquiè, s. m. Coquetier, petit vase en terre ou en porcelaine, en forme de verre à pied, qui sert à tenir debout un œuf à la coque.

En langage enfantin, les œufs s'appellent des *Coucoùs* : ils viennent de la femelle du coq; ils sont cuits, *Cocta*, du lat. *Coquere* : tout cela peut être entré par quelque bout dans l'étym.

Couquinariè, s. f. Friponnerie; astuce, ruse, qui est souvent prise plus ironiquement que sérieusement : c'est plutôt la ruse d'un faiseur de niches, d'un séducteur, d'un plaisantin, que celle d'un vrai malfaiteur. — *A pas que de couquinariès en testo*, il ne songe qu'à des espiègleries, des polissonneries.

Couquinas, asso, adj. Gros coquin, coquin fieffé; quelquefois expression amicale, suivant le ton et l'occasion.

Couquinò, oto, s. et adj. Petit coquin ; espiègle, enfant malin : terme d'amitié.

Dim. de *Couqui*.

Cour, s. m. Dim. *Courneto*. Cour, lieu où est un souverain avec ses principaux officiers; siège de justice ; cour ou basse-cour d'une ferme. — *Faire la cour*, faire la cour, ne se dit guère de celle qu'on fait à une femme, locution qui nous vient de Scudéri, de La Calprenède ou de Durfé, assez mal à propos importée dans notre langage; mais on s'en sert pour signifier la flatterie à l'adresse d'une personne riche et puissante.

Dér. du lat. *Curia*, dans les premières acceptions, et de *Chers*, *Chortus*, du gr. Χόρτος, haie, clos de basse-cour, pour la dernière.

Cour, courto, adj. Court, qui a peu de longueur. *Cour*, pris adverb. court. — *Tout cour et tout ne*, sans détour, sans phrase, en un mot comme en mille *Tout y és cour*, rien ne répond à ses désirs, il n'a jamais assez de rien. *Quouquuno li séra courto*, à force d'en faire, il finira mal; tant ira la cruche à l'eau, qu'à la fin elle s'y cassera. *Sou cour*, dit un joueur dont la boule ou le palet reste en deçà du but. *Tout fougué cour*, se dit de la réception d'un amphytrion qui traite ses hotes avec une grande abondance et presque un excès de soins et de bonne chère. *Coupa cour*, être concis, abréger. *Un cour émb'un lon, l'oste se sdouvo*, prvb. Système des compensations : ici avec un morceau écourté, là avec une portion plus copieuse, l'hôte se tire d'affaire et de perte.

Dér. du lat. *Curtus*, m. sign.

Couraje, s. m. Courage; constance; force. — *A bon couraje*, il a bon espoir; ou il a une santé robuste. *Coumo vaï aquél couraje?* Comment va cette chère santé?

Dér. de la bass. lat. *Coragium*, formé du lat. *Cor* et *Ago*.

Courajoùs, ouso, adj. Courageux, brave, résolu.

Coural, ou **Pébéroù**, s. m. Dim. *Couraiè*; péjor. *Couratas*. Poivron, piment, *Capsicus annuus*, Linn., plante potagère de la fam. des Solanées. Le poivron jeune et vert joue un assez grand rôle dans la culinaire des campagnes. On le mange en salade avec un fort assaisonnement de poivre. On le confit également au vinaigre et on le conserve ainsi toute l'année. Lorsqu'il est mûr, il devient d'un rouge corail et prend une causticité si violente qu'un zeste suffit pour mettre le feu à la bouche; la main même qui l'a touché communique une inflammation à toutes les parties délicates du corps où elle se porte, surtout aux yeux. Néanmoins les Espagnols en assaisonnent la plupart de leurs mets et le mangent même dans l'état naturel — *Rouje coumo un coural*, rouge comme un coq.

Dér. du lat. *Coralium*, ou *Corallum*, corail, à cause de son analogie de couleur dans sa maturité.

Couratéja, v. freq. Exerc r le courtage; faire le courtier. — *Courateja un be*, offrir l'acquisition d'un domaine par l'entremise d'un courtier ou agent d'affaires.

Couratiè, Couratièiro, s. m. et f. Courtier, agent d'affaires, entremetteur de marché ou d'affaires.

Dér. du lat. *Cursitare*, courir çà et la, ou bien du vieux verbe lang. *Goura*, qui veut dire a la fois errer ça et là, tromper, duper Il pourrait bien se faire qu'il y eut un peu de toutes ces étym. et de leurs diverses acceptions dans le fait du *Couratiè*.

Courba, v. Courber; recourber; incliner; plier en arc de cercle. — *Se corbo bièn*, il devient bien courbé, il prend la taille courbée. *Courba-vous un paou*, baissez-vous un peu, inclinez la tête, ou courbez le dos.

Dér. du lat. *Curvare*, m sign.

Courbatas, Courpatas, ou **Croupatas**, s. m. Corbeau, corbeau noir, *Corvus corax*, Linn., oiseau de l'ordre des Passereaux et de la fam. des Plénirostres. Sa couleur est entièrement d'un beau noir avec des reflets pourprés et bleuâtres sur le dessus du corps; il a jusqu'à deux pieds de longueur. *Courpatas* et *Croupatas* sont des variantes locales de *Courbatas*, qui est lui-même, par le changement commun de v en b, un augmentatif ou plutôt un péjoratif du lat. *Corvus;* on se croit en effet obligé, en parlant de lui, d'enlaidir son nom. Son cri rauque, son plumage lugubre, sa voracité ignoble inspirent jusqu'à l'horreur et le font regarder comme un oiseau de mauvais augure. Les enfants se sont inspirés de cette idée de terreur superstitieuse dans une sorte de refrain injurieux qu'ils lui adressent lorsqu'ils l'aperçoivent et où reviennent sans cesse ces mots : *Courbatas! Diablatas!*

Le scepticisme du XVIIIme siècle nous a légué une sorte de dédain pour l'habit ecclésiastique. Les esprits forts, grands dépréciateurs du clergé, et les solidaires libres-penseurs se plaisent à nommer un prêtre *Courbatas*, et ils expliquent cette ingénieuse assimilation par la couleur de la robe et par l'instinct commun, disent-ils, au prêtre et au corbeau, qui les appelle l'un et l'autre auprès des morts ou des mourants. Cela prouve la mauvaise foi et l'absurdité d'une prétendue philosophie, qui ne sait pas comprendre que la présence du prêtre à l'agonie du chrétien est un des actes les plus sublimes de son ministère; que la religion est plus belle représentée par un de ses ministres consolateurs au chevet d'un pauvre mourant; et qu'il y a au moins maladresse à l'attaquer par l'ironie de son côté le plus noble et le plus populaire.

La corneille, qui a quelques points de ressemblance avec le *Courbatas*, est souvent aussi, mais improprement, confondue dans le même nom. — *Voy. Graio.*

Courbo, s f. Ligne courbe; bois qui fait une courbe, en cintre, par lui-même ou par nature — *Se tirariè de pou-lido courbo d'aquel doubre*, cet arbre fournirait de belles pièces pour jantes de roue ou de puits à roue.

Dér. du lat. *Curvus, Curva*, m. sign.

Courchâou, Courchâoudo, *adj*. A courte queue, qui a la queue coupée ou raccourcie. — *Chival courchâou; Galino courchdoudo*, etc., cheval écourté; poule sans queue

Dér. de *Cour, Courto*.

Courcho, s. f. Raccourci, chemin le plus court, sentier, chemin de traverse, pour les gens à pied, qui abrège le trajet. — *Coupa dé courcho*, prendre le raccourci, la traverse, pour arriver plus tôt. C'est surtout dans les côtes longues, où la route décrit des circuits, en faisant des lacets pour arriver au bas par une pente ménagée, que les piétons tracent une ligne directe fort scabreuse, qui sert de corde au grand arc décrit par la route. Au fig. *Coupa de courcho*, signifie abréger, arriver vite et droit au but.

Courcho, s. f. Ver à soie court. C'est un ver qui commence à se métamorphoser en chrysalide, avant d'avoir grimpé sur la bruyère et d'avoir filé : son état de faiblesse et de maladie ne lui permet pas d'escalader ni de jeter les fils de sa trame. Quelquefois il fait un mauvais cocon dans la litière, mais informe et fondu. Cette maladie est souvent épidémique, et une partie de la chambrée tombe en court, *tombo én courcho*, au moment de la montée. Ces accidents proviennent aussi quelquefois d'un excès de maturité, lorsqu'on n'est pas assez prêt à donner le bois aux vers.

La flacherie ou maladie des morts-flacs, dans la nouvelle dénomination séricicole, n'est pas autre chose.

Toumba én courcho s'applique figurativement à tout projet annoncé qui avorte, à une belle promesse mal tenue.

Courcoussoù, s. m. Charançon, calandre, bruche, charançon des blés et des légumes, *Curculio*, Linn., de l'ordre des Coléoptères; petit ver blanc qui se change plus tard en scarabée. Ce dernier pond un œuf dans l'épi encore vert; il en naît un ver qui se nourrit dans le grain et l'accompagne au grenier, d'où il ressort en scarabée pour continuer ainsi sa malfaisante rotation. Au fig. rabougri, ratatiné de vieillesse, comme est ce ver dans son alvéole. En fr. on le nomme aussi Cosson. — *Voy. Coussoù*, dont *Courcoussoù* est la redondance.

Dér. du lat. *Curculio*, m. sign.

Courcoussouna, ado, *adj*. Piqué des vers; vermoulu. — *Voy. Coussouna*.

Courda, s. m. Cordat, grosse toile à trame croisée qui sert à faire du gros linge de table.

Courda, v. Corder; ficeler; entourer de cordes; emballer avec une corde.

Courdaje, s. m. Cordage de navire, toute sorte de cordes servant à la manœuvre d'un vaisseau.

Courdéiè, s. m. Cordelier, moine, religieux de l'ordre de Saint-François, de l'un des quatre ordres mendiants. — *Vèr lous Courdèiés*, du côté du couvent des Cordeliers. *Lou chival das Courdèiés*, c'est aller à pied, autrement dit avec un jeu de mots pareils : par la voiture du comte de la marche.

Dér. de *Cordo*, parce que les frères de cet ordre portent une corde pour ceinture.

Courdéja, v. Tracer, comme le fraisier et certaines espèces de graminées, qui étendent à fleur de terre leurs fils dont chaque nœud prend racine et forme une plante nouvelle; en terme de boulanger, filer, comme la pâte qui s'allonge en cordes quand on la soulève. — *Faïre courdéja*, donner de la corde, laisser courir la corde du côté où son bout est trop court, lorsqu'on corde un ballot, la charge d'une charrette ou d'un bat, ou même un fagot.

Courdèl, s. m. Cordeau de maçon ou de jardinier, corde même servant à prendre les aplombs ou des alignements. — *Tira dou courdèl*, aligné au cordeau.

Courdéla, v. Lacer; lacer un corset, passer un lacet dans les œillets d'un corset.

Courdélado, s. f. Chapelet d'objets de même sorte enfilés. — *Courdelado dé coucoùs*, chapelet de cocons de graine. Les cocons qu'on réserve pour la graine sont choisis parmi les plus forts et les plus réguliers de forme. On les enfile avec une aiguille, en ayant soin de ne prendre que l'épiderme pour ne pas piquer la chrysalide; on les suspend ainsi par chapelets dans une position aérée et isolée : ce qui donne de la facilité au papillon pour percer sa coque.

Courdélado dé peïssoùs, brochette de poissons, que les pêcheurs à la ligne enfilent comme un chapelet.

Courdèlo, s. f. Lacet, cordon de fil ou de soie dont les femmes se servent pour lacer leur corset, et qui est garni d'un bout métallique pour passer facilement dans les œillets.

Courdìa, s. m. Grosse toile d'emballage; treillis.

Courdiè, s. m. Cordier, fabricant ou marchand de cordes.

Courdil, s. m. Dim. *Courdié*. Cordon, petit tissu, tressé comme la corde, de fil, de soie, de laine, de coton, de crins, etc. Lorsque le cordon est en cuir, il se nomme *Couréjoù*. *(Voy. c. m.) — Ploù coumo dé courdils*, il pleut à seaux. Quand il pleut ainsi, la pluie ne se présente pas comme une suite de gouttes, mais par continuité, comme un filet d'eau sous la forme et de la grosseur d'un cordon; ce que représente assez bien notre expression pittoresque.

Courdoù, s. m. Ruban d'attache, comme ceux d'un chapeau de femme; cordon, décoration.

Inutile de faire remarquer que tous ces mots, depuis *Courda*, et quelques-uns des suivants, augmentatifs ou diminutifs, ont pour racine et pour principe, *Cordo*. — *Voy.* c. m.

Courdougnè, èïro, s. m. et f. Cordonnier, femme du cordonnier; celui qui fait des souliers. — Notre mot, ainsi que son correspondant françis, est d'origine assez moderne et ne remonte guère qu'au XVme siècle. L'un et l'autre sont la corrupt. de *Cordouanier*, c'est-à-dire ouvrier qui emploie du Cordouan, ou cuir de Cordoue. L'ancien confectionneur de chaussures s'appelait *Sabatiè*. La corporation de ces artisans a donné à une rue d'Alais son nom qu'elle porte toujours, *Sabatariè*. Il y a beaucoup de noms propres, partout, qui ont cette étym. — *Voy. Sabatiè.*

Courdougnè, s. m. Punaise à aviron, *Hydrometra stagnorum*, Linn., insecte de l'ordre des Hémiptères, connu sous la qualification de Notonecte ou Hémiptère rémitorse. Ce nom gr. Νωτονήκτης, de νῶτος, dos, et νήκτης, nageur, indique une singularité de cet insecte qui nage en effet à la renverse Deux de ses jambes lui servent d'avirons pour s'élancer en avant par secousses; mais tout son corps est si frêle, si léger que le moindre courant qu'éprouve l'eau où il navigue, lui fait perdre tout l'espace qu'il avait gagné par sa brassée; de sorte qu'il fait deux pas en avant, deux pas en arrière, et qu'en résultat il demeure presque à la même place. Admirable disposition et merveilleux instinct que Dieu a déposé dans la plus infime créature! En apparence, ce petit insecte, avec ses mouvements automatiques et sa position renversée, passerait pour un animal stupide, si l'on ne savait que tout ce manège sur l'eau n'est point un voyage qu'il veut tenter à contre-sens, mais une chasse des plus fructueuses qu'il fait aux moucherons microscopiques qui voltigent à sa portée et qu'il happe au passage. Ses enjambées ne sont donc point un moyen de cheminer, mais bien de regagner l'espace que le courant lui a fait perdre; ses exercices de natation sur le dos n'ont d'autre but que de lui faire apercevoir et saisir facilement sa pature On ne se doute guère non plus que cet insecte a des ailes qu'il dissimule tant qu'il a affaire à un élément où elles ne sauraient lui être utiles; mais dès que le gibier manque sur un point, il les déploie, les ressuie à terre et vole plus vite qu'il ne nageait vers une autre mare ou quelque cours d'eau pour se remettre à faire la planche et recommencer sa chasse.

On l'appelle *Courdougnè* parce que ses enjambées ressemblent assez au mouvement des bras du cordonnier, quand il tire le ligneul.

Courdouna, v. Border d'arbres un champ; planter des arbres comme un cordon autour d'une terre.

Courdounè, s. m. Cordonnet, petit cordon d'or, d'argent, de soie, de fil, de coton ou de laine, pour border un habit, une robe, etc.; passepoil.

Courdura, v. Coudre; assembler deux choses au moyen d'une aiguille et de fil; au fig. faire des zigzags à travers des objets quelconques disposés en ligne, en passant alternativement de la gauche de l'un à la droite de l'autre, comme lorsqu'on tresse une natte, opération du reste pareille à celle de l'aiguille qui coud et qui passe tantôt dessus, tantôt dessous l'étoffe. — *Courdura lou cami,* faire des zigzags sur la route, comme font les ivrognes. *Dé que fai aquelo fio? — Courduro :* quel métier fait cette fille? — Elle s'emploie à la couture.

Dér. du lat. *Consuere,* m. sign.

Courduro, s. f. Couture; profession de couturière — *Repassa las courduros,* aplatir les coutures d'un habit avec le carreau du tailleur : au fig. donner une volée de coups sur le dos. *Rèsta per las courduros,* demeurer pour les gages : cela se dit d'une mauvaise dette dont on est obligé de faire l'abandon : *Aquò la y és résta per las courduros.*

Coure, ou **Courì,** v. Courir, aller, marcher avec vitesse; ne pas rester chez soi; glisser; en parlant des liquides, couler; circuler; parcourir — *Coure, coure,* cours, marche, file! *Faï pas qué coure,* il ne reste jamais en place. *Coure qué t'aï vis,* va t'en vite, je te connais, je t'ai vu *Faire coure un nous,* faire glisser un nœud *L'aïgo que coure faï pas mdou dou moure,* prvb., l'eau courante est toujours saine. *Coure sus lou mèrca dé quáouquus,* aller sur le marché de quelqu'un, faire des offres à un objet qu'il marchande. *Laissara bé coure quicon,* il donnera bien quelque chose sur le marché, il laissera bien courir quelque chose sans le faire payer *L'annado qué coure,* l'année courante. *Coure que l'èspère,* prvb., va t'en voir s'ils viennent, Jean *N'en coure lou bru,* la nouvelle en circule.

Dér. du lat. *Currere,* m. sign.

Courédìs, isso, adj. Qui court, qui roule; propre a courir. — *Un iè courédìs,* un lit à roulettes.

Courédoù, s. m. Corridor; galerie; allée de maison : c'est particulièrement une galerie à ciel ouvert qui conduit à la principale entrée.

En espag., cat. et port. *Corredor,* en ital. *Corridore*

Couréïre, èïro, adj. Coureur; léger à la course; qui court très-vite.

Dér. du lat. *Currere.*

Couréjo, s. f. Courroie; lanière de peau, de cuir; fouet du berger, qui n'est pas tressé, mais qui se compose d'une lanière assez large et d'un bâton court et blanc; par analogie, champ, terrain long et étroit en forme de lisière

Dér. du lat. *Corium,* cuir; dans la bass. lat. *Corrigia*

Couréjolo, s. f. Liseron des champs, volubilis sauvage; clochette; *Convolvulus arvensis,* Linn., plante de la fam. des Convolvulacées, rampante et parasite, qui ne peut s'élever qu'en s'entortillant aux plantes ou aux arbres voisins. Elle produit une fleur blanche en forme de clochette, et elle est extrêmement difficile à extirper; le tranchant de la faulx la fait périr.

Dim. de *Courejo*,

Couréjoù, s. m. Cordon de souliers en cuir; cordon de bourse en cuir. — *Voy. Courdil.*

Dim. de *Couréjo.*

Couréjouna, v. Serrer les cordons des souliers; fermer les cordons de sa bourse.

Courén, s. m. Plateau; pièce de bois, planche longue,

large et épaisse, qui sert de plancher pour ce que l'on peut appeler le second étage d'une magnanerie. Il faut se rappeler que la magnanerie est un grand appartement, qui d'ordinaire s'élève du plat sol jusqu'à la toiture sans division d'étages. Vers les deux tiers de sa hauteur, il règne un rang de poutres transversales, destinées à fixer les pieds droits ou montants qui soutiennent les tables. On donne à manger aux plus basses tables de pied ferme jusqu'à la quatrième au plus ; au-dessus de celles-ci, on a recours à des échelles courtes, légères et faciles à manier ; mais s'il fallait en employer de très-longues pour atteindre aux plus hautes tables, ce serait à la fois très-pénible et très-dangereux. Pour y obvier, on dispose, tout le long des couloirs supérieurs de l'appartement, une file de longs plateaux posés et cloués sur les poutres dont il a été question ; et les aides magnassiers trouvent dans ce nouveau plancher un second rez-de-chaussée, qui leur permet d'atteindre aux tables les plus élevées, dont le nombre ne s'élève pas à plus de quatre au-dessus de ces plateaux.

Courén, énto, adj. Coulant, ante ; courant ; qui glisse ; qui circule. — *Nous couren,* nous coulant. *Aigo courento,* eau courante. *Pris couren,* prix courant. *Man courento,* main coulante, pièce de menuiserie sur une rampe d'escalier ; main-courante, registre journalier d'un commerçant.

Courgnè, s. m. Cornouiller, arbre. — Voy *Corgno*.
Il est devenu n pr en fr. sous la forme Cormier, Ducormer, etc

Couri, v. Courir. — Voy *Coure*.

Couriè, s. m. Courrier ; messager ; qui fait le service de la poste ; qui porte les dépêches d'un bureau à un autre. — *Lou Couriè*, le journal ; les lettres qu'on prépare pour envoyer.

Courija, v Corriger ; donner une correction ; amender ; réformer ; châtier ; reprendre ; améliorer
Dér. du lat. *Corrigere,* m sign.

Couriolo, adj. f. Fille trotteuse, et non pas coureuse Notre expression lang. est loin d'avoir cette dernière acception. Elle signifie seulement une fille un peu légère, qui n'aime pas à garder le logis, et qui suit les promenades, les fêtes villageoises, etc.

Couriôou, adj. m. Dim. *Courioule* Qui aime à courir, à trotter ; batteur de pavé ; éventé.

Couriôou, s. m Dim. *Courioulé.* Roulette d'enfant ; espèce de chariot à quatre roulettes, où l'enfant est placé debout, les pieds portant à terre et le corps enfermé dans un cercle qui l'empêche de tomber. Comme cet appareil est facile à mettre en mouvement, l'enfant le fait aisément rouler, ce qui l'oblige lui-même à suivre et à changer ses pieds de place à mesure que la machine roulante avance. Cet exercice, qui tient tout à fait de la gymnastique, quoiqu'il soit fort antérieur à cette science dans l'éducation puérile, apprend à l'enfant à se tenir sur ses pieds, à marcher, et développe ses forces.

Cournal, adj. m. Terme injurieux, qui ne s'applique qu'au mâle, et pour cause ; mari dont la femme est peu fidèle, et que Molière appelle cocu
Dér. du lat *Cornu,* corne

Cournarédo, s. f Plantation de cornouillers ; lieu, terrain, bois planté de cet arbre.
Forme de *Courgno*, radical, avec le suffixe collectif *edo*
— Voy *Edo*

Courné, s. m. Cornet à bouquin ; sorte de trompette faite en écorce ou de la corne d'un bœuf, avec laquelle les bergers et les vachers appellent le bétail qui est dispersé au loin

Courné, s m Courge-trompette, sorte de calebasse. *Cucurbita lagenaria,* Linn , plante potagère de la fam. des Cucurbitacées, longue de trois pieds environ, qui a certaine ressemblance pour la forme, sinon pour les dimensions, avec l'instrument du même nom
Dér. du lat. *Cornu.*

Cournélu, udo, adj Péjor *Cournéludas.* Cornu, qui a de longues cornes — Voy *Banu*.

Cournudo, s. f Cornue, vase de bois à deux anses latérales servant à porter des liquides. Se dit mieux *Semàou* — Voy e m

Couro, adv. de temps. Quand ; à quelle époque ; quel jour ; à quelle heure ; tantôt ; en quel temps. — *Couro vendres?* quand viendrez-vous? *Couro aquò s'es fa?* à quelle époque cela s'est-il fait ? *Couro que siègue,* en quel temps que ce soit. *Couro que vèngo, li partarai,* lorsqu'il viendra, je lui parlerai avec les dents *Couro que vèngou las prunos, y-doura un an,* vienne la saison des prunes, il y aura un an. *Couro ris, couro plouro,* tantôt il rit, tantôt il pleure
Dér. du lat. *Quota hora,* quelle heure

Couroubiè, s. m Caroubier, gainier visqueux, arbre de Judée, *Cercis siliquastrum,* Linn , arbre de la fam. des Légumineuses, naturalisé dans nos pays.

Couroubio, s. f. Caroube, fruit du caroubier. C'est une large gousse, noirâtre quand elle est mûre, assez semblable de forme à celle des pois dit goulus, mais beaucoup plus grosse Elle renferme une pulpe charnue et douceâtre, qui tient à la fois de la datte et de la manne. Les enfants en sont friands, comme de tout ce qui est sucré. Elle est un excellent engrais pour les chevaux On leur en donne beaucoup en Espagne, où ce fruit est très-abondant.
L'arbre de Judée, à fleurs roses, est de la même famille, mais ses gousses sont petites, sèches et sans saveur.

Courounèl, s. m Colonel, chef d'un régiment.
Emp. au fr.

Coursé, s. m. Dim. *Coursiòu, Coursioune.* Corset ; corps de jupe, lacé ou non ; camisole de femme ; habillement du buste. On dit *Coursiòu,* quand il s'agit de la camisole d'un enfant au berceau.

Courto-haléno, s. f. Asthme ; essoufflement. — *Es mort dé la courto-haléno,* il est mort faute de respirer : mauvaise plaisanterie pour dire : je ne sais de quelle maladie il est mort.

Courtouès, ouèso, adj. Courtois, poli ; affable.
Emp. au fr.

Couruciou, s. f. Odeur de corrompu; infection — *Quinto couruciou!* quelle odeur, quelle infection!

Ce mot n'est l'équivalent du fr. dont il est formé, que sous le rapport de l'odeur.

Cous, s. m. Cours, promenade, allée plantée d'arbres, dans une ville; cours, taux d'une marchandise — *I'dou faire lou cous,* ou *fáou faire couma se fai,* il faut suivre le cours.

Dér. du lat. *Cursus,* ou *Cursus*

Couscrì, s. m. Conscrit, qui est soumis à la conscription militaire. Par ext. novice; neuf, sans expérience.

On conçoit très-bien l'emprunt de ce mot fait au fr. depuis les lois sur le recrutement, le point le plus important pour la population de la politique intérieure.

Couségu, udo, part. pass. du v. *Coire,* cuire, dans l'acception de douleur inflammatoire seulement.

Cousésoù, s. f. Cuisson; action de cuire au feu; degré de cuisson; cuisson, inflammation légère mais cuisante.

Dér. de *Coire.*

Cousì, Cousino, s. m. et f. Dim. *Cousinè, Cousineto;* péjor. *Cousinas,* asso. Cousin, cousine. — *Cousì que cousì davalo de moun cerièire,* dicton devenu prvb. que le fr. a rendu par : ami jusqu'à la bourse.

Dér. du lat. *Consanguineus*

Cousignè, Cousignèiro, s. m. et f. Cuisinier, cuisinière domestique à gages, homme ou femme, qui fait la cuisine dans une maison, un hôtel, une auberge. — *Cousignè macari,* un empoisonneur. *(Voy. Macari.)* *Cousigné lambreto, sé y-a un bon moucèl, lou freto,* cuisinier lambin, le meilleur morceau est pour lui.

Dér. de *Cousino.*

Cousignèiros (Las), s. f. pl. Les Pléiades, constellation située dans le signe du Taureau et composée de sept étoiles jadis, dont une a disparu.

Ce mot paraît une corruption du fr. *la Poussinière,* nom qu'on donne quelquefois à cette constellation, qui par son assemblage ressemble à une couvée de poussins pressés autour de leur mère.

Cousina, s. m. Potage de châtaignes sèches — *Voy. Bajana.*

Cousinaje, s. m. Cousinage, parenté entre cousins; manie de traiter tout le monde de cousin.

Cousinéja, v. freq Faire la cuisine; se dit particulièrement, en ce sens, d'une personne dont ce n'est pas la profession, qui met la main à la pâte par occasion; se cousiner, traiter tout le monde de parent pour s'en faire le parasite.

Cousino. s. f Dim *Cousineto;* péjor. *Cousinasso.* Cuisine; chère. — La cuisine est la salle à manger et le salon d'honneur pour les paysans. *Pichoto cousino fai l'oustáou gran,* prvb., petite cuisine enrichit la maison.

Dér. de la bass. lat. *Cocina,* qui est la corrupt. du latin classique *Coquina,* cuisine.

Cousségal, s. m. Méteil, mélange de froment et de seigle.

Formé du lat. *Cum,* avec, et *Segal,* bas-breton, seigle.

Cousséïa, v — *Voy. Acousseia.*

Cousséja, v. freq. Poursuivre, courir après; chasser devant soi quelqu'un qui fuit

Dér. de *Cousso.*

Coussél, s. m. — *Voy. Counsel.*

Coussì, adv. Comment, comment donc; eh! quoi! — *Coussì quicon,* d'une façon ou d'une autre; aussi bien que nous pourrons *Coussì vai la santa?* comment va la santé? *Coussì vous pourtas?* comment vous portez-vous? *Coussì m'ou avias pas dit,* est-il possible! vous ne m'en aviez pas parlé. *Coussì m'ou avias pas dit?* comment se fait-il que vous ne m'en ayez pas dit un mot? *Coussì quicon sèn arivas,* à la Lngue nous voilà arrivés, mais ce n'est pas sans peine. *Vejo coussì camino,* vois comme il marche *Coussì! vous maridas!* Eh! quoi! vous prenez femme!

Dér. probablement du lat. *Quod* et *Sic,* cela, ainsi.

Cousso, s. f. Course, marche précipitée; voyage; espace parcouru — *A cousso,* en courant, à la course. *Foura be y-ana faire uno cousso,* il faudra bien y aller faire un voyage. *Y serai d'uno cousso,* j'y arrive : d'une enjambée. *Gnavès per uno bono cousso,* vous en avez pour un bon bout de chemin. — *Voy. Escousso.*

Dér. du lat. *Cursus,* m. sign.

Coussoù, s. m. Artison, insecte ou ver, de l'ordre des Coléoptères, qui ronge le bois; charançon du blé; vermoulure ou débris du bois rongé par ce ver, dont il a absorbé toutes les parties aqueuses et nutritives : cette poussière est un excellent dessicatif.

Il est singulier que le fr. ait appelé cosson, l'artison, le charançon qui ronge le blé *(Curculio),* plutôt que celui-ci *(Cossus),* dont la traduction était toute naturelle. Du reste, en lang. *Coussoù* et *Courcoussoù* sont souvent confondus — *Voy. Courcoussoù*

Dér. du lat. *Cosus, Cossonus,* m. sign

Coussouna, ado, *adj.* Vermoulu; piqué des vers; ne se dit que du bois. Lorsqu'il s'agit de hardes, d'étoffes de laine, on dit *Arna.*

Coussu, udo, *adj.* Cossu, en parlant d'une personne riche et opulente; en parlant des choses, confortable, élégant, riche, bien étoffé. — *M'én fichas uno coussudo,* vous m'en donnez une bonne. *Aquò po sé dire coussu,* voilà qu'on peut appeler cossu, élégant, riche.

Cousta, s. m. Au pl. *Coustasses.* Côté, partie droite ou gauche d'un animal, d'une chose; envers ou endroit d'une étoffe; face, aspect; parti; hanches vraies ou factices d'une femme. — *Dé cousta,* de côté, séparément *Pér cousta,* par côté, obliquement, de biais. *Daou cousta dé Nime,* aux environs de Nimes. *Viras-ou dáou bon cousta,* tournez cette étoffe à l'endroit; prenez ceci du bon côté, sous son bon aspect. *Mé mete de toun cousta,* je me range de votre parti *Marchavo à sous coustasses,* il marchait à côté de lui. *A pas gés dé cousta* ou *dé coustasses,* elle n'a point de hanches, point de tournure. Les femmes tirent vanité de la protubérance de leurs hanches; serait-ce pour faire ressortir

davantage, par contraste, la finesse de leur taille, ou pour tout autre chef de coquetterie ? Il importe peu de pénétrer le secret de ces artifices que la mode impose et qui sont de tous les temps et de tous les pays Autrefois les paniers ont eu leur vogue; puis on a appelé ces appareils, cage aussi nets adaptés à la taille, tantôt tournure, tantôt polissons; puis est venue la crinoline et son ampleur Le siècle de Périclès et le règne du Directoire ont fait exception: les tailles en guêpe et mëme proscrites sur l'ancien modèle grec; les élégantes de la fin de 1700 paraissaient sous forme de tube, ce qu'on appelait alors taille d'asperge Après les exagérations bouffies des modes de notre second empire, on a semblé revenir aux lignes droites et raides du Directoire, qui sont déjà remplacées aujourd'hui par les polissons ressuscités; et il en sera toujours ainsi suivant les charmants caprices de ce tyran, maître du monde. Une seule chose ne change pas ici; ce sont les mots de notre langue déjà fixés, mais qui peut cependant s'appliquer à toutes les inventions.
Dér. de *Costo*

Cousta, v. n Couter; être acheté à un certain prix; être difficile à acquérir, au prix de soins, de peines, de fatigues. — *Que que coste, coute que coute Se me coustavo pas que dous sdous*, s'il ne m'en coutait que deux sous.. *Sares pas de que me costes*, tu ne sais pas ce que tu me coutes
Dér. du lat *Coustare*, m sign.
Comme remarque générale, il est à observer que la plupart des verbes dans lesquels se rencontre la syllabe *ou* à l'infini, présentent des irrégularités de conjugaison à différents temps : ainsi *Cousta*, infin prés, fait *Coste* a l'ind. prés., *Coustere* au fut ; de même *Trouve*, *Atrouba*, *Acoumouda*, *Couja*, infin , donnent à l'ind. prés *Trove*, *Atrobe*, *Acoumode*, *Coje*, etc., etc

Coustéléto, s. f. Côtelette, petite côte de mouton, d'agneau, de veau, de bœuf, destinée à être mangée.
Dér. de *Costo*.

Coustéto, s f Côtes de porc, qu'on mange comme les cardes.
Dér. dim. de *Costo*

Coustiè (Dé ou pér), adv. De coté, par côté; de travers; de biais, obliquement — *Vai tout per coustie*, il marche tout de travers
Dér. de *Cousta*, côté.

Coustïoùs, s m. pl. Côtelettes de porc salé. — Il ne faut pas oublier que les os de porc sont décharnés pour faire de cette viande de l'andouille, de la saucisse, du saucisson, etc.; ce qui reste après les côtes n'est qu'un résidu de cartilages, de tendons, de membranes adhérentes. C'est là le *Coustïoù*, proprement dit, qui assaisonne bien un potage, et qui passe encore pour un mets délicat à ronger, après qu'une forte ébullition a ramolli tous ces cartilages
Dim. de *Costo*.

Coustoulado, s. f. Volée de coups de bâton; volée de bois vert.
Que le mot vienne du suivant, exprimant l'instrument qui sert à l'opération, qu'il soit tiré de la partie soumise à la correction, son radical est à peu près le même et tout aussi énergique

Coustoulo, s. f Ecole, eclisse; scion d'osier ou de châtaignier sauvage refendu, un peu plus épais que la *Bidoulo*
Voy c m ; batte d'arlequin
Dér de *Costo*

Coustous, ouso, adj Couteux, qui entraine des frais, qui cause de la dépense
Der. de *Cousto*, couter

Coustre, Coustrécho, a ij Contraint; reservé; gêné; mis à l'étroit; malaise sous le rapport de la fortune
Dér. de *Coustregne*.

Coustrégne, v Contraindre, forcer, obliger; resserrer, pressurer, mettre à l'étroit, comprimer; mettre à la gêne, restreindre la liberté.
Se coustregne, se restreindre; diminuer sa dépense. son train de vie.
Dér. du lat. *Constringere*, resserrer

Coustumo, s. f Coutume, usage; habitude contractée dans les mœurs, les manières, les actions. — *Uno fes es pas coustumo*, une fois n'est pas coutume.
Modo, qui a la même acception, est plus technique — Voy. c m
Dér. du lat *Consuetudo*, m. sign

Couté, s m. Nuque; fosse occipitale derrière laquelle se trouve le cervelet abrité par l'occiput.
Sauvages en fait une corruption ou une variante du mot *Coupe*, qui a la même signification dans quelqu'autre dialecte du Languedoc; et d'après lui, ce dernier mot *Coupe* serait une déviation de *Capet*, petite tête. Cela parait un peu tiré par les cheveux. *Capet* d'ailleurs ne nous semble pas un dim. de *Cap*, tête, tenoin Hugues Capet, ainsi surnommé, dit-on, à cause de la grosseur de sa tête, ou à cause de la cape dont il s'écouvrait. Notre *Coute* ne viendrait il pas plus naturellement du gr. Κοττις, tête?

Coutéiè, s. m. Coutelier, qui fabrique ou vend des couteaux, ciseaux, rasoirs et autres petits instruments tranchants.
Dér. de *Coutel*.

Coutèl, s. m. Dim *Coutele*; augm. *Coutelas*. Couteau, instrument tranchant composé d'une lame et d'un manche; coutre de charrue, lame placée au-dessus du soc, pour trancher la terre. — *Coutèl sannadoù*, couteau long, mince et très pointu, dont se servent les égorgeurs de porcs, de moutons, de bœufs. C'est une sorte de couteau-poignard qu'ils tiennent renfermé dans un étui en cuir. *Fdou pas tan li planta lou coutèl*, il ne faut pas lui faire payer cela si cher, il ne faut pas lui surdemander; il ne faut pas le ruiner de frais pour ce qu'il doit, ou exiger rigoureusement tout ce que la loi vous accorde.

Coutel de mariage, couteau volé. Il est d'usage dans les noces de villageois que les convives au festin de noces cherchent à se voler réciproquement leurs couteaux : la gloire est de voler celui d'une fille, surtout si elle est jolie et qu'elle joue un rôle important dans l assemblée. Il n'est sorte de ruse que l'on n'emploie pour arriver a ses fins, car chacun est fort sur ses gardes Les couteaux des mariés sont seuls exceptés : il n'est pas non plus de bon jeu de se voler entre gens de même sexe ; ce serait alors un véritable larcin ; entre gens de sexe différent, cette soustraction est considérée comme une simple niche que l'usage rend de bonne guerre.

Couteles, au pl haricots verts, quand les cosses sont encore jeunes et fort minces, imitant la lame d'un petit couteau. — *Soun pa'ncaro que de couteles*, ces haricots sont trop jeunes ; ils ne sont encore que des fils On dit aussi *Coutèls*, en parlant des cosses de pois-verts. *Ai a leja vis de coutels à mous peses*, j'ai déjà vu de jeunes cosses aux pois de mon jardin. Ce nom vient aux uns et aux autres de la forme de ces cosses plates et légèrement recourbées comme la lame d'un sabre ou d'un couteau.

Passo-passo coutele, jeu innocent, qui consiste à cacher un petit couteau, un dé ou tout autre objet aussi menu, dans la main de l'un des joueurs réunis en cercle, tandis qu'un patient cherche a le saisir au passage. Les joueurs font la chaine avec leurs mains et font tous semblant de se passer l'objet, de sorte qu'il est difficile de distinguer la main qui recèle la *Coutele* d'avec celles qui manœuvrent à vide : celui qui le laisse prendre dans sa main remplace le patient.

Dér. du lat. *Culter, cultri*, m. sign

Coutèlo, Anédo ou **Alédro,** *s. f.* Grand narcisse des prés à fleur blanche, *Narcissus poeticus*, Linn., iris flambe, *Iris germanicus*, Linn., glaïeul, *Gladiolus communis*, plantes de la fam. des Irisées, qui se confondent sous le nom de *Coutèlo*, à cause de la ressemblance de la fane avec la lame d'un couteau ou d'un stylet. — Les enfants sont très-curieux de la fleur de *Coutèlo*, qui vient par masses dans les prés, surtout dans ceux abondamment arrosés. Ils en font des bottes énormes qu'ils vendent à leurs camarades citadins. Autrefois la monnaie courante de ces marchés était des épingles. Aujourd'hui le billon est démonétisé et déprécié tout autant que défunts les assignats ou les coupons d'actions mexicaines.

Coutèloù, *s. m.* Alouette des bois, lulu, cujolier, *Alauda arborea* ou *nemorosa*, Linn., oiseau de l'ordre des Passereaux et de la fam. des Subulirostres. Les plumes de la tête de cette espèce sont un peu alongées, ce qui lui fait une sorte de huppe ; elles sont tachées de noir et de roux ; les parties supérieures sont rousses avec une large tache noire au milieu de chaque plume ; queue carrée et courte. Le mâle se perche quelquefois et fait entendre alors un ramage agréable. Le nom de Lulu lui vient du cri lu, lu, lu, que cet oiseau dit souvent avec douceur Le nom de Mauviette, que Sauvages donne au *Coutèloù*, est plutôt un nom générique que la gastronomie donne à toutes les alouettes grasses et qui doit s'appliquer surtout à l'alouette ordinaire des champs, *Alauda arvensis*, Linn., la plus commune, la meilleure et dont la chasse au miroir fournit abondamment nos tables.

Il est peut-être un peu hardi de vouloir faire dériver ce mot du gr. Κωτίλλω, babiller, caqueter, gazouiller ; cependant la ressemblance et l'analogie ne manquent pas d'attraits, surtout si l'on considère que le grec a lui-même tiré de ce verbe un nom pour l'hirondelle, qu'il appelle, à cause de son chant, κωτίλη.

Coutéto, *s f.* Jeune poule, poulette. Au fig. jeune fille. Ce mot vient du cri *Coto! Coto!* qu'on adresse aux poules pour les rassembler : ce n'est qu'une onomatopée de leur cri ordinaire, cot ! cot ! cot !

Couti, *s. m.* Coutil, sorte de toile croisée dont on fait les matelas et les lits de plume. Cette dernière espèce de coutil s'appelle spécialement *Flàousino*; pour les autres on dit *Couti*
Emp. au fr.

Coutinfloun (Madouméisèlo dé), *que pisso l'argo roso*, loc. prvb. qu'on adresse a une précieuse, à une mijaurée, à une femme qui se donne de grands airs et affecte de superbes allures, quoique peu riche et de condition inférieure

Coutïoun, *s. m.* Cotillon, jupe, jupon de femme, qui se met d'ordinaire en dessous de la robe. — *A fa un acro a soun coutioun*, elle a fait un faux pas, une tache à sa réputation.
Emp. au fr *Cotillon*, qui vient de *Cotte*, et celui-ci, disent certains, du teutonique *Kutten*, couvrir, cacher, et d'autres, du lat. *Crocotula*, petite robe de femme, dim. de *Crocota*, robe couleur de safran

Coutoù, *s m*. Coton, duvet floconneux, long et fin, qui provient des capsules du cotonnier, dont on fait des étoffes, des cordons, etc. — *Coutoù en ramo*, coton non filé.

Dér. de l'arabe *Alkotonn*, m. sign.

Coutounado, *s. f* Cotonnade, toile de coton assez grossière mais forte ; gros basin

Coutounïno, *s. f.* Cotonnine, toile de coton légère, dont les femmes font des jupes de dessous en été

Coutréja, *v.* Labourer avec la charrue appelée *coutrier*

Coutriè, *s. m.* Coutrier, sorte de charrue sans roues et sans avant-train Il est aussi facile à conduire que l'araire, et il fait de meilleur ouvrage, parce qu'il coupe les racines et tourne complètement la terre sens dessus dessous, tandis que l'araire ne fait guère que la déchirer. Le soc du coutrier est précédé d'un contre, *Coutèl*, pour trancher, tout comme la charrue ; ce qui lui a valu son nom.

Dér. du lat. *Culter*, couteau.

Coutrïo (Dé), *s. f.* et *adv.* Associé, lié ; de conserve ; d'intelligence. — Se prend d'ordinaire en mauvaise part
Contract. du fr. coterie.

Couvén, *s. m.* Couvent ; maison religieuse d'hommes ou de femmes ; communauté dans son ensemble. — *Pér un mouine, lou couven sé pèr pas*, prvb , pour un moine, l'abbaye ne faut pas.
Dér. du lat. *Conventus*, assemblée.

Couvèr, *s. m.* Toit, toiture, couverture d'une maison ;

couvert de la table, tout ce qui couvre la table, les mets exceptés; cuillère et fourchette d'argent, etc. — *Cour r a dos auges*, toiture à deux pentes des *Cour r a l'emperiato* ou a *quatre aigos*, tout à pavillon. *Cour r à toule res*, tout ou la charpente et les tuiles reposent du piedroit, comme celui des maingueres, que l'on fait mise peu ou temps plus de relation avec l'air extérieur. *Représs lou cour r de quaouquis*, rosser quelqu'un, ou tout au moins lui dire vertement son fait en reprenant un à un tous ses défauts. *Qui m resta soulo soun cour r, se res noun quipoutres neun prv b*, s'il n'y a rien à gagner à rester chez soi, du moins ne risque-t-on pas de perdre conseil d'extrême prudence auquel répond cet autre dicton *Qudou es foutidou que reste a soun oustdou*, que le sot reste enferme chez lui, l'homme habile trouve toujours avantage à se produire.

Dér. de *Couvri*.

Couvèr, èrto, *a lj* Couvert; sombre, nébuleux; obscur; penché — *És couvèr* ou *fai couver*, le temps est couvert. Sombre, *Gn'a lou couver sdou*, la terre en est jonchée, le sol en est couvert.

Ce mot est dér. de *Couvri*, mais il n'en est pas le part. pass , qui se dit *Couvri, couvrido*

Couvérta, v. Mettre une couverture à un livre, ou plutôt cette espèce d'enveloppe en papier, dont les écoliers recouvrent leurs livres classiques pour les conserver

Couvérto, s f Couverture de lit; converture, enveloppe d'un livre. — Voy *Flassado*

Couvértou, s. m Lange de dessus d'un enfant ou berceau; lange de parade; couvre-pied

Couvi, s m Invitation; attrait; ce qui attire; ce qui invite et convie. — *Sès dàou couvi?* Êtes-vous de la fête? Y êtes-vous invité?

Der de *Couvida*

Couvida, v. Convier; inviter; engager à un banquet, à une fête — *Nous a pas courdu d'un verre dé vi*, il ne nous a pas offert un verre de vin *Couvides pas de quicom?* Tu ne nous payes pas quelque chose à manger ou à boire?

Dér. du lat. *Cum*, avec, et *Invitare*, inviter

Couvri, v. Couvrir; recouvrir; couvrir une maison, y poser le toit; saillir, en parlant de certains animaux. — *Iou couvriguère, et l'oustdou me rèste*, je couvris son offre, je renchéris sur son offre, et la maison me fut adjugée

Dér. du lat. *Cooperire*, m. sign

Craïoun, s m. Crayon

Emp. au fr.

Craïouna, v. Crayonner; dessiner; écrire au crayon

Cran, s. m. Crâne, boîte osseuse qui recouvre le cerveau — *Lou cran de la tèsto*, le crâne.

Dér. du gr. κρανίον, m. sign.

Cran, s. m , ou **Cranco**, s. f. Crabe, cancre. *Cancer*, Linn , animaux du genre des Crustacés, qui sont à peu près les mêmes aux yeux du vulgaire.

Cranéja, v. Faire le crane, le freluquet, l'incroyable; afficher une mise et des airs de petit-maître

Craneto, s m Jeune petit-maître, freluquet, beau-fils

Crano, *a lj* des deux genres Crane; fier; petit-maître ; — en parlant de choses, fameux, de première qualité — *Fane lou crano*, faire le beau-fils, poser en bravache *Pourta soun capel a la crano*, porter le chapeau sur l'oreille, en fanfaron *Apel res dàou crano*, ou *aqro s un crano r*, c'est du fameux vin

Dér. du gr. κρανίον, crâne de la tête

Cranténo, *a lj* Quarantain; qui revient tous les quarante jours, comme les roses de Bengale, les artichauts quarantains, les fraises quarantaines, etc ; bien entendu que cette faculté de reproduction est suspendue en hiver

Cranto, n. de nombre Quarante. — *Lou iè de cranto*, le grenier à foin; le lit pour qu rante

Dér et contr du lat *Quadraginta*, m. sign

Crâou (La), n. pr. de lieu La Crau d'Arles . Vaste plaine entre Arles et Salon, toute couverte de cailloux ronds et blancs de la grosseur d'un œuf. On croit qu'elle a été formée par une inondation du Rhône, dans un temps rapproché du déluge. Quand on considère l'élévation de ce vaste plateau au-dessus de toutes les plaines et les bas-fonds qui l'environnent dans toute sa longueur, on sent qu'il n'a pu suffire d'un simple débordement du Rhône pour élever les graviers à cette hauteur ; il a fallu un cataclysme véritable Cette plaine est une et ne présentait d'abord aucun signe de végétation, entièrement recouverte qu'elle est de ce caillouttage sans interstices Cependant, dans la partie la plus rapprochée d'Arles, elle a été mise en culture, et on y récolte d'excellent vin et de riches paturages, grâce au canal de Craponne qui l'arrose. On retrouve cette même culture dans quelques coins particuliers; mais la plus grande partie est infertile et déserte Du reste, entre ses cailloux, il pousse une herbe fort délicate et nourrissante qui sert à l'élève de grands troupeaux de moutons d'excellente qualité

Diverses étym. se présentent avec une autorité à peu près égale, qui conviennent à ce nom : le celt *Crai*, *Craig*, *Crag*. *Carreg*, pierre; le gr κρχυαός, raboteux. pierreux, ou Κραύρος, sec, aride, brulé.

Crâoumo, s. f Crasse de la tête et des mains ; viscosité qui se forme sur l'épiderme de la viande de boucherie, qu'on lui enlève en la faisant blanchir à l'eau bouillante avant de la mettre à cuire dans la casserole, ou qui s'en va dans le pot-au-feu en l'écumant.

Dér. du gr Χρῶμα, peau du corps.

Craqua, v. Craquer; onomatopée du bruit que fait le bois en éclatant, en se rompant Au fig. mentir, hâbler, se vanter faussement.

Craquéja, v. *freq.* Craquer, craqueter. — Se dit principalement d'un meuble dont le bois travaille et craque de lui-même; des souliers et bottes dont le cuir trop sec fait du bruit en marchant; d'une branche d'arbre que le vent ou le poids de la neige fait craquer

Fréq. de *Craqua*

Craquo, s. f. Craque; mensonge; hâblerie.

Craquo! interj. Crac! soudainement. Onomatopée pour exprimer le bruit d'une chose qui se rompt.

Craquur, s. m. **Craquurdo,** s. f. Menteur, hâbleur; vantard.

Crassi, v. Salir; encrasser; rendre crasseux; couvrir de crasse.

Crasso, s. f. Crasse; saleté; lie; ordure; rebut — *Crasso de la tèsto*, crasse baptismale des enfants, qu'il faut, dit-on, se garder d'enlever dans le premier âge, parce que c'est un exutoire naturel aux humeurs (*Voy. Lesso.*); *Crasso d'oli*, sédiment de l'huile au fond des jarres. *Ai tout vendu, me rèsto pas que la crasso*, j'ai vendu toute ma marchandise; il ne me reste que le rebut.

Dér. à choisir, du gr. Γράσος, ordures, suint de la laine des brebis, ou du lat. *Crassus*, gras, épais.

Crassoùs, ouso, adj. Crasseux, sale, sordide; avare à l'excès.

Créanciè, s. m. Créancier. Dans le style des paysans, il signifie plutôt débiteur.

Emp. au fr.

Créaturo, s. f. Créature, être créé, en général; mais se prend le plus souvent en mauvaise part pour mauvaise femme, femme mal famée, ou d'humeur revêche. — *Sèn dé créaturos dóou bon Diou*, Dieu nous a tous créés *Aquelo creaturo mé fai danna*, cette méchante espèce me fait faire mon purgatoire en ce monde

Dér. du lat. *Creatura*.

Créba, v. Crever; rompre ou se rompre avec effort; percer; aboutir; mourir, en parlant des animaux. *Se créba, v*, faire de grands et vains efforts. — *Lou Gardoù a creba*, le Gardon a renversé la digue. *Un creba*, un hernieux; atteint d'une descente. *Huroûs coumo un creba*, heureux comme un crevé. *Moun dé a creba*, mon abcès au doigt a percé. *Crèbo-vèsto*, qui fait crevasser ses habits : antiphrase ironique qui s'applique à un homme très-maigre. *Aquò crebo lou cor*, cela fend le cœur. *A créba*, il est mort, se dit des animaux; mais on le dit aussi des hommes, quand on se dispense de révérence à leur égard

Dér. du lat. *Crepare*, m. sign.

Crébadisso, s. f. Hernie, descente de boyaux par la rupture du péritoine; mort; bonheur insolent. — *Faguè sa crebadisso lou quinze*, il creva ou il fit sa première mort le 15.

Crébaduro, s. m. Hernie; crevasse, fente d'une chose qui s'entr'ouvre; accroc.

Crébiou! interj. Sacrebleu!

Contr. de *Sacrediou*.

Crébluro! interj. Sacrebleu!

Contr. de *Sacrebluro*.

Crèbo-bachas, s. m., phr. faite. Littéral : qui marche dans les bourbiers. Surnom qu'on donne aux habitants d'Anduze, sans doute parce que leur ville étant arrosée de fontaines, l'eau circule dans la plupart des rues qui sont fort étroites; et il est difficile d'éviter les petites flaques, *Bachas*, qu'on rencontre à chaque pas.

Crèbo-sa, s. m. Crève-sac, sorte de graminée ou de foin grossier, dont la graine est dure, sèche, piquante, un peu semblable à l'avoine, mais bien plus mince et bien plus acérée. Elle perce à travers les sacs et les draps dont on se sert pour le transporter, et finit par les déchirer en peu de temps : circonstance qui lui a valu son nom.

Crèdi, s. m. Crédit; délai pour payer; réputation de solvabilité. — *Faire crèdi*, faire crédit *Vendre à crèdi*, vendre à crédit *S'ai pas bono bousso, ai bon crèdi*, si je ne suis pas en argent comptant, j'ai bon crédit, on me connait pour solvable. *Merchandiso de crèdi*, marchandise de mauvaise qualité, frelatée, avariée, celle qu'on vend aux acheteurs à crédit, aux mauvais payeurs, auxquels on ne donne pas le choix.

Dér. du lat. *Credilum*, dette.

Crédiou! interj. Sacredieu! Dans la langue verte, le peuple de Paris dit aussi : crédieu! et crécoquin!

Contr. de *Sacrediou*.

Crédunle, unlo, adj. Crédule; qui croit trop facilement.

Dér. du lat. *Credulus*.

Crègne, v. Craindre, éprouver du dégout, de l'aversion, de l'horreur; redouter. — *Aquò's de cregne*, c'est dégoutant de malpropreté. *Sou pas de crègne*, je ne suis pas un pestiféré. *Uno bèstio de cregne*, une bête dangereuse, un animal venimeux. On dit *es de crègne* de tout ce qui offre du danger, fait éprouver du dégout, soit à s'en approcher, soit à manger, soit à s'en servir. *Te cregne pas*, tu ne me fais pas peur. *Aquelo couloù cren bien*, cette couleur est de mauvaise teinture; elle n'est pas solide; elle craint l'eau et le soleil. *Cregne la cassiou*, être sensible au chatouillement *Aquel jardi crèn la sècaresso*, ce jardin éprouve plus qu'un autre les effets de la sécheresse. *Crègne pas bru*, ne pas s'effrayer des menaces, être courageux. On dit prvb. d'un objet fragile : *Cren pas lou bru, sibe lous cos*, cela ne craint pas le bruit, mais bien les coups.

Emp. au fr. craindre, dont le subj. prés. fait : que je craigne.

Crégnén, gnénto, adj. Fantasque, qu'un rien dégoute, et non craintif. — *És tant crégnen que manjo pas de rés*, il est tellement fantasque pour manger, qu'il ne mange de rien. *Sou un pàou cregnen, s'ou voulès, mais també m'en passe*, je suis un peu bizarre, si vous le voulez, mais tout aussi bien je me passe de toucher à cela, ou de faire cela.

Creï, s. m. Croit d'un troupeau; accroissement qu'il éprouve par la reproduction; accroissement; croissance; action de grandir; quantité dont on a grandi. — *A fa soun creï tout d'un co*, il a pris toute sa taille en peu de temps. *La maladié li coupè soun creï*, la maladie arrêta sa croissance.

Dér. du lat. *Crescere*, croître.

Creïre, v. Croire, estimer une chose vraie; avoir la foi.

— *Crese que' inter) de menace a un enfant, sorte de Quos ego*, qui est aussi le commencement d'une phrase interrompue. *Estre de creire*, mériter la confiance pour ses paroles, être digne de foi. *S'en creire, se creire un personnage*, avoir de l'orgueil. *S'en faire en creire, s'en faire accroire*, tirer vanité de quelque chose. *Iquo s pas que de per en creire*, cela paraît plus que ça n'est, il n'y a là que du cinquant et point de fond. *Cres s aquo et becc s un co*, croyez cela et buvez après. loc. prvb. usitée lorsqu'on entend une hablerie ou quelque fanfaronnade gasconne, c'est-à-dire que pour avaler un morceau de difficile digestion, il faut boire pardessus. *Fôou creire que . . . ,* il est à croire, à présumer que . . . *Creire soun pero, soun mestre*, obéir à son père, à son maître, avoir foi en leurs avis, en leurs remontrances. *Cres pas dengus*, il n'obéit à personne, il n'écoute personne.

Dér. du lat. *Credere*, m. sign

Créisse, Croître ; augmenter de nombre, de taille, de dimension quelconque ; grossir. — *Gardou crei*, le Gardon grossit ; il commence à se gonfler. *Ni noun créi, ni noun crebo*, il ne veut ni croître, ni mourir : cela se dit d'un enfant qui ne profite pas, d'un jeune arbre qui ne pousse que maigrement, qui végète péniblement.

Dér. du lat. *Crescere*, m. sign.

Créisséns (Lous), *s. m. pl.* Douleurs de croissance qu'éprouvent les enfants aux glandes de l'aine, quand les tendons se distendent pour s'allonger.

Créma, *v.* Bruler, flamber, dans l'acception neutre et non active. Ainsi on dit : *Aquel bos cremo bién*, ce bois brule bien, et non : *Crema foço bos*, bruler beaucoup de bois. — *Aquo cremo dou lun*, prvb., c'est une chose abominable, criante ; c'est par trop raide, par trop fort. *M'en a fa uno qué cremo dou lun*, il m'a joué un tour pendable. *M'en a di uno que crèmo dou lun*, il m'a tenu des propos horriblement injurieux. *Aquelo crèmo dou lun*, voilà une gaillardise par trop inconvenante, par trop grossière, qui passe la permission.

Dér. du lat. *Cremare*, bruler.

Crémal, *s. m.* Dim. *Cremaioù*. Crémaillère.

Les anciennes crémaillères consistaient en une tige de fer dentelée de coches ou de crans pour graduer la hauteur du vase qu'on exposait au feu. De nos jours, cette tige est courte et composée d'une série d'anneaux qu'on accroche à la tige : on peut aussi graduer de même la hauteur de la marmite ou du chaudron sur le feu. Enfin, dans les Hautes-Cévennes, où l'on se sert d'énormes chaudrons coutenant jusqu'à 60 litres pour cuire la provende des porcs qu'on élève en grande quantité, il serait difficile de manier à la main d'aussi grands vaisseaux ; la crémaillère consiste en une longue et forte tige qui descend jusqu'au foyer et y pivote ; vers le milieu de sa hauteur, la tige porte un bras de fer qui soutient le chaudron. On fait pivoter la tige qui entraine le bras et décrit un arc de cercle jusqu'au milieu de l'appartement ; quand le chaudron est rempli, il pivote de nouveau et va se poser de lui-même sur le feu. La même manoeuvre s'exécute pour le retirer ; on le vide à l'aise grace à cette suspension sans s'exposer à se bruler, et on ne retire le récipient qu'à vide et très-allégé. — *Planta lou cremal*, pendre la crémaillère, fixer son domicile. *Fôou faire uno osquo dou cremal*, il faut faire une croix à la cheminée, prvb. qui exprime l'étonnement que cause une chose extraordinaire, la vue d'un événement agréable et inattendu ; ou lorsqu'une personne fait un acte qui semble sortir de son caractère.

Dér. de *Crema*, ou du gr. Κρεμαστής, qui suspend

Crémasoù, *s. f.* Acreté, aigreur au gosier ; ardeur d'estomac ; soda ; fer chaud ; acrimonie provenant des saburres et gaz acides de l'estomac, occasionnée par une fermentation trop forte d'aliments lourds et farineux. L'oignon et la chataigne particulièrement procurent cette incommodité, qui est combattue efficacement par une prise d'yeux d'écrevisse en poudre, de la magnésie sèche, ou autres absorbants.

Dér. de *Crema*, bruler.

Crémèsi, Crémésino, *adj.* Cramoisi ; qui est teint en cramoisi ou en rouge foncé. — *Sédo crémesino*, soie cramoisie. *Trougno cremesino*, trogne enluminée, visage cramoisi.

On remarquera sur ce mot une application bien différente de l'accent tonique du masc. au fém. L'intonation change d'une manière notable. Ainsi au masc. *Cremèsi*, la voix porte et s'arrête sur la pénultième, syllabe forte qui est marquée de l'accent grave ; dans le fém. *Cremésino*, la pénultième est aussi le siège de l'accent tonique, et c'est l'*i* qui est le point d'appui de la voix, par où l'accentuation de l'*e* qui précède a dû se modifier, et de grave devenir aigue, c'est-à-dire ne former qu'une syllabe faible et brève. On voit combien ces nuances sont essentielles à noter et à observer à la prononciation. — *Voy. Acén.*

Dér. de l'arab. *Kermesi*, de *Kermes*, insecte qui produit la couleur écarlate.

Crèmo, *s. f.* Crême, mets composé de lait, de sucre et d'œufs, ayant une certaine consistance.

Dér. du celt. *Crema*, m. sign.

Crénto, *s. f.* Crainte, timidité ; honte ; vergogne. — *A crénto*, il n'ose pas, il est intimidé. *Pourta crénto*, imposer ; inspirer du respect. *Faire crento*, intimider, faire honte.

Dér. du lat. *Tremor*, m. sign.

Créntoùs, ouso, *adj.* Dim. *Créntousé* ; péjor. *Créntousas*. Craintif ; timide ; non point dans le sens de poltron ou lache, mais le contraire d'effronté.

Crépì, ou **Grépì,** *v.* Crépir, enduire un mur de mortier, de platre.

Emp. au fr.

Crépissaje, ou **Grépissaje,** *s. m.* Crépi, enduit au mortier, au platre ; action de crépir.

Créscu, cudo, part. pass. de *Crèsse* (*Voy.* c. m.). Crû crue ; accrû ; grandi.

Créségu, udo, *part. pass.* de *Crèire* (*Voy.* c. m.). — *Lou pdoure mounde és pas gaïre crésègu,* les pauvres gens sont peu écoutés.

Crésénço, *s. f.* Orgueil, amour-propre, confiance en soi; fierté; le défaut de se croire au-dessus des autres.

Dér. de *Crèire.*

Créspa, *v.* Crêper, friser les cheveux.

Un créspa, s. m. Un crêpé, un retapé, un pouf, frisure courte et mêlée, sorte de coiffure qui remonte au temps des incroyables du Directoire.

Dér. du lat. *Crispare,* friser.

Crespì (Sén), *s. m., n. pr.* Saint Crépin, patron des cordonniers, qui doit sans doute ce choix, moins à cette circonstance qu'il avait été cordonnier lui-même avec son compagnon saint Crépinien, que par l'analogie de ces deux noms avec le lat. *Crepida,* chaussure. — *A manja soun sén Créspi,* il a prodigué tout son avoir : c'est ce qu'on traduit en fr. par la phrase triviale : il a mangé son Saint-Frusquin.

Crespino, *s. f.* Taie, epiploon des jeunes animaux; membrane graisseuse et transparente qui enveloppe les intestins. — *És nascu émbé la crespino,* il est né coiffé. Il est de préjugé populaire que les enfants qui naissent la tête couverte d'une portion de l'amnios et du chorion dont ils étaient enveloppés dans le sein de la mère, sont prédestinés à d'heureuses chances. Sur cette croyance est fondé le dicton.

Dér. du lat. *Crispus,* crépu, frisé.

Créspou, *s. m.* Crêpe, étoffe claire et légère, de couleur noire, dont on porte une bande en signe de deuil.

Crésta, *v.* Châtrer; hongrer un cheval; châtrer une ruche, en lui enlevant le miel qu'elle a de superflu pour passer l'hiver. — *Crésta uno rodo,* enlever aux jantes d'une roue leurs extrémités usées et les rejointer, ce qui, en diminuant la circonférence, resserre et raccourcit les rayons, auxquels cette opération donne plus de solidité. *Crésta dé trufos, dé cougourlos,* etc., châtrer les pommes de terre, les courges, en coupant l'extrémité de leurs pousses, ce qui arrête la sève et la fait tourner au profit du fruit. Le pincement des plantes, qui est une manière de les bistourner, produit le même effet.

Il est probable que *Crésta* vient du lat. *Crista,* crête, parce que lorsqu'on châtre les coqs, on leur coupe la crête. Ce mot a donc dù être inventé pour les coqs, auxquels il ne s'applique plus cependant aujourd'hui, depuis qu'on a adopté pour eux le v. *Capouna.* — *Voy.* c. m.

Crestaïre, *s. m.* Châtreur, coupeur; qui exerce la profession de châtrer les animaux. Cette classe d'opérateurs, qui se fait reconnaître par une veste rouge, est une espèce de paria parmi le peuple. Il existe pour eux un peu de cette défaveur qui s'attache aux bourreaux et aux équarrisseurs. La veste rouge est bien pour quelque chose dans cette répulsion qui serait moins prononcée sans cet uniforme, qu'ils tiennent à conserver comme enseigne. Ces gens-là courent les campagnes pour exercer leur art, et on les voit dans toutes les foires de bestiaux, où ils servent d'entremetteurs dans les marchés. — *Un crestaïre* se dit aussi pour une flûte de Pan, un chalumeau, instrument de musique triangulaire, formé de l'assemblage de plusieurs tuyaux en roseau d'inégale longueur et disposés en gradation descendante de la gamme; chaque tuyau donnant une note. On l'appelle ainsi parce qu'autrefois les châtreurs s'annonçaient dans les campagnes par la musique de cet instrument. *Rouje coumo un crestaïre,* rouge écarlate; allusion à la couleur de la veste des châtreurs.

Créstél, *s. m.* Dim. *Crésteloù.* Chaperon d'un mur; encrêtement d'un mur ou d'une fosse mortuaire; sommet et forme d'un tertre de terre, s'élevant en prisme.

Dér. de *Crésto.*

Crèstian, ano, *adj.* Chrétien, ienne. — Ne se prend qu'en mauvaise part. — *Aquél crestian !* diable d'homme.

Dér. du lat. *Christianus.*

Crésto, *s. f.* Crête, excroissance charnue et rouge qui vient sur la tête du coq et de la poule; huppe. Au fig. partie la plus élevée d'une montagne. — *Leva la crésto,* lever la tête; faire le fier, le fanfaron; s'énorgueillir.

Dér. du lat. *Crista,* m. sign.

Crésto dé gal, *s. f.* Crête de coq, cocriste, *Rhinanthus cristagalli,* Linn., plante de la fam. des Rhinantacées. Elle est nuisible aux moissons et aux prairies.

Crétièn, èno, *adj.* Chrétien, qui professe la foi du Christ. — *Lou crétièn* se dit pour l'homme en général. Est-ce par un sentiment élevé, par ignorance ou par mépris, que le peuple renferme l'humanité entière dans la chrétienté? Le fait est qu'il ne fait que deux parts parmi les êtres vivants, *lou crétièn et las béstios.* Pour lui, *lou crétièn* est l'homme générique; lorsqu'il est pris dans l'acception religieuse, et seul, il est en bonne part. *Crèstian,* au contraire, est d'ordinaire pris en mauvaise part ou sous le côté ridicule.

Dér. du lat. *Christianus.*

Crì, *s. m.* Cric, instrument à crans pour soulever de gros fardeaux.

Son nom est peut-être une onomatopée prise du bruit que fait cette machine en agissant.

Crida, *v.* Crier; jeter, pousser des cris; gronder, donner une mercuriale; publier. — *Ma mèro m'a cridado,* ma mère m'a grondée. *Crido énd'aquél chi,* fais sortir ce chien *Dé qué crides tant?* Qu'as-tu donc à tant crier? Dans cette dernière acception, le v. *Bada* est plus technique. *Crida las anouncios,* publier les bans de mariage. *L'an cridado diménche passa,* on a publié ses bans dimanche dernier. *Crida las véndimios,* publier le ban des vendanges. *Crida soun vi,* publier sa propre honte; rendre publique une action déshonorante de quelqu'un des siens.

Dér. du gr. Κρίζω, en Dorien Κρίδδω, crier.

Cridado, *s. m.* Mercuriale, gronderie; reproche; cri que l'on adresse de loin à quelque malfaiteur, à un maraudeur, à un pillard, pour l'éloigner.

Cridaïre, aïro, s. et adj. Péjor. *Cridaïras.* Criard, grondeur; qui crie beaucoup et très-haut; pleurard; crieur public
Crido, s. f. Publication de mariage, du ban des vendanges; bruit public, nouvelle. — *La crido sé n'es sounado,* la chose s'est ébruitée.
Crime, s. m. Crime, infraction grave aux lois de la morale; mauvaise action.
Dér. du lat *Crimen,* m. sign.
Criminèl, èlo, adj. Criminel, condamné. — Ne s'applique pas à l'acception morale de criminel.
Criouda, v. Marquer au visage, y imprimer une cicatrice. — *Es tout criouda,* il a le visage criblé, marqué de la petite vérole.
Crioudo, s. f. Cicatrice; marque, trace de plaies, ulcères ou blessures guéris.
Criquo-lardé, phr. faite. Jeu d'enfants, qui consiste à éparpiller sur une table une quantité de menus fruits, ou de petits carrés de pomme ou de gateau; après quoi l'un des acteurs, les yeux bandés et armé d'un couteau ou d'une épingle, pique a l'aveuglette et croque le morceau, jusqu'à ce qu'il arrive à celui que son adversaire a touché du doigt. A ce coup, il cède sa place avec son bandeau et le couteau ou l'épingle, et le manège recommence jusqu'à épuisement de l'enjeu.
Cris, s. m. Cri; clameur; exclamation; action d'appeler quelqu'un de loin.
Cristal, s. m. Cristal. — *Ne coumo un cristal,* pur comme le cristal.
Dér. du lat. *Crystallum.*
Cristôou, n. pr. d'homme. Christophe. — *Sen Cristôou,* n. pr. de lieu, Saint-Christol, commune du canton et arrondissement d'Alais.
Critiqua, v. Critiquer, blâmer, censurer; médire; trouver a redire.
Critiquo, s f. Critique; blâme. — *La critiquo dâou mounde,* le blâme général. *Aquélo fïo és bièn à la critiquo dâou mounde,* le public médit beaucoup de cette fille; la voix publique est prononcée contre elle
Dér. du gr. Κριτικός, qui censure.
Cro, s. m. Dim. *Crouqué;* péjor. *Crouquas.* Croc, crochet; instrument de bois ou de fer recourbé servant à suspendre ou à saisir quelque chose; hameçon. — *Lous cros dâou bos,* espèce de crochets en bois qu'on suspend à l'arçon d'un bat et dans lesquels on place bûche à buche du bois à brûler pour le transporter. *Cro dé roumano,* crochet d'une romaine. *Sémblo un cro,* il est maigre comme un croc. *Vièl cro,* vieux homme : cette expression est ironique et méprisante. On dit aussi en fr. vieux croc. *Pénja âou cro,* remettre quelque chose au crochet pour ne plus s'en servir; mettre sous la remise; donner les invalides. *Pénja sas déns dou cro,* mettre ses dents au croc, garder la diète, non par régime, mais de misère. *Faïre lou cro,* être recourbé, se courber comme un croc.
Dér. du celt. *Croc,* m. sign.

Cronto, prep. Contre; près, contigu, opposé; appuyé contre. — *Jouga la cronto,* jouer la contre-partie; jouer quitte ou double. *De cronto,* à coté; vis-à-vis; proche. *Lou cronto parti,* le parti opposé : cela se dit en politique; malheureusement cela se dit aussi en politique religieuse Les catholiques en parlant d'un protestant disent : *Es dâou cronto parti,* et *vice versâ. Pourta cronto,* porter préjudice, faire tort, nuire. *Aquò m'es cronto,* cela m'est contraire, cela me ferait mal
Dér. du lat. *Contrà,* par métathèse.
Cronto-bandiè, s. m. Contrebandier, qui fraude les droits, n'importe sous quelle forme
Cronto-bando, s. f. Contrebande; fraude de droits légalement établis. — Ne se dit que d'une fraude habituelle, et presque par état.
Dér. de l'ital. *Contrabbando,* m. sign, formé de la prep. *Contrà,* et *Bando,* ban, publication de défense, prohibition.
Cronto-cara, v. Contrecarrer, contredire; s'opposer ou nuire aux projets de quelqu'un; se mettre à la traverse.
Cronto-co, s. m. Contre-coup; heurt; répercussion d'un corps qui heurte sur un autre. — *Aquel cami a fossa cronto-cos,* ce chemin est rempli de trous et de bosses.
Cronto-danso, s. f. Contre-danse; air de danse.
Cronto-faïre, v. Contrefaire, imiter; fausser, altérer; défigurer, déformer.
Se cronto-faïre, dissimuler, feindre; se rendre difforme
Emp au fr.
Cronto-marcho, s m. Contre-marche; ruse de guerre; feinte.
Cronto-marquo, s. f. Contre-marque, billet de rentrée délivré au théâtre.
Cronto-pèou, s. m. Contre-poil, sens contraire à celui dans lequel le poil est couché. — *Faïre lou cronto-pèou,* enlever la seconde peau, au fig.
A cronto-pèou, adv. A contre-poil, à rebours du poil, en sens contraire du poil, au pr. et au fig. — *Fôou pas lou penchina à cronto-pèou, à brousso-pèou,* il ne fait pas bon le contrarier, il ne faut pas le prendre à rebours de poil. — *Voy. Brousso-pèou (à).*
Cronto-pés, s. m. Contre-poids; poids qui sert à en balancer un autre.
Cronto-pouïsou, s. m. Contre-poison; antidote; moyen, remède pour combattre l'effet du poison.
Cronto-sinne, s. m. Contre-seing; visa approbatif.
Cronto-tén, s. m. Contre-temps; difficulté; obstacle; accident imprévu; opposition providentielle; mauvais temps, intempérie. — *Aquel pdoure éfan a agu foço cronto-ten,* ce pauvre enfant a été arrêté dans sa croissance par nombre de maladies.
Cronto-vén, s. m. Contrevent, volet extérieur.
Cros, s. m. Dim. *Crousé;* augm. *Crousas.* Creux, trou; fossette; creux à planter quelque chose; fosse d'un mort, tombeau; creux à fumier; vallon. — *Lou vi l'a més dou*

cros, c'est le vin qui a creusé sa fosse; le vin l'a mis au tombeau. *Cros*, blouse, fossette du jeu d'*équipé* (*Voy.* c. m.), qui est un petit trou dans la terre. *Cros d'amourié*, creux, trou pour planter un mûrier. Il est ordinairement carré, de 2^m 50 sur chaque face et de 0^m 65 de profondeur. Le plan est placé au milieu, et on le fixe dans cette position en formant autour de ses racines un petit tertre de la terre la plus sèche et la plus meuble possible. C'est cette opération qu'on nomme *Souta* (*Voy.* c. m.). On répand ensuite le fumier dans tout le périmètre de la fosse. Ces précautions sont prises afin que, dans les premiers temps de la pousse, les radicules tendres et les plaies des racines qu'on a dû couper à une certaine longueur, ne soient pas trop échauffées par le contact immédiat du fumier. Dans notre arrondissement, la terre classique de la culture du mûrier, les soins donnés à cet arbre précieux ont assuré longtemps sa prospérité et sa richesse : aujourd'hui les conditions sont changées peut-être; mais il n'y a pas à désespérer, et tout ce qui est utile, dans les pratiques et les traditions de notre agriculture, ne doit pas être mis en oubli ni dédaigné.

Dér. du lat. *Scrobs*, fosse pour provigner les vignes. En lang. cette fosse se nomme *Caïsso*, parce qu'elle est en forme de long parallélogramme comme une caisse ou bierre de mort.

Crosso, *s. f.* Dim. *Crousséto*. Béquille, long bâton à traverse pour les boiteux ou les personnes qui ont les jambes faibles; crosse, bâton pastoral d'un évêque, qui, dans l'Église grecque, a la forme d'une béquille; crosse, partie courbe et inférieure d'un fusil; en terme de maçon, queue de jambage : c'est une de ces pierres de taille, dans les jambages des portes ou fenêtres, qui s'enfoncent dans la maçonnerie par leur partie brute, et sont destinées à supporter les gonds, celles qui ne forment qu'un tableau et n'ont point de queue se nomment *Lancé* (*Voy.* c. m.). — *Quan pourtaraï las crossos, tus pourtaras lou bastoù*, pour dire : il n'y a pas une grande différence d'âge entre nous; mot à mot, quand je porterai la béquille, tu porteras le bâton.

Dér. du lat. *Crux, crucis;* en ital *Croce*, croix, parce que les béquilles sont en forme de croix sans haut bout, comme un T majuscule, ainsi que les premières crosses d'évêque.

Croto, *s. f.* Dim. *Croutéto;* péjor. *Croutasso*. Grotte; cave; voûte; pièce souterraine voûtée.

Dér. du lat. *Crypta*, caverne, venu du gr. Κρύπτη, m. sign.

Crouché, *s. m.* Crochet; agrafe — *Faire un crouché*, faire un détour.

Dim. de *Cro*.

Crouchéta, *v.* Accrocher; agrafer; fermer une porte, une fenêtre au crochet; décrire un crochet, former un lacet, en parlant d'une route.

Crouchoù, *s. m.* Quignon de pain. C'est une contraction de *Croustéchoù*, dim. de *Crousté*. — *Voy.* c. m.

Croucintèlo, *s. f.* Cartilage, partie souple qui termine certains os; membrane à demi osseuse comme les oreilles, les tendons, etc.

Dér. sans doute de *Crouqua*, parce que les cartilages craquent sous la dent quand on les mange.

Croucu, udo, *adj.* Crochu; recourbé en forme de croc ou de crochet.

Dér. de *Cro*.

Croumpa, *v.* Acheter, acquérir à prix d'argent.

Ce mot n'est pas parfaitement du dialecte cévenol; mais il est très-usuel dans tout le Languedoc et s'emploie ici sans barbarisme. — *Qué té counouä pas, qué té croumpe*, celui qui ne te connait pas peut t'acheter, dit-on à celui qui a mille défauts cachés. *Qué bo lou croumpo, bo lou béou*, prvb., qui l'achète bon, le boit bon. Dans notre idiome du XIme siècle, on disait : *Compra palmada*, marché conclu par main touchée. — *Voy. Pacho*.

Dér. du lat. *Comparare*, m. sign.

Croupatas, *s. m.* — *Voy. Courbatas*.

Croupi, *v.* Croupir; rester en stagnation, dans l'insouciance ou la honte.

Dér. du lat. *Corrumpi*, être corrompu.

Croupièïro, *s. f.* Croupière, longe de cuir roulée qui passe sous la queue d'une bête de trait ou de selle.

Croupo, *s. f.* Croupe, hanches et fesses des animaux de monture ou de charge. — *Porto bièn én croupo*, ce cheval porte bien en croupe. *Pourta sa fénno én croupo*, mener sa femme en croupe.

Dér. de l'allem. *Grub*, gras, épais.

Crouqua, *v.* Croquer; accrocher, saisir avec un croc; suspendre à un crochet; emporter, enlever, escamoter. — *Lou diable té croque*, le diable t'emporte. *Croquo t'aquò*, attrape.

Dér. de *Cro*.

Crouquarèl, èlo, *adj.* Agaçant, qui croque les cœurs. — *Vous a un parel d'ièls crouquarèls*, elle vous a deux yeux fripons, coquets.

Crous, *s. f.* Dim. *Crouséto*. Croix; figure de la croix; croix que les femmes portent au cou; croix de Malte qui figure en tête des alphabets (*Voy. Cagasso*). — *Faire sa crous*; autrefois les notaires faisaient faire une croix pour signature aux parties qui ne savaient pas écrire. *Lou sinne dé la crous*, le signe de la croix. *M'an més à la santo-crous*, je commence à apprendre l'alphabet, la croix de par Dieu. *Poudès bé faïre la crous*, vous n'y reviendrez plus; vous pouvez y renoncer, rayer cela de vos papiers.

Dér. du lat. *Crux*, m. sign.

Crousa, *v.* Croiser; disposer quelque chose en forme de croix; rayer, bâtonner un compte. — *M'avès crousa*, vous avez acquitté mon compte.

Crousado (à la), *adv.* En quinconce, en terme d'agriculture; en croisant les fils, en terme de dévidage et ouvraison de la soie. — *Séména à la crousado*, semer en faisant croiser les sillons

Crousadoù, *s. m.* Bivoie; carrefour où aboutissent divers sentiers, où l'on plantait autrefois une croix. On dit aussi *Camì crousadoù* : la bivoie est proprement l'endroit où deux chemins se rencontrent pour se confondre et n'en former qu'un seul; le carrefour est le point de section de deux chemins qui se croisent sans se confondre et dont chacun suit une direction différente; l'un et l'autre se nomment *Crousadoù*.

Crousé, *s. m.* Fossette; petit creux; petit trou.
Dim. de *Cros*. — *Voy.* c. m.

Crousélu, udo, *adj.* Creux, creuse; profond; enfoncé. — *Siéto crouseludo*, sorte d'assiette creuse et profonde en guise d'écuelle, qui sert d'assiette à soupe aux paysans. On la distingue de l'écuelle en ce que celle-ci a des anses ou oreilles, et que l'assiette n'en a pas, mais seulement un petit bec par où on écoule le potage à sa fin. — *Voy. Siéto bécudo*.
Dér. de *Cros*.

Crousio, *s. f.* Croisure; opération, figure, forme dans laquelle deux choses se croisent, sont placées, disposées en croix. — *Croto én crousio*, voûte croisée, c'est-à-dire composée de quatre arêtes ou nervures qui se croisent par le milieu et forment quatre voussures sur les côtés, de sorte que la clé de voûte occupe le point d'intersection des quatre arêtes.
Dér. de *Crous*.

Crousta (Sé), *v.* Se couvrir d'une croûte; s'escarifier; se durcir à la surface, en parlant du terrain.
Dér. de *Crousto*.

Croustado, *s. f.* Tourte de pâtisserie au gras; pâté chaud ou froid; vol-au-vent.
Dér. du lat. *Crusta*.

Croustas, *s. m.* Grosse et large croûte; grande escarre qui se forme sur une plaie ou une blessure
Augm. et péjor. de *Crousto*.

Crousté, *s. m.* Dim. *Croustéchoù*. Petit quignon de pain; croustille coupée en triangle dans un pain rond, afin qu'il y ait plus de croûte que de mie. — *Mé lèvo lou crousté dé la man*, il m'ôte le pain de la bouche; il détruit mes moyens d'existence. *Qué crousté!* est une formule usitée dans le style familier, qui signifie : Eh! qu'en dis-tu? on plus trivialement : Ça te le coupe, mon garçon!
Dim. de *Crousto*.

Croustéja, *v.* Croustiller; manger de grand appétit. — *Aquél pan croustéjo bièn*, ce pain a beaucoup de croûte. *Aquò s'apélo croustéja*, voilà qui est bien fonctionner à table.

Crousto, *s. f.* Dim. *Croustéto*; péjor. *Croustasso*. Croûte du pain; partie extérieure et dure du pain, d'un pâté; croûte d'ulcère, escarre; surface de terrain durcie par l'effet des pluies et l'action du soleil, ou par le foulement des pieds.
Dér. du lat. *Crusta*, m. sign.

Crousto-léva (Sé), *v. n.* Se dit du pain gras-cuit, morfondu, surpris par une forte chaleur du four; ce qui a pour effet de séparer la croûte de la mie, et de laisser un intervalle entre elles, comme l'exprime notre mot. — *Visage crousto-léva*, visage couperosé, bourgeonné, soulevé, sur lequel il se forme des boursouflures et des pellicules qui se détachent.

Crouta, *v.* Voûter, jeter une voûte; courber ou arrondir en forme de voûte.
Dér. de *Croto*.

Croutoù, *s. m.* Dim. *Croutouné*. Caveau, petite cave; cachot; cul de basse fosse.
Dim. de *Croto*. — *Voy*. c. m.

Crouvél, *s. m.* Coquille; coque; écale; enveloppe extérieure et dure d'un œuf, d'une noix, d'une amande, de la châtaigne. — *Sor dáou crouvél*, il sort de l'œuf, il vient de naitre.
Ce mot viendrait, dit-on, du Ligurien; mais d'autres le tirent du gr. Κρύπτω, cacher; n'aurait-il pas été fourni par le lat. *Curvus*, courbé, fait en voûte?

Crouvéludo, *s. f.* Châtaigne dans sa coque; celle qui, après avoir passé au séchoir, se détache difficilement de sa coque, ce qui provient d'une tare qui amène une adhérence, ou quelquefois d'un feu trop vif.

Cruci, *v.* Grincer; imiter le bruit que fait la lime sur le fer; ronger avec les dents, comme font les vers et les rats dans le bois, les grains, les légumes secs. — *Faïre cruci sas déns*, grincer des dents. *Aquélo civado és touto crucido*, cette avoine a été rongée par les rats, qui n'ont laissé que l'enveloppe.
Dér. du celt. *Cruscir*, craquer, ou du lat. *Cruciare*, tourmenter, ronger.

Cruélos, *s. f. plur.* Écrouelles; vice scrofuleux, qui affecte particulièrement les glandes cervicales.
Dér. du lat. *Scrofulæ*, m sign.

Crus, cruso, *adj.* Cru, qui n'est pas cuit, pas apprêté; écru. — *Dé frou crus, dé sédo cruso*, du fil écru, de la soie écrue. *Uno fièio bièn cruso*, feuille de mûrier qui a de la fermeté, de la crudité au toucher. *Tèlo cruso*, toile qui n'a pas été décruée. *És crus; a uno mino cruso*, il a un abord sec, hautain, peu liant.
Dér. du lat. *Crudus*, m. sign.

Cruséja, *v. fréq.* Craquer, être rude et ferme au toucher. — Se dit principalement de la soie écrue, qui semble grincer quand on la manie; de la toile écrue, non lavée, gardant un apprêt; de la feuille de mûrier qui n'a pas été remuée
Dér. de *Crus*, écru.

Crusije, *s. f.* Crudité, manque de flaccidité; état exprimé par le v. *Cruseja*.

Cruvèl, *s. m.* Dim. *Cruvélé*. Crible, sas. — Le crible à blé est fait d'une peau de porc percillée de petits trous ronds *(Voy Couladoù)*; celui des châtaignes blanches, *Bajanos*, est tissu de menus cotons ou lames de bois refendu très-minces qui laissent entr'eux des intervalles carrés où ne passent que les bris des châtaignes et la poussière des enveloppes. Cet outil est le même qui sert pour le blé sous le nom de *Pisso-païo (Voy.* c. m.). Le crible à terre ou à sable est un treillis de fil de fer.

Le dim. *Cruvélé*, petit crible, devait sans doute être employé autrefois dans les divinations. La phrase *faïre vira lou cruvélé*, faire tourner le sas, s'est conservée pour exprimer quelque œuvre de sorcellerie.

Dér. du lat. *Criblum*, m. sign.

Cruvéla, *v.* Cribler; passer au crible.

Cuga, *v.* Cligner; clignoter; fermer les yeux à demi. — Ne s'emploie qu'en parlant des yeux.

Dér. du gr. Κλίνω, plier, ou Κεύτω, cacher.

Cuiè, *s. m.* Dim. *Cuièiré*. Cuiller, ustensile de table ou de cuisine. — *Un cuiè d'argén, dé bos, d'éstan*, une cuiller d'argent, de bois, d'étain.

Dér. du lat. *Cochlear*, m. sign.

Cuièiras, *s. m.* Canard souchet, *Anas clypeata*, Linn., canard à bec à palette, à cuiller, à spatule; oiseau de l'ordre des Palmipédes, qui passe l'hiver dans nos pays : ainsi nommé de la forme de son bec.

Cuièiré, *s. m.* Cueilleron de chataigne, ou châtaigne avortée dont il ne reste que les panneaux de la peau collés l'un à l'autre et sans pulpe. La châtaigne se forme d'ordinaire dans le hérisson au nombre de trois; lorsqu'un de ces hérissons manque de nourriture pour amener à bien les trois chataignes, ou bien lorsqu'une des trois plus active prend la substance des autres, celles-ci restent à l'état de cueillerons. Le plus souvent c'est la châtaigne du milieu qui résiste et devient alors ronde et beaucoup plus grosse.

Le nom est tiré de la forme ressemblant à une petite cuiller, *Cuièiré*.

Cuièiro, *s. f.* Cuiller à soupe; grande cuiller à ragoût.

Cuirassiè, *s. m.* Cuirassier, cavalier portant cuirasse. Emp. au fr.

Cuirasso, *s. f.* Cuirasse. Emp. au fr.

Cuja, *v.* Faillir, être sur le point de... — *Aï cuja mouri*, j'ai failli mourir. *Cujere véni*, je fus sur le point de venir.

Sauvages et quelques glossateurs qui lui ont emprunté cette opinion, pensent que *Cuja* est le même verbe que *Cuider*, en v. fr. penser, croire, imaginer. Leur racine commune serait dans le lat. *Cogitare*. Mais le sens doit être restreint, croyons-nous, à la seule acception que nous lui donnons : être sur le point de... Il n'y a ici qu'une étym. figurative *Aï cuja mouri, aï cuja véni*, j'ai pensé mourir, venir, pour j'ai failli, j'ai été sur le point.

Culi, *v.* Récolter; prendre, saisir. — *A culi foço vi*, il a récolté beaucoup de vin. *Culis un pâou dé tout*, il a un peu de toutes les récoltes du pays. *Lous géndarmos lou soun ana culi din soun iè*, les gendarmes sont venus le prendre dans son lit.

Dér. du lat. *Colligere*, ramasser.

Culido, *s. f.* Récolte; quantité récoltée d'une même denrée.

Cur, *s. m.* Dim. *Curné*. Cœur, organe principal de la circulation dans le corps humain; affection, mémoire, courage; couleur des cœurs au jeu de cartes; coulant de la croix que les femmes portent au cou et qui le plus souvent a la forme d'un cœur; chœur d'une église. Se dit dans plusieurs acceptions Cor *(Voy.* c. m.). — *Aprêne dé pér cor*, apprendre par cœur. *Ou save per cur*, je le sais par cœur. *Un éfan dé cur*, un enfant de chœur. *Las éstalos dâou cur*, les stalles du chœur. *Un cur dé camiso*, triangle de toile qu'on met au bas des chemises de femme pour en augmenter le fond, sans quoi elles seraient gênées dans leur marche *(Voy. Simoùs).* C'est aussi une petite pièce de toile ou contrefort qu'on place aux chemises d'homme au bas de l'ouverture sur l'estomac, pour empêcher la toile de se fendre.

Trad. du fr. Cœur.

Cura, *v.* Curer, vider, nettoyer quelque chose de creux, comme un puits, une fosse, un canal. — *Cura un poule, un peïssou*, vider un poulet, un poisson, leur enlever les intestins et les viscères. *Cura soun nas*, se fouiller dans le nez. *Té curaraï lous iels*, je te crèverai les yeux. *Un curo-boussou*, un mange tout, qui ruine ses parents et vide leur bourse. On le dit aussi du fisc et de toute sorte de gens qui légalement ou par importunité vous soutirent de l'argent. *An cura lou pous, lou besdou*, on a curé, nettoyé le puits, le canal. *Mé souï bièn cura* ou *escura*, je me suis bien nettoyé l'estomac, je l'ai bien vidé par quelques vomitifs ou purgatifs.

Dér. du lat. *Curare*, soigner.

Cura, *s. m.* Curé; desservant succursaliste d'une paroisse lorsqu'il est chef de son église. — *Ana veïre lou cura*, aller à confesse. *Espéras un pâou qué lou cura sé moque*, attendez un peu que le curé se soit mouché, loc. prvb. qu'on emploie quand on suspend un instant une narration écoutée avec intérêt. Cela doit avoir trait à quelque anecdote dans laquelle un curé aurait usé de cette précaution oratoire pour se reposer un instant dans son sermon.

Le mot est sans doute une contr. du lat. *Curator*, tuteur, gardien des âmes. Dans la bass. lat. on avait cependant *Curio*, qui indiquerait un sens de chef ou prêtre d'une curie.

Curaïo, *s. f.* Action de curer, de vider; curage; balayures, restes, fumier qu'on sort en une fois des étables.

Curio, *s. f.* Menus débris d'un petit objet que l'on vide, que l'on nettoie intérieurement; intestins des animaux, de la volaille, du poisson curés.

Curéto, *s. f.* Fourgon en fer d'un fourneau à houille; outil tranchant du sabotier pour évider l'intérieur du sabot; curoir d'un aiguillon de laboureur *(Voy. Bourboussado).* C'est aussi un triangle en fer recourbé en forme de cuiller, dont les mineurs se servent pour sortir la boue et les débris de pierre du trou qu'ils forent, à mesure qu'ils avancent.

Curious, ouso, *adj* Curieux, qui a grande envie de savoir, de voir, d'entendre, de découvrir ; qui étonne à voir, à ouïr ; frappant, intéressant
Der du lat *Curiosus*, m. sign.

Curiousité, *s. f.* Curiosité, petit spectacle de la foire, principalement la lanterne magique et les optiques portatifs.

Curo-âouréio, *s. m.* Perce-oreille, forficule, *Forficula auricularia*, Linn., insecte de l'ordre des Orthoptères, ayant l'abdomen terminé par des pinces à double branche, en forme de tenaille. Un préjugé absurde prétend que ces animaux, en s'introduisant dans l'oreille, peuvent en percer la membrane répercussive des sons et rendre sourd. De là le nom fr. et le nom lang. Mais d'autres, ses défenseurs, blanchissent le *Curo-douréio* de ce méfait. Le plus sage est toujours de ne pas s'y fier.

Curo-nis, *s. m.* Culot ; le plus petit et le dernier éclos des oiseaux d'une couvée. Au fig. le dernier né d'une famille
Formé de *Cura* et de *Nis*, parce que c'est celui des oisillons qui vide le dernier le nid maternel

Curo-péro, *s. m.* Capricorne ou cerf-volant — *Voy Manjo-péro*.

Curun, *s. m.* Curures, boues, vase, vidanges qu'on retire des puits, des fossés, etc., qui sont un amendement pour les terres ; débris, restes, rebuts retirés des choses qu'on nettoie.

Cusqua, *v.* Parer, arranger ; soigner un malade ou un enfant au berceau, les servir, les faire manger, les vêtir, les déshabiller, les coucher ; faire pour eux tout ce qu'ils sont incapables de faire par eux-mêmes

D

D, *s. m.* D, quatrième lettre de l'alphabet, troisième consonne. Se prononce *dé* comme en ital., puisque notre langue ne connaît pas l'*e* muet, ni sa consonnance sourde.

Le D est une des consonnes les plus douces et les plus euphoniques de notre alphabet. Il appartient à l'ordre des *Dentales ;* et son articulation se produit par une explosion mécanique de l'organe buccal assez heureusement décrite par Piis dans son poëme de l'*Harmonie imitative* :

Il faut entre les dents que la langue le darde

Les grammairiens rangent dans la catégorie des Dentales les consonnes T, S doux ou entre deux voyelles, et Z ; ce qui veut dire que ces lettres, dont l'émission met en jeu les mêmes organes, la langue et les dents, d'une manière presque identique, éprouvent des propensions, dans les langues dérivées comme la nôtre, à se substituer les unes aux autres, ou du moins ne font aucune difficulté à entrer dans la composition d'un mot où se trouvait primitivement une consonne de leur ordre. C'est pourquoi *Cadéno* ne s'étonne pas de descendre du lat. *Catena ; Cadièiro* de *Cathedra ; Nada* de *Natare ; Naddou* de *Natalis ; Nous* de *Nodum ; Nousa* de *Nodare ; Madu* de *Maturus ; Rodo* de *Rota ; Courdura* de *Consuere ; Courduro* de *Sutura ; Dinda* ou *Tinta* de *Tinnitun ; Toundèire* de *Tonsor ; Endorto* ou *Rétorto* de *Retorta ; Tourdu* ou *Tourtu* de *Tortus ; Endivio* de *Intibum ; Actou* de *Actio ; Crémasoù* de *Crematio ; etc.*

C'est la loi des permutations, dont nous avons déjà parlé à la lettre B, et qui, en étymologie, a une importance notable : on le comprend sans peine. Mais cette règle n'a rien d'absolu et n'est pas d'une application constante : il n'y a pas à l'exagérer ; on le saisit de suite.

Les permutations ont en effet pour base l'harmonie : et chaque peuple, chaque groupe entend l'harmonie à sa manière. Les sons et les flexions doivent beaucoup à des convenances inexplicables, à des aptitudes organiques qu'il est souvent impossible de déterminer : l'usage est le maître. Nous ajouterons seulement à ce que nous avons dit ailleurs, à propos de la formation et du caractère de la langue d'Oc, que notre idiome, étant resté plus fidèle à ses origines latines, et peut-être des influences climatériques pareilles le rapprochant davantage du latin, procède avec plus de régularité à ses permutations que le français, qui tend au contraire à s'écarter de son type romain, ou qui cède à l'empire des influences du Nord. Les deux dialectes étaient jumeaux, nés le même jour dans le même berceau, le roman ; mais la Loire sépara leurs domaines, et depuis, ils vivent en frères ennemis. Le français est le plus fort, sa prééminence est incontestable ; le languedocien ne vit plus que de son originalité indestructible.

De la il résulte que leur vocabulaire doit avoir nécessairement beaucoup de mots communs, contemporains, que ne différencie pas la permutation ; mais il est arrivé aussi, souvent, que le français, poussé par son génie propre, s'est éloigné de sa forme primitive en secouant la règle, et qu'il a introduit des changements de consonnes d'un tout autre ordre dans certains mots, et qu'il a voulu ensuite les imposer au languedocien. Toutes les fois que celui-ci a cédé à cette pression, il a dévié, il est sorti de sa nature, pour devenir un patois. C'est ce que les permutations mettent surtout en évidence.

Ainsi notre substantif *Cadéno* provient, par un changement de la dentale médiane, du lat. *Catena* : mais le fr. *Chaine* en dérive également, par la suppression de la dentale. Or si le lang. s'oublie à adopter *Chèïro*, il fait du pur *franchiman*. Pour *Cadièïro*, il sort en ligne directe de *Cathedra*, lat.; le fr. *chaire* et *chaise* ont la même origine ; si un puriste beau diseur s'avise cependant d'employer *Chèro*, dans ces phrases par exemple : *L'an tracho dé la chero én bas; és mounta en chèro pér précha*; il sera malheureusement compris par certains, mais il aura parlé patois au lieu de parler languedocien.

Les exemples pourraient se multiplier; c'est pour cela que les permutations sont utiles à observer. Elles admettent certes des exceptions; mais elles servent en général de pierre de touche pour éprouver les mots de bon aloi. Quand elles se font sur les dernières consonnes S ou Z, la corruption a bien pu opérer de seconde main sur un mot déjà modifié ou permuté; mais dans ce cas, il est facile de les ramener au primitif. — *Voy. Franchiman, Patouès,* et lettre T.

Selon les principes de notre orthographe, qui n'admettent pas les lettres nulles à la prononciation, le D ne figure jamais à la finale d'un mot; mais il reparaît très-bien, comme en français du reste, dans les composés, dans l'adjectif féminin ou dans les temps du verbe où il est suivi d'une voyelle; nous disons : *Bavar, Bavardo; Segoun, Segoundo; Vèr, Vèrdo; Per, qué pèrdio, pèrdre*.

Da, *s. m.* Dé à jouer, petit solide cube d'os ou d'ivoire à faces marquées de points de un à six; cube de pierre de taille en forme de dé, quelle que soit sa dimension.

Dabor, *adv.* D'abord ; en premier lieu ; de suite; incontinent; avant tout. — *Dabor qué,* puisque, dès que. *Dabor qu'ou voules,* puisque vous le voulez. *Dabor qué lou véguère,* dès que je le vis. Quelques raisonneurs *franchimans* emploient assez volontiers : *Primò dabor et d'uno,* locution redondante, emp. au fr., qui donne de la force à une démonstration qui commence et promet d'être longue.

Daïa, *v.* Faucher ; couper avec la faux.
Dér. de *Daïo.*

Daïaïre, *s. m.* Faucheur; celui qui coupe le foin.

Daïaje, *s. m.* Fauchage ; fauchaison ; action de faucher; salaire du fauchage; saison, temps de la fenaison.

D'aïçamoun, *adv.* De la hauteur qui est de ce côté-ci; de là-haut.
Formé de *Aïçaï* et du lat. *Moun,* hauteur.

D'aïçamoundâou, *adv.* Même acception que pour *Aïçamoun,* dont il n'est que l'explétif pléonasmatique.
Formé des trois mots : *D'aïçaï,* d'ici ; *Moun,* hauteur, et *Dâou,* haut.

D'aïçalin, *adv.* D'ici-bas; de ce côté en bas. Suppose une relation avec un endroit plus élevé. — *Voy. Alin.*

D'aïçaval, *adv.* Même acception que le précédent. — *Voy. Aval.*

D'aïci, *adv.* D'ici ; de ce point-ci ; de ce lieu-ci. — *D'aïci!* interj. Hors d'ici! dehors! apostrophe qu'on adresse à un chien ou à une personne, que l'on voit avec colère ou avec dégoût, et que l'on veut chasser ou éloigner. — *Voy. Aïci.*

D'aïci'n-foro, *adv.* Contr. *D'aïci-én-foro* Sans désemparer ; toute affaire cessante ; dorénavant. — *Y vòou d'aïci'n-foro,* j'y vais de ce pas
Formé du lat. *Hic,* ici, et *Forâs,* dehors.

D'aïci'n-laï, *adv.* Contr. *D'aïci-én-laï.* D'ici-là; dorénavant ; mais ce dernier mot, dorénavant, dont la traduction littérale est *D'houro-én laï,* a une portée moins longue que notre *D'aïci'n laï,* qui s'étend à une année, à une saison. — *D'aïci'n-laï las véïados s'alongou,* à partir d'aujourd'hui les soirées sont plus longues.
Formé du lat. *Hic,* et *Illac,* ici et là.

D'aïlaï, *adv.* De l'autre côté, de là. — *Soun partis d'aïci d'aïlaï,* ils se sont enfuis de côté et d'autre, d'ici et de là. — *Voy. Aïlaï.*

D'aïlamoun, *adv.* De là-haut, de par amont. — *És d'aïlamoun dé las Cévénos,* il est de par là-haut dans les Cévennes.
Formé du lat. *Illac, ad montem,* par là , vers le haut.

D'aïlamoundâou, *adv.* Même acception que le précédent, avec réduplication.

D'aïlaval, *adv.* De là-bas, de vers l'aval — *És d'aïlaval vèr Mounpèïé,* il est de là-bas, du côté de Montpellier — *Voy. Aïlaval.*

Daïo, *s. f.* Faux ; instrument pour faucher. — *Piqua sa daïo,* rebattre sa faux pour lui donner le morfil. C'est ce que fait le faucheur lui-même sur une petite enclume appelée *Aïréto* (*Voy.* c. m.). *Aquò's lou piqua dé la daïo,* voilà la difficulté, voilà le hic : loc. prvb., qui s'applique à toutes les situations difficiles.
En esp. *Hadalla,* m. sign.

Dalican, *s. m.* Alicant; espèce de raisin sans doute originaire d'Alicante, dont le nom lang. est évidemment une corruption. Le bois de ce cep est gros, court, tendre, jaunâtre. Il porte assez de grappes de médiocre grandeur, dont les grains sont ronds, bien serrés, très-fleuris; ses feuilles sont assez grandes : il donne un bon vin.

D'alin, *adv.* Même acception que *D'aïlaval.* — *V.* c. m.
Dér. du lat. *Illinc,* de ce côté.

Dalmas, *n. pr.* d'homme, Dalmas.
Sous la rubrique de ce mot, Sauvages donne une dissertation toute philosophique sur l'origine des noms accompagnés de la particule *de.* Cet article est trop remarquable pour que nous ayons la prétention d'y toucher une syllabe : on nous permettra de le reproduire en entier.

« Dalmas, n. pr., en fr. Dumas, qui est une partie de nom, ou plutôt un surnom séparé, par exemple du nom Pierre, avec lequel Dumas a un rapport d'appartenance : Pierre du mas, *Petrus de manso;* Pierre de la métairie, et par contr. de la Métrie.

« Le n. pr. *Dal-mas* ou *Del-mas,* nous fournit l'occasion de parler des articles *du, de la, de, des,* etc., dont bien des personnes sont jalouses de parer leur nom, comptant par cette petite addition de se donner une apparence de noblesse.

« Ces articles ne marquaient dans leur origine d'autre dessein, dans ceux qui les plaçaient au-devant de leur nom, que de désigner le rapport de leur personne au lieu où ils avaient pris naissance, ou à celui qui leur appartenait, ou dont ils étaient voisins.

« Un homme, par exemple, appelé Jean, avait un mas, ou métairie; on l'appela Jean *dal mas* ou du mas, pour le distinguer d'un autre Jean son voisin, qui n'avait pas un pouce de terre, et avec lequel on aurait pu le confondre. Un autre nommé Jacques habitait près d'une porte de ville qu'il était chargé d'ouvrir et de fermer; on l'appela Jacques de la Porte. Un troisième appelé Pierre, né au village de Maubos, était venu habiter la ville ; il était tout simple que ses voisins, qui avaient parmi eux d'autres Pierres, appelassent celui-ci Pierre de Maubos, et que lui-même, dans la suite, allongeât ainsi son nom, pour se conformer à un usage reçu, et sans plus de prétention qu'un bon capucin qui, étant né à Rémorantin, signe, sans penser à mal, frère Jean Pancrace de Rémorantin.

« Il était convenu jusque-là qu'il n'y avait dans les articles *du*, *de la*, *de*, rien qui dût flatter la vanité de ceux qui en faisaient précéder leur nom ; et si le petit-fils de Jean *dal mas*, devenu riche, semblât vouloir faire oublier son grand-père, fort honnête paysan, en mettant son nom en français, et signant Jean de la Métairie, ou en le défigurant autrement par le retranchement ou l'addition de quelque lettre, c'était une vanité blâmable qui faisait causer; mais elle était d'un autre genre, dont nous parlerons ailleurs.

« Les nobles, qui avaient de simples fiefs, ou des terres titrées, ajoutèrent à leur nom de baptême le surnom de ces terres, et l'on voit dans les actes latins du XIIme siècle, *Armandus de Andusa*, *Johannes de Alesto*, *Bernardus de Duroforti*, sans d'autre dessein que de dire : un tel d'un tel lieu, ou seigneur d'un tel lieu.

« Mais comme on abuse de tout, les articles *de*, *du*, *de la*, que les nobles ont continué de prendre en français, ont passé peu à peu dans le préjugé vulgaire pour un signe distinctif de la noblesse. Et dès lors il n'y a eu si petit bourgeois qui n'ait voulu décorer son nom de quelqu'un de ces articles : et cela, sans aucun prétexte, ou quoique ce nom ne désignât aucune propriété de fief, ni aucun rapport d'habitation, d'origine, ou de voisinage entre la personne et la chose nommée par le surnom : ce qui eût mis les articles à l'abri de toute critique.

« Cependant cette mode a pris, et l'usage a fait disparaître ce qu'il y avait de contraire même aux règles du langage, en mettant quelquefois l'article *de* (qu'on regarde sans doute comme le plus noble), là où il n'en faudrait point du tout, même pour les personnes les plus qualifiées, et où tout au plus, l'on aurait dû mettre les articles *du*, *de la*, *le*; en sorte qu'on signât, par exemple : Pierre du Rocher, Jean du Bois, Jacques de la Rive, François le Roux, etc., et non Pierre de Rocher, Jean de Bois, Jacques de Rive, François de Roux, etc.; et encore moins qu'on écrivit simplement de Rocher, de Rives, de Roux, etc., ce qui choque autant le bon sens que le langage.

« Autre usage reçu qui n'y est pas moins contraire, et qui ne remonte pas bien loin : on ne se borne pas à l'article qui précède le surnom, et qui sera, si l'on veut, celui d'une seigneurie; on en place un autre devant le vrai nom, ou celui de famille, qui n'en est pas susceptible, puisqu'il ne marque ordinairement aucun rapport de propriété, de seigneurie, de demeure, de voisinage; et qu'il cesserait même, ce semble, d'être nom de famille, s'il marquait aucun de ces rapports : ainsi tel qui s'appellera, par exemple, Jacques Sabatier de Valorio, signera sans façon dans un contrat, Jacques de Sabatier de Valorio, comme si son nom de famille, Sabatier, était, comme celui de Valorio, un nom de terre : il ne manquerait, pour ajouter aux prétentions de noblesse, que de signer, par un renfort d'articles, de Jacques de Sabatier de Valorio, etc., etc. M. de Petit-Jean, ah! gros comme le bras, dit Racine.

« On a d'autant plus de tort en cela, que ces petites vanités, le plus souvent sans fondement, ou sans le prétexte même d'un petit fief, sont tôt ou tard punies : le public ne manque guère d'en faire justice; il remonte aux ancêtres de ces nouveaux nobles, et il ne va pas bien loin pour trouver une naissance obscure ou fort commune, qu'il leur aurait pardonnée, sans la faire connaître, si, au lieu de courir après une chimère, par une suite de l'opulence que leurs pères ont laissée, ils s'étaient contentés, comme eux, d'être de modestes honnêtes gens ; ou bien, s'ils avaient aspiré à s'illustrer par des talents et surtout par des vertus. »

Qu'aurait ajouté Sauvages s'il eût vécu de notre temps? Depuis *M. de la Souche*, de l'*École des femmes*, depuis les *Plaideurs*, et le *Monsieur du Corbeau* du bon La Fontaine, malgré le ridicule qui s'est attaché à tous ces anoblissements de contrebande, la manie d'ajouter la particule à des noms qui n'en sont point susceptibles et qui jurent avec elle, soit par leur physionomie, soit par leur sens étymologique, s'est généralisée de la façon la plus plaisante. Il est même assez remarquable que pendant la pénultième république cette maladie avait redoublé d'acerbation et la contagion s'était beaucoup aggravée. Une loi spéciale, sous le dernier empire, ne l'arrêta guère : elle est probablement endémique et incurable.

Ah! si Sauvages revenait.

Daméjano, *s. f.* Dame-jeanne; grosse bouteille, recouverte ou revêtue ordinairement d'un panier d'osier, dans laquelle on conserve le vin en cave. — *Sé musqua én daméjano*, se griser, se remplir de vin comme une dame-jeanne : sorte d'euphémisme plaisant. Son étymologie est à coup sûr anecdotique.

Damo, *s. f.* Dim. *Daméto*; péjor. *Damasso* et aussi au masc. un *Damas*. Dame; titre d'honneur, donné à la femme d'un homme considérable; hie ou demoiselle de paveur, sorte de masse à oreilles pour enfoncer les pavés; batte de jardinier, pour briser les mottes ou pour battre le gazon; pion du jeu de dames; figure, au jeu de cartes, représentant les dames. — *Faire la damo*, sortir de son état par sa toilette; porter des parures au-dessus de sa condition. *La damo dé moussu un tdou*, la femme de monsieur un tel, madame un tel. *Nosto-Damo*, la sainte vierge, Notre-Dame.

Damo dâou clouchè, *s. f.* Effraie, fressaie, *Strix*, Linn., oiseau nocturne, espèce de chouette ou de chat-huant blanc. L'effraie se loge exclusivement dans les vieux et grands édifices, surtout dans les clochers, qu'elle trouve partout; elle en est la principale habitante : c'est la dame du lieu; de là elle a été appelée *Damo dâou clouchè* ou simplement *Damo*, en supprimant le nom de son fief. — *Voy. Béoul'oli*.

Damo dé miséricordo, *s. f.* Nom familier et même un peu goguenard que le populaire donne à une espèce de hareng salé, appelé *Haréncado* (*Voy.* c. m.). Cela viendrait-il de ce que le hareng n'entre guère chez le pauvre, comme font les bonnes sœurs ou dames de miséricorde?

Dér. du lat. *Domina*, dame, seigneuresse.

Danjè ou mieux **Langè**, *s m.* Danger, péril. — *Voy. Langè*.

Dér. du lat. *Damnum*, dommage, dont la bass. lat. fit d'abord *Damniarium*, et plus tard *Damjerium*.

Danjèïroùs, ouso, *adj.* Dangereux, qui offre un danger, qui est en danger de mort. — *Ma fénno és bien dangèïrouso*, ma femme est en grand danger de mort. *És pas dangèïroùs*, il n'inspire aucune crainte; il n'en mourra pas.

Danna, *v.* Damner; juger digne de l'enfer. — *Sé danna*, se damner, mériter la damnation éternelle; s'inquiéter; s'impatienter. *Faire danna*, faire enrager, faire donner au diable. *És danna coumo uno rabo*, il est damné comme Judas; cette loc. prvb. est une corruption de : *Danna coumo un Arabo*, damné comme un Arabe, un Sarrasin, ces peuples qui ont laissé de si vifs et si longs ressentiments dans les provinces de la langue d'Oc.

Dér. du lat. *Damnare*, condamner.

Dannaciou (Ma)! *interj.* Juron; je jure par ma damnation; Dieu me damne!

Dannarèl, rèlo, *adj.* Qui damne, qui est un leurre de damnation, qui provoque à se damner.

Danno, *s. f.* L'enfer, le séjour des damnés, la geôle infernale, la géhenne. — *La danno és pa'ncaro pléno*, dit-on plaisamment et sceptiquement, quand on vous menace de l'enfer.

Danrèïo, *s. f.* Denrée; toute sorte d'objets récoltés, de produits, qui sont susceptibles de vente.

Dér. du lat. *Denarius*, denier; parce que dans le principe on appelait *Dénrèïo* la quantité de provision de bouche qu'on pouvait obtenir pour un denier.

Dansa, *v.* Danser; exécuter des danses; se mouvoir en cadence; sauter. — *Nó dansaras uno bèlo*, tu recevras une belle danse, une bonne frottée. *Hè bé! coumo la dansan?* Eh bien! comment réglons-nous ce compte-là? *Dansa sus las barjïos*, sauter de joie (*Voy. Barjïos*). *Dansa das pèses*, être pendu. *Danse din mous souïès*, mon pied danse, est trop au large dans mes souliers.

Dér. de *Danso*.

Dansaïre, aïro, *adj.* Danseur, qui fait métier de la danse; qui cherche les occasions de danser.

Dansarèl, rèlo, *adj.* Péjor. *Dansarèlas*. Qui aime à danser; qui appartient à la danse; qui engage à danser. — *Lou pruse dansarèl*, la frénésie de la danse. *Lou galoubé dansarèl*, le galoubet qui provoque à la danse.

Danso, *s. f.* Danse, pas mesurés ou cadencés, au son des instruments ou de la voix; par ext. ou par comparaison, correction verbale ou manuelle.

Dér. de l'ital. *Danza*, qui lui-même vient de l'allemand *Dantzen*, m. sign.

Dansur, suso, *s.* Cavalier d'une danseuse; dame d'un cavalier, en termes de danse.

Dâou, *art. m.* Du. — C'est une contraction pour *dé lou*, comme *Dal*, forme employée dans le dialecte montagnard, de même que le fr. *du* est contracté pour *de le*, primitivement prononcé *do* ou *del*. Devant un substantif commençant par une voyelle, cet article redevient *de lou*, en élidant sa dernière syllabe et fait *dé l'* : *dé l'doubre, dé l'home*.

Dâou, *s. m.* et *adv.* Haut, le haut. — *Lou dâou*, le haut, dans une maison, par rapport au rez-de-chaussée; la hauteur, relativement à la plaine. *Mounta dâou*, monter au premier étage, au grenier, en haut. *Gagna lou dâou*, gagner la hauteur. *Dâou! dâou!* interj., là-haut! en haut! montez, je vous l'ordonne. *De qué fasès dâou?* Que faites-vous là-haut? *Aouro-dâou*, vent du nord. — *Voy. Aouro*.

Dér. du lat. *Altus*, haut, élevé.

Dâoudè, *n. pr.* d'homme. Daudet, qui est formé du lat. *Deus det*, que Dieu donne, ou Dieudonné, correspondant à Déodat, le même que Donnadieu et Donnedieu.

Dâoufinén, *s m.* Marronnier, châtaignier qui produit le marron proprement dit. — *L'aï issarta dé dâoufinén*, j'ai greffé ce sujet avec une ente de marronnier. Son nom lui vient certainement de ce que les premières greffes furent apportées du Dauphiné.

Dâoufinénquo, *s. f.* Chataigne-marron, qu'Olivier de Serre appelle *Sardones*, parce qu'il pense que l'espèce nous est venue de la Sardaigne, tandis qu'il est plus probable qu'elle nous vient du Dauphiné. A Paris, on appelle *Morrons* ou marrons de Lyon toutes les grosses châtaignes, et bien qu'à Lyon il n'existe pas l'ombre d'un châtaignier. Sans doute, celles qu'on expédie viennent des montagnes du haut Vivarais, qui fournissent en effet d'excellentes qualités et très précoces.

La dâoufinénquo est la première châtaigne par le goût, la grosseur et la beauté de la forme. Elle a des reflets fauves; elle est zebrée, pansue, légèrement ensellée par le sommet où elle adhère au hérisson, dans lequel elle se trouve souvent au nombre de trois; mais presque toujours il n'y a qu'un fruit bien nourri et convenable. L'arbre demande une culture soignée et alors il produit beaucoup.

Dâoumaje, s. m. Dommage, préjudice; perte, détriment.
— *Aquò's dâoumaje,* c'est bien dommage; il est fâcheux. *Es dâoumaje d'ou estrassa,* c'est dommage de perdre cela.
Der. de la bass. lat. *Damnagium,* qui est lui-même la corruption de *Damnum,* m. sign.

Dâounis, n. pr. d'homme. Denis. — Sauvages et d'autres lexicographes représentent ainsi en fr. notre mot *Dâounis,* et les statistiques, comme la géographie du département, leur donnent raison, car *Sen-Dâounis,* commune du canton de Saint-Ambroix, arrondissement d'Alais, est nommée Saint-Denis. Mais nous avons aussi, comme nom propre, *Dâounis,* en fr. Daunis, au masc., dont la femme s'appelle *Dâounisso.* Il y a si loin de la à la traduction de Sauvages qu'un scrupule lexicographique pourrait bien en naître.

N'en serait-il pas de ce nom comme de quelques autres, où se rencontre l'art. *de, du, dâou, dal, dèl,* qui se sont altérés par des transformations, en restant trop français dans la moitié de leur composition? Exemple *Dumas,* qui devrait être *Dâoumas; Dueldâou,* qu'il faudrait aussi prononcer *Dâou eldâou; Duboués,* issu de *Dâou bos.* en français Dubois, qui sonnerait régulièrement *Delbos, Dubose,* etc., etc.; formes mêlées où se fait sentir l'influence du français. Il n'en est pas de même pour *Dâounis,* dont l'art. et le subst. sont bien tous deux purs languedociens et devraient être traduits par *Du nid* ou par *De nid.*

Une sorte de ressemblance a amené la traduction *Denis*; mais y a-t-il bien identité d'étymologie entre *Denis* et *Dâounis*? Le fém. lang. *Dâounisso,* quoique très-régulier en sa forme rude et sèche, démontrerait le contraire. Mais l'usage a prévalu ici comme dans les autres noms cités plus haut; cependant la raison étymologique proteste, et l'euphonie n'est pas en faveur du languedocien, ce qui est plus rare.

Que *Denis* vienne du lat. *Dionysius,* et *Denise* de *Dionysia,* tirés du grec, et que la multiplicité de leurs voyelles et leurs flexions si douces et si harmonieuses, soient bien rendues dans le féminin surtout: il faut le reconnaître. Que notre mot reproduise cette douceur de consonnance ionique: c'est ce qui est à regretter. D'où il faut conclure que la dérivation indiquée par Sauvages n'est pas exacte; et nous lui préférons de beaucoup la mélodie redoublée de la dérivation grecque ou latine, modulée dans le doux nom français.

Dâou-pâou-pâou, adv. Petitement; petit à petit; tant soit peu. Si nous avons peu, nous ferons peu, ou nous donnerons peu, est la traduction presque fidèle de cet adv. intraduisible par un mot équivalent fr. C'est là toute l'histoire du drachme de la veuve.

Dâoura, v. Dorer; enduire ou couvrir d'or ou de jaune, au fig. enrichir; farder. Au part. pass. *Dâoura* signifie excellent, précieux; qui vaut son pesant d'or. — *Aquel pér a'no masso dâourado,* ce porc a une gloutonnerie admirable, il dévore tout ce qu'on lui présente, sans regarder à la qualité. Cette faculté est précieuse pour l'éleveur, qui peut le nourrir et l'engraisser à peu de frais, puisque l'animal se paie de tout.
Der. du lat. *Aureus,* doré, couleur d'or.

Dâourado, s. f. Dorade; *Aurata vulgaris,* Linn. — Ce poisson, du genre cyprin, est fort commun dans la Méditerranée. Sorti à l'air, il perd de ses brillantes couleurs; mais dans l'eau il paraît couvert d'or sur un fond vert azuré, et c'est sans contredit un des plus beaux habitants de la mer. La Dorade atteint jusqu'à un mètre de long; les jeunes et plus petites s'appellent *Sdouqueno,* celles d'une taille intermédiaire *Mejano,* qui veut dire moyenne.

Il est évident par l'étymologie toute naturelle de ce mot que c'est ici le fr. qui a emprunté au lang; cette désinence en *ade, ado,* étant toute dans le génie de notre idiome: le fr. l'eût appelé sans cet emprunt: Dorée.

Dâoururos, s. f. pl. Joyaux en or ou en argent; bagues, bijoux et chaînes. Les filles du peuple ne manquent jamais de faire reconnaître dans leur contrat de mariage ces joyaux comme apport dotal.

D'aquì'n-foro, adv. Contraction de *D'aquì en foro.* A partir de là; après cela; ensuite — *D'aquì'n-foro y anarai,* j'irai au sortir de là.
Formé du lat. *Hac* et *Foras,* là et dehors.

D'aquì'n-lai, adv. Contraction de *D'aquì én-lai.* De ce point-la jusqu'à cet autre; de ce jour-la en avant.
Forme du lat. *Hac* et *Illac.*

D'aquò, pron. genit. de *Aquo.* De cela. — Il se prend souvent d'une manière absolue et nominative, pour exprimer une chose dont on ne se souvient pas, ou dont on veut éluder le nom. *Presta me vostre d'aquò,* prêtez-moi votre... cela: phrase que l'on appuie d'ordinaire en indiquant l'objet. *A de que ser aquel d'aquò?* A quoi sert cet outil, cet instrument?

Darboussièiro, ou **Endourmidouïro,** ou **Hèrbo dé las tâoupos,** s. f. Pomme épineuse, datura, *Datura stramonium,* Linn., plante annuelle de la fam. des Solanées, dont la semence disposée en alvéoles est renfermée dans une gousse épineuse, semblable aux hérissons du marron d'Inde. L'infusion de cette semence est un violent narcotique: sa fleur est blanche, en forme de cloche. Elle a la propriété d'éloigner les taupes; il suffit pour cela d'en conserver quelques plantes dans les coins d'un jardin.

Darda, ou **Dardaia,** v. Darder, frapper comme un dard.
— *Lou sourèl dardo,* le soleil darde ses rayons.
Dér. du gr. Ἄρδις, dard, aiguillon.

Dardèno, ou **Piastro,** s. f. Pièce de deux liards ou de six deniers; monnaie qu'on battait à Aix en Provence sous le règne du roi Réné.

Dariè, ièïro, *adj*. Dernier; tardif; retardé. — *L'ase fiche lou dariè!* phrase proverbiale que les enfants emploient lorsqu'ils s'excitent à courir vers un but quelconque : Malédiction à celui qui arrivera le dernier! C'est le moyen de donner de l'émulation à la course. *Lous magnas soun bièn dariès aquéste an*, cette année, les vers à soie sont plus retardés que de coutume *Sou bièn dariè*, je suis bien en arrière de mes travaux, ou toutes mes récoltes sont arriérées. *Avan-dariè*, avant-dernier, pénultième. *De-s'éndariè*, adv., en dernier lieu, vers la fin. *És à soun dariè*, il va mourir, il est à son dernier soupir. *Fòou pas regarda lou dariè dignè*, il ne faut pas être si méticuleux dans un marché, ou exiger si strictement tout ce qui est dû.

Dér. de *Dariès*.

Darièiraïo, *s. f.* Récoltes d'arrière-saison, qui ne sont jamais très-productives, étant toujours rabougries et mal servies par la température.

Darièirén, énquo, *adj*. Fruits ou récoltes qui de leur nature viennent plus tard que les autres, en opposition à *Prémièirén*.

La différence entre ce mot et le précédent consiste en ce que *Dariéiraio* ne s'entend que des fruits arrivés trop tard parce qu'on les a semés tard, ou bien des rebuts de récolte qui ne sont venus en maturité qu'à l'arrière-saison : cela s'entend encore des derniers fourrages ou regains d'automne qui sont peu abondants, fort difficiles à apprêter et toujours de qualité inférieure, parce que les pluies et les premières gelées leur enlèvent la saveur. *Dariéiren*, au contraire, s'entend d'espèces de fruits ou de récoltes qui, par nature, ne viennent à maturité qu'après les individus de la même famille.

Dariès, *s. m., adv. et prép.* Derrière, arrière; la partie postérieure d'un animal, d'une maison, etc. — *Un dariès de cabri*, la moitié postérieure d'un chevreau, les deux quartiers de derrière. *Dariès dé boutigo*, arrière-boutique *Y-a dariès!* crie-t-on à un cocher pour lui indiquer que le talon de sa voiture est garnie de gamins. *Régarda pèr dariès*, regarder par derrière soi.

Dér. du lat. *Retrò*.

Data, *v*. Dater; mettre une date. — *Aquò dato de iuèn*, cela remonte à une date ancienne. *A pas data soun conte*, il n'a pas daté sa facture. *Datan pas de hièr*, nous ne sommes pas d'hier.

Dato, *s. f.* Date; mention du jour et de l'année où une lettre a été écrite, un acte passé, un événement arrivé, un monument commencé

Dér. du lat *Data, datum*, à cause de la formule finale des ordonnances ou des édits royaux, qui se terminaient tous par ces mots : *Datum* ou *Data*, donné en tel ou tel lieu.

Datus, *s. f* Datte, fruit du palmier dattier, qu'on ne connaît guère chez nous que sous la forme de conserve.

Dér. du lat *Dactylus*, m. sign.

Davala, *v*. Descendre; décroître; baisser; déchoir. — *Lou sourel davalo*, le soleil descend, baisse; il se rapproche de l'horizon ; il va bientôt se coucher. *Davala dòou cade*, déchoir; perdre sa position de fortune ou d'honneurs. *Davalo chaquo jour*, il dépérit chaque jour. *Mas forços davalou*, mes forces diminuent.

Davalo se dit aussi activement pour descendre, déplacer une chose élevée pour la mettre plus bas; porter en bas. — *Davala d'un co de fusil*, abattre d'un coup de fusil. *Lou davalè d'un co de codou*, il le jeta à bas d'un coup de pierre *Davala lous escaiès*, descendre les degrés, ou dégringoler.

Dér. de la bass. lat. *Devalare*, formé du lat. *Ad vallem ire*, aller dans la vallée, vers le bas *(Voy. Aval)*. En basbret *Davalem*, m. sign.

Davalado, *s. f.* Descente; rampe, chemin ou pente, qui est une montée en sens inverse.

Davaladoú, *s. m.* Dim. de *Davalado*, qui a lui-même son dim., *Davaladouné*. Petite rampe ; ruelle fort étroite qui conduit d'une maison à la rue, ou d'une terrasse à la terrasse inférieure

Dér de *Davala*.

Davan, *s. m., adv. et prép.* Devant, la partie antérieure: avant, auparavant; plus tôt. — *Lou davan d'uno boutigo*, la devanture d'une boutique. *Aou bèou davan dé ma porto*, tout au-devant de ma porte, et très-visiblement. *Lou davan d'un cabri*, les deux parties de devant d'un chevreau. *L'éndavan d'uno porto*, le devant d'une porte. *Ana à soun éndavan*, aller au-devant de lui : au fig. aller au-devant de ses désirs, de ses goûts; le prévenir. *Fai té davan*, passe devant; prends les devants. *Davan vous*, devant vous, à vos yeux voyants. *Qudouques jours davan*, quelques jours auparavant. *Davan qué vous*, plus tôt que vous. *Davan qué l'y torne!* avant que j'y remette les pieds! *Dé davan*, autrefois. *Davan Dìou siè!* Puisse Dieu l'avoir reçu dans son paradis! phrase votive et pieuse dont on accompagne toujours la mémoire d'un défunt qui nous est cher et vénérable : *Moun pàoure pèro, davan Dìou siè!*

Dér. du lat. *De ab antè*, qui nous paraît préférable comme étymologie, à celle tirée aussi du lat. *Ad ventum*, vers le vent.

Davan-antan, *adv.* de temps. L'année avant-dernière. — *Voy. Antan*.

Davan-c'houro, *adv.* de temps. Avant l'heure; avant le temps prescrit; prématurément — *Me fara mouri davanc'houro*, il hâtera ma fin, il abrégera mes jours.

Il est formé de *Davan* et de *Houro* : le C interposé est purement euphonique, et remplit le même office que certaines lettres en français : comment va-t-il, entre quatre-z-yeux. Toutefois cette consonnance chuintante du *ch* paraît bizarre ; mais l'usage le veut ainsi.

Davanciès, *s. m. pl.* Aïeux ; anciens ; ancêtres ; ceux qui nous ont précédé dans notre famille.

Dér. de *Davan*, ceux qui sont venus avant.

Davantâou, *s. m.* Tablier de femme. — *Voy. Fanddou*.

Ce mot n'est pas proprement du dialecte des Cévennes : mais il a été importé, et s'est fait adopter. On s'en sert aujourd'hui surtout dans le style badin et ironique.

Dér. de *Davan*.

Davantièirrasso, *adv.* de temps Naguères ; il y a peu de jours. — C'est un augmentatif de *Davan-z-hier*, dont l'effet est d'en éloigner la date, c'est-à-dire un temps plus reculé qu'avant-hier.

Davan-trin, *s. m.* Avant-train d'une voiture à quatre roues. On appelait aussi *Davan-trin* une sorte de fourgon qu'on suspendait sur l'avant-train de certaines diligences, coupés ou berlines, où le cocher se plaçait et recevait à côté de lui deux autres places ce qu'on nommerait aujourd'hui la botte. Ces sortes de voitures n'existant plus maintenant, cette place avait été remplacée par celles du coupé ; mais les diligences elles-mêmes disparaissant, ce perfectionnement a eu le même sort.

Davan-z-hièr, *adv.* de temps. Avant-hier. — C'est une variante euphonique de *Avan-hièr*.

Davi, *n. pr.* d'homme. David. — Au fém. il fait *Davio* ; dim. *Davioù* et *Davieto*.

Davi, *s. m.* signifie aussi un sergent, outil de menuiserie, tout en fer, composé de deux crampons, dont un mobile, qui sert à tenir rapprochées et serrées les parties d'une pièce d'assemblage, pour qu'elles ne puissent se disjoindre pendant qu'on les cloue ou qu'on les cheville.

Dé, *art.* qui correspond, selon les circonstances, aux art. fr. *de*, *du*, *des*, *de la*, *de l'*, etc ; et en même temps prép. qui se rend par *de*, *à*, *aux*, *des*, etc. — *Douna-me de vi, de poumos, de car, d'oli, un moucèl de pan*, donnez-moi du vin, des pommes, de la viande, de l'huile, un morceau de pain. *Vèn de Paris*, il arrive de Paris. *Oou ! l'home dàou sa ! la fenno das iòous !* Holà ! l'homme au sac ! la femme aux œufs ! *Aquò's de moun cousi*, c'est à mon cousin, cela appartient à mon cousin.

Dér. de la prép. lat. *De*.

Dé, *s. m.* Dim. *Dete* ; augm. *Detas*. Doigt, partie longue et mobile de la main ou du pied. — *Lou dé dàou pous*, le pouce, mot à mot le doigt du pouls *Un travè de dé*, l'épaisseur d'un doigt et non sa longueur, c'est une mesure un peu idéale, qu'on emploie souvent par évaluation approximative. On dit *Travé* au lieu de *Traves* par pure euphonie. les lettres *S* et *D* ne se rencontrent jamais côte à côte dans notre idiome. *Un de dé quicon*, un doigt de large ou d'épaisseur, une très petite quantité, un rien, un œil de poudre *Cdousi dou de*, choisi, trié au doigt, c'est à-dire choisi sur un très-grand nombre, avec soin, et par conséquent qui offre toute sorte de garanties sur sa qualité *Ma mostro vai dou de*, ma montre marche bien parce que je la règle à chaque instant du doigt. *De dé pèl*, doigtier, doigt de peau formé d'un doigt de gant, dont on fait un étui pour un doigt malade ou blessé.

Dér. du lat. *Digitus*, par une forte contr.

Débana, *v.* Dévider, au pr ; au fig dépêcher — *Li debanarei las tripos !* menace d'horrible vengeance, comme si l'on faisait vœu de dévider les boyaux d'un ennemi après les avoir arrachés. *Debana una histouero*, raconter une histoire, un conte, avec volubilité. *Be n'avès debana*, vous en avez joliment dégoisé.

Ce mot vient-il de l'esp. *Devanar*, de l'ital. *Dipannare*, ou du bas-bret *Dibuna*, qui ont la m. sign. ; ou bien sa racine est-elle simplement dans notre propre idiome ? La *Bano* signifie l'aile ou le volant d'un tour à filer la soie ; et le dévidage ne consistant qu'à enrouler sur le roquet la soie qui est sortie du tour ou de la *Bano*, le verbe pour exprimer cette opération ne s'est-il pas formé de là ?

Débanaire, *s. m.* Dévidoir, instrument qui est de différentes formes suivant l'œuvre de dévidage auquel il est destiné Lorsque c'est du fil en fuseau qu'il s'agit de dévider en écheveau, il est composé d'un bâton de deux pieds environ, pointu par le haut-bout, traversé par une broche vers chaque bout ; les deux broches formant angle droit l'une à l'autre : on fait courir le fil de l'une à l'autre de ces broches, en tournant le dévidoir de la main gauche, pour que chaque broche le reçoive à son tour, tandis que la droite dévide le fuseau et accompagne le fil sur chacune des quatre branches Cet outil s'appelle proprement *Escavel*.

Lorsqu'il s'agit de dévider un écheveau en peloton, on le dispose dans une espèce de charpente de forme presque circulaire que l'on élargit à volonté à la largeur de l'écheveau. Ce dévidoir tourne sur un pivot de la main gauche, tandis que la droite manie le fil et l'y dispose régulièrement On donne différentes formes à cette charpente, qu'on replie quelquefois comme un parapluie ; mais le mécanisme est toujours le même. Cette dernière espèce de dévidoir se nomme *Guindre*. — *Voy. c. m.*

Un proverbe a dit . *Tout home que noun vdou gaire, on lou bouto dou debanaire ;* on met au dévidoir un homme qui n'est pas propre à grand'chose. Cette opération mécanique n'exige pas en effet un fort déploiement de forces musculaires ni de combinaisons intellectuelles. Mais la complaisance ou d'autres raisons peuvent amener à se prêter à ces fonctions ; et le proverbe ne préjuge rien.

Débanaïro, *s. f* Dévideuse. C'est une profession dans les pays de fabrique et d'ouvraison de la soie. Au fig. bavarde, qui en dégoise.

Débanage, *s m* Dévidage ; action de dévider ; profession de dévideuse ; frais du dévidage.

Débanaduro, *s. f.* Le fil ou la soie qu'on a dévidé, ou qui est à dévider.

Débas, *s. m* et *adv.* de lieu. Le bas, ce qui est en bas ; bas, en bas ; au-dessous. — *Lou debas d'un oustdou*, le rez-de-chaussée d'une maison. *Dé qué fasès debas ?* Que faites-vous en bas ? — *Voy. Bas.*

Débas, *s. m.* Dim. *Debassé* ou *Debassoù* ; au pl. *Debasses*.

Bas, vêtement des jambes. — *Un parel de debasses*, une paire de bas. *Prén toun debas*, tricote. *A uno maio a soun debas*, elle a une maille qui a filé a son bas ; son bas est percé ; au fig. sa renommée a reçu un échec.

Ce mot, comme son correspondant fr., vient de cette expression : bas-de-chausses, comme les culottes se nommaient haut-de-chausses ; ou a seulement supprimé chausses.

Débassaïre, aïro, *s*. plutôt qu'*adj*. Faiseur de bas, et non point bonnetier, chaussetier ni fabricant de bas ; car ces trois derniers mots désignent le commerçant qui fait confectionner des bas, des bonnets, etc.; tandis que le *Debassaire* est simplement l'ouvrier qui les tisse lui-même, avec un métier à bas. — Voy. *Brando-nicouldou*, *Branda*.

Débasta, *v*. Dévaster ; casser ; briser. — Ce mot n'entraîne qu'une idée de fureur, mais non de rapine ; celui qui accomplit cet acte n'emporte rien au dehors.

Dér. du lat. *Vastare*, dévaster.

Débita, *v*. Débiter sa marchandise ; vendre en détail ; s'en défaire couramment ; débiter un sermon, un discours quelconque ; débiter, diviser, subdiviser en parties menues, surtout du bois, en terme de menuisier.

Dér. du lat. *Debito*.

Débito, *s. f*. Débit ; vente au détail, surtout du vin. — On dit aussi : *Soun vi a bon debi*, son vin a du débit ; mais c'est sacrifier à l'idole *franchimande* : le vrai mot conservé par les vrais languedociens est *Debito*, au fém

Dér. du lat. *Debitor*, débiteur, parce qu'autrefois ce mot *Debito* ne s'appliquait qu'à la vente à crédit, vrai et seul moyen pour le petit commerce de détail de vendre beaucoup, vite et cher.

Débitoú, Débitouno, *s*. Débiteur. — Encore une concession au fr. ; le véritable languedocien dit *Creancié*, qui convient aussi bien au titulaire d'une dette passive qu'à celui d'une dette active. C'est sans doute la nécessité de distinguer le créancier du debiteur qui a entraîné à cet emprunt.

Débuta, *v*. Debuter ; entrer en matière ; faire son premier pas dans une entreprise, dans une affaire, dans une carrière. — *Lou véiren à soun debuta*, nous verrons a sa manière d'entrer en conversation, ou il en veut venir.

Emp. au fr. sans adopter ses autres acceptions.

Décado, *s. f*. Décade ; le jour de décadi ; jour de repos, dans le calendrier republicain ; assemblée que les autorites tenaient ce jour-là. — *Daou ten de la decado*, du temps où l'on tenait les assemblées décadaires, c'est-à-dire sous la Convention et le Directoire, et non tout le temps que le calendrier républicain a eu une existence légale ; car il a duré jusqu'en 1806, et cependant depuis le 18 brumaire 1799 et la constitution de l'an VIII, ces ridicules parodies des solennités chrétiennes du dimanche étaient tombées sous les sifflets du peuple et le degout du premier consul. *Ana à la decado*, aller aux assemblées décadaires.

Le mot *Decado* était familier au peuple et il est resté dans ses souvenirs, soit parce qu'on le forçait à chômer ce jour-là, soit à cause des assemblées de ce nom où son destin était souvent discuté. Il n'en était pas de même pour la nomenclature arithmétique des autres jours de la semaine décennale, primidi, duodi, tridi, etc., qui ne lui apparaissaient que sous forme de numéros. Aussi ne les connaissait-il pas alors, et il n'a pu ouvrir un crédit dans sa mémoire pour eux. Ainsi ont été oubliés les noms des mois qui sont de l'hébreu pour lui, moins encore ceux des légumes qui remplaçaient les saints qu'il vénérait et qui servaient de patrons à ses enfants. La décade seule l'a frappé et est restée dans ses souvenirs. Nous, les interprètes de son langage, nous l'imiterons en cela.

Decado est évidemment un emprunt forcé du fr. qui l'a pris lui-même au gr. Δεκάς, δεκάδος, dixaine, parce que la décade ou la semaine décadaire était composée de dix jours, dont le décadi était le dernier.

Décagramo, *s. m*. Décagramme, poids de dix grammes, dans le nouveau système.

Emp. au fr. qui l'a tiré du grec.

Deçaï, *adv*. de temps. D'ici a ; en deçà. — *Deçaï que vengo*, avant qu'il arrive. *Lou tène pas quite deçaï que m'ague paga*, je ne le tiens pas quitte qu'il ne m'ait payé.

Deçaï et delaï, *adv*. de lieu. De çà et de là.

Décalitre, *s. m*. Décalitre, mesure de capacité de dix litres.

La nouvelle nomenclature décimale s'est impatronisée dans le langage populaire. Nous prenons la langue en l'état où elle se trouve.

Dér. du gr. Δεκα, dix, et λίτρα, livre.

Décembre, *s. m*. Décembre, le douzième mois de l'année ; autrefois, le dixième seulement dans l'année des Romains. En conservant son ancien nom, il est devenu le dernier de la nôtre, qui commence en janvier, à partir de l'édit donné par Charles IX, en 1564.

Dér. du lat. *December*, m. sign.

Déciala, *v*. Déceler ; découvrir ; divulguer ; trahir un secret ; dénoncer ; dénoncer un complot. — *Déciala soun ami*, trahir son ami en divulguant le secret qu'il nous a confié. *Déciala la mecho*, éventer la mèche.

Formé de la part. négative *De* et du lat. *Celare*, cacher.

Décida, *v*. Décider ; déterminer ; résoudre ; porter un jugement. — *Se decida*, se déterminer à..., se décider, se résoudre.

Dér. du lat. *Decidere*, m. sign.

Décida, ado, *adj*. Dim. *Decidade*. Décidé ; délibéré ; hardi ; résolu.

Découpa (Sé), *v*. Se couper ; se contredire dans ses paroles, dans ses déclarations

Formé de *Coupa*.

Découra, *v*. Décorer d'un ordre, de la Légion d'honneur ou de la croix de Saint-Louis.

Emprunt politique au fr.

Décrè, *s. m*. Décret ; loi ; ordonnance émanant d'un pouvoir exécutif suprême. Les lois faites sous la Convention et le Directoire portaient le nom de decrets, soit qu'elles eussent une portée organique générale, soit que leur objet fût temporaire ou particulier. Le mot était en parfaite analogie avec la chose ; car c'était l'expression de la majorité d'une assemblée, et il derive du lat. *Decretum*, de *Decernere*, donner son avis, son suffrage. Sous l'Empire, le mot resta, mais non la chose ; car ce n'etait là que l'opinion du bon vouloir. Depuis la Charte, ce mot avait été banni et remplacé par ceux de loi et d'ordonnance, dont on connait la distinction. Avec 1848 et la suite, le decret est revenu.

Le mot lang. est encore un emprunt politique ; le peuple a eu trop à faire avec les decrets, et ils se sont trop multipliés, pour n'avoir pas emprunté une expression qui en rende le sens.

Décrouta, v. Décrotter ; ôter la crotte ; enlever la boue de la chaussure ; cirer les bottes.

Emp. au fr.

Décroutur, s. m. Décrotteur.

Dé d'aiçaï, *adv.* de lieu. De ce côté-ci, avec mouvement d'un lieu à un autre ; c'est-à-dire qu'il est relatif à une personne qui se trouverait *de d'ailaï*, séparée par un mur, un cours d'eau, un fossé, etc. — *Vène de d'aicaï*, passe de ce côté-ci.

Dé d'ailaï, *adv.* de lieu et de temps. De ce côté, de l'autre côté ; au-delà ; par-delà. C'est le contre-pied de l'article précédent. — *Demoro de d'ailaï*, il habite de l'autre coté de la rivière, de la montagne. *L'an de d'ailaï*, l'année avant-dernière. *La gnuè de d'ailaï*, l'avant-dernière nuit. *De d'ailaï l'aigo*, de l'autre coté de l'eau, de la rivière.

Dédàou, s. m. Dim. *Dedale* ; augm. *Dedalas*. Dé à coudre.

Der. du lat. *Digitale*. En esp. *Dedal* ; en ital. *Ditale*.

Dédénta, v. Édenter ; rompre, casser les dents. — *Lou diable te dedente*, le diable te casse la machoire.

Dédénta, ado, *part. pass.* Édentée, qui n'a plus de dents.

Formé de la part. négative *De* et du lat. *Dens, dentis*, dent.

Dédin, s. m. et prép. Le dedans, la partie intérieure d'une chose ; dans, dedans, au-dedans. — *Lou dédin*, l'intérieur. *Garda lou dedin*, rester assidument chez soi, ne pas sortir. *Faire lou dedin de l'oustaou*, avoir soin du ménage, faire le travail intérieur d'une maison, ce qui est l'apanage d'une menagère, par opposition *dou déforo*, qui est le lot du mari et des hommes.

Il est difficile de préciser une distinction entre les différents usages de ce mot et ceux de la prép. *Din*, qui sont parfaitement synonymes dans certains cas ; ainsi on dit également : *Din ma pocho* et *dédin ma pocho*, *din soun oustaou* et *dédin soun oustaou*. Il faut seulement remarquer que *Din* est plus générique, qu'il se plie à presque toutes les acceptions du *Dans* fr. et du *In* lat. *Dédin* a le privi-

lège de pouvoir figurer à la fin d'une phrase comme le *Dedans* fr., ce que ne peut faire son concurrent ; il peut encore se substantiver. *Lou dédin*. Exemple : *On y és pas de lu*, on n'est pas dedans. repondrait on à quelqu'un qui vous reprocherait d'avoir acheté un mauvais melon. *Laissé soun casquon et lou dedin*, il laissa son casque et le contenu, a dit La Fare. L'un et l'autre mot prennent un C final lorsqu'ils se heurtent avec une voyelle au mot qui suit ; toutefois *Dedin* ne prend pas cette consonne lorsqu'il devient substantif. On dit *Dedinc uno houro*, dans une heure, et *Lou dedin es bien propre*, l'intérieur est très-propre.

Formé du lat. *De intus*, en dedans.

Dé-fè, *adv*. De fait ; en effet ; par le fait.

Défés, *adj.* de temps et de nombre. Parfois ; quelquefois. — Voy. *Fes*.

Défila, v. Défiler ; marcher par file ; s'en aller l'un après l'autre.

Formé de la prép. *De* et de *Fila*.

Défléciou, *s. f.* Ne s'emploie qu'en y joignant *de peitrino*, pour signifier : fluxion de poitrine.

Le mot n'est au reste qu'une corruption du fr. à l'usage seulement du populaire.

Déforo, s. m. et *adv*. de lieu. Dehors, qui n'est pas dedans ou à l'intérieur ; dehors. — *Lou deforo*, l'extérieur, par opposition *dou dedin*. *Aimo lou deforo*, il aime à prendre la clé des champs. *Lous homes fan lou deforo*, les hommes font le travail des champs. *Ana deforo*, s'absenter, aller en voyage. *Deforo Franço*, hors de la France. *Deforo!* interj. : Hors d'ici ! Sortez. *De per deforo*, *adv.*, du dehors.

Dér. du lat. *Foras*, m. sign.

Dégas, s m. Dégât ; ravage ; ruine ; perte ; destruction.

Dér. du lat. *Devastare*, dévaster.

On remarquera ici une de ces permutations assez fréquentes dans le lang. et que la moyenne latinité et le roman avaient déjà consacrées, le changement de V en G, comme dans *Vasco*, *Gascoun*, gascon ; *Vardo*, *Gardoù*, Gardon. La loi n'est pas sans exception, puisque les exceptions confirment la règle au contraire. L'euphonie en a décidé ici comme en beaucoup d'autres cas.

Dégatïa (Sé), *v*. Se disputer une chose ; n'être jamais d'accord ; vivre en mauvaise intelligence avec quelqu'un qui est dans notre intimité ; se quereller.

Ce mot, qui correspond à *Sé capigna*, n'aurait-il pas aussi quelque rapport étymologique avec lui ? Dans quelques dialectes, *Ca* et *Ga* sont synonymes pour signifier chat : *Se dégata* viendrait donc de la façon de vivre des chats, qui s'agacent et s'égratignent, comme le fait entendre notre verbe.

Dégavaïa, v. Détruire ; gâter ; laisser perdre par sa faute ; dissiper sa fortune.

Dér. de *Dégas*.

Dégavaïaïre, aïro, *adj*. Dissipateur ; prodigue ; dépensier ; en parlant d'une femme, mauvaise ménagère.

Déglési (Sé), *v.* Se disjoindre; s'entr'ouvrir; bâiller; se dit des futailles. cuves ou vaisseaux en bois, dont les douves, après qu'elles sont restées quelque temps vides, se déjoignent et bâillent par la sécheresse, et que, pour être employées de nouveau, on a besoin d'imbiber, *Embuga*. — *Déglési quaouquus*, c'est ce qu'on appelle, en argot, démolir un homme.

Déglési, *ido*, part. pass, au fig. défait, exténué par le besoin ou la maladie *(Voy. Adeli)*; rompu des coups que l'on s'est donnés ou que l'on a reçus.

Formé du lat. *Glis*, glaise, parce qu'on enduisait autrefois de terre glaise les futailles pour les empêcher de couler et de suinter; et de la part. privative *De*.

Dégoù, *s. m.* Dim. *Dégouté*. Goutte; gouttelette; suintement de l'eau pluviale à travers les rochers, ou du vin à travers les douves d'une futaille; eau des toits qui tombe goutte à goutte. — *Voy. Te*.

Dér. du lat. *Gutta*, m. sign.

Dégoubia, *v*. Dégobiller, vomir.
Emp. au fr.

Dégouïado, *adj. f.* Grasse; réjouie; un peu hardie, un peu débraillée et assez lurée.

Dér. du vieux mot *Gouio*, jeune fille, féminin de *Gouia*, dont on a formé *Goujar*, c'est-à-dire qui a perdu la timidité et la pudeur du premier âge.

Dégourdi, *v*. Dégourdir; tirer de l'engourdissement; réveiller; raviver; rendre tiède. — *Faire dégourdi l'aigo*, faire légèrement chauffer l'eau, la dégourdir. *Dégourdis tas cambos*, donne de l'exercice à tes jambes. *Couménço bé dé se dégourdi*, il commence à prendre de l'usage, à se faire aux habitudes sociales, à prendre de le ruse, de la finesse; il se dégourdit.

Dégourdi, *dido*, adj. et part. pass., éveillé; rusé; luron.
Formé de la part. privative *De* et de la bass. lat *Gurdus*, lourd, stupide.

Dégoùs, *s. m.* — *Voy. Désgoùs*, qui est plus technique.

Dégousta, *v*. — *Voy. Desgousta*.

Dégouta, *v*. Dégoutter; couler goutte à goutte. — *Se noun plòou degouto*, prvb., s'il ne pleut pas, il bruine; dicton dont on se sert pour dire qu'on gagne toujours quelque chose ou qu'il vient toujours quelque chose, si peu que ce soit, du travail ou de la patience qui sait attendre l'ondée et se contente de la plus légère pluie.

Le sens même s'étend un peu plus ou exprime encore autre chose :

Le pêcheur qui remplit peu sa gibecière, mais qui peut dire de temps en temps comme Sancho : pêche toujours qui en prend un ;

Le marchand que quelques pratiques restées fidèles consolent de la vogue de ses concurrents;

Le dévot à la loterie qui vivote d'extraits et ne dépasse jamais l'ambe ;

L'agriculteur à qui la grêle a laissé une demi-récolte quand il la croyait perdue tout entière ;

Le collégien qui rate de nouveau le prix d'excellence et va chercher son troisième accessit ;

L'avocat des petites causes qui pelote en attendant partie ;

Le poursuivant du gros lot ou du lingot d'or dont le numéro gagne quelques couverts Ruolz ;

Le modeste employé qui touche son mois de cent francs immédiatement après son chef de bureau qui vient d'émarger le sien de mille ;

Tous ceux enfin à qui échoit une chance au-dessous de leurs prétentions sans doute, mais passable encore, peuvent dire : *Sé noun plòou degouto*, qui est le mot de satisfaction ou de résignation du gagne-petit en tout genre.

Formé de *De* et du lat. *Gutta*.

Déguisa (Sé), *v*. Se masquer; prendre un déguisement au carnaval; se travestir.

Formé de *De* privatif, et *Guiso*, manière.

Dégus, *s.* pron. et *adj*. — *Voy. Dengus*.

Deïma, *v*. Lever la dîme. — On le dit ironiquement d'un grapilleur qui lève en pillant un grave impôt sur les récoltes.

Deïmaje, *s. m.* Collecte de la dîme; temps où elle se levait; la viguerie ou le territoire sur lequel le bénéficiaire avait droit de l'exercer.

Dèime, *s. m.* Dîme : droit qu'avaient autrefois les hauts bénéficiers du clergé sur certaines récoltes dans toute l'étendue de leur bénéfice ou de leur dîmerie. Ce droit était quelquefois du dixième de la récolte brute, sans prélèvement des frais de culture; d'autres fois, et le plus souvent, il était du quinzième et même du vingtième. La levée ou collecte s'en faisait à l'époque même de chaque récolte et en nature. Ordinairement ce droit affermé était un fermier, qui l'exerçait toujours avec sévérité, souvent avec extorsion, comme certains fermiers des octrois actuels; tandis que lorsque ce droit était exercé par les agents directs du bénéficier, il l'était plus paternellement. Du reste, il est aisé de voir combien il était facile d'éluder la rigueur d'un pareil exercice et d'y soustraire une partie de la récolte. Le lien moral et religieux était la plus sure et à peu près la seule garantie du titulaire : à la vérité l'Église avait mis l'obligation de payer dans ses commandements, et dans ces temps de foi, cela suffisait.

Dér. du lat. *Decima*, sous-entendu *Pars*.

Deïmiè, *s. m.* Collecteur ou fermier de la dîme.

Déjouqua, *v*. Déjucher; dénicher; faire dégringoler; déloger; dégoter. — *Voy. Jouqua*.

Déjuna, *v*. Déjeuner; rompre le jeûne. — Pour les cultivateurs, le déjeuner est le second repas de la journée; le premier, qui suit immédiatement le lever et précède tous les travaux, s'appelle *Taio-verme* (*Voy.* c. m.). Dans l'hiver et l'automne où l'on supprime un repas, c'est le déjeuner qui est élagué. Le repas qui suit le *Taio-vèrme*, et qui se prend sur les neuf heures du matin, se nomme *Lou dina*.

Dér. du lat. *Jejunium*, jeûne.

Déléouse, *n. pr.* d'homme. Au fém. *Deléouso* ou *Deleouvesso*; dim. *Deleouse*. *Deleouseto*; traduit aujourd'hui par *Deleuze*. — Dans les vieux actes écrits en lat. on le rendait par *de illice*, de l'yeuse, du chêne vert. On voit évidemment que le mot lang. est tout à fait la traduction littérale du nom latin, et que ce mot a pris naissance dans le terroir de notre idiome. Le français a été embarrassé pour ce nom comme pour beaucoup d'autres; il n'a pas voulu remonter à l'étymologie qui l'aurait conduit à *de l'yeuse*, de peur de n'être pas compris; d'autre part, il ne pouvait imposer à son génie la diphthongue *eou* qui ne lui va pas; il en a fait tout bonnement le barbarisme Deleuse, qui ne répond à rien, mais qui a le mérite de s'éloigner le moins possible de l'idiome originaire, tout en conservant la consonnance française.

Déli, *s. m.* Joint d'un lit de pierres; la fissure qui sépare une assise de rocher de celle qui lui est superposée et par où on peut détacher celle-ci par le moyen d'un levier.

Dér. de *Deslia*.

Délia, ado, *adj* Délié; adroit; subtil.

Déliado, *s. f.* Même sign. que *Deli*. — *Es pas que dé deliado*, ce terrain n'est composé que de couches de pierres superposées qui peuvent facilement se disjoindre.

Délibéra, ado, *alj*. Décidé; hardi; sans timidité.

Délinqua, *v.* Fuir; vider le plancher; s'esquiver; manquer à l'appel. — Se dit surtout de quelqu'un qui s'est sauvé préventivement à toute recherche de sa personne pour l'arrêter ou le châtier.

Dér. du lat. *Delinquere*, faire une faute, manquer; abandonner; quitter; fuir.

Délivranço, *s. f.* Délivrance; débarras. — *Belo delivranço!* dit-on, lorsqu'on est débarrassé d'un fâcheux, d'un importun, ou de quelqu'un qui est à charge, soit par sa mort, soit par son départ

Dér. du lat. *Liberare*, m. sign

Déluje, *s. m.* Déluge; le déluge universel; grande pluie d'inondation.

Dér. du lat. *Diluvium*.

Délura, ado, *adj*. Luron; subtil. — Se dit particulièrement, au fém., d'une femme qui a de la finesse et certaine hardiesse qui lui donne la conscience de son savoir faire; tandis que, au masc., *Lura* ne signifie guère autre chose que rusé, matois.

Déman, *adv.* de temps. Demain, le jour qui suit immédiatement celui où l'on est. — *Après-déman* ou *passa-déman*, après-demain. *Déman matì*, demain matin. *Déman dou souèr*, demain soir.

Dér. de la bass. lat. *De mane* pour *Manè*.

Démanda, *v.* Demander; questionner; s'enquérir; exiger. — *Qudou démando?* Qui frappe à la porte? *Démanda quant'houro és*, s'informer de l'heure. *Aquò démando dé coïre*, cela exige d'être bien cuit. *Démanda soun pan*, ou simplement *Demanda*, mendier. *Qué mé déou mé démando*, celui qui me doit me demande paiement : phrase prvb. qu'on emploie contre quelqu'un qui nous fait un reproche qu'il mérite plus que nous

Der. du lat. *Mandare*, donner ordre, commission. Dans la bass. lat. ce verbe et son composé *Demandare* signifiaient aussi demander.

Démandaïré, aïro, *a lj*. Questionneur; quémandeur; solliciteur; mendiant; qui aime à emprunter.

Démando, *s. f.* Demande; question; interrogation; demande en mariage. — *Ma fio a foço demandos*, ma fille a beaucoup d'aspirants à sa main. *Faire uno démando*, commissionner un achat de marchandise; déclarer le prix qu'on demande d'une chose. *La sedo a foço démandos aquéste moumen*, la soie est fort recherchée en ce moment; on a reçu force commissions d'achat.

Déména (Sé), *v.* Se débattre; s'agiter; se démener, comme fait quelqu'un que l'on conduit par force; résister à la force qui vous emmène. — *Sé déméno coumo lou diable dinc un benitié*, il se démène comme le diable dans un bénitier.

Formé de la particule oppositive *De* et du v. *Ména*.

Déménésconte, *adj*. — *Voy. Menésconte*.

Dé miè, dé miéjo, *adj*. A demi-plein, à moitié. — *Ès toujour pléno ou dé mirjo*, cette femme est toujours enceinte, elle n'accouche que pour recommencer.

L'adj. *Miè* a la même acception. La différence entre ces deux mots, c'est que le dernier précède le substantif auquel il s'accorde, tandis que *De miè* le suit : on dit *Un miè veire*, un demi-verre, et *Moun veire és de miè*, mon verre est à moitié ou mi-plein. Une autre différence entr'eux, c'est que *Miè* a une acception plus large et signifie demi dans presque tous les cas; tandis que *Démiè* n'est employé que pour les objets de capacité et se renferme dans le sens de demi-plein.

Dér. du lat. *Dimidius*, moitié.

Démoun, *s. m.* Dim. *Demouné* ou *Démounò*. Démon. — Ne se dit qu'en poésie ou dans le genre grave, sérieux, philosophique : le lang. alors appelle le diable *lou démoun;* mais le mot est fort usité au fig. — *Aquél efan és un démoun*, cet enfant est un vrai démon.

Dér. du gr. Δαίμων, génie, intelligence.

Démounta, *v.* — *Voy. Désmounta* : meilleur.

Démoura, *v.* Demeurer; habiter, loger; rester; rester tranquille. — *Démoro à Nime*, il habite Nimes. *Démoro dou Mérca*, il est logé au Marché. *Mounté as tant démoura?* Où es-tu tant resté? *As hé démoura*, tu as bien tardé. *Sé vos pas vèni, démoro*, si ne veux pas venir, reste. *Démouras, finissez donc, restez en repos. *Aquel efan démoro èmbé qudouque siéguo*, cet enfant s'habitue avec tout le monde, il se laisse garder par le premier venu. *Manjaras d'aquò ou démouraras*, tu mangeras de cela ou tu jeûneras.

Dér. du lat. *Morari*, tarder; attendre; mettre de la lenteur.

Dempièi, ou **Désémpièi**, *adv. et conj*. Depuis; depuis ce temps-là; depuis que. — *Ès maldoute dempièi lous magnas*, il est malade depuis la saison des vers à soie. *Démpièi qu'anère à la fièvro*, depuis que je suis allé à la foire. *Marche dempièï Nîmes*, j'ai marché de Nîmes jusqu'ici. *Dempièï Anduso jusqu'à Sén-Christòou a pas fa qué plôoure*, il n'a pas cessé de pleuvoir d'Anduze à Saint-Christol.

La différence entre *Dempièi* et *Desémpièi*, qui pourtant a la même portée, c'est que le premier ne se place jamais à la fin d'une phrase ou d'un membre de phrase, position qui convient parfaitement au second : cela tient sans doute à quelque délicatesse d'acoustique difficile à saisir. On dit : *Y-anère l'an passa, y sou pas tourna desempièr*, et non pas *dempièi*; j'y fus l'an dernier, je n'y suis pas retourné depuis.

Dér. de la bass. lat. *De post*, m. sign., tiré du lat. classique avec la prépos.

Dén, *s. f.* Dim. *Déntéto, Déntioù*; péjor. *Déntasso*. Dent, chacun des petits os recouverts d'émail, implantés dans la mâchoire, servant à mâcher. — *Faï dé dens*, les dents lui poussent, lui percent. *Gn'a pas per ma pichoto dén*, il n'y en aurait pas là pour mon déjeuner, pour une dent creuse; ce travail est une bagatelle pour moi; ou bien : cet ennemi est trop faible pour moi; je l'avalerais d'une bouchée. *Mdou dé den*, mal aux dents. *Soubréden*, surdent (Voy. c. m.). *Dounèn un for co de den*, nous fîmes grande chère. *Y-a un co de den à douna*, il y a un régal à faire. *Faï cruci sas dens*, il grince des dents. *Garda uno dén*, garder rancune. *Aï! de ma den!* Aïe! ma dent! expression qui s'emploie également comme un cri de douleur, dans une rage de dents, ou comme exclamation de crainte, de pitié, de compatissance. *Ah! povero!*

Den, *s. f.*, signifie aussi une pointe de rocher, un chicot, qui s'élève à fleur de terre.

Dér. du lat. *Dens*, m. sign.

Déngus, ou **Dégus**, ou **Dingus**, *pron. indéfini, masc.* Personne. Quoique ce mot ne s'applique qu'à une phrase négative, il n'entraîne pas la négation avec lui et il faut toujours l'y joindre. — *Y-a pas dengus*, il n'y a personne. *Dengus dousara pas* ou *noun dousara*, personne n'osera.

En espag. *Dalguno*, aucun ou d'aucun, qui vient lui-même du lat. *Aliquis unus*, quelqu'un.

Déntado, *s. f.* Coup de dent, morsure; empreinte que laisse la dent sur le corps qu'elle a mordu.

Déntàou, *s. m.* Sep d'un araire : c'est une langue en bois, terminée en pointe, sur laquelle est établi le soc aux deux tiers de sa longueur, et à laquelle il est fixé par le moyen des *Téndios*. — Voy. c. m.

Déougu. gudo, *part. pass.* de *Déoure*. Dù. due.

Déoure, *v.* Devoir, avoir des dettes; être redevable; être obligé. — *Coumo se deou*, comme il faut. Dans les temps où le préjugé de la naissance était dans toute sa vigueur, on appelait les nobles les gens comme il faut; le lang. disait : *Dé mounde coumo se deou*, c'est comme si l'on disait : des gens comme il les faut, comme ils devraient être tous. Cette phrase beaucoup trop exclusive, est encore employée par les gens riches entr'eux en parlant de leurs consorts. *Y-aï parla coumo se déou*, je l'ai tancé d'importance. *Quàou mé déou mé demando*, qui est mon débiteur me demande de le payer. *Jouga à deoure*, jouer sur parole.

Dér. du lat. *Debere*, m. sign.

Déoute, *s. m.* Dette; ce que l'on doit; créance, ce qui est du. — *Un michan déoute*, une créance véreuse. *Tout és dé sous déoutes*, ses dettes absorbent son avoir; son bien appartient tout entier à ses créanciers. *Ès manja das deoutes*, il est criblé de dettes; il est dévoré par ses dettes. *Dourmi coumo un vièl déoute*, dormir comme une marmotte : traduction par équivalent.

Dér. du lat. *Debitum*, m. sign.

Dépâousa, *v.* Déposer, témoigner en justice; faire une déposition en justice. — Dans le sens de dépôt, *Dépâousa* serait du pur *franchiman*.

Dér. du lat. *Deponere*.

Dépâousiciou, *s. f.* Témoignage, déposition en justice.

Départamén, *s. m.* Département, division territoriale.

Emp. au fr.

Dé-pér-él, *adv.* De lui-même; de son propre mouvement; volontairement; par ses seules forces; sans l'aide d'autrui. — *Aquél àoubre és vengu dé-pér-él*, cet arbre a poussé naturellement, sans avoir été planté ni semé. *Ou a fa dépér-él*, il l'a fait de lui-même, il n'a été ni poussé, ni aidé.

Dé-pér-én-crèire, *adv.* Pour plaisanter, pour rire; pas tout de bon; par jeu. — Voy. *Crerre*.

Dé-pér-énsin, *adv.* Ainsi; en conséquence; par conséquent; comme ainsi soit.

Députa, *s. m.* Député; membre de la Chambre des députés.

Emp. au fr.

Dé-qué, *s. m. et pron. interr.* Le nécessaire; de quoi vivre; que? quoi? à quoi? de quoi? qu'est-ce que? — *Lou de-que*, le nécessaire. *Y manquo pas qué lou de-qué*, il ne lui manque que l'argent nécessaire. *A bièn de-que*, il est fort dans l'aisance. *De-qué voulès?* Que voulez-vous? *De-que pensas?* A quoi pensez-vous? *Dé-que sé mèlo moun ca?* De quoi veut se mêler le petit chat? phrase prvb., fort usitée lorsqu'une personne faible ou peu capable veut se mêler à un acte, à une conversation, au-dessus de sa portée. *Sa pas de-qué dis*, il ne sait ce qu'il dit. *Sàoupéguè pas dé-qué dire*, il fut interdit, il ne sut que répondre. *Sabe pas dé-que mé tèn*, je ne sais ce qui me retient de... *Déque sèn quan sèn mors*, ce que c'est que de nous, quand nous sommes morts. *Dé-qué?* Qu'est-ce que c'est? De quoi s'agit-il?

Dé qué-z-és qué-z-és? Qu'est-ce? Qu'est-ce que c'est? Phrase faite, formule générale dont on fait précéder l'exposition d'une énigme. On sent que le *Z* qui reparait deux fois dans la contexture de cette phrase, n'est qu'explétif et seulement dans l'intérêt de l'euphonie; le heurtement redoublé des quatre *e* qu'il sépare ne serait pas supportable. — Si *de qué-z-és qué-z-és* est l'entête obligé de toutes les énigmes et charades que les sphinx villageois proposent à la veillée, la terminaison, le refrain ordinaire en est : *Devignas-ou sans pensa mdou*, cherchez, devinez sans songer à mal. C'est qu'en effet, si le mot de l'énigme est d'habitude très-innocent, la définition dont il est couvert est, autant que faire se peut, à double sens et tourne peu ou prou à la gaudriole, fort leste souvent. De là l'usage de la précaution oratoire, avertissement assez charitable du reste pour vous faire parfois songer à une malice qui sans cela vous aurait échappé.

Déraba, *v.* Arracher; extraire; détacher avec force; déraciner. — *On po pas ne res deraba*, on n'en peut rien tirer, pas une parole de sa bouche. *Déraba-ne ce que poures*, tirez-en denier ou maille. *Aquel vièl es pas de bon déraba*, ce vieil avare est dur à la desserre. *Deraba uno dén*, arracher, extraire une dent. *Deraba un agacì*, extirper un cor. *Déraba un doubre*, arracher, déraciner un arbre.

Dér. du lat. *Deripere*, m. sign.

Dérabado, *s. f.* Arrachis; quantité de choses que l'on arrache en une seule séance.

Dérabaïre, airo, *adj.* Qui arrache. — *Dérabaïre dé déns*, dentiste; arracheur de dents. *Y-vai adéré coumo un dérabaïre d'èsses*, il ramasse tout minutieusement comme un homme qui cueille de la vesce; parce que ce grain est très-menu et qu'on n'en fauche pas la tige; mais on l'arrache à la main, ce qui est un travail minutieux.

Dérbèse, *s. m.* Dartre, maladie de la peau, souvent avec ulcération. — *Voy. Endèrvi*.

Dér. du gr. Δέρμα, peau, cuir, épiderme.

Dérénja, *v.* Déranger; interrompre; importuner. — *Estre dérenja*, être incommodé, avoir la santé dérangée.

Dér. de *Rénja* et la part. privative.

Dérévéia, *v.* Éveiller; réveiller. — *Sé dérévéia*, s'éveiller, se réveiller.

Dér. du lat. *Vigilia*, veille, et le réduplicatif *Re*, de nouveau.

Dérusqua, *v.* Ôter l'écorce des arbres, principalement des chênes verts pour en faire du tan. Au fig. éreinter; frapper sur quelqu'un à lui enlever au moins l'épiderme. — *Se dérusqua*, se déchirer; s'écorcher; se meurtrir en tombant; s'éreinter l'un l'autre.

Dér. de *Rusquo*.

Dérusquado, *s. f.* Volée de coups de bâton, de bois-vert; éreintement.

Désacrouqua, *v.* Décrocher. — *Voy. Acrouqua*.

Désagréable, ablo, *adj.* Désagréable; fâcheux; ennuyeux. — *Voy. Agréable*.

Désaméchi, *v.* Débrouiller les cheveux qui sont mêlés en mèches poisseuses. — *Voy. Améchi*.

Désana, ado, *adj.* Défait; pâle, exténué, en parlant des personnes; usé, élimé, hors de service, en parlant des choses.

Formé de *Ana*, pris substantivement pour allure, habitude du corps, et de la part. privative *De*.

Désanqua, ado, *alj.* Déhanché, qui a la hanche déboîtée.

Dér. de *Anquo*.

Désàoubéi, *v.* Désobéir; ne pas obéir à un commandement, à un ordre; contrevenir à une loi.

Dér. de *Aoubei*.

Désàoubéissèn, énto, *adj.* Désobéissant; qui a l'habitude de désobéir.

Désàoubéissénço, *s. f.* Désobéissance; habitude, action de désobéir.

Désaparia, *v.* Dépareiller; séparer des objets qui sont faits pour aller ensemble; désappareiller.

Dér. du lat. *Disparare*, m. sign.

Désapésa, *v.* Faire perdre pied. — *Voy. Apésa*.

Désarma, *v.* Désarmer, enlever à quelqu'un ses armes; déposer les armes; mettre au repos la batterie d'un fusil, d'un pistolet. — *Voy. Arma*.

Désarta, *v.* Déserter; abandonner son corps, son service, en parlant d'un soldat; abandonner un lieu.

Dér. du lat. *Deserere*, m. sign.

Désartur, *s. m.* Déserteur; soldat qui déserte ou qui a déserté.

Désassésouna, *v.* Dessaisonner un champ, une terre; l'épuiser : ce qui vient d'un labour fait mal à propos et hors de saison, ou du dérangement de l'ordre des assolements. Les champs ainsi dessaisonnés perdent la semence et ne produisent souvent que de mauvaises herbes.

Dér. de *Sésou*.

Désatala, *v.* Dételer; détacher les bêtes de trait d'une voiture, d'une charrette, d'une charrue, d'un char. — *Voy. Atala*.

Désavantaja (Sé), *v.* Perdre l'équilibre du corps; perdre l'avantage de la position qu'on occupait : c'est ce qui arrive quand on est en équilibre sur un arbre, sur une hauteur quelconque et qu'un faux mouvement vous fait perdre l'aplomb.

Dér. de *Avantaje*.

Désbadàoula, *v.* Ouvrir une porte à deux battants. — *Sé désbadàoula*, se crevasser; bâiller; s'entr'ouvrir comme une figue que la pluie fait ouvrir.

Dér. de *Badal*.

Désbala, *v.* Déballer; ôter, défaire l'emballage; étaler sa marchandise. — *Se désbala*, se précipiter. *Désbala un fusil*, tirer la balle d'un fusil.

Dér. de *Balo*, ballot, dans le premier sens; dans le second, de la bass. lat. *Devallare*, descendre, formé de *ad vallem*, vers le bas, vers la vallée; dans le troisième, de *Balo*, balle de plomb, et *De* privatif.

Désbana, *v.* Couper ou arracher les cornes.

Dér. de *Bano*.

Désbanado, *s. f.* Petite hache à main : terme du dialecte de Montpellier qui s'étend dans les localités occidentales des Cévennes. On appelle ainsi cet instrument parce que c'est une hache sans tête ni marteau.

Désbarba, v. Arracher la barbe à quelqu'un, lui arracher la moustache ; le dévisager.

Désbarqua, v. Débarquer ; arriver au gîte ; sortir de voiture quand on est arrivé.

Désbata, v. Dessoler ; enlever la sole à un cheval. — *Sé désbata,* presser sa marche ; courir à toutes jambes ; s'essouffler et se fatiguer à marcher.
Dér. de *Bato.*

Désbéroüia, v. Déverrouiller ; tirer le verrou, l'enlever. — *La porto és désbérouado,* on a ôté le verrou de la porte, ou elle a perdu son verrou.
Dér. de *Béroul.*

Désbïa, v. Dégarrotter une balle ou une charge de mulet, de charrette ; défaire le garrot qui la serrait.
Dér. de *Bïo.*

Désbiaïssa, ado, adj. Gauche ; maladroit ; sans tournure ; sans maintien.
Dér. de *Biaï.*

Désblasa, v. Oter la bave des cocons, l'espèce de bourre blanche appelée *Blaso (Voy.* c. m.) qu'on enlève avant de les filer, parce qu'elle ne ferait qu'augmenter le déchet des premiers fils grossiers dont on purge les cocons avant d'arriver au brin pur de la soie. C'est le résidu de cette opération qu'on appelle *Costos.* — *Voy.* c. m.

Désblasaïro, s. f. Ouvrière, fille ou femme, employée à l'opération ci-dessus.

Désblétouna, v. Enlever le clou rivé d'un couteau. — *Coutèl désblétouna,* couteau qui a perdu son clou rivé.
Dér. de *Blétoù.*

Désblouqua, v. Déboucler ; dégraffer ; ôter la boucle ou les boucles d'une ceinture ou de courroies.
Dér. de *Blouquo.*

Désbouchina, ado, adj. Échevelé ; qui a les cheveux épars et en désordre.
Dér. de *Bou, Boucho,* bouc et chèvre, qui servent de terme de comparaison à tout ce qui est sale et en désordre.

Désbounda, v. Débonder ou débondonner : ôter la bonde d'une cuve, d'un tonneau. — *Lou tinaou s'és désbounda,* la cuve a fait partir sa bonde.
Au fig. *Sé désbounda,* se débonder ; lâcher l'écluse à sa colère, à ses secrets chagrins ; se dégonfler ; exhaler son chagrin par les larmes et la confidence entière de ses infortunes.
Dér. de *Boundoù.*

Désboutouna, v. Déboutonner, faire sortir les boutons de leurs boutonnières. — *Sé désboutouna,* au fig. se déboutonner ; faire part de ses sentiments, de ses secrets ; se livrer avec confiance.
Dér. de *Boutoù.*

Désbraïa, v. Oter la culotte à quelqu'un. — *Se désbraïa,* se déculotter, se dévêtir ; aller à la selle. *Es tout désbraïa,* il est tout débraillé ; salement ou indécemment vêtu ; mal ajusté.
Dér. de *Braïo.*

Désbrida, v. Débrider ; ôter la bride à un cheval, à un animal.
Dér. de *Brido.*

Désbroussa, v. Enlever, extirper les bruyères, qu'on nomme *Broussos.* Dans les châtaigneraies, les arbres souffrent beaucoup de la présence de ces arbustes, qui y croissent en abondance.

Désbura, v. Écrémer le lait, en enlever la crème ou le beurre.
Dér. de *Bure.*

Déscabéstra, ado, adj. Délicoté ; qui a perdu son licou, qui a rompu sa chaîne ; au fig. évaporé ; violent ; sans frein, comme un cheval échappé.
Dér. de *Cabéstre.*

Déscadâoula, v. Hausser le loquet ; ouvrir une porte à loquet.
Dér. de *Caddoulo.*

Déscadéna, v. Déchaîner ; délier la chaîne ; rendre la liberté.
Dér. de *Cadéno.*

Déscagnouta, v. Décoiffer une femme, une fille ; lui enlever sa coiffe. — *Voy. Descouïfa.*
Dér. de *Cagnoto.*

Déscaï, s. m. Déchet, diminution qu'éprouve une marchandise ou une denrée, soit par la manipulation, soit par avarie, soit par la dessiccation.

Déscaïssa, v. Éprouver du déchet ; diminuer de volume. Opposé de *Caïssa,* qui signifie taller, multiplier.

Déscalada, v. Dépaver, enlever les pavés d'une rue. — Au fig. manger gloutonnement, avec un vorace appétit. — On dit : *Manjo qué déscalado,* ou simplement *déscalado,* en parlant de quelqu'un qui dévore, d'un goinfre.
Dér. de *Calado.*

Déscaladaïre, s. m. Dépaveur, qui n'est pas très-français mais qui passa dans la langue politique après les journées de 1830, comme synonyme de révolutionnaire.

Déscambaïa, v. Oter les jarretières à quelqu'un. — *Es déscambaïa,* les jarretières lui manquent ou elles sont tombées.
Dér. de *Cambaïé.*

Déscambarloù ou **Déscambarloùs,** adv. A califourchon, à cheval sur quelque chose.
Dér. de *Escambarla.*

Déscampa, v. Décamper ; prendre la fuite ; s'en aller précipitamment.
Dér. du lat. *Campus,* champ.

Déscampéto, s. f. Ne s'emploie que de la manière suivante : *Préne la déscampéto,* ou *préne dé poudro dé déscampéto,* s'enfuir ; prendre la poudre d'escampette ; prendre la clé des champs.

Déscandalisa, v. Scandaliser ; couvrir quelqu'un de honte, le faire rougir.
Dér. du lat. *Scandalum,* scandale.

Déscâou, âousso, adj. Déchaux, déchaussé ; qui n'a

pas de chaussure; qui a ou marche les pieds nus. — *Marcha déscâou*, aller nu-pieds. *Es tout descâou*, il n'a pas de quoi acheter des souliers. *Un pè-descâou*, un va-nu-pieds, un vagabond. *Es fach emb'aquò coumo un chi d'ana descâou*, il est habitué à cela comme un chien à aller nu-tête.
Dér. de *Câoussa*.

Déscâouquïa, *v.* Dévaliser; mettre quelqu'un à sec, en lui gagnant au jeu tout son argent.
Der. de *Câouquio*.

Déscâoussa, *v.* Déchausser; ôter la chaussure. — *Ou farai be sans mé déscâoussa*, je le ferai, et sans grande peine. *Li parlarai be amai mé déscâoussarai pas*, je lui parlerai sans mettre des gants, sans prendre de grandes précautions de politesse.
On dit aussi : *Descâoussa un âoubre*, ôter la terre au pied d'un arbre à une certaine profondeur pour lui enlever les fils ou radicules et lui donner du fumier plus profondément.
Dér. de *Câousso*.

Déscarèma (Sé), *v.* Manger de la viande après le carème, ou même pendant les jours maigres; rompre l'abstinence ou le jeune; par ext. faire une chose dont on est privé depuis longtemps.
Dér. de *Carémo*.

Déscarga, *v.* Décharger; ôter un fardeau, enlever une charge; absoudre, acquitter. — *Mé sou fa déscarga*, j'ai obtenu un dégrèvement d'impôt. *Déscarga lou planchè*, vider la place, se retirer.

Déscargo, *s. f.* Décharge, quittance; soulagement; décharge d'armes à feu. — *Bèlo descargo*, heureuse délivrance, dit-on quand on se débarrasse d'un fâcheux. *Temouèn à descargo*, témoin à décharge.
Dér. de *Cargo*.

Déscarna, *v.* Décharner; ôter la chair qui est autour des os. — *Un âoubre déscarna*, un arbre que les pluies ont déchaussé et qui montre ses racines. *Un déscarna*, un homme qui n'a que la peau et les os.
Dér. de *Car*.

Déscassana, *v.* Découdre, arracher la ceinture d'une culotte ou d'une jupe.
Dér. de *Cassano*.

Déscastra, *v.* Chasser; détruire; extirper. — *Déscastra lous pesouls, lous ras, las michantos hèrbos*, détruire complètement les poux ou les rats, extirper les mauvaises herbes. *Pode pas mé déscastra d'aquél home*, je ne puis me débarrasser de cet importun.
Dér. du lat. *Castrum*.

Déscata, *v.* Découvrir; ôter la couverture d'un lit; enlever tout ce qui sert de couvert et d'abri. — *Sé déscata*, perdre la couverture de son lit, la faire tomber en s'agitant; se découvrir.
Dér. de *Acata*.

Déscatalana, *adj. m.* Ne s'emploie guère que pour : *Capèl déscatalana*, chapeau rabattu, dont les bords ne sont pas agrafés ou relevés; et cela ne peut s'entendre que des diverses formes de tricornes, comme en portaient tous les hommes des champs, il y a quelques cinquante ans. Cette mode des tricornes retroussés nous venait probablement des Catalans. Autrefois on appelait ces chapeaux : *Capèl catalana*, chapeau à la catalane. Le mot se perdit : on les appela plus tard : *capèl gansa*. L'expression *déscatalana* seule est restée. On désignait aussi sous le nom de *catalanos*, les agrafes qui soutenaient les troussis.

Déscato, *s. f.* Tranchée qu'on ouvre pour mettre à nu un rocher, un lit de carrière.
Dér. de *Descata*.

Déscavïa, *v.* Enlever les chevilles. — *Déscavïa un iè*, ôter les clés d'un lit.
Dér. de *Cavio*.

Descindra, *v.* Décintrer; enlever le cintre ou la charpente qui soutient une voûte nouvellement construite.
Dér. de *Cindre*.

Désclava, *v.* Ouvrir avec la clé; détacher; ouvrir.
Dér. de *Clâou*.

Désclavéla, *v.* Déclouer; arracher les clous; détacher une chose clouée.
Dér. de *Clavéla*.

Déscoucouna, *v.* Déramer les cocons, les détacher de la bruyère, opération qu'on doit faire quatre jours au moins après la montée des derniers vers, et quinze jours au plus depuis que les premiers sont montés. Dans le premier cas, en se pressant trop, on risquerait d'arrêter le travail des retardataires, qui mourraient avant d'être transformés en nymphes et resteraient sous leur forme première qui les a fait nommer *Doumeisèlos*; dans le second cas, les vers les plus précoces pourraient s'être transformés en papillons, *parpaiouna*, et avoir percé leur cocon, ce qui est une complète avarie pour ce dernier.
Dér. de *Coucoù*.

Déscoucounaïro, *s. f.* Déraméuse de cocons : ce travail est fait ordinairement par des femmes.

Déscoucounaje, *s. m.* Action de déramer les cocons.

Déscoufès, èsso, *adj.* Sans confession. — *Mouri déscoufès*, mourir sans confession. Autrefois cela signifiait : *mourir ab intestat*, c'est-à-dire sans avoir eu le temps de faire des legs pieux, ce qui était considéré comme un péché. Aujourd'hui cette acception est sans portée, et la phrase n'est connue que sous la première acception.

Déscoufla, *v.* Désenfler; dégonfler. — *Sé déscoufla*, se dégonfler, décharger son cœur d'un poids moral qui l'oppresse, soit en s'ouvrant à un ami, à un confident, soit en s'exhalant en pleurs ou en reproches.
Dér. de *Coufla*.

Déscougnéta, *v.* Enlever ou perdre la cheville ou le petit coin de fer qui assujettit un outil à son manche.
Dér. de *Cougnéta*.

Déscouïfa, *v.* Décoiffer; ôter la coiffe d'une femme; déranger sa coiffure. — *Voy. Déscagnouta*.

Dér. de *Coïfo*.

Déscoula, *v.* Décoller; détacher ce qui était fixé avec de la colle.

Dér. de *Coula*, coller.

Déscouléta, *v.* Décolleter; rabattre le col de son habit, de sa chemise. — *Aquélo rdoubo déscouléto trò*, cette robe est trop décolletée, elle découvre trop les épaules ou la poitrine. Au fig. donner de l'air, de la liberté.

Dér. de *Coulé*.

Déscoumanda, *v.* Contremander; retirer une commission ou une commande; décrocher, dénouer un lien quelconque dont l'extrémité est arrêtée. Par ext. on dit : *sé déscoumanda*, de tout objet qui de lui-même se dénoue, se désunit, ou se déplace de la position où il était fixé. Ainsi : *Aquél ro sé descoumando*, ce rocher perd son équilibre, il se détache.

Sé déscoumanda signifie encore : perdre l'aplomb, la tramontane; ne savoir plus ce qu'on fait.

Dér. de *Coumanda*.

Déscounsoula, ado, *adj.* Inconsolable; affligé; désolé.

Dér. de *Counsoula*.

Déscountugna, *v.* Discontinuer; cesser; suspendre un travail, une entreprise.

Dér. de *Countugna*.

Déscouraja, *v.* Décourager; détourner de faire; abattre le courage; faire perdre l'envie de...

Dér. de *Couraje*.

Déscourda, *v.* Décorder, enlever les cordes d'emballage.

Dér. de *Courda*.

Déscourdéla, *v.* Délacer un corset.

Dér. de *Courdèlo*.

Déscourdura, *v.* Découdre; défaire une couture.

Dér. de *Courdura*.

Déscourduraduro, *s. f.* Décousure, qui ne doit pas être confondue avec une déchirure, ni un accroc; mais la rupture du point de couture.

Déscouvèr, *s. m.* Lieu découvert, sans ombrage; lieu exposé au soleil.

Dér. de *Couvèr*.

Déscouvèrto, *s. f.* Vide; perte; manque; fuite. — *Aquél home fai uno bèlo déscouvèrto*, la mort de cet homme laisse un grand vide dans sa famille. *Faire la déscouvèrto d'un iè*, enlever la courte-pointe d'un lit et faire déborder le drap sur la couverture, ce qui se dit : faire la couverture du lit.

Déscouvrì, *v.* Découvrir; enlever la toiture d'une maison pour la remanier.

Son part. pass. n'est pas *descouvèr*, mais *descouvrì*.

Le part. pass. de tous les verbes réguliers en *ì* accentué est pareil à l'infinitif : règle générale.

Dér. de *Couvrì*.

Déscrouchéta, *v.* Décrocher; décrocheter; dégrafer; défaire un crochet; détacher une agrafe.

Dér. de *Croucheta*.

Déscrouchouna, *v.* Couper le quignon d'un pain. — Il y a de l'indiscrétion d'enlever ainsi la croûte tout autour de ces grands pains de ménage qu'on appelle *Tourtos*, en ne laissant que la mie du milieu.

Der. de *Crouchoù*.

Déscrousta ou mieux **Escrousta**. — *V. c. m.*

Déscrusa, *v.* Écruer du fil ou de la toile; leur enlever cet apprêt, cette raideur qu'ils ont contractés dans le filage, ou l'espèce de colle qu'on donne au tissage.

Dér. de *Crus*.

Déscrusado, *s. f.* Décrusement; lavage de viande; bouillon dans lequel la viande n'a cuit qu'à demi, clair et sans suc. — *Lou bla crén la déscrusado*, le blé ne réussit pas bien sur des couches de terre trop fraîchement renouvelée et que l'air atmosphérique n'a pas eu le temps de pénétrer. *Uno descrusado*, une volée de coups de bâton; une perte éprouvée au jeu, ce qui se dit une lessive.

Désdénta, ado, *adj.* Édenté, qui a perdu ses dents, qui n'a plus de dents.

Dér. du lat. *Edentatus*, m. sign.

Désdire, *v.* Dédire; contredire; désavouer; affirmer contre l'assertion d'un autre; démentir. — *Sé desdire*, se rétracter; retirer sa parole.

Dér. de *Dire*.

Désdoubla, *v.* Dédoubler; enlever la doublure.

Dér. de *Doubla*.

Désémbanasta, *v.* Ôter les paniers d'un bât, ce qu'on nomme les *Banastos*.

Dér. de *Émbanasta*.

Désémbarassa, *v.* Débarrasser; vider un ustensile quelconque, dont on a besoin, des objets qu'il contient déjà.

Dér. de *Émbarassa*.

Désémbasta, *v.* Ôter le bât d'un cheval. — *Sé désémbasta*, terme de jeu, se décharger sur un nouveau joueur de consommations perdues avec un précédent.

Dér. de *Émbasta*.

Désémbouïa, *v.* Débrouiller; démêler les cheveux, des écheveaux mêlés et entortillés; débrouiller une affaire, l'élucider.

Dér. de *Émbouïa*.

Désémbriaïga, *v.* Dégriser, désenivrer.

Dér. de *Émbriaïga*.

Désémpacha, *v.* Débarrasser. — *Voy. Desembarassa* et *Despacha*.

Dér. de *Émpacha*.

Désémpégoumì, *v.* Laver, nettoyer quelque chose de poisseux; démêler des cheveux collés par la sueur ou par tout autre corps gras.

Dér. de *Émpegoumì*.

Désémpéita, *v* Dépêtrer; délivrer, dégager.

Dér. de *Émpeita*.

Désémpésa, *v.* Désempeser; enlever l'empois du linge en le faisant tremper.

Dér. de *Émpesa*.

Désémpésouli, v. Délivrer, débarrasser quelqu'un de ses poux; en désinfecter ses habits.
Dér. de *Empesouli*.
Désémpouisouna, v. Guérir quelqu'un du poison; désinfecter; extirper les mauvaises herbes d'un champ, l'en purger.
Dér. de *Empouisouna*.
Désendourmi, v. Dégourdir; tirer quelqu'un de sa langueur, de sa torpeur, de l'engourdissement. — *Desendourmi sorn pè*, dégourdir son pied.
Dér. de *Endourmi*.
Désénfanga, v. Débourber, désembourber; tirer du bourbier, d'un mauvais pas, d'une position fâcheuse et presque désespérée.
Dér. de *Enfanga*.
Désénfiala, v. Désenfiler; dépasser le fil d'une aiguille; dépouiller une quenouille du chanvre prêt à filer.
Dér. de *Fiala*.
Désénfièïra ou **Désénfièïréja**, v. Sortir, retirer le bétail du champ de foire, soit pour livrer celui qui est vendu, soit pour ramener celui qui ne l'est pas. Par ext. se dit de toute marchandise qu'on emballe pour quitter la foire.
Dér. de *Enfièra*.
Désénfounça, v. Défoncer; enlever le fond d'une futaille.
Dér. de *Founça*.
Désénfourna, v. Défourner; sortir du four le pain ou autres objets mis à cuire.
Dér. de *Enfourna*.
Déséngaja, v. Dégager; retirer un objet mis en gage; donner la liberté, l'espace nécessaire à un objet gêné dans ses mouvements, trop resserré, pris et retenu à la gène; rompre l'engagement d'un soldat.
Dér. de *Engaja*.
Déséngavacha, v. Dégager le gosier de ce qui l'obstrue; faire passer la suffocation provenant d'un corps quelconque qui a pénétré dans la trachée-artère, ou qui a picoté la luette; dégager une clé de la serrure où elle ne tourne pas; au fig. dégager, tirer d'embarras.
Dér. de *Engavacha*.
Déséngourja, v. Dégorger un conduit ou une bonde engorgée.
Dér. de *Engourja*.
Déséngrana, v. Écosser des pois et toute sorte de légumes à cosse : par ext. délivrer des poux, de la vermine.
Dér. de *Gran*.
Déséngrava, v. Enlever le gravier que les eaux ont entrainé sur un champ.
Dér. de *Engrava*.
Déséngruna ou **Éngruna**, v. Égrainer, égrapper des raisins.
Dér. de *Grun*.
Déséniassa, v. Désaccoupler du linge qu'on met en liasse pour le passer à la lessive.
Dér. de *Eniassa*.

Désénjassa, v. Déliter les vers a soie; leur enlever la vieille litière qui, en se mêlant à leurs excréments, fermente et peut leur causer de graves maladies. On doit renouveler cette opération aussi souvent que possible; mais elle est toujours indispensable au moment où les vers entrent dans une de leurs mues, parce qu'alors ils restent cachés dans la litière pendant le travail de ce dépouillement, et si elle était échauffée par la fermentation, elle augmenterait leur malaise, qui est une sorte de fièvre, et leur constitution en serait très-sensiblement altérée.
Dér. de *Jas*.
Désénjassaje, s. m. Délitage; opération de déliter les vers à soie.
Désentéra, v. Déterrer; exhumer. — *Sémblo un deséntera*, il a la figure livide et terreuse comme celle d'un déterré.
Dér. de *Entéra*.
Déséntourtivïa, v. Détortiller; détordre une corde, un cordon.
Dér. de *Entourtivïa*.
Désèr, s. m. Désert; solitude; lieu inhabité. — *Ana dou desèr*, aller au prêche, aux assemblées religieuses protestantes qui se tenaient autrefois dans les champs et dans les lieux les plus déserts et les moins fréquentés, à cause de la persécution.
Dér. du lat. *Deserere*, abandonner.
Désèr, èrto, adj Désert; inhabité, solitaire. Au fig. qui est aux abois, qui ne sait plus où donner de la tête; abandonne.
Déséspéra, v. Désespérer; perdre l'espérance; cesser d'espérer.
Dér. de *Espéra*.
Déséspéssési, v. Allonger un liquide trop épais; éclaircir des plantes trop serrées.
Der. de *Espéssési*.
Désespouèr, s. m. Désespoir; perte de toute espérance.
Dér. de *Espouèr*.
Déséstaja, v. Démonter les tables des vers à soie qui sont disposées en étages les unes sur les autres.
Dér. de *Estaja*.
Désfa, acho, adj. et part. pass. de *Désfaire*. Défait : le contraire de fait; démis, disloqué, luxé.
Désfaïre, v. Défaire; détruire ce qui est fait. — *Désfaïre lou fiò*, déranger le feu; l'éteindre en détisant les bûches. *Désfaire las oulivos*, pressurer les olives, faire de l'huile : pour ce dernier objet, on dit simplement : *désfaïre*, tout court.
Désfaïre de favos, dé péses, etc., écosser des fèves, des pois, etc. *Désfaïre lous coucoùs*, déramer les cocons. Il en est pour les cocons comme pour les olives : quand on dit : *désfaïre*, tout court, cela veut dire, suivant la saison ou suivant les précédents de la phrase, tantôt déramer les cocons, tantôt pressrer les olives; cependant *désfaïre* est plus technique pour ce dernier objet qui n'en a pas d'autre.

Désfaïre soun bras, se disloquer, se luxer le bras. *Sa pas ni faïre, ni désfaïre,* il ne sait ni lier, ni délier; il est toujours indécis.

Dér. de *Faïre*.

Désfaseïre, seïro, *s. m.* et *f.* Dérameur des cocons; presseur des olives.

Désfata, *v.* — *Voy. Ésfata.*

Désfato, *s. f.* Défrichement partiel; champ nouvellement défriché.

Dér. de *Désfaïre*.

Désfèci, *s. m.* Ennui; chagrin concentré; dégoût; mal au cœur. — *L'amouroùs désfèci,* l'amoureuse langueur, défaillance amoureuse. *Aquò fai vèni lou desfèci,* c'est horriblement dégoûtant. *Lou désfèci m'arapo,* le découragement me prend; l'ennui m'assomme; le mal au cœur me gagne. *Mé fasès vèni lou désfèci,* vous me donnez le cauchemar.

Dér. du lat. *Deficere*.

Désféndre, *v.* Défendre; prohiber; interdire.

Désfénso, *s. f.* Défense, prohibition. — *Métre soun bé én désfenso,* défendre aux voisins le pacage dans ses propriétés; renoncer à la compascuité : ce qui s'indique en marquant avec du lait de chaux des pierres ou des troncs d'arbres qui servent de bornes au champ mis en défense.

Dér. du lat. *Defendere, defensus*.

Désféra, *v.* Déferrer, ôter les fers; détacher un fer de cheval, ou la ferrure d'une fermeture quelconque, d'une charrette, etc. — *Moun chival sé desfèro,* mon cheval est déferré.

Dér. de *Fère,* fer.

Désfèto, *s. f.* Rixe qui a de nombreux acteurs; bagarre tumultueuse. — *Aquò's uno désfèto,* ce fut une fameuse mêlée.

Ce mot vient du fr. *défaite,* dont l'acception est détournée.

Désfèïa, *v.* Effeuiller; enlever les feuilles à un arbre, à une plante : cela se dit de presque tous les arbres, excepté du mûrier. On l'emploie surtout pour la vigne qu'on effeuille quand le raisin commence à mûrir, dans le but de hâter et d'augmenter sa parfaite maturité.

Dér. de *Fièio*.

Désfigura, *v.* Défigurer quelqu'un; lui meurtrir le visage; le rendre méconnaissable.

Dér. de *Figuro*.

Désfisa (Sé), *v.* Terme de jeu d'enfants : suspendre une partie; se mettre un instant hors la loi du jeu; espèce d'armistice pendant lequel les adversaires ne peuvent rien entreprendre contre vous.

Dér. de *Fisa,* parce que par l'acte que désigne ce verbe, on rend sa foi et l'on rompt la sienne relativement aux conditions du jeu. Le joueur qui veut faire ainsi dit : *M'én désfise;* c'est à peu près comme le *j'adoube* aux jeux de trictrac ou des échecs.

Désfounça, *v.* — *Voy. Désénfounça.*

Désfourtuno, *s. f.* Malheur; accident malheureux; infortune. — *Diou nous garde dé désfourtuno,* Dieu nous préserve de malheur. *Dé pôou dé désfourtuno,* crainte d'accident.

Dér. du lat. *Fortuna*.

Désfrisa, *v.* Défriser, défaire la frisure. Au fig. contrarier, dépiter; désenchanter; désappointer. — *Aquò mé désfriso,* cela me défrise, me contrarie, change ma joie en tristesse. La frisure étant un signe de fête, de gala, la perdre, l'abattre est un signe de deuil et de désappointement.

Dér. de *Frisa*.

Désgâouchi, *v.* Dégauchir; dresser à la hache un bloc ou une pièce de bois, c'est à dire lui enlever tout ce qui est irrégulier et gauche. — On dit par ext. triviale et badine d'un appétit solide : *désgâouchis pas mâou un moucèl,* comme dans le même style, en fr. on dit : il ne décrotte pas mal.

Dér. de *Gâouche*.

Désgâoula, *v.* Détruire, effacer le jable d'un tonneau, c'est à dire la mortaise des douves dans laquelle se jointe la pièce de fond.

Dér. de *Gâoule*.

Désgarni, *v.* Dégarnir; détaler; ôter ce qui garnit.

Dér. de *Garni*.

Désgouïado, *s. f.* Péj. *Désgouïadasso.* Commère débraillée et libre dans ses paroles et ses gestes. — *Voy. Degouïado.*

Désgoùs, *s. m.* Dégoût; manque d'appétit; aversion, répugnance pour un aliment. — *Lou désgoùs m'arapo,* je commence à éprouver du dégoût; tout ce que je mange me paraît insipide ou amer.

Dér. de *Gous*.

Désgousta, *v.* Dégoûter; inspirer du dégoût. Au fig. détourner d'un projet, dégoûter de ce qu'on a.

Désgroussa, *v.* Dégrossir; ébaucher un ouvrage.

Dér. de *Gros*.

Déshabia, *v.* Déshabiller; ôter à quelqu'un ses habits. — *Deshabia Pièrre per habia Jan,* déshabiller Pierre pour habiller Jean, dépouiller l'un pour vêtir l'autre.

Dér. de *Habia*.

Déshabiè, *s. m.* Déshabillé, sorte de spencer de femme d'une étoffe différente de la jupe, connu aujourd'hui sous différentes dénominations que la mode a multipliées, mais désignant toujours un négligé du matin, comme le mot le dit assez.

Désia, ado, *adj.* Déjoint —Se dit d'un vaisseau formé de douves, lorsque la sécheresse les déjoint. — *Voy. Adeli.*

Dér. de *Ia* ou *Lia,* lier.

Désjala, *v.* Dégeler : activ. fondre la glace, la neige; neutre, cesser d'être gelé. — *Désjalo,* le dégel est arrivé.

Dér. de *Jala*.

Désjaladoù, *s. m.* Ne s'emploie que dans le sens et sous la forme de *un bon désjaladoù,* pour dire un bon et grand feu.

Désjougne, *v.* Dételer les bêtes de labour. — *As désjoun* *tro trou*, tu as detelé trop tot; tu as fait ton attelée, ta seance de labour trop courte.

Dér. de *Jougne*.

Désjoun, cho, *part. pass.* de *Desjougne*. Detelé.

Déslassa, *v.* Delasser; ôter la lassitude; reposer d'une fatigue; recreer.

Dér. de *Lassa*.

Déslia, *v.* Delier; défaire ce qui lie; détacher un nœud, un lien. Au fig. absoudre, dégager d'une parole donnée.

Dér. de *Lia*.

Désmaira, *v.* Enlever d'auprès de sa mère. — *Desmaira dé pasturo*, éparpiller sur le pré du fourrage qui s'est aggloméré en sechant, ou par la pluie qui a collé les tiges les unes aux autres. *Desmaira dé trufos*, couper la plante des pommes de terre pour les faire murir plus vite.

Désmaira, ado, *part. pass.* Depaysé: triste et inquiet de ne plus retrouver ses habitudes, qui sont aussi chères qu'une mère.

Dér. de *Maire*.

Désmaïssa, ado, *adj.* Qui a la mâchoire cassée; par ext. édenté.

Dér. de *Maïsso*.

Désmama, *v.* Terme de magnanerie.

Apres que la plus grande partie des vers à soie sont montes à la bruyère, il ne reste sur les tables que les plus paresseux ou les derniers venus et les invalides. Trois jours apres que la bruyere a été donnée, on enlève tous ces vers : on separe les valides des invalides et l'on réunit les premiers sur une ou plusieurs tables réservées a cet effet. On trouve un avantage a cette operation. D'abord les vers ainsi isolés de leurs confrères maladifs, eloignes de cette litière infecte qu'on ne peut plus renouveler une fois qu'on a ramé, se portent mieux et achèvent leur œuvre avec plus de chances de santé. Ensuite, il faut une moins grande quantité de feuille, et moins de perte de temps, pour leur donner a manger, que lorsqu'ils sont épars sur toutes les tables. Si d'ailleurs on attendait que ces retardataires montassent sur la bruyere où déjà leurs confrères plus hâtifs ont commencé leurs cocons, ceux-ci seraient achevés bien avant les lents et courraient risque de *parpaïouna* avant que l'on pût deramer, ou les autres ne seraient que des *doumeiselos*, si on hâtait le deramage — *Voy. Doumeiselos* et *Parpaïouna*.

C'est cette operation qu'on appelle *Désmama*.

Dér. de *Mamo*, mère.

Désmamaduros, *s. f. plur.* La portion des vers à soie retardataires qu'on a séquestrés par l'opération ci-dessus décrite; les cocons produits par ces vers et qu'on dérame ordinairement plus tard que les autres.

Désmancha, *v.* Démancher; ôter le manche à un outil ou à un instrument; détraquer; déranger. — *Ma piolo s'és desmanchado*, le manche de ma cognée s'est détaché; ma cognée s'est démanchée. *Aquelo partido s'és désmanchado*,

cette partie de plaisir a manqué : elle s'est démanchée, dit-on lamentement en fr.

Dér. de *Manche*.

Désmantia, *v.* Démantibuler, en parlant d'un meuble ou d'une pièce d'assemblage; detraquer.

Dér. du lat. *Mandibulum*, mâchoire.

Désmahouna, *v.* Decarreler; enlever le carrelage d'un appartement.

Dér. de *Mahoù* ou *Maou*.

Desmarida, *v.* Demarier; déclarer un mariage nul; separer judiciairement. — *Se desmarida*, divorcer.

Désmaridaïre, *s. m.* C'est un être de raison, un personnage hypothetique; un dicton est resté sur lui : *Se lou desmaridaïre passavo, àouriè fosso pratiquos*, si le démarieur passait par ici..., il aurait de nombreux chalands. La phrase ne dit pas la proportion entre les hommes et les femmes qui en seraient le plus satisfaits.

Désmémouria, *v* Faire perdre la mémoire; rendre fou.

Dér. de *Memouèro*, qu'on disait autrefois *mémorio*.

Désméscoula, *v.* Casser, enlever la hoche d'un fuseau.

Dér. de *Mescoulo*.

Désmounta, *v.* Demonter; désassembler; demonter une charrue, une horloge, un meuble, etc. Au fig. calmer, apaiser; troubler, déconcerter. — *S'es mounta que se désmonte*, s'il est en colere, s'il a la tête montée, qu'il se calme de lui-même. *Aquò mé desmonto*, cela me met hors de moi.

Dér. de *Mounta*.

Désmoura, *v* Couper la figure; casser le museau, le nez, le groin d'un porc; éguculer un broc, une cruche.

Dér. de *Moure*.

Désnasa, *v.* Couper le nez à quelqu'un. — *Sé désnasa*, se casser le nez en tombant ou en se heurtant contre un corps dur.

Dér. de *Nas*.

Désnougaïa, *v.* Ecaler des noix. Par ext. disloquer, luxer, désarticuler. — *Se desnougaïa lou bras, lou pougne, la camo*, etc., se déboîter, se disloquer le bras, le poignet, la cheville, etc.

Dér. de *Nougaro*.

Désnousa, *v.* Dénouer, défaire un nœud.

Dér. de *Noùs*.

Désoungla (Sé), *v.* S'arracher les ongles, soit en serrant fortement un corps dur, soit en forçant ou en les rongeant. Au fig. travailler avec ardeur.

Dér. de *Oungla*.

Désoula (Sé), *v.* Se désoler, être pris d'une affliction extrême.

Dér. du lat. *Desolare*, m. sign.

Désoussa, *v.* Désosser; décharner.

Dér. de *Os, osses*.

Déspacha, *v.* Débarrasser; dégager de ses entraves (*Voy. Desempacha, Desèmbarassa*). — *Sé despacha*, se dépêcher; se hâter; se débarrasser de ce qui entrave (*Voy. S'éntancha*).

Dér. de la bass. lat. *Depedicare*, corrup. de *Expedire*, m. sign.

Déspaïa, *v.* Enlever la paille ou le jonc qui forme le siège d'une chaise.

Dér. de *Païo*.

Déspampa, Déspampana ou Éspampa, Éspampana, *v.* Epamprer la vigne, ébourgeonner les pousses sauvageonnes d'un jeune plant nouvellement greffé. — On le dit surtout pour la vigne et le mûrier. — *Voy. Pampa.*

Dér. du lat. *Pampinus*, pampre, bourgeon.

Déspampanaduro, *s. f.* Pampres ou bourgeons détachés de la tige.

Déspampanaîre, *s. m.* Epampreur, ébourgeonneur.

Déspantouïa, *v.* Démailloter; dépouiller; débrailler. — *Se despantouïa*, se débrailler, se mettre à l'aise dans ses vêtements; quitter des habits qui gênent ou les lâcher.

Dér. peut-être du lat. *Spoliare*, dépouiller, ou du grec Παντός, tout, avec la particule privative. Cependant la première racine paraît plus naturelle. *Déspantouïa* n'est qu'une sorte d'augmentatif de *Déspouïa*, qui vient évidemment de *Spoliare*. N'y aurait-il pas aussi quelque rapprochement à faire avec *Pannus*, étoffe, combiné avec la particule abstractive et l'action du verbe? Il est assez difficile de se prononcer sur ce mot d'ailleurs pittoresque.

Déspâoupa (Sé), *v.* Se démettre, se disloquer, se luxer un membre.

Dér. du lat. *Palpa*, le plat de la main. Ce verbe ne s'appliquait sans doute qu'à la luxation de la main ou du poignet; il a étendu son acception à toutes les articulations.

Déspâoupérla, *v.* Arracher les cils des paupières : au fig. éblouir au point de faire perdre la vue; brûler les yeux, arracher les yeux. — *Faï un sourel qué déspâoupèrlo*, le soleil est si fort qu'il brûle les paupières. *Plouro qué sé despâoupèrlo*, il pleure à chaudes larmes, à en perdre les yeux.

Dér. de *Pâouperlo*.

Déspar (A), *adv.* A part; de côté; séparément. — *Métre à despar*, mettre de côté, en réserve.

A despar d'aquò, à l'exception de cela. *Déspar aquò*, outre cela.

Dér. du lat. *Dipartire*, diviser, partager.

Désparâoula, *v.* Couper la parole à quelqu'un, le rendre muet, le réduire au silence, l'interdire. — *Sé déspardoula*, perdre haleine à force de parler; s'enrouer à babiller; par ext. se hâter, se presser. *Aquèl toupi boul qué sé déspardoulo*, ce pot bout à grosses ondes.

Déspardoula pris adjectivement signifie : prodigieux, qui passe ce qu'on en peut dire. C'est le mot lat. *ineffabilis*, ou *infandum*.

Dér. de *Pardoulo*.

Désparla, *v.* Déraisonner; parler hors de propos; extravaguer.

Dér. de *Parla*.

Déspassa, *v.* Défiler; dépasser une aiguille enfilée, une aiguille à tricoter.

Dér. de *Passa*.

Déspéça, *v.* Découper; dépecer une volaille, un quartier de viande. On se sert de *Espeça* (*Voy.* c. m.) pour dire : dépecer, détailler du bois.

Dér. de *Pèço*.

Déspécouïa, *v.* Casser, rompre les barreaux d'une chaise, les pieds d'un siège ou d'un meuble.

Dér. de *Pécoul*.

Déspéïtrina (Sé), *v.* Se découvrir la poitrine; se débrailler.

Déspèïtrina pris adjectivement, débraillé, qui a la gorge et la poitrine découvertes.

Déspén, *s. m.* Dépense; coût; frais. — *Lous magnas portou biēn, mais fan foço déspén*, les vers à soie sont un bon produit, mais ils exigent beaucoup de frais.

Dér. du lat. *Dispendium*, m. sign.

Déspénja, *v.* Décrocher ce qui est pendu ou suspendu. — *Sémblo un déspénja*, il a une figure patibulaire.

Dér. de *Pénja*.

Déspénsa, *v.* Dépenser; employer son argent à..., en général, mal à propos.

Dér. du lat. *Dispendere*, m. sign.

Déspénsiè, sièïro, *adj.* Dépensier; prodigue; qui entraîne de la dépense. — *Lous boulés soun pas chèrs, mais soun bièn déspénsiès*, les champignon ne sont pas chers, mais ils le deviennent par l'assaisonnement qu'ils exigent.

Déspénso, *s. f.* Dépense, ce que l'on débourse; l'opposé de la recette; argent dépensé; dépense, lieu où l'on serre les provisions de table; garde-manger. — *La déspenso* est pour la cuisine du petit bourgeois et du paysan, ce qu'est l'office ou la salle à manger d'une grande maison, c'est-à-dire un appartement de décharge pour certaines provisions de table. *Aquèl oustâou faï fosso déspénso*, cette maison fait beaucoup de dépense.

Déspésqua (Sé), *v.* Se dépêtrer d'un bourbier, d'une mare; au fig. se débarrasser d'un fâcheux; se tirer d'une affaire mauvaise ou difficile.

Dér. de *Pésqua*, mettre le pied à l'eau.

Déspéstia, *v.* Dépouiller ses habits un à un; au fig. *Sé déspéstia*, sortir d'embarras, se désenchevêtrer, se dépêtrer.

Dér. de *Espés*, se tirer de quelque chose d'épais.

Déspichoùs, chouso, *adj.* Quinteux; tatillon; boudeur; dédaigneux; qui se fâche de rien; qui a trop de susceptibilité; difficile pour son manger comme le rat d'Horace.

Dér. du lat. *Despicere*, mépriser, dédaigner.

Déspièï, *adv.* — *Voy. Dempièï* et *Désempièï*.

Désplaïre, *v.* Déplaire, mécontenter; être désagréable, le devenir.

Le v. fr. n'a qu'un régime indirect : il a déplu au public; le lang a son régime direct : *foòu pas désplaïre toun pèro*, il ne faut pas mécontenter ton père.

Dér. de *Plaïre*.

Désplanta, v. Déplanter; transplanter un arbre, un arbuste; repiquer une plante.
Dér. de *Planta.*

Déspléga, v. Déployer; étaler sa marchandise; déplier, étendre ce qui était plié; décoiffer, enlever la coiffure d'une femme, car celle d'un homme n'est jamais serrée et ployée autour de la tête.
Sé déspléga, quitter sa coiffe pour se recoiffer, ou quitter son bonnet de jour pour celui de nuit.
Dér. de *Pléga.*

Désplissa, v. Déplisser; défaire les plis; chiffonner.
Dér. de *Plissa.*

Déspluga, v. Oter le bandeau qui couvre les yeux; enlever les lunettes des chevaux qui foulent le grain (Voy. *Plugos).* — *Déspluga sous ièls,* ouvrir les yeux.
Dér. de *Pluga.*

Déspoïo, s. f. Dépouille, défroque; vêtements que l'on quitte; mobilier; bien qui compose une succession.
Dér. du lat. *Spolia,* dépouilles.

Déspougne (Sé), v. Cesser de pondre : ce qui arrive aux poules dans les grands froids et dans leur temps de mue.
Dér. de *Pougne.*

Déspouïa, v. Dépouiller; déshabiller; exproprier. — *S'es déspouïa dé tout,* il a fait cession générale de ses biens à ses créanciers; ou bien il en a fait donation à ses enfants par un partage anticipé. *Aquéles fousèls sé déspoúïou qu'és un plési,* ces cocons se dépouillent, se dévident que c'est un charme. — On dit des cocons qu'ils se dépouillent, lorsqu'ils dévident toute leur soie et qu'ils laissent bien à nu la chrysalide, sans cette pellicule souvent trop déliée pour être filée et qui produit ce qu'on appelle l'*Éstras.*—V. c. m.
Dér. du lat. *Spoliare.*

Déspouncha, v. Épointer; émousser la pointe, la casser.
Dér. de *Apouncha.*

Déspouténcia, mieux **Espouténcia,** v. —Voy. c. m.

Désprouvési, v. Se dessaisir, se dégarnir; vendre ses hardes ou son linge, les donner ou ne pas les renouveler quand ils sont usés; se laisser au dépourvu.
Dér. de *Prouvési.*

Dès qué, conj. Puisque; du moment que. — *Dès qué aquò és coumo aquò,* du moment qu'il en est ainsi. *Dèsqué ou voulés pas, sé fara pas,* puisque vous ne le voulez pas, ça n'aura pas lieu.

Désqué, s. m. dim. Corbillon; petite corbeille d'ouvrage en osier.
Dim. de *Désquo.*

Désquïa, v. Abattre des quilles au jeu de ce nom. Au fig. abattre ce qui est perché ou droit; tuer. — *Désquïa un doussèl, un home,* abattre un oiseau, un homme, d'un coup de fusil ou d'un coup de pierre.
Dér. de *Quïo.*

Désquo, s. f. dim. *Désquéto.* Grande corbeille en osier dont on se sert pour porter du linge à blanchir à la rivière, ou des fruits et des denrées.

Dér. du lat. *Discus,* disque, plat.

Désquoua, v. Couper la queue à un animal; casser la queue ou anse d'un ustensile.
Dér. de *Quò,* queue.

Désrénqua, v. Éreinter; casser les reins. — *Es désrénqua,* il a l'épine dorsale déboîtée.
Dér. de *Réns.*

Désribla, v. Dériver; casser ou redresser la rivure d'un clou, d'une pointe.
Dér. de *Ribla.*

Désrouvïa, v. Dérouiller; enlever, effacer la rouille; nettoyer, polir un instrument en fer.
Dér. de *Rouvïa.*

Déssabranla ou **Sabranla,** v. Ébranler en secouant fortement.
Ce mot est une corruption; il devrait être en effet : *Dessoubranda,* secouer par dessous, car sa racine est *sous, sou,* et *branda.*

Déssala, v. Dessaler; ôter le sel; faire tremper un mets salé pour lui faire perdre le sel.
Dér. de *Sala.*

Déssaparti, v. Spécialement séparer des combattants, soit qu'ils se battent à des armes honorables, soit à coups de poings, soit en se prenant aux cheveux.
Dér. du lat. *Dispartiri,* diviser.

Désséla, v. Enlever la selle d'un cheval.
Dér. de *Sèlo.*

Déssèr ou **Dissèr,** s. m. Dessert; fruits servis sur la table après les viandes; moment de les servir. Le prvb. dit : *Entre Pasquo et Pantécousto, lou dèssèr és uno crousto;* entre ces deux fêtes la saison des fruits n'est pas encore arrivée, il n'y a qu'à grignoter une croûte de pain pour dessert.

Déssoustéra, v. Déterrer; creuser sous terre; creuser sous un arbre, sous un mur pour le renverser. Au fig. réveiller des querelles, des difficultés depuis longtemps éteintes ou enfouies. — *Déqué vaï déssoustéra?* Pourquoi aller réveiller, faire revivre des questions irritantes, des propos oubliés?
Formé de *Déssouto,* sous, et de *Tèro,* terre.

Déssouto, adv., prép. et s. m. Sous; dessous; au dessous; le dessous. — *Qudou aguè lou déssouto?* Qui eut le dessous? *Lou déssouto d'un doubre,* le dessous d'un arbre.

La différence entre *Déssouto* et *Souto,* c'est que ce dernier est toujours préposition simple et ne marche pas sans régime. *Déssouto* est tantôt préposition, tantôt adverbe, tantôt substantif. *Souto* ne figure jamais à la fin d'un membre de phrase, parce qu'il est toujours suivi d'un régime; *Déssouto* s'y rencontre souvent adverbialement ou substantivement. — Voy. *Souto.*
Dér. du lat. *De* et *Sub,* de dessous.

Déssubre, ou **Déssus** adv., prép. et s. m. Sur; dessus; par dessus; le dessus. — Voy. *Sus.*
Dans les hautes Cévennes on dit : *Déssoubre.*

Dér. du lat. *De super*, m. sign.

Déssus, *adv.*, *prép.* et *s. m.* Le même que le précédent.

Dé-sus-én-sus, *adv.* En effleurant la surface, le dessus; en écrémant; en ôtant la superficie seulement.

Déstanqua, *v.* Débâcher une porte; enlever la barre à coulisse qui la ferme intérieurement.

Dér. de *Tanquo*.

Déstapa, *v.* Déboucher; débonder; découvrir un vaisseau fermé par en haut, par un bouchon.

Dér. de *Tapa*.

Déstaqua, *v.* Détacher; délier; enlever les liens.

Dér. de *Éstaqua*.

Destégne, *v.* Déteindre.—Se dit d'une mauvaise teinture qui s'efface en lavant, ou qui déteint sur le linge ou le corps.

Dér. de *Tégne*.

Déstégnigu, udo, *part. pass.* de *Déstégne*. Qui a déteint.

Déstérmina, *v.* Exterminer, détruire; faire périr entièrement. — *Sé déstérmina*, se déchirer, se blesser grièvement en tombant ou en se battant. *Es tout déstérmina*, il est tout meurtri.

Un déstérmina, un déstérminadas, un évaporé; un homme violent, emporté, que rien n'arrête.

Dér. du lat. *Exterminare*, bannir, exiler; défigurer.

Déstésta, *v.* Étêter; couper la tête à un arbre, le couronner. — *Voy. Éscabassa*.

Dér. de *Tésto*.

Déstéta, *v.* Sevrer un enfant, l'éloigner de sa nourrice. — On dit d'un gros mangeur: *Pouran lou déstéta quan vouran, qué manjo tout soul*, on peut le sevrer, il se nourrit suffisamment.

Dér. de *Tété*.

Déstétadoú, douno, *adj.* Qui est en âge d'être sevré; qui peut se passer de sa nourrice.

Déstimbourla, *v.* Détraquer le cerveau; troubler l'esprit. — *Un déstimbourla*, un écervelé, une tête éventée; un cerveau timbré.

Dér. de *Timbourle*.

Déstosse, *v.* Détordre; dégarotter une corde d'emballage.

Dér. de *Tosse*.

Déstourba, *v.* Interrompre quelqu'un dans son occupation; distraire l'attention; détourner d'un projet.— *Déstourbo té d'aquò*, éloigne ces idées de ta tête. *S'és déstourba d'aquélo fīo*, il a cessé ses relations avec cette fille, il s'est distrait de cette inclination.

Dér. du lat. *Deturbare*, chasser, renvoyer.

Déstourbe, *s. m.* Interruption; contre-temps; empêchement; obstacle; incident; embarras; sujet de distraction; dérangement. — *Manquo pas déstourbe*, ce ne sont pas les contre-temps qui manquent. *Sans déstourbe y-anaraï déman*, sans empêchement j'irai demain. *Sans déstourbe véndra dé cént ans*, s'il ne lui arrive quelque fâcheux accident il vivra jusqu'à cent ans.

Déstraïre, *v.* Distraire; détourner, dans le même sens que *Déstourba*. — *Sés déstra d'aquélo fīo*, il a oublié sa maîtresse.

Dér. du lat. *Distrahere*, arracher, faire sortir, distraire.

Déstrantaïa, *v.* Détraquer, démantibuler.— Se dit particulièrement d'un ouvrage mécanique, comme une horloge, une serrure, etc.

Dér. de *Trantaïa* Cette fois le composé n'est pas le contraire du simple, malgré la particule *dés*. *Trantaïa* veut dire branler, vaciller. Il est l'effet, et *Déstrantaïa* la cause. La partic. *dés* est explétive ou plutôt coactive, *Déstrantaïa* étant proprement *faïre trantaïa*.

Déstràou, *s. f.* Grande hache de charpentier.

Il semble que cette acception est toute contraire à son étymologie, qui annonce une hache qu'on manie de la main droite, c'est-à-dire d'une seule main, tandis que la hache de charpentier exige l'emploi des deux mains. Mais *la déstràou* a été autrefois la hache d'armes, la fameuse besaiguë des Sicambres, qu'on ne maniait que d'une main, puisque c'était une arme de cavalier, quoiqu'elle fût forte et très-lourde.

On serait presque tenté de voir dans ce mot *Déstràou* la racine du fr. *Destrier*, cheval de bataille des anciens guerriers, en opposition au palefroi, qui était la monture des dames et des voyageurs paisibles. Certains glossateurs, et Vossius entre autres, veulent bien le dériver de *Dexterities*, adresse, dextérité; mais cette analogie est bien flasque pour une époque où l'on ne donnait guère pour racine à des objets frappants et usuels, de simples qualités morales et peu déterminées. Il n'y a pas moyen non plus d'attribuer cette origine à la main droite, *dextera*; car à coup sûr on ne manœuvrait pas un destrier de la main droite, qui était indispensable pour combattre, et nous ne sachons pas que les Francs et les Sicambres fussent gauchers. Il ne serait donc pas impossible que *Destrier* signifiât le cheval qui porte la hache d'armes, *la déstràou*. Il ne faut pas que le français s'effarouche de cette prétention; il avait peut-être lui aussi un terme analogue pour désigner cette arme, et ce terme peut s'être oblitéré.

On sentira que ceci n'est point une assertion, mais une simple induction que nous a fait tirer le rapport de l'arme au cheval, et le manque d'origine positive du mot *destrier*, qui, au fond, ne nous regarde pas. Cependant, pour être juste avec tout le monde, nous conviendrons qu'à Nimes, par exemple, *Déstràou* est le terme générique de la hache de quelle espèce qu'elle soit; car, dans son dialecte, le mot *Piolo* n'existe pas. A Alais, bien des personnes attribuent ce nom à la hache du menuisier, *Piolo dé man*. Peut-être est-ce la solution de Sauvages qui a entraîné cet usage. Toutes les opinions sont libres. Nous livrons la nôtre à la discussion individuelle, en faisant toutefois remarquer qu'il serait singulier que la hache d'armes et la hache de charpentier n'aient pas reçu un technique spécial. Aujourd'hui la hache de charpentier est celle qui se rapproche le plus de la hache d'armes, soit par son poids, soit par la longueur de son manche. C'est cette particularité d'étymologie qui a induit en erreur Sauvages, qui a cru n'y voir qu'un de ces outils de menuisier qu'on manie de la main droite ; *la Destrdou* est proprement cette énorme hache de scieurs de long dont le fer pèse jusqu'à sept ou huit kilogrammes — *Voy. Pioto de man.*

De tout quoi, pour conclure, il paraît évident que *Déstrdou* dérive du lat. *Dextera*, main droite.

Déstraqua, v Détraquer, déranger un mécanisme quelconque ; au fig. déranger la santé.

Ce mot paraît formé de la particule disjonctive *des* et du vieux mot *Trach*, qui n'est plus usité, mais qui signifiait trait, jet, distance. C'est de *Trach* qu'on a fait *Tracan, tracane.* Destraqua, d'après cette origine, signifierait proprement : tirer de la voie, faire cesser son allure, sortir de l'ornière, de la piste ordinaire.

Déstrassouna, v. Réveiller en sursaut, réveiller avant le temps ; interrompre le sommeil. — On dit d'un enfant *es déstrassouna*, quand il ne peut reprendre son sommeil à l'heure accoutumée. *Estre destrassouna*, être mal réveillé, être dans un état de somnolence qui n'est ni la veille ni le sommeil, comme quelqu'un qu'on a réveillé trop subitement ou qui a mal dormi la nuit.

Dér. du lat. *Extra somnum*, hors du sommeil.

Dèstre, s. m. Dextre, terme d'arpentage . mesure de longueur de 2^{m}30e linéaires Le *Dèstre* carré de Montpellier répond à 20^m carrés. Cette unité de surface n'était guère employée que pour mesurer le plat sol des maisons, cours et jardins, et tout ce qui exigeait une minutieuse exactitude, comme l'espèce de décamètre dont se servent les architectes et qui se nomme roulette.

Ce mot vient certainement du lat. *Decem*, comme les pierres miliaires des routes romaines et certaines bornes d'héritages qui étaient marquées d'un dix romain, X. C'était probablement la décuplation d'une unité de mesure que nous ne connaissons pas.

Le dextre ou l'arpent avaient la même dimension longitudinale. Seulement le premier était une corde marquée par des divisions pour mesurer les objets minutieux, et l'arpent une sorte de compas en bois pour mesurer de grandes longueurs. — *Voy. Arpan.*

Déstré, s. m. Pressoir à vin. — *Vi dé destré*, vin produit par le pressurage, qui est de couleur plus foncée, mais plus plat et plus bourbeux. — *Voy. Déstrégne.*

Déstré, déstrécho, adj. Dim. *Destréché.* Étroit, serré, étranglé, rétréci ; au fig. avare. — *Nose déstrecho*, noix angleuse, espèce de noix dont l'amande est tellement serrée dans les angles de l'écale, si enchevêtrée dans son zeste, qu'on ne peut l'extraire qu'en la tirant par morceaux. C'est du reste l'espèce la moins sujette aux vers et qui fournit la meilleure huile. *Es dèstre âou brén et larje à la farino*, il fait des économies de bouts de chandelle ; il est avare dans les menus détails et prodigue dans les dépenses importantes.

Dér. du lat *Strictus*, serré, mis à l'étroit.

Déstrécési, v. Rétrécir ; rendre plus étroit, moins large : devenir plus étroit.

Déstrègne, v. Rétrécir ; restreindre ; serrer ; pressurer la vendange.

Dér. du lat. *Stringere*, serrer, presser.

Déstrégnèire, s. m. Pressureur de vendange. — Dans les pays de vignobles, les grands propriétaires ont des pressoirs dans leurs celliers et font pressurer la vendange par des ouvriers à leurs gages ; mais les petits propriétaires et les grands eux-mêmes, dans les contrées où la vendange est une récolte secondaire, ont recours à des pressureurs publics, qui viennent exercer leur industrie à domicile au moyen d'un pressoir à roues qu'on transporte facilement.

Déstrémpa, v. Détremper, délayer ; enlever la trempe à un fer acéré. — *Destrempa l'acdou*, délayer la chaux, l'abreuver avant de la corroyer.

Dér. de *Trempa.*

Déstréna, v. Détresser ; défaire une tresse de cheveux ; détordre la mèche d'un fouet ; détresser les nattes d'une fascine, d'un batardeau qu'on appelle *Pagnè*

Dér. de *Trena.*

Désvérdia, v Cueillir du fruit avant sa maturité ; déflorer un fruit, lui enlever, en le maniant, cette fleur qui est une transsudation farineuse qui se fige sur son épiderme . au fig. marier une jeune fille avant l'âge nubile.

Dér. de *Ver.*

Désvérnissa, v. Enlever le vernis ; effacer le lustre, le brillant d'un objet vernissé ; l'écailler

Dér. de *Vernissa.*

Désvira, v. Dévier ; détourner. — *Desvira l'aigo,* détourner un ravin, un biez de moulin, un canal d'irrigation.

Dér. de *Vira.*

Désvisaja, v Dévisager ; couper la figure ; insulter en face ; faire baisser les yeux ; couvrir de honte.

Dér. de *Visaje.*

Détado, s. f. Coup de doigt ; trou fait avec le doigt ; empreinte d'un doigt.

Dér. de *De.*

Détaïa, v. Vendre en détail ; détailler, couper sur la pièce ou prendre sur un tas et céder par parties.

Dér. de *Taia.*

Détaïaire, aïro, s. m. et f. Marchand ou marchande au détail ; qui vend en boutique, nous dit Sauvages, par opposition au marchand en gros qui vend en magasin. Cette différence n'existe plus : la boutique même n'est plus guère connue ; tout s'appelle magasin.

Détal, s. m. Détail ; vente au détail.

Dér de *Detaia.*

Détras, alv. Derrière ; de l'autre côté. — *Détras la muraio*, derrière le mur. *Détras lou sère,* sur le versant opposé de la montagne.

Dér. du lat. *Trans,* au delà.

Dévaria, *v.* Troubler l'esprit; obséder; chagriner quelqu'un; bouleverser les meubles; mettre une maison sens dessus dessous. — *Souï tout devaria*, je ne sais où j'en suis ; je fais tout de travers. *Mé devario*, il me persécute, me tourmente; il m'obsède, il me fait perdre la tête. *A tout devaria*, il a tout bouleversé.

Un devaria est un évaporé, un cerveau mal timbré ; un brise raison.

Dér. du lat. *Variare*, varier; divaguer; changer; mêler.

Dévariaïre, aïro, *adj.* Qui obsède; qui bouleverse tout; qui dérange tout le monde; un hurluberlu.

Dévé, *s. m.* Devoir; tache d'un écolier. — *Faire soun dève*, faire son bon jour, recevoir la communion eucharistique. *Faï toun deve*, fais ce que dois.

Dér. du lat. *Debere, debitum*.

Dève, 1ʳᵉ pers. sing. prés. de l'indic. du v. *Deoure*. Je dois.

Dévéngu, udo, *part. pass.* du v. *Devéni*. Devenu.

Dévéni, *v.* Devenir; commencer à être ce qu'on n'était pas.

Dér. de la bass. lat. *Devenire*, m. sign

Devèr ou **Vèr**, *prep.* Vers, du côté de...; aux environs de... — *Demoro devèr Anduso*, il habite aux environs d'Anduze. *Vòou devèr moussu tdou*, je vais chez monsieur un tel. *Marchan devèr la gnue*, nous nous approchons de la nuit ; la nuit nous trouvera en chemin. *Aquò èro dévèr la Sen-Jan*, c'etait aux environs de la Saint-Jean *Y-anèn dévèr las vounze houros dé gnuè*, nous y allâmes vers les onze heures du soir. *Mounte gagnes dévèr?* De quel côté te diriges-tu? *Dounte venes devèr?* D'où venez-vous? Ces deux derniers exemples présentent des idiotismes fort originaux de construction.

Dér. du lat. *Versus* ou *Versum*, vers.

Dévérgougna, *v.* Faire honte; faire rougir en public

Uno devergougnado, effrontée, dévergondée ; qui a perdu toute pudeur, toute retenue.

Au masc. le même part. pass. *devérgougna* est moins usité; mais la langue fournit de nombreux équivalents.

Dér. de *Vérgougno*.

Dévés, *s. m.*, au plur. *Déveses*. Bois ou paccage mis en défense ou en réserve, et sur lequel le propriétaire seul a droit de dépaissance.

Dans la. bast. on donnait les noms de *Defensum*, de *Defecium* et plus tard enfin celui de *Devesium* à ces bois en défense. Ce dernier mot ne semble qu'un barbarisme latiniste de *Dévés*, qui préexistait déjà en roman. Or il est rationnel de faire dériver *Dévés* de *Deve lar*, ou *Velar*, roman, défendre, prohiber; et alors il aurait son origine dans le lat. classique *Vetare*, m. sign. que *défendre*, qui aurait moins contribué à sa formation.

Dévigna, *v.* Deviner, prédire, présager. — *Quan lous grapàous cantou dévigna la plèjo*, quand les crapauds sifflent, ils présagent la pluie. *Las graios dévignou lou fré*, quand les corneilles descendent, elles annoncent l'approche du froid. *Lou diable te devigne!* Ah ! tu ne dis que trop vrai! *Qué dévigno gagno*, prvb., un sorcier ferait bien ses affaires. *Dévignas-ou*, devinez.

Dér. du lat. *Divinare*, m. sign

Devignaïre, airo, *s. m. et f.* Qui devine, qui prévoit, qui trouve la solution d'une difficulté, et non point devin ni sorcier. — *Aquò's un devignaïre de Mountélimar*, il devine tout ce qu'il voit : c'est ce qu'on dit de celui qui annonce la découverte d'un secret qui est celui de la comédie, et connu par conséquent de tout le monde.

Voici à peu près quelle serait, d'après de mauvais plaisants, l'origine de ce dicton, qui place la scène dans une ville du Midi. Un étranger arriva un jour à Montélimart, et, à grand renfort de trompette et de grosse caisse, convoqua tout le populaire, annonçant qu'il enseignait à deviner et cela pour la bagatelle d'un sou par tête. Ce n'était pas cher : les pratiques se pressèrent à la porte ; mais il ne pouvait recevoir qu'une personne à la fois : on se soumit à la condition. Aussitôt que quelqu'un était entré, le professeur lui présentait un petit vase, bien fermé, sauf un trou comme à une tire-lire, dans lequel il lui faisait introduire l'index. — Sortez votre doigt, disait-il alors. Que sentez-vous ? — C'était à ne pas s'y tromper; l'odeur était assez prononcée pour que l'élève n'hésitât pas à dire ce que c'était. — Vous avez deviné, ajoutait le professeur avec un imperturbable sang-froid. Sortez par cette autre porte, ne dites à personne le secret et laissez-moi l'apprendre à d'autres. — Et comme en effet beaucoup d'habitants de Montélimart l'apprirent de même, c'est depuis ce temps que les gens du pays, où la leçon n'a pas été sans doute perdue, passent pour des sorciers infaillibles qui devinent tout ce qu'ils voient et surtout tout ce qu'ils sentent — *Credat Judæus Apella*.

Devignarèl, èlo, *adj.* Devin, sorcier; devineresse, sorcière. — *La devignarèlo*, la donneuse de bonne fortune, infâme métier que la crédulité populaire soutient encore de nos jours, malgré les peines que la loi prononce contre lui. Il y a à la fois escroquerie, parce que ces pretendues sybilles font payer fort cher les oracles de leurs tarots; diffamation et calomnie, parce que, consultées la plupart du temps pour connaitre l'auteur d'un vol, elles font planer à leur gré le soupçon sur la tête des personnes a qui elles ont quelque motif d'en vouloir Il s'y joint presque toujours une autre industrie plus infâme encore et dont leur clientèle de jeunes filles leur rend l'exécution plus facile.

Devignarèl se dit aussi adjectivement de tous les outils et ingrédients qui servent a l'œuvre des devins anciens et modernes, comme à tous les insignes de la puissance surnaturelle.

Deviso, *s. f* Papillote, sorte de bonbon enveloppé de papier de couleur et frisé, contenant, outre la sucrerie, un rébus ou une charade, ce qui lui a fait donner son nom francisé.

Dévista, *v.* Découvrir, apercevoir le premier; aperce-

voir de loin. — *Lous aguère lèou dévistas*, je les eus bientôt découverts.
Der. de *Visto*

Dévò, oto, s. *et adj* Dim. Devoute, devouteto ; péj *Devoutus, devoutasso*. Dévot : pieux ; qui suit avec zèle, quelquefois avec superstition, les exercices de la religion, dont il dépasse même les injonctions.
Der. du lat. *Devotus*, voué, dévoué.

Dévoura, v. Dévorer ; manger avec voracité.
Dér. du lat. *Vorare*, m sign.

Dévouran, s m. Dévorant ; compagnon du devoir de la secte des Dévorants, par opposition au devoir dit de Salomon, qu'on appelle en fr. les Loups, et en lang. *lous Gavòs*.
Emp. au fr. Devoir.

Dévourì ou Débourì, v. Dévorer.—S'applique surtout à la manière de manger des animaux carnassiers ; par ext. aux personnes qui mangent gloutonnement. Au fig. même acception que le fr. dévorer. — *A tout devourì*, il a tout fricassé.
Der. du lat. *Vorare*.

Di, dicho, part. pass. du v *Dire*—Se prend aussi subst.

Diablamén, adv. Diablement ; beaucoup ; très-fort ; terriblement. — *Es diablamen bel*, il est étrangement grand. *Gn'a diablamen*, il y en a une énorme quantité.

Diablariè, s. f. Diablerie, tour de lutin, d'espiègle ; niche ; bruit, tumulte que font les enfants entre eux en jouant. — *Y a quàouquo diablariè aquì dessouto*, il y a quelque malice, quelque intrigue, quelque noirceur sous jeu.

Diable, s. m. Au fem. *Diablesso*, dim. *Diablatoù, diablatouno* ; péj. *Diablatas*. Diable ; démon ; esprit malin et surnaturel ; diable-à-quatre, étourdi, tapageur ; mauvais garnement. — *Es lou diable per lou traval*, c'est un vrai démon au travail.
Comme il est impossible de citer toutes les phrases où l'esprit malin entre comme superlatif, et tous les rôles qu'on lui fait jouer depuis *un bon diablas* jusqu'à *dòu pàoure diable*, et ils sont nombreux et variés, par cette raison peut-être qu'on ne prête qu'aux riches : il faut se borner à quelques locutions très fréquentes.

Diable! Juron, qui, comme en fr., annonce la colère, la stupéfaction, la joie ou la douleur. *Lou diablé té fariè bé lun se...*, le diable t'emporterait bien si... *Lou diable té lou cure*, le diable puisse-t-il t'enlever ton trésor ! Ou peut-être avec plus d'énergie, selon le ton : le diable te vide le ventre, t'arrache les boyaux ! *Lou diable-luno, Didoussi-luno, Didouquo-luno*, jurons mélangés de paien et de chrétien : Par le diable et par Hécate ! *Lou diable siè, se...* Je jure par le diable que... *Lou diable ta pignastrije !* Peste soit de ton obstination ! *Lou diable ta plèjo !* Au diantre soit la pluie ! Dans cette dernière sorte d'imprécation, on substitue le pronom possessif *toun* ou *ta* aux articles *lou* ou *la*, quoiqu'on ne s'adresse à personne et même qu'on soit seul.—Voy. *Diantres, Didoussi, Didouquo*.

Der. du lat. *Diabolus*.

Diaman, s. m. Diamant, pierre precieuse.
Emp. au fr.

Diantres, s. m Diable, mais il n'est employé que dans les phrases imprécatives, ainsi que *Didouquo* et *Didoussi :* on le dit seul aussi . *Diantres!* Diantre! Toutes ces variétes du mot *Diable* tiennent au langage argotique et à la diversité des dialectes qui les ont employées, sans qu'on puisse y apercevoir autre chose qu'une corruption du type primitif, et le désir d'adoucir, de gazer le mot cru, qui jadis entrainait une sorte d'idée immonde et blasphématoire qui s'attachait à sa seule prononciation.

Diâouquo, s. m. Variante du mot *Diable*.

Diâoussi, s. m. Autre variante du mot *Diable*. — Voy ci-dessus.

Diféra, v. Différer ; être différent.
Dér. du lat *Differere*, m. sign.

Diférémmén ou Diféréntomén, adv. Autrement ; sinon ; différemment. — *Se plòou pas y-anaraì, diférémmén réstaraì*, s'il ne pleut pas j irai, dans le cas contraire je resterai. Dans ce sens, il s'emploie quelquefois d'une manière absolue : *Se vous decidas à paga, tammièl, diférémmén... si vous vous decidez a payer, tant mieux, sinon...*
La variante *Diferentomen* ne laisse pas que d'être employée avec le même sens par les gens qui parlent bien. Sa composition, qui s'écarte un peu plus du fr., est tout à fait dans le gout languedocien.

Diférén, énto, adj. Different, dissemblable ; qui se distingue d'un autre.

Diférénço, s. f. Difference ; distinction ; dissemblance. — *Aquì la diferénço que y-a*, voila la différence : c'est une phrase explétive et de pur remplissage, que les paysans emploient souvent dans leur verve loquace, parasite et hérissée de pleonasmes. Ils s'en servent surtout pour répondre à une objection : c'est une préparation oratoire a un argument contraire au vôtre. *Y-anaraï bé se voulès, mais aquì la diferénço que troubaraì pas dengus*, j'irai si vous voulez, mais je n'y trouverai personne.

Dificinle, inlo, adj. Difficile ; mal aisé. — *Es pas dificinle que plogue*, il n'est pas étonnant qu'il pleuve.
Der. du lat. *Difficilis*.

Digérì, v. Digerer. Ne se prend que dans le sens figuré : digérer un affront ; supporter patiemment. — *Pode pas digerì aquèl home*, je ne puis supporter cet homme. *Aquò's quicon qu'on po pas digerì*, c'est là une de ces avanies qu'on ne peut avaler ; patir ; dégérer.
Dér. du lat. *Digerere*, cuire, digérer.

Dignè, s. m. Dim. *Dignère, dignèroù*. Denier ; douzième partie d'un sou ou les 5/12mes d'un centime. — *Fòou pas regarda lou dariè dignè*, il ne faut pas être si minutieux dans un marché, ou exiger strictement son dû jusqu'au dernier denier.
Dér. du lat. *Denarius*, m. sign.

Dignèirolo, s. f. Tire-lire, sorte de pot de terre qui n'a pas d'autre entrée qu'une petite ouverture horizontale, comme celle d'une boîte aux lettres en diminutif, par laquelle on glisse des pièces de monnaie provenant d'un pécule quelconque et qu'on ne peut retirer qu'en brisant le vase. C'est un moyen d'éviter les emprunts journaliers pour les dépenses de fantaisie que l'on ferait si ce pécule était à découvert et disponible dans une bourse ou une armoire. Ce n'est que pour une dépense importante que la tire-lire se casse : elle force en attendant à l'économie.

Dér. de *Digné*.

Dijôou, *s. m.* Jeudi, cinquième jour de la semaine. — *La semmano das quatre dijòous*, la semaine qui aura quatre jeudis, c'est-à-dire jamais.

Dér. par contr. du lat. *Dies Jovis*, jour consacré à Jupiter. Nous avons la même division de la semaine que les Romains ; nous leur avons emprunté la dénomination des jours. Le fr. n'a fait que renverser la syllabe *di*, qu'il place à la fin du mot. L'Olympe antique a tout fourni à l'exception du samedi, *dissate*, et de *diménche*.

Dilus, *s. m.* Lundi, deuxième jour de la semaine. — *Faire lou dilus*, chômer le lundi ; usage assez répandu parmi les ouvriers artisans. *Lou bon dilus*, le lundi avant la fête de Noel, qui est une sorte de foire à Alais, ou plutôt un marché plus suivi que les autres et plus abondant en marchandises et en bétail, surtout en porcs. *Dilus de Pasquos*, le lundi de Pâques, renommé dans tout le Midi pour ses omelettes et ses parties de campagne.

Dér. du lat. *Dies lunœ*, le jour d'Hécate, de la lune.

Dimar, *s. m.* Mardi, troisième jour de la semaine. — *Lou dimar de carnaval*, le mardi-gras, qu'on dit aussi *Carnaval* tout simplement.

Dér. du lat. *Dies Martis*, jour de Mars.

Dimècre, *s. m* Mercredi, quatrième jour de la semaine.

Dér. du lat. *Dies Mercurii*, jour de Mercure.

Diménchâou, châoudo, *adj.* Du dimanche, qui sert au dimanche. Ne s'applique qu'aux habits et aux parures. *Lou capèl diménchâou, la manto diménchâoudo*.

Diménche, *s. m.* Dimanche, premier jour de la semaine —*Lou diménche das Rampans*, le dimanche des Rameaux. *Lou diménche de carnaval*, le dimanche gras ou la Quinquagésime. *La vèsto, la râoubo das diménches*, l'habit, la robe de fête, c'est-à-dire le vêtement le plus neuf.

Le mot *Dimenche*, dimanche, dans notre dialecte et en fr., pour arriver à sa forme actuelle, a traversé bien des fortunes et des altérations. Le latin lui a donné naissance, et c'est en se contractant de *Dominica dies*, ou de *dies Domini*, en se pliant aux propensions organiques de chaque groupe de population et de chaque contrée, qu'il s'est enfin fixé. Nous avons signalé sous plusieurs articles et notamment aux mots *Canounje* et *La Canourgo*, les péripéties des transformations de mots où se rencontraient ces désinences latines repoussées avec une sorte d'horreur par le roman, analogues à celle qui a servi à composer *diménche* : nous n'y revenons que pour en rappeler la série. *Do-*

minica, lat., se changea en *Dimèrgue*, roman ; la charte romane d'Alais de 1200 disait : *Dimentge;* notre dialecte en a fait *Diménche;* le gascon a conservé *Dimèrgue;* d'autres variantes dialectales du Midi ont encore : *Diaumergue, Dimerge, Dimeche, Dimes, Desmengea, Dismengea, Dimergue, Diminergue, Deminche*, cités par Honnorat. L'ital. s'est tenu seul au lat. *Dominica;* mais l'espag. et le port. ont adopté *Domingo;* et l'ancien cat. avait *Digmenge*.

Partout, on le voit, c'est la proscription de la désinence antipathique en *inicus, inica*, ou mieux *nicus, nica;* car la voyelle antécédente aime à se reproduire tantôt en *argues* et *ergues*, tantôt en *orgue* ou *ourgue*, glissant en *ange*, *ènge* ou *onge*, puis permutant quelquefois le *G* doux en la consonnance chuintante du *Ch*. Cette unanimité de flexions sur la même syllabe indique certainement des prédispositions organiques remarquables. Le mot n'est pas isolé, et nous avons cité bien des exemples qui donnent un certain poids à l'observation. Nous aurons occasion d'y revenir.

Diminì, *v.* Diminuer ; baisser ; amoindrir ; rendre ou devenir moindre, plus petit.

Dér. du lat. *Diminuere*, m. sign.

Din, *prep.* Dans. — *Voy. Dedin*.

Dér. du lat. *In*, m. sign.

Dina, *s. m. et v.* Diner.

Lou dina est pour le peuple le repas du milieu du jour : les citadins le prennent à midi ; les paysans en varient l'heure suivant la saison. Les premiers y placent le potage ; les derniers le renvoient au repas du soir, au souper. — *Voy. Dejuna*.

Certains glossateurs, et Ménage particulièrement, font dériver le mot du lat. *Desinere*, cesser, sous prétexte que l'heure des repas est une suspension du travail. Cette dérivation paraît bien tirée par les cheveux. Ne serait-il pas plus rationnel de l'attribuer au verbe gr. Δειπνέω ou au s. Δεῖπνον, qui signifient souper et le repas du soir ?

Dinado, *s. f.* Gala ; repas invité ; auberge de route où les voyageurs s'arrêtent pour dîner ; coût de ce repas

Dinamoun ou **Dénamoun**, *adv.* de lieu. De là-haut ; du côté d'en haut ; vers là-haut.

Formé de *Dé, En, Amoun*, par contract.

Dindar, *s. m.* Dindon, coq d'Inde ; dindon commun, *Melengris Gallopavo*, Temm., de l'ordre des Gallinacés ; mâle du dinde.

Dindo, *s. f.* Dinde ; poule d'Inde ; femelle du *Dindar*

Dindouiè, *s. m.* Jujubier, *Zysiphus vulgaris*, Linn., arbre de la fam. des Frangulacées.

Dindoulo, *s. f.* Jujube, fruit du jujubier, si commun et si populaire a Nîmes qu'on avait autrefois établi une foire, à la Saint-Michel, pour la vente de ce seul article Cette foire a pris plus d'extension de nos jours, mais la jujube y figure encore en masse, comme l'héroïne de la solennité. Elle s'y vend en quantité incalculable. Les jeunes gens et les jeunes filles font ce jour-là la petite guerre avec cette curieuse espèce de projectile sur les promenades : ce qui ne contribue pas peu à sa prodigieuse consommation. Les environs de Nîmes et de Montpellier produisent autant que tout le reste de la France de ce fruit, qui du reste est originaire des pays méridionaux et ne se plaît pas dans les températures plus abaissées que le Languedoc.

Dingus, *pron. indéfini, masc.* Personne. — *Voy. Dengus.*

Diò, *interj.* C'est la syncope de *Diou-ò!* Mon Dieu, oui! — *Diou-si! Diou-nou!* Mon Dieu, si! Mon Dieu, non! Deux autres interj. du même genre, particulières à notre dialecte, reproduisent, comme celle-ci, les formes les plus anciennes; toutes trois, souvent précédées de l'exclamation *Ah!* ou *Oh!* comme pour appuyer sur l'affirmation ou la négation, et leur donner plus de force, sont des invocations du nom de Dieu. Il est à remarquer que la vieille affirmation romane *o* et *si*, empruntée par l'ital., se retrouve ici dans toute sa pureté. — *Oh! Diò !saique*, Oh! mon Dieu, oui! Sans doute. *Y-anaras?... Oh! Diò;* Tu iras?... Oui, certes!

Diou, *s. m.* Dieu, le premier et le souverain être, au fig. divinité, sujet ou passion qu'on adore.

Ce mot ne s'emploie guère ainsi seul que dans le style poétique ou soutenu, ou pour parler d'une divinité païenne. Ordinairement on dit: *Lou bon Diou.* — *Voy. Bou-Diou.* L'idée de Dieu se représente en languedocien dans une foule de locutions souvent explétives: *Diou vous douse!* Que Dieu vous écoute! J'en accepte l'augure. *A la gardo dé Diou!* Dieu soit béni! A la bonne heure! *Diou-mecis!* Grâces à Dieu! *Benissia-Diou!* Dieu merci! *Se Diou-z-ou vóou*, s'il plaît à Dieu. *Plet-a-Diou!* Plût à Dieu! *Que cresque!* Dieu le fasse grand et sage; souhait qu'on fait à un enfant qui éternue. *Davan Diou sié!* Dieu ait son âme! (*Voy. Davan.*) *Diou vous lou done!* Dieu vous donne le bonsoir: formule pour prendre congé. *Diou vous n'èn bonjour*, contraction de Dieu vous donne le bonjour; forme usitée dans les environs d'Anduze. Il est évident que dans cette phrase, *done* est supprimé complétement et sous-entendu, comme dans la précédente le s. *Bonsouèr*. Le mot *n'èn* n'est que le prolongement euphonique de *n'èn;* c'est comme si l'on disait: Dieu vous en donne, du bonjour. *Géns dé Diou!* Juron (*Voy. Gens*). *Diou m'ajude!* Dieu me soit en aide: phrase explétive pour donner du nombre et de la vigueur au discours, qui indique toujours une contrariété. *Diou-çaï-sié!* Que Dieu soit avec vous, dit-on en entrant dans une maison, et on réplique: *Amaï à vous*. Tout cela répond au *Dominus vobiscum* du prêtre à la messe et au répons du clerc: *Et cum spiritu tuo.* — *Diou-si! Diou-nou!* — *Voy. Diò.*

Dér. du lat. *Deus.*

Dire, *v.* Dire. — *Aquò faï bon dire*, c'est fort aisé à dire. *Aquò's un bèl dire*, c'est un grand avantage; il y a bien de quoi se vanter. *M'ou sdouprés à dire*, vous me le ferez savoir; vous m'en donnerez des nouvelles. *Sa cé qué né vóou dire*, il sait ce qu'en vaut l'aune. *Sé lou tèn né vóou dire*, si la saison veut être propice. *N'és pas pér dire, maïs...* ce n'est pas pour s'en vanter, mais... *Vóou pas qué sièque lou di*, il ne veut pas en convenir. *Dé qué vóou dire que sièque pas ana à la messo?* Pour quel motif a-t-il manqué la messe? *Dire de nou*, refuser une proposition; se dédire. *Aquelo bouto coumenço à dire de nou*, ce tonneau est sur sa fin de coulaison. *Aquò's pér dire que...* ou *de...*, c'est pour qu'il soit dit que.. *Sou-dis*, dit-il. *Digas!* Dites donc! formule vocative qui doit être suivie du nom de l'individu ou de sa désignation plus ou moins explicite (*Voy. Vouc*). *Mais, digas, l'avès visto coumo se caravo!* Dites donc, l'avez-vous vue comme elle se rengorgeait! formule familière au comérage féminin. *Aïci digan*, entre nous soit dit. *Aquò's pas per dire, mais..* ce n'est pas l'embarras, mais.. *Es de dous dire*, il a deux paroles; il soutient le pour et le contre; il a son dit et son dédit. *Coumo disié l'doutie* (*Voy. Aoutre*) *Tèn pas gaire à soun di*, il ne tient pas à sa parole. *Entre lou fa et lou di, y-a trés legos de cami*, prvb., entre la promesse et l'exécution il y a loin. *Disou*, on dit. *Se fouiè escouta lou di dàou mounde*, s'il fallait s'arrêter aux cancans. *Qué li diguère*, lui dis-je. *Et se me disias que...*, vous me direz peut-être que... *Quoucon mou disié*, j'en avais le pressentiment.

Dér. du lat. *Dicere*, m. sign.

Discounforme, ormo, *adj.* Informe; démesurément grand ou gros ou large; hors de toute proportion.

Il est la négation du mot: conforme, semblable, proportionné, relatif.

Discour, *s. m.* Dim. *Discourné*. Discours, harangue; sermon.

Dér. du lat. *Discursus*, course çà et là.

Dispensa, *v.* Dispenser; exempter; faire une exception en faveur de .. — *Se icou ère un ase, qué Diou m'èn dispense!* Si j'étais un âne, que Dieu m'en préserve!

Emp. au fr.

Dispénsos, *s. f. plur.* Dispense d'une ou deux publications de mariage, ou d'un ou deux bans à l'église.

Disputa, *v.* Disputer; contester. — *Disputan pas qu'un sóou*, nous ne sommes en désaccord que d'un sou.

Sé disputa, discuter; se quereller; se battre.

Dér. du lat. *Disputare*, m. sign.

Disputaïre, aïro, *adj.*, péj. *Disputaïras*. Querelleur; disputeur; qui cherche noise.

Disputo, *s. f.* Rixe, querelle; dispute.

Dissate, *s. m.* Samedi, septième jour de la semaine. — *Lou dissate es un jour court*, le samedi est un jour où l'on n'a le temps de rien. *Dé pouns dé dissate*, couture à longs points, parce que les couturières étant fort pressées pour rendre leur ouvrage le dimanche, se dépêchent tant qu'elles peuvent sans tenir à la perfection. *Y-a pas dé dissate din l'an que lou sourel noun végan;* dicton devenu une croyance populaire, fondée sur je ne sais quelle observation, qui veut que, par les temps les plus couverts, le soleil se montre toujours le samedi, ne fut-ce qu'un instant. *Faïre lou dissate*, chômer, fêter le samedi, comme les Juifs.

Dér. par contr. du lat. *Dies sabbati*, jour du sabbat.

Divéndre, *s. m.* Vendredi, sixième jour de la semaine. — *Lou divendre es lou pu fol ou lou pu téndre;* encore une croyance populaire qui prétend que dans le temps de grand vent, de froids rigoureux, le vendredi est le plus mauvais ou le plus doux des jours de la semaine. *Faire lou divéndre et lou dissate,* observer l'abstinence le vendredi et le samedi.

Dér. du lat. *Dies Veneris,* jour de Vénus.

Divèrtì, *v.* Divertir; amuser; égayer.

Sé divèrtì, se divertir, se réjouir, se récréer; prendre du plaisir.

Dér. du lat. *Divertere,* détourner, distraire.

Divèrtissan, anto, *adj.* Divertissant, amusant; facétieux, bouffon.

Divèrtissanço, *s. f.* Réjouissance, fête publique; fête patronale; récréation.

Dogou, *s. m.* Dogue, chien de forte race, à grosse tête, museau court, lèvres pendantes. Le boule-dogue est une variété.

Dér. de l'anglais *Dog,* chien.

Dôou, *s. m.* Deuil; affliction, tristesse; convoi funèbre; habits de deuil. — *Lou dôou li couven,* le costume noir lui sied. *Pichò-dôou,* demi-deuil; noir et blanc. *Dé quâou fas dôou?* Pour quel parent portes-tu des habits de deuil? *Faïre soun dôou,* se consoler d'une perte quelconque, même d'objets matériels de la plus mince importance. *N'aï fa moun dôou,* j'ai passé condamnation; m'en voilà consolé. *Vous rigues pas dé moun dôou, quan lou miou sera viêl lou vostre sera nôou;* tel qui rit vendredi, dimanche pleurera.

Dér. du lat. *Dolor,* douleur, chagrin.

Dôoure, *v.* Douloir; faire mal; causer une douleur. — *Ma tèsto mé dôou,* j'ai mal à la tête; j'éprouve une douleur à la tête. *Moun dé faï pas qué mé dôoure,* j'ai un mal au doigt qui ne me laisse pas un moment de repos. *M'én dôou d'y èstre ana,* il m'en cuit d'y être allé. *Qu'ièl noun véï, cor noun dôou;* prvb., le mal qu'on ignore est comme non avenu; en vieux fr. : *ce que euls ne voit cuers ne duet.* — *Fenno sé plan, fénno sé dôou, fenno es maldouto quan-t-ou vóou;* prvb., femme geint, femme se plaint, femme est malade à volonté.

Dér. du lat. *Dolere,* souffrir d'une douleur.

Dôousso, *s. f.* Cosse de légumes. — *Voy. Cadôousso.*

Dorgue ou Boulé rouje, *s. m.* Oronge; agaric-oronge, *Agaricus aurontiacus cæsareus; fungus orieicularis aureus;* champignon de la tribu des Amanites. — Chaque année, au mois d'août et dans les premiers jours de septembre, l'apparition des champignons sur nos marchés fait évènement : elle est aussi le signal de quelques accidents funestes. Il ne sera donc pas sans intérêt de résumer ici les notions fournies par les mycologues les plus autorisés sur le *Dorgue, Boulé rouje,* oronge vraie, comestible, pour empêcher de le confondre avec l'autre espèce vénéneuse qui lui ressemble.

Ce beau champignon, si renommé par son goût exquis, par son parfum délicat, est d'une forme ovoïde, entièrement enveloppé d'une membrane blanche, ou *volva,* en sortant de terre; mais bientôt son chapeau déchire le voile qui le couvre, sans emporter de lambeaux, et acquiert jusqu'à onze et quinze centimètres de diamètre. Ce chapeau est alors presque plane, orbiculaire, d'un jaune orange, d'une teinte plus vive vers le centre; sa surface est douce, unie partout, excepté sur les bords, qui sont sensiblement rayés et quelquefois incisés.

Ses feuillets sont larges, épais, inégaux et d'un jaune d'or.

Le pédicule, à peu près de la même couleur, est plein, bulbeux, haut de dix centimètres et quelquefois plus, entouré à sa partie supérieure d'un anneau jaune, large et rabattu; chair blanche, épaisse, offrant seulement une légère teinte jaune près de la surface ; odeur agréable, saveur douce.

On regarde, et avec raison, l'agaric-oronge, *Dorgue,* comme le plus fin et le plus délicat des champignons.

Il était connu des Romains sous le nom de *Boletus;* les Grecs le nommaient Βώλιτης, et le préféraient à tous les autres champignons. Leur amanite était le cèpe que Gallien place au second rang.

Apicius, le plus fameux gastronome de l'antiquité, ou comme l'appelle Pline, *nepotum omnium altissimus gurges,* a tracé avec détail le mode de sa préparation. Horace, Sénèque, Pline, Juvénal, Martial, Suétone, en font mention.

Juvénal en parle comme d'un mets recherché que les riches faisaient placer devant eux, tandis qu'on servait de mauvais champignons aux parasites qu'ils voulaient bien admettre à leur table :

Vilibus ancipites fungi ponentur amicis,
Boletus domino.....

Mais c'est surtout Néron qui a rendu ce champignon célèbre. Il l'appelait *cibus deorum,* mets des dieux; mais il faut dire que c'était par reconnaissance d'avoir envoyé dans l'Olympe son prédécesseur, quelque temps avant l'heure naturelle.

L'empereur Claude, en effet, fut empoisonné avec un plat d'oronges qu'il aimait passionnément. Locuste et Agrippine avaient présidé à la préparation du ragoût; et comme il n'agissait pas assez vite, le médecin Xénophon se chargea, sous forme de contre-poison ou de vomitif, d'ajouter la dose nécessaire qui acheva l'impérial malade.

Lou dorgue, oronge, a beaucoup de ressemblance pour le port et la couleur du chapeau avec la Fausse oronge, *Agaricus muscarius.* Il faut bien se garder de confondre ces deux espèces si différentes par leurs qualités.

Voici les principaux caractères qui les distinguent : l'une, la véritable oronge, a un volva ou une espèce de bourse qui la recouvre entièrement dans sa jeunesse, l'autre a un volva incomplet. La première porte un chapeau d'un jaune orangé, uni, sans verrues; le chapeau de la seconde est de couleur écarlate, plus ou moins moucheté de petites peaux blanches ou dorées, citrines, écailleuses. *Lou dorgue* a un doux parfum, des lames couleur d'or, un pédicule jaunâtre ; la fausse oronge exhale une odeur désagréable et non pas une odeur de champignon ; ses lames sont d'un blanc de neige, ainsi que le pédicule qui est plus épais, cylindrique, un peu écailleux, bulbeux à la base ; la bulbe du pédicule répand plus particulièrement une odeur forte et nauséabonde. Dans la variété à taches dorées ou citrines les bords de l'anneau qui entoure le pédicule sont finement dentés.

Autant *lou Boule rouje* est délicieux au goût et sain, autant la fausse oronge est malfaisante et un poison violent, presque toujours mortel. C'est pourquoi nous avons insisté sur leurs différences et sur leur description.

Dos, n. de nombre ; *fem.* de *Dous*, deux. — *Aquò fai las dos ;* et de deux. *Sou chanjas de las dos ;* les vers à soie sont sortis de leur deuxième maladie ; ils sont à leur troisième âge. *Faire las dos mans ;* dire le pour et le contre ; servir deux partis à la fois, ou plutôt les trahir tous deux, en ayant l'air de les soutenir.

Dér. du lat. *Duo*.

Doto, s. f. Dot, apport dotal. — *Voy. Berquièiro*

Dér. du lat. *Dos*, dot.

Doubla, *v.* Doubler, mettre en double ; ployer en deux ; joindre et tordre deux fils ensemble ; mettre une doublure ; fausser, tortuer ; plier en arc. — *Doubla la journa lo*, faire une double journée, en travaillant la nuit. *Doubla un claveu*, tortuer un clou. *Doubla uno cldou*, fausser une clé. *A doubla*, il a augmenté du double.

Se doubla, se plier en deux. — *Se doublo coumo uno amarino*, il se plie comme un brin d'osier. — On dit mieux en ce sens *Gimbla*. — *Voy.* c. m.

Dér. du lat. *Duplicare*, m. sign.

Doublaïro, s. f. Doubleuse, ouvrière employée à doubler la soie ou tout autre fil.

Doublaje, s. m. Action de doubler un fil quelconque ; frais de ce travail ; provision de fil doublé ou à doubler.

Double, doublo, s. adv. et adj. Double ; le double ; une fois autant ; acte écrit en deux copies. — *Aquelo fenno és doublo*, cette femme est enceinte. *Jouga la doublo*, jouer une partie en doublant le premier enjeu. *Fóou sinna lou double*, il faut signer l'acte en double original. *L'énvalè tout double*, il l'avala sans hésiter.

Un double, un cocon qui contient deux chrysalides et qui est l'œuvre simultanée de deux vers : ce qui fait que leurs fils sont enchevêtrés et qu'ils ne produisent qu'un brin gros, fort et bourilleux. Aussi sépare-t-on ces cocons des simples pour les filer à part, et ils produisent une soie grossière et terne qu'on nomme *doublo*, employée à faire de la soie à coudre, des tissus, des lacets, des galons et autres produits qui demandent de la force et non de la finesse : en terme de commerce, elle se nomme *Doupion*.

Depuis l'introduction des races chinoises et japonaises dans nos éducations séricicoles, la proportion des doubles est devenue exorbitante et comme une aggravation au fléau qui frappe la plus riche de nos récoltes. Le marché des cocons s'en ressent d'une manière pénible par les rabais proportionnels sur les ventes.

Double, mesure de capacité, double décalitre, 20 litres.

Dér. du lat. *Duplex*, m. sign.

Double-Milo, *interj.* Juron peu orthodoxe qui, comme tous ceux où entre le mot mille, implique la pluralité des dieux, et par conséquent ressemble fort à un legs de l'antiquité. La racine de ce juron est *Milo-Dious !* mille-dieux ! Par un reste de respect pour le nom de Dieu qu'on remue en quelque sorte, on supprima le mot *Diou* qui demeure sous-entendu ; *Double-Milo* est donc le duplicatif de *Milo-Diou*. Il faut faire observer cependant que ce juron a moins de portée dans l'usage que dans sa racine ; et comme il est fort possible que tous ceux qui prononcent le mot *Double-Milo* ignorent que c'est une insulte à l'unité de Dieu, ils sont moins hétérodoxes que ceux qui disent ouvertement : *Milo-Dious*, parce qu'ils savent tous que c'est une atteinte flagrante aux deux premiers articles du Décalogue.

Doublén, doublénquo, s. m. et f. Agneau mâle ou femelle de deux ans. — *Voy. Bedigas*.

Doublis, s. m. Attelage de deux chevaux à la charrue — *Lāoura ámu doublis*, labourer avec deux bêtes, par opposition à *Lāoura ámu foureas*, labourer au brancard ou à la limonnière, c'est-à-dire avec une seule bête.

Doubluro, s. f. Doublure, étoffe dont une autre étoffe est doublée — On donne plaisamment ce nom a la peau humaine, qui est en quelque sorte la doublure de nos habits. — *Fi cronto fi, vdou pas res per doubluro*, prvb., fin contre fin ne vaut rien pour doublure ; à bon chat, bon rat ; tu as à faire à quelqu'un d'aussi rusé que toi.

Douçamén, *a lv.* Dim. *Douçamene*. Doucement ; à petit bruit ; délicatement ; avec douceur.

Dér. de *Dous*, du lat. *Dulcis*.

Douçinoùs, ouso, *adj.* Douceâtre ; qui est d'une douceur fade, presque nauséabonde. — On emploie quelquefois *Doucinas*, m. sign , qui ressemble beaucoup à son péjoratif.

Dér. de *Dous*, doux.

Douèlo, s. f. Volice, latte-volice, petite planche très-mince et fort étroite sur laquelle se clouent les ardoises, et dont on garnit l'intervalle des traverses lorsqu'on veut faire un plafond plat garni en plâtre.

Dér. de la bass. lat. *Dogella*, petite douve.

Dougan, s. m. Douvain, bois refendu ou scié propre à faire des douves ; l'ensemble des douves d'une vaisselle. — *Aquò fara dé pouli dougan*, cette bigue donnera de fort belles douves.

Dougo, s. f. Douve de tonneau ou de cuve ; ais dolé qui forme le corps des futailles. Les meilleures dans notre pays se font en bois de mûrier. On les scie de manière à leur donner une certaine courbe, et pour cela on les scie en deux traits qui commencent par les deux bouts opposés sur deux lignes qui ne sont pas la prolongation l'une de l'autre, mais qui se coupent en angle excessivement obtus vers le milieu de la douve.

Dér. de la bass. lat. *Doga*, m. sign.

Douïé, douïéto, *adj*. Douillet; délicat; qui se dorlote; qui ne peut supporter la plus légère douleur.

Dér. du lat. *Dolens*, dolent; qui se plaint.

Douïétariè, *s. f.*, ou **Douïétije**, *s. m.* Délicatesse; gâterie; susceptibilité excessive pour la plus petite douleur.

Ce qui constitue une différence entre ces deux mots, qui cependant s'emploient à peu près indistinctement, c'est que *Douiétariè* est un acte de délicatesse, et *Douiétije* est ce défaut lui-même, l'habitude passée à l'état chronique.

Douïre, *s. m.* Buire; jarre à huile; urne de cuve; grand vaisseau en terre cuite.

Dér. du lat. *Dolium*, vaisseau, tonne.

Douje, n. de nombre. Douze; deux fois six ou dix et deux.

Dér. du lat. *Duodecim*, m. sign.

Doujéno, *s. f.* Douzaine, nombre de douze. — Les œufs se vendent par douzaines; la plupart des fruits se vendaient de même autrefois; c'est ce qui a amené cette phrase proverbiale : *Gn'a pas tréje à la doujéno*, en parlant d'une jolie femme ou d'un homme de mérite; c'est-à-dire que c'est un objet d'une trop grande valeur pour qu'on puisse ajouter une unité de plus par dessus le marché, comme cela se fait presque toujours pour les ventes à douzaine.

Doulo, *s. f.* Coup de poing donné sous le menton, ou à la nuque ou dans les côtes, avec l'angle des phalanges fermées. Le mot a voulu exprimer l'effet toujours douloureux et en a fait le suprême du genre.

Dér. du lat. *Dolere*.

Douloù, *s. f.* Dim. *Doulounéto*. Douleur rhumatismale ou nerveuse, et non la douleur, la souffrance générale, que fait éprouver un mal physique quelconque, encore moins la douleur morale.

Dér. du lat. *Dolor*.

Doulourous, ouso, *adj*. Douloureux; accablé de douleur; affligeant. — Ne se dit toutefois que des objets ou des membres et non des individus souffrants. — *Moun cadabre doulourous*, mon corps accablé de souffrances : cette phrase n'est même de mise qu'en style goguenard et familier.

Douméïsèlo, *s. f.* Dim. *Douméïséléto*. Demoiselle; jeune fille d'une classe un peu plus élevée que le bas peuple. — On se sert du mot au vocatif envers les filles du peuple, quand on veut se montrer agréable ou par politesse : c'est un nom qu'on donnait aussi autrefois aux dames de la petite bourgeoisie, pour les distinguer des femmes du peuple qui se dénommaient sous la qualification du nom féminisé de leur mari, et des dames de la noblesse et de la haute bourgeoisie qui seules avaient droit au titre de madame.

Douméïsèlo est encore un insecte de la classe des Névroptères, appelé Libellule ou Demoiselle, *Libellula*, Linn., portant des ailes de gaze, qui vole au-dessus des ruisseaux et des petits cours d'eau.

Dér. de la bass. lat. *Domicella*, dim. de *Domina*.

Douméïsélun, *s. m.* Terme collectif : ensemble des demoiselles ou des filles d'une ville ou d'un village.

Doumèrgue, *n. pr.* d'homme. Domergue.

Ce nom, comme le remarque très justement Sauvages, est devenu n. pr. de famille après avoir été d'abord un simple nom de baptême. Il fut en effet *Dominique*, que le roman languedocien transforma en *Domenge*, et l'esp. en *Domingo*, maintenu en *Domingue* pour l'appellation d'une île des Antilles. Il a donc subi les mêmes métamorphoses que ses similaires dérivés de la même source, que nous avons déjà rencontrés. C'est encore cette finale en *inicus* ou *inicæ* de la bass. lat. que le roman ne tolère pas. Le latin donnait *inus, ina, inum*, qu'on avait redoublé ou allongé; et ce sont ces consonnances sur lesquelles le roman se plaisait à s'exercer. Aussi tous ces noms à base commune présentent-ils les plus bizarres variantes.

Douméssargue, *n. p.* de lieu. Dommessargues, canton de Lédignan, arrondissement d'Alais.

Variété de même famille, avec la désinence plus particulière à nos contrées. Le principe est dans le latin *Dominus*. Pour en faire un nom de lieu, le suffixe ordinaire vient l'approprier et dans la bass. lat. on appelle ce domaine, appartenant à quelque seigneur, au moyen-âge, *Domensanicæ*, en 1235; le roman vulgaire, en même temps, 1237, dit *Domeussanègues*, puis *Domenssanengues*, qui arrive à notre *Douméssargue* par le chemin que nous avons indiqué sous les noms en *Argue*.

Doummaï, *conjonc*. C'est la traduction du fr. Plus, pris pour conjonction et lorsqu'il sert à établir une relation entre deux verbes. — *Doummaï vaï, doummaï declino*, plus il va, plus il décline ou diminue.

Formé de *Maï*, plus, et du lat. *Dum*, tandis que.

Doummèn, *conjonc*. Moins, dans l'acception inverse de *Doummaï*. Tout ce qui est dit pour celui-ci peut s'appliquer à celui-là.

Doun, *conj.* Donc, par conséquent. Le pronom fr. *Dont* n'est pas connu dans le lang. et c'est un gros solécisme ou plutôt un gallicisme que de l'employer. *De qui* ou *duquel* ne sont pas admis davantage : lacune fâcheuse sans doute à qui veut traduire le français; mais pour ceux qui pensent en lang. en écrivant dans cet idiome, la pensée ne leur vient pas même d'employer cette forme. — *Voy. Adoun*.

Dér. du lat. *Tunc*, alors.

D'oun, *adv*. de lieu. D'où, de quel côté? Contraction de *D'ounté*, mais avec cette différence que *D'oun* ne s'emploie qu'interrogativement.

Douna, *v.* Donner; faire un cadeau, une donation; livrer, vendre, accorder; causer; ruer; frapper; atteindre.

Cependant une singularité : dans cette dernière acception, la 1re et 3me pers. sing. de l'indic. prés. du verbe *Douna*, n'ont pas la même forme de conjugaison. Ainsi *Douna*, donner, fait : *Done, dones, dono;* et le même verbe, lorsqu'il signifie ruer, fait aux mêmes temps : *Doune, dounes, douno.*

Douna se dit d'un mur ou d'une construction quelconque qui s'affaisse sur sa base et perd son aplomb. — *Sé douna à quaouquus, émb'un oustdou*, se donner corps et bien à une personne, à une famille : ce qui arrive souvent parmi le peuple des célibataires, qui, n'ayant ni famille, ni bonne santé, ni capacité suffisante pour gérer leurs affaires, s'établissent dans une famille à laquelle ils abandonnent leur avoir, à charge de pourvoir à tous leurs besoins. Cette situation est la contre-partie de la tutelle officieuse et pourrait se dénommer pupillarité officieuse. *Aquélo récolto dono bièn aquèste an*, cette récolte produit beaucoup cette année.

Douna veut dire encore : avoir vue; traiter; et faire l'aumône. — *Sa fénèstro dono sus lou céméntèri*, de sa fenêtre on a vue sur le cimetière. *Aquél hoste dono bièn*, ce traiteur donne bien à dîner. *Dounas quoucon dou paoure avugle*, faites l'aumône au pauvre aveugle.

Dér. du lat. *Donare*, m. sign.

Douminargue, n. p. de lieu. Douminargues, canton de Connaux, arrondissement d'Uzès.

Autre variante des deux noms propres qui précèdent. Celui-ci vient encore du lat. *Dominus*, c'est une terre *dominicalo* au moyen-âge, inféodée, qui, pour cela, était désignée par *Dominanicæ*, et que la langue vulgaire a fini par plier au *Douminargues* actuel.

Des origines communes apparentent toutes ces dénominations, qu'il faut conférer avec ce que nous avons dit de *Diménche*, d'une consanguinité fraternelle, et qui a passé par des transformations parfaitement identiques. Tous ces rapports doivent encore être rapprochés des noms analogues, et rien n'est plus curieux que ces diversités sur les mêmes racines. Ainsi sont appelés : Domassan, Domessan, Domenec, Domenech, n. pr., et Domme (Dordogne); Dom (Aveyron); Daumaize (Puy-de-Dôme); Domezac (Charente); Daumazan (Ariège); Domazan (Gard); Domezain (Hautes-Pyrénées); Domenac (Lot); Domilhac (Lot-et-Garonne); Dominon (Nièvre).

La composition ethnique des noms est féconde et fournit un intéressant sujet d'études, dont nous essayons de donner quelques éléments.

Dounaciou, s. f. Donation; don par acte public; acte qui établit la donation.

Dounaïre, aïro, adj. Libéral; aumônier; charitable; qui aime à rendre service.

Doun-Doun, s. f. Dondon; grosse gagui; femme ou fille qui a un embonpoint excessif.

Dér. du roman *Dondaine*, ballon à jouer.

Dounéto, adj. des deux genres. Variante de *Dounaïre*, mais qui ne s'emploie que négativement : *És pas dounéto*, il n'est pas généreux; il n'aime pas à donner; il est avare, serré. *La fournigo és pas dounéto*, la fourmi n'est pas prêteuse.

Douno, s. f. Donne, la main aux différents jeux de cartes; distribution d'aumônes à jours fixes, qui sont usitées dans certaines maisons charitables. — *Hiuèï es jour dé douno encò dé moussu...*, c'est aujourd'hui jour d'aumône chez monsieur...

D'ounté ou **D'ounte**, adv. de lieu. D'où, de quel côté? — *Voy. D'oun.*

Dér. de *Ounté.*

Dourda, v. Frapper, heurter de la corne; cosser. — *Se dourda*, se cosser; lutter à coups de cornes; au fig. se heurter, se cogner la tête contre un corps dur quelconque. — Jadis dans les fêtes publiques on faisait lutter deux béliers ensemble. On trouve dans des comptes municipaux de Nimes cet article de dépenses : *Pro uno mutone qui fuit luctatus ad luctas Sancti Laurentii V denarii.*

Sauvages prétend que ce mot est d'origine celtique : il est difficile de prouver le contraire.

Dourdo-moucho, adj. de tout genre. — *Voy. Dourdo-mouto*, dont il n'est qu'une corruption.

Dourdo-mousquo, adj. de tout genre, m. sign. que le précédent et le suivant, dont il est une variante. Tous trois s'appliquent fort bien à un butor, un bélitre.

Dourdo-mouto, adj. de tout genre. Sournois, taciturne; songe-creux. Au prop. qui se heurte du pied en marchant contre les mottes de terre, tant il est préoccupé de ses sombres et sottes rêveries.

Dans l'usage, *Dourdo-moucho* a pris le dessus, et il est plus usité.

Dourmar, aïro, adj. Péj. *Dourmaïras*. Grand dormeur; roupilleur.

Dourmèïre, èïro, adj. Dormeur, qui aime à dormir. *Dourmar* est son péjoratif.

Dourmi, v. Dormir; reposer; être dans le sommeil; être calme et sans mouvement, comme l'eau dormante. — On dit d'une toupie, *térubin qué dor*, lorsque, vers le milieu de ses évolutions, elle se met à tourner sur sa pointe sans changer de place et avec une telle régularité d'équilibre qu'on n'aperçoit pas ses mouvements de rotation. — *Lous magnas dormou à las trés, à las quatre*, les vers à soie sont dans leur troisième ou quatrième mue.

Dér. du lat. *Dormire*, m. sign.

Dourmido, s. f. Méridienne, sieste; somme. C'est un des repos qui sont dûs aux journaliers depuis le 1er mai jusqu'au 1er août : il a lieu immédiatement après le repas de midi.

Dourmiouso, s. f. Torpille, *Torpedo* ou *Torpilla*, Linn., poisson de l'ordre des Tremátopnées et de la fam. des Plagiostomes, à bouche transversale, plat, cartilagineux, à peu près de la figure de la raie. La plus grande torpille a deux pieds de long. On sait la faculté qu'elle a d'engourdir ou endormir le bras de celui qui la touche, comme par une décharge électrique. De là son nom.

Dourquado, *s. f.* Dim. *Dourquadéto.* Plein une cruche ; contenu d'une cruche. — *Vaï cèrqua uno dourquado d'aïgo frésquo,* va remplir ta cruche d'eau fraîche.

Dourqué, *s. m.* Petit broc ; pot à eau ou à vin ; cruchon. — *S'amoura dou dourqué,* boire à même au broc.

Dim. de *Dourquo.*

Dourquièiro, *s. f.* Violette-longue ; espèce de figue d'un noir violet en dehors et rouge en dedans. Elle a le cou allongé et la base large et plate, ce qui lui donne certaine ressemblance avec quelque ancienne forme de cruche, *Dourquo,* d'où elle tire son nom.

Dourquo, *s. f.* Dim. *Dourquéto;* péj. *Dourquasso.* Cruche de terre ou de grès. — Les gens de la campagne s'en servent comme d'un broc pour le vin ; mais pour cela cette cruche à vin doit avoir un bec ou canal : lorsqu'elle n'a qu'une évasure à son rebord, on l'appelle *Bichè.*

Dér. du lat. *Orca,* jarre, vaisseau de terre.

Dous, n. de nombre. Au fém. *Dos.* Deux. — *Dé dous en dous,* deux à deux : terme de jeu, quand on est associé deux contre deux ; se dit aussi des choses et des individus divisés par paires ou par couples. *Sèn dous,* nous sommes deux, c'est-à-dire je partage tout à fait votre manière de voir. *Proumètre et tène soun dous,* promettre et tenir sont deux choses fort différentes.

Dér. du lat. *Duo,* m. sign.

Dous, douço, *adj.* Dim. *Doucé;* péj. *Douças.* Doux ; suave ; agréable au goût, à l'odorat ; fade ; qui manque d'assaisonnement : au fig. paisible ; d'humeur douce ; tranquille ; humain ; pliant ; flexible ; velouté — *Lou pan és tro dous,* le pain manque de sel ou de levain ; il est fade. On le dit aussi du vin qui, sans être liquoreux, n'a aucune pointe, par opposition *dou vi for,* celui qui commence à aigrir ; mais il faut que ce soit dans une phrase corrélative, sans quoi *lou vi dous* est simplement le vin doux qui n'a pas encore cuvé. *La passo douço,* il passe la vie douce.

Dér. du lat. *Dulcis,* m. sign.

Dousil, *s. m.* Dim. *Dousié.* Fausset de tonneau ; brochette qui ferme une petite ouverture pratiquée soit au haut du fond pour donner de l'air à l'intérieur quand on le remplit, soit au milieu pour en déguster le contenu, soit au bas quand on le soutire à la brochette ; ouverture même où se place le fausset. Au fig. petit trou, blessure étroite.

La racine de ce mot peut bien être dans le lat. *Dolium,* tonneau ; mais elle pourrait bien peut-être se trouver dans *Ducere, ductus,* conduire, conduit, ou *Dux, ducis,* chef, guide.

Douta, *v.* Douter, être dans le doute ; soupçonner. Se prend presque toujours en mauvaise part. — *Douta sus quàouquus,* soupçonner quelqu'un.

Dér. du lat. *Dubitare,* m. sign.

Doute, *s. m.* Doute ; soupçon ; hésitation ; incertitude.— *Léva un doute,* élever un soupçon.

Douvèr, èrto, *adj.* et *part. pass.* de *Douvrì.* Ouvert ; franc ; sincère ; qui a le cœur sur la main. — *Un chival douvèr,* un cheval à large poitrine, dont les jambes de devant sont largement espacées. *Un home douvèr,* un homme qui a les cuisses arquées et dont les genoux sont fort éloignés.

Douvrì, *v.* Ouvrir. — *Voy. Drouvì.*

Dra, *s. m.* Drap, étoffe ordinairement en laine ; grand châle en mousseline blanche dont les femmes cossues s'enveloppaient surtout quand elles étaient en grand deuil. Cet usage est passé de mode : le châle est noir en grand deuil. — *Dra dé mor,* drap mortuaire. *Dra d'hounoù,* poêle d'honneur qui se porte devant le cercueil.

Le mot *Drappus* avec la m. sign. se trouve dans les Capitulaires de Charlemagne : le celtique avait *Drap;* le gr. donne Καῖρος, trame.

Dra, *s. m.* Dim. *Draqué.* Lutin, diable ; mauvais génie ; esprit follet. On l'appelle aussi *Jan-lou-Dra* ou *lou Draqué.*

Dér. du lat. *Draco.* dragon.

Dragas, *s. m.* Dragon ; nom que l'on donne souvent à une femme ou à une fille effrontées, hardies au-delà de toute pudeur. C'est une contraction du péj. *Dragounas.* — *Aquò's un dragas,* c'est une *Virago,* un démon d'effronterie.

Dragoun, *s. m.* Dim. *Dragouné;* péj. *Dragounas.* Dragon, soldat appartenant à une arme de la cavalerie ; lutin, esprit ou serpent fantastique. — *Aquò's un dragouné,* c'est un petit lutin.

Draio, *s. f.* Chemin affecté aux troupeaux et qui a une plus grande largeur que les autres. — Il se dit surtout de ceux que suivent les troupeaux qui vont passer l'été sur la montagne et sur lesquels on croit qu'ils ont prescrit le droit de passage, quoiqu'ils ne soient pas frayés et qu'on ne distingue guère à l'œil leur périmètre. C'est sans doute un préjugé qui ne repose sur aucun droit, bien que les anciens cadastres les appellent quelquefois comme tenants et aboutissants de délimitation. Du reste le nombre de routes et chemins vicinaux qui se multiplient chaque jour rendent ces *Draïos* inutiles.

Dériverait-il du gr. Δράω, s'échapper, s'enfuir, ou de Τρέχω, courir, passer ?

Draïoou, *s. m.* Petit sentier ; chemin étroit, à peine tracé.

Dim. de *Draïo.*

Draja, *v.* Cribler ; passer au crible.

Dér. de *Dral* ou *Drajé.*

Drajaire, *s. m.* Celui qui crible le blé.

Drajé, *s. m.* Crible. — *Voy. Dral.*

Drajèio, *s. f.* Dragée ; amande, pistache, noisette, ou autres petits fruits enveloppés de sucre durci. — *Quouro nous fas manja dé drajèios?* Quand te maries-tu ? *Bada la drajèio,* au fig. cette locution signifie : Bayer aux corneilles, ouvrir la bouche de stupéfaction ; au prop. elle est devenue proverbiale et prend son origine dans un jeu du carnaval

Dans les mascarades des jours gras, on voit toujours un masque habillé en Cassandre et monté sur un âne, sens devant derrière; il tient à la main une baguette à cette baguette pend un fil : à ce fil est accrochée une dragée que le Cassandre fait sautiller, en frappant avec une seconde baguette sur la première, au-dessus d'une foule de gamins qui suivent, la bouche grande ouverte, pour happer le bonbon, qui leur échappe par ses sautillements, car il est prohibé d'y porter la main.

Cette définition, explication, description du mot et de la chose est empruntée aux *Castagnalos*, et nous n'avons pas cru pouvoir mieux faire.

L'étymologie, nous le savons, est, d'après les glossateurs, tirée du gr. Τραγήματα, dessert; de la dragée, disent ils. Nous ne nous y opposons pas. Mais pour qui a vu confectionner cette charmante et nuptiale friandise, une autre dérivation se présente. Les amandes, pistaches ou noisettes sont jetées dans un poêlon de confiseur, au milieu d'une poudre de sucre, et soumises à un mouvement continu d'agitation, de rotation, d'oscillation, jusqu'à ce que les molécules de sucre se les ait entièrement et également revêtues et enveloppées, de manière à leur former une nouvelle écorce, cette délicieuse écale durcie au frottement, lisse et égale, qui distingue la dragée. Cette opération de confiserie n'est autre que la manœuvre du crible à blé appliquée à une friandise. Or le crible se nomme en lang. *Draje* Pourquoi les amandes, criblées aussi, ne rappelleraient-elles pas dans leur dénomination le moyen par lequel elles sont devenues *Drajèios*? Cette origine nous semble valoir autant qu'une autre plus savante.

Dral, *s. m.* Dim. *Drajé* Crible à blé, en peau de porc et à trous ronds, ce qui le distingue du *Moundaire*.

Le mot *Dral* est un terme générique dont celui de *Couladou* est la spécialité relativement au blé *Lou Drajé* ou *Pisso-paio* est un crible dont le fond est tissu en cottons de châtaignier, servant à séparer le grain et la balle d'avec un résidu de paille.

Dér. du gr. Δράω, s'échapper, s'enfuir.

Drandaïa, *v.* — *Voy. Trantaïa*.

Drapé ou **Drapèl**, *s. m.* Drapeau d'enfant, linge carré dont on enveloppe immédiatement le corps de l'enfant au maillot.

Dim. de *Dra*.

Drapèou, *s. m.* Dim. *Drapélé*. Drapeau, étendard, enseigne militaire.

Dér. de *Dra*.

Drapiè, *s. m.* Drapier, marchand ou fabricant de drap. — Dans un acte du 10 des Kalendes de janvier 1294, qui règle le rang des corporations à Alais, il est fait mention des drapiers et marchands de drap, faisant commerce avec Paris et en France : *Draparii, utentes officio drapariæ et omnes illi qui Parisiis aut in Francia mercaturas suas exercent*. Ils font partie de la deuxième échelle pour former le conseil municipal de la commune, avant les avocats, les notaires, les médecins, les apothicaires et les épiciers, qui ne sont classés ensemble qu'au troisième rang.

Draqué, *s. m.* — *Voy. Dra*

Dré, *s. m.* Droit; jurisprudence; justice; loi; ce qui est juste; liberté; faculté. — *Faire lou dre*, faire bonne justice, rendre à chacun ce qui lui appartient légalement ou consciencieusement. *A fa lus dres à sous efans*, il a partagé son bien à ses enfants avec une stricte probité. *Jous dres*, les droits légitimaires d'un enfant de famille, ce que la loi lui accorde obligatoirement.

Dér. du lat. *Directum* pour *rectum*, justice, équité.

Dré. drécho, *adj.* Dim *Drecho*. Droit; direct; qui est debout; escarpé; qui a une pente rapide. — *Tèn-te dre*, suivant les cas, signifie : tiens-toi debout ou tiens-toi droit. *Dre t-en-dre*, vis-à-vis, en face de *Marcho tout dré*, marche droit devant toi *La mountado és bien drécho*, la montée est bien rapide *Dre de tus*, vis-à-vis de toi, en ligne directe de ta position; faisant face à la direction de tes pas. *Soun mas es dre de Larna*, sa métairie est près et dans la direction de Larnac. *Tout es en dre*, tout est régulièrement disposé. *L'áouro drecho*, le vent du nord. *Faire l'doubre dré*. (Voy. *Aoubre*) — *Aqui dré*, de ce côté, dans cette direction. C'est une phrase explétive fort usitée dans la région orientale d'Alais, chez ce qu'on appelle les *Gounèls*, qu'on y emploie à tout usage, sans le moindre rapport avec la phrase antécédente ou subséquente. *A man drécho*, du côté droit, à main droite

Dér du lat. *Directus*, droit.

Drèchè, drèchèïro, *s. m.* et *f.* Droitier, qui se sert particulièrement de la main droite pour tout exercice et travail d'adresse — La nature a donné une égale force, une même dextérité à chacune des deux mains; ce ne sont que les habitudes d'enfance ou d'apprentissage qui modifient cette disposition naturelle, en faisant passer par un exercice journalier la force et l'adresse dans celui de ces membres qui est le plus mis en exercice.

Dans notre état de civilisation, nous avons donné la préférence au bras droit, et dans tous les actes que nous apprenons théoriquement, c'est lui qui joue le principal rôle, non pas qu'il y ait été prédestiné par la nature, mais bien parce qu'il faut, dans tout apprentissage régulier, adopter une unité de principes L'exercice des armes a dû être un des premiers rudiments de l'éducation des peuples, et c'est de ceux qui exigent le plus d'ensemble et d'unité de principes.

La droite a été préférée on ne sait par quel motif; mais quand on a vu que cette main avait acquis dans cet exercice plus d'habileté et de vigueur, on a dû penser que ce membre était privilégié de la nature à quelques exceptions près.

Cependant quand on considère combien sont nombreux les gauchers dans les classes populaires; lorsqu'on voit que, dans ces travaux agricoles qu'on apprend par la seule imitation, les gauchers sont aussi communs que les droitiers ; lorsqu'on voit ceux-ci continuer à manier la houe, la bêche, la hache, à jeter des pierres, de la main gauche, même après qu'on a exercé leur main droite à l'écriture et au maniement des armes ; lorsqu'on voit la nature lutter victorieusement contre l'éducation dans certains individus qui restent gauchers malgré les leçons, les exemples et les punitions, il faut convenir que le privilège de la droite n'est qu'une convention purement sociale.

Cette prédisposition, qui crée les gauchers et les droitiers, remonte aux premiers mouvements de l'enfance au maillot. Ces premiers gestes, ce premier exercice des articulations, sont toujours spontanés. Qu'un enfant soit un peu plus ou un peu moins serré dans ses langes d'un côté que d'un autre, le membre resté le plus libre agira le premier ; si sa nourrice en lui donnant le sein lui présente plus souvent un côté que l'autre, le bras placé en dehors aura plus de liberté et c'est celui dont il se servira d'instinct pour saisir ou pour gesticuler. Au bout de quelques jours ce membre se renforcera, et au moment où ces mouvements devront prendre plus d'intensité et de régularité, la nature qui est en suspens pour décider de la suprématie de ses membres, l'accordera de préférence à celui qui aura montré plus de dextérité et d'aptitude.

Du reste ce qui prouve que les gauchers ne sont point une exception de la nature, mais bien une contravention des lois sociales, c'est qu'ils ne sont point rares dans les classes populaires et agricoles, où l'on n'a rien fait pour combattre cette prédisposition.

Drésèli (Sén), *n. pr.* de lieu. Saint-Désèri ou Saint-Didier.

Dér. du lat. *Sanctus Desiderius*.

Drinda ou **Dinda**, *v.* Tinter ; rendre un son aigre et métallique comme des grelots.

Dér. du lat. *Tinnire*, m. sign.

Inutile de faire remarquer, après ce que nous avons dit lett. D, la permutation des dentales du dérivé au primitif lat. Le fr. et le lang. suivent leur marche parallèle.

Drin-drin ! *interj.* Tin-tin ; onomatopée d'un son aigu et métallique.

Dringo-drango, *phr. faite*, sorte d'adv. pour exprimer, par imitation, un branlement de gauche à droite, pareil au brimballement des cloches. — *Faire dringo-drango*, se balancer de droite à gauche. Se dit surtout des personnes déhanchées.

Formé de *Drinda*.

Drissa, *v.* Dresser. — *Voy. Adrissa*.

Drogo, *s. f.* Drogue, préparation pharmaceutique ; drogue, mauvaise marchandise, mal fabriquée et qui n'a pas de durée.

Dér., dit-on, du persan, *Droa*, odeur. Selon Raynouard, de l'anglo-saxon *Druggs*, drogue.

Drole, *s. m.* Dim. *Droule* ; augm. *Droulas*. Jeune garçon. — Se dit d'un enfant qui marche déjà, et s'arrête à l'adolescence, au commencement de la puberté. Ce mot n'entraîne avec lui aucune idée défavorable, comme le *Drole*, fr. — *De qudou és aquel pouli drole ?* à qui est ce joli enfant, ce gentil mignon d'enfant ? surtout avec le dim. *Droule*. *Moun brave droulas*, mon cher petit et gros poupon : expression caressante, avec l'augm.

Son étym., ainsi que celle de l adj., paraît avoir été tirée du danois ou saxon *Trole*, démon.

Drole, drolo, *adj.* Plaisant, drole ; singulier ; facétieux. — *Trobe un pdou drole que m'agués fa aquel tour*, je trouve fort plaisant, fort mauvais que vous m'ayez joué ce tour-là.

Drolo, *s. f.* Dim. *Drouleto* ; péj. *Droulasso*. Jeune fille, dans la même acception que *Drole* ; cependant on en proroge la portée au delà de l'âge nubile. — *Uno bravo drolo*, une gente bachelette. *Aquò fai uno bravo droulasso*, c'est vraiment une fille appétissante.

Drouguistariè, *s. f.* Droguerie, terme générique pour exprimer les drogues en général ; épicerie ; profession ou commerce d'épicier. — *Faire drouguistariè*, tenir magasin d'épiceries.

Dér. de *Drogo*.

Drouguisto, *s. m.* Droguiste, épicier. — Le premier de ces mots a presque disparu de la langue, comme terme qualificatif de profession : il est remplacé en fr. par épicier. On ne voit pas bien ce qu'il y a gagné. La même réforme s'est opérée pour apothicaire, qui n'est plus qu'un pharmacien.

Droulé, *s. m.* Sorte de basquine ou casaque de femme, particulière aux provençales d'Arles et de Tarascon, qui paraît avoir une origine ancienne. Le *Droulé* était un justaucorps à basques étroites descendant à mi-jambe et ouvert à la taille, ordinairement en soie, de couleur tendre et tranchante sur celle de la jupe. Cette mode a disparu, emportant avec elle ce cachet de costume national, que même dans leur coiffure les Arlésiennes ont commencé à modifier.

Drouvi ou **Douvri**, *v.* Ouvrir ; le contraire de fermer. — *Sé drouvi*, au fig. développer son intelligence.

Douvri serait plus correct, mais l'usage a adopté *Drouvi*, qui n'est qu'une corruption cependant.

Dér. du lat. *Aperire*, m. sign.

Drubi, *v.* Ouvrir. — C'est le même mot que le précédent dont il est une variante usitée dans les hautes Cévennes.

Druje, drujo, *adj.* Dru ; robuste ; vigoureux. — *La plèjo es drujo*, il pleut dru.

Dér. du lat. *urus*, ferme, solide.

Drujije, *s. f.* Vigueur ; bonne santé ; sève forte et abondante.

Du, duro, *adj.* Dim. *Dure* ; péjor. *Duras*. Dur ; durci ; ferme ; solide ; insensible ; rude. — *Avèn cava siéi pans sans atrouba lou du*, nous avons creusé à un mètre et demi de profondeur sans rencontrer le terrain ferme, soit le rocher, soit l'argile vierge.

Dér. du lat. *Durus*, m. sign.

Du, *s. m.* Espèce de raisin qu'on peut confondre avec le *Dalican* ; mais son bois est rougeâtre et très dur ; ses feuilles sont aussi plus grandes.

Duèio, *s. f.* Douille, partie creuse et cylindrique d'un outil, d'un instrument, destinée à recevoir un manche.

Dér. du lat. *Doliolum*, petit vaisseau, baril ; parce que la douille est effectivement comme un barillet où s'entonce le manche d'une arme ou d'un outil.

Duga, *v.* Être pensif ; être rêveur ; rester dans le farniente ; songer ou rêver creux ; bayer aux corneilles ; se plonger dans ses rêveries, moitié sommeil, moitié paresse.

Dér. de *Dugou*, grand-duc, parce que cet oiseau est dans un état pareil pendant tout le jour, avec ses grands yeux qui ne supportent pas la lumière et à demi-clos.

Duganèl, *s. m.* Au fém. *Duganèlo.* Duc, grand-duc, hibou, **Strix hubo**, Linn. Le plus grand des oiseaux de proie nocturnes, il a deux pieds de longueur. Sa nourriture se compose de lièvres, de lapins et de perdrix, ainsi que de rats et de scarabées. Couleur fauve, pommelée de brun ; plumes de la face mélangées de roux, de noir et de gris ; gorge blanche. Sa chair est, dit-on, tendre et d'un goût agréable. Son nom lang., qui se dit aussi *Dugou*, est une traduction de Duc et peut-être une onomatopée de son cri effrayant, qui est d'une consonnance exprimée par son nom. Le fr. ne pourrait-il pas venir aussi de cette imitation, et ne point signifier *Duc, Dux*, chef de son espèce ?

Dugou, *s. m.* Le même que le précédent, variante plus imitative dans sa prononciation.

Dupa, *v.* Accuser ; incriminer ; se concerter pour faire tomber une faute sur quelqu'un.

Dér. du fr. *Duper*, mais avec une légère déviation dans l'acception.

Dura, *v.* Durer ; continuer d'être ; persévérer ; persister ; faire un long usage. — *Lou rouvre duro din l'aigo*, le chêne se conserve dans l'eau. *Més que dure*, pourvu que cela dure ainsi. *Ta plèjo m'a dura tout lou tén ddou cami*, la pluie ne m'a pas quitté pendant tout le temps de la route. *Tout me duro*, mes habits me font un long usage.

Der. du lat. *Durare*, m. sign.

Durado, *s. f.* Durée ; espace de temps qu'une chose dure ; long usage. — *La plèjo sera pas de durado*, ce n'est pas une pluie qui doive durer. *Aquelo telo fara durado*, cette toile sera d'un long usage.

Durbè, *s. m.* Gros-bec, pinson-royal, **Fringilla Coccothraustes**, Temm. Cet oiseau, remarquable par la force de son bec conique, pointu et assez dur pour casser les noyaux de l'alisier entr'autres, dont il mange l'amande, n'est susceptible d'aucune éducation. Il est sauvage et silencieux. Il est dur d'oreille, dit Buffon, ce qui peut-être contribue à rendre son intelligence bornée. Ce caractère connu a fait donner le nom de *Durbè*, au fig., à un sot, un butor, un lourdaud.

Duriou, *s. m.* Durillon, callosité qui se forme à la plante des pieds et à la pomme des mains, par suite de la compression de l'épiderme occasionnée par la marche ou par le maniement d'un outil.

E

E, *s. m.* Cinquième lettre de l'alphabet, deuxième voyelle. E voyelle a diverses prononciations, qui doivent être notées par l'écriture. Tantôt muet, tantôt fermé ou ouvert, tantôt aigu ou grave, les accents correspondants le distinguent. L'absence d'accent, qui désigne l'e muet, ne lui imprime pas cependant la consonnance de l'e muet français, qui est assourdi en *eu* bref. L'e muet languedocien se prononce à l'italienne, comme un *e* fermé bref, c'est-à-dire que la voix appuie légèrement sur la pénultième dans les mots qu'il termine. — *Voy. le mot Acén*.

Il nous est impossible d'adopter, au sujet de la prononciation de l'E et de son orthographe, le raisonnement et la division de Sauvages.

On s'étonne, quand on considère la haute intelligence de cet auteur et son esprit d'analyse, de le voir sur cette question s'éloigner si visiblement de notre vocalisation. Peut-être faudrait-il attribuer cette déviation à une mutation dans la prononciation de ce pays survenue depuis l'époque où écrivait Sauvages, ou bien à des types qu'il aurait choisis dans un autre dialecte que le nôtre. Car il est certain que les théorèmes qu'il établit sont en complète contradiction avec notre prononciation actuelle.

Ainsi il n'admet que deux divisions de la voyelle E, savoir l'*e* fermé et l'*e* très-fermé, qu'il qualifie par imitation de l'italien, *Stretto*.

Or, ce qu'il appelle l'*e* fermé, celui qu'il marque d'un accent aigu, est précisément celui que nous nommons l'*e* ouvert et que nous caractérisons par l'accent grave. Que l'on observe les mots qu'il donne lui-même pour exemples de l'*e* fermé : *Miraïè*, miroitier, *Rès*, chapelet d'oignons, *Pèses*, pieds, *Irangè*, oranger : il est évident que nous prononçons tous ces *e* là, comme l'*è* ouvert français, et sans aucune différence avec la prononciation des mots suivants : procès, commère, lumière, grève, etc. On opposera peut-être que dans le nord et dans l'est de la France, on appuie davantage sur cet *e* ouvert et l'ouverture de la bouche est un peu plus grande ; mais ce n'est là qu'un mode d'accentuation particulière à certaines localités : comme on voit à Lyon peser beaucoup plus qu'à Paris et ailleurs sur certaines voyelles, surtout sur l'*o*, et prononcer par exemple cariole comme s'il y avait un accent circonflexe sur l'*ô*, ou s'il y avait deux *o*, *carioole*. Il est certain que, dans tout le Midi, les personnes qui ont l'accent le plus pur ne prononcent pas l'*e* ouvert français d'une autre manière que notre *e* languedocien dans *Irangé*, *pèses*, etc.

Dans tous les cas, il est tout à fait irrationnel d'assimiler ce dernier *e* à l'*e* fermé français.

Arrivons à l'*e* très-fermé ou *Stretto* : Sauvages prétend que ce dernier *e* s'écarte autant de l'*e* fermé français que celui-ci s'éloigne de l'*e* ouvert. Voilà une assertion que l'exemple ci-dessus détruit complètement. Nous demandons à tous ceux qui ont quelque connaissance, quelque usage de notre langue, s'ils aperçoivent une différence saisissable entre la prononciation de l'*e* lang. et de l'*e* fr. dans les mots suivants :

Fr. Pâté	Lang. *Paté*, lambin.
Côté	*Couté*, nuque.
Paré	*Paré*, muraille.
Pêcheur	*Pecadoù*, pêcheur.
Série	*Sédo*, soie.

Sauvages a cru voir dans le mot italien *Stretto*, l'annonce d'une vocalisation plus étroite, plus fermée que l'*e* fr., et il l'a appliquée au lang. Mais la désignation de *Stretto* n'a pas d'autre portée que celle de l'application à l'*e* fermé ; l'italien n'a pas d'autre terme pour l'exprimer et le différencier de l'*e* ouvert : cette épithète est positive et non superlative, comme la traduction qu'en fait Sauvages.

Notre glossateur n'admet pas en lang. l'existence de l'*e* muet : cela est vrai, si par là nous devons entendre la consonnance brève et muette *eu* du fr. ; cela est faux au contraire, si par *e* muet nous entendons une consonnance en *e* brève, inarticulée, qui s'échappe plutôt qu'elle ne se prononce après une pénultième grave et prolongée, et qui s'élide devant une voyelle. Il range cette sorte d'*e* dans la catégorie de l'*e stretto*.

Nous convenons que cette sorte d'*e* a une consonnance fugitive qui ressemble assez à l'*e* fermé ; mais si on suivait cette analogie, il faudrait en fr. assimiler l'*e* muet à la voyelle composée *eu* et l'appeler *eu* bref. Il est assez étrange du reste que Sauvages n'ait pas senti la nécessité de distinguer et de classifier à part les syllabes inarticulées que nous nommons muettes, soit qu'elles se terminent en E, en I, O, OU.

C'est l'oubli que nous relevons en dénommant voyelles ou diphthongues muettes celles qui à la fin d'un mot sont précédées d'une syllabe longue et prolongée et s'échappent inarticulées comme l'*e* muet final en fr., comme dans les mots : *manje*, *gari*, *broquo*, *aïmou*. Nous distinguons ces voyelles finales de leurs correspondantes toniques, en les privant de tout accent, tandis que ces dernières reçoivent un accent grave. — Voy. *Acén*.

Il est à remarquer que ce genre de voyelles muettes ne se trouve qu'à la fin d'un mot, et jamais au commencement ni dans l'intérieur. Il devient donc inutile d'accentuer celles qui ne sont pas finales, puisqu'elles sont toujours toniques dans ce cas, et que d'ailleurs cette multiplicité d'accents deviendrait fatigante à l'œil.

Nous établissons par conséquent en règle absolue : 1° que au commencement et dans l'intérieur d'un mot, chaque voyelle a sa valeur et garde le son qui lui est propre ; 2° que les voyelles *a* et *u*, qui ne sont jamais muettes, n'ont aucun besoin d'accent, quelque place qu'elles occupent ; 3° que les voyelles *e*, *i*, *o*, et la composée *ou*, quand elles sont finales, doivent avoir un accent grave ou aigu, si elles sont toniques, et rester sans accent, si elles sont muettes.

Nous avons dit qu'au commencement ou à la fin d'un mot, les voyelles n'étaient jamais muettes, et qu'il devenait dès lors oiseux de les marquer d'un accent. La voyelle *e* fait exception à cette règle, parce qu'ayant deux vocalisations différentes, l'*e* fermé et l'*e* ouvert, il était nécessaire de les distinguer par l'accent qui leur est propre. Tous les *e* doivent donc être accentués, hors l'*e* muet final.

Échantĭoun, *s. m.* Échantillon, partie d'une chose, morceau d'une étoffe ou d'une marchandise pour servir de montre ou faire apprécier son mérite.

Emp. au fr.

Édo, *suffixe*, qui, en s'ajoutant en composition à un radical, lui imprime une idée de provenance et surtout un sens collectif.

Cette terminaison est particulière aux idiomes méridionaux, et si le français s'en est emparé pour former quelques-uns de ses mots, partout où il la conserve, on est presque assuré de reconnaître à ces vocables une attenance avec le Midi. Seulement le français donne à la finale francisée une modulation différente de celle du languedocien. Dans notre dialecte, *Édo* final est invariablement doux et bref sur l'*É* pénultième tonique, que pour cela nous marquons par un accent aigu : en français, l'*È*, tonique aussi, est toujours grave, ouvert et long. Laquelle des deux prononciations se rapproche davantage de la vocalisation primitive de cette syllabe ? nous ne saurions le dire ni en noter autrement la nuance ; mais l'espagnol et l'italien, qui ont gardé, comme nous, la consonnance brève et douce dans les mêmes cas, pourraient bien reproduire fidèlement aussi la prononciation gauloise ou latine de cette désinence partitive qui n'a pas beaucoup varié. Quoi qu'il en soit, la présence dans un nom propre de la finale *Édo* ne viendrait-elle que prouver que les appellations où elle se trouve appliquée à des noms de famille, indiquent que ces familles sont certainement originaires du Midi, qu'il y aurait quelque intérêt à relever le caractère et l'emploi du suffixe.

Dans la formation des noms, ce cachet de race n'était pas inutile à remarquer. Toujours est-il que le Nord et le Centre affectionnent pour leurs terminaisons de collectivité une autre formule, comme nous l'allons voir, bien que provenant de la même source.

On connaît déjà l'emploi et le fonctionnement des suffixes, ces syllabes adjonctives imaginées pour donner aux mots une extension caractéristique de sens. Nos ancêtres avaient *ek* = *ak*, qu'ils ajoutaient quand ils voulaient exprimer la réunion, la pluralité de mêmes objets dans un lieu; nous avons donné de nombreux exemples; *Cass, Casn* désignait un chêne, une individualité; *Casnek* signifiait une collection de chênes, et ainsi de bien d'autres noms. (*Voy. Agno* et passim.) Les arbres, les pierres, les rochers sont naturellement les objets qui se présentent le plus souvent en collection : et l'office de la terminaison collective trouvait là à s'appliquer avec plus de fréquence et de précision. C'est pourquoi ces dénominations ont pris en général pour base le radical de l'arbre qu'il fallait désigner.

Le latin avait des procédés de suffixes tout pareils : quand il régna en vainqueur dans les Gaules, quelquefois il se prit à imposer ses importations, d'autres fois il se contenta des mots tout faits; mais toujours il les marqua au cachet de son génie linguistique, qu'il prenait dans ses finales propres, surtout quand le radical se rapprochait suffisamment d'un mot qui lui était familier et usité chez lui.

Ce mécanisme, que nous avons expliqué, se retrouve ici. La moyenne latinité, qui s'imprégnait des anciennes traditions et qui tendait en même temps à ne pas trop se séparer du romain, forma ainsi son vocabulaire de noms propres de lieux, puis de personnes. On avait donc, par exemple, en gaulois *Cass, Casn*, et *Casnek;* le latin faisait *Casnetum,* correspondant à *Quesnetum,* à *Quercetum,* pour dire : un lieu planté et abondant en chênes, dont le roman du Nord fit *Chesnaie* ou *La Chesnaye,* qui est devenu notre *Chadenédo.*

Plus tard, la différence des climats, les aptitudes de prononciation et mille autres causes créèrent les variétés ethniques; et là, quand le suffixe primitif était *ek* = *ak*, transformé en *etum* latin, au moyen-âge, on disait, en employant le latin, *etum* = *edum* = *idum* = *eium*, et en façonnant le roman au Nord et au Centre, on préféra les finales en *ai, aye, ais, ait, ei, eye, eis, et, es, ex, eix, oi, ois, oy, oye,* et autres désinences équivalentes, tandis que l'italien gardait *eto*, l'espagnol *eda*, et la langue d'Oc *edo*, comme signe de la collectivité. Par l'effet de la permutation des lettres, dont nous avons aussi indiqué quelques règles, la substitution du *d* au *t* est un changement naturel. Il en résulte par conséquent que notre suffixe *Edo* = *ek* = *ak* = *etum*, et *edum*, ainsi que toutes les autres terminaisons équipollentes du roman et du français actuel, ont des bases communes et se substituent l'une à l'autre sans autre motif que l'effet de certaines prédispositions organiques, dont il n'est pas possible de se rendre compte. Par où on est amené sans surprise, après avoir dégagé la racine, à suivre la composition des mots et des noms, et à saisir cependant, à travers leurs variétés, leur généalogie et leurs formations successives : *Clapas, Rancas, Blaquas,* racines secondes et individualisant un objet, conduisent à *Claparedo, Rancaredo, Blaquaredo,* noms collectifs, comme le lat. *Pinetum* a donné *Pinay* = *Piney* = *Pinet* = *Pinaye,* noms de lieux, qui sont identiques à notre *Pinédo :* *Vernetum,* lat. = *Verney* (Suisse) = *Vernex* = notre *Vernédo,* de *Vèr* radical : et de même pour nos mots *Aoumedo,* ormoie, *Figaredo, Oulivédo, Nougarédo, Poumarédo, Prunaredo, Vernarédo, Sdouzaredo, Cerisredo, Sdouzédo,* lieux plantés d'ormeaux, de figuiers, d'oliviers, de noyers, de pommiers, de pruniers, de saules, de cerisiers, et d'une infinité de similaires, que le français a également traduits suivant ses propensions.

Ce suffixe *Édo* n'est pas seul à exprimer la collectivité, mais il est certainement un des plus originaux, et il a ce mérite que sa descendance est si nette, si régulière, qu'il était bon de nous y arrêter, afin de bien marquer les attaches de notre dialecte. D'autre part, ses affinités sont encore tellement précises, son caractère si bien indiqué, et son rôle dans la langue si bien défini, que, s'il garde une physionomie à part et qu'il la communique à notre idiome, il importait de lui consacrer aussi un article spécial, qui fera corps dans l'ensemble de l'étude sur les noms.

Éfan, s. m. Dim. *Éfante, efantoù, efantoune;* péjor. *Éfantas*. Enfant, garçon ou fille, jusqu'à l'âge de dix ou douze ans. — *Soun efans de dos maires, ou de dous paires,* ils sont frères consanguins ou utérins. *Éfan dé naissénço,* enfant nouveau-né. *Faire l'éfan,* accoucher. *A senti soun efan,* elle a senti remuer l'enfant qu'elle porte dans son sein. *Moun éfan!* mon enfant! terme de familiarité affectueuse fort usité en languedocien, non-seulement par des supérieurs ou des gens plus âgés que l'interlocuteur, comme cela se pratique en français, mais même parmi les gens de même classe et de même âge, surtout parmi les jeunes filles liées entr'elles : *Ah! moun éfan!* est l'exorde et le garde à vous de tous leurs commérages. *Pàoure éfan!* terme d'amitié, de pitié ou de commisération affectueuse. *Éfan dé lou! Éfan dé por!* sont des épithètes injurieuses que les gamins se jettent et se rendent sans que leur susceptibilité s'émeuve beaucoup.

On dit *Éfan* adjectivement et pour les deux genres comme en français. — *Aquò's un éfan,* c'est un innocent. *És éfan,* il est enfant, il est plus jeune que son âge.

Dér. du lat. *Infans*.

Éfantas, asso, *adj.* Grand enfant; adulte qui a les mœurs et les goûts d'un enfant; qui fait des enfantillages. — *Es un éfantas,* il agit, il se conduit, il parle comme s'il n'avait pas dépassé l'âge de raison.

Éfantougnè, gnèiro, *adj.* Qui aime les enfants, qui se plait à les caresser, à badiner avec eux.

Éfantounéja, *v.* fréq. Faire l'enfant; s'amuser d'enfantillages; caresser les enfants, jouer avec eux.

Éfantuègno, *s. f.* La gent puérile; les enfants considérés en masse et comme classe.

Le suffixe *Uègno*, particulier à notre dialecte, indique la collectivité; nous l'avons remarqué déjà sous l'article *Bastarduègno*. — *Voy.* c. m.

Éfè, *s. m.* Effet de commerce, lettre de change, billet à ordre, simple promesse de paiement; domaine, métairie, terre, bien. — *Aquò's un pouli-t'efè*, c'est une belle propriété.

Dér. du lat. *Effectus*, production.

Éfla, *v.* Enfler, se gonfler; devenir plus volumineux. Au fig. *S'éfla*, s'énorgueillir, faire le gros dos.

Dér. du lat. *Inflare*. m. sign.

Éfle, éflo, *adj.* Enflé, bouffi, gonflé, boursoufflé. — *Moun dé és tout éfle*, mon doigt est tout enflé. *Tapo toun ièl qué ta gàouto és éflo*, phr. faite, sorte de dicton dont le mot-à-mot est : ferme l'œil, ta joue est enflée, et dont le sens peut être rendu par : laisse faire, laisse aller, ou bien : attrape, voilà, le mal est fait, la farce est jouée.

Éflije, *s. f.* Enflure; gonflement, tuméfaction, œdème.

Égalita, *s. f.* Égalité, mot que les idées nouvelles ont rendu familier au peuple. Du reste, il se disait autrefois, mais seulement dans l'acception de la phrase suivante : *Fòou l'égalita pértout*, il faut de l'équité en tout.

Éganâou, âoudo, *s.* Dim. *Égandoudé, égandoudoù*; péj. *Éganàoudas*. Huguenot, calviniste; protestant.

Le mot est une corrup. du fr. Huguenot, dont l'étym. certaine est encore à trouver.

Égàou, égalo, *adj.* Égal. — Cet adj. n'est guère usité pour égal, semblable, qui se traduisent par *Pariè*. On l'emploie fort ordinairement au neutre : *Es égàou; aquò m'és egdou*, c'est égal; cela m'est indifférent.

Dér. du lat. *Æqualis*, égal.

Égo, *s. f.* Jument, cavale : rosse de quelque sexe qu'elle soit. — L'accent grave tonique doit être très-marqué dans ce mot et le suivant sur l'*è* initial.

Dér. du lat. *Equa*, m. sign.

Égou, *s. m.* Yèble ou hièble, petit sureau, sureau herbacé, *Sambucus ebulus*, Linn. Plante de la fam. des Caprifoliacées. Cette plante, qui vient spontanément, ne se plaît que dans les bons terrains, et les paysans la regardent comme un indice certain de fertilité. On raconte à l'appui l'anecdote suivante : Un aveugle, voulant acheter un champ, s'y rendit à âne pour le visiter. On riait de sa simplicité, car il paraissait difficile qu'il s'assurât par ses yeux des qualités du champ. En arrivant sur le terrain, notre aveugle demanda qu'on lui indiquât un *égou*, une plante d'hièble, pour attacher son âne. On lui répondit qu'il n'y en avait pas trace : lui de remonter aussitôt sur sa bête, en disant qu'il n'achetait pas un champ où cette herbe ne poussait pas; et les rieurs passèrent de son côté.

Égoual, *s. m.* n. pr. Aigoual; au nord du Vigan, la montagne la plus élevée du département du Gard : son altitude au point appelé l'Hort-de-Dieu, est de 1562 mètres au-dessus du niveau de la mer. Elle fait partie de la chaîne qui, par la Lozère, s'unit aux Pyrénées; par la Lozère, le Vivarais et le Dauphiné, aux Alpes; et par le Lévézon, dans l'Aveyron, au Cantal et au-delà. Elle est boisée jusqu'à la hauteur de 1250 mètres; son sommet, cependant très-accessible, est dans nos pays le plus longtemps et le plus tôt couvert de neige.

La forme française du nom, qui a une affinité très-grande avec ceux d'Aigues-Mortes, Aigues-Vives, Aigalliers, etc., ne laisse aucun doute sur son étymologie, et représenterait mieux peut-être la racine prise du lat. *Aqua*. du celt. *Aa, Ag*, et autres, que ne le fait notre orthographe languedocienne, si l'on ne se souvenait que le roman disait et écrivait de même *Eve, eveux*, etc., en adoucissant la première syllabe. La descendance est directe, quelle que soit d'ailleurs la manière d'écrire et de prononcer. La signification indique un lieu, un terrain aqueux, abondant en eaux : c'est ce qu'exprime la première partie du mot, et la finale en *Al* sert sans doute à marquer la hauteur. — *Voy. Aigoùs* et *Aìgo*.

Eïdo, *s. m.* Un aide; aide-meùnier; tout individu qui aide un artisan chef, et non point une aide, qui se dit : *Ajudo*.

Corrup. du fr.

Eïdo-de-can, *s. m.* Aide-de-camp.

Emp. au fr.

Eïtiquéto, *s. f.* Étiquette, dans le sens de celles que l'on met sur un dossier de papiers, sur une préparation pharmaceutique, etc.

Corrup. de la phrase latine : *est hic quæstio*, c'est ici la question, que l'on inscrivait autrefois sur chaque dossier de procédure, dossier qui était alors enfermé dans un petit sac.

Él, élo, *pron. pers.* Au plur. *Éles, élos*. Il, lui; eux, elles. — Il est bon d'expliquer cependant que *Él* ne peut jamais se traduire par *il*, quoique ce soit là véritablement sa portée et sa signification, attendu que le pronom *il* ne s'emploie que joint à un verbe, soit avant, soit après : *il aime, dit-il*, etc., et qu'en languedocien comme en latin, on ne met jamais le pronom personnel avant ou à la suite d'un verbe. On dit en effet *aimo, amat, soudìs (inquit)*, pour traduire comme ci-dessus. *Él* ne peut donc être exprimé que par : lui. Toutefois, si on peut toujours traduire *él* par *lui*, etc., on n'en peut admettre le *vice versâ*; car *lui* au datif s'emploie tel quel, sans l'article *à* : *je lui donne*; et pour rendre cette phrase, nous disons : *li done*. — *Voy. Li.*

Dé pér él, de lui-même, par lui-même, sans l'aide ou le secours de personne, de son plein gré, de son propre mouvement. — *És tout én él*, il est tout en lui-même, il garde toute sa pensée, il n'est pas expansif.

Élo, elle, est un terme par lequel un mari désigne sa femme, lorsqu'il est question d'affaires du ménage, sans avoir besoin de la nommer autrement. — *És élo qué mé lavo, qué m'éstiro*, c'est ma femme qui lave et qui repasse mon linge. La femme ne se permettrait pas une pareille licence réciproque en parlant de son mari : quand elle en use, ce qui est certainement l'exception, *Él* pour la circonstance a toujours une certaine intention de mépris ou au moins d'ironie.

Dér. du lat. *Ille, illa.*

Élécious, *s. f. plur.* Élections. — On sent comment ce mot et le suivant, si actuels aujourd'hui pour le peuple, sont tombés du français dans son domaine.

Élétur ou **Élétoŭ**, *s. m.* Électeur.

Éli, *s. m.* Lis, *Lilium candidum*, Linn. Plante de la fam. des Liliacées, bulbeuse, à fleurs grandes et odorantes. Elle a plusieurs variétés ; la blanche est la plus belle. Au fig. Blancheur extrême, emblème de la pureté virginale, de la candeur innocente et de la grandeur. — Le lang. ne le confond pas comme le fr. avec les *fleurs de lis,* qui ont été si longtemps les armoiries des rois de France. Il appelle celles-ci *las flourdalis,* par une corrup. toute française.

Dér. du lat. *Lilium.*

Éliou, *s. m.* Éclair ; éclat subit et passager de lumière, qui précède le coup de tonnerre ; lumière étincelante et fugitive.

Dér. du gr. ἥλιος, soleil dont l'éclair imite le rayonnement et l'éclat.

Élioussa, *v.* Éclairer ; étinceler ; faire des éclairs. — *Éliousso,* il eclaire, il fait des éclairs.

S'élioussa, s'irriter, monter aux nues de colère ; disparaître tout à coup ; s'enfuir subitement et précipitamment. — *S'és élioussa,* il a disparu, il s'est échappé, dit-on de quelqu'un qui était là et qui s'est évanoui comme un éclair.

Élo, *pron pers. fem.* Elle. — *Voy. Él.*

Émbaïma, *v.* Embaumer, dans le sens de répandre une bonne odeur. — *Sen qu'émbaïmo,* il répand une odeur qui embaume l'air.

Der. du lat. *Balsamum,* baume.

Émbala, *v.* Emballer ; empaqueter, faire des dispositions de départ. — *Émbalo tant qué po,* il fait ses paquets pour l'autre monde ; il dépérit chaque jour.

Dér. de *Balo.*

Émbaladouïro, *s. f.* Ne s'emploie qu'ajouté au mot *Aguïo : Aguïo émbaladouïro,* grosse aiguille ou poinçon pour coudre l'emballage avec de la ficelle.

Émbalaje, *s. m.* Emballage, action d'emballer ; ce qui sert à l'emballage.

Émbanasta, *v.* Charger sur une bête de somme les paniers à bât, les mannes ou *banastos.* Au fig. charger à un autre son fardeau : dans ce sens, se dit mieux cependant *Émbasta.*

Dér. de *Banasto.*

Émbâouma (S'), *v.* S'encaver, s'enfoncer dans un terrier, dans une grotte, dans un bouge.

Dér. de *Bâoumo.*

Émbara, *v.* Serrer ; renfermer une chose ; enfermer les êtres vivants, le bétail, par ext. enrayer une voiture, une charrette, ce qui se faisait par une barre cordée fortement contre la roue, et qui a été remplacée par ce qu'on appelle la mécanique, qui est véritablement un sabot. — *Lou ten s'embaro,* le temps se couvre ; les nuages s'abaissent et semblent nous enfermer dans un horizon plus étroit et une atmosphère plus basse. *Sentì l'embara,* avoir une odeur de renfermé. *Crégne l'émbara,* aimer sa liberté ; craindre les chaînes et les verroux de toute espèce.

Dans ces derniers exemples, le mot est pris substantivement.

Dér. de *Baro.*

Embaragna, *v.* Enclore un champ de haies ; entourer de buissons un passage, une issue.

S'embaragna, s'embarrasser dans une haie ; s'accrocher à des buissons ; au fig. s'enchevêtrer dans quelque affaire épineuse.

Dér. de *Baragno.*

Émbaras, *s. m.* Au plur. *Émbarasses.* Embarras ; gêne ; imbroglio ; difficulté d'agir ; obstacle ; timidité ; irrésolution. — *Faïre dé sous embarasses,* faire ses embarras ; faire l'important. *Aquò's pas l'émbaras,* ce n'est pas pour dire : cela importe peu : phraso explétive qui répond au fr. *au surplus. Fòou bièn aïma lous embarasses,* il faut en vérité bien aimer les peines, les soucis, les procès.

Dér. de *Baro.*

Émbarassa, *v* Embarrasser ; gêner ; causer de l'embarras. — *Embarassa coumo un ra entre dos noses,* prvb., embarrassé comme un rat entre deux noix, ou autrement, la position de l'âne de Buridan. *Es un émbarassa,* c'est un irrésolu, un indécis ; il ne sait lier ni délier. *Aquél home és émbarassa,* cet homme a de mauvaises affaires, beaucoup de dettes ; il est gêné ; ses affaires sont embrouillées. *Uno fenno émbarassado,* une femme enceinte.

Émbarassaïre, *aïro, adj.* Péj. *Émbarassaïras.* Importun ; fâcheux ; qui fait l'important ; qui aime et recherche l'embarras des affaires et qui s'en surcharge à plaisir.

Émbarqua, *v.* Embarquer ; mettre dans une barque, un bateau ; ou seulement mettre en chemin, en marche. Au fig. *S'émbarqua,* se lancer dans une affaire, une entreprise.

Dér. de *Barquo.*

Émbartassa, *v.* Fermer, avec des buissons morts, les entrées d'une propriété, une brèche ou la crête d'un mur, pour en empêcher l'accès au bétail et aux gens.

Dér. de *Bartas.*

Émbas, *s. m.* et *adv.* de lieu. Le bas ; en bas ; la région qui s'éloigne des montagnes et s'abaisse vers la mer par rapport à nous : *l'émbas* est au-dessous de Nimes et sur le littoral de la Méditerranée, et *l'énndou,* les hautes Cévennes et la Lozère. — *Vaï séga émbas,* il va moissonner vers Saint-Gilles, Aigues-Mortes, Aimargues, etc. *L'émbas d'un oustdou,* le rez-de-chaussée d'une maison.

Dér. de *Bas.*

Émbasséga, *v.* Proprement, mettre un timon, une flèche à un araire. Au fig. arranger de travers ; faire quelque chose avec mystère, ou plutôt mettre des mystères à ce

qui n'en vaut pas trop la peine. — *Dé qué m'émbasségas aïlaï?* Que tramez-vous là-bas?
Dér. de *Basségou.*

Émbasta, *v.* Bâter un mulet, lui mettre le bât. Au fig. charger quelqu'un d'un embarras *(V. Émbanasta)*; en style de joueur, charger son adversaire de la perte qu'on a éprouvée auparavant avec d'autres joueurs. — *Aquélo fusto és embastado*, cette poutre déjetée; elle s'est arquée en cintre, soit parce qu'elle était de bois vert, soit à cause de la surcharge qu'elle supportait; c'est-à-dire qu'elle a pris la forme d'un bat. *Part pas chaquo fés qu'embasto*, locution prvb., qui se dit d'un lambin qui met un très-long intervalle entre ses préparatifs de départ et son départ lui-même, ou bien d'un indécis qui souvent contremande ses projets. Notre dicton revient au prvb. fr. : il ne cuit pas du premier bouillon.
Dér. de *Bas*, bât.

Émbasto, *s. f.* N'a pas d'autre acception que l'acte de jeu défini à l'article précédent. — *Jouga à l'émbasto*, jouer à la décharge; c.-à-d. que le perdant payera autant de consommations qu'il en perdra, à la décharge et sur le compte du vainqueur.

Émbé, *prép.*, ou **Éndé**. Avec; ensemble; en compagnie de; conjointement; par, dans, en, à, suivant certains cas. — *Partès émb'aquél tén?* Vous partez par le temps qu'il fait? *Déqué dirén émb'aquéste home?* Que dirons-nous à cet homme? *Déqué métès emb'aqueste sa?* Que mettez-vous dans ce sac? *Conto émbe lous dés*, il compte sur ses doigts, avec les doigts. *Marche émb'él*, je marche avec lui, en sa compagnie; nous allons ensemble. *Emb'aquò*, pourtant, avec cela, en cela. *Ëmb'aquò n'aï pas tort*, en cela, malgré tout, je n'ai pas tort.

Nous plaçons sur la même ligne *Émbé* et *Éndé*: c'est dire qu'ils sont synonymes ou à peu près. Il faut ajouter cependant que, bien qu'ils puissent être substitués l'un à l'autre sans inconvénient, *Émbé* est plus propre dans l'acception de *Avec*, et *Éndé* dans toutes les autres que nous indiquons, et qui sont moins directes.

Émbé dérive évidemment du lat. *Ambo*, deux; cela se sent encore mieux dans le dialecte gascon qui dit : *Amb* ou *Damb.* Quant à *Endé*, il ne paraît autre chose que la corrup. ou la variante de *Émbé*.

Émbégu, udo, *part. pass.* du v. *Embéoure.*

Émbéguina (S'), *v.* S'emmitoufler ; s'embéguiner ; s'envelopper la tête de coiffes et de bonnets l'un sur l'autre. Au fig. se coiffer de quelqu'un, d'une idée; s'entêter; s'amouracher.
Dér. de *Béguì.*

Émbèl, *s. m.* Terme de cordonnier : pièce d'empeigne, morceau de cuir avec lequel on rapièce une crevasse à l'empeigne d'un soulier ou d'une botte, et qui n'a rien de commun avec les pièces de rapport d'un ressemelage de chaussure. Au fig. lanière d'étoffe, de cuir, ou de peau humaine, qui se détache par une écorchure ou une déchirure.

Par ext. s'applique à un pan de mur écroulé, et autres avaries du même genre. Mais l'*Émbèl* n'est pas l'avarie, la déchirure elle-même : c'est le lambeau détaché.
Dér. du lat. *Limbus*, bord, bordure, frange

Émbélì, *v.* Embellir; rendre ou devenir plus beau; augmenter en beauté.
Dér. de *Bèou.*

Émbélousa, *v.* Faire tomber dans le piège; blouser; tromper; faire prendre le change.
Dér. de *Blouso.*

Émbémia, *v.* Enjôler; attraper par des séductions et de belles paroles.
Dér. de *Bèmi.*

Émbèougna, *v.* Contrefaire; imiter les paroles, les gestes, la physionomie de quelqu'un pour le tourner en ridicule. Dans le style soutenu, on l'emploie pour : Être semblable à.

Émbèougnaïre, aïro, *adj.* Celui qui aime à contrefaire; bon mime; qui a un talent d'imitation.

Émbéouro, *v.* Terme de lingère ou de couturière : faire boire une étoffe, coudre ensemble deux bords ou lisières d'étoffe qui n'ont pas la même longueur, de manière cependant à ce que les bouts correspondent l'un à l'autre et arrivent juste, l'un joignant l'autre : c'est ce qui se dit *Faïre émbéoure.* Cela se présente lorsqu'on veut coudre ensemble deux pièces dont l'une est à droit fil et dont l'autre est à fil en biais ; cette dernière étant naturellement plus élastique et s'allongeant quand on l'étire dans le sens de sa longueur.

Ce mot d'ailleurs ne s'emploie qu'à l'inf. et précédé du v. *faïre.*

Émbéruga (S'), *v.* Se couvrir de verrues; prendre, gagner des verrues.
Dér. de *Bérugo.*

Émbèstia, *v.* Ennuyer; rendre bête à force d'ennui; importuner; abêtir; hébéter.

S'émbèstia, s'ennuyer; éprouver de l'ennui, du dégoût; trouver le temps long.
Dér. de *Bèstio.*

Émbèstiaje ou **Émbèstiamén**, *s. m.* Ennui; dégoût; fatigue; importunité. — *Quinte émbèstiaje!* Quel ennui! Quelle importunité !

Émbèstian, anto, *adj.* Ennuyeux; importun. — Se dit plutôt des choses que des personnes. — *Aquì un tén émbèstian*, voilà un temps ennuyeux. *Émbèstian coumo la plèjo*, ennuyeux comme la pluie.

Émbiassos, *s. f.* plur. Espèce de châssis à bât, d'où pendent deux sacs ouverts par en haut et seulement serrés par un cordon au bas, pour charrier du sable, etc. Quand on veut vider les sacs, on n'a qu'à lâcher les cordons par en bas.

Émbiassos, signifie aussi ces larges cabas en sparterie qu'on place de même sur une bête de somme des deux côtés du bât. — *Voy. Ensarios.*
Dér. de *Biasso.*

Émbloui, v. Éblouir; donner la berlue; jeter de la poudre aux yeux; séduire, fasciner par un grand éclat.
Formé de *Blu*, bleu, parce que l'effet de l'éblouissement est de teindre les objets en bleu; d'où est venue l'expression prvb. On n'y voit que du bleu.
Embouèsa, v. Tromper par des flatteries; entraîner, séduire par de belles promesses dans un marché onéreux ou une entreprise fâcheuse; séduire une femme ou une fille, la tromper.
Formé de *Bos*, bois, comme l'ital. *Imboscare*, tendre des embûches, comme les voleurs qui cherchent à entraîner les voyageurs dans les bois par de belles promesses pour les dévaliser à l'aise.
Embouèta, v. Terme de charronnerie: mettre une boîte en fonte dans les moyeux de roue dont l'ouverture serait trop élargie par le frottement de l'essieu. Autrefois cette boîte était en bois, qu'on ne forait que lorsqu'il était en place; mais la fonte l'a remplacé.
Dér. de *Bouèto*.
Embouïa, v. Brouiller; embrouiller; enchevêtrer; mêler un écheveau, des fils, des cheveux; obscurcir, compliquer une affaire, une question. — *Es tout embouïa*, sa chevelure est toute mêlée.
S'embouïa, s'embarrasser dans ses propos, ne pouvoir en retrouver le fil et le raisonnement.
Dér. de l'ital. *Imbrogliare*, embrouiller, formé lui-même de la bass. lat. *Brolium*, bois épais, fourré, dont on a fait le mot fr. *Breuil* et les noms propres Dubreuil, correspondant à Broglie.
Embouïssouna, v. Entourer la tige d'un jeune arbre de buissons, pour le préserver de la dent des animaux broutants.
Dér. de *Bouïssoù*.
Emboul, s. m. Brouillis de fils mêlés, tortillés. Au fig. embarras; affaire litigieuse et embrouillée; trouble; mêlée, bagarre; mélange confus; remue-ménage.
Dér. de l'ital. *Imbroglio*, m. sign.
Emboulna ou **Embourna**, v. Éventrer; étriper. Au fig. maltraiter et particulièrement renverser un corps lourd, comme un mur ou un rocher, en lui faisant perdre pied, de sorte qu'il s'éboule et tombe en débris.
Dér. de *Boulnado*.
Emboulnadoù ou **Emboulnèri**, s. m. Éboulement, éboulis; amas de ruines; action de saper, de faire écrouler, ébouler.
Embounigou, s. m. Nombril; ombilic.
Dér. du lat. *Umbilicus*, m. sign.
Embouqua, v. Donner à manger aux petits enfants, aux vieillards, aux malades, aux perclus et à toutes personnes qui ne peuvent faire usage de leurs mains; appâter une volaille, lui faire avaler de la pâtée ou du grain par force, en les enfonçant dans son gosier, pour l'engraisser plus vite. On appâte les dindons avec des noix entières sans les écaler.

Maou-embouqua, mal embouché; grossier, sale dans ses propos.
Dér. de *Bouquo*.
Embourdado, s. f. Plein un tamis à farine; quantité de farine que l'on met en une fois dans le tamis pour la sasser.
Embourdiè, s. m. Marchand ou fabricant de tamis.
Embourdo, s. f. Tamis, sas, de la forme d'un crible, dont le tissu est en soie, lorsqu'on ne veut obtenir que la fleur de farine, et en crin pour fabriquer du pain-bis. On sasse la farine chez les particuliers dans la huche même en promenant le tamis sur un chassis en forme de croix, qu'on appelle *passadouïro*. — On dit au fig. *passa à l'embourdo*, éplucher les qualités et les défauts de quelqu'un; *passa à l'embourdo fino*, éplucher minutieusement; faire subir un sévère examen; passer à l'étamine.
Embourgna, v. — *Voy. Abourgna*.
Embourna, v. — *Voy. Emboulna*.
Embousqua, v. Mettre un affût ou un bois nouveau à un fusil.
S'embousqua, s'enfoncer dans un bois; se cacher dans une forêt.
Formé de *Bos*, bois.
Embouteïa, v. Entonner un liquide dans une bouteille; mettre du vin en bouteille. Au fig. se gorger de vin. — *Lou tén embouteïo*, les nuages se chargent d'eau; le ciel va fondre en eau.
Dér. de *Bouteïo*.
Embouti, v. — *Voy. Englouti*.
Embouti, ido, adj. Boursouflé; bouffi; bossué; renflé; gonflé. — *Fialouso émboutido*, quenouille en roseau refendu qui est très-ventrue et sur laquelle on file surtout les cocons dits de graine, et ceux dits *Bassinas*.
Dér. de *Bouto*, qui est le type de ce qui est ventru et rebondi.
Emboutiga, v. Renfermer dans une boutique. — Se dit des céréales et autres denrées qu'on a transportées sur les halles et que, faute de pouvoir les vendre, on rentre dans un magasin.
Dér. de *Boutigo*.
Embranqua, v. Accrocher quelqu'un en passant; l'entraîner.
S'embranqua, s'accrocher à une branche; se diviser en plusieurs branches. Au fig. s'embarrasser de quelque chose qui est à charge; s'engager dans une affaire douteuse.
Dér. de *Branquo*.
Embriaï, aïgo, adj. Ivre, soûl; qui a trop bu.
Dér. du lat. *Ebrius*, m. sign.
Embriaïga, v. Enivrer; soûler; faire trop boire. — *S'embriaïgo én parlan*, il s'enivre de paroles.
Embriaïgo-cabro, s. f. Lotier corniculé, *Lotus corniculatus*, Linn. Plante de la fam. des Légumineuses. Les Latins la nommaient *Lotus dorycnicum*, formé du gr. Δορύχνιον, de Δόρυ, tige, lance, parce qu'elle forme une

quantité de tiges qui s'élèvent sans former de tronc. On prétend qu'elle donne des vertiges aux animaux qui la broutent : de là son nom lang.

Émbrida, v. — Voy. *Brida.*

Èmbroucha, v. Embrocher; mettre à la broche.

Dér. de *Brocho.*

Èmbruda, v. Ébruiter; divulguer un secret; semer des bruits vrais, mais fâcheux pour celui qui en est l'objet.

Dér. de *Bru,* bruit.

Èmbruga, v. Ramer les vers à soie; former entre les tables de petits berceaux en bruyère, qu'on appelle *Cabanos,* sur lesquels les vers grimpent et tendent les fils destinés à échaffauder leurs cocons.

Les vers à soie ayant commencé à paraître en France dans les Cévennes et le Vivarais où l'on les rame avec de la bruyère, il n'est pas étonnant que ce verbe ait sa racine dans le mot *Brus,* bruyère. Ce mot est devenu typique même pour les pays où l'on rame avec d'autres arbrisseaux ou d'autres branchages, comme le chêne.

Èmbrugaje, s. m. Bruyère propre à ramer les vers à soie lorsqu'elle est coupée de la longueur voulue et débarrassée de ses chicots. — *Aprésta l'èmbrugaje,* préparer la bruyère, la couper de même longueur, la disposer dans un même sens et en petites bottes pour la commodité de ceux qui la placent.

Èmbu, s. m. Dim. *Èmbuqué;* péjor. *Èmbuquas.* Entonnoir; vase, instrument pour entonner, pour remplir de liquide un vaisseau quelconque. — *Èmbu das boudins,* boudinière, petit entonnoir de fer-blanc, qui sert à farcir le boyau du boudin, de la saucisse, de la mortadelle, etc. *Èmbu dé fièïo,* entonnoir à futaille, qui est une petite auge en bois percée d'un trou au milieu, auquel est adapté un gros tuyau de fer-blanc. C'est celui qu'on emploie pour remplir les futailles lorsqu'il n'y a pas de pompe pour cet objet.

Au fig. *Èmbu* signifie : ivrogne, biberon. — *Ès un pouli èmbu,* c'est un biberon distingué. *Faï èmbu dé la boutéïo,* il boit au goulot de la bouteille.

Dér. du lat. *Imbuere,* abreuver, verser dedans : d'où l'esp. *Embudo,* et l'ital. *Embuto,* entonnoir.

Èmbuga, v. Combuger; abreuver, imbiber, humecter les douves d'une cuve, d'une futaille, déjointes par la sécheresse. Se dit également du linge de lessive qu'on abreuve dans la cuve. Au fig. *S'èmbuga,* boire avec excès; s'imbiber de vin.

Dér. du lat. *Imbuere,* imbiber.

Éminado, s. f. Mesure de superficie ou de contenance, qui équivaut à dix ares. — Voy. *Arpan.*

Émino, s. f. Mine, mesure de capacité pour les solides : elle équivaut à 2 décalitres 5 litres. Cette mesure ainsi que la *Quarto* existait en réalité sur nos marchés, et n'était pas une quantité nominale comme le setier et la salmée. On la nommait aussi et mieux *Éminòu;* mais ce dernier mot ne s'appliquait pas théoriquement dans les comptes. On ne disait pas : *Aï achèta dès èmindous dé bla,* mais bien *dès éminos.*

L'*émino* valait 8 boisseaux,
— 2 cartes,
— 1/2 setier,
— 1/8 de salmée.

On dit aussi *Émino* pour une mesure de superficie, mais *Éminado* est plus technique et plus usité.

Dér. du lat. *Hemina,* mesure de liquide qui équivalait à une chopine.

Èmmaïgrési, v. act. Faire maigrir, rendre maigre; amaigrir. Au fig. diminuer le volume, l'épaisseur d'une pièce de charpente, d'une pierre de taille, etc.

S'èmmaïgrési, maigrir, devenir maigre ou se rendre maigre.

Dér. de *Maïgre.*

Èmmalicia (S'), v. n. S'irriter, se courroucer; se mettre en colère, en fureur. — *Lou tén s'és èmmalicia,* le temps est à la tempête.

Dér. de *Malico.*

Èmmanda, v. Renvoyer, congédier; éconduire; jeter une pierre à quelqu'un. *Èmmanda un co dé fusil,* tirer un coup de fusil. *Èmmanda la man,* lancer un soufflet. *Èmmanda las floundos,* ruer. *Èmmanda lou bou,* terme de fileur de soie, lancer le brin de soie qu'on tient à la main et provenant des cocons qu'on vient de battre, de manière qu'il se lie et se confonde avec les brins qui se dévident déjà et auxquels le nouveau se soude par le seul effet de la torsion très-vive du premier.

Dér. du lat. *Mandare,* envoyer.

Èmmanquable, ablo, adj. Immanquable; infaillible; assuré. — *La plèjo és èmmanquablo,* la pluie est certaine; nous ne pouvons l'éviter. *Èmmanquan qué véndra déman;* il est plus que probable qu'il viendra demain.

Èmmanquablamén, adv. Immanquablement; assurément; sans nul doute.

Èmmarina (S'), v. Tourner au vent du midi, au marin. — *Lou tén és bièn èmmarina,* le vent du midi souffle avec violence; ce qui dans ce pays annonce d'ordinaire les inondations à la suite de grandes pluies dans la région des montagnes.

Dér. de *Marin.*

Èmmasqua, v. Ensorceler; jeter un sort; fasciner : par ext. ennuyer, importuner; être insupportable. — *Ès èmmasqua d'aquélo fïo,* il a la tête tournée par cette fille. *Quàuquo ganto l'a èmmasqua,* quelque sorcière lui a jeté un sort. *Garo té d'aqui, que m'èmmasques,* va t'en, tu m'ennuies, tu me fatigues.

Ce verbe, ainsi que le mot *Masquo* son correspondant, et le *Masque* fr. paraissent tous dériver d'une même origine, le gr. Βασκαίνω, je fascine, j'ensorcèle, Βάσκανος, sorcier, qui fascine.

Les Goths et plus tard les Lombards ont tiré de la même source leur *Masca*, sorcière; et c'est probablement de ceux-ci que le lang. et le fr. ont tiré le mot *Masquo* et Masque : ce dernier par analogie, soit que les faux visages représentent la hideur des sorcières, soit parce que ces dernieres prenaient un faux visage dans leurs opérations magiques.

Émmasquaciou, *s. f.* Sortilège; enchantement; sort jeté. — *Aquò's uno émmasquaciou,* c'est un malheur donné; cela ne peut arriver qu'à moi.

Émmasquaïre, aïro, *adj.* Enchanteur; séducteur; qui sait attirer dans ses filets par de belles paroles.

Émmasquan, anto, *adj.* Ennuyeux au superlatif; fastidieux jusqu'au dégoût ; contrariant a l'excès.

Émména, *v.* Emmener; conduire avec soi; entraîner.— *Gardoù a émména lou pon,* le Gardon a entraîné, renversé le pont.

Dér. de *Ména.*

Émmoustousì, *v.* Engluer; oindre de moût; enduire d'un corps poisseux quelconque. Au fig. *S'émmoustousì,* se compromettre dans une sale affaire.

Dér. de *Mous.*

Émpacha, *v.* Empêcher; embarrasser; entraver. — *Soùi empacha,* je suis occupé d'une autre affaire. *Aquél pagnè és émpacha,* ce panier est plein ; il n'est pas disponible. *Émpacho pas* est une locution explétive qu'on met à tout propos dans la conversation, et qu'on peut rendre par : cependant, nonobstant. *Émpacho pas qu'aquél bla és bièn poulì,* quoi qu'on en puisse dire, il faut convenir que ce blé est fort beau.

Dér. du lat. *Impedire,* ou du gr. Ἐμποδίζειν, empêcher : la racine de celui-ci est Ποδός, génit. de Πούς, pied : entraver les pieds.

Émpachamén, *s. m.* Empêchement; obstacle; opposition.

Émpafa, *v.* Empiffrer; gorger de vivres, de boisson. *S'émpafa,* se gorger, s'en donner jusqu'au menton. Dans la langue verte, *se paffer,* c'est boire avec excès ; *être paf,* se remplir l'estomac de nourriture. Le verbe lang. est-il une traduction, ou bien a-t-il inspiré l'argot faubourien ?

Émpaïa, *v.* Empailler, garnir de paille; empailler ou remonter des oiseaux, des animaux. — *Sembles émpaïa,* tu es là raide et empesé comme un homme de paille.

Dér. de *Païo.*

Émpancéla, *v.* Ramer des pois, des haricots, etc.; leur donner des tuteurs où ils grimpent et se soutiennent, et à l'aide desquels ils projettent de nouvelles branches.

Dér. de *Pancèl.*

Émpancéladoù, adouno, *adj.* Qui est de nature à grimper sur la rame; qui est assez grand pour être ramé; qui demande à être ramé. — *Favidous émpancéladoùs,* espèce de haricots grimpants. *Vostes pèses soun émpancéladoùs,* vos pois demandent à être ramés.

Émpâouma, *v.* Empaumer; saisir avec la main. Au fig. se rendre maître de l'esprit de quelqu'un, pour lui faire faire tout ce qu'on veut; l'entraîner, le capter, le captiver par des séductions. — *La pôou l'empâoumo,* la frayeur le saisit.

Dér. du lat. *Palma,* paume de la main.

Émpara (S'), *v.* S'emparer, se saisir.

Ce mot est plus restreint qu'en fr.; c'est s'emparer d'une place ou d'un objet, qu'un autre vient d'abandonner.

Émparga, *v.* Renfermer le bétail dans le parc; clore les claies. Au fig. encaisser un cours d'eau, le tenir renfermé dans son lit par des bordures d'oseraies et des bâtardeaux.

Dér. de *Pargue.*

Émpéga, *v.* Coller; poisser; enduire de poix, de glu. Au fig. embarrasser, empêtrer.

S'émpéga, se prendre à quelqu'un ou même à quelque chose, un travail, un ouvrage; s'installer auprès de quelqu'un qu'on importune; ne pas vouloir ou savoir s'en détacher. Par ext. s'enivrer, parce qu'un homme ivre perd tout mouvement, comme s'il était collé avec de la poix.

Dér. de *Pego.*

Émpégno, *s. f.* Empeigne, le dessus du soulier.

Dér. du lat. *Impilia,* sorte de chaussure de feutre, selon Pline, brodequins de poil foulé.

Émpégoumì, ido, *adj.* Poisseux; poissé; sali, noir de poix.

Dér. de *Pégo.*

Émpéïra, *v.* Empierrer un chemin, le garnir de pierres.

Dér. de *Peïro.*

Émpéïta, *v.* Embarrasser; entraver; empêtrer. — *Es un émpéïta,* c'est un empêtré, il ne sait ni lier, ni délier.

Dér. du lat. *Impeditus,* qui est embarrassé, entravé par les pieds.

Émpéïto, *s. f.* Embarras; obstacle; empêchement; accident qui dérange un projet; pierre d'achoppement.

Émpérì, ido, *adj.* Obéré, insolvable; un homme qui n'a rien à lui, surtout un homme sans crédit, sans considération, sans position financière.

Ce mot est même accompagné d'une idée de déconsidération morale; car on ne le dirait pas d'un honnête homme tombé dans la misère.

Dér. du lat. *Imperitus,* ignorant, maladroit : la traduction languedocienne a dévié de l'acception latine, ce qui lui est assez ordinaire.

Émpérouina, *v.* Goudronner; enduire de poix-résine; cacheter des bouteilles; oindre ou luter avec la poix-résine.

S'émpérouina, se barbouiller, se tacher, se salir les mains ou du moins embrouillées. — *Dé qué s'anavo émpérouina,* se barbouiller, se tacher, se salir les mains ou les habits avec du goudron ou de la poix résine.

Dér. de *Pérouino.*

Émpérquaïra (S'), *v.* Se blouser, se mettre dans de mauvais draps; s'engager, se fourrer dans des affaires douteuses ou du moins embrouillées. — *Dé qué s'anavo émpérquaïra énd'aquél home?* qu'allait-il enchevêtrer ses affaires avec celles de cet homme? *És bièn émpérquaïra,* ses affaires sont fort dérangées, il est très-obéré, très-endetté.

Dér. du lat. *Precarius*, précaire, titre précaire : c'est comme si l'on disait, il s'est enfoncé dans le précaire, ce qui, en terme de pratique, signifiait en lat. un bien engagé.

Émpésoulì ou **Émpésoulina**, *v.* Garnir de poux ; donner des poux à quelqu'un.

S'émpesoulì, se laisser gagner par les poux.

Dér. de *Pesoul*.

Émpésoulina, *v.* Le même que *Émpésoulì*.

Émpésta, *v.* Empester, empuantir ; répandre ou communiquer une odeur fétide. — *Pa qu'empèsto*, il pue à infecter ; il pue comme un rat mort. *Émpèsto lou boù*, il sent le bouc. *La vilo èro empestado dé boulos*, la ville regorgeait de champignons.

Dér. du lat. *Pestis*, peste, fléau.

Émpéstiféla, *v.* fréq. de *Émpésta*

Émplastra, *v.* Engluer, sahr d'un corps humide et pateux ; souffleter. Au fig. *S'emplastra*, s'établir en parasite chez quelqu'un, avec la ténacité d'un emplâtre.

Émplastre. *s. m.* Dim. *Émplastroù*. Emplâtre ; onguent étendu sur du linge ou une peau ; large tache de corps gras ; soufflet appliqué sur la joue ; parasite, importun dont on ne peut se débarrasser ; personne inutile, infirme, impropre à tout, qui est à charge à quelqu'un. — *Siès un émp astre de Bourgougno*, tu es un ennuyeux, un importun, par allusion à la poix de Bourgogne dont on fait des emplatres *Issarta à l'emplastre*, greffer à l'écusson. Cette greffe consiste à fendre l'écorce du sujet avec la lame du greffoir, à en écarter les deux lèvres et y introduire une plaque d'écorce franche qui porte un œil. On lie fortement le tout, de manière à empêcher toute infiltration extérieure de la sève, en ayant soin d'écarter le lien sur l'œil qui doit rester libre.

Dér. du gr. Ἔμπλαστρον, emplâtre, formé du v. Ἐμπλάσσειν, appliquer sur, coller à.

Émpoucha, *v.* Empocher ; mettre dans sa poche. — Ce mot entraîne une certaine idée d'avidité : c'est faire des provisions dans sa poche, quand on est invité hors de chez soi ; ou subtiliser adroitement et peu honnêtement quelque chose.

Dér. de *Pocho*.

Émpougna, *v.* Empoigner ; saisir avec la main ; s'emparer de ; dérober.

S'émpougna, en venir aux mains, lutter corps à corps ; s'empoigner, se battre.

Dér. de *Pougno*.

Émpouïsouna, *v.* Empoisonner ; donner du poison, faire périr par le poison. Au fig. infecter, exhaler une odeur éfétide. — *Teraïr empouïsouna pér lous amouriés*, terrain empoisonné par les mûriers. On prétend que les racines pourries des mûriers morts font périr les nouveaux plants qu'on repique sur le même terrain avant de l'avoir bien purgé des débris de ces racines. Il est fort possible que la matière phosphorique qui se procrée des émissions du bois pourri produise cet effet ; mais cette dégénérescence n'a pas pour cause exclusive le mûrier seul, dont la décomposition des racines répandrait ainsi des sucs délétères, on en accuse aussi le chêne, anciennement très-commun dans nos pays. Les théoriciens expliquent qu'une plantation antécédente de mûriers, ou la préexistence de chênes sur un terrain, pendant un assez long temps, ont dû arriver à l'épuisement des sels propres et nécessaires à l'arbre le plus précieux de nos contrées, car les deux essences paraissent se nourrir les mêmes sucs. L'expérience, d'autre part, est venue démontrer maintes fois que, dans les terres d'où l'on a extirpé avec soin les racinages pourris, la mortalité se fait peu sentir ; tandis qu'au contraire, dans celles où l'expurgation n'a pas été complète, les jeunes mûriers font des pousses magnifiques, quelquefois pendant huit ou dix ans, puis périssent tout à coup en pleine végétation, comme frappés d'empoisonnement. Si l'explication scientifique était vraie, ne serait-ce pas surtout dans les premières années que les nouveaux plants souffriraient de ce manque de substance nutritive, tandis que plus tard, les sucs naturels se renouvelant, leur rendraient peu à peu l'alimentation normale ? alors, ce serait de marasme, de rachitisme que périraient les nouveaux sujets, et non de mort subite, d'apoplexie foudroyante, si l'on peut ainsi dire, comme ils font généralement.

En présence des faits, les causes restent incertaines ; mais des deux hypothèses, la première est la seule adoptée par le peuple des campagnes. Elle peut n'être pas fondée ; elle peut tenir d'autre chose que d'une dégénérescence amenée par une trop grande diffusion phosphoreuse ; elle peut dériver d'autres germes morbides ; mais, à notre avis, l'observation des agriculteurs, peu familiers avec la chimie, pourrait bien avoir rencontré juste, et le système scientifique ne se trouver exposé qu'aux démentis donnés chaque année par l'expérience et la pratique. Il était donc très-intéressant, dans une question si grave pour nos régions séricicoles, de tenir note et bon compte des dictons anciens et de leur raison d'être et d'avoir cours.

Émpoulo, *s. f.* Ampoule ; cloche, vessie, sorte de pustule pleine d'eau qui se forme sur la peau, principalement aux pieds et aux mains, par suite d'un exercice forcé, ou du frottement continu d'un corps dur comme le manche d'un outil, ou une chaussure qui blesse et entame la peau. Vider cette vessie par une incision est un moyen insuffisant, parce que l'ouverture se referme bientôt et la cloche se remplit de nouveau. Le remède le plus simple et le plus efficace est d'y placer un petit séton, c'est-à-dire une aiguillée de fil qu'on y passe de part en part avec une aiguille et qui facilite l'évacuation successive, jusqu'à complète cicatrisation. — *Acampo pas d'émpoulos à las mans*, il ne prend pas le travail trop à cœur, ou il fait un travail peu fatigant.

Dér. du lat. *Ampulla*, m. sign.

Émpourta, v. Emporter, enlever, ôter d'un lieu ; porter avec soi ; entraîner.

Dér. de *Pourta*.

Émprégna, v. Engrosser ; rendre une femme enceinte ; féconder une femelle. — *Aquelo fenno es empregnado*, cette femme est grosse ; elle a conçu

Dér. du lat. *Prœgigno*, concevoir.

Émpudicina, v. Empuantir, infecter.

Dér. de *Pudicino*.

Émpura, v. Attiser le feu ; fourgonner ; rapprocher les tisons ; raviver les tisons couverts de cendres. Au fig. attiser la discorde ; exciter une querelle déjà allumée ; jeter de l'huile sur le feu

Dér. du gr. Πῦρ, πυρός, feu.

Émpuraïre, aïro, adj. Brouillon, boute-feu ; qui fomente et excite des querelles.

Én, Èn, Éno, Èno, *suffixes* au masc. et au fém.

Nous avons essayé déjà à l'art. *Agno, suff.* et dans quelques autres, de donner une idée générale du rôle des suffixes et des formes particulières qu'ils affectent dans notre langue d'Oc : nous n'y reviendrons, à propos de celui qui se présente maintenant, que pour rappeler ce qui en a été dit, et le rattacher comme type à la famille qui s'est créée sur sa voyelle pivot ou tonique.

Ces désinences, on le sait, s'adaptent à un radical, et elles ont pour objet d'en modifier la signification. Syllabes par elles-mêmes dépourvues de sens, elles donnent au mot primitif des qualités diverses et y ajoutent une idée accessoire qui constitue ses dérivations. Du substantif au verbe, les terminaisons marquent la personne, le temps et le mode : du substantif à l'adjectif, elles servent à distinguer le genre, le nombre et le cas. Ce n'est pas tout à fait à ce point de vue que nous voudrions les considérer en ce moment : la déclinaison et la conjugaison rendent compte d'ailleurs à chaque instant de leurs fonctions et des changements qui en sont le résultat. Mais les suffixes font plus encore, et leur véritable emploi, le plus intéressant, est plus étendu. S'agit-il, en effet, de généraliser le sens d'un mot ou de le restreindre, de le diminuer ou de l'augmenter, de spécifier la substance dont il provient, l'action qu'il remplit, la source dont il découle, ses relations et ses concordances, sa manière d'être ; alors interviennent ces désinences adjectives qui déterminent tous ces rapports, par des nuances d'inflexions et de composition qui semblent systématiques et pour ainsi dire uniformes. Comme nos idiomes méridionaux se sont formés en majeure partie de radicaux venus du latin, ou du moins d'éléments que le latin s'était appropriés, il est évident que, par tradition, la langue nouvelle, héritière directe du latin et qui n'entendait point perdre, même dans son nom, ses souvenirs, a mis en œuvre les procédés de la latinité, toutefois sans abdiquer son droit ni découle, ses relations et ses concordances, sans chercher à les rendre méconnaissables. Elle a donc pu, en obéissant à ses instincts, innés peut-être, mais longtemps comprimés,

adoucir des consonnances, préférer la concision à l'ampleur, accommoder à ses aptitudes organiques des intonations et sa prononciation qui amenaient forcément les mots à une autre structure ; mais le fond n'a été ni changé, ni dénaturé, et certaines règles de convention n'ont pas été abolies Ce sont et ces origines et toutes ces transformations, indispensables à étudier pour arriver à l'étymologie et au sens vrai des mots, que nous tentons de dégager, de noter au passage, en suivant leurs phases souvent obscures et en rapprochant leurs nombreuses variantes, qui sont la richesse de notre langue.

La fréquence de cette forme de suffixe *Én, Èn*, masc., *Éno, Èno*, fem., n'est pas précisément ce qu'il offre de plus remarquable ; mais il est la base d'une infinité de combinaisons curieuses, qui viennent à l'appui de ce que nous avons dit du travail de la langue, au moment de sa rénovation. Il n'est pas douteux d'abord que la désinence actuelle ne corresponde directement au suffixe latin *Enus, a, um = Anus, a, um*. La différence même d'accentuation de la voyelle euphonique, tantôt avec *e* fermé, tantôt avec *è* ouvert, pourrait bien n'avoir été produite que par la variété latine *enus* ou *anus ;* alors surtout que la portée du suffixe et sa valeur significative n'ont point été par là sensiblement altérées : *Paganus* a donné *Pagan*, paysan, ainsi que *Paièn*, païen ; *Vilanus, vilèn*, vilain ; *Christianus, cretièn, crèstian*, chrétien (V. c. m.). Mais en même temps cette affinité de consonnance ramène à la terminaison celtique adjective *Ec = Ac*, qui tient toujours au sol. Il n'y aura donc pas à s'étonner du rapprochement et de la confusion de ces voyelles, non plus que de leur équipollence. Ce doit être par ce mécanisme que la terminaison *enus = anus* latine a suppléé et reproduit la gauloise *ec = ac*, comme les autres variétés. Peut-être le celtique était-il moins riche ; mais le roman et puis la langue d'Oc s'assimilèrent tout ce que la moyenne latinité, cette dégénérescence du latin vaincu, qui était déjà le renouvellement du langage, avait entrepris de réformer, de rendre plus vif, plus serré, plus concis, par la contraction et par la suppression des finales, le déplacement de l'accent tonique, et l'adoucissement de certains sons. Cette méthode est indiquée par les exemples pris surtout dans les noms propres d'hommes et de lieux : et là, en effet, doit se rencontrer sa meilleure démonstration.

Comme *Ec = Ac*, comme le latin *Enus, a, um = Anus, a, um*, qui le rappelle, notre suffixe *En, Eno*, quel que soit son accent, est destiné à marquer l'habitation, la relation avec une société, un pays, une contrée, une secte, une école, un culte, quelque idée de provenance, d'appartenance, d'affiliation : *alaisièn, vilèn, paièn, crétièn, languedoucièn*, etc., sont des noms, ou plutôt des adjectifs, propres ou communs, dont les primitifs latins, *alesia, villa, pagus, christus*, ont été adjectivés au moyen de la terminaison caractéristique. Quand donc il fallait, sur ce modèle, désigner plus spécialement la propriété d'un individu, le lieu où il habitait, la contrée d'où il venait, l'agrégation à laquelle il appartenait ; les Gaulois avaient leur terminaison pour adjectiver, soit le nom de l'homme, pour l'appliquer à sa terre, à sa demeure, à sa propriété, à son lieu d'origine, etc., soit le nom régional, pour le même effet : les Latins employaient ou leur génitif, ou leur suffixe de même valeur, et les accumulaient quelquefois, surtout pour les noms propres ; le roman, après eux, s'attacha à maintenir les mêmes désignations, en supprimant les finales *us*, *a*, *um*, purement latines, en conservant avec soin les formes primitives. De là les provenances *Alaisièn*, *Andusen*, *Sen-Janén*, *Saléndren*, etc., les noms de nombre, *centen*, masc. inusité, *centéno*, *cinquanteno*, *cranten*, *crantenó*, etc., et les adj. *maisén*, *éstivén*, *ribièren*, *hivèrnen*, etc ; et sur la terminaison au fém. en *éno*, ou *èno*, s'appliquant à des propriétés, à des maisons, à des terres appartenant à des personnes du nom de Jules, primitif abrégé de *Julius* faisant *Julianus*, transformé en *Julièn* et en la *Julienne ;* du primitif *Lucius*, coupé de *Luc* ou *Lux*, fournissant *Luci*, ou la forme génitive *Luci*, ou bien *Lucius*, même racine, donnant au génitif *Lucii*, traduit en *Lucien* qui en provient et en *Lucienne*, terre, propriété, habitation de *Lucius* ou de *Luc ;* arrivant probablement par la suite à notre nom de *Lussargue* ou *Luçargue ;* Martin donnant la *Martinienne*, se transformant en *Martigny*, *campus*, *castrum Martini*, de même que *Martignac*, *Martignan*, *Martinenche*, *Martignargues ; Cornu*, lat , *Cournienno*, *Courneiam*, Corneilhan (Hérault), etc., qui ont subi d'autres métamorphoses encore, et dont la nomenclature serait trop longue.

Il suffit, d'ailleurs, de mettre sur la voie du procédé général : les différents mots donneront raison, autant que possible sera, du mode et de l'agencement particulier des variantes sur les noms propres. Nous ne saisissons ici qu'une des formes qui durent être les premières introduites dans nos dialectes romans et languedociens, parce que ses affinités sont plus rapprochées du suffixe latin *Enus*, *a*, *um*, et que l'impression faite sur le mot est identique de sens et de valeur.

Avec ces données, sur lesquelles il eût été facile de multiplier les exemples, on peut relier ce qui a été dit aux articles *Agno*, *An*, et autres, au sujet des propensions qui se manifestèrent au moment où le latin s'effaça pour faire place aux nouveaux idiomes. Comment s'opéra le changement et par quelles phases il fut conduit, sans autre science que l'instinct euphonique du peuple, sans système savant et préconçu autre que de rendre l'accentuation plus commode et plus adoucie, et l'expression égale à la rapidité de la conception, pour mieux entrer dans le génie national ; il est possible peut-être d'en avoir le sentiment, d'en apprécier les effets, mais il est mal aisé d'en apercevoir et d'en expliquer les motifs. Le langage au nord, le centre et au midi, s'est construit dans un moule commun : il n'y a pas à insister sur les différences qui séparent la langue d'Oc de la langue d'Oïl. A chacune ses formes, ses attributs, ses préférences. Mais ce qu'il y a de général en principe, au fond, dans la racine, appartient à l'une et à l'autre comme un héritage et au même titre. Et c'est pour cela que dans la languedocien et dans le français, bien des règles grammaticales et des aperçus lexicographiques doivent demeurer communs ; et la correspondance de ces remarques paraîtra toute naturelle.

Ce qui est particulier à notre dialecte et qu'il est nécessaire de relever pour notre sujet est spécial aux transformations par lesquelles a passé le suffixe *En*, dont nous venons d'indiquer l'origine, l'emploi et la signification. Comme on le voit par ce qui nous en reste, *En* doit être la plus simple traduction du *Enus* latin, qui s'infecte peu à peu du similaire *Anus*, avec la prononciation plus forte de la tonique, et par la même raison qui rendait le celtique *ec* égal à *ac*. Il devenait donc à peu près indifférent d'employer l'*a* ou l'*e* comme syllabe sonnante, alors que le même effet était produit dès que le suffixe se joignait au radical. Ici le caractère particulier se trouvait dans la nasale N.

Il pourrait se faire cependant que l'ancien celtique *ec* = *ac* eut aussi voulu laisser, dans la composition nouvelle des mots, son empreinte propre. On remarque, en effet, que le féminin de quelques-uns des vocables cités en exemple, porte comme un souvenir de cette intonation : *Andusenquo*, *marsénquo*, *Saléndrénquo ;* ce qui permettrait de supposer que le masculin se terminait par un C, souvenir d'origine. Mais notre dialecte, dans sa prononciation et par conséquent dans son orthographe, repousse toujours le C final, nous l'avons vu *lettre* C, bien que d'autres l'admettent encore dans la langue d'Oc. La preuve de cette filiation de suffixes n'en existe pas moins.

Pour en revenir à l'introduction de la nasale *N*, se combinant avec le *C* et le gén. en *i*, il est encore probable qu'elle a amené les finales *enicus*, *inicus*, *onicus*, *a*, *um*, pris au plur. fém. *enicæ*, *inicæ*, *onicæ*, si fréquentes dans la moyenne latinité pour les noms de lieux, et sur lesquelles nous nous sommes longuement expliqué. Ce sont ces consonnances qui étaient sans doute antipathiques à l'euphonie du roman, qu'il adoucit en *Enche*, *inche*, *onche*, avec le chuintement traditionnel du gaulois. — *Voy.* à l'art. *Diménche* et autres.

D'autre part, le génitif latin en *i* dut intervenir aussi dans la modification : c'était peut-être une redondance qui augmentait l'énergie du suffixe. En tous cas, il servit à donner une mouillure sur *N* inconnue encore au génie du latin. L'expression en fut rendue par le *Gn*, consonnance nasalisée et mouillée. *(Voy. Agno, suffixe.)* L'inversion par le *ng* avec les voyelles *a*, *e*, *i*, *o*, plus conforme aux aptitudes de la prononciation germanique, se répand davantage au nord et redescend par importation dans quelques formes méridionales : ainsi *Vèn*, *qué vènguo*, ou *qué végno*, de *veniat ; tèn*, *tèngo* ou *tègno*, de *teneat*. — *Voy.* aux mots *Canounje*, *Canourgo*, etc.

Telle est la série et la diversité de cette famille de suffixe en *Ln* et *Ln*, masc., *Lno* et *Eno*, fem. Dans les recherches étymologiques, il est indispensable de remonter par cette chaîne non interrompue jusqu'à la racine des mots, et de les dépouiller de toutes les adjonctions qui leur ont été imposées, pour avoir et comprendre le sens des dérivés. Quand les mots affectés de ce signe se présenteront d'ailleurs, nous ne laisserons pas échapper l'occasion de nous en référer à ces observations qui ne comportent pas de plus amples développements dans cet article, si même ceux-ci ne semblent pas déjà trop longs.

Én, *prep.* En, dans, à, avec. — *Ln Camargo*, en Camargue ; *en Aousero*, dans la Lozère. Lorsqu'il s'agit d'une contrée prise vaguement et dans sa généralité comme ci-dessus, on emploie la prep. *Ln* ; mais quand il s'agit d'une ville ou village spéciaux, on dit *A : Vòou a Nime*, je vais à Nîmes ; *demoro a Uzès*, il réside à Uzès. Cependant si le nom propre de lieu commence par la voyelle *a*, la délicatesse de notre acoustique répugne à cette rencontre dont l'hiatus est trop heurté, et nous avons recours à notre prep. *Ln : Vai en Alais, en Arle, en Alzé ; vèn d'en Avignoun :* il va à Alais, à Arles, à Alger ; il revient d'Avignon. *De dous en dous, de quatre en quatre,* deux à deux, quatre à quatre, ou deux contre deux, quatre contre quatre. *Barunlè lous escalès de quatre en quatre,* il roula les degrés quatre à quatre. *Én tan de peno,* avec tant de peine ; *en tan d'efans,* avec tant d'enfants. *Uno mostro en or,* une montre d'or. *Un cuié en arjen,* une cuiller d'argent. *En fè d'aquò,* quant à cela. *En fè d'abestì, n'es un,* pour un butor, c'en est un. *Anan en quicon,* nous allons quelque part : dans cette phrase, *Én* est simplement supprimé par le fr.

Én ne répond pas au pron. relatif fr. *en,* comme dans cette phrase : j'en veux : on le traduit par *Ne ; né vole* (*Voy.* c. m.). Il s'emploie aussi en particule comme en fr. pour former le gérondif, en l'ajoutant au part. prés. masc. : *en marchan.* Cependant comme ce participe est peu dans les allures du languedocien, et qu'il est peu harmonique à son génie, il est bon d'éviter cette forme que nous avons empruntée au fr. Mais il est une autre composition de gérondif que nous adoptons volontiers et qui se raccorde très-bien à l'allure elliptique de notre langage; elle consiste à remplacer le part. prés. par l'infinitif, et nous disons très-bien : *en veire, én faire, én dousi, en escrioure, in estre, én avedre ; én prené lou cafe,* en voyant, en faisant, en entendant, en écrivant, en étant, en ayant ; en prenant le café. Ces phrases sont éminemment languedociennes : mais il est à remarquer que cette formule ne s'emploie jamais envers les verbes qui font A à l'infinitif. On ne peut dire : *én manja, én parla, én davala.* Il est difficile de se rendre compte de cette différence, qui semble un scrupule capricieux de l'oreille. Cela tient peut-être à ce que les verbes en A, qui correspondent aux verbes lat. en *Are,* sont les plus nombreux et les plus réguliers de tous : dès lors le part. prés. s'en déduit naturellement ; tandis que la plupart des autres conjugaisons sont irrégulières et donneraient un part. prés. difficile à déduire et souvent très-long à prononcer. Nous ne pouvons guère trouver d'autre motif plausible à cette anomalie, ou à cette délicatesse.

Dér. du lat *In*, ou du gr *Ἐν*. m. sign.

Énaiga, *v.* Inonder; imbiber d'eau. — Ce terme implique l'idée d'un excès dans l'imbibition ; on dit *Enaiga* des légumes qui ont poussé par un temps trop pluvieux, d'un potage trop étendu d'eau, comme de prairies inondées et de terres abreuvées outre mesure.

Dér. de *Aigo*

Énaira, *v.*, ou **Enâoura.** Aérer ; essorer ; donner de l'air ; exposer à l'air. — Les deux mots, que nous plaçons sur la même ligne, sont quasi synonymes. Mais *Enâoura* indique un acte plus explicite ; il signifie, non pas seulement exposer à l'air, mais à l'air agité, *aouro,* le vent, et en remuant l'objet qu'on veut aérer, en le secouant pour le faire mieux pénétrer par l'air ambiant dans tous les sens. *Enaira* a moins de mouvement, moins d'extension active. On *enairo un appartamen,* on l'ouvre pour lui donner de l'air, et on ne l'*endouro* pas. Au contraire on *endouro* du fourrage, en le séparant et l'agitant avec la fourche, pour que le vent le sèche plus vite, et on ne va pas l'*énaira.* La nuance est parfaitement saisissable.

Dér. de *Air.*

Én-ana (S'), *v.* — *Voy.* Ana.

Enâoura, *v.* — *Voy. Énaira.*

Encabéstra, *v.* Mettre le licou.

Dér. de *Cabestre.*

Encadéna, *v.* Enchaîner ; lier, attacher avec des chaînes ; cadenasser ; fermer avec une chaîne. Au fig. captiver ; retenir dans les liens de l'amour.

Dér. de *Cadéno.*

Encadra, *v.* Encadrer ; mettre, placer dans un cadre ; entourer. — On dit ironiquement : *Té farén encadra,* c.-à-d. nous ferons exposer ton portrait, comme monument historique ou d'intérêt public.

Dér. de *Cadre.*

Encafourna, *v.* Cacher avec soin ; enfoncer profondément ; mettre au fond d'un antre, d'un lieu obscur et caché, comme le tronc caverneux d'un arbre.

Dér. de *Cafour.*

Énçai, *adv.* de lieu. Vers ici ; de ce côté ; plus près de moi. — *Fasè-vous ençai,* rapprochez-vous d'ici : cela se dit particulièrement à des personnes rangées en file ou en cercle, lorsqu'on veut faire de la place à un nouveau survenant.

Encaïssa, *v.* Ne se dit qu'au fig. pour : mettre dans sa tête, enregistrer dans sa mémoire ; concevoir, comprendre. — *Pode pas encaïssa aquélo,* en parlant d'une hablerie trop forte, je ne puis laisser passer celle-là ; je ne puis l'adopter.

Dér. de *Caïsso.*

Éncamba, *v.* Enjamber; enfourcher; se mettre à califourchon, jambe d'ici, jambe de là; franchir en enjambant. — *Éncamba lou fiò,* enjamber le feu, écarter les jambes sur les chenets, de manière à occuper toute la largeur du foyer. *Éncambè soun chival,* il enfourcha son cheval. *Éncambo lou vala,* il pose une jambe sur chaque bord du ruisseau.
Dér. de *Cambo.*

Éncambra, *v.* Renfermer dans une chambre, tenir dans une chambre. — *S'encambro tout lou jour,* cette femme s'occupe peu de son ménage ou des affaires du dehors, elle reste renfermée dans sa chambre.
Dér. de *Cambro.*

Ençamoun, *adv.* de lieu. En haut de ce côté; vers l'interlocuteur, quand celui-ci est placé relativement au haut de quelque chose, comme par ex. vers le haut bout d'une table a manger. — *Voy. Amoun.*

Ençamoundàou, *adv.* de lieu, aug. et variante de *Ençamoun.*

Éncan, *s. m.* Encan, vente publique aux enchères.
Formé du lat. *In quantùm?* A combien? A quel prix? qui est la formule des criées publiques.

Éncanaïa (S'), *v.* S'encanailler; se mésallier; avoir des relations avec de la canaille; s'unir à personnes ou à familles mal famées.
Dér. de *Canaio.*

Éncanta, *v.* Enchanter; charmer; séduire par des enchantements et des tours de magie; captiver; ravir.
Dér. du lat. *Incantare* pour *cantare,* parce que les magiciens accompagnaient leurs charmes de chants magiques.

Éncantaïre, aïro, *adj.* Enchanteur, magicien; séducteur; qui exerce une fascination magique, qui charme et ravit.

Éncapriça, *v.* Irriter, agacer, augmenter l'irritation, l'obstination de quelqu'un.
S'encapriça, s'obstiner; s'opiniâtrer. — *Lou tén és bièn éncapriça,* le temps est bien à la bourrasque.
Dér. de *Caprice.*

Éncareïra, *v.* Mettre en route; mettre sur le chemin; donner un courant et de la pente à un ruisseau, aux eaux pluviales. Au fig. mettre en train, mettre sur la voie.
S'éncareïra, se mettre en route, se diriger vers...
Dér. de *Carièïro.*

Éncaro, *adv.* Dim. *Éncarèto.* Encore; une autre ou une seconde fois; de plus; en outre. — *Pa'ncaro,* pas encore; un moment; dans un instant.
Éncarèto ne se dit que négativement. *Pa'ncareto,* pas encore, mais peu s'en faut.
Dér. du lat. *In hac hora* ou de l'ital. *Ancora* fait de *Anche ora,* m. sign.

Éncarougna, *v.* Sentir, puer la charogne; par ext. exhaler une odeur fétide quelconque. — *Pu qu'éncarougno,* il pue à infecter.

S'éncarougna, s'allier avec une femme de mauvaise vie.
Dér. de *Carogno, Carougnado.*

Éncastra, *v.* Mettre les agneaux dans un petit parc, les séparer de leur mère pour les sevrer. Au fig. emboîter; assembler; joindre ensemble.
Dér. du lat. *Castrum,* lieu fermé.

Éncastre, *s. m.* Encadrement; toute enceinte en charpente. — *Encastre de pous,* parquet ou grillage de madriers, sur lequel on établit la base d'un mur de puits. *Éncastre de moulì,* châssis en charpente qui entoure le gîte d'un moulin à farine. *Éncastre d'un cièl de ïè,* châssis d'un ciel de lit. *Éncastre de tindou,* cercle en charpente de cuve vinaire qui consiste en jantes de chêne, épaisses de trois pouces et larges de six, qui chevauchent avec leurs voisines, qu'on fixe et qu'on assujetit par des chevilles. Ce mode, qui est trop lourd et trop pénible quand on veut défoncer la cuve, est généralement abandonné aujourd'hui pour les rubans de fer battu, tout comme les cercles en scions de châtaigniers sauvageons, ou de micocoulier. Au fig. on dit *Éncastre* de toute sorte de clôtures.
Dér. du lat. *Castrum.*

Ençaval, *adv.* de lieu. En bas, du côté du bas, vers le bas, par rapport à l'interlocuteur, lorsqu'il est placé relativement plus bas ou au bas, bout d'une table par exemple. — *Voy. Aval.*

Éncavala, *v.* Entasser les gerbes de paille, former les meules qu'on appelle *Cavalé.* — *Voy. c. m.*

Éncén, *s. m.* Encens, parfum; gomme résine aromatique Au fig. flatterie, louange. — *Se parfuma émbé d'éncén,* s'appliquer des fumigations de *Carabé,* ambre jaune qui a une forte odeur d'encens. *Coumo las géns, l'éncén,* prvb., selon les gens, l'encens.
Dér. de *Incensum,* m. sign. Formé de *Incendere,* brûler.

Éncénsa, *v.* Encenser, jouer de l'encensoir. — Ce mot ne participe pas de l'acception figurée du fr.: *Encenser,* pour louer, glorifier.

Énchéïna, *v.* Enchaîner. — Le même que *Éncadéna* (*V. c m.*), qui est plus pur.

Énchivoquo, *s. f.* Équivoque, ou plus proprement, anicroche, dérangement, pierre d'achoppement; subtilité; chicane.
Ce mot est évidemment une corrup. du fr. Équivoque, avec une différence assez sensible d'acception.

Éncho, *s. f.* Spécialement, anche d'un instrument à vent, d'un hautbois, d'un basson, etc. — *Mouïa l'encho,* arroser l'anche; boire un coup.
Dér. du gr. Ἄγχος, de Ἄγχειν, serrer, étrangler.

Énclàousi, *v.* Clore, enclore; enfermer dans une enceinte; entourer d'une clôture. Au fig. charmer; jeter un sort; fasciner; ce qui consiste à retenir les objets charmés comme s'ils étaient enfermés dans un cercle magique. — On dit d'un vieux berger qu'*énclàousis sas fédos,* quand, sans le secours de son fouet et de ses chiens, il retient ses brebis dans un endroit assez resserré, où elles paissent

sans s'écarter, ce qui est dû sans doute à un certain savoir-faire, soit à la crainte ou à la confiance qu'il leur inspire.
Dér. de *Cldousi.*

Énclume, *s. m.* Enclume. masse de fer sur laquelle on bat le fer et les autres métaux.
Dér. du lat. *Incus, udis,* m. sign.

Éncluso, *s. f.* Écluse; martellière; clôture et pertuis garni de vannes, pour retenir et lâcher à volonté l'eau d'un canal. Suivant certains auteurs, le mot fr. vient du lat. *Excludere,* exclure, rejeter, parce que l'écluse rejette les eaux qu'elle barre. Suivant d'autres, il est dér. du teuton *Schluse,* m. sign., dont les Hollandais ont fait *Sluys,* et les Anglais *Sluice.* Quoiqu'il en soit de ces diverses hypothèses, le lang. parait venir plus rationnellement du lat. *Includere,* renfermer, enclore; car l'écluse forme plutôt une inclusion qu'une exclusion. Le fr. nous aurait-il fait cette fois un emprunt? C'est peu probable; mais il peut avoir puisé à la même source en s'éloignant davantage du type latin. Le teuton *Schluse* pourrait bien aussi avoir la même origine. Cependant, pour ne pas nous montrer trop fiers et trop entichés de nos origines, nous admettons comme possible que *Éncluso* soit une corrup. d'*Ecluse*, comme tant d'autres termes qui appartiennent à la nomenclature des arts et métiers.

Éncò dé, *prép.* Chez. — *Èncò dé moussu,* chez monsieur. *Vène d'éncò dé moun ouncle,* je viens de chez mon oncle.

Énconlassa, *v.* Mettre le collier à une bête de trait ou de labour.
S'éncoulassa, prendre le joug matrimonial.
Dér. de *Coulas.*

Éncouléri, *v.* Mettre en colère, irriter; aigrir, exciter, provoquer, augmenter la colère de quelqu'un.
Dér. de *Coulèro.*

Éncoulo, *s. f.* Contre-fort; contre-mur; pilier butant; éperon. — Ce terme est en général appliqué à la maçonnerie purement agricole, et non à la haute architecture. C'est un contre-mur qu'on établit principalement au bas du mur de soutènement d'une terrasse, soit lorsque sa fondation est décharnée, soit lorsqu'il surplombe par suite de la poussée des terres, soit lorsqu'il menace ruine par des lézardes ou tout autre élément de destruction.
Dér. peut-être du lat. *Ancon,* coude de mur, console.

Éncouqua, *v.* Empoisonner le poisson au moyen de la coque du Levant *(Voy. Coquo).* Au fig. ennuyer, paralyser d'ennui; porter guignon.
S'éncouqua, s'enivrer.

Éncournaïa, *v.* Encorner; planter des cornes sur le front. — Ne se dit que dans le sens fig. et injurieux.
Dér. de *Cournal.*

Éncrésta, *v.* Chaperonner un mur de clôture, le terminer par un encrêtement ou un chaperon.
Dér. du lat. *Crista,* crête, cimier d'un casque.

Éncréstaduro, *s. f.* Encrêtement, chaperon d'un mur. — *Voy. Cresto.*

Éncrouqua, *v. n.* Tomber de dépérissement; être d'une maigreur effrayante.
Dér. de *Crouquu,* accrocher, par catachrèse, comme si les os étaient devenus si saillants qu'ils pussent servir de crocs.

Énculpa, *v.* Inculper; accuser d'un fait; faire retomber une faute sur quelqu'un.
Dér. du lat *Culpa,* faute.

Éndâoumaja, *v.* Endommager; causer du dommage; blesser; faire une écorchure, une avarie qui porte un préjudice. — *Aquel doubre és bien éndâoumaja,* cet arbre est gravement ébranché, soit par le vent, soit par la malveillance.
Dér. de *Ddoumaje.*

Énd'aquò, *adv.* Proprement, avec cela, au surplus. C'est aussi une locution explétive fort usitée dans une narration, pour en lier les divers membres. Elle remplit à peu près le même office que le fr. Cependant; c'est une formule que les paysans emploient avec une grande profusion dans leurs discours. — *Y-aviéï bièn récoumanda dé çaï èstre, énd'aquò és pas véngu,* je lui avais fort recommandé de se trouver ici, malgré cela, il n'est pas venu. *Laïssa-mé béoure un co, énd'aquò vène,* laissez-moi boire un coup, après cela je suis à vous. *Énd'aquo qué s'én passo,* attendez donc qu'il s'en prive, avec cela qu'il s'en passe.
Formé d'*Èndé,* avec, et *Aquò,* cela.

Éndareïra, *v.* Faire perdre du temps, faire rester en arrière. — *S'éndareïra,* demeurer en arrière; laisser arrérager les termes d'une ferme, d'une rente, les intérêts d'un capital. — *Las courchos éndareïrou,* les chemins de traverse font perdre du temps, parce que celui qu'on gagne en abrégeant le trajet, on le perd par les difficultés de la route et les obstacles qu'on rencontre. *Moun drole s'éndareïro,* mon fils s'est laissé devancer par ses condisciples, il est resté en arrière.
Dér. de *Dariés.*

Éndareïrajes, *s. f. plur.* Arrérages d'une ferme, d'une rente, etc.; arriéré d'une dette. — *Quouro qué morie planiraï pas mous éndareïrajes,* lorsque je mourrai, je n'aurai pas de regrets sur l'arriéré de ma jeunesse; je l'aurai bien employée.

Éndavala, *v.* Avaler, engloutir, absorber. — *Éndavalarié un bidou émbé sas banos; l'éspitdou amaï lous pdoures; lou diable amaï lou chdouri;* toutes locutions proverbiales qui répondent à un gros mangeur qui avalerait la mer et les poissons, à un prodigue qui dévorerait le royaume de France et de Navarre, le diable et ses cornes.
Il se prend aussi pour : faire descendre, faire tomber. — *La paré s'és éndavalado,* le mur a croulé, ou il a donné du pied. *M'a éndavala l'éspaulo,* il m'a disloqué l'épaule. *Un moure éndavala,* une figure avalée, amaigrie. *Ès tout éndavala,* il a le visage défait.

Ce mot, comme *Aval* et *Davala*, est formé du lat. *Ad vallem*, vers le bas.

Éndé, *prép.* Avec. (*Voy. Émbé.*) — La différence entre les deux formes de cette préposition a été déjà notée. Mais dans quelques locutions d'un idiotisme très-original il n'y a pas non plus à les confondre et *Éndé* est seul admis dans les tournures pittoresques des phrases suivantes, où il prend la signification de *en, avec, à*, prép. : *Es-ti poussible qu'un ase sible end'avedre tou moure tan lon?* Est-il possible qu'un ane siffle avec un museau si long ? *Aquò y-es vengu endé naïsse*, il a pris cela en naissant, cela lui vient de naissance.

Éndémési, ido, *adj.* Dim. *Éndémésidoù.* Pauvre hère, sans portée d'esprit, qui tremble au moindre vent, qu'un rien abat; qui s'embarrasse des moindres difficultés; qui ne sait jamais conclure une affaire.

Sauvages donne à ce mot une tout autre acception, et le traduit par : arrêté, ordonné, fixé. Cette signification peut appartenir à un autre dialecte qui n'est pas à notre connaissance. Dans nos pays, il veut dire, au physique, un homme sans force, sans adresse; au moral, sans esprit, sans initiative, sans valeur : c'est un demi-homme, et c'est ce qu'exprime son étymologie du lat. *Dimidius*, demi.

Éndémési (S'), *v.* Diminuer peu à peu; devenir à rien.
Dér. du précédent ou du lat. *Demere*, ôter, faire subir une diminution.

Éndéouta (S'), *v.* S'endetter; faire des dettes; s'engager dans des dettes, en contracter beaucoup. — *Prén lou camì das endeoutas*, il prend le chemin de l'école, c.-à-d. le plus long, le plus scabreux et le moins utile, comme les débiteurs qui veulent éviter la rencontre des huissiers ou de leurs créanciers.
Dér. de *Déoute.*

Éndéqua, *v.* Estropier, donner ou causer un vice, une tare; rendre maladif; affliger d'un rachitisme qui arrête le développement du corps. — *Un drole éndéqua*, un enfant rachitique, noué. *Un doubre éndéqua*, un arbre entiché. *És tout éndéqua*, il est tout contrefait. *És éndéqua per sa vido*, il est estropié pour la vie.

Ce mot serait celtique, d'après Astruc, et le primitif sans doute *Entec* ou *Endec*, tare, vice. D'autres le font dériver du gr. Ἀνεθρχα, aor. tiré de Ἀνατίθημι exposer, imposer.

Éndéquo, *s. f.* Tare; défectuosité; rachitisme; défaut; langueur; vice intérieur.

Éndéquoùs, ouso, *adj.* Qui a une tare; rachitique; languissant; malsain; maladif; chétif.

Éndéquun, *s. m.* Cacochymie, rachitisme; enfant noué dans ses membres ou qui a les organes maladifs.

Éndèrvi, *s. m.* Dim. *Éndèrvioù.* Dartre; maladie, inflammation de la peau couverte de vésicules blanchâtres, souvent avec ulcération. — *Moure d'éndèrvi*, visage bourgeonné, couperosé. — *Voy. Dèrbése.*

Dans le bas-breton *Darvoéden* ou *Darouéden*, ou *Deroui*, du celt. *Derui* ou *Deruit*, m. sign.

Éndévénable, ablo, *adj.* Affable; d'un caractère facile à vivre, avec lequel tout le monde est d'accord ; sociable.

Éndévéngu, udo, *part. pass.* de *Éndévéni.*

Éndévéni, *v.* Atteindre; frapper juste et de loin; rencontrer à point.

S'endeveni, se convenir; sympathiser; s'accorder. — *L'éndévénguère dóou prémié co*, je l'atteignis du premier coup. *Endévenguèn*, nous convînmes. En parlant d'un portrait : *Vous un bièn endevéngu*, on a bien saisi votre ressemblance. *Mas miolos s'endevènou*, mes mules s'accordent très bien pour labourer ensemble. En parlant de vers : *Aquelo cansoù s'endevèn bièn*, cette chanson rime bien. *Endévéni un air*, saisir et rendre bien un air de musique. *Faire éndévéni uno courduro, dous lès*, égaliser les lisières d'une couture, les bords d'un lé. *Sé s'endèvèn*, le cas échéant; s'il plait à Dieu; suivant toute probabilité; s'il arrive jamais *Nous éndévénguèn*, nous eûmes la même pensée, nous nous rencontrâmes dans la même idée.

Dér. de *Éndé*, avec, et *Véni*, venir avec ; ce qui revient au lat. *Convenire*, convenir.

Éndïa, *v.* Hennir; faire un hennissement, en parlant du cheval.

Dér. du lat. *Hinnire*, m. sign.

Éndiabla (Faïre), *v.* Endiabler; faire donner au diable tourmenter quelqu'un pour obtenir de lui ce qu'on désire, faire enrager; dépiter.

Éndiférén, *s. m.* Différend; discussion; contestation; maille à partir. — *Partaja l'éndiférén*, partager le différend.

Ce mot vient évidemment d'une corruption du fr.

Éndiférén, énto, *adj.* Ne s'emploie que négativement. On dit : *es pas éndiférén*, pour : il est assez beau, assez bon, pas trop désagréable, pas dépourvu de bon, tant des personnes que des choses. *Aquél bla es pas éndiférén*, c'est d'assez beau blé.

Éndil, *s. m.* Dim. *Éndié.* Hennissement. — *Voy. Endia.*

Éndiméncha (S'), *v.* S'endimancher, mettre ses habits de fête ou de gala. — *Voy. Diméncha.*

Éndinna, *v.* Irriter; envenimer une plaie; redoubler la colère, l'exaspération ; réveiller, surexciter une douleur.

S'éndinna, redoubler de fureur; se surexciter ; s'exaspérer; s'obstiner avec rage. — *S'éndinna dou traval*, redoubler d'ardeur au travail.

Dér. du lat. *Indignari*, s'indigner, s'irriter.

Éndiuèl, *s. m.* Andouille; espèce de saucisson qui se mange cuit, et qu'on nomme également *Missou.* — *V. c. m.*

Dér. du lat. *Edulicum*, tout ce qui est bon à manger, ou bien de *Indusia, indusiola*, chemise, camisole, parce que l'andouille est recouverte d'un boyau qui lui sert de chemise.

Éndivio, *s. f.* Endive, chicorée potagère, qu'on mange en salade, *Chicorium Endivia*, Linn. Plante de la fam. des Composées chicoracées.

Dér. du lat. *Intybum*, ou *Intubum*, m. sign.

Éndoulénti, t. Endolorir; rendre douloureux, plus sensible que de coutume. — *Estre endoulenti, avel re tou bras tout endoulenti*, avoir le corps, le bras tout endoloris, soit par suite de coups ou de fatigue, soit par une courbature.
Der. de *Dooure*

Endourmeire, s. m. Magicien; magnétiseur; discoureur qui endort son auditoire.

Éndourmi, t. Endormir, procurer le sommeil; faire taillir d'ennui; engourdir; flatter, amuser, caresser; charmer, calmer une douleur — *Moun pè es endourmi, moun pèd est engourdi*. Cet engourdissement, qui commence par une privation complète de sentiment dans la partie et qui est suivi d'un fourmillement quand cette vive impression est dissipée, vient d'une compression des nerfs qui, d'après Sauvages, gène le cours du fluide nerveux, mais qui pourrait bien suspendre et oblitérer pour quelques instants la circulation du sang elle-même, source de toute sensation dans la fibre nerveuse. *Aquo m'endor ma den*, ce remède calme mon mal aux dents. On dit : *un double endourmi* d'un jeune plant qui, sans être mort, tarde a pousser; ce qui provient sans doute de quelque gène dans la circulation de la seve.
Der. du lat. *Dormire*, m. sign.

Éndourmidouïro, s. f. Jusquiame, *Hyschiamus niger*, Linn, ou Hanebane, plante de la fam. des Solanées. Ses semences, administrées en fumigations, dégagent une vapeur qui a, dit-on, le pouvoir de calmer les maux de dent les plus douloureux.

C'est aussi le nom de la pomme épineuse, l'herbe aux taupes : autre narcotique assez puissant de la même famille.
— *Voy.* Darboussieiro.

Éndourmidouïros, s. f. plur. Toute espèce de narcotique, en général. — *A pas besoun de prene las endourmidouiros*, il n'a pas besoin d'opium, dit-on d'un dormeur sempiternel.

Éndré, s. m. Dim. *Endreché, éndrechoù*. Endroit, lieu, place; pays. — *Ès dé moun éndré*, il est de mon village, de mon canton, de ma commune. *Sèn toutes dóou mèmo éndré* nous sommes du même pays. Dans cette acception, le mot *Endré* est relatif comme celui de pays, près de chez soi : on ne dit : *dóou mèmo endré*, que lorsqu'on est au moins de la même commune; à mesure que l'on s'éloigne, le cercle de cette communauté s'élargit : à cinquante lieues, il suffit d'être du même arrondissement; hors de France, ou même à l'armée, le Nimois et le *Raïol* sont compatriotes.

L'éndre, l'endroit d'une étoffe, le côté opposé à l'envers.
Ce mot est formé évidemment comme le fr. endroit, du lat. *in directum* ou *in directo*, sans qu'on puisse trop saisir, pour l'un comme pour l'autre, l'analogie ou la divergence du sens : la dernière acception ci-dessus répond seule à cette étymologie.

Éndura, v. Endurer, supporter avec patience; souffrir.
S'endura, se supporter réciproquement, se plier à l'humeur l'un de l'autre; ce qui se dit surtout en ménage — *Po pas s'endura*, il ne peut se supporter lui-même; il est d'une humeur si peu sociable, que, quand il est seul, il se cherche querelle à lui-même. *Pourrai pas m'endura dinc aquel pais*, je ne saurais m'habituer dans ce pays, j'y mourrais d'ennui.
Der. du lat. *Durare*, endurer.

Enduran, anto, *adj.* Endurant, qui supporte patiemment une insulte, un mauvais traitement. Ne s'emploie guère que négativement. — *Ès pas enduran*, il est fort irascible, très susceptible, ombrageux.

Énduro (Maou d), *phrase faite.* Mal qui n'a d'autre remède que la patience. Il signifie aussi mal non dangereux, qui ne présente que de la douleur et n'exige que de la patience, sans danger de mort. *Aquo's de maou d'enduro*, c'est un mal, une douleur à laquelle il n'y a pas d'autre remède que la patience, qu'il faut endurer, supporter patiemment.

Enémi, Énémigo, *adj.* Ennemi, ie ; celui ou celle qui hait quelqu'un, qui lui veut du mal. C'est *Hostis*, lat.
Der. du lat. *Inimicus*, ennemi personnel.

Énfachina, v. Ensorceler; jeter un sort. Par ext puer, exhaler une odeur fétide. C'est un superlatif de puanteur.
Der. du lat. *Fascinare*, m sign.

Énfachinaire, aïro, s et *adj*. Sorcier, jeteur de sorts: charmeur.

Énfaïssa, v. Fagoter; lier en bottes, en fagot; disposer toute espèce d'objets menus qu'on transporte sur les épaules, comme de la paille, du foin, etc.
S'enfaïssa, se dit d'une poutre, d'une charpente, d'un plancher, qui, par trop de surcharge ou faute de solidité et d'étançons, décrivent une courbe vers le milieu. C'est alors une corrup. du fr. s'affaisser.
Der. de *Faï*, faix, poids.

Énfaïssaje, s. m. Fagotage; action de mettre de la raine en fagot, ou d'embotteler de la paille, du fourage; frais de cette opération.

Énfanga, v. Embourber; jeter ou laisser tomber dans un bourbier; salir avec de la boue. Au fig. *S'enfanga*, se mettre dans quelque sale ou mauvaise affaire, spéculation ou entreprise. — *Ès bièn enfanga*, il est embourbé dans une mauvaise affaire; il est perdu de dettes. *Ès énfanga dé milo éscus énd'un tdou*, il s'est enfoncé de mille écus avec un tel, c.-à-d. il s'est endetté avec un tel jusqu'à mille écus.
Der. de *Fango*.

Énfanço, s. f. Enfance, âge de l'enfance. — On ne dit pas *Éfanço*, comme dans les autres composés d'*Éfan*; il est probable que ce subst. n'existait pas dans l'origine et qu'on l'a emprunté plus tard au fr.

Énfarina, v. Au pr. enfariner, poudrer de farine, qui se dit mieux *Énfarna*. Au fig. *S'énfarina*, s'enticher, s'enfariner d'une idée, d'une opinion. — *S'és énfarina d'aquélo fïo*, il a la tête tournée par cette fille : il en est éperdument amoureux. Cette expression toute figurée prend son origine dans l'idée des pâles couleurs, maladie qui tire aussi son nom d'une idée de farine, une monomanie qui donne à la figure une couleur de farine. Ce mot est l'acception métaphysique de *Énfarna*, qui ne se prend qu'au sens positif.

Dér. de *Farino*.

Énfarna, v. Rouler dans la farine, comme certains poissons, certains mets préparés pour la friture; enfariner le visage, les mains, les habits.

Dér. du lat *Far, faris*, farine.

Énféra (S'), v. S'enclouer, comme fait un cheval; se jeter sur le fer, se percer soi-même. Au fig. se nuire; se couper, se contredire: s'engager dans une impasse en affaires.

Dér. de *Fere*.

Énféria, v. Entraver un cheval avec les entraves qu'on nomme *Énfèrios*.

Énfèrios, s. f. plur. Entraves qu'on met à un cheval, lorsqu'on le laisse paître dans un pâtis sans autre attache, et qui suffisent pour l'empêcher de s'écarter trop loin Cet instrument consiste en deux colliers de fer qu'on place aux deux jambes de devant de l'animal, un peu au-dessus du sabot, et qui sont joints par une chaîne très-courte, soit par un boulon mobile à deux têtes qui joue entre les anneaux des colliers. Il est semblable à celui que les acrobates se mettent aux pieds dans certains de leurs exercices sur la corde roide: il oblige les chevaux à tenir les jambes de devant rapprochées et à sauter à pieds joints, quand ils veulent changer de place

Dér. de *Fère*.

Énfèrnal, nalo, adj. Infernal; de l'enfer; qui appartient à l'enfer; diabolique.

Énfiala, v. Enfiler une aiguille.

Dér. de *Fiou*.

Énfialousa, v. Charger une quenouille de matières à filer.

Ce mot, portant dans sa contexture le subst. *fialouso*, et étant actif, a pour régime direct la matière à filer.

Dér. de *Fialouso*.

Énfièïra, v. Conduire à la foire; introduire au champ de foire le bétail ou la marchandise qu'on a à vendre.

Dér. de *Fièıro*.

Énfioula, v. Enfiler, mais seulement dans le sens de tromper, duper; engager dans une affaire douteuse.

Dér. de *Fiou*.

Énfiouqua (S'). S'enflammer d'amour, de colère; prendre feu; se passionner.

Dér. de *Fiò*.

Énfougna, ado, adj. Rechigné; boudeur; grognon; qui fait triste mine.

Dér. de *Fougna*.

Énfounça, v. Enfoncer; pousser, mettre, faire pénétrer au fond, plus avant; forcer une porte, une serrure. — On dit d'un faux brave, d'un fanfaron : *Énfounço las portos douvèrtos*, c'est un enfonceur de portes ouvertes, c'est un pourfendeur de naseaux.

Dér. du lat. *Infundicare*, m. sign.

Énfourna, v. Enfourner; mettre le pain au four. Au fig. avaler gloutonnement; remplir ses poches.

S'énfourna, s'engouffrer; s'introduire, s'engager dans... — *A l'énfourna sé prén lou pan cournu*, prvb., à mal enfourner, on fait les pains cornus. *L'douro s'énfourno din la chiminèio*, le vent s'engouffre dans la cheminée.

Dér. de *Four*.

Énfourqua, v Enfourcher; piquer, embrocher avec une fourche; monter à cheval.

Dér. de *Fourquo*.

Énfourquaduro, s. f. Enfourchure d'un arbre, l'angle du tronc où se divisent les maîtresses branches; enfourchure d'un pantalon; enfourchure du corps humain, le sommet de l'ouverture de compas que forment les jambes.

Énfu (S'), 3me pers. sing. indic. près. du v. *Énfujì (S')*.

Énfuji (S'), v. S'enfuir, prendre la fuite; déguerpir; s'esquiver.

Dér. du lat. *Effugire*, m. sign.

Énfuma, v. Enfumer; noircir avec de la fumée; remplir de fumée, comme on fait pour le terrier d'un renard; entourer de fumée, comme pour un essaim d'abeilles.

Dér. de *Fun*.

Énfurouna, v. Transporter de colère; irriter à l'excès, rendre furieux; animer contre quelqu'un.

Dér. du lat. *Furor*.

Éngabia, v Encager; mettre en cage; par ext. emprisonner; détenir en charte privée.

Dér. de *Gabio*.

Éngacha, v. Regarder dans... — On dit : *Éngacho*, regarde, de quelque chose dont on montre l'intérieur ou qu'on fait voir de près; *Agacho*, pour quelque chose qu'on a devant soi; *Arégacha*, regarder derrière. — Voy. *Agacha*.

Éngaja, v. Engager, mettre en gage; promettre par engagement; obliger; enrôler un soldat.

S'éngaja, s'obliger; hypothéquer ses biens; promettre; prendre volontairement du service dans les armées. — *Éngaja sa mostro*, mettre sa montre en gage, emprunter sur ce nantissement. *Éngaja uno cldou din la saraio*, embarrasser une clé dans la serrure. *S'éngajè pér soun frèro*, il s'obligea pour son frère; il lui servit de caution hypothécaire.

Dér. du lat. *Vas, vadis*, caution, qui a fait dans la basse lat. *Vadium*, d'où *Gaje*.

Éngajantos, s. f. plur. Espèce de manchettes que portaient les dames sous Louis XV et qui étaient placées au coude, les manches de la robe ne descendant pas plus bas. C'est, dans l'idée du peuple, le *nec plus ultrà* de la grande toilette. Lorsqu'elles parurent, on leur donna en fr. le nom d'Engageantes, comme la plupart des modes de l'époque, à qui on prêtait une portée morale dans l'idiome de la galanterie. Le nom fr. a disparu depuis longtemps : le lang. l'a conservé, et aujourd'hui peut-être bien des personnes qui se servent journellement du mot et de la chose, seraient fort embarrassées de donner l'origine de cette expression et la description de cette mode.

Éngambo, *adj.* de tout genre. N'est qu'une traduction du fr. ingambe, employée seulement comme sobriquet et par antiphrase. Le caractère narquois et gaulois se montre toujours même dans les mots en apparence les plus insignifiants.

Éngana, *v.* Tromper, abuser, duper; ou mieux : rogner la portion. C'est proprement le tort que fait une nourrice quand elle devient enceinte avant d'avoir sevré son nourrisson : elle fait tort aux deux enfants à la fois, qui se rognent réciproquement leur portion. On dit de l'un et de l'autre : *Soun enganas*, et ces enfants viennent rarement à bien, ou du moins ils restent malingres et étiolés. — *S'és pas éngana*, il ne s'est pas oublié dans un partage; il s'est adjugé la plus grosse et la meilleure part. — *L'a éngana*, il l'a dupé. *Aoumén nous énganén pas*, je vous le recommande, ne nous trompons pas à notre préjudice.

Dér. de l'ital. *Ingannare*, tromper, frauder.

Énganaïre, airo, *adj.* Rogneur de portion; écornifleur; trompeur; hypocrite.

Éngâoubi ou **Gâoubi**, *s. m.* Maintien; tournure du corps. Au fig. plus usité, esprit; adresse; savoir-faire. — *N'a pas gés d'éngdoubi*, il est gauche; maladroit; sans savoir-faire.

Empr. probablement du fr. *Galbe*.

Éngâoubo, *s. f* Pierre à foulon; pierre à détacher les étoffes et qui agit en poudre comme absorbant : les dégraisseurs s'en servent pour enlever les taches.

Éngâouta, *v.* Mettre en joue un fusil; appliquer contre la joue. Par ext. donner un soufflet.

Dér. de *Gâouto*.

Éngarafata (S'), *v.* S'emmitoufler; se surcharger la tête et le cou, les entourer comme font les personnes prises d'un rhume, d'un torticolis, ou de fluxion.

Dér. de l'ital *Calafatare*, formé du gr. Γαλαφατειν, calfater un bâtiment, parce qu'en s'emmitouflant on ferme toutes les voies ouvertes à l'air, comme le calfat toutes les voies ouvertes à l'eau.

Éngarbièïra, *v.* Dresser les gerbes en gerbier; dresser un gerbier.

Dér. de *Garbièïro*.

Éngarouna, *v.* Éculer ses souliers; en affaisser, en avachir les quartiers, de manière que le talon est déboîté; déchausser quelqu'un en marchant sur ses talons.

S'éngarouna, faire une mauvaise spéculation, une fausse démarche; se mettre dedans.

Éngavacha (S'), *v.* Étouffer; s'étrangler pour avoir avalé une arête ou autre chose qui obstrue le gosier, un simple fétu ou une goutte d'eau qui entre par la trachée-artère; s'engouer, s'engorger, en parlant d'un tuyau qui s'embarrasse, se remplit, s'obstrue de matières qui empêchent l'écoulement du liquide. — *Éngavacha uno cldou*, engager une clé dans sa serrure, sans pouvoir la faire jouer, ni la retirer

Dér. de *Gavai*, en dial. provençal, jabot des oiseaux granivores, gosier, gorge, gésier; formé lui-même très-probablement du lat. *Cavus*, creux, profond.

Éngéndra, ado, *adj.* Engendré; procréé, produit. — Dans ce sens, ce mot est admis en languedocien; mais il est plus usité comme dérivé de *Géndre*. — *Aquél home és bièn mâou éngendra*, ce pauvre homme n'est pas heureux en gendre.

Éngipa, *v.* Plaquer du plâtre ou du mortier contre un mur avec la truelle; fouetter un mur, l'enduire au bâlai : ce qui produit l'enduit qu'on nomme *uno rustiquo (V. c. m)*. Par ext. éclabousser; couvrir de boue, d'eau. Au fig. souffleter.

Dér. du lat. *Gypsum* ou du gr. Γύψος, plâtre.

Éngipado, *s. f.* Éclaboussure; boue qui rejaillit sur quelqu'un ou sur quelque chose.

Énglouti, *v.* Bosseler; bossuer un vase en métal quelconque, un ustensile, un chaudron.

Dér. du roman *Clot*, fosse, trou.

Éngouïssa, *v.* Causer du chagrin; donner des angoisses; donner du souci.

Éngouïsso, *s. f.* Angoisse; affliction; douleur amère d'esprit et de corps; gêne de l'âme; dure nécessité.

Dér. du lat. *Angustia*.

Éngouïssoùs, ouso, *adj.* Angoisseux; qui se plaint toujours; qui aime à se plaindre; qui soupire sans cesse.

Éngouli, *v.* Avaler goulument; engloutir; boire d'un seul trait.

Dér. du lat. *Gula*.

Éngoulidoù, *s. m.* Gouffre; tourbillon qui forme un entonnoir renversé, provenant d'une communication inférieure au niveau de l'eau avec un contre-courant. Au fig. large gosier, grand avaloir.

Éngounsa, *v.* Enfoncer; engouffrer; engoncer en parlant d'un habit, d'une robe trop montants, dans lesquels le cou s'enfonce et qui gêne les mouvements.

Dér. du lat. *Abscondere*, cacher.

Éngourdi, *v.* Engourdir; causer une pesanteur dans une partie musculaire du corps qui le prive de mouvement ou de sentiment. — S'applique aussi au moral.

Emp. au fr. m. sign.

Éngourga, *v.* Engorger; obstruer le passage d'un liquide, un canal, un tuyau; faire engorger un moulin. — *Un mouli s'éngourgo*, lorsque la fuite a un niveau trop élevé, soit par l'élévation des eaux, soit par les dépôts de sable au-dessous qui diminuent sa chute et gênent le mouvement de sa roue. — *Voy. Patoùa*.

Dér. de *Gour*, du lat. *Gurges*.

Éngourgoubia (S'), *v.* Se recroqueviller; se replier sur soi-même, comme fait le charançon du blé, *lou Gourgoul*, dans son alvéole.

Éngraï, *s. m.* Bétail qu'on engraisse pour la boucherie. En terme d'éducation de bétail, on distingue *l'Engraï* de *la Nouriço* : celle-ci est le bétail que l'on entretient pour

la multiplication de l'espèce; celui-là le bétail que l'on engraisse pour le vendre quand il est parvenu à son point.
— *Ès coumo un por à l'éngraï*, il en a à gorge que veux-tu comme un cochon à l'engrais.

Dér. de *Graïsso*.

Éngraïssa, *v.* Engraisser; rendre gras, c.-à-d. donner aux animaux une nourriture qui les engraisse; aux terres, des engrais qui les fertilisent; oindre avec de la graisse; graisser.

S'engraïssa, s'engraisser; prendre de l'embonpoint; s'arrondir; s'enrichir. — *Éngraïssa lou bestiáou,* engraisser le bétail. *Éngraïssa las rodos*, oindre l'essieu d'une voiture. *S'éngraïssa las babinos*, s'oindre les lèvres, c.-à-d. faire chère-lie. *L'iel dáou mestre éngraïsso lou chival*, prvb., allusion à la fable de l'œil du maître. *Éngraïssa lou martèl de la porto*, graisser le marteau, graisser la patte aux valets pour avoir entrée auprès du maître. *Éngraïssoté, perlé : aquí' n aménloù*, engraisse-toi, avare, voilà un denier; ou engraisse-toi goinfre, voilà une amande : phr. prvb. qu'on emploie lorsqu'il s'agit d'un dédommagement infime à une perte éprouvée. — *Voy Aménloù.*

Dér. de *Graïsso.*

Éngrana, *v.* Faire moudre son grain. — *Lou prémiè qu'es dou moulì engrano*, le premier au moulin engrène : prvb qui renferme une leçon d'égalité, et qu'on emploie lorsque quelqu'un veut user d'un privilège pour avoir la primauté ou la priorité.

On dit aussi : *Éngrana lou bestiáou*, donner du grain au bétail, soit avoine, soit blé, soit maïs, etc.; ce qui le rend gourmand et l'empêche de trouver goût à la nourriture ordinaire. Et encore : *Lou moulì s'éngrano*, lorsque la quantité d'eau n'est pas suffisante pour faire tourner la roue avec la vélocité requise, et que le blé tombant de la trémie se ramasse sous la meule, sans pouvoir être broyé. Cette expression s'emploie au fig. pour se plaindre de la soif à table et demander à boire : *lou moulì s'éngrano*, c.-à-d. le solide a besoin de liquide.

S'engrana, se laisser gagner par la vermine. — *Éngrana de manjanço*, couvert de poux. *Ié éngrana de cinzes*, lit infecté de punaises.

Dér. de *Gran* ou de *Grano.*

Éngráoufigna, *v.* Égratigner. — *Voy. Éngráouta,* m sign.

Dér. de l'espag. *Grafinar*, m sign.

Éngráoufignaïre, aïro, *adj.* Égratigneur; qui égratigne; qui fait des égratignures. — Cette forme de l'adj. est plus usitée que celle de *Éngráoutaïre*, qui n'est guère admis, tandis que le verbe dont il est formé, est pour le moins aussi souvent employé que *Éngráoufigna*. Le provençal et l'espagnol, dans le même mot, suppriment la particule explétive *Én.*

Éngráouta, *v.* Égratigner; déchirer légèrement la peau avec les ongles, avec une épingle ou tout autre objet pointu

Dér. probablement de l'allem. *Kratzen*, gratter, ou peut-être du gr. Ἀγκύλος, crochu, recourbé.

Éngráoutado, *s. f.* Égratignure, déchirure faite avec les ongles.

Éngrava, *v.* Couvrir de gravier. — *Voy. Agrava*

Éngruna, *v.* Mettre en pièces, briser de coups; assommer; éreinter. — *Uno bouto éngrunado*, une futaille dépecée, dont les douves sont déjointes et tombent en pièces.

Évidemment, les acceptions de ce mot sont le figuré de égrener ou arracher, séparer les grains du raisin ou d'un épi de blé, ce qui se disait autrefois *Désgruna* et aujourd'hui *Déséngruna.*

Dér. de *Grun.*

Énguéfia, fiado, *adj.* Difforme; contrefait; qui a les membres noués.

Énguén, *s. m.* Onguent, médicament externe, mou, onctueux. — *Énguén gris*, onguent gris, onguent mercuriel

Dér. du lat. *Unguentum*, m. sign.

Éngusa, *v.* Enjôler; cajoler; attirer, tromper par des cajoleries, des séductions.

Dér. de *Gus.*

Éniassa, *v.* Mettre des papiers en liasse; accoupler du menu linge en le donnant à blanchir, pour qu'aucune pièce ne s'égare.

Formé du fr. *Liasse.*

Énjiméra, *v.* — *Voy. Énjimerí.*

Énjimerí, *v.* Mieux que *Énjiméra*. Rechigner; enticher; redoubler l'obstination de quelqu'un.

S'énjimerí, s'obstiner; rechigner; agir par caprice, avec mauvaise humeur. — *Aquò faï pas qué l'enjimerí*, cela ne fait qu'accroître son humeur et son obstination. *Lou tén s'énjimeris*, le temps se brouille, redouble de bourrasque.

Dér. de *Jimère.*

Énjin, *s. m.* Adresse des mains; dextérité; génie particulier qui s'attache aux ouvrages purement manuels, et qui consiste à trouver toujours les meilleurs moyens et un remède le tout. Il ne s'applique point à l'adresse d'esprit, à la subtilité.

Dér. du lat. *Ingenium*, esprit, génie

Énjinquoùs, ouso, *adj.* Dim. *Énjinquouse*. Adroit des mains; doué de cette espèce de génie qui s'applique exclusivement aux ouvrages des mains. — Si souvent le lang. dans les mots ne bravait l'honnêteté, nous ne citerions pas le prvb. très-énergique et fort pittoresque : *Énjinquoùs coumo lou quiòu d'un por que sé baro sans couréjoù*; mais par accommodement avec le devoir de tout dire, nous ne traduisons pas:

Énjouliva, *v.* Enjoliver; rendre plus joli ou seulement joli.

Empr. au fr.

Énjuèla, *v.* Enivrer avec de l'ivraie, qui, mêlée dans le pain à une assez forte dose, porte à la tête C'est un procédé employé, dit-on, par les maquignons, qui enivrent ainsi, ou plutôt étourdissent les chevaux rétifs ou vicieux et les rendent par là plus calmes et comme frappés de stupeur : il leur suffit pour cela de mêler de l'ivraie à l'avoine. Au fig. étourdir; assoupir.

Dér. de *Juèl*.

Én-jun, *adv.* A jeun; sans énergie; sans force ni courage. — *Soui éncaro én-jun*, je suis encore à jeun, je n'ai rien mangé de la journée.

Dér. du lat. *Jejunium*, jeûne.

Én-laï, *adv.* de lieu. En delà; de ce côté-là. — *Fasès-vous én-laï*, rangez-vous; faites place; poussez du côté opposé à celui-ci. *D'aïci'n-laï*, contract. de *Aici én-laï*, à partir de ce jour; dorénavant. *Un viro-t'en-laï*, un soufflet.

Dér. du lat. *Illac*, par là.

Énlamoun, *adv.* de lieu. Là-haut, de ce côté. — *Voy. Amoun*.

Énlamoundàou, *adv.* de lieu. Le même que le précédent *Énlamoun*.

Énlapa, *v.* Embourber; enfoncer dans la vase, dans la boue.

Dér. de *Lapo*.

Énlaval, *adv.* de lieu. Là-bas; de ce côté. — *Voy. Aval*.

Énléva, *v.* Enlever; lever en haut; emporter; dérober; ravir. — *Lou diable t'énlève!* ou par contract. simplement : *T'énlève!* Le diable t'emporte! Peste!

S'énléva, enlever une fille, ou plutôt enlever un garçon. — *S'és énlévado émb'un tdou*, elle a décampé avec un tel; elle a consenti à un enlèvement avec un tel. Ce verbe s'emploie ainsi neutralement pour faire disparaître l'idée d'un rapt, d'après un préjugé assez enraciné dans les classes populaires, qui tient sans doute à quelque loi du moyen-âge fort sévère à cet endroit. Il est de tradition parmi le peuple que, pour éviter l'accusation de rapt au complice masculin, il faut que la fille déclare devant témoins au moment de la fuite que c'est elle qui enlève son amant; ce qu'elle fait par cette formule généralement adoptée : *A vdoutres vous én souvéngo qué iéou énlève un tdou*, soyez témoins que c'est moi qui enlève un tel. Tout cela serait vain, d'après le code pénal (car, malgré la formule, il n'y a pas moins rapt), s'il y avait violence ou menaces antérieures à cette déclaration, ou si la fille séduite n'a pas atteint l'âge de discrétion. D'autre part, quand l'enlevée est maîtresse de ses actions, ou d'âge à en connaître toute la portée, cette forme n'a rien d'obligatoire; car ce serait à l'action publique à prouver la violence réelle ou morale qui constitue le rapt des adultes, et quand il y a accord entre les parties, la morale seule en souffre, la vindicte publique reste sourde et aveugle.

Ce mot, au reste, n'a aucune autre des acceptions du fr. enlever : le lang. ne le lui emprunte que pour ce seul usage dans les deux circonstances citées.

Énliga, *v.* Embourber, enfoncer dans la vase : le même en ce sens que *Énlapa* (V. c. m.). Il signifie aussi : jeter du limon; couvrir, remplir un objet de limon. —*Voy. Aliga*.

Ce dernier mot signifie répandre la vase, le limon sur la surface; celui-là veut dire en remplir un lieu, un objet creux et profond. Une inondation *aligo* un pré; elle *énligo* un puits, un fossé, l'intérieur d'une maison.

Dér. de *Ligo*.

Én-nàou, *adv.* de lieu. En haut; vers la contrée haute; du pays des montagnes. — *És d'én-ndou*, il est du côté des montagnes, il est des hautes Cévennes ou de la Lozère; d'un pays élevé ou seulement au nord de celui de l'interlocuteur.

Dér. de *Ndou*, haut.

Énnégrèsi, *v.* Noircir; salir de noir; obscurcir; assombrir; barbouiller de noir. Au fig. noircir la réputation. — *Lou tén s'énnégrèsis*, le temps s'obscurcit, il devient noir.

Dér. de *Négre*.

Énnévouli (S'), *v.* Se charger de nuages; s'obscurcir; devenir nébuleux, sombre. — Se dit du temps.

Dér. de *Nivou*.

Én-odi, *phr. faite*, qui s'emploie quelquefois substantivement : *Mé venès én-odi*, vous m'ennuyez; *la car mé vèn én-odi*, la viande m'ennuie, me dégoûte; j'ai du rebut pour elle. *L'én-odi faï vénï las cabros nècios*, l'ennui fait perdre la tête aux chèvres; sorte de prvb. qu'on cite pour exprimer que l'ennui finit par rendre fou quand il se prolonge.

Dér. du lat. *In odium*, en haine.

Énqué, *phr. faite*, qui se traduira mieux par des exemples que par une définition, comme tous les idiotismes. — *S'ère énqué vous*, si j'étais vous, si j'étais à votre place. Cette locution ne s'emploie jamais qu'avec cette formule et précédée du verbe *S'ère*; et toujours à la 1re pers. sing. de l'indic. prés. Lorsque le régime est le pronom *él* ou *élo*, *éles* ou *élos*, on fait suivre *énqué* de l'art. *dé* : *S'ère énqué d'éles*; et cela par un simple motif d'euphonie. Il en est de même pour quelques substantifs tels que dans ces phrases : *S'ère énqué dé moussu tdou; dé moun péro*. L'usage seul détermine cette différence, qu'aucune exigence euphonique d'ailleurs ne motive, au moins dans la prose.

Én-quèsto, *phr. faite*. En quête, en poursuite, en recherches.

Dér. du lat. *Quæsitum*, supin de *Quærere*, chercher.

Énquèsto, *s. f.* Enquête; recherche judiciaire; information.

Énquicon ou **Énquoucon**, ou **Énticon** ou **Éntoucon**, *adv.* de lieu. Quelque part; en quelque lieu; en un certain endroit.

Énquicon-mai, quelque autre part; ailleurs.

Dér. du lat. *Quocumque*, m. sign.

Énquiè, *s. m.* Trou de la canelle ou du robinet d'une futaille ou d'une cuve.

Dér. de *Énquo*.

Énquiè, èto, *adj.* Dim. *Énquièté, Énquiètoù*. Inquiet; chagrin; d'humeur morose; grognon; qui aime à se plaindre. — *Énquiè coumo un ca borgne*, prvb. Inquiet comme un chat borgne, ce qui veut dire aveugle. — *Voy.* Borgne.

Dér. du lat. *Inquietus*, inquiet, agité.

Énquiéta, *v.* Inquiéter; donner du souci, du chagrin, de la sollicitude.

S'énquiéta, se chagriner; prendre de l'humeur; se mettre en colère. — *Faïre énquiéta*, donner de l'humeur; faire mettre en colère.

Énquiétudo, *s. f.* Inquiétude; chagrin; humeur. — *Aï uno bèlo énquiétudo, anas;* allez, j'ai un violent motif de chagrin; je suis bien en souci.

Énquo, désinence adjective féminine. — Ce suffixe avait sans doute pour masculin *Énc*, qui n'est pas resté avec cette forme dans notre dialecte, qui n'admet dans aucun mot le C final. Aujourd'hui, ce masculin est *Èn, Én*, qui marque, en s'ajoutant au radical, à un nom de lieu, le voisinage, l'habitation, l'appartenance, et que des analogies rapprochent des autres suffixes dont il a été traité. — *Voy.* En, Èn, *suffixes. Ènquo* au féminin adjective les noms dans le même sens : son origine et ses transformations sont expliquées dans l'article auquel nous renvoyons.

Ènquo, *s. f.* Canelle, d'une cuve d'un tonneau, qui n'est qu'un tube fermé par une broche. — *Ana coumo uno ènquo*, aller fréquemment à la selle, avoir le dévoiement; aller comme un robinet. *Lou fai ana coumo uno ènquo*, il le mène grand train; il ne le ménage pas; il le plie à ses moindres volontés. On dit aussi : *Vai coumo uno ènquo*, d'un outil, d'un appareil, d'un individu même, qui fonctionnent parfaitement, qui font vite et bien.

Ènquoucon, *adv.* de lieu. — *Voy.* Ènquicon.

Énraja, ado, *adj.* Enragé; qui est atteint d'une douleur extraordinaire, d'un mal violent, d'une colère furieuse. — Dans le sens de rage, hydrophobie, on dit mieux, *Fol: un chi fol*, un chien enragé : on ne se servirait pas de *Énraja*, qui est une acception française.

Dér. du lat. *Rabies*, rage.

Énrâoumassa, *v.* Enrhumer; causer un rhume.

S'énrâoumassa, s'enrhumer, gagner un rhume. — On dit à un enfant qui n'ôte pas son chapeau devant une personne à qui il doit du respect : *As saïqué pòou d'énrâoumassa tous pésouls?* tu crains sans doute d'enrhumer tes poux?

Dér. de *Rdoumas*.

Énrâouqua, *v.* Enrouer, causer de l'enrouement.

Dér. de *Rdou*, rauque.

Énraqua (S'), *v.* Se dit du vin qui pour avoir trop cuvé dans le marc, prend l'âpreté et le goût de la rafle; et aussi de la canelle d'une cuve qui est obstruée, ou bouchée par la rafle, faute d'avoir mis un filtre quelconque à l'intérieur. Au fig. *S'énraqua*, s'enivrer, se gorger de vin. — *Èstre énraqua dé quicon*, être fatigué, dégoûté de quelque chose; en avoir par dessus les yeux.

Dér. de *Raquo*.

Énrédési (S'), *v.* Se raidir; devenir raide.

Dér. de *Rèdé*.

Énréga, *v.* Semer, planter à raies ou en sillons faits à la houe une planche de jardin. — *Énréga do favidous*, semer des haricots en raies.

S'emploie aussi pour dire : tracer le premier sillon, la première raie. Par ext. commencer, entreprendre une œuvre, un labeur, une tâche. — *Énréga un coumplimén*, enfiler un compliment.

Dér. de *Régo*.

Énrégaïre, *s. m.* Ouvrier qui exécute l'œuvre ou l'action du verbe précédent.

Énrégistra, *v.* Enregistrer. — Cela ne se dit point des actes de l'administration de l'enregistrement, qu'on nomme *Contoronle*, et *Contourounla;* mais bien de l'inscription sur les registres de l'état civil. — *S'és pas trouva énrégistra*, sa naissance n'a pas été constatée sur les registres de l'état civil

Énréïa, *v.* Piquer, blesser une bête de labour avec la pointe du soc.

Dér. de *Rèïo*.

Énréssa, *v.* Mettre en chapelet les oignons ou les aulx. Par ext. appareiller, ranger régulièrement et par rang de taille ou de dimension.

Dér. de *Rès*.

Énrougna, *v.* Donner, communiquer la gale. — *Un troupèl énrougna*, un troupeau atteint, infecté de la gale.

Dér. de *Rougno*.

Énrounza (S'), *v.* S'embarrasser, s'empêtrer dans les ronces. — La différence de ce mot avec *S'arounza* est que celui-ci signifie : être accroché par une ronce, être labouré par une épine de ronce; tandis que *S'enrounza* suppose un champ de ronces dans lequel on est pris et embarrassé.

Dér. de *Arounze*.

Énruga (S'), *v.* — Il existe un préjugé populaire que représente ce verbe, qui n'a pas de correspondant français, et qu'il est nécessaire de traduire et d'expliquer par les faits.

Lorsqu'une personne a la peau couverte instantanément d'une éruption de petits boutons cuisants et à forte démangeaison causée par une ébullition quelconque du sang, on suppose qu'elle provient de la déjection d'une sorte de chenille, animal microscopique qui vient sur les chênes, déjection qui atteint les personnes passant sous l'arbre. Cette croyance a toute la fixité et l'obstination d'un théorème, et les paysans se moquent de tous les raisonnements contraires qu'on leur oppose. On a beau leur dire que l'individu atteint de ce mal n'a point passé sous un chêne; que les chenilles n'ont qu'une vie très-courte, et qu'en toute saison elles ne peuvent exister; qu'il est absurde de supposer que des animaux puissent se donner le mot pour répandre à la fois leurs déjections sur les passants, et plus absurde encore qu'ils puissent les répandre constamment, de manière à ce que le passant en reçoive l'averse dans la seconde qu'il met à parcourir le diamètre de l'ombre d'un arbre. On a beau leur faire observer que quand même tout cela serait vrai, la déjection ne pourrait agir que sur les parties du corps laissées à découvert et en contact immédiat avec elle, tandis que les éruptions dont s'agit se produisent sur les parties les plus couvertes, comme l'épine dorsale, le ventre et les cuisses; tout cela ne peut en rien altérer la crédulité de ces bonnes gens. Il faut remarquer ici que les gens de la campagne veulent voir à tout une cause naturelle ou surnaturelle; du moment que leur intelligence ne leur montre pas immédiatement cette cause, ils s'en créent une fantastique plutôt que d'avouer leur ignorance ou de s'en rapporter aux définitions de la science, chose pour laquelle ils ont toujours une extrême défiance. C'est pretendu effet de la chenille qu'on appelle *Énruga* : *me soui enruga*, j'ai une éruption de boutons.

Dér. de *Arugo*.

Énsabla, v. Recouvrir de sable; déposer une couche de sable. — C'est ce qui arrive souvent aux terrains exposés à la submersion des rivières et des torrents. Lorsque la crue est moyenne, elle ne dépose sur les terres riveraines qu'une légère couche de limon et les bonifie; le même résultat s'obtient encore, même dans les grandes crues, lorsque les bords sont fourrés et garnis d'épaisses lisières d'oseraie, parce que le courant étant alors brisé par ces obstacles, les sables plus pesants que le limon et qui occupent une zone inférieure dans le courant, sont obligés de s'arrêter ou de se laisser entrainer dans le courant principal, tandis que les oseraies laissent pénétrer les eaux chargées de particules plus grosses et plus légères qu'elles y déposent en se retirant.

Dér. de *Sablo*.

Énsaja ou **Assaja**, v. Essayer, tenter, éprouver; faire l'essai d'une chose; tâcher; se disposer à faire; essayer un vêtement.

En ital. *Assagiare*, m. sign.

Énsalado, s. f. Salade; mets composé de légumes ou d'herbes assaisonnées avec du sel, de l'huile et du vinaigre. — Il se dit à la fois comme en fr. de la salade assaisonnée et de tout légume qui sert à la composer. Cependant, lorsque l'on prononce ce mot d'une manière absolue et sans l'accompagner du nom de l'espèce, il ne s'applique guère qu'aux différents genres de chicorée ou de laitue. On dira très-bien à une personne qui tient à la main une chicorée ou une laitue. *Pourtas aqui uno poulido énsalado;* mais si c'est du céleri, du cresson, etc., il faut ajouter le nom de l'espèce. *Tria, éspoussa, garni, vira l'énsalado,* éplucher, égoutter, assaisonner, tourner la salade.

En ital. *Insalata*, m. sign.

Énsaladiè, s. m. Saladier, espèce de panier en fil d'archal pour égoutter la salade. — On dit aussi : *Souï énsaladiè, ensaladièiro,* adjectivement, pour : j'aime beaucoup la salade.

Énsannousì, v. Ensanglanter; tacher, souiller, salir de sang.

Dér. de *Sang*.

Énsaqua, v. Ensacher: mettre dans des sacs; tasser; presser en secouant le sac. — *Insaqua lou bla*, mettre le blé en sac. *Insaqua lou sa,* soulever le sac et le secouer quand il est presque plein pour que le contenu s'entasse et tienne moins de place. *Insaqua lou boudin, la sdoucisso,* etc., farcir le boyau du boudin, de la saucisse, etc. *Insaqua lou dina,* faire de l'exercice pour abattre les morceaux dans l'estomac, c.-à-d. pour faciliter la digestion après dîner. *Es tout insaqua dins sas braios*, il a la taille engoncée, entassée, lourde, épaisse. *Aquo's bla-t-ensaqua, farino mdouto,* loc. prvb. C'est marché conclu; c'est chose entendue; c'est comme si vous teniez.

Dér. de *Sa*.

Ensarios, s. f. plur. Double cabas en sparterie. — *Voy. Embiassos.*

Dér. du lat. *Sarcina*, paquet, bagage.

Énségna, v. Indiquer; montrer; apprendre; mais non dans le sens du lat. *Docere*, enseigner. — *Énségna-me lou cami,* indiquez-moi, montrez-moi le chemin.

Dér. de la bas. lat. *Insignare*, faire une marque, un signe, du lat. *Signum*.

Énségno, s. f. Enseigne; marque, indice; tableau, écriteau d'un magasin, d'un cabaret, d'une auberge, etc.

Ensémble ou **Énsém**, adv. Ensemble; de compagnie, l'un avec l'autre, les uns avec les autres.

Le premier n'est pas bien indigène, mais il est fort reçu; le second est plus pur.

Dér. du lat. *Insimul*, m. sign.

Énsible, s. m. Ensouple; rouleau autour duquel est roulée la chaîne d'une étoffe qu'on tisse.

Dér. de la bas. lat. *Insabulum*, m. sign.

Énsin ou **Éusindo**, adv. Ainsi; de cette manière; cela étant. — Il ne signifie pas : ainsi que.

Forme de deux adv. lat., *Sic* et *Indè*, qui ont à peu près la même portée en ce sens.

Ensourcéla, v. Ensorceler; jeter un sort. — *Aquelo fénno l'a ensourcéla,* cette femme lui a jeté un charme; il est amoureux d'elle comme si elle lui avait donné un philtre d'amour.

Dér. de *Sourciè*.

Énsourda ou **Assourda**, v. Assourdir; rendre sourd à force de crier, de faire du bruit; abasourdir. — *M'énsourdes,* tu m'ennuies de tes propos.

Dér. de *Sour*.

Énsupourtable, ablo, adj. Insupportable; ennuyeux; intolérable; assommant.

Empr. au fr.

Énsuqua, v. — *Voy. Assuqua.*

Énta, v. Greffer; faire l'opération de la greffe.

Dér. du lat. *Intùs*, dedans : mettre la greffe ou scion d'un arbre dans un autre.

Entancha, *v.* Dépêcher; hâter; avancer un ouvrage. — *S'éntancha*, se dépêcher; faire quelque chose avec hâte, avec dextérité; se presser de finir un ouvrage, un travail. *Éntanchen*, dépêchons-nous; avançons notre ouvrage. *La bouto s'éntancho*, le tonneau sera bientôt au bas; on se presse de le vider. *Lou vi éntancho lou traval*, le vin fait avancer l'ouvrage, c.-à-d. qu'en donnant du vin aux ouvriers, on leur donne du cœur et du zèle. *S'éntancho dé plòoure*, il pleut dru, ou la pluie redouble.

Formé sans doute du gr. Ἐν et Τὸχα, vite, promptement.

Éntanche, *s. m.* Ne s'emploie qu'à l'ablatif *d'éntanche*, et seulement sous forme négative. — *Aquò's pa'n traval d'éntanche*, ce n'est pas un travail qui puisse marcher rondement, qu'on doive mener trop vite : c'est un ouvrage minutieux.

Éntanchivou, *adj.* des deux genres et des deux nombres. Il a à peu près la même signification que *d'éntanche*. — *Aquélès pèses soun pas éntanchivou*, ces pois sont menus et longs à écosser : on avance peu l'ouvrage.

Entavéla, *v.* Empiler; mettre en pile; ranger en couches superposées, comme cela se fait pour du bois à brûler, des fagots, des gerbes, des bottes de foin, etc.

Dér. de *Tavèl*.

Énte, *s. m.* Greffe d'un arbre; le scion qui a été greffé; le point de soudure qui reste sur la branche greffée et qu'on y remarque longtemps après l'opération.

Pour l'étym. v. *Énta*.

Éntéména, *v.* Entamer; blesser; faire une écorchure, une entaille, une blessure; commencer à couper, à diviser; entreprendre, commencer. — *Éntéména la tourto*, entamer la miche de pain. *Éntéména uno bouto*, mettre un tonneau en perce. *Aï moun talou éntéména*, j'ai une écorchure au talon. *Dé qu'éntémenan déman?* Quel travail entreprenons-nous demain?

Dér. du gr. Ἐντέμνειν, couper, tailler, dépecer.

Éntènciou, *s. f.* Ce mot, qui est fr., n'est employé que dans le sens des phrases suivantes : *Aï enténciou d'un bé*, j'ai intention d'acheter un domaine. Mais ici le languedocien est plus explicite que le français; il signifie : j'ai un domaine en vue, et non l'intention générale et indéterminée d'une pareille acquisition. *S'a énténciou d'aquélo fïo, fòou qué s'anounce*, s'il a réellement intention d'épouser cette fille, il faut qu'il se déclare.

Éntèndémén, *s. m.* Connivence; collusion; entente de deux fripons pour duper quelqu'un. — *Y-a d'éntèndémén dou jo*, il y a quelque dessous de carte : cette phrase se dit par catachrèse de toute autre affaire que le jeu.

Dér. de *S'enténdre*.

Éntèndre, *v.* Entendre; ouïr; comprendre; deviner.

S'énténdre, s'entendre; être d'accord; convenir; être de connivence comme deux larrons en foire; s'appliquer à...
— *Pér enténdre dire*, pour l'avoir entendu répéter. *Sé y-entén prou*, il a assez de savoir-faire, il s'y entend assez bien.

Dér. du lat. *Intendere*, considérer avec attention.

Éntèndu, udo, *adj.* Entendu, intelligent; savant et habile dans son art; qui voit bien les choses.

Éntèra, *v.* Enterrer; mettre en terre; ensevelir, inhumer; cacher en terre; enfouir; couvrir de terre. — *Aquél doubre és éntéra jusqu'dou cafour*, cet arbre est enterré jusqu'à l'enfourchure des branches. *Moun pèro m'éntérara*, mon père vivra plus longtemps que moi. *Vène dou cabaré, jogue dé t'éntéra*, allons au cabaret, je parie de te mettre sous la table.

Dér. de *Tèro*.

Éntérado, *s. f.* Convoi funèbre; inhumation; funérailles. — *L'éntérado* est proprement le convoi, la procession des assistants. *Ana à l'éntérado dé quàouqus*, suivre le convoi de quelqu'un. *Y-aviè uno pouliдo éntérado*, le convoi était très-pompeux. Le languedocien est une langue naïve qui, en fait de convenance, le cède au fr. : celui-ci ne dirait point un joli convoi funèbre. Le provençal va encore plus loin que nous dans ce cas; il dit : *Uno galanto éntérado*.

Éntéraïre, *s. m.* Fossoyeur, seulement pour les fosses mortuaires, et non l'ouvrier qui creuse des fossés.

Éntèsta, *v.* Entêter; porter à la tête; donner des étourdissements, la migraine. Par ext. étourdir par le bruit; casser la tête en parlant trop, ou d'affaires trop sérieuses ou ennuyeuses; étourdir par la vapeur de charbon ou autre; faire tourner la tête.

S'éntésta, s'entêter, s'opiniâtrer; ne vouloir pas démordre d'une opinion. — *Es éntésta coumo un ase*, il est entêté, obstiné comme un mulet.

Dér. de *Tèsto*.

Énticon, *adv.* de lieu. — *Voy. Énquicon*.

Éntiè, Entièïro, *adj.* Entier; qui n'a pas été entamé; auquel il ne manque rien. Au fig. entêté, opiniâtre.

Dér. du lat. *Integer*, m. sign.

Éntina, *v.* Encuver la lessive; mettre le linge dans le cuvier : ce qui est la première opération de la lessive. — *Aï entina dé matï*, c'est ce matin que j'ai commencé la lessive. *Éntino émbé la nivou, séquaras éndé lou sourèl*, il faut encuver avec le temps couvert, si l'on veut sécher son linge par un beau soleil.

Dér. de *Tino*.

Éntissa (S'), *v.* Se dépiter contre quelqu'un, s'opiniâtrer dans son humeur contre lui : ce qui ne va pas cependant jusqu'à la haine.

Dér. de *Tisso*.

Éntoucon, *adv.* de lieu. — *Voy. Énquicon*.

Éntouèlaje, *s. m.* Dentelle sans dessin et sans picot, qui est en pièce et qu'on peut coudre sur ses deux lisières. Il sert de monture à la dentelle elle-même.

Empr. au fr.

Éntouna, *v.* Entonner; commencer le chant d'une hymne, d'un psaume d'église; par ext. d'une chanson.

Emp. au fr.

Éntour, *s. m.* Entours, environs; proximité; voisinage;

intimité. — *Es toujour à moun éntour*, il est sans cesse autour de moi, près de moi.
A l'éntour, adv. A l'entour; aux environs. — *A l'éntour de Pasquos*, près de la fête de Pâques.
Tout l'éntour, adv. Tout autour, tout à l'entour.
De l'ital. *Intorno*, m. sign.

Éntoura, *v.* Entourer; ceindre; entortiller; environner; enrouler.

Éntourna (S'), *v.* Retourner; revenir sur ses pas; s'en retourner.
Dér. du lat. *Tornare*, tourner en rond, parce qu'en revenant sur ses pas, on décrit une demi-circonférence, un demi-tour.

Éntourtivia ou **Éntourtouvia**, *v.* Entortiller; tortiller; entrelacer, comme font les plantes parasites autour de leur tuteur.
Rédupl. du lat. *Tortum*, supin de *Torquere*, tordre, tordre plusieurs fois, à plusieurs volutes.

Éntra ou **Intra**, *v.* Entrer; passer du dehors au dedans; pénétrer; commencer. — *Pode pas éntra din moun souïè*, mon pied ne peut pas entrer dans mon soulier. *Éntro et baro la porto*, entre et ferme la porte. *Éntro din sous quinze ans*, il entre dans sa quinzième année. *Éntro pèr la Sén-Bourtoumiou*, il commence sa ferme à la Saint-Barthélemy.
Dér. du lat. *Intrare*, m. sign.

Éntrafouira, *v.* Embrouiller; mettre en désordre. — *S'éntrafouira*, s'ingérer, s'entremettre, fourrer son nez partout, mal à propos et sans y être appelé. *Es tout éntrafouira*, il est tout empêtré, tout empêtré, comme une personne qui aurait lâché dans sa culotte.
Formé de *Éntre*, dans, et du fr. *Fourrer*.

Éntramén, *adv.* Cependant; en attendant; quoiqu'il en soit. — *Entramén qué*, tandis que, pendant que, puisque.
Dér. du lat. *Interim*, pendant ce temps.

En-tranto, sorte d'adv. qui ne s'emploie qu'avec le verbe *Èstre*, en balance, en suspens. — *Èstre én-tranto dé faire*, être en suspens, indécis; sur le point; entre le zist et le zest.
Dér. sans doute de *Trantaïa*, balancer, branler.

Éntrapacha, **ado**, *adj.* Dim. *Éntrapachadé, éto; Éntrapachadoù, ouno.* Bancroche; qui a les jambes torses, nouées; qui est gêné dans sa marche par l'enchevêtrement de ses jambes. Au fig. embarrassé; entravé; qu'un rien arrête; entrepris.
Formé de *Éntre* et de *Pas*, qui a les pas entremêlés.

Éntrava, *v.* Entraver; mettre des entraves à la marche de quelqu'un, mettre des liens aux jambes des animaux; donner un croc-en-jambe pour faire broncher quelqu'un. Au fig. croiser les démarches; susciter des obstacles.
Dér. du lat. *Trabs*, poutre qui servait à entraver les chevaux.

Éntravaqua, *v.* Entraver; embarrasser; égarer, ou plutôt avoir placé un objet dans quelque coin dont on ne se souvient plus. — *Lou chival s'és éntravaqua din soun cabestre*, le cheval s'est enchevêtré dans son licol. *Éntravaqua uno saraïo*, mêler une serrure. *Qudou sa mounté s'és éntravaqua?* Qui peut savoir où il s'est égaré?
Il a la même racine que *Éntrava*, dont il est un augmentatif.

Éntravaquaïre, **aïro**, *adj.* Qui égare toujours ce qu'il tient à la main; chercheur de difficultés, qui ne fait qu'embrouiller les questions.

Éntravaquoùs, **ouso**, *adj.* Difficile à débrouiller, à démêler.

Éntravéssa, *v.* Mettre en travers; faire croiser une chose sur une autre. Au fig. traverser les projets de quelqu'un, lui mettre des bâtons dans les roues; contredire, contrecarrer. — *Un éntravéssa*, un esprit de travers, caractère rebours.
Dér. du lat. *Transversus*, en travers.

Éntre, *prép.* Entre; parmi; au milieu; dans; en. — *Pourta éntre brasses*, porter à bras. *Éntre aïci et uno houro*, d'ici à une heure. *Éntre paga et mourì on y-és toujour à tén*, prvb., payer et mourir sont deux extrémités qu'on retarde autant qu'on peut. *Éntre fios et capélans sabou pas mounté manjaran lus pan*, prvb., les filles et les prêtres ne savent pas d'avance où se fixera leur domicile. *Véndraï éntre tout déman*, je viendrai dans la journée de demain.
Dér. du lat. *Inter, intrà*.

Éntre, *conj.* Dès que; aussitôt que. — *Entre vénì dé dina*, d'abord après dîner. *Éntre y-avédre parla, vous réndraï résponso*, dès que je lui aurai parlé, je vous rendrai réponse. *Éntre lou vèire*, en le voyant; aussitôt que je le vis. *Éntre vira lou cantoù*, en tournant le coin. *Éntre qué li séguère*, à peine arrivé; aussitôt que j'y fus arrivé.

Éntrébouïa, *v.* Embrouiller; brouiller; mêler; entremêler.
Rédupl. de *Émbouia*.

Éntrébouïaïre, **aïro**, *adj.* Brouillon; qui ne fait qu'embrouiller les questions, comme tout ce qu'il touche; qui ne sait rien démêler.

Éntrébouli, *v.* Troubler l'eau; obscurcir une glace. — *On dirié qu'éntrébouliès pas l'aïgo*, il a l'air si sage, si posé, qu'il ne troublerait pas l'eau en la passant à gué; il a l'air de ne pas y toucher.
Dér. de *Trébou*.

Éntréboulimèn, *s. m.* Trouble de l'eau agitée et salie par la vase qui remonte à la surface.

Éntrédi, **icho**, *adj. et part. pass.* de *Éntrédire*. Interdit; déconcerté; confus; interloqué. — *Séguè tout éntrédi*, il fut tout interdit. *D'uno parôulo l'éntrédiguère*, d'un mot, je l'interdis.
Dér. du lat. *Interdictus*, m. sign.

Éntrédire (S'), *v.* Dire à part soi; faire un à-parte; se dire à soi-même. — *M'éntrédisièï qué tout aquò n'èro pas vrai*, je pensais à part moi, que tout cela n'était pas vrai.

Éntrédourmi (S'), *v.* Sommeiller; être entre la veille et le sommeil.

Éntrédoùs, *adv.* Entre-deux; en balance; ni oui, ni non; ni bien, ni mal.

Éntréfièl, *s. m.* Petit trèfle des près à fleurs jaunes, *Trifolium pratense*, Linn. Plante de la famille des Légumineuses; excellent fourrage. Les variétés de trèfles sont nombreuses : la plus commune est à fleurs rouges, le grand trèfle artificiel.

Dér. du lat. *Trifolium*, trois feuilles, parce que chacune des feuilles de cette plante est composée de trois folioles.

Éntréfoïre, *v.* Serfouir la terre, y faire un second et léger labour avec la houe ou la serfouette. Proprement, ce travail ne s'applique guère qu'aux plantes potagères, pour aérer la terre que les pluies ou l'arrosage ont durcie et caillée à la surface; lorsqu'il s'agit des mûriers, de la vigne, etc., on dit : *Maginqua*.

Formé de *Entre* et *Foïre*, c.-à-d. entre les plantes.

Éntrélusì, *v. n.* Luire; luire à travers; entre-luire; éclairer à demi, à peine, faiblement. — *Lou sourél toutéscas éntrélusìs*, le soleil se montre à peine, de temps en temps, entre les nuages.

Dér. de *Lusì*.

Entre-miè ou **Éntre-mitan**, *adv.* Entre-deux; entre une chose ou une personne et une autre. — *L'éntre-miè*, pris subst. l'entre-deux ; une chose placée entre une autre ; l'espace entre les deux.

Dér. de *Miè*.

Éntrémièjo, *s. f.* Trémie de moulin, de bluteau, etc. ; auge en bois en forme de pyramide tronquée et renversée, qui laisse échapper le grain par son extrémité inférieure, petit à petit et sans s'encombrer.

Dér. du lat. *Trimodium*, mesure de trois boisseaux, parce que la trémie de moulin contenait autrefois à peu près cette quantité : elle est beaucoup plus grande de nos jours.

Éntréna, *v.* Tresser; entrelacer; natter. — *Voy. Tréna*.

Éntrénousa, *v.* Faire des nœuds l'un sur l'autre, et particulièrement de faux nœuds qui deviennent très-difficiles à démêler.

Rédupl. de *Nousa*.

Éntrépáou, *s. m.* Entrepôt; lieu où l'on met en dépôt momentané; position provisoire. — *Aï més aquò aquì pér éntrepáou*, ce n'est pas la place de cet objet, je l'ai placé là provisoirement et en attendant de le mettre à sa destination.

Dér. de *Páousa*, *Páouso*.

Éntrépáousa, *v.* Entreposer; poser provisoirement; poser en attendant.

Dér. de *Páouso*.

Éntrépréne, *v.* Entreprendre; commencer à faire; s'apprêter à un travail; entreprendre quelqu'un, le quereller, le sémondre.

S'éntrépréne, se disputer, s'attaquer, se chercher noise. — *Garo, sé t'éntrépréne*, gare à toi, si je te pose les mains dessus. *Dé qu'éntréprénén iuèi?* Quel travail commençons-nous aujourd'hui ?

Dér. de *Préne*.

Éntréprénén, **énto**, *adj.* Entreprenant; hardi; qui se lance dans des spéculations avec hardiesse ou avec loyauté.

Éntréprénur, *s. m.* Entrepreneur, qui se charge d'un ouvrage, d'un travail à certaines conditions.

Importation nouvelle, empruntée au fr., qui s'est facilement impatronisée.

Éntréprés, **éso**, *adj.* Entrepris; embarrassé; gauche; qui ne sait de quel côté se tourner, ni comment s'y prendre.

Éntrépréso, *s. f.* Entreprise. — Ne se dit que dans le sens d'un ouvrage pris à forfait et par entreprise, c.-à-d. aux périls, risques et bénéfices de l'entrepreneur.

Entre-Ségnos (Las), *s. f. plur.* La ceinture d'Orion ou les Rois Mages, constellation composée de trois étoiles de la première grandeur, parmi lesquelles est Sirius, la plus belle de notre hémisphère, disposées à égale distance l'une de l'autre. C'est une horloge de nuit pour les paysans qui, suivant la saison, savent toujours quelle heure il est en examinant sa position sur l'horizon.

Corrup. de *Trés ségnos* ou trois seigneurs, pour désigner les Rois Mages.

Éntréténe ou **Éntréténi**, *v.* Entretenir; fournir le nécessaire; conserver en bon état; raccommoder une chose pour augmenter sa durée.

S'éntréténe, s'entretenir; discourir; causer de quelqu'un; fournir. soigner son vestiaire. — *Vous éntréténgués dé ièou*, vous vous êtes entretenus de moi ; vous en avez médit. *S'éntréténbién*, sa mise est toujours soignée, propre. *Fáou bé gagna pér s'éntréténe*, il faut bien gagner au moins son vestiaire.

Empr. au fr.

Éntréténénço, *s. f.* Dépense de vestiaire; soin pour entretenir en bon état. — *La vaissélo démando foço éntréténénço*, la vaisselle vinaire exige un entretien journalier.

Éntréténéncios, *s. f. plur.* Entretien; conversation; causerie confidentielle; médisance. — *Aïme pas tout aquélos éntréténéncios*, tous ces entretiens particuliers ne me conviennent guère.

Éntréténgu, **gudo**, *part. pass.* de *Éntréténe*.

Éntréténi, *v.* — *Voy. Éntréténe*, m. sign.

Éntrévèire, *v.* Entrevoir; apercevoir un instant, d'une manière fugitive; voir à demi; pressentir.

S'éntrévèire, se visiter, se voir en passant.

Éntrévije, *s. m.* Herbe aux gueux, viorne à feuille étroite, *Clematis vitalba*, Linn., ou Viorne à large feuille, vigne blanche, autrement appelée *Aoubovi* (*V.* c. m.). Plante de la fam. des Renonculacées, sarmenteuse, dont la feuille a un goût piquant et caustique. On s'en sert dans les Cévennes pour envelopper les petits fromages de chèvre nom. més *Péraldoùs* ou *Pélardoùs*, auxquels elles communiquent un goût piquant et poivré. Cette plante, pilée et employée en applications sur la peau, la cautérise et y produit une plaie factice, mais facile à guérir : c'est là le secret que nos mendiants actuels tiennent des anciens truands, et qui lui a valu son nom fr. d Herbe aux gueux

Entrévis, visto, *part. pass* de *Entreveire.*

Entrévisto, *s. f* Entrevue de mariage. — Ne s'emploie absolument que dans ce sens.

Empr. au fr

Entriga, r Agacer les dents — N'a pas d'autre acception.

Dér. du lat *Intricare*, embarrasser, rendre difficile : l agacement des dents en embarrasse le jeu.

Entrigoùs, gouso, *adj.* Industrieux ; qui se donne du mouvement pour réussir, qui y emploie mille moyens bons ou mauvais. — Il parait bien être emprunté à la même source que le fr. *Intrigant* et *Entrant*, qui lui ressemblent d'ailleurs par le sens et la forme.

Entrin, *adv.* En train, en bon train. — *Entrin de rire,* en disposition de rire. *Es un pàou éntrin*, il est un peu dans les vignes du Seigneur. *Lou tiraje es entrin*, la filature est en train de marcher, elle a commencé de fonctionner. *Sès tan entrin*, vous êtes si éveillé, si dispos, si affairé. *Sou mdou éntrin* ou *pas bièn entrin*, j'éprouve du malaise.

Empr. au fr. *En train.*

Entrinqua, r. Mettre en train ; exciter ; encourager. *S'entrinqua*, se mettre en mouvement ; se mettre au travail avec ardeur ; se griser légèrement.

Entrinquaïre, aïro, *adj.* Boute-en-train ; qui provoque au plaisir, à la joie ; qui excite et met en train. — *Lou bourigal, lou galoube, lou tambourin entrinquaïre*, l'air de la bourrée, le galoubet, le tambourin qui invitent à la danse.

Envala, *v.* Avaler. — *Voy. Éndavala.*

Envalaïre, *s.* ou *adj. m* Sobriquet du *Gripé (V.* c. m.), qu'on nomme souvent *Gripé l'envalaire*, probablement parce qu'on en fait un objet de terreur pour les enfants en leur contant qu'il avale ceux de leur âge.

Envaraïra, *v.* Empoisonner avec du *Varaire* ou de l'elléhore blanc Au fig. empester, empoisonner par une odeur fétide. — *Pu qu'envaraïro*, il pue comme une charogne.

Dér. de *Varaire.*

Envéira, ado, *adj.* Envenimé ; irrité ; enflammé. — Se dit d'une tumeur, d'un apostheme lorsqu'il bleuit ou qu'il prend une teinte violacée.

Dér. de *Véri.*

Envéjo ou **Évéjo,** *s. f.* Envie ; intention ; besoin ; caprice ; désir, mais non point jalousie. — *A toujour milo envéjos*, il a mille fantaisies capricieuses, comme les malades chroniques. — *Aquò's uno envéjo dé fenno grosso*, c'est une fantaisie de femme grosse, c.-à-d. une fantaisie musquée, un désir ridicule et fantasque.

On appelle aussi *Envéjo*, envie, les signes que les enfants apportent en naissant, et qu'on prétend causés par un désir inexaucé de la mère pendant sa gestation.

Envejo, envie, pellicule qui se forme ou plutôt qui se détache du doigt à la naissance des ongles.

Pour ces deux dernières acceptions, la variante *Evejo* n'est pas reçue.

Dér. du lat *Invidia*, envie.

Envéjoùs, ouso, ou **Évéjoùs, ouso,** *adj.* Qui désire tout ce qu'il voit ; qui a mille désirs capricieux ; qui ne sait pas se passer d'acquérir tout ce qui lui convient ; qui se crée des besoins factices, et chez qui le désir passe à l'état de besoin.

Envéla (S'), *v* Se déjeter, se voiler, se tourmenter, se déverser, comme fait le bois employé trop vert. Au fig il se dit des membres humains ou de la colonne vertébrale qui se contractent par une courbure, une déviation quelconque et perdent leur forme et leur direction naturelles — *Es tout énvéla*, il est tout bistourné, tortu.

Dér. du lat. *Velare.*

Envénciou, *s. f.* Mensonge ; calomnie ; diffamation. Empr. au fr. avec aggravation d'acception, et jamais dans un sens favorable.

Envénta, *v.* Inventer une calomnie, répandre des bruits fâcheux ; se complaire à découvrir et à conter les défauts des autres.

Envénta (S'), *v.* S'éventer ; se gâter à l'air, prendre du vent. — Se dit particulièrement du vin mal bouché.

Dér. de *Ven.*

Envéntari, *s. m.* Inventaire ; rôle, mémoire, état, dénombrement par écrit et par article d'objets, d'effets, de papiers, de titres, etc.

Dér. du lat. *Invenire, inventum*

Envérda, *v.* Faire la toilette d'un robin-mouton, en colorant sa laine. — Les bergers sont jaloux de la toilette de leurs plus beaux moutons. Un de leurs objets de luxe consiste à leur laisser, lors de la tonte, trois ou quatre flocons de laine sur le dos, dont le dernier vient former un toupet sur le front ; et, pour ajouter encore à cet ornement, ils le teignent ordinairement en vert. C'est ce qu'on nomme *Envérda.*

Envérina, ado, *adj.* — *Voy. Envéira,* m. sign.

Envérnissa, *v.* Vernisser, vernir ; passer une couche de vernis de quelque nature que ce soit et quel que soit l'objet auquel il s'applique.

Dér. de *Vérnis.*

Envinadouïro ou **Boutéïo énvinadouïro,** *s. f.* Grande calebasse étranglée par le milieu, en forme du chiffre 8 ; gourde des pèlerins, *Cucurbita lagenaria*. C'est l'espèce que l'on prépare pour servir de bouteille à vin, en la laissant longuement sécher à la fumée sous le manteau de la cheminée : sa coque devient alors très-dure. On la perce par l'endroit où elle tient à la tige ; on en extrait avec soin tous les pépins et les résidus de pulpe desséchée ; après quoi, on verse à plusieurs reprises du vin ou du vinaigre bouillant, qu'on y laisse reposer environ quinze jours. Les ouvriers et travailleurs de terre n'ont pas d'autre amphore pour contenir leur provision de la journée.

Envinassa, *v.* Préparer, apprêter une gourde au moment de l'ébullition du vin de la cuvée; aviner; plonger ou faire macérer dans le vin. — *Envinassa, ado, adj.* et *part. pass.* Qui a la figure couleur de vin.

Dér. de *Vin*.

Énviroun, *adv.* de temps. Environ; à peu près; approchant; un peu plus ou un peu moins. — *Ès énviroun mièjour,* il est midi ou environ. *Énviroun la Sén-Jan,* aux approches de la Saint-Jean. *As énviroun dé milo francs,* mille francs ou à peu près.

Dé*s*. du lat. *Gyrus,* tour, circuit; dont la bass. lat. avait fait *in girum,* environ.

Énzina, *v.* Arranger, raccommoder; mettre un objet, un outil, en état de remplir l'usage auquel il est destiné. — *Voy. Asénga,* m. sign.

Éou, Éou, *diphthongue,* syllabe à deux sons, prononcée par une seule émission de voix.

Aucun dissentiment n'a pu s'élever sur la prononciation de cette diphthongue, dont la consonnance est seulement modifiée par la lettre initiale tantôt surmontée de l'accent aigu qui l'adoucit, tantôt portant l'accent grave qui la renforce. On convient encore par toute la langue d'Oc que le son composé *ou* doit s'y faire entendre, qu'il se prononce et qu'il en est partie essentielle. Mais comment faut-il l'écrire, d'après quelle orthographe, avec quels signes? Voilà la question qui s'est posée tant pour les dipht. ou tripht. qui ont l'*E* à leur base, que pour celles qui la prennent avec les autres voyelles *A, I, O*. Nous en avons parlé à l'art. *Aou*: le sujet n'est pas épuisé, et nous ne prétendons pas que le problème soit résolu aux yeux de tous, bien que nous persistions à croire notre système orthographique le seul logique et soutenable. Et l'occasion se présente de l'appuyer par de nouveaux exemples, sans rien rabattre de nos premières observations. — *Voy. Aou*.

SAUVAGES sera toujours considéré comme le législateur par excellence de notre langue d'Oc; et c'est à lui qu'il faut encore revenir. S'il n'est pas permis de le suivre dans toutes les formules qu'il propose, son système d'orthographe ne laisse rien à désirer ni à reprendre quand il traite de la liaison des voyelles *A, E, I, O*, de la concordance et de l'expression des sons géminés des diphthongues ou des triphthongues dans une seule syllabe. Le premier entre les lexicographes languedociens, il comprit la nécessité pour tous nos dialectes méridionaux d'établir un rapport exact et direct entre l'écriture et la prononciation. De là cette règle, sur laquelle nous ne cesserons d'insister par des redites fréquentes, que, dans un mot écrit, toute lettre sonne avec la valeur que lui accorde l'alphabet usuel; et son corollaire obligé, qu'aucune lettre ne s'écrit si elle ne se prononce, et ne se prononce que comme elle est écrite, selon les liaisons et les inflexions que les signes alphabétiques et l'usage lui impriment. Avec une langue dont le génie réside particulièrement dans son accentuation, qui a pris tous ses éléments idéologiques dans la modulation et l'euphonie, la seule orthographe rationnelle et possible est en effet celle qui se rapproche le plus de la prononciation, qui figure la parole par le caractère d'écriture, qui représente la voix par la lettre. Si, dans ces conditions, l'alphabet usité, courant, est jugé suffisant à rendre tous les sons, à les faire sentir, il n'y a pas à avoir recours à d'autres combinaisons, à s'évertuer à ressusciter des méthodes surannées, tombées en désuétude, pour le seul plaisir de faire de l'érudition rétrospective. On ne peut accepter les notions reçues comme l'alphabet et les conventions du langage les ont faites, sous leur point de vue le plus positif et sous leur forme la plus matérielle.

Une fois le principe de SAUVAGES édicté, tout alla de soi : sa haute raison suffit à le généraliser. On en trouve de nombreuses applications. Mais, il faut le dire, il y a un siècle, sa manière d'orthographier les dipht. et les tripht. languedociennes ne s'était pas encore répandue, et les anciennes habitudes persistaient. Par une bizarrerie assez singulière, l'*A* fut la voyelle la plus difficile à se plier à cette méthode. D'Astros, dans *lou Trimfe de la lengovo Gascovo,* employait la forme *Au,* en même temps *eou, iou, oou;* le prieur de Pradinas, Peyrot, dans ses Géorgiques rouergates, écrit tantôt *au,* tantôt *aou,* et toujours *eou, iou, oou*. Le P. Pallas reste aussi dans ce terme moyen; son dictionnaire met *au* et *ou* à côté de *eou* et *iou*. Quelques auteurs plus modernes, sans s'en expliquer, consacrent la même anomalie : on trouve dans les fables de D'Astros, d'Aix, dans celles de Gros, de Marseille, dans les poésies de Dioulouféet, *au* et invariablement *eou, iou, oou*. Goudoulí lui-même, bien plus ancien, a reconnu *oou,* bien que dans son époque le son *ou* se traduisit encore par un *u* simple, et que, pour les autres voyelles, il mette *au, eu, iu*. Mais les auteurs qui se rallient pleinement à l'orthographe de SAUVAGES, sont nombreux jusqu'à nos jours : parmi les glossateurs, Achard, Garcin, Avril, Nicolas Béronie, Couzinié; parmi les poètes, Peyrol, Jacynthe Morel, Auguste et Cyrille Rigaut, Auguste Tandon, Aubanel, Coye, Pierre Bellot, Carvin, Jasmin, et notre La Fare-Alais, pour ne citer qu'un petit nombre de ceux qui ne sont plus. Toutes les publications, dans les divers dialectes du Midi, se conformaient à la règle : les œuvres du prieur de Celleneuve, Fabre, le maître en esprit et en connaissance de son idiome; les proverbes provençaux de 1821, les cantiques des Missions d'Aix, *leis juechs de la Fèsto de Diou,* les Géorgiques provençales; les pièces du théâtre provençal, les Recueils de poésie, les Journaux en vers, les Chansons, les fables et les contes; *la Bouïabaïsso, lou Tambourinaïre, l'Abeilho prouvençalo, lou Rambaïaïre,* ne faisaient pas autrement, et personne n'avait à s'en plaindre.

La liste est loin d'être complète des auteurs qui se servaient de cette orthographe : celle de quelques-uns qui persévéraient dans les vieux us, fournirait aussi ses noms et sa protestation : et l'on pourrait sans désavantage se compter, si une question grammaticale devait être décidée par les gros bataillons. Mais on peut s'en tenir à cet aperçu un peu historique, pour constater l'état des choses jusqu'au moment où une école récente est apparue pour entreprendre la réforme de l'orthographe, en la ramenant à celle des troubadours.

Cette reprise des anciens errements de l'écriture eût été plus louable, si elle se fût moins annoncée comme une fantaisie d'érudits, et qu'elle eût commencé par prouver que tant d'œuvres excellentes, qui font la gloire de la langue d'Oc, n'avaient pu être goûtées et appréciées par la faute d'une orthographe vicieuse; ou bien encore si elle avait convaincu les populations languedociennes que ce qu'on se proposait de substituer étant meilleur ou supérieur, elles trouveraient la même facilité et le même plaisir à lire les compositions de leurs poètes favoris habillées à la mode nouvelle, avec des ajustements qui ne leur étaient pas familiers. Mais si le besoin de cette rénovation d'orthographe ne se faisait pas sentir, pourquoi s'attacher tant à lui trouver des prétextes et des raisonnements pour la représenter comme un progrès? Et ce qu'ont fait des hommes d'un vrai talent pour la mettre en vogue, ce qui ne s'établit pas heureusement sans résistance, ne sera-t-il pas plus nuisible qu'utile au développement de notre littérature méridionale, qui peut se ressentir de ces vaines disputes d'école et s'amoindrir au choc de certaines susceptibilités d'amour-propre de novateurs? *Deus omen avertat!*

Ce qui a troublé les eaux jusqu'ici limpides de l'Hippocrène languedocien, ce n'est pas une grosse avalanche, bien qu'il soit tombé par-ci par-là quelques pierres et que certaines rives fleuries aient été entamées par l'irruption et dans la tempête. Simplement et sans figure, il s'agit, on le sait, de la façon d'écrire les diphthongues ou triphthongues formées sur les quatre voyelles *a, e, i, o* qui prennent le son *ou* à leur finale.

On vient de voir comment il avait été procédé et les préceptes qu'enseignait SAUVAGES. Les lauriers de notre spirituel et docte glossateur cévenol avaient assez bien verdi : de modernes Thémistocles en grammaire n'en dormaient plus cependant. Les vieux manuscrits consultés durant ces pénibles insomnies, on y avait découvert que les troubadours, ces vénérés maîtres, n'avaient jamais employé que l'orthographe connue et usitée de leur temps, dans laquelle, à la mode latine, la lettre *u* se prononçait invariablement *ou*, et que par conséquent ils l'avaient écrite seule quand ils faisaient entendre cependant *ou* très-distinctement. Et là-dessus, on s'étayait des citations d'abord d'anciennes pièces dans leurs formes originelles, puis des méthodes suivies avant la réformation orthographique qui introduisit la voyelle composée de deux signes *ou*, pour l'empêcher de se confondre avec *u* simple.

L'argument n'était pas fort, et mieux valait imiter ou même surpasser les troubadours dans leurs inspirations et par leurs beaux côtés que s'attacher à une défectuosité de leur écriture et ramener notre orthographe en arrière. Car le système de l'agencement des lettres pour produire les sons, une fois adopté tel qu'il existe actuellement, tel qu'il doit être dans les dialectes de la langue d'Oc, la combinaison par la voyelle composée *ou* est seule admissible, puisqu'elle doit seule être entendue. Pas n'était besoin, quand on l'acceptait ailleurs, de faire une exception pour dire que, partout où ce signe apparaissait, son épellation ne devait pas causer une hésitation, mais qu'alors que *ou* articulé serait précédé d'une autre voyelle, il suffisait de poser la simple lettre *u* pour lui imprimer la consonnance obligée. Nous avons donné des exemples nombreux de l'impossibilité de cette application.

Vouloir donc écrire *au, eu, iu, ou* pour faire articuler *aou, eou, iou, oou*, était exiger un tour de force dont tout le monde n'était pas capable, et créer une de ces subtilités d'érudition que la masse des lecteurs comprendrait difficilement. On pourrait mettre au défi un habitant de la campagne, quelque peu frotté du syllabaire de l'école primaire, de traduire les diphthongues ainsi figurées autrement qu'il n'a appris à les épeler, c.-à-d. à la française, parce qu'il n'est imbu que des règles de l'alphabet français. Pour se souvenir de l'exception, il aura besoin d'un effort; et pour l'observer à la lecture, il risquera souvent de tomber dans la confusion. Cet inconvénient seul méritait d'être pris en sérieuse considération avant de se décider à rapprocher des formes françaises, des syllabes qui devaient rester dans leur originalité caractéristique et dialectale.

Qu'au contraire un lecteur quelconque, avec l'alphabet en usage, dans l'état des conventions reçues et enseignées, rencontre ces syllabes diphthonguées écrites en *dou, éou, èou, iou, óou*, il sera au moins obligé d'articuler clairement, et le son juste se trouvera reproduit, le sens lui arrivera et lui deviendra instantanément intelligible. C'est tout ce qui est nécessaire, et ce qui est indispensable dans notre idiome qui n'obéit qu'à l'harmonie.

La méthode de SAUVAGES et de LA FARE-ALAIS n'aurait-elle que l'autorité de ces deux esprits si versés dans la connaissance de notre langue, que c'en serait assez pour nous engager à suivre la voie tracée par nos devanciers. Nous ne courrions pas le risque de nous égarer après eux : la route est tracée droit, bien éclairée, point bordée de précipices qui donnent le vertige, ni de fondrières qui trompent et dans lesquelles on se perd : nous la préférons de beaucoup aux nouveaux chemins, qui ne sont que les vieux sentiers d'autrefois, abandonnés et dangereux pour leurs ornières. — *Voy. Aou, óou*, lettre *U*.

Retourner à l'antique manière pour le seul avantage de faire croire que l'on connaît ses auteurs et qu'il y a raison de faire comme ils ont fait, semble un peu puéril et peut-être grandement irréfléchi à la fois. Ce que les troubadours ne pouvaient s'empêcher de faire de leur temps en employant la méthode seule pratiquée et enseignée par l'alphabet, le feraient-ils aujourd'hui que le progrès a amené, non pas l'usage de nouveaux signes, mais une notation qui est plus vraie et plus rationnelle, pour exprimer logiquement des consonnances qui ont toujours existé dans la langue? Voilà ce qu'il fallait se demander avant de condamner ou de rénover. Et on ne se serait pas étonné de voir les partisans de l'orthographe auriculaire, — et tout le monde convenait qu'il fallait écrire en la langue d'Oc comme on entendait, — se rapprocher, pour rendre les diphthongues et les triphthongues, dont chaque nuance vocalisée se faisait sentir, de la traduction par les lettres qui en définitive les reproduisaient le plus clairement.

Il n'y a pas plus raison de maltraiter et d'accuser la pauvre voyelle *O* de s'entremêler aux autres pour former un son qu'on n'a pas appris à voir autrement représenté, qu'il n'y aurait motif à exiger qu'on n'entendit plus le son *ou* dans certaines diphthongues, et qu'on se servit du caractère *u* à l'instar des Italiens et des Espagnols. En France, nos conventions alphabétiques sont autres : elles ont marché et changé quelque peu depuis les troubadours : pourquoi ne ferions-nous comme le français, puisque nous avons le même alphabet, et que nous lisons et apprenons à lire sur le même syllabaire qui nous sert à écrire dans nos dialectes?

D'après cela, comme personne ne s'est trouvé embarrassé en entendant une syllabe sonnant *ou* rendue par deux signes de convention, comment s'expliquerait-on la bizarrerie qui transforme le son à prononcer et à articuler par un signe unique et différent, alors qu'il s'agit d'une diphthongue? Comment admettre surtout que cette consonnance, se trouvant en contact dans la diphthongue avec d'autres voyelles, ne profitera cependant du privilége d'être exprimée par un seul signe *u* au lieu de deux, qu'alors seulement qu'elle suivra une autre voyelle? Dans ce cas, pour distinguer l'exception, faudra-t-il faire intervenir l'accent qui prévienne du changement d'intonation? mais encore ici quels étranges préceptes va-t-on professer? Il convient de tenir en garde le lecteur naïf, peu au courant des innovations et qui n'a pas étudié l'épellation dans les anciens troubadours : or toutes les fois que la lettre *u* devra sonner comme *ou*, dans les diphthongues ou les triphthongues, pour appeler l'attention sur elle, on marquera la voyelle la plus proche voisine à gauche d'un accent. — Qu'on se le dise! — De mieux en mieux. De telle sorte que si jusqu'ici on avait pu croire que les accents étaient destinés en certaines circonstances à modifier le son de la voyelle qu'ils surmontaient, de par l'école nouvelle, l'accent, pour concorder avec son système, devra jouer un rôle entièrement contraire à celui qui lui avait été toujours donné, et ne servira de rien à la lettre qui le porte, tandis qu'il fera de la voyelle le suivant, une composée sous son apparence de voyelle simple.

En vérité, prétendre que le son *ou* est suffisamment représenté par un *u*, et que les diphthongues et triphthongues peuvent s'en contenter, c'est prêcher la confusion orthographique au lieu de se faire l'apôtre de l'unité dans les dialectes de la langue d'Oc : c'est le renversement de toutes les lois et règles de l'alphabet et de l'orthographe rationnelle. C'est pourquoi nous persistons à écrire, comme l'ont fait Sauvages, La Fare-Alais et les autres maîtres, *dou*, *éou*, *èou*, *iou*, *òou*, et les triphthongues *sidou*, *iéou*, *bièou*, etc., au lieu de *au*, *eu*, *iu*, *ou*, accentués ou non sur la lettre-pivot.

Les raisons ne manqueraient pas, s'il y avait à résumer ce que nous avons dit dans tout ce lexique et ce qu'il met en application; mais ce qui nous frappe est cette pensée que nous sommes en présence d'une langue originale, d'une vocalisation particulière, qui n'a cependant à son service qu'un alphabet en communauté d'usage avec le français, et qu'en somme, en France et par tout le pays où les dialectes de cette langue sont encore parlés, tous ceux qui les parlent ne connaissent que l'alphabet français, n'ont appris à lire qu'avec lui et que par lui la liaison des lettres produisant des sons. De telle sorte qu'en apportant ces connaissances acquises dans la lecture ou dans l'écriture de la langue d'Oc, si ingénieuses précautions qui soient prises, il ne pourra résulter qu'un trouble ou des confusions, si l'orthographe employée n'est pas la représentation sonore et exacte du mot; car l'intonation, la prononciation, font et donnent le sens. Il faut donc de nécessité se séparer de ses habitudes de lecture à la française ou bien, avec l'alphabet français, ne présenter à l'œil, pour être articulé par la langue, que des combinaisons dans le ton juste et dans la clé propre à l'idiome. Que le premier lecteur venu ne soit pas exposé, par exemple, à prononcer à la française les mots écrits comme le voudraient les réformateurs : *Peu, leu, meu*, etc., à confondre avec *peu, le, me*: tandis que le plus ignorant doit, pour comprendre, rencontrer comme il prononce couramment en épelant : *Péou, leou, mèou*, et il aura la certitude de comprendre et de se faire comprendre.

Nous ne trouvons aucun motif plausible d'adopter une orthographe plus savante que celle qui remplit toutes ces conditions et qui suffit à la plus complète intelligence de notre langue, dont le premier besoin, toute harmonie et mélopée qu'elle est, doit être dans sa notation exacte. Ce qui sonne et se cadence doit être entendu, il faut donc l'exprimer et le traduire en signes, suivant les règles admises : c'est de ce principe que nous ne croyons pas urgent de nous départir.

Au reste, les adeptes les plus convaincus eux-mêmes du système nouveau, Honnorat par exemple, et d'autres encore que nous ne nommons pas, ne laissent pas que de se permettre maintes infractions surtout avec la diphthongue *éou* et *òou*. Ils jugent cette forme plus claire et ils ont de bonnes raisons pour cela sans doute quand ils éditent leurs œuvres; mais s'ils professent, la rigueur des principes tirés de la manière d'écrire des troubadours, les détourne de leur voie : ces contradictions se jugent seules.

Éoufo, *s. f.* Hièble. — *Voy.* **Ègou**.

Éounas, *s. m.* Grande et large plante de lierre qui couvre tout un mur ou toute la tige d'un arbre et ses branches. Il ne nuit nullement à la sève de l'arbre sur lequel il grimpe. Quant aux murs, il les soutient sans doute, mais il en corrode le ciment, dans lequel il pénètre, et quand il meurt, le mur s'écroule.

C'est le péjoratif de *Éouno*.

Éouno, *s. f.* Lierre, lierre grimpant; *Hedera helix*, Linn. Arbrisseau de la fam. de Caprifoliacées, qui croît spontanément dans nos pays.

Éouse, *s. m.* Dim. *Éouséroù*. Yeuse, chêne-vert, *Quercus ilex*. Arbre de la fam. des Amentacées. — C'est l'essence de bois la plus recherchée pour le feu, car il dure plus longtemps et donne une chaleur plus intense. C'est de l'écorce des jeunes chêneaux qu'on tire le tan pour les tanneries.

Ce mot a évidemment la même racine que le fr. *Yeuse*, dont la conformation et la consonnance annoncent une origine celtique; il n'est pas emprunté au fr. mais bien au moins son contemporain. Le lat. avait, à la vérité, *Ilex*; mais la question serait de savoir s'il ne l'a pas pris à la Gaule, pour mettre à côté de son *Quercus*.

Éousièiro, *s. f.* Taillis de chênes-verts; chênaie.

Formé de *Éouse*, radical, désignant l'essence, et de *Ièiro*, suffixe de collectivité, marquant l'agrégation. — *Voy. Ièiro*.

Éousino, *s. f.* Gland du chêne-vert. — *Car d'éousino*, chair ferme et de qualité supérieure, comme celle des pourceaux nourris de glands. — *Voy. Aousino*, m. sign.

Équipa, *v.* Équiper, mais seulement avec la signification de fournir des vêtements. — *És bièn équipa*, il est bien nippé, bien fourni de hardes.

Il est aussi un terme technique propre au jeu d'*Equipè*. — *V.* ce mot.

Équipaje, *s. m.* Attelage de charrette.

Empr. au fr. avec une tout autre acception.

Équipè, *s. m.* Nom d'un jeu d'enfant ou plutôt d'écolier, qui se joue avec des gobilles. Voici la description qu'en donne La Fare-Alais dans ses notes des *Castagnados*. On fait en terre trois petits trous ou blouses de la dimension tout au plus suffisante pour recevoir les gobilles, et disposés en triangle. Les deux joueurs débutent en poussant leur boule vers le premier trou, et le premier des deux qui touche la bille de l'autre, est ce qu'on appelle *équipa* pour le premier trou, c.-à-d. qu'il est apte à faire ce premier trou ou à y loger sa bille. Alors tout le jeu de celui-ci consiste à se rapprocher de ce trou et à s'en emparer; la finesse de l'adversaire est au contraire de l'en empêcher en le forçant à tirer sur la boule, ce qu'il est obligé de faire toutes les fois qu'il la rapproche de la sienne de moins de deux empans ou deux ouvertures de main, depuis l'extrémité du pouce jusqu'à celle du médium, qu'on allonge à cet effet autant que l'on peut. A chaque bille touchée on recommence à jouer, comme au billard quand on fait des points. Enfin, le joueur a-t-il atteint le premier trou, il recommence à s'*équipa* pour le second, à y arriver, et de même pour le dernier. Celui qui le premier a fini ses trois trous, lève sa bille, et l'autre est obligé de les faire à son tour, mais alors sans s'*equipa*, puisqu'il n'y a pas d'autre bille que la sienne sur le tapis. Le vainqueur s'applique à faire bonne garde, et pour cela à chaque coup il tire sur la bille adverse pour l'écarter, en se plaçant près du trou convoité, et s'il est adroit, la corvée du second est fort longue et fort ennuyeuse, car à chaque instant sa boule est repoussée. Cette corvée se nomme *Trima*.

En terme d'argot, des trois trous, le premier est appelé *lou prumio*, le second, *lou ségo*, et le dernier, *lou dario*. *Soui équipa pér moun dario*, je suis en passe de faire ma dernière blouse.

Ce mot d'*Équipè* annonce clairement, par sa désinence, une origine française. Probablement ce jeu a été inventé par des écoliers de la langue d'Oïl; mais il s'est oblitéré chez ceux-ci. Il est venu s'établir outre-Loire où il a eu une destinée brillante et longue; cependant, comme toutes les choses humaines dont on se lasse, surtout quand elles ont atteint du premier coup tout leur perfectionnement, l'inconstance de la gent écolière aidant, l'*équipè* est un peu négligé de nos jours.

Équipèio, *s. f.* Équipée; acte d'étourderie; fausse démarche, imprudente, indiscrète; entreprise téméraire.

Empr. au fr.

Érénto (à touto), *adv.* De toutes ses forces, de manière à s'éreinter.

Érmas, *s. m.* péjor. de *Érme*. — *V.* c. m. et *Armas*, m. sign.

Érme, *s. m.* Dim. *Érmassoù;* péj. *Érmas.* Hermes; terrain en friche, sans culture; vaine pâture.

Dér. du lat. *Eremus* ou du gr. Ἔρημος, désert inculte, d'où sont venus en fr. *Ermite* et *Ermitage*, que notre dialecte reproduit en *Armito* et *Armitaje*. — *V.* c. m.

Érnugou, *s. m.* Hargneux; homme taciturne; bourru, d'humeur sombre et défiante, insociable.

Deux étymologies se présentent : on n'aura que le choix à faire de celle qui paraîtra la plus satisfaisante, toutes deux présentent certaines probabilités.

Quelque ressemblance rapproche d'abord ce mot de celui des frères Hernutes, premier nom que portaient les frères Moraves, secte religieuse qui vivait en communauté. Cette communauté est célèbre par le noviciat qu'y fit Pierre-le-Grand. Il n'est pas étonnant que ces sectaires, qui contrariaient ouvertement toutes les idées reçues, fussent mal vus et méprisés, et que leur nom soit devenu un surnom fâcheux, dont le sens du reste se rapporte aux mœurs austères et à l'insociabilité de ces frères, qui n'avaient que des relations fort rares et peu affables avec le reste du genre humain.

D'autre part, par sa configuration seule, *Érnugou* n'est pas éloigné non plus du fr. *Hargneux*, et comme sa désinence est l'indice d'une origine ancienne, il est possible que les deux mots soient contemporains et qu'ils aient l'un et l'autre leur racine dans le mot *Hernie*, c.-à-d. qu'ils aient voulu, l'un comme l'autre, représenter la situation morale d'un herniaire, qui, avec une pareille infirmité, doit être un peu déclassé, et partant d'humeur sombre et peu sociable. Cela était surtout vrai avant qu'on eût trouvé les moyens curatifs : heureuse réduction qui a fait que la classe de cette sorte d'infirmes n'est plus soumise qu'à une simple incommodité, incapable d'assombrir leur esprit et leur caractère ! — Aujourd'hui, grâce aux progrès de la science et des lumières, on ne ferait pas le mot avec les mêmes éléments pour exprimer ce que dit celui-ci, dont la signification est toujours applicable ; mais le terme étant donné, et l'étymologie étant à trouver, il fallait bien remonter à la source la plus probable.

Érugo, *s. f.* Chenille : nom que l'on donne à toutes les chenilles qui passent par l'état d'œuf, de ver, de chrysalide et de papillon, excepté toutefois au ver-à-soie, bien qu'il ne soit que la chenille du mûrier ; mais on lui porte trop d'amour et de considération pour le regarder comme une *Érugo*, qui est toujours un objet de dégoût et souvent de crainte.

Le mot *Érugo* ne s'applique pas non plus à ces chenilles microscopiques qui vont par myriades et causent tant de dégâts dans les champs et aux arbres. Celles-ci se nomment *Canvos* (*V.* c. m.). — *Patì coumo las érugos*, souffrir, être misérable comme une chenille, sans doute à cause des vicissitudes et des métamorphoses auxquelles elles sont soumises. *Michan coumo uno érugo*, méchant comme la gale : s'entend sans doute des chenilles de chou que le préjugé fait regarder comme malfaisantes. C'est peut-être aussi un rapprochement de la chenille et de la gale, amené par la superstition mentionnée à l'art. *Bérugo*. — V. c. m.

Dér. du lat. *Eruca*, m. sign.

És, 3ᵐᵉ pers. sing. indic. prés. du v. *Èstre*.

És-ariès, *adv.* de lieu. En arrière. — *La caréto cargo és-ariès*, la charrette est trop chargée sur le derrière. *Faïté és-ariès*, recule-toi. — *Voy. Dariès.*

És-avan, *adv.* de lieu. Par devant ; en avant. — *L'a-troubarés és-avan*, vous le trouverez en avant, il a pris les devants. *S'és toumba és-avan*, il est tombé en avant, sur la face. *Aquélo muraïo trésploumbo és-avan*, ce mur surplombe sur le devant. *És és-avan din sous afaïres*, il est au-dessus de ses affaires.

Quelquefois le mot est substantivé pour dire : avances ; adresse ; agilité. — *Quand a léva boutigo, aviè bé'n pâou d'és-avan*, quand il a commencé son petit commerce, il avait bien quelques avances. *Aquél home a pas gés d'és-avan*, cet homme n'est ni assez leste, ni assez fort. — *Voy. Davan.*

Dér. du lat. *Ad ventum*, du côté d'où vient le vent.

Ésbadâoula, *v.* Entr'ouvrir ; laisser une ouverture grande ouverte.

S'ésbadâoula, s'entr'ouvrir ; se crevasser ; bâiller comme une figue gercée, comme une chaussure décousue.

Dér. de *Badal*.

Ésbalâousì, ido, *adj.* Ébaubi ; surpris, étonné ; étourdi ; stupéfait ; émerveillé ; tombé des nues ; abasourdi.

Ésbérla, *v.* Écorner ; ébrècher ; égueuler un broc ; ébrancher un arbre.

Dér. de *Bèrlo*.

Ésbouïénta, *v.* Échauder ; faire passer par l'eau bouillante ; asperger ou immerger d'eau bouillante.

Dér. de *Bouïén.*

Ésbouldra (S'), *v.* Se crevasser ; crever ; s'ouvrir par le ventre comme une pomme fondante qu'on met sur la braise, comme une andouille qu'on fait bouillir.

Dér. de *Bouldro* ou du lat. *Botulus*, boyau.

Ésbourassa, *v.* Houspiller ; arracher la bourre ou le poil.

S'ésbourassa, se houspiller ; se battre comme font les chats et les lapins.

Dér. de *Bouro.*

Ésbouséna ou **Ésbousouna**, *v.* Ébouler ; faire crouler un mur, une maison, la berge d'un fossé ou d'une tranchée.

Ce mot vient probablement de *Bouso*, qui a donné naissance au fr. *Bouss* de vache, dont on a fait aussi *Bousiller*, bâtir en torchis, parce que les premiers torchis étaient composés de bouse de vache, et que les murs de clôture, dans certains pays de pâturages, sont encore construits ainsi. *Ésbouséna*, dans ce cas, serait renverser, ébouler ces murs de bouse : l'acception s'est étendue.

Éscabardatudo, *s. f.* Écart, divagation, au physique et au moral.

Éscabarta, *v.* Chasser loin ; écarter ; perdre ; égarer. — *Aï escabarta moun coutèl*, j'ai égaré mon couteau. *Escabarta lou pérpdou*, se permettre des gaillardises trop fortes ou obscènes.

S'éscabarta, s'égarer ; s'éloigner ; se dissiper ; se disperser au loin. — *Las nivous s'escabartou*, les nuages se dissipent. *Soun la s'és escabarta*, elle a perdu son lait. *T'és-cabartes pas*, ne t'éloigne pas ; ne t'écarte pas du droit chemin.

Dér. de la bass. lat. *Expartiri*, se séparer, prendre de son côté.

Éscabartado, *s. f.* Écart, échappée. — Le même que *Éscabardatudo*, et plus usité. — *Voy.* c. m.

Éscabassa, *v.* Étêter un arbre, le couronner, le réduire au tronc : remède héroïque qu'on applique aux arbres malades dont on suppose que les branches seules sont attaquées et les racines restées saines. Cette opération réussit quelquefois, mais rarement aux mûriers, plus souvent aux châtaigniers.

Dér. de *Cabasso*, ou de l'esp. *Cabesso*, tête.

Éscabour, *s. m.* Crépuscule du soir ; la brume ; le déclin du jour.

C'est une corruption ou une métathèse un peu forte du lat. *Obscurus*, dans laquelle cependant on voit se reproduire la plupart des lettres du type.

Éscacalassa (S'), *v.* Éclater de rire ; rire à gorge déployée et à haute voix.

Der. de *Cacalas.*

Éscachoù, *s. m.* Petite partie, résidu d'une marchandise ; ce qu'il en reste d'invendu : si c'est le restant d'une pièce d'étoffe, on dit *Coupoun* ou *Éscapouloun.*

Éscachoù est le dim. d'*Éscach,* vieux mot hors d'usage que mentionne Sauvages et qui aurait eu la même signification.

Éscafouïa, *v.* Écraser ; écacher dans la main ou sous les pieds quelque chose d'humide ou de juteux comme un fruit. — *Aquéles rasins sé soun toutes éscafouïas,* ces raisins sont tout meurtris, à moitié écrasés.

Éscafouïun, *s. m.* Gâchis produit par des choses juteuses écrasées ; mélange informe de ces matières avec le jus qu'elles répandent.

Éscagassa, *v.* Affaisser ; écraser ; déprimer ; rendre épâté.

S'éscagassa, se plier en deux, s'affaisser, s'accroupir. Par ext. se pâmer de rire, parce qu'on fait le mouvement de s'accroupir.

Il a quelque ressemblance avec *Acougassa* et *s'acougassa.* — *V.* c. m.

Éscagnéto, *s. f.* Terme de fabrique de soie écheveau de soie à coudre que l'on dévide avant de la décruser et de la tordre.

Dim. de *Éscagno.*

Éscagno, *s. f.* Dim. *Éscagnéto.* Écheveau de fil, de laine, de coton, de soie.

Éscaïé, *s. m.* Dim. *Éscaïèïré;* péj. *Éscaïèïras. Au plur. Éscaïèsses.* Escalier ; degré ; marche d'escalier. — *Éscaïé én biséto,* escalier en colimaçon.

Éscaïé est aussi n. pr. Escalier. — *Fran coumo Éscaïé* est un dicton qui prouverait peu en faveur de la franchise et de la loyauté d'un individu de ce nom, car il signifie un homme faux, un quasi fripon, une lame à deux tranchants. Mais peut-être n'est-ce qu'une sorte d'allusion à la prestation du serment dans lequel on lève la main, tandis que l'escalier fait lever le pied, ce qui n'engage pas et n'est qu'une manière de prêter un faux serment. Quelquefois il n'en faut pas tant pour faire un mot qui passe pour spirituel et malin, et qui ne repose que sur un rapprochement fort peu raisonnable et se conserve néanmoins comme une énigme, à laquelle les malins découvrent un sens qui n'existe pas.

Dér. du lat. *Scala, Scalaria,* qui a donné *Echelle* et *Escalier.*

Éscaïèrna, *v.* Éblouir ; donner la berlue.

Formé du gr. Σχᾶνος, gauche, faux, et du lat. *Lucerna,* lumière, flambeau ; fausse lumière, parce que l'effet de l'éblouissement est de présenter une fausse image au sens intérieur de l'œil.

Éscaïnoun, *s. m.* Sobriquet, surnom ; épithète burlesque et dérisoire appliquée à quelqu'un, et même à tous les habitants d'une contrée.

L'usage des sobriquets est très-fréquent chez les classes populaires. Il est peu d'enfants qui n'en reçoivent un dans leur famille ou dans leur camaraderie ; et ce surnom les accompagne souvent toute leur vie ; bien plus, il se transmet au fils, quoiqu'il n'ait rien des qualités ou du défaut qui l'ont valu à son père. Ajoutons que le sobriquet se féminise aussi pour passer du mari a sa moitié : ainsi, la femme *dóou vicioùs* s'appelle sans gêne *la viciouso,* bien qu'il n'y ait rien à dire d'elle. Passe encore ; car au moins il n'y a pas là de barbarisme. Mais tout le monde a connu un nommé B..., dont le surnom était *la Louè* (façon languedocienne de prononcer le fr. la loi), parce que, lors du régime de celle-ci, B... avait fait usage ou abus du mot ; eh bien ! sa femme s'appelait *la Louéto.*

Les surnoms du peuple sont rarement flatteurs ou rémunérateurs comme ceux que la courtisannerie a imaginés pour les princes et pour les barons féraillèurs du moyenâge. L'*Escaïnoun* est d'ordinaire tiré d'un défaut personnel, d'un vice moral ou physique, d'un ridicule ou de quelque fait anecdotique, tournant fort peu à la gloire et à la louange de celui qu'on en affuble. Il est souvent donné par antiphrase, comme *Bloundın* à un individu trèsbrun, *Camar* à un très-gros nez, etc.

Sous le système fédératif qui commença à l'émancipation des communes, il s'établit une sorte de rivalité entre les communautés et villages voisins les uns des autres : rivalité souvent pacifique et ne consistant qu'en une guerre de quolibets et de jeux de mots. De là cette foule de surnoms moqueurs ou méprisants que les localités se lançaient l'une à l'autre au moyen-âge et dont le souvenir est resté dans le pays, quoiqu'on n'y attache de nos jours aucune pensée de haine ou de dérision. C'est ainsi qu'on dit encore :

Tripiè d'Alais. — *Crèbo-bachas d'Anduso.* — *Volo-bióou dé Sént-Ambrièl.* — *Fégnan ou Touchè dé Bénobre.* — *Assuquo-bèmi dé Sén-Rouman.* — *Pladéjaıre dé Sént-André-dé-Valborgno.* — *Braéto dé Ménde.* — *Éscorjo-truéjo dé Sén-Jan-dé-Gardounénquo.* — *Piquo-céses dé Mialé.* — *Sdouto-rouqué* ou *Diamané dé Sdouve.* — *Brounzidoù dé la Salo-dé-Sén-Pèıre.* — *Cigdou dé Sént-Hipouılté-dé-Dusfor.* — *Touqua ddou Sént-Esprı.* — *Brando-pinto ddou Coulé.* — *Baraban dé Sén-Chèli.* — *Targaıre* ou *Targués dé Maruèje* (Marvéjols, Lozère). — *Ésfouıro-barı d'Aoubénas.* — *Couflo-tripo dé l'Argéntıèıro.* — *Foutralé dé Béziès.* — *Blaıre dé Vilofor.* — *Piquo-sécal dé Méjano.* — *Galinéto dé Bagnóou.* — *Toundur dé napo dé Ginouïa.* — *Trabastaıré dé Lu.* — *Fóou témouèn d'Aımargue.* — *Passéroù dé Soumèıre.* — *Manjo-méléto d'Uzès.* — *Pétachvù d'Avignoun.* — *Barbo-fourcudo dé la Gardo.* — *Éspastéo dé Cavaıoun.* — *Vıro-gdou dé Béoucaıre.* — *Souréıé dé Bouléno.* — *Las Oros dé Malataverno.* — *Vétaıre dé Soustélo.* — *Noublèsso dé Chambourigdou.* — *Banastaıre das Apèns.* — *Couqúı dé Porto.* — *Pésquaıre* ou *Aoubouıssaıre dé Nèr.* — *Pésquoluno dé Lunèl.* — *Baddou ddou Bour.* — *Manjo-blédo dé Sén-Páou.* — *Manjo-cdoulé dé Lusiès.* — *Dansaıre dé Sén-*

Juié. — *Couchо-péras dé Roussoù.* — *Jasióou dé Carpéntras.* — *Dévignaïre dé Mountélimar*, etc.

Èscaïnoun est formé de *Noun* et de *Èscaï*, qui paraît avoir existé autrefois dans la langue et qui, dérivé du gr. Σκαιός, faux, du mauvais côté, donnait au mot entier la signification de faux nom.

Èscaïo, *s. f.* Écaille, substance dure, laminée, cornée et luisante qui recouvre le corps des poissons et des testacés; éclat de bois qui se casse et se sépare d'un meuble.

Dér. du lat. *Squamma*; dim. *Squamula*, m. sign.

Èscaïre, *s. m.* Équerre, instrument de géomètre pour tirer des lignes droites et perpendiculaires, et tracer des angles droits. — *A l'éscaïre*, à angle droit. *Planta à l'éscaïre*, disposer une plantation en quinconce.

Dér. du lat. *Quadrare*, rendre carré.

Èscaïroù, *s. m.* Petit coin de terre; angle de terrain clos de murs.

Dér. aussi bien, comme dim. de *Èscaï*, morceau, que de *Èscaïre*.

Èscala, *v.* Monter par une échelle; grimper sur un arbre; escalader un mur; gravir une côte, une montagne; en général, monter, par degrés, peu à peu.

Dér. de *Èscalo*.

Èscalabrina, *v.* Grimper sur une hauteur scabreuse et rapide; monter avec difficulté et en employant toute son agilité.

Dér. de *Èscalabroùs*.

Èscalabroùs, ouso, *adj.* Scabreux; ardu; rapide; difficile à monter; raboteux.

Formé du lat. *Scala*, échelle, ou de *Scabrosus*, âpre, raboteux.

Èscalada, *v.* Escalader un mur avec ou sans échelle.

Augm. de *Èscala*.

Èscalado, *s. f.* Escalade; action d'escalader un mur. — *Intra pér éscalado*, s'introduire par escalade, en franchissant les clôtures.

Èscalaïre, aïro, *adj.* Qui grimpe; habile à grimper au haut des arbres.

Èscalèto, *s. f.* Squelette; carcasse du corps d'un animal et particulièrement de l'homme, réduit aux os. Au fig. personne maigre et décharnée.

Dér. du gr. Σκελετόν, corps desséché.

Èscalèto ou Tourtioù dé fèro, *s. f.* Sorte de gauffre faite au moule, plate et carrelée par l'empreinte du moule, ce qui donne à son dessin la forme d'une série de petites échelles juxtaposées.

Dim. de *Èscalo*.

Èscalo, *s. f.* Dim. *Èscalèto*; augm. *Èscalasso*. Échelle, instrument composé de deux montants, traversés, d'espace en espace, par des bâtons nommés *Èscaloù*, échelon, servant à monter et à descendre. — *Mé fariàs mounta dou ciél sans éscalo*, vous me feriez prendre la lune avec les dents, c.-à-d. vous me pousseriez à des extrémités fâcheuses. *L'éscalo dàou moutoù*, l'une des trois solives qui sou-

tiennent la machine à planter les pilotis, appelée sonnette; c'est celle qui sert d'échelle pour grimper jusqu'à la poulie. Elle est composée d'un seul montant traversé de chevilles débordant d'un pied de chaque côté, qui servent d'échelons. Dans le Vivarais, on se sert d'une échelle du même genre pour cueillir la feuille de mûrier et pour élaguer ces arbres : bien entendu que la forme seule est semblable, et non la dimension, ni surtout le poids. *Téni l'éscalo à qudouquus*, être complice de quelqu'un, l'aider à commettre quelque mauvaise action.

Dér. du lat. *Scala*, m. sign.

Èscaloù, *s. m.* Échelon, chacun des barreaux d'une échelle. — *M'én souï fa pér un brave, un poulit éscaloù*, j'ai payé un fameux écot : au fig. dans ce sens, pour dire : c'est un fameux degré que je viens de monter ou de descendre.

Èscamandre, *s. m.* Dim. *Èscamandroù*; péj. *Èscamandras*. Fille ou femme sale, laide, déguenillée; effrontée; garçonnière.

La ressemblance de ce nom avec celui du fleuve Scamandre semble annoncer que c'est ce dernier qui lui a donné naissance; cependant il est difficile de saisir un rapport quelconque d'acception entr'eux. Toutefois est-il impossible que la manière mythologique et allégorique de peindre les fleuves qu'on représentait à demi-nus, les cheveux épars, la barbe mêlée et gluante de vase, soit venue servir de type au genre de saleté et de désordre que nous offre le mot languedocien? Mais, en admettant même l'hypothèse, pourquoi choisir de préférence un fleuve phrygien, dont la représentation ne se trouve guère que dans les hautes peintures classiques et le nom dans la haute littérature?... Concluons que si réellement le fleuve a prêté ainsi son nom au populaire, cela ne peut tenir qu'à quelque fait anecdotique oublié aujourd'hui. Les étymologistes qui ne seraient point satisfaits par cette conjecture, pourront trouver l'origine du mot dans la substance même en le décomposant. Nous avons déjà vu que le mot, ou plutôt la racine *Èscaï* signifie faux et gauche; on pourrait y joindre la corruption du lat. *Matrona*, dame, femme de qualité, femme considérée et de haute position sociale. Dans ce cas, le mot *Èscamandre* rendrait l'idée d'une fausse dame, c.-à-d. dame de bas étage, dame dont la mise sale et dégoûtante est le contrepied de la mise sévère, digne et recherchée de la véritable matrone. Ce qui ferait pencher vers cette dernière déduction, c'est la circonstance des mots *Mandro* et *Mandrouno*, qui existent également en languedocien et dérivent bien évidemment de *Matrona* (*Voy*. c. m.), quoique dans une acception presque opposée et qu'on peut regarder comme une ironie ou une antiphrase. Malgré toutes ces probabilités, je ne sais quelle ressemblance de configuration nous fait encore revenir vers l'étymologie phrygienne, sans partager néanmoins les motifs qu'en donne Sauvages, qui lui paraissent cependant si peu plausibles; mais pour ne rien négliger dans toute cette histoire fabuleuse et fort obscure. D'après lui, ce fleuve, fils de Jupiter et de la nymphe Doris, fut métamorphosé en fleuve dans le seul but de le rendre immortel. Son père lui accorda en outre le privilége de donner une fête à toutes les jeunes filles qui allaient se marier. La veille de la noce, elles venaient se baigner dans ses eaux. Scamandre sortait de ses roseaux, les prenait par la main et leur faisait les honneurs de son palais. Nous ne voyons pas, dans toutes ces cérémonies, un point quelconque qui rattache notre *Éscamandre* au fleuve Escamandre ; et Sauvages, tout en donnant cet aperçu, le juge lui-même et trouve toute allusion bien au-dessus de la portée du vulgaire. Nous citons seulement à titre de curiosité, et nous nous confirmons davantage dans la pensée qu'il y a ici, plutôt qu'un fleuve, quelque anecdote sous roche.

Éscambarla, *v.* Écarquiller les jambes, soit assis, soit debout ; ouvrir beaucoup l'angle qu'elles décrivent entre elles. — *És éscambarla*, il a les jambes arquées ou voûtées outre mesure ; il est bancal.

Dér. de *Cambo.*

Éscambarlado, *s. f.* Plus usité au fig. Étourderie de jeunesse ; propos grivois ou obscène.

Éscambarloù, *adv.* — Voy. *Déscambarloù.*

Éscamouta, *v.* Escamoter ; jouer des gobelets. Au fig. faire disparaître subtilement ; dérober adroitement ; voler.

Éscamoutaje, *s. m.* Escamotage, tour de passe-passe ; larcin ; escroquerie.

Éscamoutur, *s. m.* Escamoteur ; larron ; escroc.

Pour l'étym. des trois mots qui précèdent, en espg. *Camodar* veut dire : changer des choses de face, jouer des gobelets : dér. du lat. *Commutare,* m. sign., qui pourrait bien certainement avoir formé l'un et l'autre mot.

Éscampa, *v.* Jeter ; rejeter ; répandre ; dissiper — *Aquél lun éscampo l'oli ; aquélo bouto éscampo,* cette lampe a une fuite par où l'huile se répand, ce tonneau perd le vin. *A éscampa la broquo,* dit-on d'une femme enceinte, qui ne compte plus, elle est à son terme ; on suppose par là que pour le compte des mois de sa grossesse, elle se sert d'une bûchette qu'elle marque d'une coche à chaque mois, comme cela se pratique pour mille calculs populaires ; et que, le dernier mois étant expiré, la taille lui devient inutile. *Éscampa d'aïgo,* pisser : l'expression, par pudeur de langage, s'étend même à tous les besoins naturels. *A éscampa sas fèbres,* il s'est débarrassé des accès de fièvre. *Éscampa lou bla,* répandre le blé de semence, semer. *A éscampa soun ase,* il a perdu son âne ; il a été obligé de le jeter à la voirie. *Éscampo tout pér éscudèlos,* c'est un prodigue ; il jette son bien par la fenêtre. *Lou cadis éscampo la plèjo,* le cadis rejette la pluie ; il est imperméable.

Dér. du lat. *Campus,* champ.

Éscampadouïros, *s. f. plur.* Versoir, oreilles d'un araire : les deux petits ais plats, attachés au soc, qui ont pour destination d'écarter la terre à droite et à gauche et de vider les sillons.

Éscampaïre, aïro, *adj.* Prodigue ; dissipateur. — *Après un acampaïre vén un éscampaïre,* prvb. Après un accapareur, un dissipateur ; après un avare, un prodigue. — Voy. *Acampaïre.*

Éscampïa, *v.* Disperser ; éparpiller ; répandre en détail, un peu partout.

Dim. de *Éscampa.*

Éscandaïa, *v.* Étalonner une mesure de capacité, de longueur, etc., une balance, une romaine ; c.-à-d. les comparer à une mesure type que l'on nomme étalon, et les rectifier s'il y a lieu. L'étalonnage est la fonction principale du vérificateur des poids et mesures.

Ce mot vient du lat. *Scandere,* scander, réciter des vers, en marquant la mesure, en faisant sentir la division des pieds et vérifiant ainsi s'ils sont justes.

Éscandaïaïre, *s. m.* Étalonneur ; romainier ; vérificateur des poids et mesures.

Éscâouda, *v.* Échauder ; passer à l'eau bouillante, en verser dessus ; faire blanchir la viande en y versant de l'eau bouillante pour la nettoyer d'un certain empâtement blanc qui se forme dessus, quand on la laisse mortifier.

S'éscâouda, se brûler avec un liquide bouillant. — *Moun vin s'és éscâouda,* mon vin a tourné. *Frucho éscâoudado,* toute espèce de fruits avortés, qui sèchent avant leur maturité. *Cat éscâouda l'aïgo fréjo l'y faï pôou,* prvb. Chat échaudé craint l'eau froide.

Éscâoudun, *s. m.* Pousse du vin ; goût du vin tourné. — *Sen l'éscâoudun,* ce vin a un mauvais goût de pousse.

Éscâoufa, *v.* Échauffer ; réchauffer ; donner de la chaleur. Au fig. animer, exciter.

S'éscâoufa, se réchauffer ; s'animer ; s'échauffer la bile.

Dér. de *Câoufa* : celui-ci signifie chauffer au feu ; *Éscâoufa* est plus générique et plus large, il s'étend à toutes les manières de réchauffer.

Éscâoufado, *s. f.* Échauffourée ; situation périlleuse et pénible ; saisissement de terreur. — *Éndurère uno poulido éscâoufado,* je fus un moment dans une cruelle passe.

Éscâoufamén, *s. m.* Échauboulure ; légères éruptions qui viennent sur la peau.

Éscâoufèto, *s. f.* Réchaud ; fourneau de potager. Au fig. zèle, ardeur ; empressement. — *Jouga d'éscâoufèto,* loc. fig., s'animer, s'appliquer au jeu, ce qui dans la plupart des jeux d'adresse rend le coup d'œil plus sûr et la main plus adroite : cela se traduirait en fr. par jouer d'inspiration, si cette phrase était reçue.

Éscâoufo-ïè, *s. m.* Bassinoire, ustensile pour chauffer le lit. — *Moure d'éscâoufo-ïè,* visage plein, rebondi, animé, respirant la vivacité, qui ressemble à une bassinoire.

Éscâouquïa, ado, *adj.* Se dit d'une figure qui est bien mise à découvert, dont toutes les lignes sont bien apparentes, débarrassée par conséquent de dentelles tombantes, de demi-voiles, même de mèches de cheveux tombants. — *Moure éscâouquïa,* minois éveillé et même un peu effronté.

Dér. de *Cáouquio*, comme si le visage était débarrassé de sa coquille.

Éscâoutoù ou **Candèl**, *s. m.* Dim. *Éscáoutouné*. Peloton de fil, de soie, de coton, de laine.

Éscâoutouna, *v.* Pelotonner; dévider en peloton; ramasser en peloton.

Éscapa, *v.* Échapper, fuir; se sauver; éviter; échapper d'une maladie; sortir, se tirer d'un danger. — *M'éscapavo dé gn'én parla*, la langue me démangeait de lui en parler. *Sémblo éscapa dé la quièisso dé Jupitér*, il est si fier qu'on le croirait sorti de la cuisse de Jupiter : par allusion à la naissance de Bacchus que Jupiter, pendant un temps, logea dans sa cuisse, après la mort de Sémélé.

Dér. du lat. *Capere*, prendre, avec la particule extractive *És*; en ital. *Scappare*.

Éscapado, *s. f.* Escapade; l'école buissonnière; fredaine; évasion; échappée; course que fait un troupeau ou partie d'un troupeau sur un terrain défendu où il peut faire du dégât, ou bien sur la propriété du voisin.

Éscapadoù, *s. m.* Échappatoire; défaite; subterfuge.

Éscapadoù, *ouno*, se prend aussi adjectivement pour : capable de se sauver, prêt à s'envoler, à fuir du nid, en parlant des jeunes oiseaux; et par ext. des personnes qui sont en voie d'échapper à un danger, de garçons ou de jeunes filles qui cherchent à s'émanciper, à échapper à la tutelle.

Éscapouloun, *s. m.* Coupon d'étoffe; restant d'une pièce; reste d'une marchandise.

Formé avec la partic. privative *És*, et de *Cap*, tête; sans tête; avec la désinence diminutive.

Éscar, *s. m.* Écart; changement de direction; déviation; désarticulation du pied d'un cheval par suite d'un accident; cartes que l'on rejette à certains jeux pour en prendre d'autres.

Dér. de *Éscarta*.

Éscarabïa, *v.* Réveiller; dégourdir; donner de l'activité. — *Aquél tén éscarabïo*, ce temps vif donne des forces, de la santé, de l'entrain. *És éscarabïa*, il est vif, alerte, dégourdi, sémillant. *Vas véïre sé té vóou éscarabïa*, tu vas voir si je vais te dégourdir, te secouer.

S'éscarabïa, se donner du mouvement; s'évertuer; se réjouir; s'égayer. — *Aquél tén s'éscarabïo*, le temps tourne au vif. *Couménço dé s'éscarabïa*, se dit d'un convalescent qui commence à reprendre des forces.

Les vieux auteurs français, qui empruntaient peut-être au languedocien, disaient aussi *Éscarabillat* pour vif, alerte, guilleret.

Éscaraougna, *v.* Égratigner; écorcher la peau, écrouter une gale.

Dér. de *Car*, avec la particule extractive *És*, ou du lat. *Excoriare*, enlever la peau, formé de la même manière, de *Ex*, privatif, et de *Corium*, cuir, peau.

Éscaraougnado, *s. f.* Égratignure; déchirure de la peau; sa marque.

Éscaras, *s. m.* Porte-clayon : meuble de magnanerie composé de deux montants dont chacun est armé de chevilles pour supporter les clayons les uns sur les autres. C'est sur cet échafaudage qu'on élève d'ordinaire les vers-à-soie dans leur premier âge. On les soigne en enlevant successivement chaque clayon et les mettant tour à tour à la portée de la main.

Ce mot est une corrup. et un péjor. de *Éscalo*, dont il a un peu la forme et la pose.

Éscarassoù, *s. m.* Sorte de caillebotte fermentée. C'est le résidu du petit lait bouilli à petit feu, qu'on roule en pelottes et qu'on épice de poivre, de vinaigre et d'eau-de-vie.

La forme diminutive du mot qui est patente, n'impliquerait-elle pas, pour son étymologie, la pensée de le tirer de *Éscaï*, *éscach*, morceau, dont le dim. direct lui-même est *Éscachoù* ? C'est un doute encore, mais on vient de plus loin.

Éscaravisse, *s. m.* Écrevisse. — *Voy. Chambre.*

Dér. du gr. Σκάραβος, m. sign.

Éscarcaïa (S'), *v.* Écarquiller les jambes, soit en marchant, soit assis : se gonfler; se crever. Au fig. faire le gros dos, l'important. — *Éscarcaïa sous iéls*, ouvrir les yeux comme des portes cochères; se crever les yeux à regarder; les tenir grands ouverts. *Marcho éscarcaïa*, il marche les jambes écartées.

Éscardassa, *v.* Tirer les cheveux à quelqu'un, les lui arracher; étriller quelqu'un.

S'éscardassa, se prendre aux cheveux; se battre; se peigner; se donner une peignée.

En ital. *Scardassare*, carder de la laine.

Éscarlato, *s. f.* Écarlate, couleur d'un rouge vif.

Dér. de la bass. lat. *Scarlatum*, m. sign. En ital. *Scarlatto*, en angl. *Scarlet*. On croit le primitif dérivé du celtique.

Éscarlimpa, *v.* Grimper; gravir à grandes enjambées, étourdiment et sans mesurer ses pas.

Formé de *Éscar*, tiré du fr. et du roman *Limpa*, glisser.

Éscarlimpado, *s. f.* Grande enjambée; glissade; faux pas. Au fig. faux pas; coup de tête; étourderie; acte irréfléchi.

Éscarnaïsse (Faïre), *v.* Vexer quelqu'un, lui donner de l'inquiétude ou de l'impatience en lui tenant le bec dans l'eau; faire endêver. Proprement, causer de l'effroi, de l'horripilation.

Ce mot semble formé de *Car* et de *Naïsse*, c.-à-d. causer une efflorescence sur la peau, donner chair de poule. Ce verbe, ne s'employant qu'après le v. *Faïre*, n'est usité qu'à l'infinitif : c'est le premier seul qui le conjugue.

Éscarni, *v.* Inspirer à une personne ou à un animal un effroi qui l'empêche de retomber dans la même faute qu'il vient de commettre, par le souvenir du châtiment infligé, ou par la crainte d'une correction nouvelle, ou par la peur d'un danger imminent. Proprement, enlever la peau ou la chair. — Le chat échaudé craint jusqu'à l'eau froide, parce qu'il est *éscarnì.*

Dér. de *Car,* avec la partic. privative.

Éscarnimén, *s. m.* Correction; crainte de châtiment.

Éscarpia, *v.* Éparpiller; répandre ça et là. — Le même que *Ésparpaïa,* ou du moins dans la plus grande affinité de sens *(Voy.* c. m.).

Dér. du lat. *Carpere,* ramasser, mettre en tas, et de la part. privative *Es.*

Éscarpin, *s. m.* Escarpin, soulier à semelle légère; soulier de danse; chaussure des dimanches pour les villageois. — *Jouga das éscarpins,* jouer des semelles, se sauver; prendre la course.

Dér. du lat. *Carpisculum,* m. sign.

Éscarpina, *v.* Courir légèrement; jouer des jambes; marcher vite. — *Éscarpina d'éscloès,* chaussé de sabots : phrase ironique qui sert à mieux faire ressortir la grossièreté et la pesanteur de cette chaussure.

Éscarpinéja, *v.* fréq. et augm. de *Éscarpina.*

Éscarpo, *s. f.* Carpe, *Cyprinus carpio,* Linn., poisson de l'ordre des Holobranches et de la fam. des Gymnopomes, qui vit dans les eaux douces et dans les lacs. Les carpes, qui deviennent fort grosses et, dit-on, fort vieilles, sont recherchées des gastronomes pour leur délicatesse. On les engraisse pour les améliorer encore. A ce propos, un de nos vieux amis racontait un épisode d'un voyage qu'il fit à Paris. Il y a longtemps de cela, et à cette époque, où l'on n'avait pas encore inventé les locomotives et les buffets, on donnait largement aux voyageurs le temps de dîner. A un relai quelconque, notre ami, au sortir de table où il avait très-magistralement officié et mangé surtout avec abondance d'un plat de carpes fraiches et dodues qu'il avait trouvées excellentes, s'en fut dans le jardin de l'hôtel commencer sa digestion et attendre le départ. Dans ce jardin était un bassin vers lequel il se dirigea, et en avançant, il aperçoit certains objets de forme indécise qui s'agitaient par petits bonds au-dessus de l'eau. Il s'achemine et croit reconnaître que ce sont de petits chiens venant de naître qui semblaient se débattre contre la noyade. « Oh! les barbares! s'écrie-t-il, ne pas les avoir assommés avant de les jeter à l'eau! » et il s'approche tout à fait pour les secourir... peut-être... C'étaient bien de petits chiens; mais ils étaient morts depuis longtemps, et des carpes, les compagnes de celles qu'il venait de manger avec tant d'appétit, les avaient dévorés à moitié. C'étaient elles qui en les becquetant leur faisaient faire ces bonds qui simulaient leur agonie. L'hôte engraissait ainsi les carpes de son vivier, à la façon du Romain qui jetait des esclaves à ses murènes. On peut imaginer l'effet que ce spectacle produisit sur l'estomac de notre voyageur : il paya son dîner et n'emporta rien, au contraire, se promettant bien de s'assurer dorénavant de l'ordinaire des carpes qu'on pourrait lui servir.

Éscarta, *v.* Écarter; éloigner; séparer; mettre de côté certaines cartes pour les remplacer par d'autres — *Vous éscartés pas,* ne vous éloignez pas, je vais revenir. *Éscarta la granaïo,* au fig. se permettre des propos par trop égrillards. *Aquél fusil éscarto,* ce fusil écarte, éparpille le plomb; et au fig. on dit : *Soun fusil éscarto,* il écarte la dragée, de quelqu'un qui laisse échapper de petites parties de salive en parlant. *Éscarta vous,* faites votre écart, dit-on à quelqu'un dans certains jeux.

Dér. du lat. *Expartire,* enlever de sa part, de sa position un objet.

Éscartaïra, *v.* Écarteler; tirer à quatre quartiers; diviser; couper en morceaux.

S'éscartaïra, prendre un écart.

Éscas (Tout-) ou **Tout-Ésca,** *adv.* Dim. *Tout-escasséto.* Tout à l'heure; il n'y a qu'un instant; à peine; non loin. — *Çaï y-èro tout-éscas,* il était ici il n'y a qu'un moment. *Sor tout-éscasséto,* il vient de sortir à l'instant même. *Tout-éscasséto l'y vése un pàou,* j'y vois à peine, à peine.

Dér. probablement du grec Οὐχ ἑκὰς, non loin, tout près.

Éscassa, *v.* Échalasser; échafauder; élever au moyen de supports.

S'éscassa, monter sur des échasses; au fig. monter sur ses grands chevaux; se hausser.

Éscasso, *s. f.* Échasses; longs bâtons munis d'une sorte d'étrier sur lequel se pose le pied, et dont on se sert pour s'élever, pour passer une rivière.

Dér. de la bass. lat. *Scalacia,* m. sign. péj. de *Scala,* échelle.

Éscava, *v.* Évider; échancrer; terme de tailleur et de couturière; tailler, couper en dedans.

Dér. de *Cava.*

Éscavaduro, *s. f.* Échancrure; coupure faite en dedans, en forme de demi-cercle.

Éscavèl, *s. m.* — *Voy. Débanaïre,* m. sign.

Éscavéla, *v.* Dévider avec *l'éscavèl.*

Éscharpo, *s. f.* Écharpe; ceinture de soie, insigne de fonctions publiques.

Corrup. du fr.

Éschirpe ou **Taïo-cébo,** *s. m.* Taupe-grillon, courtillère, *Gryllo talpa,* Linn. Cet insecte, orthoptère, à peu près de la longueur et de la grosseur du doigt, quelque peu semblable à l'écrevisse, hideux à voir, vit presque toujours sous terre. Il est fort connu et fort redouté pour les dégats qu'il cause dans les jardins, où il coupe la racine de beaucoup de plantes potagères. Nos paysans ne manquent jamais de dire, avec un grand sérieux, qu'on les tue en soufflant dessus. Ils en donnent la preuve au premier témoin qui se trouve là quand, en bêchant, ils trouvent un taupe-grillon. Ils le saisissent délicatement par le corselet entre le pouce et l'index, soufflent dessus à deux ou trois reprises, et en même temps ils le serrent fortement à l'étouffer; ce double procédé est infaillible. Le fait est que, avec ou sans témoins, il est rare qu'un paysan, rencontrant un *éschirpe,* le tue sans souffler dessus.

Ésclafi, *v*. Dégorger; lâcher la bonde d'un réservoir. Au fig. mettre à découvert; publier un secret; déceler un complot. — *S'ésclafì dé rire*, éclater de rire, rire à gorge déployée; crever de rire.

Dér. par opposition de *Clafì*.

Ésclafidoù, *s. m*. Épanchoir; ouverture d'une vanne.

Ésclaïra, *v*. — Ce mot, qui est emprunté au fr. Éclairer, ne participe point de ses diverses acceptions. Il n'est guère employé en languedocien que comme synonyme de *Éclaircir*, et devient surtout un terme technique de magnanerie pour exprimer l'action de disséminer les vers-à-soie qui ont grossi et sont devenus plus serrés, sur un plus grand nombre de tables. On le dit également des plants de légumes qui sont semés trop drus et dont on arrache une partie pour donner plus de distance aux autres. Cependant, dans cette dernière acception, on dit plus souvent *Ésclaïrì*.

Jamais on ne se sert de ce dernier verbe par rapport aux vers-à-soie.

Ésclaïra est admis quelquefois substantivement dans pareille locution : *un home ésclaïra*, un homme éclairé, instruit; mais c'est du languedocien un peu francisé.

Ésclaïrado, *s. f*. Clairière; lieu découvert au milieu d'un bois; action d'éclaircir les vers-à-soie; diverses reprises de ce dernier travail. — *A fa trés ésclaïrados*, il a fait trois levées de vers.

Ésclaïre ou **Éliou**, *s. m*. Éclair; clarté éblouissante. — *Ésclaïre* ne s'emploie que dans le style soutenu ou en poésie. — *Voy. Éliou*.

Ésclaïrì, *v*. — *Voy. Ésclaïra*. — *Lou tén s'ésclaïrìs*, le temps s'éclaircit.

Ésclaïrido ou **Lucado**, *s. f*. Intervalle de temps serein par un temps de pluie; rayon de soleil, jet de lumière à travers les nuages.

Ésclandre, *s. m*. Esclandre; scandale public; accident, événement qui fait de l'éclat et qui est toujours fâcheux et honteux.

Dér. du grec Σκάνδαλον, scandale.

Ésclantì, *v*. Retentir; éclater; résonner; produire un son éclatant.

Dér. du lat. *Clangere*, m. sign.

Ésclapa, *v*. Fendre du bois, le dépecer, le détailler en gros quartiers; briser. Au fig. battre, meurtrir une personne, lui casser bras et jambes.

Dér. de *Clap, cla*, tas, monceau de pierre, avec la part. disjonctive *És*; c.-à-d. diviser une pierre.

Ésclapaïre, *s. m*. Fendeur de bois; charpentier.

Ésclapéto, *s. f*. Petite vérole volante, qui consiste en une éruption de pustules rares, clair-semées et qui ne paraissent pas simultanément, comme dans la petite vérole ordinaire. Les nouveaux boutons paraissent souvent lorsque les premiers sont déjà secs.

Ésclapo, *s. f*. Grand quartier de bois, de bûche; pièce de bois refendue. Au fig. taille, conformation humaine. — *Uno fìo dé bèlo ésclapo*, un beau brin de fille; une fille bien charpentée et de belle venue. *Un por dé bèlo ésclapo*, un pourceau à taille allongée, bien développé et qui annonce de devenir grand et gros.

Ésclato, *s. f*. Engelure; gerçure; crevasse à la peau causée par le froid, ou par une humeur scrofuleuse. — *Médécì dé las ésclatos*, médecin d'eau douce; avocat des petits procès.

Dér. de *Elatum*, supin de *Exferre*, produire au dehors, ouvrir.

Ésclavaje, *s. m*. Esclavage; servitude; soumission; dépendance; occupation assujétissante.

Ésclavo, *adj*. des deux genres. Esclave; celui dont la profession ou l'occupation le tient à l'attache et l'empêche de sortir de sa maison.

Dér. du lat. *Sclavus*, m. sign. — Ce dernier mot peut être tiré de sa substance même et dériver de *Clavis*, clef, c.-à-d. enfermé sous clé. Il peut venir aussi du latin classique *Sclavi*, les Esclavons, parce que peut-être ces peuples perdus et subjugués par les Romains ou les Germains étaient tous réduits à la condition d'esclaves ou de serfs. Peut-être encore cela tient-il aussi à quelque anecdote historique où ces peuples figurent comme le type de l'esclavage.

Ésclò, *s. m*. Dim. *Ésclóupé*; péj. *Éscloupas*. Sabot, chaussure de bois, creusée tout d'une pièce, pour y loger commodément le pied avec ou sans chaussons, que l'on garnit souvent de paille à l'intérieur. — *Ésclò à la bésegudo* (*Voy. Bésegudo*). *Las sèlétos d'un ésclò*, le double talon d'un sabot, dont l'un est placé au talon et l'autre sous la naissance des orteils. Ce ne sont que les sabots les plus grossiers, ceux des gens de peine et des montagnards qui ont de doubles talons élevés pour mettre le pied à l'abri de la boue et de la neige. *Lou moure d'un ésclò* est la partie de devant qui se recourbe au-dessus comme les souliers à la poulaine, et présente quelquefois un angle saillant en avant, comme la taille-mer d'une proue, afin de mieux résister au choc des pierres.

Ce mot paraît dérivé du latin barbare *Clopus*, pied boiteux, formé lui-même du gr. Χωλόπους, m. sign., parce que le sabot fait marcher lourdement comme un pied-bot; peut-être aussi parce qu'avec cette chaussure, le pied est informe et ressemble assez au sabot d'un cheval ou à un pied-bot. Ce qui paraît d'ailleurs donner encore raison à cette étymologie, c'est le *P* final, que le mot porte dans ses composés *Éscloupé*, *Éscloupiè*, *Éscloupéja*, qui était certainement dans son orthographe, mais que dans le primitif notre dialecte, qui ne le fait pas sentir à la prononciation, a dû supprimer en l'écrivant.

Éscloupé, *s. m*. Dim. de *Ésclò*. Petit sabot, sabot d'enfant; petit haricot blanc, qui nous vient des montagnes du Velai, et qui est plus délicat que le nôtre. On l'appelle ainsi par un dim. parce que son grain, qui est plus petit que les autres, est aussi plus arrondi et un peu dans la forme d'un sabot.

Éscloupéja ou **Éscloupinéja**, *v.* fréq. Saboter, faire du bruit en marchant avec des sabots; se faire entendre de loin avec des sabots; marcher lourdement avec des sabots, comme les scieurs de long auvergnats, qui n'ont jamais d'autre chaussure dans nos pays.

Éscloupiè, *s. m.* Sabotier, qui fabrique ou qui vend des sabots.

Éscloupinéja, *v.* Double fréq. de *Éscloupéja* (*V.* c. m.).

Ésclurci, *s. m.* Éclipse; disparition, obscurcissement total ou partiel d'un astre, par l'interposition d'un autre.

Ce mot vient-il de *Éscu*, obscur, ou du lat. *Ex*, particule privative, et *Lux, lucis*, c.-à-d. sans lumière; ou bien n'est-il qu'une corruption du fr. *Éclipse*? Toutes ces opinions sont soutenables et rationnelles.

Éscoïre (S'), *v.* S'écorcher naturellement; s'entamer la peau par un frottement continu. — Les enfants au maillot qui ont beaucoup d'embonpoint sont sujets à s'écorcher dans les plis que forme leur chair. On dessèche ces écorchures en les saupoudrant de vermoulure de bois qui est un absorbant et un dessicatif. Comme ils ont naturellement la tête engoncée dans les épaules, faute d'avoir les vertèbres du cou assez fortes pour la soutenir, ils s'écorchent souvent dans les plis de cette partie; on prévient cet inconvénient en leur passant autour du cou un petit collier de menue verroterie qui empêche l'adhérence et le frottement des parties qu'il sépare.

Dér. de *Coïre*.

Éscolo, *s. f.* École, classe où l'on enseigne la lecture, l'écriture, etc.; local lui-même de l'école; ensemble des enfants qui la fréquentent. — *Moun pèro mé fai l'éscolo*, mon père est mon professeur, mon maître d'école.

Dér. du lat. *Schola*, m. sign.

Éscondre, *v.* — *Voy. Réscondre.*

Dér. du lat. *Condere*, cacher, voiler.

Éscorfi, *s. m.* Avorton; enfant malingre; personne sèche, maigre, décharnée, rachitique.

Ce mot est-il une corruption d'un composé de la partic. privative *És* et de *Car*, par le changement de l'*a* en *o*, ce qui signifierait : sans chair; ou bien serait-il, par imitation, par mépris de ce qu'il représente, tiré de l'ital. *Scorzone* et *Scorza*, en cat. serpent, vipère?

Éscorjo-rosso, *phr. faite.* Écorcheur de voirie, équarrisseur. — C'est un état généralement méprisé, et ce terme devient une injure grossière donné comme sobriquet qui n'est usité que dans les dernières classes du peuple.

Dér. de *Éscourja* et *Rosso*.

Éscorso-dé-sèr, *s. f.* Proprement, écorce de serpent; ce qui semblerait en indiquer la peau, mais qui en est au contraire la chair, la pulpe lorsqu'elle est débarrassée de la peau, des intestins et de la tête. Les gens du peuple salent et conservent cette pulpe à laquelle ils attribuent de merveilleux effets médicinaux, principalement pour l'hydropisie et les affections de vessie. Inutile de dire que la science se refuse à lui reconnaitre les mêmes vertus.

C'est un préjugé fondé sur l'espèce de terreur superstitieuse qu'inspire cet animal qu'on regarde comme cabalistique. La médecine et la cabale se tiennent par la main, dans l'esprit des classes ignorantes : nos médecins et nos charlatans, qu'elles assimilent et confondent volontiers, ne sont encore pour elles que des mirès. Par suite de cette même prévention, la graisse de serpent est également recueillie avec soin et respect même, comme antidote des douleurs rhumatismales et des simples courbatures. L'anguille et la lamproie, sœurs innocentes de la couleuvre, n'ont sans doute ni plus ni moins de propriétés curatives, il ne leur manque que cette horreur traditionnelle qui date de la Génèse. Peut-être aussi des espèces venimeuses de serpent, dont la couleuvre est restée solidaire, malgré son innocuité, mais par ressemblance de conformation, ont-elles valu à plus juste titre à la *sèr* la répulsion qu'elle inspire et le crédit superstitieux qu'on a fait à sa graisse et à sa peau par un enchainement d'idées assez singulier et qui n'est pas rare dans les préjugés populaires.

Éscorto, *s. f.* Escorte; troupe qui accompagne, qui fait la conduite, pour rendre honneur ou pour veiller à la sûreté de quelqu'un.

Dér. du lat. *Cohors*, m. sign.

Éscoto, *s. f.* Latte; mairin de châtaignier-sauvageon refendu en lames peu épaisses, qui sert, dans nos pays, à relier les futailles de bas-fond.

Ce mot, d'après Sauvages, parait dériver du lat. *Excutire*, parce que les broyeuses de chanvre pour espader la filasse, se servent d'*Éscotos* comme espadons.

Éscouba, *v.* Balayer; nettoyer avec un balai; enlever tout, tout emporter.

Éscoubal, *s. m.* Écouvillon de boulanger; longue perche au bout de laquelle sont assujétis quelques chiffons qu'on imbibe d'eau pour balayer les cendres du four après qu'avec le fourgon, *Rédable*, on a tiré la braise. Au fig. femme sale, déguenillée.

Éscoubéto, *s. f.* Dim. de *Éscoubo*. Petit balai de bruyère avec lequel les fileuses de soie battent les cocons dans la bassine.

Éscoubia, *v.* fréq. ou dim. de *Éscouba*. Balayer les boues d'une ville; exercer la profession de balayeur de rues. Au fig. chasser; disperser; dissiper, faire disparaître.

Éscoubiaïre, *s. m.* Balayeur de rues; celui qui est chargé du balayage, boueur.

Éscoubios, *s. f. plur.* Balayures; immondices ramassées en balayant.

Éscoubioun, *s. m.* Cendrillon; petite fille sale, mal peignée, négligée par ses parents et qui n'est employée qu'aux travaux les plus humbles de la maison, travaux dont le balayage fait partie.

Éscoubo, *s. f.* Dim. *Éscoubéto*; péj. *Éscoubasso*. Balai; poignée de verges, de bruyère, de genêt, de crin, de plumes, etc., pour balayer. — *Éscoubo dé brus*, balai de bruyère. *Éscoubo dé sagno*, balai fait avec les tiges du millet aquatique.

Éscoubo est aussi le nom de ce long filet à pêcher, appelé en fr. *Seine*. Deux pêcheurs le tiennent chacun par une extrémité, et, en suivant le cours de l'eau, le traînent sur le lit de la rivière qui en est ainsi balayée.

Dér. du lat. *Scopæ*, m. sign. En bas-bret. *Skubélen*.

Éscoudén, *s. m.* Dim. *Éscoudénqué*; péj. *Éscoudénquas*. Dosse, terme de scieur de long, première planche qu'on tire d'une bille, et la dernière, qui est sciée seulement d'un côté et de l'autre équarrie : elle est toujours prise dans l'aubier du bois. Cette planche est toujours mal faite, maigre sur certains points et renflée sur d'autres. Au fig. personne maigre, longue, plate et mal charpentée.

Sauvages lui donne pour étymologie le gr. Ἔσχατος, dernier, qui est à l'extrémité. Cette dérivation s'éloigne beaucoup par la forme au moins du mot, si ce n'est par le sens. N'aurait-il pas pu être trouvé dans le grec aussi une autre racine qui semblerait mieux réunir les deux conditions? Par exemple Σκύτος, cuir, peau, puisque la dosse est l'enveloppe ou la peau du tronc. De là s'est formé probablement notre mot *Coudéno*, couenne, qui se rapproche sensiblement par sa configuration et présente la plus grande analogie d'acception. Nous nous en tiendrons là sans chercher dans le latin, qui demanderait peut-être, comme toujours, à intervenir par quelque bout.

Éscoudre, *v.* Abattre des noix avec une gaule; les gauler; faire tomber avec une gaule tout autre fruit qu'on ne peut cueillir que par ce moyen. Au fig. appliquer une volée de bois-vert à quelqu'un.

Sauvages donne à ce verbe l'acception de battre le blé au fléau : cela peut être vrai dans d'autres districts de notre idiome, puisqu'il prétend qu'on employait l'expression *Excodare bladum* dans la bass. lat., qu'il confond sans doute avec le barbarisme tabellionesque des vieux actes; mais dans notre dialecte, l'opération dont s'agit se dit *Éscoussouna* et non autrement.

Dér. du lat. *Exutere*, secouer, faire sortir en secouant.

Éscoufia, *v.* Confisquer; faire disparaître; arrêter une personne, la mettre en prison; tuer.

L'argot de la langue verte s'est emparé du mot pour en faire *Escoffier* avec le même sens.

Éscoufigna, *v.* Serrer; presser; entasser.

S'éscoufigna, se presser les uns autres; se rencogner. — *S'éscoufigna dé rire*, rire malgré soi, rire tout en se retenant.

Dér. de *Coufi* et de *És*, part. explétive.

Éscoufignaïre, *s. m.* Qui serre, qui presse; qui aime dans une presse ou dans une veillée à pousser, à presser les gens, surtout les jeunes filles, les uns contre les autres, ou contre une barrière, ou dans un angle d'un appartement : sorte d'amusement ou de niche fort usité à la campagne.

Éscoufo, *s. f.* Écrou d'une vis de pressoir : c'est cet écrou que les pressureurs tournent avec leur barre et qui agit sur la presse.

Éscougassa, *v.* Aplatir; renverser quelqu'un sur son derrière. — *S'éscougassa*, s'aplatir en tombant. *Un nas éscougassa*, un nez écrasé, épaté, écaché.

Dér. de *Couga*, c.-à-d. donner la position d'une poule qui couve.

Éscouïè, Éscouïèïro, *s.* et *adj.* Écolier, écolière; celui ou celle qui va à l'école.

Dér. de *Schola*; *Éscolo*.

Éscoula, *v.* Écouler; égoutter; vider; mettre à sec.

S'éscoula, voir le fond de sa bourse, vider son sac. — *M'an éscoula*, on m'a gagné tout mon argent au jeu.

Dér. du lat. *Colare*, couler.

Éscoulouèr, *s. m.* Écouloir ou *envidoir*, outil de dévideuse de soie pour *envider* sur un rochet ou grosse bobine la soie en flotte : c'est une broche de fer qui tourne horizontalement sur deux poupées portées sur un plateau de bois. Le rochet est enfilé dans la broche qui à l'autre extrémité porte une roue en fer qui lui sert de volant : on fait tourner cette bobine en frappant dessus avec un petit outil en cuir rembourré de crin qu'on nomme *Manéto*.

Éscoumoussa, *v.* Terme d'aire, égrener les gerbes au fléau sans les délier. On ne fait par cette œuvre que déflorer la gerbe, dans le but d'obtenir du blé dont on a besoin promptement ou plutôt du blé de semence, parce qu'on ne recueille par ce moyen que le grain des plus longs épis, qui est toujours plus beau et mieux nourri, et que d'ailleurs il n'est ni mêlé, ni chargé de graines étrangères dont les tiges montent moins haut et sont renfermées dans le corps de la gerbe. Cette défloraison opérée, on mêle ces gerbes avec les autres pour le battage ou le foulage généraux.

Dér. du lat. *Excussum*, supin de *Excutere*, secouer, battre.

Éscoumoussun, *s. m.* Blé qu'on obtient par l'opération décrite dans le précédent article.

Éscoundu, udo, *part. pass.* de *Éscondre* (*Voy.* c. m.). Caché.

Éscourja, *v.* Écorcher, enlever la peau; excorier; raviner une terre, en enlever la superficie par l'effet des grosses pluies. Au fig. déchirer quelqu'un par des médisances ou des calomnies; faire surpayer; parler mal sa langue.

Dér. du lat. *Excoriare*, m. sign.

Éscourjadoù, *s. m.* Écorchoir; voirie; abattoir.

Éscourjaduro, *s. f.* Écorchure; déchirure, éraflure de la peau.

Éscournifla, *v.* Écornifler; faire le parasite; être alléché par l'odeur d'un repas; chercher des franches lippées.

Formé de *Es*, part. privative, du lat. *Cornu*, corne, et de *Nifla*, flairer; ce qui rappellerait une idée d'*Ecorner* et de *flairer*, double étude des parasites. Sauvages prétend cependant que le mot intermédiaire devrait signifier *Cour*, par où : flairer aux cuisines des cours.

Éscourniflaïre, aïro, *adj.* Écornifleur; parasite; pique-assiette.

Éscourpiou, *s. m.* — *Voy. Éscroupiou.*

Éscousso, *s. f.* Course; traite de chemin; course pour prendre élan. — *Préne l'éscousso,* prendre son élan. *Y-sérai d'uno éscousso,* j'y serai d'un saut.

Dér. de *Cousso.*

Éscoussoù, *s. m.* Fléau à battre le blé.

Dér. du lat. *Excutum,* supin de *Excutere,* battre, secouer.

Éscoussouna, *v.* Battre le blé avec le fléau; par ext. s'applique à toute correction de bois-vert bien conditionnée.

Éscoussounaïre, *s. m.* Batteur de blé; ouvrier chargé de battre le blé.

Éscouta, *v.* Écouter, prêter l'oreille pour ouïr; suivre les conseils qu'on vous donne. — Se dit aussi de la part d'une fille pour agréer la cour que lui fait un garçon.

S'éscouta, s'écouter; se dorlotter; s'occuper à l'excès de soi; faire trop d'attention à la moindre incommodité, à sa santé; parler avec affectation et lentement. — *Aquel home és bièn éscouta,* cet homme est fort bien en cour, il a du crédit auprès des puissants du jour, ou seulement chez les hommes du pouvoir.

Dér du lat. *Auscultare,* m. sign.

Éscoutado, *s. f.* Reprise; intervalle; boutade. — *Plòou à bèlos éscoutados,* il pleut par ondées, par averses intermittentes, à diverses reprises. *Partirén à la prémièïro éscoutado,* nous partirons au premier intervalle de beau temps. *Dourmì à bèlos éscoutados,* dormir à bâtons rompus, d'un sommeil intermittent.

Éscoutaïre, **aïro**, *adj.* Curieux; qui écoute aux portes.

Éscoutéla, *v.* Égorger à coups de couteau; poignarder; éventrer.

S'éscoutéla, se battre à coups de couteau; jouer des couteaux.

Dér. de *Coutèl.*

Éscoutì, *v.* Amener à bien; élever, faire éclore heureusement. — On le dit des petits enfants, des poussins, des petits des animaux domestiques, des vers-à-soie à la couvée, qui exigent beaucoup de soins et de peines pour les préserver des maladies et des accidents fâcheux ordinaires à ce premier âge. On le dit aussi d'un malade qu'on amène à la santé.

Éscoutoùs, *s. m. plur.* ou mieux sorte d'adv. Écoutes, aux écoutes, en est la traduction. — *Ana d'éscoutoùs,* aller aux écoutes, écouter aux portes. *Que vaï pér éscoutoùs, escouto sas douloùs,* prvb. Qui se tient aux écoutes, entend souvent son fait; celui qui écoute aux portes entend souvent des choses fort déplaisantes pour lui.

Dér. de *Éscouta.*

Éscrafa, *v.* Effacer; biffer; raturer. — *Poudès bouta aquò dou libre das éscrafas,* dit-on en parlant d'une mauvaise dette : vous pouvez la considérer comme un compte biffé. Cette locution proverbiale se dit d'une manière plus générale pour toute sorte de choses qu'il est sage d'oublier; c -à-d. vous pouvez mettre cela au rang des péchés oubliés (en confession s'entend).

Formé de la partic. privative *És* et du gr. Γράφειν, écrire.

Éscrafaduro, *s. f.* Rature; effaçure.

Éscramacha, *v.* Écraser; écacher; écarbouiller.

Éscramachado, *s. f.* Abattis d'objets écarbouillés; action d'éraser.

Éscranqua, *v.* Éreinter; harasser; accabler de fatigue. — *Un éscranqua,* un estropié; qui a la hanche déboîtée. On le dit aussi des meubles qui sont désassemblés et qui jouent par vétusté dans leurs joints.

Formé de la part. privative *És* et de *Anquo,* hanche : le *C* qui précède *R* n'est là qu'explétif et par euphonie, la rencontre de *s* et de *r* étant peu facile à lier.

Éscrâouma, *v.* Échauder: jeter de l'eau bouillante dessus, comme l'on fait aux pourceaux égorgés pour les dépiler, et à la viande qu'on fait blanchir avant de la mettre dans le pot au feu.

Dér. de *Cráoumo.*

Éscrapouchina, *v.* C'est là le technique languedocien qu'on cite le plus volontiers par la difficulté d'en traduire toute la portée. C'est quelque chose de plus fort que *Éscramacha* et *Éspouchiga,* qui participe cependant à ces deux verbes et signifie : écraser, aplatir un corps juteux par un coup violent ou une forte pression. Il ne s'applique en général qu'à l'encontre d'un animal qu'on écrase, et dont le crapaud est le type; car il se joint à ce verbe une idée d'horreur et de dégoût, et d'une humeur sanguinolente qui s'échappe sous la pression. Nous pensons donc que la racine de notre mot est *Grapdou,* crapaud, et qu'il veut dire : Écraser comme un crapaud.

Éscrasa, *v.* Écraser; briser et aplatir au moyen d'un poids, d'un effort; harasser de fatigue; ruiner par des impôts ou autrement.

S'escrasa, s'ébouler, se démolir. — *Aquò m'éscraso,* cela me ruine, cela complète ma ruine.

Emp. au fr.

Éscrase, *s. m.* Grande quantité d'une chose; abondance extrême d'une récolte. — *Aquéste an y-doura dé poumos un éscrase,* comme si l'on disait : il y aura cette année des pommes à écraser l'arbre et ceux qui les emporteront.

Éscrébassa, assado, *adj.* Crevassé, entr'ouvert; fendillé. Au fig. personne qui marche les jambes écarquillées comme les oies et les herniaires.

Péjor. de *Créba.*

Éscrì, *part. pass.* de *Éscrioure* et *s. m.* Écrit; acte, mémoire; convention; imprimé quelconque et en général.

Dér. du lat. *Scriptus,* m. sign.

Éscrioure, *v.* Écrire; tracer des lettres; mander par lettre. — *L'éscrioure li lèvo pas lou légì,* prvb. La soif ne lui ôte pas la faim.

Dér. du lat. *Scribere,* m. sign.

Éscritèou, *s. m.* Écriteau; affiche; cartel; devise.

Éscritori, *s. m.* Écritoire: encrier; vase pour contenir l'encre.

Éscrituro, *s. f.* Écriture, caractères écrits. — *La Sénto-Éscrituro*, la Sainte-Écriture; les livres sacrés. Se dit aussi au plur. et absolument : *las Éscrituros*, les Saintes-Écritures. *A l'éscrituro*, il sait écrire. *Légis touto méno d'éscrituro dé man*, il sait lire toute espèce d'écriture, terme d'école, par opposition avec ce qui est imprimé, lithographié ou gravé.

Éscrivan, *s. m.* Écrivain public; clerc d'avoué, de notaire, etc.; auteur. — *És din lous éscrivans*, il est dans la classe des écoliers qui apprennent à écrire.

Éscrò ou **Éscrouquur**, *s. m.* Escroc; filou; homme de mauvaise foi. — *Voy. Éscrouqua*.

Éscroù, *s. m.* Écrou; pièce de fer ou de bois, taraudée en dedans, qui entre dans une vis et sert à la serrer ou à la fixer.

De l'allem. *Scranbe*, vis.

Éscroupiou, ou **Éscourpîou**, *s. m.* Dim. *Éscroupiouléj*; péj. *Éscrouptoulas*. Scorpion, *Scorpio* ou *Scorpius*, Linn., insecte aptère, de la fam. des Acères, habitant surtout les lieux humides. Sa description est inutile : sa figure se trouve dans tous les almanachs, en sa qualité de signe du zodiaque présidant au mois d'octobre. Quoi donc lui a valu tant d'honneur? car il n'a rien que de très-laid, aucune bonne qualité, et s'il est méchant il n'a pas assez de puissance pour faire le mal. On peut donc conseiller aux personnes qui en trouveraient dans leur lit, — et il est vrai qu'elles pourraient y trouver mieux, mais cela arrive, — de ne pas mourir de peur : elles ont longtemps à vivre, si elles ne doivent mourir que de la piqûre du scorpion. — *Sémblo un éscroupiou*, dit-on d'un homme contrefait, bancal ou bancroche.

Dér. du lat. *Scorpio*, m. sign.

Éscrouqua, *v.* Escroquer; filouter; obtenir par fraude plus que par adresse, mais par une manœuvre illicite et peu honnête.

Dér. de la bass. lat. *Excrustare*, m. sign., ou formé de la part. abstractive *És*. et de *Cro*, c.-à-d. tirer avec un croc.

Éscrouquur, quuso, *s.* et *adj.* Escroc; voleur, filou.— *Voy Éscrò*.

Éscrousta, *v.* Écrouter; enlever la croûte d'une gale, l'escarre d'une plaie, le vieux enduit d'un mur, un lit de pierre extérieur; écrouter la terre durcie ou gelée.

Dér. de *Crousto*.

Éscruncèl, *s. m.* Archet de berceau, cercle que l'on met sur le berceau d'un enfant pour soutenir les langes ou la couverture en guise de rideau lorsqu'il dort, et les empêcher de s'appliquer sur la figure. Se dit aussi de l'archet placé sur une jambe malade pour soutenir les couvertures.

Ce mot, qui a dû suivre de nombreuses transformations ou métathèses pour arriver à sa prononciation actuelle, paraît avoir pour racine le lat. *Arcella*, berceau, tonne, arceau de verdure; ainsi que le mot *Arèscle* qui a à peu près la même signification, mais plus généralisée.

Éscu, *s. m.* Dim. *Éscupé*, augm. *Éscupas*. Écu, ancienne pièce de monnaie d'argent. — Comme en français, cette désignation ne représente plus qu'une valeur nominale, empruntée à l'ancien système de numération, dont le type était la pièce de trois livres ou petit écu, quoiqu'on dise fort bien *un éscu dé cin frans*, pour désigner la pièce de cinq francs : la valeur qu'on énonce par le mot *éscu*, comme valeur abstraite, est de trois francs. Autrefois il y avait une foule d'objets dont le marché se traitait par écus, comme les mules, les porcs, etc. Aujourd'hui, il n'y a guère que les gages des domestiques qui ont conservé ce type; mais aussi pour les gens de nos pays ce mode de calcul est à peu près exclusif : *dès, vint, cént éscus*, expriment toujours trente, soixante, trois cents francs.

Dér. du lat. *Scutum*, bouclier, écu, venu du gr. Σκῦτος, cuir, peau, dont étaient faits les premiers boucliers. L'écu monnaie prenait ce nom de ce que l'écu de France y était gravé.

Éscu, Éscuro, *adj.* Obscur; noir; sombre.

Corrup. du lat. *Obscurus*, m. sign.

Éscudéla ou **Éscunla**, *v.* Dégoiser; divulguer; dévoiler par le menu, du fil à l'aiguille; déceler un complot; avouer tous les détails d'un secret; mettre au jour. — *Éscudéla*, dans le principe, a signifié verser d'une écuelle dans un autre vase, et par ext. verser le potage. De cette opération s'est formé le sens figuratif; parce qu'en dévoilant un secret, on verse, on fait paraître au grand jour ce qu'on avait dans l'âme, comme en versant le potage, on met à jour tout ce que renfermait le pot au feu. *Éscunla* n'est qu'une corruption ou une contraction de *Éscudéla*. La racine est donc *Éscudélo*.

Éscudélado, *s. f.* Écuellée, plein une écuelle; le contenu d'une écuelle.

Éscudélo, *s. f.* Dim. *Éscudèléto*. Écuelle; vase d'argent, d'étain, de bois, de terre, destiné à contenir du bouillon, du lait, du potage, etc., pour manger; assiette à soupe des paysans, qui a la forme d'une écuelle, sans oreilles. On l'appelle aussi *Assièto bécudo*, parce qu'elle a un petit bec comme les brocs, pour faire égoutter le potage sans le répandre. — *Plóou à bèlos éscudèlos*, il pleut comme si on versait de l'eau par écuellée; il pleut à seaux, appartient au même ordre d'idées.

Dér. du lat. *Scutella*, m. sign.

Éscudéloù, *s. m.* Dim. de *Éscudélo*. Vaisselle, petit vase en forme d'écuelle et percé de petits trous dans le fond, où l'on met égoutter le lait caillé et où il prend cette forme de fromage à la crème, qu'on appelle dans notre pays *Toumo*.

Éscuma, *v.* Écumer; ôter, enlever l'écume du pot au feu, d'un liquide qui bout. Au fig. enlever la fleur; écrémer; s'approprier ce qu'il y a de meilleur et de plus net;

ne laisser aux autres que de l'eau claire. — *Éscuma* est quelquefois verbe neutre : *l'aïgo, la sabounado éscumou;* mais ce n'est là qu'une phrase française dont on doit se préserver en pur languedocien, bien qu'elle soit usitée. La véritable expression technique dans ce cas, est *Éscuméja*.

Éscumadouïro, *s. f.* Écumoire, grande cuiller percillée de trous pour écumer le potage ou enlever la graisse d'un coulis.

Éscuméja, v. fréq. — *Voy. Éscuma*. Écumer; produire, jeter de l'écume, pris dans un sens neutre. Au fig. écumer de colère, rendre l'écume comme font les chevaux par les pores quand ils suent fortement, soit par la bouche quand ils sont fougueux et que le mors les fatigue; baver comme les chiens enragés ou les personnes épileptiques.

Dér. de *Éscumo*.

Éscumèl, *s. m.* Cluseau, champignon de l'espèce des Laminés, d'un blanc de lait, très-bon à manger. Il a au-dessous du chapiteau une sorte de mousse ou plutôt de peluche : il porte un anneau au collet au milieu de sa tige. Il a beaucoup de rapport avec l'oronge, *Dorgue, Boulé rouje*, pour la forme et le goût : il est même plus délicat et d'une conformation plus régulière, parce qu'il pousse sur des terrains plus meubles, où il ne trouve que peu d'obstacles à son développement. Il vient d'ordinaire dans les prés, les terrains d'alluvion récente et les bruyères, *broussos*, et surtout en automne.

Voici du reste la description donnée par les micologues, qu'il est bon de reproduire en cette matière délicate à tous les points de vue pour bien reconnaître ces champignons : *Éscumel,* agaric élevé, *Agaricus procerus, calubrinus*, Roques. Taille élancée, atteignant souvent 18 ou 20 centimètres, quelquefois jusqu'à 40. Son chapeau, d'abord de forme ovoïde, s'étale ensuite peu à peu en forme de parasol, mais il est toujours plus ou moins mamelonné au centre, d'un rouge panaché de brun, couvert d'écailles imbriquées, formées par l'épiderme qui se soulève : feuillets blanchâtres, libres, inégaux, très-retrécis à leur base, se terminant à une certaine distance du pédicule, lequel est panaché de blanc et de brun, cylindrique, fistuleux, muni au sommet d'un collier mobile et persistant : chair d'une odeur et d'une saveur agréables.

Son nom est dû sans doute à sa couleur qui le fait ressembler à un flocon d'écume.

Éscumo, *s. f.* Écume; bave; mousse blanche qui s'amasse sur un liquide en ébullition; bave mousseuse qui sort de la bouche des certains animaux irrités ou échauffés; sueur blanche qui s'amasse sur un cheval après une course pénible.

Dér. du lat. *Spuma*, m. sign.

Éscumoùs, ouso, *adj.* Écumeux; écumant; qui jette, qui rend, qui produit de l'écume.

Éscunla, v. — *Voy. Éscudéla*. De plus que *Éscudéla*, il signifie: accoucher; mettre bas. Au fig. accoucher d'une idée. En bas bret. *Éscullar*, verser.

Éscupagnas, *s. m.* Augm. de *Éscupagno*. Gros crachat.

Éscupagno ou **Éscupigno**, *s. f.* Salive; espèce d'écume qu'on aperçoit au printemps sur certaines herbes et qui provient, suivant quelques naturalistes, d'une multitude de petites bulles d'une liqueur visqueuse que rejetterait un insecte blotti dans la tige, et suivant d'autres, de l'exsudation de la plante elle-même ou de l'ébullition de la sève. — *Aquél oustdou és bastì én d'éscupagno*, cette maison est bâtie peu solidement, ses murs sont de boue et de crachat.

Éscupagnoùs, ouso, *adj*. Imprégné de salive; fait avec de la salive; qui salive beaucoup.

Éscupi, v. Cracher; rejeter la salive ou les crachats de la bouche; rejeter. — *Aquélo éstofo éscupis la plèjo*, cette étoffe est imperméable. *Éscupi d'émbas* ou *pér débas*, aller à la selle.

Dér. du lat. *Spuere*, supin *Sputum*, venant du gr. Πτύω, m. sign.

Éscupignéja, v. fréq. de *Éscupi*. Crachoter, cracher peu et souvent.

Éscura, v. Écurer; nettoyer la vaisselle de cuivre, ce qui se fait avec du sable et un torchon de laine, ou avec des tiges de prèle, *la Cassóoudo*. — En style peu révérencieux, *éscura soun pèïróou* signifie : aller à confesse : on le dit surtout de quelqu'un qui n'y est pas habitué et qui y va dans une grande occasion.

S'éscura, expectorer; purger la pituite.

Dér. du lat. *Curare*, soigner.

Éscuré, *s. m.* Épithème; sorte de topique, d'amulette, qu'on applique sur la poitrine des personnes malades, surtout des enfants, pour faire diversion à une affection et la déplacer. La composition de ces sortes d'emplâtres diffère suivant la nature de la maladie. Le plus souvent c'est un composé d'ail et de persil écrasés ensemble, contre les douleurs produites par les vers; quelquefois c'est simplement du suif étendu sur un papier gris contre les quintes de la coqueluche. Quoique ce soient là des topiques d'empirique ou de bonne femme, et que leur vertu repose sur un préjugé peu rationnel, il ne faut pas trop les confondre avec l'amulette des anciens et du moyen-âge, dont la vertu ne reposait que sur des croyances superstitieuses comme celle des talismans. L'*éscuré*, pour ne pas mériter trop de confiance, n'est qu'un topique naturel dans l'idée de ceux qui l'emploient et ne se rattache à aucune croyance surnaturelle. Il est aujourd'hui certains papiers, préparés à peu près de même, fort savamment recommandés dans des réclames de journaux, et dont l'efficacité est aussi souveraine, qui ont les mêmes principes et la même efficacité curative, et qui doivent peut-être à l'*Éscuré* le secret de leur vogue et de leur composition.

Dér. sans doute de *Éscura*, nettoyer.

Éscurési (S'), v. S'obscurcir; devenir obscur, sombre; se rembrunir, s'assombrir. — *Lou tén s'éscurésis*, le ciel s'obscurcit, il se couvre, il menace d'orage ou de pluie.

Dér. de *Éscu*, obscur.

Éscurésino, *s. f.* Obscurité; ténèbres.

Éscuréto, *s. f.* — *Voy. Cassóoudo*. Prêle, plante.

Ce nom lui vient de l'usage qu'on en fait pour écurer la vaisselle.

Éscusa, *v.* Excuser; pardonner. — *Éscusas!* Pardon! terme dont on se sert comme de son correspondant français pour tout dérangement qu'on occasionne à une personne qui a droit à nos égards. *Maï qué m'éscusés*, veuillez m'excuser : formule de politesse dont on accompagne une négation, une contradiction, une opinion contraire.

Dér. du lat. *Excusare*, m. sign.

Éscuso, *s. f.* Excuse; pardon; raison ou prétexte que l'on donne pour se disculper. — *A toujour qudouquo éscuso*, il a toujours quelque justification, quelque subterfuge pour colorer ses fautes. *Démanda éscuso*, demander pardon, faire des excuses : ce qui n'est souvent qu'une formule de civilité.

Ésfata, *v.* Défricher; effondrer un terrain; mettre une lande, une friche, une vaine pâture en état d'être cultivées. *Ésfata*, n'est que l'extension d'un vieux mot hors usage, qui signifiait dépecer, déchirer du vieux linge.

Dér. de *Fato*.

Ésfatriméla, *v.* Déchirer une étoffe en lambeaux; dépecer en loques.

S'ésfatriméla, tomber en loques, s'émietter en bribes, en morceaux.

Dér. de *Fatrimèl*.

Ésfor, *s. m.* Tour de reins; courbature; maladie ou lésion qui résulte d'un effort. — Le peuple est fort porté à attribuer la plupart des maladies internes à quelque rupture intérieure, à quelque anévrisme contracté par un travail trop forcé ou à un effort subit dû à l'emploi instantané de toutes ses forces. Quand on a dit *un fré* et *un ésfor*, on parcouru à peu près toute l'échelle pathologique des paysans : il faut pourtant y ajouter *la binlo*, qui complète la trilogie.

Dér. de *És* et de *For*, de *Forço*.

Ésforces, *s. m. plur.* Forces, grands ciseaux à ressort pour tondre les brebis et les draps.

Dér. du lat. *Forceps*, m. sign.

Ésfougassa, *v.* Aplatir; écraser. — *Nas ésfougassa*, nez épaté. — Voy. *Éscougassa*.

Dér. de *Fougasso*, c.-à-d. aplatir comme un gâteau ou fougasse.

Ésfouia ou **Fouia**, *v.* Écraser à demi du fruit. Ce n'est pas le presser au point de lui faire rendre son jus; mais lui faire perdre sa fleur, le meurtrir légèrement par la pression ou le cahotement, de manière à le polluer, à le rendre gluant, poisseux par le peu de jus qui s'en échappe.

Dér. de la bass. lat. *Fullare*, fouler, qui vient du lat. classique *Fullo*, foulon.

Ésfouïra (S'), *v.* Proprement, foirer; avoir le dévoiement. — Se dit principalement des animaux domestiques qui ont le dévoiement, soit par maladie, soit pour avoir brouté de l'herbe fraiche et trop aqueuse. Par ext. s'effondrer, se relâcher.

Dér. de *Fouïro*.

Ésfoulissa (S'), *v.* S'ébouriffer; se hérisser. — Au fig.

se courroucer; se gendarmer; se mettre en colère; monter sur ses grands chevaux. — *És tout ésfoulissa*, il est tout ébouriffé, il a les cheveux en désordre. *Pér pas rés s'ésfoulisso*, il prend feu pour un rien.

Ce mot à coup sûr prend sa racine dans *Fol* : les fous en général ont les cheveux hérissés et en désordre.

Ésfraï, *s. m.* Effroi; terreur; épouvante; peur; saisissement produit par une frayeur subite. — *Dé l'ésfraï né boumbigué*, de l'effroi il en mourut. *Porto-ésfraï*, effrayant ou même seulement porte-respect.

Dér. du lat. *Fragor*, terreur; grand bruit qui effraie.

Ésfraïa, *v.* Effrayer; inspirer de la crainte, de la frayeur, de la terreur.

S'ésfraïa, s'effrayer; s'épouvanter; éprouver de la frayeur.

Ésfraïaïre, aïro, *adj* Porteur de mauvaises nouvelles; qui peint tout en noir; médecin tant-pis.

Ésfringoula, *v.* Déchirer en loques, par bandes; faire un accroc, une estafilade

Dér. de *Fringo*.

Ésfringoulado ou **Ésfringouladuro**, *s. f.* Déchirure en long; estafilade dans le sens du droit fil. Par ext. tout accroc d'une longue dimension.

Ésgalina (S') ou **Ésgalissa (S')**, *v.* Se mettre en colère, se gendarmer, répondre ou riposter vertement à une insulte ou à une moquerie; se hérisser comme une poule qui défend ses poussins.

Dér. de *Galino*.

Ésgalissa (S'), *v.* — Voy. *S'ésgalina*. Cette fois c'est le coq qui sert de type de comparaison, lorsqu'il hérisse ses plumes pour le combat.

Dér. de *Gal*.

Ésgargaméla (S'), *v.* S'égosiller; crier à perdre la voix, à se luxer le larynx.

Dér. de *Gargamèlo*.

Ésglaja, *v.* Effrayer par ses cris; alarmer le public par ses cris, ses pleurs, ses lamentations.

Dér. du vieux mot *Ésglaï* ou *Ésglari*, frayeur, trouble, épouvante, peur; alarme; désastre; accident fâcheux.

En esp. *Aglaya*, m. sign.

Ésglàousa, *v.* Fendre une branche dans sa racine, dans sa soudure avec le tronc; ce qui arrive aux arbres fruitiers par l'affaissement causé par le poids du fruit, et aux mûriers par le poids des ramasseurs de feuille.

Dér. du lat. *Clavula*, scion, surgeon, greffe.

Ésglàousaduro, *s. f.* Fente; blessure d'un arbre causée par l'acte de l'article ci-dessus.

Ésgousia (S'), *v.* S'égosiller; crier à tue-tête; s'époumonner.

Empr. au fr. Ce mot qui a la m. sign. que *Ésgargaméla* est plus usité dans le langage ordinaire : le dernier appartient au style pittoresque et poétique.

Ésgouta, *v.* Faire égoutter; faire tomber goutte à goutte le liquide qui reste au fond d'un vase.

Dér. de *Gouto*.

Ésgrâouséla, *v.* Déchausser un pied d'arbre, pour y placer du fumier; faire la même opération aux ceps de vigne, non pour les fumer, mais pour attirer dans cette fosse les eaux de pluie et les infiltrations d'un terrain supérieur, ce qui les préserve de la sécheresse. — Cette œuvre, qui se fait en mars, est détruite par le binage de l'été qui nivelle le terrain et comble ce petit fossé.

Ce mot parait une corruption de *Désedousséla*, qui n'existe plus, du moins dans notre dialecte, et qui dérivait de *Cáoussa*.

Ésmoulina, *v.* Faire ébouler peu à peu la terre d'une berge, d'une tranchée, comme fait une rivière enflée sur ses bords qui sont élevés.

Dér. de *Moulina*, moudre.

Éspadéla (S'), *v.* S'étendre en s'applatissant, comme il arrive au pain en pâte lorsque la pâte est trop liquide. Par ext. tomber à plat ventre, s'étendre tout de son long. — On le dit aussi d'une chaussure qui s'élargit par l'humidité, d'un chapeau que la pluie a déformé.

Dér. de *Padèlo*, par imitation de ce que fait la pâte d'une friture dans la poêle à frire.

Éspadouna, *v.* Espadonner; jouer de l'espadon; faire le moulinet avec un sabre. Au fig. s'escrimer; faire blanc de l'épée; férailler.

Éspagno, *s. f.* n. pr. Espagne, royaume d'Europe, borné au Nord par les Pyrénées; à l'Ouest par l'Océan et le Portugal; au Sud et à l'Est par la Méditerranée.

Dér. du lat. *Hispania*.

Éspagnóou, olo, *adj.* Espagnol, qui est d'Espagne.

Éspagnóous, *s. m. plur.* Gendarmes, bluettes, étincelles qui s'élancent hors du feu en se divisant plusieurs fois et s'éparpillant en différents sens, avec des éclats plus ou moins pétillants.

Ce mot a été créé sans doute du temps où les Espagnols faisant la guerre dans nos contrées, on a comparé à leur mousqueterie ces bluettes qu'on nomme en fr. gendarmes.

Éspagnouléto, *s. f.* Espagnolette, tige de fer, longue et crochue à chaque extrémité, servant à la fermeture des fenêtres.

Emp. au fr. qu'il traduit littéralement, et. dont le nom vient de ce qu'on croit que l'usage de l'espagnolette a été importé d'Espagne.

Éspaïè, *s. m.* Espalier, suite d'arbres fruitiers étalés le long d'un mur en forme d'éventail.

Dér. de *Pal, pdou*, pieu.

Éspaïma, *v.* Effrayer; épouvanter; produire un serrement de cœur par l'effroi; faire tomber en pamoison. — *Un éspaïma*, un ahuri qui s'effraie de tout; qui s'émeut du moindre danger.

Dér. du gr. Σπάσμα, spasme, agitation, convulsion.

Éspaïme, *s.* Spasme; pamoison causée par la frayeur; effroi; terreur; épouvante subite.

Éspalanqua, *v.* Éreinter; briser; déboîter, disloquer les épaules et les hanches. — *Marcho tout éspalanqua*, il marche tout de travers comme un éreinté.

Ce mot parait dérivé à la fois de *Éspanlo*, épaule, et *Anquo*, hanche.

Éspampana, *v.* — Voy. *Déspampana*.

Éspandi, *v.* Étaler; étendre; épanouir. — *S'éspandi dou sdou*, tomber, s'étendre tout de son long. En parlant des fleurs, *s'éspandi*, s'ouvrir, s'épanouir.

Dér. du lat. *Expandere*, m. sign.

Éspangassa, *s. m.* Brome stérile, *Gramen arenarum; Panicula sparsa*, Linn. Plante de la fam. des Graminées, commune le long des chemins et dans les champs.

Éspanla, *v.* Casser, démettre, disloquer l'épaule; rouer de coups. — *Un éspanla*, un pauvre hère, obéré, insolvable : ce que les Italiens appellent *Spiantato*.

Dér. de *Éspanlo*.

Éspanléto, *s. f.* Dim. de *Éspanlo*. Éclanche de mouton ou d'agneau. — C'est là la pièce de gala pour les paysans, ou plutôt c'était, car ils commencent à se faire très-bien à la gigue et aux côtelettes. Sa popularité tenait sans doute à l'infériorité du prix, car dans les boucheries de campagne il y a une différence du quart ou du cinquième entre les pièces du devant et celles de derrière.

Éspanlo, *s. f.* Épaule, partie supérieure et latérale du dos. — *Cléna las éspanlos*, courber les épaules. *Léva las éspanlos*, lever les épaules de dédain.

Dér. du lat. *Spatulœ*, omoplate.

Éspanlu, udo, *adj.* Large d'épaules; qui a les épaules carrées et saillantes.

Éspâouri, Éspâouruga ou **Éspavourdi**, *v.* Effrayer; épouvanter; faire peur d'un châtiment si l'on retombe dans la même faute. — *Un éspâouri*, un poltron, un effrayé, un ahuri, un trembleur surtout en politique.

Éspdouruga et *Espavourdi*, tous synonymes, appartiennent au style pittoresque.

Dér. de *Póou*, peur.

Éspâousa, *v.* Exposer, faire courir un danger. — *Régardo un pâou éndéqué m'éspdouses*, considère à quel péril, à quel malheur tu m'exposes.

S'éspdousa, s'exposer à un danger; oser.— *Sé t'éspdouses à mé métre las mans déssus*, si tu as la hardiesse de me toucher, de jouer des mains contre moi.

Empr. au fr.

Éspâoutira, *v.* Tirailler; tirer dans tous les sens.

Formé de *Tira* et de *Pèl*.

Éspar, *s. m.* Sorte de raisin noir, hâtif, à grains petits, ronds et serrés, qui donne une des meilleures qualités de vin, très-coloré et fort spiritueux.

Ésparcé, *s. m.* Esparcette, sainfoin, *Hedisarum onobrychis*, Linn. Plante de la fam. des Légumineuses; un des meilleurs fourrages artificiels connus.

Cette fois, c'est bien évidemment le languedocien qui a prêté ce mot au français. L'Académie l'emploie sans trop connaître la nature de ce fourrage; tantôt elle le considère comme un sainfoin particulier au Dauphiné, tantôt comme un fourrage méteil d'orge et d'avoine. L'esparcet du Dauphiné, tout comme le nôtre, sont certainement la même plante que le sainfoin de Paris.

Dér. du lat. *Sparsus*, part. pass. de *Spargere*, répandre, éparpiller.

Éspardïos, *s. f. plur.* Espadrille; espèce de sandale, chaussure dont la semelle est en corde tressée, en usage chez les Espagnols et les Basques.

Dér. du lat. *Sparta*, de spart: en gr. Σπάρτος, sorte de chiendent ou plutôt de genêt aquatique dont on faisait autrefois des cordages et dont on fabrique encore les cordes à puits qu'on nomme *Trïdou*, et tous les ouvrages de sparterie.

Éspargna ou **Éspragna**, *v.* Épargner; économiser; ménager son bien; ménager quelqu'un, le traiter doucement. — *T'éspargnaraï pas*, je ne te ménagerai pas. *Éspargné bièn quicon*, il se forma un bon petit pécule à force d'économie. *Éspargna soun féoure*, épargner ses habits, en avoir grand soin, les faire durer.

Dér. de la bass. lat. *Exparcinare*, formé du lat. classique *Parcere*, m. sign.

Éspargnan, gnanto, *adj.* Économe; avare; qui s'applique à faire des épargnes dans sa dépense, dans son ménage.

Éspargne, *s. m.* Binet; gâte-tout; sorte de bougeoir dont la bobèche est armée de trois pointes de fer où l'on pique des bouts de chandelle pour les user jusqu'au bout; sorte de bidon en fer-blanc où l'on ramasse les reliquats d'huile de friture pour s'en servir à la lampe.

En général, signifie: économie; épargne dans le ménage, dans la dépense. — *Lou pan càou és pas d'éspargne*, le pain chaud n'est pas économique. C'est dans le même sens qu'a été fait le proverbe qui résume ces principes d'économie domestique: *Pan frés, prou fiòs et bos vèr, boutou l'oustdou en désèr*.

Éspargue, *s. m.* Asperge, *Asparagus officinalis*, Linn. Plante de la fam. des Asparagées, cultivée dans les jardins potagers; aliment sain et agréable. — *Éspargue-sdouvaje*, asperge sauvage, *Asparagus acutifolius*, Linn., du même genre que l'asperge ordinaire, qui croît naturellement.

Le mot lang. qui vient du lat. *Asparagus*, m. sign., a, disent les étymologistes, son origine dans le gr. Ἀσπερμος, formé de ά privatif et de σπέρμα, semence, parce que, selon Athénée, les plus belles asperges ne sont pas celles qui viennent de graine.

Ésparnal, *s. m.* Épouvantail; homme de paille qu'on place dans les chenevières et les semis de plantes potagères pour éloigner les oiseaux. Au fig. personne déguenillée et de mauvaise mine, comme les vagabonds et gens sans aveu qui entraînent à la fois une idée de misère pour eux et de terreur pour les autres.

Ce mot semble une contraction de *Éspdournal* ou *Éspavournal*, qui n'ont jamais sans doute existé, et il dériverait alors du lat. *Pavor*, frayeur.

Ésparo, *s. f.* Un des deux madriers qui soutiennent en long le plancher d'une charrette et qui ne font qu'une pièce avec les bras. La partie qui forme les bras est cylindrique, celle qu'on nomme *Ésparo* est carrée. Les échelons transversaux qui lient ces deux madriers se nomment *Ésparoùs*, et l'ensemble total des deux *Ésparos*, des bras et des échelons, se nomme *Escalo*. Ce sont là les appellations techniques; mais dans l'usage vulgaire on appelle *Brasses* les bras dans toute leur longueur jusques et y compris le talon, et *Ésparos* les échelons. C'est à l'*Ésparo* de devant et de derrière que l'on passe les cordes pour fixer et garrotter le chargement: c'est à l'*Ésparo* de devant qu'est fixée la chambrière ou *Cacho-foué*.

Ésparpaïa, *v.* Éparpiller; étaler; épandre; disperser.

S'ésparpaïa, s'écarquiller; se mettre à l'aise; s'étendre en tenant autant de place que possible. Au fig. faire le gros dos. — *Ésparpaïa sas alos*, étendre les ailes, les ouvrir.

En ital. *Sparpagliare*, augm. du lat. *Spargere*, semer, répandre.

Ésparsoù, *s. m.* Goupillon; aspersoir d'église.

Dér. du lat. *Aspersum*, supin de *Aspergere*, asperger.

Éspasiè, *s. m.* Porte-épée; officier militaire; bretteur; fourbisseur; fabriquant d'épées; hurluberlu: dans ce dernier sens il a un féminin: *Éspasièro*.

Éspaso, *s. f.* Dim. *Éspaséto*. Épée, arme offensive. — *Nosto-Damo dé las éspasos*, Notre-Dame-des-Sept-Douleurs.

En gr. Σπάθη, spatule, épée, glaive court et large du bout.

Éspavourdï, *v.* — *Voy. Éspdourï*.

Dér. du lat. *Pavor*, effroi.

Éspé, *s. m.* Étincelle qui s'élance avec explosion, ou plutôt explosion du gaz interne renfermé dans le bois et que le feu dégage tout d'un coup en lançant des éclats de braise enflammée; pétard; éclat, tout ce qui fait du bruit en éclatant. — *Voy. Éspéta*.

Éspéça, *v.* Dépecer; rompre; briser; mettre en pièces; débiter du bois; fendre; couper.

Dér. de *Péço*.

Éspécéja, *v.* fréq. de *Éspéça*. Dépecer menu; détailler du bois.

Éspéïa, *v.* Écorcher; ôter la peau; déchirer; mettre en pièces. — *És éspéïa*, il est déguenillé, vêtu de haillons.

Dér. dans les premières acceptions de *Pèl*, peau, et dans la dernière de *Péïo*, haillons, qui du reste provient de la même racine.

Éspéïandra, drado, *adj.* Augm. de *Éspéïa*. Déguenillé; dépenaillé, déchiqueté; déchiré en pièces, en loques.

Éspèïo-dindo, *s. m.* Déguenillé; gueux en haillons; dépenaillé.

Éspéïriga, *v.* Épierrer un champ; enlever les pierres d'une terre.

Dér. de *Pèïro*.

Éspèïto, *s. f.* Trotte, traite, course, espace de chemin; temps de marche sans se reposer. — *Tout d'uno éspèïto*, d'une seule traite. *Y-a uno bono èspéllo*, il y a un long trajet, un bon temps de marche.

Dér. du lat. *Expeditio*, marche, campagne.

Éspéla, *v.* Peler; écorcher; enlever la peau; entamer la peau. *S'éspéla*, s'écorcher; se faire une large écorchure. — *Lou mdou m'a tout éspéla*, la maladie m'a fait changer de peau.

Dér. de *Pèl*.

Éspéli, *v.* Éclore et faire éclore, également en parlant des fleurs qui entr'ouvrent leurs boutons et des animaux qui naissent d'un œuf ou d'une graine, comme les oiseaux, les vers-a-soie, etc. *Éspéli* est génériquement verbe neutre, on dit : *uno roso éspelis, un idou éspélis, lous magnas éspélissou ; faïre éspéli d'idous, uno clouchado* ; mais on dit aussi activement : *éspéli dé magnas* ; cette exception est exclusive aux vers-à-soie; c'est une sorte de licence, de solécisme consacré par l'usage.

Sauvages fait dériver ce mot du lat. *Expellere*, pousser dehors; peut-être est-il aussi rationnel de le faire dériver de *Pèl* et de la part. *Es*, c.-à-d. sortir de sa peau.

Éspélido, *s. f.* Éclosion; action d'éclore. — Ce mot est employé principalement comme terme de magnanerie. *Aquéles magnas an prés mdou à l'éspélido*, ces vers-à-soie ont pris leur mal à l'éclosion, soit par une trop forte chaleur, soit par une intermittence de chaud et de froid. *Mous magnas an fa trés éspélidos*, mes vers sont éclos à trois reprises différentes. On dit au fig. : *A prés aquo à l'éspélido*, ou bien *ou a manqua à l'éspélido*, c'est un défaut qu'il a contracté au berceau, ou bien c'est une qualité, une science qu'il a manqué d'apporter en naissant.

Éspélidouïro, *s. f.* Cabinet, petit appartement où l'on fait éclore les vers-à-soie, soit au feu, soit à la vapeur, et où on les soigne dans les premiers âges.

Éspéloufi, ido, *adj.* — *Voy. Éspialoufi*.

Éspéoutièïro, *s. f.* Champ semé d'épautre; par ext. terrain maigre, sec et propre seulement à l'épautre.

Éspéouto, *s. f.* Épautre, *Triticum spelta*, Linn., grande épautre; ou petite épautre, *Triticum monococum*, Linn., plantes de la fam. des Légumineuses, ne différant guère que par la grandeur. C'est une espèce de froment monocoque, uniloculaire, à épi barbu, dont le grain à demi adhérent à sa balle ne s'en détache qu'en le mondant au moulin à monder *(V. Gruda)*. Ainsi mondé, ce blé est délicat et sert à faire un excellent potage. C'est une des semences qu'on nomme blé de mars.

Dér. du lat. *Spelta*, m. sign.

Éspèr, *s. m.* Expert-géomètre, celui qu'on nomme pour faire une prisée, un rapport, une vérification.

Dér. du lat. *Expertus*, part. pass. de *Expertiri*, expérimenter.

Éspéra, *v.* Attendre; patienter. — *Éspéra-mé*, attendez-moi. *M'éspérarés bé jusqu'à la fin ddou més*, vous voudrez bien m'attendre pour ce paiement jusqu'à fin courant. *Qu'éspéro languis*, prvb., à celui qui attend le temps est bien long. *Éspèro, éspèro!* Attends! attends-moi! que je te châtie suivant tes mérites.

Dér. du lat. *Sperare*, espérer.

Éspéranço, *s. f.* Espérance, longue attente.

Éspérlounga, *v.* Prolonger; prolonger le terme d'un paiement par l'effet de la volonté du créancier ; le différer, le renvoyer d'un jour à l'autre de la part du débiteur. — *Un éspérlounga*, une longue échine, un homme long et maigre.

Dér. du lat. *Perlongus*, très-long.

Éspéro, *s. f.* Aguets; guet; affût. — *Ana à l'éspéro*, chasser à l'affût. *Vaï à l'éspéro dé las manèflos*, il est à l'affût de tous les cancans. *Lou ca és à l'éspéro*, le chat est aux aguets, il fait le guet ; il guette les souris.

Éspéroù, *s. m.* Dim. *Éspérouné*. Éperon; ergot d'un coq. Se dit aussi d'un petit ouvrage, épi de pieux, au devant et en éperon d'un ouvrage plus fort, dit *Pagné*, contre les invasions des rivières sur les bords plantés d'oseraie.

En ital. *Sprone*; en allem. *Sporn*, m. sign.

Éspérouna, *v.* Chausser des éperons; donner de l'éperon ; éperonner.

Éspérta, *v.* Faire une expertise; faire une estimation, une prisée comme expert.

Éspés, éspésso, *adj.* Dim. *Éspéssé* ; péj. *Éspéssas*. Épais; dense; dru; consistant. Au fig. lourd, épais; grossier ; sans tournure et sans vivacité d'esprit. — *Aï sémena trop éspés*, j'ai semé mon blé trop dru. *Qué sémeno trop éspés, curo soun gragné dos fés*, prvb. Qui sème trop épais vide deux fois son grenier, ou s'expose à le laisser vide deux fois, d'abord pour sa semence, puis par le défaut de récolte qui, trop serrée, s'étouffe et donne moins. *Éspés coumo lous péous dé la tésto*, épais comme les cheveux.

Dér. du lat. *Spissus*, m. sign.

Éspési, *v.* Démêler; débrouiller; charpir; prendre aux cheveux; éplucher; regarder de près; examiner avec soin pour trouver le moindre défaut. — *Éspési lous péous*, démêler les cheveux. *Éspési dé fousés*, charpir, carder avec les doigts des cocons de graine, afin de les rendre propres à être filés à la quenouille. *Éspési uno afaïre*, débrouiller une affaire litigieuse, la tirer au clair. *Avés pas bésoun d'ou tant éspési*, vous n'avez pas besoin d'y regarder de si près, d'éplucher avec tant de minutie.

S'éspési, se prendre aux cheveux, se donner une peignée. — *S'éspésiguèrou coumo sé déou*, ils se prirent aux cheveux comme il faut.

Dér. de *Éspés*, c.-à-d. détailler quelque chose d'épais, de confus, le désépaissir. D'après cette acception originelle, on devrait dire *Éséspési* ou *Déséspési*, mais l'usage a préféré la contraction.

Éspésido, *s. f.* Raclée; volée de coups.

Éspésouïa (S'), *v.* S'épouiller; chercher ses poux, les enlever; s'en délivrer.

Dér. de *Pésoul*.

Éspéssési, *v.* Épaissir; rendre plus épais, plus gras; condenser.

Dér. de *Éspés.*

Éspéssoù, *s. f.* Épaisseur; profondeur d'un corps solide; qualité de ce qui est épais.

Éspéssu, *s. m.* Dim. *Éspéssugué.* — *Voy. Péssu.* Pinçon, meurtrissure sur la peau qui a été pincée.

Éspéssugna ou **Péssuga,** *v.* Pincer, serrer entre le pouce et l'index; rogner du pain, du fromage, ou un mets quelconque en le pinçant avec les doigts. — *Éspéssugno toutes sous vésis,* il empiète journellement et peu à peu sur les propriétés de ses voisins. —*Voy. Péssuga.*

Éspéssugnaïre, aïro, *adj.* Qui aime à pincer : espèce de niche galante fort en usage chez les beaux fils de la campagne.

Éspéta ou **S'éspéta,** *v.* Éclater; crever. Au fig. crever d'embonpoint. — *Faï éspéta dáou rire,* il fait mourir de rire.

Dér. de *Péta.*

Éspétacle, *s. m.* Esclandre; extravagance; grande démonstration de douleur. — *Fagué d'éspétacles,* il fit toutes sortes d'extravagances dans son chagrin. *Aquò's uno càouso d'éspétacle,* c'est une chose épouvantable, inouïe.

Corrup. du fr. pour le sens.

Éspétacloùs, ouso, *adj.* Prodigieux; énorme; monstrueux; extraordinaire.

Éspéti, *v.* Crever; se crevasser; s'entr'ouvrir; germer. — *Lou bla és éspéti,* le grain est crevé pour germer. *Faïre éspéti dé bla-maré,* faire faire explosion à des grains de maïs en les approchant du feu, où ils se gonflent d'abord et éclatent ensuite avec bruit en épanouissant leur pulpe intérieure qui prend mille formes, quelquefois en décuplant son volume primitif. C'est une sorte de dragée que les enfants mangent avec plaisir, surtout à cause de la peine qu'ils ont prise et du succès qu'ils obtiennent quand un de ces grains acquiert un beau développement.

Dér. de *Pé* ou de *Éspé.*

Éspétiduro, *s. f.* Gerçure; crevasse; entamure; éclats des grains de maïs dans le jeu dépeint au précédent article.

Éspi, *s. m.,* ou **Badaïo** *(V.* c. m.*).* Brins ou paille de lavande. — Les gens aisés dans le peuple se servent de cette paille quand elle est sèche pour faire chauffer, en hiver, leur linge à sa flamme odorante.

Oli d'éspi, huile de lavande et esprit de térébenthine. On appelle ce dernier *Oli d'éspi* par ignorance de son origine et à cause de son odeur fort aromatique. Il est fort en usage dans la campagne pour délivrer le bétail de la vermine. *Brulo coumo d'éspi,* il brûle comme des allumettes, de la paille.

Dér. du lat. *Spica,* épi, parce que les tiges fort nombreuses et hautes forment des épis.

Éspialoufi, ido, ou **Éspéloufi, ido,** *adj.* Ébouriffé; hérissé; mal peigné; échevelé.

La racine de ce mot est *Pèou,* que dans quelques localités on dit *Pidou.*

Éspiècle, *adj.* des deux genres. Dim. *Éspièclou.* Espiègle: lutin; éveillé; rusé; malin.

Ce mot, comme son correspondant fr. dérive de l'allem. *Ulespiegel,* n. pr. d'un personnage saxon, célèbre dans le quinzième siècle par ses tours de malice, comme Polichinelle, et dont la vie a été traduite dans la bibliothèque bleue. Ce nom est formé de l'allem. *Eule,* chouette, et *Spiegel,* miroir : miroir de chouette.

Éspiga, *v.* Épier, monter en épi. — Se dit des blés lorsque l'épi commence à sortir du fourreau — *Éspigo bé, jamaï noun grano,* dit-on proverbialement d'une personne qui promet beaucoup et ne tient pas, qui a beaucoup de clinquant et point de fond.

Dér. du lat. *Spicare,* m. sign.

Éspigal, *s. m.* Épis encore pleins qui n'ont pu se dépouiller au foulage et qui se retrouvent quand on nettoie le blé. On les bat de nouveau au fléau pour en tirer le grain.

Éspigna (S'), *v.* Se piquer à une épine; s'enfoncer une épine dans la chair. — On dit ironiquement à une petite maîtresse ou à un fainéant qui semble prendre tout du bout des doigts et avec dégoût : *Prénès gardo dé vous éspigna,* prenez garde, cela vous gâtera la taille.

Éspignas, *s. m.* Augm. de *Éspigno.* Buisson d'épines; tas de ronces et d'arbustes épineux, qu'on met pour défendre l'entrée d'un enclos ou la brèche d'un mur.

Éspignéto, *s. f.* Dim. de *Éspigno.* Au fig. épine, pie-grièche, esprit mordant et satirique. — Il se dit d'un homme comme d'une femme.

Éspigno, *s. f.* Épine; toute espèce de piquants produits par un végétal, même arête de poisson, c.-à-d. ces aiguilles transversales qui sont en tous sens dans la chair des poissons d'eau douce et particulièrement de l'alose. Au fig. buisson épineux, esprit méchant, piquant. — *És uno fiéro éspigno,* c'est un homme terriblement contrariant et difficile à aborder; un vrai fagot d'épines.

Dér. du lat. *Spina,* m. sign.

Éspignoùs, gnouso, *adj.* Dim. *Éspignouse.* Épineux, hérissé d'épines. Au fig. acariâtre, hargneux, d'un caractère difficile; hérissé de difficultés, en parlant d'une affaire.

Éspigo, *s. f.* Épi, tête de tuyau de blé, etc., qui renferme le grain; épi de poil ou de cheveux, c.-à-d. touffe dont la direction est inverse aux autres : c'est une preuve de santé et de race pour les chevaux, lorsqu'ils les ont aux flancs ou au poitrail.

Dér. du lat. *Spica,* m. sign.

Éspinar, *s. m.* Épinard, *Spinacia oleracea,* Linn. Plante de la fam. des Chénopodées, cultivée dans les jardins, estimée en cuisine. — *Éspinar sáouringua. (Voy.* ce dernier mot).

Son nom lui vient de ce que la cosse qui renferme la semence est ferme, anguleuse et piquante ou épineuse.

Éspincha, *v.* Regarder du coin de l'œil; épier; guigner;

lorgner ; regarder en dessous ; regarder à travers un trou, une fente ; génériquement, fixer son regard ; regarder avec attention et fixité ; faire les doux yeux ; techniquement, regarder comme fait un espion, un curieux.

S'éspincha, se parler des yeux, correspondre du regard ; s'entre-regarder.

Dér. du lat. *Aspicere*, regarder devant soi, apercevoir.

Éspinchaïre, aïro, *adj.* Curieux ; qui aime à voir ce qui se passe chez le voisin ; qui fait les doux yeux.

Éspinga (S'), *v* Se piquer avec une épingle.

Éspingnéja, *v.* fréq. Causer des fourmillements ; faire éprouver des piqûres dans les chairs, des élancements, des douleurs aiguës comme des piqûres d'épingle. — *Moun dé m'éspinguéjo*, j'éprouve des élancements dans le doigt.

Éspinguéto, *s. f.* Camion, épingle de coiffure.

Éspingo, *s. f.* Dim. *Éspinguéto;* augm. *Éspingasso.* Épingle, petite tige en fer ou laiton, munie d'une tête et d'une pointe, servant à attacher et à fixer. — *Né dounariéï pas la tèsto d'uno éspingo*, je n'en donnerais pas une tête d'épingle. *Jouga à las éspingos*, jouer avec des épingles pour enjeu. Longtemps l'épingle a été une monnaie pour les enfants non-seulement dans leurs jeux, mais dans leurs marchés et transactions. Elles sont démonétisées aujourd'hui, ainsi que les coups de poing, qui étaient aussi une valeur pour les plus jeunes écoliers.

Dér. du lat. *Spinacula*, m. sign., qui est le dim. de *Spina*, épine.

Éspioun, *s. m.* Espion ; mouchard ; rapporteur.

Éspiouna, *v.* Espionner ; épier ; observer ; servir d'espion.

Dér. du lat. *Inspicere*, regarder, inspecter.

Éspiounaje, *s. m.* Espionnage, action d'espionner.

Éspira, *v.* Suinter ; transsuder ; prendre de l'air par quelque fissure imperceptible, comme fait un tonneau qui perd.

Dér. du lat. *Spirare*, respirer.

Éspiroù, *s. m.* Dim. *Éspirouné.* Évent d'une futaille, petit trou percé dans le haut du fond extérieur pour donner de l'air au liquide qui sans cela, lorsque la pièce est pleine, ne viendrait que difficilement par la canelle. On bouche l'*éspiroù* avec le *dousil*.

Ésplanado, *s. f.* Esplanade, grande place ; terrain aplani et nivelé.

Dér. du lat. *Planus*. La désinence du mot fr. paraît annoncer qu'il a été emprunté aux contrées méridionales.

Éspliqua, *v.* Expliquer ; interpréter ; développer ; articuler ; faire comprendre.

Éspliquaciou, *s. f.* Explication ; démêlé qu'on explique. — *Avédre d'éspliquactous émbé quaouquus*, avoir des explications, expliquer un malentendu ; par ext. avoir un différend.

Dér. du lat. *Explicatio, explicare*, m. sign.

Ésploumassa, *v.* Arracher les plûmes ; plumer. Au fig. maltraiter ; donner une volée.

S'ésploumassa, se déplumer pendant la mue, en parlant des oiseaux ; se prendre aux cheveux ; se battre.

Dér. de *Ploumo*.

Éspouchiga, *v.* Ecarbouiller ; écraser ; écacher quelque chose qui a du jus. — *S'éspouchiga dáou rire*, se pâmer de rire.

Ce mot, comme le fr. *Pocher*, pourrait bien venir du lat. *Pungere*.

Éspoudassa, *v.* Péjor. de *Pouda*. Tailler grossièrement et à grands coups de serpe, comme le fait un mauvais ouvrier et un vigneron apprenti. — *Aquél doubre és éspoudassa*, cet arbre semble taillé à coups de hache.

Éspoudra, *v.* Saupoudrer et épouldrer ; répandre, secouer la poussière. — Ce verbe rend à peu près la double action, toute différente, de couvrir légèrement de poudre quelconque, et de la secouer pour la faire disparaître.

Éspoudra (S'), *v.* Avorter. — Ne se dit que pour les animaux et ne s'entend que des premiers temps de leur gestation, lorsque le fétus n'est pas encore formé.

Ce mot pourrait bien dériver du lat. *Ex* et *Pondus*, dont la bass. lat. a pu faire *Exponderare*, se délivrer, se débarrasser d'un poids.

Éspouèr, *s. m.* Espoir, espérance.

Dér. du lat. *Sperare*.

Éspoufa (S'), *v.* Se sauver ; s'enfuir ; gagner du pied ; s'évader ; pouffer de rire ; éclater de rire involontairement, comme si le rire retenu s'échappait, ou s'il partait comme une explosion. C'est là sans doute ce qui rapproche le sens des deux acceptions.

Éspouïla, ado, *adj.* Dim. *Éspouïladoù.* Éreinté ; épuisé ; éclopé. Au fig. obéré ; criblé de dettes ; sans crédit.

Dér. du lat. *Spoliatus*, dépouillé.

Éspoumpì, ido, *adj.* Dodu ; mollet, potelé ; renflé ; rebondi ; jouflu.

S'éspoumpì, se gonfler ; devenir rond, dodu, mollet. Au fig. s'enfler ; se bouffir de fierté, d'orgueil.

Dér. de *Poumpo* ou *Poumpe*, ancien mot signifiant gâteau, galette, qui se gonfle au four en cuisant.

Éspouncho, *s. f.* Terme de nourrice, trait ou jet du lait qui, dans les premiers jours de l'accouchement, fait sentir une piqûre au sein. — *Fa vèni l'éspouncho*, faire venir le lait en suçant et aspirant fortement, ce qui est difficile quelquefois dans les premiers temps parce que les voies en sont obstruées ; quand cette obstruction est trop forte, ou l'enfant trop faible, on emploie des moyens artificiels, tels que la bouche d'une personne adulte, un jeune chien, ou une sorte de pompe aspirante que la chirurgie a inventée spécialement pour cet objet.

Dér. de *Pouncho*.

Éspousa, *v.* Épouser, prendre en mariage ; marier ; donner la bénédiction nuptiale.

Dér. du lat. *Spondere*, promettre, fiancer.

Éspousado, *s. f.* Épousée ; la mariée.

Éspousivou, *adj.* des deux genres. De noce, d'épousaille. — *La coïfo espousivou*, le bonnet d'épousaille.—*Voy. Nouvidou*.

Éspousqua, *v.* Saupoudrer; poudrer avec du sel ou de l'eau sale; asperger; jeter de l'eau avec la main ou avec la bouche pour humecter le linge qu'on veut repasser, de façon à imiter la pluie; jeter de l'eau avec les doigts à la figure de quelqu'un pour l'agacer ou lui faire une niche.— *Éspousqua l'énsalado*, secouer, égoutter la salade.

Ce mot est une variante de *Éspoussa*.

Éspoussa, *v.* Secouer; faire tomber la poussière; épousseter. Au fig. battre; maltraiter; étriller; donner une volée de coups de houssine. — *Éspoussa las douréios*, secouer les oreilles, prendre un air mécontent. On dit plaisamment à quelqu'un qu'on va vertement corriger : *Té vóou éspoussa tas gnèvros*, je vais joliment secouer tes puces.

Dér. de *Pous*, poussière.

Éspoussado, *s. f.* Volée de coups; coups de bâton ou de verges.

Éspousséta, *v.* Épousseter; brosser, vergetter, nettoyer, ôter la poussière. — Semblerait un diminutif, avec un certain mouvement de fréquence, de *Éspoussa*.

Éspousséto, *s. f.* Époussettes; brosse; vergette; brosse d'habits, de tête, de peigne, de soulier, de table, de tapis, etc.

Éspouténcia, *v.* Couronner un arbre, lui enlever trop de bois en le taillant, le réduire à ses maîtresses-branches, finalement en faire une forme de potence.

Dér. de *Pouténcio*.

Éspoutriga, *v.* Écarbouiller. — *Voy. Éspouchiga*.

Éspres, *s. m.* Exprès, commissionnaire, messager mandé spécialement pour un but déterminé.

Dér. du lat. *Expressè*.

Éspres ou Éspressi, *adv.* Exprès; à dessein; expressément; pour cela; pour un objet spécial. — *Ou faguè pas éspres*, il ne le fit pas par malice, en mauvaise intention. *Ou faï éspres*, il le fait exprès, à dessein, volontairement.

Dér. du lat. *Expressè*, m. sign.

Éspri, *s. m.* Dim. *Éspriguè*. Esprit, jugement, imagination; sens; motif. — *Pèrdre l'éspri*, perdre le sens; devenir fou. *És touqua dóou Sént-Éspri*, il a un grain de folie : expression proverbiale qui répond à cette pieuse pensée que les idiots, les innocents, sont des êtres protégés et privilégiés de la Providence, comme si l'Esprit-Saint leur imprimait une marque particulière. C'est de la même idée que naît cette sorte de culte qu'on accorde aux crétins et aux gens à seconde vue en Écosse.

Espri signifie aussi alcool, ou esprit de vin, liquide obtenu par la distillation.

Dér. du lat. *Spiritus*, m. sign.

Ésqualancio, *s. f.* Esquinancie; angine; inflammation des amygdales, de la trachée-artère ou du larynx, qui peut se terminer par la suffocation.

En gr. Συναγχη, m. sign.

Ésquialassa (S'), *v.* Augm. de *Quiala*. Pousser des cris aigus; forcer sa voix en criant; gueuler.

Ésquicha, *v.* Serrer; presser; exprimer; épreindre. — *Un ésquicha*, un avare, un cuistre, serré, trop parcimonieux.

S'ésquicha, s'efforcer; faire des efforts.

Dér. et augm. de *Quicha*.

Ésquichado, *s. f.* Serrée; violente étreinte.

Ésquicho-grapàou, *s. m.* Engoulevent, tette-chèvre, crapaud-volant; engoulevent ordinaire, *Caprimulgus europæus*, Temm. Oiseau de l'ordre des Passereaux et de la fam. des Planirostres ou Omaloramphes. — Cet oiseau, qui a plus de dix pouces de long, par son plumage sombre, sa tête disgracieuse, est loin d'offrir un aspect agréable. Le fr. l'a appelé Tette-chèvre, parce qu'on a cru superstitieusement qu'il tettait ces animaux; crapaud-volant, de la ressemblance qu'on trouve entre un de ses cris et celui du reptile. C'est le lang. qui aurait dû le nommer Engoulevent, de *Éngouli*, avaler, engloutir le vent; en le dérivant d'une origine commune, *Gula*, m. sign. c'est encore le fr. qui lui a donné ce nom, à cause de son bec, petit quand il est fermé, mais qui, en s'ouvrant, présente une ouverture immense où viennent s'engloutir les insectes qu'il chasse pendant la nuit ou le crépuscule, car on ne voit jamais cet oiseau en plein jour. Pour nous, nous l'avons appelé *Ésquicho-grapdou*, croyant qu'il tue et dévore le crapaud, en le pressant cramponné sur son dos et lui perçant la tête à coups de bec. En automne, la chair de l'engoulevent, qui est fort gras alors, est, dit-on, un excellent mets : c'est possible.

Ésquicho-l'oli, *phr. faite.* Jeu de veillée qu'on nomme en fr. Boute-dehors. Il consiste à se placer sur un banc en aussi grand nombre que possible, et par places alternées de garçons et de filles. Les joueurs aux deux extrémités poussent chacun de leur côté en dirigeant la force de coaction vers le centre, jusqu'à ce que l'un de ceux placés à ce centre soit rejeté hors du rang; alors celui-ci va reprendre place à l'un des bouts de la file, et pousse à son tour sur ceux qui l'ont rejeté.

Ésquichoù, *v.* Pelotte de cire dont on a exprimé le miel, en la pressurant entre les mains.

Ésquièl, *s. m.* Génie; intelligence; bon sens; jugement; instinct de l'animal poussé à un degré de développement supérieur.

Ésquifa, *v.* Esquiver; éviter avec adresse. — *Lou baracan ésquifo l'aïgo*, le bouracan rejette l'eau.

S'ésquifa, s'esquiver, se subtiliser, disparaître; s'enfuir adroitement.

Ce mot, comme son correspondant fr., dérive du lat. *Scafa*, nacelle, dont le fr. a fait encore Esquif. *Ésquifa* serait donc proprement : éviter un écueil sur un esquif; mais ce sens originaire a disparu quant à l'application.

Ésquifo (Én), *adv.* De biais; obliquement; en biseau.

Ésquina, *v.* Échiner; éreinter; assommer; rompre l'échine. Au fig. ruiner, mettre en déconfiture.

Dér. de *Ésquino*.

Ésquinado, *s. f.* Volée de coups; raclée; bastonnade, éreintement.

Ésquinaje, *s. m.* Grande fatigue; charge trop lourde; éreintement; perte considérable au jeu.

Ésquinla, *v.* Sonner; tirer le cordon d'une sonnette pour appeler le portier ou les domestiques.

Ésquinlo, *s. f.* Dim. *Ésquinléto.* Sonnette d'appartement ou de porte; clochette d'autel; clochette de mouton, de mulet.

Dér. du tudesque *Skel,* m. sign.

Ésquinloù, *s. m.* Petite clochette; grelot.

Dim. de *Ésquinlo.*

Ésquino, *s. f.* Échine; dos. — *A bono ésquino,* il a bon dos, phr. prvb. qu'on applique à toute personne ou même à toute chose qu'on charge des fautes d'autrui, ou sur qui on rejette la responsabilité. On dit : *Lous magnas an bono ésquino,* les vers-à-soie ont bon dos, c.-à-d. que les paysans rejettent sur le succès de leur chambrée toutes les dépenses, folles quelquefois, qu'ils se permettent dans l'année : espérance dont la déception est un élément de ruine presque certain. *Faï l'ésquino d'ase,* il est fait en dos d'âne.

Dér. du lat. *Spina,* épine du dos.

Ésquinsa, *v.* Déchirer une étoffe dans le sens de la chaîne; lacérer.

Dér. du gr. Σχίζειν, fendre, diviser.

Ésquinsaduro, *s. f.* Déchirure, accroc dans une seule direction.

Ésquirôou, *s. m.* Dim. *Ésquirouḷé.* Écureuil, écureuil commun, *Scirius vulgaris,* Linn., petit mammifère de la fam. des Rongeurs. Ce petit animal fait son nid au sommet d'un arbre élevé, et le construit d'une manière si ingénieuse qu'il met ses petits à l'abri de la pluie. Vif, alerte, éveillé, il se prive facilement, et apprivoisé, vit en cage en se donnant de l'exercice à faire tourner incessamment un cylindre mobile.

Dér. du gr. Σχίουρος, m. sign. formé de Σχιά, ombre et Οὐρά, queue, c.-à-d. qui se fait de l'ombre avec sa queue.

Ésquirounèl, *s. m.* Martinet; martinet noir, martinet de muraille, *Hirundo apus,* Linn. Oiseau de l'ordre des Passereaux et de la fam. des Planirostres ou Omaloramphes : plumage entièrement noir, queue très-fourchue. Il arrive après toutes les autres hirondelles et part le premier. La brièveté extraordinaire de ses pattes lui avait fait donner son nom latin de *Apus,* sans pieds; aussi a-t-il bien de la peine, lorsqu'il est tombé à terre, à reprendre son essor. Mais en revanche on admire son vol facile et infatigable. Il paraît qu'on appelait autrefois du nom générique de *Ésquirounèl,* les petits oiseaux de proie composant la fauconnerie; Sauvages le leur a conservé et appelle *Aoubaléstriè,* le martinet. Pour nous, il n'est connu aujourd'hui que sous le nom de *Ésquirounèl,* et il est si fréquent à Alais, en été et en automne, qu'il est étonnant que Sauvages ait ignoré un nom qui ne s'applique pas à d'autres qu'à cet oiseau.

Ésses, *s. m. plur.* Ers, *Ervum hirsutum,* Linn., plante de la fam. des Légumineuses; espèce de vesce noire ou de lupin dont les pigeons sont très-friands, mais qui est un poison pour la volaille de basse-cour et tous les animaux non ruminants.

Éssuga, *v.* Essuyer; sécher; épuiser. — *Aquélo tèro és bièn éssugado,* cette terre, ce champ a été épuisé, on ne l'a pas assez laissé reposer. Fait *Éssu,* au part. pass. — *Plous dé fénno soun lèou éssus,* prov., larmes de femme sèchent vite.

Dér. de l'ital. *Asciugare,* m. sign.

Ésta, éstado, *part. pass.* du verbe *Èstre.* Été, allé. — *És ésta un diable dé soun tén,* il a été un vrai démon dans sa jeunesse. *Sès ésta à Paris?* Êtes-vous allé à Paris? *Quan és éstado novio, s'és dédicho,* quand elle a été fiancée, elle a retiré sa parole. *Y sèn éstas,* nous y sommes allés. — *Voy. Èstre.*

Ésta, *s. m.* État, métier, profession. — *A pas gés d'ésta,* il n'a point de profession, d'état.

Corrupt. du fr. qui se rapproche encore davantage quand on dit : *Éta* et qui ne vaut pas mieux. En lang. on se sert de *Méstiè.*

Éstabla, *v.* Recevoir des chevaux à l'attache dans une écurie d'auberge, sans leur donner la provende. Il se dit aussi du maître du cheval qui le loge ainsi à l'attache; mais, dans ce cas, on l'emploie même quand on lui fournit l'avoine et le foin. — *Ounté éstablarén?* à quelle auberge donnerons-nous l'avoine, où nous arrêterons-nous en route pour faire souffler nos chevaux?

Au fig. *Éstabla* va jusqu'à s'appliquer aux personnes.

Éstablado, *s. f.* Fumier d'écurie; ensemble des animaux, des bestiaux logés dans une écurie, ou même des personnes qui passent la soirée dans une auberge de route.

Éstablaje, *s. m.* Droit d'attache que prend l'hôtelier pour le simple logis donné à un cheval.

Éstable, *s. m.* Dim. *Éstabloù.* Étable, écurie : nom générique qui se divise en diverses dénominations techniques suivant les espèces de bétail qu'on y loge : pris spécialement il signifie écurie; pour les moutons, il se dit *Jasso;* pour les porcs, *Pouctou.* — *Varlé d'éstable,* valet d'écurie.

Dér. du lat. *Stabulum,* m. sign.

Éstabli, *s. m.* Établi, grande table sur laquelle ou à côté de laquelle certains artisans travaillent de leur état, c.-à-d. qu'ils y forment leur établissement, comme les tailleurs, les orfèvres, etc.

Éstabli (S'), *v.* S'établir; prendre domicile; former un établissement industriel. Il a été étendu, par quelques *franchimans* à la vérité, jusqu'au mariage.

Dér. du lat. *Stabilire,* assurer, rendre solide.

Éstabourdi, *v.* Étourdir; faire perdre connaissance par un coup violent. Au fig. abasourdir; stupéfier; frapper d'étonnement.

Dér. du lat. *Stupor,* stupeur, étourdissement.

Éstabousi, *v. n.* S'évanouir; se pâmer; tomber en défaillance. — *Voy. Éstavani.*

Éstaciou, *s. f.* Station, gare de chemin de fer.

Mot que de nouveaux besoins ont introduit dans le langage et qui s'y est impatronisé.

Éstadis, isso, *adj.* Calme; tranquille, pacifique; sans vigueur; sans énergie; flegmatique. Au fig. et par ext. à demi-passé, en parlant des viandes, des mets; flétri, qui a perdu sa fraîcheur et sa crudité, en parlant des fruits et des légumes verts conservés trop longtemps; pain rassis et mollet, pour avoir été trop longtemps renfermé.

Dér. du lat. *Statutus, a, um,* qui reste en place.

Éstagnè, *s. m.* Dim. *Éstagnèiroù.* Dressoir; étagère à loger la vaisselle qu'on y étale par luxe chez les paysans aisés.

Dér. de *Éstan,* étain, parce qu'autrefois, dans les maisons les plus cossues, on étalait ces sortes de dressoirs dont la vaisselle était d'étain.

Éstaja, *v.* Échafauder, à la manière des maçons qui dressent leurs échafaudages à mesure que la bâtisse s'élève; dresser les tables des vers-à-soie qu'on appelle *Tâouïès* (*V.* c. m.). Cette espèce d'échafaudage se compose de pieds droits, *Mountans,* qui, posant sur le sol, vont se fixer à des poutrelles transversales dites *Tirans.* Ces montants sont garnis d'autant de chevilles qu'on veut dresser de rangs de tables ou d'étages et qui sont distantes l'une de l'autre de cinquante centimètres. Ces chevilles supportent des traverses, soit équarries, soit en bois rondin, sur lesquelles on place trois planches dans la longueur et deux dans la largeur destinées à supporter les clayons ou canis (pour parler l'argot des magnaniers modernes). C'est ce canis, en lang. *Canisso,* qui forme la table servant de théâtre au drame plein de péripéties et d'intérêt de ces troupes de précieux insectes. — *Voy. Baroù, Canisso, Mountan, Tâouïè,* etc.

Éstajan, anto, *adj.* Important; orgueilleux; qui parle et agit en maître; arrogant, qui fait ses embarras.

Ce mot signifiait en vieux langage, habitant, locataire et propriétaire de maison. Le sens actuel est tiré de cette idée de l'importance d'un bourgeois qui a pignon sur rue.

Éstaje, *s. m.* Étage d'une maison. — *Lou prémiè, lou ségoun éstaje,* le premier, le second étage.

Dér. de la bass. lat. *Stagium,* habitation.

Éstajèiro, *s. f.* Tablettes composées de montants et de plusieurs rayons, comme celles d'une bibliothèque, ou de chevilles placées dans le mur et d'une seule planche, comme celles qui, dans les cuisines, supportent les chaudrons, marmites et mille autres ustensiles. C'est l'ensemble de plusieurs tablettes ou *Éstajos,* qui compose *uno Éstajèiro.*

Éstajos, *s. f. plur.* Tablettes diverses qui composent l'*Éstajèiro,* prises isolément.

Éstama, *v.* Étamer une glace, une casserole, toute espèce d'ustensile en cuivre ou en fer; enduire d'étain.

Dér. de *Éstan,* étain.

Éstama-brasa, *phr. faite.* Cri de rue des étameurs de casserole, de cuillers, de fourchettes. — *Voy. Abrasaïre.*

Éstamaïre, *s. m.* Étameur de casserole.—*Voy. Abrasaïre.*

Éstamaje, *s. m.* Étamage; action d'étamer; enduit, couche d'étain qu'on applique sur le cuivre pour l'empêcher de prendre du vert-de-gris.

Éstan, *s. m.* Étain, métal d'un gris blanc, malléable, facile à rayer; le plus léger de tous les métaux. — *Éstan dé miral,* nom qu'on a donné longtemps au bismuth.

Dér. du lat. *Stannum,* m. sign.

Éstan, *s. m.* Fil d'étain : laine la plus fine, la plus légère, qu'on obtient au premier trait de la carde. C'est avec le fil de cette laine, qui est à la fois le plus fin et le plus fort, qu'on fait la chaîne des draps et des bas tricotés.

Dér. du lat. *Stamen,* chaîne du fil, chaîne de tisserand.

Éstan, *s. m.* Étang, grand amas d'eau douce ou salée.

Dér. du lat. *Stagnum,* m. sign.

Éstandar, *s. m.* Augm. de *Éstan,* étang. Grande étendue d'eau de pluie ou d'inondation.

Éstanla, *v.* Installer; mettre en possession, en évidence, en une place apparente.

S'éstanla, s'installer; prendre position; s'établir. Au fig. s'étaler; se pavaner; se prélasser.

Dér. du lat. *In,* dans, et *Stallus,* siège, stalle.

Éstaqua, *v.* Attacher; lier; garotter.

S'éstaqua, s'attacher à quelqu'un par sentiment; s'éprendre; tenir à...; s'appliquer. — *Vous éstaquos à dous sdous,* vous vous arrêtez à deux sous pour conclure un pareil marché ! *Ès trop éstaqua,* il est trop intéressé, trop parcimonieux. *Té sou éstaqua dé bo,* je t'affectionne tout de bon.

Dér. de la bass. lat. *Staca,* pieu; c.-à-d. attacher à un pieu.

Éstaquadoù, douno, *adj.* Fou à lier; par ext. furieux, en colère, qu'on ne peut contenir.

Éstaquamén, *s. m.* Attachement; inclination; affection; lésinerie; parcimonie.

Éstaquo, *s. f.* Lien; lesse; cordon; tout ce qui sert à attacher; jeune plant ou plantard d'olivier, arraché de la souche avec son drageon, et qu'on lie en le plantant à un tuteur : on l'appelle en esp. *Estaca de olivas.*

Éstarlò, *s. m.* Dim. *Éstarlougué.* Astrologue ou plutôt astronome, que le peuple est fort enclin à confondre dans une même catégorie, ne pouvant ou ne voulant pas supposer que l'on puisse arriver à un pareil degré de divination, comme celle des éclipses par exemple, sans autre agent que les sciences humaines.

Ce mot est purement une corruption du fr. Astrologue.

Ésta-Siâou, *phr. faite,* interjective. Taisez-vous, restez tranquille. On la prend aussi substantivement : *Garda l'ésta-sidou,* rester muet et immobile.

Formé du lat. *Sta,* sois, reste, et *Sidou,* tranquille, coi : sois calme.

Éstavanì, *v.* S'évanouir; tomber en syncope; faire évanouir; causer de la stupéfaction. — *Voy. Éstabousì.*

Dér. du lat. *Evanescere,* disparaître.

Estéïa (S'), v. Se gercer; éclater; se fendre; se réduire en esquilles, en parlant du bois. Par ext. se piquer avec une esquille de bois, se l'enfoncer dans le doigt.

Estéïado ou **Estéïaduro,** s. f. Piqûre faite avec une esquille, avec un éclat de bois.

Estéïo, s. f. Esquille; écharde; menu éclat de bois qui entre dans la chair.

Dér. du lat. *Squidilla,* m. sign.

Estéïous, ouso, adj. Bûche, pièce de bois, qui, étant refendue, est hérissée de petites esquilles qui ne sont autre chose que les nervures du bois rompues. On le dit aussi d'une viande dure et filamenteuse qui est comme de la charpie.

Estéla, v. Couvrir d'étoiles; briller comme une étoile.— L'infinitif est peu employé : le part. pass. ou l'adj. *Estéla, ado,* étoilé, semé d'étoiles, est nécessairement plus fréquent. — *Lou tén és estéla,* la nuit est étoilée; bien que l'on dise aussi : *Estèlo,* il fait un temps couvert d'étoiles.

S'estéla, s'étoiler; briller comme une étoile; prendre un regard ou un aspect rayonnant et miroitant.

Estéléja, v. fréq. de *Estéla.* Rayonner; miroiter; luire comme une étoile; se parsemer d'étoiles.

Estèlo, v. Étoile; astre, corps lumineux la nuit. — *M'a fa véïre las estèlos,* il m'a donné un tel soufflet que j'en ai eu un éblouissement, que j'ai vu mille chandelles. *Vous fariè véïre las estèlos,* il vous éblouirait par ses belles paroles, il vous ferait croire l'impossible.

Estéïo se prend aussi, en style poétique, pour : influence heureuse, dans le sens de *Planéto,* planète *(V.* c. m.). Signifie encore : marque blanche au front d'un cheval; éclat de bois obtenu par la hache.

Dér. du lat. *Stella,* étoile : la dernière acception pourrait avoir la même racine que *Estéïo (V.* c. m.).

Esténaïos, s. f. plur. Tenaille, instrument de fer propre à saisir, prendre, arracher, etc. — On dit : *Un parél d'esténaïos,* une paire de tenailles, quoiqu'on ne parle que d'un seul de ces outils, parce qu'il est composé de deux branches, comme on dit : *Un parél dé boufés, dé ciséous,* etc.

Dér. du lat. *Tenacula,* m. sign.

Esténdre, v. Étendre; allonger; déployer; étendre du linge.

S'esténdre, tomber; s'étendre; se déployer; se développer; s'agrandir. — *S'esténdre dé tout soun long,* tomber de toute la longueur de son corps. *Lou vôou esténdre,* se dit plaisamment et d'une manière absolue pour : je vais me coucher.

Dér. du lat. *Extendere,* m. sign.

Esténdudoũ, s. m. Étendoir; séchoir; lieu où l'on met le linge à sécher.

Estèrnu, s. m. Dim. *Estèrnudé;* péj. *Estèrnudas.* Éternûment, mouvement subit et convulsif des muscles expirateurs, qui chasse avec effort et bruit l'air contenu dans les poumons.

Ce n'est pas un Dictionnaire comme le nôtre, destiné à recueillir les vieux mots de notre vieux langage, qui pourrait négliger de relever les anciennes formes, souvenirs et traditions des usages et des mœurs d'autrefois. A propos du subst. qui se présente, dans cette coutume d'adresser un souhait à une personne qui éternue, il nous semble distinguer quelque chose de touchant et de respectable comme formule et comme sentiment, qu'il serait peut-être fâcheux de voir perdre ou de trop mépriser. On sait que le grand monde ne trouve plus aujourd'hui de bon ton de faire intervenir un vœu qui appelle la protection de la Divinité en pareille occurrence : on se contente d'une légère inclinaison de tête, et encore est-il mieux d'être distrait; ainsi le veut l'étiquette d'une société gourmée et prétentieuse, et la mode. Il n'en est pas de même dans nos campagnes, où la politesse consiste toujours, comme au bon vieux temps, à faire suivre un éternûment d'un Dieu-vous-bénisse bien accentué : et le populaire a raison de tenir à ses bonnes coutumes et à ses formules de civilité, qui remontent assez haut et se sont conservées assez longtemps pour valoir qu'on s'y attache et qu'on les aime.

Quelle est l'origine de cet usage de saluer celui qui éternue et de faire des souhaits en sa faveur? Les recherches de la science ne sont point parvenues à la découvrir, non plus qu'à lui donner une date précise. Il est certain néanmoins que, dès la plus haute antiquité, il est fait mention d'une coutume semblable.

On a bien dit que, vers la fin du VI⁰ siècle, sous le pape Pélage II, une maladie pestilentielle ravageait Rome et l'Italie et qu'un de ses principaux symptômes était l'éternûment. De là serait venue et se serait répandue la coutume de dire en pareil cas : Dieu vous bénisse! Dieu vous vienne en aide! *Diou vous bénisque! Diou vous ajude!* Mais bien plus anciennement l'usage existait. Aristote le constate, Homère en parle dans l'Odyssée comme d'un signe de bon augure. Les Grecs disaient, quand ils éternuaient : Ζεῦ σωζον, Jupiter sauve-moi, et les assistants répondaient à celui qui éternuait : Ζῆθι, vivez. Après eux, les Romains traduisirent ces vœux par leur *Salve;* et ils regardaient l'éternûment comme le troisième des présages domestiques : heureux, si on éternuait à droite, fâcheux si c'était à gauche.

La tradition a ainsi amené jusqu'à nous la formule de ces souhaits, sans nous en dire autrement la cause. L'ébranlement convulsif que produit l'éternûment sur le cerveau a-t-il fait craindre quelque accident? Une certaine superstition s'est-elle mêlée à ce phénomène naturel et fréquent? On ne saurait le dire; mais au milieu de la vie, à chaque instant, il est un moyen de sociabilité, de bonnes relations entre individus, et il élève en même temps l'esprit vers un Dieu protecteur, dont l'assistance est réclamée : il est évident que l'usage a eu raison de s'établir et qu'il a raison de se conserver.

Estèrnuda, v. Éternuer; faire un éternûment.

Dér. du lat. *Sternuere,* m. sign.

Éstèrpa, *v.* Éparpiller; répandre; disperser; séparer.— *Éstèrpén nous*, séparons-nous, gagnons chacun d'un côté différent. *Éstèrpa lou fumiè*, étendre, éparpiller, répandre le fumier sur un champ.

Dér. du lat. *Stirps*, tronc, souche, parce que probablement ce mot a eu pour première acception la pousse des racines et des branches d'un arbre qui, en s'éloignant du tronc, s'étendent en mille directions diverses.

Éstèrvéïa, véïado, *adj.* Arbre, branche, rameau, étiolés, dépouillés de feuilles par l'effet d'un tourbillon.

Éstèrvéïado, *s. f.* Maladie causée à un arbre par un tourbillon. Par ext. on le dit aussi de toute maladie, n'importe la cause, qui, n'atteignant que les branches, est rarement mortelle.

Éstèrvél, *s. m.* Dim. *Éstèrvéïé*. Tourbillon, vent follet, qui, dans sa plus grande extension, se nomme trombe, et produit des sinistres extraordinaires. — Ces phénomènes, qui ne se distinguent que par leur intensité, ont probablement le même agent, l'électricité.

On appelle aussi *Éstèrvél*, par analogie, un petit moulin que les enfants composent d'une noix évidée et percée, dans laquelle tourne un pivot surmonté de deux petites ailes en bois posées horizontalement et en croix. Un fil, qui se dévide intérieurement autour du pivot, est l'agent du mouvement de ce jouet. On dit d'un étourdi, qui est dans une perpétuelle agitation : *Sémblo un éstèrvél*, il ressemble à un tourbillon.

Ne dériverait-il pas du lat. *Extrà*, hors, dehors, et *Evellere*, arracher, extirper?

Éstève, *s. m.* Ancienne traduction du n. pr. lat. *Stephanus*, Étienne, que nous disons aujourd'hui *Estièune*. La première forme ne s'est conservée que pour un n. pr. de lieu, précédé de *Sént :* On appelle *Sent-Éstève*, tous les lieux qui se disent en fr. Saint Étienne.

Éstève est aussi une sorte de galette ou de fouace sucrée, ayant la forme d'un marmouset plaqué en bas-relief sur une feuille de papier gris qui lui a servi de berceau au four. Cette galette est fort à la mode dans la semaine de Noël et du jour de l'an. C'est une étrenne généralement adoptée pour les enfants du peuple. Aussi son nom lui vient-il de saint Étienne, dont la fête arrive le lendemain de la Noël. Autrefois les parrains envoyaient ce cadeau à leur filleul le jour de la Saint-Étienne, et il avait dans le principe la forme d'une couronne, en commémoration de la couronne que mérita ce premier martyr.

On dit d'un homme grossier et brutal : *És fi coumo un éstève dé pan bru*, il est fin comme pain d'orge. *És aquí coumo un éstève*, il est tout ébaubi, il reste là planté comme une figure de cire.

Éstèvo, *s. f.* Pièce courbe qui sert de manche à un araire et qui est surmontée du mancheron ou *Manipou*.

Dér. du lat. *Stiva*, m. sign.

Éstiblassa, *v.* Éreinter, rosser, étriller quelqu'un; lui donner une volée de coups de bâton.

En gr. Στιβάζω, battre, fouler.

Éstiblassado, *s. f.* Volée de coups de bâton; râclée.

Éstido, *s. f.* Idée; croyance, pressentiment. — *Avèdre bono éstido*, avoir bon augure.

Éstièïne, *s. m. n.* pr. d'homme. Étienne. — *Voy. Éstève*.

Éstiganço, *s. f.* Projet; dessein; intention; prévision; intelligence.

Dér. du lat. *Instigatio*, impulsion, instigation.

Éstignassa, *v.* Tirer, arracher les cheveux; traîner par les cheveux.

S'éstignassa, se prendre aux cheveux.

Dér. de *Tignasso*.

Éstignassado, *s. f.* Action de tirer, d'arracher les cheveux; châtiment qui consiste en cet acte; lutte entre deux personnes qui se prennent aux cheveux.

Éstima, *v.* Estimer; priser; évaluer; juger de la qualité, du poids ou de la valeur d'une chose par un simple calcul d'esprit ou la comparaison avec des types dont on conserve le souvenir.

Dér. du lat. *Estimare*, m. sign.

Éstimaïre, *s. m.* On ne donne guère ce nom aux experts géomètres qui ont des bases fixes et presque mathématiques d'appréciation, mais bien à ceux qui évaluent à vue d'œil la quantité de feuille de mûriers que portent une ou plusieurs plantations. Cette denrée se vendant souvent à l'estime et sans peser, le métier d'*estimeur* est une profession. L'habitude et diverses expériences contrôlées par le pesage, jointes à la justesse d'esprit ou de coup-d'œil, rendent ces jugements en général dignes de confiance.

On donne aussi le nom d'*Éstimaïre* à des espèces de prud'hommes qui estiment le bétail et les agrès d'une ferme entre les fermiers et les propriétaires.

Éstimo, *s. f.* Estimation; prisée; évaluation. — *Achéta à l'éstimo*, acheter sans prix détermine, mais à celui qui sera fixé par un ou plusieurs hommes de l'art. *Aquélo fièïo és pas d'éstimo*, cette feuille de mûrier n'est pas encore assez développée pour être évaluée. Il faut observer ici que l'on n'évalue jamais la feuille de mûrier d'après le poids qu'elle est censée avoir à l'époque de la cueillette ou de son estimation, mais bien d'après celui qu'elle aurait réellement lorsqu'elle serait parvenue à tout son développement ou toute sa maturité. Cela est si vrai que lorsqu'on a acheté de la feuille au poids, le propriétaire n'est obligé de la peser que quand elle a atteint ce degré d'accroissement. Si toutefois l'acheteur est pressé, pour les besoins de sa chambrée, de cueillir tout ou partie de cette feuille achetée, on ajoute un cinquième, un quart, en sus du poids réel pour représenter le poids qu'elle aurait pu acquérir encore. C'est ce qu'on appelle dans le peuple : *Faïre lous quintâous dé sètanto-cin, dé quatre-vin liouros*, c.-à-d. qu'on compte chaque soixante-et-quinze, ou quatre-vingts livres pour un quintal.

Éstinla, *v.* Styler quelqu'un, le dresser, lui donner l'intelligence ou la ruse des affaires.

Corrupt. du fr

Éstinlé, *s. m.* Stylet, poignard à lame très-aigüe et très-étroite.

Corrupt. du fr

Éstiou, *s. m.* Dim. *Éstivé;* péj *Éstivas.* Été, la plus chaude des quatre saisons de l'année, qui commence du 19 au 22 juin et finit, astronomiquement parlant, vers le 21 septembre.

Dér. du lat. *Æstas,* m. sign.

Éstira, *v.* Étendre; allonger; étirer; tirer quelque chose d'élastique dans le sens de sa longueur pour l'allonger; repasser le linge.

S'éstira, s'étendre; allonger les bras en bâillant; étendre les bras; ce qui fait dire proverbialement en pareil cas : *Lou quièr sera pas chèr aquést'an, lous védèls s'éstirou,* le cuir ne sera pas cher cette année, les veaux s'allongent *Aquèl droulas s'éstiro bièn.* ce jeune gars s'allonge bien, il grandit beaucoup.

Dér. de *Tira.*

Éstirado, *s. f.* Longue traite de chemin; traite, trajet, distance à parcourir. — *N'avès pèr uno bono éstirado,* vous en avez encore pour un bon bout de chemin.

Éstiragna, *v.* Enlever les toiles d'araignées; housser un appartement.

Dér. de *Iragnado.*

Éstiragnaïre, *s. m.* Houssoir; brosse emmanchée d'une perche pour enlever les toiles d'araignée d'un appartement.

Éstiraïre, *s. m.* Établi de repasseuse; tapis composé de plusieurs doubles étoffes sur lequel elle repasse le linge.

Éstiraïro, *s. f.* Repasseuse de linge.

Éstiraje, *s. m.* Linge à repasser ou déjà repassé; profession ou apprentissage de repasseuse.

Éstiva, *v.* Passer l'été; faire passer l'été au bétail sur les montagnes. — *Éstivo lontèn aquést'an,* les chaleurs se prolongent longtemps cet été.

S'éstiva, prendre les habits d'été, se mettre en vêtements légers d'été.

Dér. de *Éstiou.*

Éstivado, *s. f.* Saison de l'été; le temps, la durée des chaleurs; le gain des manouvriers pendant la saison de foins ou des moissons; le pécule des montagnards qui vont faucher ou moissonner dans les pays aux environs de Nimes ou de Montpellier et qu'ils appellent, eux, proprement *lou Languédò.* — *Aï fa uno bravo éstivado,* j'ai fait une bonne saison d'été, j'ai gagné beaucoup d'argent dans cette saison.

Éstivaje, *s. m.* Action de conduire les troupeaux dans la montagne; temps qu'y passent les moutons; frais de conduite et de pacage des troupeaux; réserve de ces pacages pour le propriétaire du sol; gages des bergers ou gain du maître-berger pendant cette saison.

Éstivé, *s. m.* Dim. de *Éstiou.* Petit été. — *L'éstivé dé Sen-Michèou* ou *de Sen-Martì,* le petit été de la Saint-Michel, du 29 septembre, ou de la Saint-Martin, du 11 novembre.

Éstivén, énquo, *adj.* D'été; qui concerne l'été; qui se produit en été. — *Nosto-Damo éstivénquo,* Notre-Dame d'été, l'Assomption de la Vierge, le quinze août.

Éstofo, *s. f.* Dim. *Éstouféto;* péj. *Éstoufasso.* Étoffe; tissu de laine, de soie, de fil, de coton.

Dér. de la bass. lat. *Stuffare,* garnir, équiper. En allem. *Stoff,* m. sign.

Éstós, *s. m.* Au plur. *Éstosses;* dim. *Éstoussé.* Étau, outil de serrurier ou de menuisier, pour fixer la pièce qu'ils passent à la lime ou à la rape.

Dér. du lat. *Sto,* je reste en place, immobile.

Éstosse, *v.* Tordre. — *Voy. Tosse.*

Éstosso, *s. f.* Dim. *Éstousséto.* Entorse; torsion, froissement violent, donnés à un membre ou à un arbre, soit par accident, soit plutôt par une violence étrangère et volontaire.

Dér. du lat. *Extorsum,* supin de *Extorquere,* tordre, donner une entorse.

Éstoufa, *s. m.* Dim. *Éstoufadé.* Étuvée de viande cuite sans eau et à la braise. — *A manja foço éstoufa,* se dit de quelqu'un qui a beaucoup souffert moralement et qui par position a été obligé de concentrer sa peine, sans pouvoir ou oser l'épancher, de l'étouffer pour ainsi dire.

Éstoufa, *v.* Étouffer; suffoquer; asphyxier. — *Éstoufa lous fousèls,* étouffer les chrysalides des cocons pour pouvoir les conserver sans laisser éclore les papillons. Cette opération se faisait autrefois au four avec ou sans thermomètre, ce qui présentait bien des inconvénients et des pertes : dans les filatures à la Gensoul, elle se fait à la vapeur et au thermomètre.

Dér. de la bass. lat. *Stuffa,* étuve.

Éstoulouïra (S'), *v.* S'épanouir au soleil; se mettre à l'aise devant un bon feu; s'étendre, se vautrer dans une position commode, avec un sentiment de sensualité.

Du gr. Στορέννυμι, aor. Ἐστόρεσα, coucher, étendre.

Éstouma, *s. m.* Dim. *Éstoumaqué;* péj. *Éstoumaquas.* Estomac, principal organe de la digestion; le cœur, la poitrine, que le languedocien confond volontiers avec l'estomac proprement dit. — *Un baramén d'éstouma,* suffocation, serrement de cœur. *Mourimén d'éstouma,* défaillance. évanouissement. *Aquò crèbo l'éstouma,* cela vous fend le cœur, c'est un crève-cœur. *A bon éstouma,* il a la poitrine bonne, ou une forte voix. Au fig. cette expression est proverbiale en parlant de quelqu'un qui supporte très-bien les reproches de sa conscience, qui ne s'émeut pas de sa propre improbité, ou qui est loin d'exagérer la sensibilité. *A un éstouma dàou diable,* il a un estomac d'autruche. *Un éstouma dé fato,* un tempérament débile, qui digère mal, qu'un rien incommode. *La bouquo dé l'éstouma,* le creux de l'estomac.

Dér. du lat. *Stomachus,* m. sign.

Éstoumaqua, *v.* Causer du saisissement, une stupéfaction douloureuse. Au fig. étonner vivement, causer une fâcheuse surprise; affliger; annoncer une mauvaise nouvelle.

Éstouna, *v.* Étonner; surprendre; causer dans l'âme une forte impression de crainte, d'admiration, d'étonnement; frapper; émouvoir; ébranler. — On dit proverbialement : *M'éstoune!* par contre-vérité d'une chose toute simple et qui n'a rien d'étonnant.

S'éstouna, s'étonner; se troubler; s'effrayer; être surpris.

Estoupado, *s. f.* Etoupée, sorte de topique répercussif pour les entorses et les échymoses produites par contusions. C'est ordinairement une glaire d'œuf battue et épaissie en cataplasme par l'adjonction de l'alun qui s'y mêle, qui fait la base du remède. On étend cette pâte sur un plumasseau d'étoupe, par où lui est venu son nom, et on fait une application souveraine.

SAUVAGES ajoute que l'*Estoupado* est encore un excellent remède contre la brûlure. Au surplus, ces recettes populaires sont connues et fort employées. Le proverbe : *A mdou dé tèsto, éstoupado dé vi*, n'a pas peu contribué sans doute à donner crédit au topique.

Éstoupo, *s. f.* Étoupe, premier rebut de la filasse du chanvre ou du coton. — *Éstoupos dé san dé por.* « On appelle, dit Sauvages qu'il est toujours bon de citer, Étoupes du sang des cochons, une pelotte charnue et spongieuse qu'on forme dans la bassine où l'on reçoit le sang de cet animal qu'on égorge; on la forme, disons-nous, en maniant le sang et en le remuant circulairement tandis qu'il coule de la plaie et qu'il est chaud.

« Le but de ce mouvement de la main qui tourne en rond et qui, à mesure, s'ouvre et se ferme pour assembler les brins épars de l'étoupe qui se forme, est d'empêcher le sang de se figer, lorsqu'on le destine à faire du boudin.

« C'est un phénomène remarquable, qu'il se forme, par cette seule manipulation, de vraies fibres charnues bien distinctes et organisées, que le mouvement circulaire ramène au milieu de la bassine, et qui s'enlacent et s'amastomosent même entre elles, par la pression alternative de la main, et forment cette masse spongieuse appelée étoupes.

« La matière de ces fibres est la lymphe, le premier des éléments du sang, qui, dans l'animal vivant, se convertit en chair; et qui, lorsqu'elle se refroidit sans qu'on y touche, comme dans la palette des chirurgiens, sert comme de présure à cailler le sang, sans y former de fibres, et d'où résulte le caillot qui se sépare de la sérosité, autre élément du sang, dans laquelle le caillot nage.

« La pelote d'étoupes d'un rouge foncé, qui a la consistance de la chair ordinaire, en prend la couleur, lorsqu'on l'a fait dégorger dans plusieurs eaux, et qu'on a séparé par ce moyen les globules rouges, ce troisième élément du sang dont il fait la couleur : éléments qu'il est facile de séparer l'un de l'autre par les procédés ci-dessus.

« C'est la lymphe qui, dans le corps humain, forme les excroissances charnues contre nature, telles que les loupes, les polypes et les caillots des vaisseaux sanguins tronqués; elle s'y organise d'elle-même, le sang y circule, elle devient sensible et animée, par une régénération sans germe, au moins connu, ou bien allégué gratuitement, et dont nous avons vu des exemples dans la sève extravasée de certains arbres; telle est celle du chêne vert écorcé, qui a une tendance pareille à s'organiser de même. »

Éstoura, *v.* ou **Éstouri**. Essuyer; sécher, rendre sec; dessécher et mettre à sec.

Éstourdi, ido, *adj.* Étourdi; inconsidéré; léger; qui agit étourdiment.

Éstourdi, *v.* Étourdir; causer un étourdissement; faire perdre connaissance par le fait d'un coup violent sur la tête qui cause un ébranlement au cerveau. Au fig. fatiguer par le bruit; ennuyer par un babil incessant; distraire d'une occupation par des éclats de voix.

S'éstourdi, s'étourdir; se donner une violente commotion à la tête; se faire illusion.

Dér. de l'ital. *Stordire*, m. sign.

Éstouri, *v.* Essuyer. — *Voy. Éstoura.*

Éstouris ou **Éstourisses**; *s. m. plur.* Jaunisse, ictère; deux maladies qui diffèrent peu par leurs diagnostics : leurs symptômes les plus saillants sont la couleur jaune de la peau, du blanc des yeux, des urines, et la blancheur des excréments. Le populaire a cent topiques plus plaisants et plus ridicules les uns que les autres contre cette maladie. Il n'est pas impossible que la crédulité du malade, réagissant sur le moral, n'ait pu amener des cures qui ne sont dues réellement qu'à cette action morale dans une maladie qui, produite par la bile et ayant son siège dans les hypocondres, a une connexité avec le moral pareille à celle du spleen, qui, comme on le sait, agit dans la même région. — *Lous éstourisses blans*, les pâles couleurs.

Il semble de prime abord que ce mot vient du lat. *Extorris*, banni, exilé; car la ressemblance graphique est parfaite; mais comment allier les acceptions si différentes des deux termes? Est-ce que, dans le temps, on fuyait les individus atteints de la jaunisse à cause de cette couleur affreuse, répandue sur leur face, que l'on faisait ressembler à une race maudite? Étaient-ils bannis de la société comme les ladres et les lépreux? Nous ne le savons, et nous hasardons simplement une induction.

Éstournèl, *s. m.* Étourneau, sansonnet; étourneau vulgaire, *Sturnus vulgaris*, Linn., oiseau de l'ordre des Passereaux et de la fam. des Conirostres ou Conoramphes, à bec conique. Cet oiseau de passage, de la grosseur d'un merle, ayant tout le corps d'un noir lustré, chatoyant de vert et de pourpre foncé, souvent tacheté de blanc, se prive fort bien, apprend à répéter des airs et même à parler.

Au fig. *Éstournèl* se prend pour nigaud, homme sans jugement et sans tête. — *Lous éstournèls én troupo soun pas grassos*, prvb. Cela se dit des familles trop nombreuses ou du bétail trop considérable pour le pâturage.

Dér. du lat. *Sturnus*, m. sign.

Éstrado, *s. f.* Estrade; tréteau; trottoir. — *Batre l'éstrado*, tenir la campagne; courir les grands chemins.
Dér. de l'ital. *Struda*, chemin.

Éstragoun, *s. m.* Estragon, *Artemisia dracunculus*, Linn., plante de la fam. des Composées Corymbifères, potagère, à vertu anti-scorbutique, dont on aromatise le vinaigre en l'y faisant macérer.
Dér. du lat. *Dracunculus*, de *Draco*.

Éstrangla, *v.* Étrangler; presser le gosier au point d'intercepter la respiration; étouffer; suffoquer. — *És huroùs coumo un chi quan s'éstranglo*, il est heureux comme un chien qui s'étrangle, dit-on d'un pauvre hère à qui rien ne réussit.
Dér. du lat. *Strangulare*, m. sign.

Éstrangladoù, *s. m.* Chemin fort étroit; ruelle à pli de corps; coupe-gorge.

Éstranglo-chi, *s. m.* Colchique, safran bâtard, *Colchicum autumnale*, Linn., plante de la fam. des Colchicacées. On l'appelle vulgairement: Tue-chien ou mort aux chiens Sa racine est un poison violent surtout pour les chiens. De là son nom.

Éstrangoula, *v.* Dim. de *Éstrangla*. Se dit d'un vêtement quelconque trop juste qui met le corps à la torture, ou d'un animal qui avale une bouchée de travers.

Éstranje, *anjo*, *adj* Étrange, extraordinaire; qui est contraire à l'usage, au sens commun, aux convenances.
Éstranje, au masc. seulement et pris substantivement, signifie aussi : pays étranger. — *És ana din l'estranje*, il est allé en pays étranger, hors de France
Dér. du lat. *Extraneus*, étranger.

Éstranjè, *jèïro*, *adj*. Étranger; qui est d'un autre pays que celui où il se trouve actuellement; qui n'a aucun rapport avec la société, avec l'endroit dont il est question; qui est étranger à la conversation, à l'affaire dont on traite. — *Lous éstranjès*, les troupes étrangères de l'invasion.
Dér. du lat. *Extraneus*, m. sign.

Éstras, *s. m.* Au plur. *Éstrasses*. Dégât; débris; reliefs d'étoffe, ou de mets, qu'on laisse perdre. — *Laïsso tout à l'éstras*, il laisse tout se perdre, se gâter, s'avarier. *Baïla à éstras dé mérca*, donner a vil prix, gâter le marché; mévendre.
Dér. de *Estrassa*.

Éstras, *s. m.*, au plur. *Éstrasses*. Capiton; résidu des cocons qui reste avec les chrysalides quand on en a filé la soie; résidu trop peu consistant pour fournir un brin. Pour profiter de cette substance, chaque fileuse, à la fin de la journée, fait bouillir à gros bouillons dans sa bassine les chrysalides revêtues de cette légère pellicule qui les recouvre: en les battant avec son balai, elle en fait tomber les chrysalides; il en résulte un réseau de filasse grossière qu'on appelle *Éstras*, que l'on carde et dont on fait un fleuret grossier.

Éstrassa, *v.* Perdre; gâter; gaspiller; laisser se perdre, se gâter. — *Aquél ouvrage és éstrassa*, c'est un ouvrage gâté, gâché. *Éstrassa lou pan*, laisser perdre le pain. Ce qué s'estrasso, proufito pa'n dengus, dicton plein d'une sage et charitable économie : le bien qui se gâte, qui se perd, ne profite à personne, pas même aux pauvres. Au fig. *Estrassa sa marchandiso*, vendre à vil prix, gâter le métier. *Aquelo filo s'es bien estrassado*, cette fille a bien gâché son avenir par son mariage, elle pouvait trouver beaucoup mieux : cela se dit seulement par rapport à la fortune et a l'alliance. *Estrassa lou màou*, se distraire d'une souffrance, soit par une occupation agréable, soit par un travail sérieux et qui préoccupe entièrement l'esprit. *Estrassa un lagui*, tromper le chagrin, s'étourdir sur ses malheurs *Anen, anen! fdou estrassa tout aquò*, allons, allons! il faut oublier ce sujet de discorde, mettre cette injure sous les pieds. *Y-a pas rés qué s'estrasse*, il n'y a pas tant à se récrier, il n'y a rien de trop. *Es braveto, pamén y-a pas res qué s'estrasse*, cette fille n'est pas mal, mais il n'y a pas de quoi tant crier : venez-y voir.
Dér. de l'ital. *Etraziare*, maltraiter, outrager; prodiguer.

Éstrassaïre, *aïro*, *adj.* Péjor. *Éstrassaïras*, *asso*. Prodigue; dissipateur; qui n'a pas d'ordre; qui laisse tout perdre, tout gâter.

Éstrasso-lénçòou, *s. m.* Paresseux; qui passe son temps au lit; qui se lève tard.

Éstrasso-paràoulo, *s. m.* Diseur de riens; qui parle toujours pour ne rien dire.

Éstrasuïa, *v* Éblouir; fatiguer la vue; appesantir la vue; donner cette espèce de berlue ou de lourdeur de paupières que l'on éprouve le soir quand on succombe au sommeil, et lorsqu'on vous réveille en sursaut.
Formé du lat. *Extrà*, dehors, au-delà, et du fr. OEïl, qui d'après le génie languedocien devrait se prononcer *Ul* : c'est proprement, aveugler.

Éstravagan, *ganto*, *adj.* Extravagant; fou, bizarre.
Ce mot, qui nous vient du fr., est formé du lat. *Extrà*, en dehors, et *Vagari*, être errant, vagabond. Peut-être a-t-il été pris tout fait du lat. *Extravagantes*, qui étaient des lois romaines, jetées çà et là dans la jurisprudence et non contenues dans le *Corpus juris* de Justinien? Ces lois et ordonnances dont la bizarrerie les aurait fait exclure, auraient bien pu former l'adj. Extravagant, dans son acception plus étendue.

Éstravaganço, *s. f.* Extravagance; état de l'âme qui extravague; action ou discours hors de raison. — *Dis pas ou faï pas qué d'éstravaganços*, il ne dit ou ne fait que des extravagances.

Éstre, *v.* Être. — Parfois il fait aussi *Rèstre*. L'introduction de *R*, consonnance forte et rude, est fréquente dans la langue d'Oc : elle ne déplaît pas à son génie. On la remarque dans la formation de bien des noms propres dans des mots où rien ne semblerait devoir l'appeler, puisqu'ils ne traduisent que des formes romanes ou de la moyenne latinité qui ne l'avaient pas admise, et par ex.

dans les reproductions des désinences en *anicœ, enicœ, onicœ*, latines, pour *anègues, énègues, onègues*, devenues ensuite *ange, enge, onge, anche, enche, agné, ègne, ogne*, etc., et enfin fixées en *argue, ergue, orgue*. Ce doit être en vertu des mêmes propensions qu'elle apparaît ici, avec cette circonstance qu'elle se place au commencement du mot et d'un verbe très-fréquent. Serait-ce pour éviter un hiatus quand le mot qui précède finit par une voyelle non élidée? Serait-ce pour imprimer une sorte d'énergie plus sentie à la phrase? Toujours est-il qu'elle ne peut être considérée que comme euphonique et n'appartenant en propre qu'à notre langue; et sa présence n'en est pas moins très-remarquable et originale. Au reste il faut remarquer encore que cette forme avec *R* initial n'existe qu'à l'infinitif : elle ne produit dans aucun autre temps du verbe.

Èstre ou **Rèstre** est un des verbes auxiliaires en lang. comme en fr. Il est irrégulier, a dit un savant grammairien, dans la plupart des langues indo-européennes, c.-à-d. qu'on emploie plusieurs verbes différents, défectueux, chacun dans quelques-uns des temps, pour composer le système général de conjugaison de ce verbe. — *Dé qué li sès?* Qu'êtes-vous pour lui? A quel degré êtes-vous parents? *Li soui pas rés*, je ne suis pas parent avec lui.

Dér. du lat. *Esse, sum, fui.*

Èstré, éstrécho, adj. Dim. *Éstréché, éto; Éstréchoù, ouno.* Étroit. — *Voy. Déstré.*

Dér. du lat. *Strictus,* m. sign.

Éstrécési, *v.* Rétrécir. — *Voy. Déstrécési.*

Éstréma, *v.* Renfermer; serrer; mettre à l'abri; mettre dedans les récoltes et tout ce qui souffrirait au dehors des intempéries ou des voleurs. — *Éstréma-vous*, rentrez, mettez-vous à l'abri. *Éstréma un chival*, faire rentrer un cheval à l'écurie. *Las cagaráoulos éstrèmou lus banos*, les escargots rentrent leurs cornes. *Lou sourél s'éstrèmo*, le soleil se cache dans les nuages. On dit d'un gros mangeur : *Patira pas aquésto hivèr, éstrèmo foço pasturo*, il ne souffrira pas de besoin cet hiver, il fait bonne provision de fourrage.

Dér. du lat. *Extremus,* dernier, le plus reculé; parce qu'au sens propre, *Éstréma* signifie serrer avec soin, renfermer dans le coin le plus secret, le plus reculé de la maison.

Éstréna, *v.* Donner des étrennes au jour de l'an; donner le pour-boire ou les épingles aux servantes d'auberge, aux postillons, aux garçons d'hôtel; mettre pour la première fois un objet d'habillement ou de toilette; donner l'étrenne à un marchand, être le premier à lui acheter un article ou le premier chaland de la journée; avoir le premier usage d'une chose.

Éstréno, *s. f.* Étrenne; libéralité, gratification aux gens que l'on emploie ordinairement; premier argent que reçoit un marchand; premier usage que l'on fait d'une chose. — *Las éstrénos*, les étrennes du jour de l'an. *N'aï agu l'éstréno*, j'en ai eu les prémices. *Diou vous done bono éstréno*, dit-on à un marchand : que Dieu vous envoie des chalands.

Dér. du lat. *Strena,* m. sign. — Ce mot lat. vient du nom *Strenua*, déesse de la force; parce que des branches coupées dans une forêt consacrée à cette divinité, furent offertes le premier jour de l'an à Tatius, roi des Sabins, qui partagea le trône de Rome avec Romulus. Ce prince les reçut comme un heureux augure, et en autorisant cette coutume pour l'avenir, il voulut que le nom du présent qu'on se ferait à cette époque de l'année en rappelât l'origine.

Éstria, *v.* Étriller un cheval, le frotter avec l'étrille. Au fig. battre; rosser; rouer de coups; étriller les épaules de quelqu'un.

Dér. du lat. *Strigilare,* m. sign.

Éstriado, *s. f.* Raclée; volée de coups; correction manuelle.

Éstricado, *s. f.* Traite; parcours; temps de marche. — *Y-a'no bono éstricado*, il y a une bonne traite. *Y anaraï d'uno éstricado*, j'irai tout d'une traite.

Dér. du lat. *Extricare*, dépêcher une affaire; s'en débarrasser.

Éstrigougna, *v.* Tirailler; traîner; tirer par les habits ou par le bras; secouer; houspiller. — *Voy. Trigoussa.*

Dér. peut-être du lat. *Extringere*, serrer fortement : *Éstrigougna* est d'évidence un réduplicatif qui augmente l'action.

Éstrigougnado, *s. f.* Tiraillement; action de tirailler, de déchirer les habits de quelqu'un en le tiraillant.

Éstriou, *s. m.* Étrier, anneau de métal suspendu de chaque côté de la selle et servant d'appui au pied du cavalier. — *Tène l'éstriou à quáouquus*, tenir l'étrier; servir de marche-pied; aider quelqu'un à parvenir, lui prêter la main; être son complice.

Dér. de la bass. lat. *Strivarium* ou *Streparium*, m. sign.

Éstripa, *v.* Déchirer; mettre en pièces, en loques; essarter un champ; défricher; étriper; arracher les entrailles à un animal, éventrer. — On dit par antiphrase, *Éstripovèsto*, d'un homme très-maigre qui ne peut remplir ses habits.

Ce mot peut venir de la particule extractive *Es* et de *Tripo*, boyau, c.-à-d. extraire, arracher les boyaux. Dans le sens de défricher, il peut venir du lat. *Ex* et *Stirps*, souche, arracher les souches. Il reste à savoir dans les diverses acceptions quelle est celle qui a été usitée la première.

Éstripaduro, *s. f.* Déchirure; accroc.

Éstriviéïro, *s. f.* Étrivière, courroie double qui soutient l'étrier. — *Douna las éstriviéïros*, donner les étrivières, frapper, fustiger avec les étrivières ou autrement. Cette expression vient sans doute du moyen-âge où les chevaliers corrigeaient les fautes de leur pages et varlets à coups d'étrivières.

Éstron, *s. m.* Dim. *Éstrouné;* péj. *Éstrounas*. Étron, matière fécale. — Se dit aussi comme terme injurieux et très-bas, appliqué à un enfant, à un jeune homme qui fait des embarras, des traits méprisables.

Éstrouncha, *v.* Étronçonner les branches d'un arbre; couper la cime d'une plante ou l'extrémité supérieure de tout autre objet. — *Éstrouncha lous pèous,* diminuer la longueur d'une mèche de cheveux.

Dér. du lat. *Truncare,* rogner, couper par le bout.

Éstroupia, *v.* Estropier; casser un membre, le blesser, l'atrophier; gâcher un ouvrage; altérer un mot, une pensée, la langue.

Dér. de l'ital. *Stroppiare,* m. sign.

Éstru, *s. m.* Félicitation; compliment à l'occasion d'un heureux évènement.

Éstruciou, *s. f.* Instruction pastorale, sermon familier à la portée du peuple; instruction analytique que les catéchistes font sur le catéchisme aux enfants.

Il y a telles personnes grossières qui vont jusqu'à faire de ce mot celui de *Déstruciou* : c'est de l'hydrophobie archi-franchimande, que nous n'adopterons jamais : rien ne compromettrait plus sûrement la cause si belle du languedocien, que d'insérer dans sa nomenclature ces variantes barbares.

Éstruga, *v.* Complimenter, féliciter quelqu'un sur un évènement heureux. — *Vous éstrugue d'un fil,* je vous félicite sur la naissance de votre fils.

Ce mot et sa racine appartiennent au dialecte provençal; mais ils ont percé jusqu'à nous. La popularité des poésies de l'abbé Favre et des Noëls plaisants de Saboly nous l'ont importé.

Sa racine paraît être le lat *Strues,* sorte de gateau dont on faisait oblation en actions de grâce.

Éstrui, éstruicho, *adj.* Instruit; habile; savant; qui a de l'acquis.

Corrupt. du fr. *Instruit.*

Éstrumén, *s. m.* Instrument de musique. — Ce mot, emprunté au fr., ne s'emploie guère que dans cette phrase ironique : *La lénguo és un poulit éstrumén,* la langue est un instrument bien habile, que l'on adresse à un individu gascon et vantard : c'est lui dire que toutes ses bravades ne vont pas plus loin que le propos.

Éstudia, *v.* Étudier; tâcher d'apprendre par cœur; appliquer son esprit aux sciences; penser; réfléchir. — *Dé qu'éstudies aquì, choutaras?* qu'as-tu à bayer aux corneilles, nigaud!

Dér. du lat. *Studere,* m. sign.

Éstudian, *s. m.* Étudiant; écolier; jeune garçon qui fait ses études.

Éstudie, *s. m.* Étude; cabinet d'un notaire, d'un avocat, d'un avoué, d'un homme de lettres, etc.

Éstui, *s. m.* Étui. — Nous n'ajoutons rien pour une définition, et ce n'est qu'à regret que nous insérons ici un seulement pour mémoire, un mot que désavouerait un vrai languedocien, mais que le français a imposé à nos novateurs, parmi lesquels il a cours journalier. Pour nous, nous nous renfermerons, pour notre usage, dans son correspondant pur-sang *Cargué.*

Néanmoins, qu'il soit bien entendu que, dans cette objurgation, il ne s'agit que d'étui de couturière, qui ne peut avoir d'autre nom que *Cargué;* quant aux autres acceptions du mot *Étui,* il faut bien l'accepter du fr., ne serait-ce que pour rendre *Éstui dé lunétos.*

Éstuvo, *s. f.* Étuve; lieu qu'on échauffe pour faire suer.

Dér. de *Atuba,* allumer.

Et, *conjonction copulative.* Et. — En lat. *Et;* en ital. *E, ed;* en ancien esp. *È,* aujourd'hui *Y;* en port. *E.* Dans le plus vieux des titres de notre Hôtel-de-Ville, la charte romane d'Alais de 1200, cette conjonction est écrite *E;* les troubadours l'écrivaient de même par un *E* seul; Sauvages et bien des auteurs anciens et modernes de la langue d'Oc n'emploient pas d'autre forme. On prononce *È, è* grave, ouvert, sans jamais faire sentir le *T* final, qui ne sonne point et ne fait aucune liaison, non plus que dans le fr. avec le mot suivant, même commençant par une voyelle.

Pourquoi cependant adoptons-nous une orthographe contraire à ce principe qu'en languedocien il n'y a point de lettre inutile, qui ne doive se prononcer, qui ne garde sa valeur? Pourquoi ne pas suivre tant de modèles assurément fort recommandables et qui font autorité?

C'est une exception pour laquelle nous n'attendions que le moment de demander grâce; elle a, nous l'avouons, d'autant plus besoin d'indulgence que, si notre conjonction *Et* eût été soumise à la configuration romane par *E* simple surmonté d'un accent grave, sa consonnance était maintenue et sa signification ne perdait rien. Voici pourtant les raisonnements auxquels nous nous sommes laissé prendre.

Dans de précédents articles nous avons déjà expliqué comment nous entendions l'orthographe languedocienne, et d'après quels principes il lui était imposé de se diriger. Nous faisons ici encore de l'éclectisme, et nous nous garderions bien de rompre avec les traditions. Mais, avant tout, la manière d'écrire les mots qui nous paraît préférable sera toujours celle qui, sans blesser le génie particulier de notre idiome, s'écarte le moins des habitudes de lecture et d'écriture familières dès l'enfance au plus grand nombre, par conséquent la plus accessible à tous.

Notre langue n'entend point sans doute descendre au rang de patois du français, elle qui, même pour consentir à entrer quelquefois en commerce avec lui, prend un soin si minutieux d'imprimer à ses emprunts sa marque propre et originale. Néanmoins, nous avons beau protester, elle n'en subit pas moins les influences et l'invasion. Faute d'avoir pu rester maîtresse d'elle-même et se gouverner par son génie; faute d'une législation et d'une charte, c.-à-d. d'une orthographe et d'une syntaxe incontestées, auxquelles les dissidences pussent être toujours ramenées et soumises, elle s'est abandonnée et s'est laissée souvent entraîner hors de ses voies; si bien qu'un usage sans sanction est devenu le seul maître et l'unique règle. Mais encore ce tyran capricieux, qui procédait plus d'instinct que de logique, était-il toujours bien saisissable dans ses volontés? Nullement : chaque auteur avait son système et en préconisait l'excellence avec un droit égal. Force est donc aujourd'hui, sans autre autorité que l'usage mal défini, pour se maintenir dans une certaine régularité rationnelle, d'adopter d'abord bien des procédés orthographiques de notre voisin, puis de représenter les mots comme nous les articulons au moyen de signes et de combinaisons qui n'appartiennent point en propre à la langue d'Oc, admise seulement au partage. Notre méthode d'écrire trouve là une première justification.

Mais tout n'est pas dit. Les dialectes de la langue d'Oc sont nombreux, et quelles facilités ils ont eues de prendre leurs franches coudées, il est plus naturel de le concevoir que d'en mesurer la licence. Chacun a apporté sa pierre à l'édifice, et personne n'était là pour apprécier la qualité des moëllons et diriger la pose. Tout est entré un peu pêle-mêle; et là où manquait un contrôle sévère pour vérifier la légitimité des droits, la possession devait finir évidemment par valoir titre.

Ce travail d'envahissement n'a jamais cessé; le purisme des fidèles a crié à la profanation : ces apports, malgré tous les scrupules, ont fini par s'impatroniser. Nos constructions de phrase, par exemple, à quelques rares exceptions près, et nous ne nous épargnons pas à les relever, ont abandonné leur originalité romane qui, mieux que le français, rappelait le type latin, et elles se sont formées sur l'étalon d'outre-Loire. C'est cette similitude de constructions qui nous a forcé d'emprunter au français tous ces liens, tous ces ciments de la phrase que l'on nomme adverbes, prépositions et conjonctions surtout. Les trois quarts en effet de nos conjonctions sont purement et strictement françaises : *Et, Ni, Coumo, Quand, Mais, Pas,* etc. De même pour un autre genre de mots, substantifs ou temps de verbes, la plupart monosyllabiques, qui ont amené des liaisons inconnues au languedocien, et dont il est nécessaire de tenir compte : nous les signalerons.

Nous aurons à revenir là-dessus à mesure que la circonstance le fera, et aussi peut-être à réclamer en leur faveur des exceptions et des utilités. Abrégeons, en attendant, le douloureux chapitre des concessions pour rester en présence de l'obligation imposée à notre lexique, et des perplexités qui ont dû l'assaillir, au moment de se faire un système orthographique au milieu de tant de divergences.

Tout d'abord, avec un idiome dont la mélodie est l'âme et la base, chaque mot doit être figuré par une notation si précise qu'elle contraigne à l'épeler comme il doit être entendu pour avoir et représenter le sens vrai : l'orthographe auriculaire, phonétique s'érige donc en principe. Puis, si l'on considère les circonstances, le milieu dans lesquels un lexique de cette langue va apparaître, où il est appelé à vivre, n'est-il pas évident qu'il est destiné surtout à des lecteurs qui ont fait toutes leurs études de lecture dans le français et sur le syllabaire et l'alphabet français? Il ne s'agit pas ici d'abdication pour la langue d'Oc, ni de faire acte d'humiliant vasselage envers un rival : toute la question est de la maintenir dans son rôle littéraire, et de donner à ses compositions, à son langage usuel, les moyens les plus sûrs de se faire comprendre et de conserver son caractère original. Il importait encore à ce point de vue de ne pas contrecarrer des habitudes venues de l'école à la grande masse de ceux qui ont à consulter des livres languedociens. Tous ces intérêts expliquent suffisamment notre méthode.

Or, nous avons dû conclure de là que notre lexique, pour être au courant du mouvement linguistique dans notre pays, était tenu de reproduire les innovations et les apports qui ont enrichi la langue, en plus grand nombre que n'a fait et n'a voulu faire l'abbé de Sauvages, soit parce qu'il fallait être plus complet, soit parce que la foule des vocables, nouveaux venus depuis Sauvages, est plus considérable que de son temps. Mais nous avons été amené à cette autre déduction que la prononciation de chaque mot, pour en obtenir l'intelligence, devait être représentée par les lettres admises partout, avec leur valeur consacrée par la pratique, constituant le son et la cadence, ces principes essentiels de notre idiome musical.

Les risques que courait notre dialecte à se rapprocher en cela de l'orthographe française ne nous ont point frappé. Il semble qu'il n'y a pour lui au contraire que des avantages à recueillir et que son génie n'en est nullement blessé. Il demande à être bien lu pour être bien compris, à être bien épelé pour être bien prononcé et cadencé : la configuration visuelle, saisissante, facile de ses vocables par l'alphabet français, le seul connu, ne leur enlève ni le signe, ni le cachet du crû, ne les dénature point : il y a convenance à se servir des moyens les plus simples et en même temps les plus commodes.

Ces considérations devaient nous décider. La première des conjonctions dont nous avons à traiter, et la plus fréquente sans contredit, appelait ces remarques générales qui préviendront les redites, et leur raison fera comprendre leur utilité.

Comme en français, notre conjonction *Et* s'écrira en deux lettres et se prononcera sans faire sentir le *T* final : comme en français aussi, ce dernier *T* ne formera point de liaison avec le mot qui suivra. Cette configuration ne surprendra pas le lecteur, et une fois expliquée ne peut porter aucun trouble, ni causer la moindre hésitation, pour être prononcée comme en français. Dans l'intérêt d'une prompte intelligence de la phrase écrite, l'exception nous parait devoir être acceptée, et elle sera tout à fait légalisée, quand nous aurons rappelé qu'elle a été introduite, sans soulever un reproche, dans les *Castagnados*. Le modèle est toujours bon à suivre.

Évangile, s. m. Évangile; partie de l'évangile qu'on récite à la messe.
Dér. du lat. *Evangelium*.
Évéia, évéiado, adj. Éveillé; vif, alerte; gai; espiègle.
Évéjo, s. f. Envie — *Voy. Invejo*.
Évéjoùs, ouso, adj. Dim. *Levjouse, eto; L'eejouso, oto* Envieux. — *Voy. Invejoùs*.
Évès, évèsso, adj. Couché sur le dos, à la renverse. — Ne s'emploie guère que dans ce dicton. *S'aparo coumo un cat evès*, il se défend des griffes et des ongles.
Dér. du lat. *Eversus*, renverse.
Ézan, adj. masc. Exempt; exempte du service militaire par le conseil de révision.
Mot nouveau : mais il est facile de voir comment cette idée et beaucoup d'autres du même genre ont pris place dans le langage populaire.
Ézanciou, s f. Exemption; cas, motif d'exemption.
Ézanti, v. Exempter, dans le sens du recrutement : dans tout autre, préserver; défendre. — *Sé moun capel m'avié pas ezanti lou co*, si mon chapeau n'avait pas paré le coup.
Ézate, ézato, adj. Exact; parcimonieux; qui exige rigoureusement tout ce que la légalité lui accorde; qui partagerait un poil en deux pour en avoir sa quote-part.
Ézémple, s. m. Exemple; modèle d'écriture.
Pr'ezemple. par exemple. — Se dit quelquefois interjectivement. *Ah! pr'ezemple!* Ah! pour le coup!
Ézinla, ado, adj. Exilé; proscrit; banni.

F

F, s. f. F, sixième lettre de l'alphabet et quatrième des consonnes. Se prononce dans l'épellation languedocienne *Éfo*, et prend le genre féminin.

La classification grammaticale des consonnes range F parmi les Labiales, aspirée forte, parce que, pour la prononcer, dit un savant grammairien, « la lèvre inférieure se retire sous les dents incisives supérieures qu'elle presse avec quelque force, et ne laisse qu'une très-petite ouverture des deux côtés de la bouche vers les dents canines ; l'air, chassé des poumons avec une certaine énergie, s'échappe avec vitesse par ces deux issues, en produisant une sorte de souffle assez fort, dont le bruit est tout à fait semblable à celui que fait entendre un chat qu'on irrite. »

La disposition de l'organe buccal reste à peu près la même, quoique avec un amoindrissement sensible et plus de faiblesse, pour la labiale aspirée faible V; et c'est ce qui explique pourquoi entre lettres ou consonnes de même organe, la permutation se fait assez volontiers. Mais comme nos dialectes n'ont pas, comme le fr., des mots terminés par F, cette permutation n'apparaît qu'au féminin ou dans les composés, où une terminaison adoucie peut trouver place ; et de plus, comme il est rare qu'une forte se change en faible, tandis que la permutation contraire est plus fréquente, il en est résulté que, dans les recherches étymologiques, on n'est pas surpris, à propos de notre consonne, de rencontrer, par exemple, le lat. *Vivus*, donner *vif* au fr. m., et au lang. *Viou*, faisant *Vivo* au fém., et de voir *Nóou*, de *Novus* ou *Novem*, en fr. neuf, donner au fém. *Novo* ; *bidou* de *bos, bovis*, en fr. bœuf; etc., et aussi *vices*, lat. faire en lang. *Fes*, en fr Fois ; *Vervex*, lat. *Fédo*, lang. etc. Mais une autre transformation de F se rencontre encore dans quelques mots de notre dialecte. Elle est très-repétée dans l'espagnol, et dans le béarnais et l'armagnac : c'est celle de F en H, et *vice versâ*. Les dispositions de prononciation de l'aliment naturellement partout ou l'aspiration de H est plus recherchée. Nous, qui la cultivons moins qu'ailleurs, nous n'en pouvons offrir beaucoup d'exemples : cependant les mots *Fartaio*, *Fardos*, *Fenno*, et autres que nous relevons au passage, présentent de curieux spécimens.

Fa, v. Faire. Contraction de l'infinitif *Faire* ; dans d'autres dialectes *Far* — Ne s'emploie pas indistinctement pour le verbe qu'il représente, mais seulement dans certaines locutions, sous certaines conditions, qu'il est impossible de préciser et de citer en règle. *Pode pas fa de men que de..*, je ne puis me dispenser de.. *Ou vole pas fa*, je ne veux pas le faire. *Y vouói pas fa mdou*, je n'avais pas l'intention de lui faire du mal. *T'ou vóou fa veire*, je vais te le faire voir. *Fa fio de tout bos*, faire feu de tout bois. *Fa l'ase per manja dé brén*, faire l'âne pour avoir du son. *Fóou fa jo qué dure*, il faut faire jeu qui dure.

Fa, facho, part. pass. du v. Faire. Fait, faite ; achevé, exécute. — Ce participe n'a point de dim. ni d'augm.; mais quand il est pris adjectivement par une adjonction comme *bièn fa, mdou fa*, il est susceptible de prendre l'un et l'autre : *Aquel drole es bièn facho din touto sa pérsouneto*, cet enfant est très-bien pris dans toute sa petite personne. *Aquel home és mdou fachas*, cet homme est vilain et mal fait.

Le prvb. dit : *Entre lou fa et lou di y-a cént légos dé cami*, entre la promesse et l'exécution, entre la parole et l'action, il y a cent lieues de chemin. *Ni fa ni fa*, rien de fait ; je retire ma proposition ; tout marché est rompu entre nous : espèce de formule sacramentelle.

Dér. du lat. *Factus, facere.*

Fabïargue, *s. m. n. pr.* de lieu. Fabiargues, hameau de la commune de Saint-Ambroix (Gard). Autrefois, dans un cartullaire de la seigneurie d'Alais, en 1343, il était appelé *Mansus de Fabayranicis.* Le roman lang. était conduit par là à *Fabayranègues*, qui a donné le mot actuel par les transformations déjà expliquées sous le suffixe *Argue*. Ce nom est le même avec évidence que celui de *Favédo;* même racine, même origine, même signification. — *Voy.* Favédo.

Fablo, *s. f.* Fable ; apologue. — Le languedocien cite souvent des traits pris dans les fables de La Fontaine : *Aquò's éscri din la fablo*, c'est écrit dans le fabuliste. La Fontaine a un tel crédit dans l'opinion du peuple, non pour les faits qu'il rapporte, mais pour la leçon morale qu'il en déduit, que ses maximes sont citées comme articles de foi, et qu'on dit de ses œuvres comme de la Bible : c'est écrit.

Dér. du lat. *Fabula*, m. sign.

Fabrariè, *s. f. n. pr.* La Fabrerie, nom d'une rue d'Alais, parallèle à la Grand'rue.

Ce nom, comme tant d'autres noms de rues, dérive de l'époque où les différents métiers étaient cantonnés chacun dans un quartier spécial *(V.* Bouquariè*);* celui-ci était le quartier des forgerons, qui se nommaient *Fabres.*

Il est singulier qu'on dise : *Demoro én Fabrariè, vòou én Fabrariè*, il habite la rue Fabrerie, je vais à la rue Fabrerie ; tandis qu'on ne se sert pas également de la prép. *én* pour les autres rues qui ont une origine semblable. Ainsi on dit : *à la Teissariè, à la Bouquariè,* et non *én Teissariè, en Bouquariè;* on dit aussi : *en Sabatariè* et non *à la Sabatariè; én carièiro Drécho, én carièiro Bàoubèlo,* et non *à la carièira Drecho, à la carièiro Bàoubèlo.* Ce sont là de ces anomalies dont on ne saurait rendre compte, mais que l'usage prescrit impérativement.

Fabre, *n. pr. m.* Au fém. *Fabrèsso;* dim. *Fabroù, Fabrouno.* Fabre et Favre.

Ce nom n'est plus qu'un n. pr. : il signifiait autrefois forgeron, taillandier, dér. du lat. *Faber,* artisan. Le forgeron se disait en lat. *ferrarius faber;* on a supprimé l'adj. et cet ouvrier est resté *faber* par excellence.

Fabrégo, n. pr. d'homme et de lieu. Au fém. *Fabréguèsso;* dim *Fabrégoù, Fabrégouno* Fabrègue.

Dér. du lat. *Fabrica,* fabrique ; nom qui plus tard a signifié exclusivement l'orge, atelier de forgeron.

Fabriqua, *v.* Fabriquer ; faire certains ouvrages manuels. Au fig. et par ext. inventer ; imaginer ; intriguer ; tatillonner ; tramer quelque chose en cachette.

Fabriquan, quanto, *adj*. Fabricant, celui qui fabrique ou fait fabriquer. Au fig. tatillon ; intrigant ; qui aime à se mêler de tout, à fourrer le nez dans tous les secrets.

Fabriquo, *s. f.* Fabrique ; manufacture ; principalement dans ce pays, moulin à soie. — *És à la fabriquo,* elle est occupée au moulinage de la soie. *Aquelo histouèro és dé la fabriquo,* c'est un conte de votre fabrique, de votre invention.

Dér. du lat. *Fabrica, Fabricare,* m. sign.

Facha, *v.* Fâcher ; faire de la peine ; donner de l'humeur ; choquer ; chagriner.

Se facha, se fâcher ; se mettre en colère ; témoigner de l'humeur ; se chagriner.

Dér. du lat. *Fascis,* charge, fardeau.

Fachignè, ignèiro, *s. m. et f.* Sorcier, magicien, qui donne ou jette des sorts, et non devin : c'est le *Jettatore* ital. — Quelquefois on l'adjective : *Un regar fachignè,* un regard qui fascine ; un mauvais œil.

Dér. du lat. *Fascinare,* fasciner, ensorceler.

Facho, *fém. du part. pass. Fa.* — *Voy. Fa.*

Fachoùs, ouso, *adj.* Fâcheux, en parlant des choses et non des personnes ; désagréable ; malheureux. — *Aquò mé séguè dé fachoùs,* cela me fut très-désagréable, ce fut un soufflet pour moi. Cette part. *dé*, qui est là une complète superfétation, est tout à fait du génie particulier du languedocien, et comme elle se reproduit en mille circonstances où elle joue un rôle à peu près aussi inutile, on peut la considérer comme une constante protestation contre le fr., alors qu'on est obligé de lui emprunter une locution.

Facinle, inlo, *adj.* Péj. *Facinlas.* Facile, aisé, qu'on peut faire sans peine, sans efforts, en parlant des choses : lorsqu'on parle des personnes, on ne s'en sert qu'au péjoratif : *Aquelo drolo és facinlass,* cette jeune fille prête une oreille trop docile, trop facile aux amoureux ; elle est aisée à séduire, à amener à mal.

Dér. du lat. *Facilis,* m. sign.

Facios, *s. f. plur.* Figures d'un jeu de cartes, roi, dame et valet ; faces des cheveux, c.-à-d. cheveux au-dessus des tempes.

Dér. du lat. *Facies,* face, figure.

Faço, *s f.* Face ; visage ; partie antérieure de la tête, d'un édifice — *Dé faço*, en face. *Soun oustdou me fai faço*, sa maison est vis-à-vis la mienne.

Autrefois on disait *Facio*, mot qui n'est plus consacré que dans l'acception de l'article précédent : c'est une des nombreuses dégénérescences que nous fait subir le fr.

Dér. du lat. *Facies,* m. sign.

Façoun, *s. f.* Façon ; manière de faire une chose ; manière dont elle est faite : façon d'agir, de parler, de vivre ; tour convenable ; prix de la main d'œuvre sans égard à la nature de la matière. — *Dé façoun que...,* de sorte que. *Sans façoun,* sans façon, naturellement, sans gêne, sans hésitation. *Y-més bièn la façoun,* il tourne agréablement la chose, il la présente convenablement, ou il y prend peine.

Au plur. *Façouns* se prend comme en fr. pour : façons,

manières affectées, un peu minaudières ; civilité, recherche dans les procédés. — *Fagues pas tant de façouns, ne faites pas des façons, ne vous faites pas prier. Ah! que diable tant de façouns!* C'est assez faire de façons et de grimaces!

Dér. du lat. *Factio*, action, manière d'agir.

Façouna, v Façonner ; donner un tour gracieux a un ouvrage ; le charger d'ornementations Au fig Façonner, habituer quelqu'un, lui donner de l'usage ; le styler.

Se façouna, être manière ; prendre des airs, des manières affectées de fatuité, de minauderie, de coquetterie.

Façounoùs, ouso, adj Cérémonieux ; qui aime à se faire prier ; qui met trop d'apprêt et d'étiquette dans ses manières ; affecté ; qui craint toujours de paraître indiscret.

Fada, v — Voy. *Fadia*, qui est mieux.

Fade, fado, adj. Péj. *Fadas*. Fade ; insipide ; fat ennuyeux et plein de roideur.

Dér. du lat. *Fatuus*, m. sign. dans les deux acceptions.

Fadéja, v. fréq Badiner ; folâtrer ; faire l'imbécile ; perdre à demi la tête, extravaguer.

Dér. de *Fado*, fee, dont le caractère était badin et folâtre, et qui jetait des sorts : cette dernière faculté répond à la dernière acception de *Fadéja*.

Fadéjaire, aïro, adj. De fée, qui tient aux fées, qui fait comme les fées ; badin, folâtre, qui aime à s'amuser.

Fadia, v Charmer ; ensorceler, jeter des sorts ; enchanter. — *Quaouquo fachigniéiro l'a fadia*, quelque sorcière lui a jeté un sort. *Es tout fadia*, il est pétrifié, il semble sous l'empire d'un charme.

Dér. de *Fado*.

Fado, s. f Dim. *Fadeto*. Fée, être fantastique, du sexe féminin, qu'on suppose doué d'un pouvoir surnaturel.

Cette fiction des fées est sans contredit la plus originale et la plus gracieuse des créations mythologiques du moyen-âge. Ces sortes de divinités jouent un grand rôle dans les contes, les légendes et les veillées du peuple qui en conserve encore le souvenir. Il est peu de contrées qui n'aient leurs légendes de fées : notre charmant poète des *Castagnados* a consacré à celles de nos environs, dans la *Bàoumo dé las Fados*, la grotte des fées, une de ses plus touchantes, comme de ses plus mélodieuses inspirations.

Quand on admire un ouvrage d'un fini exquis et d'une merveilleuse délicatesse d'exécution, on dit : *Sémblo qué las fados y-an bouta las mans*, c'est un ouvrage de fées ; mais quand on dit : *Quaouquo fado l'doura vis*, quelque fée lui aura jeté un sort, un mauvais coup-d'œil ; ce n'est pas des fées de la légende dont on entend parler ; c'est un retour vers les sorcières qu'on traduit là par *Fado*, à cause de la parité de pouvoir surnaturel de ces deux espèces si différentes d'ailleurs dans leurs attributs et dans leurs actes.

Dér. de la bass. lat. *Fata*, m. sign.

Quelques étymologistes font dériver ce dernier mot lat. du v. *Fari*, parler ; mais il semble plus rationnel de le faire descendre de *Fatum*, destin, au plur. *Fata*, dont l'analogie avec le pouvoir et l'influence des fées est plus naturelle

Fagò, s. m Dim. *Fagoute*. Fagot ; faisceau de menu bois, de branches, etc., charge, paquet.

Dér. du lat. *Fagus*, hêtre

Fagoutiè, tièïro, ou Faïssiàire, aïro, s. m. et f. Fagoteur ; faiseur ou ramasseur et vendeur de fagots. — S'applique surtout aux pauvres gens de la ville qui, les jours où l'ouvrage manque, vont faire des fagots de menu bois, soit dans les bois communaux, soit même chez les particuliers où le service des gardes-champêtres n'est pas bien fait.

Fagoutièïro, s. f Fagotière ; grenier, galetas où les boulangers renferment leur provision de fagots.

Faï, s. m. Au plur. *Faïsses*. Dim. *Faïssé* ; augm. *Faïssas*. Faix ; charge ; poids ; fagot ; paquet. — *N'ai moun faï de tout aquò*, j'en ai par-dessus la tête. *Pichò faï et bièn lia*, prvb. qui revient à : Qui trop embrasse mal étreint. *Careja à bèles faïs*, transporter à dos d'homme.

Dér. du lat. *Fascis*, fagot, charge.

Faï, 3ᵐᵉ pers. sing. pres. de l'indic. du v. *Faïre*. Il ou elle fait — Voy *Faïre*.

Faï, s. m. Hêtre. — Voy. *Faïar*.

Faïa, v. Fêler ; fendre légèrement. — *Uno carto faïado*, une carte retournée dans le jeu.

Dér. du lat *Fallere*, faillir, manquer.

Faïanço, s. f. Faïence, poterie de terre fine, émaillée et ordinairement blanche.

De l'ital *Faenza*, ville de la Romagne où cette poterie fut inventée, vers l'an 1299.

Faïar ou Faï ou Fàou, s. m. Dim. *Faïardé*. Hêtre, fau, fayard, foule au, *Fagus sylvatica*. Linn., arbre de la fam. des Amentacées. — Cet arbre joue un grand rôle dans la poésie bucolique, soit parce que c'est sous son ombre que le père des bergeries place la scène de sa première pastorale, soit aussi, je m'en doute, parce qu'en fr. il rime admirablement à champêtre. Il est vrai que de nos jours, pour cause d'abus, cette rime n'est plus admissible, au même titre que celle de guerrier et de laurier.

Ce mot est un de ceux qui se sont le mieux prêtés à des appellations de localités et de personnes : les variantes mêmes les indiquent. La raison en est simple : cet arbre était commun, d'une venue remarquable, d'une grande utilité pour les divers usages de son bois ; il était naturel qu'il servit sous différentes formes aux désignations locales, comme le chêne, le châtaignier, le frêne, etc. Son nom celtique paraît avoir été *Fao*, qui se rapprochait du lat. *Fagus* ; aussi, sur ce radical similaire, quand il s'agit de dénommer un lieu, un domaine où il se trouvait en abondance, le suffixe collectif celtique *ec* = *ac* se rencontrait au bout de concert avec le suffixe latin de collectivité *acus, acum, etum*, qui le représentait exactement ; et dans la moyenne latinité se trouvent naturellement les noms géographiques *Faïacus, Faïacum, Fagetum*, traduits par le roman, par le languedocien et par le français en

Fay, Faï, Fays, Fey, etc., qui signifient, pour peu que le signe partitif s'y joigne, une réunion de hêtres, une foutelaie, lieu planté de hêtres, et plus tard le nom du propriétaire de ce domaine. Les altérations, sans s'écarter beaucoup, ont créé des variantes; les aptitudes ethniques ont fait préférer certaines formes au Nord ou au Midi, comme on le remarque dans tous ces noms collectifs; l'influence latine a plus ou moins imprimé son cachet sur telle ou telle dénomination à la désinence; mais la racine apparait avec une identité constante. Nous n'en citerons que les exemples le plus près de nous, et quelques analogues, pour rappeler ce que nous avons dit de la composition des noms propres.

Dans le département du Gard seulement, comme noms de localités, montagnes ou hameaux, *la Fajo*, La Fage se trouve dans les communes de Cambo, de Cruviers-Lascours, de Mialet, d'Anduze, de Cézas et Cros, de Sumène; *La Faje*, La Faget, commune de Malons-et-Elze; *Lou Fâou, Le Fau*, communes d'Aujac, de Saint-Sébastien d'Aigrefeuille; *Lous Fâous, Le Faus*, commune de Martin de Corconac; et comme noms d'homme très-répandus, *Faje*, Fage, Fages, *Faie*, Fayet, *Fage*, Faget; donnant naissance à La Fayette, Fayel, Fayelle, Fajon, Fageon, Fayon, Fayollat, Fayolles; et sans doute à Faugières, Falguières, même Fargeau, d'où aussi Farjon et Fargeon; remontant tous également à notre *Faï, Fâou, Faiar*, fayard, hêtre, du lat. *Fagus* ou du celt. *Fao*, avec la marque plus ou moins profonde du suffixe de collectivité.

De même en fr. Fay (Sarthe), en lat. de cartulaire *Faiacus;* Fays (Vosges), *Fagetum;* Les Faix (Doubs); et les nombreux Faux, Le Faux, Les Faux, Fay, Faye; Fey, Feys; noms propres de lieu, et les noms communs Foutelaie et Fouteau, pour la pluralité et le sujet isolé.

Faïno, s. f. Fouine, *Mustela foina,* Linn.—Voy. *Martro.*

Faïou, s. m. Brandon; botte de foin, de paille ou de toute autre matière menue inflammable, dont on se sert à la campagne, après l'avoir allumée, pour transporter du feu d'un endroit dans un autre, pour s'éclairer pendant la nuit en guise de torche, et pour écarter par la fumée les abeilles dont on châtre les ruches ou dont on enlève le miel.

La pêche aux brandons, qu'on dit *Pesquo à la luminado,* se fait à la lueur de brandons composés de brins de bruyère sèche ou de roseaux dits *Canisses* : ces torches s'appellent *Faïou*, sorte de dim. de *Faï.*

Dér. de *Faï,* hêtre, parce que c'était en général de menu bois de hêtre, dans nos pays ou cet arbre est commun, que se faisaient les brandons.

Faïre, v. Faire; agir; créer, former, produire; fabriquer; composer; opérer; exécuter, etc. — Sa signification, comme en fr., est très-étendue : des exemples peuvent donner une idée des formes qu'il prend à ses divers temps, comme de l'emploi varié qu'en fait notre langue. — *Fasès-vous-én-lai,* reculez un peu; poussez-vous par côté. *Faï-t'én-çai,* rapproche-toi d'ici; serre-toi plus près. *Chaquo jour qué Diou a fa,* tous les jours de la vie. *Sou-faï, sou-fasie,* dit-il, disait-il. *Déman fara hiuè jours,* il y aura huit jours demain. *Fasès voste cami,* passez votre chemin. *M'a pas soulamén di : Bèstio, de qué fas?* Il n'a pas pris la peine de me demander si j'étais chien ou loup. *Qué té faï faï-li,* c'est le *Par pari refertur* des latins : œil pour œil, dent pour dent. *A pas res fa que noun siègue dé faire,* il n'a rien fait de mal; rien que de très-convenable. *Aquel messaje faï foço mèstres,* ce valet change souvent de condition. *Faï de soun home,* il fait l'important, l'entendu, le fier-a-bras. *Faï damo,* elle s'habille comme les dames. *Faï capò, faï tartan,* elle porte des chapeaux et des châles comme les dames. *Sé faire embé,* hanter, fréquenter, faire sa compagnie de... *Faï michan estre pâoure, tout vous bèquo,* la pauvreté est une fâcheuse condition; tout le monde vous marche sur le pied. *Faï bon pas res sdoupre,* qu'on apren toujour quicon, il est bon d'être ignorant, on apprend toujours quelque chose de neuf. *Aquò mé farié gâou,* voilà qui me ferait plaisir. *Vouè! se fusias lun,* hola! si vous éclairciez un peu. *Lou blа a fa d'un dès,* le blé a rendu dix pour un. *M'a fa coumo un méloun,* il m'a trompé, flibusté comme un juif. *Aquel méloun es trop fa,* ce melon est trop fait, il est passé. *L'ase d'Aoubarno sé fuguè én manjan de pousses,* l'âne du Gascon s'engraissa avec de la paille. *Nous fasen bièn tard per semena,* la saison est bien avancée pour semer, je crains qu'il ne soit bien tard. *Se faï din l'aje,* il avance en âge, vers la vieillesse. *Pode pas faire de mén,* impossible de me dispenser de.... *De que faire aqui?* Que faire à cela? *Faire de mita* partager, être de moitié. *Faï luno,* la lune éclaire.

Dér. du lat. *Facere,* m. sign.

Faïsséja, v. fréq. Porter à plusieurs reprises des charges à dos d'homme, le faire habituellement; exercer cette industrie illégale indiquée à l'art. *Faïssaïre.* — Voy. c. m.

Faïssèlo, s. f. Écuelle sans anses et percée de petits trous au fond, où l'on met le caillé à égoutter, et qui donne au fromage frais cette forme sous laquelle nous l'appelons *Toumo.*

Dér. du lat. *Fiscellus,* forme à faire les fromages.

Faïssiàire, aïro, s. m. et f. Fagotier, faiseur de fagots; celui ou celle qui exerce l'industrie plus ou moins licite de ramasser du bois mort ou vif, gros ou menu, et d'en faire des fagots pour vendre, sans en rendre compte au propriétaire du bois. — Voy. *l'ayoutiè.*

Faïssiâou, s. m ou **Pagnè-lon** ou **Païaron,** qui semble une corruption du précédent. Panier long, sorte de manne faite de côtes de châtaigners sauvages, deux fois plus longue que large, à bords relevés, propre à porter différentes charges sur les épaules.

Dér. de *Faï,* faix.

Faïssiè, s. m. Porte-faix, crocheteur, dont le métier est de porter d'un lieu dans un autre les ballots de marchandise.

Dér. de *Faï,* faix.

Faïssino, *s. f.* Fascines pour les vers-à-soie. — On sait que pour ramer les vers, on emploie des brins de bruyère qui, s'appuyant sur la table inférieure, s'arrondissent par la cime et forment le berceau au-dessous de la table supérieure. Mais lorsqu'on est arrivé au dernier ou au plus haut étage, on ne peut suivre le même procédé, puisqu'il n'y a plus rien au-dessus pour fixer le haut bout de la bruyère. Alors on prend des fagots de sarments, ou de vieux élagage de mûriers que l'on relie en bottes de la grosseur de la jambe et d'une longueur égale à la largeur de la table. On les place sur celle-ci à la distance d'environ soixante-et-quinze centimètres l'un de l'autre, après avoir piqué dans leurs interstices des brins de bruyère qui s'y fixent ainsi en se tenant debout. Ce sont ces fascines ainsi disposées et garnies de leur bruyère qu'on appelle *Faïssino*.

Dér. du lat. *Fascis*, dim. *Fasciculus*, dans la bass. lat. *Faxina*, botte, fagot.

Faïsso, *s. f.* ou **Bancèl**. Terrasse ou bande de terrain soutenue par un mur de revêtement; plate-bande de jardin. — C'est par ce procédé, fort coûteux et fort pénible du reste, qu'on parvient à transformer un terrain en proclivité, les flancs d'une montagne, en parcelles nivelées, s'étageant pour ainsi dire les unes sur les autres; seul moyen de retenir la terre de nos plantations et de nos vignes, qui sans cela serait constamment ravinée et balayée par les grandes pluies, le terrain en étant toujours meuble à cause des œuvres qu'on est obligé de lui donner. La plupart des montagnes de nos Cévennes sont coupées ainsi en terrasses disposées en amphithéâtre.

Le mot *Bancèl* tient au dialecte cévenol ou raïol. *Faïsso* est plus usité dans les environs d'Alais.

Dér. du lat. *Fascia*, bande, lanière.

Falaï, falaïso, *adj.* Péjor. *Falaïsas*. Nonchalant; indolent; insouciant; qui ne s'émeut de rien, ou plutôt qui prend le masque de ces défauts pour faire des dupes.

Dér. du lat. *Fallax*, trompeur.

Falbala, *s. m.* Falbala; toute garniture au bas d'une robe; bande d'étoffe au bas d'une robe, d'une jupe. Au fig. pompons, fanfreluches; tout ce qui constitue la toilette des dames du grand ton.

Quelques étymologistes assignent une origine tout à fait fantaisiste à ce mot qui aurait été imaginé par hasard et accepté pour sa singularité insignifiante. Les antiquaires font remonter l'ancienneté de cet ajustement aux Parthes et aux Perses. D'autres le font venir de deux mots allemands *Fald-plat*, feuille plissée. Nous le tenons tel quel du fr. sans altération.

Falèto, *adj. f.* Boiteuse, à demi-paralysée. — Ne marche qu'avec *Cambo*. — *V.* c. m.

Fali, *v.* Faillir; manquer; s'évanouir. — *Jour fali*, crépuscule du soir, entre chien et loup.

Dér. du lat. *Fallere*, tromper, manquer.

Faloupado, *s. f.* Grosse vague; masse d'eau torrentielle ou d'inondation, qui arrive soudainement et se retire avec promptitude.

Ce mot paraît dérivé par corrupt. du fr. *Envelopper*. Dans certaines localités voisines on dit *Valoupado*, qui se rapproche davantage de cette origine : simple permutation d'ailleurs de la labiale *F* aspirée forte, en *V* aspirée faible. — *Voy.* lettre F.

Falour, ourdo, *adj.* Péj. *Falourdas*. Gros lourdaud; butor; grossier et inepte; sot renforcé.

Formé, paraît-il, par corrupt. de *Fol* et de *Lour*.

Famiè, famièïro, *adj. m. et f.* Familier, qui se familiarise aisément; qui en use familièrement; privé, apprivoisé, en parlant des animaux.

Dér. de *Famïo*.

Famino, *s. f.* Famine, disette générale de vivres, dans un pays, dans une ville, dans une place forte. Par ext. simplement, faim, grand'faim. — *Bramo famino*, il crie famine.

Dér. du lat. *Fames*, m. sign.

Famio, *s. f.* Dim. *Famïéto*. Famille, tous ceux du même sang; race, lignée; les personnes d'une même maison. — *Acampo dé famïo*, sa famille augmente beaucoup.

Dér. du lat. *Familia*, m. sign.

Fanabrégou, *s. m.* ou **Bélicouquiè** ou **Piquopouïè**. Micocoulier, bois de Perpignan, *Celtis australis*, Linn., arbre de la fam. des Amentacées. — *Voy. Bélicouquiè*. Ne pas le confondre avec l'alisier, quoique son nom lat. *Celtis* soit le même; mais ce n'est là sans doute qu'un nom générique. C'est avec les scions de cet arbre aménagé en taillis, que se fabriquent à Sauve (Gard), ces fourches à trois fourchons pour remuer la paille et le foin, qui sont supérieures à toutes les espèces fabriquées ailleurs. Autrefois cet arbre était fort estimé dans ce pays parce qu'on en faisait des cercles de futailles préférables à ceux du châtaigner sauvageon. Les cercles de fer battu ont dépossédé cette industrie. et les micocouliers tendent à disparaître chaque jour de nos contrées.

Dér. du celtique *Fana-bren*, m. sign. *Bren* ou *Pren* est le nom général des arbres en gallois et en breton : on les distingue par le fruit : arbre qui produit la micocoule.

Fanâou, *s. m.* Fanal; falot; grande lanterne d'écurie, composée d'une cage de fer, recouverte d'une toile très-claire, et au centre de laquelle se place une chandelle.

Dér. du gr. Φανός, de Φαίνω, luire.

Fandalado, *s. f.* Plein un tablier. — Les femmes du peuple font volontiers de leur tablier un sac pour transporter du linge, des vêtements, de la soie, etc.; celles de la campagne en font leur cabas pour transporter les légumes et les herbes, sans pour cela le détacher de la ceinture.

Fandâou, *s. m.* Dim. *Fandalé*. — *Voy. Davantdou*. Tablier de femme, grande pièce d'étoffe ou de toile, avec ou sans poches, que les femmes portent devant elles sur la robe, dont elle recouvre tout le devant depuis le cou, ou seulement depuis la ceinture; tablier de cuir pour certains artisans. — *La novio porto milo éscus din soun fanddou*, la future apporte mille écus comptant, au jour du mariage, dans son tablier.

Ce mot semble une corrupt. du mot *Fdouddou*, qui paraît avoir existé autrefois avec la m. sign. et qui dérivait évidemment de *Fdoudo*, giron : le tablier étant le vêtement propre de cette partie du corps.

Fanfaro, *s. f.* Fanfare, air de trompettes martial. Par ext. tapage, bruit, train bruyant; éclat avec ostentation.
Emp. au fr.

Fanfaroù, *s. m.* ou **Lanfaroù**. Dim. *Fanfarouné*. Coupe-bourgeon, bêche, lisette, insecte du genre des Rynchytes. — Ces dénominations désignent, ainsi que *Fanfaroù*, un scarabée moins gros qu'une mouche ordinaire, revêtu d'une écaille verte, relevée d'un bout à l'autre par l'or le plus éclatant. Ce coléoptère porte au-devant de la tête une espèce de trompe, longue, armée de dents, avec laquelle il scie le pétiole de la feuille encore tendre de la vigne, qui se dessèche; il la roule autour de lui comme un cornet et la tapisse d'une sorte de toile ou duvet pour y déposer ses œufs. Le cultivateur ne s'émeut pas des dégâts qu'il peut ainsi causer, car un de ses prvb. dit : *L'annado ddou fanfaroù, lou pèisan bégué prou*; c.-à-d. l'année où cet insecte est abondant, la récolte du vin l'est aussi.

Quelquefois *Fanfaroù* s'applique au hanneton, *melolontha*, Linn., coléoptère lamelliforme.

Dér. probablement de *Fanfaro*, à cause du bourdonnement de cet insecte en volant.

Fangas, *s. m.* Dim. *Fangassoù*. Grand bourbier; large creux plein de bourbe. Au fig. mauvaise affaire; gâchis; embarras. — *És din lou fangas*, il est dans le pétrin.

Dér. et augm. de *Fango*.

Fangastièïros, *s. f. plur* Pare-crotte des charrettes, qui consiste pour elles en une bande de cuir ou de feutre qu'on cloue au-dessus de l'ouverture intérieure au moyeu de la roue pour empêcher que la boue, qui tombe des jantes, ne pénètre dans la boîte.

Fango, *s. f.* Dim. *Fanguéto*; augm. *Fangasso*. Fange; boue; crotte; vase; limon; matières corrompues des rues et des chemins, délayées par l'eau de la pluie ou des ruisseaux.

Dér. sans doute du lat. *Fimus*, d'où la bass. lat. *Fangus*, m. sign.

Fangoùs, ouso, *adj.* Fangeux; boueux; couvert de crotte; bourbeux.

Fanguè, *s. m.* — *Voy. Patroun-fanguè*.

Fantasquariè, *s. f.* Bizarrerie fantasque de goût et d'humeur.

Fantasque, asquo, *adj. m. et f.* Fantasque; capricieux; bizarre; extraordinaire; bourru; qui est fort délicat pour son manger; qui n'a que des goûts bizarres.

Dér. du lat. *Phantasma*, fantôme, illusion, chimère.

Fantastì, *s. m.* Farfadet; lutin; esprit follet; être imaginaire; génie; démon familier; être fantastique, qui, dans les idées du peuple, est cependant encore plus malfaisant que le *Gripé*, mais moins redoutable que le *Dra, Draqué*, et surtout que la *Roumèquo* et la *Babarogno*. — *Voy. c. m.*

Dér. du lat. *Phantasticus*, fantastique.

Fantastissiè, ièïro, *adj.* Fantastique; qui tient du *Fantastì*; ensorcelé; qui ensorcèle.

Fâou, *s. m.* Hêtre. — *Voy. Faïar*.

Fâou, fâousso, *adj. m. et f.* Faux; contraire à la vérité; supposé; altéré; de mauvaise foi; traitre: discordant; qui manque de justesse. — *Es pas fdou*, phrase habituelle pour confirmer un fait, ou une opinion d'une autre personne : c'est bien vrai.

Dér. du lat. *Falsus*, m. sign.

Fâou ou **Fôou**, *v.* impers. Il faut. — *Fdou faïre, fdou dire, fdou marida la Jano*, il faut faire, il faut dire, il faut marier Jeanne. C'est le lat. *Oportet*, avec le même sens. *Fdou bé qué siègno vous*, il faut bien que vous soyez de mes amis.

Fâoucïo, *s. f.* Faucille; petite faucille qui sert à couper des herbes, du fourrage en vert, et non du blé.

Fdoucïo, par un jeu de mot, se dit aussi d'une personne un peu fausse, qui caline les gens pour les duper, qui dit blanc et pense noir. — Ce mot devrait s'écrire préférablement *Fdoussïo*, eu égard à son origine de *Fdou, fdousso :* nous le plaçons ici pour faire sentir le jeu de mot.

Dér. du lat. *Falcicula*, m. sign.

Fâoudéto (Faïre), *v.* Au jeu de la main-chaude ou de cligne-musette, c'est recevoir sur ses genoux la tête du joueur qui doit deviner, en lui mettant son tablier sur la tête pour lui ôter la vue de ce qui se passe.

Fâoudo, *s. f.* Dim. *Fdoudéto*. Giron; espace de la ceinture aux genoux d'une femme quand elle est assise; génériquement, les genoux d'une femme assise. C'est l'espèce de siège à angle droit que décrit ainsi sa taille avec ses jambes. Cependant on dit : *Pourta din sa fdoudo*, porter dans son tablier retroussé, en parlant d'une femme qui marche. — *Sus la fdoudo*, sur les genoux. *Fâoudo dé caréto*, tablier de charrette, intervalle entre la caisse et l'ouverture du brancard : place que prend le conducteur quand il voyage à vide, contrairement aux règlements de police.

En esp. *Falda*, jupe de dessous.

Fâoufila, *v.* Faufiler; bâtir les pièces d'un habit, d'une robe, d'un ouvrage de couture, à longs points, pour les assembler avant de leur passer le point de couture.

Fâoufilo, *s. f.* Faufilature; fausse couture à points espacés.

Formé de *Fdou* et de *Fiou*.

Fâou-fió (Faïre), *v.* Faire faux-feu; râter, ne brûler qu'une amorce sans que le coup parte; ne pas réussir.

Fâouquièïro, *s. f.* Bacule d'un bât; croupière de bois courbée en arc, fixée au bât par des courroies, ce qui l'empêche de retomber sur le cou aux descentes. Elle ne porte pas sous la queue comme la croupière ordinaire, mais sur les deux cuisses de l'animal qu'elle entoure complètement. Formé de *Fdou* et de *Quuìo*, faux-cul, ou bien de *Fáousso* et de *Qutou*, fausse queue, ou fausse croupière.

Fâoussa, *v.* Fausser; faire plier; faire courber. Au fig. nier; fausser sa foi, son serment, sa parole; les enfreindre, les violer.

Dér. du lat. *Falcare*, plier comme une faux.

Fâoussïo, *s.* des deux genres. — *Voy. Fáoucìo.*

Fâousso-coucho, *s. f.* Fausse-couche; avortement; accouchement prématuré.

Fâousso-mounédo, *s. f.* Fausse-monnaie; monnaie contrefaite.

Fâousso-quuïo, *s. f.* Queue postiche; allonge d'une queue de cheveux, fort en usage pour les hommes, quand il était de bon ton et de mode de porter la queue, et un point de vanité de la porter longue et fournie : aujourd'hui les femmes usent fort du mot et de la chose avec l'amplitude de leurs chignons. Au jeu de billard, fausse queue.

Fâousso-sièfro, *s. f.* Sous-ventrière d'un cheval de charrette, qui est la contre-partie de la *Sièfro* (*V.* c. m.). Dans le langage usuel des charretiers, on la nomme simplement la *Fdousso*.

Fâoutèrno, *s. f.* ou **Pantèrno**. Aristoloche champêtre, *Aristolochia clematitis*, Linn., plante de la fam. des Aristoloches, fort commune dans nos vignes, et qui, dit-on, lorsqu'elle n'est pas extirpée avec soin, communique au vin une saveur amère et désagréable. — Comme nous ne faisons pas ici un cours de botanique médicale, nous nous abstiendrons, comme pour toutes ses sœurs, d'énumérer ses vertus curatives qui paraissent nombreuses.

Son nom, d'après Sauvages, est formé d'une des appellations latines que la nomenclature lui donne, *Fel terrœ*, fiel de la terre, à cause de sa grande amertume.

Fâouto, *s. f.* Faute; manquement contre une loi, une règle; imperfection, manque; absence de jugement, d'ordre, d'économie; maladresse, sottise, bêtise, imprudence, imprévoyance. — Se prend souvent adverbialement pour marquer la privation, le manque. *Aï fa la fdouto, faraï la péniténço*, j'ai commis la faute, je ferai la pénitence, je la réparerai. *Ès dé ma fdouto*, c'est ma faute, tant pis pour moi. *Véndraï sans fdouto*, je viendrai sans manquer. *Ès mort fdouto dé préne*, il est mort d'inanition, faute de soutenir ses forces par une nourriture quelconque. *Té vóou métre én fdouto*, je vais te mettre dans ton tort. *Aquél home fara bièn fdouto*, la mort de cet homme fera un grand vide dans sa famille.

Dér. du lat. *Fallere*, manquer.

Fâoutul, *s. m.* Dim. *Fdoutulé;* péj. *Fdoutulas*. Fauteuil; siège à bras avec un dossier.

Corrupt. du fr.

Faquin, quino, *adj. m. et f.* Petit-maître; élégant; recherché dans sa mise.

Ce mot est un emprunt évident au fr.; mais avec un singulier adoucissement de signification.

Faquino, *s. f.* Redingote, vêtement. — Ne se dit que d'un habit un peu fringant, d'un habit de dimanche : c'est le costume a peu près habillé. Mais le languedocien l'emploie dans un sens ironique, comme pour se moquer d'un artisan endimanché, qui sort du costume ordinaire de sa classe.

Fara, farado, *adj. m. et f.* Qui a le teint très-rouge; haut en couleur. Au fig. effaré; animé.

Viendrait-il de *Faro*, ou bien peut-être du lat. *Fera*, bête fauve, exprimant toute l'extension du sens?

Faragousto, *s. f.*, ou **Chabrolo**. Framboise, fruit du framboisier. — Ce nom n'est pas usuel dans nos plaines où la framboise est rare et exotique; il lui est donné dans les hautes Cévennes où le framboisier vient spontanément dans les bois. — *Voy. Chabrolo.*

Dér. du lat. *Flagrare*, sentir bon.

Farandèl, èlo, *adj.* Péj. *Farandélas*. Niguedouille; dégingandé; sans tournure, sans manières; gauche et décontenancé; sans gêne et un peu niais.

Farandouna, *v.* Danser, sauter la farandole.

Farandouno, *s. f.* Farandole, sorte de danse d'origine provençale : c'est une longue file de jeunes gens des deux sexes qui se tiennent par la main, ou plutôt par le bout d'un mouchoir, et sautent en cadence par les rues et les champs, au son du tambourin, en exécutant mille figures et passes différentes. C'était surtout dans les réjouissances publiques et politiques que cette danse avait lieu. L'usage s'en perd aujourd'hui et pour cause.

La racine de ce mot paraît être le vieux lang. *Faro*, phare, torche, brandon, parce que probablement cette danse s'exécutait jadis aux flambeaux, ou que les acteurs portaient un brandon. Le fr. nous a évidemment emprunté ce mot qu'il a accommodé au génie de sa prononciation. L'étymologie du gr. Φάλαγξ, phalange, et Δοῦλος, esclave, assujéti, parce que la *Farandouno* ou *Farandoulo* représente une troupe de danseurs liés ensemble, a été aussi proposée. Nous la relevons pour ne rien laisser perdre.

Farcéja, *v.* fréq. Faire des farces; folâtrer; faire le badin, le railleur; faire des niches bouffonnes.

Farcéjaïre, aïro, *adj.* Farceur; jovial; qui aime à faire ou à dire des farces. — Il a un sens un peu plus étendu que *Farceur*, dont il est en quelque sorte l'augm., et ne se prend d'ailleurs qu'en bonne part.

Farcì, *v.* Farcir; bourrer; gorger; remplir jusqu'aux bords; remplir d'un hachis.

Dér. du lat. *Farcire*, m. sign.

Farço, *s. f.* Farce, bouffonnerie, niche; plaisanteries. — Mélange de viande hachée menu, avec ou sans herbes. — On le dirait pris adjectivement dans ces locutions : *Aquò's bièn farço*, c'est bien drôle, bien plaisant. *Qué siès farço, péraquò!* Pourtant, que tu es plaisant, comique!

Dans la première acception, l'étym. du lat. *Farsum*, supin de *Farcire*, farcir, est aussi certaine que dans la seconde. La bass. lat. avait fait le mot *Farsa*, tiré du même verbe, pour désigner certaines pièces dramatiques où se mêlaient non-seulement les lazzis burlesques et les facéties les plus hasardées, mais aussi toute sorte de langages et d'idiomes. C'étaient là des pièces qu'on appelait farcies, par ressemblance et par comparaison avec les pièces de cuisine dans le hâchis desquelles entre un peu de tout. De là le rapprochement des deux mots et des deux sens.

Farcin, *s. m.* Farcin, maladie cutanée des chevaux.

Dér. du lat. *Farciminum*, m. sign.

Farçur, çurdo, *adj.* Farceur; plaisant; bouffon; qui aime à faire des farces.

Farda, *v.* Habiller; équiper; parer; ajuster; faire enrager; frissonner.

Sé farda, mettre ses habits de dimanche; s'atifer; soigner sa mise; se laver la figure comme font les chats qui se débarbouillent le museau du bout de leur patte.

Ce dernier sens du v. est emprunté au fr., le premier dérive de *Fardos*.

Par une extension singulière, l'idée du mot *Fard*, qu'on dit venir au reste du celtique *ffard*, m. sign., semble avoir déteint sur une signification du v. *Farda*, par ext. dans la phrase suivante très-bien reçue : *Aquò mé faï farda,* cela me fait enrager, me met hors des gonds. Il est évident que c'est le rouge de la colère qui monte au visage. Cette association d'idées et de mots est curieuse.

Fardétos, *s. f. plur.* Layette, trousseau d'un enfant nouveau-né; linge, lange, maillot, béguins, etc.

Fardos, *s. f. plur.* Hardes de toute espèce, habits, linge, robes; bagage; trousseau d'une nouvelle mariée. — *Éspoussa las fardos,* au fig. secouer les puces, étriller quelqu'un.

Ce mot paraît emprunté au fr. *Hardes*, en changeant *H* en *F*, métaplasme fréquent dans le dialecte gascon, ainsi que le *vice-versà*.

Farèlo, *s. f.* dim. Petite tour. — *Voy. Faro*.

Farfantaïre, *s. m.* Charlatan; batteleur; tout individu de cette gent nomade, qui hante les foires et les places publiques pour montrer un spectacle quelconque.

Ce mot est sans doute un réduplicatif formé du lat. *Fari*, parler, donnant au part. prés. inusité *Fans, fantis*, comme pour désigner un grand parleur, un braillard. L'ital. *Farfante*, qui signifie fripon, doit avoir la même origine. Comme en fr. juif est synonyme d'usurier, en ital. charlatan peut bien s'étendre à fripon, faiseur de dupes.

Farfantèja, *v.* fréq. Faire le charlatan, l'empirique; hâbler; faire le discoureur.

Farfantèlo, *s. f.* Berlue, éblouissement passager, qui semble faire danser et sautiller les objets devant les yeux.

— *Mous ièls me fan farfantèlo,* j'ai la berlue, j'éprouve un éblouissement.

Il n'est pas impossible que ce mot vienne de *Farfantaïre*, ou du moins qu'il ait une racine commune avec lui; cet éblouissement étant pareil à celui que procurent certains empiriques qui font voir les objets différents de ce qu'ils sont au naturel au moyen de quelque procédé physique et que le vulgaire appelle la poudre de perlinpinpin. Dans ce pays on appelle l'action de sortilége *Embloui*, éblouir. Dans cette hypothèse, *Farfantèlo* aurait été l'éblouissement fantastique produit par le charlatan *Farfantaïre;* et son acception se serait plus tard élargie.

Fargnè, fargnèïro, *adj.* Qui sert à la farine. — *Sa fargnè,* sac à farine.

Faribolo, *s. f.* Faribole; parole légère et oiseuse; choses vaines et frivoles; niaiserie; sornettes.

Dér. du lat. *Fari*, parler, et *Bulla*, bulle de savon.

Fariboulèja, *v.* fréq Dire des faribolles; s'amuser de niaiseries; folâtrer; fariboler.

Farignèïro, *s. f.* Grande caisse, coffre à tenir la provision de farine et de blé suivant le cas.

Farinèl, èlo, *adj.* Dim. *Farinélé;* péj. *Farinélas*. Farineux; de la nature de la farine; blafard. Au fig. niais, niguedouille, Gille, Jean-farine. — *Péro farinèlo,* poire de la vallée, espèce à pulpe grossière, âpre et farineuse.

Son acception figurée vient évidemment de l'usage admis dans la comédie italienne de barbouiller de farine la figure des pierrots et des gilles.

Farinéto, *s. f.* Bouillie faite de farine de maïs, assaisonnée d'huile, quelquefois de sel seulement, comme la *Polenta* des Italiens.

Farino, *s. f.* Farine, grain réduit en poudre, principalement pour faire le pain. — *Passa la farino*, bluter, sasser la farine.

Dér. du lat. *Far, faris,* nom d'une sorte de blé qu'on employa d'abord pour faire de la farine.

Farloquo, *s. f.* Faribole. — *Voy. Faribolo*.

Dér. du lat. *Fari* et *Loqui*, m. sign. redoublés l'un et l'autre : parler.

Parluqué, quéto, *adj.* Freluquet; petit-maître, petite-maîtresse.

Emp. au fr.

Farna, *s. m.* Breuvage épaissi par la farine, surtout par la farine de châtaignes blanches, dont on empâte les porcs que l'on engraisse; buvée de farine.

Farnoùs, ouso, *adj.*, au plur. *Farnouses*. Dim. *Farnouse;* péj. *Farnousas*. Blanc de farine; sali par de la farine, comme un sac ou l'habit d'un meunier; couvert de farine. — *Éndèrvi farnoùs,* dartre farineuse.

Lorsque les vers-à-soie sortent de leurs mues, leur nouvelle peau est plissée, blafarde et d'une couleur farineuse. Cette dernière qualité est un signe de santé; au contraire une peau lisse, tendue et luisante, dénote une constitution adémateuse qui tourne bientôt à la dissolution. C'est donc très-bon signe quand *lous magnas sortou toutes farnouses.*

Faro, *s. f.* du vieux lang. Dim. *Faréto*. Phare; tour de signal. — Le Languedoc était semé de ces tourelles, qui étaient destinées à prévenir le pays de l'approche de l'ennemi. Vers le milieu du XIVe siècle, et durant la captivité du roi Jean, le vicomte de Narbonne, capitaine général de la Langue d'Oc, fit construire un grand nombre de ces tours dont quelques-unes subsistent encore et ne paraissent pas, par leur isolement, avoir servi à d'autres usages.

Beaucoup de noms pr. de lieux et de personnes ont conservé ce nom, et même son diminutif : La Fare, La Farelle avec ou sans l'article.

Dér. du gr. Φάρος, nom d'une île d'Égypte proche d'Alexandrie, où Ptolémée Philadelphe fit élever une tour servant de phare, qui prit le nom de l'île et fut classée au nombre des sept merveilles du monde.

Faro, s. f. Figure rubiconde ; face enluminée ; visage réjoui, haut en couleurs.

Dér. de *Fara*, adj.

Farò, roto, adj. Dim. *Farouté*. Qui a une mise élégante, à la mode ; élégant d'une toilette campagnarde ; petit maître de campagne, endimanché.

Farouche, s. m. Trèfle à fleur pourpre, *Trifolium rubens*, Linn. Plante de la fam. des Légumineuses ; bon fourrage artificiel.

Ce mot est probablement une altération de *Farouge*, venant de *Farrago*, foin sauvage, donnant *Féraje*.

Fartaïa, v. Cueillir et parer les herbages, les légumes verts d'un potager ; les laver et les disposer pour la vente.

Fartaïo, s. f. Herbes ; réunion de plusieurs sortes d'herbes et de légumes verts ; jardinage. — Ne s'emploie que relativement à la vente de ces mêmes objets, ou à leur consommation dans une ferme ou un ménage. Par ext. on l'applique à la réunion de toute sorte de menus ustensiles en bon et mauvais état et pris collectivement.

Au sens positif, ce mot est le même que *Hourtoulaïo*, que nous employons indifféremment ; mais ils ont dû appartenir à deux dialectes différents. L'un et l'autre ont leur racine dans le lat. *Hortus* : les changements de H en F, comme nous l'avons remarqué, étant très-communs et dans le génie propre du dialecte gascon proprement dit.

Fasti, s. m. Dégoût ; répugnance. — N'est guère employé que dans la phrase suivante : *Faï vèni lou fasti*, ou *dono lou fasti*, cela est dégoûtant, cela soulève le cœur.

Dér. du lat. *Fastidium*, m. sign.

Fasti, v. Dégoûter ; répugner ; causer de l'aversion, de l'horreur, de la répulsion. — Il a un peu plus d'extension que le subst. précédent, dont il n'est que le composé, et signifie au besoin : indigner, exciter le mépris. — *Aquò mé faï fasti*, cela me répugne. *Lèvo-té d'aqui qué fas fasti*, va t'en, tu fais peur et horreur. On dit proverbialement : *Aquò faï fasti et régoulije*, cela soulève le cœur, lorsqu'une personne se conduit ridiculement, ou qu'elle veut prendre des airs qui ne conviennent ni à son rang ni à sa fortune.

Il n'est pas nécessaire de faire remarquer le déplacement de la syllabe tonique dans le substantif et dans le verbe, l'un sans accent sur l'*i* final, l'autre portant l'accent grave, qui a pour effet immédiat à la prononciation de rendre brève ici la première syllabe, et là de la faire longue.

Fastigoùs, ouso, adj. Au plur. *Fastigouses*. Fastidieux ;

dégoûtant ; ennuyeux ; importun. — Se dit d'un mets trop gras ou trop sucré ; même d'une terre trop humide ou trop molle pour pouvoir être travaillée.

Fata, v. Envelopper d'un linge ; faire une poupée à un doigt qui a quelque bobo ; étouper, calfater, étancher une futaille qui fuit.

Dér. de *Fato*.

Fataïre, aïro, s. et adj. Chiffonnier ; crieur de vieux drapeaux, de chiffons ; qui les achète pour les revendre aux papetiers. — *Bada coumo un fataïre*, crier comme un aveugle, parce que les chiffonniers font leurs criées à grands éclats de voix, quand ils crient par les rues : *Dé fatos, dé fèrre vièl, dé vêtre rou*.

Fatamol, s. m. Laurier-thym. — Voy. *Favéloù*.

Fatéto, s. f. Dim. de *Fato*. Petit chiffon. C'est aussi le pécule secret d'une femme, ramassé à l'insu du mari, parce que d'ordinaire elle le cache dans un peloton de chiffons, afin que si on le découvre on ne se doute guère du magot qu'il renferme. — *Amassa sas fatétos*, faire son paquet, et au fig. être à l'agonie, faire son paquet pour l'autre monde.

Fatigo, s. f. Fatigue ; lassitude ; préoccupation. — *Es én grand'fatigo*, il fait de grands préparatifs, il est en grand travail.

Le verbe est *Afatiga* (V. c. m.), et non *Fatiga*, barbarisme *franchiman*.

Dér. du lat. *Fatigatio*, m. sign.

Fato, s. f. Dim. *Fatéto*. En provençal, on dit *Pato*, qui est aussi, dans quelques-uns de nos cantons cévenols, adopté comme variante. Chiffon ; vieux drapeau ; linge à panser une plaie ; petits coupons d'étoffe dont les enfants habillent leur poupée. — *Fato dé magnaguiè*, nouet ou sachet de magnassier : petit sac où l'on tient au large la graine du ver-à-soie pendant la couvée. On en emploie un grand nombre pour que la graine soit plus divisée, et qu'il soit plus facile en la remuant souvent de la faire participer également à un même degré de chaleur. On ne met guère que deux onces de graine par chaque sachet. *Acampa sas fatos*, ramasser ses guenilles. *A dé mans dé fato*, il a des mains de beurre ; tout lui échappe des mains. *Es un home dé fato*, c'est un homme délaissé, sans force, sans courage. *A toujour uno fato qué trémpo, l'doutro qué sé bagno*, il est toujours empêtré ; il trouve des anicroches à tout ; il n'a jamais le temps de rien. *A pér dous iars dé mdou, pér cinq sdous dé fato*, il fait grand bruit pour peu de mal. *Fato crémado*, linge brûlé, de la mèche, sur laquelle on bat le briquet pour avoir du feu. *Fato-brulo*, jeu innocent, où celui qui cherche un objet ou un gage caché, est dirigé par un des joueurs en suivant l'indication *fato-brulo*, ou *brulo pas*, suivant qu'il approche ou s'éloigne du but, jusqu'à ce qu'il l'ait découvert.

Chaquo fato a soun sén : dicton qui revient trop souvent pour mériter une explication. Le mot à mot est : chaque chiffon a son sens ; la signification : rien ne se fait sans motif, tout à un secret motif ; et cela se dit quand on voit quelqu'un faire quelque chose dont on ne saisit pas bien la portée.

Si l'on pouvait supposer que le mot *Fato*, à cause de sa grande ressemblance de configuration, vient du lat. *Fatum*, l'antique Destin, formé lui-même de *Fari*, parce qu'il était fort bavard, on dirait que ses oracles qui avaient le même nom, *Fata*, et dont il s'agirait ici, quelque obscurs qu'ils fussent d'habitude, n'en avaient pas moins un sens, une signification; car le Destin ne parlait pas pour ne rien dire : alors l'étymologie serait toute trouvée, et elle sonnerait assez bien ; mais *Fato* n'a pas de si hautes prétentions : les modestes industriels, *Fataïres*, qui crient dans nos rues le chant qu'on sait, ne débitent point d'oracles, pas même la bonne aventure, et leur inharmonieuse mélopée avertit seulement qu'ils achètent des guenilles, du vieux fer et du verre cassé. Prenons donc *Fato* dans son humble condition, sans nous occuper de son étymologie, qui n'est nullement nécessaire pour expliquer notre dicton.

Un chiffon, — je ne parle pas de ceux auxquels les dames attachent si justement une grande importance, — un chiffon ordinaire est de bien mince valeur, sans importance aucune, une vétille, un rien, et qui dit l'un dit l'autre. *Chaquo fato a soun sén* doit donc s'interpréter, se traduire ainsi : la moindre chose a sa portée, la plus futile en apparence peut avoir et a souvent son utilité. Suit le commentaire : vous ne comprenez pas ce que je fais, ni pourquoi je le fais; vous le jugez insignifiant et inutile, mais dans une affaire, aucun détail ne doit être négligé pour la faire réussir, tout concourt à l'ensemble, tout contribue à la faire marcher : une montre s'arrêterait si la plus petite aiguille n'était pas à sa place : *Chaquo fato a soun sén*.

Quant à la dérivation du mot, nous sommes fort tenté de considérer *Fato* comme une corruption de *Pato*, et celui-ci comme de même origine que l'anglais *Patch*, pièce, morceau. Il en est de même du mot *Pétas* qui est évidemment de la même famille et que le fr. nous a à coup sûr emprunté comme racine du verbe Rapetasser. Cet emprunt ne peut être douteux pour nous qui connaissons le mot *Pétas* et qui ne pouvons faire aucun état des étymologies qui prétendent faire descendre Rapetasser du gr. Ῥάπτειν, coudre, ravauder, rapiécer. Il nous semble donc plus rationnel de croire *Pato* formé d'une racine commune avec l'anglais *Patch*. Après cela, les uns et les autres pourraient bien venir vraiment du gr. Πατεῖν, fouler aux pieds, d'où Πάτημα, chose vile et abjecte, sans consistance, comme un chiffon, une guenille, du vieux linge.

Fatoù, s. m. Facteur de la poste; facteur de camion, de roulage; agent; intendant.

Emp. au fr.

Fatras, s .m. Dim. *Fatrassoù*. Mauvaise pièce de linge; grande loque déchirée, mise en pièces; écouvillon de four de boulanger; haillon. Au fig. avec le sens à peu près du fr., chiffon, personne mal mise, mal tenue; indolente; malingre.

Ce mot est un augm. de *Fato*, et il est probable que c'est de lui que s'est formé le mot fr. *Fatras*, quoiqu'il ait aujourd'hui une signification plus métaphorique.

Fatrassado, s. f. Tas de vieux haillons, de vieilles hardes, de loques usées, en lambeaux. Par ext. quantité considérable d'objets réunis pêle-mêle, en désordre. — *Fatrassado dé papiès*, gros fatras de paperasses. *Fatrassado d'hèrbos*, brassée d'herbes.

Fatrassariè, s. f. Fatrasserie; médisance; niaiseries; tracasserie; le défaut d'un tatillon, d'un homme qui se mêle de tout ce qui ne le regarde pas.

Ce mot, ainsi que les deux suivants, nous viennent du fr. *Fatras*, qui lui-même est emprunté à notre idiome.

Fatrasséja, v. fréq. Baguenauder; dire des niaiseries; semer des cancans; faire des paquets; s'occuper beaucoup des autres dans ses propos; mettre la main à tout, même au pot au feu.

Fatrassiè, ièïro, adj. Dim. *Fatrassièïré;* péj. *Fatrassièïras*. Faiseur de paquets; commère; cancanier; chipotier; tatillon; tracassier.

Fatrimèl, èlo, s. et adj. Péj. *Fatrimélas*. Longue loque de linge déchirée; harde quelconque en lambeaux et qui perce de tous côtés; dégingandé, mal vêtu; mou, indolent, avachi.

C'est l'augm. de *Fatras*, au pr. et au fig., qui même participe un peu quelquefois au sens de *Fatrassiè*, toutes ces significations se ressentant les unes des autres par communauté d'origine.

Favaroöus, s. m. plur. Fèves sèches de haricots dits *mounjétos*. — Voy. c. m.

Favédo, n. pr. masculin ou féminin, suivant qu'il est porté par un homme ou qu'il s'applique à une localité, et fort usité dans notre pays : en fr. traduit par *Favède* ou *La Favède*.

Ses analogues se trouvent dans *Fabiargue*, Fabiargues, hameau de la commune de Saint-Ambroix (Gard), dit *Fabayranicœ*, en 1345, par une transformation de désinence dont nous avons cité beaucoup d'exemples; et dans les n. pr. d'homme, Fabier, Favier; et de lieux, Le Favarol et Le Faveirol, ruisseaux, Faveirolles, hameau, commune de Saint-Marcel de Fontfouillouse; Favet, commune d'Aiguesmortes; Favier, de Saint-André de Majencoules; Les Favières, de la Rouvière; auxquels la différence des suffixes n'a point enlevé les signes de parenté qui les font tous remonter à la même souche. Ici la forme du suffixe de collectivité *Èdo* est parfaitement saisissable, pour indiquer un champ de fèves. — Voy. *Èdo, suffixe,* et passim.

Favéloù ou **Fatamol** ou **Tassignè**, s. m. Laurier-thym, Viorne-laurier-thym, *Viburnum tinus*, Linn. Arbrisseau de la fam. des Caprifoliacées, commun dans nos jardins, toujours vert, donnant des fleurs vers la fin de l'hiver.

Favéto, s. f. Fèverolle, gesse tubéreuse, *Lathyrus tuberosus*, Linn. Plante de la fam. des Légumineuses; petite fève. Dim. de *Favo*.

Favièïro, *s. f.* Champ semé de fèves, abondant en fèves. Dér. de *Favo*, avec le suffixe collectif *ièïro*. — *Voy. Favédo*.

Faviôou, *s. m.* Dim. *Favioulé*. Haricot, *Phaseolus*, Linn. Plante de la fam. des Légumineuses.

Faviôou est le nom générique qui s'applique à plusieurs variétés et espèces : *lou faviôou rouje*, dont la plante n'est pas grimpante et qui forme les meilleurs haricots en vert; *las mounjétos*, haricot blanc ou haricot proprement dit; *faviôous garèls*, le haricot bigarré, grossier à manger en fève, mais en très-grande estime à la campagne, parce qu'il produit énormément en vert; *faviôous prountes*, haricots hâtifs, qui donnent des cosses bonnes à manger au bout de quarante jours après la semaille : ils sont de couleur olive, roux et aplatis par les bouts ; *faviôous sans fiou*, ainsi nommés parce que la cosse n'a pas comme dans les autres espèces une fibre épaisse et dure sur la jointure de la cosse, ce qui les rend plus délicats en vert : leur fève est peu estimée.

Au fig. *Faviôou*, qui s'adjective très-bien en *Faviolo*, signifie : nigaud, bénêt, niais, imbécile, simple.

Dér. de *Favo*, dont il est un dim. et une variété.

Favo, *s. f.* Dim. *Favéto* ; péj. *Favasso*. Fève, fève des marais, *Vicia faba*, Linn. Plante de la fam. des Légumineuses. — *Manjo-favos*, bredouilleur, qui a toujours la bouche empâtée. *Aï* ou *avès prou manja dé favos*, est un de ces dictons qui se répètent à chaque instant, qui se comprennent aussi vite, mais dont l'origine n'est pas facile à trouver. Dans le jeu que nous entreprenons à la piste des origines, — je suppose la partie acceptée — plus d'une fois, après avoir longtemps et vainement cherché une énigme qu'on appelle étymologie, il m'arrivera de dire, si je ne l'ai déjà fait trop souvent, non point je jette ma langue au chat, ce qui serait tout à fait la même chose, mais *aï prou manja dé favos*. Je crains même, sans aller plus loin, d'être obligé de le dire justement à propos de l'origine de ce dicton. S'il s'agissait de fèves sèches et crues, qui doivent être aussi peu faciles à mâcher, à avaler et à digérer que les pois de frère Tuck, je comprendrais qu'on en eût bientôt assez. Mais il n'est pas question dans cette circonstance de les manger ainsi, car on l'aurait dit : et assaisonnées à la manière ordinaire, si je ne m'explique pas l'antipathie de Pythagore, je ne vois pas non plus qu'il y ait à les préférer aux lentilles et aux haricots. Il faut donc chercher ailleurs que dans nos potagers, et je pense qu'une locution vulgaire, qui vient d'être rappelée, nous viendra en aide.

On appelle *manjo-favos*, mange-fèves, un bredouilleur, celui qui en parlant semble avoir la bouche pleine : on suppose que c'est de fèves, crues cette fois, ce qui n'est pas commode pour bien articuler. Or, on a dû remarquer que si l'on donne un problème à résoudre, une charade à deviner, par exemple; le chercheur, machinalement, tandis que son esprit est occupé ailleurs, parle entre ses dents, marmotte, répétant, scindant, essayant d'arranger des chiffres, des mots, et semble en effet bredouiller ou manger des fèves. Un jour un sphinx, voyant son Œdipe faire ainsi, et voulant lui donner enfin le mot qu'il ne trouvait pas, dut lui dire : As-tu assez mangé de fèves, comme cela à mâchonner à vide entre les dents, à bredouiller? Et depuis, d'une manière générale, qu'il y ait ou non bredouillement, *As prou manja dé favos?* signifie : as-tu assez cherché, donnes-tu ta langue au chat? et *Aï prou manja dé favos*, j'ai assez cherché, je ne trouve pas, j'y renonce; dites ce que c'est. L'anecdote s'est répandue, et la locution est restée.

Dér. du lat. *Faba*, m. sign.

Favoù, *s. f.* Faveur; action, bienveillance purement gratuite, en accordant à quelqu'un plus qu'il n'a mérité.

Ce mot est un pur emprunt au fr. que notre langue n'admet qu'assez difficilement, et dont il n'est pas bon d'abuser : aussi a-t-elle repoussé le verbe et l'adjectif composés.

Favourì, *s. et adj. m.* Favori.

C'est encore une exception franchimande, proscrite au fém., à peine tolérée au masc. dans le sens du fr.

Fazéïre, fazéïro, *adj.* Faiseur; grand faiseur; qui fait et sait faire un peu de tout.

Dér. de *Faïre*.

Fazéndos, *s. f. plur.* Industrie; savoir-faire. — Mot du vieux lang. qui ne s'est conservé que dans cette phrase prvb. assez souvent citée : *Fôou réndos ou fazéndos*, il faut être riche ou être industrieux, il faut avoir ou savoir faire.

Dér. de *Faïre*, ou du lat. *Faciendus*.

Fé, *s. f.* Foi; vertu théologale, croyance, confiance en Dieu; bonne foi, sincérité, confiance; croyance. — *Pèr ma fé!* sur ma foi! *Y-aï pas la fé*, je n'y ai pas confiance, je n'en crois rien.

Dér. du lat. *Fides*, m. sign.

Fé, *s. m.* Péj. *Fénas*. Foin, herbe fauchée et séchée, qui sert à la nourriture des animaux. — *Vira lou fé*, faner le foin, le retourner avec la fourche pour le faire sécher. *Cacho pas lou fé*, dit-on d'un vieux cheval qui se fait rosse, et n'a plus de dents pour mâcher.

On remarquera à propos du rapprochement de ces deux mots, *Fé*, foi, et *Fé*, foin, que les homonymes parfaits, tant pour la prononciation que pour l'orthographe, sont fort rares en languedocien : ce qui est une preuve de richesse qui manque bien à son rival. — Quant au mot suivant, quoique avec les mêmes lettres, son accentuation le distingue suffisamment.

Dér. du lat. *Fenum*, m. sign.

Fè, *s. m.* Fait; action; chose faite, accomplie. — *Aquò's un fè*, c'est un fait, c'est évident, hors de doute. *Dé fè*, de fait, par le fait, en effet. *Pèr fè d'aquò*, à l'égard de cela, pour ce qui est de cela. *Èn fè dé* .. en matière de... *Aquò's pàou fè, aquò's pichò fè*, c'est une bagatelle, une vétille, un fait de peu d'importance. Surtout dans l'appréciation d'un marché, cette locution est fort employée : *Aïçò's pichò fè*, c'est une petite différence qui nous sépare, cela ne vaut pas la peine de marchander.

Dér. du lat. *Factum*.

Fèbre, *s. f.* Fièvre; mouvement déréglé, circulation accélérée du sang avec fréquence de pouls, chaleur et frisson. — *Las fèbres*, fièvre intermittente; accès de fièvre. *Trambla las fèbres*, avoir des accès de fièvre. *Coumo van aquélos fèbres?* comment va cette fièvre? dit-on familièrement et par antiphrase à une personne très-fraîche et d'une santé incontestable. *Fèbre gaüoufardo*, fièvre goulue est une expression prvb. de même nature que la précédente, et qui a la même portée. *Toumba dé fèbre én màou càou*, prvb., tomber de fièvre en chaud mal, de Carybde en Scylla.

Dér. du lat. *Febris*, m. sign.

Fèbriè, *s. m.* Février, second mois de l'année, composé de 28 jours, et de 29 dans les années bissextiles. — *Miè fèbriè, journdou entiè*, prvb., à la mi-février, la journée d'un journalier est entière, c.-à-d. que les jours sont assez longs pour pouvoir remplir sa journée autant qu'en été et au printemps, époque où s'il travaille plus longtemps, le nombre des repas, des repos et la sieste compensent la longueur du temps.

Dér. du lat. *Februarius*, m. sign.

Fèbroùs, *ouso, adj.* Fiévreux, tant pour les personnes qui ont la fièvre que pour les choses ou les pays qui y prédisposent.

Fédaïro (La), *s. f.* La gent des brebis prise collectivement et par comparaison ou plutôt par distinction d'avec les autres espèces de bétail.

Dér. de *Fédo*.

Fédo, *s. f.* Dim. *Fédéto*; péj. *Fédasso*. Brebis, femelle du bélier. — *Fédo countado, lou loup l'a manjado*, prvb., brebis comptée le loup la mange.

Dér. du lat. *Feta*, pleine, qui porte des petits.

Fédoù, *s. m.* Sauvages prétend que ce mot signifie petit agneau, comme son nom diminutif semble l'indiquer. Cependant un agneau ne se dit jamais ainsi. *Fédoù* est au contraire un jeune poulin, une jeune pouliche, cheval ou mule, tiré des pâturages natifs de la montagne, pour le former et l'élever. Au reste, son nom est entré dans une seule locution, qui ne fournit pas de grands éclaircissements et dont l'intelligence est difficile quoiqu'elle soit très-usitée. On dit : *Péta dou sdou coumo un fédoù*, pour tomber à terre lourdement et avec bruit. A coup sûr, ce terme de comparaison ne désigne pas un agneau, mais il ne caractérise pas davantage la lourdeur de la chûte d'un poulin, si tant est même qu'il tombe plus lourdement qu'autre chose. Nous ignorons de la manière la plus complète à quoi peut tenir le mot et son acception dans cette phrase.

Fègnèiro, *s. f.* Fenil, grenier à foin; grande meule de foin construite avec art pour le préserver de la pluie et qu'on laisse passer l'hiver sur le pré pour le vendre au commencement du printemps; usage pratiqué en Provence.

Féjes, *s. m. plur.* Foie, organe sécréteur de la bile, situé sous le diaphragme, au-dessus de l'estomac. — *Sé manjarièou lous féjes*, ils sont toujours prêts à se dévorer, ils se mangeraient le blanc des yeux. *A lous féjes ataquas*, il a un vice organique quelque part : il se dit bien qu'il ne s'agisse pas du foie. *A lous féjes dàou diable*, dit-on d'un homme très-robuste et qui résiste soit à une fatigue, à un travail ou à un effort surhumain, soit à une maladie terrible.

Fémélan, *s. m.* La gent, l'espèce femelle, surtout en parlant des femmes. — C'est un terme de dérision qui ne se prend qu'en mauvaise part, ou en faisant le détracteur du beau sexe : tout à fait style narquois.

Fémèlo, *s. f.* Femelle d'un animal; femme; mais dans ce dernier cas c'est un terme de dérision ou de mépris.

Dér. du lat. *Fœmina*, m. sign.

Fén, *s. m.* Fumier; excrément des animaux, et en général tout ce qui sert d'engrais aux terres. — *Li faï vèire lou fen énd'uno floundo*, il engraisse sa terre bien faiblement, il y jette le fumier avec une fronde. — *Voy. Fumiè*.

Dér. du lat. *Fimus*, m. sign.

Fénaïra, v. Faire les foins. — *Voy. Afenaïra*.

Fénaïraïre, *aïro, adj.* — *Voy. Afénaïraïre*.

Fénassa, v. Mettre un champ en pré. — *Voy. Afénassa*.

Fénassiè, *s. m. Fenassier*, celui qui reçoit chevaux et mulets dans son écurie, et leur fournit le foin, sans loger les voyageurs.

Fénasso, *s. f.* Graine de foin; qui se traduit volontiers par *Fenasse*, mais qui n'emprunte pas pour cela le sens du fr.

Dér. de *Fé*, foin.

Féndascla, v. Fendre; fendiller; diviser, séparer. — Au part. pass. fêlé, crevassé légèrement, fendu.

Féndascli, *s. f.* Petite fente; crevasse; fêlure.

Formé de deux mots qui ont à peu près la même portée : *Féndo* et *Asclo*. — V. c. m.

Féndo, *s. f.* Fente; crevasse; fêlure.

Féndre, v. Fendre; diviser, disjoindre sans couper, mais avec des coins ou par un effort. — *Sé féndre*, se fendre, s'entr'ouvrir, se gercer, se fendiller.

Féndu, udo, part. pass. de *Féndre*. Fendu, ue.

Dér. du lat. *Findere*, m. sign.

Fénéstrièiro, *adj. fèm.* Qui aime d'être, ou qui est souvent à la fenêtre. — *Fïo troutièrro ou fénéstrièiro, raamén bono meïnajèiro*, prvb., fille qui aime à courir et à rester à sa fenêtre fait rarement une bonne femme de ménage.

Je crois que ce proverbe est le seul où ce mot soit employé. Les proverbes inventent souvent ainsi des mots pour donner plus de concision à la phrase; quoique étrangers à l'idiome, s'ils sont accommodés à son génie et d'une facile intelligence, ces créations sont toujours d'un effet pittoresque et se retiennent aisément. La Fontaine et

Molière ont enrichi le fr. de bien des locutions qui sont restées; notre langue d'Oc a bien le droit d'user du même privilège que les maîtres.

Fénèstro, *s. f.* Dim. *Fenèstreto, fénéstroù*. Fenêtre, croisée; ouverture faite dans un mur pour donner du jour dans une maison, un bâtiment. — Se dit à la fois de la baie ou ouverture, et de la fermeture, bois ou vitrage, qui la garnissent.

Dér. du lat. *Fenestra*, m. sign., qui vient lui-même du gr. Φαινός, diaphane, de Φαίνω, luire, briller.

Fénéstroù, *s. m.* Dim. *Fénestrounè*. Lucarne; petite fenêtre. — Il est lui-même un dim. de *Fénéstro*.

Féni, *v.* Finir. — Voy. *Fini*. — *Féniras lèou?* Auras-tu bientôt fini?

Fénna, *s. m.* Le sexe féminin, la gent féminine, en général; mais c'est plus particulièrement l'ensemble des femmes d'un pays, d'un lieu déterminé. Le mot n'est pas très-révérencieux. — Voy. *Fémélan*.

Fénno, *s. f.* Dim. *Fennéto, fennoù*; péj. *Fennasso*. Femme, compagne de l'homme; femme mariée, qui se dit aussi *Mouiè*, en lat. *Mulier*, épouse, moitié (V. c. m.); femme, en général; dame, autrefois *Dono, Domina*, inusité. — Lorsqu'on appelle une femme dont on ignore le nom, on lui crie : *Fenno! Digas, fénno!* et pour qu'elle comprenne que c'est à elle qu'on en veut, on la désigne par ce qu'elle porte ou ce qu'elle vend : *fénno dàou pagnè, fénno das iòous*, hé! la femme au panier, la femme aux œufs! *Fenneto* et surtout *fénnoù* se disent moins d'une femme de très-petite taille que comme termes d'amitié, ou pour désigner une très-jeune femme qui est mariée fort jeune et qui a encore les allures, la vivacité ou la mignardise d'une jeune fille. *Fénnasso*, péj., grosse et laide femme, sans trop d'égard à la taille, le plus souvent.

Dans toutes les langues, par tous les pays, de tous les temps, les femmes ont été le sujet le plus riche, le plus fécond de proverbes, d'aphorismes, de maximes, de sentences : c'est hommage rendu à la place et au rôle qu'elles occupent dans le monde. Mais on croirait que partout on a voulu le leur faire payer chèrement, tant on leur a ménagé la flatterie et les éloges et insisté au contraire sur le dénigrement et la moquerie. La plupart des proverbes s'en vont donc répétant, depuis que le monde est monde, plus de mal que de bien sur la plus belle moitié, comme on dit, et la meilleure moitié du genre humain.

S'il y a injustice ou abus, ce n'est pas à ce point de vue psychologique que nous avons à examiner le fait : il faut s'en tenir à constater que le fonds se trouve partout le même, la tendance générale partout uniforme et constante, sans en rechercher la cause. Il serait facile d'en avoir la preuve en rapprochant des citations ou même seulement en traduisant. Nous ne l'essaierons pas ici, peut-être l'avons-nous fait et le ferons-nous encore sous le mot principal de chacun; mais pour le moment notre but a été de réunir les dictons populaires qui ont le plus de cours. L'expression en appartient tout entière à la langue et ressort du dictionnaire : ce sont ces formules vives, ce tour pittoresque que nous voulons faire remarquer : l'esprit, la malice, le bon sens, la raison de ces proverbes viennent presque toujours d'ailleurs; la langue ne répond que de ses œuvres, et c'est pour cela qu'on excusera plus aisément le défaut de galanterie et de délicatesse qui pourraient parfois s'y faire trop sentir; nous n'y voulons voir que le moyen de donner une plus juste idée du langage qui a mis là son cachet le plus original.

Proverbes sur les femmes.

— Aïgo, fun, michanto fénno et fiò, fan fugi l'home dé tout io.
— Aï! qué vaï màou, quand la galino faï lou gàou!
— A la candèlo la dono és pu bèlo.
— A la fénno coumo à la barquo toujour y-a à faire quàouquo rén.
— A la tèsto et as pès sé counouï, dono, quàou sès.
— Amour dé courtisan, carèssos dé p..., bé dé vièlan, et fé dé fémélan noun durou pas passat un an.
— Aou més dé jurié, ni fénno ni càoulé.
— Après trés jours l'on s'anuïo dé fénnos, d'hostes et dé pléjo.
— Aqui ount'és lou gàou fòou pas qué la galino cante.
— Argén dé fénno et bé dé campano noun flouris ni grano.
— Bèlo à la candèlo, lou jour ou gasto tout.
— Bèlo fénno, michanto éspigno.
— Bèlo fénno, miral dé nècis.
— Bèouta dé fénno, miral dé fol.
— Bèlo fénno, fachoùs révéro-matí.
— Bono fénno, marido tèsto; bono miolo, michanto bèstio; bono tèro, michan cami.
— Coussél dé mouïè és pichò, qué noun lou prén és un cho.
— Coutèl qué noun taïo, fénno qué noun vaïo, sé lous pèrdes noun t'én chaïo.
— Dàou tén qué la fénno és malàouto, y-a dos pòous à l'oustàou, l'uno qué morie, l'àoutro qu'éscape.
— Dé bèlo fénno et dé flou dé maï, én un jour la bèouta s'én vaï.
— Dé dos fénnos dins la méïsoù, dé la mita gn'a bien proù.
— Dé marido fénno gardo-té et dé la bono noun t'én fises.
— Dono fougassièïro al cap dé l'an manjo sa berquièïro.
— Dono gaio mé plaï bé, mais qué jamaï noun mé siègue ré.
— Dono qué noun manjo, lou bèoure la mantèn.
— Dono viano qué faï lous éfans sans home.
— Doulou dé fénno morto passo pas la porto.
— Doulou dé mouïè, doulou dé coùide.
— Dous bèous jours à l'home sus tèro, quan prén mouïè, et quan l'éntèro.

— Éfán nourì dé vi, fénno qué parlo latì, faguèrou jamaï bono fi.
— Émb'un home riche sa fénno li mouris, émb'un pâour'home sa miolo.
— Én grans caloùs, sé m'én vos créïre, quito la fénno et prén lou véïre.
— Fénnos éncéntos et poulé, âou més d'aoùs an toujour fré.
— Fénno dâourado és léou counsoulado.
— Fénno dé bé et dé bono mino, noun vaï pu iuèn qué la galino.
— Fénno et vi émbrialgou lou pu fi.
— Fénno faï ou désfaï l'oustâou.
— Fénno malâouto et qué siè grosso, a un das péses din la fosso.
— Fénno mudo fougué jamaï batudo.
— Fénno qu'a un bon mari âou visaje ou porto pér éscri.
— Fénno qué coï et faï bugado és miéjo folo ou énrajado.
— Fénno sé plan, fénno sé dòou, fénno és malâouto quan-t-ou vòou.
— Grando sartan pér fricassa, émbourdo primo pér tamisa, uno mouïé déspénsièïro, an léou vouïda uno pagnèïro.
— Las fénnos soun coumo las coustélétos, dounmaï on las bat, dounmaï soun téndros.
— La mort d'uno fénno és coumo un co âou couïde.
— La bousso fournido faï la dono éstourdido.
— La dono pot et âouso quan soun mari la lâouso.
— La fénno et la télo mâou sé caousis à la candélo.
— La fénno et lou ris én aïgo sé nourìs.
— La fénno és coumo la castagno, bèlo déforo, dédin és la magagno.
— La fénno és un mâou nécéssari dinc un oustâou.
— L'aïgo gasto lou vi, las carétos lous camis et las fénnos l'home.
— Las fénnos et lous éfans soun tâous qué lous homes lous fan.
— L'home és éndigne d'home rèstre qué dé sa fénno noun és mèstre.
— L'home n'a résoù ni bon-sén qu'à sa fénno faï tout sabén.
— L'home, quan-t-és pla marida, sa pas cé qué Dïou i-a douna.
— Limassos et fénnos à véndre, miél courou, miél sé fan préndre.
— Luno mèrcrudo, fénno bécudo, dé cént én cént ans gn'a trop d'uno.
— Maridas n'an qu'un més dé bon tén.
— Mourgo qué danso, tâoulo qué brando, fénno qué parlo latì, faguèrou jamaï bono fi.
— Nâou et fénno, y-a toujour à réfaïre.
— Noun sé podou counouïsse dé iuèn lous mélouns et las fénnos.

— Noun sé podou counnouïsse bèn bon méloun et fénno dé bèn.
— Home dé païo vòou fénno d'or.
— Home rous et fénno barbudo jamaï dé près noun lous saludes.
— Oumbro d'home vòou cént fénnos.
— Parâoulos dé fénnos, béssinos d'ase.
— Pér avé l'oustâou né tout l'an ni fénnos, ni capélans.
— Pér vioure bé ségu, préngues pas pu grando qué tu.
— Plous dé fénnos soun léou éssus.
— Qu'a grando padèlo et prin tamis et fénno déspénsièïro, mostro lou quiou nus pér carièïro.
— Quan-t-uno lèbre prén un chi és contro naturo, quan-t-uno fénno faï bé és pér avanturo.
— Qué fénno et sâoumo méno és pas sans péno.
— Qué pérd sa fénno et quinze sòous és gran dâoumaje dé l'argén.
— Qué sa mouïé noun honoro él mémo sé déshounoro.
— Qué vòou rélòje mantène, viél oustâou éntrétène, jouïno fénno counténta et pâoures paréns ajuda, és toujour à récouménça.
— Sajo fénno, ournamén d'oustâou.
— Sé flatéjas fénnos et goutos, boutas lou fiò à las éstoupos.
— Toutes lous maris qué soun countèns dansarièou sus lou quiou d'un véïre.
— Trénto cabros et trénto fénnos soun dos tréntanios.
— Un fiò dé fénno véouso, uno brouquéto et dos païos.
— Un home qu'és mâou marida voudriè maï qué fouguès néga.
— Uno bono fénno, uno bono cabro, uno bono miolo, soun très maridos béstios.
— Vòou maï un capèl qué dos coïfos.
— Voulés arésta un fol, carga-li uno fénno âou col.
— Y-a gés dé vices qué las fénnos et las mouninos noun sachou.

Dér. du lat. *Femina*, m. sign. Court de Gebelin et Nodier pensent, non sans raison très-plausible, que le mot *Femina* est dérivé de *Homo, hominis :* on a dû dire *homina* au fém., delà *Femina*, par la permutation ordinaire de *H* en *F*. En ital. *Femmina;* en catal. *Femna;* en esp. *Hembra*, m. sign.

Fénoudéïo, *s. f.* n. pr. Fenoudeille, par traduction littérale en fr. Nom d'un quartier au territoire d'Alais : il signifie lieu couvert de fenouil ; et cette circonstance lui a valu sa dénomination. C'est la corruption de l'ancien langage *Fénouiado*, qui avait la même acception, tirée de *Fénoul*.

Fénouïèïro, *s. f.* ou **Fèou dé tèro** ou **Fumotèro**. Fumeterre, *Fumaria officinalis*, Linn., plante de la fam. des Papavéracées, commune dans les champs.

Pline dit que le suc de cette plante appliqué sur les yeux les fait larmoyer, *undè nomen*, de là son nom lat.

et gr *Capnos* et Καπνός, fumée, à cause du même effet produit par la fumée; mais elle a aussi un goût de fumée assez prononcé, ce qui peut avoir contribué à la faire dénommer. Quant à la variante *Fíou de tèrro*, fiel de la terre, elle lui vient de son amertume.

Fénoul, s. m. Fenouil, anet doux, anis sauvage, *Anethum fœniculum*, Linn., plante de la fam. des Ombellifères, qui croît dans les terrains pierreux.

Dér. du lat. *Fœnum*, à cause de son odeur de foin.

Fenta, v. Fienter, jeter son excrément, en parlant surtout des animaux.

Fèou, s. m. Fiel, vésicule où se sécrète la bile. — Il sert comme en fr. de terme de comparaison très-usité de toute saveur amère. *Ama coumo lou fèou*, amer comme le fiel.

Dér. du lat. *Fel*, s. m. En ital. *Fele*; en esp. *Hiel*.

Féouse, s. f. Fougère, *Polydium filix*, Linn., plante de la fam. de Fougères; cryptogame. L'alcali contenu dans les cendres de ce végétal entrait dans la fabrication du verre blanc et vert. — *Ana à las feouses*, aller à la recherche ou à la cueillette de la fougère, qui croît en grande quantité dans les châtaigneraies et fournit une litière saine et fraîche en même temps qu'un bon engrais.

Féousièiro, s. f. Lieu couvert de fougères.

Forme du radical *Feouse* avec le suffixe de collectivité *ièiro*.

Féra, s. m. Dim. *Ferate*; augm. *Feratas*. Seau à puiser l'eau, ordinairement en bois relié par des cercles de fer. On donne aussi ce nom au seau à anses qui est en cuivre étamé, dans lequel les femmes portent l'eau sur la tête. Ce dernier ustensile se nomme également *Jèrlo* ou *Sèio* (V. c. m.); mais ces deux derniers noms s'appliquent au même ustensile quand il est en bois, tandis que celui de *Fera* ne convient dans ce cas qu'au seau de cuivre. — *Ne bojo à ples féras*, il pleut à seaux.

Dér. du v. *Fera*, parce qu'il est cerclé en fer. Par la permutation constante et fréquente dans les langues ou l'aspiration est plus sensible comme en esp., on dit *Herada*, seau.

Féra, v. Ferrer; ferrer un cheval, une charrette, un meuble quelconque; cercler en fer; marquer un animal avec un fer rouge.

Dér. du lat. *Ferrum*.

Férado, s. f. Ferrade, fête agricole fort en honneur en Camargue et sur le littoral de la Méditerranée, dans le département du Gard. L'objet en est la marque au fer chaud des jeunes taureaux sauvages qui paissent dans les marais. Comme ces animaux sont fort sauvages, difficiles à conduire et à terrasser, cette fête est un second spécimen de la course des taureaux. Des jeunes gens, enrôlés volontaires, vont à la recherche des taureaux dans les marais, à cheval et armés du trident; à force d'adresse et d'évolutions, ils parviennent à les acheminer vers un point désigné où toutes les populations voisines se rassemblent. Une enceinte en fer à cheval s'ouvre devant les arrivants. On ménage une entrée au moyen d'une barrière pour laisser passer un seul bœuf à la fois; il s'y précipite, et l'un des toréadors qui l'attend à l'extrémité opposée, l'abat en le terrassant par les cornes. Sitôt l'animal abattu, on lui applique le fer rouge avec dextérité et sans remise, car il se remettrait bientôt sur pied. À peine touché, il s'élance par l'issue qu'on tient ouverte à cet effet, et court se précipiter dans le premier courant, la première flaque d'eau, d'où il regagne bientôt et sans guide ses pâturages paternels.

Féraje, s. m. Action de ferrer les chevaux; frais de mise et d'entretien de ces fers.

Féraje, s. m. Fourrage vert, produit par des plantes fromentacées, comme orge, avoine, vesce, escourgeon. — On l'appelle ainsi même lorsqu'il est mangé sec, pourvu qu'il soit produit par les plantes ci-dessus coupées en vert. Ce mot n'a donc pas la portée générale du fr. Fourrage, qui s'étend à toute sorte d'herbes sèches ou vertes servant à la nourriture des chevaux. Les plantes qu'on emploie le plus dans ce pays pour produire *lou féraje*, sont un mélange d'orge et de vesce noire, si l'on sème avant l'hiver, d'avoine et de vesce blanche, en mars.

Dér. du lat. *Farrago*, mélange de plusieurs céréales coupées en herbe.

Féraménto, s. f. Ferrure, garniture de fer; tout ce qui compose la ferrure d'un meuble, d'une porte, d'une fenêtre, etc.; vieille ferraille.

Féramio, s. f. Bête fauve, dans le principe; aujourd'hui, fantôme, loup-garou.

Ce mot, qui est d'origine gasconne, dér. du lat. *Fera*, bête fauve.

Féraou, s. m. n. pr. d'homme. Féraud.

Ce nom, originaire du Velay, signifie dans le dialecte de ce pays, une sorte de basalte ou pierre volcanique d'un gris d'ardoise, et que sa couleur et sa consistance font ressembler à du fer. Cette pierre, qui est extrêmement commune dans les montagnes du Vivarais, du Velay et de la haute Auvergne, est taillée par les mains de la nature en prismes pentagoniques, et conserve cette forme dans ses subdivisions à l'infini.

Le nom provient sans doute de *Fère*, fer, avec lequel cette pierre offre tant d'analogie.

Fératado, s. f. Contenu d'un seau, plein un seau.

Dér. de *Fera*.

Fère, s. m. Dim. *Feré*. Fer, en général, métal fort dur, compacte, peu malléable, d'un gris argenté ou noirâtre; fer à cheval; fer à repasser. — *És un bon fère*, se dit ironiquement et par antiphrase pour : c'est un homme de peu de consistance et de valeur, un homme peu loyal et peu franc, un piètre sujet.

Dér. du lat. *Ferrum*, m. sign.

Fère-blan, s. m. Fer-blanc, fer en feuilles minces qui a été recouvert d'étain.

Fère-blantiè, *s. m* Ferblantier, ouvrier qui travaille en fer-blanc.

Férén, énquo, *adj*. Ferrugineux; qui contient du fer. — Ne se dit que des terrains, des couches minérales.

Fère-vièl, *s. m.* Vieux fer, ferraille. — Se joint d'ordinaire à *vèire rou*, pour former le cri des chiffonniers autochtones qui achètent les vieux chiffons, de la ferraille et du verre cassé. Au fig. on donne ce nom à toutes sortes de vieilleries, de loques, d'oripeaux et à d'antiques rabacheries.

Fèrme, *adv. interjectif* Ferme! Allons, courage! frappez fort!

Dér. du lat. *Firmus.*

Férnétégo, *s. f.* Frénésie; impatience; démangeaison, envie démesurée de dire ou de faire. — *Ai de fernetegos din mas cambos*, j'ai des inquiétudes dans les jambes.

Corrupt. du fr. *Frenesie.*

Férnétégoùs, ouso, *adj*. Chatouilleux; irritable; qui a des tics nerveux. — Se dit d'un jeune chien, d'un jeune chat, d'un jeune cheval, qui ont l'impatience, l'inquiétude de leur âge, qu'ils traduisent par des passes, des voltes nerveuses.

Férni, *v.* Frémir; éprouver une horripilation; trembler dans sa peau; avoir chair de poule de frayeur. — *Me faï férni*, il m'effraie par sa hardiesse, par le danger auquel il s'expose, par l'histoire qu'il me raconte, par l'entreprise où il se hasarde.

Dér. du lat. *Fremere*, m. sign.

Férnimén, *s. m.* Frémissement; emotion; tremblement de frisson; horripilation.

Féroù, *s. m.* Dim. *Feroune*. Ferret d'aiguillette ou de lacet, ordinairement de fer-blanc, de cuivre ou même d'argent.

Dér. de *Fère*, dont il semble un dim.

Féruro, *s. f.* Ferrure; tout le fer qui entre dans la garniture d'un meuble ou d'une fermeture.

Fés, *s. f.* Fois, qui désigne le nombre, la quantité, le temps des choses, des actions. — *A bètos fes*, de temps à autre; un après l'autre. *De fes*, parfois, quelquefois. *A la fes*, à la fois, en même temps. *La fes que vengué*, le jour où elle vint. *Y-aviè uno fes*, il était une fois *Aquò faï las dos fes*, ceci fait la seconde fois.

Der. du lat. *Vices*, m. sign.

Féstadiè, ièiro, *adj* De fête; qui appartient aux fêtes; qui court, qui aime les fêtes; qui prend des airs de fête.

Féstéja, *v* fréq. Festoyer; fêter; chômer; faire fête à quelqu'un; se régaler; festiner.

Dér. de *Festo.*

Fèsto, *s. f.* Fête; solennité; jour consacré au culte, en mémoire d'un mystère ou en l'honneur d'un saint; réjouissance publique ou particulière dans les grandes occasions. — *Faire fèsto*, fêter, chomer une fête. *Per las fèstos*, suivant l'époque de l'année, signifie : au temps des fêtes de Pâques ou de Noël, qui duraient trois jours chacune avant le concordat. *Passa las fèstos*, fêter les fêtes de Pâques ou de Noel en famille. Il est assez ordinaire que les membres d'une famille qui sont dispersés, à une distance peu éloignée, se réunissent à cette époque dans la maison paternelle. *Lou jour dé sa fèsto*, le jour de sa fête. *Après la fèsto lou fol rèsto*, prvb , après la joie, l'ennui. *Moun chi mé faï bè dé fèstos*, mon chien, par ses caresses, fête mon retour.

Dér. de lat. *Festum*, m. sign.

Fésuso, *s. f* Tailleuse de robes; couturière en robes.

Empr au fr. Faiseuse de robes : on retranche le mot robe, comme si c'était la faiseuse par excellence.

Féta, ado, *adj.* Futé; rusé; adroit.

Corrupt. du fr.

Fétiblamén, *adv.* Effectivement; en effet; réellement.

Corrupt. du fr. Effectivement.

Fi, *s. f.* Fin; bout; extrémité; par ext. mort, fin de la vie. — *A longo fi*, à la longue. *A la fin finalo sès arivu*, enfin, à la fin des fins vous êtes arrivé. Cette expression a dû être empruntée au vieux fr., chez lequel elle était reçue : cela se voit au mot *Fin* qui n'est pas languedocien : la locution a été prise en bloc. *Vole faire fi dé tèou*, je veux mettre fin à mes jours, me tuer. *A fa pàouro fi*, il a fait une triste fin, une fin misérable. *A la fi, té taïsaras saïque?* te tairas tu enfin?

Dér du lat. *Finis*, m. sign.

Fi, fino, *adj.* Dim. *Finé* péj. *Finas*. Fin; délié; rusé en affaires; adroit; subtil; menu; lisse; poli; doux au toucher; soyeux; délicat. — *Pesa fi*, peser extrêmement juste sans que la balance trébuche : ce qui annonce de la parcimonie et peu de loyauté chez le vendeur. *És pas d'aqueles tant finasses*, il n'est pas des plus lurés. *Faire finé à quàouquus*, cajoler quelqu'un, lui faire patte de velours.

Dér du lat. *Finis*, fin. En teuton *Fein*; en angl. *Fine*; en ital. *Fino.*

Fiala, *v.* Filer à la quenouille ou au rouet, et non filer de la soie, qui se dit *Tira*, ni filer pour marcher, décamper. — *Marida-mé, ma mèro, qué tant prin fiale*, prvb., mariez-moi. ma mère, car je file assez fin pour cela. Cette locution prvb. se rapporte a l'époque où la quenouille était l'occupation presque exclusive des femmes après les soins du menage. L'habileté à ce travail était donc une des qualités requises pour former une bonne ménagère; et quand une jeune fille était arrivée à filer assez fin pour se passer de professeur, elle était apte à se marier.

Dér. de *Fiou*, fil.

Fialaduro, *s. f.* Action de filer; profession de fileuse; frais du filage; matière à filer et matière filée. — *Prén vin sòous de fialaduro*, elle fait payer son filage vingt sous la livre. Autrefois on disait d'une servante : *la fialaduro és pér elo*, pour exprimer qu'en sus de ses gages tout ce qu'elle gagnait en filant était pour elle.

Fialaïre, aïro, *adj*. Fileur, fileuse : ce qui ne s'applique ni aux fileuses de soie, qui se disent *Tiraïros*, ni a l'industriel qui fait marcher une filature de soie a ses risques et fortune, qui se dit *Filur*

Fialandièiro, s. f. Filandière; fileuse de profession au rouet ou au fuseau.

Fialas, s. m. Filet de chasse ou de pêche; reseau, fils enlaces pour prendre des animaux ou des poissons

Dér. de *Fiou*.

Fialousado, s. f. Quenouillée, matteau de chanvre ou de lin dont on garnit en une fois une quenouille; quantité de matière a filer dont peut être chargée une quenouille — *A acaba sa fialousado*, elle a acheve sa tâche, sa quenouillée.

Fialousèio, s. f. Filoselle; soie grossière et commune, qui provient des cotes ou des cocons de graine cardes et filés au rouet ou a la quenouille.

Fialouso, s. f. Quenouille; baton ou roseau auquel on attache la filasse qu'on veut filer — *Fialouso emboutido*, quenouille pansue, ventrue, faite en roseau refendu pour filer les cocons de graine en filoselle.

Dér. de *Fiou*, fil.

Fian, s. m. La gent fillette: les filles considerees en masse, collectivement.

Dér. de *Fio*, fille.

Fiaṇço, s. f. Confiance; sureté; foi; assurance. — *Vous ou doṇe à fiaṇço*, je vous le donne en ami, en toute confiance. *Prenés aquél cadis à fiaṇço*, prenez ce cadis en toute sûreté, je vous le garantis. *De grano à fiaṇço*, de la graine de vers-a-soie de confiance, c.-à-d. celle qui a été soignée et confectionnée par quelqu'un qui présente des garanties tant pour la selection et la qualité des cocons destines au grainage, que pour l'attention scrupuleuse et consciencieuse donnee a leur bonne eclosion et a ce travail délicat Helas! depuis bien des annees que l'invasion de maladies inconnues ravage nos chambrees de vers-a-soie, que les importations et la speculation ont envahi l'industrie des grainages, la graine de confiance est devenue un mythe, c'est le *rara avis in terris*. Cependant des experiences poursuivies avec science, intelligence et succès ont enfin appris quelques procédés qui relèvent un peu l'espoir de nos contrées séricicoles : quand ces procédés se seront vulgarisés davantage, il n'est pas douteux que le mot oublié dans la langue des éducateurs de *grano de fiaṇço* ne revienne et ne trouve encore comme autrefois son application.

Grammaticalement on aura remarqué que *fiaṇço* ne forme que deux syllabes comme tous les autres mots où se rencontre la diphthongue *ia*, prononcée en une seule émission de voix, a cause de l'accentuation imprimée par l'*i*. Partout où se rencontre au contraire la tréma avant la voyelle *a* ou autre, il y a séparation. Nous rappelons ce qui a été dit à l'art. *Acén* (V. c. m.).

Dér. du lat. *Fidentia*, confiance.

Fiastre, s. m. Fillâtre; beau-fils; fils de la femme

Dér. de *Fil*, fils.

Fiastro, s. f. Belle-fille, fille d'un autre lit.

Roquefort dit que les deux mots qui precedent sont formes du lat *Filius*, ou *Filia alterius*, leur terminaison se prête a cette interpretation etymologique.

Fibla, v. L'ablir, fléchir; lacher; plier; mollir; s'affaiblir.

Fible, fiblo, adj faible; qui manque de courage ou de nerf; qui n'a pas de force, au physique comme au moral. Il est quelquefois subst au masc. pour defaut principal, mauvais penchant, passion irresistible, coté faible. — *Prene per soun fible*, prendre par son faible. *A un fible*, il a du penchant, une faiblesse, un faible ou du faible.

Fiblèsso, s. f. Faiblesse, faible; defaillance; action indélicate; manque de force, de caractère, de conduite; mauvais penchant.

Dér. du lat *Flebilis*, employé dans la bass. lat dans le sens de *Debilis*.

Ficéla, v. Ficeler; entourer, lier avec de la ficelle. Au fig. equiper; organiser avec soin, avec elegance.

Ficèlo, s. f. Ficelle; petite corde formée de deux brins tordus — *Alounga la ficèlo*, au fig. differer, prolonger

Dér. du lat *Fidicula*, petite corde a boyau

Ficha, v. Donner; jeter; lancer; mettre; appliquer. — *Ficha un co de poun*, donner un coup de poing. *Me soui ficha dou sòou*, je me suis laissé tomber. *Ficha lou camp*, decamper, s'enfuir.

Ficha'n caire pour *ficha en caire*, veut dire : fatiguer, ennuyer, scier le dos, et aussi contrarier, vexer, ficher malheur, ce dernier verbe mis par amendement, bien entendu, comme dans le lang Maintenant *Caire* a plusieurs significations, selon l'occurrence : coin, sens, coté et carreau du jeu de cartes — Il n'est pas absolument impossible que la locution vienne d'une partie de cartes, dans laquelle un joueur aurait été obstinément poursuivi et battu par la couleur carreau. Cependant, il y a une autre explication, assez simple, assez naïve, si ce n'est davantage, pour être tout aussi vraisemblable Lorsqu'un enfant n'est pas sage, on l'envoie en pénitence dans un coin de la chambre, ou il doit rester, jusqu'à l'expiration de sa peine, debout, sans bouger et tourné vers le mur. Il est clair que cela doit l'ennuyer, le vexer, lui *ficher* malheur, si vous voulez. Ces souvenirs d'enfance restent en grandissant, et, quoique plus sage alors, on a pu, si on éprouve quelque contrariété, quelque ennui, quelque vexation, les assimiler à ceux du jeune temps, quand on vous flanquait dans un coin pour punition, et les appeler du même nom en salant tant soit peu l'expression.

Mais il ne faut rien garder sur la conscience. Cette dernière explication, qui me revenait assez, je dois convenir qu'elle ne peut être acceptée que sous bénéfice d'inventaire. Le dicton vient exclusivement languedocien et de vieille date. Ceux qui font les dictons étaient, en matière d'éducation, pour l'ancienne méthode de M. Cinglant, et je crois même qu'ils le sont toujours : comment auraient-ils fait celui-ci sur une nouvelle pénalité qui n'a été édictée que depuis et seulement dans le code des salons? C'est assez difficile à arranger, et il faudra sans doute revenir à notre partie de cartes, au risque de la perdre encore.

Sé ficha, se moquer; braver; mépriser. — *M'én fiche bé*, je m'en soucie fort peu ; je m'en fiche. *Sé ficha dé qudouquus*, se moquer de quelqu'un, le narguer, en faire peu de cas. C'est le lénitif du verbe m*i*lsé*i*nt F... qu'on emploie dans les mêmes acceptions en fr.

Dér. probablement du lat. *Fixare* ou *Figere*, mais singulièrement détourné dans quelques-unes de ses acceptions.

Fichan, anto, *adj*. Fichant ; contrariant ; désagréable ; fâcheux; qui cause du dépit, du désapointement. — Il est encore un lenitif.

Fichouïro, *s. f.* Fichure, espèce de bident ou de trident avec lequel on darde le poisson dans l'eau.

Dér. du lat. *Fixorius clavus*, fiche.

Fidèl, dèlo, *adj*. Fidèle ; exact à garder sa foi, à remplir ses engagements. — Se dit principalement de la fidelité ou plutôt de la probité des domestiques ou gens de confiance. dans le sens de l'attachement ; probe et intègre. — *Es fidèl*, il est probe, il ne toucherait a rien de ce qui ne lui appartient pas.

Dér. du lat. *Fidelis*, m. sign.

Fidèou, *s. m.* Vermicelle, sorte de macaroni pour potage. On le fabrique avec la farine de riz qu'on teint le plus souvent avec une décoction de safran On lui donne cette forme de fils ou de petits vers en le faisant passer, à l'aide d'un piston, à travers les trous d'une filière On dit en esp. *Fideos*.

Dér. du lat. *Fides*, corde d'instrument de musique.

Fièïa, *v* Pousser des feuilles ; se garnir, se couvrir de feuilles, en parlant des arbres.

Fièïaje, *s. m*. Feuillage ; quantité de feuille de mûriers que contient un domaine. — *Y-a un for fièïaje dinc aquel mas*, il y a une grande quantité de feuille de muriers dans cette métairie.

Fièïas, *s. m.* Amas de feuilles sèches pour litière. — *Coucha dou fièïas* : dans les Cévennes les valets de ferme couchent dans des amas de feuilles sèches de châtaigniers, comme ailleurs dans la paille

Fièïo, *s. f.* Dim. *Fièïeto*, péj *Fièïasso* Feuille, en général. — *Fièïo*, tout court, signifie, dans nos contrées séricicoles, la feuille par excellence, celle du mûrier Or, le mûrier, pris ainsi au singulier, ne signifie pas seulement un individu de l'espèce, mais la récolte en entier : c'est pour cela que *Fièïo* participe à cette extension. *La fièïo es dejà belo*, la feuille est deja développée. *La fièïo a pres mdou*, la feuille a souffert ; elle est tachée ou brouïe par la gelée. *Achèta à fièïo morto*, acheter de la feuille en hiver et sur l'estimation qu'on fait des arbres ; c'est aussi la retenir et arrher en hiver sur l'estimation ou pesage qui en seront faits à l'époque de sa maturité. *Faire manja sa fièïo*, c'est faire une éducation de vers-à-soie avec la feuille qu'on

possède : c'est dit par opposition à celle qu'on vend en tout ou en partie ; dans ce cas, on emploie aussi : *Faire touto sa fièïo*. *Ana à la fièïo*, aller cueillir de la feuille de mûrier. *Ana à las fièïos*, aller ramasser des feuilles sèches pour litière.

Fièïo de rèsso, allumette, lame d'une scie.

Fièïo d'hdouboï, anche de haut-bois.

Fièïo de papié, feuille de papier.

Dér. du lat. *Folium*, m. sign.

Fièïrâou, *s. m.* Champ de foire pour le bétail gros et menu. — Ne s'applique pas aux lieux où s'étalent les autres marchandises en temps de foire.

Fièïréja, *v*. fréq. Acheter à la foire, y faire des emplettes ; fréquenter les foires — *Crese qu'douraï bien fièïréja*, je crois que j'aurai fait un bon marché. Au fig. *a bièn fièïreja*, il a eu un bon lot en mariage ; il a rencontré une femme de mérite.

Fièïro, *s. f.* Foire, grand marché public qui se tient à des époques fixes. — C'étaient autrefois certains jours de féries ou de fêtes patronales, pendant lesquels tous les droits de lods, d'entrée, de péage étaient suspendus, ce qui attirait la foule des acheteurs et partant celle des vendeurs. *Faire fièïro*, acheter à la foire. *Te dounaraï ta fièïro*, je t'achèterai un cadeau à la foire. les cadeaux à l'époque des foires, comme les étrennes du jour de l'an, sont d'un usage ancien qui commence à s'effacer ; on les fait aux enfants, aux amis intimes, aux domestiques un peu anciens dans la maison. *Pér un escu ne veirés la fièïro*, pour un écu vous en serez quitte, ou vous pourrez vous satisfaire. A Alais, lorsqu'on dit : *Pagnaraï à la fièïro*, cela signifie : je paierai à la foire de Saint-Barthelemy, le 24 aout, qui est la plus considérable, la foire par excellence.

Dér. du lat. *Feriæ mundinæ*, m. sign. On n'a fait que supprimer le dernier mot.

Fièl, *s. m.* Feuillet d'un livre ; feuille de papier. — *Viro fièl, mèstre Grabièl*, passons à autre chose, à un autre discours : tournons la page : loc. prvb.

Dér. du lat. *Folium*, feuille.

Fièr, fièro, *adj*. Fier ; superbe ; orgueilleux ; arrogant ; hautain ; altier. — *Fai de soun fier*, il prend des airs.

Fièr, fièrto, *adj*. Grand ; considérable ; fort ; d'une fameuse dimension ; bien étrange. — *Aquò's uno fièrto cdouso*, voila qui est bien étrange, bien extraordinaire ; c'est une bien singulière affaire. *Un fièr home*, un terrible homme *Un fier malhur*, un bien grand malheur. *Uno fierto michantiso*, une cruelle malice.

Cet adjectif ne s'emploie que devant le substantif avec lequel il s'accorde.

Der. du lat. *Ferus*, fier, intrépide.

Fièramén, *adv*. Fièrement ; avec orgueil ; beaucoup ; en grand nombre ; très ; fort. — *Es fieramén bo*, c'est bien bon, d'une très-grande bonté. *Fièramen iuèn*, excessivement loin. *Sièsfièramen abèsti*, tu es grandement sot, ignare, grossier, impoli.

Figaré, s m Espèce de châtaignier hâtif. Ce mot vient sans doute de *Figo*, figue, sans qu'on puisse déterminer le motif de cette origine.

Figaréto, s f Fruit du *Figaré*, châtaigne hâtive, bonne, fine, de moyenne grosseur. Elle tombe des premières; elle est de vente facile, et se dépouille bien lorsqu'elle est sèche.

Fignoula, v Fignoler: faire le petit-maître, faire le beau; se pavaner; prendre des manières affectées, un ton prétentieux.

Dér. de *Fi*, fin, avec la terminaison réduplicative et augmentative.

Fignoulur, urdo, s. et adj. Petit-maître; prétentieux, affecté; beau-fils: muscadin populaire; élégant vulgaire.

Figo, s f. Dim. *Figueto*; péj *Figasso*. Figue, fruit du figuier Au fig nez d'homme ou de chien — *De figos per toun nas*, des figues pour ton nez; ce n'est pas pour toi que le four chauffe C'est par contraction de cette phrase qu'on dit interjectivement. *Figos!* Nenni!

Les variétés sont nombreuses : nous les indiquons sous leur dénomination spéciale.

Dér. du lat *Ficus*, figue

Figo-lôouriôou, s m Loriot, *Oriolus galbula*, Linn., oiseau de l'ordre des Passereaux et de la fam. des Conirostres. C'est par son plumage un de nos plus beaux oiseaux, d'un jaune d'or une tache entre le bec et l'œil, les ailes et la queue noires, mais celle-ci terminée de jaune; bec rougeâtre; iris d'un beau rouge; longueur 24 centimètres. Sa chair est fort estimée, surtout à l'époque de son second passage, dans les premiers jours de septembre Le loriot vit en cage, mais plus difficilement que le merle et l'étourneau

Ce nom de *Lôouriôou*, comme celui lat *Oriolus*, que lui donne la nomenclature scientifique, dér. du lat. *Aureolus*, couleur d'or, à cause de la couleur de son plumage. Le mot *Figo* a été ajouté en lang. parce que cet oiseau est très-friand de ce fruit, et qu'on l'aperçoit souvent sur les figuiers

Figuièiro, s. f. Dim *Figuièreto*; péj. *Figuièirasso*. Figuier, figuier commun. *Ficus carica*, Linn, arbre de la fam. des Urticées, cultivé de temps immémorial. — *Figuièiro-Cabrôou*, figuier sauvage, dont les fruits avortent sans mûrir. La *figuièirasso* est une expression tout alaisienne pour désigner le fort d'Alais qui sert de prison. On voyait, il y a quelques années encore, un immense figuier sur le préau de la citadelle, au-dessus de la porte qu'on appelait le petit poste, de là l'allusion. *Mounta à la figuièirasso*, c'était simplement aller en prison.

Dér. du lat *Ficaria* venu de *Ficus*.

Figuièiroù, s. m. Arum. ou pied de veau, ou verge d'Aaron, *Arum vulgare*, Linn., plante de la fam. des Aroïdes. Sa racine est caustique quand elle est fraîche; sèche, elle est un bon cordial. La colocase d'Égypte et le chou caraïbe sont des variétés de l'arum, bonnes à manger.

Le nom de *Figuièiroù* lui vient probablement de sa sève laiteuse et caustique comme celle du figuier.

Figuro, s f Dim. *Figureto*, péj *Figurasso*. Figure; visage: forme extérieure d'un corps

Dér du lat *Figura*, m sign

Fil, s m. Dim *Fu*, *fiou*; péj. *Fias*. Fils; enfant mâle; garçon — *Picho-fil*, petit-fils, le fils du fils ou de la fille, par rapport à l'aïeul ou à l'aïeule *Es un brave fil*, c'est un brave garçon.

Dér. du lat. *Filius*, m sign.

Fila, v Filer; décamper; cheminer; marcher vite.

Dér du lat. *Filum*, fil, par métaphore dévider son fil, tour Filer à la quenouille se dit *Fiala*; mais l'étymologie est la même.

Fin, finto, adj Extrême; jusqu'à la fin. — Ne s'emploie guère que joint aux mots *Eoun* ou *Soun*, Cimo ou *Ciméto*. *Aou fin foun*, au plus profond. *A la finto cimo*, à la cime extrême. *Fin-z-et un digne*, jusqu'au dernier denier, sans rabattre une obole.

Dér. du lat. *Finis* En ital. *Fino*, jusque.

Finablamén, adv. Finalement; en dernier résultat; enfin; à la fin.

Dér du lat. *Finalis*, de *Finis*.

Finamén, adv. Délicatement; tendrement; doucement — Se prend souvent ironiquement en antiphrase: *Y-vai finamen, embe touto la banastado*, il n'y met ni délicatesse, ni finesse, ni précaution: il n'y va pas de main morte

Dér. de *Fi*, fino.

Finanço, s f. — Ce mot n'a rien de commun avec le mot fr *Finance*. C'est une espèce de jeu de mots pour désigner la finesse, l'élégance de manières. *Vai sus la finanço*, il est vêtu comme un prince, comme les personnes de haut rang, de haute position. *Canta sus la finanço*, chanter comme les messieurs et les dames, chanter l'ariette et la romance et non les airs et chansons populaires.

Dér de *Fi*, fino.

Finèsso, s. f. Finesse; astuce; rusé; artifice.

Fini, v. Finir; achever; terminer; cesser; prendre fin — *Finissès*, cessez, assez, laissez donc. — Voy. *Féni*

Dér du lat *Finire*, de *Finis*.

Finissanço, s. f. Fin d'un livre, d'un écrit, d'une scène.

Finò, finoto, adj. Finaud; rusé; qui finasse.

Finocho, s. m. Finasseur; madré compère; rusé.

Dér. de *Fi*, fino.

Finto, s f Feinte; ruse; emploi d'un moyen apparent pour masquer le but occulte qu'on poursuit. — *Finto caludo*, ruse de guerre à certains jeux d'enfants: traduit du lat. *Callida*, rusée. *Ana pèr finto*, employer la feinte, la fourberie; ne pas aller droit son chemin.

Dér. du lat. *Fingere*, au supin *Fictum*.

Fió, s. m. Dim. *Fiouque*; augm. *Fioucas*. Feu, principe de la lumière et de la chaleur; chaleur. — *Fai fió*, allume le feu, fais du feu. *Y-a fió énòc dé*..., il y a un incendie chez... *Fiò de joio, de Sen-Jan,* feu de joie, de Saint-Jean. *Y-a lou fiò dou bla,* le blé est d'une grande cherté. *Ès el que y-a més lou fiò,* c'est lui qui a fait renchérir cette marchandise.

Dér. du lat. *Focus.*

Fio, s. f. Dim. *Fieto, Fioù;* péj. *Fiasso.* Fille; enfant, personne du sexe féminin par rapport à ses père et mère; femme non mariée. — *Bèlo-fio,* belle-fille, bru. *Pichotofio,* petite-fille, fille du fils ou de la fille par rapport à l'aïeul ou à l'aïeule. *Fio de cambro,* femme de chambre.

Comme nous l'avons fait à l'art. *Fenno,* nous réunissons sous le mot *Fio* les principaux dictons que la malice, l'esprit d'observation, la sagesse aussi des âges passés leur a consacrés. Ces petits proverbes n'ont point de date : ils ne sont pas non plus particuliers à notre dialecte, ni même à la langue d'Oc, qui n'y ont mis le plus souvent que le tour et la vivacité de l'expression. On rencontre leurs équivalents dans les autres langues et dans le français, qui se pique cependant de raffiner la galanterie. Ils ne représentent donc pas la civilisation d'une époque ou d'un pays. Mais, puisqu'ils se sont reproduits et qu'ils se conservent, puisqu'ils sont encore souvent cités et appliqués, il sera peut-être curieux de les rassembler à peu près tous dans la même page, et de les apprécier au moins au point de vue de la linguistique, sans y mettre autrement de malice ni de commentaire.

Proverbes relatifs aux filles.

— Bé vèn quan garçou naï, s'uno fio vèn, bé s'én vaï.

— Cièl pouméla, fio fardado, soun de courto durado.

— Entre fios et capélans sabou pas ounté manjaran lus pan.

— Entre fios et escoubios, pourièn pas èstre trop luèn dé l'oustàou.

— Fio, lèntio et pan caou soun la ruino dé l'oustàou.

— Fio troutièiro et fénéstrièiro raramén bono mamajeiro.

— Fios d'hoste et figos de cami, sé noum soun tastados dé vèspré ou soun dé matí.

— Fio d'hoste et dé bouché, aguès pas gàou qué rès noun té sié.

— Fio d'hoste et figo dé cantou soun pu lèou maduros qué dé sésoù.

— Fio és coumo la roso, és bèlo quan-t-és éscloso (pour *encldouso*).

— Fio maduro porto l'efan à la céntüro.

— Fio pàou visto és dé réquisto.

— Fio poulido sans habis, mai dé calignaïres qué dé maris.

— Fio qu'agrado és mita maridado.

— Fio qué prén, sé vén.

— Fio qu'éscouto, vilo qué parlaménto, soun lèou présos.

— Fios qué soun à marida, michan cabàou à garda.

— Fio qué vòou èstre présado, ni visto, ni visitado.

— Fio sans crénto vòou pa'n brou dé ménto.

— Fio a marida, chival à véndre.

— Fio coumo és élévado, éstoupo coumo és fialado.

— Fio laido, bièn parado.

— Fio maïgro èmbé dot gras, a cado journe-home plas.

— Fios et véïres soun toujour én dangè.

— Las fios fòou pas qué pàrlou qué lou fiò noum siègue acata.

— Ni trop fios, ni trop vignos.

— Nose, fio, castagno, sa ràoubo cubris la magagno.

— Pan frès, prou fios et bos vèr boutou l'oustàou én désèr.

— Pàou vignos, pàou fios, et bé téngudos.

Dér. du lat. *Filia,* m. sign.

Fiolo, s. f. Fiole, petite bouteille de verre blanc.

Dér. du gr. Φιάλα, m. sign.

Fiolo, s. f. Filleule, celle dont on est le parrain; œilleton ou filleule d'artichaut; drageon enraciné du talon d'une plante qu'on arrache pour transplanter.

Dim. de *Fio,* dans l'un comme dans l'autre sens : l'œilleton étant à vrai dire la fille, la pupille de la souche-mere.

Fiou, s. m. Dim *Fioule.* Au plur. *Fiousses.* Fil; filasse du chanvre, du lin, du coton, de la soie, de la laine, etc., tordue en brin délié et continu; tranchant d'un outil; fibre de certaines plantes; courant d'eau; fil, cours, suite de choses, d'une affaire, d'un discours. — *Lou fiou dé l'aïgo,* le fil, le cours de l'eau. *Aquò vaï à fiou d'aïgo,* cette affaire marche que c'est un charme; elle va d'ellemème comme le courant de la rivière. *A trop lou fiou,* il est trop rusé, trop fin. *Douna lou fiou,* aiguiser, émoudre un instrument tranchant, lui donner le morfil. *Li coupé lou fiou,* il l'interrompit, il l'interloqua. *Tèn pas qu'emb'un fiou,* cela ne tient qu'à un fil, à rien, à presque rien. *De fiou en aguro,* d'une chose, d'un propos à un autre, de fil en aiguille.

Fiou de richar, fil d'archal, de laiton, passé à la filière. en lat. *Auricalchus.*

Fiou de fèra, fil de fer; *fiou d'aran,* fil d'archal.

Fiou dé vigno, vrilles ou mains de la vigne.

Fiousses de majoufo, trainasses des fraisiers, par où ils se provignent d'eux-mêmes.

Der. du lat. *Filum,* m. sign.

Fioucado, s. f. Feu de paille; feu passager et de courte durée, tel que celui qu'on produit avec une bourrée. Au fig. vivacité; mouvement passager de colère.

Dér. de *Fiò,* feu.

Fioula, v. Siffler la linotte; boire à longs traits; siroter. Ce mot nous vient peut-être de *Fiolo,* fiole, peut-être aussi du gascon *Fioula,* siffler.

Fioun, s. m. Adresse; biais; habileté; manière de s'y prendre. — *A lou fioun,* il sait donner la tournure convenable.

Peut-être n'est-il qu'une corrupt. de *Fiou* dans une de ses acceptions.

Fiqua, v. Placer dedans; faire entrer adroitement quelque chose.

Dér. du lat. *Figere,* piquer, fixer

Fisa, v. Fier; confier une chose à quelqu'un.

Se fisa, avoir confiance, se reposer sur quelqu'un avec sûreté. — *La fisança pas la qu... de moun ase,* dit-on en parlant d'un medic..., d'un empirique, je ne lui confierais pas la vie de mon chien. *Me fise sus el,* je me repose sur lui en toute confiance.

Dér. du lat. *Fisum,* supin de *Fidere,* m. sign

Fisable, ablo, adj. Qui mérite toute confiance; à qui on peut se fier; personne sure et fidèle.

Fiso-té-li, phr faite interjective. Ah! bien oui! va t'en voir s'ils viennent, Jean! Fiez-vous à lui, à cela

Fissa, v. Fixer ses regards; fixer les yeux sur quelqu'un; piquer, enfoncer un aiguillon.

Dér. du lat *Fixus de Figere.*

Fisso, s f. Gardes de la houille; pierre noire, le plus souvent feuilletée comme l'ardoise, qui forme les assises supérieures et inférieures des filons de charbon, et quelquefois se trouve intercalée dans le bloc lui-même. Elle est de la nature du charbon; mais elle est peu poreuse et brûle mal. Sauvages la nomme en fr. *Fisse,* mot qu'on ne rencontre pas dans les dictionnaires, et c'est sans doute un emprunt qu'il fait à l'idiome local; mais dans la langue parlée aux mines de houille même, on emploie le mot *Ficho,* qui s'est francisé en *Fiches,* lesquels n'ont certainement pas d'autre origine que le vrai languedocien *Fisso,* plus ancien et meilleur, venant du lat. *Fixa,* plantée, enfoncée.

Fissoù, s. m. Aiguillon d'abeille, de guêpe, de frelon.

Dér. du lat *Figere,* piquer.

Fistra, v. Filtrer; distiller goutte à goutte; suinter; s'écouler comme en passant par un filtre, ou par une fuite insensible.

Corrupt. du fr.

Fistre, interj. Juron. Fichtre! certes! peste! dame! diable! — Ressemble fort à l'adoucissement d'un mot grossier, un juron aussi de plus belle maille.

Fiun, s. m. La gent fille, la généralité des jeunes filles d'un endroit donné. — Ne se prend qu'en mauvaise part, c.-à-d. en style narquois.

Fla, flaquo, adj. Dim. *Flaqué;* péj. *Flaquas.* Flasque; mou; sans vigueur; lache; sans force; indolent. — *De cars flaquos,* chairs flasques, molasses. *Fla coumo la bano d'un biòou,* par antiphrase pour exprimer une vigueur à toute épreuve. *Fla coumo uno tèlo, coumo uno simousso,* sans force, mou comme de la chiffe.

Dér. du lat. *Flaccus* ou mieux *Flaccidus,* m. sign.

Flaïra, v. a. Flairer; sentir par l'odorat: au fig pressentir, prévoir; et v. n. Fleurer; avoir de l'odeur; exhaler une odeur. — *Flairas aquèt bouqué,* sentez cette fleur. *Aquò flairo pas bo,* cela ne sent pas bon.

Dér. du lat. *Flagrare,* m. sign

Flaire, s m Flair; odorat.

Flama, v Flamber, produire ou donner de la flamme. — Flamber, pris activement, ne se dit pas *Flama,* mais bien *Escla* ou *Chabuscla.* — Voy c m.

Flamado, s f. Flambée; feu vif et clair, tel que celui qu'on produit avec de la bourrée, des sarments, du menu bois, etc. — *Cene a la flamado,* faire rôtir à la flamme

Flamba, v Flamber, jeter de la flamme, des flammèches Au fig perdre; ruiner. — *Soui flamba,* je suis flambé, perdu, ruiné

Dér. du lat. *Flamma.*

Flambéja, v freq Flamboyer; jeter de la flamme, un vif éclat.

Flaméja, v fréq Flamber, commencer à flamber; produire des flammes Au fig. être irrité, enflammé; donner une vive ardeur, causer une inflammation — *Moun dé flamejo,* mon doigt est brulant d'irritation.

Flame-nôou, flame-novo, adj Tout neuf, entièrement neuf; tout battant neuf; qui n'a jamais servi.

En esp. on dit dans le même sens *Flamante;* cela signifie: qui est dans tout son lustre, qui flamboie de lustre et de nouveauté

Flamo, s f. Dim. *Flameto;* augm *Flamasso* Flamme, partie subtile et lumineuse du feu.

Dér. du lat. *Flamma,* m. sign En bas-breton, *Flam.*

Flan, s. m. Crème faite avec du lait et des œufs, qui a la consistance d'une gelée.

Flana, v. Flaner; ne rien faire; se promener par désœuvrement; perdre son temps par les rues, en déambulant. — C'est, avec un résultat identique, presque l'opposé de *Duga,* qui suppose la flanerie sans la locomotion.

Flandrin, drino, adj. Péj. *Flandrinas.* Flandrin; grand efflanqué, paresseux et indolent Plus usité au fém, grande femme sans maintien, sans grace; lache; nonchalante; à qui tout traine par indolence ou maladresse; une marie-chiffon.

Il est probable que ce mot est dérivé de *Flandre,* et a désigné autrefois ses habitants.

Flandrouio, s. f. Péj. *Flandrouiasso.* C'est un augm. de *Flandrino,* avec une certaine aggravation de mauvaise tenue.

Flanqua, v. *Flanquer,* donner un coup, jeter. — Lénitif d'un mot plus énergique, comme *Ficha.*

Flanur, urdo, s. et adj. Flaneur; musard; paresseux; qui se promène par désœuvrement.

Dér. de *Fluna.*

Flâougnar, gnardo, adj. Flagorneur; enjoleur; cajoleur; courtisan; patelin; chien-couchant.

Dér. du lat. *Flare,* souffler, enfler de vent, parce que les flatteries enflent la vanité.

Flâougnardariès, s. f. plur. Flatterie; flagornerie; chatteries; patelinage.

Flâougnardéja, v. fréq. Flatter; faire des chatteries; flagorner.

Flâongnardije, *s. m.* Caractère flatteur, patelin, flagorneur, complimenteur doucereux.

Flâonjos, *s. f. plur.* Contes, sornettes dans un but de flatterie, tels que les propos hyperboliques d'un séducteur.

Flâousino, *s. f.* Coutil, toile croisée à larges raies, dont on fait les lits de plume et les taies d'oreiller.

Ce mot doit sans doute son origine à une circonstance anecdotique ou à quelque nom fr. de cette étoffe, qui a disparu.

Flaqua, *v.* Faiblir; fléchir de faiblesse; manquer de force; mollir; devenir flasque. — *Mas cambos mé flaquou,* les jambes faiblissent sous moi.

Dér. du lat. *Flaccidus.*

Flaquéja, *v.* fréq. Manquer de force, de courage; lâcher; fléchir; flageoler, en parlant des jambes.

Flaquéto, *s. f.* Ne s'emploie qu'avec le v. *Faïre.* — *Faïre flaquéto,* faiblir; s'affaisser; flageoler.

Flaquije, *s. m.* Faiblesse; indolence; mollesse; lassitude.

Flaquo-lamo, *phr. faite.* Lâche au travail; sans énergie; nonchalant; indolent; poltron; lâche.

Flasquo, *s. f.* Poire à poudre, exclusivement.

Flasquou, *s. m.* Flacon, bouteille de verre blanc à large goulot terminé en entonnoir; génériquement, toute bouteille à vin qui est en verre blanc. — *Flasquou païa,* flacon clissé.

Dér. de la bass. lat. *Flascus* ou *Flasca, Flasco,* m. sign. En ital. *Fiasco.*

Flassado, *s. f.* Couverture de laine. Au fig. homme faible, sans énergie morale; poule-mouillée, qui, cédant à toute pression, se laisse facilement aller et retourner. La couverture aussi est essentiellement molle, flasque. — *Flassado* vient en effet du lat. *Flaccida,* et son radical lang. *Fla* a la même signification; — elle se laisse aisément plier, rouler, tourner et retourner, et l'on comprend que, par une juste comparaison, pour l'homme en question l'on dise : *és uno flassado,* lorsque c'est son caractère habituel, et *a fa la flassado,* lorsqu'il a fait comme elle dans une occasion particulière.

Dans la bass. lat. *Flassada* ou *Flasciata,* m. sign., contraction de *Filassata.* En esp. *Fracata.*

Flata, *v.* Flatter; caresser de la main; traiter avec douceur, et non dire des flatteries. — *Flata l'aïgo,* ne pas trop contrarier le courant d'une rivière en faisant des digues ou fascines pour la réparation des propriétés riveraines. *Flata jo,* jouer lâchement, sans application : ce que font les fripons pour allécher leurs adversaires. — Cependant on le dit bien dans un certain sens de dissimuler, leurrer; vanter : *Vous ou flate pas,* je ne vous le dissimule point. *Se flata,* se dorloter, se choyer à la moindre incommodité.

Dér. peut-être du lat. *Flare, Flatare,* souffler, donner du vent.

Flèoume, *s. m.* Flegme, impassibilité; lenteur; indolence. — Ne s'emploie qu'au fig.

Flèoumo, *s. f.* Flegme, pituite; glaire; humeur qui est qualifiée de froide, et qui, dit-on, joue un grand rôle dans l'économie animale.

Les deux mots m. et f. ont la même origine du lat. *Phlegma,* du gr. Φλέγμα, pituite, parce qu'on croit que l'abondance de cette humeur est la cause du tempérament flegmatique.

Fléquo, *s. f.* Paquet de chanvre ou de laine cardée, tel qu'il est posé sur la quenouille : boucle, mèche de cheveux.

Flétoù, *s. m.* Boulet d'un cheval : la jointure qui sépare le tibia du paturon.

Dér. du lat. *Flectere,* plier, tourner.

Fli-fla, *s. m.* Terme de danse, jeté-battu.

Flin-flan! *interj.* Flic-flac : onomatopée pour imiter le bruit d'un soufflet qu'on applique sur l'une et l'autre joue.

Flisquo-flasquo, *interj.* Augm. du mot précédent, plus énergique et plus imitatif que lui. — S'applique encore au bruit que fait un liquide secoué dans un vase à moitié plein, des vagues sur le rivage.

Flo, *s. m.* Dim. *Flouque;* augm. *Flouquas.* Morceau, lopin, pièce de quoi que ce soit; flocon de soie ou de laine; houppe de bonnet, bouffette. — Au moyen-âge, c'était un luxe d'orner les équipages et les haquenées de main d'un nombre infini de houppes, surtout en Italie chez les cardinaux et les princes de l'Église, en très grande cérémonie : de là l'expression italienne *in flochi,* qui est passée telle quelle dans le fr.

On appelle particulièrement *Flo,* la houppe de laine qu'on laisse sur les plus beaux montons et les agneaux lors de la tonte et qu'on teint en rouge ou en vert : c'est le luxe des bergers. — *Lou fiou émporto lou flo,* la couture emporte ou déchire la pièce. *Aquélo éstofo s'en vaï à bèles flos,* cette étoffe s'en va par loques. *Un flo dé pan,* un morceau de pain.

Très-certainement le primitif s'écrivait *Floc,* conservé encore dans quelques dialectes, que le nôtre, qui a horreur du C final dans la prononciation, ne peut admettre que l'étymologie indique et qui se retrouve d'ailleurs dans les composés.

Dér. du lat. *Floccus,* flocon de laine.

Flôousouno, *s. f.* Espèce de tarte à la crème, qui n'est autre que du fromage frais de ceux qui sont nommés *Toumo,* qu'on renferme dans une légère pate de farine et qu'on fait cuire au four sans sucre.

C'est un mets et un nom qui appartiennent à la Lozère et à l'Aveyron.

Floto, *s. f.* Dim. *Floutéto.* Grand écheveau de soie écrue telle qu'elle est dévidée à la filature sur la roue du tour à filer; poignée de chanvre peignée; mèche de cheveux.

Dér. de la bass. lat. *Flotta,* m. sign., pris du lat. *Fluctus,* flot, parce que la *Floto* est ondée lorsqu'elle est libre, comme les flots de la mer.

Flou, *s. f.* Dim. *Flouréto;* péj. *Flourasso.* Fleur : terme générique comme en fr. et qui prend la plupart de ses acceptions figurées. Cependant lorsqu'il s'agit d'une individualité du genre des fleurs, on dit plutôt *un bouqué* (V. c. m.) : *un jardi ple dé bouqués*, un jardin plein de fleurs. *Coumo apélas aquél bouqué?* Comment nommez-vous cette fleur ? — Au fig. la fleur; la crème; la partie la plus précieuse d'un tout. *La flou dé la pruno*, le duvet, la petite poussière qui se forme sur la prune à l'état naturel, et qui se déflore au contact.

Dér. du lat. *Flos*, m. sign.

Floundéja, v. fréq. Gambiller; jouer des jambes, en ayant le corps renversé sur le dos, comme font les enfants au maillot, lorsqu'on leur enlève momentanément les entraves de leurs langes. — Se dit aussi : *léva las floundos, jouga dé las floundos ;* tout à fait synonymes.

Floundo, s. f. Fronde à lancer des pierres. — Longtemps les enfants d'Alais se sont battus à la fronde, et il se faisait ainsi des campagnes fort curieuses, souvent très-savantes en stratégie, quelquefois sanglantes. *Uno floundo dé quatre*, une fronde tressée à quatre brins, était alors la plus recherchée.

Dér. du lat. *Funda*, m. sign.

Flouqua, v. Garnir de houppes; orner, parer de houppes; tondre un mouton en lui laissant des houppes de laine.

Dér. de *Flo*.

Flouquaran, arando, adj. Péj. *Flouquarandas*. Très-grand, tres-élevé, mais sans tournure, sans grâces.

Dér. de *Flo*, c.-à-d. un très-grand morceau d'homme : une très-grande taille n'étant pas toujours le type de la grâce.

Ce mot peut venir aussi du n. pr. *Fulcrand*, qui est celui d'un saint évêque de Lodève, patron de l'église de cette ville. Il n'est pas impossible qu'à Montpellier on désignât les Lodéviens sous le nom de *Fulcrans*, comme épithète ironique : d'où ce sobriquet aurait été formé.

Flouquarié, s. f. Loquettes, crottins ou flocons de rebut d'une toison, qui ne font pas corps avec la toison entière : c'est la laine du ventre et des cuisses, toujours chargée de crottins.

Dér. de *Flo*, flocon de laine.

Flouquéja, v. fréq. Couper menu, en petits morceaux; morceler; déchiqueter.

Floura, ado, adj. Fleuri; vermeil; velouté comme un fruit qui a conservé son duvet, sa fleur. — *És floura*, il a un teint de lys et de rose, comme on disait.

Flourado, s. f. Premier choix; fleur d'une marchandise quelconque; élite de ce qu'il y a de meilleur, de plus fin, de plus délicat. — *Y-an léva la flourado*, on a déjà enlevé la fleur, ce qui avait le plus de prix. *Aï prés pas qué la flourado dé sous moutoùs*, j'ai acheté tous ses plus beaux moutons.

Flouré, s. m. Padou, ruban de fil ou de coton. — Voy. *Cabié*.

Flouréto, s. f. Dim. de *Flou*, Petite fleur; fleurette. — Voy. *Flou*.

Flouri, v. Fleurir; être en fleur; pousser des fleurs; orner de fleurs.

Sé flouri, moisir, chancir. — Cette expression rend d'une manière plus explicite que le fr. cette opération de la décomposition des corps; la moisissure indique l'efflorescence qui se forme en poussière blanche et ressemble à une végétation; dans tous les cas, elle a beaucoup de rapport avec celle de toutes les espèces de fungus, qui n'est aussi qu'une efflorescence causée par l'humidité et un commencement de décomposition dans les corps ligneux.

Flourido, s. f. Fleuraison; saison, époque de la formation des fleurs.

Flouridun, s. m. Moisissure, chancissure.

Flouriè, s. m. Charrier; drap de toile grossière qu'on étend sur le linge rangé dans le cuvier d'une lessive, et qu'on charge de cendres pour séparer le linge de leur contact immédiat.

Flouroun, s. m. Furoncle, clou, flegmon enflammé, abcès très-douloureux.

Flurdalis, s. f. Fleur de lis, considérée comme armes de France. Altération en un seul mot de *Flou dé lis*.

Flurdalisto ou **Fràoudulisto**, s. m. *Féodiste*, qui exerçait la profession, aujourd'hui perdue, de lire, de déchiffrer, de traduire, d'expliquer les vieux titres, les anciens actes.

La variante, dérivant de *Fràoudo*, est inspirée par une sorte de jeu de mots avec le premier qui n'est qu'une corr. du fr.

Flus, flusso, adj. Fil qui n'est point tors. — *Sédo flusso*, soie plate, non tordue.

Dér. du lat. *Fluxus*, mou, lâche.

Fluté, s. m. Dim. de *Fluto*. Flageolet; octavin.

Fluto, s. f. Flute, instrument de musique à vent, en forme de tuyau.

Foço, adv. Beaucoup; en grande quantité; en grand nombre; extrêmement.

Contraction de *Forço*. — V. c. m.

Fogo, s. f. Fougue; presse; ardeur; empressement. — *La fogo das magnas*, l'époque où les vers-à-soie occupent le plus activement, c.-à-d. quand ils sont en fraise. *La fogo dàou màou*, au fort de la maladie. *Laïssa passa la fogo*, laisser ralentir le premier empressement.

Dér. du lat. *Focus*, feu, foyer.

Foire, v. Marer, houer, fouir la terre, la remuer à la mare ou à la houe et non à la bêche, *luché*; car on dit alors *luchéta*. Au fig. prendre quelqu'un dans tous les sens, le tourner et le retourner pour le décider à quelque chose. — *Aïmariéi maï ano foïre*, j'aimerais mieux bêcher avec les dents.

Dér. du lat. *Fodire*, fouir, bêcher.

Fol, folo, adj. Dim. *Foulé;* augm. *Foulas*. Fou; enragé; atteint de la rage; insensé, qui fait des folies. — *Un chi fol*, un chien enragé. *Un foulas* n'est point un fou, mais un écervelé; les femmes appellent *Foulassas*, celui qui se porte envers elles à quelques privautés dont elles aiment mieux rire que se fâcher.

Dér. du lat. *Follis*, ballon à vent.

Fon, *s. f.* Dim. *Fountéto.* Fontaine, source; eau vive qui sort naturellement de la terre ou d'un rocher.

Les dénominations de lieux et ensuite de personnes sont très-nombreuses, dans lesquelles est entré ce mot, soit simple avec la forme latine au nomin. précédé ou non de l'article, ou celle de l'accus. marquée du T, soit composée et s'alliant à des situations caractérisées par l'adjectif. Il en est résulté des variétés dont nous indiquerons quelques-unes des principales, et qui, pour ne former qu'un seul mot, n'en laissent pas moins apercevoir leur origine. — Fons, commune de Saint-Mamert; Fons-sur-Lussan; *Las Fons,* commune de Molières; *la Fons,* ruisseau, à Saint-Julien de Valgalgues; à la Salle; et *La Font,* dans les communes d'Arre, de Cambo, de Laval, de Rogues; *La Fous,* près le pont du Gard; sans compter les noms propres d'hommes: Lafont, Fontanes, Fontaine, La Fontaine; puis, en composition, avec ou sans séparation, *Fountarano,* ruisseau, *Fons arenæ; Fountarécho,* Fontarèche, *Fons erectus,* fontaine élevée; *Fountdoubo,* Fontaube, *Fons albus; Fon-bouyén,* Font-Bouillant, *Fons ebulliens; Fon-càoudo,* Font-chaude, *Fons calidus; Founcluso,* Font-Cluze, *Fons coopertus; Founcouverto,* Font-Couverte, *Fons coopertus; Founfrédo,* Fonfrède, *Fons frigidus; Founfouïouso,* Font-Fouillouse, *Fons foliosus*, feuillue, ombragée; *Founmagno,* Fonmagne, *Fons magnus; Fonvivo* Fonvive, *Fons vivus,* etc.

Fôou, *v.* impers. 3ᵐᵉ pers. indic. prés. de *Foudre.* Il faut. — *Fôou dire,* il faut dire.

Fôou est aussi la 1ʳᵉ pers. indic. prés. du *v. Faire.* Je fais. — *Fôou pas qu'ana et véni,* je ne fais qu'aller et venir.

Fôoure, *s. m.* Provisions; hardes; baggage, ustensiles de ménage, d'une maison; le nécessaire, ce qu'il faut. — *Récata soun fôoure,* soigner, renfermer ses provisions, ses hardes.

Dér. du *v. Fondre* ou *Foure,* falloir.

For, *s. m.* Fort; citadelle; lieu fortifié. — A Alais, où l'ancienne citadelle a été convertie en maison d'arrêt et de justice, il signifie prison. *Mounta dou for,* mettre en prison, parce que le fort est élevé au-dessus de la ville.

Dér. du lat. *Fortis,* fort.

For, forto, *adj.* Dim. *Fourté;* péj. *Fourtas.* Fort; robuste; qui a de la force, de la consistance; de hautgoût, âcre, piquant; extraordinaire. — Se prend quelquefois substant., le fort, la partie principale, le plus haut degré. — *Dé vi for,* du vin tournant à l'aigre. *Aquélo cébo és forto,* cet oignon est d'un goût fort et piquant. *Aou for dé l'éstiou,* au plus fort de l'été.

Sé faire for, se prévaloir; s'engager à; cautionner; répondre pour quelqu'un. — *Sé faï for qu'és cousi d'un tdou,* il se prévaut de la parenté d'un tel.

Forço, *s. f.* Force du corps; vigueur; énergie; solidité; puissance. — *Forço mé ségué,* force me fut, je fus bien forcé de... *Forço dé né faire,* à force d'en faire. *Vous séra forço,* force vous sera.

Pér forço, adv. Forcément, par force, par contrainte. — *Pér forço tous penjou,* par force on les pend; que voulez-vous y faire?

Dans la bass. lat. *Fortia* ou *Forcia,* m. sign.

Pcrço, *adv.* ou *Foço.* Beaucoup; extrêmement; en grand nombre; en grand quantité. — *Voy. Foço.*

Porjo, *s. f.* Dim. *Fourjeto;* péj. *Fourjasso.* Forge, lieu où l'on fond le fer; atelier de forgeron.

Dér. de la bass. lat. *Furga,* m. sign., venant de *Fabrica.*

Formo, *s. f.* Dim. *Foumeto;* péj. *Fourmasso.* Forme, configuration des corps; manière d'être d'une chose; forme de soulier, morceau de bois façonné de manière à représenter le pied; embouchoir de bottes.

Dér. du lat. *Forma,* m. sign.

Foro, *adv.* Dehors; hors d'ici; loin d'ici. — *Ou vése d'aïci'n foro,* je vois cela d'ici. *Y anaren d'aïci'n foro,* nous irons en sortant de là et sans désemparer. *D'aïci'n foro,* de ce pas ci. *D'hivér én foro,* à partir de ce jour. *Aquò's foro man,* cela est hors de portée, en dehors de la main. *Foro visto,* hors de vue.

Dér. du lat. *Foràs,* dehors.

Fos, Fosso; au plur. *Fosses, Fossos,* part. pass. du *v. Foire.* Labouré, creusé, foui. — *Voy. Foire.*

Fosso, *s. f.* Fosse, lieu creusé dans la terre pour ensevelir un corps mort. — Nous n'enregistrons ce mot que par souvenir d'un prvb. cité à propos des femmes: il n'est pas de notre dialecte, qui dit *Cros* ou *Trdou;* mais il est reçu en provençal, d'où nous vient aussi le prvb.

Dér. du lat. *Fossa,* m. sign.

Foucho! *interj.* Dim. *Fouchéto!* Peste! Diantre! Foin! Malpeste! — Juron qui est aussi un déguisement anodin.

Fouchouïra, *v.* Ravauder; mettre sens dessus dessous, sans but, sans nécessité ou à contre-temps.

Foudre ou **Foure,** *v. imp. irrég.* Falloir, être de nécessité, d'obligation. — *Foudre mouri,* être obligé de mourir.

Foué, *s. m.* Fouet, lanières de cuir tressées et attachées à un bâton pour fouetter; verges à châtier. — *Vaï coumo un foue,* il va comme le vent; il fait vite et bien. *Faïre peta soun foué,* faire claquer son fouet, au prop. et au fig. faire l'important; faire grand bruit.

Dér. peut être du lat. *Fagus,* qui a donné le vrai mot *Fouteau, Fau,* hêtre, parce que c'était, dans l'origine, des verges ou houssines de hêtre dont on se servait pour fouet.

Foretéja, *v.* fréq. Jouer du fouet, le faire claquer souvent; agir plus du fouet que de la voix pour conduire un atelage.

Fougasso, *s. f.* Dim. *Fougasséto;* augm. *Fougassasso.* Fouace; gateau; galette; espèce de pain très-aplati, cuit au four; morceau de pâte très-mince et découpé en différentes figures qu'on place dans le four avant d'y mettre le pain, afin d'en éprouver le degré de chaleur: pâte mal cuite, indigeste et peu économique. Aussi le prvb. dit-il: *Fénno fougassièro, pàouro ménajéro,* femme qui fait des galettes est une pauvre femme de ménage. Par ext. *Fougasso* s'applique à toute sorte de gâteaux au beurre, au gras et au sucre. — *Fougasso dé rèis*, gâteau des Rois. *Dé la pasto dé moun coumpaïre, bono fougasso à moun fïdou*, prvb:., du cuir d'autrui large courroie. *Vous réndraï pan pér fougasso*, je vous rendrai la pareille avec usure. *Faïre dé fougasso*, en terme d'agriculture, effleurer seulement la terre avec la houe, ou en laisser une certaine longueur sans la fouiller, et la recouvrir ensuite avec de la terre remuée pour qu'il n'y paraisse pas. *Faïre fougasso*, c'est éprouver une averse de pluie pendant les travaux de l'aire, après qu'on a foulé le blé et avant que le grain soit nettoyé.

Dér. du lat. *Focus*, foyer, parce que, dans le principe, cette galette se cuisait sous la cendre.

Fougna, v. Bouder; faire la moue à quelqu'un; être de mauvaise humeur. — On dit d'une souche, d'un arbre, *Fougno*, il boude, lorsque, sans être mort, sa sève est engourdie, et qu'il pousse des bourgeons beaucoup plus tard que les autres de son espèce : il se dit également d'une ente paresseuse.

Astruc prétend que le mot vient du celtique.

Fougnadisso, s. f. Bouderie; mauvaise humeur apparente; mécontentement manifesté.

Fougnaïre, aïro, adj. Boudeur; renfrogné; qui fait la moue; qui fait mauvaise mine.

Fougno, s. f. Mine boudeuse; grise mine; moue. — *Faï la fougno*, il ou elle me regarde de mauvais œil; me boude.

Fougu, udo, part. pass. du v. *Èstre*, et du v. *Foudre*.

Fouguè, 3me pers. sing. prété. défini du v. *Èstre*. Il ou elle fut.

Fouguè, v. impers. prét. déf. du v. *Foudre*. Il fallut.

Fouguéïroù, s. m. Foyer d'une cheminée; âtre; fourneau.

Dér. du lat. *Focus*, dont il est un dim.

Fouguéja, v. fréq. Cuire, ressentir une cuisson, des élancements de douleur; éprouver ou causer une douleur âpre, aiguë, brûlante. — *Ma gorjo mé fouguéjo*, j'ai la bouche en feu.

Dér. du lat. *Focus* ou de *Fogo*.

Fouï, fouïsso, adj. Trouble, louche. — *Voy. Fous*.

Fouïa, v. Fouler; écraser; enlever la fraîcheur et la fleur d'un fruit délicat en le maniant ou le transportant sans précaution, comme les raisins, les fraises, les fruits très-murs. — Ne se dit que d'un acte involontaire : lorsqu'on veut parler d'un fruit qu'on écrase à dessein, on se sert de *Ésfouïa* — V. c. m.

Dér. de la bass. lat. *Bullare*, fouler, fait du lat. classique *Fullo*, foulon.

Fouïè, s. f. Folie; démence; extravagance; passion excessive. — *Faïre dé fouïès*, faire des folies, des extravagances. *Èstre én fouïè*, être en chaleur, en rut, en parlant de certains animaux dans la saison de leurs amours. *És bé fouïè*, c'est peine perdue, c'est inutile.

Dér. de la bass. lat. *Follicia*, fait de *Follis*.

Fouïè, 3me pers. sing. de l'imp. du v. *Foudre*. Il fallait.

Fouïétéja, v. fr. Chopiner; siroter; hanter les cabarets, les bouchons.

Dér. de *Fouïéto*.

Fouïétéjaïre, aïro, adj. Ivrogne; qui aime à gobelotter; qui aime et fréquente les tavernes.

Fouïéto, s. f. La quatrième partie d'une pinte du pays, qui équivalait à la double pinte de Paris. — *La fouïéto* répond à la chopine de Paris et contient en mesure métrique de litre 0,48.

Ce mot est emprunté au fr. Feuillette, qui est aussi une mesure de capacité du vin, quoique les deux mesures soient fort différentes d'importance : cette dernière contenant 144 pintes de Paris, soit 138 litres 25.

Fouïna, v. S'enfuir lâchement; reculer devant un danger, une menace; fuir; s'esquiver. — *Fouiner* est pop. en fr., mais l'Académie l'enregistrera.

Le mot pourrait avoir été formé du lat. *Fugere;* mais il est plus probable qu'il descend de *Fouine*, imiter la fouine.

Fouïo-mèrdo, s. m. Escarbot, scarabée stercoraire, pillulaire, fouille-merde, *Scarabæus pillularis*, Linn., insecte de l'ordre des Coléoptères, et de la fam. des Lamellicornes. — On connait ce scarabée, assez désigné par son nom, qui fait de si singulières boulettes pour loger sa progéniture, et qui, dit-on, déteste la rose, dont l'odeur le fait mourir. Il est vrai de dire cependant que si son goût est certain, son antipathie l'est beaucoup moins.

Fouïra, v. — Voy. *Ésfouïra, s'ésfouïra*.

Fouïraldo, s. f. Produit d'une décharge de ventre liquide et en diarrhée.

Fouïro, s. f. Foire, diarrhée; cours de ventre; selles fréquentes et liquides. — On dit d'une personne malingre et d'une santé chancelante : *A toujour pèl ou fouïro*. On emploie la même expression au fig. en parlant d'une personne qui a toujours quelque mal en poche, un faux prétexte pour se dispenser d'une corvée.

Dér. du lat. *Foria*, m. sign.

Fouïta, ado, adj. Terme de tailleur et de couturière, étriqué; affamé; qui manque d'ampleur.

Fouïta, v. Fouetter; battre de verges; fesser; donner le fouet. Au fig. agiter, purifier. — *Fouïta uno bastisso*, crépir avec un balai. *Aquò fouïto lou sang*, cela fouette et purifie le sang.

Dér. de *Foué*.

Fouïtado, s. f. Coups de fouet; correction à coups de fouet ou de verges; fessée. — Ne s'applique guère qu'aux enfants.

Fouïtéja, v. fréq. de *Fouïta*. Fustiger; fouetter rudement et à plusieurs reprises.

Fouïto, s. f. Le même que *Fouïtado*, avec un peu de lénitif peut-être. — *Voy.* c. m.

Foulas, asso, adj. Augm. de *Fol*. Folâtre; qui aime à folâtrer; plaisant grossier, lourdaud et maussade, en mauvaise part; mais suivant le ton, badin. — *Qué sièa foulas!* que tu es sot!

Foulastrado, *s. f.* Balourdise; bêtise; ânerie: incartade; trait d'étourderie, de folie.

Foulastréja, *v.* fréq. Folâtrer; batifoler. — Voy. *Fouligâoudeja*.

Foulastrije, *s. f.* Étourderie; habitude de folâtrer, de batifoler.

Foulé, *s. m.* Tourbillon de vent; petite trombe d'air qui tourne en volute et enlève le sable, la poussière et les feuilles sèches.

Dér. de *Fol*, dans le même sens que esprit-follet, feu-follet, etc.

Fouligâou, **âoudo**, *adj.* Folâtre; écervelé; étourdi; volage; enjoué.

Dér. du lat. *Volaticus*, léger, insouciant : permutation de *V* en *F*, assez fréquente.

Fouligâoudariè, *s. f.* Jeux folâtres; acte d'étourderie.

Fouligâoudas, **asso**, *adj.* Augm. de *Fouligâou*. Le superlatif de Folâtre: volage; enjoué; souvent flatteur, surtout adressé à un jeune homme par une femme qui ne hait pas les folies.

Fouligâoudéja, *v.* fréq. Faire le fou; sauter; gambiller; folâtrer; batifoler.

Fouligâoudije, *s. f.* Étourderie; folâtrerie; caractère léger et turbulent.

Foumme, *interj.* Juron qui ressemble à *Fichtre!* — C'est encore un voile sur le mot grossier.

Foun, *s. m.* Fond; la partie la plus basse d'une chose creuse; mais dans cette acception on dit mieux *Soun* (V. c. m.). Fond ou enfonçure d'un tonneau, d'une cuve; ampleur d'une robe, d'un habit; fond de terre; propriété; nature du terrain. — *A foun*, adv., à fond, en allant jusqu'au fond. *Aquì lou fouñ dé l'afaïre*, voilà le point important de la question, le fond de l'affaire. *Aquò's dé bon foun*, c'est du terrain excellent. *Dé bé foun*, du bien fond, un fond de terre. *Sièï din moun foun*, je suis chez moi, dans ma propriété.

Dér. du lat. *Fundus*, m. sign.

Foun, 3me pers. sing. indic. prés. du v. *Foundre*. Il ou elle fond.

Founça, **ado**, *adj.* De couleur foncée, sombre, chargée.

Founça, *v.* Creuser profondément; foncer, mettre un fond à un tonneau, le démonter pour reformer le jable ou réparer les douves, ou seulement pour le nettoyer et resserrer les cercles; donner, mettre des fonds, contribuer de son argent; débourser.

Dér. de *Foun*.

Founciè, **cièïro**, *adj.* Propriétaire foncier ou d'immeubles. — Ne s'emploie guère qu'en parlant d'une femme mariée dont la fortune ne consiste pas en constitutions dotales, mais en biens fonds, en immeubles, ou d'une rente, d'une pension.

Dér. de *Foun*.

Founciou, *s. f.* Fonction; profit; usage; volume. — *Aquél pan faï foço founciou*, ce pain est très-nourrissant : par sa bonté et ses qualités nutritives il épargne beaucoup d'autres aliments. *Moun cadìs m'a bièn fa founciou*, ce cadìs m'a fait un long usage. *L'oli dé païs faï maï dé founciou qué l'oli d'én bas*, l'huile de pays foisonne, se gonfle davantage dans la poêle que l'huile du pays bas.

Empr. au fr.

Founçuro, *s. f.* Enfonçure d'une futaille; ensemble des pièces qui en composent le fond; mairin, bois scié et destiné aux enfonçures de futaille.

Founda, *v.* Faire fond: compter sur; se fier; donner de l'ampleur à un vêtement. — *On po pas li founda*, on ne peut pas faire du fond sur lui, compter sur lui. *Té foundes pas aquì*, ne te fie pas à cela, ne compte pas là-dessus.

Foundamènta, *v.* Creuser, établir, bâtir les fondements d'une construction en maçonnerie, lui donner un bon pied.

Foundamènto, *s. f.* Fondement d'une bâtisse, la partie qui est bâtie sous terre en assises sur la rue.

Dér. du lat. *Fundamentum*, m. sign.

Foundre, *v.* Fondre; faire fondre; mettre en fusion; faire liquéfier. — Au fig. ruiner, se ruiner; démolir, détruire; dissiper. — *A tout foundu*, il s'est ruiné, il a tout dévoré. *A foundu soun bure*, il a mangé son avoir.

Sé foundre, fondre; se liquéfier; se consumer. — *La candélo sé foun*, la chandelle fond.

Foundre, *interj.* Juron édulcoré et mal déguisé du mot grossier F...

Foundu, **udo**, part. pass. du v. *Foundre*. Fondu.

Foundudo, *s. f.* Fondue, œufs brouillés, préparation culinaire.

Foundur, *s. m.* Fondeur d'étain; potier ambulant, qui refond les cuillers d'étain. Par ext. et par un jeu de mots ironique on appelle ainsi celui qui mange son blé en herbe, qui fond son beurre.

Fountagnè, *s. m.* Fontainier; qui cherche ou qui creuse les sources; particulièrement, cette espèce d'empiriques qui courent les campagnes avec la prétention de découvrir les sources cachées à l'aide d'une branche fourchue de coudrier ou de figuier sauvage. Ils ont, à l'appui de leur sortilège de baguette divinatoire, une sorte de théorie bâtarde sur les courants magnétiques qui n'a rien de commun avec la belle théorie géologique de l'abbé Paramelle.

Dér. de *Fon*.

Fountaniou, *s. m.* n. pr. d'homme. Fontanieu. — Ce mot porte évidemment la marque diminutive du radical *Fon*, de même que Fontenelle, Fontenille, Fontettes, Fontanouille, qui indiquent tous une petite fontaine. Il appartiennent à la même famille que les n. pr., communs dans notre pays, de *Fountano*, Fontanes; *Fountagna*, Fontagnac; *Founsanjo*, Fonsange autrefois Fonsanche; Fontaine; *Fountanès*, Fontanès; *Fountaré*, Fontaret; *Fountanaï*, Fontenay; *Fontézy*; etc., tous formés des mêmes éléments primitifs, dont les conditions, les situations diverses ont amené les variétés de désinences. Ce sont de nouveaux exemples à joindre à l'étude des noms, de l'action et de la transformation des suffixes.

Founzâou, *s. m.* Dim. *Founzalé;* augm. *Founzalas.* Fond, lieu bas; bas-fond; fond d'un vallon; terre plus basse que les autres.

Augm. de *Founzo*.

Founzélu, udo, *adj.* Creux; profond; ventru; qui a une certaine profondeur, en parlant d'un ustensile, d'un engin. — *Sièto founzéludo* ou *crouséludo*, assiette creuse, assiette à soupe.

Dim. de *Founzu*, qui a plus d'extension.

Founzio, *s. f.* Effondrilles du vin ou de tout autre liquide; lie. marc qui tombe et reste au fond d'un vase; sédiment, dépôt d'une liqueur.

Founzo, *s. f.* Bas-fond; terrain creux, plus bas que ceux qui l'avoisinent. — *Voy. Founzdou.*

Founzu, udo, *adj.* Creux, profond, qui a de la profondeur. — Se dit génériquement de tout ce qui a un fond bas et profond. — *Voy. Founzélu.*

Fouquo, *s. f.* Foulque, Morelle, Foulque, Mairoule, *Fulica atra,* Linn. Cet oiseau est aquatique, quoiqu'il n'ait pas les pieds entièrement palmés; il est sédentaire et très abondant dans les étangs de notre département. On peut le conserver en domesticité dans une basse-cour. Sa chair est, à ce qu'on dit, réputée aliment maigre par les Canons. On en fait des chasses vraiment royales, où il s'en tue quelquefois au-delà de deux mille dans une journée. Ces expéditions renommées s'appellent chasse à la macreuse, mais à tort : la macreuse, canard macreuse, *Cinas nigra*, Linn., est un oiseau différent, rare dans notre pays, de dix-huit pouces de longueur, ayant le bec à sa base surmonté d'une protubérance arrondie, et dont tout le plumage sans exception est d'un beau noir profond et velouté. La Foulque, au contraire, plus petite, a la tête et le cou d'un beau noir, la queue et le dessus du corps ardoisés, le dessous d'un cendré verdâtre avec une plaque blanche sur le front. La Foulque ne doit pas être non plus confondue avec la Poule-d'eau. — *Voy. Poulo-d'aïgo.*

Dér. du lat. *Fuligo*, noir de fumée.

Four, *s. m.* Dim. *Fourné;* augm. *Fournas.* Four à pain; lieu voûté en rond et ouvert par devant, où l'on fait cuire le pain. — *La gorjo ddou four*, la bouche, l'entrée du four. *Lou fandáou ddou four*, la tablette, l'autel du four, la porte-bouchoir ; c'est la pierre qui en forme le seuil et sur laquelle s'appuie la pelle lorsqu'on enfourne le pain. On dit d'une personne très-grosse : *Semblo un four;* le point de similitude n'est pas facile à saisir, si ce n'est par rapport à la rotondité de l'une et de l'autre forme.

Four d'acáou, four à chaux. *Four à briquo, à patò*, four à briques, à tuiles, etc.

Dér. du lat. *Furnus*, m. sign.

Foura ou **Foudra**, 3ᵐᵉ pers. sing. fut. du v. impers, *Foure* ou *Foudre*. Il faudra.

Fourbia, *v.* Éviter; esquiver; changer de route, de direction pour éviter un danger, un importun. — *Fourbia qudouquuis*, éviter quelqu'un, esquiver sa rencontre. *Faï fourbia toun ase*, détourne ton ane.

Formé du lat. *Forùs viam*, hors la route, qui a donné naissance aussi au fr. *Fourvoyer*.

Fourça, *v* Forcer; contraindre; appuyer avec force; employer ses forces à un ouvrage. — *Fourça uno cláou*, tordre les dents d'une clé. *Un outis fourça*, un outil quelconque en fer qui a été faussé par un effort.

Dér. de *Forço*.

Fourcado. — *Voy. Fourquado*, et de même pour les autres mots où se trouve le *C* dur, exprimé par *Qu*.

Fourçamén, *a lv* Forcément; par force; obligatoirement.

Fourchétado, *s. f.* Quantité d'aliments qu'on peut prendre en une fois avec la fourchette.

Fourchéto, *s f.* Fourchette, ustensile de table, en forme de petite fourche.

Dim. de *Fourquo*.

Fourçu, udo, *adj.* Taillé en force; bien membré; qui a beaucoup de force, soit en parlant des personnes, soit de choses solidement établies et qui présentent une bonne résistance.

Dér. de *Forço*.

Foure ou **Foudre**, *v impers.* Falloir. — *Voy. Foudre.*

Fourèje, èjo, *adj.* Farouche; intraitable; peu civilisé; mal apprivoisé; sauvage.

Dér. du lat. *Fera*, bête fauve; ou de *Furor*, fureur.

Fourél ou **Fousél**, *s. m.* Cocon de ver-à-soie.

Ce terme tient à l'idiome vivarais, qui s'étend aux pays circonvoisins, les cantons de Saint-Ambroix et de Barjac. — *Voy. Fousél.*

Fourés, *s. m. n. pr.* de lieu. Le Forez, ancienne province de France. — Ne s'emploie que dans ce sens : *Marchandiso* ou *Traval dé Foures*, marchandise de pacotille, peu solide et fabriquée en masse à bas prix; tels sont les ouvrages de serrurerie, de coutellerie, qu'on fabrique à Saint-Étienne et dans la plupart des villages du département de la Loire.

Fourés, *s. m.* Foret, outil d'acier servant à percer des trous dans les corps durs.

Dér. du lat. *Forare*, percer.

Fouréso, *adj. fém.* Grosse femme ou fille robustement et grossièrement charpentée, aux formes carrées et puissantes. — C'est un terme de comparaison pris sans doute chez les habitants du Forez.

Fourfouïa, *v.* Farfouiller; fouiller en mettant tout sens dessus dessous; brouiller avec désordre en furetant.

Fourfoul, *s. m.* Fouillis; plus particulièrement, foule en désordre; cohue; grand rassemblement tumultueux; pêle-mêle d'individus ou d'animaux, comme les abeilles, les insectes, etc., en masse compacte et embrouillée.

Fourgnè, ièïro, *s.* et *adj.* Fournier; boulanger, qui tient un four public pour cuire le pain des particuliers et qui n'en vend pas. — *Sa fourgnè*, sac à pain.

Il a donné naissance à quelques noms propres, tirés de cette profession : Fornier, Fournier.

Dér. du lat. *Furnarius*, ouvrier de four.

Fourjoũ, *s. m.* Remuant inquiet et inquiétant ; tatillon ; qui fourre le nez et les doigts partout.

Fourjouna, *v.* Fouiller avec un bâton ou un outil quelconque là où la main ne peut atteindre, ni pénétrer. — Au fig. remuer ; brouiller ; mettre sens dessus dessous.

Corr. et ext. du fr.

Fourlèou, *s.* Mercuriales ; registre municipal où sont constatés par des préposés les divers prix des denrées dans les marchés publics.

Fourma, *v.* Former. — Ce mot qui serait du mauvais languedocien dans cette acception générique, est tout à fait technique pour désigner, chez le ver-à-soie, le moment où, après avoir jeté les premiers fils d'attache de son cocon, il commence à former son orbe et à tracer sa forme. Cette première enveloppe, étant encore fort légère, est assez transparente pour qu'on voie l'architecte travailler intérieurement, quoiqu'on juge très-bien extérieurement de la forme du vaisseau *Coumençou à fourma*, les vers commencent à former leurs cocons. *Fourma* est absolu et se dispense fort bien du régime cocon, qui reste le plus souvent, sinon toujours, sous entendu.

Fourmén, *s. m.* Froment barbu, à épi gris et à longue barbe. Il ne faut pas le confondre avec le froment proprement dit, qui s'appelle ici *Tousèlo (V. c. m.)*. Le premier, qui a le grain plus gros et plus grossier, sert particulièrement à faire ce qu'on nomme *tou Gruda*. — V. c. m.

Dér. du lat. *Frumentum*, m. sign.

Fourmo, *s. f.* Dim. *Fourmeto*. Grand fromage d'Auvergne qui est pétri en très-gros pains pesant jusqu'à 25 kilog. — Ce fromage, qu'on appelle aussi *Froumaje dé páoure*, parce qu'il est grossier, débeurré et d'un prix très-modique, est le dessert de la classe ouvrière dans nos pays. *La fourméto de Baro* est un fromage de forme beaucoup plus petite qui se fabrique dans une partie de la Lozère : il a la prétention d'imiter le Roquefort, dont il a à peu près la forme, mais non la qualité. Il est sec, friable, debeurré, fait avec du lait de vache, tandis que le Roquefort est le fromage rouergat, tout fait de lait de brebis.

Fourmo est une corrupt., du fr. Forme, a cause du vaisseau où il prend sa forme et qu'on appelle *Formo*. Au surplus, le mot Fromage a la même origine.

Fournado, *s. f.* Fournée de pain ; cuite ; quantité de pains qu'on enfourne à la fois, ou celle que peut contenir le four. — *Fai trés fournados pér jour*, il fait trois cuites de pain par jour.

Fournaje, *s. m.* Droit du fournier sur le pain qu'il fait cuire ; prix qu'il est en droit d'en exiger.

Fournéja, *v.* Cuire le pain au four ; enfourner. — *Couro fournejas?* Quand faites-vous cuire du pain ; quand faites-vous votre fournée de ménage ?

En terme de magnanerie ou de filature de soie, *Fournéja* signifie : étouffer au four les chrysalides dans leurs cocons. Autrefois c'était le seul procédé connu pour cette opération. Aujourd'hui l'étouffage à la vapeur est un procédé à la fois plus prompt, plus économique, et il éloigne le danger de bruler le brin de soie par une chaleur trop forte et trop sèche, qui se produisait souvent par l'ancienne pratique à la moindre étourderie, oubli ou inadvertance de celui qui présidait à l'opération.

Fourné, *s. m.* Fourneau, principalement celui qui dessert les bassines de filature de soie. — C'est un procédé qui n'est plus usité que chez les particuliers et les paysans qui font filer le produit de leur propre récolte. Dans les filatures à la Gensoul, qui sont généralement adoptées dans la fabrication en grand, la vapeur a remplacé *tou Fourné*. Celui-ci est un petit fourneau carré en maçonnerie, placé sur une grille et surmonté d'une bassine en fonte ou en cuivre : au fond du fourneau s'élève une cheminée conique, haute d'environ trois mètres. Dans les campagnes, dans les Cévennes, on rencontre partout autour des habitations, ces grossières constructions ou la trace de leurs ruines.

Fourné est encore le fourneau, œil de bœuf, où l'on brule la houille dans les appartements.

Dim. de *Four*.

Fournèl, *s. m.* Fourneau de gazon écobué.

Fournéla, *v.* Écobuer ; construire des fourneaux, *Fournèls*, en forme de voûte avec des mottes de terre garnies de gazon, séchées au soleil, et qu'on garnit intérieurement de bourrée sèche. Ces fourneaux brulent très-lentement, le feu ne trouvant pas d'issue ni de courant d'air et consumant petit à petit la terre du gazon, qui réduite ainsi en cendre volcanique, fertilise singulièrement le terrain où elle est répandue.

Fournì, **ido**, *adj.* Au propre, personne qui a un embonpoint raisonnable, dont les membres sont bien fournis en chair. Au fig. nipé ; équipé ; pourvu. — *Voy. Prouvèsi*.

Fournigo, *s. f.* Dim. *Fourniguéto*. Fourmi, *Formica*, Linn., insecte de l'ordre des Hyménoptères et de la fam. des Formicaires ou Myrmèges, dont il y a beaucoup d'espèces.

La société des Fourmis parait constituée à peu près à l'instar de celle des abeilles. Il y a les fourmis mâles et les fourmis femelles, qui toutes deux sont ailées et ne s'occupent que de voler et de reproduire l'espèce. Puis vient le peuple nombreux des fourmis ouvrières ; celles-ci n'ont point d'ailes et ce sont celles qu'on nous propose comme des modèles de diligence et de prévoyance. Les fourmis, restant engourdies pendant l'hiver, n'ont point besoin de faire des provisions pour le temps où vient la bise ; les grands convois de vivres qu'on les voit continuellement charrier, ne sont que la nourriture d'un jour, d'elles et de leurs sœurs dispensées de travail. Voilà donc leur mérite réduit de moitié : diligentes, elles le sont pendant la belle saison ; prévoyantes, inutile qu'elles le soient si ce n'est quelques jours au plus en cas de mauvais temps accidentel. Ainsi l'on voit que si la cigale était venue, pendant l'hiver, emprunter à sa voisine le plus petit vermisseau, dont par parenthèse elle n'avait nul besoin, attendu qu'elle ne mange point, elle l'aurait trouvée endormie et aussi dépourvue qu'elle même.

Dér. du lat. *Formica*, m. sign.

Fourniguéja, *v.* fréq. Fourmiller; démanger; faire éprouver des fourmillements; picoter entre cuir et chair.

Dér. de *Fournigo*.

Fourniguiè, *s. m.* Fourmillière; retraite des fourmis. Au fig. foule innombrable; multitude de personnes.

Fourniguiè, *s. m.* Torcol, oiseau. — *Voy.* **Bénouri**.

Fournimén, *s. m.* Fourniment d'un soldat, ses armes, ses vêtements; tout ce qui constitue l'ameublement d'un appartement; trousseau d'une fille à marier.

Fourqua, *v.* Donner un coup de fourche; frapper, piquer avec une fourche.

Sé fourqua, se diviser en fourche, en deux branches; se bifurquer.

Fourquado, *s. f.* Coup de fourche; fourchée, quantité de fourrage ou de paille que l'on peut piquer et emporter en une fois avec la fourche.

Fourquaduro, *s. f.* Fourchure des branches d'un arbre; bifurcation. — *Voy. Énfourquaduro*, m. sign.

Fourquas, *s. m.* Charrue à brancard, tirée par une seule bête; fourchure d'un arbre; fourche en fer à deux pointes, emmanchée d'un très-long manche, avec laquelle on charge le foin sur une charrette ou sur une meule, et on garnit de fagots un four déjà allumé; étai de bois terminé en fourche pour supporter une branche qui menace de s'écuisser ou de rompre sous le poids de son fruit (*V. Fourquèlo*); pieu fourchu, dont on se sert pour fixer les claies d'un parc à moutons. — *V. Gudos.*

Fourquéja, *v.* fréq. Remuer à la fourche; faner le foin en le retournant à la fourche; piquer avec les pointes d'une fourche.

Fourquèlo, *s. f.* Étançon fourchu qu'on emploie pour soutenir les branches d'un arbre que les fruits surchargent et font plier; étai de bois en forme de fourche.

Fourquo, *s. f.* Dim. *Fourquèto*; augm. *Fourquasso*. Fourche, instrument de bois ou de fer, composé d'un manche et terminé par deux ou trois pointes, nommées fourchons. — La fourche à fourrage, dans ce pays-ci, est un trident en bois à branches recourbées, fait d'une seule pièce avec une pousse de micocoulier; elles viennent toutes de Sauve ou de ses environs (*Voy. Fanabrégou*). La fourche à fumier est un trident en fer, garni d'une douille où s'emmanche un manche en bois légèrement incliné.

Dér. du lat. *Furca*, m. sign.

Fourtéja, *v.* fréq. Tourner à l'aigre; prendre une saveur acide. — Ne se dit que du vin.

Dér. de *For, forto*.

Fourtoù, *s. f.* Aigreur, acidité du vin; rancissure de l'huile; piquant de l'oignon ou du radis.

Fourtuna, ado, *adj.* Riche; qui vit dans l'aisance; qui est au-dessus de ses affaires; qui a de la fortune.

Dér. du lat. *Fortunatus*.

Fourtunéja, *v.* fréq. Chercher fortune, aventure; s'ingénier à gagner quelque chose. — Il se prend en mauvaise part pour : faire un commerce de gagne-petit; vivre au jour le jour d'expédients.

Fourtuno, *s. f.* Fortune; richesse; biens; hasard; bonheur; état, condition où l'on est. — *La bono fourtuno*, la bonne aventure. *Pér fourtuno*, par hasard; par bonheur. En ital. *Fortunache*... heureusement que...

Dér. du lat. *Fortuna*, m. sign.

Fous, fousso, *adj.* Louche, qui n'est pas clair; trouble; nébuleux; couvert. — Se dit du vin et de la vue.

Dér. du lat. *Fuscus*, sombre, obscur.

Fouségu, udo, *part. pass.* du v. *Foïre*. Cultivé; travaillé. — *Voy. Foïre*.

Fouséïa, *v.* Faire un cocon, terme technique dans ce seul sens. — *An émbruga tro cla, an fouséïa din lou jas*, on a mis la bruyère trop clair-semée, les vers ont fait leur cocon dans la litière.

Dér. de *Fousél*.

Fouséïre, *s. m.* Journalier qui travaille à la mare, à la pioche, à la houe.

Dér. du v. *Foïre*.

Fousél, *s. m.* Dim. *Fousété*; péj. *Fouséïas*. Cocon du ver-à-soie. — Dans ce pays-ci, on dit indifféremment *Fousél* et *Coucoù*; cependant on emploie ce dernier plus génériquement et lorsqu'il s'agit de la récolte entière; on se sert du mot *Fousél* en parlant d'un individu ou de l'espèce, lou d'un grand nombre considérés comme individus. *Lous coucoùs séran chèrs*, les cocons seront chers; *aquò's uno poulido formo dé fouséls*, c'est une belle forme pour les cocons.

Fousésoù, *s. f.* Œuvre, labour à la pioche, à la houe; différentes façons qu'on donne à la terre; saison de ces œuvres.

Dér. du v. *Foïre*.

Foussaje, *s. m.* Action de labourer la terre à la houe ou à la pioche; frais de ce travail. — *Y-a dès journalos dé foussaje*, il y a dix journées de travail.

Foutèso, *s. f.* Minutie; niaiserie; chose de peu d'importance ou de peu de valeur; bêtises.

La racine de ce mot et des suivants, sur lesquels il faudra bien s'expliquer, est certainement de celles qu'on doit traiter avec le plus de réserve et de circonspection; mais il ne faut pas la tenir, sur la simple étiquette, pour aussi abominable que de méchantes allusions l'ont faite. Notre langue vulgaire l'a fait entrer dans beaucoup d'expressions pittoresquement composées et énergiques sans peut-être trop songer à mal; et notre lexique, sans vouloir les réhabiliter absolument, ni en conseiller l'usage trop répété, ne pouvait néanmoins les passer sous silence par une affectation trop timorée qui eût donné lieu à des interprétations plus compromettantes que n'en doit être le vrai et simple commentaire. — *Voy. Foutrdou.*

Foutésqué, ésquo, ésquéto, adj. Dim. *Foutriquet;* cogne-fétu; trotte-menu; qui s'occupe de vétilles, de petits détails et exagère leur importance.

Foutésquéja, v. fréq. Vétiller; s'occuper de niaiseries, de minuties; perdre son temps à des bagatelles; baguenauder.

Foutimar, ardo, adj. Indécis, chancelant dans ses idées; qui ne sait jamais prendre une décision tranchée.— Ne se dit guère que négativement : *Soui pas foutimar*, je suis très-décidé; je ne vais pas par quatre chemins.

Foutimassa, v. Déranger; mettre sens dessus dessous; inquiéter; tourmenter. Au passif : être inquiet, malingre, indisposé. — *Soui tout foutimassa*, je suis mal à l'aise, mal en train.

Foutimasséja, v. fréq. Baguenauder; niaiser; s'amuser à des riens. — Il a la même acception que *Foutésquéja*, à la différence qu'il est actif et prend souvent un régime. Dans ce cas, il se rapproche davantage de *Foutimassa* et signifie : déranger, bouleverser; tarabuster.

Foutrâou, s. m. et adj. Dim. *Foutralé, éto;* péj. *Foutralas, asso*. — Adj. disons-nous, au simple et dans ses composés dim. et péjor., qui, comme bien d'autres, passe substantif dans l'occasion.

Ce mot signifie simplement : niais, nigaud, niguedouille, imbécile, *pauper spiritu*, et pas autre chose. Nous avions bien raison de remarquer que ce mauvais garçon n'était pas aussi diable qu'il en avait l'air; tant est vrai, comme on dit encore, que rien ne ressemble plus à un fripon qu'un honnête homme. Ce vocable fort bien porté est, cela va sans dire, très en usage; mais parmi ceux qui l'emploient il n'en est pas un peut-être qui ne croie dire une sottise en s'en servant; c'est ce qui fait son malheur. Ce que voyant, un dictionnaire est là, à éprouver toujours une certaine hésitation pour l'admettre dans ses colonnes : Sauvages n'en fait pas mention et c'est grand tort : que l'on ne nous en veuille point de ne pas partager ces scrupules. Car tout cela parce qu'on croit que l'expression appartient, et elle semble en effet appartenir à une famille de mots grossiers que repousse la bonne compagnie. Cependant je suis sûr qu'il n'en est rien.

Les choses ne se passent pas différemment entre mots qu'entre gens : une ressemblance physique n'établit pas seule une parenté entre eux. Ici cette ressemblance existe sans doute, mais c'est tout. Je crois même que le fr. nous a gâté celui-ci et en a perverti le sens pour son compte d'abord, puis en l'aggravant d'une facheuse allusion. La signification précise du mot en lang., qui ne peut être, qui n'est jamais déterminée, exclut en effet toute possibilité pour lui d'une origine compromettante. Mais d'où vient-il alors s'il ne vient pas de là, d'où vous pensez peut-être?...

Genin ne serait certainement pas de trop pour nous aider à débrouiller cette généalogie, lui qui, dans ses *Récréations philologiques*, a si habilement et si heureusement réhabilité quelques expressions analogues. Son succès dans cette œuvre réparatrice doit encourager à en tenter une pareille. Je souhaite pour la justice qu'elle réussisse aussi bien. Pour moi, qui ne suis ni si heureux, ni surtout si habile, il faut que je me contente de protester contre une médisance, de signaler une injustice, en appelant un autre vengeur.

La preuve, en tous cas, qu'aucun sens honteux ne se cache, ni de près ni de loin, derrière la locution traduite du latin, classique ou barbare, *Fatuus*, peut-être, et tant soit peu déformée à la vérité, c'est son application même. Si elle était autre chose qu'une ironie, aurait-elle servi dans cette phrase par exemple : *dáou pu foutrdou n'an fa lou baïte*, du plus sot on a fait le commandant, qu'on prétend avoir été souvent si bien méritée? Puis encore, le diminutif aurait-il trouvé place dans ce surnom de *Foutralé dé Bésiès*, sobriquet donné aux habitants de Béziers, que leur sottise ne distingue nullement et qui ne l'accepteraient pas sans doute même avec l'atténuation des malins du moyen-age?

Ce que je dis de l'adjectif regarde également le substantif devenu et restant invariablement masculin dans une autre acception. On dit : *un foutrdou dé co, un foutrdou dé gigò, un foutrdou dé miracle, un foutrdou d'home* et même *un foutrdou dé fénno*, ce qui se rend exactement par : un terrible coup, un énorme gigot, un étonnant prodige, un colosse d'homme et un colosse de femme; car le fr. applique aussi sa désignation masculine aux deux genres. Ce sens n'a rien de commun, ce semble, avec le premier, à moins qu'on ne suppose qu'on veut exprimer ainsi une grosseur, une grandeur, une forme hors de l'ordinaire, exagérée, excessive, folle, insensée, *déraisonnable* en un mot qui *n'a pas de bon sens*, comme on dit vulgairement, *Fatua*, dirait le latin.

Bien que ce soit un peu tout cela que l'on veut dire, je ne sais pas si mon explication paraîtra satisfaisante et sera suffisante; mais je ne crois pas non plus qu'il y ait moyen de donner davantage à ce dernier mot la fameuse racine dont il est question. Il faut donc aussi lui en chercher une autre si mon étymologie latine n'est pas la bonne; et il en a été dit assez pour indiquer au moins la voie et rétablir la réputation d'un terme, à tort ou à raison, fort répandu.

Foutrassâou, s. m. Péj. *Foutrassdoudas, asso*. — C'est l'augmentatif du précédent dans toute son étendue, qui a lui-même son amplificatif également usité. Celui-ci seulement n'a cours qu'adjectivement, tandis que le premier et son correspondant restent le plus souvent substantifs.

Mais *Foutrassâou* a encore une acception, que prend au reste quelquefois *Foutrdou*, surtout employés l'un et l'autre au pluriel, et il signifie : coups, coups de bâton, de poing; volée. — *Y-a agu dé foutrassâous pér toutes*, il y eut des coups, des éclaboussures pour tous. *Quintes foutrassdous!* Quelle distribution de bois vert! *Et zou! foutrassdou* ou *foutrdou sus sa fénno!* Et en avant! de rosser sa femme : ce sont les procédés caressants de Sganarelle.

Ce dernier sens des deux mots est de nature, paraît-il, à lever les doutes sur leur radical, qui n'est point tel que le fr. le ferait croire, et à réconcilier avec lui, sinon tout à fait la bonne compagnie et sa langue un peu prude, au moins le parler vulgaire et courant.

Foutre, *s. m., v. et interj.* Mot, juron grossier et bas, sur lequel il a été assez et même trop dit pour n'y plus revenir. C'est le radical de la famille plus ou moins honnête qui précède.

Foutringuèlo, *interj.* Juron diminutif ou plutôt concentratif de *Foutringo*.

Foutringo, *interj.* Juron qui correspond à Diantre! Peste! Malpeste!

Foutu, udo, *adj.* Perdu ; déconfit ; mort.

Fracha, *v.* Rompre ; briser ; casser ; fendre ; ébrécher.
Dér. du lat. *Frangere*, briser.

Fracho, *s. f.* Dim. *Frachéto*. Brèche ; fente ; fissure ; cassure ; défaut dans une pièce de menuiserie ou de charpente ; trou, cavité ; scorie dans une pierre de taille ; écornure ; crevasse dans un mur. Au fig. fente ; accroc à l'honneur, à la probité ; frasque.
Dér. du lat. *Fractus*, de *Frangere*.

Fraï, *s. m.*, ou **Fraïsse**. Frêne, *Fraxinus excelsior*, Linn. Arbre de la fam. des Jasminées. — Cet arbre, commun dans nos pays, fournit d'excellent bois de charronage. C'est d'une variété de cette famille que, dans la Calabre et aux maremmes de la Toscane, on tire la manne des pharmaciens par une incision faite à l'écorce.
Dér. du lat. *Fraxinus*, m. sign.

Fraïrastre, *s. m.* Frère d'un autre lit ; frère utérin ou consanguin.

Fraïre, *s. m.* Frère, qui est né du même père et de la même mère. Par ext. pareil, semblable.

Ce terme, qui n'est usité exclusivement que dans les hautes Cévennes, dans son acception usuelle, est encore ici employé dans le style pittoresque et poétique, surtout en genre goguenard. On dit dans le style ordinaire, *Frèro*. — *Voy.* c. m.
Dér. du lat. *Frater*, m. sign.

Fraïssiné, *s. m.* Frênaie, lieu planté, couvert, abondant en frênes. — Ce mot, qui a existé longtemps avec cette acception dans la langue d'Oc, n'est plus employé que comme nom propre d'homme ou de lieu, rendu par Fraissinet. En l'analysant, il est facile de se rendre compte des procédés et des combinaisons qui ont servi à former les dénominations. Nous venons de voir le radical *Fraï* ou *Fraïsse*, abrégeant le lat. *Fraxinus* et le reproduisant, qui veut dire *Frêne*, écrit autrefois *Fresne*. Maintenant il s'agit d'une collection de ces arbres, d'un bois où ils sont plantés en grand nombre : le suffixe latin *etum* s'ajoute au radical et donne *Fraxinetum*. Cette marche du mot est bien simple. Dans le roman, les deux idiomes du Nord et du Midi restent longtemps confondus ; mais la séparation en langue d'Oïl et en langue d'Oc s'accuse peu à peu et devient tout à fait tranchée ; celle-ci reste plus fidèle au type latin et sa déformation paraît moins sensible : de là *Fraïssiné* et *Frênaie*. Sans vouloir insister davantage, cette succession ou mieux les divergences se dessinent nettement sur le mot qui nous sert d'exemple. Nous avons au surplus indiqué ailleurs par quels procédés rapides de contraction et de retranchement des finales latines, notre langue était arrivée à se donner des formes et à imaginer des combinaisons propres à son génie, à ses aptitudes de prononciation.

Ici c'est le suffixe collectif latin qu'elle adopte dans sa simplicité : *Fraxinetum* répond à *Fraïssiné*, comme *Fraxinus* lui avait donné *Fraï* et *Fraïsse* : la désinence romaine disparaît, mais le caractère tonique et collectif du mot se conserve. La langue d'Oïl et le français suivent la même voie : au-delà de la Loire, à l'est et à l'ouest, la consonnance du suffixe rappelle quelquefois son origine, d'autres fois elle s'en éloigne davantage ; la forme surtout, ou mieux l'orthographe obéit à d'autres tendances. Ce que, au midi, nous exprimons par les finales *é*, *ié*, *iè*, *édo*, *iévro*, etc., signes de collectivité, est représenté, au nord, par *ai*, *aie*, *ay*, *ée*, *ei*, *ey*, *oi*, *oie*, *ois*, *oy*, etc. ; nous avons signalé déjà ces différences. Elles sont peut-être plus frappantes sur le mot actuel, parce que sa composition est plus simple et plus directe. Il résulte donc de là, d'abord, une nouvelle preuve de l'équipollence des suffixes de même ordre dans les deux langues ; puis, que les mots terminés par une de ces syllabes, en lang. comme en fr., représentent presque toujours une idée collective, alors surtout qu'ils dérivent d'un nom d'arbre, les arbres étant de leur nature les objets qui se montrent le plus fréquemment en collection ; enfin, qu'il est possible de déterminer par la désinence l'origine régionale de bien des noms de famille, quand ces mots deviennent noms propres d'homme. C'est en définitiv le profit le plus intéressant de ces curieuses études sur la composition des noms, sur les suffixes et sur les étymologies. Il n'y a pas à s'y tromper : une ressemblance de physionomie existe sans doute entre tous ces mots, frères d'origine, mais le cachet de race les distingue et les fait reconnaître, les uns pour être nés sous le ciel du Midi, les autres comme élevés dans le Nord. Les désinences servent, pour ainsi dire, à chacun d'acte de naissance et les localisent.

Quant à l'orthographe du corps du mot lui-même, elle offre aussi ses variétés : si elle est fixe en lang., il n'en est pas tout à fait de même dans les reproductions en fr. Peut-être trouverait-on encore là quelque indication ; mais elle nous paraît un peu subtile et pas assez certaine pour être autre chose qu'une altération dialectale. On jugera mieux au surplus de ces observations en mettant en parallèle les appellations identiques, avec leurs formes diverses et leurs altérations ethniques.

Ainsi, pour nous et dans le Gard, *Lou Fraïssiné* se rencontre dans cinq ou six communes; dans celle de Bordezac, il est nommé, en 1251, *Fraissenetum*, lat.; dans celle du Vigan, en 1384, *Mansus de Frayssseto;* en 1444, *Frayssinetum;* en 1513, *Mansus de Fraxineto :* le fr. les écrit aujourd'hui uniformément *Le Fraissinet;* mais il n'est pas rare de voir, quand les noms propres d'homme s'en sont emparés, les traductions fantaisistes Fraycinet, Fressinet, Freyssinet, Freycinet, et autres. Malgré ces nuances qui ne changent pas la prononciation, la formation méridionale est trop saisissable, pour ne pas apporter la pleine certitude que tous ces noms désignent des localités, des individus, des familles originaires du Midi. Au contraire, on peut être assuré que jamais ne lui ont appartenu, comme noms de lieux ou d'hommes, les appellations analogues qui suivent, bien que signifiant aussi une frênaie ou le propriétaire d'un domaine remarquable par ses frênes : Franois (Doubs), Frenai (Orne), Fresnay (Seine-Inférieure), Frenay (Loiret), Freney (Savoie), Frenois (Côte-d'Or), Frenoit (Belgique), Frenoy (Doubs), Fresnais (Ile et Vilaine), Fresnay (Aube), Fresnaye (Sarthe), Fresney (Calvados), Fresnoy (Aisne), répondant au lat. par le même mot *Fraxinetum*.

Et, parmi les noms d'hommes, Fray, Du Fray, Fraisse, Dufraisse, comme Fraissinet, viennent de source méridionale : du Nord, sont sortis les Dufrêne, Du Fresne, Du Fresnoy, Du Fresny, Frenée, La Frenay, Lafrenais, Freney, et une foule d'autres.

Ces distinctions par zones, qui établissent la démarcation de l'idiome, en remontant à la source commune, nous ont paru utiles à noter : elles pourraient être reproduites sur une foule de dénominations semblables, mais il suffira d'indiquer les analogies et les concordances sans revenir sur les détails.

Fraïssinéto ou **Pimparèlo**, *s. f.* Pimprenelle, plante. — *Voy.* Pimparèlo.

Fran, *s. m.* Franc, monnaie. — Ce mot n'a pas attendu la promulgation du système décimal pour être national et exclusivement employé dans son acception actuelle. On ne s'est jamais servi du mot *Livre* à sa place; toujours on a dit : *milo frans, un éscu dé siéi frans*, et non *milo liouros, un éscu dé siéi liouros*, comme en fr.

Fran, franquo, *adj.* Dim. *Franqué;* augm. *Franquas.* Franc; sincère; loyal; de bonne foi. — *Fran coumo un bèmi, fran coumo un cèrquo-poùs*, franc comme un bohême, franc comme un croc à puits, contre-vérités; on comprend facilement la première; la dernière est plus difficile à expliquer.

Dér. du lat. *Francus*, Franc, peuple de Germanie, qui signifiait libre.

Fran-carèou, *s. m.* Jeu d'enfant qui consiste à jeter en l'air une pièce de monnaie qui retombe sur un pavé de grandes dalles. Le joueur dont la pièce se rapproche le plus du centre de la dalle, et est le plus éloignée de ses lignes de jointure, a gagné une mise ou un point.

Francés, éso, *s. et adj.* Français, habitant de la France, né en France; qui appartient à la France; langue française. — *Lou parla francés*, ou simplement *lou francés*, le français, le langage français.

Dér. du lat. *Francus.*

Franchiman, ando, *s. et adj.* Français d'outre-Loire, soit l'habitant, soit le langage : nom, épithète un peu ironique, subst. ou adj., que nos Languedociens donnent à la fois à ce français dont le peuple du Nord a fait une sorte de jargon et qui est son patois, et à celui que nos compatriotes rapportent de leurs voyages ou de leur séjour dans les garnisons d'outre-Loire et qu'ils affectent au retour de mêler, non sans emphase, à l'idiome natal. L'expression s'applique également à ceux qui parlent cet argot défiguré soit par leur ignorance, soit par leurs pretentions au beau langage.

En consacrant un terme particulier au parler qui n'est pas le sien, notre langue d'Oc a voulu, semble-t-il, marquer plus expressément sa séparation avec la langue d'Oïl. Quand on la qualifie de *patois*, elle riposte par l'épithète de *franchiman;* et ce mot a, dans son vocabulaire, une pareille signification : c'est l'altération, la corruption de sa langue par l'immixtion de la langue étrangère qui cherche le plus à l'envahir. Ces distinctions entre les deux idiomes rivaux et leurs patois, trouveront à se développer davantage aux articles *Lénguo* et *Patouès*, auxquels nous renvoyons et qui nous paraissent le complément nécessaire de ce que nous avons à dire du *Franchiman.* Nous voudrions ici reprendre quelques-unes de nos observations préliminaires, appuyer sur certains traits du tableau, et, puisqu'enfin il passe en force de chose jugée que les dialectes méridionaux ont mérité l'ostracisme, apprécier les motifs de la sentence et avoir le signalement des coupables.

Il n'y a pas d'illusions patriotiques à se faire ni à exagérer : pour être une langue contemporaine du français, issue de la même source que lui, pour avoir partagé l'empire avec lui, notre langue d'Oc est loin d'avoir eu d'aussi brillantes destinées; mais elle en est entièrement distincte. Si la perte de sa nationalité l'a laissée quelque peu à l'écart et en arrière, elle ne lui a rien ôté au fond de son caractère et ne lui a point fait abdiquer son génie. Elle a été raidie et peu favorisée par les circonstances; elle est déchue de sa condition sociale; et cependant, avec le sentiment de son infériorité, elle n'a pas voulu rester immobile, parce qu'elle n'entendait point mourir; et, quand il lui a été donné de prendre la parole et de se faire entendre, elle a protesté de son éternelle jeunesse, de sa verve harmonieuse, de sa vigueur, de son abondance, avec tant de vitalité et d'entrain, qu'elle a étonné la littérature et fait envier ses richesses et ses ressources. Elle s'est classée au moins; et, maintenant, bien qu'elle n'aspire point à reprendre son sceptre provincial, elle restera dans sa dignité et méritera encore d'être étudiée et conservée comme un monument historique, toujours debout, de notre gloire nationale.

A part le rôle littéraire qu'elle remplit et qui lui a valu tant de faveurs dans ces derniers temps, la langue d'Oc, avec la variété infinie de ses dialectes, est toujours parlée et comprise dans le tiers de la France. L'attachement du peuple méridional à son vieux langage prouve au moins qu'il le croit bon et suffisant à ses besoins : il en vit et il s'en sert. Sa persistance démontre encore que cette langue ne s'est pas plus immobilisée que l'esprit même des populations, et qu'elle a mesuré sa marche à celle des idées qu'il leur convenait d'exprimer. Une foule de termes nouveaux sont devenus nécessaires : il fallait les prendre où ils se trouvaient et s'enrichir de ces emprunts forcés. Elle n'a point hésité ; et ce n'est pas de cet accroissement qu'il y a à se plaindre ; seulement elle a voulu en approprier les formes à son génie : elle leur a imprimé le sceau de l'adoption en les façonnant suivant ses aptitudes ; elle les a naturalisés languedociens en les soumettant à ses règles d'accentuation et leur imposant son cachet de race et de famille. Ce n'est pas non plus d'avoir usé de ce droit souverain qu'elle peut être blâmée, tant elle y apportait d'ailleurs de réserve et de discernement et mettait de délicatesse à en ménager l'exercice et les procédés. Ce n'était pas là faire du patois ou du *franchiman*, mais simplement monter au niveau du progrès qui amène toutes les langues à se transformer, et se tenir au courant des idées nouvelles en s'emparant de mots nouveaux, qu'elle s'assimilait.

Cette élaboration naturelle se faisait à bon escient ; alors que la langue d'Oc était la bienvenue dans toutes les classes de la société, admise à tous les foyers, reçue dans toutes les relations. En plein crédit dans sa province, ses emprunts n'éprouvaient aucune peine à être légalisés et à prendre cours. A tous les degrés et dans tous les rangs, tout le monde s'entendait avec le même idiome, et l'introduction ou la mise en circulation d'un vocable étaient soumises au contrôle de tous, des lettrés et des ignorants, des grands seigneurs, des bourgeois et du peuple ; de telle sorte qu'aucune innovation n'aurait pu s'impatroniser, pour si peu qu'elle eût été en désaccord avec l'esprit général et l'instinct natif qui maintenait et caractérisait la langue. Ce fut cet état de choses que vint sanctionner SAUVAGES dans son Dictionnaire avec l'autorité de sa science de linguiste et d'observateur judicieux. Il fixa le pur languedocien de son temps, tel que le mouvement des idées et des besoins l'avait fait, dans son individualité propre et originale ; et il le fit avec le dessein arrêté de ne pas le laisser confondre avec le français, dont il voulait surtout protéger et sauvegarder la diction.

Mais une langue vivante ne s'arrête point au milieu de populations vivantes et indépendantes, puisqu'elle représente nécessairement leurs mœurs, leur esprit, leurs tendances. L'ordre social, le régime politique, les divisions territoriales ont éprouvé de profonds changements : la langue a suivi l'impulsion. A ne les considérer qu'au seul point de vue de la linguistique, les révolutions qui ont passé sur notre pays, ne pouvaient manquer d'exercer la plus grande influence sur l'idiome. Le français est devenu le maître : il a commencé par se rallier les hautes classes et la bourgeoisie ; le peuple l'a subi et force lui a bien été d'en adopter aussi une certaine nomenclature d'expressions techniques, sous peine de rester en dehors de tout mouvement et de se taire sur des matières portées à chaque instant à l'ordre du jour, et qui remuaient toutes les âmes et tous les intérêts.

De là sont venues ces concessions à la politique, à l'organisation administrative, au système décimal, à la procédure, qui ont créé ces séries de mots, d'abord comme *patrioto, assigna, aristocrato, sans-culoto, émigra, massimoun, distri,* etc. ; puis *préfè, sous-préfè, couscri, èzantî, réformo, otroué, azouèn,* etc., et après *charto, députa, prougramo, éléciou, las cambros,* et *lou mèstre, un litre, un kilò, camì vicindou, sustitu,* etc. Il fallait s'entendre à toutes les époques ; et le languedocien ne dérogeait pas, ne se convertissait pas, en imitant le français lui-même et en lui prêtant en même temps ses termes d'agriculture, par exemple : magnanerie, canisse, mort-flac, flâcherie, araire, etc.

C'était bien encore ; car la langue d'Oc, abandonnée depuis longtemps comme langue officielle, avait cependant conservé assez de son prestige pour se mêler, disions-nous, aux relations privées et familières du grand et beau monde qui n'en connaissait guère d'autre, et à celles du populaire et des villageois qui n'entendaient que ce langage. Sans doute, elle n'avançait pas vers les perfectionnements et n'y tendait par aucun sérieux effort littéraire ; pourtant son culte n'était pas tout à fait délaissé. *Franchiman*, au témoignage de SAUVAGES, il y a une centaine d'années, ne désignait que la différence d'accent entre le langage du Nord et celui du Midi.

Le mot garde toujours ce sens, mais il a pris plus d'extension ; car il signifie aussi une altération de la langue méridionale par un autochtone même qui affecte, en se servant du parler maternel, de le prononcer à la mode française, dans l'intonation et dans le tour de phrase.

Cette définition n'est malheureusement que juste. Le mal a empiré et il attaque le fond même, la substance de l'idiome, par une mixtion informe et inintelligente des anciennes racines romanes et des déformations du français qui s'infiltre insensiblement dans ses veines ; et cela sans regarder aux antipathies qui les séparent. Le *Franchiman* actuel est une corruption du languedocien et du français à la fois ; il est produit par une alliance journalière, par un frottement incessant des intérêts et des rapports des deux langages ; il pense en français, il traduit oralement en languedocien, et il apporte dans celui-ci la physionomie, la construction, le génie du premier, et jusqu'à la plupart de ses formules parasites ; à peine même si les désinences conservent leur cachet d'origine.

La dégénérescence était peut-être fatale : elle a pris de notre temps une intensité sans frein et sans vergogne, contre laquelle il ne faut cesser de s'élever. Depuis que le français est devenu la langue universelle, depuis qu'il s'est vulgarisé davantage, qu'il passe pour être seul de bonne compagnie, et qu'à ce titre il est reçu parmi les classes élevées et la bourgeoisie, qui veulent faire preuve par là d'instruction et d'éducation, il est de bon goût de renier l'idiome natal comme un des patois barbares du français et de n'en faire qu'une de ses corruptions viciées, au lieu d'une langue originale. Sur cette idée fausse, le dédain et l'abandon : et c'est ce qui nous rappelle une de ces spirituelles boutades du maître, quand il représentait au vif les causes de la décadence de sa langue tant aimée et faisait le portrait de nos *franchimans*. Ce qu'il y a de plus fâcheux en cela, disait-il, c'est que l'exemple est donné de haut en bas; de bas en haut la séduction serait moins à craindre.

Ce sont, parmi le peuple, les hommes qui ont reçu ce commencement, j'allais dire cette fausse couche d'éducation, qui est le type particulier de notre siècle ; ce sont les militaires voyageurs qui ont puisé à toutes les sources, à tous les jargons, à tous les baragouins ; ce sont les demoiselles de magasin qui se pincent la bouche en cœur et lèchent leurs paroles sur leurs lèvres, pour ne pas être confondues avec la classe des taveleuses, race vive, alerte, un peu débraillée, andalouse du pied jusqu'à l'œil ; ce sont les demi-savants des campagnes, tribuns du conseil municipal, qui ont appris le français dans le code de procédure ; c'est toute cette petite aristocratie populaire qui déforme notre pur languedocien pour en faire le laquais brodé du français.

Aussi distingue-t-on deux classes bien tranchées de puristes *franchimans* dans notre idiome. La variété dont il vient d'être question, forme ce que le bas-peuple appelle très-logiquement *d'avoucas*. Ceux-ci reculent devant un technique pur languedocien et font des détours risibles pour tourner la position ; ils craindraient, par l'emploi d'un terme authentiquement du cru, de déroger à leur dignité de citadins et d'être salués de l'épithète de *raïous*, la plus flétrissante des injures à leurs yeux ; ils sont heureux quand ils peuvent amener à bien et colloquer convenablement un technique bien français qu'ils ont recueilli dans leurs rapports avec les gens de science et de bon ton ; ils appuient glorieusement dessus, ils le renflent d'une accentuation sentencieuse, et semblent n'y accoler qu'à regret la désinence languedocienne. Inutile de dire que la construction est toujours française ou à peu près. Qu'ils tombent, par hasard, sur un technique bien local, ou mieux encore sur une de ces phrases faites et proverbiales qui abondent dans l'idiome, ils ne les lâchent alors qu'en les accompagnant d'un sourire sardonique ou dédaigneux,

qu'avec une rudesse affectée de prononciation ; ils ont l'air de les souligner oralement, pour qu'on ne les confonde pas avec le reste de leur phraséologie ; et quand ils reviennent à celle-ci, ils ont grand soin de signaler la différence par un redoublement de siffloterie, de syllabes susurrantes et de vocalisation emmiellée.

La seconde espèce de puristes est plus logique et plus patriote : elle tient à conserver à l'idiome sa pureté originelle et le cachet de son indépendance ; elle se compose, quoiqu'en petit nombre, de gens instruits, mais ils doivent être du crû, c'est là une condition exclusive, car l'homme du terroir peut seul avoir la chaleureuse affection qui pousse à défendre une cause juste, mais condamnée d'avance. C'est là le bataillon sacré.

Viennent ensuite les vrais autochtones du pays : cultivateurs ou petits propriétaires, et les habitants, non déclassés, des communes rurales. Les puristes dans cette classe sont particulièrement ceux que leurs voisins gratifient aussi du titre *d'avoucas*. Bien différents des premiers que nous avons déjà signalés par cette appellation, ceux-ci se préoccupent quelque peu de codes, de législation et de politique générale ; ils sont surtout un recueil vivant des théorèmes, des apophthegmes de la sagesse du vieux temps. Leurs codes sont : Pierre Larrivay, Mathieu Lansberg ; leur doctrine, les recueils des dictons ou proverbes agricoles, astronomiques et météorologiques ; leur politique, la diplomatie municipale, ou quelque boniment en vue d'élection. La race menaçait de s'en perdre ; mais les évènements ont formé quelques élèves non moins prétentieux, qui s'exercent dans les clubs ruraux. Ceux-là sont les savants de l'endroit, les fortes têtes, les importants, les discoureurs diserts, frottés de lecture et d'instruction primaire. C'est par eux que l'antagonisme du français se maintient vif et constant, comme entre Rome et Carthage. Grands parleurs d'ordinaire, leur verbe a une certaine énergie, leur pensée de l'image, leur phrase de la métaphore ; la forme comparative est dans leur génie particulier, comme dans celui de la langue elle-même ; ils n'évitent pas sans peine tout retour vers la pensée française inculquée par leur journal, et lorsque les besoins du moment les contraignent à l'emprunt de quelque expression inévitable, ils mettent une sorte de coquetterie maligne, de raffinement instinctif à la torturer, à la défigurer, à la rendre méconnaissable pour des oreilles françaises. Quelquefois même ils l'étendent sur le lit de Procuste, la mutilent ou l'étirent, suivant les cas, pour le seul plaisir de faire affront à l'académie ; c'est ainsi que des mots bibliothèque, locomotive, cartouche, pour ne parler que des plus innocents, ils ont fait *bliotèquo, comotivo, cartatoucho*.

A un degré un peu plus élevé, se rencontrent les puristes écrivains, praticiens émérites, rédacteurs de correspondances d'affaires, de pétitions et même de mémoires ; et au-dessus les poètes de l'endroit, faiseurs d'épithalames ou de chansons charivariques, aux locutions fantaisistes et souvent originales comme leur orthographe Toutes ces catégories professent au fond le respect de la langue

Or, comme tout purisme est toujours entaché de fanatisme, il s'en est suivi quelquefois des excès que le bon goût doit condamner, quand ils s'avancent sur le terrain littéraire, mais qui n'en restent pas moins liés indissolublement aux destinées de l'idiome. Montrer trop de sévérité pour leurs créations déformées ou dissimulées aurait bien pu n'être pas toujours justice. Le français n'a-t-il pas fait pire quelquefois dans ses emprunts grecs ou latins pour ses classifications scientifiques, et dans son anglomanie pour toutes ses industries depuis ses vêtements jusqu'aux chemins de fer, pour sa langue parlementaire et son argot commercial? L'omnipotence et l'impunité, l'exemple et l'initiative ne sont pas des droits, mais on s'en est toujours servi depuis qu'il y a au monde des forts et des faibles; et en dernière analyse, il faut bien accepter, sous bénéfice d'inventaire toutefois, quelques-unes de ces locutions qui ne heurtent pas trop le génie de la langue.

Les néologismes de cette sorte ne sont pas les plus à redouter; et ce n'est pas contre eux que l'auteur des *Castagnados* eût dégainé, comme il disait, son grand sabre *per se garda dóou franchiman*. Dans la nomenclature qu'il a laissée et que nous suivons, il en a été enregistré un certain nombre : c'est l'acte de leur légitimation. A l'article *Patoués* nous signalerons les motifs qui leur ont fait trouver grâce et les raisons qui ont dû faire proscrire les autres.

Ce qui a jeté les premiers et les plus dangereux ferments de décomposition dans l'idiome méridional, est venu de cette erreur qui a fait imaginer que deux langues, coexistant sur le même sol, gardant certaines affinités d'origine, avaient cependant la même nature et le même caractère; que l'une, n'étant que l'altération de l'autre, la plus vulgaire et la plus pauvre devait prendre modèle sur la plus élégante et se vêtir de ses ajustements; que forcer les rapprochements serait avoir raison d'antipathies inconciliables. Mais par le mélange on n'est arrivé qu'à la confusion : les plus habiles ne savent plus ni la langue française ni la langue d'Oc : certes, il n'y a pas à se vanter du résultat. On a été plus loin : du langage courant, qui se livrait à tous ces amalgames inconscients et souvent inintelligibles, le mal est passé et s'est propagé dans les livres, les traités, les compositions écrites, où l'on n'a pas craint de professer hautement l'assimilation du français et du languedocien. C'est contre ce débordement qu'on ne saurait trop protester, en creusant plus profondément que jamais la ligne de démarcation qui sépare les deux langues.

Des principes, des natures, des types disparates et opposés ne peuvent évidemment se concilier et se fondre. On ne l'a point vu, on n'y a point songé : le même vocabulaire ne saurait être commun aux deux idiomes. Mais la langue d'Oc dépérit, dit-on : soit; et cela ne l'empêche pas de servir encore d'instrument de relations à huit ou dix millions d'hommes; elle est pauvre et inféconde dans sa sénilité . cependant elle n'en a pas moins enrichi la littérature nationale d'admirables et harmonieux chefs-d'œuvre de poésie. Mais n'est-ce pas la ce qui lui donne le droit d'être fière de sa pénurie, de refuser l'aumône en fausse monnaie qu'on lui jette, de repousser la livrée et le vasselage qui l'humilient, de vouloir être rendue à elle-même? Ces levées en masse chez le voisin, qu'on lui conseille et qu'on lui amène de force, ne feraient que la trahir et hâter sa déchéance. Il est sans doute des auxiliaires dont le concours lui a été utile et qu'elle a accueillis; mais ces recrues exotiques, hybrides, à constitution peu saine, raccolées un peu partout, au hasard, que, pour la vanité du nombre, on essaie d'affubler de quelque lambeau de costume provincial, et qui se croient déguisées sous la cocarde d'une désinence caractéristique, une consigne inexorable doit les bannir à jamais des rangs où ces intrus font tache.

Que peut donc en ces circonstances se proposer notre lexique? Rien de plus que faire de l'histoire. La langue d'Oc et ses dialectes n'ont pas pour eux l'avenir, en ce sens que l'avenir ne peut rien leur donner et qu'ils en ont tout à craindre. Ils vivront en se souvenant d'avoir vécu : leur raison d'être est d'avoir été. C'est pour cela qu'il y a un si grand intérêt, non pas à tenter un impossible rajeunissement en leur insufflant un esprit nouveau, antipathique à leur génie natif, mais à revivifier leurs éléments d'origine et leurs principes vitaux en les retrempant à leur source pure et vraie.

A deux époques critiques dont nous venons d'indiquer l'influence, notre dialecte a eu cette rare bonne fortune que deux maîtres, Sauvages et La Fare-Alais, ont dressé l'inventaire de son entier et légitime patrimoine. Le dernier contrôle a dû nécessairement écarter les archaïsmes hors d'usage, atteints de désuétude, comme il a dû consacrer les acquêts récents, dont une autorité incontestable. Dans cette classification se trouve la règle, et elle est si bien la loi, que tout ce qu'elle embrasse et ce qu'elle sanctionne est l'état de notre langue, son seul avoir, sa propriété véritable; tout le reste ne serait pour elle que du bien mal acquis, dont elle ne veut pas. Notre lexique, qui l'a adoptée, sera donc à ce titre pur languedocien et non *franchiman*; sa devise sera : parlons notre langue et non son patois. — *Voy.* Lénguo et Patoués.

Franchimandéja, v. fréq. Imiter grotesquement la prononciation française : ce qui arrive au peuple du Midi quand il veut se mêler de parler français, surtout aux militaires du terroir, retour des garnisons d'outre-Loire, qui prétendent faire croire avoir oublié l'accent natal.

Françoües, n. pr. m. Au fém. *Françouèso.* François, Françoise.

Françoun, n. pr. de femme. Dim. *Françounéto.* Françoise, dont il est lui-même un dim.

Franja, ado, adj. Frangé, orné de franges; bordé d'une frange.

Corrupt. du fr

Franjo, *s. f.* Bord; bordure; frange, tissu d'où pendent des filets servant d'ornement.
Corrupt. du fr. qui vient lui-même du lat. *Fimbria,* m. sign.
Franquéta, *s. f.* Franchise; loyauté.
Dér. de *Fran,* adj.
Franquo-païardo, *s. f.* Espèce de figue hative et de couleur grise.
Frâouda, *v.* Frauder; employer des moyens détournés pour frustrer quelqu'un de ce qui lui appartient, pour éviter les droits de régie ou d'octroi; sophistiquer le vin ou autre marchandise.
Frâoudo, *s. f.* Fraude; tromperie cachée à l'effet de soustraire certains objets soumis aux droits à la connaissance des employés à la perception; contrebande.
Dér. du lat. *Fraus, fraudis.*
Frâoudulisto, *s. m. Feodiste.* — *Voy. Flurdalisto.* — Ce mot est une corruption du vieux terme fr. auquel le peuple a voulu attacher ironiquement une racine injurieuse tirée du mot *Frâoudo.* Le peuple et les interprètes du droit feodal n'etaient pas fort amis.
Frâoudur, *s. m.* Fraudeur, celui qui fait et pratique habituellement la fraude, surtout en matière de droits d'octroi ou de régie.
Corrupt. du fr.
Frâoumina, *v.* Hâvir, brûler, dessécher, brouïr par le brouillard, en parlant des feuilles des arbres; rendre vermoulu, quand il s'agit du bois, du fromage, etc.
Fré, *s. m.* Froid, froidure; hiver. — *Fai un fré que ploumo,* il fait un froid à faire tomber les ongles. *Un paro-fré,* un vêtement bien chaud, un manteau. *Un pisso fre,* un homme sans vigueur, sans énergie; flegmatique; indifférent; indolent. *Un fre,* un catarrhe, un rhume, toute espèce d'indisposition causée par une transpiration arrêtée. *Eré de pèses,* froid aux pieds.
Fre se prend aussi adverb. pour froidement, d'une manière froide, sèche, glaciale. — *Batre fré,* battre froid, recevoir froidement, sans démonstration amicale.
Fré, fréjo, *adj.* Dim. *Freje;* augm. *Frejas.* Froid, qui a perdu sa chaleur, qui est a une température peu élevée. Au fig. froid, indifférent pour ceux qui l'aiment; qui n'a pas d'entrailles ni de chaleur de cœur.
Dér. du lat. *Frigidus,* m. sign.
Fréchan, *s. m.,* ou **Fréchio,** *s. f.* Fressure d'agneau ou de chevreau; ensemble du cœur, des poumons, de la rate et du foie de ces animaux. C'est un friand morceau pour les campagnards, qui mangent rarement de la viande.
Dér. du lat. *Frixum,* supin de *Frigo,* fricasser.
Fréchio, *s. f.,* ou **Fréchan,** *s. m.* Même mot que le précédent.
Fréjàou, âoudo, *adj.* Qui est d'une temperature, d'une exposition de site froide, glaciale. — *Aquelo cambro es bièn frejdoudo,* cette chambre est glacée. *Peiro-frejdou,* pierre froide, pierre calcaire. C'est par une exception bizarre qu'ici l'adj ne s'accorde pas en genre avec son subst.

Fréjou, *s. f.* Au propre, douleurs rhumatismales, catarrhe causé par le froid; au fig. froideur, indifférence; air froid, sérieux et composé.
Dér. du lat. *Frigus, frigoris.*
Fréjoulado, *s. f.* Redoublement de froid; froid plus intense; recrudescence de l'hiver qui se fait ressentir souvent aux premiers jours du printemps.
Frèro, *s. m.* Frère, né du même père et de la même mère. — *Voy. Fraire.*
— *Lous Frèros,* les frères de la Doctrine chrétienne. *Lou Frèro,* le frere qui dirige spécialement ou l'école ou la classe.
Il est probable que, avec l'établissement des frères de la Doctrine chrétienne dans nos pays, a commencé la substitution du mot *Frero* à celui de *Fraire,* du moins l'habitude de ne parler que français aux enfants, de n'employer que le français dans leurs classes, a-t-elle contribué pour une grand part à ce changement tout à fait passé dans la langue.
Frés, frésquo, *adj.* Dim. *Fresqué, eto;* augm. *Frésquas, asso.* Frais, fraiche, dans toutes ses acceptions, soit pour la température, le vent, l'eau, le vin, soit pour la fraicheur des fruits, légumes, viandes, poissons, étoffes, et pour le teint des personnes. — *Fresquasso,* en parlant d'une femme, une grosse mère bien fraîche et pourvue d'embonpoint.
Pris subst. ou adv. au masc. Frais; froid agréable; fraicheur. — *Fai fres,* le temps est frais. *Prene lou fres,* se mettre à la fraicheur, au frais.
Dér. du lat. *Frescum,* supin de *Frigeo.*
Présïa, siado, *adj.* Crêpé; crépu; frisé comme les feuilles d'un certain chou qu'on appelle chou frisé.
Dér. de *Frisa.*
Fréso, *s. f.* Fraise, fruit du fraisier, qui se dit techniquement *Majoufo* (V. c. m.); ris de veau, fraise; fraise de collet, ornement du cou, plissé et empesé.
Dér. du lat. *Fraga,* m. sign.
Frèso, *s. f.* Frèze, temps du plus grand appétit des vers-à-soie. — Ce redoublement d'appétit, qui précède chaque mue, croit à chaque âge proportionnelle à la grosseur du ver.
Frésquairoùs, ouso, *adj.* Frais, humide, en parlant d'un site, d'une maison, d'un appartement, ou l'on respire la fraicheur.
Frésquéja, *v.* fréq. Reverdir; être verdoyant; se couvrir de verdure, de fraicheur.
Frésquièiro, *s. f.* Fraicheur; temps frais. Au fig. froideur; indifférence. — *Prene la frésquièiro,* prendre le frais. *Las frésquièiros arivou,* les premières fraicheurs de l'hiver arrivent. *Fai frésquièiro,* il fait frais, presque froid, humide.
Frésqoù, *s. f.* Fraicheur; froidure; fraicheur de l'eau; fraicheur du teint.
Frésquun, *s. m.* Odeur de viande fraiche. — Cette odeur est insupportable aux habitants des Cevennes, qui, accoutumés a une vie frugale et aux assaisonnements au porc salé, ont du degout pour la viande fraiche et le potage

de cette viande, en même temps qu'ils font grand cas du porc un peu rance, qu'ils nomment *sabourun*.

Fréta, *v*. Frotter; essuyer; oindre; enduire. Au fig. battre, rosser quelqu'un; lui gagner son argent au jeu.

Se fréta, hanter; fréquenter; avoir à faire; se faire des frictions; se battre — *Se freta de qudouquus*, fréquenter quelqu'un. *Se soun be fretas*, ils se sont bien houspillés, pelottés, battus.

Dér. du lat. *Fricare*. m. sign.

Frétado, *s. f*. Coups; rixe; volée de coups de poings ou de bâton

Frétadoù, *s. m* Frottoir; linge qui sert à frotter, à essuyer; essuie-main.

Fréto, *s. f*. Terme de charronnerie, frette, lien de fer ou virole autour du moyeu d'une roue.

Fricandèou, *s. m*. Hachis ou godiveau de viande maigre du porc, mêlé du ris et des caillettes, quelquefois avec la fressure et le foie, et qui n'a rien de commun avec ce qu'on entend en fr. par Fricandeau. *Lou fricandèou* se façonne en boules de la grosseur d'une pomme, qu'on recouvre avec une enveloppe de cette membrane graisseuse que les anatomistes appellent épiploon, et qu'on nomme ici en terme de ménage *créspino*. Ces sortes de godiveaux, que l'on fait cuire dans la graisse et quelquefois en terrine. se conservent longtemps et sont fort estimés.

Fricâou, fricâoudo, *adj*. Dim. *Fricâoude*. Gentil; éveillé; friand; ragoûtant; délicat. — *Un moure fricdou*, un minois friand.

Ce mot est plus usité au dim. fém. *Fricdoudeto*. — Friquet, le nom du moineau, n'aurait-il pas une origine commune à cause de ses qualités?

Dér. du lat. *Fricatus*, frotté, nettoyé.

Fricassa, *v* Fricasser; accommoder; frire; faire cuire à la poele. Au fig. manger son bien en folles dépenses. — *A tout fricassa*, il a tout dévoré, tout flambé.

Fricassèio, *s. f*. Fricassée, gibelotte.

Fricasso, *s f* Ragoût de viande en morceaux, cuit à la poele; galimafrée.

Dér. du lat. *Fricare*.

Fricô, *s m*. Dim *Fricouté*. Ragoût; mets cuit; régal; repas de gourmand.

Fricoutéja, *v*. fréq. Fricotter; fréquenter les guinguettes; avoir l'habitude des repas de tavernes. — S'entend aussi des petits repas d'amis et de gourmands.

Fricoutiè, *s. m*. Gargotier; cuisinier de taverne.

Fricoutur, *s. m*. Gourmand; qui aime les bons morceaux; qui fréquente les gargotes.

Frigou loùs, *s. m*. Terre en friche remplie de thym

Frigoulo, *s. f*. Dim. *Frigouléto*. Thym, **Thymus** *vulgaris*, Linn., plante de la fam. des Labiées, aromatique et fortifiante, dont on parfume les agrès de magnanerie, soit en en frottant les planches et les traverses, soit en la faisant brûler dans l'atelier.

Dér. du gr. Φαλάγγιον, plante salutaire contre les venins.

Frimo, *s. f*. Frime; semblant; mine; feinte. — *Tout aquò's uno frimo, de frimo* ou *per la frimo*, tout cela n'est que semblant, que jeu, que vaine apparence; bon pour la frime.

Frimousso, *s. f*. Mine; air du visage; trogne. — *Té cope ta frimousso*, je vais te souffleter.

Fringa, *v*. Faire l'amour; faire la cour; avoir des fréquentations en vue du mariage. — Se prend en général en bonne part et pour le bon motif, du moins en apparence: c'est une fréquentation qui s'opère en public et la plupart du temps sous les yeux des parents Le terme *Parla à...* est encore plus explicitement consacré à la recherche pour le bon motif.

Dér. du lat. *Fringultire*, frétiller, jaser, coqueter.

Fringadisso, *s. f.*, ou **Fringaje**. Action de faire sa cour; temps ou l'on se fréquente avant le mariage

Fringaïre, *s. m*. Au fém. *Fringaïro*, subst. Amant; amoureux; galant; soupirant. — Voy. *Calignaïre*.

Fringaje, *s m*. — Voy. *Fringadisso*.

Fringarèl, èlo, *adj*. Qui a le cœur disposé à l'amour; qui aime à coqueter auprès des femmes; d'humeur amoureuse; l'amoureux des onze mille vierges.

Fringo, *s. f*. Dim. *Fringuéto*. Bande; lanière d'étoffe prise sur une grande pièce. — *Fringo dé tèro*, lisière, langue de terre.

Dér. du lat. *Fimbria*, frange, ou mieux de *Frangere*, diviser, déchirer.

Fripa, *v*. Friper; gâter; chiffonner ses hardes, ses habits; gaspiller, dissiper sa fortune.

Friparié, *s. f*. Friperie; magasin de vieux habits; boutique de bric-à-brac; commerce de friperies.

Fripiè, *s. m*. Au fém. *Fripièiro*. Fripier; marchand de bric-à-brac; qui fait commerce de vieux meubles, de vieux habits.

Fripoun, ouno, *adj*. Dim. *Fripounò, oto*. Fripon; trompeur; qui vole avec adresse; fourbe. — On ne se sert guère que du dim. *Fripounò, oto*, dans le sens de galant ou coquette, éveillé ou luronne, appliqué à une personne jeune ou à son air et à ses manières.

Fripouna, *v* Friponner; escroquer; dérober par adresse; attraper par fourberie.

Fripounarié, *s. f*. Friponnerie; action, manœuvre de fripon.

Frisa, *v*. Friser; crêper; boucler en parlant des cheveux; raser, toucher superficiellement; broyer, pulvériser, ameublir la terre; émietter.

Frisa, ado, *adj. et part. pass*. Frisé; crêpu; émietté.

Frisos, *s. f. plur*. Frisure; cheveux bouclés par le fer.

Frisoun, *s. m*. Terme de filature de soie, frison; filasse de soie mêlée et brouillée que l'on tire en mèche avant d'obtenir le brin pur soie. Plus la soie qu'on file est fine, plus elle doit être purgée du frison.

Le frison diffère des côtes en ce que celles-ci sont formées de la bave du cocon, qui s'enlève par longues filasses, qu'on carde ensuite et dont on fait du fleuret grossier; au lieu que le frison contient beaucoup de bonne soie à laquelle il est mêlé et qu'on ne peut purger à cause d'un agglutinement trop considérable.

Fron, s. m. Dim. *Frounte;* péj. *Frountas*. Front, partie du visage qui s'étend d'une tempe à l'autre et depuis le cuir chevelu jusqu'aux sourcils. — Lorsque le mot Front fr. est au fig. pour exprimer hardiesse, effronterie, notre dialecte le rend par *Froun*. — V. c. m.

Dér. du lat. *Frons, frontis*, m. sign.

Froumaje, s. m. Dim. *Froumajoù*. Fromage, lait caillé, égoutté et salé. — Le fromage des Cévennes est le plus souvent fait de lait de chèvre; il est du volume et de la forme du fromage du Mondor. Quand il est frais, on l'appelle *Toumo;* quand il est demi-sec et gras, *Froumaje atraqua;* quand il a subi une opération de fermentation particulière, on le nomme *Péraldoù*, espèce très-appréciée et fort estimée, mais des indigènes seuls.

Au surplus la réputation du fromage de nos montagnes date de loin : Pline, dans son *Histoire naturelle*, affirme que le fromage le plus vanté et le plus recherché à Rome, ce rendez-vous général de tous les produits du monde, provient de la contrée de Nîmes, de la Lozère et du pays des Gabales, le Gévaudan, bien que son mérite supérieur ne dure qu'autant qu'il est frais et que sa préparation gauloise lui donne une saveur médicamenteuse : *Laus caseo Romæ, ubi omnium gentium bona cominùs judicantur à provinciis, Nemausensi præcipua, Lesuræ Gabalicique pagi: sed brevis, ac museo tantùm commendatio... nam Galliarum sapor medicamenti vim obtinet.*

Froumaje cacha se dit d'une sorte de préparation de lait caillé fermenté, assaisonnée fortement de poivre, d'eau-de-vie ou de vinaigre, qui se conserve dans les campagnes en pots comme une bouillie, d'un goût très-piquant, et qu'on appelle aussi *Rubarbo* (V. c. m.). *Viro-froumaje*, espèce de saut périlleux qui s'exécute en se tenant suspendu par les poignets.

Les étymologistes donnent des origines diverses à ce mot, qui, selon les uns, viendrait du celt. *Fourmaich*, m. sign.; suivant d'autres, du gr. Φορμός, natte, panier de jonc où l'on met égoutter le fromage et qui lui donne sa forme, d'où la bass. lat. aurait tiré *Formaticum, Formago*, changé en *Fromago*, par métathèse, du lat *Forma*.

Froumajèïro, s. f. Fromagerie, lieu où l'on fait et où l'on conserve le fromage; grand panier en forme de cône où l'on met sécher et égoutter le fromage du pays; fromagère, femme de la campagne qui vient vendre journellement en ville les petits fromages frais dits *Toumos*.

Froun, s. m. Front; hardiesse; effronterie; audace; impertinence. — Voy. *Fron*.

Frounzi, v. Froncer; rider; plisser; faire un froncis.

Dér. du lat. *Frons, frontis*, front, par imitation des rides et plis qui s'y forment lorsqu'on fronce les sourcils.

Frounziduro, s. f. Froncis; ride; plis; rides de la peau.

Frucha, v. Fructifier; porter du fruit. — *La vigno a bièn frucha aquést'an*, la vigne a fait beaucoup de raisins cette année.

Dér. du lat. *Fruges* ou *Fructus*.

Fruchè, s. m. Arbre fruitier; fruitier, jardin planté d'arbres à fruits; lieu où l'on serre le fruit.

Fruchè, fruchèïro, adj. Qui porte beaucoup de fruits; qui aime beaucoup le fruit; fertile. — On le dit aussi par ext. et ironie de qui aime le fruit défendu.

Frucho, s. f. Fruit en général; les fruits pris collectivement. — *Souï pas for à la frucho*, je ne suis pas très-amateur de fruits.

Frui, s. m. Fruit, production des végétaux, arbres et arbustes, servant à leur reproduction.

Emp. *franchiman* au français.

Fu, 3ᵐᵉ pers. sing. du prétér. défini. Il ou elle fuit. Variante ou contraction du v. *Fugi, Fugis*. — *Ddou tén que lou chi pisso, la lèbre fu*, prvb., pendant que le chien baguenaude, le lièvre fuit. On dit aussi : *S'en-fu* pour : il s'en fuit.

Fugi, v. Fuir; prendre la fuite; courir pour se sauver; passer rapidement.

Dér. du lat. *Fugere*, m. sign.

Fugidis, isso, adj. Fugitif; proscrit; qui est obligé de se cacher; qui passe vite.

Fugido, s. f. Fuite ou déchargeoir d'un moulin; canal de fuite.

Fulobro, adj. de tout genre. Dim. *Fuloubréto*. Paresseux; fainéant; qui craint la peine toutes les fois qu'il faut la subir dans un but utile.

Composé des deux mots *Fu*, il fuit, et *l'obro*, le travail.

Fuma, v. Fumer, jeter de la fumée; engraisser la terre avec du fumier; fumer du tabac. Au fig. s'impatienter; être vexé, ce qu'on appelle vulgairement, fumer sans pipe. — *A las cdoudétos qué fumou*, vite, aux châtaignes bouillies toutes chaudes, qui fument.

Dér. de *Fun*.

Fumado, s. f. Dim. *Fumadéto;* augm. *Fumadasso*. Fumée, vapeur épaisse que le feu ou la chaleur fait exhaler. — *Las Fumados*, les Fumades, n. pr. d'un hameau et de sources minérales dans la commune d'Allègre, où l'on a découvert une piscine antique, des monnaies romaines, des vases, patères, tuiles gallo-romaines. Ce nom est encore celui de plusieurs localités dans le Gard, ruisseaux, montagnes ou quartiers.

Fumadisso, s. f. Grande fumée, persistante, incommode.

Fumarésto, s. f. Grande et épaisse fumée, comme celle d'un four ou des fourneaux d'écobuage, des herbes et des racines qu'on fait brûler sur la terre.

Fumé, s. m. Hirondelle de mer, mouette, oiseau de l'ordre des Palmipèdes et de la fam. des Longipennes. — Les espèces de ce genre d'oiseau, qui vit autour des étangs, sur l eau desquels il se repose sans nager, sont assez nombreuses. *Fume* désigne principalement, tout en s'appliquant aussi aux autres, l espèce la plus commune qui est l hirondelle de mer a tête noire ou Gachet, hirondelle de mer épouvantail, *Sterna nigra*, Linn , tête et partie postérieure du cou d un noir profond, poitrine d un blanc pur, le reste du corps noir cendré ou bleuâtre, bec noir, vingt-quatre centimètres de longueur, ainsi nommée a cause de sa couleur enfumée. — *Voy.* Gabian.

Fuméiroù, s. m. Fumeron ; flambart ; petit charbon à demi consumé qui jette de la fumée.

Fumélan, s. m. Femme, femelle, ou plutôt femmes en général. — Se dit ironiquement et en mauvaise part. — *Voy.* Femelan, qui est le même mot.

Fumèlo, s. f. Femelle, compagne du mâle ; qui appartient au sexe féminin. — Appliqué a la femme, c'est un terme de mépris ou d ironie. — *Voy.* Femèlo.

Fumèto, s. f. Camouflet, bouffée de fumée ; mèche qu'on fait à un dormeur, en lui soufflant de la fumée dans le nez.

Fumiè, s. m. Fumier, mieux dit *Fen* V. c m ; trou, fosse à fumier. — *Foou traire aquo dou fumie*, il faut jeter cela au fumier, dans la fosse à fumier.

Der. du lat. *Fimus*, m. sign.

Fumièiro, s. f. Fumée qui se répand dans un appartement ; celle qu'on voit dans les claies ou séchoirs à chataignes ; fumée déviée de son cours ordinaire et qui incommode.

Fumotèro, s. f. Fumeterre officinale, *Fumaria officinalis*, Linn., plante de la fam. des Papaveracées, commune dans les champs. — *Voy.* Chouteio. qui est un de ses noms.

Fun, s. m. Fumée, vapeur plus ou moins épaisse qui s'élève d'un corps brûlant. — *Faire foço fun*, faire l'important, faire claquer son fouet. *D'aqui mounte deou sourti lou fun, sou lou fun*, prvb., ceux qui devruent donner de bon exemple sont les premiers a scandaliser. *Un fun dé mounde*, une foule, une infinité de personnes *Un fun de tèsto*, un étourdissement, un éblouissement.

Dér. du lat. *Fumus*.

Fur, s. m. Fouille ; recherche dans une maison opérée par l'autorité municipale ou de police pour découvrir un vol. — *Faire fur*, faire des recherches.

Dér. de *Furga*.

Fura, v. Ronger en dedans, comme font les vers ou les fourmis. — *Fura d'acdou*, faire fuser la chaux, c.-à-d. la réduire en poudre en y jetant une petite quantité d'eau. *Pèiro furado*, pierre gercée, calcinée, rongée en dedans.

Dér. du lat. *Forare*, percer, faire un trou, forer.

Furé, s. m. Au fém. *Furéto*. Furet, *Mustela furo*, Linn., mammifère onguiculé de la fam. des Digitigrades ou Carnivores. Il est trop connu des chasseurs (et qui n'est pas chasseur?) pour le décrire. Le furet ne peut subsister chez nous qu'en domesticité ; c'est ce qui le distingue notamment du Putois, *Pudis*, avec qui on pourrait lui trouver d autres rapports soit de forme, soit quelquefois de pelage, mais qui ne vit qu'à l'état sauvage

Dér. du lat *Furo*, m. sign

Furé, s. m. Souris de la plus petite espèce. — C'est en quelque sorte une classification par taille, de manière qu'une souris qui grossirait un peu trop deviendrait *Ra*, qui est le nom générique de ces rongeurs; celui-ci qui s appelle le plus ordinairement *Fure* est le rat souris, *Mus musculus*, Linn.

Furé, s. m. Furet, pris au fig , curieux ; qui s'enquiert de tout dans l intérieur des familles ; qui fourre son nez partout

Furétéja, v. freq Faire la chasse au furet. Au fig. fureter ; chercher a découvrir ; courir partout pour savoir des nouvelles ; s introduire partout.

Furga, v. Fouiller ; chercher dans les poches, au fond d'un trou, d'un lieu bas et où l'on ne peut pénétrer qu'avec les mains ou un outil quelconque.

En espag. *Hurgar*, m. sign., permutation de *F* en *H* En bas-bret. *Furgaein*.

Furgaire, airo, a lj Fouilleur ; fureteur ; qui aime à fouiller partout, à mettre la main à tout ; tatillon

Furoù, s. f. Fureur ; emportement violent ; violente agitation ; passion excessive ; rage.

Empr. fr. ou du lat. *Furor*, m. sign.

Fus, s m. Dim. *Fuse* ; péj. *Fusas*. Fuseau, instrument qui sert a filer à la quenouille. — *Tout aquò aponcho pa'n fus*, dicton, mot à mot. tout cela n'apointisse pas un fuseau ; ce qui signifie. tout cela est bien inutile ; c'est en vain que vous cherchez, que vous vous essayez, que vous voulez démontrer quelque chose, tout cela ne prouve rien. La corrélation entre ces idées et cette locution, qui revient souvent, est difficile a saisir : ce qui n'empêche nullement de comprendre.

Dér. du lat. *Fusus*, m. sign.

Fusa, v Terme de chasse ou d armurerie, faire long feu ; fuser ; brûler lentement, en parlant d une amorce — *Se fusa*, se consumer à petit feu, se calciner.

Dér. du lat. *Fusum*, supin de *Fundi*, se répandre, s'étendre.

Fusado, s. f. Fusée ; quantité de fil qui peut se dévider sur un fuseau ; épi de maïs ; pièce d artifice.

Fusïa, v. Fusiller ; passer par les armes. Au fig. tirer aux jambes ; ce que fait un vendeur de mauvaise foi vis-à-vis d'un chaland qui ne peut se passer de l'objet qu'il demande, ni se le procurer ailleurs.

Fusïado, s. f. Fusillade ; plusieurs coups de fusil tirés à la fois, soit dans une bataille, soit à la chasse par amusement.

Fusil, s. m. Dim. *Fusié* ; péj. *Fusias*. Fusil ; arme à feu composée d'un canon allongé, d'une platine ou batterie, d'un fût et d'une baguette. — Avant l'invention de la poudre, le fusil n'était qu'un briquet, et ce mot était emprunté à l'ital. *Focile* qui a la même acception. Lorsqu'on donna ce nom au mousquet, au fusil à chien, c'était

Fusté, *s. m.* Petite cuiller en bois, et par extension toute cuiller d'enfant ou à café, qu'elle soit en étain ou en argent.

Dér. du lat. *Fustis*, bâton, baguette de bois.

Fustiè, *s. m.* Au fém. *Fustièïro*. Charpentier, artisan qui travaille le gros bois; tonnelier. — Il est devenu n. pr. d'homme, rendu littéralement en fr. par *Fustier*.

Dér. de *Fusto*.

Fusto, *s. f.* Dim. *Fustéto;* augm. *Fustasso*. Poutre; solive; grosse pièce de bois de charpente qui sert à soutenir les toitures, les planchers, à former les échafaudages.

Dér. du lat. *Fustis*, m. sign.

Futa, futado, *adj.* Futé; rusé; adroit, plus que ne le comporte la probité.

Dér. du lat. *Fustis*, bâton, par allusion aux oiseaux qui perchent et fréquentent les bois, et qui sont plus rusés, plus difficiles à attraper que ceux qui n'ont pas encore quitté leur nid.

Futur, uro, *s. et adj.* Futur, future; futurs époux et l'un d'eux.

Emp. au fr.

G

G, *s. m.* G, septième lettre de l'alphabet, cinquième des consonnes. Isolément se prononce *Gé*. Les grammairiens le rangent dans la classe des Palatales, qui comprend aussi le *C* et le *J*.

Le *G* n'existait pas dans l'ancien alphabet latin; il n'avait pas, avant la première guerre punique, de caractère spécial qui le distinguât du *C*, et ce fut Spurius Carvilius qui inventa la figure par laquelle il est représenté; ce qui toutefois n'empêcha pas les deux lettres d'être souvent confondues dans leur prononciation. Au contraire les idiomes celtiques l'avaient toujours admis, et il était une de leurs articulations naturelles. Cette prédilection se manifeste dans les langues néo-celtiques, et dans notre dialecte comme dans le français, ce qui prouverait une fois de plus leur primitive et originelle attache. Le bas breton et le gallois, en effet, ne trouvant pas dans leurs aptitudes de facilité à articuler le *V*, lui ajoutent un *G* pour adoucir une aspiration trop forte: du lat. *Velum*, ils font *Gwêl*; de *Vinum, Gwin;* de *Ventus, Gwent;* de *Viridis, Gwer;* de *Vanus, Gwan;* de *Vacuus, Gwag;* de *Verus, Gwir*, etc.; comme nous avons fait, sur une pareille flexion, *Gas*, Gué, fr., du lat. *Vadum; Gardoù* et ses dérivés, Gardon, du lat. *Wardo* ou *Vardo*. A la vérité, l'effet inverse se rencontre: le lat. *Gyrare* est devenu pour nous *Vira*, et en fr. Virer; *Gyrus*, en fr. Virole; etc., etc.

Comme le *C* chez les Grecs, les Romains et les Gaulois, le *G* avait toujours le son dur devant toutes les voyelles. Mais quand la langue se renouvela, le roman, qui cherchait à se dégager de l'oppression du latin, tout en utilisant ses débris et ses altérations devenues barbares, obéit à un désir instinctif d'adoucissement dans la prononciation, autant qu'à des préférences d'organisme vocal, à des influences climatériques peut-être, que rien ne comprimait plus. La force ou la faiblesse des voyelles agit sur la nature des articulations et particulièrement sur celle du *G* et du *C*, selon qu'ils étaient suivis d'un *A*, d'un *O* ou d'un *U*, voyelles au son grave et plein; on les prononçait différemment que suivies d'un *E* ou d'un *I*, voyelles faibles; et le *G* doux, prononcé comme *J*, n'imprima plus à l'*E* et à l'*I* de consonnance rude qu'à la condition d'interposer un *u* (*Gu*), entre lui et ces dernières voyelles.

Cette affinité des deux Palatales les portait facilement à se substituer l'une à l'autre (*V*. lettre *C*); mais les permutations qui amènent le *G*, de beaucoup mieux connu, sont aussi plus fréquentes. N'est-ce point pour cela que les désinences de tant de noms propres et de noms communs en *anicus, enicus, inicus, onicus*, presque toujours au pluriel fém. *anicæ, enicæ, inicæ, onicæ*, sonnant en *kœ* à la finale, furent changées des premières par la langue romane en *anègues, énègues, inègues, onègues*, d'où le *C* latin avait disparu? Cependant cette combinaison présentait encore deux flexions antipathiques au nouveau langage, celles de *N* et de *G* durs; mais elle mettait presque en contact les deux lettres séparées seulement par un *I* faible. Il est permis de croire que ce rapprochement rappela une ancienne articulation celtique qui manquait au latin et que le roman se hâta de reprendre par une mouillure nasalisée avec l'alliance du *Gn;* et l'on voit en effet les appellations latines *Martinianicæ*, répondant en roman *Martinianègues*, devenir en lang. Martignargues, en fr. Martignac, Martignan, Martigny; *Salvinianicæ, Salvanègues*, Savignargues, Salvagnac, Sauvigny, Savigné, etc. Si l'idiome méridional affecte ces terminaisons d'une forme particulière, rude encore, ce n'est peut-être qu'un souvenir étymologique du latin dans la Narbonaise, où il fut plus cultivé que dans le reste de la Gaule ; mais la permutation ne s'en fait pas moins sentir ; et ce n'est pas notre dialecte qu'on peut accuser de négliger cette vocalisation caractéristique du *Gn* gaulois.

Au reste, il est probable que cette forme amena, par une légère inversion, celle du *NG* avec toutes les voyelles, sur laquelle l'adoucissement du *G* fut encore plus marquée par les finales en *ange, enge, inge, onge, ounge*, qui n'étaient que des variantes identiques aux précédentes, et qui passaient par une permutation déjà expliquée, en *anche, enche, inche, onche*, dérivant toutes du même principe. — Voy. *Agno*, suff., les mots *Canounge, La Canourgo*, et la lettre *N*.

Tel est le chemin qu'a parcouru le *G* et les transformations par lesquelles il a passé pour venir dans notre alphabet. Le son qui lui est propre est guttural devant les voyelles fortes *a, o, u, ou, Gani, Gonle, Gulo, Gound*.

Devant les voyelles faibles *e* et *i*, il se modifie comme en fr. et prend la même prononciation que le *J*, c.-à-d. à peu près comme le *J* it précédé d'un *D* : *Gengivo* qui se prononce *Djendjivo*, et en ital. *Geronimo, Gurgio*.

Devant la consonne *N*, lorsque celle-ci est suivie d'une voyelle, le *G* ne se fait pas sentir, mais il mouille l'*n* comme en fr., c.-à-d. qu'il lui donne la prononciation qu'elle aurait si elle était suivie d'un *I* se liant avec elle, sans former deux syllabes. On prononce *Gagna, Pagnè, Cougne, Mignò, Segnur, Vignoù*, comme s'il y avait *Gania, Paniè, Counie, Miniò, Seniur, Vinioù*, tous dissyllabiques, et comme en ital. *Agnello, Ignado, Ogni*.

Dans beaucoup de mots, le *G* doit conserver l'articulation dure et gutturale, même devant les voyelles *e* et *i* : en ce cas, on place un *u* entre cette voyelle et le *g*, ce qui est usité aussi en fr., *Langue, Guerre, Guider*, et on écrit *Guèto, Guiche, Guènche, Guingoi*, etc.

D'après ce principe, il faudrait absolument bannir la voyelle *u* de tous les mots où le *g* serait suivi des lettres *a, o, u*; car pour eux le *g* n'a nullement besoin de cette intercalation pour être guttural. Le fr. la supprime le plus souvent ; nous avons éprouvé quelque hésitation à appliquer cette règle générale. Le languedocien, qu'on lit moins et dont l'orthographe est moins familière aux yeux, a besoin, pour l'intelligence de certains mots, de rappeler leur racine, leur étymologie, et leurs rapports de famille. Dans les divers temps d'un même verbe, par exemple, on pourrait ne pas saisir de prime-abord la parenté entre l'infinitif terminé en *a* et le prétérit défini au milieu duquel intervient un *e* avant ces terminaisons, comme *Carga* et *Carguère*. Il en serait de même de la plupart des mots qui ont des dimin. en *éto* : *Fournigo, Fourniguéto*, etc.

Ces considérations nous ont frappé, sans nous déterminer absolument. Nous n'adopterons donc l'intrusion de cet *u* parasite que comme une exception et toutes les fois que la clarté du sens ou le besoin de mieux indiquer la dérivation d'un mot nous paraîtront nécessiter cette combinaison, sans l'ériger en principe d'orthographe.

Gabiaire, s. m. Fabricant ou marchand de cages.

Dér. de *Gabio*.

Gabian, s. m. Hirondelle de mer; mouette; goéland; petite mouette des rivières; nom commun à un certain nombre d'oiseaux aquatiques du genre *Larus*, Linn., de l'ordre des Palmipèdes et de la fam. des Longipennes ou Macroptères. — Voy. *Fame*.

Autrefois, le peuple donna, comme appellation de dénigrement qui s'est conservée, le nom de *Gabian* aux préposés de la gabelle, commis aux fermes, douaniers de l'époque, qui exerçaient sur nos côtes de la Méditerranée. Pour se mettre à l'abri des injures du temps, sur une plage déserte, comme aussi pour surveiller la fraude de plus loin, ces employés avaient des cahutes élevées, sortes de huttes ou gabies, ou bien *gabios*, cages, d'où leur nom fut tiré. — Le fr. a de même ses matelots gabiers, et en terme populaire le mot *Gabeloua*, pour désigner les mêmes préposés. — L'analogie fut facile entre eux et ces oiseaux que l'on voyait, comme les commis, sans cesse allant, venant sur la plage, et *Gabian* devint le nom générique de ces hirondelles de mer, de ces mouettes dont les espèces sont très-nombreuses et qu'on appelle encore *Fame, Vanelo* ou *Gafeto*, appliqués à peu près indifféremment à toutes.

Une autre étymologie, la contre-partie de la première, se présente aussi naturellement. Mouette se dit en lat. *Gavia*; de là à *Gabian* il n'y a qu'un pas. Ce serait alors l'oiseau qui aurait donné son nom au douanier qui venait, concurremment avec lui, s'établir sur le bord de la mer.

Cette étymologie est sans doute la bonne; mais il est certain qu'à son défaut l'autre aurait pu utilement la remplacer, et dans aucune troupe il n'est pas ordinaire de voir une utilité approcher autant du premier rôle.

Gabio, s. f. Dim. *Gabieto*; augm. *Gabiasso*. Cage, petite loge en fil de fer ou d'osier pour les oiseaux, en fer pour les animaux et les captifs. — *Gabio de manechal*, travail de maréchal, espèce de cage où l'on enferme une bête rétive pour la ferrer ou pour lui faire subir une opération douloureuse.

Dér. du lat. *Cavea*, m. sign., par la permutation du *C* en *G* et du *v* en *b*. En ital. *Gabbia*.

Gabre, s. m. Dim. *Gabroù*; péj. *Gabras*. Jeune fille effrontée, garçonnière et étourdie. Par ext. le mot *Gabre* s'applique indifféremment aux deux sexes et aux choses inanimées pour : folâtre, étourdi, effronté. — Autrefois on appelait *Gabre* les vieilles perdrix mâles. L'épithète actuelle pourrait bien avoir là pris naissance.

En syriaque *Gaber* signifie force, virilité; homme : *Gabriel*, homme ou puissance de Dieu. Tout cela annonce que notre mot *Gabre* actuel tient à l'idée de *Virago*, de fille ressemblant à un mâle. Ce que nous avons dit des permutations du *G* ne fait pas obstacle à ce que ce mot latin ne soit le patron exact sur lequel le lang. s'est formé.

Gafarò, *s. m.* Glouteron, plante, de la même fam. que le Grateron, auquel il ressemble beaucoup, *Arapo-man*. — *Voy. Lampourdo* et *Tiro-pèou*.

Gaféto, *s. f.* Mouette, hirondelle de mer. — *Voy. Fume, Gabian.*

Gafo, *s. f.* Tiroir de tonnelier, composé d'un manche en bois et d'un fer mobile et recourbé, avec lequel on tire le cercle d'une futaille pour le faire entrer au-dessus des douves.

Dér. du vieux nom *Gaf*, crochet.

Gafoù, *s. m.* Dim. *Gafoune*. Gond, morceau de fer qui soutient la penture d'une porte, d'une fenêtre.

Dér. du gr. Γόμφος, coin, clou, d'où le lat. *Gomphus*, m. sign., ou de Κυφός, courbe.

Gagna, *v.* Gagner; faire un gain; attraper; obtenir; se diriger vers.. — *De que gagno aquel varlet?* quels sont les gages de ce valet? *Ai gagna un fre*, j'ai attrapé un rhume. *Gagna lou sère*, se diriger vers la montagne. *Gagna lou gres*, se sauver, décamper pour éviter un danger ou la prison : c'est ce que font les déserteurs, les proscrits, les repris de justice. *Qué gagno ten, gagno tout*, prvb., avec le temps on vient à bout de tout

En v. l. *Gazagnar*; en ital. *Guadagnare.*

Gaï, gaïo, *adj.* Dim. *Gaié*, etc. Gai ; réjoui ; joyeux ; frais ; plaisant ; libre, pas trop serré. — *Lou mes de maï fres et gaï*, le mois de mai frais et vif. *Un tén gaï*, un temps serein, un air frais *On es gaï dinr aquelo vèsto*, on est au large, on a les mouvements libres dans cet habit.

On dit *Gaï* d'un ressort, d'un tenon, d'un crochet, qui jouent librement.

Dér. du lat. *Gavisus*, m. sign.

Gaïamén, *adv.* Gaiment, de bon cœur; joyeusement; en pleine liberté; sans gêne.

Gaïar, gaïardo, *adj.* Robuste; vigoureux; bien portant; qui a le teint frais. Par ext. beau et joli.

Ce mot employé au subst. répond au *Gaillard*, fr. — *És un gaïar*, c'est un gaillard, un franc luron.

Augm. de l'adj. *Gaï*. Le lat. *Validus*, par la permutation connue du G substitué au V, pourrait bien ne pas y être étranger.

Gaïéto, *s. f.* Ris de veau, d'agneau; la partie glanduleuse qui se trouve sous la gorge au haut de la poitrine des animaux de boucherie.

Ce mot ne s'emploie qu'en terme de cuisine ou de boucherie.

Gaïo, *s. f.* Barbe de coq, petites membranes rouges que les coqs et les poules ont suspendues sous la tête. Par ext. menton à double étage; trogne; embonpoint; visage frais.

Dér. de *Gal*.

Gaïo dé nose, *s. f.* Quartier de noix, cuisse de noix.

Contraction de *Nougaïo*, qui a dû exister autrefois, comme on le voit par son dim. *Nougaïoù*, qui est resté — *Voy.* c. m.

Gaïofo, *s. m.* Gros réjoui; viveur; bélître.

Dér. de *Gaïo*. — Sauvages se demande s'il ne pourrait pas être une corruption de *Guelfe*, parti politique fameux dans l'histoire. En esp. *Gallofa* signifie : mener une vie de mendiant ; en port. *Galhafa*, joie, réjouissance : les deux sens de notre mot se trouvent là reproduits.

Gaïoufardo (Fèbre), *s. f.* Fièvre goulue, maladie feinte ou légère qui n'ôte rien à l'appétit.

Ce mot paraît dérivé de *Gaïofo*. Sauvages répète, dans une tradition, qu'il est composé de deux mots de l'ancien roman, *Galiou*, avalé, et *Fardo*, victuaille. Nous reviendrons volontiers aux termes esp. et port. cités à l'article précédent, qui nous paraissent fournir une origine tout aussi probable.

Gaïre, *adv.* Guère, peu, pas beaucoup, presque point. — *Gn'a pas gaïre*, il n'y en a guère, il n'y en a pas beaucoup *Sou gaïre?* Sont-ils nombreux? *Gaïre be*, presque. *S'en manquo pas de gaïre*, il ne s'en faut pas de beaucoup, il s'en manque de peu

On est loin d'être fixé sur l'étymologie : les plus savants la tirent de l'ancien haut-allemand pour arriver à lui faire signifier : beaucoup ; exactement le contraire de l'acception actuelle. Autant vaudrait, et mieux peut-être, faire dériver *Gaïre* de *Caïre* par permutation : *Caïre*, quartier, morceau, partie de quelque chose, fraction, fragment, plus petit que le tout, moins, c.-à-d. pas beaucoup, ou peu. Avec de la bonne volonté, ce rapprochement est admissible.

Gaïroutos, *s. f. plur.* Gesse cultivée à fleur rouge, *Lathyrus cicera*, Linn., plante de la fam. des Légumineuses, bonne pour fourrage.

Gaja, *v.* Imposer sans jugement une amende ou une indemnité à quelqu'un surpris en maraude ou qui a commis un dégât quelconque; dresser procès-verbal contre lui en qualité de garde-champêtre.

Dér. de *Gaje*.

Gaje, *s. m.* Gage, ce qu'on livre pour sûreté d'une dette, d'une promesse, d'un engagement; nantissement, dépôt; objet déposé au jeu comme punition ; salaire; appointement; gages d'un domestique, qui s'emploie au sing. en lang. — *Gagno un bon gaje*, il reçoit des gages considérables. *Métre én gaje*, engager, déposer en nantissement.

Dér. de la bass. lat. *Vadium*, venu du lat. *Vas, vadis,* caution.

Gajé, *s. m.* Dim. de *Gas*, Geai, petit geai ou petit du geai. Cependant il s'emploie peut-être plus communément encore que *Gas* pour signifier l'oiseau adulte. — *Voy. Gas.*

Gal, *s. m.* Dim. *Gaïe* ou *Gale*; péjor. *Gaïas*. Coq, mâle de la poule, *Phasianus Gallus*, Linn., oiseau de l'ordre des Gallinacés et de la fam. des Domestiques ou Alectrides. — *Lou gal canté, seguè jour, iéou m'én anère*, au point du jour le coq chanta et je m'en fus : c'est la formule terminale des sornettes et contes de veillées, qu'on suppose durer toute la nuit et finir à l'aube comme les contes de Shééraçade. On emploie cette formule également et par ironie, quand on entend un récit quelconque, pour témoigner qu'on le croit fabuleux et qu'on le tient pour sornette.

Gal, comme en fr., s'applique au fig. pour : Coq de village. Au pr. il signifie encore la panne d'une pioche qui est tranchante et sert à couper les racines et les souches mortes.

Dér. du lat. Gallus, m. sign.

Gala, v. Cocher, se dit de l'acte du coq qui couvre une poule. — Un ióou gala, un œuf fécondé et susceptible d'éclore, ce que ne font point les œufs des poules renfermées dans les maisons sans commerce avec le coq, et qu'on appelle Glatiè. — V. c. m.

Galabountan, s. m. Roger-Bontemps; un réjoui, un sans-souci, qui fréquente les cabarets et les tavernes.

Ce mot est composé comme son correspondant fr. de Bon-temps, qui s'est conservé dans son intonation, auquel on a ajouté Gala, qui dans le vieux roman signifiait : se réjouir.

Galan, s. m. Galant; amant; soupirant; amoureux d'une fille. — On le prend indifféremment en bonne et en mauvaise part, tandis que le Fringaïre est presque toujours supposé amené par le bon motif. Les nourrices et les bonnes d'enfant appellent leur poupon : moun galané, terme d'affection et de caresse.

Dér. de Gal.

Galanga, s. m. Baudroie, raie pécheresse, poisson de mer. — Voy. Báoudroï.

Galantino, s. f. Ancolie; églantine, Aquilegia vulgaris, Linn., plante de la fam. des Renonculacées, commune dans les terrains pierreux, cultivée comme plante d'ornement pour l'élégance de sa fleur.

Galapastre, s. m. Bergeronnette, oiseau.—Voy. Couacho.

Le languedocien a purement formé ce nom : son père, le vieux roman, disait Gala, pour se réjouir, et le latin, son grand-père, lui a transmis de la main à la main Pastre, de son Pastor. Par ses jolies couleurs, sa gentillesse, sa familiarité, la Bergeronnette-Lavandière, n'aime les troupeaux, ne réjouit-elle pas le berger, à qui elle fait une fidèle et aimable compagnie?

Galariè, s. f. Dim. Galariëïréto. Galerie, terrasse couverte att nant à une maison. Au fig. lieu que l'on fréquente, où l'on fait ses tenues habituelles. — Lou café et lou cabarè, aquò soun sas galariès, le café et le cabaret sont ses galeries habituelles, il ne fréquente que ces endroits-là.

Les étymologistes le font dériver de l'allem. Wallen, marcher, se promener : permutation fréquente du W en G sur le subst. Walleria.

Galatras ou Pus-àou, s. m. Galetas; les combles d'une maison sous le toit. Par ext. logement délabré et malpropre.

Dér. suivant les uns, de l'hébreu, Galisath, selon les autres de l'arabe Valata, chambre haute.

Galavar, ardo, adj. Dim. Galavardoù, ouno; péj. Galavardas. Gourmand; goinfre; goulu; glouton. — Pèses galavars, pois goulus. Las trufos soun bièn galavardos, les pommes de terre sont fort gourmandes; elles exigent, absorbent une quantité d'assaisonnement.

Le lat. Gula doit avoir servi de base à la composition du mot. En esp. Galavardo, prodigue.

Galavardéja, v. fréq. Goinfrer; manger beaucoup et avidement, sans délicatesse.

Galavardije, s. f. Gourmandise sans goût; goinfrerie.

Galè, s. m. Garrot d'un cheval; cochet, jeune coq : dim. de Gal. Par ext. du premier sens, cou, nuque.

Dér. de l'hébreu Gharon, gosier.

Galéja, v. fréq. Coqueter; lever la crête; faire le galantin; plaisanter; badiner.

Dér. de Gal : gallum agere, faire le coq.

Galéjaïre, aïro, s. et adj. Galant; plaisant; badin; moqueur; goguenard.

Galériên, ièno, s. et adj. Galérien; forçat; condamné aux galères.

Galèro, s. f. Galères; peine des travaux forcés. Au fig. condition désagréable; situation pénible, tourmentée. — Comme le fr. s'emploie souvent au plur. Coundanna à las galèros, condamné aux galères. Sourtì d'én galèro, libéré des galères. Escapa d'én galèro, injure grossière : échappé des galères; vaurien; mauvais sujet. Soun oustdou és uno galèro, il est au supplice dans sa maison, c'est une vraie galère.

Galèro est aussi le nom de cette sorte de ratelier double dont on se sert dans les bergeries pour donner à manger aux brebis et agneaux : les barreaux en sont plus serrés qu'aux rateliers ordinaires, et en sont mis au niveau du sol. S'applique également, en terme d'agriculture, à cet instrument nommé du même nom en fr., qui est un grand rateau ou ratissoire employé, après le fauchage, pour recueillir tout le foin. — Ces deux dernières acceptions nous paraissent avoir fourni la dénomination d'une des rues du vieil Alais, La Galèro. Au temps où la ville n'avait pas encore toute l'étendue qu'elle a acquise depuis, c'était là peut-être que les troupeaux, au retour du pacage communal, venaient se remiser, et que se trouvait, comme le four banal, le moulin banal, la Galèro banale dans la bergerie commune. Il se pourrait encore que, à cette époque où les corporations avaient chacune leur quartier, il se trouvât là des fabricants de ces sortes de rateliers, ou l'un d'eux plus habile que les autres ou plus achalandé, qui eussent donné le nom des instruments agricoles en question à une rue qui éprouvait le besoin d'être connue et d'être remarquée. Les choses ont bien changé depuis, mais le nom rappelle toujours les traditions.

Galignè, *s. m. Galigneÿré*. Poulailler; lieu où les poules se couchent, se juchent et pondent. — *Propre coumo la baro dâou galignè*, antiphrase, sale comme un juchoir à poules.

Dér. du lat. *Gallinarium*, m. sign.

Galiné, *s. m.* Coquet : qui fait le galantin auprès des femmes; petit-maître.

Galinéto dâou bon Diou, *s. f.* Bête à Dieu ou vache a Dieu : en terme de naturaliste, Coccinelle, *Coccinella*, Linn , insecte de l'ordre des Coléoptères et de la fam. des Trimerées; petit scarabée hémisphérique, de la grosseur d'une lentille, dont les élytres sont rouges et marquées de sept points noirs. Il a des frères semblables à lui, excepté pour la couleur, qui est jaune ou brune, ou tachetée de blanc ; mais le rouge est le plus joli et le préfère des enfants, qui en font leur jouet et non point leur victime cette fois, car ils ne cherchent qu'à le faire envoler au refrain d'une chanson qui est composée pour lui.

Galino, *s. f.* Dim *Galineto* ; péj. *Galinasso* Poule, femelle du coq en général; en particulier, poule qui a déjà pondu ; la jeune poule se nomme *Poulo*. — *Émbe las galinos on apren à grata*, prvb., avec les poules on apprend à gratter. *Sé couja coumo las galinos*, se coucher de bonne heure, quand les poules se couchent.

Dér. du lat. *Gallina*, m. sign.

Galino ou **Dourmiouso**, *s. f.* Torpille, poisson. — *Voy Dourmiouso*.

Galinolo, *s. f.* Coralloïde, champignon de la tribu des Clavariées ou Clavaires coralloïdes Son tronc est épais et se divise en un grand nombre de rameaux glabres, cylindriques, pleins, fragiles, taillés en branches de corail et dont la surface est comme ondulée. Sa couleur est d'un jaune pâle. On en distingue de plusieurs variétés ou sous-espèces, dont la couleur est tantôt flavescente, jaune, blanchâtre, tantôt incarnat ou d'un rouge orangé, améthyste Ce champignon se trouve en automne dans les châtaigneraies, surtout dans les bruyères *(Broussos)* ; sa chair est blanche, cassante, d'une saveur agréable, d'une odeur légère de champignon ; elle fournit une nourriture très-saine, et devient, pour les paysans qui savent la conserver ou dans la piquette ou dans l'eau salée souvent renouvelée, une ressource précieuse pour l'hiver.

Galipian, ando, *adj.* Écervelé ; indiscipline ; un polisson ; un bélitre.

Galò, *s. m.* Galop d'un cheval ; allure précipitée — *A gran dé galò*, au grand galop, ventre à terre ; au fig , avec la plus grande rapidité.

Der. du gr. Κάλπη, trot du cheval.

Galoï, galoïo, *adj.* Réjoui, de bonne humeur ; plaisant ; divertissant ; aimable.

En vieux fr. on disait dans le même sens *Gallois*, dérivés sans doute l'un et l'autre du gr. Γελάω, rire, se réjouir ; ou du lat. *Gallus*, coq, galant.

Galoubé, *s m.* Galoubet : flageolet de Provence, qui s'accorde avec le tambourin. Il n'a que trois trous et monte quelquefois à la dix-septième, parce qu'on subdivise ses sons en fermant chacun de ses trous à moitié, au tiers ou au quart.

Dér. du gr. Γαλερός, gai, joyeux, et *Oubé*, dim. ou corrupt. de *Aouboï*, haut-bois.

Galoun, *s. m.* Dim. *Galoune* Galon, passement de soie, d'or, d'argent, de laine. — *De galoun*, du fleuret, galon de fil ou de coton.

Galouna, *v.* Galonner, orner ou border de galons.

Galoupa, *v.* Galoper, aller au galop. Par ext. aller très-vite ; courir çà et là.

Galoupado, *s. f.* Temps de galop ; course précipitée ; course déréglée.

Galoupaire, aïro, *adj.* Qui aime à courir ; qui ne reste jamais en place ; qui va constamment d'un pays à un autre sans s'y arrêter.

Galoupin, ino, *adj.* Dim. *Galoupinò* ; péj. *Galoupinas*. Galopin ; batteur de pavé ; polisson.

Galoupina, *v.* Battre l'estrade ; courir çà et là ; vagabonder. Par ext. fainéanter par les rues et places

Galoupinéja, *v.* fréq. du précédent.

Gama, *v.* Donner des goitres ; rendre goitreux. — *Aquò te gamara pas*, tu n'en tateras pas, cela ne te fera pas mal aux dents.

Gama, ado, *adj. et part. pass* Se dit d'un mouton ou d'une brebis dont le foie est attaqué et qui menace de dissolution. Ce vice n'est point rédhibitoire, parce qu'il est sensible et apparent pour les connaisseurs : la laine des individus attaqués est plus blanche et plus matte, l'orbe de l'œil est pâle et sans reflet, et privé absolument de ces filets de sang qui y sont toujours injectés dans l'état normal. — *Es gama*, en parlant des personnes, il a un goitre.

Ce mot dériverait-il, comme on l'a dit, du lat. *Camelus*, chameau, à cause des bosses que cet animal porte sur le dos ? Allusion par similitude.

Gamachado ou **Gamatado**, *s. f.* Augée, plein une auge de mortier ; contenu d'une auge de maçon.

Gamacho ou **Gamato**, *s. f.* Auge de maçon, espèce de caisse non couverte dans laquelle les manœuvres viennent déposer le mortier qu'ils apportent sur la planche ou dans l'oiseau, et où les maçons gâchent aussi le plâtre.

Der. du lat. *Gabata* ou *Camella*, jatte, écuelle.

Gambéja, *v. freq.* Gambiller ; remuer les jambes de côté et d'autre ; aller clopin-clopant.

Der. de *Cambo*, par permutation.

Gambio, *adj. de tout genre*. Boiteux ; bancal ; cagneux ; qui marche à cloche-pied.

Gamé ou **Larda**, *s. m* Espèce de raisin blanc hâtif : à part sa précocité, il est très-fertile et donne beaucoup de belles grappes ; ses grains, très-serrés, sont blancs, ronds, assez croquants ; il se conserve longtemps. La feuille est assez grande, pas trop découpée ; le bois rond et tendre. On fait rarement du vin de *Gamé* seul, parce qu'on en tire meilleur parti en vendant cette espèce comme raisins de table.

Le *Game negre*, variété, est un cep des plus robustes. Il demande un bon terrain Il est bon de le connaître à la taille et de le charger beaucoup en bois; alors il donne de très-belles grappes; les grains sont gros, noirs, ronds, bien fleuris. Il donne un vin très-foncé. Beaucoup de bois, tendre, très-coudé ; les yeux sont gros, feuille grande aussi, peu découpée et d'un vert très-foncé.

Gamègno, *s. f* Grive rouge-aile, mauvis, roselle, *Turdus iliacus*, Linn , oiseau de l'ordre des Passereaux et de la fam des Crenirostres. Cette grive, la plus petite de la famille, est une des meilleures à manger. Le dessus du corps gris olivâtre: couverture inférieure des ailes et flancs rougeâtres; ventre blanc pur; vingt-deux centimètres de long; n'arrive qu'en automne pour disparaître en novembre. Cette espece voyage par bande et par vols.

Gamèlo, *s. f.* Gamelle; grande soupière de paysans. — *Manja à la gamèlo*, puiser au même plat comme les soldats; être a l'ordinaire des soldats.

Der. du lat. *Camella*, grand vase de bois.

Gamije, *s. f.* Gamme ou game, goitre des moutons; maladie du foie chez les moutons; commencement de dissolution

Dér de *Gama*.

Gamo, *s. f* Gamme, échelle des notes, des tons et des sons en musique — Se prend au fig dans quelques locutions qui existent aussi en fr. — *Té vôou dire ta gamo*, tu vas entendre tes vérités *Li canté uno gamo*, il lui chanta une gamme, il lui débita des injures *A pas la gamo*, il n'a pas le fil, il manque de savoir-faire, il n'a pas de ruse. *Avedre la gamo*, connaitre la rubrique, avoir la clé, le truc

Empr. au fr. Gamme, m sign.; mais bien reçu et bien vu.

Gan, *m* Dim. *Gans*. Gant, vêtement qui couvre la main et les doigts séparés.

Dér. du lat. *Vagina*, gaine.

Ganacho, *s f* Longue robe de laine ou de tricot, sorte de chemisette, que les femmes portent par-dessous, et les enfants de paysans par-dessus, jusqu'à un âge souvent avancé et ridicule pour les petits garçons.

Dér. de la bass. lat. *Guanacum*, la tunique des anciens Gaulois.

Ganaro, *s. f.* Dim. *Ganareto*; péj. *Ganarasso*. Ivresse; état d'ivresse, de délire, de demi-aliénation que produisent des libations prolongées.

Dér. d i lat. *Ganea*, cabaret.

Gandaia, *v.* Battre le pavé; faire le fainéant, le maraudeur.

Dér. probablement de l'ital. *Andare*, aller.

Gandar, *s. m.* Dim. *Gandardé, Gandardoù*; pejor., *Gandardas* Batteur d'estrade; gamin renforcé; dévergondé; maraudeur

Gandi (Sé), *v* Arriver; être rendu au but d'un voyage, d'une course; se rendre; toucher au but.

Gandolo, *s f* Terrain plus bas et à bords relevés, comme le serait le lit d'un torrent desséché; gondole, en terme de ponts-et-chaussées, rigole pavée et fort adoucie qui coupe a angle droit une route, pour le déversement des eaux pluviales dans les fossés latéraux.

Gandouèso, *s. f.* l'aribole; sornette; gaillardise; discours un peu graveleux.

Se ressent dans son étym. de l'idée de *Gandar*.

Gandré, *adv* Assez; en assez grande quantité; passablement — *Ls gandre iuèn*, c'est assez loin.

Gangassa, *v.* Secouer; ebranler; agiter fortement.

Der. du lat *Conquassare*, m. sign., par la permutation de l'articulation *C* en *G*.

Gangassado, *s. f* Secousse; ébranlement; frottée; mauvais traitements

Gani, *s m*. Canif, instrument tranchant, à lame étroite, qui sert à tailler les plumes.

Corrupt. du fr

Gansa, *v.* Faire une ganse; retaper les chapeaux tricornes, seuls portés autrefois, à qui on faisait prendre et tenir cette forme au moyen de petites agrafes et ganses intérieures. Par ext. empoigner; saisir; arrêter. — *L'an gansa*, on l'a arrêté, écroué.

Ganso, *s. f.* Ganse, nœud de ruban, boucle ou anneau d'un cordon, d'une agrafe.

Dér du lat. *Ansa*, anse, poignée.

Ganto, *s. f.* Oie sauvage, *Anser segetum*, Temm. Oiseau aquatique, de l'ordre des Palmipèdes et de la fam. des Serrirostres; plumage cendré ; vivant par troupes dans le Nord , de passage rapide dans nos contrées. — Ce nom s'applique aussi à la grue et à la cigogne. — *Vdou mai un doussèt à la man qu'uno ganto én l'air*, prvb., mieux vaut moineau dans la main qu'une grue qui vole.

Ganto, qui n'est plus guère connu sous cette acception, l'est encore beaucoup dans le style bas et ordurier comme synonyme de femme de mauvaise vie.

Pline dit que les Germains appelaient les oies *Ganzæ* ou *Hantæ*. En allem. *Ganz*, oie.

Gâou, *s. m* Gaieté ; joie; plaisir; aise; hasard heureux. — *Aquò te fai gâou*, cela te donne envie. *L'arjén mé fai pas gâou*, l'argent ne me tente pas. *Rés mé fai pas gâou*, je suis dégoûté de tout; rien ne me sourit; les meilleurs morceaux me sont fastidieux. *Aguèn gran gâou dé n'èstre déforo*, nous fûmes fort heureux d'en être dehors. *Manjan dé pan bru et grand gâou dé n'avé*, nous mangeons du pain bis et fort heureux d'en avoir !

Dér. du lat. *Gaudium*, joie.

Gâoubi, *s. m*. Biais; adresse; maintien. — Voy. *Éngâoubi*.

Gâouche, gâoucho, *adj.* Gauche; maladroit; gêné; contraint; taillé de travers; un corps sphérique ou cylindrique dont la circonférence est fausse. — *La gâoucho*, la main gauche. *A gdoucho*, à gauche. *A man gdoucho*, du côté gauche.

Dér. du gr. Γαυσός, oblique.

Gâouchè, gâouchèïro, *adj*. Gaucher; qui se sert de préférence de la main gauche au lieu de la droite, dans les exercices des bras et des mains. — *Voy. Dréchè.*

Gâougno, *s. f.* Ouïes des poissons; glandes derrière les oreilles de l'homme; les parties latérales des joues, les parotides. Par ext. trogne, visage.

On a dit que ce mot était ligurien, et d'autres celtique; mais le grec a l'Γένυς, menton, mâchoire, et Γνάθος, joue, mâchoire, bouche; et le lat. *Gena*, joue. Viendrait-il aussi de là; et ne l'avons-nous que de troisième main?

Gâouja, *s. m. n. pr.* de lieu. Gaujac; nom commun dans le Gard à plusieurs localités, notamment dans les cantons d'Anduze, de Bagnols, de Beaucaire, de Vézenobres, du Vigan. Le latin des cartullaires anciens désignait uniformément ces quartiers, ces agglomérations devenues des communes, par le nom de *Gaudiacum*. La forme *Gâoujargue*, Gaujargues, hameau du canton de Cavillargues, représentée par le lat. en 924, par *Ananica*, et en 965, par *Villa Agnaniga*, est une variante remarquable à rapprocher de *Gâouja*. — Ce que nous avons dit du mode d'emploi et des fonctions des désinences suffixes simplifie beaucoup ce qu'il y aurait à rappeler au sujet de la transformation des noms quand ils ont passé du latin au roman et du roman au languedocien. Ici l'identité est sensible et les terminaisons offrent de frappantes analogies. Le radical *Gâou* traduisant le lat. *Gaudium*, que vient adjectiver la finale *a*, *argue* ou *ac*, du lat. *Gaudiacum, Gaudianica*, formés de *Gavisus, Gaudiosus*, indique le caractère significatif des dénominations. Mais ces variétés de désinences se confondant dans la signification, il semble que l'ingénieuse interprétation de *argue* par le lat. *Ager*, et toutes ces origines patriciennes qu'on en voulait déduire, se trouvent singulièrement écartées. Nous en citerons d'autres exemples: celui-ci méritait qu'on s'y arrêtât. Nous nous contenterons même de la remarque, sans chercher les analogies avec d'autres noms propres qui paraissent aussi venir de la même source, et que représente au moins la même appellation latine *Gavisus* ou *Gaudiosus*, comme *Gâoussén*, Gaussen, Gausssaint; Jaujac, Gaiac, Gailhac, etc.

Gâoujé, *s. m.* Souci des champs; *Caltha arvensis*, Linn., plante de la fam. des Composées Corymbifères, commune dans les champs.

Son nom est sans doute une altération dimin. de *Gâouche*, qui n'est pas droit, parce que les semences du centre de sa fleur sont courbées en arc.

Gâoujouno ou **Gâoujouso**, *s. f.* Sorte de châtaigne, la plus abondante et la plus productive dans les basses Cévennes, mais la plus retardée : moyenne grosseur; a besoin d'humidité et aime les vallons, près des ruisseaux; ne craint pas les brouillards; se dépouille facilement lorsqu'elle est sèche : feuilles arondies ou ovales.

Gâoujoùs, *s. m.* Espèce de châtaignier qui produit la châtaigne dite *Gâoujouso*.

En vieux lang. ce mot était adj. formé de la bass. lat. *Gaudiosus*, joyeux, enjoué, gai, agréable; il est devenu nom propre rendu en fr. par *Gaujoux*.

Gâoujouso, *s. f.* — *Voy. Gâoujouno.*

Gâonla, *v.* Jabler un tonneau; faire le jable des douves.

Gâoule, *s. m.* Jable d'un tonneau, d'une cuve; rainure des douves dans laquelle le fond s'enchâsse.

Ce mot est une corrupt. du fr. Jable, où il a une origine commune avec lui.

Gâoutaru, udo, *adj*. Joufflu, moufflard; qui a de grosses joues rebondies.

Dér. de *Gâouto.*

Gâoutas, *s. m.* Soufflet; coup sur la joue.

Gâoutiè, n. pr. d'homme. Au fém. *Gâoutièïro*. Gautier. — En langue romane, signifiait bucheron, forestier : de la bass. lat. *Galterius;* en v. fr. Gaultier, homme des bois, venant de Gault ou Gaude, forêt, qui était chez nous *Gdoudo*. On voit la pépinière qui s'est formée et les variétés analogues, Gaulthier, Gauthier, Gautier, Galtier, Gaude, Waltier, Walter, etc. Le radical primitif est dans le saxon *Gaud;* en allem. *Wald*, en angl. *Wood*, bois, forêt.

Gâoutimas, *s. m.* Gros soufflet sur la joue. — Appartient au dialecte gascon; mais très-bien reçu comme augm. de *Gâoutas*.

Gâouto, *s. f.* Dim. *Gâoutéto*, péj. *Gâoutasso*. Joue, partie latérale de la figure; aspect d'une montagne d'un certain côté; penchant particulier d'une terre.

Dér. du gr. Γνάθος, mâchoire, bouche, ou du lat. *Gena*, joue. En ital. *Guancia*, m. sign.

Gâoutu, udo, *adj*. Joufflu; qui a de grosses joues; moufflard.

Gara, *s. m.* Dim. *Garaché;* augm. *Garachas*. Guéret, jachère; terrain labouré pour être ensemencé; terrain en jachère. — *Li fâou douna un bon gara*, il faut donner un labour bien profond. *Aquél doubre a pas prou dé gara*, cet arbre n'est pas labouré assez au large, c.-à-d. le rond, le carré ou l'allée de terrain qui doivent être labourés autour de son pied ne sont pas assez larges. *Laïssa én gara*, laisser une terre en jachère.

Dér. du lat. *Varatrum*, m. sign.

Gara, *v.* Oter; enlever; tirer; prendre garde; garantir. — *Garo-té d'aquì*, ôte-toi de là. *Garo davan!* Gare devant, prends garde à ce qui est devant.

Il est évident que l'impér. fr. *Gare, gare*, comme le nôtre *Garo! garo!* vient de *Gara* et non de garer ni de garde, ainsi que le prétendent certains académiciens.

Garacha, *v.* — *Voy. Agaracha.*

Garafata, *v.* — *Voy. Engarafata.*

Garafo, *s. f.* Carafe, bouteille de verre blanc, à large goulean, destinée à contenir de l'eau.

Empr. au fr.

Garavésso, s. f. Expression populaire et fort ancienne, qui est usitée seulement pour dire : *Païs dé garavésso*, pays sec, aride, stérile.

Corrupt. de Gallovèse, canton de la Champagne Pouilleuse, dont le terrain est de craie et les habitants misérables.

Garbéja, v. fréq. Être abondant en gerbes; engerber; ramasser les gerbes, les apporter du champ. — *Aquélo tèro a bièn garbéja*, cette terre a fourni beaucoup de gerbes.

Dér. de *Garbo*.

Garbèlo, s. f. Résille, réseau dans lequel en Espagne, et aujourd'hui en France comme autrefois, paraît-il, les femmes renferment leurs cheveux; nasse, espèce de filet ou de poche à double capuchon dont l'un entre dans l'autre et qu'on place à l'issue de la rigole de fuite d'un ruisseau après qu'on l'a endigué au moyen de ce qu'on nomme une *Tarido*, pour faire passer toute son eau par cette ouverture assez étroite, fermée entièrement par ce filet.

Garbièïro, s. f. Dim. *Garbièïroù*. Gerbier en général; spécialement ceux qui sont montés en forme de pyramide. Les gerbiers construits sous forme de prisme se nomment *Cavalé*. — *Voy.* c. m.

Garbil, s. m. Grabuge; querelle; noise.

En ital. *Guarbuglio*, m. sign.

Garbo, s. f. Dim. *Garbéto*. Gerbe, petit faisceau de blé coupé et lié.

Dér. de la bass. lat. *Garba*, m. sign.

Garbuje, s. m. Grabuge. — *Garbil* est mieux et très-pur.

Empr. et corrupt. du fr. que son inversion *franchimande* déguise mal et qui a cependant trouvé grâce auprès de quelques-uns.

Garço, s. f. Dim. *Garcéto*. — Expression injurieuse pour une femme, sans qu'elle spécifie cependant contre elle une accusation déterminée. Ce mot, dans l'origine, n'était que le fém. de *Garçoù*, et il avait la même dérivation; mais, comme en fr., il a perdu son innocence et sa première signification.

Garçoù, s. m. Dim. *Garçouné*; péj. *Garçounas*. Garçon, enfant mâle; fils; garçon de café, d'hôtel ou d'auberge. — *Faire lou garçoù*, faire le viveur. *Un tdou marido soun garçoù*, un tel marie son fils. *Bé vèn quan garçoù vèn, s'uno fïo naï, bé s'én vaï*, dicton qui fait consister la richesse et la fortune des paysans à avoir plus de garçons que de-filles.

L'étymologie est très-contestée : on a invoqué le celtique *Garcio*, m. sign.; l'allem. *Karl*, grand, fort, vigoureux; l'espag. *Varo*, homme, formé du lat. *Viro*, ablatif de *Vir*. Autrefois on écrivait *Warçou*, la permutation s'est faite depuis. L'arabe dit *Gar*, *gari*, pour jeune homme vaillant, audacieux, d'après Court de Gébelin; en persan, *Garan* signifie fille et femme; en bas-breton, *Guerc'h*, jeune fille. En vieux fr. le nominatif était *Gars*, conservé encore en style fam., et le régime *Garçon*. Toute difficulté n'a pas disparu : l'incertitude reste.

Garçounéja, v. fréq. Garçonner, en parlant d'une jeune fille; fréquenter, aimer les garçons.

Garçounièïro, s. f. Garçonnière; se dit d'une jeune fille qui fréquente les garçons, qui en a les manières.

Garda, v. Garder; tenir, avoir, prendre sous sa garde; conserver; préserver; garder un troupeau; surveiller, garder une propriété en qualité de garde-champêtre; ne pas quitter; ne pas perdre; ne pas se dessaisir; ne pas révéler; rester.

Sé garda, se conserver; se donner de garde; s'abstenir, s'éloigner.

Garda las cabros, au jeu de la balançoire, c'est être au haut de la partie qui est élevée, et y être retenu par votre associé, qui pèse sur le bas pour vous faire garder cette position : au fig. faire sécher d'impatience; tenir la dragée haute. *Garda l'éscampi*, avoir la clé des champs, être fugitif. *Aï garda un an las fèbres*, j'ai eu la fièvre d'accès pendant une année. *Diou vous én garde*, Dieu vous en préserve. *Dé marido fénno gardo té, et dé la bono noun t'én fises*, prvb., de mauvaise femme garde-toi et à la bonne ne te fie. *La pèou gardo las vignos*, prvb., la défiance est mère de la sûreté. *T'én gardaraï bé*, je saurai bien t'en faire passer.

Dér. de la bass. lat. *Wardare*, m. sign.

Gardaje, s. m. Action de garder un troupeau; frais de cette garde; particulièrement, pâturage, paccage.

Gardéja, v. fréq. de *Garda*. Faire le guet; avoir l'œil au guet; surveiller.

Gardian, s. m. Gardien; qui garde aux pâturages communs les chevaux, les mules d'un village; gardien des chevaux et bœufs sauvages des marais; gardeur.

Gardiano, s. f. Dim. *Gardianéto*. Bonne ou garde d'enfant.

Gardio, n. pr. de lieu et de personne. Gardies en fr. traduction littérale. — Le mot prend presque toujours en fr. cette forme du pluriel; le lang. au contraire fait la distinction des deux genres. Quoi qu'il en soit, il appartient à cette famille qui a donné le suivant et ceux qui précèdent, qui se retrouvent dans la bass. lat. avec la variante de *Garda* et *Warda*, *Gardia*, *Guardia*, *Wardia*, *Wardum*, qui ont fourni le verbe et les divers composés subst. ou adj.

Comme n. pr. il désigne donc les localités, assez nombreuses partout en France et dans notre département en particulier, appelées encore : La Garde, Les Gardelles, La Garde-Mage, La Gardette, La Gardie, Les Gardies, La Gardiole, qui devaient être des postes d'observation, auxquels cette distinction et leur situation élevée avaient fait appliquer ce nom significatif. On sait que très-anciennement c'était par de semblables établissements sur les hauteurs que le pays veillait à sa défense : on ne pouvait choisir que des élévations pour correspondre ou observer de plus loin. Les deux idées de garde et de hauteur devaient se confondre, et elles s'exprimaient par le même radical. Ce radical primitif devait d'abord représenter la situation, avant de s'infléchir à ce que comportait cette situation même. En effet, *Gart* ou *Garth* en celtique veut dire : sommet, cime, lieu escarpé et élevé ; dans les idiomes néo-celtiques, il en est de même : *War*, sur, dessus ; *Bar, Barr*, sommet, en bas breton ; *Garth, Gart*, mont, roc, en gallois. L'élévation est le point le plus favorable pour observer et pour garder.

Mais on va remarquer dans un autre nom propre, celui de *Gardoù*, Gardon, les mêmes nuances de composition, en lat. *Guardo, Wardo, Gartum, Gardo*. Le mot est évidemment identique et trahit la même origine radicale. D'où cette affinité a-t-elle pu lui venir, sinon de *Gart, Garth, Ward*, celtique, sommet, hauteur, roc, montagne ; et de l'indication caractéristique des lieux élevés où le Gardon prend ses sources ? Ces rapprochements sont assez autorisés par la similitude des noms et très-rationnels.

Gardo, *s. m.* Garde ; garde-champêtre ; tout fonctionnaire préposé à la garde de quelque chose ; sentinelle ; gardien.

Gardo, *s. f.* Garde ; conservation, protection, surveillance ; guet ; défense ; force armée qui fait la garde ; milice à ce préposée. — Se prend dans presque toutes les acceptions multiples du fr. — *A la gardo dé Diou*, Dieu merci ; grâces à Dieu ; va, j'y consens. *Rasins dé gardo*, raisins qui se conservent. *Chi dé gardo*, chien de garde. *A la gardo!* au secours ! *Souna la gardo*, appeler la garde, le guet. *Mounta la gardo*, faire le guet, attendre, être de faction, surveiller, guetter. *Mounta sa gardo*, faire son service de milice citoyenne. *Davala la gardo*, descendre la garde ; mourir, trépasser. *Li mountè uno gardo*, il lui fit de vifs reproches. *Prén gardo!* prends garde ! fais attention.

Gardo-manja, *s. m.* Pot de terre, bas et large, dont un couvercle emboîte l'orifice, et ayant ordinairement des pieds, comme une marmite, à qui il ressemble beaucoup, pour pouvoir être chauffé par-dessous ; il sert à faire des étuvées de viande, du bœuf à la mode, que l'on appelle *Éstoufa*. Ce n'est qu'en déviant de sa vraie et légitime signification que *Gardo-manja* en est venu à se dire aussi pour Garde-manger, qui s'entend d'une espèce de cage ou chassis garnis de canevas pour conserver les aliments.

Gardo-ràoubo, *s. f.* Armoire, grande ou petite, en forme de buffet, destinée à serrer les hardes, le linge ; sorte de fourreau de toile, ou de robe par-dessus, que l'on met aux enfants sur leurs habits pour les protéger.

Gardoù, *s. m. n. pr.* de rivière. Le Gardon ou le Gard, qui a donné son nom à notre département. Il se compose de divers affluents, partant tous des Cévennes, qui, sous la désignation de Gardon de Mialet, Gardon de Saint-Jean, Gardon d'Anduze et Gardon d'Alais, se trouvent réunis au pont de Ners et vont se jeter dans le Rhône sur le territoire de la commune de Comps.

Pour la plupart des Cévenols, Gardon est devenu synonyme de rivière. — *Ana én Gardoù* veut dire : aller à la rivière ; *lou vala sémblo un Gardoù*, le ruisseau semble une rivière. Ces expressions sont employées par les indigènes alors même qu'ils sont dépaysés et qu'ils veulent parler de rivières fort éloignées du Gardon. Sauvages nous a transmis une naïveté assez curieuse d'un domestique cévenol qu'il avait emmené à Rome, et qui, étant resté dehors plus qu'il ne devait, répliqua pour sa justification : *Aviè toumba moun capèl din Gardoù*, j'avais laissé tomber mon chapeau dans le Gardon, tandis qu'il était sur un pont du Tibre.

Il est inutile de parler du Pont du Gard à propos du Gardon. Personne n'a besoin de nouvelle description de cette merveille archéologique et personne n'ignore qu'il est placé sur le Gardon.

Ce nom a subi plusieurs variantes dans son orthographe. Sidoine Apollinaire l'appelle *Vardo* ; Ruricius *Guardo* ; Théodulphe, *Gardo* et *Wardo* ; Catel, *le grand Guerdon*. M. Germer-Durand cite un cartullaire de Notre-Dame de Nîmes qui porte, en 984, *Quardones* ; en 1096, *Galdones*, dans l'Histoire du Languedoc, *Vardo*, en 1150 ; *Gartum*, en 1156, *Gardo*, en 1262, dans la *Gall. christ.* C'est cette dernière forme qui a prévalu. — *Voy.* pour l'étym. *Gardio*.

Gardounado, *s. f.* Inondation, débordement du Gardon. — Les inondations du Gardon sont malheureusement très-fréquentes : il ne se passe presque pas d'année sans qu'une crue subite, à la suite d'un orage ou de pluies dans les montagnes au nord d'Alais, ne fasse déborder ses eaux qui envahissent et ravagent les riches prairies sur ses rives. Mais le torrent ne cause pas toujours des désastres ; et on ne conserve la mémoire que des plus terribles *Gardounados*, qui ont le caractère de malheurs publics. Dans cette liste sinistre, il faut inscrire celle du 10 septembre 1604, qui, au rapport des chroniques municipales, dura environ cinq heures, et par lequel « déluge, ravage et desbordement d'eaux, les habitants de la ville ont plus souffert de pertes qu'ils n'ont fait durant les guerres civiles, prise et reprise d'icelle et peste qui y a esté. »

L'invasion de la rivière qui a laissé le plus profond souvenir dans toute la population, fut celle du 15 septembre 1741. On la désigne encore sous le nom de Déluge d'Alais. Les eaux atteignirent les premières marches de l'escalier du perron, sous le clocher de l'église cathédrale.

Dans la nuit du 3 au 4 octobre 1768, la ville et ses faubourgs furent encore envahis.

Du 29 au 30 septembre 1815, le fléau fut plus terrible, et si le débordement des eaux n'atteignit pas tout à fait le niveau de 1741, les ravages dans la ville furent plus considérables, car la prospérité y était plus grande ; les propriétés rurales souffrirent beaucoup.

Les crues de 1826, 1827 et 1834 ont offert à peu près le même niveau. Elles ont été dépassées par l'inondation du 20 septembre 1846, dont le souvenir néfaste ne s'effacera pas de longtemps. Dans la Grand'Rue, les eaux atteignirent le premier étage de beaucoup de maisons. Le parapet du Quai des États fut emporté sur une longueur de près de cent mètres, et par cette large brèche, le torrent furieux se précipita dans le Marché et dans la moitié de la ville. Les pertes et les malheurs à déplorer furent énormes; et tous les dommages ne sont pas encore réparés.

Gardounéja, *v.* fréq. Laver du linge; aller à la rivière. — Cette expression est prise dans un sens générique.

Gardounénquo, *s. f.* Vallée du Gardon : c'est le nom particulier qu'on donne à la vallée du Gardon d'Anduze, depuis Saint-Jean du Gard jusqu'au dessous de Ners ou de Brignon. Ce territoire comprend environ vingt-cinq communes, et à peu près douze mille habitants.

Garèl, èlo, *adj.* Dim. *Garèlé;* péj. *Garélas.* Bigarré, marqué de plusieurs couleurs, noir et blanc. — Se dit particulièrement des pourceaux.

Dér. du lat. *Varius*, m. sign.

Garéno, *s. f.* Clapier; petit clos où l'on nourrit des lapins domestiques; le trou, le terrier que creuse cet animal.

Dér. de l'allem. *Warende*, lieu gardé ou clos, où l'on enferme des animaux.

Gargaïado, *s. m.* Fretin du blé; blé fort chargé qui reste sous le crible; les mauvaises graines, le blé enveloppé, qui déprécient le beau grain lorsqu'ils s'y trouvent mêlés.

Gargaïariè, *s. f.* Babioles; fretin; niaiseries; bagatelles. — *Voy. Rafataïo.*

Gargalisa, *v.* Gargariser et se gargariser; se laver la bouche, le gosier avec un liquide quelconque, un gargarisme. — Le lang. emploie volontiers le mode actif.

Gargamèl, *s. m.* Crieur public; crieur de rue. — Ce mot a vieilli comme l'usage des crieurs eux-mêmes, qui ne font plus, hormis dans quelques villages, leurs proclamations qu'à son de trompe.

Gargamèlo, *s. f.* Gorge, gosier; trachée-artère; œsophage; conduit par lequel les aliments et les boissons passent de la bouche dans l'estomac.

Gargaté, *s. m.* Entrée du gosier; luette.

Dér. ainsi que les trois précédents et le mot suivant, du gr. Γαργαρεών, gorge.

Gargato (à la), *adv.* Ne se dit qu'accompagné du v. *Béoure;* c'est boire au galet, *à la régalado* (V. c. m.), c.-à-d. faire tomber le liquide d'un vaisseau dans la bouche sans toucher à celui-ci, à la différence de la manière qu'on traduit par *s'amoura* et qui consiste à appliquer les lèvres en adhérence à l'ouverture du pot ou du vase quelconque ou au goulot même : ce qui n'est ni propre, ni convenant.

Un des avantages de boire à *la gargato*, est de mieux satisfaire sa soif et de rafraîchir plus complètement l'intérieur du palais.

Gargoto, *s. f.* Dim. *Gargoutéto;* péj. *Gargoutasso.* Gargote; mauvaise taverne; cuisine détestable; mauvais petit cabaret, où l'on sert à boire et à manger.

Dér. du lat. *Gurgustium*, m. sign.

Gargoutiè, *s. m.* Au fém. **Gargoutièïro**. Gargotier; cabaretier; tavernier; mauvais cuisinier.

Garguil, *s. m.* Barguignage; hésitation; irrésolution; embarras; grabuge.

Gari, *s. m.* Large lampée. — *Béoure soun gari*, boire son sâoul.

Gari, *s. m.* Gros rat; rat de grenier, *Mus rattus*, Linn., mammifère onguiculé de la fam. des Rongeurs, bien connu par ses ravages dans les greniers et dans les magnaneries.

Ce mot n'est pas de notre dialecte local, il nous vient de la Provence; mais il a pris ses lettres de naturalisation et est devenu l'équivalent de *Ra*. — *V. c. m.*

Gari, *v.* Guérir; rendre la santé; être délivré d'un mal, d'une infirmité. — *Gari, gari! passo pér aqui*, formule qu'on emploie avec les enfants qui poussent de grands cris pour un léger bobo; on leur passe la main sur la blessure en soufflant dessus, et il est rare qu'ils ne s'apaisent en entendant cette incantation lénitive et caressante.

Dér. du lat. *Curare*, dont la bass. lat. avait fait, par permutation, *Garire*, qui nous a été transmis.

Garïas, *s. m.* Bourbier; flaque d'eau bourbeuse; mare bourbeuse; gâchis boueux.

Garigo, *s. f.* Lande; vaine pâture; friche; terre inculte composée de collines et de légères gorges.

Dér. du celte *Gari*, d'où la bass. lat. avait tiré *Garigia*, m. sign.

Garijes, *s. f.* plur. Inflammation aux glandes et aux amygdales.

Dér. de *Garo*.

Garipou, *s. m.* Baloire, morceau de vieux feutre dont les journaliers couvrent leur cou-de-pied et l'entrée de leurs souliers ou sabots pour empêcher la terre d'y pénétrer.

Ce mot ne semble-t-il, pas formé de *Gara*, préserver, et d'une corrupt. de *Pè*, pied, à propos de laquelle, même pour l'assonance, nous nous garderons bien de rappeler le gr. Πούς, ποδός, pied?

Garito, *s. f.* Guérite, petite loge où se place une sentinelle à couvert.

Dans la bass. lat. *Garita*, m. sign.

Garlopo, *s. f.* Varlope, grand rabot de menuisier, pour polir et unir le bois.

En esp. *Garlopa*, m. sign.

Garloupa, *v.* Varloper; polir, unir avec la varlope.

Garni, *v.* Garnir; remplir; assortir; préparer; fournir. — *Garni l'ensalado*, assaisonner la salade. *Garni sa flalouso*, coiffer sa quenouille. *Garni dé cadièiros*, empailler des chaises. *Garni lou lun*, remplir d'huile la lampe.

Sé garni, s'habiller; s'endimancher; se vêtir.

En ital. *Guarnire*, m. sign.

Garnimén, *s. m.* Garniture de lit; tenture, rideaux,

courtines, ciel de lit, etc. — Ne se dit point des matelas, draps et couvertures.

Garnimén, *s. m.* Garnement, mauvais sujet; libertin; méchant garnement.

Garnos, *s. f. plur.* Tranches de pommes ou de poires séchées et conservées l'hiver pour tisane.

Garo, *s. f.* Mâchoire; grosse et large mâchoire : joue enflée par inflammation des amygdales; bajoue, partie de la tête depuis l'œil jusqu'à la mâchoire. — Se dit d'un cochon.

Garo, *interj.* Gare : prenez garde, laissez passer. Contraction de *Gara-vous*, ôtez-vous de là, ou impér. du v. *Gara*.

Garos, *s. f. plur.* Écrouelles, humeurs froides avec tumeurs à la gorge, aux glandes.

Par allusion tirée de *Garo*, grosse joue enflée.

Garu, *garudo*, *adj.* Fort; robuste; grossièrement, mais solidement charpenté. — Ne se dit que des personnes.

Garussièiro, *s. f.* Terre ou bois garni de buissons, de broussailles, qui ne s'élèvent pas : c'est ce qui arrive d'ordinaire aux terrains maigres, dont on abandonne la culture et qu'on livre au pâturage des bestiaux.

Dér. du celt. *Gari*, qui a formé *Garigo*, dont celui-ci est une sorte de variante.

Gas, *s. m.* Gué d'une rivière, endroit où elle est guéable. — *A manqua lou gas*, au fig. il a fait fausse route; il est empêtré, embourbé.

Dér. du lat. *Vadum*, m. sign.

Gas, *s. m.* Dim. *Gajé;* péj. *Gajas*. Geai, Geai glandivore, *Corvus garrutus* ou *glandivorus*, Linn., oiseau de l'ordre des Passereaux et de la fam. des Plénirostres. — Le geai est le cousin germain de la pie, dont il a toutes les habitudes : son plumage est roux, vineux et cendré; deux rangées de plumes bleues sur l'aile; tête huppée; gorge et couverture de la queue d'un blanc pur; longueur trente-cinq centimètres.

Dér. de la bass. lat. *Gaius*, *gaia*, *gay;* onomatopée de son cri.

Gasa, *v.* Passer à gué; traverser à pied en guéant.

Gasaïre, *s. m.* Qui passe à gué; qui fréquente les eaux ; qui a de longues jambes.

Gasétaïre ou **Gasétié**, *s. m.* Gazetier, journaliste; rédacteur d'un journal.

Gaséto, *s. f.* Gazette; journal. — *Aquo's din la Gaséto*, on lit cela dans les journaux.

Mot nouveau dans le lang., mais qui est devenu une nécessité, puisque ce qu'il représente est une puissance.

Gaspéja, *v.* fréq. Fournir une certaine quantité de petit lait. — N'a que cette acception.

Gaspièiro, *adj. fém.* seulement. Chèvre ou vache dont le lait contient trop de petit lait.

Gaspo, *s. f.* Petit lait; sérosité du lait qui s'en sépare lorsqu'on le fait cailler.

Dans le bas-bret. *Guipad*, lait ; en port. *Gaspa*, crasse, ordure.

Gasquièl, *s. m. n. pr.* d'homme. Au fém. *Gasquièïo;* dim. *Gasquièïé*. Gascuel. — Ce nom est assez répandu dans notre pays : il est certainement ancien, et sa racine ne peut que se trouver dans la première langue. En bas-bret. *Gwaskall*, pressoir à vendange.

Gasta, *v.* Gâter; dégrader; endommager; user; détériorer; corrompre; gâter un enfant, avoir trop d'indulgence, le trop caresser. — *Gasto un parèl dé souiès pér més*, il use une paire de souliers par mois. *Sé gasto foço bos dinc aquèl oustdou*, il se consomme beaucoup de bois dans cette maison. *Gasta lou méstià*, gâter le métier; livrer à trop bon compte une marchandise. *Un éfan gasta*, un enfant gâté, trop dorloté, trop flatté.

Gasta, *ado*, dans ce dernier sens, part. pass. ou plutôt adj., a son dim. *Gastadé*, et son augm. *Gastadas*, le plus souvent termes de cajolerie caressante.

Dér. de lat. *Vastare*, pour les premières acceptions.

Gastadije, *s. f.* Gâterie; caprice, défaut d'enfant gâté.

Gasto-lénsôou, *s. m.* Paresseux ; fainéant ; qui se lève tard; qui reste longtemps et volontiers au lit.

Gasto-pénche, *s. m.* Personne chauve, par antiphrase ironique.

Gasto-sâousso, *s. m.* Gâte-sauce, mauvais cuisinier; marmiton.

Gavèl, *s. m.* Sarment; fagot de sarments. — Le sarment ne désigne guère en fr. la pousse d'une vigne que quand elle a acquis la consistance du bois; avant, elle se nomme pampre. En lang. *Gavèl* signifie à la fois cette pousse et les fagots qu'on en forme après qu'on a taillé la vigne. — *Lou bon Diou a més un gavèl dé maï* : c'est ce que l'on dit un jour d'été où le soleil chauffe un peu plus fort que la veille; on feint de croire ainsi que Dieu entretient son vaste foyer comme nous nos humbles cheminées et qu'il y jette simplement quelques sarments pour l'activer. *Émpuro lou gavèl*, amorce, pousse le sarment sous les bûches.

Ce mot passe pour celtique *Gavella*, m. sign. En esp. *Gavillia*, javelle. Le fr. Javelle est certainement de même dérivation.

Gavéla, *v.* Javeler, fagoter des sarments, les mettre en javelle.

Gavélaïro, *s. f.* Javeleuse ou fagoteuse de sarments. — Les femmes seules sont employées à ce travail.

Gavò, *gavoto*, *s. et adj.* Dim. *Gavouté;* péj. *Gavoutas*. Lozérien ou Lozerot; habitant du Gévaudan. — C'est un surnom de dénigrement ou plutôt de rancune de voisinage; car les habitants de la Lozère ne le prennent pas eux-mêmes, le supportent plus ou moins patiemment et s'en fâchent quelquefois. Cependant l'origine n'en paraît nullement offensante : elle vient du lat. *Gabalum*, *Gabalitanus*, habitant du Gévaudan. Il est vrai que les Espagnols qui donnent le nom de *Gavacho* à ces mêmes individus qui, autrefois, allaient faire la moisson jusqu'en Espagne, en avaient fait un terme de haine et de mépris qui existe encore chez eux, et que, même dans nos contrées, pour exprimer une certaine grossièreté de manières et d'allures en général, on se sert de cette épithète; mais ce sont des déviations dont la racine du mot n'est pas responsable et qui ne préjugent rien sur le caractère et les mœurs des habitants des montagnes. Il ne faut point, quoi qu'il en soit, comprendre dans cette dénomination de *Gavò*, les Lozériens des versants sud de la chaîne de la Lozère ceux-ci sont *Raidous*. — V. c. m.

Gavoto, *s. f.* Gavotte, nom d'une espèce de danse, dont l'air a deux reprises, chacune de quatre, de huit ou de plusieurs fois, quatre mesures à deux temps. — On croit que l'air et la danse ont été inventés par les montagnards *Gavòs*.

Gazaï, *n pr.* d'homme. Au fém. *Gazaïsso;* dim. *Gazaïssé.* Gazaix, en fr. — Signifiait en vieux lang métayer à cheptel Ce bail de bestiaux qui consistait en la nourriture et entretien pour la moitié des profits, s'appelait *Gazaio*, de la bass. lat. *Gasalia*, dérivant du lat. *Gaza*, biens, richesse. Par où se font apercevoir les analogies des noms propres : Gazan. Gazagne, Gazagnon, etc.

Géina, *v.* Gêner; serrer; presser; comprimer; ennuyer; importuner; embarrasser.

Sé geina, se gêner; se mettre à la gêne. — *Es géïna,* il est gêné, embarrassé dans ses affaires. *Vous gènés pas,* ne vous dérangez pas; ne vous gênez pas

Gèino, *s. f.* Gêne; contrainte; incommodité; peine d'esprit; ennui; torture; question en parlant d'un criminel.

Dér. du lat *Gehenna*, gêne.

Géndarmariè, *s f* Gendarmerie; troupe; quartier occupé par les gendarmes

Géndarmo, *s m* Gendarme, soldat du corps de la gendarmerie.

Emp. au fr

Génébrouso, *s f.* — Ce mot ne s'emploie que dans un seul cas et comme terme de comparaison *Couqui coumo lo génebrouso*.

Il est par trop évident par la composition du mot, par l'acception qu'on lui donne dans la phrase ci-dessus, qu'il signifie les Juifs, la gent *hebreuse* ou hébraïque, *gens hebræa*. On ne conçoit pas qu'une déduction si simple n'ait pas frappé Sauvages, ni comment il a pu poser un point d'interrogation pour savoir si l'étymologie ne venait pas du mot *Ginèbre*, genévrier, champ de genévriers. C'est une faiblesse de grand homme.

Général, *s. m.* Général, officier supérieur de l'armée.

Emp. au fr.

Génèralo, *s f.* Générale, batterie d'alarme au son du tambour.

Gengivo, *s. f.* Gencive, chair qui entoure les dents.

Dér. du lat. *Gengivia*, m. sign.

Géns, *s. f. plur.* Gens; la famille, les personnes qui composent la maison; habitants d'un pays. — A la différence du fr., où le mot gens signifie les domestiques d'une grande maison, d'un grand seigneur, en lang. on désigne par le mot *Gens* toutes les personnes qui tiennent à la famille, quelque chose comme la *Gens* romaine. — *Las gèns d'enndou*, les habitants de la Lozère, de la montagne. *Mas gens* espèce d'interj., de juron innocent, qui revient à Dam! *Couno las gens, l'encéns,* prvb., selon les poissons, la sauce. Dans ce proverbe, le sens du mot semble plus généralisé, et voudrait dire les hommes, l'homme. *Las hounèstos gèns*, les honnêtes gens.

Dér. du lat *Gens*, nation.

Génte, gènto, *adj.* Gent, gentil; gracieux; joli; mignon; aimable; agréable.

Selon le Dictionnaire de la Crusca, le mot viendrait de la langue provençale : *Voce anticha venuta dal provensale*. La désignation est comprise : provençal, langue de la province romaine.

Gèou, *s f* Gelée, glace. — *Fré coumo la gèou*, froid comme glace

Dér du lat *Gelu*, m. sign.

Gèrio, *s. f* Espèce de champignon. — *Voy. Girboulèto*.

Gèrlo, *s f* Seau ou baquet de cuivre, étamé intérieurement, avec lequel on va puiser l'eau à la fontaine ou au puits. — Les femmes le portent sur la tête sans le tenir et par les chemins les plus scabreux.

Ce terme est du haut *raiol;* ici on dit *Sèio (*V. c. m) qui est plus générique.

Gérma, *v* Germer; pousser un germe.

Dér du lat *Germinare*, m. sign.

Gèrme, *s m* Germe, principe de reproduction du végétal Au fig. origine; semence; cause principale et première

Dér du lat. *Germen*, m. sign.

Gés, *negat explet.* et *adv.* Point; aucun; nullement; aucunement: point du tout. — On pourrait l'appeler une négation de nombre On l'emploie rarement sans la particule négative *Pas yés.* Cependant il se place de préférence ainsi à la fin d'une phrase. Dans le style elliptique et vif, *Gn'a ges* vaut mieux que *Gn'a pas ges N'en vole gés*, je n'en veux pas.

Dér. du lat. *Gens*, gens, personne, et revient à l'expression lat. *minime gentium*, pas une seule personne. D'après cette donnée, il devrait ne pouvoir se passer de la part. nég ; mais l'usage l'en a dispensé pour la fluidité et la rapidité de la langue.

Gi, *s. m.* Plâtre; gypse; chaux sulfatée ou sulfate de chaux. — *Gi bastar*, plâtre avec lequel on gâche une partie de mortier.

Dér. du lat. *Gypsum*, m. sign. En bas bret. *Gyp*.

Gia, *v.* Fuir; décamper; s'enfuir; faire Gille; tromper son monde.

L'origine de ce mot si court, traduit par cette petite phrase française, faire Gille, et l'un rendant l'autre, n'est pas chose facile à débrouiller. Qu'on nous permette d'en dire ce que nous en avons découvert, et d'éclairer peut-être le problème à la lueur d'une autre expression qui a un sens tout pareil. Voici donc ce qu'on raconte, ou à peu près, dans le Dictionnaire de Trévoux et autres gros in-folio, sur la locution française.

Ægidius, dont on a fait Gillon et puis Gilles, — on ne sait trop comment ni pourquoi — était, selon les uns, un prince languedocien qui s'enfuit plutôt que d'accepter une couronne qu'on lui offrait; — on n'ajoute pas de quel royaume — selon d'autres, il était d'Athènes, d'une famille illustre, qu'il quitta pour se mettre à la recherche d'autres biens préférables à ceux qu'il abandonnait. Il vint débarquer non loin de Marseille et s'établit dans un lieu où plus tard fut bâtie une ville qui prit son nom. Les commencements de la vie de saint Gilles, car c'est de lui qu'il s'agit, nous ont paru quelque peu incertains et obscurs, ce qui se comprend à la distance de treize ou quatorze siècles. Mais qu'il ait renoncé aux richesses et aux honneurs, à un trône même, ou à la plus simple vie mondaine, pour se réfugier dans la vie religieuse; comme l'idée d'une fuite quelconque est restée attachée à son souvenir, histoire ou légende à la main, on a fait en fr. le dicton *Faire Gille*, pour dire : s'enfuir précipitamment, s'esquiver, se dérober. Le languedocien a aussi le verbe actuel *Gia* pour exprimer la même chose. Il se sert surtout de son impératif *Gio* comme exclamation rendant tour à tour : eh! vite, vite! cours donc, détale, file! ou bien quand on raconte : et de courir, et de jouer des jambes.

Gia s'écrivait autrefois *Gilia*, dont nous avons dû supprimer *L*, qui ne se fait plus entendre chez nous, bien qu'elle se prononce encore dans un dialecte voisin un peu plus rude. Cette vieille orthographe indique de plus fort que le languedocien a puisé à la même source que le français; mais dans le principe il n'avait fait probablement qu'un simple verbe, s'il ne l'avait déjà; tandis que le fr. se servait d'une petite phrase, que le souvenir légendaire d'un saint consacrait. Or, nous trouvions que le languedocien, qui sans doute ne tenait pas à rester en arrière, avait également introduit un nom d'homme dans une locution synonyme; pour lui, faire Gille était *faire Guirdou*. Quels traits de ressemblance pourraient avoir deux personnages différents pour avoir laissé dans le vocabulaire la mémoire d'un trait de leur vie qui en rappelait une particularité identique? Nous étions à bout de conjectures et de recherches, quand un de nos amis, très-érudit sur notre histoire méridionale et auteur d'un remarquable travail sur la maison d'Uzès, voulut bien venir à notre aide. Ses explications ne laissent aucun doute sur l'origine et le sens du mot.

Gérard, Gérald, Géraud, Guiraud ou Guiraudet Amic, plus connu sous le nom de saint Gérard, était fils de Gérard ou Guiraud Amic IV et de Thérèse Gaucelin d'Uzès, héritière par substitution de la moitié de la baronnie de Lunel. Cette seigneurie fut, en 1295, l'objet d'un échange entre Philippe le Bel et Géraud, qui reçut en contr'échange les seigneuries de Rochefort, Fournès et autres lieux situés dans le diocèse d'Uzès, et vint se fixer à Rochefort. — C'est à ce moment que son fils Gérard, alors âgé d'environ vingt-quatre ans, quitta furtivement sa famille, comme avait fait saint Gilles, pour embrasser la vie monastique. Il se retira, disent les Bollandistes, dans une grotte située à proximité d'un pont *d'une structure remarquable*, dans lequel tous les historiens s'accordent à reconnaître le Pont du Gard. — Bientôt après, saint Gérard voulant se dérober à l'empressement des populations qui assiégeaient sa retraite, entreprit le pèlerinage des Lieux-Saints et mourut en 1296, en Italie, avant d'avoir pu l'accomplir.

La locution était faite et le nom trouvé en languedocien pour correspondre au français. La situation était la même : c'était aussi un homme remarquable par sa naissance qui se dérobait à l'éclat de sa fortune et aux pompes terrestres, qui fuyait le monde pour entrer dans la solitude et la contemplation des choses du ciel. Ce spectacle devait frapper le peuple et le souvenir s'en est perpétué. Le temps a bien apporté quelque déviation à l'expression, qui ne se prend pas toujours dans une acception favorable, mais il parait évident qu'elle vient de ces circonstances — Voy. *Guirdou (Faïre)*.

Giba, *v.* Souffrir; avoir grande peine à accomplir une œuvre ou un travail quelconque; trimer; faire effort. — Se dit particulièrement d'un voiturier ou d'un attelage qui ont peine à sortir d'un mauvais pas. — *Gibou*, ils ont entr'eux des différents, des procès, des incompatibilités d'humeur.

Gibadisso, *s. f.* Longs efforts pour venir à bout d'une œuvre difficile; différend; difficulté; procès.

Gibaïre, aïro, *adj.* Hargneux; d'humeur difficile, processive, inquiète.

Dér. de *Gibo.*

Gibâoudan, *s. m.* n. pr. de lieu et d'homme. Le Gévaudan, aujourd'hui département de la Lozère.

Dans l'antiquité, pays des Gabales, *Gabalicus pagus*, qui a formé le nom.

Gibéloto, *s. f.* Gibelotte; blanquette; fricassée de viande, ordinairement d'agneau de lait ou de chevreau.

Gibèrno, *s. f.* Giberne, boîte dans laquelle le soldat met ses cartouches.

Empr. au fr.

Gibiè, *s. m.* Gibier; animaux bons à manger pris à la chasse.

Dér. du lat. *Cibaria*, aliments, par la permutation très-répétée du *C* en *G*.

Gibo, *s. f.* Difficulté; mauvaise entente; différend; procès. — *Èstre én gibo*, n'être pas d'accord.

Gibourna, *v.* Grésiller; par ext. faire un froid très-piquant. — S'applique surtout à cette variation d'atmosphère si fréquente au mois de mars, et à la petite pluie froide qui tombe alors par intervalles. — *Gibourno,* il tombe du grésil; il fait un froid très-vif.

Dér. du fr. Givre, ou du moins de la même racine que lui.

Gibournado, *s. f.* Coup de vent mêlé de pluie et de grésil, tel qu'on en voit souvent en mars; giboulée; guilée; mauvais temps.

Gibournaje, *s. m.* — Ce mot a a peu près la même acception que le précédent : seulement, c'est plutôt une situation particulière de l'atmosphère que l'accident ou le grain produit. On le dit communément pour un froid très-vif, ce que n'exprime pas *Gibournado.*

Giboùs, ouso, *adj.* Contrefait; bossu et tortu, rachitique; qui a les membres et surtout les jambes, tordus.

Dér. du lat. *Gibbus* ou *Gibbosus,* bossu, voûté, convexe.

Gie, *n. pr.* d'homme. Au fém. *Giesso;* dim. *Gioù, Giouno.* Gilles, en lat. *Ægidius.*

Gifla, *v.* Souffleter avec force : dans la langue verte, *Giffler.*

Giflo, *s. f.* Soufflet bien appliqué : en argot, *Giffe* ou *Giffle,* qui rappelle sans doute que ce mot signifiait autrefois *Joue.*

Gignèï (Sén-), *n. pr.* de lieu, Saint-Genest, aujourd'hui Saint-Geniès, assez commun dans le Gard, traduit du lat. *Sanctus Genesius.*

Gigo, *s. f.* Gigot; quartier d'agneau ou de mouton avec la longe.

Gigò, *s. m.* Dim. *Gigoute;* augm. *Gigoutas.* Gigot coupé exprès et régulièrement sur sa rouelle.

L'accent tonique fait la différence de quantité dans la prononciation, et la différence de genre, dans les deux mots qui précèdent.

Dér. du lat. *Coxa,* cuisse, d'après Ménage, ou de *Ischium,* os de la hanche, suivant Borel.

Gimbéléto, *s. f.* Gimbelette; petite pâtisserie du genre des échaudés, qu'on enfile à un fil comme un chapelet.

Gimbla, *v.* Tordre; plier; courber; rendre courbé, bombé, convexe. — Au part. pass. adjectivement, *Clavèl gimbla,* clou tordu; *eldou gimblado,* clé forcée; *cambo gimblado,* jambe crochue.

Sé gimbla, v. Se plier; se courber en arc. — *Po pas sé gimbla,* il n'est plus assez souple pour se plier.

Dér. du lat. *Gibbus,* courbé, bossu.

Gimère, èro, *adj.* Dim. *Gimeroù;* péj. *Giméras.* Têtu; entêté; obstiné; opiniâtre; hargneux; contrariant; difficile à vi.re. — *Ès pas gimère,* il n'est pas crâne, il plie sans peine.

Ce mot, qui est un subst. dans certaines contrées, notamment en Gévaudan, y signifie un jumart, sorte de mulet produit du croisement de l'espèce chevaline et bovine. Cet animal, dont la provenance n'est nullement constatée, fort laid de formes, est très-fort et très-vicieux. Nous avons emprunté sa qualité sans adopter le substantif.

Gimérije, *s. f.* Entêtement; obstination; opiniâtreté capricieuse; caractère revêche.

Ginèbre, *s. m.* Petit genévrier, à baies noires, *Juniperus communis,* Linn., arbrisseau de la fam. des Conifères.
— Cet arbrisseau, dont les différents genres se confondent dans une même dénomination en fr., se distingue dans le lang. en *Ginèbre* et *Cade.* Celui-ci, qui devient un arbre et non un arbuste comme le premier, fournit un fruit ou baie de la grosseur d'une petite cerise, d'où l'on tire l'huile de *Cade.* — *Voy.* c. m.

Dér. du lat. *Juniperus,* m. sign.

Ginès, *s. m.* Au plur. *Ginèsses.* Genêt, nom commun à plusieurs espèces et qui désigne le Genêt des teinturiers, la Genestrole, *Genista tinctoria,* Linn.; le Genêt d'Espagne, *Genista juncea,* Linn.; dont les jets ressemblent à du jonc. On fait confire les boutons de ses fleurs dans le vinaigre comme les capres. Aux environs de Lodève et dans le Camarès, on aménage le genêt d'Espagne, qui couvre des montagnes entières; ses tiges, rouies comme le chanvre, fournissent une toile grossière, mais très-solide pour l'usage.

On distingue encore *lou Ginès* ou *Gruas* ou *Sabagol,* Genêt Cytise, grand Genêt à balais, *Genista scoparia,* Linn., et *lou Ginès-Réboul,* Genêt à touffes basses, *Spartium-complicatum,* Linn., Cytise à fenilles ailées; tous arbrisseaux communs, de la fam. des Légumineuses.

Les avis sont partagés sur la dérivation du nom : les uns veulent qu'il soit tiré du lat. *Geno* ou *Gigno; quia sponte genatur, hoc est gignatur;* d'autres lui donnent pour radical le celtique *Gen,* arbuste, arbre.

Ginéstièiro, *s. f.* et *n. pr.* d'homme et de lieu. Champ, quartier abondant en genêts. — Quand il devient n. pr. le fr. traduit par Ginestière.

Ginéstoùs, *s. m. n. pr.* d'homme et de lieu. — Variante du mot précédent, avec une signification identique. — Tous les deux sont au reste régulièrement formés.

Gingla, *v.* Sangler des coups de verges, de baguette, de houssine.— *Voy. Giscla.*

Dér. de *Ginguèlo.*

Gingoula, *v.* Geindre; piauler; se plaindre; gémir; pousser des soupirs ou des cris plaintifs, mais à petit bruit. — *Voy. Jangla* et *Jangoula.*

Il est ingénieux, comme on l'a fait, de trouver à ce mot une dérivation tirée du *Gin,* pour *Chin* ou *Chi,* par la permutation connue, et de *Gulo,* gueule, pour exprimer des gémissements ressemblants à ceux des jeunes chiens.

Gingoulino, *s. f.* Ripopée; mélange de vin sans force ni vertu, plat et fade; breuvage quelconque qui n'a ni goût, ni saveur, ni qualité.

Ginguèlo, *s. f.* Scion d'un arbre; jet d'une seule pousse et sans nœuds, comme ceux des mûriers, qui, étant taillés chaque année, sont longs et vigoureux; baguette, gaule à battre les habits.

Dér. du celt. *Gen,* arbre : forme diminutive.

Ginouïa, *s. m. n. pr.* de lieu. Génolhac, chef-lieu de canton, arrondissement d'Alais. — Son nom est cité dans les cartullaires ou les vieux titres et dénombrements : en 1169, *Junilhacum;* en 1176, *Ginolacum;* en 1199, *castrum de Genouillac;* en 1243, *Genolhacum;* en 1384, *Junilhacum;* en 1426, *Jinoliacum;* depuis 1433 jusqu'en 1724 et aujourd'hui, avec des variantes d'orthographe, de *Genolhac, Ginolhac* et *Genouillac*, il est arrivé à sa forme actuelle et à la prononciation que nous représentons en lang. et en fr.

Sauvages pense que le nom lat. de *Juniliacum*, où il trouve quelque chose du romain *Junius*, doit être considéré comme ayant formé le mot *Genolhac*. Un tel parrain, noble ou non, n'a rien qui nous séduise, et nous n'avons nulle foi en ses reliques. En général, toutes ces dénominations géographiques, tirées du nom d'anciens possesseurs vainqueurs de la Gaule, nous inspirent une médiocre confiance : nous les avons combattues, et l'occasion se présente ici d'apporter un nouvel argument à l'appui de la thèse que nous soutenons.

A la place de ce chimérique *Junius*, qui n'a pas fait les noms communs *Ginès* et *Ginèbre* que nous venons de voir et où il aurait eu quelque raison d'entrer, il faut substituer un radical pris dans l'ancienne langue nationale, qui soit significatif et en rapport direct avec le lieu à désigner. Pour l'obtenir, ici comme ailleurs, la première opération est de dégager le mot de toutes les adjonctions complémentaires qui sont venues en modifier le sens et la forme. Ainsi l'on doit être fixé sur les désinences appliquées aux substantifs dans le but de les adjectiver, de les transformer en noms propres, en noms patronymiques ou géographiques, en des noms de propriété ou de quartiers, de provenance ou de collectivité, de situation ou d'aspect; de même que l'on connaît les formules par lesquelles sont exprimés les diminutifs et les augmentatifs, qui affectent en général des règles systématiques peu variables. Ces procédés de composition se trouvent dans la langue la plus anciennement parlée dans les Gaules, celle d'où sont sorties sans contredit la plupart des appellations régionales, et dans les idiomes qui se sont succédé, le latin en première ligne dont l'influence s'est continuée par la basse latinité, son altération, et par le roman qui lui est encore si redevable. Les diverses phases par lesquelles ont passé à peu près tous les mots, ont déposé certaines couches sur le noyau primitif auquel il faut arriver; et l'élément ou le radical, débarrassé de cette espèce d'enveloppe, donnera la raison, c.-à-d. l'étymologie de la dénomination.

Il n'y a qu'à suivre cette opération analytique sur le sujet vivant; et d'abord la comparaison de sa structure ancienne avec celle qui nous reste fait apparaître à la finale le suffixe adjectif gaulois *ac*, latinisé en *acum*, par l'accord avec *castrum*, réduit ensuite ou ramené à la chute de la forme latine en *ac* fr. et en *a* simple, lang. Ce suffixe n'a rien ici que la condition ordinaire dont nous avons déjà parlé bien des fois. Il est lié par la mouillure à la syllabe précédente de la voyelle *i*, du génitif, ou de *lh*, qui la remplace et est équivalent, de manière à donner comme désinence *iacum*, normal. La provenance, la descendance se trouve déterminée.

Reste *Junil, Ginol* ou *Jinol :* la forme est identique, elle ne présente de remarquable que la présence de l'*o* à la dernière syllabe, consonnance qui a persisté et s'est conservée non sans motif. *Ol* est en effet la reproduction du lat. *Olus*, comme *Olo*, au fém., celle de *Ola*, qui ne sont autres que des terminaisons diminutives, qui ont la propriété de se convertir très-diversement suivant les dialectes, comme leurs similaires en *al* et *el*, et de donner *dou* le plus souvent, et *oui*, et les autres *dou* et *éou*, avec les variantes. Le même phénomène se retrouve dans le fr. et dans l'espag. et l'ital. : *Filiolus*, lat., *Frdou* et *Fiol*, lang. *Filhol, Filhoù*, prov. *Fiolo, Filholo;* Filleul, Filleule, fr., *Figliulo*, ital, *Hijuelo*, esp.; *Linteolum, Lensóou, Linsóou*. *Lansóou, Lenzuelo, Lensol;* linceul, etc. Sauvages cite au mot *Brucil*, en v. fr. *Breuil, Brouil* et *Biel*, bois, forêt, de la bass. lat. *Broilum, brolium, broglium, bruillus*, et *Bruguetrolo*, dim. de *Bruguiero :* nous trouverions encore *Cassagnolo* de *Cassagno*, et *Maruéjóou*, Marvéjols, de *Maruéje; Lanuéjóou*, Lanuéjols, de *Lano* ou *Lanu*, etc. Nous les mentionnons à cause de l'analogie de la forme diminutive existant dans notre mot et dans une foule d'autres, composés de même.

De telle sorte que, disparaissant la désinence adjective, suffixe sans signification par lui-même, s'il ne restait ici que *Ginol* ou *Jinol, Ginoui, Ginoulh* ou *Génol*, la finale aurait grande chance d'être prise pour un diminutif du radical auquel elle aurait été attachée.

Or ce radical se rencontre précisément dans le mot que nous venons de citer, *Ginès*, Genêt, et c'est le celtique *Gen*, arbuste, arbrisseau. En bas-breton, *Gwézen*, *Gween*, arbre.

Il semble donc très-probable que le nom de *Génolhac* a suivi le même chemin d'abord que *Ginès* et vient de la même racine, et par suite qu'il a été approprié, par le diminutif et par les suffixes ordinaires, à ce qu'il était destiné à représenter et à signifier. Que ce soient de petits arbustes simplement, ou des genêts communs, qui croissent en abondance sur ce revers de la Lozère où est emplacé aujourd'hui Génolhac, la dénomination est également justifiée : elle veut dire : quartier, lieu abondant en genêts, et elle dépeint exactement le site, ce qui est la première condition des noms propres, bien entendu en se reportant à l'époque où le baptême se fit.

Ceci ne signifie donc point que la petite ville actuelle remonte aux Gaulois, ni même au temps des colonies romaines : son ambition sans doute, malgré Sauvages, ne revendique pas une si lointaine origine; et nous n'avons pas fait de généalogie, en trouvant à son nom, comme pour bien d'autres, une racine celtique. La ville est née quand elle a pu; mais elle s'est emplacée dans un quartier anciennement désigné. Voilà tout. Les noms propres et locaux, et les noms communs appartiennent en très grand nombre à la langue ancienne, qui n'a jamais été oubliée; et c'est pour rattacher nos traditions d'Olt jusqu'à leur vraie source, que nous avons insisté sur cette nouvelle preuve.

La prononciation du mot en lang. ne peut offrir la moindre difficulté; on ne comprendrait pas qu'elle en pût présenter en fr. Sa dernière syllabe est essentiellement mouillée. *lh* est le signe équivalant aux deux *ll* ou *l* tréma entre voyelles, et correspond d'ailleurs au lat. *liacum*, dont il importe de conserver la consonnance.

Ginoul, s. m. Dim. *Ginoulé*; pl. *Ginoulas*. Genou, articulation qui unit la jambe à la cuisse, le fémur au tibia — *D'a ginouls* ou *D'agrounouos*, à genoux; sur les genoux; en posture de suppliant.

Malgré certaine ressemblance graphique, le mot précédent ne peut descendre de celui-ci, et il y a pour cela deux raisons: d'abord, il n'aurait aucun sens applicable et le dh si caractérisé en lat. et en fr. disparaîtrait complètement, comme le suffixe de la désinence; puis, en languedocien, celui-ci ne se prêterait nullement à la formation; car, en vieux langage, il était *Denoul*, écrit *Denoulh*. C'est par une corruption *franchement* le qu'on dit aujourd'hui *Gino-l*, bien qu'il dérive en droiture du latin *Genu*, m. sign.

Ginoùs, n. pr. d'homme. Au fem. *Ginoúso*, dim. *Ginouse*, etc. En fr. Ginous ou Gineux.

Ce nom de famille, assez répandu dans ce pays, a été un prénom autrefois, qui avait pour patron saint Genou ou Genus, évêque de Cah..., vers le milieu du IIIe siècle. Le n. pr. *Ginoué*, Genoyer, nous paraît avoir la même origine plutôt que le n. m. de saint Janvier.

Ginousclo, s. f. Tithymale, *Galactis Euphorbia*, Linn., un des noms de cette espèce de plantes de la fam. nombreuse des Euphorbiacées. — Il paraît que le premier nom lat. est générique. *Euphorbus* ne désignerait qu'une espèce particulière, salutaire dans les ophtalmies et qui est sous nom d'Euphorbe, médecin du roi Juba. Son lait est extrêmement caustique; il tue ou étourdit le poisson dans les viviers et les flaques d'eau non courante: aussi son usage est-il sévèrement défendu par la police, soit parce que l'empoisonnement des rivières au moyen de drogues est un mode de pêche prohibé, soit parce que ce lait est fort dangereux pour le bétail qui pourrait aller s'abreuver au-dessous du point où il a été répandu.

Ginqua, v. Viser; mirer; viser en lançant un projectile quelconque. — *Ginques à me troumpa*, tu vises à me tromper — *Voy Guincha*.

Ginquo-gal, s. m. Fronde à deux brins et à une seule maille, la plus simple et celle qui a le moins de portée. Son nom l'indique; il a l'air de supposer qu'elle n'est bonne qu'à viser et qu'à atteindre un animal faible et que la domesticité rend fort accessible.

Gipas, s. m. Au plur. *Gipasses*. Platras, débris de maçonnerie. Par ext. large éclaboussure de boue compacte, soufflet appliqué sur la joue, dans le sens de *Implastre*, qui est avec cette exception une francisation.

Der. de *Gip*, plâtre.

Gipiè, s. m. Plâtrier; ouvrier qui travaille aux carrières de plâtre; marchand ou fabricant de plâtre.

Gipieiro, s. f. Plâtrière, carrière et four à plâtre — *Salarious coumo un ase de las gipieiros*, malheureux comme un âne de jardinier, dit-on en fr.; comme un âne des *plâtrières*, devrait-on traduire littéralement. L'application est toute locale et commence même à se perdre. Il y a quelques années le plâtre gris n'arrivait à Alais des plâtrières de *Pleoux* que sur le dos d'une caravane d'ânes dont chacun avait pour conducteur un gamin armé d'un grand bâton. Les gamins montaient sur la croupe du baudet, le sac de plâtre était placé sur l'échine; et le bâton de jouer et l'âne d'aller grand train, quoique sous un double fardeau, tous sans bât ni bride. Aujourd'hui que les voitures arrivent partout, l'une des plâtrières est peu connu, son rôle et ses malheurs ont cessé, et le dicton, sans tomber en désuétude, pourrait n'être pas bien compris, si la tradition historique s'en était perdue.

Girbas, s. m. Au plur. *Girbasses*, pl. *Gurbassas*. Terrain envahi par le gazon, où s'étendent et toute sorte de plantes rampantes, et réduit à l'état de friche; francbords et talus d'une terre élevée sur ses voisines ou sur son fossé d'écoulement.

Augm. de *Girbo*.

Girbo, s. f. Gazon; motte de gazon; terrain gazonné de lui-même.

Ce mot semble évidemment emprunté au fr. Gerbe, dont il est une corruption, quoiqu'il n'y ait aujourd'hui aucun rapport entre les objets que chacun représente.

Girbouléto ou **Jargouléto** ou **Gério,** s. f. Chanterelle comestible, *Cantharellus cibarius*, *Agaricus cantharellus*, *Merulius cantharellus*, Linn., Pers., Roq. Champignon de la tribu des Agarics. — C'est un joli champignon tout jaune ou couleur d'or, qui croît abondamment dans les bois, les pelouses, les châtaigneraies, où il se fait remarquer par un petit chapeau d'abord arrondi et convexe, qui prend ensuite en se développant la forme d'un petit entonnoir dont les bords sont diversement contournés et comme frisés ou festonnés. La face inférieure de ce chapeau est marquée de nervures une ou deux fois bifurquées et décurrentes sur un pédicule ordinairement court, plein et charnu. La chair est ferme, blanche, un peu fibreuse; elle ne change point de couleur à l'air. Ce champignon est très-salubre, et son usage est sans aucun danger.

Girofle, s. m. Girofle, clou de girofle. — Ce que nous appelons ainsi, et que nous ne connaissons que sous le nom de *Clavél de girofle* n'est autre que le calice de la fleur du giroflier, arbre originaire des Molusques, *Caryophyllus aromaticus*, Linn. de la fam. des Myrtoïdes.

Le mot est une abréviation du nom lat.

Girouflado, s. f. Œillet, et plus particulièrement œillet-plume, *Dianthus plumarius*, Linn., fleur ou plante de la fam. des Caryophyllées, a odeur de girofle. — Il ne faut pas la confondre avec la Giroflée en fr., pour nous *Vidouiè*, qui est une fleur totalement distincte, quoique l'odeur de girofle l'ait fait aussi dénommer.

Girouflié, s. m. Pied ou plante d'œillet

Girouïo, s f Carotte sauvage, faux chervis, *Daucus carotta*, Linn, plante de la fam. des Ombellifères, commune dans les champs. On la nomme aussi *Pastenargo sdouvajo*. — *Voy.* c m.

Giscla, v. Sangler a coups de houssine, de gaule ou de fouet
Variante de *Gingla*, même formation et m. sign.

Gisclas, s. m. Au plur. *Gisclasses*. Houssine, baguette, gaule ; mais ne représentent ces objets qu'en tant qu'ils servent a frapper, à chatier. — S'emploie aussi pour le coup de houssine, le fouet lui-même, et l'action de frapper. — *Y fichère un gisclas*, je lui sanglai un coup. *Garo! s'atape un gisclas*, gare, si je prends le fouet, un bâton. *Récassaras qdouque gisclas*, tu attraperas quelque coup de gaule.

Gisclassa, r augm. et fréq de *Giscla*

Gisclassado, s. f. Volée de coups de verges ; gaulade bien sanglée.

Gistèl ou **Listèl**, s. m. Petite tringle de bois ; toute espèce de règle en bois, mince, étroite et longue, qui sert à divers usages, en menuiserie, souvent pour fermer un vide ou niveler une ligne qui n'est pas à angle droit avec ses voisines, et en plâtrerie pour clouer à petits intervalles entre les solives d'un plafond, les revètir de plâtre qui fait mieux prise et former les lambris.

Ce mot, quoi qu'en dise Sauvages, se traduit très-correctement en fr par *Liteau*, en terme de menuiserie ; c'est le *Lambris*, en terme de maçonnerie.

Gistèl est très-usité : il ne nous parait cependant qu'une corrupt de *Listèl*. — V. c m.

Glacièiro, s f Glacière ; lieu ou l'on conserve la glace en été. Au fig lieu, appartement très-froid : exposition glaciale.

Glaço, s f Glace, eau glacée ; miroir.
Empr au fr

Glaçoù, s. m Glaçon ; morceau de glace.

Glando, s. f. Glande, tumeur enflée. Dans l'usage, signifie purement l'engorgement d'une glande. — *A uno glando*, il a une glande engorgée

Glâoujôou, s m Calmar, cornet, *Loligo*, poisson de mer, céphalopède, du genre des Sèches et des Polypes. Comme les poissons de cette fam il a une sorte de réservoir d'une liqueur noire qu'il répand autour de lui dans le danger, pour échapper à la vue d'un ennemi.

Dér. du lat. *Gladiolus*, petit glaive, parce que ce poisson a sous la peau de l'échine un os mince et tranchant de la forme d'un glaive

Glatiè, adj. masc. seulement. — Ne se joint jamais à aucun autre subst. que *Idou*. — *Un idou glatiè*, un œuf couvé dont le jaune et le germe sont tombés en sérosité et en dissolution, et qui par conséquent ne peut éclore.

Glèiso, s. f. Dim. *Glèisèto*. Église ; lieu où les fidèles s'assemblent pour assister aux offices divins. — *A la gran glèiso*, à la cathédrale, à l'église principale. Encore un exemple où l'adj. ne s'accorde pas en genre avec le subst. ; c'est l'effet d'une élision faite sur le lat. d'où vient le mot. *Aquel cura fai bièn glèiso*, ce curé officie avec beaucoup de dignité, ou il prêche bien ; ou encore, remplit bien les fonctions de son ministère à la satisfaction des fidèles.

Dér. du lat. *Ecclesia*, m. sign.

Gléjoù, s. m. Dim. *Glejoune*. Chaume ; mais seulement tant qu'il tient encore à la terre.

Gléna, v. Glaner ; ramasser les épis restés sur la terre après la moisson. Au fig. cueillir après les autres.

Glénaïro, s. f. Glaneuse ; qui glane, qui ramasse les épis après les moissonneurs. Au fig. il peut s'employer au masculin, *Glénaire*.

Gléno, s. f. Glanc ; glaneuse ; petite gerbe ramassée après la moisson ; action de glaner ; au pr. et au fig.

Dér. de la bass. lat. *Gelina*, m. sign.

Globo, s. m. Globe, corps rond et solide ; ballon ; aérostat.

Dér. du lat. *Globus*, m sign.

Glorio, s. f Orgueil ; vanité ; et non gloire, dans le sens du fr. — *És pas pér glorio*, ce n'est point par vanité, par luxe, mais par nécessité et besoin.

Dér. du lat *Gloria*, avec une certaine modification d'acception

Glouriéto, s. f. Fournil ; petit réduit dans l'arrière-boutique d'un boulanger et près du four, où la pâte se manipule et lève à un certain degré de chaleur En v. fr. *Gloriette* était un cabinet de verdure.

Glourioùs, ouso, adj. Au plur. *Glouriouses; dim. Glouriouse* Glorieux ; vain ; superbe ; vaniteux, principalement dans sa mise.

Gn'a, contraction de la phrase *Ne y-a*, il y en a, qu'on mouille euphoniquement par l'adjonction de la lettre G ; par conséquent *Gn'a* n'est autre que le verbe *avédre*, avoir, précédé du *Gn* qui l'accompagne dans toute sa conjugaison lorsque la construction de la phrase l'exige. — *Gn'a pas que gn'ague*, ou *pér gn'avedre*, *mais gn'a*, ce n'est pas pour dire, mais il y en a.

Gn'a est pris quelquefois interjectivement. *Gn'a!* dit-on, il en tient, lorsqu'en jetant des pierres, on atteint juste le but visé, ou qu'on atteint une personne.

Gnâou! Onomatopée du cri du chat Pris interjectivement, il est une formule mignarde et agaçante de refus, fort employée par et pour les enfants. — *Fai mé un poutoune*. — *Gnâou!* Fais-moi un petit baiser — Nenni.— *Dono mé'n un pâou*. — *Gnâou! té fara pas mâou*. Donne m'en un peu. — Nix ! ça ne te fera pas mal.

Gnèïro, s. f. Puce, *Pulex irritans,* Linn., insecte de l'ordre des Aptères et de la fam. des Parasites ou Rhinaptères, trop connu et qui aurait pu se passer de sa définition scientifique. — *Manjado dé gnèïro,* piqûre de puce : ce petit cercle rouge avec un point plus foncé au centre, qui indique la petite inflammation que procure cette piqûre. *Tria las gnèïros,* épucer. *Li boulégaraï sas gnèïros,* je le tancerai d'importance.

Gnèïro est aussi un terme d'amitié très-employé. — *Ma gnèïro!* mon chou, mon petit cœur!

Les uns le font dériver du ligurien, d'autres du celtique *Nyer,* m. sign., ou plus simplement du lat. *Niger, nigra,* noir, noire.

Gnèïroùs, ouso, *adj* Au plur. *Gnèïrouses;* dim. *Gnèïrousé.* Mangé de puces; qui est couvert de traces de piqûres de puces.

Gnuè, s. f. Nuit; temps pendant lequel le soleil est sous notre horizon; obscurité. — *A gnuè* ou *d'agnuè,* ce soir, cette nuit. *La gnuè passado,* la nuit dernière. *Bono gnuè,* bonsoir, bonne nuit. *És gnuè* ou *faï gnuè,* il est nuit close, ou l'obscurité est profonde. *Faï un an dé gnuè,* les nuits durent une année dans cette saison. *Passa la gnuè,* ne pas dormir, veiller; passer la nuit blanche.

Chaque petite circonscription en Languedoc a une expression différente pour rendre le mot Nuit. A Montpellier, on dit *Gnoch,* qui semble plus primitif en ce qu'il se rapproche beaucoup de la racine commune, le lat. *Nox.* Les autres formules ne seraient en ce que la corruption de celle de Montpellier. En provençal et en gascon, on emploie *Nuech, Neit, Not, Nieu, Nueyt, Gniu, Net, Ney,* et quelques autres variantes.

Gnuèchado, s. f. Nuitée; durée d'une nuit.

Go, s. m. Gobelet; verre à boire. — *Voy. Gouvélé.*

En bas-bret. *Gob* et *Goblet,* m. sign. Contr. de *Gobelet,* fr., dér. du lat. *Cupella,* dim. de *Cupa,* coupe.

Godo, s. f. Vieille brebis édentée et maigre, qui n'est plus bonne à porter ni à engraisser.

Goïno, s. f. Femme de mauvaise vie; prostituée.

Dér. du gr. Κοινός, commun, indivis. Il est probable que c'est ici le lang. qui a prêté au fr. dans l'adoption du mot *Gouine,* m. sign.

Golfe, golfo, *adj.* Gonflé; bouffant; raide d'apprêt, comme une étoffe qui, au lieu de s'aplatir, se tient gonflée d'elle-même en se courbant en rond ou en angles.

Dér. de l'ital. *Goffo,* lourdaud, grossier, sans grâce; parce que l'étoffe, à cet état de raideur, ne forme que des plis disgracieux.

Gome, s. m. Goître, et plus particulièrement signes diagnostiques de la maladie des animaux qu'on nomme *Gamije* (*V.* c. m.). — *Mostro lou gome,* on commence à distinguer, à reconnaître le goitre.

Gonle, s. m. Cuilleron de la châtaigne qui n'est autre chose qu'une châtaigne avortée, puisqu'elle a la même forme et toutes les parties entièrement semblables : la pulpe seule manque à l'avorton. — *Voy. Cuièïré.*

Gonle, gonlo, *adj.* Gauche; mal arrondi; de travers. — Se dit d'un corps sphérique ou cylindrique dont la ligne de circonférence est irrégulière.

Gorgo, s. f. Gouttière des toits; conduit d'une fontaine, en pierre ou en toute autre matière; tout déversoir des eaux pluviales.

Dans la bass. lat. *Gorga,* canal, dér. du lat. *Gurges,* gouffre.

Gorjo, s. f. Dim. *Gourjeto;* augm. *Gourjasso.* Bouche; intérieur de la bouche; gueule; gosier. — *Précha pér sa gorjo,* être sur sa bouche. *La gorjo li fumo,* la gueule lui pèle d'impatience de manger. *La gorjo dáou four,* l'entrée, la porte du four. *És cla coumo la gorjo dáou four,* il fait noir comme dans un four.

Dér. du lat. *Gurges,* abime, gouffre.

Gorjo-vira, ado, *adj.* Qui a la bouche de travers; difformité de la bouche.

Gormo, s. f. Morve, maladie terrible des chevaux.

Le lang., peu fort sans doute en hippiatrique, a emprunté ce mot au fr.; mais en changeant son acception. La gourme proprement dite est *las Poujolos.* — *V.* c. m.

Goubélé, s. m. — *Voy. Gouvélé.*

Goubio, s. f. Gouge; outil, ciseau de menuisier, d'ébéniste, de tourneur, de charpentier, etc., dont la lame est plus ou moins courbée sur le plat, et forme une portion de cercle, une sorte de canal.

Dér. du gaulois *Guvia* ou *Gugia,* m. sign.

Goudoumaron, s. m. Malotru, selon Sauvages; mais dans l'acception usuelle, il signifie homme peu civilisé, ours mal léché, un de ces gens qui ne disent rien et n'en pensent pas davantage. Nous croyons donc que Sauvages a poussé l'extension de ce mot jusqu'à la signification de malotru pour mieux justifier l'origine qu'il lui donne. D'après notre spirituel glossateur, il serait la corruption de la phrase anglaise *Good morow,* bonjour. Pendant l'occupation anglaise des provinces méridionales de la France, sous Charles VI et Charles VII, on subissait ce joug odieux avec impatience, et les envahisseurs étaient appelés ironiquement d'un surnom pris dans une de leurs phrases habituelles : bonjour. Plus tard, quand on voulut désigner un malotru, un être déplaisant, on le nomma *Goudoumarou,* comme l'on aurait dit : un Anglais.

A côté de cette interprétation s'en présente une seconde, moins ingénieuse sans doute, mais plus naturelle et plus en harmonie avec le vrai sens du mot aujourd'hui. Gaudemar est un prénom très-commun, très-familier au moyen âge, un individu de ce nom a bien pu servir de type à cette appellation ironique, comme l'on dit : un Blaise, un Gille, un Basile.

Goujar, s. m. Dim. *Goujardé;* péjor. *Goujardas.* Au fém. *Goujardo.* Goujat; aide-berger, qui aide à conduire les troupeaux; jeune garçon qui garde les cochons dans une ferme. Par ext. et injurieusement, polisson, petit drôle; vaurien.

Goujè (La), *s. f.* n. pr. de rue. La Gougé, rue de la ville d'Alais. Elle est nommée dans un titre de 1393 *la Gougia*, le nom n'est pas altéré. En vieux lang. *Goujo* voulait dire servante, puis jeune fille. Existait-il dans ce quartier anciennement quelque auberge dont une servante eût été assez remarquée pour donner son nom à une rue; ou s'y trouvait-il une ou plusieurs de ces filles que le vieux fr., aggravant l'acception par dénigrement, appelait gouges? La question n'est pas résolue, non plus que celle de la vraie étymologie du mot qui l'éclairerait peut-être.

Goulamar, ardo, *adj.* Paresseux; vaurien; batteur d'estrade; ce que sont les lazzaroni à Naples.

Paraît un augm. péj. tiré de *Gulo, Goulu.*

Goulu, gouludo, *adj.* Goulu; glouton; goinfre; qui mange avidement.

Dér. du lat. *Gulosus*, m. sign., de *Gula.*

Gouludije, *s. f.* Gloutonnerie; goinfrerie.

Gouma, *v.* Regorger; abonder; foisonner. — En terme d'agriculture, se dit de la sève d'un arbre qu'on greffe en flûte, lorsqu'elle remonte au-dessus de la virole de la greffe; ce qui prouve que l'opération est bien faite, puisque la sève, après avoir rempli hermétiquement l'espace entre la greffe et la branche dénudée, se répand au dehors.

Gouma signifie aussi former calus au-dessus d'une plaie.

Goumo, *s. f.* Gomme de toute espèce; substance collante, qui est un des principes des végétaux; sève des arbres.

Dér. du lat. *Gummi*, m. sign.

Gounèl, *s. m.* n. pr. Au fém. *Gounèlo*. — Sobriquet que l'on donne aux habitants des communes de l'arrondissement d'Alais au levant et au midi de cette ville, dans la direction de Nimes et d'Uzès. Ce n'est point là une appellation géographique comme *Raïol* et cévenol; mais un surnom railleur que les intéressés répudient, ou que leurs voisins leur donnent par dérision : il prend son origine dans cet esprit de rivalité qui se montra si fécond au moyen âge dans cet échange piquant de sobriquets. Ce nom au reste, qui porte en lui-même le cachet de son ancienneté, doit venir nécessairement d'un vêtement particulier qui distinguait ces populations. Les sources qui peuvent l'avoir fourni ne manquent pas : l'ancien fr. *Gone* ou *Gonne*, robe, et *Gonelle*, casaque d'homme pour la chasse, étaient au moins de même provenance, et le lang. *Gounèl* avait emprunté, comme lui, et en même temps, sa signification de tunique ou longue chemise, à la bass. lat. *Gonela, tunica, palla*, qui venait du lat. *Gunna*; en cambrique *Gwu*, en saxon *Gwonn*, en gr. Γοῦνα, ont une pareille signification. Le mot remonte loin : le vêtement qu'il désignait était connu partout. Dans nos contrées la mode de ces longs sarraux de laine ou de toile grossière, pardessus tout, pour hommes et pour femmes, s'était-elle plus longtemps conservée qu'ailleurs? avait-elle été reprise et distinguait-elle les habitants des quartiers dont nous avons parlé, à l'époque où l'on imagina d'en faire un sobriquet plaisant ou injurieux? Il importe peu d'en connaître au juste la raison, quand il suffit de savoir que l'appellation est due à une singularité de costume : la racine du mot le dit et c'est tout ce qu'il en faut.

Gour, *s. m.* Dim. *Gourdé* ou *Gourgué*; augm. *Gourguas*. Fosse d'eau dans une rivière ou un ruisseau; flaque d'eau de pluie ou d'inondation; mare. — *Susa coumo un gour*, être tout en nage. *Un gour dé sang*, une mare de sang. *Aquélo vigno és un gour dé vi*, cette vigne produit un fleuve de vin.

Dér. du lat. *Gurges*, gouffre.

Goura, *v.* Gourer; attraper; tromper; duper.

Gourdo, *s. f.* Gourde; calebasse; courge servant de bouteille.

Probablement, contraction de *Cougourdo* ou *Cougourlo*, du lat. *Cucurbita*, courge. — *Voy. Cougourlo.*

Gouré, *s. m.* Goret, petit cochon; porc; et par ext. en terme injurieux, Juif.

Dér. du gr. Χοῖρος, porc.

Gourga, *v.* Regorger d'eau; être abreuvé, imbibé à l'excès; tremper. — *Aquélo tèro gourgo*, ce champ est trop imbibé d'eau, l'eau ne peut s'y écouler ou y être absorbée.

Dér. de *Gour*.

Gourgnè, *n. pr.* et *adj. m.* Gournier. — *Moulí gourgnè*, moulin entouré de fosses d'eau. C'est le nom que portait un vieux moulin dont les ruines existent encore, sur l'emplacement duquel sont bâties quelques maisons en face de celle de l'administration de l'usine des Fonderies et Forges d'Alais. Il a donné son nom à tout ce territoire.

Gourgo, *s. f.* Bassin, réservoir d'eau de pluie ou de fontaine, pour servir à l'arrosage d'un jardin, d'une prairie.

Dér. du lat. *Gurges.*

Gourgonia, *v.* Grouiller; produire des borborygmes, des flatuosités dans les intestins. — *Un co dàou jour las tripos gourgoúïou*, littéralement, une fois le jour, les boyaux grouillent, c.-à-d. au fig., il n'est pas de caractère si doux, si calme, qui ne murmure, qui ne se fâche quelquefois.

Ce verbe paraît dérivé de *Gour*, par suite de la fausse idée que ce sont des amas d'eau qui clapotent dans les intestins, au lieu de gaz qui sont la véritable cause de ce grouillement.

Gourgoul, *s. m.* Chalançon, calandre, qui ronge le blé, *Curculio*, Linn., insecte de l'ordre des Coléoptères et de la fam. des Rostricornes. — *Voy. Courcoussoù.*

Dér. du lat. *Curculio*, m. sign.

Gourgoulí ou **Lèngasto**, *s. m.* Hippobusque du mouton, moustique des brebis, *Hippobosca ovina*, Linn., insecte de l'ordre des Diptères et de la fam. des Hanstelles ou Sclérostomes. Il est plat, rouge et de la forme d'une punaise; armé de crocs très-acérés et très-forts, qui pénètrent dans la peau; il vit sur le mouton et la brebis.

La *Lengasto* et le *Gourgovli* sont à peu près le même insecte ; quelque différence doit probablement les distinguer cependant, mais les deux noms sont également familiers aux bergers du pays — Voy *Lengasto*

Gourgoulina, v. Siroter, boire à petits coups et longtemps ; boire à la régalade ; gargariser ; proprement, boire au goulot d'une *gourgoulino*

Gourgoulino, s. f. Cruchon ; petite gourde ; biberon

Gourin, ino, adj. Vagabond ; libertin ; débauché ; ruffian ; fille de joie, coureuse ; gourgandine

Der. de *Goure*.

Gourina, v. Vagabonder, battre le pavé ; courir les mauvais lieux ; courir après les femmes débauchées ; faire le mauvais sujet.

Gourjado, s. f. Gorgée ; bouchée ; quantité de liquide qu'on peut avaler en une fois — *A bèlos gourjados*, à gorgées

Der. de *Gorjo*

Gourjè, èiro, adj. Qui a une large ouverture ; qui a un grand avaloir. — *Un sa gourje*, un sac large d'entrée. *Un moulaire gourje*, un crible à blé dont les trous sont fort larges et laissent passer trop de bons grains

Der. de *Gorjo*.

Gous, s. m. Goût ; saveur ; celui des cinq sens dont la langue est le principal organe.

Der. du lat. *Gustus*, m. sign.

Gousiè, s. m. Dim. *Gousièiré*. Gosier, partie intérieure du cou ; canal de la voix et des aliments.

Emp. au fr.

Gousta, v. m. Dim. *Goustade*. Goûter, petit repas entre le dîner et le souper. — Les travailleurs de terre à la journée font trois repas sur le chantier à partir du 15 février jusqu'au 1er novembre ; le déjeuner qui a lieu à 8 heures du matin et plutôt même dans les grands jours ; le dîner, invariablement à midi ; le goûter a 4 heures. Pendant le reste de l'année, le déjeuner est supprimé, le dîner a lieu à 9 heures et le goûter à 1 heure après midi.

Gousta, v. Goûter, c.-à-d. faire le repas dit Goûter, et non point Gouter pour déguster, qui se dit *Tasta*.

Der. du lat. *Gustare*.

Goustado, s. f. Goûter, lorsqu'il entraîne l'idée d'un petit régal, d'un gala, d'un extra quelconque, hors de l'ordinaire. C'est ordinairement un gala d'enfants, et aussi ce gala de certains artisans aisés qui se réunissent dans un cabaret où chacun apporte son plat. Ce mot enfin comporte l'idée d'un extra, mais modeste. L'habitude s'en perd dans la classe moyenne ; les mœurs ne plus à cette simplicité.

Gousto-soulé, phrase faite, s. m. Avare ; égoïste ; qui n'aime pas à faire part de son beurre.

Goustoùs, ouso, adj. Qui a du goût ; qui a bon goût ; savoureux ; appétissant ; qui flatte le goût. — S'emploie surtout en parlant du pain de ménage, en opposition aux dernières qualités du pain de boulanger, dont on a retiré la fleur et qui est fade

Der. de *Gous*.

Goutéja, v. fréq. Suinter, dégoutter ; tomber goutte à goutte

Der. de *Gouto*

Goutièiro, s. f. Voie d'eau à travers une toiture, causée par la fente d'une tuile ou son déplacement, par un trou — Le chéneau ou conduit sur les bords des toits appelé en fr. Gouttière se dit *Acandou* — V. c. m

Gouto, s. f. Dim. *Gouteto* Goutte, petit globule d'un liquide ; roupie ; par ext. et multiplication, petit verre d'eau de vie. — *Beoure la gouto*, boire la goutte, un petit verre de liqueur alcoolique quelconque.

Der. du lat. *Gutta*, m. sign.

Gouto-miougrano, s. f. Migraine, douleur, souvent périodique, qui affecte un côté de la tête.

Der. pour la seconde partie du mot, de son nom lat. *Hemicranica*, du gr. Ἡμικρανία, moitié du crâne.

Goutos (Las), s. f. plur. La goutte ; maladie ; fluxion âcre, douloureuse, avec gonflement, qui attaque les jointures, les articulations, les nerfs — *Las goutos estacados à l'os, durou jusqu'àou cros*, à la goutte point de remède ; elle dure jusqu'au tombeau

Gouto-séréno, s. f. Goutte-sereine ; amaurose, maladie des yeux qui entraîne la cécité.

Goutoun, s. f. n. pr. de femme. Goton ; dim. de *Margoutoun*, Margoton, qui sont eux-mêmes une variété familière et caressante de Marguerite ou *Margarido*.

Gouvélé, s. m. Mieux et plus usité que *Coubele*. Dim. *Gouvelete* Gobelet, vase rond à boire ; verre à boire. — Voy *Go*.

Der. du lat. *Cupella*, petite coupe

Gouvélétéja, v. fréq. Gobelotter ; buvotter ; boire souvent et à petits coups ; fréquenter les cabarets, y faire de longues séances.

Gouvèr, s. m. Gouvernement ; direction, maniement des affaires ; économie domestique ; reine ou mère-abeille d'une ruche, qu'on dit mieux *Maistro* ; maîtresse-branche d'un arbre ; principal rejeton d'une plante. — *Y-a pas ges dé gouvèr dinc aquel oustdou*, il n'y a pas d'ordre dans ce ménage. *Aquel miòou es de michan gouver*, ce mulet est mal aisé à gouverner.

Der. du lat. *Gubernatio*, de *Gubernare*, gouverner.

Gouvèrna, v. Gouverner ; commander ; diriger.— Quand un étranger entre dans une maison dont il ne connaît pas les habitants, il dit, par phrase faite : *Quòou çai gouverno?* Qui est le maître ici?

Gouvèrnamén, s. m. Gouvernement — Depuis le régime constitutionnel, ce mot a dû descendre dans tous les idiomes, comme tant d'autres appartenant à cette politique qui est à la portée de tous.

Gouvèrno, s. f. Gouverne ; règle, principe de conduite — *Pér ta gouvèrno*, pour te fixer, pour ta règle

Gra, *s. m.* Gré; volonté; bon plaisir; reconnaissance. — *Sàoupré gra*, savoir gré, être reconnaissant. *Dé bon gra*, volontiers; volontairement, de bon cœur. *Mé save bièn gra*, je me félicite, je suis heureux, content de... *Vous én save gra*, je vous en remercie.

Dér. du lat. *Gratum*, qui agrée.

Gracio, *s. f.* Grâce, faveur volontaire; remise de peine; grâce, agrément dans les personnes ou les choses, manières agréables, bonne tournure.

Graciouś, ouso, *adj*. Dim. *Graciousé*. Gracieux; affable; riant; poli; obligeant.

Dér. du lat. *Gratia*, grâce.

Gragnè, *s. m.* Dim. *Gragnèïré;* augm. *Gragnèïras*. Grenier à blé et autres provisions; non point grenier à foin et paille, qui se dit *Païè*.

Dér. du lat. *Granarium*, m. sign. de *Grana, Grano, Gran*.

Graïo, *s. f.* Corneille, nom sous lequel se rangent plusieurs espèces : la Corbine ou Corneille noire, *Corvus corone*, Linn.; le Freux, Fragonne ou Grolle, *Corvus frugilegus*, Linn.; et au besoin la Corneille mantelée, *Corvus cornix*, Linn.; celle-ci plus rare et bien reconnaissable par le gris cendré qui recouvre le dessus et les parties inférieures de son corps et tranche sur la robe commune toujours noire à divers reflets bleuâtres ou pourprés. Toutes ces corneilles, y compris le Freux malgré son épithète de *Frugilegus*, sont omnivores. Il n'est donc pas étonnant qu'avec tant d'autres points de ressemblance encore, elles puissent être souvent appelées *Courbatas* ou *Croupatas*, la première surtout qui est la plus grande et dont les appétits se rapprochent davantage de ceux du corbeau. — En v. fr. on disait aussi : Graille, tiré du lat. comme *Graïa, Gracula*, m. sign.

Graïoù, *s. m.* Graillon; odeur de la graisse fondue ou de celle qui tombe sur les charbons ardents; goût que conservent les ustensiles de cuisine qui ont servi à la préparation d'aliments gras et qui se communique à d'autres aliments maigres.

Dér. et sorte de dim. de *Graïsso*.

Graïssé, *s. m.* Farlouse, alouette des prés, pipi des buissons, *Anthus arboreus*, Linn., oiseau de l'ordre des Passereaux et de la fam. de Subulirostres ou Raphiorambes, plus connu sous le nom de Graisset ou Grasset, quoique Sauvages dise que c'est un barbarisme; car comment pourrait-on mieux nommer ce petit pied, si rond, si fondant, si délicat, si apprécié des gourmands, auxquels il faut d'ailleurs renvoyer pour le décrire et surtout en vanter l'excellence? si ce nom n'existait pas, ne faudrait-il pas l'inventer?

Graïsso, *s. f.* Péjor. *Graïssasso*. Graisse, substance animale, onctueuse, molle, huileuse. Au fig. embonpoint; excès; gras. — *Sé plan dé tro dé graïsso*, il se plaint que la mariée est trop belle. *És mort èmbé toutos sas graïssos*, il est mort avec tout son embonpoint. *És maldou dé tro dé graïsso*, il est malade de trop d'aise; il se meurt de gras fondu. *Aquélo roumano, aquélo mésuro an tro dé graïsso*, cette romaine, cette mesure (de longueur ou de capacité) font trop forte mesure, trop fort poids, c.-à-d. pèsent, mesurent ou contiennent plus que leur valeur nominale.

Graïsso-blanquo, saindoux, graisse de porc fondue.

Dér. du lat. *Crassus, crassa*.

Graïssoù, *s. m.* Cresson des fontaines, à petite fleur blanche et cruciale, *Sisymbrium nasturtium*, Linn., plante de la fam. des Crucifères siliqueuses.

Dér. du lat. *Crescere*, croître : permutation ordinaire du *C* en *G*.

Graïssouś, ouso, *adj*. Dim. *Graïssousé;* péj. *Graïssousas*. Graisseux; poisseux; gluant; enduit de graisse; taché de corps gras.

Grame, *s. m.* Dim. *Graméne*. Chiendent, *Triticum repens*, Linn., plante de la fam. des Graminées, commune dans les terrains gras et humides, dont la racine sucrée est employée en tisane, mais dont la présence dans un champ est une peste et le désespoir des agriculteurs, tant il est difficile de l'extirper et d'en purger la terre.

Dér. du lat. *Gramen*, gazon.

Gramécis, *phr.* faite, tantôt *s. m. adj*. ou *interj*. Grand merci! Grâces à Dieu! merci; remerciement. — *Gramécis à ieou qué vous sès pas toumba*, grâces à moi, si vous n'êtes pas tombé. *Gramécis qué l'doubre éro pas ndou, qué mé sèrièï ésquina*, fort heureusement que l'arbre n'était pas haut, sans cela je me serais cassé les os. *Aquò's lou gramécis*, voilà le remerciement que vous me faites, la reconnaissance que vous me témoignez. *Mé digué pas soulamén gramecìs*, il ne me dit pas seulement merci.

Graménas, *s. m.* Augm. de *Grame*, mais encore avec un sens plus étendu, car il signifie : une partie de terre, de champ, de pré, envahie et labourée par le chiendent qu'on ne peut extirper qu'à grand'peine. — Voy. *Grame*.

Gramo, *s. m.* Gramme; terme d'unité dans le nouveau système des poids et mesures, valant un peu moins de 19 grains.

Il n'est pas nécessaire de relever cette importation française on grecque, introduite dans la langue, par de nouveaux besoins.

Gran, *s.* de tout genre. Dim. *Grané, Granéto*. Aïeul, aïeule. — *Moun gran, ma gran*, mon grand-père, ma grand'mère. — *Ma gran la borgno*, ma mère l'Oie. — Voy. *Borgno*.

Il y a aussi comme dim. terme de familiarité et de caresse : *Moun grané* et *ma granéto*, mon petit bon papa, ma bonne petite maman.

Gran, *s. m.* Dim. *Grané*. Grain; nom générique, mais qui ne se dit guère qu'en parlant des céréales. Le grain de raisin se dit *Grun*.

Dér. du lat. *Granum*, m. sign.

Grana, *v.* Grener; monter en graine; produire beaucoup de grain; en terme de magnanerie, pondre. — *Lous parpaïoùs an bièn grana*, les papillons de vers-à-soie ont produit beaucoup de graine. *Lous pelousses soun granas, les herissons des châtaigniers ont déjà formé leur fruit. Las espigos soun grana los coumo de sâou,* les épis sont bien grenus. *Argen de jenno et be de campano, noun fleur es ni noun grano,* ou avec la variante, *si flouris noun grano, prov* qui ne témoigne aucune confiance en la prospérité de biens provenant de femmes ou de prêtres — il s'sous-entend sans doute les biens spirituels qui leur reviennent à plus juste titre, au moins comme compensation

Granadiè, s. m. Grenadier: soldat appartenant à la première compagnie d'un bataillon. Au fig. intrépide; audacieux; délibéré: se prend alors adjectiv.
Empr. au fr.

Granaïo, s. f. Grenaille; le plus menu plomb de chasse, cendrée. — *Escarta la granaio,* se permettre des propos grivois, licencieux, surtout devant les femmes et les enfants

Granâou, s. m. Grandin, graneau, gurnau, gronau ou bellicant. *Trigla gurnardus,* Linn., poisson de la Méditerranée, de l'ordre des Holobranches et de la fam. des Dactylés
Son nom fr. lui vient sans doute du bruit qu'il fait entendre quand on le prend : le lang ne serait qu'une sorte d'altération à sa manière.

Grané, s. m. Pois ou haricots cossés et secs — *Soupo dé granes,* soupe aux haricots. *Fégnan, vos de granes?* — *Oï! — Porto ta siéto. — Ne vole pas ges; paresseux, veux-tu manger? — Oui! — Avance ton assiette — Je n'en veux pas*

Granéto d'Avignoun, s. f. Grain du Nerprun. — *Voy Avignoun*

Grangala, v. n — Ne s'emploie qu'a l'infinitif et précédé de *Poudre pas.* On ne dit pas. *Grangala de fre, de se, de fan,* mais bien · *Pode pas grangala de fre, dé sé, de fan,* etc , je meurs de froid, de soif, de faim; ou mieux, le froid, la soif, la faim paralysent mes forces, je ne puis mettre un pied devant l'autre — Sauvages admet à la fois *Grangala* et *Poudre pas grangala,* l'affirmative et la négative, avec la même signification, ce qui nous paraît une erreur. Dans ce pays, on ne l'emploie qu'à la négative.

Granivou, adj. des deux genres. Terre à blé très-productive. où les céréales réussissent très-bien et produisent beaucoup de grain

Grano, s. f. Dim. *Granéto.* Graine, semence des plantes, des herbes, des fleurs ou des fruits; graine ou œufs des vers-à-soie. *Metre la grano,* mettre à couver, à incubation la graine des vers-à-soie. *Mounta en grano,* se dit des plantes potagères qu'on laisse monter pour porter et recueillir leur graine. On dit encore d'une jeune fille un peu mûre : *Réstara pér grano,* elle restera pour graine; ce qui n'est cependant qu'une contre-vérité flagrante : les filles, vouées à coiffer sainte Catherine, ne laissent pas souche. *Michanto grano,* mauvaise race, famille tarée.
Dér du lat *Granum*

Grano dé boudin, s. f. Coriandre, plante — *Voy. Couandro*
On met ses feuilles dans le boudin pour l'épicer de là le nom.

Grano dé capouchin, s. f. Cévadille, plante — *Voy. Cevadio*

Grano dé chapélé, s. f. Larme de Job ou larmille des Indes. *Coyx lacryma Jobis,* Linn., plante de la fam. des Graminées, exotique mais bien acclimatée, dont la semence est en forme de perle allongée vers ses pôles et de la grosseur d'un haricot. Cette graine est d'un gris perle veiné et luisant; en la perçant d'un bout à l'autre, on en fait de jolis chapelets. De là son nom.

Grano dé por, s. f. Grains de ladrerie, petite vessie ou aphte qui se manifeste dans l'intérieur des muscles du porc Les languéyeurs les reconnaissent sur l'animal vivant à la racine de la langue et à l'intérieur des paupières. Sauvages prétend que cette maladie n'altère en rien la qualité de la viande et qu'elle peut être mangée sans inconvénient; cependant l'opinion générale lui est contraire, ou du moins le préjugé. Toujours est-il que c'est cette opinion qui a créé la profession de languéyeur; car celui-ci n'a pas d'autre utilité que de signaler ce vice. Et cette constatation a paru tellement importante à nos pères que de leur temps les languéyeurs étaient des fonctionnaires assermentés et on leur octroyait le titre de Conseillers du roi Au surplus, la loi, après les coutumes, a fait de la ladrerie un vice rédhibitoire.

Granouïo, s. f. Dim *Granouieto,* Grenouille, *Rana,* Linn , reptile de l'ordre des Batraciens et de la fam des Anoures. On en existe plusieurs variétés qui sont confondues sous ce nom.
Granouio signifie encore : Crapaudine, pièce de fer ou de fonte, en forme de dé, sur laquelle porte et tourne le tourillon ou le pivot d'une porte cochère, ou celui d'un joug de cloche.
Las granouios se dit du râle qui se fait entendre dans le gosier des moribonds, et qu'on a comparé au coassement des grenouilles.
Dér. par une formation régulière, du lat. *Ranula,* dim. de *Rana,* m. sign.; avec le G paragogique.

Grâou, s. m. Le Grau: nom que l'on donne aux embouchures par lesquelles le Rhône se déverse dans la mer. — *Lou Grâou,* n pr., désigne plus particulièrement le Grau du roi, le Grau d'Aigues-mortes, *lou Grâou ddou rèi,* tout récemment érigé en commune, et qui acquiert chaque jour plus d'importance à cause de l'affluence des baigneurs. Se relie à la ville d'Aigues-mortes par le canal Saint-Louis, sur lequel ce roi de France s'embarqua pour sa dernière croisade.
Le mot *Grâou* pourrait n'être qu'une forme analogue à *Gravo, Gravas,* qui a donné Gravier et Grève au fr., ou une permutation, comme il s'en produit beaucoup, de *Crâou,* la Crau (*V.* c. m.); on propose aussi de le faire

dériver du lat. *Gradus*, emportant le sens de rade, baie, port. Ces diverses interprétations peuvent convenir.

Grâoufigna, *v.* Égratigner. — *Voy. Engrâoufigna* et *Engrâouta*.

Grâoufignado, *s. f.* Égratignure; coups de griffe. — *Voy. Engrâoutado*.

Grâougnâou, *s. m.*, ou **Bécar**. Goujon, Bouillerot, *Cyprinus gobio*, Linn., petit poisson de rivière de l'ordre des Holobranches et de la fam. des Gymnopomes, à opercule lisse. — *Voy. Bécar*.

Grâoula, *v.* Miauler comme un chat en colère ou en humeur; rouler la voix; geindre fortement; bourdonner.

Ce mot est probablement une onomatopée du miaulement du chat en colère, comme *Midoula* est celle de son cri mignard et caressant.

Grâoulaïre, aïro, *adj.* Enfant pleurard; grognon, qui ne cesse de grogner et de geindre.

Grâoule, *s. m.*, ou **Cabridan**. Frelon, la plus grosse espèce de guêpes, *Crabro*, Linn., insecte de l'ordre des Hyménoptères et de la fam. des Ptérodiples. — Il y en a un jaune et un autre noir; ce dernier est le plus venimeux. Ces insectes sont forts et carnassiers et détruiraient un grand nombre de mouches, d'abeilles surtout, si leur vol lourd et bruyant n'avertissait leur proie de l'approche du danger.

C'est sans doute ce bourdonnement incommode qui a inspiré les acceptions et les locutions dans lesquelles il intervient au fig. — *A la tèsto pléno dé grâoules*, c'est un brise-raison, un querelleur, il a mille rats dans la tête; par suite, *un grâoule* est un caprice, un accès de frénésie; une lubie.

Dér. du lat. *Crabro*, frelon.

Grâouléja, *v.* fréq. Perdre la tramontane; faire le fou, l'étourdi, la mauvaise tête.

Grâoulije, *s. f.* État de celui qui a des lubies, des caprices; caractère étourdi, tapageur, brise-raison,

Grâouloùs, ouso, *adj.* Dim. *Grâoulousò*. Capricieux; querelleur, tapageur; écervelé; évaporé; qui a des lubies.

Grâouméto, *s. f.* Gourmette, chainette de fer qui tient au mors de la bride.

Emp. au fr.

Grâoumia (Sé), *v.* Se gratter à la manière des gueux et des pourceaux, en se frottant contre un mur ou contre un arbre la partie qui démange, ou en faisant un tour d'épaule qui déplace et distrait la vermine qui cause cette démangeaison.

Grâouséiè, *s. m.* Groseillier, *Ribes uva crispa*, Linn., arbuste épineux de la fam. des Groseilliers, dont on connaît plusieurs variétés : le Groseillier à maquereau, fruit blanc, *Ribes grossularia*, Linn.; le Groseillier à fruits rouges, *Ribes rubrum*, Linn.

Dér. du lat. *Grossularia*.

Grâousèio, *s. f.* Groseille, fruit du groseillier. — On sait quelles confitures on en fait.

Grâoutoù, *s. m.* Cretons; petits morceaux de viande maigre de la panne du porc qui est le résidu de la graisse fondue. Avec ces cretons racornis et rissolés, on assaisonne une fouace ou galette, *Fougasso dé grâoutoù*, dont on est friand dans le pays.

Formé d'un dimin. de l'adj. *Gras*.

Grapado, *s. f.* Poignée de grains, autant que la main peut en contenir.

Grapâou, *s. m.* Dim. *Grapâoudé;* augm. et péj. *Grapaïas*. Crapaud, *Bufo*, Linn., famille assez nombreuse des Anoures, de l'ordre des Batraciens, plus laide que venimeuse, qui ressemble beaucoup à la grenouille, avec laquelle on peut les confondre.

Grapdou et son dim. *Grapaïoù* s'appliquent à un jeune polisson, un drôle, incommode, insolent, qui se démène et prend des airs d'importance, un Gavroche, un jeune voyou.

Dér. du lat. *Crepare*.

Grapasses, *s. m. plur.*, ou **Grapiè**. Criblures du blé; grains non dépouillés de leur balle, qu'on fait venir à la superficie par le mouvement de rotation du crible appelé *Moundaïre*, parce qu'ils sont plus légers que les autres en égard à leur volume. Le cribleur les enlève à petites poignées, *à grapados*. De là le nom de *Grapasses*.

Grapiè, *s. m.*, ou **Grapasses**. Quantité, ensemble des criblures du blé, pris et considéré en masse et comme résidu de récolte.

Grapil, *s. m.* Grapin, outil en forme de pelle à douille et à branche recourbée, armée de trois larges dents à son extrémité, pour creuser les graviers dans l'eau.

Dér. de l'allem. *Greifen*, prendre, saisir.

Grapos (Las), *s. f. plur.* Maladie de la race chevaline, sorte de dartre croûtée, qui se forme au-dessus du sabot, entre le sabot et la naissance du poil.

Gras, grasso, *adj.* Au plur. *Grasses, grassos*. Gras; qui a beaucoup de graisse; qui a de l'embonpoint; enduit, couvert de graisse; trop large, excédant une certaine proportion, un certain degré; en parlant d'un terrain, fertile, argileux; *subst.* gras par opposition à maigre; jours où il est permis aux catholiques de manger de la viande. — *Mésuro grasso, pés gras*, mesure, poids trop fort *(Voy. Graïsso)*. *Acdou grasso*, chaux hydraulique *(Voy. Acdou)*. *Ès gras dou lard*, il est rond de graisse. *Parla gras*, grasseyer. *Manja gras*, faire gras, manger de la viande.

Gras, en parlant des vers-à-soie, se dit d'une maladie dont ils sont atteints et qui n'est autre chose qu'une dissolution, c.-à-d. que la liqueur visqueuse qui leur sert en quelque sorte de sang se transforme en sérosité. On appelle le sujet ainsi malade *Gras* ou *Jâoune*, aujourd'hui mortflac, et le mal qui répand tant de terreur et fait tant de ravages dans nos éducations séricicoles, *la Flacherie*.

Dér. du lat. *Crassus*, m. sign.

Grasâou, *s. m.* Dim. *Grasalé*. Petite auge en bois ou en pierre pour servir d'abreuvoir aux poules. C'est ordinairement une pierre de grès carrée et creusée dans le milieu, en forme de mortier.

Dér. de *Grés :* aussi dans certaines localités, on dit *Grésdou*, dont *Grasdou* n'est qu'une variante ou une corruption.

Grasia, *v.* Griller ; faire rôtir sur le gril.

Grasiado, *s. f.* Grillade ; tranches de viande cuites sur le gril.

Grasio, *s. f.* Gril, ustensile de cuisine, petite claie en minces lames ou baguettes de fer propre à faire rôtir la viande.

Dér. du lat. *Craticula,* m. sign.

Grata, *v.* Gratter ; racler ; frotter avec les ongles ; ratisser. — *Grata la tèro*, égratigner la terre, l'effleurer seulement, lui donner un labour trop léger. *Qué sé grato ounté sé prus, faï pas tor én déngus,* prvb., pour se gratter à l'endroit qui démange, ce n'est offenser ni faire tort à personne.

Dér. de l'allem. *Kratzen,* gratter.

Gratadisso, *s. f.* Démangeaison ; action de gratter.

Gratassa, *v.* fréq. de *Grata.* Gratter ; remuer la terre à la manière des poules.

Gratèlo, *s. f.* Gratelle, petite galle ; démangeaison opiniâtre.

Grati (A), adv. Gratis ; gratuitement, sans qu'il en coûte rien ; de pure grâce.

Dér. du lat. *Gratis,* m. sign.

Gratiou, *s. m.* Chatouillement. —*Voy. Cassiou.*

Grato-Quiou, *s. m.* Gratte-cul, Cynorrhodon, fruit du rosier et de l'églantier. On en fait des conserves estimées.

Gratusa, *v.* Chatouiller ; raper du sucre ; chapeler du pain.

Dér. de *Grata.*

Grava, ado, *adj.* Marqué par la petite vérole ; qui a la figure grêlée.

Dér. du gr. Γράφειν, écrire.

Gravas, *s. m.* Au plur *Gravasses;* dim. *Gravassoù, Gravèïroù*. Large étendue de grève sur les bords d'une rivière.

Augm. de *Gravo.*

Gravèïroù, *s. m.,* ou **Gravèïrolo,** *s. f.* Dim. de *Gravo* et de *Gravas.*

Gravénas, *s. m.* Augm. de *Gravo* et de *Gravas.* Au plur. *Gravénasses.*

Ce mot n'est pas employé à désigner les larges grèves d'une plage, mais bien les dépôts de graviers que les inondations font sur le littoral fertile qu'elles changent en lande stérile.

Gravéto, *s. f.* Dim. de *Gravo.* — Ne s'emploie guère que pour désigner un coin de grève uni, couvert d'un sable fin, propre et argenté, tel qu'en choisissent les lessiveuses pour établir leur atelier et pour étendre le linge.

Graviè, *s. m.* Large grève ; gravier ; sable.

Gravièïro, *s. f.* Grève, mais seulement dans le sens de voirie, parce que c'est sur les grèves qu'on jette communément les charognes des équarisseurs.

Gravo, *s. f.* Grève ; gravier ; gravois ; terrain mêlé de sable gros et menu, de cailloux et de petits galets, aux bords d'une rivière.

Du mot simple aux composés et dérivés, diminutifs, augmentatifs ou péjoratifs assez nombreux, les variétés devaient aussi être fécondes en noms propres soit d'hommes, soit de lieux. Pour notre seul département, plusieurs communes, villages, hameaux, ruisseaux, dans toutes les directions, se rattachent à cette forme par La Grave, les Graves, le Gravas, Les Graventes, Le Graveron, Le Graveson, Le Gravil, Gravillargues. Partout, comme noms de personnes ou de famille, ont pris naissance par une inspiration semblable, ceux de La Grave, de Graves, Dugravier, Graveirole, Gravezon, qui portent un cachet méridional, et Lagrève, Grève, Grevin et Grévy, qui ont dû être donnés au nord au delà de la Loire pour nous, et qui sont identiques.

Dér. de la bass. lat. *Graveria,* m. sign., du lat. *Glarea.*

Grè, *s. m.* Grec, espèce de raisin. — *Lou grè* est peu fertile ; ses grappes ne sont jamais bien fournies en grains, qui sont blancs, ovoïdes et les plus gros que l'on connaisse. On le met ordinairement en bocaux avec de l'eau de vie pour faire du ratafiat. Il ne doit pas être confondu avec *lou musca grè*, qui est une variété.

Gréfiè, *s. m.* Greffier ; secrétaire ; clerc de notaire, d'avoué ; scribe.

Grâce à son origine sans doute du gr. Γραφεὺς, écrivain, de Γράφειν, écrire, ce mot a pris plus d'extension que son correspondant fr. ; mais il n'est pas allé jusqu'à Greffe, pour ne pas dévier de sa racine.

Gréfuio, *s. m.* Houx, arbre. — *Voy. Agrévou.*

Gréïa, *v.* Germer ; bourgeonner ; pousser, lever en parlant des plantes, des semailles. — *Mous pèses mé grèiou,* j'ai les pieds gelés.

Dér. probablement du gr. Δριάω, pousser, croitre.

Grèïé ou **Grïé** ou **Gril,** *s. m.* Grillon, cricri, *Gryllus,* Linn., insecte de l'ordre des Orthoptères et de la fam. des Grilloïdes. — Le grillon domestique et le grillon des champs sont la même espèce, mais la manière de vivre a modifié leurs goûts et changé leurs habitudes ; de plus l'habitant de la campagne que devrait brunir le soleil est moins noir que l'hôte du foyer. Tous deux ont cette espèce de chant aigu et monotone qu'on leur connaît ; mais le mâle seul a cette faculté et il le produit en imprimant une vibration rapide à ses élytres, qui frappent deux membranes tendues en forme de timbales.

Le nom lat. *Gryllus,* qui semble une onomatopée, a fait le nom lang.

Grèïé, *s. m.* Dim. de *Grèl.* — *Voy. Grèl.*

Grèïo, *s. f.* Taillis coupé depuis moins de cinq ans et dans lequel le parcours des troupeaux est fort dommageable, et très-sévèrement prohibé.

Grél, *s. m.* Dim. *Grélé*. Bourgeon qui s'épanouit; jeune pousse, rejeton; germe d'ognon; cœur de chou, de céleri, de salade. — *Léva lou grél*, au fig. se redresser; s'énorgueillir après une disgrâce; reprendre vie et vigueur après une forte maladie, comme un jeune rejeton flétri par l'orage ou la gelée se redresse par un beau soleil ou une pluie salutaire.

Dér. de *Gréïa*.

Gréla, *ado, adj.* Marqué de la petite vérole; grêlé; qui a été frappé, gâté par la grêle. Au fig. qui a un aspect misérable; qui manque de tout confortable; qui dans toute sa tenue présente les signes du malaise.

Dér. du lat. *Gracilis*, grêle, ou *Fragilis*, frêle.

Gréla, *v. impers.* Grêler, quand il tombe de la grêle; *v. a.*, frapper par la grêle, gâter par la grêle.

Grélo, *s. f.* Grêle, pluie gelée, tombant en grains plus ou moins gros. Au fig. personne méchante; misère. — Ce météore désastreux inspire une telle terreur superstitieuse parmi les habitants agricoles, qu'ils n'oseraient prononcer son vrai nom, et qu'ils le désignent par la périphrase de *michan tén*. Il en est de même pour la maladie des vers-à-soie, la muscardine : ils ne disent pas *dé muscardins*, mais *aquélo michanto méno*.

Se dit en lat. *Grando, grandinis*, que l'on soutient être, comme notre mot lang., une onomatopée du bruit que fait la grêle en tombant sur les toits.

Grélò, *s. m.* Dim. *Grélouté*. Grelot, boule de métal creuse et bruyante.

Gréou, grévo, *adj.* Lourd; pesant. Au fig. rude; difficile; pénible; fâcheux; chagrinant; insupportable. — *Aquò m'és bièn dé gréou*, cela m'est un grand crève-cœur.

Dér. du lat. *Gravis*, m. sign.

Grèpi, *s. m.* Onglée, engourdissement des doigts causé par le froid.

D'après Astruc, le mot est celtique.

Grèquo, *s. f.* Chignon de femme très-relevé sur la tête et qui donne au bonnet qui la couvre la forme d'un cimier de casque. — Cette coiffure, qui ressemble assez à la coiffure grecque ancienne, fut un instant à la mode en France où on la nomma la grecque. La mode passée, le lang. n'en a pas moins continué à appeler *Grèquo* toute protubérance de cheveux en forme de crête.

Grés, *s. m.* Grès, pierre composée de très-petits grains de quartz, agglutinés par un ciment, qui fait feu sous le briquet. — *Téraïre dé grés*, terrain graveleux : c'est celui qui produit le meilleur vin et qui a le plus de chaleur intérieure, aussi la germination y est-elle plus précoce. Il y a plusieurs natures de ce terrain dit *Grés;* la plus commune dans notre pays, où elle est en général employée en vignobles, est un pudding rouge composé d'un gluten d'argile et de cailloux blancs et ronds. *Gagna lou grés*, prendre la fuite, se cacher comme un malfaiteur ou un déserteur.

Dér. du celtique *Craig*, caillou.

Grésa (Sé), *v.* Se candir; se cristalliser; se tartariser, se garnir de tartre comme font les confitures, le miel, toutes les substances sucrées, ainsi que les futailles. — *Grésa, ado*, pris adj. ou comme part. pass. Aviné, tellement adonné au vin qu'il semble gagné par le tartre. — *A l'éstouma grésa*, dit-on dans ce sens, d'un ivrogne, en supposant par hyperbole que les parois de son estomac se sont enduites de tartre, comme celles d'un tonneau.

Grésil, *s. m.* Dim. *Grésïé*. Grain de sable ou de gravier, pris dans son unité, tel que ceux qui entrent dans les yeux par un grand vent, ou qui pénètrent dans la peau des pieds quand on marche sur le sable ou qu'on passe une rivière à gué.

Ce mot n'a rien de commun avec le fr. Grésil, menue grêle, quoique l'un et l'autre dérivent de la même racine et soient des dim. de *Grés, lou grés*

Gréso, *s f.* Tartre, acide cristallisé du vin. — Cette concrétion est due plutôt au long séjour du vin dans une même futaille qu'à sa qualité. C'est le défaut général de nos vins du crû qu'on soutire rarement, ce qui leur procure une âpreté qui nuit beaucoup à leur qualité. — *Dé vi for dé gréso*, du vin tartareux. *Aïçò's un pàou for dé gréso*, dicton, celle-ci est difficile à avaler, en parlant d'une histoire que l'on vous conte, sans doute comme un vin qui est *for dé gréso*.

Le tartre qu'on détache des tonneaux sert à fabriquer la crème de tartre qui est employée en teinturerie et en pharmacie.

Cette incrustation cristallisée a quelque ressemblance avec la composition du caillou, *Grés*, dont la base est le quartz; le nom pourrait bien avoir pris là sa dérivation.

Grïa, *v.* Griller, enclore de grilles; poser une grille, un grillage; et non faire une grillade, qui se dit *Grasïa*.

Gribouïa, *v.* Gribouiller; faire un gribouillage, soit par une mauvaise écriture, soit en traçant toutes sortes de figures, de traits ou de lignes sans forme ni sens.

Gribouïaje, *s. m.* Gribouillage, action décrite par le verbe précédent.

Gribouïo, *s. m.* Sot, niais; qui gribouille; qui confond et brouille tout. — *És fi coumo gribouïo*, rusé comme gribouille, qui se jette dans l'eau pour éviter une ondée, qui se met nu pour se garder du froid.

Grïé, *s. m.* Grillon, insecte. — *Voy. Gréïé.*

Grifa, *v.* Frotter ou gratter avec la main, fortement et à plusieurs reprises; griffer, égratigner, donner un coup d'ongle ou de griffe; battre quelqu'un, en combinant les deux acceptions.

Dér. du fr. *Griffe*.

Grifado, *s. f.* Égratignure, coup de griffe ou d'ongle; volée de coups; correction manuelle.

Grifaïre, aïro, *adj.* Qui frotte, qui gratte fortement avec la main; qui lime.

Grifou, *s. m.* Bigarreau, espèce de cerise à chair ferme, grosse, croquante et bariolée de blanc et de rouge.

Grimaça, v. Grimacer, faire des grimaces; faire de faux plis; avoir de fausses tournures, en parlant des vêtements, draperies ou chaussures.

Grimaciè, ièïro, adj. Grimacier; qui fait ordinairement des grimaces; qui se contrefait, se contorsionne; dissimulé; hypocrite, au fig.

Grimaço, s. f. Grimace, contorsion du visage; mauvais plis. Au fig. feinte, dissimulation; affectation maniérée.

Grimâou, s. m. Au fém. *Grimâoudo.* Sorcier, jeteur de sorts, comme le préjugé en attribue le pouvoir aux vieux bergers.

Ce mot a une racine commune avec le fr. Grimoire, qui peut fort bien être ou du moins se rapprocher beaucoup du bas-lat. *Rimare* ou *Rimaria*, rimer et livre rimé, parce que, au moyen-âge, les grimoires ou livres de prophéties s'écrivaient en vers et en octaves, témoin Nostradamus et autres, à l'instar des oracles sibyllins. *Grimdou* peut aussi dériver de l'ital. *Grimo*, vieux, ridé, grime de théâtre. Qui sait même si le mot précédent *Grimaço* n'aurait pas dans ces deux interprétations quelque chose à prendre? Charles Nodier voulait le tirer de *Rima*, ride, par l'addition du G paragogique, comme de *Ranula* on a fait *Granoûio*.

Grimouèno, s. f. Aigremoine, *Agrimonia cupatoria*, Linn., plante de la fam. des Rosacées, médicinale, commune dans nos pays et qui croît de préférence dans les lieux humides et ombragés.

Son nom lat., par apocope, a donné le nom lang.

Grioule ou **Ra-grioure,** s. m. — *Voy. Ra-grioule.*

Grìôou, s. m. Recoupes ou son gras qui contient encore beaucoup de farine après qu'on en a tiré la fleur pour faire le pain de première qualité.

Gripé, *.* m. Dim. *Gripétoù.* Lutin badin, farfadet, être imaginaire de la mythologie féérique du moyen-âge. C'est le Trilby cévenol, qu'il faut se garder de confondre avec *lou Fantastì*, *lou Draqué* et surtout la *Roumèquo*. Les vrais languedociens ne commettent pas cette erreur. *Lou Gripé* est un être essentiellement malicieux, mais non méchant, plutôt serviable que faiseur de noirceurs; tandis que *lou Fantastì*, dont le nom rappelle les fantômes, les revenants qui reviennent de l'autre monde pour faire peur; *lou Draqué*, qui signifie l'antique dragon de la Fable ou de l'Écriture; la *Roumèquo*, espèce de Némésis hideuse qui personnifie le remords, la ronce, l'épine de la conscience, *roumèc*, vieux mot; toutes ces créations imaginaires, et encore *lou Babdou, la Babarogno,* inspiraient une superstitieuse terreur aux grands et aux petits enfants des montagnes, comme leurs noms seuls, inventés pour les mieux enlaidir, et semblaient être les symboles de la plus noire méchanceté. *Lou Gripé* apparaissait au contraire dans cette capricieuse hiérarchie comme un petit génie souvent bienfaisant et toujours folâtre dans ses malices, se plaisant à faire des niches aux jeunes filles, familier presque et accompagnant ses métamorphoses ou ses bons tours d'un bruyant *cacalas,* et se moquant des paniques qu'il causait. Le théâtre de ses exploits, c'étaient les campagnes, les fermes, le foyer rustique : l'histoire de ses apparitions charmait les veillées. Son nom est devenu synonyme d'enfant espiègle, éveillé, jeune et aimable lutin.

La légende populaire du farfadet *raïol* est, dans *las Castagnados,* une des plus poétiques et des plus heureuses inspirations de LA FARE-ALAIS.

Gripio, s. f. Crèche; mangeoire des chevaux et des bœufs. — On dit au fig.: *A sa gripio bièn garnido,* il a du foin dans ses bottes.

La bass. lat. avait *Greppia*, m. sign.; mais d'où venait ce mot qui fournissait le nôtre? Quelques-uns pensent du lat. *Crates*, ratelier; d'autres, du gr. Κρατέω, contenir, ou de Γραίνω, manger.

Gris, griso, adj. Dim. *Grise;* augm. *Grisas.* Gris; couleur grise, cendrée; mélangée de noir et de blanc. Quant à toutes les autres nuances fondues, le gris prend mille différents noms par suite de cet esprit de confusion qui règne en lang. sur l'appréciation des couleurs : *gris-blu, gris-jâoune, gris-nègre, gris-rouje, gris-vèr,* etc., même dans les demi-teintes. Au fig. et au fém., chose déplaisante, mauvais trait. — *M'én a fa uno griso,* il m'a fait une avanie. — *N'aï vis dè grisos,* j'en ai vu de cruelles.

Dér. de la bass. lat. *Griseus,* m. sign.

Grisé, s. m Nom familier qu'on donne à l'âne, dont le fr., pour la même cause de la couleur de son pelage, a fait aussi Grison.

Griséja, v. Tirer sur le gris, avoir une teinte grisâtre.

Grisèl, èlo, adj. Grisâtre, qui tire sur le gris. — Est devenu n. pr.

Griséto, s. f. Grisette, jeune fille, jeune ouvrière.

Grisoù, s. m. Grisou, gaz inflammable, explosible et détonnant qui s'infiltre dans les mines et prend feu souvent à la lampe des ouvriers en causant de grands ravages et de graves accidents.

Ce mot semble une corrupt. de *Brisoù,* qui est aussi un des noms de ce gaz, parce que ses explosions brisent et renversent tout. Serait-il ainsi appelé peut-être parce que sa présence dans la mine donne aux lumières une teinte grisâtre?

Grivo, s. f. Grive. — Ce mot, pur fr. inconnu au lang. de Sauvages, est aujourd'hui de mise pour désigner les diverses espèces de Tourdre : celui-ci est plus particulièrement la Litorne, *Turdus musicus,* Linn. — *Voy. Tourdre.*

Grivouès, ouèso, adj. Grivois; éveillé, alerte. — Ne se prend pas dans le sens de grossier, licencieux, mais dans celui de bon drôle.

Gros, grosso, adj. Dim. *Groussé;* péj. *Groussas.* Gros; épais; enflé; qui a beaucoup de volume. — *Fénno grosso,* femme grosse, enceinte. *Lou Gardoù's gros,* la rivière est enflée. *Faï la grosso,* il grossoie, il écrit en gros, en parlant d'un écolier. *Lous grosses,* les notables d'un endroit, les gros personnages.

Dér. du lat. *Grossus,* m. sign.

Gros, *adv.* Gros ; fort. — *Gagna gros*, gagner gros. *Fiala gros*, filer du gros fil. *En gros*, en gros, en bloc. *De gros en gros*, sans examiner, sans peser ; en gros.

Grosso, *s. f.* Grosse, douze douzaines d'une marchandise qui se compte ; écriture grossoyée, en gros caractères ; expédition d'acte, en terme de pratique.

Grouga, *v.* Frayer, féconder en parlant des poissons, pour désigner l'acte par lequel le mâle féconde le frai de la femelle. Au fig. muser ; rester tranquille ; bayer aux corneilles, comme fait le poisson qui en stationnant, immobile, semble endormi quand il fraie.

Racine très-incertaine : on le prétend celtique.

Grougadis, isso, *adj.* — Se dit de la place favorable aux poissons pour frayer, pour déposer leur frai ou leurs œufs ; plus directement, qui grouille, qui fourmille.

Grougna, *v.* Grogner ; grommeler comme certains animaux. Au fig. murmurer ; gronder ; être de mauvaise humeur. — *Moun ventre grougno de fan*, la faim donne des borborygmes à mon estomac.

Dér. du lat. *Grunnire*, grogner comme les porcs ; d'où le fr. a fait *Grouin*, groin.

Grougnadisso, *s. f.* Grognerie prolongée ; grognement, au pr. et au fig.

Grougnaire, aïro, *adj.* Péjor. *Grougnairas.* Grogneur ; d'humeur grogneuse.

Grougnoun, *adj. des deux genres.* Grognon, qui grogne ; qui aime à gronder.

Grouiè, *s. m.* Savetier ; mauvais cordonnier en vieux ; rapetasseur.

Comme ceux de presque toutes les professions, ce mot a donné naissance à quelques noms propres : Grollier, Groulier, Groulard, Groulart, Grolée.

Groulo, *s. f.* Dim. *Grouleto* ; péj. *Groulasso*. Savate ; vieux soulier éculé et déformé. — *Metre soun soulié en groulo*, porter ses souliers en pantoufle, c.-à-d. en abattant le quartier, ce qui est une preuve de mal au pied, et par ext. de maladie vraie ou fausse. *Rabata la groulo*, traîner la savate ; au fig. être tombé dans la misère.

Dér. du gr. Γρύτη, vieux soulier.

Grouman, ando, *s. et adj.* Péj. *Groumandas.* Gourmand ; qui aime, apprécie et recherche la bonne chère, les bons morceaux ; friand. — *Las trufos soun groumandos*, les pommes de terre demandent beaucoup d'assaisonnement.

L'étymologie de ce mot n'a pas été sans donner beaucoup d'embarras aux chercheurs. Ménage est porté à la prendre dans le celtique, ainsi que Casenœuve. Saumaise le prétendait originaire du persan *Gour* ou *Chour*, signifiant Mangeaille, et *Mand*, addition attributive : d'où *Kourmand*, manger. Camden le fait dériver du breton *Gormod*, trop mangeur ; le Kimri *Guyar*, et le gallois *Gaor* auraient fourni la racine : l'assertion de Ménage pourrait donc être juste.

Groumandije, *s. f.* Gourmandise, péché capital.

Groumandiso, *s. f.* Friandise ; bonbons ; mets délicat.
— Ne signifie pas Gourmandise.

Groumèl, *s. m.* Morve épaisse et en grumeaux, telle qu'elle pend au nez des enfants mal soignés.

Dér. du lat. *Grumus* ou *Grumellus*, grumeau, caillot.

Groussiè, ièïro, *adj.* Grossier ; mal élevé ; qui a des manières rudes, des airs communs ; rustre ; rude au toucher ; épais. — *L'stofo groussièiro*, étoffe grossière, dont la trame est grosse. *Groussiè coumo pan d'ordi*, poli comme les portes d'une prison.

Dér. de *Gros*.

Groussoù, *s. f.* Grosseur ; état, volume de ce qui est gros.

Gru, *s. m.* Corroi de mortier, composé de chaux bien éteinte et de sable bien grenu, dont on fait des pavés grossiers, mais d'une grande consistance quand ils sont bien manipulés ; espèce de glacis. Plus le corroi est grossier plus il a de chances de durée.

Gruda, *s. m.* Gruau, froment monde, c.-à-d. dépouillé de sa pellicule au moyen du moulin a gruan. — On en fait d'excellent potage, et il est la base de ce mets local appelé *Cassolo*. — *Voy.* c. m.

Dér. de la bass. lat. *Grutum*, m. sign.

Gruda, *v.* Monder du froment, du riz, etc., pour en faire du gruau ; égrapper la vendange dans les cornues pour séparer le grain de la rafle ; ce qui se fait au moyen d'un bâton disposé en forme de trident. Cette opération a pour objet de préserver le vin de l'âpreté qu'il contracterait dans la cuve si la rafle était mêlée au moût pendant son ébullition.

Grudaïre, *s. m.* Moulin à gruau. Sa meule est un cône tronqué, qui tourne sur elle-même et autour d'un pivot où elle est fixée.

On appelle aussi *Grudaire*, l'égrappeur de vendange, d'après le procédé indiqué à l'article précédent.

Grumèou, *s. m.* Trumeau de bœuf, terme de boucherie ; la partie du devant de la poitrine, entre les jambes, morceau très-gras et délicat.

Grumo, *s. f.* Grains de raisin, pris dans leur ensemble à la vendange. — *Aquò's de poulido grumo*, voilà de belle vendange.

Dér. du lat. *Grumus*, grumeau.

Grun, *s. m.* Grain de raisin, grain de chapelet. — *Toumba un grun*, boire un coup ou plutôt plusieurs.

Gudos, *s. f. plur.* Petites fourches pour soutenir et arcbouter les claies d'un parc à brebis.

Paraît être une altération de *Ajudo*, aide, soutien.

Guèïno, *s. f.* Gaîne, coulisse de jupe ou de tout autre vêtement.

Dér. du lat. *Vagina*, m. sign.

Guènche, èncho, ou **Guinche, incho**, *adj.* Louche, qui a les yeux de travers ; affecte de strabisme.

Guènla, *v.* Chevroter ; bêler comme la chèvre.

Guéréja, *v. fréq.* Guerroyer, faire la guerre.

Guèriè, ièïro, *s. et adj.* Guerrier; soldat; qui aime la guerre; qui a l'humeur guerrière.

Guèrle, guèrlo, *adj.* Dim. *Guèrlé.* Bigle, qui a l'angle visuel tourné en dedans vers le nez; équarri gauchement, en parlant d'un meuble; maladroit, gauche, en parlant des mains. — *Embé sa pato guèrlo,* avec ses doigts maladroits qui font tout de travers.

Guèro, *s. f.* Guerre, querelle; inimitié; dispute.— *Soun toujour èn guèro,* ils ne cessent de se quereller. *De guèro lasso,* de guerre lasse. *T'douraï dé guèro lasso,* je finirai par obtenir, par te vaincre, par arriver jusqu'à toi, à force de sollicitations, d'importunité, de poursuites sans repos ni trève.

Dér. du celtique *Wer,* guerre.

Guéta, *v.* Guetter; épier; faire le guet; briguer une place, un emploi.

Guèto, *s. f.* Guêtre, sorte de chaussure qui couvre le bas de la jambe et le cou-de-pied, remontant souvent au-dessus du genou. — *Tira sas guètos,* tirer sa révérence, s'enfuir.

En bas-bret. *Gueltron,* m. sign.

Guétra, *v.* Mettre des guêtres à soi ou à un autre.

Guïâoume, *n. pr. d'homme.* Guillaume. — Le dim. en lang. *Guïdoumé* est la forme la plus simple : en fr. il présente plus de variantes, qui sont devenues n. pr.: Guilhemin, Guilleminot, Guillemot, et peut-être Guyot, se rapprochant de notre *Guïén,* variante. En lat. *Guillelmus;* en allem. *Wilhelm;* en angl. *William;* en esp. *Guellelmo;* en ital. *Guglielmo.*

Guïâoume, *s. m.* Guillaume, outil de menuisier; espèce de rabot employé pour faire les moulures, et dont le fut est fort étroit. — *Faïre Guïdoume,* en terme de maçon, faire l'échelle, en se plaçant à distance l'un de l'autre, pour se faire passer à la main les objets que l'on veut monter ou transporter d'une place à l'autre.

Formé du nom d'homme.

Guigna, *v.* Guigner; lorgner; viser en fermant un œil; indiquer quelque chose du doigt; faire signe, menacer de l'œil ou de la main. — Le prvb. dit : *Qué té faï, faï-li; qué té guigno, guigno-li,* bienfait pour bienfait, menace pour menace.

La permutation signalée du V en G autorise à faire dériver ce mot du lat. *Videre,* voir, regarder.

Guignardo, *s. f.* Visée; menace de l'œil ou de la main.

Guiléri, *s. m.* Probablement c'était dans l'origine un n. pr. dont le porteur était un maître-fripon. On ne l'emploie aujourd'hui que dans la périphrase : *Un tour dé Guiléri,* un tour de Jarnac, un tour de passe-passe, une friponnerie mêlée de ruse et d'hypocrisie. Cela n'a rien de commun avec la vieille chanson de Guilleri, mais c'est bien toujours le même nom et sans doute le même personnage.

On sait que, après les troubles de la Ligue, les *Guilleris,* bande de coupeurs de bourse et de filous, infestèrent Paris et plusieurs provinces de la France. Peut-être ne descendirent-ils pas jusque dans le Midi, mais le récit de leurs exploits mis en chansons y parvint avec leur nom, qui s'est maintenu dans la langue populaire.

Était-ce une dénomination purement de fantaisie, et un vieux mot fr. qui se retrouvait en lang. ? était-il venu naturellement s'adapter à l'industrie de ces hardis fripons ou à leur chef? On peut l'admettre. *Guiller,* v. fr., signifiait tromper : l'ancien proverbe le consacre : Tel croit guiller Guillot, que souvent Guillot guille. Dans la langue d'Oc, on avait *Gïa,* écrit *Gilha,* un synonyme de même prononciation, en donnant seulement au G devant *i* le son dur qu'il avait autrefois. Le loup en bas-breton s'appelle *Guillou,* et le diable, ce vieux trompeur, *Guillou-coz.* En pressant tant soit peu les déductions, le lang. se souviendrait encore qu'il a eu le mot *Guirdou,* faux poids, et cette locution *Faïre guirdou* correspondant au fr. faire Gille. Si *Gille* a une origine commune avec *Guirdou* par *Guiller* ou *Guilha* (dur), et que le sens les rattache, ne faudra-t-il pas rattacher tous ces mots à une même famille, et y faire entrer également *Guilhéri,* en v. fr. Guilleri (*ll* mouillées), qui a tant de liens avec eux? Ainsi et non sans probabilités, pourraient s'expliquer ces étymologies et ces locutions.

Guincha, *v.* Viser; mirer; tâcher; regarder d'un seul œil. — *Guincha dré,* viser droit. *Guinchavo èn d'aquò,* il tâchait d'arriver là.

Ce mot est formé de l'adj. *Guènche* ou *Guinche,* parce qu'en visant on ferme un œil et on a l'air d'être louche. Son étym. doit se rapprocher beaucoup de celle de *Guigna.*

Guinche, incho, *adj.* — *Voy.* **Guènche.**

Guindre, *s. m.* Guindre ou tournelle, instrument pour dévider la soie dont on fait les rubans. —*Voy.* **Débanaïre.**

Guingoï (Dé) *adv.* De travers; obliquement; de guingois; de côté. — *Voy.* **Dé Bingoï.**

Dér. du gr. Γυτός, boiteux, estropié, dont le provençal a fait *Goï,* m. sign.; que le lang. et le fr. se sont approprié en y ajoutant une idée de *Guigna,* ou *Guigner,* ou de *Guincha* et *Guinche,* par le changement du *V* lat., de *Videre,* en *B,* pour *Bingoï,* son correspondant. Toute cette série de mots, qui ont des airs de famille si marqués, et tant de rapports de signification, ne viendraient-ils pas de la même provenance? On se ressemble de plus loin.

Guirâoudé, *s. m.* Faux-poids des bouchers, dit Sauvages ; le gain qu'ils font par cette volerie. — Le mot n'est plus en usage : la médisance prétend qu'il n'en est pas de même de l'habitude.

Guirâoudé, *s. m.* Dim. de *Guirdou,* désigne aussi le petit Héron, et s'applique au Blongion, autre variété, Butor brun-rouge ou Butor roux, Héron Blongion, *Ardea minuta,* Temm.

Guirâou (Faïre), *phr. faite.* Faire Gille; s'esquiver; s'enfuir précipitamment, en se dérobant. — *Voy.* **Gïa.** Selon Sauvages, *Faïre guirdou* signifierait faire faux-poids, c.-à-d. tromper. Bien que cette acception ne soit plus usitée aujourd'hui, le sens indiqué laisse cependant apercevoir une certaine relation d'idées entre la signification ancienne et celle actuelle : c'est tromper que fausser compagnie à quelqu'un, et par conséquent s'esquiver. En tout cas, faire faux-poids laisse au moins supposer que celui qui se rend coupable de ce méfait a tout intérêt à faire Gille : autre rapprochement qui peut mettre sur la voie, et que nous avions pressenti au mot *Gïa*, auquel nous renvoyons.

Guiràou-péscaïre, *s. m.* Héron cendré, principalement *Ardea cinerea*, Temm.; mais aussi d'autres variétés de héron. — Sa description se trouve au mot *Bérna-péscaïre*, le même exactement, à la différence du prénom. Pourquoi cette préférence ici en faveur de *Guiràou*, dont nous venons de signaler un autre exemple pour Gilles? Tout rapport nous échappe avec l'inusité *Guiràou*; ce qui n'expliquerait pas d'ailleurs pourquoi on lui a substitué *Berna* : nous laissons à de plus érudits à deviner l'énigme, qui n'est peut-être insoluble que pour nous. — *Voy. Bérna-péscaïre.*

Gula, *v.* Gueuler; crier à tue-tête; appeler à toute gueule. Dér. du lat. *Gula*, gueule, gosier.

Gulado, *s. f.* Coup de gueule, grand cri; franche lippée, ample réfection; gorgée, si l'on boit, bouchée, quand on mange

Gular, ardo, *adj.* Gueulard, qui parle beaucoup et très-haut; enfant pleurard, criard.

Gulo, *s. f.* Gueule; grande bouche.

Gulo dé lou, *s. m.* Muflier à grande fleur ou mufle de veau, *Antirrhinum majus*, Linn., plante de la fam. des Personnées, qui croît dans les vieux murs, et qui est cultivée comme fleur d'ornement. — *Voy. Cacalaca* et *Pantoufléto.*

Son nom lui vient de la ressemblance de sa fleur avec la gueule d'un animal.

Gus, guso, *adj.* Dim. *Gusé, Gusò;* péj. *Gusas.* Gueux; vaurien; mauvais sujet; libertin; homme de mauvaise foi. — Ne s'emploie pas dans l'acception de mendiant, en lang. — *Uno guso*, fille de joie, une dévergondée, débauchée.

Gusaïo, *s. f.* Canaille; tas de mauvais sujets; marmaille mal élevée et malfaisante.

Gusariè, *s. f.* Haillons; vieux linge; vieilles hardes et guenilles qui encombrent les galetas.

Gusas, *s. m* Péjor. de *Gus*. Grand coquin; vaurien fieffé; gredin; chenapan.

Guséja, *v.* fréq. Guesailler; gueuser; faire le débauché, vivre dans la crapule.

Gusò, *s. m.* Jeune voyou, petit vaurien; Gavroche, aujourd'hui que le mot a passé.

H

H, *s. f.* Huitième lettre de l'alphabet; s'appelle *Acho*.

Cette lettre n'est point à proprement parler dans le génie du languedocien, et elle n'aurait aucun droit à faire nombre dans notre nomenclature; car elle ne peut y intervenir d'une manière absolue que pour former, comme en fr. la consonnance *ch*. Mais pour rester fidèle à notre système orthographique, et bien qu'elle ne soit point indispensable, le respect de l'étymologie nous impose une exception facile à comprendre et à justifier. Ainsi, il nous a paru utile de l'employer dans tous les mots d'origine française où elle figure soit comme initiale, soit comme dérivée du grec, et nous écrivons par exemple *Hèrbo, Habia, Harencado* et *Philipo, Philosopho.* Sans cette précaution, nous deviendrions d'une difficulté extrême pour la lecture, même aux personnes les plus familiarisées avec notre idiome.

Cette consonne n'est en effet qu'un signe de convention, sans valeur par elle-même. A part deux ou trois mots comme *Hiêr*, hier, et *Hiué*, huit, et ses composés, l'aspiration gutturale qu'elle représentait en latin et qui s'est conservée en français, n'existe pas et nous disons : *l'hasar*, *l'hdousar*, *l'halo*, *l'hégandou*, pour le hasard, le hussard, la halle, le huguenot, que nous aurions pu écrire *l'asar*, *l'alo*, etc., comme on prononce, si nous n'eussions redouté des confusions et si avant tout nous ne nous étions fait une règle de la clarté graphique qui facilite l'intelligence de l'expression.

Dans l'ancien languedocien, pour figurer la prononciation du *gn* mouillé, on faisait intervenir une *h* après *n*, en supprimant le *g*, et l'on trouve écrit en langue vulgaire *besonha, gazanha, senhor*, etc., qu'aujourd'hui on prononce et on écrit plus exactement *besougno, gazagna, segne*, en donnant aux lettres et à leur combinaison leur vraie valeur. L'espagnol admet encore l'ancienne orthographe.

Il en était à peu près de même de l'*h* pour mouiller *l* : on mettait *Ginoulhac, aginoulha*, etc., que la fr. conserve dans le n. pr. Génolhac et que nous remplaçons par l'*i*, faisant fonction entre deux voyelles de *ll* mouillée fr. précédée d'un *i*, fille, famille, pour nous *fio, famio : Ginouïa*.

Habì, *s. m.* Dim. *Habiqué;* péj. *Habiquas.* Habit, frac; vêtement de cérémonie. — *Faïre habì*, porter un frac, un habit habillé : se dit d'un homme du commun qui prend le costume d'une classe supérieure. *Coupa un habi ou uno vèsto à qudouquus*, au fig. tailler des croupières à quelqu'un, médire de lui, le tourner en ridicule.

Dér. du lat. *Habitus*, vêtement.

Habïa, *v.* Habiller ; mettre, fournir un vêtement à quelqu'un. Au fig. critiquer ; tourner en ridicule ; gourmander ; réprimander.

S'*habïa*, s'habiller ; se vêtir ; mettre ses habits ; se parer ; se mettre en cérémonie.

Habïaje, *s. m.*, ou **Habïamén**. Vêtements de toute sorte ; habillement : mais surtout habit, veste et culotte.— *Carga sous habïajes*, se vêtir. *Faire un habïaje*, a le même sens que *Coupa un habi* ou *uno vèsto*, tailler des croupières.

Habinle, inlo, *adj.* Dim. *Habinlé ;* augm. *Habinlas*. Habile ; doué d'adresse, de dextérité ; qui dépêche beaucoup d'ouvrage.

Dér. du lat. *Habilis*.

Habinlèsso, *s. f.* Habileté ; adresse ; dextérité.

Dér. du lat. *Habilitas*, m. sign.

Habitan, *s. m.* Habitant : qui habite, qui réside dans un endroit.

Habitudo, *s. f.* Péj. *Habitudasso*. Habitude, coutume, disposition acquise par des actes réitérés. — N'est guère employé qu'au péjor. : *Uno habitudasso*, un défaut, un vice d'habitude, invétérés et incorrigibles.

Dér. du lat. *Habitudo*, m. sign.,

Hacha, *v.* Hacher de la viande, des fines herbes ; couper avec le hachoir. — Se dit mieux *Capoula*.

Empr. au fr.

Hachadoù, *s. m.* Hachoir, couteau à large lame pour hacher les viandes.

Haï, *v.* Haïr ; répugner à faire quelque chose ; éprouver du mécontentement ; souffrir du malaise. — *Haïsse bien dé travaïa*, le travail m'est en horreur. *Haïssiè dé partì, pamén sé décidé*, il avait de la répugnance à s'éloigner, il se décida cependant.

Dér. du lat. *Odire*.

La notation qu'emploie notre Lexique est essentielle à observer dans les mots surtout comme ceux-ci et les deux suivants, dérivés du verbe, où la différence de l'accentuation sur l'*i* produit une si grande différence sur la prononciation prosodique.

Nous rappelons nos remarques au mot *Acén* et à la lettre *I*. L'accent grave sur *è* le rend tonique, fait porter par conséquent la tenue de la voix sur lui et le détache de la voyelle qui le précède, de manière à en faire une syllabe distincte : *Haï*, dissyllabique. L'*ï* tréma, précédé de la voyelle, forme diphthongue et se prononce, en s'y joignant, par une seule émission de voix, *Haïssablo*, trois syllabes ; si au contraire l'*i* tréma était placé avant la voyelle, il ne se confondrait pas avec elle, *Fïan*, deux syllabes. Quand l'*i* simple se rencontre en contact avec la voyelle *a* le précédant, par exception, avons-nous dit, il sonne *è*, comme en français *mais*, *fais* ; lorsque l'*a* suit *i* simple, il se

diphthongue : *Fiunço*, monosyllabe. Comme on le voit, l'accent fait la quantité, la mesure, et l'on ne saurait trop insister sur son influence comme sur sa position, si nécessaires à connaître pour bien prononcer.

Haïssable, ablo, *adj.* Dim. *Haïssabloù ;* péj. *Haïssablas*. Haïssable ; qui se fait haïr ; disgracieux ; fastidieux.

Haissiou, *s. f.* Haine ; aversion ; répugnance ; antipathie. — *L'aï prés én haissiou*, je l'ai pris en grippe, en aversion.

Dér. du lat. *Odium*, m. sign.

Halabardo, *s. f.* Hallebarde ; pique garnie par le haut-bout d'un fer large et pointu.

Dér. de l'allem. *Hallebard*, m. sign.

Halabardiè, *s. m.* Hallebardier ; garde, soldat armé de la hallebarde.

Halé, *s. m.* Haleine ; souffle ; respiration. Au fig. liberté ; hardiesse ; courage. — *Garo l'halé*, il pue à enlever la respiration. *M'a leva l'halé*, il m'a coupé la respiration, il m'a suffoqué. *Tèn l'hale coumo un cabussaïre*, il retient son secret comme un plongeur son souffle. *Préne d'halé*, reprendre courage. *Dounas tro d'halé à vost'éfan*, vous donnez trop de liberté, de licence à votre enfant. *Aquò li douné d'halé*, cela lui remit du cœur au ventre, ou bien cela a enflé son orgueil.

Dér. du lat. *Halitus*, m. sign.

Haléna, *v.* Aspirer, respirer ; prendre haleine, se reposer ; prendre du vent ou suinter, en parlant d'un vaisseau qui doit être hermétiquement fermé. — *Déngus n'a pas halena*, personne n'en a soufflé le mot. *Sé fasiè tén d'haléna*, il était temps de se reposer un peu. *Aquélo bouto haléno*, ce tonneau fuit, suinte.

Halénado, *s. f.* Halenée, bouffée d'haleine ; halenée de vin, d'ail, etc. ; respiration des punais.

Halénadoù, *s. m.* Dim. *Halénadouné*. Soupirail de cave ; fausset d'une futaille que l'on ouvre en haut de son fond pour donner l'avant au vaisseau ; toute espèce d'ouverture étroite qui ne sert qu'à donner de l'air à un intérieur quelconque.

Halo, *s. f.* Halle au blé ; place publique, couverte, propre à tenir les marchés ou foires.

Dér. du gr. Ἅλως, aire : le celtique avait *Hala*, m. sign. En bas-bret. *Hall*.

Hâouboï, *s. m.* Dim. *Hâoubouïssé*. Hautbois, instrument à vent et à hanche, à sons aigus et nasillards. — Le hautbois et le tambourin sont l'orchestre obligé de toute fête villageoise dans la contrée des *Gounèls*. Les joueurs de hautbois donnent une telle vivacité à la mesure de leurs quadrilles et contredanses, que les danseurs sont obligés de dédoubler cette mesure dans leurs pas ou d'imiter celle de la gigue. Mais les danseurs *Gounèls* ont heureusement du jarret.

Hâoubouïssaïre, *s. m.* Ménétrier joueur de hautbois.

Hâouménas, *s. m.* Péj. et augm. de *Home*. Grand et vilain homme. — *Voy. Home*.

Hâouméné, *s. m.* Dim. de *Home*. Petit homme; petit bonhomme. — *Voy. Home.*

Hâouménén, énquo, *adj.* D'homme, qui tient à l'homme. — *Un parla hâouménén*, une voix d'homme, une voix mâle et rude. Au fém. *Hâouménénquo*, fille garçonnière, qui aime trop à se trouver parmi les hommes, qui les agace volontiers.

Dér. de *Home*, du lat. *Homo, hominis.*

Hâousar, *s. m.* Hussard, soldat du corps de cavalerie légère de ce nom
Empr. au fr.

Hâousardo (à l'), *adv.* A la housarde; crânement, lestement, cavalièrement, sans se préoccuper du qu'en dira-t-on.

Hâoussa, *v.* Hausser. — *Voy. Ndoussa.*

Eâoussé, *s. m.* Troussis. — *Voy. Aousse.*

Hâoussero, *s. f.* Hauteur; colline; simple tertre ou le haut d'un tertre en pente, lorsqu'il est composé et en rapport avec un bas-fond. — *Voy. Aoussuro.*

Hardi, ido, Dim. *Hardidò, oto. Hardi*, courageux; téméraire, effronté. — *Dé que vdou aquelo hardidoto?* Que veut cette jeune effrontée?

Der. de l'allem. *Hart*, audacieux.

Hardi, *interj.* Courage! en avant! sus! or sus, allons! — C'est *Eia!* des latins.

Harén, *s. m.* Hareng. — Ne s'entend que du harengsaur ou fumé, *Harén-sdouré.*

Haréncado, *s. f.* Hareng plus petit et qui a subi une autre preparation que le précédent. — Le populaire lui a donné le nom familier et tant soit peu goguenard de *Damo dé misericordo*; mais sa dénomination sérieuse et scientifique est en lat. *Hulex* ou *Clupea arengus*, Linn., poisson de mer, de l'ordre des Holobranches et de la fam. des Gymnopomes, en fr. Hareng; en lang. *Haren* et *Haréncado* : ce qui veut dire pour ce dernier mot ce hareng blanc salé, plus petit et autrement préparé que le harengsaur ou fumé, très-proche parent de la sardine, *Sardo*. Celui-ci est salé seulement, et il est encaqué dans des barils, *bariquos*, d'où on le tire un à un pour le vendre en détail au peuple, qui ne le dédaigne pas parce qu'il est piquant, fait manger force pain et excite à boire. Aussi un de ces philosophes de position disait qu'il n'était pas mécontent du tout du menu que lui servait sa ménagère, attendu que bien souvent dans la semaine il avait à son dîner un poisson de mer et un poulet : c'est un hareng et un œuf qu'il entendait. — C'est donc une très-grande ressource pour le pauvre, et quoiqu'il en soit aujourd'hui du sens légèrement railleur ou rieur qu'on attache à son surnom de *Damo dé miséricordo*, il est probable qu'il lui a été donné par allusion à cette haute et puissante Dame, celle qui vient toujours au secours de ceux qui ont besoin, ou plus humblement parce que ce hareng n'entre guère que chez le pauvre, comme font les bonnes sœurs de charité qu'on appelle justement aussi Dames de la miséricorde.

Harnèï, *s. m.* Harnais, équipage de selle ou de trait. — *Carga l'arnèï*, signifie plaisamment : se marier.

Dér. de l'allem. *Harnisch*, m. sign.

Harnéïssa, *v.* Harnacher; mettre le harnais à une bête de somme. Au fig. et au passif, *s'arnéïssa*, se harnacher, se vêtir; s'habiller; se parer; s'ajuster.

Hasar, *s. m.* Hasard ; événement fortuit; rencontre; fortune. — *Pér co d'hasar*, par bonne fortune. *Pér co d'hasar, dourias pas un luché à mé présta?* Pourriez-vous me prêter une bêche? *Co d'hasar*, dans cette phrase, n'est qu'explétif et comme formule. *On sa pas l'hasar*, on ne sait pas le bonheur. *L'hasar és tan bél*, le hasard est si grand.

Hasarta, *v.* Hasarder, risquer; exposer au hasard; essayer la chance. — *Dises qué Jan és tan for, vos qué l'hasarte?* Tu dis que Jean est si fort, veux-tu que j'essaie de me mesurer avec lui? *Hasarta un gas*, tâter un passage à gué; être le premier à oser l'entreprendre; au pr. et au fig. s'il s'agit d'une affaire, de quelque proposition délicate.

Hasartous, ouso, *adj.* Hasardeux; qui aime à risquer ou à affronter le danger; hardi; téméraire.

Hastado, *s. f.* Brochée; quantité de viande ou de gibier enfilée à la fois dans une broche.

Haste, *s. m.* Broche tournant à la main, verge de fer pointu pour embrocher et faire rôtir la viande.

Dér. du celt. *Asta*, ou du lat. *Hasta*, m. sign.

Hasté, *s. f.* Brochette; hattelets; brochée de petits-pieds. Dim. de *Haste.*

Héganâou, héganâordo, *s. m. et f.* Dim. *Hégandouêé, hégandoudoù*; péj. *Hégandoudas*. Huguenot; protestant; calviniste.

Ce mot est un empr. au fr.: son étymologie a été vainement cherchée jusqu'ici. Pasquier, D'Aubigné, Ménage et autres ont tour à tour proposé des solutions inadmissibles. Ampère avait tranché la question, en décidant que le mot *Huguenot* venait certainement d'*Eidgnoten*, confédérés, en bas allemand. Littré voulut de ruiner cette opinion, et il laisse la controverse ouverte et non épuisée, sans indiquer la racine certaine et vraie.

Eélaïsse, *v.* Geindre; gémir; se plaindre; pousser des soupirs, des hélas.

Tiré de fr. *Helas.*

Hèrbaïo, *s. f.* Mauvaises herbes qui sont à sarcler.

Hèrbaje, *s. m.* Herbage; prairie d'herbager, dont les herbes se mangent sur pied par les Lestianx; herbes d'hiver, c.-à-d. les dernières pousses des prairies après qu'on a fauché le regain, et qu'on fait aussi brouter sur place.

Hèrbétos, *s. f. plur.* Dim. d'*Hèrbo*. Fines herbes pour le potage ou la salade, pour l'assaisonnement en général.

C'est aussi, à Alais, le nom d'un quartier à proximité de la ville, *las Hèrbétos*, promenade autrefois fréquentée, dont le nom désignait les fraîches et petites prairies du *Tempéras.*

Hèrbo, *s. f.* Dim. *Hèrbéto*; péj. *Hèrbasso*. Herbe, plante de faible consistance, qui perd sa tige en hiver ; gazon. — *Scupo d'hèrbo*, scupe aux fines herbes *Las hèrbos*, les herbes d'hiver. *Hèrbo que poun quan naï, toujour duro*, prvb., l'épine en naissant va la pointe devant Der. du lat. *Herba*, m. sign.

Hèrbo apéganto, s. f. Pariétaire. — *Voy. Panataïo* ou *Hèrbo de Nosto-Damo*.

Hèrbo batudo, s f. Flomis, *Phlomis herbaventi*, Linn., plante de la fam. des Labiées, à fleur labiée, dont les feuilles sont couvertes de duvet.

Hèrbo dàou cor, s f A mbroisie, *Ambrosia*, Linn , de la fam. des Corymbifères, apetalee, annuelle, sudorifique ; très-aromatique, qui croit dans les sables et graviers ; elle est originaire du Mexique, ce qui l'a fait appeler en fr Thé du Mexique Son nom semblerait annoncer quelque propriété confortative.

Hèrbo dàou fèje, s. f. Hépatique de fontaine, *Anemone hepatica*, Linn , de la fam. des Renonculacées ; fleurs bleues ou blanches ; folioles de l'involucre entières, très-rapprochées de la fleur ; sépales ovales ; habite les haies et les bois : vulnéraire, astringente, apéritive, tonique.

Une autre plante est encore connue sous le même nom d'*Hèrbo dàou feje*, Hèpatique ; c'est une sorte de cryptogame, qui tient le milieu entre les lichens et les mousses : on l'emploie dans les maladies du foie, ce qui lui a valu son nom. Elle est acotylédone, formée d'une membrane herbacée et rampante, elle croit au bord des fontaines et dans les lieux humides.

Hèrbo dàou lagui, s. f Myrte. — *Voy. Murtro*.

Son nom lang. lui vient de ce qu'on couronnait de myrte le chapeau des nouvelles mariées, et que l *Hèrbo dàou lagui* était un symbole ou une allusion aux soucis et aux chagrins du ménage.

Hèrbo dàou mèou, s. f. Caille-lait à fleur jaune, *Galium luteum*, Linn., de la fam des Rubiacées, commune dans les champs.

Hèrbo dàourado, s. f. Cétérac, doradille, espèce de capillaire, *Asplenium*, Linn., de la fam. des Fougères ; croit à l'ombre sur les vieux murs ; l'infusion de ses feuilles est un excellent diurétique.

Hèrbo dàou sièje, s. f., ou **Bouènsèdi**. Herbe du siège, scrofulaire aquatique, bédoine d'eau, *Scropularia aquatica*, Linn., de la fam. des Personnées : bonne contre les scrofules et les hémorroïdes ; ses feuilles sont employées comme vulnéraire par application pour déterger les ulcères. Elle tire son nom, dit-on, du siège de Troie où les guerriers s'en servaient pour panser leurs blessures ; mais cela pourrait aussi bien convenir à tous les sièges qui ont eu lieu depuis. N'importe : si ce n'est lui c'en est un autre , et l'origine de Troie est plus noble et plus antique, mais beaucoup moins sure.

Hèrbo dàou tal, s. f Cynoglosse. — *Voy. Lèngo-cano*.

Hèrbo dàou tron s. f., ou **Barbajòu**. Grande joubarbe. — *Voy. Barbajòu*.

On a ainsi nommé cette plante en lang. par suite de l'idée ridicule qu'elle préserve du tonnerre.

Hèrbo das agacis, s. f. Un des noms encore de la Grande joubarbe, parce que le suc de cette plante est employé pour détruire les cors. — *Voy Barbajòu*

Hèrbo das canaris, s. f. Mouron, morgaline. *Anagallis arvensis*, Linn , de la fam. des Primulacées.

Hèrbo dé l'abéio, s. f. — *Voy. Hèrbo dàou mèou*.

Hèrbo dé la gravèlo, s. f. Turquette, herniaire glabre et velue, *Herniaria glabra et hirsuta*, Linn , de la fam. des Chénopodées : passe pour astringente, diurétique, antiherniaire, anti-calculeuse : habite les terrains sablonneux.

Hèrbo dé la loquo, s. f. Morelle douce-amère, vigne de Judee, *Solanum dulcamara*, Linn , de la fam. des Solanées : sarmenteuse , grimpante, à fleurs violettes et à baies rouges : sa tige en decoction est un excellent depuratif du sang.

Hèrbo dé la rato ou **dé la ratèlo**, s. f. Scolopendre, *Scolopendrium officinale*, Linn., de la fam. des Fougères, croit dans les lieux humides et couverts, dans les puits : bonne probablement pour les affections de la rate.

Hèrbo dé la roumpéduro, s. f Sceau de Salomon, *Convallaria polygamatum*, Linn., de la fam. des Asparagées ; espèce de muguet dont la racine bulbeuse est employée contre l'ophthalmie et pour résoudre les ecchymoses produites par une fracture ou une contusion ; de la son nom

Hèrbo dé las alouètos, s. f. Filipendule, *Spirea filipendula*, Linn., de la fam des Rosacées : fleurs blanches, rougeâtres en dehors, un peu odorantes ; ses racines sont astringentes et nourrissantes, recommandées contre la gravelle : les fleurs donnent un petit gout agréable au lait : habite les bois, les garrigues et les prairies.

Hèrbo dé las bérugos, s. f Heliotrope d'Europe, *Heliotropium Europœum*, Linn., de la fam. des Boraginées ; agreste, sa fleur roulée ressemble de loin à une chenille ou à une verrue un peu développée.

Hèrbo dé las cardouniòs, s. f Sénéçon, *Senecio vulgaris*, Linn., de la fam. des Composées Corymbifères. Cette plante est appelée en fr.. à part Senéçon, du nom vulgaire d'*Herbe au charpentier* ; nous ne trouvons là aucun rapport avec celui que lui donne le lang., qui est au moins justifié parce que les serins et les chardonnerets sont très-friands de ses graines Elle vient dans les lieux cultivés et partout

Hèrbo dé las cin costos, s. f. Plantain à feuille étroite, *Plantago minor*, Linn., de la fam. des Plantaginées ; croit sur le bord des chemins et dans les champs ; a fleurs infundibuliformes ; vulnéraire et résolutive.

Hèrbo dé las déns, s. f., ou **Éndourmidouïro**. Jusquiame. — *Voy. Éndourmidouïro*.

Hèrbo dé las fèbres, s f. Petite centaurée des prés à fleur pourpre, *Centaurea centauroïdes*, Linn., de la fam. des Gentianées : c'était, avant l'importation du quinquina, le meilleur fébrifuge connu en Europe.

Hèrbo dé las guèïros, *s. f.* Herbe aux puces, plantain des sables, *Plantago psyllium*, Linn., de la fam. des Plantaginées. Pline le nomme simplement *Psyllion*. Les graines de cette plante, quand on les fait bouillir dans l'eau, donnent un mucilage abondant.

Hèrbo dé las tâoupos, *s. f.* Jusquiame, et pomme épineuse. — *Voy. Èndourmidouïro* et *Darboussièïro*.

Hèrbo dé las tétinos, *s. f.* Herbe aux mamelles, *Lampsana communis*, Linn., de la fam. des Composées Chicoracées ou Synanthérées : amère, laxative, rafraîchissante; on s'en sert pour guérir les gerçures du sein, comme son nom l'indique : se mange crue, en salade, dans sa jeunesse; habite dans les lieux cultivés et les haies.

Hèrbo dé l'ènréïaduro ou **dé l'énréïaje**, *s. f.* Herbe à éternuer, *Achillea ptarnica*, Linn., et Mille-feuilles ou Herbe au charpentier, *Achillea millefolium*, Linn., deux variétés d'Achillées, de la fam. des Composées Corymbifères ou Synanthérées. Les fleurs et les feuilles de la première, qui croît dans les prairies, mises en poudre, sont sternutatoires. La seconde, agreste, vivace, à fleur radiée, est vulnéraire, astringente, résolutive et antihémorrhagique. On s'en sert par application, après l'avoir écrasée et réduite en pâte comme un cataplasme. Son nom vient de cette propriété, parce qu'on l'applique fréquemment pour les piqûres que se font les bêtes de labour avec le soc de la charrue, *rèïo*, ce qu'on appelle S'enréïa. — *Voy. Ènréïa.*

Hèrbo d'éstan, *s. f.* Girandole ou Lustre d'eau, *Chara vulgaris*, Linn., de la fam. des Naïadées : se trouve dans les ruisseaux et les eaux stagnantes : elle n'a pas d'usage connu.

Hèrbo dé Nosto-Damo, *s. f.* Pariétaire. — *Voy. Panataïo.*

Hèrbo dé Sénto-Clèro, *s. f.* Chélidoine ou Éclaire, *Chelidonium vulgare*, Linn., de la fam. des Papavéracées. Cette plante rend un suc jaune, âcre, que l'on emploie pour détruire les verrues et les cors : elle passe pour diurétique, apéritive, fébrifuge et anti-hydropique. Son nom du reste, qui est une corruption du mot Éclaire, est prétentieux et peu employé : on l'appelle habituellement *Saladuègno*, travestissement du mot *Chelidonium*, Chélidoine.

Hèrbo dé Sént-Estève, *s. f.* Circée blanche, herbe de saint Étienne, herbe aux magiciens, *Circæa alba*, Linn. de la fam des Onagrariées : plante grimpante, qui s'attache aux habits au point d'arrêter la marche d'un homme, comme le faisait Circée par ses enchantements.

Hèrbo dé Sén-Jan, *s. f.* Caille-lait, jaune ou blanc, Gaillet jaune, *Galium verum*, Linn., de la fam. des Rubiacées : dessicative, astringente, vulnéraire et antispasmodique; ses sommités fleuries font cailler le lait : habite les prairies et les bords des champs.

On la nomme aussi, mais rarement, *Hèrbo ddou mèou* (V. c. m.). Sauvages désigne aussi par le nom d'*Hèrbo dé Sén-Jan*, une autre plante, le Mille-pertuis, *lou Trascalan*

jdoune : il n'est pas impossible que dans d'autres contrées ou dans d'autres temps, le mille-pertuis n'ait été désigné ainsi; mais il est certain que les deux variétés ici connues de Caille-lait, jaune ou blanc, sont nommées *Hèrbo dé Sén-Jan*.

Hèrbo dé Sén-Ro, *s. f.* Herbe de saint Roch, inule dyssentérique, Pulicaire, *Inula dysenterica, Inula Pulicaria*, Linn., de la fam. des Synanthérées, deux variétés confondues dans le même nom lang. que l'on trouve sur le bord des eaux ou des fossés. Leur racine est mucilagineuse, d'une saveur âcre et amère. Le peuple les croit salutaires contre les maladies pestilentielles ou épidémiques, et c'est pour cela qu'il les place sous l'invocation de saint Roch.

Hèrbo grépo, *s. f.*, ou **Tèrc-grépo**. Picridie, *Prioridium vulgare, Scorsonera picroides*, Linn., de la fam. des Synanthérées. On mange, en salade, les jeunes pousses du printemps. Elle est connue sous le nom de Laitue de lièvre, et habite les lieux pierreux, les vignes, contre les rochers.

Hèrbu, *udo, adj.* Herbu, herbeux; où l'herbe abonde, où elle croit épaisse et drue. — *Uno ribo herbudo*, un gazon épais, un talus de gazon bien garni.

Hèïrita, *v.* Hériter; recueillir une succession; succéder.

Hèïritaje, *s. m.* Héritage; succession; patrimoine.

Hèïritiè, *s. m.* **Hèïritièïro**, *s. f.* Héritier; héritière; successeur; qui hérite.

Dér. du lat. *Hæres, hæredis*, m. sign.

Hèrmas, *s. m.* Augm. de *Hèrme*. Dim. *Hèrmassou*. Lande, friche; terre vague et vaine, qui ne sert qu'au parcours des troupeaux.

Dér. du lat. *Eremus*, désert.

Hèrme, *s. m.* Même sign. que *Hèrmas*. — On dit *un Hèrme* et non une *Tèro hèrme*.

Hèrò, *s. m.* Héros. — M. sign. qu'en fr. sans aspiration de l'h. — Quelquefois employé, mais pur *franchiman*.

Hèspitaïè, *ièïro, adj.* Habitant d'un hospice; hôte d'un hôpital.

Hèspitàou, *s. m.* Dim. *Hèspitalè*. Hôpital; hospice où sont reçus les pauvres et les malades. Par ext. une maison, une chambre où se trouvent plusieurs malades ou même des personnes dolentes de la famille. — *Hèspitdou faï té bèl!* s'écrie t-on quand on voit un prodige marcher à sa ruine, et par suite à l'hôpital.

Le n. pr. *l'Hèspitale*, qui est resté à plusieurs localités ou quartiers, n'est pas un dim. : il désigne une possession ancienne des chevaliers de Saint-Jean de Jérusalem ou de Malte, un domaine des Hospitaliers, qu'ils y eussent une maison ou simplement des terres.

L'hespitdou est encore le nom que donnent les enfants à un jeu de cartes qui ressemble beaucoup à la bataille. Il ne serait pas étonnant qu'il y eut là un souvenir des chevaliers hospitaliers, qui s'amusaient peut être à ce jeu dans leurs loisirs, quand les cartes furent inventées.

Dér. du lat. *Hospitium, hospitalis*, m. sign.

Hètaro, *s. m.* Hectare, cent ares. — *Voy. Sdoumado.*

Héto, *s. m.* Hecto, cent fois plus que l'unité indiquée.
Hétogramo, *s. m.* Hectogramme, cent grammes.
Hétolitre, *s. m.* Hectolitre, cent litres. — *Voy. Litre.*

Tous ces mots, appartenant au nouveau système décimal, se sont introduits dans la langue, avec une légère modification de prononciation imposée par son génie, et par des nécessités faciles à comprendre : ils sont donc languedociens comme ils sont fr., c.-à-d. que le gr. les a tous fournis.

Hièr, *alv. de temps.* Hier, le jour qui précède celui où l'on parle, la veille du jour où l'on est. — Dans ce mot, *H* est aspirée : on dit *Jé hièr* et non *d'hièr*. Cependant on dit *Davan-z-hièr* et *davan hièr*. Peut être une susceptibilité d'euphonie a-t-elle amené ces adoucissements, comme exceptions à la règle générale : des exemples pareils se retrouvent en fr.

Dér. du lat. *Heri,* m. sign.

Himoù, *s. f.* Humeur, substance fluide dans les corps organisés; tumeur, concrétion d'humeurs; par ext. humeur, disposition du caractère, de l'esprit, du tempérament. — *Fécou m.nja uno emino de sdou énsén, pér counouïsse l'humoù d'un gins.* prvb., on ne peut dire ami celui avec qui on n'a pas mangé quelques minots de sel.

Dér. du lat. *Humor,* m. sign.

Himpoutéqua, *ado, adj.* Maladif; rachitique; qui a plusieurs maux à la fois; par ext. embarrassé, empêtré.

Il est évident que ce mot est emprunté au fr. qui l'avait pris du lat., lequel le tenait du gr., et qu'il a toujours signifié Hypothèque, ou affectation du droit d'un créancier sur les biens de son débiteur, comme garantie de sa créance. De tout temps aussi il a existé des créanciers et des débiteurs; mais de tout temps la propriété immobilière n'était pas entre les mains du peuple, qui fait la langue, de manière à l'obliger à employer un mot applicable à une situation très-accidentelle. Cependant, comme il en connaissait le sens et les effets, et que certains rapports étaient de nature à le frapper, il lui donna une acception elliptique, en le mettant au figuré plus souvent qu'au propre, et il le conserva pour désigner un individu frappé de divers maux, affecté de différentes tares, par assimilation à l'homme frappé et épuisé d'hypothèques. C'est pour cela que notre définition a fait également de l'accessoire le principal, sans vouloir toutefois méconnaître que le sens fr., comme terme de droit et de pratique, ne soit aussi usité.

Hiroundo, *s. f.* Diu. *Hiroundéto.* Hirondelle, oiseau de l'ordre des Passereaux et de la fam. des Planirostres. En lag. comme en fr. c'est un nom générique qui peut se donner à toute la famille, mais qui s'applique principalement à l'hirondelle de cheminée ou domestique, *Harundo rustica,* Linn Elle a le front et la gorge d'un marron roux, le dessus du corps entièrement noir à reflets violets, de même sur la poitrine; ventre et abdomen d'un blanc terne ou roussâtre Elle est un peu plus grande que le *Barbajóu*. — *Voy. c. m.*

Dér. du lat. *Hirundo,* m. sign.

Hisso ! *interj.* Hisse ! Pousse ! Tire ! Courage ! Cri des manœuvres et manouvriers quand ils veulent soulever un fardeau de bas en haut, pour s'encourager et agir ensemble. C'est aussi l'encouragement qu'on donne à une personne qui grimpe : *Hisso ! qué t'háousse !* Grimpe, que je te pousse, dit-on, en faisant la courte échelle à qui grimpe, ou en le soutenant et le poussant par les jambes.

En bas-bret. *Issar,* pousser.

Histouèro, *s. f.* Récit de faits : rarement, histoire, dans le sens relevé du fr., mais narration, conte; difficultés; façons; complications; chose, affaire. — *Counta d'histouèros,* faire des contes, raconter des sornettes. *Zou ! pas tan d'histouèros,* allons ! pas tant de façons, de lambineries, d'équivoques, d'embarras. *Dé qu'anas cérqua d'histouèros?* qu'allez-vous inventer tant de choses, tant de difficultés ?

Dér. du lat. *Historia.*

Hiuè, *s. m. n. de nombre.* Huit. — L'*H* est aspirée. Devant une voyelle ou une *h*, on dit *Hiuèch.* — *Ès hiuèch houros,* il est huit heures. *A hiuèch ans,* il a huit ans. *D'hiuèï én hiuè,* d'aujourd'hui en huit jours, en comptant le premier et le dernier jour. On compte ainsi d'un jour de la semaine au même jour de la suivante, d'un mardi à l'autre par exemple, quoiqu'en réalité il n'y ait que sept jours d'intervalle.

Dér. du lat. *Octo,* m. sign.

Hiuèï, *adv.* Aujourd'hui, le jour où l'on est, où l'on parle. — L'*H* est tantôt élidée, tantôt aspirée. On dit : *Dì pan dé hiuèï,* du pain du jour, et *L'aï pas vis d'hiuèï,* je ne l'ai pas vu d'aujourd'hui. *Hiuèï faï hiuè jours,* il y a aujourd'hui huit jours, c.-à-d. il y a sept jours de cela : car, dans le comput, on compte le premier et le dernier jour *(Voy. Hiuè).* — *Sémblo tout hiuèï,* il est énorme, gros comme un tonneau ; long comme un jour sans pain. *D'hiuèï én foro,* dorénavant.

Dér. du lat. *Hodiè,* m. sign.

Hivèr, *s. m.* Hiver; saison la plus froide de l'année, commençant le 22 décembre selon le calendrier et finissant le 22 mars.

Dér. du lat. *Hibernus* venu de *Hyems.*

Hivèrna, *v.* Hiverner; prendre ses quartiers d'hiver; choisir un local vers une contrée plus chauds pour y passer l'hiver; passer l'hiver. — *Hivèrno bièn aquést'an,* l'hiver est rude et long cette année.

Hivèrnaïre, *s. m.* Pourceau de l'année, ou de l'année précédente, qu'on entretient seulement pour l'engraisser et l'égorger l'hiver suivant.

Hivèrnaje, *s. m.* Hivernage; quartier d'hiver; saison d'hiver; provisions de bétail en hiver.

Hivèrnén, énquo, *adj.* D'hiver; plantes potagères ou fruits d'hiver.

Hocho, *s. f.* Clavette en fer qui retient l'essieu dans le moyeu d'une roue de voiture.

Home, *s. m.* Dim. *Hâouméné;* augm. et péj. *Hâouménas.* Homme, être humain du sexe mâle; mari. — S'emploie du reste comme dans le fr. et dans presque toutes les mêmes acceptions. — *Moun home,* ou mieux *Nost'home,* dit une femme en parlant de son mari. *Ès un bon home,* c'est un bon ouvrier; c'est un homme fort, robuste, adroit. *Et bà! moun home, de qué dises de ndou?* Eh bien! mon cher ami, que contes-tu de nouveau? *Faïre dé soun home,* se vanter, faire le vantard, jouer l'homme fort ou l homme valeureux ; se donner du galon. *Vous dounarai mièjo pér home,* je vous donnerai un litre de vin par tête. *Joùinhome,* garçon, jeune homme *(Voy.* c. m.). *Un brav'homes,* un honnête homme. *A gasta tres homes,* elle a eu trois maris, ou mieux, elle est veuve du troisième. *Vouè l'home!* Holà hé! un tel... crie-t-on pour appeler un homme dont on ignore le nom. *Vous, sès moun home,* vous êtes l'homme qu'il me faut. *Vendrai déman embe moun home,* je viendrai demain avec mon compagnon, mon associé. *Aquò's un home,* voilà qui est un homme! *Ès adèja un home,* ce n'est plus un enfant, il a grandi et a pris la raison d'un homme. *Mais, usès be, moun paour'home,* mais vous vous voyez bien, mon ami *Aï'pdour'home,* ah! pauvrecher! *Ès lou co de fa l'home,* c'est le moment de se montrer. *Faguè l'home,* il fit voir qu'il avait du cœur, du courage.

Dér. du lat. *Homo,* m. sign.

Horamén, *a v.* Horriblement; cruellement; beaucoup.
Dér. de *Hore.*

Hore, horo, *adj* Affreux; horrible; vilain; laid; abominable. — *Las horos de Malataverno,* est le surnom ancien donné à Malataverne: comme il se pratiquait dans le moyen-âge de village à village. S'appliquait-il aux femmes de cette localité, ou bien à quelque particularité de site, de choses quelconques? Nous ne prenons aucune responsabilité sur cette origine. — *Voy. Escarnoun.*

Dér. du lat. *Horror,* horreur, effroi.

Hort, *s. m.* Jardin potager.
Ce mot est du haut raiol. — *Quan la cabro s'outo pér hort, lou cabri ly sauto n'a pas tor,* prvb., quand les pères ou mères donnent mauvais exemple, si les enfants tournent mal, la faute en est aux parents.

Dér. du lat. *Hortus,* m. sign.

Hoste, *s. m.* Au fem. *Houstesso.* Hôte, hôtelier; aubergiste; cabaretier; logeur
Dér. du lat. *Hospes, hospitis.*

Hounèstamén, *adv* Honnêtement; convenablement; avec civilité, avec politesse.
Empr. au fr.

Hounèsta, èsto, *adj.* Honnête; poli, biensèant.

Hounèstèta, *s. f.* Honnêteté, politesse, civilité; présent fait par convenance; prévenances. — *Mé faguè fouço hounèstetas,* il ou elle me fit force politesses.

Ces trois mots, bien que reproduits du pur latin, ont une nuance très franchimande, qui les fait mettre en réserve par le vrai languedocien.

Hounoù, *s. m.* Honneur; probité; réputation; bonne renommée.
Dér. du lat. *Honor,* m. sign.

Houro, *s. f.* Dim. *Houréto.* Heure; douzième partie du jour. — *Mièj'houro,* demi-heure. *D'houro-én-laï,* dorénavant; à partir de ce moment. *Quan piquo d'houros?* Quelle est l heure qui sonne? *Quan es d'houro?* Quelle heure est-il? *Y-a pértout uno houro ou uno lègo dé michan cami,* prvb., chaque entreprise a ses difficultés, chaque position ses embarras, chaque profession ses désagréments, chaque affaire son mauvais côté. *Li vòou d'aquèst'houro,* j'y vais de ce pas. *D'aquèst'houro soun gandis,* à présent ils sont arrivés. *Vésiè pas l'houro et lou moumén dé parti,* il brûlait, il trépignait d'impatience de partir. *Dinc un'houréto vène,* dans une petite heure j arrive. *A quant'houro?* à quelle heure? *Qu'houro? Quand?* contr. de *A quanto houro.* — *Voy. Couro.*

Dér. du lat. *Hora,* m. sign.

Hourtéto, *s. f.* Potage maigre aux fines herbes. Dans un pot d'eau, où l'on met cuire une petite poignée d'oseille, d'épinards, de cerfeuil, hachés à grands coups, et que l'on assaisonne avec du sel, et, quand on veut mieux faire, avec un peu de beurre, on délaie, au moment de servir, un ou plusieurs jaunes d'œufs, et l'on verse le tout sur des tranches de pain très-minces arrosées d'un peu d'huile : telle est la recette.
Hourteto devrait se dire jardinière; car ce mot vient du lat. *Hortius,* jardin.

Hourtoulaîo, *s. f.* Toute sorte de légumes frais; herbes potagères; hortolage.
Dér. du lat. *Hortulus,* dim. de *Hortus.*

Houstésso, *s. f.* Hôtesse, femme de l'hôte; aubergiste: cabaretière. — *Voy. Hoste.*

Houstiò, *s. f.* Hostie, pain consacré ou qui est destiné à l'être; mais plus communément, pain à cacheter, à cause de sa ressemblance avec le premier.
Dér. du lat. *Hostia,* m. sign.

Huitanto, *n. de nombre.* Huitante, quatre-vingts.
Dér. du lat. *Octoginta,* m. sign.

Hupo, *s. f.* Houppe; huppe; crête; col. — Ne se prend guère cependant en ce sens que dans la phrase suivante : *Po pas leva l'hupo,* il ne peut remuer ni bras, ni jambes, bouger ni pieds, ni pattes ; mais s'emploie aussi interjectivement : *Hupo lantèro!* dit-on à un enfant en le soulevant en l'air pour le faire sauter entre les bras.
A peu près l interj. Houp! en fr — En armoricain, *Hopa* signifie Aller.

Hur, *s. m.* Heur; bonheur; bonne fortune; heureuse chance.
Dér. du lat. *Hora,* heure, parce que les anciens admettaient les heures prospères et les heures funestes, qui, en lang. et en fr., se sont caractérisées par l'épithète, *à la malo houro,* à la mal'heure, *à la bon'houro,* à la bonne heure .

Huroûs, ouso, *adj.* Heureux; qui a du bonheur; qui

jouit du bonheur; qui donne le bonheur, qui y contribue; qui est de bon augure.

Hurousamén, *adv.* Heureusement; par bonheur; d'une manière heureuse.

Hussiè, *s. m.* Huissier, officier de justice qui ajourne, fait les significations et fait la police de l'audience. — En bon languedocien, on dit mieux *Sarjan*, sergent : *Hussiè* est un empr. au fr. Huissier.

I

I, *s. m.* I, troisième voyelle et neuvième lettre de l'alphabet.

Cette voyelle est de toutes la plus harmonique et la plus déliée; c'est pour cela sans doute que, par un raffinement d'acoustique, dans ces trilles mélodieux, particuliers à notre seul idiome, où doivent se faire entendre trois sons distincts en une émission de voix, dans toutes nos triphthongues, l'*i* est comme la base de l'accord et se trouve toujours le premier : *iaï, idou, iéï, iéou, iòou, iuè*. Sa combinaison avec les autres voyelles ou avec les consonnes, le rôle qu'il joue suivant la place qu'il occupe, font varier son intonation, ou pour mieux dire sa mesure prosodique; il devient dès lors plus nécessaire de marquer ces nuances de tons ou de quantité par des signes distincts.

Notre langue d'Oc, musicale avant tout, si délicate d'oreille et d'accent, a besoin d'être solfiée pour être comprise; c'est donc à son orthographe qu'il appartient d'indiquer nettement la valeur de chaque note et presque de chaque lettre, surtout de chaque voyelle, car pour elle il n'y a pas, comme en français, de sons muets. Cette différence est essentielle à rappeler au sujet de la lettre *I*.

En français, l'*E* qu'on nomme muet, reste en effet complètement sourd et inarticulé : à la fin des mots, il ne se fait pas plus entendre que s'il n'existait pas, et la voix appuie sur la lettre ou la syllabe qui le précède. Au contraire, nos idiomes du Midi n'admettent, à proprement parler, aucune syllabe muette : l'*I* terminal lui-même, la voyelle la plus fluide, se fait toujours sentir, plus légèrement là où il n'est pas tonique, mais il ne s'efface jamais à la prononciation, non plus que l'*E*, même sans accent. Aussi peut-être conviendrait-il mieux d'appeler ces syllabes brèves que muettes, ou de les distinguer en fortes ou faibles, en féminines ou masculines. Ce sont au moins ces degrés de force ou de faiblesse, d'ampleur ou de ténuité qu'une exacte notation par les accents doit indiquer; car leur observance est devenue une des conditions indispensables de la vraie prononciation comme de l'intelligence et du sentiment mélodique de la langue. Après tout ce qui en a été déjà dit, nous insistons sur ce point pour faire mieux comprendre l'importance des signes employés qui modifient le caractère de la voyelle où ils apparaissent et l'impressionnent de la valeur spécifique qu'elle doit prendre : nous nous arrêtons sur l'*I*, qui est la voyelle la plus fréquente, pour étudier de plus près ses diverses positions.

L'*I* dans un mot, entre deux consonnes, garde constamment le son naturel qui lui est propre : *binlo, difcinle, rasin, trin*. A la différence du français, qui le convertit le plus souvent en *en*, il se prononce comme dans *inique, innocent, immense*.

A la fin des mots, s'il forme à lui seul la syllabe, avec ou sans *s* signe du pluriel, il est tantôt bref et tantôt long, c.-à-d. tonique ou muet, masculin ou féminin. Il est bref dans *laguis, chari, charis, grèpi, céméntèri, sètis, ordi*; il est long dans *bégui, matì, camì, camìs, toupì, émperì, éspavourdì*, etc. Dans ce dernier cas, nous le marquons d'un accent grave pour appeler sur lui le repos et l'insistance de la voix; tandis que, dans le premier exemple, nous le laissons simple, parce que l'absence d'accent l'assoupit et le rend bref, la tenue se faisant sur la syllabe antécédente.

Un peu plus de précision est nécessaire alors qu'il s'agit de diphthongues, et pour le cas où l'*i* se trouve en contact avec des voyelles qui ne doivent pas faire alliance avec lui.

Nous venons de voir qu'il se place toujours en tête des triphthongues; nul besoin de lui donner là un signe spécial. Mais pour les diphthongues, au commencement, au milieu ou à la fin d'un mot, l'*I* qui s'allie d'ailleurs avec toutes les voyelles, est premier ou dernier. Or, les voyelles *A* et *U* exceptées, parce qu'elles sont graves et pleines de leur nature, toutes les autres, y compris la composée *ou*, peuvent être masculines ou féminines, sonores ou muettes; leur qualité ne dépend que de l'accent.

Quand l'*i* précède une voyelle accentuée quelconque, il est sonnant, mais faible et l'effort de la voix est entraîné par l'accent. Aussi en écrivant *miè, bièn, piéta, fió, bioùlé*, nous indiquons deux sens qui n'en font qu'un, mais où le dernier est dominant, et celui donné par l'*i* naturel est presque éteint et confondu dans la voyelle sonore et marquée. Par voie de conséquence, si la voyelle que l'*i* simple précède, n'est point elle-même accentuée, la liaison qui se fait ne change pas son caractère de syllabe féminine, et les deux sons diphthongués sont pour ainsi dire égaux. Ainsi *rèndiè*, que je rends; *vèndiè*, que je vends; *glorio*, gloire; *borio*, ferme; *ènsarios*, paniers de bât; *gripio*, crèche; *bèstios*, bêtes; etc.; les désinences *ie* et *io*, privées d'accent, sont féminines, et, voyelles diphthonguées, se prononcent d'un jet avec leur valeur normale. Il en est autrement dans les terminaisons en mêmes lettres *rendiè*, rentier; *èscariò*, traître; *piò*, dindon; *cafò*, chenet, etc., qui portent avec l'accent la force du son sur la seconde voyelle.

Lorsque l'inverse se présente dans la diphthongue, c.-à d. que l'*i* termine la syllabe, pour éviter toute confusion avec le français, qui a des combinaisons graphiquement semblables sans les diphthonguer, il convenait de revêtir l'*i* d'un signe spécial qui, sans rien ajouter au son naturel, permit cependant de le distinguer en ne transformant pas la syllabe en une voyelle composée. Une seule exception a été faite pour cinq ou six mots; elle est expliquée à l'art. *Aï*. Nous avons donc orthographié *pantaï*, *rèï*, *creï*, *creïre*, *vèïre*, *galoï*, *souï*, etc., pour avertir que la tonique repose sur la voyelle qui précède l'*ï*, en l'appelant néanmoins à elle pour n'en faire qu'un son.

L'*i*, au commencement de la diphthongue formée par la composée *ou*, n'a pas à suivre d'autres principes que ceux applicables aux voyelles non accentuées, et par la même féminines, comme *ènténdiou*, qu'ils entendent, *vèndiou*, qu'ils vendent, *counèissiou*, qu'ils connaissent, *pèrmètiou*, qu'ils permettent, etc. Mais, avec la même composée *ou*, il entre souvent dans une diphthongue essentiellement masculine, et il devient très-tonique et long; par ex. dans *D ou*, *miou*, *siou*, *tiou*, *lèssiou*, *liouro*, *escrioure*, etc. Ce caractère plus marqué, nous le notons d'un accent circonflexe, qui oblige à prolonger plus longuement le son.

Enfin, à cause de la multiplicité des cadences sonores qu'affectionne notre langue, l'*I* se prodigue volontiers entre les voyelles simples et les diphtongues et il en adoucit le contact. Cette position est des plus difficiles à figurer, parce que l'*i* impressionne en même temps d'une mouillure la voyelle qui le précède et celle qui le suit. La clarté de la vocalisation exige alors une marque particulière qui isole les syllabes et permette de les scander sans confusion : c'est le tréma sur l'*ï* qui remplit cet office. Le tréma est d'une nécessité absolue pour indiquer cette séparation : sans lui les voyelles qu'il précède ne manqueraient pas de se lier avec celles qui ne doivent pas faire corps ensemble, et il serait impossible de se reconnaître, d'épeler et de prononcer certains mots tels que *vïaouï*, girofflée; *tdouïé*, banc de pierre, *rouïlou*, rayil; *raïdou*, rayol; *vïèïo*, vieille : en s'interposant, l'*ï* tréma établit la distinction des syllabes, détache chaque partie du mot par une mesure presque insensible et lui sert en même temps de liaison. Cet effet se simplifie lorsque l'*ï* tréma se place entre deux voyelles simples dont la seconde est diphthonguée, comme *païo*, *joïo*, *cèïé*, *cuïé* : là toutes les lettres sonnent séparément pour ainsi dire, seulement l'*ï*, qui se fait sentir, ne forme pas une syllabe, mais adoucit la voyelle qui le suit en mouillant sa consonnance, et en lui laissant son caractère masculin ou féminin suivant qu'elle a ou non l'accent.

Enfin, notre dialecte a une sorte d'*I* initial, qui produit le même effet sur la syllabe précédente que l'*H* aspirée, et que pour cela nous nommerons *I* aspiré. Quelle que soit la voyelle qui le rencontre, muette ou tonique, il n'y a pas d'élision et point d'hiatus avec elle : la consonnance placée avant lui ne fait pas non plus de liaison.

Quelques exemples feront mieux comprendre cette singularité : on dit *dé iuèn*, de loin, *lou ian*, le lien, *èro ieou*, c'était moi; *quatre iards*, quatre liards; *un iè*, un lit; *uno iechoto*, une couchette; et l'on ne peut prononcer *d'iuèn*, *l'ian*, *èr'ieou*, *quatr'iards*, *un'iè*, *un'iechoto*, etc.

Quand nous en viendrons à étudier les élisions et les syncopes, nous signalerons d'autres cas également curieux, qui s'éloignent des règles établies dans la prosodie française, et que chez nous l'usage a adoptés et consacrés. Pour le moment, nous avons à dire que cette bizarrerie nous semble tenir à l'étymologie des mots cités en exemple et de leurs consorts. En effet, *iuèn*, *iard*, *ian*, *ie*, et les autres viennent du français loin, liard, lien, lit; dans quelques localités, d'où s'est inspiré SAUVAGES, on leur conserve encore l'*L* initiale, qui disparaît complètement dans notre dialecte local; mais comme on croit encore sentir sa présence, l'oreille et l'usage se refusent à la liaison ou à l'élision de la syllabe précédente.

Cependant le mot *ieou* est comme une exception dans l'exception elle-même. Mais aussi est-il bon de remarquer le chemin qu'a suivi notre langue pour arriver jusqu'à la forme actuelle dans les versions dialectales usitées et souvent très-diverses. Il est probable que nous avons dû dire et écrire *Jou* et *Jeou*, comme font encore quelques-uns de nos voisins, et cela à cause de la confusion dans l'alphabet du *J* ou *I* consonne avec *I* voyelle, et aussi parce que le pronom venu du lat. *Ego*, passé dans le fr. Je, avec le changement du *G* dur en *G* doux ou *J*, avait apporté cette modification dans le languedocien. Ces deux motifs ont influencé certainement l'orthographe et la prononciation, et ont fait maintenir l'aspiration. Elle ne peut pas être figurée, mais personne ne s'y trompera; ici l'oreille, le goût et l'usage sont souverains, et il n'y a point de heurt choquant dans ces rencontres que la nature même de notre voyelle explique et justifie : *Embé ieou*, *tus et ieou*, sont aussi doux et aussi faciles à articuler que *lou iè*, *un for ian*, *uno iechoto*; sans hiatus, sans rudesse, l'*i* se maintient de même qu'il le fait en poésie, où on l'entend et où il ne compte pas dans la mesure et le nombre des pieds. La prose a le même privilège et dit par ext. : *lou cémentèri es bèl*; *lou chari anavo plan*, ou en scandant on trouverait sept sons divers, mais qui ne formeraient que six temps, à cause de l'élision insensible. Ce ne sont pas des licences de poètes que le *quidlibet audendi* absout, mais la prose elle-même, comme on le voit, en use sans hésiter, par le seul sentiment inné et harmonique de sa diction ordinaire.

I ou **Li**, *pron. relat.* et *a tr.* Lui, a lui, a elle; y, la, a cela, en cela — *I dounere*, je lui donnai. *I digues*, vous lui dites. *Moustrasi*, montrez-lui *Anasa*, allez-y. *I oou i gasa*, il faut passer par la *Que vos i faire*, que veux-tu faire là, à cela?

Dér. du lat. *Ibi*, ou du datif de *Ille*

I! *interj.* Va! en avant, marche! c'est le cri avec lequel on excite l'allure d'un cheval et particulièrement d'un âne.

Impératif pur lat. du v. *Ire, i, va.*

Ia, *v.*, pour **Lia**. Lier, mettre un lien; serrer avec une corde, avec un lien quelconque; joindre; unir; engager, au pr et au fig.

Dér. du lat. *Ligare*, m. sign., ou du fr. Lier.

Iaire, s. m. Au fém. *Iaïro*. Lieur de gerbes, de fagots; enjaveleuse, femme qui lie les gerbes. les sarments, etc.

Ian, *s. m.* Lien, cordon; scion d'osier qu'on tord pour lier des fagots; tout ce qui sert à lier. — *Un ian dé rasins*, plusieurs grappes de raisins réunies en faisceau par un lien, qu'on suspend au plancher pour les conserver en hiver

Dér. du lat. *Ligamen*, lien

Iard, s m Dim. *Iardé* Liard, petite monnaie de cuivre valant trois deniers — *Un iarde*, un pauvre petit liard, la plus chétive aumône *Fóou pas regarda dou darié iard*, il ne faut pas regarder le dernier denier. c.-à-d il faut être coulant en affaires et ne pas s'arrêter à une misère de différence sur un marché.

Il est bien entendu que le *d* final, qui ne se prononce et ne se lie jamais, n'est conservé que pour l'étymologie et en faveur des composés qui le reproduisent

Les savants ne sont pas d'accord sur la dérivation de ce mot. Ménage, Génin, Ampère y voient un nom propre, celui de l'inventeur de cette piécette, en 1430, Guigues Liard, d'une famille de Crémieu en Dauphiné, où les dauphins de Viennois, dont un, Humbert II, avait été seigneur d'Alais, battaient monnaie. D'autres prétendent que la fabrication des liards remonte au temps de Philippe le Hardi, et prit de lui son nom. Quelques-uns pensent que cette monnaie a été ainsi appelée de *argentum arsum*, argent brulé, noir, *li ars*, à cause de sa couleur et par oppsition à celle qu'on nommait *li blancs*, les blancs, autres pièces de couleur blanche. On a invoqué le basque qui dit *Ardita*, sorte de monnaie de valeur aussi de trois deniers

Iardâou, *s. m* Don du prix d'un liard; maigre et mince libéralité.

Iardéja, *v.* Liarder; se faire payer les plus petites fractions du prix d'un marché; marchander minutieusement; demander l'aumône.

Ibrougno, *a lj.* des deux genres. Ivrogne, ivrognesse; qui est ivre d'habitude.

Dér. du lat. *Ebrius*, ivre

Idèio, s f Dim *Ideo* péj. *Ideïasso* Idee; pensée réflechie, méditée; dessein, envie, projet; représentation qu'on se fait d'une chose existante ou chimérique, imagination; conception; parcelle, molécule, l rin, petite quantité de quelque chose — *Aquo's moun i...*, c'est la mon idee arrêtée; ma volonté précise; ma manière de voir. *Ai ideio d'aquelo fio*, j'ai des vues matrimoniales sur cette jeune personne. *Ai bien i lèio de y-ana*, j'ai grande envie d'y aller *Quinto ideio té pren?* quelle idée, quel projet vous est venu là? *Ai ideio qué....*, je présume, je pense, j'ai dans l'idée que. *Uno i laieto d'ali, dé vinaigre, dé jionvér*, une gouttelette d'huile, un filet de vinaigre, une pincée, un tantinet de persil. *Ideiassos*, mauvaises pensées, projets déshonnêtes

Der. de lat. *Ilea*, m. sign.

Idèioùs, **ouso**, *a j.* Faiseur de projets, chercheur de plans; fantaisiste; capricieux.

Idoul ou **Idoula**, s m. Hurlement du loup; cri plaintif du chien

Der. du lat. *Ululatus*, m sign.

Idoula, *v.* Hurler; pousser des cris plaintifs, des gémissements.

En bas-bret **Yudal**, m. sign.

Idoulaïre, **airo**, *a j.* Pleurard; qui hurle; qui geint.

Iè, **ièïro**, *suffixes*.

Nous rapprochons à dessein ces deux désinences à cause de leur communauté d'origine, et bien que la seconde ne soit pas toujours le féminin de la première. Elles proviennent du suffixe latin *Arius*, *aria*, *arium*; et sont exprimées en français par *ier*, *ière*. Une loi de notre orthographe nous fait supprimer la finale *r* qui ne se prononce pas et qui a du cependant exister dans le principe; le fr. la maintient sans la prononcer non plus; et il se prive, comme le provençal, de l'adoucissement de l'*i* euphonique sur le féminine

Le suffixe *iè*, dont il est ici question, ne doit pas être confondu avec une autre finale en *iè*, très-commune aussi, et issue du lat. *Aria* ou *Eria*. Celle-ci ne s'attache qu'à des subst. fém. et reproduit invariablement dans son intégrité son générateur latin par *Ariè*, que le franç is rend par *Erie*. Elle désigne la profession, le métier, le lieu où s'exerce l'industrie, où est établie la corporation exprimée par le radical; à ce titre elle était appelée à fournir bien des noms de rues et de quartiers, au moyen âge; elle marque encore un exercice habituel, répété de la profession, la fréquence de l'action avec une sorte d'idée de petitesse, de détail spécial amoindri. En* voici quelques applications diverses : *Draparié*, *Bouquarié*, *Falrarié*, *Tèissarié*; *Boulanjarié*, *Revendarié*, *Manjarié*; *Bestiquarié*, *Nèciardarié*, *Gusarié*, etc. : Draperie, Bouquerie, Fabrerie, Tisserie; Boulangerie, Revenderie, Mangerie; Niaiserie, Gueuserie, etc.

Au contraire, la terminaison *iè* de cet article est attachée à un subst masc. et en fr. elle est représentée par *ier* ou *er*. Elle sert à désigner, au lieu du métier, de l'état, celui qui l'exerce; non pas l'action elle-même, mais celui qui agit, comme *Capèiè*, *Saraïè*, *Tèissiè*, *Sabatiè*, *Tounavè*, *Escloupiè*, *Carétiè*, *Drapiè*, *Telatiè*, etc.; et encore la fonction, l'usage, l'emploi de la chose, *Candèïè*, *Éscavè*, *Bénitiè*, *Pasto-mourtiè*, etc.; la réunion, l'habitation des êtres ou des objets indiqués par le radical : *Couloumbiè*, *Pijougnè*, *Poulaïè*, *Viviè*, *Fruitiè*, *Païè*, etc. Elle marque dans ce dernier sens, la collectivité, l'ensemble de certaines choses réunies, le lieu où elles se trouvent et ce qui les produit, arrivant par là naturellement à former des noms d'arbres, de fleurs et de plantes; exemples : *Apiè*, rucher, *Abèïè*, troupeau. *Canèïè*, cannaie, *Boutèïè*, semis de courges, *Plantiè*, plant de vignes; *Plantouiè*, semis d'oignons, de choux, de poireaux, pépinière de châtaigniers, de mûriers; *Pèriè*, gésier, à cause des petites pierres qui le remplissent, et *Gràousèïè*, *Rousiè*, *Gtroufliè*, *Dindouïè*, *Nouguiè*, *Cougourtiè*, *Làouriè*, *Majoufiè*, *Belicouquiè*, *Aménliè*, *Castagnè*, *Ouliviè*, *Figuiè*, etc.

On peut même remarquer que, dans beaucoup de ces dernières désignations, c'est la forme neutre *Arium* qui a servi de base : *Columbarium*, *Vivarium*, *Apiarium*, *Rosarium*, et autres. Le masculin *Arius* a cependant fourni le plus grand nombre.

Notre désinence *ièiro*, en fr. *ière*, qui provient du lat. *Aria*, *Eria*, au fém., et se montre souvent au plur. *Ariæ*, *Eriæ*, *Ièiros*, *Ières*, a des rapports naturels avec le masc. *Arius*, et par suite avec la finale *Iè*. Comme lui, elle est entrée dans beaucoup de noms propres de lieu; car sa fonction est de désigner les endroits de réunion de certains animaux, les quartiers abondants en certains arbres ou plantes, en objets particuliers de certaine nature, les ateliers où se rencontrent certains travaux, ouvrages ou produits fabriqués ou exploités. Dès lors, les dénominations collectives de tout ce qui se fait remarquer en masse, en pluralité comme ensemble, comme production, devaient être marquées à ce signe. Dans ces différentes catégories de dérivés, c'est à ceux qui sont restés noms propres de quartiers que nous nous attacherons de préférence, en citant surtout les appellations locales, et en rappelant quelques analogies. Ainsi, *la Cabrièiro*, *Capraria*, les chèvres; *las Galignèïros*, *Gallinariæ*, les poules; *la Granouièïro*, *Ranuncularia*, les grenouilles; *la Loubièiro*, *Lupariæ*, Louvières, Louviers, les loups; *la Rèïnardièiro*, la Renardière, et *l'óoupéïèïro*, *Volpelière*, les renards; *la Tabagnèïro*, les frelons; *la Tartuguièiro*, les tortues; *Vaquièïros*, *Vaquières*, *Vaccariæ*, les vaches, etc.

Las Avignèïros, *Avenariæ*, les avoines; *lu Blaquièïro*, la Blaquière, la Blachère, de *Blaquas* = *Blaquarédo*: *las Bouïssièïros*, *Buxeriæ*, les Buissières = la Boissière = Bussières = Bouïssounargue, Bouïssonargues; *Broussièïros*, *Brogariæ*, = *las Broussos* = *Broussoùs* = *Boussargue*, *Brossanicæ*, les Bruyères; *Canabièïro*, *Cannetum*, Canehièro; *Canèïè*, Cannaie, les roseaux; *Éouzièïro*, *Helzaria*,

Elzière, Euzière, de Elze, *Ilex*, chênaie, les chênes; *Falguièïro*, *Fdouguièïro*, Falguière, Falgère, Faugère, de *Fdou*, *Fagus*, hêtre, Foutaie, les frênes; *Jounquièïros*, *juncariæ*, Jonquières = Jonchères, les joncs; *Nouzièïro*, *Nuzeriæ*, Nozières, *Nougaré* = *Nougarédo*, Noyelle = Noueilles = Nouguiès, de *Nouguiè*, de *Nux*, *nucis*, noix, *nose*, *nouse*, les noyers; *la Rouvièïro*, Roubière, Rouvière, *Roveria* = *Rouvèïran* = *Rouvèïròou*, Rouveirol, dim. = *Rouvèïra*, Rouveirac = *Rouvèïrolo*, Rouvayrolle, de *Robur*, *Rovariæ*, les rouvres, etc.

Aourièïros, *Aureriæ*, les Aurières, = Aureillac, Aurillac = Auriasses = Auriols, Aurioul, de *Aurum* ou *Aura*; *l'Argéntièïro*, Largentière, = Argentan = Argental = Argenson, de *Argentum*; *Gipièïro*, platrière, de *Gipsus*, le plâtre; *Mouièïro*, *Molieyriæ*, Molière = Moulières, *Moleriæ* = Moulézan = Moulézargues = *Molariæ*, les meulières, les moulins, les terrains bas, détrempés, arrosés d'eaux; *Pèrièïros*, Perrières = Peyrouse = Peyrolles, Peyrols = Queyrières; *Cadrariæ*, = Carrières = Clapières, *Cilppariæ*, de *lapis*, lat., de *Cair*, *Cairn*, celt., des pierres; *Poulvièïros*, Polvières, *Polvereriæ*, = *Polveriegras*, Polveriès, de *Pulvis*, les poussières; *Sablièïros*, *Sableriæ*, les sablières = Sablons = Sablonières, de *Sabula*, les sables; *Tèouièïro*, *Tegulariæ*, = Taulières, la Teulière = Tuileries, les tuiles; *Vèrièïro*, *Vedraria*, une verrerie, etc. — *Voy.* *Lèngo*, *Rouman*.

Iè, s. m. Dim. *Ièché*; augm. *Ièchas*. Lit, meuble pour y coucher, y dormir; lit d'une pierre, côté sur lequel elle repose dans la carrière; couche de quelque chose superposée à une autre; en anatomie, arrière-faix ou placenta. — *Soubre-iè*, ciel de lit. *Je courèdis*, lit à roulettes. *Lou iè ou podou* ferait un spécifique excellent, dit-on à un ivrogne qu'on engage à se coucher.

Dér. du lat. *Lectus*, m. sign.

Ièchoto, s. f. Dim. de *Iè*. Petit lit; couchette.

Ièl, s. m. Dim. *Ièïè*; augm. *Ièïas*. Œil, yeux, organe de la vision; vue. — *A mous ièls vésens*, à ma vue, sous mes yeux, à mon nez. *A visto d'ièl*, à vue d'œil, à première vue. *La pruno dé l'ièl*, la prunelle. *Mdou d'ièl*, mal aux yeux. *Li tombo un ièl chaquo co qué dis uno vérita*, amaï n'es pas borgne, il perd un œil à chaque vérité qu'il dit et il n'est pas borgne. *Ièl dé bióou*, œil de bœuf, jour en forme de segment de cercle ou de demi-lune, dont on éclaire un escalier, un grenier, etc.; lucarne.

Dér. du lat. *Oculus*, m. sign.

Ièou, pron. pers. Moi, et non pas je. — Ce dernier pronom, ni un analogue, n'existe pas en languedocien, chaque verbe s'y conjuguant sans les pronoms je, tu, il, etc. — *Noun faraï ièou*, non ferai-je moi. *És ièou*, c'est moi. *Ièou tabé*, mieux que *també*, moi aussi, moi de même. *Ièou topdou*, mieux que *tant pdou*, moi non plus.

Dér. du lat. *Ego*.

Ignoura, v. Dédaigner; ne faire aucune attention à quelqu'un, comme s'il n'existait pas, ou si l'on ne se doutait pas de son existence; mépriser — *Ious ignore*, je ne sais qui vous êtes.

Dér. du lat *Ignorare*, ne pas savoir. — Le subst. ou l adj. formés en fr. de *Ignarus, in* privatif et *gnarus*, ignorant, ne sont pas admis en languedocien.

Imaje, s. m. Image, estampe; gravure enluminée, a sujet religieux ou profane. — *Planta coumo un imaje*, immobile comme une statue.

Dér. du lat. *Imago*, m. sign.

Ime, s. m. Idée; sens; discernement; imagination; jugement. — *A bèl ime*, approximativement, a vue de pays. *Avès ben ime que...*, vous pensez bien que... *Ai pas ges d'ime d'aquo*, je n'ai aucune souvenance de cela. *Ai pas ime d'y ana*, je n'ai aucune envie d'y aller. *Travaia d'ime*, travailler de tête, d'imagination; faire un ouvrage sans modèle et sans leçon. *Aviéi ime que vendrias*, j'avais un pressentiment de votre venue. *Achata à ime* ou *à bel ime*, acheter sans mesurer, par estimation ou plutôt par approximation. *M'en'a douna sans ime*, il m'en a donné sans mesure et sans raison.

Abréviation du lat. *Animus*, esprit

Imoui, imouisso, adj., ou **Moui, mouisso**. Humide; moite; légèrement imbibé d'eau; trempé par la brume ou le serein.

Dér. du lat. *Humor*.

Impoquo, s f Empêchement; pierre d'achoppement; accident fâcheux qui entrave, qui arrête ce qui est commencé.

Incan, s. m. Vente de meubles a l'encan, à l'enchère —*Voy Encan*. m. sign., m. étym.

Inlo, s. f. Ile, terre entourée d eau de tous côtés

Dér. du lat *Insula*, m. sign.

Inoucén, énto, adj. Innocent, faible, simple d'esprit; idiot; crétin. — *Inoucèn d'Agnano* — *Voy. Agnano*.

Intra, v. a et n. *ad libitum*. Entrer, pénétrer dans, enfoncer. — *Pode pas intra moun pè din moun soulie*, je ne puis faire entrer mon pied dans mon soulier. *Intras aquel efan, vai plooure*, rentrez cet enfant, il va pleuvoir. *Intras voste capèl*, enfoncez votre chapeau

Dér. du lat. *Intrare*, m. sign.

Intrado, s. f. Entrée; endroit par lequel on entre; action d'entrer; commencement; début.

Intran, anto, adj Hardi; entreprenant; qui se faufile partout; entrant; insinuant; intrigant.

Iò, s. m. Lieu; endroit; place, occasion; moment opportun. — *Pa'n-iò*, nulle part. *En'iò mai*, autre part, dans un autre endroit.

Der. du lat. *Locus*.

Iòou, s. m. Œuf, corps organique que pondent les femelles des oiseaux, des poissons, etc.— *Claro d'iòou*, glaire d'œuf. *Cruvel d'iòou*, coquille d'œuf *D'iòous dou plato*, des œufs au miroir. *D'iòous issantas*, des œufs pochés, cuits à la poêle. *D'iòous d'acdou*, les biscuits, les rigaux de la chaux, pierres mal calcinées qui ne fusent pas.

Dér. du lat. *Ovum*, m. sign.

Iou, diphthongue.

On aura peut-être remarqué, et nous redirons, que toutes les diphthongues ou intervient l'*i* initial, autres cependant que celles formées avec l'*a* ou l'*u*, sont masculines ou féminines, fortes ou faibles, selon que la présence ou le défaut d'accent vient modifier leur son ou leur genre. ex. . *réndiè*, fermier, *rèndie*, que je rende; *draparié* et *aparié*; *papiés* et *répapiés*; *flo*, *caflo*, et *bóflo*, *soflo*, etc.

La voyelle composée *ou*, se joignant a un *i* antécédent, se conforme a la règle, mais elle offre une autre particularité. Quand elle se diphthongue, tantôt la tonique porte sur l'*i*, et si alors elle est finale, la syllabe est masculine; tantôt les deux voyelles sont égales, unies dans leur son propre, et la syllabe est féminine. ainsi dans le premier cas: *boudiou*, *coudiou*, *escroupiou*, *roumiou*, et une foule d'autres; dans le second cas, *toundiou*, *foundiou*, *estroupiou*, *roumiou*, etc., à terminaison féminine.

Lorsqu'il n'y a pas diphthongue, les voyelles *i* et *ou*, a la finale d'un mot, ont pareillement leur diversité de genre déterminée cette fois par l'accent sur la composée, ce qui la rend masculine, tandis que sans accent la syllabe est naturellement féminine : par ex. *ardioù* et *roudiou*; *cebioù* et *rebiou*; *coustioù* et *rebouteiou*, etc

Cette distinction a son importance en versification; mais elle est aussi essentielle à observer pour bien prononcer et souvent pour arriver au sens dans les mots homographes.

Enfin ce rapprochement de voyelles se rencontre dans l'intérieur d un mot, et suivi d'une consonne; la, il n'est plus question bien entendu de genre; mais, suivant les cas, l i et l'*ou* sont égaux ou inégaux en quantité, et leur inflexion diffère, comme dans *tiouno* et *bestiouno*; *miouno* et *miouno*; *carioun* et *Marioun*; *sioulo* et *maliciouso*; *piouta* et *eyuouna*, etc

De bon compte, voila donc la combinaison de deux mêmes voyelles qui produit quatre modulations différentes; en ne prenant qu'un exemple de chacune, *boudiou* sonne autrement que *ioundi u*, *ardioù* que *roudiou*, *tiouno* que *bestiouno*, *carioun* que *Marioun*, *Sioulo* que *graciouso*, et ainsi d'une foule d'autres.

Il faut pouvoir distinguer ces différences Nous les représentons a l'œil autant et aussi clairement que possible par les accents orthographiques et le tréma. L'accent donne la valeur, rend la note longue ou brève, aiguë ou grave: son absence la laisse avec le son naturel et propre; le tréma détache le plus souvent la voyelle, adoucit le son en le doublant presque ou en le mouillant en quelque sorte; c'est pourquoi la diphthongue seule a besoin d'être accentuée sur l'*i* qui est la voyelle-pivot, et l'accent circonflexe lui est réservé; pour la dissylabe, la tonique étant transportée sur *ou*, c'est celle-ci qui doit être marquée du signe quand elle est finale et masculine, car, suivie d'une consonne au milieu d'un mot, elle est suffisamment renforcée.

Après cela, il est difficile de comprendre que notre langue d'Oc, avec ces variétés de vocalisation et d'intonation qui exigent une précision assez rigoureuse, puisse se trouver bien d'être compliquée encore par le renversement des notions orthographiques reçues, alors qu'il n'y a pas nécessité. C'est là pourtant ce qui a été proposé et presque imposé par des novateurs, sous prétexte de ressusciter l'ancienne et défectueuse orthographe de leurs devanciers.

Nous persistons à croire et à soutenir que l'alphabet adopté suffit ; et du moment qu'il est convenu que l'on doit écrire comme on prononce, s'écarter des règles qui, par le contact des lettres, leur position et leur agencement, représentent tel ou tel accord à rendre, telle consonnance à exprimer, c'est évidemment faire de la fantaisie et arriver au trouble et à la confusion, en revenant aux méthodes délaissées par l'enseignement.

La diphthongue qui nous occupe n'a pas échappé plus que les autres aux prétendues réformes d'une école nouvelle : ce ne sera pas perdre notre temps que d'essayer de la ramener à l'orthographe véritable qui lui appartient.

Nul ne saurait contester, après l'esquisse succincte qui vient d'être tracée, que les sons *ou* et *u* n'existent pas dans la langue d'Oc, et qu'ils ne soient représentés, l'un par deux signes et l'autre par un seul : défectuosité sans doute de nos alphabets, mais insuffisance admise, si regrettable qu'elle soit, et passée dans la pratique et l'usage ; ce qui n'empêche point que *ou* et *u* ne soient l'une et l'autre de simples voyelles, reconnues comme telles dans tous les traités et les nomenclatures grammaticales.

Ceci posé, il est encore incontestable que nos idiomes ont adopté, dans beaucoup de mots, le son double *i-u* et *i-ou*, l'un et l'autre tantôt joints, c.-a-d. diphthongués, prononcés d'un jet, tantôt séparés, c.-à-d. dissyllabiques. Par suite, la conclusion forcée est que, si la consonnance existe, elle doit être figurée ; si elle est distincte, le même caractère alphabétique ne doit pas l'exprimer : et notre lexique s'est cru obligé par une conséquence contre laquelle aucune objection raisonnable ne semblait devoir s'élever ; suivant en cela les préceptes des maîtres, l'abbé DE SAUVAGES, JASMIN, LA FARE-ALAIS et les autres.

Pourquoi cependant certains traités protestent-ils en règle absolue que « la voyelle *u* se prononce comme en français, excepté lorsqu'elle suit immédiatement une autre voyelle ; dans ce dernier cas, elle prend le son *ou ?* »

Nous avons déjà exposé, en parlant des diphthongues *Aou* et *Éou*, les raisons qui rendaient inadmissible une pareille proposition ; nous aurons occasion, sous la voyelle *O*, de renouveler nos protestations contre cette hérésie historique et grammaticale ; ici, sans autre autorité, nous l'avouons, que celle de la logique et de l'amour de notre langue, affirmons de plus fort qu'avec *i* voyelle, comme avec *a*, *e*, *o*, si la voyelle *ou*, sonnant *ou*, se fait entendre à la suite, il convient d'écrire *ou*, et que la substitution de *l'u* simple ne peut être un équivalent toléré, raisonnable et satisfaisant. Puis, contentons-nous de prendre sur le fait quelques-unes des contradictions des réformateurs eux-mêmes.

Si la règle tant préconisée est vraie et juste, ils ont raison, par exemple, d'écrire le n. pr. *Marius*, à la condition de le prononcer *Marious*. Disent-ils ainsi ? Ce serait bien romain : mais ils ne vont pas jusque-là. L'*u* cependant suit immédiatement l'*i*.

Grâce au principe, l'inverse aurait droit aussi à réclamer. Avec un autre nom propre, très-commun, *Marioun*, il suffirait d'écrire *Mariun* : voilà, ce serait, cette économie bien entendue de l'*o* qu'ils traitent si mal, en concours avec l'*u*, quand une voyelle le précède. Si l'on s'avisait, pour l'honneur du système, de cette orthographe, serait-il bien certain que le mot fût correctement epelé comme il demande à être prononcé ? Il est quelque peu permis d'en douter.

Il y a mieux encore : à les croire sur parole, en écrivant *lis iuè, niuè, aniuè, liuen, dé liuen en liuèn*, etc., ne prétendent-ils pas obliger, et ne se soumettent-ils pas les premiers sans doute, à prononcer *lis iouè, niouè, aniouè, liouèn, de liouèn én liouèn*, etc. Que leur orthographe soit régulière, la prononciation devra se conformer au principe : le fait-elle ? Non, certes : ils se gardent bien d'articuler autrement qu'ils n'écrivent. Mais s'il faut ici prononcer nettement *iu* et là très-distinctement *iou*, leur formule et leur exception mêlent tout, brouillent et confondent tout : pour qui donc sont-elles bonnes ? à quoi servent-elles ? L'orthographe dite des troubadours est jugée.

Sur une base si malheureuse, que l'on cesse donc de rêver l'unité orthographique de la langue d'Oc. Que le provençal soit maître chez lui, rien de mieux ; mais qu'il soit satisfait, et son lot est magnifique, de nous imposer l'admiration pour ses chefs-d'œuvre en poésie, sans vouloir nous soumettre à ses préceptes de grammaire. Le languedocien lui refuserait ses suffrages. Il a déjà assez à faire à lutter contre le *franchiman* d'outre-Loire, sans avoir encore à se défendre contre les importations de contrebande d'outre-Rhône, si séduisante que soit l'estampille. Et il dira et écrira toujours : *Oh ! saouverdiou! leou, leou, chacun per se et per lou siou ; ce que fòou, énd'aquo pas mau.*

Iragnado, s. f. Araignée, ou plus correctement toile d'araignée. — Dans le pays on appelle, par corruption peut-être, l'araignée plus souvent *iragnado* que *iragno*. Ce dernier mot est plus technique et doit être préféré.

Iragnas, s. m. Augm. d'*Iragnado*. Large toile d'araignée ; cette multiplicité de toiles qu'on remarque aux planchers des remises et écuries d'auberge, où l'on prend rarement la peine de les enlever et où elles se multiplient.

Iragno, s. f. Araignée, nom générique qui s'applique à toutes ses nombreuses variétés, *Aranea*, Linn., insecte de l'ordre des Aptères et de la fam. des Aranéides ou Acères. — L'araignée n'est point un poison pour l'homme, à preuve l'astronome Lalande qui suçait volontiers l'animal vivant :

les singes en sont très-friands. Mais sa morsure, inoffensive dans nos pays, est dangereuse et procure de vives douleurs dans d'autres contrées.

Dér. du lat. *Aranea*, m. sign

Iragnoùs, s. m. Espèce de raisin noir, à grains serrés, ronds, assez gros. Il ne donne pas une grande quantité de grappes, mais elles sont très-belles. Ce raisin se conserve longtemps, le cep en est propre, les yeux bien espacés, la feuille bien découpée.

Son nom lui vient de ce que ses grappes logent une multitu le de petites araignées jaunes. Cependant cette particularité n'est pas exclusive à cette espèce, mais on y rencontre plus souvent ces insectes, le rapprochement des grains leur fournissant un abri plus sûr pour s'établir.

Iragnoùs, ouso, adj. Couvert, embarrassé de toiles d'araignées. Au fig. qui est de mauvaise humeur; inquiet; et cette acception vient sans doute du rapport de consonnance avec *Argnoùs*, mauvaise traduction de Hargneux, dont le *franchiman* a fait faire une sorte de jeu de mots

Iranjariè, s. f. Orangerie, serre où l'on renferme les orangers en hiver.

Iranje, s. m. Orange, fruit de l'oranger

Iranjè, s. m. Oranger, *Citrus aurantium*, Linn., arbre de la fam. des Hespéridées, cultivé en pleine terre dans quelques parties de la basse Provence, à Hyeres. Les premiers orangers furent apportés en 1547 de la Chine en Portugal, de là ils se répandirent aux iles Majorques, en Italie et en Afrique.

Dér. du lat. *Aurantium*, m. sign

Irèje, irèjo, adj. Capricieux; difficile à vivre; bourru; revêche; roche; quinteux.

La racine du mot paraît être le lat *Ira*, colère *Irèje*, colérique.

Issama, v. Essaimer, former de nouveaux essaims, produire un essaim, comme font les plus jeunes abeilles qui sortent de leur ruche-mère, une jeune reine en tête, pour aller coloniser ailleurs.

Issame, en parlant des abeilles, multiplier. Activement, éparpiller, disposer, dissiper, répandre, comme un essaim.

Dér du lat *Examinare*, m. sign.

Issan, s. m. Essaim, peuplade de jeunes abeilles qui quittent la ruche-mère, trop étroite pour toute sa population. Une ruche bien entretenue essaime deux fois et jusqu'à trois fois dans l'année.

Issan se dit aussi dans le sens de multitude serrée, compacte, remuante. — *Un issan de mounde*, une foule de monde ; — *d'escouèrs*, une troupe d'écoliers; —*de gráoules*, *d'doussèls*, de frelons, d'oiseaux.

Dér. par corrupt. du lat. *Examen*, m. sign D'autres disent du celt. *Fezoim*, m. sign. ou du lat *Exire*, sortir, qui avait donné au vieux fr. *Eissir*.

Issanla, v. Pocher des œufs, les faire cuire à la poele, où il se forme autour du jaune une pellicule qui le recouvre comme s'il était dans une poche. — *Issanla*, qui n'a pas du reste d'autre acception, est une flottante varico du v *Santa*, envelopper. — V. c. m.

Issar, s m. Dim. *Issarte*; augm. *Issartas*. Essart; lande; garrigue; bois nouvellement défriché. C'est un terrain dont on n'a fait qu'effleurer la croute, dont on a arraché les souches, les ronces, les épines, et seulement enlevé les pierres de la surface pour les réunir en tas de distance en distance. On y sème du blé qui y réussit très-bien d'ordinaire pendant trois années, sans autre culture, sans engrais, ni jachères.

Ce mot a donné naissance à quelques noms pr., Issarte, Issartel, Des Essarts, Des Issarts.

Dér. du lat. *Sartus*, réparé, rapiécé, remis à neuf; essarte

Issarta, v. Greffer, enter un arbre; essarter; remettre à neuf. — *Issarta un debas*, refaire à neuf le pied d'un bas, ce qui se pratique en faisant un tout du neuf et du vieux, qui sont joints ensemble par une suture comme la greffe d un arbre. *Issarta un ráoumas*, prendre un rhume sur l'autre; — *uno mounino*, s'enivrer de nouveau avant d'être dégrisé d'une première ivresse. *Issarta dou cougne, à l'émplastre, dou sible*, greffer en fente, en écusson, en sifflet

En esp *Enxestar*, m. sign.

Issartaduro, s. f. Ente, greffe; joint de suture entre l'ente et le sujet, qui se remarque encore sur l'arbre longtemps après l'opération et quelquefois toujours

Issartaire, s. m Qui greffe, qui ente; qui fait sa profession de greffer.

Issartòja, v. fréq. Faire un essart, défricher un terrain comme il est expliqué à l'art. *Issar* — Il ne faut point confondre *Issarta* et *Issarteja*, non plus que *Issar* et *Issèr*; leurs acceptions sont tout à fait disparates.

Issèr, s. m. Jeune arbre nouvellement greffé, ou qui ne l'est pas encore et qu'on destine à être enté.

Issèrques, s m plur. Sentiers tortueux et difficiles, qui allongent souvent le chemin au lieu de l'abréger comme *las courchos*, et qui ont pour but de suivre les sinuosités d'un torrent, d'un ruisseau, d'une rivière, sans les traverser Sauvages les appelle *Eschirpos* ou *Fschirquos*.

Issoulén, énto, adj. Dim. *Issoulentò*. Insolent; orgueilleux; effronté; qui manque de respect

Issoulénço, s f. Insolence; effronterie; parole hardie, irrespectueuse et provoquante; outrage.

Dér. du lat. *Insolentia*.

Istanço, s f. Distance d'un point à un autre.

Corrupt. du fr. Distance.

Iuèn, adv. Loin; à une grande distance. — *Dé iuèn en iuèn*, de loin en loin, par longs intervalles. *Sé ver dé iuèn*, on l'aperçoit de loin. *Po pan'a pu iuèn*, il est au bout de sa course, il ne peut plus vivre au-delà.

L'*i* initial est aspiré; il ne s'élide pas et ne fait pas hiatus.

Dér. du lat. *Longè*, m. sign.

Izèto, s. f. Z, nom de la dernière lettre de l'alphabet

J

J, *s. m.* Consonne, dixième lettre de l'alphabet : se nomme et s'épelle *Ji*.

La consonne J se classe comme aspirée palatale faible. L'articulation qu'elle représente était inconnue dans les langues anciennes, et le signe n'en existait pas ; il resta même longtemps confondu avec I, celui-ci considéré toujours voyelle, et J ou I long pris comme consonne. Aujourd'hui encore, les langues qui ont la même origine que la langue d'Oc et la langue d'Oïl, l'expriment d'une manière différente : l'ital. écrit *Giamma, Giardino, Giallo;* que le fr. écrit jamais, jardin, jaune, comme le lang. *jamai, jardi, jáoune*. L'esp. adopte le caractère, mais le confond avec l'*x* et le prononce avec une forte aspiration gutturale, sonnant presque comme K, *Kota* écrit *Jota*. Nous sommes plus près de la vocalisation italienne, douce et sifflante ; et c'est pourquoi, tout en conservant le signe, sa dénomination et son articulation la rappellent.

Ainsi nous employons le J :

1° Dans tous les mots où nous avons à faire sentir la prononciation du G doux, c.-à-d. devant les voyelles *a, o, u ;*

2° Dans les mots, qui semblent communs avec le fr., où l'on pourrait placer le G sans inconvénient de prononciation, seulement dans le but de leur conserver la physionomie de leurs correspondants : ex.: jante, *jénto;* jeton, *jitoù;* jumelle, *jimélo;* jeter, *jeta*, etc.;

3° Dans des mots et divers temps de verbe où le J est suivi des lettres *e* ou *i*, lorsque ces mots sont les composés ou les co-composés d'autres mots chez lesquels le G deviendrait dur et guttural. Nous écrivons *Vilaje,* car si nous mettions *Vilage,* comme la terminaison française, nous obtiendrions au dim. et à l'augm. *Vilagoù* et *Vilagas*.

Or, il nous a paru impossible d'avoir deux orthographes différentes sur des mots d'une origine identique. Ceci est encore plus sensible dans les conjugaisons : les verbes en *ja* à l'infinitif sont très-nombreux, il nous a paru nécessaire de laisser subsister ce *j* dans tous les temps où il est suivi des voyelles *e, i,* ou : chanja, chanje, chanjou, chanjamèn, chanjèn, chanjèrou, etc.

Ja! *interj.* Dia, cri ou plutôt commandement des charretiers pour faire aller ou tourner les chevaux à gauche, comme *Ruóou*, et en fr. A hue, ou à hurau, à hurant, signifie : à droite. — *L'un tiro à ja, l'doutre à ruóou*, l'un tire à dia, l'autre à hurant; au fig., ils ne sont nullement d'accord, ils agissent en sens contraire ; quand l'un veut blanc, l'autre veut noir.

Jabò, *s. m.* Dim. *Jabouté;* augm. *Jaboutas.* Jabot, ornement de mousseline plissée ou de dentelle à la fente du haut d'une chemise d'homme. Par ext. estomac, poitrine.
— *Faire jabò*, se pavaner, s'enorgueillir ; prendre plaisir à la louange.

Jacoù, ou **Jacoupé, èto,** dim., *s. m.* et *f.* Niais ; dadais, imbécile. — Le fr. emploie dans le même sens : *Jaquinet,* composé de même.

Dér. du lat. *Jacobus,* Jacques.

Jaié, *s. m.* Jais, bitume, fossile d'un noir très-brillant et solide, qui prend un très-beau poli ; sorte de verre teint en noir, qui en est une imitation.

Jaïre, *v.* Coucher ; être couché ; reposer à plat. — Se dit d'une pierre qui pose bien sur sa base. *Faï-la jaïre,* pose cette pierre de manière qu'elle touche hermétiquement sur son assise.

Se jaïre, se coucher ; se tenir couché. — *Vaï té jaïre,* va te coucher, tu m'ennuies.

Dér. du lat. *Jacere,* coucher.

Jaïsso, *s. f.* Gesse, espèce de lupin ou de féverolle, *Lathyrus sativus,* Linn., plante de la fam. des Légumineuses, cultivée partout.

Jala, *v.* Geler, glacer ; endurcir par le froid ; faire périr de froid. — *Sé jala,* mourir de froid. *Aquò's un mariaje jala,* dit on ou disait-on de celui où l'amour ne joue qu'un faible rôle : dans notre siècle positif, où l'on a changé tout cela, cette phrase signifie aussi un mariage où il y a plus d'amour que d'argent.

Dér. du lat. *Gelare,* m. sign.

Jalado, *s. f.* Gelée ; action de la gelée, froid qui la produit ; saison des frimas.

Jaladuro, *s. f.* Gelée, dans le sens de l'impression qu'elle fait sur les êtres vivants et inanimés ; gelivure.

Jalarèio, *s. f.* Gélatine, gelée animale, suc ou jus coagulé.

Jalibra, *v.* Verglacer ; faire du givre ; faire de la gelée blanche, du verglas. — *Bos jalibra,* bois roulé, dont quelqu'une des couches circulaires manque d'adhérence et se sépare quand on le travaille, ce qui le rend impropre à tout ouvrage. Ce vice provient de ce qu'à la formation de cette couche la sève a été surprise par une forte gelée qui l'a glacée et a empêché l'adhésion successive des couches superposées.

Jalibre, *s. m.,* ou **Barbasto.** Givre, gelée blanche ; verglas. — Ce météore est formé par les vapeurs qui s'élèvent de la terre et que le froid surprend la nuit et condense à la surface du sol et sur les plantes, en s'y formant en cristallisation.

On donne de préférence le nom de *Jalibre* au givre d'hiver, et celui de *Barbasto* aux gelées blanches du printemps, qui sont si funestes aux bourgeons et même à la feuille ... du mûrier et de la vigne.

Jalo-fré, adj. ... Frileux, transi de froid, qui craint le froid. Au fig. ... d'un tempérament froid et insensible à l'amour; un passe-froid.

Jaloùs, **ouso** adj. Jaloux; envieux; désireux; attentif à conserver une chose acquise, à garder, à maintenir, à accroître un bien, une satisfaction. — *Es jaloùs de sous double, ...*, il tient fortement à la belle venue de ses ... ou de ses fleurs; il en prend un grand soin.

Jalousiè, s. f. Jalousie; envie; chagrin de voir posséder par un autre ce qu'on désire avoir pour soi-même; treillis, sorte de volet de fenêtre à claire-voie.
En ital. *Gelosia*, m. sign.

Jamai, adv. de temps. Jamais, dans aucun temps. *Voy Janas*. — *Jamai faou dire d'aquelo aigo non ... beourai*, prvb., il ne faut pas dire, fontaine, je ne boirai pas de ton eau. *Jamai amouroùs vergougnoùs noun agué bèlo amigo*, prvb., jamais honteux n'eut belle amie.

Deux proverbes qui se trouvent anciennement dans les deux langues, avec leur expression particulière qui n'est pas tout à fait une traduction mot à mot, mais où l'identité de sens est reproduite. Est-ce le lang. ou le fr. qui doivent en revendiquer la priorité? Ni l'un ni l'autre, sans doute; car la sagesse des nations n'avait pas attendu leur formation pour mettre ces vérités en axiomes; mais chaque idiome les a rendues à sa manière.
Der. du lat. *Jam magis*.

Jambar, **ardo**, adj. Bancroche, bancal, qui a les jambes tortues.

Jamès, adv. de temps. Jamais, en aucun temps. — S'emploie plus rarement que *Jamai*; mais il semble avoir quelque chose de plus énergique, de plus tranché: il appartient au dialogue plus qu'à la narration. Bien qu'il soit plus identique au fr., il est fort dans le génie du languedocien.

Jan, s. m. n. pr. d'homme. Dim. *Jané, Janò*. Jean.
Dér. du lat. *Joannes* ou *Johannes*, venu de l'hébreu *Jchohhanan*, grâce de Dieu. En v. fr. *Jehan*; en ital. *Giovanni*; en esp. *Juan*.

Nous avons dû placer ici alphabétiquement ce mot, ses dérivés et ses composés, pour nous conformer à la règle de notre orthographe, qui supprime toutes les lettres qui ne se prononcent pas.

Jan (Sén), n. pr. Au masc., n. pr. de lieux en grand nombre partout : au fém. fête de Saint-Jean Baptiste, le **24 juin**. — *La Sén-Jan* ou *pér Sén-Jan*, le 24 juin. C'est une des époques principales de l'année pour les termes de paiement et autres affaires. Cette échéance de la fête de Saint-Jean Baptiste vient sans doute de ce qu'à cette date on a fini et réalisé la récolte des cocons, et que c'est le moment où l'on est censé avoir de l'argent. Elle divise aussi l'année également en deux semestres. Ces circonstances concourent à en faire un terme remarquable.

Sén-Jan das anels, Saint-Jean de Maruejols, commune du canton de Bequé (Gard), ainsi nommé parce qu'autrefois il s'y fabriquait une quantité de bagues, *anels*, en ... avec chiffres et devises. Il s'y tient une foire exprès pour cette industrie.

Sén-Jan de Gardounenquo, Saint-Jean du Gard, chef-lieu de canton, arrondissement d'Alais.

Sén-Jan de las cebos, Saint-Jean de Valérisele, commune du canton de Saint-Ambroix (Gard), renommée pour sa production d'un petit oignon délicat, espèce d'échalotte, dont elle fait commerce et exportation : de là dérive son surnom.

Nous ne rapportons pas un plus grand nombre de ces localités qui ont le nom de Saint-Jean, bien que notre département et l'arrondissement d'Alais en fournissent beaucoup d'autres, parce qu'en lang. elles conservent le même surnom distinctif qu'en fr. Nous avons cité les trois communes ci-dessus à cause de la différence de leur appellation française avec leur désignation usuelle et populaire.

Jané, s. m. Dim. de *Jan*. Fils de Jean. quand il est n. pr.; mais, subst. m., il signifie : un jeannot, un niais, un imbécile, qui se laisse mener par le bout du nez; qui se laisse insulter, molester; ou encore un Jocrisse.

Janén (Sén), **Sén-Janénquo**, adj. De la Saint-Jean; qui vient à la Saint-Jean, en parlant des fruits et produits de la terre; habitant de l'une des communes qui portent le nom de saint Jean; membre de la confrérie de Saint-Jean, qui existe à Alais, dont la cathédrale est sous l'invocation de saint Jean Baptiste.

Janénquo (Sén), s. f. Territoire de l'une des communes nommées Saint-Jean, ou de plusieurs communes dont un Saint-Jean serait comme le chef-lieu.

Janéto, s. f. n. pr. de femme. Dim. de *Jano*. Jeannette.

Janétoun, s. f. n. pr. de femme. Dim. de *Jano*, qui a lui-même un dim., *Janetoune*. Jeanneton.

Jan-fénno, s. m. Homme qui se mêle des ouvrages réservés aux femmes, des menus soins du ménage; un tâte poule.

Jangla, v. Glapir; crier comme un chien qu'on frappe.
— *Jangla dàou fré*, grelotter, trembler de froid.
Dér. du lat. *Gemere*, gémir.

Jangladisso, s. f. Glapissement d'un chien qu'on châtie.

Jangoula, v., ou **Gingoula**. Geindre, gémir; se plaindre languissamment, à diverses reprises, comme par habitude.
Dér. du lat. *Ululare*.

Jangoulaïre, **aïro**, adj. Pleurard; qui se plaint d'habitude; qui ne cesse de se lamenter.

Jangoulino, *s. f.* Ripopée, boisson sans saveur ni vertu. — *Voy. Gingoulino.*

Jano, *s. f.* n. pr. de femme. Dim. *Janéto, Janoù, Janétoun, Janétouné.* Jeanne.

Janò, *s. m.* n. pr. d'homme. Dim. de *Jan.* Jeannot. — Cette variante touche de près à notre dim. *Jané;* mais *Janò* a un peu moins le caractère de cette ingénuité niaise que celui-ci représente. Le fr., au contraire, son correspondant, en est devenu le type, depuis la fin du siècle dernier. Une pièce de Durvigny lui donna une vogue extraordinaire, et le *Janotisme*, longtemps de mode, fit fureur. Les calembredaines et le langage de *Janot*, après un succès fou, sont aujourd'hui abandonnés et ne font plus rire le public, qui se prend au charme d'autres farces, ni plus ni moins spirituelles peut-être, mais qui le sont autrement et l'amusent davantage.

Jansono, *s. f.* Gentiane, *Gentiana lutea*, Linn., à fleurs jaunes, plante de la fam. des Gentianées, commune dans le Midi. Sa racine, tonique et stomachique, est employée avec succès, dit-on, contre la goutte.

Pline assure que son nom lat., dont le nôtre paraît formé avec quelque inversion, lui vient de *Gentius*, roi d'Illyrie, qui, environ 150 ans avant Jésus-Christ, découvrit les vertus de cette plante.

Janviè, *s. m.* Janvier, premier mois de l'année suivant notre calendrier actuel, composé de trente-un jours.

Dér. du lat. *Januarius.*

Jâoune, *s. m* Jaune, la couleur jaune.

Dér. du lat. *Galbinus*, vert pale.

Jâoune, jâouno, *adj.* Dim. *Jâouné* péj. *Jâounas.* Jaune, qui a la couleur du safran, du citron; livide; pâle. — Le jaune foncé se dit *Rouje.*

Jâoune, *s. m.* En terme de magnanerie, désigne le ver-à-soie, *magnan*, atteint de cette maladie, qui est une décomposition véritable, et une variété ou un symptôme de ce qu'on nomme aujourd'hui *la Flacherie.*

Jâounéja, *v.* fréq. Jaunir; tirer sur le jaune; paraître ou devenir jaune.

Jâounije, *s. f* Couleur jaune, celle que prennent les feuilles en l'arrière-saison, et non jaunisse, qui se dit *lous Éstouris.* — *Voy.* c. m.

Jâoussémi, *s. m.,* ou **Jâoussémin**. Jasmin, *Jasminum,* Linn., arbrisseau de la fam. des Jasminées. Il est originaire du Malabar. Sa fleur blanche, étoilée, à suave odeur, et la flexibilité de ses rameaux en font l'ornement et le charme des berceaux et tonnelles de jardin.

Jâouvèr, *s. m.* Persil, *Apium petroselinum*, Linn., plante de la fam. des Ombellifères, cultivée pour les usages de la cuisine.

On a dit que son nom était une corrupt. du fr. *Jus vert.*

Jâouvèrtasso, *s. f.,* ou **Coucudo** ou **Joubèrtino**.Ciguë, *Conium maculatum,* Linn., plante de la fam. des Ombellifères qui croit dans les lieux humides et gras. C'est le suc de cette plante qui fournit le poison de Socrate.

Son nom lang. lui vient de sa ressemblance avec le persil, et il en est le péjor. à cause de sa vertu malfaisante. Il est prudent en cueillant le persil de ne pas faire confusion, ce que l'on prévient en remarquant que la ciguë a la feuille plus large, qu'elle exhale une odeur désagréable et différente du persil, et que sa tige est parsemée de taches noirâtres.

Japa, *v.* Japper; aboyer; pousser des aboiements; avertir par ses cris; crier beaucoup. — *És pâoure que japo*, il est au dernier degré de misère, au point de manquer de pain et de crier famine.

Formé par onomatopée.

Japadis, *s. m.,* ou **Japariè**. Aboi; aboiement de plusieurs chiens à la fois.

Japaïre, aïro, *adj.* Aboyeur; clabaudeur; qui se plaint de tout et de tout le monde.

Japariè, *s. f.* — *Voy. Japadis.*

Jaquas, *s. m.* n. pr. Augm. de *Jaque.* Gros Jacques; gros et vilain homme du nom de Jacques. — *Pâoure coumo Jaquas*, pauvre comme Job. *Faïre Jaquas*, faire le chien couchant; caresser, flatter l'homme ou plus fort ou plus puissant que soi.

Le n. pr. vient certainement du lat. *Jacobus;* mais à la dernière acception, le lat. *Jacere,* se coucher, pourrait bien avoir quelque peu participé.

Jaque, *s. m.* n. pr. d'homme. Dim. *Jaqué.* Jacques.

A propos de ce prénom, il convient de faire une observation qui s'applique à tous les autres : c'est qu'en désignant un individu par nom et prénom, on les sépare d'ordinaire par la particule *de*, de, non point par aucune prétention nobiliaire, mais comme si le nom était pris là pour appellation de race, de famille, dans la personne du père. Ainsi l'on dit : *Jaque de Bédos*, c.-à-d. Jacques, fils de Bédos. Quelquefois la chose se pousse plus loin : c'est la mère que l'on prend pour type de la famille, et l'on dit : *Jaque de Bédosso ;* ce qui arrive soit lorsque cette mère, restée longtemps veuve, a été regardée comme chef de famille, soit lorsque la mère, un peu maîtresse-femme, plus connue du public que son mari, est réputée, comme on dit, porter les culottes.

Jaqué, *s. m.* n. pr. d'homme. Dim. de *Jaque.* Petit Jacques —*Faïre Jaqué*, faire le poltron ; mettre les pouces; s'enfuir devant un danger ou une rixe. *Un jaqué* est une coiffure, ou plutôt une manière de tailler les cheveux en brosse : le toupet ainsi taillé se nomme *jaqué.*

Jaquèli, *s. m.* n. pr. d'homme. Sorte de dim. de *Jaque,* qui se rapproche par le sens de cet autre dim. *Jané* et implique aussi une idée de niaiserie candide et ingénue; un Nicaise, un Nicodème, un Janot.

Jaquélino, *s. f.* n. pr. de femme Jacqueline. — Comme le précédent, son masc., également formé de *Juque,* et rappelant une certaine synonymie avec Nicette, d'une simplicité un peu sotte.

Jaquèto, *s. f.* Corps de jupe ; habillement court de

femme ou d'enfant, sorte de spencer qui tient à la jupe sans être de la même étoffe.

Ce mot, qui a été francisé pour désigner un vêtement d'homme qui tient le milieu entre la veste et la redingote, est un dim. de *jaque*, nom passé de mode d'une sorte de pourpoint et de cotte d'armes au moyen-âge. Le fr. *Jaquette* est donc fort de mise. *Jaque* était une sorte d'ancienne casaque à l'usage des gens de guerre. Dans le même sens l'esp. dit *Jaca* et l'ital. *Giaco*. En holl. *Jak*, casaque, cape; en island. *Jacka;* en angl. *Jacke;* en allem. *Jackchen*, surtout, jaquette.

Jardi, *s. m.* Dim. *Jardiné;* augm. *Jardinas*. Jardin, lieu clos où l'on cultive des fleurs, des légumes, des arbres. En gallois *Gard;* en allem. *Garden*, m. sign.

Jardignè, *s. m.* Jardinier; maraicher. — *Barbo dé jardignè*, barbe clair-semée : l'origine ou l'allusion de ce dicton n'est pas assez propre pour pouvoir être expliquée.

Jardignèiro, *s. f.* Jardinière, femme d'un jardinier; marchande d'hortolage.

Jardinaje, *s. m.* Hortolage; légumes et herbes de toute espèce cultivés dans un jardin potager; plantes potagères.

Jardinéja, *v. fréq.* Jardiner; s'occuper aux travaux de l'horticulture; arranger, travailler un jardin.

Jaré, *s. m.* Jarret; partie postérieure du genou; endroit où se plie la jambe des animaux à quatre pieds; jarret de cochon. — En bas-breton, *Garr*, jambe; *Jaritel*, jarret; en gallois, *Gar*, jambe et jarret; en irlandais, *Cara*, jambe.

Jarétiè, ièiro, *a lj.* Cagneux, dont les genoux se touchent ou chevauchent en marchant; jarreté, en parlant d'un cheval dont les jarrets de derrière frottent et se croisent.

Jarétièiro, *s. f.* avec la signification de jarretière, est du pur franchiman : on dit *Cambaïe*. — V. c. m.

Jas, *s. m.* Gîte; couche, endroit où on a demeuré et couché: limon, bourbe, dépôt au fond d'un vase, d'un tonneau. — *Jas dé mouli*, gîte d'un moulin, la meule gisante et immobile. *Lou jas dâou fe*, la fane inférieure du foin qui ne monte pas et qui reste drue et touffue : cette herbe, toujours plus verte et plus tendre, donne beaucoup de volume et de qualité au foin. *Lou jas d'un meloun*, la couche d'un melon, le côté sur lequel il repose et qui mûrit plus vite. *Lou jas dâou vinaigre*, le sédiment qui reste au fond d'un tonneau à vinaigre et qu'on y laisse déposé. *On trobo pas dos lèbres dou mémo jas*, on ne prend pas deux lièvres au même gite : c'est un heureux hasard qui ne se répète pas deux fois.

Dér. de *Jaïre*, formé du lat. *Jacere*.

Jasén, énto, *part. pres.* du v. *Jaïre*. Qui est couché, qui pose horizontalement. — *Aoubre jasen*, madrier horizontal qui forme l'essieu, l'axe de la grande roue d'un puits à roue.

Jasén, *s. f.* En provençal signifie : femme en couches, nouvelle accouchée.

Jaséno, *s. f.*, ou **Goublé**. Chevron; pièce de charpente de couvert qui pose sur les pannes et supporte elle même la tuile sans autre intermédiaire. — *Las jasenos* doivent avoir huit centimètres d'équarrissage et $2^m 25$ ou $4^m 12$ de longueur; dans le premier cas, elles portent sur trois pannes et mesurent deux intervalles; dans le second, elles ne portent que sur deux pannes et n'occupent qu'un intervalle. Celles qu'on emploie pour l'échafaudage d'une magnanerie doivent avoir en longueur $2^m 25$ et quelquefois davantage, suivant la distance des montants : elles posent sur les chevilles ou les mortaises du montant et supportent les tables.

Dér. de *Jasén*.

Jasiôou, jasiolo, *s. et adj.* Dim. *Jasioulé;* péj. *Jasioulas*. Juif, Israelite; qui professe le judaïsme. Au fig. usurier; qui prête à usure; qui vend trop cher; âpre au gain. — Les juifs avaient, au quatorzième siècle, des synagogues dans les plus petites villes du Languedoc, et déjà même pendant la première moitié du IXme siècle, leur nombre était considérable; un de leurs rabbins les plus célèbres, Benjamin, fit un long séjour à Lunel, où de nombreux disciples suivaient son école et ses enseignements publics de la médecine. Notre ancienne Charte d'Alais, en 1200, contient des dispositions relatives au costume dont elles distinguer et à la condition sociale à laquelle ils étaient soumis. Comme monument de notre ancienne langue et des mœurs de cette époque, il n'est pas sans intérêt de rapporter cet article des vieilles coutumes alaisiennes :

Derrecap establem que entre christians e iusieus, lascalz sofrem per sol umanitat, en habite de vestir sion manifest, e sia talz la deferentia quel iusieu leugieiramenz sion conegut de celz quelz veiran; e mandam que porton habite dessemblan a lhabite delz cristians. Oltra aizo vedam destreitamenz e mandam quel iusieu per aleua maneira non auson obrar alz ditmenges ni en las autras granz festas nostras davan los oitz delz cristians que il o puescun veser; mas lur portas clausas arescost obron aquo que lur les obrar. Plus fort empena de lur cors velum que non auson aparer en publego lo iouz nil mercres sainz nil venres nil sapte denant la nostra pasca.

Jasses, *s. m. plur.* de *Jas*. Litière de vers-à-soie, composée des débris de la feuille rongée et des crotins de ces animaux. Ce mélange nécessairement humide entre facilement en fermentation, à cause surtout de la chaleur du local ; il est donc prudent de la prévenir en délitant souvent, c.-à-d. en enlevant cette litière, surtout au moment où l'animal va entrer dans une de ses mues, et au moment de la fraise : dans le premier cas, parce que dans le paroxisme de sa mue, le ver se tient enfermé sous la litière et qu'il périrait si cette litière entrait en fermentation; dans le second cas, parce que, la feuille étant fournie plus abondamment, la litière est plus épaisse et que les déjections des vers sont plus volumineuses.

On emploie cette litière, après l'avoir fait sécher pour

la conserver, en la donnant bouillie aux pourceaux. On la donne sèche aux vaches et aux moutons, souvent même à l'espèce chevaline; mais c'est un tort grave, car les cas morbides qui résultent de cette nourriture sont très-fréquents. Pour les porcs et les animaux ruminants au contraire, cet aliment n'a aucun danger, et ils en sont très-friands.

Jassino, *s. f.* Couche; couchette; empreinte qu'un corps laisse sur la paille ou la litière où il a couché; accouchement, action de mettre bas. — *És dé michanto jassino*, c'est un mauvais coucheur; un camarade de lit incommode.

Jasso, *s. f.* Bergerie, étable à moutons, spécialement.

Jénto, *s. f.* Jante de roue, pièce de bois de charronnage courbée, qui fait partie du cercle de la roue d'un char, d'une charrette.

Jimèlo, *s. f.* Jumelle, la bigue ou plutôt les deux bigues de bois qui servent de coulisse à ce qu'on nomme mouton ou sonnette pour enfoncer les pilotis. Ces jumelles, retenues par en haut au moyen d'un boulon, sont libres et flottantes par le bas; le contre-maître chargé de la direction des ouvrages, les tient dans ses deux mains par le petit bout, et suivant qu'il les dévie légèrement, il dirige la chute du mouton sur la tête du pieu.

Jita, *v.* Vomir, rejeter par la bouche ce qui est dans l'estomac; pousser des jets, bourgeonner, en parlant des arbres. — N'a pas toutes les acceptions du v. fr. jeter, mais seulement le sens restreint et spécial ci-dessus : les autres ressemblent fort à des licences *franchimandos*.

Dér. du lat. *Jactare.*

Jitoù, *s. m.* Jeton, pièce de métal, d'os ou d'ivoire, pour compter ou pour marquer au jeu. — *Fdou coumo un jitoù*, faux, menteur, trompeur comme un jeton de jeu, qui favorise souvent les tricheries.

Jo, *s. m.* Dim. *Jouqué.* Jeu, en général; la chose que l'on joue, l'enjeu. — *Tène jo*, tenir l'enjeu. *Faï toun jo*, mets ton enjeu, fais ta mise. *Flata jo*, ne pas jouer à la rigueur, ne pas surmonter la carte de son adversaire lorsque la règle l'exige : en général, ce n'est pas tricher au jeu, mais c'est employer certaines feintes ou ruses non licites. *Te faï bèou jo*, il te fait beau jeu, il joue largement et loyalement, de manière à te faire prendre ta revanche. *Més lou jo trop iuèn*, il éloigne trop le but, le lieu où il faut jouer.

Dér. du lat. *Jocus*, m. sign.

Jo, *s. m.* n. pr. d'homme. Au fém. *Joto;* dim. *Jouté.*

Job

Jobi, *s. m.* Nigaud, benêt; musard; badaud.

Ce nom provient probablement de celui du saint homme Job de l'Écriture, ce modèle devenu proverbial de la patience, de la résignation, de la mansuétude, surtout envers sa femme; ce qui pouvait bien, aux yeux de nos pères, le faire assimiler à un niais. La langue d'Oïl et puis le français aux XIVe et XVe siècles, avaient fait aussi sur le même patron *Jobet, Jobelin, Jobelot* et *Jobard*, fort communs, signifiant niais. *Jobard* seul a passé avec ce sens dans les noms communs et correspond très-bien à notre *Jobi;* plusieurs de ceux qui le portaient comme nom propre ont obtenu de se faire débaptiser.

Joïo, *s. f.* Joie; contentement; satisfaction; réjouissance. — *Fiò dé joïo*, feu de joie, qu'on allume en signe de réjouissance.

Joïo! *interj.* Au revoir! Dieu vous maintienne en joie! souhait que l'on forme en quittant quelqu'un.

Les étymologistes sont partagés sur sa racine : quelques-uns indiquent le lat. *Jocus*, jeu, mot pour rire; Ménage préfère *Gaudium, gaudia*, joie, qui nous a déjà fourni *Gdou.*

Jor, *s. m.* Dim. *Jourgué;* augm. *Jourgas.* Houssine; gaule; propr. scion de mûrier, d'osier, etc., de la pousse de l'année. — *Ramassa lous jors*, ramasser les scions d'élagage de mûriers pour en faire des fagots. Ces scions sont quelquefois si longs et si gros que les enfants en font des fouets. Pour cela ils les écorcent en long, en laissant seulement un pied ou un pied et demi du gros bout pour servir de manche; les lanières écorcées et qui tiennent au manche sont tressées à trois brins, et l'on obtient un fouet très-long et très-gros, dans la forme de celui des muletiers. Comme les fibres de cette écorce sont très-ductiles et nerveuses, ces sortes de fouet dureraient assez longtemps en les faisant tremper chaque jour dans l'eau pour prévenir leur dessiccation.

Jou, *s. m.* Joug, pièce de bois, garnie à chaque extrémité d'attelles ou de courroies propres à la fixer sur la tête des bœufs ou animaux de trait. Au fig. servitude.

Dér. du lat. *Jugum*, m. sign.

Joubértino, *s. f.* Ciguë. — *Voy. Jdouvertasso.*

Jouga, *v.* Jouer; s'amuser, se divertir; s'occuper au jeu; mettre au jeu; parier; faire une gageure, un pari; jouer d'un instrument de musique. — *Jogue qué plóoura deman*, je parie qu'il pleuvra demain. *Te jogue dous sòous*, je joue deux sous contre toi, je parie deux sous. *Nous jouguè un air*, il joua ou exécuta un air.

Dér. du lat. *Jocare*, jouer, badiner.

Jougadoù, douno, *adj*, ou **Jougaïre, aïro.** Joueur de profession; qui a la passion du jeu.

Ce mot est plus technique pour marquer l'habitude, la passion du jeu, que celui de *Jougaïre*, qui n'indique souvent que les membres d'une partie de jeu, sans entraîner une idée de passion.

Jougaïo, *s. f.* Joujou, jouet d'enfant. — *Voy. Coumaire.*

Jougaïre, aïro, *adj.* Péj. *Jougaïras.* Joueur. — *Voy. Jougadoù.*

Le péj. *Jougaïras* implique toujours la passion du jeu.

Jougne, *v.* Accoupler des bœufs; atteler des chevaux ou des mules, deux à deux, pour le labourage; atteindre; unir; rapprocher. — *Anan jougne*, nous allons accoupler les bœufs Nous jougniguè en camì, il nous atteignit en route.

Dér. du lat. Jungere, joindre.

Jougué, s m., ou **Sucé**. Bambelot; hochet d'enfant; jouet d'argent ou d'or, orné de grelots, dans lequel est emmanché un morceau de cristal, d'ivoire ou de corail, qu'on suspend au cou des enfants à la mamelle et qu'ils portent volontiers à la bouche en le serrant avec leurs gencives, ce qui charme en partie la douleur de la dentition, facilite la salivation et ramollit la gencive.

Jouï, v. Jouir; éprouver un sentiment général de bonheur, de jouissance; se délecter; avoir l'usage, la possession, l'usufruit. — On po pas jouï d'aquel efan, on ne peut être maître de cet enfant, on ne peut le retenir à la maison, l'empêcher de courir et de polissonner. Me souvendraï que m'as fa jouï, je me souviendrai du bonheur que tu m'as donné. Jouïs d'aquel oustàou, il a l'usufruit de cette maison.

Dér. du lat. Gaudere ou Gaudire.

Jouïé, s. m. Au fém. Jouièiro. Geôlier; femme d'un geôlier; concierge d'une prison.

Jouïne, jouïno, adj. Dim. Jouïné; augm. Jouïnas. Jeune, qui n'est pas avancé en âge; qui a de la jeunesse; étourdi, évaporé. — Sé tournave jouïne, si je redevenais jeune. Aquò's jouïnas, c'est un grand enfant. Ma pu jouïno, la plus jeune de mes filles.

Dér. du lat. Juvenis, m sign.

Jouïnèsso, s. f. Jeunesse, âge qui suit l'adolescence; la gent juvénile; les jeunes gens d'une contrée, d'un village, d'une ville — Voy. Lou jouven.

Jouïn'home, s. m. Jeune homme; garçon; célibataire. — A mai de cianto ans, amai es encaro jouïn'home, il a passé la quarantaine et il est encore garçon.

Jouïoùs, ïouso, adj. Joyeux; gai; qui a ou donne de la joie. — Maï lou jouïoùs, le mois de mai gai et riant.

Dér. de Joio.

Jouïssénço, s f Jouissance; usage et possession de...; plaisir, délice de la passion. — A pas lasso qué la jouïssénço à sa fenno, il n'a légué à sa femme que l'usufruit de ses biens. Lou bonhur de la jouïssénço, le bonheur de la jouissance, pléonasme expressif, qu'une femme seule pouvait trouver, je ne saurais dire à quelle occasion ni dans quelle des deux acceptions.

Dér. de Jouï.

Joun, s. m. Jonc, Juncus, Linn., genre de plante qui a fourni le type de la fam. des Joncées, qui comprend un assez grand nombre d'espèces, croissant presque toutes dans les endroits marécageux.

Joun se dit encore de toute sorte de canne, bâton, baguette, badine ou rotin.

Joun, jouncho, part. pass. du v. Jougne. Joint, accouplé pour le labour en parlant des bœufs; joint, rapproché et les doigts entrelacés, en parlant des mains. — A mans jounchos, vous n'én prégue, mains jointes, je vous en prie. Sàouta d'à pè joun, sauter à pieds joints.

Jounchado, s f Jointée de grain ou d'autres objets menus, c.-à-d. autant qu'en peuvent contenir les deux mains jointes, rapprochées et ouvertes.

Jouncha et jounchado, dans le sens de Jouncher et Jonchée, ne sont pas de notre dialecte.

Jounchis, isso, adj Jointif; parfaitement joint, hermétiquement fermé

Dér. du lat. Junctus, de Jungere

Jouncho. s f. Temps de labour; durée d'une attelée; séance de labourage sans dételer Par ext tout travail fait de suite sans désemparer — Les laboureurs font d'ordinaire deux attelées par jour.

Jounchuro, s. f. Jointure, articulation des membres; point où deux os se touchent l'un l'autre au moyen de ligaments.

Jounquas, s m. Terrain aqueux, marécageux et rempli de joncs.

Dér. de Joun.

Jounquino, s f. Mauvais pré qui ne produit guère que des joncs et des herbes de marécage; les joncs pris en général et en masse pour servir de litière.

Joupi! interj. Cri ou commandement des muletiers pour faire rentrer dans les rangs le mulet qui se devie.

Jouqua. v Jucher, percher sur le juchoir ou sur une branche, comme font les oiseaux pour dormir.

Dér. probablement du lat. Jacere, par le changement de Jac en Jouc

Joucqué. ro., ou **Chouqué**. Hoquet, mouvement convulsif du diaphragme.

L'elem d'onomatopee parait dominer dans la formation de ce mot, représenté en long et en lr En islandais, Hixta, avoir le hoquet; anc. allem. Hazen, m sign; en hollandais et en danois, Hikken, avoir le hoquet; en anglais, Hiccough, en allem. Huckup, hoquet. — Voy. Chouqué.

Jour, s. m. Dim. Jourué Jour; clarté, lumière; espace de vingt-quatre ou de douze heures; époque indéterminée du passé ou de l'avenir; baie, fenêtre, ouverture par où la clarté passe; vide entre deux choses mal unies; facilité, moyen de pénétrer — Se prend à peu près dans toutes les acceptions du français. — Jour fali, au déclin du jour. Faï jour, le jour se lève. Un jour el l'àoutre nou, deux jours l'un. Quâouque jour, belèou y vendras, peut-être un jour, tu y parviendras. Jour creïssén, fré cousen, à mesure que les jours commencent à croître, en décembre et janvier, le froid augmente de rigueur. Mous magnas vénou as hiuè jours, mes vers-à-soie arrivent à la mue au huitième jour. Me tapo mous jours, il ferme mes jours de souffrance ou d'aspect, il m'oblige à les supprimer. Faïre soun bon jour, recevoir la sainte communion. Dé ma vido et de mous jours! excl. de surprise : de ma vie ou jamais!

Dér. du lat. Diurnus.

Jourga, v. Donner des coups de houssine; sangler un coup de gaule.

Dér. de Jor.

Jourguièïro, *s. f.* Taillis de châtaigniers sauvageons, qu'on aménage par coupes réglées tous les cinq ans, pour faire avec les jeunes rejetons des cercles de futaille, des claies à sécher les châtaignes et toute sorte d'ustensiles tressés d'éclisses.

Jouriflado, *s. f.* Œillet. — *Voy. Giroflado.*

Journado, *s. f.* Dim. *Journadeto.* Journée; espace d'un jour employé au travail des champs; travail ou chemin qui se fait dans un jour; temps depuis le lever jusqu'au coucher. *Ana'n journado,* aller travailler chez un propriétaire à la journée. *Saïque es trop fort per ana'n journado,* sans doute il se croit trop excellent ouvrier pour se contenter du prix de la journée ordinaire, il ne veut travailler qu'à forfait, à ses pièces. *A pas que sa journadeto,* le pauvre homme n'a que le prix de sa journée pour nourrir sa famille; il n'a d'autre gagne-pain que ses bras. *Vigno dé dès journados,* vigne de dix journaux de piochage. *N'avès per bono journado,* vous avez pour une bonne journée de marche. *Sèn à fi de journado,* nous arrivons à la fin de la journée, au bout du travail.

Journâou, *s. m.* Journal de labour, quantité de terrain qu'un seul homme peut labourer à la mare ou à la pioche en un jour.

Journâou, journal, gazette périodique, quotidienne, est une importation *franchimando* que les besoins nouveaux ont fait admettre.

Jouve, *s. f.* Jeune fille. — *Ma jouve,* ma bonne amie, celle que je fréquente en vue du mariage.

On dit aussi. *La jouve de moussu un tâou,* la maîtresse en titre de monsieur tel.

Dér. du lat. *Juvenis,* jeune.

Jouve, *adj. des deux genres.* Dim. *Jouvène,* augm. *Jouvinas.* Jeune, qui a de la jeunesse; jouvenceau, adolescent; jeunet, presque enfant, pour le dim.; et à l'augm. grand garçon qui fait encore l'enfant. — *Voy. Joune.*

Jouvén (lou), *s. m.* La gent juvénile, la jeunesse d'un endroit spécial, prise dans son ensemble — *Voy. Jounèsso.*

Dér. du lat. *Juventus.*

Juèl, *s. m.* Ivraie, *Lolium perenne*, Linn., ivraie vivace, et *Lolium temulentum*, Linn., ivraie ivrante, plante de la fam. des Graminées, qui vient dans les blés, et produit une petite graine noirâtre qui altère la qualité du pain et peut même causer l'ivresse, dit-on. Toujours est-il que cette opinion est fort ancienne et générale, puisque c'est elle qu'a valu à la plante son nom fr. *Ivraie,* traduction évidente du lat. *Ebrius,* ou *Ebrietas,* ivre ou ivresse. Une opinion encore très-répandue, quoique peu de personnes en aient vu la justification, c'est que les maquignons qui ont quelques bêtes rétives ou vicieuses, les enivrent avec de l'ivraie avant de les exposer à la vente, un jour de foire, afin de dissimuler leurs vices; car, prétend-on, dans cette ivresse, elles deviennent douces comme des agneaux. Mais on comprend difficilement comment ces trafiquants peuvent se procurer une quantité suffisante d'ivraie, ou qui la leur fournit, qui s'amuse à ce commerce et à ce triage; et comment le maquignon, en achetant cette ivraie, ce qui doit revenir souvent fort cher et toujours suspect, ne craint pas les mauvais propos du public et de la rivalité.

En allem. *Lolch;* en esclavon, *Lyuuly,* m. sign. Sauvages et autres citent *Yell,* celt. m. sign., comme la racine première.

Juï, *s. m.* Au fem. *Juïvo;* dim. *Juïvé.* Juif. — *Voy. Jasidou.*

Juï est du patois; *Jasidou,* du languedocien.

Juiè, *s. m.* Juillet, septième mois de l'année actuelle, composé de trente-un jours.

Dér. du lat. *Julius,* m. sign.

Juja, *v.* Juger, rendre la justice, prononcer un jugement, une condamnation: apprécier; conjecturer — *Jujas un pâou,* réfléchissez, voyez un peu. *L'an juja dou capitâou,* on l'a condamné à mort, on a prononcé contre lui la peine capitale.

Dér. du lat. *Judicare,* m. sign.

Jujamén, *s. m.* Jugement, arrêt de justice. — Ne s'emploie que fort mal et improprement dans le sens de faculté d'appréciation, esprit judicieux.

Juje, *s. m.* Juge, magistrat préposé pour rendre la justice; arbitre; celui qui juge de quelque chose.

Jun, *s. m.* Juin, sixième mois de l'année, de trente jours.

Dér. du lat. *Junius,* m. sign.

Jun (én), *adv.* A jeun, sans avoir mangé de la journée. — *Voy. En-jun.*

Dér. du lat. *Jejunus.*

Juna, *v.* Jeuner, se priver d'aliments pendant un certain temps; manger peu; observer les jeunes prescrits par l'Église. Au fig. se priver de... s'abstenir forcément.

Dér. du lat. *Jejunare,* m. sign.

June, *s. m.* Jeune, abstinence de viande ou d'un repas; jour de jeune; abstinence commandée ou volontaire d'aliments ou de plaisirs.

Dér. du lat. *Jejunium,* m. sign.

Jura, *v.* Jurer; prêter serment; affirmer par serment; prendre le nom de Dieu ou des choses saintes à témoin, comme le prohibe l'article 2 du Décalogue; proférer des paroles obscènes; blasphémer. — *Jura Diou,* jurer par le nom de Dieu.

On appelle encore *un jura,* un prêtre qui avait prêté serment à la constitution civile du clergé par l'Assemblée constituante : les orthodoxes refusaient d'entendre leur messe et de recevoir les sacrements administrés par eux.

Un *jura* est aussi un membre du jury institué près les cours d'assises ou pour l'expropriation pour cause d'utilité publique.

Dér. du lat. *Jurare,* m. sign.

Juraïre, aïro, *adj.* Péj. *Juraïras.* Qui a l'habitude des blasphèmes, des jurons, des mots obscènes.

Juramén, *s. m.* Jurement; serment prêté en justice. —

N'est pas bon lang., qui préfère dans la seconde acception *Séramén*, et qui sait se passer d'employer le mot dans la première.

Jus, *s. m.* Jus; suc: sauce; suc qu'on tire d'une chose par expression, par ébullition ou par infusion.

Dér. du lat. *Jus*, m. sign.

Jusclos, *s. f. plur.* Longes de joug, longues lanières de cuir ou courroies au moyen desquelles on fixe le joug sur la tête des bœufs.

Dér. du lat. *Jugalia*, m. sign.

Jusquo, *prép..* ou **Énjusquo.** Jusque, pour désigner le terme, le but, la fin du temps; *adv.* marque l'excès, le terme, le degré, le but.

Justamén, *adv.* Justement; précisément; c'est cela même.

Juste, *s. m.* Corsage de jupe qui ne tient pas avec elle et juste à la taille et aux manches : ce qui lui a valu son nom.

Juste, justo, *adj.* Juste, équitable, qui est suivant la justice; conforme au droit et à la raison; exact; trop étroit. — Pris comme subst., un juste, un bienheureux, celui qui a bien observé la loi divine. — *Coumo dé juste*, comme de raison, comme il convient. *Juste, y toumbas*, vous devinez juste. *Mourì juste*, mourir sinon insolvable, du moins ne laisser aucune fortune. *Ès l'houro justo*, c'est l'heure exacte. *Aquélo vèsto és bé justo*, cette veste est bien étroite *Juste coumo un mantèl*, dicton ironique en parlant d'un vêtement qui n'est pas précisément à pli de corps, qui est trop large.

Dér. du lat. *Justus*.

Juste, *adv.* Tout juste; justement; précisément.

Justiço ou **Justicio**, *s f* Justice, droit, raison, équité; la justice, ordre judiciaire; les gens de justice.

Dér. du lat. *Justicia*, m. sign.

K

K, *s. m.* K, onzième lettre de l'alphabet, huitième consonne ; s'appelle *Ka*.

Cette lettre serait rigoureusement à supprimer ; mais il convient de lui ouvrir un compte pour lui attribuer quelques mots qu'on ne pourrait écrire autrement qu'avec elle sans déconcerter l'œil, et qui, comme d'autres termes du système décimal, ont bien aussi le droit de bourgeoisie, depuis que la lieue de pays s'est raccourcie et qu'on ne peut plus vendre à la livre sans être à l'amende. Il est vrai que tous les membres de cette famille tant soit peu barbare n'ont point été également accueillis : le stère et ses composés ne sont point connus; l'hectomètre, le décamètre, le centiare, le kilolitre, le décilitre, sont des divisions inusitées, et toute la mince hiérarchie des grammes jusqu'au déca est trop peu de chose pour qu'on s'en occupe.

Kilò, *s. m.* Nom générique et qui signifie mille fois la chose. — Ne s'emploie, ainsi qu'en fr., que comme abréviation nouvelle de *kilogramo*. — *Lou mié-kilò*, le demi-kilo, représente notre livre ordinaire. *Rabala soun kilò*, locution nouvelle, devenue synonyme de *Rabala soun lagui*, traîner le poids, le boulet de son chagrin.

Kilogramo, *s. m.* Kilogramme, mille grammes; moins en usage que son abréviation *Kilò*. — Les nouvelles mesures dont le rapport avec les anciennes était exact et clair, furent assez aisément adoptées; mais il n'en fut pas de même pour le kilogramme, dont le rapport avec l'ancien poids ne se rend que par des fractions indéfinies, et est par conséquent difficile à saisir. Aussi, jusqu'à ces derniers temps, les paysans avaient persisté à n'acheter et vendre, surtout leur principale récolte, les cocons, qu'à la livre, ancien poids du pays. Vint 1848; alors cette livre de cocons ne valut plus que 75 ou 80 centimes. C'était un crève-cœur de livrer a ce prix-là, la moitié à peu près de ce qu'ils vendaient de coutume; ils cédèrent à 1 fr. 90 c. le kilo. C'était la même chose, la bourse n'y gagnait rien; mais, comme en rentrant chez eux ils sont dans l'habitude d'énoncer le prix de leur vente sans parler de l'unité de poids, qui va de suite, cette fois encore ils purent dire un chiffre assez rond, et l'honneur fut sauf. Depuis on n'a plus traité ces marchés, ainsi que tous les autres, qu'au kilogramme, et c'est de cette époque que date son adoption définitive. Du reste on a bien fait, car les acheteurs patentés, qui étaient tenus de peser avec une romaine étalonnée et par conséquent au nouveau système, devaient ensuite traduire le rendement en petit poids, et la traduction était rarement à l'avantage du vendeur. — Voy. *Lioura*.

Kilomèstre, *s. m.* Kilomètre, mille mètres. — Ainsi que nous l'avons dit, l'abréviation *kilò* ne serait pas ici de mise, car elle s'applique exclusivement au *kilogramo* et n'exprime que ce mot.

Kirièleïson, *s. m* Kyrie-eleison, partie de la messe où l'on invoque la miséricorde de Dieu; commencement des litanies.

Cette prière, chantée ou prononcée à haute voix et souvent répétée, en a rendu la formule populaire : l'expression en est rendue comme le pouvait la langue.

Dér. du gr. Κύριε, seigneur, et Ἐλέησον, impér., ayez pitié.

L

L, *s. f.* L, neuvième des consonnes et douzième lettre de l'alphabet.

Cette consonne est classée parmi les *Linguales* à cause de son articulation produite par un mouvement particulier de la langue ; et on la qualifie aussi de *Liquide*, pour exprimer la facilité avec laquelle elle se coule et s'allie au milieu des autres consonnes.

Elle se nomme et se prononce *Ènlo ;* et cette prononciation se reproduit dans presque tous les mots que le fr. termine en *ale, alle, ile, ille* (non mouillé), *olle, oule ;* soit que notre dialecte les lui emprunte, soit qu'il les prenne comme lui à une source commune : ex. : *binlo, panle, sanle, inlo, Bazinlo, tranquinle, facinle, coronlo, monle, utinle*. Serait-ce par suite de cette propension, qui leur viendrait du nom et de la nature de la lettre elle-même, que les méridionaux mériteraient le reproche adressé à leur façon de parler, par SAUVAGES, de prononcer les mots français où se trouve cette articulation en y intercalant un *N*, et de dire vicieusement inlustre, inlumination, inlégitime, au lieu de illustre, illumination, illégitime ? Il y a faute sans doute au regard du langage d'outre Loire ; mais le Midi se souvient peut-être que dans la moyenne latinité on disait de même *vir inluster* pour *vir illuster* ; et le nom de sa lettre, comme son usage et son articulation, ne seraient alors qu'une tradition d'assez bonne origine, qui, pour ne pouvoir être transposée d'un idiome à l'autre, serait loin d'être condamnable dans le nôtre. C'est une différence de plus à noter.

Il en est une autre que nos remarques sur la lettre *I* ont pu faire pressentir, et qui touche à l'orthographe, cette représentation de la prononciation. Le français emploie, pour figurer certains sons, deux *ll* précédés d'un *i*, et appelle cette combinaison *l* mouillée : notre dialecte n'admet pas cet agencement de lettres ni les variations qui tantôt les laissent simples et tantôt les redoublent. Pour lui, dans les cas pareils, la labiale ne se fait pas sentir ; il n'avait donc pas à l'introduire ; mais la mouillure existe et elle a dû être représentée par l'*i* tréma, qui produit le même effet sans complications : ainsi nous écrivons *famïo, fïo, batàïo, embrouïo*, qui correspondent au fr. famille, fille, bataille, il embrouille. Notre orthographe obéit par là à deux règles également essentielles : écrire comme on prononce et ne pas redoubler des lettres qui ne sont pas articulées.

Sur ce point, SAUVAGES a fait quelques observations qu'on nous saura gré certainement de recueillir : nous nous sommes attaché, plus qu'il ne fait peut-être lui-même, à sa leçon, qui est l'anatomie, comme il le dit, ou le développement de cette espèce de prononciation :

« On voit dans les plus anciens manuscrits languedociens, une orthographe particulière dont on était convenu pour mouiller l'*l*, qui consistait à faire suivre cette lettre d'une *h*, sans y joindre la voyelle *i*, quoiqu'on la fît sonner dans la prononciation ; c'est ainsi qu'on écrivait : *ulh, falha, nuvalhos, ovelha, malha nigra*, et bien d'autres : orthographe qui ne subsiste plus que dans les n. pr. tels que *Troulhas, Verdelhan, Ventalhac, Salhen, Pâoulhac, Grefulho, Lagulhon*, etc., qu'on prononce *Troulias, Verdelian, Ventaliac*, etc. Les gens sensés qui portent ces noms, ont été d'autant plus jaloux de retenir cette ancienne orthographe, que les altérations qu'ils s'y seraient permises, pour se rapprocher du français, auraient pu donner des atteintes à leurs propriétés, et devenir matière à procès.

« Cette orthographe, au reste, pour mouiller l'*l*, était aussi peu naturelle que celle qui est usitée en français pour certains mots, tels que fille, famille, etc., qu'il serait plus simple et moins sujet à équivoque d'écrire comme filie, familie : c.-à-d. en mettant un *i* après une seule *l*, et ne faisant qu'une diphthongue des deux dernières voyelles *ie*, afin qu'on ne prononçât pas, comme on le ferait en français, famili-e, en séparant ces voyelles qui devraient être jointes en une vraie diphthongue.

« Pour mouiller l'*l* en français, il faut nécessairement prononcer comme nous, mais faiblement, nos diphthongues *ai, èi, oi, oùi* et *ui*, et ainsi dans bouilli, par ex., il faut prononcer notre diphthongue *oùi* comme nous la prononçons dans *oùire, bouiras*. »

La, *pron. relatif* et *article fem. sing.* La ; elle. — Le masc. est *Lou ;* au plur. *Las*. — *La fenno*, la femme. *La veguère*, je la vis. *Aimo-la*, aime-la.

Dér. du lat. *Illa* ou *Ea*.

La, *s. m.* Dim. *Lachoù*. Lait, liqueur blanche des mamelles ; suc blanc de certaines plantes. — *Agnèl de la*, agneau de lait, qui n'a encore été nourri qu'en tétant sa mère. — On disait autrefois *Lach*, et l'inflexion *ch* s'est conservée dans ses composés.

Dér. du lat. *Lac, lactis*, m. sign.

La, *adv.* Assez, suffisamment ; arrêtez-vous. — C'est une locution que n'oublie jamais celui à qui l'on verse à boire. Mais son acception ne se borne pas là, et on l'emploie ainsi interjectivement pour arrêter la continuation d'un acte quelconque.

Laboù, *s. m.* Labour; labourage; œuvre de charrue ou d'araire. — *Aquelo téro a agu dous laboùs,* cette terre a reçu deux œuvres de labourage.

Dér. du lat. *Labor,* travail, œuvre.

Lacha, *v.* Lâcher; abandonner; laisser; lâcher pied; faire le lâche; mettre les pouces; détendre; relâcher les liens.

Dér. du lat. *Laxare,* m. sign.

Lachassoù, *s. m.,* ou **Lachéïroù** ou **Lachéto**. Laiteron, lauron, laitue sauvage, *Senchus oleraceus,* Linn., plante de la fam. des Chicoracées, cultivée et commune.

Son nom lui vient de ce qu'en la coupant elle répand une liqueur qui a la consistance et la couleur du lait, *Lach,* dit autrefois pour *La.*

Lache, lacho, *adj.* Péj. *Lachas.* Lâche; mauvais ouvrier, sans force ou sans bonne volonté; mou, amolli; détendu; desserré — *Aquel courdil es tro lache,* ce cordon n'est pas assez serré.

Dér. du lat. *Laxus,* m. sign.

Lachèïro, *s. f.* Marchande de lait; laitière; qui donne du lait. — *Vaquo lachèiro,* vache laitière. *Es bono lachèïro,* elle a beaucoup de lait.

Lachéïroù, *s. m.* Laiteron. — *Voy. Lachassoù.*

Lachén, *s. m.* Porc, cochon de lait, jeune pourceau. — Dans le principe, c'était cette dernière espèce que l'on appelait spécialement *Lachén* ; aujourd'hui, par ext., on donne ce nom aux porcs de tout âge.

Dér. de *Lach,* vieille dénomination de lait.

Lachéto, *s. f.* Laiteron. — *Voy. Lachassoù.*

Lachugo, *s. f.* Dim. *Lachugueto.* Laitue, *Lactuca sativa,* Linn., plante de la fam. des Chicoracées, dont on cultive plusieurs espèces et de nombreuses variétés : se mange en salade.

Dér. du lat. *Lactuca,* venu de *Lac,* lait.

Ladre, ladro, *adj.* Ladre, lépreux; atteint de ladrerie; au fig. avare, fesse-mathieu; insensible. — *Un por ladre,* un cochon ladre. — *Voy.* sur cette maladie de la race porcine, l'article *Grano dé por.*

Ladrije, *s. f.* Ladrerie, maladie des porcs; au fig. avarice sordide, cuistrerie; vilenie.

Lagagno, *s. f.* Ophtalmie, maladie des yeux; humeur à peu près semblable à de la cire qui coule des yeux; chassie.

En celtique *Laig* ; en bas-bret. *Lagad,* œil; et encore en bas-bret. *Lagen,* bourbier.

Lagagnoùs, ouso, *adj.* Chassieux; qui a mal aux yeux; qui a les yeux larmoyants.

Lagaïno, *s. f.* Renoncule des champs, *Ranunculus arvensis,* Linn., plante de la fam. des Renonculacées. — On donne aussi ce nom au pissenlit.

Lagrémuso, *s. f.* Lézard gris des murailles. — *Voy. Réngloro.*

Lagui, *s. m.* Chagrin; inquiétude; souci rongeur, incessant; ce que Horace appelle *Atra cura.* — *Rabala un lagui,* traîner avec soi un chagrin qui monte en croupe et galope avec nous. *Aquelo estofo duro à lagui,* cette étoffe est d'une telle durée qu'on s'ennuie à la porter.

Dér. du lat. *Langor,* langueur, tristesse, ennui.

Laguia, *v.* Causer de la peine; donner du chagrin; tourmenter; inquiéter.

Sé laguia, se chagriner; s'inquiéter.

Laguia, ado, *part. pass.* et *adj.* Chagrin; inquiet; tourmenté de noires préoccupations; triste.

Laï, laïdo, *adj.* Dim. *Laïdé, Laïdoù;* péjor. *Laïdas;* péjor. rédup. *Laïdassas.* Laid; difforme; déplaisant; horrible, abominable; vilain gros laid. Au fig. laid; honteux; sordide.

Laïde, laïdo, *adj.* Laid, au pr. et au fig.

Ces deux adjectifs sont absolument identiques et s'emploient indifféremment; s'il peut y avoir une légère différence dans l'usage, c'est que *Laïde* ne se place guère qu'à la fin d'un membre de phrase. On dit : *laï coumo lou peca,* laid comme le péché, et non *laïde.* Cependant le second ne serait pas une faute. Il y a là une nuance imperceptible.

Dér. du lat. *Lædere,* blesser, gâter, endommager

Laïssa, *v.* Laisser; délaisser; quitter; abandonner; céder; permettre. — *Vos pas véni, laïsso t'én,* tu ne veux pas venir, demeure, tu peux t'en dispenser. *Laïssen aquò-ïlaï,* laissons cela, brisons là-dessus. *Laïssas un pàou,* permettez un moment.

Dér. de la bass. lat. *Laxare,* m. sign.

Laïsso-m'ista, *s. m* Indolence; mélancolie; douilletterie; l'état d'une petite maîtresse, à l'air dolent et inquiet, qui a ses nerfs ou des vapeurs.

Ce substantif est une sorte de phrase faite, correspondant en fr. à Laisse-moi ici ou laisse-moi tranquille. Le mot *Ista* est du vieux lang. pris des adv. lat. *Istac* ou *Istic,* ici ou par ici, ou plutôt du verbe *Stare.* L'ital. dit de même *Lasciare star.*

Laïsso-m'istoùs, ouso, *a lj* Indolent; maladif; qui a l'humeur dolente.

Lalò, *s. m.* Dim. *Laloute;* augm. *Laloutas.* Dada; nom du cheval dans le langage des nourrices et des enfants qui commencent à baragouiner. — Il est à remarquer que presque tous les mots du lexique enfantin ne sont que des doublements d'une même consonne, ce qui les rend plus accessibles à l'oreille et à la langue de l'enfant, qui, de lui-même, dans la composition de ces mots, n'emploie guère qu'une consonne à la fois : *boubo, papa, mama, tété,* etc.

Lambourdo, *s. f.* Masse d'eau, roseau des étangs, *Typha palustris,* Linn., plante de la fam. des Thyphacées, qui habite dans les lieux marécageux.

Lambrusquo, *s. f.,* ou **Rimièïro**. Lambrusque, vigne sauvage, *Vitis vinifera,* Linn., plante de la fam. des Sarmentacées, qui produit des raisins à grains très-petits et un vin un peu âpre, mais susceptible d'une certaine bonification en vieillissant.

Dér. du lat. *Lambrusca*, m. sign.

Lamo, *s. f.* Lame, table de métal, mince, tranchante; lame de couteau, d'épée, etc. — *Fino lamo*, au fig. homme fin et rusé; grand diseur; enjoleur. *Flaquo-lamo*, indolent, molasse, apathique; lâche au travail.

Dér. du lat. *Lamina* ou *Lamna*, m. sign.

Lampa, *v.* Lamper; boire; siroter; soiffer.

Dér. du lat. *Lambere*, lécher.

Lampése, *s. f.* Lamproie, sorte d'anguille de mer, *Petromizon*, Linn., poisson de l'ordre des Trématropnés et de la fam. des Cyclostomes. On en connaît de plusieurs espèces : la grande lamproie a jusqu'à un mètre de long et habite principalement la mer; on en trouve dans la Méditerranée. La plus petite, qui ne dépasse pas vingt-cinq centimètres, se rencontre dans le Gardon.

Son nom scientifique lat. tiré du grec Πέτρος, pierre, et Μύζω, je suce, *Lambo petras*, qui a formé le nom fr. et par altération le lang., lui vient de ce que la lamproie s'attache aux pierres avec la bouche comme ferait une sangsue.

Lampourdo, *s. f.* Bardane, glouteron; hérisson, tête ou fruit de la bardane; *Arctium lappa*, Linn., plante de la fam. des composées Cynarocéphales. — Le hérisson qui contient sa semence, est formé de petits dards qui s'accrochent au poil des animaux et aux cheveux, et s'y enchevêtrent en un instant de telle façon qu'on ne peut plus les arracher qu'en coupant. SAUVAGES remarque que cette faculté de s'accrocher au poil des animaux doit être une prévision du Créateur pour porter au loin la semence de la plante, comme toutes ces semences emplumées que le vent transporte et multiplie.

C'est pour cela que la *Lampourdo* est encore connue vulgairement sous le nom de *Tiro-péou*. On l'appelle aussi *Gafarò* et *Arapo-man*. —*Voy.* c. m.

Dér. du gr. Λαβεῖν, prendre, ou selon Théis, du celt. *Llap*, main.

Lana, ado, *adj.* Lainé, laineux, fourni en laine.

Lanaje, *s. m.* Toison; lainage; qualité de la toison des moutons et des brebis; récolte de la laine.— *Aquél troupèl a un pouli lanaje*, ce troupeau a une belle qualité de laine.

Lancè, *s. m.* Lancis, terme d'architecture, pierre de taille longue et étroite mise en parement au jambage d'une porte, d'une fenêtre, reposant sur une autre plus large qui s'enfonce dans l'épaisseur et se nomme *Crosso*. — V. c. m.

Lancéja, *v.* fréq. Donner ou éprouver des élancements douloureux. — *Moun dé mé lancejo*, j'éprouve au doigt des élancements douloureux, comme dans l'inflammation d'un apostume.

Dér. de *Lanço*, parce que cette douleur ressemble à celle que causerait un coup de lance ou d'une lame quelconque en pénétrant dans les chairs.

Lancéjado, *s. f.* Élancement douloureux qu'on éprouve au foyer d'une inflammation ou apostume.

Lancéto, *s. f.* Lancette, instrument de chirurgie, composé d'une lame à deux tranchants, montée sur une chasse à plaques mobiles, servant à saigner les veines; en terme de filature, va-et-vient d'un tour à filer la soie, qui est un liteau ou une règle de bois mince, ayant un mouvement direct de droite à gauche, et qui, portant une petite fiche à anneau où passe le brin de soie, le distribue dans toute la largeur de l'écheveau et l'empêche de s'appliquer deux fois de suite au même endroit, ce qui ferait coller les divers tours du brin l'un à l'autre et nuirait au dévidage. — *Voy. Maréla.*

Lanciso, *s. f.* n. pr. de lieu commun à plusieurs localités. Lancise. — Signifie dans l'origine un rocher ou un terrain taillés à pic.

Dér. du lat. *Incisus*, coupé, tranché.

Lancisolo, *s. f.* n. pr. de lieu et d'homme. Lancisole. La désinence du mot en fait évidemment un diminutif du précédent *Lanciso*. Appliqué à une localité, il désigne une coupure, une anfractuosité moindre; à une personne, c'est un habitant de l'endroit dénommé.

Landa, *v.* Ouvrir une porte à deux battants. — Dans ce sens, il est identique à *Alanda*. — V. c. m.

Sé landa ou *Sé landra*, s'étendre au soleil à rien faire comme les lazzaroni; prendre ses aises; fainéanter. —*Voy. Alanda.*

Landiè, *s. m.* Landier, gros chenet de cuisine en fer qui supporte la broche.

En allem. *Handeiren*, en angl. *Handiron*, pied de fer, de *Andes*, jambage. *Landiè* serait-il pris pour *Jambier*, ou bien l'article se serait-il joint tout simplement au radical *Andes*?

Landoro, *s. m.* Fainéant, batteur de pavé.

Landra (Sé), *v.* Fainéanter.— *Voy. Sé landa.*

Landrin, *s. m.* Péj. Landrinas. Grand flandrin; propre à rien; fainéant.

Les trois mots précédents, formés par le même générateur, ont d'intimes rapports pour la signification et une parenté évidente avec *Flandrin* et *Gandar*. — *Voy.* c. m.

Landuro, *s. f.* Sorte de jeu de mot qui n'a d'autre emploi que dans la phrase suivante : *Aquò's dé mòou dé landuro*, c'est un mal auquel il n'y a rien à faire que de l'endurer. Il n'y a ici qu'une reproduction, avec une légère variante, de la phrase faite déjà citée : *Mdou d'énduro*. — *Voy. Énduro.*

Lanéja, *v.* Porter, produire de la laine.— Se dit des moutons et brebis qui fournissent plus ou moins de laine. — *Lous bedigasses an pas gaire laneja aquèst'an*, les moutons d'un an n'ont guère produit de laine cette année.

Dér. de *Lano*.

Lanfios, *s. f. plur.* Futilités; sornettes; simagrées; mignardises affectées dans les manières et dans les paroles.

Langè, *s. m.* Danger, péril. — Se dit mieux que *Danjè*

(V. c. m.). — Lanjè d'y laissa moun nas, au péril de mon nez ; danger de me casser le nez ; je devrais m'y casser le nez. Langé ! crie-t-on au jeu de colin-maillard ou de cligne-musette, quand celui qui a les yeux bandés s'approche d'un obstacle ou d'un danger quelconque.
Corrupt. du fr. Danger.

Langéïroùs, ouso, *adj.* Dangereux, périlleux ; qui menace d'un danger ; qui est en danger de mort. — *Ès be langeiroùs que l'atroubares pas,* il est bien à craindre que vous ne le trouviez pas. *Aquel maldoute és langéiroùs,* ce malade est en danger de mort. *Cresés que siègue langéiroùs ?* vous croyez qu'il est dangereusement malade, en danger de mort ? — *Voy. Danjeiroùs.*

Langui, v. S'ennuyer ; dépérir d'ennui, de tristesse ; éprouver le mal du pays. — Les habitants de la campagne, les femmes et les enfants surtout sont sujets plus que d'autres à cet ennui, à ce dégoût nostalgique lorsqu'ils changent de domicile et qu'ils ne rencontrent plus sous la main tous leurs objets d'habitude et ne voient que des sites, des horizons, des meubles nouveaux, des figures nouvelles. *Sé garda de langui,* se désennuyer, se parer contre l'ennui, s'amuser, se distraire. *Languisse de vous véire,* il me tarde de vous voir. *Me fai langui pér moun argen,* il me fait attendre mon paiement. *Me languisse,* je m'ennuie à périr ; je ne sais que devenir.
Dér. du lat. *Languere,* m. sign.

Languidouiro, s. f. Séjour triste et ennuyeux ; moments d'ennui et de découragement. — *Y-ai fa dé bravos languidouiros,* j'y ai éprouvé de longues heures d'ennui.

Languimén, s. m. Ennui, abattement ; tristesse. C'est une variante de *Languitudo.*

Languino, s. f. Mélancolie ; tristesse ; découragement.

Languissable, ablo, *adj.* Ennuyeux, qui porte à l'ennui, aux regrets, en parlant d'un séjour, d'une localité. — *Lou peis es pas languissable,* le pays n'est pas désagréable ; on ne doit pas s'y ennuyer.

Languitudo, s. f. Ennui ; langueur causée par la maladie du pays. — *La languitudo m'arapo,* la tristesse me saisit, la nostalgie me gagne.

Lanla, *adv.* Coussi-coussi ; ni trop ni trop peu ; par-ci par-là ; là là ; tout doucement.

Lanlèro, terme enfantin, sans signification précise, quand il se joint à *Hupo !* interj (V. c. m.), mais qui semble avoir plus de portée dans la bouche des grandes personnes et dans cette phrase : *L'ai manda fa lanlèro,* je l'ai envoyé paître. Il dissimule alors un mot plus énergique, qui n'est pas de bon goût.

Lano, s. f. Laine, toison des brebis, des moutons, des agneaux. — *Lano surjo,* laine surge, crue, laine en suin. *Débas dé lano,* bas de laine.
Dér. du lat. *Lana,* m. sign.

Lansoman, s. m. Grand escogriffe ; homme de haute taille, mal charpenté. — C'est un sobriquet que nous donnons volontiers aux Allemands et que nous avons emprunté à leur langue, *Landsman,* homme du pays.

Lantérgnè, s. m. Ferblantier, et plus spécialement fabricant ou marchand de lanternes, qui parcourt les rues et les chemins en colportant toutes sortes d'ustensiles de fer-blanc et de fil d'archal.

Lantèrneja, v. Lanterner, muser ; lambiner ; faire attendre ; retarder ; différer ; s'occuper de bagatelles lorsque des affaires plus importantes vous appellent.

Lantèrno, s. f. Lanterne, boîte transparente pour enfermer une lumière.
Dér. du lat. *Laterna,* de *Latere,* cacher, qui cache le feu.

Lanu, lanudo, *adj.* Laineux, couvert de laine ; qui a beaucoup de laine. — *Lou béstidou lanu,* les bêtes à laine, en général.

Lanuéjòou, s. m. n. pr. de lieu. Lanuéjols, commune de Trève, arrondissement du Vigan (Gard). — Il ne saurait y avoir aucun doute sur la signification diminutive que la désinence en *òou* pour *ol, ols,* imprime au radical : il s'agit certainement d'un objet, d'un lieu, représenté en petite quantité, de petite dimension, de moindre abondance. Mais le radical lui-même, quel est-il ? L'appellation au moyen-âge peut fournir des éclaircissements. M. Germer-Durand donne les dates des anciens titres où cette localité est mentionnée : elle avait nom, en 1130, *Faissæ de Lanejol* ; *de Lanoyol,* en 1163 ; *de Noculis,* en 1167, *de Lanogo,* en 1174 ; la forme *Lanuejolz, Lanuejol* et *Laniejol* se trouve dans le roman de 1229 à 1257 ; puis le latin reprend *Villa de Nuogolis,* en 1314, *de Nuyolo* en 1321, *de Nugulo* en 1332 ; la dénomination revient à *Lanuejolis* en 1384, pour redonner *de Nugulo* en 1446, et dire *La Nueiols* en 1582 ; qui ont produit en tout un mot la forme actuelle. On aurait pu croire d'abord que la laine, *Lana,* pouvait entrer dans la composition du nom ; mais le diminutif se prête peu à cette combinaison pour s'allier avec ce sens de laine.

On remarque d'ailleurs dans le latin l'affectation de s'écarter de cette signification de *Lana,* en écrivant le mot sans la première syllabe caractéristique ; par où on est amené à une autre racine, qui est suffisamment indiquée et ne peut être que *Nuces,* les noix, les noyers ; ce qui voudrait dire, pour faire raison au diminutif, un petit lieu planté de quelques noyers, où se trouvait peut-être un seul noyer, ou bien un lieu dans lequel les noix étaient plus petites. Il suivrait de là que l'article *la* serait venu faire corps avec le mot lui-même, ce qui n'est pas rare dans la formation des noms.

Quant aux analogies, il y aurait identité parfaite avec une dénomination d'une ville d'Espagne, *Llanuejelo,* et l'on arriverait aux représentations du lat. *Nucetum* et de la bass. lat. *Nugaretum, Nogaredum,* champ de noyers, passés dans le lang. avec *Nougaré, Nougarédo,* etc.

Cependant un autre radical pourrait peut-être encore

être proposé, dont la consonnance au moins se rapproche; et sa signification ou sa raison appellative ne manquerait pas de justesse d'application. En gaulois, *Now* signifie *Prairie,* comme *Noue* en roman : un grand nombre de noms de lieux, ayant des rapports avec le nôtre, tirent de là leur origine : Noailles, Noaillac, Noyelle, Neuilles, etc. Notre première interprétation nous paraît préférable.

Lâoujè, jèïro, *adj.* Léger, au physique et au moral; plus particulièrement au moral, étourdi, qui ne sait s'occuper de rien de sérieux; inconséquente, en parlant d'une fille.

Dér. sans doute du lat. *Levis,* m. sign., mais non sans avoir subi des altérations.

Lâoujèïramén, *adv.* Légèrement, avec légèreté, sans préméditation, inconsidérément.

Lâoujèïrije, *s. f.* Légèreté; inconséquence; manque d'aplomb, de bon sens.

Lâoura, *v.* Labourer à la charrue ou à l'araire, et non à la mare ou à la bêche. — *Lâourou pas dé col,* ils ne vivent pas en bonne intelligence; ils sont mal d'accord; ils sont comme deux bêtes de labour qui ne peuvent pas s'accoupler.

Dér. du lat. *Laborare,* travailler.

Lâourado, *s. f.* Égratignure longitudinale, comme celle que fait une ronce sur la peau humaine; estafilade à la peau.

Lâouraïre, *s. m.* Laboureur, c.-à-d. celui qui laboure lui-même; valet de charrue, dans le sens de son savoir-faire et de son adresse. — N'a rien de commun avec le laboureur en fr., qui est un chef de ferme, exploitant en grand.

Lâouraje, *s. m.* Labourage; manière dont une terre est labourée; quantité de terrain labourable dans un domaine. — *Y-a pas gran lâouraje,* il n'y a pas une grande étendue de terrain susceptible d'être labourée.

Lâouréja, *v.* fréq. Labourer légèrement; effleurer la terre.

Lâouriè, *s. m.* Dim. *Lâouriéré.* Laurier, laurier franc, laurier commun, *Laurus nobilis,* Linn , arbre de la fam. des Lauriacées, naturalisé depuis longtemps dans le Midi avec ses nombreuses variétés.

Le laurier est en grande affection ou vénération parmi la population rurale, soit comme fournissant un assaisonnement et servant d'épices à presque tous les ragouts, soit parce qu'il lui offre des palmes pour le dimanche des Rameaux, qui en fait un laurier bénit, conservé au chevet du lit. — *Èmpourta lou lâouriè,* obtenir la palme. *Èmpourtara pas lou lâouriè d'aquélo afaire,* il n'y aura pas le dessus dans ce procès. *Planta lou lâouriè,* couronner d'un laurier ou d'une branche enguirlandée, le faîte d'une construction qui vient d'être achevée : petite fête ou cérémonie que l'on arrose en payant aux ouvriers une étrenne.

Dér. du lat. *Laurus,* m. sign.

Lâouriolo, *s. f.* Lauréole, garou, *Daphne thymalæa,* Linn., plante de la fam. des Thymélées. — Le laurier-thym des jardins est de la même famille; peut-être le garou, *Lâouriolo,* n'a-t-il d'autre différence avec lui que d'être sauvageon et agreste.

Lâouriôou (Figo-). — *Voy.* Figo-*Lâouriôou.*

Lâousas, *s. m.* Augm. de *Lâouso.* Grande pierre plate; grand pertennement de schiste à la superficie d'un terrain, qui s'exfolie ou se lève par couches.

Lâouséro ou **Aouséro,** *s. f.,* n. p. de lieu. Lozère ; montagnes, pays de la Lozère, au nord d'Alais. — *Voy. Aouséro.*

Cette variante du nom nous paraît en être la forme primitive dérivée de *Lâouso.* On dit très-bien *sus Lâouséro,* sur les montagnes de la Lozère ; *dévèr Lâousero,* vers la Lozère, sans l'article et en un seul mot, comme *Lâouso;* mais le nom était connu des anciens. Strabon, César, Pline, citent les *Lesuræ montes;* c'est de la que Rome tirait les fromages tant appréciés des gourmands *(Voy. Froumaje).* Des dénominations encore existantes en divers lieux attestent le passage des légions à la suite du grand vainqueur des Gaules. Le mot *Lesura* était donc répandu, et son rapprochement de celui de Lozère prouve qu'il s'est conservé; mais les Romains n'avaient pas inventé l'appellation géographique; ils n'avaient pu la prendre que dans la langue nationale et ils l'avaient latinisée. Il devrait donc se trouver dans le celtique un mot ressemblant de forme et de consonnance appliqué à ces hautes montagnes, adopté dans le pays, que les conquérants firent passer dans leur langue. Ce mot était-il le gaulois *Lawr,* pavé, répondant à *Lâouso,* dalle, actuel ? C'est possible; mais le latin aurait quelque peu défiguré peut-être la prononciation en remplaçant l'*a* par un *e,* et le lang. l'aurait ramené au son primitif et à sa signification ancienne. A la vérité, on trouve dans le grec Λᾶος ou λᾶσος, pierre, rocher, qui pourrait avoir donné *Lâouso* et *Lâousero.*

Lâousèró ou **Aousèró,** *s. m.* et *adj.* Au fém. *Lâousèroto;* Lozerot, Lozérien, habitant des montagnes, du pays de la Lozère. — *Voy. Aouséró.*

Lâouséto, *s. f.* Alouette des champs, *Alanda arvensis,* Linn.—*Voy. Alouèto,* dont le nom *Lâouseto* n'est qu'une corrupt.

Lâousisso, *s. f.* Amas, dépôt, tas de *lâousos.*

Lâouso, *s. f.* Dim. *Lâouseto;* augm. *Lâousas.* Pierre plate et mince, relativement à sa surface. — Dans les hautes Cévennes, on en couvre les maisons comme avec l'ardoise; mais l'épaisseur est beaucoup plus considérable, ce qui surcharge excessivement les couverts et exige l'emploi d'un bois très-fort pour la charpente. Ces sortes d'ardoises, qu'on devrait appeler plutôt dalles, sont en général en mica-schiste.

Les étymologistes font dériver ce mot du celt. *Lawr,* pavé, ou de la bass. lat. *Lastrum;* mieux encore peut-être du gr. Λᾶος ou λᾶσος, pierre, rocher, contr. de λᾶας, m.sign.

Lapas, *s. m.* Augm. de *Lapo.* Large bourbier; large

dépôt de limon au bord d'une rivière, où, après une forte pluie ou une inondation, gens et bêtes s'enfonceraient quelquefois jusqu'à moitié du corps, et cela d'autant plus aisément qu'il se forme à la surface une croûte sablonneuse qui a une certaine apparence de solidité.

Lapignèïro, s. f. Clapier, enclos couvert ou découvert où l'on nourrit et l'on fait multiplier des lapins.

Lapin, s. m. Dim. *Lapine, Lapinò ;* augm. *Lapinas*. Lapin, sauvage ou domestique, *Lepus cuniculus*, Linn., mammifere unguiculé de la fam. des Rongeurs. — Il convient de dire en passant que ce qu'on appelle communément ici un lapin de garenne n'est autre chose qu'un lapin de clapier, réduit étroit et infect où le pauvre animal est condamné au chou à perpétuité. En empruntant le mot au fr. le languedocien en a tout à fait modifié le sens, et c'est aux dimensions du clapier qu'il a réduit la garenne, vaste enclos, bois menu fermé de murs, où le lapin, prisonnier sans s'en douter, a toutes les facultés, la nourriture, les habitudes et ce qui vaut mieux encore, le goût du lapin sauvage.

On dit : *un lapin, un bon lapin,* pour un fameux luron, un bon compagnon, hardi, solide. — *Uno lapino*, lapine, une femme féconde, qui fait beaucoup d'enfants *Lou co ddou lapin*, le coup du lapin, coup sur la nuque qui abat son homme, dans le genre de celui qu'on applique aux lapins.

Lapina, v. Mettre bas, en parlant des lapins.

Lapinado, s. f. Portée d'un lapin femelle ; quantité de petits qu'elle met bas dans une portée.

Lapino, s. f. Dim. *Lapineto ;* augm. *Lapinasso*. Femelle du lapin, lapine. Au fig. femme très-féconde.

Lapo, s. f. Boue provenue d'une alluvion, du débordement des eaux d'une rivière, d'un torrent, composée de menu sable et de limon, ce qui la distingue de la *Fango*, qui est produite par toute sorte de matières triturées et délayées, comme celle des rues et des routes.

Laqua (Sé), v. Se vautrer dans la boue liquide, à la façon des pourceaux ; barboter, se crotter dans la fange.

Lar, s. m. Dim. *Lardé ;* augm. *Lardas.* Lard, graisse ferme du porc, entre la chair et la peau ; en général, graisse, partie adipeuse de la chair, appliqué à l'homme comme au cochon. — *Sé laisso pas manja soun lar*, il sait tirer son épingle du jeu. *Estèndre soun lar*, s'étendre, se coucher pour fainéanter ou pour dormir. *Faire dé lar*, s'engraisser à ne rien faire.

Dér. du lat. *Lardum*, m. sign.

Lar, adv. du v. lang. Largement ; libéralement. — N'est guère usité que dans ce vieux dicton, toujours employé tant il est juste : *Lou bon Diou pago tar, mais pago lar,* la justice de Dieu se fait quelquefois attendre, mais alors elle est sévère.

Larda, v. Larder ; mettre des lardons ; piquer de lardons ; habiller une volaille, en terme de cuisine. Au fig. percer de coups ; piquer ; embrocher, traverser comme avec une lardoire.

Larda, s. m , ou **Gamé**. Espèce de raisin. — *Voy. Gamé*.

Lardièïréto, s. f., ou **Lardièïro**. Mésange. — *Voy. Larguièireto*.

Lardoù, s. m Lardon ; morceau, aiguillette de lard. Au fig. mot piquant, brocard.

Lardouïro, s. f Lardoire, instrument pour barder et piquer la viande.

Largan, anto, adj. Généreux, libéral ; qui rend largement un service.

Dér. du lat. *Largus*, m. sign. En ital. *Largo*.

Larguiè, s. m. n pr. d'homme. Au fém. *Larguièïro ;* dim. *Larguièïre*. Larguier. — Est, d'après SAUVAGES, une corrupt. de *Larquiè*, par la liaison de l'article, mot du v. lang. signifiant archer, dér. du lat. *Arcarius*.

Larguièïréto, s. f, ou **Sénsérigaïo**. Mésange bleue, *Parus cœruleus*, Linn., oiseau de l'ordre des Passereaux et de la fam. des Subulirostres : tête noire et blanche avec calotte azurée ; le dessus du corps cendré olivâtre, le dessous d'un beau jaune ; gorge et ailes blanches. — Le languedocien a voulu par des diminutifs exprimer la petitesse de ce joli oiseau qui n'est guère plus grand que le roitelet ; du catalogue de ses noms on peut enlever *Lardièïro* ou *Larguièïro*, pour le donner à la grosse mésange qu'on appelle aussi *Séraiè*. — *Voy. c. m.*

Larje, larjo, adj. Large ; ample ; qui n'est pas étroit. Au fig. libéral, généreux. — *A la mancho larjo*, il est facile, tolérant, bon, complaisant ; il a la manche large.

Dér. du lat. *Largus*, m. sign.

Larjoù, s. f. Largeur, dimension d'un côté à l'autre d'une chose.

Larméja, v. fréq Pleurnicher ; larmoyer ; pleurer sans grosses ni bien vraies larmes. Au fig. suinter, laisser tomber des gouttes d'humidité.

Dér. du lat. *Lacrymare*.

Larmo, s. f. Larme, pleurs ; goutte d'eau qui sort de l'œil ; goutte d'un liquide, d'une liqueur.

Dér. par contract. du lat. *Lacryma*.

Las, art. fem. plur. de *La*. Les.

Las, s. m. Lac, lacet ou collet, piège pour prendre des oiseaux, formé d'un fil ou d'un lacet.

Dér. du lat. *Laqueus*, m. sign.

Las, lasso, adj. Las, fatigué ; accablé de fatigue. — *Sa bièn préne las lèbres lassos*, il sait prendre les lièvres par lassitude : on le dit d'un usurier qui tend ses filets aux gens obérés, qui ne trouvent plus de crédit que dans l'usure. *Ès las dé bièn faïre*, il s'ennuie de bien faire.

Dér. du lat. *Lassus*, m. sign.

Lassa, v. Lasser, fatiguer ; ennuyer, importuner à force d'assiduités.

Sé lassa, se lasser, se fatiguer ; prendre du dégoût pour une chose, se dégoûter.

Dér. du lat. *Lassare*, m. sign.

Lassije, s. f. Lassitude, fatigue, état d'une personne lasse ; dégoût ; abattement.

Latas, *s. m.* Augm. de *Lato*. Grande et longue latte, pièce de bois longue, mince, étroite et plate.

Lati, *s. m.*, ou **Latis**. Latin, le latin, langue latine, parler ou langage latin.

Latinisto, *s. m.* Écolier, collégien arrivé aux classes de latin.

Lato, *s. f.* Dim. *Latéto ;* augm. *Latasso*. Gaule, perche, brin de bois de trois ou quatre mètres, dont on se sert soit comme échalas, soit pour la vigne plantée en *Cavaïoùs*. — *V.* c. *m*.

Ce terme ne doit pas être confondu avec le mot fr. *Latte*, qui se dit *Douèlo*. — *V.* c. *m*.

En gallois, *Lath*, m. sign. Mais ne viendrait-il pas aussi bien du part. pass. du v. lat. *Fero, Latus*, porté, qui porte ?

Lava, *v.* Laver, nettoyer avec de l'eau ; purifier.— *Lava un goubélé*, rincer un verre. *Lava lou pèïssoù, la viando*, faire dégorger le poisson, la viande. *Lava dé linge*, laver du linge ; simplement *Lava*, sous-entend le plus souvent la pensée de laver du linge. *Lava sas mans*, se laver les mains.

Lava signifie encore : vendre à perte un objet que l'on avait acheté pour le garder ; dissiper étourdiment son bien en l'engageant, en le vendant. — *A lava sa mostro*, il a mis sa montre à la lessive, c.-à-d. il l'a vendue et en a mangé le prix. *A tout lava*, il a mangé tout son avoir. Cette acception, qui n'est pas cependant récente, nous parait une importation de l'argot français.

Dér. du lat. *Lavare*, m. sign.

Lavadoù, *s. m.* Lavoir public ; endroit sur le bord d'une rivière, non disposé particulièrement à cet usage, mais commode pour laver le linge.

Lavagna, *v.* Flatter ; caresser ; amadouer ; adoucir une personne chagrine ou irritée.

Lavagnaïre, **aïro**, *adj.* Caressant ; flatteur, enjoleur.

Lavaïro, *s. f.* Laveuse ; blanchisseuse.

Lavaje, *s. m.* Lavage ; linge fraichement lavé et non encore sec ; breuvage trop étendu d'eau ; vin trop trempé, ressemblant à de la rinçure de bouteille ; potage beaucoup trop allongé.

Lavamén, *s. m.* Lavement ; clystère, remède.

Lavarido, *s. f.* Boue occasionnée par le dégel.

Lavassi, *s. m.* Pluie torrentielle, qui lave tout à grande eau. Par restriction, et plus expressif que *Lavaje*, vin, bouillon, tisane, sauce, où l'on a mis trop d'eau.— *Lavassi dé plous*, torrent de pleurs, déluge de larmes.

Lavo-pè, *s. m.* Grand vase de terre ou de métal servant à se laver les pieds.

Lé, *s. m.* Cochonnet, but ; terme de jeu de boules ou de palets ; boule plus petite que les autres qui sert de but ; petit palet qui fait le même office. — *Avédre* ou *tène lou lé*, tenir le haut du pavé, le dé dans la conversation ; être le premier personnage d'une réunion. Cela vient de ce que au eu de boules, celui qui tient le but ou cochonnet, le jette ainsi qu'il l'entend, près ou loin, et oblige les autres joueurs à faire ce qu'il veut, à lui céder.

Lébrâou, *s. m.* Dim. *Lébrâoudoù*. Levreau, jeune lièvre ; petit du lièvre.

Lèbre, *s. f.* Dim. *Lébréto ;* augm. *Lebratas*, *s. m.* Lièvre, *Lepus*, Linn., mammifère onguiculé de la fam. des Rongeurs, trop connu pour être plus amplement décrit. — *Tèsto dé lèbre*, tête éventée et sans mémoire. *Uno lébréto*, une jeune fille fort éveillée, égrillarde.

Dér. du lat. *Lepus, leporis*, m. sign.

Lébriè, *s. m.* Levrier, chien-levrier ; chien de chasse pour les lièvres. — *Afama coumo un lébriè*, affamé comme un chasseur.

Lédignan, *s. m.* n. pr. de lieu. Lédignan, chef-lieu de canton dans l'arrondissement d'Alais.

Ce n'est pas tout à fait l'étymologie de ce nom qui appelle particulièrement notre attention : elle est du reste assez difficile et peu claire. Serait-elle prise du vieux mot *Lédo* ou *Lèoudo*, en lat. *Leudum*, Leude, droit de hallage, ou péage payé aux seigneurs pour un passage ; ou viendrait-elle d'un nom d'homme ; ici désignant un propriétaire appelé *Ledus* ou *Ledinus*, ou *Ledinius*, possesseur d'un domaine devenu plus tard un centre d'agglomération ; là signifiant peut-être le lieu où se percevait un droit de leude, à la limite de deux héritages seigneuriaux ? La question est indifférente à la composition du mot, qui indique par sa désinence un sens de provenance, d'appartenance ou d'attribution ; et c'est cette finale surtout qui nous fait insister.

Sur la première partie du mot, si les conjectures sont permises, si même l'incertitude domine à propos de sa véritable racine significative, sur sa terminaison il ne saurait y avoir doute. Disons-le donc tout de suite, ce qui dans ce nom mérite d'être remarqué, c'est sa forme d'abord qui, bien que témoignant d'une provenance purement latine, garde cependant, par le *gn* mouillé, une saveur très-franche du vieux crû celtique ; puis ce sont les analogies que sa désinence fait naitre avec les suffixes déjà étudiés, et qui doivent la faire classer par droit de parenté dans cette grande famille issue des primitifs *Ac* = *Ec*, s'alliant avec le latin qui s'impose, déclinant et se contractant avec la moyenne latinité, et par les variantes romanes arrivant à la langue d'Oc, sans avoir trop perdu des anciennes empreintes au point d'être entièrement méconnaissable.

Lédignan est mentionné pour la première fois, à notre connaissance, dans une donation faite par deux frères, seigneurs de Sauve et d'Anduze, en 1042, où il est écrit *de Laninhan ;* il se retrouve, en 1052, dans le testament de l'un desdits seigneurs, avec la variante *de Ledinhano ;* du XIII° au XV° siècle, il reparait en *Ladinanum, de Leodinhaco, de Ledinhano,* et *Ledinhanum,* pour se fixer en *Lédignan*, en 1433 et 1539, comme aujourd'hui, sans autre changement important.

On le voit, la terminaison latine en *anus, anum,* est la plus persistante; mais elle n'a pas empêché le gaulois *Ac* latinisé de se montrer sous la forme *de Leodinhaco*. La consonnance originelle d'ailleurs persévère à tous les âges du mot, qu'elle s'exprime par le *nh* qui mouille la syllabe, ou qu'elle prenne le *gn*, sa forme la plus ordinaire : les deux modes d'orthographe et de prononciation étant également usités, comme on sait.

Le nouveau suffixe se dégage avec netteté : c'est une variété caractéristique pour désigner la provenance, pour donner au radical un sens de propriété, d'appartenance, pour l'adjectiver, ou faire d'un nom d'homme le nom d'un domaine qu'il possédait. C'est à cet emploi que servait chez nos ancêtres leur suffixe *Ac*, dont un ressouvenir se décèle ici, et ce que faisait aussi le suffixe latin *anus, anum*, traduit par *an, ane*, et se métamorphosant ensuite par l'intervention du génitif et de la syllabe *Ni*, en une cadence nasalisée ou adoucie par la mouillure du *g* gaulois, et passant, suivant certaines prédispositions ethniques, en *Agne, Egne, Igne, Igné, Igny*, transformés en *Ange, Inge,* et *Anigue, Anègues, Aniche, Anche, Enche*, avant d'atteindre dans les régions méridionales *Argues, Ergues, Orgues*, qui en définitive correspondent à toutes ces variantes et dont la filiation est certaine. *Ignan* appartient à la même catégorie de suffixes. La conséquence forcée est donc que cette terminaison imprime au radical qui la porte la même signification adjective qui est donnée par ses congénères.

La vérité de cette déduction se démontre mieux par le rapprochement de quelques noms à finale identique, et sur lesquels la succession des variantes se laisse mieux apercevoir. A part *Licinianus*, lat., qui a donné Lézignan, dans l'Aude, *Lesignana* et *Lesignano*, en Italie; *Lucinianus*, Lusignan ; *Pompeianus*, Pompignan, commune de Saint-Hippolyte du Fort (Gard): Pompignas, de la commune de Valleraugue; *Pompeano* et *Pompejana*, en Italie; on peut citer encore comme reproduisant des combinaisons de finales analogues à côté desquelles d'autres se sont greffées, du lat *Albinianus* ou *Albanacus*, Aubignan et Albanhac = Albignac = Albigny et Aubigny et Aubigné = Aubignargues = Albignano (Italie) = Albinana (Espagne); *Caviniacum* et *Cavilhanicæ* traduits par Cavignan, et Cavignac, et Cauvignac, et Cavaniac, et Cavagnac, et Cavigny, et Cauvigny, et Cavillargues; *Marinianus*, faisant *Marignano* en Italie, et pour nous Marignan; comme *Martinianus* et *Martinacum* étaient rendus par Martignan, Martignas, Martignac, Martignat, Martigny, et Martignargues, et Martinenche, etc., suivant la situation au midi, au nord, à l'est ou au centre; puis, et toujours dans de semblables conditions, *Mayrinanum* ou *Mayrinacum*, lat., dans la basse lat. *Mayrinanicæ*, qui produisent Mérignan et Mérignargues (Gard), = Mérignac (Charente, Gironde), Mérignas (Gironde), Merignat (Creuse), Meyrignac, Meyrinhac (Corrèze, Lot) ; = Meyrannes et Meyrargues (Gard),

et se syncopent en Meyrac, Mayran et Maires, etc.; de même pour Sérignan et Sérignargues (Gard), du lat. *Serinacum*, à côté de Sérignac (Gard); et le lat. *Synanum*, rendu par Signan et Signargues (Gard), ailleurs par Signac, Signes, etc.

En donnant ces exemples, qu'il serait facile de multiplier, nous ne prétendons pas expliquer la raison qui a fait accorder la préférence à telle forme plutôt qu'à telle autre dans la composition de noms dont le radical est similaire au fond et dont le suffixe doit représenter une idée et un sens identiques. Pour remplir le même office, le gaulois avait son *Ac* = *Ec* le plus fréquent, qui s'employait avec peu de variantes; le latin diversifia davantage ses finales; mais les langues romanes s'enrichirent de toutes les inflexions qui les avaient précédées et y ajoutèrent de leur fond propre, suivant leurs aptitudes et leurs propensions que des conventions ou des règles faites d'avance ou imposées ne gênaient plus : ce fut le génie nouveau du langage qui se donnait carrière. Il est peu probable qu'en créant des dénominations on ait à aucune époque procédé au hasard, surtout dans le principe où toute appellation devait être significative ; les altérations sont venues après, et chaque groupe a entendu et prononcé à sa manière, en se rapprochant assez du primitif reçu pour se reconnaître et être compris. La diversité des climats, qui agit sur les organes, a fait naître les différences de dialectes, et, comme par zones, le langage s'est nuancé ou altéré dans des circonscriptions à peu près fixes. Et l'on comprend combien en pareille matière l'exception devait tenir de place, et comme il était facile, par exemple, au moyen d'une syncope qui favorisait la rapidité de la pensée, d'une inflexion qui flattait davantage l'oreille ou se prêtait mieux à la flexibilité de l'articulation, d'arriver à des variantes et de les laisser s'impatroniser même à côte les unes des autres.

De là ces ressemblances et aussi ces transformations dans les noms. Le fond reste ; la désinence tantôt s'allonge, tantôt est abrégée ; elle s'adoucit ou devient rude : elle est sourde ou éclatante ; elle obéit à des propensions inconnues, inexplicables, mais le mot garde presque toujours l'empreinte de son origine. Et il est remarquable comme certaines sympathies de sons et de formes se font jour et affectent de se produire sous les mêmes latitudes. Comme nous venons de le dire, c'est ce qui fait la particularité ou l'étrangeté pour les gens du Nord de quelques-unes de nos terminaisons méridionales. Il n'y a pas exclusion systématique, puisque dans les appellations toutes les finales se rencontrent et se côtoient ; mais des préférences évidentes apparaissent et répondent très-certainement à des aptitudes organiques toujours persistantes. Nous avons signalé ailleurs ces sortes de divergences de prononciation, qui ne constituent point des déviations ou des altérations du sens. C'est ce qui peut-être fait l'accent de la langue d'Oc et de la langue d'Oïl ; et aujourd'hui que cette distinction s'efface de plus en plus, et que le français se généralise, tandis que le languedocien persiste et se maintient, c'est ce qui rendra toujours une fusion ou une assimilation impossible entre les deux langues, car les noms propres de lieux et d'hommes seront toujours là pour soutenir les traditions.

Quoi qu'il en soit de cette observation, elle devait trouver place dans nos études des suffixes. Dans la recherche des étymologies, leur classification, leurs évolutions, tout leur rôle, sont d'une extrême importance : ils déterminent en quelque sorte le pays et le dialecte d'où provient un mot ou un nom propre et auxquels il appartient. Si la terminaison *Ignan* ne fournit point par elle-même tous les degrés de sa descendance et ne trahit directement qu'une source latine, ses analogues la ramènent au moins au centre commun, et les rapprochements établissent son vrai caractère. Il faut la rattacher aux autres et reconnaître l'emploi de procédés pareils pour affecter un radical. *Ignan* est le signe adjectif destiné à lui communiquer une idée de propriété, comme le font les finales en *Agne, Igné, Igny, Ac, Ange, Anche, Argues, Ergues* et les autres.

Léga, s. m. Legs, donation testamentaire.

Légì, v. Lire; faire une lecture; parcourir des yeux un écrit. — *Lou legì li lèvo pas l'escrioure*, dicton très-souvent employé comme allusion; savoir lire ne lui ôte pas le savoir écrire, c'est ce qu'il dit; ce qu'il entend et veut dire, c'est : la soif ne lui ôte pas la faim; il a faim et soif à la fois, et l'un ne nuit pas à l'autre tant il s'en acquitte bien.

Comme on le voit, le sens littéral ne suffit pas à exprimer toute la pensée; on ne peut y arriver que par une inversion. Il ne s'agit guère en effet, dans cette petite phrase, de grade à prendre, d'examen à passer, pour constater qu'un jeune lauréat de l'école primaire mérite un bon point de lecture et un prix d'écriture, deux couronnes qui prouveraient que pour savoir lire couramment, il serait parvenu même à apprendre à écrire. C'est bien à une tout autre mention honorable que s'applique notre dicton, et notre traduction ne le trahit pas. Formule d'admiration, de félicitation, elle n'a jamais été employée à vanter des succès scolaires, quoi qu'il en dise. C'est un de ces euphémismes, assez fréquents du reste, dont notre langue use volontiers pour faire compliment à quelqu'un de ce qu'il fait également bien deux choses que la lecture et l'écriture ne sont pas pour rien. Voici, par exemple, un joyeux compagnon à table, qui boit sec et qui mange à l'avenant : *lou legì li lèvo pas l'escrioure*, bien boire ne l'empêche pas de mieux manger, au contraire; il est digne de cet éloge.

Le mot n'est pas fait d'hier. Il est d'évidence que cette locution remonte à une époque où savoir lire et écrire pouvait passer pour une merveille de science, si bien qu'on en fit un terme de comparaison pour exprimer un prodige de *capacité*, pour caractériser une supériorité non intellectuelle mais physique, non point un esprit cultivé, mais un brillant appétit servi par un bon estomac. Rien n'est plus simple et à la fois plus délicat. Ce n'est pas aujourd'hui qu'on eût trouvé cette tournure; ce n'est pas notre siècle, qui se moque du *fort en thème*, en même temps qu'il aspire à inventer l'instruction gratuite et obligatoire et le progrès, qui songerait à s'étonner de la multitude des forts en lecture, voire en écriture anglaise, ronde, bâtarde et courante, et en ferait une fine allusion. Mais en ce temps-là, où l'on trouvait ce dicton, une instruction si complète, au point de savoir lire et écrire, était prodige, et la phrase était juste : c'est pourquoi elle s'est conservée. A la vérité, on assure que la poule au pot se prêtait au rapprochement des deux idées; mais depuis... le niveau de l'appétit n'a pas baissé, pas plus que celui des études et des lumières, et cette espèce de proverbe familier a besoin de commentaire pour en faire sentir toute la justesse. Aurons-nous réussi? Nous le voudrions, et surtout, pour nos lecteurs et nous, de quelque façon qu'on le prenne, que de longtemps *lou legì nous lève pas l'escrioure!*

Dér. du lat. *Legere*, m. sign.

Légno, s. f. Bois à brûler.

Ce mot n'est pas parfaitement indigène, mais haut-cévenol et vivarais; il est très-bien employé dans notre pays.

Dér. du lat, *Lignum*, m. sign.

Légo, s. f. Envie; convoitise; désir. — Faire *légo*, faire montre, faire parade de quelque chose, pour exciter l'envie, pour faire venir l'eau à la bouche, sans permettre d'y toucher : imposer ainsi le supplice de Tantale. *Légo-légo!* est le terme dont on accompagne ironiquement ou méchamment la montre de l'objet. *Tout aquò mé fai pas légo*, toutes ces belles choses ne me sourient nullement, n'excitent pas la plus petite convoitise, ne me tentent pas.

Étymologie au moins incertaine, sinon inconnue.

Lègo, s. f. Dim. *Lèguéto;* augm. *Lègasso.* Lieue, mesure de distance.— En Languedoc, la lieue usuelle, qui est encore dans l'usage vulgaire, était de 5,837 mètres ou trois mille toises. — *Y-a pertout uno lègo dé michan camì*, en toute chose il y a un revers de médaille; en toute entreprise, quelque heureuse qu'elle soit, on rencontre des embarras, des difficultés. *Y-a uno lèguèto*, il y a une petite lieue, un peu moins d'une lieue; ce qui veut dire le plus souvent qu'on en a encore pour deux heures de marche. *Uno lègasso*, une grosse lieue, de celles qu'on trouve interminables.

Dér. du lat. *Leuca*, m. sign.

Légumaje, s. m. Ensemble des légumes secs de différentes espèces. — *És un peïs dé légumaje*, c'est un pays qui produit toute espèce de légumes.

Légun, s. m. Légume sec, ou plutôt celui qui vient en gousses, en cosses, comme fèves, haricots, pois, etc.

Ce mot a moins d'extension qu'en fr. et. ne s'applique pas aux légumes verts et aux plantes potagères.

Dér. du lat. *Legumen*, m. sign.

Leï, s. f. Loi, règle établie par l'autorité divine ou

humaine ; foi religieuse, croyance, culte, dans sa comparaison ou sa rivalité avec un autre ; règlement, disposition législative ; droit, justice. — *Sèn pas de la mémo lèi*, nous ne sommes pas de la même religion. *Aquélo marchandiso és pas de lei*, cette marchandise n'est pas de recette, elle n'est pas recevable en justice. *Te vóou apliqua la lei*, je vais te faire le droit que tu mérites.

Dér. du lat. *Lex, legis*, m. sign.

Lén, lénto, *adj*. Légèrement humide ; qui commence à moisir — Se dit surtout des herbes fourragères qui ne sont pas parfaitement sèches et qu'on pourrait tordre en corde.

Dér. du lat. *Lentus*, flexible, ramolli.

Lénçôou, s. m. Drap de lit ; linceul. — C'est avec le drap de lit que se font la plupart des transports de paille, de fourrage, de feuilles et de mille autres récoltes, pour les renfermer à la ferme ; lorsqu'ils sont fort grands et de grosse toile grise, on les nomme *Bourén*. — V. c. m.

Dér. du lat. *Linteolum*, linge, drap de lit.

Lénçoula, *s. m.* Plein un drap de lit, ce qu'il peut contenir.

Lénçoulado, *s. f.* — Même sign. que *Lénçoula*, mais moins bon languedocien que lui.

Lénde, *s. m.* Lente, œuf de pou. — On les détruit, comme les poux eux-mêmes, avec de la poudre de cévadille.— *Voy.* Grano dé capouchin.

Dér. du lat. *Lens, lendis*, m. sign.

Léngado, *s. f.* Coup de langue ; médisance ; quolibet.

Plusieurs fois l'occasion s'est présentée de citer ce subst. et le suivant comme exemples de prononciation. Il y a entre eux identité de lettres : la mesure est tout à fait différente, et l'accent suffit pour déplacer la tonique et changer la quantité. Le premier, à terminaison féminine, est composé de deux longues et une brève finale : la voix appuie et s'arrête sur sa syllabe médiane *ga*. Le second a une brève entre deux longues : la voix glisse sur sa médiane *ga* pour tomber fortement sur l'*ò* final, masculin, éclatant et accentué. La mesure, la cadence ou l'accent font en définitive la signification et le sens : la prononciation donne l'intelligence des mots, et l'orthographe ne saurait trop s'attacher à la reproduire et à la figurer.

Léngadò, *s. m. n. pr.* Languedoc, province de l'ancienne division de la France. Elle formait le plus grand gouvernement du royaume, après celui de Guyenne-Gascogne ; il était borné au nord par le Forez, à l'est par le Rhône, au sud-est par la Méditerranée, au sud-ouest par le Roussillon et le Comté de Foix qui le séparaient de l'Espagne, à l'ouest par le Cominges, la Gascogne, le Quercy, le Rouergue, et au nord-ouest par l'Auvergne. Il était divisé en Bas-Languedoc, comprenant les diocèses d'Uzès, de Nimes, d'Alais, de Montpellier ; en Haut-Languedoc, formé des diocèses de Toulouse, du Cominges languedocien, du Lauraguais, du Sault, du Carcassez et du Rasez ; en littoral méditerranéen, où se trouvaient les diocèses d'Agde, de Béziers et de Narbonne ; et en provinces annexes, qui étaient, vers le nord, le Vivarais, le Velay et le Gevaudan, au sud-est le Quercy languedocien et l'Albigeois. Cette circonscription comprend aujourd'hui les départements de l'Ardèche, de l'Aude, du Gard, de la Haute-Garonne, de l'Hérault, de la Haute-Loire, de la Lozère et du Tarn.

Le Languedoc correspond en grande partie à la Narbonaise première des Romains, habitée par les Volces Tectosages et Arécomiques et quelques autres peuplades ou tribus de race celtique. Il fut appelé Septimanie, puis Gothie, lorsqu'il passa sous la domination des Visigoths. Ceux-ci, dépossédés par les Franks de Clovis, gardaient encore quelques lambeaux de territoire et leur passage vers le siége de leur royaume d'Espagne, mais les Sarrasins les remplacèrent et furent à leur tour expulsés par Charles-Martel et Pépin-le-Bref. Charlemagne réunit la Septimanie au royaume d'Aquitaine : elle en fut ensuite séparée pour former Comté et Duché, s'annexant la Provence, étendant sa puissance, sa domination par la force de ses armes et le prestige des arts, de sa culture, de sa langue et de sa civilisation sur tout le Midi sur la France et l'Europe. La quasi-royauté des comtes de Saint-Gilles et de Toulouse, à l'apogée de leur grandeur, touchait d'un côté aux Alpes et de l'autre aux Pyrénées : c'est en son état le plus florissant qu'elle fut réunie à la France au XIIIe siècle, en 1270, sous Philippe-le-Hardi, et que, de ce moment, le pays entier prit le nom de Languedoc.

On sait que le mot Langue s'employait autrefois dans l'acception de pays : on disait la langue de France ou la langue d'Oïl, et la langue d'Oc, l'idiome méridional, à cause de la différence de prononciation. Le Languedoc, *lou Léngadò*, est donc le pays de la langue d'Oc ; tout ce qui est compris entre la Loire et les Pyrénées, qui ne parlait pas la langue d'Oïl, l'ancienne province romaine, le vieux territoire des Volces, Gaulois ou Celtes.

Lou Léngadò désigne le pays : pour son idiome, on dit : *la léngo d'O*, dont nous allons avoir à parler. On entend quelquefois employer le mot *Languedò ;* ce n'est là que du patois, c.-à-d. du français accommodé aux désinences du languedocien. Notre mot *Léngadò* n'est guère lui-même qu'une corruption, qui sent son latin du moyen-âge, mais elle a pour elle la priorité, l'ancienneté d'origine ; et c'est ce qui nous la fait distinguer dans l'application. Quant à la question d'idiome, *voy. Léngo d'O, O* et *Oc* particules.

Léngasto, *s. f.*, ou **Gourgouli**. Hippobosque du mouton, insecte.— *Voy. Gourgouli*.

Léngo, *s. f.* Dim. *Lénguéto* ; péj. *Léngasso*. Langue, partie charnue, musculeuse, mobile dans la bouche ; organe du goût et de la parole ; langage, idiome d'une nation, d'un peuple, d'un pays. — *Faïre la léngo*, servir d'interprète, parler pour un autre ; haranguer au nom d'une assemblée, d'une troupe, d'une collection quelconque d'individus. *Faïre la léngo à qudouquus*, styler quelqu'un, lui souffler ses réponses, lui faire la leçon, en lui dictant ce qu'il doit dire. *A uno léngo de pétar*, il a la langue bien affilée ; il manie très-bien l'ironie ou la médisance. *Moussigo dé la léngo*, il mord de la langue, c.-à-d. il a la parole mordante, incisive. *Ma léngo mé prus*, j'ai une démangeaison de parler. *Moussiga sa léngo*, se retenir de faire une réponse indiscrète ou compromettante. *A pas qué dé léngo*, il n'a que du babil. *Avès la léngo trop longo*, vous parlez beaucoup trop ; se dit d'un bavard ou d'un indiscret. *Préne léngo*, prendre langue; s'informer. *Ma léngo m'a vira*, la langue m'a fourché; je me suis trompé. *Envala sa léngo*, mourir, rendre le dernier soupir; métaphore énergique et en même temps ironique. *És uno lénguéto*, c'est une langue dorée; une fine mouche; un doucereux diseur, calin et insinuant. *Uno léngasso*, une mauvaise langue.

Dér. du lat. *Lingua*, m. sign.

Léngo-bouino, *s. f.* Langue de bœuf, Hypodrys hépatique, *Boletus hepaticus*, *Boletus buglossum*, Linn., Roques; champignon du genre des Agarics, fistuleux, dont les micologues donnent ainsi la description : chapeau d'un rouge-brun, d'autant plus foncé que le sujet est plus âgé, parsemé à la surface supérieure de papilles de même couleur; surface inférieure couverte de tubes allongés, accolés les uns aux autres, d'un jaune blanc ou jaune rougissant; chair mollasse, fibreuse, zonée, ressemblant au tissu de la betterave rouge lorsqu'elle est cuite ; saveur un peu acide, odeur nulle. Il croît sur les vieilles souches, le plus souvent au pied des vieux chênes et des vieux châtaigniers. On le désigne en fr. sous les noms de Foie de bœuf, langue de bœuf, glu de chêne ; en Toscane *Lingua di castagno, rassa buova*.

Par son volume et sa saveur agréable, ce champignon doit être mis au nombre des espèces alimentaires les plus utiles. Mais, pour ceux qui se trouvent dans les châtaigneraies, il arrive qu'ils sont tellement saturés de la sève âpre et acerbe de l'arbre, en s'attachant à son tronc ou aux maitresses-branches, qu'il faut les faire tremper longtemps et blanchir à l'eau bouillante pour leur enlever cette âcreté.

La composition du mot ne présente aucune difficulté : *Bouino* est la contraction de *bovine*.

Léngo-cano, *s. f.*, ou **Hèrbo dâou tal**. Cynoglosse, *Cynoglossum officinale*, Linn., plante de la fam. des Boraginées. Sa feuille est légèrement veloutée et douce au toucher comme la langue du chien, dont elle a du reste la forme et pris le nom. Sa racine est adoucissante et somnifère : sa feuille est employée par application contre les dartres.

Dér. du lat. *Lingua canis*, langue de chien.

Léngo d'O, *s. f.* Langue d'Oc; languedocien; langage, idiome languedocien; langue parlée dans le pays de Languedoc, par opposition à la Langue d'Oïl, parlée dans le nord de la France.

La dénomination seule de *Léngo d'O*, la langue d'Oc, trace les limites dans lesquelles doivent se renfermer ces observations. Nous reviendrons à rechercher nos origines dans la langue romane *(Voy. Rouman)*, et, sous le mot *Troubadour*, à exposer sa marche et son développement; nous en sommes, le mot l'indique, au moment où l'idiome méridional a déjà conquis la plénitude de son individualité propre, où il est si bien fixé par le caractère particulier de son euphonie que son accent et sa prononciation servent à le classer par une démarcation territoriale. — *Voy. Léngadò*.

Il doit être accordé une assez large part aux influences climatériques sur le langage pour faire admettre en principe que, de tout temps, des différences dialectales ont distingué les groupes de populations d'un vaste pays, de même race et de même langue. Ce que nous voyons aujourd'hui permet d'affirmer ce qui a été avant nous Dans l'ancienne Gaule, où les divisions par tribus furent si nombreuses, ces différences existaient : la conquête romaine constitua une sorte d'unité sous sa domination ; mais elle laissa forcément vivre ce qu'elle ne pouvait atteindre, le génie national dans son sentiment intime et dans la parole, sa manifestation la plus persévérante.

La Narbonaise première s'était donnée plutôt qu'elle n'avait été soumise. Entre les mains des vainqueurs du monde, elle était devenue la plus florissante et la plus riche de leurs provinces transalpines. Peut-être cette prospérité était-elle due à ce qu'ils avaient su conserver chez elle plus de son esprit natif d'indépendance, en lui apprenant à se gouverner elle-même dans ses municipes, et parce qu'ils avaient été amenés aussi, par calcul ou par nécessité, à respecter ses habitudes et ses traditions de langage, en conservant toutes ses dénominations géographiques, en latinisant beaucoup de ses locutions usuelles qu'ils s'approprièrent, à mesure qu'ils lui imposaient, dans les lois et les affaires, la langue officielle, et dans leurs relations privées, le charme de leur littérature. C'est au moins ces caractères de la politique romaine qui ont survécu pour attester les traits les plus saillants de notre nationalité. Ce double courant s'est creusé un lit profond à travers les contrées méridionales.

Dans un intervalle de trois ou quatre siècles de l'établissement des colonies romaines, le flot commence à se troubler, où plutôt une nouvelle ère s'annonce. La Gaule comprend qu'elle n'a plus besoin de maitres : elle a donné des empereurs au monde, des sénateurs au Capitole, des orateurs à la tribune, des rhéteurs et des grammairiens aux écoles; elle a un instant disputé à Rome même le siège de l'empire ; un effort encore, elle va s'appartenir. Mais à ce moment les irruptions des Barbares recommencent; les Wisigoths viennent occuper le Midi, les Sicambres ravagent le Nord : partout se montrent les signes précurseurs d'un grand déplacement de puissance et de rénovation d'idées et d'idiomes.

Le christianisme se propageait. Les Wisigoths admiraient les institutions romaines et ils conservèrent beaucoup de l'organisation administrative : le latin était la langue de leur cour de Toulouse, et celle dont ils se servaient dans les édits et dans leurs codes : et le latin n'avait jamais entièrement effacé le celtique.

A leur tour, les Sarrasins s'étaient répandus dans le Midi : ils tenaient Nîmes, Carcassonne et Narbonne : les Francks de Clovis, de Childebert, de Pépin, y avaient été appelés. Comment les traces de tous les envahisseurs, reconnaissables sur notre sol, n'auraient-elles pas laissé quelques empreintes dans la langue? Cependant, ni le gothique, qui avait légué son nom à la province romaine, ni l'arabe, que les dévastations des bandes sarrasines, l'antipathie des croyances et l'épouvante rendaient odieux, ni le francique ou le tudesque aidé même de toute la puissance de Charlemagne, n'avaient pu s'acclimater sous notre soleil et sur cette terre où le vieux tronc gaulois gardait ses racines vivaces et qu'avait si merveilleusement fécondée la culture latine.

Mais l'ébranlement et la chute de l'empire, les guerres et les invasions, tous ces chocs de peuples divers ne pouvaient manquer de produire des bouleversements, des perturbations dans les esprits et une étrange confusion dans les rapports habituels et nécessaires des populations. Au milieu de ces conflits et de la diversité d'idiomes qui se heurtaient et se repoussaient, l'unique moyen de s'entendre et de se comprendre était de composer, presque d'instinct, sans se soucier des règles et de la syntaxe, un langage courant, populaire, dont le fond, comme la forme, se fût généralisé et qui ne pouvait avoir pour base que le latin, la langue la plus répandue.

Alors, en effet, dans la nuit intellectuelle de ces âges troublés et malheureux, apparaît la langue romaine rustique, le roman, comme une transaction éclatante entre la civilisation décrépite de la vieille Rome, et une société rajeunie, turbulente, presque sauvage encore, pleine de ses traditions nationales, exubérante d'ardeur, nouvellement retrempée aux sources du christianisme. Tous les peuples qui s'étaient disputés l'héritage lacéré de la grandeur romaine, furent appelés à apporter leur moellon à l'édifice de régénération. Bientôt le roman était en possession de toute la Gaule, de la Méditerranée au Rhin ; et, né dans la province latine, comme on appelait la Gaule narbonaise, il régnait au nord de la France au IXe siècle, et formulait, en 841, les serments réciproques de Louis-le-Germanique et de Charles-le-Chauve, son frère.

Cependant, si le roman était universel et commun à tout le territoire des Gaules, les éléments divers dont était composée la population, réagissaient naturellement contre l'unité d'un langage dont le lien fondamental, le latin, déjà miné et altéré, ne trouvait plus ni sanction ni contrôle, et tendait chaque jour davantage à se dissoudre. Des propensions ou des aptitudes opposées, du midi au nord, dirigeaient d'ailleurs le mouvement en sens contraire. Par une convention tacite et instinctive, partout il y avait un accord unanime pour donner à la diction la rapidité et la clarté, pour supprimer les inversions, pour abréger les finales, pour répudier les redondances : c'était le travail, la recherche, l'instinct de l'esprit nouveau et son affaire. Mais la mécanique du langage et l'oreille avaient aussi leurs droits : ici, la sonorité et l'éclat des voyelles, quelquefois même la rudesse affectée de certaines consonnes rappelant le vieux gaulois, l'harmonie surtout étaient dans les prédilections natives et semblaient mieux servies par la souplesse et la dextérité de l'organe obéissant à la promptitude de la pensée ; là, le son ne redoutait pas de s'assourdir, la voix de s'effacer et de tomber avec les désinences et les inflexions, comme pour se soumettre à une conception plus lente, qui ne demandait pas à faire explosion ; et l'expression devenait lourde, traînante, embarrassée et incolore ; mais la phrase et les mots, au prix de la mélodie sacrifiée, prenaient une ferme netteté et une concision qui n'étaient pas sans forces ni sans charmes. Ces différences, que la nature, les dispositions organiques, l'influence des climats, les impressions d'origine avaient mises entre les dialectes du Midi et du Nord, ne s'effacèrent jamais, et plus le défaut du trait d'union qui les reliait à la source principale se relâcha, par l'oubli ou le mépris de la littérature romaine, plus aussi les tendances divergentes prenaient d'empire et accusaient leurs antipathies.

De ce tableau de l'état de la Gaule après la chute de l'empire romain, trop imparfaitement esquissé, qu'on nous permette de reprendre quelques-uns des traits les plus saillants.

Les provinces du Midi, plus cultivées et plus fières de leur culture intellectuelle, moins exposées aux incursions germaniques, vivaient dans leur prospérité pleine des souvenirs de Rome ; mais toujours impatientes du joug, elles ne l'avaient souffert dans leur langue que par une sorte d'accommodement et à la condition de prêter au vainqueur presque autant qu'elles consentaient à en recevoir. Elles s'étaient identifiées avec le latin, et l'avaient pour ainsi dire attaché à leur fortune. Les Barbares apportèrent le premier élément dissolvant sans parvenir à substituer leur idiome à celui des Gallo-Romains. Les nouveaux conquérants d'ailleurs s'entendaient dans la même langue que ceux qui avaient envahi le Nord et toutes les bandes qui franchissaient continuellement et sans obstacle le Rhin à la recherche d'une autre patrie. L'ancienne province romanisée pressentait vaguement que la force qui avait renversé l'empire la dominerait un jour, bien des fois elle l'avait regardée et avait recherché son alliance et son secours. Quand le flot menaçant des Arabes était venu inonder les Gaules, c'est au nord que s'était élevée la digue qui le repoussa jusqu'au-delà des Pyrénées. Chaque jour la puissance franque s'était accrue, et au milieu des secousses et de ces terribles tremblements de terre, sa prépondérance ne fit que grandir. Sous les rois de la première race, les habitants des contrées méridionales n'étaient connus que sous le nom de *Romains*. La loi salique consacrait cette distinction de peuples ; et la *terre des Franks* ne se confondait pas, pour les priviléges que la possession y attachait, avec les provinces de la Gaule méridionale. La langue commune était la basse latinité dégénérant déjà, s'imprégnant au nord de tudesque et de teuton, et elle ne persévérait au midi que sous le nom un peu méprisé de *langue romaine rustique*. Durant cette longue période de guerres et de déplacements continuels de peuples, toute culture intellectuelle avait été abandonnée, les écoles publiques, autrefois si renommées, n'existaient plus ; les esprits troublés marchaient au hasard et sans règle dans les terribles inquiétudes d'un présent sans fixité, mais avec des aspirations d'avenir à reconstituer sur d'autres bases. Le génie de Charlemagne avait un moment essayé de reconstituer l'unité de l'idiome et de l'empire : entre les mains de ses débiles successeurs, son œuvre s'était démembrée. Mais dans le morcellement, lorsque la Gaule méridionale eut reconquis sa part, elle commença à respirer ; et sur elle une ère nouvelle allait se lever, en lui redonnant, avec l'indépendance et le repos, l'amour des arts et des lettres. De petits états s'étaient formés qui relevèrent en droit plus qu'en fait de la souveraineté royale établie au nord, et qui s'érigèrent bientôt en gouvernements héréditaires sous leurs seigneurs locaux : ils furent le berceau de la rénovation politique et de celle du langage.

Ce fut au moment où la seigneurie suzeraine atteignait son plus haut degré d'importance, que la délimitation du domaine féodal, tracée par la possession, se manifeste et se fait par le nom de la langue qu'on y parle. La langue désigne et caractérise le territoire ; et alors on choisit, pour diviser la Gaule en langue d'Oc et en langue d'Oïl, le mot d'affirmation le plus usuel, suivant la manière dont il était articulé au midi et au nord. — *Voy. O et Oc*.

Cette dénomination n'était en réalité que la reconnaissance et la sanction des faits. Comme nous venons de le voir et de le redire, des deux côtés de la Loire, prise pour limite, le langage n'avait pas attendu jusque-là pour prendre sa voie et suivre ses tendances ; mais il n'avait fait que traverser une phase de préparation et placer ses jalons. Seulement alors l'unité du roman se dédoublait, et, sortis de la même source, les deux dialectes, qui avaient longtemps suivi une marche parallèle, se séparaient en un cours différent.

La langue d'Oïl n'était pas encore parvenue à se débrouiller des langes grossiers de son enfance, que la langue d'Oc, plus fidèle à ses traditions, s'était organisée d'après des règles savamment étudiées. Elle avait ses grammairiens et surtout ses poètes ; et elle était devenue la langue politique, la langue légale, la langue des traités de commerce et d'alliance qui unissaient les cités industrieuses du Midi aux plus puissantes républiques italiennes, avec Gênes, Pise, Florence et Venise, la langue dans laquelle se réveillaient les formules et l'esprit des vieux municipes romains de la Gaule méridionale, lorsque les communes naissantes obtenaient de leurs seigneurs féodaux leurs chartes d'affranchissement.

Dans le XI⁰ siècle, l'époque où les comtes de Saint-Gilles et de Toulouse réunirent sous leur sceptre la Provence au Languedoc, fut l'époque où cette langue prit toute l'extension, toute la richesse, toute la régularité que les troubadours lui avaient données *(Voy. Troubadour)*. Son influence ne s'était pas amoindrie par la cession de la Provence au comte de Barcelone : la maison de Toulouse régnait toujours dans ses états indépendants qui s'étendaient du Rhône aux extrêmes Cévennes, et de la haute Dordogne aux Pyrénées ; et les comtes de Provence en même temps comtes de Barcelone et rois d'Aragon, lui conservaient sa primitive affinité avec le catalan. — *Voy. Prouvençàou*.

Longtemps encore après que la comté de Toulouse fut passée dans le domaine de la couronne, sous Philippe-le-Hardi, la langue d'Oc conserva sa portée et sa valeur politique. Philippe-le-Bel et ses successeurs, par divers édits, ordonnèrent la publication des lois et l'instruction des procédures dans chacun des idiomes qui divisaient la France. La légalité de la langue d'Oc, son authenticité juridique s'affirmaient ainsi, et l'unité se maintenait dans les diverses circonscriptions de son vaste territoire, tant que l'institution politique générale faisait tout ressortir du centre commun. Mais la cause qui, dès le principe, avait amené la grande division en deux langues, ne pouvait pas cesser de les suivre dans leur développement : c'était l'indépendance originelle de chaque groupe de population qui se faisait jour.

Les seigneuries vassales du pays de la langue d'Oc rendaient foi et hommage à leur suzerain, avec la même soumission à peu près que celui-ci en usait avec le roi : l'hérédité des fiefs passée en principe, la force et l'importance de la terre constituant le droit, sans troubles trop violents pour la hiérarchie, dans les subdivisions, des compositions étaient devenues souvent d'impérieuses et de légitimes nécessités. Du peuple au seigneur les rapports étaient relativement les mêmes, et des concessions étaient également forcées en tout ce qui relevait du peuple serf ou vassal, ou formé en commune. Le parler, dont il était le maître, et qu'il faisait, se pliait à ses aptitudes et obéissait à ses tendances : là aussi il avait à prendre librement ses franchises. De là les dialectes de la langue d'Oc, ralliés par une sorte de fédération ou de vassalité à sa constitution centrale et souveraine, mais se nuançant en individualités distinctes et se multipliant par fractionnements qui correspondaient à ceux des domaines particuliers, sans méconnaître jamais leur génie natal.

Aussi, quand le centre dominant, qui imposait aux autres son esprit et ses habitudes, vit amoindrir sa prépondérance et qu'elle se déplaça, quand une littérature acceptée également par tous cessa d'être accueillie et favorisée par les cours princières, et que ce foyer, d'où jaillissaient la lumière et tant d'éclat, s'éteignit, le prestige de la langue d'Oc commença aussi à décroître. A mesure que se fit l'unité française, et que les provinces ne formèrent plus que le royaume, en restant encore pays d'états, de plus en plus s'abolit la division tracée autrefois par la Loire, qui n'était que nominale. Le français s'etait constitué dans ses formes définitives : la langue d'Oc avait perdu son privilège de centralité et de métropole; et, sans autre règle que ses intérêts ou ses besoins, ses souvenirs ou ses propensions, plus que jamais, dans ses anciens domaines, chaque généralité, chaque baillage, chaque paroisse même, morcelèrent à l'envi son héritage, et chacun l'appropria à son génie particulier, à son accentuation locale, à l'influence de son voisinage immédiat, de son organisme ou de sa température.

A ce point semblerait terminée l'histoire de la langue d'Oc : il n'en est rien cependant; si l'avenir est fermé pour elle, elle peut vivre de son passé et se consoler. La nouvelle division de la France a effacé sa dénomination provinciale; depuis longtemps avant, elle n'était plus langue officielle; mais une langue ne s'anéantit point et n'a pas à disparaître ni à se renier devant un décret de proscription. Notre langue d'Oc, que nous affectons d'appeler ainsi pour ne pas la réduire à un de ses dialectes, mérite mieux. Comme nous l'avons dit dans quelques considérations préliminaires, elle est restée populaire et c'est quelque chose; à ses chefs-d'œuvre anciens, sa renaissance, retrempée à ses sources, vient en ajouter de nouveaux; quatorze millions d'habitants l'entendent, la parlent et la chantent encore dans tous ses dialectes; pour le monde savant, son étude et sa connaissance sont indispensables à tous les travaux de linguistique et de philologie; elle fait partie au meilleur titre de notre gloire nationale; et c'est ce qui nous fait aimer et entourer d'un culte patriotique et fervent ses autels délaissés.

Son nom même est, en effet, devenu une généralisation, qui s'est encore restreinte en transformant le nom de l'ancienne province romaine. Le parler d'Oc résiste toujours, mais chacun de ses dialectes a une vie à part : le toulousain, le gascon, le provençal, l'auvergnat, le cévenol ou *raïol* n'en sont point des branches détachées, mais des pousses vigoureuses sorties du même tronc, que la même sève alimente et que distingue cependant une floraison différente. Ces dialectes ont eu et gardent encore l'empreinte du type primitif que leur frottement avec le français n'a point effacée; et c'est pour cela, pour conserver à la langue sa physionomie vraie, que, de toutes parts, dans le Midi, sa terre natale, la poésie rajeunit ses traits et ses couleurs.

Nous ne rallumerons pas son flambeau, nous le savons, et peut-être cette flamme ravivée n'aurait que des ardeurs factices; mais ne fit-elle que rappeler son premier éclat, il était bon de suivre à travers les âges ces longues traînées de lumière venues du Midi. La langue d'Oc est dépossédée de sa souveraineté : elle décline vers une décadence fatale, qui ne doit pas cependant s'accomplir de sitôt, pour si peu qu'elle veuille rester elle-même. Le français peut la remplacer et se substituer à elle; mais une fusion ou une alliance est impossible. Le danger est là : le mélange ne serait qu'un patois informe; et quelle que fût la livrée dont cette transformation se revêtirait, elle ne représenterait ni le français, ni le languedocien *(Voy. Patouès)*. C'est à cet abaissement qu'elle ne doit pas descendre, si, blessée au cœur, elle doit mourir. Elle doit rester une dans ses variétés dialectales propres, sans se laisser déshonorer et défigurer par des raffinements prétendus qui la corrompent, vulgaire dans sa forte vitalité, simple, harmonieuse, originale sans les atours, les sophistications et les ajustements qui la déparent. Elle est assez riche pour se passer d'emprunts, trop fière pour recevoir l'aumône, de race et d'extraction assez nobles et assez anciennes pour avouer ses origines. Pour cela, nous avons voulu dire son histoire, et nous faisons effort pour la maintenir dans ses traditions.

Léngoù, *s. m.* Dim. de *Longo*. Petit bout de la langue; dans le langage des nourrices, langue d'un enfant.

Léngousto, *s. f.* Langouste, *Astacus, Palinurus locusta*, Linn., crustacé de l'ordre des Astacoïdes et de la fam. des Longicaudes ou Macroures, grosse écrevisse de mer, commune dans la Méditerranée. Ce qui le distingue du homard, c'est qu'elle manque des deux formidables pinces dont celui-ci est armé : ils ont d'ailleurs assez de ressemblance pour qu'on ne leur ait pas donné des noms différents : celui de *Lengousto* suffit et s'applique à tous les deux.

Léngu, udo, *adj.* Dim. *Lengudé, eto*; péj. *Lengudas, asso.* Babillard; bavard; parleur; qui a la langue trop longue; qui ne sait pas se taire sur ce qu'il doit garder secret. — *Taiso-té, lengudo*, tais-toi, bavarde.

Lénguéja, *v.* fréq. Languéyer; examiner la langue des porcs pour reconnaître les grains de ladrerie. — *Voy. Grano dé por.*

Lénguéjaïre, *s. m.* Languéyeur; qui fait métier de languéyer les porcs dans les foires et marchés. — *Voy. Grano dé por.*

Lénguéta, *v.* Terme de menuiserie, évider en boudin, ou en languette le bord d'une pièce d'assemblage pour le faire entrer dans la rainure ou canal de la pièce à joindre.

Léntio, *s. f.* Lentille, lentille commune, *Ervum lens*, Linn., plante de la fam. des Légumineuses.

Lénto, *s. f.* Luzerne sauvage, luzerne faucille, *Medicago falcata*, Linn., plante de la fam. des Légumineuses, à feuilles menues, à fleurs jaunes, qui se propage d'elle-même dans les champs de blé. Comme elle est vivace, qu'elle se marcotte et se multiplie, ses racines très-fortes, très-ligneuses, arrêtent quelquefois la charrue et font même briser le soc. Elle est fort gourmande et fort nuisible au blé et en outre difficile à extirper.

Dér. du lat. *Lentus*, flexible, ou lent, qui ralentit.

Lèntou, *s. f.* Humidité; flexibilité causée par l'humidité; moisissure. — *Voy. Lén.*

Lèou, *s. m.* Péj. *Lévatas.* Terme de boucherie, mou ou poumon des animaux; morceau peu recherché, dont les pauvres gens seuls font usage. Le mou du porc est plus délicat; on le mêle à la viande des andouilles et saucissons, on l'alterne avec le foie, et ces carrés de viande maigre qu'on nomme *poupo,* dans les garnitures que l'on fait au boudin.

Dér. du lat. *Levis,* léger, parce que la substance spongieuse et fistuleuse du poumon le rend léger et le fait surnager sur l'eau.

Lèou, *adv.* Bientôt; promptement; vite. — *Lèou, lèou!* Vite, vite! dépêchons. *Pu lèou qué,* plutôt que...

Dér. du lat. *Levis,* léger : l'analogie entre léger, leste et vite explique facilement la signification.

Léquo, *s. f.* Piège pour les oiseaux ou les rats, composé ordinairement d'une pierre large et plate, placée de champ et inclinée en angle de 45 degrés, soutenue dans cette position par une charpente de bûchettes si légère, si délicatement montée que la moindre pression d'un animal qui s'y hasarde pour manger l'appât semé au-dessous, fait crouler brusquement l'échafaudage, qui écrase presque toujours le téméraire. En général, piège, traquet, traquenard, trébuchet, quatre de chiffre.

On l'a dit dér. du celt. *Laische* ou *Lech,* pierre, ou figurativement du lat. *Laqueus.*

Lès, *s. m.* Lé, largeur d'étoffe; longueur quelconque d'étoffe prise dans toute sa largeur d'une lisière à l'autre.

Lésarda (Sé), *v.* Se lézarder; se couvrir de lézardes.

Lésardo, *s. f.* Lézarde; fente, crevasse; fissure qui se produit dans un mur quelquefois par vétusté, mais qui date d'ordinaire de sa construction et provient le plus souvent d'un affaissement dans une partie des fondations.

Dér. du lat. *Læsum,* supin de *Lædere,* offenser, léser.

Lésé, *s. m.* Loisir; temps disponible et suffisant pour faire une chose. — *Soui pas dé lésé,* je n'ai pas le temps. *Quan séras dé lésé,* quand tu y seras; quand tu seras dispos; quand tu auras le temps.

Dé lésé, à loisir, à son aise.

Dér. du lat. *Licet,* il est permis.

Léséno, *s. f.* Alène, outil de cordonnier pour percer le cuir; poinçon courbe emmanché.

En espag. *Alesna,* m. sign.

Lésquo, *s. f.* Dim. *Lésquéto.* Tranche de pain; mouillette. — *Voy. Lisquo.*

Léssiou, *s. m.* De la lessive. eau imprégnée des sels lixiviels de la cendre.

Dér. du lat. *Lixivium,* m. sign.

Léssiou, *s. m.* Essieu de voiture, pièce de fer qui passe dans le moyeu des roues.

Dér. du lat. *Axis, axilium,* m. sign.

Lésso, *s. f.* Crasse de la tête, pellicules qui s'amassent sous les cheveux; crasse qui se forme en petites écailles sur d'autres parties du corps par une habitude de malpropreté, surtout aux genoux : cette dernière se nomme aussi *Péréso (Voy.* c. m.). — *Vous lèvo la lésso,* au fig. il emporte pièce dans ses quolibets.

Lèste, lèsto, *adj.* Leste; agile; qui a de la légèreté; dispos; préparé; prêt; prompt; vif; éveillé.

Létro, *s. f.* Lettre, caractère de l'alphabet; lettre-missive. — *Connouï la létro,* il sait lire et écrire. *Fasès-y uno létro,* écrivez-lui. *Li mandaraï uno létro,* je lui écrirai.

Dér. du lat. *Littera,* m. sign.

Lètrou, *s. m.,* ou **Lusèr.** Lézard, *Lacerta,* Linn., reptile de la fam. des Sauriens, dont les variétés sont nombreuses. — Au-dessous du plus grand de nos lézards qui dépasse deux pieds de longueur, on en trouve bien d'autres différant de taille et de couleur, ce qui tient peut-être autant à l'âge qu'à l'espèce; et par une gamme descendante, on arrive au lézardeau de muraille, qui atteint à peu près cinq pouces dans son plus grand développement. En thèse générale, les plus gros de ces reptiles, tous conformés de même, s'appellent *Lètrou* ou *Lusèr;* ceux de moindre dimension ont des noms divers; mais à quel degré de l'échelle faut-il s'arrêter pour que le *Lètrou* devienne *Réngloro (V.* c. m.)? Ce point de démarcation n'est pas bien déterminé. Disons toujours néanmoins que le lézard ocellé, *Lacerta ocellata,* Linn., et le lézard vert, *Lacerta viridis,* un peu moins grand, tous deux remarquables par leur belle couleur verte se modifiant quelquefois par du brun et du jaune, communs dans notre pays, où ils sont les plus grands de leur genre, sont essentiellement le *Lètrou* ou *Lusèr :* on s'arrange avec les autres et on leur donne l'épithète de *pichò,* pour arriver au nom spécifique de *Réngloro.*

Léva, *v.* Lever, en général; mais les nombreuses et variées acceptions de ce verbe ne peuvent être bien connues que par des exemples. — *Léva,* pousser en parlant du blé qui germe en terre, des plantes qui sortent de terre; lever, fermenter, en parlant du levain. *Léva un éfan,* accoucher une femme, recevoir l'enfant. *Léva uno maïo,* relever, reprendre une maille à un tricot, à un bas. *Léva la tàoulo,* desservir, enlever le couvert. *Léva lou capèl,* ôter son chapeau; saluer quelqu'un, le reconnaître pour son supérieur. *Léva las taïos,* percevoir les contributions, être percepteur; par ironie, mendier. *Léva lou nas, lou moure,* être orgueilleux, porter la tête haute. *Léva,* quêter, faire une collecte. *Léva la man,* prêter serment. *Léva boutigo,* commencer à tenir un magasin, à faire un commerce; ou par ext. entrer en danse, se disposer à en venir aux mains, se battre. *Léva,* faire un rabais : *Mé lévarès bé quicon,* vous rabattrez quelque chose. *Aquò vòou pas lou léva ddou sòou,* cela ne vaut pas la peine de se baisser pour le ramasser. *M'ou lévarias pas dé ma tèsto,* vous ne me feriez jamais croire autre chose. *Jamaï noun mé lève d'aïcì s'ès pas vraï,* je consens à ne jamais bouger de place si je ne vous dis pas la vérité; formule d'imprécation ou de protestation fort usitée. *Léva las nisados,* chercher des nichées, dénicher des oiseaux. *Té vóou leva ddou sémena*, je vais te relancer d'importance. *Léva de cassolo*, dégoter quelqu'un du jeu, prendre sa place. *Aouriè pas qu'à léva lou de*, il n'aurait qu'à faire un signe.

Se leva, se lever, en parlant d'une personne couchée, sortir du lit; se mettre debout; monter, paraitre sur l horizon. — *Lou sourel, la luno sé levo*, le soleil, la lune parait, se lève. *Lou ten se levo*, le temps se hausse, il commence à s'éclaircir, à faire beau. *Se leva de davan*, disparaitre, quitter la partie, s'en aller, s'esquiver.

Dér. du lat. *Levare*, venant de *Levis*, léger.

Lévadéto, *s. f.* Dim. de *Levado*. Fressure d'agneau, de chevreau. — *Voy. Levado*.

Lévadis, disso, *adj.* Qui peut se lever, s'enlever, se hisser facilement; aisé à lever, à remuer; mobile, muable. — *Pon levadis*, pont-levis.

Dér. de *Léva*.

Lévado, *s. f.* Dim. *Lévadeto*. Terme de boucherie, fressure d'un porc, d'un mouton, etc. Elle se compose du foie, du poumon et du cœur, qui tiennent ensemble et que le boucher enlève à la fois, en dépeçant l'animal.

Ce mot vient-il de cette dernière action et parce que la fressure ne compte pas comme viande, ou bien du mot *Lèou*, qui donne à son péj. *Lévatas*, d'une grande analogie, et parce que le poumon, qui est toujours une partie essentielle de la *Lévado*, pourrait bien avoir servi de racine à l'ensemble de la fressure?

Lévado, *s. f.* Digue; chaussée; déversoir d'un moulin; barrage quelconque en travers d'un cours d'eau pour le dévier dans un canal de moulin ou d'arrosage.

Lévado, *s. f.* Levée; action de lever, d'enlever. En terme de magnanerie, c'est une certaine quantité de vers qu'on enlève des tables où ils sont trop serrés et trop nombreux, pour les disposer sur des tables nouvelles, ce qui arrive après chaque mue par le développement de leur volume. — Au jeu de cartes, levée, cartes qu'on lève en gagnant.

Lévadoù, *s. m.* Levier d'une meule de moulin à farine, composé, dit Sauvages, de deux pièces, l'une verticale, appelée l'épée, l'autre horizontale, qui fait l'office de levier et qu'on appelle la trampure: l'une et l'autre servent à hausser la braie, et par ce moyen la meule tournante.

Lévadoù signifie aussi un *clayon*, sorte de panier plat, plus long que large. — *Voy. Campanèje*.

Ce mot, qui n'est pas connu à Alais en ce sens, est tout à fait technique à nos portes, dans la Gardonenque et l'arrondissement du Vigan.

Lévan, *s. m.* Levain, morceau de pâte aigrie qui sert à faire fermenter la pâte du pain. — *Métre lou lévan*, opération préparatoire à la manipulation du pain, qui consiste à détremper un morceau de levain avec une petite quantité de farine dans la huche, qu'on laisse fermenter quelques heures ensemble et qui augmente le volume du levain en même temps que la force de fermentation; on mêle le tout ensuite avec la pâte nouvelle.

Dér. de la bass. lat. *Levamen*, m. sign.

Lévan, *s. m.* Levant, Orient, Est, partie du ciel où le soleil se lève; pays situés au levant de la Méditerranée — *Sourel levan*, lever du soleil; soleil levant.

Lévandièiro, *s f.* Sage-femme, accoucheuse

Dér. de *Leva*; *leva un efan*, prendre un enfant du sein de la mere, accoucher une femme.

Lévatas, *s. m.* Péj. de *Lèou*. Terme de boucherie, poumon, principalement de bœuf: ce qui est toujours un mauvais mets. — *Voy. Lèou*.

Lévito, *s. f.* Lévite, redingote, sorte d'habit long, croisé par devant.

Empr. au fr.

Lèvo, *s. f.* Terme de paleinardier, lève, cuiller d'un mail, sa face taillée en biseau et qui sert à enlever la boule, tandis que la face opposée, la masse, la fait rouler terre à terre. — *Jouga dé lèvo*, enlever la boule pour la porter à une plus grande distance, sans être arrêtée dans sa course par des ricochets; par ext. au fig. agir hardiment, avoir de la vigueur, de la verdeur, de l'entrain.

Lèvo, *s. f.* Levée; quête; collecte. — *Faïre uno lèvo*, faire une quête.

Dér. de *Leva*.

Lèvo-quiou, *s. m.* Fourmi rouge, fourmi à tête rouge, qui va toujours en procession le long des vieux murs ou des vieux troncs d'arbre. Elle passe pour méchante et sa morsure cause une légère inflammation. On l'appelle *Lèvoquiou* de ce qu'elle relève volontiers son abdomen.

Lévuro, *s. f.* Tranche extérieure de panne de porc, qui est devenue rance et qu'on enlève pour ne pas laisser ce gout aux assaisonnements. On donne ces reliefs aux pauvres mendiants.

Li ou **I**, pron. relat. et adv. Lui, à lui. — *Voy. I*.

Lia, *v.*, ou **Ia**. Lier. — *Voy. Ia*.

Lian ou **Ian**, *s. m.* Cordon, ce qui sert à lier; lien; cordon de sac. — *Voy. Ian*.

Liardo, *s. f.*, ou **Piastro**. Pièce de deux liards, depuis longtemps démonétisée, hors d'usage dans la circulation comme en dénomination. — *Voy. Iard* et *Piastro*.

Liasso ou **Iasso**, *s. f.* Liasse; paquet de menu linge, lié ensemble; trousseau de clés réunies. — Le fr. Liasse ne s'entend que de papiers; le lang. a presque une autre signification et ne s'applique qu'à de menus objets. Il dit au reste beaucoup mieux *Trousso*. — *V. c. m.*

Libérta, *s. f.* Liberté; indépendance; état d'une personne libre.

Dér. du lat. *Libertas*, m. sign.

Libértin, ino, *adj.* Dim. *Libértinó*, péj. *Libértinas*. Libertin. — Cet adj. au masc. n'entraîne pas l'idée de mauvaises mœurs comme le fr. Libertin: c'est plutôt un coureur de cafés et de cabarets; un homme qui pense peu à ses affaires et vit dans le vin et le jeu. Au fém. c'est différent, le mot *Libertino* ne porte que sur les mœurs.

Libraïre, *s. m.* Libraire; marchand de livres.

Dér. du lat. *Librarius*, m. sign.

Libramén, *adv.* Librement; sans contrainte; sans gêne. Empr. au fr.

Libre, *s. m.* Dim. *Libré;* péj. *Libras.* Livre; volume, feuilles imprimées reliées ou brochées; ouvrage d'esprit qui fait un volume. — *Libre dé dous iurs*, la croix de par Dieu. *Parlo coumo un libre,* il parle d'or.

Dér. du lat. *Liber,* gén. *libri,* m. sign.

Libre, **libro**, *adj.* Libre; exempt de contrainte, de gêne, d'embarras, de liens, d'obstacles.

Dér. du lat. *Liber,* m. sign.

Licol, *s. m.* Licol ou licou, lien autour du cou du cheval, mule ou mulet. — Le vrai mot est *Cabéstre*, mais celui-ci, qui n'est peut-être qu'un empr. au fr., s'est facilement impatronisé.

Liçoù, *s. f.* Dim. *Liçounéto.* Leçon, instruction; ce qu'un maître donne à apprendre et ce qu'apprend par cœur un écolier. — *As pas di ta liçoù,* tu n'as pas récité ta leçon. *Té dounaraï uno liçounéto,* je t'appliquerai une légère correction pour t'apprendre.

Dér. du lat. *Lectio,* m. sign.

Lidor, *s. m.* Louis d'or, pièce de vingt-quatre francs. — Malgré l'adoption presque générale du système décimal, il y a encore certains marchés qui persistent à se faire sur le type des anciennes monnaies, parmi le peuple; dans les foires, celui des chevaux et des mules se fait en louis d'or. Il est encore certains nombres dans les sommes d'argent qui ne s'énoncent qu'en ces vieilles dénominations, en fr. comme en lang., ainsi : *dès éscus, cént éscus, milo éscus, vinto-cin lidors, cinquanto lidors, cént lidors,* malgré le changement de valeur de ces différentes pièces, signifient toujours trente, trois cents, trois mille, six cents, douze cents, deux mille quatre cents francs, puisqu'il n'y a plus de livres.

Liè, *s. m.* Lit. — *Voy. Iè,* seul usité dans notre dialecte.

Lièchoto, *s. f.* Dim. de *Liè.* Petit lit, couchette. — Se dit mieux *Ièchoto.* — *Voy.* c. m.

Liéto, *s. f.* Layette; petit coffre en forme de bahut, en carton ou en bois très-mince, qui sert aux jeunes femmes et jeunes filles à renfermer leurs objets de toilette, bonnets, cols, collerettes, et tous les atours qui craignent d'être aplatis ou chiffonnés. C'est là aussi que sont serrées leurs dorures et chaînes.

Lifré. **lifréto**, *adj.* Gai; éveillé; coquet; accort; délicat.

Liga, *v.,* ou **Aliga.** Limoner; couvrir de lie, de limon, de vase. — *Voy. Énliga.*

Ligas, *s. m.* Gros amas ou dépôt de limon, où le pied enfonce, dans les premiers temps de sa formation.

Augm. de *Ligo,* lie, boue.

Lignéto, *s. f.* Ficelle; bitord; corde à fouet.

Ligno, *s. f.* Ligne, instrument de pêche; canne, perche légère en roseau d'ordinaire, à laquelle est attaché un fil ou une mince corde et un bout de crin blanc qui porte le hameçon.

Dans le sens du fr. Ligne, trait simple, le lang. ne connaît que *Rego,* et pour Rangée, file, rien que la variante *Ren.* — *Voy.* c. m.

Dér. du lat. *Linea,* fil, ficelle.

Lignôou, *s. m.* Ligneul des cordonniers, fil ciré avec de la poix, doublé plusieurs fois, qui sert à coudre les souliers.

Dér. du lat. *Linetum,* de *Linum,* lin.

Lignoto, *s. f.* Linotte, Gros-bec linotte, *Fringilla cannabina*, Temm., oiseau de l'ordre des Passereaux et de la fam. des Conirostres ou Conoramphes. — Ce joli oiseau vit longtemps en cage et rivalise avec le chardonneret pour le chant et l'intelligence.

Ligo, *s. f.* Lie du vin; dépôt, sédiment, vase des rivières.

Ligo, *s. f.* Acabit, qualité bonne ou mauvaise d'une chose, des fruits, des productions de la terre; race, origine, source, en parlant des personnes. — Il est probable que c'est même dans cette dernière acception que le mot a été imaginé d'abord, et qu'il ne s'est étendu que par analogie aux objets inanimés. L'homme ayant été formé de limon, la *ligo* a été sa source, son origine; quand on dit : *És dé la bono ligo,* il est de la bonne souche, de la vieille roche, on semble supposer que le Créateur se servit de diverses qualités de limon pour former les diverses races.

Dér. sans doute du lat. *Ligare,* lier.

Ligousso, *s. f.* Brette; épée longue; sabre.

Lima, *v.* Limer; polir; couper; amincir, user avec la lime, par le frottement. Au fig. perfectionner par un travail assidu, attentif.

Der. du lat. *Limare,* m. sign.

Limaïo, *s. f.* Limaille, partie de métal en poudre, que la lime enlève.

Limâouchoùs, **ouso**, *adj.* Péj. *Limâouchousas.* Gluant; poisseux; visqueux, mucilagineux; baveux, comme l'humeur qui couvre le corps de la limace.

Dér. d'*Alimase,* limace, limaçon.

Limase ou **Alimase**, *s. m.* Limace, limaçon sans coquille, *Limax*, Linn. — *Voy. Alimase.*

Limbardo, *s. f.* Limbarde, inule, perce-pierre, *Inula chrithmoïdes,* Linn., plante de la fam. des Corymbifères, qui croît dans les lieux marécageux, au bord de la mer.

Limborou, *s. m.* Varaire. plante. — *Voy. Iaraïre.*

Limo, *s. f.* Lime, carrelet d'acier, de fer, à raies, pour polir, user, couper les corps durs. — *Limo douço* ou *limo sourdo,* au fig. sournois, hypocrite; homme qui vous mine, qui vous ruine en vous caressant, qui agit secrètement avec de mauvais desseins.

Limougnè, **limougnèïro**, *adj.* Cheval, mule ou mulet, attelés au limon d'une voiture, c.-à-d. au brancard, par opposition à ceux qui sont attelés devant, et qu'on dit : *Atalas en cavio.*

Limoun, *s. m.* Limon, dépôt de terre détrempée ; boue ; bourbe, vase ; limon, fruit du limonier, plus petit que le citron, avec lequel on le confond cependant ; limon, brancard d'une voiture, d'une charrette ; pièce de bois qui soutient les marches d'un escalier.

Dér. du lat. *Limus,* limon, vase, boue.

Limouna, *v.* Limonner une terre, l'engraisser de dépôts de limon. — Se dit d'une prairie couverte par une inondation qui y a déposé du limon.

Limounado, *s. f.* Limonade, boisson du jus du limon ou du citron, avec de l'eau et du sucre.

Limounéto, *s. f.* Mélisse, citronnelle, plante. — *Voy. Abéiano.*

Limpa, *v.* Vieux et hors d'usage. Glisser. — Est entré dans *Escarlimpa,* v. très-usité. — *Voy.* c. m.

Dér. de *Limpo,* boue, en v. lang.

Limpéto, *s. f.* Pierre mince et plate, galet ; caillou plat, rond, sur une grève : ce sont ces galets avec lesquels les enfants s'amusent à faire des ricochets dans l'eau. — *Voy. Soupéto.*

Lin, *s. m.* Lin, lin commun, *Linum usitatissimum,* Linn., plante de la fam. des Caryophyllées ; dont l'écorce se file et fait des tissus, et dont la graine possède des qualités émollientes fort appréciées en pratique.

Linde, lindo, *adj.* Clair ; transparent, limpide, comme l'eau de roche ou celle qui court sur une grève unie et argentée. — *Lou ciél és linde,* le ciel est pur, sans nuage, ni brume. *Un jouan'home linde,* un jeune homme à taille svelte. — Ainsi pris au fig. dans ce dernier sens, *Linde* a contracté une extension qui semble participer de celle du vieux mot *Linje,* ou n'en être plutôt qu'une corruption : car il revient à Fluet, efflanqué, effilé, élancé ; se rapprochant de la signification du mot en espag. et en port.

En espag. *Lindo,* beau, net, pur ; en port. *Lindo,* joli, gentil.

Linja, ado, *adj.* Nippé ; qui est bien fourni en linge ; pourvu de linge.

Linjariè, *s. f.* Ensemble du linge d'une maison, d'un ménage, et non lingerie, qui est un appartement réservé à la conservation et à la réparation du linge, en fr.

Linje, *s. m.* Linge, toile employée aux besoins du ménage ; linge pour le corps.

Dér. du lat. *Linium* pour *Lineum,* transformé en *Linjum, linjeum,* et par suppression de la finale, *Linje.*

Linla, *s. m.* Lilas, *Lilas vulgaris,* Linn., arbuste de la fam. des Jasminées, originaire des Indes, à fleurs monopétales, tubulées, disposées en grappes.

Liò, *s. f.,* ou **Rédorto.** Lien formé d'un jeune scion d'arbre ou d'arbrisseau, ou même de jonc ou de tige herbacée, qui est tordu par les bouts et assez flexible pour lier un fagot.

Dér. du lat. *Ligamen,* lien.

Liò ou **Iò**, *s. m.* Lieu, endroit ; place ; occasion. — Est plus dans le dialecte montagnard que dans celui de la plaine. — *Voy. Iò.*

Liourèïo, *s. f.* Livrée — *Voy. Livrèto.*

Liouro, *s. f.* Livre, unité de poids d'après l'ancien système, qui se divise en 16 onces, 120 gros, 384 scrupules, 9,316 grains, et qui variait suivant les localités. Celle d'Alais valait 415 grammes 89 centig. — *La liouro dé dessouto,* retenue de un pour cent que les acheteurs de cocons font subir à leurs vendeurs en certaines localités : c'est pour tenir compte du déchet que peut avoir éprouvé la marchandise, soit dans le transport, soit par défaut d'un triage préalable assez exact. Cette retenue n'a rien de commun avec la proportion, qui n'est qu'un escompte. — *Voy. Proupourciou.*

Dér. du lat. *Libra,* m. sign.

Lipa, *v.* Lécher. Au fig. manger son bien. — *A tout lipa,* il a tout achevé. — *Voy. Liqua.*

Dér. de l'allem. *Lippe,* lèvre.

Lipado, *s. f.* Lippée ; bouchée ; coup de langue d'un animal qui lèche ; franche lippée, repas copieux et gratuit.

Lipaïre, aïro, *s.* et *adj.,* ou **Liquaïre.** Qui lèche, qui aime à lécher ; et au fig. écornifleur, parasite ; gourmand, moins délicat que *Lipé.*

Lipé, lipéto, *adj.* Dim. *Lipétoù.* Friand ; raffiné gourmand ; délicat mangeur ; qui est sur sa bouche.

Liqua, *v.,* ou **Lipa.** Lécher avec la langue ; effleurer avec la langue Par ext. et au fig. enlever, emporter ; effacer ; faire disparaître. — *Gardoù a liqua las castagnos,* le Gardon a emporté la récolte des châtaignes, bien entendu dans une inondation après orage, qui charrie les produits et la terre des montagnes. *L'douro-ddou, la liquo-fango,* le vent du nord, qui sèche la boue.

Dér. du gr. λείχω, je lèche.

Liquado, *s. f.* Bouchée ; action de lécher. — *Voy. Lipado.*

Liquaïre, aïro, *adj.* Qui lèche. — *Voy. Lipaïre.*

Liquofroïo, *s. f.* Lèchefrite, ustensile de cuisine pour recevoir le jus du rôti.

Liquo-sièto, *s. m.* Gourmand ; parasite ; ce qu'on pourrait traduire mot à mot en fr. par lèche-plat, lèche-assiette.

Liquoù, *s. f.* Liqueur ; liquide en général ; boisson dont l'eau-de-vie est la base. — *Un véire dé liquoù,* un petit verre d'eau-de-vie ou d'autre liqueur.

Dér. du lat. *Liquor,* m. sign.

Lirgo, *s. f.* Glaïeul, iris ou flambe, *Iris Germanicus,* ou *Gladiolus communis,* Linn., plantes de la fam. des Irisées, qui se confondent avec la *Coutèlo.* — *V.* c. m.

Liroun, *s. m.* Loir, rat des Alpes, loir commun, *Myoxus glis,* Linn., petit mammifère de la fam. des Rongeurs.

Ce nom n'est point très en usage ; et comme le Loir, plus rare que le Lérot, lui ressemble beaucoup, on lui donne, ainsi qu'à ce dernier, le nom de *Ra-caïé.* — *Voy.* c. m.

Lis, liso, *adj.* Poli; lisse; usé par le frottement; mince, fluet. — *Bago-liso,* jonc, bague unie, sans chaton ni guillochage. *Soupo liso,* potage sans garniture, eau bouillie sans grand assaisonnement. *Pèço-liso,* pièce de monnaie usée, élimée, mais conservant encore quelque valeur.
Dér. du gr. Λίς, λισσός, m. sign.
Lis, *adv.* En courant, sans bruit, comme en glissant. — *Passa lis,* passer sans s'arrêter, sans saluer, en voulant être inaperçu.
Liséto, Liso, Lisoun, *s. f.* n. pr. de femme. Lisette, Lise, Louison, dim. de Louise ou de Elise.
Lisièiro, *s. f.* Lisière, bord d'une étoffe, d'un champ.
Dér. de la bass. lat. *Lisiera,* du lat. *Licium,* trame; mais importé du fr.
Lisquo, *s. f.,* ou **Lésquo.** Dim. *Lisquéto.* Lèche, tranche de pain fort mince; tranche de viande, de saucisson, etc.; tartine de beurre, de fromage frais. — *Lisquo ddourado,* friandise dont on fête un heureux accouchement chez le peuple, en la distribuant aux personnes qui viennent faire visite à l'accouchée et à celles qui assistent au baptême. Elle consiste en de larges tranches de pain blanc, trempées à diverses reprises dans une pâte faite de lait, d'œufs et de sucre, et cuites ensuite à la poele. Les pâtissiers ont perfectionné cela et en ont fait ce qu'ils appellent des minerves.
Lissandro, *s. m.* n. pr. d'homme. Alexandre. — Altération par apocope.
Listèl, *s. m.,* ou **Gistèl.** Liteau. — *Voy. Gistèl.*
Listo, *s. f.* Bande de toile ou de mousseline claire dont les femmes en grand deuil garnissent leurs bonnets, en guise de dentelles. Elle doit être empesée, lisse et sans aucun pli.
Listo, dans le sens du fr. Liste, est du pur *franchiman* réprouvé.
En angl. *List,* bande, lisière.
Litièiro, *s. f.* Litière. — Ce mot comprend, en lang., non-seulement la litière dont on fait le lit des chevaux, bœufs, porcs, etc., mais toute autre substance qu'on mêle au fumier dans les cours, pour servir de véhicule aux déjections des animaux, comme buis, hérissons de châtaigniers, mauvaises herbes, etc.
Litre, *s. m.* Litre, mesure de capacité du système décimal. C'est un des termes de la nomenclature nouvelle qui est devenu plus tôt et plus généralement familier dans le peuple. — *Toumba'n litre,* boire, vider un litre. *Toumba soun litre,* boire une bouteille de vin d'un litre en un repas, déjeuner ou diner.
Litur, liturdo, *adj.* Lecteur, lectrice; celui ou celle qui lit, qui fait la lecture.
Lituro, *s. f.* Lecture; savoir, étude. *A la lituro pèr él,* il a l'avantage de savoir lire. *A dé lituro,* il a de l'instruction, du savoir, il sait lire et écrire.
Dér. du lat. *Lectura,* du v. *Legere,* lire.
Liuèn, *adv. de lieu et de temps,* ou **Iuèn.** Loin, à grande distance. — *Dé liuèn én liuèn,* à intervalles espacés, à distance l'un de l'autre, de loin en loin. — *Voy. Iuèn.*
Livrèio ou **Liourèio,** *s. f.* Livrée; uniforme; signe distinctif comme drapeau, cocarde, etc.
Logo, *s. f.* Dim. *Louguéto.* Espèce de foire ou plutôt de rendez-vous, où l'on loue des ouvriers pour la moisson, la vendange, l'éducation des vers-à-soie, et surtout pour les travaux d'hiver. Ce sont en général des ouvriers de la Lozère qui se présentent le jour dit, qui est toujours un dimanche : ils se réunissent en masse sur quelque petite place autour de l'église, et les enchères commencent à l'issue de la messe.
Dér. du v. *Louga.*
Logo (A), *adv.* Au lieu, tout au contraire — *A logo d'un chi, mé mandè un lou,* au lieu d'un chien, il m'envoya un loup. *As agu bèou din ta campagno? — A logo, a plougu tout lou tén,* as-tu eu beau temps dans ton voyage? — Bien au contraire, il a toujours plu.
Dér. du lat. *Loco,* au lieu.
L'on, *particule,* ou mieux *pronom personnel indéfini.* On, l'on.
Ce mot est le même que On, et l'euphonie seule règle les cas où chacun doit être employé de préférence, absolument comme dans le fr. On et l'on.
Comme en fr. contraction de *Homines,* les hommes.
Long, longo, *adj.* Dim. *Loungué;* péjor. *Loungas.* Long; qui a de la longueur, de la durée, de l'étendue; tardif; lent. — *Dé long pèis longo nouvèlo,* a beau mentir qui vient de loin. *S'esténdre dé soun long,* tomber de tout son long. *Sès bièn long,* vous tardez bien; vous êtes bien lambin.
Dér. du lat. *Longus,* m. sign.
On a compris que le G final, au masc. sing., ne se fait pas sentir : il n'aurait donc pas dû être écrit, d'après les principes de notre orthographe Mais dans ce mot, et dans quelques autres monosyllabes surtout, conjonctions ou adverbes, une exception à la règle était nécessaire, moins peut-être en faveur de l'étymologie, qu'à cause de la formation des composés qui prennent presque toujours la lettre caractéristique du primitif.
Long, *adv.* Le long; amplement; d'une manière diffuse. — *Long de l'aïgo,* tout le long de la rivière, sur les bords de l'eau. *Long dóou jour,* tout le long de la journée. *N'én sa long,* il en sait long, il est très-expert. *A la longo,* à la longue, avec le temps. *Tout dóou long,* en longueur, en long.
Longamén, *adv.* Longuement; durant un long temps.
Longo-maï, *adv.* ou mieux *interj.* Souhait, vœu, félicitation de politesse que l'on adresse à une personne en la complimentant sur un vêtement neuf, sur une maison, sur un domaine nouvellement acquis. La phrase entière usitée en ces circonstances ou en occasions semblables, est : *longo-maï, én bono santa,* c.-à-d. puissiez-vous en jouir longtemps encore en bonne santé. La syncope abrège, et

se fait suffisamment comprendre. La même formule simple *Longo-mai* s'emploie aussi comme adieu, lorsque deux personnes se quittent pour quelque temps et se prennent la main.

Longos (Las), s. f. plur. — Ne s'emploie spécialement qu'en terme de vigneron : *Douna las longos*, laisser de très-longues viettes au bout des sarments de la vigne en la taillant. Comme le nombre des bourgeons laissés est beaucoup plus considérable, la vigne a beaucoup plus de raisins; mais la quantité ne s'obtient qu'aux dépens de la qualité du vin et de la vitalité du cep. Aussi n'est-ce guère qu'à une vigne vieille, rabougrie et destinée a être arrachée que l'on fait subir cette épreuve. — *Voy.* Cargo.

Longo-vuío, s. f. Longue-vue, lunette d'approche.
Trad. du fr.

Lonjo, s. f. Longe, bande, lanière de cuir, ou corde, qui tient au licou des bêtes de somme ; échine du veau ou sa moitié, depuis les épaules jusqu'à la queue.
Empr. au fr.

Lontén, adv. Longtemps; durant un long espace de temps. — *Té parle de lontén*, je te parle de longtemps. *Y-a lonten*, il y a longtemps.

Loquo, s. f. Dim. *Louqueto*. Loche, loche des rivières, loche franche, *Cobitis barbatula*, Linn., poisson de l'ordre des Holobranches et de la fam. des Cylindrosomes : dessus du corps d'un brun olivâtre; côtés jaunâtres nuages et pointillés de brun; six barbillons aux mâchoires; longueur de 12 a 15 centimètres, quand Dieu leur prête vie. Ce petit poisson, fort commun dans le Gardon, reste au fond de l'eau, caché dans l'herbe et les pierres ; sa chair est d'un bon gout.

Lou, art et pron m. Le. — S'élide devant une voyelle : *l'doubre*, l'arbre, comme en fr. Au gén. *de lou*, contracté en *dèl*, *dal*, aujourd'hui *dâau* ou *de l'* devant une voyelle, équivalent au fr. de, du *(Voy. Dâou)*. Au dat. *à lou*, contracté en *âou* ou *à l'*, au. Le plur. masc. nomin. et accus. est *lous*, les ; gén. *das*, des ; dat. et abl. *as*, aux. Son fém. sing. fait *la*, la ; gén. *dé la* ; dat. *à la* ; au plur. nom. et accus. *las*, les ; gén. *de las*, des ; dat. *à las*, aux.

Lou capèl, le chapeau; *dâou capèl*, du chapeau; *âou capèl*, au chapeau; *l'doubre*, l'arbre; *de l'doubre*, de l'arbre; *à l'doubre*, à l'arbre; *lous capèls*, *lous doubres*, les chapeaux, les arbres; *das capèls*, *das doubres*, des chapeaux, des arbres; *as capèls*, *as doubres*, aux chapeaux, aux arbres. *La fenno*, la femme; *de la fénno*, de la femme; *à la fénno*, à la femme; *las fénnos*, les femmes; *dé las fénnos*, des femmes; *à las fennos*, aux femmes.

Dans le sens pronominal, *Lou*, m. sing., le ; f. sing. *la*, la ; au plur. m. *Lous*; f. *Las*, les. — *Aïma-lou*, aimez-le ; *lou vése*, je le vois. *Lous aïme*, je les aime ; *vésé-lous*, voyez-les. *Aïmo-la*, aime-la ; *la vése*, je la vois ; *las aïman*, nous les aimons, *vésé-las*, voyez-les. *Lou qué*, celui qui, celui que; *la qué*, celle que. *Lou qué vèn*, celui qui vient; *lou qué vése*, celui que je vois ; *la qué t'aïmo*, celle qui t'aime ; *la qué préne*, celle que j'épouse.

Dans la région montagneuse, au nord d'Alais, où les raffinements du français ont moins pénétré, il s'est conservé une formule habituelle de langage et d'emploi de l'article que nos pays de plaine ont presque perdu Pour désigner une personne dont on parle, on fait précéder de l'article son nom ou son prénom; on dit . *lou Dumas, lou Rocho, lou Jan, lou Polito, lou Pière; la Bdoudano, la Mièrguesso, la Beloun, la Jano, la Marioune*, etc. Dans quelques noms commençant par une voyelle, on euphonise par une liaison la rencontre mal sonnante à l'oreille, *lou-z-Idoro*, le Isidoro, ou bien d'autres fois on compose le nom en supprimant la voyelle initiale, *lou Lissandro*, le Alexandre.

Ce sont là, me paraît-il, les anciennes traditions qui se perpétuent, les tendances harmoniques de l'idiome qui se maintiennent, même avec des mots de forme relativement récente et plus recherchée. C'est le même esprit qui a créé l'élision et qui, à la place de la contraction au gen. *ddou*, du, substitua le *de l'* avec l'apostrophe. C'est encore ce qui amena la prosthèse ou addition de l'article au substantif et au nom propre commençant par une voyelle, avec lesquels il s'est si souvent confondu.

Pour se rendre complètement raison de cette dernière particularité si essentielle à noter dans la recherche des étymologies, il faut se reporter à l'époque où la langue aspire à se renouveler et prépare ses voies. La grammaire viendra plus tard ; en attendant son vocabulaire se forme ; il retient tous les mots qui suffisent à se comprendre; mais les expressions et les tournures sont empruntées à tous les idiomes qui courent dans le pays. Le latin en est toujours la base, le latin dégénéré, corrompu d'abord par son mélange avec l'idiome des provinces romanisées, et par la prononciation gauloise toujours persistante, puis descendant encore dans la basse latinité rustique, et plus que jamais laissant dénaturer son caractère. La fixité lui manque ; une ordonnance régulière n'avait ni les moyens, ni le temps de se formuler en lois assez précises pour discipliner des esprits différents d'habitudes et indépendants les uns des autres, l'autorité magistrale du latin ayant disparu. De loin on pouvait déjà pressentir que le roman, issu de cette latinité sans cohésion et sans règles, arriverait bientôt à se diviser lui-même en dialectes qui, sans se séparer tout à fait de leur principe commun, s'en affranchiraient assez pour être distingués en deux langues, la langue d'Oïl et la langue d'Oc. — *Voy. Rouman*.

Aussi, au moment de la rénovation, disons-nous, la langue, qui ne désertait pas son vocabulaire, manifestait-elle une irrésistible tendance à lui donner une autre forme. Les modes de déclinaison et de conjugaison avaient commencé par s'éloigner du pur latin classique : par la suppression des désinences et de la quantité, l'accent tonique se déplaçait et la prononciation modifiait le sens et l'orthographe des mots selon de nouvelles exigences : les flexions n'avaient aucune valeur grammaticale; tous les cas disparurent, et l'article détermina la relation et les genres, en précédant invariablement tous les substantifs, même les noms propres, qui ont fini cependant par le supprimer. Avant tout, la nouvelle langue vise un but et ne semble préoccupée que du besoin de rendre sa forme plus brève, plus adoucie et plus commode.

Nous ne voulons saisir au passage qu'un des phénomènes de ce mouvement qui amène le roman à modifier les principes et le caractère de l'idiome générateur dont la décadence ne suffit plus aux besoins intellectuels. Nous avons précédemment indiqué les procédés dont on avait usé envers les finales latines et les suffixes (*Voy. Agno, suff.*), il est évident que, les cas et les genres une fois supprimés, la désinence avait dû tomber, puisque sa portée était nulle et qu'elle devenait un embarras à la prompte expression de la pensée. Mais en même temps devait intervenir un signe sensible pour suppléer aux genres et donner aux mots une détermination précise, et leur acception, nécessaires à la clarté du discours : et l'article se posa en avant de tous les noms, au masculin et au féminin, au singulier et au pluriel. Il fut pris au latin *ille, illa*, son pronom démonstratif le plus usuel : son rôle et son emploi étaient fixés. De la basse latinité, où son usage n'était pas inconnu, il se transmit au roman, et advint à la langue d'Oïl et à la langue d'Oc.

L'idiome, qui arrivait ainsi à se simplifier en secouant la gêne des règles grammaticales et des flexions trop variées et trop diverses, représentatives du genre, du nombre, des cas, de la personne, des temps et des modes, avait encore à obéir aux instincts d'euphonie qui convenaient le mieux à l'oreille et d'une plus facile articulation. La contraction et l'adoucissement modifièrent donc la forme latine : en roman, comme dans les langues d'Oïl et d'Oc, l'article faisait au masc. sing. nom. *El, lo*; gén. *del, de lo*; dat. *al, el, a lo*; au plur. nomin. *els, los, li*; gén. *dels, de los, de li*; dat. *als, a los, a lis*; le féminin, au sing. et au plur., était en tout conforme au nôtre, sauf au nomin. qui disait *la* et *il*. Ce n'était pas suffisant pour le français et le languedocien modernes : *le* et *l'* fr. remplacent *el* et *lo*, au sing. masc., et ainsi de suite pour les autres cas; pour nous, la consonnance est aussi amortie par *lou, dóou, dou; lous, das, as*.

Mais l'introduction de l'article précédant tous les noms devait avoir un résultat également notable. *Lo, le* et *lou*, de formation identique, se terminaient par une voyelle plus ou moins sourde, et qui était exposée à rencontrer un mot portant une voyelle initiale. L'élision eût sauvé un heurtement désagréable : le roman, plus dominé par l'influence latine, ne s'en préserva pas toujours; le français et le languedocien en redoutèrent le choc, et la combinaison de la première lettre de l'article avec l'apostrophe, *l'*, déguisa l'inconvénient à l'oreille. Mais peu à peu cette forme, qui était purement orthographique, fut impuissante à distinguer le substantif auquel elle s'adaptait, et elle fut absorbée par ce substantif. Il s'en suivit un écart qui transfigurait le primitif, puisque l'article accessoire devenait le mot lui-même, et de là des obscurités étymologiques souvent difficiles à débrouiller. Ce qui même augmente l'embarras, c'est que ces incorporations d'articles constituant un mot ne sont qu'un accident qui n'a rien de systématique ni de régulier : elles se sont impatronisées dans le vocabulaire par l'usage et sans parti-pris d'application générale; car on peut remarquer souvent, à côté d'un substantif dans lequel l'article s'est agrégé, un autre nom dans les mêmes conditions qui a résisté à l'amalgame.

Dans le vieux français les exemples ne manquent pas : on cite *Lierre*, du lat. *Hedera*, qui fit primitivement *edre*, puis *ierre, iere*, avec l'art. *l'ière*, et enfin par la confusion *Lierre*, et qui est pour nous *Louno; Loriol*, qui reste, après avoir été *Oriol, l'oriol*, du lat. *Oriolus* ou *Aureolus*, notre *Figo-Lóouriéou; Luette*, de la basse lat. *Uveta; Landier*, de *Anderia; Lendemain*, dans le principe *endemain* ou *demain; Liard*, que nous avons gardé avec sa forme si particulière de l'*i* initial aspiré; etc., etc.

Dans le domaine de la langue d'Oc, de semblables transformations se sont produites, sans s'assujettir à celles qu'opérait la langue d'Oïl ou le français; ce qui est une nouvelle preuve de son indépendance et justifie sa prétention d'être considérée comme une langue à part, de même origine que le français et non un de ses patois corrompus. Nous ne relèverons pas les différences ou les similitudes dans les substantifs communs autrement que pour ce qui ressort de la nomenclature; nous ne voulons ici nous attacher qu'à certaines dénominations locales, territoriales, et aux noms propres qui en peuvent dériver, sur lesquels ont agi les influences dont nous parlons. Le nombre des mots appartenant à cette catégorie est nécessairement assez restreint, bien que les agrégations de l'article se soient étendues au masculin et au féminin, au singulier et au pluriel; mais ces accidents, et nous ne les signalons pas tous, ont dû nous arrêter, si peu considérables qu'ils semblent en apparence, car ils intéressent l'histoire des noms propres et ne peuvent être négligés dans la recherche de leurs étymologies.

Voici quelques-uns des exemples à l'appui des indications qui précèdent et qui leur serviront de commentaire. Il suffira le plus souvent de placer à côté du nom actuel le plus ancienne de ses formes mentionnée par les vieux titres, pour avoir raison de celle dans laquelle il s'est fixé et des adjonctions parasites qui lui donnent une nouvelle physionomie, sans qu'il se prive cependant aujourd'hui de l'ajustement pléonastique de l'article.

Lacan, n. pr. de lieu, dit *Mansus de Campo*.

Lafoùs, Mansus Fontium. — Voy. *Fon*.

Lagrinié, Mansus de Agrinerio.

Lanciso, du lat. *Incisus, incisa*.

Langlado, appelée en 1125 *Anglata*, en 1214 de *Anglada*.

Lóoumédo, nom partitif, lieu planté d'ormes, formé du lat. *Ulmus, Ulmetum*, en fr. Ormoie, dit en 1160 *de Ulmeto*, en 1551 l'Olmède, aujourd'hui *Laumède*, commune de Roquedur (Gard); le n. pr. d'homme *Lomède*, avec le simple *Lolm* n. pr. de lieu, commune de Saint-Christol-les-Alais, *L'hom*, variante; d'où les noms d'hommes *Aoumessas, Aoumeras*, lang., et les analogues *Almessas, Omessas*, et *Ormoy* (Eure), tous venus de l'ancien lang *Olme, Oume*, en fr. *Orme*, sans compter les composés *Delorme, Dormoy*, comme les autres en un seul mot.

Lôouriôou, Lauriol, n. pr. de lieu et de personne, du lat. *Aura* ou *Aurum*, donnant *Aureolus*, dimin., dit en 1237, *ad ripariam d'Auriol*; en 1463, *Vallatum de Auriol*; *Loriol* plus tard, et enfin en fr. *Lauriol*.

Larna, s. m. n. pr de lieu. Larnac, hameau près Alais, de la commune de Saint-Hilaire de Brethmas, mentionné en 1314 *Ecclesia de Arnaco*. — Le même nom est commun à d'autres hameaux, notamment dans les communes des Mages et de Montaren, pour le Gard. Il est devenu aussi n. pr. d'homme.

L'ancienne désignation donne la clé de l'étymologie. Il s'agit évidemment du nom tudesque ou goth *Arnald*, devenu *Arnaud, Arnal*, abrégé en *Arna*, tous assez répandus dans notre pays, auquel s'est ajouté l'article *lou*, le, élidé et syncopé avec la première syllabe du mot, comme on le trouve fréquemment.

Larza, s. m. n. pr. de lieu. Larzac, plateau fort élevé dont une partie se trouve à l'extrémité du département du Gard, commune de Trève, et forme la ligne de séparation entre la Dourbie (Gard) et la Jonte (Aveyron).

Le même mode de formation par la fusion de l'article nous paraît avoir, comme pour le précédent, fait le mot actuel : *lou Arza*, l'Arzac, Larzac. Le primitif dégagé serait *Arzac*, forme romane, conservée par le fr. mais réduite dans notre dialecte qui supprime toujours le *c* final, en *Arza*, provenant du lat. *Arsacus*, avec l'adoucissement euphonique du *z* pour *s* et la modification ordinaire du suffixe caractéristique; de sorte qu'il se présenterait deux étymologies également probables et justes. L'une, tirée du lat. *Arx, arcis*, forteresse, venue du gr. Ἀρχὰ, sommet, sommité, prise dans ce dernier sens; l'autre, du lat *Arsus, arsa*, brûlé, indiquant un lieu qui aurait été ravagé par les flammes : circonstance assez fréquente, soit pendant les invasions des Barbares, soit à la suite des guerres de religion, pour perpétuer le souvenir de ces calamités à la place qu'elles avaient le plus frappée. Comme analogues les n. pr. *Larcy, Darcy*, etc., malgré la variante des désinences, sont trop rapprochés pour n'avoir pas une des deux racines à s'appliquer : c'est toujours l'incorporation de l'article au radical.

Lascours, du canton de Vézenobres, qu'on trouve, en 1003, *Curtes*, en 1294 *Mansus de Curtibus*, et en 1347 Las Cours; comme dans la commune d'Aulas, le roman écrivait en 1071 *Las Cors*, le latin de 1447 *Mansus de Curtibus*, et en 1513 *territorium de las Cortes*.

Laval, commune de la Grand'Combe, de Colias, de Nîmes et autres lieux, d'abord mentionné, en 1099, pour la première indication sous le nom de *Vallis*, et en 1314, 1345 et 1361, *Parrochia* ou *Ecclesia de Valle*, traduit en 1620, avec la séparation de l'article par *Notre-Dame de La Val*, et enfin avec la réunion par *Notre-Dame de Laval*.

Dans cette série pourraient encore être compris des noms propres, qui, à divers degrés, par la prosthèse ou par apocope, ont donné lieu à des variantes singulières, comme : *Leyris* ou *Lauris*, n. pr. de lieu dans les communes de Castillon de Gagnière et de Quissac, et nom d'homme; *Leyrolla*, Leyrolles, commune de Génolhac, dimin formés sans doute de *Aira*, aire a blé, du lat. *Area*, m sign., que la bass. lat. rendait par *Lairanica*, donnant ensuite Lairargues (Hérault), et Alairargues (Hérault), *Alairanicæ*, dont les analogues pourraient amener Alleirac, Alleyrac, Olérargues, Oulérargues, comme Oleyra et Lerrac (Charente), et encore une nombreuse famille ; à moins cependant, ce qui n'infirmerait en rien notre thèse, que ces derniers commençant par *o, ou*, n'eussent leur primitif dans le lat. *Olla*, qui a donné par la même addition, à côté de nous et dans le Gard, le n. pr. *Loulos*, Loules, commune de Tornac, dans lequel l'article avait plus de facilité à se confondre.

Léousièro, Leuzière, la Leuzière, les Leuzières, dans plusieurs de nos communes, de *Lousé*, chêne, en lat. *Ilex*, ayant pour analogues La Lauzière, Lozière, et peut-être *Luzis*, et Luziers, commune de Mialet, seraient toujours dans le même cas.

Lou, s. m. Dim. *Loubé, loubatou*; péj. *Loubatas*. Loup, *Canis lupus*, Linn., mammifère unguiculé de la fam. des Digitigrades ou Carnivores. C'est l'animal le plus dangereux de nos contrées. Il habite les montagnes au nord de notre département ; mais quelquefois la faim le chasse de ses bois et il vient visiter nos plaines; on organise alors de grandes battues officielles : on y fait bombance, on tue quelques lièvres ou quelques perdreaux qui n'en peuvent mais, le plus souvent rien, et le loup s'en retourne chez lui.

— *A las costos en long coumo lous lous*, c'est un fainéant qui ne veut pas se baisser pour travailler : ce dicton tient à un préjugé d'autant plus sot que tout le monde est à même d'en vérifier la fausseté, quand on tue un loup, ce qui arrive et n'est pas même bien rare, en dehors des battues. D'après cette croyance, le loup aurait les côtes placées en long, parallèlement à l'épine dorsale, ce qui l'empêcherait de faire des voltes et des mouvements ondulés dans le torse. Le fait est qu'il a un peu moins d'élasticité et de souplesse que les chiens ; mais il n'en est pas moins agile, et le dicton s'applique sans doute à sa paresse que le besoin seul lui fait secouer au point de le rendre féroce. *Ès counégu coumo lou lou blan*, il est connu comme Barabas à la passion *Grano dé lou*, race biscaïne, maudite, vagabonde. *A vis lou lou*, il est pris par le gosier, il ne peut parler, articuler un son : d'après un préjugé vulgaire et très-ancien, puisque Platon lui-même le rapporte, la vue de l'homme sur le loup, et réciproquement celle du loup sur l'homme, a une influence telle, que si c'est le loup qui aperçoit le premier l'homme, celui-ci est frappé d'une extinction subite de voix ; que si au contraire c'est l'homme qui voit d'abord l'animal, le loup perd complètement sa force. Le dicton perpétue cette ridicule croyance.

Dér. du lat. *Lupus*, m. sign.

Lou, *s. m.* Loup, lubin, bars commun, *Labrax lupus*, Linn., poisson de mer, de l'ordre des Holobranches et de la fam. des Acanthopomes, qui atteint une grande taille, et dont nos gastronomes font, ainsi que les anciens Romains, beaucoup de cas. Son nom lui vient de sa voracité. A l'approche du printemps il cherche à remonter dans les eaux douces et pénètre en quantité dans les étangs de la Méditerranée, d'où il regagne la mer en septembre.

Lou, *s. m.* Dim. *Loubé*. Louve, petite fenêtre, lucarne, pour communiquer des combles d'une maison sur les toits.

Loubâou, *adj. des deux genres.* — S'emploie comme qualificatif pour désigner certains sols : *téro* ou *téraïre loubâou*, terrain friable, léger, semé de rocailles à fleur de terre toutes percillées. Les racines des plantes et des arbres y pénètrent et y trouvent toujours de la fraîcheur et de l'humidité.

Ce nom a été imaginé sans doute à cause de l'aspect étrange et hérissé de ces pierres et rochers.

Loubatado, *s. f.* Portée d'une louve ; nichée de louveteaux. Au fig. famille mal famée.

Loubatas, *s. m.* Augm. et péjor. de *Lou*. Gros loup, dangereux et redoutable. Au fig. homme avide, sauvage, dur.

Loubatièiro, *s. f.* Lieu hanté, habité par les loups ; site escarpé, sombre et sauvage.

Loubatoù, *s. m.* Dim. de *Lou*. Louveteau ; petit de la louve ; jeune loup.

Loubé, *s. m.* Dim. de *Lou*. Petit ou jeune loup, et n. pr. de chien ; petit chien-loup. — C'est cette espèce particulièrement qui fournit aux journaliers le chien qu'ils appellent *Gardo-sa*, garde-sac.

Loubièiro, *s. f. et n. pr. de lieu et de personne.* Loubière, la Loubière. — Cette appellation est commune et comme celle de *Loubatièiro* (V. c. m.), a été inspirée ou par l'aspect sauvage du site lui-même, ou par ce qu'il était fréquenté par les loups : ce qui se tient. Le masc. *Loubié*, en fr. Loubier, Louviers, ses analogues, ont la même origine.

Loubo, *s. f.* Louve, femelle du loup.

Loubo est aussi un terme injurieux pour une femme: une réminiscence du mot fr. Louve, traduisant le lat. *Lupa*, qui était jadis donné aux femmes de mauvaise vie. Cependant cette injure ne comporte point dans notre dialecte cette ancienne acception : *Loubo* veut dire plutôt une méchante, une cruelle, une brutale femme.

Loudro, *s. f.* Bourbe ; débris ou détritus pourris et délayés ; tout dépôt d'un liquide épais, croupissant, entraînant l'idée de la saleté et du méphitisme.

Dér. du lat. *Lutum*, m. sign.

Loufo dé lou, *s. f.* Vesse de loup, sorte de champignon de la tribu des Lycoperdonés, très-facile à reconnaître : forme arrondie, surface lisse, chair homogène, et transformation de sa partie intérieure en une poudre brune ou noire d'une excessive ténuité. La production de cette poussière noire à l'intérieur n'arrive que peu à peu et par les progrès de la végétation ; dans le jeune âge, la chair est d'un blanc pur. Cette espèce est suspecte, quoique certains auteurs affirment qu'elle soit comestible. Roques ne partage point cette opinion. Le mieux est de se priver d'en préparer et d'en manger.

Louga, *v.* Louer ; prendre ou donner à loyer ; affermer, donner ou prendre à ferme ; louer un domestique à gages. — *Aï louga moun drole pér manobro*, j'ai loué mon jeune garçon pour servir de manœuvre. *S'és lougado pér chambrièiro*, elle s'est mise en service. *Louga un varlé*, prendre un valet *Louga un chival*, louer un cheval.

Pour les immeubles, il vaut mieux dire *Arénta* (V. c. m.) *un bé, un oustàou, uno cambro*. Dans cette acception, *Louga* et *Arénta*, comme le fr. Louer et Affermer, se disent du propriétaire et du fermier, du bailleur et du preneur.

Dér. du lat. *Locare*, m. sign.

Lougaje, *s. m.* Louage, location d'un meuble, d'une chose. — *Un chival de lougaje*, un cheval de louage, un locati. *Lougaje d'uno cadièiro*, location d'une chaise.

Louïro, *s. f.* Loutre, loutre commune, *Mustela lutra*, Linn, mammifère unguiculé de la fam. des Digitigrades ou Carnivores. — Cet animal, aux pieds palmés, ne s'écarte jamais de l'eau, car, marchant difficilement, il deviendrait une proie aisée pour ses ennemis, s'il s'éloignait de son refuge. Il vit uniquement de poisson, et comme il est très-adroit pêcheur, il suffit d'un seul de ces animaux pour dépeupler une grande partie de rivière. Il est d'un naturel très-sauvage. Il atteint soixante centimètres de longueur. Sa fourrure, assez prisée dans le temps, a beaucoup servi depuis à confectionner des casquettes qui ornèrent le chef des conducteurs de diligences, quand il y avait encore des diligences.

Dér. du lat. *Lutra*, que Pline affirme être venu du gr. Λούειν, détruire, ou laver, par cette double raison que cet animal coupe et détruit les racines des arbres au bord des rivières, ou qu'il est presque toujours dans l'eau.

Louiso, *s. f. n. pr. de femme.* Louise. — Le dim. est *Louïsoun*, Louison. Le fr. Louis, au masc., a fourni son similaire *Louïs* au lang., qui fait au dim. masc. *Louïsé*, *Luisé*. — *Voy. Luis* et *Luiso*.

Dér. du lat. *Ludovicus*, formé lui-même de l'ancien frank ou tudesque *Luit*, illustre, et *Wich*, vaillant guerrier.

Louja, *v.* Loger ; donner à loger ; héberger. — Dans l'acception de Habiter, *Démoura* et *Résta* sont de meilleur aloi.

Dér. du lat. *Locare*, placer.

Loujamén, *s. m.* Logement, habitation, gîte.

Loujìs, s. m. Hôtellerie; auberge; maison ou on loge les voyageurs et qui porte encore souvent pour enseigne : Bon logis

Loumbar, s. m. Lombard, établissement où l'on prêtait sur gages ; espèce de mont-de-piété — Des Italiens, sortis particulièrement de la Lombardie, vinrent en France où ils se firent prêteurs, banquiers et surtout usuriers ; ils durent créer les premiers établissements de ce genre, qui prirent leur nom. *Loumbar* désigne donc la maison de prêt fondée par les Lombards, et aussi l'individu qui exerçait leur profession. Il est devenu nom propre.

Loumbardo, s. f. Espèce de cerise, grosse guigne, ainsi nommée parce que probablement elle fut apportée de la Lombardie.

Loungamén, adv. Longuement, pendant longtemps. — Variante de *Longamén.*

Loungano, s. f., ou **Loungagno.** Longueur; lenteur; retard ; musardie ; lambinerie.

Loungaru, udo, adj. Péj. *Loungarudas, asso.* D'une longueur exagérée et disgracieuse, comportant aussi, pour certaines choses, l'idée de mince qui semble ajouter encore à la longueur. C'est un péjoratif capricieux de *Loungas* qui est déjà un augm. de *Long.*

Loungoù, s. f. Longueur; étendue d'une chose d'un bout à l'autre ; durée de temps. — *Rèssa de fustos dé loungoù,* scier des poutres à la même longueur, les débiter à la longueur voulue. *Faire uno batudo de loungoù,* faire une séance qui compte.

Lounguéto, s. f. Nom d'une châtaigne de très-bonne espèce, grosse, en cœur, productive.

Lounjèiro, s. f. Enseigne qu'un particulier suspend accidentellement à sa porte pour annoncer qu'il vend au détail le vin de sa récolte ; elle reste en permanence au contraire à l'entrée du cabaret, qui en reçoit son nom ; taverne, bouchon, cabaret. — *Achata soun vi à la lounjèiro,* acheter son vin à pot et à pinte dans un de ces endroits. En fr. le cabaret s'appelle Bouchon, de son enseigne composée ordinairement dans le Nord de plusieurs bouchons de bouteille enfilés. *La lounjèiro* est un paquet de verdure ou de linge.

Dér. de la bass. lat. *Longieria,* m. sign.

Loupio, s. f. Loupe, tumeur enkistée sous la peau ; excroissance charnue, ronde, indolente.

Dér. du lat. *Lobus,* m. sign.

Lour, lourdo, adj. Lourd, non pas de poids, mais d'esprit; grossier ; épais ; lourdaud.

Dans l'acception de Pesant, nous employons *Gréou.* — Voy. c. m.

Dér. de la bass. lat. *Lurdus,* m. sign.

Lourdije, s. m. Lourdise; grosssièreté; épaisseur, pesanteur d'esprit. En parlant des animaux et spécialement des moutons, vertige, tournis, maladie qui leur est particulière.

Louta (Faire), v. Faire une loterie d'une chose, la

mettre … loterie — Q… … …, *lo mostro que fan lou tu?* Quand … … la loterie de cette montre ?

Fu pr… au f… *Lot.*

Loutariè, s. f. Loterie, sorte de tirage au sort de divers lots ou objets.

Loutor, s. m. Laiton, cuivre jaune, métal d'un jaune pâle, résultant de l'alliage du cuivre et du zinc.

En … *Latum,* m. sign : en flamand, *Læteon ;* en angl *Latten*

Lu (Sôn), s. m. n. pr. Saint Luc, dont la fête est le 18 octobre. — *Per Sen-Lu semno mol ou du,* a la Saint-Luc, sème la terre molle ou desséchée, dure : c'est le temps des semailles, et il n'est pas bon de les retarder quel que soit l'état du terrain.

Dér. du lat. *Lucas,* Luc.

Lucado, s. f. Éclaircie, court intervalle de beau temps pendant une pluie continue ; rayon de soleil ou jour plus clair qui luit à travers les nuages qui s'ouvrent un moment.

Dér. du lat. *Lux, lucis,* lumière.

Lucha, v. Lutter; combattre à la lutte, corps à corps. Au fig. chercher à l'emporter dans une lutte quelconque.

Dér. du lat. *Luctare,* m. sign.

Luchaïre. s. m. Lutteur; qui fait sa profession de lutter dans les jeux publics. — La lutte et la course de taureaux sont toujours fort en vogue parmi les populations du midi de notre département. Pour figurer comme acteur dans une de ces courses, il suffit d'un peu de hardiesse et d agilité dans les jambes au besoin ; il n'en est pas de même pour la lutte. Il y a là des règles et un art dans l'attaque et la parade à l'aide duquel un adepte abattra un homme deux fois plus fort s'il n'en sait pas autant que lui Aussi dans ces localités, dès leurs plus jeunes ans, les enfants s'exercent à ce jeu, et c'est de là que l'on voit sortir cette foule d'athlètes qui vont se disputer le prix dans nos cirques romains ou de fabrique plus moderne et plus modeste qui s'improvisent dans toutes fêtes de village. Mais parmi ces lutteurs combien peu atteignent la gloire des Vénitien, des Mazard, des Rabasson ! N'importe : ce n'en est pas moins devenu une profession ; et c'est vrai de dire qu'elle ne mène guère à la fortune, et comme on s'y use vite, bien moins encore par les efforts qu'on y fait que par les habitudes de cette singulière vie d'artiste, il vaudrait mieux faire autre chose.

Luché, s. m. Louchet, espèce de bêche, outil d'agriculture et de jardinage. — La forme de la bêche varie dans les diverses localités ; le louchet se compose invariablement d'un manche de bois, ayant à son extrémité supérieure une main ou petite traverse en forme de T : l'autre extrémité, sur le même plan, formant la pelle, du même morceau de bois, est recouverte ou chaussée d'un fer large, aplati et tranchant, parallélogramme de 33 centimètres sur 18 environ, au-dessus duquel est un éperon en fer en marchepied. On enfonce verticalement le louchet en appuyant les deux mains sur la petite traverse et en forçant vigoureusement du pied sur l'éperon. La tranche de terre ainsi coupée est détachée tout à fait en faisant levier avec le manche de l'outil; l'ouvrier l'enlève comme une pelletée et la jette sens dessus-dessous devant lui. Dans les terrains trop cailloutteux où le fer plein du louchet ne peut pénétrer, on se sert d'un louchet à trois pointes, sorte de trident, qu'on manœuvre de la même manière. Le travail au louchet est le meilleur de tous; car il est profond, uni, et la terre en est complètement retournée; mais c'est celui qui va le moins vite et qui par conséquent est le plus cher : néanmoins, ici, dans toutes les terres où ne peut aller la charrue, le premier labour se fait au louchet de préférence au *béchar (V.* c. m.), qui le remplace aussi dans les sols cailloutteux.

Luchéta, *v.* Travailler au louchet; bêcher au louchet, puisque le Dictionnaire de l'Académie ne nous permet pas encore de nous servir du verbe *Loucheter,* après avoir cependant adopté le louchet, qu'il définit du reste fort mal.

Luchétado, *s. f.* Coup de louchet; sa profondeur; la portion de terre qu'il remue ou qu'il enlève. — *Émb'un parél dé luchétados lou tráou séra prou bèl,* encore deux coups de louchet, et le trou sera assez grand. *A dos ou trés luchétados trouvas l'aïgo,* à la profondeur de deux ou trois coups de louchet, vous trouverez l'eau. *Trasès aicí qudouquos luchétados,* jetez ici quelques pleins louchets de terre.

Luchétaïre, **aïro**, *adj.* Ouvrier qui travaille au louchet.

Lucho, *s. f.* Lutte, exercice gymnastique. Au fig. combat d'esprit, d'énergie, d'argent, contre un adversaire quelconque; effort, résistance. — *Y-a cént francs à la lucho,* le prix de la lutte est de cent francs. *Soun pas pariés end'aquelo lucho,* ils ne sont pas d'égale force dans cette lutte. *La trouèsiemo és lucho,* ou mieux *à las tres sou luchos,* prvb., ce qui correspond au lat. *Tertia solvet.* Cette locution vient d'une règle de la lutte qui veut que les deux adversaires qui se disputent en dernier lieu le prix, aient déjà renversé chacun deux hommes; c'est ce qu'on appelle *Èstre din lou rampèou (V.* c. m.). Cette troisième lutte est donc la bonne ou la belle, celle qui décide tout. C'est bien la signification du dicton languedocien, que le fr. avait anciennement rendu aussi par : A la troisième voit-on la lutte.

Dér. du lat. *Lucta,* m. sign. par apocope.

Luciên, *s. m.* n. pr. d'homme. Lucien.

Lucìo, *s. f.* n. pr. de femme. Lucie.

Luço, *s. f.* n. pr. de femme. Luce. — Ce dernier, par une altération familière, est devenu aussi n. pr. d'homme, abrégeant *Luciên.*

Ces trois noms du reste paraissent avoir le même radical lat. *Lux, lucis, lucere,* qui a donné *Lu,* Luc, Lucas.

Lucre, *s. m.* Lucre; gain; bénéfice; profit d'une industrie, d'un négoce, d'un travail.

Dér. du lat. *Lucrum,* m. sign.

Lucre, *s. m.* Cabaret, petite linotte; gros-bec sizerain, *Fringilla linaria,* Temm., oiseau de l'ordre des Passereaux et de la fam. des Conirostres ou Conoramphes. Sommet de la tête d'un cramoisi foncé; la gorge et la poitrine d'un cramoisi plus clair; ventre blanc-rosé; parties supérieures roux-brun avec des taches noires; deux pennes d'un blanc roussâtre traversant l'aile. Son cri d'appel ressemble à celui du tarin et ses allures sont celles de la mésange; lorsqu'il est en cage, on le voit toujours en mouvement et sa gaité ne se dément jamais.

Lugar, *s. m.* — Ce mot qui, dans l'origine, s'appliquait à toutes sortes d'étoiles, surtout aux plus brillantes et notamment aux planètes qui sont plus apparentes, ne s'emploie guère que dans cette phrase : *lou lugar dáou pastre,* l'étoile du berger; c'est la planète Vénus qu'on appelle aussi l'étoile du soir ou du matin, selon l'heure à laquelle elle se lève.

Dér. du lat. *Lucere,* luire, briller.

Luis, *s. m.* n. pr. d'homme. Louis. — Son dim. est *Lvisé* et par fantaisie *Lisoio; Iouisé* est presque franchiman. — Voy. *Louiso.*

Luisan, *s. m.* Œil. — Ce terme est de pur argot citadin, inconnu dans la campagne, où il n'a été importé que par quelque loustic revenu de l'armée ou de son tour de France; il ne s'emploie guère qu'au plur. *Ious luisans,* les yeux.

Luiso, *s. f.* n. pr. de femme. Louise. — Son dim. est *Lisoun* ou *Louisoun,* même *Liséto,* qui pourrait cependant venir de *Élise* ou *Lise,* en fr.

Luiténén, *s. m.* Lieutenant.

Empr. au fr. qui, pour le même besoin, a dû prêter *sou-luiténén* et *luiténén-courounèl,* etc.

Lun, *s. m.* Lampe en fer et quelquefois en fer-blanc, composée d'un petit récipient où est l'huile, dans laquelle nage une mince mèche qui sort par un bec pour brûler sans verre, et d'une queue verticale, dont la première moitié est fixe et la seconde, mobile au moyen d'un anneau qui les joint, est terminée par une pointe et un crochet : cette mobilité sert à maintenir le récipient de niveau, la pointe et le crochet à porter et à suspendre la lampe. Il est bien certain que le mot *Lun* ne s'applique qu'à cette lampe primitive et que toutes celles d'invention moderne s'appellent *Lampos.* Le *lun,* qui ressemble beaucoup à la lampe antique, est léger, peu embarrassant, commode: c'est ce qui le conserve obstinément dans l'usage domestique. Cependant comme sa lumière, qui n'est point protégée, éclaire assez peu, qu'elle s'éteint au moindre courant d'air et qu'elle peut aisément mettre le feu, justement par la facilité dont on abuse d'accrocher le *lun* partout, il serait à désirer de le voir remplacer par quelque lampe perfectionnée et surtout par la lanterne, là où il offre du danger.

Lun se prend aussi en général pour lumière, la lumière d'une chandelle, d'une lampe, etc. — *Fasès-mé lun,* éclairez-moi, mot à mot, faites-moi lumière. *Amoussas lou lun*, éteignez la chandelle, la bougie. *Pourtas de lun*, apportez de la lumière. *Pourias pourta set candelos que jamai noun mé farias lun*, quand vous auriez sept chandelles allumées, ce n'est pas à vous que je demanderais de m'éclairer; c.-à-d. je n'ai pas confiance en vous, ni en vos conseils; je n'ai pas foi en vos reliques. *Ounté vai sans lun?* où va-t-il ainsi à l'étourdie, en aveugle, pour se casser le nez? *Lou més p'dou lun*, il n'en fait pas fi, dit-on de quelqu'un soupçonné de hausser le coude, en comparant le vin à de l'huile qu'il aime mieux boire que mettre à la lampe. *Lou diable vous farié bé lun sé...*, le diable vous pousserait bien, vous inspirerait bien, si... *M'en fiche coumo dé pissa sans lun*, je m'en moque comme de coucher nu-pieds.

Lun sans doute plus anciennement s'écrivait *Lum*; notre dialecte fait sentir très-nettement la finale *n* et nous le maintenons comme à bien d'autres, tels que *issan*, essaim, *noun*, nom, *fun*, de *fumus*, etc.; il dérive du lat. *Lumen*, lumière.

Lunar, ardo, *adj*. Lunatique; capricieux; fantasque; d'humeur inégale; quinteux.

Dér. de *Luno*.

Lunardiè, ièiro, *adj*. — Même sign. que *Lunar*. — *Jamai lunardiè noun rampliguè soun gragnè*, prvb. jamais capricieux, inconstant, ne fit fortune.

Lunèl, *s. m. n. pr.* de lieu. Lunel, ville, départ. de l'Hérault. — Le sobriquet ironique, donné au moyen-âge aux Lunellois, *Pesquo-Luno*, qui pêche la lune. était-il une allusion au nom de leur ville, ou à l'esprit sottement aventureux et préoccupé de chimères impossibles de ses habitants? — *Voy. Escamoun*

Lunétos, *s. f. plur.* Lunettes à deux branches qui serrent les tempes, plutôt que celles qui tiennent en pinçant le nez, qu'on appelle *Mericles*. — *Lunetos' liuen fietos*, bonjour lunettes, adieu fillettes.

Dér. de *Lun*.

Luno, *s. f.* Lune, planète satellite de la terre; lunaison; quartier de la lune. — *Fai luno*, la lune éclaire, il fait clair de lune. Son aspect, sa clarté ou sa pâleur, la limpidité ou la brume de l'atmosphère qui l'entoure ont donné lieu à des observations passées en proverbes. Le latin disait en un hexamètre:

Pallida luna pluit, rubicunda flat, alba serenat.

Le languedocien traduit, en rimant:

*Luno panlo, l'aigo davalo;
Luno roujo, l'âouro se boujo.*

Le français dit à son tour:

La lune pâle fait la pluie et la tourmente,
L'argentine, temps clair et la rougeâtre vente.

L'influence de la lune sur les divers travaux de l'agriculture est encore une croyance fort répandue, et la lune nouvelle et la vieille lune jouent toujours un très-grand rôle, dont les nombreux dictons en cours parmi les agriculteurs rendent témoignage. Couper le bois, planter, semer, tailler *en luno viéio* ou *en luno joumo*, sont loin d'être une chose indifférente pour les cultivateurs. Il n'y a pas grand mal à observer pour tout cela les phases de la lune, mais il y en aurait si l'on renvoyait un travail pressant, lorsque d'ailleurs toutes les conditions de l'atmosphère et du terrain sont réunies, pour attendre la lune favorable qui n'offrirait pas ces mêmes conditions. *Bos coupa dé luno*, bois coupé dans le quartier favorable de la lune. *Quan tendn de luno?* Quel est le quantième de la lune? *Plóoura tout aquesto luno*, il pleuvra tout ce quartier. *És pas de luno*, il n'est pas disposé, il n'est pas dans son bon jour. *Aou quiou d'aquesto luno*, réponse évasive pour renvoyer aux calendes grecques. *Quan la luno doura tres bès*, quand le croissant de la lune aura trois becs, trois pointes, c.-à-d. jamais. *Lou diable luno*, imprécation appropriée aux nouvelles croyances, du lat. *Me diva luna*, sous-entendu *adjuvet*. *Luno mércrudo, fénno bécudo, dé cént ans én cent gn'a trop d'uno*, lune qui commence au mercredi et femme bavarde, c'est trop d'une tous les cent ans.

Dér. du lat. *Luna*, m. sign.

Lupégo, *s. f.* Huppe, puput, *Upupa epops*, Linn., oiseau de l'ordre des Passereaux et de la fam. des Ténuirostres ou Leptoramphes. Une belle huppe, formée par deux rangées de longues plumes rousses terminées de noir, a fait donner son nom à ce joli oiseau. Il est dommage qu'on ne réussisse que difficilement à l'élever en cage. Sa taille est celle d'un merle, et sa chair est délicieuse a son passage de septembre et d'octobre; il est insectivore.

Luquétaîre, aïro, *adj*. Vendeur d'allumettes appelées *Luquetos;* modeste industriel qui vendait ordinairement ce qu'il fabriquait, détrôné aujourd'hui sans espoir de restauration et dont le nom même sera oublié, car il n'y a plus de *luquétos* ni *brouquetos*. — *Voy. c. m.*

Luquéto, *s. f.* Allumette en chènevotte, qui se dit aussi *Brouquéto.* — Ces anciennes allumettes, remplacées par les nouvelles qui, tout en offrant quelques dangers, valent infiniment mieux et sont meilleur marché, n'ont pu même léguer leurs noms qui s'appliqueraient parfaitement aussi à leurs héritières, puisque *Luquéto* vient de *Aluqua*, de ce qu'elles sont destinées à allumer ou à s'allumer facilement, et *Brouqueto* veut dire menu bois, buchette. On dit communément aujourd'hui *Alumeto*. — *Voy. Brouqueto*.

Lura, ado, *adj*. Luron; rusé; subtil; hardi; habile avec finesse. — *Voy. Delura.*

Luro, *s. f.* Allure; manière d'agir; ruse; manigance. — *Boutas! counouisse vosto luro*, allez! allez! je connais votre affaire; je vous vois venir avec vos gros sabots.

Corrupt. du fr. Allure.

Lus, *pron. pers. des deux genres, sing. et plur.* Leur, à eux, à elles. — *Donna lus quicon*, donnez leur quelque chose. *Lus part séra léou facho*, leur part sera bientôt faite. *Aquo's lus*, c'est à eux ou à elles.

Lusèr, *s. m.* Lézard. — *Voy. Lètrou.*
Dér. du lat. *Lacerta*, m. sign.

Lusèrno, *s. f.* Luzerne, *Medicago sativa,* Linn., plante de la fam. des Légumineuses, qui fournit un fourrage très-bon et très-abondant.
Dér. selon Bullet, du celt. *Lus,* herbe ; herbe par excellence.

Luséto, *s. f.* Lusette, ver-à-soie qui fait son cocon bien avant ceux avec qui il vit et dont il semble être un avorton. On attribue cette précocité à ce qu'il n'aurait accidentellement que trois mues. Si cela était, ce serait en effet un accident, car les vers provenus de sa graine ou de son papillon rentrent, dit-on, dans l'espèce ordinaire de cinq ages et de quatre mues. Peut-être aussi les lusettes sont-elles soumises aux phases régulières de l'insecte, que seulement des causes inconnues leur font accomplir avec plus de rapidité. Quoi qu'il en soit, on considère comme d'un bon augure ces avant-coureurs qui sont ordinairement en petit nombre dans une chambrée, et on ne s'avise que par la petitesse, de leurs cocons qu'on voit paraître lorsque la masse des vers n'est encore qu'à la quatrième mue.

On donne aussi le nom de *Luséto* à ces vers petits, maigres, sans force et sans vigueur, qu'on voit dresser et balancer machinalement leur tête transparente et qui ne sont qu'une variété de la pernicieuse engeance des *Passis*.

L'Académie, qui enregistre dans son Dictionnaire mainte expression provinciale lorsqu'elle a mieux ou tout aussi bien, adoptera sans doute *Lusette* ou le reste, comme il lui plaira, et tant d'autres techniques de la langue séricicole, pour lesquels elle n'a point d'équivalents et que le languedocien lui offre tout faits et bien faits.

Dér. de *Lusì,* à cause de la transparence de ces vers, provenant chez les uns de maladie et chez les autres d'une maturité hâtive.

Luséto, *s. f.* Ver-luisant, lampyre luciole, *Lampyris noctiluca,* Linn., insecte de l'ordre des Coléoptères et de la fam. des Apalytres ou Mollépennes. La femelle est aptère, c.-à-d. sans ailes, et jette une clarté phosphorique et brillante qui, dans les nuits d'été, fait le charme des promeneurs champêtres ; le mâle est ailé et beaucoup moins brillant, et la nature se montre ici admirable dans ses dispositions : la luciole, qui ne peut voler, se laisse découvrir dans l'herbe, grâce au phare amoureux qui trahit sa présence.

Dér. de *Lusì, Lucere,* briller.

Luséto, *s. f.* Vesce sauvage ou vesceron, *Vicia segetum parva,* Linn., plante de la fam. des Légumineuses, qui croit entre les blés, aux tiges grêles et rameuses, aux feuilles étroites, vertes, opposées par paires le long d'une côte qui finit par une vrille avec laquelle elle s'attache aux plantes voisines ; ses fleurs sont blanches et les gousses qui leur succèdent sont velues. Cette vesce est résolutive appliquée extérieurement.

Luséto, *s. f.,* ou **Nivouléto.** Luette, dont ce mot est une corruption. — *Voy. Nivouléto.*

Lusì, *v.* Luire ; briller ; étinceler ; éclairer ; répandre de la lumière, de la clarté, un brillant éclat.
Dér. du lat. *Lucere,* m. sign.

Lusido. *s. f.* Rayon ; jet de lumière ; lueur accidentelle ; éclaircie en parlant du temps brumeux, pluvieux ; intervalle lucide dans le délire de la fièvre. — *Faguè uno lusido,* la pluie cessa un moment, eut un instant de répit. *A bé quàouquos lusidos,* ce malade a bien quelques intervalles lucides.

Dér. de *Lusì*.

Lustre, *s. m.* Lustre, appareil pour éclairage ; lustre d'une étoffe est du pur fr. — Sauvages définit *Lustre,* crépuscule, clarté de l'aurore, et *Lustres* au plur., mouches, morceau de taffetas noir que les femmes mettaient sur leur visage pour faire paraître leur teint plus blanc. Ces deux acceptions ne sont point de notre idiome, ou se sont oblitérées.

Lustro, *s. f.* Huitre.
Ce mot, hors d'usage, est remplacé sans façon par *Huitro, franchiman* qui ne le vaut pas.
Dér. du lat. *Ostrea,* m. sign.

Ly ou **Y**, *adv.* Y, en fr. — Selon les besoins de l'euphonie ou le caprice, on dit l'un ou l'autre : *Vai-ly* ou *Vai-z-y,* vas-y ; *ly vóou* ou *y vóou,* j'y vais.

M

M, *s. f.* M ; s'appelle *Èmmo,* treizième lettre de l'alphabet, dixième des consonnes.

M est classée grammaticalement parmi les labio-nasales, à cause de l'intervention simultanée des lèvres et du nez dans son émission. Elle est une des articulations que l'enfant réussit le mieux et le plus vite à former, et se produit presque par la seule commissure des lèvres qui oblige l'air et le son à remonter et à ressortir : *ma mamo, mama, maire, mèro,* sont les premiers mots prononcés et les plus faciles. Aussi, dans toutes les langues, *M* sert-elle à désigner l'idée de *maternité,* de *mère.*

L'orthographe et la prononciation des mots où intervient

l'*Èmmo*, M, appelle une observation. Quand elle précède une voyelle, elle la saisit de sa vraie articulation : point de difficulté. Mais quand elle est suivie d'une consonne, le *B* ou le *P* particulièrement, et complétant une syllabe, ou qu'elle se redouble, par exemple : *cambo, poumpo, témpourì, toumple, simple, simbèl, èmmasqua, émpéita, émmaïgrési*, etc., alors, comme en fr. elle prend le son de l'*n*. Le français et quelques-uns de nos lexicographes vont plus loin : à la fin de certains mots dans lesquels *M* se rencontre, ils l'écrivent pour ne pas la prononcer et font entendre nettement un *n*, comme dans *essaim, parfum, nom, renom*, etc., et à la première personne plur. des verbes *aïmam, aïmaviam, avèm, énténdiam*, etc. Il y a là une anomalie à laquelle nous n'avons accédé qu'à regret et à demi : dans les cas de redoublement et devant le *B* et le *P*, nous suivrons l'orthographe usitée; mais nous n'avons pu nous résoudre à placer l'*èmmo* finale, comme fait le français, au bout des mots où le son nasalisé est si distinctement accentué, dans les subst. et dans les verbes; nous la refusons encore aux noms venus de langues étrangères, comme *Jérusalem, Mathusalem, Bethléem*, qui, pour notre dialecte, ont une très-franche terminaison par *èn* grave. Ces réserves faites, l'explication est aisée. Cette orthographe n'est qu'une concession étymologique au latin; mais elle ne s'imposait pas avec la même force aux idiomes issus du latin, qui la conservent en l'altérant au moins dans beaucoup d'inflexions. Le latin faisait presque toujours suivre *m* d'une voyelle, excepté dans quelques nominatifs neutres, à l'accusatif et au génitif pluriels, et il l'articulait distinctement, comme signe caractéristique des cas et des genres. La moyenne latinité n'avait pas à enfreindre ces règles : elle attaquait autrement la langue. Peu à peu le roman, qui était aussi une dégénérescence si l'on veut, et une rénovation, se montra plus hardi dans ses procédés. Une de ses principales préoccupations fut de donner à la parole la rapidité et la concision; il y arriva par les syncopes, les retranchements de finales et par ses méthodes d'abréviation des mots et des syllabes; il se reprit aux consonnances et aux traditions de prononciation longtemps oubliées, et se plia aux nécessités que lui faisaient subir les importations de nouveaux conquérants. De ce travail, aidé par les instincts nationaux et par un esprit différent, sortirent la langue d'Oc et la langue d'Oïl, qui ne répudiaient pas la succession : qui gardaient l'alphabet latin avec toute la valeur de ses lettres, mais qui arrangeaient leur prononciation à leur manière et la combinaient suivant leurs dispositions. Les troubadours, auxquels nous sommes redevables des plus sérieux efforts de transformation et qui furent les interprètes et les initiateurs du génie de la langue, étaient imbus de la diction latine, de sa syntaxe et de son orthographe : ils transposèrent tout cela dans la langue écrite, peut-être dans la langue parlée : ainsi, par respect pour le romain, les infinitifs de leurs verbes s'écrivaient par *r* final avec la simple suppression de la voyelle : *amar, légir, far*, pour *amare, legere, fari*, etc.; les substantifs se débarrassaient de leurs désinences : *templum, tempus, fames, lumen, nomen, funus*, pour faire *temple, temps, faim, nom, fum, lum*, etc.; les temps des verbes *amamus, habemus, venimus, sumus*, etc., s'écrivaient *amam, avèm, vénèm, som*, etc. Ils écrivaient avec les lettres étymologiques; il est douteux qu'ils les fissent entendre à la prononciation : le temps au moins est-il venu y apporter de sensibles modifications. Un seul exemple encore : *Hom*, roman, homme, tiré du lat. *Homo, hominis*, est représenté par ces trois lettres originaires dans les vieux manuscrits; il est devenu *Om*, dégagé de l'*H* parasite; il est aujourd'hui le pronom indéfini *On*, et le son nasal se fait sentir comme il est écrit.

La lettre *M* a passé par tous ces degrés; et les mots qui la portaient, en arrivant dans la langue d'Oc et dans la langue d'Oïl à travers le roman et la basse latinité, n'ont pas su se dégager suffisamment de son empreinte en écrivant, alors qu'elles retournaient à leurs véritables tendances organiques en la prononçant comme un *n*. La nasale *N* est en effet gauloise, une consonnance que le celtique recherche et affectionne; *M* est une lettre plus latine, essentiellement latine. La langue d'Oc et le français redoutent également cette inflexion à vide que produit *M* dans un mot ou à sa finale, puisqu'ils la transforment, ce que ne faisait pas le latin.

Nous n'apercevons donc pas bien pourquoi notre orthographe ne représenterait pas aussi exactement que possible une articulation si précise. Si, cependant, nous avons voulu concilier toutes choses, en redoublant les *m* comme en fr., et en les conservant devant le *b* et le *p*, nous nous révoltons contre les exagérations et les tyrannies étymologiques, en la remplaçant par la lettre réellement sonnante et à la finale de certains mots; nous croyons par là nous rapprocher davantage de la prononciation euphonique, qui est le vrai génie de la langue d'Oc.

Ma, *pron. poss. f.* Ma. — Le masc. est *Moun*, mon; cependant comme en fr., devant les mots qui commencent par une voyelle, on dit *Moun*, quoique au fém. : *Moun amigo*, mon amie.

Contr. du lat. *Mea*, m. sign.

Ma, *s m.* Mât. — *Ma dé cocagno*, mât de cocagne, que nos fêtes publiques ont tant vulgarisé.

Ma, en entrant dans ce composé, doit être ainsi écrit d'après la rigueur de notre orthographe; mais peut-être vaut-il mieux lui conserver sa forme française et lui laisser le *t* étymologique final, puisque aussi bien c'est un mot tout français, seulement avec la désinence languedocienne. — *Voy. Mat.*

Maca, *v.*, et ses composés et dérivés. — *Voy. Maqua*.

Macaroun, *s. m.* Macaron, massepain, pâtisserie de pâte d'amandes et de sucre.

Ce mot est ancien : il existait dans la moy. lat. avec la

même signification, témoins les Actes de la vie de Guillaume l'ermite, qui rapportent que *Ad prandium, ei apposuerunt maccarones seu lagana cum pastillis.*

Machoto, *s. f.* Chevêche, petite chouette, *Strix passerina*, Linn., oiseau de l'ordre des Rapaces et de la fam. des Nocturnes ou Nyctérins : c'est la chouette pour laquelle les petits oiseaux ont tous tant d'antipathie et qui sert à leur faire une chasse fort amusante. Elle est la plus petite de ses sœurs, 25 centimètres de longueur, et comme elle n'est guère plus grande que le hibou petit-duc *(lou Cho* ou *Tuqué),* on peut facilement les confondre et échanger leurs noms. — On appelle également *Machoto,* la Hulotte ou Chat-huant de Buffon, chouette hulotte, *Strix aluco*, Temm., quoique celle-ci soit plus grande et atteigne jusqu'à quarante centimètres. — Nous rappelons ici que ce qui distingue surtout les chouettes des hibous, c'est que les premières n'ont point de plumes en forme de petites cornes que les seconds dressent à volonté sur leur tête; tous deux ont d'ailleurs beaucoup de traits de ressemblance qui peuvent faire confondre certains d'entr'eux. On devrait, au reste, mieux tenir compte aux uns et aux autres des services signalés qu'ils rendent à l'agriculture en détruisant les petits mammifères rongeurs qui causent tant de dégâts aux récoltes.

Cho semble être entré dans la composition du mot *Machoto.* — *Voy. Cho, Duganèl, Tuqué.*

Machou, *s. m.* Gros lourdaud, grosse bête; mauvais compagnon; vilain homme. — Il est d'ordinaire accompagné de cette épithète qui ajoute à sa portée : *Vilèn machou,* appellation injurieuse et méprisante, comme : sot animal, méchant voisin, difforme de visage et d'esprit.

En espag. *Macho*, mulet.

Machuga, *v.* Meurtrir; causer, produire, faire des meurtrissures; mâcher; mâchonner; broyer. — Dans le premier sens, il renchérit sur *Maqua (V. c. m.). S'es machuga la man,* il a eu la main écrasée, broyée. *Aquò's tout machuga,* c'est tout abimé, tout charcuté. *Machuga un crousté,* mâchonner un morceau de pain. — *Voy. Machugueja.*

Machugaduro, *s. f.* Violente meurtrissure.

Machuguéja, *v.* fréq. de *Machuga.* Mâcher négligemment et par petits morceaux; mâchonner; pignocher.

Maçoù, *s. m.* Maçon, ouvrier ou artisan qui fait les bâtiments, les maisons, à chaux, pierres, ciment.

Macouměou, *s. f.* Ambrette; graine musquée, Bamia, nom des semences de la Ketmie musquée ou odorante, *Ibiscus abelmoschus*, Linn., plante de la fam. des Malvacées, qui croît dans les Indes, l'Égypte et l'Arabie.

Maçouna, *v.* Maçonner; batir en pierre, brique ou moellon.

Maçounariè, *s. f.* Maçonnerie, ouvrage du maçon; art ou profession de bâtir.

Macruso, *s. f.* Macreuse, oiseau *(Voy. Fouquo),* avec laquelle celle-ci ne doit pas être confondue.

Madamo, *s. f.* Madame : nom, titre qui ne se donnait jadis qu'aux femmes d'un certain rang. Ce n'est plus aujourd'hui qu'une appellation polie qui se répand chaque jour davantage : aussi que de *Mas* sont devenues *Madamo!* — *Voy. Mas.*

Ma-dannaciou, *s. f.* Par ma damnation! que ma damnation, sous-entendu arrive! — Bien des jurons ont été tellement adoucis ou masqués que ce ne sont plus même des paroles dénuées de sens, mais plutôt de simples sons. Quant à ceux qui ont conservé leur pureté primitive, ils sont ordinairement revêtus d'une construction elliptique qui en rend l'intelligence assez difficile au premier abord, et, si l'on veut bien, la signification presque douteuse. Il ne faut donc pas croire que les personnes, et c'est heureusement le plus grand nombre, qui employent ces tristes formules sachent à toute leur portée, soient aussi coupables que si elles la complétaient par l'intention. Cependant, s'il faut absolument à la colère des paroles qui soulagent en s'échappant, comme le vocabulaire des jurons est certes assez riche, que le choix des plus innocents prouve du moins que l'instruction que l'on répand sert à faire comprendre ce que l'on dit.

Madéïréso, *s. f.* Espèce de pomme, calville blanc, bariolé de cramoisi.

En espag. *Madera*, bois.

Madéléno (La), *s. f.* La Magdeleine; jour de la fête de sainte Magdeleine, le 22 juillet; pris comme date. — Par singularité, *la Madeleno* qui, dans cette acception, s'écrit et se prononce avec les deux *é* fermés, prend le dernier *è* ouvert lorsqu'il devient nom pr. de baptême, *Madélèno*. *Per la Madéléno la nose es pleno, lou rasin vèira, la figuo maduro, lou bla-t-éstrema,* prvb., à la Magdeleine, la noix est pleine, le raisin tourné, la figue mûre, le blé renfermé. *Rasin dé la Madéléno,* raisin de la Magdeleine, espèce précoce qui ne réussit bien que dans les bons terrains et en treille suspendue. En espalier, elle donne fort peu et en vigne basse encore moins; même pour obtenir du fruit faut-il, en la taillant, ne lui laisser que des viettes, *Cargos,* qu'on courbe en les attachant. Si on ne lui laissait que des coursons, elle produirait peu. Elle donne alors beaucoup de belles grappes dont les grains assez serrés sont de moyenne grosseur, ovoïdes et assez fermes. Le bois est tendre, les yeux renflés, les feuilles bien découpées. *La fièvro de la Madéléno* ou *de Beoucaire,* parce qu'elle a lieu à cette époque, la fameuse foire de Beaucaire qui est une époque importante dans nos localités. C'est à ce moment que marchands, artisans, fournisseurs de toute sorte, qui donnent à crédit toute l'année, apportent leurs comptes à payer. Deux raisons avaient introduit cet ancien usage : le vendeur tenait à toucher tout son argent à la fois pour aller à Beaucaire renouveler ses approvisionnements de douze mois, et le propriétaire consommateur n'avait guère d'argent qu'alors où il venait de vendre ses cocons. La facilité qu'ont maintenant les commerçants de s'approvisionner au jour le jour, et l'invasion des industriels qui n'attendent pas une seule époque dans l'année pour toucher des fonds, doivent tendre à diminuer beaucoup les comptes de Beaucaire.

Dér. du lat. *Magdalena*, m. sign.

Madéloun, s. f. n. pr. de femme. Dim. ou variante de *Madeleno*. Madelon, formation française.

Madoun, s. f. n. pr. de femme. Dim. et contraction de *Madéloun*, qui ne peut se rendre que par Madon, en fr.

Madouno, s. f. Madone: représentation de la Sainte Vierge. — N'est pas tout à fait de l'idiome local; dans ce cas, on dit ordinairement *la Sénto-Vièrjo*, comme *Nostó-Damo*, lorsqu'il s'agit d'une dévotion, d'un lieu de pèlerinage.

Composé de *Ma* et du vieux mot *Dono*, traduit par *Ma Douno*, ma dame.

Madu, maduro, adj. Mûr, mûre; qui a acquis toute sa maturité; en parlant des fruits de la terre, quand ils n'ont plus de verdeur; d'un abcès, quand il est prêt à crever; d'une fille, quand elle arrive à un âge où elle est bonne à marier. — *Magna madu*, ver-à-soie prêt à faire son cocon et qui devient alors quasi-transparent, d'une couleur jaune dorée. *Fio maduro porto l'éfan à la cénturo*, fille mûre a chance d'être bientôt mère.

Dér. du lat. *Maturus*, m. sign.

Madura, v. Mûrir. — Se dit mieux *Amadura*. — Voy. c. m.

Madurun, s. m. Portion d'une quantité de fruits ayant atteint leur maturité que tous n'ont point encore. — *Sapartì lou madurun*, séparer le mûr de ce qui ne l'est pas — Voy. *Amadurun*.

Magagna, v. Tracasser; malmener; incommoder; gâter — *Lou magagnés pas*, ne le tourmentez pas. *És tout magagna*, il est tout mal hypothéqué, il a bien des infirmités.

Dér. de la bass. lat. *Matignare*, m. sign., dont le v. fr. avait fait aussi *Méhaigner*.

Magagno, s. f. Malaise; tracas; incommodité; fatigue; défectuosité; vice, tare, défaut. — *A toujour qudouquo magagno*, il a toujours quelque dérangement, quelque incommodité. *Crén la magagno*, il redoute la peine. *La fénno es coumo la castagno, bèlo deforo, dédin és la magagno*, la femme est comme la châtaigne, belle au dehors, la tare est au dedans.

Magagnoùs, ouso, adj. Malade; dolent; chétif; valétudinaire; tourmenté; inquiet; accablé.

Magasin, s. m. Magasin, lieu où l'on tient, où l'on vend des marchandises. — Voy. *Boutigo*.

Empr. au fr. qui avait pris le mot de l'arabe *Maghazin*, trésor, lieu où il est renfermé.

Magna, s. m. Ver-à-soie, bombyx du mûrier, insecte de l'ordre des Lépidoptères et de la fam. des Filicornes. On sait que c'est la chenille de cet insecte qui forme le précieux cocon d'où on tire la soie. — *Faire dé magnas*, élever des vers-à-soie, pour son propre compte, soit que le propriétaire en dirige lui-même l'éducation, soit qu'il la confie à un magnaguier. *Faire lous magnas*, élever les vers-à-soie d'autrui, en qualité de magnaguier. *Fasès de magnas ou vendes vosto fièio?* Élevez-vous des vers-à-soie ou vendez-vous votre feuille? *Jan fai lous magnas encò de moussu...*, Jean élève les vers-à-soie, ou est magnaguier chez monsieur...

En langue romane, Manger se disait *Maniar*; de là a dû venir *Magna*, a cause de la voracité du ver-à-soie à son dernier âge. Le vieux français l'appelait aussi *Magnan*, que le nouveau aurait du garder. *Magnan* qui, du reste, commence à revenir dans la langue savante, finira par avoir cours partout ainsi que plusieurs autres termes de la sériciculture, que le français est bien obligé de prendre dans les pays séricicoles.

Magnaguiè, s. m. Magnanier, ou magnauier ou magnaguier, chef d'un atelier où l'on élève des vers-à-soie; celui qui les élève pour le compte d'autrui. *Magnaguièro* est le fem.; celle qui remplit le même emploi. — *Iéou soui moun magnaguiè*, je dirige moi-même l'éducation de mes vers-à-soie. *Quouro davalo voste magnaguiè?* Quand doit arriver celui qui élève vos vers-à-soie? — Les conditions auxquelles le propriétaire traite avec le magnaguier sont diverses: tantôt il le paie entièrement en argent, tantôt il diminue la somme fixe et l'intéresse dans la réussite, en lui donnant un tant pour cent du produit; enfin, et ceci est pour le magnaguier spéculateur qui doit avoir quelques avances, le propriétaire donne sa feuille, fournit la magnanerie avec tous ses agrès et n'est plus chargé de rien: le magnaguier fait tous les frais de l'éducation et prend les deux cinquièmes ou le tiers des cocons. C'est ce qu'on appelle: *Faire lous magnas* et *Douna sous magnas de tres un ou dé cin dous*. Il est bien entendu qu'en cas d'échec, l'un perd le prix de sa feuille et l'autre les dépenses qu'il a faites.

Magnaguièro, s. f. Magnanerie, et tout aussi bien magnaguière; coconnière; atelier où l'on élève des vers-à-soie; femme qui dirige une éducation de vers-à-soie.

Magnerétos, s. f. plur. Petites façons; petites mines; minauderies.

Dim. de *Magnero*.

Magnèro, s. f. Manière; façon d'agir, ou de faire ou d'être; sorte, espèce; usage, coutume; habitude; affectation. — *Dé magnèro qué...*, de manière que..., de sorte que..., espèce de conjonction.

Mago-muôou, s. m. Jacée des prés, *Centaurea jacea*, Linn., plante de la fam. des Composées Cynarocéphales, à tige haute d'un mètre, cannelée, droite et rougeâtre, à racine ligneuse et vivace, à fleurs en tuyaux purpurins et serrés; excellent vulnéraire, bonne pour les hernies et pour guérir en gargarisme les aphtes, les maux de gorge, et en application, employée pour les contusions ou les écorchures que le bât ou les traits font aux mulets et aux bêtes de somme.

Son nom lui vient probablement de cette circonstance, car il semble une altération de *Maquo-muôou* ou *Miôou*, mulet meurtri, blessé.

Mahoù, *s. m.* Carreau en terre cuite. — *Voy. Maoù.*
Mahouna, *v.* Carreler. — *Voy. Maoùna.*
Mai, *s. m.* Mai, cinquième mois de l'année, composé de trente-un jours; arbre orné de rubans et de banderolles, planté devant la porte de quelqu'un pour lui faire honneur, parce qu'originairement cela se faisait le 1ᵉʳ mai. — *Lou més dé maï frés et gaï*, le mois de mai frais et gai.

Dér. du lat. *Maïus*, m. sign.

Maï. *s. m., adv. conj.* Plus, le plus; davantage : se rend encore différemment selon qu'il est employé. — *Lou maï et lou mén*, le plus et le moins. *Né vole pas maï*, je n'en veux pas davantage. *N'aï maï qu'el*, j'en ai plus que lui. *Né vos un pdou maï?* En veux-tu un peu plus? *Lou maï qué vou'n pièsque léva, és cin sóous*, le plus que je puisse vous en rabattre, c'est cinq sous. *Aquò vóou un éscu, lou maï*, cela vaut un écu au plus. *Né vos maï?* En veux-tu encore? *Dé qué voulès maï?* Que voulez-vous de plus? *Aquò vóou maï*, cela vaut mieux, cela vaut davantage. *Aïme maï y-ana*, j'aime mieux y aller. *L'haïsse maï qué maï*, je le hais au possible, plus qu'il n'est possible de le dire. *Y farias maï et maï qué vous ou diriè pas*, vous auriez beau faire, il ne vous le dirait pas. *Y pode pas dé maï*, je n'y puis autre chose, ou faire autre chose. *Ni maï ni mén*, quoi qu'il arrive, quoi qu'il en soit, de toute façon, quoique vous en disiez. *Faguén un tour et pas maï*, faisons un tour seulement, sans plus. *Ès tus qu'aïme lou maï*, c'est toi que j'aime le plus. *Dé maï én maï*, de plus en plus. *Tant et maï*, autant que possible.

Dér. du lat. *Magis*, m. sign.

Maïa, *adj. m.* Maillé. — Se dit du perdreau qui se maille lorsqu'il devient adulte, c.-à-d. dont l'extrémité des pennes prend de petites marques ou taches blanches, appelées mailles, qui disparaissent en vieillissant. Au fig. par ext. on le dit d'un adolescent qui commence à se sentir, et par antiphrase d'un ci-devant jeune homme.

Dér. de *Maïo*.

Maïa, *v.* Terme du jeu de quilles pour exprimer que la boule passe au travers sans en renverser aucune.

Maïdiou (Lou), *s. m.* n. pr. de lieu. Le Masdieu, village de la commune de Laval dans l'arrondissement d'Alais. — Les vieux titres donnent à ce lieu, en 1223, le nom de *Mansus Dei*, et aussi *Mansa Dei*. Le lat. *Mansus, Mansa, Mansio*, maison, demeure, a fait le lang. *Mas;* de là *Mas-Diou*, qui, par hyperbole d'euphonie, est devenu *Maï-Diou*. C'est une formation analogue à celle de Hôtel-Dieu, Lachaise-Dieu, etc. Il existe encore au Mas-Dieu une vieille église à laquelle était sans doute attachée quelque *Mense*. Il est connu au surplus que le Mas-Dieu était, avant 1790, une communauté indépendante, faisant partie de la viguerie d'Alais et du diocèse d'Uzès, doyenné de Sénéchas.

Maïgramén, *adv.* Maigrement, petitement; parcimonieusement.

Maïgre, maïgro, *adj.* Dim. *Maïgré;* augm. *Maïgras.*

Maigre, qui n'a point de graisse; aride; sec. — *Acdou maïgro*, chaux maigre. — *Voy. Acdou.*

Maïgre, *s. m.* Maigre, partie de la chair où il n'y a point de graisse; le maigre, chère où l'on s'abstient de viande; ordinaire des jours maigres. — *Faïre maïgre*, ne pas manger de viande, s'abstenir du gras.

Dér. du lat. *Macer, macra*, m. sign.

Maïgri, *v.* Maigrir, devenir maigre. — On dit mieux *S'émmaïgrési*. — *Voy.* c. m.

Maïgrinèl, èlo, *adj.* Maigret, maigrelet.

Dim. de *Maïgre*.

Maïgroù, *s. f.* Maigreur; état de ce qui est maigre.

Maïgroustèl, èlo, *adj.* Maigre; décharné; mince; sec. Variante ou péj. de l'augm. *Maïgras.*

Maïo, *s. f.* Maille, d'un bas, d'un filet, d'un tissu fait à l'aiguille ou au métier. — *Toumba uno maïo*, laisser tomber ou s'échapper une maille en tricotant. *Y-a uno maïo à voste débas*, il y a une maille échappée, un trou à votre bas. Au fig. *A uno maïo à soun débas*, en parlant d'une fille, veut dire qu'elle a fait une tâche à sa réputation, un accroc à son honneur. *Pérdéguén pas la maïo*, ne nous embrouillons pas dans les feux de file; ne perdons pas la tête; ne perdons pas la tramontane; ne perdons pas la carte. *És dé la bèlo maïo*, se dit au pr. et au fig. pour une chose ou un homme d'importance, qui ne saurait passer inaperçu ni à travers maille, comme le fretin.

Maïo, Maille, désignait aussi une petite monnaie de cuivre valant un demi-denier, une obole, dont le nom s'est perdu comme l'usage, en lang. et en fr. Cependant on entend encore dire quelque fois : *A pas pus ni sóou ni maïo*, qui traduit peut-être le fr. : il n'a plus ni sou ni maille, il n'a ni denier ni maille.

Dér. du lat. *Macula*, tache, maille.

Maïôou, *s. m.* Bande, morceau d'étoffe dont on enveloppe l'enfant au maillot. — Ce mot comprend la couche, les langes, etc., qui servent à l'enfant au berceau et se rend par *Bourasso*.

Dér. du gr. Μαλλός, tresse de laine.

Maïòou, *s. m.* Avantin, sarment que l'on plante pour obtenir un cep. — C'est une erreur de croire que la crossette, sarment auquel tient un peu du vieux bois, *lou cavièl*, prend mieux que le sarment qui n'en a pas : l'expérience a prouvé que ce dernier est tout aussi bon. Quant à l'avantin appelé Barbu, *Barbudo*, parce qu'il a du chevelu, il reprend un peu plus aisément bouture et a de l'avance sur elle.

Dér. du lat. *Malleocus*, m. sign.

Maïoto, *s. f.* Maillet; petite masse en bois dont se servent particulièrement les menuisiers.

Maillet, contre les règles phoniques de la formation des mots, est en réalité un augm. de Mail; il en serait de même de *Maïoto*, si on le faisait venir de *Maïou*, mail; mais il est plutôt le dérivé dim. de *Mal*, et s'écrivait originairement *Malioto*, ou *Malhoto*, comme on le prononce encore, ainsi que les mots analogues, en faisant sentir la labiale mouillée, dans des dialectes voisins.

Maïou, *s. m.* Mail ; jeu de mail ; instrument dont on se sert pour y jouer, espèce de masse de bois ferrée, longuement emmanchée.

Dér. du lat. *Malleus*, maillet.

Maïoula, *v.* Envelopper l'enfant au berceau des langes appelés *Maïdou*.

Maïrastro, *s. f.* Belle-mère, seconde femme du père a l'égard des enfants du premier lit. — Ne se dit point en mauvaise part comme en fr. Marâtre ; il est clair pourtant que c'est un péjor. de *Maïre*.

Maïre, *s. f.* Mère.

SAUVAGES dit sur ce mot :

« La plupart des Languedociens de certains cantons disent : *ma maïre* ou *ma mèro*, suivant leur fortune ou leur condition Les paysans pauvres disent *ma maïre*, les honnêtes gens et ceux du peuple qui jouissent de quelque aisance disent, même en parlant languedocien, *ma mèro*. Il en est de même des noms *paire, fraïre, sore* ou *souore*, au lieu de *péro, fréro* ou *sur*.

« L'origine de cette différence dans le langage remonte probablement au temps où la langue française commença à s'introduire dans nos provinces ; elle fut sans doute apportée par ceux que les dignités, les emplois ou la fortune rapprochaient plus de la cour, et qui étaient dans le cas d'en parler la langue par nécessité (n'en sachant pas d'autre), ou par émulation, ou par air.

« Le français devint par la comme le caractère distinctif de ce qu'on appelait les honnêtes gens. Le peuple, moins inconstant pour ce qui est de mode, continua à parler comme auparavant, soit par attachement pour l'ancien langage, soit par éloignement de tout ce qui sent le faste et pour ne pas affecter un usage qui semblait n'appartenir qu'aux personnes d'un étage supérieur ; et cette coutume, ou cette façon de penser est si bien établie, mais seulement parmi les pauvres gens de la campagne éloignés des villes, que ceux qui sont sages et modestes disent à leurs enfants qui reviennent du service, que leur condition ne leur permet pas de parler français. En conséquence il ne leur arrive d'écorcher cette langue que lorsqu'ils sont pris de vin : ce délire, les mettant bien au-dessus de leur fortune, leur fait oublier leur misère ou leur condition présente.

« Mais ceux qui jouissent de quelque aisance cherchent depuis quelque temps à se mettre de niveau avec ceux qu'on appelle les honnêtes gens, en mêlant dans leur idiome certains termes français qui flattent le plus leur amour-propre, parce qu'ils semblent affectés à cette classe d'honnêtes gens : tels sont les termes de *péro, mèro, fréro* et *sur*, qu'ils prononcent de cette façon, comptant que c'est la même chose que père, mère, frère et sœur. »

Ces altérations depuis SAUVAGES, on en comprend la cause, se sont étendues, mais surtout dans les villes et jusque parmi les artisans du plus bas étage. Et c'est ce qui donne tant de piquant à une citation qu'il fait ailleurs sur le même sujet :

« On trouve dans les actes du XIII° siècle les expressions suivantes : *Lo paire dèl viscomte dé Beziés ; la sore dèl rei d'Aragon. Moun paire lo donat à ma sore*, dit le comte de Cominges, etc. On disait : *lo san Païre*, en parlant du Pape, et *la santa Madre Gleia*. Le *Pater* commençait ainsi : *Lo noste Paire que ès as ciéls*, et on faisait le signe de la croix, dans un autre dialecte, en disant : *En nun dèl Paire et dèl Filh*, etc. Et un savetier de ville s'offensera si on lui demande : *Ount'és toun paire ? qu dou es ta sore ?* »

Cependant le raffinement *franchiman* ne s'est élevé que jusqu'aux personnes On ne pouvait guère moins faire, en parlant de soi, de sa famille, de ses enfants, de Dieu même, que de se rapprocher servilement du français ! Mais quand il s'agit des animaux, ou dans les mots homonymes qui suivent, l'ancienne forme s'est conservée. — *Li vai plan, coumo s'anavo préne la maïre dou nis*, il y va tout doux, comme un preneur de taupes.

Dér. du lat. *Mater*, m. sign.

Maïre, *s. f.* Matrice, partie du corps de la femme où se fait la conception. — Ne s'emploie guère que pour : mal de mère, vapeur de mère. On dit en plaisantant, d'un homme qui est pris d'insurmontables bâillements : *A la maïre*, il a le mal de mère.

Maïre, *s. f.* Lie, dépôt, formant un corps mollasse au fond du baril dans lequel la plupart des ménages tiennent leur provision de vinaigre ; c'est ce qu'on fait aigrir, ce qu'on ajoute au baril de tous les fonds de bouteille, et qui sert comme de mère au vinaigre.

Maïrino, *s. f.* Marraine, celle qui tient un enfant sur les fonds baptismaux. — *Voy. Païri*.

Mais, ou **Mès**, *conj.* Mais, cependant ; pourtant : marque la contrariété, l'opposition, la balance, la comparaison, la restriction, l'objection. — C'est un des emprunts faits par le lang. au fr. de ses adverbes, prépositions et conjonctions surtout, lorsqu'il abandonna la construction romane pour se former sur l'étalon d'outre Loire. *Mais* ayant conservé sans altération aucune le sens et la prononciation qu'il a en français, nous lui avons laissé ainsi son orthographe, bien que la diphthongue *ai*, sonnant comme l'*è* ouvert, n'existe point dans les mots de pure formation languedocienne. Il en est de même de quelques autres mots analogues de prononciation, *Aïr, Alaïs*, etc., qui, ainsi, mieux et plus vite compris par l'œil, le seront aussi par l'intelligence. — *Voy.* l'art. *Ai*, diph.

Maïssa, *v.* Donner un coup de mâchoire ; jouer de la mâchoire ; par ext. bavarder, dégoiser.

Dér. de *Maïsso*.

Maïssaïre, aïro, *adj.* Bavard ; qui parle sans discrétion et sans mesure.

Maïsséja, *v.* rédupl., de *Maïssa*. Bavarder ; jabotter ; cancaner.

Maïsso, *s. f.* Mâchoire ; os dans lequel les dents sont implantées. — *Mé mandè un co dé maïsso*, il me lança les dents. *Té cope la maïsso*, fam., je te casse la gueule. *És uno bono maïsso*, se dit d'un porc à l'engrais qui a bonne dent, qui a bon appétit et n'est point difficile : de même, *uno maïsso ddourado*, une mâchoire d'or. Par métaphore, *uno maïsso, uno bono maisso*, s'entendent d'une personne fort bavarde et quelque peu mauvaise langue au besoin. *Quinto maïsso!* Quel caquet bonbec! *Vous prouméte qu'és uno bono maïsso*, je vous assure qu'il ou qu'elle a la langue bien pendue.

Dér. du lat. *Maxilla*, m. sign.

Maïssu, udo, *adj.* Qui a une forte mâchoire, une bonne mâchoire; une grosse ganache. Au fig. gourmand ; fricotteur.

Dér. de *Maïsso*.

Maïstre, *s. m.* Maître; chef; principal. — Se disait d'abord *Magistre*, du lat. *Magister;* mais il n'est plus guère usité, même avec la forme que nous inscrivons, et bien que, à la campagne, on l'emploie quelquefois pour désigner proprement le maître du domaine ou le maitre-valet, le chef : *Aïci lou maïstre qué vèn*, voici le maître qui vient. Il est d'un usage plus ordinaire pris adjectivement dans cette expression : *vala maïstre*, ruisseau ou mieux fossé principal, car c'est ordinairement une tranchée faite de main d'homme, dans laquelle tous les petits ruisseaux ou fossés des champs voisins viennent jeter leurs eaux.

Maïstre est devenu un nom propre, et s'écrit en fr. *Mahistre*. Sa dérivation n'est pas douteuse.

Maïstro, *s. f.* Féminin de *Maïstre*, avec la même signification. — Se dit encore de la reine abeille, et du châton femelle de certains arbres, particulièrement du châtaignier qui porte sur le même pied des châtons mâles et femelles. *La maïstro* est le maître-châton qui décide de la bonne ou de la mauvaise récolte selon que le châtaignier en est plus ou moins fourni après la chute des châtons mâles. — La remarque est de SAUVAGES, qui s'y connaissait.

Maje, *adj. des deux genres.* Grand; plus grand; aîné; plus âgé. — *Aquéste és lou maje*, celui-ci est le plus grand. *Lou maje*, l'aîné. *La maje-part*, la plus grande partie, la plupart. *La maje-fèsto*, la fête patronale.

Dér. du lat. *Major, majus*, m. sign.

Majéncoulo, *s. m.,* n. pr. de lieu. Majencoule; Saint-André de Majencoules, commune de Valleraugue (Gard). — Cette désignation est évidemment antérieure à celle du patronage sous l'invocation duquel aurait été placé ce village et appartiendrait à la mythologie païenne, si l'on croyait à l'origine du nom de Majencoules que donne SAUVAGES. « *Majéncoulo*, rapporte-t-il en effet, nom propre de lieu qu'on dit probablement pour *Maïencoulo*, en prenant l'*i* voyelle pour un *j* consonne; et dès lors *Majéncoulo* ressemblerait au lat. *Maiæ-incolæ*, et signifierait les habitants d'un lieu consacré à *Maïa*, mère de Mercure, divinités, l'une et l'autre, des anciens Gaulois; en sorte qu'on pourrait appeler ce lieu, *Fanum Maiæ incolarum;* et pour dire : *à Majéncoulo*, on traduirait en lat. *Ad Maiæ incolas :* ce qui est une étymologie assez naturelle.

« L'on remarquera à ce sujet que la prononciation de *Majéncoulo* par le *j* consonne, est plus récente que celle par l'*i* voyelle, *Maïencoulo;* puisque dans les plus anciens manuscrits languedociens, le *j* consonne est inconnu, comme il l'est dans l'italien, et comme il l'était probablement dans la langue des anciens Romains. »

Nous ne disconvenons point que les déductions du glossateur ne soient ingénieuses et naturelles, et cependant, sans invoquer ce nom perdu de déesse gauloise, il nous paraîtrait tout aussi naturel de prendre au plus près notre adjectif *Maje*, grand, de *Majus*, lat., écrit ou prononcé à la romaine *Maïus*, pour la première partie du nom en le liant euphoniquement par un *n* à la seconde, en lat. aussi *collis : colles*, les cols ardus et élevés de ces montagnes justifient d'ailleurs l'application; et le mot aurait alors caractérisé un lieu aux pics élevés. Toutefois, dans cette hypothèse, la dérivation par *incolæ* serait sacrifiée, et il faut reconnaître qu'elle a son mérite, d'autant que le plus ancien titre où il soit fait mention du nom, en 1224, dit *de Magencolis*, ablatif pluriel qui laisse supposer la forme *incolæ*, nomin. Par comparaison, un autre nom de lieu dans notre département, *Concoulo*, Concoules, a une terminaison identique. Si on était tenté, à cause de sa situation sur le versant le plus élevé de la Lozère, de lui attribuer une dérivation du lat. *cum collibus*, se traduisant par : au milieu des montagnes, ce qui serait caractéristique, il faudrait rappeler aussi sa forme appellative dans un cartulaire de 1176, qui le désigne par *de Concolas*, et dans le dénombrement de 1394 par *Concolæ*, ce qui ramènerait de plus fort vers l'étymologie de *incolæ*, habitants, proposée par SAUVAGES pour *Majéncoulo*.

Que si l'on voulait s'aventurer plus loin en ces recherches, tenant la terminaison des deux mots prise dans le lat. *colla, collis*, dat. plur. de *collum*, cols, montagnes, ne trouverait-on pas le celt. *Magen* = *Mage* = *Mag*, qui est représenté en lat. par *Mansio* ou notre *Mas*, avec la signification plus large de *Lieu? (Voy.* l'art. suiv.) *Majéncoulo* voudrait dire en ce cas : lieu des cols, des montagnes; et l'attribution serait aussi exacte que pour *Concoulo*, forme du radical celt. *Kon*, coin, ou du lat. *Cum*, avec, euphoniquement lié à *collis*, signifiant coin sur les montagnes ou sur les montagnes, dans ou au milieu des cols de montagnes, dont l'aspect et l'emplacement justifient.

Majes (Lous), *s. m. plur.,* n. pr. de lieu. Les Mages, commune de Saint-Ambroix (Gard). — Le cartulaire de la seigneurie d'Alais, cité par M. Germer-Durand, appelle ce lieu, en 1337, *locus vocatus als Malhs*, désignation toute romane; prononciation mouillée par *lh*. Près de Montpellier, *les Mazes* est le nom d'un village : l'appellation est la même que la nôtre.

En 1715, on trouve *Les Mages*, en 1789 *Le Mage*, et en

1812, *Les Mazes*. C'est cette dernière forme qui est la vraie et qui met sur la voie. *Mazes* est en lang. le pluriel de *Mas*, qui répond au lat. *mansio, mansus*, lieu, demeure. Or *Mag*, avec le *g* doux équivalent au *j*, traduit en lat. par *Magus*, dans les noms propres, correspondait au mot lat. *Mansio*, selon Adrien de Valois et d'après Zeuss, dans sa *Gramm. celt*. Par conséquent, *Mag* ou *Mages* = *Mas* ou *Mazes* = *Mansio* : la forme et l'origine gauloises du mot ne sauraient être mieux accusées. Dans les langues néo-celtiques, en gaélique *Mag* signifie champ; en breton, *Mag* représenté par *Maes* = *Mages*, avec le même sens.

Majinqua, v. Biner, donner un second labour, moins profond que le premier, aux vignes, aux mûriers et à diverses récoltes. Cette façon, qu'on donne avec le *Béchar* (*Voy.* c. m.), détruit les mauvaises herbes que le printemps a fait croître en abondance Aussi dit-on communément pour la vigne, par exemple, que le premier labour est pour elle, et le second pour le propriétaire En effet, si par suite du premier, le cep végète vigoureusement, par le second la terre est débarrassée des plantes parasites qui la dessèchent et l'épuisent, et les racines, qui n'auraient pu grossir faute de l'humidité nécessaire à leur développement, se gonflent et fournissent un jus abondant qui remplit le cuvier.

On a dit *Majinqua* pour *Maienqua*, parce que le binage se fait en mai.

Majinquaje, s. m. Binage, second labour, seconde façon donnés à la terre. — *Voy*. l'art. précédent.

Major, s. m. Major, désignation de divers grades de l'armée. — S'emploie comme en fr.; seulement si l'on s'adresse à la personne elle-même, en se servant sans plus de façon de cette appellation, il est probable qu'il s'agira d'un tambour-major ou d'un sergent-major.

Major se dit aussi quelquefois, par extension, pour désigner le principal, le maître, le chef, le premier.

Dér. du lat. *Major*.

Majorto, s. f. et adj. — Évidemment le féminin du précédent *Major*, dans sa seconde acception; mais en tous cas et en tout sens, toujours un peu d'argot. — *Uno cano majorto*, est non-seulement la canne du tambour-major, mais toute autre canne de dimension quelque peu exagérée et dont on se sert avec une certaine affectation.

Majoufiè, s. m. Fraisier, *Fragaria vesca*, Linn., plante de la fam. des Rosacées, commune dans nos bois et cultivée pour ses nombreuses et remarquables variétés, qui donnent en grosseur ce qu'elles perdent en parfum.

Majoufo, s. f. Fraise, fruit du fraisier.

Pourquoi faut-il que *Majoufiè* et *Majoufo*, mots du véritable crû, cèdent insensiblement le pas à *Frésiè* et *Fréso*, qui ne sont que du jargon ? Ne pouvant mieux faire, constatons du moins la légitimité, toutes les fois que l'occasion s'en présentera. — *Voy. Fréso*.

Astruc soutient que le nom lang. de la plante et du fruit vient du celt. *Mefus* ou *Mefous*, qui est conservé encore dans le pays de Galles.

Majourano, s. f. Marjolaine, *Origanum majorana*, Linn., plante vivace, cultivée dans les jardins, aromatique, bonne pour les nerfs, l'estomac.

Dér. du lat. *Majorana*, par une meilleure traduction que le fr. Marjolaine.

Majourano-fèro, s. f. Origan commun, marjolaine sauvage, *Origanum vulgare*, Linn, plante médicinale, diurétique, histérique, stomacale, sudorifique, pour les maux de tête, les indigestions. — *Voy Ménuguéto*

Formé du lat. *Majorana* et *Fera*, sauvage.

Majouràou, s. m. Maître, chef; premier; aîné de la famille; maître-berger; coq du village; le premier, le plus considéré, le plus important de l'endroit par sa fortune, son savoir, les services qu'il a rendus.

Dér. du lat. *Major*, plus grand.

Mal, s. m. Gros maillet ou masse en bois, avec un long manche, pour fendre le bois. — *A uno testo que semblo un mal*, il a une tête énorme, difforme.

Dér. du lat. *Mallus*, m. sign.

Malabouséno, s. f, ou **Malobouséno**. Malheur; malencontre; mauvaise chance; guignon. — *Pourta malabouséno*, porter malheur, guignon.

Composé de *Mala* ou *Malo*, du lat. *Malus*, mauvaise, et de *Bouseno*, dont l'exacte signification nous est inconnue et qui n'est pas employé isolément, mais qui équivaut à heur, encontre; de là le sens du mot.

Maladéstraciou, sorte d'interj. d'exclamation, qui est un adoucissement masquant l'imprécation *Maladiciou*, que l'on commence et dont on escamote la fin pour y substituer des syllabes vides de sens qui en font un tout assez innocent, sinon bien intelligible ni suffisamment applicable peut-être.

Maladéstréto, variante diminutive de *Maladéstraciou*, sans plus de sens.

Maladiciou, s. f. Malédiction; action de maudire; mauvaise destinée; fatalité. — S'emploie aussi comme exclamation, imprécation, mais, dans ce cas, l'usage ne lui donne pas toujours la même gravité qu'en français. — *Maladiciou! quinte fré! Peste! quel froid il fait! Lou crésès riche? — Oh! maladiciou!* Vous le croyez riche ? — Oh! certes!

Malagué, s. m. Cerisier sauvage. — Son écorce est un fébrifuge : son fruit est amer.

Malaïrosos, s. f. plur. Rose de Provins, ainsi nommée en fr. parce que cette variété fut apportée dans ce pays par un comte de Brie revenant de la croisade. Le ton vigoureux de leur couleur pourpre dut les faire appeler d'abord *Malesroses*; et c'est ce nom que le lang. s'est approprié.

Malamén, adv. Beaucoup, extrêmement, extraordinairement, étrangement. — *Gn'a malamén?* Y en a-t-il beaucoup? *Gn'a pas malamén, mais gn'a*, il n'y en a pas d'une manière extraordinaire, mais il y en a passablement.

Dér. du lat. *Malè*, parce que dans le principe *Malamén* dut exprimer l'excès d'une chose mauvaise.

Malamor, *s. f.* Male-mort; mort funeste, violente, tragique. — *Mourì dé malamor*, mourir de la main du bourreau. *Qué la malamor té vèngue quèré!* Puisses-tu faire une triste fin!

Formé du lat. *Malus, mala*, mauvais, mauvaise, et *Mors*, mort.

Malandro, *s. f.* Chétivité; état misérable de santé; marasme; mal indéfini qui mine; maladie ayant un caractère épidémique; malaise, langueur qui consume. — *Aï agu la malandro*, j'ai eu la grippe, par exemple, ou la cholérine. *Aï la malandro*, je suis tout mal en train, tout chose, popul.

On appelait autrefois les lépreux Malandrins, du mal ladre ou de saint Ladre, corrupt. de saint Lazare qu'on invoquait dans cette maladie; de là sont venus Ladrerie et Ladre, synonymes de lèpre et lépreux. C'est aussi l'origine de *Malandro*, quoique ce mot n'exprime plus le même mal. — *Sous pors crébèrou dé la malandro*, ses cochons tombèrent dans le dépérissement et crevèrent. Cette expression qui, de tous les animaux, ne s'applique guère qu'au porc sujet à la ladrerie, prouverait encore plus son origine.

En fr. on appelle Malandres, un mal qui vient au genou du cheval, sortes de crevasses d'où découle une humeur fétide.

Malâou ou **Malâoute**, to, *s. et adj.* Malade; qui n'a pas de santé; qui n'est pas sain; celui dont les facultés sont altérées. — *Maldoute*, avec la m. sign. que *Maldou*, est un peu plus en usage dans la partie haute de notre contrée. — *Fóou pas démanda à maldoute sé vóou médécino*, prvb., il ne faut pas demander à un malade s'il veut santé.

Les dim. de l'adj. sont *Maldouté, éto; Maldoutinò, inoto*.

Dér. de la bass. lat. *Malatus*, formé de *Malo* ou *Malè aptus*, apte ou prédisposé au mal, mal disposé. Henri Étienne le fait venir du gr. Μαλακός, mou, languissant.

Malâoutas, asso, *adj.* Augm. de *Maldou, maldoute*. Très-malade; malade qui se traîne; malingre; cachectique.

Malâoute, o, *adj.* Malade. — Voy. *Maldou*.

Malâoutéja, *v.* Être malade; avoir une maladie; languir, traîner par l'effet d'une maladie. — *Maldoutéjè pas gaïre*, sa maladie ne fut pas longue. *Y-a lontén qué maldoutéjo*, il y a longtemps qu'il traîne.

Malâoutiè, *s. f.* Maladie; privation, altération de la santé. — *Faïre uno maldoutiè*, avoir une maladie. — *Las maldoutiès das magnas*, les mues des vers-à-soie, qui sont au nombre de quatre, mais qu'on désigne par leurs numéros d'ordre sans ajouter *maldoutiès*: *mous magnas jasou à la prémièro, à las dos; s'ajassou à las très, sortou dé las quatre*, mes vers-à-soie dorment à la première, à la seconde mue; ils vont s'endormir à la troisième; ils sortent de leur quatrième mue. Dans ces derniers temps, en agriculture et en parlant de la vigne surtout, et même des vers-à-soie, le mot a pris toute son extension: il désigne pour la vigne l'*oïdium* et l'invasion désastreuse du *philoxera vastatrix*, comme pour les *magnas*, la pébrine et la flacherie.

Malâoutièïros, *s. f. plur.* Maladrerie, léproserie; hôpitaux placés sous le patronage de saint Lazare, dont on avait fait saint Ladre, et destinés aux lépreux. — Le lang. donne à ces maisons une dénomination plus générale, parce que plus tard elles furent consacrées à recevoir d'autres malades que ceux pour lesquels elles avaient été fondées ou que ceux-ci étaient les malades par excellence.

Il est, au surplus, peu de villes où, comme à Alais, le souvenir d'un de ces établissements ne soit resté attaché à quelque quartier à proximité. Mais la désignation est devenue tout à fait n. pr. pour quelques villages; comme *La Maldoutièïro*, traduit en fr. par La Malautière, communes de Bellegarde, de Colias, de Montfrin, et *las Maladièïros*, plus francisé, les Maladières, commune de Nimes.

Malâoutis, isso, *adj.* Maladif; sujet à de fréquentes maladies; malingre; valétudinaire; infirme.

Malatavèrno, *s. f.*, n. pr. de lieu. Malataverne, village de la commune de Cendras, canton d'Alais (Gard).

Ce nom, d'assez mauvais augure pour les voyageurs, est formé du lat. *Mala taberna*, par le changement du *b* en *v*; le fr. l'a pris tel quel du lang. Il a du reste quelques similaires dans le département, et on le trouve dans les communes du Garn, de Lussan et de Saint-Hippolyte du Fort. Partout était-il significatif pour désigner une halte dont il fallait se méfier à cause du peu de sécurité qu'elle présentait, ou de la mauvaise chère qu'on y faisait, ou simplement de sa chétivité misérable? On ne saurait trop le dire. En tous cas, ici, un ancien sobriquet renforçait l'appellation; on disait au moyen-âge: *las oros dé Malatavèrno*, les horreurs de Malataverne; mais à qui ou à quoi s'appliquait ce surnom? Aux femmes du lieu, la méchanceté jalouse de quelques voisines en était bien capable; à la localité elle-même, cela peut être. Rien ne justifierait aujourd'hui un pareil dénigrement contre ce village qui proteste contre sa réputation d'autrefois.

Malapéndiciou, *s f. interj.* Male-pendaison. — *La malapéndiciou té vèngue!* Puisses-tu être pendu! Que male-mort t'advienne!

Malapéndiciou, comme beaucoup de ses consorts, simple interjection à qui on n'ajoute aucun verbe, sans même le sous-entendre pour compléter le sens, n'est qu'un de ces maudissons mis à portée d'y échappent lui aussi à l'impatience; au besoin il n'est même qu'une forme explétive correspondant au fr. Peste! mâtin! malepeste!

Malé, *s. m.* Dim. de *Mal*. Maillet, petite masse, — Est devenu n. pr. reproduit en fr. par Mallet.

Malénchο, *s. f.*, n. pr. de lieu. Malenches, hameau de la commune de Sénéchas, arrondissement d'Alais.

La terminaison de ce mot indique suffisamment un adjectif féminin faisant au masculin, inusité, *Malénc*, réduit à *Malén*, par la suppression ordinaire du *c* final, mais qui a dû en reprendre la consonnance au fém., en donnant d'abord *Malenco*, adouci ensuite en *Malénche*. Le nom n'a fait que suivre la marche indiquée sous les articles *Èn*, *Èn*, *suf.*, *Ènquo*, et *Diménche*. etc. *(Voy.* c. m.). Cette desinence, adjectivant le mot, le transformait en nom propre, et l'epithete, ainsi ajoutée et isolée, sert à trouver sa signification. *Malen* veut dire mauvais ; *Malencho* devra donc se traduire par mauvaise. nous n'avons pas à savoir comment ni pourquoi ce petit village mérite la qualification. Tel est le sens étymologique qui se présente le premier. Son correspondant serait *La Maléno*, La Malène, n. pr. d'une autre localité, qui vient certainement de la même provenance et d'une formation très-rapprochée.

Cependant un scrupule peut naitre au sujet d'une signification assez mal sonnante. La première syllabe du mot, qui est seule la cause de l'interprétation, n'aurait-elle pas été altérée euphoniquement en changeant par un *a* sonore un *e* primitif, qui eût donné alors *Melencho*, dérivant du lat. *Melleus*, *mellicus*, *mellicosus*, de miel, produisant du miel? Une permutation semblable s'est bien faite sur le nom propre *Malerargue*, dans la commune de Saint-Bonnet de Salindrenque, appelé en 1315 *Mansus de Melarnicis*, métairie des ruches d'abeilles *(Voy. Bagar)*. On dit encore *La Mialvuso*, avec un *a*, rendu en fr. par La Melouse. Ceci soit dit pour rétablir la bonne renommée de notre hameau.

Malèncougnè, *s. f.*, ou **Mélancougnè**, moins bien. Mélancolie ; tristesse ; chagrin ; bile noire, en terme d'ancienne médecine.

Dér. du lat. *Melancolia*, m. sign., venu du gr. Μελαγχολία, de Μέλας, noir, et χολή, bile.

Maléspèls, s m. plur., n. pr. de lieu. Malespels. ferme dans la commune de Galargues.

Nous ne relevons cette dénomination que pour son étymologie assez curieuse. A cause de sa forme au pluriel et du sens apparent des deux mots qui composent, on serait tenté de la traduire par mauvaises peaux. Ce serait une faute lourde. Le nom est mentionné dans les plus vieux titres, en 961, *Villa Malum Expelle;* en 965, *In terminio de villa Malum Expelle*, et encore, en 1007, *Villa Malum Expellis in littoraria*. Rien n'est plus clair et ne peut être appuyé de meilleurs titres : c'est bien la villa qui expulse et chasse le mal. Qu'en étymologie on se fie ensuite aux apparences et aux assonances.

Malhèiroùs, **ouso**, *adj.* Malheureux, indigent, misérable; qui est dans le malheur, dans une situation fâcheuse, ou qui amène le malheur et qui a des suites funestes. — *És un malhèiroùs*, c'est un mauvais homme, un homme perdu, qui a commis quelque mauvaise action ; plutôt qu'un pauvre homme, indigent. *Aquò's malhèiroùs*, c'est bien fâcheux, c'est malheureux. *Uno malhèirouso*, en parlant d'une femme, signifie aussi une femme perdue, une intrigante, et s'emploie le plus souvent comme terme de blâme, de reproche, en mauvaise part.

Ce mot et le suivant, dont il dérive, sont écrits avec une *h* par une concession étymologique, contraire aux principes de l'orthographe romane qui posait *h* après *l* pour la mouiller : ici la mouillure ne se fait pas sentir, et ces mots ne devraient être séparés que par un trait d'union L'euphonie de *Mal* est au reste toute française, ce qui en fait des expressions presque *franchimandes*.

Malhur, *s. m.* Malheur ; infortune ; mauvaise chance ; sort contraire. — *Èstre dàou malhur*, être en malheur, jouer de malheur. — *Voy. Hur.*

Maliciado, *s. f.* Malice; acte, tour de malice ; quinte ; mutinerie. Au fig. giboulée : ces intempéries ayant lieu le plus souvent en mars, *mar*, sont une malice, un tour de ce mois, et le languedocien, dans ce cas, a bien pu d'abord être aussi *Mariciado*, qui a été ensuite confondu avec *Maliciado*.

Malicioùs, **ouso**, *adj.* Dim. *Maliciousé*. Malicieux ; méchant ; enclin à faire des malices ; colérique.

Maliço, *s. f.* Méchanceté, plutôt que malice, qui est quelquefois moins odieuse et ne cherche qu'à faire des tours pour se divertir; colère. — *Y vai de maliço*, il y va méchamment. *La maliço l'estoufo*, la méchanceté l'étrangle, l'empêche de parler. *Mé faras vèni la maliço*, tu me feras mettre en colère.

Dér. du lat. *Malitia*.

Malingre, ingro, *adj.* Malingre ; infirme; chétif ; maladif ; épuisé.

Malo, *s. f.* Malle ; valise ; coffre pour contenir des hardes; voitures des courriers pour les lettres.

Empr. au fr.

Malofacho, s *f.* Méfait ; mauvaise action ; contravention ; délit. — *Es ana en malofacho*, il est allé en maraude, il est à marauder.

Malo-fan, *s. f.* Faim dévorante; famine ; misère. — *Mouri de malo-fan*, mourir de faim, de misère.

Malo-fi, *s. f.* Mauvaise fin. — *Faire malo-fi*, mal finir, faire une triste fin.

Comme tous ces mots dans la formation desquels entre l'adj. lat. *Malus*, *Maladiciou*, *Malapèndiciou*, etc., on emploie aussi *Malo-fi* dans les phrases imprécatives contre quelqu'un à qui l'on souhaite qu'il mésarrive.

Maloùs, **malouso**, *adj.* Qui a une humeur dartreuse, un ulcère, une lèpre à la figure ou sur le corps.

Mama, *s. f.* Maman, terme enfantin, Mère. — *Mama, papa*, sont les premiers sons articulés que prononce l'enfant; de sorte que l'on peut dire que c'est lui qui, pour nommer sa mère et son père, a créé ces deux mots que beaucoup de langues anciennes et modernes ont adoptés. On ne voit pas pourquoi le fr. ne les a pas pris sans y rien changer, et ne dit pas *Mama* comme il dit *Papa*. — *Voy. Papa.*

Mamâou, *s. m.* Bobo; petit mal ; petite douleur, dans le langage des enfants. — *Faï vèire toun mamàou; y-an fa mamdou à sa manéto*, montre-moi ton bobo; on lui a fait bobo à sa menotte.

Réduplicatif mignard de *Màou*, mal.

Mamé, *s. f.*, ou **Maméto**. Grand'maman, bonne-maman; aïeule.

Dér. de *Mama*.

Mamo, *s. f.* Variante de *Mama*, maman, à l'usage de l'enfant un peu plus grandelet. Mère, du vocabulaire enfantin comme les trois articles précédents.

Mamour, *s. f.* M'amour, mon amour; ma chère amie; terme d'amitié, de mignardise, de caresse, envers une femme ou un enfant. — *Mamours*, au plur., *faìre dé mamours*, signifie caresses, faire des caresses, combler de prévenances.

Contraction de *Moun amour*.

Man, *s. f.* Dim. *Manéto;* augm. *Manasso*. Main, extrémité du bras divisée en doigts. — *Man drecho, man gàoucho*, main droite, main gauche. *Man càoudo* ou *manéto càoudo*, jeu de main-chaude. *Man ouvèrto*, mesure un peu arbitraire de la main étendue qui passait à peu près pour l'ancien *pan*. *Faìre la man à quàouquùs*, donner, prêter la main à quelqu'un, l'aider dans une entreprise, ordinairement répréhensible. *Escrituro de man*, écriture, caractères écrits à la main. *Y-a bono man*, il y a la main heureuse. *Aquò's pas ma man*, ou *souï pas dé man*, je ne suis pas du bon côté pour agir avec la main, pour porter avec l'épaule dont je me sers habituellement. *Aquò's pas dé man*, ou *aquò's pas foro man*, ce n'est pas commode, à portée, sous la main, ou cela est outre main. *Avédre dé mans de fato*, avoir des mains de beurre, qui laissent tomber tout ce qu'elles tiennent. *Faìre la man*, jouer seul contre deux aux cartes ou aux boules. *A sous amouriès à sa man*, il tient, il fait valoir ses mûriers lui-même. *Faìre las dos mans*, être un double-main, qui mange à deux râteliers, et crie selon les gens vive le roi! vive la ligue! *A man revèsso*, du revers de la main. *Préne éntre mans*, embrasser une affaire avec attention. *Uno man dé papiè*, une main de papier. *Avédre la man*, au jeu de cartes, de boules, être le premier à donner, ou à jeter le but, jouer le premier.

Dér. du lat. *Manus*, m. sign.

Manado, *s. f.* Botte, poignée de légumes; ce que la main peut en serrer. — *Aï dejuna dé mati emb'uno manado dé rabes*, j'ai déjeuné ce matin avec une botte de radis.

Manado, troupeau de bestiaux. — *Uno manado dé pors*, un troupeau de porcs, de cochons.

SAUVAGES prétend que, dans ce dernier sens, *Manado* est une altération de *Ménado*, d'un autre dialecte, conduite de troupeaux, quantité de bestiaux qu'on mène à la foire; mais il n'est pas nécessaire qu'il en soit ainsi puisque le lat. *Manus*, qui a formé le mot dans les deux acceptions, signifie main et en même temps troupe, bande.

Mancéno, *s. f.* Mancelle, attache qui tient par un bout au billot fixé aux attelles du collier du cheval, et forme de l'autre bout un grand anneau dans lequel on passe le bout du timon de la charrette jusqu'au trou où elle est attachée par une cheville; c'est le trait par lequel tire le limonier. — La *mancéno*, qui était en cuir, est remplacée aujourd'hui par une chaîne en fer qui ne s'attache plus de même et ne s'appelle plus ainsi; on la nomme *Tiréto*. — Voy. c. m.

Altération de Mancelle, et, comme le fr. sans doute, dér. du lat. *Manipula*, petite main. — Voy. *Mancioù*.

Mancha, *v.* Emmancher; mettre un manche à un outil. — *Daïo manchado dé rébous*, faux emmanchée à rebours, c.-à-d. dont la lame est dans la même direction que le manche. *Souï pas mancha dé véno*, je ne suis pas en veine, je n'ai pas la main heureuse ou je n'ai pas bonne main.

Manche, *s. m.* Manche, poignée adaptée à un instrument, à un outil, un couteau, une hache, une pioche, etc.

Dér. du lat. *Manubrium*, m. sign.

Mancho, *s. f.* Dim. *Manchéto;* augm. *Manchasso*. Manche, partie du vêtement pour le bras; sac pour filtrer; terme de jeu, partie gagnée quand on joue en parties liées; espèce de filet en forme d'entonnoir.

Dér. du lat. *Manica*, m. sign.

Manchò, oto, *adj.* Manchot, estropié d'un bras, d'une main. — On dit plus purement *Manqué*. — Voy. c. m.

Empr. au fr.

Mancioù, *s. m.* Anneau en cuir, appelé billot, qui entoure l'attelle du collier du cheval de trait et tient au crochet auquel s'attache la mancelle qui est fixée de l'autre bout au timon de la charrette. — Voy. *Mancéno*.

Dim. de *Mancéno*.

Manda, *v.* Envoyer; mander; faire savoir; faire dire; lancer. — *Mandas-i sàoupre de véni*, envoyez-lui dire ou mandez-lui de venir. *Mandas éncò dé M...*, envoyez chez M... *I mandé un co dé poun*, il lui lança un coup de poing. Dans ce dernier sens, *Émmanda*, qui est un composé de celui-ci, est préférable.

Dér. du lat. *Mandare*, m. sign.

Mandamén, *s. m.* Mandement, en général, ordre par écrit émané d'une autorité quelconque; plus spécialement lettre pastorale d'un évêque à ses diocésains.

Dér. du lat. *Mandatum*, m. sign.

Mandian, mandiano, *s. m.* et *f.* Mendiant, mendiante; qui mendie; qui demande l'aumône.

Dér. du lat. *Mendicus*, m. sign.

Mandianaïo, *s. f.* Mendiants, en général; engeance des mendiants; race, troupe de mendiants.

Man d'obro, *s. f.* Main-d'œuvre, façon d'un ouvrage; travail d'un ouvrier.

Dér. du lat. *Manus* et *Opera*.

Mandrasso (A la), *adv.* Gauchement; tout simplement; sans se gêner; mollement; nonchalamment; sans goût à la chose. — *S'én vaï à la mandrasso*, il marche avec nonchalance.

En catalan, *Mandra*, paresse.

Mandre, *s. m.* Tourillon de l'arbre horizontal de certaines machines qui tourne dans les crapaudines. — Voy. *Mandrin*.

Mandre, *s. m.* Mendiant, qui fait plus que son état de

mendier, et qui a la tournure et la mine d'un pire mendiant.

Ce mot puisé à la même source que la catalan *Mandra*, paresse, désigne l'homme valide et paresseux qui se fait mendiant; ce qui suppose chez l'individu une certaine adresse pour soutenir son rôle et réussir dans son métier; c'est sans doute pour cela que *Mandre*, d'après Sauvages, voudrait dire en même temps fin et adroit. Cette acception est tout à fait hors d'usage et *Mandre* lui-même ne reste plus que pour indiquer la formation de quelques mots qui en sont dérivés.

Mandrigoulo, *s. f.* Mandragore, *Atropa mandragora*, Linn., plante très-narcotique, purgatif violent, bonne, employée à l'extérieur, contre les squirres et les écrouelles. On en distingue deux espèces, la blanche ou la mâle, la noire ou la femelle. Sa racine, qui prend souvent une forme bizarre, se bifurque quelquefois et représente grossièrement les parties inférieures du corps humain. De prétendus sorciers achèvent de leur mieux la ressemblance et la vendent comme une amulette, ou l'enterrent avec des conjurations pour faire doubler l'argent que leurs dupes mettent auprès. Mais les sorciers commencent à avoir moins de pratiques.

On a dit que le mot lat. et par suite le lang. et le fr. qui le reproduisent, avaient été formés par deux mots grecs, Μάνδρα, étable, et Ἀγαυρός, nuisible, Μανδραγόρας, dangereuse pour les bestiaux : ce qui est vrai de cette plante.

Mandrin, *s. m.* Mandrin, pièce de tour en l'air sur laquelle on assujettit les ouvrages qui ne peuvent se tourner entre les pointes; pièces que l'on place ordinairement dans d'autres qui sont creuses pour tenir celles-ci lorsqu'on les travaille.

Ce mot et *Mandre* ci-dessus ont la même origine, et le lat. *Manubrium*, manche, y est sans doute pour quelque chose.

Mandrin est aussi le nom du fameux chef de brigands qui rivalisa avec *Cartatoucho*, Cartouche, dans les légendes populaires. Il sert encore à désigner un malfaiteur, un brigand, qui ressemble beaucoup à *Mandre* (*Voy.* c. m.). Il y a des noms prédestinés.

Mandro, *s. f.* Fém. de *Mandre*. Pauvresse rusée et matoise. — *Uno viéio mandro*, une vieille bohémienne, une vieille sorcière.

Mandroun, *s. m.* De *Mandre*, par un dim. qui est loin d'être atténuant, car le *Mandroun* est un gars jeune, vigoureux, ce qui le rend plus blâmable, vagabond pour fuir le travail, maraudeur par instinct, qui demanderait au besoin mais qui trouve plus commode de prendre.

Mandrounéja, *v. fréq.* Mendier à la manière de ceux dont il est question dans les mots *Mandre, Mandro, Mandroun, Mandrouno ;* car les véritables pauvres, ceux qui sont dignes d'intérêt, *lous paoures* enfin, *démandou* et *mandrounéjou pas*.

Mandrouno, *s. f.* Dim. de même nature que le précédent *Mandro*, mais qui indique moins une différence d'âge : jeune ou vieille mendiante, valide ou qui l'a été, mais toujours paresseuse, avec bien d'autres défauts que comporte une telle profession ainsi comprise — *Voy. Mandre, Mandro, Mandroun, Mandrounéja*.

Mané ou **Manè**, *s. m*, n. pr. d'homme. Dim. de *Manuèl*, qui est l'abréviation ordinaire du prénom Emmanuel.

Mané, subs., se dit de certaines choses dodues où il y a à manier. — *Y-a de mane*, il y a de quoi prendre à pleines mains, à *manéja*.

Faire lou mane, autre acception pour désigner la manœuvre dont se servent divers ouvriers et notamment les maçons pour changer de place un tas de tuiles, de briques, etc., en se les faisant tenir ou se les jetant de main en main, selon que les chaînons de cette chaîne sont plus ou moins éloignés.

Manéchal, *s. m.* Maréchal-ferrant. — Altération ou adoucissement très-bien adopté de *Marechal*. — *Voy.* c. m.

Manéchalo, *s. f.* Maréchale : nom d'une place d'Alais, en plate-forme élevée, au devant de la citadelle. — Le mot, par le même principe que le précédent, est une corruption de *Marechalo :* La Fare-Alais l'a employé sous cette forme dans ses *Castagnados ;* c'est une consécration. Les notes ajoutent une explication que nous croyons devoir renvoyer au mot *Maréchalo*.

Manéflariè, *s. f.* Flagornerie, flatteries, cajolerie, pour faire mieux admettre les rapports, les tripotages qui engendrent les brouilleries.

Manèfle, *s. m.* Faiseur de cancans, de commérages; brouillon qui fait des tripotages; rapporteur qui flagorne ceux à qui il s'adresse pour s'en faire bien venir et leur inspirer plus de confiance par cette manière de faire.

Le mot est formé du lat. *Manu flectere*, adoucir, flatter de la main.

Manéfléja, *v. fréq.* Faire des cancans, des commérages; faire des paquets, des rapports vrais ou faux; flagorner. — *Voy. Manèfle*.

Manèflo, *s. f.* Commérage; cancans; paquets; tripotages. — Il est aussi le fém. de *Manèfle*.

Manéja, *v.* Manier; toucher, palper à pleine main.

Dér. du lat. *Manu agere*, m. sign.

Manèje, *s. m.* Manège, machine destinée à imprimer un mouvement de rotation suivant deux directions rectangulaires, au moyen d'un engrenage à lanterne dont l'arbre vertical est muni ou levier ou timon horizontal à course circulaire, sur lequel s'applique la force motrice.

Dér. du lat. *Manu agere*, agir avec la main ou comme avec la main.

Manéto, *s. f.* Dim. de *Man*. Menotte; petite main. — *Faire manéto*, faire main morte pour en caresser doucement. *Jouga à manéto*, jouer au pied de bœuf.

Manéto est le nom d'un petit instrument en cuir rembourré de crin, dans la forme d'un fer à repasser, dont se servent les dévideuses de soie pour frapper la bobine et la faire tourner. — *Voy. Escoulouèr*.

Manéto-câoudo ou **Man-câoudo**, *s. f.* Jeu de la main-chaude.

Manétos, *s. f. plur.*, ou **Pantacousto**. Chèvre-feuille commun, *Loniara caprifolium*, Linn., arbrisseau de la fam. des Caprifoliacées, cultivé dans les jardins.

Le nom de *Manéto* lui vient de ce que ses pétales séparés ressemblent un peu aux doigts d'une main demi-fermée.

Man-forto, *s. f.* Main-forte, assistance donnée à la justice.

Mangougnè, *s. m.* Au fém. *Mangougnèiro*. Regrattier; qui vend, au petit détail et de la seconde main, toute sorte de menues denrées.

Dér. du lat. *Mango, mangonis*, maquignon; fripier, revendeur qui déguise sa marchandise pour en tirer plus d'argent.

Mangounariè, *s. f.* Regrat; boutique ou vente de menues denrées au détail. — *Faire mangounariè*, être regrattier, faire le regrat; vendre de la regratterie.

Mani, manido, *adj.* Dim. *Manidé, éto, Manidoù, ouno.* Petit ; petit enfant. — *Uno poulido manido*, une jolie fillette, et même une jolie fille. On en fait un superlatif en le répétant : *mani, mani*, très-petit. Cette façon de faire des superlatifs est très-ordinaire en lang. Ce n'est pourtant pas ainsi que les gardeuses de cochons emploient cette expression et qu'elles disent *mani, mani*, pour appeler ces animaux : c'est dans leur bouche un terme d'affection, car ces *manis, manis*, petits, petits, sont fort souvent du plus énorme volume et pèsent au-delà de deux cents kilog.

Dér. du lat. *Minutus*, moindre, petit.

Manifique, iquo, *adj.* Magnifique; superbe; splendide; somptueux; qui a beaucoup d'éclat.

Empr. au fr. mais fort naturalisé.

Manigança, *v.* Manigancer; tramer de petites, de mauvaises ruses.

Maniganço, *s. f.* Manigance; petites manœuvres cachées; intrigue; mauvaise ruse.

Dér. du lat. *Manu agere*, et dans la bass. lat. *Manipulare; id est*, dit Du Cange, *manibus ludificare uti agunt præstigiatores*, jouer adroitement des mains comme font les escamoteurs.

Manio, *s. f.* Anse d'un vase, d'un chaudron, d'un panier; portant d'une malle; anse ou corne de la tinette, *sémdou*, vulgairement connue dans nos pays sous le nom de *Cornue* que l'Académie n'accepte point pour cela, et qui sert à transporter des liquides et notamment la vendange.

En espag. *Manilia*, m. sign.

Manipolo, *s. f.* Ruse; fraude; tromperie. — *Faire la manipolo*, tromper, filouter. Le prestidigitateur qui monte ses cartes, le marchand en fraudant ses denrées, l'homme de mauvaise foi qui tripote les affaires, font également *la manipolo*.

Dér. du lat. *Manu* ou *Manibus spolio*, je dépouille avec les mains, ou simplement de la bass. lat. *Manipulare*, manipuler, arranger avec les mains.

Manipou, *s. m.* Mancheron, extrémité du manche de la charrue, que le laboureur tient dans la main.

Dér. du lat. *Manipulus*, poignée, ce que l'on empoigne.

Manivèlo, *s. f.* Manivelle, manche pour faire tourner l'essieu d'une machine; machine quelconque elle-même.

Dér. du lat. *Manibula*, petit manche.

Manja, *v.* Manger, mâcher et avaler des aliments ; prendre sa nourriture; prendre son repas; ronger, miner, détruire. — *Lou iè cdou faï manja la soupo fréjo*, prvb., le lit chaud fait manger la soupe froide, pour dire que la paresse n'enrichit pas. *Qué manjo soun capitdou prén lou camï dé l'éspitdou*, prvb., celui qui mange son capital prend le chemin de l'hôpital. *Lou tro manja rèn abestï*, trop manger abêtit. *Manja pér las gnèiros*, piqué, dévoré par les puces. *Manja pér lou rouvil, pér las arnos, pér un chancre*, rongé par la rouille, par les teignes, par un chancre. *Manja*, élimé, usé par le frottement. *Dé qu'avès manja iuèi?* Sur quelle herbe avez-vous marché aujourd'hui ? dit-on à quelqu'un de mauvaise humeur sans qu'on sache pourquoi. *Avès prou manja dé favos?* Donnez-vous votre langue au chat ? Lorsqu'on cherche le mot d'une énigme, la réponse à une question embarrassante, on peine comme un forçat, dont on sait que l'ordinaire frugal est composé en grande partie de fèves; la locution languedocienne ne serait-elle donc pas une paraphrase pour dire : avez-vous assez subi les galères ? voulez-vous que je vous en tire en vous disant le mot que vous cherchez ? Quant à son équivalent français : consentez à donner votre langue au chat, c'est avouer qu'elle n'est bonne qu'à cela, puisqu'on ne sait pas s'en servir pour répondre à la question posée. Au surplus, une autre explication du dicton a été essayée, qu'on peut consulter. — Voy. *Favo*.

Dér. du lat. *Manducare*, m. sign.

Manjadis, isso, *adj.* Mangeable; qui est bon à manger; qu'on peut manger.

Manjado, *s. f.* Mangeure. — Voy. *Manjaduro*, m. sign.

Manjadoù, *s. m.* Auget, petit vase, vaisseau quelconque où l'on met la mangeaille des oiseaux, de la volaille que l'on tient en cage. — Mangeoire, en fr., n'exprime, d'une manière directe, que la crèche des chevaux, en lang. *Gripio;* cependant, dans l'usage familier, on s'en sert pour rendre *Manjadoù*.

Manjaduro, *s. f.* Mangeure; endroit d'un drap, d'une étoffe, d'un pain mangé, rongé par les souris, par les vers, par les chats. — *Manjaduro dé gnèiros*, piqûre de puces. — Voy. *Manjado*.

Manjaïre, aïro, *adj.* Gros mangeur; qui mange beaucoup. Au fig. prodigue, dissipateur; exacteur; grugeur; mangeur de chrétiens.

Manjamén, *s. m.* Démangeaison vive; picotement entre cuir et chair ; prurit.

Manjanso, *s. f.* Vermine; poux en général, qui attaquent la tête et les autres parties du corps.

Manjarèl, èlo, *adj.* Qui aime à manger, dans le sens de gruger quelqu'un. Qui est bon à croquer, dans l'acception d'agaçant, mais moins délicat que *Crouquarèl*. — *Un amour manjarèl*, un amour intéressé, mû par l'intérêt ; *uno gdouto manjarèlo*, une joue à dévorer de baisers.

Manjariè, *s. f.* Mangerie, action de manger ; exactions ; frais de chicane ; action de gruger quelqu'un

Manjio, *s. f.* Mangeaille ; victuaille ; vivres en général des hommes et surtout des animaux ; pâtée.

Manjo-favo, *s. des deux genres.* Bredouilleur ; qui parle d'une manière mal articulée et peu distincte, comme s'il avait la bouche pleine de fèves, par exemple ; ce que les Romains, en employant la même figure, disaient d'un orateur empâté : *versat in ore fabas*. — *Voy. Favo.*

Manjo-nèci, *s. des deux genres.* Parasite ; attrape-lourdaud. — Le renard de la fable qui vit aux dépens du corbeau qui l'écoute est un *manjo-nèci*.

Manjo-péro, *s. m.*, ou **Banar.** Capricorne, capricorne musqué, *Cerambyx moschatus*, Linn., insecte de l'ordre des Coléoptères, et de la fam. des Lignivores ou Xilophages, genre des Scarabées, remarquable par ses antennes articulées aussi longues que le corps. Le plus grand de ces coléoptères, tout noir et qui a trois centimètres environ, reçoit le nom de *Manjo-péro* : ces poires qu'on trouve à demi-rongées seraient, dit-on, sa pâture ; mais ici on l'accuse-t-on pas du méfait d'autres insectes voraces, du gros frelon ou *gràoule*, par exemple ? Plusieurs scarabées, dont il est une variété, déposent leurs œufs dans l'écorce rugueuse ou dans le tronc de vieux arbres : en voyant le capricorne se poser sur des poiriers pour accomplir cette œuvre, on a pu mal juger ses intentions.

Manjo-roso, *s. m.* Capricorne du même ordre, de la même famille et de la même forme, moins la taille, que le précédent, scarabée, qui se niche et s'endort sans doute dans le calice des roses, le sybarite ! sans craindre que le pli d'une feuille blesse sa peau assez dure pour supporter de plus rudes atteintes.

Manjuquéja, *v. fréq.* Grignoter ; pignocher ; manger nonchalamment, sans appétit et à petits morceaux. — Le rat de ville qu'Horace nous peint mangeant du bout des dents, *dente superbo*, le maigre ordinaire de son ami des champs, *manjuquéjavo* : il est le type.

Manjuquéjaïre, aïro, *adj.* Petit mangeur d'habitude ; celui qui, par occasion, fait comme il est dit au mot précédent du rat d'Horace.

Manléva, *v.* Emprunter ; demander et recevoir un prêt. — *Vos arouina toun vési ? manlévo-z-i dé matt et pago dé véspre*, prvb. Veux-tu ruiner ton voisin ? emprunte-lui le matin et rends-lui le soir.

Dér. du lat. *Manu levare*, lever avec la main.

Manno, *s. f.* Manne, nourriture miraculeuse que Dieu envoya aux Israélites dans le désert.

Ce mot est de toutes les langues puisqu'il est dans la Bible, et le lang. l'emploie aussi pour désigner, par similitude, tout aliment abondant venu à propos, réparateur et de bon goût.

Manno, pris pour la substance purgative, l'inséparable du séné, est un autre empr. obligé au fr. **Manne.**

Manobro, *s. m.* Manœuvre, ouvrier subalterne ; exclusivement, aide-maçon, celui qui sert le maçon. — Cet emploi est d'ordinaire rempli par des enfants ou des adolescents à qui ce travail facile procure, en attendant autre chose, quelques ressources en les enlevant à l'oisiveté, mais c'est le noviciat obligé de ceux qui veulent devenir maçons. Les manœuvres sont les souffre-douleur des maçons, qui les rudoient, les rabrouent sans cesse pour hâter leur paresse, qui les laisse manquer de tout et les force à l'inaction ; mais les manœuvres pensent sans doute que la paresse qui a un tel résultat ne nuit guère à personne, car ils ne s'inquiètent pas autrement de menaces qui, il faut le dire, sortent rarement à effet

Lou manobro, le manœuvre de profession, *és manobro* ; l'ouvrier qui en fait accidentellement le travail *faï manobro* ; aussi le premier dira : *Ère manobro quan bastiguèrou aquel oustàou*, j'étais manœuvre quand on bâtit cette maison ; et le second : *faguère manobro*. — *Faïre manobro* se dit aussi d'un aide qui sert un ouvrier quelconque qui a besoin qu'on lui fournisse sur place les matériaux à employer. — *Éspèro, éspèro, té faraï manobro*, attends, attends, je viens t'aider, dit-on à un maraudeur qu'on trouve sur le fait remplissant ses poches : offre qui n'est pas souvent acceptée, on le pense bien. Au fig. *faïre manobro à qudouquùs*, c'est, dans une dispute où l'on en vient aux coups, se servir activement de ses mains et ne se laisser manquer de rien de ce qu'il faut en ce genre.

Dér. du lat. *Manu opera*, œuvre ou ouvrier de la main, *Man* et *Obro*.

Manoul, *s. m.* Paquet ; botte ; poignée, — Ne s'emploie plus guère que dans le sens du mot suivant quoiqu'il soit bien moins usité.

Dér. du lat. *Manualis*, qu'on peut empoigner, tenir avec la main.

Manouné, *s. m.*, ou **Canouné.** Petit paquet, petite botte de tripes de certains animaux, tels que chevreau ou agneau. — *Voy. Canouné.*

Ces deux mots, quoique ayant une racine différente, sont parfaitement synonymes ; mais *Manouné* est beaucoup plus en usage à Alais. Il est le diminutif de *Manoul*, mais il reste dans son application toute spéciale de terme de triperie.

Manqua, *v.* Manquer ; faillir ; être de moins ; faire défaut ; ne pas atteindre, ne pas toucher. — *Y-a maï d'un an qué soun frèro manquo*, il y a plus d'un an que son frère est absent. *S'én manquo bé qué y-aduse*, il s'en faut bien qu'il y atteigne. *S'én manquo bé !* Tant s'en faut, bien loin de là ! *S'én manqué pas dé gaïre qué mouriguèsse*, il s'en fallut peu qu'il mourût. *N'agues pas laguï, té manquaraï pas*, n'aie pas souci, je t'attraperai, je te trouverai. *L'a pas manqua*, il l'a bien touché.

Dér. du lat. *Mancus*, manchot.

Manquamén, *s. m.* Manquement; omission; faute que l'on commet en manquant de faire ce qu'on doit; mais d'un emploi assez restreint. — *Aquì faguère bé un manquamén*, là je manquai bien de dire ou de faire ce que je devais. *Aquélo fïo a fa un manquamén*, cette fille a eu une faiblesse; elle a manqué à son honneur.

Manqué, **éto**, *adj.* Manchot; estropié d'un bras ou d'une main; à qui l'un ou l'autre manque. — *Voy.* **Manchò**.

Dér. du lat. *Mancus*, m. sign.

Manquo, *s. f.* Manque; faute, déficit. — *Lou manquo dé sen*, le manque de bon sens. *Manquo d'argen*, faute d'argent. *Aquèste an y-doura uno forto manquo din la récolto*, cette année il y aura un grand déficit dans la récolte. *Quan avès agu dé manquo?* combien avez-vous eu de moins, quelle diminution avez-vous eue?

Man-révèsso, *s. f.* Revers de la main; main renversée. — *Un co à man-révèsso*, un revers, un coup d'arrière-main, du revers de la main.

Mantèl, *s. f.* Dim. *Mantélé*; augm. *Mantélas*. Manteau, ample vêtement qui se met par dessus l'habit; manteau de la cheminée. — *Juste coumo un mantèl*, juste comme la manche d'un cordelier.

Dér. du lat. *Mantellum*, m. sign.

Mantélé, *s. m.* Dim. de *Mantèl*. Mantelet, mantille. — *Fàïre lou mantélé*, se dit des oiseaux malades, vieux ou blessés, dont les ailes pendent comme un manteau; et au fig., d'un malade, qui se traîne faible, languissant et amaigri dans ses habits devenus trop larges.

Mantène, *v.* Maintenir; soutenir un poids; soutenir, affirmer une chose; parier pour quelqu'un au jeu, se mettre de son côté. — *Manténés un pàou*, soutenez un peu la charge. *Mantène moun di*, je persiste dans mon dire, j'affirme ce que j'ai dit. *Vaï, té mantène*, marche, avance, je suis avec toi, je te soutiens.

Manténgu, **udo**, *part. pass.* de *Mantène*, Maintenu, soutenu; confirmé.

Manto, *s. f.* Ancien mantelet, assez ample et d'étoffe commune, que portaient les femmes du peuple, à peu près abandonné aujourd'hui ou peu à peu remplacé par le mantelet de forme moderne et d'étoffe plus élégante.

Maoù, *s. m.* Carreau en terre cuite, servant au carrelage d'un appartement.

L'italien appelle ce carreau *Mattone*, et le fr. Malons une espèce de briques. *Maoù* a-t-il une origine commune? Est-il une imitation de ces mots ou vient-il de Mahon, lieu d'où l'on aurait importé son usage?

Dans ce dernier cas, peut-être eût-il fallu lui donner l'orthographe figurative quelquefois employée et écrire *Mahoù*. Mais d'abord cette origine n'était pas assez sûre pour nous faire introduire une *h* parasite et de pure superfétation, et puis nous n'avions pas à craindre que notre accentuation ne fût point suffisante pour distinguer le mot du suivant composé des mêmes lettres et laissât quelque hésitation sur la manière de l'articuler. C'est une occasion de rappeler ce que nous avons dit de l'accent et de son rôle aux articles *Aou*, dipht., et *Aoùs*, *s. m.*, auxquels nous renvoyons. Il est bien évident ici que l'accent grave placé sur la voyelle double *où* signifie qu'elle est tonique et ne doit point se confondre ou se diphthonguer avec l'*a* précédent comme dans *màou*, tout autrement orthographié. Dans *maoù* deux syllabes, deux temps, une brève suivie d'une longue : dans *màou*, une seule émission de voix, une seule syllabe diphthonguée, dans laquelle l'appui du son se fait plus fort sur l'*à* circonflexe et long, que sur *ou* qui tombe et est absorbé. Voilà l'accent et sa raison d'être.

Màou, *s. m.* et *adv.* Mal, le contraire du bien ou de bien; peine; travail; douleur; maladie; incommodité; dommage; perte; faute; péché; crime; mal, de mauvaise manière. — *Màou dé dén, dé tèsto*, mal de dent, de tête. *Aï màou dé den, dé tèsto*, j'ai mal aux dents, à la tête. *Aï màou à moun éstouma*, s'emploie ordinairement d'une manière impropre en le rapportant aux douleurs de poitrine. *Màou d'estouma*, mal au cœur. *Aï màou à moun de*, j'ai mal au doigt. *Sé faïre màou*, se blesser. *Ma cambo me faï màou*, j'ai mal à la jambe, ou la jambe me fait souffrir. *Aquò mé farié màou*, cela m'incommoderait, me dérangerait. *Avédre lous màous*, en parlant d'une femme, éprouver les premières douleurs de l'enfantement, avoir le mal d'enfant. *Prene màou*, en général, contracter une maladie; d'une femme, avorter, accoucher avant terme. *És plé dé màous*, il est plein d'ulcères, de pustules à la tête. *Gardoù a fa fosso màou*, le Gardon a fait beaucoup de ravage, a causé de grands dommages. *Mé fagues pas dire lou màou*, ne me fais pas mentir ou dire de mauvaises choses. *A fa lou màou émbé moussu ...*, elle a eu des rapports coupables avec M. ... *Qu'a fa lou màou, fara la pénitènço*, celui qui a fait le péché, fera la pénitence, en portera la peine. *Aquò faï màou dé veïre*, cela fait mal à voir. *Màou vaï quan las cambos flaquou*, mauvais signe quand les jambes défaillent, flageolent, fléchissent. *Tan vdou bé batu qué màou batu*, tant pleure mal battu que bien battu. *Sé sàoupre màou*, se fâcher, se piquer, se formaliser *(Voy. Sàoupre)*. *Aoutre màou noun y-ague*, Dieu nous garde de pire! *Aoutre màou noun y-aguèsse*, ce serait un petit mal s'il n'y avait que cela. *Faï màou* ou *michan èstre pàoure*, il est triste, fâcheux, il n'est pas bon d'être pauvre. Pour établir une ressemblance, un rapport, on se sert de cette tournure : *Avédre lou màou d'aqueles qué...*, être comme ceux qui... *És pas poulido, a lou màou dé ïéou*, elle n'est pas jolie, elle a cela de commun avec moi. *A lou màou de la candi, la fémèlo vdou maï qué lou mascle*, il en est comme du chanvre, la femelle vaut mieux que le mâle, dicton que le fr. a rendu par cet autre proverbe : mariage d'épervier, la femelle vaut mieux que le mâle.

Dér. du lat. *Malum*, m. sign.

Màou-adré, **écho**, *adj.* Maladroit, qui n'a point d'adresse.

Mâou-adréchamén, *adv.* Maladroitement, sans adresse; gauchement.

Mâou-aprés, éso, *adj.* Mal élevé; malhonnête; insolent; malotru. — Ce dernier mot fr. a originairement la m. sign. que *Malestru*, mal instruit, ignorant, vieux mot lang. peut-être encore en usage dans des localités voisines.

Mâou-aquis (Dé), locution adverbiale, phrase faite, employée seulement dans cette construction : *Aqu'òs de bo de mâou-aquis*, c'est du bien mal acquis, de provenance mauvaise, illégitime.

Mâou-avisa, ado, *adj.* Mal avisé; imprudent; irréfléchi; étourdi.

Mâou-avisamén, *s. m.* Étourderie; imprudence; mégarde; irréflexion.

Mâou-bastì, ido, *adj.* Mal bâti, mal fait; mal tourné.

Mâoubérna, *s. m.*, n. pr. d'homme. Maubernard. — Signifiait autrefois Bernard-le-Mauvais, et devait s'écrire avec un trait d'union. Le fr. en fait Maubernard ainsi qu'il a fait pour beaucoup d'autres qui ont la même origine, et que SAUVAGES cite et traduit, tels que Mau-bué, mal lessivé; Mau-clerc, ignorant: Mau-duit, mal conditionné; Mau-piteux, inexorable ; Mau-pas, passage dangereux; Mau-pertuis, mauvais trou; Mau-péou, mauvais poil; Mau-roi, mauvais-roi; Mau-vilain, mauvais paysan; et de même de Mau-bec, Mau-croix, Mau-ron, Mau-buisson, Mau-levrier, Mau-repas, Mau-voisin, etc.

Tout cet article mérite d'être cité. Les judicieuses observations du maître, à propos de ces noms propres et de leur orthographe, sont d'une piquante actualité. Elles font justice de ce prétendu progrès qu'une nouvelle école de réformateurs préconise avec ardeur en prêchant la croisade en faveur de l'orthographe des troubadours.

SAUVAGES ajoute donc :

« Nous l'avons déjà annoncé comme une conjecture, mais il est plus que probable que l'ancien *mau* français des noms précédents, est le même que notre *mâou*, et se prononçait de même ou conformément à notre orthographe, qui est celle des sons ; et que l'*u* s'y faisait sentir dans son ancienne prononciation *ou*, avant qu'on eût fait de la diphthongue *au*, dans *mau*, un *o* long, et qu'on prononçât ce terme comme *mo*, sans que l'*u* y entrât pour rien.

« Nous avons dit ailleurs que, dans l'origine des langues, la prononciation courante en a réglé l'orthographe, et qu'il n'est pas naturel qu'on ait commencé d'écrire d'une façon, et de prononcer d'une autre ; cette contradiction ne s'est introduite que dans la suite; on prononçait l'*u*, puisqu'on l'écrivait : mais de plus, il est comme certain que, dans les premiers temps que le français avait imités du latin ou du roman, on retint d'abord la prononciation de l'*u* en *ou* de ces anciennes langues; prononciation qui s'est perpétuée dans l'italien, l'espagnol et le languedocien, qui en descendent comme le français; et qu'ainsi on prononçait *mau* comme *mâou*, et non comme *mo* dans Maupertuis, de la même façon que le mot latin *autem*, que les Français prononcent aujourd'hui *otem*, est prononcé par les Italiens et les Espagnols, comme *doutem*.

« Cette orthographe des sons que nous suivons était autrefois inutile lorsqu'il était généralement reçu de prononcer l'*u* comme l'*ou*. On écrivait donc par un *u* simple dans *mau*; et cet usage s'est si bien établi que tous ceux qui ont écrit dans notre idiome, depuis les premiers troubadours jusqu'à nous, n'ont pas orthographié autrement : ils n'ont mis qu'un *u* où il est bien certain qu'ils prononçaient *ou*, comptant bien de rendre par là leur prononciation. Les anciens avaient raison, en ce que cette orthographe ne contrariait point leur prononciation : les Languedociens modernes auraient dû en voir le vice, depuis les changements arrivés à la prononciation du français, dont l'orthographe a réglé la leur. »

Mâoubos, *s. m.*, n. pr. d'homme et de lieu. Mauvaise forêt ; bois mauvais, dangereux ; Malbos en fr. ou Malbosc, plus ancienne forme. — Même formation que le précédent, *Mâou* et *Bos*, et devenu un seul mot.

Mâou-câou, *s. m.* Chaud mal, fièvre chaude, fièvre maligne, parce que cette fièvre est accompagnée d'une grande chaleur. — *Toumba dé la fèbre én mâou-câou*, au fig. tomber de la fièvre en chaud mal, de Charybde en Scylla.

Mâou-céoucla, ado, *adj.* Écervelé ; cerveau mal timbré ; fou; qui a la tête fêlée. — Se dit également d'un vaisseau en bois, d'un tonneau, mal jointé, imparfait, ou en mauvais état, qui suinte et perd comme *uno tèsto mâou-céouclado*, qui laisse fuir le bon sens.

Mâou dé la mort, *s. m.* Maladie fâcheuse, dangereuse ou mortelle. — *Gn'a pér préne lou mâou dé la mort*, il y a de quoi périr ou gagner une maladie mortelle en s'exposant ainsi.

Mâou dé la tèro, *s. m.* Épilepsie, mal caduc, haut-mal. — *Toumba dâou mâou dé la tèro*, ou simplement *dâou mâou*, comme si les autres n'étaient rien en comparaison, être attaqué du mal caduc. On l'appelle ainsi de ce que ceux qui en sont atteints tombent par terre comme si elle les attirait.

Mâoudì, mâoudicho, *adj.* Maudit; chargé de malédictions; réprouvé. — *Quante mâoudì drole !* quel maudit garçon, quel coquin, quel jeune scélérat ! *Ah! lou mâoudì d'home!* ah ! le diable d'homme, ah ! le vaurien d'homme !

Mâou-émbouqua, ado, *adj.* Mal embouché; qui a toujours à la bouche des paroles grossières, indécentes et sottisières.

Mâou-én-trin, *adj. des deux genres*. Indisposé ; mal à l'aise; débiffé, dérangé. — *Sòui tout mâou-én-trin*, je suis tout mal en train.

Mâou-èstre, *s. m.* Mal-être, maladie de langueur ; indisposition vague; malaise; détresse; pauvreté; l'opposé de bien-être.

Mâou-faîre, *v.* Mal faire ; faire du mal. — *Sa pas qué mâou-faire*, il ne s'applique qu'à mal faire.

Mâoufasén, énto, *adj.* Malfaisant, qui se plaît à faire du mal; nuisible; dont la nature est de nuire.

Mâou-fisa, ado, *adj.* Mal confié; mal gardé; qui n'est pas en sûreté.

Mâou-gouvèr, *s. m.* Impéritie; mauvaise conduite dans le gouvernement, la direction, le maniement d'une affaire. — *Lou jo dé capitani Mâou-gouvèr,* jeu d'enfant où l'on se dépouille de ses habits qu'on jette pièce à pièce l'un après l'autre.

Mâougrè, *prép.* Malgré; contre le gré de quelqu'un; nonobstant quelque chose. — *Mâougrè tus,* malgré toi. *Mâougrè qué n'én vèngue, qué n'en digou,* quoi qu'il en advienne, qu'on en dise. *Ou faï mâougrè soun pèro,* ou *mâougrè qué soun pèro y-ague défendu,* il fait cela contre le gré, la volonté de son père, ou quoique son père le lui ait défendu.

Mâoulo, *s. f.* Mauve ou grande mauve à feuilles rondes. *Malvia sylvestris,* Linn., plante de la fam. des Malvacées, commune partout, dont les fleurs et les feuilles servent également pour amollir et calmer, employées extérieurement ou intérieurement. — *Ana fuma las mâoulos,* aller prendre sa place au cimetière, où les mauves abondent surtout.

Dér. du lat. *Malva,* m. sign., venu lui-même du gr. Μαλάχη, mauve, formé de Μαλακία, mollesse, ou de Μαλακίζω, amollir.

Mâoulo-blanquo, *s. f.* Guimauve, *Althæa officinalis,* Linn., plante de la même fam. que la précédente, qui a les mêmes propriétés émollientes et adoucissantes.

Maoùna, *v.* Carreler; poser des carreaux de terre cuite appelés *Maoùs.* — *Voy.* c. m.

On remarquera la différence de l'accent, qui a pour effet d'empêcher la première partie de ce mot de se diphthonguer, qui détache par conséquent la syllabe *où* et force la prononciation à scander le mot comme si un trait d'union séparait ses syllabes, *Ma-où-na.*

Nous avons expliqué cette orthographe aux mots *Aoùs* et *Maoù.*

Mâou-parla, *v.* Médire; calomnier; critiquer méchamment; dire des injures.

Mâou-parlan, anto, *adj. et part. pass.* du précédent. Médisant; insolent; impertinent; sottisier.

Mâou-quiè, iècho, *adj.* Indisposé; dérangé; mal bâti; tout je ne sais comment.

Mâou-réjoun, ouncho, *adj.* Hors de place, détourné de sa place, dérangé; mal serré; mal ramassé; mal gardé. — *Sé lou trove énticon mâou-réjoun,* si je le trouve dans quelque coin à l'écart.

Mâourèl, *s. m.,* n. pr. d'homme. Maurel. — SAUVAGES donne encore *Mourèl,* lang., et *Morel,* fr., qui ne sont en effet que des variantes d'orthographe, et il ajoute : « En vieux fr. Moreau, tanné, tirant sur le brun, en lat. *Subfuscus.* Le n. pr. *Chan-mâourèl* est un de ses composés et *Mâouro* est son féminin dans le n. pr. *Roco-mâouro,* mis en fr. dans Roche-more. Autant valait-il le traduire en entier, et dire Roche-brune, ou plutôt le laisser dans sa première intégrité, *Roco-mauro.* — Le nom de la localité sur les bords du Rhône est en effet aujourd'hui *Roquemaure.*

« Les altérations dans les noms qui se font peu à peu deviennent de droit incontestables lorsqu'il s'est passé quelques générations, et que personne n'a eu aucun intérêt de les attaquer ou de les contredire. »

Dér. du gr. Μαυρός, obscur, sombre, qui a donné au lat. *Maurus,* m. sign., d'où notre *Morou, More* et *Maure,* nègre.

Mâouréla (Sé), *v.* Se rouiller, être attaqué de la rouille, en parlant du blé et de cette maladie. — La sève trop abondante des blés trop vigoureux s'extravase, couvre l'épiderme des tiges et des fanes et engorge les vaisseaux sécréteurs; le soleil achève d'épaissir cette sève, qui prend une teinte couleur de rouille. L'épi, ayant ses conduits oblitérés, ne reçoit plus de nourriture et son grain devient maigre et étique, tandis que la paille est grosse et trop nourrie. C'est ce qu'exprime ce verbe.

Dér. du lat. *Maurus,* bistre, qui est la couleur de cette rouille.

Mâouréléto, *s. f.* Morelle, crève-chien ou morelle noire, *Solanum nigrum,* Linn., plante de la fam. des Solanées, commune le long des murs et sur le bord des chemins.

Mâourèlo, *s. f.* Morelle, tournesol des teinturiers, *Croton tinctorium,* Linn., plante de la fam. des Euphorbiacées. — De temps immémorial, les habitants de Gallargues, arrondissement de Nimes, après avoir cueilli cette plante chez eux ou dans les pays voisins, la broient, en exprimant le suc dont ils imbibent des chiffons qu'ils exposent à la vapeur de l'urine mêlée avec de la chaux vive, de l'alun et du fumier de cheval; c'est ce qu'on appelle tournesol en drapeaux dans le commerce. Cette plante est pourtant très-différente de celle qu'on nomme vulgairement tournesol ou *Viro-Sourèl.*

Mâourì ou **Mâourin,** *s. m.,* n. pr. d'homme. Maurin. — SAUVAGES le dit corrompu de *Mâou-riou,* mauvais ou dangereux ruisseau.

Mâou-traïre, *v.* Faire mal; tourner à mal; se mal conduire; être en peine pour quelqu'un, craindre pour lui; mal penser; mal augurer. — *Cassaïre e jougaïre noun podou qué mâou-traïre,* prvb., chasseur et joueur ne peuvent que mal tourner, mal finir. *És pas dé mâou-traïre,* il n'est pas à plaindre, il ne faut pas être en peine de lui. *Nous a fa mâou-traïre,* il nous a mis en peine, en souci. *Aquo mé faï mâou-traïre,* cela me fait mal augurer.

Mâou-trata, *v.* Maltraiter; malmener; faire éprouver de mauvais traitements; réprimander vigoureusement avec accompagnement de coups ou de très-dures paroles.

Mâou-valé (Sé faïre), *v.* Se faire haïr, se faire mésestimer ou regarder de mauvais œil; se faire des ennemis.

Mâou-valénço, *s. f.* Malveillance; inimitié; haine.

Altération du v. *Voulé* ou *Voudre,* vouloir. — *Mâouvoulé.*

Mâou-vâougu, udo, *adj.* et *part. pass.* de *Mâou-vale.* Mal vu; qui n'est pas estimé; qui est regardé de mauvais œil. — *Y soui pas mâou-vdougu,* je n'y suis pas mal vu, on y a des bontés pour moi. *Mâou-vâougu és miè pendu* ou *mâou vougu mita pendu,* prvb., variante qui assure le même sort a celui qui est mal vu et à celui qui mérite qu'on lui en veuille; ce qui est à peu près même chose et aboutit à pareille fin.

Mâouvès, èso, *adj.* Mauvais; méchant.

Mot français prononcé et écrit à la languedocienne et qu'on pouvait se dispenser d'emprunter, puisqu'on avait *Michan* pour la même chose. Cependant, avec ses allures étrangères, *Mâouvès* a su se faire bien accueillir, et, employé à propos, presque exclusivement au masculin, il a un certain cachet et ne manque pas d'énergie.

Mâou-vivén, énto, *adj.* Homme ou femme de mauvaise vie; mal-vivant.

Mâou-voulé, *s. m* et *v.* Mauvais vouloir; inimitié; haine; en vouloir à quelqu'un, lui vouloir du mal; avoir de la rancune, de la haine contre lui. — Sous les deux formes, il est du reste l'équivalent de *Mâou-vale* et *Mâou-valenço,* avec lesquels il est a peu près confondu.—*Voy.* c. m.

Maqua, *v.* Meurtrir; contusionner; blesser; cotir, meurtrir un fruit. — *A tous iels maquas,* il a les yeux battus, pochés au beurre noir, comme on dit populairement.

Dér. du lat. *Maculare,* tacher, maculer, noircir.

Maquaduro, *s f.* Meurtrissure; contusion livide; cotissure pour les fruits

Maquarèl, èlo, *adj.* Proxénète; maquereau, maquerelle; entremetteur ou entremetteuse; qui débauche et prostitue des femmes et des filles. — Se prend le plus souvent substantivement.

On le fait dériver de l'allem. *Mâkler,* entremetteur, ou du vieux mot *Maca,* maque, qui signifiait vente, venant probablement de l'hébreu *Maker,* vendre.

Maquarélaje, *s. m.* Métier de maquereau ou de maquerelle; métier d'un souteneur d'une maison de tolérance.

Maquarèou, *interj.* Même acception que notre mot *Maquarel,* et emprunt au dialecte provençal, qui prononce en *èou* nos finales qui sonnent chez nous en *èl.* — Ce mot pris, ainsi qu'il l'est en Provence, comme interjection, dissimule pour nous sa vraie signification sous une prononciation étrangère qui le défigure un peu; il est très-bon pourtant d'en éviter l'usage.

Maquari ou **Macari,** *s. m* Employé seulement avec *Cousigné,* et encore dans une locution peu usitée: *Cousigné-Macari* ou *Maquari,* cuisinier du diable, mauvais gâte-sauce, *Coquus nundinalis.*

Maquéïroù, *s. m.* Ecchymose; petite meurtrissure noire, comme un pinçon

Dim. de *Maquaduro.*

Maquigna, *v.* Tripoter, faire des tripotages ; brouiller ; mêler ; gâter; mettre de la confusion, en parlant d'affaires. Sorte de péj. de *Maqua,* meurtrir, gâter.

Maquignaje, *s m.* Tripotage; mélange désagréable au goût, malpropre; intrigue; tracasserie; confusion; désordre.

Maquignoun, *s m* Maquignon, qui vend et achète des chevaux, qui les revend et les troque.

Dér. du gr. Μάγγανον, ruse, fard, d'où le lat. *Mango, mangonis,* maquignon.

Maquignouna, *v.* Faire le maquignon, ou comme les maquignons; user d'artifice pour dissimuler, déguiser, couvrir les vices d'une chose qu'on veut vendre.

Mar, *s. m.* Marc, lie, résidu des fruits pressés, des substances bouillies, d'un liquide qui dépose. — *Mar de café,* marc de café ; ou simplement *mar,* qui est suffisamment entendu et presque exclusif.

Il est très-probable en ce sens que le mot vient, par apocope, du lat. *Amarus,* reproduit dans l'ancien lang. *Amar,* à cause de l'amertume du marc de café.

Mar, *s. m.* Mars, troisième mois de l'année, composé de trente-un jours. — *Mar dourous, abriou plejous, fan lou peïsan ourguious,* prvb., mars venteux, avril pluvieux, font le paysan orgueilleux. *Mar martèlo, abriou coutèlo,* prvb., mars martelle, avril coutelle.

Mar (Pés dé), *s. m.* Poids de marc, qui était l'ancien poids usuel de nos localités, celui dont la livre avait deux marcs ou seize onces, ou bien aujourd'hui un demi-kilogramme.

Mar, *s m.,* ou **Péiroù.** Maîtresse branche d'un arbre

Dér. du lat. *Mas, maris,* mâle, vigoureux. Le vieux fr. avait aussi *Mar,* qui signifiait grand, haut.

Marano, *s f* Ver, mite, insecte. — *Voy. Arcisoùs.*

Marano, *s. f.* Espèce de phtisie ou de marasme, qui attaque les brebis; dépérissement du mûrier dont les branches languissent, se dessèchent et meurent petit à petit. Quand ce mal est le résultat de la vieillesse, il est irréparable; mais le plus souvent, surtout quand il semble prendre un caractère épidémique, comme il provient alors d'une culture négligée, par des amputations à propos de branches et de racines, par des labours et des engrais, en rendant au sol appauvri les sucs nécessaires à l'arbre, on peut encore le rétablir, ce qui est plus avantageux que d'en planter de nouveaux.

Dér. du gr. Μαραίνω, dessécher, consumer peu à peu.

Marcandéja, *v.* Marchander; discuter le prix d'une chose; débattre le prix. Au fig. hésiter; balancer.

Dér. du lat. *Mercari,* faire le marchand.

Marcandéjaïre, aïro, *s. m.* et *f.* Marchandeur; qui aime à marchander. Au fig. barguigneur, qui hésite, qui balance.

Marcha, *v.* Marcher; cheminer; aller; avancer; faire son chemin. — *Marchas qué vous demandou,* dit-on à quelqu'un en lançant de son mieux un projectile, en jetant de toutes ses forces un objet quelconque, comme pour hâter sa marche en l'avertissant qu'on le demande; cela s'adresse aussi à quelqu'un qui vous importune, qui vous fatigue et dont il tarde d'être débarrassé. *Marchas, trasso d'home*, allez donc, triste sire !

Dér. de l'anc. allem. *Marchieren*, aller à cheval, chevaucher, de *March, marach, mark*, cheval ; qui, par interversion, en est venu à signifier aller à pied, marcher, *marcha*.

Marchaïre, aïro, *s. m. et f.* Marcheur, marcheuse ; qui marche beaucoup, sans se lasser. — Ne se dit guère qu'avec une épithète pour signifier celui qui marche beaucoup ou qui marche peu : *un michan, un bon marchaïre*, un mauvais, un bon marcheur.

Marchamén, *s. m.* Démarche, allure, manière de marcher ; le pas, le marcher de quelqu'un.

Marchan, ando, *s. m. et f.* Marchand, marchande ; celui qui vend ; acheteur, chaland. — *Marchan dé bla, marchan danna*, prvb., marchand de blé, marchand damné. *Sé vèn marchan, véndrai moun oustdou*, si je trouve acquéreur, je vendrai ma maison.

Dér. du lat. *Mercator*, m. sign.

Marchandiso, *s. f.* Marchandise ; toute chose qui se vend, en gros ou en détail. — *Marchandiso présentado, mita dounado*, prvb., marchandise offerte vaut moitié prix.

Marcho, *s. f.* Marche, action de marcher, chemin, route que fait celui qui marche ; distance à parcourir. Au fig., combinaison, mesure que l'on prend. — *Chacun bat sa marcho*, chacun marche, agit à sa guise, sans entente et sans ensemble. — *Marcho d'Ancono*, locution un peu argotique : un joueur de piquet embarrassé pour écarter, le fit d'une manière bizarre ses voisins : *De qu'és aquélo marcho ?* murmurèrent-ils ; et lui : *Aquò's la marcho..... d'Ancono*, ajouta-t-il par un affreux calembourg, car il était un peu lettré. Depuis, l'expression est restée dans un certain rayon local pour signifier une manière de faire, une marche que personne ne comprend, pas même souvent celui qui la suit ; mais on voit qu'elle est de pur argot, et elle ne doit pas remonter au-delà des premières guerres d'Italie de la fin du dernier siècle, où il était fort question dans les journaux de la marche d'Ancône occupée par les Autrichiens.

Dér. de la bass. lat. *Marca, marcha*, frontière, limite, pays frontière : d'où est venu *Marquis*, en bass. lat. *Marchio*, gouverneur d'une province frontière, d'une marche.

Mardiou, *interj.* Mort-Dieu, juron, qui peut être rendu aussi bien par Morbleu, qui est une autre altération lénitive, avec cette différence que le lang. a formé le mot avec l'initial *mar*, substitué souvent à *mal* et entré en composition de beaucoup de mots en mauvaise part, tandis que le fr. n'adoucit que la dernière syllabe en la convertissant avec un sens qui n'a pas de signification.

Mardioune, *interj.* Variante du précédent, équivalent de Mordienne.

Maréchal, *s. m.* Maréchal-ferrant, artisan qui ferre les chevaux, les mules et mulets et les bœufs. — *Voy. Manéchal*, qui est peut-être plus pur.

Dér. de la bass. lat. *Manescallus*, m. sign.

Maréchalo, *s. f.* Maréchale, place publique à Alais, en plate-forme, au devant de la citadelle, servant de promenade d'été. — Dans les notes des *Castagnados*, il a été inséré, sur cette place dont notre ville s'est toujours montrée assez fière, un article que nous recueillons avec plaisir, en rappelant cependant que le trait final a été écrit en 1843 et qu'aujourd'hui la place est entièrement nette : le miracle attendu n'est pas encore accompli, et c'est ce qui manque seulement à notre belle promenade.

« On varie sur l'origine de ce nom de Maréchale. Le doit-elle au maréchal de Vauban, qui changea le château comtal en citadelle royale ? Il aurait bien pu donner son nom à une place qui n'en est que l'appendice et qui a pu figurer sur les plans de ce grand homme. Est-il dû, au contraire, au maréchal de Montrevel qui commandait à Alais à l'époque de la construction de la Maréchale, c'est à dire en 1702 et 1703 ? Cette dernière version paraît plus fondée et plus conforme à la tradition.

« Cette promenade, qui domine la ville et sa verdoyante banlieue, et qui rappelle, en miniature, le Peyrou de Montpellier, a subi bien des vicissitudes depuis sa naissance. Sous le règne des Montagnards de la Convention, on y éleva une montagne. Ce furent les dames principalement qui en firent les frais et y travaillèrent de leurs propres mains : le petit nombre par enthousiasme, le plus grand, crainte de pis. Depuis lors on y a fait des prolongements, des accessoires plus ou moins gracieux. Dernièrement on a voulu un trait de plus de ressemblance avec le Peyrou : un château-d'eau. On a déjà un bassin et le cippe d'un jet d'eau ; quant à l'essentiel..... Dieu seul est grand ! »

Maréla, *v.* Terme de fileur de soie, vitrer : c'est distribuer le brin de soie sur l'écheveau de la roue du tour, de façon qu'il y fasse des losanges.

Dér. du gr. μείρω, distribuer, partager.

Marélaje, *s. m.* Vitrage d'un écheveau de soie, où les losanges que le brin de soie y forme en se croisant sur lui-même au moyen du va-et-vient. Lorsque ces losanges sont trop grands ou trop larges, le brin revient souvent au même endroit avant que celui sur lequel il s'attache ait eu le temps de sécher ; c'est alors un vitrage vicieux qui a un double inconvénient : les brins, se collant l'un sur l'autre, rompent fréquemment au dévidage pour les décoller, et la dévideuse perd beaucoup de temps pour retrouver le bout de soie rompu qu'il faut nouer avec celui qu'elle tient.

Marèlo, *s. f.* Mérelle et quelquefois Marelle, jeux d'enfants ; car il y en a deux de ce nom. Pour le premier, on trace sur un plan quelconque un petit carré traversé par quatre autres lignes qui partent des coins et du milieu des lignes déjà tracées pour se croiser au centre ; il s'agit, en posant chacun à son tour une marque, une petite pierre sur l'endroit où se trouvent deux raies, de faire arriver trois marques sur la même ligne. Le malin, qui connaît les finesses de ce jeu, est sûr de gagner lorsqu'il pose le premier, ce qui s'appelle *bouta fió*. La seconde marelle consiste à pousser à cloche-pied, entre des lignes circonscrites et dans un certain sens, un palet qui ne doit s'arrêter sur aucune raie et ne doit sortir du polygone que par le côté voulu, sous peine, pour le délinquant, d'avoir perdu.

Maréso, *s. f.* Citrouille, plante dont les feuilles sont découpées et tachetées de blanc. — *Voy. Bouteio*, dont elle est une des nombreuses variétés.

Son nom lui viendrait-il de ce qu'elle se sème au mois de mars, *mar*? C'est probable.

Marfi, *v.* Flétrir; faner; ternir, froisser; chiffonner.

Marfi, ido, *part. pass*, qui fait aussi au masc. *Marfe*, flétri; fané; chiffonné; bouchonné; froissé.

Dér. du lat. *Marcere*, m. sign.

Marfoundre (Sé), *v.* Se morfondre; se refroidir subitement lorsqu'on était en sueur; gagner une maladie par cela ou par un excès de fatigue. Au fig., s'ennuyer à attendre; perdre son temps à attendre; perdre sa chaleur.

Marfoundu, udo, *part. pass* de *Marfoundre*. Morfondu; refroidi trop vite après avoir eu chaud. Au fig., dégoûté, fatigué d'attendre, de poursuivre un but sans succès.

Margal, *s. m.* Herbe des prés, graminée, que les Anglais appellent *Ray-grass*, la meilleure et la principale, dont on recueille la graine pour ensemencer un pré, connue en botanique sous le nom de *Lolium perenne*, Linn. Une de ses variétés, du même nom, croit aussi, comme une sorte d'ivraie, sur le bord des chemins et dans les champs après qu'on a coupé le blé.

Margaridéto, *s. f.* Pâquerette, petite marguerite, *Bellis perennis*, Linn., plante de la fam. des Composées Corymbifères, commune dans les prairies. On la nomme en fr. Pâquerette parce qu'elle fleurit au temps de Pâques.

Margaridéto, n. pr. de femme, dim. de *Margarido*.

Margaridiè, *s. m.* Camomille romaine, *Anthemis nobilis*, Linn., plante de la fam. des Composées Corymbifères. Ses feuilles et ses fleurs, à odeur assez agréable, sont prises en infusion comme fébrifuges et stomachiques; en applications externes, elles sont très-résolutives.

Margarido, *s. f.*, n. pr. de femme. Marguerite.

Margarido, *s. f.* Marguerite; grande pâquerette, grande marguerite; *Chrysanthemum leucanthemum*, Linn., plante de la fam. des Composées Corymbifères, qui croit dans les champs et les prairies. — *A la franquo margarido*, à la franche marguerite; franchement; simplement; bonnement. L'amoureux superstitieux, comme ils le sont tous, consulte la marguerite en l'effeuillant pour savoir s'il est aimé à son tour; si la dernière feuille arrachée lui dit : un peu ou pas du tout, il se désespère; mais qu'elle lui réponde : passionnément, il s'enivre de joie et croit au bonheur: car la marguerite est trop franche pour le tromper. De là l'origine de la locution que nous citons.

Margasso, *s. f.* Pie-grièche, oiseau — *Voy. Tarnagas.*

Formé de *Mar* et *Agasso* : *Mar* pris pour *Mal* ou *Mdou*, inversion ou altération assez fréquente, et *Agasso*, pie; mauvaise pie.

Margò, *s. f.*, n. pr. de femme, dim. de *Margoutoun*, qui l'est déjà de *Margarido*. Margot. Marguerite.

Margò, *s. f.* Margot, nom donné à la pie surtout quand elle est privée; il se donne aussi à une femme bavarde, à une péronnelle.

Margouïa, *v.* Patauger, patrouiller dans l'eau bourbeuse; tremper, remuer dans l'eau. Au fig., être dans le margouillis, dans une mauvaise et sale affaire.

Ne serait-il pas formé du radical *Mar*, presque toujours péjoratif au commencement d'un mot, pour *Mal*, *mdou*, et de *Grouia* ou *Grouga*, grouiller?

Margoul, *s. m.* Margouillis; gâchis; désordre; fouillis de choses sales et dégoûtantes. Au fig., embarras d'une mauvaise affaire.

Margoulin, *s. m.* Pauvre et mauvais ouvrier; petit marchand qui ne peut faire que des affaires étriquées; en ce sens, vrai regrattier du commerce.

Margoutoun, *s. f.*, n. pr. de femme. Variante et enlaidissement de *Margarido*, Marguerite, qu'on peut rendre en fr. par Margoton.

Mari, *s. m.* Mari; époux; conjoint par mariage. — On l'emploie surtout quand on parle des maris en général, afin de ne pas confondre, dans certains cas, les deux significations d'*home*, qui veut dire homme et mari. — *Toutes lous maris qué soun countens dansariéou sus lou quiou d'un vèrre*, prvb., tous les maris qui sont contents danseraient sur le cul d'un verre.

Dér. du lat. *Maritus*, m. sign.

Mari, marido, *adj.* Mauvais; chétif; de peu de valeur; méchant par le caractère ou par le cœur. — *Un mari capèl*, un mauvais chapeau. *Uno marido bèstio*, une méchante bête. *Uno bono fènno, uno bono cabro, uno bono miolo, soun tres maridos bèstios*, prvb., une bonne femme, une bonne chèvre, une bonne mule, sont trois méchantes bêtes. *Un mari mdou*, un mauvais mal, dangereux, à craindre. *Un mari récontre*, une mauvaise fortune, un fâcheux malentendu, un malheur, une mésaventure.

Dér. de la bass. lat. *Marrire*, mal agir, affliger.

Mariaje, *s. m.* Dim. *Mariajoù*. Mariage, union légitime de l'homme et de la femme; dot; contrat, acte dressé par le notaire ou l'officier de l'état civil; solennité des noces; cérémonie; cortège, réunion de la noce; espèce de jeu de cartes. — *Y-an fa un bon mariaje*, on lui a fait une bonne dot. *Avès pourta voste mariaje?* dit l'homme d'affaires consulté par un client, avez-vous apporté votre contrat de mariage? *Anan vèire passa lou mariaje*, nous allons voir passer la noce, les époux, les parents, les invités.

Dér. de la bass. lat. *Mariagium*, m. sign.

Mariano, *s. f.*, n. pr. de femme. Marianne.

Marias, asso, *adj.* Péjor. de *Mari, ido*. Vaurien; chenapan ; mauvais sujet ; homme sans honneur et sans probité, de conduite répréhensible.

Le mot n'est pas tout à fait de notre dialecte ; mais à cause du voisinage de la Provence, il s'est très-bien impatronisé.

Marible, *s. m.*, ou **Maruble**, ou **Bouènrubi**. Marrube, marrube ordinaire, noir, puant, ou ballote fétide, *Ballota nigra*, Linn., plante de la fam. des Labiées, commune le long des chemins.

Marida, *v.* Marier, unir légitimement par le mariage un homme et une femme. Au fig., joindre, unir, rapprocher, allier, accoupler. — *Sé marida*, se marier, contracter mariage. *Ai marida moun garçou*, j'ai marié mon fils. *Ma sur s'es maridado*, ma sœur s'est mariée. *Fios qué soun à marida, michan troupèl à garda*, filles bonnes à marier sont un troupeau difficile à garder. *Fio qu'agrado és mita maridado*, fille qui plaît est à moitié mariée. *Qué sé marido pér amours a bonos gnuès et michans jours*, qui se marie par amour a bonnes nuits et mauvais jours. *Qué se marido sé brido*, qui se marie se bride. *Qué sé marido pér amours sé péntis lèou pér douloors*, qui se marie par amour se repent bientôt par douleurs. *Qué sé marido dé coucho sé répéntis dé lésé*, qui se marie en hâte à loisir se repent. *Maridas n'an qu'un més dé bon tén*, les mariés n'ont qu'un mois de bon temps.

Dér. du lat. *Maritare*, m. sign.

Marida, *s. m.* et *part. pass.* Marié, épousé ; nouveau marié ; allié intimement.

Maridado, *s. f.* et *part. pass.* Nouvelle mariée ; l'épousée ; la mariée.

Maridadoù, **maridadouno**, *adj. m.* et *f.* Nubile ; en âge d'être marié ; bon à marier.

Maridaïre, *s. m.* Marieur ; faiseur de mariages ; officier de l'état civil préposé aux mariages.

Mariéto, *s. f.* Femme ou fille faisant partie de la congrégation de la vierge Marie, fort nombreuses à Alais, où on les appelle communément en fr. Mariettes.

Marin, *s. m.* Marin, homme de mer ; officier, soldat ou matelot, appartenant à la marine.

Marin, *s. m.* Augm. *Marinas*. Vent de mer, vent du midi relativement à Alais, où il donne ordinairement la pluie. — *Marin blan*, vent du sud-est, sec et chaud, plus redouté encore pour les vers-à-soie que le vent du sud.

Marino, *s. f.* Marine ; ce qui concerne la navigation sur mer.

Mario, *s. f.*, n. pr. de femme. Marie, nom de la sainte Vierge, que portent beaucoup de personnes, femmes et hommes.

Marioun, *s. m.*, n. pr. Dim. *Mariouné, Mariouneto*. Marion, Marionnette, nom dim. donné à presque toutes les femmes qui s'appellent *Mario*.

Marmaio, *s. f.* Marmaille ; les petits enfants en général et particulièrement ceux qui sont incommodes et impatientants.

Dér. du gr. Μυρμηκιά, fourmilière, de Μύρμηξ, fourmi.

Marmando, *s. f.*, n. pr. de lieu. Marmande, ville. — Il est inutile de donner de plus amples renseignements sur une localité dont notre lexique, qui ne fait pas précisément de la géographie, ne retient le nom que parce qu'il revient souvent dans le discours, et ne s'emploie d'ailleurs que dans cette locution : *Aïço's pas Marmando*.

Le sens exact de ce dicton, si ce n'est sa traduction littérale, est celui du français : ce n'est pas le diable ; ce n'est pas le Pérou. Du diable, nous n'en avons que faire. Mais un chef-lieu d'arrondissement du Lot et Garonne assimilé à l'empire des Incas ! Cela sent un peu le terroir dont le fleuve inspirateur, qui arrose ce pays sans doute fertile, ne roule pas cependant l'or dont les imaginations avaient pavé et bourré le Pérou. Quoi qu'il en soit et sans prononcer sur leurs mérites comparatifs, toujours est-il que c'est la même pensée qui a fait choisir les deux pays pour types d'une excellence, d'une supériorité à laquelle rien ne peut atteindre. Le choix qu'on avait fait du Pérou s'explique assez par les succès récents de la Californie et ceux en voie d'aboutir de la Nouvelle-Calédonie ; mais celui de Marmande donne plus à chercher. Si le dicton avait pris naissance dans l'Agenois, il serait dû aux regrets d'un indigène dépaysé et pris de nostalgie, *dulces reminiscitur Argos*, ou mieux aux vanteries d'un autre, ce qui serait plus conforme à l'humeur gasconne. Mais comme il semble particulier à notre localité, — je ne me rappelle pas l'avoir entendu employer ailleurs, — voici ce qui est probable.

On n'a pas toujours eu des chemins de fer, pas plus que des diligences. Il fut un temps où, faute même d'un coche, Racine partit à bidet de Paris pour Uzès, tout comme d'Artagnan s'était acheminé du Béarn à Meung sur son poney orange. Dans ces temps antédiluviens, où voyager était si grosse et si rare affaire, un Alaisien fut obligé d'aller à Marmande. Personne d'ici n'y était jamais allé, cela va sans dire. Il fallut sans doute un motif bien grave pour le décider à s'aventurer si loin. Il partit cependant ; on ignore par quelle voie. Mais, dira-t-on, on ne va pas à Marmande. — On y va bien, puisqu'on en revient, comme d'Astrakan. Notre homme revint donc, et Dieu sait les merveilles que le nouveau Pizarre cévenol raconta de cet autre Pérou qu'il avait découvert. C'est depuis lors que pour nous, rien n'a valu Marmande.

Marmito, *s. f.* Marmite ; ustensile de cuisine, en métal ou en terre, dans lequel on fait bouillir la viande, ou simplement de l'eau. — *Sé vira ddou cousta dé la marmito*, se tourner du côté de la marmite, c.-à-d. de ceux qui font manger, comme faisait Sancho aux noces de Gamache ; et, par extension, se tourner du bon côté, de celui où il y a quelque chose à gagner.

Dér. du lat. *Marmor*, marbre, a-t-on prétendu, parce que les premières marmites étaient faites de marbre.

Marmitoù, *s. m.* Marmiton, bas valet de cuisine.

Marmoto, *s. f.* Marmotte, *Mus alpinus*, Linn., mammifère unguiculé de la fam. des Rongeurs — On ne connait ici, bien entendu, que la marmotte apportée par les Savoyards de leur pays; ils en ont appris, dit-on, à monter dans les cheminées en la voyant grimper, par une manœuvre qu'ils ont imitée, entre deux parois de rocher.

Marmoto est aussi comme le fr. Marmotte, le coffret plein d'échantillons que porte le commis-voyageur courant la pratique, nom qui lui a été donné sans doute par un rapprochement avec la boîte où le petit Savoyard tient sa marmotte en vie.

En ital. *Marmotta*.

Marmousé, *s. m.* Marmouset, petite figure d'homme ou de femme; figurine, statuette; petit homme mal fait; petit garçon.

Dér. du gr. Μορμώ, masque.

Marmoutoù, *s. m.* Bélier, mouton entier, *Aries*.

Ce mot, dans la composition duquel entre évidemment le lat. *Mas, maris*, signifie mouton mâle, le mouton sans épithète ayant perdu cette qualité. *Marmoutoù* n'est point tout à fait de notre dialecte, qui dit *Aré* pour le même animal. — *Voy.* c. m.

Marouquin, *s. m.* Marocain, espèce de raisin noir, à grains très-fermes, gros et peu serrés, cultivée dans le Languedoc, et qui sans doute a été importée d'Afrique, du Maroc; maroquin, peau apprêtée de chèvre ou de bouc, employée à la chaussure et à la reliure des livres.

Marqua, *v.* Marquer, faire une marque, imprimer un signe; tracer des lignes apparentes; indiquer, désigner, noter par une marque quelconque; annoncer, pronostiquer, promettre; écrire; donner à connaître; imprimer une tache, une empreinte, la flétrissure en parlant d'un condamné à la marque par le bourreau; indiquer ses points, ou les parties gagnées au jeu. — *A marqua sa plaço*, il a marqué sa place. *Ta ploumo marquo pas*, ta plume ne marque pas, ne laisse aucune trace sur le papier, faute d'encre. *Lou co marquavo*, le coup était apparent. *Aquélo nivou marquo dé vén*, ce nuage annonce du vent, est un signe, un pronostic de vent. *Marquas la pajo*, faites un signe, un onglet à la page de ce livre. *Marqua soun linje*, mettre son linge, ses initiales à son linge. *L'an marqua à l'espanlo*, le bourreau l'a marqué à l'épaule. *Marquo tous pouns*, marque tes points. *Marquo pas pus*, en parlant du cheval, il ne marque plus, on ne reconnaît plus son âge à la dent : par extension et iron. se dit de quelqu'un qui baisse, qui vieillit.

Dér. de *Marquo*.

Marquaïre, *s. m.* Marqueur; qui marque les points dans une partie de jeu. — *Iéou séraï lou marquaïre*, je serai le marqueur, je marquerai les points.

Marquan, anto, *adj.* Remarquable; considérable; qui marque, qui produit des points. — *Aquò's un home marquan*, c'est un homme marquant, un personnage. *La carto marquanto*, l'atout, la carte qui fait le point; une figure.

Marquis, marquiso, *s. m.* et *f.* Marquis, marquise, titre d'honneur et de distinction.

Dér. de la bass. lat. *Marchiones*, officiers préposés à la garde des frontières, *Marcho*, marches, de l'allem. *Mark*, bord, frontière.

Marquo, *s. f.* Marque; signe quelconque pour désigner, pour distinguer un objet; empreinte, indice; figure; impression; trace apparente, sensible; signe; chiffre, caractère, sur un ouvrage, une marchandise; jeton, fiche pour marquer ou compter; instrument dont on se sert à cet effet; témoignage, preuve; présage; peine infamante de la flétrissure. — *Marquo de cè*, idiotisme, de prononciation surtout, preuve de cela.

Dér. de l'allem. *Mark*, marque, signe.

Marquo, *s. f.* Craie, pierre blanche, calcaire et tendre, plâtre blanc, dont on se sert pour tracer des lignes, pour marquer. — *Uno Sénto-Viérjo én marquo*, une statue de la Vierge en plâtre : métonymie.

Marquo-màou, *s. des deux genres*. Qui marque mal; qui dénote mal; qui montre des intentions, des penchants mauvais.

Mar-sâouse, *s. m.* Marseau, saule-marseau, *Salix capra*, Linn., arbre de la fam. des Amentacées, qui croît bien dans les terrains secs et craieux; son bois est plus dur et plus plein que celui du saule aquatique; on s'en sert avec avantage pour faire des perches et des échalas. Le marseau donne aussi d'assez bon bois à brûler.

Formé de *Mar*, du lat. *Mas, maris*, mâle, et *Sâouse*, saule.

Marséïés, éso, *s. m.* et *f.* et *adj.* Marseillais, aise; habitant de Marseille; qui est, qui provient de Marseille.

La Marseiéso, la Marseillaise, la fameuse chanson de la Révolution.

Marséïo, *s. f.*, n. pr. de ville. Marseille, chef-lieu du département des Bouches du Rhône.

Les opinions sont fort divisées sur l'étymologie du nom. Les analogies ne manquent point et s'appliquent à des localités d'une bien mince importance et de moindre ancienneté : ce qui ne diminue en rien l'embarras. Le prendre dans le lat. *Massilia*, qui traduisait le gr. Μασσαλία, ne fait que déplacer la question. Où le grec et le latin l'avaient-ils pris eux-mêmes ? Adrien de Valois indique comme radicaux Μάσσειν, *mollire*, amollir, ou bien Μαλακία, *mollities*, calme de la mer, peu différent de Μασσαλία. Expilly et d'autres tirent des inductions du nom des *Salyes* ou *Salyens*, peuples qui occupaient ces rivages gaulois au moment où les Phocéens y abordèrent et vinrent bâtir la ville. Cette dernière interprétation pourrait faire intervenir l'élément celtique dans l'appellation, *Mas, mansio*, lieu, demeure, pour la première syllabe, *Salyes*, évidemment régional et pris sur les lieux et dans la langue du pays, ou dans le Ligurien.

Marséja, *v. impers.* Faire un temps de mars, pour

exprimer les intempéries, les giboulées habituelles dans ce mois. — *Marsejo*, il fait un temps de mars.

Marséjado, *s. f.* Intempérie, giboulée de mars.

Marsén, marsénquo, *adj.* Du mois de mars; qui appartient au mois de mars; qui naît, pousse, est cueilli en mars. — *Lous marsens*, les mars, menus grains, orge, avoine, millet, etc., que l'on sème au mois de mars.

Marsioure, *s. m.* Hellébore vert, rose de Noel, *Helleborus viridis*, Linn., plante rustique de la fam. des Renonculacées, qui fleurit pendant la gelée, et dont on emploie la racine, sous le nom d'hellébore noir, à faire des setons pour les maladies contagieuses des chevaux.

Dér. de *Mar* pour *Mal*, *màou*, mauvais, et *Sioure*, liège.

Martèl, *s. m.* Dim. *Martélé*; péj. *Martelas*. Marteau, outil de fer, à manche et à une ou deux têtes, pour frapper; heurtoir d'une porte

Dér. du lat. *Martellus*, m. sign.

Martéla, *v.* Marteler; battre, travailler avec le marteau; frapper à coups de marteau.

Martélado, *s. f.* Coup de marteau. Au fig., inquiétude, souci imaginaire; folie, lubie: dans le même sens, à peu près, le fr. emploie encore le v. m. *Martèl*, se mettre martel en tête.

Martélaje, *s. f.* Martelage, marque que l'on fait sur les arbres que l'on doit abattre, ou sur ceux exposés à un cours d'eau torrentiel, pour que le propriétaire puisse les réclamer s'ils sont emportés; coups de marteau répétés, leur bruit, leur roulement.

Martì, *s. m.*, n. pr. d'homme. Dim. *Martine*. Au fém. *Martino* Martin. — Comme patron très-vénéré par sa sainteté, comme date du jour de sa fête, le 11 novembre, comme locution proverbiale, le nom de *Martì*, Martin, est entré dans beaucoup de locutions, d'appellations et de phrases faites, en lang. et en fr. — *A Sen-Martì, tapo toun vi*, prvb., à la Saint-Martin, bouche tes tonneaux. *Manquo pas d'ases à la fièiro que s'apélou Martì*, à la foire il y a bien des ânes qui s'appellent Martin, pour dire qu'en une foule de choses il ne faut pas se fier à la première apparence, non plus que se contenter d'un nom, même honorable, pour se confier et croire au premier venu sur cette seule étiquette.

Dér. du lat. *Martinus* ou *Martius*.

Martignargue, *s. m.*, n. pr. de lieu. Martignargues, dans le canton de Vézénobres (Gard).

Nous ne relevons le nom de ce petit hameau inconnu que parce qu'il représente dans sa forme un des spécimens les plus authentiques des diverses altérations par lesquelles sont passés les noms propres revêtus aujourd'hui de la fameuse désinence en *argues*, et parce qu'il sera plus facile ici de vérifier ce que nous avons dit à ce sujet par les rapprochements et les analogies qui s'y rattachent. Il n'est besoin pour cela que de suivre la série des dénominations successives, et de placer en regard ou à la suite les similaires, qui tous, comme celui-ci, ont eu pour parrain ou pour patron le nom du grand et saint apôtre des Gaules, évêque de Tours, mort à la fin du IV⁵ siècle. L'identité de valeur significative des suffixes servant à adjectiver un substantif nom propre, pour en faire un nom de localité, de domaine ou de propriété, en sera mieux démontrée, depuis leur formule ancienne tirée du celtique, et ses changements dans la moyenne latinité et le roman, jusqu'à leurs variantes ethniques adoptées par la langue d'Oc et la langue d'Oïl.

Le nom de ce village est mentionné, en l'an 850, *Martiniacum colonica; Ecclesia de Martinhanicis*, en 1314; *le lieu de Saint-Martin de Martingnanges*, en 1346; *Martinhanicæ*, en 1384, dans le dénombrement; *Martinhargues*, en 1547; *Saint-Martin de Martinhargues*, en 1620; et enfin fixé en *Martignargue*, et Martignargues.

Comme analogues, on trouve *Martignac* (Ariège, Lot); *Martignas* (Gironde); *Martillac* (Gironde); en latin, *Martinacum*, notre plus ancienne forme; *Martignan* (Gard, Haute-Garonne); *Martissan* (Tarn et Garonne); *Martinens* (Gers), en lat. *Martinanum*, amenant dans la bass. lat. *Martinhanicæ*, et dans le roman *Martinanges* et *Martinencho*, Martinenche, que nous allons voir, produisant aussi *Martigné* (Mayenne); *Martigni*, *Martigny* ou *Martinhac*, dans le Valais; *Martinengo*, dans la Lombardo-Vénétie; *Martinho*, en Portugal.

Tous se retrouvent dans *Martignargue* sous ses différents aspects, et avec les terminaisons que, au Midi et au Nord, ont modifiées les influences du climat, de la contrée et leur prononciation propre, mais tous adjectivant le même nom propre et le convertissant en un nom de propriété, avec la signification de domaine de Martin ou lieu sous l'invocation de Martin et dont il est considéré comme maître.

Nous n'avons donc pas à redire que ces exemples confirment de plus en plus cette opinion que la désinence *argue*, particulière à notre Midi, est purement adjective, équivalente aux suffixes *ac*, *at*, *é*, *igny*, et autres, et n'a point à revendiquer une racine dans le latin *Ager*. — *Voy. Argues, An, En*, etc., etc.

Martiné, *s. m.* Martinet, gros marteau, mû par la force de l'eau et plus souvent aujourd'hui par une machine à vapeur; se dit en même temps de la forge et de la fonderie elle-même. Aussi est-il devenu un nom de lieu pour plusieurs endroits où il existait des moulins de ce genre.

Il est encore le dim. du n. pr. *Martì*, Martin.

Martinéncho, *s. f.*, n. pr. de lieu et d'homme. Martinenche, hameau dans la commune de Sénéchas, arrondissement d'Alais.

La forme féminine de ce nom le fait remonter au masc. *Martinén*, avec le suffixe chuintant *encho* provenant de *én*, *èn*, *ènc*, *énquo*, variantes déjà étudiées, et établissant son analogie avec *Martignargue* ci-dessus et les autres. Sa signification est en tout semblable, le suffixe adjectif ne changeant point le sens du radical. — *Voy. Èn, En, suff.*, et *Martignargue.*

Martre, *s. f.*, ou **Martro**. Marte, marte commune, *Mustela martes*, Linn., mammifère unguiculé de la fam. des Digitigrades ou Carnivores : pelage entièrement brun avec une tache jaune-clair sous la gorge ; queue longue et bien fournie. — Cet animal, de la taille à peu près d'un chat ordinaire mais plus bas sur ses jambes, est rare dans le Midi, et l'on n'en trouve quelques-uns que dans les montagnes de l'Ardèche, de la Lozère et des Cévennes. La fouine au contraire est commune chez nous; elle ne diffère de la marte, d'une manière un peu distincte, que parce qu'elle a le dessous de la gorge blanc ; leurs mœurs sont d'ailleurs entièrement semblables : aussi ont-elles été confondues toutes deux, et, pour le languedocien, la fouine est aussi *la Martro*. Du reste, les anciens naturalistes en avaient fait autant, et pour eux la fouine était la marte domestique, non qu'il fût bien facile et plus habituel alors qu'il ne l'est aujourd'hui de la réduire en domesticité, mais sans doute parce qu'on la voyait rôder plus volontiers que la marte autour des habitations. Lorsque les savants confondent ainsi, pourquoi le languedocien, qui n'est pas savant, eut-il fait mieux ? La science a marché et classé distinctement la marte et la fouine ; le languedocien persiste à n'en pas faire la différence et à ne leur donner qu'un seul nom, celui de *Martre* ou *Martro*.

Martro, *s. f.*, n. pr. de femme. Marthe. — *Dòou tén qué Martro fialavo*, disons-nous pour exprimer ce que dit le français : du temps que Berthe filait ; il n'y a que la filandière de changée. Mais tout le monde connaissait peu ou prou la reine Berthe, et l'on n'en peut dire autant de la Marthe qui l'a détrônée chez nous : à moins que ce ne soit la sœur de Lazare, et rigoureusement cela peut être. Comme il s'agit, dans les deux dictons, de remonter dans des temps très-reculés, où les choses se passaient autrement que du nôtre, où par exemple les rois épousaient des bergères, il est possible que le languedocien ait voulu renchérir sur son voisin ; et, ne se contentant pas du moyen-âge, il est allé jusqu'à la Tarasque. Cependant il n'est pas à croire que cette course au clocher rétrograde ait eu lieu; et voici comment je soupçonne que, simplement et sans songer à la chronologie, à Berthe on a substitué Marthe. Le premier de ces noms n'était pas usité ni connu dans nos contrées ; le second au contraire l'était beaucoup, et l'on disait *Marto* mieux peut-être que *Martro*, qui est cependant resté. En entendant prononcer le nom étranger, le languedocien crut que c'était le sien qu'on estropiait ; l'assonance aida à son erreur ; il corrigea ce qu'il avait mal dit, et la correction nous a été transmise. C'est là tout le secret.

Cette marche me paraît évidente et la conservation de la quenouille est, à mon avis, la confirmation du fait. La reine Berthe filait, cela n'est pas douteux : l'histoire et la tradition avaient appris à tous ce modeste emploi du temps de la mère de Charlemagne ; et il était assez excentrique en si haut lieu pour être rappelé comme contraste à ce qui s'est passé plus tard, car aujourd'hui et il y a longtemps les reines ne filent plus. Mais qu'importe que Marthe s'occupât à filer, à coudre ou à tricoter, ce qui devait être une partie des soins du ménage dont elle était chargée ? Dans sa position plus humble, cela n'avait rien que de fort naturel, de fort ordinaire, et elle filerait encore si le miracle qui ressuscita son frère se renouvelait en sa faveur; il n'y avait donc pas à le remarquer, à le relever, à en faire une opposition à nos usages. Il faut, en effet, bien reconnaître et constater que le proverbe n'a pas voulu seulement citer une époque reculée. Pour cela il n'avait pas besoin de s'arrêter en si bon chemin, et il pouvait remonter au déluge où, par parenthèse, s'il y tenait, il pouvait, sans trop de crainte de se tromper, faire filer et même tisser la femme et les brus de Noé qui ne devaient pas s'y épargner pour vêtir la famille, attendu qu'on manquait un peu de magasins de confection. Mais il a voulu surtout parler d'un temps où les usages, les habitudes, les mœurs, les choses, meilleurs ou plus mauvais, étaient tout différents des nôtres, où l'on voyait ce qu'on ne voit plus Le français a rendu cette pensée ; le languedocien ne la rend pas. Il me paraît donc certain que ce dernier n'a point fait son proverbe qu'il aurait fait différemment, et qu'il l'a pris du français, en l'altérant, sans s'en douter, en effaçant même le sens qu'il doit avoir.

Martroù, *s. f.*, n. pr. de femme. Dim. de *Martro* Marthe.

Mas, *s. f.* Madame ou Mademoiselle. — On donnait autrefois le nom de Madame à la bourgeoise mariée. *Mas*, abréviation de *Madouméïsèlo*, s'appliquait de même, et descendait jusqu'aux femmes d'une condition bien inférieure encore. Ce mot n'allait jamais seul ; on y joignait toujours le nom de la personne précédé lui-même de l'article *dé*, qui n'était pas tout à fait la particule ; ainsi l'on disait : *Aï vis mas dé Sàouri ; Coumo anas, mas dé Piàchégu ?* etc. Aujourd'hui *Madamo* est venu égaliser toutes les femmes : aussi *Mas* ne reste que comme souvenir d'usages passés de mode, ou tout au plus pour servir quelquefois d'appellation plaisante.

Mas, *s. m.* Maison de campagne ; ferme, métairie, habitation des champs; campagne, depuis la modeste demeure du paysan jusqu'au château exclusivement. — *Mas* exprime en général l'ensemble de la propriété rurale, habitation, bâtiments d'exploitation et terres dépendantes ; mais quelquefois il peut s'entendre seulement de la maison.

Dér. du lat. *Mansus*, m. sign.

Masado, *s. f.* Tour du *Mas*, de la ferme, le vol du chapon, les champs les plus rapprochés et par conséquent les mieux cultivés.

Masado est aussi l'agglomération de quelques *Mas*, et alors à peu près l'équivalent de petit hameau. De là le nom du village de *Maza*, Mazac, aux environs d'Alais.

Masâourì, *s. m.*, n. pr. d'homme. Mazauric. — La traduction n'est pas heureuse, et le français y a rarement bonne main pour nos noms propres. Le *c* final qu'il a introduit dans celui-ci a l'inconvénient de le défigurer complètement.

Le mot est une contraction de *Mas dou riou*, du lat. *Mansus ad rivum*, métairie près du ruisseau.

Mascara, *v*. Mâchurer; noircir; charbonner; barbouiller de noir. — *Lou pëïrôou vôou mascara la sartan*, le chaudron veut noircir la poële, ou la pelle se moque du fourgon.

Le languedocien *Caro*, mine, figure, de la bass. lat. *Cara*, m. sign., précédé de *Mas*, altération de *Mal, malo*, mauvais, a formé *Mascara*, rendre la figure mauvaise, laide, défigurer; ce qui a lieu quand on la barbouille de noir De même se sont formés par contraction *Masquo* et *Masquéto*, vilaine et fausse figure, faux visage par extension, parce qu'aussi dans le principe pour se masquer, il suffisait peut-être de se noircir, *sé mascara*, le visage.

Mascaraduro, *s. f.* Noircissure; état d'une chose mâchurée, charbonnée, barbouillée avec du noir.

Mascaroù, *s. m.* Chaudronnier, mineur de houille, forgeron, ouvrier ou artisan que son travail ou son métier expose à avoir souvent la figure noircie; jeune ramoneur de cheminées.

Mascle, *s. f.* Augm. et péj. *Masclas*. Mâle; qui est du sexe masculin; opposé de femelle.

Dér. du lat. *Masculus*, m. sign.

Mascloùs, *s. m. plur*. Crinons, dragonneaux ou draconcules, petits vers microscopiques, de la grosseur d'un cheveu *(Crinis)*, et longs en proportion, qui naissent de préférence sous la peau des enfants maigres et délicats, surtout de ceux qui manquent de soins de propreté, et se logent dans les parties musculeuses du corps où ils causent des démangeaisons continuelles et fâcheuses qui rendent l'enfant malade. On s'en débarrasse au moyen de frictions avec de l'huile ou d'une pommade légèrement mercurielle. Le ciron, type de la petitesse, est un insecte aptère qui a les mêmes aptitudes et doit être compris sous le même nom.

On remarquera que l'on n'emploie guère le mot *Mascloùs* qu'au pluriel, ces animaux étant si petits qu'il n'y a pas lieu de s'occuper d'un seul.

Masé, *s. m.* Dim. de *Mas*. Maisonnette de plaisance, pour lequel on a aventuré en francisant le mot : Mazet. — Les Mazets ont bien autant de droit que les Bastides, leurs sœurs germaines, à être nommés de leur nom en français : ils sont du reste en assez grand nombre pour faire valoir leurs titres, car les campagnes qui entourent nos villes en sont couvertes.

Masé est le dim. de *Mas*, diminutif s'il en fut jamais, car il se compose ordinairement d'une seule pièce au rez-de-chaussée servant à la fois de salon, de cuisine et surtout de salle à manger; une autre pièce au premier, où l'on grimpe par une échelle de meunier, accuse déjà beaucoup d'ambition, et quelque chose de plus lui ferait perdre son caractère et jusqu'à son nom pour atteindre celui de *Mas*.

Masèl-Viél, *s. m.* Mazel-Viel, nom d'un des quartiers de la ville d'Alais, auquel on a bien fait de conserver en français, en classant les rues, sa forme originaire, quoiqu'on pût cette fois le traduire d'une manière exacte par : vieille boucherie.

Du lat. *Macellum*, boucherie, on avait fait *Masèl*, avec la m. sign., mais le mot est tombé en désuétude et ne sert plus que pour dénommer d'anciens quartiers ou des localités où ont dû exister dans le temps des boucheries. Quelques noms propres d'homme sont sortis de là.

Maséla, *v*. Terme de boulangerie, former le pain lorsqu'il est en pâte et levé, le marquer de la tranche de la main; presser, entasser la pâte, la condenser, la patiner, au lieu de la remuer largement ou légèrement, sans la presser ni l'aplatir.

Maséla, ado, *adj*. et *part. pass*. Pressé, entassé; condensé.

Dér. du gr. Μάσσω, pétrir, exprimer en pressurant.

Masiè, *s. m.* Métayer; qui habite et cultive un *Mas*. — Ne se dit que de celui qui est dans une métairie de peu d'importance.

Masqua, *v*. Masquer; déguiser; cacher; dérober à la vue.

Sé masqua, se masquer; mettre un masque sur la figure, un habit de masque; se déguiser.

Dér. de *Masquo*, masquéto.

Masquarado, *s. f.* Mascarade; troupe, cortége de carnaval, de gens masqués et déguisés.

Masquéto, *s. f.* Masque; faux visage en carton avec lequel on se déguise en carnaval; personne masquée, déguisée. — *S'abìa én masquéto*, se masquer, se déguiser. — *Voy. Mascara*.

Masquo, *s. f.* Masque, sorcière; parce que les sorcières se cachaient sous un faux visage pour faire leurs conjurations. Aujourd'hui ce mot n'est plus qu'une injure dite à une femme pour lui reprocher sa vieillesse, sa laideur et surtout sa méchanceté. Cependant, comme beaucoup de ces termes injurieux qui ont perdu de leur signification première, celui-ci, dont l'application s'est fort étendue, change de valeur selon la personne à qui il s'adresse et le ton avec lequel on le prononce. Car il y a loin de *Masquo!* dit à la fillette malicieuse, espiègle et un peu démon par sa mère qu'elle fait enrager, à *Viéio masquo!* dont on apostrophe une femme vieille, laide, méchante, ayant enfin tous les défauts qu'on reprochait aux sorcières — *Voy. Mascara.*

Massa, *v*. Piler, écraser; assommer; frapper avec la *masso*, masse.

Massacra, *v*. Massacrer; tuer; blesser fortement; charcuter; travailler mal; massacrer, gâcher, barbouiller un ouvrage.

Massacre, *s. m.* Attiseur, celui qui attise le feu dans une filature de soie; dans les moulins à huile, on appelle l'attiseur *lou Chourou*. — S'entend aussi d'un ouvrier qui travaille mal, un massacre, qui gâte un ouvrage.

Massacre, s. m., dans le sens du fr. Massacre, carnage, tuerie, est bien reçu, transmis qu'il a été directement par le bass lat *Mazacrium*, m. sign.

Massano. s. *f*, n. pr. de lieu. Massanes, commune du canton de Lédignan (Gard).

Deux autres localités, quartiers ou fermes, portent la même dénomination, le village du canton de Lédignan est le plus considérable; il a été chanté par Florian dans sa charmante idylle d'*Estèle et Némorin*: ce serait un titre pour ne pas être passé sous silence, mais pour le moment c'est aux noms seuls que nous en voulons. A décomposer le mot, on obtient sans effort pour la première partie *Mas*, abréviation connue et fréquente du lat. *Mansus* ou *Mansio*, et pour la seconde, le lat. encore *Sana* ou *Sanæ*, au sing. ou au plur.; ce qui représente une ou plusieurs habitations saines, salubres, et se trouve parfaitement applicable, pour peu qu'on soit de l'avis de Florian, qui n'a fait que la description cependant, et non le baptême.

Eh bien! cette interprétation étymologique, si naturelle semble-t-il, risquerait de ne pas être vraie. Le doute s'appuie des meilleures raisons; car aucune des deux parties du mot ne résiste à une analyse un peu sévère. D'abord *Mas* pourrait bien n'être que ce radical transformé dont on rencontre tant d'exemples, mis ici pour *Mal*, venu de *Malè* ou *Malum*, et la signification serait l'inverse de ce qu'on croirait. Puis, la finale, à la bien considérer, n'est autre que le suffixe d'attribution lat. *Anus, a, um*, au nominatif sing. ou plur. féminin: par conséquent l'explication par le lat. *Sana* ou *Sanæ*, saine, se détache absolument. Et il est à peu près certain qu'il doit en être ainsi pour les deux fractions du nom, car sa syllabe initiale n'est qu'une altération adoucie; et sa désinence qu'un retour ou mieux qu'une restitution de forme du suffixe. La preuve en ressort évidente de l'appellation gallo-latine de *Massano*, Massanes, qu'un cartulaire cité par M. Germer-Durand désigne, en 1038, par *Villa que vocant Marsanicus*, changé par le romane de 1435 en *Marsane*, devenu seulement, en 1582, *Massanes* et *Massannes*. De plus, il se rencontre que la forme rude s'est conservée dans le nom d'un autre lieu de la commune de Bellegarde, appelé encore *Marsane*; sans même tenir note des analogues *Marsan* (Gers) et *Massan* (Aude), non plus que de *Marsac* (Charente, Creuse, Dordogne, Lot, Lot et Garonne, Puy-de-Dôme, Hautes-Pyrénées, Tarn, Tarn et Garonne), correspondants à *Massac* (Aude, Charente-Inférieure, Tarn).

Mais, par l'appellation dans la moyenne latinité, nous sommes amené à une autre identité plus rapprochée et plus familière à notre contrée: elle se trouve dans *Massargue*, Massargues, hameaux ou quartiers des communes de Carnac, de Saint-Martin de Saussenac et de Saint-Quentin (Gard), ce dernier dit aussi, en 1215, *Marsanicæ*.

Voilà un nouvel exemple frappant de la similarité ou de l'équivalence des suffixes: la forme gallo-latine *anicæ*, représenté par le roman, le languedocien et le français en *ano*, *anes*, et *argue*, argues, se tenant avec *an*, *ac* et *as*. Nous verrons au reste les mêmes phénomènes d'inversion se reproduire dans *Massillargue* et *Marsillargues*, et bon nombre d'autres. — *Voy.* c. m.

Il ne s'agit donc ici que d'une désinence suffixe: les variantes ne changent point l'attribution, le sens reste le même avec *ac, an, ano, anes, argue, as*; et, suivant la forme première ou plus ancienne du mot, si son radical est *Mars*, du lat. *Mars, martis*, ou du génitif du nom de *Marcus* ou *Maricus*, avec une légère permutation, il est probable qu'il signifiera, par l'adjonction du suffixe, le domaine de Mars ou de Marcus, un lieu dédié à Mars, divinité gauloise et romaine, ou appartenant à Marcus ou Marcius.

De là il n'y a pas à inférer que tous ces villages ou hameaux remontent à une date perdue, comme on dit, dans la nuit des temps; mais il ne serait pas impossible qu'un souvenir du dieu Mars se fût peut-être conservé. Ce qui est pourtant plus vraisemblable, c'est le nom simple du propriétaire, ou bien le patronage de l'évangéliste *Marc*, sous l'invocation duquel une église, toujours le premier établissement fondé, aurait été placée.

Massapan, s. m. Petite boîte en bois léger où l'on met des friandises, des confitures sèches; boîte aux graines pour les couvées de vers-à-soie.

Massaparén, *s. m.*, ou *Pissagó*. Potiron rouge, polypore bigarré, *Polyporus versicolor*, Linn., espèce de champignon vénéneux, comme l'indique son nom qui signifie tue-parent, du lat. *Mactare*, tuer, en ital. *Mazzare*. — Ce champignon devient bleu ou violet lorsqu'on le casse, ou simplement en y appuyant le doigt. Il cesse, dit-on, d'être malfaisant quand on l'a fait bouillir et dégorger ensuite dans l'eau fraîche; mais nous ne voudrions pas garantir l'efficacité du procédé. — *Voy. Pissagó*.

Masséto, *s. f*. Maillet en fer de tailleur de pierre.
Dim. de *Masso*, masse.

Massiargue, *s. m.*, n. pr. de lieu. Massillargues, dans le canton d'Anduze et dans la commune de Saint-Maximin (Gard).

Ce nom et quelques-uns de ses analogues présentent des particularités de formation qui nous paraissent assez curieuses: leur orthographe s'est modifiée d'une manière si diverse avant de se se fixer comme elle est aujourd'hui, qu'il en résulte une certaine incertitude sur leur véritable dérivation.

Massiargue, d'abord, reproduit en fr. par Massillargues, était désigné, en 1345, dans deux titres différents par *Parrochia Sancti Marcelli*, et par *Castrum et mandamentum de Massilianicis*, devenu, en 1402, *de Marcilhanicis*, en 1435, *Massillargues en Anduze*, forme romane, et encore, en 1437, *de Marcilhanicis*, en 1485, *Marcelhanicæ*; puis,

Masilhargœ, en 1525, et *Marcilhargues*, en 1568 ; pour flotter toujours entre ces variantes jusqu'à l'appellation actuelle qui paraît définitive dans la langue vulgaire et dans le français. On sait à quoi s'en tenir sur la transformation de la finale de la basse latinité *anicœ* en *argue*, languedocien : ici une complication du mot se produit sur ses premières syllabes avec la lettre r qui paraît et disparaît au gré de je ne sais quel caprice.

Pourquoi le même phénomène se montre-t-il dans le nom de Marseille, que le grec et le latin faisaient nettement sonner en *Massilia*, et qui a pris la forme rude en langue d'Oïl et en langue d'Oc ?

Plus près de nous, l'appellation analogue *Massia*, Massillac, commune de Bouillargues, était, en 941, *Villa que vocant Marceglago*; elle devint, en 1146, *Marciliachum* et *Marcellacum*, en 1200, *Marsillacum*, en 1479, *Massilhac*, pour finir en *Massia*, ou Massillac dans notre dernière orthographe.

Par le rapprochement, sinon de la forme actuelle, au moins de celle donnée à notre *Massiargue* dans le moyen-âge, il faut reconnaître la même composition non altérée dans *Marsiargue*, *Marsillargues*, autrefois Massillargues (Hérault), en lat. *Marcellianicœ*, *Marcellianicus*. Dans la même catégorie viendront se confondre Marcilhac (Lot); Marcilhac (Aveyron, Corrèze, Dordogne, Gironde, Lot); Marseillac (Haute-Garonne); Massillac et Marcillat (Creuse, Puy-de-Dôme); Marsillat (Creuse); Marsellan (Gers) ; Marcellanges, n. pr.; *Marseian*, Marseillan (Gers, Hérault, Hautes-Pyrénées); *Marsian*, Marsillan (Gard); et de plus les *Marcille*, et vingt-deux *Marcilly*, répandus sur tous les points, sans compter les *Marsilly*, qui sont aussi de la famille, et les *Massily*, dans lesquels se retrouvent les formes latines *Marcellus*, *Marcellianus* et *Marcellianicus*.

La question n'est pas de remarquer une fois de plus l'identité de dénomination malgré la différence des désinences. Il est bien certain qu'en ajoutant à un nom, à un substantif, le suffixe final, qu'il soit *a, ac, an, at, anges, argues, é* ou *y*, on a voulu, suivant une méthode que nous avons déjà exposée, et par des procédés connus et variés, faire de ce nom un nom de propriété, de localité. Mais quel est le mot générateur ? Est-il clairement précisé par la forme en *Mass* ou *Mas*, ou bien par la consonnance en *Mar, Mars, Marce*? Deux voies ne se présentent-elles pas à l'étymologie à cause de ces variations ?

L'une, comme pour *Marseio*, Marseille, venant de *Massalia*, adoptant cependant la consonne r, n'indique-t-elle pas, pour les analogues correspondants, un primitif également en *Mas* pris dans l'idiome gaulois et si fidèlement conservé ?

L'autre ne mène-t-elle pas, avec autant de probabilité, vers le nom propre latin *Marcellus*, porté par un saint Marcel, évêque, sous le patronage et l'invocation duquel ces nombreux villages, qui ne remontent pas au-delà de l'ère chrétienne, auraient été placés ?

Contre ce dernier aperçu s'élève une objection de quelque importance : pas une de ces appellations n'est précédée de l'adjectif qualificatif *Sén*, Saint, ce qui arrive d'ordinaire quand un patron religieux est adopté. Quant à l'origine par le nom romain de *Marcellus*, il est possible que ce nom ait été plus répandu au moyen-âge qu'il ne l'est aujourd'hui, mais elle ne peut être attribuée à la famille patricienne qui aurait laissé son souvenir dans la Gaule avec cette profusion.

Faut-il revenir au *Mas* celtique, avec la signification de lieu, demeure, habitation, plus générale que l'acception restreinte de maison, avec laquelle nous le trouvons si souvent employé, soit seul, soit en composition ? Pour *Marseio* il semble qu'il n'y a pas doute *(Voy.* c. m.). Mais pour la terminaison, qu'elle soit *ceilla, cilhac, seillac, sia, silhargue, sian, cilhy, silly*, etc., il convient de la chercher ailleurs que dans le mot *Salyes* ou *Saliens*, nom d'une tribu gauloise. Mais les *Salyes* n'auraient-ils pas été eux-mêmes dénommés d'un radical de leur langue ? Et dès-lors le primitif ne pourrait-il pas avoir été pris dans la racine *Cal* ou *Chal*, que l'ancien cornique rend par *Kelli*, et le gaélique par *Cail*, transformé par le lat. du moyen-âge en *Scyllœ*, correspondant à *Sylvœ*, et par le roman en *Seilles*, *Celles*, avec la même signification, métamorphosé encore en *Salles*, que nous gardons *(Voy. Sallos)*, d'où sont sorties tant de variétés avec le sens de forêt, bois ?

L'assemblage des deux racines donnerait par conséquent à tous ces noms de lieu, plus ou moins transformés, le sens de : lieu de la forêt ou dans les bois, au milieu des bois. La topographie ancienne du pays pourrait assurer à cette dérivation quelque vraisemblance ; et nous n'avons pas le moyen de vérifier autrement nos conjectures et ces indications.

Peut-être une interprétation plus simple s'ajouterait-elle à celle-ci, en admettant toujours pour la dernière partie du mot, à part les suffixes, le radical synonyme de *Sylva* ou de *Nemus*, *ceille, celle, silly* ou autres, mais en remarquant le commencement du nom formé de *Mar* ou *Mas*, ce radical si fréquemment employé en composition pour imprimer la signification péjorative qui correspond au lat. *Malum* ou *Malè*, dont nous avons cité beaucoup d'exemples. On sortirait ainsi de ces dénominations légendaires qui se justifient difficilement, et on serait ramené à des mots descriptifs, inspirés par l'aspect de la contrée à laquelle ils s'appliquent, situation ou nécessité sans aucun doute commune dans la Gaule remplie de forêts. On voit dès-lors que ces appellations voudraient dire naturellement : petite, mauvaise forêt, bois mauvais ; et cette signification aurait dans bien des lieux trouvé sa raison d'être.

Massimoun, s. m. Maximum, le plus haut degré, le prix le plus élevé que puisse atteindre une chose, une marchandise. — Ce mot, de physionomie assez étrange, est dû à la première révolution où la fameuse loi du maximum frappa bien plus encore sur le peuple que les lois de proscription et de sang : aussi adopta-t-il *Massimoun*, dont il était tant question et dont il souffrit, et le corrélatif *Minimoun* lui resta étranger.

Massis, *s. m.* Jetée en maçonnerie, digue, boulevard, sur le bord d'une rivière torrentielle pour briser le cours de l'eau, le détourner et empêcher les terres qui sont derrière d'être sapées et emportées. — Un *massis* plus considérable dans un port de mer est un môle.

Massis ou **Massì**, *adj. m.* Au fém. *Massipo* ou *Massivo*. Massif; matériel; ample et épais; lourd; grossier; matériel.

La déviation singulière du mot au fém. *Massipo* n'est pas toute due à l'euphonie ; elle suppose au masc. inusité la présence d'un *p* final. Il est difficile d'en voir et d'en savoir la raison.

Masso, *s. f.* Masse ; maillet de menuisier, de tonnelier, de chaudronnier, etc.

Masso, *s. f.* Masse; fonds d'argent, d'une succession, d'une société. — *Rapourta à la masso*, faire rapport à la masse. *Métre à la masso*, mettre à la masse : c'était une assurance mutuelle entre quelques parents de jeunes gens soumis à la conscription qui formaient, par part égale, un fonds commun : si le sort était favorable à tous, chacun retirait sa mise ; sinon, le mauvais numéro prenait la masse entière, ou les mauvais se la partageaient, pour faire un remplaçant. Cet usage était un peu passé de mode depuis l'établissement des compagnies pour les remplacements militaires; mais traiter avec elles se disait encore souvent *métre à la masso*. L'intervention du gouvernement avait porté le dernier coup à la locution : la nouvelle loi sur l'organisation de l'armée, qui abolit le remplacement, la fera mettre tout à fait en oubli.

Masso-biôou, *s. m.*, n. pr. d'homme. Ancien nom des bouchers pour la viande de bœuf, et proprement Tuebœuf, de l'ital. *Mazzare*, tuer; en esp. *Matador*, du lat. *Mactare*, *mactator*, d'où *Matar*, m. sign.

Sur ce mot, SAUVAGES, qu'il fait bon toujours citer, dit dans un article plein de haute raison :

« Ce dernier nom, on tue-bœuf, serait préférable à celui de masse-bœuf, que nos notaires employoient constamment dans leurs actes, s'il étoit cependant permis de changer les noms propres en tout ou partie, sous prétexte de les franciser en les rendant méconnaissables : ce qui est contraire aux bonnes règles.

« Cet usage est d'autant plus extraordinaire, que lorsque, dans un ouvrage français, on cite un nom propre anglais ou allemand, on ne s'avise pas d'en changer l'orthographe, quelque hérissée qu'elle soit de consonnes qui n'ont pas coutume de se trouver ensemble dans des mots français; encore moins les traduira-t-on dans cette dernière langue ; on écrira, par ex., le nom propre Schenchzer, sans y changer une seule lettre.

« Et l'on se permet des changements dans les n. pr. languedociens, dont beaucoup sont cependant du haut allemand, étant mis en parallèle à côté du français. N'est-il donc pas permis à un languedocien d'être de sa langue maternelle, la première qu'il a appris à bégayer, celle qui lui est la plus familière, et qu'ont parlée ses aïeux, pour qui le français fut longtemps une langue presque aussi étrangère que celle des peuples qui nous environnent ?

« Cette manie d'altérer les n. pr. ou de les défigurer gagne tous les jours parmi nous ; on signe différemment de ses ancêtres, soit qu'on imagine qu'il y ait quelque chose d'ignoble dans l'orthographe et la prononciation languedociennes, soit peut-être que, rougissant de son origine, on cherche à la faire oublier par ce moyen et se rapprocher d'un nom ou plus illustre, ou qui sonne mieux à l'oreille, on se débaptiserait volontiers pour s'élever au-dessus de la condition de ses pères. Mais si l'on venait un jour disputer à ces franciseurs de noms leur héritage et leur filiation, quelle autre voie auraient-ils pour l'établir, que l'exacte conformation de leur nom avec celui de leurs aïeuls ?

« Il faudrait donc écrire en fr., sinon *Massabiôou* (ce qui serait le mieux), au moins *Massebiou* ou *Massebiol*; comme on le trouve dans les anciens cadastres; et non Massebœuf. — *Voy.* Deléouze et *Mâourèl*. »

Massoula, *v.* Assommer; abattre d'un coup de masse; battre avec un battoir.

Le radical *Masso* entre certainement dans la composition de ce mot, comme il se trouve dans *Massacre*, *Massabiôou*, etc., pour leur donner la signification.

SAUVAGES cite immédiatement après *Massoulié* ou *Marsoulié*, du vieux lang. et n. pr. que nous aurions écrit *Massouvié*, s'il eût été encore usité. Il lui donne la signification de Assommeur, garçon de boucher qui assomme les bœufs. Nous ne le relevons que pour indiquer quelques noms propres, assez répandus, tels que *Mazollier*, *Marsollier*, *Mazoyer*, qui se confondent presque avec Mazelier, Marsellier, venus du lat. *Macellarius*, boucher, et qui ont une singulière affinité de sens et d'origine avec notre verbe et le substantif n. pr. : ce qui confirmerait la dérivation et le sens.

Masté, *s. m.* Mastic; composition pour joindre, coller ou enduire certains ouvrages.

Mastéga, *v.* Mâcher; broyer avec les dents. Au fig., préparer, disposer un ouvrage pour le rendre plus facile à faire à quelqu'un; éclaircir une affaire pour la rendre plus facile à comprendre, à suivre. — *Aquô's tout mastéga*, c'est tout préparé, tout mâché, comme si l'on ajoutait : il n'y a qu'à avaler. *Y-ou aï pas mastéga*, je ne le lui ai point mâché, je le lui ai dit crûment, je le lui ai servi tout cru.

Dér. du lat. *Masticare*, m. sign.

Mastiqua, *v.* Mastiquer; joindre, coller; fixer, boucher avec du mastic.

Mastiqua, en languedocien tant soit peu excentrique, se dit aussi pour manger, officier, et vient alors du lat. *Masticare*, dont le fr. a su faire du même coup Mastication et puis Mâcher ; tandis que notre verbe dérive de *Masté*, subst., qui abandonne sa finale pour se rapprocher de la consonnance française.

Mastis, *s. m.*, ou **Masti**. Mâtin, espèce de gros chien, de garde, de basse-cour, de berger. *Canis loniarius*, Linn. — *Qu'a bon vési a bon masti*, qui a bon voisin a bon mâtin.

Dér., d'après les plus accrédités étymologistes, du lat. *Massalivus*, chien de la métairie, de la maison.

Mat ou **Ma**, *s. m.* Mât, arbre d'un navire. — *Mat dé cocagno*, mât de cocagne, expression qui nous vient directement du fr. — *Voy. Ma*.

Dér. du lat. *Malus*, m. sign.

Mata, *v.* Mâter ; humilier, abattre ; surpasser quelqu'un, l'effacer en esprit, en adresse, dit SAUVAGES, ce qui équivaut un peu à l'humilier.

Dér. du lat. *Mactare*, immoler, sacrifier. En espag. *Matar;* en ital. *Mattare*, tuer, dompter.

Matable, *s. m* Battant de cloche, de sonnaille, de sonnette.

Dér., avec une légère altération, de la bass. lat. *Batallium*, m. sign., qui a fait aussi Battant.

Matado, *s. f.* Dim. *Matadeto*. Cépée ; touffe de tiges de bois sortant de la souche d'arbres récemment coupés. — *Uno matado d'eouses*, une cépée de chènes-verts.

Augm. de *Mato*, ou plutôt réunion de plusieurs *Matos*.

Matafa ou **Matafan**, *s. m.* Gros plat de résistance, quel qu'il soit, qui mâte ou mieux qui tue la faim.

En esp. *Mattar*, tuer ; en gr. Ματτειν, dompter.

Matalas, *s. m.* Dim. *Matalasse*. Matelas, sac plat et piqué. rempli de laine, de bourre, de crin ou de plumes, pour un lit.

Les étymologies ne manquent pas : Ménage trouve la vraie dans le lat. *Matta*, natte ; Roquefort est pour le lat. *Materies;* d'autres l'attribuent au celt. *Matt*, lit, et *Ras*, laine ; la bass. lat. avait *Matalacium;* et dans le bas-breton, *Matalaez*, m. sign., existe toujours. Nous sommes Gaulois.

Matalassaïre, aïro, *s. m.* et *f.* Matelassier ; ouvrier qui fait et qui rebat des matelas.

Matas, *s. m.* Buisson ; hallier.

Augm. de *Mato*.

Matéloto, *s. f.* Vêtement de femme : camisole, chemisette, espèce de gilet ou mieux de corset sans baleine et sans lacet, en étoffe chaude ou légère suivant la saison.

Probablement ce nom a été donné à ce vêtement de ce que, par sa forme aisée, il rappelle la jaquette du matelot.

Matéloto, *s. f.* Matelotte, ragoût, apprêt, manière d'accommoder le poisson à la façon des matelots.

Matèn, èno, *s. m.* et *f.*, et *interj.* Mâtin ; luron ; matois ; rusé compère. — Se prend quelquefois en bonne part, plus souvent en mauvaise : sa valeur change du reste suivant son emploi. *Un bon matèn*, un gaillard déterminé, qui a l'adresse et la force de se défendre et d'attaquer aussi. *Aquò's uno matèno qué*..... C'est une luronne qui..... *Un matèn qué sé laisso pas émbouèsa*, un fin matois qui ne se laisse pas mettre dedans. *Sès un pouli matèn dé vous fayre espéra*, vous êtes un joli monsieur de vous faire attendre. Interjectivement, *Matèn! quinte fré*, Mâtin ! quel froid ! Le fr., en style familier ou populaire, se sert du même dans toutes ces locutions ; le lang. le lui a bonnement emprunté sans songer qu'il avait lui-même *Mastis* pour rendre aussi le mâtin, chien fort et hardi, qui a donné lieu à cette expression figurée.

Mati, *s. m.* et *adv.* Dim. *Matiné*. Matin, première partie du jour ; de bonne heure. — *L'aï visto dé mati*, je l'ai vue ce matin. *Lou bon mati*, de grand matin, de très-bonne heure. *Sé léva mati, déman mati*, se lever matin, demain matin. *Qué pago dé vèspre déou pas rès dé mati*, qui paie le soir ne doit rien le matin. *Rouje dé mati éscoumpisso lou cami*, prvb., le ciel rouge le matin verse l'eau sur le chemin.

Dér. du lat. *Matutinum*, m. sign.

Matignè, ignèïro, *adj.* Matinal ; matineux. — *Sès bièn matignè hiuèi*, vous êtes bien matinal aujourd'hui. *Soui toujour ésta matignè*, j'ai toujours eu l'habitude de me lever matin, j'ai toujours été matineux.

Matinado, *s. f.* Matinée, du point du jour jusqu'à midi. — *La matinado fai la journado*, prvb., la matinée fait la journée.

Matino, *s. f.* Matin, matinée. — Variante de *Matinado*.

Matinos, *s. f. plur.* Matines, première partie de l'office divin. — *Aquò s'acordo coumo lou magnificat à matinos*, prvb., c'est chanter magnificat à matines.

Mato, *s. f.* Touffe d'une ou plusieurs plantes, de celles dont la fane sort immédiatement de terre ou dont la tige se garnit de feuilles à partir du sol. — *Uno mato dé trufos, dé lusèrno, de brus*, une touffe de pommes de terre, de luzerne, de bruyère.

Mato se dit aussi d'arbrisseaux ou d'arbres dont le pied a été coupé et dont la souche donne de jeunes pousses formant également une touffe. — *Uno mato d'arbousiè, dé castagnè*, une touffe d'arbousier, de châtaignier. — *Voy. Matado*.

En cat. *Mata*, arbrisseau.

Mé, *pron. pers.* Me, moi. — Ne s'emploie que comme objet ou régime du verbe. — *Fouié mé crèïre; crèsè-mé*, il fallait me croire ; croyez-moi. *Douna-mé quicon*, donnez-moi quelque chose. *Qué mé déou mé démando*, qui me doit me demande.

Dér. du lat. *Me*, me.

Méchas, *s. m.* Morveau, morve plus épaisse et plus recuite.

Augm. et péj. de *Mécho*.

Méchéïroù, *s. m.* Lamperon ; principalement, bec creusé en gouttière qui soutient la mèche de l'ancienne lampe appelée *Lun;* lamperon des nouvelles lampes; languette, petit canal pour contenir la mèche

Méchino, *s. f.* Fressure d'agneau ou de chevreau, comprenant le foie, la rate, le cœur et le poumon

Dit pour *Vejino,* qui dérive de *Vejan,* comme si l'on disait : partie du milieu, du centre.

Mécho, *s. f.* Augm. *Mechas.* Morve du nez, humeur visqueuse des narines, qui sort souvent sous forme de mèche.

Mécho, *s. f.* Mèche, cordon de coton pour les lampes; mèche, corde préparée pour mettre le feu à une mine, au canon; mèche de vilebrequin, d'une vrille, d'une tarière : pointe de fer d'un outil pour forer; touffe aplatie ou pendante, ou roulée de cheveux

Dér. du lat. *Myxus,* lumignon.

Méchoús, ouso, *adj.* Morveux, qui a de la morve au nez.

Médaïo, *s. f.* Médaille, pièce de métal portant une effigie et des inscriptions.

Dér. du lat. *Metallum.*

Médar, *s. m.,* n. pr. d'homme. Médard. — La fête de Saint-Médard tombe le 8 juin, et le proverbe dit :

Quan plóou pér Sén Médar,
Plóou cranto jours pu tar.

Un autre ajoute :

Quan ploou per Sén Médar,
Dé la recolto importo un quor,
Quan plóou pa,
N'emporto la mita.

Médecì, *s. m.* Médecin, docteur en médecine, qui exerce la médecine. — *De jouine médeci céméntèri boussu,* prvb., de jeune médecin cimetière bossu. *VieI médeci, jouïne barbiè, riche apouticari,* prvb., vieux médecin, jeune barbier, riche apothicaire.

Dér. du lat. *Medicus,* m. sign

Médécina, *v.* Médeciner; faire abus de médecines, de drogues, de remèdes de toute sorte dans le traitement des maladies.

Médécino, *s. f.* Médecine; art de traiter les maladies; purgation employée dans ce traitement.

Mégnè, *s. m.* Souche-mère du châtaignier franc, dont on recèpe annuellement les jets pour en greffer les châtaigniers sauvages.

Dér. de *Méno,* comme si l'on disait faiseur, producteur de *Méno,* ou porte-greffe.

Mèila (Sé), *v.* Se mêler; s'entremettre; s'occuper d'une affaire, d'une chose, bien ou mal à propos. — *Dé qué sé mèilo ?* de quoi se mêle-t-il ? *Sé mèilo pas dé trop,* il s'en tirera, il n'entreprend pas au-dessus de ses forces.

Mèla, avec la légère altération qui essaie de dissimuler l'emprunt au fr., a un peu plus de cachet que *Méla,* qui s'emploie aussi dans les mêmes circonstances. — *Voy. Mela.*

Ménaja, *v.* Ménager: épargner; traiter avec égard, avoir soin de... — *Menaja soun co,* frapper doucement, avec précaution *Adoussias, menaja-vous,* bonjour, ménagez votre santé.

Ménaje, *s. m.* Ménage: économie, gouvernement domestique; meubles; ustensiles d'une maison: vaisselle de cuisine — *Se bouta din soun menaje,* se mettre en ménage. *Lava lou menaje,* laver la vaisselle. *Faire lou menaje,* balayer, frotter, nettoyer, mettre tout en ordre dans un appartement, dans une maison.

Dér de la bass. lat. *Managium,* venu de *Mansio,* demeure.

Ménajè, *s. m.* Homme aisé qui vit de son bien qu'il travaille, et qui ne travaille point pour autrui; fermier, laboureur.

Ménajèiro, *s. f.* Ménagère, femme qui entend l'économie et la conduite du ménage. — *Fio troutièiro et fénestrièiro raromen bono menajèiro,* prvb., fille trottière et fenestrière rarement bonne ménagère.

Méirano, *s. f.,* n pr. de lieu. Meyranes, commune dans le canton de Saint-Ambroix (Gard).

Nous ne voulons, a l'appui de notre thèse sur les désinences suffixes, que présenter la série des variantes de ce nom et des analogies qu'il attire. Ces rapprochements seront des conclusions suffisamment déduites et prouvées

Le *Dictionnaire topographique du Gard* de M. Germer-Durand, si plein de savante érudition, nous fournit les citations *Meirano,* Meyranes, est, en 961, *Villa que vocatur Mairanichos;* en 1037, *Mairanègues;* en 1210, *de Mayranis;* en 1314, *Ecclesia de Mayranicis;* en 1549, *Mayrannes;* enfin, depuis 1634, *Meyranes.*

Dans la même commune, un hameau se nomme *Mairas, de Mayrassio,* en 1463.

Sous la forme gallo-latine, *Mayranicœ,* prononciation identique, représente Meyrargues (Herault, Gard et Bouches du Rhône); la forme correspondante latine, *Mayranum, Mayracum, Mayranœ,* a donné, dans des départements divers, Mayran, Mayrens, Mayres, Mayrac, Meyrac, Mairac, Meyras, Meyriat, Meyrié, Meyries, Meyrieu, Meyrueis, etc.

De même, les formes similaires *Merinhanicœ,* moy. lat. et *Mayrinacum* et *Marignacum,* lat., fournissent Mérignargues (Gard), dit aussi *Mirignanicus, Merignanicus, de Marignanicis, Merinhanicœ* et *Marinhanicœ,* comme les noms de Mérignan, Mérignac, Mérignas, Mérignat, Mérigneux, Mérignies, Mérigny, Mayrinhac, Mayrinhagues, Mayrignac, Meyrinhac.

Par où il devient évident que tous ces noms, où la désinence reste indifférente pour le sens, dérivent du même principe, ont la même racine, qui se rencontre dans le celtique *Maer,* chef, préposé, gardien; d'où le gallois a fait au pluriel *Mairi,* fermier, métayer, gardien; en bas-breton

Maer, maire; en roman, *Mairin*, *Mérin*, échevin, maire. La signification amène pour tous celle de domaine, propriété du gardien, du préposé, du fermier-chef, du métayer, du *maïeur*, maire, *major*.

Méjan, méjano, *adj.* Moyen; mitoyen; ce qui est entre deux. — *Un méjan*, s. m., une allée ensemencée entre deux qui ne le sont pas.

Cet adj. du reste devient facilement subst. masc. ou fém. et forme ainsi des noms propres, ou bien entre en composition, en se déterminant suivant le genre du mot auquel il s'allie.

Méjan, n. pr. d'homme. Méjan, a formé *Masméjan*, *Mdouméjan*, Malméjan, Mauméjan, *Camméjan*, Campméjan, *Caousséméjan*, etc.

Méjano est devenu n. pr. de lieu, rendu en fr. par Méjannes, qui signifie moyenne ou intermédiaire, sans doute de ce que l'habitation autour de laquelle se groupa le hameau ou le village, était à moitié chemin entre des agglomérations préexistantes. De la même manière et pour les mêmes raisons se sont produits les noms de *Viloméjano*, *Saroméjano*, etc.

Méjano, s. f., désigne également la dorade moyenne, de moindre taille, poisson. — *Voy. Dāourado.*

Dér. du lat. *Medius, media*, m. sign.

Méjanciè, ièïro, *adj.* Moyen; médiocre; de moyenne grandeur; intermédiaire.

Méjanèl, èlo, *adj.* Mitoyen; moyen. — Désigne aussi un habitant de Méjannes, village. — *Voy. Méjan*.

Mél ou Mil, *s. m.* Mil, millet, *Panicum miliacum*, Linn., plante de la fam. des Graminées, dont la tige est terminée par une panicule ou de menues branches éparses et chargées de grains. — *Avédre lou gran dé mél*, expression figurée, sorte de phrase faite, qu'il n'est pas difficile de traduire mot à mot : avoir le grain de millet. Voilà qui est fait. Mais il n'est pas aussi commode d'en donner l'explication. Nous essaierons cependant de faire comprendre un dicton qui revient assez souvent.

La peur, dit-on, grossit les objets; c'est possible, mais pas tous, car il en est qu'elle diminue notablement. Pour exprimer jusqu'où cela peut aller chez quelqu'un frappé par cette divinité à laquelle sacrifiait l'intrépide Romain, — la Peur avait un temple à Rome, — le languedocien inventa cette phrase pittoresque : *I lou taparias émb'un gran dé mel; taparias* du verbe *tapa*, boucher, *émb'un gran dé mél* ou *dé mil*, avec un grain de millet. On comprend que le pronom *lou*, le, fut, conformément à ses fonctions, mis plus tard pour couvrir le mot primitif lui-même, quand on le trouvait trop énergique. C'était traduire par une métonymie risquée sans doute, et un peu crue, mais juste, un des effets physiques causés par la frayeur; si bien qu'en suivant cette voie d'adoucissement et en cherchant à représenter l'effroi, la terreur, cette crispation ou cet éréthisme nerveux donnés par la peur, par une singulière succession ou déplacement d'idées, le grain de mil est devenu lui-même synonyme de peur, et *avédre lou gran dé mél*, c'est avoir peur... Ah! quelle peur!

Dér. du lat. *Milium*, m. sign., qui a été fait lui-même de *Mille*, pour exprimer la fécondité du millet, qui rend mille pour un.

Mél-négre, *s. m.* Blé noir, blé sarrasin ou sarrasin, *Polygonum fagopyrum*, Linn., plante de la fam. des Polygonées, fromentacée dont le grain triangulaire est noir, ce qui lui a valu son nom, et la fleur blanche. On peut en faire du pain, mais il est indigeste et ne convient qu'à des estomacs robustes; aussi l'emploie-t-on surtout à engraisser les volailles.

Méla, *v.* Mêler, faire un mélange; assortir; brouiller; particulièrement mêler les cartes, les battre.

Sé méla, se mêler; s'entremettre; s'occuper d'une chose, à tort ou à raison. — *Qué copo et mèlo dé trop sé mèlo*, qui coupe et mêle de trop se mêle. *Dé qué sé mèlo moun ca?* de quoi se mêle mon chat ? dit-on à quelqu'un qui essaie de dire ou de faire plus qu'il ne sait ou qu'il ne peut. — *Voy. Sé mèila* et *Méscla*.

Empr. au fr.

Méléto, *s. f.* Melet, joël athérine, *Atherina hipsetus*, Linn., poisson de mer de l'ordre des Holobranches et de la fam. des Gymnopomes, long et très-mince. — *Voy. Caga*.

Dans nos environs, d'après Crespon, le nom de *Méléto* appartient véritablement au joël du Languedoc, variété, si c'en est une, qui se confond avec le melet. Les joëls habitent la Méditerranée, mais ils pénètrent dans nos étangs et y vivent en grande troupe. C'est aussi un très-petit poisson que les anciens nommaient *Aphia;* ils pensaient qu'il naissait de l'écume de la mer. Sa chair est bonne en friture.

Mélgouïrés, éso, *adj.* Melgorien, enne; nom que l'on donnait à la monnaie de l'ancien comté de Melgueil ou Mauguio, qui, de 1132 à 1171, fut par suite d'une alliance possédé par Bernard Pelet, seigneur d'Alais. Le sol Melgorien, *sol Mélgouïrés*, qui était d'argent, valait huit sols tournois, et la livre Melgorienne, *Mélgouïréso*, huit livres tournois.

Ce mot n'a survécu que pour servir de nom distinctif à un village important de l'arrondissement d'Uzès, *Sén-Gigniè dé Malgouïrés* ou *Mélgouïrés*, Saint-Geniès en Malgoirès, qui devait être une dépendance du domaine Melgorien. Dans le Bullaire de Saint-Gilles, cité par M. Germer-Durand, on le trouve, en 1119, appelé *Sanctus Genesius de Mediogozes;* en 1381, *dMe edio Guoto;* en 1384, *de Medio Goto;* en 1464, *de Malgorio* et de *Mandegoto;* il n'arrive qu'en 1547 à *Saint-Géniès de Malgoirès*, dénomination actuelle. Il faut convenir que les plus anciennes formes s'écartent beaucoup du primitif *Melgueil* et *Melgorien*, ce qui infirme nos conjectures sur son origine. Toutes nos recherches ne remontent pas plus loin, et nous ajouterons ce pendant, toujours d'après le savant auteur du *Dictionnaire topographique du Gard*, que le *Malgoirès*, pays du diocèse d'Uzès, était un *pagus* formant, au xᵉ siècle, une viguerie qui comprenait quinze villages, dont il donne les noms, et appartenant à la circonscription du doyenné de Sauzet. Ce *pagus* était désigné, en 943, sous le nom de *Vallis Medio Gontensis in comitatu Uzetico;* dans le dénombrement de 1384, on trouverait *Medium Gotum*. Comme notre Saint-Géniès, un autre village de cette viguerie, Saint-Mamert, est nommé *Sanctus Mametus de Medio Gozes*, en 1204. La finale *Goto, gotum*, confondue avec le mot, se rencontre dans l'appellation d'un village éloigné de là, aujourd'hui Mandagout, dit, en 1088, *Mandagot;* en 1233, *de Mandagotio;* en 1280, *de Mandagoto;* en 1294, *Mandagotum*. Comment la différence de traduction ou de reproduction s'est-elle faite? par quelle altération est-on arrivé à *Malgouirès* ici, et là à *Mandagoùs*, un peu plus fidèle? Ces rapprochements amèneraient-ils à faire admettre une origine wisigothe ou un souvenir d'appellation de ces anciens possesseurs de nos contrées? Il est difficile de se prononcer sur ces indices; mais elles se présentent assez naturellement à la pensée.

Méloun, *s. m.* Melon, *Cucumis melo*, Linn., plante de la fam. des Cucurbitacées, originaire de l'Asie, dont les variétés par la culture sont aujourd'hui très-nombreuses. — Un amateur, sans doute frappé de la difficulté de distinguer la bonté d'un fruit qui ne souffre pas la médiocrité, a consigné en latin les qualités qu'il doit avoir: *Melo sit formosus, leprosus, rotundus et ponderosus*, le melon doit être beau de forme, rugueux, rond et pesant. *L'an fa coumo un méloun*, on l'a joué, dupé, mis dedans: jeu de mot sur *fa*, fait à point, qui est une des qualités du melon. *Noun sé podou counouisse dé iuèn lous mélouns et las fénnos*, prvb., femme et melon à peine les connait-on.

Dér. du gr. Μῆλον, pomme.

Mémbra, ado, *adj.* Membru, qui a des membres gros, puissants, forts.

Mémbre, *s. m.* Membre, partie extérieure et mobile du corps, la tête exceptée; chambre, pièce d'une maison. — *Y-a tres mémbres d'un van*, il y a trois pièces de plain-pied.

Dér. du lat. *Membrun*, m. sign.

Méméto (Aro), *adv.* Dim. de *Mémo*. A présent même, à l'instant même. — Réduplication pour raccourcir encore l'intervalle, le moment dont on parle. *Vèn dé m'ou dire aro-méméto*, il vient de me le dire à présent, à présent; il n'y a pas une seconde.

Mèmo, *pron. des deux genres* et *adv.* Même, qui n'est point autre, point différent; semblable, pareil; même; plus; aussi; encore. — Se met immédiatement après les personnes pour marquer plus expressément celle dont on parle. — *Èstre én mèmo dé...* être en état, en disposition, en mesure de...

En ital. *Medesimo*, m. sign.

Mémorio, *s. f.*, ou **Mémouèro**. Mémoire; faculté de souvenir.

Dér. du lat. *Memoria*, m. sign.

Mén, *s. m.* et *adv.* Le moins, la moindre chose, la moindre quantité; moins, pas tant, en plus petite quantité — *N'a pas men*, il n'en a pas moins. *Ou laissares be per quicon dé men*, vous le laisserez bien pour quelque chose de moins. *Ni mai ni men*, ni plus ni moins. *Aou men*, au moins. *A tout lou men*, pour le moins, à tout le moins. *Gn'en dounère lou men que pouguère*, je lui en donnai le moins que je pus. *Pode pas faire dé men*, je ne puis faire autrement, je ne puis me dispenser. *Ne voulé* ou *ne voudre dé mén*, mot à mot, en valoir moins, c.-à-d. mourir. L'italien a une expression analogue: *Venir méno*, s'évanouir, tomber en défaillance. *A men qué...*, à moins que, si ce n'est que. *A mén dé...*, à moins de. *A men d'ou faire esprès*, à moins de le faire exprès. *Aou mén qué vèngue pas*, de grâce qu'il ne vienne pas. *A men qué lou sone*, si ce n'est que je ne l'appelle.

Dér. du lat. *Minùs*, m. sign.

Ména, *v.* Mener; conduire; amener; diriger; donner accès. — *Sa fénno lou méno*, sa femme le mène. *Ména uno careto*, conduire une charrette. *Ména la caréto*, être voiturier. *Vèndres dilus et ménarès vosté cougna*, vous viendrez lundi et vous amènerez votre beau frère. *Ména d'aise*, manier, mouvoir un objet doucement, peu à peu, à petits coups, sans secousses. *Ména carosso*, rouler carrosse. *Ména fosso fun*, mener beau bruit, grand bruit, faire des embarras. *Ména fosso rambal*, faire beaucoup de remue-ménage, grand bruit et surtout beaucoup de bruit pour rien. *Ména dé bru*, faire du tapage. *Chu, ménés pas tan dé bru*, chut, ne faites pas tant de bruit. *Sé voulés ména moun afaire*, si vous voulez vous charger de mon procès. *Ménares mous afaires*, vous dirigerez mes affaires. *Mdou ména*, malmener, réprimander, maltraiter. *Aquò lou ménara pas iuèn*, cela ne le mènera pas loin. *Aquélo travèsso méno à la plaço*, cette rue conduit à la place. *Méno soun bé à sa man*, il fait valoir lui-même sa propriété.

Ménaça, *v.* Menacer, faire des menaces; pronostiquer. — *Aquélo muraïo ménaço*, ce mur menace ruine. *Aquél tén ménaço dé plèjo*, ce temps annonce la pluie.

Dér. du lat. *Minari*, m. sign.

Ménaço, *s. f.* Menace; parole ou geste pour faire connaître ou faire craindre à quelqu'un le mal qu'on veut lui faire.

Dér. du lat. *Minaciæ*, m. sign.

Ménaïre, *s. m.* Valet de meunier; charretier des moulins à blé et à huile, qui va chercher le blé et les olives, et rapporte la farine et l'huile chez les particuliers.

Ménaïre, *s. m.* Meneur; celui qui, à une noce et pendant toute sa durée, est le cavalier affidé d'une invitée. Chaque jeune fille ou femme a le sien, qui lui donne le bras dans le cortège de couples à la file qui accompagnent les mariés à la mairie, à l'église et dans la promenade consacrée où toute la noce va parader triomphalement dans les endroits les plus fréquentés, ménétrier en tête et au son du violon qui la fera danser le soir. Il est bien évident qu'il ne s'agit ici que des noces du peuple, les autres vont en voiture, dédaignent la promenade traditionnelle, et n'ont plus besoin de *Ménaïres.*

Ménaïre se dit aussi du mouton sonnailler, meneur ou conducteur du troupeau, et du mulet qui marche en tête de la bande appelée *Coublo.*

Ménaïros, *s. f. plur.* Les deux jeunes filles, amies, compagnes d'une nouvelle mariée, qui sont ses meneuses, parce que, dans la cérémonie des noces, elles la conduisent chez son époux et la mènent au lit nuptial.

Ménar, *s. m.* Arbre moteur ou conducteur d'une machine. Il est placé comme prolongement de l'axe de la roue motrice et porte aussi loin qu'on veut son mouvement qu'il distribue en même temps sur toute sa longueur. On appelle *Chapoù* l'appareil en fer qui relie bout à bout deux pièces de bois lorsqu'une seule n'est pas suffisante pour la longueur voulue du *Ménar.*

Mén-dicho, *s. f.* Rabais; adjudication au rabais. — *A la mén-dicho,* adjudication d'un ouvrage, d'un travail, d'une construction, d'une entreprise au plus fort rabais.

Dér. de *Mén,* moins, et *Dicho,* dite.

Méndre, méndro, *adj.* Moindre; plus petit; moins grand. — *Lou pu méndre,* le plus petit. *Aquò's moun pu méndre,* c'est le dernier, le plus jeune, le plus petit de mes enfants.

Dér. du lat. *Minor,* m. sign.

Méndrigoulé, éto, *adj.* Mingrelin, mince, fluet; de petite taille, avec de petits traits et sans vigueur.

Dim. de *Méndre.*

Ménéja, *v.* Produire de son espèce, s'il s'agit des végétaux, et de sa race si c'est d'un animal. — *Méno ménéjo,* dit le prvb., l'espèce fait la même espèce, la race se reproduit, se continue par la même race : idée que l'on rend aussi par *Lous chos fan pas dé canaris,* un hibou ne fait point un canari, l'aigle n'engendre point la colombe, en un mot bon sang ne peut mentir; ce qui se dit particulièrement et par antiphrase de *Méno.* — *Voy.* c. m.

Ménésconte, *s. f.* Mécompte; erreur de calcul.

Dér. du lat. *Minùs,* moins, et *Computare,* compter.

Ménéscor, *s. m.* Discord; désaccord. — Se dit des parties qui ne peuvent s'entendre pour conclure un marché.

Formé du lat. *Minùs,* moins, pour mauvais, et *Acor.*

Ménéscordi, *s. m.* Discord; désaccord. — Même mot que le précédent; la différence finale tient tout au plus à quelque délicatesse d'acoustique, selon la place que ce mot occupe. Ainsi l'on dira : *Sèn én ménéscor dé quicon,* et *Y-aviè trop dé ménéscordi.*

Ménésfisa (Sé), *v.* Se méfier; se défier; ne pas se fier; avoir de la méfiance.

Formé de *Mén* et de *Fisa.*

Ménéspris, *s. m.* Mépris; dédain; dépréciation.

Dér. du lat. *Minùs* et *Pretium.*

Ménésprisa, *v.* Mépriser; dédaigner; avoir du mépris; déprécier; mésestimer.

Méno, *s. f.* Espèce; race; engeance; manière; façon; qualité. — *Uno souquo, un doubre dé bono méno,* ou *dé michanto méno,* un cep, un arbre de bonne ou de mauvaise espèce. *Chi dé bono méno,* chien de bonne race. On dit également d'un homme qu'il est de bonne race, *dé bono méno. Trasso dé méno,* mauvaise espèce et mauvaises gens, mauvaise engeance. *Gn'a pas méno,* il n'y en a pas trace, il n'y en a pas un, pas la moindre chose. *Èntra* ou *sé métre én méno,* au pr. commencer à avoir d'une espèce pour la multiplier; au fig. c'est ce qu'on dit ordinairement d'un joueur malheureux qui marque un premier point longtemps attendu, d'une personne qui commence une série quelconque qu'il craint ou désire voir augmenter. *Un pàou dé chaquo méno,* un peu de chaque espèce, de tout genre. *Aquélo méno,* cette espèce; locution restrictive et technique. — *Voy. Muscardin.*

Méno, *s. f.* Scions, jeunes pousses d'arbres dont on veut propager l'espèce et que l'on coupe pour en tirer des greffes. On le dit surtout du mûrier. A l'époque où l'on a coutume de le greffer, sa feuille est entièrement développée et souvent cueillie : on ne pourrait prendre de la greffe, *dé méno,* sur l'arbre; il faut donc s'en prémunir à l'avance, et quand la sève se met en mouvement, on coupe des jets, *jinguèlos,* qu'on lie en bottes; on les enterre dans un endroit frais, on les met le pied dans l'eau. Les bourgeons restent ainsi sans se développer jusqu'au moment de greffer.

Méntastre, *s. m.* Menthe sauvage, *Mentha sylvestris,* Linn., et Menthe à feuilles rondes, *Mentha rotundifolia,* deux plantes du même nom en lang. de la fam. des Labiées, aromatiques, communes dans les fossés et les lieux marécageux.

Dér. du lat. *Mentastrum,* m. sign.

Ménti, *v.* Mentir; affirmer comme vrai ce que l'on sait être faux; dire un mensonge; tromper. — *Sé disès aquò, vous faraï ménti,* si vous avancez cela, je le dénierai, je soutiendrai que c'est faux, je vous donnerai un démenti. *Aqui moussu qué mé gardara dé ménti,* voilà monsieur qui sera mon garant, qui attestera que je dis vrai. *Badaïa po pas ménti, sé noun vóou manja, vóou dourmi,* dicton, bailler ne trompe point, si n'est indice de la faim, c'est celui du sommeil.

Dér. du lat. *Mentiri,* m. sign.

Ménto, *s. f.* Menthe, non donné indistinctement en lang. et en fr. à la menthe verte ou baume vert, *Mentha viridis,* Linn., et à la menthe ou baume des jardins, *Mentha gentilis,* Linn., plantes de la fam. des Labiées, cultivées à cause de leur odeur forte et agréable. — *Fio sans crénto vóou pas un brou dé ménto,* dict., fille effrontée ne vaut pas un brin de menthe.

Méntoù, *s. m.* Dim. *Méntouné.* Menton, partie du visage sous la bouche.

Dér. du lat. *Mentum,* m. sign.

Méntougnèïro, *s. f.* Mentonnière; bande d'étoffe ou simple cordon sur les côtés d'un bonnet, d'une coiffe, d'un casque, qui passe et s'attache sous le menton.

Empr. au fr.

Méntre, *conj.* souvent est l'équivalent de *Entre* (Voy. c. m.). — *Mentre que,* tandis que; pendant que; aussitôt que. *Méntre que dinaraï,* pendant que je dînerai. *Mentre qu'anaraï dina,* aussitôt que j'irai dîner.

En ital. *Mentre,* m. sign.

Méntur, ménturdo, *adj.* Menteur. — Moins bon que *Messourguiè.* — *Voy.* c. m.

Ménu, ménudo, *adj.* Menu; délié; mince; qui a peu de volume. — *Vous ou diraï tout pér lou ménu,* je vous dirai tout par le menu, jusqu'aux plus petits détails.

Dér. du lat. *Minutus,* m. sign.

Ménuda, *v.* Couper menu; diviser par petits morceaux, par petites parties. — *Voy.* **Aménuda.**

Ménudaïo, *s. f.* Menuaille; fretin; béatilles; menues choses délicates et friandes que l'on met pour garniture d'un plat ou qui composent le plat lui-même; toute sorte de petits objets. — *Aï agu fosso menudaïo,* j'ai eu force menuaille, dit un magnanier qui a eu beaucoup de petits, *pichòs,* dans sa chambrée de vers-à-soie.

Dér. du lat. *Minùs,* moindre, petit.

Ménudos, *s. f. plur.* Fourniture de salade, menues herbes : cerfeuil, civette, estragon, etc.

Ménugué, *s. m.* Menuet; sorte de danse à trois temps, grave et compassée, qui ne fut jamais bien populaire et dont le nom même est aujourd'hui presque oublié; air sur lequel on la dansait.

Ménuguéto, *s. f.* Origan, espèce de mélisse, de thym ou de marjolaine, *Mellissa nepeta,* Linn., plante de la fam. des Labiées, aromatique, stomacale, sudorifique, commune dans les bois. On la confond avec la *Majourano fèro.* — *Voy.* c. m.

Mèou, *s. m.* Miel, suc doux des abeilles. — *Voudrias lou mèou amaï las brésquos,* vous voudriez le miel et les rayons, c.-à-d. tout

Dér. du lat. *Mel, mellis,* m. sign.

Mèr, *s. f.* Mer, amas des eaux salées qui environnent les continents. — *La mèr bruto pas,* la foire n'est pas sur le pont, il n'y a rien qui presse. *La mèr faï de riches e dé pàoures,* la mer fait des riches et des pauvres, pour dire aussi qu'il n'y a pas le même bonheur pour tout le monde.

Autrefois on disait *Mar,* plus près du lat. *Mare;* l'usage ou l'altération *franchimande* a fait prévaloir *Mèr,* comme en fr.

Mérca, *s. m.* Marché; lieu public où l'on vend; vente dans le marché; assemblée de marchands et d'acheteurs; pacte; convention; prix d'un achat, d'une vente. — *Lou mérca és trop pichò,* le marché est trop étroit, trop petit. *Y-aguè un for mérca dilus,* lundi, il y a eu un très-bon marché. *Faire mérca,* discuter, conclure un marché. *Coupa lou mérca,* rompre le marché. *A éstras de mérca,* à marché donné : se dit d'une chose vendue à très-bas prix, au-dessous de sa valeur, à gâter, *éstrassa,* le métier.

Mérca dé Soumèire, marché de Sommières, et l'on sous-entend d'habitude comme complément du dicton devenu proverbe : *tout d'un cousta, pas res dé l'doutre,* tout d'un côté et rien de l'autre. Le mot est fait depuis longtemps et reçoit bien des applications variées et figurées : en voici peut-être l'origine. Plusieurs foires importantes de chevaux, notamment celle du dimanche des Rameaux, se tiennent à Sommières. Elles sont fort en renom dans nos contrées, et vendeurs, acheteurs, échangeurs, s'y rendent en foule de tous côtés Or, on sait qu'autrefois du moins, maquignons de profession et maquignons par circonstance ne passaient pas pour priser très-bas leur marchandise et pour vendre à prix fixe. Aussi les chalands au courant, et tant pis pour ceux qui n'y étaient pas, ne se gênaient guère pour offrir cinquante pour cent de rabais sur le prix demandé, ce qui généralement, non sans force débats, finissait par être accepté. Cette manière connue de conclure les affaires donna lieu au dicton qui s'étend à bien d'autres choses qu'à un marché quelconque à débattre, et en tous cas l'apostrophe *Mérca dé Soumèire* signifie aussi : on ne peut croire que la moitié de ce que vous dites, rabattez donc d'autant.

On voit que le caractère des habitants de Sommières n'est nullement compromis en ceci, et pas même en cause. De certains marchés scabreux qui se passaient chez eux, mais auxquels ils étaient étrangers, il n'y a pas à conclure à leur avidité mercantile, ou à leur déloyauté, que le proverbe reste dans sa concision ou même avec son commentaire de supplément. Du temps que villes et villages s'infligeaient mutuellement des sobriquets souvent véridiques et injurieux le plus possible, inspirés qu'ils étaient par les haines qu'enfantaient les guerres féodales, on n'eut pas manqué d'infliger ce reproche, tandis qu'on n'a trouvé rien de pis contre les gens de Sommières que de les appeler *Passéroùs,* moineaux. Certes le moineau n'est pas parfait non plus, sans doute : il est tapageur, égrillard, un peu maraudeur et très-amoureux. Mais un défaut n'est pas tout à fait un vice ; et si les dictons sont contemporains, ce qui paraît probable, on ne se fût pas fait faute de stygmatiser le vice pour peu qu'il eût été mérité.

Dér. du lat. *Marcatus,* m. sign., de *Merx, mercis,* marchandise.

Mércadén, énquo, *adj.* Du marché; qui appartient au marché, considéré comme place, quartier; qui habite le quartier du marché, ou qui s'y trouve; marchand qui y tient échoppe.

Mércouïròou, *s. m.,* n. pr. de lieu. Mercoirol, hameau de la commune de Saint-Florent, arrondissement d'Alais. — Ce nom, comme ceux de *Mercoulì,* commune de Saint-Martin de Valgalgues, de *Mércouïro,* Mercoire, communes de Peyremale, de Portes, de Saint-Martin de Corconac (Gard), et de Melcoire (Lozère), celui de *Mércoù,* dans le Gard encore, dit, en 1121, *Castrum de Mercorio,* et, en 1244, *de Mercurio,* avec la forme propre ou diminutive, désignent évidemment des endroits autrefois consacrés à

Mercure, une des principales divinités des Gaulois. Les noms analogues français, soit géographiques, soit noms propres, comme Mercour, Mercuire, Mercurol, Mercurin, etc., appartiennent à la même origine.

Mèrdo, *s. f.* Merde; excrément; matière fécale. — *Mèrdo d'abèio*, miel, bien qu'il ne soit pas un produit de cette nature. *Dounmaï on boulégo la mèrdo, dounmaï pu*, prvb., la traduction n'est pas nécessaire ; au fig., cette locution, sous une forme triviale et basse, fait entendre cet excellent conseil de ne pas ressasser une mauvaise affaire qui ne ferait que s'envenimer, en revenant sur les torts ou l'indélicatesse de ceux qui y ont pris part.

Dér. du lat. *Merda*, m. sign.

Mèrdoùs, ouso, *adj.* Dim. *Mérdousé, éto*. Merdeux, bréneux. — Pris substantivement, au masc. ou au fém. surtout avec le dim., quoiqu'il puisse être rendu littéralement dans le langage populaire, il équivaut au fr. Morveux, qui se dit d'un enfant qui veut jouer l'homme entendu, et même d'une personne plus âgée qui affecte des airs au-dessus de sa capacité et sa position.

Méricles, *s. f. plur.* Bésicles, dont il ne parait être qu'une altération. — Ce nom s'appliquait particulièrement à l'ancien pince-nez qui figurait assez bien le huit de chiffre, 8, et comme il a vieilli avec l'instrument qu'il désignait, il n'est plus que l'équivalent goguenard de *Lunetos*.

Méricouqua, *v.* Émailler; peindre de diverses couleurs; couvrir de fleurs.

Si le mot, comme il le parait, est dér. du lat. *Mirè coccus* ou *coccinatus*, admirablement teinté, écarlate, il ne doit indiquer que les couleurs les plus voyantes.

Mérlan, *s. m.* Merlan, merlan de la Méditerranée, *Gadus merlucius*, Linn., poisson de l'ordre des Holobranches et de la fam. des Jugulaires ou Auchénoptères, commun et abondant dans la Méditerranée.

Dér. du lat. *Merlangus*, m. sign.

Mérlato, *s. f.* Merle femelle; d'un brun noirâtre ou couleur de suie. — *Voy. Mèrle*.

Mèrle, *s. m.* Merle, merle noir, *Turdus merula*, Linn., oiseau de l'ordre des Passereaux et de la fam. des Crénirostres. — La finesse proverbiale du merle est souvent en défaut, car on voit beaucoup de ces oiseaux en cage où ils s'apprivoisent aisément et vivent de longues années. Il est vrai qu'ils y sont souvent enfermés au sortir du nid. Le merle est le chantre préféré dans la boutique de l'artisan, qu'il charme en sifflant les airs qu'on lui apprend. Aussi nous ne saurions dire pourquoi le lang. et le fr. ont pris cet oiseau au ramage charmant, quoique un peu triste, comme type de l'homme désagréable; car on dit : *vilèn mèrle*, vilain merle, et toujours ironiquement *un pouli mèrle*, un joli merle.

On sait que le merle blanc n'est plus impossible, pas même difficile à trouver. Cette couleur ne semble pas créer une nouvelle espèce et n'est sans doute qu'une exception, plus ou moins rare, chez un individu. — Nous avons aussi, sédentaire dans le pays, le merle bleu, *Turdus cyanus*, Temm. Il a toutes les parties supérieures (excepté les ailes et la queue qui sont d'un noir profond) d'un beau bleu foncé, et toutes les parties inférieures d'un bleu plus clair. Ce bel oiseau, très-semblable au suivant par ses habitudes, n'a guère d'autre nom que lui.

Mèrle-rouquiè, *s. m.* Merle de roche ou Paisse solitaire, *Turdus saxatilis*, Linn., oiseau du même ordre et de la même fam. La tête, le cou, la gorge et les petites couvertures des ailes d'un bleu cendré; un espace blanc sur le milieu du dos; les ailes et les deux pennes de la queue brunes; les autres pennes caudales et les parties inférieures d'un roux ardent. Cette espèce nous visite au printemps et nous quitte en automne. Ainsi que le merle bleu, il recherche les endroits les plus pierreux et les plus solitaires des montagnes, et ni l'un ni l'autre ne supporte facilement la captivité. Le merle de roche est plus petit que le merle bleu, qui est lui-même moins grand que le merle noir.

Mèrle, *s. m.* Créneau; ouverture de distance en distance au haut des murs des châteaux-forts ou des anciens remparts des villes.

En ital. *Merlo*, m. sign.

Mérléta, *v.* Orner de créneaux, créneler le haut d'une muraille, d'une tour.

Mérlusso, *s. f.* Merluche, morue, *Gadus morrhua*, Linn, poisson de l'ordre des Holobranches et de la fam. des Jugulaires ou Auchénoptères. — La merluche est une morue qui a subi une préparation particulière : la morue, appelée verte ou blanche, que l'on ne connait guère que dans le Nord, est seulement salée et emportée ainsi. La merluche est salée et séchée, à l'air ou au vent, car le soleil chauffe peu dans le pays où l'on fait cette pêche. La morue est un poisson excessivement goulu; aussi a-t-il reçu le surnom latin de *Merlucius, maris lucius*, parce qu'on le compare au brochet, *lucius*, pour sa voracité : c'est le brochet de la mer. De là sont venues les dénominations en lang. et en fr. Il faut avouer que si la morue mange beaucoup, elle est aussi considérablement mangée. Pour compenser l'énorme quantité qu'en dévorent journellement les hommes et les poissons, une morue femelle, au dire d'un fameux naturaliste, porte jusqu'à 9,344,000 œufs; il y a donc espoir que l'espèce ne se perdra pas.

Mèro, *s. m.* Maire, premier officier municipal d'une commune. — Comme dans chaque commune il y a un maire et un ou plusieurs adjoints; que, dans les villages surtout, ces fonctions donnent à ceux qui les remplissent une certaine importance et peut-être quelques avantages; que dès lors, ambitionnées par plus d'un, elles sont le sujet de bien des conversations entre paysans; *lou mèro* et *l'azouèn* devaient prendre place dans le vocabulaire languedocien. Du reste, si le dernier mot est vraiment un nouvel intrus, l'autre a pu prendre rang depuis très-longtemps; car, sans remonter à l'époque reculée où des villes achetèrent de leurs seigneurs le droit d'élire des consuls ou des maires; sans parler de l'imitation que dut suivre cet exemple et des modifications successives que l'autorité royale apporta depuis, quant au fond et quant à la forme, à cette institution, nous rappellerons seulement, comme date de ce mot dans notre localité, que, le 5 avril 1693, Louis des Ours de Mandajors, juge en la cour des premières appellations de le comté d'Alais, pourvu par le roi de la charge de conseiller du roi, maire perpétuel de cette ville, fut installé en cette qualité pour en jouir lui, ses hoirs et ayant-cause, héréditairement, aux gages de 400 livres par an et exemption de taille, logement militaire, charges et toutes contributions, etc., etc. Même nomination eut lieu dans toutes les communes du royaume.

Mèro, *s. f.* Mère; celle qui a donné naissance à un enfant. — *Bèlo-mèro*, belle-mère. la mère de l'un des époux à l'égard de l'autre; deuxième femme du père à l'égard des enfants du premier lit ; dans cette acception, lorsqu'il existe de bons ou de passables rapports entre les alliés, *bèlo-mèro* est employé plutôt que *mairastro*, quoique ce dernier mot n'ait pas tout le sens injurieux de *Marâtre*. Il est bien entendu que ceux qui disent encore *maire* pour *mère*, disent également *bèlo-maire*; mais le nombre de ceux-là diminue chaque jour et l'on peut prévoir que bientôt *maire*, après avoir régné seul, sera relégué dans les emplois que dédaignera *mèro*, qui s'appliquera exclusivement et sans partage à la femme. — *Sémblo qué vai préno la mèro*, ou mieux *la maire dou nis*, c'est marcher à pas de loup, doucement, dans le dessein de surprendre, aller comme un preneur de taupes — *Voy. Maïre.*

Méruiè, *s. m.* Amélioration ; soulagement ; mieux dans une maladie, dans la douleur. — *Y-a un pàou dé méruiè*, il y a un peu de mieux, un peu d'amélioration dans son état

Dér. du lat. *Melioratus*, amélioré

Més, *s m.* Mois, douzième partie de l'année. — Quoiqu'on dise fort bien *Més dé maï*, *més dé janviè*, etc., on préfère souvent, pour rendre plus fluide la première syllabe, *mé dé maï*, *mé dé janviè*, etc.

Dér. du lat. *Mensis*, m. sign.

Mès ou **Maïs**, *conj.* Nous écrivons en effet *Maïs* comme en fr. par une exception dont il est rendu compte. — *Voy. Maïs et Aï.*

Més, mésso, *partic. pass.* de *Métre*, mettre. Mis, mise.

Mésado, *s. f.* Durée approximative d'un mois; salaire, loyer d'un mois. — *Vendraï dinc uno mésado*, je viendrai dans un mois environ. *Y réstère uno mésado*, j'y restai à peu près un mois. *Quan gagnères din ta mésado?* combien as-tu gagné pendant ton mois?

Mésadiè, ièiro, *s. et adj.* Ouvrier engagé pour un mois, à tant le mois. — C'est surtout pour l'éducation des vers-à-soie que l'on prend ces ouvriers supplémentaires.

Méscla, *v.* Mêler; mélanger; réunir et confondre plusieurs choses ensemble; faire un mélange.

Dér. du lat. *Viscere;* dans la bass. lat., *Misculare*, m. sign.

Méscladis, *s m* De l'entrelardé, viande entrelardée, mêlée naturellement de gras et de maigre. — *De lar méscladis*, du lard entrelardé tel que celui de la poitrine, dit *Véntresquo.*

Méscle, mésclo, *adj* Mêlé, mélangé. — *Un taïou de boudin émb quadques flos de poupo mescles*, un morceau de boudin et quelques garnitures avec.

Méscle, *adv* Ensemble; pêle-mêle. — *Boujas-ou tout mescle*, versez tout ensemble, pêle-mêle.

Mésclo, *s. f* Mouture, méteil, mélange par tiers de froment, de seigle et de paumelle; mélange de foin ou de luzerne et de paille pour les bestiaux.

Méscoula, *v.* Entailler un fuseau par une coche, le marquer d'une cannelure.

Méscoulo, *s.f* Coche, cannelure en spirale d'un fuseau, au bout opposé au peson, *vértel*, qui sert à arrêter le fil pendant que, pour le tordre, on fait tourner le fuseau sur lequel on l'enroule ensuite.

Méscounégu, udo, *part. pass.* de *Méscounouïsse*. Méconnu. — *Voy. Méscounouïsse.*

Méscounéïssable, ablo, *adj.* Méconnaissable; que l'on ne peut reconnaître: qui n'est pas facile à reconnaître.

Méscovnouïsse, *v.* Méconnaître; ne pas connaître. Au fig.. désavouer ; oublier par ingratitude.

Dér de *Més* pour *Mâou*, mal, et *Counouisse*, connaître.

Mésoulo, *s. f.* Moelle, substance molle et grasse dans les os; substance molle dans le cœur du bois.

Dér. du lat. *Medulla*. m. sign.

Méspouïè, *s. m.* Néflier. *Mespilus germanica*, Linn., arbre de la fam. des Rosacées, qui produit la nèfle.

Pourquoi le fr. s'est-il tant écarté du radical lat. que le languedocien a reproduit ? Un étymologiste a trouvé que le celtique avait *Nesp* ou *Nespl* avec la signification de tronqué, coupé en deux, et que le grec Μεσπίλη, d'où était venu le lat. *Mespilus*, et puis notre *Méspouiè*, était formé de Μέσος, moitié, et de Πῆλος, boule; par où sans doute le fruit du néflier assez ressemblant à une moitié de globe, avait mérité son nom gaulois représentant la particularité que notait le grec. Nous ne voyons pas mieux pour cela pourquoi le français aurait adopté la forme prétendue celtique, tandis que le languedocien s'en serait tenu au grec et au latin.

Méspoulo, *s. f.* Nèfle, fruit du néflier, qui ne mûrit jamais sur l'arbre et qui a besoin, pour être mangeable, de même que la sorbe, de blossir sur la paille.

Mès qué, *conj.* Pourvu que; en cas; à condition que. — *Mès qué n'y-ague*, pourvu qu'il y en ait. *Mès qué vèngue*, à condition qu'il arrive.

En vieux langage, on disait *Mas qué*, de *Mas*, pas plus, seulement : *Mas un drap*, un drap seulement. *Mas qué s'amor m'anci*, pourvu que son amour me tue. Le simple

Mas s'est perdu; le composé *Mas qué* s'est altéré ou adouci, en gardant son ancienne acception. L'adverbe et la conjonction ont évidemment une commune origine dans *Maï*, plus, provenu du lat. *Magis*.

Méssajariè, *s. f.* Messagerie, voiture publique pour transporter les voyageurs, qui fut d'abord chargée aussi des messages ou des lettres, ce qui lui valut son nom. — Ces voitures, que les chemins de fer font maintenant prendre en pitié et un peu en haine, n'ont pas toujours marché aussi vite que dans leurs derniers beaux temps, poussées qu'elles étaient presque toujours par une rude concurrence. Au commencement de ce siècle, rapportent les chroniques, il y avait ici une messagerie qui, pour charrier directement les Alaisiens à Nîmes, ne leur prenait pas moins de quinze à seize heures. Pour savoir comment elle pouvait parvenir à exécuter un pareil tour de force, il faut lire, dans les *Castagnados* du Marquis DE LA FARE-ALAIS, l'épopée de *Rocho et Plagnóou*, ces deux automédons du Consulat et du premier Empire, dont maintenant le nom vivra autant chez nous que celui de leur devancier.

Méssaje, *s. m.* Domestique de fermier ou de paysan; messager; commissionnaire, envoyé; message, envoi, commission.

Dér. de la bass. lat. *Messagium*, m. sign., du lat. *Missio*.

Méssajè, *s. m.* Messager; commissionnaire; envoyé; qui est chargé de porter les lettres d'un endroit dans un autre. — *Avédre l'ésprit méssajè*, avoir un secret pressentiment; ce qui rappelle l'ancienne croyance aux esprits familiers.

Mésso, *s. f.* Messe, sacrifice du corps et du sang de Notre Seigneur Jésus-Christ. — *Mésso basso*, messe basse ou petite messe. *Mésso dé mor*, messe des morts. *Préne la mésso*, recevoir la prêtrise, être ordonné prêtre. *A pas la mésso*, il n'est pas encore prêtre. *Pode pas èstre dou prèche et à la mésso*, je ne puis être au prêche et à la messe, c.-à-d. partout en même temps; je ne puis sonner les cloches et aller à la procession. Au fig. *Sans argén sé canto pas mésso*, locution qui s'emploie pour dire que sans argent, sans payer on ne se met pas en frais, on ne fait pas de cérémonies.

Dér. du lat. *Missa*, m. sign.

Méssorgo, *s. f.* Mensonge; menterie; fausseté; imposture.

Méssorgos, au plur., signifie ces petites taches blanches qui viennent sur les ongles de la main, parce que c'est sur leur nombre et sur leur forme, fait-on accroire aux enfants, que l'on reconnaît la quantité et la grosseur des mensonges qu'ils ont dits.

Dér. de la bass. lat. *Mentionia*, du lat. *Mentitia*, dont le fr. a fait Mensonge, l'ital. *Menzogna*, et notre lang. avec une légère altération *Méssorgo*.

Méssourguiè, **ièïro**, *adj.* Menteur; mensonger; faux; trompeur; qui dit un ou des mensonges; qui a l'habitude de mentir. — *Méssourguiè* se dit mieux et vaut mieux que *Méntur*, qui n'est qu'une traduction *franchimande*. *Méssourguiè coumo un lèbriè*, menteur comme un chasseur.

Méstiè, *s. m.* Métier; profession d'un art mécanique; profession qui exige l'emploi des bras; machine dont se sert l'artisan pour la fabrication de son ouvrage — *Douna un méstiè*, faire apprendre un métier, mettre en métier. *Sabatiè, faï toun méstiè*, savetier, fais ton métier, c'est le *Ne sutor ultrà crepidam*, du latin; chacun son métier et les vaches seront bien gardées.

Dér. de la bass. lat. *Ministerium*, office, occupation.

Méstièïràou, *s. m.* Artisan; celui qui exerce une profession mécanique; corps d'artisans; gens de métier.

Mèstre, *s. m.* Maître; qui a des serviteurs; qui commande; instituteur; professeur; qui enseigne un art, un métier, une science; propriétaire; maître, titre d'honneur; principal. — *Sès bé lou mèstre?* vous êtes bien le maître? vous pouvez commander. *Ou dirai à toun mèstre*, je le dirai à ton précepteur, à ton maître d'école. *Vóou pas pus as mèstres*, je ne vais plus à l'école, au collège. *Aquél chi a trouba mèstre*, le propriétaire de ce chien est trouvé. *Mèstre Blasi*, Maître Blaise. *Un mur mèstre*, un murmaître. *Un mèstre d'armos*, se dit d'un maître d'escrime, et au fig. d'un habile joûteur, d'un madré compère, qui ne craint personne en fait de ruses, de tours d'adresse, de finesses. *Lou mèstre-varlé*, le maître-ouvrier, le principal valet de ferme.

Il se prend quelquefois au féminin, **Mèstro**, pour *Méstrésso*, maîtresse, surtout en parlant de la femme d'un maître-valet.

Dér. du lat. *Magister*, m. sign. En ital. et en espag. *Maestro*.

Mèstre, *s. m.* Mètre, mesure de longueur. — Le mètre a été plus facilement et plutôt vulgarisé que les autres mesures du système décimal, parce qu'il est continuellement dans les mains d'une foule d'artisans, menuisiers, serruriers, maçons, charpentiers, qui sont un peu plus lettrés et d'ailleurs sans cesse en rapport avec des architectes, des ingénieurs, hommes officiels; aussi depuis longtemps, avec ses subdivisions, a-t-il détrôné *la cano, la touèso, lou piè, lou pouce, la ligno*, dont il n'est plus question. *Un mèstre courén, cara, cube*, sont fort de mise, car il faut bien être à la hauteur de la science et parler de mètre courant, carré ou cube, quand on en a besoin. On sait que le mètre, unité fondamentale du nouveau système, est la dix-millionième partie du quart du méridien terrestre, allant du pôle à l'équateur; il vaut, en ancienne mesure, 3 pieds, 11 lignes 296. — *Voy.* lettre K.

Méstréja, *v.* Maîtriser; dompter; réduire; faire le maître; commander ou gouverner en maître.

Méstrésso, *s. f.* Maîtresse; celle qui commande dans une maison; institutrice, qui enseigne une science, un art, un métier; amante, bonne amie; pris adjectivement : principale.

Mésura, *v.* Mesurer; déterminer une quantité, une étendue, un espace par une mesure.
Dér. du lat. *Mensurare*, m. sign.

Mésuraire, *s. m.* Mesureur; celui qui mesure : préposé ayant droit et charge de mesurer.

Mésuraje, *s. m.* Mesurage; action de mesurer; droit qu'on prend pour mesurer.

Mésuro, *s. f.* Mesure; ce qui sert à déterminer la quantité, les dimensions; instrument pour mesurer; contenu d'une mesure de capacité; quantité mesurée. — *Mésuro raso, coumoulo* (Voy. *Coumoul*). *Dé mésuro*, à mesure, au fur et à mesure. *Dé mésuro qué*, à mesure que : sorte d'adverbe. *Bono mésuro*, évent, excédant donné en sus de la juste mesure; par ext. on l'emploie pour répondre à une personne qui, en parlant d'une chose quelconque, énonce une quantité, une dimension, un chiffre, que l'on sait ou que l'on croit bien au-dessous de la vérité : *Aquélo fio a vint-ans*. — *Bono mesuro*, réplique-t-on, si on lui en croit davantage. On dit aussi dans le même cas : *Mésuro dé Sént-Ambriëï*, mesure de Saint-Ambroix. Et un mot d'explication ne sera peut-être pas de trop pour bien faire comprendre la synonymie de ce localisme. — On sait qu'autrefois, en France, les poids et mesures variaient d'une localité à l'autre, cause continuelle pour le commerce de difficultés dans les calculs, de malentendus, d'erreurs et de déceptions, auxquels l'uniformité du système décimal est heureusement venue mettre un terme : c'est la seule, la vraie égalité qu'aient fondée les faiseurs à qui nous le devons. A Saint-Ambroix, la mesure de capacité, sous une même dénomination, était plus grande que celle d'Alais. Dans cette dernière ville, qui alors comme aujourd'hui et à charge de revanche s'approvisionnait dans les marchés de sa voisine, on devait s'occuper beaucoup de la supériorité de contenance de la mesure de Saint-Ambroix. Il en résulta qu'on appliqua l'idée qu'on en avait à toute autre chose; et lorsque quelqu'un avançait une appréciation qui paraissait insuffisante, on complétait sa phrase en ajoutant ces mots : *mésuro dé Sént-Ambriëï*, équivalents plus pittoresques de *bono mésuro;* comme si l'on avait dit : soit, vous voulez parler de la grande mesure et non de la petite, sans quoi vous seriez au-dessous du vrai, mettez-en donc plus largement, etc., etc. Et en avant, par exemple dans le cas ci-dessus, citait-on l'âge d'une personne que l'on savait plus vieillotte, ou bien elle-même retranchait-elle quelques printemps de ses années, au lieu de glisser doucettement, comme de coutume, la petite réflexion : Et le pouce ! ou : Sans compter les mois de nourrice ! on prenait un tour figuré également expressif en murmurant : *Mésuro dé Sént-Ambriëï!*

Cé dicton, qui ne peut être que local, est sans doute d'ancienne date; mais il n'y a plus que les aînés du kilogramme ou du décalitre qui en connaissent l'origine, qu'oublieront bientôt, si ce n'est déjà fait, ceux qui ne savent pas qu'il fut un temps où l'on n'avait pas besoin de tant de grec pour mesurer son blé et ses châtaignes. C'est pourquoi notre Dictionnaire, à qui la tradition en est revenue, et qui, pour être de son époque, ne rougit pas du parler et des usages du bon vieux temps, en a cherché et donné l'interprétation.
Dér. du lat. *Mensura*, m. sign.

Métre, *v.* Mettre; placer; poser; établir; disposer. — *Sé métre*, se mettre, se placer; commencer; s'habiller. *Métre de piëï*, prendre du pis, se dit des femelles des mammifères lorsque, étant pleines, leurs mamelles ou leurs pis commencent à se gonfler. *Métre la grano*, mettre à couver, mettre à éclore, à l'incubation, la graine ou les œufs de vers-à-soie. *Métre lou lévan*, mettre le levain (Voy. *Lévan*). *Métre lou toupi*, mettre le pot au feu. *Métre bièn sus lou papiè*, bien écrire, rédiger, composer. *Métre lou pétas dou tràou*, mettre le doigt dessus, deviner quelque chose de secret; mettre le doigt sur la plaie, sur l'encloure. *Métre uno ràoubo, un capèl*, mettre une robe, un chapeau. *Métre la tàoulo*, mettre le couvert. *Sé métre à tàoulo*, s'attabler, se mettre à table, *Sé métre én trin*, s'enivrer; commencer un ouvrage. *Aquélo fénno sé més bièn*, cette femme se met fort bien. *Métre trémpa lous granés*, faire macérer, tremper les pois-chiches. *Més pas la man dou sé pér un pésoul*, au fig., il ne se dérange pas pour peu qui vaille.
Dér. du lat. *Mittere*, mettre.

Mialada ou **Miélado**, *s. f.* Miellat, miellée, miellure; gouttelettes d'une substance visqueuse et sucrée assez abondante parfois pour former une sorte de vernis sur les feuilles de certains arbres et particulièrement sur celles du tilleul, de l'érable, du platane, du châtaignier, etc. On attribue la miellée soit à une espèce de rosée, soit à la transsudation même des feuilles, ou enfin à des pucerons. Elle apparaît dans la première sève du mois de mai et le lendemain d'une forte chaleur. Elle est purgative, et la feuille du mûrier, qui en est cependant moins attaquée, devient un poison mortel pour les vers-à-soie lorsqu'il y en a quelques restes que la pluie, la chaleur ou le vent n'ont point lavés ou fait disparaître.
Dér. du lat. *Mél*, miel.

Mialé, *s. m.*, n. pr. de lieu. Mialet, commune dans le canton de Saint-Jean du Gard. — Nous ne relevons cette dénomination que pour signaler une variante semblable à celles dont nous avons parlé au mot *Maléncho*. *Mialé*, rendu en fr. par Mialet, s'appelait, en 1294, en 1345 et 1384, *de Meleto, Meletum;* le roman en fit *Mellet*, et, en 1545, *Mialet*, qui est resté. Son radical primitif est pris dans le lat. *Mél*, miel, comme celui de *La Mialouso*, en fr. La Melouse, et sans doute de *Maléncho* pour *Méléncho*. Ces propensions se font jour dans le mot précédent *Mialado* plus usité que *Miélado :* c'est l'introduction de la consonnance éclatante *a* remplaçant *e*, tout à fait dans le génie de la langue d'Oc et de la langue d'Oïl.

Mialoùs, mialouso, *adj.* Mielleux; qui tient du miel; fade, doux; doucereux.

La Mialouso, La Melouse, village de l'arrondissement d'Alais, sur les confins de la Lozère, dit en 1092 jusqu'en 1508, *de Melosa*, qui tire évidemment son nom du lat. *Mel*, à cause de la quantité de miel qu'on y récolte.

Miâou. Onomatopée du miaulement du chat. — *Ou voudrias?... Midou!* dit-on à quelqu'un à qui l'on présente une chose qu'on ne veut pas lui donner; ce qui répond à : Vous le voudriez ?... Je vous en souhaite, vous n'en croquerez que d'une dent.

Miâoula, *v.* Miauler : formé de l'onomatopée du cri du chat, *Midou*.

Lou midoula, *s. m.* Le miaulement du chat.

Miâoulaïre, aïro, *adj.* Miauleur, qui a l'habitude de miauler. — *Jamaï ca midoulaïre noun fugué bon cassaïre*, prvb., jamais chat miauleur ne fut bon chasseur.

Miâouquo, *s. f.* Millet sauvage; pied de poule ou chiendent pied de poule, *Gramen dactylon radice repente*, Linn., plante de la fam. des Graminées, graminée de l'arrière saison, dont la racine sert au même usage que celle du chiendent ordinaire.

Dér. de *Mil* ou *Mèl*, millet, du lat. *Millium*.

Mias, *s. m.* Pain, ou plutôt gâteau de millet ou de maïs cuit au four. — Aromatisé avec quelques grains d'anis, quoique lourd et indigeste, il n'est pas encore trop dédaigné par les enfants que les nouvelles friandises n'ont pas rendus trop gourmands et délicats.

Dér. de *Mil* ou *Mèl*, millet.

Michan, michanto, *adj.* Méchant, mauvais; qui est par nature, par caractère, par tempérament, porté et enclin au mal; en qui les défauts dominent. — *Bono miolo michanto bèstio, bono fénno michanto tèsto, bono tèro michan camì*, bonne mule méchante bête, bonne femme mauvaise tête, bonne terre mauvais chemin. *Pértout y-a uno lèguo dé michan camì*, il y a partout une lieue de mauvais chemin. *Dé michanto fénno gardo te et dé la bono noun t'én fises*, garde-toi de méchante femme et ne te fie pas à la bonne. *Bèlo fénno michanto éspigno*, belle femme mauvaise épine. *A michan-t-ouvriè gès dé bos outisses*, mauvais ouvrier ne trouve jamais de bons outils. *Michanto sésoù quan-t-un lou manjo l'doutre*, mauvaise saison quand les loups se mangent entr'eux. *Fios qué soun à marida michan troupèl à garda*, filles à marier sont un troupeau difficile à garder. *Douna un michan co*, donner un mauvais coup, un coup dangereux. *Un michan capèl*, un mauvais chapeau, vieux, usé. *Michan vi, michan pan*, mauvais vin, mauvais pain. *Michan tén*, mauvais temps : se dit surtout d'un orage accompagné de grêle. *Aï pòou qué tombe dé michan tén*, je crains que nous ayons de la grêle. *Michan mdou*, charbon qui vient au visage, ulcère cancéreux, que la superstition empêche, comme pour la grêle ou pour les maladies des vers-à-soie, de nommer par leurs noms. *Aquelo michanto méno, michanto méno*. — Voy. *Muscardin.*

Michan se prend adverbialement : *Sénti michan*, sentir mauvais; *faire michan*, faire mauvais temps. *Faï michan èstre maldou*, il est pénible, triste d'être malade. *Faï michan vénì vièl*, il est fâcheux de vieillir. *Faï michan ana déscdou*, il n'est pas bon, il est désagréable d'aller nu-pieds. — *Faï michan* est plus usité que *Faï mdou*, qui s'emploie aussi dans ces locutions.

Lou michan, pris subst., le démon, le diable, pour ne pas l'appeler par son nom; comme on dit en fr. le malin : c'est en effet le méchant par excellence.

Dér. du lat. *Mis* pour *Malè*, et *Cadere*, choir, *Mis-cadens*, mal échéant, méchant, *méschant*, v. fr. *Michan.*

Michantiso, *s. f.* Méchanceté; malignité; inclination à faire le mal; calomnie. — A un enfant boudeur, obstiné, rageur, on dit : *Michantiso!* comme s'il était la méchanceté incarnée; cela revient à Méchant! vilain méchant! et le reproche n'a point d'autre portée.

Micho, *s. f.* Pain de brasse, pesant de vingt à vingt-cinq livres; petit pain formant la ration quotidienne du berger pendant qu'il est aux champs. — Cette similitude de noms appliqués à deux pains si différents de taille est une singularité qui doit venir de ce que l'un et l'autre sont faits de la même pâte.

Dér. du lat. *Mica*, mie et morceau.

Miè, *s. m.* Muid, mesure de vin valant dans l'Hérault sept cents litres. — Se dit aussi spécialement pour une mesure de contenance de la chaux : *un miè d'acdou*, un muid de chaux.

Miè, *s. m.* Milieu; centre. — *Coupa dou miè*, couper au milieu. *Aou miè dou jardì*, au milieu, au centre du jardin.

Dér. du lat. *Medium*, m. sign.

Miè, mièjo, *adj.* Mi, demi; moitié; milieu. — *Mièjour, mièjognuè*, midi, minuit. *Mièjo-houro*, demi-heure. *Mièjo-lèguo*, demi-lieue. *Uno houro et mièjo*, une heure et demie. *Mièjo journado*, moitié journée. *Un an et miè*, un an et demi; mais on dit plutôt au masc. *un an et démi, mièjour et démi*. *Gn'a jusqu'à miejo cambo*, il y en a jusqu'à mi-jambe. *A miè-cami*, à mi-chemin. *Miè-nèci*, demi-fou, demi-imbécile; écervelé; niais. *Miè-moussu*, demi-monsieur, demi-bourgeois, demi-manant. *Manjo pas soun miè sadoul*, ne mange pas à demi son soûl. *Y vei pas sa mièjo vido*, locution bizarre en parlant d'une personne qui a mauvaise vue, qui n'y voit pas à demi et à peine pour gagner sa vie ou ne pas se casser le cou. *A miè-trous*, à peu près à moitié de la hauteur, à hauteur moyenne, à mi-tronc, du lat. *Truncus*. *Un sa dé miè*, un sac à moitié plein. *La paièïro és pas dé mièjo*, la cuve n'est qu'à moitié pleine, que demi-pleine. On dit cavalièrement d'une femme qui fait beaucoup d'enfants : *Ès toujour pléno ou dé mièjo*. *Douna soun bé à mièjo*, affermer son bien à moitié fruits, amodiation par laquelle le propriétaire prête sa terre et les produits sont partagés. *Miè-fébriè journdou éntiè*, prvb., à la mi-février, la journée du travailleur est entière. — Voy. *Fébriè*.

Dér. du lat. *Medius, a, um*, m. sign.

Mièjo, s. f. Moitié de la pinte d'Alais qui équivalait au pot ou à deux pintes de Paris. — *La miejo contient 0,90 centilitres, elle est donc à peu de chose près le litre. Anen beoure miejo, allons boire un litre. Ma fenno es economo, d'un paque de brouquetos ne fai siei mes et de mieja ne fa, pas qu'un co,* ma femme est bonne ménagère, d'une botte d'allumettes elle fait six mois, et d'un litre une seule fois.

Mièl, s. m. et adv. de comparaison. Mieux; le mieux. — *Fasès-ou tout per lou miel,* faites tout pour le mieux. *Quan-t-on es viel ou danso pas miel,* quand on est vieux on ne danse pas mieux. *Aime mai veni,* j'aime mieux, je préfère venir. *Aquo vai miel,* la santé va un peu mieux.

Dér. du lat. *Melius,* m. sign.

Mièro, s. f. Ne s'emploie que dans cette locution. *Sala coumo la miero,* sale comme la mer, dont *Miero* est probablement une altération.

Miétoú, s. m. Milan, oiseau. — *Voy. Tartano.*

Mignar, mignardo, adj. Mignard, gracieux et gentil avec un peu d'afféterie; délicat; douillet.

Dér. de *Mino,* mine.

Mignardéja, v. freq. Mignarder; dorloter; pouponner; faire des mignardises, des coquetteries délicates.

Mignardije, s. f. Mignardise; gentillesse un peu affectée; délicatesse, coquetterie, caresses.

Mignò, mignoto, s. et adj. Mignot; mignon; gâté; terme d'amoureux et de nourrice.

Mignounéto, s. f. Mignonette, mignardise, œillet mignardise, œillet plume, *Dianthus plumarius,* Linn., plante de la fam. des Caryophyllées, cultivée comme fleur d'agrément, et qui croît naturellement sur nos montagnes.

Mignouta, v. Mignoter; caresser; flatter doucement; dorloter; traiter délicatement. — Il est aussi réciproque. *Sé mignouta.*

Migou, s. m. Fumier ou crottin de brebis; fumier de bergerie.

Dér. du gr. Μικρός, petit, d'où le lat. *Mica,* petit morceau, miette, grain, à cause de la petite dimension du crottin de brebis. Ce qui donne raison à cette étymologie, c'est que, dans le même ordre d'idées, ce crottin, pris isolément, s'appelle *Pecolo,* qui vient de *Pichò,* en ital. *Piccolo,* petit.

Mijè (Dé), adv. De moitié, par moitié. — *Faire dé mijè,* faire de moitié; être de moitié au jeu; donner la moitié de son lit, de son dîner, etc. *L'ase dé mijè fuguè toujour lou pu màou émbasta,* prvb., l'âne en communauté fut toujours le plus mal embâté. — *Mijè* est dit pour *Mièjè* ou *Mièjo.*

Mil, s. m. Millet. — *Voy. Mel.*

Milanés, s. m. et adj. Milanais, du pays lombard. — Ce mot désignait surtout, il y a quelques années encore, dans nos contrées cévenoles, une race de vers-à-soie provenant de la Lombardie, dont on distinguait plusieurs variétés de cocons : le milanais ordinaire, jaune, assez gros, coupé ou serré par le milieu; le petit milanais qui n'en différait que par son moindre volume, et enfin le milanais blanc, semblable au jaune par la forme, mais qui laissait quelque chose à désirer pour la couleur. Depuis l'invasion du fléau qui ravage nos chambrées, l'importation a amené et répandu d'autres races de la Chine, du Japon, de la Natolie, du Chili, du Caucase, qui n'ont pas fait oublier les belles réussites des milanais; mais la confiance et l'ancien crédit ne leur sont pas encore revenus, car la Lombardie souffre des mêmes maladies que les Cévennes séricicoles. Espérons cependant une régénération prochaine que des expériences scientifiques promettent et font présager.

Milanto, s. m. Des millions, des milliasses; nombre indéfini et considérable de choses quelconques.

Dér. du lat. *Mille.*

Millimèstre, s. m. Millimètre, millième partie du mètre. — *Voy. Mestre.*

Importation nouvelle et obligée du fr.

Milo, s. m. Mille, nom de nombre, et Mil, lorsqu'il sert pour une date. Notre langue ne fait pas cette distinction. — *Milo resoùs,* mille raisons. *Milo hiuè cén sètanto-tres,* mil huit-cent soixante et treize.

Milo reste toujours indéclinable

Dér. du lat. *Mille,* m. sign.

Milo-floùs, s. m. Boule-de-neige, arbuste. — *Voy. Toumiè.*

Mina, v. Miner, faire une mine; creuser; caver. Au fig., consumer, détruire peu à peu par le chagrin, les regrets.

Minable, ablo, adj. Minable; pitoyable; dont l'apparence, le costume, l'air font pitié.

Miné, s. m. Dim. *Minouné.* Minet, petit chat; nom caressant donné aussi à un vieux chat familier. — *Faire miné,* manger plus de pain que de viande : ce qui doit être sans doute une antiphrase, car on dit également : *Grouman coumo uno cato,* gourmand comme une chatte, pour exprimer le type de la gourmandise délicate et quelque peu recherchée.

Minéto, s. f. Dim. de *Mino.* Minette; petite chatte. — Ainsi que le précédent, se donne aussi à une chatte favorite quel que soit son âge.

Minganèlo, s. f. Minauderie; manières affectées pour plaire; petites façons de l'enfant gâté ou de la jeune fille minaudière, où perce une pointe naissante de coquetterie.

En bas-breton, *Mingan,* simagrées.

Mingre, mingro, adj. Chétif; un peu minable; piètre; débile; qui n'a point de forces.

Mino, s. f. Mine; air; apparence; expression de la physionomie, de l'accueil; mine; métaux, minéraux à exploiter, de cuivre, de charbon, d'or, d'argent, etc.; mine de carrier, de mineur, pour faire sauter une roche à l'aide de la poudre; minette, chatte, femelle du chat.

Dans le premier sens, en bas-breton *Min,* mine; dans le second, du lat. *Minera,* mines, minières.

Minoù, *s. m.* Dim. *Minouné.* Minon, petit chat qui vient de naître. — *Chanja sous minoùs,* changer d'amour, porter ailleurs ses affections, en prenant métaphoriquement ce que fait au propre la chatte en changeant de place ses petits qui sont aussi ses affections.

Minouna, *v.* Chatter, faire des petits en parlant de la chatte.

Minounado, *s. f.* Chattée; petits chats qu'une chatte met bas d'une fois.

Minuto, *s. f.* Minute, soixantième partie d'une heure; original des actes qui demeure chez le notaire, ou original des actes judiciaires, qui reste au greffe.

Dér. du lat. *Minutus, minuta,* petit.

Mio, *s. f.* Mie; amie; maîtresse. — *Ana vèire mio,* aller voir sa bonne amie. *Ma mio,* mon amie, m'amie, est un de ces vocatifs que s'adressent les femmes dans leurs conversations, qui la plupart du temps est moins une expression d amitié qu'un terme souvent indifférent et banal, fort semblable au fr. : ma chère.

Contraction de *Amigo, moun amigo.*

Miolo, *s. f.* Dim. *Mioulèto;* augm. *Mioulasso.* Mule, femelle du mulet, produit de l'âne et de la jument. — *Bono miolo, michanto béstio,* bonne mule, méchante bête. *Rèndre l'argén dé la miolo,* rendre gorge, reperdre ce qu'on a gagné; en général, tout revirement de fortune, tout revers de médaille. *Faïre uno miolo,* faire une sottise, une faute, une maladresse.

Dér. du lat. *Mula,* m. sign.

Miòou, *s. m.* Dim. *Mioule;* augm. *Mioulas.* Mulet, bête de somme. — L'âne et la jument produisent les grands mulets; le cheval et l'ânesse les petits que l'on appelle *Bardòs.*

Dér. du lat. *Mulus,* m. sign.

Miou, miouno, *s. et pron. poss.* Mien; à moi: qui est à moi; qui m'appartient; le mien. — *És miou,* il est à moi. *És miouno,* elle est à moi. *Démande pas qué lou miou,* je ne veux que le mien, je ne réclame que ce qui m'appartient.

Dér. du lat. *Meus, mea, meum,* m. sign

Mioù, miouno, *s. et adj.* Mieux, le mieux; meilleur. — *La trempo es bono, lou vi mioù,* la piquette est bonne et le vin meilleur. *Beoure bo et mioù,* boire du meilleur. *Voste mioù serié dé......,* ce que vous auriez de mieux à faire, votre meilleur parti serait de.....

Dér. du lat. *Melior,* m. sign.

Miougragné, *s. m.,* ou **Miougragnèiro,** *s. f.* Grenadier, *Punica granatum,* Linn., arbre de la fam. des Myrtes, qui produit la grenade.

Son nom latin le suppose originaire du nord de l'Afrique, d'où il aurait été transporté en Italie pendant les guerres puniques; sa dénomination languedocienne et française lui vient de *Grano,* grain, à cause de son fruit.

Miougrano, *s. f.* Grenade; fruit du grenadier; en lat. *Malum granatum,* pomme grenue, pleine de grains. — Ce fruit, dont le malade suce avec plaisir la pulpe, trop peu charnue d'ailleurs pour être un aliment qui fatigue son estomac, contient un acide agréable qui flatte le goût, nettoie, rafraîchit la bouche et apaise l'ardeur de la soif excitée par la fièvre; ces précieuses qualités ont bien pu lui valoir aussi son nom languedocien qui serait formé de *Grano,* graine, grain, et de *Mioù,* la meilleure.

Miougrano (Gouto), *s. f.* Migraine, douleur qui affecte ordinairement une moitié de la tête, un seul côté.

En lat. *Hemicrania,* qui rend bien la localisation du mal, et qu'il semble que la langue d'Oc a voulu exprimer aussi, sans y réussir aussi bien.

Mioulan, *s. m.* Mule ou mulet vieux, mauvais et laid, Rossinante du genre.

Mioune, miouno, *s. et pron. poss.* Mien, le mien. — Variante de *Miou, miouno,* avec la m. sign.

Miquèl, *s. m.,* n. pr. d'homme Au fém. *Miquèlo.* Michel. — Se dit aussi couramment *M'chèl, Michèlo* et *Michèou.*

Miquélé, *s. m.* Miquelet, bandit des Pyrénées, dont le nom a été retenu dans cette seule locution : *Arma coumo un miquélé,* armé comme un miquelet.

Mirabèlo, *s. f.* Mirabelle, sorte de prune ronde, jaune et sucrée.

Dér. du lat. *Mirabilis,* m. sign.

Miracloùs, ouso, *adj.* Miraculeux; prodigieux; qui tient du miracle; merveilleux; surprenant; extraordinaire.

Miraïa (Sé), *v.* Se mirer; se regarder dans un miroir ou dans une surface unie qui rend l'image. Au fig., se regarder avec complaisance; s'admirer. — *Qué trop sé miraio pàou fialo,* fille qui trop se mire filo peu. *Sé miraia din sous poulis habiages,* s'admirer dans ses atours, se mirer dans ses atours. *Quan réstarés aquì à vous miraia?* dit-on à quelqu'un qui n'a pas l'air de comprendre ce que vous lui dites et reste là tout ébaubi, planté devant vous comme s'il ne songeait qu'à se mirer dans vos yeux.

Miraïé, *s. m.* Dim. de *Miral.* Petit miroir; écusson d'un trou de serrure, de bouton de porte. — *Cassa àou miraïé,* faire la chasse au miroir.

Miral, *s. m.* Miroir; glace de verre; surface polie, unie, qui rend les images. — *Bèlo fénno, miral dé nècis,* prvb., jolie femme, miroir de niais.

Dér. du lat. *Mirari,* admirer, considérer avec admiration.

Mirgaïa, ado, *adj.* Diapré, émaillé de diverses couleurs brillantes.

Altération peut-être du mot *Miraïa,* mais avec une certaine extension.

Mirgo, Murgo ou **Mirguéto,** *s. f.* Souris. — Ces dénominations qu'on trouve dans SAUVAGES sont peu usitées. Le lat. *Mus, muris,* ou *Musculus,* rat, pourrait bien être pour quelque chose dans leur formation. Nous disons *Fure*. — *Voy* c. m

Miricoutoun, *s. m.* Brugnon, espèce de pêche dont la pulpe adhère au noyau; sa peau est lisse, d'un blanc un peu jaunâtre du côte de l'ombre, et d'un beau rouge violet du côte du soleil; sa chair est ferme, sucrée, et d'un jaune clair excepté auprès du noyau où elle est très-rouge.

En espag. *Malacoton*.

Miscarolo, *s. f.* Alouette calandrelle. *Alauda brachydactyla*, Temm., oiseau de l'ordre des Passereaux et de la fam. des Subulirostres, commune dans le pays. — Elle a les allures du cochevis, *Couquiado*, avec qui elle se mêle volontiers, ce qui peut les faire confondre, quoique celle-ci ne soit pas huppée.

SAUVAGES, à ce mot *Miscarolo*, se contente de dire : Petite alouette. Cela signifie-t-il petite de taille, quelle que soit d'ailleurs l'espèce, ou s'applique-t-il à l'alouette la plus petite du genre, car elle ne dépasse pas douze centimètres? Mais cette dernière n'a pas, comme les autres, de nom particulier que nous lui connaissions. *Miscarolo* ne semble pouvoir désigner que l'alouette calandrelle.

Missaro, *s. f.* Marmotte. — Elle n'est vulgairement connue que sous le nom de *Marmoto*. — *Voy*. c. m.

Missoù, *s. m.* Espèce de saucisson de ménage, de cervelas, plus court que le saucisson ordinaire et fait avec de la viande moins choisie et coupée moins menue, que l'on ensache aussi dans des boyaux lisses ou non, de manière qu'il est souvent assez informe. On le mange cru ou cuit, et, dans ce dernier cas, chaud ou froid, et il est toujours également bon. Le *missoù* est, pendant toute l'année, la grande ressource de la plupart de nos modestes ménages, et comme son apprêt particulier et son emploi ne permettent pas de le désigner pour un équivalent français, on devrait bien franciser son nom et l'appeler *Misson* : nous le recommandons au *Dictionnaire de l'Académie*.

Dér. de la bass. lat. *Missonum*, paquet, botte : le *missoù* étant une agglomération de petits morceaux de viande réunis en paquet ou faisceau.

Missounariè, *s. f.* Confection, fabrication du *Missoù* (*Voy*. c. m.). — Comme dans la plupart des ménages du pays, qui peuvent le faire, on est dans l'habitude d'égorger tous les ans un cochon, plus ou moins gros selon les moyens, on appelle *Faire missounariè*, en faire la salaison, parce que confectionner les *missoùs* est la chose principale dans cette opération.

Mistrâou, *s. m.* Mistral, vent du Nord-Nord-Ouest, le plus froid et le plus impétueux de ceux qui soufflent en Provence, d'où ce mot a été importé.

Contract. de *Magistráou*, du lat. *Magister*, le maître, le plus fort des vents.

Mita, *s. f.* Moitié; une des parties égales ou à peu près du tout. — *Ès dé Moussa, aimo mai lou tout qué la mita*, prvb., il est de Moussac, il aime mieux le tout que la moitié. *Ase dé mita és toujour màou embasta*, l'âne de la communauté est toujours le plus mal bâté (*Voy Mijè*). *A mita cami*, à moitié chemin. *Mita quiè*, à moitié cuit. *Èstre de mita*, être de moitié. *Faire de mita*, partager. *Mita mita*, moitié chacun, part égale. *Mita l'un mita l'doutre*, moitié de chaque : équivalant de *mita mita*. *A mita*, ou mieux *de mita*, à moitié, à demi.

Dér. du lat. *Medietas*, moitié.

Mitadiè, *s. m.* Qui fait de moitié avec quelqu'un; objet qui sépare par moitié, comme un mur, un fossé divisant un héritage.

Mitan, *s. m.* Milieu, centre, point central. — En v. fr. popul. on disait aussi *Mitan*. — *Y-a pas de mitan*, il n'y a pas de moyen terme, point de milieu, de tempérament. *Entre mitan*, au beau milieu.

C'est le synonyme plus usité de *Miè* et plus étendu.

Dér. du lat. *Medius*, m. sign.

Mitèno, *s. f.* Mitaine; long gant de femme qui recouvre le bras et n'a que le pouce et l'origine des doigts; gant qui n'a de distinct que le pouce.

Mito, *s. f.* Mitaine; gant qui n'a que le pouce de distinct, souvent fourré en dedans, dont se servent particulièrement les voituriers. — Il est synonyme de *Miteno* dans sa dernière acception.

Dér. de la bass. lat. *Mitana* ou *Mitæ*, m. sign., *Lanea vel pellicea chirotheca*, dit Du Cange.

Mitouna, *v.* Mitonner; faire cuire lentement; dorloter; cajoler.

Dér. du lat. *Mitis*, doux.

Mo, *s. m.* Mot; expression; terme; parole. — *Aquò's pas lou mo*, ce n'est pas répondre; ce n'est pas là l'affaire, ce dont il s'agit. *Te dirai un mo*, je te dirai ton fait; je te parlerai. *I diguè soun mo*, il lui parla comme il faut. *Vôou i-escrioure un mo*, je vais lui écrire un petit mot, un bout de lettre. *Quinquè pas lou mo*, il ne dit mot, il ne répliqua rien.

Dér. du lat. *Muttum*.

Moble, *s. m.* Meuble, tout ce qui sert à orner une maison, une chambre, et qui n'en fait point partie, n'y étant pas attaché à perpétuelle demeure.

Dér. du lat. *Mobilis*, mobile.

Modo, *s. f.* Mode, usage dans les vêtements, les plaisirs, les mœurs; vogue passagère; manière d'agir, de parler.

Dér. du lat. *Modus*, manière, façon.

Mol, molo, *adj.* Mou; tendre; qui n'est pas dur. Au fig., mou; lent; flasque et sans vigueur; sans énergie; indolent. — *Ès trop mol per ana làoura*, la terre est encore trop trempée pour être labourée. *Boudiou! que siès mol!* Bon dieu! que tu es indolent! *A las cars be molos*, elle a les chairs bien flasques.

Dér. du lat. *Mollis*, m. sign.

Molo, *s. f.* Meule, cylindre plat pour broyer, pour aiguiser; meule de moulin, de coutelier.

Dér. du lat. *Mola*, m. sign.

Molo, *s. f.* Terme de boucherie, cimier, partie de la cuisse du bœuf, qui contient plusieurs tranches de différentes qualités : la pièce ronde, la semelle ou *bè-d'douquo*, le tendre ou *din-dé-quièisso* ; le derrière du cimier, depuis les tranches jusqu'à la queue, s'appelle Culotte.

Molo, *s. f.* Relâche; intermission; rabais. — *Y-a molo*, la presse n'y est plus pour louer à haut prix les journaliers lors des forts travaux agricoles ; *y-a molo*, quand le prix des denrées baisse par la concurrence des marchands ou l'abondance de la marchandise ; quand il y a interruption dans les arrivages sur un marché. Par extension, on le dit toutes les fois qu'il y a ralentissement dans l'animation d'une partie de jeu, d'un plaisir, d'un travail.

Dér. du lat. *Mollis*, mou.

Monle, *s. m.* Moule, instrument ou matière creusée pour donner une forme au métal fondu, au plâtre, à la cire, etc.; modèle. — *Monle dé boutoù*, moule de bouton, qu'on recouvre d'étoffe.

Dér. du lat. *Modulus*, m. sign.

Móoure, *v.* Moudre, réduire le grain en farine au moyen des meules ; par ext. broyer, réduire en poudre par un moyen quelconque.

Dér. du lat. *Molere*, m. sign.

Móouto, *s. f.* Mouture ; action de moudre ; ce que l'on moud à la fois : salaire que prend le meunier.

Móouto, part. pass. fém. du v. *Móoure*, moudre Moulue ; broyée. — *Bla ensaqua, farino móouto*, littéralement, blé mis en sac, farine moulue ; locution figurée employée souvent pour dire : affaire conçue, chose conclue ; entreprise commencée, succès assuré.

Mort, *s. f.* Mort; fin de la vie; mortalité; désastre; massacre ; carnage. S. *m.*, mort ; cadavre ; un mort ; *mort, morto*, part. pass. et adj., mort, morte, qui a cessé de vivre. — *Jouine qué vèio, vièl que dort, sinne dé mort*, prvb., jeune qui veille, vieux qui dort, signe de mort. *La mort d'uno fénno és coumo un co dou couide*, prvb., la mort d'une femme est comme un coup au coude, douleur vive qui passe vite, à peu près comme celle qu'éprouve la matrone d'Éphèse. *La mort das blas :* quand éclate une catastrophe, qu'arrive ce qu'on appelle vulgairement le commencement de la fin, dans une débandade, une déconfiture, une déroute, dans un sauve qui peut, on s'écrie : *la mort das blas!* Le blé étant la chose la plus utile, la plus précieuse, sa destruction serait le plus grand malheur possible, et l'on ne peut déplorer davantage tous les autres désastres qu'en les assimilant à celui-là. *Aiçò's pas la mort dé Turèno*, dicton conservé dans nos contrées, qui fait comprendre l'impression profonde que causa la mort du grand capitaine, et qui sert encore de comparaison pour témoigner que le malheur dont on peut avoir à se plaindre, si déplorable qu'il soit, n'est pas aussi grand que la mort de Turenne. *Lou pdoure mort*, locution ordinaire en parlant d'une personne décédée depuis peu, emportant l'estime et les regrets. *Un mort-dé-fan*, un meurt-de-faim, un famélique, un besogneux à genoux devant un écu. *La morto-sésoù*, la morte-saison, celle où le mauvais temps arrête les travaux, où un ouvrier ne trouve pas d'ouvrage. *Douloù dé fénno morto passo pas la porto*, prvb., deuil de femme morte dure jusqu'à la porte. *Morto la bèstio, mort lou véri*, prvb., morte la bête, mort le venin. *Lou maï atrapa és lou mort*, le plus dupe c'est le mort. *Lou fiò és mort*, le feu est éteint. *D'argén mort*, de l'argent qui ne rapporte rien. *A mort*, adv., mortellement. *Travaio à mort*, il travaille rudement. *Mort subito*, mort subite.

Dér. du lat. *Mors, mortis*, m. sign.

Mor, *s. m.* Mors; fer de la bride qui entre dans la bouche du cheval. — *Préne lou mor à las déns*, au prop. et au fig. prendre le mors aux dents, s'emporter.

Dér. du lat. *Morsus*, parce qu'il est mordu par le cheval.

Morço, *s. f.* Amorce, poudre dans le bassinet d'un fusil, sur la lumière d'un canon, à l'ouverture d'un trou de mine; appât mis à un hameçon, à un piège ; pierre d'attente qui avance d'espace en espace à l'extrémité d'un mur pour faire liaison avec un autre mur qu'on doit y joindre; entaille faite au joint d'une pierre que l'on veut soulever ou arracher, pour y introduire la pointe d'une pince, d'un levier.

Dér. du lat. *Morsum*, supin de *Mordere*, mordre.

Morou, *s. m.* Nègre, et non pas seulement Maure.

Dér. du lat. *Maurus*, noir.

Mostro, *s. f.* Montre, machine pour indiquer les heures; montre, marchandise exposée sur la porte d'un magasin ; boîte, étagères, vitrage, où elle est étalée ; échantillon. — *Mostro*, échantillon pour les grains et autres denrées analogues, se dit *Tasto (Voy.* c. m.) lorsqu'il s'agit de liquides. — *Dilus y-doura fosso mostros*, lundi il y aura beaucoup de montres : sans autre désignation s'entend exclusivement des cocons à l'époque surtout où leur vente préoccupe tout le monde. *Aquì la mostro et lou mouloù*, voilà la montre et le magasin, la pièce avec l'échantillon, c.-à-d. tout ce qu'on a, tout ce dont on peut disposer.

Dér. du lat. *Monstrare*, montrer.

Moubla, *v.* Meubler, garnir de meubles.

Dér. de *Moble*.

Mouchétos, *s. f. plur.* Pincettes pour tisonner le feu; mouchettes pour la chandelle. — Le mot languedocien semble la traduction de ce dernier et l'on ne comprend pas pourquoi le même nom a été donné à deux instruments d'usage fort différent. Il est certain pourtant que *Mouchétos* est la bonne signification de pincettes, et si vous aviez besoin de mouchettes, il serait bon d'ajouter : *pér mouqua*, car autrement, dans le doute, il est probable que ce seraient des pincettes qu'on vous apporterait.

Mouchoù, *s. m.* Dim. *Mouchouné;* augm. *Mouchounas*. Peloton ; bouchon ; paquet de quelque chose ramassé en pelotte. — *Un mouchoù dé péous, dé fiou, dé graisso, dé lano*, etc., une poignée, un bouchon de cheveux, un paquet de fil, un peloton de graisse, un flocon de laine, etc.

En ital. *Mocchio*, tas, amas, monceau.

Mouchouèr, s. m. Mouchoir; fichu; cravate, qui se dit *Mouchouer de col*, fichu ou cravate, suivant qu'on parle d'une femme ou d'un homme. Pour mouchoir de poche, *Mouquadoù* est préférable. — *Voy.* c. m

Empr. au fr.

Mouchounado, s. f. Tas, amas; monceau; réunion de *Mouchous* — *Voy.* c. m.

Moude, s m. Mouton qui n'a pas de cornes.

Moude, adj. *des deux genres.* Émoussé, épointé, en parlant d'un outil tranchant.

Dér. tous deux du lat. *Mutilus*, mutilé, à qui il manque quelque chose : on sous-entend *Cornibus* dans la première acception.

Moudélas, s. m., ou **Moulédas**. Gros morceau de mie de pain, ou plutôt gros morceau de pain où il y a beaucoup de mie.

Moudelas ou *Mouledas* se dit aussi pour désigner l'endroit le plus charnu du corps d'un animal. — *Lou mouledas de la cambo*, le gras de jambe, le mollet

Augm de *Moudélo*.

Moudélo, s. f., ou **Moulédo**. Mie de pain.

Dér. du lat. *Medulla*, moelle : la mie étant la moelle du pain, et la metathèse des deux mots languedocie ns ne changeant rien à leur signification.

Moudèlo, s. m. Modele; exemplaire; original d'ecriture dont un écolier fait la copie.

Dér. du lat *Modulus*, mesure.

Moudélòu, s. m. Petit morceau de mie de pain, ou petit morceau de pain où il y a surtout de la mie.

Dim. de *Moudelo*.

Moufle, mouflo, adj Maflé; maflu; dodu; potelé; rebondi; épais; moelleux; gros; considérable. — *De ginutos mouflos*, des joues potelées, rebondies, mafflées. *Un iè moufle*, un bit épais, moëlleux. *Y-en faguè pagà un pris un pàou moufla*, il lui en fit payer une somme un peu forte.

Le fr. Moufle signifie un visage gras et rebondi : ce qui ne veut pas dire que nous lui ayons emprunté le mot.

En esp *Mafletes*, qui a les joues enflées comme Borée. Le lat. *Flare*, souffler, ne doit pas être étranger à tous ces mots, au moins pour une moitié.

Mouflèti, s. m. Gros enfant joufflu, ange bouffi. — S'applique plus particulièrement au visage ou au corps, et aux enfants.

Mouflije, s. f. État, qualité de ce qui est *Moufle* — *Voy.* c. m.

Mouflos, s. f. plur. Moufles, gants fourrés, sans doigts, n'ayant ordinairement que le pouce de distinct.

Dér. de *Moufle*, à cause de l'épaisseur.

Mougnè, mougnièiro, s. m. et f. Meunier, meunière; qui dirige un moulin à blé. — *La carrièiro dè la Mougnièiro*, la rue de la Meunière, une des vieilles rues d'Alais, qui conduisait et conduit encore au moulin appelé le Moulin-Neuf, depuis bien des siècles, déplacé ou reconstruit comme pour mériter toujours le même nom.

Mouia. v Mouiller; humecter; tremper dans l'eau — *Se mouia*, recevoir une averse de pluie; se baigner.

Mouiaduro, s f. Mouillure; action de mouiller; état de ce qui est mouillé, trempé

Mouicé, s. m. Epervier. *Falco nisus*, Temm., oiseau de l'ordre des Rapaces et de la fam. des Plumicottes, dont le mâle est appelé en fauconnerie Tiercelet, Emouchet ou Mouchet, qui a bien évidemment engendré notre vocable *Mouicé* Neanmoins on donne également ce nom a plusieurs autres petits oiseaux de proie, qui n'en ont point de particulier en languedocien, tels que le hobereau, *falco subbuteo*, l'emerillon. *falco œsalon*, la crescerelle, *falco tinnunculus*, Temm Ces oiseaux du même genre a quelque différence de taille près, se ressemblent beaucoup entr'eux et avec l'épervier, et habitent de même nos contrées où ils sont seulement un peu moins connus que ce dernier. — *Voy. Tartano.*

Mouiè, s. f. Femme, épouse; moitié. — N'est pas précisément de notre dialecte.

Dér du lat. *Mulier*, m. sign.

Mouièiro, s. f. et n. pr. de lieu et d'homme. Terre molière, grasse et marécageuse; Molière ou Molières, désignation d'une dizaine de communes, seulement dans le Gard. dites, dans les anciens titres, *de Moleria, de Moleyriis, de Moleriis, Moleriæ*, à cause de la nature des terrains sur lesquels l'agglomération s'était fondée. Des noms d'homme se sont formés de là, qui doivent se rendre en fr. par Molière, tout comme le fief de Poquelin. — *Ès arguta coumo lou calice de Mouièiro*, il est argenté comme le calice de l'église de Molière; vieux dicton ironique, parce qu'on prétend que ce calice était de bois : ce qui repond au fr. : chargé d'argent comme un crapaud de plumes.

Der. du lat. *Mollis*, mou.

Mouièn, s. m. Moyen; expédient; voie pour réussir ou parvenir à...; facultés pécuniaires; talents naturels, au plur. — *Tacha mouièn*, essayer, tenter, que le languedocien par-sang ne manque guère de rendre par tacher moyen *Tóou tacha mouièn de s'en tira*, il faut tâcher, essayer tous les moyens de s'en tirer. *Tachas mouièn dé vèni*, faites en sorte de venir. *Véjan sé y-a mouièn de mouièna*, voyons s'il y a moyen de s'arranger, de sortir de là ; si l'on peut moyenner, ménager une bonne issue. *Aquò's un home dé mouièn*, cet homme a des moyens, quelque fortune.

Empr. au fr.

Mouièna, v. Essayer de plusieurs moyens; tenter une voie, essayer d'un expédient, pour amener à bien une affaire, une entreprise.

Mouièna, ado, part. pass Qui a des moyens, des facultés pécuniaires, de l'argent à sa disposition.

Mouiènan, prép. et conj. Moyennant; au moyen de... — *Mouiènan aquò*, au moyen, à l'aide de cela, moyennant cela. *Mouiènan qué*, pourvu que.

Ce mot, emprunté, comme les précédents, au fr., est aujourd'hui très-souvent et très-bien employé dans les divers dialectes de la langue d'Oc.

Mouîne, *s. m.* Moine, religieux d'un ordre monastique; meuble pour chauffer les pieds dans le lit, en place d'une chaufferette, à l'aide de charbon allumé ou d'eau bouillante. — *L'abadiè sé pèrd pas per un mouïne*, prvb., pour un moine l'abbaye ne faut point, ou pour un moine on ne laisse pas de faire un abbé.

Dér. du lat. *Monachus*, m. sign.

Mouïssâou, *s. m.* Dim. *Mouïssalé*. Moucheron; cousin; *Culex*, Linn., insecte de l'ordre des Diptères et de la fam. des Hanstelles ou Sclérostomes. — L'espèce la plus commune, parce qu'elle est la plus incommode, est le *Culex pipiens*, Linn. La femelle pond ses œufs sur le bord des eaux; elle en fait, selon Réaumur, plus de 850 qui éclosent dans deux jours. Il y a aussi entr'autres les moucherons du vinaigre, qui abondent surtout au moment de la vendange, et ceux qui volent par essaims semblant ne vivre que d'air, car l'on voit souvent des promeneurs dans la campagne être entourés d'une nuée de ces insectes sans en éprouver la moindre piqûre. Mais ces derniers sont de petits êtres inoffensifs au regard des premiers, chanteurs agaçants et enragés à piquer venimeusement, qui sont un vrai fléau, surtout dans les nuits d'été.

Mouïsse, mouïsso, *adj.* Moite; un peu humide; un peu mouillé.

Dér. probablement, à l'aide d'une syncope, du lat. *Humidus*, m. sign.

Mouïssé, mouïsséto, *adj.* Émoussé; écourté; qui a les oreilles courtes. — *Fédo mouïsséto*, brebis à courte oreille, qui est une variété et non une espèce différente.

En ital. *Mezzo*, tronqué, écourté.

Moulan, *s. m.* Espèce de raisin noir hâtif. — Le *Moulan* ne veut pas être placé dans un terrain bas et humide; il s'y rouille et ne produit rien. Dans toute autre condition, en ayant soin de le bien charger à la taille, il donne de très-belles grappes; ses grains sont gros, ronds, noirs, bien fleuris. Le raisin s'égrène beaucoup lorsqu'il est mûr. Quand on en écrase un grain entre les doigts, sa peau se noircit comme de l'encre : aussi fait-il un vin noir. Le bois est très-facile à reconnaître, gros et long, rougeâtre, avec des raies longitudinales noirâtres; feuille grande, peu découpée.

Moulari, *s. m.*, n. pr. d'homme. Au fém. *Moulario*. Moulari. — Est resté seulement comme appellatif; le substantif est inusité, ainsi que l'adjectif : Pierre à meule, *Moulari*, et *pèiro moulari* ou *moulario*, pierre meulière, ou roche dont on tirait les meules, du lat. *Molaris lapis*, m. sign.

Moulas, asso, *adj.* Molasse, très-mou. Au fig., lambin renforcé, très-indolent.

Augm. de *Mol*.

Mouléire, *s. m.* Ouvrier de moulin à huile, celui, spécialement parmi les ouvriers qui ont chacun leur emploi et leur nom distinct, qui est chargé du broiement des olives.

Dér. du lat. *Molere*, moudre.

Moulén, *s. m.* Espèce de terrain aqueux, humide. *Uno tèro moulén* fait la *mouïèiro*, terre molière, grasse et marécageuse. — *Voy. Mouïèiro*.

Dér. de *Mol*.

Moulésan, *s. m.*, n. pr. de lieu. Moulézan, commune de Saint-Mamet (Gard). — Ce village et celui de Montagnac, annexe, ne forment qu'une seule commune dans l'arrondissement de Nîmes. Ils sont situés sur un terrain montueux et aride, ce qui a valu directement à l'un le nom de *Mountagna*, Montagnac, et sans doute à l'autre celui de *Moulésan*, dérivé, non de *Moulén*, et analogue à *Mouièiro*, comme sa consonnance semblerait l'y porter, mais ayant pour radical significatif le lat. *Mola*, meule, qui a donné *Molaris*, roche meulière. Il est en effet cité, en 1119, sous le vocable de *Molasano*, en 1383 *Molazanum*, et varie peu dans la suite. Dans son territoire sont situées les carrières de Lens, qui ont servi à la construction de plusieurs monuments; et d'ailleurs sa contiguïté avec Montagnac rend encore probable l'étymologie de *Mola* au lieu de *Mollis*.

Moulésan, pris comme simple s. m., reprend cependant une signification qui en fait un synonyme de *Mol, Moulas, Moulén*, et veut dire : un musard, lent, nonchalant, indolent, au superlatif.

Moulétoun, *s. m.* Molleton; étoffe croisée de laine et de coton, dont le poil est tiré, ce qui le rend très-moëlleux et très-chaud.

Dér. de *Mol*.

Mouli, *s. m.* Dim. *Mouliné, Moulissoù*, et *Moulinoto*, s. f. Moulin, machine à meule pour moudre; moulin à farine. — *Moulì blan*, moulin où l'on fait la plus belle farine. *Moulì brun*, celui où l'on fait la farine inférieure. *Moulì d'àouro*, moulin à vent. *Moulì d'oli*, moulin, pressoir à huile. *Moulì dé la farino*, bluteau. *Moulì paradis*, moulin à foulon. *Moulì dé sédo*, moulin à soie, pour ouvrer la soie. *Lou prémiè qu'es àou moulì éngrano*, prvb., le premier au moulin engrène : ce proverbe, usité pour dire que la diligence dans les affaires en facilite et en assure le succès, est basé sur les anciennes coutumes qui voulaient que la première personne arrivée au moulin, quel que fût son rang et son état, fût aussi la première à moudre.

Dér. du lat. *Molinum*, m. sign.

Moulignè, *s. m.* Moulinier, ouvrier qui travaille au moulinage de la soie, ce qui consiste à la tordre plus ou moins, à plusieurs reprises et de diverses façons, selon le besoin.

Moulina, *v.* Mouliner la soie, la faire passer au moulin où elle arrive sur des bobines, *rouqués*, pour être tordue : c'est l'œuvre du *Moulignè*.

Moulina, *v. n.* S'ébouler petit à petit; couler, en par-

lant des terres et du sable, comme coule de l'anche, pour tomber dans la huche, la farine sortant du moulin à blé.
— En fr. Mouliner se dit, pour un effet à peu près pareil, des vers qui creusent la terre ou rongent le bois.

Moulinaje, *s. m.* Moulinage, préparation que l'on fait subir à la soie au moulin. — *Voy. Moulina.*

Mouliné, *s. m.* et *n. pr.* de lieu. Moulinet; petit moulin.
— Ce nom est commun à bien des localités et à des quartiers : à Alais, il désigne un des quatre moulins qui desservent la ville et qui doit avoir grandi depuis son baptême, car il a aujourd'hui la même importance que les autres.

Un autre diminutif de *Mouli* était *Moulissoù*, mot qui n'est plus en usage et ne sert plus qu'à dénommer une de nos places. Moulisson en fr., au bout de laquelle existait jadis un moulin sur le Gardon. — *Voy. Moulissoù.*

— *Faire lou mouliné*, au fig., a la m. sign. qu'en fr. : faire le moulinet, c'est faire tourner rapidement devant soi un sabre, un bâton, que l'on tient à la main, de manière à empêcher que l'arme de l'adversaire puisse vous atteindre.

Moulino, *s. f.* Moulin à tourille ou à petite roue horizontale et découverte, d'après Sauvages.

Le mot est devenu n. pr. d'homme, et se met au masc. *Moulino*, en fr Moline, Moulines, et n. pr. de lieu restant fém. traduit en fr. par Moline, la Moline et Molines. Par une autre bizarrerie, *Mouli*, *s. m.*, est rendu naturellement en n. pr. fr. par Moulin, mais le n. pr. en lang. affecte la consonnance finale française et l'on dit plus souvent *Moulin* que simplement *moussu Mouli* : c'est une exception singulière.

Moulinoto, *s. f.* Petit moulin. — Dim. de *Mouli* ou de *Moulino.*

Moulissoù, *s. m.*, n. pr. d'un quartier. Moulisson. — On trouve dans un vieux titre aux archives de la ville qu'en 1388, une proclamation, faite par le crieur public dans tous les quartiers ordinaires, eut lieu aussi *in trivio seu quantono de Montelissono*, au carrefour ou au coin de Montelisson, littéralement. Il y a là une erreur ou une traduction fantaisiste du tabellion rédacteur de l'acte, peut-être du copiste; car *Montelissonum* ne répond à rien en latin. La langue vulgaire a mieux conservé la vraie dénomination que cette moyenne latinité barbare qui la défigure. En appelant ce carrefour, *Moulissoù*, comme on le nomme encore, on employait un diminutif représentant ce qui existait alors, c'est-à-dire un petit moulin, établi au bord du Gardon, dans cette partie de la rue du *Bari*, du rempart, dont les murs protégeaient la ville et formaient son enceinte sur l'emplacement même de la rue et place actuelles. — *Voy. Mouliné.*

Mouloù, *s. m.* Dim. *Moulouné;* augm. *Moulounas.* Tas; monceau; amas, de pierres, de blé, de fumier, etc. — *Un mouloù dé fé*, une meule de foin. *Càousi dou mouloù ou din lou mouloù*, choisir, prendre dans le tas.

Mouloù se prend aussi pour . groupe, attroupement troupe.

Dér. du lat. *Moles*, amas

Moulounado, *s. f.* Foule; troupe; réunion nombreuse e pressée — Se dit surtout des personnes et des animaux et a la m. sign. que *Mouloù*. — *A bèlos moulounados*, pai pelotons, par bande. *Uno moulounado de pàoures*, un troupe, un attroupement, une foule, une multitude d pauvres.

Dér. de *Mouloù.*

Moulounéja, *v. fréq.* Former une réunion pressée, u attroupement sans cesse croissant, *uno moulounado;* for mer un tas, *un mouloù.* — Répond également aux deux mots

Moumén, *s. m* Moment; instant; occasion propice. — *Un moumen que lou cura se moque*, un instant ! laissez-mo respirer, me remettre, reprendre haleine. Allusion au mo ment de repos que prend un prédicateur, entre les point: de son sermon, pendant lequel il se mouche et tout soi auditoire aussi. *A tout moumen*, à chaque instant, à tou: moment. *Per moumens*, par intervalle *A càousi sou moumén*, il a saisi le moment favorable.

Dér. du lat. *Momentum*, m. sign.

Mouméné, *s. m.* Petit moment; très-court instant. — Quoiqu'un moment n'ait pas de durée précise, et indiqu rigoureusement le plus court espace de temps possible, l languedocien, avec sa propension et sa facilité à donner de diminutifs et des augmentatifs a presque tous les mots, voulu encore raccourcir celui-ci en disant : *un mouméné* un tout petit moment, comme il a cherché d'autres fois l'alonger par : *un bon moumen*, un long moment. *Tour naraï dinc un mouméné*, je reviens à l'instant. Y-a un bo *mouméne qué vous éspère*, j'ai pu compter les minutes vous attendre.

Moun, *pron. poss. masc.* Mon : son fém. est *Ma.* — *Moun ami*, *moun capèl*, mon ami, mon chapeau Cepen dant devant un mot féminin qui commence par une voyelle comme en fr., il faut mettre *moun : moun aguio, mou éscalo*, mon aiguille, mon échelle.

Moun, n. pr. de lieu. Mons, commune dans le canto d'Alais, désignée, en 1156, par *Villa de Montibus*. — L forme plurielle du nom ne se reproduit pas en languedo cien. L'emploi de ce radical dérivé évidemment du lat *Mons*, *montis*, est du reste assez rare, seul ; mais en com position il est entré dans un grand nombre de dénomina tions géographiques, dont plusieurs sont ensuite devenue des n. pr. d'homme ; et l'aspect, la position, la culture de localités lui donnent des qualifications appropriées et signi ficatives.

Mountagu, *Mountégu*, francisant *Montaigu*, traduit l latin de 1204 *Castrum ou Mansus de Monte acuto.*

Mountàourì, Montaury, une des sept collines de Nimes en 1080, *In Monte Aureo.*

Mounclus, Montclus, canton du Pont Saint-Esprit, *Mon Serratus.*

Moundardiè, Montdardier, que nous croyons formé du lat. *Mons Arduus*, bien qu'en 1255, un cartulaire le nomme *de Monte Desiderio*.

Mounmira, Montmirat, du canton de Saint-Mamet, *Mons-Miratus*.

Mounrédoun, assez commun dans plusieurs communes, Montredon, *Mons-Rotundus*.

Mounsaouve, Montsauve, dans la commune de Générargues, dit : *Locus de Monte-Salvio*. — *Voy. Sàouve*.

Mounsèlgue, Montselgues, hameau de la commune de Ponteils et Brésis, *de Monte-Securo*.

Mounpeiroùs, Montpeirous, *Mons petrosus*.

Moun-Vèntoù, Mont-Ventou, Mont venteux, *Mons ventosus*.

A cette liste s'ajouteraient, avec l'adjectif qualificatif, les noms de Montgrand, Montgros, Montjardin, Montlouvier, Montplan, Montferrand, Montferré, Montfaucon, Montfrin, Montval, etc., etc., dont on voit la formation. — *Voy. Mountagna, Mountèl, Mountdou, Mounpèiè*.

Mounastiè, *s. m.* Monastère, couvent de religieux ou de religieuses. — *Lou mounastiè és pàoure quan las mounjos van glèna*, le monastère est pauvre quand les nonnes vont glaner ; le fr. traduisait le même dicton par : l'abbaye est bien pauvre quand les moines vont aux glands.

Ce subst. est devenu n. pr. de localité, à cause de quelque ancienne abbaye autour de laquelle se sont formées des agglomérations devenues villages. — *Lou Mounastiè*, Le Monastier, ancien monastère de Tornac.

Dér. du lat. *Monasterium*, m. sign.

Mounda, *v.* Cribler le grain au crible appelé *Moundaïre*.

Dér. du lat. *Mundare*, nettoyer.

Moundaïre, *s. m.* Grand crible de peau, dont les trous sont oblongs, pour monder, nettoyer le grain ; cribleur, celui qui se sert du crible pour vanner, monder le grain.

Moundaje, *s. m.* Action de monder ou cribler le grain, de le passer au *moundaïre*.

Mounde, *s. m.* Monde ; l'univers ; la terre ; l'espèce humaine ; gens ; personnes. — Dans cette dernière acception, qui est la plus commune, on voit souvent l'application de la règle latine des noms collectifs ; *turba ruit* ou *ruunt* ; ainsi on dit : *lou mounde savou pas de qué s'imagina*, les gens ne savent que penser : *lou mounde sou bièn michans*, le monde est bien méchant, les gens sont bien méchants. *Aquò's pèr faire tia lou mounde*, cela est mis pour faire tuer les gens. *Dé qué dirié lou mounde ?* Que dirait-on ? *Lou bou dòou mounde ?(Voy. Bou.)* *Manquo pas mounde*, il y a foule. *Mandas dé mounde*, envoyez du monde, des gens.

Dér. du lat. *Mundus*, m. sign.

Moundïo, *s. f.* Criblure de grains, tirée par le *moundaïre*. — *Voy. Moundaïre* et *Grapasses*.

Mouné, *s. m.* Minet, minon ; nom donné au petit chat et même au chat.

Mounéda, *ado*, *adj*. Pécunieux ; qui a de la monnaie, pour de l'argent comptant ; riche.

Mounédo, *s. f.* Monnaie ; petites espèces d'argent ou de billon. — *Rèndre la mounédo dé l'argén*, au fig., rendre la monnaie de la pièce, c.-à-d. la pareille.

Mounino, *s. f.* Dim. *Mouninéto*. Singe, mâle ou femelle, de la petite espèce seulement : pour désigner les grandes, on emprunte au fr. le mot *Singe*. — S'applique surtout aux espèces qui ont les fesses nues : *mouninéto quiou plouma*, petite guenon au cul pelé. *Pagamén dé mounino, sdous et gambados*, paiement en monnaie de singe, en grimaces. *Doun pu ndou monto la mounino, doumaï mostro lou quiou*, prvb., plus le singe s'élève, plus il montre son cul pelé : conseil de prudence et de modestie à ceux qui veulent sortir de leur sphère et risquent de montrer un petit bout d'oreille échappé par malheur.

Mounino est une qualification donnée à une jeune fille effrontée ; une petite morveuse.

En espag. *Mona*, singe.

Mounino, *s. f.* Ivresse, état de celui qui est ivre, saoul ou gris. — *Prène, carga la mounino*, se griser. *Avédre la mounino*, être gris, être dans les vignes. On assure que les singes aiment beaucoup la soupe au vin et qu'ils s'enivrent en en mangeant. D'un autre côté, l'homme, que le vin prive de la raison, imite le singe par ses contorsions, ses gambades et ses grimaces ; à telles enseignes que nos anciens, désignant les diverses sortes d'ivresse, appelaient vin de singe celui qui faisait sauter et rire. Tout cela a donné naissance à l'expression languedocienne, qu'ont à peu près aussi les Espagnols, qui disent : *dormir la mona*, pour cuver son vin.

Mounjéto, *s. f.* Variété de haricots blancs à ombilic noir, qui se mangent secs. — En vieux langage, *mounje* signifiait moine ou chanoine régulier ; on appelait *mounjo*, une religieuse, mais seulement celle qui était vêtue de blanc, de l'ordre de Citeaux, par exemple ; le dimin. était *mounjéto*, petite religieuse. Cette conformité dans la couleur de l'habit dût valoir au haricot, à la féverolle, dont il est ici question, le nom de *Mounjéto*, qui se donne généralement à tous les haricots blancs quand ils sont secs.

On appelle aussi *Mounjéto* une espèce de limaçon blanc, comme on nomme *Mourguéto* la variété de couleur foncée. — *Voy. Mourguéto*.

Moujòou ou Mounjòï, *s. m.*, n. pr., est évidemment le lat. *Mons Jovis*, mont de Jupiter ou consacré à Jupiter ; on le rend par Montjoie. C'est la manière d'écrire l'ancien cri de guerre des rois de France, qui remonte, dit-on, à Clovis. Mais s'il est vrai que, à la bataille de Tolbiac, Clovis, invoquant le dieu des chrétiens pour obtenir la victoire, s'adressa aussi au patron de la France en l'appelant dans son langage encore païen : Mon joye, mon protecteur, ma divinité, c'est Montjoie - Saint - Denis qu'il faudrait écrire pour rendre le véritable sens de ces paroles devenues sacramentelles. — Notre languedocien a d'autres mots qui sont de même formation : *Dijóou, Barbajóou, Castèljóou,* etc., *dies, barba, castellum Jovis.* On voit, comme le remarque l'abbé DE SAUVAGES, que ces mots et bien d'autres, que nous rencontrerons, conservent des vestiges où l'on trouve, comme dans des médailles, le langage, les divinités et le culte de nos pères.

Mounla, *v.* Mouler ; jeter au moule ; faire au moule. — *Mounla, ado,* part. pass. et adj. Moulé ; fait au moule, accompli et parfait de forme. *Aquel home es mounla,* cet homme est fait au moule. *Létro mounlado,* lettre, caractères moulés, c.-à-d. imprimés. *A quò's mounla,* c'est moulé ; se dit d'une belle écriture, nette et propre.

Dér. de *Monle.*

Mounmar, *s. m.,* n. pr. d'homme. Montmart, ou Mommar, ou Montemar. Tous dérivés en lang. et en fr. du lat. *Mons Martis,* montagne consacrée à Mars, dont le français a fait encore Montmartre. — *Voy.* Mounjóou.

Mouno, *s. f.* Dim. *Mounéto;* augm. *Mounasso.* Chatte, chatte favorite ; mot dont on se sert surtout pour l'appeler, c'est une variété que la ménagère retourne de cent façons caressantes : *Mino, Mounéto,* et en fr. Minette, Moumoute, etc.

Mounpéïè, *s. m.* n. pr. de lieu. Montpellier, chef-lieu du département de l'Hérault.

Monspestellarius, en 973. *Monspistilla,* en 1060. *Monspislerius,* en 1068. *Monspistellarius,* en 1076. *Monspeller, Montpeslier,* en 1090. *Villa Montispessulani,* en 1114, 1118, 1132. *Monspessulus,* en 1119, 1162, *Monspessulanus,* au XIIe siècle. *Her ghàss, Mons concussionis,* montagne du tremblement, au XIIe siècle, dans l'Itinéraire de Benjamin de Tudèle. *Monspelius, Monspellerius,* en 1210.

L'origine de Montpellier ne peut pas être ici en cause : c'est de son nom et de son étymologie seulement qu'il s'agit ; mais ces deux choses se tiennent. Les commencements de Montpellier touchent à la légende, et cette légende a été inspirée par le nom même de la ville. C'est cet aperçu qui peut donner la clé de l'énigme.

Nous l'avons assez répété : il n'est point contestable que, dans les temps les plus anciens, tout le littoral de la Méditerranée n'ait été occupé par les tribus celtes ; que la langue celtique ne s'y soit maintenue pendant des siècles, même après l'invasion romaine ; qu'elle ne fût parlée en même temps que le latin, et le gaulois et le latin, d'accord ou séparément, n'aient servi à la désignation, à la dénomination des points les plus *remarquables* du territoire. Il n'est pas douteux, non plus, que la tradition a gardé les traces de ces appellations plus ou moins altérées, mais souvent très-reconnaissables encore.

L'emplacement sur lequel s'est bâtie la ville de Montpellier était connu ; il était par conséquent nommé. Sa topographie, le site, son aspect étaient assez remarquables pour mériter une qualification individuelle, comme tous les lieux environnants, à plus de titres peut-être. Les anciens géographes parlent de marécages entourant un monticule . cette particularité, il est naturel de le croire, avait dû provoquer une dénomination. Quand on songea vers le VIIe ou le VIIIe siècle, à établir des constructions sur cette colline située au milieu des marais, et qu'on voulut les désigner, leur situation se présentait d'elle-même et le baptême fut fait. Il suffit du simple contact d'un mot pris dans le langage gaulois, plus ancien, usuel, commun même aux deux idiomes, mais sigmficatif, précis, appliqué à toute la contrée, pouvant caractériser l'établissement nouveau, et d'un mot latin qui était compris par tous, accepté par l'usage, qui déterminait et précisait le point culminant où se fondait un établissement agricole. Celui-ci était le subs. *Mons,* éminence, colline, monticule, hauteur. Celui-là venait de *poll, pël, pull,* marécage, marais, palustre ; *pyllauc,* marécageux ; dans la bass. lat. *pabula, poël,* traduit par *palus,* que la Belgique représente aujourd'hui par *Puelle* et *Pevelle,* plus fidèle à l'ancien roman, qui n'est autre que le sing. du gén. plur. *puellarum.*

La situation était à décrire ; *mons,* éminence, colline se présentait d'abord ; mais cette élévation était entourée de marais, *poll, poël, pull,* marécage, *pyllauc,* marécageux, en celt. traduits en latin par *pabula* et *palus,* était trouvé. La dénomination était simple et juste. Elle précéda peut-être toute agglomération d'habitants et toutes constructions : Mais le site attirait ; on s'y fixa ; il grandit, il prit de l'importance ; une ville y fut fondée. En même temps, la vieille langue était oubliée ; un nouveau langage, formé de ses débris, mêlé de son souvenir, la remplaçait ; ce n'était plus le celtique, ce n'était pas le latin, mais le roman qui se parlait parmi le peuple ; les savants, les tabellions usaient de la basse latinité et défiguraient à plaisir les deux langues anciennes, au profit de locutions hybrides. C'est certainement à quelque érudit ingénieux de ce temps que nous devons la traduction du gaulois *poll* ou *poël,* ou du latin *pabula,* ou *puellarum,* et l'arrangement de *Monspuellarum.* Ce fut la première époque. De là, à la légende des deux sœurs, *puellarum,* qui viennent fonder la ville, il n'y a que la main. L'histoire sonnait bien et flattait des vanités : elle a fait son chemin dans le monde des étymologistes, puis est venu *Monspessulus* et *monspessulanus ;* les verrous, les barricades verrouillées, fermant l'entrée de la ville, ont joué leur rôle, en méconnaissant leur véritable origine. Cette dernière forme est cependant aussi une autre corruption un peu plus éloignée et plus méconnaissable, à cause de la disparition de la source ; mais elle se compose, je crois, des mêmes éléments, et il est facile de les retrouver par l'analyse. Cette dérivation pourrait bien être exacte et vraie : En tout cas, comme les autres n'ont pas paru jusqu'ici satisfaisantes, elle peut espérer de trouver grâce par sa simplicité même et parce qu'elle explique assez naturellement les autres.

Mounta, *v. a.* et *n.* Monter ; élever ; porter dans un lieu plus haut : monter ; croître ; se transporter dans un lieu plus haut; s'élever; disposer; agencer; préparer.— *Mounta une muraïo*, élever un mur. *Mounta dé fé*, monter du foin au grenier. *Lous magnas montou bièn*, les vers à soie montent bien, quand ils grimpent sur la bruyère pour faire leurs cocons. On dit à Alais : *Mounta à Vilofor*, monter, aller à Villefort, comme on y dit : *Davala à Nime*, descendre aller à Nimes, pour spécifier le voyage du pays bas au pays de montagne et *vice versâ*. *Quouro mountas à Ginouïa?* ou seulement *Quouro mountas?* Quand montez-vous? dit à Alais, par exemple, un habitant de Génolhac à quelqu'un qui doit y aller ou y retourner. En changeant le rôle des interlocuteurs et le lieu de leur conversation, on dit : *Quouro davalas én Alais?* ou *Quouro davalas?* Quand descendez-vous? *Faï pas qué mounta et davala*, il ne fait qu'aller et venir, monter et descendre. *L'aïgo monto*, la rivière croît. *Y-an mounta lou co*, on lui a dressé une embûche, monté un coup.

Dér. de la bass. lat. *Montare*, m. sing., formé de *Mons, montis*, montagne.

Mountado, *s. f.* Dim. *Mountadéto*. Montée ; côte ; rampe ; plan incliné qu'on suit en montant et qui devient descente en sens inverse ; chemin qui va en montant ; action de monter. — *Mountado d'escaïè*, escalier. *Aï pérdu fosso magnas à la mountado*, j'ai perdu beaucoup de vers à soie à la montée, au moment où ils grimpent sur la bruyère pour faire leurs cocons. *Davalarén un pdou à la mountado*, nous descendrons un peu à la côte, ce qu'on ne manquait jamais de solliciter des voyageurs, du temps des diligences. *La mountado faï tira*, la montée, la côte est rude, le chemin montant fait trimer bêtes et gens.

Mountadoù, *s. m.* Marche d'escalier ; montoir ; pierre ou élévation qui sert à monter, à s'élever ; montoir, côté gauche du cheval. — Dim. de *Mountado*.

Mountagna, *s. m.*, n. p. de lieu. Montagnac, dans le canton de St-Mamet, et dans les communes de Meyrannes et de St-Cristol-lez-Alais (Gard), sous l'appellation latine *Montanhacum*.

Il n'est peut-être pas de dénominations géographiques plus répandues que celles où est entré le radical *Mons, montis*, lat., mont, hauteur, éminence, caractéristique d'une situation. Et on se l'explique facilement par cette préférence de tous les peuples et dans toutes les époques de choisir les lieux élevés pour y former leurs établissements. Aussi était-il naturel, pour éviter les confusions, pour signaler un accident de position, pour mieux particulariser une localité de s'attendre à des variétés très-nombreuses sur lesquelles s'est répandue la richesse des surffixes destinés à adjectiver ou à modifier le radical. Et c'est là ce qui n'a pas manqué d'arriver tant les circonstances s'y prêtaient ; mais c'est ce qui démontre avec une évidence plus sensible en même temps, on nous permettra de le remarquer, que toutes ces désinences, si variées qu'elles se rencontrent partout, en *a, ac, argue, ergues, orgues, igny*, etc., sont équivalentes entr'elles et n'affectent le radical que d'une manière uniforme. Les exemples que nous citerons ont pour but de faire ressortir ces analogies et une parfaite identité ; ils ne sont qu'une application pour ainsi dire de ce que nous avons répété plusieurs fois au sujet de nos divers surfixes ; il n'est donc nécessaire que d'en donner une simple nomenclature et d'indiquer les variantes par lesquelles ces appellations ont passé, en suivant les modifications de la langue elle-même et sous les influences ethniques qui ont agi sur elle.

Mountagna, Montagnac, *Montanhacum* correspond à *Mountignargue*, Montignargues, dit, en 1169, *Montinanègues*, forme romane, et *Montinhanicæ*, en 1384, forme latine, et à *Mountusorgue*, Montuzorgues, commune de Durfort, dit, en 1280, *Montusanicæ*; et à *Mountéïrargue*, Monteirargues, commune de Saint-Cristol-lez-Alais, dit en 1345, *Montusanicis*, et à *Montésorgue*, Montézorgues, commune de Saint-Jean-du-Gard, dit, en 1249, *de Montisanicis*, en 1277, *Montusanicæ*, en 1346, *de Montuzanicis;* mêmes terminaisons, mêmes reproductions, mêmes significations. Tous ces noms encore se rapprochent de ceux de *Mountèse*, Montèze, commune de Verfeuil ; *Lous Mountèses*, les Montèzes, commune de Monoblet, et *Mountèses*, Montèzes, commune de Saint-Christol-lez-Alais, appelé, en 1384 *Monthesiæ*, en 1435, *de Monteziis*.

Et s'il fallait sortir de notre département, les concordances abondent ; nous ne rappelons que les plus proches, sans parler des identiques *Montagnac*, en Franche-Comté, dans l'Agenois, en Guienne, en Provence, en Armagnac, et *Montagnat*, en Bresse, dans le Coudomois, en Périgord, *Montignac* (Aveyron, Charente, Dordogne, Gironde, Lot-et-Garonne, Lozère); *Montagné*, *Montagney*, en Franche-Comté et en Dauphiné, *Montagny*, en Normandie, en Bourgogne, dans le Beaujolais, dans le Lyonais ; *Montagnieux*, en Dauphiné ; *Montenay*, dans le Maine et la Lorraine, *Monteynard*, en Dauphiné ; et, surtout ces points, les nombreux *Montigné* et *Montigny;* comme sur les dernières formes, *Montus, Montussan, Montussaints*, etc., etc. — Voy. *Moun, Mountèl*.

Mountagnar, *s. m.* Soulcie, moineau des bois, gros-bec soulcie, *Fringilla patronia*, Linn., oiseau de l'ordre des Passereaux et de la fam. des Conirostres ou Conoramphes. — La soulcie a tout le fond du plumage d'un brun cendré mêlé de blanchâtre sur les parties inférieures, avec des taches blanches çà et là et une jaune-citron sur le haut de la poitrine. Cet oiseau nous arrive en bandes nombreuses des montagnes voisines quand le chasse la neige, ce qui l'a fait appeler *Mountagnar*.

Mountagnar, *s. m.* Au fém. *Mountagnardo*. Montagnard ; habitant des montagnes ; habitant des hautes Cevennes, de la Lozère et de l'Auvergne pour les Alaisiens. — On avait aussi pris au fr. ce nom pour désigner un parti politique qui, dans la seconde et la troisième république, a préféré s'appeler Rouge, mais qui a conservé le thym et le serpolet symboliques pour rappeler son origine.

Dér. du lat. *Mantanus*, m. sign.

Mountagnè, *s. m.* Au fém. *Mountagnèiro*. Même signification que le précédent, sauf la dénomination politique, mais moins usitée que *Mountagnar*.

Mountagno, *s. f.* Montagne, ou plutôt région montagneuse, car il ne s'entend qu'ainsi. — *La mountagno*, pour l'arrondissement d'Alais, est surtout la Lozère, qui est à son Nord. *Y-a dé nèou én mountagno*, il y a de la neige sur la montagne, sur la Lozère *Lous troupèls van én mountagno*, les troupeaux vont à la montagne, passer l'été sur la Lozère. *Mountagno éscuro, plèjo séguro*, prvb., montagne (Nord) obscure, pluie assurée, certaine. — Est aussi n. pr. de lieu et de personne, avec de nombreux analogues.

Dér. du lat. *Montana*, de *Mons, montis*.

Montagnu, udo, *adj.* Montagneux ; montueux ; entrecoupé de montagnes.

Mountan, *s. m.* Montant total d'un compte ; montant, poutrelle, bigue de bout dont on se sert pour dresser les tables des vers à soie *(Voy. Èstaja)* ; parties en saillie des côtés d'une porte, d'une fenêtre, qui en soutiennent la corniche ; goût relevé, odeur forte et piquante.

Mountàou, *s. m.*, n. pr. de lieu. Montaut, dans le commun d'Anduze (Gard). — Synonyme de haute-montagne.

Mountarén, *s. m.*, n. pr. de lieu. Montaren, dans la commune d'Uzès (Gard). — Il est dit, en 1131, *Mons Helenus*, qui doit être une altération, et qui est rétabli sans doute, en 1277, par *Mons-Arenus*, et dans la suite par *Locus de Monte-Areno*, du lat. *Arenosus*, de *Arena*, sable ; ce qui est plus conforme à son aspect et à la nature des terrains.

Mounté ou **Ounté**, *ad. de lieu.* Où, en quel lieu, en quel endroit. — *Ounté*, du lat. *Undè*, est le mot original auquel on y ajoute quelquefois une *M* initial pour raison d'euphonie : l'oreille seule décide donc de l'emploi de l'une ou de l'autre forme. *Mouté* ou *Ounté vai?* Où va-t-il ? *Dé mounté* ou *d'ounté vén?* D'où vient-il ? *Li diguè mounté, vous diraï ounté*, il lui dit où, je vous dirai où *Mounté*, là où ; *mounté qué*, tandis que, au lieu de. *Y mandè, mounte qu'douriè deougu y-ana*, il y envoya au lieu d'y aller, tandis qu'il aurait dû y aller. *Lou charère mounté fouiè lou batre*, je le grondai là où il fallait le battre. *Mounté* et *Ounté* ont quelque différence, peu sensible néanmoins, dans ces dernières locutions, où *Mounte* parait préférable, quand *Ounté* n'est pas faute.

Mountél, *s. m.*, n. pr. de lieu et d'homme. Monteil, en fr. que la bureaucratie écrit Monteils, sans aucune raison de cette *s* finale. — C'est un hameau sur une éminence, chef-lieu de la commune de ce nom, dans le canton de Vézenobres, arrondissement d'Alais. Il est dérivé de la bass. lat. *Montile, Montilæ*, petite montagne, monticule.

Montilia est, d'après SAUVAGES, le nom d'une ancienne petite ville où s'est tenu un concile. On n'en voit plus que des débris et pour ainsi dire que la place appelée *Cıouta*, ou *Viè-cıouta*, du lat. *Civitas, vetus civitas*, vieille cité. Samson, dans sa cartes des conciles, place *Montilia* au même endroit où cette *Cıouta* est située, près du hameau de Monteil, à environ un kilomètre de distance. Des fouilles ont été tentées plusieurs fois sous ces ruines qui couvrent une surface d'au moins deux hectares ; on a prétendu que deux beaux vases d'albâtre y avaient été trouvés : nous ne les connaissons pas ; mais des visites plus récentes et des recherches heureuses ont déterminé le caractère de *Viè-cıouta* qui peut être considéré comme un des plus curieux restes de la forteresse gauloise dans notre pays ; et elles ont fait découvrir, dans ses substructions, au milieu de divers tronçons de colonnes, des débris de poteries grossières, d'amphore, de poteries en terre de Samos, des fragments de mosaïque, des urnes funéraires, des fioles lacrymatoires en verre et des lampes en bronze, qui marquent les occupations successives de l'antique *oppidum* et son importance aux époques celtiques, romaine et gallo-romaine.

L'habitude bien connue chez tous les peuples et dans tous les temps de s'établir de préférence sur les hauteurs, a singulièrement multiplié les dénominations que caractérise une désignation de montagne, d'éminence, soit au simple, comme un autre village peu éloigné de *Viè-cıouta*, nommé *Moun*, Mons (*Voy. c. m.*), soit en composition pour des localités, que nous avons citées, où est entré le même substantif. Il ne s'agit ici que de la forme diminutive de *Mountél*, qui se présente également avec une longue série de variantes, dont nous avons à signaler seulement autour de nous les principales.

Ainsi *Mountél*, ou *lous Mountéls*, au sing. ou au plur. en fr. Monteil, Monteils, Montels, est rendu uniformément dans la bass. lat. par *Montilium, Montillus, Montillæ, de Montillis, de Montellis*, forme diminutive correspondante à *monticule*; et la ressemblance devient frappante avec *Mountıo*, Monlille, commune d'Aiguesmortes, *las Mountıos*, les Montilles, canton de Beaucaire, en 1227, *in loco dicto de Montillis*. *Mountalé*, Montalet, commune de Meyranes, où se font remarquer les ruines d'un vieux château légendaire, paraît être de même formation. — *Voy. Moun, Mountagna*.

Mounturo, *s. f.* Monture ; bête, mule, cheval ou âne sur laquelle on monte, destinée à être montée.

Mounumén, *s. m.* Monument ; édifice public ; tombeau.

Empr. au fr.

Mouoï (Pér), Pérmouïno ou **Pér moï**, ou **Pér moïò**, *adv. et interj.* Par ma foi ! Peste ! Parbleu ! certes, assurément, sans doute. D'abord, sorte de serment, puis, jurement, ne l'est plus dans le discours, dénué qu'il est de tout sens, qu'un mot purement explétif. — *Pér moï! ou douriè pas crèségu*, Dame ! parbleu ! par ma foi ! ma parole ! je ne l'aurais pas cru.

SAUVAGES le croit formé du lat. *Per Maïam*, par Maïa, mère de Mercure.

Mouor, *trois. pers. sing. de l'indic. prés. du v. Mourì*, meurir. Il ou elle meurt. — Cette variante, de teinte un peu *raïole*, est néanmoins communément employée à trois ou quatre kilomètres au-dessus d'Alais ; on y dit de préférence : *Aquél doubre mouor*, cet arbre meurt. On va plus loin : dans cette circonstance on retranche l'*r* final : *lou fiò mouò, lou lun mouò*, le feu, la lampe s'éteint.

Le part. pass. du même verbe fait également *Mouor, mouorto*. — *Aquél doubre és mouor*, cet arbre est mort, Cependant les mêmes disent : *La mor és un michan moussèl à envala*, la mort est un mauvais morceau à avaler. Il est vrai que, là où ces mots se prononcent de cette manière, on dit aussi : *lou couol, lou pouor*, etc., pour *lou col, lou por*. Il est difficile de se rendre compte de toutes ces nuances de langage ; notre intention n'est pas non plus de constater toutes les différences de prononciation qui se produisent d'une localité à un localité voisine ; nous avons voulu seulement en donner un spécimen dans un mot en usage tout près de nous qui, en poésie surtout, peut remplacer d'une manière heureuse le *mort ou mourìs*, qui ont l'inconvénient de se rapprocher un peu trop du français.

Mouqua, *v*. Moucher le nez, la chandelle. Au fig., rebiffer, river ses clous à quelqu'un.— *Sé mouqua*, se moucher, s'ôter la morve du nez. On en est venu aussi à dire *Sé mouqua*, pour se moquer : locution, empr. au fr., vicieuse en languedocien. *Moquo-té*, mouche-toi, dit-on à un enfant : *moquo*, souffle, lui dit celui qui le mouche. *La barbasto a mouqua lous grèls*, la gelée blanche a broui les jeunes pousses. *Lou mouquère bièn*, je lui relevai bien la moustache, je lui rivai bien son clou.

Dér. du lat. *Muccare*, m. sign. de *Mucus*, morve.

Mouquadoù, *s. m.* Mouchoir. — Ce mot, dérivé de *Mouqua*, moucher, n'a dû d'abord s'appliquer qu'au mouchoir de poche, et ce n'est que par une ressemblance de forme qu'on a ensuite donné le même nom au mouchoir de cou, servant de fichu ou de cravate. *Mouquadoù* semble revenir plus particulièrement à sa première signification depuis l'adoption du fr. *Mouchouèr*, qui, tout en exprimant la même chose, s'emploie aussi pour mouchoir de cou.

Mouquariè, *s. f.* Moquerie ; risée ; dérision ; acte pour tourner quelqu'un en ridicule.

Mouqué, mouquéto, *adj*. Penaud ; confus ; honteux ; attrappé ; interdit ; trompé dans son attente.

Dér. du gr. Μοχαω, *se moquer*.

Mouquéta *v*. Mortifier, confusionner ; rendre penaud, interdit ; rendre *mouqué*.

Mouraïa, *v*. Museler ; mettre une muselière à un animal.

Dér. de *Moure*, museau.

Mouraïos, *s. f. plur.* Morailles, sorte de tenailles, qu'on place à la lèvre supérieure des chevaux ou des mules, pour les empêcher de mordre, quand on les tond ou qu'on les ferre.

Mouràou, *s. m.* Sac à foin ou sac à avoine, le premier en sparterie à jour, le second en toile, que l'on suspend à la tête des mulets ou des chevaux de travail pour les faire manger lorsqu'ils s'éjournent hors de l'écurie ou qu'ils sont en route. — *Métre lou pè din lou mourdou*, au fig., donner dans le piège, dans le panneau.

Dér. de *Moure*, museau.

Mourça, *v*. Amorcer ; mettre une amorce à un fusil, à un hameçon, à un piège.

Dér. de *Morço*, amorce.

Moure, *s. m.* Museau ; mufle ; groin ; par ext. figure ; visage ; face. — *Un poulì moure*, un joli minois. *Viro aïcì toun moure*, tourne ta façe de ce côté. *Faïre lou moure*, faire la moue, la mine ; se renfrogner. *Léva lou moure*, lever le nez, porter haut la tête ; prendre un air insolent, provoquant.

Moure, se prend pour un gros quartier de rocher, qui sort de terre, pour un terrain en surélévation.

Dér. du celt. *Mourre*, m. sign.

Mouréja, *v*. Montrer le nez ; commencer à paraître ; rudoyer quelqu'un, lui faire la mine, *lou moure ;* donner des soufflets.

Mourga, *v*. Ravaler ; raccourcir une branche d'arbre, un cep. de vigne ; châtrer, écourter les pousses d'un arbre, d'une plante trop orgueilleuse ; morguer ; narguer.

Mourgo, *s. f.* ou **Mounjo**. Dim. *Mourguéto*. Nonne ; nonnain ; religieuse. Avec cette différence que la *Mourgo* était vêtue de noir, comme les Bénédictines, les Claristes, les Ursulines, etc., et *la Mounjo* de blanc. — *Voy. Mounjéto*.

Co mot désigne encore à Alais une vieille rue, *la carrièro dé las Mourgos*, qu'on traduit : rue des Mourgues, sur laquelle était bâti un vaste couvent des Dames de Saint-Bernard. Au masc. inusité comme nom commun, *Mourgues*, est cependant nom propre d'homme et de diverses localités, de hameaux dans les communes de Castillon-de-Gagnère, de la Rouvière, de Saint-Anastasie, de Vergèze et d'un quartier dans le canton de Nimes, dont le nom rapporté dans un compois de 1380, en lat., serait en contradiction avec ce que dit Sauvages de l'application de *Mourgo* ou *Mourgue* à une religieuse ou religieux vêtu de noir ; car le vieux titre porte *Ad Monacum Album*, et, en 1479, *Morgue-Blanc*, pour *Les Mourgues* aujourd'hui.

Mourguéto, *s. f.* Petit escargot. Hélice vermiculé, *Helix vermiculata*, Linn., mollusque de l'ordre des Gastéropodes et de la fam. des Adélobranches. — Comme l'indique son nom diminutif, il est en effet petite de taille, ce qui ne le rend pas plus beau. Il est en tous cas difficile d'établir un rapprochement entre l'objet du présent article et celui du suivant ; l'un est le type de la légèreté, l'autre de la laideur ; et on leur a donné le même nom ! Cela ne peut s'expliquer que par quelque rapport de couleur, trouvé dans leur robe, qui les a fait comparer tous deux à la *Mourgo* ou *Mourguéto*, qui serait bien alors vraiment la religieuse habillée de noir. Peut être aussi est-ce à cause de la coquille de l'escargot, considérée comme son capuchon ou sa cellule, qu'on est arrivé par un autre chemin à en faire le même une *Mourgueta* — *Voy.* le mot suivant.

Mourguéto, *s. f.* Libellule, demoiselle, *Libellula*, Linn, insecte de l'ordre des Névroptères et de la fam. des Libelles ou Ordonates, au corps allongé, à la taille fine, aux ailes de gaze, qui vole avec une grâce charmante sur le bord des eaux. Les libellules sont, suivant les espèces, bigarées de diverses couleurs, mais la plus commune, celle qui a donné son nom aux autres, a les ailes noirâtres ; c'est ce qui lui a valu d'être appelée *Mourgueto*, d'une religieuse du même nom dont le costume était noir ; elle est cependant plus connue aujourd'hui par celui de *Douméisélo* ou *Douméiséléto*, imité du français. — *Voy. Douméisélo*, et le mot précédent.

Mourì, *v.* Mourir, cesser d'exister, de vivre. Au fig. finir, souffrir beaucoup; éprouver un vive et douloureuse impression. — *És mort dé la courto haleno*, il est mort de la respiration arrêtée, ou faute de pouvoir respirer : mauvaise plaisanterie à propos d'un défaut sur la maladie duquel on discute. *Aquelo tèro mourís én pouncho*, ce champ finit, se termine en pointe. *Mé faï mourì dáou lagui*, elle me fait mourir de chagrin.

Dér. du lat. *Mori*, m. sign.

Mourimén *s. m.* Défaillance ; spasme ; syncope ; évanouissement. — *Mourimén dé cor*, n'a pas d'autre signification.

Mouriscâou, âoudo, *adj.* Moricaud, qui a le teint ou le poil noirâtre.

Dér. du lat. *Maurus*, m. sign.

Mournifle, *s. m.* Au fém. — *Mournifto*. Petit morveux, petite morveuse. — C'est comme si l'on disait : *Moure qué réniflo*, museau qui renifle. *Taisa-vous, mournifto*, taisez-vous, péronnelle.

Mourtalén, *s. m.* La gent mortelle, les mortels. — Expression qui n'a cours qu'en poésie.

Mourtâou, alo ou **Mourtèl, mourtèlo**, *adj.* Mortel, elle. — Ne s'emploie, dans le sens du français, que pour péché mortel, *peca mourtâou*, car il faut pouvoir dire son catéchisme dans toutes les langues : mais dans l'usage ordinaire, il signifie : dangereusement malade, qui est en danger de mort — *Se crèi pas mourtâou* ou *mourtèl*, il ne se croit pas en danger de mort. *Lou cresès mourtèl?* croyez-vous sa maladie mortelle, qu'il ne peut en réchapper ?

Dér. du lat. *Mortalis*.

Mourtiè, *s. m.* Mortier, vase pour piler ; pièce d'artillerie pour lancer une bombe — *Lou mourtiè sén toujour l'aié*, le mortier sent toujours les aulx, proverbe qui se rend aussi en fr. par : la caque sent toujours le hareng. On l'applique à une personne qui, par quelque action ou quelque parole, fait voir qu'elle retient encore quelque chose de la bassesse de son origine ou des mauvaises impressions qu'elle a reçues.

Mourtiè, *s. m.* Mortier, mélange de chaux éteinte et de sable pour bâtir. — *Mourtiè gras*, mortier où il y a beaucoup de chaux ; *mourtiè maigre*, celui où le sable domine. *Mourtiè bastar*, mortier fait le plus souvent avec des platras et de la chaux.

Dér. du lat. *Mortarium*, m. sign.

Mourtigoùs, ouso, *adj.* Malingre, languissant ; rabougri. — Se dit des arbres dont les feuilles sont petites, jaunes, flétries et dont quelques branches sont sèches, en un mot qui menacent de mourir.

Mouru, mourudo, *adj.* Rebouché ; émoussé ; mousse, en parlant du tranchant et surtout de la pointe d'un outil ; lippu, qui a de grosses lippes ou lèvres, en parlant principalement de la lèvre inférieure.

Mouru, *s. m.* Au fig. Se prend pour : bourru, rustre : incivil ; fâché ; de mine renfrognée et d'humeur sombre.

Dér. de *Moure*, museau.

Mourudo, *s f.* ou **Biâou** ou **Granâou**. Groneau. Grandin, poisson de la Méditerranée.— *Voy. Grandou*, qui est une espèce de Muge, si ce n'est le Muge lui-même, déguisé sous ses divers noms locaux. Ses lèvres fortes, son museau court lui ont valu son appellation de *Mourudo*.

Mourvis, *s. m.* ou **Cade-mourvì**, Génevrier de Phénicie, *Juniperus Phœnicea*, Linn., arbrisseau de la fam. des Conifères, commun dans nos bois. — *Voy. Cade*.

Mous, *pron. pers. mas. plur.* de Moun, Mes. — *Mous éfans*, mes enfants.

Mous, *trois. pers. sing de l'indic. prés. du v. Mouse*, traire. Il ou elle trait.

Mous, *s. m* Moût, jus de raisin qui n'a pas encore fermenté : se prend, dans le style goguenard, pour le vin même. — *Y-a dé mous*, dit-on à quelqu'un ou de quelqu'un en pointe de vin, un peu dans les brindesingues.

Dér. du lat. *Mustum*, m. sign.

Mouscal, *s. m.* Émouchoir ; queue de cheval attachée à un manche pour émoucher les chevaux pendant qu'on les ferre ; lanière de papier autour d'un petit bâton pour chasser les mouches des enfants et des malades, ou dont se sert un marchand de sucrerie en plein vent, par exemple, pour garantir des mouches sa marchandise ; par extension, pompon, panache, que l'on met à la tête des mulets, qui est un ornement après avoir été d'abord un chasse-mouches ; gland de bonnet, qui semble avoir le même emploi.

Dér. de *Mousquo*, mouche.

Mouse, *v.* Traire ; tirer le lait des vaches, des chèvres, etc. — Au fig. *Mouse qudouquus*, obtenir de quelqu'un ce qu'on désire par des caresses, de calines instances ; lui gagner ou lui soutirer son argent par petites saignées douces.

Dér. du lat. *Mulgere*, m sign.

Mousì, mousido, *adj.* Moisi ; qui est atteint, altéré par la moisissure. Au fig. *És pas mousì*, se dit de quelqu'un remuant, retors, qui ne risque pas de se moisir par inaction de corps ni d'esprit.

Lou mousì, s. m. le moisi ; odeur, goût de moisi ; moisissure ; partie d'une chose moisie. — *Voy. Mousidun.*

Dé. du lat. *Mucidus*, m. sign.

Mousidun, s. m. Moisissure ; le moisi.— Exprime d'une manière plus générale que *Mousì* et *Mousiduro*, une partie de chose moisie sur une quantité ; ainsi on dira : *fòou tria lou mousidun d'aquélos poumos*, il faut enlever les pommes moisies de ce tas, et : *lévas lou mousì d'aquélo poumo*, ôtez la partie moisie de cette pomme.

Mousiduro, s. f. Moisissure, altération d'une chose moisie. — *Voy. Mousidun.*

Mousqué, s. m. Mousquet ; fusil dont le canon est court ; ancienne arme à feu, en usage avant le fusil.

Mousquéja, v. Émoucher ; chasser les mouches. — *Un chival mousquéjo*, se dit d'un cheval qui chasse les mouches à coups de pied et de queue, qui bat ses flancs de sa queue.

Dér. du lat. *Muscas agere*, chasser les mouches.

Mousquéto, s. f. Dim. de *Mousquo*. Petite mouche.

Mousquo, s. f. Dim. *Mousquéto* ; augm. *Mouscasso*. Mouche, *Musca*, insecte classé en histoire naturelle dans l'ordre des Diptères et la fam. des Latérisèles ou Chetoloxes qui a d'innombrables variétés, toutes confondues sous le nom commun de *Mousquo*, sans classification savante. — L'hippobusque, *Hippobosca equina*, Lnn., cette mouche si incommode aux chevaux, si tenace et si dure à écraser, est la seule qui ait reçu une qualification distinctive : on l'appelle *Mousquo dé chival* et surtout *Mousquo d'ase*.

Dér. du lat. *Musca*.

Mousquo, s. f. Mire ; mouche, visière d'une arme à feu.

Mousquo ou *Mousquéto*, s. m. touffe de barbe sur le menton, qu'on a souvent appelée royale, puis impériale, et mouche qui n'a pas de couleur politique, quand un des mots précédents n'était plus de mise.

Moussa, s. m., n. pr. de lieu, Moussac, commune dans le canton de Saint-Chaptes (Gard), nommé en 1169, *Mozac*, roman, et *Mazacum*, latin ; en 1228, *Mociacum*, variant un peu plus tard en *Mossacum* et *Mossiacum*. Ce village, sur les bords du Gardon, exposé souvent à ses ravages, aurait-il pris son nom de cette situation ou de quelque accident causé par la rivière ? Sa formation lui viendrait-elle de la même source ou de la même idée que *Moussèl*, morceau, synonyme *Boucì*, dans un autre dialecte dérivant de *Morsus*, de *mordere*, mordre, qui nous a donné le verbe *Moussiga* ? C'est probable !

— *Sou dé Moussa : aïmou maï lou tout qué la mita*, provb., ils sont de Moussac : ils aiment mieux le tout que la moitié. *La Rouvièro sans vi, La Cáouméto sans couquì, Moussa sans bla, lou péisan és arouïna*. La Rouvière sans vin, La Calmette sans coquin. Moussac sans blé, le paysan est ruiné : dicton ancien que les rivalités de village à village se jetaient volontiers et sans ménagement. — *Voy. Éscaïnoun.*

Moussa, v. Mousser, faire de la mousse, en parlant d'un liquide ; *Escuma* est préférable dans ce sens.

Fort ressemblant à un empr. au fr. ; aussi, presque inconnu dans les campagnes et dans les endroits où le languedocien est resté plus pur.

Moussèl, s. m. Dim. *Moussélé* ; augm. *Mousséllas*. Morceau, partie d'un tout et quelquefois le tout ; bouchée, fraction d'une chose bonne à manger. — *Moussèl invala n'a pas pus dé gous*, provb. qui ne manque pas et ne manquera jamais d'applications, non plus que de traductions ou reproductions dans toutes les langues et dans tous les temps ; car il se rend en fr. par : service rendu est bientôt oublié ; plaisir passé ne laisse pas de trace : bonheur savouré n'a ni goût ni souvenir. *N'a pas fa qu'un moussèl*, il n'en a fait qu'une bouchée. *Aquò's un pouli moussèl dé fio*, voilà un beau brin de fille, un friand morceau.

Dér. du lat. *Morsus*, part. pass. de *Mordere*, mordre : ce que l'on enlève en mordant.

Moussiga, v. Mordre ; serrer, entamer, diviser avec les dents, avec le bec, avec tout ce qui serre ou pince.

Dér. du lat. *Morsus*.

Moussigado, s. f. Dim. *Moussigadéto*. Morsure ; action de mordre ; meurtrissure ; empreinte, marque faite en mordant ou en piquant avec le bec.

Moussigaïre, aïro, adj. Qui mord, mordant. — Au fig. n'est guère admis qu'en style poétique : la langue est avant tout positive.

Mousso, s f., ou **Moussi**. Mousse, apprenti matelot.

En esgag. *Mopo*, jeune garçon, jeune valet.

Mousso, s. f. Traite des vaches, des chèvres, des brebis, etc. ; action de les traire ; quantité de lait qui en provient.

Dér. de *Mouse*, traire.

Mousso, s. f. Mousse, écume. — Se dit mieux *Éscumo*. — *Voy. c. m.*

Mousso, s. f. Mousse, cryptogame, plante ou herbe parasite.

Dér. du lat. *Muscus*, m. sign.

Mousso d'araïre, s. m. Versoir de charrue.

Mousso dé mèr, s. f., ou **Aoubo dé mèr**. Algue de mer, algue marine, foin marin, dont on enveloppe le verre, les bouteilles, pour les transporter ; on en fait des matelas, des coussins et même du papier ; elle croît dans la mer et surtout dans nos étangs.

Une autre plante du même genre, le *Mousso dé mèr*, la mousse de mer, *Fucus helminthocorton*, Linn., de la fam. des Algues, qu'on trouve dans la Méditerranée, est un des meilleurs vermifuges connus.

Mousso (Fiou dé) s. m. Fil de moche, de Quibray ou de Bretagne, paquet de soies filées, disposées pour le peignage. Le nom lang. n'est qu'une altération du fr. *Moche*, soie en moche, en paquet.

Moussu, s. m. Monsieur ; titre donné par civilité, par respect ou par bienséance.— *Un moussu, moussu un tdou,* un monsieur, monsieur tel. Au plur. il est toujours précédé de l art. *lous ; lous moussus*, les messieurs, en général, les gens qui ne sont pas du peuple ; *lous moussus un tdou*, les messieurs tels ; mais on ne l'emploie qu'en parlant des personnes et non point en s'adressant a elles-mêmes Ainsi l'on dit : *Coumo anas, moussu?* et *Coumo anas, messius?* Ce dernier n'est qu'une autre traduction plus moderne de messieurs. — *Un miè-moussu*, un demi-bourgeois. demi-manant, *Moussu Chouso*, monsieur Chose, dont le nom ne vient pas à la mémoire *(Voy. Chouso). Moussu moun amï*, phrase purement explétive : Ah! certes. — *Voy. Amï.*

Dér. du vieux langage *Moussen* ou *Mossen*, formé du pronom poss. et du subst., abrégés ou transformés de *Moun*, du lat. *Meus* et du roman *Seiner, Senher, Seinhor*, donnant *Sieur, Sire*, Seigneur, venus du lat. *Senior*, plus âgé.

Moussudé, *s. m.*, ou **Moussurdé**, Jeune monsieur. — Dim. presque toujours respectueux, qu'il ne faut pas confondre avec ce que le fr. exprime par : Petit monsieur, qui est le plus souvent un terme de raillerie ou de mépris.

Moussuró, *s. m.* Petit monsieur ; jeune freluquet ; artisan qui veut se donner des airs de monsieur.

Moustacho, *s. f.* Dim. *Moustachéto;* aug. *Moustachasso.* Moustache ; barbe qu'on laisse croître au-dessus de la lèvre supérieure ; longs poils autour du mufle, de la gueule de certains animaux.

Dér. du gr. Μύσταξ, d'où le lat. *Mystax*, m. sign.

Moustachoù, *s. m.* Mornifle ; petit soufflet ; coup de la main sur la figure.

Moustachouna, *v.* Souffleter ; donner des mornifles, de petits soufflets, des *moustachoùs.*

Moustachu, udo, *adj.* Qui a des moustaches, surtout de grandes moustaches.

Moustardiè, *s. m.* Moutardier, petit vase dans lequel la moutarde est servie sur la table. — *Semblo lou prémiè moustardiè ddou papo*, dicton qui s'applique à un homme qui prend des airs d'importance et d'autorité, qui veut trancher du grand seigneur ou du personnage très-entendu ; et fondé sans doute sur ce que le peuple s'imaginait qu'auprès du Pape devait se trouver, à titre d'office, un serviteur de sa maison, ayant charge de *Moutardier*, et qu'on le supposait ironiquement jouissant d'une grande influence.

Moustardo, *s. f.* Moutarde, *Sinapis*, Linn , plante de la fam. des Crucifères, dont il y a deux espèces, la blanche et la noire. Ce n'est guère à la plante, peu connue, que l'on applique ce nom, mais au condiment fort en usage pour exciter l'appétit et faciliter la digestion des estomacs paresseux, que l'on fait avec la graine réduite en poudre. Sous cette forme, elle est également vulgarisée par l'emploi qu'en fait depuis longtemps la médecine dans les bains de pied et les sinapismes ; pour cela la moutarde noire est préférable comme plus âcre et plus excitante.

Ce mot vient du lat. *Multum ardet*, qu'en vieux français on rendait par *Moult ard*, il brûle beaucoup ; ou de *Mustum ardens*, parce que l'assaisonnement de table se composait quelquefois de cette farine délayée dans du moût de raisin.

Moustardo, *s. f.* Raisiné ; moût de raisin cuit en confiture. — Comme on y mêle parfois quelques grains de moutarde pour le rendre piquant, il prendrait de là son nom. C'est à cette composition que s'appliquerait fort bien la seconde étymologie donnée à l'article précédent. Néanmoins ce mélange n'est point ordinaire, et *Moustardo*, confiture, est le plus souvent la même chose que *Rasiné*. — *Voy.* c. m.

Moustas, *s. m.* Gros soufflet, bien appliqué sur la figure, sur la *moustacho.*

Augm. de *Moustachoù.*

Moustéja, *v.* Rendre du moût ; être juteux. — Au fig. on dit : *Aiçò maustejo pas*, ceci n'est pas brillant, d'une affaire qui s'annonce mal, qui ne rend pas ce qu'on espérait.

Dér. du lat. *Mustum agere*, m. sign.

Moustèlo, *s. f.* Belette, *Mustela vulgaris*, Linn., mammifère unguiculé de la fam. des Digitigrades ou Carnivores. La Belette, la dame au nez pointu, est beaucoup plus petite que la marte et le furet ; mais elle leur ressemble par la forme. Son corps mince n'a que six à sept pouces de longueur ; sa queue, plus courte même en proportion, n'est aussi garnie que de poils très-courts. Son pelage est d'un roux vif, cendré en dessus et blanc en dessous. Malgré sa petitesse, elle est courageuse et forte, et ne craint pas d'attaquer une proie plus grande qu'elle ; elle n'épargne pas les poules et est très-friande surtout de leurs œufs et de ceux des perdrix et des cailles dont elle fait ample destruction. Dans les montagnes du nord du département on trouve, quoique rarement, l'Hermine, *Mustella erminna*, Linn., et comme elle est en tout semblable à la belette, à la couleur près, on l'a prise pour elle. et tout simplement appelée *Moustèlo blanquo*, belette blanche.

On dit *Moustèlo* d'une fillette rusée, matoise, fine mouche et un peu effrontée.

Moustoùs, moutouso, *adj.* Plein de moût ; qui rend du moût ; gluand ; juteux ; visqueux ; douceâtre.

Moustra, *v.* Montrer ; indiquer ; faire voir ; enseigner.

Dér. du lat. *Monstrare*, m. sign.

Moustre, *s. m.* Monstre ; production ou être contre nature ; individu très-laid, très-méchant, dans l'usage ordinaire ; mais comme exclamation, ou apostrophe, il n'a pas toujours cette gravité et le ton peut l'adoucir jusqu'à un simple reproche de bouderie ou même d'affection. Dans la même acception, il devient aussi interjection.

Dér. du lat. *Monstrum*, m. sign.

Moustroùs, ouso, *adj.* Monstrueux ; prodigieux ; excessif ; effrayant ; épouvantable.

Moutas, *s. m.* Augm. de *Mouto*. Grosse motte, surtout de terre ; gros grumeaux, gros morceau.

Moutèl, *s. m.* Grumeau ; morceau d'une matière quelconque, adhérente, coagulée, caillée.

Dim. de *Mouto*.

Moutiflâou, àoudo, *adj.* Moufflard ; gros joufflu ; qui a de grosses joues.

Serait-il formé de *Mouto*, motte, et du lat. *Flare*, souffler, enfler ? ou bien un augmentatif, un peu capricieux, de *Moufle* ?

Mouto, *s. f.* Dim. *Moutéto ;* augm. *Moutas*. Motte ; morceau de terre soulevé par la charrue ou tout autre outil aratoire ; terre adhérente aux racines d'un arbre déplanté. — *Mouto dé carboù*, motte de houille, morceau d'un plus gros volume, par opposition au menu, *Tris*. On fait des *Moutos*, des mottes artificielles ; en pétrissant et pressant en pains de la houille menue, du tan, *rusquo*, qui ne peut plus servir, et du marc d'olives ou grignon, *osses d'oulivos* : c'est le combustible des pauvres ménages, et là aussi est l'idée première et perfectionnée de la fabrication des agglomérés, l'utilisation des menus de mines, cette invention qui a été une si grande ressource dans nos grandes industries houillères. *Mouto dé nèou*, boule de neige.

Dér. de la bass. lat. *Mota*, m. sign.

Dér. du *Meus*, *a*, *um*, m. sign.

Moutoù, *s. m.* Mouton, *Vervex*, Linn., mammifère unguiculé de la fam. des Ruminants ; mâle châtré de la brebis.— S'emploie, de même qu'en fr., pour signifier les moutons, brebis et béliers, en troupeau, *un troupèl dé montoùs*, un troupeau de moutons.

L'origine du radical qui a formé le mot *Moutoù* a lassé tous les étymologistes, dit Honnorat : « Jean Picard l'a fait venir du gr. Μόθων, qui désigne une espèce de danse dans Pollux, à cause des sauts que font les moutons ; Casenueve pense qu'on pourrait le dériver du lat. *Mutilus*, employé dans le sens d'écorné ; Bochart prétend qu'il vient de *Mons, montis*, d'où l'ital. *Montone* et *Monton*, parce que les moutons se tiennent sur les montagnes. Ce qui paraît justifier cette étymologie, c'est le mot *Montero*, qui signifie chasseur en espag., et qui est bien évidemment dérivé de *Montis* ; Huet le prend de *Mutus*, muet, parce que cet animal est silencieux ; enfin, selon d'autres, il viendrait de l'allem. *Mutzen*, couper, tronquer, parce que le mouton, proprement dit, est un bélier coupé. »

Littré résume à peu près ces anciennes opinions, et il constate que la forme primitive du mot portait un *l*, en ital. et dans la bass. lat. *Multonem, Moltonem, Mutlonem* : Il trouve dans le celtique : gael. *Mult ;* Kimry, *Millt ;* irl. *Molt ;* bas-breton, *Maoud*, bélier ; il y voit une forte raison pour croire que le mot est indigène, et que l'étymogie incline vers le celtique.

Moutoù, *s. m.* Mouton ou sonnette, masse de fer, ou gros billot garni et armé de fer, qui se lève à bras ou à machine, et qui, en retombant, sert à enfoncer des pilotis. de pieux : ainsi appelée parce que le mouton, dont la machine entière porte le nom, donne des coups avec la tête et que la sonnette semble cosser, *dourda*, les pieux, comme l'animal.

Moutoù se dit aussi des anses en bois dans lesquelles on fait entrer les anses d'une cloche, *un moutoù dé campano*.

Moutougnè, èïro, *adj.* Moutonnier ; qui suit l'exemple des moutons et fait comme les moutons de Panurge.

Mu, mudo, *adj.* Muet ; qui n'a pas l'usage de la parole ; qui ne parle pas, ou qui reste sans parler. — *Léngo ou fénno mudo fouguè jamaï batudo*, prvb., langue ou femme muette ne fut jamais battue ; excellent conseil à ceux ou à celles qui parlent trop. *A la mudo*, à la muette, sans parler.

Dér. du lat. *Mutus*, m. sign.

Muda, *v.* Remuer un enfant au maillot ; le nettoyer, le changer de langes. — *Péou-muda*, muer, changer de poil, et par ext. changer de plumage. de peau. *Aquél qué sé mudo, Diou l'ajudo*, prvb., qui pèche et s'amende, à Dieu se recommande.

Dér. du lat. *Mutare*, changer.

Mudaïro, *s. f.* Remueuse, femme qui remue, *mudo*, un enfant, qui l'emmaillotte.

Mudo, *s. f.* Mue ; changement de poil, de plumes ou de peau, dans l'animal et particulièrement des vers à soie à chacune de leurs maladies.

Dér. de *Muda*.

Mugan, *s. m.* Ciste cotonneux à fleurs roses, *Cistus albidus* Linn., arbrisseau de la fam. des Cistes, qui croit spontanément sur les collines arides du Midi.

Mugo, *s. f.* Ciste de Montpellier à feuille étroite et à fleur blanche, *Cistus Monspeliensis*, Linn., plante de la fam. des Cistes. — Il y a un grand Ciste, dans nos landes, qui est le même que celui sur lequel on récolte dans le Levant, dit Sauvages, la résine appelée *Labdanum*, drogue de pharmacie.

Mugué, *s. m.* Jacinthe orientale, Jacinthe des jardins, *Hyacinthus orientalis*, Linn., plante de la fam. des Liliacées, commune et dont on cultive des variétés très-nombreuses.

Mugué, est encore le nom d'une autre jolie plante, *Convallaria majalis ;* Linn., de la fam. des Asparagées ; qui vient naturellement dans les bois humides du Midi, et qui, par ses petites fleurs blanches en campanules, répandant une odeur suave, mérite aussi d'être comptée parmi les plantes des jardins.

Mujou, *s. m.* Muje ou mulet, Muge de la Méditerranée, *Mugil labeo*, Cuvier, poisson de l'ordre des Holobranches et de la fam. des Lépidopomes.— Ce poisson, très-commun dans la Méditerranée et dans nos étangs, atteint 42 centimètres de longueur ; il a le dessus brun verdâtre, les côtés et le bas-ventre blancs, les lèvres fortes et crènelées.

Mulatiè, *s. m.* Muletier ; celui qui conduit des mules et mulets pour le transport du vin ou des marchandises. — Jusqu'aux premières années de ce siècle, le muletier a été un personnage bien autrement important que ne le fut jamais un roulier, lorsqu'à la tête de quinze ou vingt mulets, et quelquefois davantage, dont chacun pour la plupart ne valait pas moins de mille francs, et qui tous lui appartenaient, il était seul chargé du transport de nos marchandises dans toutes nos montagnes jusqu'au Puy-en-Velay. Il n'existe presque plus de muletiers et encore ne sont-ils que des grandeurs déchues qu'on rencontre par hasard dans un chemin écarté et difficile : l'ouverture de nouvelles routes et l'amélioration des anciennes leur firent céder la place aux rouliers qui, à leur tour, tendent à disparaître, écrasés sous la concurrence plus redoutable encore des chemins de fer.

Mur, s. m. Mur, muraille; rempart. — Mur est un français qui nous est arrivé avec son cortège *franchiman* de : *Mur en briquos, gros-mur, mur-mèstre, mur dé refén, mur mitouèn, mur d'appui*, etc., qu'il faut bien accepter, faute de mieux, pour s'entendre.

Dér. du lat. *Murus*, m. sign.

Muraïa, v. Murer, clore, entourer, enceindre de murailles.

Muraïo, s. f. Dim. *Muraïéto;* augm. *Muraïasso*. Muraille; mur. — Quoique *Muraïo* soit aussi une traduction du français, ce qui prouve en sa faveur c'est qu'on ne pourrait la bien mettre à la place de *Mur*, dans les locutions citées à l'article de ce dernier mot.

Murgo, s. f. Souris. — *Voy. Mirgo*.

Murtro, s. f. ou *Hèrbo dàou laqui. Myrte*, myrte commun, *Myrtus communis*, Linn., arbrisseau de la fam. des Myrtes. — Cet arbrisseau toujours vert était consacré à Vénus; il devint le symbole de l'amour et de l'hymen aussi, car les nouvelles mariées en couronnaient leur front : On prétend qu'alors on lui donna son autre nom d'*Hèrbo d'dou lagui*, pour rappeler les soucis et souvent les chagrins qui suivent le mariage. — *Voy*. c. m.

Dér. du gr. Μυρτος, d'où le lat. *Myrtus*, que notre dialecte a un peu altéré à sa manière.

Mus, s. m. Musc, parfum. — Inutile de dire que le musc est fourni par une sorte de chevrotin ou de chevreuil; le languedocien ne connaît que son odeur : il a pris pour cela seulement le mot au français, en supprimant le c final qui lui est antipathique. LA FARE-ALAIS l'a heureusement appliqué, dans les *Castagnados, dou basali*, le basilic, qu'il appelle *mus ddou pèïsan* et *raïdou pachouli*.

Mus, s. m., n. pr. de lieu Mus. — Il existe dans notre département deux localités qui portent ce nom : Mus, commune, canton de Vauvert dans l'arrondissement de Nimes, et ce qu'on appelle la ville de Mus, dans la commune de Durfort, arrondissement du Vigan, ruines d'une villa gallo-romaine.

La commune de Mus est connue par ses carrières d'où l'on tire les dalles appelées *Bars dé Mus*. Ces pierres prennent un beau poli et l'on en pave les appartements, surtout ceux du premier étage, car au rez-de-chaussée elles se détériorent facilement par l'humidité; mais c'est principalement au pavage des fours qu'elles sont employées parce qu'elles résistent bien à l'action du feu.

« Quant à la ville de Mus, dit SAUVAGES, elle paraît n'avoir été qu'une maison de campagne, *villa*, appartenant à quelque grand seigneur. Elle était dans un endroit aride, élevé et resserré par des rochers d'un aspect affreux. L'on ne conjecture sa situation, et cet endroit n'est remarquable que par un aqueduc de bonne construction, qui aboutit à un petit espace susceptible de culture. Cet aqueduc, dont il y a de beaux restes, amenait par de longs circuits au milieu de ces rochers, l'eau d'une fontaine appelée *Fon das Sarazis*.

« *Mus*, serait-il le même nom que celui d'un général des Sarrazins appelé *Musa* ? Ces infidèles avaient fait d'assez longs séjours dans la Septimanie pour y avoir construit ce monument peu connu, quoique digne des Romains, et le nom du général abrégé dans celui de *Mus*, serait en même temps resté au lieu de son habitation.»

Musa, v. Muser; s'arrêter en chemin; être oisif; s'amuser à des vétilles au lieu de faire son travail. — Doit signifier encore : se repentir, dans le sens au moins que la perte du temps ou de l'occasion peut donner lieu à se repentir; appert le proverbe : *Qudou réfuso, muso*, qui refuse, qui retarde, se repent.

Musaïre, aïro, s. et adj. Musard; fainéant; lambin; lent; tardif; qui muse.

Musca, s. m. Muscat, raisin et vin dont tout le monde connaît le goût qui rappelle le parfum du musc. — On cultive dans le pays trois espèces de muscats : *lou musca blan ;* il ne réussit pas dans les plaines où le sol est humide; il s'y rouille et ne produit rien; il lui faut un terrain élevé; le sol siliceux, formé de débris de grès, *grès*, ou ferrugineux, lui convient très-bien. Il donne de très-belles grappes; les grains sont blancs, ronds, très-serrés, de couleur dorée à la maturité. Son bois est un peu roux, tendre, et sa feuille assez grande. *Lou musca nègre*, le muscat noir ne diffère du blanc que par sa couleur qui est très-noire. *Lou musca grè*, le muscat grec ; ses grains sont gros, blancs, ovoïdes, croquants et légèrement musqués; ses grappes ne sont pas très-bien fournies.

Muscadèl, èlo, s. et adj. Musqué; qui a le parfum du musc. — On donne ce nom à une espèce de poire appelée Muscadelle et l'on dit *Péro muscadèlo* ou seulement *Muscadèlo*, subst. comme *Muscadèl*, s. m. ou *Périé muscadèl*, adjective.

Muscadin, s. m. Muscadin; fat musqué; freluquet; damoiseau; s'emploie aussi au fém. *Muscadino :* pour petite maîtresse, élégante; muscadine.

Muscado, s. f. Muscade, noix du muscadier aromatique, *Myristica aromatica*, Linn., employée assez communément comme épice et dans des remèdes. Quant à la muscade, une petite boule de liège qui parait et disparait dans les doigts du prestidigitateur, le mot languedocien ne la désigne point parce qu'il ne la connait pas, et que, seuls, les *franchimans* ont pu l'emprunter au fr., si même il leur arrive de s'en servir dans de rares occasions.

Muscardin, *s. m.* Muscadin, pastille, espèce de dragée que l'on faisait en enduisant une graine de coriandre d'une pâte sucrée, aromatisée avec du musc. Ce bonbon n'est guère plus connu, mais son homonyme ne l'est que trop.

Muscardin, *s. m.* Muscardin, ver à soie mort de la muscardine. — Sa ressemblance avec le *Muscardin* de l'article précédent lui a certainement fait donner son nom : en effet, le ver, mort de cette maladie, se roidit, se dessèche et semble couvert d'une couche de plâtre blanc ou plutôt semble être un plâtre de l'insecte. On le nomme même quelquefois *Dragèio*, dragée, lorsqu'il meurt, racorni en chrysalide ébauchée, dans le cocon qu'il a pu faire et qui tinte alors comme un grelot : ce qui achève de donner raison à cette étymologie en la complétant.

De même que bien des gens se gardent d'appeler le Diable par son nom, de crainte qu'il ne réponde à l'appel, de même les magnagniers évitent avec le plus grand soin que le mot *Muscardin* soit prononcé dans leur magnanerie, et s'ils sont forcément amenés à en parler, ils ne le font qu'en disant : *aquélo méno*, cette engeance, la plus mauvaise, la plus à craindre de toutes : superstition bien innocente d'ailleurs si, après une éclosion attentivement soignée qui est une première condition de succès, viennent une bonne nourriture, une température égale, des délitements fréquents autant que possible, et une aération bien entendue, qui forment l'ensemble indispensable des soins hygiéniques à donner aux vers à soie. C'est jusqu'ici ce qu'il y a de mieux à faire pour écarter la muscardine ou en arrêter les progrès lorsqu'elle a fait invasion ; en attendant que la science, qui a découvert enfin d'une manière assurée le Botrytis, nous donne aussi un moyen également sûr de le chasser ou de le tenir loin.

Muscle, *s. m.* Moule, *Mytilus*, Linn., mollusque de l'ordre des Acéphales, coquillage bivalve de mer, de rivière et d'étang, dont les variétés abondent. — On ne connaît guère sous le nom de *Muscle* que la moule de mer, commune sur nos côtes et dont la couleur est d'un bleu foncé.

Muso, *s. f.* Délai ; retardement ; ce que fait le musard.
—Faut-il dire que *Muso*, muse, a été pris quelquefois dans le sens du français pour une des neuf sœurs, divinités des arts et de la poésie ? C'est un de ces anachronismes qui ne vont pas cependant à la langue d'Oc ; mais il est tout permis aux poètes !

Musqua, *v.* Musquer ; parfumer de musc.
Empr. au fr.

Musquéja, *v. fréq.* Sentir le musc ; avoir le goût du musc ou du muscat.

N

N, *s. f.* dans l'ancien système ; *s. m.*, dans le nouveau. N, quatorzième lettre de l'alphabet, onzième des consonnes. On la prononce *ènno* isolément. Correspond au *nu* des grecs, au *nun* ou *noun* des Phéniciens. Il est employé dans l'articulation spéciale *gn* que les espagnols écrivent au moyen d'un *n* simple surmonté d'un signe appelé *tilda* d'où lui vient le nom d'*n tildé*. Dans les anciens manuscrits cette consonne est souvent remplacée par un trait marqué sur la consonne précédente. Employée en abréviation, cette lettre suivie d'un S, N.-S. signifie *Noste-Ségnou*, N.-D., *Nosto-Damo*. En astronomie N. est mis pour *nord*. Dans les livres, N suivi de quelques points ou astérisques désigne une personne dont le nom est inconnu ou qu'on ne veut pas faire connaître. N. B. signifie *nota bene*. On n'est pas bien sûr de son ancienne valeur numérale ; les uns lui attribuent la valeur de 90 ; les autres de 900. N était l'ancienne marque monétaire de Montpellier. Cette consonne ne se double pas en languedocien. Par une contradiction singulière, les Cévenols qui n'articulent pas l'*n* final dans certains mots languedociens tels que *bon*, *vin*, *fin*, qu'ils prononcent *bo*, *vi*, *fi*, articulent au contraire cette consonne dans les mots français équivalents bon, vin, fin, qu'ils prononcent *bonne*, *vènne*, *fènne*, ce qui produit un effet, on ne peut plus disgracieux.

Au commencement d'un mot ou dans l'intérieur, lorsqu'elle est suivie d'une voyelle, cette lettre se prononce comme en français ; mais au milieu, suivie d'une consonne, ainsi qu'à la fin des mots elle sonne comme dans examen, amen, hymen, abdomen : ainsi, autant que peut le rendre la prononciation figurée, *antan*, *ancièn*, *èndiferén*, *printén*, *bouchin*, *son*, *lun*, *roundèlo*, *soun*, *etc.*, se prononcent comme si l'on écrivait *anetans*, *aneciène*, *éndiféréne*, *prineténe*, *bouchine*, *sone*, *lune*, *rounedèlo*, *soune* ; c'est la prononciation latine conservée aussi par les Italiens.

Naba, *v.* Gagner, plumer, dépouiller quelqn'un au jeu ; lui gagner jusqu'à son dernier sou ; dauber, battre à coups de poings. *Soui naba*, je suis enfoncé, j'ai perdu ; *l'an naba*, on l'a gagné.

Nabé, *s. m.* Navet. *Brassica napus*, plante potagère ; du latin *napus*. *És pas pu nàou qu'un nabé*, il n'est pas plus grand qu'un navet, se dit d'un enfant malingre, d'un homme de petite taille. *Nabé* se dit aussi de la racine de diverses plantes pivotantes dont la racine charnue s'enfonce verticalement dans le sol, comme le radis long, *rabe*, dont ce pivot porte aussi le nom.

Nabé, to, *adj.* et *subst.* Nabot, de petite taille, pas plus haut qu'un navet.

Nabisso, *s. f.* La fane de la rave, du navet; la partie herbacée et extérieure de la plante. On dit aussi *Rabisso*.

Nabo, *s. m.* Nain; du lat. *Nanus* ou plutôt *Napus* navet, qui n'est pas plus haut qu'un navet. *(Voy. Nane.)* — C'est le nom dont s'appellent entr'eux les petits ramoneurs et décrotteurs savoyards; il a sans doute la même origine que notre *nabé* et le français nabot, et correspond à petit, *pitiot*, gamin. Ce mot s'est naturalisé à Alais pour désigner un de ces jeunes artistes.

Naciou, *s. f.* Nation, peuple, et dans un sens plus restreint : population, famille, assemblée, réunion ou association d'un certain nombre d'individus. *Quinto santo naciou! Quinto tristo naciou!* Les vilaines gens! Quelle mauvaise engeance!

Dér. du lat. *Natio*.

Nada, *v.* Nager. *Nada à la révesséto*, faire la planche, nager sur le dos. *Savèn coumo nado!* se dit d'un homme dont on devine les allures suspectes.

Dér. du lat *natare*, m. s

Nadado, *s. f.* L'espace que peut parcourir dans l'eau un nageur de force moyenne. Dans un sens plus restreint, l'espace parcouru par un seul effort des quatre membres, et que l'on désigne plus communément sous le nom de *brassado*, brasse.

Nadadoù, *s. m.* Baignoir; endroit d'une rivière propre a nager et à se baigner. On dit aussi *bagnadoù*; mais ce terme s'applique plus spécialement a une baignoire, à un cuvier destiné aux bains domestiques.

Nadaïre, aïro, *adj.* et *subs.* Nageur. — *Un bon nadaïre à la fi sé nègo*, un bon nageur finit par se noyer; tant va la cruche à l'eau qu'à la fin elle se casse.

Nadàou, *s. m.* Noel : francisé par *Natal* ou *Nadal*, du lat. *Natalis*. Ce terme est souvent donné comme nom de baptême à ceux qui naissent le jour de la Noel. *Souc dé Nadàou* ou *Nadalén; Caléndàou*, la bûche de Noel. On dit proverbialement : *A Naddàou dàou fio; à Pasco dàou ro. — Qu'à Naddàou sé souréto, à Pasquos cremo sa légno. (Voy. Caléndo.)*

On dit aussi *Nouè* ou *Nouvè*, dans le voisinage de la Provence : *Pér Nouè dou fio, per Pasco, dou jo.* A Noel, au balcon, à Paques, au tison.

Nadèlo, *s. f.* Sardine fraiche de la Mediterranée; nom peu répandu aujourd'hui.

Nadièl ou **Nadiuèl**, *s m* L'orvet fragile, *anguis fragilis*, Linn., petit serpent couleur d'acier bruni, à la queue émoussée, court, tardif, ferme, lisse et très-fragile.

Ce serpent mesure environ 30 centimètres. Quand on le touche, il se roidit tellement qu'il se casse, ce qui lui a fait donner son surnom scientifique et l'appellation vulgaire de *serpent de verre*. Il est commun dans nos campagnes.

Suivant un préjugé populaire, l'orvet serait aveugle et très-venimeux ; deux accusations également erronées. Le nom languedocien de l'animal rappelle la première de ces deux erreurs : *N'a d'ièl* qui n'a point d'yeux. On dit proverbialement : *Sé lou nadièl i vésiè, sé la vipèro i'entendiè, davalaricou soun cavaiè.* Si l'orvet voyait, si la vipère entendait; ils démonteraient un cavalier.

On dit aussi : *Sé lou nadièl i vésiè, sé la talabréno i'entendiè*, etc. Si l'orvet y voyait, si la salamandre entendait, etc.

Il est certain que l'orvet est tout-à-fait inoffensif et qu'il y voit fort bien.

On donne aussi le nom de *nadiel* au Seps, *Seps chalcides*, Ch. Bonap.) qui ressemble beaucoup à l'orvet, par la forme de son corps allongé, mince et presque cylindrique, et aussi par la couleur, bien qu'en général elle soit plus cuivrée et que le noir y apparaisse davantage. Le seps est d'ailleurs muni de pattes qui ne l'empêchent pas de ramper, car elles sont attachées à la naissance du cou et à côté de l'anus, ce qui ne leur permet pas de soutenir le corps de l'animal au-dessus du sol. Tout imparfaites qu'elles sont, elles aident cependant le seps dans sa course qui est très-rapide, et elles l'ont fait aussi conserver dans la grande famille des Sauriens comme transition pour arriver à celle des serpents. Ainsi que l'orvet, le seps, qui n'est pas plus rare chez nous, habite surtout la plaine, parmi les herbes des fossés, et s'abrite sous les pierres des vieux murs éboulés. En prenant le nom de *nadiel*, le seps devait être chargé de toute la mauvaise réputation de l'orvet : il est de toute justice de dire qu'il ne la mérite pas davantage.

On voit par l'exemple de ce mot *n'a-dièl*, dit SAUVAGES, que le languedocien ne le cède point au grec pour la facilité de faire des noms, et des noms énergiques.

Nado, *s. f.* La nage, natation, l'art et l'action de nager.

Nadio, *s. f.* Anille, Plaque de fer en carré long, dont les deux bouts sont en queue d'aronde; elle est encastrée dans la partie inférieure et au centre de la meule tournante d'un moulin à farine, laquelle est soutenue par l'anille qui porte elle-même sur l'axe vertical qui fait tourner cette meule.

Nafo. — *Voy. Aigo*.

Nafra, *v.* Blesser, balafrer, estafilader avec un instrument tranchant.

En vieux fr. *Navrer*, d'où ce mot paraît être une corruption.

Nâfro, *v. f.* Blessure, balafre.

Dér. du celt. *Naf*, couper, ou du catal. *Nafra*, blessure.

Naï ou **Naïs**, *v. m.* *Naïs dé cambe* ou *dé cande*, routoir ou creux dans une rivière où l'on met à rouir le chanvre.

« *Que nulla persona aye faire nais de cambe en la rivieyra de Gardon sans licence desdi Consouls.* » (G. Charvet. *Coutumes de Remoulins*, publiées dans la *Revue des lang. Romanes*. T. IV, p. 226.)

Naïsse, *v.* Naître, venir au monde. On dit aussi *grèïa* en parlant des plantes. (*Voy.* c. m.) — En parlant d'un terrain où l'on voit sourdre l'eau on dit : l'*aïgo y naï dé pértout ; lous amouriès an bièn grèïa ; lous blas naïssou bièn*.

Dér. du lat. *Nasci*, m. s.

Naïsséduro, *s. f.* Mal d'aventure ; tourniole ; sorte de panaris, moins grave que le panaris ordinaire et qui n'atteint que le tissus sous-cutané. On dit aussi *un roudaire*, et près du Rhône, *un lavouraïre*.

Nané, **éto**, *subst*. Nain ; Nabot. — Dans un jeu d'enfant, où l'on énumère chaque doigt de la main en lui donnant une épithète, le petit doigt est appelé *pichò nané*.

Dér. du lat. *Nanus*, m. s.

Nanèto, *s. f.* Nom de femme diminutif dérivé d'Anne. On dit aussi en fr. Nanette, au lieu d'Annette. — *Voy. Nanoun.*

Nani, *adv.* Nenni ; non ; pas du tout. Cette expression s'emploie par politesse de préférence à *Nou*, comme le pronom *vous* au lieu de *tu*.

Nanoun, *s. f.* Nom de femme, dérivé d'*Anno*. — (*Voy. Nanèto.*) — On dit aussi *Nèno*, en languedocien.

Nàou, *s. m.* Auge où les charcutiers échaudent les porcs ; auge à pourceaux, ordinairement creusé dans un tronc d'arbre ; fosse au tan où l'on fait macérer les peaux ; auge de moulin à foulon ; bateau, navire, vaisseau.

Dér. du lat. *Navis*, du grec ναῦς. On dit aussi au fém. *Nàouquo*.

Nàou, **to**, *adj.* Haut, élevé. *Nàou, nàou !* très-élevé. — *Aquel ome és nàou*, cet homme est grand. — Ce mot est aussi employé adverbialement : *Dé nàou-én-bas;* de haut en bas. — *Toumbè dé gàire nàou ?* Tomba-t-il de bien haut ? — *Dé la cadièiro én nàou*, du haut de la chaire. — *És d'én nàou*, il est du haut pays — *highlander ;* — de la montagne.

Nàou, n'est autre que *dou* du lat. *Altus.*

Nàouquado, *s. f.* Plein une auge, une augée.

Nàouqué, *adj.* Dim. de *nàou*, une petite auge.

Nàouquo, *s. f. Piso* ou *pièlo.* — *Voy. Nàou.*

Nàoussa, *v.* Exhausser, hausser, rendre plus haut ; augmenter de prix.

Dér. de *Nàou*, haut, élevé.

Nàousso, *s. f.* Hausse ; tout ce qui sert à élever ; augmentation de prix.

Nàousso-pè, *s. m.* Marche-pied.

Nàoutoù, *s. f.* Hauteur, élévation. *És de ma nàoutoù*, il est de ma taille.

Nàoutres, **Nàoutros**, *pron. pers. plur.* de *ieou*. Nous, nous-mêmes, et non pas nous autres. Contraction de *nous doutres*.

Nario, *s. f.* Les narines des hommes et des animaux.

Dér. du lat. *Naris*, m. s.

Nas, *s. m.* Dim. *Nasé*, augm. *Nasas*. Le nez de l'homme. *Acò n'a pas gés dé nas*, cela n'a ni tête ni queue, c'est insignifiant. *Aï agu bon nas*, se dit lorsqu'on a eu le bon esprit d'éviter un mauvais pas, une mauvaise affaire.

Dér. du lat. *Nasus.*

Nascu, **do**, *part. pass.* de *Naïsse*. Né. *És nascu émbé la créspino*, il est né coiffé. *Voy. Crespino.* — On dit en jouant sur les mots : *És bé nascu*, d'un homme qui a un gros nez.

Nasèja, *v.* Montrer le nez ; épier furtivement, à la dérobée ; flairer. *Dé qué vèn nasèja ?* de quoi vient-il se mêler ? où vient-il mettre son nez ?

Naturo, *s. f.* Nature ; l'ensemble des créatures ; les lois qui régissent l'univers ; la propriété de chaque être créé, sa complexion, son tempérament, sorte, espèce, affection, et parties sexuelles des femelles en général.

Dér. du lat. *Natura.*

Navacèlo, n. pr. de localité. Navacelle, commune du canton de Saint-Ambroix. En lat. *Nova cella.* Même étym. que Celleneuve, commune de l'Hérault. — Pendant l'occupation romaine on appelait *Cella* une ferme, une grange isolée où l'on enfermait les récoltes. Au moyen âge on donna ce nom à une retraite de moine dépendante d'un prieuré.

Né, *pron. relat.* ou *particule relative.* En. L'é de *né* s'élide devant une voyelle : *Quan avès d'éfans ?* — *N'aï trés*, Combien avez-vous d'enfants ? — J'en ai trois. *Né vène*, j'en viens. — *Ne volo pas*, je n'en veux pas. — *N'douras pas gés*, tu n'en auras pas, — *Né vos ? Véjo-n'aquì*, en veux-tu ? en voilà.

Né, **Néto**, *adj.* Net, propre, sain, poli, luisant.

Du grec νίπτω ou du lat. *Nitere*, nettoyer. — *Aquel bla és né*, *aquelo civado és néto*, ce blé, cette avoine sont nets, c.-à-d. sans mélange de corps étrangers. *És révèngu né*, il est revenu ruiné.

Nébla, *v.* Bruiner. Se dit des fruits et surtout des blés gâtés par la brume, épais brouillard qui est une des causes principales de la carie ou charbon. Au fig. obscurcir, voiler, couvrir de nuages, intercepter la lumière. Se dit de certains oiseaux ou insectes dont le grand nombre forme une sorte de nuage. *Neblavon*, il y en avait une nuée, une foule. — *Nèblou pas*, il y en a peu. *A lous ièls neblas*, se dit d'une personne dont la vue se trouble, s'affaiblit.

Nèblo, *s. f.* Brouillard, brume. Du lat. *Nebula.* Vapeur épaisse dans l'air ; Bruine, vapeur qui est une des causes du développement, de la maladie des blés appelée carie ou charbon, maladie contagieuse qui se reproduit par la semence quand elle en est attaquée : le chaulage du blé en est un remède efficace. — *Voy. Càoussino.*

Neboù, **do**, *s.* Neveu. Dim. *Neboudé, to.* Le diminutif ne concerne que l'âge ; pour exprimer le fils du neveu, le petit-neveu, il faut dire *pichò-neboù. Qué nouris néboudos et neboùs*, *nouris loubos et loubétoùs*, qui nourrit nièces et neveux, nourrit louves et louveteaux.

Dér. du lat. *Nepos*, m. s.

Néboudé, **to**, *s.* Dim. de *neboù.*

Nèci, Nècio, s. Fou, sot, niais, nigaud, imbécile. Du lat. *nescius,* ignorant. *És nèci de sa fenno,* il raffole de sa femme; *es nèci à coure carièiro,* il est fou à courir les rues; *anés pas faïre lou nèci,* n'allez pas faire la bête; *es pu nèci que l'aïgo ès longo,* il est plus fou qu'on ne saurait dire; *nisado de nèci,* une couvée, une famille d'imbéciles.

Un páoure nèci, un pauvre innocent; *un michant nèci,* une méchante bête; *sès bé nèci dé crèire acò,* vous êtes bien simple de croire à cela; *soui pas tant nèci !* je ne suis pas si sot! *anés pas faïre lou nèci,* n'allez pas faire la bête. — Voy. **Bajanèl.**

Néciardariè, s. f. Niaiserie, sottise, bagatelle, conduite ou action d'un sot.

Néciardas, so, s. homme simple, péjoratif de *nécias,* qui est lui-même une augm. de *nèci.*

Nécias, asso, s. augm. de *nèci,* gros lourdaud, gros imbécile.

Nécié, éto, s. dim. de *Nèci.*

Nécije, s. f. Niaiserie, simplicité, bêtise, imbécillité, sottise, mauvaise plaisanterie, privauté. *Acò és dé nécije,* tout cela n'est pas sérieux; *finissès vostos nécije,* cessez vos gestes, vos plaisanteries déplacées; *quinto nécije!* quelle folie! *faï pas, dis pas qué dé nécije,* il ne fait, il ne dit que des bêtises.

Néga, v. Nier, déclarer faux ce qui est vrai ou considéré comme tel; du lat. *negare.* — *Saique, ou négarias pas?* Vous n'auriez pas sans doute le front de nier cela? *Ou a néga,* il l'a nié.

Néga. v. Noyer, faire périr, étouffer dans l'eau, submerger, inonder, délayer dans une trop grande quantité d'eau. *As néga ta soupo,* tu as mis de l'eau outre mesure dans ton bouillon; *ra néga démando pa qué d'aïgo,* rat noyé ne demande que de l'eau, se dit de celui qui s'obstine à lutter contre la mauvaise fortune, au risque de s'empêtrer de plus en plus.

On dit d'un homme timide, irrésolu : *a toujour pôou dé sé néga pér quiou,* il craint de se noyer dans un verre d'eau ; *pouden néga lou chi, aro qu'avèn dé la méno,* nous pouvons noyer le chien, à présent que nous avons de la race ; mauvaise plaisanterie adressée à un père à qui naît un premier garçon.

Dér. du lat. *necare,* tuer, faire périr.

Négadis, s. m. Un noyé.

Négadisso, s. f. Noyade. Au fig., ruine, catastrophe. *A tout pèrdu din aquélo négadisso,* il a tout perdu dans cette catastrophe.

Négadoù, s. m. Endroit propre à se noyer, gouffre d'eau à bords escarpés.

Négadoù, no, s. m. et f. Celui qui nie une dette. Celui ou celle qui doit être noyé, qui mérite de l'être.

Dér. de *néga,* noyer.

Négòci, s. m. Négoce, commerce, trafic de marchandises ou d'argent; embarras, tracas; du lat. *negotium,* m. s. *Lou Diable lous négòcis!* au diable les affaires ennuyeuses!

Négo-fol, s. m. Petit batelet qui chavire facilement, on dit aussi : *négo-chi.*

Nègre, négro, adj. Noir de couleur noire. *És negre coumo lou péca,* il est hideux comme le péché. *Negre-dé-fun,* noir de fumée.

Dér. du lat. *niger, nigra,* m. s.

Négréja, v. tirer sur le noir, se rembrunir, prendre une teinte sombre. *Coumenço à négréja,* le crépuscule commence à paraître, le jour commence à tomber.

Négràou, âoudo, adj. Moricaud ; noiraud ; personnage au teint très-brun, hâlé, à la peau tirant sur le noir.

Négroù, s. f. Noircissure, taches de salissure, et non pas noirceur qui ne s'emploie qu'au figuré. Qualité de ce qui est noir, tache noire.

Nèn, s. m. Nain, emprunt fait au français. Employé seul, ce mot signifie exclusivement mûrier nain, mûrier à basse tige qui se dit aussi *nano.* Pour désigner tout autre arbre-nain, il faut mentionner son nom : *un iranjè nèn,* un oranger nain.

Néné, subs. m. Nom d'enfant, dim. d'*éfantounè* ou de *Jan, Janè.* *Faï toun néné,* endors-toi, se dit en parlant à un petit enfant à la mamelle. — *Nèno,* nom d'une petite fille, dim. de Jeanne ou d'Anne.

Nèou, subs. f. La neige. *Sé n'és tira blanc coumo la nèou,* il s'en est tiré blanc comme neige, en parlant d'une affaire fâcheuse. *Tombo dé nèou,* il neige. *La nèou dé huiè jours, maïre dé la tèro; dé huiè jours én laï, maïrastro,* neige de huit jours nourrit la terre, au-delà, c'est une marâtre.

Dér. du lat. *nix, nivis,* m. s.

Nère, et non pas **Nèr,** s. m. Ners, village du canton de Vézenobre. Le nom vulgaire et la situation de cette localité pourraient en indiquer l'étymologie. Ners se trouve placé au point où l'ancienne voie romaine de Nimes à Gergovie et le nord de la Gaule, par la vallée de l'Allier, franchissait le Gardon par un pont dont les vestiges subsistent encore. Un droit de passage était perçu sur ce pont, et ce droit était sans doute équivalent à un *nèret* monnaie de bronze ou monnaie noire équivalente à une maille. *Une grant quantité de mailles ou néretz, pesant le poix de soixante six livres pesant ou environ.* — Lit. remiss. ann. 1462, *in Reg.* 198, ch. 372.

Voy. DUCANGE. *Glossarium,* T. IV. p. 624 ; col. 1, au mot *Neretus.*

Nétéja, v. Nettoyer. *L'an nétéja, l'an rascla,* se dit d'un homme qui a tout perdu au jeu.

Dér. du lat. *Nitidum agere,* faire net.

Néviè, s. m. Grande quantité de neige tombée à la fois ; grande surface de pays couverte de neige; tapis de neige.

Dér. du lat. *nix, nivis,* neige.

Ni, particule négt. et conj. Du lat. *nec* ; de l'ital. *ni* ou *ne*; de l'esp. cat., *ni.* Ni, en français. *Acò és ni-tu-ni-vous,* se dit d'une chose ou d'une personne insignifiante et sans conséquence.

On dit aussi dans le même sens : *És bo ni pér bouti ni*

pér rousti, il n'est bon à rien. — *Ou voulès pas? — Ni maï iéou*, vous ne le voulez pas? — Ni moi non plus. — *Ni pér aquélo*, n'importe, peu importe, nonobstant cela. — *Voy. Ni-tu-ni-vous.*

Nifla, v. Flairer, renifler, espionner au fig.

Niflado, s. f Reniflement; action de renifler, de flairer.

Niflaïre, Niflaïro, s. Un homme qui a le défaut de renifler constamment; renifleur.

Niflan, s. m. Le nez. C'est un mot de fantaisie, imité de l'argot, qui est habitué à donner aux divers membres ou aux parties du corps un nom qui rappelle ou représente leurs fonctions. Ainsi, de même que l'on a appelé les yeux *luisants* ou *quinquets*, parce qu'ils éclairent, on a fait du nez *niflan* parce qu'il renifle. — *Un cò de poun sus lou niflan*, un coup de poing sur le nez. *Douna un cò dé niflan*, approcher son nez de quelque chose pour en sentir l'odeur.

Niflard, s. m. Un individu qui a le défaut d'espionner, d'épier furtivement, à la dérobée.

Niflo, s. f. La morve qui pend au nez des enfants. *Tira la niflo*, ou *nifla*, ou *nifléja*, renifler.

Nime, nom pr. m. Nîmes, nom du chef-lieu du département du Gard, et de l'ancienne Civitas des Volkes-arékomikes. — Nîmes (*Nemausus* en lat.) a la signification de source sacrée, céleste. » « Ce nom trouve son explication dans l'ancien irlandais *nem*, ciel, gén. *nime*. On trouve *Nemesa* (Auson. *Mosel*, v. 354) affl. de la Moselle appelé aujourd'hui la *Nims*, qui est le nom vulgaire de la ville de Nîmes, articulé en faisant sonner l's final. (*Voy.* G. CHARVET. — *Les voies romaines chez les Volkes-arékomikes*, deux. part. — ch. Ier, page 48.)

Ninfro, s. f. Une petite effrontée. Ce mot ne serait-il pas une corruption de *ninfo*, la mythologie nous ayant rarement représenté ses nymphes comme des modèles de modestie et de retenue?

Nipa, ado, adj. Nippé, ée; pourvu d'habillements; *És bé nipa*, il est bien pourvu de vêtements.

Nipo, s. f. Hardes, nippes, vêtements, trousseau. Ce terme ne s'emploie qu'au pluriel, comme dans le français; mais si on ne le relève de quelque épithète, il signifie ordinairement une défroque de peu de valeur.

Niquouès, adj. Narquois, goguenard, malin, nigaud, simple. *Èn dé soun èr niquouès*, avec son air narquois ou badaud.

Nis, s. m. Nid. du lat. *Nidus*. Petit réduit de diverses formes, ordinairement circulaire, composé d'éléments divers, dans lequel les oiseaux pondent leurs œufs et élèvent leurs petits. *Sémblo qué vaï préne la maïre dou nis*, se dit d'un homme qui agit avec des ménagements, des précautions ridicules.

Nisa, v. Nicher. *Qudou sa ounté niso?* qui sait où il niche, où il perche? se dit en demandant où quelqu'un demeure. On dit aussi *nisa;* terme de jeu pour mettre sa mise, dont c'est sans doute alors une corruption.

Nisado, s. f. Nichée. Se dit familièrement pour désigner une famille nombreuse. *Vaqui uno bèlo nisado*, voilà une belle famille. *Léva dé nisados*, dénicher des oiseaux. Par extension on dit : *uno nisado dé rats, dé sèrs*, une nichée de souris, une couvée de serpents. —*Nisado dé cassibraïos*, nichée ne canailles, nichée de racaille.

Nisâou, s. m. L'œuf couvain, en v. fr. nicheul, l'œuf qu'on laisse dans un nid de poule pour engager la volaille à pondre d'autres œufs au même endroit. Nid de la poule qui pond et de celle qui couve. *Nisâou de pijouniè*, un boulin : trou pratiqué dans un colombier pour faire nicher les pigeons.

Nisétaïro, s. f. Marchande d'anisette, de coco. Type qui disparait et que Lafare a si bien dépeint dans ces vers :

L'aigo és fresquo, méssius, vène dé la tira ;
Nisèto, cartazèno et siró, qu'àou voudra
Se sara dé ma tàoulo àoura bono mésuro.

Il fallait la voir, les dimanches d'été, dans les promenades, triomphante surtout les jours de foire, portant, d'une main, sa cruche pleine d'eau qu'elle n'osait tout-à-fait garantir comme étant à la glace, et de l'autre, un petit panier où étaient deux ou trois verres et l'intarissable fiole —*tdoupéto*— contenant son anisette dont elle blanchissait, pour un sou, les verres d'eau qu'elle débitait à ses nombreux chalands. C'était-là son bon temps. Plus tard, au lieu de courir, alerte et provoquante, dans la foule, elle s'établit, immobile, auprès d'une table où s'étalaient, à côté de l'anisette déjà dédaignée, des sirops et des ratafias ; et cette transformation même n'a pu la sauver ! Les cafés l'ont tuée, et l'absinthe malfaisante et plus chère, a remplacé pour toujours peut-être la pauvre anisette qui n'est autre chose d'ailleurs qu'un équivalent du *raki* des Arabes.

Nisèto, s. f. Anisette. Liqueur fabriquée avec de l'anis. Dans le midi on l'extrait du fenouil par la distillation, et elle n'a rien de commun avec cette liqueur moelleuse, onctueuse et parfumée connue sous le nom d'anisette de Bordeaux.

Nissôou, s. m. *Bunium bulbocastanum*, plante de la famille des Ombellifères vulgairement appelée *terrenoix*. Racine formée par un bulbe arrondi de la grosseur d'une cerise, bonne à manger, fournissant de l'amidon. On trouve cette plante dans les champs et prairies, au bord du Gardon, à La Baume, à Uzès, à Alzon, au Vigan. Elle fleurit en juin-juillet.

Quelques-uns de ces bulbes ont la grosseur et même la saveur de la châtaigne.

Nista, v. Flairer, fureter; espionner; écornifler; s'informer avec curiosité; fourrer son nez; pressentir ; prévoir ; découvrir de loin.

Nistéja, v. épier furtivement, fureter à la dérobée. Fréquentatif de *nista*.

Nistéjaïre, s. m. Homme curieux, indiscret, importun, fâcheux; fureteur, qui fourre son nez partout.

Ni-tu-ni-vous, *Voy.* **Ni.** Mot à mot, ni toi ni vous, phrase-faite dans laquelle on supprime, par euphonie, l's final de *tus* qui la prend toujours. *Noun és ni-tu-ni-vous,* il n'est ni chair ni poisson, en parlant d'une personne irrésolue, qui ne sait prendre un parti sur rien, ou qui nage entre deux eaux : On le dit également d'une chose qui n'est ni mauvaise, ni bonne, qui n'a ni vice ni vertu.

Nivèl, *s. m.* Niveau, instrument de géodésie. État d'un plan qui n'a aucune inclinaison, qui est horizontal.

Dér. du lat. *libellum*, pris pour *libella*, fléau d'une balance qui, pour être juste, doit être horizontal.

Nivéla, *v.* Niveler, mettre de Niveau.

Nivou, *s. m. et f.* Nuage, nuée. *Lou tén és nivou; faï nivou,* le temps est couvert, nébuleux. *Lou nivou gagno,* le temps se couvre. *Lou nivou dé la nèou,* temps qui menace de neige. *Nàou coumo las nivous,* haut comme les nuages. — Au fig. on le dit d'une personne qui se rembrunit, dont la mauvaise humeur couve et va éclater.

Dér. du lat. *Nubes*, m. s. ou du celt. *Niul.*

Nivoulado, *s. f.* Nuée d'orage qui donne une pluie de peu de durée. *Aquò's pa qu'uno nivoulado,* ce n'est qu'une averse sans importance, un nuage qui crève.

On dit aussi *troussado,* mais cette dénomination s'applique à une pluie d'orage plus intense, accompagnée de tonnerres et quelquefois de grêle.

Nivouléto ou **Lucéto,** *s. f.* luette ; on dit aussi *niouléto,* par contraction. Luette. appendice charnu à l'entrée du gosier dont il forme la communication avec le nez ; cet organe est nécessaire à la prononciation et à la succion. Du lat. *uva*, m. s. à cause de la ressemblance de la luette avec un grain de raisin, et de son dim. *uvula*. Le français a fait uvette, uvulette, puis luette, et le languedocien l'a imité par *nivouléto* et *luséto.*

Nivouléto, *s. f.* dim. de *nivou* ou plutôt de *nivoulado ;* celle-ci est une nue qui porte souvent le tonnerre et la grêle; *la nivouléto* ne jette ordinairement qu'une ondée.

Noço, *s. f.* Noce, festin. *Anan faïre la noço,* nous allons festoyer, banqueter, faire ripaille. L'assemblée qui assiste à une noce.

Nonanto, *adj. numéral.* Nonante, quatre-vingt-dix. Du lat. *nonaginta,* m. s.

Nono, *s. f.* Dim. *nounéto.* Dodo, terme de nourrice, sommeil d'un enfant. *Faï sa nono,* se dit d'un enfant qui sommeille. *Faïre nono,* faire dodo, dormir. *Nono-nounéto* est le commencement d'une chanson sur un air monotone, très-propre à endormir un enfant.

Nôou, Novo, *adj. et s.* Neuf, neuve. *Ès nôou coumo un pifre,* se dit d'un homme naïf, sans expérience. — *Éscoubo novo faï l'oustàou né,* balai neuf fait maison nette ; c.-à-d. tous les commencements sont beaux. *Flame-nôou,* v. ce mot. *Faïre dé nôou,* refaire, faire à neuf.

Dér. du lat. *novus,* m. s.

Nôou, *nom de nombre.* Neuf. Du lat. *novem,* m. s.

Nôou ! *loc.* prononcée sous forme d'interj. et dont on se sert lorsqu'on décortique les châtaignes dans les Cévennes pour indiquer que le battage est suffisant. Cette expression signifie littéralement : elles sont assez battues ; elles en ont.

Noro, *s. f.* Belle-fille ou bru. Du lat *nurus.* On dit prvb. : *amour dé noro, amour dé géndre, es uno bugado sans cendre.*

Nose, *s. f.* Noix, fruit du noyer. Du lat. *nux. La nose d'dou ginoul,* la rotule. *Soun sa tèn pa las noses,* son sac ne retient pas les noix, se dit d'une personne qui parle sans réserve, qui raconte indistinctement tout ce qu'elle sait, même ce qu'elle devrait cacher. On dit aussi *nouse* (*Voy* SAUVAGES.)

Testo de nose, tête de linotte, étourdi, tête creuse. *Nose boufo,* noix creuse, vide. *Quièïsso dé nose,* quartier de noix ; *nose muscado,* noix muscade, *nose loumbardo* ou *nougo,* noix de jauge, fruit très-gros dont l'amande n'est pas aussi volumineuse que la coque semble l'indiquer. *Nose d'éstrécho,* noix anguleuse dont le fruit est petit, serré et très-difficile à casser ; *nose-coucardo.* — *Voy.* ce dernier mot.

Nostre, nostro, *pr. poss.* et *subst.* Qui est à nous, le nôtre, la nôtre. *Lou nostre,* ce qui nous appartient. *Lous nostres,* les nôtres, nos parents, nos partisans. *Sèn din lou nostre,* nous sommes sur nos terres et non pas fermiers. *Lou bon Diou té fague nostre!* que le bon Dieu vienne te prendre ! *Demandan pas qué lou nostre,* nous ne demandons que ce qui nous revient, ce qui est à nous.

Noto, *s. f.* Note de musique. Facture de commerçant, *mé dounarés ma noto,* vous me donnerez facture de ce que je vous dois.

Notos, *s. f. plur.* Les minutes d'un notaire. Ce mot ne s'emploie qu'au pluriel. Les notaires sont les *gardes-notes* des actes originaux déposés dans leur étude.

Nou, *part. négat.* Non. Expression plus familière que *nani,* bien qu'ayant la même signification. *A di dé nou,* il a renoncé à son idée, à son projet, il a reculé, il a caponé, il a fouiné (langue verte). *Un jour et l'doutre nou,* de deux jours l'un. *(Voy. jour) Ah ! Diou nou !* Ah ! grand Dieu, non ! Ah ! non pas certes !

Noublèsso, *s. f.* Noblesse, qualité de celui qui est noble, s'emploie au fig. comme qualité du cœur.

Nouga, *s. m.* Nougat. Sorte de gâteau fait avec du miel et des amandes.

Nougaïo, *s. f.* Articulation. *S'és désnougaïa l'espanlo, lou ginoul,* il s'est démis l'articulation de l'épaule, du genou. Cerneau, moitié d'une noix verte tirée de sa coque avec un couteau appelé cernoir, du lat. *cernere,* séparer.

Nougarédo, *s. f.* Noiseraie, terrain planté de noyers. Ce terme s'emploie souvent comme nom de lieu ou nom d'homme. On dit aussi *Nougaré,* Nogaret, nom d'homme, et *Nousièïro.* — *Voy.* ce mot.

Nouguiè, *s. m.* Noyer. *Juglans regia,* Linn., arbre de la famille des Juglandées qui produit le fruit connu sous le nom de noix. Nom propre rendu en français par Noguier.

Nou'n, contr. de *nous-én. Nou'n dounarés,* vous nous en donnerez.

Noun, *part. nég.* On ne l'emploie jamais isolément, car il n'est pas le même que l'adv. Non, opposé de oui, qui se dit toujours *nou*. **Noun**, dans une phrase, suivi ou non de *pas*, équivaut à ne pas, non pas, quelquefois à ne, seulement. *Noun save*, je ne sais pas, je ne sais, je n'en sais rien. *Noun faraï, pardiou*, je n'en ferai pardieu rien ! *Y-anaraï, noun pas pér acò, maï...* J'irai, non pas pour cela, mais...— Cependant *noun pas* remplace *nou*, comme composé donnant même plus de force à la négation : *Ou voulès ? — Noun pas !* Le voulez-vous ? non pas ! non, certes !

Noun, *s. m.* Nom; terme dont on se sert pour désigner un être. Les noms propres, dans l'idiome Cévenol, comme dans les autres langues, sont tirés en général de la religion, des diverses professions, des qualités et des défauts moraux ou physiques, des habitudes, des mœurs, des noms de lieu d'origine et de choses qui nous entourent. Quelques exemples épars, que nous allons donner, indiqueront suffisamment le mode de formation et surtout les difficultés, les inconvénients d'une traduction de ces noms; quant à leur emploi, quelques tournures locales, tout-à-fait différentes des habitudes françaises doivent être mentionnées.

De même qu'en Italie où l'on dit : l'Alighieri, l'Ariosto, il Boiardo, il Petrarca, il Tasso, il Boccaccio, le languedocien emploie volontiers le même article et l'ajoute indistinctement au nom de famille et au nom de baptême : *lou Sabatiè, l'Antouèno, lou Rocho, la Jano*. Il est aussi d'usage de dire : *Pière dé Déssavèn, Jan dé Rouvèïrdou, Céséto dé Mdourin, César d'Arnavieïo*, la particule *dé* n'ayant, cette fois, d'autre prétention que d'indiquer la filiation; et lorsque la mère a été veuve de bonne heure ou que, maîtresse-femme, elle passe pour avoir, du vivant de son mari, une bonne part dans l'administration de la communauté, c'est elle qui donne son nom aux enfants, et l'on dit alors : *Jané dé Roso, Luisé dé Rouvèïrolo, Jdousé dé Miérguésso, Andrè dé Blanquo*.

C'est une politesse en languedocien, de nommer par son nom la personne que l'on salue en passant ou à laquelle on adresse la parole, fût-elle seule, et quoiqu'il n'y ait aucun risque d'équivoque. Cette coutume est usitée aussi en Italie, où on ne l'emploie cependant qu'avec le nom de baptême. On sait qu'en français il n'est point de bon ton de dire ainsi, et qu'il suffit, dans ce cas, de dire Madame ou Monsieur.

Les noms de famille languedociens sont tous susceptibles de féminin ou de diminutifs. Comme on ne dit pas, pour le peuple, *madamo uno tèlo*, comme en français, il a fallu donner, à chaque nom propre, une désinence féminine pour l'épouse de tel et tel. On est souvent fort embarrassé pour former ainsi le nom des femmes ; les principes suivants sont assez généralement reçus à quelques rares exceptions près :

Les noms terminés au masculin par un *e*, un *i*, un *o* un *ou* muets, font *ésso* au féminin :

Rouvièïro — Rouvièïrésso — Dim. *Rouvièïré.*

Miérgue — Miérguésso — Dim. *Miérgué.*
Gardio — Gardiésso — Dim. *Gardioù.*
Sdouvi — Sdouviésso — Dim. *Sdouvioù, Sdouviéto.*
Basquou — Basquésso — Dim. *Basqué.*

Les noms en *a* font *ado* :

Priva — Privado — Dim. *Privadé.*
Bérna — Bérnado — Dim. *Bérnadé.*

Exc. cependant certains mots qui, en français, prennent un *c* final et qui font *ago* :

Altéïra — Altéïrago — Dim. *Altéïragué.*
Brassa — Brassago — Dim. *Brassagué.*

Ceux en *al* font *aïo* :

Riyal — Rigaïo — Dim. *Rigaïé.*
Guibal — Guibaïo — Guibaïé.

Ceux en *an* font quelquefois *anto*, quelquefois *ando*, quelquefois *anquo*, quelquefois *ano* :

Paladan — Paladano — Dim. *Paladané.*
Duran — Duranto — Dim. *Duranté.*
Mdouran - Mdourando — Dim. *Mdourandé.*
Blan — Blanquo — Dim. *Blanqué.*

Ceux en *dou* font, suivant le cas, *alo* quand il fait a en français et *doudo* quand il fait aud :

Pourtdou — Pourtalo — Dim. *Pourtalé.*
Barnassdou — Barnassalo — Dim. *Barnassalé.*
Arndou — Arndoudo — Dim. *Arndoudé.*
Bérdou — Berdoudo — Dim. *Bérdoudé.*

Ceux en *ar* font *ardo* :

Bérar — Bérardo — Dim. *Bérardé.*
Gaïar — Gaïardo — Dim. *Gaïardé.*
Foucar — Foucardo — Dim. *Foucardé.*

Ceux en *as* font *asso* :

Dumas — Dumasso — Dim. *Dumassé.*
Dalgas — Dalgasso — Dim. *Dalgassé.*

Ceux en *é* fermé font *éto* :

Couté — Coulèto — Dim. *Coulétoù.*
Bouné — Bounéto — Dim. *Bounétoù.*

Ceux en *è* ouvert font *èto* :

Ddoudè — Ddoudèto — Dim. *Ddoudété.*
Balè — Balèto — Dim. *Balèté.*

Cependant

Andrè fait *Andrèïo —* Dim. *Andréné* ou *Andréssé.*

Ceux en *iè* font *ièïro* :

Cavaïè — Cavaïèïro — Dim. *Cavaïèïré.*
Larguiè — Larguièïro — Dim. *Larguièïré.*
Piè fait *Piècho —* Dim. *Pièché* ainsi que *Dalpiè, Tiè*, etc.

Ceux en *él* font *éïo* ceux en *èl èlo* ;

Dounzél — Dounzéïo — Dim. *Dounzéïoù.*
Roussèl — Roussèlo — Dim. *Roussélé.*

Brunèl — Brunèlo — Dim. Brunèlé.

Ceux en en font ento :
Sirvén — Sirvénto — Dim. Sirventé.
Clamén — Clamento — Dim. Claménté.

Ceux en èou font èoudo :
Chapèou — Chapèouno — Dim. Chapèoudé.
Vèou — Vèoudo — Dim. Vèoudou.

Ceux en èr font èrto :
Roubèr — Roubèrto — Dim. Roubèrtou ou té.
Masèr — Masèrto — Dim. Masèrté.

Ceux en es font éso :
Pagés — Pagéso — Dim. Pagésé.
Courtés — Courteso — Dim. Courtésou.

Cependant :
Brés fait Brésso — Dim. Bréssé.

Ceux en i accentué font ino :
Baldi — Baldino — Dim. Baldiné.
Sabouri — Sabourino — Dim. Sabouriné.
Mdourin — Mdourino — Dim. Mdouriné.

Ceux en iou font ivo :
Donadiou — Danadivo — Dim. Donadivé.
Matiou — Mativo — Mativé.
Fountaniou — Fountanivo — Fountanivé.

Cependant :
Fiou fait Fiousso — Dim. Fioussé.
Cariou — Carioudo — Dim. Carioudé.

Ceux en ò accentué font oto :
Ribò — Riboto — Dim. Ribouté.
Morò — Moroto. — Dim. Morouté.

Ceux en ol font olo :
Ravassol — Ravassolo — Dim. Ravassoulé.
Tréscol — Tréscolo — Tréscoulé.

Ceux en òou font olo :
Souleiròou — Souleirolo — Dim. Souléiroulé.
Massabiòou — Massabiolo — Massabioulé.

Ceux en or font ordo :
Itor — Itordo — Dim. Itourdé.

Ceux en os font osso :
Bédos — Bédosso — Dim. Bédoussé.
Mdoubos — Mdoubosso — Mdoubossé.

Ceux en ou et en oun font ouno :
Chapoù — Chapouno — Dim. Chapouné.
Chardoù — Chardouno — Dim. Chardouné.
Pièrédoun — Pièrédouno — Dim. Pièrédouné.

Ceux en oul font oulo :
Coumoul — Coumoulo — Dim. Coumoulé.
Réboul — Réboulo — Réboulé.

Gourdoùs — Gourdouso — Dim. Gourdousé.

Ceux en òus font tantôt ouso, tantôt ousso :
Rous — Rousso — Dim. Roussé.
Ginoùs — Ginouso — Dim. Ginousé.
Cahoùs — Cahousso — Dim. Cahoussé.

Ceux en u font udo :
Téstu — Téstudo — Dim. Téstudé.

Cependant :
Cadu fait Caduquo — Dim. Caduqué.

Ceux en us font uso ou usso :
Pèrtus — Pèrtuso — Dim. Pèrtusé.
Tabus — Tabusso — Dim. Tabussé.

Ceux en un font uno :
Ddoutun — Ddoutuno — Dim. Ddoutuné.
Vèirun — Vèiruno — Dim. Vèiruné.

On sent que ce ne sont là que des noms usuels et communs dans le pays; il en est une foule d'autres qui n'ont pu suivre les règles générales, surtout ceux que le français a introduits parmi nous. A leur égard, on doit suivre, autant que faire se peut, les analogies et les étymologies, surtout la lettre finale du masculin dans le français. Quand aux diminutifs, il est difficile de préciser ceux qui doivent être terminés en é et en où : l'usage et l'euphonie sont les seuls juges en cela. Le féminin des diminutifs se forme en ajoutant la syllabe muette to à ceux en é et la syllabe muette no à ceux terminés en où.

Il est bien entendu que les noms de baptême ont aussi leurs diminutifs et c'est sous cette forme surtout qu'ils sont employés. Mais qui pourrait essayer de poser des règles aux capricieuses transfigurations qu'ils subissent ainsi ? L'invasion de prénoms nouveaux rendrait plus vaine encore cette prétention ; car s'il était possible, par habitude peut-être, de reconnaître Alexis, François, Isabelle ou Élisabeth, Thérèse, voire Jacques sous le masque de *Sissé*, *Césé*, *Béloun*, *Trésoù* et *Jacourlo*, qui s'imaginerait que *Frè*, *Dalè*, *Mané* représentent Ferdinand, Edmond, Emmanuel ? Mais ces diminutifs ne sont pas seuls méconnaissables : lorsque le beau monde français, ne voulant plus s'appeler Pierre, Paul ou Jean, comme ses pères, alla chercher ses patrons dans les légendes étrangères, le languedocien eut la vaniteuse pensée de le suivre dans cette voie. Mal lui en prit, et s'il baptise ses enfants des noms d'Oswald, d'Edwige, de Wilfrid, il est obligé de les appeler autrement ; car ces noms, il ne peut pas les prononcer, qu'il revienne donc, pour ne plus les quitter, aux jolis prénoms Thérèse, Marie, Jeanne et tant d'autres du même genre, si propres à son fluide langage, dût-il continuer à en faire des *Trésoù*, des *Mariouné*, des *Janoù*, *Janétoù* ; cela vaudra toujours mieux que *Clitènnéstreto*, ou *Brutusé*, petits noms dont nous avons entendu une mère appeler ses enfants que l'on avait trouvé de bon goût de baptiser Clytemnestre et Brutus. — *Voy.* Escainoun, Dalmas, Déleouse, Masèl, Massabióou.

Noun-dé-noun, Nom de-nom ! juron qui était sur le point de transgresser le second commandement de Dieu et qui, étranglé à temps, finit en murmurant un vain son.

Nourì, v. Nourrir. Du latin *nutrire*, alimenter ; fournir les aliments nécessaires ; allaiter ; entretenir ; élever. — *Mé donou vín sòous et nourì*, on me donne vingt sous par jour, plus la nourriture.

Nouriço, s. f. Nourrice, femme qui allaite un enfant qui n'est pas le sien.

Dér. du lat. *nutrix*, ou de *nutricia, tiæ*.

Nouridoù, s. m. Cochon d'un an, cochon à engraisser, prêt à être mis à l'engrais.

Dér. du lat. *nutriendus*.

Nourìs, s, m. Le nourricier, le père nourricier. Le mari de la nourrice. — *Voy. Nouriço*. On dit ordinairement : *Païre* ou *pèro-nouris*. Cependant la mère, en parlant du mari de la femme qui allaite son enfant, le désigne fort bien ainsi : *Moun nouris*. L'enfant l'appelle plus tard de même, et il va plus loin encore car, du frère de cet homme il dit : *moun ouncle-nouris*.

Nous, s. m. Nœud. Du lat. *nodus*, par la suppression du *d*, Protubérance, saillie, tubérosité. *Nous-courén*, nœud coulant.

Nous, pr. pers. Nous, régime et jamais pluriel de je, le verbe se conjuguant toujours sans pronom. *Fasès-nous un plési*, faites-nous un plaisir. *Nous ou dounè*, il nous le donna. *Faguén coumo lous sarjans : sé nous aïmou pas, aïmén-nous éntre ndoutres*, faisons comme les huissiers : si l'on ne nous aime pas, aimons-nous entre nous.

Nousa, v. Nouer. *Po pas nousa lous dous bous*, il a de la peine à joindre les deux bouts de l'année pour subsister avec ses revenus.

Nousa, do, adj. Nouée, ée ; chose fixée au moyen d'un nœud. On dit en parlant d'un enfant rachitique et qui ne grandit pas : *és nousa*.

Nouscléto, s. f. Sorte d'anneau en métal qui fait partie d'une agrafe. On dit aussi *maïéto*.

Nous-courén, s. m. Nœud-coulant et non pas nœud-courant — *Voy. Nous*.

Nouse, s. f. Noix. — *Voy. Nose*.

Nousièiro, n. pr. de lieu. Nozières, hameau de la commune de Boucoiran, canton de Lédignan, près duquel se trouve une station du chemin de fer d'Alais à Nimes. Lieu planté de noyers, noiseraie, synonyme de *Nougarédo*. — *Voy.* ce mot.

Nouìso, s. f. Dim. de *Nose*, petite noix. Le roitelet, qui n'est pas plus gros qu'une noix : c'est le plus petit oiseau d'Europe.

Noutàrì, s. m. Notaire.

Nouvèl, adj. Nouveau, nouvelle.

Nouvèlo, s. f. Nouvelle, première annonce d'un événement récemment arrivé, bruit, rumeur. Brebis qui a atteint sa seconde année. *Nouvelos* au plur. se dit surtout des nouvelles données par les journaux. *Avès légì las nouvèlos ?* avez-vous lu les journaux ?

Nouvèmbre, s. m. Novembre, nom du onzième mois de l'année Julienne et Grégorienne. Du lat. *novembris*, fait de *novem*, neuf, parce que ce mois était le neuvième de l'année romaine, lorsque cette année n'avait que dix mois.

Nouviâou, do, adj. Nuptial. *Abì nouvidou, ràoubo nouvidoudo*, habit ou robe de noces.

Nouzélu, do, adj. Noueux, euse.

Dér. du lat. *nodosus*, m. sign.

Novi, Novio, subs. Le fiancé, la fiancée, au plur. *Nòvis*, les fiancés. *Sès pressa coumo un nòvi*, vous êtes pressé comme celui qui va se marier.

Dér. du lat. *novi*.

Novo, adj. f. — *Voy. Nòou*.

Nus, uso, adj. Nu, nue, *Éro nus coumo un vèrme*, il était nu comme un ver. *M'an laïssa tout nus*, on m'a dépouillé de tout.

O

O

O ; s. m. La lettre O. L'*o* final, même suivi de l'*s* qui se fait toujours sentir qu'elle soit ou non la marque du pluriel, est muet ou tonique. Muet, il est le pendant de l'*e* muet français et se perd, assez peu articulé, exactement comme dans l'italien *meco, mio, petto*; tonique, il a toute sa valeur accentuée comme dans le français écho, numéro, zéro, ou le latin *ergò, cicero*. Pour le distinguer dans ce dernier cas, il prend un accent grave. L'Italien encore procède de même, il écrit *faro*, phare, et *farò*, je ferai. Le languedocien a également besoin de différencier les deux valeurs de son *o* final, et l'accent qui indique la prononciation peut changer en même temps la signification d'un mot : *fio* et *fiò*, fille et feu, *babo* et *babò*, bave et chrysalide, *tantos* et *tantòs*, tantes et tantôt.

Dans la triphtongue, d'un usage très-fréquent, l'*o*, ainsi que l'*a* et l'*i* prend un accent circonflexe. Cet accent n'a point pour effet de changer le son de la lettre, mais d'indiquer quel est la tonique de la triphtongue c.-à-d. que celle-ci se prononce en forçant sur la voyelle accentuée et en coulant sur les autres, mais le tout par une seule émission de voix, sans l'allonger comme s'il formait deux syllabes : *môoure, fôoure, biôou*. — *ô* prend encore le même accent, par analogie avec le français et pour le distinguer du suivant, lorsqu'il est particule précédant ou indiquant le vocatif : *ó moun Diou !* ô mon Dieu ! — *Voy.* la lettre I.

O, *part. affirmative.* Oui. Peu en usage et jamais qu'avec les personnes que l'on traite très-familièrement, *o* est l'ancien *oc* abrégé, adouci ou dégénéré. C'est encore le oui des Hautes-Cévennes. — *Voy. Oc.*

Obro, *s. f.* Œuvre, travail, ouvrage. *Y-a prou obro, ey-a fosso obro aquí,* il y a là beaucoup d'ouvrage, beaucoup de travail, de la difficulté. *Y-doura be d'obro,* il y aura bien du travail, et aussi bien des difficultés. *Faire de l'obro lou vala,* faire de la terre le fossé, c.-à-d. tirer de la chose les dépenses nécessaires pour l'agrandir, pour l'entretenir, ou bien faire de nouvelles dettes pour en payer d'anciennes, *L'obro làouso lou mèstre,* l'ouvrage recommande l'auteur, autrement : à l'œuvre on connaît l'ouvrier. *Fulobro.* — *Voy.* ce mot.

Dér. du latin *opera,* m. sign.

Obro, *s. f.* Labour, façon. *Douna uno obro,* donner une façon, un labour à un champ. *Y-a pa 'ncaro l'obro,* la terre est encore trop humide ou trop sèche pour être labourée, pour recevoir un bon labour. *Y-a michanto obro,* le travail est difficile, pénible. *Y-a bono obro?* le labour se fait-il aisément ? et, par extension, cette question s'adresse à une personne occupée d'un travail quelconque. *Lou ban dé l'obro,* le banc de l'œuvre, des marguilliers. *Bon jour, bon obro,* phrase de salutation adressée à des gens qui travaillent.

Oc, particule affirmative dont se servaient nos provinces méridionales qui, pour cela, furent appelées la langue d'Oc, séparée par la Loire de la langue d'Oil ou d'Oui, parce que ces deux derniers mots étaient l'affirmation de cette autre moitié de la France. *Oc* n'est autre chose que le lat. *hoc,* ellipse de *hoc est,* cela est. Après avoir été l'expression caractéristique d'une langue au point de donner son nom au pays où on la parlait, *oc* est complètement tombé en désuétude. Il est encore employé dans les environs du Vigan ; mais pour nous, il n'existe plus ; *oi* l'a depuis longtemps remplacé, et il ne reste qu'un souvenir presque effacé de lui dans *o* qui en est la corruption et dont on fait même peu usage.— *Voy. Oi.*

Ocho, *s. f.* Encoche, clavette en fer que l'on met au bout de l'essieu pour retenir la roue. *Ocho* serait-elle une altération bien forte et bien gratuite du français *esse* ? — On donne aussi ce nom aux groseillers épineux communs dans les haies.

Odi, *s. m.* Ennui, dégoût. On ne l'emploie qu'ainsi : *Vèni én o li.* La car mé vèn én odi, la viande me répugne, m'est devenue fastidieuse. *Mé vènes én odi,* tu m'ennuies, tu me fatigues, tu m'es insupportable. C'est du pur latin *mi venis in odium,* tournure que l'italien a aussi imitée en disant : *venir a noia,* ennuyer.

Oh ! *interj.* commune à toutes les langues. Oh ! qui marque la surprise, l'admiration. On se sert aussi de cette exclamation, en prolongeant le son, pour appeler quelqu'un de loin. — *Oh ! hé !* oh! vraiment, oh! bien. *Oh ! Diò.* — *Voy. Diò.*

Oï, *partic. affirmative.* Oui. Ainsi qu'on peut le voir aux articles *nani, nou, o* et *voui,* le languedocien a deux négations et deux affirmations, l'une familière et l'autre respectueuse. Ces nuances sont scrupuleusement observées dans l'usage et l'on en verra l'origine à l'art. *Voui. Oï* est l'affirmative familière ; on en use seulement envers les personnes que l'on tutoie ou avec qui l'on agit du moins très-familièrement si on leur dit vous ; il est par conséquent le corrélatif de *nou.* Il ne paraît pas être une altération du vieux *oc* aujourd'hui abandonné ; c'est bien plutôt l'oil d'outre-Loire, qui du reste devait se prononcer à peu près de même et qui est devenu l'oui français. Cet oil, dont le languedocien fit *oï,* dût être adopté par imitation d'un langage plus élégant, et plus tard il resta comme affirmation tutoyante lorsque le oui, qui parut encore plus raffiné, et dont on fit *voui,* lui succéda et s'établit définitivement comme affirmation respectueuse que devaient employer les gens bien élevés.

Oli, *s. m.* Huile. Dans un pays où la cuisine se fait à l'huile, il est bien entendu que si on n'indique pas une qualité particulière il ne s'agit que de l'huile d'olive. *De bon òli,* de la bonne huile. *Oli for,* huile forte. *Oli d'anfèr.* (*Voy. Anfèr.*) *Oli d'éspl,* dé cade. (*Voy.* ces deux mots.) *Oli dé pé-dé-bioou,* synovie, liqueur visqueuse, de la nature du blanc ou de la glaire d'œuf, qu'on trouve dans les jointures des grands os des animaux et en plus grande quantité dans celles du bœuf, à raison de sa grosseur ; on l'emploie pour la brûlure. *Aquò 's taquo d'òli, es* tache d'huile qui ne s'efface pas, cela vaut contrat. *Oli dé couide,* on le dit plaisamment d'un travail où il faut faire agir vigoureusement les bras, user de la graisse de coude. *Dàou et d'òli !* Allons ! courage !

Dér. du lat. *oleum,* même signification ou plutôt *d'olivum,* huile d'olive.

On, *pron. pers.* indéfini ou *l'On.* On, l'on. C'est à la langue romane que le français a pris ce pronom qui n'est autre chose que l'abréviation du lat. *homo* ou *homines.* Le roman disait : *per tal que hom sapia,* afin qu'on sache ou que homme sache ; *non volem que hom prendan las personas des clerghes,* nous ne voulons pas qu'on saisisse la personne des clercs. etc. Mais il est à remarquer qu'alors que le français s'accommodait de la tournure romane, le languedocien l'abandonnait pour revenir à la tournure latine ; et s'il reprend parfois, avec quelque utilité, son bien passé en d'autres mains, comme dans : *on po pas y tène,* on ne peut y tenir, etc., etc. Par euphonie on rend souvent *on* par *don,* dans le dialecte alaisien : « *Don sé forço, doutramén vost' éstouma sé baro.* » (Leyris, poésie inédite.) Là où le français emploie on, le languedocien peut presque toujours rendre la phrase d'une manière différente et souvent préférable : on dit, on fait beaucoup de choses, *sé dis, sé fai* *fosso edousos;* on vous le fera voir, *vous ou faran vèire;* on vous le dit, on vous l'a dit, *vous ou disou, vous ou an di,* on va commencer, *van acoumènça;* on ne prend pas les mouches avec du vinaigre, *èmbé fèou noun sé prénou mousquos.*

Oouh ! *interj.* qu'on peut rendre par ho là ! hé ! Oouh ! *y-a pas dingus?* holà ! hé ! il n'y a personne dans la maison ? — Oouh ! en appuyant longtemps sur le premier ó, est aussi le commandement à la bête de somme ou de trait de s'arrêter et, dans ce cas, l'opposé de *i;* le français le rend par oh ! ou ho ! que le languedocien emploie aussi.

Ordi, *s. m.* Orge *(hordeum),* dont il y a plusieurs espèces; l'orge commune, orge carrée, grosse orge ou escourgeon, qui a quatre rangs de barbes, est la plus connue sous ce nom.

Dér. du lat. *hordeum,* m. sign.

Orgue, *s. m.* Orgue ; toujours du même genre au pluriel comme au singulier.

Dér. du lat. *organum,* m. sign.

Orle, *s. m.* Bord, margelle d'un puits; bord d'un vase quelconque; ourlet, repli et couture au bord d'une étoffe, d'un tissu, pour qu'il ne s'effile pas.

Dér. du lat. *orula,* dim. de *ora,* bord.

Orviatan, *s. m.* ou bien Ourviatan. Orviétan, qu'un charlatan de la ville d'Orviète, en Italie, importa à Paris dans le XVIIe siècle. C'était un électuaire dans la composition duquel il entrait, disait-on, 54 drogues et qu'on regarda longtemps comme un remède infaillible contre beaucoup de maux. Selon M. Magnol, on donne ce nom à Montpellier, à *l'Anchusa monspeliaca.* Il n'en reste plus que le nom, et le languedocien s'en sert en disant : *marchan d'ourviatan,* pour désigner un hâbleur, un charlatan qui débite toute autre chose que des électuaires; mais ce mot est aujourd'hui tombé en désuétude.

Os, *s. m. plur.* Osses. Noyau de cerise, de pêche, de prune, etc., *osses d'oulivos,* marc d'olives pressuré. *Piqua lous osses,* casser les noyaux. Leur dureté, pareille à celle de l'os, a valu ce nom aux noyaux que le lat. appelait aussi *Ossa, ium.*

Os, *s. m. plur.* Osses. Os, partie de l'animal dure, solide, qui forme comme la charpente de son corps. *A bon chi ca bon os,* à bon chien bon os. *Os-puden,* os pubis; du lat. *pudens, pudendus,* que l'on cache par pudeur. *Os-Bertran,* l'os du croupion, l'os sacrum, la dernière des vertèbres, terminée par un petit os un peu recourbé appelé coccix. C'est là qu'aboutit une foule de nerfs dont la luxation est toujours dangereuse et souvent mortelle, ce qui a fait donner par les anatomistes à cet os le surnom de *sacrum* parce qu'il n'y faut pas toucher. Quant à ce qui lui a valu son nom languedocien, il serait difficile de le dire, et cela tient sans doute à quelque fait anecdotique oublié. *Os dé supio,* os de seiche que l'on met dans les cages d'oiseaux et qui leur sert à affiler leur bec.

Osquo, *v. f.* Hoche, encoche, entaillure pour marquer sur une taille le pain, le vin, la viande qu'on prend à crédit, ou pour tenir toute autre espèce de compte ; cran, entaille sur un solide, pour accrocher ou arrêter quelque chose, comme en ont notamment certaines crémaillères. *Ndoussa d'uno osquo,* hausser d'un cran. *Fâou fairé uno osquo dou crémal,* il faut faire une croix à la cheminée, se dit lorsqu'il se produit un fait extraordinaire, en dehors de toute prévision. *Vous faraï uno osquo à l'douréio,* je vous couperai un petit bout de l'oreille pour vous en faire ressouvenir. *Save cé qué né vóou l'osquo,* je sais ce qu'en vaut la marque ou l'aune. *A fa uno osquo,* il s'est endetté.

Dér. du lat. *occare,* couper.

Osquo, *part. affirmative* qui répond à oui, assurément, certainement. C'est le mot précédent devenu affirmation familière et plaisante, en l'employant d'une manière elliptique, comme si l'on répondait : ce que vous dites est entendu, acquis au procès-verbal, marquons-le, enregistrons-le, *faguèn uno osquo. Osquo dé ségù,* se dit dans le même sens.

Otobre, *s. m.* Dixième mois de l'année actuelle qui n'était que le huitième, comme ce nom l'indique, lorsqu'elle commençait le 1er mars.

Dér. du lat. *october,* m. sign.

Ou, *pron. relat.* Le. *Vous ou disé, crésés-ou, ou créségués pas, aquò m'és égdou,* je vous le dis, croyez-le, ne le croyez pas, ça m'est égal. *Ou faraï,* je ferai cela. *M'ou a di,* il m'a dit cela.

Dér. du lat. *hoc,* m. sign.

Ou, *conj. alternative.* Ou. *Hiuèi ou démán,* aujourd'hui ou demain. On le fait suivre aussi de *bé* : *Véndraï dilus, oubé ou mandarés,* je viendrai lundi, ou bien vous l'enverrez ; c'est à l'habitude et au goût à décider de l'emploi de cette variante.

Ou ! est un de ces sons, comme oh ! ho ! etc., qui appartient à toutes les langues pour exprimer, sans paroles, la surprise, l'admiration, la douleur, le dégoût, selon l'intonation qu'on leur donne? *Ou,* que l'on fait ordinairement très-long, peut se rendre au besoin par fi ! fi donc ! *Ou ! lou por !* fi ! le cochon ! fi donc ! le vilain ! *Ou ! n'douriéï be vérgougno !* fi donc ! j'en aurais bien honte ! — On crie aussi aux pourceaux : *Ou !* pour les chasser, comme on dit en anglais *out,* hors ! dehors !

Dans la base. lat. *huesium* signifiait huée.

Oui, est une de ces interjections ou exclamations, dont il est question à l'art. précédent, qui exprime la douleur, la souffrance : *Ouï mé fasès mâou !* aïe, vous me faites mal.

Ouièïrado, *s. f.* Le contenu d'un huilier plein, *ouièïro.*

Ouièïro, *s. f.* Huilier en verre et surtout en fer-blanc, ne se dit bien que du récipient qui contient l'huile pour l'usage courant ou journalier; ce serait donc plutôt une huilière ou cruche à l'huile. *Ouièïro,* pour huilier composé des burettes où l'on met l'huile et le vinaigre, est un gallicisme.

Ouïra ou **Bouïra**, v. Frapper, meurtrir, briser les os, et proprement, faire une outre ou préparer pour cela la peau d'un vieux bouc, ce qui se fait de la manière suivante :

Le boucher, après avoir égorgé l'animal, le frappe à coup de barre par tout le corps, pour ramollir les chairs et briser les os, qu'il détache ensuite par l'ouverture du cou dont il a séparé la tête. Quand tout le dedans est net, il fait à la peau les préparations nécessaires pour qu'elle puisse contenir le vin ou l'huile sans leur communiquer de mauvais goût.

On voit par là que l'expression *lou Diable vous ouïre* serait une imprécation horrible si l'on savait la force du terme ou qu'on l'eût dans l'intention ; mais ce ne sont le plus souvent que des expressions qu'on peut appeler explétives, qui ne signifient rien ou tout au plus que de l'impatience dans la bouche de ceux qui les emploient. (SAUVAGES.)

Outre, peau de bouc accommodée pour y mettre des liquides. Les outres faits avec une peau de vache cousue d'un bout à l'autre sont plus solides que ceux de bouc. Ils sont beaucoup moins en usage depuis que les transports se font très-peu à dos de mulet.

Dér. du lat. *uter*, m. sign.

Oulado, s. f. Le contenu d'une marmite, *oulo*.

Dér. du lat. *olla*, m. sign.

Ouliva, v. Cueillir les olives dans nos localités où l'on récolte les olives avant qu'elles soient assez mûres pour tomber d'elles-mêmes, et où les oliviers n'atteignent pas des dimensions telles qu'il soit nécessaire d'en gauler le fruit. *Ouliva* doit se rendre par cueillir et non ramasser les olives. Ce mot peut être pris dans le sens de *frucha* : *Mous ouliviès an bièn ouliva*, ont donné beaucoup de fruit.

Oulivados, s. f. plur. Olivaison, saison où l'on récolte les olives, la récolte elle-même ou l'action de cueillir ce fruit. *Pér oulivados*, à l'olivaison, au temps de l'olivaison.

Oulivaïre, Oulivaïro, s. m. et f. Cueilleur, cueilleuse d'olives, qui fait la cueillette des olives ; ici ce travail est ordinairement dévolu aux femmes, ce qui fait que le féminin *oulivaïro* est presque usité. On dit aussi *oulivarèlo*.

Oulivastre ou **Aoulivastre-Bouscas**, s. m. Troëne. *Ligustrum vulgare*, Linn., arbrisseau indigène, à fleurs petites et blanches et baies noires, dont on forme des palissades et des haies. C'est en parlant de lui que Virgile a dit :

> *O formose puer, nimium ne crede colori :*
> *Alba ligustra cadunt ; vaccinia nera leguntur.*

« O bel enfant, ne t'enorgueillis pas de tes fraîches couleurs : les blanches fleurs du troëne tombent ; des baies noires leur succèdent. »

Oulivédo, s. f. Olivette, champ planté d'olives.

Dér. du lat. *olivetum*, m. sign.

Ouliviè, s. m. Olivier, arbre qui produit l'olive, *olea europea*, Linn., l'olivier sauvage, *olea sylvestris*, Linn. — *Ouliviè dé toun gran, castagnè dé toun pèro, amouriè dé tus-mèmo*, olivier de ton aïeul, châtaignier de ton père, mûrier de toi-même. Très-lent à venir, l'olivier, coûteux à soigner, ne rend qu'en raison de ce qu'on lui donne, ainsi qu'il le dit lui-même dans cet autre dicton : *Ouncho-mé lou pè t'oùncharaï lou bè*, graisse-moi le pied, je te graisserai le bec. Ajoutez que son produit, qui n'est point annuel, n'est que trop souvent détruit, pour de longues années, par les hivers rigoureux qui ravagent presque périodiquement nos olivettes.

La culture de l'olivier semblerait donc peu avantageuse ; mais comme il vient bien sur nos collines en terrasses, où il ne serait pas utilement remplacé, et qu'il fournit cette huile indispensable à tous nos apprêts culinaires, il partage toujours, avec le mûrier et le châtaignier, l'amour, les soins et la reconnaissance de notre pays.

Dér. du lat. *oleaster*, m. sign.

Oulivo, s. f. Olive fruit de l'olivier. *A Toussan, l'oulivo à la man*, à la Toussaint, l'olive à la main.

Dér. du lat. *oliva*, m. sign.

Oulo, s. f. Marmite de potin ou de fonte où l'on fait cuire toutes sortes d'aliments. *Chacun sa cé qué boul din soun oulo*, chacun sait ce qui bout dans son pot, chacun sait où son soulier le blesse.

Dér. du lat. *olla*, m. sign.

Oumbra, v. Ombrager, faire de l'ombre, défendre du soleil.

Oumbraje, s. m. Ombrage, ombre que fait un corps opaque en interceptant les rayons du soleil et particulièrement celle que font les arbres.

Oumbréja, v. Variante d'*oumbra*.

Oumbrén, quo. adj. Ombragé, couvert d'ombrage, qui est à l'ombre ; soupçonneux, pour une personne ; ombrageux, pour une bête, un cheval surtout.

Oumbro, s. f. Ombre, obscurité causée par un corps opposé à la lumière ; espace privé des rayons du soleil. *Oumbro d'home vóou cént fénnos*, l'ombre d'un homme vaut cent femmes.

Dér. du lat. *umbra*, m. sign.

Oume, s. m. Orme, ormeau, *ulmus campestris*, Linn., on disait autrefois *om* et *oum* et c'est de là que sont venus plusieurs noms de lieux : *Sént-Estève dé Lon, lou mas dé Lon*, que le languedocien prononce ainsi et que le français, plus respectueux cette fois pour l'étymologie, écrit Saint-Etienne-de-Lolm, etc. Le nom propre Delon *Déloun*, a sans doute la même origine, mais alors le languedocien et le français auraient repris leurs rôles.

Ouncha, v. Oindre, enduire d'un corps gras, graisser. *Ouncha las rodos*, graisser les roues. — *Salado mâou ounchado*, salade qui manque d'huile, affaire mal conduite.

Dér. du lat. *ungere*, m. sign.

Ounchuro, s. f. Graissage, action d'oindre ; toute sorte de matières grasses et huileuses ; ce qu'on mange de gras avec du pain. *Faï michan manja soun pan sans ounchuro*, il est désagréable de manger son pain sec. *An plagnégu l'ounchuro*, on n'a pas employé assez d'huile dans ce ragoût, dans cette salade ; *qudou manjo soun pan sans ounchuro, tou manjo sans mesuro*. On dit aussi : *ounchaduro*.

Ouncle, *s. m.* frère du père ou de la mère, mari de la tante : Dans le vocabulaire plaisant, *ouncle* signifie créancier, qu'on appelle aussi comme dans le Nord, *anglès*, anglais.

Dér. du lat. *avunculus*, m. sign.

Ounço, *s. f.* Articulation, nœud ou jointure des doigts de la main ; la phalange elle-même.

Dér. du lat. *uncus*, croc, crochet.

Ounço, *s. f.* Once ; seizième partie de l'ancienne livre ; elle vaut à Alais 25 g. 99. soit en chiffre rond 26 grammes. L'once de Provence était équivalente à 31 g. 25. C'était la douzième partie de la livre romaine. L'once se subdivisait en 8 gros. Il y avait la petite once, comme la petite livre. Le quintal de 100 grosses livres contenait 121 livres petit poids. L'once d'Alais était la petite once de 26 gr.

Dér. du lat. *uncia*, once, qui n'était contenue que douze fois, dans la livre romaine.

Oundado, *s. f.* Onde. flot, lame, vague, de la mer, d'une rivière débordée. *L'aïgo sor à bèlos oundados*, l'eau sort par lames, à flots pressés, par ondes : c'est un aug. de *oundo*.

Oundo, *s. f.* Bouillon, en parlant de l'eau qui bout. *Li fóou pas qu'uno ou dos oundos*, il ne lui faut qu'un ou deux bouillons. *Lou toupi boul à bèlos oundos*, le pot bout à gros bouillons.

Dér. du lat. *undo*, faire des ondes, bouillir.

Ounglado, *s. f.* Coup d'ongle, de griffe, *ounglo*, égratignure.

Ounglo, *s. f.* Ongle ou griffe selon l'individu. *D'ounglos pounchudos*, des ongles pointus ou des griffes pointues.

Dér. Du lat. *ungula*, syn. de *unguis*, m. sign.

Ounté, *adv.* de *lieu* ou **Mounté**. *Voy.* ce dernier. *Ount'-anas? ounté vaï?* où allez-vous ? où va-t-il ?

Our, *s. m.* Ours. *Ursus arctos*, Linn., quadrupède plantigrade. *Sémblo un our*, se dit de quelqu'un à la structure informe, agissant lourdement ou surtout velu comme un ours. — *Our* est un nom propre commun dans le pays, qu'on est dans l'habitude d'écrire Hours en français ; du reste, pour témoigner d'une même origine, son fém. fait *Ourso* et son dim. *Oursé*.

Ourdre, *s. m.* Andain, espace que par-ourt en largeur la faux d'un faucheur ou la faucille d'un moissonneur, en avançant en droite ligne : bande de terre que chaque vigneron ou journalier laboure sans empiéter sur les rangs de ceux qui sont à ses côtés : rayon ou rangée de ceps de vigne. *Suvi soun ourdre*, suivre son andain, son rang. *Tira un ourdre*, faire un somme. — On dit aussi *andano, andaïdo*, ou *cambado*.

L'abbé DE SAUVAGES pense que le terme andain est dit pour *ondain*, parce que chaque coup de faux laisse sur un pré des ondulations pareilles à celles de l'eau agitée par le vent. Une rangée de ceps de vigne ne s'appelle pas un *ourdre*, comme paraît le croire l'abbé DE SAUVAGES ; il porte le nom de *cavaïdou*.

Dér. du lat. *ordo*, rang, rangée.

Ourgansin, *s. m.* Organsin, avec cette différence que le français se dit d'une soie moulinée, tordue au moulin, tandis que le languedocien s'entend de la soie la plus fine qu'on obtient à la filature, par opposition à *tramo* et *traméto*, et qui n'a reçu encore aucun apprêt.

Dér. de l'italien *organsino*.

Ourguéno, *s. f.* Sirène, monstre fabuleux qui séduisait par le charme de sa voix. *Canta coumo uno ourguéno*, chanter comme une sirène.

Dér. du lat. *organum, organa*, nom que l'on donnait à toute sorte d'instruments de musique.

Ourjòou, *s. m.* Dim. *Ourjoulé*. Orgeolet, orgelet, orithe, orgueilleux, vulgairement grain d'orge, petit bouton, petite tumeur inflammatoire aux paupières. Le peuple dit que ces petites pustules viennent en punition à ceux qui ont refusé quelque chose à une femme enceinte. — Une cruche en poterie.

Dér. du lat. *hordeolum*, Dim. d'*hordeum*, grain d'orge.

Ourla, *v.* Ourler, faire un ourlet, *orle*.

Ourno (l'), *n. pr.* de *lieu*. Rivière qui prend sa source à Saint-Félix-de-Pallières, traverse les territoires d'Anduze et de Tornac et se jette dans le Gardon sur le territoire de Massillargues et Attuech. C'est l'ancienne VRNIA des Romains citée dans une inscription antique trouvée à Nîmes.

Ouroù, *s. f.* Erreur, méprise, erreur de calcul. *Faguén pas ouroù*, ne nous trompons pas, ne commettons pas de méprise. *trouvère uno ouroù din soun compte*, je trouvai une erreur dans son compte. Ce mot est une corruption du français poussée au point de le faire ressembler à la traduction d'horreur pour laquelle il ne faut pas commettre l'*ouroù* de l'employer.

Ourqué, *s. m.* Blette vulgaire des jardins ; espèce d'arroche, propre à lever les taches d'huile sur les étoffes de laine ; on les frotte avec la feuille de cet herbe, on lave ensuite l'endroit de la tache. (SAUVAGES.)

Oursan, *n. pr.* de *lieu*. Orsan, village du canton de Bagnols-sur-Cèze, dans l'arrondissement d'Uzès. *Orsanum*, en 1310 et 1485.

Dans un mémoire adressé à Pierre-François Orsino, cardinal de Gravina, qui fut pape de 1724 à 1730, sous le nom de Benoit XIII, M. de Mandajors a cru pouvoir admettre que cette localité doit son nom aux cardinaux Orsini, seigneurs de Bagnols, dont les possessions s'étendaient, dit-il, sur le territoire du village précité ; mais cette opinion hasardée ne doit être accueillie que sous toutes réserves.

Ourtéto, *Voy. Hourtéto*.

Ourtiga, *v.* Ortier, piquer avec des orties, *s'ourtiga*, se piquer ainsi.

Ourtigado, *s. f.* Piqûre d'ortie.

Ourtigo, *s. f.* Ortie, plante dont il y a partout en abondance plusieurs variétés; la plus petite, l'ortie-grièche, est la plus piquante ; la grande ortie romaine ou pilulaire, *urtica pilulifera*, Linn., donne une filasse dont on peut faire de la toile : ses semences sont excellentes pour les pertes et pour les crachements de sang. — Toutes les orties sont sudorifiques. Dans les environs de Nimes ont dit : *outrigo*.

Ourtoulan, *s. m.* ou *Sansanvi*. — *Voy.* ce mot.

Ousqua, *v.* Entailler, faire une hoche ou coche, *osquo*.

Oustaiè, iro, *adj.* et *s.* Casanier, qui aime à rester chez lui.

Oustalado, *s. f.* Maisonnée, tous les habitants d'une maison, *oustâou ;* tous les membres d'une famille qui demeurent ensemble. *Touto l'oustalado*, toute la famille. *Uno oustalado dé mounde*, une maison pleine de gens.

Oustalariè, *s. f.* Agglomération de quelques habitations dans la campagne et, dans ce sens, à peu près le synonyme de *masado*, pouvant se rendre par petit hameau. On l'applique aussi aux divers et nombreux bâtiments appartenant à la même exploitation rurale, à la même usine. On dit même d'une seule et vaste maison : *Y-a fosso oustalariè*, il y a beaucoup de logement dans cette maison. On dit aussi *masaje*.

Oustâou, *s. m.* Aug. *Oustalas*. Dim. *Oustalé*. Maison, logis, bâtiment pour y habiter ; maison, famille, ménage. *Oustâou pa‵rouldou*, maison paternelle, celle où l'on est né et qu'ont habité nos ancêtres. *Un oustâou és pas cabdou, mais lou câou*, une maison n'est pas un avoir mais il en faut une. *Qudou és foutrâou qué reste à soun oustâou*, que le niais et maladroit croupisse chez lui ; l'homme habile se donne du mouvement, court après la fortune et l'attrape, car cela se dit à propos de l'un de ces derniers. *Pér réfourma cé qué vai mâou couménço tus pér toun oustâou*, pour prêcher la réforme, réforme d'abord ta maison. *Bos vèr et pan câou fan la ruino d'un oustâou*, bois vert et pain frais ruinent une maison. *Faire oustâou ne*, faire maison nette, congédier toute la maison. *Lou fio n'és pas à l'oustâou*, rien ne presse.

Oustâou, pourrait venir du lat. *statio*, demeure ; SAUVAGES cite à ce propos un passage d'un vieux titre où il est dit : *in stare comitis Bermundi*, pour dans la demeure du comte Bermond. Cette étymologie, lorsqu'on sait la prononciation languedocienne des lettres initiales : *St*, expliquerait et légitimerait même la variante *éstâou* dont se servent à tort cependant quelques personnes, car il est plus naturel de faire dériver simplement *oustâou* de la bass. lat. *hostalaria*, m. sign. dont on fit d'abord *ostal* et *oustal*.

Outis, *s. m.* — *Plur. Outisses*. Outil, instrument d'artisan, de laboureur, etc.

Dér. du lat. *utilis*, utile.

Ouvra, *v.* Ouvrer ne se dit que de la soie et signifie : lui donner, au sortir de la filature, soit aux tavelles, au doublage ou au moulin, les divers apprêts nécessaires, selon l'emploi qu'on veut en faire. *Dé sédo ouvrado* est donc de la soie ouvrée en opposition à la soie grège prise en sortant du tour.

Ouvrésoù, *s. f.* Façon, apprêt donné à la soie ainsi qu'il est dit à l'art. précédent. Ouvraison, qui devrait être français car il est formé, selon l'esprit de la langue, de son verbe ouvrer, est très-reçu en style de filateur et de moulineur de soie.

Ouvriè, iro, *s. m.* et *f.* ouvrier, ouvrière. *A michant ouvriè gés dé bos outisses*, mauvais ouvrier ne trouve jamais de bons outils. — *És un ouvriè, uno ouvrièïro qué*, c'est compère, une commère qui saura bien se tirer d'affaire. *Traço d'ouvriè*, mauvais ouvrier. — Emprunt au français.

P

PA

P. Pé, *s. m.* La lettre P.; mêmes valeur et emploi qu'en français.

Pa ou **Pas,** *part. négat.* Pas, point. En français, il est ordinairement précédé de la négative ne ; en languedocien, il s'emploie seul et quelquefois se rend simplement par ne. *Ou vole pas*, je ne le veux pas. *Dise pas*, je ne dis pas. *Y-anés pas*, n'y allez point. *Gouste pas jamaï*, je ne goûte jamais. *Y-a un an qué l'aï pas vis*, il y a un an que je ne l'ai vu. *Pas fosso*, pas beaucoup. *Noun pas*, non pas, non, point du tout.

Pas est un emprunt au français. Le roman employait la construction latine : *Establem que nostres successors non dom ghisaje que quel que plaigon no sidou greugat*, etc. En délaissant cette tournure pour se servir de la particule française, le languedocien lui conserve souvent son orthographe ; toutefois, contrairement à la règle générale qui veut que l'é final se fasse toujours sentir, même devant une consonne, celle de *pas* ne sonne jamais dans ce dernier cas. C'est un vice, car *pas*, démarche, qui s'écrit de même, se prononce différemment ; mais en faisant ainsi, on évite beaucoup d'hiatus qui créeraient surtout trop de difficultés à nos poètes. Cependant on écrit également *pa* et il le faut bien pour expliquer certaines syncopes fort en usage : *pa 'ncaro* pour *pa éncaro*, pas encore ; *és pa quò*, pour *és pas aquò*, ce n'est pas cela, *y-a pa 'n ca*, pour *pa un ca*, il n'y a pas un chat, contractions où, par étrangeté, ce n'est point la première mais la seconde voyelle de l'hiatus qui est élidée.

D'après Gébelin, la particule *pas* viendrait du lat. *passus :* il n'y en a pas; c'est comme si l'on disait : il n'y en a trace, vestige.

Pachéja, *v* Faire pacte, conclure une affaire, un marché, *pacho*.

Dér. du lat. *pactum*, m. sign.

Pacho, *s. f.* Pacte, traité, convention, accord, marché. *Faire-pacho*, conclure un marché ou absolument, conclure. *Aquò 's pas din nosto pacho*, ce n'est pas dans nos conventions, dans notre traité. *A fa pacho émbé lou Diable*, il a fait pacte avec le démon; se dit d'un homme qui a une chance extraordinaire.

Dér. du lat. *pactio*, m. sign.

Pacholo, *s. f.* Pot-pourri, tripotage, ripoppée, mélange hétéroclite de choses diverses qui s'annoncent difficilement; choses qui se voient rarement ensemble dans un mets; mélange de différentes sauces, vins ou liqueurs, le tout peu agréable à l'œil et au goût, Pâtée pour la volaille faite avec du son et des herbes cuites à l'eau et pétries ensemble.

Pachoquo, *s. f.* Margouillis, gâchis, flaque d'eau sale, de boue liquide. Femme minutieuse, tripoteuse, épilogueuse, bigote, ridiculement scrupuleuse, diseuse de riens. *Pachò* paraît en être le masc., comme si l'on disait brouillon, tripoteur.

Pachouqua, *v.* Patauger, marcher dans la boue liquide, s'y crotter; barboter comme un canard dans une mare; tripoter, brouiller, gâter, gâcher.

Pachouqué, to, *adj.* et *s.* Tâtillon, vétilleur, lanternier, chipoteur, minutieux, barguigneur, qui ne sait se tirer d'affaire.

La racine de *Pachouqué* semble être *pachò*, et l'adjectif serait un diminutif comme si l'on disait petit feseur ou feseur de petites affaires. On dit à un enfant : *anén, pachouque !* Allons, petit barbouilleur.

Pachouquéja, *v.* Vétiller, tatillonner, être un *pachouque*.

Pacién, to. *adj.* et *subst.* Patient. Du lat. *patiens*, m. sign. — Un patient, une personne souffrante ou malade avec résignation; celui qu'on doit supplicier.

Paciénço, *s. f.* Patience. *Paciénço, médécino das paoures*, la patience est la médecine des pauvres. *Paciénço laissè brula soun oustâou*, Patience laissa brûler sa maison, se dit souvent proverbialement pour indiquer que la patience doit avoir des limites.

D. du lat. *patientia*, m. sign.

Pacoutio, *s. f.* Pacotille. Ce fut d'abord les marchandises que les officiers et les gens de l'équipage avaient le droit d'embarquer gratis pour leur propre compte ; et comme elles étaient en petite quantité, on les appela pacotille, petit paquet. On donna ensuite le même nom à l'assortiment que de petits spéculateurs emportaient avec eux sur un navire pour aller trafiquer au loin ; et les uns et les autres ayant à faire à des chalands ordinairement peu connaisseurs, ces marchandises étaient de qualité fort inférieure. De là, toute chose fabriquée sans soin ou de mince valeur, est dite de pacotille ou de balle. Le languedocien emploie *pacoutio* dans le même sens. *Voy. Fourés*. Il dit aussi, comme le français, d'objets quelconques réunis en assez grand nombre : *quinto pacoutio !* quelle pacotille, quelle provision !

Padélado, *s. f.* Poêlée, plein une poêle, *padèlo*, ou simplement poêle. *Uno padélado dé peissoùs, d'afachados*, plein une poêle de poissons, de châtaignes. On dit aussi *padenado* et *sartanado*.

Padéléjà, *v.* Frire, fricasser à la poele, passer à la poele.

Padèlo, *s. f.* Poêle à frire. *Iòous à la padèlo*, œufs à la poele. *Adouba uno padèlo*, affriter une poêle, c'est, lorsqu'elle est neuve et pour la rendre propre à s'en servir, lui donner un apprêt qui consiste ici à la chauffer presque au rouge et à la frotter fortement à l'intérieur avec un oignon puis avec du lard. *Padèlo dé las afachados*, poele où l'on fait rôtir les châtaignes et qui, pour cela, est percée d'un grand nombre de trous. — On dit aussi *padéno* ou *sartan*.

Dér. du lat. *patella*, plat, assiette.

Paga, *v.* Payer. *Paga én mounédo dé singe*, payer en grimaces, c.-à-d. pas du tout. *A paga n'doustres devèn*, il a payé le tribut que nous devons; il est mort et nous mourrons. *Éntre paga et mouri on és toujour à tén*, à payer et mourir on est toujours à temps. *Pago cé qué déves et gariras dòou mòou qu'as*, paie ce que tu dois et tu guériras de ton mal. *Quan déves fòou paga*, quand on doit il faut payer.

On le fait dériver du celt. *paga*, m. sign. ou du lat. *pactare*, traiter, accorder.

Pagaïre, Pagaïro *s. m.* et *f.* ou **Pagadoù** ne s'emploie guère qu'avec la qualification de *bon* ou *michan*, bon ou mauvais payeur. Pour désigner l'employé du Gouvernement qu'on appelle payeur, il faut dire *pèur ;* on dit de même *ouficiè peiur*.

Pagamén, *s. m.* Paiement d'une dette, d'une rente, salaire d'un ouvrier; honoraires d'un médecin, d'un avocat. *Aquò 's ésta moun pagamén*, dit-on de quelqu'un qui vous a payé d'ingratitude.

Page-dé-cour, *s. m.* Cette expression toute française ne sert qu'à rendre la comparaison : effronté comme un page de cour, *hardi coumo un page dé cour*.

Pagèl, *s. m.* Pagel. *Sparus erythrinus*, Linn., *Pagrus pagel*, Dict. des sciences nat., poisson de mer, à nageoires épineuses, de l'ordre des Holobranches, de la famille des Léiopomes, dont le dos est roux en hiver, bleuâtre en été, et le ventre blanc. Sa chair est blanche, grasse et d'une saveur agréable. On le trouve dans la Méditerranée.

Dér. du lat. *pagellus*.

Pa-gés, *négat.* Qu'on peut écrire aussi *pas gés*, est un composé de ces deux négat. et signifie aucun, point. *Ne vése pas gés*, je n'en vois point, aucun. On dit *pa-gés*, en parlant des choses et *pa-res*, en parlant des personnes. — *Voy. Gés.*

Pagés, o, *s.* et *n. prop.* Vieux mot, hors d'usage chez nous, qui signifiait paysan, villageois ; métayer, fermier ; il est resté nom propre fort commun dans le pays.

Dér. du lat. *paganus*, m. sign.

Pagnè, *s. m.* Dim. *Pagnùré*, aug. *Pagneiras*. Panier Ce mot, générique en français, l'est beaucoup moins chez nous où la plupart de ces engins ont un nom particulier : *bertoul, banastoû, désquo,* etc. *Pagne* est le panier d'osier n'ayant qu'une anse en demi-cercle qui va d'un bout à l'autre et qui sert à le porter d'une seule main Lorsque ce panier est fermé par un couvercle, on l'appelle *pagnè-baradis*. On dit aussi, pour le contenu : *un pagnè dé figos, de rasins*, un panier ou plein un panier de figues, de raisins.— *Pagnè-lon.* (*Voy.* ce mot.) *Sot coumo un pagnè*, se dit d'une personne qui vient d'éprouver un affront, une contrariété, un échec.

Dér. de *Pan*, parce qu'on le fit d'abord pour contenir le pain, ou du lat. *panarium*, corbeille à pain.

Pagnè, *s. m.* Sorte d'épi ou de batardeau, fait avec des pieux et des fascines, sur le bord d'une rivière pour détourner les eaux ou en amortir le choc. La manière dont on entrelace les fascines dans les pieux, assez semblable à celle dont la tresse les joncs d'un panier, a fait donner le même nom à cet ouvrage.

Pagnèirado, *s. f.* Panerée, plein un panier de quelque chose.

Pagnèiraïre, *s. m.* Vannier, fabricant de paniers.

Pagnèiro, *s. f.* Panetière, huche, armoire au pain, lieu où l'on serre le pain ; pannier de boulanger. *Vóou m'ai pan à la pagnèiro qué bèl home à la carièiro*, l'aisance vaut mieux que la beauté

Pagnè-lon. *s. m. Pagnè-loungué*, aug *Pagnè-lounguas*. Panier long, manne ou mannequin, fait avec des scions refendus du châtaignier sauvage ; il est deux fois plus long que large et sert à porter différentes charges sur l'épaule : c'est pour cela qu'on l'appelle encore *faissidou*, de *fai*, fardeau, charge.

Pagnoto. *s. m.* f. Pagnote, poltron, couard. *és uno pognoto*, c'est un trembleur.

Pago, *s. f.* Paie. *Dissate fau la pago*, samedi est jour de paie. *Pér la pago*, en revanche, pour récompense. *De qué mé daunarés pér la pago?* que me donnerez-vous, en récompense, si c'est un service qu'on vous demande, en dédommagement ou en échange, s'il s'agit d'une espèce de marché qu'on propose? *Pago dé bourèl*, paiement fait d'avance : autrefois le bourreau percevait une contribution, en argent ou en nature, sur les denrées de la halle, le jour où il devait faire une exécution. On dit même qu'en certains lieux il attendait, pour se mettre à l'œuvre, qu'un officier de justice lui eût jeté sur l'échafaud, en présence de la foule, la somme qui lui revenait. C'est sur cet usage qu'est fondée la locution se faire payer en bourreau. Il y a une autre explication : du temps que l'on brûlait et que l'on rompait, un condamné, redoutant avec raison les souffrances d'un supplice beaucoup moins expéditif qu'aujourd'hui, promit au bourreau une bonne somme s'il les lui épargnait en lui donnant promptement le coup de grâce ; celui-ci accepta et tint parole, mais il perdit sa créance, car il n'est aucun moyen d'actionner son débiteur. Mieux avisé depuis lors, lui et ses collègues, qu'il informa de sa mésaventure, prirent l'habitude de se faire payer d'avance lorsqu'on leur proposa de pareils marchés. *Diou pago tar mai pago lar*. Dieu paye tard, mais avec largesse.

Dér. du celt. *paga*, m. sign.

Pago-làougè, *s. m.* mot à mot : qui paie lentement, qui a bientôt payé, parce qu'il ne paie pas du tout. C'est une qualification qu'on donne à un mauvais payeur.

Païa, *v.* Rempailler des chaises ; clisser une bouteille, un flacon ; envelopper, garnir de paille un ballot, un paquet, une caisse

Dér. de *paio*.

Païado, *s. f.* Jonchée de paille, qu'on met sous les bestiaux, et dans une basse-cour ou dans une rue pour la faire pourrir et la convertir en fumier.

Païado, *s. f.* Charivari donné à un homme qui se laisse battre par sa femme. Dans l'origine, cette burlesque comédie avait de plus grandes proportions : on mettait sur un âne un complaisant qui jouait le rôle du mari quand on ne pouvait pas l'y hucher lui-même. On armait le patient d'une quenouille et, au milieu des huées et d'une musique appropriée à la circonstance, on le promenait triomphalement. Comme, pour lui faire plus d'honneur, on jonchait de paille le chemin qu'il devait parcourir, cette cérémonie s'appela *païado*.

Païaron, *s. m.* Dim. *Païarounque*, aug. *païarounquas*. C'est une variante et une corruption également usitée de *pagnè-lon*, dont on fit d'abord *pagnalon*, ainsi que le prononcent beaucoup de personnes.— *Voy. Pagnè-lon.*

Païarouncado, *s. f.* Le contenu d'un *païaron* ou *pagnè-lon*.

Païas, *s. m.* Grand tas de paille ; amas de balayures.

Païasso, *s. f.* Paillasse, sac de toile rempli de paille pour servir à un lit ; ce sac, cette paille.

Païasso, *s. m.* Paillasse, bouffon, bateleur de la foire. On l'appelle sans doute ainsi à cause de son vêtement de toile, large, informe comme le sac dont il est question à l'art. précédent.

Païassoù, *s. m.* Dim. *païassouné*. Panneton, panier rond de paille, en forme de coupe ou de vasque, où l'on met la pâte qu'il faut pour faire un pain.— Ce mot peut rendre aussi celui de paillasson, couverture de paille longue sous laquelle les jardiniers abritent les plantes de la gelée ou nattes dont on se sert pour essuyer les pieds ; mais alors c'est le français que l'on emploie.

Païè, *s. m.* Grenier au foin plus encore qu'à la paille, malgré ce que semblerait indiquer l'étymologie ; mais la paille qui entre dans ces magasins y tient de toute façon une place moins importante que le foin : de sorte que fénil, qui a son équivalent parfait dans *fégnèiro*, peut aussi rendre *paiè*.

Dér. du lat. *palearium*, m. sign.

Païè, *s. m.* Palier, repos, plate-forme sur le même escalier après plusieurs marches, sur lequel s'ouvrent plusieurs portes. *Réstan sus lou mèmo paiè*, nous demeurons sur le même palier, au même étage, porte à porte.

Païèrès, *s. m.* Espèce de raisins dont les grappes sont grosses et divisées en grapillons. Ses grains sont gros, ronds, blancs et de couleur dorée à la maturité, légèrement musqués, sujets à se pourrir. Ils donnent un bon vin blanc. Le cep n'est pas bien vigoureux, sans doute à cause de sa grande fertilité. Le bois est tendre, les feuilles assez grandes et pas trop découpées. Les sarments sont assez remarquables ; quelquefois ils se fendent en deux et se pèlent.

Païèiro, *s. f.* Cuve, vinaire en bois, moins grande que le *tinàou* qui, de plus, est ordinairement en maçonnerie. Le vin blanc, se faisant en moindre quantité, devait se mettre dans la plus petite cuve qui prit son nom de *païèiros*, raisin qui fournit principalement à ce vin ; ce qui n'empêche pas qu'on met aussi à cuver du vin rouge dans la *païèiro*. Le français paillet a beaucoup de rapports avec ces diverses expressions.

Païèiro, *n. pr. de lieu.* Paillères, nom qui désigne plusieurs localités du Gard, dans les communes de Laval, de Soustelle, le ruisseau de la Grande-Paillère qui prend sa source dans la commune de Thoiras, et surtout Saint-Félix-de-Paillères, commune du canton de Lasalle, désignée en 959, sous le nom de *Villa de Patellaco*. *Patellacum* signifie le lieu où l'on fabrique les plats d'étain. C'est en effet dans le hameau de Paillères dépendant de la commune de Saint-Félix, que se trouvent les mines de plomb argentifère, exploitées par les Romains et dont l'exploitation continue encore de nos jours.

Païèja, *v.* Remuer la paille, ce qui se fait surtout en la faisant sauter sur l'aire à l'aide d'une fourche, pour faire tomber le grain qui y est mêlé. On le dit aussi du mouvement continuel des mains et des doigts d'un malade à l'agonie qui semble vouloir prendre ou arracher de la paille, délire qu'en terme scientifique on appelle carphologie, du grec καρφή, fétu, λεγω, je ramasse.

Païèjaïre, *s. m.* Pailleur, qui vend ou qui voiture de la paille.

Païèto, *s. f.* Clayon, éclisse pour faire égoutter le fromage frais, *toumo*, en le sortant de l'*éscudéloù* ou *faïssèlo*. Elle est faite en paille ou en jonc. Brin de paille, fétu. *Tira la païèto*, tirer la courte-paille.

Païo, *s. f.* Paille, tige des graminées et particulièrement des céréales ; défaut de liaison dans les métaux. *Home dé païó vòou fénno d'or*, homme de paille vaut femme d'or. *Faï d'uno païo un païè*, il fait d'une mouche un éléphant. *Anén à la païo !* allons nous coucher !

Dér. du lat. *Palea*, m. sign.

Païo-dé-clè, *s. f.* Glui, paille longue de seigle qui sert à garnir les chaises, à faire les paillassons des jardiniers, à emballer les marchandises, à couvrir les chaumières, etc. On l'appelle gerbée lorsque, demi-battue et contenant un peu de grain, on la donne à manger aux chevaux. — *Voy. Clé.*

Corrup. de glui ou du flamand *gheluys*, dont on le fait dériver.

Païrastre, *s. m.* Parâtre, beau-père, second mari de la mère. *Païrastre* et *Maïrastro* sont des péjoratifs de *païre* et *maïre*, comme si l'on disait faux ou mauvais père, fausse ou mauvaise mère.

Païre, *s. m.* ou **Pèro**. *Voy. maïre et pèro.*

« Les noms *païre*, *maïre*, *fraïre*, *sorre*, dit l'abbé DE SAUVAGES,... ne sont plus usités que parmi les pauvres gens du Bas-Languedoc et des Cevennes. Les artisans du plus bas étage qui habitent les villes et les paysans de la campagne, qui ont un peu de fortune, dédaignent ces noms comme avilissants et disent *moun pèro, ma mèro, moun frèro, ma sur*. Ce changement introduit dans notre langage ou cette affectation d'imiter ce qu'on appelle les honnêtes gens, qui parlent plus communément français, ne date pas de bien loin ; elle est une conséquence du luxe ou de la vanité qui gagne tous les rangs : elle a bien pénétré dans les provinces gasconnes méditerranéennes, éloignées des grandes routes et du commerce des grandes villes. L'ancien idiome y est bien moins altéré ; les mœurs anciennes qui vont d'ordinaire de compagnie avec les bonnes mœurs, s'y sont mieux conservées. Dans le Rouergue, ajoute SAUVAGES, les personnes de la première qualité ne se distinguent point du bas peuple, pour le langage, et disent encore avec lui : *moun païre*, comme dans les siècles précédents, où l'on ignorait cette bigamie de termes français ou presque français.

Nous devons ajouter que les poètes et les écrivains de la Renaissance provençale se sont bien gardés d'employer ces mots francisés que le marquis DE LA FARE a pourtant cru devoir adopter.

Païre, *s. m.* Maitre-valet, qui, dans une ferme, a autorité sur les autres domestiques, comme le père de famille dont il tient la place. On l'appelle aussi *baïle*.

Païre-nouris, *s. m.* Père-nourricier, le mari de la nourrice. — *Voy. Nouris.*

Païrè, *s. m.* Parrain. Le plus vieux parent, dans une maison.

Païsse, *v.* Paître, *Qué dé ca naï, dé ra sé paï*, qui de chat naît de rat se paît. *Qu dou dono à naïsse, dono à païsse !* celui qui donne la vie, donne aussi la subsistance ! A. Leyris, *Lous Quatres poutoùs*.

Dér. du lat. *pascere*. m. sign.

Pajo, *s. f.* Page, côté de feuillet d'un livre, d'un cahier ; l'écriture qu'elle contient.

Dér. du lat. *pagina*.

Palado, *s. f* Pelletée, pellée, pellerée, ce qui peut tenir sur une pelle, *palo*. *Bouléguo l'argén à palado*, se dit d'un homme qui a la réputation d'être très-riche

Palafargnè, *s. m.* Palefrenier, valet qui panse les chevaux.

Dér. du bas-lat. *palafredus*, palefroi, cheval de marche ordinaire. Court de Gibelin fait dériver le mot *palefroi* de *pal* en roman grand, et *fred* ou *vred*, cheval.

Palafiqua, Perdre, égarer. *Sé palafiqua*, tomber rudement, tomber de haut, se précipiter. *Palafiqua, do*, impotent, perclus.

Pal ou *Pdou*, pieu, et *fiqua*, du lat. *figere*, ficher, faire entrer, semblent former ce verbe, lorsqu'il est réciproque; c'est comme si l'on voulait dire entrer, s'enfoncer comme un pieu; le participe impotent est la conséquence d'un tel accident. Quant à l'acception première, on ne voit pas le rapport qu'il peut y avoir entre ces idées, et nous donnons la définition d'après SAUVAGES.

Palamar, *s. m.* Mail, du lat. *pila*, boule, dont l'italien a fait aussi *palla* et de *mar*, alt. de *mal*, dérivé de *malleus*, marteau, marteau de boule, ou bien de *palus* et de *martellus*, marteau emmanché d'un pal, bâton ou long manche Le français procédant de même, mais se servant de *malleus*, a\ait fait palemail. Ce mot, remplacé par *maïou*, n'est guère plus en usage, et il se trouve surtout ici pour expliquer l'origine du suivant, fort usité au contraire.

Palamar, *do*, *adj.* et *s.* Lourdaud, gros lourdaud, qui parle et agit lourdement, par assimilation à l'objet précédent qui agit et frappe de même.

Palamardiè, *s. m.* Fabricant de mails; celui qui loue des mails et des boules à la journée.

Palastraje ou **Palastrajo**, *s. f.* Penture, bande de fer qui sert à soutenir les portes et les contrevents et dont l'œil reçoit le gond.

Palé, *s. m.* Palet, sorte de disque, pierre plate et ronde ou circulaire qu'on jette vers un but pour en approcher le plus possible, dans le jeu qui porte ce nom.

Dér. du grec Βάλλω, lancer.

Paléja, *v.* Remuer avec la pelle, se servir de la pelle, *palo*.

Paléjaïre, *s. m.* Ouvrier qui remue avec la pelle, qui travaille avec la pelle. Dans les greniers à sel on lui donne le nom de palayeur.

Paléto, *s. f.* Férule, petite palette de bois ou de cuir avec laquelle les pédagogues frappent sur la main ou sur les doigts des écoliers en faute; un coup de férule *Paléto* est le dim. de *palo*, pelle, l'instrument de correction ayant cette forme.

Paléto, *s. f.* Lançoir, petite vanne ou pale, pelle de fer emmanchée qui bouche l'abée, par ou l'eau s'élance de l'écluse sur la roue horizontale, *rodo*, d'un moulin. Dim. de *palo*.

Paléto, *s. f.* Omoplate, os de l'épaule, mince, large et triangulaire. En terme de boucherie, c'est le paleron, pièce de viande qui enveloppe l'omoplate et dans laquelle, si elle est de bœuf, on distingue le premier et le second travers et la joue de bœuf. Dans le premier travers est la veine grosse.

La forme de cet os lui a valu son nom languedocien.

Paléto-dé-l'éstouma, *s. f.* Brechet, extrémité inférieure du *sternum* ou os de la poitrine, qui correspond au creux de l'estomac.

Pali, *s. m.* Dais; poele, drap mortuaire.

Dér. du lat. *pallium*, manteau, couverture.

Pallissoú, *s. m.* Échalas, pieu, palis, qui sert de tuteur à un jeune cep ou que l'on plante de distance en distance pour soutenir les perches horizontales d'une rangée de vigne en *cavaïoùs*, car on n'a point ici de vigne entière échalassée. *Palissoù* est le diminutif de *pdou*, pieu, qui se dit aussi pour le même objet.

Palmosalado, *n. pr. de lieu*. Palmesalade, ancienne chapelle ruinée dite de N.-D. de Palmesalade, dans la commune de Portes, et située au bord de l'ancienne voie romaine appelée Régordane qui conduisait de Nimes à la Loire, par Gergovie et la vallée de l'Allier. On trouve, à proximité de cette chapelle, un point de la route appelé les Calades qui présente des traces de l'ancien pavé de la voie romaine, et un pont antique jeté sur le ruisseau de Palmesalade. Sur les terrains qui entourent la chapelle s'étendent les anciennes exploitations de minerai de fer, pratiquées à l'époque romaine, reprises à notre époque et récemment abandonnées.

Suivant la tradition, le nom de Palmesalade, que porte ce quartier, lui aurait été donné à la suite d'un combat meurtrier livré aux Sarrasins, sur lesquels l'armée franque aurait remporté une victoire chèrement achetée.

Palo, *s. f.* Pelle de toute sorte, en bois ou en fer

Dér. du lat. *pala*, m. sign.

Paloumbo, *s. f.* Ramier, pigeon sauvage. (Colombe ramier, *Columba palumbus*, Temm.) Sous ce nom et celui de *Bisé*. (*Voy.* ce mot.) on confond facilement les diverses espèces de pigeons sauvages, ramiers ou bisets, il n'y a pas jusqu'à la tourterelle qui n'y puisse être comprise, quoique son vrai nom soit *Tourtouro*.

Palun, *s. m.* Marais, marécage; en Provence, on appelle surtout ainsi un ancien marais desséché et mis en culture.

Dér. du lat. *palus*, m. sign. ou du grec παλος, boue, marais.

Pamén, *adv.* Cependant, néanmoins, pourtant, nonobstant cela. Formé de *pas*, négat. et de *mén*, moins, ce qui fait que de bons languedociens ne se gênent guère pour dire *pas moins* au lieu de cependant.

Pamoulo, *s. f.* Paumelle, orge distique, petite orge, baillarge, orge à deux rangs sans barbes. *Hordeum distichum*, Linn.

Pampaligourno, *n. de lieu.* Nom de fantaisie d'un pays imaginaire, si loin qu'on n'en revient pas, auquel on a coutume d'envoyer les gens qui vous ennuient. Il pourrait se faire pourtant que ce fût un enjolivement de Pampelune, ville d'Espagne qu'on supposait fort éloignée autrefois ; et en effet on dit encore : *té mandaraï à Pampaligourno*, je t'enverrai à Pampelune, aux grandes Indes, aux antipodes, voire au Diable. On dit aussi *Pampaligousto* ou *Pampaligosso*.

Pampe, *s. m.* ou **Pampo**, *s. f.* Pampre, jeune pousse franche ou sauvageonne qu'on doit enlever pour former la plante, empêcher qu'elle en soit fatiguée ou que la greffe en soit affamée. Voy. *Despampa*. — De toute les ramées que l'on donne pour nourriture aux bestiaux, le pampre de vigne est sans contredit la plus mauvaise : c'est pour cela que, par métonymie, on appelle aussi *pampo* un cheval efflanqué haridelle ou Rossinante, qui semble n'avoir pas d'autre provende. *Anara jusqu'as pampos*, il ira jusqu'à la chûte des feuilles, se dit d'un poitrinaire dont la mort paraît inévitable à la saison d'automne la plus rapprochée.

Pan, *s. m.* Dim. *pané*. Pain, dont la forme et les qualités sont diverses. *Pan d'oustdou*, pain de ménage, de cuisson, de bourgeois. *Pan-bru*, pain bis *Pan émbé soun tout*, pain à tout, dont on n'a point ôté le son. *Pan-séda*, pain de seigle, dont la farine a été tamisée, sassée, *sédado*. *Pan de mouniciou*, pain de munition. *Pan dé cousino*, pain de cuisine ou plutôt pain de la cuisine, acheté chez le boulanger ou fait dans la maison pour les domestiques, plus grossier, par opposition au pain plus blanc de la table des maîtres. *Pan d'ordi*, pain d'orge, lourd et grossier, ainsi que l'indique le dicton : *groussié coumo pan d'ordi*. Le pain de boulager reçoit d'autres noms : *Pan blan*, pain blanc, de 1re qualité. *Pan ségoun*, pain second, de 2e qualité. *Pan darié*, pain dernier, de dernière qualité. *Pan* ou *pané d'un sòou*, petit pain, pain mollet, valant un sou. *Pan roussé*, pain de recoupes, pain bis blanc. *Pan requiè*, petit pain de luxe, de forme ronde : le pain de luxe n'étant point taxé pour le poids, les boulangers le font cuire davantage, de là *Pan-requiè*, recuit. *Pan crousto léva, pan màou apetoui, crousté dé pan, lisquo, pèço dé pan*. Voy. *Roudaire*. Ou ai fa en moun pan, én moun vi, je l'ai fait sans l'aide de personne, à mes dépens, de mes propres ressources. *Avédre lou pan et lou coutèl*, avoir le pain et le couteau, avoir une chose à sa discrétion, être dans toutes les conditions pour la faire à sa fantaisie.

Dér. du lat. *panis*, m. sign.

Pan, *s. m.* Empan, mesure linéaire qui avait été fixée à 9 pouces, 8 lignes, pied-de-roi, soit 262 millimètres et demi. Lors de l'adoption du système métrique, on ne l'appliqua pas d'abord dans toute sa rigueur ; tenant compte des vieilles habitudes, et dans l'idée erronnée de faciliter la transition, on conserva le nom de beaucoup d'anciennes mesures, et l'on se contenta de les modifier pour les mettre en rapport avec les nouvelles. C'est ainsi qu'on allongea le pied-de-roi, tandis que l'empan fut raccourci pour qu'ils fussent contenus d'une manière exacte dans le mètre : le premier trois et le second quatre fois ; le *pan* valut donc 9 pouces du pied métrique ou 25 centimètres. Quoique proscrit aujourd'hui, on se sert toujours beaucoup de son nom et il est bien plus ordinaire d'entendre dire d'une étoffe : *M'acousta cinq sóous lou pan*, que *vingt sóous lou mèstre*, ou bien : *mous tdouiès an hiuè* ou *nóou pans*, plutôt que *dous mèstres* ou *dous mèstres et quart*, surtout *dous mèstres vinto-cinq*. C'est, en effet, une mesure fort commode, car chacun la porte toujours avec soi : c'est l'espace compris entre le bout du petit doigt et du pouce très-écartés ; et les mains trop petites ajoutent la première phalange du pouce, en l'abattant pour compléter cette mesure, que chacun s'étudiait sur un étalon à rendre assez exacte et qui suffissait lorsqu'il ne s'agissait pas d'un mesurage rigoureux. — Le *pan* s'entend de la mesure elle-même comme de la chose mesurée. *Miépan*, demi-empan. *Avédre un pan dé nas*, avoir un pied de nez.

Dér. de la bass. lat. *spanna*, qui était cette mesure ainsi formée. En allemand *spannen*, étendre, mesurer avec la main.

Pan ! *s. m.* Onomatopée pour rendre le bruit d'une claque, d'un soufflet, d'un coup que l'on donne ou que l'on reçoit. *Y dounè uno anquado, pan !* il le fouetta, flan, vlan, pan ! *ad libitum*.

Pana, do, *adj.* Qui a des taches de rousseur sur la figure ; tacheté de rousseurs auxquelles les personnes blondes ou rousses sont plus sujettes. La sève de la vigne, au moment de la taille, est, dit-on, un excellent cosmétique pour faire passer les rousseurs. Ces taches, qui apparaissent aussi nombreuses que les mille petits yeux d'un pain bien apprêté, ont pu donner lieu à un rapprochement qui a créé l'expression de *pana*.

Panado, *s. f.* Panade, pain émietté et longtemps mitonné dans le bouillon ou simplement de l'eau dans laquelle on met ensuite du beurre ou de l'huile.

Panar, do, *adj.* et *s.* Boiteux.

Panardéja, *v.* Boiter, clocher, clopiner

Panari, *s. m.* Panaris. Voy. *Roudaire*. Inflammation phlegmoneuse des doigts qui provoque souvent la carie de l'os des phalanges. Du lat. *panaritium*, formé du grec παρωνυχία, dont les racines sont παρα, auprès et ονυξ, ongle.

Panataïo, *s. f. Hèrbo-de-Nosto-Damo*. Pariétaire, casse-pierre, herbe de Notre-Dame. *Parietaria officinalis*, Linn., plante qui croit sur les vieux murs dont elle prend le nitre qui lui donne ses vertus : elle est émolliente et diurétique ; on l'emploie pour les tisanes, les cataplasmes et les lavements. *Panataio* est une corr. de *paretaïro*, formé de *paré*, en lat. *paries*, muraille. On désigne aussi cette plante, dans plusieurs localités du Gard, sous le nom de *Paraddou*, dont l'étymologie du lat. *paries* est plus régulière.

Panatièïro, *s. f.* Blatte *(Blata)* ; insecte orthoptère, très-vite, lucifuge, brun-noir, plat et large, à deux longues antennes, qui habite autour des cheminées et des fours. Il est assez difficile de se débarrasser de cette blatte domestique la ou elle a établi son domicile. Sa préférence pour la farine et le pain lui a fait donner le nom de *panatiero*; elle est plus connue sous celui de *Babarato*

Pan-blanc-d'ase, *s m* Chardon-Roland, chardon à cent têtes, panicaut commun, *Eryngium campestre,* Linn. Sa racine faisait partie, avec celle du chiendent, du câprier, de la garance et de l'arrête-bœuf, des cinq petites racines apéritives ; elle passe pour être diurétique, néphrétique, propre à provoquer les règles et à exciter à l'amour ; toutefois la médecine en fait beaucoup moins usage qu'autrefois. Le goût bien connu de l'âne pour le chardon, duquel il fait son pain blanc, explique suffisamment le nom languedocien du panicaut. Celui-ci n'est pas cependant l'espèce dont les ânes sont le plus friands, et le français, de son côté, appelle chardon aux ânes le chardon hemorrhoïdal, *Serratuba arvensis,* Linn., qui est notre *caoussido*.

Pané, *s. m.* Petit pain, dim. de *pan*. *Pane d'un soou,* pain mollet qui vaut un sou. *Pane dou la,* petit pain au lait.

Panéja, *r.* On le dit du blé et de la farine qui fournissent plus ou moins de pain. *Aquelo farino panejo bien,* cette farine foisonne bien, et elle fait ainsi lorsqu'elle boit beaucoup d'eau . ce qui arrive quand le blé qui la produit croit dans un terrain ou graveleux ou sec, tel que celui des coteaux ou des champs en pente

Panèl, *s m.* Claie à sécher les châtaignes. *Voy. Clèdo.*

Panèl, *s. m* Pan, basque d'un habit, d'un corps de jupe *Panèl de camiso,* le bas, les bouts inférieurs d'une chemise.

Dér. du lat. *pannus,* drap, étoffe, qui, dans la bass. lat. signifiait aussi, portion, segment.

Panéto, *s. f.* Pain de boulanger, par opposition au pain de menage, qui est plus gros.

Fém. de *pane,* dim. de *pan*.

Pan-Froumèn, *s. m.* Mâche, Doucette, *Valeriana locusta,* Linn., qui porte encore beaucoup d'autres noms : blanchette, clairette, poule-grasse, boursette, salade de chanoine. Cette plante croit naturellement et en abondance dans les champs, et on la cultive aussi dans les potagers. Elle fournit une excellente salade, du moins d'après le goût de plusieurs de ses parrains qui l'ont nommée salade de chanoine et *pan-froumèn,* parce qu'elle est au-dessus des autres comme le pain de froment est au-dessus des autres pains On dit aussi *Pan-fourmèn.*

Panis, *s. m.* Panis ou Panic, mil blanc, millet des oiseaux, *Panicum italicum,* Linn. Dans l'usage, ce millet est confondu avec le millet commun ou petit mil *panicum miliaceum ;* l'un porte son grain en panicules tandis que l'autre n'a qu'un épi ras, cylindrique où tout le grain est entassé : c'est là toute leur différence et ils sont d'ailleurs employés aux mêmes usages. — *Voy. Mèl.*

Panissièiro, *s. f.* et *n. pr. de lieu.* Champ de panis, devenu nom de lieu.

Panle, panlo, *adj.* Pâle, *Panle coumo las cèndres,* pâle comme la mort. *Voy.* la lettre L.

Dér. du lat. *pallidus,* m. sign.

Panlèva, *v* Soulever. Le languedocien prononce *ènlo* la lettre *l*. et lui conserve cette prononciation dans beaucoup de mots quand elle est entre deux voyelles ; il met alors une *n* qui précède l'*l*, ou qui, lorsqu'elle est double, remplace la première de sorte que *panléva* n'est autre que *pal leva,* ce qui équivaut à *leva* avec un *pal* ou *pàou* qui, dans ce cas, signifie levier ; il ne s'emploie par conséquent que pour rendre soulever au propre, elever quelque chose de matériel et de lourd.

Panli, *v.* Pâlir. Du lat *pallere,* m. sign.

Panloù, *s f* Pâleur.

Panos. *s. f. plur.* Rousseurs, taches de rousseur. *Voy. Pana.*

Pan-réquiè, *s. m.* comp. Pain recuit. *Voy. Pan.*

Panseïo, *s. f.* Pensée, violette tricolore, *Viola tricolor,* Linn . imit. du français.

Pansèl, *s. m* Rame, petite branche, branchage, pour ramer ou soutenir, *enpansela,* des pois, des haricots.

Var. de *paissèl,* d'un autre dialecte, dim. de *pàou,* pieu.

Pantai, *s m.* Rêve, songe, qu'on fait en dormant.

Dér. du grec φάντασμα. fait de φασμα, fantôme, vision.

Pantaïsa, *v.* Rêver, songer , faire des rêves, des songes.

Pantècousto, *s. f.* La Pentecôte, fête que célèbre l'Église cinquante jours après Pâques en mémoire de la descente du Saint-Esprit sur les apôtres. *Entre Pasquos et Pantècousto, fai toun dèssèr d'uno crousto.*

Pantècoustos, *s. f. plur.* Un des noms du chèvrefeuille, qui lui a sans doute été donné parce qu'il fleurit vers la Pentecôte. Son autre nom est *Manetos.*

Pantèrno, mieux **Fàoutèrno,** seul en usage ici. *Voy.* ce dernier.

Panto, *s. f.* Bamboche, ribote, orgie. *Faire la panto, faire sas pantos,* faire la débauche.

Pantoufléto. *s. f.* Un des noms du mufle de veau. *Voy. Cacalaca.*

Pàou, *s. m.* Échalas, quand on l'emploie pour palisser la vigne ; pieu ou piquet, quand il sert à tout autre usage analogue. *Dé què fas aqui planta coumo un pàou,* que fais-tu là immobile et tout étonné ?

Dér. du lat. *Palus,* m. sign.

Pàou, *adv. de quantité*. Peu, dont il n'est point cependant l'équivalent ordinaire qui est plutôt *pas gaire*. Il mange peu, se dit *manjo pas gaire* et non point *manjo pàou ;* il a peu d'argent, *a pas gaire d'argèn* et non *a pàou d'argèn*. *Pàou* ne s'emploie donc guère que dans certaines phrases faites, et le plus souvent comme substantif. *Dounamé n'un pàou,* donnez-m'en un peu. *Pàou ou prou,* peu ou prou, plus ou moins, et par ext. de manière ou d'autre, par bécarre ou par bémol. *Pèr pàou qu'ou diguès maï,* pour peu que vous le disiez encore, si vous le répétez. *Dé pàou à pàou,* peu à peu. *Dàou pàou pàou pàou* c'est le proverbe : petit à petit l'oiseau fait son nid, ou maille à maille se fait le haubergeon. *Laïssa-mé un pâou passa*, laissez-moi passer, je vous prie. *Douna-mé un pâou aquò*, donnez-moi cela, s'il vous plaît. *Véire un pâou*, voyons, examinons attentivement. *Ou voulès pas ? et iéou tan pâou*, vous ne le voulez pas? ni moi non plus. *Éntre trop et pâou, mésuro li cdou*, ni trop ni pas assez ; c'est le lat. *est modus in rebus* et la devise du juste-milieu : *in medio virtus*. *Pâou-vdou*, un vaurien. *Pâou-parlo*, homme sournois, silencieux, qui parle peu.

Dér. du lat. *paucus*, ou *paucè*, peu, en petit nombre.

Pâou (Sén). La Saint-Paul, fête de l'apôtre célébrée le 29 juin. — Nom de lieu fort répandu que porte une commune du canton d'Alais, à qui l'on ajoute *Lacosto*, parce que le chef-lieu est sur une montagne, Saint-Paul-Lacoste. — Il faut observer que, lorsque ce nom devient nom de baptême, il se prononce comme en français et qu'il faut alors l'écrire *Pol* ou *Paul*, si l'on veut conserver l'étymologie ; son dim. est *Poulé*, *Poulòu*, *Poulétoù*. *Sén-Poulé*, désigne le village de Saint-Paulet-de-Caissons, localité du canton de Bagnols.

Pâou-dé-Sén, *s. des deux genr*. Personne de peu de sens. *Aquò 's un pâou dé sén*, c'est une petite tête, et l'on dit souvent le péjoratif *pâou-dé-senas*, c'est un imbécile.

Pâoufère, *s. m.* Pince, levier, pour soulever une masse, ébranler ou détacher un bloc de pierre, etc. Il est presque pointu par un bout ; et l'autre, plus gros, est taillé en pied de biche. *Planta uno vigne dou pâoufère*, planter une vigne à l'avant-pieu et planter des oseraies *à l'aguïo*, *(Voy.* ce mot, et *brouqua)*, c'est faire en grand ce que fait le jardinier avec son plantoir ; seulement le plantoir, appelé *aguïo* ou *pâoufère*, qui n'est plus le levier, est une barre de fer pointue d'un côté. — En terme de meunier, *pâoufère* est l'axe de fer vertical qui porte à son bout supérieur l'anille enchassée dans la meule tournante et dont le bout inférieur est encaissé dans une rainure de l'arbre de bois. (*Voy. Candèlo.*)

Pâoufère est un composé de *pâou* et de *fère*, pieu de fer, barre de fer qui s'applique à toutes ses acceptions.

Pâoumo, *s. f.* Balle pour jouer au jeu de courte et de longue paume ; ce jeu lui-même. *Drouvi d'ièls coumo dé pâoumos*, ouvrir les yeux grands comme des salières, comme des portes cochères. *Pâoumo dé la man*, paume de la main ; cette dernière acception explique la première parce que c'est avec la paume de la main qu'on renvoie la balle quand on ne se sert pas de la raquette ou du battoir.

Dér. du lat. *palma*, paume de la main.

Paoùn, *s. m. Voy.* **Pavoùn**.

Pâouparlo, *s. des deux genr.* Mot à mot, qui parle peu, ce qui n'est pas toujours un défaut ; aussi n'adresse-t-on guère ce reproche qu'à un sournois, à quelqu'un qu'on suppose avare de ses paroles par calcul.

Pâoupèrlo, *s. m.* Paupière, voile membraneux et mobile qui couvre l'œil, et cils ou poils qui garnissent la paupière. On dit d'un avare : *Viou pas qué dé pâoupèrlos d'agasso*.

Dér. du lat. *palpebra*. m. sign.

Pâoupa, *v.* Manier, toucher avec la main.

Dér. du lat. *palpare*, m. sign.

Pâouqué, *s. m.* Bien peu, très-peu, une idée, un soupçon *Douna-mé n'un pâouqué*, qu'on pousse quelquefois jus qu'au *pâouquété*, ou *pâouquéné*, donnez-m'en un tantinet. *És un pâouqué maldou*, il est indisposé.

Dim. de *pâou*, peu.

Pâouramén, *adv.* Pauvrement, misérablement, tristement, mesquinement ; car ce mot, comme le suivant, a plus d'une nuance. *Mouriguè pâouramén*, il mourut tristement, misérablement. *Mé toumbère bièn pâouramen*, je tombai bien malheureusement. *M'én dounè tan pâouramen*, il m'en donna si peu, si petitement, si mesquinement.

Pâoure, Pâouro, *adj.* et *s.* Dim. *pâouré*, aug. *pâouras* Pauvre, nécessiteux ; mauvais au physique et au moral, infortuné, qui est à plaindre ou à regretter ; mendiant. *Las glèisos sou pâouros : las vitros sou dé papiè*, les églises sont pauvres, les vitres sont de papier. *Pâoure coumo Jaquas*. pauvre comme Job. *Mouririè pu lèou l'ase d'un pâour home*, l'âne d'un pauvre homme crèverait plutôt, se dit à propos de quelqu'un de mince valeur qui réchappe d'une maladie, et le français dit de même : il mourrait plutôt quelque bon chien de berger. *Aquél vi és bièn pâoure, bièn pâouras*, ce vin est bien mauvais, bien piètre, détestable *De pâouros resoùs*, de mauvaises paroles, de vilains propos. *Dé pâouros magnèros*, de mauvaises, de tristes. d'inconvenantes manières. *Pâoure iéou* ou *pâoure de iéou* malheureux que je suis ! *Pâoure de vous!* que je vous plains ! *Pâoure, vièl et maldou*, souhait de malheurs que l'on adresse à un ennemi : Je te souhaite pauvreté, vieillesse et maladies ! *Lou pâoure mort*, formule qu'on n'omet guère en parlant d'une personne décédée depuis peu, surtout lorsqu'elle mérite l'estime et les regrets. *Moun pâoure pèro davan Diou sièguè !* feu mon père, que Dieu absolve, ou devant Dieu soit son âme ! La seconde partie dévotieuse de cette phrase n'est pas toujours employée et ne se répète pas dans la même conversation ; mais un languedocien, parlant de son père ou de sa mère qui n'est plus, ne manque jamais, et cela ordinairement toute sa vie, de se servir à leur égard de la première formule, respectueuse et tendre. qu'il traduit même littéralement au besoin sans s'éloigner. ce nous semble, de l'esprit de la langue française : *Moun pâoure pèro disiè sou*ven, mon pauvre père disait souvent — *Un pâoure, uno pâouro*, un pauvre, une pauvresse, un mendiant, une mendiante. *Batre lous pâoures*, on dit cela de quelqu'un de fort pauvre et aux expédients pour exprimer sans doute qu'il battrait les mendiants pour leur disputer et leur prendre l'aumône dont il a plus besoin qu'eux.

Dér. du lat. *pauper*, m. sign.

Pàoure (rasin dé) *s. m.* qu'on appelle aussi simplement *pàoure*, raisin de pauvre ; aucune espèce ne donne d'aussi belles grappes, qui sont divisées en plusieurs grapillons, très-serrés, aux grains assez gros, de couleur rouge ou rose. Il n'est pas rare de voir des grappes qui pèsent deux kilogrammes. Ce raisin donne un vin rose ; sa peau est un peu coriace mais il a bon goût. Sarments gros et tendres, feuille assez grande, pas trop découpée.
La grosseur de ses grappes, dont une seule suffit pour le repas d'un pauvre à qui on le donne ou qui le prend, lui a valu son nom.

Pàour' home, *interj*. Cette expression n'est point de notre dialecte et a été importée chez nous du Gévaudan où elle est fort en usage ; elle n'a point de rapport aux facultés pécuniaires, ni aux qualités du cœur ou de l'esprit ; c'est simplement un terme d'affection familière qui répond à mon ami, mon cher, mon camarade. *Maï pàour' home, vésès bé*, mais vous voyez bien, mon cher. Il en est de même de *pàouro fénno*.

Pàourièiro, *s. f.* Pauvreté, misère, indigence. *Pàourièiro méno lagno*, de pauvreté fatigue et peine. *Pàourièiro faï l'home impourtun*, pauvreté rend importun. *Pàourièiro faï coure carièiro*, pauvreté fait courir les rues, fait perdre la tête.

Pàouroùs, Pàourouso, *adj.* Peureux, craintif, poltron. Il serait mieux de dire *pòouroùs*, puisqu'il vient de *pòou*, peur, mais l'usage a consacré l'altération.

Pàousa, *v.* Poser, placer, déposer, décharger, ôter. *Pàousas aquò sus la tàoulo*, mettez cela sur la table. *Pàousa un faï uno caréto*, décharger un faix, une charrette. *Pàousa sa vèsto*, ôter sa veste. — *Pàousa marquo*, Voy. ce mot. — *Sé pàousa*, se reposer, faire une pause. *Vénès vous pàousa qué devès èstre las*, venez vous reposer, vous asseoir, car vous devez être las. *Pàousen-nous un pàou*, suspendons un moment ce travail, reposons-nous un peu, prenons haleine.
Le second du lat. *pausa*, pose, repos, et le premier de *ponere*, *posui*, *positum*, poser, mettre bas, quoique la prononciation s'éloigne du radical et se confonde avec l'autre.

Pàousadìs, Pàoussadìsso, *adj.* Tranquille, reposé, au propre comme au figuré.

Pàousadoù, *s. m.* Lieu où l'on se repose ; endroit, objet où l'on dépose quelque chose.

Pàousaïre, *s. m.* Poseur. Lorsqu'on demande, d'un fainéant qui ne sait ou ne veut rien faire, ce qu'il veut être : *pàousaïre*, répond un tiers qui le connaît, et cette espèce de calembourg, tiré du verbe *sé pàousa*, se reposer, est à peu près le seul emploi de ce mot que le français remplace assez drôlement par inspecteur... des pavés.

Pàousado, *s. f.* Terme de chasseur pour le gibier ailé. *Tira à la pàousado*, c'est, pour les perdrix, tirer à la remise ; mais on le dit surtout des autres volatiles pendant qu'ils sont posés sur une branche ou par terre. On peut rendre cela par : tirer au repos, par opposition à *tira a la voulado*, tirer au vol ou en volant.

Pàouso, *s. f.* Pose et pause. En termes d'arts et métiers, il se dit surtout de la pose des pierres. *Faguen uno pàouso*, faisons une pause, reposons-nous un moment. *La pàouso*, proprement dite indique, pour les ouvriers, l'intervalle compris entre deux reprises de travail.

Pàoutéja, *v.* Manier, patiner, remuer, toucher grossièrement une chose avec les mains, *pàoutos*.

Pàouto, *s. f.* Patte, mais on entend presque toujours par ce mot une grosse et vilaine main qui ressemble en effet a une patte. *Marcha, camina dé quatre pàoutos*, marcher a quatre pattes.

Pàoutu, do, *adj.* Pattu ; qui a de grosses ou vilaines mains, de gros vilains pieds. Au fig. grossier, lourdaud, pataud. *Pijoun pàoutu*, pigeon pattu, variété de pigeon appelée aussi pigeon de maison ou jacobin. Ce pigeon a des plumes jusqu'au bout des pattes.

Papa, *s. m.* Terme enfantin synonyme de père. Dans l'usage français, il n'est par rare de voir des hommes et surtout des femmes d'un âge avancé, dire à leurs parents *papa* et *maman*. Dans le languedocien et surtout parmi le peuple, il n'en est jamais ainsi : Le tout jeune enfant qui balbutie *papa* et *mama*, dit bientôt *papo* et *mamo* dès qu'il articule un peu mieux ; et, à peine est-il grandelet, qu'il ne dit plus que *pèro* et *mèro*, ou même *paire* et *maire*. Aussi serait-il parfaitement ridicule de demander à un homme fait et même à un jeune adolescent : Coussi vaï ta mama? Voy. Mama Du grec πάππας, père en terme enfantin.

Papa, *s. m.* Jabot, poche ou premier estomac des oiseaux dans lequel la nourriture est humectée et macérée, ce qui la dispose à recevoir la digestion dans le gésier ; *pérìe*, second estomac où elle passe ensuite.
Dér. du lat. *pappare*, manger des choses qu'il n'est pas besoin de mâcher.

Papassàr, *s. m.* Augm. et péj. de *papiè*, papier qui est formé dans le même esprit que paperasse. On l'applique aussi bien à une grande affiche collée au coin d'une rue qu'à un long et ennuyeux manuscrit.

Papé, *s. m.* Variante plus courte et plus facile à prononcer du mot suivant.

Papéto, *s. m.* Grand-papa, bon-papa, dans le vocabulaire des petits-enfants qui ne disent *moun gran* qu'un peu plus tard. *Papéto* et *papé* sont les dim. de *papa* ; et le français, par la même antiphrase câline, dit aussi au grand-père : petit papa.

Papiè, *s. m.* Papier. *Papiè-béscuï*, feuille de papier sur laquelle les pâtissiers disposent leurs biscuits vulgairement appelés langues-de-chat avant de les mettre au four. Les biscuits enlevés, les pâtissiers vendent ou plutôt vendaient ces papiers vides aux enfants qui en suçaient les empreintes.

Papiè-magna, qu'on appelle ailleurs papier d'emballage, grand papier gris, grossier, fort employé dans l'éducation des vers à soie, pour couvrir le fond des clayons appelés *campanejes*, où on les tient au premier âge, ou bien les tables sur lesquelles on les transporte encore petits, pour qu'ils ne passent pas au travers. Ce serait, dans les Cévennes, le plus connu de tous les papiers, si ce n'était le *papié-marqua* qui ne l'est que trop ; sans compter *lous papiès* ou *papiès-nouvèlos* qui cependant commencent à passer un peu de mode pour prendre le nom français de *journal*. — *M'a fa un papié*, il m'a fait un billet. *Quan papiès parlou, barbos calou*, quand le papier parle les hommes se taisent. A quelqu'un qui veut dissimuler un état d'ivresse encore niable, on dit de prononcer : *figo lignolo papiè blu ;* mots qui n'ont aucun sens mais dont l'articulation est un effet assez difficile pour qu'une langue qui commence à s'embarrasser ne puisse sortir de l'épreuve avec honneur.

Papièïréja, *v.* Paperasser, remuer, feuilleter, arranger des paperasses ; en avoir les poches pleines, faire beaucoup d'écritures, le plus souvent inutiles.

Dér. de *papiè*, papier.

Papièïréjaïre, *s. m.* Paperassier, écrivassier, qui aime à *papièireja*.

Papo, *s. m.* Pape, le chef de l'Église catholique.

Dér. du lat. *papa*, père et pape.

Papo, variante de papa, pour père, et qui, comme *mamo*, est le second degré de cette dénomination enfantine. — *Voy* Papa.

Papogaï, *s. m.* Perroquet. L'italien dit *papagallo* et le portugais *papagajo*, comme le français disait papagai ou papegai. aujourd'hui *parouque*, seul nom en usage, est tout français. *Papogaï* n'est usité que dans cette phrase : *Semblo aquì lou Papogaï*, il est là comme le pape Colas, qui est dit pour Nicolas.

Paqué, *s. m.* Paquet, assemblage de plusieurs choses liées. ficelées, enveloppées, réunies ensemble.

Par. *s. f.* Part, portion d'une chose divisée, partie d'une chose commune à plusieurs. *De trés pars, uno*, le tiers ; *dé tres pars, dos*, les deux tiers ; *dé quatre pars, uno*, le quart, etc. — Le français est ici plus concis ; mais notre ancien langage, comme le fait observer Sauvages, n'était pas familiarisé avec les termes abstraits. — *Ma par !* je retiens ma part ! dit-on à quelqu'un qui ramasse une chose perdue et que l'on retrouve en notre présence. Cette locution qui n'exprime plus aucun droit, à moins qu'on ne le fasse valoir par la force, vient du droit de part en vigueur dans certains pays où celui qui avait fait une trouvaille était obligé de la partager avec celui qui en avait été le témoin. — *Y-ou dirés de ma par*, vous le lui direz de ma part.

Dér. du lat. *pars*, m. sign.

Para, *v.* Parer, ragréer avec la serpette la place que la scie a faite à une branche d'arbre ; enlever les chicots, le vieux bois de la vigne, d'un arbre, avec la serpe ; parer le cuir ; enlever avec le couteau à deux manches appelé boutoir. ce qui est resté de l'épiderme de l'animal attaché à la peau ; en terme de sellier, ravaler, amincir le cuir ; parer le pied d'un cheval avant de le ferrer ; couper la corne avec le boutoir, *butavan ;* fouler, dégraisser le drap dans les foulons. On le dit aussi pour parer, éviter un coup : *paro aquel*. pare celui-là.

Parabondo, *s. f.* Parapet, garde-fou, balustrade d'un pont, d'un quai, d'une terrasse, d'un balcon ; rampe d'un escalier. — Un curé retraçait en chaire les difficultés du Paradis. On ne peut y arriver, disait-il, que par un pont jeté sur le gouffre de l'enfer, et ce pont est si étroit !... — A cette peinture émouvante qui ne laissait pas de l'inquiéter, un paroissien s'écrie du milieu de l'église : *Y-a pas ges de parabondo ; moussu lou cura ? — Nani, moun ome. — Alor, à bas mé vese.*

Parabondo est dit pour *parabando*, et c'est de cette dernière manière que l'écrit Sauvages, malgré sa prédilection pour le dialecte rayol ; il paraîtrait, dès lors, que ce mot est formé de *para*, défendre, préserver, et de *bando*, troupe. foule ; c'est dans ce sens qu'est formé le français garde-fou.

Paradis, *s. m.* Paradis, séjour des élus, des bienheureux.

Dér. du grec παράδεισος, jardin. Le premier paradis terrestre était en effet un jardin.

Paradis, *s. m.* Paradis ; dernières galeries d'un théâtre. Ce n'est point parce qu'on y est mieux, mais parce qu'elles sont très-élevées que, par un rapprochement irrévérencieux, on a donné à ces places la dénomination de paradis que les voyous remplacent aujourd'hui par celui de poulailler, lieu où s'entassent les poules pour se jucher.

Paradìs, Paradoù et **Paraïre**, *adj.* et *s. m.* Moulì *paradìs*, moulin à foulon, pour fouler et dégraisser les draps. — Ce nom est encore celui d'un moulin à blé et à huile d'Alais, bien qu'il ne serve plus à sa première destination et souvent en retranche, et en parlant, le mot *moulì* : — *Ounte anas mdoure ? — Én paradìs*.

Paradoù, *adj.* et *s. m.* C'est le synonyme de *Paradis* et *paraıre :* mais aussi, comme substantif, il signifie le foulon lui-même.

Dér. de la bass. lat. *paratorium*, lieu où l'on prépare les draps. — *Coutèl paradoù* ou seulement *paradoù*, paroir, couteau à parer dont se servent les sabotiers pour donner la dernière façon aux sabots.

Paraïre, Voy. Paradis, dont il est le synonyme.

Paràoulassos, *s. f. plur.* Paroles grossières, sales, ce que l'on appelle populairement gueulées, d'où l'on a fait engueuler, dans le même style, péjor. de *paràoulo*.

Paràoulì, *s. m.* Parlerie, babil, caquet, bavardage, verbiage.

Paràoulo, *s. f.* Parole. *Parlan-t-en réspè, qué paràoulos pudou pas*... sauf votre respect, car paroles ne puent point... précaution oratoire dont on ne se dispense guère en parlant d'un animal immonde ou peu noble, ou de choses de même nature. *Ploumos et paràoulos, l'douro las émporto*, plumes et paroles le vent les emporte. *Pardoùlos volou, éscris démorou*, paroles s'envolent, écrits restent ; c'est le mot-à-mot de l'adage latin : *verba volant, scripta manent*, idée que l'on

Parapèl, s. m. Parapet, garde-fou, murs à hauteur d'appui sur un pont, un quai, une terrasse. Altération du mot français parapet qui est formé de l'italien *parapetto*, qui défend la poitrine, *petto*.

Parapléjaïre, s. m. Fabricant et marchand de parapluies, surtout le marchand ambulant, qui court la ville et la campagne, sa boutique sur le dos, raccommodant plus de vieux qu'il ne vend de neuf.

Paraplèjo, s. m. Dim. *Paraplèjeto;* aug. *paraplèjasso,* parapluie.

Dér. de *para* ou *apara,* défendre, et de *plèjo,* pluie.

Parasol, s. m. Dim. *parasoulé;* aug. *parasoulas.* Parasol, emprunté au français, mais pour signifier plutôt parapluie plus soigné et d'étoffe plus coûteuse.

Parasoulaïre, s. m. fabricant et marchand de parapluies, et de parasols, comme le *paraplèjaire.* — Voy. *Parasol.*

Parço, conj. Abrév. de *parço-que,* qui ne sert que pour faire une réponse fort usitée et la plus péremptoire de toutes. *Per de qu'ou vos pas?* — *Parço.* Pourquoi ne le veux-tu pas? — Parce que. Dans la même circonstance *parço qué* est aussi employé.

Parço qué, conj. Parce que. Par pour par, qui se dit pér, n'est pas languedocien; cela indique du reste que *parço qué* est une de ces conjonctions empruntées au français, et il s'emploie dans les mêmes cas que parce que.

Pardi, interj. Pardi, pris au français pour adoucir, comme lui, le juron *pardiou,* pardieu.

Pardinche, interj. Pardienne, parbleu. C'est une de ces nombreuses variations exécutées par une bouche timorée pour faire presque disparaître le thème original *pardiou.*

Pardiou, interj. Pardieu! Le languedocien devrait faire et dire *pérdiou;* ce mot est donc une copie servile du français qui a prêté jusqu'à sa préposition par, qui n'est point languedocienne. *Pardiou,* comme ses atténuations, *pardi, pardinche,* est une sorte de jurement et d'affirmation. *Pardiou! t'ou faraï veïre,* pardieu! je te le ferai bien voir. *Oh! pardiou, nou,* non certes pas!

Paré, s. f. Paroi, mur, muraille. *Parés blanquos, papiès dé fols;* muraille blanche, papier de fou, d'imbécile; avis aux personnes qui s'inscrivent leur nom : *Nomina stultorum semper parietibus insunt.*

Dér. du lat. *paries,* m. sign.

Parégu, do, *part. pass.* de *Paréïsse.*

Paréïsse, v. Paraître, se faire voir, se montrer; avoir l'air, l'apparence, sembler. *Mé paréi,* il me semble.

En esp. *parecer,* m. sign.

Parèl, s. m. Paire, couple. Paire, lorsqu'il s'agit de l'assemblage de deux choses qui vont ordinairement ensemble et d'une chose unique essentiellement composée de deux pièces séparables : *un parèl de bidous, dé soues, dé pistoulés, dé poulés, dé pijouns,* une paire de bœufs, de souliers, de pistolets, de poulets, de pigeons; *un parèl de cïseaus, d'estenaïos, de braios,* une paire de ciseaux, de tenailles; un pantalon *Aquo's un pouli parel,* c'est un joli couple, en parlant de deux époux. Couple qui, dans ce cas, est masculin, redevient féminin lorsqu'il est considéré comme un certain nombre de choses à peu près indéterminé : *un parel d'ióous, de lidors, de jours,* une couple d'œufs, de lours, de jours. — *A bèlos parels,* deux-à-deux.

Dér. du lat. *par, paris,* pareil, égal.

Parén, to, s. m. et f. Parent, qui est uni par le sang. *Aguen d'argén, manquara pas paréns,* ayons de l'argent, les parents ne manqueront pas. *Paréns sans amis, farino sans tamis,* parents sans amis, farine sans tamis. Quant aux parents par alliance, ils sont encore plus mal traités par le proverbe : *paréns de ma fénno, paréns de moun quiou.* — *Paréns,* ceux qui l'on descend et plus ordinairement le père et la mère. *Sous parens soun èstas de Ginoura,* ses parents, ses ancêtres, ses ascendants, étaient de Génolhac. *S'és brouïa émbé sous paréns,* il s'est brouillé avec ses parents, avec son père et sa mère. On donne le nom générique de *parén* pour laisser dans le vague le degré de parenté qui est souvent plus éloigné : *Coumo anas, paren?* Comment allez-vous oncle ou cousin?

Dér. du lat. *parens* qui s'entendait des ascendants directs.

Paréntaje, s. m. Parentage, parenté.

Paréntèlo, s. m. Parentelle, les parents en général; tous les parents.

Pargado, s. f. Étendue de terrain parqué ou occupé par un parc, *pargue,* et amendé par le crottin et le pissat des moutons; SAUVAGES dit parquée.

Pargue, s. m. Parc à brebis, clôture faite avec des claies, *cledos,* soutenues par des pieux auxquelles elles sont attachées. *Vira lou pargue,* changer le parc, ce qui se fait en laissant en place les claies, d'un côté du terrain circonscrit, et repliant les autres pour former une nouvelle enceinte pareille et contigue à la première; opération bien mieux précisée par le terme *vira,* tourner, retourner. — *Aï bé d'àoutres pargues à vira,* j'ai bien d'autres affaires, d'autres chiens à fouetter.

Parquéja ou **Parga,** v. Parquer ou faire parquer les brebis : pratique qui procure à ces animaux la santé, un bon engrais aux terres à blé, et une belle toison au propriétaire. (SAUVAGES.)

Paria, v. Parier, faire tenir un pari, une gageure.

Empr. au français : on dit mieux *jouga.*

Pariè, ïro, adj. Pareil, égal, semblable. *Lou pariè manquo* ou *soun pariè és à naïsse,* son pareil n'existe pas ou son pareil est à naître, dit-on d'un original, d'un extravagant. *Sou pariès,* ils sont égaux, de même force, du même âge, de même taille. *Sou pas pariès,* ils ne sont pas égaux de force, d'adresse ou d'intelligence. *Sé fòou faïre émbé sous pariès,* il faut se faire, se fréquenter avec ses égaux. *M'én fòou un pariè,* il m'en faut un semblable.

Dér. du lat. *par, paris,* m. sign.

Pariuro, *s. f.* Pari, gageure. *Faguén uno pariuro*, parions, gageons, faisons une gageure, un pari.

Parla, *v.* Parler. *Parla coumo la bèlo Jano*, babiller, bavarder, comme une commère, comme une pie borgne. *Sé siès bono cdouso, parlo ; sé qué dé nou, rétiro-té*, si tu es bonne chose, parle ; sinon retire-toi ; ce qui veut dire : Si tu viens de Dieu, parle ; si tu viens du démon, va-t-en ; sorte de conjuration que font les poltrons qui croient voir des spectres dans l'obscurité. — *Aquò s'apèlo parla !* Voilà ce qui s'appelle parler ! — *Parla-mé dé Méjano, pèr lou bon vi !* vive Méjannes pour le bon vin ! — *Parla-mé qu'ou saviè*, — Notez que je le savais, le bon de l'affaire c'est que je le savais. — *Parla-mé qu'ou aï pas vis*, je ne l'ai sans doute pas vu ! se dit ironiquement pour montrer qu'on est au courant d'une affaire. — *Eh bé, quan sé parlo !* Eh bien qui l'aurait dit ! *Parla dé tèsto*, délirer. *Parla coumo un libre*, parler comme un livre, *ex professo*. *Parlan-t-én rèspè*, sauf le respect que je vous dois, que je dois à la compagnie, sauf révérence, révérence parler, formules familières au français ; mais le languedocien emploie la sienne dans toutes les occasions où il parle de quelque chose dont il craint que l'idée ou l'expression peut choquer ou blesser ; et il complète souvent sa formule par : *pardoulos pudou pas*. — *Voy. Pardoulo*.

Parla à uno fio ou émb'uno fio, faire la cour à une fille, la rechercher dans des vues honorables. *Se parla* est plus réciproque et se dit des fréquentations souvent fort longues, connues de tout le monde, autorisées, approuvées par les parents, qui ont lieu entre un garçon et une fille, et dont presque tous les mariages du peuple sont précédés. *Se parla*, éveille l'idée d'une grande réserve dans ces relations, réserve que n'indique pas tout-à-fait le terme *fringa*, qui laisse un peu plus de prise à la médisance. — *Voy. Fringa*.

Parladisso, *s. f.* caquets, parlage, longs propos, longs entretiens.

Parlaïre, Parlaïro, *s. m.* et *f.* Parleur, causeur, bavard, indiscret.

Parlamèn, *s. m.* Entretien, causerie, conversation. Se prend aussi pour synonyme de *parla*, subst. : *l'aï counégu à soun parlamén*, ou *à soun parla*, je l'ai reconnu à sa voix, à sa manière de parler.

Paro-fré, *s. m.* mot-à-mot pare-froid qui devrait bien être français au même titre que parapluie, paravent. On peut donner ce nom à une chose quelconque qui garantit du froid ; mais on l'applique communément à tout vêtement chaud.

Paro-mousquo, *s. m.* Émouchette, caparaçon à treillis ou réseaux avec des bouts de cordes pendantes, appelées volettes, pour garantir les chevaux des mouches. Comme nom générique on peut aussi donner ce nom à l'émouchoir ou chasse-mouches. — *Voy. Mouscal*.

Parouassièn, o, *s.* Paroissien, habitant d'une paroisse. *Parouassièn*, livre qui contient les prières qu'on dit dans la paroisse. Emprunt fait au français. *És un parouassièn qué s'émbèstio pas*, c'est un gaillard qui n'a pas de poussière aux yeux.

Parouèsso, *s. f.* Paroisse, territoire d'une cure ; ses habitants.

Parouqué, *s. m.* Perroquet. *Psittacus*. Oiseau grimpeur, frugivore, à bec crochu, dont les variétés nombreuses sont remarquables par leurs riches couleurs. L'Italien dit *Papagallo*, et le Portugais *Papagayo*, comme nous disions *Papagai*. Aujourd'hui *Parouqué*, nom tout français, a prévalu.

Parpaïoù, *s. m.* Papillon. *Papilio*. Tout le monde sait que les papillons, la plupart remarquables par leur robe brillante, ont été d'abord des chenilles, en général fort laides. C'est l'insecte arrivé à l'état parfait après avoir passé par ceux d'œuf, de chenille et de chrysalide.

Parpaïouna, *v. Lous fousèls parpaïounou*, les cocons percent, les papillons éclosent ; *parpaïouna* est dit ici pour faire des papillons. Au moment de la mue des vers à soie, quand la plupart sont endormis, pour préparer les retardataires, on jette quelques feuilles çà-et-là jusqu'à ce qu'on cesse tout-à-fait de donner à manger : cela s'appelle *parpaïouna*. Lorsqu'il tombe de ces flocons de neige rares et assez gros, on dit encore : *la nèou parpaïouno*. Dans ces deux dernières acceptions, *parpaïouna* exprime papillonner, faire comme le papillon. *Parpaïouna*, papillotter, remuer involontairement les paupières qui imitent le mouvement rapide des ailes du papillon.

Parténço, *s. f.* Départ. *Sou dé parténço*, je suis sur mon départ, à la veille de mon départ.

Parti, *s. m.* Parti, union de personnes contre d'autres qui ont un intérêt contraire ; détermination, usage, utilité ; personne à marier, considérée sous le rapport des avantages qu'elle apporte. *Sèn dàou mémo parti*, nous sommes du même parti, de la même opinion politique. *Aquél luchaïre faï soun parti tout soul*, ce lutteur est seul de son parti, il est sans associés. *Prène soun parti*, prendre son parti, se décider. *Tira parti*, tirer parti. *Aquélo fio fara un bon parti*, cette fille sera un bon parti. Outre ces acceptions toutes françaises, on dit *parti* pour exprimer une certaine quantité : *achatère un parti, un pichò parti dé bla*. j'achetai une certaine quantité de blé. *Y-a aqui un pouli parti dé fièro*, il y a là une belle quantité de feuille, un beau produit en feuille.

Dér. du lat. *partiri*, partager, et *pars, partis*, partie.

Parti, *v.* Partir, se mettre en chemin ; prendre sa course, son vol ; partir, pour un coup de fusil, de mine ; fendre, partager, *Partis pas lou jour qu'émbasto*, il ne cuit pas du premier bouillon, se dit d'un lambin. *La tèsto me partis*, la tête me fend. *Partirié un pèu én dous*, il partagerait un cheveu ; il couperait un liard en quatre, se dit d'un avare.

Dans les premières acceptions, du français *partir* ; dans la seconde, du lat. *partiri*, partager, séparer.

Particuié, iro, *s. m.* et *f.* Particulier. Ce mot français n'est emprunté que pour cette locution populaire : *es un particuié, uno particuieiro qu'es n'en sa prou*, c'est un gaillard, un malin qui en sait long, qui ne se gêne pas, etc.

Partido, *s. f.* Partie, portion, partie de plaisir, de jeu. *Partido' gagnè!* cri de triomphe qu'on ne pousse pas seulement au coup qui donne une partie de jeu, mais encore à un accident ou un évènement qui décide d'un succès quelconque et même d'un revers, d'un échec Seulement, dans ce dernier cas, l'intonation l'indique, et c'est le *consummatum est!*

Pas, *s. m. plur. Passes*, dim. *passe*. Pas, déplacement des jambes en avant pour marcher; pris pour mesure, *lou pas*, équivaut à un mètre. *Préne sous quinze passes*, faire ses quinze tours. *Vóou davan mous passes*, je vais tout droit devant moi, répond-on à un curieux indiscret. *Regardo davan tous passes*, fais attention où tu marches, regarde à tes pieds, recommandation adressée aux enfants qui marche à l'étourdie. *Lèvo-te de davan mous passes*, ôte-toi de mon chemin. *Pas-à-pas l'on vai iuen*, pas à pas l'on va loin. *Après lou repas, lou fio ou lou pas*, après le repas, il faut se chauffer ou marcher. — En terme de métier *pa-dé-vis*, pas de vis, distance comprise entre les filets d'une vis, et du français; il faudrait autrement dire : *pas d'avis*. — Le pas romain équivalent à la millième partie du mille romain, dont la longueur a été fixée par M. Aurès à 1484^{m}50, présentait donc un intervalle d'un peu plus de 1^{m}48. Dans l'acception moderne, le pas proprement dit représente l'intervalle compris dans une enjambée, et peut être assimilé au *gressus* ou *gradus* des Romains, équivalent à deux pieds et demi (0^{m}74); tandis que le *passus* romain représente deux enjambées (1^{m}48), c'est-à-dire l'espace parcouru par un même pied, en mouvement de marche, pendant que l'autre pied, servant de point d'appui, reste immobile.

Dér. du lat. *passus*, m. sign.

Pas, *part. négat.* Pas. — *Voy. Pa.*

Pas-d'ase, *s. m.* ou **Pa-d'ase**. Pas-d'âne ou Tussilage. *Tussilago farfara*, Linn., plante dont les fleurs jaunes qui paraissent avant les feuilles, sont employées en infusion contre les rhumes, ainsi que l'indique son nom français et latin, formé de *tussim ago*, je chasse la toux. Celui de pasd'âne lui vient de ce que sa feuille a quelque ressemblance avec la trace qu'imprime sur le sol le sabot d'un âne.

Pasquâou, *adj. m.* Pascal, de Pâques. *Ciérge pasquâou*, nom d'homme Pascal, dont le fém. est *Pasqualo* et le dim. *Pasqualé*.

Pasquéja, *v.* Célébrer la fête de Pâques, mais seulement au point de vue mondain et gastronomique : c'est faire le premier repas où l'on retrouve le gras, si longtemps proscrit pendant toute la semaine sainte; se décarêmer, comme dit SAUVAGES. *Pasquéja* s'entend surtout des parties champêtres du lundi de Pâques; et *ount' anas pasqueja* équivaut à *ount'-anas faire* ou *manja l'doumeléto?* — *Voy.* ce dernier mot.

Pasquétos, *s. f. plur.* Pâques-closes, le dimanche de Quasimodo qui suit immédiatement celui de Pâques et clôt le temps pascal. *Pasquetos*, dim. de Paques, petite fête de Pâques.

Pasquo, *s. f.* ou **Pasquos**, *s. f. plur.* Pâques, jour de la résurrection du Sauveur. Comme la fête de Pâques est la règle de toutes les autres fêtes mobiles de l'année, le concile de Nicée, tenu l'an 325, fixa Pâques au dimanche après le 14 de la lune de mars, c.-à-d. après la pleine lune la plus proche de l'équinoxe du printemps.

On dit *la Pasquo*, si l'on parle de la Pâque des juifs ; mais quand il s'agit de la fête chrétienne, *Pasquo* ou *Pasquos*, qui s'emploient également, ne prennent point l'art. *la* ou *las*. *Per Pasquos*, à Pâques. *Faire sas Pasquos*, faire ses Pâques, communier. *La quinzéno dé Pasquos*, la quinzaine de Pâques, tout l'intervalle compris entre le dimanche des Rameaux et celui de Quasimodo, inclusivement, comprenant ce que l'on appelle le temps pascal. *La sémmano de Pasquos*, la semaine de Pâques, qui suit le dimanche, en y comprenant le dimanche suivant. *Lou dilus dé Pasquos*, le lundi de Pâques où la ville est déserte et morne, et les masets peuplés et joyeux, parce que c'est le jour des repas de campagne où l'omelette joue un tel rôle qu'on appelle souvent ce lundi : *lou dilus de l'doumeléto*. *Voy. Aoumeléto*. Il n'y a pas un très-grand nombre d'années qu'il était une règle fort suivie de mettre, le jour de Pâques, les habits d'été, quelque temps qu'il fît, et fallût-il endosser de nouveau les habits d'hiver le lendemain. On en était quitte pour dire : *foou moun devé, qué lou ten fague lou siou*. On est moins formaliste aujourd'hui, et l'on attend assez généralement ce que le temps commence lui-même par faire son devoir. *Pasquo mouiado fai l'espigo carado ;* le vieux français disait : les Pâques pluvieuses sont souvent fromenteuses ; il est vrai qu'il ajoutait maintes fois la restriction : et souvent fort menteuses.

Dér. De l'hébreu *pesahh* ou *phasé* qui signifie passage, d'où les Grecs avaient fait πάχα et les Latins *pascho ;* les Hébreux célébraient dans la Pâque la commémoration du passage de la Mer Rouge, à leur sortie d'Egypte.

Passa, *v.* Passer, dans tous ses emplois. *Passa-lis*, passer sans dire mot, sans s'arrêter, sans saluer. *Passa un libre*, lire un livre d'un bout à l'autre. *Passa pér la plèjo*, percé, mouillé jusqu'aux os par la pluie. *Passa-hier*, avant-hier. *Passa-deman*, après-demain. *Passa-hiuei*, aujourd'hui passé. *Passa dilus*, *y sérés pas pus à ten*, après lundi prochain expiré, vous n'y serez plus à temps. *Quan me passarés aquo?* Combien me comporterez-vous cela ? A quel prix me le laisserez-vous ?

Dér. de *pas* et de la désinence active *a* pour *ar*, ancienne terminaison de l'infinitif emportant l'idée de faire, dérivé du lat. *agers ;* littéralement faire le pas.

Passado, *s. f.* Dim. *passadéto*. Ce mot a, sans aucun doute, la même origine et avait primitivement le même sens que « passade » qui signifie passage dans un lieu où l'on séjourne peu. Mais, de plus que le Français, *passado* exprime un intervalle, une durée de temps indéterminée, que l'intonation, un diminitif, une épithète allongent ou raccourcissent, sans néanmoins les préciser davantage. C'est, dans ce cas, le synonyme de *briou, brivado, sassi*, et *sassiyado*. *Y souï résta uno passado*, j'y ai fait une passade. *Aquel capèl me fara éncaro uno passado*. Ce chapeau me servira encore quelque temps. *Y-a uno bono passado qué l'ai pas vis*, il y a déjà longtemps que je ne l'ai vu. *Y-a uno passadéto qué çaï èro*, il y a peu de jours qu'il était ici. *Touto quésto passado*, tous ces jours passés, pendant ces derniers jours.

Passadoù, *s. m.* Passage, brèche, trou ou trouée à travers un mur ou une haie de clôture.

Passadouïro, *s. f.* Chassis pour passer la farine et sur lequel on fait aller et venir le tamis dans la huche.— *Voy*. *Embourdo*.

Passage, *s. m.* Passage, action de passer; lieu par où l'on passe; droit qu'on paie pour passer; corridor.

Passar, *s. m.* Nom donné au turbot, *Rhombus* et à la plie *Plya*, poissons de mer, de figure rhomboïdale, larges, plats, à nageoires molles. Tous deux se trouvent sur nos marchés ; mais le turbot, comme partout, est préféré.

Altér. de *pansar*, pansu, à cause de sa forme.

Passa-rés, *s. m.* C'est l'interrogation ne passe-t-il rien ? Il n'y a personne qui remplace : Gare l'eau ! pour avertir les passants attardés dans les rues, qu'on va jeter d'une fenêtre quelque chose qui n'est pas toujours de l'eau ; et, comme on a remarqué qu'en pareille circonstance, la menace et le coup étaient d'ordinaire une seule et même chose, quand la première n'arrivait pas après, *passa-rés* est devenu substantif, qui signifie : — passons vite — le contenu solide d'un vase de nuit. Ce n'est même que comme substantif que ce mot, qui n'est point de notre dialecte, est connu et adopté dans le nôtre ; car ici, un pareil avertissement, lorsqu'il est donné, ce qui est rare, l'est dans d'autres termes.

Passa-tén, *v.* Prescrire, acquérir la prescription. *Voste papiè a passa-tén*, votre billet a prescrit, la dette est prescrite faute d'en avoir demandé le paiement en temps utile. — On le dit aussi d'une chose passée de mode, hors d'usage.

Passa-tén, *adv.* autrefois, jadis au temps passé.

Passa-vala, ou **Passavala**, *v.* et *s. m.* Cette expression est une contraction de *passa-à-vala*. *Passavala*, *v.* c'est faire le travail agricole dont nous allons parler; *Passavala*, *s.* est ce même travail fait. *Passa* signifie passer, et *vala*, ruisseau naturel et aussi fossé ou tranchée creusés de main d'homme. Pour rendre le mot de cette expression, on a dit d'abord effondrer, défoncer, qui ne rendent pas le véritable sens. On a essayé de dire alors : passer à fossé, passer à tranchée ; et, enfin, peu satisfaits de leur traduction, nos agriculteurs lettrés ont, de guerre lasse, hasardé le français *passavalat*. Nous nous garderons bien d'en faire autant, et nous nous contenterons de décrire l'opération à laquelle ce mot s'applique.

A l'extrémité d'un champ et du côté le plus élevé, s'il est en pente (car la terre tend toujours à descendre et on la remonte ainsi), parallèlement au franc bord et sur toute sa longueur, on ouvre avec le louchet (*Voy. Luché*) une tranchée d'environ cinquante centimètres de largeur. A l'aide d'une pelle en fer. on achève ensuite de rejeter au dehors la terre détachée, mais non enlevée en entier par le louchet. Sur ce second plafond, ainsi nettoyé, on recommence le même travail, en y revenant une troisième fois au besoin, selon la culture que l'on se propose de faire : car le serait pas pour des arbres. On appelle cela passer *à dos* on *très-pounchos*, à deux ou trois longueurs de louchet. Cette première tranchée achevée, on en fait, de la même manière, une seconde contiguë, avec cette différence que, cette fois et les suivantes, la terre que l'on enlève, au lieu d'être éparpillée sur le champ pour être rejetée, au fur et à mesure, dans la première tranchée restée vide et qui se trouve par conséquent comblée. On passe à une troisième tranchée et l'on continue ainsi jusqu'à ce que le champ entier soit retourné. Bien souvent le sous-sol est de telle nature qu'il ne permet plus l'usage du louchet : on trouve parfois, dans les couches inférieures, de l'argile durcie, du tuf, des poudingues, *amenta* (*Voy.* ce mot), et même le rocher compact, dans les terrains qui n'ont jamais subi cette opération, Dans ce cas, la pioche, le pic, *la trénquo* et *lou piquoù*, et même l'emploi de la poudre de mine deviennent nécessaires. C'est alors que ce travail devient coûteux. au point que l'on achète véritablement le sol ; mais on donne ainsi à l'agriculture des terrains qui seraient restés improductifs ; et les bons terrains mêmes sont améliorés par cette opération qui ameublit la terre, l'amende par les engrais qu'on y mêle ordinairement, la renouvelle, pour ainsi dire, en ramenant à la surface celle qui était au-dessous. Aussi est-ce un des travaux d'hiver les plus usités, et les plus utiles pour l'ouvrier qui en manquerait, et pour le propriétaire qui place bien son argent.

Passègre, *s. m.* ou **Péssègre**. Pêche des vignes. Le français donne le nom de persique et persèque à des variétés de la pêche, en lat. *persica*, et c'est ainsi qu'a été formé *passègre* ou *péssègre* qui n'est qu'une variante.

Passègriè. *s. m.* ou **Péssègriè**. Ce fut d'abord le nom générique du pêcher, *amygdala persica* ; aujourd'hui il s'applique seulement au pêcher des vignes qui paraît être du reste le type de toutes les espèces améliorées par la culture. Pour celles-ci on se sert des mots français *pêchó*, et *pêchè*, ou *péchèïro*. *Quan lou passègriè es én flou, jour et gnuè dé mémo lóungou*, quand le pêcher est en fleurs, jour et nuit on même longueur.

Passéja, *v.* Parcourir. *Aï passéja tóut' aquélés éndrés*, j'ai parcouru, arpenté tous ces parages. — *Passéja et sé passéja*, se promener. — *Lou méndre ven qué fasiè, lous* *passejavò ounte vouié*, le moindre vent les promenait, les ballotait à son gré. *Anen nous posséjo*, allons nous promener

Dér. du lat. *passus* et *agere*, faire le pas.

Passéjado, *s. f.* Promenade, action de se promener : lieu ou l'on se promène : parcours, espace à parcourir et action de parcourir.

Passéjaire, Passéjaïro, *s. m.* et *f.* Promeneur, qui aime la promenade.

Passéria, *v.* Sécher des raisins, préparer les raisins secs appelés *passério :* flétrir, faner, vider, faire devenir comme ces raisins. C'est dans ce dernier sens surtout que ce terme est employé. *Un pàoure vieié tout passério*, un petit vieillard tout ridé, tout ratatiné.

Passério, *s. f.* Passe ou panse, passerille ou passarilles, et plus communément raisins secs. Ces raisins cuits ou séchés au soleil ou au four, sont un des quatre fruits mendiants, en compagnie des figues, des noisettes et des amandes.

Dér. du lat. *passa uva* ou *passula*, m. sign.

Passéro, *s. f.* Si l'on demandait à la plupart des chasseurs ce qu'ils appellent la *passéro*, ils répondraient probablement que c'est une espèce de grive ou de merle. Ils ne peuvent dès lors appliquer ce nom qu'aux femelles de genre, tous ceux des espèces étant pris, et ils le donnent communément, en effet, à la femelle du merle de roche. Mais un autre oiseau, sans autre nom languedocien, a particulièrement droit à être appelé *passéro*, et c'est sans doute ainsi qu'il l'est le plus souvent : c'est le merle d'eau ou cincle, cincle plongeur, *Cinclus aquaticus*, Temm.; il est d'un brun foncé, teint de cendré en dessus, avec la gorge, le devant du cou et la poitrine blancs et le ventre roux ; sa longueur est de 20 centimètres. Il recherche les eaux dont le fond est pierreux ; et, quoique son organisation soit opposée à celle des oiseaux aquatiques, il ne craint pas de s'immerger, de marcher au fond de l'eau qu'il coupe dans tous les sens pour y chercher les insectes qui font sa principale nourriture. Il aime à vivre solitaire, et son chant a quelque analogie avec celui du merle noir.

Passéroù, *s. m.* Moineau, passereau, pierrot ; du lat. *passer*. Le moineau, moineau franc ou moineau domestique, gros-bec moineau, *Fringilla domestica*, et le friquet, (gros-bec friquet, *Fringilla montana*, Temm.,) qui aime beaucoup moins que l'autre le voisinage des villes, portent le même nom, distingués tout au plus, le premier par *passéroù das téoulés* et le second par *passéroù dé tráou*, de ce que ce dernier, plus campagnard, niche dans les troncs des arbres ou des vieux murs, et l'autre sous les toits de nos maisons qui sont sa résidence habituelle.

Passi, *v.* Flétrir, faner, *Sé passi*, se flétrir, se faner, passer, se rider. *Dé fèio passido*, de la feuille flétrie. *Uno poumo passido*, une pomme ridée ; *uno flou passido*, une fleur flétrie si elle est trop maniée ou séparée depuis longtemps du rameau, ou bien passée si elle a fait son temps. *D'hèrbo passido*, de l'herbe fanée. *Un visaje passi*, un visage flétri.

sec, décharné. On dit d'un enfant étique, qui dépérit ou tombe en chartre : *es passi*. (Chartre, carreau ou atrophie mésentérique.)

Dér. du lat. *passus, a, um*, cuit, séché, dont l'ital, a fait *oppassire*, m. sign. que *passi*.

Passi, *s. m.* La maladie des passis, (car, en terme de magnanerie, on appelle ainsi *tous passis*), est, d'après Sauvages, une espèce de phtisie propre aux vers à soie qui fait que, bien qu'ils mangent, ils ne profitent point, sèchent et périssent. Cette maladie est souvent due à la chaleur trop forte et trop concentrée qu'on donne imprudemment ou qui survient par accidents à la graine pendant la couvée, ou aux vers qui viennent d'éclore. Lorsque la cause de cette maladie a eu plus d'intensité dans ses effets, ce sont les prétendus brûlés, qu'on jette avec raison ; lorsqu'elle a agi avec moins d'activité, elle produit les *passis*. Mais ce n'est pas seulement à l'origine que s'engendre et se développe cette maladie : la maladresse ou l'ignorance du magnagnier y expose une chambrée à chaque nouvelle mue. Lorsqu'à ce moment le ver est enterré sous la litière, s'il survient du froid, le travail de la mue est ralenti : le magnagnier impatient veut le hâter par la chaleur, et pour cela il augmente le feu et ferme les ouvertures. Mais la maturité du ver ainsi obtenue est loin d'être de bon aloi ; et comme le fruit trop hâtif ou le fruit cueilli avant l'heure se fane, se ride et n'est jamais bon, de même le magnan, qui est sorti prématurément de sa mue, reste dans un état de langueur et ne tarde pas à périr.

Il existe une autre espèce de *passis* qu'on appelle aussi *lusetos :* ce sont des vers à tête transparente qui, au moment d'entrer en mue, n'ont pu se placer convenablement pour dormir, par l'effet de la trop grande chaleur. Ils ne peuvent, par suite, se dépouiller et par conséquent se développer et ils ne valent absolument rien. On a vu des chambrées avorter entièrement sous l'influence de cette maladie.

Passiduro, *s. f.* Flétrissure, altération de la fraîcheur, de la vivacité de couleur, de la délicatesse des fleurs, des fruits, des couleurs, du teint, de la peau.

Passiou, *s. f.* Passion de Notre-Seigneur Jésus-Christ, le récit de la Passion dans l'Évangile ; sermon sur ce sujet.

Dér. du lat. *pati, passus*, souffrir.

Passiou, *s. f.* Passion, goût très-vif, penchant irrésistible pour quelque objet ou quelque occupation. Ainsi employé, ce mot flaire un peu le français ; mais il est de pur aloi dans cette locution-ci : *préne uno passiou*, se mettre dans une violente colère.

Passo, *s. f.* Une de ces grosses pierres sur lesquelles les piétons traversent un ruisseau qui coupe un chemin. *Las passos*, qui désigne un de ces passages, est devenu presque un nom de lieu que le français rend par : les passes. — *Èstre dinc uno michanto passo*, être dans une mauvaise passe ; *èstre én passo dé fàïre*, être en passe de faire ; *passo*, terme de jeu, sont des expressions françaises.

Passo-pértout, *s. m.* Passe-partout, clé qui ouvre plusieurs serrures; clé commune à plusieurs personnes pour ouvrir une même porte.

Passo-roso, s. m. Passerose, rose trémière, guimauve, alcée, rose de Damas. *Alcea rosea,* Linn., plante originaire de Syrie, d'où elle fut apportée par les croisés, bisannuelle et souvent vivace par ses racines. Sa grandeur, l'élégance de son port, la richesse de sa végétation, la prodigieuse quantité de ses fleurs, la longue durée de leur épanouissement, la variété de leur forme simple, semi-double ou parfaitement pleine et celle de leur couleur, depuis le blanc le plus pur, jusqu'au pourpre presque noir, toutes ces brillantes qualités en font un des plus beaux ornements de nos jardins et l'ont fait appeler passerose, plus belle que la rose.

Passo-soulitaris, s. f. Paisse solitaire, dit SAUVAGES, qui est probablement le même oiseau que le *passero.* — *Voy.* ce mot.

Passo-tén, s. m. Passe-temps, plaisir, amusement, divertissement. Expression française.

Pasta, v. Pétrir se rend de différentes manières : *Pasta,* seul, s'entend comme en français d'ailleurs, pour pétrir du pain. *Pasta dé mourtié,* corroyer du mortier. — *Pasta dé gi,* gâcher du plâtre. *Pasta d'argèlo,* coroyer, pétrir de l'argile. — *És soun pèro tout pasta,* c'est son père tout craché. — *Sa pa cé qué se pasto !* il ne sait pas ce qui se prépare, ce qui se brasse, ce qui se mitonne.

Dér. de *pasto,* ou du lat. *pistum,* de *pinsere,* pétrir.

Pastadoù, s. m. ou **Glouriéto.** — *Voy.* ce dernier mot.

Pasténargo, s. f. Carotte. *Daucus carota,* Linn., racine potagère, rouge, jaune ou blanche, de la famille des ombellifères, fort connue en cuisine et cultivée aussi pour les bestiaux, qui en mangent la feuille, et pour qui la racine est une excellente nourriture d'hiver.

Dér. du at. *Pastinago,* m. sign.

Pasténargo-sàouvajo ou **Fèro,** s. f. ou bien **Girouio.** Carotte sauvage, faux chervis. *Daucus vulgaris,* dont la racine, mangée en friture, a le goût et l'odeur de la carotte des jardins. Le cherchis porte le nom de girolles, ce qui lui a fait aussi donner le nom de *girouio.*

Pastèquo ou **Citro,** s. f. Faux melon d'eau ou melon d'Amérique. *Voy. Citro.* On appelle également *pastèquo,* pastèque, le vrai melon d'eau. *Cucurbita citrullus,* Linn., semblable, à l'extérieur, au melon d'Amérique, *citro,* mais dont la chair fondante, sucrée, de couleur rose et pleine d'eau est très-rafraîchissante; ses pepins rouges ou noirs sont une des quatre semences froides.

Pastièiro, s. f. Huche, pétrin, maie ou maie à pétrir.— *Pastièiro,* échaudoir, huche des charcutiers, de même forme que la précédente, mais sans pieds, dans laquelle on échaude les cochons pour les épiler après les avoir égorgés sur la huche retournée. On procède à l'épilage à l'aide d'une râcloire qui est ordinairement une petite sonnaille sans battant. Cette méthode, inconnue dans le Nord, où l'on grille le poil des porcs sur un feu de paille, a l'avantage d'arracher les soies jusqu'à la racine et il est peu probable qu'elle ait l'inconvénient de rendre le lard moins ferme que par le grillage. *Pastièiro dé moulì.* huche d'un moulin à blé; grande caisse dans laquelle tombe la farine en sortant de dessous la meule et qui lui sert de récipient.

Pastièïro (cambo dé). Cagneux, qui a les jambes en manche de veste, dans le langage populaire. La forme évasée d'un pétrin exige que ses pieds, qui partent de la partie la plus étroite s'écartent en sens inverse de la caisse pour être solides, de manière que le tout, vu dans le sens de la longueur, ressemble assez à un X, dont les extrémités des branches tendent à s'écarter de leur point de croisement. Cette similitude de forme avec les jambes en question a donné naissance à l'expression de *cambo dé pastièiro,* appliquée à un cagneux.

Pastis. s. m. Pâté, pâtisserie renfermant de la viande, du poisson, etc. — *Pastis d'ancro,* pâté d'encre, goutte d'encre tombée sur le papier; on est convenu d'appeler cette tache *un pâté.* — *Pastis,* gros pâté, enfant poteté, joufflu, mais cacochyme et stupide; quand *pastis* s'applique à une grande personne faite. on le rend par gros pataud

Pastissariè, s. f. Pâtisserie, pâte préparée et assaisonnée par les pâtissiers; art du pâtissier.

Pastissiè, iro, s. m. et f. Pâtissier, celui qui fait de la pâtisserie.

Pastissoù, s. m. Petit pâté, dim. de *pastis.*

Pasto, s. f. Pâte, farine détrempée et pétrie pour faire du pain, et, par analogie, tout ce qui y ressemble. On dit des choses trop cuites ; *és en pasto,* c'est en charpie, en purée, en bouillie, en marmelade, selon ce dont il s'agit, viande, légumes, etc. *Dé la pasto dé moun coumpàire, bonno fougasso à moun fìôou;* de la pâte de mon compère, grosse fouace à mon filleul, c.-à-d. du cuir d'autrui large courroie. On dit d'un homme accommodant, de bonne composition, qui se range facilement à l'avis des autres : *és uno bono pasto,* ou bien *és uno pasto.*

Dér. de la bass. lat. *pasta,* m. sign. Du lat. *pastus,* nourriture ; ou de *pistum* de *pinsere,* pétrir.

Pasto-mourtiè, s. m. Houe, rabot à corroyer; outil de maçon qui sert à éteindre, à détremper la chaux et à la mélanger à du sable et à corroyer le mortier. Cet instrument, en fer ou en bois, assez semblable à une petite houe aux coins arrondis, est emmanché comme elle, mais à un manche fort long, avec lequel elle forme un angle plus aigu.

Dér. de *pasto* et *mourtiè.*

Pastoù, s. m. Tas de mortier corroyé et prêt à être employé; la quantité que l'on corroye en une fois.

Pastourèl, o, s. m. et f. Dim. *Pastourélé,* to. Pastoureau; pastourelle, jeune et gentil berger; mots un peu tombés en désuétude, depuis que l'églogue est passée de mode et que le Gardon a emporté, avec les prairies de Beau-Rivage, près de Cardet, jusqu'au souvenir des Estelles et des Némorins.

Pastourèl est aussi un nom propre d'homme qui se rend par Pastourel. — *Voy. Pastrésso,* dim. de *pastre.*

Pastras, so, *s. m.* et *f.* Péjoratif de *pastre*, gros et lourd berger, bergère épaisse et lourde. On donne, par extension, cette qualification a une personne grossière dans sa tournure et dans ses paroles. — *Voy. Pastrésso.*

Pastre, *s. m.* Berger qui garde les moutons : car *pâtre*, qui a la même origine, signifie celui qui conduit les bœufs, les chevaux, les mules au pâturage, et se rend en languedocien par *gardian*. — *Ne sa mai qu'un viéi pastre*. Les bergers, que leur vie solitaire entoure d'un certain prestige, passent pour avoir une foule de remèdes et des secrets de toute sorte et même pour se livrer à des pratiques qui frisent la sorcellerie : dans l'esprit des paysans, c'est donc en savoir beaucoup qu'en savoir plus qu'un vieux berger, qui a eu le temps d'apprendre beaucoup. Pour notre part, nous avons eu occasion de rencontrer dans les Cévennes, à Mallenche, dans la commune de Sénéchas, un vieux berger qui existait encore en 1876, et qui professait autrefois l'état de meunier au moulin du Péras. Cet homme s'était adonné, sans maitre, dans sa jeunesse, à l'étude du grec et du latin, et certain professeur de la faculté des lettres de Montpellier ne dédaignait pas de converser avec lui sur ces deux langues.

Dér. du lat. *pastor*, m. sign.

Pastrésso, *s. f.* Fém. de *pastre*, bergère ; mais cela ne peut s'entendre que d'une femme qui garde quelques brebis autour de la maison, car il faut un homme, *un pastre*, pour garder de grands troupeaux, les conduire à la montagne et coucher au parc. Remarquons d'ailleurs que nous sommes toujours bien loin de Florian et de ses bergères ; car la *pastresso* est le type de la femme lourde et grossière, et ce mot rivalise avec *pastrasso*, qui n'est guère pire, pour désigner toute personne du sexe taillée sur ce vilain patron. — *Voy. Pastre* et *Pastras*.

Pastroù, pastrouno, *s. m.* et *f.* Petit berger, enfant ou adolescent qui n'a que quelques moutons à garder. Le *pastroù* peut être aussi employé à la garde d'un grand troupeau sous la direction du berger, *pastre*.

Pastrouia, *v.* Patrouiller, manier salement et grossièrement : patrouiller, tripoter, remuer avec les pieds ou les mains de l'eau bourbeuse ou salée.

Pastrounéja, *v.* Être berger ; se dit surtout d'un jeune garçon, d'un *pastroù* ou d'une *pastrouno*, qui garde quelques moutons.

Pasturga, *v.* Pâturer, paître, pacager, en parlant des animaux qui broutent l'herbe ou la ramée.

Pasturgaje, *s. m.* Pâturage ; droit de pacage.

Pasturgàou, *s. m.* Une pâture, un herbage, des pacages, une varenne : étendue de pays où il croît de l'herbe non semée, que l'on ne fauche point et où l'on mène paître les bestiaux.

Pasturo, *s. f.* Sous cette dénomination on comprend toute espèce d'herbe ou de feuille que l'on enferme pour nourrir les bœufs, les chevaux, les moutons, etc., mais elle désigne cependant d'une manière plus particulière, le foin et les fourrages En style goguenard, *vaou estrema dé pasturo*, je vais manger, diner ou souper.

Pata, *s. m. Patac* ou *Patard*, ancienne monnaie pontificale d'Avignon appelée aussi double, parce qu'elle valait un double denier tournois ou deux deniers. Le patac exista jusqu'à la Révolution, dans le comtat Venaissin où il valait alors un peu moins que le double tournois. Aussi était-il peu prisé dans nos contrées, et il en est resté cette locution *né dounariéi pas un pata d'Avignoun* ou *un pata*, je n'en donnerais pas un double, une obole, une pipe de tabac.

On fait dériver *pata* de *pater*, nom que portait cette même monnaie en Flandre ; et *patar* de l'allemand *peter*, parce que la pièce flamande portait sur une des surfaces l'image de Saint-Pierre. Le *pata* d'Avignon portait d'ailleurs aussi, d'un côté, la croix, et de l'autre, les clés de Saint-Pierre en sautoir.

Patafioula, *v.* Ce verbe emprunté au français familier, n'est aussi employé que de cette manière en languedocien : *Lou bon Diou lou patafiole !* que le bon Dieu le patafiole ! le bénisse avec son grand bénissoir ! Il est difficile de trouver l'origine de ce mot qui n'a rien de malveillant et qui exprime même un certain sentiment de pitié pour celui à qui on l'adresse.

Pataflèou ! Espèce d'onomatopée pour exprimer le bruit que fait un corps en tombant, *faire pataflèou*, faire patatras. *Toumbé ailaval, pataflèou !* il tomba la bas, patatras !

Patantèino, *s. f.* Prétantaine, accomodée au goût du pays, n'est d'usage, comme en français, que dans cette phrase : *Coure la patantèino*, courir la prétantaine, pour dire aller, venir, courir çà et là, sans sujet, sans dessein. Cependant, comme en français aussi, *coure la patantèino*, surtout quand on parle d'une femme, signifie encore faire des allées et venues, des courses, des voyages, contre la bienséance et dans un esprit de libertinage.

Patàoudas, so, *s, m.* et *f.* Superlatif dont le positif n'existe pas : gros pataud, gros lourdaud. — *Voy. Patàoudo*.

Patàoudo, *adj.* et *s. f.* Femme lourde, grosse, pataude L'adj. *patàoudo* n'a point de masculin régulier, qui devrait faire *patdou*, et l'on dit *patò*, prononcé comme le français pataud, quand on veut employer cette expression qui ne sert guère que de nom à un chien ou de sobriquet à un individu grossièrement et lourdement conformé.

Patarafo, *s. f.* Paraphe ou parafe. On pourrait voir encore ici la faiblesse ou la malice du languedocien a déguiser ses emprunts, si le français n'avait pas aussi patarafe qui signifie écriture, traits informes, lettres confuses : *patarafo* doit venir de la même source, d'autant qu'un parafe ressemble souvent à une patarafe. *Boutas aqui vosto patarafo*, mettez là votre parafe, signez là, ce mot se prenant aussi maintefois pour la signature elle-même, qui se dit plus exactement *sinné*.

Patato, *s. f.* Topinambour, artichaut de Canada et poire-de-terre, *Hélianthus tuberosus*, Linn. Cette plante connue en Europe avant la pomme de terre et la patate. et comme elles, originaire d'Amérique, a été cultivée en France à la fin du 16ᵉ siècle : Olivier de Serres en parle dans son *Théâtre d'agriculture*. Ses tubercules irréguliers, charnus, nourrissants, dont la saveur approche de celle de l'artichaut, offrent un bon aliment pour l'homme et surtout pour les bestiaux ; mais comme, en somme, le topinambour est en tout inférieur à la pomme de terre, il est beaucoup moins cultivé, du moins dans ce pays ci. — On donne aussi à la pomme de terre, *trufo*, *tuféro* ou *tartifle*, le nom de *patato*, quoique elle et le topinambour diffèrent essentiellement de la patate, batate ou liseron patate, *Convolvulus batatas*, Linn., plante rampante dont les racines bulbeuses sont très-sucrées et d'un goût excellent, mais qui n'est encore, même pour nos climats chauds, qu'une culture de luxe. Il paraît que *batatas* est le nom mexicain de la pomme de terre, et l'on a donné, comme nom générique, celui de *patato*, qui en est formé, à toutes ces plantes qui ont quelques rapports de végétation, de goût et d'emploi.

Paté, to, *adj.* et *s. m.* et *f.* Lambin, qui agit lentement, en style d'argotier, un lambinos ; mais il a un autre sens, qui dérive de celui-ci, également technique, et signifie scrupuleux, simple, timoré ; qui a des peines de conscience sur les moindres choses. *És uno patéto*, c'est une bonne fille, mais qui s'embarrasse de tout et n'ose pas dire que son âme est à elle. *Anas sès un paté*, allez, vous êtes une poule mouillée. — *Patéto*, dim. de *pato*.

Patèr, *s. m.* Pater, oraison dominicale ; grain de chapelet plus gros que les autres à la rencontre duquel on dit le Pater. *Aquò t'és défendu coumo lou pater as ases*, cela t'est défendu comme le pater aux ânes, c.-à-d. cela est autant au-dessus de tes forces, de ta capacité, de ton intelligence, qu'il est impossible à un âne d'apprendre le pater.

Patèr-dé-là, *s. m.* Pater de lait, grain de verre, d'émail ou d'agathe, espèce d'amulette que les femmes superstitieuses portent au cou, lorsqu'elles nourrissent, pour faire monter le lait au sein, en avoir beaucoup ou le faire passer. Il fallait sans doute, dans le principe, y joindre quelques *pater*, ce qui l'a fait appeler ainsi.

Patèrnéja, v. Dire des patenôtres, marmotter des prières, être grand diseur de patenôtres.

Patétariè, *s. f.* Lambinerie ; scrupules, simplicité, les petitesses ou les minuties de la dévotion. *Tout aquò sou pas qué dé patétariès*, ce ne sont que de vains scrupules, des vétilles, des niaiseries. *N'a pas qué dé patétariès à dire*, il n'y a que des misères à vous dire.

Dér. de *paté*.

Patété, to, *s. m.* et *f.* Diminutif ou plutôt réduplicatif, car il augmente le défaut ; dér. de *paté* pris dans sa deuxième acception de vétilleux, timoré, scrupuleux outre mesure.

Patétéja, v. Lambiner, faire *lou paté* ou être *paté*, lambin.

Patì, v. Souffrir, pâtir ; endurer, supporter ; peiner, avoir de la peine, de la difficulté. *Pati coumo las érugos, coumo las sèrs, coumo las pèïros*, être misérable comme les chenilles, comme les serpents, malheureux comme les pierres. *Aquél pdoure mounde patissou, sé savias*, vous ne savez pas combien ces pauvres gens pâtissent, souffrent de la misère. *A pas fini dé patì*, il n'est pas au bout de ses peines. *Lou fagués pas patì*, ne le faites pas souffrir, ne prolongez pas son agonie, expédiez-le vite. *Lou pode pas patì*, je ne puis le souffrir, il m'est insupportable. *Pode pas patì lou bure*, je ne puis sentir, supporter le beurre, je l'ai en aversion. *Patira à sé gandì dé jour*, il lui sera difficile d'arriver de jour, il aura de la peine à arriver avant la nuit. *Lou tén patis à sé léva*, le temps à grand'peine à se mettre au beau. *Vous prouméte qué patissièi pas à téne lou rire*, je vous assure que je n'avais pas de peine à m'empêcher de rire, phrase assez originale dont on se sert en racontant un très-mauvais moment qu'on a eu à passer, un danger que l'on a couru.

Dér. du lat. ou plutôt le lat. *pati*, m. signif.

Patimén, *s. m.* Souffrance, misère.

Patin, *s. m.* Patin, soulier dont la semelle en bois est mobile dans la moitié du côté du talon. Le patin, fourré en dedans, était excellent pour le froid et pour la boue ; c'était la chaussure ordinaire des femmes pendant l'hiver et plus d'un homme ne le dédaignait pas. Aujourd'hui il est fort passé de mode : le caoutchouc en fera fin.

Patin-patourlo. Pati-pata ou bredi-breda, mots fabriqués pour exprimer la trop grande volubilité de la langue et pour s'en moquer.

Pati-pata-pas-rés, Patati-patata et puis plus rien ; mot-à-mot à peu près de ce cliquetis de syllabes inventé pour donner une idée de beaucoup de paroles ou beaucoup de bruit pour rien, et que l'on répond à quelqu'un qui vous fatigue de mauvaises raisons, de sottes excuses.

Pato, *s. f.* Dim. *Patéto*, augm. *Patasso*. Patte. Le français fait une différence entre pied et patte, en ce qui concerne les animaux : il dit pied, des animaux solipèdes ou au pied fourchu, le bœuf, le cheval, le porc, le mouton, etc., et patte, des quadrupèdes qui ont des doigts, des ongles ou des griffes ; des insectes et de tous les oiseaux, hormis les oiseaux de proie qui ont des serres. Le languedocien fait une différence du même genre entre *bato* et *pato* et généralement il emploie la première pour pied et la seconde pour patte ; mais la règle peut être moins rigoureuse qu'en français : on dit plutôt par exemple, *la bato d'un lioun* ; et *pato* sert aussi à rendre la serre de l'oiseau de proie. — *Pato d'éspargue*, patte d'asperge. — *Pato*, patte, clou à tête plate, et percée pour recevoir une pointe ou une vis qui sert à attacher un lambris, une glace, etc. — Voy. *Bato*.

Dér. du grec πατεο, fouler aux pieds.

Patò, *s. m.* Brique dont la forme est un carré long presque aussi épais que large ; sa massiveté lui a fait donner ce nom qui est l'appropriation languedocienne de pataud. — *Patò*, masc. de *patdoudo*. — Voy. ce mot.

Patouès, o, *adj.* et *s. m.* et *f.* Qu'on ne doit pas rendre par patois, du moins dans l'acception du dictionnaire de l'Académie. De même qu'ils disent *parla francés, éspagnoóu,* voire *latis,* les habitants du Languedoc disent au même titre *parla patouès,* car c'est ainsi que s'appelle la langue qu'ils parlent : le languedocien n'a pas d'autre nom que *patouès,* et celui-là en vaut bien un autre. Qu'importe que le français ait altéré le sens du mot et en fasse un reproche ou une moquerie, quand il devrait en faire un titre d'honneur : *Patouès* tire son origine de *patria* ou *patavinitas,* la langue des pères ou de la patrie ; c'est ainsi que le languedocien l'entend, l'emploie et l'accepte de son vainqueur. L'article suivant de l'abbé DE SAUVAGES, que nous tenons à tous égards à reproduire, démontrera péremptoirement qu'en donnant le nom de patois, avec le sens qu'il lui attribue, à son rival malheureux, le français manque de justice aussi bien que de courtoisie.

Le mot *patois* est un terme général qu'on applique aux différents jargons grossiers et rustiques que parle le bas peuple, soit dans les provinces, soit dans la capitale, puisqu'on dit, le patois normand, champenois, et le patois des halles. Mais il paraît que cette sorte de langage n'est réputé rustique et grossier que relativement à un autre de même genre, qui est plus pur, plus correct, plus cultivé, que parlent les personnes lettrées ou bien élevées.

Ainsi le patois normand, par exemple, est un patois du français ; et il n'est réputé tel, que parce que ce langage du bas peuple de Normandie, est du français corrompu ou altéré, et fort inférieur à celui de la cour et des honnêtes gens de la capitale ; en un mot c'est un langage dégénéré d'une langue plus parfaite, mais de même genre, et qui ont l'un et l'autre une origine commune.

Il n'en est pas de même du gascon ou languedocien, auquel on a donné la dénomination de patois par une suite de l'espèce d'avilissement et d'oubli où il est tombé depuis environ un siècle, faute de culture ou d'encouragement ; tandis que depuis la même époque on s'est appliqué à perfectionner la langue française, qui a fait presque éclipser son ancienne rivale, et qui la fait de plus en plus dédaigner.

Le languedocien, quoique négligé, et en partie dégénéré, n'en est pas moins une langue à part, loin d'être le patois d'aucune autre : langue aussi bien à soi, que puissent l'être aucune de celles de l'Europe, et qui a ses termes propres, sa syntaxe et sa prononciation entièrement étrangères au français, et dont le génie, le tour des phrases et des constructions sont si différents de cette dernière langue, qu'on les appelle gasconismes, lorsqu'ils s'y trouvent mêlés.

« Le nom de patois ne peut convenir à une langue subsistante (disent D. Vaissette et M. Court de Gebelin), depuis plus de quinze cents ans, formée sur les plus anciennes de l'Europe, plus ancienne qu'aucune de nos langues modernes, entre autres le français, et dans laquelle on trouve tout ce qui constitue une langue abondante à certains égards, et surtout agréable. »

Il n'y a pas de doute qu'il n'a manqué à ce prétendu patois, pour devenir la langue dominante du royaume, que de s'être trouvé dans les mêmes circonstances qui ont favorisé les progrès de la langue française, ou que nos rois eussent pris pour la capitale de leur empire et leur séjour ordinaire, une des villes de la langue d'Oc : c'est bien alors que la langue d'Oïl eût été regardée, à plus juste titre, comme un jargon grossier et rustique. — *Voy. Rouman.*

Patouïa, *v.* Patrouiller, patauger, marcher dans une eau bourbeuse ou dans de la boue liquide. On dit, par extension, *patouia,* patauger, lorsque embarqué dans une mauvaise affaire, on essaie divers moyens d'en sortir sans trouver le bon qui souvent n'existe pas, comme celui qui patauge dans un bourbier, fort embarrassé de s'en tirer. — *Patouia;* qui se dit patrouiller, dans certaines provinces françaises : lorsque dans une rivière ou un canal, un barrage inférieur fait monter l'eau de manière que la roue motrice d'une usine en amont est immergée et ne peut plus tourner parce que la chute est diminuée ou annulée, on dit de cette roue ou de cette usine qu'elle *patouïo,* et c'est encore par assimilation à quelqu'un qui se trouve enfoncé dans une mare sans pouvoir marcher.

Patouïaïre, patouïaïro. *s. m.* et *f.* Patageur ; en style familier, irrésolu ; qui ne sait pas se décider, qui essaie maladroitement et inutilement plusieurs partis sans savoir en suivre aucun.

Patouïar, *s. m.* C'est le nom de celui qui, dans un moulin d'huile, empile sous la presse les cabas remplis de pâte d'olives.

Patouïo, *s. f.* Lavoir, pièce à portée d'une cuisine où on lave et où l'on tient la vaisselle.

Patoul, *s. m.* Patrouillis, gâchis, margouillis, amas de boue liquide ou d'eau bourbeuse, altér. de la bass. lat. *pasta,* pâte, mélange de farine et d'eau pétries et tout ce qui y ressemble.

Patraquo, *s. f.* Patraque, personne à santé délabrée, corps faible, usé ; patraque, machine mal faite, ou bien usée, détraquée.

Patrifas, *s. m.* plur. *Patrifasses,* tripotage, fagot, médisance, paquet.

Patrifasséja, *v.* Bavarder, tripoter, faire des micmacs, des fagots, des *patrifasses.*

Patrifasséjaïre, Patrifasséjaïro, *s. m.* et *f.* Brouillon, feseur de tripotages, de fagots, de micmacs, de *patrifasses.*

Patrifassiè, ïro, *s. m.* et *f.* Variante de *patrifasséjaïre.*

Patroun-fangué, *s. m.* Cogne-fétu, tâtillon, embarrassé dans tout ce qu'il fait, comme on le serait en marchant dans la boue, *fango,* pour ne pas se crotter, ou peut-être comme un patron manœuvrant sa barque dans une mare fangeuse.

Pavano, *s. f.* On ne l'emploie que dans cette phrase : *batre la pavano,* battre l'estrade, vagabonder ; peut-être par quelque rapport de consonnance avec battre le pavé.

Pavoun, *s. m.* ou **Paoun**, Paon, paon domestique, *Pavo cristatus*, Linn. Originaire des Indes orientales, le paon existe depuis si longtemps, en Europe, qu'il peut être considéré comme un oiseau indigène ; c'est le plus beau de tous. Malgré la laideur de ses pattes et de son cri affreux, on l'admire pour les magnificences de son plumage tout en riant de la vanité quelque peu sotte qu'il met à les étaler. Ainsi que l'oie, avec laquelle il serait bien humilié d'être comparé, il est de très-bon goût et, du haut des toits ou des arbres où il aime à se percher, il crie, comme il sait le faire, aussitôt qu'il aperçoit venir quelqu'un. Le jeune paon est un rôti de luxe ; la chair des vieux est dure et sèche. Cet oiseau cause beaucoup de dégâts aux jardins et aux toits des maisons ; de sorte que, malgré ses qualités ou plutôt à cause de ses qualités, assez peu de personnes peuvent en avoir et on l'élève plutôt comme objet d'ornement que comme utilité. !Le paon blanc, dont l'introduction en France est due, dit-on, au roi René, est une variété de paon domestique.

Pavouna (sé), *v.* Se pavaner, se panader, se carrer, marcher avec ostentation et complaisance, d'un air fier et superbe : c'est faire le paon ou comme le paon qui fait la roue et qui, tout en s'admirant, semble dire : admirez-moi.

Pé, *s. m.* Pet, vent qui sort avec bruit du fondement ; tout bruit qui se produit en éclatant comme celui d'un fusil, d'une mine, du tonnerre, d'un fouet qui claque, d'une branche qui craque et se rompt. De quelqu'un qui fait beaucoup d'ouvrage, qui dépêche besogne, on dit : *né faï coumo un ase dé pés. Parlas à l'ase, vous fara dé pés*, chantez à l'âne, il vous fera un pet, le proverbe languedocien a un équivalent dans : *fasès dé bé à Bèrtran, vous ou réndra én caguan.*

Dér. du lat. *peditus*, de *pedo*, m. signif.

Pè, *s. m. plur.* Pès ou Pèses. Dim. *péné*, augm. *pénas*. Pied, partie du corps, à l'extrémité de la jambe, qui sert à se soutenir et à marcher. On ne le dit que de l'homme : là où le français dit pied pour un animal, le languedocien se sert de *bato*, *col-dé-pè*, cou de pied. *Pè-dé-bourdo*, pied-bot, qui ressemble à la boule noueuse, *bourdo*, qui termine par en bas un gros bâton ou gourdin. *Sàouta dé pe-joun*, sauter à pieds joints. *Passa dé pè-joun*, passer de plein saut, arriver sans passer par les degrés intermédiaires. *A pè-couqué*, à cloche-pied. *Pè-dèscàou*, nu-pieds, les pieds-nus. *Tène pè*, au jeu de boules, piéter, tenir le pied au lieu marqué. *Tène pè à quàouqus*, marcher aussi vite que quelqu'un, le suivre pied à pied, et par extension, faire autant d'ouvrage que lui. *Sé càoussa d'un pè 'n doutre*, contraction de *d'un pè un doutre*, chausser un pied pour l'autre ; au fig. *Faïre* ou *préne quicòn d'un pè 'n doutre*, c'est faire une chose à rebours, en comprendre une autre à l'envers. *Douna lous pèses à un éfan*, habiller un enfant, lui donner sa première robe quand il commence à marcher. *Trouba sabato én soun pè*, trouver chaussure à son pied. — *Pè* est encore la tige, le pied d'un arbre, qui se dit pourtant mieux *cambo*, la base, le support, le pied d'une table, d'un lit, d'une échelle, etc. — Le pied de roi, mesure, se dit *piè*.

Dér. du lat. *pes*, m. signif.

Pébérin, *s. m.* Pièce d'artifice tout-à-fait primitive : c'est un peu de poudre écrasée et pétrie avec de l'eau ou de la salive, puis moulée en petite quille ; quand elle est à peu près sèche, on met le feu à la pointe et elle brûle, sans éclater, en fusant, à la grande joie des enfants qui s'amusent ainsi. De quelqu'un emporté, qui part comme une soupe au lait, qui est vif comme la poudre, on dit : *és un pébérin.*

Dér. du lat. *pulvis, pulveris*, poudre.

Pébéroù, *s. m.* et mieux **Coural**. — *Voy.* ce dernier.

Pébra, *v.* Poivrer, assaisonner avec du poivre. Au fig. survendre, vendre trop cher ; on dit de quelqu'un qui a surpayé quelque chose : *y-ou an pébra*, on le lui a poivré ou salé, tous deux s'emploient dans le style familier.

Pébrado, *s. f.* Poivrade, sauce avec du vinaigre, de l'huile, du sel, où le poivre n'est point ménagé.

Pèbre, *s. m.* Poivre, fruit du poivrier aromatique, *Piper nigrum*, Linn., arbrisseau qui ne croît que dans les Indes orientales. Le poivre blanc n'est autre chose que le poivre commun dépouillé de son écorce noire. C'est l'épice qui tient le premier rang dans la cuisine de nos campagnards surtout ceux de la montagne ; ils en font une large consommation, car il n'est guère de mets où il n'en jettent abondamment.

Dér. du lat. *piper*, m. signif.

Pébriè, *s. m.* Gatilier, *Vitex agnus-castus*, arbrisseau dont les feuilles sont à peu près comme celles du chanvre. Ses fruits ressemblent à des grains de poivre dont ils ont un peu l'âcreté et l'arome ; c'est de là que lui vient le nom de *pébriè*, poivrier.

Pébriè, *s. m.* Autrefois on appelait ainsi l'épicier, marchand de poivre, la principale ou la seule épice alors en usage parmi le peuple, quand c'était lui qui faisait et donnait les noms.

Dér. de la bass. lat. *pebrarius*, marchand de poivre.

Pébrièiro, *s. f.* Poivrier, boîte, ordinairement en fer-blanc, pour contenir le poivre moulu ; c'est le plus souvent par sa forme, un moulin-à-vent microscopique, une miniature de ces tourelles qui en avaient pris leur nom : à la pointe de son toit en cône est une petite ouverture par laquelle s'échappe le poivre dont on saupoudre les divers apprêts. La poivrière, toute différente, est une boîte à compartiments dans lesquels on tient le poivre, le girofle et les autres épices.

Pécadoù, Pécadouno, *adj.* et *s.* Pécheur, pécheresse.

Dér. de *péqua*, pécher.

Pécaïre, *interj.* Variante de *péchaïre*. — *Voy.* ce dernier.

Pécata, *s. m.* Peccata, nom que le français donne seulement aux ânes qui figurent dans les combats d'animaux et que le languedocien a pris pour en faire un nom commun a tous les individus de l'espèce. Dans ces tristes jeux, le pauvre baudet est le souffre-douleurs, le paillasse de la troupe qui reçoit tous les coups, et l'on a trouvé plaisant de l'appeler *peccata* parce qu'il porte les péchés des autres.

Péchaïrasso, *interj.* Augm. de *pechaire;* il est aussi trop compatissant pour n'être pas souvent ironique : *C'est alors le Pauvre homme!* de Tartufe, prononcé par une autre bouche que celle d'Orgon.

Péchaïre, Dim. *péchaïreto,* aug. *péchaïrasso, interj.*, qui exprime ordinairement la compassion, l'amitié, la tendresse, que l'ironie rend parfois dédaigneuse ou narquoise, et qui souvent n'est qu'explétive. Les Italiens ont *poverello, poverino, poveretto, poveraccio,* à la place de notre *péchaïre* et ses dérivés, que le français pauvret, quoiqu'il s'en approche le plus, ne peut cependant rendre dans toutes ses métamorphoses. *S'és tout amalugà péchaïre!* il s'est brisé, moulu en tombant, le pauvre diable, le pauvre malheureux! *Déqué faran aquéles éfan, péchaïre!* que deviendront ces pauvres petits enfants! *Es tan trasso, péchaïréto !* elle est si frêle, si malingre, la pauvre fillette! *Péchaïre! souï bièn maldou,* hélas! ou mon Dieu! je suis bien malade. *Péchaïre! i dounarias lou bon Diou sans counfessa,* le pauvre homme! la bonne pièce! Vous lui donneriez le bon Dieu sans confession. *S'ès bé dé plagne, péchaïre!* Vraiment! vous êtes bien à plaindre, c'est bien à vous à vous plaindre. *Et ièou, pechaïre, sans pénsa mdou,* et moi bonnement, sans songer à mal. — Des dialectes voisins prononcent *pecaïre* qui, anciennement, signifiait pécheur, celui qui commet des péchés; ce mot n'est plus d'usage dans ce sens, mais il est resté pour s'appliquer à quelqu'un qui est à plaindre comme doit l'être un pêcheur.

Pèço, *s. f.* Dim *pécéto.* Pièce, morceau, *uno pèço dé lard,* une pièce, un quartier de lard, *uno pèço de pan,* une tranche de pain pour faire une tartine, *uno pèço dé soulé,* une hausse, pièce de cuir que les cordonniers attachent à une semelle usée. Il s'emploie en général pour rendre le français pièce, même lorsqu'il s'agit de certaines choses qui font un tout complet. *A tan la pèço, cinq sóous pèço,* à tant la pièce, cinq sous pièce. *Uno pèço dé tèlo, uno pèço dé cranto-sóous,* une pièce de toile, une pièce de quarante sous. — Le dim. *pécéto* ne se dit que d'une petite pièce d'argent, une piècette.

En Italien *Pezzo,* morceau.

Pèço-dé-la-crous, *s. f.* Gras double, partie de la panse du bœuf ou ligament en croix de son premier ventricule, ou de celui qui est au-dessus du réseau.

Pécolo, *s. f.* Crotte, crottin de lapin, de souris, de ver à soie, de chèvre, de brebis, etc., toujours moulée sous la même forme et dure, en l'état de santé de ces animaux; excrément dur et arrondi des personnes constipées.

Dér. du lat. *pecora* plur. de *pécus,* pris particulièrement par brebis ou mouton dont le produit en question est le le type du genre.

Pécolo, *s. f.* Pécore, personne sotte, stupide, bête, animal. Les latins employaient aussi dans le même sens *pecus, pecoris.*

Pécoul, *s. m.* Pied d'une table, d'une chaise, d'un banc, d'un lit; queue ou pédoncule d'un fruit, pétiole d'une feuille; par extension, bras dodu, vigoureux et surtout jambe grosse et forte. *A de bos pécouls,* il est solide sur sa base, il a de bons piliers.

Dér. du lat *pediculus,* dim. de *pès,* m. signif.

Pécoula, v. Mettre un pied ou les pieds à un meuble, mettre un *pécoul.*

Pécoula, v. Lâcher du crottin, fienter à la manière des animaux qui font des *pécolos.*

Pécoula, *s. m.* Fumier de crottin, crottin de bergerie qu'on appelle également *migou :* c'est l'amas, l'agglomération de *pecolos.*

Pèga, v. Poisser, enduire de poix ; c'est particulièrement, marquer les moutons, et les brebis, c.-à-d. imprimer sur leur toison, avec de la poix, le chiffre du propriétaire : cette marque est nécessaire pour les reconnaître, quand on réunit plusieurs troupeaux, pour les envoyer passer l'été à la montagne. *Aquò pégo,* cela est poisseux, gluant, cela poisse les mains.

Pégadoù, *s. m.* Marque en fer ou en bois, qu'on trempe dans la poix pour imprimer les signes qu'elle porte sur le dos des bêtes à laine, pour les *pega.*

Pégas, *s. m.* Emplâtre de poix, qu'on nomme plus communément *emplastre,* —Voy. ce mot et *Pégo. —Pegas* se dit aussi d'une grande tâche poisseuse, grasse ou visqueuse, formant enduit, comme serait celle de moût ou de cambous Il est également l'augm. de *pégo* dans le sens d'importun, obsédant.

Pégassoù, *s. m.* Dim. de *pégas* dans toutes ses acceptions.

Pégò, *s. m.* Nom méprisant que l'on donne en général aux cordonniers et particulièrement aux mauvais, aux savetiers. Il vient de l'emploi fréquent que ces artisans font de la poix, *pégo.* — *Pégò* devient souvent une qualification injurieuse qui correspond à grossier, malotru. On dit de même : *és un pégò,* comme en français : C'est un savetier, d'un mauvais ouvrier, en quelque métier que ce soit. Dans les deux derniers sens on féminise souvent l'expression et l'on dit *pégoto.*

Pégo, *s. f.* Poix, ne s'entend que de la poix noire servant, dans l'emploi le plus commun, à marquer le bétail, à poisser le ligneul des cordonniers qui, à cause de cela, ont reçu le surnom dont il est question à l'art. précédent. On l'obtient par la combustion étouffée du bois de pin ou de sapin dont la résine, noircie par la fumée ou la suie qui s'y mêle, dans l'opération, forme cette poix. *Nègre coumo la pégo,* noir comme la poix, comme l'encre. Dans un endroit très-sombre et surtout d'une nuit très-obscure on dit : *és escu coumo la pégo,* il fait noir comme dans un four. — *Ès uno pégo; qué sièss pégò!* s'adresse à un importun, un fâcheux qui vous obsède et dont on ne peut pas plus se débarrasser que de la poix qui vous tient aux mains; en langage familier on rend cette acception par : C'est un emplâtre.

En espagnol *pega* et en ital. *pece*.

Pégo, *s. f.* Meconium, excrément noir, épais et gluant qui, pendant la grossesse, s'amasse dans les intestins du fœtus, et qu'il rend par le fondement deux ou trois jours après sa naissance. A défaut de terme scientifique, on désigne ainsi cette matière à cause de sa ressemblance avec la poix noire; on voit que c'est bien moins un nom qu'une comparaison.

Pégo-dé-Bourgougno, Poix de Bourgogne, poix blanche ou plutôt d'un blanc jaunâtre; suc résineux de plusieurs espèces de pins, lorsqu'on en a extrait la térébenthine; elle est extrêmement tenace, et c'est pourquoi on l'emploie à faire des emplâtres dessicatifs. Du reste, les emplâtres de poix de toute espèce, sous toutes les formes, pour toutes les maladies, jouent un très-grand rôle dans la médecine de campagne. — On dit par syncope : *Siès un emplastre-dé-Bourgougno*, à un importun, un fâcheux des plus tenaces. — *Voy. Emplastre.*

Pégoumas, *s. m.* Emplâtre de poix; variante de *pégas* avec l'idée toutefois d'une plus grande dimension. — SAUVAGES donne aussi à *pégoumas* la signification de torchon, qui n'est alors en usage que dans les dialectes voisins.

Pégoumassa, *v.* Poisser, empoisser, enduire largement de poix et, par extension, de toute autre matière épaisse et gluante; couvrir d'un *pégas*, d'un *pégoumas*.

Pégoùs, Pégouso, *adj.* Poisseux, gluant, visqueux. Au fig. *pégoùs*, avec toute la série des *pégo, pégas, pégassoù, pégoumas, pégoutuègno*, forme ce répertoire gradué dont on qualifie, un importun, un fâcheux, un *emplâtre*, selon son degré de tenacité ou la dose d'ennui qu'il procure.

Pégoutuègno, *s. f.* Tout ce qui poisse, englue, forme une tâche visqueuse, s'attache et tient comme la poix et, par extension, la gent fatigante des fâcheux, des importuns. On sait que la terminaison *uègno* exprime ordinairement le mépris, le dédain et le dégoût.

Péïa, *v.* Boucher, calfeutrer, tamponner avec du vieux drapeau, du chiffon, *péïo*.

Péïaró, *s. m.* Chiffon, drapeau, petit et mauvais morceau de linge, d'étoffe. Dim. de *péïo*.

Péïla, *v.* Fermer à clé, mot à mot faire mouvoir, faire jouer *lou péïle*.

Péïle, *s. m.* Ne dut être d'abord que le pène, cette partie mobile d'une serrure qui joue au moyen de la clé et entre dans la gâche, faisant ainsi fonction de verrou; mais dans l'usage on prend la partie pour le tout, et *péïle* signifie la serrure elle-même, qui se dit autrement *saraïo*.

Dér. du lat. *pessulus*, dont le français avait fait aussi pêle qu'on disait autrefois pour pène.

Péïo, *s. f.* Haillon, chiffon, peilles qui sont les vieux chiffons qu'on emploie dans la fabrication du papier. *Carguo-péïo*. — *Voy*. ce mot.

Dér. de la bass. lat. *pellia*, m. sign. formé du lat. *pellis*, peau, enveloppe, couverture.

Péïofo, *s. f.* Ecale, peau des pois qui se détache à la cuisson; écorce brune, première peau de la châtaigne; coque-vide de la graine ou des œufs de vers à soie, après que l'insecte éclos l'a abandonnée. En général *péïofo* s'emploie aussi, indistinctement, avec *péïoou* et *péloùiro*, pour désigner la peau, l'écorce, la coque de beaucoup de fruits et de grains, principalement lorsque cette pelure, enlevée d'une manière quelconque, est séparée de ce qu'elle enveloppait.

Dér. du lat. *pellis*, peau, enveloppe.

Péïoou, *s. m.* Coque, coquille, écale d'œuf. D'une personne fort jeune, d'un blanc-bec qui veut faire l'entendu, l'olibrius on dit : *faï pas qué dé sourti dàou péïoou*, il ne fait que sortir de la coquille. — *Voy. péïofo*. — *Péïoou*, ivresse, état de celui qui est pris de vin. *Avédre*, *préne* ou *cargua un péïoou*, être soûl, se griser, s'enivrer, se soûler. Il est souvent impossible de chercher même à expliquer une phrase, un mot d'argot : un simple rapport de consonnance, un mal-entendu, un quiproquo, un caprice, le hasard leur donnent naissance; puis ils se perpétuent, même quand ils ne semblaient n'être pas nés viables. Ici cependant on peut indiquer du moins l'origine et le sens probables de *Péïoou* dans son dernier emploi. *Péïoou*, du lat. *pellis*, ne serait, dans cette acception, qu'un équivalent de *pèl* et se prendrait pour la peau de *mounino* autre technique fort usité pour la même chose. La locution signifierait donc, plus énergiquement encore, revêtir cette peau et devenir ainsi *mounino* au lieu seulement de lui ressembler. Ce qui ferait valoir cette dérivation ce sont les expressions *tràouqua la pèl, la séqua*, qui s'emploient en pareille occurence. — Voir ces mots et *mounino*.

Péïrado, *s. f.* Buvée, ce qu'on fait cuire dans un chaudron pour le repas des pourceaux. *Péïrado* doit être une altération, une syncope de *péïroulado*, chaudronnée; cependant une auge à cochons, faite en pierre, *péïro*, a pu former cette expression qui signifierait le contenu d'une de ces auges.

Péïral, *s. m.* Margelle d'un puits, seuil d'une porte; tablette d'appui d'une fenêtre.

Pèïre-Buféïre, *n. p. de lieu*. Pierre-Buffière, petite ville ou village du Limousin, dont le nom n'est venu jusqu'ici que par la réputation d'un de ses curés, fort saint homme sans doute, mais très-loin d'être savant, à ce qu'il paraît. Aussi lorsqu'il s'agit de quelqu'un de peu lettré, ne manque-t-on pas de dire : *és coumo lou cura de Pèïre-Buféïre qué saviè pas légi qué din soun libre, amaï din sa glèiso*, il est comme le curé de Pierre-Buffière qui ne savait lire que dans son livre et encore dans son église.

Péïrèlo, *s. f.* Pérelle ou parelle, Patellaire parelle (*Patellaria parella*, Hoff.), plante qui croit sur les rochers sous forme de croûte blanchâtre, de la famille des lichens. On l'emploie dans les teintures en rouge, après l'avoir préparée avec de la chaux et de l'urine, et en avoir formé une pâte connue sous le nom d'orseille que porte aussi la plante elle-même. Il y a diverses qualités d'orseille provenant de divers pays : la plus commune est l'orseille d'Auvergne.

Dér. de *pèiro*, pierre sur laquelle croit cette plante. Pérelle n'est autre que *péirelo* prononcée en français; celui-ci aurait formé différemment ce mot, s'il l'avait créé.

Pèirièiro, *s. f.* Carrière, lieu d'où l'on tire la pierre à bâtir, moellon ou pierre de taille.

Quelques dictionnaires français enregistrent perrière, mais alors, cette fois, nous dirons que c'est du languedocien.

Pèirigal, *s. m.* Pierraille, amas de petites pierres ; par exagération on le dit d'un champ très-pierreux, très-caillouteux.

Pèiro, *s. f.* Dim. *pèiréto*, aug. *pèirasso*. Pierre, corps solide et dur, non ductile, formé de particules terreuses qui, en se rapprochant les unes des autres, ont pris différents degrés de liaison. *Pèiro dé taio*, pierre de taille. *Pèiro-fréjdou*, pierre vive, calcaire, espèce de marbre ou se rapprochant du marbre dont elle a la densité et la froideur. — Voy. *Fréjdou*. *Pèiro négro*, pierre noire, schiste alumineux noir, qui se sépare en écailles, comme l'ardoise, et que les maçons et tailleurs de pierre emploient pour tracer leur ouvrage ; cette sorte de crayon ne marque que lorsqu'il est mouillé. *Pèiro-plantado*, pierre plantée, espèce de cippe ou de poteau placé à une bivoie ou à un carrefour, sur lequel on inscrit la direction des divers chemins qui y aboutissent. *Muraio à pèiro séquo*, mur de pierres sèches, c'est-à-dire bâti avec des pierres seules sans mortier ni aucun ciment. *Pèiro dou jo*, terme de jeu de boules où il est de règle que la personne qui, sans le vouloir, arrête ou détourne une boule, est considérée comme une pierre au jeu ou dans le chemin et que, par conséquent, le coup étant bon ne doit pas être rejoué. *Aquò vai coumo la pèiro à l'anèl*, cela va comme une pierre, un brillant à une bague, cela vient fort à propos. *Pichoto pèiro vèn à poun à gran bastimén*, pour exprimer qu'on a souvent besoin d'un plus petit que soi.

Dér. du lat. *petra*, m. sign.

Pèiro-jono, *s. f.* Nom d'une espèce de châtaigne. Les végétaux portent souvent le nom de leurs *inventeurs* ou de la personne à qui ceux-ci les dédient. *Pèiro-jon*, Pierre-Jean, qui est la manière dont certains dialectes languedociens prononcent Pierre-jean, dùt ainsi être le nom de l'arbre dont le fruit féminisé a fait *Pèiro-jono*.

Pèiro-malo, *n. p. de lieu.* Peyremale, commune du canton de Bessèges, qui faisait autrefois partie du canton de Génolhac.

L'étymologie de ce nom, qui s'applique à diverses autres localités du Midi de la France ne présente aucune obscurité.

Peyremale est aussi le nom de l'une des deux montagnes qui dominent le cours du Gardon, en amont de la ville d'Anduze. Celle qui porte ce nom est située sur la rive gauche de cette rivière, en face de celle de Saint-Julien qui domine la rive droite.

Ces deux montagnes appartiennent à l'étage oxfordien et celle de Peyremale ou Pierremale est spécialement remarquable par les plissements et les contournements des strates.

La hauteur sur laquelle est assis le village de Peyremale est formée par un contrefort de schiste talqueux qui présente une sorte de presqu'île contournée par la Cèze.

Le peu de consistance de cette formation schisteuse, qui s'effrite au contact de l'air, justifie l'appellation de cette localité : *Pèiro-malo*, Pierre-male ou mauvaise pierre.

Pèiròou, *s. m.* Dim. *pèiroulé*, aug. *pèiroulas*, chaudron, ustensile de cuisine, petite chaudière en cuivre avec une anse pour la porter et la suspendre à la crémaillère. *Un plén pèiròou*, une chaudronnée, plein un chaudron. Au fig. On appelle aussi *pèiròou* un endroit creux et fait en chaudron, soit une cavité qui contient de l'eau, soit un bas-fond entouré de montagnes ou de collines. *Lous Vans, Ginouà sou dinc un pèiròou*, la ville des Vans, de Génolhac sont bâties dans un chaudron.

SAUVAGES, qui mentionne le bas-breton ou gallois *pairer* comme signifiant chaudron, incline cependant à faire dériver notre *pèiròou* de *pèiro*, de ce que, dans un canton de la Lombardie, on fait au tour, avec un marbre appelé serpentine, en lat. *lapis ollaris*, pierre à pot, des chaudrons et autres vases pareils qui auraient été les premiers ustensiles de ce genre. Cette étymologie est sans doute bien préférable à celles de certains savants qui vont la chercher dans l'hébreu *parour*, chaudron, marmite, parce que l'hébreu est bien loin de nous ; ou dans le grec πυρεῖον, pot dans lequel on met du feu, attendu qu'ici c'est dehors qu'on le met. Toutefois une origine plus modeste et toute locale ne se présente-t-elle pas?

Pairòou, qui se dit presque aussi communément que *pèiròou*, de même que ce dernier et beaucoup d'autres mots à terminaison semblable, se prononçait autrefois et se prononce encore dans plusieurs dialectes *pairol*. Ce mot se lors se formerait de *paire*, père, signifiant par extension, chef, principal, le premier et de *oulo*, en lat. *olla*; on désignerait ainsi la plus grande, la principale marmite. Le mot suivant présente une analogie à l'appui de cette étymologie.

Pèiròu, ou **Mar.** *s. m.* Maîtresse-branche d'un arbre, grosse, principale branche. *Pèiròu* est dit pour *pairòu*, dim. de *paire*, père, auteur, d'où naissent les branches secondaires, ou premier, principal en sous-entendant le substantif. Dans les deux cas, *pairòu* étant en seconde ligne après le tronc a dû être un diminutif. Son synonyme *Mar*, formé dans la même pensée, vient du lat. *mas, maris*, mâle et par suite fort vigoureux, le même substantif restant toujours sous-entendu.

Péïrouïè, s. m. Chaudronnier, qui fait et vend des chaudrons et autres ustensiles de cuisine du même genre. Il s'applique surtout au chaudronnier ambulant appelé drouineur, qui porte tout son bagage dans sa drouine ou havresac et improvise son atelier sur la place publique. Ces artisans nomades sont quelquefois catalans ou calabrais; mais le plus souvent ils nous arrivent du Cantal, pays classique du métier. Dans le cri qu'ils font entendre pour s'annoncer en parcourant nos rues, on reconnaît avec quelque attention les paroles suivantes que défigurent un peu leur accent et leur traînante mélopée : *Péïróou rout à brasa, cassérolo à éstama, à blanchì les fourchettes.*

Péïroulado, s. f. Chaudronnée, ce qui est contenu dans un chaudron, *peïróou*.

Péïroulariè, s. f. Chaudronnerie, fabrique, marchandise et métier de chaudronnier. Si ce mot n'exprime plus qu'un nom de rue, ainsi que tous les noms de même genre, il ne doit pas être traduit et il faut seulement le prononcer à la française : c'est ainsi qu'à Alais on dit la rue Pérolerie qu'on écrit souvent Peyrolerie.

Péïrouna, ou **Caïssa** v. Taller; se dit des céréales : un grain qui germe n'a d'abord qu'une seule tige, mais lorsque multipliant ses racines latérales, il développe d'autres tiges à côté de la tige principale, il talle ou forme des tailles et produit ainsi à lui seul plusieurs épis; c'est ce qu'on appelle *peïrouna* ou *caïssa*.

De *peïroù*, maîtresse-branche, on a formé ce verbe qui signifie faire des branches, des tiges.

Péïs, s. m. Pays, région, contrée. *Lou peï-bas,* car alors l's ne se fait plus sentir; pour les hautes-Cévennes, la Lozère, l'Aveyron et même pour les pays montueux plus éloignés encore vers le nord, c'est tout le plat-pays méridional du Gard en y adjoignant les parties limitrophes de l'Hérault, de Vaucluse et des Bouches-du-Rhône. *Quan las mountagnos soun blanquos, lou péï-bas és bièn fre,* quand il neige sur la montagne, il fait bien froid dans la vallée : les personnes, dont l'âge a blanchi les cheveux, remarquent que ceci n'est point une simple observation météorologique.

Péïsan, do, s. m. et f. péj. *péïsandas*, so. Paysan, paysanne, homme, femme de village, de campagne, ou habitant la ville qui ne s'occupe que des travaux des champs. *Un bon péïsan,* un paysan aisé. *A la péïsando,* à la manière des paysans, à la paysanne. — L'augmentatif ne concerne point la condition, mais l'éducation, les habitudes : *un péïsandas,* un gros paysan, lourdaud, s'applique aussi, par assimilation, à tout individu grossier, sans formes, inculte au physique et au moral.

Dér. du lat. *paganus,* dont la bass. lat. avait fait *pagens,* m. sign.

Péïsandaïo, s. f. Paysannerie, la classe des paysans, la gent paysanne. Ce mot comporte un sens déprisant comme beaucoup d'autres à désinence semblable. *Y-aviè pas qué dé péïsandaïo,* il n'y avait que des paysans.

Dér. de *péïsan* et de la terminaison *aïo* qui donne aux mots à qui on l'unit l'idée de généralité, de collection; elle paraît dérivée de *all*, qui dans les langues germaniques signifie tout, le tout ensemble. C'est ainsi que se sont formés *gusaïo, tripaïo, etc.,* tous les gueux, toutes les tripes, comme en français mangeaille, pierraille, etc., tout ce qui se mange, toutes les pierres, un amas de pierres.

Péïsandoù, **péïsandouno**, s. m. et f. Petit, jeune paysan. Il prend quelquefois une signification particulière et de même qu'un *moussurò* est un artisan, un paysan qui cherche à s'élever et fait le monsieur, *un péïsandoù,* est un monsieur qui se laisse aller, tend à descendre et, par ses habitudes, se fait paysan, est un peu paysan.

Péïssoù, s. m. Dim. *péïssouné,* augm. *péïssounas.* Poisson, animal qui naît et vit dans l'eau. *Péïssoù d'Abriou,* poisson d'Avril, attrape fort en usage le premier de ce mois et qui consiste à faire accroire à quelqu'un une fausse nouvelle ou à l'induire à une course inutile. *Qué prén un péïssoù pesquo,* pêche toujours qui en prend un, les petits profits ne sont pas à dédaigner. *Ounte y-a lou bouioùn y-a lou péïssoùn,* il n'est que pêcher en grand vivier : conseil qui ne s'adresse pas seulement aux pêcheurs mais aux gens timides pour les engager dans les grandes entreprises où il y a plus à gagner. Ajoutons que comme *bouioùn* signifie aussi l'eau trouble d'une inondation, dans laquelle en effet la pêche est ordinairement fructueuse, d'autres pêcheurs en eau trouble s'arrangent volontiers de ce dicton en en détournant un peu le sens.

Dér. du lat. *piscis,* m. sign. dont l'ital. a fait aussi *pesce* et *pescione.*

Péïssougnè, s. m. Poissonnier, qui vend le poisson frais, la marée. On dit aussi par fantaisie *péïssougnè* de quelqu'un qui aime le poisson comme on dit soupier pour celui qui aime la soupe.

Péïssougnèïro, s. f. Poissonnière, marchande de poissons; poissarde, qui a la même origine : les poissonnières étant partout un peu fortes en gueule comme les dames de la halle de Paris. — *Peissougnèïro,* poissonnière, ustensile de cuisine dans lequel on fait cuire le poisson en entier.

Péïssounariè, s. f. Poissonnerie, endroit, halle où l'on vend le poisson.

Péïssounén, quo, adj. Poissonneux; qui abonde en poissons.

Péïtavì, n. p. qu'il faut rendre par Peitavin, bien qu'il ne soit autre que Poitevin, car il est formé du lat. *pictavi,* habitants de Poitiers, du Poitou. On ne se doute pas de ce qu'on a sous la main lorsque, pour désigner un de ces compagnons du devoir qui portent le surnom de Poitevin, on l'appelle *pouatevèn;* il est vrai que d'autres lui disent *podévèn,* mais les premiers font du patois et les autres ne savent ce qu'ils font. — *Péïtavì* est encore le nom qu'à Saint-Ambroix et dans ses environs on donne à la ronce bleue. (*Rubus cæsius,* Linn.)

Péïtràou, s. m. Poitrail, le devant, entre les deux

paules au-dessus de l'encolure, des bêtes de trait et de somme ; poitrail, harnais qui passe sur cette partie.

Der. du lat. *pectus, pectoris*, poitrine

Péitrâou, *s. m.* Terme de scieur de long : les anses ou le joug de la partie inférieure de la scie, par où les scieurs qui sont à terre tirent de haut en has la scie, que celui qui est sur la ligne laisse descendre et remonte ensuite pendant que les premiers cessent à leur tour de tirer. *L'un tiro la rèsso et l'doutre lou peitrâou*, moyen excellent de ne rien faire quand on ne s'entend pas, car c'est tirer chacun de son côté en même temps.

Ce mot est dit aussi à cause de la position que cette partie de l'outil tient contre la poitrine de l'ouvrier.

Péitrino, *s. f.* Terme de boucherie, poitrine ou bas-côté de l'animal : c'est la partie au-dessous du haut-côté ou du *brou* et qui contient, pour le mouton, les bouts des côtes ou carré de cotelettes ; le bas-côté s'étend depuis le milieu de la cavité de la poitrine jusqu'au brechet, *paleto de l'estouma*. La poitrine de veau contient les os cartilagineux appelés tendons. — Bien qu'on dise, par imitation *uno deflecciou de peitrino* pour une fluxion de poitrine, *estouma* s'emploie le plus souvent, quoique d'une manière impropre, pour désigner l'intérieur de la poitrine et les organes essentiels qu'elle renferme. — *Voy. Estouma* et *Mèou*. Peitrino, quand il s'agit de l'homme, s'entend donc ordinairement de la partie extérieure. *Sé tusta la peitrino. I baïlé un santus sus la peitrino*, il lui donna un grand coup sur la poitrine. — *Voy. Santus*.

Dér. du lat. *pectus, pectoris*, et all. de poitrine.

Pèl, *s. f.* Peau, enveloppe du corps de l'animal. Elle est, particulièrement pour l'homme, composée de trois parties ou membranes superposées : 1º l'épiderme, *paleto* ou *premièro pel*, surpeau, la première peau et la plus mince, celle que les vésicatoires et les brûlures font soulever ; 2º le tissu réticulaire qui se trouve entre celui-ci et le suivant ; 3º le derme, le cuir de la peau ou la peau proprement dite qui lui donne la consistance. — *Pèl*, peau, pellicule, écorce, pelure des plantes, des fruits, des graines, du fromage, etc. *Pel d'iranje*, écorce d'orange. *Pèl dé poumo*, pelure de pomme. *Pèl dé sèr*. — *Voy. Ser*. *Pèl morto* ou *car-morto*, chair morte, insensible, durillon, petit calus que la marche et le travail forment sous les pieds et dans les mains. — En langage libre, *pèl* est une prostituée que le français, dans le même style, appelle aussi peau ; on donne même ce nom à une femme à qui on ne peut rien reprocher que de n'être plus jeune. — *Lèva la premièro pèl*, au jeu, dans une affaire d'argent quelconque, c'est gagner, pressurer vigoureusement quelqu'un, en un mot lui enlever la première peau, ce qui est bien près de l'écorcher tout-à-fait. Dans le vocabulaire figuré des viveurs, *trâouqua la pèl* c'est, après une ribotte, ce qu'on appelle, par une autre métaphore, en venir à un règlement de comptes et restituer ce qu'on a pris de trop ; c'est une allusion au *péròou*, à la *pèl de mounino* qu'on est censé revêtir dans une orgie bachique. *Voy.* ces mots. Il paraît que l'accident susdit aurait pour effet de trouer, de percer cette peau, ce qui la déprécie beaucoup au dire des connaisseurs : il est donc essentiel en pareil cas de la *sequa*, de la sécher, c.-à-d. de la bien préparer pour qu'elle soit de bonne qualité. — *Disputa la pèl avan d'avedre l'agnèl*, vendre la peau de l'ours avant de l'avoir couché par terre. *Mai toquo la pèl qua la camiso*, ma chair m'est plus près que ma chemise ; mes parents me sont plus que des étrangers : mon intérêt me tient plus à cœur que celui des autres. *Y-a mai de pèls dé cabrìs qué dé pèls dé cabros*, il va plus au marché de peaux d'agneaux que de vieilles brebis, il meurt plus de jeunes que de vieux.

Der. du lat. *pellis*, peau.

Pèl, *s. f.* Peau, en terme de magnanerie, mauvais cocon, inachevé, incomplet et par conséquent mince, faible et fournissant peu de soie d'une qualité inférieure. Les papillons qui proviennent de ces cocons produisent de la bonne graine ; il est vrai qu'on croit avoir remarqué qu'elle cessait de l'être à la seconde génération, ce qui dénoterait, chez le premier ver qui a fait un mauvais travail, les germes du moins d'une maladie et un commencement de dégénérescence. Aussi, ce qu'il y a de plus prudent et de mieux à faire, pour la reproduction de la graine, c'est de choisir les meilleurs cocons annonçant dans leurs auteurs toutes les conditions de santé et une vigueur qu'ils doivent transmettre entière à leur race. — *Pèl*, en terme de filature, est un cocon en grande partie dévidé, dont le fil est plus mince, parce qu'il tire à sa fin ; on le met, soit comme appoint à des cocons neufs pour compléter la grosseur voulue du brin de soie, soit pour maintenir égale cette grosseur lorsque le fil des cocons neufs commence à son tour à s'amincir. On file à deux, trois, quatre cocons et une ou deux peaux, *à dous, très fousels et uno, dos pels, etc.*

Péla, *v.* Peler écorcher. *Tésto pelado*, une tête chauve, un chauve.

Pélado, *s. f.* Écorchure ; le poil, la peau ; pelade, alopécie, maladie qui fait tomber les poils et les cheveux. *Y-a empourta la pelado*, il lui entamé, enlevé la peau, il l'a mordu, écorché jusqu'au vif, jusqu'au sang.

Pélaje, *s. m.* Pelage, couleur du poil de certains animaux, du cheval, du bœuf, du chien, etc.

Pélandro, *s. f.* Houppelande, dont on pourrait supposer que cet une corruption, si ce n'était plutôt un péjoratif capricieux de *pèl*, la houppelande étant primitivement une cappe, un manteau de berger fait de cuir ou de peau avec le poil. Des glossateurs font venir la chose et le mot d'Upland, province suédoise où cette sorte de casaque est en usage, de toute ancienneté, contre le froid et la pluie. Depuis, *pélandro*, comme houppelande, s'est dit d'autres surtouts d'homme. Aujourd'hui, on l'applique souvent par plaisanterie à toute redingote ou lévite ample et longue.

Pélàou, do, *s. m.* et *f.* Avare, vilain, ladre, pince-maille, fesse-mathieu ; malotru, bélître, gredin ; car l'avare bien caractérisé est un peu tout cela.

Pélar, *s. m.* — *Voy. Péraldoù.*

Pélardoù, *s. m.* — *Voy. Péraldoù.*

Pélégrì, *s. m.* Espèce de châtaignier qui fait la *pélégrino*. Il est probable que ce châtaignier, introduit plus dernièrement dans le pays, reçut alors le nom de *pélégrì*, du lat. *Peregrinus*, étranger.

Pélégrino, *s. f.* Espèce de châtaigne, fruit du *pélégrì*, la seconde en bonté, la meilleure après la *dàoufinénquo*, le marron, qui est la meilleure de toutes. Il n'est pas d'usage local de franciser le nom de l'arbre qui la produit, mais, pour le fruit, on dit ici couramment pélégrine, et nous proposons ce nom, si le climat et la culture l'ont modifiée, appropriée au pays, et en ont fait une variété inconnue ailleurs. — *Voy.* le mot précédent.

Péléstioù, *s. m.* — *Voy. Péloustioù.*

Péléto, *s. f.* Épiderme, surpeau. Dim. de *Pèl*, il se dit surtout d'un petit morceau d'épiderme enlevé par excoriation. — *Péléto* est aussi le fém. du nom d'homme *Pélé*, Pelet.

Pélican, *s. m.* Va-nu-pieds, poiloux, homme de néant. C'est, dit Sauvages, une corruption de *poblican*, publicain, nom qu'au XII° siècle on donna aux hérétiques albigeois, haïs et fort décriés. On sait que les publicains étaient, sous les Romains, les fermiers des impôts et revenus publics, et que leur nom, en horreur chez les Juifs, servit à désigner un grand pécheur, un homme de mauvaise vie, détestable par son caractère et par ses mœurs. Ce nom, ainsi défiguré, est resté dans le pays comme une qualification injurieuse dont on ne recherche pas l'origine et qui, de chute en chute, répond assez à celle de voyou, du vocabulaire populaire. Cela n'empêche pas que, si l'on avait à parler du pélican (*Pelecanus onocrotalus*, Linn.), oiseau dont la réputation, méritée ou non, est bien le contre-pied de celle du publicain romain, on dirait également *pélican*.

Péligantiè ou **Pélissiè**, *s. m.* Pelletier, fourreur, peaussier. Le français désigne sous ces noms et d'autres encore, les divers ouvriers qui donnent aux peaux d'animaux les différentes préparations dont elles ont besoin selon l'usage auquel elles sont destinées ; le languedocien les confond tous sous la dénomination de *Péligantiè* ou *Pélissiè*, qui s'appliquent aussi aux ouvriers qui travaillent ces peaux comme à ceux qui les vendent. Le nom commun de *péligantiè* semble formé de *pèl* et de *gan* ou *gantiè*, faiseur de peaux de gants, qui est particulièrement le peaussier.

Péligor, *s. m.* Périgord, nom d'une ancienne province française qu'on donne ordinairement à quelqu'un qui en est originaire, comme on appelle *Limoùs* et *Bérì* un natif de la ville de Limoux ou de la province de Berry. Ce mot est au besoin féminisé et l'on dit la *Péligordo* d'une périgourdine ; on le dit même de la femme du *Péligor*, bien qu'elle soit étrangère au pays qui a donné son surnom à son mari.

Pélissiè, *s. m.* Synonyme de *Péligantiè*. (*Voy.* c. m.) Toute l'industrie qui concerne la manipulation diverse des peaux d'animaux, autre que celle de la tannerie, étant devenue rare dans le pays, les mots qui la désignent trouvent peu à être employés, et *pélissiè* surtout n'est presque plus qu'un nom propre que l'on rend par Pélissier.

Pélissariè, *n. p.* de lieu. Par les raisons données à l'art. précédent, ce n'est plus guère qu'un nom de rue, que le français rend par pelleterie ou peausserie et que dans nos localités on traduit avec raison par pélisserie. Du reste, la rue d'Alais qui prit ce nom à l'époque où la plupart des métiers donnaient ainsi le leur, étant fort petite, semble témoigner que même alors cette industrie était peu importante.

Pèl-morto, *s. f.* — *Voy. Pèl.*

Pélouïro, *s. f.* Pelure, de pomme, de pois, etc. ; peau dégoûtante des viandes ; peaux flasques et pendantes des vieilles gens. C'est, notamment dans ses dernières acceptions, un péj. de *Pèl*.

Péloùs, *s. m.* Hérisson, bogue, enveloppe piquante de la châtaigne. *Peloùs* est dit pour *pelouloùs*, poilu, hérissé de poils, qui, cette fois, sont un peu rudes.

Dér. du lat. *Pilus*, poil, ou *Pilosus*, velu, couvert de poils.

Péloussiè, *s. m.* L'arbre au hérisson, le châtaignier, le porteur ou faiseur de hérissons. Ce mot n'est pas du langage ordinaire ; mais la poésie peut en faire un heureux emploi.

Péloustioù, *s. m.*, ou **Pélèstioù**. Espèce d'huître de la Méditerranée ; plus petite que celle de même provenance appelée pied-de-cheval pour sa massiveté ; elle remplaçait pour nous, avant leur arrivage si facile, si rapide et si abondant, les huîtres de l'Océan qui ne l'ont pas fait oublier, et à côté desquelles elle tient son rang avec honneur. Le *Péloustioù*, que certains prononcent *pélèstioù*, a la coquille très-raboteuse et souvent garnie de pointes et de parties hérissées, ce qui lui a valu sans doute son nom pour quelque rapport de ressemblance avec le *pélous* ou hérisson de la châtaigne. — Sauvages définit le *péloustioù* : petite huître qui tient à une plus grosse. Peut-être en effet n'est-ce point une espèce particulière mais seulement une jeune huître attachée à une autre de la grosse et même espèce qui l'a produite. Ce qui le ferait croire c'est que, à la différence de taille près, le *péloustioù* et le pied-de-cheval sont, pour l'œil seulement, absolument semblables.

Péluqua, *v.* Picoter, becqueter, croquer çà et là des grains d'une grappe de raisins, picorer sur un panier de cerises. *Péluqua*, au propre, se dit des oiseaux.

Péna, *v.* Faire de la peine ; peiner, fatiguer, travailler beaucoup, difficilement. — *Mé pénavo prou dé y-ou dire*, il m'en coûtait assez de le lui dire. *Fouguè péna pér ou mounta*, il fallut peiner, il fallut du travail pour le monter.

Pénable, pénablo, *adj.* Laborieux, infatigable, qui ne

craint point la peine ; pénible, difficile. — *Aquél home és bien pénable*, cet homme est très-laborieux, âpre au travail, c'est un homme de grand travail. Un chemin montant, sablonneux, mal-aisé est un chemin *pénable*. *Un péis pénable*, un pays montueux, difficile, où l'on ne va qu'avec beaucoup de fatigue, où les travaux sont pénibles. *S'és bé pénable dé...* vous êtes bien complaisant, vous êtes bien bon de, etc. ; cette tournure est souvent ironique et équivaut à : Vous avez bien de la complaisance de reste, de quoi vous mêlez-vous ?

Pénado ou **Pésado**, *s. f.* Empreinte du pied, *pè*.

Pénche, *s. f.* Peigne, pour démêler, tenir, fixer les cheveux, pour décrasser la tête, etc. — *Penche dé las grossos puños*, démêloir, peigne clair pour démêler. *Pénche de las pichotos punos*, peigne fin, à décrasser. *Uno pencho bérquado*, un peigne édenté. *Pénche*, séran, espèce de carde faite d'une pièce de bois ou de fer, en carré long, garnie de longues pointes de fer entre lesquelles on passe le chanvre et le lin pour les dégager des restes de la chenevotte et les affiner. *Pénche*, dent de la roue de champ d'un puits-à-roue ; elle est placée perpendiculairement sur le plan de la roue ou parallèlement à son axe. Ce mot est ici bien modifié, puisqu'il n'exprime plus qu'une dent de cette sorte de peigne.

Pénchignè, *s. m.* Chanvrier, filassier, artisan qui sérance ou qui peigne le chanvre et qui l'habille ou le met en paquets pour le rendre propre à être vendu et filé. Lorsque c'est une femme qui fait ce travail, on l'appelle pignaresse. — *Voy. Pénche.*

Pénchina, *v.* Peigner, démêler, nettoyer, arranger les cheveux avec un peigne. — *Pénchina dé candi*, peigner, sérancer du chanvre. *(Voy. Pénchignè et Pénche.)* *Pénchina dé réboùs*, peigner à rebrousse poil ; et, comme cette manière de faire est douloureuse et irritante, on se sert au fig. de cette expression pour dire : contrarier, heurter vivement quelqu'un et, par conséquent, lui échauffer les oreilles, lui faire monter la moutarde au nez. *Pénchina*, peigner, soigner, travailler, faire ; *aquò's bièn* ou *màou pénchina*, c'est bien ou mal fait, arrangé, etc. *Ou pénchino pas màou*, il ne s'en tire pas mal, il s'en acquitte on ne peut mieux, et la phrase étant souvent ironique, alors elle signifie justement le contraire. *Sé pénchina*, se peigner, se gourmer ; de l'usage assez ordinaire où l'on est de se prendre aux cheveux en pareille occasion.

Pénchinado, *s. f.* Coup de peigne ; gourmade, volée, frottée, coups que l'on donne, reçoit ou échange, en langage pop. peignée.

Pénchinïo, *s. f.* Le champignon denté ou en hérisson, genre de champignon à chapiteau, différent des laminés et des fistuleux, et dont le dessous est hérissé de pointes charnues et pendantes ; il est bon à manger. Les botanistes l'appellent *Fungus erinaceus, esculentus, crassus, albus*. (SAUVAGES.) — Dans des nomenclatures plus récentes, ce champignon, dépeint comme ressemblant un peu à une perruque suspendue à un arbre. et qu'on trouve ordinairement sur les vieux chênes, est appelé hydne hérisson, *hydnum erinaceus*.

Péndén, *s. m.* Pendant, boucle d'oreille ; pendant, pareil, symétrique, qui correspond.
Dér. du lat. *Pendere*, pendre.

Péndicìou, *s. f.* Pendaison. — *Voy. Mala-pendicìou*, pour l'emploi le plus ordinaire de ce mot.

Péndigoula, *v.* Pendiller, être suspendu en l'air et agité par le vent. *Sé péndigoula*, se suspendre par les mains à une barre, à une branche d'arbre.

Péndïò, *s. m.* Pendeloque ; mot générique qui s'applique à tout objet de petite dimension qui pend naturellement ou qu'on accroche quelque part, comme une breloque suspendue à la chaîne d'une montre ou ces appendices charnus, couverts de poils, qui pendent sous la gorge des chèvres et qu'on appelle glands ou pendants.
Dér. du lat. *Pendere*, pendre.

Péné, *s. m.* Petit pied, peton en terme familier et enfantin. *Pénoù* est le synonyme mignard. — *Dé pénés*, pieds d'agneau ou de chevreau mis en ragoût.
Dim. de *Pè*, pied.

Pénéqua, *v.* Avoir de la peine, peiner, souffrir, être à l'étroit.
Dér. de *Péno*, du lat. *Pœna*.

Pénéquéja, *v.* Même sign. que le précédent, mais avec l'expression diminutive de la désinence *éja*, qui, en se joignant aux verbes, indique toujours que l'action est commencée, répétée ou imitée.

Péuèquo, *s. f* Petite figue sèche.

Pénétra, *v.* Réfléchir, penser. — *Pénétrave pa'quì*, je ne réfléchissais pas à cela ; je n'avais point pensé à cela.

Pénja, *v.* Pendre, suspendre, attacher en haut une chose par une de ses parties, à un mur, à une branche d'arbre, à un plancher ; attacher à un gibet ; être suspendu, attaché ; descendre trop bas, incliner, pencher. Comme en français, le verbe languedocien est en même temps actif et neutre. — *Sé pénja*, se suspendre, se pendre, se suicider par la pendaison.

Pénjo-col, *s. m.* Figue bien mûre, pendante, à col tordu. Au fig. hypocrite, faux-dévot. Le français emploie familièrement dans ce sens le mot torticolis : c'est la même image employée pour représenter ces faux-dévots au cou un peu incliné et de travers, à la tête penchée.

Pénjoula, *v.* Pendiller. M. sign. que son synonyme *Péndigoula*. — *Voy. c. m.*

Pénnaïso, *s. f.* Punaise, insecte et vermine plate et puante. Terme emprunté au français.

Pénnéja, *v.* Gambiller, remuer les jambes de côté et d'autre ; piétiner, ruer, piaffer, lever les pieds en l'air en restant sur place.

Pénnéjaïre, **pénnéjaïro**, *s. m.* et *f.* Qui s'agite, qui remue sans cesse les jambes ou les pieds ; qui gambille et piétine ; animal qui rue, qui est enclin à ruer.
Dér. du verbe précédent *Pénnéja*, formé de *Pè*, avec la désinence fréquentative *éja*.

Péno, *s. f.* Peine, souci, travail, fatigue, soin; affliction, souffrance; inquiétude d'esprit. Notre langue n'accepte pas *péno* dans le sens français de peine, punition, châtiment. — *Se n'avèn la péno,* si Dieu nous le permet, si nous sommes en vie. *Aquò vóou la péno,* cela est grave ou cela est à considérer. Cette expression est quelquefois employée par ironie et signifie alors : cela n'en vaut pas la peine, c'est une niaiserie. *N'én vóou pas la péno,* ne faites pas attention, cela ne vaut pas que vous vous dérangiez. *Préne péno,* mettre ses soins à quelque chose, se fatiguer, s'appliquer, faire des efforts pour parvenir à un but. *Y prén péno,* il fait tout ce qu'il faut pour réussir. *Faï péno,* il fait peine à voir. *Mé faï péno,* il me répugne de faire ou de croire... *Prénguès pas la péno,* ne vous dérangez pas, n'ayez pas souci. *Mé fariè pas péno,* je ne craindrais pas. *Mé faï prou péno,* il m'en coûte assez. *Y-a prou péno,* il y a assez de travail, il est assez pénible. *Y-a prou péno pér gagna sa pàouro vido,* les temps sont bien durs pour arriver à gagner sa misérabble vie. *Douna-vous la péno,* veuillez bien. *Tira dé péno,* tirer d'embarras; *tira péno,* être en souci, avoir des craintes; cette dernière expression se rapproche de *traire mdou,* m. sign.

Ce mot s'emploie très-bien au pluriel, *las pénos,* dans les phrases suivantes : *se métre dins las pénos,* se mettre dans l'embarras ; par extension, se marier. *És dins las pénos,* se dit d'une fille enceinte.

A péno, adv. Presque pas, un peu.

Én péno, adv. Avec efforts, difficilement. — *Marcho én péno,* il marche difficilement.

Dér. du lat. *Pœna.*

Péno, *s. f.* Bout de la trame d'une étoffe. *Péno dé riban,* le pène d'une pièce de ruban, ou les restes du fil de la chaine qu'on n'a point tissés, qui dépassent en franges le tissu. De là leur étymologie, du lat. *Penna,* plume.

Péno dé por, panne de porc. — *Voy. Saï.*

Pénsa, *v.* Penser. Avoir ou former dans son esprit l'idée, l'image de quelque chose; croire; réfléchir; songer. — *Aro qué y pénse,* maintenant que j'y songe, que j'y réfléchis. *Ou pénse bé,* je le crois bien. *Mé pensave,* je me disais; *m'ou pensave,* je m'en doutais. *Pénsas bé...* vous imaginez bien, vous vous doutez bien... *N'én pénso pas mén,* il n'en pense pas moins. *Y pénsas pas!* Vous n'y pensez pas! y pensez-vous? *Dis pas tout cé qué sé pénso,* il ne dit pas tout ce qu'il pense. *S'ou dis pas, s'ou pénso,* s'il ne le dit pas, il le pense. *Bouta-vous, n'én pénso pas maï,* allez donc! il n'en pense pas davantage. *Dévignas-ou sans pénsa mdou,* devinez sans songer à mal, dit-on en proposant une énigme ou une charade dont le mot est honnête, mais dont les subdivisions paraissent présenter un sens un peu scabreux.

Dér. du lat. *Pensare,* peser, examiner.

Pénsa, *v.* Panser, appliquer un remède sur une plaie; soigner un cheval, en faire le pansage.

Pénsado, *s. f.* Pensée; ce que l'esprit pense, a pensé; opinion, projet, dessein, réflexion.

Pénsiou, *s. f.* Rente foncière; revenu annuel ou redevance annuelle, établis sur un immeuble en vertu d'un bail à locaterie perpétuelle. — *Aquel oustdou mé faï pénsiou,* j'ai une rente foncière établie sur cette maison. *Pénsiou,* signifiant pensionnat, est une concession nouvelle faite au français. Il faut bien se faire comprendre.

Pénsiouna, *adj.* Pensionné, qui reçoit une pension.

Pénsiouna, *subst.* Dans le sens de pensionnat est comme *pénsiou* une concession faite au français.

Pénsiounari, *s. m.* Débi-rentier, celui qui paie une rente foncière.

Pénti, *v.* Punir, attraper; faire repentir, causer du déplaisir. — *Souï bé pénti,* je suis bien puni. *T'én faraï pénti,* je t'en ferai repentir. *T'én péntiras!* tu en seras fâché, tu t'en mordras les doigts.

Dér. du lat. *Pœnitere.*

Pèou, *s. m.* Cheveu de la tête ; poil du corps; se dit aussi, au singulier, pour la chevelure d'une femme. — *Pénchina, tréna soun pèou,* peigner, tresser, arranger ses cheveux *Moun pèou tombo,* ma chevelure se dénoue. *Partiriè un pèou én dous,* il tondrait sur un œuf, il couperait un liard en quatre, dit-on d'un avare. *Cérqua dé pèou énd'un iéou,* chercher des tâches dans le soleil, des fautes où il n'y en a pas plus que des poils sur un œuf. *Aqui un bla,* uno *luserno,* un doubre qu'à bon pèou, se dit d'un champ de blé, de luzerne, d'un arbre qui commence à pousser et qui présente bien. *Michan pèou,* au fig., mauvais caractère, hargneux, hérissé. *Fa à rebous dé pèou,* esprit de travers, fait à rebrousse poil. *Y-a pas un pèou dé ma tèsto qué y pénse,* je n'ai pas veine de mon corps qui y tende. *Faïre lou pèou,* tondre, couper les cheveux, les poils. Au fig. *Aguèn un pèou,* nous nous prîmes de querelle; nous eûmes une altercation. Est-ce une allusion à ce qu'en Languedoc le plus pressé, en pareil cas, est de se prendre aux cheveux? *Pèou fouladis,* poil follet; le premier poil qui vient avant la barbe, aux jeunes gens, avant les plumes aux oiseaux. *Pèou rouge,* un rousseau, qui a les cheveux ou le poil roux, les cheveux carotte.

Pèou, *s. m.* Brin de quelque chose, petite quantité. — *Un pèou dé jaouver,* un brin de persil.

Pèou dé la, le poil ou la fièvre éphémère des femmes nouvellement accouchées.

Pèou d'uno lamo, paille dans la lame d'un instrument. *Pèou,* glace ou lame dans un diamant, fil dans une pierre de taille ; paille.

Faï pa un pèou d'douro, il ne fait pas un souffle de vent. *Gna pa'n pèou,* néant !

> Pas le plus petit morceau
> De mouche ou de vermisseau

Tira un pèou, coucher un sarment pour le provigner.

Dér. du lat. *Pilus,* m. sign.

Pèoulù, udo, *adj. m. et f.* Poilu, velu, couvert de poils. Dér. de *Pèou,* poil.

Pèou-muda, *v.* Muer, changer de poil, de plumage, de peau, au prop. et au fig.

Dér. du lat. *Pilum mutare.*

Pépido, *s. m.* Pépie; pellicule qui se développe au bout de la langue des oiseaux ; maladie des poules, dit SAUVAGES, dont on croit vulgairement que la langue est le siège. Pour la guérir, on écorche, en conséquence, cette partie cartilagineuse, ce qui ne fait qu'ajouter un nouveau mal à celui qu'éprouvent ces animaux. On croit avec plus de raison que la pépie est occasionnée par des poux que les poules ont à la tête, et dont il est aisé de les délivrer avec quelques gouttes d'huile de poisson ou d'essence de térébenthine, qui tue subitement cette vermine.

Mé faï vénì la pépido, mot à mot : il me donne la pépie, il me scie le dos.

Dér. du lat. *Pituita*, employé par Columelle dans le même sens.

Pépidos, *s. f. plur.* Envies; filets de la peau des doigts qui se soulève autour des ongles ; pellicules à la racine des ongles.

Pépiéja, *v.* Avoir la pépie; être souffreteux, maladif; se plaindre souvent et douloureusement.

SAUVAGES emploie dans le même sens *Pépidéja.*

Dér. du subst. *Pépido*, pépie.

Pépignièiro, *s. f.* Pépinière, plants de jeunes arbres destinés à être replantés.

Pèpio, *s. f.* Pecque, bégueule, sotte et impertinente qui fait l'entendue.

Le masculin *Pèpi* n'est pas dans la langue. Le sexe fort ne saurait cependant en conclure que ce soit parce qu'il ne se trouverait pas chez lui de nombreuses applications.

Péqua, *s. m.* Péché. — *Voy. Péca.*

Pèqua, *v.* Pécher.

Péquadoù, *s.* et *adj.*, au *fém.* Péquadouno. — *Voy. Pécadoù.*

Pèquo-lèbre, *s. m.* Apprenti chasseur, tirailleur. La composition du mot indique assez qu'il s'applique à celui qui « manque les lièvres. »

Pér, *prép.* Par; exprime la cause, le motif : *pér nécije*, par bêtise; *per glorio*, par vanité, par amour-propre; il exprime aussi le moyen : *pér mouièn*, de cette manière; *pér forço*, par force; il marque encore la division, l'ordre : *pér réngo*, *pér tavèls*, par rangs, par tas ; le lieu, l'endroit : *pér néou*, par terre; *pér pèïs*, *pér camì*, par pays, en chemin.

Dér. du lat. *Per*, m. sign.

Pér, *prép. conj.* Pour, afin de, en échange de, au lieu de, selon, suivant, dans, en, moyennant, pendant, à travers, comme, de même. — *Aféciouna coumo uno daïo pér Caléndo*, se dit d'un homme nonchalant, paresseux. *Pér rire*, pour rire, pour plaisanter; *pér dousí dire*, pour avoir ouï dire; *pér vioure*, *pér partì*, pour vivre, pour partir; *pér un sóou*, *pér un sa dé bla*, en échange d'un sou, d'un sac de blé; *un pér l'doutre*, l'un au lieu de l'autre; *pér iéou*, à ma place; *pér toutes*, pour tout le monde; *pér l'hivèr*, *per l'éstiou*, en hiver, en été; *pér cin frans*, moyennant cinq francs; *pér Caléndos*, au temps de la Noël; *pér semenços*, à l'époque des semailles; *pér bdouris et valas*, par précipices et torrents, par monts et par vaux; *passa per mort*, passer pour mort. — *És bon ni pér boulì, ni pér roustì*, il n'est bon à rien.

Pér afin, *conj.* réduplicative, pour afin de. La construction *prafì*, dans le langage courant, est également usitée. — *Voy.* ce dernier mot.

Dér. du lat. *Pro*, pour.

Pèrd, *3e pers. du présent de l'indic. de Pèrdre.* Il ou elle perd. — *Qué tout ou vóou, tout ou pèrd*, pour tout vouloir, on s'expose à tout perdre.

Péraldoù ou **Péràoudoù** et **Pérardoù**, *s. m.* Péraldon : petit fromage de lait de chèvre, piquant, propre à la région des Cévennes. Ce fromage était renommé aux temps les plus reculés. Pline le Naturaliste le mentionne comme très-estimé de son temps, pour sa saveur particulière. (Hist. nat., lib. VI; lib. XI, cap. XCVII.) *Péraldoù* est sans doute une corruption de *Pébraldoù*, qui prend la désinence diminutive à cause de sa petite forme; son nom rectifié paraît dérivé de *Pèbre*, poivre, à cause de son goût piquant.

Pér-amoun, **Pér-amoundâou**, *adv.* Par en haut, par là-haut.

Pér-amour dé ou **qué**, *adv. conj.* A cause de ou que, parce que. — *Pér amour dé iéou*, pour me faire plaisir, pour m'obliger, à ma considération. *Pér amour dé vous*, par égard pour vous. Il est presque synonyme de *pér afì dé*, *prafì dé*, dans la même acception : *pér afì dé vous*, à cause de vous, par rapport à vous.

Pér-aquì, *adv. conj.* Par là; par cet endroit; par ce moyen ; par ces paroles ; ainsi ; c'est pourquoi ; par quoi. — *A travéssa pér aquì*, il a traversé, il a passé par là, par cet endroit. *És pér aquì qué m'éntréprénguè*, c'est de cette façon, par ces mots qu'il m'aborda, qu'il commença la conversation. *Pér aquì sé vèï*, ainsi on comprend; *pér aquì poudès vous pénsa*, c'est pourquoi vous pouvez croire, ou par là vous pouvez croire.

Pér-aquì, *adv.* Couci-couci, tout doucement, par-ci, par-là. — *Coumo anas, péchaïre?* Comment vous portez-vous, mon pauvre ami? Et l'ami, dont la santé laisse à désirer, n'est pas bien rétablie, de répondre : *Pér aquì*, tout doucement. Et s'il se satisfait de son médecin ou de la médication qu'il a suivie, de continuer toujours : *Pér aquì*, avec l'expression d'une satisfaction atténuée, modérée, sans blâme ni présomption.

Pér-aquò, *adv.* Pourtant, néanmoins.

Pér-aquò-d'aquì, *adv.* Pour cela, à cause de cela. — *És pér-aquò-d'aquì qué*, c'est précisément pour cela, pour cette raison que.

Pér-aquò ou **Pér-aquò-pamén**, *adv.* Cependant, quoi qu'il en soit. — *Pér-aquò-pamén, sémblo pas poussible*, oh! pourtant, cela ne semble pas possible. Expression redoublée de doute, d'hésitation, d'indignation. *Oh! pér aquò* ou *praquò!* par contraction; oh! c'est indigne!

Péras, *s. m.* Poirier sauvage. Cet arbre est très-recherché pour l'ébénisterie et la marqueterie. Il existe dans le Midi et dans les Cévennes surtout, plusieurs fermes, habitations ou hameau qui portent ce nom, et notamment le Péras, maison de campagne située dans la commune de Sénéchas, au confluent de l'Homal et de l'Amalet ou Homolet.

Dér. du lat. *Pyrus,* m. sign.

Pérasso, *s. f.* péjor. Fruit du poirier sauvage; poire d'étranguillon, d'une saveur âpre et rude.

Pér-aval, *adv.* Là-bas; par opposition à *pér-amoun,* qui exprime le côté opposé. — *Fòou davala pér aval,* c'est par là-bas qu'il faut descendre.

Pérboulì, *v.* Faire blanchir la viande ou les légumes dans l'eau bouillante; leur prendre un ou deux bouillons. — *Faïre pérboulì la viando,* passer la viande à l'eau bouillante.

Pércò, *adv.* Par cette raison, pour cause. C'est la réponse évasive de ceux qui ne savent ou ne veulent pas en donner.

Pércuro, *s. f.* Procuration, pouvoir d'agir donné à quelqu'un; acte qui le contient. — *Douna proucuro,* donner pouvoir, procuration à quelqu'un.

Pércuroù, *s. m.* Procureur, qui défend en justice, connu aujourd'hui sous le nom d'avoué. SAUVAGES enregistre *pércuraïre,* procureur, qui est de formation plus régulière. *Pércuroù* se rapproche du français, et il n'est pas tout-à-fait pur; mais que dire de *proucuroù,* qui s'est introduit par altérations successives?

Dér. du lat. *Prócurator,* m. sign.

Pérdéqué, *adv. interróg.* Pourquoi, pour quelle chose; pour quelle raison. — *Sans demanda pérdéqué,* sans demander le motif, sans demander pourquoi. *Pérdéqué y-anavias?* pourquoi y alliez-vous?

Variante de *Pérqué.* (*Voy.* c. m.) En ital. *perchè,* m. sign.

Pérdigaïado, *s. f.* Couvée; volée, compagnie de perdrix. Formé de *Pérdigal.*

Pérdigal, *s. m.* Dim. *Pérdigaïé* et *pérdigaïoù.* Perdreau; jeune perdrix; perdrix rouge.

Dér. du lat. *Perdrix* et *gallus.*

Pérdigolo, *s. f.* Aigrette des graines de certaines plantes; sorte de duvet que portent les semences et que le moindre vent soulève, fait voltiger et va semer au loin.

Pérdigouno, *s. f.* Perdrigon, sorte de prunes de l'espèce de celles qu'on prépare à La Salle (Gard), connues sous le nom de pruneaux de La Salle, aussi estimés que ceux de Brignolles.

Pérdise, *s. f.* Perdrix, oiseau du genre, *Tetrao,* Linn., de l'ordre des Gallinacées et de la famille des Domestiques ou Alectrides.

Dér. du lat. *Perdix.*

Pèrdo, *s. f.* SAUVAGES cite *Pèrdio* : c'est la forme ancienne; *Pèrdo* lui a succédé, et il est lui-même menacé de se transmuter, au moyen d'une annexion, en *Pèrto,* qui est du français et qui s'est déjà impatronisé. Sous ses diverses transformations ou altérations, le mot signifie : perte, ruine, privation d'une chose agréable, avantageuse, d'un gain; dommage; hémorrhagie ou perte de sang chez les femmes après l'accouchement; mort, absence d'une personne chère. — *Aquò fara sa pèrdo,* cela causera sa perte, sa ruine. *Bèlo pèrdo!* se dit par antiphrase et avec ironie d'une perte insignifiante, de la mort d'un mauvais garnement.

Pérdoù, *s. m.* Pardon; indulgence ecclésiastique, rémission des péchés. — *Vous démande bièn pérdoù,* veuillez bien m'excuser. Comme interjection de repentir, d'excuse : *Pérdoù!* Pardon! est une importation française.

Pérdouna, *v.* Pardonner; accorder la rémission d'une faute, d'une offense; excuser, épargner. — *Pérdounas-nous nostes pécas, coum'à qui nous an dounfénsas, nous doutres pérdounan l'doufénso,* pardonnez-nous nos offenses comme nous les pardonnons à ceux qui nous ont offensés : traduction languedocienne de l'oraison dominicale donnée par SAUVAGES.

Dér. de la bass. lat. *Perdonare.*

Pérdounable, ablo, *adj. m.* et *f.* Excusable, pardonnable, qui mérite d'être pardonné. *És pas pérdounable,* il n'est pas excusable.

SAUVAGES remarque avec raison, qu'en français pardonner et pardonnable ne s'appliquent activement qu'aux choses et jamais aux personnes : il n'y a que les fautes qui soient pardonnables, et on pardonne à quelqu'un. Le languedocien n'a pas les mêmes scrupules et on dit très-bien : *és pas pérdounable,* qui serait mal rendu par : il n'est pas pardonnable, mais que : il n'est pas excusable, satisfait pleinement.

Pèrdre, *v.* Perdre; cesser d'avoir, n'avoir plus; faire une perte, un mauvais emploi; répandre, s'enfuir, en parlant d'un tonneau ou d'un vase qui laissent couler une partie du liquide qu'ils contiennent; perdre son sang, appliqué à une blessure ou aux lochies et aux menstrues des femmes.

Pèrdre la fénno et quinze sòous, és gran dàoumage dé l'argén, perdre sa femme et quinze sous, l'argent perdu est grand malheur, dit un proverbe. A propos de cet irrévérencieux dicton, il est à remarquer que dans toutes les langues, — et le languedocien ne doit pas en être excepté, — les proverbes contre les femmes sont plus nombreux que ceux qui s'appliquent aux hommes, et qu'en général ce n'est point précisément sous forme de compliments au beau sexe qu'ils se présentent, ni par un excès de galanterie qu'ils se distinguent. La sagesse des nations aurait-elle préféré, avec une unanimité si constante, la malice à la vérité? — *Aquélo bouto pèr,* ce tonneau fuit. *Pèrdre la visto, lou sén,* perdre la vue, le bon sens. *A pérdu tout soun san,* il a perdu tout son sang. *Qué pèr soun bé, pèr soun sén*, qui perd sa fortune perd sa raison. On dit encore comme variante : *Que pèr lou siou, pèr lou sén.*

Pèrdre (Sé), *v.* S'égarer, ne plus retrouver son chemin, disparaître, se ruiner. Au prop. et au fig. *sé pèrdra én camì*, il s'égarera en route. — *Pér un poun, Martì perdeguè soun ase,* la réussite d'une affaire tient souvent à fort peu de chose.

Pèrdu, do, *adj.* et *part. passé m.* et *f.* Perdu, ue ; qu'on ne retrouve plus ; ruiné ; frappé mortellement ; sans réputation. — *Siéu un home pérdu,* je suis perdu, c'en est fait de moi, s'écrie le pauvre diable qui se sent mourir ou qui se voit ruiné. *Uno fìo pérdudo,* une fille trompée. *L'avèt pérdudo,* vous l'avez trompée, séduite, est un reproche adressé à un libertin.

Pér-én-crèire (Dé), se dit d'une chose croyable, digne de foi. — *Acò's dé pér én crèire,* cela est croyable, cela est probable. *Acò's pas dé pér én crèire,* cela n'est guère croyable.

Péréso, *s. f.* Paresse, indolence, nonchalance, fainéantise. — *Me faï péréso,* l'indolence me tient, me gagne : j'ai la paresse de ne pas faire telle chose.

Pérésons, *s. f. plur.* Cals, durillons aux pieds, aux mains, aux genoux, etc.

Pérésous, o, *adj.* Paresseux, indolent, nonchalant, fainéant.

Péréto, *s. f.* Dim. de *Péro,* petite poire. On donne aussi ce nom au fruit de l'aubépine.

Pèreto, *s. m.* Dim. de *Péro*. Terme enfantin qu'on peut rendre en français par : mon bon petit papa. La seule différence de l'accent sur la première syllabe des deux mots, dont la configuration est la même, fait la différence du sens et du genre, tant pour le primitif que pour le dérivé, dans l'un et l'autre mot.

Pérfuma, *v.* Parfumer, purifier l'air avec des odeurs, faire des fumigations. C'est plus spécialement un terme de magnanerie. Les parfums des plantes odoriférantes, telles que le thym, la lavande et le romarin, celui de la poudre à canon et même du cuir brûlé, sont considérés comme un excellent moyen pour corriger l'air vicié par les exhalaisons mauvaises qui se développent dans nos chambrées. Il est inutile de dire que c'est une pure illusion et qu'on ne fait en cela que remplacer une odeur mauvaise par une autre, qui souvent ne l'est pas moins.

Pérfun, *s. m.* Parfum, odeur, senteur, traduit du français. Dér. du lat. *Per,* à travers, et de *Fumus,* fumée.

Pérgamì, *s. m.* Parchemin, peau de mouton préparée pour écrire ; titre de noblesse.

Le parchemin tire son nom de la ville de Pergame où il aurait été inventé vers l'an 263 av. J.-C., dans le but de suppléer au papyrus qui manquait. Dans ce cas, le terme languedocien se rapprocherait plus que le terme français de la vraie étymologie. Le parchemin a été presque exclusivement employé au moyen-âge pour transcrire les manuscrits, les chartes et les actes. Aujourd'hui il n'est guère en usage que pour les titres importants : diplômes ou actes diplomatiques. Faute d'emploi l'industrie a disparu et, avec elle, le nom de *pérgaminiè,* parcheminier, qui n'est plus de la langue usuelle.

Péri, *v.* Salir, gâter, tacher. — *M'a pérì tout moun fanddou,* il a sali, taché entièrement mon tablier. *Sou touto pérido,* me voilà toute salie.

Péri, *v.* Périr, mourir de mort violente. — *L'an fa péri,* on l'a tué. Occire, détruire. — *Périra pas qué dé mas mans,* il ne mourra que de ma main.

Périduro, *s. f.* Salissure ; c'est moins qu'une tâche, mais ce n'est pas propre. Dér. de *Péri, v.*

Périè, *s. m.* Poirier, arbre à fruits, *Pyrus communis,* Linn. Le féminin *périèro* est aussi usité et semble même plus pur. — *Mé brandusses coumo uno périèro,* tu me secoues comme un poirier. *Mé prénes pér uno périèro ?* me prends-tu pour un poirier ? dit-on à quelqu'un qui vous secoue violemment, ou vous presse de questions importunes, au propre ou au fig.

Dér. du lat. *Pyrus.*

Périè, *s. m.* Gésier, le second estomac des oiseaux, dans lequel se trouvent souvent de petites pierres, ce qui lui a valu son nom languedocien. Au fig. et ironiquement : *sé régala lou périè,* s'épanouir la rate.

Pérlé, *s. m.* Nom affectueux, calin, adressé à un animal et surtout à un chien, à un porc. — *Engraïsso-té, pérlé, aquì un aglan.*

Pérlino, *s. f.* Praline, amande rissolée dans du sucre. Trad. du français.

Pér-lou-mén, *adv.* Au moins, pour le moins. Dér. du lat. *Minùs,* moins.

Pér-lou-ménù, *expr. adverbiale.* Par le menu, en détail. — *Volè vous counta aquò pér-lou-ménù,* je veux vous raconter cela en détail.

Pérlounga, *v.* Prolonger, continuer, étendre. Dér. du fr. et du lat. Prolonger, *prolongare.*

Pérloungamén, *s. m.* Prolongement ; durée. Dér. du fr. Prolongement.

Pérména, *v.* Se promener, promener. Ce verbe s'emploie très-bien activement en languedocien : *Vóou pérména,* je vais me promener. *Anas pérména lou drole,* allez promener l'enfant. On dit mieux *passéja, sé passéja.*

Dér. du lat. *Prominare,* conduire, mener.

Pérménado, *s. f.* Promenade, action de se promener ; lieu où l'on se promène. Trad. du français.

Pérmoï ! Pérmoïnos ! Pérmoïo ! *interj.* En vérité, certainement. Trois variantes d'affirmation fort usitées ; sorte de jurement, de formule très-ancienne comme le *per Bacco !* par Bacchus ! des Italiens.

Son origine est-elle, comme le veut SAUVAGES, *per Maïam,* par *Maïa,* mère de Mercure, ou simplement *per me, mea fide ?* Dans ces deux cas, le juron remonterait au latin.

Viendrait-il de *pér Maho, pér Mahom,* par Mahomet? C'est à l'invasion sarrasine que le devrait alors la langue d'Oc. Les deux étymologies datent de loin et peuvent être soutenues.

Pèro, *s. m.* Père. — Voy. **Païre** et **Maïre**.

L'as pas castia coumo un pèro mais coumo un paire,

a dit le poète Leyris dans sa comédie inédite : Lou Maou vougu, pour marquer la nuance qui existe aujourd'hui entre le sens des deux mots *pèro* et *païre,* le premier pris en bonne part et le second en mauvaise part.

Pèrò, *s. m.* Petit-père, terme caressant. Il a pour dim. *Péréto,* bon petit-père. L'accent tonique qui rend longue ou brève la première syllabe et la dernière, fait la différence du diminutif.

Péró ou **Parò,** *s. m.* Agneau, mouton bélier.

Péro, *s. f.* Poire, fruit du poirier. Les variétés de poires sont nombreuses. Dans le long catalogue des jardiniers, qui s'augmente chaque jour, toutes n'ont pas un nom en languedocien. Nous ne citerons donc pas toutes celles qu'on cultive, mais au moins celles qui se distinguent par une appellation propre.

Péro dé Sén-Jan, hâtiveau.

Péro d'éstiou, d'hivèr, poire d'été, d'hiver.

Péro muscadèlo, poire muscade. Elle tire son nom d'un faible goût de musc.

Péro sucrdou ou *Sucrdou* tout court, poire très-sucrée.

Péro (Manjo), *s. m.* Insecte; capricorne musqué, de l'ordre des Coléoptères. C'est le *Cerambyx noir*.

Péro (Manjo) ou **Banar,** *s. m.* Insecte; capricorne musqué, *Cerambyx niger,* Linn., genre de scarabée remarquable par ses antennes articulées, aussi longues que son corps. Outre l'élégance de leurs formes, la vivacité de leurs mouvements et souvent la richesse de leurs couleurs, quelques espèces de capricornes se distinguent encore par une odeur très-agréable, un peu musquée, recherchée par les priseurs, qui conservent cet insecte dans leur tabatière, ou par le son strident qu'elles produisent lorsqu'elles éprouvent quelque contrariété. Le plus grand de ces coléoptères, tout noir, et qui a trois centimètres de longueur environ, reçoit le nom de *Manjo-péro*. Les poires que l'on trouve a demi-rongées seraient, dit-on, sa pâture; mais il pourrait bien se faire que l'on accusât injustement le capricorne des méfaits d'autres insectes voraces, du frêlon ou *Grdoule,* par exemple. Plusieurs scarabées de la même famille déposent leurs œufs dans l'écorce rugueuse ou dans les cavités des vieux arbres, et la larve creuse des trous profonds dans le tronc des gros chênes et leur cause beaucoup de mal. Cuvier pense que c'est peut-être le *Cossus* des anciens. En voyant le capricorne se poser sur des poiriers pour y déposer ses œufs, on a pu mal juger de ses intentions.

Péroù, *s. m.* Pérou. C'est le mot français, que le languedocien a adopté dans le même sens et dans cette seule locution proverbiale : *Aquò's pas lou Péroù,* ce n'est pas grand'chose.

Pérpâou, *s. m.* Propos, discours, entretien. Il s'emploie plus souvent au pluriel : *pérpâous*. — *M'a téngu dé pérpâous;* il m'a tenu des propos; il m'a fait des propositions. Cette façon de parler n'est pas toujours prise en bonne part.

Dér. du lat. *Propositum*.

Pérpâou (A), *adv.* A propos; convenablement au temps, au lieu, aux personnes. — *Vénès à pérpâou,* vous tombez bien. *A pérpâou, disian...* A propos! nous disions... Nous disions donc... *A pérpâou* est pris aussi quelquefois comme adjectif, dans le sens de convenable : *Cé qué fas aqui n'és pas à pérpâou,* ce que tu fais là n'est pas convenable.

Pérpâoumaï, *adv.* Pour un peu plus, traduction mot-à-mot, sorte de phrase faite.

Pérpâouqué... *adv.* Pour si peu que... pour peu que... — *Pérpâou qué n'y-agus,* pour si peu qu'il y en ait, que vous en donniez. *Pérpâou qué lou végue,* que je le voie seulement.

Pérqu'aïçaï, *adv.* Par ce côté-ci, par-ci. — Dans ce mot et les suivants, le *qu'* élidé devant la voyelle, ou le *qué,* ne paraît que purement explétif et euphonique.

Pérqu'aïçamoun, *adv.* Par çà-haut.

Pérqu'aïçamoundâou, *adv.* augm. Par çà-haut, mais un peu plus haut.

Pérqu'aïçaval, *adv.* Par ici-bas; par là-bas. C'est une nuance de *pérqu'aval*.

Pérqu'aïçi, *adv.* Par-ci, çà et là; de fois à autre; vers cet endroit-ci.

Pérqu'aïlaï, *adv.* Vers cet endroit-là.

Pérqu'aïlamoun, *adv.* Par là-haut. *Pérqu'aïlamouddâou, adv. réduplic*.

Pérqu'alin, *adv.* Par là-bas.

Pérqu'amoun, *adv.* Par là-haut et *Pérqu'amounddâou, adv. réduplic.* Vers là-haut, plus haut.

Pérquant, *adv.* Quant à cela. — *Pérquant aquò,* quant à cela.

Pérqu'aqui, *adv.* Là, là, tout doucement. C'est le *pér aqui* un peu adouci, dans ce sens. Mais adv. de lieu, il signifie par-ci, par là; vers cet endroit-ci.

Pérqu'aval, *adv.* Par là-bas, plus loin.

Pérqué, *conj.* Pourquoi, pour quelle raison. — *Sans dire pérqué,* sans dire pourquoi. — Interrog. *Pérqué faire?* pourquoi faire cela ?

Pérqué (Lou), *s. m.* La raison, la cause, le motif. — *Démando pas lou pérqué,* il ne demande pas la raison, le pourquoi.

Dér. de l'ital. *Perchè.* En lat. *Perqué*.

Pérqu'in-amoun, et **Pérqu'in-amoundâou,** *adv.* Par là-haut, vers là-haut, sans déterminer le lieu.

Pèrsouno, *s. f.* Personne, un homme ou une femme. Pr. *indéf.* Nul, qui que ce soit; quelqu'un. — *Bèlo pérsouno,* grande femme. *Pas pérsouno!* Holà ! quelqu'un.

Trad. du français.

Pértout, *adv.* Partout, en tous lieux. — *Dé pértout,* de tous côtés, de toutes parts. *Dé pértout piquavo mièjour,* dit quelqu'un qui a été assailli de toutes parts . les coups pleuvaient de tous côtés ; les questions tombaient toutes à la fois, de tous côtés. Mot a mot . J'entendais sonner midi à toutes les horloges. *Un pàou pertout*, un peu partout. *Saquo soun nas, sas mans, un pàou pértout*, il fourre le nez, les mains, un peu partout : c'est un curieux, écouteur aux portes, fureteur

Pértout (Passo), *s. m.* Passe-partout. clé commune à plusieurs personnes. pour ouvrir une même porte.

Pér-travès, *adv.* En travers. de biais, de côté, à contre-sens, transversalement.

Dér. du lat. *Transversim*

Péruino ou **Pérésino**, *s. f.* Poix-résine, résine.

Péruquiè, *s. m.* Perruquier, celui qui fait des perruques, et, par extension, celui qui peigne, qui rase, qui coiffe.

Dér. de *Péruquo*.

Péruquo, *s. f.* Perruque, coiffure de faux cheveux ; les cheveux eux-mêmes. Au fig. reprimande. Dim. *Peruquéto*, *s. f.*, petite perruque, et péjor. *Peruquasso, s. f.*, grosse et laide perruque.

L'italien et le catalan ont aussi : *Parruca* et *Perruca*, *parruchino* et *perruqueta*; *parrucaccia* et *perrucassa*.

L'histoire des perruques se perd dans la nuit des temps, si, comme le prétendent les savants, les faux cheveux étaient d'un usage général chez les Mèdes, les Perses et autres peuples de la haute antiquité. Le mot perruque a du reste une origine très-ancienne : il vient du grec dorique πυρρίχος, pour πυρρός, fauve, jaune, parce que les premières étaient en cheveux blonds. Les Romains en usèrent pour cacher leur calvitie, les Romaines pour le même but, et aussi pour se composer des coiffures très-ouvragées et très-élégantes, qu'elles appelaient *tutulus, corymbus, galerus, galericulus*. Cette mode ne fut guère introduite que sous les empereurs, mais elle devint si générale, qu'il y a des bustes en marbre de grands personnages, hommes ou femmes, avec des perruques mobiles que l'on changeait probablement suivant la mode, comme pour leur donner une jeunesse perpétuelle, au moins du vivant des originaux. Au moyen-âge les perruques étaient encore en usage et il paraît que c'était un luxe, car les prédicateurs du XVᵉ et du XVIᵉ siècle tonnèrent contre les perruques des femmes. En France, la mode des perruques, pour les hommes, commença à se répandre sous le règne de Louis XIII, vers 1630; on les appelait *moutonnes*, parce qu'elles étaient ordinairement faites en laine de mouton. Cette mode prit une extension plus grande à l'avènement de Louis XIV, qui portait, tout enfant, de longs cheveux bouclés, et dura pendant tout ce règne. Au XVIIIᵉ siècle, tout le monde portait perruque, il eût été indécent de se montrer en homme bien élevé de s'habiller sans cette chevelure d'emprunt, qui fut adoptée même par la plus petite bourgeoisie. La poudre était l'accompagnement obligé de cette coiffure. Pendant la Révolution et sous le Directoire, on imagina de porter les cheveux plats sur les faces, et l'on appela cette mode *oreilles de chien* Bonaparte, général, se coiffait ainsi Brissot. le premier, fit couper ses cheveux ras et les porta dans leur couleur naturelle. Bonaparte adopta cette mode et, avec lui, presque toute l'armée française. Aujourd'hui la perruque chez les hommes n'est plus qu'une ressource contre les rhumes de cerveau ; mais l'artifice des faux cheveux a été de nos jours plus que jamais remis en vogue et en honneur parmi les femmes du grand et du demi-monde.

Pérus, *s. m.* Poire sauvage, poire d'étranguillon. — Dans les environs d'Alais, le quartier dit de *Pérusso*, tire son nom de quelque fameux poirier sauvage ou de la quantité de ces arbres qui s'y trouvaient.

Dér. de *Pero*, du lat. *Pyrus*.

Pés, *s. m.* Poids; ce que pèse une chose; balance, instrument de pesage. Au fig. pesanteur et de là : importance, considération. — *Lou gran, lou gros pés*, le côté fort d'une romaine; *lou pichò pés*, le côté faible. *Acò's un home dé pés*, c'est un homme d'importance. *Es uno résoù dé pés*, c'est une considération importante, une raison majeure. *Sièsβ pas dé pés*, tu n'es pas de force.

Dér. du lat. *Pensare, penso*, peser.

Pès, *s. f.* Paix ; tranquillité ; concorde ; calme ; silence. — *Pès !* interj. Paix-là ; silence.

Dér. du lat. *Pax*, et trad. du français.

Pésa, *v.* Peser, juger de la pesanteur d'un objet avec des poids; peser, accabler, fatiguer, être à charge. — *Pésa-mé dous sòous dé fourmo*, pesez-moi pour deux sous de fromage. *Quan péso?* quel est son poids? *Moun soupa me péso*, mon souper me fatigue. *Vous pésara prou*, il vous sera assez à charge.

Dér. du lat. *Pensare*.

Pésado, *s. f.* Pesée, ce qu'on pèse, ce qui a été pesé en une fois.

Dér. de *Pésa*.

Pésado, *s. f.* Trace, empreinte du pied, foulée. Il s'emploie aussi pour : giron d'une marche d'escalier, sur lequel porte le pied.

Dér. du lat. *Pes*, ou du grec Πέζα, pied.

Pésaire, *s. m.* Peseur public ; celui qui pèse. — L'invasion du français tend à introduire *pésur*, qui est encore de plus mauvais aloi.

Pésaje, *s. m.* Action de peser; salaire du peseur. — La grande industrie de notre pays, la récolte des cocons, a introduit tous ces mots.

Dér. de *Pés*.

Pèse, *s. m.* Pois, petits-pois, pois verts ; *Pisum*, Linn. Plante potagère de la famille des Légumineuses. — *Pèse grouman* ou *galavar*, pois goulu, pois gourmand, sans parchemin, pois mange-tout. *Pèse-dé-sèntoù*, pois de senteur, pois à fleur ; gesse odorante ; *Lathyrus odoratus*. *Sé pu rés noun véses, èstaquo t'as pèses*, faute de mieux, contente-toi de pois.

Péséroù, *s. m.* Dim. du précédent, et proprement, petits-pois.

Pésièïro, s. f. Champ de pois; planche, table plantée de pois.

Pésouïé (Faïre), phr. fuite. C'est mot à mot : faire le petit pou ; ce qui signifie : vivoter, sous le rapport de la fortune ou de la santé; vivre petitement, pauvrement, être malingre, mener une existence précaire; dans un commerce ou au jeu, carotter, ne hasarder que peu, jouer mesquinement, ne pas se lancer dans de grosses entreprises. — L'explication donnée par SAUVAGES, qui remarque, du reste, la difficulté de traduire ces dictons, ne paraît pas être le véritable sens de cette phrase, telle au moins qu'elle est aujourd'hui comprise et appliquée. Il ne s'agit pas en effet, de vains efforts pour se venger ou pour témoigner son dépit; l'idée que réveille le dim. familier *pésouïé*, ce pauvre diable de parasite, vivant de peu, toujours caché et toujours poursuivi, éveille plutôt une idée de faiblesse, de mesquinerie chétive, que de taquinerie insolente, quoique vaine.

Pésouïous, o, adj. Pouilleux ; qui a des poux ; sujet aux poux; taché de pourriture.

Dér. de *Pesoul*.

Pésoul, s. m. Pou, insecte du genre des Aptères ; vermine. — *Lous pésouls lou manjou*, les poux le dévorent, la vermine le ronge. *Lous pésouls l'acabou*, m. sign. *Tría sous pésouls*, s'épouiller, secouer ses poux, au prop. et au fig. *Més pas la man dou sé pér un pésoul*, pour dire : il ne se met pas en souci pour une vétille ; il ne s'émeut pas d'une bagatelle; et presque mot à mot : pour se mettre à chercher un pou sur sa peau, encore faudrait-il que la chose en valût la peine.

Étym. du lat. *Pediculus*, m. sign.

Pésoulino, s. f. Vermine; poux en général ; race, engeance pouilleuse ; pucerons, insectes qui attaquent les plantes, les arbres, la volaille.

Dér. de *Pésoul*.

Pésoul-révéngu, s. m. comp. Gueux revêtu, homme de rien qu'un coup de fortune a rendu riche et qui prend des airs insolents.

Formé de *Pésoul* et de *révéngu*. — Voy. c. m.

Pésqua, v. Pècher, prendre du poisson; retirer de l'eau; repêcher; faire eau ; s'imbiber; par extens. trouver, prendre, découvrir — *Manda-lou pésqua*, envoyez-le à la pêche, c.-à-d. se promener. *Pésqua lou féra*, repêcher un seau tombé dans un puits. *En travéssan lou cardou, aï pésqua*, en traversant le ruisseau, je me suis mouillé. *Moun soulié pésquo*, mon soulier laisse pénétrer l'eau. *Ounté l'avès pésqua?* Où l'avez-vous pris, trouvé? *Ounté vaï las pésqua?* Où va-t-il les chercher?

Dér. de *Pésquo* et du lat. *Piscari*.

Pésquaïré, s. m. Pêcheur; s'applique également à celui qui fait de la pêche sa profession ou son amusement.

Dér. du lat. *Piscator*, ou de *Pésquo*.

Pésquaïróou, s. m. Alouette de mer, *Pelidna platyrincha*, Linn. Oiseau de passage, de l'ordre des Échassiers et de la famille des Ténuirostres. — Le *pésquaïróou* est haut monté sur jambes, et l'on dit volontiers d'un homme ainsi conformé : *A dé cambos dé pésquaïróou*, ou : *sémblo un pésquaïróou*.

Dér. de *Pésquo*, ces oiseaux vivant de la pêche.

Pésquariè, s. f. Poissonnerie; lieu destiné à la vente du poisson ; pêcherie, lieu propre à la pêche. Dans les anciens titres et le compois d'Alais de 1393, il est fait mention de la *Carièïro dé la Péscariè*; elle partait de la Soubeirane, après le couvent des Cordeliers, aujourd'hui le théâtre, pour remonter vers les châteaux. Peut-être y avait-il là une halle aux poissons, qui lui avait fait donner son nom, ou plutôt prenait-elle sa dénomination d'un *pésquiè*, réservoir d'eau ou vivier, situé dans le jardin des seigneurs.

Pésquiè, s. m. Réservoir, vivier, bassin où l'on nourrit le poisson.

Dér. de *Pésquo*.

Pésquo, s. f. Pêche; l'art, l'exercice ou l'action de pêcher du poisson; le poisson que l'on a pris. — *A fa bono pésquo*, il a pris beaucoup de poisson. *Manda à la pésquo* ou *à la pésquariè*, envoyer un importun se promener.

Dér. du lat. *Piscatura*, formé de *piscis*.

Péssamén, s. m. Peine, chagrin, souci, inquiétude. — *Manquo pas dé péssamén*, il n'est pas sans inquiétude. *N'avès pas gés dé péssamén*, vous n'avez souci de rien. *Sès pas pér vioure, avès tro dé péssamén*, vous n'êtes pas ici-bas pour longtemps, vous avez trop de soucis. *M'a tira d'un bèl péssamén*, il m'a tiré d'un grand embarras. *Mé fai péssamén dé partì, dé vous quita*, je ne puis me décider à partir, j'éprouve bien de la peine à vous quitter. *Tout li fai péssamén*, tout lui fait peine. Le proverbe dit : *Cént éscus dé péssamén pagou pas un dénié dé déoutes*, le chagrin ne suffit pas à payer la moindre dette.

Etym. du lat. *Pensare, pensatum, penso*, ou peut-être de *Poti, passus, patior*.

Péssaméntoùs, o, adj. Soucieux, qui a du souci; préoccupé de soins.

Péssègre, s. m. Pêche de vigne, fruit du pêcher.

Dér. du lat. *Persica*; en ital. *Persica*; en port. *Pessego*; en cat. *Presseg*; en esp. *Passega*.

Péssègriè, s. m. Pêcher, *Amydalus persica*, Linn., arbre qui porte la pêche, de la famille des Rosacées, originaire de la Perse.

Même étym. que le subst. précédent.

Péssù, s. m. Pincée; la petite quantité qu'on peut prendre d'une chose entre deux ou trois doigts. — *Un péssù dé sdou*, une pincée de sel. *Un péssù dé taba*, une prise de tabac. *A més dos ounços dé grano et lou péssù*, il élève un peu plus de deux onces de graine de vers à soie, deux onces plus une pincée supplémentaire.

Péssù, s. m. S'emploie aussi pour désigner quelque chose de premier choix ; la fleur d'une chose, la partie la plus délicate et la plus recherchée. Ainsi : *uno douméïsèlo, uno* *fio ddou péssù*, une demoiselle qui n'est pas du ceci mon: comme dirait le français : un beau brin de fille. *Aquò's ddou péssù*, ceci est du premier choix.

Péssù, *s. m.* Pinçon; action de serrer la superficie de la peau entre les doigts; marque qui reste lorsqu'on a été pincé. Le même que *Espéssà*. — *Voy.* c. m.

Péssuga, *v.* Pincer; serrer, presser la peau entre les doigts, de manière à produire une marque; faire des pinçons. Au fig. critiquer, railler, mordre. — *Voy. Espéssuga*.

Etym. du lat. *Pellem sugere* ou du grec Πελλω, presser, serrer.

Péstél, *s. m.* Pilon, instrument propre à piler dans un mortier. Il est synonyme avec *Trissadou*, *Trissou* (*Voy.* c. m.) On dit : *Réde coumo un péstél*, raide et droit comme un pieu.

Étym. du lat. *Pistillum*, dér. du grec Πτισσαλος, pieu.

Péstél, *s. m.* Pêne, partie mobile d'une serrure qui entre dans la gâche; verrou. Dans le premier sens, syn. de *Péle*. — *Voy.* c. m.

Étym. du lat. *Pessulus*, dér. du grec Πασσω, ficher, planter.

Pésu, udo, *adj.* Pesant, lourd, qui pèse.

Dér. de *Pes*.

Pè-su-fièio, *phr. faite.* Trois mots de cabale, sorte de formule de sorcellerie qu'on prête aux prétendus sorciers qui fréquentent le sabbat. — SAUVAGES l'explique très-bien : « La route ordinaire pour se rendre au sabbat, dit-il, est le tuyau de la cheminée. On met un pied sur la crémaillère, comme sur un étrier, on prononce la formule *Pè-su-fièio*, le sorcier disparaît et tout est dit. »

La locution *faire pè-su-fièio* tire de là son origine et signifie par conséquent : disparaître à la manière des sorciers; lever le pied, s'esquiver adroitement, furtivement.

Péta, *v.* Péter, faire un pet. Eclater, faire des éclats; claquer; casser; se rompre; se casser. Au fig. crever, mourir. En terme de jeu, faire la dévole. — *Lous faviòous fan péta*, les haricots donnent des vents : c'est la *ventosa faba* des Latins. *Faire péta soun fouèt*, faire claquer son fouet, au prop. et au fig., prendre le verbe haut, faire sonner haut son importance. *Faire peta sa noublésso*, se targuer de sa noblesse, de sa condition. *Fai peta las èfos*, il sacre, il jure :

Les F et les B voltigeaient sur son bec,

disait Gresset en parlant de Vert-Vert perverti. *Fai péta las méssorgos*, c'est un impudent menteur. *Aquélo fusto ven dé peta*, cette poutre vient de craquer, de se rompre. *La branquo vai peta*, la branche va casser. *Lou bos ver dou fio peta*, le bois vert éclate en brûlant. *Nous fasiè peta ddou rire*, il nous faisait mourir de rire. (*Voy. Espéta*.) *A manquà y pétà*, il a failli crever. *Né manjè à péta*, il en mangea à crever. *Péta dou poun*, échouer au

pit. C'est un peu aussi ce qui arriva à ce Martin qui, pour un point, perdit son âne.

Dér. de *Pe* ou du lat. *Pedere*.

Petaìre (Lou), *s. m.* Le derrière, le fondement. Métonymie hardie et familière.

Pétar, *s. m.* Mine, trou de mine, cavité que les carriers et les mineurs pratiquent dans une roche pour la faire sauter et la briser, en la chargeant de poudre.

Pétar, *s. m.* Mèche de fouet.

Pétarado, *s. f.* Pétarade, suite de pets; sauts que fait un cheval en pétant; quantité de crotins qu'il lance. Au fig. bruit qu'on fait avec la bouche, par imitation de pets et par mépris pour quelqu'un.

Dér. de *Pe* et de *Peta*.

Pétarda, *v.* Faire jouer la mine, miner un rocher, le percer pour y établir une mine.

Dér. de *Petar*.

Pétardiè, *s. m.* Mineur, celui qui fait des mines.

Dér. de *Pétar*.

Pétarèlo, *s. f.* Larme de verre; goutte de matière vitrifiée en fusion, qui s'est échappée de la canne ou sarbacane trop chargée de l'ouvrier verrier, et refroidie en forme de larme. La cassure de son fil la fait éclater avec bruit par suite de la brusque invasion de l'air extérieur, ce qui lui a valu son nom.

Dér. de *Pé* ou de *Pétar*.

Pétarino, *s. f.* Canonnière; jouet d'écolier. Le même que *Coutoubrino* — *Voy.* c. m.

Pétarufo, *s. f.* Fâcherie, bouderie, mauvaise humeur, colère. — *M'a fa prene la pétarufo*, il m'a mis de mauvaise humeur.

La signification que SAUVAGES attribue à *Petarofa*, qui est au fond le même mot, et qu'il traduit par : homme sans conséquence, est tombée en désuétude.

Dér. de *Pe* et de *Rufe*.

Pétas, *s. m.* Dim. de *Pétassoù*. Pièce, petit morceau d'étoffe quelconque pour rapiécer un vêtement, pour panser une plaie. Au plur. *Petasses*, pour dire : loques, haillons, lambeaux de vieux linge usé.

Étym. de la bass. lat. *Petacia*.

Pétassa, *v.* Rapiécer, mettre des pièces; rapiéceter et rapetasser; raccommoder. Au fig. remettre en bon état, réparer, rajuster, arranger, rectifier, tâcher de justifier. — *Pétassa sas braios*, rapiécer son pantalon. *Camiso touta petassado*, chemise rapetassée. *Pétassas-ou coumo voudrés*, arrangez cela comme vous l'entendrez. *Argén pétasso pa vilanié*, argent ne répare pas vilenie.

Der. de *Pétas*.

Pétassaire, ro, *s. m. et adj.* Ravaudeur, ravaudeuse, celui ou celle qui fait métier de rapiécer; fripier, celui qui vend ou achète les chiffons, par ext. Ne s'emploie jamais au fig.

Der. de *Petas*.

Pétassaje, *s. m.* Rapiécetage, action de rapetasser; au prop. et au fig. — *Aquò's pas qué dé pétassage*, ce n'est que du rapiécetage, c'est un mauvais replâtrage.

Dér. de *Pétas*.

Pétassâou, *s. m.* Grand coup; coups redoublés. — *Vas véire aquélés pétassdous*, tu vas voir quelle tripotée. *Zou! pétassdous sus sa fénno*, En avant! coups de trique sur sa femme.

Étym. du grec Πατάσσω, frapper avec bruit, battre.

Pétéja, *v. fréq.* de *Péta*. Pétiller, craqueter, briller avec éclat. Au fig. pétiller d'ardeur, d'impatience; désirer vivement; s'impatienter. — *Lou ldouriè et l'amouriè petéjou dou fiò*, le laurier et le mûrier pétillent en brûlant. *Lous iels das lous pétéjou*, les yeux des loups brillent dans l'obscurité. *Mé fai pétéja*, il m'impatiente. *Petéjo de s'en ana*, il est impatient de partir. *Petéjavo dé l'avèdre*, il brulait d'envie de l'avoir.

Dér. de *Pé*.

Pétito, *s. f.* Poupée, jouet d'enfant, qui remonte à la plus haute antiquité et dont on a trouvé des spécimens chez les Grecs. Ironiq. jeune fille bien parée, bien attifée.

Étym. du lat. *Petilus*, mince, grêle.

Péto, *s. f.* Crotte; crottin; ordure; fiente durcie et arrondie de plusieurs animaux, tels que le cheval, la brebis, la chèvre, le lapin, le lièvre, le rat, la souris, etc. Au fig. par ext. métonym. de l'effet pour la cause: peur, crainte. — *Pétos dé magna*, du crottin de ver à soie. SAUVAGES remarque qu'un bon ver à soie a toujours le crottin dur au derrière. *Quanto péto!* Quelle peur! *A toujour la péto*, il a toujours peur.

Dér. de *Pé*.

Péto-bas, *s. m.* Ironiq. petit homme court de jambes. *S. f.* Terme de mépris, trousse-pète, bas-de-cul, petite fille.

Pétofio, *s. f.* Médisance; commérage; tracasseries, sornettes; propos inutiles et médisants. — *M'a fa 'qui uno pétofio que...* il m'a fait là une tracasserie dont je me souviendrai. *Taisa-vous, aquò soun dé petofios*, taisez-vous donc, ce ne sont que sornettes, médisances, tripotages.

Péto-frè, *s. m.* Ironiq. homme flegmatique, d'un froid glacial, sans âme, d'une indifférence souvent composée.

Pétoufiè, *s. m. et adj.* Au fém. *Pétoufièiro*. Bavard; médisant; rapporteur; brouillon; flagorneur; faiseur de *pétofio*. C'est une nuance, peut-être un peu adoucie, du *Patrifassiè* (Voy. c. m.), avec lequel il semble avoir quelque rapport d'origine et d'étym.: mais il ne vaut pas mieux.

Pétoufièja, *v.* Colporter des rapports indiscrets et médisants contre quelqu'un; dauber sournoisement et méchamment.

Pétoùs, o, *adj.* Péteux, terme de mépris. — *Dé qué vòou aquel pétoùs?* que nous veut ce péteux, ce morveux? *L'an coucha coumo un pétoùs*, on l'a mis dehors comme un péteux.

Dér. de *Pé*.

Pétuito, *s. f.* Pituite; humeur visqueuse, lymphatique et visqueuse du corps humain.

Étym. du lat. *Pituita*.

Pi, *s. m.* Pin; arbre de haute futaie; *Pinus pinea*, Linn. Arbre toujours vert, à feuilles persistantes, résineux, conifère. Ses variétés sont nombreuses, et la plupart s'acclimatent facilement suivant les terrains. Dans les calcaires, le pin d'Alep, le pin maritime, etc.; dans les sols schisteux, le pin sylvestre, le pin à pignon, le pin noir d'Autriche et autres, se plaisent de préférence. Depuis quelques années le reboisement de nos montagnes des Cévennes a été entrepris sur d'assez larges proportions: les Compagnies houillères ont, les premières, donné l'exemple que plusieurs propriétaires ont suivi, et l'administration des eaux et forêts a établi un service de reboisement qui promet de beaux résultats. Ce sera un grand bienfait dont les conséquences ne sauraient être trop bien appréciées, et déjà la Compagnie de la Grand'Combe possède de vastes forêts de pins dont la valeur se chiffre par millions de francs.

Il n'existe pas, du reste, de meilleur moyen à employer pour retenir les terres sur les pentes montagneuses, et pour prévenir ces terribles inondations torrentielles qui, après avoir raviné et excorié les montagnes, descendent sans obstacles sur nos plaines en torrents impétueux, entraînant les rochers et l'humus végétal.

Les États de Languedoc, par une sage prévoyance, avaient prescrit des mesures sévères contre le déboisement des montagnes; par malheur, ces règlements avaient été trop mal observés. Mais si, de nos jours, les communes qui peuvent s'assurer de bons revenus, si les propriétaires de grands tènements se sont ravisés, et qu'ils continuent à être encouragés et favorisés dans leurs plantations ou semis, il est permis d'espérer que le développement de ces cultures forestières portera d'heureux fruits et que notre région tout entière ne tardera pas à en ressentir les avantages. L'expérience est faite, et l'on peut prévoir, dès à présent, que le jour où la végétation, reconstituée sur les versants des montagnes, en aura consolidé la surface, où les cours d'eau torrentueux y auront été dérivés, où tous les anciens ravins auront été obstrués, les vallées principales et les plaines cultivées n'auront presque plus rien à redouter de la violence des inondations.

A part ces améliorations générales, si désirables pour notre agriculture du haut et du bas pays, la culture et les plantations de pins peuvent encore être considérées comme une autre source de richesses. La résine que produit cet arbre pourrait sans doute être exploitée, mais la bonne qualité de son bois, l'emploi qui en est fait dans nos grandes industries minières, le font surtout rechercher et le recommandent particulièrement.

Étym. du lat. *Pinus*, dér. probablement du celt. *Pin*; en armor. *Pin*; *Puinge*, en langue erse; *Pinwidden*, arbre pin, en gallois; *Pinn*, en anglo-saxon. Tous ces mots ont peut-être leur radical primitif dans le celt. *Pen*, montagne.

Pi, s. m. Pivert, oiseau au plumage vert, à tête rouge; *Picus viridis,* Linn. Cet oiseau fait son nid dans le tronc des vieux arbres qu'il creuse avec son bec; la femelle y pond de quatre à cinq œufs verdâtres, tachetés de points noirs. Les pics font leur nourriture principale d'insectes; et, pour faire sortir leur provende cachée sous l'écorce, ils frappent les arbres à coups de bec redoublés, et allongent démesurément leur langue : quand il la trouvent suffisamment chargée d'insectes, il la rentrent et le repas est fait. Le dicton : *Maigre coumo un pi,* sec comme un pivert, est-il une allusion à cette espèce d'oiseaux, qui n'ont pas la renommée de beaucoup s'engraisser ?

Le *Pi-col-de-sèr,* s. m. Torcol, oiseau, variété du précédent, dont il se distingue par son cou allongé et mobile, qu'il peut tourner comme un serpent, ce qui lui a valu son nom. Il se nourrit de fourmis en enfonçant aussi la langue dans les trous des fourmilières. *(Voy. Fourniguiè)* Dans les environs de Nimes cet oiseau porte le nom vulgaire de *Fourmiè* et *Tiro-léngo.*

Dans plusieurs dialectes, on écrit et on prononce *Pic;* de même, le français écrivait Pic-vert. Notre idiome supprime la lettre finale *c;* mais cette suppression, purement euphonique, ne change rien à l'étymologie. Ces mots dérivent tous du latin *Picus,* dont le radical *pic* indique toujours une pointe, un dard, un instrument qui sert à frapper, à piquer, et se trouve dans le bas-breton *pik* ou *pigel.* C'est une onomatopée commune à bien des langues, imitant le bruit que fait cet oiseau en frappant de son bec les arbres ou les pierres.

Pia, v. Piller; saccager; voler.

Piage, s. m Pillage; dégât; désordre. — *Din soun oustdou, tout y-ero dou piage,* dans sa maison, tout était en pillage, ou tout était en désordre.

Étym., par la suppression de *l* qui est mouillée et ne se fait pas sentir, du lat. *Pilare,* ou du grec Πιλὀω, fouler, presser.

Piar, do, *adj.* Pillard ; enclin à piller Pris subst., il signifie : gueux; mendiant; voleur.

L'étym. des mots précédents a peut-être concouru ici, avec celle de *péro,* guenille, pour les former ; ce dernier, du moins, s en rapproche beaucoup.

Piastro, s. f. Pièce de deux liards; un demi-sol ou deux centimes et demi; monnaie de très basse valeur, depuis longtemps hors d'usage. — *Vòou pas uno piastro,* il ne vaut pas deux liards, pas une obole. *T'én dounariéi pa 'no piastro,* je ne t'en donnerais pas deux liards. Celui dont on parle ainsi, ou la chose que l'on estime à ce prix, seraient encore trop payés tous deux.

En ital. *Piastra.*

Picarèl, s. m Mendole, poisson: *Sparus mœna,* Linn., de l'ordre des Holobranches et de la famille des Léiopomes. On le pêche dans la Méditerranée ; sa chair est maigre et coriace; on le vend sec, et sa salure très-prononcée, qui pique fortement la langue, lui a fait donner son nom.

Picata, do, *adj.* Tâcheté, tiqueté.
Rad. *Pic,* pointe.

Pichéténé, to, *adj.* double dim. Très-petit; le plus petit; très-mignon.

Dér. de *Pichò.*

Pichò, oto, s. et *adj.* Petit enfant; enfant nouvellement né, pris subst. Petit; qui a peu d'étendue ou de volume, pris adj. — *Avès aqui un brave pichò,* vous avez là un charmant enfant. *La bravo pichoto!* la gentille petite fille! *Aquèl capèl t'és tro pichò,* ce chapeau est trop petit pour toi. *Pichò fai et bé lia,* ce qui répond à : qui trop embrasse mal étreint. *Pichoto plèjo d'abriou fai bèlo ségado d'estiou,* petite pluie de printemps promet grande moisson d'été.

En v. fr. on disait *Petiot.* En ital. *Piccolo,* en port. *Pequeno.* Étym. du celt. *Pichon,* d'où aussi le lat. *Petilus.*

Pichò-fil, s. m. Petit-fils, fils du fils ou de la fille.

Pichò-t-home (Lou), s. m. Le petit homme, envie de dormir. — *Lou pichò-t-home t'arapo,* dit-on aux enfants qui, les yeux gros de sommeil, voudraient s'endormir avant l'heure. On leur fait croire que c'est un petit homme qui jette du sable dans leurs yeux, ou qui pose les pieds dessus pour les fermer.

Pichougnè, s. m. Pigeonnier; lieu où l'on élève des pigeons. Le même que *Pijouniè.* — *Voy.* c. m.

Pichoulino, s. f. Olives confites à la saumure; très-petite olive.

Dér. de *Pichò,* et du lat. *Oliva.*

Pichoun, s. m. Pigeon; *Columba,* Linn., oiseau de l'ordre des Gallinacés. On en distingue plusieurs espèces et un grand nombre de variétés qui toutes n'ont pas un nom languedocien.

Pichouté, to, s. et *adj.* Dim. de *Pichò.* Très-petit garçon; très-petite fille. Adj., très-petit, bien moindre.

L'augm. *Pichoutas, asso,* signifie un grand garçon, gros et joufflu; une jeune dondon grasse et fraîche.

Dér. de *Pichò.*

Picopouiè, s. m. Micocoulier. Le même que *Belicouquiè,* et *Fanabrégou.* — *Voy.* c. m.

Picopoulo, s. f. Espèce de raisin blanc ou noir, à petits grains. On l'a francisé en *pique-poule,* comme on devrait faire de bien d'autres termes languedociens.

Picourélo, s. f. — *Voy. Bufadèl.*

Piè, s m. et n. pr. Pic; colline; montagne. Le nom propre est rendu en français par *Puech,* qui a passé aussi dans quelques désignations de lieux. — *Lou Piè dé Sen-Lou,* le pic de Saint-Loup, montagne située dans l'Hérault. *Lou Pic de Cendras,* le Puech de Cendras, dans le canton d'Alais, sur lequel est bâtie l'église de Cendras, près d'une ancienne tour isolée. *Lou Piè das fabres,* le Puech des fabres, nom ancien que nos Compois donnent à la colline où se trouvent des fours à chaux, sur la rive droite du Gardon, en face du quai neuf d'Alais. Là devaient se trouver jadis les industries des forgerons, maréchaux et taillandiers, *fabres;* ou peut-être la dénomination venait-elle du voisinage des *fabreries moyennes et hautes*, deux rues du vieil Alais, séparées de ce monticule par le seul lit de la rivière, avant l'existence du quai.

Le mot *Piè* est aussi entré dans la formation de plusieurs noms propres, avec quelques variantes imposées par l'euphonie; ainsi *Piélon*, *Piéchégù*, *Piéredoun*, *Piéchdou*, que le français a traduits par *Puechlong*, *Puechegut* (le même que *Montaigu* et *Rochegude*), *Puechredon*, *Péchaud*. Pujol, Poujoulat doivent avoir le même radical.

Étym. du lat. *Podium*.

Piè, *s. m.* Pied de roi ou de Paris, mesure de longueur composée de douze pouces et qui forme la sixième partie de la toise; elle équivaut à $0^m 3 2484$. Le pied était une mesure de longueur, en usage chez la plupart des peuples anciens et modernes, mais avec des dimensions très-dissemblables, variant entre $0^m 247$, longueur du pied Delphique ou Pythique, et $0^m 5136$ qui représente le pied employé dans le Piémont. Il résulte des travaux de M. Aurès, que le pied gaulois doit être évalué à $0^m 3248$ et le pied romain à $0^m 2963$. Le pied gaulois serait donc le même que le pied de roi ou de Paris, qui fut en usage en France jusqu'à l'introduction du système métrique. Le savant archéologue que nous venons de citer a déduit de la longueur du pied gaulois celle de la lieue gauloise, laquelle étant composée de 1500 pas de 5 pieds, soit 7500 pieds *gaulois*, présentait un développement de 2346 mètres. Quant au pas romain, comprenant aussi 5 pieds romains, il équivalait à $1^m 4815$, d'où le mille romain composé de mille pas, présentait un développement de $1481^m 50$; et la lieue romaine, composée de 1500 pas ou 7500 pieds romains, possédait une longueur de 2222 mètres, qui représente très-exactement la moitié de la lieue commune de France, de 25 au degré, dont la longueur est de 4444 mètres.

Emprunté du français.

Pièché, *s. m.* Dim. de *Piè*, pic, soit comme subst., soit comme n. pr. Petite éminence, petite élévation, ou fils de Puech.

Pièço, *s. f.* Champ; vigne; pièce de terre. — *És ana faire un tour à sa pièço*, il est allé visiter sa vigne, son champ. *Pièço de sère, cé qué porto ou vèn quère*, terre de côteau, dit ce proverbe, coûte autant que ce qu'elle rapporte.

Étym. de la bass. lat. *Piecia*, m. sign.

Pièï, *s. m.* Pis, tétine d'animal, plus particulièrement des vaches, chèvres ou brebis.

Pièï, *adv.* de temps. Puis; ensuite; après; tantôt. — *Ou faren pièï*, nous ferons cela tantôt. *Ou vèrén pièï*, nous le verrons ensuite. *Pièï y-anaraï*, puis, j'irai. *Et pièï?* et après? *Pièï qué*, tandis que, puisque. *Pièï qué m'én souvène*, tandis que je me le rappelle. *Pièï qué li sèn*, puisque, tandis que nous y sommes.

Étym. du grec 'Επεί, m. sign.

Pièï (Lou), *n. pr.* Le Puy, ville, chef-lieu de la Haute-Loire. Ancien *Anicium*.

Étym. du lat. *Podium*.

Pièlo, *s. f.* Auge où l'on abreuve les bestiaux; lavoir. Il est synon. de *Piso*.

Étym. du grec Πύελος, baignoire, bassin.

Pière, *n. prop.* d'homme. Dim. *Piéré*, *Piéroù*, *Piéroto*, au fém. *Piéréto*; augm. *Piéras*. Pierre; dim. Pierrot, Pierrette; augm. Gros-Pierre.

Étym. du lat. *Petrus* et *Petrunculus*.

Piéta, *s. f.* Pitié, compassion. — *Aquò faï pieta*, c'est à faire pitié.

Dér. du lat. *Pietas*.

Piétadoùs, ouso, *adj.* Compatissant, miséricordieux, tendre; sensible au malheur des autres.

Dér. de *Piéta*.

Piètre, *adj.* Piètre, chétif, mesquin. — *Piètro mino*, pauvre figure, mine chétive.

Traduction du français.

Pifra, *v.* Jouer du fifre, du flageolet. — *Sé sies pas countén, pifro*, si tu n'es pas satisfait, si cela ne te va pas, prends un fifre.

Pifraïre, *s. m.* Joueur de fifre.

Pifre, *s. m.* Fifre, flageolet à son très-aigu. On dit au fig. : *Touqua* ou *jouga ddou pifre*, pour ronger son frein, croquer le marmot.

Pigasso, *s. f.* Houe, instrument d'agriculture et de labour. Son fer a la forme d'un carré long, large vers son extrémité et qui se recourbe vers le manche.

Étym. de *Pi*, avec l'augm. *asso*. En bas-br. *Pighel*.

Pigna, ado, *adj.* Bien garni ; bien arrangé; proprement taillé. Se dit surtout en terme de magnanerie : *Dé fousel bièn pignas*, des rameaux bien garnis de cocons ; *dé brus bièn pignas*, des bruyères bien garnies. *Un doubre bièn pigna*, un arbre bien taillé.

Dér. de *Pigno*, pomme de pin, par une comparaison avec la disposition des écailles.

Pignastre, tro, *adj.* Têtu, entêté; opiniâtre. — *Vdou maï èstre sot qué pignastre*, ce qui signifie : mieux vaut paraître un sot et céder, que s'obstiner dans son opinion, sa volonté, son avis. Un observateur a remarqué que l'opiniâtreté est une qualité ou plutôt un défaut habituel aux bêtes, aux sots et aux enfants.

Pignastrije, *s. m.* Opiniâtreté, entêtement déraisonnable et stupide, « marque d'un petit esprit, » dit Sauvages.

Pigno, *s. f.* Pomme de pin d'Italie, qui renferme sous ses écailles des pignons, sortes d'amandes que la maturité fait détacher. Le gros pinson appelé bec-croisé se nourrit de ces amandes. On dit d'un avare ou d'un cuistre : *És sara coumo uno pigno vèrdo*.

Pignoun, *s. m.* L'amande ou semence du pin d'Italie contenue dans la pomme de pin.

Pigoto, *s. f.* La petite vérole. La clavelée des bestiaux. — *Adioussias, ténès-vous cdou et sara, qué la pigoto vous sourtira*, se dit ironiquement à des voyageurs qui, par un grand froid, se mettent en route sur un véhicule non fermé.

Pigouta, do, *adj. m. et f.* Marqué ou gravé de la petite vérole. On dit aussi *grela*. — *Ès tout gréla*, il est tout grêle, tout marqué de la petite vérole.

Pigoutoùs, so, *adj. m. et f.* Malade attaqué de la petite vérole.

Pigre, *adj. m.* Paresseux.
Dér. du lat. *Piger.*

Pigrije, *s. m.* Paresse.

Pijougnè. *s. m.* Un colombier, un pigeonnier.
Der. de *Pijoun*. — *Voy.* c. m.

Pijoun. *s. m.* Pigeon (*Columba*), le pigeon domestique.

Pilo, *s. f.* La pile d'un pont.
Dér. du français

Pilo, *s. m.* Une pile, un tas, un petit tas.

Pilouta, *v.* Planter des pilotis pour établir un ouvrage en maçonnerie dans l'eau ou sur un terrain exposé aux affouillements.

Pimpa (Sé), *v.* S'attifer.

Pimpa, do, *adj. m. et f.* Attifé, vêtu avec recherche. — *Aquelo fenno és be pimpado*, cette femme est bien attifée.

Pimpanèlo, *s. f.* Pimprenelle, *Sanguisorba officinalis*, Linn., ou *Fraissinéto*. (*Voy.* c. m.) On l'appelle aussi *Pimparélo*. — *La grando pimpanèlo*, la pivoine. *Pæonia officinalis*, Linn.

Pimpouna. *v.* Pomponner, dorloter, être aux petits soins.

Pimpourla, *v.* Soigner quelqu'un avec excès, le combler d'attentions exagérées. — *Sé pimpourla*, se dorloter, soigner sa santé avec exagération.

Pinchoù (Faire) Épier et se montrer à la dérobée; guetter, montrer le nez, se montrer en partie et se cacher alternativement. — *Pinchoù-babdou.* — *Voy. Babdou.*

Pinédo, *s. f.* Terrain planté de pins, bois ou forêt de pins.
Dér. de *Pi*, pin.

Pinò, *s. m.* Terme sous lequel on désigne le vin en plaisantant. — *Aï dé bon pinò*, j'ai du bon vin.

Pin-pan! *interj.* Pif-paf! Onomatopée inventée pour exprimer l'action de frapper à coups répétés et précipités, afin de donner au discours plus de rapidité et d'énergie. — *Li baïlé dous souflés, pin-pan!* il lui ficha deux soufflets, pif-paf!

Pinta, *v.* Pinter, chopiner, boire avec excès, s'enivrer.

Pintardo, *s. f.* Pintade commune, *Numida meleagris*, Linn., oiseau de basse-cour. — *Bataia coumo dé pintardos*, jacasser, caqueter, bavarder; se dit des femmes.

Pinto, *s. f.* La pinte d'Alais, dit SAUVAGES, pesant environ quatre livres poids de table, vaut un litre neuf décil., et répond à la quarte ou au pot de Paris de même poids, ou qui contient deux pintes, mesure de Paris, ou quatre livres poids de marc, ce qui fait entre ces deux mesures une petite différence.

Pintra, *v.* Action de peindre; faire de la peinture.

Pintre, *s. m.* Peintre, celui qui se livre à l'art de la peinture.

Pintruro, *s. f.* Peinture, tableau. — *Acò's uno bèlo pintruro*, voilà un beau tableau. *La pintruro d'uno porto, d'uno fenèstro*, la peinture d'une porte, d'une fenêtre.

Piò. Onomatopée du piaulement du dindon, dont on a fait son nom et qui, féminisée, est devenue *Pioto*, nom de la dinde — *Prené la pioto*, s'enivrer.

Piolo, *s. f.* Une hache, une cognée. On dit aussi *Destrdou*. *Voy.* c. m.) — *Planta la piolo*, faire un marché usuraire, hors de proportion avec la valeur de l'objet vendu. *Piolo bouscardièïro*, hache de bûcheron. *Piolo-dé-man*, hache de menuisier.

Pio-pio (A la), s'applique à la manière de donner certaines choses telles que dragées, pièces de monnaie que l'on jette aux enfants sur la voie publique et dont chacun tâche d'avoir la plus grosse part. — *Aquel oustdou és à la pio-pio*, c'est une maison livrée au pillage, d'où chacun emporte le plus qu'il peut.

Pioto, *s. f.* La femelle du dindon. — *Voy. Piò.*

Piou-piou! Onomatopée du cri des poussins. Pi! Pi! en français. — *Piou-piou toujour viou*, celui qui geint et se plaint de sa santé vit toujours. Petit bonhomme vit encore. *Faï toujour piou-piou*, il se plaint, il se lamente, il geint sans cesse: il a toujours quelque chose qui cloche.

Piouta, *v.* Piauler, pépier. Les poules d'Inde piaulent: les poussins et les moineaux pepient. Au fig. *piouta*, crier, criailler, chamailler, geindre. En parlant de quelqu'un qui se plaint toujours de quelque infirmité, on dit : *toujour piouto*, il ne fait que geindre.

Piountaire, *s. m.* Celui qui criaille et se plaint toujours.

Pipa, *v.* Fumer du tabac, fumer la pipe surtout. On dit aussi *fuma*, ce terme est dérivé du français.

Pipado, *s. f.* Une bouffée, une gorgée de fumée de tabac, chassée par le fumeur qui fume la pipe.

Pipaïre, *s. m.* Fumeur.

Pipi, *s. m.* Terme de nourrice employé aussi en français en parlant aux enfants. Action de pisser. — *Faï toun pipi*, fais ton pipi.

Pipo, *s. f.* Pipe servant à fumer du tabac. — *Vòou pas uno pipo dé taba*, il ne vaut pas une pipe, il ne vaut pas cher.

Piqua, *v.* Frapper, heurter. — *Qudou piquo? Qui va là? Qui frappe à la porte? Lou piqua dé la daïo*, action d'affûter le tranchant d'une faux, opération difficile, d'où l'on dit au fig. en présence d'une difficulté : *Acò's lou piqua dé la daïo*, c'est ici que commence la difficulté, l'embarras.

Piquasoù, *s. f.* Picotement, prurit, démangeaison occasionnée sous la peau par l'âcreté des humeurs ou la malpropreté du corps. — *Voy. Prusije.*

Piquatièïro, *s. f.* Cavité pratiquée dans un bloc de pierre et dans laquelle on introduit un coin en fer, pour la partager en plusieurs pièces, en frappant sur le coin avec une masse de fer appelée *bouro*.

Piqué, *s. m.* Le piquet, jeu de cartes, que l'on joue à deux ordinairement. *Piqué-voutur*, jeu de piquet qu'on joue à trois. — *Jamaï lou piqué és pa'ntra din la tèsto d'un ase*, le piquet n'est jamais entré dans la tête d'un âne, pour dire que le piquet est un jeu difficile.

Piquélé, éto, *adj. m.* Petit, petiot, malingre. Se dit d'un enfant mignon, de petite taille, par rapport à son âge. On dit aussi *péquélé, éto*.

Piquét, *s. m.* Piquet, morceau de bois aiguisé par un bout et pouvant être enfoncé dans le sol.

Piquétado, *s. f.* Rangée de piquets plantés au bord d'une rivière pour soutenir des fascines et servir de défense contre les affouillements, les envahissements d'un cours d'eau. Se dit aussi d'une clôture fixe en bois.

Piquo, *s. f.* Pic de mineur, de terrassier.

Piquo, *s. f.* Pique, une des quatre couleurs d'un jeu de cartes.

Piquo, *s. f.* Brouillerie, animosité. — *Y vaï dé piquo*, il agit avec passion, avec animosité.

Piquoni, *s. m.* Pique-nique, repas où chaque convive paie son ecot. De l'anglais *Pick-an-each*, littér. où chacun est piqué, où chacun paie.

Piquo-poulo, *s. f.* Nom lang. du fruit du micocoulier. Sorte de raisin à petits grains noirs ou blancs.

Piquoù, *s. m.* Instrument de mineur ou de carrier, pointu et acéré.

Pire, *adv.* Très, beaucoup, infiniment. — *És pire qué pouli*, il est très-joli. *És pire qué brave*, il est honnête au-dessus de toute expression.

Pis, *s. m.* L'urine; le pis de la vache, de la chèvre, de la brebis.

Pisa, *v.* Décortiquer les châtaignes, les dépouiller de leur écorce. Se dit aussi par extension de quelques légumes secs.

Dér. du lat. *Pinsus*, broyer, piler.

Pisado, *s. f.* Époque de l'année affectée au décortiquage des châtaignes, qui s'étend environ de fin novembre au milieu de décembre. — *Véndrén pér pisado*, nous viendrons à l'époque du dépiquage des châtaignes. *Pisado* se dit aussi pour désigner la quantité de châtaignes sèches que l'on peut décortiquer en une seule fois, en une seule opération.

Pisadoù (Sa), *s. m.* Sac en forte toile écrue, ouvert par les deux bouts et qui contient la quantité de châtaignes composant une *pisado*. — *Voy.* c. m.

On mouille fréquemment ce sac pendant l'opération du dépiquage, qui a lieu sur le *sou-pisadoù*. — *Voy.* c. m. ci-après.

Pisadoù (Soun), *s. m.* Billot en bois de chêne ou le plus souvent de châtaignier sur lequel on frappe les châtaignes sèches pour les dépouiller de leur écorce.

Pisaïre, *s. m.* Ouvrier employé au dépiquage des châtaignes.

Piscu, *part. pass.* du verbe *Poudre*, pouvoir. — *Aï pas piscu véni*, je n'ai pas pu venir.

Piso, *s. f.* Auge de pierre, placée près d'un puits, d'une fontaine, auge à abreuver; auge à huile.

Dér. du grec Πύελος, baignoire, bassin à laver les pieds.

Pissa, *v.* Pisser, uriner; jaillir. — *Lou san pisso*, le sang jaillit, quand on pique la veine. *A pissa vérgougno*, il a bu toute honte. *Laïssas pissa lou bestidou*, laissez pisser le mouton, c.-à-d. prenez patience.

Pissadoù, *s. m.* Pot-de-chambre, vase de nuit, pissoir public ou privé.

Pissagno, *s. f.* Urine, pissât. — *Aï pissagno*, j'ai besoin d'uriner.

Pissaïre, arèlo, *s. m.* et *f.* Pisseur, pisseuse. Terme de dédain ou de mépris à l'égard d'un individu qui fait l'important et se mêle de ce qui ne le regarde pas. — *Achas, aquél pissaïre dé qué sé mélo!* Voyez un peu de quoi se mêle ce faquin!

Pissarado, *s. f.* Grande quantité d'urine rendue en une fois; tache ou marque d'urine sur le drap de dessous lorsque quelqu'un a pissé au lit.

Pisso-can, *s. m.* — *Voy. Amourélèto*.

Pisso-fré, *s. m.* Se dit d'une personne à tempérament froid et lymphatique; d'un cacochyme.

Pissogò ou **Pissagò**, appelé aussi **Massaparén**, *s. m.* Potiron rouge, champignon vénéneux.

Pisso-iè, *s. m.* Pissenlit, hondent, *Leontodon protei-formis*, Linn., plante de la famille des Composées.

Pisso-païo, *s. m.* Crible à larges mailles. — *Voy. Cruvèl*.

Pisso-rato, *s. f.* Chauve-souris.

Pissourlé, *s. m.* La pissotte d'un cuvier à lessive; un petit jet, un filet de liqueur; une pissotière.

Pissourléja, *v.* Pissoter; se dit aussi d'une fontaine qui ne donne qu'un mince filet d'eau.

Pissourliè, *s. m.* — *Voy. Pisso-iè*.

Pissoùs, ouso, *adj. m.* et *f.* Mouillé par le pis, qui a l'odeur du pis. Se dit d'un enfant qui sent le pissât.

Pistoulé, *s. m.* Pistolet, arme à feu à canon court, que l'on tire d'une seule main. Dim. de pistole, qui, au XVIe siècle, désignait une carabine. Au fig. un homme de rien. — *És un triste pistoulé*, c'est un vaurien.

Henri Estienne dit qu'on fabriquait autrefois à Pistoie de petits poignards appelés *Pistoyers*, et que ce nom fut ensuite appliqué à toutes sortes d'armes de petite dimension.

Pitança, *v.* User d'une chose avec ménagement, ne prendre, n'employer une chose quelconque qu'avec économie frisant même la parcimonie. Manger dans un repas, proportionnellement aux mets qui sont servis, une quantité de pain plus considérable, de façon à ménager les mets et à ne les employer que comme véhicules pour aider à absorber le pain. Dans ce dernier sens on dit aussi : *Coumpaneja*. — *Coumpanejo-te*, dit la mère à son jeune enfant qui, par frig ad s.. est porté a subista. ' mets au pain.

Pitançaïre, *s. m.* Clui qui ménage les mets pour se nourrir de pain de préférence et en plus grande proportion.

Pitanciè, *s. m.* Pitancier, office du religieux chargé dans une communauté de distribuer la pitance, c.-à-d. la quantité de pain, de vin et de viande ou de légumes qui revient à chacun.

Pitanço, *s. f.* Pitance. Ce mot se dit pour toute sorte de mets qu'on a coutume de manger avec du pain. Il n'a pas la même signification en français, où le mot pitance désigne la portion de pain, de vin et de mets qu'on donne à chaque repas dans les communautés. — *Manjo soun pan san pitanço*, il mange son pain sec. *A dé pan, dé vi et de pitanço*, il a du pain, du vin et de la viande ou autres mets. De la bass. lat. *Pictansia* ou portion monastique de la valeur d'une *picte* ou *pitte*, monnaie des comtes de Poitiers, *Pictaventium*, qui valait le quart d'un denier.

Pitre, *s. m.* La poitrine de l'homme, le poitrail des bestiaux.

Dér. du lat. *Pectus, pectoris*.

Pivèr, *s. m.* Pic-vert. *Picus viridis*, Temm., oiseau dont tout le dessus de la tête, l'occiput et les moustaches sont d'un rouge brillant; le dessus du corps d'un beau vert, le dessous blanc jaunâtre et le croupion d'un jaune verdâtre. Il a environ 0,33 cent. de long. Les pics-verts ne sont pas rares dans nos contrées, où ils vivent sédentaires; d'autres espèces y apparaissent aussi et, comme elles n'ont point cette couleur qui caractérise le premier, elles ne devraient recevoir que le nom générique de *Pi*, mais l'espèce la plus commune l'a emporté et le nom de *Pivèr* est ordinairement donné à toute la famille, sans faire grâce de l'épithète, qui parfois s'applique assez mal.

Pivou, pivolo, *s. m.* et *f.* Peuplier, *Populus nigra* et *populus alba*, Linn., qui sont les deux espèces indigènes. On applique aussi ce nom au peuplier d'Italie (*Populus fastigiata*, Poiret), qui a la feuille du peuplier noir et le bois du peuplier blanc.

Dér. de *Populus*, nom lat. de ces arbres.

Pivoulado, *s. m.* Champignons de souche qui viennent au pied des peupliers.

Pla, *s. m.* Plat, ustensile de ménage sur lequel on présente les mets à table. — *Metre la man dou pla*, mettre la main au plat.

Platé, dim. de plat. — *D'iou dou platé*, des œufs au plat.

Plataras, augm. de plat. — *Nous an douna un plataras dé soupo*, on nous a donné une gamelle de soupe.

Pla, ato, *adj. m.* et *f.* Plat, plate. — *Es pla coumo uno pénnaïso*, il est plat comme une punaise.

Plaça, *v.* Placer, mettre quelque chose en place; donner une place, une position à quelqu'un. — *Ls bé plaça*, il a une place, une bonne position.

Placar, *s. m.* Armoire pratiquée dans l'épaisseur d'un mur.

Placiè, *s. m.* Coureur de places, désœuvré; mais ce mot s'applique surtout à un commissionnaire, à celui dont le métier consiste à placer les marchandises, et au fermier des places du marché d'une ville.

Placioù, *s. m.* Petit emplacement où l'on peut construire.

Placéto, *s. f.* Petite place; dim. de *Plaço*. (*Voy.* c. m.) Palier situé au sommet d'un escalier extérieur, au devant d'une maison et quelquefois recouvert d'une toiture.

Plaço, *s f.* Place, lieu ou espace que peut occuper une personne ou une chose; lieu public découvert, situé dans l'intérieur d'une ville ou d'un village et ordinairement entouré de bâtiments, soit pour l'embellissement d'une ville, soit pour la facilité du commerce et l'étalage des marchandises et des denrées; rang, emploi.

Dér. du lat. *Platea*.

Plagne, *v.* Plaindre, regretter, épargner sa peine, ses dépenses. — *A quel pdoure home és bé dé plagne*, ce pauvre homme est bien à plaindre. *Plagne bé lou pâoure mort*, je regrette bien le pauvre défunt. *Plan lou béoure à sous varles*, il lésine sur le vin qu'il doit livrer à ses domestiques.

Dér. du lat. *Plangere*

Plagnén, énto, *s. m.* et *f.* Plaignant, plaignante; celui qui se plaint, qui porte plainte.

Plago, *s. f.* Plaie, blessure. Au fig. préjudice, dommage. — *Plago d'argén és par mourtèlo*, perte d'argent n'est pas une plaie mortelle.

Plaidéja, *v.* Plaider. Au fig. hésiter avant de prendre une détermination. — *Dé qué plaïdéjes?* pourquoi hésites-tu? On dit proverbialement: *Quidou plaïdéjo, maldoutéjo; tout ço qué manjo y'amaréjo*, celui qui plaide est toujours maladif, et tout ce qu'il mange lui paraît amer. On dit vulgairement d'un homme atteint d'une maladie désespérée: *Plaidéjo*, il plaide, il est entre la vie et la mort.

Plaidéjaire, arèlo, *s. m.* et *f.* Plaideur, plaideuse, celui qui aime à plaider, qui plaide souvent. — *Un plaidéjaire és un mari vési*, un plaideur est un mauvais voisin.

Plan, *s. m.* Plan, projet, décision arrêtée. On dit au fig.: *Avès un famoùs plan!* vous avez un fier aplomb! un flegme étonnant! *Tiro dé plan*, se dit de celui qu'on appelle vulgairement un batteur de pavés, un paresseux.

Plan, *s. m.* Plant; jeune arbre, jeune plante, bout à planter ou nouvellement planté, rejeton que l'on enlève à un arbre pour le replanter. — *Dé bon plan, planto ta vigno; dé bon sun, marido ta fio*; de bons plants plante ta vigne, d'un sang pur marie ta fille.

Plan, *adj. m.* Plain, uni. — *Plan coumo la man*, uni comme une glace.

Plan, *adv.* Doucement, posément, lentement. — *Plan-plan!* tout doux, tout beau. *Anén plan, acampén bé,* agissons avec mesure et faisons notre profit. *Qudou vaï plan, vai san*, celui qui agit avec prudence évite bien des mécomptes. *Plan dáou lé qué jougan cinq sóous!* Ne touchez pas au cochonnet, nous jouons cinq sous! dicton proverbial employé facétieusement par les joueurs de boules.

Planas, asso, *s. m.* et *f.* Grande et large plaine; augmentatif de *plan;* de même que *plané, plagnóou*, petite plaine, en est le diminutif.

Planchar, *s. m.* Grosse planche épaisse, madrier.

Dér. de *Plancho*, dont il est un augmentatif.

Planchè, *s. m.* Plancher, assemblage de poutres, de solives et de planches qui sépare deux étages consécutifs d'une maison.

Planchéïra, *v.* Plancheyer, parqueter.

Planéja, *v.* Se dit d'une région située en plaine, très-peu accidentée.

Plano, *s. f.* Plaine; poisson de mer appelé plie en français; outil de tourneur et de tonnelier.

Plan-pausè, *s. comp. m.* Homme indolent, flegmatique, sans initiative.

Plan-piè, *adv.* Plain-pied. — *Aquéles membres soun dé plan-piè*, ces pièces sont de plain-pied.

Planquéto, *s. f.* Une chaufferette; une petite planche.

Planquo, *s. f.* Passerelle jetée sur un ruisseau et construite avec des planches.

Plansoù, *s. m.* Plançon, jeune plant d'arbre ou d'autre plante; un poteau.

Plansouiè, *s. m.* — *Voy. Plantouiè.*

Planta, *s. m.* Gerbes dressées côte-à-côte sur l'aire, les épis en haut et formant une arène circulaire sur laquelle on fait piétiner les chevaux pour dépiquer le blé.

Planta. *v.* Planter. Planter un champ, planter un clou. — *Vaqui un home bé planta*, voilà un homme bien bâti. *M'avés planta*, vous m'avez faussé compagnie.

Dér. du lat. *Plantare.*

Plantado, *s. f.* Plantation d'arbres. Ce terme s'applique surtout à un champ planté de mûriers ou d'oliviers disposés en quinconce ou par rangées.

Plantage, *s. m.* Plantain à larges feuilles, *Plantago latifolia*, Linn., appelé aussi *Erbo à cinq costos*, herbe à cinq côtes; plante vulnéraire, astringente.

Plantiè, *s. m.* Nouvelle ou jeune plantation de vignes.

Planto, *s. f.* Plante, végétal. Au fig. on dit : *Planto dé pigoto*, un grain ou un bouton de petite vérole. — *Acò és uno bèlo planto*, se dit en parlant d'une femme de taille élevée et bien constituée.

Plantun, *s. m.* Jeune pousse de salade ou de légume destinée à être repiquée dans un jardin potager.

Plataras, *s. m.* Plat de grande dimension; augm. de *Pla*. — *Voy.* c. m.

Platèou, *s. m.* Grosse planche très-épaisse, madrier ordinairement débité dans un bois dur tel que le chêne ou le noyer.

Plantouiè, *s. m.* Semis de châtaigniers, de mûriers, d'ognons, de choux et en général d'arbres ou de légumes nouvellement sortis de terre.

Plé, Pléno, *adj. m.* et *f.* Plein, pleine. On dit aussi *Plén* au masc. — *Un plén capèl, un plén pagnè*, plein un chapeau, un panier. *N'aï mas plénos mans*, j'en ai les mains pleines. *Aquélo cabro, aquélo fédo és pléna*, cette chèvre, cette brebis est pleine.

Pléga, *v.* Plier, ployer. — *Pléga-vous bé*, couvrez-vous, enveloppez-vous bien. *Aquél homme és pléga*, cet homme est perdu, il est dans un état désespéré. *L'a fa pléga*, il l'a fait capoter, il lui a fait mettre les pouces. *Sé pléga*, se coiffer. *Pléga boutigo*, fermer boutique, faire faillite.

Dér. du lat. *Plicare*, m. sign.

Plégadis, isso, *adj. m.* et *f.* Souple, flexible, pliant, facile à plier. — *Cadièiro plégadisso*, chaise pliante.

Plégaje, *s. m.* Pliage, action de plier.

Plégo, *s. f.* Une main, une levée au jeu de cartes. — *Lou jo dé plégo-ma-tèlo*, le jeu de la toile.

Pléjas, *s. m.* Augm. de *Plèjo*. Grosse averse, pluie subite et de peu de durée.

Plèjo, *s. f.* Pluie. — *Plèjo ménudo*, bruine, petite pluie.

Dér. du lat. *Pluvia.*

Pléjoùs, ouso, *adj. m.* et *f.* Pluvieux.

Plén, *adj. m.* — *Voy. Plé.*

Plési, *s. m.* Plaisir, satisfaction, sensation agréable, joie, amusement, volonté, service, office. — *Coumo vous fara plési*, comme vous voudrez, à votre choix.

Dér. du lat. *Placere.*

Plèt-à-Diou! *interj.* Plaise à Dieu! Exclamation interjective employée pour témoigner le désir qu'on éprouve de voir un vœu, un souhait se réaliser.

Plèti? *quest. interj.* Plaît-il? — *Faire plèti*, se plier aux circonstances, faire des courbettes.

Plis, *s. m.* Pli, point où une chose se plie, marque qui reste à l'endroit plié. — *Acò fara pas un plis*, cela ira de soi, cela aura lieu sans difficulté.

Dér. du lat. *Plica.*

Plissa, *v.* Plisser, faire des plis à une étoffe pour l'agrémenter. Adjectivement on dit *Plissa*, *do*, plissé, e. — *Aquélo fenno es touto plissado*, cette femme est ridée.

Plò, *s. m.* Petit plateau qui surmonte un chaînon, un contrefort de montagne. Quand ce plateau se trouve situé sur la sommité la plus élevée d'une région, il prend le nom de *Calm, Can*. — *Voy.* c. m.

Plòoure, *v. n.* et impers. Pleuvoir. Ce terme s'emploie pour désigner l'eau qui tombe du ciel. On dit de quelqu'un qui flâne au lieu de travailler : *escouto sé plòou*, il écoute s'il pleut.

Dér. du lat. *Pluere.*

Plouma, *v.* Plumer, ôter les plumes d'un volatile; peler un fruit, un légume; effeuiller, écorcer un arbre. — *Plouma dé castagnos, dé rabos*, peler des châtaignes, des raves. *Plouma un amouriè*, effeuiller un mûrier. *Plouma* un *éouse*, écorcer un yeuse ou chêne-vert. *Fai un fré que ploumo*, il fait un froid très-vif. *T'an plouma*, on t'a plumé, se dit à un joueur qui a tout perdu.

Ploumado, *s. f.* Une volée, une raclée. — *T'an fitu uno ploumado*, on t'a fiché une raclée. *Ploumados*, châtaignes fraîches pelées et prêtes à mettre à cuire.

Plouma, ado, *adj. m.* et *f.* Plumé, plumée, pelé, pelée. — *Tèsto ploumado*, tête chauve. On l'emploie comme sobriquet : *Berna lou plouma*, Bernard le Chauve.

Ploumas, *s. m.* Bûche de chêne écorcé, de bois pelard.

Ploumba, *v.* Plomber, appliquer du plomb; prendre l'aplomb d'un mur, d'une chose quelconque à laquelle on veut donner une position verticale ; élaguer les branches d'un arbre de manière à ce qu'elles ne dépassent pas une certaine limite fixée.

Dér. du lat. *Plumbare*.

Ploumba, ado, *adj. m.* et *f.* Plombé, mis d'à-plomb. — *Aquél home és gaire ploumba*, cet homme n'a pas beaucoup de jugement, se dit au fig.

Ploumé, *s. m.* Plumet, niveau de plomb, en vieux fr. plomet. Au fig. : *Préne un plouma*, se griser.

Ploumio, *s. f.* Débris de plumes ou de matières ressemblant à de la plume ; épluchures.

Ploumo, *s. f.* Plume, duvet qui recouvre le corps des oiseaux et leur sert à voler ; plume à écrire ou plume d'oie qui a subi certaine préparation. Par extension, on donne aussi le nom de plume à la plume de fer inventée depuis quelques années et qui a presque complètement remplacé la plume d'oie.

Dér. du lat. *Pluma*, m. sign.

Ploumoùs, ouso, *adj. m.* et *f.* Plumeux, plumeuse, garni de plumes.

Ploun, *s. m.* Plomb, fil-à-plomb, instrument de maçon propre à prendre l'aplomb ; plomb de chasse.

Plounjou, *s. m.* Plongeon, nom donné à certains oiseaux de passage de l'ordre des Palmipèdes qui ont l'habitude de plonger. Dans le Gard, on donne surtout ce nom au Castagneux ou grèbe de rivière. *(Colymbus minor*, Linn.)

Ploura, *v.* Pleurer, déplorer, regretter. — *Plóura sous pécas*, pleurer ses péchés. *Plouro qué sé descréstiano*, expression intraduisible, pour indiquer qu'une personne pleure abondamment. *Las soucos plourou*, la vigne entre en sève. *Plouro coumo un védèl*, il pleure comme un veau. *On diriè qu'a ploura pér l'avédre*, on dirait qu'il a pleuré pour l'obtenir, se dit d'un vêtement mesquin, étriqué, manquant de l'ampleur suffisante.

Dér. du lat. *Plorare*, m. sign.

Plourado, *s. f.* Intervalle de temps plus ou moins long passé à pleurer. — *A fa uno plourado*, se dit surtout d'un enfant qui a pleuré longtemps sans discontinuer.

Plouraire, Plourarèlo, *s. m.* et *f.* Pleurard, celui qui pleure habituellement, qui se plaint de tout, qui n'est content de rien.

Plouroùs, ouso, *adj. m.* et *f.* Pleureux, pleureuse, qui est en pleurs, qui a les yeux mouillés de pleurs. — *Ès tout plourous*, il est tout en larmes.

Plous, *s. m. pl.* Pleurs, larmes répandues.

Plouvina, *v.* Bruiner. Se dit de la rosée qui tombe. Dans le voisinage de Nîmes, *Plouvina* signifie *geler blanc*.

Plouvinas, *s. m.* Bruine intense, rosée abondante Dans le voisinage de Nîmes, on appelle *Plouvinas* la gelée blanche désignée à Alais sous le nom de *Barbasto*. — *Voy.* c. m.

Plouvinéja, *v.* Bruiner.

Dér. du lat. *Pluvia*, pluie.

Plouvinéjado, *s. f.* Bruine peu intense ; menue pluie telle que celle provenant des brouillards qui se résolvent en pluie fine. Dim. de *Plouvino*. (*Voy.* c. m.) Sur les hautes montagnes il ne tombe guère que de la bruine. — *Fai uno plouvinéjado*, il fait une petite rosée.

Plouvino, *s. f.* Bruine, rosée de la nuit ou du matin ; pluie fine. Nom de la gelée blanche en Provence.

Dér. du lat. *Pluvia*, pluie.

Pluga, *v.* Fermer les yeux, les bander comme on le fait aux jeux de colin-maillard et cligne-musette. On dit : *Quidou plugo ?* que l'on doit rendre par : à qui est-ce à faire ? — *Ès idou qué plugue*, c'est moi qui fais. *Té vóou pluga*, je vais te bander les yeux. Ce terme paraît être dit pour *plega*, plier ou fermer.

Dér. du lat. *Plicare*, plier, m. sign.

Plugos, *s. f. pl.* Antoques ou lunettes des chevaux ; sortes de calottes de cuir opaques, avec lesquelles on recouvre les yeux des chevaux de manège et de ceux que l'on emploie au dépiquage du blé. Il ne faut pas confondre les antoques avec les œillères des chevaux de voitures ou avec les flaquières, qui empêchent seulement les chevaux et les mulets de voir latéralement, ce qui contribue à les tenir dans le droit chemin.

Plugoùs (Dé), *adv.* A tâtons, les yeux fermés ou à l'aveuglette.

Plugué, *s. m.* Le jeu de cache-cache ou de cligne-musette, appelé aussi RÉSCOUNDUDO.

Plus (Sans). Locution qui s'emploie dans le sens de : sans ajouter davantage. — *Quan aguè parla, partiguè sans plus*, quand il eut expliqué son affaire, il partit sans rien ajouter de plus.

Po, *subst. m.* Pot, vase de terre ou de métal destiné à contenir quelque chose.

Dér. du lat. *Potus*, boisson.

Po, *v.* 3e pers. du pr. de l'ind. des v. *Poudre*, *Poude* ou *Poudé*, pouvoir. Il ou elle peut. — *Po sé dire*, on peut le dire.

Dér. du lat. *Potere*, pouvoir, m. sign.

Pocho, *s. f.* Poche, petit sac aplati fixé aux habits et servant à serrer divers objets que l'on emporte habituellement avec soi ; faux pli d'une étoffe cousue, sinus dans une plaie ; partie interne d'une tumeur. On dit au fig. : *Acò és din ma pocho*, c'est une chose comprise, une chose qui m'est acquise. — *Rasin dé pocho,* raisin de poche, à grains durs et qui mûrit fort tard.

Dér. de la bass. lat. *Punga, Puncha, Pochia,* m. sign.

Po-dé-cambro, *s. m. comp.* Pot-de-chambre, vase de nuit. — *Voy. Pissadoù.*

Pon, *s. m.* Pont, ouvrage en pierre, en bois ou en fer jeté sur une rivière, un fleuve, un cours d'eau quelconque pour en faciliter le passage.

Dér. du lat. *Pons, pontis,* m. sign.

Pon-lévadìs, *s. m. comp.* Pont-levis.

Pòou, *s. f.* La peur, l'effroi. — *N'ai mai dé pòou qué d'énvéjo,* j'en ai plus peur qu'envie, se dit d'une chose qu'on redoute de voir se réaliser. *La pòou gardo las vignos,* la peur garde les vignes.

Por, *s. m.* Cochon commun, cochon domestique. *(Sus scrofa,* Linn.) Mammifère onguiculé de la famille des Pachydermes, dont on distingue six ou sept races ayant toutes le sanglier pour souche. Au fig. un individu sale, malpropre ou dont le langage est grossier et inconvenant. — *És coumo un por à l'éngraï,* se dit d'un individu qui n'a d'autre souci que de manger et dormir. *Por sénglas,* sanglier ou porc sauvage. *Ploures pas, pichoto, avèn trouba lóu por,* n'ayez aucun souci, nous avons trouvé le nœud de la difficulté.

Dér. du lat. *Porcus,* m. sign.

Pore, *s. m.* Poireau. — *Vèr coumo un pore,* vert comme la fane d'un poireau. On dit aussi *Pori.*

Pori, *s. m.* Poireau. — *Voy. Pore.*

Porje, *s. m.* Porche, espace couvert placé à l'entrée d'un édifice, d'un monument, d'une maison; parvis d'une église.

Dér. du lat. *Porticus,* m. sign.

Porto, *n. pr.* de lieu. Portes, ou Portes-Bertrand, comm. du canton de Génolhac. — *Castrum et villa de Portis,* 1102; *Ad Portas,* 1294; *Castrum de Portis-Bertrandi,* 1344. Cette localité, qui peut être considérée comme la porte des Cévennes, est située sur la ligne du faîte qui sépare les deux vallées du Gardon et de la Cèze. La voie romaine de Nimes à Gergovie, par le Collet de Villefort, passait par Portes et on en trouve encore des vestiges sur son territoire.

Porto, *s. f.* Porte, ouverture par où l'on pénètre dans une maison, un édifice, une ville, etc.; la clôture elle-même, la cloison qui sert à fermer l'ouverture. — *Bara la porto,* fermer la porte. *Piqua èn toutos las portos,* frapper à toutes les portes, réclamer un service de tous les côtés. *Port o-à-vitro,* porte vitrée.

Dér. du lat. *Porta,* m. sign.

Porto-ésfraï, *s. m. comp.* Épouvantail, mannequin bourré de paille qu'on met au bout d'un poteau au milieu d'un champ pour effrayer les oiseaux. Au fig. personne laide, hideuse, qui fait peur; rabat-joie, croquemitaine. On applique quelquefois ironiquement cette qualification à un agent de police, à un gendarme.

Porto-faï, *s. m. comp.* Porte-faix, crocheteur.

Porto-fuïo, *s. m. cómp.* Portefeuille.

Porto-mantèl, *s. m. comp.* Porte-manteau.

Porto-réspè, *s. m. comp.* Une arme quelconque que l'on porte ostensiblement dans un voyage ou dans une occasion où l'on peut courir des dangers, et qui impose le respect à ceux qui l'aperçoivent.

Pos, *s. f.* Planche. Du lat. *Postis.* — *És sé coumo uno pos,* il est sec comme une planche. *L'an més èntre quatre pos,* on l'a mis entre quatre planches, on l'a mis au cercueil.

Pos, *v.* Tu peux; 2e pers. du prés. de l'ind. du *v.* *Poudre, Poude* ou *Poudé,* pouvoir. — *Pos ou crèïre,* tu peux le croire. *Pos-ti ou dire?* Peux-tu dire cela?

Pous-baràou, *s. m. comp.* Puits que l'on ferme au moyen d'une porte. C'est un puits semblable, encore existant, qui a donné son nom à la rue *Puits-barral* à Alais.

Pouce, *s. m.* Le pouce de la main. — *Mètre lou pouce,* caler, se plier à une nécessité, à une exigence; se laisser convaincre par une démonstration, avouer que l'on a tort. Ancienne mesure aujourd'hui abandonnée.

Poucèl, *s. m.* Jeune pourceau, goret, cochon de lait.

Dér. du lat. *Porcellus,* m. sign.

Poucèla, *v.* Cochonner, se dit de la truie qui a mis bas.

Poucélado, *s. f.* Cochonnée; portée de petits cochons; ce qu'une truie met bas en une seule portée. SAUVAGES ajoute que le nombre des jeunes pourceaux est ordinairement égal au nombre des pis de la truie.

Poucèlo, *s. f.* Une jeune truie qui n'a point porté.

Pouchado, *s. f.* Une pochée; plein une poche. — *N'aviè uno pléno pouchado,* il en avait une poche pleine.

Pouchèja, *v.* Se fouiller; mettre la main dans sa poche comme pour en retirer de l'argent.

Pouchoù, *s. m.* Gousset, bourson, petite poche de la culotte ou du gilet. Dim. de *Pocho.*

Pouciou, *s. m.* Pourcil, loge ou étable à cochons. Du lat. *Porcinum* (sous-entendu *stabulum*). — *Sanlo coumo un pouciou,* sale comme un pourcil; se dit d'une maison très-mal tenue.

Pouda, *v.* Tailler la vigne, former la tête d'un mûrier nain, d'un jeune arbre fruitier.

Dér. du lat. *Putare,* rendre pur, tailler, émonder, nettoyer.

Poudaïre, *s. m.* Vigneron qui taille la vigne.

Poudar ou **Bartassiè.** Grande serpe à tailler les haies et les charmilles. Elle est emmanchée d'un long bâton, et le fer a la forme d'un croissant, comme celui d'une faucille.

Poudasoù, *s. f.* La taille des vignes; l'époque, la saison où a lieu cette opération. — *Pèr poudasoù,* au temps de la taille.

Poudé, *s. m.* Serpette à greffer, à émonder, à tailler.

Dér. du lat. *Putus, a, um,* pur, purifié; d'où *Putare,* rendre pur, tailler, émonder, nettoyer.

Poudé, s. m. Pouvoir, autorité, crédit. — *S'aviei lou poude, si j'avais le pouvoir.*
Poudé, v. Pouvoir.
Poude, v. n. Pouvoir. — V. *Poude* et *Poudre*

On dit au PRES. DE L'IND

Pode................	je peux.
Podes...............	tu peux.
Po.................	il peut.
Poudèn..............	nous pouvons
Poudes..............	vous pouvez.
Podou...............	ils peuvent.

A L'IMPARFAIT :

Poudièi.............	je pouvais.
Poudiès.............	tu pouvais.
Poudiè..............	il pouvait.
Poudian.............	nous pouvions.
Poudios.............	vous pouviez.
Poudièn.............	ils pouvaient.

AU PASSE DÉFINI :

Pouguère............	je pus.
Pouguères...........	tu pus.
Pouguè..............	il put.
Pouguen.............	nous pumes.
Pouguès.............	vous pûtes.
Pouguerou...........	ils purent.

Dér. du lat. *Potere,* pouvoir. m. sign.
Camine tan qué pode, je marche aussi vite que je puis. *Courissian tan que Diou poudian,* nous courions à toutes jambes ou autant que Dieu nous donnait des forces *Pico tan que po,* il frappe de toutes ses forces. *S'en vai tan que po,* en parlant d'un malade qui approche de sa fin. *Plòou tan qué po,* il pleut à verse. *Fòou poude,* il faut pouvoir.

Poudïos, s. f. pl. Les émondures, les menus brins, les scions et les branches enlevées d'un arbre que l'on émonde avec la serpette ou la hache ; les sarments que l'on coupe sur un cep de vigne.

Poudo, s. f. Serpe a couper les ronces, emmanchée d'un bâton long de quatre a cinq pieds. Son fer est plus petit que celui du *Poudas;* il est un peu plus grand que celui du *Poudé* ou serpette. On appelle aussi *Poudo,* la serpette à talon allongé qui sert à tailler les vignes.

Poudra, s. f. Poudrer, couvrir de poussière. — *Sous tout poudra,* je suis tout couvert de poussière. — Futur absolu du v. *Poudre.* Il ou elle pourra.

Poudre, v. Pouvoir. — Voy. *Poude* et *Pouds,* v.

Poudro, s. f. Poudre, poudre à canon, à fusil ; poudre à poudrer ; poussière, matière pulvérisée.

Dér. du lat. *Pulvis, pulveris.*

Pouèlo, s. m. Poêle, fourneau servant à chauffer un appartement, à faire la cuisine. Appareil essentiellement moderne dans le midi de la France surtout, et dont le nom est emprunté au français. Drap d'honneur que l'on porte dans une cérémonie funèbre.

Pouèn. s. m Point ; point final dans l'écriture ou les ouvrages imprimés ; point que l'on marque au jeu On dit aussi *Pounh* — Voy. c. m.

Pouètro, s. m Poète Emprunt fait au français en le dénaturant

Pougé, n pr. m. Nom d'homme et de localité. Dim. de *Pie,* Puech, Puy. élévation, tertre, monticule, pic.

Der. du lat. *Podium,* m sign

Pougéso, adj f. Qualificatif appliqué à certaines monnaies du Puy émises sous le signe de saint Louis. — *Maio pougeso,* maille pougeoise ou du Puy.

La pitte pougeoise valait la moitié d'une maille et celle-ci la moitié d'un denier D'après certains auteurs la *Pougeso* proprement dite équivalait à la moitié d'une pitte ou au quart d'une obole ou le huitième d'un denier. La pitte proprement dite, *picta,* était une monnaie du Poitou, *Pagus pictavensis.*

Pougnado, s. f. Une poignée, autant que la main fermée peut contenir d'une chose ; partie d'un instrument ou d'un outil que l'on saisit avec la main ; poignée de main.

Pougné, s. m. Poignet, l'articulation qui relie la main à l'avant-bras ; partie de la manche d'une chemise, d'une blouse, d'une veste, etc., qui correspond à cette articulation.

Pougne, v. Piquer, percer, transpercer avec une chose aiguë ; mordre en parlant du serpent et de la piqûre des abeilles Au fig. inquiéter, irriter, fâcher.

Der. du lat. *Pungere,* m. sign.

Pougne, v. Pondre. Travailler la pâte avec les poings fermés.

Pougnédisso, s. f. Douleur vive et aiguë ; point-de-côté.

Pougnéduro, s. f. Piqure d'abeille, de guêpe, de frelon, de puce, de scorpion, etc.

Pougno, s. f. La force qui réside dans le poignet et la main. — *A bono pougno,* il a le poignet solide.

Pougu. Pu. Part. pass. du verbe *Poudre, Poude* ou *Poude.* On dit aussi *Piscu* ou *Pouscu* dans le même sens.

Dér. du lat. *Potere, possum.*

Pouïo, s. f. Injures grossières.

Du celt. *Poulk,* ou plutôt de *Pediculus,* pou, traiter quelqu'un de pouilleux.

Pouïsou, s. f. Poison, substance qui, introduite dans l'organisme, peut donner la mort. Au fig. un méchant homme, une méchante femme. — *Quinto pouïsou!* quel gredin ! quel coquin !

Dér. du lat. *Potio,* potion, breuvage.

Pouïtroun, s. m. Poltron, lâche, pusillanime, dépourvu de courage.

Der. du lat. *Pollex,* pouce, et de *Truncus,* coupé, mutilé. Autrefois les Romains qui par lâcheté ne voulaient pas servir dans les armées se coupaient le pouce, d'où : *Pollextruncus, Poltrunc* et poltron.

Pouïtrounarié, s. f. Poltronnerie.

Poul, s. m. Cochet, jeune coq.

Poulardo, s. f. Poularde, jeune poule que l'on a engraissée après lui avoir enlevé les ovaires.

Poulé, s. m. Poulet, poussin de la poule.

Dér. du lat. *Pullus*, m. sign. — *És mor coumo un poulé*, il est mort sans souffrance, sans agonie; il s'est éteint.

Poulèje, s. f. Poulie. On dit aussi *Tirolo*.

Poulèjo, s. f. Cigogne ou bascule de puits. — *Voy.* Balandro.

Poulétarié, s. f. Poulaille; troupe de volailles.

Poulì, s. m. Poulain, jeune cheval, ânon, jeune mulet. Au fig. jeune garçon sans expérience, aux allures vives. — *Qudou noun travaio poulì, travaio roussi*, qui ne travaille pas dans sa jeunesse, travaille parfois dans sa vieillesse.

Poulì, ido, adj. m. et f. Joli, jolie; gentil, gentille. — *M'en avès fa uno poulido*, vous m'en avez fait une qui compte. *Sièś un poulì mèrle!* tu es un fier nigaud! *Vous aï éspéra un poulì briou*, je vous ai attendu bien longtemps

Pouliço, s. f. Police.

Dér. du lat. *Policia*, ordre, règlement établi pour la sûreté d'une ville.

Pouliço, s. f. — *Faïre la pouliço*, gaminer, faire le polisson par les rues.

Poulidiè, s. f. Beauté, gentillesse.

Poulina, Pouliner, mettre bas un poulain, se dit de la jument et aussi de l'ânesse.

Poulinado, s. f. Escapade d'écolier, d'un jeune libertin qui fuit la maison paternelle pour prendre la clé des champs; escapade. — *A fa poulinado*, il a décampé.

Poulinas, s. m. Gros poulain et au fig. gros garçon qui gambade et folâtre comme un poulain; fiente de poule ou de quelque autre oiseau de basse-cour.

Poulisso, s. m. Polisson. — *Sièś uno bravo poulisso*, tu es un fier gamin.

Poulissoun, s. m. Polisson, espiègle, libertin, débauché.

Poulissouna, v. Polissonner; dire ou faire des polissonneries.

Poulissounado, s. f. Polissonnerie, acte inconvenant, insolence.

Poulissounarié, s. f. Action, parole, tour de polisson; bouffonnerie, plaisanterie déplacée.

Poulo, s. f. Jeune poule et par extension la femelle du coq, que l'on appelle surtout *Galino*. — *Voy.* c. m.

Dér. du lat. *Pulla*, m. sign. — *Gardas vostos poulos, aï douna van à moun gal*, gardez vos filles, mon fils est émancipé.

Poulo-d'aïgo, s. f. Poule d'eau; poule d'eau ordinaire. *(Gallinula chloropus*, Linn.) Oiseau aquatique qui a la tête, la gorge, le cou et la poitrine d'un noir bleuâtre, le dessous du corps blanc, et le dessus brun olivâtre avec une plaque rouge sur le front. Il atteint près de quarante centimètres de longueur.

Indépendamment de cette espèce, il en est une autre, la poule d'eau Marouette *(Gallinula porzana*, Temm.), assez pareille de couleur à la précédente, mais moitié plus petite, qui, comme elle, se trouve souvent au bord des eaux douces. Celle-là, sans compter d'autres variétés qui ne quittent guère les étangs et les marais, doit aussi recevoir le nom de *poulo-d'aïgo;* il n'est pas jusqu'au râle d'eau (mieux dit cependant *rasclé)* qui ne puisse se confondre sous la même appellation avec les précédentes : il est vrai que tous sont bien proches parents.

Pouloumas, s. f. Ficelle tordue à un seul brin de diverses grosseurs.

Dér. de la bass. lat. *Polomarium*, m. sign.

Pouloumbo, s. f. Palombe; pigeon sauvage plus petit que le ramier. *(Columba turricola sexatilis*, Linn.)

Pouma, ado, adj. m. et f. Pommé, ée, en forme de pomme. Se dit principalement des choux et des salades. — *Vaqui un caoulé bien pouma*, voilà un chou bien pommé.

Dérivé de *Poumo*.

Pouma, v. Pommer, se développer en forme de pomme Se dit principalement des choux.

Poumada, v. Pommader, enduire de pommade Se pommader, enduire ses cheveux de pommade.

Poumado, s. f. Pommade, composition molle, grasse ou onctueuse employée soit en médecine, soit comme cosmétique.

Dér. du lat. *Pomatum*, fait avec la pomme, parce que jadis on faisait entrer la pulpe de ce fruit dans cette composition.

Poumarédo, s. f. Pommeraie, lieu planté de pommiers ou d'arbres fruitiers produisant des fruits à pepins. Ce mot est aussi employé comme nom propre d'homme : *Poumaredo*, Pomarède, La Pommeraie.

Dér. du lat. *Pomarium*, m. s.

Poumiè, s. m. Pommier, arbre qui porte des pommes; poirier commun. *(Malus communis*, Dec.) — *Voy.* Poumièiro.

Dér. de *Poumo*.

Poumièiro, s. f. Pommier. On dit aussi *Poumiè*. — *Voy.* c. m.

Poumo, s. f. Pomme, le fruit du pommier.

Dér. du lat. *Pomum*, fruit bon à manger.

Poumo-d'Adam, s. f. comp. Pomme d'Adam, saillie plus ou moins prononcée formée au devant du cou, par le nœud de la gorge.

Poumo-d'amour, s. f. comp. Pomme d'amour, tomate *(Solanum lycopersicum*, Linn.), plante potagère de la famille des Solanées, originaire de l'Amérique méridionale et cultivée dans tout le midi de la France.

Poumo-dé-tèro, s. f. comp. Pomme de terre. Emprunté au français. On dit plus ordinairement *Trufo*.

Poumpa, v. Pomper, élever de l'eau au moyen d'une pompe, aspirer un liquide ou un gaz. Au fig. boire outre mesure.

Poumpé, s. m. Galette, morceau de pâte aplatie qu'on fait cuire à l'entrée du four. On l'appelle aussi *Flamado* ou *Poumpo*. — *Voy.* c. m.

Poumpèire, s m. Pomme de rambour, d'un très-gros volume et très-fondante à la cuisson.

Poumpiè, s. m. Pompier, sapeur-pompier. Au fig. un buveur. — *És un famoùs poumpiè*, c'est un fier buveur.

Poumpo, s. f. Pompe, appareil pour élever l'eau et dans lequel la pression de l'air est le principal agent; lampe à huile dans laquelle l'huile monte au moyen d'une pompe foulante.

Poumpouna, v. Dorloter, caresser, soigner délicatement quelqu'un.

Poun, s. m. Point; point final dans l'écriture ou la typographie; point de couture. — *Poun de dissate*, couture à longs points ou faits négligemment et à la hâte.

Der. du lat. *Punctum*, m. sign.

Poun, s. m. Poing; la main fermée. — *A lous pouns saras*, se dit d'un avare.

Dér. du lat. *Pugnus*, m. sign.

Pounchè, s. m. Étui, étançon, pointal, pièce de bois employée à soutenir une poutre qui plie ou un mur qui menace ruine.

Pounchéja, v. Poindre, sortir, commencer à paraître. — *Lou jour, las éstèlos pounchéjou*, le jour, les étoiles commencent à poindre.

Pouncho, s. f Pointe, bout effilé, aigu ou piquant; extrémité d'un objet qui se termine en pointe; sorte de coiffure ancienne; mouchoir triangulaire que les femmes emploient dans leur toilette.

Dér. du lat. *Punctio*.

Pouncho-dâou-jour, s. m. cômp. Le point du jour.

Pounchoù, s m. Pointe, piquant, aiguillon, sommet, faîte

Dim. de *Pouncho*.

Pounchouna, v. Piquer, aiguillonner, pousser quelqu'un hors des gonds, le mettre hors de lui.

Pounchounado, s. f. Piqûre Au fig. excitation.

Pounçoù, s m. Poinçon, instrument en fer servant à percer ou à marquer.

Dér. du lat. *Punguiculus*.

Pounsé, s. m. Terme employé sous forme de plaisanterie pour désigner l'estomac. — *Aì bien rampli pounsé*, je viens de faire un bon repas.

Pounté, s. m. Pontceau, petit pont.

Poupéto, s. f. Panade, sorte de bouillie préparée pour les petits enfants.

Poupo, s. f. Le filet extérieur du bœuf, du mouton, du porc ; celui qui règne le long du dos de chaque côté de l'épine dorsale. Le filet intérieur prend le nom de *filé*, emprunté au français.

Ce mot s'emploie avec une deuxième signification pour désigner la chair, les muscles proprement dits; ce qu'il y a de plus solide et de plus charnu dans les muscles de l'animal.

Dér. du lat. *Pulpa*, m. sign.

Poupoun, s. m. Un poupon, un très-jeune enfant.
Dér. du lat. *Pupus*, petit garçon.
Ce terme s'emploie aussi pour désigner un melon.
Dér. du lat. *Pepo, peponis*.

Poupouna, v. Choyer, dorloter, mitonner, prendre un soin excessif de la santé, des aises d'une personne.

Pourado, s. f. Gain, profit, durée. — *Fara pas longo pourado*, il ne sera pas de longue durée, il aura bientôt pris fin, il mourra bientôt. On dit proverbialement : *Chambriaro retournado, soupo récàoufado, noun fai jamai bono pourado*.

Pouraquo, s. f. Asphodèle. — *Voy. Alapédo*.
Pouraquo est sans doute un nom dérivé de *Pori* ou *Pore*, à cause de la ressemblance des feuilles radicales gladiées de l'asphodèle avec celles du poireau.

Pourcariè, s. f. Viande de porc, charcuterie. Au fig. cochonnerie; saleté, ordure.
Dér. de *Por*.

Pourcas, s. m. Gros pourceau. Augm. de *Por*. Au fig un homme grossier, qui dit des paroles grossières.
Dér. de *Por*.

Pourcatiè, s. m. Marchand de cochons; charcutier.

Pourcino, s. f. Troupeau de cochons, la gent porcine.

Poure, v. Pouvoir. — *Voy. Poudé, Poudre* et *Poude*, qui sont d'autres formes patoises du même verbe.

Pouréto, s. f. Menu plant de mûrier arraché du semis et transplante dans une pépinière.
Dér. de *Pore* ou *Pori*, parce que ces plants sont vendus en petites bottes comme les poireaux.
Dans le voisinage de Nimes, le mûrier nain est aussi appelé *Pouréto*.

Pouri, v. a. Pourrir, altérer, gâter, corrompre. On dit au fig. d'une mère qui gâte trop son enfant : *lou pouris*.
Dér. du lat. *Putrere*, m. sign.

Pouri, v. n. Pourrir, tomber en putréfaction, se décomposer. On dit au fig. d'un enfant gâté : *Aquél éfan és pouri*. Même étymologie que le mot précédent.

Pouridoù, s. m. Creux ou fosse à fumier.

Pouriduègno, s. f. Pourriture, saleté, débris de choses gâtées.

Pourituro, s. f. Pourriture, corruption ; état d'une chose pourrie. Maladie des bêtes à laine.
Dér. du lat. *Putredo*.

Pourqué, s. m. Du porc frais. — *Pourqué-dé-mèr*, cochon d'Inde. *Manja dé pourqué émbé dé sáouvió*, manger un mets avec grand appétit.

Pourqueïrargue, n. pr. de lieu. Porcairargues, hameau de la commune des Salles-du-Gardon, à cinq kilomètres en amont d'Alais. On pense que c'est le lieu d'origine de la célèbre Azalaïs de Porcairargues, poète en langue romane, qui vivait vers le milieu du XIIe siècle, et qui fut aimée de Gui Guerréjat, fils de Guillaume VI, de Montpellier, dont la mère, Béatrix de Melgueil, avait épousé, en 1144, Raymond Pelet premier seigneur d'Alais.

Pourquiè, ièïro, *s. m.* et *f.* Porcher, gardeur de cochons.

Pourquije, *s. m.* Saleté, malpropreté. Au fig. paroles sales et grossières.

Pourta, *v.* Porter, apporter, rapporter.

Dér. du lat. *Portare,* m. sign. — *Porto lou cur sus la man,* il porte le cœur sur la main. *Ou pourtara pa'n paradis,* il ne l'emportera pas en paradis; il me le paiera tôt ou tard. *Porto-esfraï.* — Voy. c. m.

Pourta (Sé), *v. n.* Être en bonne ou en mauvaise santé : *Sé porto bièn, sé porto pas bièn* ou *sé porto mâou.*

Pourta-cronto, Porter préjudice, faire opposition. — *M'as pourta-cronto,* tu as agi contre mes intérêts.

Loc. composée de *Pourta,* v., et de *Cronto,* contre.

Pourtalé, *s. m.* Dim. de *Pourtâou;* petit portail; porte secondaire percée dans les anciens remparts.

Pourtamèn, *s. m.* Santé, bon état du corps. — *Vous démande pa voste pourtamen,* je ne vous demande pas comment vous vous portez; je vois que vous vous portez bien.

Pourtan, *adv.* Pourtant, néanmoins, cependant.

Pourtanèl, *s. m.* Guichet, petite porte pratiquée dans une porte plus grande, telle qu'une porte de ville ou de prison, une porte cochère, une porte de boutique.

Pourtâou, *s. m.* Portail; porte cochère, de basse-cour, de ville. Grande porte d'une maison.

Pourtoulaïgo, *s. m.* Pourpier commun (*Portulaca oleracea,* Linn.), plante grasse potagère, astringente et rafraîchissante. On l'appelle aussi *Bourtoulaïgo.* — Voy. c. m.

Dér. du lat. *Portulaca.*

Pourtur, *s. m.* Porteur; celui qui porte les commissions, les voyageurs, les paquets, les denrées, d'une localité à une autre; un facteur rural.

Pous, *s. m.* Puits; excavation plus ou moins profonde pratiquée dans le sol pour avoir de l'eau.

Dér. du lat. *Puteus,* m. sign.

Pous-à-ranco ou *Pousèranquo,* puits à roue. — Voy. c. m.

Pous, *s. m.* Le pouls ou battement des artères. Ce terme s'applique surtout au battement qui se fait sentir aux poignets ou à la tempe. — *N'a gés dé pous,* son pouls ne bat plus.

Dér. du lat. *Pulsus,* qui vient de *Pulsare,* battre.

Pous, *s. f.* Poudre, poussière.

Pousa, *v.* Puiser de l'eau ou d'un liquide quelconque.

Pousadoù, *s. m.* Puisoir; récipient servant à puiser un liquide quelconque dans le vase qui le contient.

Pousage, *s. m.* Action de puiser.

Pousèranquo, *s. f.* Puits à roue; machine hydraulique servant à puiser de l'eau dans les puits de grande dimension. Elle est composée d'une grande roue en bois garnie de godets et que l'on fait mouvoir au moyen d'un manège auquel un cheval ou le vent donne l'impulsion. Selon SAUVAGES, *Pousèranquo* viendrait par corruption de *pousar-aïgo.*

Pousia, *n. pr.* de lieu. Pouzilhac, commune du canton de Remoulins. — *Castrum de Posilhac,* 1121; *villa de Posiliaco,* 1176; *Pozilhacum,* 1384. Cette localité tire sans doute son nom de sa situation élevée sur la ligne de faîte qui sépare la vallée du Gardon de celle de la Cèze. De quelque direction que l'on arrive à Pouzilhac, il faut s'élever par une côte raide, au sommet de laquelle se trouve situé le village, à 220 m. d'altitude, qui est le point le plus élevé de l'arrondissement d'Uzès.

Dér. du celt. *Pouja,* v. monter, ou *Pouja, adj.,* élevé, juché sur un *puech.* — *Poujado,* signifie aussi rampe, montée.

Poussa, *v.* Pousser, faire un effort pour déplacer une personne ou une chose; faire marcher, faire avancer, exciter; porter plus loin; faire faire des progrès. Lever, en parlant des plantes. On dit dans le même sens *Buta.* — Voy. c. m.

Poussado, *s. f.* Secousse, heurt, poussée.

Poussé, *s. m.* Pousse; maladie des chevaux poussifs. — *Aquèl chival a lou poussé,* ce cheval est poussif.

Pousséja, *v.* Soulever, exciter la poussière.

Pousses, *s. f. pl.* Menue paille; balle des grains criblés; poussiers; pellicule de la nature et de la couleur de la paille; enveloppe du grain de froment ou d'avoine; poussière de paille. Débris de peaux de châtaignes provenant du battage des châtaignes sèches. — *L'ase d'Aoubarno s'èngrasso bé én manjan dé pousses,* se dit d'une personne qui se porte bien tout en vivant chichement.

Pousséto, *s. f.* Petite planche; dim. de *Pos.*

Poussi, poussivo, *adj. m.* et *f.* Poussif, poussive. Se dit d'un cheval atteint de la pousse ou d'une personne asthmatique.

Poussible, iblo, *adj. m.* et *f.* Possible. Se dit d'une chose qui peut avoir lieu, qui est vraisemblable.

Pousso, *s. f.* Mamelle de la vache, de la chèvre, de la brebis. Organe glanduleux qui sécrète le lait chez les femelles des espèces ovine ou bovine.

Poussoùs, ouso, *adj. m.* et *f.* Poudreux, couvert de poussière.

Pousta, *s. m.* Soupente, plancher qui divise en deux parties une pièce dans le sens de la hauteur et sur lequel on établit la couche des domestiques, des ouvriers, et sur lequel on peut aussi emmagasiner diverses denrées encombrantes. Cette soupente est toujours établie en planches. On y monte par une échelle de meunier qui aboutit à une large trappe.

Dér. du lat. *Positum.*

Poustïoun, *s. m.* Postillon, valet de poste qui conduit ceux qui courent la poste.

Dér. de l'ital. *Postiglione.*

Poutage, *s. m.* Du bouillon et non du potage.

Poutagè, *s. m.* Potager; fourneau de cuisine sur lequel on prépare les mets. — *Mounta sus lou poutagè,* se mettre en frais, se mettre en cuisine pour un hôte que l'on veut bien traiter.

Poutarado, *s. f.* Une potée, plein un pot, plein une marmite; dans le style fam. un pot-de-chambre plein.

Poutaras, *s. m.* Grand broc de vin; grand vase plein d'un liquide quelconque. On dit proverbialement dans quelques localités :

Per lou ràoumas
Fòou lou poutaras

Pour guérir le rhume, il faut boire du vin

Pouténcio, *s. f.* Potence, gibet où l'on exécute les criminels condamnés a être pendus.

Dér. du lat. *Potentia*, puissance, pouvoir, droit de haute justice.

Poutèrlo, *s. f.* Gros baiser de nourrice. — *Fai mé 'no pouterio*, donne-moi un gros baiser, se dit en parlant à un enfant.

Poutéto, *s. f.* Petit baiser, petite caresse.

Der de *Poutoù*, du celt. *Pot*, lèvre.

Pouticari, *s. m.* Apothicaire ou pharmacien, celui qui prépare des remèdes suivant les ordonnances des médecins.

Der. du grec Ἀποθήκη, boîte, boutique.

Poutinga, *v.* Droguer, médicamenter. — *Sé poutinga*, se droguer, prendre des remèdes.

Poutingo, *s. f.* Remède, médicament, médecine, purgation.

Poutoù, *s. m.* Baiser.

Dér. du celt. *Pot* ou *Pout*, lèvre.

Poutounéja, *v.* Baisotter.

Poutounéjaïre, *s. m.* Celui qui baisotte à chaque instant.

Poutouras, *s. m.* Grand broc à soutirer le vin. Mesure d'un pot de vin. On dit plutôt *Poutaras*. — *Voy.* c. m.

Pra, *s. m.* Pré, prairie, étendue de terre sur laquelle on récolte du foin. — *Pra seedou*, pré qui n'est arrosé que par les pluies.

Der. du lat. *Pratum*, dér. de *Paratus*, préparé.

Pradariè, *s. f.* Quartier de territoire exclusivement composé de prairies. — *Aquél téraire és tout én pradariè*, ce territoire est entièrement composé de prairies.

Pradèl, *s. m.* et *n. pr.* de lieu. Dim. de *Pra*. Petit pré ou coin de pré. Plusieurs hameaux ou villages des Cévennes ou de l'Ardèche ont reçu ce nom.

Prado, *s. f.* Prairie; suite de plusieurs prés dans le voisinage d'une rivière.

Der. de *Pra*.

Prafi, *exp. adv.* Contraction de *pér-à-fi*. — *Sian aici prafi d'aquél afaire*, nous sommes venus dans le but de régler cette affaire.

Pratiqua, *v.* Pratiquer, mettre en pratique; exercer un art; fréquenter, hanter. — *Ai pratiqua aquél péis*, j'ai fréquenté ce pays.

Du grec Πρακτικός, pratique, qui agit.

Pratiquo, *s. f.* Pratique, le côté pratique d'un art, d'une science ; client. Se dit en mauvaise part d'un mauvais sujet. — *Uno bono pratiquo*, un bon client. *Quinto pratiquo !* quel mauvais sujet !

Pratiquoùs, ouso, *adj. m. et f.* Industrieux, euse. Se dit aussi d'une personne qui tire parti de tout et ne laisse rien perdre.

Prècha, *v.* Prêcher, exhorter, faire un discours en chaire dans une église ou un temple ; admonester quelqu'un, exhorter.

Dér. du lat. *Prædicare*, proclamer.

Prèche, *s. m.* Prêche, prédication, sermon.

Prèchi, *adv.* Près, proche, auprès. On dit aussi *Proche*.

Prèga, *v.* Prier, supplier, prier Dieu, faire des prières.

Dér. du lat. *Precari*, m. s.

Prègo-Diou, *s. m. comp.* — *Prègo-Diou-de-rastouble*, ou simplement *Prègo-Diou* ou *Cabro*, Mante, mante religieuse. Coléoptère de couleur verte un peu sombre, ou couleur de chaume, se rapprochant beaucoup de la sauterelle, qu'on trouve arpentant pédestrement les chaumes, car ses ailes ne lui servent pas à voler. On le voit quelquefois se tenant presque droit sur ses longues pattes de derrière, pendant que les deux de devant, qu'il a beaucoup plus courtes, sont repliées et posées l'une contre l'autre. Cette attitude, assez semblable à celle d'une personne qui joint les mains ou croise les bras sur sa poitrine, pour prier Dieu, a suffi pour en faire un insecte dévôt, a dit Réaumur, et lui a valu son nom languedocien. Les enfants ne rencontrent jamais une mante sans lui demander des nouvelles du loup; c'est qu'il y a longtemps, la crédulité populaire lui attribuait, on ne sait pourquoi, le don de deviner (mante, en grec, veut dire devin). Les enfants la consultent toujours; les hommes ne s'adressent plus pour cela qu'aux tables tournantes, dansantes et même parlantes.

Prémiè, èiro, *adj. num. ord.* Premier, ère. — *Soui prémiè*, je suis le premier à faire.

Dér. du lat. *Primus* ou *Primarius*.

Prémiè (D'én), *adv.* D'abord, autrefois, jadis. — *D'en prémiè fasiès pa tan lou fiér*, autrefois tu n'avais pas tant de jactance.

Prémièirén, énco, *adj. m. et f.* Précoce, hâtif. Se dit des fruits qui mûrissent les premiers.

Prène ou **Prèndre**, *v.* Prendre, saisir, attraper, s'emparer, dérober, voler, surprendre, prendre sur le fait, manger. — *Prén pas rés*, il ne mange rien. *Prèndre fénno*, se marier. *Prèndre fré*, prendre froid. *Prène màou*, contracter une maladie. *Préné-vous gardo*, tenez-vous sur vos gardes. *Prène pér forço*, violer. *Prène la mésso*, être ordonné prêtre. *Prène van*, prendre son élan. *Prène la mousco*, prendre la mouche, se mettre en colère. *Prène la barunlo*, dégringoler. — *Voy. Barunlo*.

Dér. du lat. *Prendere*, m. sign.

Prénso, *s. f.* Pressée, quantité d'olives ou de raisin mise au pressoir en une seule fois; résidu de marc provenant d'une pressée.

Prés, éso, *adj. m.* et *f.* Pris, prise. — *Soû prés,* je suis pris, je suis malade, je suis enrhumé.

Dér. du lat. *Prehensus.*

Près, *adv.* Près, auprès.

Présa, *v.* Apprécier, évaluer, estimer; faire cas, tenir compte. — *Sé préso pa,* il n'est pas fier, il ne fait pas d'embarras, il n'est pas vantard.

Présage, *s. m.* Terme de cadastre; présage ou estimation d'un champ, d'une maison.

Dér. de *Pris,* prix, valeur, estimation.

Ce terme n'a rien de commun avec le mot français présage, augure.

Présémple! *interj.* Par exemple! Est-il possible! cela serait-il vrai! c'est singulier!

Contraction de *Pér-ésémple.*

Présén, *s. m.* Présent. — *Présén dé boudin,* cadeau que l'on fait à ses parents, à ses amis, et qui consiste en un plat de boudin qu'on leur envoie quand on égorge un porc dans la maison. *Présén dé noço,* cadeaux de noces.

Pér lou présén, pour le moment, présentement.

Présénta, *v.* Présenter, offrir, introduire en la présence de...

Dér. du lat. *Præsentare,* m. sign.

Présèntamén, *adv.* Présentement, à présent même, sans délai, sans retard, dans le moment.

Présfa, *s. m.* Entreprise à forfait ou à la tâche, d'après laquelle et pour un prix convenu d'avance, les ouvriers font le travail et fournissent diverses choses indiquées.

Présfachè, *s. m.* Ouvrier qui exécute un travail à forfait.

Présicadoù, *s. m.* Prédicateur, prêcheur, frère prêcheur ou Dominicain, désignés à Paris sous le nom de Jacobins. A Alais, le pont du Marché s'appelait autrefois *Pon-das-Presicadoùs,* parce que le couvent des Dominicains était situé à son extrémité occidentale, sur la rive droite du Gardon.

Préso, *s. f.* Une prise de tabac, un bol de lait d'ânesse; prise d'eau, barrage de moulin construit pour établir une dérivation d'un cours d'eau.

Préssa, ado, *adj. m.* et *f.* Pressé, ée. impatient, affairé.

Dér. du lat. *Pressus,* pressé. — *Sès bé préssa?* vous êtes bien pressé de partir?

Prèsso, *s. f.* Empressement, diligence, hâte; presse, foule, multitude de personnes qui se pressent les unes les autres. — *Y'a prèsso,* il y a grande affluence. *Y'a pas prèsso,* il n'y a pas péril en la demeure.

Dér. du lat. *Pressus,* pressé, foulé.

Présta, *v.* Prêter, donner sous condition de rendre à une époque déterminée avec ou sans intérêts. — *Sé présta,* aider, faciliter, seconder les désirs ou les volontés de quelqu'un; prêter, s'allonger, s'assouplir sous un effort sans se rompre.

Dér. du celt. *Prest,* ou du lat. *Prestare.*

Préstaïre, aïro, *s. m.* et *f.* Prêteur, prêteuse; celui ou celle qui prête.

Préténdu, udo, *s. m.* et *f.* Prétendu, prétendue, un accordé, une accordée, un fiancé, une fiancée.

Prim, imo, *adj. m.* et *f.* Mince, fin, délié, grêle, svelte. menu.

Primacholo, *s. f.* Plante étiolée, menue, grêle, élancée pour avoir été semée trop dru. — *Primacholos,* plur. Défaut d'égalité dans le fil qui n'est pas uni, dont certaines parties sont trop fines, d'autres trop grosses.

Primo, *s. f.* Le printemps.

Dér. du lat. *Prima.* — *Primo,* une jeune truie qui n'a pas encore porté.

Dér. du lat. *Primapara.*

Primo. *adj. f.* Première. — *La primo-doubo,* le point du jour, la première clarté qui annonce, qui précède l'aurore.

Dér. du lat. *Prima,* m. sign.

Prim, primo, *adj. m.* et *f.* Économe, ménager avec excès; avare, tenace. — *Voy. Cago-prim.*

Priou, *s. m.* Prieur; le possesseur d'un prieuré.

Dér. du lat. *Prior,* le premier.

Pris, *s. m.* Prix, valeur d'un objet; récompense accordée à celui qui réussit le mieux dans un exercice mis au concours.

Dér. du lat. *Pretium,* prix; et, dans le deuxième cas, de *Præmium,* récompense.

Prisa, *v.* Priser, prendre du tabac à priser.

Prisoù, *s. f.* Prison, maison de force ou de détention où l'on enferme les accusés et les coupables.

Dér. du lat. *Prehensio,* d'où la bass. lat. *Prisio,* prison

Prisougnè, eïro, *s. m.* et *f.* Celui ou celle qui est détenu en prison ou qui est tombé au pouvoir de l'ennemi, en parlant des soldats.

Priva, *v.* Priver, ôter à quelqu'un une chose qui lui est agréable.

Dér. du lat. *Privare,* m. sign. — *Vous n'én privés pas,* ne vous faites pas faute de cela, prenez-en à votre volonté.

Proche, *adv.* Près, auprès. — *Demoro proche dé moun oustdou,* il habite dans mon voisinage.

Dér. du lat. *Proximè.*

Prochi, *adj. m.* et *f.* Proche. — *És moun pu prochi parén,* c'est mon plus proche parent. *Soun mas pu prochi paréntos,* ce sont mes plus proches parentes.

Dér. du lat. *Proximus,* m. sign.

Proïo, *s. f.* Proie.

Prone, *s. m.* Discours ou sermon que le curé ou le vicaire prononcent le dimanche, à l'église paroissiale, sur l'épître ou l'évangile du jour.

Dér. du lat. *Præconium,* publication.

Prou, *s. m.* Profit. — *Bon prou vous fague,* grand bien vous fasse. *N'én fara pas jamaï soun prou,* il ne s'en tirera jamais.

Prou, *adv.* Assez, suffisamment. On l'emploie aussi dans le sens de beaucoup, trop.

Parla prou et bièn
Van jamai pa 'nsén.

Proufi, *s. m.* Profit, avantage, utilité, progrès, amélioration.

Dér. du lat. *Profutus,* progrès, avancement, profit. — *Poudès pas vous apara dou proufi,* vous ne pouvez pas vous garer de la bonne chance.

Prounte, ounto, *adj. m. et f.* Vif, bouillant, emporté; actif, diligent. — *Siègues pas tan prounte,* ne sois pas si vif.

Dér. du lat. *Promptus,* formé de *Promere,* mettre devant, tirer; disposé, résolu.

Prountitudo, *s. f.* Promptitude, vivacité, emportement. — *És un co dé prountitudo,* c'est un mouvement de vivacité.

Prouvénçàou, alo, *adj.* et *subst. m. et f.* Provençal, ale; qui est de Provence.

Dér. de *Prouvénço,* Provence, dont l'étymologie vient de *Provincia,* province, nom que lui donnaient les Romains.

Prouvénço, *s. pr. f.* Provence, ancienne province de France, formée des départements des Bouches-du-Rhône, du Var et des Basses-Alpes et dont Aix était la capitale.

Der. du lat. *Provincia,* province, nom par lequel la désignaient les Romains.

Prouvénquo, *s. f.* Pervenche, *Vinca major,* Linn. Les anciens la considéraient comme le symbole de la joie. Plante de la famille des Apocynées.

Prouvèsi, *v.* Pourvoir, donner, fournir, donner ce qui est nécessaire aux besoins; prévoir.

Dér. du lat. *Providere,* m. sign.

Prouvèsi (Sé), *v.* Se pourvoir, se fournir de choses nécessaires ou utiles, en appeler devant les tribunaux.

Prouvésiou, *s. f.* Provision, collection de choses nécessaires ou utiles; trousseau de linge; réserve de denrées ou substances alimentaires.

Dér. du lat. *Provisio,* m. sign.

Prudome, *s. m.* Ormin des prés, *Salvia verbenaca,* Linn. Cette plante ressemble beaucoup à la *Touto-bono (Salvia sclarea),* et les botanistes les désignent toutes deux par le même nom; mais cette dernière est aromatique.

Prugnè, *s. m.* Prunier, arbre de la famille des Rosacées, dont il existe plusieurs espèces.

Dér. du lat. *Prunus.*

Prunarédo, *s. f.* Prunelaie, champ planté de pruniers. Nom pr. de lieu.

Pruno, *s. f.* Prune, fruit du prunier. — *Floura coumo uno pruno,* qui a le visage rose et plein de fraîcheur.

Prus, *s. m.* Le fil d'une lame tranchante, d'un couteau, d'un rasoir. — *Douna lou prus,* donner le fil à une lame. *A bon prus,* ce couteau, ce rasoir sont bien affilés. Au fig. *Bouta en prus,* mettre en appétit.

Pruséto, *s. f.* La chatouille — *Faire pruseto,* faire la chatouille.

Prusi, *v.* Démanger, cuire. — *Sé grato ounte i'e prus,* se dit au fig. pour il se gratte où cela le chatouille; il sent où le bât le blesse.

Prusije, *s. m.* Démangeaison, prurit.

Pu, *adv.* Plus, davantage. Expression quantitative opposée à *men,* moins. — *Sèn pu-z'éroùs que brave,* nous avons plus de chance que de mérite.

Dér. du lat. *Plus.*

Pu, puro, *adj. m. et f.* Pur, pure; qui n'est point altéré par le mélange d'une matière étrangère; qui n'est pas souillé — *Dé vi pu, d'aigo puro,* du vin pur, de l'eau pure.

Dér. du lat. *Purus,* m. sign.

Pu, 3e pers. du s. du présent de l'ind. du v. *Pudi,* puer, avoir mauvaise odeur. Il ou elle pue. — *Sen qué pu,* il pue. *Acò mé pu,* cela m'ennuie, cela m'agace.

Dér. du lat. *Putere,* m. sign., ou du grec Πυθω, corrompre, pourrir.

Pudén, énto, *adj. m. et f.* Puant, puante, qui répand une mauvaise odeur.

Dér. du lat. *Putidus,* m. sign.

Pudi, *s. m.* Nom donné dans le Languedoc à l'*Anagyris fœtida.*

Pudi, *v.* Puer, répandre une mauvaise odeur. — *Pardoulos pudou pas,* paroles ne puent pas.

Dér. du lat. *Putere,* m. sign., ou du grec Πυθω, corrompre, pourrir.

Pudicino, *s. f.* Puanteur, infection.

Pudis, *subst. m.* Le putois, *Mustela puterius,* Linn. Sorte de belette nommée *Pudis* à cause de la mauvaise odeur qu'elle répand lorsqu'elle est échauffée ou irritée; l'*Anagyris fœtida,* Linn., ou bois puant, plante qui croît en Languedoc.

Puio, *subst. f.* Dent de râteau, de roue dentée, de herse. de peigne.

Dér. de l'espagn. *Puia,* pointe, épine.

Pupu, *s. m.* La huppe. — *Voy. Lupégo.*

Purèio, *s. f.* Purée; légumes réduits en pâte, tels que pois, haricots, lentilles, etc.

Dér. du lat. *Purata pisa.*

Purèsi, *s. m.* Pleurésie; maladie causée par l'inflammation de la plèvre du poumon.

Dér. du lat. *Pleuritis,* plèvre.

Purgatori, *n. pr. m.* Purgatoire, lieu où les âmes des justes expient les fautes légères qui n'ont pas été purifiées pendant la vie; lieu de souffrance. — *Mé fai passa moun purgatori,* il me fait passer en ce monde par le purgatoire, il me cause des ennuis, des souffrances morales.

Dér. du lat. *Purgatorium,* dér. de *Purgare,* purger, nettoyer, purifier.

Purja, *v.* Purger, donner un purgatif; nettoyer, purifier.

Dér. du lat. *Purgare,* m. sign.

Purjo, *s. f.* Une purgation, un purgatif.

Puro, adj. f. — Voy. Pu.
Pus, subst. m. Pus, liquide produit par la suppuration d'une plaie ou d'un ulcère.

Pus, adv. Plus, expression privative. — N'èn pode pus, je n'en puis plus, je suis harassé.
Pusâou, s. m. Le galetas, le grenier, le plus haut étage de la maison. Composé de deux mots pus et dou, plus et haut.

Q

QUA

Quadrublo, s. f. Quadruple ou demi-pistole, monnaie d'or d'Espagne, valant de 80 à 84 francs.
Dér. du lat. Quadruplex, parce que sa valeur est de quatre louis.
Qualita, s. f. Qualité, différence qui distingue une chose d'une autre; propriété de chaque chose; ce qui modifie l'essence des choses; ce qui fait qu'elles sont bonnes ou mauvaises, grandes ou petites: noblesse distinguée, titre d'honneur.
Dér. du lat. Qualitas, m. sign.
Quand, adv. Quand, lorsque. — Quand i sérès? Quand vous serez prêt? se dit comme avertissement lorsqu'on fait une chose qui demande un effort simultané de deux ou plusieurs personnes. Véndrai quand mèmo, je viendrai quand même. Véndra noun sai quand, il arrivera je ne sais quand.
Dér. du lat. Quando, m. sign.
Quant, adv. Combien, quel nombre. — Quant sès? Combien êtes-vous? Quant n'i'a? Combien y en a-t-il? Quant qué n'i'ague, quel qu'en soit le nombre. N'i'a noun sai quant, il y en a je ne sais combien.
Dér. du lat. Quantum, m. sign.
Quant à, adv. Quant à, pour ce qui est de — Quant à iéou, pour moi. ce qui me concerne. Quant à souè, quant à soi. — Garda soun quant-à-souè, conserver sa liberté d'action, se tenir sur la réserve.
Quante, quanto, pr. conj. m. et f. Quel? lequel? — Quante vos? lequel veux-tu? Quante ès lou miòu? quel est le meilleur? Quante qué sièguè, quel que ce soit.
Quâou, pr. conj m. Qui? — Quâou pico? qui frappe? Quâou tron ès aquèl? qui diable est celui-là? Quâou qué sièguè, qui que ce soit.
Quâouque, quâouquo, pr. indéf. m. et f. Quelque, certain, un ou plusieurs, quelques-uns, quelques-unes. — Quâouque pâou, quelque peu. Quâouque jour, un certain jour. Quâouque marias, quelque polisson. Quâouques moutous, quelques moutons. Quâouquos figos, quelques figues.
Quâouquun, uno, s. indef. m. et f. Quelqu'un, quelqu'une; un homme, une femme, un entre plusieurs. — Quâouquun ès véngu, quelqu'un ou un homme est venu. Quâouquun vous démando, quelqu'un vous demande.

QUA

Quâouquus, s. indéf., s'emploie aussi pour Quâouquuun.
Quaréla, v. Quereller, chercher querelle.
Dér. du lat. Querela.
Quarèlo, s. f. Querelle, dispute, rixe.
Dér. du lat. Querela, plainte, lamentation.
Quart, subst. m. Quart, quartier, quarteron. — És uno ouro manquo un quart, il est une heure moins le quart.
Der. du lat. Quarta pars.
Quartalado, s. f. Plein une quarto. — Voy. c. m.
Quartâou, s. m. Un quartaud, mesure de capacité équivalente à 25 litres, qui est le quart de cent litres.
Quartéïroù, s m. Quarteron, quatrième partie d'un cent et d'une livre. — Un quartéïroù dé poumos, un quarteron de pommes ou 25 pommes. Un quartéïroù dé sucre, quatre onces de sucre, qui forment le quart de la livre de 16 onces, équivalente à 500 grammes. Le quarteron pèse donc 125 grammes, et l'once 31 grammes 25 cent.
Quartiè, s. m. Quartier, quatrième partie d'une chose; gros morceau tiré d'une masse plus considérable; partie d'une ville, d'un village, d'un territoire; les deux côtés de l'empeigne d'un soulier qui embrassent le talon; l'une des quatre phases de la lune. — Un quartiè dé poumo, un morceau d'une pomme coupée en quatre. Un quartiè dé ran, un fragment, un quartier de roc. Un quartiè dé por, un morceau de viande de porc. Sèn dâou mémo quartiè. nous sommes du même quartier de la ville. Lou quartiè de Maza, le quartier du territoire d'Alais appelé Mazac. Un quartiè dé moun souïè mé cacho, un quartier de mon soulier me blesse.
Quarto, s. f. Ancienne mesure de grains, équivalente à un décalitre. D'après SAUVAGES, il paraît que de son temps la quarte était équivalente à la seizième partie de la salmée, tandis que de nos jours on la considère comme équivalant au vingtième de la salmée composée de 20 décalitres.
La quarte est aussi une ancienne mesure agraire équivalente au vingtième de l'hectare, soit cinq ares. D'après SAUVAGES elle équivaudrait au seizième de la salmée agraire, dont la surface est de 79 ares 80 cent., c.-à-d. 5 ares, à un centiare près.
Quatre, adj. num. m. Quatre, nom de nombre. Le caractère 4, qui indique le nombre quatre. — Quatre dé chifro, sorte de piège soutenu par de petits bâtons disposés

en forme du chiffre 4. *Lous quatre cantous*, le jeu des quatre coins; le carrefour de deux rues qui se croisent.

Dér. du lat. *Quatuor*, m. sign.

Quatre-vingt, *adj. num. m.* Quatre-vingt, nom de nombre exprimant quatre fois le nombre vingt.

Qué, *pr. conj.* Qui, qu'est-ce, eh bien, dont — *Qudou es qué crido?* qui est-ce qui crie? *Que?* Qu est-ce? quoi? *Que? crouste!* Eh bien, qu'en dis-tu? *(Voy. Crouste) Douno ie ço qu'a dé bésoun*, donne lui ce dont il a besoin. — *Voy.* aussi *Dé-qué*.

Qué, *conj.* Que. — *Vous dise que véndrai*, je vous affirme que je viendrai. *Voulés que partie?* voulez-vous que je parte?

Què, *s. m.* Quai, chaussée, ouvrage défensif qui longe et encaisse une rivière; gros mur en talus construit au bord d'une rivière pour retenir les terres et empêcher les ravages des inondations.

Dér. du v. lat. *Cavare*, arrêter, retenir.

Quèli, *s. m.* En style badin, habit. — *Ai mes lou quèli*, j'ai mis l'habit, j'ai fait toilette.

Quéntì (Sèn), *n. pr. de lieu, m. s.* Saint-Quentin, village situé près d'Uzès, où l'on fabrique de la poterie grossière.

Quéntignè, gnièiro, *s. m.* Cantinier, cantinière.

Dér. de *Quentino*.

Quéntino, *s. f.* Cantine, lieu de réunion où les soldats se rendent pour boire et manger à leurs frais dans la caserne.

Dér. de l'ital. *Cantina*, cave.

Quère, *v.* Chercher, quérir. — *Mé véndrés quère!* attendez-moi sous l'orme. *Dé que t'anavias quere?* qu'alliez-vous faire dans cette galère? *Manda quère*, envoyer chercher.

Dér. du lat. *Quœrere*, m. sign.

Quéstiou, *s. f.* Question, demande; altercation, dispute. — *De qués quéstiou?* de quoi s'agit-il? *An agu de questiou*, ils ont eu des querelles, des discussions.

Dér. du lat. *Quœstio*, dont le rad. est *Quœrere*, demander, chercher (dispute).

Quéstiouna, *v.* Questionner, demander des renseignements, interroger.

Quèto, *s. f.* Quête, collecte faite dans un but religieux, charitable ou patriotique. Emprunt fait au français.

Dér. du lat. *Quœrere*, demander.

Quïa, ado, *adj. m. et f.* Debout, dressé, planté, perché, juché. — *Ès quïa coumo un pancèl*, il est planté comme un échalas.

Dér. du bas bret. *Kil* ou *Quille*, m. sign.

Quïa, *v.* Dresser des quilles.

Quïaïre, *s. m.* Celui qui est chargé du soin de remettre en place les quilles abattues par les boules des joueurs.

Quiala, *v.* Crier, pousser des cris vifs et perçants, plaintifs ou stridents, comme certains animaux, tels que les chiens.

Dér. du sanscr. *Khyd*, crier, parler.

Quialadisso, *s. f.* Suite de cris vifs et perçants continués sans intermittence. — *Voy.* Quiala.

Quialaire, aïro, s. et *adj. m. et f.* Celui ou celle qui pousse des cris perçants ou stridents.

Même étym. que les deux mots précédents.

Quicha, *v.* Serrer, presser. On dit aussi *esquicha*. — *Voy. e. m.*

Quichado, *s. f.* Serrée, violente étreinte. — *Voy. Ésquichado*.

Quiché, *s. m.* Verrou plat, targette.

Quicho-quichou, *s. comp. m.* Jeu d'attrappe parmi les écoliers, dont l'un dit savoir une nichée : *Save uno nisado de quicho-quichou*. Si quelqu'un prête son dos au dénicheur, il en est puni par quelque coup de genou sur les épaules et sur le dos.

Quicon ou **Quoucon**, *s. indef.* Quelque chose. — *Quicon m'ou disié!* j'avais le pressentiment de cet évènement. *Y'a fa quicon*, on voit qu'il a travaillé à cela. *T'a fa quicon?* as-tu à te plaindre de lui?

Quicoumé, dim. de *Quicon*. Quelque petite chose. Un mendiant dit : *Douna-mé quicoume*, donnez-moi quelque petite aumône.

Quiè, quiècho, *adj. m. et f.* Cuit, cuite, qui a reçu par l'action du feu le degré de cuisson nécessaire. — Au fig *Aquel home es quiè*, cet homme est perdu.

Dér. du lat. *Coctus*, m. sign.

Quiècho, *s. f.* Cuite, quantité d'ouvrage qu'on fait cuire à la fois; cuisson, l'action de cuire. — *Uno quiecho dé pan*, une fournée de pain. *Aquéles césés soun de bono quiècho*, ces pois chiches sont de facile cuisson.

Dér. du lat. *Cocta*.

Quièisso, *s. f.* Cuisse; partie du corps des animaux qui s'étend [du genou au bassin. Elle est soutenue d'un seul os nommé fémur.

Dér. du lat. *Coxa*, m. sign. — *Quièisso dé nose*, un quartier de noix.

Quièr, *s. m.* Cuir, la peau des grands animaux en général, préparée et tannée ou corroyée.

Dér. du lat. *Corium*, m. sign. — *Te vdou tana lou quièr*, je vais te donner une râclée. *Rabala coumo un quièr*, ravaler un homme, le mépriser, l'accabler d'injures et de coups.

Quinaredoun, *s. m.* Cynorrhodon, ou rose sauvage.

Dér. du grec κυνός, chien, et Ῥόδον, rose.

Quincaïaïre, *s. m.* Quincaillier, petit mercier.

Quincaïaïrié, *s. f.* Quincaillerie, magasin de petite mercerie.

Quincaïè, *s. m.* Quincaillier, petit mercier.

Même sign. que *Quincaïaïre*.

Quinqua, *v.* Souffler, ouvrir la bouche, murmurer — *Ne quinco pas uno*, il ne souffle pas mot.

Quinqué, *s. m.* Quinquet, lampe à suspension et à double courant d'air.

Du nom de l'inventeur, M. Quinquet.

Quinsar, *s. m.* — *Voy. Quinsou*.

Quinsou, *s. m.* Pinson, gros-bec pinson, *Fringilla*

o œlebs, Temm. Pinson commun; oiseau à front noir, haut de la tête et nuque bleu cendré, dos châtain, un peu olivâtre, croupion vert, tout le dessus du corps lie-de-vin un peu roussâtre, des bandes blanches sur les ailes; c'est le pinson ordinaire dont la gaieté est devenue proverbiale. Une autre variété, appelée pinson des Ardennes, gros-bec des Ardennes *(Fringilla montifringilla,* Temm.), qui a le dos d'un noir luisant, le ventre blanc, la poitrine d'un beau roux et la queue noire liserée de blanc, nous visite également et porte le même nom.

Étym. probable de l'allem. *Pinck,* mot dont la prononciation imite assez bien le chant de cet oiseau; ou de *Kin! Kin!* onomatopée qui se rapproche de ce même chant. — *Voy. Quinsar.*

Quintaïe, *s. m.* On donne ce nom à des hommes qui, pendant l'éducation des vers à soie, ramassent la feuille de mûrier à tant le quintal; le peseur public.

Quintâou, *s. m.* Quintal, poids de cent livres; quintal métrique, poids de cent kilog. ou dixième de la tonne. L'ancien quintal d'Alais ou quintal petit-poids, équivalait à 41 k. 389, soit 83 livres en nombre rond.

Du grec Κεντέναριον, cent livres.

Quinte, quinto, *adj. conj. m.* et *f.* Quel, quelle. Au plur. *Quintes, quintos.* — *Quinte malur!* quel malheur! *Quinto michanto bèstio!* quelle mauvaise bête! *Quintes camis!* quels mauvais chemins! *Quintos carièiros!* quelles rues mal tenues!

Quinze, *adj. num.* Quinze.

Dér. du lat. *Quindecim.*

Quinzéno, *s. f.* Quinzaine, nombre de quinze jours consécutifs. — *As touca ta quinzéno?* as-tu touché le salaire de tes quinze journées de travail? On appelle à Alais la *quinzéno,* le quinzième jour qui suit la foire de la Saint-Antoine, qui est fixée au 17 janvier. *Véndrai pér la quin zéno,* je viendrai le quinzième jour après la foire.

Quinze-ounço, *s. m. comp.* Quinze-onces; se dit d'un homme ou d'un enfant d'une faible corpulence, pour dire qu'il est frêle et malingre.

Quïo, *s. f.* Quille, morceau de bois en forme de cône allongé servant au jeu de quilles, que l'on abat avec des boules.

Dér. du bas bret. *Kil* ou *Quille,* m. sign.

Quiou, *s. m.* Cul, partie postérieure du corps de l'homme et des animaux. — *A moustra soun quiou,* il s'est enfui.

Quioulas, augm. de *Quiou.*
Quiouléd, dim. de *Quiou.*

Quiou-blan, *s. m. comp.* Motteux ou vitrec, cul-blanc, traquet-motteux, *Saxicola œnanthe,* Temm. Toutes les parties supérieures du corps de cet oiseau sont gris-cendré; les inférieures et la queue blanches, la poitrine roussâtre, les ailes et le dessous de la queue noirs. Cet oiseau arrive ici en avril; recherche d'abord les lieux arides et montueux; au mois d'août, il descend dans les plaines et affectionne les terres labourées; il choisit les mottes saillantes pour s'y poser et on le voit alors faire un mouvement continu, pareil à celui du hoche-queue. Le nom de cul-blanc est une sorte de nom générique qui peut s'appliquer à plusieurs oiseaux du même genre.

Quiou-plouma, *s. m. comp.* Sobriquet que l'on donne à l'espèce des singes qui ont les fesses dépourvues de poil.

> Mouninéto, quiou-plouma,
> Pér un sòou té fan dansa.

Quista, *v.* Quêter.

Quistaïre, *s. m.* Quêteur, celui qui quête; un sollicitent.

Quita. *v.* Quitter, laisser; se dépouiller d'un vêtement, cesser une action commencée. — *Quita lou traval,* suspendre ou cesser de travailler. *Quités pas dé faïre aquò,* n'interrompez pas le travail que vous faites.

Dér. de l'espagn. *Quitar,* ôter, arracher, enlever.

Quitança, *v.* Quittancer, donner une quittance, un reçu, un acquit à un débiteur.

Dér. du lat. *Quietare,* dér. de *Quietum facere,* laisser tranquille, laisser les débiteurs en repos.

Quitanço, *s. f.* Acte par lequel un créancier libère son débiteur. — *Aï un véntre coumo uno quitanço,* j'ai le ventre vide.

Quite, quito, *adj. m.* et *f.* Quitte, libéré à l'égard d'un autre. — *Sèn quite et bos amis,* nous sommes quittes et bons amis.

Quo, *s. f.* Queue, appendice formé par le prolongement de la colonne vertébrale chez certains animaux. *(Voy Quuio).* — *Siès un la quò,* tu es un nigaud, un niais, un benêt. *La Quò de Blannavo,* l'innocent de Blannave.

Dér. du lat. *Cauda,* m. sign.

Quouar, *s. m.* Portion du corps d'un animal comprenant toute la région caudale et ses dépendances.

Quoucon, *s. indéf.* — *Voy. Quicon.*

Quouro, *adv.* Quand? Quand est-ce? Tantôt. — *Quouro véndrés?* quand viendrez-vous? *Quouro canto, quouro plouro,* tantôt il chante, tantôt il pleure.

Dér. du lat. *Quota hora.*

Quuïo, *s. f.* Queue d'un animal; poignée d'un vase, d'une casserole, d'une poêle; portion d'une pierre de taille, d'un pavé qui pénètre et fait prise dans un mur ou dans le sol. — Au fig. *faire la quuïo,* tromper, duper quelqu'un; lui faire tort. Touffe de plumes qui forme le prolongement du corps des oiseaux; le dernier rang d'une troupe d'hommes ou d'animaux.

Dér. du lat. *Cauda,* m. sign. — *Voy. Quo.*

R

R. La lettre R est la dix-huitième lettre de l'alphabet. S'il faut en croire Pomponius, son premier emploi serait dû à Appius Claudius. Cette lettre joue le plus grand rôle dans la composition des langues, et il n'est guère possible d'admettre l'origine récente que lui attribue l'écrivain romain. Elle est la caractéristique de tous les infinitifs des langues néo-latines, à l'exception de quelques dialectes provençaux et languedociens qui l'ont supprimée, et elle est le signe, non seulement de l'actif, mais encore de l'action.

Ra, *s. m.* Rat, *Mus,* Pour tous ces rongeurs, nos hôtes toujours incommodes et souvent très-malfaisants, que le français nomme à peu près indistinctement. surtout dans le langage habituel, *rats* ou *souris*, le languedocien se sert seulement du premier, et ce n'est que lorsqu'il s'agit de la très-petite souris qu'il emploie exceptionnellement le mot *furé*. (Voy. c. m.) *Ra-dé-cavo,* terme de mépris employé pour désigner les employés des contributions indirectes. — *A bon ca, bon ra,* à bon chat, bon rat. *Empéita coum'un ra en trés noses,* empêché comme un rat entre trois noix, ou comme un aveugle qui a perdu son bâton.

Dér. de la bass. lat. *Ratus,* m. sign.

Ra, *s. m.* Caprice, fantaisie. Se dit surtout des très-jeunes enfants qui pleurent souvent sans motifs apparents. — *Aquél éfan a soun ra,* cet enfant à ses caprices. *Vèn d'avédre un ra,* il vient d'avoir un moment de caprice.

Ra, *adv.* Près, auprès. On dit aussi *raz, al raz.* — *Ra dé vous,* auprès de vous. *Ra d'ase,* voisin d'un âne.

Raba, *s. m.* Rabat; morceau de toile qui fait le tour du cou, monté sur un porte-rabat et qui descend sur la poitrine en forme de carré long. Cette partie de vêtement portée autrefois par tous les hommes n'est plus en usage, depuis longtemps, que parmi les ecclésiastiques et les gens de robe; il est ainsi nommé parce qu'autrefois ce n'était que le col de la chemise *rabattue* en dehors. On appelle aussi *raba* une peau de mouton que l'on déploie sur le dos d'un cheval en temps de pluie et que l'on roule sur le garrot en le rattachant au collier *(coulas),* en temps ordinaire.

Rabala, *v.* Traîner, entraîner, emmener. — *Sé rabala,* se traîner avec peine. *Rabala coumo un quièr,* traîner quelqu'un par terre; l'accabler d'injures. *Sé faï rabala,* il se fait emmener de force. *Po pa sé rabala,* il peut à peine se traîner.

Rabaladis, *s. m.* Bruit que l'on fait en traînant quelque chose; train, embarras, remue-ménage; objet traîné; personne embarrassante, fâcheux. — *Quinte rabaladis! avèn prou dé rabaladis,* quel vacarme! nous avons bien assez d'embarras. *Véjo aïçi un rabaladis,* voici un fâcheux.

Rabalado, *s. f.* Traînée, action de traîner, s'emploie au fig. pour indiquer les avanies que l'on a fait subir à quelqu'un. — *Té y-aï ficha uno rabalado!* je l'ai mis plus bas que terre, je l'ai accablé d'injures.

Rabaléto (Dé), *expr. adv.* Terre-à-terre, rez-terre. — *Gita uno pèiro dé rabaleto,* lancer une pierre rez-terre ou à la surface de l'eau, de manière à produire des ricochets.

Rabanèlo, *s. f.* Grillade de châtaignes.

D'après SAUVAGES, ce terme serait employé pour *rabinèlo,* dér. de *rabina,* grillé, brûlé.

Rabanénquo, *s. f.* Ombre commune, *Salmo thymallus,* Linn. Ce poisson est assez abondant dans le Gardon et il est presque aussi recherché que la truite à cause de la saveur de sa chair. Tête arrondie, semée de points noirs; dos d'un vert bleuâtre, rayé longitudinalement de bandes noirâtres, ventre blanc, nageoires rougeâtres, la grande dorsale tachée de verdâtre et mouchetée de brun.

Rabasso, *s. f.* Truffe noire. On l'appelle aussi *Trufonégro.* (Voy. c. m.) Truffe comestible, *Lycoperdon tuber,* Linn. Cryptogame qui végète dans la terre sans racines et sans feuilles

Dér. de *Rabo,* rave, et de la termin. augm. ou péjorat *asso,* grosse rave ou vilaine rave.

Rabassó, oto. *adj. m.* et *f.* Trapu et fortement constitué. Homme ou femme de petite taille mais à la musculature bien développée; courtaud.

Rabasto, *s. f.* Pièce de charpente de moyenne grosseur posée entre la poutre et les solives. Au plur. *Rabastos,* traverses du plancher d'une charrette, sur lesquelles portent les montants *(ranchas)* qui soutiennent les ridelles Débris du filage de la soie.

Rabe, *s. m.* Radis ou raifort, racine potagère de la fam. des Crucifères, que l'on mange crue à la croque-au-sel au commencement des repas ou comme entremets *(Raphanus).* — *Uno manado dé rabes,* une botte de radis.

Rabe, *s. m.* Racine d'une plante à racine pivotante; pivot central de la racine d'un arbre.

Rabéïrès, *s. m.* Châtaigner d'une espèce particulière.

Rabéïréso, *s. f.* Châtaigne d'une espèce particulière produite par le *Rabéïrès.* — Voy. c. m.

Rabi, *s. m.* Radis, raifort *(Raphanus).* On l'appelle aussi *Rabe.* — Voy. c. m.

Rabidos, *s. m.* La rotule du genou des moutons, en v. fr. le garignon. C'est l'*astragalus* ou le *talus,* avec lequel les Romains jouaient aux osselets. — *Jouga dáou rabidos* ou à *bédin-bédòs*, jouer aux osselets. — *Voy. Bédin-bédòs.*

Rabièiro, *s. f.* Une ravière, un champ de raves. On appelle ravière, en Normandie, un champ de navets.

Rabina, *s. m.* Le rissolé d'une pièce rôtie ou de tout autre mets cuit au four qui a pris trop de cuisson et sent le roussi. — *Sén lou rabina*, cela sent le roussi, le brûlé.

Rabina, *v.* Roussir, brûler, laisser trop cuire un mets; roussir le linge en le repassant.

Rabino-sardo, *s. m. comp.* Un avare qui met si peu d'huile dans la poêle qu'au lieu de frire les sardines il les brûle. Synonyme de fesse-mathieu.

Rabisso, *s. f.* Fane d'une rave, d'un navet; feuilles radicales de certaines plantes; viorne des haies à large feuille ou grande clématite, connue sous les noms de vigne blanche, berceau de la vierge, herbe au gueux *(Clematis vitalba,* Linn.). Celle que l'on trouve près d'Alais, sur les bords du Gardon, est la *Clematis recta* de Linn., plante de la famille des Renonculacées.

Rabisso, *s. f.* La fane d'une rave, d'un navet. On dit aussi *Rabissano*. — *Voy. c. m.*

Rabo, *s. f.* La rave proprement dite, ou navet rond, *Brassica rapa,* Linn., plante de la famille des Crucifères. Cette racine, fort commune dans les Cévennes, l'est encore plus dans le Limousin dont Rabelais appelle les habitants *mâche-râbes.*

Du lat. *Rapa*, dér. du celt. *Rab.*

Rabô, *s. m.* Rabot, outil de menuisier servant à unir ou à amincir le bois. Le rabot ne diffère de la varlope qu'en ce que ses dimensions sont moindres.

Dér. du lat. *Radere*, râcler.

Rabouta, *v.* Raboter, polir, unir, aplanir le bois avec le rabot.

Dér. de *Rabô.*

Racagné, *s. f.* Saletés, ordures. — *Quinto racagné!* quelle saleté !

Dér. de *Raca*, vomir.

Racaïé, ou **Ra-caïé**, *s. m.* Lérot, *Mus nitela,* Gmel. Rat des champs qui ravage les fruits des jardins et pénètre même dans les maisons isolées des campagnes. Il est d'un gris brun ou fauve au-dessus, blanchâtre au-dessous, avec une plaque noire autour de l'œil qui va en s'élargissant jusqu'à l'épaule; le bout de sa queue est touffu, formant une sorte de houppe noire terminée de blanc, ce qui lui a valu le surnom de *caïé*, qui veut dire pie ou blanc et noir. Le Loir, un peu plus gros toutefois que le Lérot, dont le nom ne semble qu'un dimin. de celui de Loir, ne diffère du Lérot que par sa queue qui est touffue sur toute sa longueur. Ils ont d'ailleurs tous deux les mêmes habitudes et s'engourdissent pendant l'hiver, le Lérot un peu moins profondément que l'autre, devenu en français le type du dormeur, et qui aussi pour cela a reçu du languedocien le nom de *Ra-dourmeïre;* mais ce nom, pas plus que celui de *Liroun*, n'est en [usage. Le Loir, beaucoup moins commun, passe pour un Lérot de plus grande taille.

Racaïo, *s. f.* Racaille, le rebut et la lie du peuple, et, par extension, tout ce qui est mauvais ou de rebut.

Du grec Ῥάκος, un gueux, un va-nu-pieds, un homme de rien.

Racéja, *v.* Tenir de sa race, en avoir hérité des bonnes comme des mauvaises qualités. — *Raço racéjo*, s'emploie proverbialement pour dire que les enfants tiennent de leur père.

Racina, *v.* Pousser des racines. — *Aquél doubre a bién racina*, cet arbre a jeté de nombreuses racines.

Racina, **ado**, *adj. m.* et *f.* Qui a de belles et fortes racines. — *Aquél doubre és bièn racina*, cet arbre a de nombreuses et fortes racines.

Racinaje, *s. m.* L'ensemble des racines d'une plante, d'un arbre, comme le branchage est l'ensemble des branches d'un arbre.

Racinas, *s. m.* Grosse racine, augm. de *Racino.*

Racino, *s. f.* Racine, portion du végétal par laquelle ce dernier est attaché au sol et emprunte à la terre ses sucs nourriciers; base des cheveux, des dents.

Dér. du lat. *Radicina,* m. sign.

Raço, *s. f.* Race, extraction, lignée, tous ceux qui viennent d'une même famille, qui descendent d'une même souche; on le dit aussi pour espèce. — *Cassa dé raço*, chasser de race; avoir les bonnes ou les mauvaises qualités de ses parents.

Dér. du lat. *Radix, Radicina,* m. sign.

Racrò, *s. m.* Raccroc. Coup inattendu dans certains jeux d'adresse. — *Acò's un racrò*, c'est un coup de hasard. *L'as prés pér racrò*, tu l'as attrapé par hasard.

Radécavo ou **Ra-dé-cavo**, *s. m.* Terme de mépris par lequel on désigne les employés des droits réunis, les commis des contributions indirectes. Ce sobriquet, que l'on doit traduire littéralement en français par *rat-de-cave*, tire son étymologie des fonctions même de ces employés dont la mission est de fouiller les caves pour s'assurer qu'il n'y existe aucune contravention.

Radouta, *v.* Radoter, tenir des discours dépourvus de suite et de sens, effet ordinaire de la décrépitude.

Radoutur, **uso**, *s. m.* et *f.* Radoteur, euse, celui ou celle qui radote.

Rafataïo, *s. f.* Herbages communs et de peu de valeur; rebut d'une denrée; objets embarrassants plutôt qu'utiles. Au fig. la lie du peuple.

Rafatal, *s. m.* Embarras, objets encombrants, choses ennuyeuses, objets sordides. — *Éscampo-mé aquel rafatal!* Jette-moi toutes ces loques !

Raflo, *s. f.* Rafle, coup où tous les dés viennent au même point. — *Raflo dé bidé,* coup de dés qui amène le point un sur toutes les faces.

Rafo, *s. f.* Grande corbeille de marchand de verre ambulant, qui de là est appelé *rafié.* — *Pourta én rafo*, porter un paquet entre les deux épaules comme les soldats portent leur havresac.

Ragò, oto, adj. m. et f. Trapu, gros et court — Voy. Rabassò.

Ra-grioule, s. m. Rat d'eau, campagnol amphibie, *Arvicola amphibius,* Lacép. Quadrupède à peu près de la couleur et de la longueur d'un rat ordinaire, mais plus gros, avec le museau et la queue plus courts. Quoiqu'il ait les doigts séparés, il nage facilement et plonge pendant longtemps. Il choisit de préférence les cours d'eau les moins fréquentés pour y établir domicile, vivant comme la loutre à qui, par le naturel et les habitudes, il ressemble beaucoup plus qu'au rat.

Grioule, vient de *Glis, gleris* (Loir), dont on avait fait un nom de famille. — *Ésfraia coumo un ra-grioule,* se dit d'un homme qui s'épouvante facilement, d'une poule mouillée.

Raï, s. m. Rayon de lumière, rayon de soleil : rais ou rayon d'une roue de voiture, de charette qui rattache le moyeu aux jantes.

Dér. du lat. *Radius,* m. sign.

Raia, v. Rayer, biffer.

Dér. de *Raio,* ligne. barre. — Voy. c. m.

Raïa, v. Railler, se moquer.

Raïo, s. f. Raie, ligne, trait que l'on marque avec une pointe à tracer, une plume, etc.

Raïòou, olo, subst. et adj. m. et f. Royaliste; sobriquet donné aux Cevenols sous les premiers Valois à cause du zèle qu'ils déployèrent pour les intérêts du roi de France et du courage avec lequel ils s'opposèrent aux entreprises des Anglais qui occupaient la Guyenne. Cette dénomination, considérée aujourd'hui par le peuple comme injurieuse, n'est que le synonyme de fidélité.

Raïre, s. m. Arrière grand-père.

Raïre-gran, s. f. Arrière grand'mère.

Raïsséja, v. Gémir, geindre, se plaindre ; être en contestation ; hésiter, balancer, marchander ; réchigner.

Raïsséjaïre, s. m. Celui qui se plaint et gémit de ce qu'il est forcé de faire quelque chose à contre-cœur et à son corps défendant; celui qui obéit en réchignant.

Raja, v. Couler, perdre, ruisseler, fuir. — *La fon rajo,* la fontaine coule. *Aquélo bouto rajo,* ce tonneau perd. *Rajo coumo la cambo,* cette source coule gros comme la jambe.

Rajado, s. f. Un filet de liquide. — *Uno rajado d'oli,* un filet d'huile.

Rajo, s. f. Rayon de lumière, rayon de soleil. — *La rajo dóou sourél,* les rayons du soleil.

Dér. de l'ital. *Raggio,* rayon.

Rajòou, s. m. Le jet, le coulant d'une fontaine qui s'échappe par un tuyau ou un robinet; le rapide d'une rivière, le point où, la pente du lit d'une rivière étant plus grande, l'eau coule aussi plus rapidement. L'eau étant ordinairement moins profonde en amont du rapide, ces points d'une rivière offrent généralement un gué praticable.

Ralamén, adv. Rarement. — *Acò arivo bé ralamén,* cette chose arrive bien rarement.

Rale, ralo, adj. m. et f. Rare. — *Sès be rale,* vous êtes bien rare, on vous voit bien rarement.

Dér. du lat. *Rarus,* m. sign.

Rama, v. Pousser des feuilles, se garnir de feuilles. — *Lous amouriès an be rama,* les mûriers sont bien feuillés.

Rama, ado, adj. m. et f. Feuillu, feuillue, garni de feuilles. — *Rama coumo un cdoule,* feuillu comme un chou

Dér. du lat. *Ramus,* m. sign.

Ramado, s. f. Ramée, tonne couverte de ramée, sorte de hutte ou de hangar, chambre ou cabinet de verdure couvert d'une toiture de rameaux verts, garnis de leurs feuilles; une jonchée de feuillages.

Dér. du lat. *Ramus,* m. sign.

Ramado, s. f. Une averse, une ondée de pluie

Dér. de l'esp. *Enderamar,* verser.

Ramaïsa, v. Adoucir, apaiser, calmer, faire cesser. — Voy. *Amaïsa.*

Ramas, s. m. Augm. de *Ramo.* Gros rameau d'arbre; bourrée composée de rameaux d'arbre.

Ramassa, v. Ramasser, réunir, rassembler, entasser, récolter, recueillir. — *Fan ramassa lou mounde,* ils ameutent la foule, ils font de l'esclandre.

Ramassado, s. f. Ondée de pluie; attroupement, amoncellement. — *Uno ramassado dé mounde,* un attroupement

Ramassaïre, s. m. Celui qui ramasse tout ce qu'il trouve, qui ne laisse rien perdre, qui fait profit de tout.

Ramassaje, s. m. Ramassage, cueillette des fruits, de la feuille. On le dit aussi pour ramassis.

Dér. de *Ramassa.* — Voy. c. m.

Rambaïa, v. Traîner rudement, mêler, embrouiller, et au fig. rabrouer quelqu'un, le rembarrer, tracasser, brouiller — *Té l'aï rambaïa,* je l'ai vertement rembarré.

Rambaïado, s. f. — *Seména à la rambaïado,* semer à pleines mains ou à terre perdue, par opposition à la semaille en rayon ou grain à grain.

Rambaïaïre, s. m. Tracassier; celui qui traîne toujours quelque embarras à sa suite.

Rambaïòus, ouso, adj. m. et f. Embarrassant, encombrant, qui occupe beaucoup d'espace et contient peu de matière.

Rambal, s. m. Embarras, tracas, embrouillement. Au pr., objets encombrants, embarrassants. — *Tout és én rambal,* tout est pêle-mêle, en désordre.

Ramboura, v. Rabrouer, rembarrer. Ce terme s'emploie aussi dans le sens de rembourrer, matelasser avec de la bourre, de la laine, du crin, ou autres matières élastiques.

Raméja, v. Donner à la vigne, à un champ de blé une première culture.

Ramèl, s. m. Un rameau d'arbre ou d'arbuste coupé avec toutes ses feuilles; enseigne de cabaret, de taverne, de marchand de vin. L'usage de suspendre un rameau au-dessus de la porte d'un cabaret remonte à la plus haute antiquité. — *A passa souto lou ramèl,* il s'est enivré.

Dér. de *Ramo,* feuillage, ramée.

On dit *ramèous* au plur. *Lou dimènche das ramèous*, le dimanche des Rameaux.

Dér. du lat. *Ramus*, rameau.

Ramélu, udo, adj. m. et f. Rameux, euse; couvert de rameaux, feuillu.

Ramio, s. f. Bourrée formée de rameaux d'arbres; ramilles; ramassis de menues branches.

Ramo, s. f. Ramée fraîchement coupée pour le bétail; de la feuille de mûrier. — *Ana à la ramo*, aller à la ramée; aller couper des rameaux pour le bétail; aller à la cueillette de la feuille pour les vers à soie.

Dér. du lat. *Ramus*, rameau.

Ramo-counil, s. m. comp. Asperge sauvage, *Asparagus sylvestris*, Linn. Les jeunes pousses de cette plante, bonnes à manger, ont une saveur analogue à celle de l'asperge des jardins, mais plus accentuée. Comme cette dernière, elle est diurétique. Dans le Gard, on fait avec un paquet de cette plante, une sorte de filtre que l'on place dans la cuve vinaire au devant du trou d'écoulement pour l'empêcher de s'obstruer et de donner passage au marc du raisin.

amo-counil, signifie littéralement : ramée de lapins.

Ramouna, v. Ramoner, nettoyer le tuyau d'une cheminée, le débarrasser de la suie qu'il contient.

Dér. du v. fr. *Ramon*, sorte de balai fait avec des branchages, que l'on fait couri r dans les tuyaux de cheminée pour en détacher la suie.

Ramounè, s. m. Ramoneur, celui dont le métier est de ramoner les cheminées.

Dér. du chant des ramoneurs qui annoncent leur présence en criant par les rues : *Oh! ramoner les cheminées de haut en bas!*

Rampa, v. Ramper, se traîner sur le ventre; au fig. s'humilier, s'abaisser devant les puissants.

Dér. du lat. *Repere* ou *Reptare*, m. sign.

Rampan, s. m. Rameau de laurier; rameau bénit de Pâques-fleuries. Ce mot, dit Sauvages, paraît composé de *ram* (rameau), et de *pan* (pain), à cause des pains ou gâteaux bénits que l'on suspend à ces rameaux le jour de Pâques-fleuries. — *Planta lou rampan*, planter un rameau de laurier au sommet d'une maison ou d'un édifice que les maçons viennent d'achever, de couvrir sans accident. *Arousa lou rampan*, sorte de banquet de gala que l'on offre aux maçons pour les récompenser de ce qu'ils ont achevé un édifice sans qu'il y ait eu de malheur ou d'accident grave à déplorer.

Rampèl, s. m. Rampeau. On fait rampeau au jeu de la fossette, lorsque les deux joueurs font le même point.

Dér. de *Rampela*, rappeler.

Rampéla, v. Rappeler, battre le rappel avec un tambour. Au fig. grogner, bougonner; trouver sans cesse à redire.

Rampélan, s. m. Celui qui a triomphé deux fois dans un jeu, une joute, une lutte.

Rampèou, s. m. Appeau; oiseau captif qui appelle et attire les autres par son chant, pour les faire tomber dans le piége.

Rampli, v. Remplir, emplir de nouveau, achever de rendre plein; rendre complet; exercer, occuper un emploi; compléter un écrit, en rédiger le libellé. — *Voudriè mai lou carga qué lou rampli*, il vaudrait mieux le charger que le remplir; se dit d'un glouton, d'un goulu, d'un homme qui mange avec excès.

Dér. du lat. *Implere* ou *Replere*.

Ramplimén, s. m. La quantité d'aliments suffisante pour un repas. — *Aï manja moun ramplimén*, je suis repu, rassasié ; j'ai suffisamment mangé. — *Voy. Couflage* et *Tibage*.

Rampo, s. f. Rampe, série de degrés d'un escalier d'un palier à un autre; volée d'escaliers, balustrade à hauteur d'appui qui borde un escalier ou un balcon pour prévenir les chûtes.

Rampo, s. f. Crampe; raideur subite et convulsive d'un muscle ou d'un tendon accompagnée souvent d'une douleur vive.

Rampogno, s. f. Différend, noise, querelle. — *Cerca rampogno*, chercher noise. *An toujour qudouquo rampogno*, ils ont toujours maille à partir.

Rampogno, s. f. Ruses, détours, finasseries, roueries.

Dér. du v. fr. *Ramponner*, railler, blâmer, injurier.

Ran ou **Ranc**, s. m. Roche, rocher. — *L'aïgo sor ddou ran*, l'eau suinte du rocher.

Rancarédo, s. f. Région rocheuse, escarpements à pic formés par des dislocations rocheuses ou sur les flancs des vallées d'érosion; sortes de falaises.

Dér. de *Ran* ou *Ranc*. — *Voy.* c. m.

Rance, ranço, adj. m. et f. Rance, qui a l'odeur ou la saveur du vieux lard ou de l'huile vieille.

Dér. du lat. *Rancidus*, m. sign.

Ranché, s. m. Pieux verticaux servant d'appui et de soutien aux ridelles d'une charrette. Il y en a ordinairement quatre ou six.

Rancoùs, ouso, adj. m. et f. Rocheux, rocheuse.

Dér. de *Ranc*. — *Voy.* c. m.

Rancugna, v. Garder rancune.

Dér. du bas. lat. *Rancor*, rancune.

Rancugnaïre, s. m. Rancunier, haineux.

Dér. du bas. lat. *Rancor*, rancune.

Rancugno, s. f. Rancune, haine, ressentiment profond et caché, souvenir d'une offense.

Dér. du bas lat. *Rancor*, rancune.

Rançun, s. m. L'odeur ou la saveur inhérentes aux corps rances. — *Sén lou rançun*, cela sent le rance. Cette expression s'emploie surtout pour déterminer la saveur ou l'odeur du lard ou de l'huile rances.

La rancidité des corps gras est due à la combinaison d'une trop grande quantité d'oxigène avec le principe extractif des huiles.

Dér. du lat. *Rancidus*, m. sign.

Rancura (Sé), v. Se plaindre, se fâcher.

Dér. du bas lat. *Rancor*, rancune, plainte.

Rancuro, s. f. Plainte, querelle, différend, regret, ressentiment, contestation, tristesse.

Ranfort, s. m. Renfort; cheval supplémentaire que l'on ajoute à un attelage pour l'aider à gravir une côte, à franchir un pas difficile; contrefort établi pour soutenir un mur; morceau de cuir servant de contrefort à une chaussure.

Ranfourça, v. Renforcer, fortifier, rendre plus fort.

Râou, râouquo, adj. m. et f. Rauque, enroué. — *Parla rdou,* avoir la voix enrouée.

Du lat. *Raucus,* m. sign.; der. de *Ravus,* enroué. — Voy. *Râoufeloùs.*

Râouba, v. Voler, dérober, escroquer, prendre ce qui ne nous appartient pas pour se l'approprier; ravir. — *Râouba uno fio,* enlever une jeune fille.

Dér. du lat. *Rapere,* ravir.

Râoubatori, s. f. Vol, larcin; chose volée, volerie, pillerie.

Dér. du lat. *Rapere,* ravir.

Râoubo, s. f. Robe, robe de femme; robe d'avocat. L'ancien terme *râoubo* se prenait pour toute sorte de meuble, de vêtement, d'ustensile, de provision, de denrée, etc., et c'est encore sa signification en italien, *Robba.* De là le verbe dérober, ou enlever quelqu'une de ces choses. — *Faire uno râoubo mdou taiado,* faire une cotte mal taillée, c.-à-d. arrêter un compte, conclure un marché en rabattant de part et d'autre, sans trop s'appesantir sur la valeur des objets.

Râoubo-miolo, ou **Râoubo-sàoumo,** s. m. comp. Sobriquet donné à un individu sans probité, à un filou.

Râoufèl, s. m. Le râle ou le râlement avant-coureur de la mort.

Dér. du bas br. *Ronkel,* m. sign.

Râoufèla, v. Râler, avoir le râle.

Râoufeloùs, ouso, adj. m. et f. Qui a le râle. — *Voués râoufelouso,* voix cassée *Campano râoufelouso,* cloche fêlée.

Râougna, v. Rogner, diminuer, rétrécir, couper.

Râougna, v. Pressentir un événement fâcheux. — *Lou cor mé râougno,* j'ai un fâcheux pressentiment.

Râougnaduro, s. f. Rognure, bande de papier, d'étoffe, de cuir, mince et de peu d'étendue, coupée avec des ciseaux, un couteau ou tout autre instrument tranchant.

Râoumas, s. m. Rhume, maladie qui affecte la membrane muqueuse de l'intérieur du nez, de la trachée artère ou des bronches, et qui est caractérisée par l'enchifrènement, la toux et l'évacuation d'une matière visqueuse plus ou moins abondante.

Du lat. *Rheuma,* m. sign.; dér. du grec Ρεῦμα, fluxion, formé de Ρέω, je coule.

Râoumì, v. Roussir, faire roussir au feu; griller, flamber. — *Acò sén lou râoumi,* cela sent le roussi.

Râoumi, ido, adj. m. et f. Roussi, brûlé, grillé, flambé; brouï. — *La fiero es râoumido,* la feuille a été brouïe par la gelée.

Râouquéja, v. Avoir la voix prise, la voix rauque, comme une personne enrhumée.

Râouquije, s. m. Enrouement.

Rapourta, v. Rapporter, apporter une chose d'un lieu à un autre, rapporter, raconter, répéter ce qui s'est passé ou ce qui s'est dit; cancaner.

Der. du lat. *Reportare,* m. sign.

Rapourtur, uso, s. m. et f. Rapporteur, euse; celui ou celle qui, par légereté ou envie de bavarder, a coutume de rapporter, de répéter ce qu'il a vu ou entendu.

Raqua, v. Grapiller, glaner le raisin après la vendange — Voy. *Rapuga.*

Der. de *Raquo,* marc de vendange.

Raqua, v. Vomir; rejeter par le vomissement; rendre une chose par force; perdre au jeu; être forcé de payer. — *A raca cin fran,* il a été forcé de débourser cinq francs. *L'as près, lou racaras,* tu as pris cela, tu le rendras par force.

Suivant M. Dionloufet, ce mot aurait une origine ligurienne ou viendrait de l'hébreu *Raquaq,* cracher.

Raquado, s. f. Avinage; manière d'abreuver le fond et l'intérieur d'un tonneau en y répandant le surmoût tout chaud ou de l'eau dans laquelle on a fait bouillir du marc de raisin. — *Faire uno raquado,* aviner ou abreuver un tonneau.

Raquaîre, s. m. Grapilleur; celui qui ramasse les raisins oubliés dans les vignes après la vendange.

Raquèto, s. f. Raquette; instrument dont on se sert pour jouer à la paume ou au volant.

Der. du lat. *Reticulum,* m. sign.

Raquita (Sé), v. Se racquitter, réparer une perte faite au jeu.

Raquo, s. f. Le marc de la vendange; le marc qui n'a point été pressé; la grappe de raisin dépouillée de ses grains.

Dér. du lat. *Racemus,* grappe.

Ras, aso, adj. m. et f. Ras, rase; plein, pleine et arasée sans déborder. — *Uno sémàou raso,* une cornue pleine *Un vèire ras,* un verre plein, une rasade.

Dér. du lat. *Rasus,* m. sign.

Ras, prép. Rez, tout contre, tout proche, joignant. — *Ras-dé-tèro,* rez-terre. *Vi dé ras-dé-cuvo,* vin de mère-goutte.

Dér. du lat. *Rasus,* m. sign.

Rasa, v. Raser, couper la barbe, les cheveux avec un rasoir; araser, terme de maçon, couronner un mur, achever l'assise d'un mur; abattre une chose au ras d'une autre; raser un édifice, l'abattre à ras de terre; receper un arbre, le couper rez de la souche. — *Sé rasa,* se raser, se couper la barbe.

Rasa, v. Effleurer, passer tout auprès, avec rapidité. — *M'a rasa ém'uno pèiro,* il m'a effleuré d'un coup de pierre.

Rasal, s. m. Epervier, sorte de filet de forme conique.

lesté avec des balles de plomb et que l'on développe en le lançant à l'eau. — *Quinte co dé rasal!* Quel coup de filet! se dit lorsqu'on fait main basse sur une bande de malfaiteurs; lorsqu'on fait une rafle au jeu, etc.

Dér. du lat. *Retis*, filet.

Rascalòou, *s. m.* Espèce de prune de Damas ou Damas noir, petite prune d'un violet foncé, commune et peu délicate; une noix sèche. Les prés *Rasclaux* à Alais tirent peut-être leur nom de ce qu'ils étaient autrefois complantés de cette sorte de prunier.

Rascas, asso, *s. m.* et *f.* Teigneux, euse; celui ou celle qui est atteint de la rache ou teigne. Au fig. avare, crasseux; rude, piquant. Un des anciens seigneurs d'Uzès, Raymond, fils de Bermond Ier et père de Bermond II, portait le surnom de *Rascas*. Il vivait de 1168 à 1209.

Dér. de *Rasco* ou *Rasclo*, teigne, et du péj. *as*.

Rascas, *s. m.* Large croûte ou plaque de teigne.

Rascasso, *s. f.* Un perré, un cassis établi en travers d'une route, au fond d'un ruisseau ou d'un ravin pour arrêter les affouillements ou les ravinements d'un cours d'eau. Cette construction est établie au moyen de grosses pierres posées de champ.

Rascla, *v.* Râcler, râtisser; raser, toucher légèrement en passant. Au fig. *Rascla*, s'esquiver, s'enfuir, s'échapper sans tambour ni trompette. — *Rascla dé canèlos*, garder les manteaux, croquer le marmot.

Dér. du lat. *Radere*, m. sign.

Rasclado, *s. f.* Atteinte légère ou passagère de maladie ; volée de coups de bâton, râclée.

Rascladuro, *s. f.* Râclure, ratissure, petits fragments que l'on enlève en râclant.

Rasclâousa, *v.* Amasser l'eau dans le bief d'un moulin qui ne peut moudre que par éclusées.

Dér. de *Rascláouso*, écluse.

Rasclâousado, *s. f.* Éclusée, plein une écluse, la quantité d'eau que peut contenir le bief d'un moulin quand il est fermé.

Dér. de *Rascláouso*, écluse.

Rasclâouso, *s. f.* Écluse, ouvrage de maçonnerie, de charpente, de terrassement, destiné à soutenir, à amasser, à retenir les eaux que l'on destine à l'arrosage, à la navigation, au fonctionnement des usines.

Dér. du lat. *Reclusa*, renfermée.

Rasclé, *s. m.* Râle d'eau, *Rallus aquaticus*, Temm. Gorgerette blanchâtre. poitrine et ventre d'un cendré bleuâtre, tout le dessus du corps d'un roux olivâtre avec des tâches noires au centre de chaque plume, longueur 26 cent. Le râle d'eau reste dans le pays toute l'année; il est très-rusé et ne sort guère que le soir de ses joncs et de ses fourrés. C'est un gibier des plus recherchés. — *Voy.* *Poulo-d'aïgo* et *Cabussé*.

Rasclé, *s. m.* Lièvre mâle, bouquin.

Rasclé, éto, *adj. m.* et *f.* Teigneux, euse; tête chauve ou pelée par la teigne.

Dér. de *Rasclo*, teigne.

Rasclo, *s. f.* Râcloire, coupe-pâte, ustensile de fer qui sert à détacher la pâte du pétrin. Râtissoire servant à détacher le tartre des tonneaux.

Dér. de *Rascla*, râcler.

Rasclo ou **Rasco**, *s. f.* Rache ou teigne de la tête; la grosse teigne, gale ou teigne plate et sèche.

Dér. du bas bret. *Rách*, gale ou teigne.

Rascloùs, ouso, *adj. m.* et *f.* Teigneux, euse; rude au toucher. On appelle *Rasclousos*, les bajanes ou châtaignes qui ne sont pas encore dépouillées de leur pellicule intérieure.

Dér. de *Rasclo*, teigne. — *Voy.* c. m.

Rasin, *s. m.* Raisin, le fruit de la vigne. Pline en cite plus de 80 espèces. M. Bosc en avait réuni dans la pépinière du Luxembourg, à Paris, plus de 1.400 espèces Parmi celles que l'on cultive dans les Cévennes, nous ne citerons que la *Coupado* (*Voy.* c. m.), qui est peut-être le meilleur raisin de table et le plus délicat; le *Gamé* ou *Larda* (*Voy.* c. m.), sorte de chasselas. Le phylloxéra, qui a commencé de sévir autour d'Alais en 1872, a depuis lors détruit à peu près toutes les vignes de la région.

Dér. du lat. *Racemus*, grappe.

Raso, *s. f.* Limite, ligne dérisoire. — *L'an més din sas rasos*, on l'a circonscrit dans ses limites, on lui a fixé ses bornes.

Dér. du catal. *Rasa*, ravin.

Raso, *s. f.* Les bergers donnent ce nom aux brebis qui ont atteint l'âge de cinq ans.

Rasouèr, *s. m.* Rasoir; réseau. — *Télo dé rasouèr*, toile de réseaux ou de carrés en réseaux ou en dentelle, alternativement mêlés de carrés de toile unie, employés dans le dernier siècle à des garnitures de lit, des tapis de table et de toilette. — *Mé fas pissa dé lamo dé rasouèr*, tu me mets à la torture, tu m'agaces.

Dér. de *Ras*.

Rasouïro, *s. f.* Râcloire; radoire pour mesurer le grain ou les châtaignes ainsi que le sel. On dit aussi *Rasadouïro*.

Dér. de *Ras*.

Raspa, *v.* Râper, polir un corps avec une râpe; réduire en poudre avec une râpe; enlever le poil d'une étoffe, d'un drap par le frottement.

Raspa, ado, *adj. m.* et *f.* Râpé, râpée. — *Dé pan raspa*, du pain râpé. *Raspa coumo un garçou tatur*, il a les habits râpés comme un ouvrier tailleur.

Dér. de l'allem. *Raspen*, râper.

Raspado, *s. f.* Râclée, volée de coups de poings, de coups de bâton.

Dér. de l'all. *Raspen*, râper.

Raspaïa, *v.* Balayer avec un balai usé; amasser un tas; nettoyer. Au fig. rafler, faire rafle, faire place nette, emporter tout, s'emparer de tout. — *A tout raspaïa*, il a tout emporté.

Raspal, *s. m.* Un balai usé, un ramon; un balai de broussailles, de genêts, de bruyère, d'aubépine; les épis

qui restent à l'air après qu'on a dressé les gerbiers.
— *Prouféto raspal*, prophète de malheur.

Raspo, *s. f.* Râpe, ustensile de cuisine; outil d'acier trempé en forme de lime, servant à limer le bois, la pierre et à dégrossir le fer; ripe ou râpe de maçon; mauvais ouvrier, mauvais artiste. — *Quinto raspo !* Quel mauvais ouvrier! quel mauvais musicien!

Raspoùs, ouso, *adj. m.* et *f.* Rugueux, couvert d'aspérités.

Rasso (Èn), *adv.* En bloc, l'un portant l'autre.

Rastagagno, *s. f.* Les débris de bois mort, de feuillages, de matières ligneuses ou surnageantes qu'une rivière entraine pendant les inondations; les menues broutilles, pailles, fétus qu'elle dépose sur ses bords lorsqu'elle décroit. La *rastagagno* marque d'une manière précise après l'inondation la hauteur atteinte par l'eau.

Dér. du lat. *Stagnatio*, débordement, inondation.

Au fig. les restes d'une maladie; les derniers vestiges d'un rhume qui se traduisent par des expectorations.

Raste, rasto, *adj m.* et *f.* Se dit d'une région dépourvue de végétation, d'une plaine sans arbres et dont les herbes sont fauchées rez-terre, d'une lande inculte. — *Un pèis raste*, un territoire nu, sans arbres, sans végétation.

Dér. du lat. *Rastrum*, râteau, ou de *Radere*, râcler, râtisser.

Rastéïè, *s. m.* Râtelier, sorte de claie posée obliquement contre le mur d'une écurie et au travers de laquelle les bestiaux prennent, au fur et à mesure, le foin nécessaire à leur alimentation; porte-manteau; l'ensemble des dents qui composent la mâchoire humaine. — *Aoussa lou rastéïè*, tenir la dragée haute; rationner; mettre au régime; empêcher quelqu'un de disposer d'une chose à sa fantaisie.

Dér. de *Rastèl*.

Rastèl, *s. m.* Râteau, fauchet. Le râteau est ordinairement en fer et à une seule rangée de dents; le fauchet est en bois et a deux rangs de dents opposés; l'épine dorsale; l'échinée d'un porc.

Dér. du lat. *Rastellum*, dim. de *Rastrum*, m. sign.

Rastéla, *v.* Faucheter, si l'on se sert du fauchet; râteler ou râtisser si l'on unit un terrain avec un râteau.

Dér. du lat. *Radere*, m. sign.

Rastélado, *s f.* Plein un fauchet ou un râteau d'herbes, de fourrage ou de pierrailles. Au fig. un nombreux abattis. — *Uno rastélado d'aoucélous*, un abattis d'oisillons tués d'un coup de fusil.

Dér. de *Rastèl*.

Rastélaje, *s. m.* Action de faucheter ou râteler; la portion de fourrage ramassée sur un champ au moyen du fauchet après l'enlèvement de la récolte.

Dér. de *Rastèl*.

Rastélun, *s. m.* La portion de la récolte recueillie avec le râteau.

Dér. de *Rastèl*.

Rastoubla ou Réstoubla, *v.* Semer sur le chaume; semer deux années de suite le même champ; ramasser le chaume. Au fig. *réstoubla* signifie revenir deux fois sur une même chose; récidiver; manger deux fois du même plat. — *S'aquèl fricò vous counvèn, fôou réstoubla*, si ce plat vous convient, revenez-y.

Dér. de *Réstouble*, chaume. — *Voy.* c. m.

Rastouble ou Réstouble, *s. m.* Le chaume qui reste sur la terre après que le blé est moissonné; l'étoule et, dans quelques provinces françaises, le rastoûble : herbes mêlées avec le chaume qui restent dans un champ après la moisson et qui sont une pâture pour le bétail; terre en jachère; champ couvert de chaume et non encore labouré.

Dér. du lat. *Restibilis*, qui porte toutes les années.

Rata, ado, *adj. m.* et *f.* Rongé des rats ou des souris. — *Pèïrin rata*, un parrain qui ne donne point de dragées à ses amis et connaissances.

Dér. de *Ra*, rat.

Rata, *v.* Rater, faire long feu; manquer une occasion. ne pas réussir; manquer son coup.

Ratado ou Rataduro, *s. f.* Rongeure ou manjeure (prononcez *ronjure* et *manjure*) faite par les rats ou les souris.

Dér. de *Ra*, rat.

Ra-tâoupèn ou tâoupiè, *s. m. comp.* C'est le nom que SAUVAGES donne au Lérot et qui appartient mieux encore au Mulot (*Mus sylvaticus*, Linn.), le véritable rat des champs et des bois, si destructeur des récoltes, qui se loge souvent sous terre, et surtout au Campagnol de Savi (*Arvicola Savii*, de Selys), extrêmement abondant dans nos contrées, qui vit dans les champs couverts de céréales et de luzernes, sous lesquelles il établit ses magasins, en y pratiquant des trous comme la taupe (*Tâoupo*).

Raté ou Ratatè, *s. m.* Grimpereau, Grimpereau familier, *Certhia familiaris*, Temm. Le Grimpereau est un oiseau de couleur noirâtre et roussâtre, tacheté de blanc, plus pâle en dessous, avec le croupion roux; il atteint à peine quinze centimètres de long. Il ressemble beaucoup, par les habitudes comme par la taille, au Torchepot ou Sitelle, avec qui il est facile de le confondre, et qui reçoit souvent le même nom languedocien. *Voy. Bouscarido* (*grosso*). Le Grimpereau, comme le Torchepot et comme les pies, qui sont ses parents éloignés, grimpe le long des arbres et les frappe avec son bec pour en faire sortir les insectes cachés sous l'écorce; il semble alors le voir courir comme une petite souris. *Raté* exprime très-bien cette ressemblance et la petitesse du Grimpereau.

Dér. de *Ra*, rat.

Ratèlo, *s. f.* La rate des bœufs, des moutons; la rate de l'homme, viscère impair situé dans l'hypochondre gauche, entre le diaphragme et l'estomac.

Ce nom paraît lui être donné de sa forme oblongue qui lui donne quelque apparence d'un rat.

Ratéto, *s. f.* Une dent de petit enfant. C'est un terme de nourrice qui s'emploie surtout au pluriel : *Ratétos*, les dents, les quenottes des petits enfants. On l'applique plus spécialement aux deux dents incisives du milieu de la mâchoire, qui poussent les premières et qui, par leur nombre et leur situation, ressemblent à celles des rats d'où est tiré le dim. *Ratétos.* — *Véjan tas ratétos*, voyons tes petites quenottes.

Ratiè-vala, *v.* — *Voy. Vala-ratiè.*

Ratièiro, *s. f.* Ratière, souricière, piège à rats ou à souris.

Dér. de *Ra*, rat.

Ratigas, *s. m.* Restes, ressentiment de quelque maladie dont on est guéri depuis peu de temps; bouffée de fièvre, dernières attaques d'une maladie qui tend à disparaître.

Dér. du grec Ῥάθαγος, claquement de dents.

Rato-pénado, *s. f. comp.* Chauve-souris, *Vespertilis*, Linn. Il en existe, même dans nos pays, de nombreuses espèces dont les différences ne frappent pas les yeux du vulgaire; par conséquent, *rato-pénado* suffit à les désigner toutes. Les anciens naturalistes considéraient la chauve-souris comme une sorte de monstre qu'ils ne savaient comment classer; aujourd'hui elle aurait beau dire : « Je suis oiseau, voyez mes ailes ! » les savants, plus habiles que la belette de la fable, ne la croiraient pas ; ils ont clairement établi que c'est un vrai mammifère, dont un repli de la peau des flancs, étendue de chaque côté entre les membres postérieurs et les doigts de la main, imite une voile et forme une sorte de parachute qui les soutient dans l'air, lorsqu'il s'y lance d'un point élevé. On sait en effet que, tombées à terre, les chauves-souris ne peuvent se relever. Elles sont vivipares et allaitent leurs petits, qu'elles portent, en volant, attachés à leurs mamelles.

Au reste, le languedocien avait devancé la science en faisant de cet animal un rat ailé : *rato*, rate; *pénado* du lat. *Pennata*, ayant des ailes.

Ratos, *s. f. plur.* Incisives, quenottes des petits enfants. On dit aussi *Ratounos* et *Ratétos*. — *Voy. Ratéto.*

Réba, *s. m.* Reflet, réverbération du soleil.

Dér. de *Rebatre*, renvoyer.

Rébala, *v.* Traîner quelqu'un ou quelque chose. — *Pode pa mé rébala*, je peux à peine me traîner. *L'an rébala coumo un quièr*, on l'a traîné dans la boue, on l'a traité avec le plus grand mépris, on l'a injurié. *Sé rebala*, au fig. ramper devant quelqu'un, s'aplatir devant un supérieur. *Laisso tout rébala*, il laisse tout traîner dans la maison, il laisse tout en désordre.

Rébaladis, *s. m.* Train, embarras, remue-ménage; tintamarre; bruit que l'on fait en traînant quelque chose. — *Quante rébaladìs!* quel train! quel tracas! *Y-a dé rébaladis*, il y a du train dans cette maison.

Dér. de *Rébala*.

Rébaléto (Dé), *exp. adv.* Terre-à-terre, à la glissade. — *Jita uno pèïro dé rébaléto*, jeter une pierre de façon à ce qu'elle rase la surface de la terre ou qu'elle glisse à la surface de l'eau, de manière à produire des ricochets. *Dé rébaléto*, au fig. se mettre à plat ventre, s'abaisser devant quelqu'un.

Rebatre, *v.* Rabattre, diminuer, retrancher; déduire une certaine somme sur la valeur d'un marché conclu; réverbérer; rebattre. — *Rebatre un matalas*, rebattre un matelas.

Dér. de *Batre*.

Rébèqua, *v.* Se rebiffer contre quelqu'un, lui donner la répartie; répondre insolemment à quelqu'un à qui on doit du respect. — *Rébèques?* tu oses riposter? tu as le front de répliquer?

Dér. de *Bè*, pour bouche, parole.

Rébéquaire, aïro, *s. m.* et *f.* Raisonneur, euse; qui se rebiffe.

Rebèssina, *v.* Se relever, se redresser par derrière, comme la queue de certains chiens ; porter la queue en trompette.

Rebèssina, ado, *adj. m.* et *f.* Relevé, redressé, recoquillé par derrière, comme la queue de certains chiens qui se relève en trompette et s'enroule sur elle-même.

Rébétì, *v.* Repousser, faire ressortir un objet enfoncé, tel qu'un clou, un boulon, que l'on cherche à chasser en le repoussant par la pointe.

Rébia, *v.* Raccommoder, rapiécer un vêtement, un meuble, un ustensile.

Rébiaïre, *s. m.* Celui qui raccommode les objets déchirés, cassés ou dégradés.

Rébiaje, *s. m.* Rhabillage, raccommodage, rapiécetage. Au fig. *faire un bon rebiaje*, faire un bon repas après un jeûne prolongé.

Rébifa, *v.* Requinqué, retroussé. — *Sé rébifa*, se rebiffer.

Rébiscoula, *v.* Ranimer, ravigoter, regaillardir. — *Acò m'a rebiscoula*, cela m'a remis, restauré, ranimé le cœur. On dit aussi *Réviscoula*.

Dér. du lat. *Reviviscere*, reprendre vie.

Rébla, *v.* Garnir les vides d'une maçonnerie avec de la blocaille; remplir les interstices entre les moellons. — *Un ome rébla*, un homme bien musclé, bien râblé.

Réblataïo, *s. f.* Remblai, matériaux de remplissage, ballast.

Rèble, *s. m.* Râble d'un lièvre, d'un lapin; région lombaire, chez les animaux, mais plus particulièrement chez le lièvre, le lapin, le chat, le chien.

Dér. du lat. *Rapulum*, dim. de *Rapum*, racine, petite rave.

Rèble, *s. m.* Caillou de forme conchoïdale ou à cassure irrégulière; blocage, ballast, cailloutage servant à remplir les vides des moellons, dans les maçonneries ou les reins d'une voûte.

Même étym. que le mot précédent.

Rébobis, *s. m.* Partie de plaisir ; bon repas; partie de fourchette ; gala. On dit aussi *Révobis*.

Rébor, s. m. Rebord, orifice; bord d'un vêtement formant un repli.

Dér. de *Bor*, bord.

Rébouchi, v. Retorquer un argument, combattre une opinion avec des arguments victorieux. — *L'a bièn rebouchi*, il l'a bien maté, il l'a bien remis à sa place.

Rébouli, v. S'amender, après avoir souffert bien des épreuves; avoir subi bien des souffrances; réaction éprouvée dans la circulation en passant d'un grand froid à une température chaude.

Dér. de *Bouli*, bouilli.

Réboulo, s. f. Grateron, galiet grateron, nom de plante. — Voy. *Réjistèl* et *Arapo-man*.

Réboumbo, s. f. Gros surtout; vaste houppelande.

Rébounda, v. Trousser. — *Se rébounda*, retrousser ses manches, ses vêtements. *Rébounda* pour *Rébrounda*, s'emploie comme synonyme d'élaguer le pied, la tige ou les branches d'un arbre.

Dans ce dernier cas, il est dérivé de *Broundo*, branche l'arbre, brande.

Réboundaïre, s. m. Ouvrier que l'on emploie à l'élagage des arbres, à la taille des oliviers ou des mûriers.

Dér. de *Broundo*, branche d'arbre, brande.

Rébous, s. m. Rebours; contre-poil, contre-pied. — *Prene d'à rebous*, prendre au rebours; contrarier. *A rebous dé pèou*, à rebrousse-poil.

Dér. de la bass. lat. *Reburrus*, velu, hérissé, qui vient le *Burrus*, bourre.

Réboustia, v. Retrousser; retrousser ses manches jusqu'au coude.

Réboustia, ado, adj. m. et f. Retroussé, ée

Réboutigna, v. Bouder — Voy. *Fougna*.

Rébroussiè ou mieux **Réboussiè,** s. m. Caractère mal fait; celui qui prend toujours le contre-pied des choses, qui a des idées opposées à tout le monde; homme contrariant; esprit paradoxal.

Dér. de *Rébous*, rebours.

Récaïre, s. m. Recoin. — Voy. *Récantoù*.

Récaliva, v. Rechuter, avoir une rechute, faire une rechute, récidiver, retomber.

Dér. de *Récaïéou*, débris de braise, reste de feu caché sous la cendre.

Récalivado, s. f. Rechute.

Dér. de *Récaliva*, rechuter

Récantoù, s. m. Recoin.

Dér. de *Cantoù*, coin.

Réçaoupégu, u do, adj. m. et f. Reçu, reçue

Réçaoupre, v. Recevoir.

Dér. du lat. *Recuperare*.

Réchaouqua, v. Récidiver, doubler la dose d'un mets, y revenir; répéter sans cesse la même chose; rabâcher. — *Reédouqua las boutos*, achever de remplir les tonneaux.

Dér. de *Càouqua*, fouler.

Réçàouquaïre, s. m. Rabâcheur, celui qui revient toujours sur le même sujet.

Réçàouquaje. s. m. Rabâchage.

Réçàouquia (Se), v. Se remettre dans ses affaires, les rétablir, se remplumer; revenir à la santé, se rétablir à la suite d'une maladie. Ce terme signifie littéralement refaire sa coquille.

On l'emploie aussi dans le sens de : se recoquiller, se croqueviller.

Récarga, v. Recharger, charger de nouveau, imposer une nouvelle charge.

Dér. de *Carga*, charger.

Récassa, v. Attraper, recueillir avec la main ou la bouche une chose qu'un autre a lancée; prendre de bond ou de volée ce que l'on jette. — *Récassa à la voulado*, attraper une chose lancée avant qu'elle ait touché le sol; happer, en parlant d'un chien qui reçoit un objet dans sa gueule.

Récata, v. Serrer, ramasser quelque chose qui traîne, le mettre en lieu sûr; soigner quelqu'un, l'équiper, le rapiécer, pourvoir à ses besoins; donner retraite à quelqu'un qui cherche à s'cacher — *Es bièn recata*, il est mis proprement

Dér. de l'esp. *Racatar*, cacher avec soin.

Récate, s. m. Ménage, économie, soin, attention. — *Vioure de recate*, vivre d'économie. Provision de bouche qu'un journalier porte à la campagne pour sa nourriture de la journée. — *Pourta soun récate*, porter ce qui est nécessaire pour sa nourriture de la journée. *Ana dou récate*, aller manger un morceau. *Tout aquò és dé récate*, tout cela est arrangé, fini, mis en ordre. *Gousta, soupa dou récate*

Dér. de l'esp. *Recato*, précaution, prévision.

Récatoùs, ouso. adj. m. et f. Soigneux, ménager, économe

Dér. de *Récate*.

Récavala, v. Récompensé, bien loti; enrichi.

Lou soulda qué fai la guèro
Es pa mai récavala.

Récélur, uso, s. m. et f. Receleur, celui qui recèle.

Dér. du lat. *Celare*, cacher.

Recéta. v. Faire l'examen d'une marchandise, vérifier si elle est de la qualité convenue, requise.

Dér. de *Récèto*, recette.

Récèto, s. f. — *Marchandiso dé récèto*, marchandise de bonne qualité, de qualité requise.

Dér. du lat. *Recepta*, chose reçue, admise.

Réchange, s. m. Rechange, droit de changer. — *Càouso dé réchange*, chose que l'on a en double pour en remplacer une autre en cas de besoin.

Réchàoucha, v. Ressasser les mêmes idées; rabâcher. Au prop. tripoter, remanier une chose à plusieurs reprises.

Réchàouchaïre, s. m. Rabâcheur.

Réchuto, s. f. Rechute, retour d'une maladie dont on n'était pas complètement guéri.

Réci, *s. m.* Renseignements, bavardages, caquets, racontars. — *Faïre milo récis dé quouquus,* raconter mille balivernes sur le compte de quelqu'un. *Mé n'an fa dé michan récis,* on m'a donné de mauvais renseignements sur son compte.

Récoïre, *v.* Se dit d'un ragout qui prend à la gorge, qui écorche ou picote le gosier. On dit aussi de l'huile forte : *Aquél oli récoï.*

Récontre, *s. m.* Hasard, occasion, chance, rencontre. — *Sé lou récontre ou fai,* si le hasard le veut. *L'aï agù dé récontre,* j'ai eu cet objet d'occasion. *Aou prémiè récontre,* à la première occasion. *Aï agu 'n michan récontre,* j'ai eu une mauvaise chance, une mauvaise rencontre, j'ai éprouvé un fâcheux accident.

Récoumanda, *v.* Recommander, exhorter, charger de faire en ordonnant; prier d'être favorable. — *És bièn récoumanda dou prone,* il est connu pour ce qu'il est; il a mauvaise réputation.

Dér. du lat. *Commendare,* recommander.

Récoumandaciou, *s. f.* Recommandation, action de recommander.

Dér. du lat. *Commendatio,* m. sign.

Récounégu, udo, *adj. m.* et *f.* Reconnu, ue; considéré comme tel.

Dér. du lat. *Recognitus,* m. sign.

Récounéïsse, *v.* Reconnaître, être persuadé; découvrir; observer; avouer; vérifier, comparer; considérer sous un certain point de vue.

Dér. du lat. *Recognoscere,* m. sign.

Récounéïssable, ablo, *adj. m.* et *f.* Reconnaissable; que l'on peut reconnaître; facile à être reconnu.

Dér. de *Récounéïsse,* reconnaître.

Récountra, *v.* Réussir dans une entreprise. — *Aï bièn récountra,* j'ai bien réussi. *S'acò sé récontra,* si l'occasion se présente.

Récourda (Sé), *v.* Se ressouvenir, se rappeler.

Dér. du lat. *Recordari,* m. sign.

Récoure, *v.* Terme employé par les ramasseurs de châtaignes. Rechercher, repasser, revenir sur ses pas, pour ramasser très-exactement de façon à n'avoir plus besoin d'y revenir.

Dér. du lat. *Recurrere,* revenir en courant.

Récura, *v.* Émonder la tête, les branches d'un arbre, en couper les branches inutiles, les rameaux chiffonnés. *Récura* se dit pour les branches, *rébounda,* pour la tige ; *sagata,* pour les rejetons, les surgeons du pied. En français, on dit indifféremment pour les trois cas, élaguer ou émonder. On élague les grosses branches avec la scie, la serpe ou la hache; on émonde les menues avec la serpette. Au fig. et adjectiv. gentil, propre.

Dér. du lat. *Curare,* prendre soin, soigner.

Récurado, *s. f.* Retranchement, déchet. Terme de magnanerie ; épidémie qui diminue ou fait périr bon nombre de vers à soie, qui éclaircit les tables où ils sont étalés. — *Aquélo maldoutiè a fa 'no forto récurado,* cette maladie a causé un grand déchet.

Récuraïre, *s. m.* Émondeur, celui qui émonde ou taille les arbres.

Récuraje, *s. m.* Émondage, action d'émonder, de nettoyer un arbre, de le débarrasser de ses branches mortes, de ses rameaux chiffonnés, de ceux qui se nuisent pour être trop serrés.

Récurun, *s. m.* Le rebut des grains ; le fond du grenier ; des fruits dont on a pris ce qu'il y avait de meilleur.

Rédable, *s. m.* Le râble ou fourgon d'un boulanger ; râcloire en fer emmanchée d'une tige en bois et qui sert à ramener la braise à la bouche du four. On dit aussi *rédiable* dans quelques localités.

Rédamén, *adv.* Très-fort, beaucoup, infiniment. — *Aquél ome és rédamén for,* cet homme est très-fort.

Rède, rédo, *adj. m.* et *f.* Roide, ferme. Il s'emploie aussi dans un sens adverbial. — *Camina, marcha rède,* marcher rapidement. *Mèna rède,* mener rondement, durement, cavalièrement. *Tusta rède,* frapper fort. *Toumba rède,* tomber roide-mort.

Dér. du lat. *Rigidus* ou du celt. *Red,* m. sign.

Rédire, *v.* Redire, répéter, dire une seconde fois; rapporter, révéler ce que l'on a appris, raconter; reprendre. blâmer, censurer. — *M'a trouba à rédire,* il m'a blâmé.

Dér. du lat. *Redicere.*

Rédoú, *s. m.* Redoul, herbe aux tanneurs, sumac des corroyeurs ou des teinturiers *(Rhus coriaria),* arbrisseau de un à trois mètres, à rameaux nombreux. Toutes les parties de cet arbrisseau sont astringentes et rafraîchissantes ; réduites en poudre, elles servent à préparer le cuir. On le trouve dans les terrains rocailleux, au milieu des bois de chênes verts de la vallée inférieure du Gardon, au pont du Gard, à Collias, à la Baume de Sanilhac, au Pont Saint-Nicolas. Les habitants de Collias le recueillent en grandes quantités et en font le commerce. Ils le désignent sous le nom de *Nèrto.* L'abbé de SAUVAGES signale les baies de cet arbrisseau comme un poison des plus violents. Il a sans doute confondu le sumac *(Rhus coriaria),* avec la corroyère à feuilles de myrte *(Coriaria myrtifolia),* qui s'emploie aussi dans la tannerie et dont les feuilles prises en décoction produisent les accidents les plus terribles et même quelquefois la mort.

Rédoun, ouno, *adj. m.* et *f.* Rond, arrondi, de forme mamelonnée ou en cône arrondi au sommet. On en a formé les noms propres : *Can-rédoun,* Campredon, champ arrondi ; *Chamboù-rédoun,* Chamboredon, petit champ arrondi; *Moun-rédoun,* Montredon, montagne arrondie; *Piè-redoun,* Puechredon, puech ou pic arrondi.

Rèdre, *v.* Rendre, lasser, fatiguer. — *M'a fa rèdre,* il m'a éreinté.

Rédu, udo, *adj. m.* et *f.* Rendu, fatigué. — *Soui rédu,* je suis rendu.

Dér. du lat. *Reductus,* m. sign.

Réfa, acho, *adj. m* et *f* Refait, réparé, rétabli, restauré.

Dér. du lat. *Refectus,* m. sign.

Réfaïre, v. Refaire, faire une seconde fois, réparer, raccommoder, recommencer, remettre en état, restaurer.

Dér. de *Re,* itérat., et de *faire,* faire.

Réfoufa, v. Regorger. Se dit d'un liquide qui se répand, quand on le verse dans un vase dont l'ouverture est trop étroite, ou qu'on le verse en trop grande quantité à la fois, et que l'air du dedans n'a pas d'issue pour s'échapper à mesure que le liquide en prend la place.

Réfoula, v. Refouler, repousser.

Réfréja, v. Refroidir, rendre froid. Au fig. calmer, diminuer l'ardeur, refroidir l'enthousiasme ou le zèle de quelqu'un. — *Ço qué m'an di m'a réfréja,* ce que l'on m'a raconté m'a refroidi, a changé mes idées.

Dér. du lat. *Frigefacere* ou de *Refrigerare.*

Réfrésqua. v. Rafraîchir, rendre frais, calmer la chaleur; réparer, rétablir, nettoyer en lavant; rappeler, renouveler. — *Réfrésca lou linje,* mouiller le linge avant de le mettre à la lessive; remuer le linge dans l'eau claire avant de le tordre, après l'avoir lavé, et pour en faire sortir le savon. *Réfresca uno bouto, un véire,* rincer un tonneau, un verre, ou le passer simplement dans l'eau claire après l'avoir rincé. *Bouta lou vi a réfrésca,* mettre le vin à rafraîchir. *Réfrésca la mémouéro,* rappeler une chose oubliée ou ancienne.

Dér. du lat. *Refrigerare,* refroidir.

Réfrésquado, s. *f.* Une ondée; un léger lavage; une tripotée. — *Avèn agu uno réfréscado,* nous avons essuyé une averse. *Douna uno réfréscado dou linje,* laver légèrement le linge. *Fitre uno réfréscado,* ficher une tripotée à quelqu'un.

Réfréscadoú, s. m. L'eau à rafraîchir, où l'on met le vin à rafraîchir; petit lavoir contenant de l'eau claire et où l'on trempe le linge lavé, avant de le tordre pour le mettre à sécher.

Réfrésquaje, s. m. Linge ou lessive essangée à laquelle on donne un léger blanchissage avant de la mettre au cuvier. — *Blan dé réfresquaje,* premier blanchissage ou un simple savon.

Réfréta. v. Ce terme s'emploie dans le sens de radouber, réparer les roues d'un véhicule en resserrant les jantes et les rayons dont l'usage ou les grandes chaleurs ont amaigri les points d'assemblage.

Réfus, s. m. Refus, action de refuser. — *Aquò n'és pa dé réfus,* j'accepte cela volontiers, ce n'est pas une chose à refuser.

Dér. du lat. *Refutare,* refuter.

Réfusa, v. Refuser, ne point accepter une chose offerte, ne pas accorder une chose demandée.

Dér. du lat. *Refutare,* réfuter.

Régagna, v. Rechigner. Au pr. *Régagna las dèns,* montrer les dents, soit par un défaut naturel, soit par une mauvaise habitude. Au fig. *Regagna las dèns,* tenir tête à quelqu'un, lui montrer les dents, lui montrer de la fermeté. Le sens fig. est pris des chiens qui grondent et menacent de mordre en montrant les dents.

Dér. de l'esp. *Resgagnar,* grincer des dents.

Régagnado, s. *f.* Brusquerie, brusque incartade, rebuffade.

Régagnas, s. m. Gros rire sardonique et moqueur.

Dér. de *Régagna.* — Voy. c. m.

Régal, s. m. Régal, grand festin, grand repas, grand plaisir, vive satisfaction. — *És un régal pér él dé sé pérména,* la promenade est pour lui un vrai régal.

Régala, v. Régaler, inviter quelqu'un à un festin, faire un gala.

Dér. de *Régal.*

Régalisso, s. *f.* Réglisse *Glykyrhiza glabra,* Linn., plante de la famille des Légumineuses, cultivée dans la Provence méridionale. C'est de la racine de cette plante que l'on retire, par ébullition, l'extrait que l'on nomme jus de réglisse.

La réglisse sauvage, astragale à feuilles de réglisse *(Astragalus glykyphyllos,* Linn.), plante de la même famille que la précédente à laquelle elle ressemble par ses feuilles.

Dér. du grec Ρίζα, racine, et de , Γλυκος, doux, racine douce.

Régalo, s. *f.* Régal, festin, bon repas, gueuleton. — *Pagues pa 'no régalo?* n'es-tu pas décidé à payer un bon dîner?

Dér. de l'esp. *Regalo,* m. sign.

Réganèl, s. m. Regard, aspect, exposition, rayonnement du soleil. — *Èro dou réganèl ddou sourél,* il était exposé aux rayons, aux ardeurs du soleil.

Dér. de *Régo,* raie.

Réganta, v. Regretter, se repentir trop tard. — *Fricasses toun bé, lou régantaras un jour,* tu dissipes ton bien, tu le regretteras un jour.

Régàougna, v. Rechigner, grommeler, montrer de l'humeur, de la répugnance; relancer quelqu'un, le rabrouer, le rebuter avec rudesse. On dit aussi *Régagna.* — Voy. c. m.

Régàougnado, s. *f.* Brusquerie, brusque incartade, rebuffade. On dit aussi *Régagnado.* — Voy. c. m.

Régàougnaïre. s. m. Personnage brusque, grognon, rechigné, qui trouve sans cesse à redire à tout le monde.

Dér. de *Régàougna.*

Régàoula. v. Couler, dégoutter.

Régàoussa, v. Regarder de travers ou d'un air dédaigneux; donner à son visage une expression de mépris. — *Régàoussa lous ièls,* montrer le blanc des yeux comme dans un évanouissement; regarder d'un air farouche.

Régàoussado, s. *f.* Regard farouche, regard torve, menaçant.

Régar, s. m. Regard; égard. — *Pér vosté régar,* par égard pour vous. *Pér régar d'aquò,* à l'égard de ceci.

Régarda, *v.* Regarder; avoir égard. — *Aquò és dé regarda*, c'est une chose à laquelle il faut avoir égard. *Régarda* ou *lénguéja*, langueyer un porc pour y découvrir les grains ou boutons de ladrerie.

Régardaïre, *s. m.* Langueyeur de pourceaux; inspecteur.

Régardèlo, *s. f.* — *Un pla dé régardèlo*, un plat pour les yeux. *Manja dé régardèlo*, dîner des yeux ou en regardant les autres manger.

Dér. de *Régardèlo*, plante ou produit imaginaire.

Régiscla, *v.* Rejaillir, éclabousser. — *M'a tout régiscla*, il m'a tout éclaboussé.

Régisclado, *s. f.* Éclaboussure, rejaillissement; ondée, pluie, averse subite et de peu de durée.

Régiscle, *s. m.* Rejaillissement, éclaboussure. On dit au prop. et au fig. *N'aï agu lou régiscle*, j'en ai eu les éclaboussures.

Régistèl, *s. m.* Nom de plante; garance des teinturiers (*Rubia tinctorum*, Linn.). Grateron. — *Voy.* Arapo-man et *Rebouto.*

Régistre, *s. m.* Registre; livre où l'on inscrit les actes de l'état civil, les délibérations municipales, les affaires de chaque jour, les fournitures de métier, etc.

Dér. du lat. *Registrum.*

Régital, *s. m.* Piège, traquenard pour prendre les bêtes fauves; traquet pour prendre les rats et les souris; sorte de piège à ressort composé de deux mâchoires armées de pointes qu'un ressort fait détendre et qui saisissent l'animal qui a donné dans le piège.

Régla, *v.* Tirer des lignes droites avec une règle et une pointe à tracer; régler, mettre une règle en vigueur, arrêter, déterminer, régulariser; arrêter un compte. — *Soun conte és régla*, il a son compte; il a reçu le châtiment qu'il méritait; il est mort.

Dér. du lat. *Regulare.*

Régle, *s. m.* Règlement relatif à divers objets. En terme d'église et dans le st. fam. guide-âne, *ordo* ou ordre à suivre, livret qui indique l'office de chaque jour. En style administratif, cette expression s'emploie surtout pour désigner le règlement relatif à la dépaissance des troupeaux dans les terrains communaux. Dans les Cévennes ce mot désigne un thermomètre. Quand l'abbé DE SAUVAGES mit le thermomètre entre les mains des éducateurs de vers à soie, pour régler le degré de température, il lui donna le nom de *réglé*, qu'il a conservé. On dit au fig. *lou métrén dou réglé*, nous lui apprendrons à se bien conduire, à ne pas agir selon ses caprices.

Réglo, *s. f.* Règle, instrument allongé, plat ou carré, en bois ou en métal, servant à tracer des lignes droites, et, par extension, principe, maxime, loi; bon ordre, exemple, modèle, préceptes; statuts d'un ordre religieux.

Dér. du lat. *Regula*, m. sign.

Employé au plur., il a la signification de règles, menstrues, écoulement périodique et mensuel des femmes.

Régo, *s. f.* Raie, ligne, trait de plume ou de crayon; bande étroite; rayon ou sillon de jardinier; ligne divisoire qui sépare deux champs; rigole de jardinier; règle de conduite; culture. — *Uno régo dé coutrié*, un labourage simple. *Douna dos régos*, faire deux labours successifs ou l'un sur l'autre en sens inverse. *Planta à régo*, planter par sillons ou par rigoles. *Tira régo*, planter, borner, délimiter deux champs contigus. *Téni la régo drécho*, tenir une conduite régulière. *Passa la régo*, dépasser les bornes permises.

Dér. du grec Ῥηγή, fente, crevasse, ou du lat. *Riga*, dor. Ῥηγά.

Régolo, *s. f.* Rigole, petit fossé peu profond, creusé dans la terre pour faire couler l'eau dans un jardin, un pré; caniveau établi dans une rue pour l'écoulement des eaux pluviales. — *Sdouto régolo*, saute-ruisseau, petit jeune homme malingre et prétentieux; petit polisson, enfant des rues.

Dér. du celt. *Rigol* ou du lat. *Rigare*, arroser.

Régor, *s. m.* Agneau tardif, agneau de l'arrière-saison, celui qu'une brebis met bas dans un âge où communément elles ne portent plus. Ces agneaux sont ordinairement maigres, chétifs, vieillots et malsains. On le dit au fig. des enfants nés sur le déclin de l'âge de leur mère.

Dér. du lat. *Cordus*, qui vient dans l'arrière-saison.

Régoubia, *adj.* Recourbé. — *Camino tou régoubia*, il marche tout courbé.

Ce mot est sans doute employé pour *Régourbia*, qui vient à son tour de *Gourbio*, serpette recourbée ainsi nommée dans le voisinage du Rhône.

Régoubïun, *s. m.* Nausée, vomissement; aliments rendus à la suite de nausées.

Régoula, *v.* Couler, dégoutter; vomir, rendre gorge; être rassasié jusqu'au dégoût. — *La suzou mé régoulo din l'ésquino*, la sueur me coule dans le dos; je ruisselle de sueur.

Régoulije, *s. m.* Dégoût, aversion; nausée, envie de vomir, dégobillis. — *Acò faï véni lou régoulije*, cela soulève le cœur.

On dit aussi *Fastije.*

Régoumas, *s. m.* Grimace, faux pli que fait un vêtement mal taillé, ou par l'application d'une pièce mal cousue, mal appliquée, mal posée.

Régoumassa, *v.* Grimacer, présenter un pli défectueux. Se dit d'un vêtement mal taillé.

Dér. de *Régoumas*, grimace.

Régourdano (cami dé). Nom donné à l'ancienne voie romaine qui conduisait de Nîmes à la Loire par Alais, Villefort et la vallée de l'Allier. Strabon en fait mention. On en voyait des vestiges, il y a quelques années, près d'Alais, sur la partie de l'ancienne route de Saint-Ambroix appelée les Calades; aux abords de l'Affenadou, sur un point désigné aussi sous le nom des Calades.

Régrè, *s. m.* Sorte de sérénade amoureuse, dont l'air et les paroles sont d'un caractère plaintif et que les paysans des Cévennes chantent sous la fenêtre de leur amoureuse. Ce terme s'emploie aussi dans le sens de pitié. — *Aquel efan fai regrè!* cet enfant me fait pitié. *Ai regrè d'el,* j'ai pitié de lui. Dans le sens propre il signifie regret, souvenir pénible d'avoir fait, dit ou perdu quelque chose; de n'avoir pas dit ou fait telle autre chose; repentir.

Dér. du lat. *Regressus,* retour.

Régréta, *v.* Regretter, être fâché, affligé d'une perte qu'on a faite, d'avoir manqué une occasion favorable, ou de n'avoir pas fait une chose.

Réguiè, *s. m.* Sillon, rigole; rigole ou chenal de jardin qui longe une plate-bande et sert à introduire successivement l'eau d'arrosage dans la série des rigoles qui composent la plate-bande ou carré affecté à une même espèce de culture.

Réguinna, *v.* Ruer. Au fig. regimber.

Réguinnado, *s. f.* Ruade.

Réguinnaïre, *adj. m.* Enclin à ruer. — *Aquel midou és reguinnaïre,* ce mulet a une tendance à ruer.

Rèï, *s. m.* Roi, celui qui gouverne un état. — *Rèi de la favo,* le roi de la fève; celui à qui est échue la fève du gâteau, le jour des Rois. *Counten coumo un rèi,* content, heureux comme un roi.

Dér. du lat. *Rex, regis,* m. sign.

Rèï-dé-caïo, *s. m. comp.* Râle de genêt, roi des cailles, poule d'eau de genêt. *(Gallinula* ou *Rallus Crex,* Temm.) Depuis le haut de la tête jusqu'au croupion, d'un brun foncé; chaque plume bordée de roux et de cendré; ventre blanc lavé de roux; longueur 26 cent. Cet oiseau arrivant toujours à la suite des cailles, on a supposé qu'il avait autorité pour les pousser devant lui et on l'a nommé Roi des cailles. Il n'y a aucun rapport entre eux. Il est vrai que la science, ayant égard à certains caractères extérieurs, et ne tenant aucun compte de ses mœurs disparates, l'a rangé à son tour parmi les poules d'eau; mais son nom scientifique est déjà une contradiction; car ce n'est pas au milieu des genêts que cette poule viendrait satisfaire son goût pour l'eau. Le fait est qu'elle n'aime pas l'eau. Le languedocien a traduit sa choix, le Roi ou le Râle du français.

Réïnage, *s. m.* La royauté du repas des Rois ou de la fête de l'Epiphanie. — *Las fougassos de reinage,* les gâteaux des Rois.

Dér. de *Rèi,* roi.

Rèïnâou, *n. pr. m.* Reynaud, que l'on trouve quelquefois écrit Raynaud, Raynal, Raynald ou même Réginal.

Dér. de la bass. lat. *Reginaldus,* royal.

Réïnar, *s. m.* Renard. *(Canis vulpes,* Linn.) Mammifère onguiculé de la famille des Digitigrades ou Carnivores, signalé de tout temps comme l'emblème de la ruse et de la finesse. — *És un fi rèinar,* c'est un rusé compère.

Réïnar, *s. m.* Terme de maçon. Pierre attachée au bout d'une ficelle et tenant lieu de fil à plomb.

Réïnardivo, Rénardivo ou **Rénadivo,** *s. f.* Ognon de l'arrière-saison; ceux qui renaissent, pour ainsi dire, ou qui repoussent du germe des vieux ognons qu'on avait laissés en terre par oubli ou à dessein. Ces ognons ont, à la fin de l'automne, la fraîcheur des ognons du printemps.

Dér. du lat. *Renatus,* venu de nouveau, reproduit.

Réïnéto, *s. f.* Pomme de rainette, sorte de pomme commune dans les Cévennes où l'on en trouve diverses variétés. La rainette du Vigan jouit d'une réputation justement méritée.

Dér. de *Rèino,* reine, eu égard à sa qualité supérieure.

Réïnéto, *s. f.* Raine verte ou graisset *(Rana arborea,* Linn.), petite grenouille verte qui se perche sur les buissons ou les arbustes. Reptile de l'ordre des Batraciens et de la famille des Anoures (sans queue).

Dér. du lat. *Rana,* grenouille.

Rèïno, *s. f.* Reine, femme de roi, souveraine d'un royaume.

Dér. du lat. *Regina,* m. sign.

Rèïo, *s. f.* Le soc de la charrue. — *Apouncha la rèio,* rebattre le soc.

Rèïre, *adv.* Arrière, derrière. — *Çai en rèire,* ci-devant ou par le passé. *Acò és toujour à rèire,* c'est toujours à recommencer *Én rèire,* jadis, autrefois, postérieurement, de nouveau.

Dér. du lat. *Retrò.*

Rèïre-ban, *s. m. comp.* Arrière-ban. — *An vira ban et rèire-ban,* on a fait des perquisitions très-minutieuses; on a fait un grand remue-ménage.

Rèïre-boutigo, *s. f. comp.* Arrière-boutique; arrière magasin.

Rèïre-gran, *s. m. et f. comp.* Arrière grand-père; arrière grand'mère. — *Moun rèire-gran; ma rèire-gran.*

Rèïre-léndéman, *s. m. comp.* L'après-demain.

Rèïre-poun, *s. m. comp.* Arrière-point, rang de points de couture continus que l'on fait avec une aiguille et du fil ou avec une machine à coudre, sur le poignet de la manche ou le plastron d'une chemise ou de tout autre vêtement.

Rèïre-sourèl, *s. m. comp.* La réverbération du soleil; un reflet de soleil donné par un nuage.

Réjougne, *v.* Serrer, enfermer, ranger, mettre en place, soigner. — *Ténès acò bièn réjoun,* gardez cela avec soin; tenez-le bien soigneusement serré, ajusté, rangé.

Réjouï, *v.* Réjouir, donner de la joie, du plaisir. — *Sé réjouï,* se réjouir, se livrer au plaisir, se divertir.

Réjouïssanço, *s. f.* Réjouissance, fête, festin, fête votive, réunion où l'on s'amuse.

Réjoun, *adj. m.* Serré, ajusté, rangé, soigné. — *Voy. Réjougne.*

Rélaïssa, *ado, s. m. et f.* Abandonné, ée. En vieux langage *rélaïssado* signifiait une veuve; la femme de celui qui, embrassant l'état ecclésiastique, jurait de conserver l'état de viduité. De la bass. lat.

Rélaïssé, *s. m.* Rebord, relief, saillie, plinthe, imposte;

toute partie saillante d'une construction, d'un meuble; tablette de cheminée, bord d'une armoire, d'une commode. Littéralement : petit relief.

Rélassa, ado, *s. m.* et *f.* Celui ou celle qui est affecté d'une hernie.

Dér. du lat. *Relaxatus,* relâché.

Réléva, *v.* Relever, ramasser, exhausser; rétablir une fortune; faire valoir, donner plus d'éclat, faire remarquer; répondre vivement à quelqu'un, mettre à la place d'un autre; sortir de maladie.

Dér. du lat. *Relevare,* m. sign.

Rélévaïro, *s. f.* Terme de filature, désignant une apprentie fileuse.

Réloge, *s. m.* Horloge. — *Réloge d'araïre,* anneau ou crochet en S d'une charrue, auquel on attache le timon. *Régla coumo un réloge,* se dit d'un homme très-ponctuel.

Dér. du lat. *Horologium,* m. sign.

Rélougè, *s. m.* Horloger, celui qui fait ou raccommode les horloges, les pendules et les montres.

Dér. de *Réloge.* — Voy. c. m.

Rémarqua, *v.* Remarquer, marquer de nouveau, faire une remarque, distinguer quelque particularité.

Dér. de *Marqua,* marquer.

Rémarquable, ablo, *adj. m.* et *f.* Remarquable, digne de remarque; qui n'est pas ordinaire, qui présente des particularités exceptionnelles.

Dér. de *Remarqua.*

Rémarquo, *s. f.* Remarque; marque, observation particulière sur quelqu'un, sur quelque chose.

Dér. de *Marquo.* — Voy. c. m.

Réména, *v.* Ramenter, revenir sur un sujet, rabâcher, chanter toujours la même gamme. — *Faï pas qu'ou réména, il ne fait que répéter toujours la même chanson. Ou rémenave désempièï un an,* je ruminais cela depuis un an. Remanier une toiture, un pavé de rue; remuer un mélange, une liqueur circulairement. *Réména lou quïou,* agiter, tortiller le derrière en marchant avec affectation et d'une façon ridicule.

Dér. du v. lat. *Rimenare.*

Rémés, ésso, *adj. m.* et *f.* Remis, remise; replacé en son bien; rétabli d'une maladie.

Der. du lat. *Remissus,* m. sign.

Rémétre, *v.* Remettre; mettre une chose à l'endroit où elle était auparavant; donner à quelqu'un, différer, rendre.

Dér. du lat. *Remittere,* m. sign.

Rémisa, *v.* Loger, héberger, mettre à l'abri, enfermer dans une remise ou dans un endroit qui sert d'abri.

Dér. du lat. *Missum,* de *Mittere,* mettre.

Rémiso, *s. f.* Remise, lieu destiné à mettre à couvert les voitures, les ustensiles agricoles, les denrées, les récoltes. Du grec Ἠρεμίζω, mettre en repos, par la suppression de ζ, ou du lat. *Missum,* de *Mittere,* mettre.

Rémouïa, *v.* Mouiller, humecter de nouveau. — *Pésségres rémouïas,* pêches sèches et ramollies dans du vin.

Rémoulin, *n. pr. de lieu.* Remoulins, chef-lieu de canton de l'arrondissement d'Uzès, situé sur la rive gauche du Gardon, à 3 k. en aval du Pont du Gard.

Nom dérivé de *Rémoulis.* — Voy. c. m.

Rémoulina, *v.* Tournoyer, pirouetter. On le dit de l'eau, d'un bief de moulin qui s'engouffre dans le radier, ce qui produit, à la surface stagnante de l'eau, des tourbillons creux en forme d'entonnoir.

Dér. de *Rémoulis.* — Voy. c. m.

Rémoulis, *s. m.* Tourbillon d'eau, détours d'un cours d'eau.

Du cat. *Remoli,* ou de l'espagn. *Remolino,* m. sign.

Rémoulu, udo, *adj. m.* et *f.* Avide, insatiable, goulu; en parlant de l'avidité de ceux qui, comme on le dit, ont les yeux plus gros que le ventre.

Dér. de *Rémoulige,* avidité du bien, désir insatiable d'en acquérir, mêlé d'un sentiment de jalousie (Sauvages). — Voy. *Arémouli.*

Rémounfrina, *v.* Réprimander, faire des reproches.

Rémounfrinado, *s. f.* Réprimande, semonce, mercuriale. — *Aï agu uno rémounfrinado,* j'ai essuyé une réprimande.

Rémounta, *v.* Restaurer, remettre à flot, fortifier, ravigoter, réjouir. — *Un pâou dé vi mé rémonto,* un doigt de vin me restaure. *Cént éscus mé rémountarièou,* une somme de cent écus me remettrait à flot, me serait très-utile. *Lou vi rémonto l'éstouma,* le vin fortifie. *Aquélo plèjo a rémounta lous blas,* cette pluie a donné de la vigueur aux blés.

Dér. de *Mounta,* monter.

Rémountaciou, *s. f.* Fortune, richesse. — *Acò's la rémountaciou d'àou péis,* cela constitue la richesse du pays. *Acò sérié ma rémountaciou,* ce serait une fortune pour moi.

Dér. de *Rémounta.*

Rémoustra, *v.* Remontrer, représenter à quelqu'un les inconvénients d'une chose qu'il n'a pas faite, ou qu'il a faite ou qu'il est sur le point de faire.

Dér. de *Moustra,* montrer.

Rémoustrançò, *s. f.* Remontrance, reproche, représentation, avertissement.

Dér. de *Rémoustra.*

Rémuda, *v.* Changer, remplacer. — *Rémuda dé jarman,* coussin issu de germain.

Dér. du lat. *Remutare,* m. sign

Rémuda, *s. m.* Un rassis ou un relevé, terme de maréchal. On rassied un fer de cheval lorsqu'on y remet les clous qui y manquent et qui faisaient locher le fer.

Rén, *s. m.* Rein, reins. — *Aï màou dé rén,* je souffre des reins.

Dér. du grec Ῥέω, couler.

Rén, *s. m.* Rangée, nombre. — *Adéré,* se dit d'objets disposés par rangées, disposés en file.

Réna, *v.* Gronder, murmurer sourdement, grogner; pleurer, se chagriner sans sujet et avec mauvaise humeur, geindre. — *De qué renes?* de quoi grognes-tu? *Rena coumo un por*, grogner comme un cochon *Soun ventre reno*, son ventre grouille

Rénaïre, *s. m.* Grognon, inquiet, grondeur, qui se plaint toujours.

Réndiè, *s. m.* Fermier, locataire.

Dér. de *Rendo*, rente.

Réndo, *s. f.* Rente, ferme, revenu annuel, fermage, loyer.

Dér. du lat. *Reddita*, m. sign.

Rénéga, *v.* Jurer, blasphémer, proférer des jurons, des imprécations. — *Rénégavo coumo un fol*, il jurait comme un possédé.

Dér. de *Negare*, désavouer, renier (Dieu).

Rénégaïre, *s. m.* Celui qui jure, qui blasphème.

Rénglòro, *s. f.* Petit lézard gris; lézard gris des murailles, lézardeau (*Lacerta muralis*). C'est un crocodile en miniature; car on lui a fait l'honneur de le classer avec lui dans l'ordre des Sauriens. Le gentil saurien dont nous parlons, timide, inoffensif, éveillé et agile quand il guette ou poursuit sa proie ou qu'il fuit le danger, est un vrai lazzarone, se dorlotant avec délices au soleil, quand on veut bien le laisser tranquille. C'est ainsi qu'il passerait sa vie, dormant l'hiver, se chauffant l'été, au milieu de nos espaliers, qu'il protège en les débarrassant d'une foule d'insectes dont il se nourrit; mais les enfants le poursuivent continuellement et bien à tort.

Réngo, *s. f.* Rangée d'arbres placés sur un même alignement.

Rénifla, *v.* Renifler, aspirer avec force par les narines; on le dit plus particulièrement des liquides.

Dér. du lat. *Renasiculare*, formé de *re*, itérat. et de *nasiculare*.

Rénja, *v.* Ranger, placer dans son rang, mettre en place; arranger, raccommoder, réparer. — *Rénja sas cdousos*, arranger ses affaires. *Fai rénja sa caréta*, il fait arranger, réparer sa charette.

Rénjo, *s. f.* Rangée, ligne de plantations, même signification que *Rengo*. — *Voy.* c. m.

Réno, *s. f.* Plainte, soupirs d'un malade, pleurs traînants d'un enfant gâté. — *Aro a sa réno*, maintenant, (cet enfant) a un accès de pleurs.

Dér. du lat. *Rana*, grenouille.

Rénouncia, *v.* Renoncer, se désister, se départir de quelque chose; quitter, abandonner; renier, désavouer; mettre au jeu une carte d'une autre couleur que celle dont on joue.

Dér. du lat. *Renunciare*, m. sign.

Rénoùs, ouso, *adj. m. et f.* Grondeur, grognon, hargneux, pleurard.

Dér. de *Réno*. — *Voy.* c. m.

Répaou, *s. m.* Repos, cessation de mouvement, de travail; tranquillité d'esprit, sommeil; palier ou repos d'escalier. — *Démouras én répdou*, finissez; restez tranquille, laissez-moi. — *Laïssa-me de repdou*, laissez-moi tranquille. — *Un repdou d'escaié*, un palier.

Dér. du lat. *Reponere*.

Répàousa, *v.* Reposer, mettre dans une situation tranquille, dormir; cesser de travailler, d'agir; se reposer.

Dér. de *Repdou*, repos

Répapia, *v.* Radoter, rabâcher, revenir constamment sur le même sujet. — *Repapio soun sadoul*, il rabâche tant qu'il peut.

L'abbé DE SAUVAGES fait dériver ce mot de *re*, itératif, et de *papa*, père. *Répapia* signifierait donc : répéter le mot *papa*, comme les enfants, c'est-à-dire devenir enfant, tomber dans l'enfance.

Répapiaïre, *s. m.* Radoteur, qui répète toujours la même chose, qui ne dit que des riens, des choses qui n'ont souvent aucun rapport entre elles.

Répapije, *s. m.* Rabâchage, radotage, verbiage; discours désordonné, dépourvu de sens et de raison.

Répara, *v.* Réparer, remettre en état ce qui a souffert quelque dommage, rétablir. — *A répara soun oustdou*, il a fait réparer sa maison.

Dér. du lat. *Reparare*, m. sign.

Réparaciou, *s. f.* Réparation, ouvrage que l'on fait effectuer pour réparer un dommage; satisfaction donnée ou exigée.

Dér. du lat. *Reparatio*, m. sign.

Répassa, *v.* Repasser, passer de nouveau Au fig. frotter, houspiller, charger de coups.

Répassado, *s. f.* Volée de coups; réprimande, mercuriale, correction.

Répasso, *s. f.* Repasse, grosse farine qui contient du son; produit d'une seconde distillation de l'eau-de-vie.

Répéntén, énto, *adj. m. et f.* Repentant, repentante, celui qui se repent d'avoir commis une faute ou de s'être engagé dans une mauvaise affaire.

Répénti, *s. m.* Repentir, repentance.

Dér. du lat. *Pœnitere*, m. sign.

Répessa, *v.* Rejaillir par ricochet; se dit d'un filet ou d'une chute d'eau qui tombe sur une surface dure et se répand en rejaillissant.

Répésa, *v.* Peser de nouveau.

Répéta, *v.* Regimber, ruer, murmurer, se rebiffer, répondre avec vivacité. Dans ce dernier sens on dit plutôt *Rébeca*

Répéti, *s. m.* Le roitelet.

Répéti, *express. lang.* — *N'avès répéti*, vous en avez menti, c'est vous-même qui en imposez, vous mentez doublement.

Répi, *s. m.* La répétition de la sonnerie d'une horloge, d'une pendule, les heures qu'elle sonne pour la seconde fois. — *A souna lou répi*, les heures ont sonné pour la seconde fois. *Espérén lou répi*, attendons la répétition des heures.

Répiqua, *v.* Sonner une seconde fois; se dit d'une

horloge. — *Répiqua dé boutos*, relier, radouber les tonneaux, remplacer les cercles usés ou resserrer les anciens à coup de maillet.

Dér. de *Piqua*, frapper.

Répléga (Sé), *v*. Se recroqueviller, se dit des feuilles des arbres que le froid, la sécheresse, les piqûres d'insectes font bosseler ou recroqueviller.

Dér. de *Pléga*, plier.

Répounchoù, *s. m.* Raiponce *(Campanula repunculus,* Linn.). On en mange la racine comme salade d'hiver.

Répourta, *v*. Rapporter, apporter une chose, du lieu où elle est au lieu où elle était auparavant.

Dér. de *Pourta*, porter.

Répoussa, *v*. Repousser, rejeter, renvoyer, faire reculer, faire sortir, chasser au dehors.

Dér. du lat. *Repulsare*, m. sign.

Répoussadoù, *s. m.* Chassoir des tonneliers, des menuisiers ou des serruriers; sorte de cheville en fer qui sert à repousser ou chasser une pièce de fer engagée dans un orifice.

Répoutéga, *v*. Marmotter, murmurer, bougonner; pester, se plaindre, se fâcher; répliquer brusquement.

Dér. de *Pout*, lèvre.

Répoutégaïre, *s. m.* Celui qui murmure, qui marmotte entre ses dents, se plaint, se fâche, réplique brusquement.

Dér. de *Répoutéga*. — *Voy.* c. m.

Répréne, *v*. Reprendre, recommencer, prendre de nouveau; réprimander, corriger. — *Fóou répréne lous éfans*, il faut réprimander les enfants quand ils se conduisent mal. *Sé reprene*, se corriger soi-même après avoir mal dit.

Dér. de *Préne*, prendre.

Réprés, éso, *adj. m.* et *f*. Repris, ise, pris une seconde fois; réprimandé, ée.

Réprin, *s. m.* Recoupe; son dont on a tiré la fleur et qui contient encore beaucoup de farine; cette recoupe repassée au moulin donne, après avoir été ressassée, une autre farine plus chargée de son et que l'on nomme *récoupéto*.

Réproches, *s. m. plur.* Rapports d'estomac, ordinairement acides et désagréables.

Réproucha, *v*. Donner lieu à des rapports d'estomac ou à des gaz ou vapeurs qui s'élèvent dans la bouche d'un estomac dérangé. — *Aquélés rabes mé réprochou*, ces radis me donnent des rapports.

Réquéri, *v*. Requérir, demander, rechercher.

Dér. du lat. *Requirere*, m. sign.

Requiè, écho, *adj. m.* et *f*. Recuit, ite. Cuit une seconde fois.

Dér. du lat. *Recoctus*, m. sign.

Réquiècho, *s. f.* Lait bouilli.

Réquinquía, ado, *adj. m.* et *f*. Requinqué, paré avec soin, avec affectation, plus que l'âge et la condition ne le comportent. — *Se réquinquia*, se parer.

Réquioula, *v*. Reculer, se porter en arrière, marcher à reculons.

Réquiouladou, *s. m.* Reculoir; courroie qui entoure le train postérieur du cheval et s'y applique quand le véhicule descend une côte rapide.

Réquisto, *adj. f.* Vérifié, examiné, recherché, requis. — *Acò's dé réquisto*, c'est une chose rare, recherchée, précieuse, exquise.

Rés, *adv*. Rien; personne. — *Acò faï pa dé rés*, cela ne fait rien. *S'és pas fdougu dé rés*, il ne s'en est presque rien fallu. *Rés n'és pa véngu*, personne n'est venu. On dit aussi *ré* ou *rén*, dans le sens de rien.

Rès, *s. m.* Une tressée, une cordée, un chapelet d'ognons ou d'ails attachés sur deux rangs et formant une double tresse.

Dér. du lat. *Restis*, corde. Pline dit dans ce sens : *Restis alliorum*, que l'on traduit en langued. par *un rès d'aïés*.

Réscondre, *v*. Cacher. — *Sé réscondre*, se cacher.

Dér. du lat. *Condere*, m. sign.

Réscòs, *adj. m.* Caché. On dit aussi *Rascòs* ou *Réscoundu*.

Réscòs (dé ou **én)**, *adv*. En cachette, secrètement, à la dérobée. On lit dans les *Coutumes de Remoulins* : « Que degun bochier n'aya a vendre carn *a rescos*, » c.-à-d. : Qu'aucun boucher ne vende de la viande en cachette.

Réscoundéïre, *s. m.* Cachottier, sournois, homme dissimulé, qui ne dit jamais ce qu'il fait ni ce qu'il pense.

Réscoundèto (dé), *adv*. En cachette, à la dérobée.

Réscoundre, *v*. Cacher. — *Voy. Réscondre*.

Réscoundoùs (dé), *adv*. En cachette, à la dérobée. On dit aussi *d'éscoundoun*.

Dér. du lat. *Reconditus*.

Rèse, *s. m.* Tique; tique des chiens, ricin, louvette *(Acarus ricinus*, Linn.); insecte aptère, armé de pattes ou plutôt de serres puissantes avec lesquelles il se cramponne surtout sur les oreilles des chiens, dont il est si difficile de l'arracher qu'il faut souvent le couper pour les en débarrasser. Quand il s'est bien repu, sa couleur grisâtre prend une teinte vineuse que lui donne le sang dont il s'est gonflé; il est alors gros et rond comme un pois ou mieux une fève de *Palma Christi* ou Ricin, qui lui a valu son nom. Beaucoup d'animaux sont attaqués par différentes espèces de tiques; celle qu'on trouve sur les brebis est appelée *Gourgouli* ou *Léngasto*. *Voy*. ce dernier. — *Tèn coumo un rèse*, il est tenace comme une tique. *Sé couflo coumo un rèse*, il est bouffi de vanité, d'orgueil.

Rèsi, *s. m.* Même signification que *Rèse*. — *Voy.* c. m.

Résible, iblo, *adj. m.* et *f*. Risible, qui provoque le rire; ridicule, digne de moquerie.

Dér. du lat. *Risibilis*, m. sign.

Résoù, *s f.* Raison; faculté naturelle par laquelle l'homme peut diriger les opérations de son âme ; bon sens, équité, justice. Au plur. contestations, difficultés, dispute. — *An agu dé résoùs*, ils ont eu des contestations, des disputes. *Acò's la résoù*, cela est très-juste. *Dé résoùs trdoucados*, des propos insensés, dépourvus de raison.

Der. du lat. *Rationis*, gén. de *Ratio*, m. sign.

Résouna, v. Raisonner, répliquer; prendre les intérêts ou la défense d'un autre; apprécier une chose qui est a vendre. — *Résouna lou bé dóou mèstre*, prendre les intérêts du maitre. *Résouna uno marchandiso*, offrir un prix raisonnable. *Résouna sous drés*, défendre ses intérêts, ses droits. *Résouna quáoucun*, prendre le parti, la défense, les intérêts de quelqu'un *Sé résouna*, se défendre par de bonnes ou de mauvaises raisons; faire bonne contenance devant une accusation, se rebiffer.

Dér. du lat *Ratio*, raison.

Résounable, ablo, *adj.* m. et *f*. Raisonnable, susceptible d'entendre raison; juste, équitable. — *L'an paga un pris résounable*, on en a payé un prix équitable.

Dér. du lat. *Rationabilis*, m. sign.

Résounaïre, *adj.* m. Celui qui cherche toujours à justifier ses actes, bons ou mauvais, qui discute sur tout et à propos de tout.

Dér. de *Résoù*, raison.

Réspè, *s. m.* Respect; soumission volontaire, déférence que l'on a pour quelqu'un ou pour quelque chose, à cause de son mérite ou de sa supériorité. — *Parlan pér réspé*, sauf votre respect, révérence, parler. *A respé d'aquò*, eu égard à cela.

Dér. du lat *Respectus*, fait de *Respicere*, regarder, avoir égard à .

Réspéta, v. Respecter, porter respect, épargner, ne point endommager, ne point porter atteinte. — *Sé réspeta*, se respecter, garder les bienséances convenables à sa position.

Respondre, v. Répondre, faire une réponse à une question, à une demande; se porter caution, assurer, commencer à éclore, en parlant de la graine de vers à soie.

Dér. du lat. *Respondere*, m. sign.

Résponso, *s. f.* Réponse; lettre adressée en réponse à une lettre reçue; réfutation.

Dér. du lat. *Responsum*, m. sign.

Réspoundèïre, *s. m.* Caution, garant — *Véïci moun réspoundèire*, voici ma caution.

Réspounsable, ablo, *adj.* m. et *f*. Responsable, qui est garant de quelque chose, qui doit rendre compte de son administration ou de ses actes.

Résquïa, v. Glisser, mettre le pied sur une chose glissante, chanceler ou tomber en glissant

Dér. du bas bret. *Risglar*, m. sign.

Résquïado, *s. f.* Glissade, faux pas que l'on fait en glissant.

Résquïéto, *s. f.* Glissoire, chemin frayé sur la glace pour y glisser; rocher ou corps poli et incliné sur lequel ou s'amuse à glisser. — *Jouga à résquiéto*, jouer à écorche-cul, glisser en se trainant sur le derrière. *Dé résquiéto*, par ricochet, en glissant.

Réssa, v. Scier, couper avec une scie.

Du grec Ῥήσσω, couper, rompre.

Réssadoù, *s m.* Baudet des scieurs de long; poutre ordinairement fourchée par un bout qui pose à terre, et dont le bout opposé est élevé sur un chevalet. La bille à scier est liée sur le baudet.

Réssaïre, *s. m.* Scieur, scieur de long. — *Manja coumo un réssaïre*, manger comme un scieur de long, est un dicton qui s'emploie fréquemment pour indiquer un excellent appétit dont ces ouvriers ne sont jamais dépourvus, ce qui pourrait bien tenir à leur genre de travail, qui doit fortement activer la digestion stomacale et intestinale, en les obligeant à se baisser et à se redresser sans relâche.

Réssaïres, *s. m. plur.* Sorte de moucherons qui, par de petits vols alternatifs et continus, de bas en haut et de haut en bas, imitent le mouvement de va-et-vient des scieurs de long ou *Réssaïres*.

Dér. de *Resso*, scie.

Réssàou, *s. m.* Cahot, ressaut, contre-coup, rebondissement, sursaut. Ce terme s'emploie ordinairement pour designer les cahots d'une charette, d'une voiture.

Dér. de *Sàou*, saut.

Réssàouta, v. Ressauter, éprouver de petits bonds successifs, des soubressauts, rebondir, trépigner.

Dér. de *Sàou*, saut.

Réssé, *s. m.* Scie de main, propre à scier une branche d'arbre de moyenne grosseur.

Dim. de *Rèsso*, scie.

Rèsségre, v. Rechercher, revenir sur ses pas, retoucher, travailler à la pioche les endroits qu'on n'a pu labourer avec la charrue.

Dér. de *Ségre*, suivre, chercher.

Résséméla, v. Carreler, mettre de nouvelles semelles à des souliers

Dér. de *Sémélo*, semelle.

Réssémélaïre, *s. m.* Savetier, celui qui remet de nouvelles semelles à des souliers, qui les répare.

Dér. de *Sémélo*, semelle.

Réssémélaje, *s. m.* Carrelure des souliers, semelles que l'on ajoute à des souliers quand la première est usée.

Rèsso, *s. f.* Scie, outil dont la pièce principale est une lame dentée, destinée à couper ou refendre le bois, la pierre ou les métaux.

Dér. du grec Ῥήσσω, rompre, frapper avec force.

Réssountì, v. Retentir, vibrer, résonner. — *Aquél co m'a ressountì din l'estouma*, ce contre-coup s'est fait ressentir dans ma poitrine.

Réssoutimén, *s. m.* Frémissement, vibration d'une cloche, d'un corps résonnant; vibration de l'air causée par la chûte d'un corps ou par quelque bruit analogue à celui du tonnerre ou du canon.

Résta, v. Loger, demeurer; tarder, être en retard. — *Ounté réstas?* où demeurez-vous? où logez-vous? *Avés bièn résta!* vous avez bien tardé à arriver. *Résta aquì émbé lou bestidou carga*, se dit d'une personne qui demeure interdite ou ne sait comment se tirer d'affaire pour s'acquitter d'une commission dont on l'a chargée.

Réstanqua, v. Arrêter l'écoulement d'un liquide, d'un

cours d'eau au moyen d'une digue on arrêt; clore une écluse en baissant la vanne.

Rèstanquo, *s. f.* Arrêt, digue, vanne d'écluse; barre qu'on met en travers et derrière une porte ou une fenêtre pour les tenir fermées; vanne ou planche servant d'arrêt pour retenir la pâte dans le pétrin de boulanger; tout ce qui sert à retenir, à arrêter.

Rèstouble. Chaume; ce qui reste en terre de la tige du blé, dans un champ après la moisson; un champ en chaume.

Rèstre, *v.* Même signification que *Èstre*, être, *v.* substantif.

Rétal, *s. m.* Rognure d'étoffe, d'habit; retaille; recoupes de pierre de taille.

Dér. de *Tal*, entaille.

Rétapa, *v.* Reboucher, boucher après avoir débouché; retaper, retrousser les bords d'un chapeau d'une manière insolite ou originale; répondre vertement à quelqu'un. — *L'aï bièn rétapa*, je l'ai joliment retourné.

Dér. de *Tapa*, boucher, fermer.

Rétar, *s. m.* Retard, retardement; délai, remise, renvoi.

Dér. du lat. *Retardatio*, m. sign.

Rétarda, *v.* Retarder, arrêter, suspendre; aller trop lentement en parlant d'une montre ou d'une horloge — *Ma mostro rétardo*, ma montre est en retard.

Rétégne, *v.* Reteindre, teindre à nouveau.

Dér. du lat. *Retingere*, retremper.

Rétène, *v.* Retenir, reprendre, garder en son pouvoir, faire séjourner; opération de calcul qui consiste à retenir un nombre pour le reporter à une autre colonne de chiffres; réprimer, modérer, mettre dans sa mémoire, empêcher, attraper. Se dit des arbres qui nouent, dont les fruits n'ont pas coulé. — *Lous doubres an bièn réténgu*, les arbres (à fruit) ont bien noué.

Réténgu, udo, *adj. m. et f.* Retenu, ue; modéré, circonspect, sobre.

Dér. du lat. *Retentus*, m. sign.

Réténgudo, *s. f.* Réserve, retenue, discrétion, qualité par laquelle on règle ses discours et ses actions de manière à les mettre en harmonie avec les règles de la prudence, de la modération, de la modestie, des convenances.

Rétira, *v.* Recevoir, loger, recueillir, héberger; donner asile, refuge, retraite, donner l'hospitalité.

Rétira (Sé), *v.* Se rétrécir, se racornir. — *Lou quièr sé rétiro*, le cuir se racornit.

Rétirado, *s. f.* Logement, hospitalité, asile que l'on donne à un étranger, à un indigent, à un parent, à un ami. — *Douna la rétirado*, donner l'hospitalité à quelqu'un, l'héberger; l'heure de la retraite, où l'on se retire. — *És l'ouro dé la rétirado*, il est l'heure de rentrer.

Rétor, *s. m.* Retors, fin, rusé, artificieux. — *És un rétor*, c'est un homme plein de ruse.

Dér. du français.

Rétos, rétosso, *adj. m. et f.* Tordu, contourné, enroulé.

Rétosse, *v.* Tordre, contourner; corriger, mettre à la raison. — *Té vas faire rétosse*, tu vas te faire mettre à la raison.

Rétour, *s. m.* Retour; détour, contour. — *La ribièro faï un rétour*, la rivière forme un détour.

Rétraïre, *v.* Faire le portrait d'une personne, la figure d'un corps quelconque; imiter la ressemblance; ressembler, avoir de l'analogie; reprocher. — *Aquélo couloù rétraï sus lou jâoune*, cette couleur tire sur le jaune; elle est approchante du jaune. *Aquél éfan retraï à soun païre*, cet enfant ressemble à son père. *Y retrasidou sas fâoutos*, on lui reprochait ses fautes, sa conduite.

Rétroùs, *s. m.* Débris de foin ou de paille tombés à terre, du râtelier ou de la mangeoire d'une écurie.

Révéïè, *s. m.* Sérénade, que les jeunes gens chantent la nuit sous les fenêtres des jeunes filles.

Révéïoú, *s. m.* Réveillon, collation ou *medianoche* de la nuit de Noël que l'on fait au retour de la messe de minuit; petit repas extraordinaire que l'on fait entre le souper et le coucher; collation, etc.

Révéïouna, *v.* Faire le réveillon; faire un repas nocturne entre le souper et le coucher, à une heure avancée de la nuit.

Dér. de *Révéïoù*.

Révéïre, *v.* Revoir, voir de nouveau. — *Aou révéïre!* au revoir !

Dér. de *Véïre*, voir.

Révénan, *s. m.* Revenant, fantôme, esprit que l'on croit revenir de l'autre monde; personnage à figure ou accoutrement fantastique. — *Sémblo un révénan*, il a l'air d'un revenant.

Emprunt fait au français.

Révéndariè. *s. m.* Petite boutique de regrat ou d'épicier qui revend les denrées de seconde ou de troisième main.

Révéndaïre, *s. m.* Regrattier et non revendeur. Petit épicier qui revend de seconde ou de troisième main. On dit aussi *Mangouniè*. — *Voy.* c. m.

Révéngu, *s. m.* Revenus, rentes. — *A dé bos révéngus*, il a de jolis revenus.

Révéngu, udo, *adj. m. et f.* Refait, blanchi, en terme de cuisine. On le dit aussi de la viande qu'on fait revenir ou cuire légèrement sur la braise. — *Pésoùl révéngu*, un parvenu, un homme naguère misérable et qui fait le vaniteux après avoir gagné quelque argent.

Révéni, *v.* Faire reprendre à quelqu'un ses esprits, le ranimer. — *Fa révéni*, faire blanchir ou refaire, en terme de cuisine. *Pér vous révéni*, pour revenir à ce que nous disions; c'est une locution qui s'emploie dans la conversation après une digression, quand on revient sur le premier sujet.

Révès, *s. m.* Averse, ondée, pluie de peu de durée. On dit aussi *Révéssado*. — *Voy.* c. m.

Révéssa, *v.* Être pire, surpasser. — *Lou païre és michan, lou fil révéssa*, cet homme est méchant, mais son fils le surpasse en méchanceté.

Révéssado, s. f. Averse, ondée, pluie de peu de durée. On dit aussi *Réves*. — *Voy. c m*.

Révésséto (de ou à la), loc. adv. A la renverse ou sur le dos — *Nada dé révésséto*, nager sur le dos. Les nageurs se délassent, par cette façon de nager, lorsqu'ils sont fatigués de celle qui est ordinairement employée.

Révèsso (man), subst. comp. Revers de main. — *Emplastra à man-revèsso*, souffleter d'un revers de main. On dit aussi dans certains pays *man-rebousso*.

Révièn, s. m. Produit, rapport, revenu. — *Aquélo tèro es d'un bon revien*, cette propriété est productive.

Révioura, v. Raviver. — *M'as di : fai révioura la léngo maternèlo*. (LAFARE.)

Révioure, s. m. Regain des prés, de la luzerne, de la feuille de mûrier. C'est la dernière pousse.

Révira, v. Riposter à quelqu'un, lui rabattre le caquet, le rabrouer, lui river son clou. — *L'a bièn révira*, il l'a bien retourné. *Sé révira*, retourner, rebrousser chemin, revenir sur ses pas.

Révirado, s. f. Retour, accès subit de certaine maladie, maladie grave. — *A'gu uno famouso révirado*, il a éprouvé une forte secousse, il a été bien éprouvé par cette maladie.

Révouluciou, s. f. Révolution; bouleversement, trouble, secousse morale. — *Acò m'a fa uno révouluciou!* cette nouvelle m'a tout bouleversé.

Emprunt fait au français.

Révouluma, v. Tourbillonner. On le dit du vent qui tourbillonne en soulevant des flots de poussière ou de débris de substances légères, telles que les feuilles sèches, la paille, etc.

Dér. du lat. *Revolvere*, m. sign.

Révoulumado, s. f. Tourbillon de vent ou de fumée; monceau, amas de divers objets entassés pêle-mêle. — *Révoulumado d'douro*, tourbillon de vent. *Révoulumado dé fun*, tourbillon de fumée. *Uno révoulumado de mounde*, un rassemblement de personnes.

Révoulun, s. m. Tourbillon de vent, de fumée, de neige, de pluie, etc.

Rial, s. m. Ruisseau. — *Voy. Riou*.

Riasso, s. f. Laiche; foin peu délicat qui vient naturellement et sans culture dans les terrains humides et marécageux. Le souchet ou plantain d'eau domine dans ces herbages.

Riban, s. m. Ruban. Tissu mince, plat plus ou moins étroit, ordinairement composé avec de la soie.

Du celt. *Riband*, m. sign.

Ribanéja, v. Se développer en forme de ruban.

Ribâounto, n. pr. de lieu. Ribaute. Village situé sur la rive gauche du Gardon d'Anduze (canton d'Alais est). Cette localité tire son nom de sa situation sur une rive ou berge élevée qui la tient à l'abri des inondations. Nom composé de deux mots : *Ribo-douto*, rive élevée. C'est le même que Rivesaltes. Ribaute a donné naissance à Jean Cavalier, le 28 novembre 1681.

Ribas. s. m. Augm. de *Ribo*. Grand talus gazonné ou couvert de broussailles.

Ribéja, v. Confronter, confiner, limiter, avoisiner, aboutir, être limitrophe.

Dér. de *Ribo*, rive.

Ribièïro, s. f. Rivière, cours d'eau formé par la réunion de plusieurs ruisseaux et qui se jette dans un fleuve ou dans une autre rivière.

Les deux principales branches du Gardon, celle d'Alais et celle d'Anduze, ont leur confluent *(jougnadoù)* en face de Vézénobres. — *Anan én ribièiro*, nous allons à la rivière.

Dér. de *Ribo*, bords entre lesquels le cours d'eau est compris. — *Voy. Ribo*.

Ribla, v. River un clou, un morceau de métal; en rabattre la pointe après l'avoir planté; battre le pavé, l'enfoncer avec la hie. On dit au fig. *I riblère sous clavéls*, je lui rivai son clou, je rabattis son caquet, je retorquai ses arguments.

Riblé, s. m. Rivet.

Riblo, s. f. Hie ou demoiselle dont se servent les paveurs pour battre le pavé.

Riblou, s. m. De la pierre concassée de petite dimension et qui sert à remplir les joints dans la confection des maçonneries en moëllons; de la blocaille ou ballast.

Ribo, s. f. Talus gazonné, terrain élevé en terrasse au bord d'un champ auquel le talus tient lieu de mur de soutènement; la lisière d'un champ, le bord d'une chose telle que la lisière d'un pré, le bord d'un champ, d'une forêt, d'une table, la rive d'un cours d'eau, le bord de la mer. Ce terme s'emploie aussi pour désigner la mauvaise herbe qui croit sur les talus (verdage de talus) et dont les ânes s'accommodent volontiers. C'est dans ce sens que l'on dit proverbialement : *Aquélo ribo n'és pa pér aquél ase*, ce n'est pas de la pâture pour cet oiseau, ce n'est pas pour lui que le four chauffe. *Sé i'a uno bono ribo, un ase la manjo*, s'il y a un bon emploi, c'est un incapable qui l'obtient.

Le mot *Dougo*, douve, employé jadis pour désigner le talus d'un fossé est encore usité pour désigner en quelques lieux le revers des anciens fossés de circonvallation établis autour des remparts, n'est plus guère en usage.

Ribo vient du lat. *Ripa*, m. sign., d'où l'on a fait *Riparia* et en bas lat. *Riberia*, *Ribiera*, d'où le français Rivière et le langued. *Ribièiro*, c.-à-d. eau qui coule entre deux rives.

Ribo-taïado, s. f. comp. Rive taillée à pic; escarpement d'un rocher, d'une montagne; berge d'une rivière, d'un fossé coupé à pic.

Les falaises sont en grand, sur le bord de la mer, ce que sont les berges sur le bord de certaines rivières.

Terme composé de deux mots : *Ribo* et *Taïado*, rive-taillée.

Riboto, s. f. Ribotte; débauche de table; gueuleton.

Ribouta, *v.* Se livrer à la bonne chère ; rechercher les plaisirs de la table ; manger ou boire à l'excès et pendant longtemps.

Riboutur, *s. m.* Celui qui recherche les plaisirs de la table, les parties de plaisir ; un joyeux compagnon.

Ricana, *v.* Ricaner, rire à demi pour se moquer de celui qui parle ou agit.

Ricanado, *s. f.* Rire de moquerie à demi étouffé.

Dér. de *Ricana*.

Ricanaïre, *s. m.* Mauvais plaisant, moqueur, gouailleur, qui se moque des autres.

On dit aussi *Ricanur*.

Richar, *s. m.* Un homme riche, un Crésus ; un thésauriseur.

Riche, richo, *adj. m.* et *f.* Riche. Il est aussi employé substantivement. — *Lous riches et lous pàoures*, les riches et les pauvres. *Faï un riche tén*, il fait un bon temps pour les récoltes.

Richèsso, *s. f.* Les richesses, la fortune.

Ridèlo, *s. f.* Ridelle, sorte de claie qui forme les deux côtés d'une charrette et préserve le chargement du frottement des roues. Les charrettes chargées de foin ou de paille sont toujours garnies de ridelles.

Dér. du lat. *Ridica*, échalas, support.

Ridèou, *s. m.* Rideau ; pièce d'étoffe qu'on emploie pour fermer, couvrir, cacher, entourer ou préserver un objet, un meuble de la poussière, et qui se développe ordinairement sur des tringles avec des anneaux, au moyen d'un cordon qui permet de l'étendre ou de la ramasser ; objet qui masque la vue et s'interpose entre la personne et l'objet observé ; pièce d'étoffe que l'on suspend ordinairement au devant d'une fenêtre dans les appartements.

Dér. de *Ride*, qui se plisse.

Rifla, *v.* Riper, racler, râtisser avec la ripe une pierre taillée.

Dér. de *Riflar*, ripe.

Riflar, *s. m.* Riflard ou demi-varlope ; gros rabot dont le fer est un peu cintré ou arrondi sur les angles et qui sert à dégrossir le bois ; ripe de tailleur de pierre.

Du celt. *Riflar*, m. sign.

Riflo, *s. f.* Meuble de cuisine de paysans. Sorte de tablette servant à poser une lampe à pied et les cuillers du ménage. La tablette appelée *rafo* est destinée à supporter les verres, les tasses et autres ustensiles de même nature ; d'où l'on dit d'une maison dépourvue de tout ou qui a été pillée ou dévalisée, qu'il n'y a plus *ni riflo, ni rafo ;* qu'on n'y a laissé *ni riflo, ni rafo*, c.-à d. qu'il n'y a rien laissé.

Rima, *v.* Brûler ou trop cuire ; roussir. En v. fr. rimer. On dit aussi des arbres dont le feuillage est brou par la gelée : *Soun rima*.

Lou Rima, le gratin ; ce qui s'attache d'un mets au fond d'un plat quand on donne trop de cuisson. — *Sén lou rima*, cela sent le roussi.

Rima se dit aussi par syncope de *rasima*, fleurir, pousser des grappes de fleurs. On dit des oliviers : *An bièn rima*, ils ont bien fleuri, la floraison a été abondante.

Rima, *v.* Rimer ; se terminer par des rimes.

Dér. du français.

Rimiè, *s. m.* Arbre ou arbuste qui sert de tuteur à la vigne sauvage.

Rimièïro, *s. f.* Une lambruche, une vigne haute ; sorte de treille ou de cep de vigne à tige haute que l'on fait monter et qui se développe sur un arbre élevé.

Se dit pour *Rasimièïro*, m. sign.

Rimo, *s. f.* Rime, retour des mêmes consonnances à la fin des vers ; mots qui riment ensemble. — *Aquò rimo pa mdou*, ces choses-là s'accordent assez bien. *Aquò n'a ni rimo ni résoù*, cela ne rime à rien, cela n'a pas le sens commun.

Rimoun-rimasso, terme d'argot. — *Rimoun-rimasso, toun nas din moun èsclò*, se dit à celui qui parle d'une chose sans la connaitre et particulièrement qui se pique de rimer sans raison.

Rintra, *v.* Rentrer ; entrer ce qui avait déjà été sorti. On le dit aussi pour entrer. — *Rintro doun !* Entre donc !

Rïoto, *s. f.* Querelle, débat, contestation, mauvaise humeur ; éclat de rire. — *Anes pa y cèrca rïoto*, ne va pas lui chercher querelle.

Riou, *s. m.* Ruisseau ; cours d'eau de faible dimension. En v. fr. Rieu.

Dér. du lat. *Rivus*, m. sign.

Parmi les dérivés nous citerons : *Rioussé, Rivatél, Rivoulé, Rigoulé*, petit ruisseau. Parmi les composés de *Riou : Rioumalo*, mauvais ruisseau ; *Rioutor*, ruisseau tortueux, sinueux ; *Riouclar*, clair ruisseau ; *Canriou, camprieu*, champ voisin d'un ruisseau. Ces dérivés sont presque tous des noms de lieu.

Ripaïo, *s. f.* Ripaille, grande chère, festin somptueux.

Amédée de Savoie, qui fut l'anti-pape Félix V, s'était retiré à Ripaille, bourg situé sur le bord du lac de Genève, pour y mener, dit-on, une existence fastueuse. De là le dérivé, employé en languedocien comme en français.

Riquétéja, *v.* Faire des petits repas de gala ou d'extra, des collations hors de l'heure des repas.

Dér. de *Riquéto*. — *Voy. c. m.*

Riquétéjaire, *s. m.* Un homme qui aime à faire des dinettes d'extra, ou en dehors de l'heure des repas.

Riquéto, *s. f.* Petit repas d'extra ; collation faite en dehors de l'heure des repas ; déjeuner ou goûter léger.

Rire, *s. m.* Rire, ris, l'action de rire. — *Lou rire me prén*, j'ai envie de rire. *Crébà dàou rire*, crever de rire. *Avès bé lou rire*, vous riez bien. *S'émbounna dàou rire, s'éspouchiga dé rire*, pouffer de rire.

Dér. du lat. *Ridere*, m. sign.

Rire, *v.* Rire, éprouver un sentiment de satisfaction qui se traduit par un mouvement involontaire des muscles du visage. — *Ris coumo uno tacho*, il a un rire inextinguible.

Farié rire las pèiros, il ferait rire les pierres, c.-à-d. il est très-facétieux. On dit d'un vieux vêtement, d'une étoffe usée : *Coumenço à rire*, elle commence à montrer la trame. *Prene per rire*, prendre en plaisanterie. *L'aigo coumenço à rire*, se dit de l'eau qui commence à s'agiter à la surface avant d'entrer en ébullition.

Dér. du lat. *Ridere*, m. sign.

Ris, *s. m.* Riz. — *Uno soupeto de ris*, une bouillie de riz que l'on prépare pour les enfants : *sedum acre*, espèce de joubarbe qui croit sur les vieux toits ou les vieux murs.

Risèio, *s. f.* Risée; partie de rire, réunion où l'on plaisante, où le rire domine; moquerie. — *Faire la risèio*, faire une partie de rire. *Estre la risèio diou mounde*, se rendre ridicule aux yeux du public.

Risouiè, risouièiro, *s. m.* et *f.* Rieur, euse ; celui ou celle qui rit souvent, qui rit volontiers.

Dér. du lat. *Risor*, m. sign.

Rispa, ado, *adj. m.* et *f.* Saisi par le froid, ridé, crêpé. Se dit de l'eau qui commence à se congeler ; de la peau du visage ou des mains qui se gercent sous l'action du froid ; du linge mouillé qui se roidit sous l'action du froid.

Rispo, *s. f.* Vent glacé, bise froide.

Dér. du grec Ῥιπή, souffle impétueux, coup de vent.

Rispo, *s. f.* Pelle à feu. Ce mot serait, selon Astruc, dérivé du celtique.

Risqua, *v.* Risquer, exposer sa personne ou son bien, ses marchandises, son argent, sa vie, sans craindre de les perdre, dans l'espérance d'un profit ou d'un avantage quelconque ; courir un risque. — *Risque toumba*, il faillit tomber.

Risque, *s. m.* Risque, danger, hasard, chance.

Rival, *s. m.* Rival, concurrent, celui qui aspire à la même chose qu'un autre, qui la lui dispute.

Dér. du lat. *Rivalis*, m. sign.

Rò, *s. m.* Roc, rocher; bloc de pierre; grosse pierre dure. Dans les Cévennes on désigne plus volontiers un banc de rochers sous le nom de *ran* ou *ron*. Voy. c. m. — *Sén dou rò*, nous sommes descendus jusqu'au rocher en creusant le sol.

Rouqué, dim. de *Rò. Roucas*, augm.

Ce mot entre dans la formation d'un grand nombre de noms composés : *Rocofui*, Roquefeuille, ou roche feuilletée ; *Rococervièiro*, roche aux cerfs ; *Rocomàouro*, roche maure ou roche brune ; *Rocopertuse*, Rochepertuis ou roche percée ; *Roucàouto*, Roucaute, roche-haute, etc.

Rò, *n. pr. m.* Roch, nom propre d'homme. — *Sen Rò*, saint Roch, originaire et patron de Montpellier dont la fête s'y célèbre le 16 août. — *Pér Sen-Rò*, pour la foire de la Saint-Roch qui se tient à Nîmes et à Montpellier.

Rò, *s. m.* Rot. Action de rôter; sortie bruyante par la bouche des gaz contenus dans l'estomac.

Dér. du lat. *Ructus*, m. sign.

Rodo, *s. f.* Roue, machine circulaire qui tourne sur un essieu comme centre; botte ou molle de cerceaux en bois de chataignier servant à cercler les tonneaux. — *Roudeto*, petite roue.

Dér. du lat. *Rota*, m. sign.

Ròdou, *s. m.* Tour, circuit, rond, circonférence, étendue circulaire, emplacement. — *Un ròdou de boulets*, un point de terrain où naissent habituellement des champignons.

Roge, *s. m.* Le mésentère salé, région intestinale chez l'homme et les animaux ; la fraise, en terme de boucherie ; membrane graisseuse et glanduleuse à laquelle tiennent tous les boyaux.

Ron, *s. m.* Roc, rocher, banc de rochers. — *Lou Ron traouca*, le Roc percé, coupure ou tranchée que l'on rencontre sur la route départementale n° 2, de Beaucaire à Mende, au 14ᵐᵉ kilomètre à partir d'Alais et au-dessus de la Croix-des-Vents, près de l'embranchement du chemin de Périès, commune de Soustelle (Gard).

Roquo, *s. f.* Roche, rocher, gros bloc ou éminence de rochers calcaires, de schiste ou de granit, etc. — *La Roquo*, quartier d'Alais, au sommet duquel s'élevaient autrefois les châteaux des seigneurs d'Alais et où est aujourd'hui bâti le fort de ladite ville. La Roque, rue d'Alais qui se développe à la base du rocher du fort et par laquelle Louis XIII fit son entrée à Alais, en 1629.

Roso, *s. f.* Rose; la fleur du rosier, à qui la suavité de son parfum et l'éclat de sa couleur ont fait donner le titre de reine des fleurs.

Dér. du lat. *Rosa*, m. sign.

Roso, *n. pr.* de femme. — *Rouséto*, Rosette, dim. de Rose.

Rosso, *s. f.* Rosse, vieux cheval usé, efflanqué ; haridelle ; terme de mépris employé par les femmes du peuple à l'égard d'une autre femme qu'elles veulent déprécier.

De l'all. *Ross*, cheval, pris dans un sens dépréciatif.

Roù ou Rout, *fém.* Routo, *adj. m.* et *f.* Rompu, cassé, brisé, fêlé. On l'emploie quelquefois dans le sens de déchiré. — *Sas braïos soun routos dou quiou*, son pantalon a le fond déchiré.

Dér. du lat. *Ruptus*, m. sign.

Rouanés, *s. m.* Rohannais, monnaie de la valeur d'un sou, que le duc Henri de Rohan, chef des huguenots, faisait battre à Nimes en 1622.

Roubal, *s. m.* Le rouge-gorge appelé aussi Rigal ou Rigòou. (Bec-fin, Rouge-gorge, *Sylvia rubecula*, Temm.) Cet oiseau a le dessus du corps d'un gris-brun teint d'olivâtre, le ventre blanc, le front, la gorge et la poitrine d'un roux ardent. Le Rouge-gorge, qui n'aime pas la société de ses semblables, recherche celle de l'homme : il n'est guère d'habitation, des champs surtout (car il vient quelquefois dans les villes), qui n'ait dans son petit jardin ou sur la haie voisine, un de ces charmants oiseaux gazouillant son joli ramage, qui plait d'autant plus que c'est pendant l'hiver où les autres chantres ailés sont absents ou se taisent. Il est si fidèle, si confiant, si familier, qu'on le dirait un commensal de la maison, dans laquelle il ne craint pas d'entrer pour y chercher un abri ou prendre sa pâture.

Roubal vient de *Rubellio*, un de ses noms latins, du verbe *Rubeo*, rougir. *Rigal* ou *Rigdou*, plus expressif encore, est formé de *gaudium*, d'où le vieux français avait fait aussi *Se rigoler*, ou *Rigoler*, se réjouir.

Roubiné, *s. m.* Robinet, appareil destiné à faciliter l'écoulement d'un liquide ou d'un fluide quelconque, ou son passage d'un récipient dans un autre.

Dér. de *Roubin*, petit canal.

Roubino, *s. f.* Roubine, canal de rivière ou de dessèchement d'un marais, d'un étang. Nom que l'on donne, dans la Camargue, aux canaux qui servent de communication entre les étangs salés et la mer, ou qui servent à introduire l'eau douce du Rhône dans les terrains bas, pour les irriguer.

Roucâouto, *n. pr.* Roucaute pour roche-haute (*roco-douto*). Le changement de *Ro* en *Rou* est ordinaire dans les noms composés de *ro* ou de *roco*.

Rouda, ado, *adj. m. et f.* Ceint, entouré, cerné, clos, mis en défense. Champ en éteule, autour duquel on fait trois ou quatre sillons, sur lesquels on jette quelques grains, pour indiquer qu'on veut garder l'herbe du champ et empêcher les troupeaux étrangers d'y entrer.

Rouda, *v.* Roder, tourner. — *La tèsto mé rodo*, il m'a pris un vertige, un tournoiement de tête.

Dér. de *Rodo*, roue.

Roudado, *s. f.* La quantité de fil enroulée autour d'un dévidoir et formant un écheveau.

Dér. de *Rodo*, roue.

Roudaïre, *s. m.* Rôdeur, vagabond; mal d'aventure, tourniole, abcès qui se forme au bout des doigts.

Dér. de *Rodo*, roue.

Roudamén, *s. m.* Tournoiement, vertige. — *Un roudamén de tèsto*, un vertige, un tournoiement de tête.

Roudè, *s. m.* Rouet, petite machine qui tourne au moyen d'une pédale et qui sert à dévider.

Dim. de *Rodo*, roue.

Roudèlo ou **Roundèlo**, *s. f.* Rouelle de veau, de mouton, de saucisson, de thon. On emploie aussi ce terme dans le sens de *Ridèlo*, ridelle. — *Voy.* c. m.

Roudia, *v.* Rôder; regarder autour de soi, jeter des regards méfiants autour de soi.

Roudiaïre, roudïaïro, *s. m. et f.* Celui ou celle qui rôde, qui épie sans cesse les actions d'autrui.

Roudiè, *s. m.* En v. fr. Rodier, faiseur de roues ou charron; dénomination prise de l'ouvrage des charrons qui exige le plus d'intelligence. Le nom de charron est pris du mot *char* ou *chariot*. — *Pous roudiè*, puits à roue. On dit plus volontiers *Pousaranco*. — *Voy* c. m.

Roudrigo (vièl), *s. m.* Vieux sournois, vieil avare, vieux rusé, vieux malin.

Roufian, *s. m.* Débauché, proxénète; homme de mauvaises mœurs.

Dér. de l'ital. *Ruffiano*, m. sign.

Roufla, *v.* Ronfler; râler, renifler, sangloter, pousser des sanglots; renâcler. — *Lou chival ou lou por rouflo*, le cheval ou le cochon renâcle ou râle.

Roufle (à), *loc adv.* A foison, abondamment. — *N'a à roufle*, il en regorge. — *Azaïga à roufle*, arroser à grande eau.

Rouflo, *s. m.* Instrument ou joujou d'écolier composé d'une planche fort mince attachée au bout d'un cordon, laquelle, en tournant, produit un bruit sourd qui imite le hurlement du loup. — *Voy. Brounzidoù*.

Rougno, *s. f.* La gale ordinaire; la rogne; éruption cutanée éminemment contagieuse, se manifeste par de petites pustules accompagnées d'une vive démangeaison surtout dans les jointures. Cette maladie est produite par un insecte de la famille des Acares, classe des Aptères, nommé par Linnée *Acarus scabiei*. La figure des galeux est en général exempte de l'invasion.

Dér. de l'ital. *Rogna*, m. sign.

Rougnoù, *s. m.* Rognon, rein des animaux et de l'homme; organe double, sécrétant l'urine, et placé de chaque côté de la colonne vertébrale, dans la région lombaire. — *Lou rougnoù d'uno tèio*, la partie la plus fertile d'une pièce de terre.

Dér. du lat. *Renes*.

Rougnounado, *s. f.* Partie d'une longe de mouton ou de veau à laquelle tiennent les rognons; le filet, en français; la selle, en terme de cuisine; la partie de l'épine du dos qui répond, dans le bœuf, à l'aloyau.

Dér. de *Rougnoù*.

Rougnous, ouso, *adj. m. et f.* Galeux, euse; qui est atteint de la gale, de la rogne; qui a la gale.

Dér. de *Rougno*.

Rouïè, *s. m.* Roulier, charretier, conducteur de charrettes, qui fait son métier du roulage.

Roujas, asso, *adj. m. et f.* Augm. de *Rouge*, rougeaud, rougeaude.

Roujastre, astro, *adj. m. et f.* Rougeâtre, roussâtre. — *Uno couloù roujastro*, une couleur, une nuance tirant sur le rouge.

Dér. de *Rouje*, rouge.

Rouje, *s. m.* Le rouge, la couleur rouge. Sobriquet donné parmi le peuple à ceux qui ont les cheveux roux. — *Rouje dé sero, bèou tén éspéro; Rouje dé véspre bèou tén déou èstre*, rouge le soir, espoir de beau temps. *Rouje coumo un coural*, rouge comme un poivron mûr. *Lou rouje, lou màou rouje*, maladie à laquelle sont sujets les pourceaux.

Roujé, *s. m* Rougeton, petit surmulet, *Mullus barbatus*, Linn.; *Mullus ruber*, Lacép. Poisson de l'ordre des Holobranches, commun dans la Méditerranée.

Roujé, éto, *adj. m. et f.* Dim. de *Rouje*. — *Siès roujé*, tu as de jolies couleurs rouges ou roses. *Las poumos roujétos*, les pommes rouges, petites pommes d'api.

Roujéja, *v.* Rougir, prendre la teinte rouge. — *L'aoubo roujéjo*, l'aube rougit; elle va poindre.

Roujéto, s. f. Poisson de rivière. — Voy. Sofio.
Roujinoùs, ouso, adj. m. et f. Rougeâtre, tirant sur le rouge.
Dér. de *Roujé*.
Roujoù, s. f. La rougeur, la couleur rouge qui teint les joues sous l'impression d'un sentiment subit ou émouvant; la couleur rouge en général.
Rouléto, s. f. Roulette, jeu de boules qui consiste à lancer le but aussi loin que possible. Le gagnant est celui des joueurs qui, avec une seule boule, se rapproche le plus du but; ruban gradué qui sert à mesurer et qui s'enroule dans une boîte close.
Roumagnè, s. m. Ouvrier, artisan qui fabrique les balances appelées romaines; le peseur public d'une ville, d'une localité.
Dér. de *Roumano*. — Voy. c. m.
Roumanaje, s. m. Droit de pesage, rétribution perçue par le peseur public dans un marché sur les marchandises vendues au poids.
Roumanis, s. m. Nom de plante. Romarin, *Rosmarinus officinalis,* Linn., arbuste de la famille des Labiées, commun dans le Midi. — *Lou dimèrgue das Roumanis,* le dimanche des romarins ou de la Sexagésime, jour auquel les jeunes gens de certaines localités portent, le grand matin, une branche de romarin à la porte des jeunes filles de leur connaissance.
Dér. du lat. *Rosmarinus,* formé de *Ros,* rosée, et de *Marinus,* de mer.
Roumano, s. f. Balance appelée romaine. Cette balance est composée d'un fléau ou levier gradué, muni à une de ses extrémités de trois crochets. On accroche au dernier de ces crochets la chose qui doit être pesée; celui du milieu est le point d'appui du côté fort, le troisième est le point d'appui du côté faible. Sur la partie graduée du fléau court un poids qui détermine la pesée. — *Quan tiro vosto roumano?* Combien pèse votre romaine?
Roumano (Léngo), s. f. La langue romane, autrefois généralement parlée dans le midi de la France. C'est au XIII° siècle que correspond chronologiquement pour Alais le moment où s'opère la transformation de son idiome, et où son langage commence à se fixer avec le caractère et l'originalité qui doivent lui rester propres.
Notre dialecte ne se fait pas faute de chercher ses racines dans le vieux tronc celtique; et il n'est pas, on le sait, un des moins vigoureux de ses rameaux.
La dénomination d'*Allez,* dont l'orthographe *Alais* est toute récente et ne date que des commencements du XVIII°°° siècle, nous paraît devoir se rattacher soit au celtique, soit au latin. En effet, *Al* en celtique, comme *Altum* en latin, s'emploie dans le sens de hauteur, élévation; et *lez* vient du latin *latus*. Dans la basse-latinité, *latus* fut employé pour *juxta* et signifiait près, auprès, au bord, à côté, sur la limite : *Plexitium latus Turonem,* le Plessis-lez-Tours. En vieux fr. *lez* était substantif : le roi est sur son trône et son fils à *son lez,* c.-à-d. à son côté, traduction littérale du latin *ad latus,* d'où *Allez* signifierait exactement et littéralement : au bord, au pied des hauteurs, dénomination qui ne saurait être mieux appliquée qu'à une localité exactement située au point précis où viennent expirer, sur la rive droite du Gardon opposée à cette ville, les premiers contreforts des Basses-Cévennes.

Allez pourrrait aussi être traduit littéralement de *Ad latus,* au bord, à côté (sous entendu des hauteurs ou des montagnes). Il faut pourtant convenir que cette étymologie n'a aucune connexité avec le nom d'*Alestum,* sous lequel Alais est désignée dans les chartes latines du moyen-âge.

La contrée que nous habitons fut possédée tour à tour par les Néro-Ligures, les Celtes, les Romains, les Francs, les Visigoths, les Sarrasins; elle a fait partie de la Gaule celtique, de la Province narbonnaise, de l'Aquitaine, de la Septimanie, de la Gothie, du Languedoc; elle a parlé le celte, le latin, le roman, le languedocien. Ces populations et ces langues se sont mêlées; toutes ont laissé l'ineffaçable empreinte de leur passage ou de leur séjour, dans les appellations de localités, de sites, de montagnes, de vallées, de rivières, dans les mots les plus usuels de notre dialecte. Ces noms, souvent bizarres, étranges, médailles altérées par le frottement, mais reconnaissables au cachet de l'époque qui les a vues naître, portant le titre des civilisations qui les ont déposées sur le sol, ne sont-ils pas le témoignage authentique de ces diverses occupations, superposées les unes aux autres, et se continuant jusqu'à notre époque?

Les campagnes, toutefois, se laissèrent moins pénétrer, et leur obstination à repousser le parler des conquérants fut plus rebelle : elles surent mieux conserver leur idiome original et son accentuation. Nos dialectes vulgaires en fournissent la preuve. Néanmoins le latin, importé par les légions et les colons, devait rencontrer auprès des classes inférieures plus de facilité à se vulgariser.

Il ne ressemblait guère au beau langage classique et littéraire de la métropole; et, altéré ou corrompu qu'il était déjà, peu soumis à la règle grammaticale toujours gênante, il se plia aisément aux exigences de la situation. Pour se reconnaître au milieu de ces régions ignorées, dans les communications journalières, pour s'entendre dans la conversation familière, ici il respecta les formes locales, là il emprunta les vocables usités; presque partout il se contenta de ses désinences caractéristiques sans altérer le radical, et substitua de proche en proche et sans violence ses expressions et ses formes à celles qu'une nationalité opiniâtre et fière entendait défendre et s'obstinait à conserver comme une propriété plus intime et plus inattaquable que le sol. Le travail d'assimilation du langage et des esprits suivit la même marche.

Il était réservé au christianisme, le grand civilisateur pacifique, d'achever l'œuvre. En adoptant le latin pour ses prières et sa liturgie, il arrêta sa complète dégénérescence, tandis que dans ses prédications, il le mêlait avec intelligence au langage usuel et populaire, toujours compris, et qui ne voulait point mourir. Il fit plus, car il enseigna et introduisit dans la Gaule narbonnaise cet esprit d'agrégation, d'ordre régulier, de solidarité, d'égalité, qui prépara le renouvellement social.

Ce ne fut qu'après bien des luttes et des secousses que tous ces éléments parvinrent à se combiner et à s'organiser. Les invasions franques, germaniques, sarrasines, promènent sans cesse leurs ravages sur nos contrées ; mais plus affermie dans ses traditions, la Gaule méridionale les repousse d'instinct ; elle ne peut se résoudre à faire alliance avec le Tudesque et l'Arabe ; elle se retranche dans sa culture et son indépendance. Puis, quand ces ouragans ont cessé, laissant après eux la désolation et la ruine, la population se relève enfin ; et il semble que les barbares du Nord et du Midi ne sont venus que pour donner à ses besoins de cohésion un ressort plus actif, et pour fournir quelques matériaux de plus à l'expression de sa pensée.

Alors son génie lui crée une langue dans laquelle viennent se suspendre, comme des trophées de combat, tous ses souvenirs. Le nouvel idiome chante et résonne comme un écho d'Ionie ; il a les notes pleines et énergiques de l'accent romain ; il mêle à la gravité et parfois à la rudesse des consonnes gothiques et germaines, la rapidité et la souplesse des voyelles arabes. Chaque conquête, chaque occupation lui a laissé son empreinte, et sous le nom de langue romane, comme si le titre était un symbole de puissance, il est répandu et admis par tout l'Occident, et les belles inspirations de ses troubadours seront prises pour modèle par toutes les langues de l'Europe.

Roumatimo, *s. m.* Rhumatisme ; douleur rhumatismale. Maladie des systèmes musculaire et fibreux, caractérisée par des douleurs plus ou moins vives, continues ou intermittentes.

Dér. du lat. *Rheumatismus*, formé du grec Ῥέω, je coule, et de Ῥεῦμα, fluxion, c.-à-d. fluxion qui se déplace, qui coule d'un point à un autre.

Roumèno, *s. f.* Laitue romaine, *Lactuca sativa romana*, Linn., plante de la famille des Synanthérées, cultivée comme salade dans les jardins potagers. Elle a des feuilles oblongues et des akènes noirâtres finement chagrinés. La variété *Capitata*, ou *laitue pommée* a des feuilles suborbiculaires, très-concaves et ondulées, et des akènes blanchâtres et lisses. Elle porte à Alais le surnom de *Rougéto*. La *Laciniata* ou *laitue épinard* se distingue par des feuilles laciniées, qui lui ont fait donner le surnom de *Frisado*.

Roumèquo, *s. f.* Être fantastique et malfaisant dont le nom paraît venir de *Rouméc*, vieux mot languedocien, qui signifie épine, ronce ; *Rouméquo* personnifiant le remords et ses aiguillons qui déchirent. Voy. dans *Las Castagnados* du marquis de Lafare-Alais, une pièce intitulée *La Rouméquo*.

Roumia, *v.* Ruminer. Ce terme s'emploie au pr. et au fig. — *Dé qué roumies?* Que rumines-tu ? A quoi songes-tu ? « *Manjo ca, qué roumiaras !* » Profite de l'aubaine qui se présente, plus tard tu feras maigre chère.

Dér. du lat. *Ruminare*, m. sign.

Roumiaïre, *s. m.* Homme sournois, méditatif, qui réfléchit sans cesse, qui rumine ses pensées.

Dér. du lat. *Roumia*, ruminer.

Roumîou, *s. m.* Pèlerin qui va à Rome. — *Camï roumîou*, voie romaine, chemin qui conduit à Rome. Nom propre, en v. fr. *Romier* ou *Romieu*.

Dér. du lat. *Romcus*.

Roumpre, *v.* Rompre, briser, casser. Défricher un champ, en arracher les arbres, les racines, les pierres, pour le rendre propre à la culture. — *Roumpre las castagnos séquos*, première opération de décorticage des châtaignes.

Dér. du lat. *Rumpere*, m. sign.

Roumpu, udo, *adj.* et *m.* Rompu, ue, brisé, ée, cassé, ée. — *Aquél roumpu*, empl. substantivement : ce roué, ce coquin ! *Roumpu dé Valénço*, dicton populaire.

Roumpu, udo, *part. du v. Roumpre*. Rompu, ue ; cassé, ée ; brisé, moulu, fatigué, harassé. — *Souï roumpu*, je suis moulu.

Dér. du lat. *Ruptus*, m. sign.

Roumpudo, *s. f.* Un défrichement, une novale : terre nouvellement défrichée et mise en valeur.

Le mot français roturier vient du lat. *Ruptuarius*, rompeur de terre ou défricheur de terrain. Au moyen âge, les seigneurs cédaient aux paysans certains espaces de terrain en friche, moyennant une redevance déterminée par un bail emphytéotique ou à long terme, à la condition que ce terrain serait mis en culture par l'emphytéote.

Roun, *subst.* Cercle, circonférence, disque, arène où les lutteurs se livrent à leurs exercices ; le turbot, poisson de mer ; en lat. *Rhombus*. — *Faire lou roun*, faire cercle.

Rounca, *v.* Ronfler.

Du bas br. *Roncha*, m. sign.

Rouncas, *s. m.* Gros bloc de rocher.

Augm. de *Ro*, rocher.

Roundina ou **Réna**, *v.* Gronder, quereller par mauvaise humeur. Grogner, gémir, pleurnicher sans raison. — *Toujour roundino!* il grogne sans cesse. *Lou por roundino, réno*, le cochon grogne.

Roundinaïre, aïro, *s. m.* et *f.* Grondeur, grognon, qui est sans cesse de mauvaise humeur ; pleurard.

Roundino, *s. f.* Plainte continue, gémissement constant habituel aux enfants gâtés.

Roundinoùs, ouso, *adj. m.* et *f.* Grondeur, inquiet, de mauvaise humeur. — *Un viél roundinoùs*, un vieux grognon.

Rounfla, *v.* Ronfler ; s'ébrouer. Se dit des chevaux qui renâclent avec force. — *Voy.* aussi *Roufla*.

Rounqua, v. Ronfler.
Du bas br. *Roncha*, m. sign. — *Voy.* aussi *Rounfla* et *Roufla*.

Rounquaïre, aïro, s. m. et f. Ronfleur, euse, celui ou celle qui ronfle habituellement en dormant.

Rounsa (pron. *Rounza*), v. Jeter. — *Se rounsa*, se ruer sur quelqu'un, sur quelque chose.

Rounsado, s. f. Bourrade, agression, attaque, poussée, rossée, bousculade; un renfoncement en terme d'argot.

Rounzas, s. m. Une touffe de ronces, un buisson, une ronçaie, un hallier épineux. On dit aussi *Rounzie* ou *Roumegas*.
Dér. de *Rounze*, nom languedocien de la ronce. — *Voy. Arounze*.

Roupo, s. f. Sorte de houppelande en forme de robe de chambre, vêtement ample servant de surtout.
Dér. du bas lat. *Raupa*, robe.

Roupio, s. f. Vieux manteau en loque, vêtement usé; haillons; souquenille.

Rous, ousso, adj. m. et f. Roux, rousse; fauve; blond. *Rous,* n. pr. d'homme, Roux. *Roussé, Rousséto,* dim. de Roux. — *Pan roussé*, pain bis.
Dér. du lat. *Rufus*.

Rousé, s. m. Roseau des marais.

Rousèlo, s. f. Le coquelicot, le ponceau; plante annuelle à fleur rouge de la famille des Papavéracées. Les feuilles tendres de la plante sont comestibles; la fleur s'emploie comme sudorifique. Cette plante porte aussi le nom de *Parpèl*.

Rousèrgue, s. m. Nom languedocien de la Patience, *Rumex*. La racine de cette plante est dépurative.

Rouséto, s. f. Rosette, n. pr. de femme, dim. de *Roso*, Rose.
Der. du lat. *Rosa*, m. sign.

Rousiè, s. m. Rosier, arbuste épineux qui produit la rose. Arbrisseau de la famille des Rosacées, dont les variétés sont devenues innombrables par la greffe.
Dér. du lat. *Rosa*, rose.

Rousiga, v. Ronger. — *Rousiga lou pan*, mordre à même dans le pain. *Rousiga un mouceu*, manger un petit morceau. *Sé laissa rousiga*, se laisser gruger. *Rousiga un os*, ronger un os. *Aquel afaire lou rousigo*, cette affaire le préoccupe, l'inquiète: cette inquiétude le ronge.

Rousigaduro, s. f. Rongeure. Traces que laissent un animal ou un mal rongeur. Au fig. remords, inquiétude.
Dér. de *Rousiga*.

Rousigaïre, aïro, s. m. et f. Rongeur, euse. Celui ou celle qui grignote toujours quelque chose.
Dér. de *Rousiga*.

Rousigariè, s. f. Grugerie, exactions par lesquelles on ruine les pauvres gens.

Rousigoù, s. m. Un trognon de fruit; un croûton de pain, un relief de repas, les rogatons d'un festin. — *Manja lous rousigoùs de qudoucus*, manger les restes d'un autre.

Roussaio, s. f. Bête de somme ou de trait complètement usée. Au fig. un vaurien, un chenapan, un fainéant; une femme de mauvaises mœurs.
Dér. de *Rosso*, rosse.

Roussé, s. m. Un jaune d'œuf; un louis d'or. — *Sous idous an dous roussés*, se dit de celui qui a la prétention d'avoir toutes choses meilleures que celles de son voisin.
Der. de *Rous*, roux.

Roussèl, èlo, n. pr. m. et f. et adj. m. et f. Roussel, n. pr. d'homme. Rousseau, qui a le poil roux, les cheveux carotte. On le dit aussi de ceux qui ont les cheveux blonds.
Dér. de *Rous*, roux.

Roussèto ou **Quo-rousso.** Rossignol des murailles. Rouge-queue, bec-fin de murailles, *Sylvia Phœnicorus*, Temm. Front d'un blanc pur, gorge noire, tête et dessus du corps d'un cendré bleuâtre foncé, ailes brunes, milieu du ventre blanc, poitrine, flancs, croupion et rectrices d'un roux vif. Ce petit oiseau a un ramage mêlé d'accents tristes et mélancoliques qu'il fait entendre surtout le soir et le matin; il jette aussi un petit cri qu'il accompagne toujours d'un mouvement de queue.

Roussi, s. m. Roussin, cheval, monture; vieux cheval ou rosse.
Dér. de l'allem. *Ross*, cheval.

Roussièïro, s. m. Bruant, Bruant de France, bruant jaune, *Emberiza citrinella*, Temm. La tête, la gorge et le milieu du ventre jaunes; dos et croupion marrons; poitrine et flancs tachetés de rougeâtre. Le nom de *Roussièïro* s'applique également et avec autant de raison au moins, à deux autres espèces de Bruants, aussi communs dans le pays, à l'Ortolan des roseaux, Bruant des roseaux, *Emberiza Schœniculus*, et au Zizi ou Bruant de haie, *Emberiza ciolus*, Temm., deux espèces qui, avec quelques variantes dans les couleurs et leurs dispositions, portent aussi du marron et du roussâtre, et dont les femelles surtout sont distinguées par cette dernière couleur plus prononcée.

Roussignóou, s. m. Rossignol, Bec-fin rossignol, *Sylvia Luscinia*, Temm. Il y en a une seconde espèce, Bec-fin philomèle, *Sylvia Philomela*, Temm., un peu plus grosse, plus sauvage ou plus prudente, qui arrive et se mêle avec la première et qui a la voix encore plus belle. On les confond toutes deux. Pour glorifier les Damoreau, les Grisi, les Sontag, les Persiani, les Malibran et toutes les reines du chant, on n'a rien trouvé de mieux que de les comparer au rossignol.
Dér. du lat. *Lusciniola*, dim. de *Luscinia*, qu'on prononçait *Loussignola*, d'où l'on a fait *Loussignóou* et enfin *Roussignóou*.

Roussignoulado, s. f. Roulade, éclat de voix, chant joyeux d'une jeune fille.
Dér. de *Roussignóou*, rossignol.

Roustan, n. pr. m. Nom d'homme assez commun dans le Midi. C'est la forme languedocienne de l'ancien prénom Rostaing ou Rostang *(Rostagnus)*.

Roustéga, *v.* Grignotter; machonner du bout des dents.

Roustégo, *s. m.* Rogaton; débris de mangeaille. — *Vièl roustégo*, vieux ladre, vieil avare, vieux gueux.

Roustì, *s. m.* Rôti; viande, volaille ou gibier cuits au four ou à la broche.

Dér. de l'all. *Rosten*, m. sign.

Rousti, *v.* Rôtir; faire rôtir, faire cuire de la viande, de la volaille ou du gibier au four ou à la broche. — *Souï rousti*, je suis perdu; j'ai perdu la partie ou mon enjeu.

Roustido, *s. f.* Rôtie, tranche de pain, tartine, sur laquelle on étend du beurre ou du fromage mou, ou que l'on met sous le gibier qui cuit à la broche. — *La bécasso et la grivo fan bièn la roustido.* Brioche.

Dér. de *Rousti*. — Voy. c. m.

Rouve ou **Roure**, *s. m.* Chêne blanc, *Quercus robur*, Linn. En bas-lat. *Rover*; en v. fr. *Rouve*; en ital. *Rovere*. C'est de ce mot que dérivent les noms pr. du Roure, Rovérié, de la Rovère. Les maisons de ce nom portent en effet un chêne dans leurs armes. — *Rouve ramassié, Pivou ramassié*, chêne ou peuplier que l'on taille de bonne heure pour en prendre les rameaux, que l'on donne comme fourrage aux bestiaux, après les avoir liés en bottes ou bourrées (*Ramas*). — Voy. *Chaîne*.

Rouvéïròou, *s. m.* et *n. pr.* d'homme. Petit bois de chênes, dim. de *Rouvièïro*. — Voy. c. m.

Rouvéné, *s. m.* Petit chêne; chêne de petite taille, jeune chêne.

Dér. de *Rouve*, chêne.

Rouvia, ado, *adj. m.* et *f.* Rouillé, ée, couvert de rouille, oxydé. — *Bla rouvia*, blé rouillé, jauni.

Dér. du lat. *Rubigo*, rouille.

Rouvèrgas, *s. m.* Nom de champignon. Agaric faux mousseron; mousseron d'automne, *Agaricus tortilis*. Ce champignon ressemble un peu au vrai mousseron (*Blanqués*), dont il a presque le parfum. Son chapeau est d'abord hémisphérique, aplati, ondulé, retourné en dedans, en bourrelet, d'un jaune fauve ou d'un blanc roux. Les lames sont inégales, libres, plus colorées sur les bords; le pédicule est cylindrique. On le rencontre en automne dans les bois, les châtaigneraies, les bruyères, assez souvent exposés au nord. Parfumé, d'un goût agréable, il s'apprête comme les mousserons.

Rouvièro, *s. f.* Une rouveraie, une chênaie, lieu planté de chênes blancs. On dit aussi *Rouvédo*. Ce terme est très employé dans le Midi comme n. pr. d'homme. *Rouvèrgue*, le Rouergue, l'Aveyron, signifie littéralement la région des chênes, comme le Querci.

Dér. de *Rouve*, chêne.

Rouvil, *s. m.* La rouille produite par l'oxydation des métaux, mais principalement du fer. — *Prène lou rouvil*, être attaqué de la rouille.

Dér. du lat. *Rubigo*, rouille.

Rouvil, *s. m.* Fruit avorté, rouillé, chétif, entiché. — *Acò's pas qué dé rouvil*, ce n'est que de la marchandise de rebut.

Rubarbo, *s. f.* Rhubarbe de fromage; sorte de mets usité dans les Cévennes et qui n'a rien de commun avec la drogue médicinale du même nom. On le prépare avec le fromage frais provenant du lait de chèvre, que l'on triture en y ajoutant de la mie de pain, du poivre et du sel ou autres épices, et qu'on laisse fermenter dans des vases de terre jusqu'à ce que le mélange offre une consistance suffisante. Ce mélange acquiert avec le temps un goût piquant qui le rend appétissant. On le désigne dans les Cévennes sous le nom de *Rubarbo*, à cause de la propriété qu'il possède de réveiller l'appétit. Ce mets est désigné dans la Provence et dans les environs de Nîmes sous le nom de *Cacha*.

Rubisso, *s. f.* Nom de plante, *Adonis*.

Rude, rudo, *adj. m.* et *f.* Rude. Brusque, bourru; dur, inflexible. — *Rude dou traval*, dur au travail, travailleur acharné. *Un rude afaïre*, une affaire embrouillée et difficile à résoudre.

Dér. du lat. *Rudis*, m. sign.

Rudéja, *v.* Rudoyer, dire des duretés, traiter avec hauteur, avec rudesse; maltraiter.

Dér. de *Rude*.

Rudo, *s. f.* Nom de plante. La rue, *Ruta graveolens*, Linn. Plante de la famille des Rutacées, vermifuge, sudorifique, emménagogue, détersive. Elle arrête les progrès de la gangrène. Deux poignées de cette plante, placées sous la paillasse du lit, suffisent pour en chasser les punaises. On s'en sert en infusion pour rétablir les menstrues.

Dér. du lat. *Ruta*, m. sign.

Rufa, *v.* Froncer, rider; réchigner au fig.

Rufe, rufo, *adj. m.* et *f.* Raboteux, rude au toucher, hérissé de poils, plein d'aspérités. Au fig. rude, brusque, bourru.

Ruïno, *s. f.* Décombres, débris provenant d'un bâtiment démoli. On comprend sous ce terme les plâtras, gravois, débris de mortier, et non les moëllons.

Dér. du lat. *Ruina*, m. sign.

Runla, *v.* Rouler, dégringoler. — *A runla lous escalès*, il a dégringolé, roulé l'escalier.

Runladouïro, *s. f.* Rouleau en bois ou en pierre tournant autour d'un axe et servant à dépiquer le blé. Ce rouleau n'est pas cylindrique, mais le plus souvent hexagonal et présente l'aspect d'une pyramide tronquée.

Dér. de *Runla*, rouler.

Runlo, *s. f.* Plan incliné, descente rapide.

Rùoou! *interj.* Cri ou commandement des charretiers pour faire aller ou tourner les chevaux à droite. Hue! en français. — Voy. *Ja!*

Ruòou! s'emploie aussi avec une intonation plus prolongée pour arrêter les chevaux.

Rusa, ado, *adj. m.* et *f.* Rusé, ée, fin, adroit, roué.

Rusca, *v.* Écorcer les jeunes chênes des bois taillis pour la préparation des cuirs; dé ouiller les arbres de leur écorce.

Dér. du bas bret. *Rusc*, écorce — Voy. *Dérusca*.

Ruso, s. f. Ruse, voie détournée, adresse employée pour arriver à ses fins.

Rusqua, ado, adj. m. et f. Couvert d'une écorce dure et solide; roncé. — *Un ome bien rusca*, un homme bien taillé, solide, robuste, dur à la fatigue, de formes athlétiques.

Rusquaïre, s. m. Ecorceur; ouvrier que l'on emploie à dépouiller les arbres de leur écorce.

Rusqué, s. m. Outil en fer tranchant et un peu recourbé, servant à enlever l'écorce des arbres.

Rusqué, s. f. Écorce des arbres, surtout celle des jeunes chênes, que l'on emploie à tanner les peaux et les cuirs; le tan, ou l'écorce brisée et moulue dans un moulin à tan; la tannée; nom que l'on donne au tan qui a déjà servi à tanner les cuirs et dont on fait des mottes que l'on brûle.

Dér. du bas bret. *Rusc*, m. sign.

Russi, v. Réussir, parvenir au but que l'on se propose, avoir eu bonne chance. — *A bièn russi*, se dit de celui qui a obtenu une excellente récolte de cocons. *N'ai pa russi*, j'ai échoué dans cette affaire.

Russido, s. f. Réussite; chance favorable; succès.

De *Re* itér. et de *Uscire*, sortir, vaincre une difficulté.

Rustiqua, v. Enduire, couvrir une construction, une maison, un édifice, au moyen d'une couche de mortier ou de ciment préparé d'une manière spéciale et fouetté au moyen d'un petit balai de bruyère, de façon à donner à la couche une surface rugueuse.

Rustiquo, s. f. Enduit d'apparence rugueuse et chagrinée, dont on recouvre les façades de certaines constructions, au moyen d'un mortier ou ciment que l'on fouette sur le mur avec un balai de bruyère.

S

SA

S, 19me lettre et 15me consonne de l'alphabet. C'est une sifflante, dont l'articulation exige le concours de la langue et des dents. Les Grecs et les Romains changeaient quelquefois la dentale *t* en sifflante; par permutation contraire, le français donne le son de l's au *t* dans certaines finales, comme dans *action, captieux, martial*, etc. Le même phénomène se remarque en anglais. Dans les langues française, anglaise, espagnole, portugaise, et dans l'idiome languedocien cévenol, y compris le dialecte alaisien, l's finale est le signe ordinaire du pluriel des mots, contrairement au provençal rhodanien qui la supprime. Cette tendance commence à s'accuser aussi pourtant dans le dialecte alaisien, qui supprime l's finale dans bien des cas, laissant à l'article qui précède les noms, le soin de faire la distinction du pluriel ou du singulier. Chez les Romains l'S équivalait au nombre 7 et même, suivant quelques auteurs, à 90. Surmontée d'un trait, S représentait 90.000.

Sa, s. m. Sac. Grande poche en cuir, en toile ou autre étoffe, que l'on a cousu sur les côtés et par le bas, de manière à laisser une ouverture au sommet par laquelle on introduit les matières ou denrées que le sac doit contenir. — *Sa dé vi*, un sac à vin, un ivrogne. *Un sa dé bla, dé castagnos*, volume de cinq doubles décalitres ou un hectolitre de blé, de châtaignes. *M'an douna moun sa*, on m'a donné congé, on m'a mis à la porte. *Toumba coumo un sa dé bla*, tomber lourdement, s'affaisser comme une masse. *Téni lou sa*, être complice d'un vol, participer à une mauvaise action. *Faire soun sa*, s'en aller, partir, mourir.

Dér. du lat. *Saccus*, m. sign.

SAB

Sa, adj. poss. Sa, au plur. *Sas*. — *Ramassa sas péios, sas fatos*, réunir toutes ses ressources.

Dér. du lat. *Sua*, m. sign.

Sa! interj. Appel réitéré du berger à son troupeau, quand il lui présente du sel. *Sa! Sa!*

Dér. de *Sdou*, sel.

Saba, s. m. Vacarme, cris bruyants, tapage prolongé — *Quinte saba!* quel vacarme!

Saba, ado, adj. m. et f. Battu, assommé de coups. — *Un rabe saba*, un radis creux. *Uno rabo sabado*, une rave creuse.

Saba, v. Frapper à petits coups redoublés sur une tige ou un rameau qui est en sève, pour en détacher plus facilement l'écorce, soit pour greffer le rameau, soit pour en ôter l'écorce. Au fig. rosser.

Dér. de *Sabo*, sève.

Sabarnâou, s. m. Savetier ambulant qui s'établit en plein air et pour peu de temps dans les lieux où il passe.

Sabatariè, s. f. Savaterie, cordonnerie. Nom de lieu, de quartier, de rue. Nom que porte une des rues d'Alais parallèles à la Grand'Rue et s'étendant de la place du Marché à la place Berthole.

Dér. de *Sabato*, savate, soulier.

Sabatèlo, s. f. Nom d'un champignon de la tribu des Polypores, *Polyporus tuber*, Linn. Polypore-truffe. Cette espèce, que Paulet a décrite sous le nom de Savatelle-truffe, présente une surface chagrinée, grenue, semblable à celle de la truffe noire dont elle a d'ailleurs la couleur, le goût et le parfum. Son chapeau large de deux ou trois pouces est garni en dessous de pores blancs qui prennent une teinte rousse avec l'âge. Le pédicule est latéral, plein, de la couleur des pores, et de la même substance que le chapeau. Toute la plante est d'une texture ferme, cassante, blanche et de bon goût; aussi est-elle fort recherchée. Elle abonde vers la fin de l'automne dans les Cévennes. On prépare les Savatelles comme les truffes noires : croûtes au vin ou garnitures.

L'aspect superficiel de ce champignon est celui d'une vieille semelle, d'où vient son nom de *Sabatèlo*, dér. de *Sabato*, savate, soulier.

Sabatiè, *s. m.* et n. pr. d'homme. Savetier, cordonnier. Sabatier, nom propre d'homme, très-commun à Alais et dans le Midi. — *Sabatiè, faï toun mèstiè*, mêle-toi de tes affaires et non de celles des autres, ne sors pas de tes attributions. *Ne sutor ultra crepidam.*

Dér. de *Sabato*, savate.

Sabato, *s. f.* Savate, soulier, chaussure en général.

Dér. du celt. *Sab*, pied.

Sabé, *s. m.* Savoir, science acquise, instruction, érudition. — *Faïre sabé*, faire part. On dit aussi *faire-sdoupre*. *Lou gaï-sabé*, le gai savoir, la poésie des troubadours.

Dér. du lat. *Sapere*, empl. pour *Scire*.

Sabino, *s. f.* Nom de plante. — *Voy. Cade-Sabi*. Sabine ou genévrier sabine, *Juniperus sabina*, Linn. Arbrisseau de la famille des Conifères, commun sur les côteaux exposés au midi, dans la partie septentrionale de la Provence et dans le Gard.

Dér. du lat. *Sabina*, parce qu'on cru que cet arbuste était originaire du pays des Sabins.

Sablas, *s. m.* Banc de sable, grand amas de sable, plaine de sable, ensablement formé sur le bord d'une rivière, dunes formées par le vent le long des rivières, comme celles qui existent sur la rive droite du Gardon entre le Pont du Gard et Remoulins, au quartier dit de la Couasse, et qui sur les plages de l'Océan envahissent et recouvrent peu à peu des villages entiers. Carrière de sable ou sablonnière d'où l'on extrait le sable propre à confectionner le mortier nécessaire aux travaux de maçonnerie. — *Béoure coumo un sablas*, boire comme un trou ou comme un templier.

Dér. de *Sablo*, sable.

Sablo, *s. f.* Sable, réunion de particules pierreuses provenant de cailloux pulvérisés ou usés par le frottement. Ce mot, fém. en languedocien, est masc. en français. — *N'és bon qué pér metre dé sablo sus lou papiè*, il n'est propre qu'à suivre l'avis des autres; il est incapable de donner un avis.

Dér. du lat *Sabulum*, m. sign.

Sabloù, *s. m.* Sable, sablon, gravier, terrain arénacé.

Dér. de *Sablo*, sable.

Sabo, *s. f.* Sève, fluide transparent, ordinairement incolore et limpide, qui circule dans les organes des végétaux, remplissant à peu près les mêmes fonctions que le sang chez les animaux. — *Lous doubres soun en sabo*, les arbres sont en sève, la sève commence à monter. *Sabo marsénco*, sève de mars. *Sabo avousténco*, sève d'août.

Dér. du lat. *Sapa*, suc.

Saboù, *s. m.* Savon, mélange de potasse et de soude combiné avec les corps gras tels que les huiles, et qui sert à nettoyer le linge.

Dér. du lat. *Sapo*, m. sign.

Saboula, *v.* Battre, rosser.

Sabouna, *v.* Savonner, blanchir au savon, dégraisser avec le savon et l'eau. Au fig. battre, rosser, réprimander.

Dér. de *Saboù*, savon.

Sabounado, *s. f.* Savonnage, provision de menu linge que l'on met tremper à la fois dans le savon; eau de savon dans laquelle on met tremper le linge que l'on veut savonner. Au fig. vigoureuse correction. — *Quinto sabounado!* quelle tripotée!

Sabounaje, *s. m.* Savonnage; action de savonner, de blanchir au savon. Portion de linge que l'on destine à être nettoyée au savon.

Dér. de *Saboù*, savon.

Sabounéto, *s. f.* Savonette, morceau de savon sphérique que l'on employait autrefois chez les barbiers pour préparer la barbe et raser les clients. Saponaire officinale, *Saponaria officinalis*, Linn. Cette plante, à fleurs roses ou blanches, passe pour détersive, diurétique, sudorifique et dépurative; elle est employée pour laver le linge. Elle croit sur les bords des rivières et des ruisseaux.

Dér. de *Saboù*, savon.

Sabourun, *s. m.* Du savouret, os rance et décharné de porc salé dont les pauvres gens de la campagne assaisonnent leur potage, assaisonnement qu'ils préfèrent à celui de la viande fraîche. Terme d'injure : *Qué vóou aquél viël sabourun?* Que demande ce vieux libertin?

Dér. du lat. *Sapor*, saveur.

Sabouti, ido, *adj. m.* et *f.* Fatigué, secoué, éreinté, moulu, brisé de fatigue. — *Soui sabouti*, je suis moulu.

Sabouti, *v.* Secouer, mener rudement, malmener quelqu'un, le rudoyer. — *L'aï bién sabouti*, je l'ai bien rudoyé.

Saboutimén, *s. m.* Ébranlement, fatigue occasionnée par le trot dur d'une monture.

Sabra, *v.* Sabrer, couper, trancher. Au fig. trancher une difficulté, juger une affaire sommairement.

Dér. de *Sabre*, sabre.

Sabranla, *v.* Ébranler en secouant fortement. — *Voy. Déssabranla.*

Sabre, *s. m.* Sabre, arme à lame large, tranchante d'un seul côté et ordinairement un peu recourbée, et destinée à frapper de taille plutôt que d'estoc.

Dér. de l'all. *Sabel*, épée courbe.

Sabre-dé-bos! Sabre-d'or! *interj.* Sorte de juron anodin employé dans le langage familier. — *Sabre-dé-bos, pistoulé-dé-païo!* autre forme du même juron un peu plus compliquée.

Sacado, s. f. Une sachée, plein un sac. — *Uno sacado dé nouse*, une sachée de noix.

Dér. du bas lat. *Sacamentum*.

Sacaje, s. m. Action de mettre dans un sac. On dit plus communément *ensaquaje* — Voy. *Insaqua*.

Sacamandéja, v. Vivre licencieusement ou dans le désordre; piller, rançonner, saccager — *Lous Prussiens an sacamandeja la Franço*, les Prussiens ont saccagé, ravagé la France.

Dér. de *Sacaman*.

Sacaman, ando, s. m. et f. Voleur, brigand, coupe-jarret, homme dur et impitoyable. Au fém. Coureuse.

Dér. de l'all. *Sac-man*, homme de sac, pillard. En ital. *Sacco manno*, m. sign.

Sachu, udo, part. pass. du v. *Sàoupre*, savoir. — *S'aviéi sachu!* si j'avais su! *Acò's sachu*, cela est connu, c'est une chose avérée.

Sa-col, Cabussàou ou **Cassàou,** s. m. Le bourrelet des manœuvres, des portefaix; sac à demi-plein de paille qui forme coussinet sur leurs épaules et leur aide à porter les fardeaux. — Voy. *Cassdou*.

Sacramén (Sén), s. m. comp. Un ostensoir. Le languedocien est dépourvu d'un terme qui désigne ce vase sacré, et on exprime le contenant par le terme qui désigne le contenu.

Sacréja, v. Jurer, blasphémer; entremêler ses paroles de jurons comme les gens grossiers et mal élevés.

Sacréjaire, s. m. Jureur, blasphémateur, celui qui a l'habitude de jurer et de blasphémer.

Sacre-moun-amo, s. m. Un jureur, un homme déterminé à commettre tous les excès. — *A la sacre-moun-amo*, à la manière des bandits, des hommes qui ne reculent devant rien, qui sont décidés à tout faire.

Sacre-pa-di! interj. Juron assez anodin employé dans le langage familier et qui signifie littéralement: Je ne jure pas le nom de Dieu. C'est l'opposé du juron franç̧a is *Jarnidieu!* pour *je renie Dieu*, qui était dit-on familier à Henri IV non moins que celui de *Ventre-saint-gris!*

Sacripan, s. m. Sacripant, rodomont, homme turbulent, casseur d'assiettes, homme déterminé à tout entreprendre.

Ce terme, comme celui de *Rodomont*, est un nom de personnage de l'*Orlando furioso* de l'Arioste.

Sacristan, ano, s. m. et f. Sacristain, sacristaine, celui ou celle à qui est confié le soin et la garde des vases et des ornements sacrés, et en général ce qui est renfermé dans la sacristie d'une église. Dans un monastère de femmes, la religieuse à qui est confié le soin de la sacristie.

Dér. du lat. *Sacristia*, m. sign.

Sadoul, s. m. Saoul. — *Manja soun sadoul*, manger tout son saoul; être repu. Au fig. *N'ai moun sadoul!* j'en ai plein le dos; j'en suis ennuyé, fatigué, dégoûté.

Dér. du lat. *Satullus*, dim. de *Satur*.

Sadoul, oulo, adj. m. et f. Saoul, saoule; repu, repue. Rassasié, fatigué, gorgé de nourriture; dégoûté d'une personne ou d'une chose. — *Sadoul coumo un por*, saoul comme un porc.

Dér. du lat. *Satullus*.

Sagan, s. m. Le sabbat. Au fig. bruit, train, tapage — *Sagan e magan*, désordre, confusion, mélange de toutes sortes de gens. Dér. du lat. ou du celt. *Saga*, sorcière. et *Magus*, magicien. Peine, tout ce qui donne de l'inquiétude et du souci.

Sagata, v. Poignarder, frapper à coups de couteau un homme ou un animal. Au fig. presser vivement, solliciter, arracher de force un aveu ou une faveur. Juguler quelqu'un; lui faire rendre gorge. Couper les rejetons, les drageons, surgeons gourmands qui poussent au pied d'un arbre et arrêtent son développement.

Dér. de *Sagato*, surgeon.

Sagati, s. f. Étoffe composée d'un mélange mi-partie laine et filoselle. — *L'abi dé sagati* est le titre de l'une des pièces les plus remarquables du marquis de Lafare-Alais, dans les *Castagnados*.

Sagato, s. f. Surgeon, drageon, rejeton que les arbres poussent de leur pied. — *La sagato a manja l'doubre*, les surgeons ont épuisé l'arbre.

Dér. du celt. *Sagastra*, m. sign.

Sagnè, s. m. Nattier; ouvrier qui fait des ouvrages de sparterie, qui rempaille les chaises.

Sagnèiro, s. f. Terrain marécageux sur lequel croît la plante appelée *Sagno*, qui sert à rempailler les chaises communes et à confectionner divers ouvrages de sparterie.

Dér. de *Sagno*. — Voy. c. m.

Sagnèirolo, s. f. Dim. de *Sagnèiro*; flaque d'eau marécageuse et stagnante dans laquelle pousse la *Sagno*. — Voy. c. m.

Sagno, s. f. *Sparganium erectum*, Linn. Plante de la famille des Typhacées qui croît dans les marais et dont la tige sert à rempailler les chaises.

Sagriècho ou **Sabruècho,** s. f. Nom de plante; sariette vivace, annuelle.

Sai, s. m. La panne d'un porc, dont on retire l'axonge ou saindoux. Les paysans s'en servent comme du savouret (*Sabourun*), pour assaisonner leur potage, surtout celui qui est fait avec des raves ou des choux. — *Faïre dé sai*, faire du lard, engraisser, vivre paresseusement, en sybarite.

Dér. du lat. *Sagina*, graisse.

Saïèiro, s. f. Salière; petit vase de métal, de cristal, de faïence, de verre, servant de récipient au sel et même à poivre que l'on met sur la table.

Dér. de *Sdou*, sel.

Saïour, saïourdo, s. m. et f. Sale, malpropre, dégoûtant. *Saïourdas*, péjor. de *Saïour*.

Saïou, s. m. Sorte de jaquette, sayon ou robe servant à vêtir les jeunes garçons, jusqu'au commencement du XVIII⁰ siècle, avant de leur faire revêtir la culotte.

Dér. du lat. *Sagum*, m. sign.

Saïqué, adv. Sans doute, peut-être, apparemment. —

Sauqué siès nèci? Es-tu devenu fou? *Aoubé saïqué,* oui, sans doute.

Saïsséto, *s. f.* Froment de la plus belle qualité ; touselle à petits grains *(Triticum hibernum aristis carens),* que l'on cultive beaucoup dans le Comtat venaissin et la côte du Rhône. Ce froment donne le pain de la plus belle qualité.

Saje, sajo, *adj. m.* et *f.* Sage, posé, raisonnable, qui a une conduite réglée. En parlant d'une fille ou d'une femme : modeste, sage, pudique.

Dér. du lat. *Sapere,* avoir de la sagacité.

Sala, v. Saler; mettre du sel dans les mets ou sur la viande que l'on veut conserver. Au fig. et adj. cher, coûteux. — *Acò's sala,* cela est fort cher. *Mé l'an fa sala,* on me l'a fait payer fort cher.

Dér. de *Sáou,* sel.

Sala, ado, *adj. m.* et *f.* Salé, ée, assaisonné avec du sel ou préparé avec du sel pour être conservé.

Saladoù, *s. m.* Saloir, vaisseau ou table à rebords qui sert à faire la salaison. C'est aussi le vase où l'on conserve le sel à l'abri de l'humidité.

Dér. de *Sáou,* sel.

Saladuègno, *s. f.* Nom de plante. La Chélidoine ou grande-éclaire. *Chelidonium majus,* Linn. Plante à suc laiteux et jaune un peu caustique. Elle est employée comme anti-dartreux. On la désigne aussi sous les noms de *Saraduègno* ou *Sarajuègno.*

Salaje, *s. m.* Salaison de la viande des porcs; temps de la salaison. Viande de porc pour la salaison.

Salamalè, *s. m.* Salamalec, révérence profonde, adulation, politesse exagérée.

Dér. de l'arabe *Salam alaïka,* la paix soit avec toi.

Salan, *s. m.* La région du littoral où se trouvent les marais salants.

Saléïroù, *s. m.* Une salière. — *Voy* Saïèïro.

Salì, v. Chasser, mettre dehors. — *M'an salì déforo,* on m'a chassé.

Dér. de l'ital. *Salìre,* sortir.

Salìs *s. m.* Grenier à sel.

Dér de *Sal,* sel.

Salivèja, v. Saliver, rendre de la salive abondamment.

Dér. du lat. *Saliva,* dér. de *Sal,* sel.

Salivo, *s. f.* La salive, sécrétion spumeuse qui prend naissance dans les glandes salivaires de la bouche.

Dér. du lat. *Saliva,* dér. de *Sal,* sel.

Salo, *s. f.* Une salle, grande pièce servant aux réceptions dans les maisons riches. — *Lasalo, Las Sallos,* Lasalle, Les Salles, n. pr. de villages et de hameaux qui furent dans l'origine de petits prieurés, des hospices, dépendants d'un monastère qui envoyait dans ces maisons, devenues prieurés, un ou plusieurs religieux pour prendre soin du temporel.

Dér. du lat. *Cella,* ferme, grange. Navacelle, *Nova-cella,* a la même origine. — *Voy. Cèïé.*

C'est de *Salo* ou Salle qu'ont été formés les noms des communes les Salles-du-Gardon, les Salles-de-Gagnières, Lasalle, etc., situées dans le département du Gard, et les dim. *Salèto, Saléto, Saléndro* ou *Salindro* et *Saléndrenco.*

Salô, salopo, *s. m.* et *f.* Homme sale, mal élevé, grossier dans sa tournure, ses paroles ou ses actes; femme prostituée, de mauvaises mœurs, souillon.

Salo-toupi, *s. m.* Tâtillon; se dit par dérision d'un homme qui se mêle des menus détails du ménage réservés aux femmes.

Salouparié, *s. f.* Saleté, grossièreté, vilenie, préjudice, bassesse. Au fig. paroles grossières et obscènes.

Salu, *s. m.* Salutation, salut, action de saluer, acte de politesse.

Dér. du lat. *Salus, salutis,* santé.

Salu! *interj.* Adieu! Portez-vous bien! Bonjour!

Saluda, v. Saluer; honorer par une marque extérieure de civilité. — *Saluda,* hocher la tête en dormant.

Dér. du lat. *Salutare,* m. sign.

Saludaïre, *s. m.* Un homme obséquieux, qui salue tout le monde sans distinction et souvent sans raison.

Sambu, *s. m.* Sureau. — *Voy. Couloubrigné.*

San, sano, *adj. m.* et *f.* Sain, saine. Se dit des personnes et des choses. — *Aquel bos és san,* ce bois est sain. *San coumo un métal,* solide, bien portant, plein de santé. *Faire san,* terme de moulinage des soies, dépouiller la soie mise au moulin des bouchons qui embarrassent le fil ou dépassent la trame d'une étoffe.

Dér. du lat. *Sanus,* m. sign.

San, *prépos.* Sans. — *San-z'ounou,* homme ou femme décriés, de mauvaise réputation, sans délicatesse.

Dér. du lat. *Sine,* m. sign.

Sanfloura, v. Déflorer, prendre le dessus du panier, faire un choix sur un certain nombre d'objets; écrèmer, prendre ce qu'il y a de plus beau.

Sanflourado, *s. f.* Choix que l'on fait sur une certaine quantité d'objets. — *A prés la sanflourado dé las poumos,* il a choisi les plus belles pommes de la récolte ou du panier.

Sang, *s. m.* Sang; liqueur rouge qui circule dans les artères et les veines des animaux vertébrés. Race, famille. — *Moun sang és véngu tout rouge,* locution ironique qui signifie : Cela ne m'a pas surpris; cet évènement ne m'a nullement ému. *Sang dé coudoumbre,* sang de concombre, homme sans énergie, froid, que rien n'émeut; poltron, poule mouillée. *Lou sang sanno,* ce qui offense un membre de notre famille, nous offense également.

Dér. du lat. *Sanguis,* m. sign.

Sanguinado, *s. f.* La sanie, le liquide sanguinolent qui découle des plaies; sang délayé dans quelque humeur qui le rend d'un rouge sale.

Dér. de *Sang.*

Sanla, v. Couvrir, envelopper. — *Sanla-vous bién,* couvrez-vous bien. *Sé sanla d'un mantèl,* se couvrir d'un manteau.

Sanle, *subst.* La saleté. — *Aimes bién lou sanle,* tu aimes bien la saleté, la crasse. *Aquò cren bién lou sanle,* cette étoffe prend facilement la saleté.

Dér. de l'all. *Sal,* ordure, saleté.

Sanle, sanlo, *adj. m.* et *f.* Sale, des deux genres, malpropre, couvert d'ordure.

Sanli, *v.* Salir, rendre sale. — *Aquel efan se sanlis bien,* cet enfant digère bien, remplit bien ses fonctions digestives.

Sanna, *v.* Saigner, égorger ou couper la gorge; pratiquer une saignée. — *Quan me sannarias,* quand bien même vous me tueriez je ne pourrais vous satisfaire. *Sannarias puléou uno pèiro,* vous tireriez plutôt du sang d'une pierre. *Lou nas i sanno,* il capone, il recule, il hésite. On raconte qu'au moment ou Guillaume de Nogaret poursuivait, à Avignon, la condamnation de la mémoire de Boniface VIII auprès de Clément V, ce dernier cherchait à gagner du temps, pour ne pas prendre une décision irrévocable Un saignement de nez qu'eut le pape pendant la nuit, lui servit de prétexte pour faire renvoyer une séance. Or, on dit proverbialement, en Languedoc, d'un homme qui hésite ou recule au moment de prendre une grave détermination : *Lou nas i sanno!* le nez lui saigne, en mémoire, sans doute, du fait historique que nous venons de rappeler.

Sannado, *s. f.* Une saignée. Au fig. une dépense, une perte considérable d'argent. Une dérivation d'une petite portion d'un cours d'eau.

Dér. de *Sang.* — *Voy.* c. m.

Sannadoù, *subst. m.* Le bout saigneux, l'extrémité du quartier, du côté de la gorge, à l'endroit de la plaie où il reste toujours du sang sur l'animal égorgé; couteau de boucher, coupe-gorge; abattoir rustique. C'est aussi le banc à écorcher sur lequel on égorge les moutons et les porcs.

Sannadoù, *adj. m.* Propre à saigner ou à être saigné. — *Coutèl sannadoù,* couteau de boucher servant à égorger les animaux de boucherie. *Aquel por es sannadoù,* ce porc est parvenu au degré d'engraissement voulu pour être tué.

Sannaïre, *s. m.* Saigneur, celui qui saigne les animaux de boucherie.

Sannoùs, ouso, *adj. m.* et *f.* Saignant, ante; tâché de sang; ensanglanté, saigneux.

San-pus, *adv.* Uniquement, seulement. — *Péndraï uno crousto, san-pus,* je mangerai seulement un crouton de pain. *Jouga uno partido san-pus,* jouer une seule partie.

Sanqué, *s. m.* Du sang d'agneau, de chevreau, de poulet, de volaille, que l'on frit à la poêle avec un peu d'ail et de persil additionnés d'herbes fines.

Dér. de *Sang.*

Sansanvi, *s. m.* Ortolan, Bruant ortolan, *Emberiza hortulana,* Temm. Tête et cou olivâtres, poitrine d'un jaune verdâtre, les parties inférieures rousses, les supérieures brunes et noires à leur centre. Sansanvi est une prétendue onomatopée de son chant, qu'on a voulu faire plaisante.

On connaît l'aptitude de cet oiseau à engraisser rapidement, et comme pour cela on le conserve en cage, il a un mérite de plus pour les gourmands, c'est de pouvoir leur être servi quand les autres petits pieds, si succulents aussi, nous ont quittés.

Sansi, *v.* Fouler aux pieds.

Sansogno, *s. f.* Une cornemuse; chant monotone et ennuyeux; rabâchages; chant de berceuse pour endormir les enfants. — *Acò's toujour la mémo sansogno,* c'est toujours la même chanson. Le fanon des bœufs, qui leur pend sous la gorge comme la poche vide d'une cornemuse. *Sansognos* au pluriel, barbe de coq, cartilages ou caroncules rouges qui pendent sous le bec des coqs. — *Voy. Gaïo*

Dér. de l'ital. *Zampogna,* cornemuse.

Sansougna, *v.* Chanter à demi-voix, fredonner. Au fig. importuner quelqu'un par des instances, des sollicitations Lambiner, tarder, user de longueurs inutiles, corner aux oreilles.

Sansougnaïre, *s. m.* Joueur de cornemuse. On dit aussi *Sampougnaïre.* Au fig. importun, ennuyeux, rabâcheur, qui tombe dans des redites.

Sansura, *v.* Presser, solliciter, importuner, ennuyer. — *M'a sansura tout lou jour,* il m'a fatigué toute la journée de ses importunités.

Dér. de *Sansuro,* sangsue.

Sansuro ou **Sannaïrolo**, *s. f.* Sangsue, *Hirado* ou *Sanguisuga.* De ce second nom latin, le français avait fait d'abord suce-sang qui est devenu sangsue; *sansuro* n'en est que l'imitation. On a pourtant délaissé pour ce nom celui de *Sannaïrolo,* qui pouvait revendiquer une origine plus légitime provenant du languedocien même : *Sanna,* saigner. Au fig. un fâcheux, un importun, un parasite, un usurier.

Santa, *s. f.* Santé.

Dér. du fr. qui, à son tour, vient du lat. *Sanitas,* m. sign.

Santa-di! *interj.* Exclamation admirative. Invocation à la Vierge : *Sancta Dei genitrix.*

Santa-fiou! *interj.* Sorte d'exclamation marquant l'étonnement.

Santa-pa! *interj.* Exclamation d'étonnement.

Dér. du lat. *Sancta pax.*

Santaroùs, ouso, *adj. m.* et *f.* Plein de santé, bien portant — *Péïs santaroùs,* une contrée, une région dont le climat, l'air est salubre.

Dér. de *Santa,* santé.

Santi-bèli, *s. m.* Statuette en plâtre que les modeleurs italiens colportent dans les rues en criant : *Santi belli!* beaux saints! Une personne à figure insignifiante, à physionomie effacée, sans expression.

Santus, *s. m.* Un grand coup appliqué sur la poitrine ou ailleurs. — *Aou santus l'espère.*

Sâou, *s. f.* Sel; le sel marin, chlorure de sodium, le sel gemme ou fossile. Le sel marin est composé de 60 parties de chlore et de 40 de sodium. — *Y courou coumo à la sdou*, on y court comme le bétail au sel.

Dér. du lat. *Sal*.

Sâou, *s. m.* Saut, action de sauter, chûte, bond que l'on fait en sautant. — *Faire lou gran sdou*, mourir.

Dér. du lat. *Saltus*, m. sign.

Sâouça, *v.* Saucer, tremper du pain dans la sauce; mettre les pieds dans le plat, commettre une bévue; mettre le pied dans un bourbier; tremper quelqu'un da ns l'eau. — *Sé sdouça*, se tremper de pluie, être surpris par une averse, un orage.

Sâoucéto, *s. f.* Dim. de *Sdouço*, petite sauce. — *Faire sdoucéto*, faire trempette, tremper un morceau de biscuit dans du vin blanc ou rouge; faire la soupe au perroquet.

Sâouciè ou **Sâoucièiro**, *s. m. et f.* Saucière, petit vase dans lequel on sert les sauces ou rémoulades.

Dér. de *Sdouço*, sauce.

Sâoucino, *s. m.* Nom pr. de lieu et d'homme. Saussine ; en v. fr. Socine, boutique.

Dér. du bas lat. *Socinum*.

Sâoucissiè, *s. m.* Charcutier dont la spécialité consiste à confectionner des saucisses ou des saucissons.

Dér. de *Sdoucisso*, saucisse.

Sâoucisso, *s. f.* Saucisse, viande de porc hachée menu, salée et épicée, et introduite dans des boyaux du même animal, de manière à présenter une forme cylindrique. Les saucisses ainsi préparées peuvent être conservées une partie de l'année. On les mange cuites.

Dér. de *Sdou*, sel.

Sâoucissò, *s. m.* Saucisson. Augm. de *Sdoucisso*. Saucisse de grosse dimension, préparée à peu près comme la précédente, mais avec plus de soin et de manière à ce que la viande, fortement enchâssée dans des boyaux de grande dimension, puisse être conservée plus longtemps. Le saucisson est mangé cru.

Sâouço, *s. f.* Sauce. Assaisonnement liquide, où il entre du sel et des épices. Au fig. frais, dépens. — *N'én pagaras la sdouço*, tu en payeras les dépens. *Ficha uno sdouç o*, administrer une correction, une trempée.

Dér. de *Sdou*, sel.

Sâouda, *v.* Souder. Joindre bout à bout et relier par le moyen d'une soudure les deux parties séparées d'un objet en métal, au moyen d'un métal plus fusible.

Dér. du lat. *Solidare*, affermir.

Sâougnè, *s. m.* Saunier, celui qui fabrique le sel ou qui le débite.

Dér. de *Sdou*, sel.

Sâoumadado, *s. f.* Une salmée de terrain environ. — *Voy. Sdoumado*.

Sâoumado, *s. f.* La charge d'un âne ou d'une ânesse (*Sdoumo*); ou plus généralement une charge de bête de somme. Une salmée de terrain; mesure agraire dont la surface équivaut à 79 ares 80 centiares, mesure d'Alais. La salmée se divisait en quatre setiers ou sesterées; le setier en deux mines, la mine en deux quartes, la quarte en quatre boisseaux, le boisseau en six dextres et un quart.

La salmée, mesure de capacité pour les céréales, les châtaignes, les glands, les légumes secs, équivaut en nouvelles mesures métriques à 20 décalitres 5.909.

Elle se divisait en

Setier	5 déc.	1477
Emine	2	5739
Quarte	1	2869
Boisseau	0	3217

Ces valeurs sont calculées pour la salmée, mesure d'Alais.

Voy. Sauvages pour plus amples renseignements.

Dér. du lat. *Summa ;* bass. lat. *Summata, Somata, Salmata*, charge d'une bête de somme.

Sâoumo, *s. f.* Anesse, femelle de l'âne. — *Métre dou la dé sdoumo*, prescrire l'emploi du lait d'ânesse dans une maladie ou une convalescence.

Dér. du lat. *Summa*, bête de somme.

Sâoupiqua, *v.* Saupoudrer un mets ou de la viande avec du sel et des épices.

Dér. de *Sdou*, sel.

Sâoupiqué, *s. m.* Saupiquet, sauce piquante préparée avec du sel et des épices. Le lièvre rôti se mange avec un saupiquet composé du sang, du foie broyé et délayé de l'animal, relevé par des épices et du sel.

Dér. de *Sdou*, sel.

Sâoupégu, gudo, *part. pass.* du v. *Sdoupre*, savoir. — *Ou ai pa sdoupégu*, j'ignorais cette circonstance.

Dér. du lat. *Sapere*, savoir.

Sâoupètro, *s. m.* Salpêtre, nitrate de potasse. Littéralement sel de pierre, parce qu'il se produit naturellement par efflorescence, sur les vieux murs, les molasses calcaires, les voûtes de cave, l'intérieur des grotte s.

C'est du salpêtre que l'on retire le sel de nitre ou salpêtre purifié qui, uni au soufre et au charbon, compose la poudre à canon.

Sâoupre, *v.* Savoir, connaître. — *Faire à sdoupre*, annoncer un événement, un mariage, une naissance, un pécès; en faire part à ses amis et connaissances. *M'ou sdouprés à dire*, vous me le ferez savoir, vous m'en direz des nouvelles. *Sdoupre màou*, vouloir du mal, en vouloir à quelqu'un, lui garder rancune.

Dér. du lat. *Sapere*, savoir.

Sâouquéno, *s. f.* Nom languedocien de la jeune dorade, poisson de la Méditerranée *(Aurata Vulgaris).* — *Voy. Ddourado*.

Sâouri, *v. et nom prop.* Saler et fumer, saure r. Saury. nom d'homme.

Sâouri, ido, *part. pass.* du v. *Sdouri*, sa urer.

Dér. de *Sdou*, sel.

Sâouringa, ado, *adj. v. m. et f.* Fricassé au sel et à

l'huile et au vinaigre. Apprêté au sel; assa... uné avec du sel.

Dér. de *Sâou*, sel.

Sâousarédo, *s. f.* Une saulaie, une saussaie, lieu planté de saules.

Dér. de *Sâouse*, saule.

Sâouse, *s. m.* Saule, genre d'arbres et d'arbrisseaux de la famille des Amentacées, dont il existe un grand nombre d'espèces. Par le mot *Sâouse* on entend en général les grandes espèces et en particulier le saule blanc, *Salix alba*, Linn. Une des petites espèces porte le nom de *Vige (Voy. c. m.).* C'est l'osier qui est employé dans la vannerie. — *De que fas aqui planta coumo un sdouse* que fais-tu-là planté comme un échalas?

Sâousé, *n. pr.* de localité, Sauzet, village de l'arrondissement d'Uzès. — *Barbié de Sâouse.* — *Voy. Barbié.*

Sâouse-latiè, *s. m. comp.* Saule d'une espèce particulière à tige droite et très-élancée, que l'on refend pour en faire des lattes ou montants d'échelles.

Sâousïo ou **Sauzédo**, *s. f.* Saulaie, saussaie; lieu complanté de saules, champ couvert de saules. — *Voy. Vijëiro.*

Sâouta, *v.* Sauter, s'élever de terre avec effort; s'élancer, tranchir un obstacle, descendre ou remonter d'un bond de haut en bas ou de bas en haut. Omettre, négliger, oublier. — *Sâouta sus la couvèrto*, être berné.

Dér. du lat. *Saltare*, m. sign.

Sâoutarèl, *s. m.* Jeu d'enfant, jeu du bâtonnet — *Voy. Bresco.*

Dér. de *Sâouta*, sauter.

Sâoutarèlo, *s. f.* Sauterelle *(Locusta)* Insecte coléoptère qui ne pouvait être mieux nommé; car on prétend que, d'un seul bond, il saute deux cents fois la longueur de son corps. On l'appelle aussi *Sâouto-bouqué.* — *Voy. c. m.*

Sâouto-bartas, *s. m. comp.* Un pillard; jeune libertin, maraudeur qui vit de vols et de rapines en franchissant les haies et les murs de clôture des propriétés. — *Voy. Trâouco-baragnado.*

Sâouto-bouqué, *s. m. comp.* Sauterelle; ce surnom lui est donné parce qu'elle saute par dessus les fleurs.

Sâouto-cambèto, *loc. adv. comp.* Cloche-pied. — *Dé sâouto-cambèto*, à cloche-pied.

Sâouto-lingrin, *s. m. comp.* Au phys. un homme maigre, mince, fluet. Au fig. un homme léger, frivole, sans consistance.

Sâouto-régolo, *s. m. comp.* Saute-ruisseau, petit clerc de notaire, d'avoué, d'huissier ou autre tabellion.

Sâoutur, **tuso**, *s. m. et f.* Sauteur, euse, celui ou celle qui saute; se dit d'un homme léger, sans consistance, qui manque de sérieux et ne sait pas se conduire. *Sâoutuso*, se dit d'une femme qui a une conduite légère.

Sâouva, *v.* Sauver, garantir, tirer d'un péril; garder, conserver, réserver; procurer le salut éternel.

Dér. du lat. *Servare*, dans les premiers sens, et de *Salvare* dans le dernier.

Sâouva (Sé). *v. r.* Se sauver, s'enfuir, s'échapper; faire son salut, mériter le paradis.

Sâouvadoù, *s. m.* Le Sauveur du monde.

Dér. du lat. *Salvator*, m sign.

Sâouvadoù, ouno, *adj. m. et f.* Un enfant qui commence à se former, qui est sorti des premiers accidents de l'enfance. Un agneau qui commence à se suffire; un oiseau qui a quitté le nid. — *Aquel agnèl és sâouvadoù*, cet agneau peut se passer des soins de sa mère.

Sâouvagna, *n. pr.* de lieu. Salvagnac; lieu sauf, c-à-d jouissant de certaines immunités ou franchises; qui ne devait aucune imposition au domaine royal. Lieu de sûreté, d'espérance, d'asile, comme il en existait sous la féodalité

Dér. du lat. *Salva*, sauve.

Sâouvaje, ajo, *adj. m. et f.* Sauvage; qui dépend des bois ou forêts, qui n'est pas cultivé. Homme non civilisé, sans lois, qui habite les forêts. Au fig. homme sans culture, homme dur, inabordable, aux manières brusques et dures

Dér. du lat. *Silvaticus*, de *Silva*, forêt.

Sâouvaje, *n. pr.* d'homme et de lieu. Domaine situé près d'Alais, d'où est sortie la famille des Boissiers de Lacroix de Sauvages, qui a produit un médecin célèbre et l'abbé de SAUVAGES, auteur du *Dictionnaire languedocien*

Sâouvajino, *s. f.* Nom collectif qui comprend toutes les bêtes fauves, les bêtes sauvages, telles que les ours, les loups, les renards.

Dér. de *Sâouvaje*, sauvage.

Sâouvajun, *s. m.* Odeur qui s'échappe des bêtes fauves — *Sénti lou sâouvajun*, contracter l'odeur qui s'échappe des bêtes fauves.

Dér. de *Sâouvaje*, sauvage.

Sâouvan, *s. m.* Expédient, ressource, sauvegarde, planche de salut. — *Acò's moun sâouvan*, c'est là ma dernière ressource.

Sâouve, *n. pr.* de lieu. Sauve, chef-lieu de canton de l'arrondissement du Vigan, département du Gard.

Dér. du lat. *Salvium*, nom que lui donnent les Chartes. Comme le nom fréquent de *Salvetat*, ce terme désigne une localité, un domaine qui, sous la féodalité, étaient affranchis de certaines charges.

Sâouve (Dé), *loc. adv. comp.* Sauf, quitte, absous, délivré. — *Soui de sâouve*, je suis hors de danger.

Sâouvèr, *adj. m.* Prodigieux, effrayant, surprenant. — *Plóou qué fai sâouvèr*, il pleut à torrents. *Acò fai sâouvèr*, cela m'est effrayant.

Dér. du lat. *Silva*, dans le sens de forêt solitaire et épaisse, profonde.

Sâouvèrdiou! *interj.* Exclamation de surprise ou de crainte. Dieu sauveur! Dieu terrible!

Sâouvèrtous, ouso, *adj. m. et f.* Solitaire, désert, effrayant; lieu qui inspire la mélancolie ou la terreur.

Dér. de *Sâouvèr.* — *Voy. c. m.*

Sâouvésou, *s. f.* et *n. pr.* d'homme. Salvation, salut, sauvegarde, franchise. Sauvezon, nom d'homme commun dans les Cévennes.

Sâouvio, *s. f.* Nom de plante. La sauge, *Salvia officinalis*, Linn., plante de la famille des Labiées, à l'état cultivé ou sauvage, très-commune dans le Languedoc et la Provence; elle est stomachique et céphalique. — *Salvia à salvando*, disent les auteurs et l'ancien proverbe. *Cur moriatur homo*, dit l'école de Salerne, *cui salvia crescit in horto*.

Quau a de sàuvi dins soun jardin
N'a pas besoun de médécin,

disent les Provençaux.

On voit par ces témoignages le cas, peut-être exagéré, que l'on a fait de tout temps de cette plante. *Sâouvio bouscasso*, plante labiée à fleurs jaunes, *Phlomis herba venti*, Linn. Phlomis, herbe au vent, qui n'est nullement une sauge. *Manja dé pourqué émbé dé sâouvio*, au propre, manger du filet de porc piqué de sauge, qui est le régal par excellence des paysans. Au fig. se pourlécher les babines, se délecter, éprouver un vif contentement, une vive satisfaction.

Dér. du lat. *Salvia*, de *Salvare*, sauver.

Sapa, **ado**, *adj. m.* et *f.* Touffu, serré, ramassé; on le dit des plantes et des branches d'arbres touffues.

Saparténço, *s. f.* Séparation, division, limite séparative, ligne de démarcation, partage.

Dér. du lat. *Separare*, séparer, diviser.

On dit aussi dans le même sens : *Déssaparténço*.

Saparti, *v.* Séparer, couper, diviser, disjoindre, refendre, partager; séparer deux combattants.

Dér. du lat. *Separare*, séparer, couper.

Sapian, sapiènto, *adj. m.* et *f.* Savant, ante; prudent, ente; sage.

Dér. du lat. *Sapiens*, m. sign.

Sapianço ou Sapiènço, *s. m.* ou *f.* Sagesse, science, prudence. — *Un omé dé sapiènço*, un homme de bon conseil, prudent, instruit, savant.

Dér. du lat. *Sapientia*, m. sign.

Sapino, *s. f.* Planche de sapin. On dit d'une personne languissante et attaquée de la poitrine : *Sén la sapino*, elle sent le sapin ou le cercueil, que l'on construit avec les planches de sapin.

Sapur, *s. m.* Sapeur; soldat dont l'arme est une hache qui lui sert à saper les obstacles. L'institution des sapeurs ne date que du 7 avril 1806; un décret impérial du 18 février 1808 en fixe le nombre à quatre par bataillon. — *Acò's un sapur*, se dit d'une virago, d'une femme hommasse, qui a des allures masculines.

Dér. du français.

Saqua, *v.* Ensacher, mettre dans un sac, dans une poche, introduire, placer. — *Saqua-vous aqui*, placez-vous là. *Saquas-i vostè dé*, introduisez-y le doigt. *Saqua fiò*, mettre feu, boute-feu.

Dér. de *Sa*, sac.

Saquado, *s. f.* Plein un sac. — *Uno saquado dé nouses*, plein un sac de noix. *Uno saquétado dé fiéio*, plein une sachette de feuille de mûrier.

Saqué, *s. m.* Dim. de *Sa*, sac. — *Faire soun saqué*, prendre congé, donner congé.

Saquéto, *s. f.* Sac de petite dimension, dont on se sert généralement pour ramasser la feuille de mûrier.

Dér. de *Sa*, sac.

Saquo, *s. f.* Sac de grande dimension, plus large que le sac ordinaire. On lui donne aussi le nom de *Bojo*. — *Voy*. c. m.

Sara, *v.* Serrer, étreindre; mettre en lieu sûr, serrer; lier un fagot ou un paquet. — *Sara lou mèrca*, conclure, arrêter le marché. *Sara-vous aïci*, approchez. *Sara-vous*, prenez-garde à vous. *Sara-vous ailai*, éloignez-vous.

Sarado, *s. f.* Etreinte, serrement, action de serrer. — *Ficha uno sarado*, serrer les côtes. *Sarado*, terme de maçonnerie; point de jonction entre la toiture d'une maison et le mur latéral de la maison contiguë, ou le point où une cheminée émerge au-dessus d'un toit.

Saraïè, *s. m.* Serrurier; celui qui fabrique les serrures et en général les ferrures des portes et fenêtres.

Saraïè ou Lardièiro, *s. m.* Mésange *(Parus)*. On a cru trouver dans le chant de la charbonnière ou grosse mésange (Mésange charbonnière, *Parus major*, Temm.), une imitation du bruit du marteau sur l'enclume et de la lime, et on lui a donné le nom de *Saraïè*, serrurier. Ce nom a passé aux variétés de cet oiseau ; on peut dire pourtant qu'il est plus habituellement donné à la grosse mésange et que les petites sont distinguées par celui de *Lardièiréto* (*Voy*. c. m.). La famille nombreuse des mésanges est du reste celle qui fournit le plus à cette appellation collective de *Pè-nègre*, dans laquelle sont confondus beaucoup de petits oiseaux du même genre.

Saraïéja, *v.* Tourmenter une serrure; y introduire la clé avec difficulté, agiter inutilement la clé dans la serrure sans pouvoir ouvrir, soit qu'on s'y prenne mal, soit que la serrure soit dérangée.

Dér. de *Saraïo*, serrure.

Saraïo, *s. f.* Serrure, appareil construit en métal, et qui sert à fermer une porte, une armoire ou autres meubles destinés à serrer certains objets.

Les serrures modernes sont très-compliquées, pour la plupart, et ont dû être inconnues ou peu employées jadis. La fermeture la plus anciennement usitée est sans doute celle que l'on opérait au moyen d'une barre de bois placée derrière la porte, soit en travers, soit sous forme d'arc-boutant.

Le verbe *barra*, fermer, mettre la barre, désigne encore toutes les manières de fermer. On dut ensuite employer les verroux et enfin la serrure. — *Voy*. aussi les mots *Tanqua* et *Tanquo*.

Dér. du lat. *Sera*, fait de *Serare*, fermer.

Plusieurs noms de lieu tels que *Sarragna*, Sernhac

Gard), Sérignan (Hérault) dérivent du mot Saro pris dans le sens de fermer, et ont la signification de *lieu clos*, lieu fermé, lieu de péage. Le nom des villages de Barre (Lozère), et de Barjac, *Barsacum* (Gard), a la même origine.

Sarci, *v.* Repriser, faire des reprises sur une étoffe qui a été déchirée ou endommagée. Au fig. battre, frapper, administrer une volée, une correction. — *Te faras sarci*, tu te feras appliquer une râclée.

Dér. du lat. *Sarcire*, rapiécer.

Sarcido ou **Sarciduro**, *s. f.* Reprise à l'aiguille; rivelle, rentraiture, sorte de tissure à l'aiguille que l'on fait pour réparer une étoffe déchirée ou fortement endommagée. Au fig *ficha uno sarcido*, administrer une râclée, volée ou rossée

Dér. de *Sarci*.

Sarcissèire, *s m.* Celui qui fait des reprises sur les étoffes déchirées ou endommagées.

Dér. de *Sarci*.

Sardo, *s f.* Sardine *(Sardina)*, poisson du genre Clupe, que l'on sale à la façon des anchois et des harengs C'est le même poisson, de grosseur différente, le plus petit étant naturellement désigné par le diminutif *Sardino*, qui s'emploie exclusivement quand on parle de la sardine fraiche.

Saréto, *s. m.* Avare, cuistre, fesse-mathieu.

Sarjan, *s m.* Sergent, grade militaire; huissier, recors. *Sarjan*, outil de menuisier, à crémaillère, qui sert à assujettir les pièces de bois que l'on veut assembler ou coller. Le *garafa* est un outil de tonnelier, semblable au *sarjan*; c'est le calfat, fer de vingt à trente centimètres, coudé des deux bouts et servant à deux fins.

Dér. du lat. *Serviens*, serviteur.

Sarjans, *s. m. plur.* Des gendarmes ou tirailleurs; étincelles qui s'élancent des charbons ardents et éclatent loin du feu en pétillant. — *Voy. Bauuérno*.

Sarjéto, *s. f.* Sergette, petite serge, étoffe de laine croisée et légère.

Dér. de *Sarjo*.

Sarjo, *s. f.* Serge, sorte d'étoffe de laine grossière croisée, ou demi-laine et fil, fabriquée à quatre marches, le plus souvent en laine.

Saro! *interj.* Serre! exclamation usitée dans le Midi pour porter un rassemblement, une foule à se livrer à des voies de fait envers un ou plusieurs individus à qui l'on veut faire un mauvais parti. Cri d'émeute analogue au *Zou* des Provençaux.

Saró, *s. m.* Sarrau ou sayon, sorte de souquenille en étoffe grossière que portent quelquefois les paysans, les rouliers et les soldats.

Saro-piastro, *s. m. comp.* Avare, thésauriseur, pince-maille.

Sartan, *s. f.* Poêle à frire, ustensile de cuisine en fer, composé d'un bassin terminé par un manche de fer très-allongé qui sert à le manier.

Dér. du lat. *Sartago*, m. sign.

S assi, *m.* Intervalle ou espace de temps indéterminé. — *Demoura un bon sassi*, demeurer ou attendre bien lon gtemps. — *Voy Briou*.

Sassigué, *s. m.* Dim. de *Sassi*. Un espace de temps peu considérable, un court intervalle de temps.

Savantas, *s. m.* Augm. de savant; gros savant, homme qui a des connaissances très-étendues, une vaste érudition.

Ce terme s'emploie quelquefois ironiquement en parlant d'un homme qui a des prétentions à la science non justifiées.

Sé, *s. f.* Soif, désir, besoin de boire. — *Creba de sé*, mourir de soif *Se dé galino*, soif de poule, se dit en parlant d'un petit buveur. *Fai michan faire béoure un ase quan n'a pas sé*, il est difficile de faire boire un âne qui n'a pas soif, il n'y a de pire sourd que celui qui ne veut pas entendre.

Dér. du lat. *Sitis*, m. sign.

Sé, éco, *adj. m.* et *f* Sec, sèche. — *Sé coumo un berlé* ou *co umo uno berlo*, sec comme un éclat de bois mort. *Se coumo uno aréncado, coumo un clavèl*, sec comme un hareng, comme un clou.

Ce terme s'emploie aussi substantivement: *Métre dou sé*, mettre dans un endroit sec, à l'abri de l'humidité: dépouiller quelqu'un de ce qu'il possède, le mettre à sec

Dér. du lat. *Siccus*, m. sign.

Sé, *s. m.* Sein, gorge, mamelle. — *Més pas la man dou sé pér un pésoul*, il ne se contente pas d'un maigre bénéfice Dér. du lat. *Sinus*, m. sign.

Sé, *pr. poss.* Soi, il, elle, eux, ils, elles. — *Chacun pér sé*, chacun pour soi.

Dér. du lat. *Se*, m. sign.

Sé, *conj* Si. — *Sé vóou béoure*, s'il veut boire. *Sé que dé nou*, sinon.

Sé, *pr. indéf.* On. — *Sé dis talo cáouso*, on dit telle chose, on raconte que.. *Acò s'és di*, on a dit cela. cela s'est dit.

Sécal, *s. m.* Bois mort, rameaux desséchés; fruits desséchés sur l'arbre, tels que les cerises, les prunes, les figues, etc.

Sécoudre, *v.* Jeter, lancer, secouer. — *Li én secoudrai*, je le rosserai.

Dér. du lat. *Succutere*, secouer, ébranler.

Sécouri, *v.* Secourir, porter secours, venir en aide à qu elqu'un qui se trouve dans un danger imminent.

Dér. du lat. *Succurrere*, courir au devant de quelqu'un.

Sécoùs, *s. m.* Secours, aide, assistance. — *Crida sécoùs*, appeler au secours. *Secoùs !* cri de détresse: Au secours !

Sécun, no, *subst. m.* et *f.* Homme sec et décharné, phtisique; enfant tombé en chartre, enfant malingre. Au fig. importun, ennuyeux, parasite, que les Italiens appellent *Seccatore*.

Sécuta, *v.* Poursuivre, rechercher, importuner. — *L'ai sécuta pertout*, je l'ai recherché, réclamé de toutes parts.

Sécutinos, *s. m.* Un homme ou une femme qui n'ont

que la peau et les os, qui sont malingres; un importun, un fâcheux. Les gens du peuple, qui affectionnent les expressions figurées, ont cru trouver une certaine analogie entre l'expression latine *Sicut et nos* et un individu qui est affligé d'une maigreur extrême.

Séda (Pan), *s. m.* Pain de seigle dont la farine a été sassée avec un tamis de soie ou *sédas*, et qui est d'un goût très-appétissant.

Sédo, *s. f.* Soie, fil délié que l'on retire du cocon des vers à soie. — *Un vésti dé sédo*, un cochon.

Dér. du lat. *Seta*, m. sign.

Sédoù, *s. m.* Séton; cordon fait de plusieurs fils que l'on passe sous la peau pour produire un ulcère artificiel; lacs de crin, nœud coulant ou lacet servant à prendre les oiseaux.

Du lat. *Setaceum*, dér. de *Seta*, soie.

Sédoùs, ouso, *adj. m.* et *f.* Soyeux, euse. — *Aquélés fouséls soun bièn sédoùs*, ces cocons sont très-fournis en soie.

Séga, *v.* Couper, scier, faucher, moissonner, faire la moisson.

Dér. du lat. *Secare*, couper.

Ségado, *s. f.* La moisson; l'action de moissonner; la saison où l'on moissonne. — *Pér ségado*, au temps de la moisson.

Dér. du lat. *Secare*, couper.

Ségaïre, aïro, *s. m.* et *f.* Moissonneur, euse; coupeur ou scieur de blé. En vieux fr. seguier.

Dér. du lat. *Secare*, couper.

Ségasoù, *s. f.* La moisson; la saison des moissons. — *Voy. Ségado.*

Ségna, *v.* Bénir, jeter de l'eau bénite. — *Sé ségna*, faire le signe de la croix. *Pan ségna, aïgo ségnado*, du pain bénit, de l'eau bénite.

Dér. du lat. *Signare*, fait de *Signum*, signe.

Sègne, *s. m.* Maître, seigneur; titre que l'on donne par déférence aux hommes âgés. — *Moun sègne-gran*, mon grand-père. *Noste Sègne*, Notre Seigneur J.-C. Ce terme, dit SAUVAGES, dérive du lat. *Senex* ou *Senior*, le plus ancien et le mieux établi des titres, celui qui convient le mieux à l'homme. C'est de là que l'on a formé le français Senieur et puis Seigneur.

Ségnoù, *s. m.* Seigneur; celui qui, avant la Révolution, était à la tête d'un fief, soit comme suzerain, soit comme tenancier. — *Noste Segnoù*, Notre Seigneur J.-C.

Dér. du lat. *Senex* ou *Senior*.

Ségoun, do, *adj.* de nomb. Second, de. — *Dé pan segoun*, du pain bis.

Dér. du lat. *Sequens*, suivant.

Ségoundari, *s. m.* Le vicaire d'une paroisse; prêtre qui est adjoint au curé dans l'exercice de son ministère.

Dér. du lat. *Secundarius*, nom que les Romains donnaient aux sous-acteurs ou comparses, ou doublures.

Ségoudéno, *s. f.* Seigle précoce semé en mars, dans les Cévennes. Le seigle ordinaire se sème de novembre à décembre et donne un grain plus grossier.

Ségu, ro, *adj. m.* et *f.* Sûr, sûre, certain, ferme, indubitable, stable, exempt de danger. — *Dé ségu*, assurément. *Jouga dé ségu*, jouer à coup sûr.

Dér. du lat. *Securus*, m. sign.

Ségui, *v.* Suivre, poursuivre, accompagner, imiter, copier. — *Mé poudiè pa ségui*, il ne pouvait pas me tenir pied.

Dér. du lat. *Sequi*.

Séïado, *s. f.* Plein une jarre appelée *Séïo* en languedocien.

Séïo, *s. f.* Seigle. — *Voy.* aussi SAUVAGES au mot *Séghio* qui n'est plus usité à Alais.

Séïo, *s. f.* Jarre en cuivre appelée aussi *Gèrlo* en languedocien. — *Voy.* c. m.

Séïoù, *s. m.* Dim. de *Séïo;* seau à traire le lait.

Séïou, *s. m.* Petit seigle.

Séje, *adj.* de nomb. Seize.

Séjoù, *s. m.* Séjour, demeure, résidence plus ou moins longue dans un lieu, dans un pays. — *Sèn dé séjoù*, nous séjournons. *Sèn à séjoù*, nous chômons.

Séla, *v.* Seller, mettre une selle.

Séléto, *s. f.* Portion de harnais sur laquelle appuie la dossière. — *Faire séléto*, prêter appui, assistance; faire la courte échelle.

Sèlo, *s. f.* Selle, siége en cuir que l'on adapte sur le dos d'un cheval pour la commodité et la sûreté du cavalier.

Dér. du lat. *Sella*, m. sign.

Séloun, *adv.* Selon. — *Acò's séloun*, c'est selon. *Séloun ce qué farés, farai*, je suivrai votre exemple, je prendrai exemple sur vous.

Sémaïè, *s. m.* Bâton aux cornues. — *Voy. Assémdou* et *Sémdou*.

Sémaloù, *s. m.* Dim. de *Sémdou* Un baquet, cuvier à bas bord.

Dér. de *Semdou*. — *Voy.* c. m.

Sémâou, *s. m.* Une cornue, une benne, une comporte que l'on emploie pour charrier la vendange et le vin et tirer le moût d'une cuve. — *Voy. Assémdou*.

Sémbla, *v.* Sembler, ressembler. Ce verbe s'emploie dans les deux acceptions françaises *sembler* et *ressembler*, qui ont une signification toute différente — *Sémblo un emplastre*, il est immobile comme un terme. *Sémblo qué vai prène la maïre dou nis*, on dirait qu'il va prendre la pie au nid. *Moun fil mé semblo*, mon fils me ressemble.

Dér. du lat. *Simulare*, m. sign.

Sémblan, *s. m.* Semblant, similitude, ressemblance, apparence, aspect. — *Faire lou sémblan*, faire semblant. *Avédre lou sémblan*, avoir l'apparence.

Dér. du lat. *Similis*, semblable.

Séméla, *v.* Ressemeler, mettre des semelles à une chaussure.

Dér. du celt. *Semellen*, semelle.

Sémélaje, *s. m.* Carrelure de souliers ou autres chaussures. On met une carreluxe ou des semelles neuves à de vieux souliers qu'on semelle à nouveau.

Sémèlo, s. f. Semelle, pièce de cuir qui forme le dessous d'une chaussure quelconque.

Dér. du celt. *Semellen*, m. sign. — *Fagué veire sas sémelos*, il montra ses semelles; il s'enfuit.

Séména, v. Semer, jeter le grain sur une terre préparée pour l'ensemencer Au fig répandre, dissiper. — *Sémena lèou et pouda tar*, prov : semer tôt et tailler la vigne tard.

Séména, s m. Semis, blé nouvellement semé et encore en herbe; emblavure, champ ensemencé. — *Travesse lou sémena*, il traversa le champ nouvellement semé

Dér. du lat. *Seminare*, m. sign

Séménadoù, s. m. Sac à semence.

Sémenaïre, s. m. Semeur, celui qui sème, qui répand le grain sur la terre préparée.

Dér. du lat. *Seminator*, m. sign.

Séménçio, s. f. Menues semences, menus grains.

Séménço, s. f. Semailles: époque où l'on sème les céréales et surtout le blé. — *Vous pagarai per semenço, je vous payerai ce que je vous dois à l'époque des semailles prochaines*

Dér. du lat. *Semen*, contract. de *Serimen*, formé de *Serere*, semer.

Séménço, s. f. Grain destiné à être ensemencé; grain de choix propre à être semé. — *Bla dé semenço*, blé de choix que l'on réserve pour les semailles

Même étymol. que le mot précédent.

Sémmagnè, s. m. Semainier; ouvrier employé à la semaine et qui reçoit un salaire hebdomadaire, celui qui remplit un office hebdomadaire.

Et qu'as escrafa dé ta penche
Lou sémmagnè rabaladis (LA FARE)

Dér. de *Semmano*, semaine

Sémmanado, s. f. Semaine complète, la durée d'une semaine; le salaire dû à un ouvrier pour une semaine de travail. — *Touca sa sémmanado*, toucher son salaire de la semaine.

Sémmano, s. f. Semaine, série de sept jours consécutifs du lundi au dimanche ou du dimanche au samedi. *Sémmano-sénto*, la semaine sainte. *Semmano das tres dijòous*, la semaine des trois jeudis, dicton analogue à celui qui renvoie aux calendes grecques, c.-à-d. à une époque qui n'existe pas.

Dér. du lat. *Septimana*, formé de *Septem*, sept, et de *Mana*, matin, matinée, sept matinées.

Sén, s. m. Sens, bon sens, raison, jugement, intelligence. — *Quàou pèr soun bén, pèr soun sen*, celui qui perd sa fortune, perd sa raison, son sang-froid; devient capable d'actes violents et irréfléchis. *Ès dou sen de l'efan*, il tombe en enfance. *Parlo pèr lou sén que-z-a*, ses propos prouvent son peu de raison. *N'a pas tout lou sén qué i·fdou*, il n'a pas toute sa raison. *Ou dis de tout soun sén*, il dit cela sérieusement *Bouta san sen*, mettre sans raison. *Agues mai de sen qu'èl*, ayez plus de bon sens, de raison que lui. *Pdou de senas*, augm. et pej. pour désigner quelqu'un qui n'a pas l'ombre du sens commun.

Dér. du lat *Sensus*.

Sén. sénto, adj. m. et f. Saint, sainte.

Dér. du lat. *Sanctus, sancta*, m. sign.

Séné, s. m. Dim. de *sén*. Sens; l'intelligence des petits enfants. — *Picho sené*, petite raison, intelligence naissante.

Dér. du lat. *Sensus*.

Sénépiou, s. m. La rougeole, maladie originaire d'Afrique

Dér. de *Senepo*, petit clou à tête large, appelé ainsi dans la Haute-Provence et connu sous le nom de *Tacho* dans le Languedoc. On en garnit le dessous des semelles de chaussures des paysans ou des chasseurs et en général des marcheurs par profession.

Séngla, v. Sangler; serrer le tour du corps avec une courroie ou sangle; sangler, ou appliquer un coup de fouet, de cravache.

Dér. du lat. *Cingulum*, formé de *Cingere*, ceindre.

Sénglas, s. m. Sanglier, *Sus scrofa*, Linn. Cet animal, autrefois commun dans nos contrées, en a complètement disparu On lui donnait aussi le nom de *Por-senglas*. — *Voy*. c. m.

Sénglo, s. f. Sangle, bande ou courroie large et plate qui sert à ceindre ou à serrer le corps des animaux de trait ou de selle.

Sénglou, s. m. Dim. de *Sénglo*, petite sangle ; lisière ou bande de petite dimension; petit cordage appelé *chablot* en terme de corderie, et qui sert à attacher ou lier un objet.

Dér. du lat. *Cingulum*, m. sign.

Sénglouna, v. Attacher, lier, serrer, ceindre.

Dér. de *Sénglou*. — *Voy*. c. m.

Sénsérigaïo, s. f. Petite mésange bleue, *Parus cœruleus*, Temm., appelée aussi *Lardieiro, Lardièrréto* ou *Larguièrréto*. — *Voy*. c. m.

Séntèrio, s. f. La dyssenterie.

Sénti, v. Sentir, répandre ou percevoir une odeur bonne ou mauvaise; ressentir, éprouver. — *Acò sén bo*, cela a bonne odeur. *Sénti soun bo*, être cossu, avoir bon air, bonne prestance. *Podou pas sé sénti*, ils ne peuvent pas se supporter. *Sé sénti*, se dit d'un jeune homme ou d'une jeune fille qui atteignent l'âge de puberté. Avoir la conscience de ses forces, de sa valeur, de son intelligence.

Dér. du lat. *Sentire*, m. sign.

Sénti, v. Fendre, user, fêler, affaiblir. — *Uno dourco séntido*, une cruche fêlée. *Uno pos, uno fusto séntido*, une planche, une poutre fendues.

Séntido, s. f. Odorat; sentiment, sensation; flair. — *Avédre séntido*, avoir vent de quelque chose. *A bono séntido*, il a du flair.

Séntoù, s. f. Odeur, senteur, parfum. — *Aigo dé séntoù*, eau ou essence parfumée.

Dér. du lat. *Sentire*.

Séntre, *v.* Sentir, recevoir une impression ; ressentir, éprouver une impression, une émotion ; répandre une odeur bonne ou mauvaise ; flairer, apercevoir, percevoir, avoir le pressentiment d'un évènement.
Dér. du lat. *Sentire.*
Sénu, udo, *adj. m.* et *f.* Sensé, ée.
Sèou, *s. m.* Suif ; graisse des animaux employée jadis dans la confection des chandelles.
Dér. du lat. *Sebum,* et par contraction *Seum.*
Séoucla, *v.* Sarcler, arracher les mauvaises herbes.
Dér. du lat. *Sarculare,* m. sign.
Séouclaïre, aïro, *s. m.* et *f.* Sarcleur, sarcleuse ; celui ou celle que l'on emploie à arracher les mauvaises herbes d'un champ.
Sépio, *s. f.* Sèche *(Sepia),* sorte de poisson de mer, du genre des Polypes, qui n'a ni écailles ni nageoires : il a les bras garnis de suçoirs et répand au besoin une liqueur brune, qui, le couvrant d'un nuage, le dérobe aux attaques de l'ennemi. Cette liqueur est employée dans la peinture à l'aquarelle appelée *Sépia.*
La sèche diffère des autres poissons du même genre par un os blanc, oblong, opaque et très-léger, de la longueur du corps de l'animal. On suspend cet os dans la cage des petits oiseaux pour leur permettre d'aiguiser leur bec.
Sept, *adj.* de nomb. Sept, nombre impair qui suit immédiatement le nombre six et précède immédiatement le nombre huit.
Dér. du lat. *Septem,* m. sign.
Séqua, *v.* Sécher, dessécher, devenir sec, mourir en parlant des végétaux ; mettre à sec, tarir ; fatiguer, obséder. — *M'avès séqua,* vous m'avez fatigué, ennuyé ; dans le langage trivial : vous m'avez scié le dos.
Dér. du lat. *Siccare,* m. sign.
Séquadoù, *s. m.* Séchoir.
Séquaje, *s. m.* Ce qu'on a mis à sécher Au fig. une importunité.
Séqual, *s. m* — *Voy. Sécal.*
Séquarésso, *s. f.* Sécheresse, absence de pluie et d'humidité ; saison sèche — *Avès pas séquarésso?* N'êtes-vous pas altéré? voudriez-vous vous rafraichir? *Aï bièn séquarésso,* j'ai bien soif.
Séquèlo, *s. f.* Sequelle, multitude, rassemblement, troupe de gens ameutés. — *Ès véngu embé touto sa séquèlo,* il est arrivé avec toute sa suite. *Uno séquèlo d'éfans,* une troupe d'enfants, une nombreuse famille.
Dér. du lat. *Sequela,* m. sign.
Séquèstre, *s. m.* Séquestre, dépôt d'une chose litigieuse en main tierce, fait par ordre de justice ou par convention des parties ; celui à qui l'on confie le dépôt.
Dér. du lat. *Sequestrum,* m. sign.
Sèr, *s. f.* Serpent *(Anguis).* La vipère et l'orvet *(Vipero et Nadièl)* sont les seuls du genre ophidien à qui le languedocien ait donné un nom particulier ; toutes les autres espèces sont pour lui des *Sèrs.* C'est sous cette dénomination commune que sont connues les diverses couleuvres du pays, sans qu'on ait même pris la peine de les distinguer par aucune qualification particulière. Ces couleuvres sont parfaitement innoffensives et n'ont pas plus de moyens que d'envie de nuire à l'homme : loin de là, elles lui rendent service en faisant leur proie d'une foule de petits animaux nuisibles à ses récoltes ; mais elles ont le malheur de n'inspirer que le dégoût et l'horreur parce qu'elles sont d'une race maudite et généralement malfaisante, et on les tue quand on devrait les protéger.
Dér. du lat. *Serpens,* m. sign.
Séramén, *s. m.* Serment, assurances.
Séré, *s. m.* Screm, temps clair et serein, vapeur humide et froide, ordinairement malsaine, qui se fait sentir le soir depuis le coucher du soleil et qui donne naissance à la rosée. Cette vapeur ne se développe que par les nuits sereines.
Dér. du lat. *Serenus.*
Sère, *s. m.* Montagne, colline élevée, cime, crète de montagne.
Dér. du bas lat. *Serrum* ou de l'esp. *Sierra,* ou du catal. *Serra,* m. sign.
Seréna, *v.* Exposer à la fraicheur ou à la rosée des nuits. — *Faïre séréna,* exposer au serein.
Dér. de *Séré.* — *Voy.* c. m.
Sérénado, *s. f.* Sérénade, concert d'instruments ou de voix que l'on exécute le soir sous les fenêtres d'une personne que l'on veut honorer.
Séréno, *s. f.* Le serein, la rosée du soir ; une syrène, monstre fabuleux, moitié femme, moitié poisson.
Sérichoù, *s. m.* — *Voy. Sérioù.*
Sérin, *s. m.* Cini, serin de Provence, *Gros-Bec Cini, Fringilla serinus,* Temm. Cet oiseau, qui a le dessus du corps olivâtre avec des taches noires et cendrées, les flancs grisàtres et le reste jonquille, est un de nos plus agréables chanteurs. On le marie avec la femelle du serin Canari, et les métis qui en résultent sont d'excellents musiciens.
Dér. du lat. *Siren,* sirène.
Séringa, *s. m.* Syringa, nom de plante, vulgairement Seringat, *Philadelphus coronarius,* Linn. Arbrisseau de la famille des Myrtées, originaire de la Suisse, de la Savoie et du Piémont, que l'on cultive comme plante d'ornement
Dér. du lat. *Syringa,* nom que les anciens donnaient à cet arbrisseau parce que sa tige dépouillée de sa moelle est creuse comme une flute ou syrinx.
Séringa, *v.* Seringuer, lancer une liqueur au moyen d'une seringue, injecter, donner des lavements.
Dér. du lat. *Syringa.*
Séringo, *s. f.* Seringue, petite pompe portative et foulante qui sert à attirer et rejeter l'air ou les liquides et que l'on emploie le plus ordinairement pour donner des lavements ou faire des injections
Dér. du lat. *Syringa,* dér. du grec Σύριγξ, flûte ou syrinx, tube cylindrique creux.

Sérioù ou **Sérichoù**, s. m. Petite colline, éminence, monticule, butte de terrain.

Dér. de *Sere*, colline, mon[tagne] — [V]ou. c[om].

Sérma, v. Tremper [vi]n, y [aj]outer de l'eau. — *De ci serma*, du vin trempé, qu[e] l'on [a]pp[e]lle dans les lycées et les pensionnats « de l'a[b]on[d]an[ce] »

Dér. de l'ital. *Semare*, [di]minuer.

Sèrmoù, s. m. Sermon, discours d'un [pré]tre pr[o]nonc[é] en chaire dans une église pour instruire ou édifier les fidèles. Au fig. remontrance longue et [ennuyeuse].

Dér. du lat. *Sermo*, discours.

Sérmouna, v. Sermonner. fait de l[on]gu[e]s remontrances.

Dér. de *Sermoù*, sermon.

Séro, s. f. Le soir, la soir[ée] ; l'espace compris entre la fin du jour et la nuit close. — *Rouja de sero, beou ten espero*, ciel rouge le soir, espoir de bo[n] temps.

Dér. du lat. *Sero*, sur le soir (Cicé[r]on).

Sèrpatas, s. m. Augm[entatif] de *Ser* (*Voy.* c[e] m[ot].) Gros serpent, reptile énorme.

Sèrpatièiro, s. f. Repaire, refuge, retraite de serpents.

Sèrpièiro, s. f. Serpillière, toile grossière à tissu très-lâche dont se servent les marchands toiliers ou drapiers pour envelopper leurs ballots [et, par e]xtension, couverture en lambeaux dont les mendiants se recouvrent.

Sérpoùl, s. m. Serpolet, *Thymus serpillum*, Linn., Nom propre d'homme. — *Voy. Fri[n]goulo*.

Sèrti, v. Affirmer, certifier, assurer. — *Vous ou sèrtisse*, je vous l'affirme.

Sèrvanto, s. f. Servante, d[o]m[e]stique fém[inin] — *Faire sèrvanto*, saluer avec respect et dé[f]ére[nc]e. *Sèrranto !* expression elliptique qui signifie : je suis votre servante.

Dér. du lat. *Serva*, m. sign.

Sèrvì, v. Servir, être attaché à un maitre ; rendre service, être utile, aider, tenir lieu ; être attaché au service militaire, à une administration ; servir une table, distribuer aux convives une portion des [m]ets servis sur une table.

Dér. du lat. *Servire*, m. sign.

Sèrvice, s. m. Service, ce que l'on fait pour remplir un service ; fonctions d'un domestique, d'un employé ; conditions de ceux qui servent ; ce que l'on fait pour être utile à quelqu'un que l'on veut obliger ; temps passé sous les drapeaux ; cérémonies d'un culte religieux ; usage, utilité, emploi ; nombre de plats que l'on sert à la fois sur la table ; série de pièces de vaisselle de même forme servant dans un repas.

Dér. du lat. *Servitium*. m. sign.

Sèrviciâou, âoudo, s. m. et f. Domestique, serviteur, servante, garde-malade.

Dér. de *Service*, service.

Serviteur! *interj.* empruntée au français Je suis votre serviteur ; salutation, affirmation ou négation quelquefois ironique.

Séséto, s. f. nom propre de femme Suzette, dim. de Suzanne. — *Voy. Céséto*.

Sesido, s. f. Saisie, confiscation, vente de biens par voie judiciaire, par autorité de justice.

Dér. du français.

Sésio, s. f. Tenue, contenance, persévérance ; assemblée, réunion, session, assises. — *N'a pas ges de ses[i]o*, il n'a point de tenue, point de contenance ; il ne compr[end], il ne saisit rien ; il ne peut rester en place.

Dér. du lat. *Satio*, action de semer.

Sésoù, s. f. Saison, l'une des quatre parties de l'année ; époque ou l'on sème, où l'on recueille ; temps propice à faire ou a combiner une chose.

Dér. du lat. *Satio*, action de semer.

Sésoù, s. f. Suzon, nom propre de femme, dim. de Suzanne. — *Voy. Seseto*.

Séssoù, s. m. Suçon, sorte de gousset ou de morceau d'étoffe taillé en coin que l'on ajoute à un vêtement, à un objet confectionné avec une étoffe, pour lui donner plus d'ampleur sur un point déterminé.

Séssoùs, n. pr. de lieu, m Cessous, commune de Chamborigaud, siège de la compagnie des mines de houille de Cessous et Trebiau.

Dér. du lat. *Sessarium*, siège

Sestiè, s. m. Setier ou quart de la salmée, mesure équivalente a 5 décal. 4477, mesure d'Alais. — *Voy. Sâoumado.*

Dér. du lat. *Sextarius*, parce que chez les Romains l[e] sétier était la sixième partie du *Conge*.

Séstièirado, s. f. Surface de terrain labourable suffisante pour un sétier de grain. — *Sestièirado dé tèro*, un arpent de terre.

Sétanto, adj. de nomb. Septante ou so[i]xante-dix ; réunion de sept dizaines.

Sétèmbre, s. m. Septembre, nom de l'un des douze mois de l'année, le neuvième de l'année actuelle, le septième chez les Romains, le second de l'année égyptienne, le troisième de l'année grecque.

Dér. du lat. *September*, nom que ce mois portait chez les Romains.

Sèti, s. m. Siège, terme générique qui désigne tous les meubles sur lesquels on peut s'asseoir, mais plus particulièrement un siège grossier ou champêtre ; un siège de gazon ; un banc de pierre, de bois, etc. ; le siège d'une ville. — *Sèti dé bouto*, les pièces de bois qui servent de support aux tonneaux dans une cave.

Dér. du lat. *Sedile*, m. sign.

Si ou **Sin**, s. m. Nœud du bois dans une planche ou toute autre pièce de bois.

Dér. du lat. *Signum*, marque, signe.

Si, adv. Particule affirmative, oui, assurément.

Dér. du lat. *Sic*, ainsi, de même, de cette façon, de cette manière.

Siâou, adj. m. Calme, serein, tranquille, paisible. — *Lou ten és sidou*, le temps, l'air est calme. *Parla siâou*, parler doucement, à voix basse.

Dér. du lat. *Silere*, garder le silence, dér. lui-même du

grec Σιωπάω, m. sign., ou de Σιωπή, silence, calme, tranquillité, ou de Σιγάω, se taire.

Sévén, *s. m.* Clou, furoncle, abcès.

Siâoume, *s. m.* Psaume, chant biblique; lamentation, plaintes, reproches, gémissements. — *Aourés-lèou fèni vostes sidoumes?* aurez-vous bientôt fini vos doléances? *Lous sept sidoumes*, les sept psaumes de la pénitence.

Sibla, *v.* Siffler, produire un son aigu en chassant l'haleine avec force et serrant les lèvres après avoir disposé la langue d'une certaine manière. Siffler avec un instrument appelé sifflet, *siblé;* siffler ou moduler un air en sifflant; siffler un oiseau; désapprouver avec dérision, marque de mépris. — *Siblo toun chi*, appelle ton chien, apaise-le en sifflant. *Las ourèïos mé siblou*, les oreilles me cornent, on parle de moi. Ce préjugé était l'un des trois présages domestiques admis par les Romains. Il annonçait à la personne qui éprouvait le tintement d'oreilles *(tirmitus aurium)*, que l'on parlait d'elle. Les personnes superstitieuses supposent encore de nos jours que l'on parle d'elles en bien quand c'est l'oreille droite qui corne, qu'on parle d'elles en mal, quand c'est la gauche.

Dér. du lat. *Sibilare*, m. sign.

Siblado, *s. f.* Sifflement, coup de sifflet.

Siblaïre, *s. m.* Siffleur, celui qui a l'habitude de siffler.

Dér. de *Sibla*, siffler.

Siblamén-d'âourèïo, *s. m. comp.* Bourdonnement dans les oreilles, tintement d'oreilles.

Dér. du lat. *Sibilus*.

Siblé, *s. m.* Sifflet, petit instrument à vent qui sert à siffler. — *Coupa lou siblé*, couper la parole, empêcher de répondre. *Enta âou siblé*, greffer en flûte. — *Siblé dé créstaïre*, flûte de Pan. — *Voy.* Créstaïre.

Siblo, *s. f.* Cible ou sible. Plaque en bois, en carton ou en métal peinte en blanc sur laquelle sont tracés des cercles concentriques et servant de point de mire et de but à ceux qui s'exercent au tir des armes à feu.

Siblo-z-y, *loc. imp.* que l'on adresse à une personne pour l'engager à souffler une réponse à celui qui est embarrassé pour la faire.

Sica, *s. m.*, que l'on devrait peut-être écrire Sicap. — *Dé soun sica*, de sa tête, de son chef, de son estoc, de son propre jugement, de son propre mouvement, sans que cela lui ait été suggéré. *Aquò vèn pa dé soun sica*, ce n'est pas de son propre jugement qu'il a pris cette détermination. *A forço sica*, il a beaucoup de jugement.

Der. du lat. *Sic*, ainsi, et de *Cap*, tête; de sa tête

Sicrè, *s. m.* Secret, ce que l'on tient caché, ce que l'on ne doit pas faire connaître ou divulguer; procédé, recette, moyen que l'on découvre ou que peu de personnes connaissent pour faire certaines choses, produire certains effets; moyen, invention tenus secrets. — *Gari dâou sicrè*, guérir par des formules cabalistiques en usage chez les campagnards

Dér. du lat. *Secretum*, fait de *Secretus*, part. passé de *Secernere*, séparer, mettre à part.

Sièfro, *s. f.* Dossière d'un harnais de charrette. On dit aussi *Sufro*. C'est le surdos, large bande de cuir qui porte sur la sellette du cheval attelé au brancard d'une voiture ou d'une charrette.

Dér. du lat. *Suffrago*, jarret des jambes de derrière des quadrupèdes, parce que cette bande de cuir empêche le tablier de la charrette de tomber sur le train de derrière et les jambes des chevaux.

Sièï, *Nom* de nombre. Six, nombre pair, qui suit le nombre impair cinq et précède le nombre sept.

Dér. du lat. *Sex*, m. sign.

Siétado, *s. f.* Assiétée, plein une assiette.

Dér. de *Siéto*, assiette.

Siéto, *s. f.* Assiette; ustensile de table rond et plus ou moins creux, sur lequel chaque convive prend pour manger, une certaine portion des mets qui sont servis. — *Siéto bécudo*, écuelle à bec. *Sieto crouseludo*, assiette creuse et profonde qui sert d'assiette à soupe aux paysans. — *Voy.* Becu et *Crousélu*.

Sifè, *adv.* Si fait, expression que l'on emploie pour affirmer une chose contredite par un autre interlocuteur. — *Sès pa 'na à Nime? Sifè*. Vous n'êtes pas allé à Nimes? Si fait. Emprunt fait au français.

Dér. du lat. *Sic factum*, oui bien.

Signâou, *s. m.* Signal, signe dont on est convenu pour donner quelque avis; seing ou signature; marque ou tache naturelle de la peau que l'on apporte en naissant.

Dér. du lat. *Signum*, m. sign.

Signoùs, *adj. m.* Bois noueux.

Simbèl, *s. m.* Appeau, chanterelle : oiseau que les oiseleurs mettent dans une cage, dans le voisinage de leurs filets, pour attirer d'autres oiseaux ; signe, signal, enseigne Au fig. occasion, cause, sujet.

Dér. du lat. *Symbolum*, signe, indice pour avertir.

Simoùs ou **Cimoùs**, *s. m.* La lisière d'une toile, ce qui est à la cime, à la partie supérieure d'une pièce de drap ou de toile ou d'un tissu quelconque; ce qui la borde.

Dér. de l'ital *Cimossa*, dér du lat. *Cima*, bout, extrémité. — *Voy Cur dé camiso*

Simousso, *s. f.* Lisière d'un drap de lit — *Fla coumo uno simousso*, mou comme de la charpie.

Même étym. que *Simoùs*. — *Voy.* c. m.

Simplardariè, *s. f.* Badinage, paroles badines, niaiseries, bêtises, simplicité.

Dér. de *Simple*, niais, idiot.

Simplardéja, *v.* Se livrer à des niaiseries, des enfantillages.

Dér. de *Simple*.

Simplardijé ou **Simpligé**, *s. m.* Nigauderie, bêtise, enfantillage

Dér. de *Simple*. — *Voy.* c. m.

Simple, *s. m.* Imbécile, niais, idiot, nigaud, benêt.

Dér. du lat. *Simplex*, formé de *Sine plicis*, sans plis. sans arrière pensée.

Sinagogo, s. f. Synagogue, temple où s'assemblent les juifs pour se livrer à l'exercice de leur culte. Au fig. une réunion ou tout le monde parle à la fois, où il est impossible de rien entendre ou de se faire entendre. — *O quinto sinagogo !* Dieu ! quel touhu-ba, quel vacarme !

Du lat. *Synagoga*, m. sign., dér. du grec Συναγωγή, congrégation, assemblée.

Sinodi ou **Sénodi,** s. m. Synode, assemblée ecclésiastique catholique ou protestante. Au fig. une personne très-ennuyeuse, une conversation ennuyeuse, une demande importune, une narration assommante.

Dér. du grec. Σύνοδος, m. sign.

Sinna. v. Signer ; apposer sa signature au bas d'une lettre, d'un contrat, d'un document écrit.

Dér. du lat. *Signare*, fait de *Signum*, signe, parce que jadis on n'écrivait pas son nom, mais un paraphe ou un signe, pour toute signature.

Sinne. s. m. Signature, seing — *Faire soun sinne,* apposer sa signature. Signe, marque, geste. — *Acò 's sinne dé plèjo,* cela présage la pluie ; c'est signe de pluie. *Sé fas lou sinne, farai lou co,* si tu lèves la main sur moi, je te frapperai. *Faire lou sinne,* lever la main ou le bâton pour frapper.

Dér. du lat. *Signum,* m. sign.

Sinné, s. m. Le signet d'un livre. Dim. de *Sinne.*

Siou, siouno, adj. poss. m. et f. Sien, sienne — *Chasquun lou siou,* à chacun le sien. *Acò 's siou,* cela est à lui. *Aquél ome es tout siou,* cet homme n'est occupé que de lui-même ; c'est un égoïste, il n'aime que lui.

Dér. du lat. *Suus, sua, suum.*

Sioula, v. Pousser un cri aigu et perçant comme font les jeunes filles qui folâtrent ; glapir en chantant.

Dér. du lat. *Sibilare,* siffler.

Sioule, s. m. Cri aigu et perçant, habituel aux jeunes filles qui folâtrent.

Dér. du lat. *Sibilus,* sifflet.

Sioune, siouno, adj. poss. m. et f. Sien, sienne, autre forme du pr. poss. *Siou,* dont l'emploi est le même. — *Voy.* c. m.

Sioure, s. m. Chêne-liège ; écorce du chêne-liège. Sorte de chêne vert dont l'écorce supérieure se détache et dont on fait des planches de liège dont le tissu léger et spongieux est impénétrable à l'eau. On en fait des bouchons, des bouées pour les vaisseaux, des chapelets pour les filets, des scaphandres pour nager, des semelles intérieures pour les chaussures, etc.

Du lat. *Suber,* dér. de *Sub,* parce qu'anciennement les femmes en mettaient sous leurs souliers pour se préserver de l'humidité ou pour paraître plus grandes.

Sirò, s. m. Sirop, liquide visqueux ordinairement sucré.

Dér. du lat. *Sirupus,* m. sign.

Siroutéja, v. User de sirops, de médicaments sirupeux.

— *Se fai qué sirouteja,* il ne fait que se médicamenter avec des douceurs.

Sirven, s. m. Serviteur, domestique, valet. Nom pr. d'homme.

Dér. du lat. *Serviens,* m. sign.

Sirvento, s. f. Servante, domestique femme. Nom pr. de femme.

Sisampo. s. f. Vent glacial ; bise très-froide.

Si-vous-plè ou **Siou-plè,** loc. adverb. S'il vous plaît ; si cela peut vous être agréable.

Empr. fait au français.

Sò, soto, adj. m. et f. Sot, sotte, sans esprit et sans jugement ; impertinent. En langage de nourrice un enfant qui n'est pas sage. — *Sò coumo uno banasto, coumo un panié. Vodu mai èstre sò que pignastre,* mieux vaut biaiser que se raidir, que s'opiniâtrer.

Dér. du sax. *Sot,* m. sign.

Sofio ou **Roujéto,** s. f. Sauvages la confond avec la Rabanenque ou l'Hombre. Crespon en fait le Spirlin, *Cyprinus bipunetatus,* Linn. Ce poisson, qui ne dépasse guère, dans la partie haute du Gardon, une longueur de quinze centimètres, atteint dans la partie basse de cette rivière, c.-à-d. entre le pont Saint-Nicolas et son confluent avec le Rhône, jusqu'à vingt-cinq ou trente centimètres de longueur. Il a le dos grisâtre, les côtés d'un brun vert ; deux rangs de points noirs le long de la ligne latérale qui est rouge ; ventre blanc et très-brillant, nageoires rougeâtres, à l'exception de la dorsale qui est verdâtre. Il est très-agile dans ses mouvements et on ne le trouve que dans les eaux vives dont le fond est caillouteux. Ce signalement qui légitime très-bien son second nom de *Roujéto,* s'applique à notre *Sofio,* qui ne serait donc pas l'hombre mais le spirlin.

Soissanténéja, v. Approcher de la soixantaine, de l'âge de soixante ans.

Dér. de *Soissanténo,* soixantaine. — *Voy.* c. m.

Soissanténo, s. f. Soixantaine ; l'âge de soixante ans. — *Saras la soissanténo?* vous devez approcher de la soixantaine ?

Dér. de *Soissanto,* soixante. — *Voy.* c. m.

Soissanto, nom de nomb. Soixante ; réunion de six dizaines d'unités.

Solo, s. f. Nom d'une sorte de chaussure à semelles de bois, armées de pointes de fer dentelées, qui servent à blanchir les châtaignes, à les dépouiller de leur écorce, dans quelques cantons des Cévennes ; semelle de bas, de chausson, semelle de flanelle que l'on met dans les chaussures.

Solo, s. f. Sole commune ou perdrix de mer, *Pleuronectes solea,* Linn. *Solea vulgaris,* Dict. des sc. nat. Poisson de l'ordre des Holobranches et de la famille des Hétérosomes, à corps dissemblable, que l'on pêche dans la Méditerranée et dont la chair est très-délicate.

Le nom de la sole lui vient de sa forme plate et allongée qui la fait ressembler en effet à une semelle.

Son, *s. m.* Somme, sommeil, envie de dormir. — *Ai fa un bon son*, j'ai fait un bon somme. *Lou son m'arapo*, le sommeil me prend.

Dér. du lat. *Somnus*, m. sign.

> Son, son,
> Vène, vène,
> Son, son,
> Vène bon.
> Lou son-son vòou pa vèni,
> Lou toto voudriè dourmi.
> Son, son,
> Vène, vène,
> Son, son,
> Vène bon.

Chant de nourrice qui sert à endormir les jeunes enfants.

Sono, *s. f.* Sonnerie, annonce, symptôme, présage. — *Michanto sono*, triste présage, fâcheux symptôme. Se dit d'un symptôme avant-coureur d'une grave maladie, de la mort, d'une fâcheuse nouvelle.

Dér. du lat. *Sonus*, son, bruit, éclat.

Sôou, *s. m.* Sol, surface du sol. — *Sé ficha dou sôou*, se laisser tomber, faire une chûte. *Pèrdre sôou*, perdre terre. *Sé rabala pér lou sôou*, se rouler à terre.

Dér. du lat. *Solum*, m. sign.

Sôou, *s. m.* Sou, monnaie autrefois en usage, équivalente à la vingtième partie de la livre et valant douze deniers. Le sou est aujourd'hui représenté par la pièce de cinq centimes.

Au moyen-âge on comptait par sous d'or ou d'argent, dont la valeur était beaucoup plus considérable que celle du sou commun.

Dér. du lat. *Solidus*, ou *sollus*, tout, entier, unité. — *Pouli coumo un sôou*, joli comme un ange; gentil à croquer. *Brave coumo un sôou*, se dit d'un enfant bien sage, d'un homme qui a un bon caractère.

Sôouquo, *s. f.* Billon, labouré par planches d'une largeur arbitraire qui divisent le champ labouré en zones longitudinales de largeur à peu près égale et parallèles entre elles.

Sopha, *s. m.* Sofa, canapé et par extension un fauteuil.

Dér. du turc qui l'a emprunté de l'arabe *Ssoffah* ou *Sophah*, banc, estrade.

Sorbo, *s. f.* Corme ou sorbe; fruit du cormier, qui a des qualités astringentes très-prononcées.

Dér. du lat. *Sorbum*, m. sign.

Sore, *s. f.* Sœur, dans le langage populaire. Fém. de *fraïre*, frère. On dit aussi *Sur*, qui est un terme plus raffiné se rapprochant du français.

Dér. du lat. *Soror*, m. sign.

Sorgo, *s. f.* Source. — *Tène sorgo*, tenir tête ou compagnie à quelqu'un; servir d'interlocuteur, donner la réplique à quelqu'un.

Sossèïo, *s. f.* Chaussée; nom d'une promenade d'Alais qui longe la rive gauche du Gardon à l'arrivée de Nîmes et d'Uzès, entre le mas de Nègre et le Pont-Vieux. Cette promenade, plantée d'une magnifique allée d'ormes, a été créée en 1813, avec l'aide des prisonniers russes, qui y furent employés. C'est la plus suivie en hiver par les habitants d'Alais. — *Voy.* les *Recherches historiques sur Alais*, p. 366.

Sou, *s. m.* Gros billot de bois; grosse pièce d un tronc d'arbre. Billot de cuisine sur lequel on dépèce la viande. Billot sur lequel on frappe pour opérer le décorticage des châtaignes sèches enfermées dans un sac ouvert des deux bouts. — *Dourmi coumo un sou*, dormir comme un sabot. *Pica coumo sus un sou*, frapper sans raison, sans discernement. *Soucas*, augm. do *Sou*.

Soubarbo, *s. m.* Sous-barbe; barbe en collier qui encadre le visage. Mode vulgaire, en usage sous la royauté de juillet et aujourd'hui à peu près abandonnée.

Soubéïran, soubéïranno, *adj. m.* et *f.*, pris quelquefois substantivement et employé aussi comme nom pr. d'homme. Souverain, souveraine; principal, ale; supérieur, eure; haut, haute. — *La carièiro Soubéïrano* à Alais, la rue haute, la plus rapprochée du château seigneurial. Le portail *Sobèiran* à Collias, la porte principale ou du nord, par opposition au portail *Sobtèiran*, la porte inférieure ou du midi.

A Remoulins, la *Soubèïrano*, quartier de territoire qui longe la rive droite du Gardon jusqu'aux limites de Fournès et Sernhac et qui devait faire partie du domaine royal avant l'acte d'échange du 7 mars 1290, passé entre Philippe le Bel et Brémond III, d'Uzès.

Dér. du lat. *Superans*.

Soubra, *v.* Ménager, dispenser, mettre de coté; affranchir, être en excédant. — *Soubra dos anèlos*, supprimer ou laisser sans usage deux anneaux d'une chaîne, c.-à-d mettre le point d'attache au troisième anneau à partir de l'extrémité de la chaîne. — *Lou pan y-a soubra*, il a eu du pain de reste.

Dér. du lat. *Superare*.

Soubrasa, *v.* Fourgonner, soulever la braise d un foyer pour lui donner de l'air. — *Soubrasa sous esclos*, passer de la braise et des cendres chaudes dans l'intérieur des sabots pour en chasser l'humidité ou leur donner un peu plus de chaleur.

Soubre-jour, *s. m. comp.* La seconde moitié du jour, la portion de la journée comprise entre midi et le coucher du soleil.

Soubre-sémmano, *s. f. comp.* La seconde moitié de la semaine comprise entre le jeudi et le dimanche suivant; par extension un jour de la semaine autre que le dimanche ou le lundi.

Soubros, *s. f. plur.* Restes, excédants, reliefs d'un repas ou de ce qui a été servi à un convive qui n'a point achevé de manger.

Soucaras, s. m. Augm. de *Sou.* Grosse sac ou sacs; ballot de grosse dimension.

Dér. de *Soù.*

Soucarèl, s. m. Champignon du genre des Agarics, qui vient par touffes sur les souches des arbres morts. Les meilleurs sont ceux qui croissent sur les souches de peupliers, de mûriers ou de chênes verts. — *Un frico de soucarels,* un ragout de champignons.

Dér. de *Soù,* tronc d'arbre ou ballot.

Souci, s. m. Souci, souci des jardins. *Calendula officinalis,* Linn., plante de la famille des Composées corymbifères; souci sauvage, souci des champs, *Calendula arvensis,* Linn. Souci, peine, chagrin, préoccupation. — *N'agues pa souci,* ne vous préoccupez pas de cela. *Ai bièn de souci,* je suis bien inquiet.

Dér. du lat. *Solsequium, Solsequium,* fait de *Sol,* soleil, et de *Sequi,* suivre, parce que sa fleur, comme celle du tournesol, suit le cours du soleil.

Souci (San), s. m. comp. Homme imprévoyant; qui ne se préoccupe de rien de sérieux. *Quinte san souci!* quel homme indifférent!

Souciançò, s. f. Souci, inquiétude, préoccupation.

Dér. de *Souci.* — *Voy.* c. m

Souciançò (Èn), loc. adv. En repos, tranquillement, sans se remuer. — *Ès toujour en souciançò,* il vit tranquillement, sans travailler, sans préoccupation

Cette locution nous parait être une altération du mot *Insouciançò,* dér. du fr. insouciance.

Soucita (Sé), v. pr. Se soucier, s'intéresser à quelque chose. — *Mé n'én soucite pas,* cela m'est indifférent; je ne m'en soucie pas.

Dér. de *Souci*

Souçoun, s. m Soupçon, pressentiment, opinion désavantageuse sur quelqu'un ou quelque chose, mais sans complète certitude.

Dér. du lat. *Suspicio,* m. sign.

Souçouna, v. Soupçonner, avoir une opinion désavantageuse mais dubitative.

Dér. de *Souçoun,* soupçon

Soudado, s. f. Famille de cochons; compagnie de porcs réunis dans la même étable. — *Ai chousi lou pu bèl de la soudado,* j'ai choisi le plus bel échantillon du troupeau.

Sou-dis, loc. adv. affirmat. Terme parasite qui revient très-souvent dans la bouche des hommes du peuple, dans une narration. — *Diguè, sou-dis,* il dit (dit-il). C'est le *qui dit* des troupiers. *Sou-diguè, sou-disiè* sont des formes de la même locution

Sou-faï, loc. adv. affirmat analogue à la précédente et qui s'emploie dans le même sens — *Sou-faguè, sou-fasiè,* sont des formes de la même locution

Soufra, v. Soufrer, mettre du soufre; brûler une mèche soufrée dans une futaille; soufrer une vigne pour la préserver ou la guérir de l'oïdium.

Dér. de *Soufre,* soufre.

Soufraje. s. m. Soufrage, action de soufrer, soufrer une futaille; soufrage d'une vigne pour la préserver ou la guérir de l'oïdium.

Dér. de *Soufre,* soufre.

Soufre, s. m Soufre, substance non métallique que l'on trouve dans le voisinage des volcans, tantôt cristallisée en octaèdres, tantôt et le plus souvent en masses amorphes ou en poussière fine comme dans les solfatares. Cette substance est employée à une foule d'usages.

Dér. du lat *Sulfur,* m. sign.

Soufri, v. Souffrir, pâtir, ressentir de la douleur; endurer, supporter; languir, patienter. — *Podou pa se soufri,* ils ne peuvent se supporter, vivre ensemble. *Pode pa me soufri din moun oustdou,* je ne puis rester dans ma maison. *Soufris-te,* reste tranquille, sois moins turbulent, se dit à un jeune enfant qui ne peut rester en place.

Dér. du lat. *Sufferre,* formé de *Sub,* par-dessus, et de *Ferre,* porter.

Sougna, v Soigner, avoir soin de quelqu'un ou de quelque chose; travailler, traiter avec soin, avec sollicitude.

— *Sougna-vous be,* prenez soin de votre santé.

Souï, pr. pers. du pr. de l'ind. du v. *Èstre,* je suis. — *Sou rousti,* je suis un homme perdu, je suis bien malade.

Dér. du lat. *Sum,* m. sign.

Souiar, souiardo, s. m. et f. Homme malpropre, crasseux; un souillon, une servante malpropre.

Souïardo. s. f. Petit cabinet ordinairement dépendant de la cuisine et spécialement affecté au lavage de la vaisselle.

Souiè, s. m Soulier, chaussure en cuir. — *Préne la voituro de moussu souiè,* faire une route à pied. *Souiè,* n pr. d'homme et de lieu.

Dér. du lat. *Solea,* semelle, ou de *Solum,* sol, parce que la chaussure appuie sur le sol.

Souiro, s. f. Une truie. Au fig. une femme de mauvaise vie, une souillon.

Pej. *Sourrasso.*

Dér. du lat. *Suillus, suilla,* qui tient du cochon.

Soul, oulo, adj. m. et f. Seul, seule. Dim. *soulé, souléto,* seulet, seulette; solitaire, isolé. — *Manjo soun pan soul,* il mange du pain seulement. *Un gousto-soul,* un sournois, un égoïste, un misanthrope.

Dér. du lat. *Solus,* seul.

Soulado, s. f. Jonchée d'herbes ou de fruits. — *Uno soulado de garbos,* une jonchée de gerbes, une airée. On dit aussi *un couver-sòou,* un sol couvert.

Dér. du lat. *Solum,* sol.

Soulaïròou, s. m. Lieu exposé au soleil, galerie abritée et exposée au midi, cagnard, abri où l'on prend le soleil; n. pr. d'homme. On dit aussi *Souréiadoù.*

Dér. du bas lat. *solarium,* qui désignait un plancher d'appartement. Le *solarium invanatum* était un étendoir, un belvédère, une terrasse couverte au haut d'une maison.

— *Voy.* aussi *Courédoù.*

SOU

Sou làoupio, s. f. Abri formé par un auvent qui s'avance en saillie sur une façade de maison.
Une *làoupio* ou *laupie* n'est autre chose qu'un auvent. *La sou-làoupio*, c'est le dessous d'un auvent, la portion du sol que l'auvent abrite.

Soulas, s. m. Soulagement, consolation, aide, protection. — *Faire soulas*, tenir compagnie dans une circonstance difficile, triste ou pénible.
Dér. du lat. *Solatium*, consolation, soulagement.

Soulda, s. m. Soldat, militaire, homme de guerre. — *Siès un bon soulda*, tu es courageux, tu ne crains pas bruit.
Dér. du lat. *Solidum*, paye, solde, parce que dans l'origine la paie était d'un sol.

Souldato, s. m. Femme d'un soldat; virago; femme à allures masculines. — *Acò's uno souldato*, c'est une Marphise.
Dér. de *Soulda*.

Soulédre, s. m Le vent d'ouest; le vent dont la direction se déplace avec le cours du soleil et qui est occasionné par la raréfaction que cet astre produit dans l'air.
Dér. du lat. *Sol*, soleil.

Soulénguo, s. m. Le filet ou frein de la langue; membrane placée au-dessous de la langue et qui la régit. Son développement anormal occasionne une difficulté plus ou moins grande dans l'articulation des consonnes; on peut atténuer ce défaut par une incision convenable. — *Y-an bien coupa lou soulenguo*, il a le filet bien coupé, dit-on d'un bavard.

Souloumbra (Dé), v. pr. Se mettre à l'ombre ou à l'abri du soleil.
Dér. du lat. *Subtus umbram*.

Soumia, v. Sommeiller, roupiller, être assoupi, dormir d'un sommeil léger.
Dér. du lat. *Somnus*, sommeil.

Soumiàje, s. m. Demi-sommeil, somnolence, sommeil léger.
Dér. du lat. *Somnus*, sommeil.

Soumousta, s. m. Surmout, vin tiré de la cuve sans être cuvé ni pressé. On donne aussi ce nom au vin fait avec le mout séparé de la grappe et du raisin, sorte de tocane. Le vin de Tavel est fabriqué par ce procédé.

Soun, s. m. Le bout, l'extrémité, le fond de quelque chose. — *Aou soun dòou pous*, au fond du puits. *Aou soun de la carrieiro*, au bout de la rue.
Dér. du lat. *Summum*, m. sign.

Soun, pr poss. m. son, au fém. Sa et au plur *Sous* et *Sas*. — *Coumo fai soun fier!* comme il est fier! *Coumo fai soun ome!* comme il fait l'important!
Dér. du lat. *Suus*, sua, suum.

Souna, v. Appeler, sonner, rendre un son — *La messo sono*, la messe sonne *Me sounares en passant*, vous m'appellerez en passant. *L'ai souna, m'a pa respoundu*, je l'ai appelé, il ne m'a pas repondu.
Dér. du lat. *Sonare*, m. sign

SOU 613

Sounado, s. f Coup de cloche, sonnerie. — *La dariéiro sounado*, le dernier coup de cloche, le dernier appel de cloche.
Dér. de *Souna*, sonner.

Sounaïa, v. Sonner, agiter des cloches ou des sonnettes d'une manière continue et ennuyeuse.
Dér. de *Souna*, sonner.

Sounaïo, s. f. Sonnaille, clochette au son sourd, que les bergers suspendent au cou de leurs moutons, ânes ou chèvres.
Dér. de *Soun*, son.

Sounaïre, s. m. Sonneur, celui qui est chargé de sonner les cloches.
Dér. de *Soun*, son.

Sounariè, s. f. Sonnerie, le bruit des cloches, le son simultané de plusieurs cloches mises en branle.
Dér. de *Soun*, son.

Sounal, s. m. Clocher, tour élevée dans laquelle sont suspendues des cloches.
Dér. de *Soun*, son.

Souncò ou **Sounquò**, adv. Excepté cela. — *Dégus n'es pa cdouso d'aquo souncò tus*, personne n'est cause de cela si ce n'est toi. *Sera pa d'iuei ni deman, souncò divéndre*, ce ne sera ni aujourd'hui ni demain, mais après-demain.

Sounè, s. m. Sifflet en os ou en métal avec lequel on imite le cri ou le chant d'un oiseau; et par extension, appeau, chanterelle; oiseau que les oiseleurs mettent dans une cage près de leurs filets et qui attire par son chant d'autres oiseaux. — *Voy. Simbèl*.

Soungle, s. m. Un grapillon, une petite portion d'une grappe de raisin, brin que l'on en détache. *N'en vole pa qu'un soungle*, je n'en veux qu'un brin, un grapillon
Dér. de *Soun*, bout. *Soungle*, petit bout

Sounja, v. Rêver, penser, réfléchir. — *Se sounja*, penser, avoir la pensée. *Mé sounjavo*, je me disais. *Me sou sounja*, j'ai pensé, j'ai réfléchi
Dér. du lat. *Somniare*, faire des songes.

Sounlèou, s. m Nausée, envie de vomir, répugnance, dégout. — *Acò me dono lou sounleou*, cela me soulève le cœur, me donne des nausées.

Sounléva, v Soulever, exhausser, exciter l'indignation, soulever le cœur, faire éprouver du dégout.
Dér. du lat. *Sublevare*, m. sign.

Sounquò, adv. Excepté, sauf. — *Voy. Souncò*.

Soupa, s m Souper; le dernier repas du jour, le repas du soir.
Dér. de *Soupo*, soupe, parce qu'on mange habituellement la soupe le soir.

Soupa, v. Souper, prendre le repas du soir. — *Avèn soupa*, nous avons soupé; *un soupo sans lun*, un avare

Soupèto, s f. Dim. de *Soupo*, soupe; bouillie, soupe légère que l'on prépare pour les enfants et pour les malades ou les convalescents.

SOU

Soupièiro, s. f. Soupière, sorte de plat profond et orné d'un couvercle, dans lequel on sert la soupe, le potage.
Dér. de *Soupo*.

Soupiè. èro, s. m. et f. Mangeur de soupe ; celui ou celle qui en mange volontiers, beaucoup et souvent.
Der. de *Soupo* — *Voy* c. m

Souplè (A), loc. adv. A l'abri, à couvert — *Sen a souplè*, nous sommes à l'abri.
Litteral. *Soust-pleio*, a l'abri de la pluie

Soupléja (Sé), v. pr. Se mettre à l'abri de la pluie.
Der. de *Sou-plejo*, à l'abri de la pluie.

Soupo, s. f. Soupe ou potage, ordinairement composé de tranches de pain minces trempées dans un bouillon gras ou maigre. — *Soupo cousi lo*, soupe mitonnée. *Soupo liso*, potage sans garniture. *Soupo de maldioute*, potage de santé. *Tara la soupo*, dresser le potage
Dér. du celt *Soub*, ou de l'anglo-saxon *Suplen*, tremper dans le bouillon ou dans un liquide quelconque.

Souquado, s. f. Ce qu'un cep de vigne porte de raisins.
Dér. de *Souquo*, souche.

Souqué, s. m. Le surplus, la bonne mesure, la réjouissance, le comble, ce qui est en dehors de la ligne de compte. — *Voy* Chique.

Souquo, s. f. Souche, cep de vigne. — *Souquo de pisaire*, billot sur lequel on bat les châtaignes

Sour, Sourdo, s. m. et f. Sourd, sourde ; atteint de surdité ; qui n'entend pas bien, ou n'entend pas du tout. Au fig. qui a l'air de ne pas entendre, qui n'obéit pas.
Der. du lat. *Surdus*, sombre, confus qui ne peut être perçu.

Sour, Sourno, adj. m. et f. Noir, obscur, sombre, ténébreux.
La grotte de la Baume, située dans la commune de Sanilhac, sur la rive gauche du Gardon, porte le nom de *Báoumo sourno*, grotte sombre.

Sourbiè, s. m. Cormier, arbre fruitier qui produit des cormes, appelées *Sorbo* en languedocien.

Sourbièiro, s. m. Champ planté de cormiers
Der. de *Sourbiè*, cormier.

Sourciè, s. m. Sorcier, magicien, devin.
Ce terme peut venir de la bass. lat. *Sortiarius*, ou peut-être de *Sourço*, source, parce que l'on donne ce nom aux hydroscopes ou chercheurs de sources.

Sourdaras, s. m. Pej. de *Sour*, sourd ; celui qui est très-sourd ; qui n'entend absolument rien de ce qu'on lui dit.

Sourdije, s. m. Surdité, privation plus ou moins complète du sens de l'ouïe.
Dér. du lat. *Surditas*, m. sign.

Souréïa, ado, adj. m. et f. Halé, noirci, brulé par le hâle. — *Se sourcia*, v. pr., prendre le soleil, s'exposer, se chauffer au soleil. On dit proverbialement : *Qué per Caléndos se soureio, per Puscos cremara sa legno*, celui qui prend le soleil pour la Noel, est souvent obligé de se chauffer a Pâques. C'est le proverbe français . « Noel a son pignon et Paques son tison. »
Dér. de *Sourel*, soleil

Souréïado, s. f. Rayons de soleil ; action plus ou moins prolongée des rayons du soleil ; exposition aux rayons du soleil — *Prene uno bono soureïado*, s'exposer longuement au soleil. Au fig. *Y manco pas uno soureiado*, se dit d'une personne qui, malgre sa jeunesse, a beaucoup de présence d'esprit, de bon sens et de raison. *Fai uno soureiado*, il fait une éclaircie à travers les nuages dont le ciel est couvert
Der. de *Sourel*, soleil.

Souréïadoù, s. m. Un étendoir, une galerie abritée et exposée en plein midi ; abri où l'on prend le soleil. On dit aussi *Soulairdou*. — *Voy.* c. m.

Souréïan, s. m. La chaleur du soleil ; un endroit où cette chaleur se concentre plus particulièrement. — *Se metre dou soureian*, s'exposer aux rayons du soleil.
Dér. de *Sourel*, soleil.

Sourel, s. m. Le soleil, astre lumineux qui éclaire le monde et dont la présence sur l'horizon constitue le jour — *Fai bon sourel*, le soleil est ardent. *Lou sourel nouris tout*, le soleil feconde tout. *Prene lou sourel*, s'exposer aux rayons du soleil. Au fig. *Acampa'n co dé sourel*, avoir un peu trop bu ; se griser.
Der. du lat. *Sol, solus*, seul, unique au monde, sa splendeur effaçant celle de tous les autres astres.

Sourti, v. Sortir, passer du dedans au dehors ; être issu ; commencer à sortir de terre en parlant des semences, lever, pousser, germer. — *L'an sourti de soun oustdou*, on l'a dépossède de ses biens. *Las boucos m'an sourti*, mes levres se sont enflées.
Der. du lat. *Sortire*, tirer au sort.

Sourtido, s. f. Sortie, issue. — *A quél oustdou a dos sourtidos*, cette maison a deux issues. *La sourtido de vespro, dé l'assembladou*, la sortie des vèpres, de l'assemblée, du prêche.
Der. de *Sourti*, sortir.

Souscava, v. Creuser en dessous, miner, sonder, prendre en sous-œuvre. Au fig. sonder la pensée d'une personne, tâcher de lui arracher des aveux.
Der. du lat. *Subtus cavare*, creuser en dessous.

Souspésa, v. Soupeser, lever un fardeau avec la main et le soutenir pour juger de son poids et l'évaluer approximativement.

Sousqua, v. Sangloter, pousser des soupirs ; souffler, ranimer le feu.

Sousta, v. Épargner, pardonner, épauler, soutenir. — *Per uno fes, té souste*, pour une fois, je te pardonne, je t'excuse.
Der. du lat. *Subtus stare*.

Souste, s. m. Soutenu, garanti, abrité. — *Sou souste*, je suis garde, terme de jeu de cartes qui signifie que l'on est garde sur une carte élevée soutenue par d'autres cartes de même couleur.

Soustélo. *adj. m.* et *n. pr.* d'homme et de lieu. Subtil, fin, dissimulé, rusé. Ce nom a été sans doute donné au lieu de Soustelle, près d'Alais, parce que cette localité se trouve située dans une vallée retirée, cachée, dissimulée. Le ruisseau torrentiel appelé le *Rieusset*, qui suit le fond de cette vallée, est un affluent du Galeizon. Cette commune est du reste composée de plusieurs hameaux dispersés, dont les noms suivent : 1° Le château de Soustelle et l'église Saint-Pierre ; 2° Périès ; 3° Peyraube ; 4° Vammale; 5° Olympie ; 6° Le mas Rôou ; 7° Camp-Figoux ; 8° Arbousses ; 9° Bougères ; 10° La Grave ; 11° Le Soulier ; 12° La Croix-des-vents.

Soustène. *v.* Soutenir, prêter appui, étayer. Au fig. affirmer. — *Sé soustène*, se maintenir, se conserver.

Dér. du lat. *Sustinere*.

Soustéra, *v.* Recouvrir de terre, enfouir, enterrer. Se dit des animaux morts que l'on enfouit dans la terre.

Dér. du lat. *Subtus terra*.

Soustièn, *s. m.* Soutien, étai, appui, défenseur. — *Soustièn de famïo*, soutien de famille.

Dér. du lat. *Sustentatio*, m. sign.

Soustira, *v.* Soutirer, transvaser.

Sousto, *s. f.* Crédit. — *Préne à la sousto*, prendre à crédit : mais aujourd'hui on dit plus habituellement : *préne à crèdi*. *Soustos* au plur., corde à garrotter qui fait partie d'un agrès de bât de mulet.

Soustre ! *interj.* Juron adouci employé à la place d'un mot plus grossier.

Soustréja, *v.* Prononcer des paroles grossières telles que le juron dont il est parlé à l'article précédent.

Dér. de *Soustre*.

Souta, *v.* Terme de vigneron ; couder un avantin, faire des provins, recourber un sarment de vigne que l'on couche dans la terre pour qu'il prenne racine. On appelle aussi cette opération *faire dé cabus*. — *Voy. Cabus, Cabussa* et *Cros*.

Soutièiro, *s. f.* Un silo, une conserve, une cache à châtaignes, marrons ou autres productions de la terre.

Der. par altérat. de *Soutèro*, sous terre.

Soutisiè, èiro. *s. m* et *f.* employé aussi adjectivement. Celui ou celle qui injurie ou insulte habituellement ; celui ou celle qui tient des propos grossiers, inconvenants, obscènes.

Dér. de *Soutiso*, sottise.

Soutiso, *s. f.* Injure, insulte, tort, préjudice ; paroles grossières.

Souvén, *adv.* Souvent, fréquemment.

Der. du lat. *Sæpe* ou *Subinde*.

Souvénénço, *s. f.* Souvenir, souvenance. — *N'ai souvénénço*, je me le rappelle, j'en ai gardé le souvenir.

Souvéni (Sé), *v pr.* Se souvenir, se rappeler. — *M'én souvène*, je me le rappelle. *Vdoutres, vous én souvèngue*, je vous prends à témoin.

Souvéntos-fés, *adv.* Souvent, bien souvent, plusieurs fois. — *Voy. Souvén*

Su, *s. m.* Le devant de la tête, la région frontale ou coronale du crâne.

Dér. du grec ψυχή, âme, esprit, sens, raison.

Sup, supo, *s. m.* et *f.* Myope, celui qui a la vue courte et ne voit distinctement les objets qu'avec des lunettes à verre bi concave.

Subre-cièl, *s. m. comp.* Ciel de lit ; dais dressé au-dessus du lit d'une dans une chambre de parade.

Subredén, *s. m.* Surdent, *s. f.* Dent surnuméraire qui pousse hors de la ligne des autres dents et s'éloigne plus ou moins de l'arcade alvéolaire.

Dér. du lat. *Super*, sur, et *Dens*, dent.

Suça, *v.* Sucer, aspirer un liquide avec les lèvres, dissoudre dans la bouche certaines substances fondantes telles que les sucreries, la réglisse, les gommes, etc. ; gruger, pressurer.

Der. du lat. *Sugere*, m. sign.

Sucé. *s. m.* Hochet des enfants qu'ils portent fréquemment à la bouche.

Dér. de *Suça*, sucer.

Sucra, *v.* Sucrer, mettre du sucre dans un liquide ou un mets, saupoudrer avec du sucre. — *Sucra-vous*, prenez du sucre.

Dér. de *Sucre*, sucre.

Sucre, *s. m.* Sucre, substance extraite des végétaux et qui possède une saveur particulière à laquelle elle donne son nom. Cette substance est soluble dans l'eau et est employée dans une foule de préparations domestiques ou médicales et dans la confection des sirops et des liqueurs douces

Dér. du lat. *Saccharum* dont la racine vient du sanscrit *Schakar*.

Sugo-man, *s. m. comp.* Essuie-mains, pièce de linge ou serviette dont on se sert pour essuyer les mains après les avoir lavées.

Suito, *s. f.* Chouette-effraie. — *Voy. Beou-l'oli*.

Sujè. *s. m.* Sujet, motif ; personne, individu. — *N'avès pa sujè dé faire acò*, vous n'avez aucun motif de faire cela. — *Michan sujè*, mauvais sujet, polisson.

Sujo, *s. f.* Suie, matière noire plus ou moins dure ou épaisse que la fumée dépose dans les tuyaux de cheminée.

Dér. du celt. *Suga*.

Surje, *s. m* Suint, sueur huileuse qui transpire de la peau des bêtes à laine. — *Sentí lou surje*, avoir l'odeur du suint. *Lano surjo*, laine non lavée, prise dans son état naturel, laine en suint à laquelle on attribue de grandes vertus résolutives, parmi le peuple.

Surjé. *s. m.* Surget, terme de couturière ; sorte de couture qui se fait en tenant les deux étoffes qui doivent être jointes, appliquées l'une sur l'autre, bord à bord, de manière à les traverser toutes deux à chaque point d'aiguille.

Surjén, *s. m.* Eau qui jaillit du sol sur un plan horizontal et recouvre la surface environnante.

Dér. du lat. *Surgere*, m. sign.

Surmounta, v. Surmonter, s'élever au-dessus. Il méchu Au fig. venir à bout, vaincre, dompter. — *Se surmounta, se surmonter, se vaincre soi-même.*

Sur-qué-tout, adv. Par dessus tout, au-dessus de tout.

Surtout, adv. Surtout, principalement, par dessus tout.

Sus, prep. Sur, dessus; on dit aussi *Dessus*, l'eut prép qui a la même signification.

Dér. du lat. *Susum* et *Sursum*.

Susa, v. Suer, rendre par les pores de la peau le liquide désigné sous le nom de sueur; suinter en parlant des corps inanimés; travailler beaucoup, se donner de la peine. — *Aquél carcul m'a fa susa*, ce problème m'a donné beaucoup de peine à résoudre. *Susa tres camisos*, tremper de sueur trois chemises.

Dér. du lat. *Sudare*.

Susa-l'ancro, v. Éprouver beaucoup de résistance, avoir grand'peine. — *Faire susa l'ancro*, donner du fil à retordre.

Susaïre, s. m. Celui qui sue facilement; par ironie et antiphrase, un fainéant, un paresseux. — *Quinte susaire!* quel fainéant! *N'és pas un fort susaire*, ce n'est pas un fort travailleur.

Suscle, s. m. Petit poisson méditerranéen; mendole (*Mænas* — Voy. *Cagarel* et *Picarèl*.

Susari, s. m. Suaire, linceul dans lequel on ensevelit un mort — *Bouta nou susari*, ensevelir, envelopper un mort d'un linceul.

Susoù, s. f. Sueur, odeur de gousset.

Susoun, s. f. Nom pr. de femme Suzon, dim. de Suzanne.

Susourleja, v. Suer légèrement et d'une manière continue, suotter

Susprène, v. Surprendre, prendre sur le fait; tromper, abuser, étonner, attaquer par surprise. Au fig. un mets qui a été saisi, c-à-d. dont la partie superficielle a été attaquée par un feu trop vif. Se dit surtout du pain mis dans un four trop chauffé et qui est brulé la surface tandis que l'intérieur manque de cuisson. — *L'èr m'a suspres*, l'air frais m'a saisi.

Suta, v. Exciter, hâter, pousser, harceler, faire dépêcher, diligenter.

Suvi, v. Suivre, accompagner, escorter, aller à la suite de quelqu'un ou de quelque chose; parcourir une route Se dit des animaux qui sont en rût.

Der. du lat. *Sequi*, suivre.

T

T, seizième consonne et vingtième lettre de l'alphabet. Elle a été employée dans l'antiquité au lieu du C ou du D et de l'L ; comme lettre numérale, T vaut 160, et avec une ligne au-dessus 160.000.

Ta, s. m. Bouchon de liège ou autres substances, telles que le bois, le verre, etc

Ta, adj poss. f. Ta. — *Ta fenno*, ta femme

Dér. du lat. *Tua*

Taba, s. m. Tabac, Petun nicotiane, herbe du grand prieur, herbe de la reine *(Nicotiana tabacum* Linn.), plante de la famille des Solanées, originaire de l'Amérique méridionale et cultivée en France depuis 1559, époque à laquelle Jean Nicot, ambassadeur de France en Portugal, la présenta à la reine Catherine de Médicis, après l'avoir lui-même reçue d'un Flamand qui arrivait de la Floride. Son nom lui vient de *Tabaco* ou *Tabago*, contrée du littoral de la mer des Antilles où les Espagnols le trouvèrent pour la première fois. — *Y-a dé taba*, il y a du grabuge!

Taban, s. m. Taon *(Tabanus)*, sorte de mouche très-grosse, à deux ailes de couleur ordinairement sombre, qui s'acharne sur les chevaux, les bœufs, etc, pour sucer leur sang et dont la piqûre est si aiguë et si douloureuse qu'elle va jusqu'à les rendre furieux Ce nom de *Taban* se donne aussi par extension à une foule d'autres insectes, tels que certains coléoptères qui sortent au crépuscule et à d'autres grosses mouches au corps velu, au vol bruyant, parmi lesquelles on peut citer le Bourdon. — *Taban-merdancie*, scarabée stercoraire, *Scarabœus stercorarius*, Linn.

Dér. du lat. *Tabanus*.

Tabanéja, v. Ne s'emploie qu'au figuré avec la signification de s'agiter dans le vide, sans but préconçu, à seule fin de se donner un mouvement inutile. Se dit en parlant d'un tâtillon, de celui qui a la prétention de toucher à tout, et surtout à des choses qui lui sont étrangères.

Dér. de *Taban*.

Tabatéja, v. Prendre fréquemment du tabac à priser; priser constamment et par manie; avoir sans cesse recours à la tabatière.

Dér. de *Taba*, tabac.

Tabatéjaïre, s. m. Celui qui a sans cesse la tabatière à la main.

Tabé, També ou **Atabé**, adv. Aussi, aussi bien, tout de même. — *Tabé ou farai*, tout de même je ferai cela. *Toujour y sèrco nouèso, tabe soun pas ami*, il lui cherche toujours querelle, aussi sont-ils loin de s'entendre.

Tabò, interj. Cri de guerre des écoliers qui se battent à la fronde ou à coups de poings.

Vouì, tabò pér lou vièl Alais!
Tabò dé léngo amai dé floundo!

(LAFARE-ALAIS, *Las Castagnados*. — *Rocho et Plagnóou*, 2ᵉ édit. p. 227)

Sauvages fait venir cette expression par corruption de *Ten bò!* tiens bon ! ne lâche pas.

« Je serais tenté, dit Lafare *(Las Castagnados,* Notes, p. 389), de chercher une autre étymologie au mot *Tabò.* En latin, *Tabes* ou *tabum,* qui fait au datif et à l'ablatif *tabò,* signifie ce sang épais et noir qui s'échappe à flots des blessures et forme des mares sur le champ de carnage. Pourquoi ne serait-ce pas là l'origine de notre *Tabò!* vrai cri de guerre et de sang, alors ; mais, dans ce cas, il aurait pris naissance à une époque où la guerre était une vérité et ce ne seraient point des enfants qui l'auraient poussé les premiers. »

Tabôsi, *s. m.* Nain, avorton, personnage de taille exiguë.

Dim. de *Ta,* bouchon.

Tabouïé, *s. m.* Un courtaud, un petit ragot.

Dim. de *Ta,* bouchon.

Tacha, *v.* Tâcher, s'efforcer de faire. — *Tacha mouièn,* faire en sorte ; garnir de clous à tête large, appelés *tacho,* des semelles de souliers ou de sabots.

Dér. du lat. *Satagere,* s'empresser.

Tachaïre, *adj.* Celui qui fabrique des clous à tête large appelés *tacho* dont on garnit les semelles de gros souliers. Dér. de *Tacho.*

Tacha-mouièn, faire en sorte. — *Voy. Tacha.*

Tacho, *s. f.* Clou à large tête dont on garnit la semelle des souliers de fatigue. Ces sortes de clous sont désignés dans le commerce sous le nom de *pastres,* parce que les bergers ou pâtres en font un grand usage.

Dér. du celt. *Tach,* clou. — *Faire dé tacho,* claquer des dents en grelottant de froid. *Rire coumo uno tacho,* comparaison extravagante, amphigourique, du nombre de celles qui ont la prétention d'être d'autant plus expressives qu'elles ont moins de sens. Le languedocien n'est pas le seul à les affectionner, à les inventer ; d'autres langues en font sans doute de même, et le français ne dit-il pas, entre autres choses, s'amuser comme un crouton de pain derrière une malle ? A force de se griser de mots incohérents, on s'imagine mieux exprimer sa pensée et l'on éblouit son monde ; et le fait est que la chose finit par être reçue pour valable. La preuve qu'il en est ainsi, et que si l'on dit quelque chose c'est justement le contraire de ce qu'on devrait dire, la voici : *Rire coumo uno tacho* est bien pris affirmativement ; c'est rire de bon cœur, à montrer sa dernière dent, mais sans *cacalas,* sans éclats, de ce rire muet du trappeur de Cooper, devenu légendaire. Et que peut-il y avoir de moins gai, de moins disposé à rire qu'un clou de soulier, *tacho,* assommé pour entrer dans la semelle, foulé aux pieds, écrasé sous le poids du corps, traîné dans la boue ? En le supposant animé, ce serait l'être le plus malheureux de la création. Cette fois, on dit donc bien réellement le contraire de ce qu'il faudrait.

Tachoù, *s. m.* Dim. de *Tacho (Voy.* c. m.). Petit clou court et à tête élargie.

Ta-d'houièiro, *s. m.* Bouchon en verre qui sert à boucher un huilier ; littéralement bouchon d'huilier.

Tafanâri, *s. m.* Le derrière, les fesses et plus particulièrement l'anus.

S'il faut en croire Honnorat, ce mot dériverait du grec Ταφος, anus. Nous lui laissons la responsabilité de cette affirmation que rien ne semble justifier.

Tafatas, *s m.* Taffetas, étoffe de soie tissue comme la toile ; c'est l'étoffe nommée cendal chez les anciens ; onomatopée imitant le bruit produit par le froissement de cette étoffe.

Tafatassaïre, *s. m.* Tafetassier, fabricant de taffetas.

Dér. de *Tafatas,* taffetas. On dit aussi *Tafataire.*

Tafo, *s. f.* Éclat, blancheur de la neige. — *Blan coumo la tafo de la nèou,* blanc comme neige.

Tafura, *v* Fureter, chercher minutieusement avec un sentiment de curiosité.

Tafuraïre, *s. m.* Fureteur, celui qui cherche avec curiosité et persévérance ; esprit curieux et investigateur.

Taï, *s. m.* Blaireau, Taisson, *Taxus* ou *Melos.* Cet animal est assez commun dans nos pays ; il offre une singularité : son pelage est d'un gris brun à la surface et noir en dessous, ce qui est l'inverse de ce que l'on remarque chez presque tous les autres animaux. Le Blaireau est solitaire, défiant, paresseux, passant les trois-quarts de sa vie dans son terrier, dont il ne sort guère que la nuit ; mais il s'en écarte peu, car il a les jambes trop courtes pour fuir le danger, s'il se présentait loin de son refuge. Tout cela fait douter qu'il fasse chère vie et qu'il puisse s'engraisser à devenir un type d'obésité comme le suppose le dicton languedocien : *Gras coumo un taï.* Ceci s'explique : autrefois les charlatans avaient mis en très-grande vogue, comme panacée, la graisse de blaireau ; ils en vendaient considérablement, et il fallait bien supposer que l'animal qui en fournissait tant était bien gras ; seulement les badauds achetaient de toute autre graisse, qui était également bonne, et c'est ainsi que se font les réputations.

Taïa, *v* Tailler, inciser, couper, séparer, diviser ; donner une forme convenable, enlever à un arbre les rameaux inutiles ; limiter ce qu'on doit faire, tailler la besogne ; faire une incision à la vessie pour en retirer la pierre. — *Sé taïa,* s'entailler, se faire une entaille avec un instrument tranchant.

Dér. du lat. *Talea,* taille.

Taian, *s. m.* Tranchant des outils.

Taïado, *s. f.* Taillis, bois taillis mis en coupes réglées ; bois qui commence à repousser.

Taïaduro, *s. f.* Coupure, entaille, balafre, estafilade.

Taïo, *s. f.* Taille, coupe, action de couper, de tailler les arbres, les pierres, etc. ; incision, coupure.

Taille, hauteur et grosseur du corps humain et de celui des animaux ; la taille d'un vêtement, la partie qui recouvre la longueur du dos.

En terme de musique, la partie qui, dans un chœur, se trouve comprise entre les tenors et les basses.
Tribut, impôt, contribution.
Taille, morceaux de bois fendus en deux parties égales, sur lesquels le vendeur et l'acheteur font des encoches pour marquer la quantité de marchandises prises Le vendeur conserve la *souche* et l'acheteur la seconde partie appelée *chantillon*, que l'on contrôle en les appliquant l'une contre l'autre.

Taio (Faire), Expression employée pour indiquer que l'on prend à crédit chez un fournisseur en marquant sur la taille en bois les quantités de marchandises livrées à crédit par le commerçant. — *Voy.* l'art. précédent.

Taïos, s. f. plur. Impôts, contributions, tribut, tailles. — *Leva las taios*, lever les impôts, percevoir les contributions.

Taïoù, s. m. C'est en général une portion peu volumineuse d'un objet comestible, coupé par un instrument tranchant; c'est, en français, un morceau de viande, de lard; une tranche de paté, de jambon, de saucisson, de fromage; un tronçon de poisson, d'anguille, de saucisse, de boudin. — *Lou taioù*, se dit dans les campagnes, du morceau de lard que l'on met dans la soupe de ménage pour la rendre plus savoureuse
Dér. de *Tal*.

Taïsa (Sé), v. Se taire, garder le silence, cesser de parler, ne pas faire de bruit. — *Ah! taisa-vous!* ou simplement *Taïsa-vous!* est souvent une exclamation d'étonnement, de surprise employée dans le sens de : Que me dites-vous là! Est-ce bien possible?
Der. du lat. *Tacere*, m. sign.

Taissariè, s. f. Tisserie, tisseranderie; le métier de tisserand; le quartier habité par ces artisans. Il y a à Alais la rue Tisserie et à Paris celle de la Tixeranderie.

Taissougnèiro, s. f. Terrier de blaireau Nom pr. d'homme.
Dér. de *Tai* ou *Taïssoù*, blaireau.

Taïtéto (Faïre), loc. adv. Tâtonner, chercher une chose à tâtons.

Taï-touè! Loc. interj. pour imposer silence : Tais-toi! Laisse-moi tranquille! As-tu fini?

Taïu, s. m Bière, cercueil.

Taïu, udo, adj. m. et f. Tranchant, affilé, qui coupe ou taille facilement.
Dér. de *Tal*, tranchant.

Taïur, s. m. Tailleur; ce mot s'applique à tous les ouvriers dont le métier est de tailler. — *Taïur de pèiro*, tailleur de pierre. Mais il est à remarquer que, lorsqu'on emploie ce mot sans autre indication, il signifie seulement un tailleur d'habits.
Der. de *Tal*.

Taïurdo, s. f. Couturière, celle qui taille et fait les robes ou autres vêtements de femmes.
Dér. de *Taïur*, tailleur.

Tal, s m. Tranchant, le fil, le côté qui coupe, en parlant d'un instrument tranchant. — *Vira lou tal*, émousser, ebrécher.

Tal, talo, adj m et f. employé quelquefois substantivement Tel, telle. — *Un tal, uno talo*, un tel, une telle

Talabréna, ado, adj. m et f. Tacheté, moucheté, bigarré, tigré, bariolé de diverses couleurs
Der. de *Talabreno*. — *Voy.* c. m.

Talabréno ou Bléndo, s. f. Salamandre, sourd, mouron (*Salamandra*) Ce reptile batracien, assez semblable de forme au lézard gris, a la peau tuberculeuse, luisante comme le crapaud; les formes massives, les mouvements paresseux, les habitudes tristes et solitaires. Il y a la Salamandre terrestre et la Salamandre aquatique; la première se tient dans les lieux ombragés et humides, sous les pierres et les racines et ne va à l'eau que pour y déposer son frai L'autre y passe sa vie, bien qu'il lui soit nécessaire de venir à la surface pour respirer; elle en sort aussi quelquefois pour chercher sa proie à terre. Nous avons dans le pays la première espece et plusieurs varietes de la seconde. On avait fait à la Salamandre une réputation prodigieuse dont il ne reste plus rien. En revanche, on lui a decouvert une faculté bien enviable : celle de se refaire, à plusieurs reprises, les membres qu'elle a perdus. Cela vaut mieux assurement pour elle que de résister aux flammes dont, par ses habitudes, elle n'a guère à s'inquiéter.

Talamèn, adv. Tellement, de telle sorte; on l'emploie aussi dans un sens affirmatif. — *Talamén, bé talamén*, certes, assurément, certainement, sans doute.
Der. de *Tal*, tel

Talan, s. m. Talent, aptitude naturelle, disposition, instruction, connaissances, science. — *És un oms de talan*, c'est un homme instruit. *A forço talan*, il a beaucoup d'instruction.

Talén, s. f Desir, envie; faim, envie de manger, appétit. — *Ai talen*, j'ai faim
Der. du grec Θέλειν, désirer, vouloir.

Talèou qué, adv Aussitôt que, dès que C'est une contraction de l'expression *Tan-lèou-qué, doutan-lèou-qué*.

Tal-lis, s m. Coupure nette; tranche, incision sans bavure, coupure lisse.

Talocho, s. f. Oiseau de petite dimension, sorte de palette sur laquelle le platrier dépose le plâtre gaché.
Du vieux fr. *Taler*, battre, meurtrir.

Taloù, s. m. Talon, partie postérieure du pied, d'un soulier, d'une botte, d'une bottine, d'un bas; partie d'une hache, d'une beche, d'une serpe, d'une faux, opposée au tranchant.
Dér. du lat. *Talus*, m. sign.

Talounado, s. f. Empreinte d'un talon dans un terrain inculte. Au fig. vanterie, fanfaronnade, gasconnade.

Tal-vira, v. Émousser, ébrécher le tranchant d'un outil.

Tamarisso, s. m. Tamarisc (*Tamarix*), arbrisseau de la

famille des Portulacées dont on connait deux espèces dans le Languedoc : le tamarisc de France ou de Narbonne (*Tamarix gallica*, Linn.), qui croit le long des ruisseaux ; le tamarisc d'Allemagne (*Tamarix germanica*, Linn.) beaucoup plus petit que le précédent.

També, *adv*. Aussi, aussi bien, de même, également, pareillement ; soit, j'y consens.

Comp. de *Tant* et de *Bèn*.

Tambour, *s. m.* Tambour, instrument formé d'une caisse cylindrique dont les deux fonds sont recouverts de peau et dont on se sert dans les armées pour marquer les différentes allures du soldat ; dans les casernes il règle les heures du service ou des repas. — *Lou tambour das cagardoulos*, le tambour des escargots, c.-à-d. le tonnerre, précurseur de la pluie qui fait sortir les escargots de leurs retraites. *Tambour dé masco* ou *dé basco*, tambour de basque. *Tambourine*, petit tambour, dim. de *Tambour*.

Dér. de l'arabe *Tambur*.

Tambourgnè, *s. m.* Celui qui bat du tambour.

Der. de *Tambour*.

Tambourin, *s. m.* Tambourin de Provence, sorte de tambour a caisse très-allongée et d'un moindre diamètre que le tambour ordinaire ; on ne le bat qu'avec une seule baguette, avec laquelle on marque la mesure et dont on accompagne le son avec un galoubet. C'est un instrument de menetrier.

Dér. du grec Τύμπανον (*Tympanion* ou *tympanon*), tambour sur lequel on ne battait qu'avec une baguette.

Tambourina, *v.* Tambouriner, battre le tambour ou le tambourin ; faire une criée, une publication au son du tambour, donner une volée à quelqu'un.

Tambourna, *v.* Battre du tambour.

Tammièl, *adv.* Tant mieux.

Tampis, *adv.* Tant pis.

Tanloro, *s. m.* Ecervelé, un homme dont la tête tourne à tous les vents, qui n'a aucune idée fixe.

Tanqua, *v.* Fermer, barrer, bâcler une porte au moyen d'une barre en bois placée derrière à l'intérieur ; arrêter une pâte molle ou un liquide au moyen d'une vanne mobile qui l'empêche de se répandre outre mesure ou au delà d'un espace déterminé ; arrêter, saisir.

Dér. de *Tanquo*. — Voy. c. m.

Tanquo, *s. f.* Barre que l'on met en travers, derrière une porte pour l'arrêter, la bâcler, la fermer à l'intérieur. Sorte de vanne mobile dont se servent les boulangers pour arrêter la pâte dans le pétrin.

D'après l'auteur de la Statistique des Bouches-du-Rhône, ce mot serait ligurien.

Tant, *adv.* Tant, autant, tellement, si fort, en si grand nombre, à tel point ; si, aussi. — *Tant-fa-tant-ba*, autant de gagné, autant de dépensé ; sitôt dit, sitôt fait. *Tant-y-a que mourigué*, bref, en résumé, par le fait, il mourut. *Tant-si-pu*, si peu que… très-peu. *Pèr tant qué m'én digues*,
quoi que vous me disiez. *Acò's tant de fa*, c'est autant de fait.

Dér. du lat. *Tantum*.

Tantaravèl, *s. m.* Houblon, *Humulus, lupulus*, Linn. Plante grimpante appelée aussi vigne du Nord et que l'on emploie dans la confection de la bière. On le cultive en grand dans le nord de la France.

Tanto, *s. f.* Tante, la sœur du père ou de la mère ; on donne aussi ce nom à la grand'tante.

Suivant Huet et Ménage, du lat. *Amita*, en y présupposant un *t*, *tamita* ; ce qui parait justifier cette étymologie c'est qu'on disait jadis *anto* au lieu de *tanto*.

Tantòs, *s. m.* — *Sus lou tantòs*, sur le soir, dans l'après-midi.

Tantós, *adv.* Tantôt, dans peu de temps, dans un instant : il y a un moment, aussitôt.

Dér. de l'ital. *Tosto, Tantosto*, ou du lat. *Tam citò*?

Tanur, *s. m.* Tanneur, corroyeur, peaussier, mégissier Ce nom s'applique, comme on voit, indistinctement à tous ceux qui s'occupent des diverses préparations que l'on fait subir aux peaux.

Le tanneur tanne les cuirs dans une fosse à tan.

Le corroyeur corroie, graisse, assouplit, donne le dernier apprêt aux peaux déjà tannées.

Le mégissier prépare les peaux blanches et les peaux a poil.

Le peaussier donne les premiers apprêts au parchemin et au velin.

Le chamoiseur emploie les peaux de toute nature et les passe à l'huile.

Dér. de *Tan*.

Tâou, talo, *s. indéf.* — *Un tâou, uno talo*, un tel, une telle.

Tâou, talo, *adj. indéf.* — *Tâou ménaço qu'a bèlo pôou*, tel affecte de menacer qui tremble de peur.

Der. du lat. *Talis*.

Tâouiè, *s. m.* Etal, établi, planche à porter le pain, banc en pierre ou en bois placé devant un magasin ou une boutique et sur lequel on étale des marchandises ; table de magnanerie sur laquelle on élève les vers à soie. — *Dourdo leus tâoulès*, se dit de quelqu'un qui va étourdiment, comme un imbécile, un idiot.

Der. de *Tâoulo*, table.

Tâoulado, *s. f.* Une table garnie et entourée de convives — *Sian uno bèlo tâoulado*, nous étions nombreux à table. *Uno tâoula'o de câoulés, de favióous, d'doubèrginos*, une planche ou un carré de choux, de haricots, d'aubergines.

Dér. de *Tâoulo*, table.

Tâouléja, *v.* Rester longtemps à table.

Tâoulejaire, *s. m.* Celui qui se plaît à table.

Tâoulo, *s. f.* Table, meuble ordinairement en bois, servant à manger, à jouer, à écrire, etc. — *Métre la tâoulo*, *leva la tâoulo*, préparer le repas, desservir une table.

Dér. du lat. *Tabula*, planche.

Tâoulo, s. f. Planche ou carré de légumes ou de jardinage. — *Uno tâoulo d'espinars, de lachugos, de cebos*, une planche, un carré d'épinards, de laitues, d'oignons.

Dér. du lat. *Tabula*.

Tâoulo-doublo, s. f. Talé plante, ronde ou carrée.

Tâoupado, s. f. Taupinière, petit monticule de terre qu'une taupe retire en creusant ses galeries On dit aussi *tâoupièiro*.

Dér. de *Tâoupo*, taupe.

Tâoupén, adj. m. De la nature de la taupe, qui a des mœurs analogues. — *Un ra tâoupen*, un mulot ou rat des champs, qui creuse des galeries comme la taupe et forme des taupinières.

Dér. de *Tâoupo*, taupe.

Tâoupéto, s. f. Taupette, petit flacon de pharmacie ou de confiserie.

Tâoupièïro, s. f. Taupinière. On dit aussi *Tâoupado*. — Voy. c. m.

Dér. de *Tâoupo*, taupe.

Tâoupo, s. f. Taupe, *Talpa*. Par son genre de vie, la taupe n'a pas besoin d'y voir parfaitement: elle a cependant des yeux qui y voient fort clair. Aveugle ou non, elle n'en remontrerait pas moins à tous nos mineurs, et il n'est pas l'ingénieur qui put trouver à reprendre à ses travaux; mais les agriculteurs lui font une guerre acharnée. Ce n'est jamais dans les terres incultes ou fortes que s'établit la taupe; il lui faut les terres souples et cultivées, engraissées de fumier, dans lequel elle trouve des vers dont elle fait sa pâture préférée. Mais cet ordinaire ne lui suffit pas et les racines des plantes lui fournissent de copieux suppléments.

Tapa, v. Boucher, fermer avec un bouchon; couvrir. — *Tapa'no porto*, boucher une porte avec une cloison. *Tapa lou flô*, couvrir le feu. *Sé tapa*, se couvrir, se tenir chaudement. *Tapa-vous bien*, couvrez-vous bien.

Dér. de *Ta*, bouchon.

Tapaje, s. m. Tapage, bruit, grand désordre accompagné de bruit — *Faire tapaje*, faire du tapage.

Dér. du grec Πάταγος, bruit, fracas, craquement, par la transposition du π et du τ.

Tapajur, s. m. Tapageur, celui qui fait du tapage.

Dér. de *Tapaje*.

Tapàou, adv. Aussi, si peu, non plus. — *Tapàou y-anarai pas*, aussi n'irai-je pas.

Composé de *Tant* et de *Pàou*.

Taparas, s. m. Sorte de poudingue ou conglomérat lacustre très-commun dans le Gard et qui, au-dessous de la terre végétale, forme une couche imperméable plus ou moins épaisse. Cette imperméabilité du sol rend la terre infertile, et on ne peut la rendre productive qu'en brisant et extrayant ces bancs de poudingues quand ils n'ont pas une épaisseur trop considérable.

Dér. de *Tapa*, boucher, couvrir, parce qu'en effet cette poudingue recouvre le sol et le bouche pour ainsi dire en le côté haut tapen n'elde. On désigne aussi ces poudingues sous le nom de *Cistre*, *Cistrus*.

Tapas, s. m. Gros gifle, soufflet fortement appliqué.

Tapé, s. m. Vin, courtaud, petit avorton. — *Tou tapé*, le jeu du bouchon.

Dér. et dim. de *Ta*, bouchon.

Tapériè, s. m. Câprier cultivé, *Capparis spinosa*, Linn., arbrisseau de la famille des Capparidées et dont les baies s conservent dans le vinaigre pour l'assaisonnement des mets.

Le câprier croit naturellement en Grèce et dans les îles de l'Archipel. C'est de là qu'il doit avoir été transporté en Italie et dans la Provence.

Dér. du grec Ταπεινός, rampant.

Tapéro, s. f. Câpre; baie de câprier confite dans le vinaigre et servant de condiment pour relever les mets. — Voy. *Taperie*.

Tapo, s. f. Tape; coup légèrement appliqué avec la main sur la joue ou toute autre partie du corps en signe de familiarité ou de correction anodine.

Dér. du français *Tape*, m. sign.

Tapo quiou, s. m. comp. Le gratte-cul, baie rouge de l'églantier, *Agalanciè* (Voy. c. m.) Il est ainsi nommé parce que l'on compose avec cette baie des conserves astringentes qu'on emploie pour arrêter la diarrhée. Tape-cul, tilbury, sorte de voiture légère à deux roues.

Taqua, v. Tacher, faire une tache, souiller, salir. Au fig. flétrir, déshonorer.

Dér. de *Taquo*, tache.

Taquo, s. f. Tache; empreinte d'huile, de graisse, d'encre, de vin, etc.; salissure de boue, souillure au propre et au figuré. — *Lévo bien uno taquo*, il avale volontiers un verre de vin, c'est un excellent buveur. *Acô's taquo d'oli*, c'est une chose indélébile, ineffaçable; une injure ou un service rendu que l'on n'oublie jamais, un fait qui laisse un souvenir impérissable. *Uno taquo din l'èl*, une taie.

Du bas bret. *Tach*, souillure, ou de l'arabe *Taca*, tâche.

Taquo-d'oli, s. f. comp. — Voy. *Taquo*.

Tar, s. m. Tard, longtemps après midi, aux approches de la nuit, après la nuit close. — *Sus lou tar*, sur le soir, dans la soirée.

Tar, adv. Tard, au delà du temps fixé, du temps ordinaire, du temps convenable. — *Un pàou tarde*, un peu tard.

Dér. du lat. *Tardè*, m. sign.

Tarabastéja, v. Faire du bruit, du fracas, s'agiter pour peu de chose, importuner, troubler, ravauder, tracasser.

Dér. de *Tarabast*, tarabat, sorte de crécelle dont les religieux se servaient jadis pour éveiller ceux qui, pendant la nuit, devaient chanter l'office et dont on se sert encore pour les offices de ténèbres pendant la semaine sainte. Billot, bâton ou crochet en bois qu'on mettait en travers au cou des chiens pour les empêcher de chasser seuls et d'aller dans les vignes.

Tarabastéjaïre, s. m. Homme importun, esprit tracassier, qui s'agite constamment à propos de rien ou de peu de chose.

Dér. de *Tarabast*.

Tarabastèri, *s. m.* Tracas, vacarme. — *Voy. Tarabastéja*.

Tarabastiè, *s. m.* Homme tracassier, qui s'agite beaucoup, un brouillon.

Dér. de *Tarabast*. — *Voy. Tarabastéja*.

Taraïre, *s. m.*, ou **Taradouïro**, *s. f.* Grande tarière ou bondonnière servant à percer la bonde des tonneaux. Elle est munie d'une légère amorce.

Tarasquaïre, *s. m.* Un des hommes qui sont employés à faire mouvoir la tarasque pendant les fêtes de Sainte-Marthe, à Tarascon-sur-Rhône.

Dér. de *Tarasquo*, dont l'étymologie vient de l'espagn. *Tarasca*, fantôme.

Tarda, *v.* Tarder, différer, ne point arriver assez tôt, se mettre en retard.

Dér. du lat. *Tardare*, m. sign.

Tardé, *adv.* Dim. de *Tar*, tard; un peu tard. — *Voy. Tar*.

Tardiè, **eïro**, *adj. m. et f.* Lent, en retard; tardif, qui vient tard, qui ne mûrit que dans l'arrière-saison.

Dér. de *Tar*, tard.

Tareïrôou, *s. m.* Grande manne d'osier ronde et en forme de cône tronqué renversé, qui sert à transporter la vendange ou autres productions végétales.

Targa (Sé), *v. pr.* Se targuer, se prévaloir, tirer avantage, faire parade.

De *Turgo*, targe, bouclier que l'on plaçait devant soi pour se défendre.

Targo, *s. f.* Targe, bouclier; trogne, bonne mine, mine fière, démarche assurée.

Tariblamén, *adv.* Terriblement, énormément, beaucoup, très-fort. — *A plougu tariblamén*, il a plu énormément.

Tarible, **blo**, *adj. m. et f.* Terrible, gros, énorme, redoutable. — *Un ome tarible*, un homme athlétique.

Dér. du lat. *Terribilis*, m. sign.

Tarnagas ou **Margasso**, *s. m.* Noms donnés, le premier surtout, beaucoup plus usité, au genre Pie-grièche, *Lanius*. Parmi les cinq variétés plus ou moins répandues dans le pays, le languedocien distingue : 1° *lou tarnagas de la bèlo méno* (pie-grièche grise, *Lanius excubitor*, Temm), de la grosseur d'un merle, cendré sur le corps. blanc dessous, la queue et une bande autour de l'œil noires, et du blanc parsemé sur les parties les plus foncées; 2° *lou tarnagas dé la testo roujo* (pie-grièche rousse, *Lanius nifus*, Temm.), plus petit que le précédent; le dessous du corps blanc, sauf les flancs lavés de roux; tout le dessus d'un noir profond, avec un demi-cercle blanc sur les ailes, le derrière de la tête d'un roux ardent; 3° *lou tarnagas teré* ou *terén* est la femelle de ce dernier : l'épithète de *téré* lui vient de ce qu'elle place son nid plus près de terre que la première espèce. Pie seulement par sa couleur, la pie-grièche, par son bec recourbé. ses ongles crochus, et surtout ses instincts audacieux et cruels, est un véritable rapace qui chasse et dévore les petits oiseaux qu'il attire en imitant leur ramage. Ses différents noms ont voulu dépeindre son caractère : le latin *Lanius* ayant la signification de boucher, le grec Ἄγριος, Sauvages, a fait grièche. *Margasso* est le parfait équivalent du nom français, par la contraction d'*agasso*, pie, et de *mari*, *marido*, mauvais, méchant, à moins que la première syllabe ne vienne de *mas, maris*, mâle, c.-à-d. forte, courageuse. *Tarnagas* enfin comprend toujours le mot *Agasso*, mis au masculin *agas*, précédé de *tarn* qui, avec une légère altération, peut être *car* ou *carn*, — ce dernier mot, vieux roman — de *Caro, carnis*, chair, ce qui équivaudrait à pie carnassière. Le français donne justement le nom de pie-grièche à cette femme criarde, acariâtre. Comment le languedocien a-t-il été si mauvais observateur cette fois que de faire de son *tarnagas* le synonyme de sot, de balourd? La pie-grièche se précipite souvent sur les appeaux des oiseleurs, qui la prennent ainsi dans leurs filets : a-t-on attribué à l'aveugle sottise ce qui est l'effet de son audacieuse rapacité? La captivité doit aussi l'affecter beaucoup, et, dans les premiers moments surtout, elle doit en paraître comme bébêtée. Jugé dans ces circonstances, le *Tarnagas* a pu être pris pour un sot, et devenir ainsi le prototype de l'espèce.

Tarnàou, *s. m.* Un gros, une drachme, la huitième partie de l'once; le gros pèse trois deniers, et le denier un grain.

Ce mot paraît être dérivé de *ternarius* ou de *ternalis*, de trois, parce que le gros est composé de trois deniers.

Taro, *s f.* Tare, déchet, déduction faite sur une pesée de denrées ou de marchandises du poids de l'enveloppe ou du récipient qui sert à les contenir; vice, défaut, défectuosité. — *Vigno én taro*, une vigne en sève ou en fleur.

De l'arabe *Tharah*, rejeter, rebuter; ou de *Talah*, defaut, vice.

Taros, *s. f. plur.* Défauts, vices. — *Voy. Taro*.

Tartanis-tartanas! *interj.* Onomatopée employée dans le jeu de cache-cache.

Tartano ou **Tartanas**, *s. m.* Le milan et principalement la buse. Le milan est fort rare dans nos contrées; la buse, au contraire, y est commune. On peut établir, en règle générale, que, parmi les oiseaux de proie diurnes, les plus gros, en bornant toutefois cette classe à ceux qui font la guerre à nos basse-cours, sont confondus sous le nom de *Tartano*, comme les petits le sont sous celui de *Mouicé*. Quant aux plus gros, tels que l'aigle, le vautour, dont quelques variétés habitent les montagnes voisines et nous visitent quelquefois, ils conservent leurs noms français légèrement assaisonnés à la languedocienne.

Ce nom a sans doute été donné à la buse parce que ses ailes sont triangulaires et en forme de voile latine. comme celle du vaisseau appelé tartane, qui sert à la pêche et au cabotage sur la Méditerranée. Le nom de cette embarcation paraît lui-même dérivé du celtique

Tartèlo (Faïre la). Mot qu'emploient les gamins en jouant a pile ou face, pour indiquer que leur adversaire cherche à tricher, en faisant retomber la pièce du côté qui peut le faire gagner

Tartéléto s. m. Bonbon, petite tarte.

Tartifle, s. m. La pomme de terre.

Dér. par corruption de l'allemand *Kartoffel,* dont la prononciation se rapproche beaucoup du mot *Tartifle.*

Tasséla, ado, *adj. m.* et *f.* Tacheté, moucheté, qui a des taches sur la peau.

Tassèou, s. m. Tasseau, morceau de bois servant à soutenir une tablette, une étagère, un rayon de bibliothèque; grosse pièce faisant tache que l'on met sur une autre étoffe; emplâtre, tache.

Tasso, s. f. Tasse, petit vase servant à boire du café, de la tisane ou autres breuvages que l'on prend à petites doses.

Dér. du celt. *Tass,* m. sign.

Tasso, s. f. Taxe, taux, prix, cours, tâche. — *L'an mes à la tasso,* on le fait travailler à la tâche. *Acò's la tasso,* c'est la taxe, le prix fixe.

Dér. du français Taxe.

Tasta, v. Goûter, déguster, essayer, éprouver; agir avec circonspection, sonder le terrain.

Dér. du lat. *Tactum,* supin de *Tangere,* toucher.

Tasto, s. f. Dégustation, essai d'un fruit, d'une liqueur, mais surtout des melons, du fromage, du vin et de l'huile; échantillon. — *Próne un meloun à la tasto,* choisir un melon en en goûtant plusieurs *Me pourtaran la tasto d'aquèl vi,* on m'apportera l'échantillon de ce vin. *Douna à la tasto,* offrir à l'essai.

Dér. de *Tasta,* goûter.

Tastoù, s. m. Reste de pâte dont on fait la galette ou une fouace qui imite grossièrement une forme humaine appelée *Estère.* — *Voy.* c. m.

Tastounéja, v. Tâtonner; chercher à tâtons dans l'obscurité. Au fig. tâtonner, procéder avec hésitation, avec incertitude, faute de lumières ou de renseignements précis.

Tavèl, s. m. Pile, tas, agglomération. — *Tavèl (Taveou,* en provençal), village du canton de Roquemaure, a la même signification que réunion, agglomération d'habitations, centre habité.

Té, s. m. Une goutte; la roupie qui pend au nez; gouttière, chenal par lequel les eaux d'un toit s'écoulent sur le sol. — *N'én vole pa qu'un té,* je n'en veux qu'une goutte, une larme.

Té, *pr. pers. de la 2ᵉ personne.* Te, toi, à toi. — *Té vèse,* je te vois. *Prén-té gardo!* prends garde à toi. *Garo-té d'aquì,* ôte-toi de là. *Dé qué té pren?* qu'est-ce qui te prend? *Te ié parlère coumo fòou,* je lui parlai d'importance.

Dér. du lat. *Te,* ou du grec Τε, te, tu, toi.

Tè! *interj.* Tiens! vraiment! Est-ce bien vrai! Est-il possible! *Tè, véjo-lou!* Tiens, vois-le! *Tè tu, tè ièou!* s'emploie en parlant de gens qui se disputent et se renvoient réciproquement des injures.

Tébés, éso, *adj. m.* et *f.* Tiède. — *Aigo tébéso,* eau tiède.

Dér. du lat. *Tepidus,* m. sign.

Técha, v. Dégoutter, tomber goutte à goutte. — *Soun nas techo,* son nez dégoutte. *Techo,* il pleut légèrement, il bruine. *Aquel ron techo,* l'eau suinte de ce rocher.

Técho, s. f. Goutte. — *Voy.* aussi *Té* et *Dégoù.*

Téchoù, s. m. Petite goutte. Dim. de *Té* et de *Técho.* On dit aussi *Téché.*

Tèfle, s. m. Gros morceau, grosse pièce. — *Tefle dé pan,* un quignon, un gros morceau, un chanteau de pain; un buffle, un animal de grosse taille; un homme obèse, joufflu; un soufflet appliqué sur la joue.

Tègne, v. Teindre, donner à une étoffe ou à toute autre chose une couleur voulue, en la plongeant dans une dissolution liquide préparée à cet effet.

Dér. du lat. *Tingere,* m. sign.

Teíous, ouso, *adj. m.* et *f.* Filamenteux, fibreux, coriace, comme la toile du chanvre, la filasse.

Tèl, tèlo, *s. indéf.* — *Un tel, uno tèlo,* un tel, une telle. Se dit dans un sens général pour désigner vaguement une personne dont on parle. On dit aussi: *un tdou, uno talo.*

Dér. du français.

Télado, *s. f.* Une pièce de toile.

Dér. de *Telo.* — *Voy.* c. m.

Télatiè, s. m. Marchand de toile, tisserand, marchand toilier.

Téléto, s. f. Éblouissement, obscurcissement de la vue chez les moribonds, dont la cornée devient trouble et opaque. — *La téléto,* le voile de la mort.

Tèlo, s. f. Toile, tissu de fil de lin ou de chanvre, tissu ou filet des araignées. On le dit aussi pour le lé ou largeur d'une toile. — *Tèlo d'oustdou,* toile de ménage. *Telo cruso,* toile écrue, non lessivée, non blanchie. *Las tèlos sé toquou,* je suis sans le sou.

Dér. du lat. *Tela,* formé par syncope de *Texula.*

Tèlo, *s. indef. f.* Telle. — *Madamo uno tèlo,* madame une telle. — *Voy. Tèl.*

Témouèn, s. m. Témoin, celui ou celle qui a vu ou entendu un fait; preuve ou marque; fragments de pierre ou de tuile que l'on place à côté d'une borne-limite, et qui étant rapprochés, se soudent de manière à reprendre leur forme entière.

Dér. du lat. *Testimonium,* m. s.

Tempéstéja, v. Tempêter, faire grand bruit, se fâcher bruyamment, faire de violents reproches.

Dér. de *Tempèsto,* tempête.

Tempèsto, s. f. Tempête, ouragan, agitation violente de l'air, le plus souvent accompagnée de pluie, d'éclairs et de tonnerres.

Dér. du lat. *Tempestas,* tempête.

Tempiè ou **Trempiè,** s. m. Pluie abondante, qui pénètre très avant dans la terre et suffit à alimenter les sources et les fontaines et à les faire grossir. — *A fa un bon trémpie,* la pluie a bien trempé la terre.

Dér. de *Trémpa,* mouiller.

Témpièïra, *v.* Tremper, saturer d'eau. — *A bièn tém-pièïra,* la pluie a bien trempé la terre ou l'a bien abreuvée; il a plu abondamment.

Dér. de *Tempiè.* — *Voy.* c. m.

Témple, *s. m.* Temple; édifice consacré au culte protestant. — *Anan dou témple,* nous nous rendons au service religieux dans le temple protestant.

Dér. du lat. *Templum,* m. sign.

Témpouri, *v.* Finir son temps, sa tâche, sa journée, son année; supporter la grande chaleur, le grand froid, le vent, la pluie, et en général les températures extrêmes. — *L'on po pa témpouri,* on ne saurait tenir contre ce froid, contre cette chaleur. *Pode pa lou témpouri,* je ne puis le supporter; se dit en parlant d'un fâcheux, d'un homme ennuyeux.

Dér. du lat. *Temporis,* gén. de *Tempus,* temps.

Témpouros, *s. f. plur.* Les saisons, mais surtout le renouvellement de chaque saison, les Quatre-Temps ou saisons de l'année que l'Église consacre au jeûne et à l'abstinence; la saison des semailles ou autres opérations principales de l'agriculture.

Dér. du lat. *Tempora.*

Tén, *s. m.* Temps, durée qui s'écoule d'une époque à une autre plus ou moins éloignée; loisir; délai; terme; saison propre à chaque chose; occasion; état, disposition de l'atmosphère. — *Sèn dou bèou tén,* le beau temps est arrivé. *Prou tén et bèlo ouro,* se dit de celui qui néglige ses affaires, qui croit toujours avoir le temps d'y songer, de s'en occuper, et ne s'en occupe jamais.

Dér. du lat. *Tempus,* m. s.

Tén, téncho, *adj. m.* et *f.* Teint, teinte, qui a été plongé dans un bain de teinture.

Dér. du lat. *Tinctus,* m. s.

Tèn, 3ᵉ pers. de l'ind. du verbe *Téni* ou *Tène,* tenir. Il ou elle tient.

Dér. du lat. *Tenere,* tendre.

Ténal, *s. m.* Locution employée comme terme de comparaison : *Maigre coumo un ténal,* sec comme un hareng, maigre comme un cent de clous. Le mot *Ténal* dérive peut-être de tenaille, outil qui rappelle vaguement, avec sa tête et ses deux branches, les bonshommes naïfs que les enfants dessinent sur les murs.

Ténchura, *v.* Teindre, donner de la teinture à une étoffe, passer une couleur à l'huile, au vernis ou à l'eau sur une porte, une fenêtre, un meuble, une construction en bois. — *Aï ténchura ma porto,* j'ai passé de la peinture sur ma porte.

Dér. du lat. *Tingere,* m. s.

Ténchuriè, ténchurièïro, *s. m.* et *f.* Teinturier, celui qui exerce le métier de teindre les étoffes.

Dér. du lat. *Tinctor,* m. s.

Ténchuro, *s. f.* Teinture, liqueur préparée pour teindre; impression de couleur que cette liqueur laisse sur les étoffes; l'art du teinturier.

Dér. du lat. *Tinctura,* m. s.

Téndièïro, *s. f.* Amorçoir, tarière dont les charpentiers se servent pour commencer un trou dans le bois.

Dér. de *Tendre,* diriger.

Téndi, *s. m.* Piège pour prendre les petits oiseaux, composé d'une pierre plate soulevée d'un côté de manière à présenter une inclinaison d'environ 45°, et soutenue sur un appui fragile composé de quatre bûchettes disposées de telle sorte que le moindre attouchement les détraque et fait tomber la pierre sur l'oiseau. — *Voy. Léco.*

Téndios, *s. f. plur.* Terme de laboureur. Ce sont deux verges ordinairement en fer qui passent à travers le sep d'une charrue et le relient au mancheron.

Dér. du lat. *Tenere,* tendre.

Téndos, *s. f. plur.* — *Téndos dàou col,* les muscles, les tendons du cou.

Téndroù, *s. f.* La tendreté d'une viande, d'une salade, du pain, d'un comestible quelconque, qualité de ce qui est tendre ou facile à couper; les châtaignes qui, après le dépiquage, ne sont pas encore complètement desséchées. — *Y'a dé téndroù dinc aquélo pisado,* il y a des tendrons dans cette quantité de châtaignes sèches soumises au dépiquage.

Tène, *v.* Tenir, être ferme; être lié, attaché, collé; ressembler. — *Tène pè,* piéter; marcher avec quelqu'un d'un pas égal, le suivre de près. *Fasès mé tène acò,* faites-moi passer cela. *Quan ténen dàou més?* combien avons-nous? quel est le quantième du mois? *Tén dé soun pèro,* il a les qualités ou les défauts de son père. *Sé tèn bièn,* il s'habille avec goût.

Dér. du lat. *Tenere,* tendre.

Ténésoù, *s. f.* Constance, fermeté, cohésion, solidité. — *Lou ten n'a jés dé ténésoù,* le temps est inconstant, variable.

Dér. de *Tène,* tenir.

Téngudo, *s. f.* Lieu où l'on se tient habituellement; maisons que l'on fréquente ordinairement; habitat, en parlant des plantes; gîte, en parlant des animaux. — *Acò soun san téngudos,* c'est là qu'il se tient d'habitude.

Dér. de *Tène,* tenir.

Ténguén-ténguén, locut. employée en Languedoc et équivalente à donnant-donnant, tenant-tenant. Cette expression est très-employée parmi les enfants qui, en voulant troquer une bagatelle contre une autre, se défient l'un de l'autre et conviennent, en prononçant cette locution, de se nantir réciproquement, mais seulement à demi, de ce qu'ils veulent échanger.

Dér. de *Tène,* tenir. — *Voy.* c. m.

Téni, *v.* Tenir, avoir à la main ou entre les mains; posséder; être lié, attaché; prendre, recevoir; avoir hérité; proférer, tenir des propos; avoir de la ressemblance; entretenir, accomplir, garder, effectuer. — *Téni d'à-mén,* surveiller, épier. *M'ou tene dé di* ou *pér di,* je me le tiens pour dit. Ce mot s'emploie d'ailleurs dans le même sens que *Tène,* dont il est un équivalent.

Dér. du lat. *Tenere,* tendre, à cause de l'état de tension où sont les muscles de la main quand on tient quelque chose.

Ténquo, *s. m.* Coup, brèche. — *A reçaupégu uno tenquo,* cet objet est écorné, fendu, il a reçu une brèche.

Ténta, *v.* Tendre des toiles sur le devant des maisons ou au-dessus des rues pendant les grandes chaleurs de l'été pour se garantir des rayons du soleil. Dans certains pays, et notamment à Avignon, on tend des toiles au-dessus des rues où passent les processions de la Fête-Dieu.

Dér. du lat. *Tenere,* tendre.

Ténto, *s. f.* Tente, pavillon militaire, abri de toile sous lequel on campe; banne, toile que l'on tend pour se mettre à l'abri de la pluie et du soleil.

Dér. du lat. *Tentorium.*

Téouiè, *s. m.* Tuilier, ouvrier qui fabrique des tuiles avec de l'argile cuite.

Dér. du lat. *Tegularius,* m. s.

Téouièiro. *s. f.* Tuilerie, fabrique de tuiles; briqueterie, usine où l'on fabrique et où l'on cuit des briques d'argile.

Dér. du lat. *Tegularium,* m. s.

Téoulado, *s. f.* Toiture faite avec de la tuile et, par extension, une toiture en général.

Dér. de *Téoule,* tuile.

Téoule, *s. m.* Tuile, sorte de plaque en argile cuite et ordinairement cintrée, qui sert à couvrir les maisons, à construire des toitures; une visière de casquette. — *Faire lou teoule,* avoir l'air malade ou déconfit.

Dér. du lat. *Tegula,* de *Tegere,* couvrir.

Téoule-vis, *s. m. comp.* — *Teoulado à teoule-vis,* toiture à tuile découverte, sans doublure de planches ou de briques plates.

Téoulisso, *s. f.* Toiture de maison construite avec de la tuile. On dit aussi *Téoulado* et *Couvér.* — *Voy.* c. m.

Dér. de *Teoule,* tuile.

Tèoune, tèouno, *adj. m.* et *f.* Mince, aminci, grèle, frêle, terne, pâle, sans couleur.

Dér. du lat. *Tenuis.*

Térado, *s. f.* Champ, plantation, pièce de terre semée ou complantée d'une même espèce d'arbres ou de plantes. — *Uno térado dé bla,* un champ de blé. *Uno terado dé trufos,* un champ de pommes de terre. *Uno térado d'amouriés.* une terre plantée de mûriers.

Dér. de *Tèro,* terre.

Téragnas, *s. m.* Rocher pourri ou pierre morte; roche qui s'effrite et se décompose à l'air, qui se réduit en poussière ou en écailles; terrain inculte, rocailleux et couvert de broussailles.

Dér. de *Tèro,* terre.

Téraïè, *s. m.* Potier de terre, faïencier, revendeur d'ouvrages en poterie, en faïence, en porcelaine.

Dér. de *Tèro,* terre.

Téraio, *s. f.* Poterie, vases en terre cuite. ustensiles de cuisine en terre cuite, vaisselle en poterie. La poterie de Saint-Quentin, près d'Uzès, est très-usitée dans les environs d'Alais. Cette poterie est commune, mais solide et légère. — *Lava la téraio,* laver la vaisselle.

Dér. de *Tèro,* terre.

Téraire, *s. m.* Territoire; l'ensemble du territoire d'une commune; surface de pays dépendant d'une même juridiction. — *Teraire loubâou,* portion de terroir alternativement formé de rochers et de terre végétale, présentant des veines et des cavités. — *Téraire bravén,* sorte de terrain lacustre, ancien fond d'étang.

Dér. de *Tèro,* terre.

Téralado, *s. f.* Terreau, terre neuve, limon transporté sur une terre maigre pour l'engraisser; terreau, humus des forêts et des bois, fumier réduit en poudre noirâtre que l'on emploie pour cultiver des plantes délicates ou rares.

Dér. de *Tèro,* terre.

Térassiè, *s. m.* Terrassier, ouvrier terrassier, ouvrier que l'on emploie dans les travaux de terrassement, surtout dans la construction des routes. Se dit, par extension, d'un homme qui cherche à agrandir son champ aux dépens de ses voisins par des empiètements successifs.

Dér. de *Tero,* terre.

Téré, *s. m.* Sorte de raisin bon à manger que l'on cultive dans le Languedoc. Il y en a de plusieurs espèces : le *teré* proprement dit d'un rouge brun; le *téré-boure,* rouge pâle et blanchâtre; le *téré-éscalan,* dont les grains sont très-lâches et très-espacés.

Téréja, *v.* Remuer, gratter la terre, comme font les enfants en se jouant par terre ou sur un tas de sable.

Dér. de *Tèro,* terre.

Térino, *s. f.* Terrine, vase en terre évasé servant à la cuisine. Ce mot s'emploie surtout pour désigner un bassin de garde-robe ou de chaise-percée; un bassin de malade, plat, évasé, que l'on fait glisser dans un lit, sous le malade.

Tèrme, *s. m.* Terme, borne, limite d'un champ, d'un territoire, d'un domaine. — *Planta tèrme,* procéder à un bornage, à une délimitation de propriétés contiguës.

Dér. du lat. *Termen,* terme.

Tèrmèja, *v.* Aborner un champ, y planter des bornes.

Dér. de *Terme,* terme.

Tèro (Faïre), *loc. adv.* Succomber à une grande douleur. — *Ne fara tèro,* il en mourra de chagrin.

Tèro-bravénquo, *s. f. comp.* Terre forte et argileuse des terrains lacustres.

Tèro-labourivo, *s. f. comp.* Terre labourable, propre à être labourée, à recevoir la semence.

Tèro-loubâou, *s. f. comp.* Terrain rocailleux, mélangé de terre végétale.

Téroùs, ouso, *adj. m.* et *f.* Terreux, euse; mélangé ou souillé de terre.

Dér. de *Tèro,* terre.

Térubin, *s. m.* Toupie de grosse dimension. On dit aussi *Turbin*.

Tès, *s. m.* Tèt; morceau de poterie cassée; fragment d'un pot cassé, d'une faïence, d'un verre. — *Aquél fricò sén lou tès*, ce ragoût à l'odeur de poterie brûlée. Il existe près de Rome une colline assez élevée appelée *Monte-Testaccio*, entièrement formée par des débris de poterie cassée et dont l'origine n'est point encore expliquée.

Dér. du lat. *Testa*, vase de terre cuite.

Téscoù, *s. m.* Le coin de la charrue qui assujétit le mancheron à la queue du soc et dont l'enlèvement suffit pour démonter la charrue.

Téso, *s. f.* La gomme, la sève qui découle des arbres résineux.

Téstari, *s. m.* Tètu, entêté, opiniâtre.

Dér. de *Tèsto*, tête.

Téstéto, *s. f.* Petite tête, tête d'agneau, de chevreau. — *Aï més uno téstéto*, j'ai mis à cuire une tête d'agneau.

Dim. de *Tèsto*, tête.

Téstièìro, *s. f.* Chevet d'un lit: le chatourné d'un lit; pièces qui font partie d'un bois de lit du côté du chevet; tétière, portion de la bride qui passe sur la tête du cheval.

Dér. de *Tèsto*, tête.

Tèsto, *s. f.* Tête, portion du corps de l'homme ou de l'animal qui contient le cerveau, les organes de la vue, de l'ouïe, du goût et de l'odorat. — *Ès un home dé tèsto*, c'est un homme intelligent. *Faï coumo lous aïés, travaïo dé tèsto*, c'est un homme qui réfléchit continuellement. *Grosso tèsto pòou dé sén*, celui qui a une grosse tête a souvent peu de bon sens. *Parla dé tèsto*, être dans le délire. *Tèsto dé fol n'a jamaï blanquì*, tête de fou n'a jamais blanchi. *Aquél éfan a bono tèsto*, cet enfant est intelligent, il a de la mémoire, il apprend facilement. *Tèsto d'aïé*, une tête d'ail, l'ensemble des gousses qui la composent. *Tèsto d'ase*, têtard, larve de la grenouille. *Tèsto duro*, intelligence lente, conception difficile, celui qui possède ces défauts. *Tèsto séquo*, étourdi, évaporé, qui ne sait pas se conduire. *Tèsto-flou*, jeu de pile ou face. Contraction de l'expression *Tèsto ou flou*, tête ou fleur, parce que jadis les pièces de monnaie françaises présentaient, d'un côté l'effigie du souverain et de l'autre l'écu fleurdelisé aux armes de France.

Dér. du lat. *Tèsta*, employé dans le sens de crâne.

Téstoù, *s. m.* Teston, ancienne monnaie de France ainsi nommée parce qu'elle portait sur l'avers l'effigie du roi régnant. Les premiers testons furent frappés sous Louis XII; ils valaient d'abord dix sous, leur valeur s'éleva jusqu'à vingt-quatre sous.

Téstoulo, *s. f.* Morceau de tuile cassée, débris de tuile ou de brique.

Dér. de *Tès*, tèt.

Tèstu, *s. m.* Gros marteau de maçon employé dans les démolitions de maçonneries, et servant à dégrossir ou briser les moëllons bruts. Ce marteau est pointu d'un côté.

Téstudo (Piolo), *s. f.* Hache à talon ou à marteau.

Tèt, *s. m.* Toit, toiture, couverture de maison.

Dér. du lat. *Tectum*, m. sign.

Tèta, *v.* Tèter, se dit d'un enfant à la nourrice. — *Éncaro této*, il n'est point encore sevré. *Avédre lou téta dous*, être persuasif, avoir la langue dorée. *Tèta* se dit aussi dans le jeu de boules pour indiquer que la boule touche le but.

Dér. du celt. *Tetar*, ou du grec Τιτθή, mamelle.

Tétaïre, *s. m.* Rejetons, branches gourmandes des arbres; un enfant qui demande souvent à tèter, un rude tèteur.

Tétarèl, *s. m.* Le hochet ou suçoir des petits enfants. On appelle aussi *Tétarèl* ou *tétarèlo*, celui ou celle qui fait métier de tèter les femmes que le lait incommode.

Tétin, *s. m.* Le sein d'une femme, le pis d'une vache, d'une chèvre, d'une brebis.

Dér. du grec Τιτθή, mamelle.

Tétinardo, *s. f.* Une grosse femme aux fortes mamelles, et par ironie une grosse commère, une grosse maritorne.

Dér. de *Tétin*, sein.

Tétino, *s. f.* Le pis des animaux et en particulier d'une chèvre, d'une vache, d'une brebis qui portent du lait.

Dér. de *Tétin*. — *Voy.* c. m.

Této, *s. f.* Châtaigne bouillie, marron bouilli que l'on mange comme en tètant; on l'appelle aussi *Càoudeto*. — *Ès fla coumo uno této*, il est mou comme un linge mouillé. *Té crèbe coumo uno této*, je te crève comme une vessie, une outre.

Této-lèbre, *s. m.* Nom vulgaire du *Lychnis sylvestris alba simplex*, ou Compagnon blanc. — *Voy. Càoulichoù*.

Ti, *s. m.* Mouvement convulsif et involontaire de quelque muscle; geste singulier et non justifié que l'on fait par habitude et sans raison; tic, grimace habituelle: caprice, passion; maladie ou mauvaise habitude du cheval qui le porte à mordre sa mangeoire ou à frapper dessus avec la tête. — *Préne lou ti*, s'entêter. *Préne à ti*, prendre en grippe. *Aquò és soun ti*, c'est son habitude, sa manie, son caprice, son défaut. *A lou ti dé béoure*, il a la manie de boire.

Tia, *v.* Tuer, ôter la vie d'une manière violente; détruire, fatiguer à l'excès, éprouver un violent chagrin. — *La barbasto a tıa lous amouriès*, la gelée blanche a brûlé la feuille. *Aquél chagrin mé tuio*, ce chagrin me tue.

Dér. du grec Θύω, immoler, tuer.

Tiadoù, *s. m.* Tuerie, abattoir, lieu où les bouchers tuent les animaux de boucherie.

Dér. de *Tia*, tuer.

Tiadouïro, *s. f.* Tuerie, massacre, carnage, boucherie; coupe-gorge; endroit dangereux, escarpé, difficile à franchir, où l'on court risque de la vie.

Dér. de *Tia*, tuer.

Tiaïre, *s. m.* Tueur de cochons, égorgeur, garçon boucher.

Dér. de *Tıa*, tuer.

Tiba, *v.* Tendre ou étendre en tirant. On dit aussi *Tibla*. — *Tiba uno cordo*, tendre une corde. *Se tiba*, se serrer la taille. *És tiba*, au fig. il est ivre. On suppose que ce mot vient du celtique.

Tibage, *s. m.* Une mangeaille. — *Avèn fa un tibage*, nous avons fait un repas homérique. — *Voy*. *Couflage* et *Ramplimén*

Dér. de *Tiba*, tendre.

Tiblado, *s. f.* Une truellée Au fig. une grande cuillerée de potage.

Dér. de *Tiblo*, truelle.

Tiblassado, *s. f.* Augm. de *Tiblado*. Une grosse truellée de mortier, de plâtre, etc , au fig. une grande cuilleree de potage.

Dér. de *Tiblo*, truelle.

Tiblo, *s. f.* Truelle, outil de maçon qui sert à prendre le mortier, à l'étendre; il sert aussi à gâcher le plâtre, à le délayer et à polir les enduits.

Dér. du lat. *Trulla*, plat, écuelle.

Ticun, *s. m.* Personne capricieuse, qui a contracté une habitude, un tic, une manie. — *Acò's un ticun*, c'est un maniaque.

Tièiro, *s. f.* File, rangée, rang, ordre, suite ; une allée d'arbres; un rang de pieux, de ceps de vigne, de choux.

Tico-taco, *s. m.* Tic-tac, terme servant à exprimer le battement du cœur. — *Soun cur i fasiè tico-taco*, son cœur battait avec force.

Tifo-tafo, *s. f.* Bagarre, dispute, émeute, échauffourrée, tapage. — *Y-aoura quaouco tifo-tafo*, il y aura du grabuge.

Tignassiè, **ièiro**, *s. m.* et *f.* Celui ou celle qui a une chevelure épaisse, rude et inculte. — *Tignassiè tèstu*, homme à la tête ébouriffée, mal peignée, hirsute, et dont l'entêtement n'est pas moindre.

Tignasso, *s. f.* Teignasse et non tignasse d'après l'abbé de Sauvages; chevelure mal peignée, vieille perruque. — *Tignasso dé candi*, une perruque de chiendent, une chevelure d'un blond fade. *Tignasso*, dit Sauvages, est corrompu du fr. teignasse dérivé à son tour de teigne, maladie de la tête qui provoque la chûte des cheveux, dont la perruque dissimule l'absence. C'est pour obvier aux conséquences de cette maladie que la perruque a été sans doute inventée, et les teigneux avaient, plus que personne, le plus grand intérêt à l'adopter.

Dér. de *Tigno*, teigne.

Tignos, *s. f.* Les engelures qui surviennent aux pieds et aux mains; tumeur phlegmoneuse, accompagnée de démangeaisons et occasionnée par le froid. On dit aussi *Cidoulos*. — *Voy*. c. m.

Timbourlo, *s. f.* Sonnette de bélier qui rend un bruit sourd et que l'on suspend au cou des chefs du troupeau.

Timbra, *v.* Tendre fortement. Se dit d'une corde à boyau de violon, de guitare, de harpe et de tambour. — *Timbra un tambour*, tendre la double corde à boyau placée sous la peau inférieure d'un tambour et que l'on serre avec une vis à écrou pour précipiter ses vibrations.

Timbra, ado, *adj. m.* et *f.* Tendu, tendue. — *Tiro aquelo cordo et fai la bien timbra*, tire cette corde et tends-la bien.

Dér. du v. *Timbra*.

Timbre, *s. m.* Timbre, marque imprimée ; petite cloche dépourvue de battant et que l'on frappe avec un marteau. On l'a appliqué aux horloges, aux pendules, aux portes d'entrée des maisons pour remplacer le marteau.

Timoù, *s. m.* Timon, longue pièce de bois qui sort de l'avant-train d'une voiture ou d'un chariot et à laquelle on attelle les chevaux ; gouvernail d'un vaisseau, d'un bateau, qui sert à le diriger.

Dér. du lat. *Temo, onis*, flèche de char, appareil qui sert à le conduire, à le traîner.

Timoù, *s. f.* Tumeur, tuméfaction, soulèvement de la peau ou de la surface d'un organe, produit soit par un corps étranger qui cherche à pénétrer au dehors, soit par un amas plus ou moins profond de liquide, soit enfin par un développement de tissus organisés.

Timouniè, *s. m.* Cheval attelé au brancard d'une charrette.

Tinado, *s. f.* Une cuvée ; plein une cuve ; ce que l'on fait à la fois de vin dans une cuve ; une cuvée de linge lessivé.

Dér. du grec Τινθός, cavité, chaudron.

Tinâou, *s. m.* Cuve vinaire ; cuveau en maçonnerie ou en bois où l'on met à fermenter le raisin préalablement foulé sur un plancher supérieur.

Étym. du mot précédent.

Tino, *s. f.* Cuve en bois servant à lessiver le linge ; fosse où les tanneurs font macérer les peaux dans la chaux détrempée, pour les épiler.

Étym. des deux mots précédents.

Tintamarado, *s. f.* Tintamarre, bruit insolite et intense ; vacarme, bruit désordonné et confus.

Dér. de *Tinta*, frapper, tinter, et de *Marro*, sorte de bêche ou de houe qui sert à bêcher la terre et sur laquelle les paysans frappent pour marquer l'heure des repas et en donner le signal à leurs compagnons.

Tin-tin! *interj*. Onomatopée traduisant le son des pièces d'argent. — *Té pagarai tin-tin!* je te payerai comptant, argent sonnant. Cette locution désigne aussi le son d'une petite cloche. *La campano a fa tin-tin*, la cloche a sonné, a tinté. *Lou tin-tin dé la campano*, le tintement de la cloche. Dans ce dernier cas l'expression *tin-tin* est employée substantivement.

Tiou, tiouno, *pr. poss. m.* et *f.* de la 2ᵉ pers. du sing. Tien, tienne ; qui est à toi, qui t'appartient. — *Aquò és tiou*, cela est à toi.

Dér. du lat. *Tuus*, dér. du grec Τεός, m. sign.

Tioune, *pr. poss*. seconde forme de *Tiou*, dont la signification est la même et dont le féminin est aussi *tiouno*.

Nous devons faire remarquer toutefois que *Tioune* s'emploie plus souvent substantivement pour le tien, ton bien, ton avoir, ce que tu possèdes. — *Sies din lou tioune*, tu es établi dans ton bien, dans ton héritage, sur tes domaines.

Même étymologie que le mot précédent.

Tira, *v.* Tirer, amener vers soi, dans le sens où l'on marche; dévider la soie du cocon; tirer ou puiser de l'eau dans un puits, dans un réservoir; tirer un coup de fusil. — *Tira d'aigo*, puiser de l'eau. Au fig. *Tira d'aigo*, signifie être mal dans ses affaires, être réduit aux expédients. *Faire tira soun pourtré*, se faire peindre. *Tira dé la*, traire une vache, une chèvre, etc. *Tira un cò dé fusil*, tirer, décharger un coup de fusil. *Quan tiro vosto roumano?* combien pèse votre balance romaine? quelle est sa portée? *Tira un plan*, lever un plan ; tromper quelqu'un par de faux récits; lui donner le change sur les véritables intentions que l'on a. *Tira dré*, aller droit devant soi, suivre le droit chemin. *Tira d'argén*, retirer, toucher de l'argent. *Un emplastre qué tiro*, un emplâtre qui provoque la suppuration. *Tiro*, se dit au jeu de boules quand un joueur lance la sienne contre le but ou contre celle de son adversaire, pour la chasser. *Tira peno* ou plutôt *Traire-péno*, être en souci sur le compte de quelqu'un, sur le dénouement d'une affaire. *Tiro de soun paire*, il ressemble à son père, il a ses manies, ses qualités, ses défauts. *Tiro-té d'aquì*, retire-toi de là ou tire-toi de là comme tu le pourras. *Faire tira sous papiés*, faire expédier, transcrire un extrait d'un acte de naissance, de mariage, de décès, ou tout autre document particulier.

Tira, *v.* Oter, enlever, arracher, retirer. — *Y-an tira dé suo*, on l'a saigné. *Tiro-mé 'quélo espigno*, ôte-moi, arrache-moi cette épine.

Dér. de l'ital. *Tirare*, ou de l'espagnol *Tirar*, par corrupt. du lat. *Trahere*.

Tira (Sé), *v. réfl.* Se tirer, se dégager, se délivrer, échapper. — *M'én souï tira d'uno bèlo!* je l'ai échappée belle! je me suis tiré d'un fier embarras! *Sé tira d'én dé souto*, se tirer de dessous. *Lous èrs se tirou*, il y a un courant d'air. *Sé n'és tira las braios netos*, il s'en est tiré sain et sauf.

Tiradís, isso, *adj. m. et f.* Qui est souvent tiré, qui se renouvelle souvent. *Aigo tiradisso, pous tiradís*, fontaine, source, puits dont l'eau est souvent puisée.

Dér. de *Tira*.

Tiradoù, *s. m.* Tiroir, sorte de boîte carrée enchâssée dans une table, une armoire, une commode, et qu'on ouvre à volonté en la tirant à soi.

Dér. de *Tira*, tirer.

Tiradoù, *s. m.* Atelier de filage de soie, où on la dévide sur le cocon, et dans lequel sont établis plusieurs tours à tirer ou à filer. *Voy.* Tiraje.

Tiraïro, *s. f.* Tireuse ou fileuse de soie; l'ouvrière qui la dévide sur le cocon, au moyen de l'eau chaude. On disait aussi jadis *Tiraïre*, pour désigner les ouvriers mâles employés à ce dévidage ; mais depuis de longues années, le dévidage des cocons est exclusivement réservé aux femmes dans la région alaisienne.

Tiraje, *s. m.* Filature; atelier où l'on tire la soie du cocon en le plongeant dans l'eau chaude. On appelle aussi l'atelier où l'on tire la soie, *tiradoù;* celui où on la mouline, *moulì dé sédo*.

Tirassa, *v.* Traîner; traîner après soi, traîner par terre; au fig. dire à quelqu'un des paroles méprisantes.

Dér. du lat. *Trahere* ou du grec Τινάσσω, mouvoir, agiter, secouer.

Tirassa (Sé), Se traîner, languir, se traîner par terre, dans la saleté. — *Sé po pas tirassa*, il ne peut pas se traîner.

Tirasso, *s. f.* Tirasse ou traînasse, filet aussi large que long qui sert à prendre les oiseaux ; herse, traînoire ou traîneau dont on se sert dans certaines fermes pour traîner du fumier, des pierres, etc., sur un terrain où les voitures ne peuvent passer.

Tirlan, *s. m.* Chenapan.

Tirlintèino, *s. f.* Tiretaine, sorte d'étoffe dont la chaîne est de fil et la trame de laine. Ce nom, qui s'applique à une étoffe fragile, s'emploie au fig. pour déprécier une chose. — *Aquò 's pas que dé tirlintèino*, se dit d'une chose de mauvaise qualité, et même d'un homme de peu de valeur au point de vue de l'honorabilité.

Sauvages pense que la tiretaine a pris son nom de la ville de Tyr où on l'aurait fabriquée dans l'antiquité; mais cette étymologie ne nous parait devoir être acceptée qu'avec la plus grande réserve.

Tiro, *s. m.* Différend, débat, contestation sur le prix, la valeur d'un objet; écart dans deux évaluations distinctes d'une denrée, d'une marchandise. — *Sén dé tiro dé trés frans*, nous sommes en discord de trois francs. *Dé quan sès dé tiro?* De combien différez-vous dans vos appréciations, pour la conclusion de votre marché? *Sén dé tiro dé quicon*, nous sommes en discord d'une faible différence. *Soun pas dé tiro qué dé l'amitié*, ils n'ont aucune sympathie l'un pour l'autre.

Tiro-lancè ou **Tirlancè**, *s. m.* Bilboquet; amusette pour tuer le temps, amuser les enfants, leur faire prendre patience ; pour aider les personnes désœuvrées à tuer le temps dont elles ne connaissent ni le prix ni l'emploi.

Tiro-larigò (A), *adv.* En français *à tirelarigot*. A foison, en abondance, à profusion, avec excès. Expression éminemment rabelaisienne, fréquemment employée par l'auteur de *Gargantua* et de *Pantagruel*. — *Manjèn et béguén à tiro-larigò*, nous mangeâmes et nous bûmes à tirelarigot, à profusion, à ventre déboutonné. On dit aussi vulg. en fr. : à bouche que veux-tu.

Tirolo, *s. f.* Poulie, appareil mécanique composé d'une chape qui soutient le rouet, au moyen d'un boulon de fer. Le rouet tourne sur cet axe, et reçoit dans la gorge creusée sur sa tranche la corde qui se déroule dans la gorge et à laquelle sont suspendus les fardeaux que l'on veut élever ou descendre. Les doubles poulies destinées à soulever de lourds fardeaux sont appelées moufles. On dit aussi *Poulèjo* et *Carelo*. — Voy. c. m.

Tiro-longo, s. f. Délai, retard. — *Aquò fai uno grando tiro-longo*, cela éprouve bien des retards, cela traîne fort en longueur. On donne aussi ce nom à une ruelle étroite et longue telle que la ruelle d'Alais qui s'ouvre entre le Palais de justice et le couvent des Dames-Blanches et se prolonge sur une grande étendue, à travers les jardins du Plan-d'Alais, dans la direction du couchant au levant.

Tiro-pèou, s. m. Tiraillement des cheveux ; l'action de tirer les cheveux à quelqu'un. — *Cregne lou tiro-pèou*, j'ai les cheveux très-sensibles, je souffre quand on me les tire. — *Jouga à tiro-pèou*, se prendre aux cheveux pour se disputer quelque chose qu'on a jeté à terre, comme lorsqu'on jette des dragées ou de l'argent à une troupe de polissons.

On appelle aussi *Tiro-pèous*, les têtes de bardane, *Lappa major* et *minor*, plante à larges feuilles qui croît au bord des chemins, dans les décombres, autour des habitations, et dont les capitules portent un involucre à folioles imbriquées dont les extérieures, terminées en pointe aiguë et recourbée en hameçon, s'accrochent aux cheveux avec une grande ténacité.

Tiros, s. m. pl. Les tirants de la viande de boucherie, les aponévroses et les tendons blancs, flexibles et difficiles à couper par un effort de tension.

Dér. de *Tira*, tirer.

Tisoù, s. m. Tisonnier, instrument de forgeron qui sert à attiser le feu et qu'il ne faut pas traduire par *Tison*.

Tisso (Èn), s. f. Manie, habitude, tic, forte envie. — *Préne en tisso*, prendre en grippe, en aversion ; avoir une dent contre quelqu'un.

Togno, s. f. Femme difforme, stupide, grossière.

Tombo-lèvo, s. m. comp. Chance alternativement bonne ou mauvaise, qui submerge ou remet à flot. Se dit d'un homme qui après avoir été à deux doigts de sa perte, se relève et remonte sur sa bête.

On donne ce nom en Provence à un filet que l'on plonge dans le Rhône et que l'on relève à volonté au moyen d'un jeu de bascule ingénieusement combiné.

Tompo, s. f. Bassin, réservoir ; a la même signification que *Tomplino*, bassin, réservoir, en provençal, dérivé lui-même de *Toumple*, gouffre, abîme.

Tonquo, tounquarèlo, s. f. Sotte, stupide, grossière, correspondant à *Togno* (Voy. c. m.), qui devrait plutôt s'écrire *Tonio*, forme vulgaire du nom d'Antoinette et fém. de *Tòni*, Antoine.

Toquo, s. f. La touche ou le but, au jeu de mail. Pierre que la boule doit toucher ou approcher le plus près pour gagner la partie ; bûchette dont les enfants se servaient jadis pour toucher les lettres qu'ils épelaient sur l'abécédaire. — *Ès à la toquo*, il en est à la croix de par Dieu. Il s'emploie aussi dans le sens d'époque : *Sé cou-nouissou de longo toquo*, ils se connaissent de longue date, depuis longtemps. *Sèn toquo-toquo*, nous sommes côte à côte, à côté l'un de l'autre ; nous sommes voisins.

Toquo, v. Il touche ; 3ᵐᵉ pers. du présent de l'indicatif du verbe *Touqua*, toucher. — *Toquo-lou!* touche-le ! frappe-le ! ne le manque pas !

Tord, torso, adj. Tordu, tordue. — *Dé fiou tord, de lano torso*, du fil tordu, de la laine tordue.

Toro, s. f. Chenille ; on donne aussi ce nom à l'aconit, au cornier des oiseleurs, à la chrysomèle de l'osier franc ; mais surtout aux plantes et aux insectes dans lesquels on soupçonne une qualité malfaisante.

Torou, s. m. Un tronçon, une tranche d'un bois cylindrique ; un rondin ; une grosse pièce en bois de grume, ronde et entière.

Le mot *Touradouïro*, qui désigne une scie à deux mains, employée à débiter le bois ou la pierre de taille, dérive de *Torou*.

Tosse, v. Tordre, donner le tords au fil, à la soie, à la laine ; câbler de la corde, de la ficelle, un lien d'osier. — *Sé po pas tosse*, il ne peut ni se tourner, ni se baisser. — *Tosse uno amarino*, tordre un lien d'osier. *Y-a pas rés à tosse*, il n'y a rien à prendre, rien à gratter, rien à manger.

Totò, tototo, s. m. et f. Petit enfant, bambin, bébé. Dim. de *Pichò*, pichoto, *Pichoutè*.

Tou, s. m. Un égout, un cloaque. On dit aussi *Touat* ou *Grun*.

Tout, adv. Tout. — *N'én vèn dé pértout*, il en vient de toutes parts. *Dé pértout* est un italianisme ; c'est le *da per tutto* des Italiens.

Tout, touto, s. indéf. m. et f. Tout. — *N'és pas lou tout*, ce n'est pas le tout. *Mé n'a di dé las toutos*, il n'est pas d'injures qu'il ne m'ait adressées.

Dér. du lat. *Totum*.

Tout, touto, adj. m. et f. Tout, toute.

Dér. du lat. *Totus, tota*, m. sign.

Tou ! interj. Onomatopée employée dans le jeu de cligne-musette, pour indiquer que le jeu est fait, que l'on est caché. Oui, c'est fait !

Touchì, s. m. Tuchin, touchin ou coquin. Nom qui fut donné à des troupes de paysans des environs de Nîmes, qui, excédés du poids des impôts qu'ils supportaient presque seuls, prirent les armes et commirent toutes sortes de pilleries dans les maisons des riches. Cette qualification, *Touchì dé Bénobre*, est restée appliquée aux habitants de Vézénobres, que l'on accusait d'avoir reçu chez eux ces révoltés et favorisé leurs pillages. — *Touchìnariè*, coquinerie. *Touchìnat*, rebellion.

Toucho, s. f. Tournure, allures grotesques. Emprunté à l'argot parisien. C'est quelque chose de plus que *binette*. *Toucho* se dit des dehors d'un personnage, considérés dans leur ensemble. *Quelle bonne touche!* s'écrie-t-on à l'aspect d'un grotesque. Ce terme a dû naître dans les ateliers de peinture, dit M. Lorédan Larchey (*Excentricités du langage français*).

Toufo, s. f. Mouffette, exhalaison pernicieuse qui se développe dans les mines, dans les souterrains profonds où l'air ne circule pas.

En terme de *magnanerie*, c'est une chaleur concentrée, une vapeur suffocante, un coup de chaleur forte et subite qui survient dans les appartements où l'on élève les vers à soie. Cette influence relâche les fibres des vers à soie, les rend languissants et les tue, si l'on n'y apporte un prompt remède. C'est une sorte d'asphyxie.

Dér. du grec Τῦφος, fumée, stupeur.

Tougnas, asso, s. m. et f. Péjoratif de *Toni* et de *Togno*. Sobriquet donné à un homme, à une femme. Gros Antoine, gros benêt, gros pataud, gros imbécile, gros joufflu, paysan lourd et grossier, gros nigaud.

Touïâou, touïâoudo, s. m. et f. Surnom donné à un gros joufflu, un gros poupard, un gros plein-de-soupe. On dit aussi *Moutifldou*.

L'augmentatif *Touïdoudasso* s'applique aussi à une grosse femme joufflue, une grosse maman.

Touïsso ou **Bouïssounado**, s. f. On donne ce nom aux buissons ou haies vives qui entourent un champ sous forme de clôture.

Dér. du grec Τοῖχος, mur, rempart.

Toulipo, s. f. Tulipe.

Toumba, v. Tomber, chûter; démolir, renverser, abattre; être entraîné de haut en bas par son propre poids. Ce verbe, neutre en français, est le plus souvent actif en languedocien, ce qui occasionne pour les habitants du Midi une foule d'erreurs grammaticales. — *Mé sièi toumba*, je suis tombé. *Aï manca mé toumba*, j'ai failli tomber. *Toumba un oustdou*, abattre une maison. *M'a toumba*, il m'a renversé. *La tdoulo tombo*, il n'y a pas de pain sur la table. *Avès toumba quicon*, vous avez laissé tomber quelque chose. *Mé toumbaraï, té toumbaras*, je tomberai, tu tomberas. *Toumba dé soun lon*, tomber à plat. *Acò's toumba én prouvèrbi*, cela est passé en proverbe. *Acò toumbè pas dou sóou*, cela ne tomba pas à terre, ne fut pas oublié. *Las mans mé tombou*, je ne me sens pas les mains du froid qu'il fait; j'ai l'onglée. *Toumban lou cas*, le cas échéant. *Pode pas y toumba*, je ne puis y réussir, le moyen m'échappe. *Toumba dé vi, dé bouïoun*, répandre du vin, du bouillon. *Toumban-lévan*, à grand'peine, cahin-caha, tant bien que mal.

Dér. de *Toumbo*, c.-à-d. aller dans la tombe, en bas.

Toumbado, s. f. Vogue, affluence. — *Aquélo boutigo, aquélo doubèrjo a uno forto toumbado*, il y a grande affluence de clients dans ce magasin, dans cette auberge; tout le monde y afflue.

Dér. de *Toumba*, tomber.

Toumbaduro, s. f. Chûte; effets, conséquences, blessures, contusions, produits par une chûte.

Dér. de *Toumba*, tomber.

Toumbaïre, s. m. Langueyeur de porcs, ainsi désigné parce qu'il abat ces animaux pour examiner s'ils sont atteints de la lèpre.

Dér. de *Toumba*, tomber.

Toumbarèl, s. m. Tombereau, sorte de charrette servant ordinairement à transporter des matières terreuses ou pierreuses et que l'on décharge en lui imprimant un mouvement de bascule en arrière.

Dér. de *Toumba*, tomber.

Toumbarèla ou **Toumbarélado**, s. m. ou f. Charge d'un tombereau, plein un tombereau. — *Un toumbaréla dé sablo*, plein un tombereau de sable.

Dér. de *Toumbarèl*, tombereau.

Toumbo, s. f. Un caveau mortuaire, une tombe maçonnée, et non pas une simple fosse, que l'on appelle *un cros*.

Dér. du lat. *Tumba*, m. s.

Toumo, s. f. Fromage mou, fraîchement caillé, une jonchée. — *Blan coumo uno toumo*, pâle comme un fromage frais.

Toumple, s. m. Gouffre, abîme, endroit profond d'une rivière ou d'une vallée. On trouve dans la commune de Concoules, sur une partie profonde de la rivière de l'Amalet ou Homolet, un hameau de deux ou trois maisons qu'on appelle *Lou Toumple*.

Toun, s. m. Ton, le son de la voix, la note musicale; air, manières. — *As manqua lou toun*, tu n'as pas saisi l'air de ce chant. *Aviè un toun dé crésénço*, il avait un air de fierté. *Lou toun faï la cansoun*, le ton fait la chanson.

Dér. du lat. *Tonus*, m. s.

Toun, adj. poss. m. dont le *fém*. est *Ta*. Au *plur Tous, Tas*. — *Toun chi, ta pardoulo, tous amis, tas tèros*, ton chien, ta parole, tes amis, tes propriétés. *Coumo fas toun fièr!* comme tu es fier!

Dér. du lat. *Tuus, tua*.

Tounaïè, s. m. Tonnelier, fabricant de tonneaux, de foudres, de cuves vinaires en bois.

Dér. de *Tounèl*, tonneau.

Toundar, s. m. Mouton nouvellement tondu très-ras.

Dér. de *Toundre*, tondre.

Toundèïre, s. m. Tondeur, celui dont le métier est de tondre les moutons, les chevaux, les chiens.

Dér. de *Toundre*, tondre.

Toundésoù, s. f. La tonte des troupeaux, l'époque où a lieu cette opération, l'action de tondre les animaux.

Dér. de *Toundre*, tondre.

Toundrâou, s. m. Sot, nigaud, niais, crédule; qui se laisse mystifier, gruger, tondre sans résistance.

Dér. de *Toundre*, tondre.

Toundre, v. Tondre les bêtes à laines, les chevaux; couper les cheveux ras. — *T'an toundu*, on t'a coupé les cheveux très-court. *Acò's toundu*, voilà une affaire réglée. *Sé laïssa toundre*, se laisser gruger, se laisser voler. *Faliè vèni quan toundian, dourias agu dé lano*, se dit proverbialement à celui qui n'arrive pas à temps pour profiter d'une bonne occasion.

Dér. du lat. *Tondere*, m. s.

Toundre! *interj.* Adoucissement apporté parmi le peuple à un juron plus accentué, dont il existe diverses variantes et notamment le mot *Foundre!* qui se rapproche davantage du type original. Cette interjection est surtout employée par les femmes, et n'indique pas, chez celui ou celle qui la prononce, un degré de colère ou d'impatience bien caractérisé.

Toundu, do, *adj. m.* et *f.* Tondu, tondue; qui a les cheveux coupés ras. Au fig. celui qui est volé, grugé, mystifié.

Dér. de *Toundu,* tondu, à cause de son aspect lisse.

Toundudo, *s. f.* Petit pain de millet noir ou sarrazin, ou de maïs, pesant et indigeste, cuit dans l'eau bouillante. Dans quelques parties du Gard, le petit pain de maïs porte le nom de *Mias* et dans les pays du nord celui de Gaude.

Dér. de *Toundre,* tondre.

Toupé, *s. m.* Toupet, touffe de cheveux placée au-dessus du front. Au fig. effronterie, audace, outrecuidance, impudence, — *Quinte toupé!* Quel toupet! quel effronté!

Dér. du bas all. *Topp*, touffe de cheveux.

Toupi, *s. m.* Pot de terre à poignée, qui sert ordinairement à faire cuire la viande du potage ou la viande à l'étouffée. — *Toupi méjancié,* pot de grandeur moyenne. *Lou toupi vèsso,* le pot répand par ébullition. Au fig. sot, niais, imbécile, dépourvu d'intelligence. *Necì coumo un toupi*, bête comme un pot. *Toupinas,* gros nigaud, grosse bête.

Toupina, *s. m.* Potage grossier cuit dans un pot; sorte de panade épaisse et gluante.

Dér. de *Toupi,* pot.

Toupinado, *s. f.* Une potée, plein un pot.

Dér. de *Toupi,* pot.

Toupinèl, èlo, *s.* et *adj. m.* et *f.* Sot, sotte; borné, bête comme un pot.

Dér. de *Toupi,* pot.

Toupino, *s. f.* Vase de terre de plus grande dimension que le *Toupi.* On lui donne en quelques localités du Gard le nom de *Glouto.* Vase en terre servant à faire nicher les moineaux.

Dér. de *Toupi,* pot.

Touqua, *v.* Toucher, manier, palper, tâter; chasser devant soi, mener, conduire en se tenant derrière; frapper, corriger; concerner, importer; émouvoir; éprouver. — *Aquélo maldoutié l'a touqua,* cette maladie l'a fortement éprouvé. *Sé noun siès brave, té toucaraï!* si tu n'es pas sage, je te corrigerai d'importance! *S tèr os sé toquou*, leurs propriétés sont contiguës. *Toquo toun chival,* donne un coup de fouet à ton cheval. *Las tèlos sé toquou,* je suis sans ressources, je n'ai plus un sou.

Touquadoù, *s. m.* Conducteur ou meneur de bêtes de trait ou d'animaux de boucherie, tels que bœufs, chevaux, etc; celui qui les touche ou les chasse devant lui, avec un fouet, un trident ou un aiguillon.

Dér. de *Touqua,* toucher.

Touquéja, *v.* Toucher, manier, palper à plusieurs reprises. Ce verbe s'emploie dans un sens fréquentatif, à la place du verbe *Touqua,* toucher.

Tour, *s. m.* Mouvement circulaire; métier a filer la soie; tour de promenade; tour d'adresse, de prestigitation; machine qui sert à façonner le bois, la pierre, les métaux, etc. — *Faire soun tour,* fienter, en parlant des petits enfants.

Toura, *v.* Scier en travers, un billot de bois, un tronc d'arbre.

Dér. de *Torou,* billot, rondin. — *Voy.* c. m.

Touradouïro, *s. f.* Le passe-partout des scieurs de long; scie à deux manches, adaptés aux deux extrémités de la lame, et qui sert à débiter le bois, la pierre, etc. Cette scie à quatre mains est maniée par deux ouvriers placés en face l'un de l'autre et tirant alternativement. Dans certaines localités du Gard on donne à cet outil le nom de *Loubo.*

Dér. de *Torou,* tronc, billot de bois.

Touraïo et **Tourasso,** *s. m.* Grosse et vieille tour. Augm. de *Toure.* — *Voy.* c. m.

Touras, *s. m* Fièvre éphémère des femmes en couches; tumeur qui vient au pis des chèvres.

Tourdre, *s. m.* Une Tourde, et non pas un Tourdre Grive des vignes; merle grive *(Turdus musicus,* Tem.). Dessus du corps d'un gris brun, poitrine d'un jaune roussâtre, avec des tâches brunes; gorge et flancs blancs. Longueur 0m20 cent. La *Cèvero,* la *Garnegno,* le *Courchacha,* variétés de la même famille, sont souvent désignés sous le nom commun de *Tourdre;* mais les gourmands savent en faire la différence, et préfèrent de beaucoup ce dernier, quand il est en bon point, assurés que c'est de lui qu'Horace, qui s'y connaissait aussi, a dit : *Obeso nil melius turdo.*

Toure, *s. f.* Tour, construction qui, dans un château, une église, une enceinte de ville forte, dépasse en hauteur le restant des constructions, et leur sert de défense ou d'ornement; nuages lourds et floconneux qui présagent un orage, et que les météorologistes désignent sous le nom de *Cumuli.*

Touril, *s. m.* Petite tour, claperole de forme circulaire, construite à pierres sèches et servant à indiquer un tracé, une limite, un terrain mis en défense; moulin à tourille dont la roue horizontale est indépendante. — *Lou mouli ddou Touril* ou *ddou Tourel,* sur la Cèze, au tournant de la Tune, dans la commune de Peyremale.

Dér. du lat. *Turris,* tour. On dit aussi *Tourio.* — *Voy.* c. m.

Touril, *s. m.* Soupe à l'ognon.

Tourio, *s. f.* Tourelle, petite tour, claperole, moulin à tourille. — *Voy. Touril.*

Tourméntino, s. f. Térébenthine, gomme ou suc résineux qui découle du térébinthe, du mélèze et de plusieurs espèces de pins. Le terme languedocien est une corruption du mot français.

Tourna, v. Remettre en place; rendre une chose prêtée; revenir à une chose. — *Tournas acò ounte èro*, remettez cela à sa place. *Y-as-ti tourna sa barioto?* Lui as-tu rendu sa brouette? *S'atrouvas la soupo bono, tournas-y*, si vous trouvez le potage à votre goût, revenez-y.

Tourna, adv. De nouveau, derechef, encore, une seconde fois. — *Vène dé la vilo, y vòou tourna*, j'arrive de la ville, j'y retourne. *Tourna dire*, redire, dire de nouveau.

On dit aussi *Tourna-maï*, adv. comp. dans le même sens et dans celui de « plus encore. »

Tourné, s. m. Rouet à pédale, machine servant à filer. Cet instrument, plus encombrant que la quenouille, et difficile à transporter hors de la maison, constitue cependant un perfectionnement sur la première, et permet de produire trois fois plus de fil et un travail plus parfait.

Dim. de *Tour*.

Tournéja, v. Tourner, façonner au tour. Au fig. tourner, rôder autour. On dit aussi, dans le même sens, *Viroulèja*.

Tournioù, s. m. Tourneur, ouvrier qui façonne des ouvrages au tour.

Dér. de *Tour*.

Touroun, s. m. Sorte de nougat blanc fait avec des amandes grillées, du miel et du sucre.

Dér. du lat. *Torreo*, griller, torréfier.

Tourqua, v. Torcher, nettoyer, essuyer, frotter. — *Sé tourca*, se torcher. *Sé torquo pas lou nas emb'uno fusto*, il ne se torche pas le nez avec un soliveau; comme on dirait en français : il ne se mouche pas des pieds.

Dér. de *Torquo*, bouchon de paille.

Tourtïoù, s. m. Sorte de pâtisserie indigeste, confectionnée avec de la fleur de farine, des œufs et du sucre, et formant une sorte de bracelet appelé *brassadèou*, en Provence.

Dim. de *Tourto*, tourte. — *Voy.* c. m.

Tourto, s. f. Pain de ménage, pain bis, de forme circulaire, en forme de couronne.

Dér. de *Tour*.

Tourto-douço, s. f. comp. Tarte, sorte de pâtisserie composée de deux feuilles de pâte recouvrant une couche de confiture, de crème, de frangipane, etc.

Tourtouïèïro, s. f. Câble de charrette ou de chariot que l'on tend au moyen d'un tour mis en mouvement par une barre, pour assujettir le chargement en diminuant quelquefois son volume.

Dér. du lat. *Tortus*, tordu.

Tourtouro, s. f. La tourterelle (colombe tourterelle, *Columba turtur*, Temm.), oiseau de l'ordre des pigeons, nombreux dans le Midi. Cette dénomination s'applique également à la tourterelle à collier.

Tourtugo, s. f. Tortue. *Testudo*, Linn. Animal à quatre pattes, classé par Linné dans le premier genre de son ordre des Reptiles, et par Al. Brongniart dans le premier ordre des Reptiles appelés par lui Chéloniens. Il en existe plusieurs espèces; la plus connue est la tortue grecque, *Testudo græca*, Linn. La plus commune en Europe est la Tortue d'eau douce, *Testudo lutaria*, Linn.

Dér. du lat. *Tortus*, tortu, à cause de la forme des pattes de la tortue.

Tous, s. f. La toux, phénomène physiologique lié à la fonction de la respiration et qui consiste dans une expectoration forte, rapide et sonore, déterminée par l'irritation de la membrane muqueuse des voies aériennes, ayant pour but d'expulser les corps étrangers qui causent cette irritation. — *Michanto tous, marido tous*, une toux de mauvais augure. *La tous passo bé as cas*, la toux passe bien aux chats, les défauts de jeunesse finissent toujours par se guérir.

Dér. du lat. *Tussis*, m. s.

Touséïèïro, s. f. Champ de froment ou de touselle.

Dér. de *Tousèio*, touselle.

Tousèlo, s. f. Froment, touselle, blé sans barbe, *Triticum hibernum aristis carens*. Il en existe deux espèces : la *tousèlo blanco* et la *tousèlo rousso*, qui sont cultivées dans nos contrées, et très-employées dans la panification, chez les populations rurales des pays de plaine.

Toussan, n. pr. f. La Toussaint, la fête de tous les saints, qui se célèbre le 1er novembre de chaque année. — *Pèr Toussan, l'oulivo à la man*, à la Toussaint, il faut commencer la cueillette des olives.

Mot composé, formé de *Tous* et de *San*, tous les saints.

Toussi, v. m. La toux. — *Lou toussi m'arapo*, la toux me prend, je sens que je vais tousser. — *Voy. Tous*.

Dér. du lat. *Tussis*, m. s.

Toussilage, s. m. Tussilage, *Tussilago farfara*, Linn., plante pectorale commune dans tous les terrains humides et argileux du département du Gard. Elle est connue sous le nom vulgaire de *Pàouto-d'ase*, pied d'âne ou pas d'âne, à cause de la forme de ses feuilles. Ses fleurs, ses feuilles et ses racines sont adoucissantes et pectorales, et employées comme telles dans les campagnes.

Dér. du lat. *Tussis*, toux, parce qu'on l'emploie habituellement pour combattre cette affection.

Tout, s. m. Tout, l'ensemble d'une chose considérée dans son entier. — *Lou tout es de s'enténdre*, le tout est de s'entendre. *Acò n'és pas lou tout*, ce n'est pas le tout... *És pa tout d'acouménça, fòou acaba*, ce n'est pas le tout de commencer, il faut finir. *N'y en diguè dé las toutos*, il n'est pas d'injures qu'il ne lui ait dites.

Tout, o, adj. m. et f. Tout, toute; au pl. *toutes* et *toutos*, tous, toutes.

Tout, adv. Tout, tout-à-fait, entièrement. — *A l'èr tout nèci*, il a l'air tout hébété. Tout, adverbe, s'emploie souvent avec un suffixe : *Tout-aro*, tout-à-l'heure; *tout-arèto*, dans un petit moment. *Tout plan-plan*, tout bas, tout doucement, sans se presser. *Tout d'un tèn*, entre-temps.

Dér. du lat. *Totus*, m. s.

Toutaréto, *loc. adv.* Il n'y a qu'un instant, dans un instant.

Dim. de *Toutaro*. — *Voy.* ce mot.

Toutaro, *adv.* Tout-à-l'heure, dans un moment, bientôt. — *Toutaro y sèn!* nous allons arriver au moment critique; je m'en vais le mettre à sa place.

Loc. comp. de *Tout* et de *Aro*, à présent.

Toutes, os, *adj. m.* et *f. pl.* Tous, toutes. — *Toutes lous bióous dé la Camarguo pourièn mourì qué noun m'én véndrié uno bano*, tous les héritages pourraient pleuvoir, qu'il ne m'en reviendrait pas une obole.

Tout-éscas, *loc. adv.* Tout à l'heure; il n'y a qu'un instant.

Tout-éscasséto, *loc. adv.* Dim. de *Tout-éscas;* il n'y a qu'un très-petit instant.

Tout-houro, *s. f.* Grosse prune oblongue, d'un rouge brun, bonne à manger en confiture et en marmelade. C'est une variété de la prune Perdrigon.

Tout-obro, *s. m.* Ouvrier, manœuvre dont l'aptitude se prête à toute sorte de travaux.

Mot composé de *Toulo*, toute, et *Obro*, œuvre, travail.

Tout-un, *adj. ind.* Tout un, la même chose. — *Acò 's tout-un*, c'est tout un, c'est une même chose.

Trabado, *s. f.* Une travée, terme de charpenterie; la travée d'un pont suspendu ou métallique est la partie du plancher comprise entre deux points d'appui, culées ou piles. Un pont à trois travées est un pont suspendu ou métallique composé de trois planchers soutenus par deux culées et deux piles en rivière.

Dér. du lat. *Trabs*, m. s.

Trabasta, *v.* Pencher d'un côté, avoir une tendance à tourner sens dessus-dessous. Se dit surtout d'un bât de mulet ou de la charge d'une bête de somme lorsqu'ils penchent d'un côté plus que de l'autre, faute souvent d'avoir suffisamment sanglé le bât; se dit aussi par extension de toute autre chose qui perd son équilibre.

Dér. de *Tra* pour *Trans*, au-delà, et de *Bast*, bât.

Trabuqua, *v.* Trébucher, broncher, faire un faux pas, tomber le corps en avant.

Dér. de *Trabuc*, chute, culbute.

Tracan, *s. m.* La marche des affaires, le tran-tran du jeu, du négoce. Dim. *Tracané.* — *Quinte tracan!* quelle multiplicité d'affaires! *Faire soun tracané*, faire tranquillement son petit commerce, ses affaires journalières.

Tracana, *v.* Terme de manufacture de soie : *envider* une seconde fois la soie qui avait été mal envidée une première fois.

Tracané, *s. m.* Dim. de *Tracan.* — *Voy.* c. m.

Trachèl, *s. m.* Touffe de laine ou d'étoupe; touffe de cheveux coupés; masse floconneuse de diverses substances filamenteuses. — *Trachèl dé nèou*, flocon de neige.

Dér. du lat. *Truncatus*, détaché, coupé.

Trafi, *s. m.* Tracas, trouble, désordre; chose difficile et embrouillée. — *Lou trafi d'un oustdou*, le tracas d'un ménage. Au fig. les soucis, les peines, les tourments que l'on éprouve, auxquels on est exposé.

Pauri cor doulènt qu'avès voste abounde
Di *tràfi* dòu mounde...

Léontine GOIRAND.

Traficho, *s. f.* Gros clou allongé dont la tête est ordinairement triangulaire et qui sert à fixer les chevrons sur les poutres et les charpentes.

Le lat. *Fixorius clavus* répond au terme languedocien.

Trafiqua, *v.* Rôder dans une maison, déplacer les objets, les remettre en place, tracasser par ses manières les gens du logis; fréquenter une maison, un pays, un lieu. — *Tout lou jour trafico*, toute la journée il tourne et retourne, place et déplace. *Trafiquo moun oustdou*, il fréquente ma maison, il y vient journellement.

Trafiquan, *s. m.* Trafiquant, commerçant; intrigant; celui qui achète et revend toutes sortes de marchandises.

Dér. de *Trafiqua.* — *Voy.* c. m.

Trahi, *v.* Venir à bout de couper, de trancher avec les dents ou de mâcher un aliment dur ou coriace. — *Pode pa trahi la crousto*, il m'est impossible de mâcher la croûte de pain.

On dit aussi *Vencì*, dans le même sens.

Traio, *s. f.* Traille, câble d'un puits à roue qui supporte les godets et sert à puiser l'eau d'un réservoir inférieur pour l'amener dans un réservoir supérieur; câble en chanvre ou en fil de fer tendu en travers d'une rivière pour faciliter le passage d'un bac. On fabriquait jadis les câbles de puits à roue avec des sarments de vigne sauvage entrelacés; on en fabrique encore en sparterie.

Les sarments de vignes portent encore, dans le Var, le nom de *Traio*, synonyme de *Trèvo*.

Traire, *v.* Tirer, lever, jeter, lancer, tomber, marcher. — *Traire dé pèiros*, tirer de la pierre de taille d'une carrière; jeter des pierres contre quelqu'un. *Aquélo pèiro traì dé fió*, cette pierre lance des étincelles. *Traì dé nèou*, il tombe de la neige. *Mdou-traire*, mal tourner, aller de mal en pis, empirer, se débaucher. *Fénira pér mdou traire*, il finira par se gâter. *Traire-mdou*, avoir de fâcheux pressentiments sur une chose ou sur quelqu'un, être en peine sur le compte d'une personne, sur les suites d'une affaire.

Dér. du lat. *Trahere*, tirer.

Trambla, *v.* Trembler, être agité, craindre, avoir peur. L'expression *Qué faï trambla*, est prise comme terme du plus haut degré de comparaison. — *Y-a d'aïgo qué faï trambla*, il y a une quantité d'eau effrayante. *A d'éspri qué faï trambla*, il a beaucoup d'esprit. *Y-a dé castagnos qué faï trambla*, il y a une superbe récolte de châtaignes, les châtaigners sont chargés de fruits. *Acò faï trambla*, ce récit, cet événement, cette catastrophe sont effrayants.

Dér. du lat. *Tremulare*, dim. de *Tremere*, m. s.

Tramblamén, *s. m.* Tremblement, agitation, action de trembler, frisson. — *Acò és un affaire dóou tramblamén*, se dit d'une chose extraordinaire, inouïe, effrayante. *Y-avié la troupo, la musiquo et tout lou tramblamén*, il y avait à cette cérémonie, les soldats, la musique et tout ce qui s'ensuit.

Tramble, *s. m.* Frisson, impression de froid, qui caractérise la première période d'un accès de fièvre; impression de peur et d'effroi. — *M'a prés un tramble*, j'ai été saisi par des frissons; j'ai eu une peur atroce.

Tramo, *s. f.* Trame, fils conduits par la navette entre ceux qui forment la chaîne; laine grossière et pleine de bouchons qui s'arrête au bas du peigne et qu'on sépare de la laine fine, laquelle devient alors de l'étaim, dont le poil, plus net et plus long, a plus de force pour être employé à la chaîne des étoffes.

Dér. du lat. *Trama*, m. s.

Tranché, *s. m.* Tranchet, outil de cordonnier, sorte de longue lame d'acier, munie au sommet d'un tranchant en biseau latéral et qui sert à couper le cuir.

Transì, do, *adj. m. et f.* Transi, saisi par le froid, par la peur; ayant l'air malheureux, misérable.

Dér. du lat. *Transire*, aller au-delà, du côté opposé; verbe qui, dans la basse latinité, signifiait mourir, passer de vie à trépas.

Transidoù, *s. m.* Le flanc, la partie latérale du ventre. — *M'a piqua dou transidoù*, il m'a frappé au flanc.

Trantaïa, *v.* Chanceler, vaciller, perdre son équilibre. — *As trop bégu, trantaïes*, tu as trop bu, tu chancelles.

Tráou, *s. m.* Trou: ouverture percée dans un corps quelconque, intentionnellement ou non; perforation accidentelle. — *M'én sièu sourtì émb'un tráou à la tèsto*, je me suis sorti de la bagarre avec une blessure à la tête. On appelle aussi *tráou* les petites excavations pratiquées par les enfants pour jouer aux billes, dans le jeu de fossette. *Aï fa tráou*, ma bille est entrée dans la fossette. *Lou tráou d'dou quiou*, l'anus, le fondement. *Un tráou dé ra*, un trou de rat. Au fig. on dit : *És nascu dinc un tráou*, il est né dans un misérable village, il n'a l'usage de rien, il ignore les plus simples lois de la politesse. *Béou coumo un tráou*, il boit comme un trou. *Faïre un tráou à la luno*, faire une dette que l'on ne paye pas, s'endetter, mettre la clé sous la porte. *Tapa sous tráous*, payer ses dettes. *Faïre un tráou pèr n'atapa un doutre*, déshabiller saint Pierre pour habiller saint Jean; faire une nouvelle dette pour en solder une ancienne. *Me sarièi més dinc un tráou*, je me serais réfugié dans un trou (tellement j'avais honte ou tellement j'avais peur).

Dér. de la bass. lat. *Traugum*.

Tráouqua, *v.* Percer, trouer, pratiquer un trou, une ouverture; ouvrir, pénétrer. — *Tráouqua uno bouto*, mettre un tonneau en perce. *Tráouqua uno dén*, percer une dent, en parlant des jeunes enfants. *A las mans tráoucados*, c'est un panier percé, il dépense l'argent sans compter. *Résoùs tráouquados*, paroles, discours inconsidérés, déraisonnables, insensés.

Dér. de *Tráou*, trou.

Tráouqué, *s. m.* Dim. de *Tráou*. Petit trou, petit pertuis, faible ouverture.

Dér. de *Tráou*, trou.

Tráouquïa, do, *adj. m. et f.* Dim. de *Tráouqua*. Criblé, percé de petits trous en grand nombre, comme l'est un crible; plein d'yeux comme le pain bien levé et bien travaillé, et comme le fromage de gruyère; vermoulu.

Trapo, *s. f.* Trappe, petite ouverture, petite porte servant ordinairement de communication entre un étage supérieur et un étage inférieur.

Dér. de l'anc. allemand *Trapp*, m. s.

Trapó, *s. m.* Trapu; court de taille; court et gros. On dit aussi *Trapé*.

Trapoù, *s. m.* Petite trappe; terrine au riz ou au gruau.

Trapougnièiro, *s. f.* Chattière. On dit aussi *Catougnèiro*. — *Voy.* c. m.

Tras (Dè), *adv.* Derrière, à côté, au-delà, de l'autre côté. — *Dé tras aquel oustáou*, derrière cette maison. *Aquél oustáou done sus lou dé tras*, cette maison donne sur le derrière de la rue. *Tras lou sère*, de l'autre côté de la colline.

Dér. du lat. *Trans*, au-delà.

Trassèjà, *v.* Ravauder, ranger des hardes, des meubles; remanier l'ordonnance d'un ameublement, dans une maison.

Trassije, *s. m.* Etat valétudinaire, mauvaise santé, mauvais penchant.

Trasso, *adj. m. et f.* Se dit en parlant de choses usées, vieilles, de peu de valeur; d'une santé usée; d'une chose mince, fragile, facilement destructible. — *Un trasso dé capèl*, un vieux chapeau. *Dé trassos dé groulos*, de vieilles savates. *Uno ome trasso*, un homme chétif, malingre, sans vigueur. *Un trasso d'ome*, un homme de peu de valeur, mauvais sujet. *Souï bièn trasso*, je suis bien affaissé, bien affaibli. *Papiè dé trasso*, papier Joseph.

Dér. de l'italien *Strassa*, guenille.

Trassun, *s. m.* Rebut, déchet, portions de denrées à rejeter. — *Lou trassun das poumos, das castagnos*, le rebut, des pommes, des châtaignes.

Trassuègno, *s. f.* Péjoratif de *Trassun*, le rebut du rebut.

Trata, *v.* Traiter, servir, donner à manger chez soi, ou dans un restaurant, chez un traiteur; injurier. — *Trato lous vouyajurs*, il donne à manger aux voyageurs. *M'a bièn trata*, il m'a servi un excellent repas. *M'a trata dé voulur*, il m'a traité de voleur, il m'a appelé voleur.

Travaïa, *v.* Travailler, agir; façonner, exécuter un travail; cultiver; troubler, inquiéter, tourmenter; se déjeter, se tourmenter, en parlant des ouvrages en bois. — *Sèn nascu pér travaïa*, nous sommes nés pour le travail. *Travaïa soun bé*, cultiver sa propriété. *Aquélo afaïre mé travaïo*, cette affaire m'inquiète. *Aquò és mdou travaïa*, c'est mal agir de faire ainsi.

Dér. de *Traval*, travail.

Travaïadoú, s. m. Travailleur de terre, journalier, manœuvre, paysan, cultivateur.

Dér. de *Traval,* travail.

Travaïaïre, ro, s. m. et f. Travailleur, travailleuse; laborieux, porté au travail, qui aime à travailler. *Ès un bon travaïaïre,* c'est un homme laborieux.

Dér. de *Traval,* travail.

Traval, s. m. Travail, ouvrage; difficulté, peine, fatigue; agitation, bruit, vacarme. — *Quinte traval és pas acò!* quel travail pénible! quelle affaire difficile à débrouiller! *Y a dé traval!* cette difficulté n'est pas facile à résoudre. *Lou traval fa yé faï pas pòou,* le travail accompli ne lui fait pas peur; se dit d'un paresseux avéré.

Travès, s. f. Travers, étendue en largeur; revers de colline, de côteau, penchant de montagne, surface de terrain en pente. — *Sé metre én travès,* se mettre en travers. *Mésura én travès,* mesurer dans le sens de la largeur. *Cassa sus lous travès,* chasser sur le penchant des vallées.

Dér. du lat. *Transversum.*

Travès (Dé), loc. adv. De travers, de guingois, de côté, à contre-sens. — *Parla dé travès,* parler contre les règles du bon sens, d'une manière insensée. *Dé resòus dé travès,* des paroles inconvenantes. *Préne las cáousos, lous homes dé travès,* donner aux choses une fâcheuse interprétation; prendre les hommes à rebrousse-poil, les contrarier, les blesser au moral.

Travès (Pér), loc. adv. Par le travers. — *Sé podes pas douboura aquélo fusto pér lou bout, prén-la pér travès,* si tu ne peux soulever cette pièce de bois dans le sens de sa longueur, prends-la par le travers.

Travéssan, s. m. Pièce d'assemblage de menuiserie, posée en travers pour en affermir d'autres; traversin, long oreiller cylindrique posé en travers du lit et sur lequel repose la tête. On dit aussi *Travéssiè.*

Dér. de *Travès.*

Travéssiè, s. m. Traversin; traversine ou étrésillon, pièce de bois entaillée qui en assujétit ou en soutient plusieurs autres; pièces de bois posées en travers d'une charpente.

Travésso, s. f. Ruelle traversière, reliant deux autres rues parallèles plus larges ou plus longues; chemin de traverse, présentant un raccourci sur la route ordinaire. — *Travésseto,* dim. de *Travèsso.* — *Travéssasso,* augm. de *Travèsso;* à Alais, *la Travéssasso* est une rue qui relie la place de la République à la place Florian, appelée aujourd'hui rue des Hortes.

Travésso, s. f. La traverse, le vent qui traverse, du couchant au levant, la ligne nord-sud considérée comme point de départ dans la rose des vents; vent du nord-ouest ou même le vent d'ouest. — *Un co dé travèsso a éscavarta las nivous,* un vent d'ouest a dispersé les nuages.

Travéto, s. f. Solive, soliveau ordinairement soutenu en dessous par les grosses poutres d'un plancher et sur lequel s'appuient et sont clouées les planches qui soutiennent le carrelage.

Dér. du lat. *Trabs,* poutre.

Trébouli, v. Tressaillir; fermenter; être surexcité, agacé, exacerbé. — *Mé fas trébouli,* tu m'impatientes, tu m'agaces.

Dér. de *Tré* pour *trans* et de *Bouli,* bouillir. — *Voy. Éntrébouli.*

Tréboulino, s. f. De l'eau, du vin, du café trouble ou toute autre liqueur non limpide. — *És pa qué dé tréboulino,* ce ne sont que des effondrilles. Au fig. trouble, émotion, effroi.

Dér. de *Trébouli.*

Tréfouli, v. Être transporté de joie, d'impatience; trépigner, tressaillir, griller d'envie. — *Tréfoulis d'énvéjo de parti,* il meurt d'envie de partir.

Tréias, s. m. Vigne ou treille rustique, plantée en pleine campagne, non disposée en tonnelle, mais qui vient naturellement, soutenue par de simples perches ou adossée à un arbre.

Pejor. de *Tréio,* treille.

Tréio, s. m. Treille, cep que l'on fait monter sur les arbres ou plutôt devant une façade de maison et que l'on dispose parfois en berceau; sorte de danse nationale en usage à Béziers depuis un temps immémorial, et dans laquelle danseurs et danseuses tiennent des cerceaux qui forment comme une treille en tonnelle au-dessus de leurs têtes.

Tréje, nom de nombre, m. s. Treize.

Dér. du lat. *Tredecim,* m. s.

Trélu, s. m. Changement de lune, à partir du troisième quartier, correspondant à la pleine lune; éclat, lueur, clarté.

Dér. du lat. *Translucere,* se réfléchir, luire au travers.

Tréluqua, v. Entrer dans son plein, en parlant de la lune. — *La luno a tréluqua,* c'est aujourd'hui pleine lune.

Dér. du lat. *Translucere,* se réfléchir, luire au travers.

Trélusi, v. Briller, reluire. On dit aussi *Éntrélusi,* entreluire; entrevoir; luire vaguement, à-demi. — *L'aï vis éntrélusi,* je l'ai entrevu.

Dér. du lat. *Translucere.*

Trémoula, v. Trembler, frissonner, frémir, grelotter. — *Trémoula de pòou,* frissonner d'épouvante. *Aviè uno fré qué trémoulavo,* il grelottait de froid.

Dér. du lat. *Tremulare,* trembler.

Trémpa, v. Tremper, mouiller, saucer; mettre, laisser macérer dans un liquide. — *Trémpa la sovpo,* verser le bouillon sur les tranches de pain. *Bouta la mérlusso à trémpa,* mettre la morue dans l'eau pour la dessaler.

Dér. du lat. *Temperare.*

Trémpe, po, adj. m. et f. Trempé, ée, abondamment mouillé; être en nage, ruisselant de sueur. — *Trémpe coumo un rat,* mouillé comme un rat. *Trémpe coumo uno soupo,* mouillé comme une soupe.

Dér. de *Trémpa,* tremper.

Trémpièīro, s. f. Tonneau, baril où l'on met 'a piquette. — *Bouto trémpièïro,* tonneau à piquette.

Dér. de *Trémpo,* piquette.

Trémpo, s. f. Piquette de vin, que l'on prépare avec du marc de raisin, sur lequel on fait cuver de l'eau ordinaire pendant quelques jours, ce qui donne une sorte de vin plus ou moins léger. — *Trémpo parisièno,* piquette dite parisienne, que l'on prépare en remplissant une barrique de grains de raisins non foulés, et achevant de remplir le récipient avec de l'eau ordinaire. Au bout de quelques jours on commence à soutirer le liquide au moyen d'un robinet établi au fond de la futaille, et on remplace par de l'eau ordinaire la quantité de piquette soutirée, de manière à ce que le tonneau reste toujours plein du liquide, qui va s'affaiblissant de jour en jour. *Trémpo de la prémièïra,* piquette que l'on fait avec du marc non lavé. *Trempo dé lá secoundo* piquette plus faible que l'on prépare avec le marc qui reste après en avoir obtenu la première piquette. *Pàoure coumo la trémpo,* pauvre comme un rat d'église. *És afatiga coumo un pàoure ome que coulo sa trémpo,* il se démène comme une corneille qui abat des noix.

Trémpo, s. f. Trempe, qualité, sorte, espèce. — *Dé gèns dé bono trémpo,* des gens honorables.

Trémuda, v. Changer, déplacer, transvaser; transformer, convertir, métamorphoser, transfigurer. — *Trémuda lou vin,* transvaser le vin.

Dér. du lat. *Transmutare,* m. s.

Tréna, v. Tresser, tordre, entrelacer; traîner, tirer après soi, entraîner.

Dér. de *Tréno,* tresse.

Tréncado, s. f. Tranchées, coliques éprouvées par les femmes en travail d'enfant.

Dér. du lat. *Truncare,* trancher.

Tréno, s. f. Tresse, natte de cheveux ou de cordons.

Trénquéja, v. Piocher, travailler la terre à la pioche.

Dér. de *Trenquo,* bêche.

Trénquéjaïre, s. m. Travailleur de terre; celui qui travaille avec une bêche.

Dér. de *Trénquéja,* bêcher.

Trénquièïro, s. f. Crevette des ruisseaux et des fontaines, *Grammarus pulex,* Linn., crustacé de l'ordre des Astacoïdes et de la famille des Capités.

On croit, parmi le peuple, que si l'on avalait vivant un de ces insectes, on en éprouverait de vives tranchées : de là son nom de *Trénquièïro.* On le désigne aussi sous le nom de *Trénquo-l'aïgo.*

Trénquo, e. f. Une pioche, une bêche; sorte de houe; hoyau.

Dér. du lat. *Truncare,* trancher.

Trénquo-largo, n. comp. f. Pioche, houe à lame large.

Trénténéja, v. Approcher de la trentaine; être âgé d'environ trente ans. — *Acouménce dé trénténéja,* j'approche de la trentaine.

Dér. de *Trénto,* trente.

Trénténo, s. f. La trentaine; les approche de l'âge de trente ans. — *Aï passa la trénténo,* j'ai plus de trente ans. *Sièes sus toun trénto-un,* tu es en grande toilette. *Marcha us soun trénte-un,* aller sur un grand ton, marcher avec fierté, se pavaner.

Dér. de *Trénto,* trente.

Trénto, n. de nomb. Trente.

Trépa, v. Courir, sauter, folâtrer, gambader, bondir, se jouer comme les jeunes chiens, les jeunes poulains.

Dér. de l'ital. *Trepare,* m. s.

Trépadisso, s. f. Course folâtre, avec gambades et sauts joyeux.

Dér. de *Trépa.*

Trépadoù, s. m. Endroit où les enfants jouent et prennent leurs ébats ; sorte de plancher, disposé en plan incliné, servant à entrer dans un bac ou à en sortir. On trouve souvent des quartiers de territoire désignés sous le nom de *Trepaloù* ou *Trépéloù,* notamment dans les communes d'Alais et d'Allègre, et l'abbé de SAUVAGES se demande si cette désignation indiquerait un lieu d'assemblée pour les louveteaux. D'un autre côté Ducange mentionne le mot bas latin *Trespallum* comme désignant le lieu des exécutions, où l'on pendait et que l'on doit traduire par les trois piliers. A Nimes, en effet, le lieu désigné sous le nom des *Trés piéloun,* est encore occupé par les trois piliers qui soutenaient le gibet sous l'ancien régime.

Trépaïre, s. m. Celui qui aime à sauter, à guimbader, à courir.

Trépi, v. Piétiner, fouler aux pieds. — *An trepi moun bla,* on a foulé aux pieds mon champ de blé; on l'a piétiné.

Dér. de *Trépa.* — Voy. c. m.

Trépido, s. f. Les traces d'un piétinement, un endroit foulé et piétiné, qui porte l'empreinte des pieds.

Trépo-trépo, loc. adv. Expression usitée pour indiquer l'envie, l'impatience que l'on éprouve de faire quelque chose que l'on désire. — *Sa léngo y faï trepo-trépo,* sa langue lui démange, il voudrait parler coûte que coûte.

Dér. de *Trépa.* — Voy. c. m.

Trés, n. de nomb. Trois. — *Dormou das trés,* se dit des vers-à-soie, pour indiquer qu'ils entrent dans la troisième mue. *N'doutres tres,* nous trois. *Faire trés-trés,* grelotter, claquer des dents sous l'impression du froid ou de la peur.

Trésana, v. Tressaillir, s'agiter convulsivement, s'évanouir.

Tréscantoù, s. m. Le point ou aboutissent trois chemins; carrefour formé par trois rues ou trois routes allant dans des directions différentes et formant par conséquent trois angles aboutissant à un même sommet.

Comp. de *Trés,* trois, et de *Cantoù,* coin.

Tréscol, s. m. Crête de colline, colline à triple sommet et présentant par conséquent trois échancrures ou trois cols. Nom de lieu; le hameau de *Tréscol,* qui fait partie de la commune de la Grand'Combe.

Tréscoula, *v.* Disparaître furtivement, passer outre, passer par delà la colline ou la montagne. — *Lou sourel a trescoula*, le soleil a tombé derrière la montagne. On emploie aussi cette expression dans le sens de couler à travers, filtrer, suinter.

Dér. de *Trans*, au-delà, et de *Coula*, couler.

Tréscoulé, *s. m.* Dim. de *Trescot*.

Tréspana (Sé), *v.* Tomber en avant, dans une course rapide ; se fendre la tête à la suite d'une chute faite en courant.

Tréspassa, *v.* Passer par delà, dépasser, et par extension trépasser, mourir, passer de la vie à la mort. — *Me tréspasso dé touto la testo*, il me dépasse, il est plus grand que moi de toute la tête. *Lmb'uno peiro trespassaria lou Pont-ddou-Gard*, en lançant une pierre je dépasserais la hauteur du Pont-du-Gard.

Dér. de *Trans*, au delà, et de *Passa*, passer.

Tréso, *s. f.* Coiffure de femme, sorte de capuchon muni de deux barbes qu'on peut croiser sur la poitrine et attacher sur le dos.

Dér. de *Treso*, Thérèse.

Trèso, *n. p. f.* Thérèse, du grec θη, θηρός, bête farouche.

Trésploumba, *v.* Surplomber, pencher, en parlant d'un mur, d'un rocher à pic, d'une falaise. — *Un ran qué trésploumbo*, un rocher qui surplombe.

Dér. de *Tres* pour *Trans*, au-delà, et de *Ploumb*, aplomb.

Tréspougne, *v.* Piquer, larder avec une aiguille ou un poinçon ; piquer à l'aiguille une jupe, une courte-pointe, une étoffe quelconque à arrière-point. — *Per bièn ensaca las sdoucissos, fòou las tréspougne*, pour bien tasser la viande dans les saucissons, il faut piquer le boyau.

Dér. de *Tre*, entre, et de *Pougne*, piquer.

Tréspourta, *v.* Transporter, exciter des transports, mettre hors de soi. — *L'amour lou tresporto*, il est transporté d'amour, il aime comme un insensé. *Lou mdou lou trésporto*, la douleur, la souffrance qu'il éprouve le met hors de lui.

Dér. de *Très* pour *Trans*, au-delà, et de *Pourta*, porter.

Tréssusa, *v.* Suer, transpirer, émettre une sueur froide et subite, causée par un malaise, une appréhension, une crainte, l'annonce d'un malheur.

Dér. de *Très* pour *Trans*, au-delà, et de *Susa*, suer.

Tréssusoù, *s. f.* Sueur froide et subite, causée par un malaise, une faiblesse, une crainte, un événement fâcheux et inattendu ; les sueurs glacées qui précèdent la mort. — *Mé fòi véni la tréssusoù*, il me met sur les épines, il me fatigue, il m'ennuie à mourir.

Dér. de *Tres*, pour *Trans*, au delà, et de *Susoù*, sueur.

Tréstoulo ou mieux **Tèstoulo**, *s. f.* Fragment de tuile cassée.

Dér. de *Tès*, têt, tesson, fragment de poterie cassée.

Dér. du lat. *Testa*, qui désigne généralement toute espèce de vase en argile cuite ou en terre de potier.

On voit près de Rome, entre le pied du Mont-Aventin et la rive gauche du Tibre, une colline artificielle désignée en italien sous le nom de *Monte-Testaccio*, et entièrement composée de tessons d'amphores ou autres poteries. Des opinions diverses ont été émises pour expliquer les raisons qui peuvent avoir motivé cet énorme amas de débris.

Tréva, *v.* Hanter, fréquenter ; aller et venir dans un même lieu : y faire des apparitions fréquentes, en parlant surtout des revenants et des esprits ; rôder. — *Quáou sèn trèvo, sen deven*, qui saint fréquente, saint devient ; dis-moi qui tu hantes et je te dirai qui tu es. *Lous lous trevou din la gnuè*, les loups rôdent pendant la nuit. *Lous morts trèvou dinc aquel vièl castel*, les esprits hantent ce vieux château.

Du Gallois *Trefa*, habiter.

Trévéli (Sé), *v.* S'élimer, s'user, en parlant d'une étoffe, d'un vêtement. — *Aquélo camiso couménço à se treveli*, cette chemise commence à s'user.

Dér. du grec Τρίβω, τρίβειν, user par le frottement.

Trévira, *v.* Bouleverser, mettre tout sens dessus dessous ; troubler. — *Sé trévira*, s'alarmer, s'émouvoir, s'épouvanter, changer de couleur, pâlir d'épouvante, d'émotion ou de surprise ; être effaré.

Dér. de *Tré* pour *Trans*, et de *Vira*, tourner.

Tria, *v.* Ce terme à deux sens différents : trier et éplucher. Il signifie aussi choisir, distinguer. — *Tria dé bajanos*, éplucher des châtaignes bouillies. *Tria la salado*, éplucher la salade. *Tria dou de*, trier sur le volet. *Sé tria*, se choisir, faire bande ou ménage à part. *Tria sas nièiros*, s'épucer.

Triaclo, *s. f.* Thériaque, composition pharmaceutique employée par l'ancienne médecine et dans laquelle entrent soixante-et-douze substances différentes ; boisson désagréable au goût, vin frelaté.

Dér. du lat. *Theriaca*, m. s.

Triado, *s. f.* Les objets de choix, la première qualité d'une marchandise, d'une denrée ; le dessus du panier.

Dér. de *Tria*, trier.

Triaire, arello, *s. m. f.* Celui ou celle qui fait le triage d'une denrée, d'une marchandise ; qui épluche la salade, écosse les légumes frais ; trie la première qualité d'une récolte de fruits ; fait le triage des laines dans une fabrique. On dit aussi *Triairo* pour désigner une personne qui, dans les filatures, est occupée à trier les cocons.

Dér. de *Tria*, trier.

Triaje, *s. m.* Triage, action de trier, de choisir, séparer ce qui est bon de ce qui est de rebus.

Dér. de *Tria*, trier.

Triàou, *s. m.* Câble, corde à puits en sparterie, qui sert à descendre et retirer le seau destiné à puiser l'eau. Ce câble est ainsi nommé parce qu'on se servit d'abord, pour cet usage, de sarments de vigne entrelacés, ou *Tréio*. On devrait, en effet, écrire et dire : *Tréidou*.

Triate, *s. m.* Théâtre. On dit aussi *Tiatre*.

Dér. du lat. *Theatrum* et du grec Θέατρον.

Tribe, *s. m.* Touffe d'herbe ou de foin sur le bord des chemins ou dans les bois, où les loups et les chiens ont coutume d'uriner ou de fienter. Ceux qui sont fréquentés par les loups, sont situés sur les plateaux montagneux ou les cols où aboutissent divers sentiers formant carrefour, ce qui revient au *Trivium* latin, ou carrefour formé par le croisement de diverses routes.

Dér. du grec Τρίβος, chemin, sentier battu.

Tribla, *v.* Tripler; devenir triple.

Dér. de *Trible*.

Trible, o, *s. et adj.* Triple, qui contient trois fois l'unité.

Dér. du lat. *Triplus*, m. s.

Trico, *s. m.* Jeu de paume ou de tripot; rondin, gros et court bâton, gourdin, sorte de trique.

Tricò, *s. m.* Tricot, tissu qui s'exécute avec des aiguilles longues et mousses.

Tricouta, *v.* Tricoter, faire du tricot; donner une volée de coups de bâton. — *L'aï bièn tricouta*, je lui ai appliqué une rude tripotée de coups de trique.

Dér. de *Trico*. — Voy. c. m.

Trido, *s. f.* Proyer, bruant-proyer. — *Voy. Cincérisi.* — *Faïre la trido, faïre lou mantelé*, être tout frileux, tout ébouriffé, être gravement malade.

Trigòs, *s. m.* Bruit, tapage; fatigue, travail fatigant; chagrins, peines, ennuis, tracasseries. On dit aussi *Trimal.* — *Luèn dâou trigòs*, loin du bruit, dans le calme.

Trigoussa, *v.* Traîner, houspiller, tirailler, secouer avec violence, entraîner quelqu'un malgré lui. — *Sé trigoussa*, se battre, se tirailler, se prendre aux cheveux, lutter. *Sé po pas trigoussa*, il ne peut se traîner; il est malade.

Trima, *v.* Trimer, peiner, fatiguer, travailler, marcher. — *Fòou trima pèr gagna sa pâouro vido*, il faut se donner de la peine pour gagner de quoi vivre.

Trimal, *s. m.* Fatigue, labeur, travail, longue course.

Trin, *s. m.* Train, tapage, potin, vacarme.

Trin (En), *loc. adv.* — *Sièi mâou én trin*, je suis indisposé, languissant, malade.

Trinqua, *v.* Rompre, casser; trinquer, choquer le verre en buvant avec un compagnon.

Dér. du lat. *Truncare*, couper, et de l'all. *Trinken*, boire.

Trinquaïre, *s. m.* Celui qui aime à trinquer, à boire; celui qui casse, qui brise.

Dér. de *Trinqua*, couper ou trinquer.

Trinquo-taïo ou *Tirasséto*, *s. f.* Nom de plante. Renouée des petits oiseaux, *Polygonum convolvulus*, Linn. On désigne aussi cette plante dans certaines localités sous les noms de *Jinouñado, Tirasso, Courejolo.*

Le village de *Trénco-taïo*, situé sur la pointe septentrionale du Delta de la Camargue, ne payait, dit-on, jadis aucun impôt. Son nom est synonyme de taille-rompue. On marquait, en effet, autrefois cet impôt sur une latte de bois refendue appelée *taille*, d'où l'impôt prit ce nom. Le village précité en ayant été exempté, le bâton sur lequel on marquait ses impôts avec des encoches, fut rompu, *trénca*, comme étant devenu inutile.

Trioulé, *s. m.* Trèfle, et particulièrement le trèfle rampant. Chant mêlé de traits et de roulades, mais dépourvu de toute méthode et comme peuvent les exécuter des paysans sans instruction.

Tripaïo, *s. f.* Tripaille; l'ensemble des boyaux d'un animal, des intestins de l'homme.

Dér. de *Tripo*, boyau.

Tripiè, *s. m.* Tripier, celui qui prépare et vend les boyaux des animaux tués à la boucherie. — *Coutèl tripiè*, couteau de tripière, à deux tranchants. Au fig. un homme à double face, qui souffle le froid et le chaud, qui manque de franchise et agit d'une façon diamétralement opposée, selon les circonstances.

Tripos, *s. f. et pl.* Tripes, boyaux, intestins des animaux et de l'homme. — *Rèndre sas tripos*, être pris d'un vomissement violent et prolongé.

Dér. de l'espagnol *Tripa* ou de l'italien *Trippa*, m. s.

Tripo-liso, *s. f. comp.* La partie supérieure du côlon, le premier boyau au-dessus des boyaux grêles, que l'on emploie comme enveloppe ou sac dans la confection des saucissons ou cervelas.

Dér. de *Tripo*, tripe.

Tripo-quiòulâou, *s. f. comp.* Le boyau gras, boyau-culier ou rectum, qui aboutit à l'anus.

Dér. de *Tripo*, tripe.

Triquétéja, *v.* Agiter des cliquettes. — *Voy. Triquétos.* On obligeait jadis les lépreux des maladreries du moyen-âge à agiter des cliquettes entre leurs doigts, quand ils se montraient en public, pour avertir les passants et les tenir à distance.

Triquétos, *s. f. pl.* Cliquettes, jeu d'enfants composé de deux galets longs et plats, ordinairement en micaschiste, ou de deux fragments de côtes de cheval ou de bœuf, qu'on agite de manière à produire un cliquetis en les tenant entre les trois premiers doigts de la main. — *Voy. Triquétéja.*

On dit aussi *Criquéto*.

Triquo, *s. f.* Trique, gros bâton qui sert ordinairement à frapper.

Triquo-niquo, *s. m.* Un homme qui s'attache à des vétilles, à des choses insignifiantes; un tâtillon. — *Uno vèsto dé triquo-niquo*, une veste faite d'une étoffe fragile, usée, sans valeur.

Dér. du lat. *Tricæ, nugæ.*

Tris, so, *adj. m. et f.* Trituré, réduit en poudre plus ou moins fine, pulvérisé. — *Tèro trisso*, terre légère, meuble, sablonneuse; exténué, pauvre, manquant de tout.

Dér. du lat. *Tritum*.

Trissa, *v.* Triturer, broyer, piler, pulvériser. Au fig. ce terme s'emploie avec la signification de manger avec appétit. — *Trisso bièn!* il triture bien, c'est un joyeux convive! *Trissa de sâou*, piétiner sur place. Se dit surtout d'un cheval qui trotte sans avancer. *Trisso-menu*, trotte-menu. *Trisso-moutos*, brise-mottes; maillet de bois à long manche servant à émotter; l'ouvrier qui en fait usage

Trisséto, *s. f* Nom de plante, *Alsina media*, Morgeline ou mouron blanc; *Stellaria media*, stellaire intermédiaire On la donne ordinairement à manger aux petits oiseaux En médecine, elle est recommandée pour la guérison des ulcères du poumon. Elle pousse ordinairement dans les jardins potagers.

Trissoù, *s. m.* Pilon, ou plutôt le mortier, comprenant aussi le pilon; appareil qui sert à triturer, broyer, piler, pulvériser.

Dér. de *Trissa*, triturer.

Triste, to, *adj. m.* et *f.* Triste, peiné, affligé. On le dit aussi d'une chose fâcheuse, désagréable, affligeante, pénible, difficile à supporter; d'un objet, d'une denrée de mauvaise qualité. — *Triste suje*, mauvais garnement. *Aquél bla es bién triste*, ce blé est d'une mauvaise venue, d'une mauvaise qualité. *Tristas*, enclin à la tristesse.

Dér. du lat. *Tristis*, m. s.

Tristé, *s. m.* Soupente; sorte de grenier ou de plancher en bois, suspendu sous le plancher d'une pièce quelconque, d'une habitation, dont il fait partie intégrante et forme une dépendance. Elle sert ordinairement de réduit où couchent les domestiques et n'occupe qu'une partie de la hauteur de la pièce qui la contient, dont elle reçoit le jour et la communication avec le reste de la maison.

Dér. du bas lat. *Transtega* ou *Tristega*; *cubiculum superius*.

On donne aussi à la soupente le nom de *Pousta*, parce qu'il est ordinairement construit en planches ou *post*.

Trïun, *s. m.* Épluchures, denrées de rebut, retranchées et choisies sur celles qui sont de bonne qualité. Se dit surtout des épluchures faites sur les châtaignes et qui représentent la plus mauvaise qualité. — *Quan véndes lou triun?* combien vendez-vous les épluchures?

Dér. de *Tria*, trier.

Tro, *s. m.* Trot, allure du cheval, intermédiaire entre le pas et le galop. — *Te farai marcha dou tro*, je te ferai suivre la ligne droite.

Dér. du cat. *Trot*, m. s.

Tro, *s. m.* Morceau, portion d'un objet. — *Un tro dé pan*, un morceau de pain. *Un tro dé car*, un morceau de viande. *A cha tro*, morceau par morceau.

Dér. du cat. *Tros*, m s

Tro, *s. m.* Tonnerre, bruit de la foudre. On dit aussi *Tron*. — *Ès un tron dé Diou*, c'est un diable incarné. *Lou tron lou péto*, il a le diable au corps, il s'impatiente. *Lou tron té cure !* que le tonnerre te vide le corps! *Tron dé milo!* mille tonnerres! *Tron de Diou!* tonnerre de Dieu!

Dér. du lat. *Tonitru*, m. s.

Trop, *adv.* Trop, adverbe de quantité, plus qu'il ne faut, avec excès. — *Madamo dé Trop*, une fille nouvellement née, venant après d'autres enfants et formant surcroît dans la famille, arrivant au monde sans être désirée.

Dér. du cat. *Trop*, m. s.

Trouba, *v.* Trouver, inventer; se livrer à la poésie, genre de littérature qui exige beaucoup de talent, d'invention, d'imagination. M. Gabriel Azaïs fait dériver ce mot du lat. *Turbare*, remuer, « parce que, dit-il, pour trouver, il faut ordinairement remuer. »

Troubadour, *s. m.* Nom donné aux poètes des XIIe et XIIIe siècles, qui contribuèrent pour une large part à la formation définitive du langage méridional, désigné sous le nom de langue romane.

On appelait *Troubaïres*, trouvères, ceux qui chantaient dans la langue d'Outre-Loire. Cette qualification est pourtant employée pour désigner aussi les poètes du Midi. La région d'Alais compte trois troubadours romans qui ont été l'objet d'une étude publiée dans les *Mémoires de la Société scientifique et littéraire d'Alais*, t. XIII, 1880, p. 429-454. Ce sont Azalaïs de Porcairargues, Clara d'Anduze, et Pierre de Barjac.

On sait que les poètes méridionaux de nos jours ont adopté la qualification de *Felibres*.

Dér. de *Trouba*, trouver.

Troubaïo, *s f.* Trouvaille, découverte, invention; idée originale.

Dér. de *Trouba*, trouver.

Troucho, *s f* Truite, truite commune, *Salmo-fario*, Linn. Ce poisson, qui varie beaucoup selon l'âge et les eaux dans lesquelles il vit, se distingue surtout par les taches noires ou brunes et rouges sur les flancs, qui tigrent le fond bleuâtre, blanc, jaune doré ou même brun foncé de sa peau C'est le meilleur de tous les poissons qui fréquentent nos rivières Quelques sujets atteignent, dans le Gardon, le poids de six kilogrammes.

Trougno, *s. f.* Trogne, figure bouffie, rouge et luisante, qui caractérise habituellement les ivrognes et les goinfres de profession. — *Faire la trougno*, avoir l'air de mauvaise humeur, faire la mine, exprimer son mécontentement par l'expression du visage.

Trouïa, *v.* Fouler les raisins sur la cuve, piétiner, exprimer le jus des raisins; patauger dans un bourbier. Au fig. piétiner sur place, être incapable de prendre une résolution.—*Dé qué trouïo?* pourquoi hésite-t-il ? *Trouïan*, nous foulons notre vendange.

Dér. du lat. *Torculum*, pressoir.

Trouïadoù, ouïro, *s. m.* et *f.* Cuve ou fouloire servant à fouler la vendange.

Dér. de *Trouïa*, fouler.

Trouïaïre, *s. m.* Fouleur de raisins après la vendange.

Dér. de *Trouïa*, fouler.

Troumpa, *v.* Tromper, tricher, duper, causer une déception. — *Aquel bla m'a troumpa*, j'ai mal apprécié le rendement de ce blé, j'aurais cru à une plus grande (ou plus faible) quantité de récolte. *Sé troumpa,* se tromper, se méprendre, tomber dans l'erreur.

Dér. du catal. *Trompar,* m. s.

Troumpaïre, arèlo, *s. m.* et *f.* Trompeur, trompeuse; celui ou celle qui trompe, qui induit en erreur.

Dér. de *Troumpa,* tromper.

Troumpéta, *v.* Sonner de la trompette; trompeter. Au fig. divulguer, médire, cancaner. — *L'a prou troumpéta pér la vilo,* il l'a passablement répété par la ville.

Dér. de *Troumpéto,* trompette.

Troumpétaïre, *s. m.* Trompette, celui qui publie, qui annonce à son de trompe, dans une ville; trompette municipal.

Dér. de *Troumpéto,* trompette.

Troumpéto, *s. f.* Trompette, instrument à vent, en métal, clairon militaire. — Au fig. *lou troumpéto dé la vilo,* un bavard, une colporteuse de cancans ou de médisances.

Dér. de *Troumpo,* trompe.

Troumpo-la-mort, *s. m. comp.* Celui ou celle qui a échappé heureusement à plusieurs accidents graves pouvant occasionner la mort.

Dér. du français.

Trouna, *v.* Tonner, se dit du bruit de la foudre. Au fig. *Trouna,* gronder, maugréer, tempêter. — *Ris quan trono,* il ne rit, il ne plaisante jamais. Se dit d'un caractère sombre, hargneux, atrabilaire.

Dér. du lat. *Tonare,* m. s.

Trounado, *s. f.* Court orage, accompagné de pluie. Au fig accès de mauvaise humeur.

Dér. de *Trouna,* tonner.

Trounché, *s. m.* Mouton ou brebis armés de très-petites cornes.

Dér. du lat. *Truncus.*

Trounfle, *s. f.* Terme de jeu de cartes. Le jeu de la triomphe. La triomphe est trèfle. — *Jogue dé trounfle,* je joue du trèfle. Au fig. victoire, triomphe.

Dér. du lat. *Triumphus,* m. s.

Troupèl, *s. m.* Troupeau, troupe d'animaux de même espèce rassemblés en un même lieu. Se dit surtout des animaux domestiques ou de basse-cour. — *Un troupel dé chivals, dé bióous, de moutous, dé pors, dé fédos, de dindos,* un troupeau de chevaux, de bœufs, de moutons, de cochons, de brebis, de dindons. *Un troupèl dé mounde,* une foule de gens.

Dér. de *Troupo,* troupe.

Troupélado, *s. f.* Une troupe de gens assemblés; une foule, une multitude. — *Uno troupélado d'éfans,* une multitude d'enfants. *Uno troupélado dé méssorgos,* une bordée de mensonges.

Dér. de *Troupèl,* troupeau.

Troupo, *s. f.* Troupe, rassemblement, foule, multitude; les troupes militaires, les soldats. — *És à la troupo, dins la troupo,* il est militaire, il est soldat.

Dér. du bas-lat. *Troppa,* m. s.

Troussa, *v.* Couper, tordre, plier, envelopper. — *Troussa un pérdigal,* plier les pattes d'un perdreau, le trousser, le disposer de façon à être mis en broche.

Dér. de *Tro* ou *Tros,* morceau. — *Voy.* ce mot.

Trousso, *s. f.* Faix ou charge liés dans un gros drap ou *bourén,* qui sert à serrer et à transporter de la paille, du foin, des récoltes encombrantes et légères. — *Uno trousso dé païo,* un faix de paille.

Dér. de *Troussa,* plier, envelopper.

Trouta, *v.* Trotter, aller au trot. — *Y vaï coumo un ase quan troto,* il y va bon jeu, bon argent.

Dér. du lat. *Tolutarius,* trotteur.

Tru, *s. m.* Troc, échange. — *Tru pér tru,* troc pour troc, échange de deux objets sans soulte ni retour.

Tru, *s. m.* Avarie, dommage, tare, choc, blessure, contusion, difficulté. — *Préne tru,* prendre mal, éprouver un malheur.

Trucal, *s. m.* Butte, tertre, monticule.

Dér. de *Truc,* difficulté à surmonter.

Truéjéto, *s. f.* Cloporte, insecte aptère, d'environ un centimètre de longueur, de couleur gris cendré, qui habite les endroits humides, sous les pierres, les troncs d'arbres ou autres abris qui le cachent. Au moindre attouchement, il se roule en boule comme le hérisson, et *clot* ainsi sa *porte,* ne présentant à l'ennemi que la partie la plus résistante de son corps, formée par une carapace imbriquée; il échappe même quelquefois en roulant, s'il se trouve sur un plan incliné. Cet insecte ne sort que la nuit. Les Latins le nommaient *Porcellio.* Dans certaines localités, on l'appelle aujourd'hui *Porcelet de Saint-Antoine :* c'est le même ordre d'idées qui lui a valu dans notre pays le nom de *Truéjéto* (petite truie), de ce qu'on avait cru lui trouver quelque analogie, bien éloignée sans doute, d'habitudes ou de forme avec le pourceau. L'ancienne médecine employait le cloporte comme dépuratif, et en cataplasmes, comme résolutif.

Truèjo, *s. f.* Truie, femelle du porc. S'applique au fig. dans le langage populaire, à une femme sale et dégoûtante. — *La truèjo a énvessa lou tdoulé.* Se dit d'une maîtresse dont la malencontreuse intervention vient rompre un mariage qui est sur le point d'être conclu.

Dér. du bas-lat. *Troja,* m. s.

Trufa, *v.* Truffer, bourrer de truffes. — *Trufa, ado,* truffé, truffée, parfumée, apprêté aux truffes. *Sé trufa,* se moquer, railler, tourner en ridicule.

Dér. du bas-lat. *Trufare,* m. s.

Trufaïre, aïro, *adj. m.* et *f.* Moqueur, euse.

Dér. de *Sé trufa,* se moquer.

Trufo, *s. f.* Truffe noire, *Tuber cibarium,* Linn. On l'appelle aussi *Rabasso.* Les paysans cévenols appellent *Trufo* la pomme de terre, et pour en distinguer la truffe ordinaire, ils appellent celle-ci *trufo négro.*

Trufo-mando, *s. f.* Nom de plante. La garde-robe, santoline, petit-cyprès. *Santolina chamœcyparicios,* Linn. Sous-arbrisseau d'une odeur forte, qui croît dans les environs de Nîmes. On suppose que, par son odeur, elle écarte les insectes des etoffes de laine de là son nom peu mérité de garde-robe.

Trufo-négro, s. f. comp. — V. *Trufo*.

Trunle, s. m. Gros, bouffi, ventru. — *Un gros trunle*, un gros ventru. *Sémblo un trunle*, il a l'air d'un ballon, d'une citrouille.

Dans la basse latinité on appelle *Trullus* un édifice de forme ronde et convexe, comme la voûte d'un four ou la coupole d'un édifice byzantin.

On désignait une partie du palais des empereurs de Constantinople sous le nom de *Trullum*. Elle était recouverte d'un dôme. Le palais de Constantin, à Arles, était aussi appelé *La Trouille ;* une des tours du palais des papes d'Avignon porte le nom de tour de Trouilhas, et plusieurs châteaux du Languedoc ont aussi reçu la même désignation qui dérive de la même origine. Cette appellation s'applique au palais principal, à l'habitation souveraine d'un empire, d'une principauté, ou même, par extension, à l'habitation principale d'une simple seigneurie, relevant du suzerain.

Truqua, v. Troquer, échanger ; heurter, choquer, frapper ; cogner, heurter contre un obstacle, se faire une contusion.

Dér. de *Tru*. — Voy. ce mot.

Truquétéja, v. Chopiner, boire du vin abondamment, à tout propos.

Dér. de *Truquéto*, mesure pour le vin. — Voy. ce mot.

Truquétéjàire, s. m. Celui qui boit du vin à chaque instant et à tout propos. Dimin. d'ivrogne, mais ayant une signification analogue.

Dér. de *Truquéto*. — Voy. ce mot.

Truquéto, s. f. Mesure pour le vin au détail ; huitième partie de la pinte d'Alais. Celle-ci étant de 1 litre 90, la *Truquéto* équivaut exactement à 0 litre 2375, soit environ un quart de litre ou plutôt un verre de vin rempli à rasade.

Tubâou, s. m. Sot, niais, imbécile.

Tucle, s. m. Myope, celui qui a la vue basse. On dit aussi *Sup* ou *Calu*.

Au XIVe siècle, les rebelles des Cévennes furent appelés *Tuchins*, *Tucles* ou *Coquins*, sans doute parce qu'ils exerçaient de préférence leurs attaques et leurs brigandages à la faveur de la nuit et des ténèbres.

Le village de Vézenobres fut un de leurs principaux repaires, et les habitants de cette localité en ont conservé la dénomination. On dit encore *Touchi dé Bénobre*, Tuchins de Vézenobres, en parlant de cette population.

Tuférié, s. m. Truffler, chercheur de truffes noires.

Dér. de *Tuféro*, truffe.

Tuféro, s. f. Pomme de terre, *Solanum tuberosum*, Linn., plante de la famille des Solanées, dont il existe un grand nombre de variétés. On l'appelle aussi *Trufo*. — Voy. ce mot.

Tuïa, v. Tuer, occire, donner la mort. — *Sé tuìa*, prendre une peine excessive pour venir à bout d'une chose.

Tuïadoù, s. m. Abattoir où l'on tue les bestiaux de boucherie destinés a la vente.

Dér. de *Tuia*, tuer.

Tuio-mounde, s. m. Coupe-gorge, endroit désert et dangereux, favorable à un guet-à-pens.

Dér. de *Tuia*, tuer.

Tuïo-vèrme, s. m. Premier repas léger que font ordinairement les ouvriers et les paysans, en se levant de grand matin.

Tulin, s. m. Nom d'oiseau. Tarin, gros-bec tarin, *Fringilla spinus*, Temm. Il a le dos vert nuancé de brun noirâtre ; la queue et les ailes bariolées de jaune et de noir, le sommet de la tête noirâtre ; tout le reste du corps jonquille, sauf l'abdomen, qui est blanchâtre. Le tarin vit longtemps en volière ; il est vif et gai, et son chant n'est pas sans agrément. Il s'apprivoise et s'accouple facilement avec le chardonneret et le cini, mais surtout avec le canari. De ce dernier accouplement naissent de très-bons chanteurs.

Par analogie avec le gros bec du Tarin, on dit communément à Alais, en parlant d'un homme qui a un gros nez : *Quante tulin!* quel nez !

Tuno, s. f. Bassin, réservoir, cuve, citerne. Le plateau qui domine le cours de la Saône et sur lequel est bâti le couvent des Carmes de Lyon comprend un quartier dit des *Tunes*. On y trouve *la grande* et *la petite Tuns*.

Ces désignations de quartiers se retrouvent dans l'arrondissement d'Alais : *las Tunos*, dans la commune d'Aujac ; *la Tuno*, qui s'applique à un grand détour du lit de la Cèze, existant jadis dans la commune du Chambon, en aval du confluent de l'Homol, à l'endroit où l'isthme formé par ce detour accentué a été coupé pour redresser le lit de la rivière en amont du moulin du Tourrel ou Tourril. Avant que cette coupure fût effectuée, le lit de la Cèze formait, sur ce point, comme un vaste bassin ovale, qui avait valu à ce quartier le nom de *Tuno*.

Faire tuno, signifiait, en vieux français, faire ripaille, se remplir largement l'estomac, considéré comme un réservoir de bombance.

Dans le langage alaisien, *Tuno* s'applique aussi à un lieu éloigné : *És én Tuno*, il est loin, là-bas, au diable, à Tunis (?) que l'on appelait Thunes dans le vieux langage français.

Dér. du bas-lat. *Tuna*, m. s.

V. dans les *Mém. de la Société littéraire*, hist. et archéol. de Lyon, année 1876, p. 483, l'article de M. le baron Raverat, portant pour titre : *Le tènement de Thunes*.

Le nom de *Concoules*, *concullæ*, petites conques, petits réservoirs, a la même origine.

Turgan, s. m. Lotte, *Gardus Lotta*, Linn., poisson de rivière qui ne pèse pas au-delà d'une demi-livre (250 grammes) et qui est aussi délicat que la truite. Il a deux barbillons à la mâchoire supérieure, et un à chaque angle de la bouche ; six osselets à la nageoire de l'anus ; le dos tacheté de noir. Ses œufs sont, dit-on, un poison pour la volaille et provoquent l'urticaire chez l'homme, comme ceux du barbeau. C'est ainsi que Sauvages décrit le *Turgan* ; mais Crespon, bon observateur aussi, dans la description qu'il donne de la Lotte, diffère quelque peu de la précédente, et prétend d'ailleurs que le nom de *Turgan* est donné, sur les bords du Gardon, à la Vaudoise (*Cyprinus leuciscus*, Bloch.), qui a le dos rond et brun, le ventre argenté, les nageoires grises, la caudale et la dorsale marquées de noirâtre avec un peu de rougeâtre sur les autres, le corps étroit, le museau un peu proéminent, ne dépassant guère 34 centimètres de longueur. Ce poisson se multiplie beaucoup ; il est très-farouche. Sa chair est légère et d'une digestion facile, mais trop remplie d'arêtes. Cette dernière circonstance, qui le rend désagréable à manger, prouve évidemment que ce poisson appelé *Barbèl*, entre le Pont Saint-Nicolas et le Rhône, n'est pas notre *Turgan* de la Gardonenque, qui est fort recherché, qui a peu d'arêtes, et serait bien alors, en effet, la Lotte décrite par Sauvages, dont les qualités s'accordent parfaitement avec celles que l'on reconnaît au *Turgan*.

Turgno ou **Turgo** ou **Tourigo**, *s. f.* Brebis bréhaigne ou stérile ; celle qui n'a jamais porté. On dit bréhaigne par opposition à portière ou brebis portière, celle qui a déjà porté.

Turno, *s. f.* Caverne habitée ; mauvais cabaret, habitation d'apparence misérable ou mal famée.

Tus ou plutôt **Tust**, *s. m.* Choc, coup que l'on se donne en heurtant quelqu'un ou contre un corps dur.

Dér. de *Tusta*, frapper, heurter.

Tus, *pr. pers.* Toi.

Tusta, *v.* Frapper, heurter. Se dit aussi d'un orateur qui perd la tête, s'embrouille et frappe à tous les coins pour retrouver ses idées. — *Tusto pér tout*, se dit également d'un homme difficile dans son choix, et qui heurte à toutes les portes pour trouver une femme à sa convenance.

Dér. du grec Τύπτω, m. s.

Tustado, *s. f.* Coup, choc, heurt, tape, bourrade.

Dér. de *Tusta*, frapper.

Tustadoù, *s. m.* Marteau de porte, heurtoir.

Dér. de *Tusta*, frapper.

Tusto-balustro (A), *loc. adv.* A la bonne aventure, au hasard, à la bonne venue, inconsidérément, à l'étourdie.

Tutéja, *v.* Tutoyer. C'est, dit Sauvages, un raffinement de politesse qui a introduit, dans les langues européennes modernes, l'usage de parler au pluriel en ne s'adressant qu'à une seule personne.

Cet usage n'existait pas jadis. On se tutoyait chez les Latins, comme chez les Grecs, et comme cela a lieu aujourd'hui encore dans les langues orientales, même quand on s'adresse à des personnes du plus haut rang.

Tutoun, *s. m.* Tuteur. Celui qui dirige l'éducation, l'existence et les intérêts d'un enfant jusqu'à l'âge de sa majorité. Un échalas, un support employé pour soutenir les plantes, les arbres fruitiers, qui fléchissent à cause de leur faiblesse ou à cause de la grande quantité de fruits qu'ils portent.

Dér. du lat. *Tutor*, m. s.

U

U, *s. m.* Cinquième voyelle et vingt-unième lettre de l'alphabet. Dans le dialecte cévenol *U* s'emploie pour l'adjectif numéral *Un*. — *U pdouqué*, un peu, une petite quantité ; un peu de temps, un faible intervalle. *Prénès n'en u*, prenez-en un.

Ucre, *s. m.* Œil. — *Y-a ficha 'n cò dé poun din sous ucres !* il lui a donné un coup de poing dans les yeux.

Ugno, *s. f.* Ugne, sorte de raisin dont il existe deux espèces : l'*Ugne* blanche et l'*Ugne* noire. L'une et l'autre ont le grain sphérique, qui les distingue de l'*Uiado* ou *Coupado*, dont le grain est oblong.

L'*Ugne* mûrit de bonne heure ; elle est d'une digestion facile et on la donne aux convalescents.

Uia, *v.* Remplir, tenir plein un tonneau ou un vase contenant du vin, à la suite du déchet qui s'opère par l'évaporation, dans les premiers mois de la mise en fût.

Il est à remarquer que, par un singulier phénomène, cette évaporation est plus considérable par un temps humide, avec vent du sud et une forte dépression barométrique, tandis qu'elle est presque nulle quand souffle le vent du nord.

Uiado ou **Coupado**, *s. f.* Œillade. Cette qualité de raisin non mentionnée par Sauvages est pourtant une des plus délicates de celles que l'on récolte, ou plutôt que l'on récoltait, hélas ! jusqu'à ces dernières années dans le Gard, d'où elle a presque complètement disparu, comme tant d'autres. Celles que produisait le territoire de Saint-Jean-du-Pin, près d'Alais, jouissaient surtout d'une réputation méritée.

Le grain de ce raisin, dont la saveur se rapproche de celle de l'*Ugno*, est oblong, à peau fine et délicate.

Uiaje, *s. m.* Remplissage d'une futaille dont le contenu a diminué par suite de l'évaporation.

Uiâou, *s. m.* La dent de l'œil ou dent œillère, dont il existe deux dans la mâchoire supérieure, correspondant au-dessous de l'œil.

Dér. d'*Iuèl*, œil.

Uié, *s. m.* Œillet ; petit trou circulaire, bordé d'un cercle ordinairement métallique et dans lequel on passe le ferret d'un lacet.

Un, uno, *adj. de nombre* On dit aussi *u, uno*. (Voy ce mot.) *Quint'uno !* quelle bêtise ! quel mensonge ! quelle mystification ! quelle énormité ! *Me n'a di uno que crèmo dou lun*, il m'a raconté, il m'a dit une chose inouïe, incroyable.

Uni, unido, *adj. m.* et *f.* Uni, unie. D'une couleur, d'une nuance uniforme.

Upo, *s. f.* Huppe, et par extension les sourcils et les cils. On dit d'une personne affaible, percluse. *Pot pas leva l'upo*, elle ne peut pas ouvrir les yeux, elle ne peut remuer ni pied ni patte.

Us, *s. m.* Usage, coutume, habitude. — *Counouisse lous us dé l'oustàou*, j'ai l'habitude de cette maison, j'en connais les aîtres.

Dér. du lat. *Usus*, usage

Usaje, *s. m.* Coutume, usage, habitude ; solidité, durée, résistance. — *Aquelo vèsto m'a fa forço usaje*, cette veste a longtemps résisté à l'usure.

Dér. du lat. *Usus*, usage.

Usanço, *s. f.* Usure, détérioration, déchet.

Dér. du catal. *Usansa*, m. s.

Uscla, *v.* Flamber, griller, bruler, roussir. — *S'uscla lous pèous, las ussos*, se griller les cheveux, les sourcils.

Dér. du lat. *Ustulare*, m. s.

Uscla. ado, *adj. m.* et *f.* Roussi, flambé, grillé, brûlé.

Usso, *s.f.* Sourcil. *Faire las ussos*, froncer les sourcils.— *Un co de poun sus l'usso*, un coup de poing au front. *Fasié d'ussos coumo de brosso*, il hérissait ses sourcils d'un air courroucé.

Ustancïo, *s. f.* Ustensile, outil, tout ce qui sert au menu ameublement d'un ménage et principalement de la cuisine, tels que la vaisselle, la batterie de cuisine, etc.

Dér. du lat. *Ustensilia*, m. s.

Usunfuï, *m. s.* Usufruit, jouissance des récoltes, des revenus d'un héritage dont la propriété appartient à un autre.

Dér. du lat. *Usufructus*, m. s.

V

V, *s. m.* Dix-septième des consonnes et vingt-deuxième lettre de l'alphabet. Dans un grand nombre de dialectes méridionaux du Sud-Ouest de la France, le *V* se prononce *b*, mais il ne doit jamais être remplacé par cette dernière lettre, dans l'orthographe des mots où il est employé.

Les latins l'employaient pour *U* dans beaucoup de cas.

Vacanço, *s. f.* Place ou fonction inoccupées, vacantes, dépourvues de titulaire.

Vacant, *s. m.* Un terrain inoccupé, une parcelle non cultivée et pouvant servir d'emplacement pour une construction.

Dér. du lat. *Vacantem*, m. s.

Vachéïrious, *s. m. pl.* Les quatre derniers jours du mois de mars et les trois premiers du mois d'avril, composant une période que l'on considère, à tort ou à raison, comme étant souvent fatale aux récoltes, et durant laquelle les gelées blanches brouissent quelquefois les jeunes bourgeons.

On appelle aussi ces sept jours *lous Cavalies*, dénomination que l'on applique également aux saints grêleurs ou vendangeurs, tels que Saint-Georges, Saint-Marc, Sainte-Croix, Saint-Jean et Saint-Médard, dont les fêtes sont décriées parmi le peuple, à cause des pluies, des grêles, des orages qui les accompagnent souvent de près ou de loin.

Vacina, *v.* Vacciner, donner la vaccine.

Dér. du lat. *Vacca*, vache.

Vacino, *s. f.* Vaccine ; vaccin.

Dér. du lat. *Vacca*, vache.

Vaïèn, énto, *adj. m.* et *f.* Diligent, actif, laborieux.

Dér. du lat. *Valentem*, vaillant : mais il ne s'emploie plus, en languedocien, avec cette dernière acception.

Vaï-et-vèn, *s. m. comp.* Va-et-vient. Cette expression s'emploie avec la même acception qu'en français. Elle exprime l'action de se promener de long en large, sans but déterminé.

Val, *s. m.* Val, vallée. Ce terme devait être jadis employé au féminin puisqu'on le retrouve dans les noms de lieu féminin. *La Val, Valborgno, Valeràougo, Valérisclo, Vàoumalo, Valgalgo, Valerguièiro*, etc — Voy. ces mots.

Dér. du lat. *Vallis*, m. s.

Vala, *s. m.* Fossé, lit de ruisseau, ruisseau lui-même. Tranchée faite de main d'homme pour défricher un champ, donner un écoulement aux eaux. — *Passa à vala*, passer un champ en friche à tranchées, le défoncer à une grande profondeur. *Dé l'obro, lou vala*, c'est par l'œuvre que l'on juge l'ouvrier. *S'én ana coumo un vala*, s'éloigner, disparaître, s'en aller sans dire mot, sans demander son reste.

Dér. du lat. *Vallatus*, m. s.

Vala-mahistre, *s. m. comp.* Fossé ou lit de ruisseau mayronal, c'est-à-dire d'un ruisseau qui reçoit tous les autres affluents de la région ou d'un même quartier de territoire, et dont le sol n'appartient pas aux riverains par moitié, comme cela a lieu pour les fossés qui formaient limite divisoire entre deux héritages situés sur un même plan horizontal ; car pour deux pièces de terrain contigués, mais situées sur deux plans différents, l'usage veut que la berge de soutènement, qui borde la parcelle supérieure, appartienne à cette parcelle, tandis que le fossé creusé au pied de cette même berge doit appartenir à la parcelle située en contrebas, d'où l'axiome suivant : *Ribo d'dou, vala dé-bas*, c.-à-d. la berge appartient au propriétaire d'en haut, le fossé appartient au propriétaire d'en bas.

Formé de *Vala*, fossé, et de l'*adj. Mahistre*, magistral, principal ou mayronal.

Valabrégo, *s. f.* Vallabrègue, village du canton d'Aramon, autrefois situé dans une île du Rhône qui s'est depuis soudée à la rive gauche du fleuve. Cette appellation a la signification de vallée double ou à deux lèvres *(brégo)*, à cause des deux branches du Rhône qui l'entouraient jadis et la plaçaient entre deux rives, l'une orientale regardant la Provence, et l'autre occidentale en face du Languedoc.

Valâourio, *s. f.* Nom de lieu et d'une rue d'Alais orientée du levant au couchant, et partant de la place de l'Hôtel-de-Ville pour se terminer à la rue Bouquerie, qui en forme le prolongement, à partir du carrefour des rues Raymond-Pelet et du Doyenné.

Dér. du lat. *Vallis auraria*, vallée ou rue du vent ou de l'*aure*.

Vala-ratiè, *s. m. comp.* Fossé de drainage, creusé en tranchée dans une pièce de terre marécageuse pour favoriser l'écoulement des eaux, et rempli de menues pierres ordinairement recouvertes de dalles minces.

Composé de *Vala*, fossé, et de *ratiè*, pour les rats; fossé habité par les rats.

Valborgno, *s. f.* Nom de lieu. Vallée borgne, c'est-à-dire qui n'a qu'une ouverture inférieure, un seul débouché en aval, celui d'amont étant clos par des crêtes ou des plateaux élevés. La ville de Saint-André-de-Valborgne, chef-lieu de canton de l'arrondissement du Vigan, est située dans la vallée dite Valborgne, formée par la branche du Gardon de Saint-Jean-du-Gard, qui prend son origine sur le flanc oriental du Causse ou Calm de l'Hospitalet, et débouche dans la vallée principale de la Gardonenque, un peu en amont de Saint-Jean-du-Gard.

Valérisclo, vallée close, a la même origine. — *Voy.* ce mot.

Formé de *Val*, vallée, et de *borgno*, borgne.

Valé, *v.* Valoir, avoir du prix, du mérite; rapporter, produire, procurer, tenir lieu, profiter, être utile, aider. — *Sé faïre valé*, se donner de l'importance. *Sé faïre bièn valé*, acquérir de l'estime, de la considération, par son mérite ou sa conduite. *Sé faïre mdou valé*, perdre par sa conduite l'estime des honnêtes gens. *Faïre valé uno plaço*, s'intéresser à quelqu'un pour lui obtenir une place, des fonctions qu'il désire remplir. *Pdou-vdou*, vaurien, homme de peu de valeur.

Valénço, *s. f.* Valeur, vaillance; vaillantise.

Valerâougo, *s. f.* Nom de lieu. Chef-lieu de canton de l'arrondissement du Vigan, sur la rivière de l'Hérault qui lui donne son nom. — *Valérdougo*, vallée de l'Hérault. (*Arauris* en latin.)

Valérisclo, *s. f.* Vallée haute de l'Auzonnet, affluent de la Ceze, au milieu de laquelle se trouve le village de Saint-Jean-de-Valérisclo qui emprunte son nom. Cette dénomination offre une signification identique à celle de *Valborgno*.

Dér. du lat. *Vallis clausa*, vallée fermée ou close, cette vallée étant en effet fermée à son orgine par les hauteurs de Portes.

Valgalgo *s. f.* Valgalgue, *Vallegualga*, nom donné à la vallée haute du ruisseau du Grabien, affluent du Gardon, et qui se jette dans cette rivière au nord de la ville d'Alais après avoir reçu le ruisseau de Bruège. Cette vallée a donné son nom à deux localités du canton d'Alais-Est, Saint-Martin et Saint-Julien-de-Valgalgue, situées toutes deux au passage de l'ancienne voie Régordane, aujourd'hui route nationale nº 106, de Nimes à Moulins, dont la direction est sensiblement parallèle, sur cette région, aux cours du Gardon et du Grabieu entre lesquels elle se trouve comprise.

A part le ruisseau du Grabieu et ses affluents, cette vallée large et plate est sillonnée par une multitude de petits ruisseaux, qui la coupent dans tous les sens et qui lui ont valu sa dénomination : *Valgalgo, Val-das-aïgos* ou *Valéïgouso*, synonyme de *Valiguièro* ou *Val-éïguièro*. — *Voy.* c. m.

C'est à l'origine de cette vallée, au levant du village de Saint-Julien-de-Valgalgue, que fut fondé, en 1229, le monastère des religieuses de N.-D. des Fons ou de Sainte-Claire-d'Alais, de l'ordre de Cîteaux, dont il reste encore la chapelle convertie en filature. Cette abbaye est placée à côté d'une source abondante qui alimentait le couvent.

Dér. du lat. *Vallis aquaria*, m. s.

Valiguièïro, *s. f.* ou plutôt **Val-éïguièïro**, *Vallis aquaria*, vallée des eaux, synonyme de *Valgalgo*. C'est le nom d'une petite rivière, affluent du Gardon, qui traverse les territoires de Valliguière, de Castillon, de Saint-Hilaire-d'Ozilhan et de Remoulins. Elle donne son nom au village de Valliguière, situé près de sa source, et qui fait partie du canton de Remoulins. Elle longe sur une grande partie de son cours la route nationale nº 86, de Lyon à Beaucaire, qui fut jadis l'ancienne voie romaine de Nimes à *Alba-Helviorum*.

Dér. du lat. *Vallis aquaria*, m. s.

Vanmalo, ou plutôt **Vâoumalo** ou **Valmalo**, *s. f.* Vallée mauvaise, dangereuse. On trouve *Vanmalo* dans la commune de Soustelle, et la *Combe de Valmale*, en aval du Pont-du-Gard, rive droite. *Malaval* a la même origine.

Dér. du lat. *Vallis mala*, m. s.

Van, *s. m.* Van. Appareil en osier qui sert à vanner le grain et les légumes, à le dépouiller de la balle, des pellicules ou menues pailles qui s'y trouvent mêlées.

Dér. du lat. *Vannus*, m. s.

Van, *s. m.* Élan. — *Prene van*, prendre son élan, reculer pour mieux sauter. *Grand van, pichò co*, se dit de celui qui fait beaucoup d'embarras pour arriver à un mince résultat. *Douna lou van*, donner l'autorisation, le ban des récoltes, du grapillage; élargir le bétail, lui donner la clé des champs; mettre un prisonnier en liberté; donner la fuite à l'eau d'un bassin, d'un réservoir; au vin d'une futaille. *Trés mèmbres tout d'un van*, trois pièces de plainpied, dans une maison.

Van, *v.* Ils vont, trois. pers. plur. du verbe *Ana*, aller. — *Coumo y van!* quelle ardeur!

Vana, v. Vanner, dépouiller le grain des pellicules ou pailles légères qui y sont mêlées.

Dér. de *Van,* van.

Vanèlo ou mieux **Vanèou,** s. f. ou m. Vanneau *Vanellus cristatus,* oiseau aquatique de l'ordre des Échassiers et de la famille des Tenuirostres. Il est remarquable par l'aigrette longue et noire qui se relève sur le derrière de sa tête, et il est fort recherché par les gastronomes, sans toutefois mériter l'exagération du dicton : « Qui n'a pas mangé de vanneau, n'a pas mangé de bon morceau. » Son nom français, dont le languedocien n'est que la traduction, lui vient, paraît-il, de ce que son vol, quoique léger, se fait entendre d'assez loin et imite assez bien le bruit du van dont on se sert pour vanner le blé.

On appelle aussi *Vanèlo, Banèlo* ou *Gafèto,* la mouette *(Larus)* en y comprenant les mouettes, mauves ou goelands, car des nombreuses variétés de ce genre d'oiseau qui sont ici de passage et dont plusieurs restent sédentaires sur nos côtes, on ne saurait trop à laquelle appliquer plus particulièrement ces noms, y compris même le *Gabian.*

Dér. du lat. *Vanellus,* m. s.

Vanèlo, s. f. Nonchalance, paresse. — *Quinto vanèlo !* quelle paresse ! On emploie aussi ce terme substantivement dans le sens de paresseux, fainéant.

Vano, s. f. Vanne, couverture, courte-pointe, couverture de coton ou de laine dont on recouvre un lit. — Dim. *Vanoù,* petite couverture, couvre-pieds. *Vano piquado,* couverture piquée. Vanne de moulin.

Vanta, v. Vanter, prôner, faire l'éloge, relever les qualités d'un homme ou d'une chose. — *Sé vanta,* se vanter, se glorifier, à tort ou à raison.

Dér. du lat. *Vanitare,* m. sign.

Vantaciou, s. f. Louange, flagornerie, vanterie.

Dér. de *Vanta,* vanter.

Vantéto, s. m. Vantard, fanfaron. — *És un vantéto,* c'est un vantard, un homme qui se glorifie constamment, qui fait sans cesse son éloge.

Dér. de *Vanta,* vanter.

Vantouèr, s. m. Éventail.

Dér. de *Vén,* vent. Régulièrement on devrait dire *Véntouèr.*

Vâougrand, s. f. Nom de lieu, vallée grande ; large vallée.

Vâoumagno, s. f. Même signification que *Vâougrand.*

Dér. du lat. *Vallis magna,* m. s.

Vâoupièiro, s. f. Nom de lieu, dans les communes de Valleraugue et de Sumène. Localité ruinée, située sur le territoire de Théziers ; terrier de renards.

Dér. du lat. *Vulpes* ou *Vulpis,* renard.

Vâourièn, s. m. Vaurien, mauvais sujet, coquin ; homme sans moralité, sans probité.

Dér. de *Vdou* et de *Rièn,* qui ne vaut rien.

Vâourièaïo, s. f. Race de vauriens, famille de coquins, mauvaise engeance.

Dér. de *Vâourièn,* vaurien.

Vâoutres, os, pr. pers. de la 2ᵉ pers. plur. Vous. On l'emploie aussi pour *vous âoutres, vâoutres* étant en effet une contraction de *vous âoutres.*

Comp. de *Vous* et de *Aoutres.*

Va-qué-va, adv. Vaille-que-vaille.

Vaquiè, eïro, s. f. et m. Vacher, vachère, celui ou celle qui prend soin des bœufs ou des vaches, dans un domaine, ou qui fait métier d'élever les bœufs et les vaches.

Dér. de *Vaquo,* vache.

Vaquo, s. f. Vache, femelle du taureau. — *La vaquo a bon pè !* expression employée par les plaideurs, pour indiquer qu'ils ont des ressources suffisantes pour soutenir un procès onéreux. *Lou planché dé las vaquos,* le plancher des vaches, la terre ferme. *Qué sé fiche la vaquo, més qué lou védèl tète !* peu importe la mère, si le fils se porte bien ! *Parlo francés coumo uno vaquo éspagnolo,* se dit d'un homme ou d'une femme qui ont la prétention de s'exprimer en français, mais qui ne peuvent y parvenir que d'une manière très-défectueuse.

Varaïa, v. Roder en tous sens, fureter, chercher, bouleverser, brouiller.

Varaïaïre, aïro, s. m. et f. Celui ou celle qui rôde, furète, brouille et bouleverse toute chose.

Dér. de *Varaïa,* rôder.

Varaïre, s. m. Nom de plante de la famille des Colchicacées, qui s'applique à l'Ellébore de toutes les espèces : blanc, *Veratrum album,* Linn. ; noir, *Helleborus niger,* Linn. ; vert, *Helleborus viridis,* Linn. Cette plante fleurit en hiver et sa racine est vénéneuse.

Varal, s. m. Mêlée, attirail, multitude d'affaires, trouble, désordre, confusion, remue-ménage. — *Voy.* aussi *Rambal.*

Variso, s. f. Varice, veine très-renflée qui se manifeste ordinairement dans les jambes.

Dér. du lat. *Varicem,* m. s.

Varlé, s. m. Valet, domestique, serviteur ; valet de ferme, laboureur ; valet de meunier. — *Varlé-dé-vilo,* valet-de-ville, appariteur. Un des quatre personnages qui figurent sous ce nom dans un jeu de cartes. Terme de menuiserie : instrument en fer qui sert à assujétir une pièce de bois sur l'établi, pendant qu'on la travaille. *A varlé fóou pas chambrièiro,* à un valet on ne fournit pas une domestique.

Dér. du bas-lat. *Vassaletus,* vassal, subalterne.

Vas, s. m. Mesure de quantité équivalant au nombre cent. Ce mot s'emploie particulièrement dans les environs de Nimes, et surtout à Besouce. — *Un vas dé cébos,* un cent d'ognons.

Vaso, s. m. Vase, ustensile destiné à contenir une liqueur ou des grains. Poterie d'ornementation ; pot où l'on tient des fleurs dans les jardins ou sur une fenêtre.

Vè ! interj. Vois ! expression employée pour exprimer la surprise ou l'admiration. — *Oï vè !* oh ! vois ! *Tè, vè !* tiens, vois !

Dér. de *Vè,* seconde personne du futur absolu de l'impératif du verbe *Vèïre,* voir.

Védèl, *s. m.* Veau, le petit de la vache. — *Aoura la vaco amaï lou védèl*, se dit d'un homme qui épouse une fille déjà enceinte. *Brama coumo un védèl*, crier comme un brûlé, comme un veau.

Un éboulis de terre ou de mur reçoit aussi, au figuré, le nom de *Védèl*.

Dér. du lat. *Vetillus*, m. s.

Védéla, *v.* Vêler, mettre bas un veau. Au figuré s'ébouler. — *Aquélo faïsso a védéla*, ce mur de soutènement s'est éboulé.

Dér. de *Védèl*, veau.

Védélé, *s. m.* Maladie inflammatoire des enfants.

Védia, *v.* Attacher les sarments de la vigne aux échalas, les provins et les jeunes plants aux tuteurs.

Dér. de *Védil*. — *Voy.* ce mot.

Védil, *s. m.* Lien fait avec un rameau d'osier; brin de jonc ou de rameau flexible dont on se sert principalement pour attacher aux échalas les jeunes plants de vigne, les provins et les jeunes plants aux tuteurs, les branches des arbres fruitiers en espalier à leurs supports.

Védio, *s. f.* Le cordon ombilical. — *Nousa la védio*, nouer le cordon. *Coupa la védio*, couper le cordon.

Les femelles des animaux, qui mettent bas, coupent avec les dents le cordon sans le lier, et il n'en survient aucun accident; les enfants périraient si l'on oubliait de faire cette ligature.

Dér. de *Védil*, lien.

Véia, *v.* Veiller, passer la veillée; se coucher tard.

Se dit de ce qui surnage à découvert dans un liquide quelconque, de ce qui surmonte et dépasse le liquide contenu dans un vase. — *La raquo vèio din la cournudo*, la grappe surmonte le moût contenu dans la cornue. *La car vèio din lou toupi*, la viande surmonte le bouillon dans le pot au feu.

Vèïado, *s. f.* Veillée. Le temps que passent, réunis dans une maison, les parents, amis ou voisins, pendant les longues soirées d'hiver.

Dér. de *Véia*, veiller.

Vèïéto, *s. f.* Veilleuse ; lamperon d'une lampe, lampion d'une lanterne. On dit aussi *Vèïuso*.

Dér. de *Véia*, veiller.

Vèïra, *s. m.* Maquereau, *Scomber*, poisson de mer très-connu dans les poissonneries. Il est moins gros dans la Méditerranée que dans l'Océan. *Vèïra* vient du latin *Varius*, tacheté, moucheté et de couleur changeante, car le maquereau, de jaune qu'il est, change de couleur en sortant de l'eau, et devient vert-bleuâtre ou irisé.

Vèïra, *v.* Il verra. 3ᵉ pers. du futur absolu de l'indicatif du verbe *Vèïre*, voir. Tourner, approcher de la maturité, en parlant des fruits et surtout du raisin.

Vèïrado, *s. f.* La saison d'automne ; les approches de la maturité des fruits et surtout du raisin.

Vèïre, *s. m.* Le verre. Verre à vitre, verre à boire, verre à lunettes. Corps transparent et fragile produit par la fusion d'un mélange de sable siliceux et de sel ammoniac.

Depuis quelques années, on fabrique des verres trempés dans un corps gras et beaucoup moins cassants que le verre ordinaire.

Dér. du lat. *Vitrum*, m. s.

Vèïre, *v.* Voir, apercevoir, examiner, observer ; fréquenter. — *Vaï, y vése!* va, j'y vois clair! *Y vèï pas pu uièn qué soun nas*, il ne voit pas plus loin que son nez. *Mé n'a fa veïre!* il m'a fait la vie dure! *N'a jamaï vis lou sourèl qué pér un trdou*, il n'a jamais rien vu, il ne connaît rien, tout l'étonne. *Té vese véni!* je vois où tu veux en venir! *Vése pas lou moumèn dé partì*, je suis impatient de partir. *Quòu a jamaï vis?* qui a jamais vu pareille chose ? *Pér veïre!* voyons! Je voudrais bien voir cela.

Dér. du lat. *Videre*, m. s.

Vèïriè, *s. m.* Verrier, ouvrier qui fabrique, qui travaille le verre ; le marchand qui vend des objets en verre.

Dér. de *Veïre*, verre.

Vèïrièïro, *s. f.* Verrerie; usine où l'on fabrique les objets en verre.

Dér. de *Veïre*, verre.

Vèïroù, *s. m.* Vairon, *Cyprinus phoxinus*, Linn., petit poisson qui recherche les eaux limpides et courantes à fond graveleux. Il nage avec grâce et se rapproche souvent des bords.

Vèïrun, *s. m.* et nom propre de personne. Ce nom est très-commun dans la Lozère et dans la région d'Alais. Sauvages l'identifie avec le nom d'un saint originaire du Gévaudan. saint Véran ou Vérain. Nous serions plutôt tenté de croire que ce mot est une variante de *Vèïroù*, vairon, petit poisson de rivière de couleur irisée comme le *Vèïra* ou maquereau, et que l'on appelle aussi *Ravalio*. — Voy. *Vèïroù*.

Dér. du roman *Vair* ou *Vaire*, dérivé lui-même du lat. *Varius*, de diverses couleurs.

Vèïssèlo, *s. f.* Vaisselle et en général tous les vases qui servent à contenir des liquides, tels que futailles ou tonneaux.

Véjan! prem. pers. du pluriel du futur absolu de l'impératif du verbe *Vèïre*, ou *interjection*. Voyons! — *Véjan s'ou faras!* voyons si tu feras cela! Nous allons voir si tu auras cette audace!

Véjo! deux. pers. du sing. du fut. abs. de l'impératif du verbe *Vèïre*, ou *interj*. — *Véjo-lou!* regarde-le! *N'y-én diguè: Né vos? Véjo-n'aquì!* il l'agonisa d'injures.

Vélo, *s. f.* Voile, pièce de toile forte que l'on attache aux antennes des vaisseaux pour recevoir le vent et presser la marche des navires. — *Dòou vén, la vélo*, suivant le vent, la voie.

Dér. du lat. *Velum*, m. s.

Véloù, *s. m.* Velours, étoffe de soie ou de coton à poil ras et touffu, doux au toucher.

Dér. du lat. *Villosus*.

Vélouta, *v.* Velouter, donner à une étoffe tissée les propriétés, la nature du velours.

Dér. de *Véloù*, velours.

Vélouta, a nature du vel

Dér. de *Vel*

Velouté, s. thérées. Œillet cette plante est d'un vert clair. Les fleurs sont anguleuses; la foncé. Il en ex orangées, rayées doubles. Ces pl séduisent la vue elles exhalent,, qqu désagréable.

..e, .. Velouté, ée; qui est de la e plante de la famille des Synanthérées. *Tagetes erecta*, Linn. La tige de et porte des feuilles ailées, linéaires, ponctuées et dentées. ltaires; le calice simple à côtes un jaune éclatant plus ou moins ieurs variétés, les unes à fleurs une ou veloutées; d'autres à fleurs sont originaires du Mexique; elles a richesse de leurs couleurs, mais on les touche, une odeur forte et

Vén, s. m. Le v ; air agité, souffle, courant d'air. — *Vai coumo lou vén*, il va comme le vent.

Vena, ado, adj. et f. Veiné, ée; qui présente des veines de diverses nuances ou de diverses couleurs.

Dér. du lat. *Vena*, veine.

Vénado, s. f. Veines, filon métallifère; filet d'eau qui jaillit à travers les rochers.

Vénci, v. Vaincre, surmonter une difficulté; avoir le dessus dans une discussion; triompher d'un adversaire, d'un ennemi.

Dér. du lat. *Vincere*, m. s.

Véndéire, éïro, s. m. et f. Vendeur, venderesse. Celui qui fait une vente.

Dér. de *Véndre*, vendre. — Voy. ce mot.

Véndimia, v. Vendanger, récolter les raisins.

Dér. du lat. *Vindemiare*, m s.

Véndimiaire, aïro, s. m. et f. Vendangeur, euse; l'ouvrier qui est employé aux vendanges.

Dér. de *Véndimia*, vendanger.

Véndimio, s. f. Vendange; l'époque des vendanges; le raisin recueilli pendant les vendanges et destiné à la fabrication du vin. — *Pér véndimios*, au temps des vendanges. *La véndimio sé vén trento frans*, le raisin se vend à raison de trente francs les cent kilos. *Moure de véndimio*, trogne d'ivrogne, figure barbouillée de raisin.

Dér. du lat. *Vindemiare*, vendanger.

Véndo, s. f. La vente. Vente, aliénation d'une chose à prix d'argent; débit de denrées ou de marchandises.

Dér. du lat. *Venditus*, part. passé de *Vendere*, vendre.

Véndre, v. Vendre, aliéner. Au fig. trahir. — *Se vendre*, se vendre, recevoir de l'argent ou un bénéfice quelconque pour commettre une action honteuse, lâche ou indélicate.

Dér. du lat. *Vendere*, m. s.

Véndu, do, adj. m. et f. Vendu, e. On l'emploie aussi substantivement. — *Un véndu*, se disait jadis d'un remplaçant militaire. On l'applique aussi en politique, à celui qui abandonne son parti et embrasse une cause adverse pour des motifs d'intérêt.

Dér. du lat. *Venditus*.

Véngu, do, adj. m. et f. Venu, e. — *Mdou véngu*, mal venu, qui n'a qu'un développement incomplet. *Aquél bla es mdou vengu*, ce blé n'a pas réussi.

Véngudo, s. f. Venue, arrivée. — *Un amourié d'uno bèlo vengudo*, un mûrier vigoureux, qui a jeté des branches fortes et vigoureuses.

Véni, v. Venir, arrriver; provenir; naître, croître; devenir. — *Es vengu*, il est arrivé. *Vai véni*, il va venir. *Fai pas qu'ana et veni*, il ne fait qu'aller et venir. *Soun gran venié de Ginoua*, son grand-père était originaire de Génolhac. *Es vengu gran*, il a grandi.

Dér. du lat. *Venire*, venir.

Vénja, v Venger. — *Sé vénja*, se venger, avoir satisfaction d'une insulte, d'un outrage.

Dér. du lat. *Vindicare*, m. s.

Vénjadisso, s. f. Vengeance. On dit aussi *Venjenço*.

Vénjan! prem. pers. du futur abs. de l'impératif du verbe *Veire*. Voir; employé comme interj. Voyons! — *Vénjan, s'douérés aquél toupé!* voyons un peu si vous aurez le front de faire ou de dire cela.

Dér. du v. *Veire*, voir. — Voy. **Véjan**.

Vénjando, même signification que **Vénjan**. — Voy. ce mot.

Vénjan-véire! interj. Redondance réduplicative de *vénjan!* voyons! traduction littérale de celle qui est employée en mauvais français, par les gens du peuple : *Voyons-voir!*

Véno, s. f. Veine; vaisseau sanguin qui ramène vers le cœur le sang porté aux extrémités du corps par les artères; filon minéral; raies de colorations diverses qui apparaissent dans le bois, les terrains, les marbres; petit filet d'eau souterrain. — *Mé fas faire dé vénos!* tu me surexcites, tu m'irrites au plus haut degré, tu m'agaces.

Dér. du lat. *Vena*, m. s.

Vénta, v. Venter, souffler; venter ou éventer le blé ou autres grains en le lançant en l'air avec une pelle ou une fourche en bois pour en chasser la poussière et la balle. — *Se venta* ou plutôt *sé vanta*, s'éventer avec un éventail.

Dér. du lat. *Ventus*, vent.

Véntadouïro, s. f. Pelle ou fourche en bois à fourchons plats et rapprochés, qui sert à venter ou éventer le blé en le lançant en l'air.

Dér. de *Vénta*, venter ou éventer. — Voy. ce mot.

Véntrado, s. f. Ventrée, portée; les petits que les femelles d'animaux font en une seule fois; la quantité d'aliments que l'on a absorbée dans un copieux repas.

Dér. de *Véntre*, ventre.

Véntre, s. m. Ventre; la partie de l'abdomen qui contient les boyaux. — *Rampli soun véntre*, faire un repas copieux. *Véntras*, gros ventre.

Dér. du lat. *Ventrem*, m. s.

Véntrésquo, s. f. Le petit lard qui recouvre le ventre et la poitrine du cochon; panse, bedaine.

Dér. de *Véntre*, ventre.

Véntrudas, asso, *s. m.* et *f.* Péjoratif de *Véntru, do,* ventru, e. Se dit de quelqu'un qui est très-ventru.

Véousage, *s. m.* Veuvage, état de viduité.

Dér. de *Véouse,* veuf.

Véouse, so, *s. m.* et *f.* Veuf, ve. Le mari qui a perdu sa femme; la femme qui a perdu son mari. — *Tirassa un véouse,* se dit d'une jeune fille dont le vêtement s'accroche à un buisson, et qui, par cela même, est, dit-on, prédestinée à épouser un homme veuf.

Dér. du lat. *Viduus,* m. s.

Véouso, *s. f.* Nom de plante. Scabieuse, *Scabiosa atropurpurea,* Linn., et en général toutes les scabieuses. Genre de la famille des Dipsacées. La Scabieuse des Veuves a été admise dans nos jardins. On la croit originaire des Indes; elle a des fleurs d'un pourpre foncé, avec des anthères blanches.

Les scabieuses, négligées par les botanistes des premiers siècles, ont été dotées, par leurs successeurs, de propriétés qui leur ont valu pendant longtemps une grande réputation, fondée, comme beaucoup d'autres, sur des idées superstitieuses. La seule dénomination de Scabieuse (de *Scabies,* gale), en annonçant la vertu curative de la gale, établissait déjà une erreur.

Vèr, *s. m.* Aulne ou vergne, *Betula ulnus,* Linn., *Alnus glutinosa,* W.; arbre très-commun dans le Gard, le long des cours d'eau. C'est à cette essence d'arbres que beaucoup de localités doivent leur nom dans notre région : La Vernède, la Vernarède ; Vers, Vern ou Verns dans le Midi; Verneuil et Vernon dans le Nord. Ces noms ont la même signification qu'en français le terme *Aulnaie,* qui désigne un lieu planté *d'Aulnes,* comme la Nougarède indique un lieu planté de noyers ; la Pommarède, l'Elzière, la Felgère, etc., des terrains plantés de pommiers, d'yeuses, et où pousse la fougère, etc.

Ce genre de plantes, de la famille des Amentacées, avait été réuni par Linné au bouleau. C'est un des arbres qui végètent le mieux dans les terres humides et marécageuses, dont il fait l'ornement et la richesse. Il s'élève parfois jusqu'à quinze et vingt mètres. Cet arbre brave également les grands froids et les grandes chaleurs. On le trouve depuis la Laponie jusque sous le soleil brûlant de l'Algérie. Pline dit que, de son temps, on le plantait le long des rivières pour les contenir dans leur lit. Le bois d'aulne acquiert en séchant une teinte rougeâtre. Il prend très bien le noir. Pline et Vitruve assurent que les pilotis d'aulne sont d'une éternelle durée. L'écorce de cet arbre sert à teindre les cuirs en noir; on lui attribue de grandes vertus fébrifuges.

Vèr, *s. m.* Le vert, la couleur verte. — *Métre dou vèr,* mettre au vert, faire manger des herbes vertes, au printemps, aux mulets et aux chevaux, pour les rafraîchir. *L'an més dou vèr,* on l'a mis à la portion congrue, on lui a retranché une partie de l'argent dont il disposait mal à propos.

Dér. du lat. *Viridis.*

Vèr, Verdo, *adj. m.* et *f.* Vert, verte; de couleur verte;
fruit qui n'est pas mûr; bois qui n'est pas sec; vin fait avec des raisins insuffisamment mûrs. Au fig. se dit d'un homme encore vigoureux malgré son âge avancé.

Dér. du lat. *Viridis,* m. s.

Vèr, *prép.* Vers, du côté, dans la direction de; cette locution s'emploie aussi pour désigner une date approximative : *Vèr Nouvè,* aux environs de la Noël.

Dér. du lat. *Versus,* m. s.

Véramén, *adv.* Vraiment, en vérité. — *Véramén vous ou dise,* je vous le dis en vérité.

On dit en latin dans le même sens : *Amen, Amen, dico vobis.*

Vèrbal, *s. m.* S'emploie dans le sens de procès-verbal.— *Lou gardo m'a fa un vèrbal,* le garde champêtre m'a fait un procès-verbal. Les paysans prononcent souvent *Barbal* pour *Vèrbal.*

Dér. du lat. *Verbalis,* m. s.

Vèrbalamén, *adv.* Verbalement, de vive-voix. — *Ço qué m'avié di vèrbalamén, vouièï qué m'ou dounèsse pèr éscri,* je voulais qu'il me donnât par écrit ce qu'il m'avait dit de vive-voix.

Dér. du lat. *Verbalis.*

Vèrbouïssé ou **Brésègoù,** *s. m.* Nom de plante. Petit houx, houx frelon, fragon piquant, *Ruscus aculeatus,* Linn. Cet arbrisseau, de la famille des Smilacées, croit partout dans les bois montueux des contrées tempérées de l'Europe, mais principalement dans le Midi. Il a l'aspect d'un petit myrte; les feuilles sont dures, ovales, d'un vert métallique, piquantes à leur sommet; la tige est du même vert que les feuilles. Ses baies d'un rouge vermillon ont une saveur fade et douceâtre; elles sont de la grosseur d'une petite cerise, sessiles et collées sur le revers de la feuille. La racine et les fruits de cet arbrisseau passent pour apéritifs, diurétiques et emménagogues.

Dér. de *Vèr,* vert, et de *Bouïssé,* buisson, buisson vert.

Vèrdastre, o, *adj. m.* et *f.* Verdâtre, tirant sur le vert.

Dér. de *Vèr,* vert.

Vèrdé, *s. m.* Verdet ou vert de gris, oxyde de cuivre.

Dér. de *Vèr,* vert.

Vèrdé ou **Argnè,** *s. m.* Nom d'oiseau, Martin-Pêcheur, Alcyon, *Alcedo ispida,* Temm. C'est le plus bel oiseau d'Europe qui, par ses magnifiques couleurs, peut rivaliser avec les plus brillantes espèces des tropiques. On l'appelle *Vèrdé,* à cause des teintes verdâtres qui chatoient sur sa robe d'azur, et *Argnè,* de ce que l'on a cru qu'en le mettant desséché dans une armoire, son odeur en chassait les teignes *(Arnos);* mais loin d'en préserver les étoffes de laine, on voit souvent, dans les collections d'oiseaux empaillés, l'*Argnè* être un des premiers atteints par ces insectes.

Vèrdéja, *v.* Verdoyer, verdir, reverdir, tirer sur le vert.

Dér. de *Vèr,* vert.

Vèrdiè, *s. m.* Verdier, nom propre d'homme et nom d'oiseau. Verdier, plus souvent appelé *Vèrdun.* — *Voy.* c. m.

Vérdoù, s. m. Verdeur, verdure; saveur du vin qui est vert, c'est-à-dire composé avec du raisin incomplètement mûr; vigueur de la jeunesse

Dér. de *Vèr*, vert.

Vérdun, s. m. Nom d'oiseau et nom propre d'homme. Verdier, gros bec verdier; *Fringilla Chloris*, Temm. Le mâle a toutes les parties supérieures, la gorge et la poitrine d'un vert jaunâtre et le ventre jaune; la femelle est d'un gris cendré, légèrement teint de verdâtre en-dessus. De tous nos oiseaux des champs, le verdier est peut-être le plus facile à prendre, à quelque piège que ce soit, et celui qui s'apprivoise le plus aisément. A peine prisonnier, et semblant ne pas s'apercevoir de sa captivité, il se met à manger et à faire entendre son ramage éclatant et varié. Il parvient à prononcer quelques mots. On l'appareille avec le canari, et les mulets qui en proviennent sont les plus estimés pour la vigueur et pour le chant.

Vère ou **Vèri**, s. m. Verrat, cochon mâle et entier; escargot de grande taille et non comestible.

Le cochon domestique descend du sanglier, qui ne se rencontre plus vivant dans nos contrées; mais il en existait encore dans nos bois au siècle dernier, comme l'attestent plusieurs documents.

Dér. du lat. *Verres*, m. s.

Vérgnièiro, s. f. Nom générique donné à la foule des petits poissons de rivière que l'on appelle le fretin, parmi lesquels sont comprises les espèces qui ne grandissent point, telles que : la *Loquo*, le *Vairou*, l'*Ase*, le *Gòfi* ou goujon, etc.

Vérgo, s. f. Verge, baguette, badine, gaule.

Dér. du lat. *Virga*.

Vérgougno, s. f. Honte, vergogne, timidité. — *Faire vérgougno*, faire honte, intimider. *Acò és uno vérgougno!* c'est une chose honteuse! *Déourias avé vérgougno!* vous devriez être honteux!

Dér. du lat. *Verecundia*.

Vérgougnoùs, ouso, adj. m. et f. Honteux, timide, qui éprouve un sentiment de pudeur naturelle. — *Siègues pas vérgougnoùs!* ne sois pas timide.

Dér. de *Vérgougno*, timidité.

Véri, s. m. Venin, poison; malice, haine concentrée — *A dé véri*, se dit d'une personne naturellement méchante et vindicative. Le brou de la noix.

Dér. du lat. *Venenum*, m. s.

Vérinado, s. f. Eruption, enflures ou pustules qui surviennent sur diverses parties du corps et notamment aux lèvres, à la suite de diverses circonstances, et qui sont souvent attribuées à des causes imaginaires. Sortes de fluxions érésypélateuses produites quelquefois par une secousse morale, un effroi violent éprouvé d'une manière inattendue, le contact de certains sucs de plantes ou de substances vénéneuses.

On donne aussi le nom de *Vérinado* à l'Euphorbe des moissons, *Euphorbia vegetalis*.

Dér. de *Véri*, venin.

Vérinoùs, ouso, adj. m. et f. Venimeux, euse; vénéneux, euse. — *Uno èrbo vérinouso*, une plante vénéneuse. *Uno bèstio vérinouso*, un animal venimeux.

Dér. de *Véri*, venin.

Vèrma, v. Diminuer, abaisser; lâcher, laisser retomber peu à peu; amoindrir. — *Lou toupi a vèrma*, le potage a diminué. *Lous jours vermou*, les jours décroissent. *Laisso vèrma*, laisse retomber peu à peu. *Verma lous gages*, diminuer les gages, le traitement.

Vèrme, s. m. Ver, nom donné indistinctement à tous les animaux à sang blanc qui rampent sur la terre ou qui vivent dans le corps de l'homme, des animaux, des fruits, des plantes, etc.

Tuia lou vèrme, faire le matin une petite collecte de la plus grande simplicité, un repas succint, arrosé d'un verre de vin, *Frustulum*.

Dér. du lat. *Vermis*, m. s.

Vèrména, ado, s. m. et f. Vermoulu, attaqué, rongé des vers; véreux, en parlant des fruits.

Dér. de *Vèrme*, ver.

Vèrménoùs, ouso, adj. m. et f. Véreux, euse; rongé des vers; vermoulu; sujet aux vers.

Dér. de *Vèrme*, ver.

Vèrminado, s. f. Maladie vermineuse causée par une invasion vermiculaire fréquente chez les enfants en bas-âge.

Dér. de *Vèrme*, ver.

Vèrmino, s. f. Vermine, toute espèce de vers et par extension tous les insectes qui pullulent sur les personnes et les objets malpropres; tels que poux, puces, punaises, etc.; les gueux, les mendiants, les gens de basse extraction, les vagabonds, etc. — *Aquel éfan a la vèrmino*, cet enfant a une maladie vermineuse; il est attaqué des vers.

Dér. de *Vèrme*, ver.

Vèrmioù, s. m. Kermès, gallinsecte, que l'on recueille sur le petit chêne vert épineux *Quercus coccifera*, Linn., et que l'on appelle aussi graine d'écarlate. Il sert à préparer la couleur rouge la plus estimée avant la découverte de la cochenille. — *Vèrmioù* est évidemment le diminutif de *Vèrme*, ver, bien qu'on puisse le prendre pour la traduction littérale de Vermillon, qui, du reste, a sans doute la même origine.

Vèrnarédo, s. f. Terrain ou région complantée d'aulnes (*Vèrno* en languedocien). Nom propre de lieu équivalent comme signification à l'appellation française *Aulnaie*. Plusieurs localités du Gard portent ce nom dans lequel ont été introduites certaines variantes : La Vernarède, commune du canton de Génolhac; La Vernède, hameau et fermes de l'arrondissement d'Uzès et de Nîmes; Vers, commune du canton de Remoulins; Verns, hameau de la commune du Chambon, et peut-être même Hiverne, hameau de la commune d'Aujac.

Dér. de *Vèrno*, aulne.

Vérquièiro, s. f. La dot d'une fille.

« Ce terme, défiguré dans bien des endroits, dit Sauvages, pourrait bien être, en dernière analyse, *Vérguièiro*, comme on le prononce dans certaines localités. Or, *Vérguièiro* n'est pas bien loin de *Virguièiro*, qui se rapproche du lat. *Virgo*, fille ; d'où on aurait fait, dans la basse latinité, *Verqueria*, pour indiquer ce qui appartient à une fille, son apanage, sa dot.

« Mais il est plus simple de prendre *Vérquièiro* dans l'acception de la basse latinité *Vercheria*, terme qui, dans un ancien titre cité par Ducange, signifie une portion de champ ou d'héritage, un fonds de terre : *Volumus quod qui habent vineas, hortos vel Vercherias. . . . . »*

Vértèl, s. m. Fusaïole ; peson de fuseau. Bouton en bois, en verre, en poterie ou en métal qui sert de volant au fuseau et le fait tourner plus longtemps.

Cet objet remonte à la plus haute antiquité. On en trouve dans les stations préhistoriques, gauloises et romaines.

Dér. du lat. *Verto*, je tourne.

Vértu, s. f. Force, vigueur, robusticité, en parlant de l'homme, des animaux et des plantes ; propriété, efficacité en parlant des choses.

Dér. du lat. *Virtus*, m. s.

Vérturioùs, ouso, adj. m. et f. Fort, vigoureux, robuste, résistant.

Dér. de *Vértu*, force, vigueur.

Vès, prép. Vers, dans la direction, chez, auprès, du côté de. — *Démore ves la plaço de l'Abadiè*, j'habite près de la place de l'Abbaye. *Anas vès vosto tanto*, allez chez votre tante. *L'aï vis qu'anavo vès Anduso*, je l'ai vu allant dans la direction, du côté d'Anduze.

Dér. du lat. *Versus*, m. s.

Vès ou **Bès**, s. m. Nom de plante. Bouleau blanc, *Betula alba*, Linn., genre de la famille des Amentacées. Les bouleaux et les aulnes *(Alni)* forment, d'après Tournefort, deux genres distincts que Linné avait conservés dans ses premiers ouvrages : il les a ensuite réunis et le langage de nos pays les rapproche et les confond quelquefois. Aujourd'hui la plupart des botanistes modernes les tiennent séparés.

L'écorce du bouleau sert à diverses préparations. La sève de cet arbre est, de toutes les substances végétales, celle qui fournit le meilleur moyen d'imiter le vin de Champagne, qu'on falsifie à Londres et à Hambourg avec diverses baies, surtout celles du *myrtillus*.

Le *Vès*, comme la *Vèrno*, a donné son nom à diverses localités du Gard. — *Voy. Vernarédo*.

Vès, Vers, village du canton de Remoulins. — *Cébo dé Vès*, oignons de grosse taille que l'on récolte sur le territoire de Vers. — *Bès* ou *Bez*, village du canton du Vigan ; *Bessèges*, dans l'arrondissement d'Alais ; les hameaux de *Besses, Bessède, Bessières, Bessettes*, dans le Gard ; *Bessas*, dans l'Ardèche, etc.

Dér. du lat. *Betula*, bouleau.

Vési, ino, s m et f. Voisin, ine ; qui est situé ou qui habite à proximité d'une autre chose ou d'une autre personne. Proche, touchant, contigu. — *L'aïgo és un mari vési*, le voisinage des cours d'eau est dangereux.

Dér. du lat. *Vicinus*, m. s.

Vésia, ado, adj. m. et f. Délicat ou douillet ; mignard, mièvre. — *Acò 's un vésia*, c'est une poule mouillée, un mignard. *Un parla vésia*, un langage mignard et affecté. *Un éfan vésia*, un enfant gâté. *Faï la vésiado*, c'est une minaudière, une sucrée.

Dér. de l'it. *Vezzoso*, mignon.

Vésiada, v. Choyer, gâter, soigner, dorloter, traiter avec délicatesse. — *Sé vésiada*, se soigner avec trop de délicatesse, se dorloter. *Vésiada un éfan*, élever un enfant trop délicatement, avec trop de complaisance.

Dér. de l'it. *Vezzeghiare*, m. s.

Vésiadamén, adv. Avec trop de délicatesse, de mignardise.

Dér. de *Vésiada*, dorloter, soigner.

Vésiaduro, s. f. Mignardise, délicatesse affectée. — *N'és pas maldou qué dé vésiaduro*, il n'est malade que par trop de bien-être. On dit d'un cheval fringant : *Crèbo dé vésiaduro*, il gambade, il folâtre parce qu'il est trop dru. — *La vésiaduro lou gagno*, il commence à s'enorgueillir.

Dér. de *Vésiada*, soigner, dorloter.

Vésinaje, s. m. Voisinage, proximité ; l'ensemble des habitants logés dans le même quartier d'une ville ou d'un village.

Dér. de *Vési*, voisin.

Vésinéja, v. Se fréquenter entre voisins ; être en bons rapports avec les gens de son voisinage.

Dér. de *Vési*, voisin.

Vésito, s. f. Visite ; action d'aller voir une personne par déférence, par civilité, par devoir, par amitié ; visite de médecin ; inspection, recherche, perquisition.

Véspiè, s. m. Guêpier, nid de guêpes formé de plusieurs rayons horizontaux et superposés, reliés entre eux à la partie centrale. On dit au figuré : *Bouléga lou véspiè*, susciter des querelles ; réveiller le chien qui dort.

Dér. de *Vèspo*, guêpe.

Vèspo, s. f. Guêpe ; mouche carnassière et frugivore dont il existe plusieurs variétés. Comme les abeilles, dont elles sont une élégante mais mauvaise copie, celles qui vivent en société ne font point de provisions pour l'hiver ; aussi, après de terribles discussions intestines, qui bouleversent les guêpiers, la faim et le froid les font d'ordinaire presque toutes périr.

Quelques femelles fécondées, qui échappent au désastre et se remisent pendant l'hiver dans quelque trou, suffisent pour former, au printemps, une nouvelle colonie et perpétuer cette race toujours trop nombreuse. Le *Gràoule* ou frelon est la plus grosse et la plus mauvaise espèce de guêpes.

Dér. du lat. *Vespa*, m. s.

Vèsprado, s. f. Le soir, la vesprée en vieux fr., la soirée, la veillée. — *Nous sèn perménas touto la vèsprado,* nous nous sommes promenés toute la soirée. *Vendraï vous veire din la vèsprado,* je viendrai chez vous dans la soirée.
Dér. de *Vespre,* soir.

Vèspre, s. m. Soir. — *Lou vèspre,* le soir. *De vespre,* ce soir. *Bon vèspre,* bonsoir, bonne soirée. *Rouge de vespre, bèou ten déou estre,* ciel rouge le soir, espoir de beau temps
Dér. du lat. *Vesper,* m. s.

Vèspros, s. f. p. Les Vêpres. Vêpres, partie de l'office religieux qui se dit ou se chante dans l'après-midi.
Dér. du lat. *Vesper,* der. de *Vesperæ,* et sous-entendu *horæ* ou *horæ vespertinæ.* On les disait anciennement à six heures du soir.

Véssa, v. Verser, se répandre par les bords. Se dit d'une liqueur qui se répand d'elle-même d'un vase trop plein. — *Lou toupi vèsso,* le bouillon, l'eau du pot se répand. On verse une liqueur d'un vase dans un autre en inclinant le vase qui la contient.
Dér. du lat. *Versare.*

Véssarò, s. m. Vesce cultivée, vesceron ou vesce sauvage, blanche ou brune, *Vicia sativa.* Vesce à feuilles étroites, *Vicia angustifolia.* Plante de la famille des Papillonacées. — *Voy. Vèsso,* vesce.

Vèsso, s. f. Vesce *(Vicia).* La vesce fournit un excellent fourrage; on la cultive pour la nourriture des bestiaux. Les tiges, lorsqu'elles ont été battues, sont encore bonnes pour nourrir les moutons. Cette plante sert aussi à fertiliser les terres : pour cela il faut la renverser avec la charrue, lorsqu'elle est en fleurs. Cet usage était connu des Romains. Les graines servent particulièrement de nourriture aux pigeons.
Dér. du lat. *Vicia* et de *Vincire,* lier, à cause des tiges grimpantes et des vrilles qui caractérisent cette plante.

Vésti, s. m. — *Un vésti,* un vêtement. *Bos vesti,* bois en grume, dont l'écorce n'a point été enlevée. *Bla vésti,* blé dont la balle est adhérente au grain.
Dér. du lat. *Vestire,* vêtir.

Vésti, do, adj. m. et f. Vêtu, vêtue. — *Bièn vésti,* bien vêtu, vêtu avec soin. Se dit au fig. de celui qui a une belle fortune. *Vésti de sedo,* un porc, un pourceau, ainsi désigné par un jeu de mots rappelant les soies qui forment la fourrure de cet animal.
Dér. du lat. *Vestire.*

Vésti, v. Vêtir, revêtir, habiller; fournir des vêtements.
Dér du lat. *Vestire,* vêtir.

Vèsto, s. f. Veste, sorte de justaucorps sans basques qui compose le vêtement supérieur des paysans méridionaux.
Dim. *Vestéto, Vestouno,* petite veste.
Dér. du lat. *Vestis.*

Véto, s. f. Ruban étroit et grossier, ordinairement en fil de chanvre ou de soie de rebut, servant à attacher les cheveux, les vêtements.
Dér. du lat. *Vitta,* bandelette. — *Voy. Cabiè.*

Vézénobre, s. m. nom propre de lieu. — *Voy. Benobre.*

Vi, s. m. Vin, liqueur extraite du raisin fermenté. — *Vi de prenso* ou *de destre,* vin de pressurage.
Dér. du lat. *Vinum,* m. s.

Viaje, m. s. Voyage, la route que l'on parcourt pour se rendre d'un lieu à un autre. — *Un viaje de fé,* une charretée de foin. *Viaje blan,* course inutile On dit aussi : *un viaje,* une fois. *Aqueste viaje,* cette fois. *Un doutre viaje,* une autre fois *Lou grand viaje,* le dernier voyage, la mort.
Dér. du lat. *Viaticum.*

Viâouiè, s. m Violier ou giroflée. Genre de la famille des Crucifères Le nom vulgaire de giroflée est une corruption de χείρ, main (prononcez *Khir*), et de *flos,* fleur. L'espèce la plus connue est la giroflée jaune ou violette *(Cheiranthus cheiri,* Linn.), cultivée dans les jardins et dont l'odeur approche de celle de la violette.

Viâoulé, s. m. Violet, la couleur violette. *Lou vidoulé,* le violet.

Viâouléto, s. f. Violette, *Viola odorata,* Linn., genre type de la famille des Violariées, d'une odeur suave. Cette plante croît également dans le Nord et dans le Midi, aux lieux couverts, dans les prés, les bois, le long des haies. Elle était en grande vénération chez les Athéniens, qui la nommaient *Ion.* Pour justifier cette étymologie, les poètes grecs ont prétendu que Jupiter, ayant métamorphosé en génisse la belle *Io,* fit naître la violette pour lui procurer une pâture digne d'elle.

Viâouloun, s. m. Violon, instrument de musique en bois et à quatre cordes dont on joue avec un archet.
Patience-violon, *Rumex pulcher,* Linn., genre de la famille des Polygonées, caractérisée par ses feuilles radicales en forme de violon, qui croît communément sur le bord des routes et dans les lieux incultes.
Dér de l'ital *Violino* ou *Violone,* m. s.

Viâoulouna, v. Violonner, jouer du violon.
Dér. de *Vidoulouн,* violon.

Viâoulounaïre, s. m. Celui qui joue du violon.
Dér. de *Vidouloun,* violon.

Vibre, s. m. Castor, bièvre, en latin *Fiber.* Quadrupède amphibie qui tend à disparaître, traqué par les chasseurs dans toutes les parties du monde. Ce n'est que par une très-rare exception qu'on rencontre encore quelque castor égaré sur les bords du Gardon ou du Rhône, où on le voyait assez souvent autrefois; et c'est en vain qu'on y chercherait des traces de leurs constructions modèles.
Notre savant et éminent compatriote, M. J.-B. Dumas, le célèbre chimiste, a choisi pour emblème un castor construisant sa maison, avec cette devise en exergue : *Qadou travaïo faï soun mas,* celui qui travaille édifie sa maison, allusion delicate au modeste point de départ de ses propres destinées.

Vicàri, s. m. Vicaire, le prêtre qui aide et remplace au besoin le curé dans l'exercice de ses fonctions. On dit aussi *ségoundari.*
Dér. du lat. *Vicarius.*

Vice, *s. m.* Vice, défaut, ruse, adresse, malice, fourberie. — *Aquél éfan a dé vice*, cet enfant est rusé, madré, roué pour son âge. *Un chival qu'a dé vice*, un cheval vicieux.

Dér. du lat. *Vitium*, m. s.

Vicioùs, so, *adj. m.* et *f.* Vicieux, rusé, madré, malicieux, fourbe. Se dit d'un traité, d'un contrat qui manque de quelque formalité essentielle.

Dér. du lat. *Vitiosus*, m. s.

Vidasso, *s. f.* Existence pénible, misérable; mauvaise vie, vie de débauche. — *Michanto vidasso!* triste existence!

Augm. et péjor. de *Vido*. — *Voy.* c. m.

Vido, *s. f.* Vie, existence; état des êtres animés, tant qu'ils ont en eux le principe des sensations et du mouvement; l'intervalle de temps qui s'écoule entre la naissance et la mort d'un être vivant. Au fig. la conduite et les mœurs. — *Faïre la vido*, avoir une conduite débauchée. *Cérca sa vido*, mendier pour vivre. *Dé ma vido vidanto, aviéï pa vis acò!* jamais de la vie, au grand jamais, je n'avais été témoin d'une chose semblable!

Dér. du lat. *Vita*, vie.

Viédase ou **Aoubèrgino**, *s. m.* Aubergine melongène, *Solanum melongena*, Linn. Plante de la famille des Solanées, dont le fruit est un aliment fort agréable. C'est une grosse baie, très-lisse, allongée, ordinairement de couleur violette, quelquefois jaune. Selon Hasselquist, les *Poma sodomitica* de la vallée du Jourdain, près de la Mer morte, seraient les fruits du *Solanum melongena*; mais c'est une erreur, ces fruits appartiennent à l'*Asclepias gigantea*, Linn. Cette plante, très-commune dans les jardins potagers du midi de la France, est originaire des Indes; c'est la *Mérinjano* des Provençaux. On apprête ses fruits de différentes manières, en leur adjoignant, le plus souvent, ceux du *Solanum licopersicum*, Linn., ou pomme d'amour.

Le nom de *viédase* donné à ce légume lui a été attribué par analogie avec sa forme particulière: *Veretrum asini*.

Au fig. *Viédase*, se dit d'un homme dissimulé, faux, d'un gredin.

Viédase! *interj.* Peste! diantre! fichtre!

Vièïesso, *s. f.* Vieillesse, âge avancé. Mot français tourné en languedocien.

Vièïje, *s. m.* Décrépitude, en parlant des personnes; vétusté, en parlant des choses. — *Mourì dé vièïje*, mourir de vieillesse. On dit aussi *Vièïounje*.

Dér. de *Vièl*, vieux.

Vièïo, *s. f.* Vielle, instrument de musique à clavier dont jouent ordinairement les mendiants de la Savoie.

Vièïun, *s. m.* Vieillesse avancée, décrépitude. — *Voy.* aussi *Vièïje* et *Vièïounje*.

Vièl, ièïo, *s.* et *adj. m.* et *f.* Un vieux, une vieille, un homme, une femme d'un âge avancé. *La vièïo disiè toujour qué vouïé pa mourì*, une certaine vieille femme disait toujours qu'elle ne voulait pas mourir, (sous entendu: parce qu'elle était bien aise de connaître toutes les inventions nouvelles qui se produisent journellement). *Páoure, vièl et maldou!* pauvre, vieux et malade! trois des pires conditions de l'humanité réunies sur un seul individu.

Vije, *s. m.* Rameau, pousse, scion d'osier, dont on fait des ouvrages de vannerie: la plante elle-même, laquelle est une variété du saule, qui forme le genre type de la famille des Salicacées.

En botanique, l'osier est appelé saule hélix, *Salix helix*, Linn. On l'emploie avec avantage pour fixer, par ses racines, les sables mobiles, et fixer les berges le long des cours d'eau. Ses rameaux longs et pliants servent de liens. On en fabrique des paniers, des corbeilles d'un usage très-répandu. La piqûre d'un insecte, le *Cynips du saule*, occasionne, vers l'extrémité des rameaux, une excroissance rougeâtre, en forme de tête écailleuse, qu'on nomme *rose de saule*, et que l'on retrouve sur le saule marceau. C'est encore sur cette espèce et plusieurs autres qu'on trouve le beau *Capricorne à odeur de rose*, *Cerambix moschatus*, Linn.

Il existe encore diverses sous-variétés de cet arbuste, telles que *l'osier rouge* ou *verdiau*, *l'osier brun*, *l'osier jaune* ou *amarinier*, etc.

D'après Servius, le nom latin du saule, *Salis*, viendrait de *Salire*, monter, parce que le saule croit très-vite; selon Theis, du celtique *Sul*, proche, et *Lis*, eau.

Vijèïro, *s. f.* Oseraie, saulaie, saussaie. Lieu planté d'osiers ou de saules de toute espèce. Ces plantations sont fréquentes sur les bords du Gardon où elles servent de défense contre les crues torrentielles de cette rivière. On dit aussi *Sáouzédo*.

Dér. de *Vije*, osier.

Vignâou, *s. m.* Vignal ou garde-vignes, employé municipal chargé de garder la vendange, au moment de la maturité du raisin. Au moyen âge, les gardiens des récoltes portaient surtout le nom de *bagné*, bannier *(bannerius)*, dérivé de ban, criée publique, proclamation, défense. Ce terme est aussi employé comme nom propre d'homme.

Dér. du bas-lat. *Vinearius*, en vieux fr. Vignau.

Vigno, *s. f.* Vigne, *Vitis*, Linn. Genre type de la famille des Vitifères. Arbrisseau sarmenteux connu de tout le monde et dont le fruit produit le vin.

L'époque à laquelle remontent la connaissance de la vigne et l'usage du vin se perd dans la nuit des temps. La Bible en fait honneur à Noé. D'autres veulent qu'Osiris, le Bacchus des Grecs, ait trouvé la vigne dans les environs de Nysa, dans l'Arabie-Heureuse, d'où il l'aurait transportée dans les Indes.

Les Phéniciens, qui parcouraient souvent les côtes de la Méditerranée, en introduisirent la culture dans les îles de l'Archipel, la Grèce, la Sicile, en Italie et dans le territoire de Marseille. De là, elle s'étendit progressivement dans les Gaules, où elle occupait déjà une partie des côteaux de nos départements méridionaux, lorsque Domitien fit arracher toutes les vignes qui croissaient dans la Gaule, à la suite d'une année où la récolte du vin avait été aussi abondante que celle du blé était chétive et misérable. Cette destruction, qui remonte à l'an 92, dura deux siècles entiers, et ce n'est que sous le règne de Probus que l'interdiction fut levée Deux cents ans après, la reproduction de la vigne avait fait de rapides progrès dans nos pays, et s'était même avancée dans le nord de la Gaule. Les vins de France sont de beaucoup les plus estimés du monde et, certains crûs ont acquis une renommée universelle et incontestée.

Le terrible fléau dit *Phylloxera vastatrix*, qui a pris naissance sur le territoire de Pujaut (Gard), vers l'année 1862, et qui continue depuis lors ses ravages, a presque entièrement détruit les vignes de nos contrées méridionales et menace de s'étendre sur toute la France et sur les pays circonvoisins. L'avenir seul prouvera que la reconstitution de la vigne par les plants américains, essayée sur une large échelle, peut nous rendre cette source de richesses dont nous sommes privés depuis si longtemps.

Les principales espèces de raisins de nos contrées portent les noms vulgaires suivants :

Baraqué.
Béouno.
Blanque.
Claréto-blanquo.
Clareto-roujo.
Coulidor-rousse.
Coulidor-verddou.
Coupado-blanco.
Coupado-roujo.
Coupado (grosso) negro
Dalican.
Du
Espar.
Espiran ou *Aspiran* ou *Piran*
Game ou *Larda.*
Game negre.
Granairóou.
Grè.
Gragnóou.
Larda ou *Game.*
Madeléno.
Moulan.
Musca-blan.
Musca-negre.
Musca-grè.
Paieures.
Pdoure.
Pichoto meno.
Picopoulo bouréto.
Picopoulo calosso.
Picopoulo fialairo
Picopoulo (grosso ou *farnouso)*
Picopoulo (pichoto).
Rasin de pocho.
Rousergò.
Sadoulo-bouvié.
Sdouro
Teré calus.
Teré (gros).
Teré (pichò).
Tere rouje.
Ugno blanco.
Ugno négro.
Ugno d'Espagno ou *Ugnéto rousso.*
Ugno d'Usès.

Vignoù, *s. m.* Petit carré de vigne.
Dér. de *Vigno,* vigne.

Vilagnè, *s. f.* Vilenie, saleté, ordure, grossièreté, impolitesse ; action mauvaise ; propos indécents ; femme de mauvaises mœurs.

Vilaje, *s. m.* Village, agglomération d'habitations d'une faible importance, mais supérieure à celle d'un simple hameau, et ordinairement habité par des cultivateurs et des propriétaires fonciers. — *Vilajas,* gros village. *Vilajoù,* petit village.
Dér. du bas-lat. *Villaticum,* m. s.

Vilèn, èno, *s.* et *adj. m.* et *f.* Un ladre, un avare. — *Quand un vilèn s'alargo, tout y vai,* il n'est chère que de vilain. Dans certaines localités des Cévennes, on appelle le diable : *lou vilèn.*

Vilain, e, *adj. m.* et *f.* Rustre, grossier, sale, malpropre, désagréable, fâcheux, avare. — *Hou! lou vilèn!* oh! le vilain ! se dit à un enfant qui touche ou fait des saletés.
Dér. du bas-lat. *Villanus,* et du lat. *Villa,* métairie.

Vilèn-mèrle, *s. m.* Un homme désagréable, mal élevé, grossier, grincheux, mauvais-coucheur, acariâtre, rageur.

Vilo, *s. f.* Ville, agglomération considérable d'habitations disposées par rues et jadis entourées de remparts et de fossés. — *Vilasso,* grande ville ordinairement peu agréable. *Viloto,* petite ville assez agréable.

Il faut bien se garder de traduire le latin *Villa,* métairie, maison de campagne, hameau, par le mot français ville.

Vinaïgra, *v.* Vinaigrer, préparer, accommoder, assaisonner un mets avec du vinaigre. — *Décourals à la vinagrado,* des poivrons à la vinaigrée, préparés au vinaigre.
Dér. de *Vinaïgre,* vinaigre.

Vinaïgrado, *s. f* Plat de légumes assaisonnés à l'huile et au vinaigre ; sorte de salade.
Dér. de *Vinaigre,* vinaigre.

Vinaigre, *s. m.* Vinaigre, vin devenu acide, employé comme condiment dans les usages de la table et de la cuisine ou dans la parfumerie. Mot composé de *Vin,* vin et *aigre,* aigre. — *Pisso-vinaigre,* individu acariâtre, aigre dans ses relations, dans ses manières, dans ses paroles, mauvais coucheur, d'humeur difficile. Mot composé, dér. de *pissa,* pisser, et *vinaigre,* vinaigre.

Vinaïgre! *interj.* Cette onomatopée est employée comme encouragement à travailler plus vite ; à presser le mouvement soit dans le travail, soit dans un exercice du corps, tel que le saut à la corde que les enfants pratiquent en hiver.

Vinaje, *s. m.* Au moyen-âge, droit seigneurial perçu sur le vin. Addition d'une certaine quantité d'alcool à un vin faible pour lui donner un degré suffisant. Pot de vin payé à celui qui fait conclure un marché.
Dér. de *Vin,* vin.

Vingt, *adj. num.* Vingt, nom de nombre correspondant à vingt unités.
Dér. du lat *Viginti.* — *Voy. Cén.*

Vinoùs, *s. m.* Sorte de champignon de couche, de couleur vineuse.
Dér. de *Vin,* vin.

Vinoùs, so, *adj. m.* et *f.* D'une couleur vineuse, rougeâtre, approchant de celle du vin.
Dér. de *Vin,* vin.

Vinténo, *s. f.* Une vingtaine d'objets, vingt environ.
Dér. de *Vin,* vingt.

Viou, vivo, *adj. m.* et *f.* Vivant, e ; vif, vive, alerte, éveillé, pétulant. — *Aïgo-vivo,* eau vive au moment où elle sort de la source ; *fiò viou,* un feu ardent. *Mé tavère èn* *jusqu'dou viou*, je me coupai jusqu'à la chair vive. **Viou!** interj. Vite! dehors! à la porte!

Dér. du lat. *Vivus*.

Viôouiè, *s. m.* Giroflée. — *Voy. Vidouiè.*

Viôure, *v.* Vivre; être vivant; subsister: se nourrir. — *Aï pèr vioure,* j'ai de quoi vivre, j'ai des revenus suffisants pour me nourrir et m'entretenir.

Vioure, *s. m.* Nourriture, aliments, ce qui sert à la nourriture de l'homme, provisions de bouche, comestibles; façon de vivre, habitudes. — *Sâoupre-vioure,* savoir-vivre, éducation.

Vira, *v.* Tourner; se mouvoir circulairement; retourner dans un autre sens. — *Vira de caïre,* tourner de côté, mettre de champ. *Vira dé biaï,* placer commodément, dans le sens voulu. *Lous doubricòs virou,* les abricots commencent à mùrir. *Vira cabosso, vira canturlo,* devenir fou, insensé, perdre la boule. *Vira l'aïgo,* détourner le cours de l'eau, arroser une planche de jardinage. *Vira l'aste,* tourner la broche. *Vira lous iuèls,* loucher. *Lou rasin aïgre mé faï vira las dèns,* le raisin qui n'est pas mùr m'agace les dents. *Viro dé piquo,* il tourne pique. Au fig. c'est le moment où les coups vont pleuvoir. *Vira lou quiou,* tourner le dos, s'en aller, rompre avec quelqu'un. *Vira casaquo,* changer d'opinion; abandonner une idée, un parti, pour en suivre un autre. *Vira lou troupèl,* détourner le troupeau de la direction qu'il a prise. *Vira lous cantoùs,* tourner les coins, arrondir les angles. *Ès countén coumo qué tout vire,* de quelque façon que les choses marchent, il se déclare satisfait.

Dér. du lat. *Gyrare,* tourner.

Virado, *s. f.* Le tournant d'un chemin, d'une rue; action de tourner, de se retourner. Au fig. émotion, secousse, effroi; maladie violente qui éprouve fortement, mais qui dure peu.

Dér. de *Vira,* tourner.

Viradouïro, *s. f.* Petite pelle ou spatule de fer ou de cuivre percée de trous, comme une écumoire, et qui sert à retourner ou à retirer la friture de la poêle.

Dér. de *Vira,* tourner.

Viraïre, *s. m.* Celui qui tourne le volant d'une machine d'imprimerie, la roue d'un cordier, la meule d'un coutelier.

Viraïro, *s. f.* L'ouvrière employée au tour qui sert à dévider la soie.

Dér. de *Vira,* tourner.

Viro, *s. f.* La retourne dans le jeu de cartes; la carte que l'on retourne pour faire connaître l'atout. — *Viro dé piquo!* c'est le moment propice pour recevoir des taloches; c'est à présent que les coups vont pleuvoir.

Viro-bourdouïro, *s. f. comp.* — *Sé métre dé viro-bourdouïro,* se coucher la face contre terre; se mettre à l'envers.

Viro-col, *s. m. comp.* Torticolis; refroidissement ou affection rhumatismale qui empêche de tourner le cou sans éprouver une douleur plus ou moins vive.

Comp. de *Viro,* tourne, et de *Col,* cou.

Viro-froumage, *s. m. comp.* Culbute, chùte à l'envers, comme celle d'un fromage frais que l'on retourne sur une assiette pour le servir.

Viro-gâou ou **Viro-gâouto,** *s. m. comp.* Soufflet rudement appliqué. — *Y'a baïla un viro-gâou,* il lui a administré un soufflet, une giffle.

Comp. de *Viro,* tourne, et de *Gâou* pour *gâouto,* joue.

Viro-passo, *s. f. comp.* Culbute, virevolte; tour que l'on fait sur soi-même, sans changer de place. — *Faïre la viro-passo,* faire la culbute.

Dér. de *Vira,* tourner, et de *Passa,* passer.

Viro-sourél, *s. m. comp.* Nom de plante. Tournesol *Helianthus annuus* Linn., genre de la famille des Composées; tribu des radiées. Cette plante est originaire du Pérou; elle représentait pour les anciens habitants de cette contrée l'emblème du soleil, c'est-à-dire de l'astre qu'ils adoraient comme le père de la nature. L'habitude que nous avons de la voir fréquemment est cause de notre indifférence à l'admirer. On ne peut cependant se refuser à lui accorder une attention bien naturelle qu'elle provoque par sa fleur, du plus bel éclat, quelquefois d'un pied de diamètre, inclinée sur sa tige et constamment tournée vers le soleil.

L'hélianthe tubéreux ou topinambour est également une plante de la même tribu. On la croit originaire du Chili.

Viro-t'én-laï, *s. m. comp.* Soufflet, giffle, coup de poing fortement appliqué. Même signification que *Viro-gâou.* Littéralement, cette expression signifie : tourne-toi là-bas ou de l'autre côté.

Viro-tour, *s. m. comp.* Virevolte, consistant à tourner sur place, volte-face. — *Faguè un viro-tour et partiguè,* il fit volte-face et partit.

Viroù, *s. m.* Vrille. Le mot perçoir est impropre, dit SAUVAGES; l'amorçoir est la plus petite espèce de tarière; le foret est un instrument tout différent de la vrille. L'avant-clou, la percerette, ne sont pas des termes français acceptés.

Dér. de *Vira,* tourner.

Virougnèïro, *s. f.* Vrille de grande dimension, tarière, bondonnière.

Dér. de *Vira,* tourner.

Viroula, *v.* Tourner, tournoyer, rouler, culbuter, cabrioler. Fréquentatif de *Vira,* tourner.

Viroulé, *s. m.* Tourniquet, toton; cabriole, pirouette; tourbillon formé par les eaux courantes ou dormantes qui s'échappent ou se précipitent vers le fond, en forme d'entonnoir.

Dér. de *Viroula,* tourner.

Virouléja, *v.* Tournoyer, aller de çà de là, sans motif apparent; s'agiter dans le vide. — *Fas qué viroutéja!* tu ne fais que t'agiter en tous sens.

Viroun-virèto, *s. m.* Géranium ou bec de grue, à cause de la forme du fruit, genre type des géraniacées. Le caractère le plus saillant de cette plante consiste dans le fruit qui présente la forme d'un long bec affilé; ce bec est le prolongement en crête de cinq capsules réunies autour d'un axe central.

Notre contrée possède diverses espèces de géraniums, parmi lesquelles nous citerons le géranium sanguin, le géranium des prés, le géranium velouté, le géranium dit *Herbe à Robert, Geranium rubertianum* Linn Les anciens désignaient ce dernier sous le nom de *ruberta, rubertiana,* puis, par altération, *rupertiana, robertiana* et enfin *Herbe à Robert.*

Vis, to, *part. passé* du verbe *Veire,* voir. Vu, vue. — *Passo que l'ai vis!* décampe au plus vite!

Dér. de *Veire,* voir.

Visaja, *v.* Envisager, regarder en face, entre les deux yeux et quelquefois d'un air menaçant. — *M'a visaja,* il m'a regardé d'un air insolent. *Sé visaja,* se regarder face à face.

Dér de *Visaje,* visage.

Visaje, *s. m.* Visage. figure, face.

Dér. du lat. *Visus,* m. s.

Visoù, *s. m.* Prunelles de l'œil ; vers qui prennent naissance sur la viande corrompue.

Dér. du lat *Videre.*

Vispre, o, *adj. m.* et *f.* Apre au goût, acre. — *Aquélo pruno és vispro,* cette prune est âpre.

Visproù, no, *s. m.* et *f.* Jeune enfant lutin, diablotin, espiègle.

Vitamén, *adv.* Vite, rapidement, vivement. — *Fasès aquò vitamen,* faites vite cela..

Vite, *adv.* Vite, promptement, rapidement, vivement. — *Fasès vite,* dépêchez-vous, faites vite.

Vitraïre, *s. m.* Vitrier, l'ouvrier qui pose les vitres

Dér. de *Vitro,* vitre.

Vitraje, *s. m.* Chassis en bois, en fer, en un métal quelconque, garni de vitres ; l'ensemble des vitres d'un bâtiment.

Dér. de *Vitro,* vitre.

Vitro, *s. f.* Vitre, plaque ou carreau de verre que l'on pose à une croisée, à un dôme.

Dér. du lat. *Vitrum,* verre.

Volo-biôou, *s. m.* Surnom burlesque donné par dérision aux habitants de Saint-Ambroix, au sujet desquels a été inventée une légende dont le récit a fourni le sujet d'un poème héroï-comique au félibre alaisien Albert ARNAVIELLE. Composé de *Volo,* vole, et de *Biôou,* bœuf ; bœuf qui vole.

Voste, o, *adj. poss. de la 2me pers. du pluriel.* Votre, qui est à vous, qui vous appartient.

Dér. du lat. *Vestrum,* m. s.

Vostre, *s. m.* — *Lou vostre,* le vôtre, ce qui est à vous, ce qui vous appartient, votre propriété, votre domaine. *Sès din lou vostre,* vous êtes dans vos possessions, vous cultivez votre domaine.

Dér. du lat. *Vestrum,* m. s.

Vostre, o, *pron. poss. m.* et *f.* — *Lou vostre, la vostro,* le vôtre, la vôtre. *Vèici moun oustâou, vaqui lou vostre,* voici ma maison, voilà la vôtre.

Dér. du lat. *Vester, vestra, vestrum,* m. s.

Voto, *s. f.* Fête votive ou patronale, qui est une occasion de réjouissances annuelles dans chaque commune du midi de la France, telles que luttes, courses de taureaux, bals champêtres, jeux d'adresse, etc.

Dér. du lat. *Votum,* vœu.

Votro! *interj.* Mes compliments! Votre serviteur!

Vouè! *interj* Ouais! Vraiment!

Vougué, *v.* Vouloir. — *Fôou vougue,* il faut vouloir On dit aussi *Voulé.* — *Voy.* ce mot.

Voui, *adv.* Oui ; particule affirmative opposée à la particule négative *nou,* non, et qui sert à affirmer une chose. Formé par contraction du lat. *hoc illud,* c'est cela.

Voula, *v.* Voler, se mouvoir dans l'espace avec des ailes, courir rapidement. — *Courissiè que voulavo,* il courait si vite qu'il semblait voler.

Dér. du lat. *Volare,* m. s.

Voulado, *s. f.* Volée, l'étendue du vol d'un oiseau entre deux repos ; bande d'oiseaux volant de concert. — *Uno voulado dé pijouns,* une troupe, un vol de pigeons. *Tira à la voulado,* tirer au vol. *Préne la voulado,* prendre son vol, partir. Au fig. une volée de coups de poings ou de bâton, une tripotée.

Dér. de *Voula,* voler

Vouladoù, *adj. m.* Se dit d'un oiseau, d'un volatile parvenu à l'âge de croissance où il est susceptible de prendre son vol, où il est capable de voler. — *Aoucèl vouladoù,* oiseau prêt à s'envoler hors du nid. On dit aussi *Vouladis.*

Dér. de *Voula,* voler.

Voulaje, ajo, *adj. m.* et *f* Volage, inconstant, changeant, sans consistance.

Dér. du lat. *Volaticum.*

Voulaje (Fiò). Eruption cutanée très-bénigne et fugitive, commune chez les enfants en bas-age, sorte de rougeole.

Voulan, *s. m.* Grande faucille des moissonneurs.

« Lou voulan dâou ségaire anavo dé davan. »
                              Paul GAUSSEN.

Voulastréja, *v.* Voleter, voltiger en tous sens, s'essayer à voler, voler à plusieurs reprises, vol pénible d'un oiseau blessé.

Dér. de *Voula,* voler.

Voulé, *v.* Vouloir, désirer d'acquérir, de posséder ; désirer, souhaiter. — *Mé n'én voulès?* vous me gardez rancune? *N'es pa maldou sé voulès, mès sé porto gaïre bièn,* à proprement parler, il n'est pas malade, mais il n'en vaut guère mieux.

Dér. du lat. *Volere,* m. s.

Voulounta, *s. f.* Volonté, bonnes dispositions que l'on a à faire une chose ; aptitude, ardeur au travail.

Dér. du lat. *Voluntatem,* m. s.

Voulountoùs, ouso, *adj. m.* et *f.* Doué de bonne volonté, plein d'ardeur pour le travail, naturellement porté au travail, à l'étude ; obéissant, docile, souple de caractère. Au fig. qui se plie facilement, flexible comme l'osier employé dans la vannerie.

Voulur, urdo, *s. m. et f.* Voleur, voleuse; petite aigrette qui surmonte les graines de certaines plantes, que le vent fait envoler.

Vou'n, *adv.* Où. — *Vou'n-t-anas?* où allez-vous? On dit aussi *Énté-anas?* ou *Ént'anas?*

Dér. du lat. *Ubi*, m. sign.

Vounze, *adj. num.* Onze, nombre composé d'une dizaine plus un.

Dér. du lat. *Undecim*, m. s.

Vous, *pr. pers. de la 2me pers. du plur.* Vous, à vous.

Dér. du lat. *Vos*, m. s.

Vraï, *adj. m.* Vrai, conforme à la vérité. — *Vraï?* Est-ce bien vrai? Contraction de *Véraï*.

Y

La lettre Y est la vingt-quatrième de l'alphabet. Dans les idiomes romans, elle n'a pas d'autre valeur que celle de l'*i*. Dans les mots français dérivés du grec, on l'emploie de préférence à cette dernière lettre, pour indiquer leur origine.

Dér. du lat. *Y* correspondant à l'Y grec.

Y, *adv.* Y, là, dans cet endroit, à cela, à lui, à elle, lui, à lui. — *Dounas-y dé pan,* donnez-lui du pain. *Y-anaraï,* j'irai. *Y pourtaraï,* je le lui porterai. *Y saraï,* j'y serai. *Anas-y,* allez-y. *Vous y fisés pa,* ne vous fiez pas à lui.

Dér. du lat. *Ibi*, là.

Z

La lettre Z est la vingt-cinquième et dernière lettre de l'alphabet et la dix-neuvième des consonnes.

Elle a été empruntée au latin qui, lui-même, l'a prise au grec Z.

Za! *interject.* — *Za! l'arapè,* Crac! il le saisit.

Zèou! *interj.* Mot employé pour exprimer le bruit que font certains corps durs, secs et solides. — *Zèou és partì, s'és coupa,* crac, il est parti, cet objet s'est cassé, cette étoffe s'est déchirée.

Zingo-zango! *s. f.* Bruit successif et alternatif comme celui d'un corps qui frotte ou râcle sur un autre dans un mouvement de va-et-vient; secousse imprimée en poussant et retirant alternativement un objet avec la main.

Zoù! *interj.* Cette onomatopée correspond exactement au *Zóou* des Provençaux. Cri des foules, pour s'encourager mutuellement à une manifestation, à une émeute, à des voies de fait contre un personnage, une assemblée ou une action qui a soulevé l'indignation publique. Les méridionaux ont emprunté ce cri à la langue grecque, si fertile en onomatopées, et qui a laissé bien d'autres traces dans notre langage.

Dér. du grec Σοος, Σου, élan, essor, croissance, ou de Σαω, vivre.

Alais, 20 septembre 1883.

FIN

DICTIONNAIRE
LANGUEDOCIEN-FRANÇAIS

CONTENANT

les définitions, radicaux et étymologies des mots; les idiotismes,
dictons, maximes et proverbes, leurs origines et celles des coutumes, usages et institutions;
les noms propres de personnes et de lieux,
origines, étymologies et significations; les termes d'agriculture, de métiers, d'arts, de professions,
d'industries; la flore et la faune méridionales; etc., etc.

PAR

Maximin D'HOMBRES

ANCIEN PRÉSIDENT DU TRIBUNAL CIVIL D'ALAIS, MEMBRE DE L'ACADÉMIE DE NIMES,
ANCIEN PRÉSIDENT DE LA SOCIÉTÉ SCIENTIFIQUE ET LITTÉRAIRE D'ALAIS,

ET

Gratien CHARVET

MEMBRE DE L'ACADÉMIE DE NIMES, DE LA SOCIÉTÉ ARCHÉOLOGIQUE DE MONTPELLIER
ET DE LA SOCIÉTÉ SCIENTIFIQUE ET LITTÉRAIRE D'ALAIS,
CORRESPONDANT DU MINISTÈRE DE L'INSTRUCTION PUBLIQUE POUR LES TRAVAUX HISTORIQUES,
OFFICIER D'ACADÉMIE.

ALAIS
Imprimerie et Lithographie A. BRUGUEIROLLE, Grand'rue, 93.

1884

MAXIMIN D'HOMBRES

Deu agradal e al pobol util.
Agréable à Dieu et utile au peuple.
VIEILLE CHARTE D'ALAIS.

On l'a dit bien souvent et avec juste raison : certaines familles semblent être prédestinées au goût des recherches studieuses ; elles possèdent ce don naturellement et se le transmettent de génération en génération comme un précieux héritage. Cette observation ne s'est jamais manifestée avec plus d'évidence qu'à l'égard de Maximin d'Hombres.

François-Louis-Maximin d'Hombres naquit, le 14 août 1840, à Alais, d'une ancienne et honorable famille des Cévennes. Il était le fils de François-Régis d'Hombres dont les vertus charitables sont restées légendaires, et de Marie-Antoinette-Eulalie Desroche, de Génolhac.

Petit neveu des deux célèbres Boissier de Sauvages, par sa grand'mère Marie-Augustine Boissier de La Croix de Sauvages, et neveu du baron d'Hombres-Firmas, il voulut se rendre digne de ses devanciers et suivre comme eux, avec honneur, la voie que leurs travaux lui avaient ouverte.

Doué d'une intelligence peu commune et d'une pénétration non moins remarquable, Maximin fit avec succès ses études classiques à Forcalquier d'abord, à Aix ensuite, chez les Jésuites. Il les poursuivit plus tard au collège de sa ville natale, et alla les compléter à Paris par celles du Droit.

Ses débuts à Alais, comme avocat, lui valurent les éloges les plus mérités, et firent présager pour lui un brillant avenir. Il prit, pendant trente-cinq ans, une part active à tous les grands débats judiciaires qui se produisirent devant le tribunal de cette ville. A partir de 1840, il fit toujours partie des Conseils de l'ordre ; et, à neuf reprises différentes, il en fut élu bâtonnier. « Cœur noble, âme généreuse, esprit cultivé, » a dit sur sa tombe un de ses anciens confrères, « Maximin d'Hombres était un de ces hommes dont le talent et la probité s'imposent et honorent les corps auxquels ils appartiennent (1). »

Caractère aimable et enjoué, esprit incisif et éminemment gaulois, Maximin avait l'aimable défaut des hommes très spirituels, qui n'ont jamais l'air de se prendre tout-à-fait au sérieux, lors même qu'ils se livrent à des occupations fort sérieuses ; contrairement aux esprits bornés ou superficiels, qui se gardent bien de douter d'eux-mêmes, et font consister leur principal mérite à s'occuper, avec une gravité affectée, de choses parfaitement insignifiantes.

Un membre de la société d'Alais a décrit avec finesse « cette figure originale et sympathique, présentant un singulier mélange de douceur et de malice, de bonhomie et de causticité..... Ce charmant causeur, prompt à la réplique, habile à lancer le trait, à la verve familière, aiguisée, piquante, ironique, mais jamais blessante (2). »

Une bienveillance constante, une bonté inaltérable, formait, en effet, le fond du caractère de Maximin

---

(1) Discours de M. Émile Pin, bâtonnier de l'Ordre des avocats.
(2) V. AUPHAN. — Compte-rendu des travaux de la Société scientifique et littéraire d'Alais, pendant l'année 1873.

d'Hombres. Ses qualités charmantes, son abord facile et plein d'aménité, lui attiraient l'estime et l'affection universelles. Quant à ses amis, ils ont pu apprécier combien l'un d'entre eux (1) l'a justement défini en signalant chez lui cette *ténacité du cœur* qui rendait ses affections indissolubles.

Pourrions-nous oublier, en parlant des précieuses qualités de notre ami, celles qui étaient peut-être les moins apparentes, mais en même temps les plus réelles : ces vertus bienfaisantes, ces habitudes de charité, héréditaires dans sa famille, dont pourraient rendre témoignage tant de misères secourues, tant d'infortunes soulagées en silence, sans faste et sans ostentation?

Aussi, lorsqu'à la fin de sa carrière d'avocat, parcourue avec autant d'honneur que de distinction, Maximin d'Hombres fut appelé à la Présidence du Tribunal d'Alais, tous ses concitoyens, sans acception d'opinions, applaudirent avec enthousiame à une nomination si bien justifiée.

**

Maximin d'Hombres avait épousé, le 26 novembre 1844, Mlle Victorine Farjon, de Montpellier, dont l'inaltérable affection l'a, jusqu'à ses derniers moments, entouré des soins les plus délicats et les plus dévoués.

Durant de longues années, Maximin d'Hombres a fait partie du Conseil municipal d'Alais, où l'avaient appelé la confiance et l'affection de ses concitoyens; et il a rempli, pendant un certain temps, les fonctions d'adjoint à la mairie.

Il était membre de l'*Académie du Gard*, de la *Société des études pour les langues romanes* et de la *Société scientifique et littéraire d'Alais*, dont il a occupé la présidence pendant l'année 1872.

Maximin d'Hombres avait eu quatre frères, morts avant lui, et une sœur qui lui survit : 1° Hippolyte, ancien élève de l'École polytechnique, mort en Afrique, capitaine du génie; — 2° Léonce, mort religieux trappiste; — 3° Ernest, mort garde-général des Eaux-et-Forêts; — 4° Paulin, mort enseigne de vaisseau devant Saint-Jean-d'Ulloa; — 5° Pauline, religieuse de la Visitation à Tarascon, seule survivante.

Avec Maximin s'est éteinte la descendance mâle de la branche cadette de la famille d'Hombres.

**

Doué d'une aptitude exceptionnelle pour toutes sortes de travaux, mais principalement porté vers les études littéraires, historiques et archéologiques, Maximin savait faire marcher de front ces diverses études avec celles de sa profession. Les premières avaient même d'autant plus de charme et d'attrait pour lui, qu'elles fournissaient à son esprit une agréable diversion aux fatigues du barreau, et lui servaient en quelque sorte de délassement.

Le but constant qu'il poursuivit toute sa vie fut de mettre en lumière les principaux faits historiques qui se rattachent au passé de sa ville natale pour laquelle il professait, comme tous ses devanciers, une prédilection intime et profonde, un culte ardent et passionné : *Soli totus amor* (2).

A part ses incontestables qualités littéraires, ce qui mérite surtout d'être signalé dans Maximin d'Hombres, c'est l'esprit de suite et l'opiniâtreté dans le travail qui, chez l'historien et l'érudit, sont toujours des qualités fécondes.

« On est en général tenté de plaindre les savants qui consacrent leur vie à composer de gros livres et les curieux qui passent leur temps à les lire, dit M. Gaston Boissier. Peut-être les uns et les autres sont-ils beaucoup moins malheureux qu'on ne le suppose. S'il faut un certain courage pour se jeter résolument dans ces études pénibles et infinies, il est rare, quand les premières difficultés sont vaincues, qu'on n'éprouve pas

---

(1) Éloge de Maximin d'Hombres, par M. d'Espinassous.
(2) Épigraphe inscrite par Maximin d'Hombres en tête de son Étude sur Alais.

pour elles un grand attrait : elles ont ce privilège qu'elles donnent beaucoup plus qu'elles ne promettent. Les érudits, qui se sont fait un domaine restreint et fermé, le fouillent avec passion dans tous les sens, et finissent toujours par y découvrir quelque coin de terre inconnu où ils sont les premiers à poser le pied. Ce plaisir est un des plus vifs qu'on puisse éprouver, et il n'est pas commun (1). »

*
* *

Maximin d'Hombres a laissé trois excellentes Études ou notices réunies dans le volume des *Recherches historiques sur Alais*, publié en 1860, en collaboration avec MM. Marette, Duclaux-Monteil et César Fabre.

La première de ces notices est un précis historique sur la *Seigneurie d'Alais*. C'est, sans contredit, le travail le plus complet qui ait jamais été publié sur cette matière.

La seconde contient une étude archéologique et historique sur l'ancienne église de Saint-Jean-Baptiste d'Alais, convertie plus tard en cathédrale.

La troisième traite des anciens noms des rues et places de la ville avec l'indication de leur étymologie.

On doit, en outre, à Maximin d'Hombres, de nombreux articles publiés dans l'*Écho d'Alais*, journal dont l'existence a duré onze années, de 1841 à 1852, et dont il fut l'un des principaux fondateurs.

On a aussi de lui une notice biographique placée en tête de la deuxième édition de *Las Castagnados*, recueil de poésies languedociennes du marquis de Lafare-Alais, à qui l'unissait une vieille et étroite amitié; et trois ou quatre plaquettes, sans nom d'auteur, qui n'ont jamais été mises en vente : il n'en a été tiré qu'un nombre très restreint d'exemplaires (2).

Mais les travaux les plus remarquables dus à ses longues et patientes recherches et à sa profonde érudition, sont : 1° Une étude de longue haleine, sous forme de discours, intitulée : ALAIS, *ses origines, sa langue, ses chartes, sa commune et son consulat;* 2° Le nouveau DICTIONNAIRE LANGUEDOCIEN-FRANÇAIS, resté inachevé.

*
* *

Dans son étude sur Alais, l'auteur expose d'abord l'ensemble de son œuvre.

Il a pris à tâche de faire ressortir le synchronisme qui existe entre les origines de l'organisation municipale de la ville d'Alais et celles de la formation de son langage. Il établit l'étymologie du nom d'Alais qui tient par ses racines à la langue celtique; il montre la contrée successivement occupée par les Ibères, les Ligures, les Celtes, les Romains, les Franks, les Visigoths, les Sarrasins, et assimilant à son idiome des éléments divers empruntés au langage de ses envahisseurs. Il signale l'introduction de la forme latine, dans la langue indigène, comme la conséquence évidente de l'occupation romaine et de l'établissement du christianisme dans la Gaule méridionale; et, après l'apaisement des grandes secousses produites par les invasions, il montre ce même langage national, ainsi modifié, s'assujétissant à des règles, se fixant progressivement, et, sous le nom de *langue romane*, s'imposant à l'Europe occidentale.

Abordant ensuite la période féodale, l'auteur fait apparaître, en 1093, le premier seigneur connu d'Alais, Raymond Pelet, qui prend part à la première croisade, de concert avec Raymond-Décan d'Uzès et Guillaume de Sabran, sous les ordres de Raymond IV de Saint-Gilles. Il fait voir aussi les papes Gélase II, en 1118, et Alexandre III, en 1162, recevant à Alais l'hospitalité des Pelet; il décrit la vie seigneuriale, les aventures des troubadours de la contrée; il dépeint enfin, au seuil du XIII° siècle, la ville d'Alais entrant

---

(1) G. BOISSIER. — *Les provinces orientales de l'empire romain.*

(2) *Les Chartes d'Alais du XIII° siècle*, traduites du roman et du latin en rimes françaises, 40 pages in-8°; — *Rapport au Conseil municipal d'Alais sur la dénomination des rues et places de la ville;* — *Coup-d'œil sur l'alignement et les syndicats du Gardon*, 80 pages in-8°.

« en possession d'elle-même et de la vie publique; » le peuple alaisien établissant ses droits; affirmant son existence civile et son organisation communale.

Parvenu à cette partie de son Étude, l'auteur passe en revue les principaux articles de la charte de 1200, octroyée par les seigneurs aux habitants d'Alais, et si étrangement défigurée dans son texte et dans sa date par MM. Beugnot (1) et Laferrière (2). Rétablissant les textes d'après les documents originaux déposés aux archives municipales, il présente une vue d'ensemble de l'organisation communale d'Alais, en faisant ressortir le profond sentiment religieux qui domine dans les institutions de la société naissante.

.*.

Le nouveau *Dictionnaire languedocien-français* fut le but constant vers lequel convergèrent les études de Maximin d'Hombres, et la meilleure partie de l'existence de notre cher et regretté confrère a été consacrée à cette œuvre capitale, qu'une mort prématurée ne lui a pas permis d'achever.

En publiant son *Dictionnaire languedocien-français,* l'abbé de Sauvages s'était donné pour mission principale d'enseigner à parler correctement le français à ceux de ses compatriotes qui, accoutumés dès l'enfance à formuler leur pensée en languedocien, n'en donnaient, en se servant du français, qu'une traduction vicieuse hérissée de gasconismes. Il se proposait, en outre, d'expliquer les mots du vieux langage dont fourmillent les anciens documents écrits de l'époque féodale.

Cette préoccupation constante a empêché le savant abbé d'atteindre le résultat qu'on était en droit d'espérer de lui. Elle lui a fait souvent négliger ou omettre les mots les plus usuels et le mieux employés pour s'attacher de préférence aux termes purement techniques. Ainsi restreint dans sa spécialité, on peut dire que le plan de l'ouvrage manque d'unité et demeure incomplet, au grand préjudice du dialecte alaisien.

Le danger qu'avait voulu conjurer l'abbé de Sauvages n'existe d'ailleurs plus de nos jours. Ce n'est pas, en effet, l'altération de la langue française par le languedocien qui est à craindre à l'heure présente : l'influence contraire est bien plus à redouter, et nous assistons, chaque jour, à l'envahissement progressif de notre belle et vieille langue d'Oc, qui tend à se pervertir et à se corrompre, en se francisant.

C'est pour combler les nombreuses lacunes du dictionnaire de l'abbé de Sauvages que l'auteur des *Castagnados* eut le premier la pensée, il y a déjà plus de trente ans, de rendre sa physionomie vraie au dialecte alaisien, cet ami d'enfance qu'il savait manier avec tant de grâce et d'esprit. Il associa à cette œuvre considérable deux amis intimes, MM. J-M. Marette et Maximin d'Hombres, animés comme lui du feu sacré; et, avec leur collaboration, il jeta les fondements de l'œuvre future, en commençant par recueillir la onmenclature de tous les mots qui devaient entrer dans le nouveau *Dictionnaire languedocien-français*, nomenclature écrite en entier de la main du marquis de La Fare, et destinée de servir de guide aux trois collaborateurs. Cette classification devait être considérée comme un arrêt définitif, qu'il fallait religieusement respecter.

Mais la mort vint successivement enrayer ou suspendre l'accomplissement de l'œuvre commencée. M. le marquis de Lafare-Alais succomba le premier en 1846; M. Marette le suivit vingt ans plus tard, en 1866.

L'honneur et le fardeau de l'entreprise devinrent alors l'héritage exclusif du dernier des survivants, qui, à son tour, devait disparaître avant d'avoir pu mettre la dernière main à ce monument patriotique.

.*.

A dater de sa nomination comme président du Tribunal civil d'Alais, l'existence de Maximin d'Hombres ne devait plus être qu'une longue agonie précédant une crise suprême.

---

(1) *Documents inédits sur l'histoire de France.* Les Olim, ou registres des arrêts rendus par la Cour du roi, publiés par M. Beugnot, membre de l'Institut. T. III, 2ᵐᵉ partie, 1312-1318. Appendice; *Anciennes coutumes d'Alais,* pp. 1458-1501.

(2) Laferrière. *Histoire du Droit français,* T. V, Coutumes de France, sect. II; *Anciennes Coutumes d'Alais,* Paris 1858.

Notre ami succomba, le 27 décembre 1873, à la cruelle maladie dont il était atteint depuis plusieurs mois. Il mourut en chrétien convaincu et résigné, digne couronnement d'une aussi belle existence.

M. E. de Roux-Larcy a résumé en trois mots, sur sa tombe, la noble devise de Maximin : « *Dévouement, abnégation, fidélité.* »

« Sa foi religieuse, a-t-il ajouté, sa mort la proclame..... — Sa foi politique fut de celles qui commandent le respect à leurs adversaires, et qu'aucune épreuve ne fait jamais défaillir (1). »

« Né dans le sein de l'Église romaine, élevé dans la foi et l'amour de ses dogmes, dans le respect de ses décisions, dans la soumission à sa discipline, a dit excellemment de lui M. d'Espinassous, rien de ce qui, dans nos temps troublés, a fait hésiter tant d'âmes, n'a eu la force de le faire dévier un seul moment de son devoir filial..... Dieu, roi, patrie, cité, famille, amis, tant que ce noble cœur a battu, il a tout aimé avec obstination..... — Catholique et légitimiste par sentiment, il devait nécessairement en être le type le plus pur, et il ne pouvait que vivre et mourir dans les bras de l'Église et en rêvant du trône (2). »

A ce splendide hommage aussi mérité que noblement exprimé, il nous suffira d'ajouter que la mort de Maximin d'Hombres fut une perte irréparable pour sa famille et ses nombreux amis, et un deuil public pour cette excellente population alaisienne, qui voyait s'éteindre en lui une de ses figures les plus originales et les plus aimées, un des derniers chroniqueurs de ses mœurs populaires, un des derniers représentants de ses antiques traditions.

*
* *

Après la mort de notre ami, Madame d'Hombres voulut bien nous confier le soin de terminer l'œuvre inachevée de son mari : honneur insigne et périlleux, qui nous revenait moins qu'à tout autre et que nous nous sommes efforcé de justifier, sans espérer d'y avoir réussi aussi complètement que nous l'aurions désiré.

Maximin d'Hombres avait, en mourant, laissé le *Dictionnaire languedocien* rédigé et imprimé jusqu'à la lettre M, inclusivement. Il restait donc à définir, sans autres jalons que la liste incomplète laissée par M. le marquis de La Fare-Alais, tous les mots correspondant aux douze dernières lettres de l'alphabet.

L'orthographe introduite par M. de La Fare, dans ses poésies, est des plus défectueuses et se trouve en complète opposition avec les origines et les traditions de la langue d'Oc. Maximin d'Hombres l'avait néanmoins adoptée, par déférence pour le souvenir de son ami, et, bien que nos préférences soient en faveur de l'orthographe rationnelle, reconstituée par la renaissance provençale, nous avons dû, à notre tour, nous plier aux mêmes exigences, pour conserver, à l'œuvre à moitié accomplie de nos prédécesseurs, sa physionomie propre et sa complète unité.

Dix ans ont été consacrés à cette tâche laborieuse, dont l'accomplissement nous a été facilitée surtout par MM. Émile de Firmas-Périès et César Fabre, deux alaisiens de vieille-roche, pour qui le dialecte Cévenol n'a point de secrets. Nous devons aussi de nombreux renseignements aux trois poètes d'Alais, successeurs de La Fare, MM. Paul Félix, André Leyris et Albert Arnavieille ; et, d'autre part, M. Émile Reboul, a bien voulu prêter à MM. Alfred Veirun, Auguste Brugueirolle et Clodomir Castagnier, imprimeurs du Dictionnaire, le concours de son remarquable talent de correcteur.

Nous nous estimons heureux de pouvoir consacrer ici, à ces bienveillants collaborateurs, les meilleurs témoignages de notre sincère reconnaissance.

Alais, 27 décembre 1883.

G. CHARVET.

---

(1) Discours prononcé par M. E. de Roux-Larcy sur la tombe de M. Maximin d'Hombres.
(2) Éloge de M. Maximin d'Hombres, par M. d'Espinassous.

EXPLICATION DES ABRÉVIATIONS

A ou a	Actif.	Ind	Indicatif.
Acc	Accusatif	Interj	Interjection.
Adj	Adjectif.	Irrég	Irrégulier.
Adv	Adverbe ou Adverbialement.	Ital	Italien.
Allem	Allemand.	Lang	Languedocien.
Angl	Anglais.	Lat	Latin.
Art	Article.	Lim	Limousin.
Au Fig	Au figuré.	Linn	Linnée, naturaliste.
Augm	Augmentatif.	Loc. prvb	Locution proverbiale.
Au prop	Au propre.	M. m. ou masc	Masculin.
Bass. lat	Basse latinité.	M. sign	Même signification.
Cant	Canton.	N. pr	Nom propre.
Cat	Catalan.	Par ext	Par extension.
Celt	Celte ou Celtique.	Par ex	Par exemple.
Cév	Cévenol.	Part. pass	Participe passé.
Comm	Commune.	Péj. ou Péjor	Péjoratif.
Conj	Conjonction.	Pers	Personne.
Contr	Contraction.	Phr. f ou faite	Phrase faite.
Corr	Corruption ou Corrompu.	Plur	Pluriel.
Dat	Datif.	Port	Portugais.
Démons	Démonstratif.	Pop	Populaire.
Dér	Dérivation ou Dérivé.	Poss	Possessif.
Dial	Dialecte.	Prép	Préposition.
Dict	Dictionnaire.	Prés	Présent.
Dim	Diminutif.	Prét	Prétérit.
Diph	Diphthongue.	Pron	Pronom.
Emp	Emprunt ou Emprunté.	Prov	Provençal.
Esp	Espagnol.	Prvb	Proverbe.
Etym	Etymologie.	Rédup	Réduplicatif.
Exclam	Exclamation.	Réf	Réfléchi.
Ex	Exemple.	Rel	Relatif.
F. ou f.	Féminin.	Sing	Singulier.
Fam	Famille ou Familier.	Subs. ou s	Substantif.
Fig	Figuré.	Syn	Synonyme.
Fr	Français.	Trad	Traduit.
Fréq	Fréquentatif.	Triph	Triphthongue.
Gasc	Gascon.	V. c. m	Voyez ce mot.
Génit	Génitif.	V. ou v	Verbe.
Gr	Grec.	V. l	Vieux langage.
Imp	Impératif.	Voy	Voyez.

— Indique le changement d'acceptions ou de sens d'un mot; mais plus souvent les citations et remarques.

= Signifie égale. Ex. Ac = ec, ac égale ec ; angue = anègue, = anenche : angue égale anègue, égale anenche ; etc.

Éscritèou, *s. m.* Écriteau; affiche; cartel; devise.
Éscritori, *s. m.* Écritoire: encrier; vase pour contenir l'encre.
Éscrituro, *s. f.* Écriture, caractères écrits. — *La Sénto-Éscrituro,* la Sainte-Écriture; les livres sacrés. Se dit aussi au plur. et absolument : *las Éscrituros,* les Saintes-Écritures. *A l'éscrituro,* il sait écrire. *Légis touto méno d'éscrituro dé man,* il sait lire toute espèce d'écriture, terme d'école, par opposition avec ce qui est imprimé, lithographié ou gravé.
Éscrivan, *s.* m. Écrivain public; clerc d'avoué, de notaire, etc.; auteur. — *És din lous éscrivans,* il est dans la classe des écoliers qui apprennent à écrire.
Éscrò ou **Éscrouquur**, *s. m.* Escroc; filou; homme de mauvaise foi. — *Voy. Éscrouqua.*
Éscroù, *s. m.* Écrou; pièce de fer ou de bois, taraudée en dedans, qui entre dans une vis et sert à la serrer ou à la fixer.
De l'allem. *Scranbe,* vis.
Éscroupiou, ou **Éscourpîou**, *s. m.* Dim. *Éscroupioulé*; péj. *Éscroupioulas.* Scorpion, *Scorpio* ou *Scorpius,* Linn., insecte aptère, de la fam. des Acères, habitant surtout les lieux humides. Sa description est inutile : sa figure se trouve dans tous les almanachs, en sa qualité de signe du zodiaque présidant au mois d'octobre. Quoi donc lui a valu tant d'honneur? car il n'a rien que de très-laid, aucune bonne qualité, et s'il est méchant il n'a pas assez de puissance pour faire le mal. On peut donc conseiller aux personnes qui en trouveraient dans leur lit, — et il est vrai qu'elles pourraient y trouver mieux, mais cela arrive, — de ne pas mourir de peur : elles ont longtemps à vivre, si elles ne doivent mourir que de la piqûre du scorpion. — *Sémblo un éscrouptou,* dit-on d'un homme contrefait, bancal ou bancroche.
Dér. du lat. *Scorpio,* m. sign.
Éscrouqua, *v.* Escroquer; filouter; obtenir par fraude plus que par adresse, mais par une manœuvre illicite et peu honnête.
Dér. de la bass. lat. *Excrustare,* m. sign., ou formé de la part. abstractive *És.* et de *Cro,* c.-à-d. tirer avec un croc.
Éscrouquur, quuso, *s.* et *adj.* Escroc; voleur, filou.— *Voy Éscrò.*
Éscrousta, *v.* Écrouter; enlever la croûte d'une gale, l'escarre d'une plaie, le vieux enduit d'un mur, un lit de pierre extérieur; écrouter la terre durcie ou gelée.
Dér. de *Crousto.*
Éscrundèl, *s. m.* Archet de berceau, cercle que l'on met sur le berceau d'un enfant pour soutenir les langes ou la couverture en guise de rideau lorsqu'il dort, et les empêcher de s'appliquer sur la figure. Se dit aussi de l'archet placé sur une jambe malade pour soutenir les couvertures.
Ce mot, qui a dû suivre de nombreuses transformations ou métathèses pour arriver à sa prononciation actuelle,

paraît avoir pour racine le lat. *Arcella,* berceau, tonne, arceau de verdure; ainsi que le mot *Aréscle* qui a à peu près la même signification, mais plus généralisée.
Éscu, *s. m.* Dim. *Éscupé,* augm. *Éscupas.* Écu, ancienne pièce de monnaie d'argent. — Comme en français, cette désignation ne représente plus qu'une valeur nominale, empruntée à l'ancien système de numération, dont le type était la pièce de trois livres ou petit écu, quoiqu'on dise fort bien *un éscu dé cin frans,* pour désigner la pièce de cinq francs : la valeur qu'on énonce par le mot *éscu,* comme valeur abstraite, est de trois francs. Autrefois il y avait une foule d'objets dont le marché se traitait par écus, comme les mules, les porcs, etc. Aujourd'hui, il n'y a guère que les gages des domestiques qui ont conservé ce type; mais aussi pour les gens de nos pays ce mode de calcul est à peu près exclusif : *dès, vint, cént éscus,* expriment toujours trente, soixante, trois cents francs.
Dér. du lat. *Scutum,* bouclier, écu, venu du gr. Σκῦτος, cuir, peau, dont étaient faits les premiers boucliers. L'écu monnaie prenait ce nom de ce que l'écu de France y était gravé.
Éscu, Éscuro, *adj.* Obscur; noir; sombre.
Corrup. du lat. *Obscurus,* m. sign.
Éscudéla ou **Éscunla**, *v.* Dégoiser; divulguer; dévoiler par le menu, du fil à l'aiguille; déceler un complot; avouer tous les détails d'un secret; mettre au jour. — *Éscudéla,* dans le principe, a signifié verser d'une écuelle dans un autre vase, et par ext. verser le potage. De cette opération s'est formé le sens figuratif; parce qu'en dévoilant un secret, on verse, on fait paraître au grand jour ce qu'on avait dans l'âme, comme en versant le potage, on met à jour tout ce que renfermait le pot au feu. *Éscunla* n'est qu'une corruption ou une contraction de *Éscudéla.* La racine est donc *Éscudèlo.*
Éscudélado, *s. f.* Écuellée, plein une écuelle; le contenu d'une écuelle.
Éscudèlo, *s. f.* Dim. *Éscudéléto.* Écuelle; vase d'argent, d'étain, de bois, de terre, destiné à contenir du bouillon, du lait, du potage, etc., pour manger; assiette à soupe des paysans, qui a la forme d'une écuelle, sans oreilles. On l'appelle aussi *Assièto bécudo,* parce qu'a un petit bec comme les brocs, pour faire égoutter le potage sans le répandre. — *Plóou à bèlos éscudèlos,* il pleut comme si on versait de l'eau par écuellée; il pleut à seaux, appartient au même ordre d'idées.
Dér. du lat. *Scutella,* m. sign.
Éscudéloù, *s. m.* Dim. de *Escudèlo.* Vaisselle, petit vase en forme d'écuelle et percé de petits trous dans le fond, où l'on met égoutter le lait caillé et où il prend cette forme de fromage à la crème, qu'on appelle dans notre pays *Toumo.*
Éscuma, *v.* Écumer; ôter, enlever l'écume du pot au feu, d'un liquide qui bout. Au fig. enlever la fleur; écrémer; s'approprier ce qu'il y a de meilleur et de plus net;

40

ne laisser aux autres que de l'eau claire. — *Èscuma* est quelquefois verbe neutre : *l'aïgo, la sabounado èscumou;* mais ce n'est là qu'une phrase française dont on doit se préserver en pur languedocien, bien qu'elle soit usitée. La véritable expression technique dans ce cas, est *Èscuméja*.

Èscumadouiro, s. f. Écumoire, grande cuiller percillée de trous pour écumer le potage ou enlever la graisse d'un coulis.

Èscuméja, v. fréq. — *Voy. Èscuma.* Écumer; produire, jeter de l'écume, pris dans un sens neutre. Au fig. écumer de colère, rendre l'écume comme font les chevaux par les pores quand ils suent fortement, soit par la bouche quand ils sont fougueux et que le mors les fatigue; baver comme les chiens enragés ou les personnes épileptiques.

Dér. de *Èscumo.*

Èscumèl, s. m. Cluseau, champignon de l'espèce des Laminés, d'un blanc de lait, très-bon à manger. Il a au-dessous du chapiteau une sorte de mousse ou plutôt de peluche : il porte un anneau au collet au milieu de sa tige. Il a beaucoup de rapport avec l'oronge, *Dorgue, Boulé rouje,* pour la forme et le goût : il est même plus délicat et d'une conformation plus régulière, parce qu'il pousse sur des terrains plus meubles, où il ne trouve que peu d'obstacles à son développement. Il vient d'ordinaire dans les prés, les terrains d'alluvion récente et les bruyères, *broussos,* et surtout en automne.

Voici du reste la description donnée par les micologues, qu'il est bon de reproduire en cette matière délicate à tous les points de vue pour bien reconnaître ces champignons :

Èscumel, agaric élevé, *Agaricus procerus, calubrinus,* Roques. Taille élancée, atteignant souvent 18 ou 20 centimètres, quelquefois jusqu'à 40. Son chapeau, d'abord de forme ovoïde, s'étale ensuite peu à peu en forme de parasol, mais il est toujours plus ou moins mamelonné au centre, d'un rouge panaché de brun, couvert d'écailles imbriquées, formées par l'épiderme qui se soulève : feuillets blanchâtres, libres, inégaux, très-retrécis à leur base, se terminant à une certaine distance du pédicule, lequel est panaché de blanc et de brun, cylindrique, fistuleux, muni au sommet d'un collier mobile et persistant : chair d'une odeur et d'une saveur agréables.

Son nom est dû sans doute à sa couleur qui le fait ressembler à un flocon d'écume.

Èscumo, s. f. Écume; bave; mousse blanche qui s'amasse sur un liquide en ébullition; bave mousseuse qui sort de la bouche de certains animaux irrités ou échauffés; sueur blanche qui s'amasse sur un cheval après une course pénible.

Dér. du lat. *Spuma,* m. sign.

Èscumoùs, ouso, *adj.* Écumeux; écumant; qui jette, qui rend, qui produit de l'écume.

Èscunla, v. — *Voy. Èscudéla.* De plus que *Èscudéla,* il signifie: accoucher; mettre bas. Au fig. accoucher d'une idée.

En bas bret. *Èscullar,* verser.

Èscupagnas, s. m. Augm. de *Èscupagno.* Gros crachat.

Èscupagno ou **Èscupigno,** s. f. Salive; espèce d'écume qu'on aperçoit au printemps sur certaines herbes et qui provient, suivant quelques naturalistes, d'une multitude de petites bulles d'une liqueur visqueuse que rejetterait un insecte blotti dans la tige, et suivant d'autres, de l'exsudation de la plante elle-même ou de l'ébullition de la sève. — *Aquél oustdou és basti én d'èscupagno,* cette maison est bâtie peu solidement, ses murs sont de boue et de crachat.

Èscupagnoùs, ouso, *adj.* Imprégné de salive; fait avec de la salive; qui salive beaucoup.

Èscupi, v. Cracher; rejeter la salive ou les crachats de la bouche; rejeter. — *Aquélo éstofo èscupis la plèjo,* cette étoffe est imperméable. *Èscupi d'èmbas* ou *pér débas,* aller à la selle.

Dér. du lat. *Spuere,* supin *Sputum,* venant du gr. Πτύω, m. sign.

Èscupignéja, v. fréq. de *Èscupi.* Crachoter, cracher peu et souvent.

Èscura, v. Écurer; nettoyer la vaisselle de cuivre, ce qui se fait avec du sable et un torchon de laine, ou avec des tiges de prêle, *la Cassôoudo.* — En style peu révérencieux, *èscura soun pèïrôou* signifie : aller à confesse : on le dit surtout de quelqu'un qui n'y est pas habitué et qui y va dans une grande occasion.

S'èscura, expectorer; purger la pituite.

Dér. du lat. *Curare,* soigner.

Èscuré, s. m. Épithème; sorte de topique, d'amulette, qu'on applique sur la poitrine des personnes malades, surtout des enfants, pour faire diversion à une affection et la déplacer. La composition de ces sortes d'emplâtres diffère suivant la nature de la maladie. Le plus souvent c'est un composé d'ail et de persil écrasés ensemble, contre les douleurs produites par les vers; quelquefois c'est simplement du suif étendu sur un papier gris contre les quintes de la coqueluche. Quoique ce soient là des topiques d'empirique ou de bonne femme, et que leur vertu repose sur un préjugé peu rationnel, il ne faut pas trop les confondre avec l'amulette des anciens et du moyen-âge, dont la vertu ne reposait que sur des croyances superstitieuses comme celle des talismans. *L'èscuré,* pour ne pas mériter trop de confiance, n'est qu'un topique naturel dans l'idée de ceux qui l'emploient et ne se rattache à aucune croyance surnaturelle. Il est aujourd'hui certains papiers, préparés à peu près de même, fort savamment recommandés dans des réclames de journaux, et dont l'efficacité est aussi souveraine, qui ont les mêmes principes et la même efficacité curative, et qui doivent peut-être à l'*Èscuré* le secret de leur vogue et de leur composition.

Dér. sans doute de *Èscura,* nettoyer.

Èscurési (S'), v. S'obscurcir; devenir obscur, sombre; se rembrunir, s'assombrir. — *Lou tén s'èscurésis,* le ciel s'obscurcit, il se couvre, il menace d'orage ou de pluie.

Dér. de *Èscu,* obscur.

Èscurésino, s. f. Obscurité; ténèbres.

Èscuréto, s. f. — *Voy. Cassôoudo.* Prêle, plante.

Ce nom lui vient de l'usage qu'on en fait pour écurer la vaisselle.

Éscusa, v. Excuser; pardonner. — *Éscusas!* Pardon! terme dont on se sert comme de son correspondant français pour tout dérangement qu'on occasionne à une personne qui a droit à nos égards. *Maï qué m'éscusés*, veuillez m'excuser : formule de politesse dont on accompagne une négation, une contradiction, une opinion contraire.

Dér. du lat. *Excusare*, m. sign.

Éscuso, s. f. Excuse; pardon; raison ou prétexte que l'on donne pour se disculper. — *A toujour quàouquo éscuso*, il a toujours quelque justification, quelque subterfuge pour colorer ses fautes. *Démanda éscuso*, demander pardon, faire des excuses : ce qui n'est souvent qu'une formule de civilité.

Ésfata, v. Défricher; effondrer un terrain; mettre une lande, une friche, une vaine pâture en état d'être cultivées.

Ésfata, n'est que l'extension d'un vieux mot hors usage, qui signifiait dépecer, déchirer du vieux linge.

Dér. de *Fato*.

Ésfatriméla, v. Déchirer une étoffe en lambeaux; dépecer en loques.

S'ésfatriméla, tomber en loques, s'émietter en bribes, en morceaux.

Dér. de *Fatrimèl*.

Ésfor, s. m. Tour de reins; courbature; maladie ou lésion qui résulte d'un effort. — Le peuple est fort porté à attribuer la plupart des maladies internes à quelque rupture intérieure, à quelque anévrisme contracté par un travail trop forcé ou à un effort subit dû à l'emploi instantané de toutes ses forces. Quand on a dit *un fré* et *un ésfor*, on parcouru à peu près toute l'échelle pathologique des paysans : il faut pourtant y ajouter *la binto*, qui complète la trilogie.

Dér. de *És* et de *For*, de *Forço*.

Ésforces, s. m. plur. Forces, grands ciseaux à ressort pour tondre les brebis et les draps.

Dér. du lat. *Forceps*, m. sign.

Ésfougassa, v. Aplatir; écraser. — *Nas ésfougassa*, nez épâté. — *Voy. Éscougassa*.

Dér. de *Fougasso*, c.-à-d. aplatir comme un gâteau ou fougasse.

Ésfouïa ou **Fouïa**, v. Écraser à demi du fruit. Ce n'est pas le presser au point de lui faire rendre son jus; mais lui faire perdre sa fleur, le meurtrir légèrement par la pression ou le cahotement, de manière à le polluer, à le rendre gluant, poisseux par le peu de jus qui s'en échappe.

Dér. de la bass. lat. *Fullare*, fouler, qui vient du lat. classique *Fullo*, foulon.

Ésfouïra (S'), v. Proprement, foirer; avoir le dévoiement. — Se dit principalement des animaux domestiques qui ont le dévoiement, soit par maladie, soit pour avoir brouté de l'herbe fraiche et trop aqueuse. Par ext. s'effondrer, se relâcher.

Dér. de *Fouïro*.

Ésfoulissa (S'), v. S'ébouriffer; se hérisser. — Au fig. se courroucer; se gendarmer; se mettre en colère; monter sur ses grands chevaux. — *És tout ésfoulissa*, il est tout ébouriffé, il a les cheveux en désordre. *Pér pas rés s'ésfoulisso*, il prend feu pour un rien.

Ce mot à coup sûr prend sa racine dans *Fol* : les fous en général ont les cheveux hérissés et en désordre.

Ésfraï, s. m. Effroi; terreur; épouvante; peur; saisissement produit par une frayeur subite. — *Dé l'ésfraï né boumbigué*, de l'effroi il en mourut. *Porto-ésfraï*, effrayant ou même seulement porte-respect.

Dér. du lat. *Fragor*, terreur; grand bruit qui effraie.

Ésfraïa, v. Effrayer; inspirer de la crainte, de la frayeur, de la terreur.

S'ésfraïa, s'effrayer; s'épouvanter; éprouver de la frayeur.

Ésfraïaïre, aïro, adj Porteur de mauvaises nouvelles; qui peint tout en noir; médecin tant-pis.

Ésfringoula, v. Déchirer en loques, par bandes; faire un accroc, une estafilade

Dér. de *Fringo*.

Ésfringoulado ou **Ésfringouladuro**, s. f. Déchirure en long; estafilade dans le sens du droit fil. Par ext. tout accroc d'une longue dimension.

Ésgalina (S') ou **Ésgalissa (S')**, v. Se mettre en colère, se gendarmer; répondre ou riposter vertement à une insulte ou à une moquerie; se hérisser comme une poule qui défend ses poussins.

Dér. de *Galino*.

Ésgalissa (S'), v. —Voy. *S'ésgalina*. Cette fois c'est le coq qui sert de type de comparaison, lorsqu'il hérisse ses plumes pour le combat.

Dér. de *Gal*.

Ésgargaméla (S'), v. S'égosiller; crier à perdre la voix, à se luxer le larynx.

Dér. de *Gargamèlo*.

Ésglaja, v. Effrayer par ses cris; alarmer le public par ses cris, ses pleurs, ses lamentations.

Dér. du vieux mot *Ésglaï* ou *Ésglari*, frayeur, trouble, épouvante, peur; alarme; désastre; accident fâcheux.

En esp. *Aglaya*, m. sign.

Ésglàousa, v. Fendre une branche dans sa racine, dans sa soudure avec le tronc; ce qui arrive aux arbres fruitiers par l'affaissement causé par le poids du fruit, et aux mûriers par le poids des ramasseurs de feuille.

Dér. du lat. *Clavula*, scion, surgeon, greffe.

Ésglàousaduro, s. f. Fente; blessure d'un arbre causée par l'acte de l'article ci-dessus.

Ésgousia (S'), v. S'égosiller; crier à tue-tête; s'époumonner.

Empr. au fr. Ce mot qui a la m. sign. que *Ésgargaméla* est plus usité dans le langage ordinaire : le dernier appartient au style pittoresque et poétique.

Ésgouta, v. Faire égoutter; faire tomber goutte à goutte le liquide qui reste au fond d'un vase.

Dér. de *Gouto*.

Ésgrâouséla, v. Déchausser un pied d'arbre, pour y placer du fumier; faire la même opération aux ceps de vigne, non pour les fumer, mais pour attirer dans cette fosse les eaux de pluie et les infiltrations d'un terrain supérieur, ce qui les préserve de la sécheresse. — Cette œuvre, qui se fait en mars, est détruite par le binage de l'été qui nivelle le terrain et comble ce petit fossé.

Ce mot paraît une corruption de *Descdoussela*, qui n'existe plus, du moins dans notre dialecte, et qui dérivait de *Cdoussa*.

Ésmoulina, v. Faire ébouler peu à peu la terre d'une berge, d'une tranchée, comme fait une rivière enflée sur ses bords qui sont élevés.

Dér. de *Moulina*, moudre.

Éspadéla (S'), v. S'étendre en s'applatissant, comme il arrive au pain en pâte lorsque la pâte est trop liquide. Par ext. tomber à plat ventre, s'étendre tout de son long. — On le dit aussi d'une chaussure qui s'élargit par l'humidité, d'un chapeau que la pluie a déformé.

Dér. de *Padèlo*, par imitation de ce que fait la pâte d'une friture dans la poêle à frire.

Éspadouna, v. Espadonner; jouer de l'espadon; faire le moulinet avec un sabre. Au fig. s'escrimer; faire blanc de l'épée; férailler.

Éspagno, s. f. n. pr. Espagne, royaume d'Europe, borné au Nord par les Pyrénées; à l'Ouest par l'Océan et le Portugal; au Sud et à l'Est par la Méditerranée.

Dér. du lat. *Hispania*.

Éspagnòou, olo, adj. Espagnol, qui est d'Espagne.

Éspagnóous, s. m. plur. Gendarmes, bluettes, étincelles qui s'élancent hors du feu en se divisant plusieurs fois et s'éparpillant en différents sens, avec des éclats plus ou moins pétillants.

Ce mot a été créé sans doute du temps où les Espagnols faisant la guerre dans nos contrées, on a comparé à leur mousqueterie ces bluettes qu'on nomme en fr. gendarmes.

Éspagnouléto, s. f. Espagnolette, tige de fer, longue et crochue à chaque extrémité, servant à la fermeture des fenêtres.

Emp. au fr. qu'il traduit littéralement, et dont le nom vient de ce qu'on croit que l'usage de l'espagnolette a été importé d'Espagne.

Éspaïè, s. m. Espalier, suite d'arbres fruitiers étalés le long d'un mur en forme d'éventail.

Dér. de *Pal*, *pàou*, pieu.

Éspaïma, v. Effrayer; épouvanter; produire un serrement de cœur par l'effroi; faire tomber en pâmoison. — *Un éspaïma*, un ahuri qui s'effraie de tout; qui s'émeut du moindre danger.

Dér. du gr. Σπάσμα, spasme, agitation, convulsion.

Éspaïmo, s. Spasme; pâmoison causée par la frayeur; effroi; terreur; épouvante subite.

Éspalanqua, v. Éreinter; briser; déboîter; disloquer les épaules et les hanches. — *Marcho tout éspalanqua*, il marche tout de travers comme un éreinté.

Ce mot paraît dériver à la fois de *Espanlo*, épaule, et *Anquo*, hanche.

Éspampana, v. — Voy. *Despampana*.

Éspandì, v. Étaler; étendre; épanouir. — *S'éspandì dou sòou*, tomber, s'étendre tout de son long. En parlant des fleurs, *s'espandì*, s'ouvrir, s'épanouir.

Dér. du lat. *Expandere*, m. sign.

Éspangassa, s. m. Brôme stérile, *Gramen arenarum*; *Panicula sparsa*, Linn. Plante de la fam. des Graminées, commune le long des chemins et dans les champs.

Éspanla, v. Casser, démettre, disloquer l'épaule; rouer de coups. — *Un espanla*, un pauvre hère, obéré, insolvable: ce que les Italiens appellent *Spiantato*.

Dér. de *Éspanlo*.

Éspanléto, s. f. Dim. de *Éspanlo*. Éclanche de mouton ou d'agneau. — C'est là la pièce de gala pour les paysans, ou plutôt c'était, car ils commencent à se faire très bien à la gigue et aux côtelettes. Sa popularité tenait sans doute à l'infériorité du prix, car dans les boucheries de campagne il y a une différence du quart ou du cinquième entre les pièces du devant et celles de derrière.

Éspanlo, s. f. Épaule, partie supérieure et latérale du dos. — *Clena las espanlos*, courber les épaules. *Léva las espanlos*, lever les épaules de dédain.

Dér. du lat. *Spatulæ*, omoplate.

Éspanlu, udo, adj. Large d'épaules; qui a les épaules carrées et saillantes.

Éspâourì, **Éspâouruga** ou **Éspavourdì**, v. Effrayer; épouvanter; faire peur d'un châtiment si l'on retombe dans la même faute.— *Un espdourì*, un poltron, un effrayé, un ahuri, un trembleur surtout en politique.

Éspâouruga et *Espavourdì*, tous synonymes, appartiennent au style pittoresque.

Dér. de *Pòou*, peur.

Éspâousa, v. Exposer, faire courir un danger. — *Régardo un pàou endequé m'espàouses*, considère à quel péril, à quel malheur tu m'exposes.

S'éspâousa, s'exposer à un danger; oser. — *Sé t'espâouses à me métré las mans déssus*, si tu as la hardiesse de me toucher, de jouer des mains contre moi.

Empr. au fr.

Éspâoutira, v. Tirailler; tirer dans tous les sens.

Formé de *Tira* et de *Pèl*.

Éspar, s. m. Sorte de raisin noir, hâtif, à grains petits, ronds et serrés, qui donne une des meilleures qualités de vin, très-coloré et fort spiritueux.

Ésparcé, s. m. Esparcette, sainfoin, *Hedisarum onobrychis*, Linn. Plante de la fam. des Légumineuses; un des meilleurs fourrages artificiels connus.

Cette fois, c'est bien évidemment le languedocien qui a prêté ce mot au français. L'Académie l'emploie sans trop connaître la nature de ce fourrage; tantôt elle le considère comme un sainfoin particulier au Dauphiné, tantôt comme un fourrage méteil d'orge et d'avoine. L'esparcet du Dauphiné, tout comme le nôtre, sont certainement la même plante que le sainfoin de Paris.

Dér. du lat. *Sparsus*, part. pass. de *Spargere*, répandre, éparpiller.

Éspardïos, *s. f. plur.* Espadrille; espèce de sandale, chaussure dont la semelle est en corde tressée, en usage chez les Espagnols et les Basques.

Dér. du lat. *Sparta*, de spart : en gr. Σπάρτος, sorte de chiendent ou plutôt de genêt aquatique dont on faisait autrefois des cordages et dont on fabrique encore les cordes à puits qu'on nomme *Tridou*, et tous les ouvrages de sparterie.

Éspargna ou **Éspragna**, *v.* Épargner; économiser; ménager son bien; ménager quelqu'un, le traiter doucement.
— *T'éspargnaraï pas*, je ne te ménagerai pas. *Espargné bien quicon*, il se forma un bon petit pécule à force d'économie. *Espargna soun fooure*, épargner ses habits, en avoir grand soin, les faire durer.

Dér. de la bass. lat. *Exparcinare*, formé du lat. classique *Parcere*, m. sign.

Éspargnan, gnanto, *adj.* Économe; avare; qui s'applique à faire des épargnes dans sa dépense, dans son ménage.

Éspargne, *s. m.* Binet; gâte-tout; sorte de bougeoir dont la bobèche est armée de trois pointes de fer où l'on pique des bouts de chandelle pour les user jusqu'au bout; sorte de bidon en fer-blanc où l'on ramasse les reliquats d'huile de friture pour s'en servir à la lampe.

En général, signifie : économie; épargne dans le ménage, dans la dépense. — *Lou pan càou és pas d'éspargne*, le pain chaud n'est pas économique. C'est dans le même sens qu'a été fait le proverbe qui résume ces principes d'économie domestique : *Pan frés, prou fïos et bos vèr, boutou l'oustdou én désèr.*

Éspargue, *s. m.* Asperge, *Asparagus officinalis*, Linn. Plante de la fam. des Asparagées, cultivée dans les jardins potagers, aliment sain et agréable. — *Éspargue sáouvaje*, asperge sauvage, *Asparagus acutifolius*, Linn., du même genre que l'asperge ordinaire, qui croit naturellement.

Le mot lang. qui vient du lat. *Asparagus*, m. sign., a, disent les étymologistes, son origine dans le gr. Ἄσπερμος, formé de ἀ privatif et de σπέρμα, semence, parce que, selon Athénée, les plus belles asperges ne sont pas celles qui viennent de graine.

Éspàrnal, *s. m.* Épouvantail; homme de paille qu'on place dans les chenevières et les semis de plantes potagères pour éloigner les oiseaux. Au fig. personne dépenaillée et de mauvaise mine, comme les vagabonds et gens sans aveu qui entraînent à la fois une idée de misère pour eux et de terreur pour les autres.

Ce mot semble une contraction de *Éspàournal* ou *Éspavournal*, qui n'ont jamais sans doute existé, et il dériverait alors du lat. *Pavor*, frayeur.

Ésparo, *s. f.* Un des deux madriers qui soutiennent en long le plancher d'une charrette et qui ne font qu'une pièce avec les bras. La partie qui forme les bras est cylindrique, celle qu'on nomme *Ésparo* est carrée. Les échelons transversaux qui lient ces deux madriers se nomment *Ésparoùs*, et l'ensemble total des deux *Ésparos*, des bras et des échelons, se nomme *Éscalo*. Ce sont là les appellations techniques; mais dans l'usage vulgaire on appelle *Brasses* les bras dans toute leur longueur jusques et y compris le talon, et *Ésparos* les échelons. C'est à l'*Ésparo* de devant et de derrière que l'on passe les cordes pour fixer et garrotter le chargement : c'est à l'*Ésparo* de devant qu'est fixée la chambrière ou *Cacho-foue*.

Ésparpaïa, *v.* Éparpiller; étaler; épandre; disperser.

S'ésparpaïa, s'écarquiller; se mettre à l'aise; s'étendre en tenant autant de place que possible. Au fig. faire le gros dos. — *Esparpaïa sas alos*, étendre les ailes, les ouvrir.

En ital. *Sparpagliare*, augm. du lat. *Spargere*, semer, répandre.

Ésparsoù, *s. m.* Goupillon; aspersoir d'église.

Dér. du lat. *Aspersum*, supin de *Aspergere*, asperger.

Éspasiè, *s. m.* Porte-épée; officier militaire; bretteur; fourbisseur; fabriquant d'épées; hurluberlu : dans ce dernier sens il a un féminin : *Éspasièiro*.

Éspaso, *s. f.* Dim. *Éspaséto*. Épée, arme offensive. — *Nosto-Damo dé las éspasos*, Notre-Dame-des-Sept-Douleurs.

En gr. Σπάθη, spatule, épée, glaive court et large du bout.

Éspavourdì, *v.* — *Voy. Éspdourì.*

Dér. du lat. *Pavor*, effroi.

Éspé, *s. m.* Étincelle qui s'élance avec explosion, ou plutôt explosion du gaz interne renfermé dans le bois et que le feu dégage tout d'un coup en lançant des éclats de braise enflammée; pétard; éclat, tout ce qui fait du bruit en éclatant. — *Voy. Éspéta.*

Éspéça, *v.* Dépecer; rompre; briser; mettre en pièces; débiter du bois; fendre; couper.

Dér. de *Peço.*

Éspécéja, *v.* fréq. de *Éspéça*. Dépecer menu; détailler du bois.

Éspéïa, *v.* Écorcher; ôter la peau; déchirer; mettre en pièces. — *És éspéïa*, il est déguenillé, vêtu de haillons.

Dér. dans les premières acceptions de *Pèl*, peau, et dans la dernière de *Peïo*, haillons, qui du reste provient de la même racine.

Éspéïandra, drado, *adj.* Augm. de *Éspéïa*. Déguenillé; dépenaillé, déchiqueté; déchiré en pièces, en loques.

Éspéïo-dindo, *s. m.* Déguenillé; gueux en haillons; dépenaillé.

Éspéïriga, *v.* Épierrer un champ; enlever les pierres d'une terre.

Dér. de *Pèiro*.

Éspèïto, *s. f.* Trotte, traite, course, espace de chemin; temps de marche sans se reposer. — *Tout d'uno éspèïto*, d'une seule traite. *Y-a uno bono espéta*, il y a un long trajet, un bon temps de marche.

Dér. du lat. *Expeditio*, marche, campagne.

Espéla, *v* Peler; écorcher; enlever la peau; entamer la peau.

S'espela, s'écorcher; se faire une large écorchure — *Lou màou m'a tout espela*, la maladie m'a fait changer de peau
Dér. de *Pèl*

Éspéli, *v.* Éclore et faire éclore, également en parlant des fleurs qui entr'ouvrent leurs boutons et des animaux qui naissent d'un œuf ou d'une graine, comme les oiseaux, les vers-a-soie, etc. *Espèli* est génériquement verbe neutre, on dit: *uno roso espelis, un idou espelis, lous magnas espélissou; faire espeli d'idous, uno clouchado;* mais on dit aussi activement: *éspèli dé magnas;* cette exception est exclusive aux vers-à-soie; c'est une sorte de licence, de solécisme consacré par l'usage.

Sauvages fait dériver ce mot du lat. *Expellere*, pousser dehors; peut-être est-il aussi rationnel de le faire dériver de *Pèl* et de la part. *Es*, c.-à-d sortir de sa peau.

Éspélido, *s. f.* Éclosion; action d'éclore. — Ce mot est employé principalement comme terme de magnanerie *Aqueles magnas an prés màou à l'espelido*, ces vers-à-soie ont pris leur mal à l'éclosion, soit par une trop forte chaleur, soit par une intermittence de chaud et de froid. *Mous magnas an fa trés éspélidos*, mes vers sont éclos à trois reprises différentes. On dit au fig. *A prés aquò à l'éspélido*, ou bien *ou a manqua à l'espelido*, c'est un défaut qu'il a contracté au berceau, ou bien c'est une qualité, une science qu'il a manqué d'apporter en naissant.

Éspélidouïro, *s. f.* Cabinet, petit appartement où l'on fait éclore les vers-à-soie, soit au feu, soit à la vapeur, et où on les soigne dans les premiers âges.

Éspéloufi, ido, adj. — *Voy. Espialoufi*.

Éspéoutièïro, *s. f.* Champ semé d'épautre; par ext. terrain maigre, sec et propre seulement à l'épautre

Éspèouto, *s. f.* Épautre, *Triticum spelta*, Linn., grande épautre; ou petite épautre, *Triticum monococum*, Linn., plantes de la fam. des Légumineuses, ne différant guère que par la grandeur. C'est une espèce de froment monocoque, uniloculaire, à épi barbu, dont le grain à demi adhérent à sa balle ne s'en détache qu'en le mondant au moulin à monder *(V. Gruda)*. Ainsi mondé, ce blé est délicat et sert à faire un excellent potage. C'est une des semences qu'on nomme blé de mars.

Dér. du lat. *Spelta*, m. sign.

Éspèr, *s. m.* Expert-géomètre, celui qu'on nomme pour faire une prisée, un rapport, une vérification.

Dér. du lat. *Expertus*, part. pass. de *Expertiri*, expérimenter.

Éspéra, *v.* Attendre; patienter. — *Éspéra-mé*, attendez-moi. *M'éspérarés bé jusquà la fin dòou més*, vous voudrez bien m'attendre pour ce paiement jusqu'à fin courant. *Qu'éspèro languis*, prvb., à celui qui attend le temps est bien long *Fspéro, éspéro!* Attends! attends-moi! que je te chatie suivant tes mérites.

Dér. du lat. *Sperare*, espérer.

Éspéranço, *s f.* Espérance, longue attente.

Éspérlounga, *v.* Prolonger; prolonger le terme d'un paiement par l'effet de la volonté du créancier; le différer, le renvoyer d'un jour à l'autre de la part du débiteur. — *Un éspérlounga*, une longue échine, un homme long et maigre.

Dér du lat. *Perlongus*, très-long.

Éspéro, *s. f.* Aguets; guet; affût. — *Ana à l'espero*, chasser à l'affût *Vaï à l'espéro dé las manèflos*, il est à l'affut de tous les cancans. *Lou ca és à l'espéro*, le chat est aux aguets, il fait le guet; il guette les souris.

Éspéroù, *s. m.* Dim. *Éspérouné*. Éperon; ergot d'un coq. Se dit aussi d'un petit ouvrage, épi de pieux, au devant et en éperon d'un ouvrage plus fort, dit *Pagnè*, contre les invasions des rivières sur les bords plantés d'oseraie.

En ital. *Sprone*; en allem. *Sporn*, m. sign.

Éspérouna, *v.* Chausser des éperons; donner de l'éperon; éperonner.

Éspérta, *v.* Faire une expertise; faire une estimation, une prisée comme expert.

Éspés, éspésso, adj. Dim. *Éspéssé;* péj. *Éspéssas* Épais; dense; dru; consistant. Au fig. lourd, épais; grossier; sans tournure et sans vivacité d'esprit. — *Aï séména trop éspés*, j'ai semé mon blé trop dru. *Qué séméno trop éspés, curo soun gragnè dos fés*, prvb. Qui sème trop épais vide deux fois son grenier, ou s'expose à le laisser vide deux fois, d'abord pour sa semence, puis par le défaut de récolte qui, trop serrée, s'étouffe et donne moins. *Espés coumo lous pèous de la tèsto*, épais comme les cheveux.

Dér. du lat. *Spissus*, m. sign.

Éspési, *v* Démêler; débrouiller; charpir; prendre aux cheveux; éplucher; regarder de près; examiner avec soin pour trouver le moindre défaut. — *Éspèsi lous pèous*, démêler les cheveux. *Éspèsi dé fousèls*, charpir, carder avec les doigts des cocons de graine, afin de les rendre propres à être filés à la quenouille. *Éspèsi uno afaïre*, débrouiller une affaire litigieuse, la tirer au clair. *Avès pas bésoun d'ou tant éspèsi*, vous n'avez pas besoin d'y regarder de si près, d'éplucher avec tant de minutie.

S'éspèsi, se prendre aux cheveux, se donner une peignée. — *S'éspésiguèrou coumo sé déou*, ils se prirent aux cheveux comme il faut.

Dér. de *Éspés*, c.-à-d. détailler quelque chose d'épais, de confus, le désépaissir. D'après cette acception originelle, on devrait dire *Éséspèsi* ou *Déséspèsi*, mais l'usage a préféré la contraction.

Éspésido, *s. f.* Raclée; volée de coups.

Éspésouïa (S'), *v.* S'épouiller; chercher ses poux, les enlever; s'en délivrer.

Dér. de *Pésoul*.

Éspéssési, v. Épaissir; rendre plus épais, plus gras; condenser.

Dér. de *Éspés*.

Éspéssoù, s. f. Épaisseur; profondeur d'un corps solide; qualité de ce qui est épais.

Éspéssu, s. m. Dim. *Espéssugué*. — *Voy*. *Pessu*. Pinçon, meurtrissure sur la peau qui a été pincée.

Éspéssugna ou **Péssuga**, v. Pincer, serrer entre le pouce et l'index; rogner du pain, du fromage, ou un mets quelconque en le pinçant avec les doigts. — *Éspéssugno toutes sous vésis*, il empiète journellement et peu à peu sur les propriétés de ses voisins. —*Voy. Péssuga*.

Éspéssugnaïre, aïro, adj. Qui aime à pincer : espèce de niche galante fort en usage chez les beaux fils de la campagne.

Éspéta ou **S'éspéta**, v. Éclater; crever. Au fig. crever d'embonpoint. — *Faï éspéta ddou rire*, il fait mourir de rire.

Dér. de *Péta*.

Éspétacle, s. m. Esclandre; extravagance; grande démonstration de douleur. — *Faguè d'éspétacles*, il fit toutes sortes d'extravagances dans son chagrin. *Aquò's uno cdouso d'éspétacle*, c'est une chose épouvantable, inouïe.

Corrup. du fr. pour le sens.

Éspétacloùs, ouso, adj. Prodigieux; énorme; monstrueux; extraordinaire.

Éspéti, v. Crever; se crevasser; s'entr'ouvrir; germer. — *Lou bla és éspéti*, le grain est crevé pour germer. *Faïre espéti dé bla-maré*, faire faire explosion à des grains de maïs en les approchant du feu, où ils se gonflent d'abord et éclatent ensuite avec bruit en épanouissant leur pulpe intérieure qui prend mille formes, quelquefois en décuplant son volume primitif. C'est une sorte de dragée que les enfants mangent avec plaisir, surtout à cause de la peine qu'ils ont prise et du succès qu'ils obtiennent quand un de ces grains acquiert un beau développement.

Dér. de *Pé* ou de *Éspé*.

Éspétiduro, s. f. Gerçure; crevasse; entamure; éclats des grains de maïs dans le jeu dépeint au précédent article.

Éspi, s. m., ou **Badafo** (*V*. c. m.). Brins ou paille de lavande. — Les gens aisés dans le peuple se servent de cette paille quand elle est sèche pour faire chauffer, en hiver, leur linge à sa flamme odorante.

Oli d'éspi, huile de lavande et esprit de térébenthine. On appelle ce dernier *Oli d'éspi* par ignorance de son origine et à cause de son odeur fort aromatique. Il est fort en usage dans la campagne pour délivrer le bétail de la vermine. *Brulo coumo d'éspi*, il brûle comme des allumettes, de la paille.

Dér. du lat. *Spica*, épi, parce que les tiges fort nombreuses et hautes forment des épis.

Éspialoufi, ido, ou **Éspéloufi**, ido, adj. Ébouriffé; hérissé; mal peigné; échevelé.

La racine de ce mot est *Pèou*, que dans quelques localités on dit *Pidou*.

Éspiècle, adj. des deux genres. Dim. *Éspiècloù*. Espiègle: lutin; éveillé; rusé; malin.

Ce mot, comme son correspondant fr. dérive de l'allem. *Ulespiegel*, n. pr. d'un personnage saxon, célèbre dans le quinzième siècle par ses tours de malice, comme Polichinelle, et dont la vie a été traduite dans la bibliothèque bleue. Ce nom est formé de l'allem. *Eule*, chouette, et *Spiegel*, miroir : miroir de chouette.

Éspiga, v. Épier, monter en épi. — Se dit des blés lorsque l'épi commence à sortir du fourreau — *Éspigo bé*. *jamai noun grano*, dit-on proverbialement d'une personne qui promet beaucoup et ne tient pas, qui a beaucoup de clinquant et point de fond.

Dér. du lat. *Spicare*, m. sign.

Éspigal, s. m. Épis encore pleins qui n'ont pu se dépouiller au foulage et qui se retrouvent quand on nettoie le blé. On les bat de nouveau au fléau pour en tirer le grain.

Éspigna (S'), v. Se piquer à une épine; s'enfoncer une épine dans la chair. — On dit ironiquement à une petite maîtresse ou à un fainéant qui semble prendre tout du bout des doigts et avec dégoût : *Prénès gardo dé vous éspigna*, prenez garde, cela vous gâtera la taille.

Éspignas, s. m. Augm. de *Éspigno*. Buisson d'épines; tas de ronces et d'arbustes épineux, qu'on met pour défendre l'entrée d'un enclos ou la brèche d'un mur.

Éspignéto, s. f. Dim. de *Éspigno*. Au fig. épine, pie-grièche, esprit mordant et satirique. — Il se dit d'un homme comme d'une femme.

Éspigno, s. f. Épine; toute espèce de piquants produits par un végétal, même arête de poisson, c.-à-d. ces aiguilles transversales qui sont en tous sens dans la chair des poissons d'eau douce et particulièrement de l'alose. Au fig. buisson épineux, esprit méchant, piquant.— *És uno fièro éspigno*, c'est un homme terriblement contrariant et difficile à aborder; un vrai fagot d'épines.

Dér. du lat. *Spina*, m. sign.

Éspignoùs, gnouso, adj. Dim. *Éspignousé*. Épineux, hérissé d'épines. Au fig. acariâtre, hargneux, d'un caractère difficile; hérissé de difficultés, en parlant d'une affaire.

Éspigo, s. f. Épi, tête de tuyau de blé, etc., qui renferme le grain; épi de poil ou de cheveux, c.-à-d. touffe dont la direction est inverse aux autres : c'est une preuve de santé et de race pour les chevaux, lorsqu'ils les ont aux flancs ou au poitrail.

Dér. du lat. *Spica*, m. sign.

Éspinar, s. m. Épinard, *Spinacia oleracea*, Linn. Plante de la fam. des Chénopodées, cultivée dans les jardins, estimée en cuisine. — *Éspinar sdouringua*. (*Voy*. ce dernier mot).

Son nom lui vient de ce que la cosse qui renferme la semence est ferme, anguleuse et piquante ou épineuse.

Éspincha, v. Regarder du coin de l'œil; épier; guigner;

lorguer; regarder en dessous; regarder a travers un trou, une fente; génériquement, fixer son regard; regarder avec attention et fixité; faire les doux yeux; techniquement, regarder comme fait un espion, un curieux.

S'espincha, se parler des yeux, correspondre du regard; s'entre-regarder.

Dér. du lat. *Aspicere*, regarder devant soi, apercevoir.

Éspinchaire, aïro, *adj.* Curieux; qui aime à voir ce qui se passe chez le voisin; qui fait les doux yeux.

Éspinga (S'), *v.* Se piquer avec une épingle.

Éspinguéja, *v.* fréq. Causer des fourmillements; faire éprouver des piqûres dans les chairs, des élancements, des douleurs aiguës comme des piqûres d'épingle. — *Moun dé m'espinguejo,* j'éprouve des élancements dans le doigt.

Éspinguéto, *s. f.* Camion, épingle de coiffure.

Éspingo, *s. f.* Dim. *Espingueto;* augm. *Espingasso.* Épingle, petite tige en fer ou laiton, munie d'une tête et d'une pointe, servant à attacher et à fixer. — *Né dounariéï pas la tèsto d'uno éspingo,* je n'en donnerais pas une tête d'épingle *Jouga à las espingos,* jouer avec des épingles pour enjeu. Longtemps l'épingle a été une monnaie pour les enfants non-seulement dans leurs jeux, mais dans leurs marchés et transactions. Elles sont démonétisées aujourd'hui, ainsi que les coups de poing, qui étaient aussi une valeur pour les plus jeunes écoliers.

Dér. du lat. *Spinacula,* m. sign., qui est le dim. de *Spina,* épine.

Éspioun, *s. m.* Espion; mouchard; rapporteur.

Éspiouna, *v.* Espionner; épier; observer; servir d'espion.

Dér. du lat. *Inspicere,* regarder, inspecter.

Éspiounaje, *s. m.* Espionnage, action d'espionner.

Éspira, *v.* Suinter; transsuder; prendre de l'air par quelque fissure imperceptible, comme fait un tonneau qui perd.

Dér. du lat. *Spirare,* respirer.

Éspiroù, *s. m.* Dim. *Éspiroune.* Évent d'une futaille, petit trou percé dans le haut du fond extérieur pour donner de l'air au liquide qui sans cela, lorsque la pièce est pleine, ne viendrait que difficilement par la canelle. On bouche l'*éspiroù* avec le *dousil.*

Ésplanado, *s. f* Esplanade, grande place; terrain aplani et nivelé.

Dér. du lat. *Planus.* La désinence du mot fr. paraît annoncer qu'il a été emprunté aux contrées méridionales.

Éspliqua, *v.* Expliquer; interpréter; développer; articuler; faire comprendre.

Éspliquaciou, *s. f.* Explication; démêlé qu'on explique. — *Avédre d'éspliquacious émbe quaouquus,* avoir des explications, expliquer un malentendu; par ext. avoir un différend.

Dér. du lat. *Explicatio, explicare,* m. sign.

Ésploumassa, *v.* Arracher les plumes; plumer. Au fig. maltraiter; donner une volée.

S'ésploumassa, se déplumer pendant la mue, en parlant des oiseaux; se prendre aux cheveux; se battre.

Dér. de *Ploumo.*

Éspouchiga, *v.* Écarbouiller; écraser; écacher quelque chose qui a du jus. — *S'espouchiga dàou rire,* se pâmer de rire.

Ce mot, comme le fr. *Pocher,* pourrait bien venir du lat. *Pungere.*

Éspoudassa, *v* Péjor. de *Pouda.* Tailler grossièrement et à grands coups de serpe, comme le fait un mauvais ouvrier et un vigneron apprenti. — *Aquél doubre es éspoudassa,* cet arbre semble taillé à coups de hache.

Éspoudra, *v.* Saupoudrer et époudrer; répandre, secouer la poussière. — Ce verbe rend à peu près la double action, toute différente, de couvrir légèrement de poudre quelconque, et de la secouer pour la faire disparaître.

Éspoudra (S'), *v.* Avorter. — Ne se dit que pour les animaux et ne s'entend que des premiers temps de leur gestation, lorsque le fétus n'est pas encore formé.

Ce mot pourrait bien dériver du lat. *Ex* et *Pondus,* dont la bass. lat. a pu faire *Exponderare,* se délivrer, se débarrasser d'un poids.

Éspouèr, *s m.* Espoir, espérance.

Dér. du lat. *Sperare.*

Éspoufa (S'), *v.* Se sauver; s'enfuir; gagner du pied; s'évader; pouffer de rire; éclater de rire involontairement, comme si le rire retenu s'échappait, ou s'il partait comme une explosion. C'est là sans doute ce qui rapproche le sens des deux acceptions

Éspouila, ado, *adj.* Dim. *Éspouiladoù.* Éreinté; épuisé; éclopé. Au fig. obéré; criblé de dettes; sans crédit.

Dér. du lat. *Spoliatus,* dépouillé.

Éspoumpi, ido, *adj.* Dodu; mollet; potelé; renflé; rebondi; jouflu.

S'éspoumpi, se gonfler; devenir rond, dodu, mollet. Au fig. s'enfler; se bouffir de fierté, d'orgueil.

Dér. de *Poumpo* ou *Poumpe,* ancien mot signifiant gâteau, galette, qui se gonfle au four en cuisant.

Éspouncho, *s. f.* Terme de nourrice, trait ou jet du lait qui, dans les premiers jours de l'accouchement, fait sentir une piqûre au sein. — *Fa vénì l'éspouncho,* faire venir le lait en suçant et aspirant fortement, ce qui est difficile quelquefois dans les premiers temps parce que les voies en sont obstruées; quand cette obstruction est trop forte, on l'enfant trop faible, on emploie des moyens artificiels, tels que la bouche d'une personne adulte, un jeune chien, ou une sorte de pompe aspirante que la chirurgie a inventée spécialement pour cet objet.

Dér. de *Pouncho.*

Éspousa, *v.* Épouser; prendre en mariage; marier; donner la bénédiction nuptiale.

Dér. du lat. *Spondere,* promettre, fiancer.

Éspousado, *s. f.* Épousée; la mariée.

Éspousivou, *adj.* des deux genres. De noce, d'épou-

www.ingramcontent.com/pod-product-compliance
Lightning Source LLC
Chambersburg PA
CBHW050313240426
43673CB00042B/1398